안양대HK+
동서교류문헌언어총서
06

아제르바이잔어-한국어-영어 사전
Azerbaijani-Korean-English Dictionary

안양대학교 신학연구소
안양대HK+ 동서교류문헌언어총서 **06**

아제르바이잔어-한국어-영어 사전

초판인쇄 2024년 10월 5일
초판발행 2024년 10월 9일

엮은이 송기동 · 조용석 · 남윤기

펴낸곳 동문연
등 록 제2107-000039호
전 화 02-705-1602
팩 스 02-705-1603
이메일 gimook@gmail.com
주 소 서울시 용산구 청파로 40, 1602호 (한강로3가, 삼구빌딩)
제 작 디자인창공(T. 031-719-5004)

값 80,000원 (*파본은 바꾸어 드립니다.)

ISBN 979-11-981913-6-6 (94700)
ISBN 979-11-974166-2-0 (세트)

• 이 저서는 2019년 대한민국 교육부와 한국연구재단의 HK+사업의 지원을 받아 수행된 연구임(NRF-2019S1A6A3A03058791).

안양대HK+
동서교류문헌언어총서
06

Azerbaijani-Korean-English Dictionary

아제르바이잔어 -한국어-영어 사전

송기동·조용석·남윤기 엮음

동 문 연

발간사

안양대학교 신학대학 부설 신학연구소 소속의 인문한국플러스(HK+) 사업단은 소외·보호 분야의 동서교류문헌 연구를 2019년 5월 1일부터 수행하고 있다. 다시 말하여 그동안 소외되었던 연구 분야인 동서교류문헌을 집중적으로 연구하면서, 동시에 연구자들의 개별 전공 영역을 뛰어넘어 문학·역사·철학·종교를 아우르는 공동연구를 진행하고 있다. 서양 고대의 그리스어, 라틴어 문헌이 중세 시대에 시리아어, 중세 페르시아어, 아랍어로 어떻게 번역되었고, 이 번역이 한자문화권으로 어떻게 수용되었는지를 추적 조사하고 있다. 또한 체계적으로 연구하기 위해서 동서교류문헌을 고대의 실크로드 시대(Sino Helenica), 중세의 몽골제국 시대(Pax Mogolica), 근대의 동아시아와 유럽(Sina Corea Europa)에서 활동한 예수회 전교 시대(Sinacopa Jesuitica)로 나누어서, 각각의 원천문헌으로 실크로드 여행기, 몽골제국 역사서, 명청시대 예수회 신부들의 저작과 번역들을 연구하고 있다. 이제 고전문헌학의 엄밀한 방법론에 기초하여 비판 정본을 확립하고 이를 바탕으로 번역·주해하는 등등의 연구 성과물을 순차적으로 그리고 지속적으로 총서로 출간하고자 한다.

본 사업단의 연구 성과물인 총서는 크게 세 가지 범위로 나누어 출간될 것이다. 첫째는 "동서교류문헌총서"이다. 동서교류문헌총서는 동서교류에 관련된 원전을 선정한 후 연구자들의 공동강독회와 콜로키움 등의 발표를 거친 다음 번역하고 주해한다. 그 과정에서 선정된 원전 및 사본들의 차이점을 비교 혹은 교감하고 지금까지의 연구에 있어서 잘못 이해된 것을 바로잡으면서 번역작업을 진행하여 비판 정본과 번역본을 확립한다. 그런 다음 최종적으로 그 연구 성과물을 원문 대역 역주본으로 출간하는 것이다. 둘째는 "동서교류문헌언어총서"이다. 안양대 인문한국플러스 사업단은 1년에 두 차례 여름과 겨울 동안 소수언어학당을 집중적으로 운영하고 있다. 이 소수언어학당에서는 고대 서양 언어로 헬라어와 라틴어, 중동아시아 언어로 시리아어와 페르시아어, 중앙아시아 및 동아시아 언어로 차가타이어와 만주어와 몽골어를 강의하고 있는데, 이러한 소수언어 가운데 우리나라에 문법이나 강독본이 제대로 소개되어 있지 않은 언어들의 경우에는 강의하고 강독한 내용을 중점 정리하여 동서교류문헌언어총서로 출간할 것이다. 셋째는 "동서교류문헌연구총서"이다. 동서교류문헌연구총서는 동서교류문헌을 번역 및 주해하여 원문 역주본으로 출간하고, 우리나라에 잘 소개되지 않는 소수언어의 문법 체계나 배경 문화를 소개하는 과정에서 깊이 연구된 개별 저술들이나 논문들을 엮어 출간하려는 것이다. 이 본연의 연구 성과물을 통해서 동서교류문헌 교류의 과거·현재·미래를 가늠해 볼 수 있고 궁극적으로 '그들'과 '우리'를 상호 교차적으로 비교해 볼 수 있을 것이다.

안양대학교 신학연구소 인문한국플러스 사업단
곽문석

머리말

이 사전의 준비는 아제르바이잔 대학의 학생으로서 아제르바이잔어를 처음 배우던 1993년부터 시작되었다. 독립 후 개방 직후로 아제르바이잔어 습득을 위한 자료들이 많지 아니한 상황에서 한두 단어씩 모아 단어집을 만든 다음, 좀더 전문성을 지닌 사전의 형태로 모으고 편집하는 일을 지속하였다. 때로는 절망의 골짜기를 지나기도 하고, 때로는 고무적 전망과 격려로 속도를 내기도 하였다.

한류의 영향으로 한국어에 대한 열망이 동반하여 높아지고 있는 오늘날의 시점에서 볼 때 조금 늦은 감이 있지만, 지금이라도 이렇게 사전으로 완성하여 출간하게 되어 매우 기쁘다. 『아제르바이잔어-한국어-영어 사전』 편찬 사업을 기획하고 차질없이 진행한 안양대학교 신학연구소 인문한국플러스 사업단과 함께 수고한 엮은이들에게 심심한 감사를 드린다.

사전은 가능한 다양하고 넓은 분야의 단어를 수록하려 노력하였다. 아제르바이잔은 문학적 수준이 높고 아랍어, 페르시아어, 러시아어 등의 외래어가 많지만, 그 중에서도 튀르키예어적 독특함을 가장 잘 유지하고 있다. 따라서 현대 사회에 필요한 언어뿐만 아니라 아제르바이잔어로 된 심도 있는 문학 수준의 언어에 이르기까지 배우는 분들에게 유익한 사전이기를 소원한다.

엮은이를 대표하여

송 기 동

사전 사용 방법

Ⅰ. 사전의 구조적 특성

1. 표제어는 라틴 문자의 알파벳 순서로 배열한다.

   Aa, Bb, Cc, Çç, Dd, Ee, Əə, Ff, Gg, Ğğ, Hh, Xx, Iı, İi, Jj, Kk, Qq, Ll, Mm, Nn, Oo, Öö, Pp, Rr, Ss, Şş, Tt, Uu, Üü, Vv, Yy, Zz

2. 어원적 구조상 (단어, 파생어, 합성어)의 경우 각 단어를 표제어로 배열한다.

   예로서
   - 단어: baş daş, gün
   - 파생어: (단어+접미사) **başçı**, **başçılıq**, **başlıq**, **başlamaq**; **daşlı**, **daşsız**; **gündə**, **güney**, **gündəlik**
   - 합성어: (단어+단어) **başağrısı**, **daşarmudu**, **günəbaxan**

   사전의 해설 부분은 품사로 시작한다. 품사의 순서는 다음과 같다: 명사, 형용사, 수사, 대명사, 동사, 부사, 접속사, 감탄사, 분사, 간투사, 의성 의태어 등.

3. 결합어는 한 의미를 가지지만, 둘 이상의 단어로 구성되어 있어 표제어의 해설 부분에 배열되어 있다. 그리고 그 표제어 대신 틸다(~)로 표시한다.

   예로서

   neft : ağ ~ *i.* *kim.* kerosene

   ağacı : əl ~ *i.* cane

   많은 경우, 결합어의 변형된 형태(수, 격, 시제 등)에서도 표제어 대신 틸다(~) 표시로 대체한다.

   예로서

   baş; ~**dan çıxarmaq** *fe.* 1) 혼동케 하다. 헷갈리게 하다 bewilder, confuse smb.; 2) 속이다 deceive

   baş; ~**a salmaq** *fe.* 이해시키다, 설명하다, 설득하다 explain, elucidate,

make clear; interpret (law, rule)
자음 조화의 법칙에 따라 단어의 끝이 -**k**이면 -**y**로, **q**이면-**ğ**로 이어진 모음에 따라 변화한다.

예로서
acıq *i.* ; **~ğa gəlmək** *fe.* 참지 못하다, 견디지 못하다 not to stand, not to bear; **~ğı soyumaq** *fe.* 진정하다, 흥분을 가라앉히다 calm, quiet, settle down; **~ğı tutmaq** *fe.* 분노하다, 화나다 be angry, be cross; **~ğını almaq** *fe.* (감정) 환기시키다, 화를 누그러뜨리다 vent, wreak one's anger/vexation
bilməməzlik *i.* 알지 못함, 무지함 ignorance; **özünü ~yə qoymaq** *fe.* 모른 체하다 pretend not to know

4. 차용어는 다음과 같은 규칙을 따른다.

1) 아제르바이잔어에서 등가적 단어를 참조 (☞) 표시로 대신한다.
kaktus ☞ **maldili**
metateza ☞ **yerdəyişmə**
2) 차용어는 원어의 전체적 의미를 가리키지 않고, 아제르바이잔어의 현재적 의미를 나타낸다.

5. 동음 이의어

다른 뜻을 가진 동일한 형태의 단어와 발음은 각각 윗첨자를 통해 구분한다.
alıcı¹ *i.* 매입자, 구입자 buyer
alıcı² *si.* 거친, 야생의 wild
qaz¹ *i. zoo.* 거위 goose
qaz² *i. kim.* 가스 gas
qaz³ *i.* 비단의 일종 a kind of silk (translucent)

6. 이형동의어

특정 단어의 다른 형태에서 순서는 알파벳순에 따르며, 콤마(,)로 구분한다.
arfaçalan, **arfaçı** *i.* 하프 연주자 harp-player

7. 접미사 이형(異形)

접미사 사용 여부 상관없이 같은 의미로 쓰일 경우 접미사는 괄호( )안에 표시한다.
alagöz(lü) *si.*
bağışlan(ıl)maz *si.*

II. 단어의 의미론적 특성

1. 사전의 주요 기능은 의미론적 정의를 하는 것이다. 다양한 출처의 인용 및 예시 문장이 해당 단어의 사전 해설에 제공한다.

2. 각 의미는 같은 줄에 표시하나, 섬세한 의미는 '/ ' 기호로 구분한다. 명시적인 의미는 서로 연이어 제시한다.

3. 다의어 단어는 다음 규칙에 따라 표시한다.

   1) 단어에 동일한 수준의 의미가 여러 개 있을 경우, 의미 사용 빈도에 따라 표시한다.
   2) 단어의 원래 의미와 비유적 의미가 명확하게 구분되어 있는 경우에는 원래 의미가 먼저 온다.

4. 단어의 동의어는 '○'로, 반의어는 '●'로 표시한다.

   1) **명사**

      ① 지소명사, 유사명사는 접미사를 붙여 만든 단어로서 다음과 같다.
      kürəcik *i.* ① *dim.* **of kürə** ; ② *ana.* blood corpuscle
      qızcığaz *i.* *rəss.* **of qız**

      ② 접미사 (-ma, -mə)를 덧붙여 (동사 어근 + -ma, -mə) 만든 명사의 경우 고정된 의미만 제시한다.
      yarma *i.* 시리얼 cereal
      süzmə *i.* 요거트, 신 우유의 응고체 yoghurt, condensed sour milk
      【참조】 동사로부터 파생된 단어라 하더라도 의미상 독립적인 단어일 경우 별도의 표제어로 제시한다.
      예로서 qazma, titrəmə, qızdırma, dolma 등.

      ③ 형용사에서 파생된 추상명사는 설명형태로 제시한다.
      durluq *i.* 투명한 상태, 투명성 state of being limpid
      davakarlıq *i.* 호전성, 시비조의 성격 character of aggressive man
      yenilik *i.* 새로움, 새것 news, new things, new invention

2) 동사

동사는 부정사(infinitive) 형태로 제시한다.

사전에서 동사의 태(態)는 직설(直說)형, 사역(使役)형, 수동(受動)형, 상호(相互)형, 재귀(再歸)형으로 표시한다.

almaq *fe.* ...... (**mə'lum** – 직설형 indicative)
aldırmaq *fe.* ...... (**icbar** – 사역형 causative)
yazılmaq *fe.* .. .. (**məchul** – 수동형 passive)
yazışmaq *fe.* .. .. .. (**qarışıqlı** – 상호형 commutative)
yuyunmaq *fe.* .. .. .. (**qayıdış** – 재귀형 reflexive)

【참조】 어휘적 정의를 사용할 수 없는 경우에도 동사에 문법적 정의를 제공한다. 다의어의 각 의미가 서로 다른 문체를 갖는 경우, 의미의 구별을 나타내는 원문자 (①) 뒤, 별도의 정의에 문법적 기호를 부여한다.

atılmaq[1] *fe.* ① (스스로) 내어 던지다 throw oneself (on, upon), rush (to); ② 뛰어오르다, 깡총깡총 뛰다 jump over, leap, spring ○ **hoppanmaq, tullanmaq, sıçramaq**; ③ 걷다, 행진하다, 향하여 나아가다 rush, be turned (to), be directed (at, towards) ○ **yerimək, yüyürmək, cummaq**; ④ 해고되다, 풀려나다, 유기되다 be thrown, be discharged, be abandoned; ⑤ (무기가) 발사되다 be shot, be fired (weapon)

【참조】 동사의 부정(不定)형태는 일반적인 규칙에 해당함으로 제시하지 않는다. 다만 용어적 특성에 따라 특정한 의미를 가지거나, 어근에 부정적인 요소가 포함되어 있는 경우에는 사전에 제시한다.

ağırsızlaşdırmaq
qansızlaşdırmaq
oksigensizləşdirmək

3) 부사

형식기호는 동사만이 표제어로 제공한다. 부사와 교차 사용되는 형용사는 부사(*z.*)의 부호를 붙여 형용사로 주어진다.

III. 표제어의 문법적 특성

1. **표제어는 그 문법적 특성을 그 해설의 시작부분에 나타낸다.**

   문법 기호는 원칙적으로 표제어와 관련된다. 예문에서는 단어와 문법적 특징이 일치하지 않을 수 있다.

2. **명사는 단수 주격(nominative)의 형태로 표시한다.**
   (특별한 학술용어나 종족명은 예외)

   barmaq *i.* 손가락, 발가락 finger, toe

   xəbər *i.* [lər] … …

   i. (출판에 있어서 복수 형태로만 사용) (only plural form) name of regular publication; **Azərbaycan Elmlər Akdemiyasının Xəbərlər** 아제르바이잔 한림원 뉴스

   qoşadırnaqlılar *i. pl. zoo.* (동물의) 갈라진 발굽 계통의 동물과 family of cloven-footed/cloven-hooved animal

3. **실질 형용사 (명사와 동일하게 사용되는)는 다음과 같이 표시한다.**

   xəstə I. *si.* [fars] 1. 아픈, 병환의, 질환을 가진 sick, ill

   II. *i.* 환자, 병자 patient; **~lərin müayinəsi** *i.* 환자의 진찰 inspection of the patient

   gözəl I. *si.* 1. 예쁜, 아름다운, 잘 생긴

   II. *i.* 미인, 미녀 the beauty, beautiful woman

4. **대명사는 단수 주격으로 표시한다. 문법적 기호는 "*əv.*"(əvəzlik)이다.**

5. **수사 (numerals)는 그 기능에 따라 문법적 기호를 달리 사용한다.**

   "*miq.s.*"(miqdar sayı) – 기수(其數) cardinal number

   "*sıra.s.*"(sıra sayı) – 서수(序數) ordinal number

6. **동사는 부정사(infinitive) 형태로 표시한다.**

7. **그외 품사는 다음과 같다.**

   "*vz.*"(əvzlik) 대명사 pronoun

   "*qo.*"(qoşma) 후치사 postposition

"*ba.*"(bağlayıcı) 접속사 conjuction
"*əd.*"(ədat) 불변화사 particle
"*ara.*"(ara-arasöz) 간투사 interjection

IV. 단어의 문체적 특성

1. 문법 기호는 각 해설 바로 앞에 표시하며, 표제어 바로 다음에 표시하면, 그 전체 해설에 해당한다는 것을 뜻한다.

2. 표제어가 품사 등 문법적 기능이 다른 경우에는 숫자부호로 구분을 명확히 한다.

   예로서
   atıcı I. *i.* 총잡이, 사수 shot, rifleman; gunner; II. *si.* 보병의, 소총수의, 발사하는 infantry, shooting

V. 구문론

1. 사전에는 일련의 단어가 결합되어 특정 의미를 갖는 구문을 포함한다.

2. 다음과 같은 대표적인 문구를 포함한다.

   1) 사회정치 서적, 공공과학 서적, 신문 및 저널에서 자주 사용되는 복합어는 다음과 같다.
      예, **sinfi mübarizə** 계급 투쟁 (class strife), **mineral gübrələr** 미네랄 비료 (mineral fertilizer), **ictimai sığorta** 사회 보험 (social insurance), **donma nöqtəsi** 빙점 (freezing point)

   2) 상용화된 합성어
      예, **qara ciyər** 간, 간장(肝臟) (lung), **əl ağacı** 지팡이 (cane), **ağ neft** 등유 (kerosene)

3. 단어들로 결합된 합성어 가운데, 의미상 더 중요한 단어의 해설에 제시한다.

   예, **dil pəhləvanı – pəhləvan, can bərmanı- can, buz baltası – buz, dil bəlası-dil, qaynama nöqtəsi- qaynama**

4. 명사와 조동사로 구성된 복합 동사는 명사 해설이나 정의 뒤에 표시한다.

   biabır olmaq- biabır, qələbə çalmaq –qələbə, qarşı durmaq – qarşı

5. 한 표제어의 해설이 길어질 경우, 알파벳 순으로 배열한다.

VI. 철자와 억양

1. 사전에서는 편집자의 문장이든 그림 문장이든 아제르바이잔어 철자법의 규칙을 따른다.

2. 표제어의 변형은 알파벳순으로 별도로 제시하고, 사용빈도에 따라 설명한다.

3. 현대 출판물에 나오는 고전어, 폐기어가 동일하지 않을 경우 두 형식을 모두 알파벳순으로 기재하되, 고전어나 폐기어에 대해서는 현대적 변형을 표시한다.

   예, **həqq** ☞ **haqq; nəqş** ☞ **naxış; xəlq** ☞ **xalq; əvam** ☞ **avam**
   【참조】 아랍어, 페르시아어 어원으로 된 고전 문헌의 인용은 표제어와 동일한 형태가 아닐 수 있다.

4. 고전문헌 인용문의 구두점을 현대적으로 배열한다.

5. 원칙상 모든 유럽 외래어나 악센트에 따라 달라지는 아제르바이잔어, 아랍어 또는 페르시아어 단어에서는 필연적으로 악센트가 음절에 표시된다.

   예로서
   aka'demik *i.* 과학 연구소의 회원 member of the science academy
   akade'mik *si.* 학적인 academic
   ba'rı *i. fars.* 울타리, 담 fence, wall
   barı *əd. fars.* 최소한으로, 그럼에도 불구하고 at least, nevertheless

6. ~-~ 는 해당 엔트리의 반복적 사용을 의미한다.

   예로서
   bir-bir götürmək ▶ **~-~ götürmək** 하나씩 하나씩 가져가다

약어

괄호 안의 단어는 아제르바이잔어임.

ana. (anatomiya) – 해부학(解剖學)
ara. (ara söz) – 간투사
arx. (arxiv) – 자료(資料)
ast. (astrologiya) – 천문학
ata.s. (atalar sözü) – 속담
bağ. (bağlayıcı) – 접속사
bio. (biologiya) – 생물학
bot. (botanika) – 식물학
coğ. (coğrafiya) – 지리학
col. (danışıq dilində) – 구어의
conj. (bağlayıcı) –접속사
dil. (dilçilik) – 언어학
dim. (kiçiltmə) – 지소사
din. (din) – 종교
eco. (iqtisadi) – 경제학
etn. (etnoqrafiya) – 민속학
əd. (ədat) – 불변화사
əv. (əvəzlik) – 대명사
fəl. (fəlsəfə) – 철학
fars. (farsca) – 페르시아어
fe. (fe'l) – 동사
fig. (məcazi mə'nada) – 비유적인
fin. (maliyyə) – 재정적인
fiz. (fizika) – 물리학
fot. (fotoqraflıq) – 사진학
geol. (geologiya) – 지질학
geo. (geometriya) – 기하학
hərb. (hərbi termin) – 군사용어
hüq. (hüquqşünaslıq) – 법, 법학
xəb. (xəbər) – 서술부
xar. (xarici söz) – 외래어
xit. (Xitab) – 호칭

i.	(isim) – 명사
idm.	(idman) – 스포츠
inc.	(incəsənət) – 예술
inf.	(məsdər) – 부정사
kim.	(kimya) – 화학
kit.	(kitab dilində) – 문어체
klas.	(klassik ədəbiyyat) – 고전 문학
qo.	(qoşma) – 후치사
qram.	(qrammatika) – 문법
lit.	(ədəbiyyatsünaslıq) – 문학
mh.	(Mühasibat) – 회계
məh.	(məhəlli söz) – 지역 언어
məs.	(məsələn) – 예(例)
mex.	(mexanika) – 기계
mif.	(mifologiya) – 신화
min.	(mineralogiya) – 광물학
ms.	(Modal söz.) – 법조동사
mus.	(musiqi) – 음악
nid.	(Acclamation) – 감탄사
obs.	(köhnəlmiş söz) – 사어(死語), 고어(古語)
onomatopoeic.	(səs təqlidi) – 의성어
opt.	(optika) – 광학
p.p.	(keçmiş zaman fe'li sifəti) – 과거분사
pl.	(cəm forma) – 복수
pol	(politics). – 정치학
pr.p.	(indiki zaman fe'li sifəti) – 현재분사
prep.	(söz önü) – 전치사
psix.	(psixologiya) – 심리학
qoş.	(Qoşma) – 후치사
rəss.	(rəssamlıq) – 회화(繪畵)
riy.	(riyaziyyat) – 수학
say.	(sayı) – 수사
şək.	(şəkilçi) – 접미사
si.	(sifət) – 형용사
sing.	(tək forma) – 단수(單數)

smb.	(bir kəs, kimsə) – 부정(不定) 인칭(人稱)
smt.	(bir şey, nəcə) – 부정사(不定) 물칭(物稱)
şah.	(şahmat) – 체스
tar.	(tarix termin) – 역사(歷史)
tex.	(texnika) – 기술(技術)
tib.	(tibbi) – 의학(醫學)
tik.	(tikinti) – 건축
top.	(toplu isim) – 집합명사
uşa.	(uşaq dilində) – 유치(幼稚)어
vul.	(vulqar) – 비속어(卑俗語)
vz.	(əvəzlik) – 대명사
z.	(zərf) – 부사
zoo.	(zoologiya) – 동물학

일러두기

1. 라틴어 알파벳 순서로 정렬한다.

   Aa, Bb, Cc, Çç, Dd, Ee, Əə, Ff, Gg, Ğğ, Hh, Xx, Iı, İi, Jj, Kk, Qq, Ll, Mm, Nn, Oo, Öö, Pp, Rr, Ss, Şş, Tt, Uu, Üü, Vv, Yy, Zz

2. 동의어는 '○'로, 반의어는 '●'로 표시한다.
3. 접미사는 괄호(　)에 표시한다.
4. 명사는 주격과 단수의 형태로 기재한다.
5. 동사는 부정사 형태로 기재한다.
6. 아제르바이잔에서 사용되는 외래어의 현재 의미만을 기재한다.
7. ~-~ : 같은 단어를 반복하는 기호이다.

a[1] I. *i.* 아제르바이잔 문자의 첫 자 (the first letter in the Azerbaijani alphabet); II. 첫 번째 기수의 첫 번째를 의미 (the first ordinal number)

a[2] *ni.* ① 어이! 여보게! hey (addressing form); ***A yoldaş!*** *여보게 친구 Hey comrade, Hey guy*; ② (의문의 강조) ***A, yazmadınız?*** *정말 써왔지? (strengthening the question) So, did you write?*; ③ 놀람, 당황, 혼동 astonishment, surprise, bewilderment, perplexity; ***Mən onu heç görmədim.*** *도무지 그를 보지 못했다. I didn't see him at all.*; ④ 소망이나 요구를 나타냄 (conditions expresses wish); ***Yazsan a!*** *받아 적으란 말이야! Do write!*

ab *i.* ① 물 water; ② 눈물 *fig.* tear; 천상의 생수 **~i-kövsər** *i.* a) living water in Heaven; 포도주 wine; 생명수 **~i-həyat** *i.* life-giving water in legends; 봄철 폭우 **~i-niysan** *i.* very strong spring rain storm

aba[1] *i.* ① 겉옷 cassock; challis; ② 이슬람 성직자 겉옷 garment (mostly for Muslim clergy)

aba[2] *i.* ① 아버지 father; ② 누님, 누나 (여자에 대한 존칭) elder sister (addressing a woman with respect)

àba *i.* 조상 fathers; **ata-baba**; **~vü əcdad** *i.* 조상들 fathers, ancestors

abad *si.* ① 잘 조직된, 잘 갖춰진 comfortable, well-organized well-equipped; II. *i.* 잘 정비된 도시 ● **bərbad, viran**; **~ şəhər** well-organized town; ② 인구가 많은, 인구 밀집의 populated; densely, sparsely populated; ③ *suf.* (접미사로) 주거 지역 (*exam.* **Sabirabad**) settlements, populated areas; **~ olmaq** *fe.* 인구가 밀집되다 be populated; **~ eləmək** *fe.* 현대 시설로 갖추다 equip with modern amenities; **~ olunmaq** *fe.* 잘 정비되다, 잘 조직되다 become well organized, become well equipped

abadan ☞ **abad**

abadanlanmaq *fe.* 편리해지다 become comfortable/cozy/organized

abadanlaşdırmaq *fe.* 편리하게 만들다, 현대 시설을 갖추다 equip with modern amenities; build, construct; populate; make comfortable

abadanlaşmaq *fe.* 현대적 시설이 갖추어지다 be equipped with modern amenities

abadanlıq *i.* ① 잘 조직됨(well-organizing, coziness; ② 편리한 서비스 (effects, equipping with services and utilities, improvement, furniture, equipment; ③ 정착 (settlement, dwelling place); 공공시설 관리과; **şənlik**; **~ şöbəsi** *i.* 공연 예술과 department of public services and amenities

abadca ☞ **abad**

abadlanmaq ☞ **abadanlaşmaq**

abadlaşdırmaq ☞ **abadanlaşdırmaq**

abadlaşmaq ☞ **abadmaq**

abadlıq ☞ **abadanlıq** ● **bərbadlıq**; **dağınıtlıq**

abajur *i.* 전등갓 lamp shade ○ **sipər**, **örtü**, **qalpaq**

abajurlu *si.* 전등갓을 갖춘 equipped with a lamp-shade ○ **sipərli**, **qalpaqlı**

abalı *si.* 성직자 복장을 입은 (wearing a cassock, wearing a garment)

abasbəyi *i.* (과일) 배의 일종 sort of pear

abco *i.* 맥주, 보리 음료 beer, barley water

abbası *i.* 20 게픽 동전 twenty-kopeck coin

abbasılıq ① ☞ **abbası**; ② (20게픽어치의) 물건 something that is worthy twenty-copeck

abbasilər *i.* (750년~1258년 사이 있었던 이란 왕조) dynasty in Iraq from 750 to 1258

abbat *i.* 아봇 (대수도원장) abbot

abdal *i.* 시골뜨기, 촌놈 boor, vagrant, vagabond, churl, fool, blockhead, dolt ○ **sərsəri, avara, dərbədər** ● **ağıllı**
abdalcasına *z.* ① 어리석게 idiotically, foolishly, like a fool; ② 무식하게 ignorantly
abdallaşmaq *fe.* ① 어리석다, 무식하다 be stupid/foolish; ② 고집 피우다, 고집부리다) be in a state of stubbornness; ③ 무관심하다, 소홀하다 become negligent
abdallıq *i.* ① 어리석음, 무식함, 우둔함 ignorance, foolishness, folly, stupidity ○ **sərsərilik, avaralıq, səfillik**; ② *col.* 백치 idiocy, untidiness; slovenliness; unscrupulousness
abdan *i.* 저수지 reservoir, storage pond, pool
abdar *si.* ① 맛있는 juicy, delectable, tasteful; ○ **sulu, şirəli, təravətli, lətafətli (meyvə)** ② *fig.* 의미 있는, 영향력 있는 meaningful, influential, lovely ○ **mə'nalı, tə'sirli, gözəl, ifadəli (məc.)**
abdarlıq *i.* ① 진미, 별미 juiciness, delectability, delicacy ○ **sululuq, şirəlilik, təravətlilik, lətafətlilik**; ② 의미심장함 meaningfulness, expressiveness ○ **mə'nalılıq, tə'sirlilik, ifadəlilik**
abdərdən *i.* 국자, 주걱 scoop, dipper, ladle
abdəst(xana) ☞ **ayaqyolu**
abduq *i.* 아이란 (물에 섞어 마시는 요구르트 음료) ayran (yoghurt drink mixed with water) ○ **atlama, ayran**
abgərdən *i.* 국자, 주걱 ladle, scoop, dipper; ○ **çömçə**
abgüşt *i.* 고기와 콩을 넣어 삶은 국물 요리 kind of pea-soup with meat; ○ **bozbaş, piti**
ab-hava, **abü hava** *i.* 기후 climate
ab-havalı *si.* (날씨가) 맑은, 온화한 balmy, clear (weather) ○ **səfalı**
abxaz *i.* 아브카지야인 Abkhazian
Abxaziya *i.* 아브카지야 (조지아 서북쪽) 자치주를 형성한 민족) Abkhaziya
abxor *i.* 물 그릇 bowl for drinking water
abı *i.* 하늘색의 sky-blue, azure ○ **göy, mavi, bənövşəyi**
abır *i.* ① 예의 바름, 예의범절 decency, propriety, decorum; ② 귀중함, 존귀함, 존엄성 dignity, honour; regard, respect ○ **həya, heysiyyət, şərəf, hörmət, qədir, qiymət**; ② 부끄러움, 수치심 shame; ③ *col.* 세평, 평판 reputation; ④ *fig.* (물건의) 외관, 겉보기, (사람의) 용모, 풍모 appearance, clothing ○ **üst-baş, geyim, qiyafə(t)**; ~ **qoymamaq** *fe.* 수치스럽게 하다, 치욕을 가져오다 (disgrace, shame, put to shame; ~ **vermək** ☞ **abırlamaq**; **~dan düşmək** *fe.* 수치심을 잃다, 뻔뻔해지다 lose all sense of shame, be lost to shame; **~a salmaq** *fe.* 망신을 주다, 불명예를 끼치다 pester, bother (with), bore with, worry with, plague with, shame, put to shame, disgrace, bring dishonour (on), be a disgrace (to), dishonor; **~a qısılmaq** *fe.* 불명예로부터 자신을 지키다, 침묵으로 자신의 체면을 지키다 guard oneself (against, from), shame, protect oneself (from) shame, keep silence not to lose all sense of shame, keep silence for saving one's face/value/reputation; **~a minmək** *fe.* 신뢰를 얻다 become reliable man; **~ı getmək** *fe.* 망신당하다, 수치당하다 disgrace oneself; **~ını almaq** *fe.* 부끄럽게 되다, 수치를 당하다 shame, put to shame, make ashamed of; **~ını aparmaq** ☞ **abırdan salmaq**; **~ını atmaq** ☞ **abırdan düşmək**; **~ını əlinə vermək** *fe.* 양심에 호소하다 exhort, appeal to the conscience (of), shame, put to shame; **~ını gözləmək** *fe.* 예의범절을 지키다 observe the proprieties; **~ını götürmək (tökmək)** ☞ **abrını aparmaq**
abır-həya ☞ **abır** *i.* 수치, 체면 shame, decency, propriety; ~ **etmək/eləmək** *fe.* 수치를 느끼다, 부끄러워하다 be a shamed (of); feel shy; **~dan salmaq** *fe.* 창피를 당하다 put to shame
abırlamaq *fe.* 호되게 꾸짖다 reproach sternly, put to shame
abırlandırmaq *fe.* 혼내 주다 bring *smb.* to his senses; bring *smb.* round
abırlanmaq ☞ **abıra minmək**
abırlı *si.* ① 정숙한, 얌전한, 예의 바른, 단정한 diffident, modest, ashful, shy, moral, decorous, decent ○ **həyalı, ismətli, utancaq, namuslu** ● **həyasız**; ② 적절한, 타당한 respectable, proper, passable, reliable ○ **e'tibarlı, hörmətli, nüfuzlu**
abırlılıq *i.* 겸허, 조심성, 정숙, 예의 바름 diffidence, modesty, bashfulness, shyness, decency, propriety, decorum, morals
abırsız *si.* ① 뻔뻔한, 수치를 모르는 shameless,

barefaced, brazen (-faced), impudent, insolent, impertinent, cheeky, dishonourable, commonplace, vulgar; ② *col.* 거만한, 오만방자한 cynic, impudent, insolent ○ **həyasız, utanmaz, ədəbsiz** ● **həyalı**; **~ca(sına)** ☞ **abırsız-abırsız**

abırsız-abırsız *z.* 거만하게, 무례하게, 건방지게 impudently, insolently, impertinently

abırsızlıq *i.* ① 무례함, 뻔뻔함, 버릇없음, 후안무치, 파렴치함 impudence, insolence, effrontery, shamelessness, cynicism; ② 진부함, 평범함, 상투적임 commonplace, banality, platitude, triteness; ③ 불명예, 치욕, disgrace, dishonour, ugliness ○ **həyasızlıq, utanmazlıq, ədəbsizlik**; **~ etmək** *fe.* 무례하게 행동하다 behave impudently/insolently

abıtəhər, abıyaçalan *si.* 푸르스름한, 연청색의 bluish, light blue

abid *i.* ① 수도사, 금욕주의자 ascetic; ② *si.* 경건한, 독실한 devout, pious ○ **zahid, dindar**

abidanə ☞ **abidcəsinə**

abidcəsinə *z.* 경건하게, 금욕적으로 devoutly, piously, ascetically

abidə *i.* ① 묘비 statue, tombstone ○ **heykəl**; **yazılı ~** *i.* 기록된 기념비 literary monument; ② 기념비, 비석 monument, memorial ○ **yadigar**; ③ 조각 작품 sculpture ○ **əsər, qaynaq**

abidləşmək *fe.* 경건해지다, 독실해지다, become pious, be devout, be dedicated ○ **zahidləşmək**

abidlik *i.* 경건, 독실함 piety, piousness, devoutness ○ **zahidlik**; **~ etmək/eləmək** *fe.* 종교적인 위선을 떨다 try to show oneself pious, devout

abi-həyat *i.* ① 생명수 myth, nectar, life-giving, vivifying moisture; elixir of life; ② 생명을 주는 전설적인 물 legendary source of life-giving moisture

abi-niysan *i.* 4월에 내리는 비 April rains

abituriyent *i.* ① 졸업생 leaving student; ② 지원자, 응시자 applicant, entrant

abi-zəmzəm *i.* 메디나의 캬바 성지에 있는 샘 water from the holy well 'zamzam' which is situated near from the sacred place of Mohammed-Kaaba in Madina

abqora *i.* 신 포도의 즙 (sour juice of unripe grapes for ingredient)

abnabat *i.* 과일 젤리, 과일 캔디 sweet fruit-drop, sugar-candy

abnos, abnus *i. bot.* 주목(朱木); 주목의 재목 yew-tree

abonement *i.* 청약, 신청, 가입, 동의 subscription

abonent *i.* 청약자, 신청자, 가입자 subscriber

abort *i.* 유산, 낙태, 중절 abortion ○ **uşaqsalma, balasalma**

abpaş *i. obs.* 물통 water can ○ **susəpən, suçiləyən**

abreviatura *i.* 요약 Abbreviation

abriz ☞ **ayaqyolu**

abru ☞ **abır**

absolyut *si.* 절대적인 absolute

absolyutizm *i.* 절대주의, 절대왕정 absolutism

abstraksiya *i.* 추상관념 abstraction

abstrakt *si.* 추상적인, 관념적인, 이론적인 abtract ○ **mücərrəd**

abstraktlaşdırmaq *fe.* 추상화시키다, 관념화시키다 make abstract ○ **mücərrədləşdirmək**

abstraktlaşmaq *fe.* 관념화되다, 추상화되다 become abstract ○ **mücərrədləşmək**

Abşeron (yarımada) *i.* 압쉐론 반도 Absheron (peninsula)

abunə *i.* 청약, 신청, 가입 subscription; **~ olmaq** *fe.* 가입하다, 신청하다 subscribe; **~ şərtləri** *i.* 가입조건 terms of subscription

abunəçi *i.* 가입자, 청약자 subscriber ○ **telefonun ~** *i.* 전화 가입자 telephone-subscriber

abyeşik *i.* 산지기, 산림관리자, forest guard, forester, forest warden ○ **meşəbəyi, meşəgözətçisi**

abyeşiklik *i.* ① 산림관리직 job of forest guard; ② 관리되는 임야 area under the watch of a forester

abzas *i.* ① 새김 자국, 오목함 indented line; indentation; indention; ② 문장의 단락이 시작되는 부분 (a part of text in paragraph); **yeni ~dan başlamaq** *fe.* 새로운 단락을 시작하다 indent a line, (begin a new line or paragraph)

ac *si.* ① 배고픈, 주린 hungry ○ **qarnıboş**; ② 가난한, 빈곤한 poor, meager ○ **yoxsul, kasıb, fağır, möhtac**; *i.* 거지, 부랑아 beggar, homeless, vagabond ○ **yalavac, yoxsul, dilənçi, yurdsuz, səfil**; **~ qarına** *z.* 배를 주린 채 on an empty stomach; **~ından ölmək** *fe.* 기근으로 죽다 die of starvation; ***Ac toyuq yuxuda darı görər.*** *주린 닭은 잘 때 곡식창고를 꿈꾼다. (자신의 처지에 따라 상황을 본다) The hungry hen dreams she is in the barley barn.*

ac-acına *z.* 먹지 않고 without having meal, on an empty stomach

acar *i.* ① 아자르족 Adzhar (nation); ② 아자르 사람 Adzarian

acarca *i.* 아자르어 Adzarian language

acdırmaq *fe.* 배고프게 만들다, 식욕을 돋우다 cause to be hungry; make appetite

acgödən I. *i.* 대식가, 폭식가 glutton, gormandizer; II. *si.* 탐욕스러운 gluttonous, grasping ○ **dələqarın**

acgödənlik *i.* 폭식 gluttony

acgöz I. *i.* 대식가, 탐욕가 glutton, greedy man ○ **tamahkar**; II. *si.* 탐욕스러운, 욕심이 많은 greedy, avid, covetous, avaricious, eager, mean, stingy, insatiable, grasping ○ **ehtiraslı, həris gözütox**

acgözcəsinə ☞ **acgözlüklə**

acgöz(lü) ☞ **acgöz**

acgözlük *i.* ① 욕심, 탐욕, 탐식 insatiability; greed, greediness, avidity, covetousness, avarice ○ **tamahkarlıq**; ② 열정, 열심 eagerness, cupidity ○ **ehtiras, həvəs, herislik**; **~(lə) baxmaq** *fe.* 욕심을 가지고 보다, 욕망을 갖다 devour with one's eyes; **~lə** *z.* 탐욕스럽게, 열심으로 greedily, avidly; **~lə yemək** *fe.* 게걸스럽게 먹다 devour, gobble; **~lə içmək** *fe.* 벌컥벌컥 들이키다 gulp

acı *si.* ① (맛이) 쓴 bitter (tasty); ② 견디기 어려운, 모진, 쓰라린, 비통한 severe, miserable ○ **fəlakətli, məşəqqətli, əziyyətli**; ③ 거친, 조악한, 고약한 harsh, cutting, sharp, biting, mordant ○ **zəhərli, ağır, sancan, qaba, kobud**; ④ 모질게 아픈, 중병이 든 severe-sick, seriously ill ○ **ağrı, azar**; III. *z.* 심히, 몹시, 비통하게 bitterly; **~ bağırsaq** *i.* 소장(小腸) small intestines; **~ danışmaq** *fe.* 빈정대다, 비아냥거리다, 야유하다, 비꼬아 말하다 speak sarcastically; **birinə ~maq** *fe.* ~에 대해 악감을 갖다 take pity on; **~ istehza** *i.* 야유, 풍자 sarcasm; **~ söz** *i.* 신랄한 언어 nasty remark; **~sını çəkmək** *fe.* 아픔을 견디다, 비통해하다 undergo

acı-acı *z.* 악의적으로, 앙심을 갖고 maliciously, spitefully, bitterly

acıçay *i.* 설탕 없는 차 sugarless tea

acıdil *si.* 독설적인, 신랄한, 악의적인, 앙심적인, 독기를 품은 speaking with malice, malicious, spiteful, venomous, insidious ● **şirindil**

acıdilli ☞ **acıdil**

acıdillilik *i.* 악의, 매서움, 신랄함 malice, spite, invidiousness, causticity, mordancy

acıxəmrə ☞ **acıtma**

acıxmaq *fe.* ① 굶주리다, 배가 고프다 feel/get/grow hungry, be famished; ② ☞ **acılaşmaq**

acıq *i.* ① 앙심, 악의, 불쾌, 악독 spit, anger, displeasure, malice, spite, ill-naturedness ○ **hirs, hiddət, qeyz, qəzəb**; ② 짜증, 신경질, 귀찮음, vexation; **~ almaq, ~ğını çıxmaq** *fe.* 앙심을 품다, 앙갚음을 하다 revenge oneself (upon, for), take vengeance (on, for), avenge; **~ vermək** *fe.* a) 장난하다, 놀리다 tease 흥분시키다; b) excite; **~ eləmək/etmək** *fe.* 화나다, 불쾌하다 take offence, umbrage, be/feel hurt, resent; **~ğa düşmək** *fe.* 완고해지다, 고집을 부리다 begin to be obstinate; **~ğa salmaq, ~ğını tutdurmaq** *fe.* 화나게 하다, 짜증나게 하다, 신경질 나게 하다 anger, vex, tease, irritate; **~ğa gəlmək** *fe.* 참지 못하다, 견디지 못하다 not to stand, not to bear; **~ğı soyumaq** *fe.* 진정하다, 흥분을 가라앉히다 calm, quiet, settle down; **~ğı tutmaq** *fe.* 화나다, 짜증내다 be angry, be cross; **~ğını almaq** *fe.* 화를 풀다, 분노를 쏟다, 앙갚음을 하다(vent, wreak one's anger/vexation; **~ca** *z.* 일부러, 의도적으로, 고의로 (to spite (*smb.*), purposely, on purpose, for fun; **~dan** *z.* 악의적으로, 앙심을 품고 from malice, out of spite, ***Ondan acığım gəlir.*** *그에 대해 화가 난다. I can't bear him.*; ***Acığın gəlir, su iç.*** *화가 나면 물을 마시라. When angry, count to hundred.*

acıqlandırmaq *fe.* ① 자극하다, 흥분시키다 irritate, tease; ② 화나게 하다 make angry ○ **acığa salmaq**

acıqlanmaq *fe.* 화나다, 짜증나다, 신경질 나다 become angry, get upset ○ **hirslənmək, hiddətlənmək, qızmaq, əsəbiləşmək**; ② 고함치다, 분노하다 shout, rage, shout at ○ **qışqırmaq**

acıqlı *si.* ① 화난, 앙심을 품은, 악의적인 angry

with (*smb.*), cross (with *smb.*), angry (at, about *smt.*), strong, malicious, indignant, sullen, unkind ○ **hirsli, hiddətli, qəzəbli** ● **mülayim;** ② 격렬한, 극심한, 거친 strong, violent, furious ○ **şiddətli, coşğun, dəhşətli, qorxunc;** ● **sakit, təmkinli**

acıqlı-acıqlı ☞ acıqlı

acıqlılıq *i.* ① 분노, 분개 resentment, exasperation ○ **hirslilik, hiddətlilik, əsəbilik;** ② 꾸중, 책망, 견책, 비난 reproof, censure, stricture ○ **məzəmmətlilik, danlaqlılıq**

acılamaq *fe.* 자극하다 bite, irritate, sting, taunt ○ **zəhərləmək, sancmaq**

acılandırmaq *fe.* 쓰게 만들다 make bitter

acılanmaq ☞ acılaşmaq

acılaşdırmaq *fe.* 쓰게 만들다 make bitter

acılaşmaq *fe.* ① (맛이) 쓰게 되다, 고약한 맛이 나다 taste bitter, have a bitter taste, have a rancid taste ○ **turşulaşmaq;** ② (차) 진하게 하다, 강하게 하다 make stronger/tick (tea) ○ **tündləşmək**

acılı *si.* 유독한, 독성의, 유해한 poisonous ○ **zəhərli**

acılıq *i.* ① 쓴 맛, 쓴 것 bitter taste, bitter stuff ○ **zəhərlilik, tündlük;** ② 잔혹함, 쓰라림 bitterness, harshness○ **kəskinlik, kinayəlilik;** ③ 앙심, 악의 malice, ill-wil ○ **pislik, kəskinlik, sərtlik**

acımadan *z.* 무자비하게, 잔인하게, pitilessly, mercilessly, without mercy

acımaq[1] *fe.* ① (맛이) 쓰다, 진하다 become bitter, become thick (taste) ○ **acılaşmaq, tündləşmək;** ② 발효되다 become sour/leavened ○ **turşumaq, qıcqırmaq**

acımaq[2] *fe.* 슬퍼하다, 동정하다 deplore, regret, sympathize, feel sorry ○ **təəssüflənmək, heyfsilənmək** ● **qəddarlaşmaq**

acımsov *si.* 씁쓸한 rather bitter, bitterish

acımtıl ☞ acımsov

acınacaqlı *si.* 슬퍼하는, 애통해 하는 miserable, pitiable, deplorable, mournful

acındırmaq *fe.* 슬프게 하다, 괴롭히다, 마음을 아프게 하다 distress, grieve

acıpencər *i.* 푸름 bitter greenery, verdure

acı-söz *i.* 신랄한 비판 stinging remark

acışdırıcı *si.* 귀찮게 하는, 성가시게 하는, 괴롭히는 irritating, annoying, irksome

acışdırmaq *fe.* ① 간지럽게 하다, 자극하다 cause itch, irritate ○ **göynətmək;** ② 화나게 하다 anger, vex; ③ 분노케하다 tease, get *smb.* dander up ○ **cırnatmaq**

acışmaq *fe.* ① 긁다 scratch oneself; ② 신경을 건드리다, 짜증나게 하다 get angry/get annoyed, become nervous ○ **göynəmək, gicişmək, yandırmaq**

acıtəhər ☞ acımsov

acıtərə *i. bot.* 물냉이 watercress, (garden) cress ○ **vəzəri**

acıtma *i.* 발효, 효소, 효모 ferment; leaven; mettle ○ **turşutma, qıcqırtma**

acıtmaq *fe.* ① 발효시키다, 부풀게 하다 raise, ferment, leaven ○ **turşutmaq, qıcqırtmaq;** ② 화나게 하다, 기분을 상하게 하다, 괴롭히다, 성가시게 하다 offend, resent, annoy, irritate; ○ **incitmək, əsəbiləşdirmək, hirsləndirmək** ● **sakitləşdirmək**

acıtmalı *si.* ① 발효된 fermented; leavened, sour

acıtmasız *si.* 효모가 없는, 누룩을 쓰지 않은 unleavened; ~ **çörək** *i.* 무교병(無酵餠) unleavened bread

aciz *si.* ① 불쌍한, 처량한 helpless, humble; ② 무능한, 약한 feeble, incapable, weak, unable ○ **bacarıqsız, fərsiz, iqtidarsız** ● **bacarıqlı;** ~ **olmaq** *fe.* 할 수 없다, 무능하다 be incapable/unable; ③ 우유부단한, 결단력이 부족한 irresolute, poor, indecisive ○ **cəsarətsiz, qətiyyətsiz, qorxaq**

aciz-aciz ☞ aciz

acizanə *z.* 순종적으로 humbly, submissively, obediently

acizcə(sinə) ☞ aciz

acizləşmək, acizlənmək *fe.* ① 불능이 되다, 능력을 잃다, become helpless, loose ability ○ **bacarıqsızlaşmaq, fərsizləşmək, zəifləşmək;** ② 두려워하다 become timid, become afraid ○ **qorxaqlaşmaq, cəsarətsizləşmək**

acizlik *i.* ① 연약함, 무능력 helplessness, feebleness, lack of ability, inability, incapability, weakness ○ **bacarıqsızlıq, fərsizlik, iqtidarsızlıq, zəiflik** ● **bacarıqlılıq;** ② 우유부단, 결단성 부족 irresolution, indecision ○ **cəsarət-**

sizlik, qətiyyətsizlik, qorxaqlıq; ~ göstərmək, ~ etmək *fe.* 무력함을 보이다, 갈팡질팡하다 show helplessness; act irresolute, be afraid

acqarına ☞ ac-acına

acqursaq ☞ acgöz

ac-lələyun ☞ ac

aclıq *i.* ① 기아, 굶주림 hunger, starvation, hunger-strike; ② 기근, 식량 부족 famine, dearth ○ **qəhətlik, qıtlıq** ● **bolluq**; ~ **çəkmək** *fe.* 굶주리다, 금식하다, 단식하다 go hungry, fast, go without food; ~ **düşmək** *fe.* 기아에 빠지다 retain hunger; ~ **e'lan etmək** *fe.* 단식 투쟁을 선언하다 go on hunger-strike; ~ **qiyamı** *i.* 식량 폭동 revolt of the hungry; **~dan qurtarmaq** *fe.* 기아를 경험하다 experience hunger; go through hunger; survive hunger

acmaq *fe.* 주리다, 굶주리다 feel/get/grow hungry

ac-susuz *z.* 매우 주린, 주리고 목마른 very hungry, hungry and thirsty

ac-yalavac *si. z.* 주린, 배고픈 hungry, famishing, starved; ~ **olmaq** *fe.* 매우 가난하게 되다 be very poor; ~ **yaşamaq** *fe.* 반죽음으로 살다 live half-starved

açar *i.* ① 열쇠 key; ② 단서 clue; ③ 렌치, 스패너 wrench (instrument); ~ **yeri** *i.* 열쇠 구멍 key hole; **ucu açıq** ~ *i.* 입이 열린 스패너 open ended spanner; **yaylı** ~ *i.* 몽키스패너 adjustable spanner; **sonu girdə** ~ *i.* 링 스패너 ring spanner

açarçı *i.* 집사, 청지기 steward, house keeper

açarçılıq *i.* 집사직 profession of steward

açarqayıran *i.* 열쇠공 locksmith, key-maker

açaryeri *i.* 열쇠구멍 keyhole

açdırmaq *fe.* (문을) 열게 하다, (뚜껑을) 따게 하다 ask/cause *smb.* to open, have *smt.* opened

açıq *si.* ① 열린, 넓은, 개방된 open, wide ○ **geniş, vüs'ətli**; ② 정직한, 진실한 candid, frank, outspoken, blunt ○ **səmimi, aşkar, bəlli** ● **gizli**; ③ 밝은 light, bright ○ **nurlu, işıqlı** ● **tünd**; ④ 벌거벗은, 덮지 않은, 입지 않은 bare, uncovered ○ **çılpaq, üryan, örtüsüz** ● **bükülü, yumulu**; ⑤ (날씨) 맑은, 쾌청한 cloudless, clear ○ **buludsuz, aydın, təmiz** ● **tutqun**; ⑥ 공공의, 공공연한 public, patent, legal ○ **sərbəst, maneəsiz**; ⑦ (얼음) 녹은 melted (ice) ● **donuq**; **baş** ~ *i.* (수건, 모자를) 쓰지 않은 머리 bare head; ~ **çay** 연한 차 weak tea : ~ **dövrə** *i.* 풀린 고삐, unreserved chain; **gözü** ~ *si.* 정신이 맑은 wide awake; ~ **hava** *i.* 개방된 공간 open air; ~ **himayə** *i.* 직접적인 관찰 directbacking; ~ **iclas** *i.* 공개 모임 public meeting; ~ **qəhvəyi (rəng)** *i.* 연갈색 light brown, hazel (colour); ~ **qapılar** *si.* 공공에 개방된 open to the public; ~ **mavi** *i.* 하늘색, 연청색 sky blue; ~ **mühazirə** *i.* 공개 강좌 open lecture; ~ **olmaq** *fe.* 수줍어 하지 않다 a) feel not shy, feel very free; 솔직하다, 진솔하다 b) be frank; ~ **rəngli** *si.* 연한 색의 light; ~ **satış** *i.* 경매, 공매 auction; ~ **söhbət** *i.* 공개 토론 straight talk; ~ **sözlü** *si.* 솔직한 언어로 frank worded

açıq-abı *si.* 연청색의 light-blue

açıq-açığına ☞ açıqca

açıq-aşkar ☞ açıq-aydın

açıq-aydın *si. z.* ① 분명한, 명백한 obvious, pointed; ② 정직한, 솔직한 frankly, candidly, openly; ③ 부끄러워하지 않는 without feeling shy of anybody

açıq-bəniz *si.* 밝은 표정의 bright

açıq-bənövşəyi *si.* 밝은 자색의 light-violet

açıq-boz *si.* 연회색의 light grey

açıqca *z.* 분명하게, 명백하게 evidently, obviously, manifestly, patently, frankly, candidly, openly ○ **gizlətmədən, qorxmadan, çəkinmədən**; ~ **demək** *fe.* 명백히 선언하다 declare openly

açıqcasına ☞ açıqca

açıqdan-açığa *z.* 명백하게 openly, clearly; ~ **saymamaq** *fe.* 공공연히 무시하다 defy

açıq-fikirli *si.* 자유롭게 생각하는 free-thinking, free-thinker's ○ **qabaqcıl, tərəqqipərvər**

açıq-fikirlilik *i.* 상상의 자유 free-thinking ○ **qabaqcıllıq, tərəqqipərvərlik**

açıq-göy *si.* 연청색의 light-blue

açıq-göz(lü) *si.* 경계를 늦추지 않은, 조심성 있는, 예리한 눈총의 vigilant, spry, watchful, keen-witted ○ **ayıq-sayıq**

açıq-gözlülük *i.* 경계, 조심 vigilance, watchfulness ○ **ayıq-sayıqlıq**

açıq-qəhvəyi *si.* 연갈색의 light-brown

açıq-qırmızı *si.* 주홍색의 vermilion, scarlet

açıqlıq *i.* ① 광활한 지역 spaciousness, space,

wide open space, (wide) expanse ○ **genişlik** ● **sıxlıq**; ② 분명함, 명백성 clearness, clarity, lucidity ○ **aydınlıq, təmizlik**; ③ 솔직함, 정직함 frankness, candour ○ **səmimilik, ürəkaçıqlıq** ● **gizlilik**; 결핍, 부족 blank, gap, flaw; deficiency ○ **düzəngah, aralıq**; **~ğa çıxmaq** *fe.* 드러나다, 명백하게 되다 be revealed; come to light

açıqrəng(li) *si.* 연한색의 with light-color; light-colored

açıq-saçıq *z.* ① 친근하게, 자유롭고, 편안하게 familiarly, free and easy, over-free; ② 부끄럼없이, 스스럼없이 without feeling shy; undisciplined

açıq-saçıqlıq *i.* 방탕, 무절제, 풍기 문란 undue, familiarity lack of discipline, dissoluteness, licentiousness, dissipation

açıq-sarı *si.* 노르스름한, 노란색이 감도는 light-yellow, yellowish

açıq-təhər *si.* 연한 light

açıqürəkli *si.* 솔직한, 진실한, 정직한 candid, sincere; frank; open-hearted ○ **səmimi**

açıqürəklilik *i.* 솔직함, 진실함, 정직함 candidacy, sincerity, frankness ○ **səmimiyyət**

açıq-yaşıl *si.* 연녹색, 연두색 light-green

açılış *i.* 개회, 취임 opening, throwing open, inauguration ○ **başlanış** ● **bağlanış, gizlicə**

açılışmaq *fe.* ① 익숙해지다, 적응하다 get used to, accustom, habituate oneself to ○ **öyrəşmək, kamilləşmək, yetişmək, irəliləmək**; ② 친밀해지다, 가까워지다, 친근해지다 become familiar; become intimate ○ **məhrəmləşmək, isinişmək, yaxınlaşmaq**; ③ (꼬인 것이) 풀리다, 접힌 것이 열리다 become untwist/unfolded, uncurled; **saç ~** *fe.* (머리카락이) 펴지다 come uncurled, lose its curls; 부끄러움을 모르다 become unashamed ○ **həyasızlaşmaq, sırtıqlaşmaq**; ④ 진솔해지다, 정직해지다, 쉬워지다 become candid/frank/easy ● **sıxılmaq**; ⑤ (날씨가) 개다, 맑아지다 become clear (weather) ● **tutqunlaşmaq**

açıl|maq *fe.* ① 열다, 열리다 open; be opened ● **qapanmaq**; ***Qapı açıldı.*** *문이 열렸다. The door was opened.*; ② 개회가 선언되다, 시작되다 be declared open ○ **başlanmaq, yaranmaq**; ***İclas açıldı.*** *회의가 시작되었다. The meeting was declared open.*; ③ 드러나다, 발견되다, 판명되다 come to light; be revealed; be discovered, be found ○ 그의 비밀이 밝혀졌다 **tapılmaq**; **Onun sirri açıldı**. His secret came out.; ④ 꽃이 피다, 개화하다 open; blossom out 봉오리와 꽃이 피고 있다 ○ **çiçəklənmək, yarpaqlanmaq** ● **solmaq**; **Tumurcuqlar və qonçələr açılır**. The buds and flowers are opening; ⑤ 구멍이 뚫리다 make hole ○ **deşilmək, dəlinmək, qazılmaq** ● **tutulmaq**; ⑥ (날씨가) 개이다 clear (weather) ***Hava açılır.*** *날씨가 개인다. The weather is clearing.*; ⑦ (시야가) 열리다 open (toward) ○ **baxmaq**; ***Pəncərə dənizə açılır.*** *창은 바다로 향해 있다. The window opens on the sea.*; ⑧ (나사, 끈, 단추 등) 풀리다, 느슨해지다 unscrew, get loose, come undone, unwind, uncoil, get untied/unfastened, come unbuttoned/unbuckled/unclasped/unhooked, come uncoupled/unwind/uncoil ○ **boşalmaq qopmaq, sökülmək** ● **bərkimək**; ***Düyün açılır.*** *매듭이 풀린다. The knot is opened.*; ***Süjet yavaş-yavaş açılır.*** *이야기가 서서히 전개된다. The narrative unwinds slowly.*; ⑨ 분리되다, 나누어지다 be made gap/space, get separated ○ **aralanmaq, seyrəklənmək**; 벌거벗다 become naked, become nude ● **örtülmək**; ⑩ (봄, 새벽) 밝아지다, 환해지다 come (spring, daybreak *etc.*), become bright ○ **cilalanmaq, pardaqlanmaq, təmizlənmək, parıldamaq, işıldamaq**; ***Yaz açılır.*** *봄이 왔다. Spring has come.*; ⑪ 펼쳐지다, 확장되다 open, expand; extend ● **yığılmaq**; ⑫ (폭탄, 총이) 발사되다, 폭발되다 burst (bomb), fire (gun) ○ **atılmaq, partlamaq**; ⑬ (주름이) 펴지다, 평평하게 되다 become even/smooth ● **büzüşmək**; ⑭ 소리가 들리다 be heard, sound, resound, ring (out), open (eyes) ● **yumulmaq**; **~ıb-bağlanan** *si.* 접을 수 있는 (의자, 상 등) collapsible, folding, foldable

açınacaq(lı) *si.* 슬픈, 애도의 pitiful, pitiable, poor, wretched, miserable; sorrowful, mournful, plaintive, dolorous, doleful

açma *si.* 접이식의 foldable, collapsible; **~ qayıq** *i.* 접이식 보트 foldable boat; **~ qapı** *i.* 접이식 문 folding door; **~ stol** *i.* 접이식 상 folding table

aç|maq[1] *fe.* ① (길, 꼭지, 의논, 회의, 구좌, 사업

A

등) 열다, 시작하다 open (tap, way, discussion, meeting, business, account *etc.*) ○ **yaranmaq**; ② (비밀, 마음) 드러내다, 표시하다, 노출하다 expose, reveal, disclose, discover, lay bare (secret, mind) ○ **cilalamaq**, **parıldatmaq**, **təmizləmək**, **ağartmaq**; ③ (끈, 단추, 매듭을) 풀다, (마개, 뚜껑을) 열다, 따다 untie, unbind, undo, unleash, liberate, unfasten, unbutton, unhook, unclasp, unbuckle, take out of the shafts, unwrap, untwist, uncork, gape ○ **boşalmaq**, **aralamaq**; ④ (반죽을) 펴다, 밀어 넓히다 roll out, spread (dough, paste); ⑤ (대화를) 시작하다 start (talking), begin (to talk); ⑥ (꽃이) 피다 blossom (out) ○ **çiçəklənmək**; ⑦ 확장하다 widen, expand, extend, stretch ○ **genişlənmək**, **vüs'ətlənmək**, **uzatmaq**, **böyütmək**, **genəltmək**; ⑧ 구멍을 만들다, 틈을 내다 make a hole/gap ○ **deşmək**, **dəlmək**; ⑨ (눈을) 뜨다 open (eyes) ● **yummaq**; **~ıb buraxmaq** *fe.* 느슨하게 하다 loose; **~ıb göstərmək** *fe.* 보여주다 disclose, lay bare; **~ıb tökmək** *fe.* 아는 것을 모두 털어 놓다 tell everything that one knows; **əl ~maq** *fe.* 도움을 구하다, ask for alms, beg; **dil ~maq** *fe.* 말하기를 시작하다 start to speak, loosen tongue; **ayaq ~maq** *fe.* 걷기를 시작하다, 왕래를 시작하다 begin to walk; *fig.* start to visit; **könül ~maq** *fe.* 사랑을 고백하다 cheer up, make glad, brighten up; declare one's love

açmaq² *fe.* ① 좋아하다, 만족하다 like, satisfy, be convenient; ***Belə hava məni açır***. *날씨가 나를 기분 좋게 하다. Such weather satisfies me.*; ② 즐겁게 하다, 기쁘게 하다 make glad, gladden, please; ***Bu xəbər məni açdı***. *이 소식이 나를 기쁘게 했다. This news made me glad.*

ad *i.* ① 성명 name, noun, appellation, title, denomination; designation; ② 별명, 가명, 별칭 alias; nickname, conspiratorial name ○ **ləqəb**; ③ 명예, glory; fame; reputation ○ 영예를 얻다 **san**, **şöhrət**; **~ almaq**, **~-san çıxarmaq**, **~ qazanmaq** *fe.* 유명세를 타다 a) be famous (for), be glorified, be named, be termed, be called; ● 체면을 구기다, 면목을 잃다 b) immortalise one's name, make one's name famous; **~ batırmaq** *fe.* defame; **~ vermək/qoymaq** *fe.* a) 이름을 부르다 call, name, give name, be memorized; b) 보고하다, report, inform, denounce, wear out; **~ qazandırmaq** *fe.* 영광을 돌리다 help *smb.* to be glorified/famous; **~ qoşmaq** *fe.* 이름을 붙이다, 이름을 짓다 nickname; name; **~ tutmaq (çəkmək)** *fe.* 이름을 기억하다, 이름을 부르다 mention one's name, refer to one's name, remind one's name; **~ çıxarmaq** *fe.* a) 유명해지다 be famous, be glorified; 평판을 얻다 b) pass (for); be reputed bad/no good; **~ı anılmaq** *fe.* 이름이 기억되다, 이름이 거명되다 be mentioned one's name; be remembered; **~ı batmaq** *fe.* 평판을 잃다, be defamed; **~ı qalmaq** *fe.* 좋은 평판을 유지하다 retain/keep good name; **~ı pisə çıxmaq** *fe.* 악평을 얻다, 악명을 날리다 acquire bad reputation/fame; **~ı çıxmaq** *fe.* 유명해지다 be famous (for), be glorified; ***Adın batsın!*** *수치를 알아라, 창피하지 않으냐? Shame on you!*

ada *i.* ① 섬, 도서(島嶼) island, isle ○ **cəzirə**; **~lar qrupu** *i.* 군도, 열도 archipelago; ② 유사함, 닮음 *fig.* resemblance, likeness ○ **təşbih**, **bənzətmə**

adab *i.* 예의범절, 정중함 civility, courtesy, decency, propriety (☞ **ədəb**) ○ **dəb**, **üsul**, **qayda**

adacıq *i.* (작은) 섬 isle (diminutive of **ada**)

adaçayı *i. bot.* 샐비어(꿀풀과); 잎(약용, 향미료용) sage

adadovşanı *i. zoo.* 토끼의 일종 rabbit

adax *i.* 약혼, 정혼 betrothal, engagement ○ **ad**, **nişan**, **deyk**

adaxlamaq ☞ **adaxlamaq**

adaxlandırmaq ☞ **adaxlamaq**

adaxlanmaq *fe.* ~와 약혼하다, ~와 정혼하다 be engaged to *smb.*, be betrothed to *smb.* ~ ○ **nişanlanmaq**, **deyiklənmək**

adaxlı *i.* ① 약혼자, 정혼자, 구혼자 fiancee, bridegroom, eligible bachelor, suitor; ② 신부, 신랑 bride, bridegroom ○ **deyikli**, **nişanlı**

adaxlıbazlıq *i.* 약혼자와의 밀회 secret meeting with fiancée

adaxlılıq *i.* 약혼, 약혼 상태 engagement, being engaged ○ **deyiklilik**, **nişanlılıq**

adajio *i. mus.* 아다지오 adagio

adaq¹ *i.* (아이의) 첫 걸음 step (the first step of baby) : **~ durmaq** *fe.* 제 발로 서다 get to one's feet (about baby); ~ **yerimək** 아장아장 걷다 *fe.* toddle

adaq² ☞ **adax**

adaq-adaq *z.* 아장아장 toddlingly, at a trot (about baby)

adaqlamaq ☞ **adaxlamaq**

adaqlı ☞ **adaxlı**

adalı *i.* 도서민(島嶼民) islander

adam *i.* ① 사람, 남자 man; person; ② 잘 교육 받은 남자 well-bred man, humanbeing ○ **insan, bəşər**; ③ 어떤 사람, 어떤 남자 a certain man (indefinitive pronoun); ④ 짝, 배우자 spouse, partner; ⑤ 일꾼, 노동자, 조력자 worker, labour, helper; **~lar** *i.* 사람들, 민중 people, the public; ~ **basmaq** *fe.* 치어 넘어지다 run over; knock down; ~ **başına** *si.* 사람당 apiece; ~ **eləmək (etmək)** *fe.* 교육시키다, bring up; rear; educate; train; foster; cultivate; ~ **kimi** *z.* 적절한 방법으로 in proper way, in a human manner; ~ **oğlu** *i.* 훌륭한 사람, 교양인(well-bred, well-brought-up) good man, kind man, well-wisher; ~ **oğurlamaq** *fe.* 납치하다 kidnap; ~ **olmaq** *fe.* 적절하게 처신하다 behave, obtain dignity; ~ **oynatmaq** *fe.* 놀리다, 모욕하다, 조롱하다 warm up, fool (*smb.*), pull the wool over the eyes, mock (at), jeer (at), gibe (at), deride; ~ **yerinə qoymaq** *fe.* (적절히) 존중하다, 존경하다 honour, respect, esteem; **~a yovuşmaz** *si.* 비사교적인, 무뚝뚝한 chilly, unsociable, morose; **~la dolu** *si.* (사람들로) 붐비는, 번화한 crowded; ***Adam ol!** 처신 잘해라! Behaviour yourself!*; ***Adam adama lazım olar.*** *(prov.)* ***Suyun lal axanı, adamın yerə baxanı.*** *(prov.)*

adamaldadan *i.* 사기꾼, 야바위꾼, 협잡꾼 swindler, cheat, trickster, deceiver, fraud

adamaoxşamaz *si.* ① 보기 흉한, 추한, 못생긴, 비루한 ugly, dirty, shabby ○ **çirkin, biçimsiz, eybəcər** ● **göyçək**; ② 사람과 비슷한 anthropoid; anthropomorphic

adamaoxşamazlıq *i.* 흉함, 추함 ugliness, deformity ○ **çirkinlik, biçimsizlik, eybəcərlik**

adamayovuşan *si.* 친절한, 사교적인, kind, sociable, hospitable ○ **xöşxasiyyət, istiqanlı, məhriban**

adamayovuşmaz *si.* 비사교적인, 불친절한 reclusive, unfriendly, misanthropic, antisocial ○ **qaraqabaq, qanısoyuq, mızı, adamdanqaçan**

adamayovuşmazlıq *i.* 내성적임, 은둔 introvert, recluse, anchorite, hermit ○ **qaraqabaqlıq, qanısoyuqluq, mızılıq**

adambaşı(na) *z.* 각자 for per man, apiece, each one

adamboyu *si.* 보통 키의 as tall as a man

adamcığaz ☞ **adamcıq**

adamcıq *i.* 작은 사람 little man

adamcıl *i.* 약탈자, 강탈자 beast of prey, plunderer, spoiler, vamp ○ **yırtıcı, vəhşi**

adamcıllıq *i.* 비인간성, 잔인성, 무자비, 포악성 brutality, cruelty, savageness, inhumanity ○ **yırtıcılıq, vəhşilik**

adamdanqaçan *si.* 은둔자, 교제를 싫어 하는 사람 misanthrope, hermit, anchoite; recluse

adamkökü *i. bot.* 가짓과로서 유럽산이며 마취성이고 유독함 mandragora

adamqüldürən *i. i.* 웃기는 risible; funny, jocular; II. *i.* 익살꾼, 어릿광대 skomorokh, buffoon, mountebank

adamlıq *i.* ① 인간성, 인간애 humanness; humanity ○ **insanlıq**; ② 인도, 친절, 자애 nobility, dignity, goodness ○ **xeyirxahlıq, yaxşılıq**; **beş** ~ *i.* (*smt.*) 5명을 위한 for five men

adamoynadan *i.* 비웃는 사람, 조롱자, 조소꾼, 모욕자 scoffer, mocker

adamöldürən *i.* 살인자 murderer

adamsevməz ☞ **adamdanqaçan**

adamsız *si.* ① 고독한, 소외된, 비사교적인 unsociable, desolate, lonely; ② 도움이 없는 without help, helpless; ③ 경시된 neglected, uncared-for ○ **kimsəsiz, yalqız, arxasız, köməksiz, himayəsiz**

adamsızlıq *i.* 교제가 서투름, 무뚝뚝함 unsociability, desolation ○ **kimsəsizlik, yalqızlıq, arxasızlıq, köməksizlik, himayəsizlik**

adamtanıyan *i.* 관상가 physiognomist

adamyana *z.* 친절하게, 자상하게 humanly, kindly

adamyeyən *i.* 식인종, 육식동물 cannibal ○ **vəhşi, qorxunc, heybətli, yamyam**

adaş *i.* 동명이인(同名異人) man of the same name, namesake

adaşlıq ☞ **adaş**
adbaad *z.* 각 이름을 부르며 by names
adda-budda *z.* ① 단편적으로, 조각 조각으로 fragmentarily; ② 여기 저기 here and there, there and everywhere, separately ○ **nizamsız, rabitəsiz, dağınıq**
adda-buddalıq *i.* 무질서, 불규칙 disorder, irregularity; untidiness ○ **nizamsızlıq, tərtibsizlik, rabitəsizlik, dağınıqlıq, qarışıqlıq**
addamaq *fe.* 선을 넘다, 한도를 넘다 step over, overstep, run over ○ **aşmaq, keçmək, ötmək; sərhədi ~** *fe.* 국경을 넘다, cross the frontier, overstep the limit
addım *i.* ① 걸음, 걸음걸이, 걷기 step, stride, move, tread, pace, footsteps ○ **qədəm;** ② 행동, behaviour, attempt ○ **hərəkət, iş, təşəbbüs; ~ atmaq/basmaq** *fe.* a) 걸음을 내딛다 take a step; b) 처음 시작하다 begin for the first time; **~ götürmək, ~a haram qatmaq** *fe.* 활기차게 일을 시작하다 walk with vigorous strides; **böyük ~** *i.* 큰 걸음 stride; **~larla yerimək** *fe.* 성큼성큼 걷다 stride
addım-addım *z.* 한 걸음씩, 느리게 step by step, at a walking pace, slowly, at a slow pace
addımbaaddım ☞ **addım-addım**
addımbasdı *i.* 아이들 놀이 중에 하나 a kind of children's game
addımbaşı *z.* 자주, 종종 often, frequently ○ **tez-tez, aramsız** ● **hərdən**
addımlama *i.* 행진 square-bashing; marching ○ **yerimə, irəliləmə**
addımlamaq *fe.* ① 행진하다, march ○ **yerimək, irəliləmək;** ② 걷다, 발로 밟다, 성큼성큼 걷다 step, walk, stride, pace ○ **ötmək, keçmək;** ③ 걸음으로 재다 measure with steps
addımlatmaq *fe.* 걷게 하다 make step, make walk
addımlıq *i.* 한 걸음만큼의 거리 step distance; **iyirmi ~** *i.* 20 걸음의 거리 distance of 20 steps; **~ bır yol** *z.* 한 걸음쯤 떨어져서 step away; quite near
addımölçən *i.* 만보계, 보수계(步數計) pedometer, passometer
adə *nid.* 여보세요 hey
Adəm *i.* 아담 (인류의 조상) Adam (the first man on the earth); **~ alması** *ana.* 결후(結喉: 목젖 부분의 돌출부) Adam's apple; **~ oğlu, ~ övladı** *i.* 인류 humanbeing; **~dən xatəmə, ~dən galma** 결단코, 한 번도 일어나지 않은 from Adam; since Adam to these days, never
adət *i.* ① 습관, 버릇 habit, acquired, practice, skill ○ **vərdiş;** ② 관습, 사용해 오던 것 custom, usage ○ **vərdiş;** ③ 의식, 의례 rite, ceremony; **~ etmək** *fe.* 익숙해지다, 적응하다 accustom onesell to, get accustomed, get used, get into the way, make habit; **~ edilmiş** *si.* 습관적인 customary; **~ etmiş** *si.* 익숙한, 습관적인 used, habitual; **~ etdirmək** *fe.* 적응 시키다 accustom; **~ olmaq** *fe.* 적응이 되다 become a habit; **~ini tərk eləmək (etmək)** *fe.* 습관을 깨다, 버릇을 버리다 get out of the habit (of), get ride (of), break oneself of the habit (of), try to break oneself of the habit; **~i üzrə** *z.* 일반적으로, 보통으로는, 대개는 habitually, as usual
adətdənkənar *si.* 비범한, 유별난, 이상한, 독특한, 드문, 신기한, 예외적인 unusual, uncommon, extraordinary, exceptional
adətən *z.* 일반적으로는, 습관적으로는, 관습적으로, 보통 usually, habitually, as a rule, generally, commonly ○ **daimi, həmişə**
adət-ən'ənə *i.* 전통 tradition
adəti *si.* 전통적인, 습관적인, 보통의 usual, customary, habitual
adətkar ☞ **adətkərdə**
adətkərdə *si.* ① 습관적인 habitual; ② 익숙한 accustomed (to) ○ **alışmış, öyrəşmiş; ~ olmaq** *fe.* 적응하다, 습관화되다 get adjusted, be accustomed
adətkərdəlik *i.* 습관, 관습, 태도, 적응 habit, custom, manner, adjustment ○ **vərdiş**
adı *da.* 전혀, 꽤, 완전히, 절대적으로 quite, not at all, perfectly, absolutely ○ **qətiyyən, əsla, heç, yerli-dibli**
adıbatmış *si.* 잊힌 (이름) lost, forgotten (name)
adıbədnam ☞ **bədnam**
adıbədnamlıq ☞ **bədnamlıq**
adıbilinməz *si.* 익명의, 알려지지 않은, 익숙하지 않은, 신비의 unknown, anonymous, unfamiliar, mysterious
Adıgey *i.* 아드게이족 (북 코카사스 소수 부족 중의 하나) Adygei (one of minor tribe in Northern Caucasus)

adıgeycə *i.* 아드게이어 the Adygei language

adına *i.* 금요일 Friday; ~ **axşamı** *i.* 목요일 Thursday

adi *si.* ① 익숙한, 습관 habitual, common, general 적인 ○ **gündəlik, həmişə** ● **qəribə**; ② 단순한, 보통의, 평이한 mere, normal, ordinary, plain, usual ○ **sadə, bəsit** ● **mərəkkəb, ciddi**; ~ **gözlə** *z.* 안경을 쓰지 않고 with naked eye

adil *si.* 공평한, 정의로운, 올곧은 just, upright, lawful ○ **ədalətli, insaflı** ● **zalım**

adilanə *z.* 공평하게, 옳게, 정당하게 just, uprightly, fairly

adiləşmək *fe.* 단순화되다, 일반화되다, 정상화되다 simplify, generalise, normalize ○ **bəsitləşmək, sadələşmək, bayağılaşmaq**

adilik *i.* ① 정상성, 평범, 범용 normality, mediocrity; ② 단순함 simplicity ○ **sadəlik, bəsitlik, bayağılıq**

adillik *i.* 올곧음, 정의 uprightness, justice ○ **ədalət, insaflılıq**

adinə ☞ **adına**

adqoyma *i.* 평판 naming, reputing

adlamaq *fe.* 이름을 짓다 name, give name

adlandırılmaq *fe.* 불리다, 이름이 주어지다 be called, be named, be given the name

adlandırma *i.* 이름 짓기, 명칭, 호칭, 칭호 naming, name, appellation

adlandırmaq *fe.* 부르다, 이름을 짓다 call, name, give name

adlanma(n)c *i.* ① 통나무 다리, 작은 다리 log bridge, small bridge; ② 담을 넘는 통로 passage over fence

adlı *si.* ① 유명한, 평판 좋은, 걸출한, 저명한 famous, celebrated, illustrious, notable, distinguished ○ **məşhur, adlı-sanlı, tanınmış**; ② ~의 명의의, ~명예를 위하여 by name (after proper names means)

adlıq *qram.* 주격, 주어 nominative; ~ **hal** *qram.* 주격 nominative case

adlı-sanlı *si.* ① 잘 알려진, 유명한, 명성 있는 well known; ② 명예로운, 영광의 honourable, honorary

admiral *i.* 제독 admiral

admirallıq *i.* 제독 본부, 해군 본부 admiralty

adres *i.* ① 주소 address ○ **ünvan**; ② 인사말, 연설, 식사, 강연, 성명(聲明) note of speech ○ **təbriknamə, müraciətnamə**

adresat *i.* 우편 수신자 mail receiver

Adriatik dənizi *i.* 아드리아해 the Adriatic Sea

ad-san *i.* 인기, 명망, 평판 fame, name, reputation, repute, popularity ○ **nüfuz, şöhrət, e'tibar, hörmət, şan-şöhrət**; ~ **qazanmaq** (**çıxarmaq**) *fe.* 유명해지다, 잘 알려지다, 좋은 평판을 갖다 be/get famous (for), be famed (for), be renowned (for), have a reputation (for)

adsız *si.* ① 무명의, 익명의 nameless, anonymous; ② *see.* **adsız-sansız**; ~ **barmaq** *i.* 약지, 네 번째 손가락 fourth finger, ring-finger; ~ **müəllif** *i.* 유령 작가 ghost writer

adsız-ədəd *i.* 무명수(無名數) math. abstract number

adsızlıq *i.* 익명성, 무명 anonymity

adsız-sansız *si.* 눈에 띄지 않는, 무명의, 유명하지 않는, 묻혀있는 obscure, unpopular ○ **nüfuzsuz, şöhrətsiz, hörmətsiz**

advokat *i.* 변호사, 대변자, 중재자 advocate, counsel ○ **vəkil**

adyal *i.* 담요, 이불 blanket, quilt, patchwork, counterpane

aerodinamik *si.* 기체역학(氣體力學)의 aerodynamic

aerodinamika *i.* 기체역학 aerodynamics

aerodrom *i.* 비행장, 공항 aerodrome

aerofotoqrafiya *i.* 항공사진술 aerophotography

aerologiya *i.* 고층 기상학, 기상학 aerology

aeronavt *i.* 비행선 조종사 aeronaut

aeronavtika *i.* 항공학 aeronautics

aeroplan *i.* 비행기, 항공기 airplane ○ **təyyarə**

aeroport *i.* 공항 airport

aerostat *i.* 경항공기 (기구, 비행선 등) Aerostat

afaq *i.* ① 지평선, 수평선 horizons; ② *fig.* 세상, 세계 world, nations

afat *i.* 불행, 불운 misfortune (*pl.* of **afət**)

afərin *nid.* 잘했어! 훌륭해! Bravo!, Well done! Fine fellow! Fine girl!

afət *i.* ① 재앙, 재난, 자연재해 misfortune, accident, natural calamity ○ **bəla, fəlakət, bədbəxtlik, müsibət, ziyan, zərər**; ② (극도로) 어여쁜 여자, 경국지색(傾國之色) extreme beauty (girl, lady) ○ **gözəl, dilbər**; ③ 똑똑한 사람 smart (one)

A

afəti-can *si.* 매우 어여쁜, 눈부시게 아름다운 very beautiful

affayı *z.* 헛되게 in vain, emptily ○ **havayı, nahaq, boşuna, əbəs**

affiks *i. dil.* 접사 (접두사, 접미사 등) affix

affrikat *i. dil.* 파찰음(破擦音) affricative

Afina *i.* 아테네 Athens

afişa *i.* 포스터, 알림, 광고 program(me), bill, billiplacard, poster ○ **e'lan, bildiriş**

afiyət *i.* 건강, 안녕 health ○ 건강하세요. 만수 무병 **cansaglığı, sağlamlıq, səhhət; Afiyət olsun!** May it do good, Your health.

aforizm *i.* 금언, 격언, 경구(警句) aphorism

Afrika *i.* 아프리카 Africa

Afrikalı *i.* 아프리카인 African; *si.* African

aftab *i.* 태양, 해 sun ○ **günəş**

aftafa *i.* (화장실 뒷물 처리용 주전자) aftafa (jug with a long spout used for ablutions)

aftafa-ləyən *i.* 세수대(洗手臺) wash-hand-stand, wash-stand

agah *si.* 인지된, 잘 알려진, 정통한 versed (in), aware (of), conversant (with), well-informed (about) ○ 알리다, 고하다 **xəbərdar**; ~ **etmək/qılmaq** *fe.* inform; ~ **olmaq** *fe.* 인지하다, 알고 있다 be known, be informed, be aware (of)

agahlıq *i.* 의식, 인지, 교섭, 교제 awareness, conversance, commerce, consorting ○ **xəbərdarlıq**

agent *i.* ① 대리인, 요원 agent ○ **məvəkkil**; ② 앞잡이, 스파이, 비밀 탐정 spy ○ **casus, xəfiyyə**

agentlik *i.* ① 사무실, 대리점, 사무국 agency, office, bureau; ② 흥신업무, 비밀 정보 업무 secret intelligence service ○ **casusluq, xəfiyyəlik**

agentura *i.* 정보망(網) intelligence network

agəh ☞ agah

ağ¹ *si.* ① 흰, 백색의, 하얀 white ● **qara**; ② 깨끗한, 비어있는 (종이) clean, blank (paper) ○ **təmiz**; ③ (눈, 알 등)의 흰자위 white (of the eye, egg); 흰자 egg-white; ④ *kim.* albumen, protein 알부민, 단백질; ⑤ *fig.* 반혁명분자 anti-revolutionist; ~ **ayı** *i.* 북극곰 polar bear; ~ **ciyər** *ana.* 허파, 폐 lung; ~ **ciyərin iltihabı** *tib.* 폐렴(肺炎) lung fever, pneumonia; ~ **daş** *i.* ① 흰돌 white stone; ② 분필 chalk; ~ **diş** *i.* 백색 치아 white tooth; ~ **vərəmi** *i.* 소모성 질환, (특히) 폐결핵; 쇠약 consumption; ~ **neft** *i.* 등유, 케로신 kerosene, petroleum; ~ **eləmək** *fe.* 지나치다, 과장하다 overdo; go too far; ~ **əqiq** *i.* 백옥 (mineralogy) sardonic; ~ **yalan** *i.* 하얀 거짓말 (악의 없는 거짓말) downright lie; bare faced lie; ~ **gilabı** *i.* 고령토(高嶺土), 도토(陶土) kaolin; china clay; porcelain clay; ~ **gün** *i.* 행복, 행운, 번영 happy day; happiness, prosperity; ~ **günə çıxmaq** *fe.* 행복해지다, 성취하다 be happy, achieve, attain happiness; ~ **pul** *i.* 은화(銀貨) silver money; ~ **suzanbağı** *i. bot.* 수련 water lily; ~ **turp** *i.* 무 radish, turnip; ~ **şanı** *i.* 청포도의 상위 품종 the better sort of white grapes; **~ına-bozuna (qarasına) baxmamaq** *fe.* 잘 이해하지 못하다, not understand, act indiscriminately; ~ **olmaq, üzünə ~ olmaq** *fe.* 무시하다 disobey, ignore; ***Ağ gün adamı ağardar.*** *잘 사는 것이 오래 사는 것이다. He lives long that lives well.*

ağ² *i.* ① 마직(麻織) linen, white coarse calico; ② 수의(壽衣) shroud, cerements

ağ³ *i.* 그물, 망, 올가미 net, trap ○ **tor**

ağa *i.* ① 주인, 지배자 the master, landowner; lord, sir ○ **hakim, sahib, yiyə** ● **nökər, kölə**; ② (신분 높은 사람에 대한) 칭호 title of nobleman ○ **mülkədar, bəy, zadəgan**; ③ 모하메드나 성직자의 후손에 대해 일컫는 별명 (nickname of descendants of Mohammed and of clergy); ④ 어르신!, 주인님! father (addressing form); ***Hər quş öz yuvasının ağasıdır.*** *새라도 자기 둥지에서는 주인 노릇한다. Every dog is a lion at home.*

ağabacı *xit.* 숙모나 형수를 부르는 호칭 (calling form for the spouse of elder relative like brother, uncle *etc.*)

ağac I. *i.* ① 나무, 재목 tree, wood ○ **oduncaq**; ② 지팡이, 막대기, 곤봉, 방망이 cudgel, bludgeon, staff, crook, (bishop's) crosier, cane, walking-stick; ③ 거리를 재는 옛날 방식 see : **ağac-uğac**; old measure for length; II. *si.* ① 나무의, 목재의 wooden ○ **dirək, taxta, şalban**; ② 교목성의, 수목의 arboreal; **~a dönmək** *fe.* a) 뻣뻣해지다, 딱딱해지다 become stiff; b) 무감각해지다, 굳어지다 grow numb; stiffen; harden; c) 둔감해지다 become insensitive; **~ın başı** *i.* 나무 꼭대기 top, summit of a tree; **~ın çətiri** *i.* 나무 줄기 top crown (of a tree); ~ **qa-**

şıq *i.* 나무 숫가락 wooden spoon; **~a oxşar** *si.* 나무와 같은, 수목같은 foliage like, foliated, arborescent; **~ uğac** *i.* 목재, 통나무 (통칭) building forest, timber, lumber; **~ saqqızı** *i.* 송진, 진액 soft resin; **~ qabığı** *i.* 목피 bark; **~dan düzəlmiş** *si.* 나무로 만든 wooden; **~ın yarpaqları** *i.* 군엽, 잎 foliage; **Ağac bar gətirdikcə başını aşağı tikər.** 벼는 익을수록 고개를 숙인다.

ağac-ağac *i.* 막대기로 노는 아이들 놀이 (kind of game with sticks)

ağacan *addressing.* 집안의 어른을 부르는 호칭 addressing form of the father or elder man

ağaccilalayan *i.* 나무 재목을 반짝이게 하는 polisher (of trees, woods)

ağacdələn *zoo.* 딱따구리 woodpecker

ağacqıran *i.* 벌목공 woodcutter

ağacqurbağası *i. zoo.* 청개구리 tree-frog

ağacqurdu *i. zoo.* 카프리칸 딱정벌레 woodcutter; Capricorn beetle

ağaclamaq *fe.* 막대기로 때리다, 두드리다 strike (on); beat (at); cane

ağaclaşmaq[1] *fe.* (식물 줄기) 딱딱해지다, 뻣뻣해지다 harden, become harsh, be strained ○ **bərkimək, möhkəmlənmək, sərtləşmək**

ağaclaşmaq[2] *fe.* (막대기로) 서로 싸우다 fight, quarrel ○ **vuruşmaq, dalaşmaq**

ağaclı *si.* ① 나무가 많은 with much tree; ② (손에) 지팡이를 가진 with cane (in hand)

ağaclıq *i.* 숲, 과수원 grove, copse ○ **tirlik, dirəklik**

ağacmişarlayan *si.* 벌목 wood cutting; **~ zavod** *i.* 목공소 sawmill, lumber mill

ağaçalan ☞ **ağımsov**

ağadadaş *hitab.* 형이나 시숙을 일컫는 칭호 title for the elder brother, or brothers in law of the bride

ağadayı, ağaəmi *hitab.* 삼촌이나 외삼촌에 대한 호칭 title for the great uncle

ağalanmaq *fe.* ① 주인이 되다, 소유하다 possess, usurp; ② 자랑하다 pose as a lord, boast

ağalıq *i.* ① 주권, 지상권; 패권, 지배권, 우세; 지배, 통제 supremacy; rule, sway; domination, dominion (over), prevalence, predominance, the gentle, the nobility, lordliness ○ **hakimiyyət, hökmranlıq** ● **nökərçilik**; ② (소유지를 포함한) 영주의 저택; (대농원 등의) 본채 grand house, manor-house; **~ etmək** *fe.* a) 다스리다, 통치하다, 좌우하다 rule over, exercise dominion; hold sway (over); b) 능가하다, 이기다, 압도하다, 우세하다 prevail, predominate, boss, play the master, lord it

ağanənə *xit.* 가정의 존경 받을 여인에 대한 칭호 title for the respectable woman in the family

ağappaq *si.* 아주 하얀, 매우 흰 extremely white, lily-white, snowy; snow-white ● **qapqara**

ağara-ağara *z.* 점점 더 희게 furring white; growing white

ağaran *si.* ① 멀리서도 보이는 glistering, visible from the far; ② 쉽게 탈색되는 pale easily

ağarantı ☞ **ağartı**

ağardan *i.* ① 표백제 bleacher; ② 타이피스트, 타자수 copyist; typist

ağardıcı ☞ **ağardan**

ağardılmaq *fe.* ① 창백하게 되다 be whitened one's face (with cerise); ② (글씨가) 깨끗이 쓰여지다 be written neatly ○ **rənglənmək**

ağardılmış *si.* ① 하얗게 된 whitened; ② 깨끗해진 cleaned; ③ 창백해진 paled

ağarışmaq *fe.* ① 보여지다, 나타나다 be shown, be visible ○ **görünmək**; ② (과일) 익다 ripen ○ **yetişmək (meyvə)**; ③ 날씨) 깨끗하다, 맑다 be clean ○ **işıqlaşmaq (hava)**

ağarmaq *fe.* ① 하얗게 되다, 희게 되다, 눈으로 덮이다 grow white, become white, cover with snow; ② 회색 빛을 띠다 turn grey, be touched with grey ○ **çallaşmaq**; ③ (하늘이) 밝아지다, 화창해지다 brighten, clear up (about the sky) ○ **parıldamaq, işıqlanmaq**; ④창백해지다, 쇠약해지다 grow pale; pale (before) ○ **solmaq**; ⑤ (멀리서) 희게 보이다 show up white ○ **görünmək** ● **qaralmaq**; ⑥ (과일, 곡식) 익다 get ripe, become ripened ○ **yetişmək**; ***Dan yeri ağarır.*** *동이 트고 있다. The dawn is breaking.*

ağarmış *si.* ① 표백된, 희게 된 whitened; 쇠퇴한 faded

ağartı *i.* ① 유제품(乳製品) dairy produce (yoghurt, cream, cheese, *etc.*); ② 희게 보이는 것 (멀리서) somthing white (seen from far)

ağartdırmaq ☞ **ağartmaq**

ağartma *i.* ① 표백 whitewashing; ② 깨끗이 받

A

아쓰기, 잘 정리된 타자 copying, typing neatly, purely

ağartmaq *fe.* ① 표백시키다 bleach, lime, white-wash ○ **boyamaq, rəngləmək, sürtmək**; ② 잘 베껴 쓰다 copy or type neatly ○ **köçürmək** ● **qaraltmaq**; ③ 깨끗이 닦게 하다 clean (out, up) ○ **parıldatmaq**; ~를 영화롭게 하다 **birinin üzünü** ~ do honour to

ağatəbiət *si.* 교양 있는, 잘 교육받은 well-behaved; well-bred; well brought up

ağayana *si. z.* 고상하게, 깔끔하게 noble(ly), aristocratic(ally), well to do ○ **saymazcasına, amiranə**

ağaz *i.* 시작, 개시, 소개, 서론 beginning; commencement; introduction (to the books); prelude (in music); preamble (in speech); opening; introductory remarks; ~ **etmək** *fe.* 시작하다, 개시하다 start, begin

ağazadə *i.* 영주의 아들, 도련님 baron's son; young baron; young master; lording

ağbağır I. *si.* 겁많은, 소심한 coward; faint-hearted; timid; II. *i.* ☞ **ağciyər**

ağbalıq *zoo.* 벨루가, 백철갑상어 beluga; white sturgeon

ağbaş *si.* 백발의, 흰 머리의 grey-haired, white-haired, fair-haired; *i.* 회교 성직자 Islamic clergy

ağbaşlı *si.* 백발의 grey-haired

ağbədən *si.* 피부가 흰, 흰색 피부를 가진 white-skinned, fair-skinned

ağbəxt *si.* 행운의, 운이 좋은 lucky (man), favourite, spoilt child ○ **xoşbəxt, bəxtli**

ağbəxtli *si.* 행복한 happy, fortunate, lucky

ağbəniz *si.* ① 백색 피부의, 얼굴이 하얀 white-faced, fair complexioned ● **qarabəniz, qarabuğdayı**; ② 창백한, 여윈, 무색의 pale, pallid, wan, insipid, colourless ● **qarayanız**

ağbığ *i.* 흰 수염의 (a man with) grey moustache

ağbirçək *i.* ① 백발의 여인 grey-headed old-woman ○ **yaşlı, qoca (qadın)**; ② 나이들고 존경 받는 여인 respected old-woman ○ **hörmətli, dünyagörmüş, təcrübəli**

ağbirçəkli *si.* 노년의 (여자) aged, old (woman)

ağbirçəklik *i.* 존경받을 만함 grandness, greatness

ağca *i.* ① *obs.* 동전 coin; ② (물고기) 비늘 scale (fish)

ağcaqanad *zoo.* 모기, 날파리 gnat, mosquito ○ **ditdili, hünü, mığmığa**

ağcaqayın *i. bot.* 단풍나무, 자작나무 maple, birch

ağcaqovaq *i.* 사시나무

ağcamaya ☞ **ağmaya**

ağcalı *si.* ① 돈이 많은 rich; ② 비늘이 많은 with scale, scaly

ağcalıq *i.* 사람, 동물의) 백피증, 선천성 색소 결핍증; 백화(白化) 현상 *med.* albinism

ağcamatan ☞ **ağmatan**

ağcamaya ☞ **ağmaya**

ağcasız *si.* 비늘이 없는 without scale

ağcavaz *si.* 여윈, 마른, 호리호리한 thin, lank, lean

ağciyər I. *i.* ① *ana.* 폐(肺), 허파 lung; ② II. *si.* 겁많은, 소심한, 심약한 coward, faint-hearted, timid ○ **qorxaq, ürəksiz, aciz** ● **cəsurluq**

ağciyərlik *i.* 비겁, 소심, 겁많음 cowardice; timidly; timorousness ○ **qorxaqlıq, ürəksizlik, acizlik, cəsarətsizlik**

ağçil *si.* 알록달록하면서 흰 점이 있는 multi-coloured with white spots

ağgilə *i.* 알이 굵고 흰 포도 white grapes with big berry

ağgövdəli *si.* 흰 줄기의, 줄기가 흰 with white trunk, with white caulescent

ağgöz *si.* ① 소심한, 심약한, 겁많은 timid, coward, chicken-hearted ○ **qorxaq, cəsarətsiz, ağciyər** ● **cəsarətli**; ② (물고기) 흰 눈을 가진 with white eye (fish)

ağgözlük *i.* 겁 많음, 소심, 심약 timidity, coward, fearfulness ○ **qorxaqlıq, cəsarətsizlik, ağciyər**

ağgün(lü) *si.* 행복한 시절의 happy life ○ **xoşbəxt, bəxtəvə**; ~ **olmaq** *fe.* 행복하다 be happy

ağı¹ *i.* ① 독, 독약, 독물, 독소 poison, toxin, toxic, venom ○ **zəhər, zəqqum, öd**; **~ya düşmək** *fe.* 독에 빠지다, 독이 오르다, 독에 중독되다 get poisoned; **~ya salmaq** *fe.* 독을 넣다, 독을 쓰다 put into poison, cause to be poisoned; ② 매우 쓴 물건 *col.* very bitter thing

ağı² *i.* lit. 애가(哀歌), 비가 elegy; (ritual) lamentation; keen, keening; ~ **demək** *fe.* 애통해하다,

깊이 슬퍼하다 mouth (over) keening; deplore keening

ağıçı *i.* 애통자 weeper, mourner

ağımsov *si.* 약간 흰 whitish, of white

ağımtıl ☞ ağımsov

ağımtraq ☞ ağımsov

ağıl[1] *i.* ① 두뇌, 이성, 지성, 지혜, 지식 brain, mind, reason, discretion, wisdom, intellect, intelligence ○ **zəka**, **şüur**, **idrak**; ② 기억, 회고, 회상, 추억 memory, reminiscence ○ **hafizə**, **zehin**, **yaddaş**, **fikir**; **~-~a vermək** *fe.* 동의하다, 같이 생각하다 come to an agreement (with, about), consider together, think over together; **~ dəryası** *i.* a) 학식이 깊은 사람, 해박한 사람, 통찰력이 깊은 사람 profound man; deep and broad minded person; b) 만물박사 know-all (ironic); **~ dişi** *i.* 사랑니 wisdom tooth; **~ işlətmək** *fe.* 논하다, 추론하다, 판단하다, 따지다, 사색하다, 논리를 세우다 reason, philosophise, split hairs, complicate, matter unnecessarily; **~ satmaq/vermək** *fe.* 혼내주다, 훈육하다 give lesson, instruct; **~ öyrənmək** *fe.* 한 수 배우다, 교훈을 얻다 learn lesson from *smb.*; **~a gəlmək** *fe.* 제정신을 차리다 come to reason ;**~a sığmaq** *fe.* 이해하다, 감지하다 make trustful, make possible; **~dan kasıb/ kəm/ naqis** *i.* 약간 모자란, 머리가 돈 somewhat eccentric, idiot; **~la gətirmək** *fe.* 생각나게 하다, 기억하다, 회상하다, 추억하다 remind, remember, recollect, recall, think of, **~ı başına gəlmək** *fe.* 이성적이 되다, 합리적이 되다 a) come to one's senses, become reasonable, be understandable, be comprehensible; 의식이 돌아오다, 의식을 회복하다 b) come to oneself; recover, regain consciousness, come to one's senses; **~ı azmaq** *fe.* a) 이성을 잃다, 머리가 돌다 become fool, lose intellect; b) 정신 나가다, 제정신이 아니다 become absent-minded; **~ı başından çıxmaq** *fe.* 의식을 잃다, 기절하다, 졸도하다, 황홀경에 빠지다 lose consciousness; faint; swoon; go mad; **~ı başında** *si.* 제정신이 있는, 인지능력이 있는 sane, sensible; **~ı çaşmaq** *fe.* 미치다, 혼란되다, 혼동되다 go mad, go crazy, go astray, go on confusion; **~ı çaşmış** *si.* 미친, 제정신이 아닌 crazy; **~ı başından getmək** *fe.* 의식을 잃다, 졸도하다, 황홀경에 빠지다 lose one's consciousness, be charmed, be fascinated; **~ı kəsmək** *fe.* 인지하다, 이해하다, 깨닫다, 의식을 갖다, 고려하다 realise, be conscious, understand, comprehend, entrust (to), trust (with), consider, ponder (over), think out; **~ı getmək** *fe.* 몰입하다, 황홀경에 빠지다, 환상에 젖다, 매혹되다 choose, select; be in raptures, take a great interest in, be keen, go mad on, take a fancy, be enamoured; fall in; **~ı olmaq** *fe.* 매혹되다, 혹하다 charm; fascinate; **~ına batmaq** *fe.* 이해하다, 인지하다 understand, comprehend; **~ına gələni demək** *fe.* 엉뚱한 소리를 하다 talk nonsense; **~ına gəlmək** *fe.* 기억하다, 생각나다 think, remember, recall ;**~ını aparmaq** *fe.* 정신없게 하다, 매혹하다 drive mad, charm, captivate; **~ını başına yığmaq/toplamaq/cəmləmək/cəm eləmək** *fe.* a) 집중하다 concentrate; b) 이성을 되찾다, 자신을 챙기다, 진정하다 come to reason, pull oneself together, control oneself, calm down, become/get quiet; **~ını itirmək** *fe.* 정신 없다, 멍하다, 얼빠지다 lose one's head, get absent-minded; **~ını uduzmaq** *fe.* 속다, 혹하다 a) fall for, be deceived; 분별없이 행동하다 b) act thoughtlessly 사려없이 행하다; ***Ağıl ağıldan üstün olar***. *백지장도 맞들면 낫다. Two head are better than one. Four eyes see more than two.*; ***Ağıl yaşda deyil, başdadır.*** *지혜는 나이 아닌 두뇌에 있다, 나이 먹는다고 철 드는 것이 아니다. Wisdom is not on the years but on the mind.*;. ***Ağıllı başa daş dəyməz***. *등잔 밑이 어둡다. A close mouth catches no fly.*

ağıl[2] *i.* (가축의) 울타리, 우리 enclosure, pen, sheep-pen, sheep-fold

ağılamaq *fe.* 독을 주다 poison; envenom ○ **zəhərləmək**

ağılanmaq *fe.* 중독되다 poison oneself, get poisoned ○ **zəhərlənmək**

ağılca *z.* 정신적으로, 이성적으로 mentally; **~ qüsurlu** *si.* 정신 이상의 mentally defective

ağılçatmaz *si.* 상상할 수 없는, 받아들일 수 없는, 이해할 수 없는 unthinkable, inconceivable, incomprehensible, beyond human understanding

ağıldanyüngül *si.* 경솔한, 건방진, 어리석은 light-minded, foolish

ağılı *si.* 독한, 독이 있는 poisonous

ağılkəsən *si.* 매우 비슷한 very similar, probable, likely, reasonable; 그럴 듯한 결과 ~ **nəticə** a probable result; ~ **izahat** *i.* 그럴 듯한 설명 plausible explanation

ağılkəsməz *si.* ① 믿을 수 없는, 받아들일 수 없는, 엄청난 improbable, incredible, unbelievable, inconceivable, fabulous; ② 참을 수 없는, 용납할 수 없는 inadmissible, intolerable; **əhvalat** *i.* 믿지 못할 생각, 믿을 수 없는 (이야기) incredible story; ~ **ideya** incredible idea

ağıllandırməq *fe.* 이해시키다, 납득시키다, 깨닫게 하다 make understand, convince, make listen to reason, bring to one's senses, bring to reason

ağıllanmaq *fe.* 깨닫다, 납득하다, 노련해지다 come to reason, grow wise, get experienced

ağıllı I. *i.* ① 영리한, 똑똑한, 분별이 있는, 합리적인, 재치 있는 clever, intelligent, sensible, reasonable, judicious, wise, rational, sagacious, sane, shrewd, smart ○ **dərrakəli, düşüncəli, şüurlu** ● **axmaq, gic**; ② 교양 있는, 잘 교육 받은 well-bred, well-educated ○ **tərbiyəli, qanacaqlı**; ③ 적절한, 예의 바른, 단련된 appropriate, disciplined ○ **başlı, layiqli, qaydalı, sanballı, əməlli**; ④ 상당한, 유익한 profitable, considerable, numerous ○ **başlı, xeyli, çoxlu, qiymətli**; II. *z.* 지혜롭게, 감각 있게, 재치 있게 cleverly, wisely, sensibly; III. *i.* 현자, 현인 sage, wise man, man of wisdom

ağıllı-ağıllı *z.* 현명하게, 똑똑하게 reasonably, judiciously, wisely

ağıllı-başlı I. *si.* 존경할 만한, respectable, proper, seemly, rather good, fairly well, decent; II. *z.* 상당히 (많이) considerably, quite lot, plenty

ağıllı-kamallı ☞ ağıllı

ağıllılıq *i.* 조심성, 신중, reasonableness, prudence, discretion ○ **müdriklik** ● **dəlilik**

ağılsız *si.* ① 어리석은, 둔한, 주의 없는, 현명하지 못한 foolish, stupid, indiscreet, silly, inane, reckless, unreasonable, dreadful ○ **düşüncəsiz, şüursuz, axmaq, gic** ● **düşuncəli**; ② 광인, 미친 사람, 정신이 나간 madman, lunatic ○ **tədbirsiz, ehtiyatsız**

ağılsızcasına *z.* 어리석게, 끔찍하게, 건방지게, 경솔하게 rashly, recklessly, imprudently, madly, awfully, frightfully

ağılsızlaşmaq *fe.* 미치다, 어리석다 get mad, be silly, become stupid ○ **axmaqlaşmaq, giclәşmәk, səfehləşmək**

ağılsızlıq *i.* ① 어리석음, 사려없음, 건방짐 thoughtlessness, folly, insanity, stupidity, nonsense ○ **düşüncəsizlik, şüursuzluq, axmaqlıq, giclik**; ② 교양 없는, 교육받지 못한 tactless, ill-bred ○ **tədbirsizlik, ehtiyatsızlıq**

ağımsov, ağımtıl *si.* 흰색을 띄는, 희끗한 whitish; ~ **mavi** *si.* 백청색의 whitish blue

ağır *si.* ① 무거운, 중량이 있는짐, 부담 heavy, weighty ● **yüngül**; ~ **yük** *i.* burden; ② 힘센, 강한 strong ○ **güclü, qüdrətli, tə'sirli**; ③ 심한, 어려운, 곤란한 severe, hard, difficult ○ **əzablı, əziyyətli, çətin, gərgin** ● **yumşaq**; ~ **əmək** *i.* 고생하다, 힘써 일하다 toil; ④ 심각한, 위중한, 고통스런 serious, grave, painful ○ **sərt, ciddi, şiddətli, amansız, faciəli, ələmli, kədərli**; ~ **xəstəlik** *i.* 중병 severe illness; ~ **cəza** *i.* 중형(重刑) capital punishment; ⑤ 깊은, 무거운 (잠) ponderous, deep ○ **bərk, dərin (yuxu)**; ~ **söz** *i.* 험담, 욕설 insulting/abusive words; ⑥ (air) (공기) 탁한, 답답한, 흐린 turbid, stuffy; close ○ **qəliz, kəsafətli (qoxu)**; ~ **iy** *i.* 독한 냄새 oppressive/heavy smell; ⑦ 권위 있는, 무게 있는 with authority ○ **təmkinli, vüqarlı, ciddi**; ⑧ 느린 (행동) slow ○ **yavaş, asta (hərəkət)**; ~ **tərpənmək** *fe.* 꾸물거리다, 어슬렁거리다, 빈둥거리다 loiter; linger; delay; dally; ⑨ 뚱뚱한, 살찐 fat, chubby, plump ○ **kök, yoğun, ətli, canlı**; ⑩ 비싼, 귀한 expensive, high-priced ○ **baha, qiyimətli**; ~ **addım səsi** *i.* 무거운 발걸음 tramp; ~ **gəlmək** *fe.* 지탱할 수 없다, 감당하지 못하다 be weigh (heavy) more; hardly to bear humiliation; ~ **olmaq** *fe.* 무겁다, 경솔하지 않다 be weighty, heavy; be serious; not to be light-minded/frivolous/light-headed/thoughtless/flippant; ~ **oturmaq** *fe.* a) 비용이 많이 지출되다 cost expensive, cost lots of money; b) 매우 느리게 행동하다 behave very serious

ağır-ağır *z.* 꾸물꾸물, 느릿느릿 slowly, awkwardly, sluggishly; ~ **çəkmək** *fe.* a) 매우 무겁다 weigh very heavy; 전력을 다하여 서서히 당

기다 b) 매우 서서이 당기다 pull very slowly but straining every nerve

ağırayaq *si.* ① 서투른, 재치없는 clumsy; ② 임신중의 pregnant

ağırayaqlıq *i.* 임신상태, 임신기간 pregnancy, gestation ○ **hamilәlik, ikicanlılıq**

ağırbaşlı *si.* 과묵한 사람, 중량감 있는 사람 serious, dignified (man)

ağıreşidәn *si.* 잘 듣지 못하는, 반귀머거리의 somewhat deaf; hard of hearing

ağır-xasiyyәt(li) *si.* 성격이 까다로운 difficult (man); with difficult character

ağırlamaq *fe.* 애지중지하다 treasure, love and prize ○ **әzizlәmәk**

ağırlaşdırıcı *si.* 악화하는 aggravating

ağırlaşdırmaq ☞ **ağırlatmaq**

ağırlaşmaq *fe.* ① 무거워지다, 무게가 늘다, 뚱뚱해지다 grow heavy, become heavy, increase in weight, put on weight, gain weight, grow stout, increase the weight (of), make heavier ○ **kökәlmәk, әtlәnmәk,** ● **yüngüllәşmәk**; ② 복잡해지다, 심해지다, 악화되다 become complicated, become sharp, become aggravated, become strained ○ **çәtinlәşmәk, mürәkkәblәşmәk, gәrginlәşmәk**; ③ 느려지다, 게을러지다 become lazy, become sluggish ○ **tәnbәllәşmәk, әtalәtlәşmәk, süstlәşmәk**; ④ 악화되다, 개악되다 worsen, get worse ○ **pislәşmәk, siddәtlәnmәk**

ağırlıq *i.* ① 무게, 무거움, 중력 weight, heaviness, gravity ○ **köklük, әtlilik, yoğunluq** ● **yüngüllük**; ② 짐, 고민, 부담 load, burden ○ **qayğı, әziyyәt, zәhmәt**; ③ 역경, 어려움, 비통 sorrow, adversity ○ **dәrd, qәm, әlәm, iztirab**; ④ 존엄, 위엄, 존귀 dignity, importance ○ **vüqar, tәmkin, ciddilik**; ⑤ 억압, 압박 distress, pressure, strain; ○ **çәtinlik, mürәkkәblik, gәrginlik**; ⑥ 게으름 laziness ○ **tәnbәllik**; ~ **mәrkәzi** *i.* 핵심, 본질 core, essence; ~ **satmaq** *fe.* 과시하다, 뽐내다, 거드름 피우다 show off, flaunt; ~ **salmaq** *fe.* 압박을 가하다, 절박하게 하다 press on

ağırsәngin I. *si.* 차분한, 진지한, 침착한, 신중한 staid, sedate, serious, earnest; II. *z.* 진지하게, 정말로, 엄숙히 seriously, earnestly, in earnest, gravely

ağırsәnginlәşmәk *fe.* 안정되다, 존경을 얻게 되다 settle down, steady down, become staid, respectable

ağırsımaq *fe.* 느려지다, 게을러지다 become sluggish, become lazy

ağırtaxtalı *si.* 과묵한, 말수가 적은 taciturn, reticent, quiet ● **boşboğaz**

ağırtәbiәtli *si.* 과묵한, 진지한 moderate, proud, serious ○ **tәmkinli, vüqarlı, ciddi** ● **cırtqoz**

ağır-tәhәr *z.* 무거운 듯한 rather heavy; rather hard

ağır-tәrpәnәn 게으른 awkward; clumsy; slow; sluggish

ağır-tәrpәnişli ☞ **ağırtәrpәnәn**

ağıryana *si.* ① 적절한, 그럴 만한 deserving, worthy, suitable; ② 진지한 (인간) serious, grave (man)

ağıryüklü *si.* 대용량을 실을 수 있는 heavy-loaded

ağır-yüngül elәmәk *fe.* 점검하다, 고려하다 check, consider

ağırzәhmli ☞ **zehmli**

ağız *i.* ① 입, 구강 mouth; ② 구멍, 틈, 열극 opening, aperture, orifice, hole, slot; ③ (강) 어귀, 하구(河口) outfall (river), estuary ○ **mәnsәb**; ④ (칼) 날, 총구(銃口), 포구(砲口) blade (knife); muzzle (firing weapon); ⑤ 앞, 정면, 표면, 전방 front ○ **qabaq, ön**; ~ **açmaq** *fe.* 요청하다, 의뢰하다, 부탁하다 request; ~ **büzmәk** *fe. a)* 얼굴을 찡그리다 make a wry face; *b)* 입을 삐쭉이다 twist one's mouth; **~ından qaçırmaq** *fe.* 미끄러지다, 미끄러지듯 움직이다 slip; ~ **açıq qalmaq** *fe.* (놀라서) 입을 벌리고 멍하게 있다 gape with astonishment; **dilә ~a düşmәk** *fe.* 사람들의 입에 오르내리다, 회자(膾炙)되다 become a matter of common talk; **~dan ~a gәzәn** *si.* 수다스러운 current, gossipy; **~ını açmaq** *fe.* 빠져나갈 구멍을 제공하다, 변명의 기회를 주다 give vent to one's feelings; **~a almaq** *fe.* 언급하다, 말하다 mention; ~ **dolusu** *si.* 확신 있는, 설득력 있는, 납득시킬 만한 speaking with authority; convincing, persuasive; ~ **әymәk** *fe.* a) 흉내내다 mimic; b) 사람들의 입에 오르내리다 **ağız büzmәk**; **~a baxmaq** ☞ **ağzına baxmaq**; **~ına düşmәk** *fe.* 감히 말하지 못하다, 언급할 엄두

A

를 못내다 become the subject of the talk; be subject to public censure; **~a qətirməmək** *fe.* not dare to say, mention; not make bold to say; **~-burun əymək (turşutmaq)** ☞ **ağız büzmək, ağız əymək**; **~dan-~a düşmək** *fe.* (소문) 급속히 번지다 be spread everywhere; **~dan iti** *si.* 모진 말, 통렬한 말 sharp tongue; **~dan qaçırmaq** *fe.* 비밀을 누설하다, 지각없이 떠들다 let out a secret, blab (out); *col.* let the cat out of the bag; **~dan su gəlmə** *i.* 식욕 appetite; **~-~ına dəymək** *fe.* 논란의 대상이 되다 talk over, discuss, talk down; outtalk; **~ ayrıla (açıla) qalmaq** *fe.* 놀라서 입을 벌리고 있다 open wide one's mouth from surprise; **~ı açılmaq** *fe.* 장황하게 설명하다 begin to flow in a big amount; **~ı qızışmaq** *fe.* 허튼소리하다 talk nonsense, rot; **~ı ilə quş tutmaq** *fe.* 사기 치다 be a dodger; **~ına baxmaq** *fe.* ~의 영향력 아래 있다, 복종하다 obey, act under orders, be under influence; **~ına gələni danışmaq** *fe.* 생각 없이 말하다 talk without thinking; **~ına gəlmək** *fe.* 중얼거리다 mutter; **~ına gətirmək** *fe.* 말하고 싶어하다 have a desire to talk; **~ına söz atmaq** *fe.* 말을 일러주다, 말에 끼어들다 prompt (to); **~ından süd iyi qəlmək** *fe.* 아직 젊다, 어리다 be wet behind the ears; be still green; **~ını ayırmək** *fe.* 입을 벌리다 open wide one's mouth; **~ını açmaq** *fe.* a) 뚜껑을 열다 uncork; *b)* 말을 시작하다 begin to speak; **~ını büzmək** ☞ **ağız büzmək**; **~ını dağıtmaq** *fe. a)* 퉁명스럽게 말하다 speak sharply/abruptly; *b)* 감히 말하다, 거침없이 말하다 fracture one's muzzle badly; **~ını əzmək** ☞ **ağzını dağıtmaq**; **~ını əymək** *fe.* 모방하다 imitate; **~ını aramaq** *fe.* 미리 자신의 의견을 알리다 find out one's opinion beforehand; **~ını yoxlamaq** ☞ **ağzını aramaq**; **~zını pozmaq** *fe.* 더러운 말을 쓰다, 비열하게 말하다 use foul language; **~ını saxlamaq** *fe.* a) (말을) 삼가하다, 절제하다 abstain (from), refrain (from); b) 따르기를 멈추다 stop the flowing; **~ının sözünü bilmək** *fe.* 다른 사람의 말을 주의깊게 듣다 be careful in one's speech; **~ının suyu axmaq** *fe.* 강렬한 욕망에 사로 잡히다 have strong desire, want badly; **qapının ~ı** *i.* 입구 doorway, threshold, entrance, entry

ağız-ağıza *z.* ① 대면하여, 직접적으로 face to face; ② 개인적으로 in private, privately, a deux (*fr.*); **~ vermək** *fe.* a) 같이 말하다/노래하다 speak/sing all together; b) 서로 욕하며 싸우다 quarrel (with); abuse one another; abuse each other

ağızaalınmaz *si.* 부적절한, 타당하지 않는 inappropriate, irrelevant ○ **biədəb, ədəbsiz, nalayiq**

ağızbaağız *z.* ① 가득히 full up; ② 입에서 입으로 mouth to mouth

ağızbarı *z.* 말로, 언어로, 구두로 orally, verbally, wordy ○ **şifahi, əzbərdən**

ağız-burun əymək *fe.* 기분이 상하다, 언짢다 be displeased

ağızdolusu *z.* ① 확실하게 confidently, firmly; ② 담대하게, 자랑스럽게, 기꺼이 bravely, willingly, proudly

ağızlamaq *fe.* ① 입으로 당기다, pull with mouth; ② 혼내다, 책망하다 reprove, reproach

ağızlaşdırmaq *fe.* 다투게 하다, 심한 말을 주고받게 하다 force to exchange angry words (with); make *smb.* have words (with); force to quarrel (with); fall out (with)

ağızlaşma *i.* 다툼, 싸움, 언쟁 quarrel, wrangle, squabble

ağızlaşmaq *fe.* ① 심한 말을 주고받다, 언쟁하다, 다투다 fall out (with); have words (with); quarrel exchanging badly angry words ○ **sözləşmək, dilləşmək, söyüşmək**; ② 논의하다, 상담하다, 토의하다 counsel, discuss ○ **sözləşmək, məsləhətləşmək**, ● **barışmaq**

ağızlı *si.* ① (날이) 날카로운, 예리한, 날선 sharp ○ **iti, kəsici**; ② 말이 많은, 수다스런 voluble, talkative ○ **dilli, dilavər**

ağızlıq *i.* ① (개, 말 등) 재갈, 입마개 muzzle ○ **qıf**; ② 마개, 꼭지 plug, spigot, stop-gap, stopper ○ **qapaq, tıxac**; ② ☞ **ağızotu**

ağızotu *i.* 점화약, 기폭제, 장약(裝藥) priming, powder

ağızsız *si.* ① (날이) 무딘, 뭉툭한 blunt ○ **küt, kəsərsiz**; ② 유구무언의, 말이 없는 mute, speechless ○ **dilsiz, dilsiz-ağızsız, aciz, məzlum, fağır**

ağızsızlıq *i.* 침묵, 말 못함, 말없음 muteness, speechlessness, silence ○ **dilsizlik, acizlik,**

mazlumluq, fağırlıq
ağızucu *si.* 근거 없는, 기꺼움 없는, 설득력 없는, 박약한 unfounded, groundless, flimsy, unsound ○ **könülsüz, e'tinasız, başdansovma**
ağızyummaz *si.* 수다쟁이, 끊임없이 지껄이는 사람 chatterbox, babbler, gabbler; unceasing, never-ceasing, never-abating
ağköynək(li) *si.* 흰 셔츠 white shirt
ağkirpik *i.* 흰 속눈썹 white eyelash
ağqızıl *i.* 백금 (기호 Pt) platinum
ağqovaq *i. bot.* 포플러, 백양, 사시나무 poplar; white poplar; abele
ağqvardiyaçı *i.* 반혁명주의자, 백색근위대 white guard, anti-revolutionist ○ **əksinqilabçı**
ağlıq *i.* 흼, 순백, 백색 whiteness
ağlabatan *si.* ① 개연성 있는 probable, acceptable, admissible ○ **məqsədəuyğun**; ② 도리에 맞는, 이치에 맞는 reasonable, judicious
ağlabatmaz *si.* 믿을 수 없는, 비논리적인, 그럴 성 싶지 않은 hardly probable, illogic; not likely; unlikely ○ **ağlasığmaz, məntiqsiz,**
ağlabatmazlıq *i.* 믿을 수 없음, 받아들일 수 없음 incredibility; inadmissibility ○ **məntiqsizlik**
ağladan *i.* 슬프게 하는 일 causing cry, making sad ● **güldürən**
ağladıcı *si.* 슬픈, 울게 하는, 애통케 하는 lamentable, tearing, deplorable, sad, sorrowful, mournful, doleful
ağlagəlməz *si.* 믿을 수 없는, 이해할 수 없는 incredible, incomprehensible, unbelievable, inconceivable ○ **fövqəl'adə**; ***Ağlagəlməz.*** *믿을 수 없어!, 말도 안 돼! It is inconceivable.*
ağlağan *si.* ① 훌쩍거리는, 징징대는 cry-baby, sniveler; ② 애처롭게 낑낑거리는 whining ● **güləyən**
ağlama *i.* ① 울음, 통곡 weeping, crying; ② 간청, 탄원 entreating, appealing
ağlamaq *fe.* ① 울다, 눈물 흘리다 cry, weep ● **gülmək**; ② 불평하다 complain; ③ 탄원하다, 간청하다 entreat, supplicate; **~ğa başlamaq** *fe.* 울컥하고 울다 burst into tears; **zar-zar ~** *fe.* 통곡하다 weep bitterly; ***Ağlamayan uşağa süd verməzlər.*** *우는 아이 젖을 더 준다. A child not crying is not nursed.*
ağlamalı *si.* 비극적인, 비탄의, 애통할 tragic, sad ○ **pis, faciəli**
ağlamsınmaq *fe.* 눈물을 찔끔 흘리다, 울려다 말다 shed a few tears ○ **doluxsunmaq** ● **gülumsünmək**
ağlar *si.* ① 슬픈, 통탄할 amentable, deplorable, sad ○ **qüssəli, dərdli**; ② 우는, 징징대는 whining ○ **gözüyaşlı** ● **gülər**; **~ gözlər** *i.* 우는 눈, 눈물이 가득한 whining eyes; **~ günə qalmaq** *fe.* 비탄에 빠지다, 곤경에 빠지다 be in a sad state, in a sorry plight
ağlarcasına *z.* 우는 모습으로, 눈물이 가득한 채 with tearful eyes, with manner of crying
ağlar-gülər *i.* 희비극 tragicomedy
ağlasığan ☞ **ağlabatan**
ağlasığmaz *si.* 이해할 수 없는, 믿을 수 없는, 불가사의한 improbable, incredible, unbelievable, incomprehensible, inscrutable, inconceivable, unfathomable
ağlasığmazlıq *i.* 불가해성, 불가사의, 헤아릴 수 없음 incomprehensibility, inscrutability
ağlaşmaq *fe.* 서로 통곡하다, (집단적으로) 울다 cry/weep in common/jointly
ağlatmaq *fe.* 울게 하다, 감동시키다 move *smb.* to tear, force/cause to cry
ağlaya-ağlaya *z.* 울며 불며, 슬프게 weepingly, cryingly, mourningly
ağlayan ☞ **ağlağan**
ağlayıb-sıtqamaq *fe.* 간청하다, 탄원하다 entreat, beg, implore, supplicate (for)
ağlayış *i.* 울음, 비탄, 애도 weeping, crying, mourning ● **gülüş**
ağlıgəlmək *fe.* 생각나다 come to one's mind
ağlıkəsməz *si.* 아주 어린 little, very young
ağmala *i.* 회반죽 first plaster
ağmatan *si.* 얼굴이 흰 fair-complexioned
ağmaya *si.* 통통한 chubby, plump
ağnağaz *i.* 급히 쓰려고 씻은 곡식 grain washed for emergent need; **~ üyütmək** *fe.* 허튼 소리를 하다 talk nonsense
ağnaq *i.* ① 동물이 뒹구는 장소[진창], wallow, place where animals lie about on hot days; ② 산의 움푹 패인 곳 place in mountains where soil fell away; ③ 움푹 들어간 곳, 맞은 자국 pothole, dint, dent
ağnamaq *fe.* 빈둥빈둥 지내다, 꾸물대며 게으름 피우다, 뒹굴거리다 waddle, wallow, hang

A

about, looter, dawdle, mess about (with)
ağnaşma *i.* (서로) 빈둥거림, 뒹굴거림 pulling; milling
ağnatmaq *fe.* ① 몰아내다 drive away; ② 때려 눕히다 drive together; knock down; dump
ağnaya-ağnaya *z.* 빈둥빈둥 waddingly
ağot *i. bot.* 나래새 feather grass
ağrı *i.* ① 아픔, 고통, 통증 pain, ache, pang, anguish; rheumatic pain ○ **sancı, acı, əzab**; ② 설움, 슬픔, 고뇌 sorrow, grief, depression ○ **kədər, qəm, qüssə, dərd, ələm**; ② 아픔, 병듦, 괴로움 sickness, illness; sore ○ **inciklik, narazılıq** ● **sazlıq**; ~ **çəkmək** *fe.* 고통을 겪다, 아픔을 견디다 bear, endure, stand pain; ~ **tutmaq** *fe.* 아프기 시작하다 begin to ache/hurt; **diş ~sı** *i.* 치통(齒痛) toothache; **baş ~sı** *i.* 두통(頭痛) headache; ~ **verən** *si.* 아픔을 주는, 아리는 painful, painful, sore; **~dan əzab çəkmək** *fe.* 아픔을 겪다 suffer pain; ~ **kəsən dərman** *i.* 진통제 balm, pain-killer, anaesthetic; ***Ağrın mənə qəlsin.*** *사랑하는, 친애하는. My dear, darling;* ***Ağrın alım., Başımın ağrısı tutdu.*** *머리가 아프다. I have a headache., My head aches.*
ağrı-acı ☞ **ağrı**
ağrı-acısız ☞ **ağrısız**
ağrıdıcı *si. i.* 고통을 주는, 아픔을 주는 (것)(something) causing pain
ağrıkəsən, **ağrıkəsici** *si.* 무통각의, 진통성의 sedative, analgesic; ② *i.* 진통제 *med.* anodyne
ağrılı *si.* 고통스런, 아픈 painful, aching, sore
ağrımaq *fe.* ① 신음하다, 아프다 groan, ache; hurt; have a pain ○ **sızıldamaq**; ② 병들다 get ill, become sick ○ **kefsizləmək, naxoşlamaq**; ③ 괴로워하다, 고민하다, 아파하다 suffer, lament, grieve ○ **incimək** ● **sakitləşmək**
ağrısız *si.* 무통의, 무감각의 painless, smooth, benumbed ○ **əzabsız, əziyyətsiz**
ağrısızlaşmaq *fe.* 고통이 사라지다, 멍해지다 become painless, be numbed ○ **keyləşmək**
ağrısızlıq *i.* ① 무통, 무해 painlessness, harmlessness; *tib.* ② 마취, 무감각(증) anaesthesia
ağrıtmaq *fe.* ① 고통을 주다, 아프게 하다 pain, hurt, cause pain; ② 감정을 상하게 하다 hurt one's feeling, sting
ağrıyan *si.* 괴롭히는, 귀찮게 하는 bothering, annoying
ağsaç *si.* 백발의 white-haired; grey-headed; grey-haired
ağsaçlı ☞ **ağsaç**
ağsaqqal *i.* 원로, 장로, 추장 respected man; elder; chief (of the tribe); 유지(有志) (highly) influental person ○ **böyük, rəhbər**; *si.* 수염이 하얀, 흰 수염의, 연로한 with white beard ○ **qoca (kişi)**
ağsaqqallıq *i.* 연상, 연공 seniority ○ **böyüklük, rəhbərlik**; ~ **etmək** *fe.* 지도하다, 지도자가 되다 be a leader (chief, arbiter, arbitrator)
ağsifət *si.* 얼굴이 흰 white-faced
ağsöyüd *i. bot.* 흰 버들 white willow
ağsu *i.* ① 눈 녹은 물 water stream from melting snow; ② 건강한 물, 깨끗한 물 healthy water
ağşam *i. bot.* 전나무 fir-tree; silver fir; abies
ağşın ☞ **ağbəniz**
ağtəhər *si.* 약간 하얀 whitish, of-white
ağtikan *i. bot.* 갈매나무속의 가시가 많은 나무의 총칭 buckthorn
ağtikanlıq *i.* 가시덤불 buck-thorn bush
ağtüklü *si.* 백발의 white-haired
ağu *i.* 독 poison ○ **ağı, zəhər**
ağulu ☞ **ağılı**
ağuş *i.* ① 품, 가슴 embrace; arms ○ **qucaq**; ② 가슴 bosom; lap; ~ **una almaq** *fe.* 품에 안다, 껴안다 embrace
ağuz *i.* (포유 동물의) 초유(初乳) the first milk after birth for the milky animal
ağürək ☞ **ağciyər**
ağüzlü ☞ **ağsifət**; ② 양심이 깨끗한 with good/clear conscience
ağyağız *si.* 얼굴이 하얀 fair, fair complexioned ○ **ağbəniz** ● **qarayağız**
ağyal(lı) *si.* (말의) 흰 털을 가진 white maned, white haired (for horses)
ağyol *i.* 은하수, 은하, 성운 ast. the Milky Way, the Galaxy ○ **südyolu, kəhkəşan**
ağzıaçıq *si.* ① 넋이 나간, 얼빠진 gawk, gaper; day-dreamer ○ **maymaq, huşsuz, diqqətsiz** ● **diribaş**; ② 뚜껑이 있는 그릇 plate without cover ● **ağzıbağlı**
ağzıaçıqlıq *i.* 정신없음, 무의식, 부주의함 absent-mindedness, carelessness, foolishness ○ **maymaqlıq, huşsuzluq, diqqətsizlik**
ağzıbərk *si.* (약속, 비밀) 잘 지키는 able to keep

secret, faithful to own's word ○ **ciddi**, **zabitəli** ● **ağzıboş**

ağzıbərklik *i.* 비밀을 지킴, 약속을 지킴 ability to keep secret or word

ağzıbir[1] *si.* 만장일치의, 같은 의견의 unanimous, concurrent ○ **sözbir**, **dilbir**, **müttəfiq**

ağzıbir[2] *i.* ① 감금, 투옥 lockup, quad; ② 교도소, 유치장, 감옥 prison cell; ward ○ **dam**, **həbsxana**

ağzıbirlik *i.* 만장일치 unanimity

ağzıboş *i.* ① 험담, 소문, 수다, 잡담 gossip, tattles; ② 수다쟁이, 고자질쟁이 talker, chatterer; gas-bag; windbag; chatterbox; *si.* ① 수다스런, 말이 많은, 조잘대는 garrulous, talkative, indiscreet, blabbing ○ **naqqal**, **boşboğaz**; ② 무기력한, 의지박약한, 연약한 flabby, weak-willed, characterless ○ **e'tibarsız**

ağzıboşluq *i.* ① 수다 garrulity talkativeness; indiscretion ○ **naqqallıq**, **boşboğazlıq**; ② 무기력 lack of character; flabbiness ○ **e'tibarsızlıq**

ağzıdağınıq *si.* 비밀을 지키지 못하는, 약속을 지키지 않는 (man) unable to keep secret or word

ağzıdağınıqlıq *i.* 비밀을 지키지 못하는 성격, 약속을 지키지 못하는 성격 personality unable to keep secret or word

ağzıdolu *si.* 기분 나쁜, 불쾌한 displeased, unhappy, discontented ○ **hirsli**, **acıqlı** ● **təmkinli**

ağzıdualı *si.* 종교적인, 경건한 devout, pious, religious ○ **dindar**, **mö'min**

ağzıbütöv ☞ **ağzıbərk**

ağzıbütün ☞ **ağzıbərk**

ağzıəyri *si.* ① 입이 비틀린 crooked, twisted mouth; ② 불만족의, 기분이 언짢은 discontented, displeased ○ **incik**, **küskün**, **narazı**

ağzıgen *si.* 목이 넓은, 입구가 넓은 (병, 그릇) wide-necked (the plate, bottle *etc.*)

ağzıgöyçək, **ağzıgövçək** I. *i.* 수다꾼, 수다쟁이 gossip; tattles; talker; chatterer; gas-bag; windbag; chatterbox; II. *si.* ① 수다스런, 말이 많은, 다변의 garrulous, talkative, indiscreet, blabbing ○ **boşboğaz**, **ağzıboş**, **hərzə**; ② 우유부단한, 무기력한 flabby, weak-willed, characterless

ağzıgöyçəklik, **ağzıgövçəklik** *i.* 수다, 다변 garrulity; irresponsibility in speaking; talkativeness; indiscretion; lack of character; flabbiness ○ **boşboğazlıq**, **ağzıboşluq**, **hərzəlik**

ağzıharfa ☞ **ağzıyava**

ağzıharfalıq *i.* 야비함, 상스러움 ribaldry, foul language

ağzıheyvərə ☞ **ağzıpərtöv**

ağzıhədəli ☞ **ağzıyelli**

ağzıhərzə ☞ **ağzıboş**

ağzıkəsərli *si.* ① 인상적인, 감명을 주는 (말) impressive (speaker), speaking with authority; ② 권위 있는, 믿을 만한 influential, authoritative; competent ○ **sözükeçən**, **nüfuzlu**, **hörmətli**

ağzıkəsərlilik *i.* 권위 있음 authoritativeness; impressiveness

ağzıköpüklü *si.* 열정적인, 격노한, 격정적인 furiously, passionately ○ **qudurğan**, **azğın**

ağzıqara *si.* ① 심각한, 과묵한, 검은 재갈을 물린 black heavy-faced, black muzzled; *i.* ① 늑대, 이리 wolf; ② 양지기 개, 사냥개의 일종 wolfhound, sheep-dog

ağzıodlu *si.* ① (언사가) 열정적인, 대담한, 단호한 hot, bold, resolute, decisive, positive, excited (speaker); ② 흥분한, 열정의, 격렬한, 열렬한, 불타는 excited, passionate, fiery, ardent, fervent

ağzıpərtöv *si.* (성격이) 공격적인, 야비한, 상스러운, 거친 말투의 offensive, indecent, ribald, foul mouthed (man) ○ **ağzıyava**

ağzıpərtövlük *i.* (말투) 거침, 상스러움, 야비함 offensiveness, indecency

ağzıpozuq ☞ **ağzıpərtov**

ağzıpüstə *si.* (여자) 작고 예쁜 입을 가진 small beautiful mouthed (woman)

ağzısöyüşlü *si.* 독설의 often using abusive words ○ **ağzıyava**

ağzıüstə *si.* 기대고 있는, 누워있는, 반듯이 누운 recumbent, supine ● **arxasıüstə**

ağzıyarı *si.* 절반정도 차있는 half full

ağzıyarıq *si.* ① 입술에 상처가 있는 with a scar on the lip; ② 말이 많은, 수다스런 talkative, garrulous, indiscreet

ağzıyarıqlıq *i.* 수다, 다변 talkativeness, garrulity

ağzıyastı[1] *i.* 날이 무딘 호미의 일종 a kind of hoe with a flat edge

A

ağzıyastı² *si.*, *i.* 지루한, 싫증나는 tedious, slow, quiet speaker

ağzıyava *si.* (남자) 성격이 야비한, 공격적인, 비루한, 거친 말투의 offensive, indecent, ribald, foul mouthed (man) ○ **söyüşkən**, **ağzıboş**, **ağzıpərtöv**

ağzıyavalıq *i.* 비루함, 야비함 indecent character

ağzıyekə *si.* 수다스런 big mouthed

ağzıyelli *si.* 교만한, 거만한, 건방진, 거침없는 arrogant, loud speaking, insolent, presumptuous, overbearing, haughty, fervent, ardent, provocative, perky ○ **lovğa**, **gəvəzə**, **boşboğaz**, **çərənçi**

ağzıyellilik *i.* 거만함, 교만함, 건방짐, 뻔뻔함 arrogance, presumptuousness, haughtiness ○ **lovğalıq**, **gəvəzəlik**, **boşboğazlıq**, **çərənçilik**

ağzıyırtıq ☞ **ağzıboş**

ağzıyuxarı *z.* 반듯이 누워서 upward ● **ağzıaşağı**

ah *nid.* 아, 와, 와우! oh (surprising) ah, alas ● **vay**; *i.* 한숨, 깊은 숨 deep breath, sigh of relief; **~ çəkmək** *fe.* ① 한숨을 쉬다, 탄식하다 breathe, sigh, heave a sigh, give a sigh; ② *fig.* 그리워하다, 사모하다 sigh (for); long (for); pine (after, for); yearn (for); **~ı göylərə çıxmaq** *fe.* 애통해하다, 비통해하다 grieve (for); moan (over, for); **~-vay eləmək (etmək)** *fe.* 비통해하다 sigh, moan

aha *nid.* 글쎄, 정말?, 그럴리가! well!; really!; well I never

ah-aman *i.* 비명, 고함, 고성 cry, yell, howl, scream; *nid.* 아 이런, 오 맙소사 o! oh! oh dear!; **~ etmək** *fe.* 비명을 지르다, 고함을 치다 cry from the heart

ahəng *i.* ① 조화, 화음, 어울림 harmony, accord, concord ○ **avaz**; ② 리듬 rhythm ○ **nəğmə**, **hava**, **mahnı**; ③ *fig.* 협력, 협동 co-ordination ○ **uyğunluq**; **~ qanunu** *qram.* 모음조화 the law of vowel harmony

ahəngdar *si.* *z.* ① 일치하는, 조화하는, 어울리는 consonant(ly) (with, to), harmonious(ly) ○ **uyğun**, **müntəzəm**, **qaydalı**, **səlis**; ② 화음의, 어울리는 melodious(ly) (sound), rhythmic(ally)

ahəngdarca(sına) *z.* 선율적으로, 음악적으로, 조화롭게 melodically, tunefully, harmoniously

ahəngdarlaşdırmaq *fe.* 조화를 이루게 하다, 어울리게 하다, 조율하다 harmonize (with), tune (with), go well together

ahəngdarlaşmaq *fe.* 조화를 이루다, 조율되다 become harmonised, become harmonious

ahəngdarlıq *i.* 조화, 어울림, 조화로움 accord, consonance, musicality, melodiousness ○ **uyğunluq**, **müntəzəmlik**

ahəngli *si.* 음악적인, 듣기 좋은 melodious ○ **ahəngdar**

ahəngsiz *si.* *z.* ① 불협화음의, 불협화음의 disharmonious(ly), inharmonious(ly); ② 부조화의, 일치하지 않은 *mus.* discordant, dissonant, out of tune ○ **uyğunsuz**

ahəngsizləşdirmək *fe.* 불협화음을 일으키다, 부조화를 만들다 discord, strike a discordant note, be discordant

ahəngsizlik *i.* 불협화음, 부조화 disharmony, dissonance, discord ○ **uyğunsuzluq**

ahənrüba *i.* 자석 magnet

ahəstə I. *i.* 아다지오 *mus.* adagio; II. *si.* *z.* 느리게, 천천히 quietly, slowly ○ **asta**, **yavaş**, **ağır** ● **tez**

ahəstə-ahəstə *z.* 조용히, 천천히 slowly, quietly

ahəstəlik *i.* 느림, 조용함 slowness, quietness

ah-fəryad ☞ **fəryad**

ahıl *si.* 나이든, 노년의 elderly ○ **yaşlı**, **qoca** ● **cavan**

ahıllanmaq, **ahıllaşmaq** *fe.* 노년에 이르다, 나이가 들다 reach an elderly age ○ **yaşlaşmaq**, **qocalmaq**

ahıllıq *i.* 노년, 황혼기 old age; declining years ○ **yaşlılıq**, **qocalıq**

ah-nalə ☞ **ah-vay**

ahu *i.* ① *zoo.* 사슴 gazelle ○ **ceyran**; ② *poet.* 미인, 미녀 beauty, a beautiful woman : **~ gözlər** *i.* 아름다운 눈 beautiful eyes

ahubaxışlı *si.* 예쁜, 아름다운 pretty, beautiful

ah-uf ☞ **ah-vay**

ahugözlü *si.* *poet.* 아름다운 눈을 가진 (a woman) with beautiful eyes

ahuyerişli *si.* 걸음걸이가 예쁜 with a graceful and light step

ah-vay *i.* 고함, 비명, 비통 cry, moan, howl ○ **dərd**, **kədər**, **qüssə**, **qəm**; **~ etmək** *fe.* 신음하

다, 비명을 지르다 howl, moan, groan

ah-zar *i.* 신음, 비명, 통곡 moan, groan, bitter lamentation; ~ **eləmək** *fe.* a) 고통스러워하다, 비명을 지르다, 신음하다 moan, groan; suffer, languish; b) 삶의 운명에 대해 한탄하다 complain bitterly of one's fate

ax *nid.* ① 아, 아흐 (강조, 회한, 원망을 나타내는) oh, oh (embarrassing, regret, wish); ② 그런데 말이야 by the way

axacaq *i.* 강둑, 하상(河床) river-bed; channel, course

axan ① 흐르는, 유체의 flowing; ② 나른한, 곤한 languorous, tender; ~ **ulduz** *ast.* 유성체, 유성, 운석 meteor, shooting star

axar *si.* ① 유동적인, 불안정한 fluid; unstable; ② 흐르는, 유체의 flowing; ~ **su** *i.* 흐르는 물 running water; ~ **göl** *i.* 흐르는 연못 running water pond; *i.* 흐름, 물줄기, 배수 drainage, stream, flow; ~ **boyu** *si. z.* 흐름을 따르는, 강 하류의 downstream

axar-baxar *i.* 아름다운 경치, 전경 beautiful, scenery; panorama

axar-baxarlı *si.* 경치가 아름다운, 전경의 scenic, panoramic ○ **mənzərəli, gözəl**

axarlı *si.* ① 결단성 없는, 우유부단한, 불안정한 indecisive, unsteady, unstable ○ **qərarsız, səbatsız**; ② 거침없이 흐르는, 유동성의 fluent ○ **səlis, rəvan, ahəngdar**

axarlıq *i.* ① 우유부단함, 불안정함 indecision, instability ○ **qərarsızlıq, səbatsızlıq**; ② 유창함 fluency ○ **səlislik, rəvanlıq, ahəngdarlıq**

ax-vay ☞ ah-vay

axdırmaq ☞ axıtmaq

axem *i.* 계획 plan

axı *da.* ① 거봐!, 알다시피 you see, you know; ***Axı siz səhv edirsiniz.*** *거봐 당신이 실수한 거야. You are wrong, you see.*; ② 결국 after all; ***Axı nə olub ?*** *결국 어찌 된 거야? What's the matter after all?*

axıcı *si.* 유체의, 흐르는, 불안정한 fluid, fluctuating, unstable, fluent ○ **axar** ● **sönük**

axıcılıq *i.* ① 유동성, 가변성 fluidity; ② 불안정한, 변하기 쉬움, 동요 fluctuation, instability ○ **axarlıq**

axıdılma *i.* 부유, 떠다님 floating according to the flow

axıdılmaq *fe.* 떠내려가다, 뗏목을 타고 가다 be floated, be rafted

axım ☞ axın

axın *i.* ① 흐름, 유입, 유출, flow, influx ○ **sel**; ② 전류, 수류, 해류, 풍조, 시류, 군중의 움직임 stream; current; drift; torrent (people, electricity) ○ **izdiham, cərəyan, hücum, basqın, həmlə**; **~la getmək, ~ aparmaq** *fe.* 떠돌다, 표류하다, 방랑하다 drift; **~a qoşulmaq** *fe.* 풍조에 실리다, 흐름에 따르다 go with the stream/current (music, figurative)

axın-axın *si. z.* 연속해서, 끊임없이, 줄줄이 with an uninterrupted flow, continuous(ly), continual(ly), uninterrupted(ly); ~ **gəlmək** *fe.* 끝없이 연속해서 오다 come in an endless stream

axıntı *i.* ① (유수에 의한 자갈, 진흙 등의) 퇴적; 충적층(沖積層) alluvium; ② (물, 바람 등) 흐름, 추세 drift (water, wind *etc.*)

axıntılı *si.* 경향의, 풍조의 drifting

axır I. *i.* ① 끝, 종국, 결국 end, ending, close ○ **son, nəhayət, qurtaracaq** ● **əvvəlki**; ② 결과, 산물 outcome; result ○ **aqibət, nəticə, son**; ③ 죽음, 사망 *col.* death, decease; II. *si.* 최후의, 마지막의 last, final; ~ **zaman(lar)** *z.* 최근의, 최신의, 근자에 lately; recently; latterly; of late; for sometime past; ~ **çərşənbə** *i.* 겨울의 마지막 수요일 the last Wednesday of winter; ~ **ki** *da.* a) 결국에 at last; b) 간단히 말해서 to say in short, for short; **~a çatmaq** *fe.* 끝나다, 종국에 이르다 come to an end; **~ı itmək** *fe.* 타락하다, 추락하다, 부패하다 become corrupted; become depraved; become profligate; go to the bad; **~ına çıxmaq** *fe.* 돈을 몽땅 허비하다 spend all one's money; **~ını itirmək** *fe.* 타락하다, 부패하다 corrupt; deprave; debauch; **~ını olmaq** *fe.* a) 고갈되다, 소진하다, 메마르다 run low, short, run dry, dry up, become emaciated thin, become impoverished; b) 기진하다, 소진하다 be tired out, be exhausted; ~ **dəfə** *z.* 막판에 last (time); **~a qədər** *z.* 마지막까지 to the last, till the end. ***Əvvəlin gəlincə axırın gəlsin.*** *(ata.s) 끝이 좋으면 다 좋다! All's well that ends well.*

axır-axırda *z.* 막판에, 종국에 in the end, toward end

axırda *z.* ① 최종적으로, 결론적으로 completely, at last, in the end, finally, eventually ○ **son-**

da, qurtaracaqda; ② 결과적으로 conclusively ○ nəhayətdə, nəticədə
axır-əvvəl *z.* 조만간에 early or late
axırı *z.* 최종적으로, 종국에, 결국, 마침내 conclusively, as a result; at last; 마침내 그가 왔다. **Axırı ki gəldi.** Here he is at alst.
axırıncı *si.* ① 마지막의, 최후의, 궁극의, 결정적인 final, last, ultimate ○ **qəti, son, qurtaracaq**; ② 최신의, 새로운 new; the latest; definitive; ③ 최저의 lowest; ④ 나중의 the latter ○ **sonuncu**; **~ cəhd** *i.* 마지막 시도 the last effort; 마지막의 두번째**~dan evvəlki** the last but one; ***Bu mənim axırıncı sözümdür.*** *나의 마지막 (결정적인) 말이다. It's my last word.*
axırkı ☞ **axırıncı**
axırsız *si.* ① 끝없는, 무한한, 영원한, 영존하는, 상존하는 endless, infinite, interminable, eternal, everlasting, perpetual ○ **sonsuz, nəhayətsiz**; ② 결과 없는, 결실을 맺지 못한 without results, fruitless ○ **nəticəsiz, aqibətsiz**
axırsızlıq *i.* ① 영원성, 지속성, 불멸, 영존 perpetuity, eternity, constancy ○ **sonsuzluq, nəhayətsizlik**; ② 헛됨, 무익함, 결과 없음 fruitlessness ○ **nəticəsizlik, aqibətsizlik**
axır-uxur *i.* 나머지, 잔여품, 유물, 유적 remainder, remnants, left-over
axırzaman *i.* 최후 심판, 단죄의 날 doomsday, end of the world ○ **qiyamət**
axışmaq *fe.* ① 흐르다, 부어지다 be poured, flow together; ② (군중) 밀어닥치다 throng (multitude), be spread ○ **getmək, yayılmaq**
axıtdırmaq *fe.* 흐르게 하다 force/cause *smt.* to float
axıtma *i.* 흐름, 부유(浮游) floating, float
axıtmaq *fe.* ① 엎지르다, 쏟아 붇다 spill, shed, pour out; ② (과일) 익다, 물오르다 ripen; become juicy; ③ 떠내려가다, 흘러가다 float, raft
axızdırılmaq *fe.* 조금씩 부어지다 be poured out little by little
axızdırmaq *fe.* 조금씩 붓다 pour out little by little
axirüləmr *ara.s.* 결국, 마침내, 최종적으로 after all, in the end, finally at last
axirət *i. din.* 내세, 사후 세계 the future life; the next world; the life here after
axirətlik *i.* ① 사후 세계를 위한 적선(積善) accumulation of virtuous deed for the next world; ② 경건한 사람 man of piety
axirətsiz *si.* 불신의, 죄악의 unbelieving, sinful
axma *i.* 흐름, 유통, 순환 flow, leak, current, stream
axmaq[1] *fe.* ① (시간, 물, 인파, 소리 등) 흐르다, 지나다 run (thought, sound), flow (people), pass (time); drain, stream ○ **getmək, ötmək, keçmək** ● **dayanmaq**; ② (물이) 새다 leak; be leaky ○ **sızmaq, tökülmək**; **~ıb getmək** *fe.* 새다 leak; ③ 떠나보내다, 길을 떠나게 하다 send, send off ○ **göndərmək, yollamaq**; 바라보다, 응시하다 stare, gaze ○ **süzmək, baxmaq**
axmaq[2] I. *si. z.* ① 어리석은, 바보같은, 무식한, 멍청한, 둔한 foolish(ly); stupid(ly); silly; inanely, dull(y) ○ **səfeh, ağılsız, gic**; ② 나쁜, 악한 bad, evil; II. *i.* 바보, 천치, 멍청이 fool; blockhead; dolt, log-head, dupe; **bir kəsi ~ yerinə qoymaq** *fe.* ~를 놀리다 make fool of *smb.*; **özünü ~ yerinə qoymaq** *fe.* 바보처럼 굴다 pretend to be a fool
axmaqcasına *z.* ☞ **axmaq**[2]
axmaqla(ş)maq *fe.* 어리석다, 멍청하다, 둔하다 grow stupid/foolish ○ **səfehləmək, gicləşmək, xərifləmək**
axmaqlıq *i.* ① 어리석음, 멍청함, 바보 같은 행동 foolishness; folly; stupidity; foolish/stupid action/thing, folly; ② 쓸데없는 짓, 무익한 행동, 백치 같은 짓 nonsense; rubbish; idiocy ○ **səfehlik, giclik, ağılsızlıq**
axmaz *i.* ① 고인 물, 흐르지 않은 물 stagnant water ○ **durğun (su)**; ② 연못, 못 pond
axsaq *si.* 저는, 절름거리는 lame; limping; *i.* 절름발이 lame man/woman ○ **çolaq, topal**
axsaqlıq *i.* 절름거림, 불구 lameness; limping ○ **çolaqlıq, topallıq**
axsamaq *fe.* ① 불쌍하다 limp, be lame, be poor, leave much to be desired, be far from perfect; ② 기준에 미치지 못하다 be not up to standard
axsatmaq *fe.* ① 절게 만들다, 절름발이로 만들다 make *smb.* lame, cause *smb.* to become lame ○ **ləngitmək**; ② *fig.* 장애가 되다, 방해하다, 저지하다 apply the brakes (to), brake, hamper, hinder, impede, be a drag (on), be an obstacle (to), be an obstacle in the way of *smb.*

axşam I. *i.* 저녁 evening ○ **səhər**; II. *z.* 저녁에 in the evening : ~ **eləmək/etmək** *fe.* 저녁까지 머물다 stay till the evening; ~ **yeməyi** *i.* 저녁식사 supper; ~**a doğru**, ~**a tərəf** *z.* 저녁까지 by the evening; ~ **bazarı** *i.* 저녁시장 evening market; ~ **məktəbi** *i.* 저녁반 evening course; ***Axşamınız xeyir!*** *안녕하십니까! Good evening!*; ***Axşam düşmək.*** *저녁이 되다, 날이 저물다. The day is drawing to a close. Night is faldil.*

axşam-axşam *z.* 저녁에 in the evening

axşamçağı *z.* 저녁 무렵에 in the evening ● **səhərçağı**

axşamkı *si.* 저녁에 있는, 저녁의 of/for evening

axşamlamaq *fe.* ① 저녁이 되다, 저물다 fall (a night); ② 숙박하다 pass, spend the night; stay for the night ○ **gecələmək**, **qalmaq**

axşamlıq *i.* 저녁 (때, 식사, 날 수를 세는 방법) evening (time, meal, way of counting of days) ● **səhərlik**; **üç axşamlıq yeməyi** *i.* 3일분 식량 food for three days

axşam-sabah ☞ **axşam-səhər**

axşam-səhər *z.* 매일, 아침저녁으로, 조석으로 in the evening and in the morning, everyday

axşamtərəfi ☞ **axşamüstü**

axşamüstü *si.* 저녁 무렵의 in the evening ○ **axşamtərəfi**, **axşamçağı** ● **səhər-səhər**

axta I. *i.* ① 환관(宦官) eunuch ○ **xədim**; ② 거세된 동물 gelding (animal); II. *si.* ① 거세한, castrated, emasculated (human); ② 거세한 gelded (animal); ③ 핵을 제거한 (과일) stoned (fruit); ~ **donuz** *i.* (특히 거세된 식용의 수컷) 돼지 hog, gelded pig; ~ **meyvə** *i.* 핵을 제거한 과일 stoned fruit

axtaçı *i.* ① 거세자 castrator; ② 과일의 씨를 제거하는 사람 man cleaning fruits from stones

axtalamaq *fe.* ① 거세하다, 불까다 castrate, emasculate; ② 거세하다 geld; ③ 시시하게 하다, 진부하게 하다 make vapid, insipid

axtalanmaq *fe.* ① 거세되다 be castrated; ② 거세되다, 불까이다 be gelded; ③ (과일) 씨가 발리다 be stoned

axtalanmış *si.* ① 거세된 castrated, emasculated; ② 거세된 gelded; ③ (과일) 핵이 제거된 stoned

axtalat(dır)maq *fe.* ① 거세하게 하다 ask/cause *smb.* to castrate/emasculate, have castrated; ② 불까게 하다 have gelded, have stoned

axtalıq *i.* 거세됨 state of being castrated/emasculated/gelded/stoned

axtarıcı *i.* ① 비밀요원, 정보원 secret service agent, intelligence agent, scout, prospector; ② 추구자, 구도자 seeker

axtarılmaq *fe.* 수배되다 be turned up; be sought; ***O axtarılır.*** *그는 수배 중이다. He is wanted.*

axtarış *i.* ① 수사, 조사, 탐색, 연구 search, research, investigation ○ **yoxlama**, **axtarma**; ② 탐사, 밀정 spying ○ **kəşfiyyat**; ~ **aparmaq** *fe.* 샅샅이 뒤지다, 찾다 search, ransack

axtarma *i.* 수색, 수사, 조사, search(ing) for; quest (of); strivings (for); seeking and striving (for)

axtarmaq *fe.* ① 찾다, 수색하다, 구하다, 뒤지다 look for; search (after, for) ○ **aramaq**, **yoxlamaq** ● **tapmaq**; ② 뒤쫓다, 뒤따르다, 추적하다 seek (after) claim; hunt for ○ **araşdırmaq**, **ummaq**, **gözləmək**; ③ 시추하다 *geol.* Prospect; ~**ıb tapmaq** *fe.* 찾아내다, 조사하여 찾아내다 consult (in the book, dictionary), procure

ax-uf *i.* ① 킁킁거림, 훌쩍거림 whimpering; sniveling; ② 불평, 불만 complaining; ~ **eləmək** *fe.* a) 훌쩍거리다, 킁킁거리다 whimper; snivel; b) 징징대다, 불평하다 complain

axund *i.* ① (이슬람) 신학자 theologian; divine/spiritual person; ② 이슬람 고위 성직자 chief priest (a rank of Muslim priest)

axundluq *i.* 이슬람 성직자 신분, 일 work/position of **axund**

axur *i.* 여물통, 구유(feeding-) rack; manger

ax-vay ☞ **ah-vay**

aid *si.* ① 상투적인, 전통적인, bearing on, connecting, pertaining to, conventional; ~ **silahlar** *i.* 재래식 무기들 conventional arms; ② 연관된, 관련하여, 소속된 concerning; relative to; about; referring, belonging ○ **məxsus**; ~ **etmək** *fe.* 속한 것으로 생각하다, 가진다고 생각하다 attribute; ~ **olmaq** *fe.* 소속하다, 기원하다 belong, date from, pertain, refer, regard, concern; apply to

aidiyyət *i.* 연관성, 관계성, 관련 relation, con-

A

cern, connection ○ **məxsusluq**; **~i üzrə** *z.* ~ 따라서 accordingly

aidlıq ☞ **aidiyyət**

ailə *i.* 가족, 가정 family, home ○ **külfət**; **~ üzvü** *i.* 가족, 권속 member of the family; dependent, household

ailəbaz II. *i.* 족벌주의자, 정실주의자, 친족중심자 nepotist, family-man; II. *si.* 가정적인, 길들여진, 가정 중심적인 domesticated, family-centred

ailəbazlıq *i.* 친족등용, 족벌주의 nepotism

ailəcanlı *si.* 가족중심의, 가정적인 family-loving, family-centred

ailədar *i.* 가정적인 사람, 가족만 챙기는 사람 family-man

ailəli *si.* 결혼한, 가족이 있는 having a family ○ **külfətli**, **evli** ● **subay**

ailəpərəst ☞ **ailəbaz**

ailəpərəstlik ☞ **ailəbazlıq**

ailəsiz *si.* 가족이 없는 without a family ○ **subay**, **tək**

ailəsizlik *i.* 독신 생활 bachelorhood, single life ○ **subaylıq**, **təklik**

ailəvi *si.* 가정의 domestic

akademik *i.* 학자, 학술원 회원 academician; *si.* 학문적인 academic

akademiya *i.* 학술원, 예술원, 학회 academy

akasiya *i.* 아카시아 acacia

akın *i.* 카작인들의 민속 음악 folk song singer in Kazakhstan

akkord *i.* 화음, 일치, 조화 accord

akkordeon *i.* 아코디언 accordion

akkumulyasiya *i.* 축적, 집적, 쌓기 accumulation

akkumulyator *i.* 충전지, 배터리 accumulator

akkreditiv *i.* 승인서, 인증서, 신임장 accreditive

akomodasiya *i.* 숙소, 거처 accommodation

akr *i.* 에이커 (0.46 헥타) acre (0.46 hectar)

akrobat *i.* 곡예사, 줄타기 공예 acrobat, tumbler

akrobatik *si.* 곡예적인 acrobatic

akropol *i.* 아크로폴리스, 토론 장소 acropolis

aksent *i.* 악센트, 강세 accent

aksız *i.* 소비세, 물품세 excise; excise-duty

aksiom *i.* 자명한 이치, 원리, 원칙 self-evident truth; axiom

aksioner *i.* 주주, 투자자 stock holder, share holder ○ **səhmdar**; *si.* 공동 자본의, 주식 조직의 joint stock

aksiya *i.* 주식, 주권, 지분 share ○ **səhm**; **~ sahibi** *i.* 주주 shareholder

akt *i.* 증서, 문서, 의사록, 기록 deed, act, contract, treaty, statement; **~ bağlamaq** *fe.* 기록을 작성하다 draw up a statement (of the case), draw up a report; **təslim olma ~ı** *i.* 양도 증서, 포기각서 instrument of surrender; **qanunverici ~** *i.* 법률의 제정, 입법화 legislative act, enactment

aktinium *i. kim.* 악티늄 (기호 Ac) actinium

aktiv *si.* 활동적인, 활발한, 효력이 있는 active ○ **fəal**, **işlək** ● **passiv**

aktivləşmək *fe.* 효력이 발생하다, 활성화되다 activate, become active ○ **fəallaşmaq**, **işləkləşmək** ● **passivləşmək**

aktivlik *i.* 활동성, 근면성 activity, liveliness, diligence ○ **fəallıq**, **işləklik**, **çalışqanlıq** ● **passivlik**

aktrisa *i.* 여 배우 actress

aktual *si.* 실제적인, 시급한 actual, urgent, pressing, topical, timely ○ **mühüm**, **vacib**; **~ beynəlxalq problemlər** *i.* 국제적 현안 topical international issues

aktuallıq *i.* 시급성, 현존, 실상 actuality; urgency; topicality ○ **mühümlük**, **vaciblik**

aktyor *i.* 배우, 남자배우 actor, player

aktyorluq *i.* 남자 배우 역할 work of actor/player

akulə *i.* 알이 굵은 벼의 일종 a kind of rice with a big grain

akustik *si.* 음향학의, 소리의, 음파를 사용하는 (전기음을 사용하지 않는) acoustic

akustika *i.* 음향학(音響學) acoustics

akvarel *i.* ① 물감, 수채 water-colour; ② 수채화 picutre in water-colour

akvarelçi *i.* 수채화가 water-colour painter

akvarium *i.* 수족관 aquarium

aqibət *i.* ① 장래, 결론, 귀결, 결말 future, consequence, end ○ **son**, **axır**, **nəticə**, **nəhayət**; ② 운명 doom, fate ○ **tale**, **bəxt**; ***Aqibətiniz xeyir!*** *행복하세요! Be happy! (for the answer of greetings)*

aqibətli *si.* ① 미래의, 장래의, 가망이 있는, 전도가 양양한, 성공을 기약하는 prospective, successful; ② 좋은 결과가 기대되는, 행복한 having a good future/result

aqibətsiz *si.* ① 불행한, 비운의, 성공적이지 않는 unfortunate, unlucky, unsuccessful ○ **talesiz, bəxtsiz, uğursuz**; ② 결과가 없는, 결실이 없는 fruitless, resultless ○ **nəticəsiz, sonsuz**

aqibətsizlik *i.* ① 불운, 불행, 비운 misfortune, bad luck ○ **talesizlik, bəxtsizlik, uğursuzluq**; ② 헛됨, 무상함, 결실 없음 vanity, fruitlessness, bleakness ○ **nəticəsizlik, müvəffəqiyyətsizlik**

aqil I. *si.* ① 영리한, 현명한, 명민한, 재치 있는, 총명한 wise, sage, clever, intelligent, sensible ○ **müdrik, tədbirli** ● **gic**; ② 사려깊은, 생각할 줄 아는, 사고가 건전한 sane, thoughtful, considerate ○ **ağıllı, dərrakəli, düşüncəli** ● **dəli**; II. *i.* 현자(賢者) sage, wise man, man of wisdom

aqilanə *si., z.* 도리에 맞게, 현명하게, 영리하게, 재치 있게 reasonable(ly), judicious(ly), wise(ly), clever(ly), sensib(ly)

aqillik *i.* ① 이성, 판단력, 지혜, 현명함 reason, judiciousness, wisdom ○ **müdriklik, tədbirlilik**; ② 재치 있음, 현명함, 사려 깊음 sensibility, thoughtfulness ○ **ağıllılıq, dərrakəlik, düşüncəlilik**

aqnostik *si. fəl.* 불가지론(자)의, 회의적인, 회의론의 agnostic, sceptic

aqnostisizm *i. fəl.* 불가지론(不可知論) Agnosticism

aqoniya *i.* 고통, 몸부림, 죽음의 고통 agony

aqrar *si.* 농지의, 농업의, 경지(耕地)의, 토지의 agrarian; ~ **sənaye** *i.* 농업 agrarian industry; ~ **ishalatı** *i.* 토지 개혁, 경지 개혁 agrarian reform, land reform

aqrari *i.* 봉건 영주 (feudal) lord ○ **mülkədar**

aqreqat *i.* ① 집합체, 집합 aggregate, aggregation; ② *tex.* 구성 단위, 조립 부품, 조립 (작업) unit, assembly

aqressiya *i.* 침략 행위, 침범, 침해 aggression

aqrobioloji *si.* 농생물학적인 agrobiological

aqrobiologiya *i.* 농업 생물학 agricultural biology, agrobiology

aqrokimya *i.* 농화학(農化學) agrochemistry

aqrokimyəvi *si.* 농화학의 agrochemical

aqrometeorologiya *i.* 농업 기상학 agricultural meteorology

aqronom I. *i.* 농가, 농장 경영자, 경종농(耕種農) 학자, 농학자 agriculturist; agronomist; II. *si.* 영농의, 농학의 agronomic, agricultural; ~ **sənaye kompleksi** *i.* 농산단지(農産團地) agro-industrial complex; ~ **texnika** *i.* 농업기술 agro-technics

aqronomik *si.* 영농의, 농업의 agricultural; agronomic

aqronomiya ☞ **aqronomluq**

aqronomluq *i.* 영농학, 농학, 농업기술 agronomics, agronomy, agricultural science

aqroşəhər *i.* 영농지구 agricultural district

aqrotexnik *i.* 영농학자, 농학자, 농업 기술자 agrotechnician, agricultural technician

aqrotexnika *i.* 농업 기술 agrotechnics

aqrotexniki *si.* 농업기술의 agrotechnical

al[1] I. *i.* ① 주홍색의, 주홍색 안료 vermilion, crimson, scarlet ○ **qırmızı, qızılı**; ② 격렬한, 강렬한 burning ● **solğun**; II. *i.* 입술 연지, 루주 lipstick, rouge; ~ **geymək** *fe.* (부끄럼, 당황) 얼굴을 붉히다, 얼굴이 빨개지다 make oneself up, blush

al[2] *si.* 교활한, 간사한, 거짓의 wicked, liar, false ○ **hiylə, məkr, yalan**; ~**a düşmək** *fe.* 함정에 빠지다, 곤경에 처하다 fall into trap; ~ **dil** *i.* 거짓, 그릇됨, 거짓말, 진실이 아님 lie, untruth

al[3] *i.* 마귀, 악귀, 난쟁이, 도깨비 goblin, munchkin, hobgoblin

ala[1] *si.* ① 다채로운, 잡색의, 얼룩 달룩한, 혼성의 motley, variegated, multi-coloure; ② 갈색과 흰색으로 얼룩진 (말) skewbald, pie-bald; ~ **qoymaq** *fe.* 속이다, 사기 치다, 꾀다 deceive, cheat, trick, swindle; ~ **eləmək/çıxarmaq** *fe.* 경멸적으로 손을 흔들다 wave one's hands contemptuously

ala[2] *i.* 반점 skin disease (like a white spot) ○ **xal, ləkə**

ala[3] *i.* ① 잡초, 잡풀 weed; ② 먹을 수 있는 식물 edible plant

ala-babat *si, z.* 그저 그런, 그런대로 쓸만한, 그런대로 잘 지내는 tolerable(ly); so-so; pretty-well, supportable; fairly good ○ **babat, orta, bir təhər**

alabaxta *i. zoo.* 산비둘기 wood pigeon

alabalıq *i. zoo.* 송어 trout, (freshwater fish of the salmon species)

alabançı ☞ **alamançı**

alabançılıq ☞ **alamançılıq**
alabaş *si.* ① 알록달록한 색의 머리를 가진 with a multi-coloured head; ② 개에게 지어주는 이름 (name given to a dog)
alabaydaq *i.* 평판이 안 좋은 사람 a person with a bad reputation
alabəzək *si.* 알록달록한, 잡색의, 혼성의, 조화롭지 않은 motley, multi-coloured, variegated, mixed coloured, ill-matched ○ **rəngbərəng, ala-bula**; ~ **bənövşə** *i.* 팬지, 삼색 제비꽃 pansy, cow-wheat
alabəzəkli ☞ **alabəzək**
alabəzəklik *i.* 다채로움, 다양성, 혼합색 diversity of colours, mixed character ○ **rəngbərənglik, ala-bulalıq**
alabəzgək ☞ **bəzgək**
ala-bişmiş *si.* see: **ala-çiy**
ala-bula ☞ **ala-bəzək**
ala-bulalıq ☞ **alabəzəklik**
alaca *si.* 다채로운 multi-coloured, motley, gay
alacadimdik *i. zoo.* 솔잣새 crossbill
alacaq *i.* 외상 money owing, credit, claims ● **verəcək**
alacaqanad ☞ **alaqanad**
alacalanmaq *fe.* 다채롭다, 혼합색을 띠다 show/appear multi-coloured/many coloured ● **işıqlanmaq**
alacalı ☞ **ala**
alacalıq ☞ **alabəzəklik**
alaca-maral *i. zoo.* 다마사슴 fallow deer
alacəhrə *i. zoo.* 박새속의 각종 새, 작은 새 tomtit; blue titmouse; blue tit
alaça ☞ **yabı**
ala-çalpov *i.* ① 겨울의 마지막 한달 the last 30 days of winter; ② 진눈개비, 눈보라 rain with snow, sleet, snowstorm
alaçarpaz ☞ **çarpaz**
alaçı ☞ **alaqçı**
alaçıq *i.* 유목민의 천막, 대형 천막 felt tent, nomad's tent, marquee, jut ○ **çadır**
ala-çıy *si.* 반숙의
half-done, soggy, sodden
aladağ *si.* (빵) 너무 구운 over cooked (bread)
ala-dəymiş *si.* 설익은 (과일) green; unripe ○ **yarımkal**
aladodaq *si.* (말) 입술이 하얀 white-lipped (horse)
alaf *i.* (동물의) 먹이, 여물, 꼴, 마초, 사료 forage, food, provender, fodder (for animal) ○ **yem, ot**
alafsatan *i.* 사료상 forage-seller
alağaz *i.* 이정표, 경계표 demarcation post, landmark
alagöz(lü) *si.* 회색 눈의 grey-eyed
alagöl *si.* 호수가 많은 (지역) with lakes here and there
alagöllük *i.* 호수 지역 place with lakes
alahı *si.* 제외하고, 분리된 separate, exclusive (beside, except)
alax-bulax *si.* (말을) 잘 바꾸는, 변덕스러운 changeable, inconstant (in word or promise)
alakeş[1] *i.* 제초기, 잔디 깎기 기계 lawn mower, weeder
alakeş[2] *si.* 갈색과 흰색의 얼룩진 (말) skewbald, pie-bald
ala-kölgə *i.* 희미한 그림자, (일식, 월식의) 반영(半影); (태양 흑점 주변의) 반암부(半暗部) penumbra
ala-kal ☞ **ala-dəymiş**
alaq *i.* 잡초 weed; ~ **basmaq** *fe.* 잡초가 무성하다 be littered up; ~ **vurmaq/eləmək** *fe.* 잡초가 자라다 weed
alaqanad *i. zoo.* 검은 방울새 siskin
alaqapı *i.* ① 아치 arch; ② ☞ **darvaza** ○ **darvaza**
ala-qara *si.* ① ☞ **cızma-qara**; ② 교활한, 간교한, 사악한 wicked, malicious, vicious
ala-qaranlıq *i.* ① 희미한 불빛 twilight; ② 여명, 새벽, 동틀녘 dawn, daybreak
alaqarğa *i. zoo.* 어치 jay
alaqarın *si.* 아사 직전의, 굶어 죽을 듯한 half-starved ○ **yarıtox**
alaqçalan ☞ **alakeş**
alaqçı ☞ **alaqçalan**
alaqçin *i.* 잡초 베는 기계 weeding tool
alaqdərən ☞ **alakeş**
alaqlama *i.* 잡초 제거 weeding
alaqlamaq *fe.* 잡초를 제거하다 remove weeds
alaqlı *si.* 잡초가 무성한, 잡초로 덮인 weedy, full of weeds, covered with weeds
alaqlıq *i.* 잡초밭 place covered with weeds
ala-qolay ☞ **ala-babat**
ala-qora *si.* 설익은 (포도) green, half-ripe

(grapes)
alaqvuran ☞ **alaqçalan**
alalanmaq *fe.* (눈을) 크게 뜨다 open wide (eyes)
alalı *si.* 얼룩점이 있는, 반점이 있는 spotty, dappled, spotted, blotched
alam *i.* 슬픔, 애통, 비통 sadness, grief ○ **qəm, kədər,**
alaman *i.* 도둑질, 약탈, 강탈 robbery, burglary ○ **çapqın, soyğun, talan**
alamançı *i.* 강도, 도둑 떼 robber, bandit ○ **quldur, qaçaq, yolkəsən, soyğunçu, talançı**
alamançılıq *i.* 도둑질, 강도질, 약탈 robbery, burglary ○ **quldurluq, qaçaqlıq, yolkəsmə, soyğunçuluq, talançılıq**
aləməzhəb *si.* 불안정한, 안절부절 못하는 (사람) unsteady, unstable (man)
alan *i.* 매수자, 소비자, 매입자 receiver, buyer ● **satan**
alana *i.* 건과류 dried fruit
alanəm *si.* 반건조된 half dried, not dried enough
alanı ☞ **alana**
alanqu *i.* 화롯불, 모닥불 bonfire
alapaça ☞ **ala**
alapələng(i) *si.* 어울리지 않는 (색) non-matching (colour)
alapısraq *i.* 수풀 속에 자라는 버섯 mushroom growing in the grass
ala-pörtü ☞ **ala-bişmiş, ala-çiy**
ala-salmaq *fe.* 다채롭다, 혼성색을 띠다 show/appear multi-coloured
ala-seyrək *z.* 여기저기, 흩어져 있는 here and there, dispersed ○ **dağınıq, orda-burda**
ala-sütül *si.* ① 익지 않은, 푸른(과일) unripe, green, immature; ② 충분히 익히지 않은 (음식) not cooked properly, sufficiently
alaş *si.* 점박이의, 혼성의, 다양한 색의 motley, variegated, multi-coloured
alaşa *i.* 야윈 말, 노쇠한 말; 버릇 나쁜 말 jade (weak and thin horse) ○ **yabı**
alaşıq-dolaşıq *si.* 애매모호한, 선명하지 않은 unclear, dubious, ambiguous
ala-tala *si. z.* 여기저기, 흩어져서 here and there, separately ○ **adda-budda, orada-burada**
ala-toran *z., si.* 새벽에, 미명에 early in the morning at dawn, at daybreak ○ **sübhdən, obaşdan, tezdən**
ala-toranlıq *i.* 희미한 불빛 twilight
alay *i.* ① 군중, 민중 folk, multitude; ② 큰 떼, 다수 regiment
ala-yarım *si.* 부분적인, 일부의 partly, in part; ② *see.* **ala-yarımçıq**
ala-yarımçıq *si.* 미완의, 완성되지 않은 unfinished, incomplete ○ **natamam, alababat**
ala-yarımçıqlıq *i.* 미완성, 온전하지 않음 incompleteness, imperfection ○ **natamamlıq**
ala-yetişmiş ☞ **ala-dəymiş**
alayonca *i. bot.* 클로버 clover
alazlamaq *fe.* (석탄) 불을 붙이다 burn (coal) ○ **alaşdırmaq**
alazlanmaq *fe.* (석탄) 타오르다 be burnt, burn
albalı *i. bot.* 신 버찌류 sour cherry
albalılıq *i.* 버찌 밭 cherry orchard
Alban 알바이나인 Albanian; 알바니아 **Albaniya** Albania; 알반어 **Albanca** Albanian language
albatros *i. zoo.* 알바트로스 (큰 날개를 가진 바다새) albatros
albinizm *i. bio.* (사람, 동물의) 백피증, 선천성 색소 결핍증; 백화(白化) 현상 albinism
albinoz *i. bio.* 백화증 환자, 백피증의 동물 albino man or animal
albom *i.* 앨범, 사진첩 album
albuxara *i.* 말린 자두류 dried plum
alça *i.* 알차 (매실과 같은 열매) alycha
alçaq *si.* ① (목소리) 낮은, 저음의 low (voice) ○ **yavaş, asta, aşağı (səs)** ● **zil**; ② 낮은, 천한, 야비한, 저속한, 미천한 base, mean, shabby, low, trashy, scoundrel, villain, rascal, vile, sordid, wretch ○ **rəzil, şərəfsiz, namərd, əclaf** ● **alicənab**; ~ **hərakət** *i.* 비열한 짓, 몰염치 mean action; ② (키, 높이) 작은, 낮은, 짧은 short (height) ○ **bəstəboy, qısa, gödək**
alçaqayarlı *si.* 저급한, 저속한 low-standard, base
alçaqboy(lu) *si.* (키) 작은 undersized; shortish ● **hündürboy**
alçaqcasına *z.* 비열하게, 저속하게, 야비하게 basely, meanly, despicably
alçaqdaban *si.* 구두의 굽이 낮은 with a low heel

alçaqdan *z.* 낮게, 조용히 low; ~ **danışmaq** *fe.* 낮게 말하다 speak low ○ **pəsdən, yavaşdan** ● **ucadan**

alçaqgövdəli *si.* (나무) 통이 짧은 with a low trunk

alçaqlaşmaq *fe.* 저급하다, 저속하다, 질이 떨어지다 be of poor quality

alçaqlıq *i.* ① 저급함, 저속함, 비열함, 미천함 baseness, meanness, commonplace ○ **pislik, xudbinlik, rəzillik, şərəfsizlik, namərdlik**; ② 진부함 banality, platitude, triteness; ③ 저지대, 짧음, 낮음 low place ○ **qısalıq, gödəklik**

alçaqtavanlı *si.* 천장이 낮은 low-ceilinged

alçalan *si.* 떨어지는, 내려오는, 하향하는 falling, descending; ~ **ton** *i.* 낮아지는 음성 falling tone; ~ **xətlə** *z.* 하향적으로 in a descending line

alçaldıcı *si.* 굴욕적인, 창피한 humiliating; ~ **şərait** *i.* 굴욕적인 상황 humiliating situation

alçaldılmaq *fe.* 낮아지다, 떨어지다, 굴욕을 당하다, 창피를 당하다 be lowered, be reduced, be brought down; be humiliated, be abased

alçalıq *i.* 자두 밭 cherry-plum garden

alçalma *i.* 굴욕, 창피, 모욕 humiliation, abasement

alçalmaq *fe.* ① 떨어지다, 강등되다 (직위) fall, go down, drop ○ **düşmək, enmək, keçmək (vəzifə)**; ② ~에 대해 창피하다, abase oneself, grovel, stoop (to) ○ **rəzilləşmək, əclaflaşmaq, şərəfsizləşmək** ● **yüksəlmək, ucalmaq**; ③ 짧아지다, 단축되다 shorten ○ **gödəlmək, qısalmaq**; ④ 감소하다, 줄어들다 lessen, decrease, weaken ○ **azalmaq, zəifləmək, düşmək**

alçaltma *i.* 경멸, 멸시, 모멸 disdain

alçaltmaq *fe.* 경멸하다, 모멸하다, 멸시하다 lower, reduce, bring *smb.* down, humble, humiliate, abase, belittle ● **ucaltmaq**

aldadıcı *si.* 속이는, 속임수의 deceitful, deceptive, fallacious, tempting, alluring

aldadıcılıq *i.* 유혹적임, 매혹적임, 매력, 매혹, 성적 매력 allure, seductiveness ○ **hiyləgərlik, kələkbazlıq, yalançılıq**

aldadılmaq *fe.* ① 속다, 속임수에 넘어가다 be deceived, be cheated ○ **tovlanmaq**; ② 유혹되다, 미혹되다, 매혹에 빠지다 be seduced, be enraptured ○ **tamahlandırılmaq**

aldanma *i.* 현혹, 기만, 현혹된 상태 delusion; illusion; lies ○ **yanılma, uyma**

aldanmaq *fe.* ① 속다, 넘어가다 be deceived ○ **yanılmaq**; ② 매혹에 빠지다, 유혹에 넘어가다 be attracted, be enchanted ○ **uymaq**

aldatma *i.* 사기, 속임수, 사취, 협잡 cheating, trick, swindling ○ **tovlama**

aldatmaq *fe.* ① 속이다, 사기 치다, 기만하다, 협잡하다 deceive, beguile, cheat, defraud, trick, swindle ○ **tovlatmaq**; ② 유혹하다, 유인하다, 현혹시키다 entice, allure, delude, tempt, mislead

aldəyişik *i.* 교환, 교류, 치환, 교체 substitution, exchange ○ **mübadilə**; ~ **salmaq** *fe.* a) 혼란시키다, 혼동시키다 mix up, confuse; b) 교환하다, 바꾸다 exchange

aldırmaq *fe.* 강매시키다, 억지로 사게 하다 force *smb.* to buy

alebastr *i.* 설화석고 (雪花石膏) alabaster, plaster cast

al-əlvan *si.* 채색된, 화려한, 알록 달록한 colourful; (highly) coloured

aləm *i.* ① 세계, 세상 world, universe ○ **kainat, dünya, cahan**; ② 군중, 민중 people, multitude ○ **xalq, camaat, el**; **~ə yaymaq** *fe.* 소리를 퍼트리다, 소식을 전하다 trumpet, proclaim from the house-tops; **~i qarışdırmaq** *fe.* 어지럽게 하다, 혼동시키다 make a mess of; ③ 분야, 영역 sphere, field; **ədəbiyyat ~i** *i.* 문학 세계, 문학 영역 literary world, literary establishment; **elm ~ində dolanmaq** *fe.* 학문의 세계에 머물다 move in scientific circles; **bitkilər ~i** *i.* 화훼, 식물구계 flora, vegetable regime; **heyvanat ~i** *i.* 동물상, 동물계 fauna, animal kingdom; ④ 상상, 꿈, 환상, 비전 imagination, dream, fantasy; ⑤ 매력적인 것, 매혹적인 것 (something) fascinating, attracting; **bir ~(cə)** *z.* 상당히, 대단히, 엄청나게 numerously, much, many, in good deal, in big number

aləmara(y) *si.* 아름다운, 경이적인 beautiful, marvelous

aləm-aşkar *si.* 소박한, 장식이 없는, 꾸밈없는 unvarnished, unadorned

aləməfruz *si.* 광채 나는, 빛나는 shining (on the world)

aləmpəgir *si.* 온 세상의, 세상에 유명한 world-

wide, worldwidely famous
aləmpənah *i.* 세상의 희망 hope for the world
aləmşümul *si.* 유명한, 잘 알려진, 걸출한, 뛰어난, 저명한 famous, celebrated, illustrious, known to the world
aləmtab *i.* ① 등(燈), 안내등 lamp, leading light; ② 태양 sun
alət *i.* ① 도구, 기구, 연장, 계기, 용구, 장치, 기기 instrument, implement, tool, appliance, utensil; ~ **qayıran** *i.* 공구상, 공구 제작자 tool-maker; ② 악기 instrument; **musiqi ~i** *i.* 악기 musical instrument; ③ 수단, 방편 expediencies, means, shifts
alətçi *i.* 공구 제작공 tool-maker
alətçilik *i.* 공구 제작 tool-building
alfa *i.* (a) 알파 (그리스 문자의 첫 자); 처음 alpha
alğı *i.* 매매, 매입, 매수, 구매 trading, purchase, buying
alğı-satqı *i.* 매매(賣買), 매매 계약 buying and selling; contract of sale ○ **alver**
alı *i.* 개자두 (wild) plum
alıcı1 *i.* 구매자, 소비자, 고객 buyer, client, customer, purchaser ○ **müştəri** ● **satıcı**
alıcı2 *si.* 잘 받아들이는, 머리가 영특한 for reception; rapid, quick ○ **cəld, sayıq**
alıcıquş *i.* 육식 조류 birds of prey ○ **yırtıcı**
alıcılıq *i.* 구매력(購買力) purchasing power, buying value (money)
alıq *i.* 허리끈, 밴드, 띠 girth; ~ **aşırmaq** *fe.* 극복하다, 정복하다 overcome, prevail
alıq-alıq *z.* 놀랍게, 당황스럽게 surprisingly ○ **heyran-heyran**
alılıq *i.* 자두 밭 plum orchard ○ **gilənarlıq**
alım *i.* 취득, 취집, 수집 taking, collection ● **verim**
alım-satım ☞ **alğı-stqı**
alın *i.* ① 이마, 정수리 brow, forehead; ② 정면, 전면 frontside; ~ **yazısı** *i.* 운명, 운 *rel.* fortune, destiny; ~ **təri** *i. fig.* 수고, 노동, 노역 labour, effort; ~ **pak** *si.* 양심적인, 정직한, conscientious, punctilious
alınmaq¹ *fe.* ① 매입되다, 구매되다 be bought, be purchased ○ **götürülmək**; ② 적응되다, 순응하다, 적합하게 되다 be adapted, be borrowed; ③ 정복되다, 괴롭힘을 당하다, 압제되다 be conquered, be bothered
alınmaq² *fe.* 기분이 상하다, 마음에 상처를 입다 be offended, be resented, be ashamed ○ **incimək, sınmaq, qızarmaq, utanmaq**
alınmaz *si.* 정복되지 않는, inalienable, imprescriptible, inconquerable ○ **yenilməz** ● **satılmaz**
alınmazlıq *i.* 양도 불가, 빼앗기지 않음, 탈취 불가 inalienability, indestructibility, invincibility ○ **yenilməzlik**
alısın *i.* (재해, 대사건 등의) 여파, 결과 aftermath
alışdırıcı *si.* 방화의, 불쏘시개의, 불 붙이는 데 쓰는 incendiary, fuse, primer
alışdırmaq *fe.* ① 불을 지르다, 불은 붙이다 set on fire, ignite, fire inflame; ② 훈련하다, 교육하다 train (to), school (to)
alışıq¹ *i.* (나무) 불쏘시개, 점화 kindling (wood) ○ **yonğu, qırıntı**
alışıq² *si.* 습관적인, 상습적인 accustomed, habitual
alışqan¹ I. *i.* ① 성냥, 라이터 match, lighter ○ **kibrit**; ② 불쏘시개 kindling wood; II. *si.* 화염성의 inflammable
alışqan² *si.* 습관적인, 보통의 habitual, usual, accustomed ○ **adətkərdə, vərdişli**
alışqanlıq¹ *i.* 화염성 inflammability
alışqanlıq² *i.* 습관, 버릇, 익숙함 habit, custom, familiarity ○ **adətkərdəlik, vərdişlilik**
alışma *i.* ① 도살자 slaughter of cattle for dividing among people; ② 익숙해짐 adaptation, getting used
alışmaq¹ *fe.* ① 불을 붙이다, 타오르게 하다, 작열시키다 catch fire, ignite, blaze up, take fire, flare up ○ **odlanmaq, alovlanmaq, yanmaq**; **~ıb yanmaq** *fe.* 불이 붙어 타오르다 blaze, flame; ② 얼굴이 붉어지다 blush ○ **qızarmaq, utanmaq**
alışmaq² *fe.* ① 적응하다, 익숙해지다 accustom oneself, get used to, get into the way ○ **öyrəşmək, dadanmaq**; ② 길들다, 가축화하다 domesticate, tame, breed ○ **öyrətmək, əhliləşmək, isinişmək**;
alış-veriş *i.* 매매, 흥정, 상업, 구매, 무역 trade, commerce, deal, shopping; ~ **eləmək/ etmək** *fe.* 매매하다, 상업하다, 무역하다, 사고 팔다 deal (in), trade (in), shop
alış-verişçi *i.* 장사꾼, 투기꾼 speculator, profi-

A

teer

ali *si.* ① 높은, 고상한, 고등의 higher, superior ○ **yüksək, uca, hündür** ● **ibtidai**; ~ **məktəbi bitirmək** *fe.* 고등교육을 받다 graduate; ~ **təhsil** *i.* 고등교육 higher education; ② 최고의, 지고의 supreme ○ **yüksək, baş, yuxarı**; ~ **baş komandan** *i.* 사령관 commander in chief; ~ **hakimiyyət** *i.* 지배권, 최고 정부 supremacy

alibi *i. hüq.* 알리바이, 결백권 alibi, assurance of innocence

alicah *si.* ① 주요한, 현저한, 주목할 만한 notable, distinguished; ② 고상한, 훌륭한 noble; ③ 엄청난, 거대한 whacking

alicənab *si.* 장엄한, 위엄있는, 고상한, 숭고한, 고결한 majestic, noble, noble-minded, magnanimous, generous ○ **namuslu, səxavətli, nəcabətli** ● **alçaq; kobud; nanəcib**

alicənabcasına ☞ **alicənablıqla**

alicənablıq *i.* 고결함, 관용, 관대, 아량 generosity, magnanimity ○ **nəciblik, mərdlik, səxavət** ● **alçaqlıq**

alicənablıqla *z.* 관대하게, 고결하게, 배포가 크게 magnanimously, generously

aligövhər *si.* 고귀한, 귀족의, 신분이 높은 noble, high-born, blue-blooded

alim *si., i.* ① 학자, 과학자, 전문가, 전문인 learned, man of letter, scientist, scholar; ② 잘 교육받은, 학식있는 (사람) well-educated ● **cahil**

alimanə ☞ **alimcəsinə**

alimcəsinə *z.* 전문가로서, 학자의 입장에서 like a scientist

aliment *i. hüq.* 이혼 후 지급해야 하는 부양비, 양육비, 생계비의 의무 allowance due to children from a father on divorce, desertion; alimony; maintenance

aliməqam I. *si.* 고위의, 귀족의 high, of high rank, of high standing; II. *i.* 중요한 인물 person of high rank; V.I.P.

alimənsəb *i.* 고관, 고위인사 dignitary; high official

alimlik *i.* ① 학식, 지식, 박식 learning, erudition; ② 배운 사람, 학자, 박학다식한 사람 learned, erudite

alimnüma *i.* ① 단 대공, 시계의 추 pendant; ② 현학자(衒學者) who shows himself up as if a scholar

alimnümalıq *i.* 학자라고 뽐내기, 박식한 체하기; 현학 취미 pedantry

alinəsəb *si.* 고위의, 고관 대작의 of high position, high-ranked

alitəhsilli *si.* 고등교육의 high-educated

aliyə *si.* 높은, 눈에 띄는 두드러진 high, prominent

alkoqol *i.* 알코올 alcohol, spirit

alkoqolizm *i.* 알코올 중독(증), 음주벽 alcoholism, dipsomania

alkoqollik *i.* 알코올중독자 alcoholic

alkoqollu *si.* 알코올이 든, 알코올 중독의 alcoholic

al-qan *i.* 피, 혈액, 혈통 blood

al-qırmızı *i.* 매우 붉은, 주홍색(朱紅色), 심홍색(深紅色), 진홍색 vermilion, crimson, scarlet

alqış *i.* 박수, 갈채, 환호, 만세, 성원 applause, clapping, cheers ○ **əhsən, afərin, mərhəba**; **sürəkli ~lar** *i.* 환호, 갈채 stormy applause, roars of applause; ~ **səsləri** *i.* 환호, 성원 cheer; **~larla qarşılamaq** *fe.* 환호로 맞이하다, 열렬히 지지하다 hail

alqışlamaq *fe.* 박수치다, 갈채하다, 지지하다, 성원하다 clap, hail, applaud, cheer, approve ○ **təbrikləmək, tə'rifləmək, bəyənmək**

alqışlanmaq *fe.* 성원받다, 환호로 만나다, 지지되다 be met by applause, be cheered ○ **bəyənilmək**

alqoritm *i. riy.* 알고리즘(일정한 계산 기준을 정하기 위한 일련의 규칙) algorithm

alqoritmik *i. riy.* 알고리즘의 Algorithmic

allaf *i.* 곡물상, 곡물 거래인 corn-chandler, corn-dealer, grain merchant, flour-dealer

allafbazar *i.* 곡물 거래소, 곡물 시장 grain-market

allaflıq *i.* 곡물 거래업, 곡물상 the occupation of grain merchant

Allah *i.* 신, 하나님, 알라, 하느님 deity, God, the Lord ○ **tanrı, xaliq**; ~ **vergisi** *i.* 천부적 재능 gift; **~a inanan** *si.* 경건한 pious; ~ **bəndəsi** *i.* a) 인간, 존엄한 존재 one man, a person; b) 가여운, 불쌍한 존재 the poor, the miserable; ~ **rəhmətinə getmək** *fe.* 죽다, 서거하다, 돌아가시다, 영면하다 die, pass away; ~ **tərəfi** *si.* 의로운, 옳은 righteous, just; **~ın verən günü** *i.* 하

루 하루, 매일 everyday; 이런 멍청한 짓을! **Allah ağıl versin.** (for the man who works unwisely); ***Allah amandır.*** *하나님의 자비를! (for asking favour, pleading)*; ***Allah bağışlasın.*** *하나님의 용서를! May God forgive you.*; ***Allah bəla versin.*** *하나님의 징계를! May God punish him.*; ~ ***haqqı*** *정말로? 신의 이름으로? Really*; ***Allah bilir.*** *하나님만 아신다 (Only) God knows.*; ***Allah canını alsın.*** *하나님이 영혼을 받아들이시길! May God take your soul (for reproof)*; ***Allah eşqinə!*** *하나님의 사랑으로! For god's sake!*; ***Allah eləməmiş*** *결코 그럴 수 없다! 가당치 않다! God forbidden.*; ***Allah eləməsin!*** *하나님이 금하시길! God forbid!*; ***Allah xatirinə*** *하나님의 영예를 위하여! For God's sake*; ***Allah qoysa.*** *하나님이 허락하시면! If God allows.*; ***Allah qüvvət versin. Allah köməyiniz olsun. Allah kömək eləsin.*** *하나님의 도움을! May God help you.*; ***Allah mübarək eləsin.*** *축하합니다! Congratulation!*; ***Allah saxlasın.*** *하나님의 보호하심을! May God protect (word for the children)*; ***Allah vursun.*** *하나님이 치시기를! (word for complaint, disagreement)*; ***Allaha bax.*** *하나님을 보라! See to God (for a request, asking a favour)*; ***Allaha şükür!*** *하나님께 감사! Thank God!*; ***Allahı sevərsən.*** *하나님을 사랑하는가? (for asking a favour, appealing)*; ***Allahın tənbəli.*** *하나님의 게으른 자! (for the very lazy man)*; ***Allahü əkbər!*** *하나님은 크시도다! (불평을 나타냄) (for a complaint, disagreement)*; ***Sən Allah!*** *정말로!, 간절히! O my God (for a request)*

allah *i.* ① 신, 우상 god, idol; ② 천재, 재능꾼 genius, talented man, gifted man; ② *fig.* 무정부주의자, 자왕국주의자 anarchist, self-kingdomist

allahaxtarıcı *i.* 구도자(求道者) god-seeker

allahaxtarıcılıq *i.* 구도(求道) god-seeking

allahaxtaran ☞ **allahaxtarıcı**

allaharayıcı ☞ **allahaxtarıcı**

allaharayıcılıq ☞ **allahaxtarıcılıq**

allahlıq *i.* ① 전능하심 omnipotence; ② 주권, 지상권; 패권, 지배권 supremacy, domination ○ **hökmranlıq, hakimlik**; ~ **etmək** *fe.* 통치하다, 다스리다 rule over

allahpayı *i.* (신에 대한) 공물, 제물; (교회에 대한) 헌금, 헌납; 선물 offering, donation ○ **sədəqə**

allahpərəst *i.* 경건자, 헌신자 devout, pious man ○ **dindar, mö'min**

allahpərəstlik *i.* 경건성, 종교성, 헌신, 전념 piety, dedication ○ **dindarlıq, mö'minlik**

A

allahsız *si.* ① 불신의, 믿음을 갖지 않은, 무신의 atheist, faithless ○ **dinsiz**; ② 부정직한, 무자비한 unscrupulous, dishonest ○ **insafsız, zalım, amansız**

allahsizcasına *z.* ① 무신론적으로, 불손하게 atheistically; ② *fig.* 후안무치하게, 염치없이 scandalously, shamelessly

allahsızlıq *i.* ① 무신론, 무신 atheism ○ **dinsizlik, ateistlik**; ② 무자비함, 불손함 mercilessness ○ **insafsızlıq, zalımlıq**

allanmaq *fe.* ① 연지를 바르다, 붉어지다 rouge, redden ○ **boyanmaq, bəzənmək** ● **ağarmaq**; ② 빨간색으로 칠하다, 빨갛게 되다 (사과 등) colour with red, become red (apple *etc.*) ○ **qızarmaq (alma)** ● **solmaq**

allaşdırmaq *fe.* 얼굴을 붉히다, 연지를 바르다; 얼굴을 붉히다 rouge, redden

allaşmaq ① ☞ **allanmaq**; ② 얼굴이 빨개지다, 발그레하다 grow/ turn crimson, purple; redden; blush ○ **qızarmaq**

alleqoriya *i.* ① 풍유, 비유; *si.* ② figurative 비유[은유]적인 (뜻으로 사용한); 글자 그대로가 아닌, 표상[상징]하는 allegory

alleqorik *si.* 풍유적인 Allegoric

alleqro *i. mus.* 알레그로 Allegro

allı *si.* 붉은 옷을 입은, 빨강색의 red-dressed

allı-güllü *si.* 아름다운, 예쁜, 다채로운 beautiful, handsome: many-coloured, motley, variegated ○ **gözəl, qəşəng, bəzəkli, güllü, çicəkli**

allıq *i.* 붉음, 붉은색, 홍조 redness, flush, blush; ② ☞ **ənlik**

allı-şallı ☞ **allı-əlvanlı**

allo *nid.* 여보세요! Hello

alm *i.* 세금, 요금, 수수료 tax, duty, dues; **~ını vermək** *fe.* 수치스럽게 하다, 치욕을 주다 shame, put to shame, make ashamed of

alma[1] *i.* 사과 apple; **~ağacı** *i.* 사과 나무 apple tree; ~ **şərabı** *i.* 사과주 cider; ***Alma öz ağacından uzağa düşməz.*** *사과는 나무에서 멀리 떨어지지 않는다.*

alma[2] *i.* 영수증, 영수 receipt, reception

almacıq ① ☞ **alma**; ② 광대뼈 cheek-bone

alma-dolması *i.* 사과 돌마 (파내고 속을 채운 아제리 전통 음식) stuffed apples

almaq *fe.* ① 사다, 구매하다, 매입하다 buy, purchase ● **satmaq**; ② 열다, 들어 올리다 open up, lift up; ③ 얻다, 받다, 취하다 take, receive, gain ● **vermək, qaytarmaq**; ④ 붙잡다, 정복하다 catch, conquer, seize, obtain; ⑤ ~와 결혼하다 marry with; ⑥ 먹다, 섭취하다 take in, have, eat; ⑦ 인지하다, 이해하다 perceive, grasp

almalıq *i.* ① 사과 밭 apple-tree garden; ② *ana.* 폐포(肺胞) alveolus

Alman *i.* 독일(인) German (people); **almanca** *i.* 독일어 the German language; 독일 **Almaniya** Germany

almanax *i.* ① 명시선(名詩選), 사화집 (詞華集), 선집, 문집 anthology, literary miscellany; ② 역서, 책력 almanac ○ **məcmuə, toplu**

almayanaq ☞ **alyanaq**

almaz *i.* ① 다이아몬드, 금강석 diamond; ② 유리 자르는 칼 glazier's diamond

almazı *si.* 다이아몬드 모양의, 투명한, 맑은 diamond-like, transparent, clear

alnıaçıq *si.* 정직한, 올곧은 honest, honest-minded, upright ○ **təmiz**

alnıaçıqlıq *i.* 정직함, 올곧음, 양심적임 honesty, conscientiousness, uprightness ○ **təmizlik**

alnıyekə *si.* 이마가 넓은 with a large forehead

alo *nid.* 여보세요, 여기요!, 저기요! hullo!, hello!

alov *i.* 불꽃, 불, 화염 flame, flare, blaze, fire, light ○ **od, ocaq**; ~ **almaq** *fe.* 불을 붙이다, 불꽃을 일으키다, 화염을 내다 catch fire, ignite, blaze up, take fire, flare up; ~ **salmaq** *fe.* 불을 내다, 방화하다 set on fire, ignite, fire, inflame

alovgözlü *si.* 열정적인, 격렬한, 열심인, 맹렬한 passionate, fervent, ardent, busy, fiery, hot, red-hot, stormy, vehement ○ **qızğın, ehtiraslı**

alovlandırılmaq *fe.* 불이 붙여지다, 방화되다 be inflamed, be ignited

alovlandırmaq *fe.* 발화시키다, 부을 내다 ignite, inflame

alovlanma *i.* 발화, 점화, 연소 ignition, inflammation; ~ **nöqtəsi** *i.* 발화점 ignition point

alovlanmaq *fe.* ① 불타다, 연소되다 blaze, flame, flare ○ **yanmaq, alışmaq, odlanmaq** ● **sönmək**; ② 빛나다, 밝게 되다 become bright, become shiny ○ **qızarmaq, işıqlanmaq, parlamaq**; ③ 흥분되다, 열정적으로 되다, 격렬해지다 become excited, get passioned ○ **şiddətlənmək, güclənmək, qızışmaq** ● **öləzimək**

alovlu *si.* ① 불타는, 연소되는 flaming ○ **odlu, yanar**; ③ 열정적인, 열심인, 격렬한 fervent, fiery, ardent ○ **hərarətli, atəşin, ehtiraslı, coşğun**

alovluluq *i.* 열정, 열심, 열의 ardency, passion, fervency ○ **hərarətlilik, ehtiraslılıq, coşğunluq, qızğınlıq**

alovsaçan *i. mil.* 화염방사기 flame-thrower

alovsuz *si.* 불꽃이 없는 flameless

Alp *i.* 알프스 인종 Alpine

alpinist *i.* 등산가 alpinist, climber

alt¹ *i. mus.* ① 비올라 viola; ② 알토 alto

alt² I. *si.* 열등한, 하등의, 하위의, 낮은 inferior; II. *i.* 바닥, 받침, 밑부분 bottom, lower part, under part, underside ● **üst**; ~ **paltarı** *i.* 내의, 속옷 underclothes, underwear; ~ **salmaq** *fe.* (구두에) 창을 대다 sole (shoe); **~ından cızıq çəkmək** *fe.* 밑줄을 치다 underline; **~ını qazımaq** *fe.* 밑에 구멍을 파다, 토대를 허물다 undermine; **~-~a** *z.* 겹쳐서, 서로 밑에 one on another, one under another; **~da** *z.* ① 아래에, 아래층에, 밑부분의 below, underneath, downstairs; ② 다리 부분에, 바닥 부분에 at the foot (of), at the bottom (of); ~ **dan** *z.* ① 아래로부터, 바닥으로부터 from below, from bottom; ② 비밀리에, 은밀히 secretly, covertly; **~-~ baxmaq** *fe.* 아래에서 보다, 은밀히 살피다 look from below; spy; ~ **yuxarı** *z.* 엉망진창으로 upside down; **~-üstdən demək** *fe.* 중사하다, 명예를 훼손하다 slander; **~dakı** *si.* 아래의, 밑부분의 undermost; ~ **dan-~ dan** *z.* 교활하게, 비밀리에 furtively, secretly, slyly; ~ **dan-yuxarı** *z.* 아래에서 위로 from lower to upper; **~dan-üstdən** *z.* 그릇되게, 잘못되게 falsely, foully

altağız *i. zoo.* 강바닥에 사는 어류의 일종 a kind of fish which lives under the river

alterasiya *i. mus.* 교대 alternation

alternativ *si.* 대안의, 양자택일의 alternative; ~ **ideya** *i.* 대안(代案) alternative idea; ~ **tədbirlər** *i.* 대안적 조례 alternative measures

altı *say.* 여섯, 육(六) six; ~-~ *z.* 여섯씩 six by six

altıaçıq *si.* 아래가 터진 below open
altıavarlı *si.* 여섯 노를 가진 six-oared (boat)
altıaylıq *si.* ① 6개월 기간의 (duration) of six months; ② 육삭둥이의 prematurely born (child); **Altıaylıq olma!** 서둘지 마라! Don't be in a hurry !
altıbarmaq *si.* 육손의 six-fingered
altıbucaq *i.* 육각형 hexagon
altıbucaqlı *si.* 육각형의 hexagonal
altıca *z.* 그저 여섯 only six
altıcəhət *si.* 육면체의 hexahedral
altıcildli *si.* 여섯 권으로 된 (전집) of six volume
altıcildilik *i.* 여섯 권짜리의 전집 six volume edition
altıdüymə *si.* 6 단추의 (measure) of six button
altıgünlük *si.* 육일 동안의 of six days; six-day
altıillik *si.* ① 6년의, 여섯 살의, 6년간의 of six years; six-year; sexennial; six year-old; ② 6년 기념제, 6년의 기간 sixth anniversary; six years; six-year-period
altıqat(lı) *si.* 여섯 겹의 six-ply, six storeyed
altıkünclı ☞ **altıbucaqlı**
altılıq *si.* ① 여섯의, 6의 six; ② 6마의 (마차) (of horses) six-in-hand; ③ 여섯 노의 (배) (boat) six-oared; 6대의 편대 (military) flight of six aircraft
altımərtəbə *si.* 6 층으로 이뤄진 six-storied
altmışyaşlı *si.* 60세의, 육순의 sixty years old
altımisralı *si.* 육각(六脚)을 가진, 발이 여섯인 six-foot
altıncı *say.* 6번째, 여섯 번째 sixth
altın(d)a *qo.* ~의 아래에 below, beneath
altısaatlıq *si.* 6시간의 (거리, 작업량) of six hours; six-hour (driving distance)
altı-sinifli *si.* 6학년의 sixth grade (at school)
altıtərəfli, **altıüzlü** *i.* 육면체 hexahedron; *si.* 육면체의 hexahedral
altıyanlı ☞ **altıtərəfli**
altıyaşar ☞ **altıyaşlı**
altıyaşlı *si.* 6세의, 여섯 살 먹은 six year old
altlıq *i.* ① (커피, 찻잔 등의) 받침 접시, 화분 받침 saucer; ② 지지대, 받침, 받침대, 축받이(대) support, rest, stand, prop, pedestal
altmış *say.* 60, 예순 sixty
altmışca *z.* 그저 60의 only sixty
altmışıncı *say.* 60번째, 예순 번째 sixtieth
altruist *i.* 애타[이타]주의자 altruist ● **eqoist**
altun *i.* 금 gold ○ **qızıl**
alt-üst *z.* 거꾸로, 전도(顚倒)되어 upside-down, topsy-turvy; the wrong way round ○ **qarma-qarışıq**, **pozğun**, **nizamsız**; ~ **eləmək/etmək** *fe.* 엉망진창으로 만들다, 뒤죽박죽 만들다 turn-down, do things topsy-turvy, upset, turn topsy-turvy
alu ☞ **alı**
aludə *si.* 몰입된, 탐닉의, 사로잡힌 indulged, caught, captivated, passionate, greedy (of, for) ○ **mübtəla**, **məftun**, **vurğun**; ~ **olmaq** *fe. a)* 홀리다, 크게 관심을 보이다, 좋아하다 be captivated, take a great interest in, be keen on, go mad over; *b)* 사랑에 빠지다 be enamoured of, fall in love; ~ **olmuş** *si.* 매혹된, 홀린, 사로잡힌 charmed, fascinated, captivated
aludəlik *i.* ① 편파성, 편애, 탐닉, 매혹 partiality, predilection ○ **mübtəlalıq**, **məftunluq**, **vurğunluq**; ② 열심, 열정 passion, ○ **həvəs**, **şövq**; ③ 심취, 미침, 반함, 몰입 love, infatuation; ④ 정렬, 격정, 정염 flame; **~lə** *z.* 편파적으로, 편견적으로, 열정적으로 with partiality, with prejudice, with animation
alunit *i. kim.* 명반, 황산 알루미늄 alumium ○ **zəy daşı**
alümin *si.* 알루미늄으로 만든 made of aluminium
alüminium *i.* 알루미늄 aluminium, aluminium
alüminiumlu *si.* 알루미늄이 포함된 containing aluminium (composition)
alver *i.* 매매, 거래, 상업 trade, commerce; ~ **etmək** *fe.* 매매하다, 거래하다 bargain ○ **alış-veriş**, **alqı-satqı**
alverçi I. *i.* 상인, 거래자, 무역인 merchant, dealer, trader, tradesman; II. *si.* 상업적인, 매매의, 거래의 mercantile
alverçilik ① ☞ **alver**; ② 투기 speculation, profiteering, jobbery
alyanaq(lı) *si.* 볼이 붉은, 얼굴이 붉어진 red-cheeked
alyans *i.* 동맹, 협력, 협조 alliance, union
alyaşıl *si.* 밝은 녹색, 다채로운, 알록달록한 bight green, colourful, multi-coloured
am *i.* 보통 사람들 ordinary people

amac *i.* 표적, 목표 target, mark ○ **nişanə, hədəf, nişangah**
amadə *z.* 대기 중에, 준비되어 on call, in readiness, ready (for), prepared (for) ○ **hazır, müntəzir**
amadəlik *i.* 준비됨, 상시대기 readiness, preparedness
amal *i.* 의도, 의지, 목적 ideas, purpose, intention ○ **qayə, məqsəd, arzu, dilək**
amalqama *i.* 혼합물, 결합물 amalgam, amalgamation
aman¹ *i.* ① 안정, 평화, 평온, 평안 security, respite, peacefulness ○ **əmniyyət, dinclik, əmin-amanlıq, qorxusuzluq**; ② 지연, 연기, 유예, 지체, 말미 free time, delay, postpone ○ **macal, möhlət, imkan**; ③ 자비, 긍휼, 관용 mercy, leniency ○ **rəhm, mərhəmət**; ④ 원조, 도움, 구조, 지원 help, relief, aid ○ **imdad, kömək**; ⑤ 힘, 정력, 에너지 energy, power, strength ○ **taqət, qüvvə, güc**; ~ **vermək** *fe.* a) 인정을 베풀다, 편하게 하다 spare; b) 쉼을 주다, 휴식을 주다 grant a respite; **~ı kəsilmək** *fe.* 지치다, 망가지다, 피로로 쓰러지다 be exhausted (with), break down (with), grow faint (from); **düşmənə ~ verməmək** *fe.* 적에게 무자비하게 하다 give one's enemy no quarter; ***Aman deyənə qılınc qalxmaz.*** *웃는 얼굴에 침 뱉으랴, 애걸하는 자에게 칼을 들지 않는다. A fault confessed is half redressed.*
aman² *nid.* ① 저런, 어이쿠 (regret) alas; ② 제발 (begging); ② 그럴 수가! (disagreement) o!, oh!
aman-aman *nid.* 저런 저런 oh, ah
amanabənd ☞ **amanatabənd**
amanatabənd *z.* ① 막 ~하려던 참에 just about to, in readiness; ② 막 무너지려는 찰나에 just about to break (down)
amanı *si.* 일시적인, 임시의, 잘 깨지는, 견디지 못하는 temporary; provisional; not strong, durable; fragile
amansız *si.* 거친, 격한, 무자비한, 평온이 없는 hard; tough; merciless; ruthless; relentless ○ **rəhimsiz, sərt, mərhəmətsiz,** ● **yazıq, rəhmli**; ~ **olma** *i.* 분개, 격노 exasperation
amansızca(sına) *z.* 잔인하게, 무도하게, 무자비하게, 사납게, 포악하게 fiercely; ferociously, cruelly
amansızlıq *i.* 무자비함, 잔인함, 포악함 mercilessness; ruthlessness ○ **rəhimsizlik, mərhəmətsizlik, sərtlik, barışmazlıq**; ~ **göstərmək** *fe.* 무자비하게 행하다, 포악하게 굴다 show mercilessness/ ruthlessness
amansızlıqla *z.* 무자비하게, 사정없이 without remorse
aman-zaman *si.* 단하나의, 단독의 only, sole; ~ **bir uşaq** *i.* 단 하나의 아이 an only child
ambıl *i.* 쟁기를 끄는 두 마리 소 중의 첫째 소 first pair of oxen tied with a plough
ambır *i.* 대장장이의 큰 집게 big pliers for a blacksmith
ambırağız *i.* ① 집게, 집는 연장 nippers; ② 입이 큰 사나이 man with a wide mouth
ambulator *i.* 외래 환자 out-patient
ambulatoriya *i.* 외래 진료소 out-patient clinic
Amerika *i.* 미국 America; **Amerikan** *i.* 미국인 American; **ABŞ (Amerika Birləşmiş ...tatları)** 미 합중국 The United States of America; **~lı** *si.* 미국의 American; **Amerikalı** *i.* 미국인, 양키 American, Yankee
amerikanizm *i.* 친미주의, 미국적인 것 Americanism
amfibiya *i.* 양서류 (동, 식물) amphibian
amfiteatr *i.* 원형극장, 경기장, 계단식 강당 amphitheatre, parterre
amil¹ *i.* ① 요소, 요인, 이유, 원인 factor, reason ○ **faktor**; ② 자극 incentive, stimulus; **müvəqqəti ~lər** *i.* 일시적 요소 transitory factors; **maddi və mə'nəvi ~lər** *i.* 물질적 도덕적 동기 material and moral incentives; **həqiqi ~** *i.* 진실한 동기 true incentive
amil² *i.* 무역 대리인, 상업적 대리인 trading agent, commercial agent
amillik *i.* 무역 대리인의 직무; 위탁 상점, 대리 업무소 work of commercial agent, commission shop
amin *nid.* 진실로, 참으로 Let it be true, truly, Amen; ~ **demək** *fe.* 생각을 되새기다 repeat *smb.*'s thought
amir *i.* 사령관, 통치자 commander, ruler, sovereign
amirанə *z. si.* 명령조로, 권위적으로, 고압적으로 imperative(ly), authoritative(ly), imperious(ly)
amiranəlik *i.* 도도함, 권위적임 imperiousness,

authoritativeness

amirlik *i.* 통치권, 주권, 지배 dominion, domination

amma *bağ.* ① 그러나, 그렇지만, 그런데 and, but, however, though (at the end of sentence); ② ~임에도 불구하고 notwithstanding

ammonyaklı *si.* 암모니아성의 ammoniac

ammonium *kim.* 암모늄 ammonium

ammonyak *i.* 암모니아 ammonia

amnistiya *i.* 사면, 면제 amnesty, free-pardon; **ümumi ~** *i.* 일반 사면 general amnesty

amorf *si.* (분명한) 형태가 없는, 정형(定形)이 없는, 형태를 이루지 않는; 혼돈해 있는 formless, shapeless, amorph

amortizasiya *i.* ① *eco.* 가치의 저하, 구매력 저하 depreciation; ② 충격 흡수 shock-absorbing

amortizator *i.* 충격흡수 장치 shock-absorber

amper *fiz.* 암페어 (전류 mks단위) ampere

amper-saat *fiz.* 암페어 시 (전류량) ampere hour

ampermetr *fiz.* 전류계 ampere-meter

amputasiya *i.* 절단 (수술); 잘라내기 amputation; **~ etmək** *fe.* (손, 다리, 손가락 등을) (수술로) 절단하다 amputate

amyöb *bio.* 아메바 Amoeba

an *i.* 순간, 찰나, 눈 깜짝할 사이, 순간 moment, instant, second, twinkle; general time ○ **ləhzə, dəm, moment**; **bir ~da** *z.* 즉각적으로, 바로, 당장 instantly, immediately; **həmin ~da** *z.* 바로 그 순간, 같은 시간에 at that very instant, at the same time; **son ~da** *z.* 마지막 순간에 at the last moment; **istənilən ~** *z.* 어떤 시점에 at any point

ana I. *i.* 어머니, 엄마 mother; II. *si.* 어머니의, 어머니 다운, 태어난 곳의 maternal, motherly, native, home; **~ qayğısı** *i.* 모성애적 염려 maternal care; **~ dili** *i.* 모국어 mother tongue; **~ torpaq** *i.* 모국, 조국 motherland; **~ yurdu** *i.* 고향, 출신지 motherland; **~dan olma** *i.* 출생 birth; **~ boynunda** *z.* 모태로부터 in the womb of mother; **~ şəfqəti** 모성애적 염려 mother's care; **~dan olmaq** *fe.* 태어나다 be born; **~dan olduğu gün** *i.* 생일 birthday; **~sının oğlu** *si.* 적출이 아닌, 불법적인, 변칙의 illegitimate; **~sı ölmüş, ~sı ölsün.** a) 측은한, 가여운, 불행한, poor, unhappy, unfortunate, miserable, unlucky; 당당한, 원기 있는, 팔팔한, 씩씩한 b) 모성애 gallant, dashing; **~ məhəbbəti** motherly love; 어머니의 자장가 **~ laylası**. mother's lullaby

ana-ata *i.* 양친, 부모 parents

ana-bacı *i.* ① 어머니와 이모 mother with her sister; ② (매우 가까운) 여자 친구 girlfriends (very close girlfriends)

ana-bala *i.* 모자(母子) mother with her child; **~ eləmək** *fe.* 매우 친절하다, 매우 가깝다, 절친하다 be very kind, be very close

anac *si.* ① (병아리의) 한 배의, 가계의, 혈통의 brood, pedigree, uterine ○ **iri, yekə**; **~ qoyun** *i.* 성숙한 암양 ewe; **~ dunuz** *i.* (성숙한) 암퇘지 sow; **~ madyan** *i.* (성숙한) 암말 pedigree mare; ② *fig.* 노련한, 경험이 있는, 장성한 experienced (in one job), grown-up

anacan *i.* 엄마, 마마 mammy, mam

anacıq, anacığaz *i.* 엄마 mammy

anaclıq *i.* 알을 품는, 둥지에 앉아 있는; 순혈통의 brooding, pedigree

anaclaşmaq *fe.* 알을 품다, 새끼를 품다 become brood

ana(dan)bir *si.* 이복 (형제) uterine; **~ bacılar** *i.* 이복 누이 uterine (half) sister

anadangəlmə *si.* ① 태생의, 나면서부터 타고난, 천성의, 선천적인 inborn, innate, born; ② *tib.* (질병, 결함 등이) 타고난, 선천적인 congenital; ③ 적신의, 발가벗은 (아무것도 없는) completely naked ○ **fitri, lüt**; **~ iste'dad** *i.* 타고난 재능, 천부적 재능 innate talent

anafora *i.* 행두, 수구(首句), 반복, 전방 조응(照應) anaphora

anaforik *si.* 전방 조응적인 anaphoric(al)

analıq *i.* 모성, 어머니다움 maternity, motherhood; ② 계모 stepmother ○ **ögey ana**; **~ mühafizəsi** *i.* 산모 보호(産母保護) maternity protection

analitik I. *i.* 분석 전문가, 해설가, 정신분석 의사 analyst; II. *si.* 분석적인 analytic(al); **~ təfəkkür** *i.* 분석적 사고 analytical thinking; **~ fəlsəfə** *i.* 분석적 철학 analytical philosophy

analiz *i.* 분석, 분해, 검토 analysis (*pl.* ses) ○ **təhlil** ● **sintez**; **~ etmək** *fe.*; 분석하다, 분해하다 analyze

analizator *i.* 분석기 analisator

analoji *si.* 유사한 analogical

analogiya *i.* 유사성, 일치성, 공통점 analogy, resemblance ○ **oxşarlıq, bənzərlik, uyğunluq**

analoq *i.* 상사형(相似形), 계량형, 아날로그 analogue

ananas *i.* 파인애플 pineapple

anarxist *i.* 무정부주의자 anarchist

anarxiya *i.* 무정부 anarchy ● **demokratiya**;

anarxizm *i.* 무정부주의 anarchism; **xırda burjua ~i** *i.* 열등한 부르주아의 무정부주의 petty bourgeois anarchism

anasız *si.* 고아 orphan ○ **yetim**

anasızlıq *i.* 고아 신분 motherlessness, orphanhood ○ **yetimlik**

anaşa *i.* 대마초, 하시시 hashish, cannabis; **~ çəkmək** *fe.* cannabis 대마초를 피우다 smoke hashish, smoke

anaşaçəkən *i.* 대마초 중독자 hashish smoker, drug addict, fiend

anaşaçı *i.* 하시시 판매자 seller of hashish

anaşaxor ☞ **anaşaçəkən**

anatom *i.* 해부학자(전문가) anatomist

anatomik *si.* 해부학적인 anatomic(al)

anatomiya *i.* 해부학(解剖學) anatomy

anayolu *ethn.* 신랑 편에 신부의 부모에게 주는 예단 present for the daughter's parents brought from the bridgroom's side

anbaan *z.* 매 순간, 매시간 every minute, every moment

anbar *i.* ① 창고, 곡간, 저장고, 지하 저장실, 금고실 barn, cellar, vault, larder, pantry, store-room, store-house, storage, warehouse; ② *mil.* 무기고 depot; **silah ~ı** *i.* 무기고, 탄약고 ammunition depot, dump; **ağac ~ı** *i.* 목재 야적장 timber-yard; **şərab ~ı** *i.* 포도주 저장고 wine cellar; **~a vurmaq** *fe.* 저장하다, 쌓아 보관하다 store in, stack

anbarçı ☞ **anbardar**

anbardar *i.* 창고지기, 창고 관리자 storekeeper, storehouse-man

anbarlamaq *fe.* 창고에 저장하다 pile, heap, stack into the store-house

ancaq *bağ.* 단지 but, just, only

and *i.* 맹세, 서약 vow, oath, swear ○ **və'd, söz**; **~ içdirmək** *fe.* 회유하다 adjure, conjure, entreat; 맹세하다, 서약하다 **~ içmək** swear, take an oath, vow; ***And olsun*** *... 맹세합니다! I swear...* ; **~ını pozmaq** *fe.* 서약을 어기다. 맹세를 깨다 break one's oath; **~ına xilaf çıxmaq** *fe.* 위증하다, 맹세를 깨다 break one's oath, commit perjury; **yalan ~** *mil.* 위증(죄) perjury; **hərbi ~** *i.* 복역 서약 oath of enlistment

and-aman *i.* 맹세, 자기 확증 swear, self-proof; **~ etmək** *fe.* 어떤 값을 치르고라도 증명하기를 맹세하다 swear, do one's best to prove, try to testify at all costs

andçı *i.* (선서 공술서에 의한) 증인 deponent

anddaş *i.* 같이 맹세한 사람 one with whom shared an oath

andır *i.* ① 유물(遺物) relics, articles left after the deceased; ② 저주 받은 물건 things that are cursed/damned/accursed; ***Andıra qalmış!*** *썩을, 빌어 먹을!* ***Accursed! Damned!***; *제기랄!* ***Andıra qalsın!*** *Damn it!*

andırmaq *fe.* ① 알리다, 이해시키다, hint (at); drop, make hints (about) ○ **anlatmaq, qandırmaq**; ② 비슷하다, 닮다, 연상되다 look like, resemble ○ **xatırlatmaq, oxşamaq**; ***Oğlan atasını andırır***. *그 아이는 그의 아버지를 닮았다 (연상시킨다). The boy resembles his father.*

andız *i. bot.* 동물 치료에 쓰이는 민방 약초의 하나 a kind of plant used as a folk remedies for treatment of animals

and-qəsəm ☞ **and-aman**

andlaşmaq *fe.* 서로 맹세하다, 서로 언약하다 swear mutually

andlı *si.* 맹세한, 언약한 sworn, pledged

anekdot *i.* 유머, 재밌는 이야기 anecdote, a funny story

anestezioloq *i.* 마취 전문 의사 [간호사] anaesthetist

anesteziologiya *i.* 마취학(痲醉學) anaesthesiology

anesteziya *i. tib..* (전신 또는 국부) 마취 Anaesthesia

anən *z.* 갑자기, 별안간, 느닷없이 suddenly, unexpectedly ○ **birdən, gözlənilmədən, dərhal**

angina *i. tib.* 화농성 편도선염 quinsy

anılmaq *fe.* 언급되다, 기억되다 be mentioned, be remembered

anış *i.* 소망, 소원, 열망, 욕구 desire, hope, ○ **istək, arzu, dilək**

ani *si.* ① 갑작스런, 느닷없는, 불시의 sudden, instant, instantaneous, momentary ○ **qəfil, gözlənilməz**; ② 순간적인, 즉각적인, 찰나의, 덧없는 instantly, in a trice, in a moment ○ **müvəqqəti, keçici**; ~ **külək** *i.* 휙 부는 바람, 돌풍 gust

anilik *i.* ① 절박, 급박, 즉각, 불시 instancy, suddenness, momentariness ○ **qəfillik, gözlənilməzlik**; ② 임시성, 과도성, 덧없음 transient, temporariness ○ **müvəqqətilik, keçicilik**

animalist *i.* 동물화가, 동물 조각가 animal painter, animal sculptor

animizm *i.* 애니미즘, 정령숭배 animism

anket *i.* 설문지 form, questionnaire

anqar *i.* 곳간, 오두막 hangar

Ankara *i.* 앙카라 (터키의 수도) Ankara (the capital of Turkey)

anqıra-anqıra *z.* 으르렁거리며, 포효하며 roaring

anqırışmaq *fe.* 집단적으로 시끄럽게 울다 bray together; ***Eşşəklər anqırışır.*** *나귀들이 서로 시끄럽게 울어 댄다. Donkeys are braying.*

anqırmaq *fe.* 시끄럽게 울다, 소리치다, 고함치다 bray, roar, yell-bawl ○ **bağırmaq, böyürmək**

anqırtı *i.* 고함, 울어댐 yelling, bray ○ **bağırtı, böyürtü**

anqırtmaq *fe.* 울게 하다, 시끄럽게 하다 cause to yell, cause to bray

anqut *i.* ① *zoo.* 청둥오리 wild duck, mallard; ② 목이 가늘고 긴 사람 man with a thin and long neck

anqutboğaz *si.* 목이 긴, 긴 목을 가진 long-necked (about a thin and tall man)

anladılmaq *fe.* 이해되다, 알려지다 be understood, be noticed

anladılmaz *si.* 설명할 수 없는, 해석할 수 없는, 불가해한 inexplicable, unaccountable

anlaq *i.* 이해, 이해력 comprehension; ability to understand

anlaqlı *si.* 영리한, 이해력이 높은, 뜻이 분명한, 영특한 quick-mitted, sharp, bright, intelligible; clear, sensible, intelligent

anlaqlılıq *i.* 영특, 지력, 이지, 총명 sharpness, intelligence, sensibility

anlaqsız *si.* 이해가 늦은, 둔한 slow(-witted), dull ○ **düşüncəsiz, qanacaqsız, mə'rifətsiz, dərrakəsiz**

anlaqsızlıq *i.* 우둔, 아둔함, 미련함 slowness, dullness ○ **düşüncəsizlik, qanacaqsızlıq, mə'rifətsizlik, dərrakəsizlik**

anlama *i.* ① 이해, 이해력, 파악력 comprehension, understanding; ○ **qanma, düşünmə, bilmə**; ② perception, cognition 인지, 인식(작용), 지각 ○ **duyma, sezmə**

anlamaq *fe.* ① 이해하다, 깨닫다, 파악하다 understand, comprehend, realize ○ **qanmaq, düşünmək, bilmək**; ② 잘 판단하다 be a good judge (of)

anlamaz *si.* 멍청한, 둔한, 민첩하지 못한 dull, unreasonable, slow-witted; ○ **qanmaz, mə'rifətsiz, şüursuz, qanacaqsız, kobud**

anlamazlıq *i.* 둔함, 무지함, 둔감함 slowness, dullness, ignorance ○ **qanmazlıq mə'rifətsizlik şüursuzluq, qanacaqsızlıq, kobudluq**

anlaşıqlı *si.* 분명한, 이해할 만한, 명백한, 훤히 알 수 있는 clear, apparent ○ **aydın** ● **dolaşıqlı**

anlaşılan *si.* 분명한, 명백한, 이해할 만한 clear, simple; ~ **nəticə** *i.* 명백한 결론 a clear conclusion; ~ **məqalə** *i.* 분명한 기사 a clear article; ~ **izahat** *i.* 확실한 설명 simple explanation

anlaşılmaq *fe.* ① 분명해지다, 명백해지다 become clear ○ **aydınlaşmaq**; ② 일을 정리하다, 사물을 정돈하다, 증명하다 arrange matters, make arrangements, prove

anlaşılmaz *si.* 이해할 수 없는, 신비한, 불가해한, 설명할 수 없는, 기이한 mysterious, imperceivable, impenetrable, obscure, incomprehensible, inexplicable, turbid, vague, unclear

anlaşılmazlıq *i.* 불가해성, 기이함, 몰이해, 인지불가 incomprehensibility, misunderstanding, vagueness, inperceptible

anlaşma *i.* 이해, 조화, 화합 accord, concert, convention, dealings, understanding ○ **razılaşma, sözləşmə**

anlaşmaq *fe.* 상호 이해하다, 서로 동의하다 agree/understand mutually ○ **razılaşmaq, sözləşmək**

anlatmaq *fe.* 설명하다, 이해시키다, 서술하다, 설득하다, 납득시키다 explain, elucidate, expound, describe, illustrate, account (for); make *smb.* understand, convince, bring to

A

one's senses

anlayan *si.* 영리한, 이해가 좋은, 재치 있는, 예리한 understanding, quick-witted, sharp, bright

anlayış *i.* ① 이해, 인식, 인지 idea, notion, conception ○ **məfhum**; ② *phil.* 개념 concept, sense; ③ 고려, 숙려, 고찰, 숙고 consideration, understanding

anlayışlı *si.* ① 명백한, 현명한 clever, wise; ② 사려 깊은, 친절한, 배려하는 considerate, thoughtful ○ **düşüncəli, fərasətli, zehinli**

anlı *si.* 현명한, 영리한, 똑똑한 wise, clever ○ **ağıllı, düşüncəli**

anlıq *i.* 순간, 즉각, 찰나 immediacy, instant, moment; **bir ~ görünmək** *fe.* 언뜻 보다, 일견하다, 흘끗 보다 Glimpse; **~ qorxu** *i.* fright

anmaq *fe.* 기념하다, 기억하다, 되새기다 remember, recollect, recall, think of ○ **xatırlamaq**

annotasiya *i.* 주석, 주해 annotation; **~ yazmaq** *fe.* 주석을 달다 annotate

anod *i. fiz.* 양극, 양극판 anode

anofeles *i. zoo.* 말라리아 모기, 학질 모기 malaria carrying mosquito

anomaliya *i.* 예외, 파격, 변칙, 이형, 변태 anomaly, exception

anonim *i.* ① 익명의 저자 anonymous author; ② 익명의 작품 anonymous work

anormal *si.* 비정상의, 부자연스러운 abnormal, unnatural ● **normal**

anormallıq *i.* ① 비정상, 불규칙 abnormality, irregularity; **fisiki ~** *i.* 물리적 비정상, 육체적 불구 physical abnormality; ② 정신 이상, 광기, 미침 insanity, madness; ③ 결함, 불구, 흠 defect ○ **çatışmazlıq**

anrı *z.* 저기, 거기, 그쪽에 there, that way, over there; ***Anrı qoy.*** *거기 두거라. Put it over there.*; ***Anrı dur***. *비껴 서라. Step aside.*

anrı-bəri I. *z.* 여기 저기, 앞뒤에 hither and thither; II. *i.* 잡다한 것들 odds and ends, all sorts of things; **~ eləmək (etmək)** *fe.* a) 여기 저기 옮기다 move, shift; b) 피하다, 모면하다, 벗어나다, 도망하다, 재빨리 몸을 비키다 deviate (from), avoid, shun, evade, elude, dodge; **~ çəkmək** *fe.* 질질 끌다, 오래 끌게 하다 drag out, expand

ansambl *i.* 총체, 전체적 효과 ensemble; **me'marlıq ~** *i.* 건축학적 조화 architectural ensemble

ansız *si. z.* 갑자기, 별안간, 느닷없이 sudden(ly), unexpected(ly)

antaqonist *i.* 적대자, 경쟁 상대 antagonist

antaqonizm *i.* 적의, 적개심, 반목, 적대 antagonism

antarktik *si.* 남극의, 남극지역의 Antarctic

Antarktika *i.* 남극 Antarctic

antena *i.* 안테나, 공중선 aerial, antenna

anti- *pref.* (접두사) ~에 반하여, 거슬려서 anti-, against; **~ demokratik** *si.* 반민주적 anti-democratic; **~ hegemon** *i.* 반 주도권, 반 패권 anti-hegemony

antibiotik(lər) *i.* 항생제 antibiotics

antidemokratik *si.* 반민주적인 antidemocratic

antifaşist *i.* 반국수주의자, 반독재자 anti-fascist

antiimperialist *i.* 반제국주의자 anti-imperialist

antik *si.* 오래된, 고풍의, 고대의 ancient, antique; **~ şey** *i.* 고골동품 antique ○ **qədim** ● **müasir**

antikommunizm *i.* 반공산주의 anticommunism

antikommunist *i.* 반공주의자 anticommunist

antikvar *i.* 고물 연구가, 골동품 수집가 antiquarian, antiquary; *si.* 고대의, 고풍의 antique

antilop *i. zoo.* 영양 (羚羊) antelope

antipatiya *i.* 반감, 악감, 혐오 antipathy

antipod *i.* 정반대의 것 antipode

antisemit *si.* 반유대주의의 anti-Semitic

antisemitizm *i.* 반유대주의 anti-Semitism

antisiklon *i.* anti- cyclone

antologiya *i.* 명시선(名詩選), 사화집(詞華集), 선집, 문집 anthology

antoloji *si.* 명시선의, 선집의 anthological

antonim *i. dil.* 반의어 antonym

antrakt *i.* 간격, 사이, 짬, 휴지 interval

antrasit *i.* 무연탄 anthracite

antropologiya *i.* 인류학, 인간학 anthropology

apaçıq *si.* 매우 선명한, 매우 분명한, 절대적으로 absolutely, quite open, clear ○ **aydın, aşkar**

apağ *si.* see: **ağappag**

aparat *i.* ① 기계적 장치, 기구 mechanism, apparatus, device; ② 기구, 조직, 기관 machinery, body; **dövlət ~ı** *i.* 국가 기관 state body;

president ~ı *i.* 대통령 기구 presidential office
aparatçı *i.* 장치 관리자, 장치 작동자 equipment operator
aparatura *i. tex.* 기구, 장치, 장비 apparatus, equipment
apar-gətir *i.* ① 미루기, 지연, 꾸물대기, 머뭇거림 redtape, procrastination; ② 색마, 여자를 잘 녹이는 남자 ladies' man, lady-killer
aparıcı I. *si.* ① 이끄는 leading, conducting ○ **əsas, baş, mühüm**; ② 주요한, 핵심의 key, main; II. *i.* ① 지도자, 책임자, 보스 leader, chief; ② 사회자, 진행자 compere, announcer; ③ 전송, 전달, 보냄 transmission; 선도적인 생각 **~ ideya** leading idea; 선도적인 팀 **~ halqa** leading squad; **sənayenin ~ sahələri**. 주요 산업 key industries; **~ şərt** *i.* 주요 조건 key condition
aparılmaq *fe.* ① 전달되다, 수송되다, 운반되다 be taken away, be carried (away); ② 지배되다, 다스림을 받다, 지도를 받다 be conducted, be directed
aparmaq *fe.* ① 가져가다, 전달하다, 이동하다, 나르다 take away, deliver, carry away, carry off ○ **gətirmək, köçürmək** ● **gətirmək**; ② 안내하다, 지도하다 lead, guide (way) ○ **ketmək, idarə eləmək**; ③ 낚아채다, 뺏아가다, 유괴하다 s natch away, lift, abduct ○ **oğurlamaq, çalmaq, qaçırmaq**; ④ 철수하다, 퇴군하다, 철군하다 withdraw, remove ○ **qoparmaq, kəsmək**; ⑤ 이행하다, 수행하다, 해내다 prosecute; ⑥ 이기다, 얻다, 승리하다, 받아내다 win, gain ○ **udmaq, qazanmaq**; **dərnək ~** *fe.* 소그룹을 이끌다, 서클을 운영하다 have a study group; **iclas ~** *fe.* 모임을 이끌다 preside over a meeting; **iş ~** *fe.* 사업을 수행하다 run a business; ***O özünü apara bilmir.*** *적절하게 행동하지 못한다. He has no manners.*; ***Bu yol haraya aparır?*** *이 길은 어디로 가지요? Where does this road lead?*
apart(dır)maq *fe.* 운반을 요청하다, 가지고 가게 하다 ask *smb.* to carry, cause to take away
apatiya *i.* 무감동, 무정 apathy
apaydın *si.* 매우 분명한 entirely clear, very clear
apelyasiya *i.* 호소 appeal; **~ vermək** *fe.* 호소하다 appeal
apogey *i.* 원지점(遠地點), 정점, 절정 apogee, climax, culmination, acme
apostrof *i. dil.* 아포스트로피('); 돈호법(頓呼法) apostrophe
appendisit *i. tib..* 충수염(蟲垂炎), 맹장염 appendicitis
aprel *i.* 4월 April
aptek *i.* 약국, 약 조제실 chemist's, drug-store, pharmacy; **~ işçisi** *i.* 약사 druggist
aptekçi *i.* 약사, 약제사 chemist, druggist, pharmacist
ar *i.* ① 수치, 부끄러움, 수치 지심, 수줍음 shame, sense of shame, infamy, bashfulness, modesty ○ **həya, abır, utanma**; ② 위엄, 위풍, 존엄, 존귀 dignity ○ **namus, qeyrət**; **~ eləmək, ~ına gəlmək** *fe.* 부끄러워하다, 수치를 느끼다 be a shamed, feel shy; **~ına gəlmək** *fe.* 수치를 당하다 feel ashamed; **~ı yemək** *fe.* 수치를 모르다 be not shy; ***Sənə ar olsun!*** *수치를 알아라, 창피하지도 않으냐! Shame on you!*
ara I. *i.* ① 틈, 간격, 간극, 사이 interval, gap; hiatus ○ **boşluq, açıqlıq**; ② 거리, 간격 distance ○ **məsafə**; ③ 사이, 중도, 중간 middle, midst ○ **içəri, ortalıq**; ④ 연기, 유예, 숨돌릴 틈, 휴식 respite, breathing space; ⑤ 한계, 제한, 경계 boundary path ○ **hüdud, sərhəd, bərə**; ⑥관계, 유연성, 친화력 relationship, affinity ○ **əlaqə, münasibət**; ⑦ 계속, ⑧ 존속, 지속 (기간) duration, interval, continuance ○ **müddət, vaxt**; ⑨ 안, 내용, 속지 inside, content (in folders) ○ **iç, qat, büküm**; II. *si.* ① 잠깐의, 중간의, 일시적인, 짬의, 끼여있는, 삽입부의 intermediate, interim; ② 괄호의, 삽입구적인 *qram.* parenthetic(al); **~ vermək** *fe.* 정지하다, 끼여들다, 틈을 주다, 짬을 내다 pause, interrupt; **~ vurmaq** *fe.* 불일치를 만들다, 불화하다, 말다툼하다 make mischief, set at variance, set by the ears, set at loggerheads; **~ qat** *i.* 사이 층, 쌓기, 건설하기 laying, construction; **~ qırışdırmaq** *fe.* 이간질하다, 다투게 하다, 혼란하게 하다 embroil (with), cause to quarrel (with); **~ qırmaq** *fe.* 관계가 깨지다, 불화하다 break (off) with; **~ dəymək** *fe.* 관계가 어렵다, 불화 관계에 있다 have strained relations; **~ söz** *i. qram.* 간투사(間投詞) parenthesis; **~ cümlə** *qram.* 삽입절, 삽입어절 parenthetical/inserted clause; **~dan qaldırmaq, ~dan qötürmək** *fe.* 제거하다, 치우

A

다, 극복하다 liquidate, abolish, do away with eliminate, overcome, remove, abrogate; **~dan qalxmaq** *fe.* (문제를) 제기하다; 떨어져 나가다 fall off, fall away, break away (from); **~dan çıxmaq** 피하다, 도망하다, 관여하지 않다 *fe.* escape, take no further part in; **~ya almaq** *fe.* 포위하다, 둘러싸다, 둘러 모이다 surround, gather around, encircle (with), ring in (with); **~ dəymək** *fe.* 불화하다, 사이가 나빠지다 be at variance (with); **~ düzəltmək**, **~ sazlamaq** *fe.* 관계를 놓다, 관계를 개선하다 put right relations; **~ soyumaq** *fe.* 사이가 나빠지다, 관계가 악화되다 deteriorate relations, become worse in relations; **~ya qoymaq** *fe.* *a)* 굴복시키다, 감수하게 하다 submit (to); *b)* 공유하게 하다, 나누게 하다 share (with); *c)* 비웃다, 모욕하다 mock at, jeer (of), scoff (at); **~ya düzmək** *fe.* 사이에 끼어들다, 방해하다, 중간에 들다 interfere (in) intervene (in), mediate, come in between; **~ya girmək** *fe.* 관계를 망치다, 원한을 만들다 spoil relations, create hostility (between); **~ya soxulmaq** *fe.* a) 스스로 끼어들다, 조금씩 끼어들다 wedge oneself (in), edge one's way (into); b) 방해하다, 훼방놓다 interfere (in), intervene (in); **~ya söz salmaq** *fe.* a) 소문을 내다, 잡담하다 gossip, tittle-tattle, tell tales, talk scandal; b) 대화를 바꾸다 change one's conversation; **~ sözü** *i.* 소문, 풍문, 전문 rumour, hearsay; **~ həkimi** *i.* 주술사, 점장이, 돌팔이의사 sorcerer, quack (doctor), witch-doctor; **~ həkimliyi** *i.* 주술, 엉터리치료 sorcery, quackery; **~nı açmaq** *fe.* a) 장벽을 치우다 take away the partition; b) 신뢰하기 시작하다, 신임하다 indulge in confidences (with); **~nı qızışdırmaq** *fe.* 다투게 하다, 이간질하다 embroil (with), cause to quarrel (with); **~nı kəsmək** *fe.* 관계를 망치다, 관계를 끊다 interrupt relations, break off relations; **~nı pozmaq** *fe.* 관계를 망치다, 불화하게 하다 spoil relations; set by the ears; set at loggerheads; **~sı kəsilmədən** *z.* 끊임없이 incessantly; **~sı kəsilmək** *fe.* a) 정지하다, 중지하다 stop, cease; b) 단절되다 partition off, disconnect; **~sı olmaq** *fe.* a) ~와 잘지내다 be on good terms with *smb.*; b) 연모하다, 좋아하다, 원하다 love, want, like, have a desire; **~sı kəsilməyən** *si.* 영원한, 지속적인, 끊임없는 permanent, never ceasing, unceasing; **~sı saz olmaq** *fe.* 건전한 관계를 갖다, 친하게 지내다 have friendly relations with, make friend, be friends; **~sını kəsmək** *fe.* a) 단절하다, 절단하다, 방해하다 interrupt, cut short, break off; b) 나누다, 벽을 쌓다 partition off; **~sı kəsilməz** ☞ **aramsız**; **~sın(d)a** *qo.* ~사이에, ~하는 중에 amid(st), among(st), between, in the middle of; **~sından** *qo.* ~통하여, ~를 통과하여 through, out of

araba *i.* 수레, 구루마, 짐마차, 손수레, 유모차 bullock cart, wagon, vehicle, carriage

arabacıq *i.* 작은 수레, 손수레 small wagon

arabaçı *i.* 수레꾼, 마부, 운전사 driver, coachman, carter, carrier

arabaçılıq *i.* 운수직, 배달업 carrier's trade, carter's trade

arabaqayıran *i.* 수레공, 구루마 만드는 사람 wagon maker

ara-bərə *i.* 경계, 국경, 담 border, boundary

ara-bərəsiz *si.* 끊임없는, 지속적인 continual, incessant

ara-bir *z.* 때대로, 간혹, 수시로, 가끔 from time to time, at intervals, now and then, sometimes ○ **hərdən**, **bə'zən** ● **daimi**, **həmişə**; *O mənə arabir baş çəkir. 그는 때때로 내게 찾아온다. He pays me an occasional visit.*

araçı *i.* 중계인, 중재인, 매개자, 중매인, 중간상 mediator, intermediary ○ **dəllal**, **vasitəçi**

araçılıq *i.* 중재, 중매 mediation ○ **dəllallıq**, **vasitəçilik**, **miyançılıq**

aradabir ☞ **arabir**

aradüzəldən *i.* ① 중개인, 매개인, 중재자 mediator, go-between, negotiator; ② 중립적인 사람, 중 middleman; ③ 뚜쟁이 procurer, pimp

araxis *i. bot.* 땅콩 peanut

arakəsmə *i.* ① 칸막이, 격막 partition; ② 화면 screen; **~ atəş** *i.* 방어 사격 defensive fire; **~yə almaq/salmaq** *fe.* 포위하다, 둘러싸다 surround, gather round, encircle, round up

araq *i.* ① 보드카 vodkas; ② 보드카를 증류하다 nastoyka; **~ çəkmək** *fe.* distil vodka; **~-varaq eləmək** *fe.* 휘저어 찾다, 뒤집어 찾다 turn upside-down, rummage

araqarışdırıcı *si.* 도발적인, 약올리는, 유발하는 provocative

araqarışdıran *i.* 참견쟁이, 남의 일에 끼여드는

사람, 말썽쟁이 trouble-maker, meddler

araqarışdırma *i.* 유발, 도발 provocation

araqçaxır *i.* 주류음료 alcoholic drinks

araqçəkən *i.* (알코올) 증류기 distiller

araqçəkmə *i.* 증류 distillation

araqçın *i.* 벨벳으로 만든 테두리 없는 실내 모자 skullcap

araqızışdıran *i.* 선동적인, 자극적인, 선정적인 incendiary

aralamaq *fe.* ① 나누다, 멀리하다, 분리하다, 쪼개다 separate, part, disjoin, divide, set ajar ○ **ayırmaq** ● **birləşdirmək**; ② 차단하다, 연락을 끊다 disconnect ○ **kəsmək**

aralanmaq *fe.* ① 멀어지다, 헤어지다, 나눠지다, 끊어지다 separate, part, get disconnected ○ **çatlamaq**, **açılmaq** ● **örtülmək**; ② 멀리 떠나다 move off/ away ○ **uzaqlaşmaq** ● **yaxınlaşmaq**; ③ 희박해지다, 드물어지다 rarefy ● **sıxlaşmaq**; **mövzudan** ~ *fe.* 주제에서 벗어나다 wander from the subject; **işdən** ~ *fe.* 일을 관두다, 은퇴하다 retire from work

araların(d)a *qo.* ~가운데, ~사이에, ~중앙에 amid(st), among(st), between, in the middle of

aralaşdırmaq *fe.* ① 탈퇴시키다, 떠나게 하다 disjoin, take to pieces; ② 분리시키다, 나누게 하다 separate, part

aralaşmaq *fe.* ① 떠나다, 흩어지다, 나뉘다, 분리되다 go away, disperse, part, separate ○ **ayrılmaq**, **uzaqlaşmaq**; ② 분기하다, 나뉘다, 방사하다 branch off, diverge, fork, radiate ○ **seyrəklənmək**; ③ 비껴서다 move aside

aralatmaq *fe.* 나누게 하다, 떠나보내다 force *smb.* to separate, cause to move away

aralı I. *z.* 멀리, 떨어져서, 초연하게 at some distance, aloof ○ **uzaq**, **kənar** ● **yaxın**; II. *si.* 조금 열린, 듬성듬성한, (색깔, 맛) 옅은 half-open, ajar; thin, spare ● **örtülü**

aralıq *i.* ① 간격, 틈, 경간 interval, space, span ○ **boşluq**, **ortalıq**; ② 거리, 사이 distance; ③ 중간, 중앙, 한 가운데 middle, midst; ~ **adamı** *i.* 매개자, 중개자, 매파 mediator, intermediary; ④ 중매쟁이, 사돈 (며느리나 사위의 아버지) matchmaker; father of the son-in-law, father of the daughter-in-law; ~ **sözü** *i.* 소문, 험담, 쑥덕공론, 객소리, 잡담 gossip; tittle-tattle; piece of scandal; scandal; ~ **həkimi** *i.* 무당, 돌팔이 의사, 마법사 sorcerer, wise man, quack(-doctor), witch-doctor; **~da qalmaq** *fe.* 다툼의 중간에 서다 find oneself amidst quarrelling; **~a söz qatmaq** *fe.* 대화에 끼어들다 change one's conversation, evade a question; **~a almaq** *fe.* 둘러싸다, 에워싸다 surround; **~a gətirmək** *fe.* 문제를 제기하다, 도전하다 bring up an issue, challenge

Aralıqdənizi *i.* 지중해 Mediterranean sea

aralıqçı ☞ **aralıq adamı**

aralıqçılıq *i.* 중개, 중재, 조정 mediation

aram *i.* 평안, 조용함, 고요, 냉정 calmness, quiet, tranquillity ○ **sakitlik**, **qərar**, **rahatlıq**, **dinclik**, **sükut**, **səbir**, **dözüm**; ~ **eləmək** *fe.* 진정시키다, 냉정하게 하다 calm, quiet, soothe; **~la** *z.* 서서히, 차분히, 냉정하게 slowly, not hurriedly ● **birnəfəsə**, **tələsik**

aram-aram *z.* 차분하게, 조용히, 서서히 quietly, calmly, slowly ○ **yavaş-yavaş**, **asta-asta**

aramca ☞ **aram-aram**;

aramlı *si.* 차분한, 참을성이 있는 patient, calm ○ **səbirli**, **dözümlü**; *z.* 서서히, 조금씩 slowly ○ **ağır**, **yavaş**

aramsız *si.* ① 지속적인, 방해받지 않는 continuous, uninterrupted; ② 제한받지 않는, 점검받지 않는 unrestrained, unchecked, impetuous

aramsızlıq *i.* 근심, 염려, 불안, 초조 anxiety, concern, uneasiness, nervousness, agitation

aramaq *fe.* 찾다, 구하다, 조사하다 seek, search, look for ○ **axtarmaq**, **yoxlamaq** ● **tapmaq**

aran *i.* 저지대 lowland ● **yaylaq**

aranlıq *i.* 저지대 지역 low-lying place

aranmaq ☞ **axtarılmaq**

ara-sıra *z.* 여기저기, 이때 저때 every now and then ○ **arabir**, **bə'zən**, **hərdənbir** ● **həmişə**; ~ **şidlətlə əsən** *si.* (바람이) 세찬, 심한, 돌발적인 gusty (wind)

araşdırıcı *i.* 조사자, 조사원, 탐사자, 검사자 investigator, explorer, researcher

araşdırıcılıq *i.* 조사직, 검사직, 연구직 profession of investigator or explorer; research

araşdırılmaq *fe.* 조사되다, 시험되다, 분석되다 be investigated, be tested, be analysed

araşdırma *i.* 연구, 조사, 탐사 research, investigation ○ **axtarma**, **yoxlama**, **tədqiqetmə**

araşdırmaq *fe.* 조사하다, 취조하다, 검사하다, 샅샅이 뒤지다, 정밀하게 조사하다 investigate, inquire, ransack, scrutinize, search, explore; ② 뒤범벅이 되다, 서로 뒤섞이다 jumble (in, about)

arat *i.* 관개(灌漑), (파종전) 물대기 irrigation, watering (before sowing); ~ **etmək** *fe.* 관개하다, 물을 대다 irrigate, water

aravuran *i.* 경찰의 밀정, 프락치, 선동가, 부추기는 사람 provocateur, trouble-maker, stool-pigeon, instigator, provoker

aravuranlıq *i.* 선동, 부추김, 자극, 유인 instigation, setting-on incitement

arayıcı *i.* 수색자, 탐구자 seeker

arayış *i.* ① 정보, 증명서, 조회 information, reference ○ **mə'lumat**; ② 수색, 탐구, 탐색 search, seeking ○ **arama, axtarma**; ③ 공문서, 증명서 certificate (red-tape); ~ **bürosu** *i.* 안내소 inquiry office

Araz *i.* 아라즈 (강) the Araz (river)

arbitr *i.* ① 조정자, 중재인, 재정관 arbiter, arbitrator ○ **münsif**; ② *idm.* (경기의) 심판 umpire, referee ○ **münsif**

arbitraj *i.* 조정, 중재, 중재 재판 arbitration

ard *i.* ① 뒤, 등 back part; rear part ○ **arxa, dal**; ② 뒤 back ○ **geri, dal**; ③ 속편, 후편, 후속 continuation, sequel ○ **mabəd, son**; **~ı kəsilmədən, ~-arası kəsilmədən** *z.* 연속적으로, 지속적으로, 후속적으로 continually, incessantly; **~ı kəsilmək** *fe.* 중지되다, 정지되다 end, cease; ~ **var** *si.* 연속적인 continuing; **~ı atmaq** *fe.* 설사하다, 배가 아프다 get a stomach-ache, have diarrhea; **~ı açılmaq** *fe.* 약점을 보이다, 지치다, 피로하다 show white feather, betray one's weak point; get tired, lose strength; **~ı çıxmaq** *fe.* 야위다, 약해지다 become feeble, become lean; **~ınca gəlmək** *fe.* 뒤따르다 follow; **bir-birinin ~ınca** *z.* 연속하여, 줄줄이, 연달아 one after another; **~ınca düşmək** *fe.* 뒤쫓다, 추적하다 chase, pursue, go after; **~ını gözləmək** *fe.* 순서를 기다리다 wait

ardıc *i. bot.* 로뎀나무, 서양 향나무 juniper

ardıcıl I. *i.* 모방자, 추적자, 수행자, 지지자, 종자(從者) follower; II. *si., z.* ① 연속적으로, 지속적으로, 연달아 successive(ly), systematical(ly), consecutive(ly), consistent(ly) ○ **sistemli**; ~ **olmayan** *si.* 엇갈린, 일치하지 않는, 지속하지 않는 inconsistent; ② 논리적인, 정규적인 logical(ly), regular(ly) ○ **qanunauyğun, məntiqi** ● **ara-bir**

ardıcıllıq *i.* ① 연속성, 지속성, 조직성 sequence, succession, systematicality ○ **sistemlilik**; ② 논리성, 규칙성 logicality, regularity ○ **məntiqilik, qanunauyğunluq**

ardıclıq *i.* 로뎀나무 숲 juniper grove, juniper wood

ardınca *z.* ~를 뒤따라, ~을 이어서 after, following ○ **dalınca, arxasınca, izincə** ● **qabağınca**; ~ **gəlmək** *fe.* 따르다, 추종하다 follow

arenda ☞ **icarə**

arendaçı *i.* 차지인(借地人), 차가인(借家人); 임차인 lease holder, lease holder, lessee ○ **icarəçi**

arəstə *si. obs.* 준비된 ready (for), prepared (for)

arəstələşmək *fe. obs.* 준비하다, 대비하다 get ready, prepare

arfa *i. mus.* (현악기) 하프 harp

arfaçalan, arfaçı *i.* 하프 연주자 harpist, harp -player

Argentina *i.* 아르헨티나 Argentina; **Argentinalı** *i.* 아르헨티나인 Argentine

arğac *i.* (뜨개질) 씨줄 (카펫, 직물의 가로 지르는 실) weft, woof (in knitting); ~ **atmaq** ☞ **arğaclamaq**

arğaclıq *i.* 씨줄로 적합한 실 thread suitable for a weft

arğaclamaq *fe.* ① 씨줄을 지르다 put/run through a weft; ② (진로, 생각을) 방해하다, 지장을 초래하다 obstacle one's way, confuse one's thought

arğalı *i. zoo.* ① 오록스, 원우(原牛, 가축화된 소의 조상) aurochs; ② 들염소 caucasion goat

arğaz ☞ **uzundraz**

arğın ☞ **yorğun-arğın**

arx *i.* 도랑, 물길 aryk, irrigation ditch, trench; ~ **çəkmək** *fe.* 도랑을 파다, 물길을 내다 dig, trench; ***Su gələn arxa bir də gələr.*** *기회는 또 오게 마련이다. Our day will come.*

arxa[1] *i.* ① 등, 뒤, 등뼈 back, backbone ○ **dal, bel, kürək** ● **qabaq**; ② 보호, 후원, 지지 defence, defender, protector, support, rear, home front ○ **kömək, havadar, dayaq, himayədar**; **~ya vermək** *fe.* 서로 의지하다, 서로

돕다 help one another, support each other; **~sı yerə gəlmək** *fe.* 패하다, 망하다 be defeated; **~sına düşmək** *fe.* 뒤쫓다, 따르다 follow, chase, pursue; **~sını yerə verməmək** *fe.* 게으르다, 빈둥거리다 be lazy/idle; **~sını yerə qoymaq** *fe.* 견디다, 감당하다, 간신히 꾸려가다 overpower, manage, cope with; **~ tərəf** *z.* 뒤쪽, 후면 rear, backside; **birinin ~sına düşmək** *fe.* 뒤쫓다, 미행하다 run after; **~sı olmaq** *fe.* 지지하다, 후견하다 back; **birinə ~ olmaq** *fe.* 뒤를 봐주다, 후원하다 support, protect; **~sınca getmək** *fe.* 뒤따르다 follow; **~sı kəsilmək** *fe.* 끝내다, 종결하다 be cut off, terminate, come to an end; **~ plan** *i.* 배경 background; **~ planda qalmaq** *fe.* 배경에 머무르다 keep in the background; **~ya doğru** *z.* 뒤쪽으로, 뒤로 backward; **~sı üstündə yatmaq** *fe.* 바로 눕다 lie one's back

arxa² *i.* 세대, 후손, 가계, 집안배경 generation, descendant, origin, family background ○ **nəsil, əcdad, soy, kök**

arxabaarxa *z.* ① 연달아, 잇달아 one after another; ② 대물려서, 자자 손손 generation from generation to

arxac *i.* ① 양우리 sheep-fold, sheep-pen; ② 소의 울타리, 축사(畜舍) enclosure (for cattle)

arxaclamaq *fe.* 가축을 우리에 들이다 drive a herd into an enclosure

arxada *z.* 뒤에, 등에 behind, in the rear, at the back

arxadan *z.* 뒤로부터, 등쪽으로부터, 역순으로 from the back, from behind, from the rear ○ **daldan**

arxaik *i. dil.* (언어의) 형태가 낡은, 고체(古體)의, 의고체(擬古體)의 archaic ● **yeni**

arxaizm *i. dil.* 고어, 고문체 archaism ● **neologizm**

arxalanmaq *fe.* 의지하다, 믿다, 신뢰하다, rest; be guided (by); hope for *smt.*; rely (on); trust in, count on ○ **güvənmək**; ***Mən sizə arxalanıram.*** *당신을 믿습니다. I depend upon you.*

arxalı *si.* 신뢰하는, 믿는, 의존하는, 의지하는, 지지하는 depending, supporting ○ **havadarlı, himayəli** ● **kimsəsiz**; ***Arxalı köpək qurd basar.*** *주인과 같이 있는 개는 늑대도 잡는다. A dog having support can defeat a wolf.*

arxalıq *i.* 외투 quilted coat

arxalılıq *i.* 지지 dependence, supportiveness ○ **havadarlılıq, himayədarlıq**

arxasınca *qo.* ~의 뒤에, ~를 뒤따라 behind, in the rear ○ **dalınca, ardınca** ● **qabağınca**; **~ baxmaq** *fe.* 돌보다, 봐주다 look after

arxasız *si.* 의지할 데 없는, 보호받지 못하는 defenceless, unprotected ○ **köməksiz, himayəsiz** ● **havadarlı**

arxasızlıq *i.* 의지할 데 없음, 보호받지 못함 defencelessness ○ **köməksizlik, himayəsizlik**

arxasıüstə *si.* 엎드린, 엎드려 누운, 포복한 prostrate, prone ● **üzüqoylu**

arxayın I. *si.* ① 자신있는, 대담한 confident, reliable, convenient ○ **xatircəm, rahat, sakit, dinc, qayğısız** ● **nigaran**; ② 자유로운, 편한, 여유있는 free, easy, leasure ○ **asudə, rahat**; ③ 확실한, 분명한 positive, sure; **~ olmaq** *fe.* a) 의지하다, 염려하지 않다, 확실하다 not to worry, not to bother, depend, reckon on, be sure; b) 신뢰하다 trust (in); **~ etmək/ eləmək** *fe.* 믿게 하다, 확신시키다, 설득하다 assure, make believe, convince, persuade (of); II. *z.* 든든하게, 평안하게, 안심되는 confidently, with confidence, leisurely; ***Arxayın olun!*** *안심하세요! Rely upon it!*

arxayın-arxayın *z.* 침착하게, 든든하게, 안심되게 quite, quietly, light-heartedly, with complete concern

arxayınca(sına) *z.* ① 매우 조용하게 very quietly; ② 동요하지 않게 imperturbably; ③ 자신있게, 대담하게 confidently

arxayınçılıq *i.* 평온한 만족감, 자기 만족 complacency ● **nigarançılıq**

arxayınlamaq ☞ **arxayınlaşmaq**

arxayınlaşdırmaq ☞ **arxayınlatmaq**

arxayınlaşma ☞ **arxayınlaşmaq**

arxayınlaşmaq *fe.* ① 든든하다, 안심하다 be sure/positive/confident ○ **xatircəmləşmək, rahatlaşmaq, sakitləşmək**; ② 쉬다, 휴식하다 be released from work/care/burden

arxayınlatmaq *fe.* ① 진정시키다, 확신시키다 reassure, ease *smb.* calm down; ② 위로하다, 안심시키다 comfort, give hope, console

arxayınlıq *i.* 침잠함, 평온함, 든든함, 자신감 있음, 자기 확신 calm, calmness; quiet, tranquillity, composure, self-confidence, self-assurance ○ **xatircəmlik, rahatlıq, sakitlik, dinclik, qayğısızlıq, salamatlıq, aludəlik** ● **narahatlıq**; ~ **vermək** *fe.* 진정시키다, 달래다 calm, quiet, soothe; reassure; set at rest, ease; set one's mind at rest

arxayınlıqla *z.* 망설이지 않고, 차분하게, 침착하게 confidently, calmly, without hesitation

arxeoqraf *i.* 금석학자 epigraphist

arxeoqrafiya *i.* 묘비명학(墓碑銘學), 비명[문] 연구 epigraphy

arxeologiya *i.* 고고학 archaeology

arxeoloji *si.* 고고학적인 archaeological

arxeoloq *i.* 고고학자 archaeologist

arxipelaq *i.* 다도해(多島海) archipelago

arxitektor *i.* 건축가 architect

arxitektura *i.* 건축 architecture

arxiv *i.* 자료, 기록, 문서 archives, registry; *si.* archival; **Dövlət ~i** *i.* 국가 기록 보관소, 문서국 Record Office

arxivçi *i.* 문서 보관자 archivist

arxivşünas *i.* 기록관리자, 문서 보관자 person who studies archives, archiver

arxivşünaslıq *i.* 기록보관(직) occupation of archiver

arxiyepiskop *i. din.* 대주교 Archbishop

arxqazan *si.* 위험을 야기하는 ditch digging

arı[1] *i. zoo.* 벌, 말벌 bee, wasp; ~ **beçəsi** *i.* 벌떼 swarm of bee; ~ **qovanı/pətəyi/səbəti** *i.* 벌집 (bee-) hive; ~ **təknəsi** *i.* 벌집 hive; ~ **şanı** *i.* 벌집의 작은 방 honey comb

arı[2] *si. obs.* 깨끗한, 맑은 pure, clean; **aydan arı** *si.* 매우 정직한 completely honest ○ **təmiz, saf, xalis, duru, parlaq, pak**

arıçı ☞ **arıxanaçı**

arıçılıq *i.* 양봉(養蜂) bee-keeping, apiculture

arıdıcı *i.* 선택자, 후계자 selector, successor

arıdılmaq *fe.* 선택되다 be selected ○ **təmizlənmək, dənələnmək**

arıxana *i.* 양봉장, 양봉사(舍), 벌통 apiary, bee-garden

arıxanaçı *i.* 양봉가 bee-keeper, apiarist, apiculturist

arıq *si.* 날씬한, 가련한, 가는, 홀쭉한, 수척한 lean, spare, thin, emaciated, scraggy, skinny ○ **cılız, sısqa, zəif, cansız** ● **yağlı**; ~ **düşmək** *fe.* 살을 빼다, 날씬해지다 lose flesh, grow thin; **taxta kimi ~** *si.* 갈퀴처럼 야윈 lean as a rake

arıqca *si.* 날씬한, 호리한 slender, slim

arıqcaq ☞ **arıqca**

arıq-cırıq ☞ **arıqca**

arıqlamaq *fe.* 날씬해지다, 홀쭉해지다 become emaciated, thin

arıqlaşmaq ☞ **arıqlamaq**

arıqlatmaq *fe.* 날씬하게 하다, 야위게 하다 cause to be lean

arıqlıq *i.* 날씬함, 야윔 leanness, thinness ○ **cılızlıq, sısqalıq, zəiflik, cansızlıq**

arıq-uruq ☞ **arıq**

arıquşu *i. zoo.* 박새, 굴뚝새 tomtit, blue titmouse, blue tit

arılıq *i.* 양봉장 apiary, bee-garden

arınmaq *fe.* ① 가려지다, 선별되다, 분류되다 be sorted, be selected; ② (스스로) 씻다 clean oneself ○ **yuyunmaq, təmızlənməq, saflanmaq**

arınmış ☞ **arıtlanmış**

arısaxlayan *i.* 양봉가, 양봉업자 bee-keeper, apiarist

arışanı *i.* 벌집, 봉소직(蜂巢織) honeycomb

arıtlanmaq *fe.* 고르다, 선별하다, 분류하다 choose, select, pick out ○ **təmizləmək, dənələmək**

arıtlamaq *fe.* 선별되다, 분류되다 be chosen, be selected, be picked out ○ **təmizlənmək, dənələnmək**

arıtlanmış *si.* 선별된, 분류된 selected, sorted out

arıtlatmaq *fe.* 선별시키다 cause to choose, make *smb.* select

arıtlayıcı ☞ **arıdıcı**

arıtəknəsi *i.* 벌집 beehive

arıyabaxan ☞ **arıxanaçı**

arıyeyən *i. zoo.* 큰매 honey buzzard

ari[1] *si. obs.* 비어있는, 벌거벗은 empty, bare, bankrupt ○ **çılpaq, boş, məhrum**

ari[2] *da.* 예, 그렇습니다, 맞습니다 yes, right ○ **bəli, hə, həri**

arif I. *i.* 현자, 현인, 철인 sage, man of wisdom; *si.* ① 현명한, 슬기로운, 영리한 wise, intelligent, skilled, clever, bright ○ **anlaqlı, mə'rifətli**; ② 알고 있는, 알만한 informing ○ **xəbərdar**; ③ 잘 알려진, 유명한 well-known, popular; II. *z.* 지

혜롭게, 현명하게 wisely, sagely; ***Arifə bir işarə bəsdir.*** *현명한 사람에게는 한 마디 말로도 족하다. A word is enough to the wise.*
arifanə ☞ **arifcəsinə**
arifcəsinə *z.* 현명하게 wisely
arifləşmək *fe.* 현명해지다, 똑똑해지다, 영리해지다 become wise/clever/bright ○ **kamilləşmək, ağıllanmaq, mə'rifətlənmək**
ariflik *i.* 현명함 beig wise
arifmetika *i.* 산수, 산술, 계산 arithmetic
arifmometr *i.* 계수기(計數器) arithmometer
Arilər *i.* 아리안족 Aryans
aristokrat *i.* 귀족, 특권 계급 aristocrat
aristokratik *si.* 귀족적인 aristocratic
aristokratiya *i.* 귀족계급, 귀족정치 aristocracy
aritmiya *tib.* 부정맥(不整脈) Arrhythmia
ariya *mus.* 아리아, 영창(詠唱) aria
ariyət *i.* 빌린 물건, 임시로 쓰는 것 borrowed, rented
ariyətən *z.* 임시적으로, 일시적으로 temporarily
ariz I. *si. obs.* 드러난, 나타난, 벌어진 appeared, happened; II. *i.* ① 고소자, 청원자 complainant, applicant; ② 볼, 얼굴 cheek, face; ~ **olmaq** *fe.* 일어나다, 나타나다 a) happen, appear; 언급하다, 청원하다 b) mention, apply, ask for
arizə *i. obs.* ① 장애, 방해, 억제, 사고 obstacle, hindrance, blockage; accident; ② 오점, 흠, 결점 defect, blemish
arizəli *si.* 장애의, 방해의 blocking, hindering
Arktik *si.* 북극의 Arctic
Arktika *i.* 북극, 북극권 the Arctic; the arctic regions
arxadaş *i.* 친구, 동무, 조력자, 동지 comrade, friend, helper ○ **yoldaş, dost**
arqadaşlıq *i.* 우정, 동료애, 동지애 friendship ○ **yoldaşlıq, dostluq**
arqo *i. dil.* 은어, 곁말 argot
arqotizm *i. dil.* 속어, 은어, 관용어구 argotism
arlanmaq *fe.* 당황하다, 부끄러워하다 be shy, be perplexed
arlı-abırlı ☞ **arlı**
arlı-namuslu *si.* ① ~할 만한, 자격이 있는, 가치가 있는 deserving, worthy (of), worth; ② 당연한, 값어치가 나가는 merited, deserved
armadil *i. zoo.* 아르마딜로: 북미 남부, 남미산, 빈치류(貧齒類) 포유 동물 armadillo
armatur *i.* ① 부속물, 부대물 accessories, fittings; fixtures; ② 강화재, 보강물 tik. Reinforcement
armaturçu *i.* 정비공, 조립공, 설비사 fitter
armud *i. bot.* 배(梨) pear; ~ **ağacı**; 배나무 pear-tree; ***Armud ağacdan uzağa düşməz.*** *배는 나무에서 멀리 떨어지지 않는다. As the tree so the fruit.*
armudabənzər *si.* 배 모양의 pear-shaped
armudboğaz *si.* 목이 긴 long-necked
armudluq *i.* 배밭 pear-orchard
armudu *si.* 배모양의 pear-shaped, pyriform
armudvarı ☞ **armudabənzər**
ar-namus *i.* ① 명예, 영예 honour; ② 존경 regard, respect; ~**unu atmaq/yemək** *fe.* 염치가 없다, 낯이 두껍다 become quite shameless, be barefaced
Arnaud *i.* 알바니아인 Albanian
arnaudca *i.* 알바니아어 Albanian; the Albanian language
arpa *i.* 보리 (麥) barley; ~**ya düşmək** *fe.* (닭이) 과식하다 overeat barley
arpacıq *i.* (총의) 가늠쇠 foresight; front sight (weapon; ~**a götürmək** *fe.* 조준하다, 겨누다 take aim at
arpalamaq *fe.* 짐승에게 보리 먹이를 주다 feed animals with barley
arpalanmaq *fe.* 먹이로 보리를 먹다 be fed with barley
arpalı *si.* 보리가 들어있는 mixed with barley
arpalıq *i.* ① 말의 치아에 생긴 구멍 cavity in the teeth of horses; ② 보리밭 barley field
arpa-saman *i.* 마초, 꼴, 사료, 먹이 forage, fodder; barley-straw
arpasuyu *i.* 맥주, 보리음료 beer
arpecio *i. mus.* 분산 화음 arpeggio
arsen *i. kim.* 비소; (기호 As 번호 33) arsenic
arsenitlər *i. kim.* (아)비산염(비산은 등) arsenate, arsenite
arsenal *i.* 무기고; 무기 공장, 조병창(造兵廠) armoury/arsenal
arsız *si.* ① 경솔한, 경박한, 태연한, 속을 태우지 않는 light-hearted; unconcerned; happy-go-lucky; untroubled; ② 염치없는, 부끄러움을 모르는, 뻔뻔한 shameless, bare faced, unabashed ○ **həyasız, utanmaz, sırtıq** ● **həyalı**

arsız-abırsız ☞ **arsız**

arsız-arsız *z.* 경박하게, 경솔하게, 주의없이 light-heartedly, with complete unconcern, shamelessly, carelessly

arsızca(sına) ☞ **arsız-arsız**

arsızlaşmaq *fe.* 뻔뻔해지다, 몰염치해지다 be shameless, be defamed ○ **həyasızlaşmaq, sırtıqlaşmaq, abırsızlaşmaq**

arsızlıq *i.* ① 경솔함, 경박함, 부주의 light-mindedness, thoughtlessness; ② 몰염치, 뻔뻔함 shamelessness, immodesty ○ **həyasızlıq, utanmazlıq, sırtıqlıq, abırsızlıq** ● **həyalılıq**; **~ğa vurmaq/qoymaq/qurşanmaq/salmaq** *fe.* a) 몰염치해지다 become light-hearted/unconcerned; b) 부끄러움을 모르다 hot to be ashamed

arslan ☞ **aslan**

arşın *i. arx.* 터키야아드 71센티미터, 28인치 arshin (Turkish yard = 0.71m; 28inch); **öz ~ı ilə ölçmək** *fe.* 자신의 기준으로 다른 사람을 판단하다 judge others by one's measure

arşın-arşın *z.* 아르신 단위로 with arsine

arşınçı *i.* 재단사, 포목상 retail, garment dealer

arşınhesabı ☞ **arşın-arşın**

arşınlamaq *fe.* ① 아르신으로 재다 measure with arshin; ② 아르신 거름을 걷다 walk with arshin steps

arşınmalçı *i.* 포목장수, 의류상 manufacturer, draper

arşınmalı *i.* 포목상 textile, material, drapery

artan *si.* ① 증가하는, 더해가는 increasing, accelerating; ② 성장하는, 올라가는 growing, mounting

artel *i.* 무리, 떼, (작업)조, 협동조합 gang, artel (co-operative association of workers or farmers)

artelçi *i.* 협동조합원 member of artel

arterial *si.* 동맥의, 간선의 arterial

arterioskleroz *tib.* 동맥 경화(증) arteriosclerosis, hardening of the arteries

arteriya *i. ana.* 동맥 artery; **yuxu ~sı** *i. ana.* 경(頸)동맥 carotid

artıcaq *z. obs.* 장황하게, 과잉으로 redundantly

artığı *i.* (수량, 정도 등의) 최대(한), 최대량, 최고 maximum; upper limit

artıq I. *i.* ① 잔여, 잔유, 잔존, 남아있는 것, 남은자 remainder, rest, remains, remnant; leavings, leftovers; ② 잉여, 과잉, 초과 surplus, excess; II. *si.* ① 여분의, 과잉의, 불필요한, 쓸데없는 superfluous, unnecessary ○ **gərəksiz, lüzumsuz** ● **əksik**; ② 풍부한, 넘치는, 많은 much, many, abundant ○ **xeyli, çoxlu**; ③ 매우 가치있는, 매우 좋은 supper, valuable, high-priced ○ **üstün, qiyimətli, yüksək**; III. *z.* 이미 already; IV. *qo.* 더욱 more, above, over; **mümkün qədər ~** *z.* 가능한 많이 as many as possible; **hamıdan ~** *z.* 모든 사람 보다 더 most of all; **~ olan** *si.* 나은, 우세한, 주된 prevalent; **~ olmaq** *fe.* 초과하다, 넘치다 exceed; **~ xərc** *i.* 낭비 waste; ***Artıq tamah baş yarar.*** *지나친 욕심으로 모든 것을 잃는다. Grasp all, lose all. (a.s.)*

artıq-artıq *z.* 필요 이상으로, 불필요하게, 쓸모없이 more than enough, needless(ly), useless(ly)

artıq-əskik I. *si.* 불필요한, 부적합한, 과잉의 unnecessary, irrelevant, redundant ○ **lüzumsuz, yersiz, münasibətsiz**; II. *i.* 잉여물, 과잉 (something) surplus, unnecessary

artıqlamasilə *z.* 과도하게 superfluously, more than necessary; **~ yerinə yetirmək** *fe.* 초과 달성하다 over fulfil

artıqlıq *i.* ① 잉여, 초과, 과잉 surplus, redundancy, abundance, plenty ○ **çoxluq, bolluq** ● **azlıq**; ② 우위, 특권 advantage, privilege ○ **üstünlük, yüksəklik**; ③ 우월, 우위, 우세, 지배 predominance, prevalence; ④ 과도함 over-indulgence, excess

artıq-tamah *si.* 과욕의, 탐욕의 greedy, grasping, covetous

artıq-tamahlıq *i.* 탐욕스러움, 갈망, 물욕, 색욕 greediness, avidity, cupidity, covetousness

artım *i.* ① 성장, 발전, 증가 growth, increase, rise, development; ② 자투리, 결과, 이득 litter, margin, offspring ○ **gəlir, qazanc** ● **itki**; ③ 먹고 남음 surplus (for bread) ○ **bərəkət**

artımlı *si.* ① 풍부한, 부요한 fruitful, abundant ○ **bərəkətli, məhsuldar**; ② 이익을 내는, 유익한 profitable, beneficial ○ **gəlirli, qazanclı**

artımlılıq *i.* ① 풍성함, 풍요, 풍년 fruitfulness, abundance ○ **bərəkət, məhsuldarlıq**; ② 이익, 이득 profit, benefit ○ **gəlirlilik, qazanclılıq**

artımsız *si.* 소득이 없는, 소출이 없는, 무익한, 무

용한 fruitless, barren ○ **bərəkətsiz, bəhrəsiz**

artımsızlıq *i.* 흉작, 무소득, 무익 fruitlessness, bareness ○ **bərəkətsizlik, bəhrəsizliq**

artırılma *i.* 부풀어 오름 (요리), 일어남, 향상, 개선 rise (cooking), improvement; **ixtisasın ~sı** *i.* 전문기술의 향상 improvement of professional skill

artırılmaq *fe.* 부풀리다, 향상되다, 부어오르다 be increased, be risen; be swollen

artırılmış *si.* 향상된, 과장된, 부풀린 increased, raised, exaggerated

artırma *i.* ① 증가, 증대, 확대, 추가, 보충 addition, augmentation, supplement ○ **çoxaltma, böyütmə**; ② 확장된 공간, 발코니 balcony, annex(e), extension, outhouse, lean-to, terrace ○ **eyvan, balkon**; ③ 강화, 증대, 가중 strengthening, acceleration ○ **gücləndirmə, şiddətləndirmə**; ④ 앙양, 드높임, 과장, 찬양 exaltation, lift, exaggeration ○ **yüksəltmə, qaldırma, böyütmə, şişirtmə**; ⑤ 개선, 향상, 고양, 증진, 강화 improvement, enhancement ○ **təkmilləşdirmə, yaxsılaşdırma, yüksəltmə**

artırmac ☞ Artırma

artırmaq *fe.* ① 더하다, 가중시키다, 증가시키다 add, put on ○ **çoxaltmaq, böyütmək** ● **azaltmq**; ② 확대하다, 키우다, 성장시키다 breed, enlarge, increase ○ **gücləndirmək, şiddətləndirmək**; ③ 높이다, 개발하다, 증대시키다, 증식시키다 multiply grow, develop ○ **yüksəltmək, qaldırmaq, böyütmək, şişirtmək**; ④ 강화하다, 세우다, 확장하다, 향상시키다, 보충하다 intensify, reinforce, build up, supplement (with), amplify ○ **təkmilləşdirmək, yaxsılaşdırmaq, yüksəltmək**

artikl *i. qram.* 관사(冠詞) article; **müəyyənlik ~i** *qram.* 정관사(定冠詞) definite article; **qeyri-müəyyənlik ~i** *qram.* 부정관사(不定冠詞) indefinite article

artikul *i.* 물품, 물건, 품목 article (showing the information of goods)

artikulyasiya *i. dil.* 분절, 조음; 분명한 발음 articulation

artilleriya *i.* 포(包), 대포; 포술(砲術) artillery

artist I. *i.* 연예인, 배우 artist; actor; I. *si.* 연기의, 예술적인, 기교가 뛰어난 artistic

artistcəsinə *z.* 예술적으로, 기교적으로 artistically

artistlik *i.* ① 연예직, 배우직(職) profession of an artist lector; ② 예술적 수완, 예술성(藝術性) artistry; ~ **etmək** *fe.* a) 연기(演技)하다, 배우짓하다 be an actor; b) 익살부리다, 조롱하다 play the buffoon

artma *i.* 증가, 첨가, 증대, 보충 addition, augmentation, supplement, increase; porch ○ **çoxalma, artım**

artmaq *fe.* ① 더하다, 첨가하다, 증가하다 add, increase ○ **çoxalmaq** ● **əskilmək**; ② 강화하다, 확대하다, 번지다 intensify, multiply, spread ○ **yayılmaq, şaxələnmək**; ③ 강화하다, 세게 하다 strengthen ○ **şiddətlənmək, güclənmək**; ④ 부풀다, 증가하다, 오르다 rise, swell; ⑤ 개선하다, 성장하다, 발전하다 progress, improve, grow, develop ○ **irəliləmək, yüksəlmək, böyümək, kamilləşmək**

artrit *i. tib..* (통풍, 류머티즘 등에 있어서의) 관절염 arthritis

arva *i.* 차체 중량 tare (weight of empty vessel) ○ **tara**; **~sını tutmaq** *fe.* 포장 무게를 달다 determine the tare weight

arvad *i.* ① 아내, 부인 wife; ② 여자, 여인 woman ○ **qadın, zənən**; ~ **almaq** *fe.* 결혼하다, 장가가다 marry, get married; ~ **dalına düşmək** *fe.* 여자 꽁무니를 따라 다니다 dangle/run (after) woman; ~ **eləmək** *fe.* 아내로 삼다 take as a wife

arvadağız(lı) I. *si.* 공처가의, 사내답지 못한, 나약한 henpecked (husband), effeminate ● **cəsarətli**; II. *i.* 나약한 사람, 겁보 milksop

arvadağızlıq *i.* 사내답지 못함, 유약함, 나약함 effeminacy

arvadaoxşar *si.* 여자같은, 곱상한 (남자) woman-like ○ **arvadsifət**

arvadbaz *i.* 여자에 빠진 남자, 주색남, one who runs after woman, ladies' man, philanderer, womanizer ○ **şorgöz**

arvadbazlıq *i.* 구애, 구혼(기간), 연애질 courtship, courting, love-making; ~ **etmək** *fe.* 구애하다, 구혼하다, 여자 꽁무니를 따라 다니다, 여성화 하다 womanize, dangle after woman

arvadcasına *z.* 여자처럼, 계집처럼 woman-like (negative)

arvadcıq, arvadcığaz *i.* 아내, 부인 wife

arvadxasiyyətli *si.* ① 유약한, 나약한 effaminate, womanlike character; ② 무기력한 flabby, feeble, spineless

arvadxasiyyətlilik *i.* 사내답지 못함, 나약함 effeminacy, feebleness

arvadlanmaq *fe.* 여자처럼 행동하다, pose as a woman, behave as a woman; act as hostess

arvadlaşmaq *fe.* (남자가) 여성화 하다 become effeminate (about men); (여자가) 거칠어지다 become sluttish, become coarse (about woman)

arvadlıq *i.* ① 여성의 특질, 여성다움 femininity; ② 여성의 집안일 woman's household; ③ 여자임, 여자다움, 여성성(女性性) womanhood ○ **qadınlıq** ● **kişilik**; ~ **etmək** *fe.* 가족을 돌보다 look after one's family

arvadsayaq *si.* 연약하게 womanish(ly); ~ **yeriş** *i.* 여자 걸음걸이 a womanlike walk; ~ **danışmaq** *fe.* 여자처럼 말하다 speak like a woman

arvadsevən *i.* 여자 꽁무니를 쫓은 사람 ladies' man, womanizer

arvadsız I. *i.* 총각, 독신남 bachelor; II. *si.* 부인이 없는, 혼자사는, 독신의 wifeless, unmarried, single, without a woman; ~ **qalmaq** *fe.* 결혼하지 않고 지내다 be a single/unmarried

arvadsızlıq *i.* 독신 state of being single

arvadsifət *si.* 여자같은 얼굴의 woman-faced, woman-like, effeminate

arvad-uşaq *i.* 부양가족, 가족 household, one's family ○ **ailə**, **külfət**, **zövcə**, **halal**

arvad-uşaqlı *si.* 부양가족이 있는, 가족이 있는 having a household, with one's family

arvadüzlü *si.* 여자같은 얼굴의 effeminate, womanish ● **kisiüzlü**

arvalı *si.* 총체[총계]의, 전부[전체]의; 전체적인 gross

arvana *i. zoo.* 암쌍봉 낙타 Bactrin camel, two-humped female camel

arvasız *si.* 순 중량의, 실 중량의 net (weight)

arzu *i.* ① 소원, 바램 desire, wish, incentive, will ○ **istək**, **dilək**; ② 꿈, 공상, 몽상, 백일몽 dream, daydream; ③ 열망, 야심, 갈망 aspiration, striving; ④ *qram.* 기원법 optative mood; **fe'lin ~ forması** *i. qram.* 동사의 기원법 형태 optative mood of verb; **çox ~ etmək** *fe.* 열망하다, 갈망하다 aspire; ~ **etmək** *fe.* 열망하다, 갈망하다, 사모하다, 연모하다 be desirous, dream, wish, care, covet, crave, die out, long, want, yearn; ~ **edilən** *si.* 갖고 싶은, 바라는, 열망의 desirable, welcome; ~ **olunmayan** *si.* 선호하지 않는, 바라지 않는 unfavourable, unwanted; ~ **edilməz** *si.* 수용하지 못할, 받아들일 수 없는 unacceptable, underdeveloped; **böyük ~** *i.* 야망 ambition; ~ **eləmək** ☞ **arzulamaq**; **~su gözündə qalmaq** *fe.* 욕망을 채우지 못하다, 갈망하다, 열망하다, 몹시 ~하고 싶어하다 not to reach one's desire, crave (for), hunger (for); **~sunda olmaq** *fe.* 고대하다, 사모하다 l ong for, yearn for, be about to; ***Mən sizin arzularını nəzərə alacağam.*** *당신의 소원을 염두에 두겠다. I'll consult your wishes.*; ***Mənim arzum aktyor olmaqdır.*** *내 소원은 배우가 되는 것이다. My dream is to become an acter.*; ***Arzu olunur ki...*** *~하는 것이 마땅하다, 바람직하다. It's desirable...*

arzukeş *i.* 탄원하는 사람, 청원자 petitioner, applicant

arzulamaq *fe.* 소원하다, 원하다, 열망하다 wish, desire, dream ○ **diləmək**, **istəmək**; **ürəkdən ~** *fe.* 마음으로 원하다 wish with all one's heart; ***Mən arzulayıram ki, o gəlsin.*** *그가 꼭 왔으면 좋겠다. I wish him to come.*; ***Sizə müvəffəqiyyət arzulayıram.*** *당신의 성공을 기원합니다. I wish you every success.*

arzulanmaq *fe.* ① 원하다, 바라다 be wished, be desired; ② 꿈꾸다 be dreamed

arzulanmaz *si.* ① 바람직하지 못한 undesirable, undesired; ② 불쾌한, 반대할 만한, 기분의 상한 objectionable; ~ **hərakətlər** *i.* 바람직하지 못한 행동 undesirable manners

arzulu *si.* 소원하는, 바라는, 원하는 wishful, having desire, desirous; dreamy, having a dream ○ **istəkli**, **diləkli**, **əməlli**

arzuman *i.* 거인, 거한 giant; *si.* 거인 같은, 막대한, 거대한 gigantic, titanic

arzumənd *i.* 청원자, 지원자 applicant, petitioner

arzusuz *si.* 욕망없이, 소원없이 without desire, without a dream

as *i.* (카드놀이의) 에이스 ace (card)

asa *i.* 막대기, 지팡이; 주교장(主教杖) staff, crook,

cane; (bishop's) crosier

asan *si.* 쉬운, 단순한, 간편한 easy, simple, light, not complicated; ~ **iş** *i.* 쉬운 일, 가벼운 일 easy work ○ **yüngül, sadə, bəsit** ● **çətin**; ~ **oxunan** *si.* 쉽게 읽혀지는 legible; ~ **qırılan** *si.* 잘 부서지는, 깨지기 쉬운 brittle; ~ **üslub** *i.* 단순형 simple style

asanca(sına) *si., z.* 쉽게, 간단하게, easy, light(ly), slight(ly)

asanlaşdırıcı *si.* 단순화하는, 쉽게 하는 simplifying

asanlaşdırılmaq *fe.* 단순화되다 be simplified

asanlaşdırma *i.* 단순화, 용이함 simplification

asanlaşdırmaq *fe.* 단순화하다, 쉽게 하다 simplify, make easy

asanlaşmaq *fe.*단순해지다 become simple, become easy ○ **yüngülləşmək, sadələşmək**

asanlatmaq ☞ **asanlaşdırmaq**

asanlıq *fe.* 단순함, 쉬움, 용이함 simplicity; easiness, lightness ○ **yüngüllük, sadəlik**; **~la** *z.* 간단히, 쉽게 easily, simply

asantəhər *si.* 쉬운 편의, 간단한 편의 easier, lighter, slighter

asar *i.* ① 기념비, 비석 monuments, memorials, signet,; ② 유물, 유적 remain, vestiges

asari-ətiqə *i.* 고고학적 기념비 archaeological monuments

asayiş *i.* ① 고요, 평온, 침착 calmness, quiet, tranquillity, peace ○ **dinclik, sakitlik, əmin-amanlıq**; ② 안정, 안전, 무사 safety, order, security; **~i pozmaq** *fe.* 고요를 깨다, 평화를 깨다 break the peace; **ictimai ~i saxlamaq** *fe.* 사회 안정을 지키다 preserve law and order; ~ **yaratmaq** *fe.* 질서를 수립하다 establish order

asbest *i.* 석면 asbestos; *si.* 석면성의, 불연성의 asbestine

asdırmaq *fe.* 매달게 하다, 교수형에 처하다 order to hang up, sentence to death (hanging-up)

aseptik *si. tib.* 무균의

aseptika *i. tib.* 무균(無菌); 무균법[처치] asepsis

asetat *i.* 아세트산염, 아세트산에스테르; 아세테이트로 만드는 인조 섬유; 도판 보호용 투명 플라스틱 필름 acetate

asfalt *i.* 아스팔트, 아스팔트 포장 도로 asphalt, asphalt highway; ~ **salmaq** *fe.* 아스팔트로 포장하다 pave with asphalt

asfalt-beton *i.* 아스팔트 시멘트 asphalt cement

asfaltbasan *i.* 아스팔트 포장기 asphalt packer

asfaltçı ☞ **asfaltbasan**

asfaltlı *si.* 아스팔트를 깐 asphalted, asphalt

asfaltlama *i.* 아스팔트 깔기 asphalting

asfaltlamaq *fe.* 아스팔트를 깔다 asphalt

asfaltlanmaq *fe.* 아스팔트로 깔다 be asphalted

asfaltlat(dır)maq *fe.* 아스팔트를 깔게 하다 ask/cause *smb.* to asphalt

asfaltsız *si.* 비포장의 unpaved

asım-asım *z.* 가지런히 걸어 놓은 neatly hung

asılan *i.* 교수형에 처해 지는 사람, 망나니 hanged man; gallows bird

asılı *si.* 매달린, 달린, 의존적인, dependant, hanging, pendant ○ **tabe** ● **azadlıq, sərbəstlik**; ~ **olmaq** *fe.* ~에 달리다, ~에 좌우되다 be dependant, depend; 당신에게 달려 있다 **Sizdən asılıdir**. It depends on you.; ~ **olmama** *i.* 자립, 독립 self-support; ~ **qalmaq** *fe.* 매달려 있다, 드리워져 있다 swing

asılılıq *i.* 의존적임 dependence

asılqan *i.* (옷, 모자) 걸이, 선반 peg, rack, stand, hall-stand

asılmaq *fe.* ① 매달리다, 걸려지다 hang, be hung, be suspended; ② (안내판이) 게시되다, 붙여지다 be hung out, be posted up, be put up; ③ 교수형에 처형되다 be hanged (to death); ④ 불이 붙혀지다 be put on the fire (to cook); **~ıb sallanmaq** *fe.* 매달려 늘어지다 dangle

asırqal *i. bot.* 크리스마스 로즈 (미나리아재비과 식물) hellebore

asırqallıq *i.* 크리스마스 로즈 가든 hellebore grove

asi *i.* ① 반란자, 반군, 폭도 rebel, insurgent, insurrectionist; ② *din.* 죄인, 반역적 인간 sinner; *si.* 반역적인, 불순종의 rebellious, disobedient; ~ **olmaq** *fe.* 불순종하다, 반역적이다 a) be disobedient, be rebellious; 하나님을 부인하다, 하나님을 모독하다 b) deny God, not to know God, scold, rail (at), abuse God

asi-kifir *si.* 분노한, 화난, 독이 오른 upset, angry, irritated; ~ **olmaq** *fe.* 화내다, 분노하다 get angry, get upset; ~ **etmək** *fe.* 화나게 하다, 성가시게 하다 irritate, vex

asiləndirmək *fe.* 귀찮게 하다, 성가시게 하다,

화나게 하다, 신경질을 돋우다 irritate, annoy

asiləşmək *fe.* 화나다, 반역자가 되다, 원수가 되다 get angry, become rebellious, become enemy

asilik *i.* ① 반역적임, 반역성, 반항 recalcitrance, rebelliousness ○ **itaətsizlik, azğınlıq**; ② 죄인 됨, 죄가 많음 sinfulness

asiman *i.* 하늘, 공중 sky, heaven ○ **göy, səma** ● **yer**; **~ə bülənd olmaq** *fe.* 높여지다, 고양되다, 찬양되다 be raised

asimmetriya *i.* 불균형, 비대칭 asymmetry

asimmetrik *si.* 불균형의, 비대칭적인 asymmetric

Asiya *i.* 아시아 Asia; 소아시아 **Kiçik Asiya** Asia minor; 중앙아시아 **Orta Asiya** Central Asia

asiyalı *i.* 아시아인 Asian

askarid *i. zoo.* 회충류(回蟲類) ascarid (a kind of parasite)

asket *i.* (일반적으로) 금욕주의자 ascetic

asketik *si.* 금욕주의의, 고행의 ascetic

asketizm *i.* 금욕주의; 금욕, 엄격한 극기(克己) asceticism

asqı *i.* ① 걸개, 걸이 peg, rack, stand, hall-stand, tab; ② 매달기, 공중에 떠 있기 suspension, pendant

asqırıq *i.* 재채기 sneezing, sternutation

asqırdıcı *si.* 재채기 나게 하는 sneezing, sternutative, sternutatory

asqırma *i.* 재채기 하기 sneeze

asqırmaq *fe.* 재채기를 하다, 재채기 같은 소리를 내다 sneeze

asqırtı ☞ **asqırıq**

aslan *i.* ① *zoo.* 사자; 고양이 속(屬)의 맹수 lion ○ **şir, arslan**; ② 사자자리 leo(pard); ③ *fig.* 용감한 사람, 용자(勇者) brave man ○ **qoçaq, igid, qəhrəman**; **dəniz ~ı** *i. zoo.* 바다 사자 sea lion

asma *si.* 매달린, 걸어 놓은 suspended, hanging, pendant; **~ qıfıl** *i.* 자물쇠 Padlock; **~ körpü** *i.* 현수교(懸垂橋) suspension bridge: **~ lampa** *i.* 매달린 등, 초롱 pendent lamp

asmaq *fe.* ① 매달다, 달다, 걸다 hang (up), hang out, suspend ○ **sallamaq** ● **götürmək**; ② 교수형에 처하다 hang (to death); **özünü ~** *fe.* 목매어 죽다 hang oneself; ③ (요리) 불을 붙이다 put on the fire (to cook

asmalıq *si.* 매달기 좋은, 매달을 수 있도록 고안된 suitable to hang

asnas *i.* 에이스 ace

asori ☞ **aysor**

aspekt *i.* 국면, 측면, 견지 aspect

aspirant *i.* 아스피란트 (구소련 학제 중 석사와 박사 중간의 학위과정) post-graduate (student)

aspirantlıq *i.* ① 대학원 과정 (years of) post-graduate study; ② 대학원생의 신분 state of being a post-graduate student

aspirantura *i.* 대학원 과정 postgraduate course

aspirin *i. tib.* 아스피린 aspirin

asral *i. bot.* 아마(亞麻); 아마의 섬유; 아마포, 리넨 flax ○ **kəndirotu**; **yabanı ~** *i. bot.* 좁은잎해란초 toadflax

asrallıq *i.* 아마 밭 flax grove

assimilyasiya *i.* 동화작용(同化作用); 소화[흡수](작용) assimilation; **səslərin ~sı** *i. dil.* 음운 동화 assimilation of sound; **yarımçıq ~** *i.* 부분 동화 partial assimilation; **~ etmək** *fe.* 동화하다 assimilate

assimilyator *i.* 동화자 assimilator

assimilyatorluq *i.* 동화자의 직업 job of assimilator

assistent *i.* 조수, 조교 assistant; assistant examiner

assistentlik *i.* 보조직, 조수직 j ob of assistant

assortment *i.* 분류, 구분 assortment

assosiasiya *i.* 단체, 회사, 조합 association

Assurilər *i. tar.* 앗수르인 Assyrian

asta *si., z.* ① 조용한, 느린, quiet; slow; silent; still; soft; gentle; faint; calm ○ **yavaş, üsullu, ağır** ● **bərk**; ② 느린, 굼뜬 sluggish; ***Asta gedən çox gedər.*** *바쁠수록 돌아가라! More haste, less speed.*

asta-asta *z.* 서서히, 천천히 slowly, slow-slow ○ **yavaş-yavaş, ağır-ağır**

astaca *z.* 느리게, 조용히, slowly, softly, gently, quietly

astadan *z.* 낮은 소리로, in low voice, in hushed tone, gently, softly

astagəl *si.* 느린 sluggish, slow, slothful

astagəllik *i.* 나태, 게으름 sloth

astaqaçan *si.* 느린, 굼뜬 sluggish

astalaşdırmaq ☞ **astalatmaq**

astalaşmaq *fe.* 속도를 줄이다, 느려지다 slow

down, decrease speed ○ **yavaşımaq, aramlaşmaq, ağırlaşmaq**

astalatmaq *fe.* 느리게 하다, 속도를 줄게 하다 cause to slow down

astalıq *i.* 느림, 나태함 sluggishness, slowness ○ **yavaşlıq, ağırlıq, aramlıq, üsulluq** ● **cəldlik**

astana *i.* 문지방, 문턱, 입구, 시발점, 발단 threshold, doorsteps, door way ○ **kandar**

astar *i.* ① 안감, 안대기 lining ○ **iç** ● **üz**; ② 다른 편, 이면(裏面) the wrong side; ③ 땅, 바닥, 아래 soil, ground; bottom; ④ *tik.* (특정 용도를 위한) 장소, 장 그라운드 ground, prime, dab; ~ **qoymaq** ☞ **astarlamaq**; ~ **çəkmək** *fe.* 기초를 닦다, 근거를 세우다 ground, prime; ~**ı çıxmaq** *fe.* 낡다, 바닥나다, 동나다 be worn out, be used up; ~ **tikmək** *fe.* (의복) 안을 넣다 line; ***Astarı üzündən bahsı.*** *배보다 배꼽이 크다. The game is not worth the candle.*; ***Öz verirsən astarını da istəyir.*** *오리를 가주면, 십리를 간다. If you give him an inch, he will take an ell.*

astarçəkmə *i. tik.* 바닥 닦기 priming, prime coating

astarlamaq *fe.* ① 안감을 대다 sew underneath, line(clothes); sole (shoes); ② *tik.* 바닥을 치다, 기초를 닦다 ground, prime, make a dab

astarlatmaq *fe.* ① 안감을 대게 하다 have lined, ask to line; ② 바닥을 닦게 하다 have primed

astarlı *si.* 안감이 있는 lined

astarlıq *i.* 안감으로 적절한 천 fabric suitable for lining ○ **içlik, üzlük**

astarsız *si.* 안감이 없는 Unlined ● **üzsüz**

astma *i. tib..* 천식 asthma; **bronxial** ~ *i. tib..* 기관지 천식 bronchial asthma; **ürək ~sı** *i.* 심장성 천식 cardiac asthma

astmalı *si.* 천식에 걸린, 천식성의 asthmatic

astmatik *i. tib..* 천식 환자 asthmatic

astrobiologiya *i.* 우주 생물학 (exobiology) astrobiology

astrologiya *i.* 점성술, 원시천문학 astrology

astroloq *i.* 점성술가, 천문학자 astrologer

astronavt *i.* 우주인, 우주 비행사 spaceman, astronaut

astronavtika *i.* 우주 비행학 astronautics

astronom *i.* 천문학자, 천문대장 astronomer

astronomik *si.* 천문학적인 astronomic(al)

astronomiya *i.* 천문학 astronomy

astrofizika *i.* 천체물리학 astrophysics; ~ **i** *si.* 천체물리학의 astrophysical

asudə *i., si.* ① 자유로운, 평화로운, 한가로운 free, easy; leisurely ○ **təhlükəsiz, azad, sərbəst, nəzarətsiz**; ② 안락한, 평온한, 여유로운 comfortable, peaceful, restful ○ **rahat, dinc, arxayın**; ③ 게으른, 무용한 idle, useless ○ **bikar**; II. *z.* ① 자유롭게, 평화롭게 freely, easily; ② 쉴 만하게, 유유자적하게 at rest; ~ **vaxt** *i.* 한가한 시간, 여가 leisure, spare time

asudəcə *z.* 부주의하게, 경솔하게 light-heartedly, carelessly

asudəçilik ☞ **asudəlik**

asudələnmək *fe.* ① 한가하게 지내다, 자유롭게 보내다 become free; free oneself, be empty, be vacant; ② 정착하다 calm, quiet, settle down; abate ○**rahatlaşmaq, arxayınlaşmaq**

asudələşmək ☞ **asudələnmək**

asudəlik *i.* ① 여유, 여가, 한가함 rest, peace; leisure, spare-time; ② 조용함, 고요함, 차분함 calm, calmness, quiet ○ **rahatlıq, dinclik, arxayınlıq, sakitlik, qayığısızlıq** ● **asılılıq**

aş¹ *i.* ① 볶은 밥을 고기, 야채와 함께 수프로 찐 중동의 요리 pilaw, pilaff ○ **plov**; ② 죽, 요리 porridge, kasha (dish of cooked grain or groats) ○ **xörək, yemək, bişmiş**; ③ *fig.* 뒤범벅, 잡동사니, 혼란 상태 jumble; mess; ~**ına su qatmaq** *fe.* 남의 하는 일을 방해하다, 일을 망가뜨리다 put a spoke in *smb.*'s wheel, prevent *smb.* from doing *smt.*; ~ **suyunu vermək** *fe.* 두드리다, 때리다 beat, punish; ***Az(acıq) aşın duzu deyil.*** *매우 교활하다. She is very crafty/cunning/wicked.*; ***Harada aş, orda baş.*** *부뚜막의 소금. 항상 어디서나 간섭하는 사람 You can meet him anywhere you go.*; ***Əli aşından da olur, vəli aşından da.*** *헛수고 했다 He gets nothing for his effort.*

aş² *i. kim.* 탄닌, 탄닌산 tannin, tannic acid; ~**a qoymaq** *fe.* (생가죽을) 무두질하다 tan

aşağı I. *i.* 바닥, 아래 bottom ● **yuxarı**; II. si ① 아래의, 낮은, 비천한 low, lower ○ **alçaq, nöqsanlı, yararsız, dəyərsiz**; ② 값싼 cheap ○ **ucuz**; ③ 열등한, 저급한 inferior; ④ 비천한, 비참한, 가난한 poor, destitute, miserable ○ **yoxsul, kasıb**; *z.* 아래로, 바닥에, 밑에 down, underneath; *qo.* ~의 아래에, ~ 바닥에 under, below; **baş** ~ *z.* 뒤집혀서 upside down; ~ **mərtəbədə** *z.* stair 아랫층에 down; ~ **salma** *i.* 감소, 축소 reduction; ~ **salmaq** *fe.* 감소시키다, 줄이다, 완화하다 Abate; ~ **vəzifəyə keçirmək** *fe.* 강등하다, 좌천하다 Reduce; **~ya doğru** *z.* 아래로 Downward; **sıfırdan** ~ *z.* 영하로 below zero

aşağıbaş *si.* ① 아래쪽의, 아랫부분의 lower end; ② 문쪽의, 낮은 쪽의 close place to the door (in the room, at the table, *etc.*); ③ 비천한 쪽의, 아래쪽의 not an honourable place

aşağıda *z.* ~의 아래에, ~의 바닥에 below; underneath; downstairs; at the foot (of); at the bottom (of); ~ **imza edən** *si.* (편지, 문서의) 아래[끝]에 서명한 undersigned; ~ **olan** *si.* 하위의, 아래의 inferior

aşağıdan *z.* 아래로부터 from below; from the bottom

aşağı-yuxarı *z.* ① 아래에서 위로 up and down; ② 대략, 대강, 약 about, approximately

aşbaşı *i.* ① 맛, 양념, 풍미 seasoning, relish; ② 필로브 고명 flavouring to the pilov

aşbaz ☞ **aşpaz**

aşxana *i.* ① 간이 식당 café ○ **yeməkxana**

aşxanaçı *i.* 식당 주인 restaurant owner

aşı (**mayası**) *i.* ① 백신 vaccine; ② 타닌(무두질, 염색, 잉크 제조 등에 씀) tanning agent; tannin

aşıb-coşmaq ☞ **aşıb-daşmaq**

aşıb-daşmaq *fe.* ① 차고 넘치다, 매우 풍부하다 teem, have a lot, have plentiful; ② 끓어 넘치다, 거품이 일어 넘치다 boil up, seethe (with); ***Kütlənin nifrəti aşıb-daşırdı.*** *군중의 증오는 끓어 넘치고 있었다. The hatred of the mass is seething.*

aşıq[1] *i.* 아식 (코카사스 민족의 서정시와 노래 ashug (Caucasian folk poet and singer)

aşıq[2] *i.* 현악기의 조율 각(刦) tuning peg (on stringed instrument)

aşıq[3] *i.* ① *ana.* 손가락 관절의 뼈; 무릎고기 knucklebone; ② 뼈로 만든 공기놀이; ~ **atmaq** *fe.* 공기놀이를 하다 play knuckle-bones; **~ğı alçı durmaq** *fe.* 행운을 갖다, 운이 좋다 be lucky, have luck

aşıq-aşıq *i.* 공기 놀이 knuckle-bones game

aşıqlıq[1] *i.* 아식을 노래하는 직업 profession of an ashug

aşıqlıq[2] *i.* *ana.* 관절 ankle (place where the knuckle-bone is)

aşıqsayağı *si.* 아식과 같은 ashug like

aşılama *i.* ① 백신 접종, 종두 vaccination; ② 무두질법; 무두질한 가죽 tanning, tannage

aşılamaq *fe.* ① 접종을 하다, 백신 접종을 하다 vaccinate (against); ② (사상을) 주입하다, 고취하다 inoculate (with), tan

aşılanmaq *fe.* (생가죽을) 무두질하다 be tanned

aşılanmış *si.* 무두질한 tanned; ~ **gön/dəri** *i.* 무두질한 가죽 tanned leather

aşılatdırmaq *fe.* (가죽을) 무두질하게 하다 have things tanned (leather)

aşılayıcı *i.* 무두질 약품 tanning agent, tanning; *si.* 무두질의 tanning; ~ **maddə** *i.* 무두질 약품 tanning agent

aşılı *si.* ① 무두질 tanned; ② 접종된 inoculated, cultivated

aşılmaz *si.* 이겨내기 어려운; 무적의, 넘을 수 없는 insuperable, insurmountable; ~ **hündürlük** *i.* 오를 수 없는 높이 insuperable height; ~ **maneə** *i.* 극복하기 어려운 장애 insurmountable obstacle

aşındırıcı *si.* 가성(苛性)의, 부식성의 caustic; ~ **soda** *i.* 가성 소다 caustic soda

aşındırılmaq *fe.* ① *geol.* 풍화되다, 잠식되다 be weathered, be eaten away; ② (산에 의한) 부식되다 be corroded (with acid)

aşındırmaq *fe.* ① 붕괴시키다, 풍화시키다 weather, efface; ② 부식시키다, 잠식시키다 eat away; corrode; ***Turşu metalı aşındırır.*** *산은 철을 부식시킨다. Acid causes metal to corrode.*

aşınma *i.* ① *tex.* 부식술 etching; ② *geol.* 풍화(작용) weathering; ③ 부식 erosion; **torpaq ~sı** *i.* 토양 침식 soil erosion

aşınmaq *fe.* ① *tex.* 부식되다 become etched; ② *geol.* 풍화되다 weather, be weathered; ③ 부식되다 get corroded

aşıntı *i.* *tex.* 소모, 마모, 마멸, 닳아 없어짐 wear and tear

aşırı *suffix.* '하나 걸러'의 의미를 지닌 접미사 (part of the compound word meaning 'every other'); **həftə~** *z.* 격주로, 한 주 걸러 every other week; **gün~** *z.* 격일로, 하루 걸러 every other day; **sətir~** *z.* 한 줄 건너 on every other line

aşırılmaq *fe.* ① 넘어지다, 넘겨지다 be thrown over ○ **aşmaq, düşmək**; ② 꺾이다, (정부 등) 넘어뜨려지다, 전복되다, 뒤집히다 overturn, tip over ○ **çevrilmək, yıxılmaq**; ***Qayıq aşırıldı.*** *배가 뒤집혔다. The boat overturned/tipped over.*; ③ 올라 타다 get on, ride ○ **minmək**

aşırım *i.* ① 건너감, 지나감, 넘어감 crossing, passing, pass; ② 교각 간격 bridge span, bay

aşırma *i.* 바지 멜빵, 양말 대님 braces, suspenders

aşır(t)maq *fe.* ① 넘기다, 옮기다 transfer; throw (one after another) ○ **sallamaq, keçirmək**; ② 전복시키다, 뒤집다 turn over; turn; overwind; capsize, overthrow ○ **yıxmaq, dağıtmaq, döndərmək, çevirmək, devirmək**; ③ *col.* 먹어 치우다, 삼켜 버리다 eat up; gobble (up), devour ○ **yemək, udmaq** ④ 짐을 싣다, 나르다, 지다 load, carry, burden ○ **yükləmək**; ⑤ 내리다, 줄이다, 낮게 하다 lower, decrease ○ **endirmək, düşürmək**; ⑥ 치다, 죽이다, 쳐죽이다 kill, hit ○ **öldürmək, vurmaq**

aşırmalı *si.* 매달려 있는 suspending, tearing; ~ **təqvim** *i.* 한장씩 뜯어내는 달력 loose-leaf calendar; ~ **şalvar** *i.* 멜빵 바지 trouser with braces

aşiq I. *i.* ① 연인, 애인 lover; ② 사랑, 연애, 연모 love, amour ○ **vurğun, bənd**; II. *si.* ① 사랑에 빠진, 연모하는 enamoured, in love; ② 매혹된 charmed, delighted; ~ **olmaq** *fe.* 사랑에 빠지다 love, fall in love

aşiqanə *si.* 사랑하는, 연애하는, 연모하는 loving, amorous; ~ **lirika** *i.* 연가(戀歌) love lyrics; ~ **məktub** *i.* 연애 편지 love-letter; ~ **baxış** *i.* 사랑스런 시선 amourous glance; *z.* 애정어리게, 사모하여 lovingly, amorously

aşiqcəsinə ☞ **aşiqanə**

aşiqlik *i.* 사랑에 빠짐, 사랑함 being in love, love ○ **vurğunluq, bəndlik**

aşiq-mə'şuq I. *i.* 연인들, 사랑하는 두 사람 lovers, loving couple; II. *si.* 사랑하는, 연애하는 loving, amorous

aşiq-mə'şuqluq *i.* 사랑에 빠짐 being in love

aşina ☞ **aşna**

aşinalıq ☞ **aşnalıq**

aşkar I. *si.* 분명한, 확실한, 명백한 clear; open, obvious; evident; manifest; patent ○ **açıq, aydın, bəlli, mə'lum** ● **xəlvət**; *i.* 사실, 진실 truth, fact ○ **həqiqət**; II. *z.* 명백하게, 분명하게 evidently; obviously; manifestly; patently; ~ **eləmək** *fe.* 확실하게 하다, 찾아내다, 알게 되다, find out; display; discover; detect; reveal; spot; manifest; ~ **etmə** *i.* 드러남, 계시 revelation; ~ **olmaq** *fe.* 드러나다, 발견되다, 알려지다, 판명되다 be revealed; come to light; be discovered; be found; turn out

aşkara *z.* 공개적으로, 거리낌 없이 openly, clearly, without reserve; ~ **çıxarmaq** *fe.* 노출시키다, 찾아내다, 알게 하다,expose, find out, prove, uncover; ~ **çıxmaq** ☞ **aşkar olmaq**

aşkarca(sına) *z.* 분명하게, 명백하게, 확실하게 evidently; clearly; obviously; manifestly; patently

aşkarda *z.* 자다가 깰 때에, 기상 시간에 in one's waking time; when one awakes

aşkarlıq *i.* 명백함, 분명함 clearness; publicity ○ **açıqlıq, aydınlıq, bəllilik, mə'lumluq**

Aşqabad *i.* 아쉬카바드 (투르크메니스탄의 수도) Ashgabat (the capital of Turkmenistan)

aşqar *i.* ① 합금 alloy; ② 잡아매기 ligature; ② 혼합, 섞은 것, 혼합물 admixture; tinge; dash; touch

aşqarsız *si.* 섞이지 않은, 순수한, 순전한 pure, without mixture ○ **xalis, təmiz**

aşlı ☞ ○ **aşılı**

aşlıq *i.* ① 카샤 요리를 위한 재료 intended for kasha (dish of cooked grain or groats); ② 카샤를 요리할 만한 재료의 양 (quantity for cooking kasha)

aşmaq *fe.* ① 넘다, 지나다, 넘어가다, 지나치다 get across; pass on (to), pass over; pass step (over) ○ **keçmək, düşmək, çıxmaq**; ② (울타리를) 넘어 오르다 climb up (barrier ○ **enmək, düşmək, hoppanmaq**; ③ 뒤집다, 전복되다 turn over, tip over, capsize ○ **çevrilmək, yıxılmaq**; ④ 부어지다, 쏟아지다 be poured ○ **tökülmək**; **işi başından** ~ *fe.* 일로 휩싸여 있다 be overwhelmed with work

aşna *i.* ① 친구, 동료, 지인, 좋아하는 사람, 부하 friend; fellow, aquantance, favourite; minion ○ **dost, yaxın, tanış, yoldaş** ● **düşmən**; ② 연인, 애인 lover; mistress

aşnabaz *i.* 여자를 잘 꼬시는 남자 ladies' man,

A

lady-killer

aşnabazlıq *i.* ① 족벌주의 favouritism; nepotism; ② ☞ **arvadbazlıq**

aşnalaşmaq *fe.* ① 친구가 되다, 친해지다 make friends (with), become close ○ **dostlaşmaq**, **yaxınlaşmaq**; ② 안내되다, 알게 되다 be guided, be known

aşnalıq *i.* ① 아는 사람, 친지, 면식, 지인 acquaintance; ② 친구, 우정, 친밀함 friendship ○ **dostluq**, **yaxınlıq**, **tanışlıq**; ② 다른 사람과 친밀한 교제를 시작하다 ☞ **aşnabazlıq**; ~ **qatmaq** *fe.* start a close relationship with *smb.* else; ~ **etmək** *fe.* 친구를 만들다, ~와 잘 지내다, 사랑하게 하다 befriend, be on good terms; court, make love

aşpaz *i.* 요리사, 조리사 cook, culinary expert; **baş** ~ *i.* 주방장 head cook

aşpazbaşı *i.* 주방장 head cook, cook general

aşpazxana *i.* 식당, 조리실, 주방 cook-house, galley; cooking, cuisine; ② 식당, 식품점 eating-house; cooke-shop

aşpazlıq *i.* ① 조리직 cooking profession; ② 요리 솜씨, 조리 실력 cookery art; *si.* 요리의, 부엌용의 culinary; ~ **etmək** *fe.* 조리사로 일하다 be a cook, work as a cook; ~ **sənəti** *i.* 조리, 요리 cookery, the art of cooking; ~ **kitabı** *i.* 요리책 cookbook

aşsüzən *i.* (요리용) 여과기 colander, cullender ○ **süzgəc**; ~**in gözü** *i.* hole 여과기의 구멍 colander

aşura *i.* 마하라니월의 10일째 (카발라에서 임맘 후세인의 죽음을 기념하는 날) the tenth of Maharani (anniversary of imam Husein's death in Karbala)

at *i.* ① 말, 수말, 종마 horse; ② (체스) 기사(奇士) knight (chess; ② (시) 말, 준마 steed (poetic); ~ **əti** *i.* 말고기 horsemeat; ~ **qüvvəsi** *fiz.* 마력(馬力) horse-power; ~ **meydanı** *i.* 곡마장; 연예장, 극장 hippodrome; ~ **milçəyi** *i. zoo.* 말벌 horse bee; ~ **nalı** *i.* 편자(編者) horse-shoe; ~ **oynatmaq** *fe.* (말을) 뒷발로 뛰어오르게 하다, 껑충거리게 하다 charcoal, prance; ~ **sürmək** *fe.* 승마하다 ride; ~ **şabalıdı** *i. bot.* 말밤 horse-chestnut; ~**a minmək** *fe.* 말을 타다 ride/mount a horse; ~**dan enib eşşəyə minmək** *fe.* 좌천되다 lose one's position; ~**ın tərkində**, ~ **belində** *z.* 말을 타고서 on horseback

ata I. *i.* 아버지, 아빠, 부친 father ○ **dədə**; II.*si.* 아버지인, 아버지다운, 아버지쪽의 Paternal; ~ **baba** *i.* 조상, 조부 grandfather from the father's side; ~**lar sözü** *i.* 격언, 금언, 속담 sayings, proverb; ~**sına od vurmaq/~sını yandırmaq** *fe.* 매우 심하게 벌하다 punish very cruelly; ~**sına çəkmək** *fe.* 아버지를 닮다 take after one's father; ~**sının oğlu** *i.* 부전 자전 worthy son; worthy man; ~**dan-anadan yetim olmaq** *fe.* 고아가 되다, 유기되다 become anorphan, be deserted; **qayın~** *i.* 시부모, 장인 father-in-law; **ögey~** *i.* 계부(繼父), 의붓 아버지 stepfather; ~**ocağı** *i.* 가족(의 터), 가정의 기초 family house; ~**dan qalma** *i.* 상속, 유산 inheritance; ***Yaxşı atadan pis oğul.*** *좋은 아버지의 나쁜 아들 드물다. Many a good father has but a bad son.*

ata-ana *i.* 부모, 양친 parents ○ **valideyin**

ata-analı *si.* 양친이 살아계신 having a father and mother

ata-anasız *si.* 고아의, 부모가 없는 orphaned, parentless ○ **yetim**, **valideyinsiz**

ata-baba *i.* 조상, 조부 ancestor, forefather ○ **əcdad**; ~ **adəti** *i.* 조상의 관습 ancestral custom; ~ **mülkü** *i.* 조상의 유산, 가산 ancestral property

ata-babadan *z.* ① 조상적부터 from ancestral times; ② 오래전부터 long since, since olden times; ~ **qalma** *i.* ① 조상의 유산 that which remains from the ancestral times; ② 골동품, 옛스러운 것 antique, age-old; old-fashioned

atabaxan *i.* 마부, 말 사육사 groom; stableman

ata-bala *i.* 부자, 부녀 father and son or father and daughter

atabir *si.* 혈족의, 혈연의 동족의 consanguineous, of kinship; ~ **qardaş** *i.* 이복형제 half-brother; ~ **bacı** *i.* 이복 누이 half-sister

atacan *i.* 아빠 dad, daddy

atacıq *i.* 아빠 daddy

atacığaz ☞ **atacıq**

atadanbir ☞ **atabir**

atalıq *i.* ① 부성, 부성애, 부권, 아버지의 자격 paternity, fatherhood, duty of the father; ② 계부, 의붓아버지 stepfather, adopted father; ③ 보호자, 후견인 guardian; ~ **etmək** *fe.* 아버지가 되다,

아버지 역할을 하다 father, beget

atamalı *i.* 재산, 자산, 소유물, 상속물 property; inheritance from the father

ataman *i.* ① 코작인의 추장 ataman (Cossack chiefman) ○ **başçı, rəhbər, ağsaqqal**; ② (갱단의) 두목 boss (of bandits)

atamanlıq *i.* 두목 역할, 지도력 leadership ○ **başçılıq**

ata-oğul *i.* 아버지와 아들, 부자간 father and son

at-araba *i.* 구루마, 달구지 tug, carriage

atasız *si.* 아버지가 없는 fatherless

atasız-anasız *si.* 고아의 orphaned

at-at *i.* (아이들의) 말타기 놀이 horse-game (children's game); ~ **oynamaq** *fe.* 말타기 놀이를 하다 play horse-game

atayana *z.* 아버지처럼 father like, paternally

atbaz *i.* 애마사, 말 전문가 horse-lover, horse expert, horse-dealer

atbazlıq *i.* 말에 대한 열정 passion for horses

atcıl ☞ **atbaz**

atçapan *i.* 승마사, 경마사 jockey, horse-rider

atçapma *i.* 경마(競馬) horse-race, race-meeting, the races; **manəsiz** ~ *i.* 무장애물 경주; 경마가 개최되는 계절 flat races; **manəli** ~ *i.* 장애물 경주 obstacle-race

atçı *i.* 말 소유자, 마부 horse-holder

atçılıq *i.* 마부직 profession of a horse-holder, horse-breeding; ~ **idmanı** *i.* 승마 운동경기 equestrian sports

atçibini ☞ **atmilçəyi**

atdırmaq *fe.* ① 던지게 하다, 버리게 하다, 포기하게 하다 ask/cause *smb.* to throw/abandon/give up/leave off/cut away ○ **kəsmək, üzmək**; ② (모직, 면직) 빗질하게 하다 force/ask *smb.* to comb/scratch (wool, cotton); ③ 사라지게 하다, 멀리하다, 쫓아내다 *vulg.* be gone, be off ○ **qovdurmaq, çıxartdırmaq**

ateist I. *i.* 무신론자, 비신론자 atheist; II. *si.* 무신론적 atheistic

ateistcəsinə *z.* 무신론적으로 atheistically

ateistlik ☞ **ateizm**

ateizm *i.* 무신론 atheism ● **teizm**

atelye *i.* ① 작업장, 아틀리에 atelier, workshop; ② 양복점, 양복 맞춤점 tailor's, dress-maker's; **modalar ~ si** *i.* 양장점, 패션 가게 fashion house

atəş *i.* ① 불, 불꽃 fire, flame ○ **alov, od**; ~ **püskürmək** *fe.* 불꽃을 뿜다 shoot out flames; ② *fig.* 열정, 정열, 열의 ardour, heat, passion; **~i söndürmək** *fe.* passion ~의 열정을 식혀버리다 cool one's heat; ③ 사격, 발사 shooting, firing, gun-fire; ~ **açmaq** *fe.* 사격하다, 발사하다 shoot (at), fire (at), fire a shoot (at); ~ **nöqtəsi** *i.* 사격지점 fire nest; **~ə tutmaq** *fe.* 총을 쏘다, 기관총으로 난사하다 fire/centre, fire (an) shell/machine-gun; **tüfəng ~i** *i.* 기총사격, 총기 발사 arms fire, rifle fire; **tə'lim ~i** *i.* 사격 연습 practice shooting; **~i dayandırmaq** *fe.* 휴전시키다 cease/stop firing; ***Atəş!** 발사! Fire!*

atəşbar *si.* 불꽃이 이는, 격렬한 flaming, ardent

atəşbaz *i.* 불꽃놀이 하는 사람 fire-worker

atəşbazlıq *i.* ① 불꽃 제주술, 불꽃 쏘아올리기 pyrotechnics; ② 불꽃 축제 firework festival

atəşböcəyi *i. zoo.* 불나방 fire-fly

atəşfəşan *i.* 불꽃 firework(s)

atəşfəşanlıq *i.* 불꽃놀이 fire-work festival, illumination

atəşgah *i.* ① *din.* 배화교 성전 fire temple; ② 불을 지피는 곳 place for making fires

atəşgədə *i. din.* 배화교 성전 fire-worshipers' temple

atəşxana *i.* ① (석탄, 숯을 때는 난방용) 금속제 화로 brazier; ② 난로, 화로 fireplace ○ **ocaq, odluq**

atəşin *si., z.* 열정적으로, 열심히, 진심으로, 격렬하게 passionate(ly), cordial(ly), ardent(ly) ○ **odlu, isti, qızğın, hərarətli, ehtiraslı, tə'sirli**; ~ **məhəbət** *i.* 열정적 사랑 passionate love; ~ **nitq** *i.* 열정적 연설 ardent speech; ~ **vətənpərvərlik** *i.* 불타는 애국심 flaming patriotism

atəşkeş *i.* ① 부지깽이 poker

atəşqurdu *i. zoo.* 반딧불이 유충 glowworm

atəşləndirilmək *fe.* 태워지다 be burnt

atəşləndirmək *fe.* 태우다 cause to burn

atəşlənmək *fe.* 태우다, 소각하다 make fire, burn ○ **odlanmaq, alovlanmaq, alışmaq**

atəşli *si.* ① 불꽃이 이는, 불꽃 색깔의 flaming, flame-coloured ○ **hərarətli, odlu, qızğın, alovlu** ● **sönük**; ② 격한, 격렬한 ardent, fiery ○ **coşğun, ehtiraslı** ● **ölgün**

atəşlik *i.* ① 화롯, 난로 fireplace, coal furnace ○ **odluq, gülxan**

atəşlilik *i.* ① 격렬함, 열정, 열정적 성격 fierceness, ardour, passionate nature ○ **hərarətlilik, odluluq, alovluluq**; ② 열광적임, 열렬함 zealousness ○ **coşğunluq, qızğınlıq**

atəşnak ☞ **atəşin**

atəşparə *i.* 불꽃, 불똥 spark ○ **qığılcım, şərarə**

atəşpərəst *i. din.* 배화교도, 조로아스터교도 fire worshipper

atəşpərəstlik *i. din.* 배화교, 조로아스터교 fire-worship

atəşrəng *si.* 불꽃색의, 붉은 flame-coloured, red

atəşzar *i.* 난로 fire place

athaat *si.* 간헐적 사격 interrupted shooting

atıb-tutmaq *fe.* ① 헹가레를 치다 lift up, cheer (congratulation); ② (차 등을) 급격히 흔들다 jolt, shake (car); ③ (공을) 토스하다, 들어 올리다 toss (ball); ④ 숙고하다, 검토하다, 깊이 생각하다, 협상하다, 교섭하다 consider, negotiate

atıcı *i.* 보병, 포수, 사수 shot, rifleman; gunner; *si.* 보병의, 보병부대 infantry, shooting

atıcılıq *i.* ① 사격 정확도 accuracy in shooting; ② 간부직, 중견직 profession of a camber, cadre

atıla-atıla *z.* ① 껑충껑충 뛰면서 galloping, hopping, jumping; ② 헛탕으로 emptily; ~ **gəlmək** *fe.* 헛탕으로 돌아오다 come without any results

atılıb-düşmək *fe.* ① (기쁨으로) 뛰다, 깡총깡총 뛰다 jump up and down (with joy); ② (좋아서 까불며) 뛰어다니다 frisk (about), caper (about)

atılmaq[1] *fe.* ①) (스스로) 내어던지다 throw oneself (on, upon), rush (to); ② 뛰어오르다, 깡총깡총 뛰다 jump over, leap, spring ○ **hoppanmaq, tullanmaq, sıçramaq**; ③ 걷다, 행진하다, 향하여 나아가다 rush, be turned (to), be directed (at, towards) ○ **yerimək, yüyürmək, cummaq**; ④ 해고되다 be thrown, be discharged, be abandoned; ⑤ (무기가) 발사되다 be shot, be fired (weapon)

atılmaq[2] *fe.* (양털 등을) 소모기로 빗다; (천의) 보풀을 세우다 be carded (wool, cotton)

atılış *i.* 사격, 발사 discharge, shot, firing

atım *i.* ① 장전, 축적 shot, charge; ② (1회분의 약) 복용량 dose

atımlıq *i.* ① (일회분) 공급량 charge, supply; **bir ~ duz** *i.* 한번 넣을 만큼의 소금 enough salt for one use; ② (1회) 복용량 dose; ***Üç atımlıq dərman qalıb.*** *3번 먹을 정도의 약이 남아있다. Medicine remained for 3 times accept.*

atıntı *i.* 폐기물, 쓰레기, 찌꺼기 garbage, refuse, offal, waste matter

atış *i.* ① 던지기, 투척 throw, casting; ② 사격 shot

atışma *i.* ① 사격, 총격, 응사 shoot, shooting, exchange of fire; ② 전투, 싸움 skirmish; quarrel; ~ **düşmək** *fe.* 전투를 시작하다, 싸움을 시작하다 start a skirmish; ~ **salmaq** *fe.* 싸우게 하다 cause to skirmish

atışmaq *i.* ① (서로) 총격하다 exchange fire, fire at (each over); ② 서로 싸우다, 서로 욕하다 quarrel with one another, abuse one another; abuse each other

ati *i. obs. poet.* 미래, 장래 coming, future

atil *si.* 게으른 lazy, inactive ○ **tənbəl, ətalətli, fəaliyyətsiz**

atillik *i.* 게으름 laziness, slothfulness ○ **tənbəllik, ətalət, fəaliyyətsizlik, hərakətsizlik, işsizlik**

atqı *i.* ① (창문의) 수평살, 가로보, 대들보, 가로장 crossbeam, crosspiece; transom ○ **tir**; ② 수평대 horizontal bar; ③ 면박, 수건 veil, kerchief ○ **örpək**; ④ 쇠스랑, 소리굽쇠 pitchfork ○ **şana, yaba**; ⑤ (양탄자 직조의) 씨줄 cross-thread (in carpet weaving machine ○ **ip (arğac ipi)**

atqulancarı *i. bot.* 아스파라거스 asparagus

atlamaq *fe.* 흔들어 깨우다 shake up

atlanbaz *i.* 뛰어서 상대방의 등에 타는 아이들 놀이 children's game (jumping and riding on the other team's back)

atlandırma *i.* 말위에 올라 타기 mounting a horse

atlandırmaq *fe.* 말을 타다 mount a horse, set into a saddle

atlanış ☞ **hoppanış**

atlanma *i.* 뛰기 jumping

atlanmaq[1] *fe.* ① 말을 타다 mount a horse ○ **minmək**; ② 뛰어 오르다 jump up ○ **tullanmaq, sıçramaq, hoppanmaq**;

atlanmaq[2] *fe.* ① 내어 던지다 throw away; ② 흔들어 떨어버리다 shake off, dust off

Atlantik *si.* 대서양상의 Atlantic; ~ **Okeanı** *i.* 대

서양 the Atlantic Ocean

atlas *i.* 지도, 지도책 *geol.* atlas, book of maps; *si.* 공단의, 공단 같은, 부드러운 satiny, satin

atlet *i.* 운동 선수, 헤라클레스 athlete; Heracules

atletik *si.* 운동선수 같은, 운동 선수의 athletic

atletika *i.* 운동, 육상경기 athletics

atlı *i.* 마부, 마병 rider, dispatch rider, horseman ○ **şüvari** ● **piyada**; *si.* 말 탄 mounted; ~ **qoşun** *i.* 마병 cavalry

atlıağac *i.* 장치기 비슷한 아이들 놀이 a children's game played with sticks

atma *i.* 던지기, 투척 throwing, casting; **püsk** ~ *i.* 제비 뽑기 casting lots; **nizə** ~ *i.* 투창 javelin throwing; **disk** ~ *i.* 투원반 discus throwing

atmaca *i.* ① 지시, 신호 cue, remark (about objection), rejoinder; ② 암시, 언급 hint, allusion ○ **eyham**; ~ **atmaq** *fe.* 암시하다 drop a hint; **~nı anlamaq** *fe.* 암시를 이해하다 take the hint

atmacalamaq *fe.* 표시하다, 암시를 주다 make a remark, allude

atmacalı *si.* 시사하는, 암시하는 연상시키는, 생각나게 하는 intimated, suggestive

at|maq¹ *fe.* ① 던지다, 투척하다, 내던지다 throw, cast, fling ○ **tullamaq**, **fırlatmaq** ● **tutmaq**; **daş ~maq** *fe.* 돌을 던지다 cast stones; **həbsə ~maq** *fe.* 감옥에 넣다 fling into jail; **tor ~maq** *fe.* 그물을 던지다 cast nets; ② 그만두다, 포기하다, 단념하다 give up, drop, leave off ○ **salmaq**, **tullamaq**; **papirosu ~maq** *fe.* 담배를 끊다 stop smoking; **silahı ~maq** *fe.* 무기를 내려놓다 lay down arms; ③ 버리다, 유기하다, 저버리다 abandon, desert, forsake ○ **çıxarmaq**, **pozmaq**; **ailəni ~maq** *fe.* 가족을 버리다 abandon one's family; ④ *bot.* 씨를 뿌리다 sprout, put forth ○ **örtmək**, **sərmək**, **salmaq**; **kök ~maq** *fe.* 뿌리를 내리다 take root, root; **zoğ ~maq** *fe.* 싹을 틔우다 sprout, put out shoots; **kif ~maq** *fe.* 곰팡이가 슬다 grow musty/mouldy; ⑤ (무기) 발사하다, 격발하다 shoot, fire (weapon); **atəş ~maq** *fe.* 총을 쏘다, 발사하다 fire (gun); ⑥ (씨를) 뿌리다, 파종하다 spread, sow ○ **səpmək**; ⑦ 때리다, 치다, 두들기다 beat, hit, strike ○ **döyünmək**, **vurmaq**, **tərpənmək**; **can ~maq** *fe.* 갈망하다, 목말라하다, 열망하다 long for, crave (for), desire (for); **söz ~maq** *fe.* 말 참견을 하다 put out feelers; **şər ~maq** *fe.* 모함하다, 중상하다 caluminate, slander; **günahını boyundan ~maq** *fe.* 죄책을 회피하다 deny one's guilt; **~ıb getmək** *fe.* 버리고 떠나다 leave, quit; **~ıb-tutmaq** *fe.* 띄워 올리다 toss

atmaq² *fe.* (가죽의 털을) 빗질하다 card (wool), brush

atmaralı I. *si.* 유창한, 달변의, 웅변적인 eloquent; expressive; II. *i.* 강요하는 사람 ● **həyalı** demanding, intrusive person; slyboots

atmilçəyi *i. zoo.* 쇠파리, 침파리 gadfly, horse fly

atminən *i.* 기수(騎手), 마부 horseman, rider, jockey

atmosfer I. *i.* ① atmosphere, climate 기후; ② air 공기, 공중; II. *si.* atmospheric 대기속의, 대기 작용에 의한; ~ **teziyiqi** *i.* atmospheric pressure 대기압력; ~ **çöküntü** *i.* atmospheric precipitation, rain-fall 강수량

atom I. *i.* 원자 atom; II. *si.* atomic, nuclear 원자력의; **nişanlı** ~ *i. fiz.* tagged atom 표지(標識)(가 붙은) 원자 (방사성 원자핵을 가진 원자; 특유한 방사능에 의하여 식별할 수 있음); ~ **bombası** *i.* atomic bomb 원자 폭탄; ~ **enerjisi** *i.* 원자력 atomic energy; ~ **gəmisi** *i.* atomic vessel 원자력 선(船); ~ **müharibəsi** *i.* atomic war 원폭 전쟁

atomizm *i.fiz.* (철학의) 원자론 atomism

atomist *i. fiz.* 원자론자 atomist

atomistika *i.* (철학의) 원자론 atomism

atöyrədən *i.* 말 조련사 horse trainer

atribut *i. qram.* 한정사(限定詞) attribute

atributiv *si. qram.* 한정[수식]적인, (명사 등이) 형용사적인 attributive; ~ **əlaqə** *i.* attributive link 수식 관계; **ismin** ~ **işlənməsi** *i.* 명사의 한정적 용법 the attributive use of noun

atsız *si.* 말이 없는, 자신의 말을 소유하지 않은 horseless, without a horse of one's own

atsifət *si.* 말처럼 긴 얼굴 (a man) horse-faced

attaşe *i. fr.* attache 대[공]사관원; (대[공]사의) 수행원

attestasiya *i.* 증명, 보증, 인가; 증명서 교부; (수표의) 지급 보증 attestation, certification; *si.* (인격, 품행, 자격, 가치, 장점 등의) 증명서; 추천장 testimonial

attestat *i.* 증명서, (보)증서, 검사증, 수료증, 인가

증 certificate; **kamal ~ı** *i.* 학교 수료증 school certificate

attraksion *i.* ① 매력 attraction; ② 간막극 side show

atüstü *z.* 서둘러서 in a hurry, carelessly in a slapdash manner ○ **başdansovma, tələsik, keyfiyyətsiz** ● **aramla**

auditoriya *i.* ① 강당, 회중석 auditorium ② 청중 audience

auksion *i.* 경매 auction; **~da satmaq** *fe.* sell at an auction 경매하다

Aul *i.* 아울 (코카사스나 중앙아시아 지역의 부락) A`ul (village in the Caucasus and Central Asia)

avadanlıq *i.* ① 장비, 장치, 비품, 설비, 도구 equipment; equipping ○ **təchizat, ləvazimat**; ② 채비, 준비, 재고 outfit; stock; **kənd təsərrüfatı ~ ı** *i.* 농기구, 농지, 농가 소유 agricultural implements, property, belongings

avam I. *i.* 무식한, 바보, 얼간이 ignoramus, simpleton; II. *si.* 무식한, 무지한, 어리숙한, 무학의 ignorant; benighted; not versed (in); unversed (in), illiterate ○ **cahil, savadsız, nadan** ● **mədəni**

avam-avam ☞ **avamcasına**

avamcasına *z.* 무식하게, 무지하게, 어리숙하게 ignorantly; (*col.*) simply (minded); **~ pərəstiş etmək** *fe.* worship ignorantly 맹신하다, 맹종하다

avamfrib *i.* 선동자, 민중 지도자 demagogue

avamlıq *i.* 무지, 무식 ignorance, intellectual darknes ○ **cahillik, savadsızlıq, mədəniyyətsizlik, gerilik, cəhalət** ● **mədənilik**; **~ etmək** *fe.* 무식하게 행동하다 behave ignorantly

avamyana ☞ **avamcasına**

avand I. *si.* 성공적인, 선호하는 successful, favourable, propitious, auspicious; II. *i.* 정면, 앞면, 표면 facade; front, the right side (of material, cloth, fabric, stuff) ○ **üz** ● **astar**; **~ olmaq, ~a düşmək** *fe.* 성공하다 be successful; ***İşiniz avand olsun!*** *성공하시길! Success may attend you!*

avandlaşdırmaq *fe.* 성공하도록 돕다, 성공시키다 help to succeed

avandlaşmaq *fe.* 성공하다, 번성하다, 번창하다 succeed, prosper ○ **yaxşılaşmaq, düzəlmək, sahmanlaşmaq**

avanı *si.* 정숙한, 삼가는, 얌전한 modest

avanqard *i.* 전위, 선두, 선봉 vanguard, van, avant-garde ○ **öndəstə, qabaqcıl, rəhbər, pişdar**; *si.* 앞서가는, 선도적인 forefront, leading; **~ olmaq** *fe.* 선도하다, 앞서가다 be in the forefront, be in the van; **~ rol** *i.* leading rol 선도적 역할

avans *i.* 선불, 선도금 advance; payment on account

avantüraçı *i.* 모험가, 투기꾼 adventurer, swindler○ **macəraçı, fırıldaqçı**

avantüraçılıq *i.* 모험, 투기, 사기 swindling, cheating ○ **macəraçılıq, fırıldaqçılıq**

avantürist ☞ **avantüraçı**

avantürizm ☞ **avantüraçılıq**

avantüra *i.* adventure 이변, 모험

avantürist *i.* adventurer 모험가

avar[1] *i.* (나룻배 등의 고물에 있는) 노 oar; scull; paddle ○ **kürək; tək avarla ~ çəkmək** *fe.* paddle (카누 등을) 젓다, 노로 전진하다, (기선을) 외륜으로 전진하다; **~ çəkmək** *fe.* oar, row 노를 젓다

Avar[2] *i.* ① 다게스탄에 주변에 사는 소수 민족중의 하나 people group found in Dag(h)estan; ② 아바르인 avarian

avara[1] *i.* ① *col.* 게으름장이, 놈팽이 idler, loafer; slovenly individual, slacker, rake, scopegrace; ② 부랑자, 떠돌이 vagrant, hobo; good-for-nothing; irresolute (person); mumbler; lazybones○ **yersiz, yurdsuz, məkənsiz, sərsəri, sərgərdan** ● **işgüzar**; **~ qalmaq** *fe.* 곤경에 처해 있다 be in difficulties; be in a fix; **~ qoymaq** *fe.* dismiss; discharge; lay off 해산(解散)하다

avara[2] *i.* 들송아지 young buffalo

avara-avara *z.* 게을리, 무익하게 idly

avaraçılıq *i.* 무위도식, 방랑 vagrancy, idleness ○ **avaralıq**; **~ etmək** *fe.* 빈둥거리다, 게으름 피우다 idle, fool about

avaralanmaq *fe.* ① 빈둥거리다, 어슬렁거리다, 방랑하다 loaf, tramp, hang about○ **veyillənmək**; ② 악화되다, 가중되다 get worse, be aggravated○ **korlanmaq, pozulmaq**

avaralaşmaq *fe.* 게으름장이가 되다 become an idler/a loafer

avaralıq *i.* 나태, 게으름 피우기 ○ **sərsərilik** ●

işgüzarlıq; ~ **etmək** ☞ **avaralanmaq** idleness; inactivity

avara-sərgərdan *i.* 부랑자, 노숙자, 방랑자 wanderer, homeless person; ~ **qoymaq** *fe.* 무위하다, 게으름 피우다 keep waiting; keep doing nothing

avaraçılıq ☞ **avaralıq**

avarçı, avarçəkən *i.* 사공, 노젓는 사람 rower, oarsman

avarçılıq *i.* 노 젓는 일, 사공의 일 occupation of rowing

avarə ☞ **avara¹**

avariya *i.* 사고, 좌초, 충돌, 재난, 불운 wreck, crash, accident, mishap; damage, breakdown; ~ **zapas/fond** *i.* 비상용 저장 emergency stock

avariyalı *si.* 조난당한, 파손된 damaged; wrecked

avarlama *i.* 노젓기 rowing ○ **kürəkləmə**

avarlamaq *fe.* 노를 젓다 row ○ **kürəkləmək**

avarlı *si.* 노를 가진 oared ○ **kürəkli**

avaz *i.* ① 소리, 음성 voice ○ **səs, səda**; ② 화음, 조화 harmony, (music) part ○ **hava, ahəng**

avazə ☞ **avaz**

avazımaq *fe.* ① 창백해지다 turn pale, pale ○ **solmaq, ağarmaq, saralmaq**; ② (의식) 깨어나다, 정신이 돌아 오다 wake up, sober up○ **ayılmaq**

avazımış *si.* 창백한, 핏기없는 Ashen

avazlanma *i.* 억양 intonation ○ **intonasiya**

avazlaşmaq *fe.* ① 서로 부르다 call to one another ○ **səsləşmək**; ② 화음으로 노래하다, 조화롭게 하다 sing in harmony ○ **ahəngləşmək, uyğunlaşmaq**

avazlı *si.* 화음의, 조화된, 잘 어울리는, harmonious, full-throated ○ **ahəngli, musiqili**; ~ **bülbül** *i.* 큰 목소리의 나이팅게일 full-throated nightingale

avazlıq *i.* 조화로움, 화음 harmoniousness ○ **ahəngilik**

avazsız *si.* 평범한 inharmonious, plain sounding, unmusical ○ **ahəngsiz, musiqisiz**

avazsızlıq *i.* 불협화음, 부조화, 불화 disharmony, discordance ○ **ahəngsizlik**

avduğ ☞ **abduq**

Avesta *i.* 아베스타 (고대 메디안의 전설서) the legend book of the ancient Median

avırtmac *i.* 밀가루로 만든 음식의 하나 food cooked with flour

aviasiya *i.* 비행술, 항공 산업 aviation; aircraft, air force; **qırıcı** ~ *i.* fighter aviation 전투 비행; **yardımçı** ~ *i.* auxiliary aviation 비조 비행; **raket daşıyıcı** ~ *i.* missile carrying aviation 미사일 장착 비행; ~ **şirkəti** *i.* air line, air way, air company 항공사, 비행사

aviasiyaçı *i.* 비행사, 파일럿 aviator, airman

aviator *i.* 비행사, 항공기 조종사 aviator, airman, pilot

avitaminoz *i. tib.* 비타민 결핍증 avitaminosis

avizə *i.* 샹들리에 lustre, chandelier ○ **çilçıraq, qəndil**

avizo *i.* 어음 발행 통지서 letter of advice (bank)

avqust *i.* 8월 August

avral *i.* 돌발적인 일 emergency job, rush job

Avropa *i.* Europe 유럽; **Avropalı** *i.* European 유럽인

avropalaşdırmaq *fe.* 유럽화시키다 europeanise

Avstraliya *i.* 호주 Australia, 오스트렐리아; **avropalaşmaq** *fe.* be Europeanised 유럽화 **Avstraliyalı** *i.* 호주인 Australian

Avstriya *i.* 오스트리아; **Avstiyalı** *i.* Austrian 오스트리아인 Austria; Austrian

avşar *i.* 폭포, 급류, 큰 폭포 waterfall, torrent, cataract○ **şəlalə, şır-şır, şırran**

avtobioqrafiya *i.* 자서전 autobiography

avtobus *i.* 버스 bus, coach; ~ **dayanacağı** *i.* bus stop 버스 정류장; **~a minmək** *fe.* take a bus 버스에 타다; **~dan düşmək** *fe.* get off a bus 버스에서 내리다

avtodükan *i.* 자동차 가게 mobile shop

avtoxizək *i.* 원동 스키, 모터 스키 auto-sleigh

avtokran *i.* 크레인 트럭 truck crane

avtokratiya *i.* 독재 정치, 독재권 autocracy

avtoqələm *i.* 만년필 fountain-pen

avtoqraf *i.* 자필서명, 자서, 사인 autograph, hand-writing

avtoqrafiya *i.* autography, copy

avtomaşın *i.* 자동차 motor vehicle; car; lorry, truck, automobile

avtomat *i.* ① 자동화 기계, 자판기 automatic machine; slot-machine; vending machine;

A

automation; ② *mil.* 자동 기관총, 개인 화기 submachine-gun; machine carbinem, tommy gun; ~ **xətt** *i.* 자동 생산라인 automatic production line; ~ **(silah)** *i.* 반자동 개인화기 submachine-gun; ~ **tüfəng** *i.* 자동소총 automatic rifle; ~ **qələm** *i.* 만년필 fountain pen

avtomat-dəzgah *i.* 전동 선반, 전기 공구 automatic lathe, machine-tool

avtomatik *si.* 자동의, 기계적인 automatic, mechanical; ~ **qaynaq** *i.* 자동 용접 automatic welding

avtomatika *i.* ① 자동화 automation ② 자동화 기계 automated mechanism

avtomatiklik *i.* 자동화 기계 장치 automatic mechanism

avtomatizm ☞ **avtomatiklik**

avtomatlaşdırılma *i.* 자동화, 자동 제어 기구 automation, automatization; **istehsal prosesinin ~sı** *i.* automation of production processes 생산 과정의 자동화

avtomatlaşdırmaq *fe.* 자동화하다 automate

avtomobil *i.* 차, 차량, 자동차 automobile, motor car; ~ **sürücüsü** *i.* driver, chauffeur 운전자, 기사; ~ **yarışı** *i.* races 자동차 경주; ***Dövlət Avtomobil Müfəttişliyi*** *국가 교통 검사 i. State Traffic Inspection*

avtomüfəttiş *i.* 자동차 검사관 auto-inspector

avtoportret *i.* 자화상 self-portrait

avtoreferat *i.* 발췌, 요약; 논문 요약 abstract, synopsis of the thesis

avtoritar *si.* 권위주의적인 authoritarian

avtoritet *i.* ① 권위, 권력, 위세, 명성, 신망 authority, prestige ○ **nüfuz, e'tibar, səlahiyyət**; ② 권위자, 권력자 authority holder; ~ **qazanmaq** *fe.* 권세를 얻다, 권력을 취하다 gain authority

avtoritetli *si.* 권위있는, 믿을 만한 authoritative, authentic, valid ○ **nüfuzlu, e'tibarlı, səlahiyyətli**

avtoritetsiz *si.* 무효한, 근거 없는, 권위없는 invalid, groundless ○ **nüfuzsuz, e'tibarsız, səlahiyyətsiz**

avtoritetsizlik *i.* 불합리함, 터무니 없음, 무효 invalidity, preposterousness ○ **nüfuzsuzluq, e'tibarsızlıq, səlahiyyətsizlik**

avtosistern *i.* 탱크로리, 대용량 저수 트럭 tank lorry

avtozavod *i.* ① 자동차 공장 car factory, automobile plant; ② 자동차 작업 motor work, automobile work

ay[1] *i.* ① 달 the moon; ~ **düşmək** *fe.* 달빛이 비치다 light up, brighten; ~ **işıqı** *i.* moonlight 달빛, 월광(月光); ~ **parçası** *i.* 미인 a beauty; ~ **tutulması** *i.* 월식(月蝕) lunar eclipse; **~ın aydınlığı** *i.* 맑은 하늘의 달빛처럼 명백함 clear moonlit night; ② month 한달, 일 개월간, 달, 월(月); **~ın başı** *i.* the beginning of the month 월초(月初); **~ın çıxması** *i.* the end of the month 월말(月末); ***Ayın neçəsidir?*** *몇일이지? What is the date?*

ay[2] *nid.* ① oh 오, 아; ② *nida.* hey 여보세요, 여보시게!

aya[1] *da.* 정말 really

aya[2] *i.* 손 바닥, 한 뼘, 한웅큼 palm ○ **ovuc, kəfə**

ayağıaçıq *i.* 설사병 being ill with diarrhoea

ayağıağır ☞ **ağırayaq**

ayağıbağlı ☞ **qəbiz**

ayağıpərdəli *i. zoo.* 물갈퀴가 있는 동물 (오리, 거위 등) web-footed (goose, duck *etc.*)

ayağısürüşkən *i.* 매춘부 a woman with bad moral, strumpet, trollop

ayağıyüngül *si.* 복을 가져오는, 성공적인 successful, blessing

ayaq *i.* ① 발(足), 다리(脚) foot, leg ○ **qıç**; ② (가구 등의) 받침대 leg (furniture); ③ (길이 단위) 푸트 (약 30센티미터) (distance of) foot; ④ (강의) 어귀 mouth (of the river); ⑤ 마지막, 끝, 종점 end, final; ⑥ 시간, 시각 time; ⑦ 비천한 것, 낮은 것 worthless, base, low; ~ **almaq**, ~ **götürmək** *fe.* a) 빨리 가다, 서둘러 걷다 go fast, hurry, walk fast, stride; b) 대담해지다, 당당해지다 grow bolder; c) (아기가) 걷기 시작하다 begin to walk (about child); ~ **açmaq** *fe.* 찾다, 방문하다, 참석하다 call on, visit, attend; frequent, resort, show oneself; ~ **vurmaq** *fe.* 행진하다 march; ~ **dirəmək** *fe.* 주장하다 insist, 우기다, 역설하다; ~ **döymək** *fe.* 밟다, 짓밟다 step in place; **ayaq maşını** *i.* (발로 돌리는) 재봉틀 sewing-machine (using with foot); ~ **olmaq** *fe.* 참여하다, 참석하다 take part in; ~ **saxlamaq** *fe.* 늦추다, 서서히 가다 slow down; ~ **xizəyi** *i.* 지치다, 피곤해지다, skis; skiing; **~dan düşmək/olmaq** *fe.* become tired with, be tired (of), lose the step, fall out of step; ~ **dan çəkmək** *fe.* 다투다, 싸우다 be at war; quarrel; **~ğa dolaşmaq** *fe.* 발로 쑤석거리다 poke, dart about; dart in and out; **~ğa döşənmək** *fe.* 간청하다, 탄원하다, 청하다 entreat; beg; beseech; prevail on; **~ğa düşmək** *a)* ☞ **ayağa döşənmək**; *b)* 내려가다, 감소되다, 가격이 깎이다 go, come down; be reduced; **~ğa salmaq** *fe.* 비하하다, 가격을 낮추다 depreciate, cheapen; **~ğa çəkmək** *fe.* 총을 곧추세우다, 공이치기를 당기다 cock the gun, raise the cock; **~ğı açılmaq** *fe.* a) 자주 들리다, 방문하다 visit; begin to call on frequently; resort (to); b) *fig.* 설사병에 걸리다 be ill with diarrhea; **~ğı düşmək** *fe.* 행운을 가져오다 bring luck; **~ğı işləmək** ☞ **ayağı açılmaq**, **~ğı sürüşmək** *fe.* 미끄러지다 slip; **~ğına yazmaq** *fe.* ~에 기인한다고 생각하다 ascribe (to), attribute (to), ~의 탓으로 돌리다; **~ğından çəkmək** *fe.* 고집하다, 양보하지 않다, 완강하다 trip up; **~ğını dirəmək** *fe.* be obstinate, be pig-headed; **~ğını kəsmək** *fe.* 찾아오지 않다, 참석하지 않다 stop visiting, stop attending, give up going; **~ğını sürümək** *fe.* 발을 끌다, 애쓰며 걷다, 애써 혼자 일하다 drag along, trail along, toil along, trudge along, plod along on; **~ğını çəkmək** *fe.* a) 다리를 절다 limp, be lame b) 관계가 끊어지다, 발길을 끊다 top visiting, stop calling on, break off; **~ğının ucunda** *z.* 발끝으로, 몰래, 살금살금(on) tiptoe; ***Yalan ayaq tutar, yeriməz.*** *거짓말은 오래가지 못한다. Lies have short legs.*

ayaq-ayağa *z.* 다리를 꼬며 crossing one's legs

ayaqaçdı, ayaqaçma *ethn.* 결혼 후 신부의 부모에 대한 첫 문안 first visit to the bride's father's house after marriage

ayaqaltı *i.* ① 발판, 발받침, 발등상 footstool ② 신발의 먼지를 떨기 위한 작은 천 조각 mat, strip of carpet (for cleaning dirt from shoes) ○ **palaz, həsir**; ② 무시 당하는 사람 neglected person; ~ **eləmək** *fe.* a) 괴롭히다,pester, bother (with), bore with, worry, plague (with) 힘들게 하다, 성가시게 하다; b) 권리를 침해하다, violate the rights (of)

ayaq-baş; ~ **yatmaq** *fe.* 한 침대에서 자다 sleep together in one bed

ayaqcıq *i. dim.* 발 (지소명사) foot

ayaqçı *i.* ① 전달자 messenger, courier, express ② 투기꾼, 부당 이득자 speculator, profiteer ③ 소리를 지르며 파는 장사꾼, 행상인 peddler, hawker

ayaqdançəkən *si.* 해로운, 유해한 harmful; noxious ○ **ayaqdaşı** ☞ **dabandaşı**

ayaqduzğı *i.* 부석(浮石) pumice stone

ayaqkirəsi ☞ **ayaqhaqqı**

ayaqqabı *i.* 신발, 구두 footwear, foot-goer, boots, shoes ○ **çəkmə, tufli**; ~ **qəlibi** *i.* boot-tree, last, bootlast (목제, 금속제의) 구둣골

ayaqqabıbiçən *i.* 신발 재료상 tailor's cutter (of shoes)

ayaqqabıçı *i.* 신발 제조공, 구두공 shoe maker

ayaqqabısız ☞ **ayaqyalın**

ayaqla *si. z.* 걸어서, 도보로 afoot, walking ○ **piyada**

ayaqlamaq *fe.* ① 밟다, 짓밟다, 뭉개다 trample (on), defy, flout, scorn, make dirty (with one's feet) ○ **tapdalamaq, əzmək, basmaq**; ② 걷다, 산책하다 walk, wander, roam ○ **gəzmək, dolaşmaq**; ③ 경멸하다, 비웃다, 멸시하여 따르지 않다 disregard, neglect; ④ 억압하다, 핍박하다 suppress, persecute

ayaqlanmaq *fe.* ① 짓밟히다, 뭉개지다 be trampled, be crushed ② 걷다, 일어서다 stand up, walk ③ 공격하다, 폭행하다 attack, assault

ayaqlar *i.* feet 발; **~ı dolaşmaq** *fe.* 터벅터벅 걷다, 무거운 발걸음으로 걷다 stump; **~ını sürüyə-sürüyə gəzmək** *fe.* 아장아장 걷다 paddle

ayaqlaşmaq *fe.* ① 발을 맞추다, 보조를 맞추다 keep in step, keep pace with, keep abreast of ○ **bərabərləşmək, yerimək**; ② 시도하다, 노력하다, 맞서다 try, contend ○ **yarışmaq, çalışmaq**; ③ 적응하다, 순응하다 adapt, appropriate ○ **uyğunlaşmaq**

ayaqlatmaq *fe.* 짓밟게 하다, 망가뜨리게 하다 cause to break, cause to trample

ayaqlı *si.* ① 발이 달린 with the foot; ② 빠른, 민첩한 fast, quick, rapid; ~ **olmaq** *fe.* 매우 빨리 가다 go fast (quickly)

ayaqlıq *i.* ① 발판, 발등상 place for putting the foot (funiture *etc.*) ② 신발의 표면, 외면 surface of shoes ② ladder 사닥다리 ○ **pilləkən, nərdivan**

ayaqseyri *i.* 산보, 산책 walk, airing

A

ayaqsız I. *si.* 불구의 footless, lame ○ **qıçsız, çolaq**; II. *i. zoo.* (해삼류 또는 뱀장어 등의) 무족 동물, (갑각류의) 무각 동물, (양서류의) 뱀 모양의 동물 apod, apodal

ayaqucu ☞ **ayaqüstü**

ayaqüstü *z.* 서둘러서, 바쁘게, 발로 서서 in passing (by), for a minute, hurriedly, hastily ○ **oturmadan, tələsik, ötəri** ● **rahat**; *i.* usher, attendant in a party or meeting 수위, 문지기, 안내원, 시중드는 사람

ayaqüstülük *i.* ① 경솔함 hastiness, being hurried ○ **oturmadanlıq, tələsiklik, ötərilik;** ② 시중들기, 안내 역할 ushering; serving in a meeting, party

ayaqyalın *si.* ① 맨발의, 벗은 발의 bare-footed ○ **çılpaq, lüt** ● **başıaçıq**; ② 가난한, 빈곤한 poor

ayaqyeri *i.* 발판, 발로 딛는 곳 footplate

ayaqyolu *i.* 화장실, 변소 water-closet (w.c.), toilet, loo, lavatory, restroom, bathroom ○ **abdəstxana, rahatxana, tualet**

ayalqa ☞ **ayama**

ayama *i.* 별명, 애칭, 약칭 nickname, sobriquet ○ **ləqəb**

ayar[1] *i.* ① (재료의) 특질, 품질 증명 hallmark, sample, standard (of material) ○ **əyar**; ② 정확성, 정밀성 exactness, accuracy

ayar[2] *si.* 풍성한, 준비된, 생산적인 productive, plentiful, abundant, resourceful, ready ● **ölüvay**

ayat ☞ **ayə**

ayaz *i.* ① 서리, 결상, 결빙 frost ○ **şaxta, soyuq** ● **isti**; ② 맑은 날씨의 상큼한 추위 crisp cold with clear weather; **~lı gecə** *i.* clear, cold night 결상야, 추운 밤

ayazımaq *fe.* ① 날씨가 맑아지다 clear up (weather) ○ **açılmaq, təmizlənmək, aydınlaşmaq**; ② freeze 얼다, 춥다 ○ **üşümək, donmaq**; ② 회복하다, 개선되다 get well, recover ○ **yaxşılaşmaq, sağalmaq** ● **tutqunlaşmaq**

ayazıtmaq *fe.* 새롭게 하다, 신선하게 하다 refresh; freshen (up)

ayazlamaq *fe.* ① 맑아지다, 개운하다 become clear; ② 얼다, 얼어붙다 freeze

ayazlı *si.* 얼어 붙는, 추운 cold, freezing ○ **şaxtalı, soyuq** ● **isti**

ayazlıq *si.* ① freezing, coldness 결빙, 추위 ○ **şaxtalıq, soyuqluq**; ② clarity (weather) (날씨) 춥고 맑은 날씨 ○ **açıqlıq, aydınlıq**

ayabaay *z.* month by month 다달이, 매달, 한달씩

aybaşı *i.* ① 월경(月經) menses, menstruation; ② *tib.* 실신, 기절 fainting, attack; syncope; **~ olmaq/görmək** *fe.* menstruate 월경중에 있다

aybəniz *si.* 얼굴이 하얀, 달 같은 얼굴의 white-complexioned, moon-like, moon-faced

aydın *si.* ① 밝은, 맑은, 명확한, 환한 bright, clear, lucid, distinct, neat, obvious, patent, plain ○ **işıqlı, aylı**; ● **buludlu, tozlu** ② 분명한, 확실한, 단정한, 틀림없는, 정확한 manifest, precise, explicit, clear-cut, legible, accurate, efficient ○ **aşkar, mə'lum, açıq, bəlli**; ③ 잘 이해되는, 뜻이 분명한 intelligible; **~ başa düşrən** *si.* 이해하기 쉬운 transparent; **~ ifadə edilmiş** *si.* 잘 나타내는, 잘 표현된 expressive; **~ səma** *i.* 맑은 하늘 clear sky

aydın-aşkar *si.* ① 분명한, 확실한 evident, obvious; ② 명백한, 공공연한 manifest, patent; ③ 의심의 여지가 없는, 논란의 여지가 없는, 명백한 unquestionable, incontestable, irrefutable, indisputable

aydınca(sına) *z.* 명백하게, 분명히, 확실히 evidently, obviously, manifestly, patently

aydınlıq *i.* ① 밝은 쪽, 양지 light-side, bright side ○ **işıq, nur**; ② 맑음, 명백함, 정확함, 정밀함 clearness; lucidity; legibility; accuracy; precision; preciseness ○ **aşkarlıq, müəyyənlik, mə'lumluq, bəllilik**; **~ içində olmaq** *fe.* be in happiness 행복함에 젖어 있다

aydınlaşdırıcı *si.* 설명[변명]을 위한, 주석적(註釋的)인 explanatory

aydınlaşdırılmaq *fe.* ① 분명해지다, 확실해지다, 명료해지다 become clear, be cleared up; ② (사진)현상되다, 분명해지다 become apparent; (photo) be developed; develop

aydınlaşdırılmaz *si.* 설명할 수 없는, 해석할 수 없는, 불가해한 inexplicable, unaccountable

aydınlaşdırma *i.* (법) 설명, 해석, 해명 explanation, elucidation; (about law) interpretation; ② 명시, 표명, 현지 manifestation; display

aydınlaşdırmaq *fe.* 분류하여 분명히 하다, 분명하게 정리하다, 확실히하다 clarify, elucidate;

clear up; ascertain; find ou
aydınlaşma *i.* 표명 clear up
aydınlaşmaq *fe.* ① 드러나다, 명백히 되다, 밝혀지다 turn out, be clarified ○ **aşkarlaşmaq, müəyyənləşmək**; ② brighten (up); (about weather) clear (up) (날씨가) 개다, 맑아지다 ○ **işıqlaşmaq, açılmaq**; ② become bright, be shiny 환해지다, 밝아지다 ○ **işıqlanmaq, nurlanmaq, parlamaq**
aydınlıq *i.* ① 맑음, 명백함 clearness; ② 밝음, 환함 light, brightness; ③ 양지, 밝은 곳 bright place; ④ 행복, 안녕 happiness
ayə¹ *i.* ① verse (in Koran) (성경, 코란 등) 절
ayə² ☞ aya
ayəndə *i.* the future 미래
ayət ☞ ayə
ayğır I. *i.* stallion 종마(種馬); II. *si.* 무절제한, 억제할 수 없는 intemperate, incontinent ● **madyan**
ayğırlaşmaq *fe.* 무절제하게 되다, 과격하게 되다 become intemperate
ay-hay *nid.* (불쾌, 회한) 오 저런! oh! (showing displeasure, regret *etc.*)
ayı *i.* ① 곰, 곰 인형 bear; ② *fig.* 무뢰한, 야비한, 버릇없는 사람 rude fellow, churl, boor; **ağ** ~ *i.* white bear, polar bear 백곰, 북극곰; **ayı potası** *i.* teddy bear 아기곰, 곰인형; ~ **pəncəsi** *i. bot.* bear dock 곰 발바닥
ayıbalası *i.* ① 아도비[볕에 말린] 벽돌, 굽지 않은 벽돌 dial, wattle and daub brick, adobe; ② bear-cub새끼 곰
ayıb *i.* ① 수치, 치욕, 망신 shame, disgrace ○ **bi-abırçılıq**; ② 결점, 단점, 약점, 결함, 흠 defect, lack, want, shortage ○ **qüsur, nöqsan**; ***Ayıbdır.*** *창피해! For shame!*; ***Soruşmaq ayıb olmasın.*** *질문해도 될까요? I hope you don't mind my asking.*
ayıblı *si.* 창피한, 흠이 있는, 결점이 있는, 부끄러운 shameful, defective ○ **qüsurlu, nöqsanlı**
ayıboğan *i.* (과일, 배) 익지 않은 배 unripe fruit (usually about pears)
ayıdöşəyı *i. bot.* 고사리 fern ○ **qıjı**
ayıbsız *si.* 결점없는, 부끄러움 없는, 나무랄데 없는 without defect, irreproachable ○ **qüsursuz, nöqsansız**
ayıbsızlıq *i.* 부끄러운 줄 모름, 조신하지 않음, 뻔뻔스러움 shamelessness, spotlessness ○ **qüsursuzluq, nöqsansızlıq**
ayıq *si.* ① 주의 깊은, 조심스러운 vigilant, watchful ○ **sərvaxt** ● **bayğın**; ② alert, aware, sober, abstinent 경계심을 가진, 술취하지 않은, 제정신의 ● **yuzulu**; ~ **yatmaq** *fe.* sleep light 자는 둥 마는 둥하다
ayıqlıq *i.* ① 경계, 조심, vigilance, watchfulness, sensitiveness, keenness, delicacy, tactfulness ○ **sərvaxtlik**; ② 중용, 절도, 자제 soberness, temperance ○ **gözüaçıqlıq, sayıqlıq** ● **məstlik**
ayıq-sayıq *si.* 조심스러운, 경계하는, 주의깊은 careful, alert, watchful, vigilant ○ **gözüaçıq**
ayılıq *i.* ① 미숙함, 유치함, 허술함 ignorance, roughness, coarseness, crudity, crudeness; ② 버릇없음, 무례함, 세련되지 못함 rudeness
ayılma *i.* 분해, 부패 decomposition
ayılmaq *fe.* ① 정신이 들다, 깨어나다 wake up, awake ○ **oyanmaq, durmaq**; ② 차분해지다, 침착해지다 become sober ● **dəmlənmək**; ③ 의식이 회복되다, 정신이 돌아오다 come to one's senses, collect oneself; recover, gather one's wits ○ **canlanmaq** ● **bayılmaq**; ④ (환경, 품종 등) 개선되다, 개량되다 improve, ameliorate
ayıltmaq *fe.* ① 깨우다 wake; awake(n); ② 침착하게 하다; 의식을 회복시키다 sober, bring *smb.* to his senses, bring *smb.* round
ayın-oyun *i.* ① 소유물, 소지품, 용품 belonging, (one's) things, goods and chattels, utensils
ayıoynadan *i.* 곰 사육사 bear trainer
ayıpəncəsi *i. bot.* 쥐꼬리망촛과 아칸서스속의 총칭 acanthus
ayırd *i.* 구별, 식별, 차별, 인종[남녀] 차별 discrimination, selection; ~ **etmək** *fe.* divide 구분하다, 식별하다, 차별하다, 나누다, 고르다 discriminate, distinguish, choose, select,
ayırıcı *i.* ① 나누는 것, 분할자, 분리자 divider, separator; ② 격리자 insulator (at the hospital) ○ **çeşidçi**; ③ 격리 병동 isolation ward
ayırmaq *fe.* ① 분리하다, 나누다, 떼어내다 separate, detach, disjoin, cut in half ○ **şaqqalamaq**; ② 나누다, 쪼개다 divide ○ **parçalamaq, qoparmaq, yarmaq**; ③ 떨어지게 하다, 분리하다 cut off, part from, sever ○ **kəsmək, bölmək**; ④ 수족을 절단하다, 박살내다 dismem-

ber, break up, open out, break down ○ **uzaqlaşsırmaq, aralamaq**; ④ 선발하다 select ○ **seçmək, fərqləndirmək**; ⑤ open (wide) 활짝 열다; ⑥ 꺼버리다, 떨어버리다 turn off, switch off; ⑦ 이혼하다, 헤어지다 divorce ○ **boşanmaq**

ayışmaq *fe.* 가려워하다 itch, scratch oneself ○ **gicişmək**

ayıtmaq *fe.* 언급하다, 말하다, 이야기하다 tell, say ○ **demək, söyləmək**

ayin *i.* (종교적, 사회적, 국가적 엄숙한) 의식, 식전, 제전 ceremony; ritual

ayinə ☞ **ayna**

ayinədar *i.* 거울을 들어 주는 사람 (옷 입는 일을 도와 주는 하인) mirror holder (servant who helps a person to dress)

ayqabaq(lı) ☞ **aybəniz**

aylam *i.* 원, 원형, 동그라미 circle, cycle ○ **dairə, dövrə, halqa**

aylandırmaq *fe.* 돌리다, 회전시키다, 둥글게 하다 turn, spin, rotate, round ○ **dolandırmaq, fırlandırmaq**

aylanmaq *fe.* 돌다, 회전하다, 원을 그리다 ○ **dolanmaq, fırlanmaq**

aylı *si.* 달이 있는 lunar ; ~ **gecə** *i.* 달빛 흐르는 밤 moonlit night

aylıq I. *si.* 매달의, 매월의 monthly; II. *i.* 월급(月給) salary (monthly) ○ **məvacib, maaş, donluq**; ~ **maaş** *i.* 월급 rate, salary

aylı-ulduzlu *si.* 별빛 달빛의, 별이 빛나는 starry, starlit

ayna *i.* ① 거울, 색경(穡經) looking-glass; mirror ○ **güzgü**; ② 창, 창문, 창유리 window, window glass ○ **pəncərə**; ② 광채, 빛남, 맑음, 아름다움 clarity, beauty ○ **saflıq, düzlük, parlaqlıq, şəffaflıq**; ~ **salmaq** *fe.* 유리창을 달다, 판유리를 끼우다 glaze

aynabənd *i.* ① 창, 창문 window ○ **şüşəbənd, pəncərə**; ② 프랜치 창이 있는 문 French window room

aynabəndli *si.* 창문이 있는 with windows

aynacıq *i.* 작은 거울, 거울 조각 small mirror

aynaçı ① ☞ **ayna salan**; ② 거울 제작자, 유리상(商) mirror seller; mirror producer

aynaçılıq *i.* 유리 관련 업 profession of mirror dealer/producer

aynalamaq *fe.* ① 창문을 달다, 판유리를 끼우다 glaze, vitrify ○ **güzgüləmək, şüşələmək**; ② buff 무두질하다

aynalatmaq *fe.* 유리창을 달게 하다, 유리를 끼우게 하다 have glass put in

aynalı I. *si.* ① 창이 있는, 거울이 있는 with mirror, with window ○ **güzgülü, şüşəli, pəncərəli**; ② smooth; II. *i.* 19세기 사용된 무기의 일종 weapon used in XIX century by soldiers

aynasalan *i.* 유리공, 유리장이 glazier; glass-cutter

aynasaz ☞ **aynaçı**

aynatutan *i.* 신부 앞에 거울을 들고 가는 들러리 mirror holder (person who carries a mirror before the bride)

aynımaq *fe.* ① 질병으로부터 회복되기 시작하다, 낫기 시작하다; begin to recover from illness ② be unburdened from a workload 덜다, 내려놓다

aypara *i.* 초승달, 반달 half-moon, crescent ○ **hilal, ay**

ayran *i.* 요구르트를 물에 탄 음료 ayran (yogurt drink); sour clotted milk

ayranaşı *i.* 쌀을 넣어 끓여서 만든 요구르트 요리 soup containing buttermilk and rice

ayrançilo ☞ **ayranaşı**

ayrı I. *si.* ① 다른, 어떤 other; another ○ **qeyri, digər**; ② 독특한, 다른, 상이한, 특유의 different, peculiar, particular ○ **xüsusi, tək, müstəqil, özbaşına**; II. *z.* apart 떨어져서, 따로 ● **birgə**; ~ **-ayrı** *z.* 따로 따로, 별개로, 별도로 separately, apart; III. *qo.* 제외하고, 빼고, 그외에 beside, except ○ **başqa, savayı**; ~ **düşmək** *fe.* 헤어지다, 나뉘다 separate; part, stray; ~ **hava çalmaq** *fe.* 의견을 달리하다, 생각을 달리하다 change one's point of view/opinion

ayrıc *i.* 교차로, (길의) 분기점 cross-roads; parting of the ways; passing track or lane; double-track section

ayrıca *z.* 별개로 separately; apart○ **təklikdə**; *si.* 특이한, 특별한 particular, special○ **xüsusi, tək**

ayrıqotu *i. bot.* 개밀: 볏과 잡초의 일종 couch grass, quack grass, twitch grass

ayrılıq *i.* ① 나뉨, 헤어짐, 분리함 separation, parting ② 구분, 차이 distinction, difference, divergence, discrepancy; ② isolation 고립, 분

리, 격리 ○ **başqalıq, müxtəliflik**; **~da** *i.* separately 별도로

ayrılmaq *fe.* ① 나뉘다, 헤어지다, 떠나다 part (with), leave, separate○ **bölünmək** ● **birləşmək**; ② (모임에서) 탈퇴 당하다, 멀어지다 become dismembered ○ **uzaqlaşmaq**; ③ 한정되다, 한계가 정해지다 be discriminated, get delimited, get demarcated; ④ 구별되다 differ (from), be noted (for), distinguish oneself, excel; ⑤ 이혼당하다, 헤어지다 be divorced (from) ○ **boşanmag parçalanmaq**; ⑥ 분해되다, 분석되다 decompose, be factored

ayrılmaz *si.* ① 분할될 수 없는, 나뉠 수 없는, 불가분의 indivisible, inalienable, imprescriptible; ② 상존하는 ever present

ayrılmazlıq *i.* 집합체, 총체, 전체 wholeness, aggregate, entirety ○ **bütövlük, bölünməzlik**

Ayrım[1] *i.* 아제르바이잔에 사는 소수 민족중의 하나 an ethnic group found in Azerbaijan

ayrım[2] ☞ **ayrıc**

ayrı-seçki *si.* 편견적인, 편향적인, 일방적인 partial, discriminating, prejudicial ○ **tərəfkirlik, üzgörənlik**

ayrı-seçkilik *i.* 편파, 차별, 편견 partiality, 불공평, 편애 favouritism, discrimination; **~ etmək** *fe.* 차별하다, 편애하다, 구분하다 discriminate, differentiate; **~ salmaq** *fe.* 차별하다 discriminate

aysberq *i.* 빙산 iceberg

aysız *si.* 달이 없는 (밤) moonless

Aysorlar *i.* 앗수르인 Assyrians

ayüzlü *si.* ① 얼굴이 둥근, 통통한 round-faced, chubby; ② 예쁜, 아름다운 beautiful, handsome ○ **gözəl, göyçək**

az I. *si.* (수, 량의) 적은, 부족한, 약간의, 어느 정도의 little, few, not enough, a little, some, a few, somewhat, slightly ● **çox, xeyli**; II. *z.* ① almost, nearly, scarcely 거의, 하마터면; ② (시간, 빈도) 드물게, 어쩌다, 가끔 seldom, rarely, occasionally ○ **seyrək, nadir, arabir, gec-gec**; **~ maaşlı** *si.* 저임금의 low-paid; **~ müddətə** *z.* 잠깐 동안 for a while; **~ rast gələn** *si.* uncommon 일상적이지 않은, 자주 볼 수 없는; **~ tapılan** *si.* 드문, 희귀한 scarce; **~a qane olan** *si.* 적당한, 중간 정도의, 알맞은, 보통의 moderate; **nə ~, nə çox** *z.* 적지도 많지도 않은 just, just fit; **~ca** *z.* 약간, 조금 somewhat, a bit, a little, just a bit; **~ca-~ca** *z.* 조금씩, 약간씩 little; a little at a time; little by little; **~-çox** *z.* 다소간에 more or less; **~dan-çoxdan** *z.* 어느 정도에 more or less; **~ danışan** *si.* 과묵한, 말수가 적은 not talkative, taciturn, reticent; **~ı** *z.* 최소한으로 at the inimum; least; **~ı-çoxu** *z.* 대략 about

az-az *z.* ① 약간씩 little, a little at a time; ② 드물게 seldom, rarely, infrequently; ③ 때때로, 어쩌다 한 번씩 from time to time, occasionally

azacıq *z.* 아주 조금의 a bit, very little ○ **cüzi** ● **xeyli**

az-çox *z.* ① 다소간 more or less ○ **bir miqdar, bir qədər**; ② 어느 정도 any (amount)

azad *si.* ① 자유로운, 자연스러운 free, natural ○ **sərbəst** ● **məhkum**; ② 빈, 공허한, 공석의, 한가한 vacant ○ **boş**; ③ 제한 받지 않는, 억압 받지 않는 unrestricted; *z.* 편하게, 자유롭게 freely ○ **rahat**; *nid.* dismiss 해산!; **~ eləmək/etmək** *fe.* a) (억압, 제한, 습관, 지배 등에서) 자유롭게 하다, 해방시키다, 석방하다, 놓아 주다 free, liberate; b) (사람을) 놓아 주다, 석방하다, 해산하다 emancipate, set free, release, dismiss, discharge; c) 면제하다, 면해주다 exempt; d) 치워주다, 비워주다 clear, empty; e) 비우다, 소개(疏開)하다 vacate; **~ edilmə** *i.* (노예의 신분, 속박, 인습 등에서의) 해방, 구조 emancipation, rescue, deliverance; **~ fikirli** *si.* liberal 자유의, 자유로운; **~ olmaq** *fe.* a) 해방되다, 석방되다 become free, free oneself; b) (~로 부터) 자유롭게 되다 free oneself (from); c) 비워지다, 소개되다 be empty, be vacant

azadca *z.* freely 자유롭게, 자연스럽게

azadcasına ☞ **azadca**

azadə ☞ **azad**

azadəlik ☞ **azadlıq**

azadfikirlilik *i.* 자유로운 생각, 자유주의적 사고 free thinking

azadiyyət ☞ **azadlıq**

azadlıq *i.* 자유, 석방, 해방, 구원 freedom, emancipation, liberation, liberty ○ **müstəqillik, sərbəstlik** ● **məhkumluq**; **~ğa çıxarmaq** *fe.* liberate 해방시키다, 석방시키다; **~ğa çıxarma** *i.* liberation 석방; **mətbuat ~ ı** *i.* 언론의 자유 freedom of the press

azadlıqda *z.* 일반적으로 at large

A

azadlıqsevən, azadlıqsəvər *si.* 자유를 사랑하는, 자유주의적인 freedom-loving
azadsevənlik *i.* 자유주의, 자유를 사랑함 freedom-loving ○ **hürriətpərvərlik**
azadmayı, **azadmahı** *i.* 어린 연어 young salmon
azalan *si.* 해산된, 석방된, 축출된 diminished, decreased; being cut down, slowing down
azaldılma *i.* 감소, 감축 reduction
azaldılmaq *fe.* 감소되다, 줄어들다, 축소되다, 감속되다, 느려지다 be diminish; be decreased (about prices); be felled; be reduced (about expresses, expenditures); be cut down (about speed), be slow down
azalma *i.* ① 감소, 감축, 축소 decline, leak ○ **əskilmə**, **çıxılma**, **götürülmə**; ② 후퇴, 퇴각, 약화, 퇴보 withdraw, weakening, decreasing ○ **çəkilmə**, **zəifləmə**
azalmaq *fe.* ① 감소되다, (가격, 명예) 떨어지다, 손상되다 diminish, decrease, fall, be reduced, be cut down, slow down ○ **əskilmək**, **çıxılmaq**, **götürülmək** ● **artmaq**, **çoxalmaq**; ② 물러나다, 철수하다, 약화되다, 퇴보되다 withdraw, weaken ○ **çəkilmək**, **zəifləmək**
azaltma *i.* 축소, 감소, 약화, 줄임, 경감 diminution, decrease, lessening, reduction, extenuation, contraction, decrease, relaxation
azaltmaq *fe.* (정도, 기세, 세기, 수량, 액수 등을) 감소시키다, 줄이다, 감하다, 완화하다, 작게 하다 abate, decrease, diminish, fall, lessen, lower, relieve, reduce, relax, subside (water)
azan *i.* 회교도들의 기도시간 알림 Muslim call to prayer; ~ **vermək** *fe.* 회교 사원의 미나렛으로부터 기도 시간을 알리다 call out to people from the minaret for praying (Muslims)
azançı *i.* 기도 시간을 알려 주는 사람 the person who does the **azan**
azanverən ☞ **azançı**
azar *i.* ① 병, 질병, 만성병, 질환 illness, sickness, disease, ailment, malady ○ **xəstəlik**, **naxoşluq** ● **sağlamlıq**; ② trouble 병폐, 악폐, 고통, 고난 ○ **əzab**, **əziyyət**; ③ epidemic (병의) 유행, 만연, 유행병의 발생; ④ addiction (마약 등) 상용, 중독, (버릇, 습관의) 탐닉; ~ **vermək** *fe.* 괴롭히다, 문제를 일으키다 trouble, give trouble, cause inconvenience, put to inconvenience; ~**a düşmək** *fe.* 감염, 오염이 확장되다 spread infection/contagion; ~**a salmaq** *fe.* 감염시키다 infect; ~ **tutmaq** *fe.* 감염되다, (질병에) 걸리다 be infected (with), catch ; ~ **çəkmək** *fe.* (병에) 앓다, 걸리다 be ill, be ailing; ~**lı olmaq** *fe.* a) 질병을 앓다 have illness; b) 갈망하다, 열중하다 make keen (on)
azarxana *i.* 병원 hospital
azar-bezar *i.* 병환, 질환 any kind of illness, ailment
azarıgəzdirən *si.* 전염성의, 감염이 심한, 오염성의 infectious, contaminating; *i.* disease carrier 보균자, 숙주(宿主)
azarkeş *i.* 지지자, 팬, 열렬한 애호가 fan, amateur
azarladıcı ☞ **azarladan**
azarladan ☞ **azargəzdirən**
azarlamaq *fe.* 병에 걸리다, 아프게 되다 fall ill (with), be taken ill (with) ○ **xəstələnmək**, **naxoşlamaq**, **kefsizləmək** ● **sağalmaq**
azarlatmaq *fe.* 질병에 걸리게 하다, 병을 유발시키다 cause illness
azarlı I. *si.* 병에 걸린, 병든, 아픈, 병약한, 병적인 ○ **xəstə**, **naxoş**, **kefsiz**; II. *i.* patient 환자 sick, diseased; sore, morbid
azarlı-azarlı *z.* in sickness 병에 걸려, 골골하면서
azarlılıq ☞ **azar**
azarsız *si.* ① 병들지 않는, 건강한, 면역성의 disease-free; ② 무해한, 해가 되지 않는; (사람, 행위가) 거슬리지 않는 inoffensive; harmless
azartörədən ☞ **azarladan**
azay *i.* 불평, 불만, 푸념, 넋두리, 한탄 complaint, lament ○ **şikayət**, **giley**, **deyinmə**
azaylanmaq *fe.* 슬퍼하다, 한탄하다, 후회하다 lament, complain (about), murmur, grumble
azdırmaq *fe.* ① 혼동시키다, 당황하게 하다, 엉망진창으로 만들다 put out, bewilder, confuse, muddle; ② 집으로부터 떼어 놓다, 집을 잃게 하다 wean (from) home; ③ 망쳐놓다, 못쓰게 만들다 spoil; ④ 타락시키다, 부패시키다, 오염시키다, 썩게 하다 corrupt
azər ☞ **azəri**
Azərbaycan *i.* 아제르바이잔, 아제르바이잔 민족 Azerbaijan; Azerbaijani
azərbaycanca *i.* 아제르바이잔어 Azerbaijani

(language)

azərbaycanlı *i.* 아제르바이잔인 Azerbaijani

azəri *si.* ① 불을 숭배하는 concerning fire-worship; ② 아제르바이잔 인 Azerbaijani

azəricə ☞ **azərbaijanca**

azərpərəst ☞ **ataşpərəst**

azgəlirli ① ☞ **azqazanclı**; ② 수지가 맞지 않는, 보수가 적당치 않는 not very remunerative

azgörünən *si.* ① 뚜렷하지 않는, 두드러지지 않는 barely visible, noticeable; ② 보통에 지나지 않는, 구별되지 않는, 현저하지 않는 hardly out of the ordinary, undistinguished

azgüclü *si.* 쇠약한, 연약한, 힘이 세지 않는 with little power, weak

azğın *si.* ① 길을 잃은 lost, missing ② 잔인한, 잔혹한, 혹독한 undisciplined, dissolute, fast, furious, vicious, violent, brutal, cruel ○ **qudurmuş, vəhşi, yırtıcı**; ③ 타락한, 썩은, 불명예스런, corrupted, rude, abased, dishonored ○ **pozğun, namussuz** ● **mədəni**

azğınlaşmaq *fe.* 잔혹해지다, 거칠어지다, 무례하다, 격앙하다 become furious; be in a frenzy; be wild, be unbridled ○ **qudurmaq, vəhşiləşmək, sərtləşmək**

azğınlıq *i.* ① 무절제, 억제 불능, 버거움 lack of restraint, ungovernability, uncontrollability ○ **vəhşilik, sərtlik, amansızlıq**; ② 건방짐, 무례함, 교만함 conceit, arrogance being unrestrained, ○ **qudurğanlıq, lövğanlıq, təkəbbərlük**; ③ 부패함, 썩음, 불명예 corruption, dishonor, rudeness ○ **pozğunluq, namussuzluq** ● **mədənilik**; ~ **etmək** *fe.* 격앙하다, 분노하다, 사납게 날뛰다 rage, rave, storm

azıdişi *i.* 어금니 molar tooth, back tooth

azıxmaq *fe.* 길을 잃다 become lost (from the road)

azıq ☞ **azuqə**

azimut *i. ast.* Azimuth 방위각(方位角)

azişlənən *si.* 무익한 little used rare, rarely, seldom used, not much

azqanlı *si.* 수척한, 병약한, 창백한 pale, bloodless, wan, anemic

azqazanclı *si.* 수익성이 적은 of little profit, bringing little profit

azqidalı *si.* 영양가 없는 not very nutritious, of low nutritional value

azlıq *i.* ① 소수, 소수파 minority; ② 작은 수, 적은 수 small number; ③ 부족함, 결손 lack (of), shortage (of), deficiency (in); ~ **etmək** *fe.* 부족하게 되다 be insufficient, be not enough

azmaq *fe.* ① 길을 잃다, 방황하다 lose one's way; get lost, be lost; stray; walk round in circles ○ **yanılmaq, sapmaq**; ② 타락하다, 썩다, 부패하다 become corrupted, depraved, profligate; go to the bad○ **pozulmaq**; ③ 혼동되다, 당황하다 become confused ○ **itmək, çaşmaq**; ④ 격노하다, 분노하다 be insolent, infuriate ○ **qudurmaq, coşmaq**

azman I. *si.* (부피, 모양, 양 등에서) 매우 큰, 막대한, 큰, 거대한 huge, enormous, immense, colossal, vast; II. *i.* 6 년생 숫 염소 he-goat; hilly goat (of six year old)

az-maz *z.* 아주 소소한, 미량의, 있는 둥 마는 둥 little, few ○ **cüzi, zəif**

azmə'lumatlı *si.* 무지한, 무식한, 잘 알지 못하는 gnorant, ill-informed

azmənfəətli ☞ **azgəlirli**

azmış *si.* ① 길을 잃은 lost, astray ② (법, 명령, 한계, 경계) 벗어난, 위반한, 어긴 transgressed

azmüddətli *si.* 찰나의, 순간의 momentary, transitory, of short duration, short-term

azot *i.* 질소: 기체 원소 (기호 N) nitrogen

azotlaşdırılmaq *fe.* 질화(窒化)되다 be nitrified

azotlaşdırmaq *fe.* 질화하다, 질소를 침투시키다 nitrify

azotlu *si.* 아질산의, 질소를 함유한 nitrous

azotsuz *si.* 질소가 없는 denitrified, without nitrogen

azsavadlı *si.* s 조금 유식한 emi-literate, half-educated

azşaxəli ☞ **azbudaqlı**

aztapılan *si.* ① 드문, 희귀한 rare; ② 공급이 부족한, 불충분한 scarce, in short supply, critical

aztanınan *si.* 잘 알려지지 않은, 인기가 높지 않은 little known, not popular

aztəcrubəli *si.* 경험이 부족한 inexperienced, of little experience

aztəhər *z.* 부족한, 약간 부족한 not quite enough; barely sufficient

aztəhsilli *si.* 교육을 받지 못한 of little education

aztorpaqlı *si.* 경작지가 부족한 having insufficient (arable) land

aztutumlu *si.* 공간이 부족한, 좁은, 용량이 적은 not capacious, not roomy

azuşaqlı *si.* 자녀가 많지 않은 with few children

azuqə *i.* 식량, 양식, 병참 provisions, victuals, foodstuffs; rations (military); supply of provisions ○ **yemək**

azurdə *si.* 식상한, 질린, hurt, annoyed, fed up ○ **incimiş**; ~ **etmək** *fe.* 괴롭히다 bother, annoy

azvaxtlı ☞ **azmüddətli**

azyarpaqlı *si.* 잎이 무성하지 않은 loose leafed

azyaşlı *si.* ① 나이가 어린, 젊은 very young, of tender age; under age; juvenile; minor ● **böyük**; ② 갓난아이의 infant

B

ba *nid.* (감탄사) 그래!, 정말!, 그럴 수가! (surprise, wonder, amazement, delight) now, really, well; ***Ba, cəld olun!*** *자, 얼른 서둘러! Hurry up now!*; ***Ba əsəbiləşməyin!*** *이런, 긴장하지 마세요! Come on, don't be nervous!*; ***Ba, bəs mən?*** *그래, 그럼 난? Well, and what about me?*

bab *si.* 동등한, 대등한, 비견할 만한 equal, like ○ **tay**, **cür**, **bərabər**; ***O sənə bab ola bilməz.*** *그는 네 상대가 못 된다. He can't be your equal.*

baba *i.* 할아버지 grandfather; **şaxta baba** *i.* 산타클로스 Santa Claus

babacıq *i. dim.* 할아버지 grandpa, granddad

babacığaz ☞ **babacıq**

babadanqalma *si.* 유전적인, 조상적부터 내려오는, 세습된 patrimonial, ancestral

babal *i.* 잘못, 과오, 실수, 죄 fault, guilt, sin; **~ını yumaq** *fe.* slander, calumniate; *col.* 잘못 의심하다 suspect in vain

babasil I. *i. med.* 치질 piles, haemorrhoids; II. *si.* 치질의 haemorrhoidal

babat I. *si.* 보통의, 여느, 평범한, 그저 그런, 중간 정도의 fairly good, mean, medium, satisfactory, mediocre ○ **miyanə**, **ortabab** ● **pis**; II. *z.* 그런 대로 괜찮은 fairly well

babatca *z.* 그런 저런 well

babatlaşdırmaq *fe.* ① 회복시키다, 복구시키다 restore, recover; ② 고치다, 수정하다, 옳게 하다 set right, mend, correct

babatlaşmaq *fe.* 회복되다, 나아지다 get well, recover

Babəkilər *tar.* 9세기 아랍제국에 대항하여 싸우던 바벡 장군의 추종자들 followers of Babek who fought against Arab imperialism in 9c.

babət ☞ **babat**

babı *i.* 19세기 이란에서 미르제 엘리에 의해 시작된 종교 분파의 회원 member of a religious sect founded by **Mirzə Əli Məhəmməd** in the 19c in Iran; II. *si. fig.* 불신의, 불경한, 무신의 godless, atheistic, unbelieving ○ **dinsiz**, **kafir**, **imansiz** ● **dindar**

babılıq *i. fig.* 불경, 무신론 godlessness, atheism ○ **dinsizlik**, **kafirlik**, **imansizlik** ● **dindarlıq**

Babil *i. tar.* 바벨 Babel

Babilistan *i.* 바벨론 Babylon

bablaşma ☞ **bablaşmaq**

bablaşmaq *fe.* 적응되다, 조정되다 adapt, fit, adjust, accommodate ○ **uyğunlaşmaq**, **taylaşmaq**

bac *i.* 세금 tax, tribute, contribution; **~ vermək** *fe.* 세금을 내다 pay tax

baca *i.* 굴뚝 chimney, flue, funnel, stove pipe, smoke-duct

bacadandüşmə *i.* 뜻밖의 행운, 하나님의 선물, 횡재 godsend, windfall; ***Bu mənim üçün bacadandüşmə oldu.*** *웬 횡재야! It's a godsend/windfall for me.*

bacaqlı *i. arx.* 금화, 과거 10 루블 지폐 ten rouble bank-note, gold piece, gold coin

bacalı *si.* 굴뚝이 있는 flued

bacanaq *i.* 동서(同壻) brother-in-law (husband of wife's sister)

bacanaqlıq *i.* 동서지간 relation of the brother-in-law

bacaran I. *i.* 장인(匠人), 명인, 정통자, 대가 master, skilled man; II. *si.* 능력 있는, 할 수 있는 able, capable; ***Bacarana baş qurban.*** *능력 있는 사람이 차지한다. He who can manage shall eat.*

bacardıqca *z.* 가능한 한, 할 수 있는 한 as far as possible; ***Bacardıqca tez gəl.*** *할 수 있는 대로*

빨리 오라. Come as soon as you can.

bacarıq *i.* ① 능력, 실력, 역량 competence, ability, skill, knack ○ **qabiliyyət, təcrübə, iste'dad**; ② 재치, 임기 응변 resource, resourcefulness, quick-wit

bacarıqla *z.* 기술적으로, 재치 있게, 능숙하게, 기민하게, 재빨리 skillfully, ably, resourcefully, adroitly, nimbly

bacarıqlı *si.* ① 할 수 있는, 능력 있는 able, apt, competent, capable, clever, shrewd, skilful, skilled ○ **qabiliyyətli, təcrübəli, iste'dadlı**; ② 재치 있는, 눈치 빠른, 이해가 빠른 resourceful, nimble; ~ **adam** *i.* 전문가, 장인, 기술자, 명인 expert

bacarıqlılıq *i.* ① 능력, 훌륭한 경영 ability, good management; ② 재치 있음, 눈치 있음 quick-wit; ③ 재빠름, 손재주 있음, 기민성 adroitness, dexterity, resourcefulness, nimbleness

bacarıqsız I. *si.* 서투른, 미숙한 incapable, unskilled, awkward, clumsy ○ **qabiliyyətsiz, təcrübəsiz, fərsiz, əfəl, aciz** ● **diribaş**; II. *i.* 얼간이, 멍청이, 무능력자 dullard, incapable person

bacarıqsızlıq *i.* 무능력함, 미숙함 inability, unskilfulness, lack of ability ○ **qabiliyyətsizlik, təcrübəsizlik, fərsizlik, əfəllik, acizlik**

bacarmaq *fe.* 할 수 있다, 능력 있다, 감당하다, 해내다 can, be able to, manage, succeed; ***Bacarmıram.*** *난 못해. I can not.*; *난 쓸 줄 몰라.* ***Mən yazmağı bacarıram.*** *I can wirte.*

bacarmayan *si.* 무능력한 unable

bacasız *si.* 연통이 없는, 굴뚝이 없는 flueless, chimneyless

bacatəmizləyən *i.* 굴뚝 청소부 chimney sweeper

bac-xərac *i.* 기부(금), 공헌, 기여 tribute, contribution

bac-xəracsız *si.* 기여하지 않는 without tribute/contribution

bacı *i.* (여자 형제) 누이, 여동생, 누나 sister; **tibb ~sı** *i.* 간호사 nurse; **şəfqət ~sı** *i.* 구제사, 자선가 sister of charity

bacı-cici *i.* (소녀들의) 단짝 친구 bosom friends (of girls)

bacı-qardaş *i.* 형제 자매 sister and brother; ~ **olmaq** *fe.* 아주 친한 친구가 되다 be bosom friends

bacıcıq *i. dim.* 누이, 오누이 sister ○ **bacıcığaz**

bacılaşmaq *fe.* 아주 친한 친구가 되다, 자매가 되다 become bosom friends (of woman)

bacılıq *i.* ① 이복 자매, 의붓자매 stepsister (**ögey bacı**); ② 여자 친구 girl-friend; ~ **olmaq** *fe.* 매우 친한 사이가 되다 become bosom friends

bacıqızı *i.* 조카딸 niece

bacıoğlu *i.* 생질, 조카 nephew

bad *i. arx.* 바람, 강풍 wind; **~a vermək** *fe.* 낭비하다, 흩어 버리다 waste, squander

badaq ☞ **badalaq**

badaqlamaq *fe.* 발에 걸려 넘어지게 하다 trip *smb.* up

badaqlanmaq *fe.* 발에 걸려 넘어지다 be tripped

badaqlaşmaq *fe.* 서로 발로 걸어 넘어지게 하다 trip each other

badalaq *i.* ① 발판, 디딤판, backheel, footboard; ② 교활함, 악함, 사악함, 협잡 wickedness, swindle, evil ○ **hiylə, kələk, fənd, fırıldaq** ● **düzlük**; ~ **vurmaq** *fe.* 발에 걸려 넘어지게 하다 trip *smb.* up; ~ **gəlmək** *fe.* 속이다, 사기치다 deceive, swindle

badalaqlaşmaq 발을 걸다, 서로 발길질하며 싸우다 make back-heel, place leg on *smb.* ○ **çəkişmək**

badam *i.* 편도(扁桃), 아몬드 almond; ~ **ağacı** *i.* 아몬드 나무 almond tree

badamcıq *i. ana.* 편도선(扁桃腺) tonsil; **~ların iltihabı** *i.* 편도선염(扁桃腺炎) tonsillitis

badamgöz(lü) *si.* 아몬드 모양의 눈을 가진 with almond shaped eyes

badamı *si.* 아몬드 모양의 almond-shaped; ~ **vəzi** *i. ana.* 편도선 tonsil; ~ **gözlər** *i.* 아몬드 형의 눈 almond shaped eyes

badamlı *si.* 아몬드가 들어 있는 with almond

badamlıq *i.* 아몬드 나무 숲 an orchard with almond trees

badamvarı ☞ **badamı**

badə *i.* 포도주 잔, 컵 wine glass, cup, goblet ○ **piyalə**; **bir ~ şərab** *i.* 포도주 한 잔 a glass of wine; ~ **qaldırmaq** *fe.* 잔을 높이 들다, 건배하다, 축배하다 raise one's glass

badımcan *i.* 가지 egg-plant, aubergine; ~ **dol-**

masi *i.* 가지 돌마 stuffed aubergine

badımcanı *si.* 암자색(暗紫色), 가지색 dark-violet

banditizm *i.* 강도질, 도적질, 산적질 banditism, gangsterism, thuggism ○ **quldurluq**, **soyğunluq**,

badkeş *i.* ① (의약품의) 항아리, 단지, 병 jar, pot (medicine) ○ **həcəmət**; ② 차 주전자를 올려 놓는 고리 ring (to put the teapot on) ○ **dəmkeş**, **külbə**

badminton *i. idm.* 배드민턴 (경기) badminton

badmintonçu *i. idm.* 배드민턴 선수 badminton player

badya *i. arx.* 용기, 양동이 pail, milk-pail

bafta *i.* 리본, 레이스, 장식용 가는 끈 gold lace, galloon, ribbon

bağ[1] *i.* ① 정원, 과원 garden, orchard; ② 별장, 별채 cottage, summer house; 식물원 **botanika ~ı** *i.* botanical garden; *si.* 정원의, 농경의 cultivated, garden; ~ **moruğu** *i.* 재배한 나무 딸기 cultivated raspberry

bağ[2] *i.* 끈, 묶는 것, 노끈, 줄, 띠, 대님, 고무 밴드 tie, band, bond, chord, bandage, string, garter, lace ○ **ip**, **qaytan**, **sap**

bağa *i.* 거북이 tortoise ○ **tısbağa**

bağayarpağı *i. bot.* 질경이 plantain

bağ-bağat *i.* 식물과 꽃이 가득한 정원 garden with full of flower and plant ○ **ağaclıq**, **yaşıllıq**, **bağlıq**

bağ-bağatlı *si.* 화려한, 화사한, 꽃이 만발한 with good view ○ **səfalı**, **mənzərəli**

bağban *i.* 정원사, 정원지기 gardener

bağbançılıq ☞ **bağbanlıq**

bağbanlıq *i.* 원예 gardener's work/job

bağça *i.* 정원, 뜰 garden, front garden; **uşaq ~sı** *i.* 유치원 kindergarten

bağçaban *i.* 정원사, 원예사 gardener

bağçalıq *i.* 화원(花園), 화훼원 flower garden ○ **güllük**, **çiçəklik**

bağçiyələyi *i.* 딸기 garden strawberries

Bağdad *i.* 바그다드 Baghdad

bağ(ı)r *i.* 간, 내장, 가슴, 심장 liver, internal organs of body, bosom, heart; **~ı yarılmaq** *fe.* 놀라다 get frightened; **~ına basmaq** *fe.* 껴안다, 안다, 받아들이다 embrace

bağırğan *si.* 야단스런, 징징대는 fussy, easy-weeping ○ **ağlağan**

bağırış *i.* 고함, 비명, 외침 scream, cry, yelling, shout ○ **nə'rə**

bağırışmaq *fe.* 서로 고함치다, 서로 언쟁하다 shout together

bağırma ☞ **bağırmaq**

bağırmaq *fe.* ① 외치다, 소리치다, 고함치다 shout, yell ○ **qışqırmaq**, **çığırmaq**, **böyürmək** ● **susmaq**; ② 울부짖다, 부르짖다, 고함치다 cry out, snarl, growl, roar ○ **ağlamaq**, **haraylamaq**; **bar-bar ~** *fe.* 고래고래 소리치다, 크게 부르짖다 keep on shouting, shout loudly

bağırsaq *i. ana.* 장(腸), 창자, 내장, bowels, intestine; **qalın ~** *i.* 대장(大腸) large intestine; **kor ~** *i. ana.* 맹장(盲腸) appendix, blind gut, caecum; **düz ~** *ana.* 직장(直腸) rectum; **onikibarmaq ~** *ana.* 십이지장 duodenum; **~lar** *i.* 내장, 창자 guts, intestines

bağırsaqqurdu *i. zoo.* 회충류(回蟲類) 회충 (roundworm), 요충 (pinworm) 연충 등 ascarid, (intestinal) worm, helminth

bağırsaqsız *si.* 무기력한 gutless, intestineless

bağırtı *i.* 고함소리, 비명, 신음소리, 포효(咆哮) shouting, yelling, growl, roar ○ **çığırtı**, **nə'rə**

bağırtmaq *fe.* 소리지르게 하다, 고함치게 하다, 비명지르게 하다 make *smb.* to shout, cry, scream, yell

bağışlama *i.* ① 선물 주기 giving a present; ② 용서, 관용, 관대, 사면 pardon, forgiveness, excuse

bağışlamaq *fe.* ① 기부하다, 수여하다, 하사하다, 무상 원조하다, 선사하다 grant, present; ② 용서하다, 사면하다, 자비를 베풀다, 용납하다 forgive, pardon, excuse, have mercy on ● **bağışlamamaq**; ③ (빚) 면제하다 remit (debt); ***Bağışlayın.*** *죄송합니다. 실례합니다, 잠깐만요! I beg your pardon. I'm sorry. Excuse me. Pardon me.*

bağışlanmaq *fe.* 용서받다, 사면 받다 be forgiven

bağışlanmaz *si.* 용서할 수 없는, 용납할 수 없는, 변명할 수 없는 unpardonable, inexcusable, unforgivable

bağışlatmaq *fe.* 용서하게 하다, 사면을 부탁하다, 풀어주게 하다 ask *smb.* to forgive

bağlama[1] *i.* 꾸러미, 소포, 묶음 packet, parcel, roll, bundle

B

bağlama² *i.* 연가에 사용되어지는 일종의 수수께끼 a kind of riddle used in a poem by an ashuq

bağlamaq *fe.* ① 꾸러미를 꾸리다, 소포를 싸다, 짐을 묶다 wrap, pack (package) ○ **sarımaq, düyünləmək** ● **açmaq; düyün ~** *fe.* 매듭을 짓다 knot, make a knot; **yaranı ~** *fe.* 상처를 싸매다 bandage a wound; ② (벽, 판 등에) 붙이다, 매달다 fasten, post ○ **taxmaq, asmaq, quraşdırmaq;** ③ (문을) 닫다, 잠그다 lock, shut, close (door) ○ **qapamaq, örtmək, qıfıllamaq, kilidləmək; sərhədi ~** *fe.* 국경을 폐쇄하다 close the frontier; ④ (가스, 물 등) 잠그다, 끄다 turn off (gas, water *etc.*) ○ **kəsmək, bəndləmək;** ⑤ 제조하다, 만들다, 짓다 build, manufacture ○ **düzəltmək, qayırmaq, quraşdırmaq, tikmək;** ⑥ (관계를) 형성하다 tie, build up (relationship) ○ **yaxınlaşdırmaq, birləşdirmək; dəstə ~** *fe.* 묶다, 같이 행동하다 tie in a bundle, act together; **birinə könül ~** *fe.* 마음을 주다, 마음을 빼앗기다 set one's heart on *smb.*; ⑦ (모임을) 마치다, 끝내다 conclude (meeting); **iclası ~** *fe.* 모임을 종결하다, 마치다, 종회하다 close the meeting; **müqavilə ~** *fe.* 계약을 맺다 conclude a treaty; ***Qapını bağla!*** *문 닫아 주세요! Shut the door!*; ***Təhlükəsizlik kəmərini bağlayın!*** *안전 벨트를 매 주세요! Fasten your safety belt!*

bağlanmaq *fe.* ① 포장되다, 싸매지다, 엮어지다 be tied, be wrapped ○ **sarılmaq, bükülmək, düyünlənmək;** ② (문, 사업, 활동, 신문 등) 닫히다, 잠기다, 억압되다 be closed, be locked, be sealed, be suppressed (door, activity, business, newspaper) ○ **qapanmaq, qıfıllanmaq, kilidlənmək;** ③ (가스, 물 등) 잠기다, 꺼지다, 차단되다 be turned off (gas, water *etc.*); ④ *fig.* 연결되다, 매혹되다, (사랑에) 빠지다, 결혼하다 be linked, be connected ○ **vurulmaq, məftunlaşmaq**

bağlaşma *i.* ① 계약, 동의, 조약 agreement, contract ○ **müqavilə, şərtnamə, saziş;** ② 결론, 매듭 concluding

bağlaşmaq *fe.* ① 협의하여 조건에 삽입하다 put on conditions ○ **şərtləsmək;** ② 합의에 이르다 conclude an agreement; ③ 토론하다, 논쟁하다 discuss, argue ○ **mərcləşmək;**

bağlatmaq *fe.* 닫게 하다, 묶게 하다 force, ask, cause *smb.* to close, tie

bağlayıcı *i. qram.* 접속사(接續詞) conjunction; **tabelilik ~ları** *qram.* 종속접속사(從屬接續詞) subordinating conjunctions; **tabesizlik ~ları** *qram.* 등위접속사(等位接續詞) coordinating conjunctions

bağlayıcısız *si. qram.* 접속사가 생략된 asyndetic; **~ əlaqə** *qram.* 접속사가 생략된 접속 asyndetic connection

bağlı *si.* ① 포장된, 묶인 closed, bound ○ **sarğılı, düyünlü** ● **açıq;** ② 잠긴, 닫힌 locked ○ **qıfıllı, kilidli, qapalı;** ③ 묶인, 끈이 있는, 엮인 tied ○ **ipli, qaytanlı, saplı;** ④ 연관된, 연결된, 관계된 connected, linked (with) ○ **asılı, əlaqəli;** ⑤ (사랑에) 매혹된, 빠진, 혹한 charmed, fascinated ○ **məftun; ~ iclas** *i.* 비밀 모임, 밀회 secret session; **~ tamaşa** *i.* 개인 공연, 개인 연주 private performance

bağlıq *i.* 공원 a place full of gardens, orchards

bağlılıq *i.* 애정, 애착 affection, attachment, devotion, relation

bağrıqara *si.* 슬픈, 애달픈 sorrow-stricken, sad

bah *nid.* 정말? 그래? oh! Is that right? Really?

baha *si.* 존귀한, 소중한 dear, expensive, high-priced, ○ **qiymətli, dəyərli; ~ daş-qaş** *i.* 보석, 패물(貝物) costly jewels; **~ oturmaq** *fe.* 매우 비싸다, 비용이 많이 들다, 지출이 높다 be very expensive; **~sına tamam olmaq** *fe.* 지출하다 cost; **nəyin ~ olursa olsun.** *z.* 어떤 값을 치르고서라도 at any cost, at all costs.

bahaçı *i.* 비싸게 파는 사람 fleecer ○ **bahaçıl**

bahadır *i.* 영웅, 용감한 사람, 용사, hero, athlete ○ **qoçaq, igid, qəhrəman** ● **qorxaq**

bahadırlıq *i.* 영웅적 자질, 무용, 장렬(壯烈) heroism, bravery ○ **qoçaqlıq, igidlik, qəhrəmanlıq**

bahalandırmaq *fe.* 인상하다 raise the price

bahalanmaq *fe.* ① 가격이 올라가다 rise in price, give an estimate ○ **qiymətlənmək, dəyərlənmək;** ② 더하다, 올리다, 높게 하다 add, raise ○ **artmaq, yüksəlmək**

bahalaşdırmaq ☞ **bahalatmaq** *fe.* 가격을 올리다 raise the price

bahalaşmaq ☞ bahalanmaq

bahalı *si.* 비싼, 비용이 많이 드는, 가격이 높은 expensive, costly, dear, valuable ○ **qiymətli, dəyərli**

bahalıq *i.* 비싼 가격 dearness, costliness

bahar *i.* 봄, 춘계(春季) spring ○ **yaz** ● **qış, zimistan**

bahatəhər *si.* 값이 비싼 somewhat expensive

bahəm *z.* 같이, 함께 together; ~ **işləmək** *fe.* 함께 일하다 work together

baho *ni.* 오, 저런! oh!

bax *ni.* 주의!, 주목! look!, listen!, Take care!

baxa-baxa *z.* ① 주의를 기울이면서 looking, watching; ② ~의 안전에, 눈앞에 before one's eyes

baxır *ms.* ~에 달려 있다 it depends; ***Baxır harada.*** *어디에 따라 다르다. It depends on where.*

baxdıqca *z.* 주목하여 보건대, 볼수록 more closely watching; ***Baxdıqca yazığım gəlir.*** *볼수록 더 불쌍하다. The more I look, the more I pity.*

baxdırmaq *fe.* ① 보게 하다, 살펴보게 하다, show, have *smb.* watch, look; ② 고려하게 하다, 검사하게 하다 consider, examine; ③ ask *smb.* 점치도록 하다 to tell fortunes

baxıcı *i.* 점쟁이, 무당 fortune-teller ○ **falçı**

baxıcılıq *i.* 점, 점보기 fortune-telling ○ **falçılıq**

baxılmaq *fe.* ① 조사되다, 검사되다 be examined, be looked into; ② 돌봄을 받다, 보살핌을 받다 be looked after; ③ 응시되다, 관찰되다 be looked at

baxılmalı *si.* 볼만한, 감상할 만한 worth watching; ~ **film** *i.* 볼만한 영화 film worth watching

baxım *i.* ① 감독, 돌봄, 간호, 보호 care, control, supervision; ② 관점, 주의, 국면, 측면 aspect, attention, upkeep, point of view; **bu ~dan** *z.* 이 관점에서 from this point of view

baxımlı *si.* ① 볼품 있는, 말쑥한, 잘생긴 beautiful, well groomed ○ **yaraşıqlı, gözəl, mənzərəli**; ② 그림 같은, 선명한, 사실적인, 생생한 picturesque, pictorial

baxımsız *si.* 유기된, 돌보지 않는 neglected abandoned, ○ **nəzarətsiz, başsız, sahibsiz**; ~ **torpaq** *i.* 불모지, 황무지, 유휴지 wasteland; ~ **ərazi** *i.* 황무지, 광야 wilderness

baxımsızlıq *i.* 유기, 무시, 버림받음 abandonment, neglect ○ **nəzarətsizlik, başsızlıq, sahibsizlik**

baxış[1] *i.* ① 응시, 주시, 바라봄 glance, gaze, stare ○ **nəzər, baxma**; ② 관점, 견해, 의견 view, opinion, way of thinking ○ **görüş, fikir, mülahizə**; ③ 회고, 반성 review ○ **göz, nəzər**; **ilk ~dan** *z.* 첫 눈에, 처음 볼 때 at first sight; **ani ~** *i.* 훑어봄, 흘끗 보기 glance

baxış[2] *i.* 조사, 검사, 사찰, 검열 survey, examination, review; **ilkin ~** *i.* 사전 검토, 예비 조사 preview; **gizli ~** *i.* 밀사(密査), 내사 private view; **ümumi ~** *i.* 여론 조사, 여론 public review

baxışmaq *fe.* 서로 응시하다, 서로 훑어보다 exchange glances, look at one another

baxma *i.* ① 간호, 보호, 섬김, 모심 nursing, tending; ② 바라봄, 응시, 주의 looking, glancing

baxmaq *fe.* ① 보다, 바라보다, 쳐다보다, 관찰하다, 관람하다 look (at), see, watch, glance, behold, view, attend ○ **görmək**; ② 찾다, 조사하다, 검사하다, 추구하다 search, examine (patient), seek ○ **axtarmaq, araşdırmaq**; ③ 점검하다, 주의를 기울이다 check ○ **yoxlamaq**; ④ 숙고하다, 고찰하다, 깊이 생각하다, 보살피다, 고려하다 consider, regard, take care, care for (of, about) ○ **fikirləşmək, yoxlamaq**; **ətrafa ~** *fe.* about 주위를 돌아 보다 look; **fala ~** *fe.* fortunes 점을 치다, 운수를 보다 tell; **evə ~** *fe.* 가족을 돌보다 look after one's family; ***Mənə bax!*** *여기를 보세요. 주목! Look here. Attention!*; ***Sən nə edirsən et, mənə baxma.*** *나에 대해 괘념치 말고 마음에 있는 대로 하세요. Never mind what I do, do whatever you like.*; ***Sən bu işə necə baxırsan?*** *이 일에 대해 어떻게 생각하세요? What do you think about this?*

baxmayaraq (ki) I. *qo.* ~에도 불구하고 regardless, on the contrary, in spite of, despite; II. *bağ.* ~에도 불구하고, 그럼에도 불구하고 although, though, notwithstanding; ***Xəstə olmağına bamayaraq o işə gəldi.*** *그는 아파도 출근했다. He came to work despite his illness.*; ***Bamayaraq ki, o çoxdan orada yaşayırdı, çox adam onu tanımırdı.*** *그가 오래 거기 살았음에도 불구하고 많은 사람이 그를 몰라보았다. He was unknown to most people, notwithstanding he had lived there a long time.*

bais *i.* ① 용의자, 미결수, 교사자 instigator, culprit; ② 동기, 이유, 원인, 불씨 reason, cause,

B

motive ○ **səbəb**; ~ **olmaq** *fe.* ~의 원인이 되다, 불씨가 되다 be the reason/the cause

baislik *i.* 인과 관계, 인과성 causality ○ **səbəbkarlıq**

bak *i.* ① 탱크, 물통, 저수조(貯水槽) tank, cistern, container; ② 세탁물 끓이는 살균통 boiler (for clothes washing)

bakal *i.* 고블릿 (굽이 높은 술잔) wine-glass, goblet ○ **qədəh, piyalə**; ~ **qaldırmaq** *fe.* 축배하다 raise one's glass; **bir** ~ **çaxır** *i.* 포도주 한잔 a glass of wine

bakalavr *i.* 학사(學士) bachelor (academy)

bakdəş *i.* (사모바르 위에) 주전자를 놓기 위한) 고리 ring (to put *smt.* on) ○ **dəmkeş, külbə**

baken *i.* 부이, 부표(浮標) buoy

bakenbard *i.* 구레나룻, 수염 whiskers, side-whiskers

bakenbardlı *si.* 수염이 덥수룩한, 구레나룻의 whiskered

bakirə *si.* 처녀의, 동정의, 순결한, 정숙한 virgin, innocent ○ **saf, təmiz**; ~ **qız** *i.* 숫처녀 virgin girl

bakirəlik *i.* 처녀성, 동정, 정절, 순결 virginity, chastity ○ **qızlıq, saflıq, təmizlik**; ~ **pərdəsi** *i. ana.* 처녀막(處女膜) hymen

bakterial *si.* 세균의 bacterial; ~ **gübrə** *i.* 세균성 비료 bacterial fertilizers

bakteriologiya *i.* 세균학(細菌學) bacteriology

bakterioloji *si.* 세균학(상)의 bacteriological; ~ **müharibə** *i.* 세균전쟁, 생물학전 bacteriological warfare

bakterioloq *i.* 세균학자 bacteriologist

bakteriya *i.* 박테리아 bacterium

baqaj *i.* 짐, 수화물, 가방 baggage, luggage; ~ **qəbzi** *i.* 수화물 탁송표 check-in receipt; **əl** ~**ı** *i.* 탁송하지 않고 가져가는 짐 hand luggage; ~ **vermək** *fe.* 짐을 맡기다, 짐을 보내다, 탁송하다 check the baggage, register the luggage

baqajlıq *i.* 짐을 놓을 장소, 차의 트렁크, 수화물 보관소 luggage rack, boot, trunk (of car)

baqi I. *si.* 항상, 상존하는, 영원한 eternal, ever ○ **daimi, əbədi** ● **fani**; II. *z.* 나머지, 잔여물 remaining, leftovers ○ **qalan, artıq**

baqqal *i.* 식료 잡화 상인, 식료품 장수 grocer; ~ **dükanı** *i.* 식료품 가게 grocer's (shop)

baqqallıq *i.* 식료품 장사, 식료품 거래 grocer's work/job

baqqaliyyə *i.* 식료품 상점 grocer's shop

bal[1] *i.* 꿀, 벌꿀, 화밀(花蜜) honey; ~ **ayı** *i.* 밀월(蜜月) honey moon; ~ **arısı** *i.* 꿀벌 bee; ~ **pətəyi** *i.* 벌집 bee-hive

bal[2] *i.* 대무도회, 대연회 ball, dance party; ~ **maskarad** *i.* 가장 무도회, 가장 masquerade, fancy-dress ball

bal[3] *i.* 죄책, 실수, 오류 guilt, sin, fault ○ **günah**

bal[4] *i.* ① (학업) 점수, 학점 mark (school); ② (지진, 태풍 등) 강도(强度)를 나타내는 단위 force, magnitude (the degree of power of an earthquake, wind *etc.*)

bala *i.* ① 아이, 아기 child, kids ○ **övlad, uşaq, oğul**; ② 아기, 영아 baby, cub, infant ○ **kiçik, balaca, xırda, körpə** ● **böyük**; ③ 어린이, 새끼 young, little, small; **ayı** ~**sı** *i.* 아기 곰, 곰 새끼 bear-cub; **canavar** ~**sı** *i.* 늑대 새기 wolf-cub; **pələng** ~**sı** *i.* 호랑이 새끼 tiger cub; **fil** ~**sı** *i.* 코끼리 새끼 elephant-calf; **balina** ~**sı** *i.* 고래 새끼 whale-calf; **quş** ~**sı** *i.* 갓 날아 나온[둥지를 떠난] 어린 새 nesting, fledglings; ~ **çıxarmaq** *fe.* (병아리를) 알에서 까다; (알을) 부화하다 hatch; ~ **salmaq** *fe.* (동물이) (새끼를) 조산[유산]하다, (아기를) 유산하다 slip, abort, miscarry

bala-bala *z.* 그럭저럭, 조금씩, 서서히 little by little, slowly, so so; ~ **vurmaq/içmək** *fe. col.* 조금씩 마시다 drink little by little

balaban *i. mus.* 전통 관악기 중의 하나 **balaban** (national musical wind instrument)

balabançalan *i.* 발라반 연주자 a balaban player

balabançı ☞ **balabançalan**

balaq[1] *i.* (천, 옷의) 단; (일반적으로) 가장자리 hem

balaq[2] *i.* 들소 송아지 baby buffalo

balaq[3] *i.* 갈대 비슷한 식물 a kind of plant like reed

balalamaq *fe.* (짐승이) 새끼를 낳다 bear kitten, foal, calve, fawn, farrow, give birth (to)

balaca *si.* ① 작은, 어린 little, small ○ **kiçik, xırda** ● **böyük**; ② 약간의 slight; ③ 사소한, 하찮은 trivial, insignificant ○ **cüzi, yüngülvari**; *i.* 아이, 아기, 어린이 babay, child, little one; ~ **dükan** *i.* 외양간 stall; ~ **kürək** *i.* 갈퀴, 써레, 고무래 rake

balaca-balaca I. *z.* 조금씩 서서히, 약간씩 a little at a time, little by little; II. *si.* 작은, 조그마한 tiny, small

balacaboy(lu) *si.* (키가) 작은 undersized, shortish, not tall

balacalandırmaq *fe.* 작게 하다, (규모를) 줄이다, 감소시키다, diminish, decrease, make shorter/smaller

balacalanmaq *fe.* 작아지다, 줄어들다, 짧아지다 become smaller/shorter, be shortened, be diminished

balacalaşmaq *fe.* 감소하다, 작아지다, 사소해지다 lessen, become small, turn trivial ○ **kiçilmək, xırdalmaq** ● **böyümək**

balacalıq *i.* ① 시시한 것, 사소한 일 trifle, triviality ○ **kiçiklik, xırdalıq, azlıq**; ② 소싯적, 유아기, 미성년기 childhood, infanthood ○ **uşaqlıq, körpəlik** ● **böyüklük**

balacıq *i. dim.* 아가, 아이; 아가! baby, child; (calling form) dear, my little one

balacığac ☞ **balacıq**

balalama *i.* ① 탄생, 출생 birth ○ **doğma**; ② 더하기, 가산 adding, putting on ○ **artma, çoxalma**

balalamaq *fe.* ① 새끼를 낳다, 부화하다 give birth; breed; lamb (sheep); farrow (pig); kitten (cat); hatch (bird) ○ **doğmaq**; ② add, put on 가산하다, 더하다 ○ **artmaq, çoxalmaq**

balalayka *i. mus.* 전통 현악기의 하나 **balalaika** (musical string instrument)

balalaykaçalan *i.* 발라라이카 연주자 balalaika player

balalı *si.* 아이를 가진, 아이가 있는, 임신중인 having baby

balalıq *i. ana.* (사람, 포유 동물 등의) 자궁 womb, uterus

balans *i.* 균형(均衡), 평형, 조화, 안정 balance; ~ **vurmaq** *fe.* 균형을 이루다 balance, strike a balance; ~ **cədvəli** *i. mh.* 대차대조표(貸借對照表) balance-sheet; ~ **hesabı** *i. mh.* 잔액계정(殘額計定) balance account

balansir *i.* ① *tex.* (용도에 따라 가공된 긴) 각재, 석재, 금속재; 보, 도리 beam; ② (watch) (시계의) 평형 바퀴, 플라이휠 balance-wheel

balçı *i.* 양봉업자 bee-keeper, apiarist

baldır *i.* ① 정강이, 정강이뼈 shin (man); ② 정강이, 다리 shank (animal)

baldıraçıq *i. fig.* 누더기를 걸친 사람; 부랑아 ragamuffin, vagabond, ragged fellow; *si.* 반바지 차림의 bare shinned

baldız *i.* 처제(妻弟), 처형(妻兄) sister-in-law

balerina *i.* 발레리나 ballet-dancer, ballerina

balet *i.* 발레 ballet

baletbaz *i.* 발레 애호가, 발레에 빠진 사람 ballet lover, ballet-goer

balıq *i.* 물고기, 어류, 생선, 어육(魚肉) fish; ~ **tutmaq** *fe.* 물고기를 잡다 fish; ~ **ovu** *i.* 낚시 fishing; ~ **satan** *i.* 어류상(魚類商 fish-monger); ~ **pulu** *i.* (생선) 비늘 scale; ~ **vətəgəsi** *i.* 어업, 수산업; 양어장, 양식장 fishery; ***Könlü balıq istəyən özünü suya vurmalıdır.*** *물고기 잡고 싶은 사람이 먼저 물에 들어가야 한다. (목 마른 사람이 샘 판다) He who would catch fish must not mind getting wet.*

balıqçı *i.* 어부, 낚시꾼 fisherman (sportsman), angler

balıqçılıq *i.* 어업, 수산업 fishing, fishery; ~ **müqaviləsi** *i.* 어업협정(漁業協定) fishing agreement; ~ **təsərrüfatı** *i.* 양식업(養殖業) fish farm

balıqqulağı *i.* 조개 껍질, 고동 껍질 shell, cockle-shell

balıqqurudan *i.* 생선 가공자 fish-curing

balıqduzlayan *i.* 생선 소금처리자 fish salter

balıqsatan *i.* 생선 장수 fish-monger

balıqşünas *i.* 어류학자(魚類學者) ichthyologist

balıqşünaslıq *i.* 어류학(魚類學) ichthyology

balıqtəmizləyən *i.* 생선 처리자 fish-scouring

balıqtutan *i.* 어부, 낚시꾼 fisherman, fisher

balıqudan *i. zoo.* 백로과의 총칭 (왜가리, 해오라기 등) heron

balınc ☞ **balış**

balıncüzü ☞ **balışüzü**

balış *i.* 베개, 쿠션 pad, cushion, pillow ○ **yastıq, başaltı; başının altına ~ qoymaq** *fe.* 사기를 치다 swindle *smb.*, relax one's vigilance

balışlıq *i.* 베개용 재료 material for a cushion/pillow

balışüzü *i.* 베갯잇 pillow-case

balina *i. zoo.* 고래 whale

Balkar *i.* 발카르 족(族) Balkar, **~ca** *i.* 발카르어 Balkar language

balkon *i.* 발코니 balcony

balqabaq *i.* ① 호박 pumpkin ○ **boranı, qab-**

B

aq; ② *fig.* 멍청이, 바보, 아둔아(啞鈍兒) blockhead, slow-witted man ○ **key, maymaq, küt, aciz** ● **bacarıqlı**

ballı *si.* 벌꿀이 생기는, 벌꿀을 만드는, 벌꿀이 들어 있는 melliferous, nectariferous, honeyed

ballıca *i. bot.* 아둔하다 lungwort

bal-maskarad *i.* 가장 무도회, 가장 masquerade; fancy-dress ball

balon *i.* 탱크, 압축 탱크 balloon, tank; **qaz ~u** *i.* 가스통 gas cylinder; **oksigen ~u** *i.* 산소통 oxygen cylinder

balzam *i.* 발삼, 향유, 방향성 연고 balsam, balm

balta *i.* ① 도끼, 전부(戰斧) axe; ② 끌, 정 chisel (for digging); **~cıq** *i.* 손도끼 hatchet (small); **~ sapı** *i.* 도끼 자루 axe handle; ***Yıxılana balta vurmazlar.*** *쓰러지는 나무에 도끼질 하지 않는다. Never hit a man when he is down.*

baltaçı *i.* 벌목(伐木)꾼, 벌목 노동자 wood-cutter; axe-maker

baltaqayıran *i.* 도끼 대장장이, 도끼 만드는 사람 axesmith

baltalanmaq *fe.* 도끼로 찍히다 be cut/chopped/hewed/felled with an axe

baltalamaq *fe.* ① 도끼로 찍어 넘기다, 도끼로 조각 내다, 도끼로 마구 자르다 fell, hew, hack, chop, cut away, cut down (with an axe) ○ **kəsmək, doğramaq, yarmaq**; ② 파괴하다, 무너뜨리다 destroy, demolish, cut down ○ **yıxmaq, devirmək, dağıtmaq**

baltalatmaq *fe.* 도끼질 하게 하다 ask *smb.* to hew/hack/chop

baltalı *si.* 도끼를 든 with an axe

Baltik Dənizi 발틱해(海) The Baltic Sea

balverən *si. bot.* 꿀을 만들어 내는, 벌꿀이 생기는 melliferous, nectariferous; **~ otlar** *i.* 벌꿀을 내는 초본(草本) melliferous herbs; **~ bitkilər** *i.* 꿀을 내는 식물(植物) nectariferous plants

bambalaca *si.* 매우 작은, 아주 어린 very small ● **uzundraz**

bambaşqa *si.* 전혀 다른 utterly different; ***Bu, bambaşqa məsləl656dir.*** *이는 전혀 다른 문제이다. It's quite another matter.*

bambuk *i. bot.* 대나무 bamboo

bambılı I. *si.* 경솔한, 사려 없는, 천박한 thoughtless, light-headed, frivolous, shallow, light-minded, flippant ○ **ləyaqətsiz, vecsiz, qeyri-ciddi, yüngül** ● **ağır**; II. *i.* 부랑자, 누더기를 걸친 사람 ragamuffin, ragged fellow

bambılılıq *i.* 경솔함, 천박함, 사려 깊지 못함 lack of seriousness, frivolity, unfoundedness ○ **ləyaqətsizlik, vecsizlik, yüngüllük, avaralıq**

baməzə I. *i.* 익살꾼, 장난꾼, 재치가 많은 사람 joker, wag, jester, funny fellow; II. *si.* ① 재미있는, 기쁘게 하는 funny, amusing ○ **məzəli, ləzzətli, dadlı, xoşgələn**; ② 해학적인, 익살스러운, 우스꽝스러운, 유머가 풍부한 humorous ○ **zarafatcıl, məzəli** ● **qaradinməz**

ban[1] *i.* 몸체, 본체 body

ban[2] *i.* 꼬끼오(수탉의 울음소리) cock's crow, cock-a-doodle-doo ○ **düdük, tütək**

banan *i.* 바나나 banana

banda *i.* 떼, 무리 band, gang

bandaj *i.* 띠, 끈, 혁대 belt, strap ○ **kəmər, bağ**

bandit *i.* 무법자, 도적, 강도 bandit, brigand ○ **quldur, qarətkar**

banditcəsinə *z.* 강도처럼, 억지로 as/like a bandit

banditlik ☞ **banditizm**

banditizm *i.* 약탈, 강도질 gangsterism, thuggery

banderol *i.* 인쇄물 printed matter (post)

bandur(a) *i. mus.* 반두라 (우크라이나 민속 악기) bandura (Ukranian folk musical instrument)

bandur(a)çalan *i.* 반두라 연주자 bandura player

bandurist ☞ **banduraçalan**

bani *i.* ① 설립자, 창시자, 선도자 builder, founder, initiator ○ **yaradan**; ② 기원자, 고안자, 발명자 originator, initiator ○ **təşəbbüsçu, səbəbkar**

bank *i.* 은행 bank; **~ sahibi** *i.* 은행주 banker; **~ not** *i.* 은행권 bank note

banka *i.* ① 병, 항아리, 단지 jar, pot, tin; ② 부항컵 cupping glass

banket *i.* (석상 연설이 포함된 공식) 연회 banquet ○ **qonaqlıq, ziyafət**

bankir *i.* 은행주 banker

banknot *i.* 은행권(銀行券) bank-note

bankrot *i.* 파산, 지급불능 bankrupt ○ **müflis, iflas**; **~ e'lan etmək** *fe.* 파산선고하다 declare bankrupt

bankrotluq *i.* 파산상태 bankruptcy
banlama ☞ **banlamaq**
banlamaq *fe.* ① (수닭이) 울다 crow; ② 외치다 shout
banlaşmaq *fe.* ① (집단적으로) 닭이 울다 crow together; ② *fig.* 서로 소리지르다 shout together
bant *i.* 리본, 나비 매듭 bow; ~ **bağlamaq** *fe.* 나비 매듭을 매다 tie in a bow
bapbalaca *si. col.* 매우 작은, 아주 조그만 very little, tiny, wee
baptizm *i.* 세례, 침례 baptism
baptist *i.* 침례자, 침례교인 baptist
bar[1] *i.* 열매, 결실, 소득 fruit, harvest, yield ○ **meyvə, məhsul**; ~ **vermək** *fe.* 열매를 맺다, 결실을 거두다, 소득을 얻다 yield, bear fruit
bar[2] *i.* 곰팡이, 사상균 (絲狀菌), 백분병 (白粉病) mold, fungus, mildew ○ **kif, ərp**
bar[3] *i.* 술집 bar, saloon
baraban *i.* 북 drum
barabançalan *i.* 북 치는 사람 drummer
barabançı ☞ **barabançalan**
barabançılıq *i.* 북 치는 직업 profession of **barabançı**
barak *i.* 막사, 임시가옥 barrack, hut
barakallah *ni.* 잘 했어! 브라보! Well done! Bravo! Good lad!
barama *i.* (누에, 곤충의) 고치 cocoon
baramaaçan *i.* 고치에서 실을 뽑는 장치 cocoon-winding
baramaayıran *i.* 고치 분류기(자) cocoon-sorter
baramaçı *i.* 양잠농(養蠶農), 양잠업자 silkworm breeder
baramaçılıq *i.* 양잠(養蠶), 생사 생산 silkworm breeding, sericulture
baramaqurdu *i. zoo.* 누에, 잠충(蠶蟲) silkworm, bombyx
baramayığan *i.* 고치 수집기 cocoon-gather
barat *i.* 환(換), 우편환 money order; ~ **göndərmək** *fe.* (우편환으로) 돈을 보내다, 송금하다 remit, send through a bank
barbar *i.* 야만인, 미개인 barbarian ○ **vəhşi, kobud**
barbarcasına *z.* 야만스럽게, 미개하게 barbarously, as/like a barbarian
barbarizm *i.* 야만적 행위, 미개함, 무식함 barbarism ● **mədənilik**
barbarlıq ☞ **barbarism**
bardaq *i.* 단지, 항아리, 큰 컵 cup, jug, pot
bardan *i.* 자루, 주머니, 가방 sack, pouch, bag ○ **xaral, kisə**
bardanlıq *i.* 가방을 만들 재료 material for a sack ○ **xarallıq, kisəlik**
bardaş; ~ **qurmag** *fe.* 가부좌를 틀다 sit cross-legged
barelyef *i.* 조각품 bas-relief
barə *qo.* ~에 대하여 about, of, on ○ **xüsusda, haqqında**; ~**də** *qo.* ~에 대하여 about, concerning; ***Bu barədə danışmayın!*** *이것에 관해 언급하지 말라! Don't speak about this!*
barxana *i.* 가정 용품, 가재 도구 home utensils; *pl.* mats and blankets
barı[1] *i.* 진흙 벽 fence (made of clay) ○ **hasar, divar, sədd**; ~ **çəkmək** *fe.* 진흙 벽을 쌓다 fence with clay
barı[2] *da.* ~더라면, ~적어도 I wish, at least; ***Barı o tez gələydi.*** *그가 빨리 왔더라면. I wish he would come soon.*
barın|maq *fe.* 부자가 되다, 돈을 벌다 get rich, make a fortune; ~**ıb batmaq** *fe.* 떼 부자가 되다 make a large fortune
barış *i.* 편안함, 평화, 화평, 안정, 정착 ease, settlement ○ **sülh, uzlaşma**
barışdırıcı *i.* 화해자, 중재자, 조정자 reconciler, conciliator, peace-maker; *si.* 화해케 하는, 화목케 하는, 일치시키는, 중재하는 reconciling, pacificatory, compromising; ~ **münasibət** *i.* 화해의 태도 compromising attitude
barışdırıcılıq *i.* 화해, 화해의 정신 conciliation, spirit of conciliation
barışdırılmaq *fe.* 화해되다 be reconciled (with)
barışdırma *i.* 화해, 중재, 조정 reconciliation, conciliation
barışdırmaq *fe.* 화해시키다, 조정하다 conciliate, reconcile, submit (with)
barışıq *i.* 전투중지, 휴전, 정전, 휴전 협정 armistice, truce; ~ **eldə etmək** *fe.* 휴전하다, 정전 협정을 하다 conclude a truce, sign an armistice
barışıqlıq *i.* 화해, 휴전, 정전 reconciliation, truce, armistice
barışma ☞ **barışmaq**
barışmaq *fe.* ① 화해하다, 화목하게 되다 be rec-

B

onciled (with), make up (with), reconcile oneself (to) ○ **uzlaşmaq, razılaşmaq, bağlaşmaq** ● **küsmək**; ② 적응되다, 조정되다 bear, adjust ○ **dözmək, qatlaşmaq**; ③ 중재되다, 의견 일치에 이르다 come to an agreement, understanding; ***Bununla barışmaq olmaz.*** *이것은 참을 수 없다. 양보 불가. This cannot be tolerated.*

barışmaz *si.* 화해할 수 없는, 화목할 수 없는, 중재할 수 없는 irreconcilable, implacable, uncompromising; **~ düşmən** *i.* 화해할 수 없는 적대자, 불구대천(不俱戴天) antagonist

barışmazlıq *i.* 화해 불가, 타협불가 irreconcilability, implacability ○ **qətilik, amansızlıq**

barıt *i.* 화약(火藥) gun powder, powder; **tüstüsüz ~** *i.* 무연화약(無煙火藥) smokeless powder; **bir atımlıq ~ olmaq** *fe.* 한방 쏠 만큼의 화약 have only one supply of gunpowder

barıtxana *i.* 화약고 powder-room

barıtqabı *i.* 화약 용기 powder-flask

bariton *i. mus.* 바리톤, 바리톤 가수(악기) Baritone; *si.* 바리톤의 Baritonal

barium I. *i. kim.* 바륨; 기호 barium Ba; II. *si.* 바륨(성)의, 바륨을 함유하는 baric

bariumlu *si.* 바륨을 함유하는 Baric

bariz *si., z.* 분명하게, 확실하게, 깔끔하게 clear(ly), graphic(ally), obvious(ly), distinct(ly), clear-cut ○ **aşkar, aydın, əyani**

barizlik *i.* 명료성, 분명함, 독특함 clarity, obviousness, distinctness

barj *i.* 바지선, 너벅선, 거룻배 barge

barlanma ☞ **barlanmaq**

barlanmaq[1] *fe.* 열매를 맺다 yield/bear fruit

barlanmaq[2] *fe.* 곰팡이가 슬다 become musty/mildewy ○ **kiflənmək, bayatımaq**

barmaq *i.* 손가락, 발가락 finger; **~ izi** *i.* 지문(指紋) finger print; **~ ağrısı** *i.* 손 가시 sore finger; **~ arası baxmaq** *fe.* 주의를 기울이지 않다, 건성으로 보다 overlook, pay no attention; **ayaq ~ğı** *i.* 발가락 toe; **baş ~** *i.* 엄지 thumb; **şəhadət ~ğı** *i.* 검지, 집게 손가락 forefinger; **orta ~** *i.* 중지(中肢), 가운데 손가락 middle finger; **adsız ~** *i.* 약지(藥指), 약손가락 ring finger; **çeçələ ~** *i.* 새끼 손가락 little finger; **~ına dolamaq** *fe. col.* 속이다, 사기치다 cheat, dupe, deceive; **~ ucu** *i.* 손끝 finger tip; ***Beş barmağın beşi də bir deyil.*** *손가락도 제각기. All the fingers are not alike.*

barmaqhesabı *z.* 열손가락으로 on fingers; **~ saymaq** *fe.* 손가락 셈을 하다 count on one's fingers

barmaqlamaq *fe.* 손가락으로 만지다, 손가락 연주를 하다 touch with a finger, finger

barmaqlanmaq *fe.* 손가락으로 만져지다 be fingered

barmaqlatmaq *fe.* 손가락으로 만지게 하다 ask *smb.* to finger

barmaqlı *si.* 손가락이 있는 with a finger

barmaqlıq *i.* 쇠창살, 창구 net, grill, railing ○ **tor, hörgü**

barmaqsız *si.* 손(발)가락이 없는 fingerless, toeless

barmaqşəkilli ☞ **barmaqvarı**

barmaqvarı *si.* 손가락 모양의 finger-shaped

barometr *i.* 바로미터, 지표 barometer

barometerik *si.* 기압계의 barometeric(al)

baron *i.* 남작, 영주 baron

baronessa *i.* 남작 부인, 여자 남작 baroness

barrikada *i.* 바리케이드 barricade; **~ qurmaq** *fe.* 바리케이드를 세우다 barricade; **~ döyüşü** *i.* 바리케이드 전투 barricade fighting

barsız *si.* ① 황무한, 황폐한 barren, sterile; ② *fig.* 헛된, 과실이 없는 fruitless, vain; **~ torpaq** *i.* 황무지 barren soil; **~ zəhmət** *i.* 헛수고 fruitless labour

barsızlıq *i.* ① 헛수고, 무익 fruitlessness, futility, barrenness ○ **meyvəsizlik, məhsulsuzluq**; ② 무용, 헛된 노력 uselessness ○ **səmərəsizlik, xeyirsizlik, faydasızlıq**

barverici *si.* 과일을 풍성히 맺는, 기름진, 비옥한 fruitful, fertile, fecund; **~ ağac** *i.* 과실을 많이 맺는 나무 fruitful tree; **~ zəhmət** *i.* 가치 있는 수고, 풍성한 결과를 가져오는 수고 fruitful labour

bas I. *i. mus.* 베이스, 베이스 가수 bass, bass singer; II. *si.* 목소리가 낮은 deep-voiced

basabas *i.* 군중으로 번잡함, 붐빔, 밀치락달치락하는 혼잡, 구겨 넣음 crumple, crowd, jam, squeeze ○ **tünlük** ● **seyrrəklik**; **~ salmaq** *fe.* 사람으로 가득 채워지다, 붐비다 squash, crowd; ***Orada bir basabas var ki.*** *거기 매우 혼잡하지. It's such a crush there.*

basdalamaq *fe.* 짓밟다, 밟아 뭉개다, 엉망으로 만들다 trample down, tread, make dirty (flower)

basdalanmaq *fe.* 짓밟히다, 밟아 뭉개지다 be trodden, trampled

basdırılmaq *fe.* ① (시신) 장사되다, 묻히다 be buried (body); ② (식물) 심겨지다 be planted (plant); ③ 덮이다 be covered (with)

basdırma *i.* ① (옮겨) 심기 planting ○ **əkmə, sancma**; ② 장사(葬事), 묻힘, 매장 burial, burying ○ **örtmə, torpaqlama**; ③ 억눌림, 짓밟힘 trampling, suppression ○ **tapdalama**

basdırmaq *fe.* ① 매장하다 bury ○ **əkmək, sancmaq** ● **çıxartmaq**; ② 흙으로 덮다 cover (with soil) ○ **örtmək, torpaqlamaq**; ③ 짓밟다, 짓뭉개다 tread, step on ○ **tapdalatmaq**; ④ (차에) 치여 넘어뜨리다 run over, knock down; ⑤ (닭) 병아리를 품다 set on (chicken); ⑥ 지붕을 이다, 지붕을 덮다 roof, thatch

basdırtmaq *fe.* 묻게 하다, 덮게 하다 ask/force ask *smb.* to bury (body)/plant/run over (car)/roof/cover

basıq I. *i.* 공동(空洞); 움푹 들어간 곳, 구멍 cavity, hollow; II. *si.* 가라앉은, 침몰한 concave, sunken; ~ **güzgü** *i.* 오목거울 concave mirror

basıqlıq *i.* 오목형, 오목함; 오목면, 오목한 것 concavity ○ **yastılıq, çöküklük, batıqlıq**

basılma *i.* ① 짜기, 꽉 쥐기 squeeze, defeat; ② 압착 pressing

basılmaq *fe.* ① 패배당하다, 실패하다 be squeezed, be defeated; ② 인쇄되다 be printed; ③ *fig.* 쑤셔 넣다 be stuffed/crammed/packed; ④ 치여 넘어지다 be run over

basılmaz *si.* 난공불락의, 정복할 수 없는, 무적의 invincible, unconquerable, impregnable; ~ **qala/düşərgə** *i.* 난공불락의 요새/진지 impregnable fortress/camp; ~ **ordu** *i.* 무적 부대 invincible army

basılmazlıq *i.* 무적, 불패, 난공불락 invincibility, impregnability

basım *i.* 보공(補空)물질, (액체, 기체 누출 방지) 패킹 containing, packing; **su ~ı** *i.* (군함의) 배수량 displacement

basım-basım *z.* 꽉 채워서, 빼곡하게 chock-full, cram-full; ***Qatar basım-basım idi.*** *기차는 사람으로 빼곡했다. The train was chock-full.*

basırıq *i.* ① 단단함 tightness, closeness; ② 가득 참, 붐빔, 대군중 cram, crush ○ **basabas, tünlük**; ③ 높은 인구 밀도 populousness; *si.* 쑤셔 넣어 채운, 인구 밀도가 높은 cram-full, chock-full, crowded, populated; ~ **şəhər** *i.* 인구 집중 도시 populated city; ***Necə basırıqdır!*** *와 가득한 사람들 좀 봐! What a cram!*

basırıqlıq *i.* 밀림, 붐빔 crowd, jam ○ **basabas, tünlük**

basketbol *i.* 농구(籠球) basketball

basketbolçu *i.* 농구 선수 basketball player

basqı *i.* 압력, 반작용, 압착 pressure ○ **təzyiq**

basqın *i.* ① 돌격, 습격, 강습, 공격 raid, attack, assault, aggression ○ **hücum, həmlə**; ② 강도질, 약탈, 강탈 robbery ○ **talan, çapovulçulüq**; **~da iştirak edən** *i.* 돌격대, 강습대 raider; **~ı dəf etmək** *fe.* 습격을 물리치다 repulse an attack

basqınçı *i.* 강도떼, 약탈자, 도적떼 robber, bandit, brigand ○ **soyğunçu, qarətçi, çapovulçu**

basqınçılıq *i.* 강도질, 약탈, 강탈 robbery, brigandage ○ **soyğunçuluq, çapovulçuluq, qarətkarlıq, quldurluq, yolkəsmə**

basma[1] *i.* (물건에 묻은) 얼룩, 더러움 blotting, blot; ~ **kağızı** *i.* 압지(壓紙) blotting paper

basma[2] *i.* 머리 염색 hair dye

basma[3] ☞ **basmaq**

basmaçı[1] *i.* 머리 염색 미용사 hair-dyer

basmaçı[2] *i.* 중앙아시아에서 혁명 대원 basmatch (member of a revolutionary band in Central Asia)

basmaq *fe.* ① 누르다, 억압하다, 짓누르다 compress, press ○ **sıxmaq**; ② 밟다, 짓밟다 step, tread ○ **tapdalamaq, ayaqlamaq, basdalamaq**; ③ 밀다, 떠밀다 push ○ **itələmək, tıxımaq, dürtmək**

basmarlama ☞ **basmarlamaq**

basmarlamaq *fe.* 낚아채다, 움켜쥐다, 거머잡다 snatch, grasp, clasp ○ **qamarlamaq, tutmaq, sıxcalamaq**

basmarlanmaq *fe.* 갑자기 공격받다 be caught suddenly, be rushed at

baş I. *i.* ① 머리, 두상, 두부, 두뇌, 머리 head; ~ **ağrısı** *i.* 두통(頭痛 headache); ② 꼭대기, 맨 위, 정상, 절정 top; ③ 우두머리, 장, 추장, 족장 chief; ④ 끝, 선단, 정점 tip; II. *si.* 주요한, 매우 중요한, 으뜸인 capital, cardinal, central, general, principal, major, prime; ~ **cümlə** *qram.* 주문(主文) principal clause; ~ **alıb getmək** *fe.* 자기의 길을

B

가다 go one's way; ~ **aparmaq** *fe.* a) 쓸데 없는 소리를 하다, 말을 많이 하다 speak nonsense, talk much; b) 과도하다, 지나치다 overstep the limits; c) 경솔하다, 건방지다, 오만하다 become impudent; d) 갑자기 튀어 오르다 bolt (horse); ~ **çəkmə** *i.* 방문, 기항(寄港) call; ~ **çəkmək** *fe.* 들르다, 찾아가다 call on, drop in; ~ **əymək** *fe.* 절하다, 경의를 표하다 a) bow; 굽실거리다, 아첨하다, 비굴하게 굴다 b) cringe, humiliate oneself; ~ **əymə** *i.* 절, 경의 bow; ~ **gicəllənməsi** *si.* 어지러운, 현기증이 나는 giddy, dizzy; ~ **götürüb getmək** *fe.* 아주 떠나다 leave forever; ~ **götürüb qaçmaq** *fe.* 서둘러서 도망가다 run away hurriedly; ~ **hərəkəti** *i.* 고개를 끄덕임 nod; ~ **hərf** *i.* 대문자(大文字) capital letter; ~ **idarə** *i.* 본부(本部) head-quarter; ~ **ilə işarə etmək** *fe.* 고개로 신호하다 nod, beckon; ~ **ilə razılıq bildirmək** *fe.* 고개를 끄덕여 동의하다 nod; ~ **ilə salam vermək** *fe.* 고개를 끄덕여 인사하다 nod; ~ **katib** *i.* 총무 general secretary; ~ **kilsə** *i.* 대성당, 주교좌 성당 cathedral; ~ **qaldırma** *i.* 불복, 항의 commotion, protest; ~ **qoymaq** *fe.* 자신을 희생하다, 자신의 삶을 걸다 sacrifice oneself; lay down one's life; **bir yastığa** ~ **qoymaq** *fe.* a) 같이 살다, 부부가 되다 live together, be wife and husband; b) 성관계를 하다 have sex with; ~ **qoşmaq** *fe.* 주의를 기울이다, (어떤 일에) 관계를 같이하다 pay attention, have dealing with; ***Ona baş qoşma!*** *그에게 주의를 기울이지 마라! Don't pay attention to him!*; ~ **məqalə** *i.* (신문, 잡지의) 사설, 논설 editorial; ***Baş naziri*** *i.* (내각 책임제의) 수상(首相), (대통령 중심제의) 총리(總理) Prime Minister; ~ **örtüyü** *i.* 두건(頭巾) kerchief; ~ **rolda oynamaq** *fe.* (영화, 연극의) 주연을 맡다 star (in a movie); ~ **sındırmaq** *fe.* 당황하게 하다, 곤혹하게 하다 puzzle over; ~ **şəhər** *i.* 수도(首都) capital; ~ **üstə** *z.* 기꺼이 with pleasure; ~ **vermək** *fe.* (일, 사건, 사고) 발생하다, 일어나다, 터지다 break, happen, occur, proceed, take place; ***Nə baş verib?*** *무슨 일인가? What happened?*; ~ **vermə** *i.* 발생, 터짐 outbreak; ~ **vurmaq** *fe.* a) 물속에 뛰어들다 plunge, dive; b) 머리카락을 자르다 cut one's hair; c) 처형하다 execute; ~ **yepiskop** *i.* 대주교, 대감독 archbishop; ~ **yormaq** *fe.* 골똘히 생각하다, 깊이 생각하다 think hard, ponder on; ~ **yorucu** *i.* 골치 아프게 하는 head-splitting; **~a düşmək** *fe.* 깨닫다, 이해하다, 인지하다, 깨닫다, 파악하다 follow, realize, understand, comprehend; **~a düşməyən** *si.* 이해할 수 없는, 무의식의, 얼토당토않는 unconscious; **~a gəlmək** *fe.* 마쳐지다, 정리되다, 완성되다 be finished/completed; **~a salmaq** *fe.* 이해시키다, 설명하다, 설득하다, 해석하다 explain, elucidate, make clear, interpret; **~a çatdırmaq**; **~a çıxmaq** *fe.* a) 마치다, 종료하다, 끝나다 come to an end, finish; b)오만하다, 방자하다, 무례하다 become impudent/insolent; **nümayəndə hey'ətinin ~çısı** *i.* 대표단 단장 head of a delegation; **işi ~dan aşmaq** *fe. fig.* 할 일이 무지 많다 have too much work to do; **~dan ayağa qədər** *z.* 온 몸으로, 전신으로 from head to toe; **~dan çıxarmağa çalışmaq** *fe.* 시도하다, 노력하다 tempt; **~dan ~a** *z.* 완전히, 온전히, 모조리, 전부 throughout, totally; **~dan çıxarmaq** *fe.* a) 당황하다, 혼동하다 bewilder, confuse; b) 속이다, 사기치다 deceive, swindle; **~dan etmək** *fe.* a) 해치우다, 서둘러서 마치다 get rid of, have finished hastily; b) 서둘러서 일을 하다, 건성으로 일하다 do something hastily; **~dan olmaq** *fe.* 쓸데없는 소리를 오래 듣다 hear a long and useless talk; **~dan rədd olmaq** *fe.* 사라지다, 치우다, 멀리하다 be off, get away; ***Başımdan rədd ol!*** *꺼져버려! Be off! Get away!*; **~ı açıq** *si.* 민머리의 bare-headed; **~ı aşağı etmək** *fe.* 불명예스럽게 하다, 치욕을 주다 disgrace, put to shame, defame; **~ı aşağı olmaq** *fe.* a) 굴욕을 당하다, 창피를 당하다 be disgraced, be shamed; b) 겸손해지다, 화평해지다 be humble, be peaceful; **~ı ayılmaq/ayazımaq/açılmaq** *fe.* 자유롭게 되다, 자유롭게 행하다 get free, make oneself free; **~ı boş** *si.* 어리석은, 머리가 텅 빈, 무지한 stupid, empty headed; **~ı çıxmaq** *fe.* 이해할 수 있다, 따질 수 있다 be able to reason/understand; **~ı daşa dəymək** *fe.* 자신의 실수로 고생하다 suffer for one's mistake; **~ı hərlənmək/fırlanmaq/gicəlmək** *fe.* 어지럽게 느끼다 feel giddy; **~ı qarışmaq** *fe.* 여러가지 일로 너무 바쁘다 be too busy, be interested in *smt.*; **~ı uca olmaq** *fe.* 교만하다 be haughty; **~ın üstündə** *z.* 머리가 위쪽으로 overhead; **~ına buraxılmış** *si.* 유기된, 포기된, 무절제한 abandoned, without control; **~ına dəymək** *fe.* 후회하다, 의식을 회복하다 be sorry, regret, come to one's senses; **~ına hava gəlmək** *fe.* 제 정신이 아니다, 머리가 돌다 go mad, go off one's head; **~ını bişirmək** *fe.* 남을 속이다, 남을 속여 시키다 dupe; **~ını bulamaq/yırğalamaq** *fe.* (놀람, 당황) 머리를 흔들다 shake one's head; **~ını çıxarıb baxmaq** *fe.* 엿보다, 훔쳐보다, 망을 보다 peep; **~ını daşdan daşa vurmaq** *fe.* 비통하게 회개하다 repent bitterly; **~ını dik tutmaq** *fe.* 고개를 뻣뻣이 들다, 교만하다 have a swollen head, boast; **~ını kəsmək** *fe.* (머리털, 과일, 나무, 채소 등) 끝을 잘라내다 tip; **~ını qaldırmaq** *fe.* 저항하다, 불복하다, 항거하다 lift one's head, protest; **~ını soxmaq** *fe.* 끼어 들어가다, 주제넘게 나서다 intrude; **~ını yerə qoymaq** *fe.* a) 잠을 자다 sleep; b) 죽다 die; **~ını tövlamaq** *fe.* (아무를) 속이다, 놀리다 deceive, fool, pull one's leg; **~ını uca etmək** *fe.* 권위를 높이다, 세도를 부리다 enhance one's authority; **~ının altına yastıq qoymaq** *fe.* 주의를 무디게 하다 lull/blunt one's vigilance; **~ının üstünü almaq** *fe.* 갑자기 나타나다, 예기치 않는 방문으로 놀라게 하다 come/appear unexpectedly, take by surprise; **~la işarə** *i.* 고개를 끄덕임 nod; ***Başım gicəllənir.*** *내가 어지럽다. I'm dizzy.*; ***Başa gələni ayaq çəkər.*** *ata.s.* *고칠 수 없으면 참고 살아야지. What can not be cured must be endured.*

başabaş *z.* 동등하게, 공평하게 on equal terms; **~ dəymək** *fe.* 교환하다, 직접 바꾸다 swap, make a straight swap

başabatan *si.* 합리적인, 정당한, 납득할 만한, 이해할 만한 reasonable, sensible, judicious; **~ tələb** *i.* 마땅한 요구 reasonable demand

başabəla *si.* 침착하지 못한 fidgety, restless, unmanageable; **~ uşaq** *i.* 안달하는 아이 fidgety child

başıaçıq *si.* 머리에 쓰지 않은 bare-headed ○ **papaqsız**

başaçılmaz *si.* ① 혼잡한, 복잡한, 얽히고설킨, 엉클어진 knotty, entangled, involved, chaotic, intricate; **~ dəlil** *i.* 뒤엉킨 논쟁 entangled argument; ② 설명할 수 없는, 책임이 없는 inexplicable, unaccountable; **~ adam** *i.* 무책임한 인간 unaccountable man

başağacı *i.* 묘지의 머리맡에 있는 말뚝 wooden stake on the head of a grave

başağrıdan *si.* ① 골치 아픈, 성가신, 곤란한, 피곤하게 하는, 귀찮은 troublesome, tiresome, bothersome; ② 야단법석하는 fussy

başağrıdıcı *si.* 몸부림치는, 괴로운, 곤란한, 벅찬, 견디기 어려운 agonizing, hard, difficult, arduous

başağrısı *i.* 두통, 골칫거리 headache ○ **əziyyət, narahatlıq**; **~ vermək** *fe.* 괴롭히다, 성가시게 하다 trouble

başagəlməz *si.* ① 이해할 수 없는, 생각할 수 없는, 실현가능하지 않는 unrealisable, intangible; **~ arzular** *i.* 사상누각, 백일몽(白日夢) unrealisable wishes, castle in the air; ② 비현실적인, 상상의, 기상천외한, 황당무계한 fanciful, chimerical; **~ planlar** *i.* 황당한 계획 fanciful scheme

başaltı *i.* 베개, 쿠션, 등받이 pillow, cushion ○ **yastıq, balınc**

başaparan *si.* 고삐 풀린, 제어하기 어려운, 주체할 수 없는 unruly, unbridled; **~ uşaq** *i.* 난폭한 아이, 제멋대로 하는 아이 unruly child

başasalan *i.* 해설가 commentator

başaq *i.* 추수 후에 남은 옥수수 이삭 ears of corn remaining after the harvest

başaşağı *si. z.* 겸손한, 얌전한, 교만하지 않은 humble

baş-ayaq I. *i.* hoof (염소머리, 우족 등을 고아서 만든 음식) dish made of head and; II. *z.* ① 완전히, 철저히, 전부, 모조리 tops to tails, thoroughly, wholly, completely ○ **tamamilə, büsbütün**; ② 거꾸로, 뒤집혀서, 뒤죽박죽, 뒤섞여 topsy-turvy, upside-down; **~ etmək/görmək** *fe.* 엉망으로 만들다, 뒤죽박죽 만들다 do things topsy-turvy, put the cart before the horse; *si.* ③ 고집 센, 완고한, 양보하지 않는, 완강한 obstinate, stubborn ○ **tərs**

baş-barmaq *i.* 엄지 손가락 thumb

baş-başa *z.* 서로 함께 head to head

baş-beyin *i. col.* 머리, 두뇌, 지능 head; **~i aparmaq** *fe.* 괴롭히다, 성가시게 하다, 걱정을 끼치다 pester, bother, bore, worry, plague; ***O mənim baş-beyinimi aparır.*** *그가 나를 괴롭혀 죽을 지경이다. I'm bored to death with him.*

başbilən I. *si.* 영리한, 총명한, 기민한, 똑똑한 clever, bright, sensible, sober-minded; II. *i.* 감정사, 감식가 monitor, supervisor, expert, con-

B

noisseur ○ **ağsaqqal**; **incəsənətin ~i** *i.* 미술품 감정가 art connoisseur

başçı *i.* ① 지도자, 수장, 통치자, 의장, 회장 head, chief, principal, ruler, leader ○ **rəhbər**, **böyük**, **sədr**, **rəis**; ② 안내자, 인도자 guide

başçılıq *i.* 지도, 통솔, 지휘; 지도력, 지도자의 신분, 지도자의 임무 leadership, headship, command ○ **rəhbərlik**, **böyüklük**, **sədrlik**, **rəislik**; ~ **etmək** *fe.* 경영하다, 이끌다, 관리하다, 지도하다, 통솔하다, 지배하다 manage, preside

başdakı *si.* 처음의 first

başdan *z.* 처음에, 초기에, 처음부터 fistulae, at first, from the beginning ○ **əvvəldən**, **təzədən**, **yenidən**

başdan-ayağa *z.* 모조리, 전부, 완전히 completely, entirely

başdan-başa *z.* 전부, 모두, 통째로 completely, entirely ○ **bütünlüklə**, **tamamilə**

başdansovdu *si. z.* ① 서둘러서 hurrying ○ **tələsik**; ② 부주의하게, 억지로 careless, heedless, superficial ○ **diqqətsiz**, **könülsüz** ● **diqqətlə**

başdaşı *i.* 묘지의 머리쪽에 둔 묘석(墓石) gravestone, tombstone (cf. **sinədaşı**)

başgicəldici *si.* 어지럽게 하는, 현기증을 일으키는 giddy, dizzy; ~ **müvəffəqiyyət** *i.* 놀랄만한 성공 dizzying success

başgicəllənmə *i.* 현기증, 어지러움 dizziness, giddiness; *med.* 현기증; (말, 양 등의) 선회병(旋回病) vertigo

baş-göz *i.* 외모, 외관 appearance, physiognomy; **~ünü düzəltmək** *fe. col.* 마무새를 고치다 tidy oneself up

başı *i.* 선물, 기증품 gift, present ○ **sovqat**

başıalovlu *si.* 흥분한, 감정이 오른 emotional, agitated, capricious ○ **həyəcanlı**, **əsəbi**, **təlaşlı** ● **təmkinli**, **sakit**

başıaşağı I. *si.* ① ~하기 쉬운, ~의 경향이 있는 apt, tending, inclined ○ **meyli**, **eniş**; ② 겸손한, 삼가는, 정숙한, 수수한 modest, humble ○ **sakit**, **dinc**, **fağır** ● **dikbaş**; II. *z.* 아래쪽으로, 하향성으로 downwards, upside-down ● **başıyuxarı**

başıaşağılıq *i.* 겸손함, 삼가함, 정숙함 modesty, humility ● **dikbaşlıq**

başıayaqlılar *i. zoo.* 두족류 (오징어, 문어 등) cephalopods

başıbağlı *si.* ① 머리에 쓴, 머리를 가린 covered (head) ○ **örtülü**, **qapalı**; ② *fig.* 결혼한, 가정이 있는 married, with a family ○ **evli**, **ailəli**

başıbatmış *i.* 저주, 악담 damn; *si.* 저주받은, 악담의 cursed, damned

başıbəlalı *si.* 불행한, 운수 없는, 재수 없는 unlucky, unfortunate ○ **talesiz**, **bəxtsiz**; *i.* 불운한/딱한 사람 poor fellow, poor soul ● **bəxtəvər**

başıbəlalılıq *si.* 불행, 불운 misfortune, bad luck ○ **talesizlik**, **bəxtsizlik**

başıboş I. *si.* 머리가 빈, 어리석은, 멍청한, 경솔한 blockhead, rattlebrained, weak-minded; II. *i.* 멍청이, 바보 fool, blockhead

başıboşluq *i.* 어리석음, 멍청함, 우둔 foolishness, stupidity

başıdaşlı *si.* 불운한, 불행한, 비참한 unlucky, unfortunate, miserable, misfortunate ○ **bədbəxt**, **başıbəlalı**, **biçarə**, **yazıq**, **məzlum** ● **xoşbəxt**

başıküllü *si.* 불운한, 불쌍한, 비천한 unhappy, humble ○ **bədbəxt**, **yazıq**, **məzlum**, **fağır**

başıqapazlı *si.* 딱한, 불쌍한, 불운한, 운이 없는 miserable, unfortunate, unlucky ○ **yazıq**, **fağır**, **məzlum**, **bədbəxt**

başıqapazlılıq *i.* 불운, 비참, 비천 bad luck, miser, humility ○ **yazıqlıq**, **fağırlıq**, **məzlumluq**, **bədbəxtlik**

başıqarlı *si.* 눈 덮인 (산) covered with snow, snowy (mountain)

başıqırxıq *si.* 머리를 빡빡 민 croph-eaded

başıləçəklı *i.* 여자, 여인 woman, female

başıörtülü *si.* 머리에 무엇을 쓴 covered with a kerchief/head gear

başıpapaqlı *i. col.* 남자, 남성 man, male, lad, chap ○ **kişi**

başıpozuq *si.* 통제할 수 없는, 고삐 풀린, 무정부주의의 ungovernable, unbridled, anarchical ○ **nizamsız**

başıpozuqluq *i.* 불법, 무정부주의, 통제불능 anarchy, ungovernability, lawlessness ○ **nizamsızlıq**, **özbaşınalıq**

başısoyuq *si.* 냉담한, 무관심한 indifferent, shiftless, negligent ○ **səhlənkar**, **diqqətsiz**

başısoyuqluq *i.* 부주의, 경솔, 경망 carelessness, negligence ○ **səhlənkarlıq, diqqətsizlik, laqeydlik** ● **diqqətlilik**

başıuca *si.* 교만한, 오만한, 거만한 proud, proud-spirited

başıucalıq *i.* ① 교만 pride; ② 정직, 영예, 자긍 honesty, honour, uprightness

başıbütöv *si.* 전체의, 전부의 untouched, whole

başıbütövlük *i.* 완전함, 모든 것, 통째 wholeness

başıyekə *si.* ① 교만한, 오만한 large-headed, macrocephalic ○ **dikbaş, qaba**

başıyekəlik *z.* ① 대두증(大頭症) macrocephaly; ② 어리석은 고집 stupid wilfulness

başkəsən *i.* 무법자, 악당, 살인마 cut-throat, bandit, thug; *col.* desperado ○ **cəllad, xunxar, yırtıcı, vəhşi**; ② 무자비한, 냉혈한 brutal, merciless ○ **insafsız, zalım**

başqa I. *si.* ① 다른 other, another, different ○ **qeyri, ayrı, sair, özgə**; ② 색다른, 이국적인, 외국산의 foreign, exotic ○ **yad, özgə** ● **doğma**; II. *vz.* 그 외의 것, 또 다른 것, 그 다른 것 else, another, other one; III. *qoş.* ~이 외의, ~을 제외하고 besides, except ○ **qeyri, savayı**; **-dən ~** *z.* ~외에, ~을 제외하고 apart from, save, excepting; **~ cür** *z.* 다르게, 다른 방식으로 otherwise; **~ cəhətə çevirmək** *fe.* 바꾸다, 치환하다, 교환하다 switch; **~sı, o biri** *vz.* 그 다른 것, 그것 말고 다른 것 otheir; **~ları** *vz.* 다른 이들 the others; **~nı saymayan** *si.* 배려하지 않는, 남을 헤아리지 않는 inconsiderate; **~ paltar geymək** *fe.* 변장하다, 위장하다, 모습을 바꾸다 disguise; **~ tərəfə yönəltmək** *fe.* (마음, 주의를) 분산시키다, 산만하게 하다, 흩어지게 하다 distract; **~ tərəfə çevirmək** *fe.* (강, 진로 등) 딴 데로 돌리다, (사람, 주의를) 다른 방향으로 전환시키다 divert; **~ vaxta keçirmək** *fe.* 연기하다, 뒤로 미루다 delay, postpone

başqa-başqa *z.* 따로, 다르게, 구분하여, 다양하게 different(ly), separate(ly), various(ly) ○ **fərqli, müxtəlif**

başqalaşmaq *fe.* 외양이 바뀌다, 변하다 change appearance, become strange ○ **özgələşmək, yadlaşmaq, qeyriləşmək, dəyişmək** ● **doğmalaşmaq**

başqası *vz.* 또 다른 사람, 또 다른 것 somebody else, something else

başqırd *i.* 바쉬크르(족) Bashkir

Başqırdca *z.* 바쉬크르 어로 in Bashkird, in the Bashkird language

baş-qulaq *i. col.* 외견, 모양, 풍모, 풍채; 관상술 air, appearance, physiognomy; **~ aparmaq** *fe.* a) 말을 많이 해서 남을 괴롭히다, 말로 고통을 주다 pester with talking; b) 울기 시작하다, 고함을 치다 start shouting, raise a cry; **~ğı getmək** *fe.* (지나치게 긴 담화, 쓸데 없는 소리, 멍한 음악으로) 괴롬을 당하다 experience annoyance (from a long talk, nonsense, dull music *etc.*)

başlama *i.* 입문, 시작, 개시 undertaking, introducing ○ **girişmə**

başlamaq *fe.* 시작하다, 개시하다, 출발하다 begin, break, start, originate (from) ○ **girişmək** ● **tamamlamaq, qurtarmaq**

başlanğıc *i.* 시작, 기원, 발생, 개막 beginning, opening, origin, outbreak, rise

başlanmaq *fe.* 출발하다, 시작하다 begin, start, set in

başlayan *i.* 초보자 beginner

başlı *si.* 영리한, 똑똑한 clever ○ **ağıllı, zehnli, bilikli** ● **küt**

başlı-başına *z.* ① 통제 없이, 무절제하게, 감시 없이 without care, without control ○ **nəzarətsiz, baxımsız, himayəsiz**; **~ buraxmaq** *fe.* ① 운명에 맡기다 leave to the mercy of fate; ② 고집스럽게, 독자적으로 willfully, with self-will, independently, by oneself ○ **özbaşına, sərbəst**; **~ hərəkət etmək** *fe.* 독자적으로 행동하다 act independently

başlı-başınalıq *i.* 무정부 상태 anarchy

başlıca *si.* 기본, 기초, 주요 basic, fundamental, main ○ **əsas, ümdə, mühüm**; **~ qanun** *i.* 기본 법칙 basic law; **~ olaraq** *z.* 주로, 대체로 chiefly

başlıq[1] *i.* ① (머리에) 쓰는 것, 덮는 것 cap, hood (clothes), (something for covering head); ② (책의) 제목, 서두 title, heading (book); ③ 주요 뉴스 headline ○ **sərlövhə** ● **sonluq**; **~ etmək** *fe.* 선두에 서다, 향하게 하다 head

başlıq[2] *i.* (여자가 시집 갈 때 치르는) 신부의 값 bride-money (when girl is given to her husband)

başlıqlı *si.* 제목이 붙은 with a title ○ **sərlövhəli**

başmaq *i.* 슬리퍼, 샌들 shoe, slipper; **ev ~ğı** *i.* 슬리퍼 slippers; **iki ayağını bir ~ğa dirəmək**

B

fe. 고집하다, 주장하다 persist

başmaqçı *i.* 신발 수선쟁이, 구두 수선공 shoemaker, cobbler ○ **çəkməçi**

başmaqçılıq *i.* 구두수선 job of shoe-making

başmaqseyri *i.* 산책 stroll, walk, airing, sight-seeing ○ **gəzinti**

başsağlığı *i.* 위문, 위로, 조문 condolence; ~ **vermək** *fe.* 조문하다, 위문하다 condole with

başsındıran *si.* 당황하게 하는 purling, puzzling

başsız *si.* ① 우두머리가 없는, 수장이 없는, 지도자가 없는, 주인 없는 headless, without leader ○ **böyüksüz, sahibsiz, yiyəsiz, nəzarətsiz**; ② 어리석은, 머리가 없는, 머리가 비어 있는 brainless, scooter-brained, hare-brained ○ **ağılsız, gic, axmaq**; ③ 의사소통 없는 without communication

başsızlıq *i.* ① 어리석음, 아둔함, 무지함 foolishness, stupidity ○ **ağılsızlıq, giclik, düşüncəsizlik**; ② 무정부 상태, 무법 상태 anarchy, the absence of leader ○ **sahibsizlik, yiyəsizlik, böyüksüzlük**; ③ 혼란, 동요, 무질서 confusion, disorder, commotion ○ **qarışıqlıq, nizamsızlıq, hərc-mərclik**

baştutmaz *si.* 실행 불가능한, 실시하기 어려운 impracticable, unfeasible

bataq *i.* ① 늪, 습지 bog, swamp, quagmire, marsh, slough ○ **lığ, lehmə, palçıq**; ② 움직이지 않는 물체(정물, 靜物) stand-still

bataqlaşma ☞ **bataqlaşmaq**

bataqlaşmaq *fe.* 진창이 되다 be bogged up, turn into swamp ○ **lığlaşmaq, lehməkləşmək, palçıqlaşmaq**

bataqlaşmış *si.* 습지가 된 swamped; ~ **göl** *i.* 늪지가 된 연못 swamped lake

bataqlı *si.* 습지의 boggy, marshy, swampy ○ **lığlı, lehməli, palçıqlı, zığlı**

bataqlıq *i.* ① 습지 bog, morass, swamp, marsh ○ **lığlıq, lehməlik, palçıqlıq, zığlıq**; ② *fig.* 궁지, 곤경 mire, slough; **torf ~ğı** *i.* 이탄(泥炭) 습지 peat-bog

batalyon *i.* 대대, 전투 대형의 군대 battalion

batareya *i.* ① *hərb.* 포대, 요새, 포열 battery; ② 방열기, 복사체 radiator; **quru ~** *i.* 건전지(乾電池) dry battery

batdaq *i.* ① 먼지, 진흙 dirt, mud; ② 점토, 찰흙 clay; ③ *tik.* 시멘트풀, 회반죽, 모르타르 grout, mortar, clay mortar

batı *i.* 해지는 곳 sun-setting side

batıq I. *i.* ① 구멍, 우묵한 곳, 공동(空洞) hollow, cavity; depression ○ **çökək, çuxur** ● **çıxıq**; ② 보조개, 오목한 곳 dimple; II. *si.* ① 오목한, 오목면의 sunken, concave ○ **boğuq, xırıltılı**; ② 거친 coarse ○ **bulaşıq, çirkli**

batıqlıq *i.* ① 오목한 곳 concavity ○ **çökəklik, çuxurluq**; ② 가혹함 harshness ○ **boğuqluq, xırıltılılıq**; ③ 거침, 조악함 coarseness ○ **bulaşıqlıq, çirklilik**

batırılmaq *fe.* ① 빠져들다 be caused to sink; ② 더럽게 되다 be stained, be dirtied; ③ 물에 빠뜨림을 당하다 be drowned; ③ 망가뜨려지다, 파괴되다 be destroyed, be ruined; ④ 망쳐지다, 손상되다 be spoiled

batırma ☞ **batırmaq**

batırmaq *fe.* ① (배가) 가라앉다 sink (ship); ② (펜을 잉크에) 적시다 dip (pen); ③ 먼지가 옷에 묻다, 더러워지다 dirty, soil; ④ 물에 빠뜨리다 drown; ⑤ (칼로) 찌르다 thrust (knife *etc.*) ○ **sancmaq** ⑥ 망가뜨리다, 손상시키다 ruin, spoil ○ **bulamaq, çirkləndirmək, ləkələndirmək**; ⑦ 오물로 더럽히다 shit, have a shit defecate, foul, make foul

batırtmaq *fe.* 물에 빠지게 하다 cause ask *smb.* to drown

batil *si.* 그릇된, 거짓된, 사실에 부합되지 않는 incorrect, false, inauthentic

batin *i.* 안쪽, 내부 inside, interior ○ **daxil, iç** ● **zahir**

batinən *z.* 안으로, 속으로 inwardly, internally ○ **daxilən, içdən**

batini *si.* 내부의, 안쪽의 interior ● **zahiri**

batist *i.* 얇고 흰 아마포(亞麻布), 면포 cambric (thin cotton); ~ **kofta** *i.* 케임브릭 블라우스 cambric blouse

batqın *i.* 움푹 들어간 곳, 구멍 hollow, cavity ○ **çökək, çuxur**

batqınlıq *i.* 공동이 많은 곳 place full of cavities ○ **çökəklik, çuxurluq**

batlaşma ☞ **batlaşmaq**

batlaşmaq *fe.* 나아지다, 호전되다 get well, get better ○ **yaxşılaşmaq, sağalmaq, ayılmaq**

batma *i.* ① (천체) 일몰, 해넘이 setting (heavenly

bodies), sunset; ② 종국, 말기, 만년 decline; ③ 물속에 빠짐, 뛰어듦 sinking, settling, dive, diving; ④ 물에 빠짐, 익사 drowning

batmaq *fe.* ① 가라앉다, 잠기다, 빠지다 drown, be lost, sink, go down ○ **itmək, yoxolmaq;** ***Siz harada batmısınız?*** *도대체 어디 있었던 거야? Where (on earth) have you been?*; ② (칼, 송곳, 창 등) 찌르다, 꿰찌르다 stabb, thrust (with sharp tool); ③ (태양이) 지다, 일몰하다 set (sun); ***Günəş qərbdə batır.*** *해가 서쪽으로 지다. The sun sets in the west.*; ④ 공격하다, 덤벼들다 attack (upon), assault, perish ○ **cummaq, millənmək**; ⑤ 허비하다, 결과를 보지 못하다 be wasted, come to nothing, go to waste; ⑥ (진흙, 진창에) 빠지다, 엉겨 붙다 stick, sink (in mud) ○ **çökmək, yatmaq** ● **çıxmaq**; ⑥ 거칠어지다, 더러워지다 become hoarse ○ **bulaşmaq, çirklənmək** ● **təmizləmək**; ⑦ 압도되다, 사로 잡히다 be overpowered, be overcomed ○ **tutulmaq**; ⑧ 더럽히다, 흙을 묻히다 soil oneself, make oneself dirty; ⑨ 중상하다, 비방하다, 명예를 실추하다 defame; **qan tərə ~** *fe.* 지나치게 땀을 흘리다 sweat profusely

batman *i.* 5kg에 해당하는 무게 단위 batman (measure of weight equal to 5 kg); ***Ağır otur, batman gəl.*** *ata.s.* *신중히 행하라! Behave seriously. Behave tactfully.*

batmış *si.* 움푹 들어간, 오목한, 오목하게 파인 sunken, hollow; **~ gözlər** *i.* 들어간 눈 sunken/hollow eyes

Bavaria *i.* 바바리아 Bavaria

Bavariali *i.* 바바리안 Bavarian

bayağı *si. z.* ① 천박한, 조악한 shallow, petty, coarse; ② 일상적인 banal, common; ③ 저속한, 저급한 cheap, trashy, vulgar; **~ adam** *i.* 천박한 인간 shallow man; **~ hərəkət** *i.* 저속한 행동 petty acts; **~ irad** *i.* 진부한 기록 banal remark; **~ ədəbiyyat** *i.* 저급 문학 cheap literature; **~ danışmaq** *fe.* 진부한 얘기를 하다 talk banalities, talk commonplace

bayağılaşdırılmaq *fe.* 저급하게 되다, become vulgar, become banal

bayağılaşdırmaq *fe.* 천박해지다, 저급해지다, 저속해지다 vulgarise, debase, banalise

bayağılaşma ☞ **bayağılaşmaq**

bayağılıq *i.* 진부함, 시시함 banality, commonplaceness; ***Bu nə bayağılıqdır!*** *웬 시시한 것들! How petty!*

bayaq *z.* 방금 전에, 조금 전에, 금방 just before, not long ago, recently ○ **qabaqca** ● **çoxdan**

bayaqdan *z.* 얼마 전부터 long ago, for a long time

bayaqkı *si.* 최근의 previous, recent ○ **əvvəlki**; **~ söhbət** *i.* 방금 전의 대화 recent talk

bayan *i.* 아코디언 비슷한 건반악기 (a kind of) accordion (musical instrument)

bayançalan *i.* 아코디언 연주자 accordion player

bayat *si.* 낡은, 오래된 stale, old, not fresh ○ **köhnə, quru** ● **təzə**; **~ çörək** *i.* 말라 비틀어진 빵 stale bread

bayatı *i. lit.* 바야트 (아제르바이잔 전통 시형식의 하나) bayat (an Azerbaijani national poetical form)

bayatı-kürd *i. mus.* 아제르바이잔 전통 멜로디 중의 하나 (an Azerbaijani classic melody)

bayatlıq *i.* 낡음, 오래됨 staleness

bay-bay *ni.* (슬픔의) 아이고! 저런! oh, dear (sorrow, grief

baydarka *i.* 카누 canoe

bayıldıcı *si.* 취하게 하는, 매혹적인, 흥분시키는 intoxicating, heady, fascinating ○ **məstedici, bihuşedici**

bayılma *i.* 기절, 졸도 fainting fit, swoon, syncope

bayılmaq *fe.* 기절하다, 혼절하다, 기절하여 넘어지다 faint, swoon, fall down in a faint; ○ ***qorxudan bayıldı.*** *그는 공포로 졸도하였다. She fainted from fear.*

bayıltmaq *fe.* 기절하게 하다 cause ask *smb.* to faint/fall down

bayır *i. si.* 밖(의), 외부(의), 옥외(의), 야외(의)outdoor, outside ○ **eşik, çöl, dişari**; **~ tərəf** *i.* 바깥쪽, 외부 outside; **~a çıxarmaq** *fe.* 쫓아내다, 몰아내다 let out, get out, go out

bayqu *i. arx.* 부엉이 owl

bayquş *i.* ① *zoo.* 부엉이 owl; ② *fig.* 잘 우는 사람, 징징대는 사람 weepy/crying person

bayraq *i.* 기(旗), 깃발, 국기, 휘장(揮帳) flag, banner, colours; **~ğı endirmək** *fe.* 국기를 내리다 dip the flag; **ağ ~ qadırmaq** *fe. fig.* 항복하다, 저항을 그만두다 capitulate, give in

bayraqdar *i.* 기수(旗手) standard-bearer

B

bayraqdarlıq *i.* ① 기수의 역할 duty of standard-bearer; ② *fig.* 지도력 leadership

bayram *i.* ① 명절, 축제(일), 향연 festival, holiday, feast; ② 축제, 환대, 제전, 축하행사 celebration, entertainment, festivity ○ **təntənə**; ~ **etmək** *fe.* 축하하다, 경축하다, 기념하다 celebrate, commemorate, rejoice; ***Bizim də küçədə bayram olacaq.*** (*ata.s.*) *우리의 축제가 올 것이다. We shall have our day.*

bayramqabağı *si.* 명절 전후의 holiday; ~ **əhval-ruhiyyə** *i.* 명절 분위기 holiday spirit; ~ **ticarət** *i.* 명절 대 방출 holiday sale

bayramlaşmaq *fe.* 서로 명절을 축하하다 wish each other a happy holiday

bayramlıq *i.* 명절 선물, 빔 holiday present, things pertaining to a holiday

bayramsayağı *z.* 명절처럼, 축제처럼 festively, holiday-like; ~ **bəzənmək** *fe.* 축제 분위기를 연출하다 decorate festively, dress up, smarten oneself

baytar *i.* ① 수의사 veterinarian, veterinary surgeon; ② 돌팔이 의사 quack (doctor)

baytarlıq *i.* ① 수의학(獸醫學) veterinary science, medicine; ② 수의사의 직업, 신분 profession of veterinary

-baz *suf.* ~광(狂) (used in reference to one who is fond of *smt.*, mania; **gülbaz** *i.* 꽃을 좋아하는 사람 rose-fancer; **quşbaz** *i.* 조류광(鳥類狂) bird-fancer; **arvadbaz** *i.* 연애광, 여자 꽁무니를 좇아 다니는 사람 philanderer

baza *i.* 터, 토대, 바탕, 기초 foundation, base, basis, source ○ **bünövrə, əsas, özül, bina**; **ictimai** ~ *i.* 사회 기초 social base; **iqdisadi** ~ *i.* 경제 기초, 경제 초석 economic basis; **xammal ~sı** *i.* 원자재의 출처 source of raw material; **tə'minat ~sı** *i.* 공급원 supply base; **maddi** ~ *i.* 물질 자원 material resources

bazar[1] *i.* place 시장, 장터, 상점가 fair, market, bazaar, market; **daxili** ~ *i.* 내수 시장(內需市場) domestic market; **xarici** ~ *i.* 해외 시장 foreign market

bazar[2] **(günü)** *i.* 일요일 Sunday; ~ **ertəsi** *i.* 월요일 Monday

bazarlıq *i.* ① 장보기, 구매 purchase, shopping; ② 구매, 매수 purchase; ~ **etmək** *fe.* 장을 보다, 거래를 하다, 매매하다 go shopping, bargain

bazburud *i.* 외모, 외양, 겉모습 imposing/impressive appearance; exterior ○ **görkəm, boy, buxun**

bazburudlu *si.* (외모) 출중한, 잘 생긴, 두드러진, 눈에 띄는 imposing, impressive, handsome, prominent (appearance) ○ **boylu, buxunlu, qədd- qamətli**

bazı *i.* ① 둑, 제방 embankment; ② 분기점 watershed

bazis *i.* 기부, 토대, 기초 base, basis; **iqtisadi** ~ *i.* 경제 기초 economic basis; ~ **və üstqurum** *i.* 물질적 기초와 사상적 구조 (material) basis and (ideological) superstructure

bazu *i. ana.* 상완골; 상완, 윗팔 upper arm, humerus; ~ **sümüyü** *i. ana.* 상완골(上腕骨), 윗어깨뼈 humerus, humeral bone

bazubənd *i.* 팔 장식, 팔찌, 발목 장식 armlet, bracelet, bangle ○ **qolbaq, bilərzik**

becərilmə *i.* 재배됨, 경작됨 cultivation, tilling; **torpağın ~si** *i.* (식물) 경작, (동물) 사육, 양육 cultivation, tilling of land, gardening, growing (vegetables), breeding, rearing (animal)

becərilmək *fe.* (식물) 경작되다, 재배되다, (동물) 사육되다, 양육되다 be cultivated (plant), be bred (animal)

becərmə *i.* 경작, 사육, 재배 cultivation, growing ○ **böyütmə, yetişdirmə**

becərmək *fe.* 경작하다, 재배하다, 키우다, 사육하다 cultivate, grow, breed ○ **böyütmək, yetişdirmək**

becid ☞ **tez**

beçə *i.* ① 젊은 수탉 cockerel, young cock; ② 어린 벌떼 young swarm of bees; ③ *bot.* 싹, 새싹, 발아 shoot, sprout; ~ **vermək** *fe.* a) 떼 지어 날다 swarm (bees); b) 싹이 나다, 새싹이 나다, 발아되다 sprout, shoot, put out a shoot

beçləmək *fe.* 싹이 나오다, 발아하다 swarm, sprout, shoot

beçəvermə *i.* ① *zoo.* 벌의 분봉 swarming; ② *bot.* 싹을 틔움 sprouting, shooting; ~ **dövrü** *i.* 분봉기(分蜂期) swarming period

beh *i.* 계약금 advance, deposit

behbud *i.* (선원용의) 칼집 달린 나이프 Finnish knife, sheath knife

behişt *i.* 낙원, 천당, 극락 paradise ○ **cənnət**

behiştlik *i.* 천당에 합당한 사람 person worthy

of paradise ○ **cənnətlik**

behləşmək *fe.* 계약금을 걸고 계약하다 contract a bargain with a deposit money

behli *si.* 할부로 팔리는 sold on instalments

bel[1] *i.* ① 허리 waist; ② *ana.* 척추(脊椎), 등뼈 spine, backbone, vertebral, column; ③ 등 back; *si.* 가시모양의, 등뼈의, 척추의 spinal, dorsal; ~ **sütunu** *i.* 척추(뼈) spinal column, backbone spine; ~ **sümüyü** *i.* 척추 backbone; ~ **üzgəci** *i.* (물고기) 등지느러미 dorsal fin (fish); ~**ini qırmaq/sındırmaq** *fe.* 등뼈가 부러지다, 심한 손상을 입다 break one's backbone, cause heavy damage; ~ **bağlamaq** *fe.* 의존하다, 의지하다 reckon on, rely (on), trust; ~ **bağlanıla bilən** *si.* 의존할만한, 믿을만한, 기댈만한 reliable; ~**ini çəkmək** *fe.* 허리띠를 조르다 tighten one's belt

bel[2] *i.* (농기구) 삽 shovel, spade, gardener's fork

belbağı *i.* 장식띠, 현장(懸章), 허리띠 sash, girdle, belt

Belçika *i.* 벨기에 Belgium

Belçikalı ① *i.* 벨기에인 Belgian (people)

beletaj *i.* 2층 건물의 1층 first floor (of a 2 storey building); ② (극장의 2층 정면에 있는) 특별석 dresscircle (theatre)

belə ① *z.* 이렇게, 그렇게, 그러므로, 따라서 such, so, thus; ② *vz.* 이와 같은 것, 그런 것, 이런 것 such, so; man (like this); ③ *da.* ~조차, ~이라도 even, yet; ~ **ki** *bağ.* 이래서, 이와 같이 for, because; ~ **olduqda** *z.* 이렇게 되면 at this rate; ~ **hallarda** *z.* 이런 경우에, 이 같은 때 in such case, if it is so; **hətta** ~ *bağ.* ~할 지라도, ~이라도 even if

belə-belə *si.* 이렇게 such, like this; *z.* 이렇게, 이런 식으로 so, like this, in this way; ~ **adamlar** *i.* 이런 사람들 such people

beləcə *z.* 이렇게, 이런 식으로 so, in this manner, thus, like wise

beləliklə *z. ara.* 그러므로, 그래서 such, in such a way, thus ○ **deməli**

belibağlı *i.* 회색개구리매 henharrier, ring tail

belibükük *si.* 꼽추 등의, 허리가 굽은 crooked, bent, hunched

belləmək *fe.* (삽으로) 파다, 삽질하다 dig with a spade, spade ○ **qazmaq**

bellənmək *fe.* 삽질 되다 be dug, be spaded

bellətmək *fe.* 파게 하다, 삽질하게 하다 ask *smb.* to spade

belletrist *i.* (허구) 소설가 fiction writer, novelist

belletristika *i.* 문학 fiction, bellesletters

Belorus *i.* 백러시아인 Byelorussian

Belorusca *z.* 백러시아 말 Byelorussian, the Byelorussian language

Belorusiya *i.* 백러시아 Byelorussia

benuar *i.* (극장의) 중간 석 lower boxes (theatre)

benzin *i.* 휘발유 petrol; ~ **doldurmaq** *fe.* 주유하다 draw petrol, fill with gasoline; ~ **mühərriki** *i.* 가솔린 엔진 gasoline engine

benzindaşıyan *i.* 유조차(油槽車) petrol lorry

benzinölçən *i.* 주유 계량기 petrol gauge, gasoline gauge

benzintökən *i.* 주유차, 연료보급차 petrol tanker, fuelling lorry, refueller

benzol *i. kim.* 벤졸 benzol

berdanka *i.* 베르디안 장총(長銃) Berdian rifle

beret *i.* 베레 모자, 군모 beret

beretli *si.* 베레모를 쓴 with a beret, wearing a beret

beş *say.* 다섯, 오(5) five

beşadamlıq *si.* 5인석의 (somthing) for five people

beşaylıq *si.* 5개월된 (duration) of five-months, five month old

beşaçılan *si.* 5개의 총알이 발사되는 (총) five-bullet firing (gun)

beşatılan ☞ **beşaçılan**

beşballı *si.* 5점의 of five grade

beşbarmaq *i.* 격투할 때 주먹에 끼우는 무기 knuckle-duster, brass knuckles ○ **şana, yaba**

beşbarmaqlı *si.* 다섯 손가락의 five-fingered

beşbaşlı *si.* 다섯 덩이의 five-headed, five-headed

beş-beş *z.* 다섯씩 five at a time, five by five

beşbetər *si.* 훨씬 나쁜 much worse, far worse

beşbölgülü *si.* 오보격(歩格)(의 시); 강약 오보격, 영웅시 pentameter (poem)

beşbucaq *i. mat.* 오각형, 오변형; 오능보(五稜堡) pentagon, five-cornered

beşbucaqlı *si.* 오각형의 pentagonal, five-pointed

beşcə *z.* 다섯 정도의 only five, just five

beşcildli *si.* 다섯 권으로 이뤄진 five-volume
beşcildlik *i.* 다섯권(다섯 권) 전집 five-volume edition
beşdaş *i.* 공기돌 (아이들 놀이 중) (the name of a children's game)
beşdəqiqəlik *si.* 오분 정도의 (거리, 시간) of five minute duration
beşəlli *z.* 손이 다섯인, 매우 탐욕스런 with five hands, greedily
beşfaizli *si.* 5퍼센트의 five percent
beşgözlü *si.* 다섯으로 구분된 five eyed, of five divisions
beşguşəli *si.* 오각형의 pentagonal, of five day, five-pointed
beşgünlük *si.* 5일분의 (시간, 일, 여행 등) of five-day
beşhecalı *si. dil.* 오음절의 pentasyllabic
beşik *i.* ① 요람 cradle ○ **yüyürük**; ② *fig.* 기원, 둥지 origin, nest; ~ **mahnısı (layla)** *i.* 자장가 lullaby; ***Beşikdən qəbrə qədər.*** *요람에서 무덤까지. From the cradle to the grave.*
beşillik *si.* 5개년의, 오년생의, 오년째의 of five-years, five year old; fifth aniversary, five year plan
beşinci *say.* 다섯 번째의 Fifth; ~ **cərgə** *i.* 5번열 the fifth row
beşkiloluq *si.* 5킬로그램 무게의 of five-kilogram
beşkünc *i.* 오각형 pentagon
beşkünclü *si.* 오각형의 pentagonal
beşqat(lı) *si.* 오겹의 five layered
beşqəpiklik *i.* 5게픽의 동전 five-kopeck coin; *si.* 5 게픽어치의 five kopeck value
beşlampalı *si.* 전구가 다섯인 of five-lamps
beşlik *i.* 5 마낫 지폐, 5 마낫어치의 five-manat note, five-rouble note
beşmanatlıq *i.* 5 마낫 지폐 five-Manat note
beşmetrlik *si.* 5미터짜리의 of five-meter
beşmərtəbə(li) *si.* 5층의 five-storey
beşnövçü *i. idm.* 오종 경기 선수 pentathlons, pentathlete
beşnövçülük *i. idm.* 오종경기 pentathlon
beşotaq(lı) *si.* 방이 다섯인 five room
beşpərdəli *si.* 오막으로 이뤄진 five act (drama)
beşrəgəmli *si.* 다섯자리 숫자의 five-signed, five digit number
beşsaatlı *si.* 다섯 시간 동안의 five hour
beşsimli *si.* 5선의 (5선 악기, 오선지) five-stringed
beşsinifli *si.* 5학년의 five-year
beşsütunlu *si.* 다섯 기둥의, 다섯 란으로 된 (신문) five columned, five pillared
beştarlalı *si.* rotation 5순번 경작지의 five-field crop
beştərəfli *si.* 오면체의 five-sided
beştonluq *si.* 5톤의 five-ton (lorry)
beşulduzlu *si.* 오성의 five-stars
beşüzlü *si. riy.* 오면체의 pentahedronal; ~ **cisim** *i.* 오면체 pentahedron
beşyaşar *si.* 다섯 살 된 five-year old
beşyaşlı ☞ **beşyaşar**
beşyerli *si.* 5인석의 five-seat
beta *i.* 베타 beta (b)
betaşüalar *i. fiz.* 베타선 b- rays
betər *si.* 악화된, 더 나빠진 worse than, more than (negative) ○ **pis, yaman, bərbad**; 이보다 더 나쁠 순 없다. **Bundan betər ola bilmə.** *z.* Nothing is worse than this.
betərləşmək *fe.* 악화되다, 나빠지다 deteriorate, worsen ○ **pisləşmək, xarablaşmaq**
beton *i., si.* 시멘트(의), 콘크리트(의) concrete
betonçu *i.* 시멘트 노동자 concrete worker
betonqarışdıran *i.* 시멘트 혼합기 concrete mixer
betonlamaq *fe.* 콘크리트로 채우다/덮다 concrete
betonlanmaq *fe.* 콘크리트로 처리되다 be concreted
betonlat(dır)maq *fe.* 콘크리트를 치게 하다 ask/order to concrete
betonlaşmaq *fe.* 굳어지다 become concrete
bey'ət *i.* 순종, 신뢰, 믿음 obedience, belief, trust; ~ **etmək** *fe.* 순종하다, 믿다, 신뢰하다 obey, trust, believe
bey(i)n *i.* ① 이성, 지력, 지능 brain, marrow, mind ○ **ağıl, şüur, fəhm, zəka**; ② 뇌, 골, 머리 skull, head ○ **kəllə**; ~ **inə vurmaq** *fe.* 생각하다, 고려하다, 사고하다 consider, think (over), ponder, hit; **onurğa ~i** *i.* 척추신경 spinal cord, cerebrum; **~inə qan sızma** *med.* 뇌출혈(腦出血) haemorrhage of the brain; **uzunsov ~** *ana.* 수(髓), 골수; 척수 medulla (oblongata); **~ində iz**

buraxmaq *fe.* 깊은 인상을 주다 make a great impression; **~i qanlı** *si.* 젊은, 다혈질의, 혈기왕성한 hot-tempered, hothead, young; **~inə gan vurmaq** *fe.* 대노(大怒)하다, 격노하다, 분노하다, 분격하다 get very angry, fly into rage; **~inə düşmək** *fe.* 마음에 품다, 속으로 간직하다 have *smt.* in mind; **~inə batmaq** *fe.* 확실히 이해하다, 깨닫다 become clear, realize, believe; **~ini yemək** *fe.* 길에서 벗어나게 하다, lead astray; **~ini aparmaq** *fe.* 쓸데없는 얘기로 지루해지다 bother with nonsense talking

beyincik *i. ana.* 소뇌(小腦) cerebellum

beyinli *si.* 영리한, 영특한, 지능적인, 총명한, 머리가 좋은 clever, intelligent, brainy ○ **ağıllı, zəkalı, dərrakəli, düşüncəli**

beyinsiz *si.* 무뇌의, 아둔한, 멍청한, 머리가 약한 brainless, weak-minded, dull, block-head ○ **ağılsız, axmaq, gic**

beynəlxalq *si.* 국제적인, 국제의 international; **~ birlik** *i.* 국제 연합 international community; **~ vasitələr** *i.* 국제 원조, 국제 매개 international instrumentalities; 국제법 **~ qanun** international law; **~ ixtilaflar** *i.* 국제 분규 international friction; **~ müqavilə hüququ** *i.* 국제 조약법 international treaty law; **~ firma** *i.* international firm; **~ əlaqələr** *i.* 국제 관계 international relations

beynəlmiləl *si.* 국제적인 international; *i.* 인터내셔널(19-20세기에 결성된 사회주의자, 공산주의자의 국제 동맹) internationale (hymn)

beynəlmiləlçi *i.* 국제주의자; 국제 공산[사회]주의자 internationalist

beynəlmiləlçilik *i.* 국제주의 internationalism

beynəlmiləlləşdirmək *fe.* 국제화시키다, 세계화시키다 internationalise

beyniboş *si. col.* 머리가 빈, 어리석은, 경박한 empty-headed, rattle-brained, featherbrained ○ **ağılsız, axmaq, gic, sarsaq**

beysbol *i. idm.* 야구(野球) baseball

beyt *i. lit.* 2행 연구(聯句), 대련(對聯) verse, couplet, distich

beytləşmə ☞ **beytləşmək**

bez *i.* 리넨, 아마직물, 면직, 캔버스, 범포(帆布) linen, cotton material, cloth, canvas; **bir ~in qırağı olmaq** *fe.* 공통점을 갖다, 비슷하다 have same similarity, be alike

bezar *si.* 매우 피곤한, 매우 지친, 만족하지 않는 very tired, completely exhausted, dissatisfied ○ **incik, narazı**; ***Siz məni bezara gətirmisiniz.*** *여러분께서 저를 녹초가 되게 하셨습니다. You have completely exhausted me.*

bez(ik)dirici *si.* 매우 지친, 피곤한 bothersome, tiresome, boring

bez(ik)diricilik *i.* 지루함, 권태, 단조, tedium, tediousness, importunity

bez(ik)dirmək *fe.* 괴롭히다, 성가시게 하다, 질리게 하다 pester, bother, bore, plague; ***O məni lap bezdirib.*** *그가 나를 참으로 질리게 한다. I'm bored to death with him.*

bez(ik)mək *fe.* 지치다, 부담을 느끼다, 질리다, 지긋지긋하다 feel burdened, be tired of, become loathsome, become disgusting ○ **usanmaq, çiyrənmək**; ***Mən ondan bezmişəm.*** *그에 대해서 정말 지긋지긋하다. I'm sick of him.*

bəbə *i.* ① 갓난 아이, 젖먹이, 유아 baby, infant, suckling ○ **körpə, çağa**; ② 인형, 꼭두각시 doll, puppet ○ **gəlincik, kukla**

bəbək *i.* 눈동자, 동공(瞳孔) pupil (of the eye); **göz ~yi kimi qorumaq** *fe.* 눈동자처럼 보호하다 cherish as the apple of one's eye

bəbir *i. zoo.* 퓨마, 표범, 레오파드, 재규어 leopard, panther; **dişi ~** *i.* 암표범 leopardess

bəd *si.* ① 악한, 나쁜, 고약한 evil, nasty, bad ○ **pis, yaman, xarab** ● **şad, yaxşı**; ② 거친, 가혹한, 모진 bitter, harsh, upset ○ **hirsli, sərt, qapağan, tutağan**; **~inə getmək** *fe.* 거슬려 말하다 be against, speak contrarily; ***Bəd olmaz!*** *좋아! All right!, OK!*; ***Bəd deyil!*** *나쁘지 않아! It's okay!*

bədaye *si.* 예술적인 artistic; **~ teatrı** *i.* 예술 극장 Arts Theatre

bədahət *i.* 즉흥 연주, 즉흥시 impromptu; *mus.* improvisation

bədahətən *z.* 즉석에서, 즉흥적으로 impromptu, extempore

bədbəxt I. *si.* 불행한, 운 없는, 재수없는, 비참한 unfortunate unhappy, unlucky, wretch ○ **talesiz, bəxtsiz, uğursuz** ● **xoşbəxt**; II. *i.* 비참한 사람 wretch; **~ hadisə** *i.* 불의의 사고, 재난, 불행, 불운 misadventure, accident; **~ təsadüf üzündən** *z.* 재난으로, 불운으로 by mischance; **~ etmək** *fe.* 불행을 초래하다, 역경을 초래하다

B

cause misfortune

bədbəxtcəsinə *z.* 불행하게, 재수 없이, 운 없이 unfortunately

bədbəxt(çi)lik *i.* 불행, 재난, 불운, 역경, 액운 misery, misadventure, adversity, bad luck, misfortune ● **bəxtiyarlıq**, **xoşbəxtlik**; **~ üz vermək** *fe.* 사고를 내다 have an accident

bədbin *si.* 비관적인, 염세적인 pessimistic ○ **düşkün**, **küskün**, **naümid** ● **nikbin**; **~ olmaq** *fe.* 비관적이 되다, 슬퍼하다 be sad, be pessimistic

bədbincəsinə *z.* 비관적으로 pessimistically

bədbinləşmə ☞ **bədbinləşmək**

bədbinləşmək *fe.* 비관적이 되다, 실망하다, 절망하다 become pessimistic, be discouraged ○ **düşkünləşmək**, **küskünləşmək**, **ümidsizləşmək**

bədbinlik *i.* 비관주의, 염세주의 pessimism ○ **düşkünlük**, **küskünlük**, **ümidsizlik**

bədcins *si.* ① 비열한, 야비한, 열등한, 조악한 ignoble; ② 혼혈의, 신분이 비천한 half-bred; of mixed blood

bədəbəddə *z. col.* 최악으로, 설상가상으로 at the worse, if worst comes to worst

bədəhval *si.* 우울한, 슬픈, 침울한 melancholy, sad, sorrowful

bədəxlaq *si.* 역겨운, 메스꺼운 vile, loathsome, amoral, immoral

bədəxlaqlılıq *i.* 부도덕(성), 악덕, 악행, 추행 amorality, immorality

bədəl *i.* ① 대리, 대체, 치환, 교대 substitution, replacement ○ **əvəz**, **qarşılıq**; ② 전례, 본보기, 견본, 예제 example, equality ○ **tay**, **bərabər**, **misil**, **nümunə**, **timsal**

bədəməl *si.* ① 해로운, 유해한, 유독한 harmful, noxious; ② 버릇없는, 건방진, 짓궂은 ill-bred, mischievous, playful; *i.* 버릇없는 사람, 말썽장이 ill-mannered man

bədəməllik *i.* 방종, 방탕, 무절제 dissoluteness, dissipation, immorality

bədən *i.* 몸, 육체, 신체, 유기체, 생물 body, flesh, organism ○ **vücud**, **gövdə**; **~ quruluşu** *i.* 체격, 체질 constitution; **~ tərbiyyəsi** *i.* 체육, 스포츠 physical training; ***Sağlam bədəndə sağlam ruh olar.*** *건강한 몸에 건강한 정신이 깃든다. A sound mind in a sound body.*

bədəncə *z.* 육체적으로 by body, corporally

bədənçə *i.* 여자들의 속옷 lady's short underwear

bədəndam *si.* 기형의, 모양이 흉하게 변형된, 보기 흉한, 꼴사나운 deformed, ungainly

bədənli *si.* 통통한 편인, 살찐, 뚱뚱한 stoutish, fleshy

bədənnüma *si.* 전신(全身)의 of full length of body; **~ ayna** *i.* 전신 거울 cheval glass

bədənsiz *si.* ① 비물질적인, 무형의, 실체가 없는 immaterial, incorporeal; ② 여윈, 마른, 살이 빠진 thin, lean

bədəsil *si.* 조잡한, 하찮은, 중요하지 않는 ignoble, trivial, insignificant ○ **nanəcib**, **nacins**

bədəsillik *i.* 비천함, 비열함, 치사함, 저열, 조잡 meanness, ignobleness, dishonor ○ **nanəciblik**, **nacinslik**

bədəvi *i.* 베드윈족 Bedouin (nomadic Arab)

bədgüman I. *si.* 의심스런, 신용하지 않는, 회의적인 mistrustful, sceptic ○ **şübhəli- şəhkli**; II. *i.* 회의론자, 의심 많은 사람 sceptic; **özündən ~ olmaq** *fe.* 자신에 대해 지나치게 생각하다 think too much of oneself

bədgümanlıq *i.* 믿을 수 없음, 불신, 의심 distrustfulness ○ **şübhə**, **şəhk**

bədhal *si.* ① 위중한, 위급한 (환자 seriously ill); ② 약한, 유약한, 연약한 weak, feeble

bədheybət I. *si.* 흉한, 일그러진, 추한, 못생긴 deformed, ugly, misshapen; II. *i.* 괴짜, 변종, 괴물 freak, monster

bədheybətlik *i.* 추함, 흉함, 못생김 ugliness, deformity

bədhərəkət *si.* 버릇없는, 품위 없는, 야비한, 부정직한, 속이는 indecent, dishonest, deceiving

bədxah *i.* 해악자, 악의가 가득한 사람 ill-disposed person, evil-wisher, ill-wisher; *si.* 악의 있는, 증오를 가진, 한을 품은, 악독한 malevolent, spiteful, ill-disposed ○ **qərəzkar** ● **xeyirxah**

bədxahlıq *i.* 적의, 악의, 앙심, 심술을 품음 hostility, ill-will, spitefulness ○ **qərəzkarlıq** ● **xeyirxahlıq**; **~ etmək** *fe.* 적의를 드러내다, 악의를 노출하다 show ill-will

bədxasiyyət *si.* 버릇없는, 성격이 나쁜, 심술궂은, 성격이 고약한 ill-natured, ill-mannered

bədxasiyyətlik *i.* 호전적임, 잘 다투는 성격, 무

뚝뚝함 quarrelsome disposition, unsociability
bədxassəli *si. med.* 악성의, 유해한 malignant; ~ **şiş** *i.* 악성 종양 malignant tumour, tumour
bədxərc *si.* 사치스런, 낭비하는, 낭비벽의 extravagant, wasteful, spendthrift ● **qənaətcil**; *i.* 방탕자, 낭비자 prodigal, spendthrift, squanderer
bədxərclik *i.* 방탕, 낭비벽, 사치스러움 prodigality, extravagance, wastefulness ○ **israfçılıq** ● **qənaətçilik**
bədihə *i.* 즉흥 improvisation
bədihəçi *i.* 즉흥으로 하는 사람; 산조가, 즉흥시인, 즉흥 연주가 improvisator
bədii *si.* 예술적인, 문학적인, 미학적인 artistic, literary, pictorial, figurative; ~ **ədəbiyyat** *i.* 문학 belles-lettres, fiction; ~ **əsər** *i.* 예술 작품 work of art; ~ **film** *i.* 예술 영화 feature film; ~ **gimnastika** *i. idm.* 미용체조, 유연체조 calisthenics, free standing exercise; ~ **ifadə** *i.* 문학적 표현, 예술적 표현 image bearing expression; ~ **özfəaliyyət** *i.* 애호 활동, 애호 예술 amateur art, amateur activities; ~ **surət** *i.* 예술적 영상 image; ~ **tərbiyə** *i.* 예술 교육 artistic education; ~ **təsvir** *i.* 예술적 묘사, 문학적 묘사 graphic description
bədiilik *i.* 예술적 기교, 예술성, 예술적 기질, 예술적 가치 artistry, artistic merit, high artistic value, poetic value
bədiiyyat *i.* 예술(藝術) art
bədirlənmə ☞ **bədirlənmək**
bədirlənmək *fe.* 달이 차다, 만월(滿月)이 되다; 보름달처럼 동그래지다 grow full (moon), be round like a full moon ○ **dolğunlaşmaq, dairələnmək**
bədirlənmiş *si.* 원형(圓形)의 full-circled; ~ **ay** *i.* 보름달, 만월(滿月) full moon
bədqədəm *si.* 나쁜, 해로운 bad, harmful, ill
bədlik *i.* 악함 badness, set back, bad-luck, vice, wickedness, obstinacy ○ **pislik, yamanlıq, nəhslik** ● **yaxşılıq**; ~ **basmaq** *fe.* 역행으로 고생하다, 불운을 만나다 suffer a setback
bədməzac *si.* 다투기 좋아하는 quarrelsome, unsociable
bədmüşk *i. bot.* 버드나무 willow
bədnal *si.* 완고한 obstinate (of a horse resisting having shoes put on)
bədnam *si.* 수치스런, 불명예의, 치욕적인, 손상된 (명예) disgraced, shameful, defamed, notorious; ~ **etmək** *fe.* 자신을 욕되게 하다, 굴욕당하다, 수치스럽게 행하다 disgrace oneself; ~ **qadın** *i.* 악명 높은 여자, 부끄러운 여자 notorious woman; ~ **nəzəriyyə** *i.* 악명의 이론, 나쁜 이론 a notorious theory
bədnam(çı)lıq *i.* 악명높음, 굴욕, 불명예, 수치, 치욕 notoriety, disgrace, dishonour, shame, ignominy ○ **rüsvayçılıq, biabırçılıq**
bədnəzər *i.* 사안(邪眼)(을 가진 사람); 악마의 눈; 기분 나쁜 눈초리 the evil eye; ***Allah bədnəzərdən saxlasın.*** *신이 악마의 눈으로부터 보호하시길. May God protect from the evil eye.*
bədniyyət *si.* 나쁜 의도를 가진, 악의의, ill-intentioned, malicious ○ **bədxah**
bədniyyətlik *i.* 악의, 악감, 비호감 malice, ill intention, unfavourable attitude
bədöv *si.* 순혈종의, 깨끗한 (말, 개) well-groomed, thoroughbred (horse)
bədöy ☞ **bədöv**
bədrəftar *si., i.* (사람) 무뚝뚝한, 불친절한, 다투기를 잘하는, 무례한, 막돼먹은, 버릇없는 unsociable, mistreating, quarrelsome, unacommodating, rude (man
bədrəftarlıq *i.* 무례함, 잘 다툼, 불친절 unsociability, quarrelsome disposition
bədrəng *si.* 창백한, 매력 없는, 싫은 pale-coloured, uninviting
bədsifət *si.* 흉측한 얼굴, 험상궂음 freak faced, monsterous faced ● **gülərüz**
bəduğur *si.* 운 없는, 불행한, 성공적이지 못한 luckless, unlucky
bəduğurluq *i.* 불운, 성공하지 못함, unluckiness
bədzat I. *i.* ① 사기꾼, 악당, 깽패 rogue, rascal; ② *col.* 늙은 여우, 교활한 인간 old fox; II. *si.* ① 나쁜, 사악한, 악의의 wicked ○ **hiyləgər, fitnəkar**; ③ 적합하지 않은, 무용한, 부적절한, 합당치 않는 unsuitable, useless, unworthy ○ **nacins, yaramaz, alçaq**; ④ 짓궂은, 말썽피는 mischievous ○ **dəcəl, nadinc**
bədzatlıq *i.* ① 파렴치, 비열, 무도, 악당근성, 나쁜짓 rascality, uselessness ○ **nacinslik, yaramazlıq, alçaqlıq**; ② 사악, 무도, 부정, 불법 wickedness, iniquity ○ **hiyləgərlik, fitnəkarlıq**

bəh *ni.* 아~! 오~! ah! oh!

bəhanə *i.* 핑계, 구실, 이유, 까닭 excuse, occasion, pretext ○ **səbəb, dəlil; ~ tapmaq** *fe.* 구실을 대다, 핑계를 대다 find a pretext; **~ axtarmaq** *fe.* 핑계를 찾다, 구실을 찾다 look for an excuse; **~ gətirmək** *fe.* 핑계를 대다, 구실을 대다 offer an excuse; **~ eləmək** *fe.* 변명하다, 핑계하다 pretend; **~si ilə** *z.* ~을 구실 삼아, ~핑계대로 on the pretext of

bəhanəçi *i.* ① *col.* 트집쟁이, 억지 이론가 caviller, an over-particular, captious fellow, fault-finder; ② 게으름쟁이, 건달, 나태한 lazy-bone, sluggard

bəhanəçilik *i.* 트집, 억지 주장 captiousness, faultfinding

bəh-bəh *ni.* 와~ (특히 음식에 대한 기쁨과 만족을 표시) ah ah! oho! bravo!

bəhər ☞ **bəhrə**

bəhərli ☞ **bəhrəli**

bəhərlilik ☞ **bəhrəlilik**

bəhərsiz ☞ **bəhrəsiz**

bəhərsizlik ☞ **bəhrəsizlik**

bəhişt *i.* 천당, 낙원, 극락 paradise ● **cəhənnəm**

bəhr *i.* 측정 단위 meter ○ **vəzn, ölçü**

bəhrə *i.* ① 열매, 곡식, 과실 fruit, harvest, yield, crop ○ **meyvə, məhsul, bəhrə**; ② 이익, 이득, 소득 profit, income, benefit ○ **xeyir, səmərə; ~ sini görmək** *fe.* 거두다, 추수하다 reap; **~ gətirmək** *fe.* 열매를 맺다, 과실을 내다 yiled/bear fruit; **~ götürmək** *fe.* 이익을 창출하다, 소득을 만들다 make a profit

bəhrələnmək *fe.* 이익을 취하다 derive an advantage from benefit

bəhrəli *si.* ① 기름진, 비옥한, fertile, fruitful ○ **meyvəli, məhsullu**; ② 유용한, 이익을 내는, 수지 맞는 useful, profitable, lucrative ○ **xeyirli, səmərəli; ~ torpaq** *i.* 비옥한 땅 fertile soil; **~ il** *i.* 풍년 productive year; **~ müəssisə** *i.* 이익 사업, 수지 맞는 사업 profitable enterprise

bəhrəlilik *i.* 풍작, 소득이 높음, 과실이 풍성함 fruitfulness, productivity, crop capacity ○ **məhsulluq**; ② 이익이 많음 profit ○ **xeyirlilik, səmərəlilik**

bəhrəsiz *si.* ① 열매 없는, 과실 없는 fruitless, resultless ○ **meyvəsiz, məhsulsuz, barsız**; ② 무용한, 쓸데없는, 헛된 useless, good for nothing ○ **xeyirsiz, səmərəsiz; ~ zəhmət** *i.* 헛수고 fruitless labour

bəhrəsizlik *i.* ① 무익함, 헛됨, 헛수고 futility, fruitlessness ○ **məhsulsuzluq, barsızlıq**; ② 공허함 uselessness, hollowness ○ **xeyirsizlik, səmərəsizlik**

bəhs *i.* ① 논란, 논쟁 debate, discussion, argument, dispute ○ **söhbət, danışıq, mübahisə**; ② 부분, 일부, 한 조각 part, chapter ○ **hissə, fəsil, bölmə; ~ etmək** *fe.* a) 토론하다, 의견 교환하다 discuss, dispute; b) 다루다, 취급하다 treat(of), deal(with); c) 경쟁하다, 겨루다, 다투다 compete, emulate, engage in competition

bəhsəbəhs I. *i.* 경연, 경쟁 contest, competition ○ **yarış**; II. *z.* 경쟁적으로, 다투어서 competitively

bəhsləşmə ☞ **bəhsləşmək**

bəhsləşmək *fe.* ① (서로) 경쟁하다, 겨루다 contest, compete ○ **yarışmaq**; ② 토론하다, 토의하다 argue, discuss ○ **söhbətləşmək, mübahisələşmək**

bəxş *i.* 기부, 선물, 기증, 기여 donation, gift, endowment; **~ etmək** *fe.* 주다, 기부하다, 기여하다, 기증하다 give, present, donate, bestow

bəxşiş *i.* 선물, 예물 gift, tip, present ○ **pay, mükafat, hədiyyə**

bəxt *i.* 운, 운수, fate, lot, luck, destiny, fortune ○ **qismət, tale; ~i gətirmiş** *si.* 행운의, 다행의 fortunate; **~i gətirmək** *fe.* 성공하다, 해내다, 이루다 succeed; **~i gətirməyən** *si.* 불행한, 불운한 unfortunate, unhappy, unlucky; **~i açılmaq** *fe.* 성공하다, 행운을 얻다 be successful, be in luck; **~i kəsmək** *fe.* 다행이다, 운수가 통하다 have the luck, be lucky; **~i qara** *si.* 불행한, 불우한, 운 없는 unlucky; **bəd~** *si.* 불행한, 행복하지 않는 unhappy, unfortunate; **xoş ~** *si.* 행복한, 성공적인, 운수 좋은 happy; **~i olmamaq** *fe.* 성공하지 못하다 not succeed; **~ini sınamaq** *fe.* 운수를 보다, 행운을 시험해 보다 try one's luck; ***Onun bəxti açıldı.*** *그의 운수가 통했다. He became lucky.*

bəxtəbəxt *z.* 짐작으로 at random, by guesswork

bəxtəvər *si.* 다행한, 행운의 happy, fortunate ○ **xoşbəxt, bəxtli, taleli** ● **bədbəxt**

bəxtəvərlik *i.* 행복, 좋은 운수, 운 happiness,

luck, good fortune ○ **xoşbəxtlik, bəxtiyarlıq** ● **bədbəxtlik**

bəxtiqara *si.* 운 나쁜, 불행한, 운 없는 unhappy, unlucky, ill-fated, luckless ○ **qaragünlü, bədbəxt** ● **xoşbəxt**

bəxtiqaralıq *i.* 불행, 재난, 고난 misfortune, unhappiness ○ **qaragünlük, bədbəxtlik**

bəxtiyar *si.* 복된, 행복한 happy, blessed ○ **xoşbəxt, bəxtli**

bəxtiyarlıq *i.* 축복, 행복, 지복, 명운 bliss, happiness, beatitude, felicity ○ **xoşbəxtlik, bəxtəvərlik**

bəxtli *si.* ① 행복한, 행운의, 복 있는 happy, lucky ○ **taleli, xoşbəxt, bəxtəvər**; ② 성공적인 successful

bəxtlik *i.* 성공, 행복 happiness, luck

bəxtsiz *si.* 불행한, 불우한 unlucky, unfortunate ○ **talesiz, uğursuz, bədbəxt**

bəxtsizlik *i.* 불행, 불운, 재난 misfortune, misadventure ○ **talesizlik, uğursuzluq, bədbəxtlik**

bəkarət *i.* ① 동정, 처녀성, 순결성 virgin, virginity ○ **bakirəlik, qızlıq**; ② 순결, 청순, 신선 purity ○ **təmizlik, saflıq**; *si.* 처녀의, 처녀다운, 동정의 virginal; ~ **pərdəsi** *i. ana.* 처녀막(處女膜) hymen;

bəkləmək ☞ **gözləmək**

bəkməz *i.* 포도나 산딸기 등을 끓여 만든 주스 bakmaz (boiled juice of grapes, mulberry, *etc.*)

bəqədri-qüvvə *z.* 최대한, 가능한 as much as possible, as far as possible

bəla *i.* ① 재난, 불행, 역경 adversity, trouble, grief, mischief, pest ○ **qəm, qüssə, kədər, əzab, iztirab**; ② 재난, 사고, 불행한 일 disaster, calamity ○ **uğursuzluq, bədbəxtlik, müsibət, fəlakət, afət** ● **xoşbəxtlik**; *si.* 저돌적인 sharp, lively, daredevil; **~nı satın almaq** *fe.* 재난을 부르다 ask for trouble; **~ya uğramaq** *fe.* 역경을 만나다, 재난에 빠지다 get into trouble, meet with misfortune; **~ya düşmək** *fe.* 역경을 만나다, 엉망진창에 빠지다 get into a mess; ***Bəla gələndə 'gəlirəm' deməz.*** *불행은 예고없이 온다. ata.s. Misfortune give no warning.*; ***Bəla bəla gətirir.*** *어려운 일은 겹쳐서 온다. Misfortune never comes alone.*

bəlağət *i.* 웅변, 달변, 풍부한 표현; 웅변술, 수사법 eloquence

bəlağətli *si.* 웅변적인, 달변의, 유창한 eloquent

bəlalı *si.* ① 재앙을 가져오는, 불행한, 비참한 calamitous, ill-fated ○ **uğursuz, bədbəxt** ● **uğurlu**; ② 재해를 일으키는, 파멸을 초래하는, 불길한 disastrous, painful ○ **əziyyətli, əzablı**

bələd *si.* 친숙한, 익숙한, 잘 아는 familiar, acquainted with ○ **bilən, tanış, aşna** ● **naşı**; ~ **olmaq** *fe.* 알게 되다, 알다, 보다 get to know, know, see

bələdçi *i.* ① 안내자, 지도자, 선도자 guide, conductor; ② (기차의) 차장, 안내원 conductor (train) guard

bələdçilik *i.* 안내 the work/job of a guide; itinerary

bələdiyyə *i.* 지방 자치제, 자치제 당국 municipality; *si.* 지방 자치체의, 시정의 municipal; ~ **binası** *i.* 시청, 읍 사무소 town hall

bələdiyyələşdirmə *i.* 자치체화, 시영화 municipalization

bələdiyyələşdirmək *fe.* 자치체로 하다 municipalize

bələdiyyələşdirilmək *fe.* 자치체로 다스려지다 be administrated

bələdləmə ☞ **bələdləmək**

bələdləmək *fe.* 표시하다 mark, make a mark on ○ **nişanlamaq**

bələdləşmək *fe.* ① 익숙해지다, 친숙해지다 familiarise oneself (with); ② 편안해지다, 안락해지다 feel easy/comfortable

bələdlik *i.* 친숙함, 아는 사람, 친지, 지인 acquaintance, familiarity ○ **tanışlıq,** ● **naşılıq**

bələk *i.* 포대기, 배내옷, 기저귀 napkin, nappy, swaddling clothes ○ **qundaq**

bələkbağı *i.* 포대기 swaddling-hands (for baby)

bələkləmək ☞ **bələmək**

bələklənmək ☞ **bələnmək**

bələkli *si.* 포대기로 싼 swaddled ○ **qundaqlı**

bələmə ☞ **bələmək**

bələmək *fe.* 포대기로 싸다 swaddle, wrap up ○ **bükmək, qundaqlamaq** ● **açmaq**

bələnmə ☞ **bələnmək**

bələnmək *fe.* ① 아이를 포대기에 싸다 be swaddled (baby) ○ **qundaqlanmaq**; ② 더러워지다 become dirty, make oneself dirty ○ **bulaş-**

B

maq, çirklənmək

bəlgə *i.* ① 이유, 까닭, 원인 cause, reason ○ **bəhanə, səbəb, tutarğa**; ② 신랑이 신부의 집에 주는 선물 (present given to the bride's house by the groom) ○ **sərmayə, maya**

bəlğəm *i.* 가래, 점액(粘液) phlegm, mucus, slime ○ **selik**

bəlğəmli *si.* 점액질의 phlegmatic, phlegmy, impassive

bəli *da.* 예, 그렇습니다 yes ○ **hə**; **~-bəli** *z.* 예 예 yes yes; **~ demək** *fe.* 찬성하다, 동의하다 assent, agree completey

bəlim *i.* 지푸라기 a straw remaining after harvest, chopped straw

bəlkə *ms.* 아마도, 대개그럴 수도 perhaps, may be, possibly ○ **ehtimal, şayəd**

bəlləmə ☞ **bəlləmək**

bəlləmək *fe.* ① 약혼하다 engage ○ **nişanlamaq**; ② 분류하다, 확실히 하다, 알게 되다 clarify, know ○ **aydınlaşdırmaq, bilmək**

bəllənmə ☞ **bəllənmək**

bəllənmək *fe.* ① 보여지다, 나타나다 be shown ○ **görünmək**; ② 알려지다, 인식되다 be known, be recognized ○ **bilinmək, tanınmaq**

bəlli *si.* ① 확실한, 분명한 apparent, certain, visible, clear, known, evident ○ **aydın, aşkar, mə'lum**; ② 악명 높은, 유명한 notorious; **~ qadın** *i.* 주지의 여인 notorious woman

bəllilik *i.* 확실성, 분명함, 잘 알려짐 evidence, obviousness, notoriousness

bəm *i.* 저음, 베이스, 남성 저음 목소리 bass, deep sound

bənd[1] *i.* ① *ana.* 관절, 마디 joint, articulation ○ **buğum, məfsəl**; ② 보, 둑, 댐 dam, dike, weir; ③ 2행 연구(聯句), 대구(對句), (자유시의) 절, 연(聯)couplet, stanza, strophe (in poem; ④ 끈, 밧줄, 노끈, 띠, 묶는 것 tie, chord, bond ○ **bağ, ip, düyün**; ⑤ 절, 단락 point, item, paragraph; ⑥ 불질, 개체, 물체 substance ○ **maddə**; ⑦ 나루터, 도선장 ferry, slide, embankment, ○ **bərə, keçid**; **~ olmaq** *fe.* a) 묶이다, 엮이다, (갈고리에) 걸리다 be tied/hooked; b) 사랑에 빠지다, 마음을 빼앗기다 fall in love, lose one's heart; **~ çəkmək** *fe.* 둑을 쌓다 dam; **~ etmək** *fe.* a) 붙이다, 묶다, 걸다 fasten, fix, hitch; b) *fig.* 유혹하다, 매혹하다 charm, fascinate, captivate; ***Mənə bənd olma!*** *혼자 두세요! Leave me alone.*

bənd[2] *i.* 사랑하는 이들 the beloved

bənd-bənd *z.* 절(節)마다, 요점마다, 연(聯)마다 point by point, clause by clause, strophe by strophe

bənd-bərə *i.* 제한선, 한계선, 경계 bounds, limit; **~ni aşmaq** *fe.* 선을 넘다 overstep the limit

bəndə *i.* 노예, 농노, 하인; 피조물 slave, bondman, bondslave, servant, creature ○ **qul, kölə**; **yazıq ~** *i.* 불쌍한 인간 poor/wretched creature; **allah ~si** *i.* 하나님의 피조물들 lamb-like creature

bəndəlik *i.* ① 노예신분, 예속(隸屬) slavery, servitude ○ **qulluq, köləlik**; ② 노예 신분, 섬김, 노동 servantship ○ **qulluqçuluq, nökərlik, xidmətçilik**

bəndər *i.* 항구, 항구도시 port

bəndləmək *fe.* ① 묶다, 엮다, 걸다 tie, hitch, hook ○ **ilişdirmək, bağlamaq**; ② 아무렇게나 꿰매다 sew haphazardly ○ **kökləmək**

bəndli *si.* 묶인, 엮인, 매인 tied, bound, connected

bəndsiz *si.* 마디가 없는, 분절이 없는 having no joint/articulation

bəng *i.* 아편, 대마초, 하시시 hashish, opium

bəngotu *i. bot.* 사리풀 henbane

bəniz *i.* 얼굴, 안색 face ○ **üz, çöhrə, sifət**

bənna *i.* 석공, 벽돌공 brick layer, mason

bənnabaşı *i.* 대석공(大石工) head mason

bənnalıq *i.* 벽돌쌓기, 석공의 직업 the job of bricklayer/stonemason

bənövşə *i.* 제비꽃 색, 보랏빛 violet; **gecə ~si** *i.* 밤 제비꽃 sweet rocket, wood violet

bənövşəli *si.* 보랏빛을 띈 with violets

bənövşəlik *i.* 제비꽃 밭 a place for growing violets

bənövşəyi *si.* 보라색의 violet, purple

bənzəmək *fe.* ① 닮다, 비슷하게 보이다 look like, resemble ○ **oxşamaq**; ② 조절하다, 가감하다, 동등화 시키다 equalise, modulate ○ **tənləşmək, uyğunlaşmaq**

bənzəməyən *si.* 다른, 닮지 않은 dissimilar, unlike

bənzədilmə *i.* 동질화 likeness

bənzədilmək *fe.* 닮아지다 be likened to

bənzəməz *si.* 같지 않은, 동일하지 않는 unlike,

dissimilar

bənzər *si.* ① 비슷한, 유사한, 동종의, 닮은 꼴의 similar, analogical ○ **oxşar** ② 적합한, 어울리는, 타당한 equal, appropriate ○ **tay, uyğun**; ③ 화상, 사진, 초상 likeness, example ○ **misil, bərabər, timsal, tay**; *z.* 어느 정도, 약간, 다소 somewhat

bənzərlik *i.* ① 비슷함, 유사, 상사 similarity ○ **oxşarlıq**; ② 적합성, 유사성 suitability, likeness ○ **uyğunluq**

bənzətmə *i.* 모방, 흉내내기 likeness, imitation

bənzətmək *fe.* 흉내내다, 모방하다 liken, imitate

bənzəyən *si.* 같은, 비슷한 alike, like

bənzəyiş *i.* 유사성, 동등성, 닮음 similarity, likeness, semblance ○ **oxşayış**

bərabər *i.* 동등, 평등, 균등, 비례, 비율 equality, equal, proportion; *si.* 동등한, 평균의, 같은 equal, even, same ○ **tay, bənzər**; *z.* 같이, 동등하게, 동반하여 together, equally, in parallel, in company with ○ **birgə, yanaşı, bahəm**; *qoş.* ~의 앞에, ~의 가까이 by, near ○ **ön, qarşı, qabaq**; 동등하다, 같다 (predicative) equal; **~ olmaq** *fe.* 같다, 동등하다 be equal, be equivalent to; **bununla ~** *z.* 동시에, 그럼에도 at the same time, nevertheless; **~ gətirmək** *fe.* 동반하다, 같이 오다 bring along; **~ olmayan** *si.* 동등하지 않다 unequalled; ***İki və iki bərabərdir dördə.*** *2 더하기 2는 4이다. Two and two equal four.*

bərabərbucaqlı *si. mat.* (도형이) 등각인, 각이 모두 같은 Equiangular; **~ üçbucaq** *i.* 정삼각형, 등각삼각형 equiangular triangle

bərabərçilik *i.* 평등주의 wage-levelling, egalitarianism

bərabərhüquqlu *si.* 권한이 동등한 equal in rights

bərabər-qüvvəli *si.* 권력이 동등한 equivalent

bərabərləmək ☞ **bərabərləşdirmək**

bərabərləşdirilmək *fe.* 대등하게 되다, 동등해지다 be evened, be equalized

bərabərləşdirici *i.* (압력, 무게의) 평형 장치; (비행기 날개의) 균형 장치; 균압선 (회로) equalizer; *si.* 균등하게 하는, 고르게 하는, 수평을 이루게 하는 equalising, leveling

bərabərləşdirmə *i.* 동등화, 대등화 smoothing, levelling, equalisation

bərabərləşdirmək *fe.* 대등하게 하다, 반반하게 하다 equalise, even (up)

bərabərləşmə *i.* 정렬, 동등 dressing, alignment

bərabərləşmək *fe.* 동등해지다, 대등해지다 become equal; be equalised

bərabərlik *i.* ① 등가(等價), 동등(同等), 대등(對等), 동일(同一), 동격(同格) equality, solidarity, parity ○ **tənlik, tarazlıq, müvazinət**; ② *ast.* 분점, 주야평분점(晝夜平分点)equinox; **yaz/payız ~i** *i.* 춘분(春分), 추분(秋分) vernal/autumnal equinox; **~ nöqtəsi** *i.* 주야 평분선; 천구(天球) 적도 equinoctial point

bərabərölçülü *si.* 같은 크기[부피 등]의, 같은 양의, 같은 치수의 isometric, equigraphic; *mat.* equivalent

bərabərsizlik *i.* 불평등, 불균형, 부동, 불균등 inequality

bərabərsür'ətli *si. fiz. tex.* 규칙적인, 균질의 uniform; **~ hərəkət** *fiz.* 균일 속도 uniform motion/velocity

bərabərtərəfli *si. mat.* (도형이) 등변(等邊)인; (쌍곡선이) 직각인 equilateral; **~ üçbucaq** *mat.* 이등변 삼각형 equilateral triangle

bərabəryanlı *si. mat.* isosceles; **~ üçbucaq** *i.* isosceles triangle

bəraət *i.* ① 변명 justification; ② 사회복귀, 명예회복, 복권 rehabilitation; ③ *hərb.* 면책, 무죄방면, 석방 acquittal, discharge; **~ qazan(dır)maq** *fe.* 정당화시키다, 주장하다, 항변하다 plead, rehabilitate, acquit; **~ qazanma** *i.* 자기 변명, 자기 변화 self-proof; **~ vermək** *fe.* 오명을 풀다, 혐의를 벗다, 정당화하다 vindicate, rehabilitate

bəraətverici *si.* 정당화하는 rehabilitating

bərbad *si.* ① 파괴된, 망가진, 부서진, 파멸된 ruined, destroyed ○ **dağınıq, pozğun**; ② 매우 나쁜, 형편없는 very bad ○ **viran, xaraba**; **~ eləmək** *fe.* 파괴하다, 파멸시키다, 말살하다 destroy, demolish; **~ olmaq** *fe.* 망가지다, 부서지다 tumble down

bərbadlaşma ☞ **bərbadlaşmaq**

bərbadlaşmaq *fe.* 무너지다, 넘어지다 collapse, tumble, fall ○ **dağılmaq, pozulmaq, uçmaq**

bərbadlıq *i.* ① 분해, 붕괴, 분열 devastation, disintegration ○ **pozğunluq, qatmaqarışıqlıq, intizamsızlıq**; ② 폐허, 황폐지 break down, ruin ○ **xarabalıq**, **viranlıq**

bərbər *i.* 이발사, 미용사 barber, hairdresser

bərbərlik *i.* 미용, 이발 hairdressing (job of barber)

bərbərxana *i.* 이발소, 미용원, 미장원 barbershop, hairdresser's

bərbəzək ☞ **bəzək**

bərə[1] *i.* 매복, 복병, 매복부대 ambush ○ **pusqu**, **marıq**; **~də durmaq** *fe.* 매복하다 lie in ambush, lie in wait

bərə[2] *i.* ① 둑, 제방 ferry-boat, raft ○ **bənd**; ② 부두 landing stage, pier, dock, wharf ○ **sal**, **körpü**; **~ ilə keçmək** *fe.* 배로 건너다, 배로 수송하다 ferry, raft

bərəçi *i.* 사공 ferryman

bərəçilik *i.* 나룻일, 도선업 job of ferryman

bərəkallah *ni.* 잘 했어! well done, That's the boy!

bərəkət *i.* ① 풍성함, 풍부, 충만 abundance, plenty, profusion ○ **bolluq**, **məhsuldarlıq**; ② 결실, 이득, 이익 fruit, interest, profit, benefit ○ **səmərə**, **fayda**, **xeyir**, **artım**; ③ *col.* 양식, 음식 bread, something to eat ○ **nemət**; ***Allah bərəkət versin.*** *풍성하게 하시기를. May God grant you abundance.*

bərəkətli *si.* ① 풍부한, 충만한, 충분한, 부유한 abundant, plentiful, copious, rich ○ **bol**, **zəngin**; ② 풍년의, 많은 소득의 good, productive, bumper (crop) ○ **uğurlu**, **rifahlı** ● **bərəkətsiz**; **~ hala gətirmək** *fe.* 풍부하게 하다 fertilise; **~ torpaq** *i.* 옥토(沃土) fertile soil; **~ məhsul** *i.* 풍년, 풍부한 결실 bumper-crop, rich harvest; **~ il** *i.* 풍년 productive year

bərəkətlilik *i.* 풍성함, 비옥, 부유함 fertility, fecundity, abundance, plenty, profusion

bərəkətsiz *si.* ① 빠듯한, 여유가 없는, 불충분한, 부족한, 빈약한 scanty, poor, meager ○ **davamsız**, **artımsız**; ② 결실이 없는, 흉년의, 이득이 없는 fruitless, without interest ○ **səmərəsiz**, **faydasız**, **xeyirsiz**, **üğursuz** ● **bərəkətli**

bərəkətsizlik *i.* ① 결핍, 궁핍, 부족함 scantiness, meagerness ○ **davamsızlıq**, **artımsızlıq**; ② 보람 없음, 헛됨, 소용없음 fruitlessness ○ **üğursuzluq**, **rifahsızlıq**

bərəlmə ☞ **bərəlmək**

bərəlmək *fe.* 응시하다, 노려보다, stared (at), goggled (at)

bərəltmə ☞ **bərəltmək**

bərəltmək *fe.* 눈을 부릅뜨고 바라보다, 응시하다 goggle, stare ○ **ağartmaq (göz)**; **bayquş kimi gözünü ~** *fe.* 올빼미처럼 응시하다 goggle like an owl; ***Mənə gözünü bərəltmə.*** *날 쳐다보지 마라! Don't stare at me.*

bəri (-dən) *qo.* ~ 이후로, ~로부터 since, from; *z.* 여기, 이 자리 here ○ **bura** ● **ora**; **~ başdan** *z.* 사전에, 미리 서둘러서 beforehand, in good time; **o vaxtdan ~** *z.* 그때 이후로 since then; ***Onu mən keçən ildən bəri görməmişəm.*** *나는 작년 이후 그를 보지 못했다. I haven't seen him since last year.*

bərk *si.* ① 단단한, 견고한, 뻣뻣한, 딱딱한, 견고한 hard, solid, stiff, firm ○ **sərt**, **qatı** ● **boş**; ② 강한, 튼튼한, 내구성이 있는, 견고한 strong, tough, long-lasting, solid ○ **möhkəm**, **sağlam**, **davamlı**, **güclü** ● **zəif**; ③ 빠른, 민첩한, 기민한, 급속한 rapid, quick, fast ○ **sür'ətli**, **tez**, **cəld**, **yeyin**; ④ 안정적인, 영구적인 firm, stable, permanent ○ **səbatlı**, **möhkəm**, **ciddi**, **dayanıqlı**, **e'tibarlı**, **dönməz**; ⑤ 격렬한, 세찬, 험한, 사나운 fierce, turbulent, violent ○ **şiddətli**, **güclü**; ⑥ (농도) 강한, 진한 thick, strong ○ **tünd**, **qəliz**; ⑦ 인색한, 구두쇠의, 몹시 아끼는 mean, stingy ○ **xəsis**, **simic**; *z.* 강하게, 세게, 격렬하게 hard, fast, quickly, tightly, firmly; **~ cisim** *i. fiz.* 고체, 고형물 solid; **~ darıxmaq** *fe.* 그리워하다, 갈망하다 pine for; **~ qəzəblənmək** *fe.* 격노하다, 격분하다, 대노하다 rage; **~ tənqid etmək** *fe.* 혹평하다, 깍아내리다 flay; **~ əsəbiləşmə** *i.* 분개, 격노 exasperation; **~ döyünmək** *fe.* 뛰어오르다, 도약하다 leap; **~ qucaqlamaq** *fe.* 세게 껴안다, 포옹하다 hug; **~ vurmaq** *fe.* (심장) 고동치다, 두근거리다, 맥박치다 throb (heart)

bərk-bərk *z.* 단단히, 꽉; 팽팽히, 굳게, 견고히 tightly, firmly, double fast

bərkdən *z.* 크게, 소리질러 loudly, aloud ○ **ucadan**, **hündürdən**; **~ gülmək** *fe.* 큰 소리로 웃다 roar with laughter

bərkidilmək *fe.* ① 튼튼하게 붙이다, 확실히 하다 be fastened, be secured; ② 진하게 되다, 단단하게 되다 be thickened, be hardened

bərkidilməmiş *si.* 헐거운 loose

bərkik *i. med.* (피부의) 못, 굳어져 감각이 없는 부

분 induration, callocity, callousness

bərkimə ☞ **bərkimək**

bərkimək *fe.* ① 강하게 하다, 딱딱하게 하다, 세게 하다 harden, strengthen ○ **sərtləşmək, möhkəmləşmək, qatılaşmaq** ● **yumşalmaq**; ② 속도를 높이다, 서두르다 speed up ○ **tezləşmək, cəldləşmək, yeyinləşmək**; ③ 튼튼하게 하다, 건강하게 하다 get stronger, get healthy ○ **sağlamlaşmaq, qüvvətlənmək, möhkəmlənmək**; ④ 격렬해지다, 거세어지다 become fierce ○ **şiddətlənmək, güclənmək**; ⑤ 진하게 되다, 걸쭉해지다 become thicker ○ **tündləşmək, qəlizləşmək**; ⑥ 단단해지다, 팽팽해지다 tighten ● **boşalmaq**

bərkimiş *si.* 단단해진, 딱딱해진 hardened

bərkinmək *fe.* ① 단단해지다, 딱딱해지다, 경화되다 get hardened, become fierce; ② 고집이 세지다 be obstinate

bərkişdirmək ☞ **bərkitdirmək**

bərkişmək *fe.* 튼튼해지다, 강해지다 become tempered, get stronger; ② 딱딱해지다, 경화되다 become harder, become more solid

bərkitdirmək *fe.* 튼튼하게 하다, 딱딱하게 하다 cause to harden/fasten

bərkitmə *i.* ① 붙임, 첨부 fastening, attaching; ② 경화(硬化) hardening ○ **bağlama, örtmə, qapama, qıfıllama**;

bərkitmək *fe.* ① 굳게 하다, 강화되게 하다 fasten, fix, secure, anchor, harden, consolidate ○ **bağlamaq, örtmək, qapamaq, qıfıllamaq**; ② *tex.* 꺾쇠로 고정시키다, clamp; ③ *fig.* 담금질하게 하다, 견고하게 하다 temper, steel; **özünü ~** *fe.* 스스로를 굳게 다짐하다 steel oneself

bərkləşmək *fe.* 단단해지다, 강화하다 harden

bərklik *i.* ① 강도(剛度), 경도(硬度) hardness, tightness ○ **sərtlik, qatılıq** ● **boşluq**; ② 안정성(安定性), 견고성(堅固性) stability, solidity ○ **möhkəmlik, davamlılıq, sabatlılıq**; ③ 농도(濃度) thickness (fluid) ○ **tündlük, qəlizlik**; ④ 인색(吝嗇), 인색함 stinginess, meanness ○ **xəsislik, simiclik**

bərq *i.* 광휘, 빛남; 광택 lustre, brilliance, brilliancy; **~ vermək** *fe.* 반짝반짝 반사하다, (반사하여) 반짝반짝 빛나다, 반짝거리다 glitter, sparkle

bərqərar *si.* ① 존속하는, 위치하는, 자리하는 locating, standing ○ **yerləşmə, dayanma**; ② 지속하는, 지구적(持久的)인 patient, lasting ○ **sabit, davamlı, daimi**; **~ olmaq** *fe.* 성취되다, 이뤄지다 be established; **~ etmək** *fe.* 이루다, 성취하다, 제정하다, 확립하다 establish

bərləşmə ☞ **bərləşmək**

bərləşmək *fe.* 동일화하다, 같아지다, 동등하게 되다, 균형을 이루다 balance, equalize ○ **tənləşmək, tarazlaşmaq**

bərli-bəzəkli *si. smart.* 잘 차려 입은, 잘 꾸며 입은 well-dressed, decorated

bərni *i.* 토기 단지 jar (made of clay)

bərpa *i.* 회복, 복구, 복귀, 재활, 재생, 재건 restoration, renewal, reconstruction, rehabilitation, rebuilding ○ **qurma, düzəltmə** ● **bərbad**; **~ etmək** *fe.* 회복하다, 복구하다, 재생하다, 재건하다, 재활하다 restore, regenerate, renew, revive; **~ etmə** *i.* 재활, 복구, 원기 회복 restoration, refreshment; **sağlamlığını ~ etmək** *fe.* 건강을 회복하다 restore one's health; **~ dövrü** *i.* 재건 기간 period of reconstruction

bərpaçı *i.* 재건가, 복귀자, 재활사 restorer

bərpaçılıq *i.* 재활직 job of restorer

bərzəx *i.* 지협(地峽) isthmus

bəs[1] *si.* 충분한, 족한, 만족할 만한 sufficient; enough, satisfactory ○ **yetər, kifayət**; **~ eləmək** *fe.* 만족시키다 suffice; **~dir** *z.* 충분히, 족히 pretty enough; ***Bəsdir!*** *됐어!, 충분해! That's enough! Stop it!*

bəs[2] *da.* ① 그러나, 저.. but, oh!; ② 그런데 말이야.. by the way (interrogation sentence); ***Bəs mən sizə dedim.*** *그러나 내가 여러분께 말했었죠. But I did tell you.*; ***Bəs siz getmirsiniz?*** *그런데 여러분은 가지 않으세요? By the way aren't you going?*

bəsirət *i.* 예견, 예지, 인지(력), providence, perception ○ **idrak, düşüncə**

bəsirətli *si.* 예지력이 있는, 멀리 내다 보는 far-sighted, far-seeing, prescient ○ **idraklı, gözüaçıq**

bəsirətlik *i.* 경계함, 조심성 있음, 주의 깊음 vigilance, watchfulness ○ **idraklıq, gözüaçıqlıq**

bəsirətsiz *si.* 단견(短見)의 short-sighted

bəsirətsizlik *i.* 단견, 선견지명이 없음, 경솔함 improvidence

bəsit *si.* 초보의, 초급의, 입문의, 단순한, 간단한 elementary, simple ○ **sadə** ● **mürəkkəb**

bəsitləşdirilmək *fe.* 단순화되다 be simplified
bəsitləşdirmək *fe.* 단순화시키다, 간소화하다 simplify
bəsitləşmə ☞ **bəsitləşmək**
bəsitləşmək *fe.* 단순화되다, 간단하게 되다 get/become simplified, become simple ○ **sadələşmək**
bəsitlik *i.* 초보적임 primitiveness ○ **sadəlik**
bəsləmə ☞ **bəsləmək**
bəsləmək *fe.* ① 키우다, 양육하다 breed, bring up, raise, cherish, nourish ○ **yetişdirmək, becərmək, böyütmək**; ② 먹이다, 기르다, 재배하다 feed, suckle, tend, nurse ○ **yedizdirmək**; ③ 간수하다, 돌보다 keep, look after ○ **qorumaq, saxlamaq, duymaq**; **nifrət ~** *fe.* 혐오감을 갖다, 반감을 품다 have an aversion; **hörmət ~** *fe.* 존경심을 품다, 존경하다 feel sympathy, respect; **ümid ~** *fe.* 소망을 품다 cherish/nourish hope
bəslənmək *fe.* 양육되다, 보육되다, be brought up; be cultivated; be bred
bəslət(dir)mək *fe.* 양육시키다, 돌보게 하다, ask to look after/feed
bəsləyici *si.* 양분을 공급하는, 영양이 되는, 자양분이 많은 nourishing, nutritious, nutrient
bəsləyiş *i.* 배열, 정돈, 배합, 배치 arranging, putting together, grouping ○ **bəsləmə**
bəstə¹ *si. obs.* 관련된, 상관된, 연계된 related, involved; *i.* 작곡(作曲) musical composition; *fig.* 노래 song ○ **nəğmə, hava, mahnı**
bəstə² *si.* 작은, 낮은 short, low, shortish ○ **alçaq, qısa, gödək** ● **hündür**
bəstəboy *si.* 키가 작은, 땅딸막한 undersized, shortish, dwarfish ○ **alçaq, qısa, gödək,** ● **ucaboy**
bəstəçi *i.* 항아리 jar ○ **küpə**
bəstəkar *i.* 작곡가, 음악가 composer, musician
bəstəkarlıq *i.* ① 작곡, 음악가의 직업 profession of composer; ② 작곡 능력 gift/talent of composer
bəstələmə ☞ **bəstələmək**
bəstələmək *fe.* 작곡하다 compose
bəstələnmək *fe.* 작곡되다 be composed
bəstər *i.* 침구류(寢具類) bedding ○ **yataq, yorğan-döşək**
bəstəri *si.* 병상(病床)의, 환자로 누워있는 lying in bed (patient)
bəşər *i.* (육신적 존재로서) 인간(人間), 인류(人類) human being ○ **insan, adam**; **~ övladları** *i.* 인류, 세상 mankind; **~ tarixi** *i.* 인간사(人間史), 역사(歷史) human history
bəşəri *si.* 인간의, 인류의 human ○ **insani**; **~ zəka** *i.* 인간 이성, 지성 the human mind
bəşəriyyət *i.* 인류, 인간성, 인간애(人間愛) humanity, mankind ○ **insanlıq**; **tərəqqipərəvər ~** *i.* 진보적인 인류, 발전하는 인간 progressive mankind
bəşərti *bağ.* ~라는 조건으로, 만약 ~이면 on condition that, provided, providing; ***Mən gedərəm bəşərti ki, sən də gedəsən.*** *네가 간다면, 나도 가겠다. I will go, provided that you go.*
bət-bəniz *i.* 얼굴, 안색 face, complexion; **~i qaçmaq/ağarmaq** *fe.* 창백해지다, 파리해지다 turn pale
bətn *i. ana.* 자궁(子宮) womb, uterus ○ **qarın**
bətndaxilı *si.* 태중(胎中)의, 임신(妊娠) 중의 in the time of womb/uterus
bəy *i.* ① ~씨, 신사 Mr. (title), noble man, member of the gentry ● **nökər**; ② 신랑(新郞) bridegroom ● **gəlin**
bəyan *i.* 진술, 보고, 알림 account, report, statement ○ **anlatma, izah, şərh**; **~ etmək** *fe.* 알리다, 선언하다, 진술하다, 보고하다 announce, pronounce, proclaim, state
bəyanat *i.* ① 성명(聲明)(서), 선언(서), 진술(서), 신고(서) manifest, statement, declaration ○ **mə'lumat**; ② 진술(眞術), 서술(敍述), 설명(說明), 표현(表現) expression, explanation, description ○ **ifadə, izah**; **~ vermək** *fe.* 선언하다, 신고하다, 진술하다 make a statement, declare; **rəsmi ~** *i.* 공식 선언 formal statement
bəyannamə *i.* 성명서(聲明書), 신고서(申告書), 선언서(宣言書) proclamation, declaration ○ **müraciətnamə**
bəyaz I. *i.* 백색(白色) white ● qara; **~ gecələr** II. *i.* 백야(白夜) Northern summer nights, polar days
bəyəm *da.* ① *col.* 정말로? 진실로? really?; ② 도대체 on earth, at all; ***Bəyəm o haqlıdır?*** *정말 그가 옳은가? Is he really right?*; ***Bəyəm onlar gəlib?*** *도대체 그들이 왔는가? Have they come at all?*

bəyəndir(t)mək *fe.* 승인하게 하다, 찬성하게 하다, 좋게 말하게 하다 cause/ask *smb.* to approve, have *smt.* approved
bəyənilmək *fe.* 좋게 여겨지다, 좋게 말해지다 be liked, be approved
bəyənmə *i.* 찬성(贊成), 인가(認可), 승인(承認), approbation, approval ○ **xoşlama**
bəyənmək *fe.* ① 승인하다, 좋아하다, 인정하다 approve, fancy; ② 좋아하다, 호의를 갖다 like, love ○ **xoşlamaq**; ③ 선택(選擇)하다, 취사(取捨)하다, choose, select; ***Məni bəyənirsən, itimi də bəyən.*** *ata.s. 날 좋아한다면 내 강아지도 좋아해라. Love me, love my dog.*
bəyənməmə *i.* 불승인(不承認), 불만(不滿), 비난조(非難調) dislike, disapproval
bəyənməzlik *i.* 경시(輕視), 무시(無視), 등한시(等閑視) disregard, disrespect ○ **saymazlıq**
bəyirmə ☞ **bəyirmək**
bəyirmək *fe.* 징징대며 말하다 bleat, whinny ○ **çığırmaq, bağırmaq**
bəyirti *i.* 실없는 푸념 bleat
bəyirtmək *fe.* 징징대게 하다, 울게 하다 cause to bleat
bəylik *i.* ① 귀족 지위, 귀족 계급 nobility rank, nobility ○ **ağalıq, hökmranlıq**; ② *fig.* 주권(主權), 지상권(地上權), 패권(覇權), 지도권(指導權), 지배권(支配權) supremacy ○ **rəhbərlik, başçılıq**; *si.* 신랑의, 신랑에 상관되는 of/for the groom
bəyzadə *i.* ① 귀공자(貴公子) nobleman's son; ② 귀족, 고상한 사람, 고위층 fine gentleman, nobleman
bəyzadəlik *i.* 귀족층, 높은 지위, 높은 신분 nobility, nobleness
bəzədilmə *i.* 장식(裝飾), 꾸미기, 꾸밈, 치레 adornment, decoration, ornamentation
bəzədilmək *fe.* 꾸며지다, 장식되다 be adorned, be decorated
bəzək *i.* 장식, 꾸미기, 고명 ornament, decoration, garnish, garniture ○ **zinət, yaraşıq**; ~ **stolu** *i.* 화장대(化粧臺), dressing table; ~ **vurmaq** *fe.* 꾸미다, 장식하다 decorate
bəzəkçi *i.* ① 장식가 (裝飾家), 도배업자 (塗褙業者), 도색공(塗色工) decorator; ② *col.* 익살꾼, 농담꾼, 어릿광대 jester, joker
bəzəkçilik *i.* 장식업(裝飾業) job of decorator
bəzək-düzək *i.* 장식(물), 수식, 윤색, 꾸밈 embellishment, decoration, ornament, ornamentation
bəzəkli *si.* ① 잘 꾸민, 장식이 화려한 smart, well-dressed, decorated ○ **zinətli, yaraşıqlı, naxışlı, şəkilli**; ② 얼룩진 stained
bəzəksiz *si.* 장식 없는 without decoration, adornment ○ **sadə, adi**
bəzəmə *i.* 장식, 꾸미기, 곁들임, 고명, garnish, garniture
bəzəmək *fe.* ① 꾸미다, 차려입다, 치장하다 adorn, array, dress up ○ **zinətləndirmək, gözəlləşdirmək, qəşəngləşdirmək**; ② 장식하다, 꾸미다, 도배하다 decorate, embroider, furnish; ③ 과장(誇張)하다, 빗대어 말하다 exaggerate, speak ironically
bə'zən *z.* 때때로, 가끔, 수시로, 종종 now and then, sometimes, at times ○ **arabir, hərdən** ● **həmişə**
bəzəndirilmək *fe.* 꾸며지다, 차려 입혀지다 be adorned, be dressed up
bəzəndirmək *fe.* 차려입게 하다, 치장하게 하다 dress up, dress out, array (in)
bəzənmək *fe.* ① (스스로) 차려입다 dress oneself up; ② 치장되다, 꾸며지다 be decorated, be ornamented
bəzətdirmək *fe.* 치장하게 하다, 꾸미게 하다 cause/ask *smb.* to adorn/decorate
bə'zi *vz.* 얼마는, 더러는, 몇몇은 some, several; **~ləri** *vz.* 그들 중 몇몇은 some of them; **~niz** *vz.* 너희 중 몇몇은 some of you
bəzzat *i.* 악한, 불량배, 사기(邪氣)꾼, 인비인(人非人), 악당(惡黨), 깡패 rogue, rascal ● **alicənab**
bıçaq *i.* 칼, 식칼, 단도(短刀) knife; ~ **zərbəsi** *i.* 칼로 찌르기 stab; **cib ~ı** *i.* 주머니칼 penknife; ~ **ağzı** *i.* 칼날, 날 edge, blade; ~ **ustası** *i.* 날붙이 제조인, 칼 장수 cutler
bıçaqçı ☞ **bıçaqqayıran**
bıçaqitələyən *i.* 칼 가는 사람 grinder, knife-grinder
bıçaqqayıran *i.* 대장장이 cutler
bıçaqlama ☞ **bıçaqlamaq**
bıçaqlamaq *fe.* 칼로 찌르다, 자르다, 베다 stab, hurt (with a knife) ○ **yaralamaq, vurmaq**
bıçaqlanmaq *fe.* 칼에 다치다 be wounded with a knife
bıçaqlaşma *i.* 칼부림 throat-cutting, knife

B

fighting

bıçaqlaşmaq *fe.* 칼부림을 하다 hurt/fight each other with knife

bıçılqan *i.* (말) 피병 malingers, illness of lack of growth (horse)

bıçqı *i.* 톱, 활톱, 쇠톱 saw, hacksaw ○ **mişar**

bıçqıçı *i.* 톱 만드는 사람 saw-maker

bıçqıbalığı *i. zoo.* 톱가오리(열대 아메리카, 아프리카산) sawfish ○ **mişarbalığı**

bıçqılama *i.* 톱질 sawing

bıçqılamaq *fe.* 톱질하다, 톱으로 썰다 saw ○ **mişarlamaq**

bığ *i.* ① (사람의) 콧수염, (동물의) 수염 moustache (man), whiskers (animal); ② (곤충) 더듬이 feeler, tentacle, palpus, antenna (insect); ③ (식물) 덩굴 손 tendril (plant); ④ (물고기) 촉수(觸手) barbel (fish); **~ının altından gülmək** *fe.* 비웃다, 비소(誹笑)하다, 조롱(嘲弄)하다, 조소(嘲笑)하다 jeer, mock, scoff; ~ **yeri yenicə tərləmiş cavan** *i.* 청소년 (14-16세) adolescent boy (of 14-16 years); **~ı burma cavan** *i.* 청년 (25-30세) youth (25-30 year)

bığıburma *i.* 청년, 사춘기 청소년 young man (who just entered adulthood) ○ **gənc, yetişmiş, yekə, boylu, buxunlu**

bığlanmaq *fe.* 콧수염이 자라다 grow a mustache

bığlı *si.* 콧수염을 기른, 수염이 자란, 촉수를 가진 moustached, whiskered, with barbell; ~ **böcək** *i.* Capricorn beetle

bığlı-saqqallı *si.* 젊은 어른 adult, grown-up

bığsız *si.* 콧수염을 기르지 않는 without a moustache

bıqma ☞ **bıqmaq**

bıqmaq *i.* 괴롭히다, 못살게 굴다, 성가시게 하다 pester, bother ○ **bezikmək, usanmaq, təngə gəlmək**

bıy *ni.* (후회, 두려움, 당황, 절망 등) 아~! alas! ah!, oh! (distressful, fearful, embarrassing, regretful) ● **vay**

bi- *dil. prefix.* 접두사 (~없는, ~아닌) without (used in the same way as **-siz**)

biabır *si.* 수치스러운, 부끄러운, 불명예스러운, 불명예의, 악평을 초래하는, 꼴불견의 disgraceful, shameful ○ **abırsız, həyasız**; ~ **etmək** *fe.* 수치가 되다, 명예를 더럽히다, 치욕을 주다 disgrace, defame, shame; ~ **olmaq** *fe.* 부끄럽다, 수치스럽다, 불명예스럽다 be disgraced, be shamed

biabırcasına *z.* 수치스럽게, 치욕스럽게, 불명예스럽게 shamefully, indecently, disgracefully

biabırçı *si.* 수치스러운, 악평을 가져오는, 꼴불견의, 창피한, 괘씸한 disgraceful, disputable, ignomious, scandalous, shameful, shocking; ~ **davranış** *i.* 꼴불견, 수치스런 행동 shameful conduct

biabırçılıq *i.* 불명예, 치욕, 굴욕 disgrace, infamy, ignominy ○ **abırsızlıq, həyasızlıq, rəzalət, rüsvayçılıq**; ~ **etmək** *fe.* 수치스럽게 행동하다 behave indecently

biar ☞ **arsız**

biaram ☞ **aramsız**

biarlıq ☞ **arsızlıq**

biahəng ☞ **ahəngsiz**

bibar ☞ **barsız**

bibər *i. bot.* 고추 pepper

bibərli *si.* 고추가 들어간 peppered

bibi *i.* 고모(姑母) aunt (father's sister); ~ **uşaqı** *i.* 고종사촌(姑從四寸) cousin

bibiqızı *i.* 고종사촌녀(姑從四寸女) cousin (female)

bibinəvəsi *i.* 6촌 second cousin

bibioğlu *i.* 고종사촌(姑從四寸) cousin (male)

biblioqraf *i.* 서지학자(書誌學子), 참고 문헌 편찬자 bibliographer

biblioqrafiya *i.* 서지학(書誌學), 참고문헌(參考文獻) bibliography

bic[1] *i. bot.* 싹, 새싹 shoot, sprout ○ **zoğ**

bic[2] I. *i.* 사기꾼, cheat, swindler, rouge, old fox, sly dog; ② 사생아(私生兒) illegitimate child; II. *si.* ① 비합법적인 extramarital, natural, illegitimate; ② 교활한, 간교한 cunning, sly, artful, shifty ○ **hiyləgər, fəndgir**; ~ **təbəssüm** *i.* 간교한 웃음 sly smile; ~ **zarafat** *i.* 교활한 장난 a cunning trick

bic-bic *z.* 교활하게, 간교하게, slyly, cunningly, intricately; ~ **gülümsəmək** *fe.* 교활하게 웃다 smile slyly

bica *si.* ① 적합하지 않는, 무의미한 meaningless, unsuitable ○ **yersiz, mə'nasız** ● **mə'nalı**; ② 헛된, 무가치한 irrelevant, vain ○ **bihudə, əbəs, nahaq**

bicləşmə ☞ **bicləşmək**

bicləşmək *fe.* 간교하다, 교활하다, 약삭빠르다 be cunning, be crafty, be artful ○ **hiyləgərləşmək, fəndgirləşmək**

biclik *i.* ① 간교함, 교활함, 약삭빠름 cunning, slyness, guile, craft; ② 속임수, 사기, 계략, 책략 trickery, fraudulence ○ **hiyləgərlik, fəndgirlik, kələkbazlıq** ● **düzlük**; ~ **etmək** *fe.* 흉내내다, 속이다, 가장하다 pretend to be, simulate

biçarə *si. i.* ① 비참한, 불쌍한, 몹시 불행한 poor, miserable ○ **yazıq, miskin, fağır, məzlum** ● **zalım**; ② 비참한, 고칠 수 없는, 돌이킬 수 없는 helpless, wretched, irremediable ○ **çarəsiz, əlacsız, aciz**; ③ 불행한, 운 없는 unfortunate ○ **bədbəxt**;

biçarəlik *i.* ① 불쌍함, 비참함, 궁핍함, 고통스러움, 고뇌, 비탄 misery, wretchedness, distress ○ **yazıqlıq, miskinlik, fağırlıq, məzlumluq**; ② 불행, 불운, 역경 misfortune ○ **bədbəxtlik**; ③ 불치성, 고칠 수 없음, 절망, 자포자기 irremediableness, desperation ○ **çarəsizlik, əlacsızlıq, acizlik**

biçdirilmək *fe.* ① (의복) 재단되다 be cut (clothes); ② (추수) 베어지다, 거둬들여지다 be mowed, be cut, be reaped (havest)

biçdir(t)mək *fe.* ① 재단하게 하다, 베게 하다, 자르게 하다 ask to cut (clothes), have *smb.* cut; ② 거두게 하다 ask *smb.* to mow/reap/crop

biçənək *i.* 건초밭, 건초 만들기 hayfield, hay making ○ **otlaq, çəmənlik**; ~ **yerlər** *i.* 건초밭 hayfield

biçici *i.* 재단사 cutter (tailor's)

biçili *si.* 재단된, 베어 놓은 cut out

biçilmək *fe.* ① 베어지다, 재단되다 be cut out; ② 베어들여지다, 거둬들여지다, 수확되다 be mowed, be reaped

biçim *i.* ① 자름, 재단 cut, cutting out; ② 만듦새, 양식(樣式), 스타일 fashion, pattern, shape ○ **ülgü, fason, ölçü**; **insanın ~i** *i.* (사람의) 외모, 복식 man's figure; **bir ~də** *z.* 같은 양식의, 같은 유행의 of the same cut, of the same figure

biçimli *si.* ① 잘 재단된, 옷이 맵시 있게 지어진 well-cut (clothes); ② 멋있는, 유행하는, 맵시 있는, 잘 어울리는 fashionable, slender, shapely, harmonious ○ **tənasüblü, yaraşıqlı, qəşəng** ● **yaraşıqsız**; ~ **əndam** *i.* 날씬한 외모 slender figure

biçimsiz *si.* ① (옷이) 잘 만들어지지 않은, 잘 지어지지 않은 badly-cut (clothes) ○ **tənasübsüz, səliqəsiz**; ② 보기 흉한, 어색한, 어울리지 않는 shapeless, awkward, ill-proportioned ○ **yöndəmsiz, eybəcər** ● **yöndəmli**

biçimsizləşmə ☞ **biçimsizləşmək**

biçimsizləşmək *fe.* 모양이 없다, 흉해지다 be disfigured, be deformed ○ **çirkinləşmək, yöndəmsizləşmək**

biçimsizlik *i.* 모양새가 없음, 잘 어울리지 않음, 균형 없는, 부조화 shapelessness, dissonance, disproportion, formlessness ○ **çirkinlik, yaraşıqsızlıq, yöndəmsizlik**

biçin *i.* 추수, 가을걷이, 거둬들임 harvest, reaping, mowing; ~ **vaxtı** *i.* 추수기(秋收期) harvest (time); ~ **maşını** *i.* 수확기(收穫機)harvester

biçinçi *i.* ① 추수꾼 harvester reaper; ② 건초 만드는 사람, 베는 사람 mower, haymaker

biçinçilik *i.* 잔디 깎는 업 reaper's/mower's job

biçmə *i.* ① (풀, 잔디) 깎기, 베기 mowing ○ **qırxma**; ② 자르기 cutting out ○ **kəsmə**; ③ 죽이기 killing ○ **qırma, öldürmə**; ~ **və tikmə kursları** *i.* 재단 재봉 기술 과정 dress-making courses

biçmək *fe.* ① (의상) 재단하다 cut, cut out (dress-making ○ **kəsmək**; ② (식물) 베다, 추수하다 mow, reap (grain) ○ **qırxmaq**; ③ 베어 넘기다, 살해하다 mow down, kill ○ **qırmaq, öldürmək**; ***On ölç, bir biç.*** *열 번 재보고 한 번 자르라. (돌다리도 두드려보라) Measure ten times before cutting once. Look before you leap.*

bidar *si.* 깨어있는, 의식이 있는, 방심하지 않는 awake, aware, alert ○ **oyaq** ● **yuxulu**

bidon *i.* 양철통, 양철 용기 can, churn; **süd ~u** *i.* 우유통 milk can, milk churn

bietibar ☞ **etibarsız**

bietimad ☞ **etimadsız**

bietina ☞ **etinasız**

biədəb *si.* 버릇없는, 무례한, 천한 unmannerly, ill-bred, indecent, impolite, rude ○ **ədəbsiz**

biədəblik *i.* 무례함, 천박함, 꼴사나움, 속악(俗惡) indecency, rudeness, incivility

biəlac ☞ **əlacsız**

biəməl *i.* 모조 인간 pseudo man; *si.* 거짓의, 가짜의, 허위의 false, wrong, sham

biəndazə ☞ əndazəsiz

biəncam ☞ əncamsız

biəsil ☞ əsilsiz

biəvəz ☞ əvəzsiz

bifayda ☞ faydasız

bifər ☞ fərsiz

bifərasət ☞ fərasətsiz

bifərasətlik ☞ fərasətsizlik

bifşteks *i.* 비프스테이크 beefsteak, steak

biganə I. *si.*① 무관심한, 무정한, 비정한, indifferent, apathetic ○ **laqeyd**; ② 어색한, 생소한 foreign, unfamiliar ○ **yad**, **özgə** ● **doğma**; II. *z.* 무관심하게, 무정하게 indifferently; ~ **baxmaq** *fe.* 냉담하게 바라보다 look indifferently

biganələnmə ☞ **biganələnmək**

biganələşmək *fe.* 무정하다, 무관심하다, 냉담하다 become indifferent, become unfamiliar ○ **yadlaşmaq**, **özgələşmək**

biganəlik *i.*① 무관심, 냉담, 무감각 indifference ○ **laqeydlik**; ② 어색함, 생소함 unfamiliarity ○ **yadlıq**, **özgəlik**, **yabançılıq** ● **doğmalıq**; ~ **göstərmək** *fe.* 무관심하다, 냉담하다 show indifference

bigəran *si.* 끝없는, 무한한, 무제한의 endless, limitless ○ **sonsuz**, **intihasız**, **hüdudsuz**

bigüman *si., z.* ① 분명한, 확실한, 명백한, 뻔한 evident(ly), obvious(ly); ② 의심의 여지 없는 doubtless(ly)

bigümanlıq *i.* ① 분명함, 확실함, 명백함 evidence, obviousness; ② 의심의 여지 없음 doubtlessness

bigünah ☞ günahsız

bihal ☞ halsız

bihallıq ☞ halsızlıq

bihəya *si.* 뻔뻔한, 후안무치(厚顔無恥)의, 수치를 모르는, 파렴치한 shameless, impudent, bold-faced, brazen (faced)

bihəyalıq *i.* 후안무치(厚顔無恥), 뻔뻔함 shamelessness, impudence

bihörmət ☞ hörmətsiz

bihörmətlik ☞ hörmətsizlik

bihudə *si., z.* 헛된, 무익한, 공연한, 쓸데없는 futile, vain(ly), useless(ly) ○ **əbəs**, **boş-boşuna**, **mə'nasız**, **gaydasız**; ~ **cəhd** *i.* 헛된 시도 vain attempt; ~ **zəhmət** *i.* 헛수고 vain toil; ~ **müzakirə** *i.* 공연한 토론 vain discussion; ~ **yerə** *z.* 헛되게, 쓸데없이 vainly, for nothing

bihuş *si.* ① 무의식적인, 무감각한, 몰인정한 insensible, unconscious, unfeeling, callous ○ **bayğın**; ② 무의식의, 잘 잊어버리는, 무관심한 absent-minded, forgetful ○ **hafizəsiz**, **yaddaşsız** ③ 매혹된, 빠진, 황홀한 fascinated, enraptured ○ **məst**, **heyran**, **valeh**; ~ **etmək** *fe.* 최면을 걸다, 자게 만들다 put to sleep, put into a hypnotic sleep; lull, stupefy; ~ **olmaq** *fe.* 졸리다 be sleepy, be stupefied

bihuşdarı *i. med.* 마취, 혼수, 실신 narcosis, anaesthesia; ~ **vermək** *fe.* 마취시키다, 무감각하게 하다 narcotise, give narcosis

bihuşedici *si.* 마비시키는, 감각을 잃게하는, 매혹하는, 황홀하게 하는 stupefying, charming, fascinating, captivating

bihuşluq *i.* ① 실신(失神), 무의식, 무지각, 인사불성(人事不省) unconsciousness, catalepsy, insensibility, coma, senselessness; *med.* syncope ○ **bayğınlıq**; ② 방심(放心), 얼빠짐 absent-mindedness, forgetfulness ○ **hafizəsizlik**, **yaddaşsızlıq** ③ 황홀함, 매혹됨, 매료됨 fascination, enrapture ○ **məstlik**, **heyranlıq**, **valehlik**

bixəbər *si.* 알려지지 않음, 무소식 상태 uniformed, ill-informed

biixtiyar *si.* 자연 발생적인, 자발적인, 임의의 spontaneous

biiman ☞ imansız

biinsaf ☞ insafsız

biixtiyar ☞ ixtiyarsız

bikar *si.* ① 한가한, 비어있는, 일없는 free, idle, disengaged ○ **işsiz**, **avara** ● **işgüzar**, **işlək**; ② 직업이 없는, 고용되지 못한 jobless, unemployed; *z.* 헛되이, 쓸데없이 idly, in vain; ~ **-bikar** *z.* 쓸데없이, 헛되이 idly

bikara *si. col.* 무익한, 사소한, 중요하지 않는, 쓸데없는 useless, unimportant, good-for-nothing

bikarçılıq *i.* ① 게으름 피우기, 나태, 무위(無爲) idleness ○ **bikarlıq** ● **çalışqanlıq**; ② 무직(無職) 상태, 일 없다 joblessness, unemployment ● **işgüzarlıq**

bikarlaşmaq *fe.* ① 한가하다, 나태하다 become free; ② 실직하다, 직장을 잃다 become unemployed, be out of work

bikarlıq *i.* ① 게으름, 무위(無爲), 나태(懶怠) idleness, inactivity ○ **bikarçılıq**; ② 실직상태 unemployment ○ **işsizlik, avaralıq**

bikef *si.* 슬픈, 서러운, 우울한, 울적한 sad, melancholy ○ **kefsiz** ● **şad**; ~-~ *z.* 슬프게, 서럽게, 비탄에 잠겨 sadly, sorrowfully

bikefləmək *fe.* 슬프다, 우울하다, 울적하다 become sad/sorrowful

bikef(çi)lik *i.* 우울함, 울적함 melancholy, sadness

bikəs *si.* 혼자인, 외로운 helpless, alone ○ **kimsəsiz**

biqafil ☞ **qəfil**

biqeyrət ☞ **qeyrətsiz**

biqeyrətləşmək *fe.* 경솔하다, 건방지다, 부주의하다 become/grow light-hearted/careless

biqeyrətlik *i.* 무관심, 부주의, 경솔, 경망, 소홀 carelessness, unconcern

biqəm *si.* ① ☞ **qəmsiz**; ② 만사 태평인 (친구, 녀석) happy-go-lucky (fellow)

biqərar I. *si.* 우유부단(優柔不斷)한, 결단력이 없는, 줏대 없는, 망설이는 indecisive, irresolute; II. *z.* 침착하지 못하게, 좌불안석(坐不安席)으로 restlessly, impatiently, continuously

biqərəz ☞ **qərəzsiz**

bilaixtiyar I. *si.* 본의 아닌, 부득이한 involuntary, automatic, unintentional; II. *z.* 부득이하게, 본능적으로, 무의식적으로 involuntarily, unintentionally; ~ **təbəssüm** *i.* 억지 웃음 involuntary smile; ~ **ah çəkmək** *fe.* 무의식적으로 한숨을 짓다 sigh unintentionally; ~ **hərəkət** *i.* 무의식적인 행동 involuntary movement

bilasəbəb ☞ **səbəbsiz**

bilatəxir *z.* 즉각적으로, 당장, 곧, 즉시 immediately ○ **dərhal**

bilavasitə *si.* 직접적인, 즉시의, 당면한, 목전의, 원래의, 자발적인, 임의의 direct, immediate, firsthand, spontaneous ○ **birbaşa**; *z.* 직접적으로, 당장에, 즉시(卽時) directly, immediately; ~ **əlaqə** *i.* 직접 연락, 직접 소통 direct contact, direct communication; ~ **demək** *fe.* 정직하게 말하다 speak frankly

bilayiq ☞ **layiqsiz**

bilayiqlik ☞ **layiqsizlik**

bildir *z.* 1년전에 one year ago, last year

bildirçin *i. zoo.* 메추라기 quail

bildirilmək *fe.* 고지되다, 알려지다 be informed/declared

bildiriş *i.* 고지, 통지, 알림 notice, notification; *hərb.* 호출, 소집 summons ○ **e'lan, mə'lumat, xəbərdarlıq**; 고지서, 통지서 ~ **vərəqəsi** notice; 고지서를 보내다, 통지서를 보내다 ~ **vərəqəsi göndərmək** give notice

bildirki *si.* 지난해의, 작년의 last year's, of last year ● **indiki**

bildirmək *fe.* 알리다, 말하다, 확언하다, 의사소통하다, 지시하다, 보고하다, 통지하다 announce, affirm, communicate, denote, notify, suggest, tell

bilet *i.* ① 표(標), 입장권(入場券) ticket; ② 통행증, 출입증 pass, card; ~ **kassası** *i.* 매표구(賣票口) ticket window, booking-office; ~ **sifariş vermək** *fe.* (표를) 예약하다 book

biletci *i.* 검표원(檢票員) ticket collector

biletəbaxan, biletyoxlayan *i.* 검표원, 차장, 승무원(乘務員) ticket collector, controller, attendant

biletsatan *i.* 매표원(賣票員) cashier, ticket-seller

biletsiz *si.* 입장권 없는 ticketless

bilək *i. ana.* 손목 wrist; **~yə dolamaq** *fe. fig.* 모욕하다, 비웃다, 놀리다 mock, scoff, make a fool of

bilə-bilə *z.* 알면서도, 고의적으로, 일부러, knowingly, wittingly, deliberately, intentionally

bilərək *z.* 알면서 고의로 wittingly, knowingly ○ **qəsdən, bilə-bilə**

bilərəkdən *z.* 고의적으로, 일부러 wittingly, deliberately ○ **bilə-bilə**

bilən *si.* 학식 있는, 학자적인, 학문적인 learned, scholarly, erudite, able, competent

bilərzik *i.* 팔찌 bracelet, bangle ○ **qolbaq**

bilərzikli *si.* 팔찌를 한 wearing a bracelet ○ **qolbaqlı**

bilici *i.* 학자, 전문가 connoisseur, scholar; ~ **olmaq** *fe.* 전문가가 되다, 학자가 되다 be a connoisseur

bilik *i.* 지식, 학식 knowledge; ~ **qazanmaq** *fe.* 학식을 얻다 acquire knowledge

biliklənmək *fe.* 학식을 얻다, 배우다 acquire knowledge

bilikli *si.* ① 배운, 지식이 있는, 학식을 지닌

B

learned, erudite, well-educated ○ **elmli, hazırlıqlı**; ② 잘 알려져 있는 well-informed ○ **mə'lumatlı**

biliksiz *si.* ① 무지의, 무식한, 무교육의, 무학의 ignorant ○ **elmsiz, hazırlıqsız**; ② 잘 알려지지 않은 uninformed ○ **mə'lumatsız**

biliksizlik *i.* ① 무지, 무식, 교육받지 못함, 무학 ignorance ○ **elmsizlik**; ② 지식의 결여 lack of knowledge ○ **mə'lumatsızlıq, hazırlıqsızlıq**

bilinmə ☞ **bilinmək**

bilinmək *fe.* ① 알려지다 be known ○ **anlaşılmaq**; ② 인지되다, 드러나다 be recognized, be revealed, come to light ○ **tanınmaq**

bilinməyən *si.* 알려지지 않은, 드러나지 않은 unknown

bilinməz *si.* 인지되지 않는, 알려지지 않는, incognizable, unknowable, mysterious

billur ☞ **büllur**

bilmə ☞ **bilmək**

bilməcə *i.* (몸짓에 의하여) 말을 알아맞히는 놀이, 제스처 게임 charade, parlour game (game to guess a word with gestures)

bilmədən *z.* ① 모르고, 우연히, 우발적으로, 뜻하지 않게 by chance, by accident, accidentally; ② 되는 대로, 마구잡이로 at random, on the off-chance; ③ 알지 못한 채, 무의식으로 not knowing, unaware

bilmək *fe.* ① 알다, 주지(主知)하다, 이해하다 know, be aware; ② 인지되다, 인정되다, 승인되다, 의식(意識)하다 be known, be recognized, be conscious of ○ **tanınmaq**; ③ 인지(認知)하다, 터득(攄得)하다, 깨닫다, 지각(知覺)하다 perceive, understand, find out, be aware of ○ **sezmək, duymaq, anlamaq**; ④ 기억하다, 추측하다, 떠올리다 remember, guess ○ **xatırlamaq**; ⑤ (조동사 역할로) 할 수 있다 (auxiliary verb) can, be able to (root of verb + **a/ə** + **bilmək**); 궁금한데… ***Bilmək istərdim ki.*** *I wonder.*; ***Danışa bilirəm.*** *제가 말하지 못합니다. I can speak.*

bilməməzlik *i.* 무식, 무지 ignorance; **özünü ~yə qoymaq** *fe.* 모른 체하다 pretend not to know

bilmərrə *z.* 절대적으로, 반드시, 당장에 absolutely, quite, utterly, once for all; ***Siz bilmərrə bilməlisiniz.*** *당신들은 반드시 알아야 합니다. You absolutely must know.*

bilvasitə *si.* 간접적인, 이차적인 indirect; *z.* 간접적으로 indirectly; **~ vergilər** *i. mal.* 간접세 indirect taxes; **~ cavab** *i.* 간접적인 대답, 우회적 답변 indirect answer

bilyard *i. idm.* 당구(撞球)billiards

bilyardxana *i.* 당구장(撞球場) billiards room

bimar *si.* 아픈, 병든 sick, ill ○ **xəstə**

bim-biz *z.* ① 매우 날카로운, 뾰족한 very sharp, pointed ○ **biz-biz**; ② (머리카락) 쭈뼛한 upright (hair etc)

bimə'rifət ☞ **mə'rifətsiz**

biməsrəf *si., z.* 낭비적인, 무용한, 무익한, 헛된 useless(ly), vain(ly), wasteful(ly); **~ cəhd** *i.* 헛된 노력 wasted effort; **~ xərc** *i.* waste of money 재물의 허비; **~ həyat** *i.* 허비된 삶 wasted life; **~ danışmaq** *fe.* 쓸데없이 말하다 speak in vain

bimürüvvət *si.* 잔인(殘忍)한, 무자비(無慈悲)한 cruel, merciless ○ **insafsız**

bimürüvvətlik *i.* 무자비, 잔인함, 포악성 cruelty, brutality, mercilessness ○ **insafsızlıq**

bina *i.* ① 건물, 빌딩, 건축물, 구조물 building, construction, edifice, erection ○ **tikili, mülk, ev**; ② 집, 거주 장소 house, dwelling; ③ 기초, 주초, 근본 foundation, base ○ **bünövrə, özül, təməl, əsas**; **~ qoymaq** *fe.* 기초를 놓다, 근본을 다지다 lay the foundation

binaən *qo.* ~에 따라, ~에 의하여 according to ○ **görə**

binagüzarlıq *i.* 지시, 명령 instruction, direction

binamus ☞ **namussuz**

binar *si.* 두개의, 쌍의, 이진법의 binary, double; **~ sistem** *i.* 이진법(二進法) binary system; **~ mə'na** *i.* 복수적 의미 double meaning; **~ silah** *i. hərb.* 2종류의 화학 물질로 구성된 화학무기 binary weapon

binə *i.* ① 유목민촌 camp of nomads; ② 촌락, 부락, 거주지 village, settlement, farm stead ○ **yurd, köç**

binəsib *si. i.* 불행한, 불운의, 가난한, 빈한한 unfortunate, unlucky, destitute (person)

binəva *i. col.* 불쌍한 친구, 딱한 녀석 poor boy/fellow, poor devil; *si.* 비참함, 불쌍한 poor, wretched, miserable ○ **yazıq, fağır, bədbəxt, zavallı**

binəvalıq *i.* 비참함, 불쌍함, 참담함, 불운, 불행 wretchedness, unhappiness, misery, poverty, misfortune ○ **yazıqlıq**, **fağırlıq**, **bədbəxtlik**, **zavallılıq**

binokl *i.* 쌍안경(雙眼鏡) binoculars, pair of glasses; **səhra ~u** *i.* 야외 쌍안경 field glasses; **teatr ~u** *i.* 극장용 쌍안경 opera glasses

binom *i. mat.* 이항식(二項式)의 binomial

bint *i.* 붕대, 안대, 반창고(絆創膏) bandage

bintləmək *fe.* 붕대를 감다, 반창고를 붙이다 bandage

bintlənmək *fe.* 붕대로 묶이다, 반창고로 싸매지다 be bandaged

biogines *i.* 생물발생설 biogenesis

biokimya *i.* 생화학(生化學) biochemistry

biokimyaçı *i.* 생화학(生化學)자 biochemist

bioqraf *i.* 전기(傳記)작가(作家) biographer

bioqrafiya *i.* 전기, 일대기(一代記) biography

bioqrafik *si.* 전기(傳記)적인 biographic

biologiya *i.* 생물학(生物學) biology

bioloji *si.* 생물학적(生物學的) biological

bioloq *i.* 생물학자(生物學者) biologist

biosfer *i.* 생물권(生物圈), 생활권(生活圈) biosphere

biofizik *i.* 생물물리학(生物物理學)자 biophysicist

biofizika *i.* 생물물리학(生物物理學) biophysics

biofiziki *si.* 생물물리학(生物物理學)적 biophysical

biocərəyan *i.* 생체(生體) biological current

bir I. *i. say.* 일, 하나 one (數); II. *i.* 하나, 단독(單獨) one, single ○ **tək**, **vahid**, **yeganə**; *si.* ① 같은, 동등한 same ○ **bərabər**, **eyni**; ② 어떤, 예(例)의 certain; III. *vz.* 어떤 사람, 누군가 some, someone; IV. *z.* 같이, 함께 together; V. *da.* ① 그저, 그렇게 just, do; ② 단지 only; VI. *bağ.* 둘 다, 이제저제 both and, now and then; **~ az** *z.* 약간, 조금 some, little; **~ azdan** *z.* 잠시 후에, 지금 당장 after a while, presently; **~ az sonra** *z.* 곧, 당장 soon; **~ daha** *z.* 다시, 한 번 더 again, once more; **~ dəfəlik** *z.* 단회적으로, 단 한 번에 once for all; **~ də** *z.* 다시, 또, 한 번 더 once more, by the way, once again; **~ də ki** *ba.* 그리고, 게다가 and; **~ dəfə** *z.* 한 번, 한 차례 once; **həftədə ~ dəfə** *z.* 일 주일에 한 번 once a week; **~ dəfə də olsun** *z.* 단 한 번도 없이 never; **~ neçə** *si. z.* 약간(의), 조금이라도, 얼마간의 some, any, several; **~ qədər** *z.* 약간, 조금, 일부 a little, partly; **~ tərəf(d)ə** *z.* 한 쪽으로, 한 편에, 별도로 aside, apart; **~ yana** *z.* 떨어져, 떠나서 away; **~ yer(d)ə** *z.* 한 곳에서, 어떤 곳에서 somewhere; ***Biri vardı, biri yoxdu.*** *옛날에 한 옛날에 Once upon a time.*; ***Bir güllə bahar olmaz.*** *제비 한 마리가 봄을 가져다 주는 것이 아니다. One swallow does not make a spring.*

biradamlıq *si.* 일인용의 for one person (seat *etc.*)

biradlı *si.* 동명(同名)의 of the same name

biravarlı *si.* 노가 하나인 one-oared

birayaqlı *si.* 다리가 하나인 one-legged

biraylıq *si.* 한 달분의, 한 달만큼의 month's, monthly, of the month

birarvadlı *si.* 단혼(單婚)의, 일부일처(一夫一妻)의 monogamous

birarvadlılıq *i.* 일부일처제(一夫一妻制), 단혼제(單婚制) monogamy

biratımlıq *si.* 일회용(一回用)의 for one use

biratlı *si.* 단필마(短筆馬)의, 말 한 필이 이끄는 (마차) single horsed

biratomlu *si.* 단핵(單核)의 monoatomic

birbaş(a) *si.* 바로 direct, *z.* directly ○ **bilavasitə**, **düz** ● **dolayı**; **~ telefon rabitəsi** *i.* 직통 전화 hot line

birbaşlı *si.* 단일지도체제(單一指導體制)의, 머리가 하나인 one-headed

birbəbir *z.* ① 각각, 한 번에 하나씩 one at a time, one by one, one after one; ② 자세히, 세밀하게 thoroughly, in detail

bir-bir *z.* 하나씩, 차례로 one by one, one another, each other ○ **tək-tək**, **ayrı**; **~ saymaq** *fe.* 하나하나 열거하다, 차례로 들다, 하나하나 세다 enumerate; **~inə birləşdirmək** *fe.* 서로 붙이다, 맞대다 attach; **~ini əvəz etmək** *fe.* 교환하다, 주고 받다 interchange; **~ini əvəz etmə** *i.* 순번(順番), 윤번(輪番), 교대(交代) rotation

birbuğumlu *si.* 이음매가 하나인, 한 마디로 된 one-jointed

birbuynuzlu *si.* 뿔이 하나인 one-horned

bircə *say.* 단 하나, 유일 only one, only, sole ○ **yalqız**, **təkcə**; *da.* 다만, 단지 only, if only; **~ oğul** *i.* 독자 only son; 그들이 왔었어야 했는데… **Bircə onlar gələydi.** If only they would come.

bircə-bircə *z.* 단 하나씩만 just one by one

bircərgəli *si.* 한 줄로 선, 줄이 하나인 single row, one-rowed, row-lined
birciyərli *si.* 폐가 하나인 one-lunged
bircildli *si.* 단권(單卷)의 one-volumed
bircildlik *i.* 단권(單卷)편집(偏執) one-volume edition
bircinsli *si.* 동종(同種)의, 동질(同質)의 homogeneous, uniform, similar
bircinslilik *i.* 동질성(同質性), 균질성(均質性)homogeneity, uniformity
bircinsiyyətli *si. bot.* 단성(單性)의, 남녀 구별이 안 되는 unisexual
bircinsiyyətlilik *i. bot.* 단성(單性) unisexuality
bircür(ə) *z.* 동일하게, 적절하게, 동질적으로, 비슷하게 identical(ly), adequate(ly), the same, similar(ly), homogeneous(ly)
bircürlük *i.* 단조로움, 한결같음, 동일함 monotony, sameness, similarity
birçarxlı *si.* 바퀴가 하나인 one-wheeled
birçək *i.* ① 머리카락 curls, hair; ② 앞머리, fringe, forelock; ~ **agarmaq** *fe.* 머리가 희어지다 turn grey (hair); *fig.* grow old
birçəkləmək ☞ **saçlamaq**
birçəkli *si.* 술이 달린 fringed
birçəklik *i.* 머리핀, 머리띠 hair-pin, hair-slide
birçəksiz *si.* 술이 달리지 않는, 갈기가 없는 having no fringes, fringeless
birçiçəkli *si.* 꽃이 하나인 one-flowered
birdəfəlik *si.* 일회용의 granted on one occasion only; valid for one occasion ● **həmişəlik**; *z.* 단번에 once for all
birdən(-birə) *z.* ① 갑자기, 느닷없이, 별안간 suddenly, unexpectedly, all of a sudden ○ **gözlənilmədən**, **qəflətən**, **qəfildən**, **nagah** ● **yavaşca**; ② 가정(假定)하여, 가령 suppose, supposing, what if; ③ 당장 at once
birdəstəkli *si.* 손잡이가 하나인 one-handled
birdırnaqlı *i. zoo.* 발굽이 하나인 single-hoofed, solidungulate
birdibli *z.* 끊임없이 restlessly, always
birdilli *si. dil.* 단일(單一)언어(言語)의 monolingual
birdirəkli *si.* 기둥이 하나인 one-posted, one-poled
birdirsəkli *si.* 팔꿈치가 하나인 one-elbow
birdişli *si.* 치아가 하나인 one-toothed
birdonqarlı *si.* (낙타) 단봉(短棒)의 one-hamped
birdorlu *si.* 돛대가 하나인 single-masted
birelli *i.* 시골뜨기, 한 동네 사람 countryman, fellow-townsman, fellow-villager
birellilik *i.* 주민의 친근 관계 friendly association of villagers
birerkəkçikli *si.* 단성(單性)의 unisexual
birevli *si.* 같은 가문의 of the same family
birevcikli *si.* 암수한몸의, 단성화(單性花)의 monoecious
birə *i. zoo.* 벼룩 flea; **kürkünə ~ düşmək** *fe.* 매우 성가신, 매우 불편한 be anxious/uneasy
birə-beş *z.* 다섯 겹의, 5배의, 5개 부분으로 된 five-fold, quintuple, five times
birəbir *z.* 서로 서로, 얼굴을 맞대고 one to one, face to face
birəbitdən *i. zoo.* 되새 (유럽산), 되새류 (콩새, 멋쟁이새 등) mountain finch, brambling
birədədli *si. mat.* 단일의, 분해할 수 없는 simple; ~ **rəqəm** *mat.* 단수, 소수(素數) simple number, simple digit
birədi *si. z.* 도매급의, 대량의, 통틀어 wholesale; once for all; all together
birə-iki *z.* 2겹의, 배가하여 two-fold, doubly, twice as much
birələmək *fe.* 벼룩이 가득하다 become full of fleas
birələtmək *fe.* 벼룩이 가득하게 하다 cause to be full of fleas
birəlli *si.* 외팔잡이의 one-armed
birəm-birəm ☞ **birbəbir**
birə-min *z.* 천배의 thousand fold, a thousand times over
birə-otu *i. bot.* 카밀레 (유럽산 국화과의 약용 실물의 총칭) camomile, ox-eye daisy
birər-birər ☞ **birbəbir**
birə-yüz *z.* 백겹의, 백배의 a hundred times, hundred-fold
birfazalı *si.* 단문(短文)의 single-phase, monophase
birfamiliyalı *si.* 같은 성의, 동성(同姓)의 bearing the same surname
birfikirli *si.* 같은 생각의, 같은 마음의 like-minded
birfikirlilik *i.* 이심전심(以心傳心), 동심(同心)일체(一體) like-mindedness

birgat *si.* 단겹의, 한 겹의 single plied
birgə *si.* 결합된, 연합한, 합친 combined, joint; *z.* 같이, 함께, 동행하여, 하나되어, 더불어, 서로 together ○ **bərabər** ● **ayrıca**; ~ **iş görən** *i.* 합작자, 공저자, 동역자, 협력자 collaborator; ~ **iclas** *i.* 연합 모임, 합동회합 joint meeting; ~ **hərəkət** *i.* 연합작전, 연합행동 joint action, joint operation; ~ **çalışmaq** *fe.* 협력하다, 동업하다, 동역(同力)하다 co-operate
birgəlik *i.* 상호관계(相互關係), 상호(相互)의존(依存) jointness, commonness, mutuality ○ **şəriklik**; ~ **hal** *qram.* 수반격 (隨伴格) comitative case
birgəyaşayış *i.* 공동체 생활 community life
birgövdəli *si.* 연합되어 있는, one-coalescent
birgözlü *si.* 외눈의, 단안(單眼)의 one-eyed, single-eyed; *i.* 단안경(單眼鏡) monocular
birgünlük *si.* 하루치의, 하루분의, 하루만큼의 one-day's, of one day
birgüvənli ☞ **birhürgüclü**
birhecalı *si. dil.* 단음절(單音節)의 monosyllabic; ~ **söz** *dil.* 단음절어(單音節語) monosyllabic word
birhecalılıq *i. dil.* 단음절 사용, 단음절어(單音節語)적 경향 monosyllabism
birhədli *si. mat.* 단항(單項)의, 단명법(單名法)의, 한 단어로 된 명명법(命名法)의 monomial
birhəftəlik ☞ **həftəlik**
birhovur *z.* 약간, 조금, 잠깐, 잠시 a little, just a little, a bit; 조금만 기다려! **Birhovur gözlə!** Wait a little!
birhovurdan *z.* 잠시 후에, 조금 후에 a little later, not long after
birhovurluq *si.* 잠깐의, 순간의, 잠시의 moment's; ~ **iş** *i.* 잠깐의 일 a moment's job
birhüceyrəli *si. bio.* 단세포(單細胞)의 unicellular, single-cell; ~ **yosunlar** *i.* 단세포(單細胞) 해초(海草) single cell water organisms
birhürgüclü *si.* (낙타의) 혹이 하나인, 단봉(單峰)의 one humped; ~ **dəvə** *i.* 아랍 낙타 Arabian camel
birxətli *si.* 단선(單線)의 one-way, single track
biri *vz.* ① 어떤, 누군가 certain, someone; ② 그 중 하나 one of (them)
biri(si) *i.* 누군가, 어떤 이가 somebody, someone; anybody, anyone; **o ~ gün** *i. z.* 모레 the day after tomorrow
birigün *z.* 모레 the day after tomorrow
bir-iki *say.* 한 둘의, 약간의, 몇몇의 one or two, a few, some
birillik *si.* ① 일년치의, 일년분의 for one-year; ② *bot.* 1년생의 annual
birinci *say.* ① 첫, 처음, 첫번의 first ● **axırıncı**; ② 이전의, former; ③ 처음 사용의 maiden; ④ 주요한, 최초의, primary; ~ **dərəcəli** *i.* 일등급의, 최상급의 first class, first rate; ~ **kömək** *i.* 응급처치(應急處置) first aid; ~ **şəxs** *qram.* 1인칭 first person; ~ **baxışdan** *z.* 첫눈에, 한 번 보고 at first sight; ~ **reys** *i.* 처녀항해(處女航海), 처녀비행(處女飛行) first trip, maiden voyage; ~ **nitq** *i.* 첫 연설 maiden speech; ~ **dərəcəli məsələ** *i.* 특급 업무, 일급 과제 a matter of primary importance
birincilik *i.* 최우선, 최상위, 우선사항, 우승, 결승 priority, championship; ~ **qazanmaq** *fe.* 선수권을 따다, 결승전을 이기다, 우승하다 gain first place
birisi ☞ **biri**
birisigün ☞ **birigün**
birja *i.* 교환(交換), 대체(代替) exchange; **əmək ~sı** *i.* 품앗이 labour exchange; **əmtəə ~sı** *i.* 생필품 교환 commodity exchange
birjaçı *i.* 물물교환 장수 merchant of change, stock-jobber
birka *i.* 표찰(標札), 물표(物標), 표식(標式), 레이블 label, name-plate, tag; ~ **vurmaq** *fe.* 표식(標式)을 붙이다 affix a label
birkərəlik ☞ **birdəfəlik**
birkiloluq *si.* 1 킬로그램만큼의 one-kilogram
birküçəli *si.* 같은 골목의 of the same street
birküvənli *si.* 단봉(單峰) 낙타(아라비아, 북아프리카산) one-humped, dromedary
birqanadlı *si.* 날개가 하나인 one-winged,
birqatlı *si.* 단겹의, 한 겹의 single, one-folded
birqiymətli *si.* 같은 값의, 등가(等價)의 equivalent, of equal worth/value
birqollu *si.* 외팔의 one-armed, with one arm
birqulplu *si.* 손잡이가 하나인 one-handled
birqulaglı *si.* 귀가 하나인, 구멍이 하나인 one-eared
birqütblü *si. fiz.* (전극, 자극이) 단극(單極)인 unipolar

birləçəkli *si.* 단 꽃잎의, 화판이 하나인 mono-petaled

birləndirilmək *fe.* 합쳐지다, 결합되다, 합병되다 be united

birləndirici *si.* 연합시키는, 연결시키는 unifying, uniting

birləpəli *si. bot.* 외떡잎식물, 단자엽(單子葉)식물 monocotyledonous

birləşdirilmək *fe.* 결합되다, 연결되다, be jointed, be united

birləşdirilmiş *si.* 결합된, 연결된, 하나된 united, combined, linked

birləşdirici *si.* 연결시키는, 결합시키는, 접속적인 connecting, copulative, connective; ~ **sait** *dil.* 접속(接續)모음(母音) connecting vowel; ~ **bağlayıcı** *qram.* 연결사(連結辭), 계사(繫辭) copulative conjunction; ~ **ədat** *qram.* 접속사(接續辭) connective particle

birləşdirmə *i.* 결합하기, 연결하기, 묶기 jointing, linking, combining, connecting

birləşdirmək *fe.* ① 결합하다, 짜맞추다, 연합시키다, 병합하다 join, unite, combine; ② 잇다, 접속하다, 이어주다 connect, ally, annex, associate, couple; ③ 합병하다, 통합하다, 융합하다 consolidate, amalgamate; ④ *kim.* 화합하다, 결합하다 combine

birləşmə *i.* ① 결합, 연결, 통합, 잇기, 융합 combination, conjunction, junction; amalgamation, joining up; ② 조립, 구조, 합성 formation; **söz ~si** *qram.* 단어 결합 word-combination; **strateji ~** *i.* 전략적(戰略的) 제휴(提携) strategical formation

birləşmək *fe.* ① 연결되다, 결합되다 join, unite ○ **həmrə'yləşmək**; ② 같이 모이다, 가입하다 join together ○ **qovuşmaq, qarışmaq, bitişmək**; ③ 연합하다, 융합하다 combine, amalgamate, associate ○ **əlaqələnmək, bağlanmaq**; ④ 맞추다, 조정하다, 조절하다 adjust, fit ○ **uyuşmaq, uyğunlaşmaq, razılaşmaq**

birləşmiş *si.* 연합된, 결합된 united; **Amerika Birləşmiş Ştatları** *i.* 미합중국 United States of America

birlik *i.* ① 연합, 합동, 단결, 동맹 alliance, community, coalition, union, unity ○ **ittifaq**; ② 교제(交際), 친교(親交), 교분(交分) fellowship, relation ○ **ünsiyyət, əlaqə**; ③ 호환성(互換性), 상관성(相關性) compatibility ○ **həmrə'ylik, uyğunluq**; ④ 단일성(單一性), 통일성(統一性), 불변성(不變性), 동일성(同一性) oneness ○ **bütövlük, bölünməzlik, vəhdət** ● **ayrılıq**

birlikdə *z.* 같이, 동반하여, 함께, 공동으로 in concert with, in common, together ● **ayrılıqda, təklikdə**

birməchullu *si. mat.* 단항(單項)의 with one unknown quantity; ~ **tənlik** *mat.* 단항식(單項式) equation with one known quantity

birmənalı *si. dil.* ① (어구의) 단의 (單義)의, 단일어의(單一語義)의 monosemantic, monosemous; ② *mat.* 단일(單一)의 simple; ③ 동의어(同義語)의 synonymous; ~ **ifadələr** *i.* 동의어(同義語)적 표현 synonymous expressions

birmə'nalıq *i. dil.* 단일어의(單一語義) monosemy, univocity

birmənzilli *si.* 단일가구(單一家口)의 one-flat

birmərtəbəli *si.* (건물의) 단층(單層)의 one-storey

birməsləkli *si.* 같은 신앙고백(信仰告白)의, 같은 신념(信念)의 of the same creed

birməhəlləli *si.* 같은 거리의, 같은 지구의 of the same street/district

birmotorlu *si.* 단일엔진의 of single engine

birnəfərlik *si.* 일인용(一人用)의 one-seat, for the one person

birnəfəsə *si.* ① 쉬지 않고, 단숨에 without respite, restlessly ○ **dayanmadan, aramsız**; ② 단판에, 연달아, 단번에 at one go, at a gulp, at a stretch ○ **tələsik**; ~ **qaçmaq** *fe.* 단번에 도망하다 run without stopping; ~ **içmək** *fe.* 한입에 삼키다 drink at a gulp

birnövbəli *si.* 단일 교대의 single shift

birnövlü *si.* ① 동종의, 균질의 homogeneous, uniform; ② 같은 형태의, 같은 형식의 of the same type/model

birnövlülük *i.* 균일성(均一性), 동종성(同種性), 균질성(均質性), 동차성(同次性) uniformity, homogeneity

biroxlu *si.* 같은 축(軸)의 of one-axis

birotaqlı *si.* 단칸방의 single-room

biroturuma *z.* 같은 자리에서, 한 번 앉아서 at one sitting, at one go

birölçülü *si.* 같은 크기의, 같은 역량(力量)의 of

the same calibre, same-sized
biröfkəli *si.* 단폐(肺)의 one-lunged
birpalatalı *si.* 같은 건물의, 같은 동(棟)의 single chamber
birpara *vz.* 몇 조각의, (그중의) 몇몇은 some, some of, a piece of
birpərdəli *si.* 1막으로 구성된 one-act; ~ **pyes** *i.* 단막극(單幕劇) one-act play
birrəqəmli *si. mat.* 단일 숫자의, 한 자릿수의 simple, one-figure
birrəngli *si.* 단색(單色)의, 단조로운 one-colour, monotonous
birsaatlıq *si.* 1시간의, 한 시간 거리의 hour-long, hour's; ~ **tənəffüs** *i.* 한 시간의 휴식 an hour's break
birsaplı *si.* 같은 바느질의 one-threaded
birsayaq ☞ **birtəhər**
birsəsli *si.* ① 단조로운 음성의 monotonous; ② *mus.* 제창(齊唱) unison
birsəslilik *i.* 단일음, 단조로운 음 monotone
birsimli *si.* 심이 하나인 (악기) single stringed
birşəhərli *i.* 동향(同鄕)의, 같은 지방 출신의 fellow-townsman
birşəkilli *si.* 같은 모양의, 같은 형태의 of the same shape, uniform, homogeneous
birtaylı *si.* 한쪽만 있는 (문) single panelled (door)
birtəkərli *si.* 단륜(單輪)의, 바퀴가 하나인 one-wheeled, single wheeled
birtərəfli *si.* 편파적(偏頗的)인, 단면적(斷面的)인 one-sided, lop-sided, unilateral(ly); ~ **təhsil** *i.* 단편(斷片)교육(教育) one-sided education; ~ **mühakimə** *i.* 단편적(斷片的) 판단(判斷) one-sided view; ~ **bəyanat** *i.* 일방적(一方的) 선언(宣言) unilateral declaration; ~ **müqavilə** *i. hərb.* 일방적(一方的) 계약(契約) unilateral contract; ~ **əlaqə** *i.* 일방적(一方的) 연락(連絡) unilateral connection; ~ **tərk silah** *i.* unilateral disarmament; ~ **sətəlcəm** *i.* 한쪽 폐렴 single pneumonia
birtərəflilik *i.* 단편적임, 편파적임, 편파성(偏頗性) one-sidedness
birtərkibli *i. qram.* 단일구성 one-member; ~ **cümlə** *i.* 단일구성 문장 one-member sentence
birtəhər I. *si.* 이상한, 괴상한, 별난, 보통이 아닌 strange, queer, odd; II. *z.* ① 이상하게, 별나게 strangely, in an odd way, queerly; ② 어쨌든, 이러구러, 어렵사리 anyhow, with difficulty; ③ 좀처럼, 드물게 hardly, barely; ~ **adam** *i.* 이상야릇한 친구 a queer sort of fellow
birtipli *si.* ① 같은 형태의, 같은 종류의 of the same type; ② 표준의, 모범의 model, standard; ~ **müqavilə** *i.* 표준 계약서 model agreement; ~ **nümunə** *i.* 표준 견본 standard sample; ~ **layihə** *i.* 표준 설계 standard design
birtiplilik *i.* 일률성(一律性), 균일성(均一性) uniformity
birtonlu *si.* 단조로운, 지루한 monotonous
birtonluq *si.* 1톤 용량의 one-tone; ~ **yük maşın** *i.* 1톤 트럭 one-ton lorry
biruclu *si.* 끝이 하나인 single pointed
birüzvlü *si. mat.* 단항의, 단명법(單名法)의 monomial
birüzlü *si.* 단면(單面)의, 한편만의, 일방적인 one-sided
birvalentli *si. kim.* 일가(一價)의 univalent
birvalentlilik *i. kim.* 1가(價) univalence
biryanlı *si.* 한쪽의, 한편의 one-sided
biryarpaqlı *si.* 잎이 하나인 one-leafed
biryaruslu *si.* 단층(單層)의 one-storeyed
biryaşar *si.* 1년생(年生)의 annual, of one year; *i.* (말) 1년생 yearling (horse); ~ **düyə** *i.* 1년생 암컷 yearling heifer
biryaşlı *si.* ① 1년된, 한 살짜리의 annual, one-year old; ② 같은 나이의, 동갑의 of same age
biryaşlılıq *i.* 동갑(同甲) state of being the same age
biryataqlı *si.* 1인용 침대의 single-bed
biryerli *si.* ① 1인용 좌석의 one-seat, single seater; ② 동향(同鄕)의 country fellow
biryolluq *z.* ① 단번에, 한꺼번에 once and for all, forever ○ **birdəfəlik, həmişəlik, birkərəlik**; ② 당장, 즉시 at once ○ **dərhal**
biryuvalı *si.* 같은 둥지의, 한배(胚)의 one-nested
bis *ni.* 앙코르!, 재청이요! encore
bisavad *si.* 읽고 쓸 줄 모르는, 우둔한, 문맹(文盲)의, 어리석은, 지력(智力)이 약한 illiterate, unintelligent
bisəbəb *si.* 이유 없는, 까닭 없는, 영문을 모르는 without reason
biskvit *i.* 비스켓, 과자 biscuit, sponge cake
bismut *i. kim.* 비스무트 (기호 Bi), 창연(蒼鉛) bis-

B

muth

biş-düş *i.* 요리술, 요리업, 조리 cookery, cooking, concoction

bişərəf ☞ şərəfsiz

bişərəflik ☞ şərəfsizlik

bişirib-düşürmək *fe.* 요리하다 cook, concoct, cook up

bişir-düşür *i.* 조리, 요리, 조제, 혼합 cooking, concoction

bişirilmək *fe.* 요리되다, 조리되다, 삶아지다, 혼합되다 be cooked, be boiled, be concocted

bişirimlik *i.* 요리할 수 있는 것 (재료, 양) something cookable (quantity, quality); **bir ~ ət** *i.* 한 끼 식사분의 조리할 수 있는 고기 (양) meat enough for one meal/concoction

bişirmək *fe.* ① 요리하다, 삶다, 끓이다, 굽다, 조리하다 cook, make, boil, concoct; ② 설득하다, 권유하다, 유도(誘導)하다 induce, try to persuade; **nahar ~** *fe.* 점심을 준비하다 prepare for lunch; **kərpic ~** *fe.* 벽돌을 굽다 bake bricks; ***Siz məni bişirə bilməzsiniz.*** *나를 설득할 수 없을 겁니다. You can't persuade me.*

bişirt(dir)mək *fe.* 요리하게 하다, 굽게 하다, 조리하게 하다 ask ask *smb.* to cook, ask *smb.* to bake

bişkin *si.* ① 잘 구워진 well-baked; ② *fig.* 노련한, 성숙한 experienced, skilled, mature, worldly wise ○ **təcrübəli, bilikli, yetkin**

bişkinlik *i.* ① 잘 구워진 상태 quality of cooking well; ② 경력(經歷), 숙달(熟達), 숙련(熟練), 능숙(能熟) career, maturity, proficiency ○ **təcrübəlilik, püxtəlik, yetkinlik**

bişmə ☞ bişmək

bişmək *fe.* ① 요리되다, 조리되다, 삶아지다, 구워지다 cook, boil, be ready ○ **yanmaq, pörtmək**; ② *fig.* 완숙해지다, 잘 익다, 영글다 be experienced, be skilful, be matured, be ripe, get fit ○ **təcrübələnmək, ustalaşmaq, püxtələşmək, yetişmək, kamilləşmək**

bişməmiş *si.* ① 설익은, 요리되지 않은, 날(것), 생(것) raw, uncooked, unbaked; green ○ **çiy**; ② *fig.* 미성숙한, 미숙한, 경험이 없는 inexperienced

bişmiş I. *i.* 요리, 식사 dish, meal ○ **xörək, yemək**; II. *si.* ① 조리된, 요리된, 삶아진 cooked, boiled ● **çiy**; ② 노련한, 숙달된, 현명한 experienced, worldly wise ○ ***yetkin, kamil; Bişmiş toyuğun gülməyi gəlir.*** *삶은 닭도 웃을 일이네. It's enough to make a chicken laugh.*

bişüur *si.* 무개념의, 생각 없는, 무식한, 배려하지 않는 thoughtless, unintelligent, inconsiderate ○ **şüursuz, qanacaqsız, düşüncəsiz**

bit *i. zoo.* 이 (새벼룩) 목의 총칭 louse (lice)

bitab *si.* 참지 못하는, 견디지 못하는, 성마른, 성급한, 안달하는 impatient

bitablıq *i.* 성마름, 조바심, 안달 impatience

bitaqət *si.* 약한, 소진한, 피곤한, 지친, 울적한 weary, tedious

bitaqətlik *i.* 소진함, 지침, 피곤함 weariness

bitbəbit *z.* 주의 깊게, 신중히, 꼼꼼히, 철저히, 면밀히 carefully, thoroughly, scrupulously

bitdə-bitdə ☞ **bitbəbit**

bitəqsir *si.* 흠 없는, 무흠(無欠)한, 실수 없는 faultless

bitəmənna *si.* 공평무사한, 사욕이 없는, 청렴한 disinterested

bitərəf I. *si.* 중립적인, 편파적이지 않는 neutral, non-party; II. *i.* 중립주의자, 무정당주의자(無政黨主義者) neutralist, non-party man; **~ qalmaq** *fe.* 중립에 서다 abstain neutral

bitərəfcəsinə *z.* 중립적으로 neutrally

bitərəfləşdirici *si.* 중립화시키는 neutralizing

bitərəfləşdirilmək *fe.* 중화되다 be neutralized

bitərəfləşdirmək *fe.* 중화시키다 neutralize

bitərəfləşmək *fe.* 중화되다 become neutral

bitərəflik *i.* ① 중립성(中立性) neutrality; ② 중립주의(中立主義) neutralism; ③ 비정당원권(非政黨圓權) non-party membership

bitirilmək *fe.* 끝내지다, 종결되다, 종료되다 be ended, be finished, put to an end

bitirmə ☞ **bitirmək**

bitirmək *fe.* ① 결말(結末)을 짓다, 끝나다, 종결(終結)되다, 완결(完結)되다 conclude, end, finish, complete ○ **tamamlamaq, qurtarmaq**; ② 끝내다, 마무리하다 finish, have done (with); ③ 식물을 재배하다 grow vegetables ○ **yetişdirmək, göyərtmək, cücərtmək**; **işini ~** *fe.* 일을 마치다, 종결짓다 have done (with)

bitişdirici *si.* ① 연결하는, 잇는, 접속적인 connecting, coupling, connective; ② *qram.* 접속어, 연결사(관계 대명사, 관계 부사, 접속사 등) connective; ~ **bağlayıcı** *i.* 접속사(接續詞) connective conjunction

bitişdirilmək *fe.* 연결되어지다, 연합되다, 연락되다 be jointed, be united, be linked

bitişdirmə *i.* 연결, 연합, 접합; (뼈의) 접골(接骨) joining, junction; knitting (bone)

bitişdirmək *fe.* ① 연합시키다, 연결시키다, 접속시키다 unite, join, connect; ② 접골시키다 knit together (broken bone)

bitişik *si.* 인근의, 인접한, 연결된 adjacent, united, solid ○ **yapışıq, calaq** ● **ayrı**; *i.* 연결, 접속 joint, junction; ~ **olmaq** *fe.* 경계선을 이루다, 접하다, 이웃하다 border

bitişiklik *i.* 근접성, 인근, 접촉, 인접 adjacency, contiguity. solidity ○ **yapışıqlıq, calaqlıq**

bitişmə *i.* ① 연결하기, 접속하기, 묶기, 합류(점) joining, junction, combination, confluence ○ **yapışma, calanma, birləşmə**; ② *ana.* 이음매, 접합한 자리 commissure

bitişmək *fe.* ① 연합하다, 연결하다, 붙이다 unite, connect ○ **yapışmaq, calanmaq, birləşmək** ● **ayrılmaq**; ② 용접(鎔接)하다 fuse (metal); ③ 접골(接骨)하다 knit (bone); ④ *med.* 반흔(瘢痕)되다, 상처가 아물다 cicatrices

bitki *i.* 식물, 풀, 초본류 herbs, plant ○ **göyərti, nəbatat**; *si.* 야채의, 식물의, 식물에서 채취한 vegetable; **dənli ~lər** *i.* 곡류(穀類) grain plant; **dekorativ ~lər** *i.* 장식(裝飾) 식물 ornamental plants; **yabanı ~lər** *i.* 야초(野草) wild plants; **yazlıq ~lər** *i.* 봄 식물 spring plants; **bir illik ~** *i.* 1년생 식물 annual; **ikiillik ~** *i.* 2년생 식물 biennial; **çoxillik ~** *i.* 다년생 식물 perennial

bitkibiti *i. zoo.* 진딧물 총칭 plant-louse, aphid, greenfly

bitkiçi *i.* 식물 재배자 plant-grower, plant-breeder

bitkiçilik *i.* 원예학(園藝學) plant-growing, plant-raising, horticulture

bitkin *si.* 완성된, 완전한 finished, complete ○ **kamil, mükəmməl** ● **yarımçıq**

bitkinlik *i.* 종료, 종결, 완결 finish, completeness ○ **kamillik, mükəmməllik** ● **yarımçıqlıq**

bitləmək *fe.* 이가 슬다, 이를 잡다 louse

bitlənmək *fe.* ① 이를 잡다, 이 잡이로 바쁘다 looking for louse, be busy looking for louse on oneself; ② 못쓰게 만들다 louse up

bitlətmək *fe.* 이가 슬게 하다, 이를 잡게 하다 cause to louse

bitli *si.* 이가 슨 lice-ridden; ~ **olmaq** *fe.* 이로 뒤덮이다 be covered with lice

bitlilik *i.* 비단직물에 발생한 이물질 덩어리 lousiness, pediculosis

bitmə ☞ **bitmək**

bitmək¹ *fe.* ① 마치다, 끝내다, 종료하다, 마감하다 end, finish, run out, expire ○ **qurtarmaq, tamamlanmaq, tükənmək**; ② 종결하다, 결론나다, 이르다 result in, end up ○ **nəticələnmək, yekunlaşmaq**

bitmək² *fe.* (식물이) 자라다, 생산되다 grow, spring up, mature, ripen, hatch ○ **yetişmək, göyərmək, cücərmək, çıxmaq** ● **qurumaq**

bitməmiş *si.* ① 미완성의, 불완전한 unfinished, incomplete; ② *qram.* 미완료 시제 imperfect; ~ **hekayə** *i.* 끝나지 않은 이야기 unfinished story; ~ **reaksiya** *i. kim.* 불완전한 반응 incomplete reaction; ~ **zaman** *qram.* 미완료 시제 imperfect tense; ~ **tərz** *i.* 미완료 시상 imperfect aspect

bitməz *si.* 끊임없는, 끝없는, 지치지 않는 endless, inexhaustible ○ **tükənməz, sonsuz**

bitməzlik *i.* 무진장(無盡藏), 끊임없음 inexhaustibility ○ **tükənməzlik, sonsuzluq**

bitməz-tükənməz *si.* 다 쓸 수 없는, 무진장의, 끝없는 endless, inexhaustible

bitmiş *si.* ① *qram.* 완료(完了)시제 perfect; ② 완결된, 끝이 난, 종료된 finished, ended, complete; ~ **zaman** *qram.* 완료시제 perfect tense; ~ **tərz** *qram.* 완료(完了) 시상(時相) perfect aspect

bitum *i.* 역청(瀝靑), 아스팔트 bitumen, asphalt

bitumlu *si.* 역청 비슷한, 역청질의 bituminous; ~ **asfalt** *i.* 아스팔트 시멘트 bituminous concrete

bivaris ☞ **varissiz**

bivarislik ☞ **varissizlik**

bivaxt *si.* ☞ **vaxtsız**

bivec *si.* ☞ **vecsiz**

biveclik *si.* ☞ **vecsizlik**

bivəfa *si.* ☞ **vəfasız**

bivicdan ☞ **vicdansız**

biyaban *i.* 사막, 황야, 불모지 desert ○ **səhra, çöl**

biyan *i. bot.* 감초 (콩과); 말린 감초 뿌리, 감초의 진액 liquorice

biyanlıq *i.* 감초밭 field of liquorice

B

biyar *i.* ① *tar.* (봉건 영주가 백성에게 과한 무보수의) 부역 corvee; ② *fig.* 근로봉사, (공익을 위한) 의무적 봉사/노역 compulsory work, forced labour, unpaid work

biz[1] *vz.* (1인칭 복수 주격) 우리는 we (nominative); **bizim** (1인칭 복수 소유격) 우리의 our; **bizə** (1인칭 복수 여격) 우리에게 to us; **bizi** (1인칭 복수 목적격) 우리를 us; **bizimki** (1인칭 복수 소유대명사) 우리들의 것 ours; 우리 생각으로는, 우리 의견으로는 **~cə** *mod.s.* as for us, in our opinion

biz[2] *i.* 송곳, 대바늘 (신발 제작 등) awl (big needle used in shoemaking *etc.*)

Bizans *i.* 비잔틴 Byzantium

bizləmə ☞ **bizləmək**

bizləmək *fe.* ① 대바늘로 꿰매다 weave with awl; ② 대바늘로 찌르다 prick with an awl ○ **deşmək, soxmaq, batırmaq**; ③ 밀어 붙이다, 서두르다, 다그치다, 몰아대다 urge on, drive on, speed on

bizlənmək *fe.* ① 대바늘에 찔리다 be pricked with an awl; ② 날카롭게 되다, 뾰족하게 되다 become sharp; ③ 재촉당하다, 다그침을 당하다 be urged on

bizlətmək *fe.* 날카롭게 하다, 찌르게 하다 ask to sharpen; ask to prick

biznes *i.* 사업, 일, 업무 business

biznesmen *i.* 사업가 businessman

bizon *i. zoo.* 미국 들소 bison (American buffalo, European wisent)

bizşəkilli *si.* 송곳 모양의 awl-shaped

blank *i.* (서류의) 양식(樣式), 서식(書式) form

blindaj *i. hərb.* 대피소, 피난처, 참호 shelter, dug-out

blok[1] *i. pol.* 특정한 정책, 목적을 가지고 결성되는) 연합, 블록, 권(圈) bloc; **~ yaratmaq** *fe.* 연맹을 형성하다, 연합을 결성하다 form a bloc, form an alliance

blok[2] *i. tex.* 도르래, 풀리 pulley, block

blokada *i.* (항구, 해안 등의) 봉쇄(封鎖), 폐색 blockade, siege; **iqtisadi ~** *i.* 경제 봉쇄 economic blockade; **~ya almaq** *fe.* 봉쇄하다, 폐쇄하다 blockade

bloknot *i.* 노트북 (컴퓨터) notebook

bluza *i.* 블라우스, 재킷 blouse

BMT *i.* 국제연합(國際聯合) (**Birləşmiş Millətlər Təşkilatı**) U.N. (United Nations)

bobrik *i.* 원단(原緞)의 일종 caster (a kind of cloth material)

boçka *i.* 맥주통 barrel ○ **çəllək**

boçkaçı ☞ **çəlləkçi**

boçkaqayıran ☞ **çəlləkçi**

boçkaqarın *si. col.* 배가 나온, 올챙이배의 big-bellied, pot-bellied

boğanaq *i.* ① 답답함, 숨막힘, 지루함 closeness, stuffy air, oppressive heat, stuffiness; ② 태풍, 폭풍 storm, hurricane ○ **tufan**; *si.* 답답한, 밀폐된, 숨 막히는 close, stuffy; **qar ~ı** *i.* 눈보라, 눈폭풍 snow-storm, blizzard; ***Necə boğanaqdır!*** *하유~ 답답해! How stuffy!*

boğanaqlıq *i.* 답답함, 숨막힘 stuffiness, closeness

boğaz[1] *i.* ① 목구멍, 인후(咽喉) throat; *ana.* 후두(喉頭) 발성기관(發聲器官) larynx ○ **hülqum, boyun**; ② 병목 neck (of bottle); ③ 해협(海峽) strait (geographical); ④ (신발) 목 top (boots, shoes *etc.*); **~ ağrısı** *i.* 목 아픔, 인후염(咽喉炎) sore throat; **~a yığmaq** *fe.* 질리다, 지겹다 be sick of; **~ açmaq** *fe.* 폭식(暴食)하다, 과식(過食)하다, 턱에 차도록 먹다 glut oneself with, guzzle, overeat, gormandize; **~ döymək** *fe.* 헛된 논쟁을 하다 argue vainly; **~ otarmaq** *fe.* 무위도식(無爲徒食)하다 lead the life of sponger/drone; **~ ortağı olmaq** *fe.* 남의 식사에 끼어들다, 빌붙다 stick to *smb.*'s meal, hang on to *smb.*'s meal; **~ yırtmaq** *fe.* 고함을 치다, 고성을 지르다 bawl, yell, shout at top voice; **~a keçmək** *fe.* 목에 걸리다 stick in one's throat; **~ı gəlmək** *fe.* 인두염(咽頭炎)에 걸리다, 목이 아프다 have pharyngitis, have sore throat; **~ı qovuşmaq** *fe.* 질식되다, 숨이 막히다 be suffocated/choked; **~ı qurmaq** *fe. fig.* 고생하다, 말을 잃다 get into hardship, be deprived of speech; **~ını qurtmaq** *fe.* 다른 사람을 곤란에 빠지게 하다 put *smb.* into a difficult position, frighten, terrify *smb.* awfully; **~ında qalmaq** *fe.* 마음에 걸려 아무 일도 못하다 be unable to do anything; **~dan yapışmaq/tutmaq** *fe.* 목덜미를 잡다, 억압(抑壓)하다 catch *smb.* by throat; **~dan kəsmək** *fe.* 비용을 대폭 줄이다 cut down one's expenses; **~ına yığmaq/gətirmək** *fe.* 질리게하다, 지겹게하다 be pestered, get bored; **~ını islatmaq** *fe.* 음주(飮酒)하다, 목을 축이다 have drink, wet one's whistle; **~ını çəkmək** *fe.* 간청하다, 애원하다, 애걸하다 beg, ask

boğaz² *si.* 임신중인 pregnant ○ **boylu, ikicanlı, hamilə**; **~ olmaq** *fe.* 임신중이다 be pregnant; **~ qoyun** *i.* 임신중인 양 ewe in yean

boğazbağı *i.* 목걸이 necklace

boğazlama ☞ **boğazlamaq**

boğazlamaq *fe.* ① 목덜미를 붙잡다, 억압하다 seize by the throat ○ **tutmaq, yaxalamaq**; ② 목을 자르다, 살해(殺害)하다 cut *smb.*'s throat, kill ○ **kəsmək, üzmək**

boğazlaşmaq *fe.* ① (서로) 멱살을 잡고 싸우다 seize each other by the neck; ② *fig.* 논쟁하다, 말다툼하다 argue, dispute, debate

boğazlat(dır)maq *fe.* 살해하게 하다 ask *smb.* to cut/kill/slaughter

boğazlıq *i.* 임신(妊娠) 상태(狀態) pregnancy

boğazortağı *i. col.* 식객(食客), 무위도식자 (無爲徒食者) sponger, drone, parasite

boğça *i.* 보자기; (보자기로 싼) 꾸러미 parcel, small parcel, small bundle (wrapped with cloth) ○ **bağlama**

boğdur(t)maq *fe.* 목조르게 하다, 목졸라 죽게 하다 cause *smb.* to strangle/to choke

boğma *i.* ① 억압(抑壓), 진압(鎭壓), 억제(抑制) suppression; ② 크루프 (인두와 기관의 병) croup (animal disease); ③ *col.* 디프테리아 diphtheria

boğmaq *fe.* ① 숨막히다, 질식하다, 목조르다 choke, repress (feeling), throttle, strangle, suffocate, suppress ○ **sıxmaq**; ② 목소리가 잠기다 drown (water, voice) ○ **öldürmək**; **iste'dadı ~** *fe.* 억누르다 suppress a talent; **azadlığı ~** *fe.* 자유를 억압하다 strangel/throttle freedom; **tənqidi ~** *fe.* 비판을 억압하다 suffocate the criticism

boğucu *si.* 숨막히게하는, 질식케 하는, 독한 suffocating, stuffy, stifling ● **təmiz**; **~ qaz** *i. kim.* 질식가스 asphyxiant gas; *i.* (차량의) 배기 장치; 배기관 exhaust (automobile)

boğuculuq *i.* 질식, 숨막힘 stuffiness, suffocation

boğuq *si.* ① 질식된, 숨이 억눌린 suffocated, hoarse; ② 숨막히는, 답답한 stuffy; ③ (목소리가) 잠긴, 쉰 soundless, voiceless, toneless ● **aydın**; **~ səs** *i.* 잠긴 목소리, 억지로 내는 소리 constrained voice; **~-~** *z.* 희미하게, 흐릿하게, 쉰 목소리로 hoarsely, huskily, indistinctly; **~-~ danışmaq** *fe.* 쉰 목소리로 말하다 speak hoarsely

boğuqluq *i.* ① 목소리가 쉼, 거친 목소리 hoarseness, huskiness; ② 답답함, 숨막힘 stuffiness

boğulan *si.* 숨막히게하는, 목을 조르는, 물에 빠져 죽어가는 drowning, choking, suffocating; ***Boğulan adam saman çöpündən yapışır.*** *ata. s.* *물에 빠진 사람은 지푸라기라도 잡는다. A drowning man catches at a straw.*

boğulma *i.* ① (법, 권리, 의무 등의) 위반(違反), 위배(違背), 침해(侵害) infringement; ② 천식(喘息), 질식(窒息 *med.* asthma, suffocation); **hüququn ~sı** *i.* 권리(權利)의 침해(侵害) infringement of right

boğulmaq *fe.* ① 질식사당하다, 익사당하다, 교살(絞殺)당하다, 숨막힘을 당하다 drown, stifle, choke, suffocate, be strangled; ② 상실되다, 넋이 나가다 *fig.* be lost; **suda ~** *fe.* 익사(溺死)하다 be drowned; **işin içində ~** *fe.* 일에 묻히다 be lost in one's work

boğulmuş *si.* 질식한, 목 졸린, 숨막힌 choked, strangled, suffocated

boğultu *i.* 가쁜 숨, 숨이 참 wheezing, heavy breathing ○ **xırıltı**

boğunuq *si.* ① 숨이 찬, 숨이 거친, 숨이 막힌 hoarse, husky, constrained; ② 우울한, 울적한, 어두운 dull, grey, gloomy; **~ səma** *i.* 어두운 하늘, 구름 낀 하늘 gloomy sky

boğuşdur(t)maq *fe.* ① 멱살을 잡고 싸우게 하다 induce to fight, cause fight; ② 다투게 하다 cause to quarrel, cause falling out

boğuşma *i.* ① 멱살잡이 fight; ② *fig.* 말다툼, 다툼 squabble, bickering

boğuşmaq *fe.* ① 멱살 잡고 싸우다 fight ○ **qapışmaq**; ② *fig.* 싸우다, 다투다 quarrel, squabble ○ **dalaşmaq, savaşmaq, vuruşmaq**

boks¹ *i. med.* 격리(隔離) 병동(病棟) box, isolation ward in a hospital

boks² *i. idm.* 권투(拳鬪) boxing; pugilism; **~ oynamaq** *fe.* 권투하다 box; **~ yarışı** *i.* 권투(拳鬪) 시합(試合) boxing match

boksçu *i.* 권투(拳鬪)선수 (選手 boxer, pugilist); **yüngülçəkili ~** *i.* 경량급(輕量級) 권투(拳鬪) 선수(選手) light-weight boxer; **ağırçəkili ~** *i.* 중량급(重量級) 권투(拳鬪) 선수(選手) heavy-weight boxer

boksçuluq *i.* 권투(拳鬪) 선수(選手) 직업(職業) pugilism (profession of boxer)

boksit *i. geol.* 보크사이트 (알미늄 원광(原鑛)) bauxite

bol *si.* (크기, 양이) 넉넉한, 풍성한, 넓은, 충분한 ample, abundant, abound, lavish ○ **çox, artıq** ● **az**; ~ **olmaq** *fe.* 풍성하다, 넉넉하다 teem, be abundant; ~ **yeyib-içmək** *fe.* 잘 먹고 마시다, 풍성한 잔치를 하다 feast; ~ **məhsul** *si.* 풍년(豊年) rich harvest, heavy crop; ~-~ *z.* 풍성하게, 넉넉하게, 관대하게 plentifully, lavishly, richly, generously

Bolqar *i.* 불가리아인 Bulgarian

Bolqarıstan *i.* 불가리아 Bulgaria

Bolqarca *z.* 불가리아어 Bulgarian, the Bulgarian language

bollanma ☞ **bollanmaq**

bollanmaq *fe.* 풍성해지다, 넉넉해지다, 충분하다 abound, teem, increase ○ **çoxalmaq, artmaq**

bollaşdırmaq *fe.* 풍성하게 하다, 넉넉하게 하다 make abundant/plentiful, increase

bollaşmaq ☞ **bollanmaq**

bollu ☞ **bol**

bolluca *z.* 넉넉하게, 넘치도록, 매우 풍부하게 with a surplus, redundantly ● **azca**

bolluq *i.* 풍성함, 풍부함, 성대함 abundance, plenty, profusion ○ **çoxluq, artıqlıq**; ② 부(富), 재산(財産), 소유(所有) wealth, prosperity ○ **firavanlıq, rifah** ● **kasadlıq**; ~ **ölkəsi** *i.* 번영의 나라 land of wealth

bolşevik *i.* 볼세비키, 혁명론자, 과격한 다수파 Bolshevik ● **menşevik**

bolşevikcəsinə ☞ **bolşeviksayağı**

bolşevikləşmək *fe.* 혁명주의자가 되다 become a Bolshevik

bolşeviksayağı *z.* 혁명주의자처럼 Bolshevist-like

bolşevizm *i.* 볼셰비즘, 초급진적 사회주의, 과격주의 Bolshevism

bolt *i. tex.* 빗장, 걸쇠 bolt

boltlanmaq *fe.* 빗장을 지르다 be bolted

boltkəsən *i. tex.* 볼트제조기 bolt cutter

boltsuz *si.* 빗장이 없는 boltless

bomba *i.* 폭탄, 폭발물 bomb; **atom ~sı** *i.* 원자폭탄(原子爆彈) atomic bomb, A-bomb; **hydrogen ~sı** *i.* 수소폭탄(水素爆彈) H-bomb; **neytron ~sı** *i.* 중성자탄(中性子彈) neutron bomb; **yandırıcı ~** *i.* 소이탄(燒夷彈) incendary (bomb); **fuqas ~sı** *i.* 대형파괴폭탄(大型破壞爆彈) demolition bomb

bombadaşıyan *i.* 폭격기(爆擊機) bomber, bomb-carrier

bomblama *i.* 폭격(爆擊), 포격(砲擊) bombing, bombardment

bombalamaq *fe.* 폭격하다 bomb, bombard, drop a bomb

bombalanmaq *fe.* 폭격(爆擊)되다 be bombed

bombalat(dır)maq *fe.* 폭격을 명령하다 order to bomb

bombardman *i.* 폭격(爆擊) bombardment

bombardmançı *i.* 폭격기(爆擊機) bomber, bomber pilot; **~çı təyyarə** *i.* 폭격기(爆擊機) bomber

bombatökən *i.* 폭탄투하기(爆彈投下機) bomb-dropper

bom-boz *si.* 진 회색 quite grey

bom-boş *si.* 완전히 빈 completely empty ○ **dop-dolu**

bon *i. fin.* ① 수표(手標), 물품 교환권 cheque, tokens, vouchers; ② 지폐(紙幣) paper money

bor *i. kim.* 붕소(硼素) boron; *si.* 붕소의, 붕산의 boracic. boric; ~ **turşusu** *i.* 붕산(硼酸) boric acid

boran *i.* 폭풍, 눈보라, 폭설(暴雪) storm, blizzard ○ **çovgun**; **qar ~ı** *i.* 눈보라 snow storm

boranı *i. bot.* 박과 열매의 총칭 gourd ○ **balqabaq**

boranlı *si.* 폭풍의 stormy ○ **çovgunlu**

boranlama ☞ **boranlamaq**

boranlamaq *fe.* 폭풍이 불다 storm ○ **çovğunlamaq**

borc *i.* ① 빚, 채무(債務), 공채(公債), 융자(融資) debt, obligation, loan ○ **verəcək**; ② 의무(義務), 책임(責任), 본분(本分) responsibility, duty, loan ○ **vəzifə**; ~ **almaq** *fe.* 빌리다, 빚을 내다 borrow; ~ **etmək** *fe.* 빚에 빠지다 incur a debt; ~ **vermək** *fe.* 빌려주다 lend; ~ **bağışlamaq** *fe.* 빚을 탕감하다 remit a debt; **~undan çıxmaq** *fe.* 빚을 청산(清算)하다 repay; **əsgəri ~** *i.* 군인의 의무 soldier's duty; **vəzifə ~u** *i.* 직무(職務), 직분(職分) official duty; **şərəf ~u** *i.* 명예(名譽)의 의무 debt of honour; **~dan çıxmaq** *fe.* 빚을 청산하

다 pay off debts
borca *z.* 빚으로, 빌려서 on loan
borcalan *i.* 채무자(債務者) debtor
borclu *i.* 채무자 debtor; *si.* ① 빚을 진, 채무의 indebted; ② 책임지는, 의무의 respensible, on duty; ~ **olmaq** *fe.* 빚을 지다, be in debt, owe
borcluluq *i.* 채무, 빚짐, 부채, 은혜, 신세 debts, liabilities, arrears, indebtedness ○ **borc**
borcverən *i.* 채권자(債權者), 대금업자(貸金業者) creditor, lender
bordaq[1] *i.* 마구간, 외양간, 가축 우리 stall
bordaq[2] *si.* 살찐, 뚱뚱한, 비육(肥肉)된 stout, well-fed, fattened ○ **kök, bəslək**
bordaqlama *i.* 살찌움 fattening up
bordaqlamaq *fe.* 살찌우다, 비육하다 fatten up
bordaqlanmaq *fe.* 비육되다 be well-fed
bormaşın *i. med. tex.* 치(齒)과 용 드릴 drill (dentist's)
bort *i.* ① 배의 옆면 side (on the ship); ② (양복의) 접은 깃, (당구대의) 테두리 coat breast (dress), lapel, cushion (billiard); **sağ ~** *i.* (배의) 우현(右舷)starboard; **sol ~** *i.* (배의) 좌현(左舷) port side
bortmexanik *i.* 항공 정비공 flight mechanic
bortmühəndis *i.* 항공 엔지니어 flight engineer
boru *i.* 파이프, 관(管), 통(筒) horn, pipe, tube ○ **turba**; **qida ~su** *ana.* 식도(食道), 인두(咽頭) gullet, oesophagus; **nəfəs ~su** *i.* 호흡(呼吸) 기관(氣管) respiration duct
borucuq *i. dim.* 작은 관, 도관(導管) tube; **bronxial ~lar** *i. ana.* 기관지(氣管支) bronchial tubes
borudaşıyan *i.* 관을 나르는 사람/기계 pipe-carrier
boru-prokat *si.* 도관(導管) 제작(制作)의 tube-rolling; ~ **zabodu** *i.* 도관 제작 공장 tube-rolling mill, tube work
borutökən *si.* 도관(導管) 주조(鑄造)의 tube-casting
bosman *i.* 갑판장(甲板長) boatswain, boatswain's mate (on the ship)
bostan *i.* 남새 밭, 채마밭, 텃밭 kitchen garden, vegetable garden; ~ **müqəvvası** *i.* 허수아비, 허깨비 scarecrow
bostançı *i.* 소채(蔬菜) 재배자 gardener, truck farmer
bostançılıq *i.* 소채(蔬菜) 재배(栽培) market-gardening, truck farming, melon growing
bostanlıq *i.* 텃밭, 야채밭 kitchen-garden
boş *si.* ① 빈, 공허한, 헛된, 근거 없는 empty, vain ○ **bihudə, əbəs, hədər, əsassız, cəfəng** ● **dolu, əsaslı**; ② 사람이 살지 않는, 비어있는 deserted, uninhabited, tenantless; ③ 결실 없는, 헛수고의, 무의미한 idle, needless ○ **səmərəsiz, faydasız, məzmunsuz, mə'nasız**; ④ 사용되지 않는, 공석의, 사용 가능한 unoccupied, disengaged, vacant; ⑤ 무직의, 일에 매이지 않은 free, spare, unemployed; ⑥ 헐렁한, 공간이 비어 있는 blank, loose ○ **lax** ● **bərk**; ⑦ 의욕이 없는, 의지가 약한 without will, volitionless ○ **iradəsiz, dayanıqsız, yüngül** ● **möhkəm**; ⑧ 단순한, 쉬운 simple, easy ○ **sadə, asan**; 헛되이, 무의미하게, 무익하게 *z.* in vain, vainly; for nothing; **vaxtını ~ keçirmək** *fe.* 빈둥거리며 지내다 idle; ~ **yerə** *z.* 헛되게 in vain; ~ **və'dlər** *i.* 공허한 약속 leaves without figs, empty promise; ~ **danışmaq** *fe.* 쓸데없이 지껄이다 chatter, talk nonsense; ~ **danışıq** *i.* 잡담, 쓸데없는 소리 chat, chatter; ~ **sahə** *i.* 빈 자리, 빈터, 빈방 vacancy; ~ **söz** *i.* 허튼 소리 nonsense; ~ **vaxt** *i.* 허튼 시간 leisure, spare time; ~ **vaxtda** *z.* 한가히, 느긋이 at leisure; ~ **şey** *i.* 헛튼허튼 것, 사소한 것, 잡동사니 rubbish, stuff, trifle; **~a çıxmaq** *fe.* 헛되이 끝나다, 실패하다 come to nothing, fail; **~-~una gəzmək** *fe.* 빈둥거리다 idle, be without work; ~ **olmaq** *fe.* 자유롭다, 시간적으로 한가하다 be empty, be unoccupied; ***Boş şeydir!*** *신경 쓰지 마라! Never mind!*
boşaldılmaq *fe.* ① (차, 선박, 기차 등에서) 짐(승객)이 내려지다, 하선(下船)되다 be unloaded, be unshipped; ② 열차에서 내려지다 be detrained (train); ③ 비워지다 be emptied; ④ 소개(疏槪)되다, 옮겨지다 be evacuated; ⑤ 느슨해지다, 헐거워지다 be loosened
boşaldıcı *si.* 하역(荷役)하는, (짐을) 내리는 unloading; ~ **kran** *i.* 기중기(起重機) 하역(荷役)기 unloading crane
boşalma *i.* ① 하역(荷役), 짐부리기 unloading, discharge,; ② 하선(下船), 상륙(上陸), 양륙(揚陸) unshipping, disembarkation; ③ 열차에서 짐을 내리기 detraining; ④ 비우기, 피난(避難), 소개(疏槪), 철수(撤收), 명도 evacuation; ⑤ *fiz.* 방전(放電), 유출(流出), 배출(排出) discharge

B

boşalmaq *fe.* ① 자유롭게 되다, 한가해지다 become free, free oneself; ② 비워지다 become empty; ③ 버려지다, 황폐화되다 become deserted; ④ 약해지다, 부서지기 쉬워지다 grow weaker/fragile/brittle ● **yumşalmaq**, **kövrəlmək**; ⑤ 짐이 부려지다, 내려지다 get unloaded, be discharged; ⑥ 방전(放電)되다 lose an electric charge; ⑦ 헐거워지다, 느슨해지다 become loose ○ **laxlamaq**, **tərpənmək** ● **bərkimək**

boşaltdırmaq *fe.* 비우게 하다, 짐을 부리게 하다, 치우게 하다 ask *smb.* to empty/unload/evacuate

boşaltmaq *fe.* ① (내용물을) 비우다, 짐을 부리다, 옮기게 하다 pour out, empty, unload, evacuate ○ **tökmək** ● **doldurmaq**, **yükləmək**; ② 말하게 하다, (속마음을) 털어놓다 speak ○ **söyləmək**, **danışmaq**; **ürəyini ~** *fe.* 마음을 털어놓다, 토로(吐露)하다 empty the heart; ④ 줄이다, 감소시키다, 해소(解消)시키다 lessen, reduce, discharge ○ **azaltmaq**, **zəiflətmək**; ⑤ 느슨하게 하다, 헐겁게 하다, 흔들리게 하다 make loose, loosen, shake ○ **laxlatmaq**, **tərpətmək**

boşama *i.* 이혼(離婚) divorce ○ **ayrılma**

boşamaq *fe.* 이혼하다 divorce ○ **ayrılmaq**

boşanma *i.* 이혼(離婚) divorce, dissolution of marriage

boşanmaq *fe.* (스스로) 이혼(당)하다 be divorced, get divorced

boşat(dır)maq *fe.* 이혼시키다, 파경케 하다 cause *smb.* to divorce

boşbeyin *si.* 머리가 빈, 무식한, 아둔한, 멍청한, 어리석은 block-head, rattle-brained, feather-brained, brainless ○ **axmaq**, **başıboş**, **gic**, **səfeh**

boşbeyinlik *i.* 어리석음, 무식함, 아둔함 foolishness, folly, absurdity ○ **axmaqlıq**, **başıboşluq**, **giclik**, **səfehlik**

boş-bikar *si.* 무직의, 일이 없는, 놈팡이의 unemployed, jobless, idle ○ **avara**, **veyil**; *z.* 무위로, 헛되게, 쓸데없이 idly, vainly; **~ oturmaq** *fe.* 무단히 앉아 있다 sit idly; **~ gəzmək** *fe.* 어슬렁거리다, 하릴 없이 다니다 idle, waste one's time, walk idly

boş-bikarlıq *i.* 무위도식(無爲徒食) idleness; ***Boş-bikarlıq beyni kütləşdirir.*** *ata.s. 게으름은 사람의 마음을 녹슬게 한다. Idleness rusts the mind.*

boşboğaz I. *i.* 수다꾼, 수다쟁이, 잡담꾼 chatter box, gossiper, twaddler, babbler, prattler, windbag ○ **hərzə**, **naqqal**, **gəvəzə**; II. *si.* 수다스런, 말을 많이 하는, 장황한, 달변의 talkative, chatty, garrulous, voluble

boşboğazlıq *i.* 험담, 잡담, 쑥덕공론, 허튼 소리 gossip, twaddle, talkativeness, babble ○ **hərzəlik**, **naqqallıq**, **çərənçilik**; **~ etmək** *fe.* 잡담하다, 험담하다, 쑥덕공론하다, 허튼 소리하다 gossip, babble, chatter; **Boşboğazlıq etmə!** 쓸데없는 소리 마라! Stop babbling!

boş-boş(una) *si. z.* 헛된, 쓸데없는, 공연한, 효과없는 in vain, to no purpose, futile, for nothing ○ **mə'nasız**, **gərəksiz**, **faydasız**, **səmərəsiz**, **nəticəsiz**, **hədər**, **əbəs**; **~ danışmaq** *fe.* 허튼 소리를 하다 talk nonsense

boşdanışan ☞ **boşboğaz**

boşdanışma *i.* 허튼 소리, 잡담 twaddle, idle talk

boşdayanma *i.* 여가(餘暇), 지체 시간, 체선(滯船) 기간 standing idle, idle time, demurrage

boşgəzən *i.* 빈둥거리는 사람, 게으름뱅이 idler, lounger

boşqab *i.* 접시 plate

boşluq *i.* ① 비어 있음, 공허(空虛)emptiness, void; ② *fiz.* 진공(眞空) vacuum; ③ *ana.* 공동(空洞), 강(腔) cavity; ④ *tex.* 헐거움 looseness; **Toriçelli ~ğu** *i.* 토리첼리 진공 한쪽 끝을 막은 1m 막대 기둥의 윗부분에 생기는 진공. 예, 수은 (76cm) Torricellian vacuum; **qarın ~ğu** *i.* 복강(腹腔) abdominal cavity; **ağız ~ğu** *i.* 구강(口腔) mouth cavity; **burun ~ğu** *i.* 비강(鼻腔) nasal cavity; **~ göstərmək** *fe.* 결단력이 부족하다, 우유부단(優柔不斷)하다 show a lack of determination

boşunca *si. z.* 한가히, 널널하게 idle, free running; **~ gediş** *tex.* 헛바퀴, 공회전(空回轉) idling, idle-running

bot *i.* 덧신, 부츠 overshoes, high-over shoes, high galoshes

botanik *i.* 식물학자 botanist

botanika *i.* 식물학(植物學) botany; **~ bağı** *i.* 식물원(植物園) botanical garden

botaniki *si.* 식물(植物)의, 식물에 관한, 식물학상의 botanical

boy *i.* ① 외형(外形), 외양(外樣), 신장(身長), 키 figure, stature ○ **qədd, qamət**; ② 길이, 직경(直徑) length ○ **uzunluq**; ③ 성장, 크기 growth, size; ④ 높이 height ○ **yüksəklik, ucalıq**; ⑤ 부분, 구분(區分) part, division ○ **fəsil, hissə**; **~ atmaq** *fe.* 키가 크다, 신장이 자라다 grow, grow in stature; **~ vermək** *fe.* 길이를 측정하다 be suitable for length; **~a vermək** *fe.* 성장하다, 자라다 shoot up, grow; **~lu** *si.* 임신(妊娠) 중의 pregnant; ***Boyun yerə girsin!*** *구덩이에나 빠져라! (저주의 말) May the earth swallow you!*

boya *i.* 색상(色相); 물감, 안료(顔料), 염료(染料) colour, pigment, paint, dye ○ **rəng**; **saçına ~ vurmaq** *fe.* 머리를 염색하다 dye one's hair

boya-başa *z.* 어떤 높이(나이)로 in a certain height/age; **~ çatmaq** *fe.* 자라다, 성장하다 grow up, be grown up; **~ çatdırmaq** *fe.* 키우다, 양육하다 rear, bring up

boyaboy *si.* 같은 높이(길이)의 of the same height/length

boyadılmaq *fe.* 염색되다, 색이 입혀지다 be dyed, be coloured

boyaxana ☞ **boyaqxana**

boyakar *i.* 화가 painter

boyakarlıq *i.* 그림 그리기 painting

boyaq *i.* 물감, 안료(顔料), 도료(塗料) colour, dye, paint ○ **rəng**

boyaqçı *i.* 염색공, 도색공(塗色工) dyer

boyaqçılıq *i.* 염색업(染色業), 도색업(塗色業) dyer's work/job

boyaqxana *i.* 염색소(染色所) dye house, dye works

boyaqotu *i. bot.* 꼭두서니 염료 madder

boyaqsız *si.* 염료 없이, 안료를 쓰지 않은 without paint/pigment

boyalı *si.* 채색한, 염색한 coloured, painted, dyed (hair, cloth *etc.*) ○ **rəngli**

boyama *i.* 염색(染色) dyeing

boyamaq *fe.* ① 염색하다, 채색하다 colour, dye, paint, rouge, make up ○ **rəngləmək**; ② 얼룩지게 하다 stain ○ **kirləndirmək, ləkələndirmək**; ③ 젖게 하다, 더럽히다 soak, dirt, smut ○ **batırmaq, bulamaq**

boyana *i. bot.* 아니스 (미나릿과 1년초) anise

boyanma *i.* ① 채색, 도색 colouring, painting; ② 염색 dyeing

boyanmaq *fe.* ① 염색되다, 색이 들다 be dyed, turn into a certain colour; ② 얼룩지다 be stained

boyar *i.* 대귀족(貴族) boyar(d)

boyarlıq *i.* 귀족 신분 state of boyard

boyat *si.* 낡은, 오래된 stale, old, not fresh ○ **köhnə, guru** ● **təzə**; **~ çörək** *i.* 낡은 빵 stale bread

boyat(dır)maq *fe.* 염색하게 하다, 얼룩지게 하다 ask *smb.* to dye, cause *smt.* to stain

boyayıcı *si.* 염색의, 물들이는 dyeing; **~ maddə** *i.* 염료(染料) dye-stuff

boy-buxun *i.* 외양(外樣), 외모(外貌), 풍채(風采) figure, stature ○ **qədd-qamət**

boy-buxunlu *si.* 늘씬한, 잘 생긴, 건장한 slender, tall, stalwart ○ **qamətli, boylu**

boy-buxunluluq *i.* 잘 생긴 외모, 풍채 좋음, 건장함 shapeliness, slenderness ○ **qamətlilik, boyluluq**

boyca *z.* 신장에 있어서, 크기에 있어서 in height; **~ uzun olmaq** *fe.* height 키가 큰 be taller in

boygörmə *i. etn.* 혼례 후 첫 신부 대면 bride-show (the first appearance of the bride after the wedding)

boykot *i.* 보이콧, 배척, 거부 boycott; **~ etmək** *fe.* 배척하다, 거부하다, 불매 운동을 하다 boycott

boylana-boylana *z.* 두리번두리번 looking around, looking about

boylanma ☞ **boylanmaq**

boylanmaq *fe.* ① 둘러보다 peep, look around, look out ○ **baxmaq**; ② 드러내다, 보이다 turn around, be shown

boylu *si.* ① 키가 큰, 잘 생긴 tall, shaped ○ **uca-boy, boylu-buxunlu, qədd-qamətli**; ② 임신한, 아이를 가진 pregnant ○ **ikicanlı, hamilə**

boylu-buxunlu ☞ **boy-buxunlu**

boylu-buxunluluq ☞ **boy-buxunluluq**

boyluluq *i.* ① 잘 생김, 키가 큼 shapeliness ○ **boylu-buxunluluq, qədd-qamətlilik**; ② 임신 pregnancy ○ **ikicanlılıq, hamiləlik**

boynuburuq I. *si.* 억압된, 비참한, 가난한 oppressed, miserable, poor ○ **məzlum, yazıq, fağır** ● **zalım**; II. *i.* 고아(孤兒) orphan ○ **yetim**

boynuburuqluq *i.* ① 빈곤, 가난 oppression, miser, poverty ○ **məzlumluq, yazıqlıq, fağırlıq**; ② 고아(孤兒)신분(身分) orphanhood

B

yetimlik

boynubükük ☞ **boynuburuq**

boynuəyri *si.* 목이 휘어진, 목이 굽은 wry-necked

boynuyoğun I. *si.* ① 목이 굵은 thick-necked; ② *fig.* 경솔한, 부주의한, 경망한, 소홀한 careless, carefree, light-hearted ○ **laqeyd**; ● **həssas**; II. *i.* 게으름장이, 무위도식자, 식객, 밥벌레 sponger, drone ○ **müftəxor**, **tüfeyli** ● **zəhmətkeş**

boynuyoğunluq *i.* 경솔함, 부주의함, 경망스러움 carelessness, unconcern, light-heartedness ○ **müftəxorluq**, **tüfeylilik**, **laqeydlik**

boyu *z.* 나란히, 따라서 along, alongside, lengthways; **~nca** *qo.* ~을 따라, ~까지 along, alongside, lengthways; **çay ~** *z.* 강을 따라 along the river; **küçə ~** *z.* 길을 따라 along the street

boyudolu *si.* 임신한 pregnant

boyudoluluq *i.* 임신(妊娠) 상태(狀態) pregnancy

boy(u)n I. *i.* 목, 모가지, 목덜미 neck ○ **boğaz**; II. *si.* 경부(頸部)의 jugular; **~ fərəqəsi** *i. ana.* 목뼈, 경추(頸椎) jugular vertebra; **~ qaçırmaq** *i.* 거부하다, 거절하다, 부인하다 refuse, deviate from, disagree; **~ əymək** *fe.* (자신을) 낮추다, 고개를 숙이다 bow the neck, submit, humiliate oneself; **~ əymə** *i.* 단념, 복종, 감수 resignation; **~ əyən** *si.* 포기한, 단념하 resigned; **~dan atmaq** *i.* 거절하다 refuse; **~un ardı** *i.* 목덜미 nape of the neck; **~una almaq** *fe.* 떠 맡다, 털어놓다 own, confide; **~ una alma** *i.* 고백, 자백 confession; **~una qoymaq** *fe.* 떠넘기다, 둘러대다 enforce; **~una minmək** *fe.* be burden to, behave impudently; **~una almaq/götürmək** *fe.* 인정하다, 승인하다, 자인하다 admit, acknowledge; **~una yıxmaq/atmaq** *fe.* ~을 비난하다, ~에게 떠넘기다 put an accusation on; **~una düşmək** *fe.* 고집하다, 주장하다 persist, be obstinate; **~undan atmaq** *fe.* 거부하다, 떠밀다 repudiate, refuse, decline; **~unu bükmək/burmaq** *fe.* 의기소침하다 lose heart, be cast down

boyunbağı *i.* 목걸이 necklace

boyunduruq *i.* ① 멍에 yoke; ② *fig.* 억압, 부담, 짐, 고생 oppression, burden; **~ yoldaşı** *i. col.* 동역자(同力者) yoke-fellow, yoke-mate; **~dan azad olmaq** *fe.* 멍에를 벗다 부담을 덜다 cast off the yoke; **müstəmləkə ~u altında** *z.* 식민지의 멍에를 메고 under the colonial yoke

boyunduruqlamaq *fe.* 멍에를 지우다 yoke

boyunduruqlanmaq *fe.* (스스로) 멍에를 지다 be yoked

boyunduruqlatmaq *fe.* 멍에를 지우다 ask *smb.* to yoke

boyunluq *i.* 칼라, (옷의) 깃 collar, undercollar

boz[1] *si.* ① 회색(灰色)의 grey ○ **tutqun**, **dumanlı**, **çiskin**; ② *fig.* 후안무치의, 부끄럼을 모르는, 뻔뻔한 rude, shameless, indecent ○ **utanmaz**, **nəzakətsiz**, **həyasız**; **~ qurd** *i.* 재색 늑대 grey wolf

boz[2] *i. med.* 피진(皮疹), 개선(疥癬), 옴 , 포진(疱疹) tetter, mange, herpes; **~ düşmək** *fe.* 피진에 걸리다 tetter

bozalaq *i. bot.* 큰다닥냉이 (향신료·샐러드용 야채) garden cress, marsh tea

bozaraq ☞ **boztəhər**

bozarıb-qızarmaq *fe.* ① 홍조를 띄다 grow pale and red; ② 부끄러워하다 be ashamed

bozarışma ☞ **bozarışmaq**

bozarışmaq *fe.* 잿빛이 되다, 회색이 되다 become grey

bozarma ☞ **bozarmaq**

bozarmaq *fe.* ① (머리가) 희어지다 grow grey; ② (날씨가) 구름이 끼다, 희미해지다, 어두워지다 become gloomy/dull; ③ (색이) 바래다, 엷어지다 lose colour, fade, grow dim ○ **solmaq**, **ağarmaq** ● **qızarmaq**; ④ *fig.* 뻔뻔해지다, 염치없다, 건방지다 be impudent, be insolent, cheek ○ **qabarmaq**, **acıqlanmaq**, **hiddətlənmək**; ***Onun üzünə bozarma!** 그녀에게 건방지게 말라! Don't cheek her!*

bozartmaq *fe.* ① (색) 엷게 하다 make grey, make colourless; ② (고기를) 삶다, 익히다 boil (meat); **sifətini ~** *fe.* 화나다, 당황하다 get angry, be cross with

bozbaş *i.* 완두콩과 고기로 만든 스프 meat soup with peas

bozbaşlıq *i.* 완두콩 스프를 만드는데 필요한 고기 meat for **bozbaş**

bozqır *i.* 사막, 들, 황무지 desert ○ **səhra**, **çöl**

boz-qonur *si.* 회갈색(灰褐色) grey-brown

bozluq *i.* ① 바랜 색, 둔탁한 색 grey colour, dull

○ **tutqunluq**; ② 사막 desert; ③ *fig.* 경솔함, 버릇없음, 경박함 rudeness, cheek, impudence, insolence

boztəhər *si.* 회색을 띤, 흐릿한 greyish, light grey, smoky

bozumsov ☞ **boztəhər**

bozumtraq ☞ **boztəhər**

bozumtul ☞ **boztəhər**

böb ☞ **böyə**

böcək *i.* 벌레, 곤충, beetle, insect, bug

böhran *i.* 위기(危機), 경제(經濟) 불황(不況), 부진(不進), 경제(經濟) 공황(恐慌) crisis, depression ○ **qıtlıq**; **iqtisadi ~** *i.* 경제공황(經濟恐慌) economic crisis; **siyasi ~** *i.* 정치 위기 political crisis; **sənayedə ~** *i.* 산업(産業) 불황(不況) depression in industry

böhranlı *si.* 위기의, 힘든, 어려운 critical, heavy, hard ○ **ağır, qorxulu**

böhtan *i.* 험담(險談), 중상(中傷), 비방(誹謗), 욕 libel, slander, aspersion, false accusation, calumny ○ **iftira, şər**; **~ atmaq** *fe.* 욕하다, 중상하다, 험담하다, 비방하다 belie, libel, smear; **~ dolu yazılar çap etmək** *fe.* 명예훼손(名譽毁損) 문서(文書)를 발표하다, 중상하다 libel; **~a düşmək** *fe.* 비방당하다 be calumniated, be slandered

böhtançı I. *i.* 중상자, 모략자, 비방자 slanderer, calumniator ○ **iftiraçı, şərçi**; II. *si.* 명예를 실추하는, 중상하는, 모욕하는 scandalous, calumnious, defamatory; **~ ittihamlar** *i.* 명예훼손에 대한 고발 slanderous accusation

böhtançılıq *i.* 중상(中傷) calumniation, scandal ○ **iftiraçılıq, şərçilik**

bölən *i.* ① *mat.* 나눗수, 제수(除數), 약수(約數) divisor; ② 분배(分配)자, 배포(配布)자; 배전(配電)기 distributor; **ən böyük ümumi ~** *i. mat.* 최대공약수(最大公約數) the greatest common divisor/factor

bölgü *i.* ① 분할, 분배, 나눔 division, partition, distribution; ② 눈금, 저울눈 scale; **termometrin ~sü** *i.* 온도계의 눈금 scale of a thermometer

bölmə *i.* ① 부분, 조각, (책의) 장(章) part, section, chapter (book) ○ **parça, hissə**; ② *hərb.* 중대(中隊) company; ③ *idm.* 분단(分團) section, unit; ④ *mat.* 나눗셈, 제법(除法) division; ⑤ 부서(部署), 과(課) compartment, department, section ○ **şö'bə, seksiya**

bölmək *fe.* ① 나누다, 분리하다, 쪼개다, 찢다 divide, part, split ○ **parçalamaq, kəsmək, ayırmaq**; ② 공유하다, 배분하다 share, deal out; ③ 규제하다, 통제관리하다 regulate; ④ 배포하다, 분배하다 distribute; **yarı ~** *fe.* 반으로 나누다, 반분(半分)하다 halve, divide in half

bölücü *i.* 분배자, 배전기 distributor; *si.* 분배에 관한, 배분적인 distributive

bölük *i.* ① 덩어리, 조각, 뭉치, 단위 heap, group, cluster, hill, squad ○ **parça, tikə, hissə**; ② *hərb.* 파견, 파견대(派遣隊) detachment

bölük-bölük *z.* 여럿이 여럿이, 덩어리 덩어리, 뭉치 뭉치 with groups, with detachments; **~ etmək** *fe.* 여러 부분으로 나누다 smash into smithereens, divide into parts; **~ olmaq** *fe.* 조각 조각 나뉘다 be broken into pieces

bölüm *i.* 부분, 조각, 몫 piece, part, portion ○ **parça, pay, hissə**

bölünən I. *i. mat.* 나뉨수, 피제수(被除數) dividend; II. *si.* 나눌 수 있는, 가분(可分)의 divisible; **~ ədəd** *i. mat.* 가분(可分)수, 나누어 떨어지는 수 divisible number

bölünmə *i.* ① 분할, 분할법, 가분성(可分性) partition, divisibility; ② 분배, 배분, 배급, 분류, 구분, 정리 distribution; ③ 나뉨, 분리 division

bölünmək *fe.* ① 나뉘다, 분리되다 be parted, be divided into, break into; ② 분배되다 be distributed; ③ 떨어져 나가다 be partitioned off

bölünməz *si.* 나눠지지 않는, 분리되지 않는, 불가분(不可分)의 inseparable, indivisible, unshared ○ **bütöv, tam**; **~ ədədlər** *i. mat.* 소수(素數) prime numbers; **~ dərd** *i.* 나누지 못할 슬픔 unsharable sorrow

bölünməzlik *i.* 불가분성(不可分性) indivisibility ○ **bütövlük, tamlıq**

bölüşdürmə *i.* 배분, 분할 distribution, division ○ **paylama**

bölüşdürmək *fe.* 나누다, 분할하다, 분배하다 divide, distribute

bölüşdürülmək *fe.* 나뉘다, 분배되다, 분할되다 be divided, be distributed

bölüşmə *i.* 공유, 나뉨, 분배, 분할 sharing, partition, distribution, division

bölüşmək *fe.* (서로) 나누다, 공유하다 share, di-

B

vide (among)

börk ☞ **papaq**

böyə *i. zoo.* 지골(指骨), 지골(趾骨) phalanx

böyələk *i. zoo.* 쇠파리, 침파리 총칭 gadfly, breeze-fly

böyələkləndirmək *fe.* 성가시게 하다, 화나게 하다 make angry, anger, irritate

böyələklənmək *fe.* ① 날파리로 짜증이 나다 be irritated by gadflies; ② *fig.* 화가 나다, 신경질이 나다, be angry, be cross with; try to pick a quarrel

böyəmək *fe.* ① 댐을 만들다, 댐으로 막다 dam; ② (교통, 흐름을) 막다, 폐쇄하다 block up; **suyu ~** *fe.* 댐으로 물을 막다 dam the water

böyənmək *fe.* ① 댐으로 막히다 be dammed up; ② 폐쇄되다, 막히다 be blocked up; ***Yol qardan böyənmişdir.*** *길이 눈으로 막혔다. The road was blocked with snow.*

böyrək *i.* ① *ana.* 신장(腎臟) kidney; ② 키드니파이 kidneys (food); **~ soyuqlaması** *i. med.* 신장염(腎臟炎) nephritis; **~ daşı** *i. med.* 신장결석(腎臟結石) kidney stones, calculus; **~ piyi/yağı** *i.* (소, 양의 허리께에 있는 굳은) 지방 suet

böyrəküstü *si.* 신장근처의, 부신(副腎)에 의해 만들어진 adrenal

böyrəkvari *si.* 콩팥모양의, 신장형(腎臟形)의 kidney-shaped, reniform

böyrəkli *si. fig.* 용감한, 담대한, 용기 있는, 대담한, 호기로운 brave, bold, courageous, daring, audacious

böyüdülmək *fe.* ① 양육되다, 길러지다 be brought up; ② 재배되다 be grown, be cultivated; ③ 보살펴지다 be reared, be bred; ④ 키워지다, 확대되다 be enlarged; ⑤ 진전되다, 발전되다 be advanced

böyüdücü *si.* 확대하는, 크게 보이게 하는 magnifying; **~ şüşə** *i.* 확대경(擴大鏡) magnifying lens/glass, magnifier; **~ aparat** *i. tex.* 확대기(擴大機) enlarger

böyük I. *si.* ① 큰, 거대한, 크나큰, 광대한 big, large, vast, huge ○ **yekə, iri** ● **kiçik**; ② 강한, 영향력 있는, 엄청나게 큰 strong, influential, monumental ○ **güclü, tə'sirli, şiddətli**; ③ 장엄한, 장대한, 장려한, 웅대한 great, grand, capital; ④ 높은, 우월한 important, extensive, superior ○ **əhəmiyyətli, mühüm, vacib**; ⑤ 나이든, 연장자의 elder, older, grown up, senior; II. *i.* ① 어른, 성인 adult; ② 상사, 보스 boss ○ **rəis, rəhbər**; **~ Britaniya** *i.* 대영제국 Great Britain; **~ hərflər** *i.* 대문자(大文字) capital letters; **~ Ayı bürcü** *ast.* 큰곰자리 the Great Bear, Ursa Major; **~ At bürcü** *ast.* 천마자리, 페가수스자리 Pegasus; **~ çillə** *i.* 초겨울 the first days of winter; **~-~** *z.* 큰 목소리로, 주제넘게, 뻔뻔하게 loudly, impudently, boldly; **~-~ danışmaq** *fe.* 장담하다, 큰 목소리로 떠들다 speak/talk high and mighty; **~ dövlətçilik** *i.* 엄청난 권력자 of great power

böyükcə *z.* 어른처럼 adult like

böyük-kiçik *i.* 노유(老幼), 모든 사람 one and all, the grown-ups and the little ones; **~ tanımaq** *fe.* 적절히 처신하다 behave properly

böyüklənmək *fe.* 스스로 높은 체 하다, 거만을 떨다 give oneself airs, mount a high horse, swell with importance; get a swelled head

böyüklər *i.* 어른, 연장자, 선배, 노인, 장로, 지배자 elders, grown-ups, adults, seniors

böyüklük *i.* ① 큼, 위대함, 장엄(莊嚴) greatness, largeness, vastness, grandeur, hugeness ○ **yekəlik, irilik**; ② 연장(年長), 지도층(指導層) seniority, leadership ○ **başçılıq, rəhbərlik**

böyüklü-kiçikli *z.* 노유를 막론한 모든 사람 all the young and old, one and all, all together

büyüksüz *si.* ① 지도자 없는, 무감독의 leaderless, unsupervised ○ **başçısız**; ② 보호자 없는, 부모 없는 parentless, without a guardian; ③ 버릇없이 큰 ill-bred

böyüksüzlük *i.* ① 버릇없음 state of being parentless ○ **başsızlıq**; ② ill-breeding; **~ etmək** *fe.* 버릇없이 행동하다 behave impudently

böyüktəhər *si.* 큰 편의, 어느 정도 큰, 비교적 큰 biggish, rather big, rather large

böyükyana *z.* 교만하게, 거만하게, 건방지게 haughtily, arrogantly, superciliously

böyükyaşlı *si.* 어른이 된, 나이가 든 adult, grown-up

böyümə *i.* ① 성장, 발육(發育) growth; ② 증대(增大), 확대(擴大), 확장(擴張) enlargement, magnification; ③ (식물) 재배 vegetation

böyümək *fe.* ① 자라다, 성장하다, 발육하다 grow, grow up ○ **artmaq, genişlənmək**; ② 강해지다, 팽창하다 get strong, dilate, be strengthened ○ **güclənmək, şiddətlənmək**; ③ 성장(成長), 성숙(成熟), 발전 advance, mature ○ **uzanmaq, yetişmək**; ④ 높여지다, 상승되다 rise, be lifted up ○ **yüksəlmək**

böy(ü)r *i.* 옆, 측면(側面), 옆구리 side, flank ○ **yan, tərəf**; **gülməkdən ~ünü tutmaq** *fe.* 옆구리가 터지게 웃다 split one's side with laughter; **~ü üstə yatmaq** *fe.* a)옆으로 누워 자다 sleep on one's side; b) *fig.* 게으름 피다, 빈둥거리다 idle one's time, be lazy

böyür-boyürə *z.* 가까이, 옆에, 옆으로 나란히 side by side, shoulder to shoulder; **~ oturmaq** *fe.* 옆으로 나란히 앉다 sit side by side

böyürdən *z.* 옆으로, 옆에서 from one side; on one side, at the side; on the flank; **~ baxmaq** *fe.* 한 면만 보다, 편견(偏見)하다 look from one side, take a side view; **~ çıxmaq** *fe.* 갑자기 나타나다 appear suddenly, make one's appearance unexpectedly, spring out

böyürə-böyürə *z.* 큰소리로, 고함쳐서, 으르렁거리며 bellowing, lowing

böyürmə *i.* 으르렁거림, 울부짖음, (소가) 음매하고 소리를 냄 lowing, mooing, bellowing

böyürmək *fe.* 고함치다, 으르렁거리다, 큰 소리로 울부짖다 bellow ○ **bağırmaq, qışqırmaq**; **ağrıdan ~** *fe.* 고통으로 울부짖다 bellow with pain

böyürtkən *i.* 나무딸기 (짙은 자줏빛) black-berry, raspberry

böyürtkənlik *i.* 나무딸기 밭 blackberry garden/bush

böyürtmək *fe.* 울부짖게 하다, 소리치게 만들다 cause *smb.* to bellow

böyürtü *i.* 울부짖음, 불평, 호소 mooing, bellowing ○ **bağırtı, qışqırtı**

böyürüşmə *i.* (서로) 으르렁거림, 불평함 bellowing

böyürüşmək *fe.* (서로) 으르렁거리다 bellow/low together

böyütdürmək *fe.* 확대시키다, 확장시키다 ask *smb.* to enlarge, have *smt.* enlarged

böyütmə ☞ **böyütmək**

böyütmək *fe.* ① 양육하다, 키우다, 보살피다 bring up, raise, rear, develop ○ **tərbiyələndirmək, yetişdirmək**; ② 확대하다, 확장하다 enlarge, magnify, widen ○ **genişləndirmək, iriləşdirmək** ● **kiçiltmək**; ③ 과장하다, 크게 보이게 하다 magnify, exaggerate ○ **yoğunlatmaq, şişirtmək**; ④ 재배하다, 생장시키다, 증식시키다 vegetate; ⑤ 증진시키다, 촉진시키다, 장려하다, 전진케 하다 promote, advance

Braziliya *i.* 브라질 Brazil

Braziliyalı *i.* 브라질 인 Brazilian

brınza *i.* 양유(羊乳)로 만든 치즈 brynza (cheese made from sheep milk)

bric *i.* 브릿지 (카드게임 중) breeches, bridge (card game)

briqada *i.* ① 조(組), 작업(作業), 단(團) ; ② *hərb.* brigade 여단(旅團) brigade, gang, team; ③ 공동 작업 단(團)/조(組)/반(班) crew; **yanğınsöndürmə ~sı** *i.* 소방대(消防隊) fire brigade; **tank ~sı** *i.* 기갑여단(機甲旅團) tank brigade; **qatar ~sı** *i.* 기차 승무원 train crew

briqadir *i.* ① 조장(組長), 단장(團長) team leader, brigade leader; ② *hərb.* 준장, 여단장(旅團長) brigadier

briqadirlik *i.* 준장의 역할 position/job of brigadier

brilyant *i.* 금강석(金剛石) diamond; **saxta ~** *i.* 모조 다이아몬드 false diamond

brilyantlı *si.* 다이아몬드가 박힌 with a diamond

Britaniya *i.* 영국 Britain; **Böyük Britaniya** *i.* 대영제국(大英帝國) Great Britain

Britaniyalı I. *i.* 영국인 Briton, Englishman, British; II. *si.* 영국의 British

bromlu *si. kim.* 브롬화물 bromide

bron *i.* 예약(豫約), 예약석 reserved quota, reservation

bronlamaq *fe.* 예약하다 reserve; **yer ~** *fe.* 좌석을 예약하다 reserve a seat

bronxlar *i. ana.* 기관지(氣管支) bronchial tubes, bronchi

bronxial *si.* 기관지의 bronchial; **~ astma** *i. med.* 기관지(氣管支) 천식(喘息) bronchial asthma

bronxit *i. med.* 기관지염(氣管支炎) bronchitis

broşka *i.* 브로치, 장식핀 brooch

broşüra *i.* 브로셔, 팜플렛 brochure

brusellyoz *i. med.* 브루셀라병 brucellosis

bu *vz. si.* 이것, 그것 it, this; **~ arada** *z.* 중간시간에,

짬을 내어 in the meantime; ~ **axşam** *i.* 오늘 저녁 tonight; ~ **dəqiqə** *z.* 지금, 당장 just now; ~ **gecə** *i.* 오늘 밤 tonight; ~ **gün** *i.* 오늘 today; ~ **günlərdə** *z.* 요즈음, 근자(近者)에 recently; ~ **kimi** *z.* 이와 같이, 이렇게 such; ~ **səbəbdən** *z.* 이러므로 here by; ~ **vaxta qədər** *z.* 지금까지, 여태껏 so far, till now, up to now; ~ **yaxında** *z.* 가까운 시일 내에, 근자에 not long ago, lately, soon; ~ **yaxında olmuş** *z.* 최근의 newly; ~ **yaxınlarda** *z.* 최근에 recently; **~dan başqa** *z.* 이외에, 게다가, 더욱이 so, besides, further more; ***Budur.*** *자, 여기요. Here you are.*; **~na baxmayaraq** *z.* 이럼에도 nevertheless, despite this; **~na görə** *z.* 이러므로, 이러하여 consequently; **~ndan sonra** *z.* 이후로, 지금부터 hence forward, here after, next; **~ndan əlavə** *z.* 게다가, 이외에 besides; **~nunla belə** *z.* 이와 같이 herewith, nevertheless; **~nunla bərabər** *z.* ~할 지라도 although; **~nunla da** *z.* 이정도로 there by; **~nunla yanaşı** *z.* 이처럼, 이와 같이 herein, here with; **~radan da** *z.* 그러므로, 따라서 hence

bublik *i.* 도넛형의 딱딱한 빵 bagel

bucaq *i.* ① *mat.* 각(角), 각도(角度) angle; **düz ~ altında** *z.* 직각(直角)하에 at a right angle; **görmə bucağı** *i. fiz.* 시각(視角) visual angle

bucaqlı *si.* 각이 진, 각이 있는 angled

bucaqölçən *i. tex.* 측각기(測角器), 각도계(角度計) goniometre, protractor, azimuth disk

bucuğaz *vz.* 이 따위 것, 이런 류의 것 only this, just this

bud I. *i.* ① 허벅지, 넓적다리, 대퇴부(大腿部) hip, thigh; ② 훈제(燻製) 햄 ham, gammon (pork); II. *si.* 대퇴골(大腿骨)(부)의 femoral; ~ **sümüyü** *i.* 대퇴골, 대퇴부, 퇴절(腿節) high-bone, femur; ~ **arteriyası** *i.* 대퇴부 동맥 femoral artery

budaq I. *i.* (나뭇)가지, 분지(分枝) bough, branch, twig ○ **şaxə, qol**; II. *si. qram.* 종속절(從屬節)의 subordinate; ~ **cümlə** *qram.* 종속절(從屬節) subordinate sentence

budaqlanma *i.* 분지화(分枝化), 세분화(細分化), 분기(分岐) branching, forking, ramification

budaqlanmaq *fe.* 분지화하다, 가지를 내다, 세분화하다 be branched, be ramified ○ **şaxələnmək, qollanmaq**

budaqlı *si.* 가지를 친, 가지를 가진, 세분화된 branchy, branched ○ **şaxəli, qollu**

budaqsız *si.* 가지가 없는, 세분화되지 않는 branchless, without branches

budama ☞ **budamaq**

budamaq *fe.* 전지(剪枝)하다, 가지를 치다/잘라내다 cut off, clip, trim, prune

budanmaq *fe.* ① 가지치기되다 be trimmed, be pruned; ② (나무의) 여분의 가지를 없애다 be trashed, be drubbed

budarlamaq *fe. col.* (막대기 등으로) 치다, 때리다, 매질하다 drub, beat, spank, give a spanking; give a whipping, switch

budarlanmaq *fe.* 매를 맞다, 두들겨 맞다 be drubbed, be beaten, be spanked, be whipped, be switched

budarlatmaq *fe.* 매질시키다, 때리게 하다 cause to drub/beat, ask to whip

budat(dır)maq *fe.* 가지를 치게 하다, 전지(剪枝)시키다 make *smb.* cut off, ask *smb.* to trim

buddizm *i.* 불교(佛敎) Buddhism

buddist *i.* 불교도 Buddhist

budka *i.* 상자, 매점, 간이(簡易)점포(店鋪), 판잣집 box, hut, stall, booth; **gözətçi ~sı** *i.* 파수간(把守間), 위병소 sentry box

budkaçı *i.* 점원(店員) shop-keeper

bufet *i.* ① 매점, 간이식당, 학생식당 refreshment room, side board, bar, canteen; ② 찬장, 식기대, 사이드보드 sideboard

bufetçi *i.* 점원, 식당 종업원 barmaid, barman, bartender

bugün *i. z.* 오늘 today

bugünədək *z.* 오늘까지, 오늘에 이르러 up to today

bugünkü *si.* ① 오늘의 today's; ② 현재의 present; ~ **vaxtda** *z.* 최근의, 근자의 nowadays; ***Bu gününkü işini sabaha qoyma.*** *오늘의 할 일을 내일로 미루지 말라. Don't put off till tomorrow what to be done today.*

bugünlük *si. vz.* 오늘의 (것) (thing) just for today

buğun-sabah *z.* 곧, 가까운 시일내에 soon, in few days

buğ *i.* ① 김, 수증기(水蒸氣), 증기(蒸氣) vapour, steam; ② 방출, 증발, 발산물 exhalation; **~a vermək** *fe.* 증기를 쐬다, 증기로 찌다 steam; **~da bişirmək** *fe.* 증기로 찌다/삶다/익히다

steam, braise

buğa *i.* ① 황소 bull, ox ○ **kəl**; ② *ast.* 황소자리; 금우궁(金牛宮) (출생인 사람) Taurus, Bull; ③ (여성을) 사모하는 사람, 구혼자, 애인 admirer, ladies man

buğaca *i.* 송아지 bull-calf

bugalaşmaq *fe.* 황소가 되다, 성우(成牛)가 되다 become a bull, grow into a bull

buğalıq *i.* 종우(種牛) isolated bull for seeding

buğda *i.* 밀, 옥수수 wheat, corn; **yumşaq ~** *i.* 일반 밀 common wheat; **~ çörəyi** *i.* 흰 빵 white bread, wheaten loaf

buğdabiti *i. zoo.* 바구밋과 벌레의 총칭 weevil

buğdayı *si.* 얼굴이 거뭇한 dark-complexioned ○ **qarayanız, əsmər** ● **ağyanız**

buğlandırmaq *fe.* 증발하다, 증기를 내다 evaporate, exhale, steam

buğlanma *i.* 증발, 발산 evaporation, exhalation

buğlanmaq *fe.* ① 김이 나다, 증기를 배출하다 be evaporated/exhaled ○ **buxarlanmaq**; ② 증기로 바뀌다 turn into vapour

buğüm *i.* ① *ana.* 관절, 마디 articulation, joint ○ **bənd, məfsəl**; ② *bot.* 우유 젓기 막대 churn staff

buğumayaqlılar *i. zoo.* 절지 동물 (곤충, 거미류, 갑각류, 다족류 등) arthropod

buğum-buğum *z.* 마디마디 joint by joint; **~ olmaq** *fe. col.* (살이 져서) 울룩불룩하게 되다 become very fat

buğur *i.* 어린 숫낙타 young male camel

buxaq *si.* 턱이 두 겹인, 살찐 double chin ○ **çənəaltı**; **~ salmaq** *fe.* 살찌다, 뚱뚱해지다 grow fat, become stout

buxaqlanma ☞ **buxaqlanmaq**

buxaqlanmaq *fe.* 살찌다, 뚱뚱해지다 become fat, be fatty ○ **kökəlmək, ətlənmək**

buxar *i.* ① 김, 증기, 수증기 steam, vapour, evaporation ○ **buğ**; ② 발산물, 호기(呼氣) exhalation, miasma; **~ qazanı** *i.* 증탕기(蒸湯器) steam boiler; **~ mühərriki** *i.* 증기기관(蒸氣機關) steam engine; **~a çevrilmək** *fe.* 증발하다, 발산하다 evaporate, exhale

buxarxana *i.* ① 사우나, 한증막(汗蒸幕) sauna, sweating room, vapour bath; ② *tex.* 증기실(蒸氣室) steam shop

buxarı *i.* 벽난로의 앞면과 측면의 장식 mantelpiece, fire-place

buxarladıcı *i. tex.* 기화기(氣化器), 증발기(蒸發器) evaporator, vaporiser

buxarlandırılmaq *fe.* 증발되다, 기화되다 be evaporated, be steamed

buxarlandırma *i.* 기화(氣化) evaporation

buxarlandırmaq *fe.* 기화시키다, 증발시키다 evaporate, exhale

buxarlanma *i.* 기화(氣化), 증발(蒸發) evaporation, exhalation ○ **buğlanma**

buxarlanmaq *fe.* ① 기화되다, 증발되다, 발산되다 dissolve, vaporise, exhale, turn into vapour ○ **buğlanmaq**; ② 사라지다, 소멸되다 disappear, vanish

buxarlayıcı ☞ **buxarladıcı**

buxarpaylayan *i. tex.* 증기 분사기, 증기 배분기 steam distributor

buxov *i.* ① 족쇄, 수갑, 쇠고랑 fetters, shackle ○ **qandal, cidar**; ② 장애, 방해 obstacle, hindrance ○ **maneə, əngəl**; **məhəbbət ~u** *i.* 사랑의 족쇄 the shackle of love; **~ vurmaq** *fe.* 족쇄를 채우다 fetter, shackle

buxovlama ☞ **buxovlamaq**

buxovlamaq *fe.* 쇠고랑을 채우다, 족쇄를 채우다, fetter, shackle ○ **qandallamaq, cidarlamaq** ● **azad etmək**

buxovlanmaq *fe.* 족쇄에 묶이다, 수갑을 차다, 쇠고랑을 차다 be shackled, be put into irons

buxovlanmış *si.* 쇠고랑을 찬, 족쇄를 찬 fettered, shackled; **məs'uliyyətlə ~** *si.* 책임의 족쇄를 찬 fettered with responsibility

buxovlat(dır)maq *fe.* 쇠고랑을 채우게 하다 order *smb.* to fetter/shackle

buxovlu *si.* 쇠고랑을 찬, 족쇄를 찬 shackled, chained ○ **qandallı, cidarlı**

buxovsuz *si.* 자유로운, 쇠고랑을 차지 않은 fetterless

buxta *i.* 만(灣) bay (coast)

buxur *i.* 향(香), 향료(香料), 향내, 유향(乳香) incense, frankincense

buxurdan *i.* 향유(香油)병, 옥합(玉盒); 부적, amulet

buket *i.* 부케, 꽃다발 bouquet, bunch of flowers

bukinist *i.* 헌책상(商) seller of second-hand books; **~ mağazası** *i.* 헌책방 second-hand book-shop; ~ **kitablar** *i.* 희귀(稀貴)서적(書籍) rare books

buqələmun *i.* ① *zoo.* 카멜레온 chameleon; ② *fig.* 변덕스러운 사람, 예측(豫測) 불가(不可)한 사람 capricious man, whimsical person

buqələmunluq *i. fig.* 변덕, 위선(僞善), 가장(假裝) hypocrisy

bulaq *i.* 원천(源泉), 근원(根源) spring, brook, well ○ **çeşmə, qaynaq**; ~ **kimi qaynamaq** *fe.* 끓어 넘치다, 거품이 일어 넘치다 boil over, bubble over

bulama *i.* (포유 동물, 특히 소의) 초유(初乳) colostrum, beestings

bulamac *i.* 밀가루로 만든 죽의 일종 kissel (starchy cereal made of flour)

bulamaq[1] *fe.* 혼합하다, 젓다, 교반(攪拌)하다 mix, stir ○ **qarışdırmaq**

bulamaq[2] *fe.* 흔들다, 진동하다 wag, shake ○ **yellətmək, tərpətmək**; **başını** ~ *fe.* 머리를 흔들다 shake one's head

bulamaq[3] *fe.* 더럽게 하다, 얼룩지게 하다, 검댕을 묻히다 dirty, stain, smut ○ **batırmaq, ləkələmək, çirklətmək**;

bulandırılmaq *fe.* 흐려지다, 탁해지다 be stirred, be disturbed, become turbid

bulandırmaq *fe.* 휘젓다 stir up; **suyu** ~ *fe.* stir up water 물을 휘젓다; *fig.* 문제를 일으키다 stir up trouble; **ürəyini** ~ *fe.* 마음을 흔들어 어지럽게 하다, 메스껍게 하다 make *smb.* to feel sick

bulanıq *si.* 탁해진, 흐린, 흙탕물의 dim, turbid, lacklustre, muddy, troubled, nebulous ○ **lehməli, palçıqlı, lilli, kirli**; ~ **gözlər** *i.* 흐리멍덩한 눈 lacklustre eyes; ~ **maye** *i.* 혼탁한 물 nebulous liquid; ~ **sel** *i.* 흙탕물 홍수 muddy stream

bulanıqlaşma ☞ **bulanıqlaşmaq**

bulanıqlaşmaq *fe.* 혼탁해지다 grow dim/turbid

bulanıqlıq *i.* 혼탁함, 흙탕물투성이 turbidity, muddiness

bulanma *i.* 메스꺼움, 구역질 sickness, nausea; **ürək ~sı hiss etmək** *fe.* 메스껍다, feel sick

bulanmaq[1] *fe.* ① 혼란스럽다, 뒤섞이다, 혼탁하다 grow dim, become turbid ○ **qarışmaq, tutulmaq, xarablaşmaq, pozulmaq** ● **açılmaq**; ② 메스껍다, 욕지기가 나다 feel sick ○ **öyümək, qaytarmaq** ● **yaxşılaşmaq**; ③ (날씨가) 흐리다, 구름이 끼다 get cloudy; ***Onun ürəyi bulanır.*** *그가 메스꺼워한다. He feels sick.*; ***Hava bulanır.*** *날씨가 흐려진다. The weather is getting cloudy.*

bulanmaq[2] *fe.* (스스로) 더럽히다, 더러워지다, 먼지를 뒤집어쓰다 get dirty, make oneself dirty, soil oneself ○ **bulaşmaq, batmaq, kirlənmək** ● **təmizlənmək**

bulantı *i.* ① *med.* 메스꺼움, 멀미, 욕지기 구토 nausea, sickness; ② 찌꺼기, 앙금, 쓰레기, 더러운 것 dregs

bulaşdırılmaq *fe.* 더럽혀지다, (흙/기름/먼지/오물로) 더렵혀지다 be dirtied, be soiled; be oiled; be covered with ink; be muddied

bulaşdırmaq *fe.* 더럽게 하다, 오염시키다, 오물을 뿌리다 contaminate, make dirty, dirty, soil, oil, muddy

bulaşıq *si.* ① 더러운, 불결한 dirty, filthy ○ **çirkli** ● **təmiz**; ② 진창의 질퍽거리는, 진흙투성이의 muddy ○ **zığlı, kirli**; ③ 혼탁한, 흐린, 불투명한 turbid, dim ○ **tutqun, boz, buludlu**

bulaşıqlı ☞ **bulaşıq**

bulaşıqlıq *i.* 불결, 더러움 uncleanness, dirtiness ● **təmizlik**

bulaşma ☞ **bulaşmaq**

bulaşmaq *fe.* ① 더럽혀지다, 불결하다, 진창이 되다 become dirty, get muddy, turn filthy; ② 먼지를 쓰다, 흙을 뒤집어쓰다 make oneself dirty, soil oneself ○ **batmaq, ləkələnmək**; ③ 날씨가 흐려지다 get gloomy ○ **pozulmaq, qarışmaq, tutulmaq, qaralmaq** ● **açılmaq**; 날씨가 흐려지다 **Hava bulaşır.** The weather is getting gloomy.

buldoq *i.* 불독 bulldog

buldozer *i.* 불도저 bulldozer

buldozerçi *i.* 불도저 기사 bulldozer operator

bulka *i.* 롤빵, 둥글게 말아 요리한 음식 roll; ~ **məmulatları** *i.* 크고 작은 둥글게 만든 음식 rolls and buns

bulkabişirən *i.* 빵 굽는 사람 baker

bulkaçı *i.* 빵 파는 사람 roll-seller

bulud[1] *i.* 구름 cloud; **yağış ~u** *i.* 비구름, 난운(亂雲) rainclouds, nimbi; **tüstü ~u** *i. hərb.* 연막(煙幕) smoke cloud; **~a bürünmək** *fe.* 잔뜩 흐리다, 우중충하다 be overcast

bulud² *i.* (큰) 접시 tray, dish (big sized)
bulud³ *i.* 해면(海綿), 스펀지 sponge
buludlanma ☞ **buludlanmaq**
buludlanmaq *fe.* 구름이 끼다, 흐려지다 become cloudy, be clouded ○ **tutulmaq, qarışmaq, qaralmaq**
buludlaşmaq ☞ **buludlanmaq**
buludlu *si.* 구름 낀, 우중충한, 흐린 cloudy, dull, hazy, nebulous ○ **tutqun, dumanlı**; ● **açıq**; ~ **səma** *i.* 구름 낀 하늘 cloudy sky
buludluluq *i.* 흐림, 구름 낀 날씨 cloudiness, dullness ○ **tutqunluq, dumanlılıq**
buludsuz *si.* 쾌청한, 맑은, 구름 없는, 청명한 azure, clear, cloudless; *fig.* serene ○ **aydın, saf, təmiz**
buludsuzluq *i.* 맑음, 깨끗함, 순결함, 쾌청 clarity, purity; *fig.* serenity ○ **aydınlıq, saflıq, təmizlik**
bulvar *i.* 대로, 넓은 가로수 길; (바쿠의) 해안 공원 avenue, boulevard; *si.* 값싼, 저급한, 시시한, 잡동사니의 cheap, trashy, mean; ~ **ədəbiyyatı** *i.* 저급(低級) 문학(文學) trashy literature
bulyon *i.* 수프, 국, 맑은 국 broth, clear soup
bumbuz *si.* 매우 추운, 빙하의, 얼음의 very cold, icy, ice-cold, glacial ● **isti**
bunker *i.* ① (석탄 등의) 큰 용기, 배의 연료창고 bunker; ② 엄폐호, 지하 대피소 underground shelter
bunlar *vz.* 이들 (1인칭 복수 주격) these
bunsuz *z.* 이들이 없이 without this
bunt *i.* 반항, 반역, 반란, 폭동 revolt, insurrection, uprising ○ **üsyan, qiyam**; ~ **qaldırmaq/salmaq** *fe.* 반란을 일으키다, 폭동을 일으키다 rebel, riot
buntçu *i.* 반란군, 반역자, 역도(逆徒), 반항자 rebel
buntçuluq *i.* 반란, 반항, 폭동 rebelliousness, sedition
bura *z.* 여기, 이곳 here, hither, this place
buracaq *i.* ① 끝이 갈라진 과일 따는 도구 tool for ripening fruit; ② 빵 굽는 데 쓰는 도구 (부젓가락) poker for a baking oven (**təndir**)
buracan *i.* 분수(噴水), 모래 폭풍 water-spout, sand-storm
burada *z.* 여기에서 here
buradaca *z.* 여기서, 당장 on the spot, just here, there and here, here and now
buradakı *si.* 저쪽의 yonder, of this place
buradan *z.* 여기서 from here; *fig.* hence; ***Buradan görünür ki.*** *바로 여기서 그가 나타났다. Hence it appears.*
burağan *i.* 소용돌이, 회오리바람, 선풍(旋風), 와동(渦動) hurricane, whirlwind, whirlpool, waterspout, vortex; **~a düşmək** *fe.* 소용돌이에 말려들다 be drawn into the vortex
buraxdırılmaq *fe.* 풀려나다 be released, be set free
buraxdırmaq *fe.* 풀어주게 하다 ask to release, order to set free, make *smb.* discharge
buraxılış *i.* ① 발행 issue; ② 출력, 산출, 생산 output; ③ 졸업(卒業) graduation; ④ 졸업생 graduates; ⑤ 허가, 승인 admission; ⑥ (출판물의) 집(集), 판(版) edition
buraxılmaq *fe.* ① 자유롭게 되다, 석방(釋放)되다, 해방되다 be let go, be set free, be discharged; ② 허용되다, 허가되다 be allowed, be permitted; ③ 받아들여지다, 인정되다 be admitted; ④ 탈자(脫字)되다 be omitted (letters)
buraxma ☞ **buraxmaq**
buraxmaq *fe.* ① 허락하다, 용인하다 let, permit, allow, set free ○ **qoymaq, salmaq**; ② 지나가다 pass over ○ **ötürmək, keçmək**; ③ 자유롭게 하다, 해방하다 release, omit; ④ (신상품을) 시장에 내놓다 spread, release (market) ○ **yaymaq, çıxarmaq**; ⑤ 해산하다, 해임하다, 퇴출하다 dismiss, let go, launch, discharge ○ **uçurmaq, atmaq, yollamaq**; ⑥ 펼치다, 길게 뻗다 stretch ○ **uzatmaq, genəltmək**; ⑦ 꿰뚫다, 관통하다 penetrate, leak, transpire ○ **axıtmaq**; **başlı-başına** ~ *fe.* 무시하다, 홀대하다 neglect, dispose onto (themselves)
buraxmayan *si.* 통과하지 못하는, 불투명의 impenetrable
buralı *si.* 여기에 속하는 belonging to this place, of this place
buraya *z.* 여기로, 여기에, 이리로 to this spot, here
buraz *i.* 동아줄, 쇠동아줄 rope, steel rope, wire rope; ~ **yolu** *i.* 공중 케이블, 삭도(索道) ropeway, cableway
burc *i.* 싹, 눈, 봉오리 bud ○ **tumurcuq, puçur**
burcuxmaq *fe.* 초조해하다, 안절부절못하다, 주저주저하다, 조바심하다 fidget, move restlessly,

B

toss and turn

burcutmaq *fe.* ① 휘청거리게 하다, 갈피를 잡지 못하게 하다 sway, go swaying; ② *col.* 출구를 찾으려고 애쓰다 try to find a way out

burdaq *i.* 마구간, 외양간, 우리 stall

burdurmaq *fe.* ① 돌리게 하다, 비틀게 하다 ask cause *smb.* to twirl/twist; ② 컬이 되게 하다, 소용돌이치며 올라가게 하다, 나선 모양으로 감기게 하다 ask *smb.* to curl; ③ 불까게 하다, 거세하게 하다 ask *smb.* to castrate/geld

burğu *i.* 송곳, 천공기, 시추기, 나사못, 스크루드라이버 drill, borer, cork screw, perforator; *tex.* brace, auger; ~ **ilə deşmək** *fe.* (송곳, 드릴 등) 꿰뚫다, 구멍을 내다 bore; ~ **ilə açılmış dəlik** *i.* 송곳 구멍, 시추공 bore

burğulamaq *fe.* (송곳, 드릴) 구멍을 뚫다 bore, drill, perforate

burğulanmaq *fe.* 구멍이 나다 be bored, be drilled

burğulatmaq *fe.* 구멍을 나게 하다, 뚫게 하다 ask/order *smb.* to drill/bore

burxudulmaq *fe.* (발목, 손목 등) 삐다, 염좌(捻挫)되다 be sprained

burxuq *si.* (관절) 염좌된, 탈구된, sprained, dislocated, kinky; ~ **ayaq/topuq** *i.* 삔 발목, 염좌 발목 sprained ankle

burxulma *i.* 삠, 염좌됨 dislocation, kink

burxulmaq *fe.* ① (발목, 손목을) 삐다 dislocate, sprain one's foot ○ **sərpmək**, **oynamaq**; ② 비틀어지다, 돌려지다 be screwed, be twisted ○ **burulmaq**

burxuntu *i.* 염좌 sprain

burxutmaq *fe.* 삐게 하다, 염좌하게 하다 sprain, slip

burjua *i.* 부르주아, 유산자(有産者) bourgeois; ~ **cəmiyyəti** *i.* 부르주아 사회, 유산층 (有産層), 유산계급 bourgeois society

burjualaşmaq *fe.* 유산계급(有産階級)이 되다 become a bourgeois

burjuaziya *i.* 자본가계급 bourgeoisie ● **proletariat**; **iri** ~ *i.* 대자본가(大資本家) 계급(階級) upper bourgeoisie; **inhisar** ~ *i.* 자본가계급의 독점(獨占) monopoly of the bourgeoisie; **xırda** ~ *i.* 소자본가 (小資本家) 계급(系級) petty bourgeoisie

burma *i.* ① 돌리기, 비틀기, 휘두르기 twirling, twisting, winding round; ② 거세(去勢), 난소(卵巢)절제(切除) castration, gelding; *si.* 꼬여진, 나선형의, 뒤감겨진 spiral, helical; twisted; ~ **mıx** *i.* 나사못 screw

burmac *i.* 비틀기, 꼬집기 nip, pinch, tweak ○ **çimdik**

burmaclı *si.* 비틀리는, 꼬집는 nipping, pinching, tweaking ○ **çimdiklik**

burmaclama ☞ **burmaclamaq**

burmaclamaq *fe.* 꼬집다, 쥐어 짜다 squeeze, nip, pinch ○ **çimdikləmək**

bur|maq *fe.* ① 돌리다, 회전시키다, 비틀다, 휘돌리다 twist, twirl, wind, round ○ **çevirmək**, **qanırmaq**, **eşmək**; ② 나사못을 박다, 나사못으로 고정하다 screw up, fasten ○ **bağlamaq** ● **açmaq**; ③ *med.* 위통(胃痛)을 앓다 have stomach ache; ④ 불까다, 거세하다, 난소를 제거하다 castrate, geld ○ **çimdikləmək**, **axtalamaq**, **pozmaq**; ~**ub sıxmaq** *fe.* 세게 비틀다, 비틀어 따다, 잡아떼다 wring

burnudik *si.* ① 들창코의 with a turned-up nose; ② *fig.* 거만한, 교만한, 건방진 insolent, arrogant, presumptuous, haughty

burnudiklik *i.* ① 들창코를 가짐 state of having a turned up nose; ② 거만함, 교만함, 건방짐, 경솔함 haughtiness, arrogance, insolence

burnuəyri *si.* 코가 삐뚤어진 wry-nosed

burnuuzun *si.* 코가 긴 long nosed

burnuyastı *si.* 납작코의 snub-nosed

burnuyastılıq *i.* 납작코 상태 state of being snub nosed

burnuyekə *si.* 코가 큰 big-nosed

burnuyekəlik *i.* 코가 큰 상태 state of being big nosed

burnuyelli *si. fig.* 거만한, 건방진, 뻔뻔한 arrogant, presumptuous, insolent

burnuyellilik *i. fig.* 거만함, 건방짐, 경솔함, 주제넘음 arrogance, haughtiness, insolence

buruq[1] *i.* 우물, (석유, 가스 등) 갱정(坑井) well, derrick; **neft ~ğu** *i.* 유정(油井)탑 oil derrick; ~ **ustası** *i.* 시추공(試錐工) boring/drilling technician

buruq[2] *si.* ① 꼬인, 말린, 곱슬한 curled, twisted ○ **qıvrım**; ② 거세된, 불깐, 난소가 제거된 castrated, emasculated, gelded ○ **axtal**

buruq-buruq *si.* 곱슬곱슬한, 둘둘 말린 spiral-shaped, spiral, curled, curling

buruqçu *i.* 천공기술자, 착암기 기사 borer, driller, drill operator
buruqqazan *i.* 천공기(穿孔機), 송곳, 착암기(鑿巖機), 드릴 borer, driller
burulğan *i.* ① 소용돌이, 혼란, 와동(渦動) whirlpool, eddy ○ **girdab**; ② *fig.* 선풍(旋風), 회오리바람 vortex, whirl; **toz ~ı** *i.* 먼지 회오리 an eddy of dust; **qar ~ı** *i.* 눈 폭풍 snow storm
burulğanlı ☞ **burulğan**
burulma *i.* 뒤틀림, 회전 twist
burulmaq *fe.* ① 돌다, 회전하다 spin, turn; ② 휘돌리다 whirl; ③ 뒤틀리다 become twisted; ④ 거세되다, 난소가 제거되다 be castrated, be gelded
burulmuş *si.* ① 곱슬곱슬한, 말린, 서린 curled, swirled ○ **qıvrılmış, eşilmiş**; ② 거세된 castrated, gelded ○ **axtalanmış**
burulu *si.* 곱슬곱슬한, 파형의, 둥글둥글 말린 wavy, curled ○ **əyri, dalğavari**
burum *i.* 곱슬한 머리카락 curl (hair)
burumlanmaq *fe.* 둥글둥글하게 되다, 빙빙 돌려지다 curl, wreathe, swirl
bur(u)n *i.* ① 코, 비강(鼻腔) nose; ② *geol.* 곶, 갑(岬) cape; **~ deşiyi** *i.* 콧구멍 nostril; **~ samiti** *i. dil.* 비음(鼻音), 비강(鼻腔)자음(子音) nasal consonant; **~ sümüyü** *i.* 코뼈 nasal bone; **~ boşluğu** *i.* 비강(鼻腔) nasal cavity; **~ silmək** *fe.* 코를 풀다 blow one's nose; **~unu soxmaq** *fe. fig.* (남의 일에) 쓸데없이 참견하다, 간섭하다 meddle, interfere; **~ dəsmalı** *i.* 손수건 handkerchief; **~unu çəkmək** *fe.* 냄새를 맡다, 코를 킁킁거리다, 코를 훌짝이다 sniff; **~unu çəkə-çəkə ağlamaq** *fe.* 코를 훌짝이며 울다 snivel; **~unu yuxarı tutmaq** *fe.* 코를 치켜들다, 거만하게 굴다 cock nose, put on airs; **~unu sallamaq** *fe.* 낙심하다 be disappointed; **~unun suyunu tökmək** *fe.* 콧물을 흘리다, 훌짝거리다 snivel; **~un altında danışmaq** *fe.* 중얼거리다, 우물우물 말하다 mumble; **~unun ucunda** *z.* 바로 앞에서, 코앞에서 at hand, in front of; **~unu ovuşdurmaq** *fe.* 벌을 세우다, 코를 땅에 비비게 하다 punish, rub one's nose in (the dirt); ***Ümid burnu*** *i. 희망봉(希望峯) The Cape of Hope*
burun-buruna *z.* 코가 맞닿게, 아주 가까이 nose to nose; **~ dayanmaq** *fe.* 코가 맞닿도록 말하다 stand nose to nose
burunlama ☞ **burunlamaq**
burunlamaq *fe.* ① 코를 들이밀다, 코로 찌르다, 코로 뒤집어 찾아내다 nose, poke, pry ○ **dağıtmaq, eşmək**; ② *fig.* 밀쳐내다, 쫓아내다, 내쫓다, 배제(排除)하다 force out, eject, exclude ○ **sıxışdırmaq**
burunlanmaq *fe.* ① 코로 밀려나다, 코에 찔려 밀리다 be nosed; ② *fig.* 쫓겨나다, 밀려나다, 배제되다 be forced out
burunlaşma ☞ **burunlaşmaq**
burunlaşmaq *fe.* 서로 코를 맞대고 밀다, 싸우다, 다투다 fight, quarrel, argue ○ **döyüşmək, vuruşmaq, dalaşmaq, sözləşmək**
burunotu *i.* 재채기 나게하는 담배, 재채기 풀 sneezing herb, sternutative tobacco
burunovması *i. fig.* 꾸짖음, 혼냄 scolding; **~ vermək** *fe.* 꾸짖다 give a scolding
burunsuz *si.* 코가 없는 noseless
buruntaq *i.* 코마개, 재갈 muzzle; **~ keçirmək** *fe.* 재갈을 물리다, 입을 틀어 막다 muzzle, put a muzzle on
buruntaqlamaq *fe.* 재갈을 물리다 muzzle
buruntaqlanmaq *fe.* 재갈을 물다 be muzzled
buruntaqlatmaq *fe.* 재갈을 물리게 하다 ask *smb.* to muzzle, have *smt.* muzzled
buruşan *si.* 호전적인, 전투적인, 싸우기 좋아하는 belligerent
Buryat *i.* 부랴트 종족 (시베리아에 분포하는 몽골계통) Buryat; **~ dili** *i.* 부랴트어 Buryat language
buryatca *z.* 부랴트 말로 the Buryat language
busə *i.* 키스, 뽀뽀 kiss ○ **öpüş**
busəlik *i.* 뽀뽀하다 kissing ○ **öpüşlük**
bustan *i.* 화원(花園) flower garden ○ **çiçəklik, güllük**
buta *i.* ① 꽃봉오리 bud, budding flower ○ **qönçə**; ② 부타 문양 (불꽃을 형상화한 아제르바이잔 특유의 문양) almond-like carving/pattern (on fabrics)
butalı *si.* 부타 모양의 almond-shaped ○ **naxışlı, güllü**; **~ parça** *i.* 부타 문양의 옷감 fabric with almond shaped pattern
buterbrod *i.* 샌드위치 butter and bread sandwich
butsı *i.* 부츠 (목이 긴 구두) boots
butulka *i.* 병, 병모양의 용기 bottle; 우유 한 병 **bir ~ süd** a bottle of milk

buy *i.* 부이, 부표(浮標) buoy

buynuz *i.* (동물의) 뿔, 양각 horn, antler; **öküzün ~undan tutmaq** *fe.* 황소의 뿔을 잡다 take the ox by the horns

buynuzabənzər *si.* 뿔모양의 horn-shaped

buynuzaoxşar ☞ **buynuzabənzər**

buynuzcuq *i.* ① 작은 뿔 small horn, hornlet; ② 구두 주걱 shoehorn

buynuzlama ☞ **buynuzlamaq**

buynuzlamaq *fe.* ① 뿔로 들이 받다, 서로 부딪치며 싸우다 butt, kick by the horns; give a butt; ② 동물의 뿔을 잡다 grip an animal's horns

buynuzlanmaq *fe.* ① 뿔에 들이받히다 be butted; ② 뿔에 잡히다 be gripped by the horns

buynuzlaşma *i.* 서로 들이받기 butting each other

buynuzlaşmaq *fe.* 서로 들이받다 butt each other, horn each other

buynuzlu *si.* 뿔을 가진 horned; **iri ~ mal-qara** *i.* 소떼 cattle; **~ keçi** *i.* 뿔 달린 염소 horned goat

buynuzsuz *si.* 뿔이 없는 hornless; **~ heyvan** *i.* 뿔이 빠진 동물 (사슴, 소 등) pollard; **~ inək** *i.* 뿔 없는 암소 hornless cow, poll cow

buynuzşəkilli *si.* 뿔 모양의 horn-shaped

buyruq *i.* 분부, 지시, 명령 order, command ○ **əmr, hökm, sərəncam**

buyruqçu *i.* ① 총무, 집회 사회자 master of ceremonies, manager; ② 종, 하인 servant

buyurma ☞ **buyurmaq**

buyurmaq *fe.* ① 명하다, 분부하다, 지시하다 order, command; ② 하도록 고안되다, 생색내다 deign/condescend to do ○ **söyləmək, demək**; ③ 오다, 다가가다 come ○ **gəlmək**; **təşrif ~** *fe.* 영예로운 방문을 하다 do the honour of visiting; ***Buyurun!, Buyurursunuz!*** *자! 여기요! 어서요! Here you are. Please.*; ***Nə buyurunuz?*** *뭐라고 하셨어요? I beg your pardon, what did you say?*; ***Tənbələ iş buyur, sənə ağıl öyrətsin.*** *ata. s. 게으른 자에게 일을 시키면 당신이 교훈을 얻게 될 것이다. Offer work to a lazy person, let him give you good advice.*; ***Uşağa buyur, dalınca yüyür.*** *아이에게 일을 맡기고 그 뒤를 따라다닌다. (일을 맘에 들게 하려면, 스스로 해라) ata.s. If you want a thing done well, do it yourself.*

buyurtdurmaq *fe.* 명하게 하다, 지시하게 하다 cause *smb.* to order/ask *smt.*

buyurucu ☞ **buyruqçu**

buyuruq ☞ **buyruq**

buyurulmaq *fe.* 분부를 받다, 명령을 받다, 지시를 받다 be sent, be asked, be ordered

buz *i.* 얼음 ice; **~ dağı** *i.* 얼음산 ice berg; **~ salxımı** *i.* 고드름 icicle; **~ kimi** *si.* 얼음처럼, 얼음장처럼 (차가운) icy, very cold; **~ bağlamaq** *fe.* 얼음이 얼다 freeze over; **~ qıran** *i.* 얼음 깨는 기계/사람, 쇄빙선(碎氷船) ice-breaker; **~ döyüşü** *i.* 얼음 위의 전투 battle on ice; **~ baltası** *i.* 뚱뚱한 녀석, 건장한 놈 robust fellow, brawny fellow, sturdy child

buzxana *i.* ① 얼음공장, 석빙고 ice-house, ice-safe; ② 냉장고, 냉장실 ice-box, refrigerator

buzkəsən *i.* 얼음 자르는 기계/칼/톱 ice-cutter

buzlaq *i. geol.* 빙하(氷河) glacier; **~ dövrü** *i.* 빙하기(氷河期) glacial epoch/period, ice age

buzlama *i.* 결빙(結氷) freezing ○ **donma**

buzlamaq *fe.* 얼리다, 얼음으로 덮다 freeze, be covered with ice

buzlanmaq *fe.* 얼음으로 덮이다 ice over, become covered with ice ○ **donmaq**

buzlanmış *si.* 얼음으로 덮인 covered with ice

buzlaşmaq ☞ **buzlanmaq**

buzlu *si.* 얼음을 넣은 iced

buzluq *i.* ① 냉장고 ice-house (food storage), ice-box; ② 얼음으로 덮인 곳 place covered with ice

buzov *i.* ① 송아지 calf; **~ otarmaq** *fe.* 송아지를 먹이다 graze/pasture a calf; **~ damı** *i.* 외양간 calf house, calf shed; **~ əti** *i.* 송아지 고기 veal

buzovabaxan *i.* 목동(牧童) cow-keeper, calf-keeper

buzovlama ☞ **buzovlamaq**

buzovlamaq *fe.* 송아지를 낳다 give a birth to calf, calve ○ **balalamaq**

buzovlatmaq *fe.* 송아지를 낳게 하다 cause to calve

buzovotaran *i.* 목우(牧牛) calf-herd

büdcə *i. fin.* 예산(豫算), 경비(經費) budget; **~ ili** *i.* 예산(豫算) 연도(年度) budget year; **~ layihəsi** *i.* 예산액(豫算額) budget estimate; **~də nəzərdə tutmaq** *fe.* 예산을 책정(策定)하다 budget for; **~nin gəlir hissəsi** *i.* 세입 revenue; **~nin xərclənən hissəsi** *i.* 지출 expenditure; **cari il**

üçün ~nin yerinə yetirilməsi *i.* 당회기년도를 위한 예산 집행 결과 financial result for the year; ~də nəzərdə tutulduğundan artıq xərclənmək *fe.* 예산을 초과 지출하다 overspend one's budget

büdrəyə-büdrəyə *z.* 비틀비틀, 비틀거리며 stumblingly; ~ **getmək** *fe.* 비틀거리며 걷다 stumble along, stagger along

büdrək *si.* 발에 걸리는, 비틀거리게 하는 stumbling

büdrəmə *i.* ① 발에 걸림 stumbling ○ **yıxılma**; ② 진리로부터 멀어짐 deviation from the truth way ○ **sapma**, **yanılma**

büdrəmək *fe.* ① 발이 걸려 넘어지다 stumble ○ **yıxılmaq** ● **durmaq**; ② *fig.* 요점에서 벗어나다 take a false step, get off the point ○ **sapmaq**, **yanılmaq**

bükdərilmək *fe.* ① (실, 밧줄) 꼬이다 be twisted (thread, rope); ② (담배) 말리다 be rolled (cigarette)

bükdərmək *fe.* ① 꼬다, 비틀다 twist; ② 게걸스럽게 삼키다 gulp down, gobble; ③ roll 말다, 감다

bükdərtmək *fe.* 감게 하다, 꼬게 하다, 비틀게 하다 ask to twist (thread, rope *etc.*)

bükmə ☞ **bükmək**

bükmək *fe.* ① 싸다, 옷으로 감싸다, 담요로 싸다 wrap up, muffle up; blanket ○ **sarımaq**, **dolamaq** ● **açmaq**; ② 접다 lay up together, fold up ○ **qatlamaq**; ③ (신문 등) 발행을 정지하다 fold (in printing)

bükücü *si.* 접게 된, 접는 folding; ~ **maşın** *i.* (인쇄) 접는 기계 folding machine

bükük *si.* ① 접은, 굽은 bent, folded ○ **qatlı**, **əznik**; ② (천, 종이로) 싼 wrapped ○ **sarıqlı**, **dolaqlı**

büküklük *i.* 접혀진 상태 state, condition of imposing, bending

bükülmə ☞ **bükülmək**

bükülmək *fe.* ① 굽어지다, 수그러지다 be bent, be drooped ○ **qatlanmaq**, **əyilmək**; ② 펼쳐지다, 접혀지다 be spread, be wrapped ○ **sarınmaq**; ~**ə bilən** *si.* 접혀지는 flexible; **beli** ~ *fe.* 몸을 구부리다, 몸을 굽히다, 웅크리다 stoop

bükülməyən *si.* 딱딱한, 굳은, 휘지 않는, 굽지 않는 rigid

bükülmüş *si.* ① 접힌, 굽어진, 구겨진 bent, curved, deformed ○ **qatlanmış**, **əyilmiş**; ② 싸매진 wrapped ○ **sarınmış**

bükülü *si.* ① 싸매어진 wrapped up, enfolded ○ **qatlı**, **sarıqlı**; ② 휘어진, 구겨진 crooked

büküm *i.* 접은 것, 꾸러미 fold, bundle

büküş *i.* 주름, 접은 자국 crease, fold, pleat ○ **qarış**, **əzik**; **şalvar** ~**üyü** *i.* 바지 주름 trouser crease

büküşdürmək *fe.* ① 주름잡게 하다 rumble, pleat; ② 급하게 싸다 wrap up hastily

büküşmə ☞ **büküşmək**

büküşmək *fe.* ① 서로 혼동하다, 서로 혼합하다 confuse together, blend together ○ **qarışmaq**, **əzilmək**; ② 서로 구겨지다, 주름지다 rumple, wrinkle, crumple ○ **pozulmaq**, **büzüşmək**

bülbül *i. zoo.* 나이팅게일 (유럽산 지빠귓과의 새) nightingale; ~ **yuvası** *i.* 나이팅게일 둥지 nightingale's nest; ~ **kimi oxumaq** *fe.* 나이팅게일처럼 노래하다 sing like nightingale; ~ **sayağı** *z.* 나이팅게일 처럼 like a nightingale

bülleten *i.* ① 게시, 공시, 방, 공보; 투표용지 bulletin, voting paper; ② 보고서 report; ③ 병가증(病暇證) sick-leave certificate

büllur *si.* 투명한, 맑은, 빛나는, 깨끗한 transparent, limpid, shiny, clear ○ **şəffaf**, **parlaq**, **dumduru**, **təmiz**, **saf**; *i.* 크리스탈, 수정(水晶) crystal, cut glass; ~ **kimi təmiz** *si.* 수정처럼 맑은 as clear as crystal; ~ **qab** *i.* 크리스탈 그릇 cut glass ware

bülöv *i.* 숫돌, 마제석(馬蹄石) whetstone, grindstone, knife-sharpener

bülövçü *i.* 칼갈이 grinder, knife-grinder

bülövdaşı *i.* 숫돌 grind stone

bülövxana *i.* 칼갈이 집 grinding shop

bülövləmə ☞ **bülövləmək**

bülövləmək *fe.* 숫돌에 갈다, 날카롭게 하다 sharpen, grind with a whetstone ○ **itiləmək**

bülövlənmək *fe.* ① 날카로워지다, 숫돌에 갈리다 be sharpened, be ground with a whetstone

bülövlət(dir)mək *fe.* 날카롭게 하게 하다 ask *smb.* to sharpen/whet

bülövlü *si.* 날카로운, 예리(銳利)한 sharp ○ **iti**

bünövrə *i.* 기초, 토대, 주초(柱礎)foundation, groundwork, base ○ **özül**, **binə**, **əsas**, **təməl**; ~ **tikmək** *fe.* 기초공사를 하다, 주초를 놓다 build

B

the foundation; **~sini qoyan** *i.* 초석을 놓은, 설립한 founder; **nəzəriyyənin ~si** *i.* 이론의 근거 the foundation of the theory

bünövrədən *z.* 근본적으로, 처음부터, 기초부터, 항상 primarily, primordially, from the start, always

bünövrəli *si.* ① 기초가 튼튼한, 근본이 좋은 well-grounded, well-founded ○ **özüllü, əsaslı, təməlli**; ② 튼튼한, 흔들리지 않는 thorough, solid; ③ 견고한, 오래가는 durable, firm; *z.* 철저히, 완전히 thoroughly; **əsaslı- ~ tədqiqat** *i.* 학습(學習) thorough study

bünövrəlilik *i.* ① 근본적 성격, 토대의 재질 fundamental nature/character; ② 내구성(耐久性), 견고성(堅固性) durability, firmness, solidity

bünövrəsiz *si.* ① 근거 없는, 기초가 없는 groundless, unfounded ○ **təməlsiz, əsassız**; ② 견고하지 않는, 튼튼하지 않는 not solid, not durable

bünövrəsizlik *i.* ① 근거없음, 기초가 없음 groundlessness; ② 견고하지 않음 lack of strength/solidity

bürc *i.* ① 탑, 성채(城砦) tower, citadel; ② *ast.* 별자리, 성좌(星座) constellation; ***Kiçik Ayı ~ü** i. 작은곰자리 Ursa Minor, the Lesser Bear*; ***Böyük Ayı ~ü** i. 큰곰자리 the Great Bear*

bürkü *i.* (덥고 습한) 무더움, 답답함, 숨막힘 sultriness, stuffiness, intense heat, closeness ○ **isti, boğanaq**

bürküləmək *fe.* 답답해지다, 무더워지다 get stuffy; ***Bürküləyir.** 숨이 막히다. It's stuffy.*

bürkülənmək *fe.* ① 더워서 불편해지다 feel uneasy from heat; ② 답답해지다 get stuffy

bürküləşmək ☞ **bürküləmək**

bürkülü *si.* 덥고 습한, 답답한 sultry, stuffy ○ **isti, boğanaqlı**; **~ gün** *i.* 덥고 습한 날 sultry day; **~ hava** *i.* 덥고 습한 날씨 stuffy air

bürkülük *i.* 덥고 습함, 답답함 stuffiness, sultriness

bürmə *i.* 관목의 숲, 덤불, 잡목림 bush, bushes, thicket

bürməlik *i.* 덤불지대, 잡목림 지대 bushy place

bürmələmə ☞ **bürmələmək**

bürmələmək *fe.* ① 둥글게 말다, 접어 올리다 turn up, fold up ○ **lülələmək**; ② 두르다, 감싸다, 싸서 덮다 wrap up, make hash ○ **sarımaq, bükmək**

bürmələnmək *fe.* ① 둥글게 말리다, 접어 오르다 be turned up, be folded up; ② 싸여 덮이다 be wapped up

büro *i.* 사무국, 안내소 bureau, office, desk; **mə'lumat ~su** *i.* 안내소 information bureau; **xeyirxah xidmətlər ~su** *i.* 복지 봉사 안내소 'at your service' agency

bürokrat *i.* 관료, 관리, 관료적인 사람, 현학자(衒學者), 공론가 bureaucrat, red-tapist; pedant

bürokratcasına *z.* 관료처럼 as/like a bureaucrat

bürokratik *si.* 관료주의적인 bureaucratic, red-tape

bürokratiya *i.* 관료주의, 관료정치, 관료 사회 red-tape, bureaucracy, bureaucratism

bürokratizm ☞ **bürokratlıq** *i.* 관료주의 bureaucratism

bürokratlaşdırmaq *fe.* 관료주의화시키다 bureaucratise

büruz *i.* **~ə vermək, ~ etmək** *fe.* 보이다, 전시하다 show, display, manifest; **cəsarətini ~ə vermək** *fe.* 용기를 보여주다 show/display one's courage; **narazılığını ~ə vermək** *fe.* 불만을 표시하다 show displeasure

bürücək *i.* 갑(岬), 곶 cape

bürümə ☞ **bürümək**

bürümək *fe.* ① 감싸다, 두르다 wrap, muffle, envelop ○ **sarımaq, bükmək**; ② 덮다, 휘감다 cover ○ **örtmək** ● **açmaq**; **üzünü ~** *fe.* 얼굴을 감싸다 cover one's face; ③ 에워싸다, 둘러싸다 surround, gather round ○ **qatlamaq, çulğalamaq**; ④ 봉하다, 덮어 가리다 envelop, shroud; ⑤ 담요를 덮다 blanket; **boğazını ~** *fe.* 목을 감싸다 muffle one's throat

bürünc *i.* 구리, 청동 bronze; **~ əsri** *i.* 청동기 시대 the Bronze Age

bürüncək *i.* 겉옷, 두르는 옷 (숄, 베일 등) cloak, covering (shawl, veil *etc.*)

bürüncəkli *si.* 베일로 싼 wrapped in a veil

bürüncləmək *fe.* 청동을 입히다 bronze

büründürmək *fe.* 싸매게 하다, 덮게 하다, 담요를 덮게 하다 wrap up, cover up, blanket

bürünmək *fe.* ① (자신을) 두르다, 담요로 덮다 muffle oneself up, blanket oneself up; ② 가려지다, 덮이다 be covered

bürünüklü *si.* 덮인, 둘린, 가려진 muffled, covered

bürüşdürmək *fe.* ① (종이, 직물, 옷 등) 구기다, 주름지게 하다 rumple, crumble, wrinkle; ② (식물) 시들게 하다, 말라죽게 하다 fade, wither (plants); **alnını ~** *fe.* 이마를 찌푸리다 wrinkle one's forhead

bürüşdürücü ☞ **büzücü**

bürüşmək *fe.* ① 주름지다, 구겨지다 wrinkle, break into wrinkles, get wrinkled ○ **qırışmaq, əzilmək**; ② (옷) 주름잡다, 접은 자국을 내다 crease, crumple, become creased (clothes) ○ **yığılmaq, bükülmək** ● **açılmaq**; ③ (식물) 시들다, 말라죽다 fade, wither, become withered (plants) ○ **solmaq**; ④ (추위로) 떨다, 움츠리다 shrivel, shrink (with coldness)

bürüşmüş *si.* 주름진, 오그라든 wrinkled, puckered; **~ üz** *i.* 주름진 얼굴 wrinkled face, puckered-up face; **~ dəri** *i.* 주름진 피부 puckered skin

bürüşük I. *si.* ① 혼동된, 섞인 mixed, confused ○ **qırışıq, əzik**; ② 쌓인, 구겨진 heaped, wrinkled ○ **yığılı, bükülü** ● **açıq**; II. *i.* 주름 wrinkle

bürüşüklük *i.* ① 혼동 상태 the state of being in confusion ○ **qırışıqlıq, əziklik**; ② 주름짐, 구겨짐 wrinkling, crumpling ○ **bükülülük**

büsat *i.* ① 잔치, 축제, 향연 festival, feast ○ **mərasim, şənlik**; ② 호화(豪華), 화려(華麗), 광채(光彩), luxury, splendour, merriment ○ **təmtəraq, dəbdəbə, dəsgah**

büsatlı *si.* ① 축제의 festive; ② 호화로운, 사치스런, 화려한, 빛나는 luxurious, sumptuous ○ **təmtəraqlı, dəbdəbəli, təntənəli**; **~ axşam** *i.* 축제의 밤 festive evening

büsbütün *z.* 전체적으로, 모조리, 전적으로 utterly, entirely, quite, altogether; ***Mən büşbütün sizin ixtiyarınızdayam.*** *전적으로 당신의 권한 하에 있습니다. I'm entirely at your disposal.*

büst *i.* 상반신, 흉부 bust

büt *i.* 우상(偶像) idol ○ **sənəm**

bütxana *i.* 신당, 이방(異邦)신전(神殿) heathen temple

bütöv *si., z.* ① 전적으로, 완전히, 철저히, 온전히 wholly, complete(ly), total(ly) ○ **başdan-başa, bütünlüklə, tamam** ● **yarımçıq, yarım**; ② 나눠지 않은, 안전한, 전체의, 손상되지 않은 unbroken, intact, safe ○ **tam, bütün**

bütövlənmək *fe.* 완전하게 되다, 완전해지다 become complete, become perfect

bütövləşdirmək *fe.* 완전하게 하다 make complete

bütövləşmək ☞ **bütövlənmək**

bütövlük *i.* 보존, 저장, 보관 preservation, completeness, integrity ○ **tamlıq, bütünlük** ● **yarımçıqlıq**

bütövlüklə *z.* 전체적으로, 완전히, 모조리 thoroughly, entirely, as a whole ○ **tamamilə, tamlıqla**

bütpərəst *i.* 우상숭배(偶像崇拜)자, idolater

bütpərəstlik *i.* 우상숭배(偶像崇拜) idolatry

bütün *i. vz.* 전체, 전부, 모두 all, the whole of; II. *si.* ① 전체적인, 일반적인, 전적인 whole, entire, general ○ **hamı, ümumi, cəmi**; ② 완전한, 철저한, 결정적인 complete, thorough, decisive ○ **səbatlı, qərarlı, möhkəm, tamam, hərtərəfli**; ③ 전부의, 완전한 whole, perfect ○ **tamam** ● **yarı**; **~ təfərrüatı ilə** *si. z.* 자세한, 미소한, 미세한, 상세한, 세심한 minute, at full length; **~ ölkədə** *z.* 모든 국가에서 all over the country; **~ günü** *z.* 모든 날에 all the day

bütünləşdirmək *fe.* 완전하게 하다, 완성시키다 make complete, make perfect

bütünlük *i.* 온전함, 완전한 상태, 무결함 totality, integrity, entirety, safety ○ **tamlıq, bütövlük**

bütünlüklə *z.* 완전하게, 전체적으로 completely, wholly

büzdüm *i. ana.* 미골(尾骨) coccyx

büzlür *i.* 수정(水晶) crystal

büzmə *i.* (옷깃, 소매 등) 주름장식 gathers, frill, flounce (on clothes)

büzmək *fe.* 주름지다 wrinkle, frill ○ **sıxmaq, yığmaq** ● **açmaq**; **paltarı ~** *fe.* 주름장식을 달다 frill dress, goffer; **dodağını ~** *fe.* 입술을 오므리다 purse one's lips; **ağzını ~** *fe.* 입을 비틀다, 얼굴을 찡그리다 twist one's mouth, make a wry face

büzmələmə ☞ **büzmələmək**

büzmələmək *fe.* (이마, 천 등) 주름지게 하다, 주름이 잡히다 gather, make gathers, goffer ○ **yığmaq, sıxmaq**; **paltarı belindən ~** *fe.* 옷을 가슴에 모으다 gather the dress a the waist

büzmələnmək *fe.* 주름장식을 하다 be gathered, be goffered

büzməli *si.* 주름진, 주름장식을 한 crimped, goffered, frilly, corrugated; ~ **yaxalıq** *i.* 주름 장식을 한 옷깃 goffered collar; ~ **dəmir** *i.* 골이 진 쇠 corrugated iron

büzücü *si.* 수축시키는, 짜릿한, 시큼한 astringent, tart; ~ **maddə** *i.* 수축성 물질 astringent substance

büzük *si.* ① 주름진 wrinkled, puckered ○ **qırışıq** ● **açıq**; ② 구겨진, 부풀린 cockled, crooked ○ **qayıq**

büzülmə ☞ **büzülmək**

büzülmək *fe.* ① 움츠리다, 오그라들다 shrink up, gather up ○ **qırışmaq** ● **açılmaq**; ② (고통으로) 몸을 뒤틀다, 괴로워하다 writhe (in pain) ○ **sıxılmaq**; ③ (옷) 줄어들다, 오그라들다 shrink, cockle (cloth, paper *etc.*); **əzabdan** ~ *fe.* 고통으로 몸부림치다 writhe in agony

büzüşdürmək *fe.* 움츠리게 하다, 오그라들게 하다 rumble, crumble ○ **qırışdırmaq; paltarı** ~ *fe.* 옷을 줄어들게 하다 crumble a dress

büzüşdürücü ☞ **büzücü**

büzüşdürülmək *fe.* 줄어들다, 오그라들다 be crumbled

büzüşmə *i.* 움츠러듦, 시듦, 오그라듦 shrivelling, shrinking

büzüşmək *fe.* ① 줄어들다, 오그라들다 shrink ○ **yığılmaq, bürüşmək**; ② 몸이 뒤틀리다, 몸부림치다 writhe; nestle down

büzüşük *si.* 줄어들기, 시들기 shrivelling, shrinking ○ **bürüşük** ● **açıq**

büzüşüklü ☞ **büzüşük**

C

cad *i.* 수수빵 millet or millet bread

cabəca *z.* 적절하게 properly; ~ **eləmək** *fe.* 정리하다 put in order; ***Hər şey cabəcadır.*** *모든 것이 정리되어 있다. Everything is all right.*

cadar *i.* 틈, 균열 cleft, fissure, chap, split ○ **çat, yarıq**

cadarlamaq *fe.* 금이 가게 하다, 째다, 갈라지게 하다 crack, split ○ **çatlamaq, yarılmaq**

cadarlanmaq *fe.* 금이 가다, 균열이 생기다, 틈이 나다 crack, split chap ○ **çatlanmaq**

cadar-cadar *z.* 금이 간, 갈라진, 균열이 생긴 cracked, split, chapped ○ **çat-çat, yarıq-yarıq**

caddə *i.* 대로, 주요 거리, 가로(街路) large street, main thoroughfare

cadu *i.* 마술, 주술, 요술, 마법 magic, witchcraft, sorcery ○ **sehr, ovsun, tilsim**

cadubaz ☞ **cadugər**

caduçu ☞ **cadugər**

cadugər *i.* 마술사, 주술사, 마법사 magician, witch, sorcerer ○ **sehrbaz**

cadugərlik *i.* 마술, 주술, 마법 magic, witchcraft, sorcery ○ **sehrbazlıq, ovsunçuluq, tilsimçilik**

cadukun ☞ **cadugər**

cadulamaq *fe.* 마술을 걸다, 요술을 걸다 practise witchcraft or sorcery ○ **sehrləmək, ovsunlamaq, tilsimləmək**

cadu-pitik *i.* ① 기도문, 주문 written prayer; ② 부적, 주문(呪文) amulet, charm; ③ 주문 외기, 기도문 읽기, 점치기 invocation, incantation, fortune-telling

cağ *i.* 울타리, 말뚝, 울, 담, 방벽 fencing, palisade, fence ○ **çəpər, hasar, barı**

cağani *i.* 마른 나뭇가지 dry twigs, branches or tree, firewood

cağıldamaq *fe.* 소리 나게 하다 make noise by running water or cracking nuts ○ **şırıldamaq, şıqqıldamaq**

cağıltı *i.* (물이 떨어지거나 자갈이 구르는) 잡음, 소리 noise, sound (of falling water, pebbles rubbing together) ○ **şırıltı, şıqqıltı**

cağlamaq *fe.* 울타리를 치다, 벽을 쌓다 fence in; enclose ○ **çəpərləmək, hasarlamaq**

cağlanmaq *fe.* 울타리를 치다, 담 안에 갇히다 be fenced in; be enclosed

cağlı *si.* 울타리를 친, 에워싸인 fenced in, enclosed ○ **çəpərli, hasarlı, barılı**

cah *i.* ① 지위, 자리, 경력 position, career ○ **mənsəb, məqam, rütbə**; ② 자긍, 존엄, 존경 pride, dignity ○ **iftixar, fəxr, hörmət**

cahan *i.* 세상, 세계 world ○ **aləm, dünya, kainat**

cahandar ☞ **cahangir**

cahangir *i.* ① 지배자, 통치자, 정복자 subjugator, conqueror ○ **fateh, istilaçı**; ② 세계적 유명인사 world famous person

cahangirlik *i.* 제정(帝政), 다스림, 정복(征服), 지배(支配) subjugation, imperialism ○ **fatehlıq, istilaçılıq**

cahanşümul *si.* 전 세계적인, 매우 중요한, 세계적으로 유명한 world wide, very significant, universal, world famous ○ **beynəlxalq, dünyavi**

cah-calal *i.* ① 화려(華麗), 호화(豪華), 장려(壯麗), 장관(壯觀) luxury, splendour, pomp ○ **təntənə, dəbdəbə**; ② 부(富), 부귀(富貴), 재산(財産) wealth, fortune ○ **var, dövlət**; ~ **içində** *z.* 호화롭게 in the lap of luxury

cah-calallı *si.* ① 화려한, 호화로운 splendid, luxurious ○ **təntənəli, dəbdəbəli**; ② 부유한,

부귀의 wealthy, rich, fortunate ○ **varlı**, **hallı**, **dövlətli**

cahıl *si.* 젊은, 청년의, 젊은 때의 young, youthful

cahılbaşı *i.* 청년지도자 youth leader

cahılca *si. col.* 매우 젊은 very young

cahıl-cuhul *i.* 젊은이들 youngsters

cahıllaşdırmaq *fe. col.* 젊어 지게 하다, 활력을 되찾게 하다 rejuvenate

cahıllaşmaq *fe.* 젊어 보이다, 활력을 되찾다 look younger; be rejuvenated

cahıllıq *i.* 젊은 시절 youth

cahil *si.* ① 무지한, 무식한, 교육받지 못한, 미숙한 ignorant, inexperienced, uneducated; young, novice ○ **avam**, **nadan**; ② 나쁜, 악의적인, 악덕의 nasty, vicious ○ **qaba**, **kobud**, **ədəbsiz** ● **mədəni**

cahilanə *z.* 무식하게, 무지하게, 멍청하게 ignorantly, unintelligently ○ **avam-avam**, **nadancasına**

cahillik *i.* ① 무지 ignorance ○ **avamlıq**, **cəhalət**, **nadanlıq**, **gerilik**, **savadsızlıq**; ② 악의적임, 버릇없음 nastiness, rudenss ○ **nəzakətsizlik**, **kobudluq**, **qabalıq**

caiz *si.* 허용된, 적법한, 가능한 permitted, legal, permissible, possible; **tə'bir ~sə** *z.* 표현이 허용한다면… if one may put it that way

cakeş *i.* 포주, 채홍사 procurer, pander, pimp, ponce

cakeşlik *i.* 매춘 중개, pandering, pimping

calaq *i.* ① *bot.* 접붙임 graft, grafting ○ **peyvənd**, **qələm**; ② 예방 접종, 종두 inoculation ○ **peyvənd**; ③ 한 땀, 기우기; stitch ④ 연결 고리 link; **~ etmək** *fe.* 접붙이다 graft in; inoculate

calaqaltı *i. bot.* 접붙임 나무 plant or tree for grafting

calaqçı *i.* 접붙이는 사람 one who grafts trees or plants

calaqçılıq *i.* 접붙이기 plant grafting

calaqlamaq *fe.* ① *bot.* 접붙이다, 이식하다, 접종(接種)하다 engraft (onto), inoculate (with), implant ○ **peyvəndləmək**; ② 깁다, 기워서 매다 stitch (to)

calaqlanmaq *fe.* ① *bot.* 접붙여지다 be inoculated, be engrafted; ② 꿰매 지다 be stitched; ③ *fig.* 성취되다, 추종자를 발견하다 become established, find followers

calaqlı *si.* ① *bot.* 접붙인 engrafted (on) ○ **peyvəndli**; ② 접속된, 연결된 inoculated (with) ○ **bağlı**, **qoşulu**; ③ (가죽) 무두질 된 tanned (leather) ○ **aşılı**; ④ 지어진, 구성된 structured, built ○ **tikili**, **qurulu**

calaqlıq *i.* 접붙임을 위한 재목 cutting for inoculation, graft for inoculation ○ **peyvəndlik**

calaqsız *si.* 접붙임 없이, 접합하지 않은 not inoculated, not grafted, not engrafted

calal *i.* 장엄(莊嚴), 장대(壯大), 웅장(雄壯), 웅대(雄大) grandeur, pomp, splendour, magnificence ○ **ehtişam**, **təmtəraq**, **dəbdəbə**, **büsat**

calallı *si.* 장엄한, 장대한, 웅대한, 장려한 magnificent, splendid ○ **təmtəraqlı**, **dəbdəbəli**, **parlaq**, **möhtəşəm**, **gurultulu**

calallılıq ☞ calal

calamaq[1] *fe.* ① 접붙이다, 접수하다 graft, engraft ○ **peyvəndləmək**; ② 고취하다 inoculate; ③ *fig.* 말려들게 하다, 연루시키다 implicate, entangle, involve ○ **bağlamaq**, **qoşmaq**; ***Məni bu işə calama.*** *나를 이 일에 끌어들이지 마. Don't involve me in this matter.*

calamaq[2] *fe.* 쏟아 버리다, 흘려 보내다 pour away, flow away, throw away ○ **dağıtmaq**, **tökmək**

calanmaq[1] *fe.* ① 접붙임을 받다, 접종되다 be engrafted (upon), be inoculated (with); ② 연결되다 be connected

calanmaq[2] *fe.* 부어지다 be poured away

calaşdırmaq *fe.* 연결시키다, 결합시키다 connect, link ○ **əlaqələndirmək**, **qoşmaq**

calaşıq *si.* 접합된, 접붙인 engrafted, fastened

calat(dır)maq *fe.* ① *bot.*접붙이게 하다, 접종하게 하다, 이식시키다 engraft (up, on), inoculate (with); *fig.* implant; ② 꿰매다 stitch (to), sew (on, to)

cam[1] *i.* 대접, 주발, 사발 basin, bowl, cup, gobelet ○ **kasa**, **piyalə**

cam[2] *i.* 잔, 컵 glass

camaat *i.* 군중, 인파, 관중, 군집, 대중 people, public, community, group, crowd ○ **əhali**, **kütlə**, **xalq**, **izdiham**

camadar *i.* 욕탕 종업원, 목욕 관리사 bath-house attendant

camadarlıq *i.* 목욕관리사 직업 profession of bath-house attendant

camal *i.* 미, 아름다움, 예쁨 beauty, prettiness ○ **gözəllik, qəşənglik, göyçəklik**
camallı *si.* 예쁜, 아름다운, 미모의 beautiful, pretty ○ **gözəl, göyçək, qəşəng**
camaşırxana *i.* 세탁소 laundry service establishement
camaşırçı *i.* 세탁사, 세탁업자, 세탁부(洗濯婦) laundry man, laundress
caməkan *i.* (상점의) 유리창, 진열창 window, show-case, glass-case (shop)
camış *i.* 들소, 물소 buffalo
can *i.* ① 영혼, 생명, 혼 soul, life ○ **ürək, könül**; ② 몸, 육신 body, flesh ○ **bədən, əndam**; ③ 힘, 생기 force, vigour; **~ atmaq** *fe.* 갈망하다, 혼신을 다하다 aspire to, embark upon something, long for; **~ verən** *si.* 죽어가는, 죽도록 열정적인, 혼신의 힘을 다하는 dying; invigorating, encouraging; **~ vermək** *fe.* 죽음의 문턱에 서다, 삶을 드리다 be at the point of death; give life to; **~ ciyər** *si.* 매우 사랑하는, 애지중지하는 darling, beloved; **~a gəlmək** *fe.* 소생하다, 매우 지루하다, 극도로 괴롭힘을 당하다 come to life, revive; be bored, be extremely annoyed; **~a gətirmək** *fe.* 매우 성가시게 굴다 bother or weary someone; revive, give life to; **~ qurtarmaq** *fe.* 자유롭게 되다, 안도(安堵)하다 get rid of, be freed from; **~ sağlığı** *i.* 건강함, 평안함 health; **~ sıxıntısı** *i.* 괴로움, 고난, 억눌림 melancholy, depression; **~ına çəkmək** *fe.* 열중하다, 빠지다 absorb, soak; **~ başla** *z.* 아주 기꺼이, 기꺼움으로 most willingly; **~ fəşanlıq** *i.* 열심, 열정, 헌신, 자기희생 zeal, diligence, ardour; devotion, self-sacrifice; **~ fəşanlıq etmək** *fe.* 열정적으로 헌신하다 be zealous, greatly devote oneself; **~lara dəyən adam** *i.* 인품이 좋은 사람 person of good character, a good person; ***Cana doydum.*** *충분하다. 할 만큼 했다. I have had enough.*
cana-cuna *si.* 무의미한, 무익한, 쓸데없는 meaningless, useless, idle ○ **boş, bekara, dəyərsiz**
canalan *si.* ① 잔인한, 살인적인, 극악무도한 blood-sucking, murderous, brutal ○ **cəllad, qaniçən**; ② *fig.* 매혹적인, 황홀하게 하는 charming, fascinating ○ **füsunkar, məftunedici, dilbər**
canalıcı ☞ canalan
canamaz *i.* 매일 기도를 위한 작은 카펫 small rug for muslim's daily praying
canan *i.* 약혼자, 애인 sweetheart ○ **mə'şuqə, məhbubə, dilbər**
canasinər *si.* 기쁘게 하는, 신나게 하는 pleasing, congenial
canatma *i.* 경향, 추세, 기미, 성향, 열망, 갈망 tendency, eagerness
canavar *i.* 늑대, 이리 wolf ○ **qurd, yalquzaq**
canavarlıq *i.* 잔인함, 극악무도(極惡無道), 잔학성(殘虐性) brutality, atrocity, cruelty ○ **qurdluq, yalquzaqlıq, rəhmsizlik, qəddarlıq, zalımlıq, vəhşilik, yırtıcılıq**
canazar *si.* 병약한, 병든, 몸이 편찮은 sickly, ailing, unhealthy
can-baş *i.* 전(全) 존재, 혼신 body-and-soul, whole-being
can-başla *z.* 기꺼이, 기쁘게, 기꺼움으로 willingly, readily, gladly, with (the greatest) pleasure ○ **həvəslə, məmnuniyyətlə**
canbaz *i.* ① 곡예사, 줄타기 광대 tightrope-walker, acrobat ○ **kəndirbaz**; ② 사기꾼, 난봉꾼 cheater, trickster
canbazlıq *i.* ① 줄타기 tightrope-walking ○ **kəndirbazlıq**; ② 사기, 난봉 fraud, swindle
canbəxş *si.* 생기를 주는, 기쁘게 하는, 격려하는 life-giving, pleasing, encouraging
canbir *z.* 친절하게, 우호적으로, 조화롭게 in a friendly manner, amicably, in harmony, in one accord ○ **mehriban, səmimi, dostcasına**
canbirlik *i.* 우호적임, 친절함, 신실함 affability, friendliness, sincerity ○ **mehribanlıq, səmimilik**
can-can *z.* 부드럽게, 보살피며 gently, caringly
can-ciyər *i.* 애인, 연인, 애지중지하는 사람 darling ○ **əziz**
cançəkişmə(si) *z.* 임종의 순간에 at the point of death ○ **canvermə**
candərdi *z.* 마지못해, 억지로, 마음에 내키지 않게, 본의 아니게 unwillingly, reluctantly ○ **məcburi, zorla, istəmədən, könülsüz, əlacsız**
can-dildən *z.* 충심으로, 전심으로 from the bottom of one's heart, with all one's heart ○ **ürəkdən, vicdanla, insafla, namusla**
candillə *z.* 충심으로, 전심으로 with sincerity,

with all one's heart
canfəşan *si.* ① 열심인, 열정적인, 갈망하는 zealous, eager; ② 자기 희생적인, 헌신적인 devoted, self-sacrificing
canfəşanlıq *i.* ① 열심, 열중, 갈망 zeal, eagerness ○ **cəhd, sə'y**; ② 헌신, 투신, 자기희생 devotion, self-sacrifice; ~ **eləmək** *fe.* be zealous, devote oneself greatly
canfəza *si.* 기쁘게 하는, 생기를 주는, 격려하는 pleasing, encouraging
cangüdazlıq ☞ **canyandıranlıq**
cangülüm *i.* 어린이 놀이 중 하나 name of children game
canhövlü *si.* 공포스러운, 무서운 in fear, in terror
canıbərk *si.* 견고한, 견실한, 건강한 steadfast, sound ○ **möhkəm**
canıbərklik *i.* 견고함, 건강함 steadfastness ○ **möhkəmlik**
canıçıxmış *i.* 넋 빠진 사람!, 얼빠진 놈 a damning word; ***Canı çıxsın!*** *얼빠진 놈! May he die! may he go to hell!*
canındankeçən *si.* 자기 희생적인, 헌신된 self-sacrificing, devoted to
canışirin *si.* 애지중지하는 dear, darling, sweet, beloved
canıyanan *si.* 동정적인, 애지중지하는, 혼연일체의 sympathetic
canıyananlıq *i.* 동정 sympathy (with); ~ **göstərmək** *fe.* 동정하다 sympathize (with), feel (for), express sympathy (with)
canıyanar ☞ **canıyanan**
cani *i.* 범인, 죄인, 혐의자, 용의자 criminal, culprit, villain ○ **cin**
ayətkar; **hərbi** ~ *i.* 전쟁(戰爭)범(犯) war criminal; **dövlət ~si** *i.* 국가(國家)사범(事犯) state criminal
canilik *i.* 범죄, 위범, 악행 crime, offence, evil deed
canişin *i.* 대리인, 대리역, 부관 부장관 deputy, vice-regent
canqurtaran *i.* 구조원, 구원자 rescuer, saviour
canqurtarma *i.* 구원, 구조, 해방, 석방 deliverance, salvation
canlandırıcı *si.* 생명을 주는, 기운나게 하는 life-giving, vivifying
canlandıran ☞ **canlandırıcı**
canlandırma *i.* 회생, 부활, 부흥 reanimation, resurrection
canlandırmaq *fe.* ① 생명을 되돌리다, 재활하다, 부흥하다, 회생하다 animate, revive, enliven; ② 기억을 되돌리다, 회상하다 bring back to memory, remind
canlanmaq *fe.* ① 격려되다, 힘을 내다 be encouraged ○ **ruhlanmaq**; ② 회생되다, 부흥되다, 되살아나다 becom animated, be activated, be resurrected ○ **dirilmək, dirçəlmək**; ③ 기억을 되살리다 be brought back to memory; ④ 일어나다, 깨어나다 be aroused ○ **oyanmaq, çana gəlmək**
canlı *si.* ① 실제 상황의, 생생한, 살아있는, 활발한 lively, alive, living, vital, vivacious ○ **həyati** ● **ölü**; ② 강한, 영감 있는, 영향력 있는, 혼이 살아 있는 strong, spirited, powerful ○ **iri, zorba**; ③ 활동적인, 팔팔한, 기운찬, 기세 좋은 active, keen, brisk, alert; ④ 거대한, 장대한, 거구의 huge, sturdy, robust ○ **iri, sağ**; ⑤ 유기물(有機物)의 organic ○ **üzvi;**; ~ **əşya** *i.* 살아있는 물체 animated object; ~ **model** *i.* 실제 모델 model; ~ **məxluq** *i.* 생명체 creature; ~ **çəpər** *i.* 인간 방패 hedge; *z.* 활발하게, 씩씩하게 sprightly
canlıca *si.* 매우 활동적인, 원기 왕성한 very active, energetic
canlı-cansız *i.* 모든 물건 both animate and inanimate
canlıq *i.* 속옷, 내의(內衣) warm underwear ○ **bədənlik, əndamlıq**
canlılıq *i.* ① 생생함, 활기참, 생기발랄함 liveliness, animation, cheerfulness, vivacity ○ **dirilik, sağlıq**; ② 건강함 healthiness
cansağlığı *i.* 건강 health
cansıxan ☞ **cansıxıcı**
cansıxıcı *si.* 지루한, 싫증나는, 지겨운 dreary, tedious, tiresome, wearisome, boring ○ **darıxdırıcı, usandırıcı, bezikdirici, yorucu** ● **şən**
cansıxıcılıq *i.* ① 지루함, 지겨움, 지치게 함 fatigue, weariness ○ **darıxdırıcılıq, usandırıcılıq, bezikdiricilik, yoruculuq**
cansız *si.* ① 죽은, 넋나간, 얼빠진, 생기 없는 inanimate, dead ○ **ölü, ölüvay, key, süst**; ② 약한, 생기 없는, 힘없는 frail, lifeless, sickly, fee-

ble ○ **gücsüz**, **qüvvətsiz**, **zəif**, **taqətsiz**; ③ 연약한, 야윈, 무력한 weak, wan, puny ○ **arıq**, **sısqa**, **cılız**

cansız-çəlimsiz *si.* 매우 약한, 매우 힘없는 very weak, very feeble

cansızla(ş)maq *fe.* ① 약해지다, 생기를 잃다 weaken, grow weak(er)/feeble ○ **gücsüzləmək**, **zəifləmək**; ② 살이 빠지다, 날씬해지다, 야위다 lose flesh, grow thin ○ **arıqlamaq**, **sısqalaşmaq**, **cılızlaşmaq**; ③ 생기 없어지다, 무감각해지다 become inanimate/lifeless/senseless ○ **ölüvaylaşmaq**, **keyləşmək**, **süstləşmək**

cansızlıq *i.* ① 약함, 유약, 무력증(無力症) weakness, debility, feebleness ○ **gücsüzlük**, **qüvvətsizliq**, **zəiflik**, **taqətsizlik**; ② 왜소함, 하찮아 보임, 병약함 sickliness, puniness ○ **arıqlıq**, **cılızlıq**, **sısqalıq**; ③ 진부함 lifelessness, insipidity ○ **ölgünlük**, **keylik**, **süstlük**

cansürtən *i.* 목욕관리사 bathhouse attendant

cantaraq *si.* 강한, 힘센 strong, powerful (man) ○ **güclü**, **qüvvətli**, **irigövdəli**

cantəzələyən *si.* 상쾌하게 하는, 기운 나게 하는 refreshing, pleasant

cantıraq ☞ **canlı**

canverici ☞ **canbəxş**

canvermə *i.* 임종(臨終) the point of death

canyandıranlıq *i.* ① 열심, 열성 zeal, passion; ② 깊은 동정, 연민 care, compassion; ~ **eləmək** *fe.* 열심을 내다, 열정을 쏟다 be zealous

canyandırma *i.* 열정, 열중, 열심 zeal, enthusiasm, eagerness, devotion

car[1] *i.* ① 공고(公告), 선언(宣言), 발표(發表) public declaration, pronouncement, proclamation ○ **yayma**, **bildirmə**; ② 외침, 고함, 비명 shout, yell ○ **qışqırıq**, **bağırtı**, **səs**; ~ **çəkmək** *fe.* 울부짖다, 고함쳐 알리다, 선포하다 cry out, shout, proclaim, announce

car[2] *si.* 현재의, 지금의, 최신의 current, flowing

carçı *i.* 전령(傳令), 사자(使者) public crier, herald ○ **müjdəçi**

carçılıq *i.* 전파(傳播), 선전, 선포, 보고, 선언, 발표 heralding ○ **müjdəçilik**

cari *si.* ① 현재의, 순환되고 있는 flowing, circulating; ② 당면한, 당장의 current, present, facing ○ **indiki**, **hazırki**; ~ **işlər** *i.* 당면 과제들 current affairs; ~ **məsələlər** *i.* 오늘날의 문제들 present day problems

cariyə *i.* 하녀 slave girl

carlamaq *fe.* 전파(傳播)하다, 선언하다, 전달하다 proclaim, announce ○ **yaymaq**, **bildirmək**

casus *i.* ① 간첩, 정보요원 agent, spy ○ **xəfiyyə**, **şpion**

casusluq *i.* ① 첩보활동, 정찰, 스파이행위 espionage ○ **xəfiyyəlik**, **şpionluq**; ② 배반(背叛), 반역(叛逆), 배신(背信) betrayal, treachery; ~ **etmək** *fe.* 염탐하다, 밀정노릇을 하다, 스파이질하다 spy

cavab *i.* 대답, 응답, 반응, 응수 answer; response, reply ● **sual**; ~ **vermək** *fe.* 대답하다, 응답하다, 반응하다 answer, reply, respond; ~ **vermə** *i.* 대답하기, 응답하기 response; ~ **qaytarmaq** *fe.* 말대꾸하다, 반응하다 talk back; ~ **zərbəsi** *i.* 거친 대답 a sharp/harsh answer; **tələblərə** ~ **vermək** *fe.* 요구에 응하다 meet the requirements

cavabdeh *si.* 책임지는, 책임성 있는, 담당하는, 법적 의무가 있는 responsible, in charge of, liable ○ **məs'ul**; ~ **olmaq** *fe.* 책임을 지다, 의무를 지다, 담당하다 be responsible, answer for, be in charge of

cavabdehlik *i.* 담당, 책임, 의무 charge, responsibility ○ **məs'uliyyət**

cavabdəhəndə ☞ **cavabdeh**

cavabdəhəndəlik ☞ **cavabdehlik**

cavabsız *si.* 응답 없는 without answer

cavahir *i.* 보석 jewel ○ **daş-qaş**

cavahirat *i.* 보석류, 장신구 jewels, jewelry

cavahiratçı *i.* 보석상 jeweler

cavahirsatan ☞ **cavahiratçı**

cavahirfürüş ☞ **cavahiratçı**

cavahirli *si.* 장신구를 한, 보석을 지닌 wearing jewelry

cavan *i. si.* ① 젊은, 연소한, 어린, 청년의 young, youthful ○ **gənc** ● **qoca**, **yaşlı**; ② 신선한, 생생한 newly sown, just ripened ○ **təzə**; II. *i.* 젊은이, 청년 youth, youngster; ~ **oğlan** *i.* 젊은이 youth, fellow; **~lara aid** *si.* 사춘기의, 청소년기의 adolescent

cavanəzən *i.* 젊은 신부, 신혼의 아녀자 young married woman, bride

cavanca *si. col.* 매우 젊은 very young

cavancasına *z.* 청년처럼 youthfully
cavanlanmaq *fe.* 젊어 보이다, 젊게 느끼다 look younger, feel young
cavanlaşdırmaq *fe.* ① *col.* 젊어 보이게 하다 make *smb.* to look new again/younger; ② 회춘시키다, 활력을 되찾게 하다 rejuvenate, invigorate
cavanlaşma *i.* ① 회춘 rejuvenation ○ **gəncləşmə**; ② 재생, 소생, 회복 renewal ○ **təzələşmə**
cavanlaşmaq *fe.* ① 젊어 보이다 look younger, feel young again ○ **gəncləşmək** ●**qocalmaq**; ② 신선하게 되다 refresh ○ **təzələşmək**
cavanlıq *i.* 청년기 youth ○ **gənclik**, ● **qocalıq**
cavanmərd ☞ **comərd**
cavanmərdlik ☞ **comərdlik**
cavanyana *si.* 젊은, 젊은이처럼 youthful
cavid *si.* 영원한, 불사의, 영구적인, 불변의 eternal, immortal, permanent
cavidan ☞ **cavid**
cavaidani ☞ **cavid**
caydaq *si. col.* 빼빼 마른, 호리호리한, 키다리의 lanky, gangly, tall and thin ○ **uzundraz** ● **gödək**
caydaqlanmaq *fe.* 호리호리해지다 grow lanky
caydaqlı ☞ **caydaq**
caydaqlıq *i.* 호리호리함, 빼빼함 lankiness ○ **uzundrazlıq, uzunayaqlıq**
caynaq *i.* ① 갈퀴, 써래, 고무래 rake; ② 발톱, 발톱 같은 손가락 claw, talon
caynaqlamaq *fe.* 발톱으로 움켜쥐다 grip by the claws
caynaqlı *si.* 날카로운 발톱을 지닌 sharp-clawed
caz *i. mus.* 재즈 음악 jazz
cazibə *i.* 매력, 매혹, 끄는 힘, 인력(引力), 끌어당기기 glamour, attraction; ~ **qüvvəsi** *i.* 매력(魅力), 중력(重力), 자력(磁力) gravity, gravitation, magnetic force, attraction; **yerin ~ qüvvəsi** *i.* 지구(地球) 중력(重力) gravity, gravitational pull
cazibədar *si.* 매력적인, 황홀한, 매혹적인, attractive, delightful, glamourous, magnetic ○ **məlahətli, füsunkar, zərif**
cazibədarlıq *i.* 매혹적임, 매력적임 attraction, glamour ○ **məlahətlilik, füsunkarlıq, zəriflik**
cazibəli *si.* 매력적인, 황홀하게 하는, 매력이 넘치는, 매우 활기 있는 attractive, delightful, glamourous, magnetic ○ **cazibədar**
cazibəlilik *i.* 매혹적임, 매력적임 attractiveness ○ **cazibədarlıq**
cazibəsiz *si.* 매력 없는, 끌리지 않는 unattractive, uninviting
cecə *i.* 깻묵 oil-cake (obtained from the sesame seed), cotton cake, what remains after extracting oil from various grains ○ **puçal, torta**; ② 과일 찌꺼기 remains of fruit after extracting juice
cecim *i.* 거친 양모천 (침대, 벽걸이, 바닥 깔개 등의 용도) coarse/loosely-woven woollen cloth used for various purposes (to cover bedding, to spread on the floor, to hang on the wall *etc.*)
cehiz *i.* 신부 치참금 dowry, bride's trousseau
cehizli *si.* 지참금을 가진 having a dowry
cehizlik *i.* 혼수용 물품 things for a dowry
cehizsiz *si.* 지참금 없는 having no dowry
cem *i.* 잼 jam
cemper *i.* 점퍼, 스웨터 jumper, sweater; **kişi ~i** *i.* 뒤집어 쓰는 (스웨터) pullover
centlmen *i.* 신사 gentleman
ceyran *i.* 가젤 (작은 영양과) gazelle; ~ **gözlü** *si.* 사슴 눈의, 아름답고 큰 눈을 가진 having large/beautiful eyes
ceyranbaxışlı ☞ **ceyrangöz(lü)**
ceyrangöz(lü) *si.* 눈이 크고 아름다운 having large, beautiful eyes
ceyranı *i.* 아제르바이잔 민속 춤의 일종 name of Azerbaijani folk dance
ceyrankeçməz *si. fig.* 매우 좁은 (통로)very narrow
ceyranotu *i. bot.* 나래새 feather grass
cəbbəxana *i.* 무기고, 무기공장, 조병창(造兵廠) armoury, arsenal ○ **sursat, ləvazimat**
cəbhə *i.* ① 전면(前面), 전선(前線) front; ② (기후) 전선(前線) a weather front; ③ 전선 (연맹, 조합의 선봉) activist groups joined together in purpose (*eg.* labour front); ~ **dostu** *i.* 전우(戰友) front-line comrade, fellow-soldier; **vahid ~** *i.* 동맹(同盟)전선(前線) unified front; ~ **boyu hücum** *i.* 전면(前面) 공격(攻擊) frontal attack
cəbhəçi *i.* 전초병(前哨兵) front-line soldier
cəbr[1] *i.* 힘, 폭력, 강제력 force, violence, compulsion ○ **zor, güc**; **~ən** *z.* 억지로, 강제로 by force, forcefully, under compulsion
cəbr[2] *i.* 대수학(代數學) algebra

cəbri[1] *si.* ① 강제적인, 억지의, 폭력적인 forcible, forced ○ **zorakı**; ② 의무적인, 필수의 compulsory ○ **məcburi, icbari**

cəbri[2] *si.* 대수학(代數學)의, 대수적인 algebraic(al)

cəbrli ☞ **cəbri**[1]

cədd *i.* 조상(祖上), 선조(先祖) ancestor, forefather

cədd-əqrəba *i.* 가계(家系), 혈통(血統), 핏줄, 혈족(血族), 일족(一族), 씨족(氏族) family, lineage, kin; great-grandfather

cədəl *i.* ① 소란, 떠들썩함, 소요(騷擾), 반란 tumult, disturbance ○ **qalmaqal, qovğa**; ② 분쟁(分爭), 분규(紛糾) conflict, quarrel ○ **çəkişmə, mübahisə**

cədəlli *si.* 소란한, 시끄러운, 소요의 tumultuous, quarrelsome ○ **qalmaqallı, qovğalı**

cədəllik ☞ **cədəl**

cədid(ə) *si.* 새로운, 신선한 new, fresh ○ **təzə, yeni**

cədvəl *i.* 시간표, 도표, 계획표 time-table, schedule, table; ~ **düzəltmək** *fe.* 시간을 예정하다, 시간 계획을 만들다, 일정을 세우다 schedule; **uduş ~i** *i.* 수상(受賞) 목록(目錄) prize-list

cədvəlçi *i.* 일정 매니저 person who creates tables or schedules

cədvərən *i. col.* 덩굴 식물로 만든 바구니 basket made of a fibrous plant material called bast

cəfa *i.* 괴롭힘, 고문(拷問), 학대(虐待), 잔학 (殘虐) torment, ill-treatment, cruelty ○ **əzab, əziyyət, iztirab, işgəncə, məşəqqət** ● **səfa**

cəfaçı ☞ **cəfakeş**

cəfakar *si.* 억압하는, 괴롭히는, 학대하는 oppressing, tormenting

cəfakarlıq *i.* 억압(抑壓), 고문(拷問), 학대 (虐待), 학정, 폭정 oppression, torment, torture, tyranny

cəfakeş *i.* ① 괴로워하는[고통받는] 사람; (재해의) 이재민, 피해자 sufferer; ② 순교자 martyr

cəfakeşlik ☞ **cəfa**

cəfalı ☞ **cəfakar**

cəfasız *si.* 고통이 없는, painless, without torment, easy, smooth ○ **əzabsız, əziyyətsiz, iztirabsız, işkəncəsiz, məşəqqətsiz**

cəfəng *si.* 불합리한, 부조리한, 어리석은, 의미 없는, 가치 없는 absurd, vain, meaningless, without value; ○ **boş, gərəksiz, mə'nasız, faydasız, əbəs** ● **mə'nalı**

cəfəngiyat *i.* 어리석음, 무의미, 무가치함 absurdity, nonsense ○ **gərəksizlik, mə'nasızlıq, faydasızlıq, əbəslik**

cəfəngləmək *fe. col.* 쓸데없는 소리를 하다, 잡담하다, 수다를 떨다, 재잘재잘 지껄이다 twaddle, prate, prattle ○ **çərənləmək**

cəfənglik *i.* ① *col.* 빨리 지껄임, 쓸데 없이 떠듦, 수다를 떪 jabber, twaddle, nonsense ○ **boşboğazlıq, lağlağılıq**; ② 헛됨, 무익함 vainness, futility ○ **mə'nasızlıq, dəyərsizlik**

cəfəri(otu) *i. bot.* 파슬리 parsley

cəftə *i.* 걸쇠, 볼트, 빗장 bolt, bar, latch, lock, snap ○ **rəzə**; ~ **ilə bağlamaq** *fe.* 볼트로 잠그다, 빗장을 걸어 잠그다 bolt

cəftələmək *fe.* 빗장을 걸다, 자물쇠로 잠그다 lock, close with lock and key ○ **bağlamaq** ● **açmaq**

cəftələnmək *fe.* 문이 잠기다, 문이 닫히다 lock, be locked, be closed

cəftəli *si.* ① (문이) 잠긴, 닫힌 locked, closed ○ **qıfıllı, kilidli, bağlı, örtülü**; ② 빗장이 걸린, 볼트로 조여진 bolted, barred

cəftəsiz *si.* 잠기지 않은, 빗장이 걸리지 않은, 열린 unbolted, unbarred

cəhalət *i.* ① 무지, 무식, 무학, 생소함, 모름 ignorance ○ **nadanlıq, avamlıq, gerilik**; ● **mədənilik** ② 무례함, 실례, 버릇없음 rudeness, discourtesy, impertinence, incivility

cəhalətpərəst *i.* 반계몽주의자, 불가지론자; 애매하게 말하는 자 obscurant(ist) ○ **mövhumatçı, irticaçı, maarif düşməni**

cəhalətpərəstlik *i.* 고의적으로 의도를 애매하게 하는 표현법 obscurantism ○ **mövhumatçılıq, dindarlıq**

cəh-cəh *i.* 진음(震音), 떨림음, 지저귐, 떨리는 목소리 trill, warble; ~ **vurmaq** *fe.* 지저귀다, 목소리를 떨면서 노래하다 trill, warble; **bülbülün ~i** *i.* 나이팅게일의 지저귐 warble of a nightingale

cəhd *i.* 시도, 수고, 노력 attempt, effort, endeavour, striving, try ○ **çalışma, sə'y**; ~ **etmək** *fe.* 노력하다, 시도하다, 애쓰다, 도모하다, 모색하다 try, endeavour, seek, do something to strive; **~lə** *z.* 열심으로, 간절히, 부지런히 with zeal, diligently, eagerly, anxiously

cəhdli *si.* 부지런한, 열심인, 열정적인 zealous, assiduous, diligent ○ **çalısqan, sə'yli**

C

cəhəng *i.* 입가, 입의 언저리 corner of mouth

cəhənnəm *i.* ① 지옥 hell; ② *fig.* 극단의 고통 extreme suffering; ***Cəhənnəm ol!*** *제기랄!, 지옥에 가라! Clear out! Go to hell!*

cəhət *i.* ① 면(面), 측면(側面), 부분, 방향, 노선 side, part, respect, direction, way ○ **tərəf, yan, səmt, tay**; **dünyanın ~ləri** *i.* 세상의 여러 부분들 parts of the world; ② 구성요소, 성분 element, composition; ③ 성격, 성질, 특성 character, feature; ④ 이유, 원인, 까닭, 동기 reason, cause ○ **səbəb, bais**; **bu ~dən** *z.* 이런 이유로 in this respect; **hər bir ~dən** *z.* 모든 면에서 in every respect

cəhətcə *qo.* ~때문에, ~에 따라서, ~에 의하면 because of, due to, according to ○ **baxımdan, görə, e'tibarilə**

cəhətli *si.* 잡다한, 갖가지의, 잡동사니의 miscellaneous

cəhl I. *i.* 무지, 무지한 고집 ignorance, stupidity; II. *si.* 완고한, 고집스런, 경직된 stubborn, obstinate, rigid ○ **kəc, tərs, inad**

cəhlkar *i, si.* 고집스런(사람), 무지하며 완고한 (사람) stubborn, obstinate (man)

cəhrə *i.* (실을 감는 가장 간단한 막대형 도구) 물렛가락, 실패, 굴대, 감개틀 spindle, reel; *si.* 투박한, 원시적인, 매우 단순한 coarse, crude, primitive

cəlal *i.* 호화(豪華), 화려(華麗), 장려(壯麗), 빛남, 광채(光彩) splendour, glory

cəlallı *si.* 빛나는, 광채나는, 화려한, 휘황찬란(輝煌燦爛)한 splendid

cəlayi-vətən *i.* 방랑자, 고향을 떠난 사람 wanderer, errant from one's homeland

cəlb *i.* 매력, 이끌림, 매혹, 유인 attraction, allure ○ **cəzb**; **~ etmək** *fe.* 끌다, 당기다, 끌어당기다, 매혹하다, 유혹하다, 유인하다, 연루시키다 attract, captivate, draw, implicate, involve, recruit; **diqqəti ~ etmək** *fe.* 주의를 끌다, 흥미를 일으키다 draw attention to, raise interest in

cəlbedici *si.* 매혹적인, 매력적인, 끌어들이는, 이끄는 attractive, winning, alluring, inviting ○ **cəzbedici**

cəld I. *si.* ① 빠른, 기민한, 재빠른, 신속한 rapid, swift, fast ○ **iti, yeyin, tez, sür'ətli** ● **asta**; ② 영리한, 영민(英敏)한, 시원시원한, 짜릿한, 통쾌한 clever, smart, racy ○ **zirək, çevik, diribaş**; ③ 능력 있는, 재능 있는, 해낼 수 있는 capable ○ **bacarıqlı, mahir**; II. *z.* 재빨리, 신속히, 민첩하게 quick, promptly, fast, swiftly

cəldləşmək *fe.* ① 속도를 높이다, 가속(加速)하다, 촉진(促進)하다 speed up, accelerate ○ **tezləşmək, yeyinləşmək, sür'ətlənmək** ● **yavaşımaq**; ② (누구를) 능가하다, 뛰어나다, 이기다, 앞서다 outdo someone, outsmart someone

cəldlik *i.* ① 빠름, 기민, 민첩, 신속 swiftness, promptness ○ **itilik, sürətlilik, tezlik, yeyinlik**; ② 영리함, 영민함, 기민(機敏)함 smartness, cleverness, quickness ○ **zırəklik, çeviklik, diribaşlıq**; ③ 능숙함, 할 수 있음, 노련함 capability, skillfulness ○ **bacarıq, məharət**

cələ *i.* 올가미, 조여지는 매듭, 함정 noose, snare, trap ○ **tələ, tor, duzaq**

cələcə *i.* 모임, 집회, 회합 meeting, gathering ○ **iclas, məclis**

cəllad *i.* ① 사형 집행인 hangman, executioner; ② 무자비한, 잔인한 (인간) bloodthirsty/despotic/merciless person ○ **qəddar, zalım**

cəlladlıq *i.* 잔인함, 난폭함, 무자비함 cruelty, brutality ○ **zalımlıq, qəddarlıq, yırtıcılıq**

cəm *i.* ① 전부, 모두, 전체 whole, total ○ **bütün, hamı**; ② *riy.* 합, 합계, 총계, 총량, 총액 sum ○ **toplama, üstəgəlmə**; ③ *qram.* (문법) 복수(複數) plural; ④ 양, 총량, 합량 amount, totality ○ **yekun, toplu, məcmu**; **~ işarəsi** *i.* 더하기 표 (+) plus; **isimlərin ~i** *i.* 명사 복수형 plural of noun; **~ etmək** *fe.* 더하다, 합하다, 합산(合算)하다 add, gather, sum up

cəmadat *i.* 무생물, 자연 inanimate nature

cəmadiyəlaxir *i.* 아랍력(曆)의 6째 달 월력 the 6th month in Arabic calendar

cəmadiyələvvəl *i.* 아랍력(曆)의 5째 달 the 5th month in Arabic calendar

cəmadiyəssani ☞ **cəmadiyəlaxir**

cəmdək *i.* ① 주검, 시체 carrion, dead flesh ○ **leş, meyit**; ② 사람의 몸, 육신 human body

cəmdəkyeyən *i. zoo.* 갈까마귀, 말똥가리, 대머리 수리 carrion crow, Egyptian vulture, buzzard, carrion-eagle

cəmən *z.* 완전히, 철저하게 totally, wholly, thoroughly

cəmi *si.* ① 최종적인, 마무리의 in result, final ○ **yekun, nəticə**; ② 전체의 총체의, 완전한 total,

complete ○ **hamı, bütün**
cəmi-cümlətanı ☞ **cəmisi**
cəmisi *z.* 모조리, 함께 only, altogether, on the average, on the whole ○ **vurtut, üst-üstə**
cəmiyyən ☞ **cəmən**
cəmiyyət *i.* ① 모임, 회, 공동체, 동맹, 연맹 association, community, league ○ **birlik, ittifaq**; ② 사회적 환경, 배경 bakcground, social surroundings ○ **mühit**; ③ 군중, 회중, 보통 사람들 multitude, people, ordinary people ○ **camaat, xalq**; ④ 구조, 제도 structure, system ○ **quruluş**; ⑤ 회사, 사회 company ○ **şirkət**; **~in orta təbəqələri** *i.* 중산층(中産層) middle classes; **~in yüksək təbəqəsi** *i.* 상위층 upper class; **ibtidai ~** *i.* 원시사회 primitive society; **aksioner ~i** *i.* 합자회사(合資會社) joint stock company
cəmiyyətçi ☞ **cəmiyyətpərəst**
cəmiyyətdənqaçan *si.* 비사교적인 unsociable
cəmiyyətəzidd *si.* 반사회적인 anti-social
cəmiyyəti-xeyriyyə ☞ **xeyriyyə-cəmiyyəti**
cəmiyyətpərəst *i.* 공공정신이 투철한 사람 public-spirited person
cəmiyyətşünas *i.* 사회학자 sociologist
cəmiyyətşünaslıq *i.* 사회학(社會學) sociology
cəmləmək *fe.* ① 합산하다, 모이게 하다 sum up, gather (together) ○ **toplamaq, üstəgəlmək** ● **çıxmaq**; ② 모으다, 쌓다 collect, pile up, heap up ○ **yığmaq, toplamaq** ● **dağıtmaq**; ③ 내용을 풍부하게 하다 make rich in content, enrich ○ **yekunlaşdırmaq**; ④ 중앙집권화하다 centralize ○ **toplamaq, mərkəzləşdirmək**
cəmlənmiş *si.* 합산한 summed-up
cəmləşdirmək ☞ **cəmləmək**
cəmləşmək *fe.* 같이 모이다, 조립하다 come together, be assembled together, be summed up ○ **yığışmaq, toplaşmaq**
cənab *i. xit.* ① …씨, …님 mister; ② 각하(閣下) (his) excellency ○ **həzrət**
cənazə *i.* ① 시체, 송장, 유해 corpse ○ **meyit, cəsəd**; ② 유품, 유고, 유필, 유풍 (mortal) remains
cəncəl I. *i.* ① 다툼, 싸움 quarrel, fight ○ **davakar, galmagalçı**; ② 소요, 소동 brawl, uproar ○ **garışıq, dolaşıq**; II. *si.* ① 싸움질하는, 다툼을 잘하는 brawling, quarrelsome; ② 소란한, 혼란스러운, confused, muddled, tumultuous; **~ə düşmək** *fe.* 당황하다, 난처해하다 entangle oneself; **~ eləmək** *fe.* 다투다, 싸우다, 요란하게 싸우다 brawl, quarrel
cəncəlli *si.* ① 복잡한, 혼란한, 요란한, 논란의 소지가 많은 complicated, troublesome, problematic, difficult, complex ○ **mürəkkəb, dolaşıq, qarışıq**; ② 싸움질하는, 다툼을 잘하는, 소란스런, 거친 brawling, quarrelsome, tumultuous ○ **davalı, galmagallı**
cəncəllik *i.* 복잡함, 혼란스러움, 착잡(錯雜)함 complication, complexity ○ **mürəkkəblik, dolaşıqlıq, qarışıqlıq**
cəng[1] *i.* 싸움, 다툼, 전쟁 battle, war ○ **vuruş, döyüş, dava**
cəng[2] *i.* 녹, 얼룩, 오점 rust, tarnish ○ **pas, paxır**
cəngavər *i.* 전사(戰士), 용사(勇士), 영웅적인 전사, 잘 훈련된 군인 courageous/skillful warrior
cəngavərlik *i.* 호전적기질, 싸우기 좋아함, 전쟁을 잘함 bellicosity, warlike character, mastery in warfare ○ **mübarizlik, döyüşkənlik**
cəng-cidal *i.* 싸움, 소동, 다투는 소리 fight, brawl
cəngəllik *i.* ① 정글, 우거진 숲, 덤불 숲, 잡목림 jungle, thick forest, brushwood, thicket; ② *fig.* 미로(迷路), 미궁(迷宮), 미로무늬 labyrinth; **keçilməz ~** *i.* 지나갈 수 없는 덤불 impenetrable thicket
cəngəri *i.* ① *bot.* 수련(水蓮) water lily; ② 자주(紫朱)색 violet (colour)
cəngi *i.* ① 전사, 용사, 병사, 투사, 군인 fighter, warrior, soldier ○ **döyüşçü, əsgər**; ② 아제르바이잔 무용담을 그리는 음악의 기풍 an Azerbaijani musical air written in the spirit of heroism and warfare
cəngimək *fe.* 녹슬다 rust
cənnət *i.* 천국 paradise, garden of Eden, heavenly kingdom ○ **behişt** ● **cəhənnəm**
cənub *i.* 남쪽, 남극 south; **~a doğru** *z.* 남향으로 southwards; **~i** *si.* 남쪽의 southern; **~-qərb** *i.* 남서(쪽) south-west; **~- qərbi** *si.* 남서쪽의 south-western; **~lu** *i.* 남부출신의 사람 southerner; **~-şərq** *i.* 남동(쪽)south-east; **~-şərqi** *si.* 남동쪽의 south-eastern
cərcənək *i. ana.* 대퇴(大腿) 관절(關節) joint connecting the thigh to the hip
cərəyan *i.* ① (전류, 물) 흐름, 전류, current (elec-

C

tric or water), flow, stream ○ **axın**, **gediş**; **elektrik ~ı** *i.* 전류(電流) electric current; **~ etmək** *fe.* 발생하다, 흐르다, 움직이다 happen, occur, flow trend

cərəyanölçən *i.* 전류계(電流計), 수류계(水流計) electric current meter, water current meter

cərgə *i.* 줄, 행(行), 선(線), (밭의) 이랑; (군대의) 계급 rank, row, file, line ○ **sıra**, **səf**, **qatar**; **~yə düz(ül)mək** *fe.* 줄을 세우다, 순서를 정하다, 종렬(縱列)을 세우다 line up, range, form in column; **~ arası** *i.* 행간(行間) space between rows; **~-~** *z.* 줄줄이, 차례로, 순차(順次)로 in rows, in ranks

cərgələmək *fe.* 줄을 세우다, 순차를 정하다 arrange in a row or a line

cərgələnmək *fe.* 줄을 서다, 선을 이루다, 순서를 따르다 line up, put in order, arrange in row ○ **sıralanmaq**, **düzülmək**, **səflənmək**, **qatarlanmaq**

cərgəli *si.* 이랑을 따라 뿌려진, 직선을 따라 뿌려진 sowing in drills, sown in a straight line ○ **sıralı**, **düzümlü**, **səfli**, **qatarlı**

cərgəvi *si.* ① 보통의, 평범한 ordinary, common ○ **sıravi**; ② 줄을 따른, 선파(線播)한 in rows; *i.* (군대 계급) 일병(一兵) (military rank) private

cəridə *i.* 신문 newspaper ○ **qəzet**

cərimə *i.* 벌금, 범칙금 penalty, fine ○ **cəza**, **tənbeh**; **~ zərbəsi** *i.* 패널티 킥 penalty kick; **pul ~si** *i.* 벌금 fine; **~ etmək** *fe.* 벌금을 물리다 fine, penalize; **~ topu** *i.* 페널티 킥 penalty kick

cərimələmək *fe.* ① 벌금을 물리다, 과료에 처하다 fine; ② 징계하다, 혼내주다, 처벌하다 punish ○ **cəzalandırmaq**, **tənbehləmək**

cərimələnmək *fe.* 벌금을 물다, 과료처분을 받다 be fined

cəriməli *si.* ① 과태료가 부가된 fined, penalized; ② 처벌된, 징계된 punished ○ **cəzalı**, **tənbehli**

cərrah *i.* (외과) 의사 surgeon; **~ın qəbul otağı** *i.* 수술실(手術室) surgery room

cərrahi *si.* 외과의, 수술의 surgical

cərrahlıq *i.* 수술법, 외과, 외과의학; 진료소, 의원 surgery

cərrahiyyə *i.* 수술, 집도(執刀) surgery; **~ əməliyyatı aparmaq** *fe.* 수술하다 operate on, perform surgery

cəsarət *i.* 대담, 용맹, 과감, 용기, 결단 audacity, boldness, bravery, courage, daring, determination, fearlessness, pluck, spirit ○ **cür'ət**, **şücaət**, **hünər**, **qoçaqlıq**, **mərdlik**, **ürəklilik**, **igidlik**; **~ etmək** *fe.* 맞서다, 두려워하지 않다, 부딪쳐 가다 dare, venture

cəsarətlə *z.* 담대하게, 용맹스럽게, 두려워하지 않고 boldly, bravely, fearlessly

cəsarətləndirmək *fe.* 격려하다, 고무하다, 자극하다, 용기를 북돋우다 encourage

cəsarətlənmək *fe.* 자신감을 갖다, 용기를 내다, 힘을 얻다, 격려되다 find courage, be emboldened ○ **cür'ətlənmək**, **şücaətlənmək**, **hünərlənmək**, **qoçaqlaşmaq**, **mərdləşmək**, **ürəkləşmək**, **igidləşmək** ● **qorxmaq**

cəsarətli *si.* 모험적인, 담대한, 용기 있는, 꿈쩍없는 adventurous, audacious, courageous, daring, intrepid ○ **cür'ətli**, **şücaətli**, **qoçaq**, **igid**, **mərd**, **çəsur**, **ürəkli**, **əzmli** ● **qorxaq**; **~ addım** *i.* 모험, 모험적 기도(企圖) venture

cəsarətlilik *i.* 용감함, 당당함, 대담함, boldness, courage, audacity, resoluteness ○ **çəsarət** ● **qorxahlıq**

cəsarətsiz *si.* ① 옹졸한, 소심한, 겁 많은 cowardly, timid ○ **cür'ətsiz**, **ürəksiz**, **qorxaq**, **ağciyər** ● **ürəkli**; ② 우유부단한, 갈팡질팡하는, 줏대 없는, 망설이는 irresolute, indecisive ○ **qərarsız**, **mütərəddid**

cəsarətsizləşmək *fe.* 우유부단하다, 겁내다, become irresolute, become cowardly, become craven ○ **cür'ətsizləşmək**, **ürəksizləşmək**, **qorxaqlaşmaq**

cəsarətsizlik *i.* ① 겁, 소심, 겁 많음 cowardice, timidity ○ **cür'ətsizlik**, **ürəksizlik**, **ağciyərlik**, **qorxaqlıq**; ② 결단력 결여, 우유부단, 소심함 indecision, irresolution ○ **qərarsızlıq**, **mütərəddidlik**, **qətiyyətsizlik**, **acizlik**

cəsəd *i.* ① 주검, 시신, 시체 corpse ○ **meyit**; ② 몸, 육신 body

cəsim *si.* 큰, 거대한, 장대한, 건장한 big, great, immense, huge ○ **böyük**, **iri**, **yekə**, **gövdəli**, **cəsamətli**, **əzəmətli**

cəsur *si.* 용감한, 담대한, 당당한, 대담한, 씩씩한, 용기 있는 valiant, bold, brave, courageous, dauntless, gallant, spirited ● **qorxaq**, **acız**

cəsuranə *z.* 용감하게, 당당하게, 담대하게 daringly, bravely

cəsurlanmaq *fe.* 용기를 얻다, 힘을 얻다, 용기를 내다 become courageous ○ **cəsarətlənmək**
cəsurluq *i.* 용맹, 용감, 대담, 과감, 무서움을 모름 boldness, courage, audacity, resolution, resoluteness, fearlessness, intrepidity ○ **cəsarətlilik** ● **qorxaqlıq**
cəvanə *si.* 젊은, 어린 young
cəvərən *i.* 바구니, 작은 광주리 small basket ○ **qovsara, balaca səbət**
cəyən *i.* 면화 산출 fibre crops,
cəza *i.* 벌(罰), 처벌(處罰), 형벌(刑罰), 징계(懲戒) penalty, punishment ○ **tənbeh, töhmət**; ~ **vermək** *fe.* 처벌하다, 징계하다, 벌을 주다, 혼내다 punish; ~ **almadan** *si.* 형벌 없는, 손실 없는, 무사한 with impunity; ~ **çəkmək** *fe.* 벌을 받다, 혼나다, 징계받다, 처벌받다 be punished; **ölüm ~sı** *i.* 중형(重刑), 사형(死刑), 극형(極刑) capital punishment, death penalty; ~ **dəstələri** *i.* 토벌군(討伐軍) punitive forces; **~sız qalma** *i.* 처벌받지 않음, 무사함 impunity
cəzairbənovşəsi *i. bot.* 빙카 (협죽도과; 관상용 식물) periwinkle
cəzalandıran *i.* 벌주는 사람 person who punishes
cəzalandırılmaq *fe.* 형벌을 받다 be punished
cəzalandırmaq *fe.* 형벌을 주다 punish
cəzalanmaq *fe.* 벌받다 be punished ○ **tənbehlənmək**
cəzasız *si.* ① 징계 없는, 벌 없는 unpunished ○ **tənbehsiz**; ② 벌받지 않은 with impunity
cəzasızlıq *i.* i 벌받지 않음 mpunity ○ **tənbehsizlik, töhmətsizlik**
cəzaverici *i.* 벌주는 사람 one who gives out punishment
cəzb *i.* 매력, 매혹 attraction, allure ○ **çəkmə, cazibə**; ~ **etmək** *fe.* 매혹하다, 유혹하다, 이끌다 attract, lure; ~ **edilmə** *i.* 이끌림, 유인, 유혹 attraction
cəzbedici *si.* 이끌리는, 매혹적인, 매력적인, 황홀케 하는 attractive, charming, fascinating ○ **cəlbedici, cazibədar, füsunkar**; ~ **şey** *i.* 끌어당기는 힘 allure, an attraction
cəzbedicilik *i.* 매혹적임, 매력적임, 끌어당김 attraction, attractiveness ○ **füsunkarlıq, cazibədarlıq, cəlbedicilik**
cəzbetmə ☞ **cəzbedicilik**
cəzə-fəzə *i.* 반대나 거부를 간접적으로 표현하는 행동 behaviour that shows objection or disagreement indirectly; ~ **etmək** *fe.* 거부하다, 부인하다, 반대하다 disagree, show opposition or resistance
cəzirə *i.* 섬, 도서(島嶼) island ○ **ada**
Cəzvid *i.* 예수회 Jesuit
cıbırıq *i.* 알 호두, 껍질을 제거한 깨끗한 호두 알 walnut without peel or shell
cıbbılı *si.* 매우 작은, 아주 작은, 중요하지 않은 very small, miniscule
cıbcıbbılı ☞ **cıbbılı**
cıdır *i.* 경마(競馬) horse race; ~ **meydanı** *i.* 경마장(競馬場) hippodrome
cıdırçı *i.* 기수(騎手) jockey
cığ *i. bot.*잡초(雜草); 해초(海草), 해조(海藻) weed; seaweed
cığa ☞ **cıqqa**
cığal *i.* 경기 중 반칙을 하고 습관적으로 다투는 사람 one who breaks the rules of a game or sport and who habitually argues about the infraction ○ **dalaşqan**
cığalbaz *i.* 습관적으로 반칙하는 사람 one who always breaks the rules of a game or sport; cheater
cığalçı ☞ **cığal**
cığalçılıq *i.* 반칙(反則), 속임수 rules violation, cheating ○ **cığallıq**
cığallamaq *fe.* 속임수를 쓰다, 반칙하다 cheat, break the rules
cığallıq *i.* 반칙, 속임수 rules violation, cheating; ~ **etmək** *fe.* 속임수를 쓰다 cheat
cığara *i.* 담배 cigarette
cığ-bığ 삐거덕, 덜커덩 (잘 구분되지 않는 잡음들) *onomatopoeic.* various indistinguishable noises, squeak
cığ-cığ[1] ☞ **cığ-bığ**
cığ-cığ[2] *i. zoo.* 갈매기의 일종 a kind of gull
cığcığa[1] *i. etn.* 신부가 머리에 쓰는 쓰개 headpiece worn by bride
cığcığa[2] *bot.* 야생 초본의 일종 a kind of wild herb
cığıldamaq *fe.* 삐거덕거리다, 찍찍거리다 squeak, cheep, peep ○ **ciyildəmək, cingildəmək, cibbildəmək**
cığıldaşmaq *fe.* (집합적으로) 삐걱거리다, 삐악

C

거리다 squeak, give a squeak, cheep, peep (together)

cığıldatmaq *fe.* 삐거덕거리게 하다, 삐악삐악하게 하다 squeak, cheep, peep, give a squeak

cığıltı *i.* 삐걱거림, 딸그락거림, 삐악거림 squeaking, cracking or crushing sound ○ **ciyilti, civilti, cibbilti, cikkilti**

cığıltılı *si.* 딸그락거리는, 삐걱거리는, 딱딱거리는 squeaking, cracking, crushing ○ **ciyiltili, civiltili, cibbiltili, cingiltili**

cığır *i.* ① 오솔길, 지름길, 길, (밭의) 이랑, 고랑 path; track, trail ○ **yol**; ② 방향, 흐름, 조류 direction, flow, trend ○ **cərəyan, istigamət**; ③ 흔적, 자국, 줄, 줄무늬 trace, streak ○ **iz, xətt, şırım, zolaq**; **~ açmaq** *fe.* 길을 열다 pave the way; **~ından çıxmaq** *fe.* 선을 넘다, 한계를 넘다, 길을 벗어나다 exceed the limits

cığıraçan *i.* 쟁기날 ploughshare, trail spade

cığırdaş *i.* 길동무 fellow-traveller

cığlandırmaq *fe.* 줄을 세우다, 주름을 잡다, 다림질하다 iron, press ○ **ütmək, qarsalamaq**

cığlanmaq *fe.* 다림질하다, 주름을 세우다 be ironed, be pressed

cığlıq *i.* 잡초 밭 place full of weeds

cığ-vığ ☞ **cığ-bığ**

cıq *i.* 탕탕 (총소리) sound of a gunshot, bang

cıqqa *i.* ① *col.* 앞머리, 앞갈기 forelock, locks of hair that fall down the front and side of the head ○ **kəkil**; ② 왕관 모양의 여자 머리 쓰개 crown-like ornamental woman's head covering

cıqqalanmaq *fe.* 볏의 장식을 달다, 관모를 쓰다 become crested, become tufted, become forelocked ○ **kəkillənmək**

cıqqalı *si.* 볏을 단, 머리 장식을 단 crested, tufted ○ **kəkilli**

cıqqılı *si.* 작은, 소소한, 사소한, 조그마한 tiny, small ○ **kiçicik, bambalaca, xırdaca, cıbbılı**

cıqqır *i.* 소리, 목소리, 음성 sound, voice; **~ını çıxarmamaq** *fe.* 진술을 거부하다, 침묵하다 remain silent, be silent, refuse to utter a word

cılfır *si.* ① 시시한, 하찮은, 천박한, 외관상의, 피상적인, 하찮은 frivolous, superficial, shiftless; ② *col.* 벼락부자의, 졸부(猝富)의 upstart, parvenu

cılğı *i.* 염소 가죽 goat skin ○ **dəri**

cılxa *si.* ① 깨끗한, 맑은, 순수한 pure, clean ○ **təmiz, saf**; ② 동종의, 균질의, 순도가 높은 homogeneous, unmixed ○ **xalis, əsl, sələt** ● **qarışıq**

cılxaca ☞ **cılxa**

cılız *si.* ① 야윈, 마른, 깡마른, 왜소한, 허약한, 섬약한 lean, thin, puny, delicate ○ **arıq, sısqa, quru** ● **zorba**; ② 약한, 미개발의, 발전되지 못한 weak, underdeveloped, unprogressive ○ **ölüvay, üzgün, yorğun** ● **güclü**

cılızlıq *i.* ① 약함, 마름, 쇠약함 thinness, delicacy ○ **arıqlıq, sısqalıq**; ② 병약, 허약, 무기력 feebleness, infirmity ○ **üzgünlük, yorğunluq, cansızlıq, zəiflik**

cılızlaşmaq *fe.* 쇠약해지다, 연약해지다, 야위어 가다 become thin, waste away

cınaq *i. ana.* 척추(脊椎), 등뼈, 척주(脊柱) spine, backbone, back

cında *si.* ① 부도덕한 immoral, loose (woman), prostitute ○ **pozğun, əxlaqsız**; ② 너덜거리는, 걸레 같은, 낡은 rag, shred, scrap, (colloquial) tattered, torn ○ **əsgi, cındar**

cındır *i.* 걸레, 헝겊 조각, 넝마 조각 rag; *si.* 낡은, 닳은, 너덜거리는, 초라한, 빈약한, 엉성한 shabby, torn, threadbare, worn out ○ **əsgi, cında, cırıq** ● **təzə**

cındırçı *i.* 넝마주의 trash picker, one collects and sells old and worn-out clothing

cındırlaşmaq *fe.* 낡아지다 wear out, fall to pieces

cındırlı *si.* 넝마의, 닳아 빠진 in rags, ragged

cındır-mındır *i. top.* 넝마, 헝겊조각의, 걸레조각 같은 것 rags, worn-out clothing ○ **əsgi-üsgü**

cınq ☞ **cınqıltı**

cınq-cınq ☞ **cınqıltı**

cınqıldamaq *fe.* 딩동댕거리다, 딸랑거리다 tinkle, jingle ○ **cingildəmək, danqıldamaq, zınqıldamaq**

cınqıldatmaq *fe.* 딩동거리게 하다, 딸랑거리게 하다 make a ringing or jingling sound

cınqılı *si. col.* 작은, 조그마한 tiny, wee, diminutive ○ **cıqqılı, cumbulu**

cınqıltı *i.* 딸랑거리는 소리, 딩동댕 소리 sound of jingling or tinkling

cınqır *i.* 소리, 잡음 sound, noise; **~ını çəkməmək** *fe.* 숨죽이다, 침묵을 지키다 not utter a sound

cınqırov *i.* 방울, 종, 심벌즈 bell, cymbals ○ zınqırov

cır *si.* ① 야생의 (과일) wild (fruit) ○ **yabanı, vəhşi**; ② (새, 벌레의) 짹짹거리는, 찍찍거리는 (소리) chirping (sound) ○ **ciyiltili, zingiltili (səs)**; ③ *fig.* 성질이 급한 quick-tempered; ~ **alma** *i.* 야생 능금 crab apple

cır-cında ☞ cır-cındır

cır-cındır *i.* (낡고 헤어진) 옷가지, 누더기 rags, ragged clothing; ~ **geymiş** *si.* 누더기를 걸친 ragged

cırcırama *i.* 잠자리 dragon fly

cırhacı *i.* 사과의 다양함 (모양, 맛 등) a variety of sweet, red apple

cırhacır *si.* ① 삑삑거리는, 앙앙거리는, 찍찍거리는 (소리) creaking, squeaking; ② 매우 더운 (날씨) very hot (weather)

cırıq *i.* ① 깨짐, 찢어짐, 갈라짐 breach, tear ○ **yırtıq, deşik**; ② 자국, 상처, 흉터 scar ○ **çapıq, yarıq**; *si.* 찢어진, 낡은, 닳은 torn, in shreds, ragged ● **təzə**; ~ **olmuş** *si.* 낡은, 헤어진, 닳은, (갈기갈기) 찢어진 ragged, torn in pieces, all in shreds

cırıq-cırıq *si.* 갈기 갈기 찢어진, 누덕누덕 헤어진 tattered, torn, in rags, ragged

cırıldamaq *fe.* 삐걱삐걱 소리 나다 grate, squeak, creak

cırıldaşmaq *fe.* (집합적으로 삐걱거리다, 귀에 거슬리게 소리를 내다 squeak, creak, chirp (together)

cırıldatmaq *fe.* 삐걱거리게 하다 cause *smt.* to squeak/to creak

cırılğan *si.* 잘 찢어지는, 잘 깨어지는, 잘 뭉게지는 easily torn, fragile, brittle, frail

cırılğanlıq *i.* 부서지기 쉬움 ragility, frailty

cırılmaq *fe.* ① 찢어지다, 깨지다 be torn, be broken; ② 폭발되다, 망가지다 be blasted, be exploded; ~**ıb köhnəlmiş** *si.* 찢어진, 망가진, 헤지고 닳은 ragged

cırıltı *i.* 삐걱거림, 찍찍거림 squeak, creak

cırıltılı *si. col.* 삐걱거리는, 찍찍거리는 squeaking, squeaky, creaking, rasping

cırım-cındır ☞ cır-cındır

cırım-cırım ☞ cırıq-cırıq

cırınq-cırınq *onomatopoeic.* (사기 그릇이 깨어지는 소리) 쨍그랑쨍그랑 sound made in the breaking of ceramic pots

cırınqhacırınq ☞ cırınq-cırınq

cırınqıltı ☞ cınqıltı

cırqursaq ☞ cırtqoz

cırqursaqlıq ☞ cırtqozluq

cırlamaq *fe.* ① 기분을 상하게 하다 offend; ② 거칠게 하다 make wild

cırlanmaq *fe.* ① *bot.* 거칠어지다, 야생화(野生化)되다 run wild, become wild ○ **yabanılaşmaq, vəhşiləşmək**; ② *fig.* 비사교적이 되다, 사교성이 떨어지다 become unsociable ○ **pozulmaq, çevrilmək, dəyişmək**

cırlaşmaq *fe.* ① 저하되다, 악화되다, 퇴화되다 degenerate; ② *bot.* 거칠어지다, 야생화되다 run wild; become wild; ③ *fig.* 비사교적이 되다 become unsociable

cırlıq *i.* ① 황야, 사막지대 wilderness area; ② 역행, 퇴보, 후퇴, 퇴화, 악화, 저하, 타락 retrogression, deterioration, becoming wild ○ **yabanılıq, vəhşilik**

cırmaq¹ *fe.* ① 찢다, 째다, 잡아 뜯다 tear ○ **yırtmaq, dağıtmaq, üzmək, parçalamaq, qoparmaq**; ② 긁다, 할퀴다, 생채기를 내다 scratch; ③ 도망하다, 훔쳐 달아나다 steal away, flee; ~ **yeri** *i.* 생채기 scratch

cırmaq² *i.* (새, 짐승의) 갈고리 발톱, (곤충의) 발톱 claw ○ **caynaq, dırnaq**

cırmaqlamaq *fe.* 긁다, 할퀴다 scratch ○ **cızmaq**

cırmaqlanmaq *fe.* (스스로) 긁어 생채기를 내다 be scratched all over, scratch onself

cırmaqlaşmaq *fe.* ① 긁다, 온통 긁어 생채기를 내다 scratch ○ **cızmaq**; ② 서로 긁다, 싸우다, 다투다 scratch one another ○ **dalaşmaq, söyüşmək**

cırnaq *i.* (맹수) 발톱 claw, talon ○ **caynaq**

cırnamaq *fe.* 성가시다, 귀찮다 be irritated, lose one's temper from being teased ○ **hirslənmək, acıqlanmaq, cinlənmək, qəzəblənmək**

cırnatmaq *fe.* 괴롭히다 irritate, vex, or anger somebody on purpose

cırt¹ *onomatopoeic.* (나뭇가지가 부러지는 소리) 뚜둑 snapping sound of dried wood being broken

cırt² ☞ çırt

C

cırtdan *i.* ① 어린이, 소인, 난장이 dwarf ○ **balaca, kiçicik, liliput**; ② 사소한 사람, 옹졸한 사람 petty, insignificant person
cırtdanboylu *si.* 매우 작은, 짧은 very small, short
cırtdanlıq *i.* 소인증(小人症) dwarfism ○ **balacalıq, kiçiklik, liliputluq**
cırtqoz *si.* 성질이 급한, 화나게 하는, 속 태우게 하는, 성가신 quick-tempered, offensive, slighting, annoying, vexing ○ **hirsli, əsəbi**
cırtqozluq *i.* 성미가 급함, 성마름, 신경질적임 touchiness, irascibility ○ **hirslilik, əsəbilik**
cıvata *i. tex.* 볼트, 나사 bolt, screw-bolt
cıvıldamaq *fe.* 찍찍거리다, 삐악거리다 chirp, cheep
cıvıltı *i.* (병아리처럼) 삐악거리는 소리 cheeping sound of chicks
cıvrıq *si.* 매우 영민한, 민첩한, 영리한 very quick minded, clever ○ **diribaş, çevik, cəld, zirək**
cıyıq *i.* ① 묽은 액체, 물 liquid, fluid, thin; ② 매우 엷은 죽 thin gruel
cız[1] *onomatopoeic.* ① (물건이 탈 때 나는 소리) 활활, 타닥타닥 noise of something which is burning; ② (기름에 튀길 때) 지글지글 sound of sizzling
cız[2] ☞ **cızıq**
cızbız *i.* (고기 내장이나 찌끼 고기) 튀김 fried offal
cızbızçı *i. obs.* 튀김 장수 the person who fries and sells offal
cızdaq *i.* (튀김의) 바삭바삭한 껍질 cracklings, fried fat (cooking)
cızhacız ☞ **cız**[1]
cızıq *i.* ① 낙서, 휘갈겨 쓴 것 line, scribble ○ **xətt, cizgi**; ② 선, 한계 line, limit ○ **hədd, hüdud, sərhəd**; **~ çəkmək** *fe.* 선을 그리다, 자로 재다 rule, draw line; **~ğından çıxmaq** *fe.* 한계를 넘다, 선을 벗어나다 pass all bounds, overstep the limits
cızıq-cızıq *si.* 갈기갈기 쓴 streaked, scribbled; **~ eləmək** *fe.* 갈기갈기 쓰다, 낙서하다 streak, scribble
cızıqlamaq *fe.* 선을 그리다, 선을 재다 draw a line, rule lines ○ **xətləmək, cizgiləmək**
cızıqlı *si.* ① 휘갈겨 쓴, 갈기갈기 쓴 lined, scribbled ○ **xətli**; ② 선을 그은, 선으로 구획을 지은 ruled ○ **milli**
cızıldamaq *fe.* (기름이) 지글지글 끓다 sizzle ○ **səslənmək**
cızıltı *i.* 지글거리는 소리 sizzling sound
cızılma *i.* 긁힘 scratch
cızılmaq *fe.* ① (선이) 그려지다, 쓰여지다 be drawn, be made; ② 긁히다 be scratched
cızıltı *i.* ① (기름이 끓는) 지글거림 sizzling sound ○ **fışıltı**; ② 긁힌 자국 scratching
cızıntı *i.* 긁힘 scratches
cızmaq *fe.* ① 스케치하다, 대강의 계획을 세우다 sketch (plan); ② 쓰다, 준비하다 write, prepare ○ **yazmaq** ● **pozmaq, qaralamaq**; ③ 긁어 지우다 scratch, scrape (correction)
cızma-qara *i.* 휘갈겨 쓴 것, 낙서(落書), 난필(亂筆) scrawl, scribbling
cızma-qaralamaq *fe.* 휘갈겨 쓰다, 지우고 쓰고 교정하다 scribble
cızmalamaq *fe.* 긁어 쓰다, 지우고 쓰다 scratch, write down ○ **qaralamaq, pozmaq**
cızz ☞ **cız**[1]
cib *i.* 주머니, 호주머니 pocket; **~inə qoymaq** *fe.* 호주머니에 넣다, 착복하다, 횡령하다 pocket; **~ saatı** *i.* 회중시계 watch; **yan ~** *i.* 옆주머니 side-pocket; **~ xərcliyi** *i.* 포켓머니, 용돈 pocket money; **arxa ~** *i.* 뒷주머니 hip pocket; **~ini doldurmaq** *fe.* 주머니를 채우다 fill one's pocket; **~i dəlik** *i.* 무일푼 인간 penniless person; **~ dəftəri** *i.* 수첩(手帖) pocket book; **~ lüğəti** *i.* 포켓 사전 pocket dictionary; **~ bıçağı** *i.* 주머니칼 pen knife
cibbilti ☞ **civilti**
cib-cib *onomatopoeic.* 삐악삐악, 꼬꼬 sound made by a rooster, chicken or chick
cibcik *i.* 작은 주머니 small pocket
cibəgirən ☞ **cibgir**
cibgir *i.* 소매치기 pickpocket ○ **oğru**
cibgirlik *i.* 소매치기 pickpocketing ○ **oğruluq**
cibxərcliyi *i.* 용돈 pocket money
cibişdan ☞ **cib**
cibkəsən ☞ **cibgir**
cibli *si.* 주머니가 달린 having a pocket
ciblik *i.* 주머니 달기 위한 천 material set aside for making pockets
cici[1] *i.* 엄마, 마마 mother, mommy (affectionate form)
cici[2] *i.* 아이들이 좋아하는 것, 과자 something

children like, a treat or surprise for children

cici-bacı *i.* 여자들끼리 친구 (female) friend

cici-bacılıq *i.* 여자들끼리의 우정 close friendship between females

cida¹ *i.* 창, 작살 spear, lance ○ **mizraq, süngü**; ***Cidanı çuvalda gizlətmək olmaz.*** *ata.s. 창을 자루에 숨길 순 없지. Murder will be out.*

cida² *z.* 따로, 분리해서, 별도로 separately

cidal ☞ **cəng-cidal**

cidalaşmaq *fe.* 서로 창으로 찌르다 lance each other

cidalgah *i.* 전장(戰場), 전쟁터 battlefield

cidalı *si.* 창을 가진 having a lance

cidar *i.* 차꼬, 족쇄(足鎖) fetter, chain ○ **buxov**

cidarlamaq *fe.* (말, 짐승의) 두발을 묶다, 차꼬를 채우다, 사슬로 묶다 hobble, fetter, chain ○ **buxovlamaq, qandallamaq, zəncirləmək**

cidarlı *si.* 차꼬를 찬, 사슬에 묶인 hobbled, chained, fettered ○ **buxovlu, qandallı, zəncirli**

cidd-cəhd *i.* 열정, 열심, 열의, 강렬한 소망, 갈망 zeal, fervor, ardor, assiduity, aspiration, striving (for), yearning (for); ~ **eləmək** *fe.* 열정을 보이다, 열심을 내다, 애쓰고 노력하다 urge (towards), be zealous, endeavour

ciddi *si.* ① 심각한, 진지한, 무거운 grave, serious, weighty ○ **ağır, təmkinli, zabitəli**; ② 엄격함, 단호한, 엄정한, 엄숙한 stern, harsh, strict, austere ○ **sərt, kəskin, bərk**; ③ 모진, 요구가 심한 demanding, severe ○ **möhkəm, tələbkar**; ④ 진실한, 업무상의 true, serious, business-like, without joking; ⑤ 열심인, 성실한, 진지한 zealous, earnest; *z.* 진지하게, 열심으로, 성실하게 seriously, earnestly; ~ **olaraq** *z.* 진정으로, 진지하게, 본격적으로 in earnest; ~ **məsələ** *i.* 중대한 사안 grave matter; ~ **baxış** *i.* 근엄한 외모 severe look; ~ **tənqidçi** *i.* 모진 비판, 가차없는 비판 severe critic; ~ **xəstəlik** *i.* 중병(重病) grave illness; ~ **intizam** *i.* 엄격한 훈련 strict discipline; ~ **qayda** *i.* 엄격한 질서 strict order; ~ **pəhriz** *i.* 엄격한 식이 요법 strict diet; ~ **töhmət** *i.* 심한 질책 severe reprimand; **Ciddi deyirəm.** 진지하게 말해서… I'm in earnest.; ***Ciddi qadağandır.*** *엄하게 금지합니다. It's strictly forbbiden.*

ciddilik *i.* ① 엄격함, 진지함, 신중함, 심각함 strictness, gravity, seriousness, earnestness ● yumşaqlıq; ② 어려움, 곤란함 difficulty

ciddiləşdirmək *fe.* 강화하다, 증강시키다, 보강하다 strengthen, reinforce, intensify, attach importance, make *smt.* important; **nəzarəti ~** *fe.* 경계를 강화하다 double the watch; **beynəlxalq gərginliyi ~** *fe.* 국제적 긴장 고조 (高調) intensify the international tension

ciddiləşmək *fe.* 심각해지다, 진지해지다, 엄격해지다 become serious, take a serious turn ○ **sərtləşmək, bərkləşmək** ● **mülayimləşmək**

ciddilik *i.* ① 진지함, 엄격함, 심각함 seriousness, earnestness ○ **qətilik, zabitəlilik**; ② 요구, 청구 demand ○ **tələbkarlıq, möhkəmlik**; ③ 모짊, 고약함, 거침 harshness, graveness ○ **sərtlik, kəskinlik, ağırlıq, bərklik**; ④ 정열적임, 열정적임 zealousness ○ **sə'ylik, qeyrətlilik**

ciddiyyət *i.* ① 가혹, 엄격, 엄정, 엄밀, 혹심함 severity, stringency, intensity ○ **kəskinlik, sərtlik, zabitəlilik**; ② 열심, 근면, 부단한 노력, 부지런함 zeal, diligence, effort ○ **cəhd, qeyrət, sə'y**

ciddiyyətlə *z.* 심각하게, 진지하게, 부지런히, 끊임없이, 꾸준히 seriously, earnestly, diligently, unremittingly, assiduously; ~ **işləmək** *fe.* 열심으로 일하다, 부지런히 일하다 work in earnest

ciddiyyətsiz *si.* 경솔한, 성의 없는, 무성의한 light-minded, lazy, without zeal ○ **cəhdsiz, qeyrətsiz, sə'ysiz**

ciddiyyətsizlik *i.* 열의 없음, 무성의 laziness, lack of enthusiasm ○ **sə'ysizlik**

cift *si.* 쌍(雙)의, 두개의 couple, double ○ **cüt, qoşa**; *i.* 밀도(密度), 밀집(密集) 상태(狀態) density ○ **sıxlıq, kiplik**

ciftləşmək *fe.* 짝을 이루다 be coupled, make into a pair ○ **cütləşmək, qoşalaşmaq**

ciftlik *i.* ① 짝을 이룸, 짝짓기 coupling, pairing ○ **cütlük, qoşalıq**; ② 밀도(密度), 밀집(密集) 상태(狀態) density ○ **cift**

cihad *i.* 성전(聖戰) holy war

cihaz *i.* ① 도구(道具), 연장, 기계, 기구 instrument, tool ○ **alət**; ② 기구(器具), 장치 (裝置), 설비(設備), 용구(用具) apparatus, appliance, device, set, equipment, outfit ○ **təchizat, ləvazimat**

cihazqayıran I. *si.* 설비(設備) 제조(製造)의 tool making; II. *i.* 설비(設備) 제작자(製作者) tool

C

maker

cik-bik *i.* 모든 면, 세세한 부분 every aspect, details

cik-cik *i.* 지저귐, 재잘거림, 지껄임 chirp, twittering, squeak; ~ **etmək** *fe.* 지저귀다, 지껄이다, 재잘거리다 chirp

cikkə *i.* (공포, 고통의) 외침, 비명, 새된 목소리 shriek; ~ **çəkmək** *fe.* 비명 지르다, 새된 소리로 울다 shriek

cikkildəmək *fe.* 지저귀다, 지껄이다 twitter

cikkilti *i.* 지저귐, 지껄임 twitter ○ **civilti, ciyilti**

cikləşmə *i.* 닭싸움 cock-fight(ing)

cil *i.* ① 잡초, 골풀 weed, rush; ② 해초, 해조 seaweed ○ **cığ**

cila *i.* 광택, 윤 polishing, polish ○ **pardaq, parıltı, işıltı**

cilaçı *i.* 구두닦이 polisher, varnisher

cilalamaq *fe.* 광택을 내다, 닦다, 윤이 나게 하다 file, polish, burnish, varnish ○ **pardaqlamaq, parıldatmaq, işıldatmaq**

cilalanmaq *fe.* 윤이 나다, 닦여지다 be grinded, be polished

cilalayıcı *i.* 광택제 polisher, vanisher

cilalı *si.* 윤이나는, 반짝이는, 광택의 glossy, polished, varnished ○ **pardaqlı, işıltılı, parıltılı**

cild *i.* ① 책 표지 book cover, cover ○ **üz, qabıq, dəri, qiyafə**; ② 책의 권, 제본 volume, binding, jacket; ③ 표면, 겉보기, 외양 face, surface, covering; ***Qoyun cildinə girmiş canavar.*** *양의 탈을 쓴 이리. A wolf in sheep's clothing.*; **~ini dəyişmək** *fe.* 위장하다, 변장하다 be disguised, be masked

cild-cild *z.* 권(券)별로 in volumes

cildçi *i.* 제본(製本)사 book binder

cildxana *i.* 제본소(製本所) bindery

cildləmək *fe.* 제본하다 bind ○ **üzləmək**

cildlənmək *fe.* 제본되다, 출판되다 be interlaced

cildlət(dir)mək *fe.* 제본하다 interlace (with), interknit (with), bind

cildli *si.* 제본을 한 bound, in volumes ○ **üzlü, qabıqlı**; **iki ~ kitab** *i.* 2권으로 된 책 a book in two volumes

cildlik *i.* 제본을 위한 것 something for binding

cildsiz *si.* 제본하지 않은 without binding ○ **üzsüz, qabıqsız**

cilet ☞ **jilet**

ciliklәmәk *fe.* 박살내다, 산산이 부수다 break into pieces, smash

ciliklәnmәk *fe.* 박살나다, 산산조각 나다 be in pieces, be smashed ○ **qәlpәlәnmәk**

cilik-cilik *si.* 산산조각으로 깨진 smashed to smithereens/small fragments; ~ **elәmәk** *fe.* 산산 조각내다 smash to smithereens, smash into small fragments; ~ **olmaq** *fe.* 산산조각 나다, 박살나다 be smashed to smithereens, be smashed into small fragments

cillik ☞ **cığlıq**

cilov *i.* 고삐, 재갈, 굴레; 속박, 억제 rein, bridle, curb ○ **yüyәn, noxta**; **~u әlindә olmaq** *fe.* 철저하게 의존되다 be totally dependent

cilovdar *i.* 선두 기수 leading horseman; *si.* 앞서가는, 선두의 leading, foregoing

cilovlamaq *fe.* 억제하다, 속박하다, 억누르다, 삼가다 curb, bridle, restrain, control, restrain ○ **noxtalamaq**

cilovlanmaq *fe.* 억제되다, 속박당하다 be curbed, bridled, be restrained

cilovlat(dır)maq *fe.* ① 굴레를 씌우다 bridle; ② *fig.* 억제시키다, 억누르다 restrain, control, keep in check

cilovlu *si.* 굴레를 씌운, 재갈을 물린, 속박된 curbed, bridled, restrained ○ **yüyәnli, noxtalı**

cilovsuz *si.* 속박받지 않는, 억압되지 않은 unrestrained ○ **yüyәnsiz, noxtasız**

cilvә *i.* ① 교태, 애교 떨기, 교태부리기 flirt, coquetry ○ **naz, qәmzә, işvә**; ② 우아, 단정함, 매력 grace, charm, elegance ○ **incәlik, zәriflik, gözәllik**

cilvәkar I. *si.* ① 거드름 피우는, 뽐내는, 으스대는 coquettish, arch, mincing, finical; ~ **qadın** II. *i.* 요염한 여자, 음탕한 여자 flirtatious woman, affected creature; ~ **tәbәssüm** *i.* 매력 있는 웃음 winsome smile; ② 우아한, 매력 있는 graceful, charming

cilvәkarlıq *i.* 매력, 우아함 charm, elegance

cilvәlәmәk *fe.* 광택을 내다, 빛나게 하다, 윤을 내다 polish, gross, make grossy ○ **cilalamaq**

cilvәlәnmәk *fe.* 뽐내다, 으스대다 flirt (with); *col.* mince

cilvәli ☞ **cilvәkar**

cin *i.* ① 마귀, 마신(魔神), 도깨비 djin, demon, genie, dwarf ○ **əcinə, şeytan**; ② *fig.* 섬세하고 날렵한 아이, 영악한 아이 delicate but agile child; **~ atına mindirmək** *fe.* 대노케 하다 격노케 하다 make furious, infuriate, drive mad; **~i tutmaq** *fe.* 격노하다, 분노하다 go mad; **~ başına vurmaq** *fe.* 격노하다, 대노하다 become furious, fly into a rage

cinah *i.* 옆구리, 날개 flank, wing

cinas *i.* 익살, 말 재롱, 말장난 pun, innuendo, play on words, double entendre

cinayət *i.* 죄, 범죄, 죄악 crime, offense; criminal; **~ işi** *i.* 범죄행위 criminal action; **~ yoldaşı ortağı** *i.* 공범자, 종범자, 연루자, 한패 accomplice; **~də əli olmaq** *fe.* 범죄에 연루되다 be implicated in a crime; **siyasi ~** *i.* 정치범 political crime; **~ məhkəməsi** *i.* 형사법원 criminal court; **~ məcəlləsi** *i.* 형사법전 criminal code

cinayətkar *i.* 범인, 범죄자, 죄수, 죄인 criminal, offender

cinayətkarca(sına) *z.* 유죄로, 형사상, 사악하게 criminally, wickedly, sinfully

cinayətkarlıq *i.* 범죄성, 유죄, 범죄 행위, 범행 criminality, criminal natur

cinbaz ☞ **cindar**

cincilim *i. zoo.* 쥐며느리 (벌레) wood louse

cindar *i.* 마법사, 마술사 magician, wizard ○ **cadugər, səhrbaz**

cindarlıq *i.* (악령에 의한) 마법, 마술, 요술 witchcraft, sorcery ○ **cadugərlik, falçılıq, sehrbazlıq, ovsunçuluq**

cing[1] *i. onomatopoeic.* (금속 부딪히는) 탕, 철꺽, 찰깍 clank

cing[2] *i. zoo.* 검은 방울새 siskin (bird)

cingildəmək *fe.* ① 딸랑딸랑 울리다 jingle, ring; ② (벌, 기계 등) 윙윙 소리를 내다 buzz, hum

cingilti *i.* 딸랑거림, 윙윙거림 clash, clanging, tinkling,

cingiltili *si.* ① 딸랑거리는 ringing; ② *qram.* 유성음(有聲音)의 voiced (sound)

cingim-cingim *z.* 조각조각, 산산 조각 in pieces, broken, shattered

cingir *si.* ① 작은, 난장이의, 발육이 저하된 undersized, dwarfish, stunted; ② *i. zoo.* 쇠오리 teal ○ **cürə**

cinləndirmək *fe.* 화나게 하다, 분노하게 하다 drive *smb.* to mad, infuriate

cinlənmə *i.* 열광, 광란, 격분, 격앙 frenzy

cinlənmək *fe.* 화나다, 분노하다, 격노하다 go mad, fly into a rage, become furious

cinlətmək *fe.* 화나게 하다, 분노하게 하다, enrage, infuriate, madden, drive wild, tease, anger, vex

cinli *si.* 화가난, 분노한, 격노한 raging, furious ○ **acıqlı, qəzəbli, dəli, əsəbi, hirsli**

cinli-cinli *z.* 화가 나서, 분노하여 madly

cinlilik *i.* 화남, 분노함, 격노함, 신경질적임 anger, furiousness ○ **acıqlılıq, qəzəblilik, dəlilik, əsəbilik, hirslilik, divanəlik**

cins *i.* ① 성(性), 성별(性別) sex; ② 가문(家門), 가계(家系) species, breed ○ **soy-əsil, nəsil, tayfa**; ③ 종(種), 종류(種類), 타입, 품질(稟質) kind, sort ○ **növ, çeşıd**; ④ *qram.* 성(性) gender; **qadın ~i** *i.* 여성(女性) female; **kişi ~i** *i.* 남성(男性) male

cinsi *si.* 성(性)의, 성적(性的)인 sexual

cinsiyyət *i.* 성적(性的) 특질(特質), 성적(性的) 능력(能力), 태생(胎生) sexuality, origin

cinsiyyətli *si.* 부족(部族)의, 종족(種族)의, 태생적(胎生的)인 tribal, generational

cinsləşdirmək *fe.* 높이다, 고상하게 하다, 개선하다, 격을 올리다, 품종을 개량하다 ennoble, improve, grade up

cinsləşmək *fe.* 고상하게 되다 become noble

cinsli *si.* 고상한, 가문이 좋은 noble, well-born ○ **əsilli, nəcabətli, soylu**

cinslik *i.* 인종(人種), 품종(品種), 종족(宗族), 혈통(血統), 출신(出身) race, breed; (high) quality ○ **damazlıq, döllük**

cinslilik *i.* ① 지위 높음, 고귀한 출신 nobleness, high-breed; ② 순종(純種), 순계(純系) purebredness, full-blood ○ **damazlıq, döllük**

cin-şeytan *i. top.* 귀신들, 도깨비들, 마귀들 devils and evils (in legends and tales)

cirə[1] *i.* 애기회향 (미나릿과), 애기회향 열매 (향미료) caraway, caraway seeds ○ **zirə**

cirə[2] *i.* 몫, 할당(割當) portion, part, share ○ **pay, norma**

ciringildəmək ☞ **cingildəmək**

ciringilti ☞ **cingilti**

ciring-ciring *i.* (유리잔 부딪치는 소리) 쨍쨍 clink (a sound of glasses striking together)

cisim *i.* ① 물질, 물건, 물체 substance, material,

thing ○ **əşya, şey, maddə**; ② 몸, 육신, 육체 flesh, body ○ **bədən, vücud, gövdə; bərk ~** *i.* 고체(固體) solid substance; **maye ~** *i.* 액체(液體) liquid; **səma ~i** *i.* 천체(天體) heavenly body

cisimcik *i. dim.* 소체, 작은 몸 little body; *bio.* 유리세포, 혈구, 미립자 corpuscle

cismani *si.* ① 물질적인, 물체의 material ○ **maddi** ● **ruhani**; ② 육체적인, 육감적인, 신체의 physical, sensual, corporal ○ **fiziki**; **~ cəza** *i.* 체형(體刑) physical punishment

cismən *z.* 육체적으로, 신체적으로 physically

civar *i.* 인근, 환경, 주변 neighbourhood, environs ○ **ətraf**

civarında *qo.* ~가까이, ~근방에 in the neighbourhood of, near to

civ-civ *i. onomatopoeic.* 찍찍, 삐악삐악 cheep-cheep

civə *i.* 수은 (기호 Hg) mercury, quicksilver; **~ sütunu** *i.* 수은 기둥 mercury column

civəli *si.* 수은의 mercurial

civildəmək *fe.* 찍찍거리다, 재잘거리다, 지저귀다 chirp, twitter

civilti *i.* 재잘거림, 짹짹거림, 지저귐 squeak, twitter, chirp

civiltili *si.* 찍찍 소리를 내는, 삐걱거리는 squeaky

ciyə *i.* 줄, 로프, 꼰 실; 밧줄, 사슬 towing rope, string, twine, pack-thread

ciyər *i.* 내장, 장기 organ; **ağ ~** *i.* 허파, 폐(肺) lung; **qara ~** *i.* 간(肝) liver; **~i yanmaq** *fe.* a) 갈증(渴症)을 느끼다 feel thirsty; b) 애가 타다, 속이 타다, 안달하다 be grieved, be upset; **~i ağzına gəlmək** *fe.* 까무러치다, 매우 놀라다 be terribly frightened; **~ xəstəliyi** *i.* 소모성 질환 (폐결핵), 쇠약 consumption; **~ parası** *i.* 애지중지(愛之重之)하는, 매우 사랑하는 (사람, 아이) darling, well-beloved

ciyərguşə *i. fig.* 애지중지하는 아이 very dear child

ciyərli *si.* 담대한, 용감한, 대담한, 당당한 bold, courageous, daring, audacious, brave, valiant, gallant ○ **qoçaq, igid, cəsur, mərd, cəsarətli, cür'ətli** ● **qorxaq**

ciyərlilik *i.* 용맹, 용감, 대담(大膽) boldness, courage, bravery, valiance ○ **qoçaqlıq, igidlik, cəsurluq, mərdlik, cəsarətlilik, cürətlilik** ●**qorxahlıq**

ciyərparə ☞ **ciyərguşə**

ciyərsiz *si. fig.* 열렬한, 갈망하는, 격렬한, 몹시 바라는 eager, fervent, passionate

ciyil *i.* 덤불 숲 bushes, (tall) weeds ○ **kol-kos**

ciyildəmək *fe.* 삑삑거리다, 찍찍거리다 squeak

ciyillik *i.* 덤불로 덮인 지대 a place covered with bushes

ciyilti *i.* 삐걱거림, 찍찍거림 squeak

cizgi *i.* 연필로 그린 글, 그림 line, outline, trait (face) ○ **xətt, cızıq**; **~ filmi** *i.* 만화, 연속 만화 cartoon

cizgiləmək *fe.* 선을 그리다, 줄을 긋다 draw a line ○ **xətləmək, cızmaq**

cizgili *si.* 윤곽을 그린, outlined ○ **xətli, cızıqlı**

cizyə *i. tar.* 회교국에서 이슬람교도가 아닌 사람이 군대 의무 대신에 내는 세금 Tax paid by non-muslims instead of doing military service in times past, in an Islamic country

cod *si.* ① 거친, 굵은, 조악(粗惡)한 rough, coarse; **~ tüklü** *i.* 센털, 강모(剛毛)bristle; ② 거칠거칠한, 텁수룩한, 난폭한, 거친, 무례한 rough, tough, rude ○ **qaba, kobud, ədəbsiz**; ③ 딱딱한, 퉁명스런 hard, thick ○ **sərt, bərk, kəskin**; ④ 잔인한, 무자비한 brutal, cruel ○ **qəddar, zalım**

codlaşmaq *fe.* ① 거칠어지다, 딱딱해지다, 조잡해지다 harden, coarsen, become coarse ① **qabalaşmaq, kobudlaşmaq**; ② 고약해지다, 불쾌해지다 become harsh, become nasty

codluq *i.* ① 딱딱함, 거침, 조악함, 조잡함 hardness, roughness; coarseness ○ **qabalıq, kobudluq**; ② 고약함, 불쾌함 harshness, nastiness ○ **sərtlik, bərklik, kəskinlik**

codyunlu *si.* 거친 모직의 coarse woolen

coğrafi *si.* 지리학상의, 지리적인 geographical; **~ ad** *i.* 지리적인 명칭 geographical name; **~ yerləşmə** *i.* 지리적 위치 geographical location

coğrafiya *i.* 지리(학) geography

coğrafiyaçı ☞ **coğrafiyaşünas**

coğrafiyaşünas *i.* 지리학자(地理學者) geographer

comərd *si.* 관대한, 인자한, 고상한 generous, noble, gentle ○ **səxavətli, əliaçıq, alicənab, mərd** ● **xəsis, namərd**

comərdcə(sinə) *z.* 도량이 크게, 관대하게, 배포가 크게 magnanimously, generously

comərdlənmək *fe.* 관대해지다, 관용을 보이다

become generous, show a bit of generosity ○ **səxavətləşmək, alicənablaşmaq, mərdləşmək**

comərdləşmək ☞ **comərdlənmək**

comərdlik *i.* 미덕(美德), 덕(德), 선(善), 선행(善行), 고결(高潔), 관용(寬容), 아량(雅量), 관대(寬大) virtue, generosity ○ **səxavətlilik, alicənablıq, əliaçıqlıq, mərdlik** ● **xəsislik, namərdlik**

comərdliklə ☞ **comərdcəsinə**

corab *i.* 양말, 스타킹 sock, stocking; ~ **bağı** *i.* 고무 밴드 garter; ~ **asqısı** *i.* 양말걸이 suspender

corabtoxuyan *i.* 양말 뜨개질하는 사람 stocking-maker

coşdurmaq *fe.* ① 끓어 넘치게 하다 boil up, excite; ② 화나게 하다 irritate

coşğun *si.* ① 열정적인, 거칠고 강한, 끓어넘치는, 넘쳐흐르는, 원기 왕성한 enthusiastic, wild, vehement, ardent, passionate, boiling over, ebullient, overflowing, exuberant ○ **həyəcanlı, qızğın, hərarətli** ● **sakit**; ② 흥분하기 쉬운, 신경질의 nervous, resentful ○ **əsəbi, hirsli**; ③ 아프게 하는, 찌르는, 매서운 sharp, cutting, aching ○ **kəskin, sərt, şiddətli**

coşğunlaşmaq *fe.* ① 흥분하다, 충동되다, 격렬해지다 become excited, be impetuous, be ardent, be passionate ○ **həyəcanlanmaq, hərarətlənmək**; ② 신경질적이다 become nervous ○ **əsəbiləşmək, hirslənmək**; ③ 엄격하다, 엄하다, 가혹하다, 가차없다 become sharp/severe (character) ○ **kəskinləşmək, sərtləşmək, şiddətlənmək**

coşğunluq *i.* ① 열정(熱情), 열심(熱心), 열광(熱狂), 열성(熱誠), 격정(激情) enthusiasm, passion ○ **həyəcan, qızğınlıq, hərarət, ehtiras** ● **sakitlik**; ② 신경질적임, 예민함, 까칠함 nervousness, resentfulness ○ **əsəbilik, hirslilik**; ③ 심술궂은, 악의가 있는 viciousness ○ **kəskinlik, sərtlik, şiddətlilik, dəliqanlılıq**

coşma *i.* 넘침, 분출, 돌발 outbreak, outburst

coşmaq *fe.* ① 끓어 넘치다, 분출하다, 설쳐대다, 노발대발하다 flare, rage, boil up ○ **qızışmaq, əsəbiləşmək, hirslənmək**; ② 파도가 넘실대다, 흉용(洶湧)하다 become exuberant, get excited ○ **dalğalanmaq, ləpələnmək (dəniz)**; ③ 중얼거리다, 투덜거리다 murmur, grumble ○ **guruldamaq, vıyıldamaq**

coşmuş *si.* 마음이 산란해진, 주의가 산만한, 차고 넘치는 distracted

cökə *i. bot.* 라임나무, 보리수나무 lime, linden (tree)

cökəlik *i.* 라임 농장 lime grove

cöngə *i.* ① 어린 숫들소 young ox, young male buffalo ● **düyə**; ② 들송아지 bull-calf

cövhər *i.* ① 정수, 추출액 essence, extract, acid ○ **zat, mahiyyət, əsil, maya**; ② 본질, 본성 substance, nature ○ **təbiət, xassə**; ③ 보석, 장신구 jewel ○ **cavahir, daş-qaş**; ④ 석유, 등유(燈油) petrol, kerosene; **nanə ~** *i.* 박하 향수 mint-drop; **məsələnin ~i** *i.* 문제의 핵심 crux of the problem; **~ini çəkmək** *fe. kim.* 정제(精製)하다, 승화(昇華)하다 distill, sublimate

cövhərli *si.* ① 근본적인, 핵심적인, 추출액의, 정수(精髓)의 essential ○ **zatlı, əsilli, mayalı**; ② 보석(寶石)류의, 장신구(裝身具)의 jewelry ○ **cavahirli, daş-qaşlı**; ③ 용감한, 늠름한, 씩씩한 brave, gallant ○ **ürəkli, qoçaq, igid**

cövhərnanə *i.* 박하사탕 peppermints, peppermint lozenges; ~ **konfet** *i.* 박하사탕 peppermint confection

cövlan *i.* ① 걸음, 걸어 다님, 어슬렁거림, 산책 walk, stroll ○ **dolanma, hərlənmə, dövretmə, dövran**; ② 회전(回轉), 순환(循環), 윤번(輪番)rotation, revolution; ~ **eləmək** *fe.* ① 산책하다, 걷다, 완보하다, 유보(遊步)하다 take a walk, stroll, promenade; ② 회전하다, 순환하다, 돌리다 revolve, rotate, turn, whirl, spin, go round, circulate

cövlangah *i.* 산책로, 산보로 a place for strolling ○ **seyrgah**

cövr *i.* 괴로움, 고통, 몸부림, 비참, 불행 torment, agony, anguish, suffering, misery, distress ○ **cəfa, zülm, əziyyət, üzüntü**

cövr-cəfa ☞ **cövr**

cövüz *i.* 호두 walnut ○ **qoz**

cövüzqıran *i.* 호두까기 nut-cracker

cövza *i. ast.* 쌍둥이자리, 쌍자궁(雙子宮) Gemini

cövzə *i.* (말, 소 등의) 굴레, 구속물 halter, bridle ○ **kəm**

cu *i.* ① 경계(境界), 구역(區域), 범위(範圍), 한계(限界), 한도(限度) boundary, bound; ② 관개(灌漑) 수로(水路), 물 대는 도랑 irrigation ditch

cubbulu ☞ **cumbulu**

cuhud I. *i.* 유대인, 히브리인 Jew, (historical) He-

C

brew; II. *si.* 유대적인, 히브리적인 Jewish, Hebrew, Hebraic ○ **yəhudi**

cuhudluq *i.* 유대인의 신분, 유대 민족 Jewry, the Jew

cuqquldamaq *fe.* ① 지저귀다, 지껄이다, 재잘거리다, 떠들어대다 twitter, chirp; *fig.* chatter ○ **civildəmək, cingildəmək**; ② 자랑하다, 거만떨다, 건방지다 be proud, show oneself off ○ **öyünmək, lovğalanmaq**

cuqqultu *i.* 재잘거림, 지껄임 chirp(ing), twitter(ing), chattering ○ **civilti, cingilti**

culfa *i.* ① 베를 짜는 사람, 직공(織工) weaver, textile-worker ○ **toxucu**

culfalıq ☞ **culfaçılıq**

culfaçılıq *i.* 베짜기, 직조(織造), 직물(織物) 사업 weaving, weaver's work, textile

cumbulu *si. col.* 작은, 조그만한, 소형의 tiny, wee, diminutive

cumdurmaq *fe.* ① 공격하게 하다 덮치게 하다, 몰려들게 하다, 돌진하게 하다 cause *smb.* to attack, plunge, dip; ② 서둘러 도망치게 하다 cause *smb.* to flee hurriedly

cumma *i.* ① 뛰어들기, 돌진(突進), 잠수(潛水), 돌입(突入), 침몰(沈沒) diving, plunging, immersion, submersion, submergence; ② 덤벼들기, 움켜잡기, 공격(攻擊), 돌격(突擊) falling (upon, on), pouncing (on), attacking, assaulting

cummaq *fe.* ① 잠수하다, 물로 뛰어들다, 입수(入水)하다 dive, dip, plunge (into water); **suya ~** *fe.* 물로 뛰어들다 dip into the water; **meydana ~** *fe.* 광장으로 뛰어들다 plunge forth upon the square; ② 덤벼들다, 공격하다, 움켜잡다 attack, pounce, assault ○ **şığımaq, hücum etmək, atılmaq**; **yeməyə ~** *fe.* 음식을 급하게 먹기 시작하다 fall upon one's food; **qapıya ~** *fe.* 문으로 달려들다 make a dash for the door; **düşmənin üstünə ~** *fe.* 적에게 돌격하다 make a dash against the enemy

cumurt *i. bot.* 갈매나무속의 가시가 많은 나무 총칭 buckthorn

cuna(yı) *i.* 거즈, 가제, 얇은 천, 베일, 올이 성긴 투박한 무명천 gauze, cheesecloth, tulle ○ **tənzif**; **~ binti** *i.* 붕대(繃帶) gauze bandage

cunalı *si.* 가제로 덮인, 베일을 쓴 covered with tulle or gauze ○ **tənzifli**

cunalıq *i.* 가제로 쓸만한 재료 material for gauze/tulle ○ **tənziflik**

cunquş *i.* 어린아이, 꼬맹이 small child, *col.* kid ○ **cumbulu**

cur *i.* 동갑내기, 친구, 동무 friend (of the same age), comrade, fellow ○ **yoldaş, yaşıd, taytuş**; ***O, mənim curumdur.*** *나와는 동갑내기 이다. He is of my age.*; ***O, sənin curun deyil.*** *네 상대는 아니다. He is no match for you.*

cur-cur *si.* 우르릉거리는, rumbling, growling, gurgling; **~ etmək** *fe.* 불평하다, 투덜거리다 grumble, rumble

curlaşmaq *fe.* 동갑내기의 친구가 되다, 친구가 되다 befriend someone of the same age ○ **dostlaşmaq, taytuşlaşmaq**

curluq *i.* 우정, 동료의식 friendship, comradeship ○ **yoldaşlıq, tay-tuşluq**

curuldamaq *fe.* 우르릉거리다 make a rumbling/gurgling/growling sound; ***Qarnım curuldayır.*** *속이 꾸르륵거리다. My stomach's rumbling.*

curultu *i.* 우르렁거림, 꾸르륵거림 grumbling, rumbling; **qarında ~** *i. col.* 복명(腹鳴), 복통(腹痛) collywobbles

cuş *i.* 흥분, 격앙, 동요, 불안, 감정고조 excitement, agitation, emotion; **~a gəlmək** *fe.* 흥분하다 become excited; **~a gətirmək** *fe.* 흥분시키다, 동요케 하다 excite, encourage

cut *i.* 황마(黃麻) 섬유 jute

cuvar *i.* 관주기(灌注器), 관개(灌漑) 경작자, 물뿌리개 irrigator

cübbə *i.* 과거 사용했던 외투의 일종 a type of overcoat used in the past

cücə *i.* 병아리, 새끼 새 chicks, chicken; **~ çıxarmaq** *fe.* 병아리가 부화하다 hatch a chick

cücəgöz *si.* 눈이 작은 having small eyes

cücələmək *fe.* 부화되다 be hatched ○ **balalamaq**

cücərmək *fe.* ① 싹이 트다, 재배하다 spring, sprout ○ **göyərmək, bitmək** ● **qurumaq** ② 부풀리다, 팽창시키다 swell, bloat ○ **çıxmaq**

cücərtmək *fe.* 재배하다, 키우다, 경작하다 grow, raise, cultivate

cücü *i.* 벌레, 곤충 bug, insect ○ **həşərat, böcək**

cücüyeyən *i. zoo. bot.* (동식물이) 곤충을 잡아먹는, 식충성의 insectivorous

cüft *i.* 짝, 한 벌, 한 쌍 pair, couple

cük-cük *onomatopoeic.* 개골개골, 깍깍 croaking sound

cükküldəmək *fe.* 개골개골하다, 깍깍거리다 croak

cüllüt *i. zoo.* 도요새 sand snipe; **meşə ~ü** *i.* 멧도요 woodcock

cülus *i.* 즉위식(卽位式), 주교(主教) 추대(推戴) enthronement, ascension to the throne

cümə (günü) *i.* 금요일(金曜日) Friday

cümə axşamı *i.* 목요일(木曜日) Thursday

cüməxatan *i.* 침구를 넣는 벽장 wall closet for storing bedding

cümhuriyyət *i.* 공화국 republic ○ **respublika**

cümhuriyyətçi *i.* 공화주의자, 공화당원 republican ○**respublikaçı**

cümlə *i.* ① *qram.* 문장(文章), 절(節) sentence, clause, phrase; ② 전체, 전부 the whole, all ○ **hamısı, bütün; o ~dən** *z.* 포함하여 including

cümləqayığı *si.* 사려깊은, 신중한, 주의하는 considerate, thoughtful ○ **qayğıkeş**

cümləpərdaz *i.* 미사여구를 늘어 놓는 사람, 공언가(空言家) phrasemonger

cümləpərdazlıq *i.* 말이 많음, 장황함, 용장(冗長) mere verbiage, phrase-mongering

cünb *i.* 옆, 옆면, 편 side

cüng *i.* 시선집(詩選集) a selection from a poet's writings

cünun *si.* 정신없는, 넋 나간, 미친, 어리석은 out of one's mind, mad, foolish, senseless, insane ○ **dəli, divanə**

cünunluq *i.* 정신 이상, 착란, 광기, 어리석음, 우둔 folly, madness, insanity ○ **dəlilik, divanəlik**

cür *i.* ① 종류(種類), 성격(性格) kind, sort ○ **növ, çeşid, qisim;** ② 방도(方道), 방편(方便), 방식(方式) order, way ○ **üsul, yol, metod, tərz; hər ~** *si.* 각종(各種)의 of every kind; **bu ~** *z.* 이런 식으로 in this way

cürbəcür *si.* 여러 가지의, 다양한, 서로 다른 various, different ○ **müxtəlif, ayrı-ayrı, başqa-başqa** ● **eyni**

cürbəcürlük *i.* 다양성(多樣性), 다채(多彩)로움 variety, divergence, diversity ○ **müxtəliflik, başqa-başqalıq**

cürdək *i.* 도기로 된 물 주전자 porcelain water jug

cürə¹ *i.* 작은 형태의 사즈(아제르바이잔 전통 현악기의 일종) smal sized saz (Azerbaijan musical string instrument)

cürə² *si.* 작은, 난장이의, 조그마한 undersized, dwarfish, stunted; *col.* tiny, wee, diminutive ○ **qısaböy, bəstəboy, gödəkboy**

cürə³ *i. zoo.* 쇠오리 (암록색의) teal

cürələşmək *fe.* 작아지다, 줄어들다 become undersized ○ **balacalaşmaq, qısqalaşmaq, kiçikləşmək**

cürəlik *i.* ① (키, 길이) 작음, 짧음 shortness, littleness ○ **qısaboyluq, bəstəboyluq, gödəkboyluq**

cürət *i.* 용감, 담대, 용기 boldness, daring, courage ○ **cəsarət, şücaət, hünər, əzm, qətiyyət, qoçaqlıq** ● **qorxahlıq; ~ etmək** *fe.* 감히~하다, 용감하다 dare to

cürətlə *z.* 대담하게, 용감하게 boldly, daringly, audaciously

cürətləndirmək *fe.* 용기를 북돋우다, 격려하다, 힘내게 하다 encourage, cheer up

cürətlənmək *fe.* 용기를 내다, 마음을 다잡다, 담대해지다 take heart, screw up enough, courage ○ **cəsarətlənmək, hünərlənmək, ürəklənmək, qoçaqlaşmaq** ● **qorxmaq**

cürətli *si.* 용기 있는, 용감한, 대담한, 당찬 bold, brave, gallant, courageous, fearless ○ **cəsarətli, şücaətli, ürəkli, qoçaq, igid, cəsur** ● **qorxaq**

cür'ətlilik *i.* 용기 있음, 대담함 boldness, courage, audacity, resolution, resoluteness ○ **cəsarət, şücaət, hünər, igidlik, qoçaqlıq, ciyərlilik, ürəklilik, qətilik**

cürətsiz *si.* 소심한, 부끄러워하는, 심약한, 겁이 많은 shy, timid ○ **qorxaq, ağciyər, aciz**

cürətsizlik *i.* 우유부단, 겁 많음, 소심함 indecision, lack of courage, timidity ○ **qorxaqlıq, ağciyərlik, acizlik**

cürləmək *fe.* 분류하다, 구분하다, 등급을 나누다, 선별하다 sort, grade

cürm *i.* 죄, 오류, 실수, 오점 sin, fault, blemish ○ **günah, təqsir, suç, qəbahət**

cürüldəmək *fe.* 찍찍거리다, 재잘거리다 squeak, chirp

cüssə *i.* 몸통, 줄기, 신체 구조 body, trunk, figure ○ **gövdə, bədən, vücud**

cüssəli *si.* 건장한, 장대한, 강건한, 굳센 big bodied, sturdy, robust, huge ○ **gövdəli, bədənli, vücudlu, boylu-buxunlu, canlı, iri, dolğun** ● **sısqa**

cüt[1] I. *si.* 둘의, 쌍의, 짝수의 double, even ○ **qoşa** ● **tək**; II. *i.* 쌍, 짝, 쌍둥이 couple, pair, twins; **bir ~ corab** *i.* 한 켤레의 양말 a pair of gloves; **~ ədəd** *i.* 짝수 even number

cüt[2] *i.* 쟁기 plough ○ **xış**

cütbuynuz(lu) ☞ **qoşabuynuz(lu)**

cüt-cüt *z.* 둘씩, 쌍으로, 쌍쌍이 in pairs, two and two, two by two ○ **qoşa-qoşa, iki-iki**

cütçü *i.* 농부 ploughman ○ **əkinçi**

cütçülük *i.* 농사(農事), 농업(農業) agriculture, ploughmanship ○ **əkinçilik**

cütdırnaq(lı) ☞ **qoşadırnaq(lı)**

cütqanad(lı) *si.* **qoşaqanad(lı)**

cütləkli *si.* 깃털이 쌍으로 된 having a pair of feathers

cütləmək[1] *fe.* 짝을 지우다, 두개씩 묶다 put in pairs ○ **qoşalamaq, ikiləmək**

cütləmək[2] *fe.* 논밭을 갈다, 농사를 짓다 till, plow, cultivate ○ **əkmək, şumlamaq**

cütləşdirmə *i.* ① 짝짓기, 둘씩 묶기 coupling, pairing, crossing; ② *bio.* 교배(交配), 잡종(雜種) 만들기, 이종(異種) 교배(交配) cross, crossing, interbreeding

cütləşdirmək *fe.* 짝을 지우다, 교미시키다 couple, pair, copulate, mate

cütləşmə *i.* 짝짓기, 교미(交尾), 성교(性交) coupling, pairing ○ **çarpazlaşma, qoşalaşma, birləşmə**

cütləşmək *fe.* 짝을 이루다, 동료가 되다, 결합되다 cover, couple (with), pair (with), mate, copulate ○ **çarpazlaşmaq, qoşalaşmaq, birləşmək**

cütləyici *i.* 결합기 coupler

cütlük *i.* 짝을 이룸 state of being a couple ○ **qoşalıq**

cütlükdə *z.* 쌍으로, 둘씩 in pairs

cüttoxumlular ☞ **ikiləpəlilər**

cüvəllağı *i.* 사기꾼, 협잡꾼, 사칭자, 불한당 cheat, swindler, knave, (jocular) rogue ○ **hiyləgər, bic, kələkbaz, haramzadə, fəndgir, dələduz, hələm-qələm**; **~ hərəkətlər** *i.* 교활한 사기행위 knavish tricks

cüvəllağılıq *i.* 사기, 협잡, 못된 짓, 부정행위, 장난 trickery, imposture, knavery, roguery, swindle ○ **hiyləgərlik, biclik, kələkbazlıq, dələduzluq**; **~ etmək** *fe.* 사기치다, 부정행위를 하다 dodge, play the knave, swindle, behave like a charlatan

cüyüldəmək *fe.* 삐악삐악 울다 squeak, cheep, peep

cüyültü *i.* 삐악거림, 빽빽거림 peep, chirp, squeaking, peeping ○ **cikkilti, ciyilti**

cüyür *i. zoo.* 노루 roe, deer

cüz *i.* 조각, 파편, 단편 fragment

cüzam *i. med.* 문둥병, 나병(癩病), 한센씨 병 leprosy

cüzamlı *si.* 나병환자, 문둥병자 leprous (man)

cüzi *si.* ① 작은, 일부의, 부분적인, 국부적인 small, minute, partial, slight ○ **xırda, azacıq, kiçik** ● **xeyli**; ② 사소한, 시시한, 하찮은 unimportant, trifling, trivial ○ **əhəmiyyətsiz, dəyərsiz**

cüzilik *i.* ① 시시함, 사소함, 하찮음, 중요하지 않음 unimportance, insignificance, scantiness ○ **əhəmiyyətsizlik**; ② 가난, 불행, 비참, 궁핍 misery, poorness ○ **acizlik, yazıqlıq, miskinlik, bacarıqsızlıq**; ③ 소량 triviality ○ **xırdalıq, azlıq**

cüziyyat *i. top.* 잡동사니 small things, trivial articles

cüzv *i.* 코란의 30 장 30th part of Koran

cüzvi ☞ **cüzi**

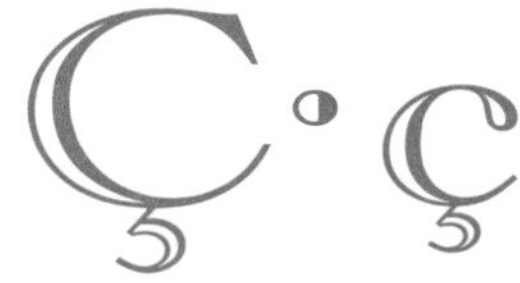

Ç

çabalamaq *fe.* 허둥대다, 몸부림치다, 뒹굴다 flounder, toss; ***Uşaq suda çabaladı.*** *아이가 물 속에서 허둥거렸다. The child floundered in the water.*

çadır *i.* 천막, 텐트, 대형 천막 booth, pavilion, tent, marquee; ~ **qurmaq** *fe.* 천막을 치다 pitch a tent

çadra *i.* 면사포, 덮개, 씌우개, 휘장 chadrah, veil; **~nı atmaq** *fe.* 베일을 벗다 take off the veil; *fig.* 해방되다, 자유케 되다 become emancipated/liberated

çadralı *si.* 베일을 쓴, 휘장을 가린 wearing veil; in vail

çadrasız *si.* 베일을 쓰지 않은, 가리지 않은 without veil, veilless

çağ[1] *i.* 분위기, 기분 mood, cheerfulmood, good spirits ○ **hal, əhval, kef** ● **xəstə**; **damağı ~ olmaq** *fe.* 기분이 좋다 be in good mood; 아주 기분이 좋아. **Kefi kök, damağı çağ.** In good humour.

çağ[2] *i.* ① 계절, 시절, 때 season ○ **mövsüm, fəsil**; ② 시간, 기간 time, age, period ○ **vaxt, zaman**; **yaz ~ı** *i.* 봄철 spring time; **axşam ~ı** *i.* 저녁시간 evening time; **bu ~acan** *z.* 지금까지, 여태껏, 여태껏 till now, up to now, hitherto

çağa *i.* 아이, 아기 child, baby ○ **uşaq, bala, körpə** ● **böyük**

çağalanmaq *fe.* 아이처럼 굴다, 유치하게 행동하다 behave like a child, be childish ○ **uşaqlaşmaq, körpələşmək**

çağalıq *i.* 어린시절, 유년시대 childhood ○ **uşaqlıq, körpəlik**

çağdaş *i.* 동시대의, 현대의, 당대의 contemporary, modern

çağırılmaq *fe.* 초청되다 be called, be asked, be invited

çağırılmamış *si.* 초청받지 못한 uninvited

çağırım *si.* 소리쳐 부를만한 (거리) within the sound of a gunshot, within hailing distance

çağırış *i.* ① 부름, 소명, 선언, 공포, 포고 call, appeal, challenge, proclamation, summons ○ **səda, hay, haraylama**; ② 초청, 초대 invitation; ~ **vərəqəsi** *i.* 초청장 invitation card; ~ **məntəqəsi** *i.* 징집소(徵集所) recruiting station

çağırışçı *i.* 징집병(徵集兵), 소집병(召集兵) man called up for military service, selectee, draftee (American)

çağırışçılıq *si.* 소집에 해당하는 for calling up, for recruit; ~ **yaşı** *i.* 징집연령 call-up age; ~ **məntəqəsi** *i.* 징집소(徵集所), 소집관(召集館) enlistment office; induction station

çağırışma *i.* 소집, 징집 call-over, roll-call

çagırışmaq *fe.* 서로 소리치다 call/shout to one another

çağırma *i.* 부르기, 고함, 소리치기 call

çağırmaq *fe.* ① 부르다, 소리치다, 호소하다 call, hail, summon, appeal ○ **səsləmək, haylamaq, haraylamaq**; ② 요청하다, 초청하다 invite, ask; **şahidi ~** *fe.* 증인(證人)을 소환하다 summon a witness; **konfrans ~** *fe.* 회의에 소집하다 convene a conference; **həkim ~** *fe.* 의사를 부르다 call a doctor, send for the doctor; **lövhəyə ~** *fe.* 칠판 앞으로 부르다 call out, call to the blackboard; **yarışa (döyüşə) ~** *fe.* 도전하다 challenge; **məhkəməyə ~** *fe.* 소환하다 summon

çağırtdırmaq *fe.* 부르러 보내다, 부르게 하다 send for, ask *smb.* to call

çağırtı *i.* 천막용 천 fabric for making the tent

çağlamaq *fe.* 보글보글 끓어 넘치다, 보글거리다 purl, babble, murmur ○ **coşmaq, daşmaq**

çağlı *si.* 끓어 넘치는, 분노가 치밀어 오르는, 부글부글 끓는 overflowing, raging, storming ○ **coşğun**, **daşqın**

çaharşənbə ☞ **çərşənbə**

çax-çax *i.* ① 덜걱덜걱, 달그락달그락 rattle, ratchet, clapper (door knocker); ② 울, 울타리, 방벽 fence, barrier

çaxçur *i.* 옛날 바지 (펑퍼짐하나 무릎 아래를 묶어 발목까지 닿는) old-fashioned knickers/bockers reaching and tapering at the ankles

çaxılı *si.* (칼에) 찔린 thrusted, plunged ○ **sancılı**

çaxılmaq *fe.* (칼, 송곳 등) 찔리다, 꿰찔리다 be run (in, into), be thrust, be plunged ○ **sancılmaq**, **batmaq**

çaxır *i.* 포도주 wine; ~ **anbarı** *i.* 포도주 저장실 cellar; **alma** ~ *i.* 사과주 apple wine

çaxırçı *i.* 포도주 제조자, 증류주 양조업자 wine-maker, distiller

çaxırçılıq *i.* 양조업(釀造業) wine-making, distillation

çaxırsatan *i.* 포도주상(商) wine-merchant, vintner

çaxış *i.* 틈막이 caulking

çaxma *i.* 누출 방지 작업원, 그 연장 caulk

çaxmaq[1] *i.* ① (총, 포) 잠그다, (총의 놀리쇠) 걸다 lock and cock (gun *etc.*), bolt, breech-block; ② *arx.* (불을 일으키기 위해) 강철을 비비다 steel (for making fire)

çaxmaq[2] *fe.* ① 총을 쏘다, 방아쇠를 당기다 strike, pull the trigger, start a fire ○ **çəkmək**, **dartmaq**; ② 번개가 치다 flash (thunderbolt)

çaxmaqdaşı *i.* 부싯돌, 라이터돌 flint, steel (mineralogy)

çaxnaq *i.* 공황 (상태), 공포, 허둥대기, panic, disorder, agitation ○ **həyəcan**, **təşviş**, **təlaş**, **əndişə**, **qarışıqlıq**

çaxnaşdırmaq *fe.* 근심하게 하다, 근심하게 하다, 혼란하게 하다, 흥분하게 하다 worry, trouble, harass, panic; alarm, excite, stir up, disturb, perturb

çaxnaşıq ☞ **çaxnaq**

çaxnaşıqlı *si.* 불안한, 초조한 agitated, uneasy, anxious, ruffled ○ **həyəcanlı**, **təlaşlı**, **əndişəli**

çaxnaşma *i.* 부산함, 설침, 허둥댐 panic, bustle; **böyük** ~ *i.* 대혼란 boom; ~ **salmaq** *fe.* 불안하게 하다, 놀라게 하다 set up an alarm

çaxnaşmaq *fe.* 스스로 걱정하다, 놀라다, 고민하다 worry oneself, trouble oneself, bother oneself, be anxious/uneasy/worrying (about)

çaqıl *i.* 자갈, 조약돌 pebble; ~ **döşəmək** *fe.* 자갈로 길을 깔다 pave with pebbles

çaqqal *i. zoo.* 자칼, 이리, 야생 개 jackal; ~ **yağışı** *i.* 호랑이 시집가는 날 (해 뜨고 비가 오는 날) sun shower

çaqqalboğ *i. bot.* 돌배의 일종 a kind of pear

çaqqıldamaq *fe.* 딱딱 소리를 내다 crack, crackle

çaqqıldatmaq *fe.* 딱딱 소리를 내게 하다 cause to crack/crackle

çaqqıltı *i.* 딱딱거리는 소음 crash, crack, noise, crackle

çal *si.* ① 회색 (밤색과 흰색의 혼합) grey roan ○ **ağ** ● **qara**; ② 노년의 시작 beginning of old age; ③ 불임의, 불모의 barren; ~ **saç** *i.* 흰머리 grey hair

çala *i.* ① hollow 구멍, 구덩이, 우묵한 곳 pit, hole, ○ **çuxur**, **çökəklik**, **kələ-kötürlük**; ② 야수의 잠자리, 굴, 동굴 den; ~ **qazımaq** *fe.* 구멍을 파다 dig a hole

çalacıq *i.* 작은 구멍 small hole/pit

çala-çuxur *si.* 울퉁불퉁한 (길) uneven, bumpy-dumpy, full of pot and holes

çalağan *i. zoo.* 솔개 black kite

çalalamaq *fe.* 구멍을 파다 dig a hole

çalan(çı) ☞ **çalğıçı**

çalalanmaq *fe.* 구멍 나다 be hollowed out ○ **çuxurlanmaq**, **çökəklənmək**

çalar *i.* 그림자, 색조, 색상 shade, hue (colour), tint; **mə'na** ~**ı** *i.* 의미의 미묘한 차이, 뉘앙스 shade of meaning

çalar(lıq) ☞ **çalar**

çalbaş(lı) *si.* 흰머리의, 백발(白髮)의 grey-headed, grey-haired

çalbığ(lı) *si.* 흰 수염의 grey-bearded

çal-boz *si.* 회색을 띤, 잿빛 비슷한 grayish

çal-çağır *i.* 반주(伴奏)를 겸한 노래 singing with music

çal-çap *i.* 강도질, 해적질, 약탈, 강탈 robbery, piracy, pillage, plunder ○ **çalıb-çapma**, **soyğunçuluq**

çal-çarpaz *i.* ① 교차(交叉) crosswise; ② 십자포화(十字砲火) (military) cross-fire; ~ **atəş** *i. mil.*

교전(交戰) cross-fire
çal-çəpər ☞ çəpər
çaldır(t)maq *fe.* ① 연주하게 하다 ask *smb.* to play music; ② 박아 넣게 하다, 밀어 넣게 하다 ask *smb.* to hammer in/ram in/stop up (with); ③ (기, 커튼 등) 펄럭이게 하다 cause to flap the wings; ④ 박수 치게 하다 ask *smb.* to clap
çalğı[1] *i.* 연주 music; ~ **aləti** *i.* 악기(樂器) musical instrument
çalğı[2] *i.* 싸리비, 마당비, 대비 besom, sweeper; ~ **ilə süpürmək** *fe.* (비로) 쓸어버리다, 쓸어내다 besom away, besom out ○ **süpürgə**
çalğıçı *i.* 음악가, 연주자(演奏者) musician
çalğıçılıq *i.* 연주자의 직업, 연주 profession of musician
çalğılamaq *fe.* 비질하다, 쓸다 sweep, besom ○ **süpürmək**
çalğılat(dır)maq *fe.* (비로) 쓸게 하다 ask *smb.* to sweep/besom,
çalxaq *si.* 썩은, 부패한, 악취나는 rotten ○ **lax, boş**
çalxalamaq *fe.* ① 흔들어서 섞다 shake and mix up, shake up ○ **qarışdırmaq, tərpətmək, silkələmək;** ② 채찍질하다, 회초리로 때리다 whip, beat; ③ 씻어 짜내다 rinse, squeeze ○ **yaxalamaq, yumaq; butulkanı** ~ *fe.* 병을 흔들어 씻다 shake the bottle
çalxalanmaq *fe.* 섞이다, 흔들려 섞이다 be mixed up, be shaken up, be rinsed, be swilled
çalxamaq ☞ çalxalamaq
çalxanış *i.* 혼합 blending, mixing
çalxanmaq ☞ çalxalanmaq
çalxantı ☞ çalxanış
çalı *i.* 덤불, 관목, 잡목숲 bushes, shrubs, weeds ○ **kol-kos, kolluq**
çalıb-çapmaq *fe.* 훔쳐가다, 빼앗다, 약탈하다 rob, sack, pillage, plunder, loot
çalı-çırpı ☞ çırpı
çalıquşu *i. zoo.* 딱샛과의 총칭, 상모솔새속의 새 kinglet, kingling, warbler, singing bird
çalın *si.* ① (낫, 기계로) 풀베기 mowing; ② 건초 만들기 haymaking
çalı(n)-çarpaz ☞ çarpaz
çalınçı *i.* 추수꾼, 일꾼 harvester, reaper
çalınmaq *fe.* ① 연주되다 be rung, be played; ② (매로) 맞다, be struck
çalışdırmaq *fe.* 일하게 하다, 노력하게 하다, 애쓰게 하다 ask *smb.* to work/to try/to fight (with)/to aim (at)/to aim/to aspire (to)/to strive (for)/to endeavour
çalışqan *si.* 부지런한, 근면한 diligent, strenuous, zealous, hard-working, industrious, painstaking ○ **işlək, zəhmətkeş, sə'yli** ● **tənbəl;** ~ **fəhlə** *i.* 근면한 노동자 diligent worker; ~ **şagird** *i.* 부지런한 학생 diligent pupil; **öz işində** ~ **olmaq** *fe.* 자신의 일에 열중하다 be assiduous in one's work
çalışqanlıq *i.* 근면, 성실, 열중, 부지런함 diligence, application, assiduity, painstakingness ○ **səy, cəhd**
çalışqanlıqla *z.* 근면하게, 부지런히, 애쓰며 diligently, assiduously, studiously
çalışma *i.* ① 노동, 노력, 애씀, 수고 labour ○ **işləmə, əlləşmə;** ② 숙제(宿題) home work
çalış|maq *fe.* 노력하다, 일하다, 애쓰다, 수고하다 try, work, labour, strive, endeavour, seek, take pains, study, one's best; **ürəkdən** ~ *fe.* 전심으로 노력하다 work hard, work with zeal/diligence, work with teeth and nail ○ **işləmək, əlləşmək** ● **veyllənmək; ~ıb-çapalamaq** *fe.* 노력하다, 매우 열심히 일하다 labour, work very hard; **~ıb-vuruşmaq** ☞ **çalışıb-çapalamaq**
çalış-vuruş *z.* 열심히, 근면하게, 부지런히, 어렵사리 hard, with difficulty, laboriously
çallamaq *fe.* (머리카락이) 희어지다, 회색을 띄기 시작하다 go/grow/turn grey, be touched with grey; ***Onun başı çallayıb.*** *그의 머리는 희어졌다. His hair has touched with grey.*
çallanmaq *fe.* 늙다, 머리가 쇠다, 희어지다 become grey; grow old ○ **qocalmaq, ağarmaq**
çallaşmaq ☞ çallanmaq
çallatmaq *fe.* 희어지게 하다 cause *smt.* to grow gray
çallıq *i.* 희어짐, 회색줄이 생김, 머리가 쇰 streak(s) of grey, greying hair, hair-turning, going grey, hair touched with grey
çalma[1] ☞ çalmaq
çalma[2] *i.* 터번, 머리덮개 turban, head covering
çal|maq[1] *fe.* ① (악기를) 연주하다 play (instrument); ② 때리다, 두드리다 hit, beat ○ **vurmaq, döymək, şapalaqlamaq;** ③ (잔디를) 깎

Ç

다 mow, cut(grass) ○ **biçmək, kəsmək**; ④ (뱀이) 물다, (벌이) 쏘다 whip, bite (snake) ○ **vurmaq, dişləmək, sancmaq**; ⑤ 소란하게 하다, 잡음을 내다 make noise, inform ○ **alqışlamaq, şappıldatmaq, vurmaq**; ⑥ 섞다, 혼합하다 mix, blend, mingle; ⑦ 흔들다, 떨다 shake up, tremble ○ **sarsıtmaq, titrəmək**; **hava ~** *fe.* 멜로디를 연주하다 play a melody; **fit ~** *fe.* 휘파람을 불다 whistle, hoot; ***Yaşıla çalır.*** *녹색을 띄다. It is shot with green.*; **~ıb-oynamaq** *fe.* 연주하며 춤을 추다 play and dance; **~ıb-oxumaq** *fe.* 연주하며 노래하다 play and sing

çalmaq² *fe.* 터번을 쓰다 cover with a turban

çalmaq³ *fe.* 비로 쓸다 wipe/sweep with a broom

çalmalamaq *fe.* 터번을 씌우다 cover with a turban ○ **sarımaq, bağlamaq**

çalmalı *si.* 터번을 쓴 with a turban ○ **əmmaməli**

çalmalıq *i.* 터번을 만들만한 재료 things for making a turban

çalov *i.* 국자 ladle, scoop; **~a götürmək** *fe.* 국자로 뜨다 scoop

çalovvarı *si.* 국자 모양의 ladle-like

çalpanaq *i.* 나무 조각 pieces of (fire) wood

çalpaşıq *si.* 혼합된, 섞인 mingled, mixed ○ **dolaşıq, qarışıq, qat-qarışıq**

çalpaşık *si.* 혼동된, 뒤얽힌, 엉클어진 confused, intricate ○ **dolaşıq, qarışıq, pırtlaşıq**; **~ düşmək** *fe.* get entangled, get confused, mixed up; entangle, tangle, confuse (with); *col.* 엉클어지다, 뒤섞이다, 섞이다, 혼합되다 mix up; **~lık** *i.* 혼동됨, 어지러움, 뒤범벅, 잡동사니 confusion, muddle, mess, tangle, mishmash, jumble ○ **dolaşıqlıq, qarışıqlıqlıq, pırtlaşıqlıq**

çalsaç(lı) *si.* 머리가 센, 머리가 희어진 grey-headed, grey-haired

çalsaqqal(lı) *si.* 수염이 희어진 grey-bearded

çamadan *i.* 옷가방, 여행용 가방 suitcase, trunk; **~ı qablaşdırmaq/~ı yığmaq** *fe.* 옷가방을 싸다 pack a suitcase

çamır *i.* ① 늪, 습지, 소택지대 습지대, 진창 bog, morass, swamp, slush, mire, mud; ② *fig.* 궁지, 곤경 recession, regression ○ **palçıq, lil, lehmə, bataq**

çamırlıq *i.* 늪지대, 소택지대 boggy place

çamırlamaq *fe.* (회반죽, 진흙 등) 바르다, 칠하다 daub with slush, mire ○ **palçıqlamaq, yaxmaq, sürtmək**

çamırlaşmaq *fe.* 진창이 되다 become muddy

çamırlı *si.* 진창의, 곤죽의 slushy, muddy ○ **palçıqlı**

çamırlıq *i.* 진흙밭 slushiness, muddy place ○ **palçıqlıq**

çampa *i.* 쌀의 일종 kind/sort of rice

çanaq *i.* ① 토기(土器), 질그릇 ink, earthenware pot ○ **tas**; ② 굴, 동굴, 공동(空洞), 강(腔) cavern, cavity; ③ *ana.* 골, 신우(腎盂) pelvis; **~ sümüyü** *i.* 골반뼈 pelvic bones; **~lı bağa** *i.* 거북 tortoise, turtle

çanta *i.* 가방, 자루, 부대 briefcase, bag, case; **məktəb ~sı** *i.* 책가방, 작은 가방 satchel; **əl ~sı** *i.* 손가방 handbag

çap *i.* ① 인쇄, 출판 printing, press ○ **basma**; ② 출판 publishings (books *etc.*); ③ (총의) 구경(口徑) diameter of the barrel of a gun; **~ etmək** *fe.* 인쇄하다, 타자하다 print, typewrite; **~ etdirmə** *i.* 재발간, 재상연 reproduction; **~dan çıxarmaq** *fe.* 출판되다, 발간되다 come off the press, appear, be published; **~a hazırlamaq** *fe.* 편집하다 edit

çapa *i.* (선박의) 닻 (nautical) anchor ○ **lövbər**; **~ atmaq/salmaq** *fe.* a) 닻을 내리다, 정박하다 cast, drop anchor, anchor, come to anchor; b) *fig.* 항해하다, 항해 중이다 get under way

çapacaq *i.* ① 고기 다지는 도끼, 고기 저미기 chopper, axe for meat cutting, mincer; ② 손도끼, 전부(戰斧) hatchet

çapaçan *i.* 경마(競馬), 경주(競走) 경기(競技) horse-race, race-meeting ○ **qaçaqaç**

çapağan *i.* 뛰는 사람, 도약 경기 선수, 경주자 skipper, jumper, fast horse, runner

çapaq *i. zoo.* 잉어과의 민물고기 bream (fresh water fish)

çapalama *i.* 경련(痙攣), cramp, convulsion

çapalamaq *fe.* ① 몸부림치다, 몹시 애를 쓰다 struggle desperately, flounder ○ **çırpınmaq, vurnuxmaq, əlləşmək**; ② 야단 법석을 떨다, 설치다, 분주히 돌아다니다, fuss, bustle ○ **laxlamaq, yırğalanmaq**

çapar *i.* ① 사자(使者), 군사(軍使), 전령(傳令), 전갈자(傳喝者) messenger, herald, (historical) footman; ② 전달자(傳達者) courier ○ **qasid, kuryer**

çaparçı ☞ çapar

çaparaq *z.* 전속력으로, 박차를 가하여 at a full gallop, double quick, running ○ **qaçaraq, dördayağa**; ~ **getmək** *fe.* 빠르게 달리다, 돌진하다 rush

çaparaqlamaq *fe.* 전속력으로 달리다, 질주(疾走)하다 gallop, run fast

çaparxana *i. tar.* (과거의) 우편, 우체국 post, post office

çaparlıq *i.* 예고, 보도, 알림 heralding ○ **qasidlik, kuryerlik**

çapçı *i.* 인쇄공 printer

çapçılıq *i.* 복사, 등사 polygraphy, typography

çapdır(t)maq *fe.* ① 베어 넘어뜨리게 하다, 자르게 하다, 조각내게 하다 fell, hew, hack, chop, cut, slash; ② 달리게 하다, 질주케 하다, 속도를 높이게 하다 skip, jump, caper, gallop, rush, speed, tear along; ③ 강탈하다, 약탈하다 rob, sack

çapxana *i.* 인쇄소(印刷所) printing-house

çapıb-talamaq ☞ çapmaq

çapıq *i.* 흉터, 상처(傷處), 상흔(傷痕), 반흔(瘢痕), 채찍 자국 scar, cicatrice, cicatrix, weal, wale ○ **kərtik, çərtik, yarıq, kəsik**

çapıqlıq *i.* 흉터, 상흔, 상처투성이의 자리 scar, place full of scars

çapılıb-talanmaq ☞ **talanmaq**

çapılmaq *fe.* ① 잘리다, 베어 넘어지다, 조각나다 be hewed/chopped/cut/slashed; ② 강탈당하다, 빼앗기다 be robbed/sacked

çapır(t)maq *fe.* (말이) 질주하게 하다, 전속력으로 뛰게 하다 cause horse to gallop, spur one's horse on

çapış *i.* 질주, 급진 gallop

çapışma *i.* 경주, 경마 horse-race, race-meeting, the races

çapışmaq *fe.* 경마에 참여하다 take part in the horse-race

çapqın *i.* 습격, 급습, 침략, 약탈 raid, foray, invasion, robbery, brigandage, ○ **soyğun, qarət, talan, basqın**

çapqınçı *i.* 강도, 떼강도, 약탈자 robber, brigand, burglar ○ **soyğunçu, qarətçi, talançı, basqınçı**

çapqınçılıq *i.* 강탈, 약탈, 침탈 robbery, brigandage ○ **soyğunçuluq, qarətçilik, talançılıq, basqınçılıq, quldurluq**

çapqınlıq ☞ çapqın

çaplı *si.* 인쇄된 printed

çapmaq *fe.* ① 나무를 베다, 자르다, 베어 넘어뜨리다 chip, hew (wood) ○ **kəsmək, yarmaq, doğramaq, şaqqalamaq, parçalamaq, bölmək**; ② (말을) 질주하게 하다, 달리게 하다 gallop (horse) ○ **səyirtmək**; ③ 약탈하다, 강탈하다 rob ○ **talamaq, soymaq**; ④ (칼로) 베다, 자르다 cut (sword); **dördayağa** ~ *fe.* 전속 질주하다 gallop at full speed

çapovul *i.* 강도질, 약탈, 강탈 robbery, pillage, plunder(ing), brigandage ○ **çapqın**

çapovulçu *i.* 강도, 떼강도, 도둑 robber, burglar, brigand ○ **çapqınçı**

çapovulçuluq *i.* 약탈행위, 강도짓, 강탈 robbery, brigandage ○ **çapqınçılıq**

çar *i.* (러시아제국) 황제, 국왕 tsar, czar; ~ **hakimiyyəti** *i.* 왕정(王政), 전제군주(專制君主) the czarist regime

çar-naçar *z.* 원하든 원치 않든 willy-nilly

çarda|q *i.* 다락방, 헛간, 광 attic, garret, shed, loft ○ **talvar, külafirəngi**; **bağ ~ğı** *i.* 정원 헛간 garden-shed

çardaqlı *si.* 다락방이 있는, 헛간이 있는 having a garret, having an attic, having a loft ○ **talvarlı, küləfirəngili**

çarə *i.* ① 치료 수단, 교정 수단, 해결 방법 cure, antidote, remedy, help, way out ○ **əlac, tədbir, dava-dərman**; ② 수단(手段), 방안(方案), 방도(方道) way, means, measure ○ **üsul, qayda, tərz, yol, vasitə**; ~ **etmək** *fe.* 치료방안을 찾아내다 find a remedy; ***Başqa çarə yoxdur.*** *다른 방도가 없다. There is no other way out.*; ***Nə çarə?*** *뭘 할 수 있는데? What can one do?*

çarəli *si.* ① 치료되는 curable, remediable; ② 측정가능한 measurable

çarəsiz *si.* ① 불치의, 교정할 수 없는 incurable; ~ **xəstəlik** *i.* 불치병(不治病) incurable disease; ② (성격, 버릇 등) 고칠 수 없는, 구제 불능의 incorrigible, helpless, irremediable ○ **əlacsız, köməksiz**; ③ 절박한, 막다른 hopeless, desperate ○ **ümidsiz**; ~ **vəziyyət** *i.* 절박한 상황 hopeless situation; ④ 강요된, 억압된 forced; ~ **enmə** *i.* 비상 착륙 emergency landing

Ç

çarəsizlik *i.* ① 어쩔 수 없음, 무력함, 방도 결여 lack of means, helplessness; ② 불치성(不治性) incurability; ③ 고칠 수 없음, 회복할 수 없음 irreparableness ○ **əlacsızlıq**, **umidsizlik**, **köməksizlik**, **acizlik**

çarhagah *i.* 아제르바이잔 전통 음악인 무감의 한 형태 one of the Azerbaijani classical music **muğam** (selection or style)

çargo(v) *i.* (네 마리의 소가 끄는) 구르마, 수레 cart lead by four oxen

çargül *i.* 정사각형, 네모진 것 square

çarhovuz *i.* 수영장, 인조 연못 man-made pond, swimming-pool

çarx *i.* ① 바퀴 wheel ○ **təkər**; ② 기어, 톱니바퀴, 전동장치 gear; ③ (둥근) 마석(磨石), 숫돌 grind stone (round); **ehtiyat ~** *i.* 예비 타이어 spare wheel; **nazim ~** *i.* (속도 조절용 무거운) 바퀴 fly-wheel; **aparıcı ~** *i. tex.* 동륜(動輪), 동력(動力) 전달부, 구동체(驅動體) driving wheel; **ötürücü ~** *i.* 변속(變速) 장치(裝置) transmission wheel; **sükan ~ı** *i.* (배의) 타륜(舵輪), (자동차) 핸들, 운전대(運轉臺) steering wheel; **hidravlik ~** *i.* 유압식 핸들 hydraulic wheel; **taleyin ~ı** *i.* 운명의 수레바퀴 Fortune's Wheel

çarxçı *i.* 칼 가는 사람, 칼갈이 grinder, knife-grinder

çarxçılıq *i.* 칼갈이 직업 the work of knife-grinder

çarx-xoruzu *i.* 싸움닭, 투계(鬪鷄) fighting cock

çarxılıq *i.* 칼갈이 직업 profession of grinder/knife-grinder

çarxlamaq *fe.* (날붙이 등을) 벼리다, 갈다 whet, strop ○ **itiləmək**

çarxlanmaq *fe.* (칼이) 날카로워지다, 갈리다 be sharpened, be whetted

çarxlat(dır)maq *fe.* 칼을 갈게 하다 whet, strop

çarxlı *si.* ① 바퀴 달린 wheeled ○ **təkərli**; ② 칼이 갈린, 날카로워진 whetted

çarxvarı *si.* 바퀴 같은, 둥근 wheel-like, round

çarıq *i.* 짚신, 성기게 엮은 신발, 슬리퍼 bast sandal, slippers (primitively knitted)

çarıqçı *i.* 신발 엮는 사람 bast shoe maker

çariça *i.* (러시아제국의) 여왕, 왕비 tsarina, czarina (wife of a tsar, empress of Russia)

çarizm *i.* 전제 정치, 러시아의 제정(帝政) tsarism, czarism

çarqat *i.* 두건(頭巾) kerchief, head-covering

çarlıq *i.* ① 왕정(王政), 제정(帝政)tsarism, czarism; ② 통치(統治), 다스림 reign

çarmıx *i.* 십자가(十字架), 십자가형(十字架 刑) cross, crucifixion; **~a çəkmək** *fe.* 십자가에 못 박다, 십자가에 처형하다 crucify

çarpanaq ☞ çarpara

çarpara *i.* 파편, 깨진 조각, 가시, 길고 가는 나무 파편, 단편 splinter, fragment, shiver

çarpaşıq *si.* 혼동된, 혼란한, 뒤섞인 confused, mingled ○ **dolaşıq**, **dolanbac**, **qarışıq**; *i.* 상상도 할 수 없음, 믿을 수 없음, 불가해 inconceivability ○ **dolaşıqlıq**, **anlaşılmazlıq**

çarpayı *i.* 침대, 침대의 틀 bed, bedstead; **uşaq ~sı** *i.* 유아용 침대, 아동 침대 cot, crib; **açılıb-yığılan ~** *i.* 접이식 침대 folding bed

çarpayılıq *i.* 침상 (의 수) bed (for counting the scale of hospital)

çarpaz *si.* ① 교차하는 crossed ○ **xaçvarı**, **çataq**; ② 타화 수분의 cross-pollinated; *i.* 단추, 매듭 button ○ **düymə**, **ilgək**

çarpazlama *i.* 가로지르기 crossing

çarpazlamaq *fe.* 가로지르다 cross; **qılıncları ~** *fe.* 칼로 자르다 cross/measure swords; **ayaqlarını ~** *fe.* 발을 꼬고 앉다 cross one's legs

çarpazlanma *i.* ① 가로지르기 crossing; ② *bio.* 타화 수분, 이종 교배 cross, crossing, interbreeding

çarpazlanmaq *fe.* 이종 교배되다, 타화 수분되다 be crossed; *bio.* cross, interbreed

çarpazlaşdırmaq *fe.* 가로지르게 하다, 접다 cross, fold

çarpazlaşma *i.* 횡단, 가로지르기 crossing; *bio.* 이종 교배, 교잡 cross, crossing, interbreeding

çarpazlaşmaq *fe. bio.* 교잡되다, 이종 교배되다 become crossed; become crossed, be interbreeded

çarpılmaq *fe.* 충돌되다, 부딪치다 collide into, clash with

çarpışma *i.* 충돌, 교전, 전투 clash, collision, conflict, fight, battle, combat ○ **vuruşma**, **döyüşmə**; **qanlı ~** *i.* 피비린내 나는 전투 bloody battle

çarpışmaq *fe.* 맞닥뜨리다, 싸우다, 충돌하다, 전투하다 encounter, strive, struggle, fight, strike one another, combat (one another) ○ **vuruşmaq, döyüşmək**

çarpmaq *fe.* 치다, 때리다, 싸우다 strike, beat, knock, hit, fight ○ **gorünmək, dəymək; gözə ~** *fe.* 눈을 때리다, 불의의 일격을 가하다 be struck

çarsu *i.* 시장, 상점가 bazaar ○ **çarşı**

çarşab *i.* 면박(面縛), 가리개, 덮개 veil ○ **çadra**

çarsı ☞ çarsu

çartıldamaq *fe.* 금이 가게 하다 crack, crackle, creak

çartıltı *i.* 딱딱 거리는 소리, 끼끽거림, 삑삑거림 crash crack, crackle, crackling; **güllənin ~sı** *i.* 총소리의 땅땅거림 crackling of gun-fire; **ağacın ~sı** *i.* 나무의 끼끽거림 crackling of a tree

çartist *i. tar.* 인민 헌장주의자 chartist

çartizm *i. tar.* 〈영국 역사〉 차티스트 운동 (노동자들에 의한 인민 헌장 (People's Charter) 법제화 운동(1837-1848); 인민 헌장주의 chartism (workers' movement in 19th century in England); ~ **hərəkatı** *i.* 인민 헌장주의 운동 chartism movement

çarvadar *i.* 끌어당기는 사람, 운반인 hauler; **dəvə ~ı** *i.* c 낙타 모는 사람, 낙타 기병 ameleer; **qatır ~ı** *i.* 노새 마부 muleteer

çarvadarlıq *i.* 운반업, 운송업 hauler's trade, work; ~ **etmək** *fe.* 운송업자가 되다, 운송업에 종사하다 be a carrier

çaş *si.* ① 비스듬한, 경사진, 곁눈질로 보는, 찡그린, 사팔뜨기의 slanting, slew, squinting, scowl, squint-eyed ○ **çəp, əyri, çəpəki**; ② 당황한, 혼동한, 혼란한, 난잡한 confused, perplexed; ~ **baxmaq** *fe.* 곁눈질로 보다, 엿보다 squint; ~ **adam** *i.* 사팔뜨기 squint-eyed man

çaş-baş *si.* 당황한, 혼란한, 혼동된 confused, perplexed ○ **karıxmış, çaşqın, dolaşıq, qarışıq**; ~ **olmaq** *fe.* 당황하다, 혼동하다, 어쩔 줄 모르다 be perplexed, be confused; ~ **salmaq** *fe.* 당황케 하다, 혼동시키다 mix *smb.* up, confuse

çaşbaşlıq *i.* 혼동, 혼란, 당황, 당혹 inconsistency, confusion, embarrassment, perplexity, bewilderment ○ **karıxma, çaşqınlıq, dolaşıqlıq, qarışıqlıq**

çaşdırılmaq *fe.* 혼동되다, 당황하다, 당혹하다, 아연실색하다, 엉망 되다 be confused, be muddled, be bewildered, be puzzled, be perplexed, be stunned

çaşdırmaq *fe.* 혼란케 하다, 당황시키다, 놀라게 하다, 당혹하게 하다 daze, discourage, embarrass, perplex, puzzle, stun, surprise, bewilder, confound, confuse, muddle; ***O, sayırdı, siz onu çaşdırdınız.*** *그는 당신이 그를 당혹케 했다고 생각하고 있었습니다. She was counting, you put her out.*

çaşıb-qalmaq ☞ **çaşmaq**

çaşırmaq ☞ çaşdırmaq

çaşka-loşka *i. fig.* 가까운 친구 close friend

çaşqın *si.* 당황한, 혼란한, 어쩔 줄 모르는 embarrassed, confused, perplexed ○ **çaşbaş**

çaşqınlıq *i.* 당황(唐慌), 당혹(當惑), 황당(荒唐), 혼동(混同) embarrassment, confusion, perplexity ○ **caşbaşlıq**

çaşlıq *i.* 사시(斜視), 사팔눈 squinting, strabismus ○ **çəplik, çəpəkilik**

çaşmaq *fe.* ① 당황하다, 혼동하다, 어쩔 줄 모르다 become entangled, be taken aback, slip, lose one's head, be put out ○ **karıxmaq, özünü itirmək** ● **toxtamaq**; ② 실수하다 make mistakes, be mistaken ○ **yanılmaq, dolaşmaq**; ③ 방황하다, 길을 잃다 get lost ○ **azmaq**

çaşmış *si.* 멍한, 정신이 아찔한 dazed

çat *i.* ① 금, 균열(龜裂), 갈라짐, 깨진 틈, 불일치, 분할, 열개(裂開) crack, split, cleft, rift, cleft, fissure ○ **çataq**; ② *fig.* 위반, 깨짐, 파기, 불이행 breach ○ **yarıq**; ~ **vermək** *fe.* 금이 가다, 깨지다, 균열이 생기다 crack, split

çataq *i.* 족쇄, 속박, 구속물 hobble, horse-lock, chains, fetter, trammels ○ **buxov, cidar**

çataqlamaq *fe.* 발을 절다, 발을 차꼬에 채우다, 족쇄를 채우다 hobble, chain ○ **buxovlamaq, cidarlamaq**

çataqlanmaq *fe.* 족쇄에 채이다 be hobbled

çataqlı *si.* 족쇄에 채인 hobbled, fettered ○ **buxovlu, cidarlı**

çatal *si.* 인접한, 이웃한 forked, bifurcated, adjacent, contiguous ○ **bitişik, qovuşuq**

çatalaq *i.* 접촉, 근접, 인접, 공생, 착생 contiguity, accretion ○ **bitişiklik, qovuşuqluq**

çatalaşmaq *fe.* 연접하다, 접착하다, 합치하다 join, connect, knit, match ○ **bitişmək, qovuş-**

Ç

maq
çatallı ☞ çatal
çatallıq *i.* 공생, 착생, 점가, 첨부 connection, contiguity, accretion ○ **bitişiklik, qovuşuqluq**
çatası *si.* 다음의, 이어지는, 다가오는 next, following, due
çataşıq *si.* (가지가) 연결되는, 만나는, 결합되는 jointed, two in one, connected (branches) ○ **ilişik, qoşa, birğə**
çat-çat *si.* (표면, 피부 등이) 잔금이 간, 갈라진, 튼 pock-marked, chipped ○ **yarıq-yarıq**; ***Soyuq hava dərini çat-çat edir.*** *추운 날씨는 피부를 트게 만든다. Cold weather chaps the skin.*
çatdırılmaq *fe.* 배달되다, 전달되다 be supplied, be furnished, be delivered, be carried (to)
çatdırma *i.* 배달(倍達), 송달(送達), 전달(傳達) delivery, reaching, attainment ○ **yetirmə, vermə, aparma**
çatdırmaq *fe.* ① 전달하다, 배달하다, 갖다 주다 deliver, reach ○ **vermək**; ② 나르다, 운송하다 convey; ③ 가져가다, 실고가다 carry, drive, bring ○ **aparmaq**; ④ 이행하다, 수행하다 carry out ○ **yetirmək**; **başa** ~ *fe.* 종결하다, 마치다, 끝내다 carry through, put an end(to), complete; **kimisə evinə** ~ *fe.* 집에 바래다주다 take/convey *smb.* home; **diqqətinə** ~ *fe.* 주의를 끌다, 관심을 갖게 하다 bring to one's notice
çathaçat *z.* 간신히, 겨우 겨우 reaching scarcely
çatı *i.* ① 줄, 끈, 동아줄 rope, cord ○ **ip, kəndir, sicim**; ② 대들보, 서까래, 들보 rafter, truss, girder; ~ **ilə bağlamaq** *fe.* 밧줄로 묶다, 새끼줄로 엮다 rope, cord, tie up with rope
çatıq *i.* 매듭, 묶음, 이음매, 마디 jointing ○ **bitişik, qovuşuq, düyüm, ilişik**
çatılamaq *fe.* 줄로 묶다, 채찍질하다, 후려갈기다 rope, cord, flagellate, scourge, lash
çatılanmaq *fe.* (스스로) 끈으로 묶다, 자신을 채찍질하다 be roped, be corded, be flagellated
çatılat(dır)maq *fe.* 끈으로 묶게 하다, 채찍질하게 하다 ask *smb.* to rope, have *smt.* roped
çatılı *si.* ① 끈으로 묶은, 줄을 매단 leading (with), fastened (to), tied (to), bound (to) ○ **ipli, kəndirli**; ② 짐을 실은 loaded, charged ○ **yüklü, bağlı**
çatılıq *i.* 동아줄 재료 material for making rope ○ **iplik, kəndirlik, sicimlik**
çatılmaq *fe.* 이끌리다, 접착되다, 묶이다 be led (with), be fastened (to), be tied (to), be bound (to) ○ **yüklənmək, bağlanmaq, yığılmaq**
çatırtılı *si.* 안달복달하는, 야단 법석하는 crackled, fussy ○ **şaqqıltılı, cırıltılı**
çatışdırmaq *fe.* (재정) 수지를 맞추다, 간신히 시간을 맞추다 make both ends meet (financial); hardly be in time
çatış|maq *fe.* ① 만족시키다 suffice ○ **yetişmək**; ② 수지를 맞추다 meet the needs ○ **yetmək, çatmaq**; **~madığı üçün** *qo.* ~이 부족하여 for lack of
çatışmayan *si.* 만족시키지 못한, 결핍된, 결핍한 missing
çatışmazlıq *i.* 부족함, 넉넉하지 못함, 결함, 부족량, 필요 need, insufficiency, shortcoming, deficiency, shortage, lack
çatla(t)maq *fe.* 금 가게 하다, 균열시키다 crack, split; **bağrı** ~ *fe.* 소진하여 죽다, 고갈되어 죽다 die from exhaustion
çatlaq *i.* ① 상처, 흉터 hurt, scar ○ **yarıq**; ② 균열, 금, 틈, 빈틈, 사이, 갈라짐 rack, crevice, flaw, rift, split, cleft, fissure, chap, breach ○ **sınıq, qırıq**; ~-~ *si.* 조각조각난, 산산이 부서진 pock-marked, chipped; ~ **vermək** *fe.* 금이 가다, 균열이 생기다 crack, split
çatlaqlıq *i.* 균열, 금간 부분, 틈 crack, split, cleft
çatlamaq *fe.* ① 금이 가다, 균열이 생기다, 터지다, 쪼개지다 crack, burst ○ **sınmaq, qırılmaq, partlamaq**; ② 분리되다, 나뉘다 separate, split, part ○ **yarılmaq, bölünmək, ayrılmaq**; ***Başım çatlayır.*** *머리가 쪼개지는 것처럼 아프다. I have a splitting headache.*
çatlatmaq *fe.* 깨뜨리게 하다, 금 가게 하다, 조각나게 하다 have *smt.* cracked/chapped
çatlı *si.* 금이 간, 균열이 생긴 cracked
çatmaq[1] *fe.* ① 다가가다, 이르다, 도착하다 approach, get to, arrive, reach; ② 뒤따르다, 따라잡다, 추월하다 catch up, overtake; ③ (특정한) 나이에 이르다 reach a certain age; ④ (시간, 정도) 이르다, 다가서다, 오르다 amount to, come up to (degree, time *etc.*); ⑤ 만족시키다, 충분하다 suffice, be enough; ***Çatar.*** *충분해! It may be enough.*; ⑥ 가입하다, 합치다 join; ⑦ 이해하다, 감지하다, 알아차리다 be noticed, understand,

perceive; ⑧ 동등하게 되다, 같아지다 become equal; ⑨ 만지다, 껴안다 touch, embrace

çatmaq² *fe.* ① (짐을) 실다, 얹다 load, burden ○ **yükləmək**; ② (나무 등) 쌓다, 쌓아 올리다 stack, pile (wood *etc.*)

çatmaq³ *fe.* 눈살을 찌푸리다, 얼굴을 찡그리다, 미간을 찌푸리다 frown, knit; **qaşlarını ~** *fe.* 눈썹을 찌푸리다 frown/knit one's brows together

çatmaqaş(lı) *i.* 얼굴을 찌푸린, 눈썹을 오므린 with knitted eyebrows, joint browed

çavıstan *i.* 나무로 지은 임시 건물 temporary wooden building

çay¹ *i.* 차, 다(茶) tea; **~ qaşığı** *i.* 차 수저 tea spoon; **tünd/açıq ~** *i.* 진한/연한 차 strong/weak tea; **~ dəsti** *i.* 차 세트, 차 봉사 tea-set, tea service; **~a də'vət etmək** *fe.* 찻상에 초청하다, 대화에 부르다 ask someone to tea; **~ servizi** *i.* 차 시중 teaset; **~ süfrəsi** *i.* 차 수건 tea-cloth; **~ plantasiyası** *i.* 차 생산공장 tea-plantation; **~ dəmləmək** *fe.* 차를 끓이다 brew tea

çay² *i.* 강(江), 하천(河川), 도랑 river; **~ keçmək** *fe.* 강을 건너다 ford; **~keçidi** *i.* 강마루 ford; **~ daşı** *i.* 자갈, 잔돌 cobble-stone, shingle; **~ yatağı** *i.* 강바닥, 하상(河床) channel; **~dan keçirmək** *fe.* 강을 건너다 ferry; **~ aşağı** *i.* 강 하류 down-stream; **~ yuxarı** *i.* 강 상류 up-stream

çayan *i. zoo.* 전갈 scorpion ○ **əqrəb**

çaybasar *i.* 홍수 지역, 강의 범람지대 flood-lands, high-flood, high-water, freshet, flash flood

çaybecərən ☞ çayçı

çayçı *i.* ① 차 시중인, 찻집 종업원 tea house attendant; ② 차 재배자 tea-grower

çayxana *i.* 찻집, 다방(茶房) teahouse

çaydan *i.* 주전자, 차 달이기 kettle; tea box

çayətrafı *si.* 하천 인근 지역의, 강 주변의 in the vicinity of a river ○ **çayyanı, çaykənarı**

çayxərçəngi *i. zoo.* 민물 새우 fresh water shrimp

çayxor *i.* 차 애호가, 다도인 tealover

çayır *i.* ① *bot.*개밀 (벗과 잡초의 일종) couch grass; ② 목초지, 초원, 저습지 meadow

çayırlı *si.* 개밀로 덮인 covered with couch-grass

çayırlıq *i.* 개밀 밭 weed meadow

çayır-çəmən *i.* 초원, 초지, 목초지 grass, meadow

çaykənarı *i.* 강변(江邊), 강안(江岸) bank of the river, river's bank

çayqabı *i.* 찻그릇, 다기(茶器) tea box ○ **çaydan**

çayqovşan *i.* (하천 등) 합류(점) confluence, junction

çaylaq *i.* 말라버린 강 바닥 dried-up river-bed

çaylamaq *fe.* 차를 마시다, 차 잔치를 벌이다 have tea, arrange, give a tea-party

çaynik *i.* 주전자, 찻주전자 kettle, teapot

çaypulu *i. obs.* 사례금(謝禮金) tip, gratuity

çaysüngəri *i. zoo.* 민물 해면(海綿) fresh water sponge

çaysüzən *i.* 차 거르개 tea-filter (on the tip of jug, or on the top of cup)

çayyığan *i.* 차 수확자, 차 채집자 tea collector, teapicker

çeçələ *i.* **~ barmaq** *i.* 새끼손가락, 새끼 발가락 little finger, little toe

çeçəmək *fe.* 숨막히다, 기도가 막히다 choke (over); **çay içində ~** *fe.* 차가 목에 걸리다 choke in one's tea

Çeçen *i.* 체첸(족) Chechen

çeçencə *z.* 체첸어 the Chechen language

Çex *i.* 체코인 Czech

çexcə *z.* 체코어 in the Czech language

çexoxbili *i.* 닭고기 요리 중 하나 food cooked with chicken meat

çexol *i.* 덮개, 가리개 case, cover ○ **örtük, üz, qın, məhfəzə**

çexollu *si.* 가리개를 씌운 covered ○ **örtüklü, üzlü, qınlı, məhfəzəli**

çexolluq *i.* 가리개용 천 cloth for making cover or case ○ **örtürlük, üzlük**

çek *i.* 영수증, 수표 check, cheque; receipt; **~ yazmaq** *fe.* 수표를 쓰다 draw a check; **~lə pul almaq** *fe.* 수표를 현금으로 바꾸다 cash a cheque

çempion *i.* 챔피언, 우승자, 선수권 보유자 champion

çempionat *i.* 선수권 대회 championship (game)

çempionluq *i.* 선수권 championship

çeri *si.* 흘겨보는, 곁눈질의, 사팔뜨기의 squint, squinting, squint-eyed, cross-eyed

çertyoj *i.* ① 밑그림, 설계도 draught, draft; ② 스케치, 도화(圖畵), 도면(圖面) drawing

çertyojçu *i.* 설계사(設計士) draftsman, draughtsman

çervon *i. obs.* 10루블 지폐, 금화(金貨) tchervonetz (ten-rouble banknote), gold piece, coin

çesu(n)ça *i.* 명주로 짠 비단 tussore (silk)

çeşid *i.* 분류, 구분, 종류, 다양성 assortment, kind, sort, variety ○ **sort**, **növ**, **cür**, **qisim**, **qəbil**; **~lərə ayırmaq** *fe.* 분류하다, 구분하다 grade

çeşidləmək *fe.* 분류하다, 구분하다, 구색을 갖추다 sort, assort, grade ○ **sortlaşdırmaq**

çeşidlət(dir)mək *fe.* 분류시키다, 구분시키다 assort, sort, grade

çeşidləyici *si.* 분류(分類)기 sorter

çeşidli *si.* 여러 종류의, 고품질의 of various kinds, of high quality ○ **növlü**, **sortlu**

çeşm *i.* 눈 eye

çeşmə *i.* ① 샘, 우물, 수원(水源) fountain, spring ○ **bulaq**, **qaynaq**; ② 근원(根源), 발원(發源), 시원(始原) origin ○ **mənbə**, **başlanğıc**, **mənşə**; **göz ~si** *i.* 눈물샘, 누선(淚腺) lachrymal gland

çeşmək *i.* 안경(眼鏡) spectacles, glasses ○ **gözlük**, **eynək**; **~ taxmaq** *fe.* 안경을 쓰다 wear glasses

çeşməkli *si.* 안경을 쓴 wearing glasses

çeşməli *si.* 샘에서 길어온, 샘(물) from a spring, spring (water)

çeşni *i.* ① 고안(考案), 도안(圖案), 문양(紋樣) design, tracery ○ **naxış**, **bəzək**; ② 모양(模樣), 형상(形象) form, image; ○ **şəkil**, **forma**

çeşnili *si.* 문양이 있는, 무늬가 있는, 장식된 figured, patterned, ornamented ○ **naxışlı**, **bəzəkli**, **güllü**

çeşt *i.* 아침 시간 (10-11시 사이) the time between 10-11 in the morning

çet *i.* 4분의 1, 쿼터 a quarter, a fourth ○ **rüb**

çevik *si.* ① 영민한, 민첩한, 영리한, 예민한, 재치있는 smart, alert, nimble, brisk, mobile, prompt, quick, spry ○ **zirək**, **cəld**, **diribaş**, **qıvraq** ● **ölüvay**; ② 간교한, 교활한 wicked, cunning; ③ 날렵한, 재빠른 sharp, cutting, agile ○ **iti**, **yeyin**; **~ ağıl** *i.* 영리한 머리, 순응성이 있는 마음 supple mind

çevikcə *z.* 재빨리, 민첩하게 quickly, abruptly

çevikləşmək *fe.* 영리하다, 영민하다, 민첩하다 become agile, be clever ○ **zirəkləşmək**, **cəldləşmək**,

çeviklik *i.* 민첩(敏捷)함, 기민성(機敏性), 빈틈없음, 신속성(迅速性) dexterity, agility, quickness, promptness, swiftness ○ **zirəklik**, **cəldlik**, **bacarıq**, **məharət** ● **ölüvaylıq**

çevirmək *fe.* ① 바꾸다, 변화시키다, 되돌리다 avert, change, reverse ○ **devirmək**, **yıxmaq**; ② (책장을) 넘기다 turn (a page); ③ 번역하다, 변형하다 translate, transform; ④ 땅을 뒤집다, 밭을 갈다, 쟁기질하다 plow, till; ⑤ 방향 짓다, 향하게 하다 return, direct ○ **döndərmək**, **yönəltmək**; **üz ~** *fe.* 외면하다, 얼굴을 돌리다 turn the face, neglect, turn away, break (relationship) ; **altını üstünə ~** *fe.* 뒤집다, 엉망으로 만들다 turn upside-down

çevirt(dir)mək *fe.* ① 흔들리게 하다, 돌리게 하다 turn, swing; ② 뒤집다, 전복시키다 turn over, overturn, tipple; ③ 변하다, 바뀌다 turn (to, into), convert (into); ④ *obs.* 번역하다, 통역하다 translate; ⑤ 돌리다, 돌게 하다 turn, have turned

çevrə *i.* 원, 원형, 동그라미 circle ○ **dairə**

çevrələmək *fe.* 둘러싸다, 에워싸다 lead (*smb.* round), encircle (with), surround (with) ○ **dairələmək**, **dövrələmək**

çevrələnmək *fe.* 둘러싸이다, 포위되다 be led, be encircled (with), be surrounded (with)

çevrəli *si.* 둘러 싸인 circled, rounded

çevriliş *i.* ① 전복(顚覆), 격변(激變) upheaval, overturn, coup ○ **devriliş**; ② 회전, 전환, 역전, 반전 turning; **ictimai ~** *i.* 사회 격변 social upheaval; **dövlət ~i** *i.* 혁명, 국가 전복 revolution; **saray ~i** *i.* 궁중 반란 palace revolt; **hərbi ~** *i.* 군사 혁명 military coup d'etat; **~ etmək** *fe.* 전복시키다 overturn

çevrilmək *fe.* ① 되돌려지다, 변하다, 회전 되다 avert, turn, turn away ○ **dönmək**, **burulmaq**; ② 밭이 갈리다, 땅이 뒤집혀지다 be tilled, be driven; ③ 움직여지다 be moved; ④ 등을 돌리다 be turned back

çevrilmiş *si.* 전복된, 되돌려진 reversed

çevrim *si.* 변화된, 바뀐, 전복된 turned, changed, overturned

çeynəm *i.* ① 씹기, 씹히는 것 chewing; ② 저작(咀嚼), 씹음 mastication

çeynəmə *fe.* 씹음, 저작(咀嚼) mastication

çeynəmək *fe.* ① 씹다, 갉아먹다 chew, gnaw, masticate; ② 지루하게 반복되다 be repeated boringly; **saqqız ~** *fe.* 껌을 씹다 chew the cud; **tütün ~** *fe.* 여송연을 씹다 chew tobacco
çeynənmək *fe.* 씹히다, 갉아 먹히다, 반추되다 be chewed, be masticated, be ruminated
çeynənmiş *si.* 씹힌, 짓밟히는 masticated, repeated, trampled
çeynət(dir)mək *fe.* 씹하다 ask *smb.* to chew
çəh-çəh *z.* 떨면서 shakily, trillingly, warblingly
çəhrayı *si.* 연분홍색의, 불그레한 pink, rosy
çəhrayılaşmaq *fe.* 연분홍색이 되다 become pink
çəhrayısifət(li) *si.* 불그레한 얼굴의 rosy-faced
çəkdir(t)mək ☞ **çəkmək**
çəkə *si.* 펼친 stretched
çəkələk *i.* 실내화 slippers
çəki¹ *i.* ① 무게, 중량(重量) weight ○ **ağırlıq, vəzn**; ② 중요성, 가치 있음 significance, value ○ **əhəmiyyət, dəyər, sanbal**; ③ 존엄성, 존중 dignity, estimate; **xüsusi ~** *i.* 비중량(比重量) specific weight
çəki² *i.* 자수(刺繡), 자수법(刺繡法), 자수품 embroidery ○ **bəzək, naxış, tikmə**
çəki³ ☞ **çəkibalığı**
çəkibalığı *i. zoo.* 잉어과의 민물고기의 한 종류 sazan (a fresh-water fish belonging to the carp family)
çəkic *i.* 망치, 쇠망치, 해머 hammer; **~lə vurmaq** *fe.* 망치로 두드리다, 망치질하다 hammer; **oraq-~** *i.* 망치와 낫 (구소련의 깃발) hammer and sickle (flag of Old Soviet)
çəkicləmək *fe.* 망치로 두드리다, 망치질하다 hammer
çəkicvuran *i.* 대장간에서 망치로 달군 쇠를 두드리는 사람 one who hammers, blacksmith's striker
çəkik *si.* 선이 그려진 line-drawn
çəkil *i. bot.* 뽕나무, 오디 (뽕나무 열매) mulberry (-tree)
çəkili¹ *si.* ① 무게가 나가는, 무거운, weighed ○ **ölçülü**; ② 씌인, 새겨진, 적힌 traced, inscribed, drawing
çəkili² *si.* 수를 놓은, 자수로 장식한 embroidered, open-work(ed) ○ **naxışlı, tikili**
çəkilik *i.* 무게 단위 unit of weight ○ **ölçülük, nizamlıq**
çəkiliş *i.* ① 퇴수, 피정, 일탈; 퇴각, 후퇴, 철수 space, retreat, deviation; ② 촬영(撮影), 개관(槪觀)적 조사, 표면(表面) 조사(調査), 탐사(探査) survey, topographical survey, making a survey (of), shooting a film
çəkillik *i.* 뽕나무 밭 mulberry grove
çəkilmə *i.* 썰물, 간조(干潮) ebb, tide; ☞ **çəkilmək**
çəkilmək¹ *fe.* ① 철수하다, 퇴각하다 withdraw, fall, be sawn ○ **enmək, azalmaq, düşmək**; ② 물러가다 draw off ○ **dartılmaq**; ③ 떨어지다, 멀어지다 go away, move away, fall back ○ **uzaqlaşmaq, aralanmaq**; 꺼져!, 비껴! **Çəkil!** Get lost!; **kənara ~** *fe.* 한쪽으로 비껴서다 step aside, walk away
çəkilmək² *fe.* 장식되다, 문양이 새겨지다 be decorated ○ **cızılmaq, naxışlanmaq**
çəkil|mək³ *fe.* (고기) 갈리다, 잘게 저미다 be chopped, be minced (meat); **~miş ət** *i.* 저민 고기, 간 고기 minced meat
çəkim *i.* 당김, 끌어당김, 인장(引張) straint, haul, tug
çəkindirmək *fe.* 삼가하게 하다, 자제케 하다, 절제케 하다, 억제케 하다, 참게 하다 abstain (from), refrain (from), decline, forbear
çəkinə-çəkinə *z.* 소심하게, 조심스럽게, 무서워하며 timidly, apprehensively
çəkingən *si.* 부끄러워하는, 수줍어하는 shy
çəkinmək *fe.* ① 거리끼다, 꺼리다, 자제하다, 절제하다 avoid, abstain, swerve ○ **yayınmaq, uzaqlaşmaq**; ② 조심하다, 수줍어하다, 주의하다 feel shy, be ashamed of, be aware of, take precautions ○ **utanmaq, sıxılmaq, xəcalətlənmək**; ③ 두려워하다, 놀라다 be frightened, be scared ○ **diksinmək, iyrənmək, qorxmaq**; **zor işlətməkdən ~** *fe.* 강압적인 일을 꺼려하다 abstain from force
çəkinmədən *z.* 거리낌없이, 주저함 없이 without fear, carelessly
çəkinməz *si.* 불굴의, persistent, importunate, relentless, intemperate, incontinent
çəkinti *i.* 꽁초 cigarette-end, cigarette-butt, cigar stub, stump
çəkisiz *si.* 기운찬, 활력 있는 without weight, buoyant
çəkişdirmək *fe.* 여러 방향으로 잡아당기다, 서

Ç

로 당기다 tug in various ways, strain

çəkişmə ① *i.* 다툼, 경쟁, 불화, 의견 충돌, 분쟁 contest, dissension, quarrel, discord; ② ☞ **çəkişmək**

çəkişmək *fe.* ① 서로 당기다, 다투다, 논쟁하다, 불화하다 bet, pull one another about, quarrel, argue, dispute ○ **bəhsləşmək, deyişmək, mübahisələşmək, höcətləşmək, mərcləşmək, sözləşmək**; ② 서로 욕하다, 서로 험담하다 insult, scorn each other ○ **dalaşmaq, vuruşmaq** ● **barışmaq**

çəkmə *i.* 신, 신발 shoe; ~ **dabanı** *i.* 구두 뒤축 heel; **uzunboğaz** ~ *i.* 장화, 부츠 high-boot, high shoes; **~lərinin bağını bağlamaq** *fe.* 신발 끈을 묶다 lace up one's shoes

çəkməcə *i.* 서랍, 서랍장 drawer ○ **yeşik, siyirmə**

çəkməçi *i.* 신발 수선공, 구두 제조인 cobbler, shoemaker

çəkməçilik *i.* 구두 수선 profession of shoemaker

çək|mək *fe.* ① 끌어오다, (물을) 끌어 올리다, (줄을) 당기다, (이를) 뽑다 draw, pump (water), pull (line), pull out(teeth) ○ **dartmaq, çıxartmaq, gərmək, uzatmaq** ● **buraxmaq**; ② 가져가다, 나르다 carry, take away; ③ 정화하다, 정제하다 purify, clean ○ **təmizləmək, saflaşdırmaq**; ④ 모이다, 집합하다, 수집하다 gather, assemble ○ **toplamaq, yığmaq, cəmləmək**; ⑤ 닮다, 비슷하다 resemble, look like ○ **oxşamaq, bənzəmək**; ⑥ 삼키다, 들이키다 swallow, gulp ○ **sormaq, udmaq, sümürmək**; ⑦ 붙이다, 고정하다 fasten, attach ○ **vurmaq, ilişdirmək**; ⑧ 연루시키다, 말려들게 하다 implicate; **ət ~ən maşın** *i.* 고기 가는 기계 mincing machine; **~ib çıxarmaq** *fe.* 당겨서 뽑아내다 pump out; **əziyyət** ~ *fe.* 고생하다, 수고하다, 애쓰다 suffer, bear, undergo; **tərəzidə** ~ *fe.* 무게를 달다 weigh; **papiros** ~ *fe.* 담배를 피다 smoke; **ütü** ~ *fe.* 다림질을 하다 iron; **baş** ~ *fe.* 방문하다 call on; **əl** ~ *fe.* 포기하다, 단념하다, 중지하다 renounce, relinquish; **ət** ~ *fe.* 고기를 갈다, 저미다 mince meat; **şəkil** ~ *fe.* 사진을 찍다, 그림을 그리다 take a photo, draw; **həsrət** ~ *fe.* 사모하다, 갈망하다 long for, rejoin; **keşik** ~ *fe.* 망을 보다, 보초를 서다, 보호하다 guard; **özünü** ~ *fe.* 자랑하다, 뽐내다 put on an air; **qol** ~ *fe.* 서명(書名)하다 sign; **sıxıntı** ~ *fe.* 고난을 당하다, 고생하다 suffer difficulties, have difficulties; **zəhmət** ~ *fe.* 수고하다, 애쓰다 suffer trouble, take the trouble; **dərd** ~ *fe.* 슬퍼하다, 애통해하다 grieve (for); **kef** ~ *fe.* 즐기다, 누리다, 향유하다 have a good time, enjoy oneself; ***Bu nə qədər çəkər?*** *얼마나 걸리나요? How long will it last?*

çəkməli *si.* 신을 신은 wearing shoes

çəkməlik *i.* 신발 재료 material for making shoes

çəkməsilən *i.* 구두약 shoeblack, bootblack

çək-çevir *i.* 대화, 논의 conversation, discussion

çəkçəki *i. zoo.* 흰눈썹뜸부기 landrail

çələng *i.* 화환(花環), 화관(花冠) wreath, garland, lei ○ **əklil, tac**

çələngqoyma *i.* 관을 씌우기, 대관(戴冠) crowning

çəlik[1] *i.* ① 지팡이 cane, walking-stick ○ **əsa, əl-ağac**; ② *fig.* 깡마른 사람 feeble/skiny (man) ○ **arıq, sısqa, ölüvay**

çəlik[2] *i.* 강철(鋼鐵), 강(鋼), 강철(鋼鐵) 제품(製品) steel

çəlikli *i.* 지팡이를 잡은 having a cane ○ **əsalı, ağaclı**

çəlim *i.* 체격, 몸매 physique, body structure ○ **bədən, vücud, cüssə**

çəlimsiz *si.* ① 쇠약한, 병약한 sickly, puny, weak, unhealthy-looking ○ **sısqa, arıq** ● **kök**; ② 굶주린, 아사의 starveling, puny creature

çəlləк *i.* 통, 맥주통, 큰 통 barrel, cask, pail; **böyük** ~ *i.* 큰 술통 tun

çəlləkqayıran ☞ **çəlləkçi**

çəlləkçi *i.* 통 제조업자, 테장이, 통을 수리하는 사람 cooper, a person who repairs barrels and tuns

çəlpəşdirmək *fe.* 헷갈리게 하다, 혼동케 하다 tangle, confuse (with)

çəltik *i.* 볍씨, 종미(種米) unhusked rice, seed rice

çəltikçi *i.* 농부 (벼농사) rice grower

çəltikçilik *i.* 벼농사 rice-growing

çəltiklik *i.* 논 (벼농사 짓는) rice field

çəm *i.* ① 방식, 방법, 형태 way, mode, method ○

yol, üsul, vasitə, imkan; ② 과정, 기간 course ○ vaxt, dəm

çəmən *i.* 잔디, 초원 grass, meadow ○ **güllük**

çəməncik *i.* 잔디 공원 grass, lawn

çəmənçilik *i.* 목초업 cultivation of meadows

çəməngah ☞ çəmənlik

çəmənzar ☞ çəmənlik

çəməngülü *i.* 배설물 연료 kizyak (manure briquettes used for heating) ○ **təzək**

çəmənlik *i.* 초원, 잔디밭 lawn, a large meadow

çəm-xəm *i.* ① 뽐내기, 으스댐, 거드름 mincing manners, finicking; ② 거절, 변명하기 making of excuses, refusing; ~ **eləmək** *fe.* 거절하다, 변명하다 make excuses, refuse

çəm-xəmli *si.* 까다롭게 구는 finicky, finical

çəmkirmək *fe.* 소리치다, 외치다 shout, rate, shout (at) ○ **qışqırmaq, bağırmaq, çımxırmaq**

çən¹ *i.* 탱크, 물통, 저수조(貯水槽) cistern

çən² *i.* 안개, 이슬비 mist, fog ○ **duman, çiskin, sis**

çənbər *i.* ① (통을 둘러 매는) 띠, 테 belt, bandage; ② 테, 고리, 원주, 둥근 띠 hoop, loop, circumference ○ **çevrə, halqa, doğanaq**

çənbərbığ(lı) *si.* 카이저수염을 한 having a handle bar moustache

çənbərquyruq ① *i.* 전갈 scorpion; ② *si.* 꼬리가 둥근 round tailed

çənbərləmək *fe.* 통을 띠로 묶다 hoop a cask, bind a cask with hoops

çən-duman *i.* 짙은 안개 thick fog ○ **sis**

çənə *i.* 턱, 턱끝 chin, jaw; ~ **vurmaq** *fe.* 잡담하다, 지껄이다 chatter; **~də və ya yanaqda çuxur** *i.* 보조개 dimple; **~dən möhkəm** *si.* 수다스러운, 말을 많이 하는 talkative

çənəbazar *i.* **~a çıxmaq** *fe.* 다투다, 말싸움하다, 논쟁하다 argue, debate, squabble

çənəboğaz *si.* 수다스러운, 말을 많이 하는 talkative; ~ **etmək** *fe.* 수다를 떨다, 언쟁하다, 말다툼하다 altercate, wrangle, squabble, talk much

çənələşmək *fe.* (서로) 격렬한 논쟁을 하다, 말다툼하다 altercate, squabble, wrangle ○ **deyişmək, höcətləşmək, sözləşmək**

çəng¹ *i.* 둔감, 느림 numbness, sluggishness ○ **keyimə, tutulma, ürpəşmə**

çəng² *i.* 손, (짐승의) 발 hand, claw ○ **pəncə, əl, caynaq**

çəng³ *i.* 오래된 현악기의 일종 old musical string instrument

çəng4 *i.* 갈퀴, 써레, 고무래 rake

çəngə *i.* ① (손으로 잡을 만큼) 아름, 움큼 grip, embrace ○ **ovuc, tutum**; ② 사소한 것, 우수마발, 하찮은 물건 trivial/insignificant (thing) ○ **azca, cüz'i**; ③ 더미, 무더기 pile, heap, piece, handful ○ **yığın, koma, qalaq, topa**; **bir ~ (saç)** *i.* 한 움큼의 머리 lock of (hair); ~ **bıçaq** *i.* 날붙이류, 칼 cutlery

çəngəl *i.* 포크, 식사용 포크 fork, hook,

çəngələmək *fe.* ① 손으로 집다 take with five fingers ○ **ovuclamaq**; ② 가져오다, 데려 오다 fetch ○ **komalamaq, qalaqlamaq, topalamaq**

çəngələşmək *fe.* 앞발로 싸우다 fight with claws

çəngəlləşmək *fe.* 포크로 들어 올리다 pick with a fork

çəngi *i.* ① (소고 치며 춤추는) 무용수 dancer (with playing small drum); ② 비도덕적인 여자, 매춘부 woman of loose morals, whore; *si.* 천한, 상스러운, 비열한, 비호감의, 메스꺼운, 진저리나는 mean, base, foul, disgusting, detestable, abominable ○ **əclaf, murdar, rəzil, nacins**

çəngilik *i.* 비열함, 메스꺼움, 치사함 meanness, low-down, epilepsy ○ **əclaflıq, murdarlıq, rəzillik, nacinslik**

çənələşmə *i.* 논쟁, 언쟁, 말다툼 altercation, wrangling, squabbling

çənələşmək *fe. col.* 언쟁하다, 말다툼하다, 논쟁하다 altercate (with), wrangle (with), squabble (with)

çənglik *i.* 둔감함, 무딤, 느림 numbness, dumbness ○ **keyiklik, qıclıq**

çənli *si.* (날씨가) 흐린, 구름 낀, 우중충한, 끄무레한 cloudy, dull, overcast, gloomy, sullen, misty ○ **dumanlı, buludlu, çiskinli**

çəpbucaqlı *si. riy.* 사각(斜角)의, 각이 비뚤어진 oblique angled

çəp-çəp *si.* 비뚤어진, 구부러진, 비스듬한, 기울어진 slanted, obliquely, aslant, askew, asquint ○ **çəpəki, qıyğacı, köndələn**; ~ **baxmaq** *fe.* 곁눈질로 보다, 비호감으로 보다 squint, look upon someone or something unfavourably

çəpəki *si.* 기울어진, 비뚤어진, 경사진 obliquely, slanted, distorted ○ **əyri, qıyğacı, çəp** ● **düz**

Ç

çəpəl *si.* 부끄러운 줄 모르는, 뻔뻔한, 파렴치한 shameless, sluttish, dissolute
çəpəndazı ☞ **cəpəki**
çəpər *i.* 울타리, 담장, 방벽, 목책 fence, barrage, barrier, railing; ○ **hasar**, **barı**, ~ **çəkmək** *fe.* 담장을 치다, 울타리를 만들다 fence
çəpərləmək *fe.* 울타리를 만들다, 방벽으로 두르다 set up a fence ○ **hasarlamaq**
çəpərlənmək *fe.* (자신을) 방벽으로 가리다, 울타리를 두르다, 접근을 허용하지 않다 be fenced in, fence, bar oneself in
çəpərli *si.* 울타리가 쳐진, 담장으로 두른 fenced in ○ **hasarlı**, **barılı**
çəpərlik *i.* 울타리용 재료 material for building a fence
çəpgöz *si.* 사팔뜨기의, 사시(斜視)의 squint-eyed, cross-eyed ○ **çəp**
çəpgözlü ☞ **çəp**
çəpgözlük *i.* 사시(斜視), 사팔뜨기 상태 squint ○ **çaşlıq**, **qıyıqgözlük**
çəpik[1] *i.* 박수, 갈채, 칭찬 applause, clapping ○ **alqış**; ~ **vurmaq** *fe.* 박수치다, 갈채하다, 칭찬하다, 환호하다 clap, applause
çəpik[2] *si.* 영리한, 영민한, 민첩한 swift, smart, dexterous ○ **zirək**, **cəld**, **çevik**, **diribaş**, **mahir**, **şux**
çəpiklik *i.* 명민(明敏), 민첩(敏捷), 기민성(機敏性), 주도면밀(周到綿密)함 adroitness, dexterity, deftness ○ **zirəklik**, **çəldlik**, **çeviklik**, **diribaşlıq**, **şuxluq**
çəpinə *z.* 비뚤게, 비스듬히, 기울게 obliquely ○ **əyri**, **qıyğacı**, **yanakı** ● **düzünə**
çəpiş *i.* 염소 새끼 kid, young goat ○ **oğlaq**
çəpkən *i.* 뜨개질 셔츠 knitted long shirts
çəpləmək *fe.* 기울게 하다, 비뚤어지게 하다 squint ○ **əymək**, **qıymaq**
çəpləşdirmək *fe.* 곁눈질로 보게 하다 squint
çəplik *i.* ① 사팔뜨기, 사시(斜視), 사팔눈 squint, strabismus ○ **qıyğacılıq**, **əyrilik**, **çaşlıq**; ② 완고함, 고집스러움 obstinacy, stubbornness ○ **tərslik**, **kəclik**
çəpmil(li) *si.* 뒤틀린, 굽은, 비뚤어진 (선) wry, awry, crooked (line)
çər *si.* 병약한, 병든 weak, sick ○ **azar**
çəpləşmək *fe.* 다투다, 언쟁하다 argue, dispute ○ **sözləşmək**, **höcətləşmək**, **deyişmək**
çərçi *i.* ① 행상인, 소리치며 파는 사람 pedlar ○ **alverçi**, **xırdavatçı**; ② *fig.* 사소한 일을 야단스럽게 따지는 사람 hairsplitter
çərçilik *i.* ① 행상(行商) peddling ○ **alverçilik**, **xırdavatçılıq**; ② 사소한 일에 따지기 hairsplitting
çərçivə *i.* 틀, 테두리, 윤곽 rim, frame ○ **haşiyə**; **~yə salmaq** *fe.* 윤곽을 짜다, 테두리를 하다 frame; **~dən çıxmamaq** *fe.* 억누르다, 억제하다, 제한하다, 제지하다 restrain
çərçivələmək *fe.* 틀에 넣다, 틀을 만들다, 윤곽을 짜다 set in a frame, frame ○ **haşiyələmək**, **dövrələmək**
çərçivələnmək *fe.* 윤곽을 만들다, 틀에 들어가다 be framed, be set in a frame
çərçivəli *si.* 틀에 짠, 테두리를 한 framed ○ **haşiyəli**
çərdək *i.* (버찌, 복숭아 등의) 핵, 씨 (fruit) pit, stony seed
çərdəksiz *si.* 씨가 없는, 씨를 빼낸 stoneless, pitted
çərdəymiş *si.* 파열된, 터진, 탈장된 ruptured, herniated
çərək *i.* 사분의 일, 1/4, 15분, 4분기 quarter, a forth, one forth ○ **qarış**
çərəkə *i.* 아랍어 교본 Arabic alphabet textbook
çərəklik *i.* 일정 거리 span ○ **qarışlıq**
çərəlmək *fe.* 기분을 상하게 하다, 감정을 건드리다 hurt one's feeling ○ **acılamaq**, **zəhərləmək**
çərən *i.* 한담(閑談), 여담(餘談), 잡담(雜談) idle talk, twaddle ○ **gop**, **yalan**, **boşboğazlıq**
çərənçi *i.* 수다쟁이, 자질구레한 사람 magpie, talker, chatterer ○ **gopçu**, **yalançı** ● **qaradinməz**
çərənçilik *i.* 말 많음, 다변, 수다 loquacity, talkativeness, indiscretion ○ **gopçuluq**, **yalançılıq**, **boşboğazlıq**, **naqqallıq** ● **qaradinməzlik**
çərəndəymiş ☞ **çərdəymiş**
çərənləmək *fe.* 수다를 떨다, 잡담하다, 쓸데없는 소리를 하다 chatter, twaddle ○ **goplamaq**, **naqqallaşmaq**
çərən-pərən *i. col.* 잡담, 허튼소리, 터무니 없는 소리, 헛소리 nonsense, rot, rubbish
çərəz *i.* 간식, 다과, 음료 refreshment, snack, dessert ○ **meyvə**, **şirniyyat**, **şirni**
çərəzxor *si. col.* 미식가, 식도락가 gourmand,

glutton

çərəzli *si.* 간식이 있는 with dessert ○ **meyvəli, şirnili**

çərx *i.* ① 바퀴, 차륜 wheel ○ **çarx**; ② 운명, 행운 fate, fortune ○ **dünya, fələk**

çərxi-fələk *i.* 운(運), 운명(運命) fate, fortune ○ **dünya, kainat, fələk**

çəri *i.* (구어) 군대, 부대 army, troop (old) ○ **qoşun, ordu**

çərkəz *i.* 서카시안 (가라차이 체르케즈에 사는 소수 부족) Circassian (minor people group in the region of Qarachay-Çerkez)

çərkəzi *i.* 서카시안 코트 (허리가 긴 외투) Circassian coat (long waisted outer garment)

çərləmək *fe.* ① 허약해지다, 야위다, 병약하게 되다 get feeble, get wan, get sickly ○ **azarlamaq, arıqlamaq, zəifləmək, vərəmləmək, ərimək**; ② 그리워하다, 갈망하다, 포기하다, 실망하다 pine, give way, give oneself up, despair

çərlətmək *fe.* 절망시키다, 체념하게 하다 drive to despair

çərməki *i.* 나무 망치 mallet

çərpələng *i.* 연(鳶) kite ○ **badban**

çərşənbə *i.* 수요일(水曜日) Wednesday; ~ **axşamı** *i.* 화요일(火曜日) Tuesday

çərtik *i.* 상처, 벤 자국, 흉터, 상처 자국 cut, incision, thread, scar, cicatrices ○ **yarıq, kərtik, çapıq, kəsik**

çərtikləmək *fe.* 베다, 살짝 가르다 make an incision (on), cut slightly

çərtili *si.* ① 잘라낸, 조각낸 cut off, chopped off ○ **yarıqlı, kəsili, kərtili, çapıqlı**; ② 껍질을 벗겨낸 peeled

çərtilmək *fe.* ① 뾰쪽하게 되다, 날카롭게 되다 be pointed, be sharpened; ② 짧게 깎여지다, 짧게 잘리다 be shaven, be trimmed

çərtmə ☞ **çərtmək**; *i.* 벤 자리, 상처, 절개(切開) cut, incision

çərtmək *fe.* ① 상처를 내다, 살짝 베다 make an incision (on), cut slightly ○ **kəsmək, doğramaq, kərtmək, çapmaq, yarmaq**; ② 날카롭게 하다, 연필을 깎다 sharpen, sharpen a pencil; ③ 방아쇠를 당기다 pull the trigger;④ 기르다, 키우다 grow, breed ○ **cücərtmək, göyərtmək**

çətə *i.* 깡패, 악한, 폭도 gangster, mobster

çətən *i.* 울타리, 욋가지 울타리, 담장 wattle-fence ○ **çəpər, hörgü**

çətənə *i. bot.*삼, 대마(大麻); 삼의 섬유 hemp

çətin *si.* ① 어려운, 힘든, 복잡한 difficult, hard, arduous, awkward, inaccessible ○ **mürəkkəb, müşkül, ağır, dolaşıq** ● **asan**; ② 심각한, 과중한, 힘드는, 고생시키는, 애쓰게 하는 severe, heavy, hard, laborious, fatiguing ○ **əziyyətli, məşəqqətli, əzablı, zəhmətli**; ~ **vəziyyət** *i.* 곤란, 역경, 난관 difficulty, emergency; ~ **ki** *z.* 좀처럼~하지 않는 hardly; ~ **anlaşılan** *si.* 난해한, 복잡한, 분명치 않는, 이해할 수 없는 intricate; ~ **bəyənən** *si.* 까다로운, 결벽한, 고지식한 (사람) fastidious, squeamish (person); **maliyyə çətinliyi** *i.* 재정적 난관 financial difficulty

çətindeyilən *si.* 발음하기 힘든 unpronounceable

çətinəriyən *si. tex.* 다루기 어려운, 잘 놓지 않는, 용해하기 어려운, 내열성의 refractory

çətinləşdirmək *fe.* 복잡하게 하다, 곤란하게 하다, 악화시키다, 방해하다, 저지하다, 훼방하다 complicate, hamper, impede

çətinləşmək *fe.* 어렵게 되다, 복잡하게 되다, 심각해지다 become complicated ○ **mürəkkəbləşmək, müşkülləşmək, ağırlaşmaq**, ● **asanlaşmaq**

çətinli|k *i.* ① 어려움, 복잡함, 난관 difficulty, complication ○ **mürəkkəblik, müşküllük, ağırlıq, dolaşıqlıq** ● **asanlıq**; ② 장애, 방해, 훼방 hindrance, obstacle; ③ 역경, 난관, 고난 hardship, adversity ○ **əziyyət, məşəqqət, əzab**; ~ **çəkmək** *fe.* 어려움을 겪다 be at a loss; ~**yə salmaq** *fe.* 짐을 지우다, 어렵게 만들다, 낙담시키다 burden, discourage, load, perplex, puzzle

çətinliklə *z.* 힘들게, 어렵게, 어렵사리 hard; ~ **yerimək** *fe.* 다리를 절다, 절듯이 걷다 limp

çətinoxunan *si.* 읽기 힘든, 읽을 수 없는 unreadable

çətinsatılan *si. econ.* 유동성이 약한 non-liquid

çətintəhər *si.* 상당히 어려운 very difficult

çətir *i.* ① 우산(雨傘), 양산(陽傘) umbrella, sunshade parasol ○ **günlük**; ② 나무 꼭대기 top, crown (of a tree); ③ (여자의) 단발(短髮) short hair (of girl)

çətircik *i.* 작은 우산, 작은 양산 small parasol,

Ç

umbrella
çətirli *si.* 단발(短髮)의 with short hair
çətvər *i.* 100그램 단위 unit of 100 gramme
çəyirdək *i.* (과일의) 인(仁), 꼬투리, 핵 kernel, stone
çəyirdəkli *i.* (과일) 씨가 있는 stone-fruits
çəyirdəksiz *si.* 씨가 없는, 핵이 없는 seedless, pitted, stoneless
çəyirtkə *i.* 방아깨비, 메뚜기 grass-hopper, locust
çığıraq *i.* (군중 등의) 왁자지껄; 소동 hue and cry, hubbub ○ **çığır-bağır**
çığır-bağır *i.* (군중 등의) 함성, 와글거림, 외침, 야단법석 clamour, shouting, noise, fuss ○ **hay-küy, qışqırıq, bağırtı**
çığır-bağırçı *i. col.* 법석을 떠는 사람 one given to shouting
çığırqan *i. col.* 고함 치는 사람 shouter, one given to shouting
çığırıq ☞ çığırtı
çığırışma *i.* 소동, 야단법석, 고함, 와글거림, 함성 hubbub, uproar, cry, shout, yell, scream, din, row
çığırışmaq *fe.* (집단적으로) 고함치다, 외치다, 소리치다 cry out, shout, bawl, give a cry, yell (together)
çığırma *i.* 외침, 소리침, 함성 shout, yelling
çığırmaq *fe.* 소리치다, 고함치다, 울부짖다 yell, scream, cry, shout, bawl ○ **qışqırmaq, bağırmaq**
çığırtı *i.* 고함, 소동, 소리침 clamour, scream, cry ○ **qışqırtı, bağırtı, böyürtü**
çığırtılı *si.* 울부짖는, 고함치는, 소리치는 screaming, crying ○ **qışqırıqlı, bağırtılı**
çığırtma *i.* 토마토, 가지, 고기 등을 같이 볶아 만든 요리 the name of dish which includes fried tomatoes, egg plant, and or meat
çığırtmaq *fe.* 소리치게 하다, 고함치게 하다, 외치게 하다 make cry/shout/give a cry, vociferate, clamour, yell
çığlıq *i.* 울부짖음, 통곡, 비명 wailing, cry ○ **fəryad, fəğan, şivən**
çığnamaq *fe.* 짓밟아 뭉개다, 짓밟다, 거칠게 다루다 trample down ○ **tapdalamaq, təpikləmək, döymək**
çıxan *i. riy.* 피감수(被減數) minuend
çıxar *i.* ① 지출, 비용, 출비, 지불, 소모 expense, expenditure ○ **xərc, məsrəf**; ② 소비, 낭비, 허비 break, waste ○ **tullantı, itki**
çıxarıcı *i.* 추출기(抽出器) tool used to extract things when it can't be done manually
çıxarılmaq *fe.* 추출되다, 빼내어지다, 끌어내어지다 be extracted (from), be elicited (from), be evoked (from)
çıxarış *i.* ① 뽑아냄, 빼냄, 적출, 추출 extraction ○ **iqtibas, sitat, xülasə**; ② 복사, 사본 copying, writing out; ③ 발췌(拔萃), 초록(抄錄), 인용(引用)구 extract (from), excerpt
çıxarmaq *fe.* ① 추출하다, 몰아내다, 탈취하다, 추방하다, 뽑아내다 expel, drive out, dispossess, exile, pull out, extract ○ **götürmək, qovmaq**; 데리고 나가다, 산책을 나가다 take out, stroll ○ **gəzdirmək**; ③ 파면하다, 면직하다 discharge (position), divorce; ④ 결정하다, 판결하다, 결판내다 decide, judge, understand; **baş ~** *fe.* 이해하다, 감지하다 understand; ⑤ (옷을) 벗다 undress, take off (clothes) ○ **soyunmaq**; ⑥ 도망하다, 도피하다 flee, escape; ⑦ 지우다, 긁어 없애다 erase, scratch out ○ **çəkmək, qoparmaq, dartmaq**; **siyahıdan ~** *fe.* 명단에서 지우다, 말소하다, 삭제하다 strike off; **yaddan ~** *fe.* 잊다, 망각하다 forget; ⑧ 펴내다, 전시하다 publish, display; **qəzet ~** *fe.* 신문을 발행하다 issue a newspaper; **ad ~** *fe.* 유명하게 되다 become famous; ⑨ 파내다, 발굴하다 dig out, mine, excavate; **nəticə ~** *fe.* 결과를 내다, 결론을 맺다 come to the conclusion, infer, conclude
çıxart(dır)maq *fe.* ① 추출하게 하다 take out, pull out, extract; ② 갖게 하다, 획득하게 하다 get, obtain; ③ 몰아내게 하다, 쫓아내게 하다, 해산하게 하다 drive out, discharge, dismiss; ④ 뜯어내게 하다, 해체하게 하다 pull out, tear out, dismantle; ⑤ 상륙하게 하다, 착륙하게 하다 put ashore, land; ⑥ 벗게 하다 take off, lay off; ⑦ (새끼를) 낳게 하다, (알을) 까게 하다 breed
çıxdaş *i.* 손상(損傷), 파괴(破壞), 손괴(損壞) spoilage, waste, rejects ○ **zay, xarab**
çıxdaşayıran/çıxdaşçı *i.* 검수원, 분류인, 심사원 inspector, sorter (of manufactured articles), examiner
çıxıq *i.* 벗어남, 탈구(脫臼), 혼란(混亂), 전위(轉位) dislocation ○ **burxuq** ● **batıq**

çıxılan *i. riy.* 감수(減數) subtrahend

çıxılmaq *fe.* 빼내지다, 제거되다 be subtracted

çıxılmaz *si.* ① 출구가 없는, 해결책이 없는 no way out; ② 자포자기의, 필사적인 hopeless, desperate; ~ **yol** *i.* 막다른 골목 dead end; ~ **vəziyyət** *i.* 진퇴양난, 궁지, 난국 hopeless situation, dilemma; ~ **vəziyyətə düşmək** *fe.* 궁지에 빠지다, 교착상태에 빠지다 come to a standstill

çıxıntı *i.* 돌출, 볼록함, 출중, 걸출, 융기부, 결절 bulge, prominence, terrace, jut (garden), protuberance ○ **çıxıq**

çıxış *i.* ① 시작, 기원, 출발 outing ○ **başlanğıc, mənbə**; ② 출구, 방책, 대책 exit, way out ○ **çarə, əlac, vasitə, yol** ● **giriş**; ~ **qapısı** *i.* 출구 exit; ~ **yolu** *i.* 비상구, 대책 exit, alternative, emergency exit; ③ 연주, 상연, 공연, 연설 performance, speech; ~ **etmək** *fe.* 상연하다, 공연하다, 수행하다, 연설하다 perform, speak at a meeting; ④ 출현(出現), 발현(發顯) coming up, appearance; ⑤ (경기) 참여, 참가 entry, joining (sports); ⑥ 전시하다, 보여주다 show, display; ⑦ 연설(演說), 연출(演出), 상연(上演) speech, representation; ⑧ 배양, 양육, 사육 breeding, growing (farm)

çıxışlıq *i. qram.* 탈격(奪格) ablative case (-**dan**[2])

çıxma *i.* ① 등장(登場), 상승(上昇), 등반(登攀) rise, ascent; ② *riy.* 빼기, 감하기, 삭제, 공제, 뺄셈 subtraction

çıxmaq *fe.* ① 나가다, 걷다 go out, exit ○ **gəzmək, dolanmaq** ● **girmək**; ② 도망하다, 떠나다, 도피하다 depart, start; flee, escape ○ **getmək**; **çıxıb getmək** *fe.* 떠나다, 결별하다 depart, go away, leave; **şəhərdən** ~ *fe.* 도시를 벗어나다 leave the city; ③ 나타나다, 드러나다, 생기다, 발생하다 appear, peep, exist, come to an existence ○ **doğmaq**; ④ 오르다, 상승하다, 위로 가다 climb, rise, ascend, go upward ○ **dırmanmaq, qalxmaq**; **yuxarı** ~ *fe.* 오르다, 상승하다 go up, ascend, climb; ⑤ 생산하다, 사육하다, 배양하다 produce, grow ○ **cücərmək, göyərmək, böyümək, yetişmək**;⑥ 출간되다, 출판되다, 발간되다 be released, be published; **adı** ~ *fe.* 유명해지다 become famous; ⑦ 해산하다, 파면하다, 면직되다 discharge, dismiss; ⑧ 끝내다, 마치다, 종결하다 finish, result in; **qalib** ~ *fe.* 승리하다, 이기다 win a victory; ⑨ 건강하다 be healthy; ⑩ 빼다, 제거하다, 공제하다 subtract, deduct, take account ○ **götürmək, almaq**; ⑪ 높임을 받다, 기뻐하다, 올려지다 be exulted, lift up ○ **qalxmaq, yüksəlmək**; ⑫ (손목, 발목을) 삐다, 염좌하다 sprain ○ **burxulmaq**; **yoxa** ~ *fe.* 사라지다, 없어지다 get lost

çıq-çıq *i. onomatopoeic.* 틱틱, 톡톡 tick, click ○ **tıq-tıq, taq-taq**

çıqqat *si.* 불안정한, 흔들거리는, 견고하지 않는 unsteady, shaky, not strong, not solid, not durable

çıqqıldamaq *fe.* 클릭하다, 딱딱거리다 tick, click ○ **tıqqıldamaq**

çıqqılı *si.* 작은, 사소한 little, small, trivial ○ **balaca**

çıqqıltı *i.* 딱딱거림, 틱틱거림 (noise of) knock, tap, tick, ticking (of clock) ○ **tıqqıltı**

çılpaq *si.* ① 완전히 벗은, 나신(裸身)의 completely naked; ② 완전히 황무한 completely barren

çıldaq *i.* 정신쇠약에 대한 미신적인 치료법 superstitious remedy for psychasthenia/phobia

çılğın *si.* ① 미친, 정신이 돈, 실성한 crazy, insane, mad ○ **qızğın, dəli, quduz, azğın**; ② 신경질적인, 화가 난 nervous, angry ○ **qəzəbli, hirsli, hiddətli, əsəbi** ● **sakit**

çılğınca(sına) *z.* 미치도록, 정신없이 madly, crazily

çılğınlaşmaq *fe.* 화내다, 분노하다, 성내다 get upset, be irate, be wrathful ○ **azğınlaşmaq, quduzlaşmaq**

çılğınlıq *i.* ① 교란, 혼란 상태, 미침, 정신 착란 madness, insanity, derangement ○ **qızğınlıq, azğınlıq, quduzluq** ② 괴로움, 쓰라림, 분노, 분개, 적의, 원한 bitterness, resentment, exasperation ○ **qəzəblilik, hirslilik, hiddətlilik, əsəbilik** ● **dinclik**;

çılpaq *si.* 황량한, 황무한 bare, bleak, naked ○ **lüt, yalın, üryan**; ~ **qadın fiquru** *i.* 누드, 나체(화), 나체상, 누드사진 nude; ~**ca** *z.* 발가벗고, 나신(裸身)으로 nakedly, without clothing

çılpaqlandırmaq *fe.* 발가 벗기다, 적나라하게 노출시키다 bare, *fig.* lay bare, reveal

çılpaqlanm ☞ çılpaqlanmaq

cılpaqlanmaq *fe.* (스스로) 벗다, 발가 벗다 bare, uncover oneself, strip (oneself) off; ○ **soyunmaq, lütlənmək, üryanlamaq**

Ç

çılpaqlaşmaq *fe.* (집단적으로) 벗다, 노출하다 bare, uncover oneself, strip (together)

çılpaqlatmaq *fe.* 벗게 하다, 노출하게 하다 bare; *fig.* lay bare, reveal

çılpaqlıq *i.* 벌거숭이, 적나라, 노출 nudity, nakedness ○ **lütlük, üryanlıq**

çımxırmaq *fe.* 목소리를 높여 외치다, 꾸짖다, 야단치다 shout (at), raise one's voice (at), rate ○ **acıqlanmaq, mırıldamaq, donquldamaq**

çınqıl *i.* 자갈, 조약돌 gravel, pebble

çınqıllı *si.* 자갈로 덮인 covered with gravel

çınqıllıq *i.* 자갈밭 an area containing lots of rubble

çınqır *i.* 소리, 울림 noise, ringing ○ **səs**

çıra ☞ **çıraq**

çırağban *si.* 밝게 하는, 비추는, 조명의 illuminating; ~ **etmək** *fe.* 빛나다, 밝게 하다 illuminate

çırağbanlıq *i.* 밝게 하기, 조명, 계몽, 계시 illumination

çıraq *i.* 등, 등잔, 등불, 초롱, 횃불 light, lamp, torch, lantern ○ **lampa, fənər**

çıraqaltı *i.* 전등 받침, 등잔 lamp stand

çıraqdan *i.* 등잔 lamp stand

çıraqlı *si.* 등을 가진, 빛을 비추는 lit, brightened with lamp ○ **lampalı**

çır ☞ **çırpı**

çırmalamaq *fe.* 감아 올리다, 접어 올리다 roll up ○ **qatlamaq, çevirmək**

çırmalı *si.* 감아 올린, 접어 올린 rolled up ○ **qatlaqlı, çevrili**

çırmamaq *fe.* 접어 올리다, 감아 올리다 roll up, fold up

çırpı *i.* 자른 잔가지, 땔감, 관목 brushwood, wind fallen twigs and branches

çırpılmaq *fe.* ① 흔들어 떨어지다, 털어지다 be shaken out, be shaken off; ② 두드리다, 때리다 hit, strike (against), slap; ③ 떨어지다 fall down

çırpıltı *i.* 펄럭거림, 퍼덕거리는 소리 flap

çırpınış *i.* 흔들어 떨침 shaking off

çırpınmaq *fe.* ① 두드리다, 때리다 beat; ② 버둥거리다, 퍼덕거리다, 몸부림치다, 뒹굴다 flounder, flutter, roll, wallow ○ **çabalamaq, əlləşmək, eşələnmək**; ③ 꽝하고 닫다, 문을 세게 닫다 slam, shut with a bang; ④ 먼지를 털다, 흔들어 털어 버리다 cast dirt off, shake dirt off

çırpıntı *i.* 두들김, 펄럭거림, 털어버림 throb, throbbing, beating ○ **döyüntü**

çırpışdırmaq *fe.* 훔치다, 좀도둑질하다, 슬쩍하다 filch, steal, sneak, pinch ○ **qapmaq, oğurlamaq, çalmaq, qamarlamaq, qopartmaq**

çırpışma *i.* 싸움, 전투, 접전, 충돌, 참살, 학살, 혈전 battle, skirmish, slaughter, bloody battle

çırpışmaq *fe.* 싸우다, 충돌하다, 타격하다, 가격하다 fight (with), knock (against), hit (against), battle ○ **vuruşmaq, döyüşmək, tutaşmaq**

çırpmaq *fe.* ① 흔들다, 떨다, 진동하다 shake out ○ **silkələmək**; ② 두드리다, 때리다 strike, beat strongly ○ **vurmaq, ilişdirmək**; ③ 꽝소리를 내다, 문을 쾅 닫다 bang, slam, swing; **palaz** ~ *fe.* 양탄자를 세차게 흔들어 먼지를 떨어내다 shake out a carpet

çırtdaq *i.* 흠, 얼룩, 반점 speck, speckle, spot ○ **çil, xal, ləkə**

çırtdaqlı *si.* 얼룩진, 반점이 생긴 speckled

çırtdamaq *fe.* ① 폭음하다, 폭식하다, 먹어치우다 guzzle, gobble (vulgar) ○ **çatlamaq, sınmaq**; ② 물어 뜯다, 갉아 먹다 nibble, break with teeth ○ **sındırmaq, gəmirmək**

çırtıq *i.* 손가락을 튕겨 내는 소리 snapping fingers ○ **şıqqıltı**

çırtıltı *i.* 탁탁거리며 타는 소리, 부스럭거림 noise of crash, crack, crackle (from burning wood, bush *etc.*) ○ **şaqqıltı**

çırt-pırt *si.* 쓸데없는, 무용한, 의미 없는 useless, empty, meaningless ○ **boş, mənasız, cəfəng**

çırtlamaq *fe.* ① 물어 뜯다, 갉아 먹다, (해바라기 씨를) 까 먹다 bite and break, gnaw, eat, nibble sunflower seeds; ② 꽃이 피기 시작하다 begin to bloom, flower; ③ 해가 떠오르다 rise (sun)

çırtma *i.* 손가락 튀기기 flick, snapping the fingers

çırtmaq *fe.* 해가 떠오르다 rise and appear (sun)

çırtmalamaq *fe.* (손가락으로) 튀기다, 퉁기다 give a fillip ○ **vurmaq, təpikləmək**

çırtmıq *i.* ☞ **çırtma**

çıtızmaq *fe.* ① 속삭이다, 암시하다, 넌지시 말하다 hint (at), allude (to), whisper ○ **pıçıldamaq, demək, himləmək**; ② 이해하다, 생각하다 understand, guess

çızqırmaq *fe.* 분출하다, 뿜어 나오다 spurt out;

Yaradan qan çızqırdı. 상처에서 피가 솟았다. Blood spurt out from the wound.

çiban *i. med.* 농양(膿瘍), 종양(腫瘍), 궤양(潰瘍)abscess, ulcer

çibin *i.* 파리, 하루살이 fly ○ **milçək**

çiçə *si.* 새로운, 좋은 new, good

çiçək¹ *i.* 꽃, 개화 flower, blossom ○ **gül**; ~ **açmak** *fe.* 꽃이 피다, 개화하다 bloom, blossom

çiçək² *i. med.* 천연두(天然痘) smallpox; ~ **xəstəliyi** *i. med.* 천연두(天然痘) smallpox

çiçəkaçma *i.* 개화(開花) bloom, blossom

çiçəkçi *i.* 원예사(園藝師) floriculturist

çiçəkçilik *i.* 원예(園藝) floriculture

çiçəkdan *i.* 화분(花盆) flower pot

çiçəkdöyən *i.* 백신 접종자 one who administers vaccine

çiçəkdöymə *i.* 백신 접종 vaccination

çiçəkkorluğu *i.* 적록색맹, 선천성 색맹 red-green blindness, daltonism ○ **daltonizm**

çiçəklənən *si.* 번영하는, 성공하는 prosperous

çiçəklənmə *i.* ① 개화(開花) bloom; ② 번영(繁榮) prosperity

çiçəklənmək *fe.* ① 꽃이 피다, 개화하다 bloom, flourish ○ **göyərmək, yaşıllaşmaq** ● **solmaq**; ② *fig.* 번영하다, 발전하다 prosper, develop

çiçəkli *si.* ① 꽃이 핀 flowery ○ **güllü**; ② 꽃 장식을 한 decorated ○ **naxışlı**

çiçəklik *i.* ① 화원(花園), 화단(花壇) flower garden, parterre; ○ **güllük**; ② 장식, 장식 재료 decoration ○ **naxışlıq**

çiçəkverən *i. bot.* 꽃이 피는 (식물) floriferous

çidar *i.* ① 동물의 다리를 묶는 밧줄, 족쇄 hobble, horse-lock; ② 방해, 장애, 거치적거리는 것 hindrance, obstacle, encumbrance

çidarlamaq *fe.* (동물) 족쇄를 찬 be hobbled

çifayda *nid.* 불행히도!, 뭣 때문에! unfortunately, what is the use ! ○ **nə olsun ki, nə xeyri var, təəsüf ki**

çil¹ *si.* ① 얼룩진, 더러워진 spotty, dappled, spittled, blotched ○ **xallı, ləkəli**; ② *col.* 주근깨가 생긴, 기미가 낀 freckled; ~ **tökmək** *fe.* 주근깨로 덮이다 cover with freckles

çil² *i.* 적갈색의 들꿩 hazel-grouse, hazel-hen

çilçıraq *i.* 샹들리에 chandelier

çilçıraqban *si.* 밝은, 빛이 가득한 light, bright ○ **işıqlı, çıraqban**

çilçıraqlı *si.* 밝은, 광택이 나는, 윤 나는, 번쩍이는 lustrous; bright

çiləgən *i.* 회반죽에 넣는 욋가지 lath which supports plaster

çiləmə *i.* ① 흩뿌리기, 살포, 튀기기 splashing (on), spattering (on), sprinkling (with); ② 가랑비, 보슬비, 이슬비 drizzling, spitting (rain)

çiləmək *fe.* ① 튀기다, 뿌리다, 흩뿌리다 sprinkle, splash, spatter ○ **səpələmək**; ② 보슬비가 내리다 drip, drizzle ○ **damcılamaq, çiskinləmək**

çilənmək *fe.* 흩뿌리다, 뿌리다 sprinkle, spray

çiləyən ☞ **çiləyici**

çiləyici *i.* 스프링클러, 분무기, 흡입기 sprinkler, sprayer, pulverizer

çilik *i.* ① 자루, 손잡이 handle, haft ○ **qələm**; ② (접골용) 부목 (medicine) splint; ③ 경골(脛骨), 정강이뼈, 비골, 종아리뼈 shin-bone, tibia, fibula

çilik-çilik *z.* 조각조각 piece by piece

çilikləmək *fe.* 조각내다, 작게 자르다 chop, cut

çiling *i.* (나무, 금속등의) 못, (천막의) 말뚝, (등산용) 하켄 peg; **çadır ~i** *i.* 천막 말뚝 tent peg

çilingağacı *i.* 자치기 (놀이) tipcat, I spy (children's game)

çilingər *i.* 철공(鐵工), 금속공(金屬工) locksmith, metal worker

çilingərxana *i. col.* 철공소, 자동차 차체 정비소 metal workshop

çilingərlik *i.* 철공업 profession of metal craftsmanship

çillə *i.* ① 보, 도리, 빔, 들보 pole, beam; ② (출생, 사망, 결혼 등) 근신 기간 forty days after death/birth/marry; **Böyük ~** *i.* 겨울의 첫번째 40일 the first 40 days of winter; **Kiçik ~** *i.* 겨울의 두번째 40일 the 20 days of the second part of the winter

çillə(n)mək *fe.* 기미가 끼다, 주근깨가 덮이다 be covered with freckles

çilli *si. col.* 기미가 낀, 주근깨투성이의 freckled ○ **çil-çil**

çilov *i.* 국수 콩 등과 같이 요리한 밥 rice cooked with bean, lentil, noodle

çim¹ *i.* 잔디, 뗏장 turf, sod, soil bed

çim² *si.* ① 순수한, 순진한, 순결한 pure, genuine ○ **xalis**; ② 모든, 전체의 all, every ○ **tamam, sərasər**

Ç

çimçişmə *i.* ① 까다로움, 혐오, 반감, 진저리 fastidiousness, squeamishness, disgust; ② 몸서리 shudder

çimçişmək *fe.* ① 얼룩지다, 더러워지다 be squeamish (about) ○ **iyrənmək, ikrah etmək**; ② 추위로 떨다, 움찔하다, 꽁무니 빼다 start, flinch, wince, shudder

çimdik *i.* 꼬집기, 꼭 쥐기, 비틀기 nip, pinch, tweak ○ **burmac**

çimdik-çimdik *z.* 조금씩 조금씩 pinch by pinch

çimdikləmək *fe.* ① 꼬집다, 쥐다, 비틀다 pinch, nip, tweak ○ **burmaclamaq**; ② 잡아당기다, 잡아 끌다 tear, pull

çimdirmək *fe.* 목욕시키다, 씻기다 bathe, give a bath

çimərlik *i.* 해변, 바닷가, 해안 beach

çimir *i.* 선잠, 낮잠, 졸기 nap, short sleep ○ **mürgü**; ~ **etmək** *fe.* 선잠을 자다, 졸다, 낮잠을 자다 doze off, get drowsy, fall into a light slumber

çimizdirmək ☞ **çimdirmək**

çimləmək *fe.* 잔디로 덮다, 잔디를 깔다 cover with turf

çimlik *i.* 잔디밭 an area covered with turf

çimmə *i.* 목욕하기 bathing

çimmək *fe.* 목욕하다, 씻다 take a dip, bathe, take a bath

çin¹ *i.* (톱니 날을 가진) 원형 낫, 낫 모양의 것 sickle

çin² *i.* 번, 회 step, footstep ○ **dəfə, kərə**

çin³ *i.* 층, 겹, 단계, 무더기 layer, fold, ply ○ **təbəqə, qat, pillə, lay, qalaq, yığın**

çin⁴ *si.* 실현된, 이뤄진, 옳은, 바른 right, true, just ○ **düz, doğru, həqiqət, düzgün** ● **yalan; Yuxun ~ olsun!** May your dream come true.

çin⁵ *i.* 지위, 계급 rank, title ○ **rütbə, dərəcə, titul, vəzifə; hərbi ~** *i.* 군대 계급 military rank; **admiral ~i** *i.* 제독(提督)의 지위 the rank of admiral

Çin⁶ *i.* 중국(中國) China; **~li** *i.* 중국인(中國人) Chinese; **~i** *si.* 중국의 Chinese; **~ cə** *z.* 중국어(中國語) Chinese, the Chinese language

çinar *i.* 플라타나스 plane(tree), platanus

çinarlıq *i.* 플라타나스 공원 plane grove

çinbəçin *z.* 층층이, 겹겹이 row by row, layer on layer, manifoldly ○ **qat-qat, lay-lay, çin-çin, sıralı, səliqəli**

çin-çin ☞ **çinbəçin**

çinəçi *i.* 면화 추수꾼 cotton collector

çinədan *i.* (새의) 모래주머니, (동물의) 위 crop, craw, stomach ○ **ur**

çini *i.* 자기(瓷器), 자기(瓷器)제품 porcelain ○ **saxsı; ~ qab** *i.* 자기(瓷器) porcelain

çinləmək *fe.* 겹겹이 쌓다, 같이 접어 쌓다 fold together, file up layer by layer ○ **yığmaq, qalaqlamaq, topalamaq**

çinlənmək *fe.* 접히다 be folded

çinovnik *i.* (정부의) 관리, 공무원, 관료 official, functionary, bureaucrat

çinrazyanaşi *i. bot.* 아니스(미나릿과의 1년초); 그 열매 anise, anise apples

çinşünas *i.* 중국학(中國學)자 sinologist (an expert on China)

çinşünaslıq *i.* 중국학(中國學) sinology (the study of Chinese culture)

çiriş *i.* 풀, 접착제 paste, adhesive, glue ○ **yapışqan**

çirişləmək *fe.* 붙이다, 접착하다 paste, adhere ○ **yapışdırmaq**

çirişli *si.* 접착성이 있는, 끈적거리는, 점착성의 sticky, adherent ○ **yapışqanlı**

çirk *si.* 더러운, 불결한 foul, unclean; II. *i.* ① 때, 먼지, 더러움, 오짐, 얼룩 dirt, smudge ○ **kir, zibil**; ② 진창, 진흙 mud ○ **palçıq, zığ, lil**; ③ 고름, 화농(化膿) discharge ○ **irin; ~ götürmək** *fe.* 때를 잘 타다, 쉽게 더러워지다 get dirty easily

çirkab *i.* 오수, 하수, 구정물 sewage, slops ○ **natəmizlik, murdarlıq,** ● **təmizlik**

çirkətab *si.* (옷감의) 어두운 색의 dark coloured (cloth)

çirkgötürən *si.* 잘 더러워지는 easily soiled

çirkgötürməyən *si.* 잘 더러워지지 않는 not easily soiled, not showing dirt, dark

çirkin *si.* ① 더러운, 흉측한, 진저리나는, 불쾌한 dirty, ugly, hideous, abominable, nasty, offensive, uncommonly plain ○ **kifir, eybəcər, iyrənc** ● **yaraşıqlı**; ② 야비한, 천박한, 저급한, 상스러운 base, ribald, contemptible, low ○ **alçaq, əclaf, xəbis, pozğun, murdar**; ③ 망신스러운, 괘씸한, 고약한 shameful, unworthy ○ **eybli, qüsurlu, nalayiq (hərəkət)**,

çirkinləşdirmək *fe.* 더럽히다, 추하게 하다, 망쳐놓다 disfigure, deform

çirkinləşmək *fe.* 망가지다, 추해지다, 변형되다 be deformed, be decayed, worsen, lose one's good looks, grow plainer ○ **kifirləşmək, eybəcərləşmək, iyrəncləşmək, xarablaşmaq, pisləşmək**

çirkinlik *i.* ① 추함, 변형됨, 기형, 흉함 ugliness, deformity, outrage ○ **kifirlik, eybəcərlik, iyrəncilik, biçimsizlik**; ② 불쾌함, 꼴불견, 불명예, 추악함, 비열함 disgraceful things, uncomeliness, plainness, faintness ○ **alçaqlıq, rəzillik, əclaflıq, xəbislik**

çirkləndirici *si.* 오염시키는, 타락하게 하는, 악영향의 contaminating, polluting

çirkləndirmək *fe.* 오염시키다, 망가뜨리다, 더럽히다, 얼룩지게 하다 contaminate, spoil, make dirty, dirty, pollute, stain

çirklənmək *fe.* 더러워지다, 얼룩지다, 상하다 become dirty ○ **kirlənmək, zibillənmək, bulaşmaq, ləkələnmək**

çirklətmək *fe.* 더럽게 하다, 얼룩지게 하다, 손상시키다 soil

çirkli *si.* ① 더러운, 얼룩진, 진창의, 불결한 smudgy, muddy, dirty, filthy ○ **kirli, zibilli, bulaşıq** ● **təmiz**; ② 고름이 낀, 곪는 festering, suppurative, purulent ○ **irinli**; ③ 검댕이 낀, 얼룩진 sooty, smudged ○ **hisli, paslı**

çirkli-paslı *si.* ① 태만한, 소홀한, 부주의한, 추접한, 단정치 못한 negligent, careless, slovenly, untidy; ② *col.* 찌든, 추레한 dirty-faced, smudgy

çirklilik *i.* ① 불결함, 더러움, 때가 낌 dirtiness, filthiness, muddiness; ② 화농, 고름 낌 suppuration; ③ 검댕이 낌 sootiness

çirməkli *si.* 감아 올린, 닫힌 rolled up, closed ● **açıq**

çirmələmək *fe.* 소매를 걷어 올리다, 말아 올리다 roll up, tuck up, roll up one's sleeves ○ **qatlamaq, çəkmək** ● **açmaq**

çirməmək ☞ **çirmələmək**

çirtmək *fe.* 손가락으로 딱딱 소리를 내다 make noise with finger (thumb and middle)

çisək *i.* 이슬비가 내리다 drizzle

çisəkli *si.* 이슬비가 내리는 drizzly ○ **yağışlı, yağmurlu**

çisələmək *fe.* ① 보슬비가 내리다 drizzle ○ **yağmaq**; ② (액체, 분말 등) 뿌리다, 끼얹다, 물을 뿌리다 sprinkle ○ **tökmək, səpələmək**

çisəmək *fe.* 이슬비가 내리다 drizzle (rain) ○ **yağmaq**

çisəngi *i.* 이슬비, 보슬비, 가랑비 drizzling rain, drizzle

çiskin *i.* 이슬비, 보슬비, 가랑비 drizzle, drizzling rain

çiskinləmək *fe.* 보슬비가 내리다, 짙은 안개가 끼다 drizzle, get foggy ○ **dumanlanmaq, tutqunlaşmaq, yağmaq**

çiskinli *si.* 안개낀, 흐릿한 foggy, misty ○ **dumanlı, tutqun, yağışlı**

çit *i.* 친츠: 화려한 프린트 무늬가 있는 사라사 무명 (커튼, 가구 커버용) chintz, cotton (print), calico

çitək *i.* 작은 조각, 헝겊 조각 little patch ○ **yamaq, pinə**

çitə(lə)mək *fe.* 기워 붙이다, 깁다, 헝겊을 대고 붙이다 dash, sew, button on, pin on, fasten, implicate ○ **tikmək, yamamaq, sırımaq, gözəmək**

çiv(i) *i.* 쐐기, 쐐기 모양의 것, 꺾쇠, 거멀 wedge, clamp ○ **dilçək, şpon**

çivləmək *fe.* 꺾쇠를 박아 고정하다, 쐐기를 박다 wedge, fasten with a wedge, tie with a clamp

çivzə *i.* 여드름, 뾰루지, 농포(膿疱) pimple, blotch, pustule ○ **sızanaq**

çivzəli *si.* 여드름이 난, 뾰루지가 솟은 pimpled, pimply, blotchy

çiy *si.* ① 요리되지 않은, 날것의 raw, uncooked; ② 거친 (목소리) hoarse (voice); ③ 버릇없는, 적절치 않는 (어투) rude, irrelevant (word); ④ (과일) 덜익은, 푸른 unripe; ~ **ət** *i.* 날고기, 생고기 raw meat; ~ **süd** *i.* 우유 (가공하지 않은) fresh milk

çiyə *i.* 산패유(酸敗乳) sour cream

çiyələk *i. bot.* 딸기 (장미과); 그 열매 strawberry

çiyid *i.* (면화) 씨, 면실(綿實) seed (cotton) ○ **toxum, tum**

çiyidli *si.* 씨가 있는 having seed ○ **toxumlu, tumlu**

çiyin *i.* 어깨 shoulder; **~ləri ilə vura-vura yol açmaq** *fe.* 어깨로 밀다, (어깨에) 짐을 메다 shoulder; **~lərini çəkmək** *fe.* 어깨를 으쓱하다 shrug

çiyinbağı *i.* 어깨 띠, 팔 받이 braces

çiyinləmək *fe.* 어깨로 밀다 shoulder

Ç

çiyinli *si.* 어깨가 넓은, 건장한 broad-shouldered ○ **kürəkli**

çiyinlik *i.* 케이프 (목에 두르는 짧은 망토의 일종) cape

çiyrəndirmək *fe.* 몰아내다, 거절하다, 거부하다, 낙담시키다 repel, reject, refuse, discourage ○ **iyrəndirmək, ikrahlandırmaq**

çiyrənmək *fe.* ① 피하다, 멸시하다, 경멸하다 shun, disdain, loathe, avert ○ **iyrənmək, diksinmək**; ② 반감을 갖다, 싫어하다 dislike, hate ○ **xoşlamamaq, nifrət etmək**

çoban *i.* 목자(牧者), 목동(牧童), 목부(牧夫) shepherd, cowboy; **~iti** *i.* 셰퍼드, 양지기 개 shepherd dog

çobanaldadan *i. zoo.* 쏙독새 goatsucker, nightjar

çobanaşı *i.* 짙은 우유죽 thick milk porridge

çobanbayatısı *i.* 아제르바이잔 전통 음악인 '무감'의 일종 name of Azerbaijani classical **muğam** music

çobanı *i.* 아제르바이잔 전통 음악인 '무감'의 일종 name of Azerbaijani classical **muğan** music

çobanquşu ☞ **çobanaldadan**

çobanlıq *i.* 목양(牧羊), 양치기 shepherding

çobantütəyi *i. mus.* 목동의 피리 shepherd-pipe

çobanulduz *i.* 금성의 별칭 folk name of Venus

çobanyastığı *i. bot.*카밀레(유럽산 국화과의 약용 식물의 총칭) camomile, ox-eye daisy

çocuq *i.* 아이, 아기 child, kid ○ **uşaq, çağa** ● **yaşlı, böyük**

çocuqluq *i.* 어린 시절, 유년(幼年) 시대 childhood ○ **uşaqlıq, çağalıq**

çodar *i.* ① 목동, 가축 떼의 소유자, 가축 몰이꾼 herdsman, drover; ② *obs.* 가축 상 cattle-dealer

çoğan *i. bot.* 사포나리아 soapwort, soaproot

çohrə *i.* 얼굴, 겉모양, 용모, 표정 countenance, face

çoxallahlı *si.* 다신론(多神論)의 polytheistic

çoxallahlılıq *i.* 다신론(多神論) polytheism

çoxalmaq *fe.* ① 증가하다, 늘리다, 증대되다, 증식하다 increase, multiply, augment ○ **artmaq, yüksəlmək** ● **azalmaq**; ② 사육하다, 번식하다 breed, propagate, spawn ○ **böyümək, genişlənmək**

çoxaltmaq *fe.* 증가시키다, 번식시키다 increase

çoxarvadlı *si.* 중혼(重婚)의 polygamy

çoxatomlu *i. phys. kim.* 다원자의, 다가(多價)의 polyatomic

çoxayaqlı *i. zoo.* 다족류(多足類) 동물 myriapod

çoxbaşlı *si.* 머리가 여럿인 multiheaded

çoxbilmiş *si.* ① 재치가 있는, 예민한, 현명한, 영리한, 통찰력 있는, 투철한 quick-witted, keen-witted, shrewd, penetrating ○ **fərasətli, arif, fəhmli**; ② *col.* 기어드는, 교활한 insinuating, intrusive (person) ○ **bic, hiyləgər, tülüngü** ● **mağmun**

çoxbilmişlik *i.* ① 영민함, 통찰력, 재치 있음 shrewdness ○ **fərasət, ariflik, fəhm**; ② 교활함, 사악함 wickedness, slyness ○ **biclik, hiylə, tülüngülük**

çoxbudaqlı *si.* 가지가 많은 (나무) having branches

çoxbucaqlı *i. riy.* 다각형(多角形) polygon; *si.* 다각형의, 다각(多角)의 polygonal, multangular

çoxcəhətli *si.* 다면체(多面體)의 many-sided

çoxcildli *si.* 여러 권으로 이뤄진 in many volumes

çoxçiçəklı *i. bot.* 꽃이 많이 피는 (식물) multiflorous

çox-çox *z.* 많이, 다량으로 in plenty, in large numbers

çoxdan *z.* 오래전부터, 오랫동안 long ago, for ages, long ago ○ **əvvəllər, qabaqlar** ● **indi**; **~dan bəri** *z.* 오랫동안 for a long time; **~ın** *si.* 오래된, 고전의, 오래 지속되는 old, ancient, bygone, long-standing, of long standing

çoxdanışan *si.* 수다의, 다변의, 말이 많은 talkative, magpie ○ **boşboğaz, çərənçi, ağzıboş**

çoxdankı *si.* 오래된, 낡은, 고전의 old, ancient ○ **əvvəlki, köhnə, qədim**

çoxdəzgahçı *si.* 다면적인, 다중과업의, 동시에 여러 가지를 수행하는 many-sided, multi-tasking

çoxdilli *si.* 다중언어의, 여러 언어를 말하는, 여러 언어에 통하는 polyglot, polylingual, multilingual

çoxdişli *si.* 이를 드러낸 toothy

çoxərli *si.* 일처 다부제의, 수술이 많은 polyandrous (having more than one husband)

çoxərlilik *i.* 일처다부제 polyandry

çoxəsrli *si.* 여러 세기의 over many centuries
çoxgülən *i. col.* 희롱자, 조소자, 조롱하는 사람 banterer, scoffer, mocker
çoxhakimiyyətlilik *i.* 다중정부 multi-governmentalism, the existence of several government bodies that have the same powers
çoxhecalı *si.* 다음절의, 3음절 이상의 polysyllabic; ~ **söz** *i.* 다음절어, 다음절어를 특징으로 하는 polysyllabic word
çoxillik *i. bot.* 다년생 식물 perennial, of many years, of several years standing
çoxişlənən (mallar) *i.* 생필품 consumer's goods, essential goods
çoxqanadlılar *i. zoo.* 다익류(多翼類)의 곤충 a class of multi-winged insects
çoxqatlı *si.* 여러 겹의 multi-layered
çoxlaşmaq *fe.* ① 많아지다, 증가하다 increase; ② 자가 번식하다, 많이 산출하다 propagate itself, breed, spawn
çoxlaylı ☞ çoxqatlı
çoxlu *si.* 많은, 많은 양의, 많은 수의, 넘치도록 많은 a good deal of, numerous, surplus, lots of, a lot of ○ **az**
çoxluq *i.* 다수, 대다수, 대중(大衆) majority, plurality, multitude ○ **əksəriyyət**; ● **azlıq**; *z.* 다수 득표로 by a majority of votes
çoxməqsədli *si.* 다목적(多目的)의 multi-purpose
çoxmə'nalı *i. məh.* 다의어, 여러 의미를 가진 단어 polysemantic ● **təkmə'nalı**
çoxmillətli *si.* 다문화의, 여러 민족으로 이루어진 multicultural, consisting of many nationalities
çoxməchullu *i. riy.* 다중방정식(多重方程式) multiequation
çoxmərtəbəli *si.* 많은 층으로 이루어진 multi-storeyed
çoxmilyonlu *si.* 수백만의 millions; ~ **zəhmətkeş kütləsi** *i.* 수백만의 노동자 the vast masses of working people
çoxmövzulu *si.* 여러 주제로 이루어진 containing many topics
çoxnövlü *si.* 다양한, 여러 종류의 various
çoxnövçü *i.* 여러 종목에 참여하는 운동선수 one who is involved in many sports
çoxpartiyalı *si.* 다당제(多黨制)의 multi-party
çoxpilləli *si.* 여러 단계로 이뤄진 consisting of many stages
çoxrəqəmli *i. riy.* 여러 자리 수의 multiciphered, number expressed by several figures
çoxrəngli *si.* ① 다형다색의 multi-coloured; ② (인쇄의) 다색의, 갖가지 색을 나타내는, (세포 조직이) 다염성의 (printing) polychromatic, polychrome; ③ *i. bot.*여러 종류의 꽃이 피는 multiflorous
çoxrənglilik *i.* 다색 인쇄, 다형 다색 polychronomy
çoxsahəli *si.* 다면적의, 다양한 분야의, 혼합 농의 varied, diversified economy, mixed farming, agriculture
çoxsəsli *si.* ① 입체 음성의 many-voiced; ② *mus.* 다성악의, 대위법의 polyphonic
çoxsimli *si.* 다현(多絃)의 (악기) many-stringed
çoxsözlü *si.* 말수가 많은, 장황한 wordy
çoxşəkilli *i. bio.* 여러 형태의, 다양한 polymorphous
çoxşəkillilik *i. bio.* 동질 이상, 다형성(多形性) polymorphism
çoxtarlalı *si.* 여러 들판으로 이뤄진 consisting of many fields
çoxtelli *si.* 여러 겹의 철심으로 된 multi-wired
çoxtəkərli *si.* 다륜(多輪)의 multi-wheeled
çoxtərəfli *si.* ① *riy.* 다각형의, 다면체의 polygonal, multilateral; ② *fig.* 다재 다능한, 여러 방면에 능한 many-sided, versatile
çoxtilli *si.* 여러 날을 가진 having many blades
çoxtirajlı *si.* (책) 발행 부수가 큰 having a large circulation (book)
çoxtorpaqlı *si.* 대토지소유의, 큰 재산을 가진 possessing much land, owning big property
çoxu(su) *i.* 대다수, 다수 majority, many ○ **əksəriyyət**, ● **azı**; **adamların** ~ *i.* 대부분의 사람들 most people; **dostlarımın** ~ *i.* 친구의 대다수 most of my friends
çoxuşaqlı *si.* 다자녀의 (가정, 어머니) of large family, mother of many (children), mother of a large family
çoxüzlü *si. riy.* 이름이 많은, 다변의, 다방면의, 다면적인 multinominal, polynominal; many-sided
çoxvariantlı *si.* 다양한, 여러 가지의 various
çoxyaşar ☞ çoxyaşlı
çoxyaşlı *si.* 나이가 든, 장년의, 노년의 aged, old,

Ç

of many years
çoxyerli *si.* 공간이 많은, 널찍한 spacious, roomy
çoxyeyən *si.* 게걸이 든, 대식하는 gluttonous
çokük *si.* 오목한, 오목 다각형의 concave
çolaq *i.* 절름발이의, 지체 부자유의 cripple, lame ○ **axsaq, topal, şikəst, şil, əlil**
çolaqlamaq *fe.* 절뚝거리다 cripple ○ **axsamaq**
çolaqlıq *i.* 지체 부자유, 장애 lameness, handicap ○ **axsaqlıq, topallıq, şikəstlik, şillik, əlillik**
çolma-çocuq *si.* 어린애들 children, kiddies ○ **övladlar, uşaqlar, oğul-uşaq**
çolpa *i.* ① 젊은 수탉 cockerel; ② 아이(들) child
çoluq-çocuq ☞ **çolma-çocuq**
çomaq *i.* 몽둥이, 막대기, 곤봉 bat, club, bludgeon, cudgel; **çoban ~ğı** *i.* 목자의 지팡이 shepherd's crook
çopur *si.* 두흔(痘痕), 마맛자국 pock, pock-mark ○ **çil**
çopurlanmaq *fe.* 마맛자국이 생기다, become speckled, get pocked ○ **çillənmək**
çopurlu *si.* 마맛자국이 있는, 얼굴이 얽은 speckled, pitted, pockmarked ○ **çilli**
çopurluq *i.* 마맛자국이 있음 state of being pockmarked or speckled ○ **çillik**
çor *i.* ① (면화에 생기는) 병 plant disease (mainly cotton); ② 저주나 욕설의 언어 a curse, an offensive word
çort *i.* 졸기, 선잠 doze, slumber ○ **xəstəlik, naxoşluq**
çoşqa *i.* 새끼돼지, 어린 돼지 piglet
çoşqalamaq *fe.* (돼지) 새끼를 낳다 farrow
çov *i.* 소식, 기별, 알림, 통보 news, piece of news, notification, notice ○ **xəbər, mə'lumat, bildiriş**
çovdar *i. bot.* 호밀 rye
çovğun *i.* 눈보라, 블리자드, 폭설 blizzard, snow-storm ○ **boran**
çovğunlamaq *fe.* 폭풍이 불다, 폭설이 내리다 storm ○ **boranlamaq**
çovğunlu *si.* 폭풍우의 stormy ○ **boranlı**
çovğunluq *i.* 폭풍우가 침 storminess ○ **boranlılıq**
çovkə *i.* 세상을 떠들썩하게 하는 사람, (재해 등에 대하여) 헛소문을 퍼뜨리는 사람, 기우가 심한 사람 panic-monger, scare-monger, alarmist
çovuma *i.* (총알) 빗나감, 치우침, 벗어남, 반향, 반사 deflection, reverberation (bullet)
çovumaq *fe.* ① 되튀다, 튀어 오르다, 반향하다 rebound; ② (총알) 빗나가다, 벗어나다, 치우치다 deflect (bullet)
çovustan *i.* 오두막, 움막, 임시가옥 hut, shelter of branches ○ **çavıstan**
çovuş *i.* 왕의 전달자, 왕의 사자, 군사(軍使) messenger, herald (who read the royal proclamation in loud voice); ② 하급 장교 petty officer
çovuşquşu *i. zoo.* 후투티 파랑새목(—目 Coraciiformes) 후투티과(—科 Upupidae)에 속하는 새 hoopoe
çovuşluq *i.* 하급 장교직 work of herald/petty officer
çöhrə *i.* 얼굴, 안색, 외관, 겉모양 face, complexion ○ **üz, sifət, sima**
çöhrəli *si.* 얼굴의, 안면의 facial ○ **simalı, sifətli**
çökdürmək *fe.* ① 곤두박이치게 하다, 밀어 떨어뜨리다, 쏟아지게 하다 make precipitate; ② *fig.* 주저앉게 하다, 복종하게 하다, 무릎 꿇게 하다 force to sit down/obey/kneel
çökdürücü *si.* 가라앉히는, 떨어지게 하는, 주저앉게 하는 sinking, falling
çökə *i. bot.* 라임나무, 보리수; 그 열매 lime (tree), linden
çökə(balığı) *i. zoo.* 작은 철갑상어의 일종 sterlet
çökə-çökə *z.* 웅크린 채, 엉금엉금 squattingly
çökək *i.* 구멍, 웅덩이, 움푹 패인 곳 hollow, hole ○ **çala, çuxur, oyuq, batıq** ● **düz**
çökəklik *i.* 웅덩이 많은 곳, 오목형, 오목함 concavity
çökəlik *i.* 라임 공원, 라임 숲 lime grove
çökəlmək *fe.* ① 가라앉다, 떨어지다, 무너지다 sink, fall ○ **çuxurlanmaq, batıqlaşmaq**; ② 무릎 꿇다, 저하하다, 퇴보하다 kneel, degenerate, go to seed, settle
çökmə *i.* 구멍, 웅덩이, 구덩이 hollow, hole
çökmək *fe.* ① 가라앉다, 떨어지다 fall, sink ● **qalxmaq**; ② 무너지다, 주저앉다 collapse, fall down; ③ 웅크리다, 웅크리고 앉다 squat; **diz ~** *fe.* 무릎을 꿇다 kneel, fall on one's knees
çökmüş *si.* 가라앉은, 침전된, 무너진, 주저앉은 sunken
çöküк *si.* 구멍, 웅덩이, 구덩이, 움푹한 곳 con-

cave, hollow, sunken ○ **çuxur, batıq**; ~ **yanaqlar** *i.* 움푹 들어간 볼 sunken cheeks
çöküklük *i.* 구멍 투성이, 웅덩이가 많은 곳 concavity, dip
çöküntü *i.* 침전물, 앙금 sediment, deposit; ~ **əmələ gətirmək** *fe.* 침전물이 생기다, 앙금이 생기다 deposit ○ **torta, xılt**
çöküntülü *si.* 침전물이 생긴, 앙금이 가라앉은 residuum ○ **tortalı, xıltlı**
çöl *i.* ① 바깥, 외부, 뜰 outside ○ **həyət, bayır, eşik** ● **içəri**; ② 들, 평원, 평지 field ○ **düzən**; ③ 사막, 초원, 광야 desert, steppe ○ **səhra, biyaban**; ~**ə çıxmaq** *fe.* 밖에 나가다, 외출하다 get out; ~**də** *z.* 밖에서, 문 밖으로 on the outside, out of doors, outside
çöl-bayır *i. top.* 환경, 주변 surroundings, environs
çölçü *i.* 시골뜨기, 농부, 촌놈, 촌부 peasant, country man
çöldonuzu *i. zoo.* 멧돼지 wild-boar
çöldövşanı *i. zoo.* 산토끼 wild-rabbit
çöleşşəyi *i. zoo.* 야생 당나귀 onager
çölgöyərçini *i. zoo.* 산비둘기의 일종 turtle dove, collared dove
çölkəsəyəni *i. zoo.* 야생 마못 (다람쥣과의 설치동물) steppe marmot
çölqaranquşu *i. zoo.* 제비의 일종 wild swallow
çölqazı *i. zoo.* 야생 거위 wild goose
çölləmə *z.* 지름길로 by way of a shortcut
çölmə *i.* 질그릇, 토기 clay pot, earthenware ○ **dopu**
çölnanəsi *i. bot.* 야생 박하 wild mint
çölnoxudu *i. bot.* 야생 콩, 석죽과 동자꽃속의 식물의 총칭 lychnis, wild peas
çölördəyi *i. zoo.* 청둥오리 wild duck, mallard
çölpişyi *i. zoo.* 들고양이 wild-cat
çöltoyuğu *i.* 뇌조(雷鳥), 들꿩 hazel-grouse, hazel-hen
çömbələk *z.* 구부정하게, 엉금엉금 squattingly, stoopingly
çömbələn[1] ☞ çömbələk
çöm(b)əlmək *fe.* 웅크리다, 웅크리고 앉다 squat, stoop ○ **çöməlmək**
çöm(b)əltmək *fe.* 웅크리고 앉게 하다, 몸을 구부리게 하다 squat, crouch, stoop
çömçə *i.* 국자, 큰 스푼, 주걱 scoop, soup ladle; ~ **ilə tökmək** *fe.* 국자로 푸다 ladle
çömçəbalığı *i. zoo.* 바다잉어의 일종 sea-roach
çömçəquyruq *i. zoo.* 올챙이 tadpole
çömçələmək *fe.* 국자로 푸다 ladle
çöndərmək *fe.* 되돌리다, 돌리다 turn, swing ○ **döndərmək**
çön|mək *fe.* 흔들리다 turn, swing; ~**üb baxmaq** *fe.* 돌아보다, 되돌아 보다 turn to look, glance back
çöp *i.* ① (나무, 짚 등) 조각, 부스러기 chip (wood, straw etc); ② 가늘고 긴 조각, 쪼개진 조각, 파편, 단편 splinter, sliver, flake; ③ (목에 걸린) 가시 bone (in throat); ~ **kimi arıq** *si.* 매우 얇은, 날씬한, 이쑤시개처럼 깡마른 thin as a lath, very thin; **saman ~ü** *i.* 지푸라기 straw
çöpçü *i.* 목에 걸린 가시나 소화불량을 다루는 민간의사 folk doctor who treats bone stuck in throat or dyspepsia
çöpəgülən *i.* 희롱(戱弄)자, 조소(嘲笑)자, 모욕(侮辱)자 banterer, scoffer, mocker
çöplük *si.* 가시가 많은, 침이 있는 thorny, prickly, spiny
çöpük I. *i.* 더미, 쌓아 올린 것, 더미 pile, stack ○ **topa, yığın, yumaq**; II. *si.* ① 헐거운, 풀린 loose ○ **boş, yumşaq**; ② 허약한, 파리한, 병약한 feeble, wan ○ **arıq, sısqa**
çörək *i.* ① 빵, 식빵 bread; ~ **bişirən** *i.* 제빵사, 빵굽는 사람 baker; ~ **dükanı/xana** *i.* 빵집 bakery; ~ **pulu qazanmaq** *fe.* 간신히 살아가다 earn one's living; ~ **qırıntısı** *i.* 빵 부스러기 crumb
çörəkağacı *i.* ① (집안의 생계를 유지하는) 일손, 한 집안의 기둥 breadwinner; ② *col.* 돈벌이가 되는 일, 수지 맞는 일 lucrative appointment, well-paid job, money tree
çörəkbişirən ☞ çörəkçi
çörəkçi *i.* 제빵사 baker
çörəkçilik *i.* 제빵, 제과 bread baking
çörəkçixana *i.* 제과점 bakery, bakehouse
çörəkitirən *si.* 배은망덕의 ungrateful ○ **nankor**
çörəkqabı *i.* 빵 바구니 bread-basket
çörəkli *si.* ① 번영하는, 풍부한 prosperous, well-off ○ **varlı, bərəkətli**; ② *fig.* 친절한, 환대하는, 후한 hospitable ○ **qonaqcıl**; ③ 이익이 되

Ç

는, 유익한, 수익성의 beneficial ○ **qazanclı, gəlirli**
çörəkpulu *i.* 기초 식비, 기초 생활비 money for living, money for daily bread
çörəksatan *i.* 빵 장사, 기초 식량 판매자 grain/corn merchant
çörəksiz *si.* ① 가난한, 일용 양식도 없는 poor, having no bread; ② *fig.* 구두쇠의, 인색한, 불친절한, 박덕한 stingy, niggardly, inhospitable
çörəkverən *si.* 관대한, 인정 많은 generous, charitable ○ **əliaçıq, səxavətli, comərd**
çövkən *i.* 격구(擊毬), 폴로 a game played with a ball and long stick while riding a horse
çövkirmək *fe.* 바꾸다, 변화하다 change, turn
çoykürmək *fe.* 바뀌다, 변화되다 be turned, be changed
çözələmək *fe.* (감긴 것) 풀다, 펴다, 풀어주다, unwind, uncoil, unreel ○ **açmaq**
çözəmək ☞ **çözələmək**
çözmək ☞ **çözələmək**
çubuq I. *i.* ① 막대기, 지팡이, 젓가락, 회초리 birch, bar, rod, stick ○ **şax, çöp**; ② 철사, 전선 wire; ③ (담배) 파이프, 담뱃대 pipe for smoking ○ **qəlyan**; II. *si.* 가는, 야윈, 날씬한, 깡마른 thin, lean, lanky; ~ **çəkmək** *fe.* 담배를 피다 smoke a pipe
çubuqbaşı *i.* 담뱃대의 머리쪽 head of smoking pipe
çubuqcuq *i.* 작은 지팡이 small rod
çubuqlamaq *fe.* 채찍질하다, 때리다 flog, whip ○ **vurmaq, döymək**
çubuqvarı *si.* 가늘고 곧은 thin and straight
çuğul *i.* 밀고자, 내통자 informer, traitor, sneak ○ **xəbərçi**
çuğullamaq *fe.* 고발하다, 배반하다, 밀고하다, 내통하다 denounce, betray ○ **şeytanlamaq**
çuğullatmaq *fe.* 밀고하게 하다, 고발하게 하다 inform (to, against), denounce (to)
çuğulluq *i.* 밀고, 배반, 내통 report, message ○ **xəbərçilik, şeytanlıq, böhtançılıq, iftiraçılıq**
çuğulçu *i.* 밀고자, 내통자 informer; *col.* telltale, sneak ○ **çuğul**
çuğulçuluq *i.* 밀고, 내통, 고발 imforming ○ **çuğulluq**
çuğundur *i.* 비트, 근대 beet, beet-root; **şəkər ~u** *i.* 사탕무 sugar beet
çuğundurçu *i.* 사탕무재배자 sugar-beet farmer
çuğundurçuluq *i.* 사탕무재배 sugar-beet farming
çuxa *i.* 코카서스 남자들의 민속 복장 folk costume for a Caucasian man
çuxur I. *si.* 오목하게 파인 concave; II. *i.* 구멍, 구덩이, 웅덩이, 굴 cavity, dent, hole, pit, socket ○ **çala, çokək**; ~ **boşqab** *i.* 우묵한 접시, 스프용 접시 soup-plate; **~a düşmüş** *si.* 구덩이에 빠진, 우묵한 sunken; **~a düşmüş gözlər** *i.* 깊숙한 눈 sunken eyes
çuxurlanmaq *fe.* 가라앉다, 구덩이에 빠지다, 떨어지다, 내려가다 settle, sink, fall, go down, lower ○ **çökmək, batmaq**
çuxurlu *si.* 구멍이 많은 hollowed, topsy-turvy ○ **çalalı, çökək, oyuq**
çuxurluq *i.* 울퉁불퉁한 장소, 고르지 않는 면 uneven place, topsy-turvy place ○ **çalalıq, çökəklik**
çuxursuz *si.* 편평한, 고른 even, smooth ○ **çalasız, çökəksiz, düz, hamar**
çuxursuzluq *i.* 고름, 부드러움 evenness, smoothness ○ **çalasızlıq, çökəksizlik, hamarlıq**
çuqun I. *i.* ① 무쇠 cast iron; II. *si.* 무쇠로 만든 thing made of cast-iron
çuqunəridən *i.* 무쇠 가마 cast- iron foundry
çul *i.* 안장 깔개, 의복 horse-cloth, shabrack; clothing
çul-çuxa *i.* 의복, 입는 것 clothing
çulğalamaq *fe.* ① 외투를 입다 cloak, shroud; ② (옷, 천으로) 싸다, 감싸다, 두르다 wrap up (in) ○ **sarımaq, bürümək, dolamaq, bələmək**
çulğalanmaq *fe.* (옷, 천을) 스스로 감싸다, 스스로 두르다 wrap oneself up, be cloaked, be shrouded, become covered, enveloped (with)
çulğamaq *fe.* ① 외투를 입다 cloak, shroud; ② (천으로) 싸다, 감싸다 wrap up (in)
çullamaq *fe.* 말 옷으로 덮다 cover with horsecloth
çullanmaq *fe.* 말 옷으로 (자신을) 덮다 be covered with horse-cloth
çullatmaq *fe.* ① 말 옷으로 덮게 하다 cover with horse-cloth; ② 여러 겹으로 옷을 입다 dress in a lot of layers
çullu *si.* 말 옷으로 덮인, 말 옷을 입은 covered

with horse-cloth

çulsuz *si.* 말 옷을 입지 않는 without horse-cloth

çust *i.* 샌들, 여름용 신발 sandal

çuval *i.* 자루, 마대, 부대 sack ○ **kisə, torba**

çuvalduz *i.* 자루를 꿰매는 대 바늘 awl, needle for sowing sacks *etc.*

çuvallı *si.* 부대에 담은, 자루에 담은 sacked, packed in a sack ○ **kisəli, torbalı**

çuvallıq *i.* 자루를 만들 재료 material for making sacks ○ **kisəlik, torbalıq**

çuvaş *i.* 추바쉬 Chuvash

çuvaşca *i.* 추바쉬어 Chuvash language, Chuvash

çün ☞ çünki

çünki *ba.* 왜냐하면, 그러므로, 그래서 for, because, as; thus, therefore; ***Biz onsuz getdik, çünki o hazır deyildi.*** *우리는 그를 빼고 떠났다, 왜냐하면 그는 준비되지 않았었기 때문에. We went without him, as he was not ready.*

çürük *si.* ① 썩은, 상한 rotten, spoilt, decomposed ○ **iyli, qoxulu** ● **saf**; ② 무가치한, 타락한 worthless, demoralized, corrupted ○ **kif, çəng**

çürükçü I. *i.* 잡담꾼, 수다꾼 twaddler, winbag, babbler; II. *si.* 지루한, 싫증나는 boring, bothersome

çürükçülük *i.* 쪼잔함, 하찮음 meanness, pettiness, triviality, pedantry, punctiliousness ○ **xırdaçılıq, qarayaxalıq, zəvzəklik, sözçülük**

çürüklük *i.* ① 부패, 악취 putridity, rottenness; ② (정신적) 타락, 부도덕, 부패 corruption, immorality

çürümək *fe.* 부패하다, 썩다, 악취(惡臭)가 나다, 변질되다 corrupt, curdle, decay, decompose, rot ○ **qoxumaq, iylənmək;**

çürüntü *i.* 녹, 곰팡이 rot, mould, putrefaction ○ **kif, çəng**

çürüntülük *i.* 부패, 썩음 putridity, rottenness

çürütmək *fe.* ① 썩게 하다, 부패시키다 rot, decay; ② 응고시키다 curdle; ③ 괴롭히다, 귀찮게 하다, 싫증나게 하다 pester (with), bother (with), bore (with)

D·d

da, də *z.* ① ~도, ~ 역시, ~둘 다 also, too, either, both and; ***O da həkimdir.*** *그도 의사이다. He is also a doctor.*; ***Dəftər də aldım, qələm də.*** *공책도 사고, 연필도 샀다. I bought both notebook and pen.*; ② (양보 : 가정법과 같이) ~도, ~할지라도 even, even if; ***Görsəydim də tanımazdım.*** *그를 봤어도 알아보지 못했을 것이다. Even if I saw him, I shouldn't recognise him.*; ③ ~도, ~ 또한, ~ 역시 as well; ***Onlar da gəlir.*** *그들도 또한 (역시) 왔다. They come as well.*; ④ 그렇게, ~까지도, ~마찬가지로 so; ***Siz hazırsınızmı?-Bəli. Uşaqlar əd.*** *준비됐어? 예, 애들까지도. Are you ready? Yes. So are children.*

dabaq *i.* (수의학) 구제역(口蹄疫) foot-and-mouth disease (veterinary), bards

dabaqlı *si.* 구제역에 걸린 ill with bards

daban *i.* ① 발꿈치, 뒤꿈치 heel; ② 신발의 뒷축, 뒤꿈치 heel (of shoes); ③ *col.* 뒤꿈치 만큼의 길이 unit of length of shoes' heel; *col.* 번, 차례 times ○ **dəfə, kərə**; **~ almaq** *fe.* 도망치다 run away; **~ qırmadan** *z.* 쉬지 않고, 계속해서 without stopping, continuously; **~ döymək** *fe.* 많이 걷다 walk a lot; **~ döymək** *fe.* walk; **~ına daş dəymək** *fe.* 지각하다, 늦다, 지연되다 be late, be tardy; **~ına daş dəymiş** *si.* 실패한, 성공하지 못한 unsuccessful, failed; **hündür ~ çəkmə** *i.* 굽이 높은 신발, 하이 힐 high heeled shoes; **təpədən ~a qədər** *z.* 전신으로, 머리부터 발꿈치까지 from head to foot; **~ını yalamaq** *fe.* 지나치게 아첨하다, 발림말(발린 말)하다, 빌붙다 lick one's shoes, flatter; **~ına tüpürmək** *fe.* 도망치다, 돌진하다 take to one's heels, make a dash; **~ ~a** *z.* 완전히, 철저하게 completely, thoroughly

dabanaltı *i.* 신발 뒤축의 가죽 heel-tap

dabanaltlıq *i.* 뒤축 가죽에 알맞은 재료 something suitable for heel-tap

dabanbalığı *i. zoo.* 붕어 crucian

dabanbasaraq *z.* 성급하게, 조급하게 speedy, hastily ● **yavaş**

dabanbasma *z.* 곧, 바로, 즉시, 바로 가까이에 immediately, at once, in no time; **bir kəslə ~ getmək** *fe.* 힘겹게 ~의 뒤를 따르다 follow hard *smb.*'s heel hard; **dalınca ~ gəzmək** *fe.* 미행하다; 개로 추적하다 dog *smb.*'s steps.

daban-dabana *z.* 철저하게, 완전히 heel to heel, thoroughly; **~ zidd** *si.* 정반대의 diametrically opposite

dabandalı *i.* (신발의) 뒤축 가죽 counter, back (in shoes)

dabandaşı *i.* 속돌, 경석(輕石), 부석(浮石) pumice stone

dabanlı *z.* (신발의) 뒷굽이 있는 heeled, with heel

dabanlıq *i.* ① 뒷굽용 재료 a material for heel; ② 디딤판, 발판 step-bearing

dabansız *si.* (신발) 굽이 없는 heelless, without heel (shoes)

dabbağ *i.* 제혁(製革)업자, 가죽 다루는 사람, 제혁장(製革匠) currier, tanner, leather-dresser, fur-dresser

dabbağlıq *i.* 제혁업 profession of leather-dresser/currier

dabbaqxana *i.* 제혁공장 tannery; **~da gönünü tanımaq** *fe.* 철저하게 잘 알다 know thoroughly

dad[1] *i.* 풍미, 맛; 향미 taste, flavor, zest ○ **ləzzət, nəş'ə**; **~ına baxmaq** *fe.* 맛보다, 시식하다 taste, test the taste; **~a gətirmək** *fe.* 맛을 내다, 풍미(향기)를 곁들이다; 멋을 (풍취를, 운치를) 곁들이다 flavor; **~ vermək** *fe.* 맛을 내다, 맛을 더하다

taste, have a taste; **acı ~ vermək** *fe.* 쓴 맛을 내다 taste bitter; **ağzının ~ını bilmək** *fe.* 좋은 맛을 내다, 맛이 좋다 have good taste, be tasteful; ***Dadmayan dad bilməz.*** *먹어 봐야 맛을 안다. The proof of the pudding is in the eating.*

dad² *i.* ① 도움, 원조, 조력 help, aid, assistance ○ **kömək, imdad; ~a yetmək** *fe.* 돕다, 원조하다, 지원하다 help, aid, support; ② 애원, 호소, 간청, 청원, 간절한 부탁 appeal, entreaty ○ **fəryad, fəğan, haray;** ③ 불평, 찡찡거림, 우는 소리, 고충 complaint **şikayət; ~çəkmək** *fe.* 심하게 불평하다 complain bitterly; ***O, mənim dadıma çatdı.*** *내 도움에 이르렀다. 내가 도울 수 있었다. He came to my assistance.*

dad³ *nid.* 아뿔싸! 자비를! 화로다! woe, merciful, oh ● **aman, vay, haray;** ***Dad əlindən!*** *오, 저런! God! Goodness me!*

dad-aman *i.* 원망, 청원, 소청, 탄원, 기원 complaint, cry for help, appeal, supplication; **~ eləmək** *fe.* 도움을 청하다, 청원하다, 원망하다 beg/ask about help/mercy

dadamal *si.* 버릇이 된, 익숙해진, 습관화된 accustomed of eating out/doing certain action; **~ olmaq** *fe.* 습관화되다, 버릇이 들다 get accustomed

dadanaq ☞ **dadamal**

dadandırmaq *fe.* ① 버릇이 들게 하다, 습관화시키다 make *smb.* get into certain habit; ② (잘못된 행동을) 종용하다, 꾀다, 유혹하다 entice, persuade *smb..* to do some wrong action

dadanma *i.* 버릇 들기 getting/falling into the habit

dadanmaq *fe.* 습관이 들다, 버릇이 되다, 익숙해지다, 경험하다 acquire a taste for, visit a place often, experience ○ **alışmaq, öyrəşmək** ● **yadırğamaq**

dadanmış *si.* 경험한, 맛본 tasted, experienced ○ **tamarzı**

dadaş *i.* 형님 elder brother

dadbilmə *i.* 미각, 심미(審美) taste sensation

daddırmaq *fe.* 맛보게 하다 ask *smb.* to taste

dad-fəryad *i.* 신음, 도움을 구하는 소리 moan, groan, cry (for help); **~ etmək** *fe.* 외치다, 큰소리로 도움을 청하다 yell, cry out

dad-haray *i.* (도움을 구하는) 비명, 소리, 외침 shout, yell, scream, call for help

dadılmaq *fe.* 맛을 보다 be tasted

dadımlıq *i.* 맛보기만큼의 양 amount of tasting; **bir ~** *z.* 맛보기 a bit for tasting; **bir ~ şorba** *i.* 맛볼 만큼의 국물 a taste of soup

dadıxmaq *fe.* (음식이) 상하다, 썩다, 쉬다 turn rancid, taste unpleasant

dadız(dır)maq *fe.* 맛보게 하다 cause *smb.* to taste

dadlandırmaq *fe.* 맛나게 하다 make tasty/tasteful

dadlanmaq *fe.* 맛있게 되다, 익다 (과일) become tasty/delicious/yummy; ripe ○ **dadsızlaşmaq**

dadlı *si.* ① 맛있는, 맛난, 입에 맞는, 풍미 좋은, 침이 돌게 하는 tasty, palatable, savory ○ **ləzzətli, tamlı** ● **dadsız;** ② 우미한, 고상한, 미려한, 맛좋은 dainty; nice, pleasant ○ **lətif, xoş, şirin;** ③ 매력 있는, 호감이 가는 charming, attractive ○ **duzlu, gözəşirin, qanışirin; ~ xörək** *i.* 맛있는 음식 tasty dish; **~ tikə** *i.* 맛있는 한 조각 (케밥) tidbit, titbit; **~-duzlu** *si.* 맛 있는, 입맛을 돋우는 a) tasty, appetizing; 예쁜, 매력있는 (여자) b) pretty, attractive (woman); **~-ləzzətli** *si.* 맛 있는, 풍미 있는 palatable, tasty, delicious

dadlı-dadlı *si.* 맛있는, 맛 좋은 tasty, palatable, delicious ○ **dadlı-tamlı, dadlı-ləzzətli**

dadlılıq *i.* ① 맛있음, 풍미 tastefulness, tastiness; ○ **ləzzətlilik, tamlılıq;** ② 매력, 매혹 attractiveness, charm ●**şirinlik, məzəlilik**

dadma *i.* 맛보기, 참여하기 partaking, tasting

dadmaq *fe.* ① 맛보다, 시식하다, 먹다 taste, put to the taste ● **yemək;** ② 경험하다, 참여하다 experience, partake ● **qanmaq, anlamaq;** 지각(知覺)하다 perceive ●**duymaq**

dadsız *si.* 맛없는, 싱거운, 불쾌한 tasteless, insipid, unsavory; **~ qida** *i.* 맛없는 음식 insipid food

dadsızlıq *i.* 맛없음, 재미 없음 insipidity, mediocrity

dağ¹ *i.* 산, 언덕 mountain, hill ● **dərə; ~ silsiləsi** *i.* 산맥 range, ridge; **~ın başı** *i.* 산정(山頂), 산 꼭대기 top of mountain; **~ın döşü** *i.* 산 중턱 slope of mountain; **~ ətəyi** *i.* 산 자락 foothill, lower slopes; **~ keçisi** *i.* 야생의 염소 mountain goat; **~ xəstəliyi** *i.* 고산 병 mountain sickness; **~ keçidi** *i.* 산 고개 mountain pass; **dalında ~ kimi durmaq** *fe.* ~의 뒤를 잘 봐주다, 든든한 배경을 갖다 defend *smb.* with might and main,

D

be solidly behind *smb.*

dağ² *i.* 낙인(烙印) brand; ~ **su** *i.* 증수(蒸水), 끓인 물 boiled water; ~ **etmək** *fe.* 녹이다, 용해하다 melt; ~ **basmaq** *fe.* 낙인을 찍다, 상표를 붙이다 brand, stigmatize; ~ **çəkmək** *fe.* 낙인을 찍다, 오명을 남기다, 깊은 상처를 주다 inflict deep mortification, wound deeply, hurt one's feeling; **ürəyinə ~ çəkmək** *fe.* 마음의 상처를 주다 hurt one's heart

dağal I. *i.* 허풍선이, 자랑꾼 boaster, braggart, show-off; II. *si.* 자랑하는, 허풍 떠는, 자화 자찬의, 거드럭거리는, 거만(오만)한, 건방진 pugnacious, arrogant, boastful

dağallıq *i.* 오만, 거만, 건방짐 pugnacity, arrogance, boastfulness; ~ **etmək** *fe.* 자랑하다, 떠벌리다 boast, arrogate; fail to keep one's word

dağar I. *i.* ① 뽐내는(거만한) 사람, 자랑하는 사람 boaster, ruffler; ② 지갑, 배낭 wallet, knapsack, rucksack; II. *si.* 자랑하는, 허풍 떠는, 자화자찬의, 과장된 boastful, braggart

dağarcıq *i.* 지갑, 배낭 little rucksack; **boş ~** *i.* 수다쟁이, 다변가 windbag; **qoz ~ğı** *i.* 수다쟁이, 다변가, idle talker, windbag, chatterbox; **sirr ~ğı** *i.* 비밀을 지키는 사람, 많은 비밀을 가진 것 같이 행동하는 사람 secret keeper

dağar-dağar *si.* 거들먹거리며, 건방지게, 허풍 떨며 haughtily, boastfully, arrogantly; ~ **danısmaq** *fe.* 건방지게 말하다, 허풍 떨다 speak arrogantly

dağ-daş *i.* 산간 산지, 사람이 살지 않는 곳 (집합적으로) (collective) mountainous place, non-inhabitant place; **dağa-daşa salmaq** *fe.* 일을 혼잡하게 하다, 흩어놓다 lead astray, confuse matters; **dağa-daşa düşmək** *fe.* 헤매다, 방랑하다, 곁길로 새다, 주제에서 벗어나다 wander, stray; look for, search; ***Dağ-daş dilə gəlir.*** *산과 돌이 소리친다. Stones and mountains yell.*

dağ-dərə *i. top.* 산간지역, 심심산골 mountains and valleys, mountainous place; **dağdan-dərədən danışmaq** *fe.* 쓸데없이 말하다, 변죽만 울리다 talk rubbish, talk round

dağdibi *i.* 산기슭 foot of hill, mountain

dağdöşü *i.* 산중턱 mountainside

dağətəyi *i.* 산기슭, 작은 언덕 foothills

dağıdıcı *si.* 파괴적인, 전복하는 destructive, subversive, devastating, ruinous; ~ **tufan** *i.* 파괴적인 폭풍, 위력적인 돌풍 devastation storm; ~ **müharibələr** *i.* 파멸적인 전쟁 ruinous wars; ~ **xərclər** *i.* 터무니없는 지출 ruinous expenditure

dağıdıcılıq *i.* 황폐, 파괴, 파멸 devastation, ruination, dissipation, squandering

dağıdılma *i.* ① 파괴함, 붕괴시킴 destruction, demolition; ② 흩음, 분산, 산재 scattering; ③ 파괴, 파괴의 맹위, 낭비, 방탕 ravage, devastation, ruin, squandering

dağıdılmaq *fe.* ① 파괴되다, 붕괴되다, 난파되다 be destroyed/demolished/wrecked; ② 흩어지다, 분산되다, 산란되다 be scattered/dispersed; ● 망가지다, 초토화되다 be ruined/devastated

dağıdılmaz *si.* 멸망하지 않는, 소멸되지 않는, 불멸의 indestructible

dağılışma *i.* 흩어짐, 파산함, 해산함 going away, dispersing, breaking up

dağılışmaq *fe.* ① 각기 흩어지다, 해산하다 scatter one another, disperse; ② 헤어지다, 흩어지다 break up, part, depart (meeting) ● **yığışmaq**; ***Qonaqlar dağılışdılar.*** *내빈들은 해산되었다. The guests have dispersed.*

dağılma *i.* ① 분해, 분열, 붕괴, 해체 disintegration, collapsing; **müstəmləkə sisteminin ~sı** *i.* 식민지 제도의 붕괴 disintegration of the colonial system; **binanın ~sı** *i.* 빌딩의 붕괴 collapse of a building; ② 파괴, 분쇄, 폭파, 해체 destruction, demolishing, demolition; ③ 낙하, 파산 falling to the ground, falling to pieces; ④ 떨어짐, 엎질러짐 being worn out, spilling (liquid)

dağılmaq *fe.* ① 땅에 떨어져 산산 조각나다, 흩어지다 fall into pieces, fall to the ground, spill ○ **sökülmək, uçulmaq, tökülmək**; ● **qurulmaq**; **Müxalifət dagıldı**, The opposition has collapsed.; ② 분해되다, 허물리다, 붕괴되다 disintegrate, collapse ○ **cırılmaq, sökülmək, yırtılmaq** ③ 끝나다, 종료되다 finish, come to an end ○ **qutarmaq, yekunlaşdırmaq**; ④ (자원, 부 등) 소진되다, 떨어지다 be worn out ○ **kasıblaşmaq, yoxsullaşmaq**; ⑤ 헤어지다, 나뉘어지다, 분산되다 depart, part, separate; ⑥ 해산되다, 흩어지다, 소제되다 disperse, dissipate, drift apart, clear away, scatter ○ **yayılmaq, səpələnmək** ● **yığılmaq**; ⑦ 지워지다, 없어지

다 be erased, disappear, ○ **pozulmaq**; *Yağış yağmağa başlayan kimi camaat cəld dağıldı. 비가 오자마자 군중은 흩어졌다. As soon as rain started, the crowd quickly dissipated.*

dağınıq *si.* ① 흩어진, 분산된, 무질서한, 지리멸렬한 scattered, dispersed, disorganized ○ **uçuq, sökük**; ● **yığcam** ② 무질서한, 혼돈된 disorderly; ~ **evlər** *i.* 무너진 집들, 파괴된 집들 straggling houses

dağınıqlıq *i.* ① 흩어짐, 파산됨, 해산됨 disorderliness, dispersedness, sparseness; ② 모순됨, 붕괴, 파괴 disconnectedness, incoherence, absent-mindedness, destruction ● **yığcamlıq**

dağıntı *i.* ① 잔해, 폐허, 파괴 destruction, demolition ○ **töküntü**; ② 횡령, 악용, 남용, 약탈 plunder, plundering, misappropriation; **yanğın ~sı** *i.* 화재 재해 destruction by fire

dağıntılıq *i.* 전위(轉位), 혼란, 해체, 붕괴, 분쇄 dislocation, destruction, ruin, devastation,; **iqtisadi ~** *i.* 경제적 혼란 economic dislocation

Dağıstan *i.* 다게스탄 Dag(h)estan

dağıstanlı *i.* 다게스탄 인 Dag(h)estanian

dağıt(dır)maq *fe.* ① 망가뜨리게 하다, 부수도록 하다 cause *smb.* to destroy/bring to ruin; ② 흩어지게 하다, 도망가게 하다 ask *smb.* to drive away/to disperse/to break up

dağıtmaq *fe.* ① 부수다, 붕괴시키다, 파산시키다 destroy, demolish, wreck; **binanı ~** *fe.* 건물을 무너뜨리다 demolish building; **xalq təsərrüfatını ~** *fe.* 국민 경제를 망치다, 난파시키다 wreck the national economy ○ **sökmək, uçurmaq** ● **qurmaq**; ② 몰아 내다, 축출하다 drive away ○ **qovmaq, uzaqlaşdırmaq**; ③ 상처 내다, 부러뜨리다 hurt, break ○ **yaralamaq**; ④ 낡게 하다, 지우다 wear out, erase ○ **pozmaq, qaçırmaq**; ⑤ 분산시키다, 흩어지게 하다, 방산하다 dissipate, scatter, disperse ○ **səpmək, tökmək**; ⑥ 찢어 버리다, 잘라 버리다 tear off, cut ○ **yırtmaq, cırmaq**; ⑦ 퍼뜨리다, 번지게 하다 spread ○ **yaymaq, saçmaq**

dağkeçisi *i. zoo.* 야생 염소 Caucasian goat

dağqoçu *i. zoo.* 동물) 야생의 양 moufflon (

dağlama *i.* 낙인(烙印) 찍기; (의학) 소작(법); 부식; 뜸 branding, cauterization; *fig.* 오명을 씌우는 일 offending

dağlamaq *fe.* ① 낙인을 찍다, 화인을 찍다 brand, cauterize ○ **damğalamaq**; ② ~의 마음을 상하게 하다, ~의 기분을 상하게 하다 wound *smb.*'s feeling, cause *smb.* to a great grief ○ **yandırmaq**

dağlanmaq *fe.* ① 화인을 맞다 be branded; ② *fig.* 깊이 감정의 상처를 입다 be wounded on the feelings deeply

dağlı I. *i.* 산사람, 등산가 mountaineer, Highlander ● **dərəli**; II. *si.* ① 산이 많은, 산맥의, 산간의 mountainous; ② 슬픈, 애통하는 sad, mournful ● **şad**

dağlıq I. *i.* 산간지역, 고산지역, 고지 upland, highland, mountainous place ● **dərəlik, düzlük**; II. *si.* 산간의, 산지의 mountainous, hilly; **~ yer** *i.* 산이 많은 지역 hilly place

dağsiçanı *i. zoo.* 햄스터 hamster

dağsiçovulu ☞ **dağsiçanı**

dağüstü *si.* 산 위의, 산에 있는 upland, highland; **~ park** *i.* 산지 공원 upland park

daha I. *əd.* 더, 더 많이 more; II. *z.* 그 외, 아직, 훨씬, 더 이상 아니 이제 else, yet, even, no longer, now; **~ az** *si.* 조금 less; **~ gənc** *si.* 더 젊은, 더 어린 junior; **~ heç vaxt** *z.* 더 이상은 아니 never more; **~ irəlidə** *z.* 더 앞으로 farther on; **~ istifadə olunmayan** *z.* 더 이상 쓸모 없는 out of use; **~ pis** *si.* 더 나쁜, 더 쓸모 없는 worse; **~ uzaq** *z.* 더 먼, 더 앞서서 farther, further; **~ yaxşı** *si. z.* 더 좋은 better, superior; **~ yaşlı** *si.* 더 어른인, 더 나이가 많은 senior; **~ çox** *z.* 더 많이, 더 나아가 more further; **~ yox** *z.* 더 이상은 아니 no more; **bir ~** *z.* 한 번 더 one more, once again, once more

dahi *i.* 천재, 수재 genius; **~ olmaq** *fe.* 천재가 되다 be a genius; **~ bəstəkar** *i.* 작곡의 천재 composer of genius; **~cəsinə** *z.* 천재처럼, 아주 뛰어나게 genius-like, brilliantly; **Nizaminin ~yi** *i.* 니자미의 천재성 genius of Nizami; **~yanə** a) *si.* 훌륭한, 뛰어난, 천재성의 great, brilliant, of genius; b) *z.* 뛰어나게, 훌륭하게 as a genius, brilliantly; **~ əsər** *i.* 천재적 작품 work of genius; **~ ideya** *i.* 출중한 의견 brilliant idea; **~ danışmaq** *fe.* 천재처럼 말하다 speak as a genius

dahilik *i.* 뛰어남, 출중함, 천재성 genius, greatness, brilliance

dahiliklə ☞ **dahicəsinə**

dahiyanəlik ☞ **dahilik**

daxıl *i.* 금고, 현금 상자 money box, cash box ○ **sandıqça**, **yeşik**, **kassa**; **yanmayan ~** *i.* 금고, 세이프 strong-box, safe

daxıldar *i.* 출납원, 회계원 cashier

daxıldarlıq *i.* 회계업무, 출납업무 job of cashier

daxil *i.* 안쪽, 내부 interior, inside ○ **içəri**, **iç** ● **zahir**; **ölkənin ~i** *i.* 내륙, 내무 interior of country; **otağın ~i** *i.* 방안 inside of room; **~ etmək** *fe.* 들어가다, 끼다, 간섭하다, 포함하다, 연루하다 insert, involve, include; **~ olma** *i.* 입장, 입국, 간섭, 연루 entry; **~ olmaq** *fe.* 들어오다, 개입되다 come in, enter, go in; ***Daxil olmaq qadağandır*** *출입금지 No admission*; **~ olmaqla** *z.* 포함하여, ~와 함께 including

daxılən *z.* ① 내부적으로, 속으로, 직관적으로 inwardly, intuitively, from inside ● **zahirən**; **~ əzab çəkmək** *fe.* 내부적으로 고통받다, 속앓이를 하다 suffer inwardly; **~ hiss etmək** *fe.* 속으로 느끼다, 직관하다 feel intuitively, feel in oneself

daxili *si.* ① 내부의, 속의, 안의, 내면적인 inner, internal, inherent, intrinsic, interior, inward ○ **iç** ● **zahiri**; ② 내국의, 국내의 domestic, home, internal, inland ○ **dəruni** ● **xarici**; **~ zədə** *i.* 내부적 상처, 내적 손상 internal damage; **~ sakitlik** *i.* 내적 평안 inward peace; **~ məna** *i.* 본질적인 의미 intrinsic meaning; **~ təzyiq** *i. tib.* 내압 intrinsic pressure; **~ işlər** *i.* 내무적인 문제, 국내 문제 home affairs; **~ düşmənlər** *i.* 내부의 적 internal enemies; **~ xəstəliklər** *i.* 내부 질환 internal disease; **~ siyasət** *i.* 내부 지침, 내부 정책 domestic policy; **~ ticarət** *i.* 내수(內需) home trade; **~ bazar** *i.* 내부 시장, 국내 시장 home trade; **~ sular** *i.* 내수(內水) inland waters

daxma *i.* 오두막, 두옥(斗屋) hut, cabin, shack; **bağbanın ~sı** *i.* 정원지기의 창고, 오두막 gardener's shack

daxmacıq *i. dim.* 작은 오두막, 작은 두옥, 정원 창고 small cabin/hut

daim *z.* ① 언제까지나, 영구히; ② 늘, 언제나, 항상; 전부터(항상), 변함없이, 항상; 끊임없이; 빈번히 always, at all times, continually, constantly ○ **həmişə**, **hər vaxt**, **müttəsil**

daima ☞ daim

daimi *si.* ① 영구(영원)한, 영원히 변치 않는, 불멸의, 변치 않는, 일정한; 항구적인, 부단한, 영구한, 불후의 constant, everlasting, eternal, lasting, permanent, perpetual, steady, chronic ○ **həmişəlik**, **əbədi**, **sabit**, **möhkəm**, **dəyişməz**; **~ müşahidə** *i.* 지속적인 관찰 constant observation; **~ ünvan** *i.* 영구 주소 permanent address; **~ məkan** *i.* 영구적인 거주, 영주(永住) permanent residence; **~ iş yeri** *i.* 항구적인 직업 constant job; **~ qeydiyyat** *i.* 영구 등록 permanent registration; ② 정규적인, 항상 있는 regular, standing ○ **müntəzəm**; **~ müştərilər** *i.* 고정 고객 regular customers; **~ qoşunlar/ordu** *i.* 상비군(常備軍), 주둔군(駐屯軍) stationary troops; **~ cərəyan** *i. fiz.* 직류 continuous current (direct current)

daimiləşdirilmək *fe.* 고정화하다, 상시화하다 be made constant

daimilik *i.* 불변성, 항구성; 지조 견고; 절조, 성실; 정절 constancy, eternity, permanancy ○ **ardıcıllıq**, **sabitlik**, **dəyişməzlik**

daimlik *z.* 영원히, 항상, 오랫동안 for ever, once and for ever, for good

dair *qo.* ~ 관련되어, ~ 대하여, ~관하여 concerning, about, with regard to ○ **haqqında**, **barəsində**; **məktubunuza ~** *z.* 당신의 서신에 따라 concerning to your letter

dairə *i.* ① 원, 원형, 주위 circle, circumference ○ **hüdud**, **çərçivə**; **rəsmi ~lər** *i.* 공식적인 집단 official circles/quarters; **rəhbər ~lər** *i.* 지배 집단, 지배 사회 ruling circle; **inhisarçı ~lər** *i.* 독점적 사회, 독점적 집단 monopolist circles; **~nin sahəsi** *i.* 원면적 *riy.* area of a circle; ② 구(求), 공 sphere; **~nin uzunluğu** *i.* 주위, 범위 circuit; **tə'sir ~si** *i.* 영향권, 영향이 미치는 영역 sphere of influence

dairəcik *i.* 작은 원 small circle

dairələnmə *i.* 원 만들기 being round ○ **girdələnmə**, **yumrulanma**, **dəyirmilənmə**

dairələnmək *i.* 원형을 만들다, 둥글게 하다 become round ○ **girdələnmək**, **yumrulanmaq**, **dəyirmilənmək**

dairəsində *qo.* ~ 범위 안에, ~ 한하여 within

dairəvarı *si.* 원형의, 둥근, 순환성의 circular, ring; **~ hərəkət** *i.* 원 운동 circular motion; **~ yol** *i.* 궤도(軌道), 순환(循環) 도로 ring road; ring-shaped

dairəvi *si.* 둥근, 원형의; 구상(球狀)의, 원형의, 둥

근; 빙글빙글 도는 round, circular ○ **dəyirmi, girdə**; ~ **stol** *i.* 원탁(圓卓) round table; ~ **sifət** *i.* 둥근 얼굴, 동그란 얼굴 round face; ~ **marşrut** *i.* 순환 노선 circular route; ~ **mişar** *i.* 원형 톱 circular saw; ~ **müdafiə** *i. mil.* 전 방위 방어 all round defense

dairəvilik *i.* 원형, 둥글함 roundness ○ **dəyirmilik, girdəlik**

daqqa *i.* 통, 목재 통 wooden cask, barrel

daqqaqarın ☞ **yekəqarın**

daqqaqarınlıq ☞ **yekəqarınlıq**

dal *i.* ① 등, 뒤, 배면, 이면, 뒤쪽 back, rear ○ **arxa, kürək** ● **qabaq**; ~ **qapı** *i.* 뒷문, 후문 back entrance; **~ı üstə yıxılmaq** *fe.* 뒤로 자빠지다, 뒤로 넘어지다 fall on one's back; **~ı üstə üzmək** *fe.* 배영(背泳)하다 swim on one's back; **bir kəsə ~ çevirmək** *fe.* 등을 돌리다, 외면하다 turn one's back on; ② 이면, 숨겨진 면, 궁둥이 hinder part, buttocks, posterior, rump, hindquarters ○ **aqibət, son, nəticə** ● **əvvəl**; ③ 뒤, 후방 behind, back ○ **geri** ● **irəli**; **~a baxmaq** *fe.* 뒤돌아 보다 glance back; **~a qalmaq** *fe.* 뒤쳐지다, 뒤떨어지다 fall, lag behind; **~a çəkilmək** *fe.* 퇴각하다, 후퇴하다 step back, retreat; **~ınca düşmək** *fe.* 추적하다, 문제를 파 헤치다 chase, follow a matter to its conclusion; **~da qalanlar** *i.* 낙오자들, 낙후자들 those who are left behind

dalbadal *z.* 연속해서, 계속해서 one after another, in succession ○ **ardıcıl, peydərpey**

dala *z.* 뒤로, 후방으로 aback, backward; ~ **addım atmaq** *fe.* 뒷걸음하다 make a step back; ~ **oturmaq** *fe.* 뒤로 앉다 sit back; ~ **salmaq** *fe.* 뒤로 빠지다 keep back; ~ **baxmaq** *fe.* 뒤로 돌아 보다 look backward; ~ **vermək** *fe.* 되돌려주다 return, give back; ~ **götürmək** *fe.* 되돌려 받다 take back; **sözünü ~ götürmək** *fe.* 약속을 물리다 retract back one's words; ~ **durmaq** *fe.* 거절하다, 사절하다, 거부하다 stand back; refuse, decline, repudiate; **sözündə ~ durmaq** *fe.* 약속을 취소하다 retract one's word; **~-qabağa** *z.* 이리저리, 앞으로 뒤로 to and fro

dalaq *i. ana.* 비장(脾臟), 지라 spleen; ~ **soyuqlaması** *i. tib.* 비염(脾炎) splenitis

dalamaq *fe.* ① 타다, 아리다 burn, ache ○ **yandırmaq, göynətmək**; ② 쐐기풀처럼 찌르다, 쏘다 sting with nettles ○ **dişləmək**; ③ 찌르다, 쏘다, 쑤시다 sting, prickle ○ **sancmaq, incitmək**

dalan *i.* 뒷골목, 샛길 blind alley, side street

dalandar *i.* 관리인, 문지기, 수위 janitor, yard keeper ○ **süpürgəçi**

dalandarlıq *i.* 관리 (건물 정원 등) job of yard-keeper ○ **süpürgəçilik**; ~ **etmək** *fe.* 관리인으로 일하다 work as a yard-keeper

dalanmaq *fe.* 쏘이다, 물리다, 찔리다 be stung, be bitten

dalaşdırmaq *fe.* 싸우게 하다, 싸움을 만들다 cause *smb.* to quarrel, set at variance

dalaşqan I. *i.* 놀림, 약한 자를 못살게 구는 사람, 마구 으스대는 사람; 골목대장 bully, tease; II. *si.* 못살게 구는, 쌈질 잘하는, 다투기 좋아하는 bulling, pugnacious, quarrelsome ○ **davakar, savaşqan** ● **dinc**

dalaşqanlıq *i.* 호전성, 공격성 pugnacity, aggression ○ **davakarlıq, savaşqanlıq** ● **dinclik**

dalaşmaq *fe.* ① 싸우다 fight; ② 난투하다, 다투다 scuffle, quarrel, swear ○ **vuruşmaq, savaşmaq, döyüşmək**

dalayan *si.* 쿡쿡 쑤시는, 욱신욱신 아픈 smarting, burning

dalayıcı *si.* 찌르는, 쑤시는, 쏘는 듯한 stinging, biting

dalda¹ *i.* ① 은신처, 대피소, 피난소, 도피처 shelter, refuge, asylum ○ **sığınacaq**; ② 도움, 원조, 후원 aid, help ○ **kömək, arxa, himayə**; **taxta ~** *i.* 목재 오두막, 목재 대피소 wooden shelter

dalda² *z.* 뒤에 behind; ~ **qalmaq** *fe.* 뒤쳐지다 get behind; ~ **getmək** *fe.* 뒤로 가다, 뒤로 빠지다 go behind

dalda-bucaqda *z.* 여기 저기, 처처에 now here and there, here and there; ~ **qeybət etmək** *fe.* 여기 저기 수근대다 gossip here and there

dal-dala *z.* ① 등을 맞대고 back to back; ~ **yatmaq** *fe.* 등을 맞대고 자다 sleep back to back; ② 연이어서, 연달아 one after another; ~ **durmaq** *fe.* 줄지어 서있다 stand one after another

daldalanacaq *i.* ① 피난소, 은신처, 도피성 refuge, shelter, asylum, sanctuary; ~ **tapmaq** *fe.* 은신처를 찾다, 피난하다 find refuge/shelter; ~

D

axtarmaq *fe.* 은신처를 구하다, 망명을 요청하다 seek refuge/asylum; ② *mil.* 참호, 엄폐소 shelter, dug out

daldalandırmaq *fe.* 피난처를 제공하다, 은폐하다, 피항(皮港)하다 shelter, give refuge, conceal, harbor

daldalanmaq *fe.* ① 은신하다, 피난하다 shelter, give shelter, look for shelter ○ **sığınmaq, çəkilmək**; ② 저축하다, 쓰지 않고 두다 hide; lay up, put aside, take cover ○ **gizlənmək, qorunmaq**

dal-dalı *z.* 뒤로, 거꾸로 backwards, back; **~ yerimək** *fe.* 뒤로 걷다 walk backward; **~ çəkilmək** *fe.* 뒤로 빼다, 후퇴하다 move backward ● **irəli**

daldan *z.* ① 뒤로부터, 뒤에서 from the back, from rear, behind ○ **arxadan, geridən**; ② 뒤따르며 behind, following, ○ **dalınca, arxasınca**; **~ görünüş** *i.* 뒤에서 보다, 후면 조감 view from behind; **~ basmaq** *fe.* 뒤에서 밀다 push from behind

dalğa *i.* 파도, 파문, 물결 wave ○ **ləpə**; **böyük ~** *i.* 큰 물결, 놀, 굽이치는 것, 소용돌이 billow; **elektromaqnit ~sı** *i.* 전자기파 electromagnetic waves

dalğacıq *i.* 작은 파도, 잔 물결 wavelet

dalğa-dalğa *z.* 파도처럼 wavily, wave-like

dalğadöyən *i.* 밀려드는 파도, 밀려와 부서지는 파도, 파란(波瀾), 연안 쇄파(沿岸碎波) surf, breakers

dalğakəsən ☞ **dalğaqıran**

dalğaqıran *i.* 방파제(防波堤) breakwater

dalğalandırılmaq *fe.* 파도가 일게 되다, 찰싹거리게 되다 be waved, be flapped

dalğalandırmaq *fe.* 물결을 일으키다, 펄럭이게 하다 ruffle, wave; **bayrağı ~** *fe.* 깃발을 펄럭이다 wave a banner/flag

dalğalanmaq *fe.* ① 파도가 일다, 펄럭이다, 찰싹거리다, 퍼덕거리다 wave, flap, flow, flutter, billow ○ **ləpələnmək**; ② 거칠어지다, 사나워지다 be rough, be choppy ○ **yellənmək, tərpənmək**; ***Dəniz dalğalanır.*** *바다가 거칠다. The sea is rough.*; ***Bayraqlar dalğalanır.*** *깃발이 펄럭인다. Banners fly.*

dalğalı *si.* ① 물결이 높은, 소용돌이치는; 부풀어 오른, 파상의, 물결 모양의 billowy, wavy, undulating, corrugated ○ **ləpəli**; **~ saç** *i.* 곱슬 머리 wavy hair; **~ xətt** *i.* 파형 선 wavy line; ② 물결 이는, 파도 치는, 폭풍우의, 폭풍의; 날씨가 험악한 choppy, stormy ○ **təlatümlü** ● **sakit**

dalğaölçən *i.* (통신) 파장계 wave-meter

dalğasız *si.* 파도가 없는, 파동(기복)이 없는; 조용한, 잔잔한, 평온한 waveless, calm, placid, quiet, plat ○ **ləpəsiz**

dalğasızlıq *i.* 평온함, 잔잔함, 평탄함 placidity, quietness, silence ○ **ləpəsizlik, sakitlik**

dalğaşəkilli ☞ **dalğavarı**

dalğavarı *si.* 파상의, 물결 모양의, 파동 치는, 기복이 있는, 굽이치는; 물결 모양의 wave-shaped, wavy, undulating, undulatory; **~ səth** *i.* 파형면 wavy surface; **~ xətt** *i.* 파형 선 wavy underlining

dalğavarılıq *i.* 파형, 기복 있음, 굽이 침 waviness

dalğayabənzər ☞ **dalğavarı**

dalğayaoxşar ☞ **dalğavarı**

dalğıc *i.* 잠수부, 물에 뛰어드는 사람, 해녀 diver; **~ geyimi** *i.* 잠수복 diving dress; **~ şlemi** *i.* 잠수모, 잠수 헬멧 diver's helmet

dalğın *si.* ① 방심 상태의, 멍해 있는, 생각에 잠긴 absent-minded, dreamy, thoughtful, deep in thoughts ○ **fikirli**; ② 슬픔에 잠긴, 시름에 잠긴 듯한 pensive ● **şad**; **~ baxış** *i.* 생각에 잠긴 모습 thoughtful/dreamy look; **~ danışmaq** *fe.* 건성으로 말하다 speak thoughtfully; **~ görünmək** *fe.* 건성으로 보이다 look thoughtful/dreamy; **~-~** *z.* 건성으로 thoughtfully, absent-mindedly

dalğınlaşma *i.* 탐닉에 빠짐, 골똘히 생각함, 생각에 빠짐 thinking, thought, indulgence ○ **fikirliləşmə**

dalğınlaşmaq *fe.* 슬픔에 잠기다, 생각에 잠기다, 골똘해지다 become sad, think deeply, indulge ○ **fikirliləşmək**

dalğınlıq *i.* 생각에 잠김, 골똘함, 시름에 잠김 thoughtfulness, absent-mindedness, pensiveness ○ **fikirlilik**

dalı I. *i.* 뒤쪽, 배면; 등 back, behind ○ **ardı**; II. *z.* 뒤로, 뒤에 back, backward ○ **dala**

dalınca *z.* 뒤에서, 뒤따라 after, behind, for; **~ qaçmaq** *fe.* 뒤쫓다, 추적하다; (구어) 꽁무니를 쫓아다니다; 열중하다 run after *smb.*; **həkim ~ göndərmək** *fe.* 의사를 부르러 보내다 send for a doctor; ~ **düşmək/izləmək** *fe.* 따르다, 추적하다 follow *smb.*, do *smb.*'s step; ***Dalınca qapını ört.*** *들어오시면서 문을 닫아 주시기 바랍니다. Shut the door behind you.*

dalında I. *z.* 뒤에서, 뒤로 after, back, behind; ● **qabağında;** ~ **durmaq/dayanmaq** *fe.* 지원하다, 변호하다, 막아주다 support, defend, stand up; **qapının** ~ *z.* 문 뒤에서 behind the door II. *qoş.* ~의 뒤에서 behind ○ **ardınca, arxasınca, izincə** ● **qabağınca**

dalısı *i.* ① 계승(繼承), 승계 continuation ○ **dal;** ② 등 back ○ **arxası**

dallı *si.* 지지해 주는, 도와주는 supporting, backing up ○ **söykənəcəkli**

dalmaq *fe.* ① 가라앉다, 침전하다 sink, settle down; ② 생각에 빠지다, 생각에 묻히다 be absorbed, be lost/buried in thought; **xəyalla** ~ *fe.* 환상에 빠지다 be absorbed in thought

daltonik *i.* 색맹(色盲)인, 색맹 환자 colour blind man, daltonian

daltonizm *i.* (의학) 선천성 색맹, (특히) 적록(赤綠) 색맹 daltonism, colour-blindness

dam *i.* ① 지붕, 지붕 모양의 것; (비유) 집, 가정 roof ○ **ev, bina, tikili; bir ~ altında yaşamaq** *fe.* live under the same roof, share house with *smb.*; ② 오두막, 오막살이 집, 헛간, 의지간(間), 까대기, 광; 가축 우리, 작업장 shed, shelter, hut, shack, shanty ○ **bina, tövlə;** ③ *col.* 교도소, 작은 감옥 quod, lock-up, small prison ○ **həbsxana, qazamat; ~a salmaq** *fe.* 감옥에 가두다, 갇히다 put into prison; ④ 올가미, 함정 trap, snare ○ **tələ, cələ, tor**

dama *i.* ① 바둑판 무늬, 체크 무늬; 괘지(罫紙) check, checkwark (on cloth), square (on paper) ② 서양 장기 (체스판에 12개의 말을 씀), 체커; (체커의) 말 draughts, checkers (game); ~ **taxtası** *i.* 체커 판 draught board, checker board

damaçı *i.* 체커 놀이 하는 사람 draught-player

dama-dama *si.* 체크 무늬의 checked; ~ **palto** *i.* 체크 무늬 코트 checked coat

damad *i.* 매형, 자형, 매부 (손 위), 매제 (손 아래) brother-in-law (sister's husband) ○ **kürəkən, yeznə, göy**

damadlıq *i.* 매형, 매부와의 관계 relationship with a brother-in-law ○ **kürəkənlik, yeznəlik, göylük**

damaq *i.* ① *ana.* 구개, 입천장 palate; ② *fig.* 기분 좋음, 들떠 있음 high spirit, good mood ○ **kef, əhval, həvəs; sərt; yumşaq** ~ *i.* 경(硬)구개/연(軟)구개 hard/soft palate; ~ **ahəngi** *qram.* 구개음 조화 palatal harmony; **~ğı çağ olmaq** *fe.* 기분이 좋다, 생생하고 편안히 살다 be in good mood, live and easy life; ***Kefi kök damağı çağ.*** *기분도 분위기도 만점! In high spirits, in a good mood.*; ③ 입, 구강 mouth; **papiros ~ğında** *i.* 입에 문 담배 cigarette in the mouth; ~ **dilçəyi** *i. ana.* 현옹수(懸壅垂), 목젖 uvula; ~ **samitləri** *i. dil.* 구개 자음 (j, ç 등) palatal consonants

damalama *i.* 체크 무늬 조각 carving, chopping ○ **naxışlama**

damalamaq *fe.* 조각하다, 빚어내다 carve, chop (in check pattern) ○ **naxışlamaq**

damar *i. ana.* 정맥(靜脈), 심줄; (속용) 혈관; (해부학 식물) 도관(導管), 맥관(脈管), 관(管); 혈관 vein, vessel; **qan ~ı** *i.* blood vessel 혈관; **tərs ~ı tutmaq** *fe.* 주저하다, 망설이다 jib, be obstinate, be capricious,; **~ını tutmaq** *fe.* 심금을 울리다 touch the right chord; ~-~ *si.* 맥이 있는, 결이 있는, 건질의, 힘줄의, 엽맥(葉脈)이 많은 veined, venous, sinewy, stringy; ~ **əllər** *i.* 핏줄이 굵어진 손 venous hands; ~ **mal əti** *i.* 질긴 쇠고기 sinewy piece of beef

damarcıq *i.* 실 핏줄, 소맥(小脈)의 veinlet

damargenəldən *i.* 혈관 확장제(劑), 혈관 확장 신경 vasodilator

damarıboş *si.* 맥없는, 휘기 쉬운, 나긋나긋한, 유연한, 의지 박약의, 줏대가 없는 yielding, pliable, weak of will, feeble, spineless; ~ **adam** *i.* 줏대 없는 인간 yielding man

damarıboşluq *i.* 맥없음, 의지 박약, 줏대 없음 feebleness, spinelessness, pliability;

damarlı *si.* ① 핏줄이 선, 정맥이 굵어진, 힘줄이 많은 veined, veinous, sinewy; ② *fig.* 힘센, 근육질의, 활력 있는, 박력 있는 강건한 stronger, firmer, vigorous ○ **namuslu, qeyrətli**

damarsız *si.* ① *tib.* 맥이 없는 without veins; ② 맥없는, 휘기 쉬운, 나긋나긋한, 유연한, 의지 박약의, 줏대가 없는 yielding, pliable, weak of will, feeble, spineless

damarsızlıq *i.* ① *tib.* 맥이 약함 weak veins; ②

D

fig. 맥없음, 의지 박약, 줏대 없음 feebleness, spinelessness, pliability

damazlıq I. *i.* 번식하는 동물 stud, breeder, purebred, thoroughbred cattle for reproduction ○ **döllük**; II. *si.* 혈통이 분명한 pedigree, purebred; ~ **heyvan** *i.* 순종 가축 pedigree cattle; ~ **qoyun** *i.* 순종 암양 ewe

damba *i.* 둑, 제방, 방파제 dam, dike, pier

dambat *si.* 자랑하는, 허풍 떠는, 자화 자찬의 boastful, proud ○ **lovğa**, **ədəbaz** ● **təvazökar**

dambatlanmaq *fe.* 교만하다, 잘난 체하다 be proud, be boastful

dambatlıq *i.* 잘난 체, 교만, 자랑 boasting, pride, arrogance ○ **lovğalıq**, **ədəbazlıq** ● **təvazökarlıq**

damcı *i.* 방울, 물방울 drop

damcı-damcı *z.* 방울 방울 drop by drop; ~ **axmaq** *fe.* (물이) 듣다, 방울 방울 떨어지다 drop

damcılama *i.* 듣기, 낙수 dropping, dribbling, trickling

damcılamaq *fe.* (액체가) 떨어지다 drip, drop, dribble, trickle, drizzle ○ **tökülmək**, **axmaq**, **sızmaq**; 비가 보슬보슬 내리고 있다 **Yağış damcılayır.** It is drizz *dil.* It is spitting.

damcısalan *i. kim.* 피펫 (극소량의 액체를 재거나 옮기는 데 쓰는 눈금 있는 관) pipette, medicine dropper

damdabaca I. *i.* 악귀, 도깨비 goblin, bugbear, gremlin (witch in Azerbaijan folk tales); II. *si.* 더러운, 불결한; (손발이) 더러워지는(일 따위) dirty, impure ○ **kifir**, **idbar**, **çirkin**

damdandüşmə *si.*, *z.* 예기치 않은, 의외의, 뜻밖의, 돌연한, 갑작스러운, 불시의, 별안간의 unexpected(ly), sudden(ly), out of place, inappropriate(ly)

damğa *i.* 소인(燒印) (용 인두); 낙인(烙印) brand, mark, stamp ○ **möhür**, **nişan**; **biabırçılıq** ~**sı** *i.* 오명(disgrace) the brand of shame, stigma; ~ **vurmaq/basmaq** *fe.* 소인을 찍다; 상표를 붙이다; 낙인을 찍다, 오명을 씌우다 brand

damğabasan ☞ **damğavuran**

damğaçı ☞ **damğavuran**

damğalama *i.* 낙인 찍기, 오명 씌우기 marking, stamping, sealing

damğalamaq *fe.* ① 낙인을 찍다, 소인을 찍다 stamp, brand ○ **möhürləmək**, **nişanlamaq**; ② 오명을 씌우다 make spot

damğalanmaq *fe.* 낙인 찍히다, 표시되다, 오명을 쓰다 be stamped, be marked, be branded

damğalat(dır)maq *fe.* 낙인을 찍게 하다, 상표를 붙이게 하다 ask *smb.* to brand/mark

damğalı *si.* ① 낙인 찍힌, 소인 찍힌 branded, with brand, stigmatized ○ **möhürlü**, **nişanlı**; ② 오명의, 흠 잡힌 defected, faulty ○ **ləkəli**, **eyibli**, **nöqsanlı**

damğasız *si.* 소인 없이, 낙인 없이, 표시 없이 without brand

damğavuran *i.* 낙인 찍는 사람, 소인 찍는 사람 marker, brander

damızdırılmaq *fe.* 물방울이 부어지다 be dropped, be poured out drop by drop

damızdırmaq *fe.* 물을 떨어뜨리다, 방울 방울 붓다, ~을 조금씩 주다 drop, pour drop by drop, give a bit *smt.*

damızma *i.* 부음, 떨어짐 pouring

damla ☞ **damcı**

damlacıq *i.* 작은 물 방울, 비말(飛沫) droplet, driblet

damla-damla *z.* 방울 방울, 똑똑 by drops, drop by drop; ~ **axmaq** *fe.* 똑똑 듣다, 물 방울이 방울 방울 떨어지다 trickle

damlamaq *fe.* ① 소떼를 우리에 몰아 넣다, 소떼를 우리에 가두다 drive cattle into barn, lock up cattle; ② 잡다, 체포하다 arrest, put into prison, capture ○ **tutmaq** ● **buraxmaq**

damlanmaq *fe.* ① 소떼가 우리에 몰리다, 가둬지다 be driven into barn; ② *col.* 체포되다, 갇혀지다 be arrested, be put into jail

damlat(dır)maq *fe.* ① 소떼를 몰아 넣게 하다, 우리에 가두게 하다 ask *smb.* to drive cattle into barn; ② 체포하게 하다, 감옥에 넣게 하다 cause *smb.* to put in prison

damma *i.* 물방울이 떨어짐, 들음 dripping, dropping

dammaq *fe.* 물방울이 떨어지다, 방울 방울 흐르다, 똑똑 떨어지다 drip, drop, dribble, fall in drops; ○ **tökülmək**, **axmaq**; **ürəyinə** ~ *fe.* 불길한 예감이 들다, 불길한 징후를 갖다 have a presentiment/premonition; ***Su damır.*** *물이 똑똑 흐른다. Water is dripping.*

dan *i.* 새벽, 미명, 동틀 녘, 여명 daybreak, dawn; ○ **sübh**, **şəfəq**; ~ **yeri** *i.* 여명, 서광; 해 뜨는 곳

aurora, dawn; ~ **yeri qızaranda** *z.* 해 뜰 무렵 at dawn; ~ **yeri sökülərkən** *z.* 동틀 녘에 at daybreak, at dawn; ~ **yeri qızarmaq** *fe.* 해가 뜨다, 날이 밝아지다 dawn; ***Dan yeri sökülür.*** *동이 트고 있다, 날이 밝아지고 있다. It is dawning. Day is breaking.*

dana *i.* 송아지 calf; ~ **əti** *i.* 송아지 고기 veal; **erkək** ~ *i.* 숫 송아지 bull calf; **dişi** ~ *i.* 암송아지 heifer; ~ **dərisi** *i.* 소가죽 calf skin

danabaş I. *i.* 둔한 사람, 멍청이, 열등생, 저능아, 바보 dullard, blockhead, dunce; II. *si.* 속 좁은, 멍청한, 재지(才智)가 둔한 slow-witted, narrow-minded, dull, stupid

danaotaran *i.* 목동, 목자, 목부(牧夫), 목동, 가축지기; 소떼의 주인 cowboy, herdsman, calf-herd

dandırmaq *fe.* (권리 등) 포기하게 하다, 기권하게 하다, 거절하게 하다, 부인하게 하다 cause to deny/disclaim

danə *i.* 씨, 씨앗, 종자, 열매 seed

danəndə *si.* 읽고 쓸 수 있는, 학식이 있는, 문학적 소양이 있는, 지적인, 영리한 literate, intelligent, clever ○ **bilikli**

danılmaq *fe.* 거절되다, 부인되다 be denied/disclaimed

danışan I. *i.* ① 연설자, 강연자, 변사; 웅변가 orator, speaker; ② 수다꾼, 말쟁이 talker, chatterbox; II. *si.* 수다스러운 talkative, garrulous, indiscreet; blabbing

danışdırılmaq *fe.* 취조되다, 신문되다, 말하도록 강요되다 be questioned, be asked

danışdırmaq *fe.* 취조하다, 신문하다, 심문하다, 질문하다 make *smb.* to speak, question, interrogate

danışıq *i.* ① 토론, 대담, 회화, 연설, 회화, 강연 talk, conversation, speech, discussion ○ **söhbət, müzakirə;** ~ **tərzi** *i.* 말함, 발언, 발성; 말하는 능력, 발표력; 말씨, 어조, 발음; (짐승의) 울음소리 utterance; ~ **dilinə aid** *si.* 구어(口語)의, 일상 회화의; 구어체의, 회화체의 colloquial, spoken language; **sülh ~ları** *i.* 평화 협상 peace talks; ~ **dili** *i.* 구어, 회화체 언어 spoken language; ~ **vərdişləri** *i.* 말하는 습성 speech habits; ~ **üzvləri** *i.* 발성 기관 organs of speech; ~ **qabiliyyəti** *i.* 말하는 솜씨, 웅변력 gift of speech, power of speaking; *이 문제에 관해 논의의 필요조차 없다.* ***Bu barədə danışıq ola bilməz.*** *It's out of question.*; ② 협상, 교섭, 절충 negotiation; **uzun** ~ *i.* 긴 협상 a long negotiation; ~ **aparmaq** *fe.* 흥정하다, 절충하다, 연설하다, 강연하다, 협상하다 conduct on negotiations, discourse, negotiate; ~ **vasitəsilə/yolu ilə** *z.* 절충을 통해, 협상을 통해, 흥정을 통해 by means of negotiation; **~ğa girişmək** *fe.* 협상에 들어 가다, 절충에 들어가다 enter into negotiations

danışıqsız *si., z.* 거리낌없는, 숨김없는 솔직한, 무조건적인, 제한이 없는 unreserved(ly), unconditional(ly), unqualified(ly) ○ **sözsüz, mübahisəsiz, qeydsiz, şərtsiz;** ~ **təslim** *i.* 무조건 항복 unconditional surrender; ~ **razılaşma** *i.* 무조건적 동의 unqualified assent

D

danışqan *si.* ① 말이 많은, 수다스런, 떠들썩한 talkative, loquacious ○ **söhbətcil, dilli** ● **qaradinməz;** ② 불평하는, 언짢은, 까다로운 grumbling, peevish, grumpy ○ **deyingən, dilli**

danışqanlıq *i.* ① 말 많음, 수다, 다변, talkativeness, loquacity, garrulity ○ **söhbətcillik, dillilik** ● **qaradinməzlik;** ② 기분이 언짢음, 까다로움, 심술궂음, 성마름, 투정부림 grumpiness, peevishness ○ **deyingənlik**

danışma *i.* ① 동의, 협정 agreement, treaty; ② 통지, 통고, 언급, 게시, 공고 notice, mention

danışmaq *fe.* ① 말하다, 이야기하다, 전달하다, 서술하다, 소문을 퍼뜨리다 speak, talk, tell, narrate, relate, retail ○ **şərtləşmək, sözləşmək** ● **susmaq;** ② 공고하다, 통고하다, 전달하다, 알리다 notify, inform ○ **bildirmək, anlatmaq, demək, söyləmək; arxasınca** ~ *fe.* 뒷말하다, 험담하다 talk behind one's back; ***Az danış, çox eşit.*** *적게 말하고, 많이 들어라. Give every man thine ear, but few thy voice.*; ***Sən nə danışırsan?*** *뭔 말하는 거야? What are you talking about?*

Danimarka *si.* 덴마크의 Danish, *i.* 덴마크 Denmark; **Danimarkalı** *i.* 덴마크 인 Dane

danqaz *si.* ① 뻔뻔스러운, 철면피의, 염치없는, 당치 않는, 무례한, 거들먹거리는 impudent, impertinent, insolent; ② *col.* 건방진, 뻔뻔한 cheeky, saucy

danqazlıq *i.* ① 뻔뻔함, 후안, 몰염치, 건방짐, 버릇없음, 부적절함 impudence, impertinent, insolence; ② *col.* 뻔뻔함, 건방진 말/행동 cheek, sauce

danqıldamaq *fe.* 딸랑거리다, 딩동거리다, 쨍그랑 울리다, (현을) 팅하고 울리다 ring, jangle, clang, clatter, clank, twang, clink

danqıldatmaq *fe.* 쨍그랑 울리게 하다, 뗑그렁 울게 하다, 짤랑거리게 하다, (종을) 울리게 하다 clang, jingle, ring, clatter

danqıltı *i.* 딸랑거리는 소리, 울림, 쨍그랑 소리 clangor, clanging, ringing, clanging, tinkling; **dəmir ~si** *i.* 쇠의 울림, 쇠의 쨍그랑거림 clatter of metal

danqır *i.* 벗겨진 부분, 벌거벗음 bald spot, very naked

danlaq *i.* 나무람, 꾸짖음, 책망, 질책, 비난 censure, reproach, rebuke, reproof ○ **töhmət, məzəmmət** ● **tə'rif**

danlaqlı *si.* 비난할 만한, 꾸짖을 만한, 꾸짖는, 비난하는, 책망스러운 reproved, reproachful ○ **töhmətli, məzəmmətli; üzü ~ olmaq** *fe.* 항상 책망하다, 지속적으로 비난하다 be constantly reproached

danlama *i.* 꾸짖음, 책망, 나무람, 질책함 reproaching, reproving, scolding

danlamaq *fe.* 꾸짖다, 비난하다, 훈계하다, 타이르다, 나무라다, 혹평하다, 견책하다, 억제하다 scold, censure, reproach, reprove, rebuke; **üzünü ~** *fe.* 꾸짖다, 훈계하다, 질책하다 scold, give a good wigging ○ **məzəmmətləmək, töhmətləndirmək** ● **tə'rifləmək**

danlanmaq *fe.* 질책당하다, 꾸짖음을 받다, 책망을 받다, 비난을 받다 be reproached, be reproved, be given a rebuke

danma *i.* 부인, 부정, 거절, 거부 denial, denying, negation ○ **gizləmə**

danmaq *fe.* 포기하다, 기권하다, 거절하다, 부인하다 deny, disclaim ○ **gizləmək** ● **təsdiqləmək; müəllifliyi ~** *fe.* 저작권을 포기하다 disclaim authorship; **imzasını ~** *fe.* 서명을 거부하다 deny one's signature

dar *si.* ① 좁은 narrow ○ **ensiz** ● **geniş;** ② 단단한, 팽팽한, 빽빽한, 바짝 죈 tight, strait ○ **sıx, tarım;** ③ 작은 small ○ **kiçik, balaca; ~ çərçivədə** *z.* 작은 틀 안에, 비좁은 영역안에서 within narrow bounds; **~ düşüncəli** *si.* 속 좁은 생각의 narrow-minded; **~ ağacı** *i.* 교수대, 효시대 gallows, gibbet; **~ küçə** *i.* 뒷골목, 좁은 길, 샛길 alley; **~ saitlər** *i. dil.* 긴장모음 ((i:), (u:) 따위) narrow vowels; **sözün ~ mə'nasında** *z.* 단어의 좁은 뜻으로, 협의적으로 in the narrow meaning of the word; **~ palto** *i.* 꽉 끼는 외투 tight coat; **~ gün** *i.* hard times 일로 빽빽한 하루; **~a düşmək** *fe.* 곤란하게 되다, 어려운 일을 당하다 get into trouble, come to grief; feel lack of money; **~a salmaq** *fe.* drive *smb.* into a corner; **~a çəkmək** *fe.* (사람을) 곤경에 빠뜨리다 hang; **~da qoymaq** *fe.* leave *smb.* in the lurch

dara-bara *i.* 추문, 스캔들 scandal, racket, quarrel; **~ salmaq** *fe.* (~의) 추문을 드러내다, 부정 축재하다, 소동을 피우다 cause a scandal, make a racket, kick up a row

darağabənzər *si.* 빗 모양의, 빗살의 comb-shaped

darağaoxşar ☞ **darağabənzər**

daraq *i.* ① 빗, 빗 모양의 물건; comb ② (방적) 소모(梳毛), 소면기(梳綿機) combing machine (knitting); ③ (삼 따위를 훑는) 쇠빗 hackle, hatchel; ④ 약포, 탄약통 (총, 무기 등) charger, cartridge

daraqbatmaz *si.* 굵은 머리의 thick (hair)

daraqçı *i.* ① 빗질하는 사람; 빗질하는 틀, 소모기(梳毛機); (털 따위를) 빗는 사람, 보풀 일으키는 직공 (기계); 빗는 기구 comber, carder; ② 빗을 만드는 사람, 빗 제작자 comb-maker

daraqlama *i.* 빗질, 솔질 brushing, scratching

daraqlamaq *fe.* ① 빗질하여 깨끗이 하다, 긁어 정리하다 brush, scratch, comb ○ **təmizləmək;** ② (총에) 탄창에 총알을 장전하여 채우다 lop; ③ 빗(질하)다, 가리다; …의 보풀을 일으키다 comb, card (knitting) ○ **sığallamaq, tumarlamaq**

daraqlanmaq *fe.* ① 머리를 빗다 brush/comb one's hair; ② 양털을 빗질하여 부풀리다 be lopped

daraqlı *si.* 빗을 가진, 빗 모양의 with comb, having comb

daraldılmaq *fe.* 좁아진, 뻑뻑해진 be narrowed, be tightened

daralma *i.* ① 수축, 수렴, 위축, 당김 contraction, narrowing, tightening, shrinking; ② 단축, 축소, 감량 shortening, reducing

daralmaq *fe.* ① 오그라들다, 줄다, (근육이) 수축하다, 단축하다, 축소하다, 죄다 shrink, contract, abridge, tighten ○ **sıxılmaq, yığılmaq,**

kiçilmək; ② 줄이다, 감소하다, 다하다, 탕진하다 reduce, lessen, run out ○ **tükənmək, azalmaq**; ③ 억누르다, 억제하다, 압박하다, 억압하다, 억눌러 참다 suppress, restrain ○ **təngişmək, sıxılmaq**; ③ 제한하다, 한하다, 금하다, 한정하다 confine, restrict, limit ○ **məhdudlaşmaq, qısalmaq** ● **genişlənmək**; **hövsələsi ~** *fe.* 인내의 한계가 좁아지다, 인내의 한계에 도달하다 become tight

daram *si.* 폭이 좁은, 단단한, 단단히 맨, 탄탄한, 단단해서 움직이지(풀리지) 않는; 돈이 부족한; 이익이 신통치 않은 narrow, tight ○ **tarım, dar**

darama *i.* ① (방적) 소면(梳綿), 소모(梳毛) (면화·양털을 잣기 전의 공정(工程)) cleaning, combing, carding; ② 긁다, 긁어 파다 scratching; ③ 전지(剪枝), 가지 치기 cutting

daramaq *fe.* ① 빗어 깨끗하게 하다, 빗질하다 clean, comb ○ **təmizləmək**; ② 갈퀴로 긁어 모으다 collect, gather (with rake) ○ **yığmaq, toplamaq, dırnaqlamaq**; ③ 전지하다, 가지치다 cut (in row) ○ **kəsmək**

daranqı *i. bot.* (식물) 포플러 poplar

daranqılıq *i.* 포플러 숲 poplar grove

daranqıltı *i.* (타자기, 접시와 포크 등 고체들이 부딪는) 타닥타닥(달각달각) (하는 소리) clatter; **dəmir ~sı** *i.* 쇠가 덜걱 거리는 소리 clatter of iron

daranmaq *fe.* ① 머리를 빗다, 머리를 하다, 긁히다 comb oneself, do one's hair, be scratched; ② 세우다, (털이) 세워지다 be combed, be carded (wool, linen); ③ 가지가 다듬어지다, 가지가 쳐지다 be pruned, be lopped (tree)

daranmış *si.* 빗질한 (머리) combed (hair), 가려진 (모직, 면직) carded (wool, linen), 가지 쳐진, 가지가 정리된 lopped, pruned

daraşma *i.* 모임, 연합 gathering, assembling

daraşmaq *fe.* ① 모으다, 모이다 collect, gather ○ **toplaşmaq, yığışmaq, doluşmaq**; ② ~위에 앉다, 내려 앉다 (새, 나비 등) fall on/upon, pounce on ○ 기어 다니다 (곤충) **qonmaq**; ③ crawl (insect)

darayı *i.* 가는 비단, 섬세한 비단 원단 delicate silk fabrics

darayıcı I. *i.* 빗는 사람, 빗는 기구 comber, carder; II. *si.* 빗는, 소면(梳綿) 하는, 소모(梳毛) 하는 carding, combing, hackling; **~ maşın** *i.* 솜 타는 기계, 소면기 combing machine, flax comb, hackle

darbalaq *i.* (여자) 속바지 (woman's) trousers, drawers

darcərgəli *si.* 좁은 밭고랑, 좁은 보습자리 narrow-furrowed; **~ əkin** *i.* 밀파(密播), 밴 파종, 촘촘한 파종 close sowing

darçın *i. bot.* 육계(肉桂); 계피; 육계색; 육계나무 cinnamon

darçını *i.* 연한 적색, 적갈색 light red; terracotta

darçınlı *si.* 계피가 들어 있는, 계피의, 계피 향의 mixed with cinnamon

dardüşüncəli *si.* 편협한, 옹졸한, 속 좁은, 협량의 narrow-minded, hidebound; **~ adam** *i.* 옹졸한 사람 narrow-minded man

dardüşüncəlilik *i.* (지적인 면에서) 뒤쳐진 사람, 편협한 사람 (intellectual) backwardness, narrow-mindedeness

darfikirli ☞ **dardüşüncəli**

darğa *i. arx.* 추장, 촌장, 지도자, 수령 headman, village elder

darğalıq *i.* 추장권, 추장의 지도력 leadership of villagers

dargöz(lü) *si.* 욕심 많은, 인색한, 쩨쩨한 greed, miser, niggard ○ **paxıl, xəsis** ● **səxavətli**

dargözlülük *i.* 구두쇠 노릇, 노랑이짓, 탐욕 greed, jealousy, niggard, miser ○ **paxıllıq, xəsislik** ● **səxavətlilik**

darxətli *si.* 좁은 선의 narrow-laned; **~ dəmir yolu** *i.* 협궤(狹軌)narrow gauge railway

darı *i. bot.* (식물) 기장 millet; **~ yarması** *i.* 기장 알갱이, 조 millet; **~ çörəyi** *i.* 기장으로 만든 빵 millet bread

darıxdırıcı *si. z.* 싫증나는, 지루한, 따분한, 단조로운 dull, dreary, boring, monotonous, tedious ○ **cansıxıcı**; **~ nitq** *i.* 장황한 연설, 싫증나는 강연, 따분한 이야기 tedious speech; **~ kitab** *i.* 재미없는 책 dull book; **~ həyat** *i.* 단조로운 삶 tedious life; **~ adam** *i.* 지루한 인간, 따분한 인간 bore, boring man

darıxdırıcılıq *i.* 싫증남, 단조로움 tediousness, dullness ○ **cansıxıcılıq**

darıxdırmaq *fe.* ① 당혹하게 하다, 난처하게 하다 embarrass; ② 괴롭히다, 성가시게 하다, 귀찮게 하다, 속 태우다, 안달하게 하다 worry, bore, annoy, irritate; ③ 고향 생각이 나게 하다, 근심

D

케 하다 inspire homesickness, weary, tire; ④ 재촉하다, 서두르다 quicken

darıxma *i.* ① 그리움, 초조, 안달 nervousness, missing; ② 향수병 homesick

darıxmaq *fe.* ① 안달하다, 지루해하다, 조급해하다, 애태우다, 초조한 시간을 보내다 be bored, be impatient, have tedious time ○ **bezikmək, sıxılmaq**; ② 그리워하다, 기다리다 long, miss; ③ 근심하다, 초조해하다 be anxious, worry ○ **narahat olmaq**; ③ 서두르다 hurry; ***Darıxma!*** *안달하지 마! Take it easy!*

darılmaq *fe.* ① 화내다, 신경질 부리다, be nervous, get angry, be upset, be anxious ○ **hirslənmək, hiddətlənmək, qızmaq** ● **sakitləşmək**; ② 슬퍼하다, 비통해하다 get sad, grieve ○ **kədərlənmək, mə'yuslaşmaq**

darısqal *si.* (방, 공간) 좁은, 비좁은 rather narrow, tight; rather small (room) ○ **dar, ensiz** ● **geniş**

darısqallaşdırmaq *fe.* 좁게 하다, 비좁게 하다, 꽉 차게 하다 make smaller, make rather tight

darısqallaşma *i.* 수축, 긴장, 압축 contraction, tightening, narrowing

darısqallaşmaq *fe.* 긴장하다, 압축되다, 좁아지다 become smaller, become narrow ○ **daralmaq, ensizləşmək** ● **genişlənmək**

darısqallıq *i.* ① 협소함, 빽빽함, 조밀함, 여유없음 narrowness, tightness ○ **darlıq, ensizlik** ● **genişlik**; ② 북적임, 빽빽이 넣기, (공부) 주입하기 cram, crush; **~da yaşamaq** *fe.* 좁게 살다, 여럿이 좁은 곳에서 같이 살다 live cooped up together; *미어 터지는 군!* ***Nə darısqallıqdır!*** *What a crush!*

darışlıq ☞ **darısqallıq**

darkeş ☞ **dar**

darqursaq *si.* 참을성 없는, 성 잘 내는, 신경질적인 impatient, hot-tempered ○ **səbirsiz, dözümsüz, hövsələsiz, kəmfürsət** ● **hövsələli**

darqursaqlıq *i.* 조급함, 성급함, 신경질적임 impatience, hot-temper

darlaşdırmaq *fe.* ① 협소케 하다, 제한하다, 한정하다, 금지하다 narrow, restrict; ② 빽빽하게 하다, 압력을 주다 make tight

darlaşmaq *fe.* ① 협소해지다, 좁아지다 become narrow ● **genişlənmək**; ② 단단해지다, 짱짱해지다 become tight

darlıq *i.* ① 협소, 왜소, 수축 narrowness, smallness ○ **sıxıntı, tənklik**; ② 긴장 tightness ○ **sıxlıq, tarımlıq**; ③ *fig.* 어려움, 험난한 상황 difficulties, awkward situation ○ **çətinlik, ehtiyac, yoxsulluq**; ④ 부족, 필요 shortage, need ○ **azlıq, məhdudluq**

darmacal *si.* 서두르는, 급한, 조급한, 성급한, 성마른 hasty, hurried

darmacalda *z.* 서둘러서, 황급히 hurriedly, hastily, in a haste

darmadağın ~ etmək *fe.* 망가뜨리다, 파멸시키다, 분쇄하다, 박살내다, 초토화시키다 ruin, smash, destroy smash up, destroy completely; **~ olmaq** *fe.* 박살 나다, 망가지다, 초토화되다 go to ruin, fall to the ground

dartəhər *si.* 좁음직한, 작음직한 narrowish, rather narrow, rather small

dartı *i.* 당김, 단단함, 긴장됨, 조임 pulling, tightness, straining ○ **çəki, vəzn, ağırlıq, qolac, ölçü**

dartılı *si.* 긴장한, 긴장된, 팽팽히 켕긴, 바짝 죈, 단단한, 단단히 맨, 탄탄한, 단단해서 움직이지(풀리지) 않는 taut, tightly drawn, strained ● **boş**; **~ sim** *i.* 단단히 맨 현/줄 taut string; **~ əzələlər** *i.* 긴장된 근육 taut muscles

dartılma *i.* 잡아 당김 pulling

dartılmaq *fe.* 긴장되다, 팽팽해지다 tauten, be tautened, be tightened, be strained ○ **çəkilmək, gərilmək**

dartılmış *si.* 단단히 맨, 탄탄한, 바짝 죈 taut, tightened, tight; **nağara kimi ~** *si.* 북처럼 팽팽한 drum tight, *col.* 만취한, drunken

dartınma *i.* 세게 당김 jerk

dartınmaq *fe.* ① 풀려고 노력하다 struggle to break loose; ② 세게 당기다, 갑자기 밀치다 jerk back, give a jerk, jerk; ③ 기지개를 켜다 ○ **lovğalanmaq**

dartışdırılmaq *fe.* 갑자기 밀쳐지다 be pulled/drawn

dartışdırma *i.* 긴장됨, 서로 당김 straining

dartışdırmaq *fe.* 서로 밀게 하다, 펼치게 하다, 잡아당기게 하다 pull, stretch, strain, draw ○ **çəkişdirmək, didişdirmək**

dartışmaq *fe.* 서로 밀다, 서로 당기다, 서로 다투다 pull each other, fall out each other, quarrel one another

dartma *si. tex.* 신장성 있는; 장력(張力)의, 긴장의 tensile; ~ **qüvvəsi** *i.* 인장력, 장력; 신장성(伸長性) tensile force, tensility

dart|maq *fe.* ① 잡아당기다, 당기다 drag, draw ○ **çəkmək** ● **buraxmaq**; ② 밀어 내다 pull out ○ **çıxarmaq**, **çəkmək**; ③ 갑자기 당기다 tug, tow, jerk; ③ 교만하다, 자랑하다 be arrogant/haughty ○ **lovğalanmaq**; **o yan-bu yana ~maq** *fe.* 잡아 흔들다 pull about; **~ıb uzatmaq** *fe.* 잡아 늘이다 strain, stretch; **yüyəni ~maq** *fe.* 고삐를 당기다 jerk the reins; **mıx ~maq** *fe.* 못을 뽑다 pull out nail; **çiyinlərini ~maq** *fe.* 어깨를 움츠리다 shrug one's shoulder; **şıllə ~maq** *fe.* 뺨을 때리다 give *smb.* a slap; **özünü ~maq** *fe.* 뽐내다, 자랑하다, 잘난 체하다 put on airs, give oneself airs

darülfünun ☞ **universitet**

darürəkli *si.* 속좁은, 옹졸한 small-minded, petty; ~ **adam** *i.* 속좁은 인간 petty creature

darvaza *i.* 대문, 정문 gate ○ **alaqapı**; **~nın ağzınzda gözləmək** *fe.* 문에서 기다리다 wait at gate; **~dan keçmək** *fe.* 문을 통과하다 go through the gate

darvazalı *si.* 대문이 있는 with a gate, having gate ○ **alaqapılı**

darvinist *i.* 다윈주의자 Darwinist

darvinizm *i.* 다윈주의 Darwinism

dastan *i.* 전설, 무용담 saga, epos; ~ **danışmaq** *fe.* 전설을 얘기하다, 무용담을 말하다 tell tales; **dillərdə ~ olmaq** *fe.* 대화의 일반 주제가 되다, 사람들의 입에 오르내리다 be the general topic of conversation

dastançı *i.* 변사, 해설자 narrator

dastançılıq *i.* 변설, 해설 (하는 일) art of narrator

daş *i.* 돌, 돌멩이, 바위 stone, rock; **qiymətli ~** *i.* 보석, 보옥 precious stone, gem, jewel; **bülöv ~ı** *i.* 기름 숫돌, 숫돌 oilstone, whetstone; **sualtı ~** *i.* 암초 reef, rock; **diş ~ı** *i.* (화학) 주석(酒石); 치석(齒石), 이똥 tartar; **öd kisəsinin ~ı** *i. tib.* 담낭 결석 gall-stone; **məhək ~ı** *i.* 모퉁이 돌, 주춧돌 cornerstone, keystone; **~la tikmək** *fe.* 돌로 집을 짓다 stone; ~ **yonan** *i.* 석수, 벽돌공 mason, stone cutter; ~ **hasar** *i.* 돌 담 stone fence; ~ **karxanası** *i.* 채석장 quarry; ~ **ürəkli** *si.* 완고한 (사람), 무정한, 냉혹한 heartless, callous, stony hearted; **~a basmaq** *fe.* 돌을 던지다, 돌로 쳐 죽이다 throw stones; **~a dönmək** *fe.* 완고해지다, 굳혀지다, 돌같이 되다 stiffen, harden, petrify; **~a dönmüş** *si.* 뻣뻣한, 딱딱한, 경직된 stiff; ~ **kömür** *i.* 석탄, 석탄 덩어리 coal; **çəki ~ı** *i.* 저울추, 추; 칭추(秤錘) weight; ~ **sarmaşığı** *i.* 담쟁이 넝쿨 ivy; **beş ~ oyunu** *i.* 공기 놀이 jack stone, pebble; ~ **baltası** *i.* 돌 도끼 stone-axe; ~ **dövrü** *i.* 석기 시대 Stone Age

daşagirən *i.* 은둔자, 수행자 hermit, anchorite, recluse

daşarmud *i.* 돌배 wild pear

daşatan *i. arx.* 투석기, 새총, 고무총 sling

daşbadam *i.* 야생 아몬드 wild almond

daşbaş *i.* 부정한 수입 dishonest and illegal income/earning

daşbaşçı *i.* 부정한 돈을 버는 자 illegal money-maker

daşbaşlı *si.* 수익이 있는, 수지 맞는 profitable, lucrative, paying; ~ **biznes** *i.* 이윤이 있는 사업 profitable business; ~ **sənət** *i.* 수지 맞는 직업 lucrative trade; ~ **ticarət** *i.* 수지 맞는 장사 lucrative traffic

daşdırmaq *fe.* 넘쳐나게 하다, 넘쳐 흐르게 하다 let run over/overflow, cause to overflow

daşdöşəyən *i.* 도로 포장 인부 (기계), 포장용 타일 pavers

daşdöyən *i. zoo.* (조류) 할미새 wagtail

daşduz *i.* 돌 소금, 암염 stone salt

daşxırdalayan *i.* 쇄석기, 파쇄기 stone breaker, stone-crusher

daşıma *i.* ① 운송, 적재, 선적, 해운업 carrying, conveying, carting, sea shipping, freightage ○ **aparma**, **gətirmə**; ② 배달, 탁송, 운송, 수송, 운반 delivery, transportation, conveyance; ~ **vasitəsi** *i.* 수송수단, 탈것 vehicle; ~ **haqqı** *i.* 운임, 송료 carriage; **yük ~** *i.* 화물 수송, 화물 운송 carriage, freight; **qoşun ~** *i.* 병력 수송 troop-carrying, troop transportation

daşımaq *fe.* ① (짐, 여객) 나르다, 옮기다, 수송하다, 선적하다 carry, transport, cart, ship, move, drive ○ **aparmaq**, **gətirmək**; **yük ~** *fe.* 화물을 나르다, 화물을 운송하다 carry freight; **sərnişin ~** *fe.* 여객을 나르다 transport passengers; ② 지니고 다니다, 지니다, 내포하다 bear, convey, act

D

as; **mə'na** ~ *fe.* 의미를 갖다, 의미를 나타내다 convey meaning; **silah** ~ *fe.* 총을 지니고 다니다 carry guns; ③ 소유하다 갖다; ***O, ərinin familiyasını daşıyır.*** *그녀는 남편의 성을 따르고 있다. She uses her husbands name.*

daşındırmaq *fe.* (짐을) 나르게 하다 force *smb.* to carry

daşınmaq *fe.* ① 옮겨지다, 운송되다 be carried, be conveyed, move ○ **aparmaq, köçmək**; ② 결정을 바꾸다 change (one's decision) ○ **çəkinmək**; **fikrindən** ~ *fe.* 마음을 바꾸다 change one's mind; **qərarından** ~ *fe.* 결정을 바꾸다 change one's decision; ③ 생각하다, 고려하다, 숙고하다 think, consider ○ **fikirləşmək**

daşırma *i.* 엎지르기 pouring

daşırmaq *fe.* 붓다, 엎지르다 pour, spill ○ **aşırmaq, tökmək**

daşıyan *i.* 짐꾼, 짐 나르는 사람 carrier

daşıyıcı *si.* 나르는, 운반하는 carrying; ~ **raket** *i.* (미사일 등) 적재 로켓 carrier rocket

daşka *i.* 손수레, 짐 마차 small cart, cart; handcart

Daşkənd *i.* 타슈켄트 Tashkent (the capital of Uzbekistan)

daşkəsək *i. top.* 돌밭, 험난한 길 stony place

daşkəsən *i.* 석수, 석공 stone-cutter

daşqalaq *i.* 투석 사형 stoning (the way of punishment with piling stone up, or throwing stone upon); ~ **etmək** *fe.* 돌로 쳐 죽이다 lynch, throw synes at

daş-qaş *i.* 보석(류), 장신구 jewelry, gem, precious stone ○ **cavahirat**

daş-qaşlı *si.* 호화로운, 보석이 있는 luxurious, jeweled ○ **cavahiratlı**

daşqəlbli *si.* 잔인한, 무자비한, 무정한, 돌 같은 마음 brutal, merciless, heartless, stony hearted ○ **rəhmsiz, sərt, mərhəmətsiz** ● **mərhəmətli**

daşqəlblilik *i.* 냉혹함, 무자비함, 가혹함, 잔학 mercilessness, harshness, cruelty ○ **rəhmsizlik, sərtlik, mərhəmətsizlik**

daşqın I. *i.* 홍수, 물난리, 침수 flood, inundation, overflow ○ **sel**; II. *si.* 몹시 거친, 사나운, 격렬한, 맹렬한 turbulent, violent, intense ○ **coşğun, güclü, ehtiraslı** ● **sakit**

daşqınlıq *i.* ① 홍수, 높은 수위 flood, high water; ② 열심, 열중, 의욕, 열의, 흥분, 소요 enthusiasm, commotion ○ **coşğunluq, güclülük, ehtiraslılıq** ● **sakitlik**

daşqıran *i.* (돌) 파쇄기, 쇄석기, 분쇄기 stone-crusher, stone-breaker

daşqovunu *i. bot.* 멜론의 일종 (로마 부근의 원산으로 미국에 많음) cantaloupe (a kind of melon)

daşlamaq *fe.* ① 돌을 던지다 stone, throw stones, fling stones; ② 돌로 덮어 가리다, 돌을 깔다 cover with stone

daşlanmaq[1] *fe.* 돌에 맞다, 돌로 덮이다 be stoned, be thrown stones

daşlanmaq[2] *fe.* 넘쳐 흐르다, 넘어 덮쳐오다 overflow, be poured;

daşlaşmaq *fe.* ① 석화(石化)되다, 굳어지다, 돌처럼 되다 become stony, harden, turn to stone, petrify ○ **bərkimək**; ② 굳어지다, 어려워지다 become hard/harsh/difficult ○ **bərkişmək, sərtləşmək**; ③ (서로 서로) 돌을 던지다, 돌을 던져 싸우다 fight, quarrel (stone each other) ○ **vuruşmaq, savaşmaq**

daşlı *si.* 돌 같은, 돌이 많은, 돌로 포장한, 돌을 깔은 stony, rocky; ~ **torpaq** *i.* 돌밭, 자갈밭, 돌이 많은 땅 stony ground; ~ **cığır** *i.* 돌 짝 길, 험난한 샛길 stony path

daşlı-kəsəkli *si.* 돌과 바위가 많은, 거칠고 험난한 stony and rocky; ~ **yol** *i.* 돌이 많은 길, 험난한 길 stony path

daşlıq *i.* 돌밭, 돌이 많은 곳 rocky/stony place

daşlı-qayalı *si.* 돌과 바위가 많은 stony and rocky

daşma *i.* ① 홍수 flooding, overflowing; ② 쌀 죽 rice-soup

daşmaq *fe.* ① 끓어 넘치다 boil over ○ **aşmaq, tökülmək**; ② 넘쳐 흐르다 flood, overflow, run over ○ **coşmaq, qızışmaq, hiddətlənmək**; **səbir kasası** ~ *fe.* 인내의 한계를 넘다, 대단히 화가 나다 be experated, lose one's temper/patience

daşnaq *i.* 아르메니아의 극단주의자들의 정당 원 a member of an extremist political party in Armenia

daşsız *si.* 돌이 없는 (쌀, 땅 등)stoneless, without stone

daşürəkli ☞ **daşqəlbli**

daşürəklilik ☞ **daşqəlblilik**

daşyonan *i.* 석공, 석수 stone-mason, mason

dava¹ *i.* ① 싸움, 격투, 다툼 fight, scuffle, brawl ○ **dalaşma, söyüşmə, çarpışma, vuruşma, savaşma** ● **barışıq**; ② 전투, 싸움, 전쟁 battle, war ○ **müharibə, savaş** ● **sülh**; ③ 투쟁, 전투, 충돌, 알력, 논쟁, 논의, 논전 conflict, controversy ○ **münaqişə, iddia**; ~ **etmək** *fe.* 싸우다, 격투하다, 드잡이 하다 fight, scuffle; ~**nı yatırtmaq** *fe.* 싸움을 잠재우다, 잠잠케 하다 settle quarrel; ~ **çəkmək** *fe.* 재판에 회부하다, 소송하다 be at law (in court); ~ **salmaq** *fe.* 싸움을 걸다 quarrel, kick up a row; **yumruq** ~**sı** *i.* 주먹다짐, 난투 fisticuffs; ~ **dağarcığı** *i.* 싸움질하는 사람, 싸우기 좋아하는 사람 pugnacious man

dava² *i.* ① 약 medicine; ② 해결책 solution; ~ **etmək** *fe.* 분석하다, 진단하다 diagnose, anticipate

davacat *i.* 약, 약물 medicine, drug ○ **dərman, əlac, çarə, tədbir**

dava-dərman *i.* 약 medicine, drug; ~ **etmək** *fe.* 치료하다 treat, heal

davakar I. *i.* 싸움꾼, 싸움 좋아하는 사람, 다투기 좋아하는 사람 pugnacious boy, quarrelsome fellow; II. *si.* 호전적인, 싸움 좋아하는 warlike, pugnacious; ○ **vuruşqan, savaşqan** ● **dinc**

davakarcasına *z.* 호전적으로 pugnaciously

davakarlıq *i.* 호전성 pugnacity ● **dinclik**

davalı *si.* 논쟁할 만한, 문제되는, 논쟁의, 물의를 일으키는, 의심스러운 disputable, debatable, controversial, questionable ○ **qalmaqallı, mübahisəli, münaqişəli** ● **sakit**; ~ **məsələ** *i.* 논쟁의 여지가 있는 문제 controversial question

davalı-şavalı ☞ **davalı**

davam *i.* ① 확고 부동, 견고, 확실, 견실, 안정 steadfastness, firmness, stableness ○ **dözüm, taqət, tab, möhkəmlik**; ② 견고성, 견실성, 내구성, 영속성 solidity, durability; ③ 계속, 연속, 지속, 존속, 연장, 연기 continuation, extension; **məsələnin** ~**ı** *i.* 문제의 지속, 고질적인 문제 continuation of the question; ~ **etmək** *fe.* 계속하다, 지속하다, 진행하다, 이어 가다 go on, go on with, last, proceed, attend, continue; ~ **edən** *si.* 지속되는, 고질적인, 만성의 chronic, continuous, lasting; ~ **etdirmək** *fe.* 계속하게 하다, 지속하게 하다 carry on, succeed, maintain, continue; ~ **gətirmək** *fe.* 참다, 견디다, 지탱하다, 버티다, 지탱하다 stand, bear, undergo, suffer, endure

davamçı *i.* 제자, 계승자, 후계자, 상속자, 수행자, 추종자 disciple, adherent, follower, successor

davametdirici ☞ **davamçı**

davametmə *i.* 지속, 지탱 duration

davamı *i.* 연속, 계속 continuation

davamiyyət *i.* 출석, 출근, 참석 attendance; ***Məktəbə davamiyyət icbaridir.*** *학교 출석은 의무적이다. Attendance at school is compulsory.*

davamlı *si.* ① 견고한, 지속적인, 내구성이 좋은, 안정적인, 튼튼한 firm, solid, durable, stable, hard-wearing, steadfast, staunch ○ **dözümlü, möhkəm, səbatlı, e'tibarlı, sarsılmaz** ● **dözümsüz**; ~ **özül** *i.* 견고한 기초 stable foundation; ~ **parça** *i.* 잘 낡지 않는 천 hard-wearing fabric; ~ **rəng/boya** *i.* 탈색하지 않는 염색 last dye/color; ② 계승자가 있는, 상속자가 있는 with successor/heir ○ **sür'ətli, ardıcıl**

davamlılıq *i.* ① 내구성, 영속성 durability, solidity, firmness ○ **dözümlülük, möhkəmlik**; ② 지구력, 내구력, 참을성, 인내력 power of endurance, hardness, fortitude, constancy, endurance

davamsız *si.* ① 불안정적인, 잘 깨지는, 허약한, 내구성이 약한, 무른, 덧없는, 과민한, 상처 입기 쉬운 unsteady, fragile, brittle; *fig.* 섬세한, 우아한, delicate ● **dözümlü**; ~ **şüşə** *i.* 잘 깨지는 유리 brittle glass; ② 무른, 취약한, 박약한, 얄팍한, 천박한 flimsy; ~ **parça** *i.* 잘 상하는 천 flimsy cloth; ③ 안정적이지 못한, 지속성이 없는 unstable, non-persistent; ~ **qaz** *i. mil.* 지속성이 없는 가스, 비영속형의 가스 non-persistent gas

davamsızlıq *i.* ① 불안정성, 비영속성 unstableness, non-persistency ○ **dözümsüzlük** ● **dözümlülük**; ② 견고성이 약함, 내구성이 약함 lack of strength/solidity; ③ 무름, 부서지기 쉬움, 허약, 얄팍함, 천박함, 취약함 brittleness, fragility, flimsiness

davar *i.* 가축, 소떼, 양떼 small cattle, sheep and goats

davasız¹ *si.* 평화로운, 조용한, 편안한 성격의 peaceful, calm, easy-tempered ○ **söyüşsüz, vuruşsuz, savaşsız** ● **savaşlı**

davasız² *si.* 치료가 불가한, 구제 방법이 없는, 구제책이 없는 without medicine/remedy

davasızlıq¹ *i.* 평온, 침착, 냉정 peacefulness, ca-

D

lmness
davasızlıq2 *i.* 구제 불능 lack of remedy
davasız-şavasız ☞ **davasız**
dava-şava *i.* 말다툼, 소동, 소란, 드잡이, 격투, 난투, 세상의 분개 fight, brawl, uproar, row, scuffle, scandal; ~ **salmaq** *fe.* 소동을 일으키다; 반대하여 떠들다, 항의하다 kick up a row, make an uproar
dava-şavalı *si.* 초조한, 난처한, 의심스러운, 미결의 vexed, disputable, questionable, moot; ~ **məsələ** *i.* 난처한 문제, 논쟁의 여지가 있는 문제 vexed question
dava-şavasız *z.* 사이 좋게, 조화되어, 평화롭게 peacefully, in harmony; ~ **yaşamaq** *fe.* 평화롭게 살다 live in peace
davranış *i.* ① 행동, 행실, 동작, 태도, 품행 behavior, conduct ○ **hərəkət, rəftar**; ② 태도, 거동, 모양, 예의 manner ○ **münasibət**; ③ 취급, 대우, 대접 treatment; ~ **qaydaları** *i.* 행동 방식, 태도 manners, norms of behavior; **nəzakətli** ~ *i.* 정중한 대우 polite treatment
davranışlı *si.* 예의 바른, 정중한, 친절한, 점잖은, 공손한 well-mannered, polite, kind, pleasant, courteous ○ **rəftarlı, münasibətli**
davranışsız *si.* 뻔뻔한, 염치없는, 건방진, 뻐기는 거만한, 무례한, 거드럭거리는, 버릇없는 impudent, insolent, rude; *col.* cheeky, saucy, sassy
davranmaq *fe.* ① 행동하다, 대우하다, 대접하다 act, behave, treat; ② 정중하게 행동하다, 예의 바르게 대접하다 bear oneself in polite way; **pis** ~ *fe.* 버릇없이 굴다, 무례하게 행동하다 treat force *smb.* ill; **nəzakətlə** ~ *fe.* 정중하게 행동하다 behave politely; ***Davranmağı öyrənin!*** *행동할 줄 아는 태도를 배워라! Learn how to behave!*
davul *i.* 북, 드럼 drum ○ **nağara, təbil**; ~ **çalmaq** *fe.* 드럼을 치다 beat the drum
davulçalan ☞ **davulçu**
davulçu *i.* 북 치는 사람, 드러머 drummer
dayaq *i.* ① 지주, 버팀목, 버팀대, 받침 prop, rest, foot ○ **dirək**; ② *tex.* (기계) 억제(제어) 장치, 개폐장치 stop, bearing, lug; ③ 주춧대, 대좌(臺座), 주각(柱脚) pedestal; ④ *fig.* 지지, 지원 support ○ **kömək, arxa, himayə**; ⑤ 교각, 교대(橋臺); 창사이의 벽; 각주(角柱) pier; ⑥ 요새, 성채, 중심점, 본거지 stronghold, bulwark ○ **özül**; ⑦ *fiz.* (기계) 지레의 받침점, 지레받침, 지점(支點); 「일반적」 지주, 받침 fulcrum; ~ **vermək** *fe.* 지지하다, 받치다 prop; ~ **vurmaq** *fe.* 발 받침을 밟고 서다 put up a prop; ~ **vurub saxlamaq** *fe.* 지탱하다, 버티다 prop; ~ **nöqtəsi** *i.* 추요부(樞要部), 중심점, 요점 pivot; **sülhün ~ğı** *i.* 평화의 요새 stronghold of peace; ~ **məntəqəsi** *i. mil.* 받침 점, 지지 점 supporting point; ~ **dirək** *i.* 지주축 bearing pile; ~ **plitə** *i.* 기초 도리, 기초 평판 base plate; ~ **nöqtəsi tapmaq** *fe. fig.* 디딤 목을 발견하다, 비빌 언덕을 얻다 gain a foothold
dayaq-divar *i. tik.* 부축벽(扶築壁), 버팀벽, 부벽(扶壁) 아치대, 홍예 받침대; 교대(橋臺); 받침대 buttress, abutment, counter fort
dayaqlı *si.* ① 지주가 있는, 버팀목이 있는 having column/prop ○ **dirəkli**; ② 지지자가 있는, 후원자가 있는 having support ○ **köməkli, arxalı**
dayaqsız *si.* 도움 없는, 지지대 없는 having no support/prop ○ **dirəksiz, köməksiz, arxasız**
dayaqsızlıq *i.* 도움 없음 helplessness, inconfidence ○ **dirəksizlik, köməksizlik, arxasızlıq**
dayama *i.* 기댐, 의지함 resting against, leaning ○ **dirəmə, söykəmə**
dayamaq *fe.* 의지해서 쉬다, 지지하다, 기대다 rest, set (againist), put (against), prop (under), place (under), pilfer, filch ○ **dirəmək, söykəmək**; ***O velosipetdini hasara dayadı.*** *자전거가 울타리에 기대어 있다. He proped his bicycle against the fence.*
dayanacaq *i.* ① 정류장 (버스) 정거장 (기타) halt, stop, stopping place, station ○ **duracaq**; ② 버팀목, 버팀대 prop ○ **söykənəcək**
dayandırılma *i.* 정지, 멈추기, 휴지, 휴업 stopping, stoppage, cessation, halting; **hərbi əməliyyatın ~sı** *i.* 정전(停戰), 휴전(休戰) cessation of hostilities; **silahlanmanın ~sı** *i.* 무기 경쟁의 휴지 halting of arms race; **atəşın ~sı** *i.* 휴전(休戰) cease-fire
dayandırılmaq *fe.* 중지되다, 정지되다, 끝내지다, 끊어지다, 중단되다 be stopped/ceased, be put to an end, be broken off, be discontinued
dayandırılmaz *si.* 억누를 수 없는, 충동을 억제할 수 없는 irrepressible
dayandırma *i.* ① 멈춤 stopping ○ **saxlama**; ② 정지, 중단, 중지 cessation, ceasing, stoppage, halting ○ **kəsmə, azaltma**; **atom silahının**

istehsalını ~ *i.* 핵무기 개발 제한 stoppage of production of atomic weapon

dayandırmaq *fe.* ① 멈추다, 정지시키다, 세우다 brake, stop ○ **saxlamaq**; ② 그만 두다, 멈추다, 중지하다, 중단하다, 끝맺다, 저지하다 cease, discontinue, put an end, make an end, break off, halt, check, suspend, rein up ○ **kəsmək, azaltmaq**; **yaradan qanaxmanı** ~ *fe.* 지혈시키다 stop a wound; **söhbəti** ~ *fe.* 말하기를 멈추다 cease talking; **danışığı** ~ *fe.* 대화를 중단하다 break off the conversation

dayanıq *i.* ① 견실, 확고부동, 끈기, 참을성, 인내력, 부동 firmness, patience, steadfastness ○ **dözüm, səbat, səbir**; ② 끈덕짐, 고집, 완고, 버팀, 영속, 내구(력) persistence ○ **davam**; ③ 책임, 책무; 신빙성, 확실성 accountability, reliability ○ **sədaqət, e'tibar, dəyanət**

dayanıqlı *si.* 잘 견디는, 오래 가는, 내구성이 좋은, 영속적인, 견고한 patient, stronghold, persistent ○ **möhkəm, səbatlı, mətanətli, dözümlü**

dayanıqlılıq *i.* 견고성, 내구성, 지속성, 영구성 patience, persistence, steadfastness ○ **möhkəmlik, səbat, sabitlik, mətanət, dözüm**

dayanıqsız *si.* ① 성급한, 안달하는 impatient, intolerant ○ **davamsız**; ② 불안정한, 흔들거리는, 변하기 쉬운, 약한 unstable, infirm ○ **mətanətsiz, səbatsız, dözümsüz**

dayanıqsızlıq *i.* ① 불연속, 오래가지 못함 discontinuation ○ **davamsızlıq**; ② 성마름, 조급함, 초조함, 참을성 없음, 불안정성, 우유부단, 견딜 수 없음 impatience, instability, intolerability ○ **mətanətsizlik, səbatsızlıq, dözümsüzlük**

dayanma *i.* ① 쉼, 휴식, 머묾 stay, rest ○ **qalmaq, dincəlmək**; ② 가까이함, 접근 approach ○ **dirənmə, yanaşma**; ③ 정지, 섬, 멈춤 stop, stand ○ **durma**; ④ 오래 참음, 인내함 long suffering ○ **dözmə, qatlaşma**; ⑤ 기다림, 진정(鎭靜) waiting, calm down, soothe ○ **gözləmə, toxtama**; ⑥ 휴지, 중지, 정지 cessation, finish ○ **kəsilmə, qurtarma**; ⑦ 일어섬, 높임, 고양 raise, exaltation ○ **qalxma, yüksəlmə**

dayanmadan *z.* ① 즉각적으로, 당장에 immediately, at once ○ **dərhal**; ② 계속해서, 쉬지 않고, 정지하지 않고 uninterruptedly, unceasingly, continuously ○ **durmadan, fasiləsiz**

dayanmaq *fe.* ① 멈추다, 정지하다 cease, come to a stop ○ **saxlamaq** ● **getmək**; ② 다가서다, 다가 가다 put up, stop, stay ○ **dirənmək, yanaşmaq**; ③ 서있다, 일어서다 stand, come to standstill ○ **durmaq**; **ayaq üstə** ~ *fe.* 일어서다, 발로 서다 stand on one's feet; ④ 제기 하다, 떠오르다 dwell on (question), raise ○ **qalxmaq, yüksəlmək**; ⑤ 붙잡고 있다, 견고히 서다 stand on/upon, hold out, stand firm ○ **dözmək, qatlaşmaq**; ⑥ 기대어 서다, 서서 쉬다 lean, rest (on, against) ○ **dayamaq, söykəmək**; ⑦ 정지하다, 중지하다, 끝내다 cease, stop, finish ○ **kəsilmək, qurtarmaq** ⑧ 기다리다, 진정하다, 차분해지다 wait, calm down ○ **gözləmək, toxtamaq**; ***Bircə dəqiqə dayan.*** *잠깐만 기다려 주세요. Wait just a minute.*

dayaz *si.* ① 얕은, 깊지 않는 shallow, not deep ○ **səthi, üzdən** ● **dərin**; ~ **yer** *i.* (물) 얕은 곳, 건널 만한 곳 shallow, ford; ~ **boşqab** 플레이트 접시 shalow dish; ② *fig.* 편협한, 옹졸한, 쪼잔한 (인간) small minded, narrow-minded (man); ③ 피상적인, 겉 만 보는 superficial; ~ **adam** *i.* 피상적으로만 이해하는 사람 a person of superficial understanding; ~ **düşüncəli adam** *i.* a person of superficial understanding

dayazbilikli *si.* 피상적인 지식으로 with superficial knowledge

dayazca *z.* 아주 얕게 quite shallow; *fig.* 얕게, 얄팍하게, 피상적으로 quite superficial

dayazdüşuncəli *si.* 마음(도량)이 좁은, 편협한 narrow-minded, small minded

dayazfikirli ☞ **dayazdüşuncəli**

dayazlandırmaq *fe.* 얕게 하다, 메워서 채우다 make shallow

dayazlanmaq *fe.* 얕아지다 grow/become shallow ● **dərinləşmək**

dayazlaşmaq ☞ **dayazlanmaq**

dayazlıq *i.* ① 얕은 곳, 모래톱; shallowness, shoal; ② *fig.* 천박; 천박한 것 superficiality ○ **səthilik, qeyri-ciddilik** ● **dərinlik**

dayça *i.* (말·나귀 따위의) 새끼 foal

dayə *i.* ① 유모, 아이 보는 여자 nurse, nanny, nurse-maid; hospital nurse ○ **mürəbbiyə**; ② 사용인, 고용인, 하인 servant, attendant ○ **xidmətçi**

dayəlik *i.* 양육 (보육); 간호 nursing; ~ **etmək** *fe.* 아이 보다, 돌보다; 젖을 먹이다, 양육하다, 키우다

nurse ○ **mürəbbiyəlik**;

dayı *i.* 외삼촌 uncle (mother's brother); ~ **uşaqı** *i.* 외사촌 cousin

dayıarvadı *i.* 외숙모 uncle's wife

dayıdostu ☞ **dayıarvadı**

dayıqızı *i.* 외사촌 (누이) uncle's daughter (mother side)

dayılı *si.* 외삼촌이 있는, 도움이 있는 having uncle, having support

dayılıq *i.* 외삼촌과의 관계 relation with uncle, state of being uncle

dayınəvəsi *i.* 외조카 nephew, second cousin, uncle's grandchildren

dayıoğlu *i.* 외사촌 (형제) cousin (on the mother)

dayıoğluluq *i.* 외사촌과의 관계 state of being cousin (mother's side)

dayıuşağı *i.* the children of one's uncle (mother's side) 외사촌

daylaq *i.* 1년생 (말, 아이) foal, yearling (foal)

daz I. *i.* 대머리, 민둥머리, 털이 없는 부분 bald spot, bald patch, bald-head; II. *si.* 대머리의, 민둥머리의 bald, bald-headed

dazılamaq *fe.* 빨리 걷다, 신속히 가다 walk quickly, go rapidly

dazlaşmaq *fe.* 대머리가 되다 become bald, grow egg-headed

dazlıq *i.* ① 대머리 baldness ○ **tüksüzlük**; ② *fig.* 황무지, 사막 desert, barren land

debüt *i.* ① 무대(사교계)에 첫발 디디기, 첫 무대(출연), 데뷔 debut; ② (체스) 첫 수 (chess) opening

debütant *i.* 첫 무대에 서는 사람 debutant, debutante

dedikcə *z.* 점점 더, 갈수록, 할수록 more and more, gradually ○ **olduqca**; ~ **maraqlı** *si.* 점입가경, 할수록 더 재미 있는 gradually more interesting

dedi-qodu *i.* 소문, 추문 gossip, rumors, scandal, tittle-tattle ○ **söz-söhbət, danışıq, şayiə**; ~**ya səbəb olmaq** *fe.* 소문 내다, 소문의 원인이 되다 give rise to a gossip

dedi-qoduçu *i.* 소문을 퍼트리는 사람, 수근거리는 사람 tale teller

dedi-qoduçuluq *i.* 잡담, 한담, 세상 이야기; 남의 소문 이야기, 험담, 뒷공론 gossiping

deduksiya *i.* 뺌, 공제; 차감액, 공제액; 추론; (논리학) 연역(법) deduction

deduktiv *si.* 추리의, 연역적인 deductive; ~ **metod** *i.* 연역법 deductive method

defekt *i.* ① 결점, 오점, 단점, 약점, 결함, 흠 defect, blemish ○ **nöqsan, qüsur, eyb**; ② 손해, 손상, 해침; 감손; (의학) 결함, 장애 damage, impairment ○ **zədə**

defektli *si.* 결함(결점)이 있는, 하자가 있는; 불완전한; 결여되어 있는 defective, damaged ○ **nöqsanlı, qüsurlu, eybli**

defis *i.* 하이픈 hyphen (-); ~**lə yazmaq** *fe.* 하이픈을 쓰다 hyphen

defisit *i.* 부족액; 결손, 적자 deficit; ~ **mallar** *i.* 필수품 부족, 물자 부족 commodities in shortage, scarce commodities

deformasiya *i.* 모양을 망침; 개악 deformation

degenerat *i.* (심리학) 노둔(魯鈍)한 사람; (구어) 멍텅구리, 얼간이 moron, foolish person, degenerate

dehade *i.* 계속적인 담화 continuous talking

dehqan *i.* 농부, 소작농, 농군 peasant, farmer ○ **əkinçi, kəndli**

dehqanlıq *i.* 농업, 농장 경영; 사육, 양식(養殖) farming, agriculture ○ **əkinçilik, kəndlilik, rəncbərlik**

dekabr *i.* 12월 December

dekada *i.* 10년간; 10일; 열 개 한 벌(조); 열 권(편) decade, ten-days

dekalitr *i.* 데카리터(10리터) deciliter

dekan *i.* (단과 대학의) 학장; (영국 대학의) 학생감; (미국 대학의) 학생과장 dean (chief of faculty); ~ **müavini** *i.* 부학장 vice dean

dekanlıq *i.* ① 학과장실 dean's office; ② 학장의 업무 job of dean; ~ **etmək** *fe.* 학장으로 역임하다 be a dean, work as a dean

deklamasiya *i.* 자세히 이야기함; 낭독, 음송, 암송; 낭독(법); 연설, 열변 recitation, declamation; ~ **demək** *fe.* 암송하다 recite, declaim

deklarasiya *i.* 선언(서), 포고(문); 공표, 발표; (사랑의) 고백; (세관·세무서에의) 신고(서) declaration

dekorasiya *i.* 무대 장면, 배경, (무대의) 장치 scene, scenery (in theatre)

dekorativ *si.* 장식의, 장식적인, 장식용의; 풍치(광채)를 더하는, 장식(용)의, 장식적인 ornamental, decorative; ~ **bitki** *i.* 관상식물 ornamental plant

dekorator *i.* 장식자; 실내 장식(업)자; (실내) 장식

품 decorator, scene-painter

dekret *i.* 칙령, 법령, 포고, 명령 decree, edict; **sülh haqqında ~** *i.* 평화 칙령 Decree on Peace; **torpaq haqqında ~** *i.* 토지 법령 Decree on Land; **~ mə'zuniyyəti** *i.* 출산 휴가 maternity leave

deqradasiya *i.* 지위를 내림, 격하 degradation

dequstasiya *i.* 맛보기 tasting

dequstator *i.* 맛보는 사람, 맛(술맛)을 감정하는 사람 taster

delfin *i. zoo.* 돌고래 Dolphin

delta¹ *i.* 그리스 알파벳의 넷째 글자(Δ, δ; 로마자의 D, d에 해당함); 시험 성적 제4급의 표시; Δ delta (D, d: the 4th letter of Greek) alphabet

delta² *i. geo.* Δ자꼴 (삼각형, 부채꼴)의 것; 삼각 delta; **Kür çayının ~sı** *i.* 쿠르 강의 삼각주 delta of the Kur

demaqogia *i.* (민중) 선동; 선동 행위 demagogue, demagogism

demaqoq *i.* 민중 선동자; 선동 정치가; (옛날의) 민중의 지도자 demagogue

demaqoqcasına *z.* 선동적으로 demagogue-like

demaqoqlaşmaq *fe.* 선동자가 되다 become demagogue

demaqoqluq *i.* 민중 선동(책) demagogy; **~ etmək** *fe.* 선동가처럼 행세하다, 선동적으로 행동하다 act as a demagogue, behave demagogically

demə *əd.* 명백하게 되다, 뚜렷해지다 It appears that ~ It turns out ~, Turn out to be; ***Demə onlar dost imişlər.*** *그들이 서로 친구인 것이 명백해졌다. It appears that they are friend.*

de|mək¹ *fe.* ① 발언하다, 말하다, 말로 나타내다, 털어놓다, 언급하다, 이야기하다 say, tell, utter, mention ○ **söyləmək, bildirmək** ● **susmaq**; ② 이름 짓다, ~라고 부르다, 명하다, call, name ○ **tapşırmaq**; ~라고 말할 수 있다 **~ yə bilərəm ki** … I dare numb …; ~라고 전해진다 **Deyirlər ki** … It is said that …

demək² *ms.* 그러니까, 그래서, 그러므로 so, then, well then ○ **beləliklə**; ***Demək, siz heç nə görmədiniz.*** *그래서 아무것도 보지 못했구나. So you saw nothing.*

deməli *ms.* 그래서, 다시 말해서, 그러니까, 그 의미로서 hence, then, so, it means ○ **beləliklə**

demi ☞ **qəlyan**

demokrat *i.* 민주주의자; 민주정체론자 democrat

demokratik *si.* 민주주의; 민주정체의; 민주적인, 사회적 평등의; 서민적인 democratic ● **mürtəce**; **~ azadlıq** *i.* 민주적 자유 democratic liberty; **~ respublika** *i.* 민주 공화국 democratic republic; **~ cəsinə** *z.* 민주적으로, 민주주의적으로 democratically

demokratikləşdirilmə *i.* 민주화 democratization

demokratikləşdirilmək *fe.* 민주화되다 be democratized

demokratikləşdirmə *i.* 민주화 democratization, democratizing

demokratikləşdirmək *fe.* 민주화하다 democratize

demokratikləşmək *fe.* 민주화되다 get democratized

demokratiya *i.* 민주주의 democracy

demokratizm *i.* 민주 주의 democratism

demokratlaşmaq ☞ **demokratikləşmək**

demoqrafiya *i.* 인구 (통계학) demography

demoqrafik *si.* 인구학 (인구 통계학)의 demographic

demonizm *i.* 귀신학 demonism, evil work ○ **iblislik, məkr**

dempinq *i. eco.* (상업) 투매, 덤핑 dumping

departament *i.* (공공 기관·회사 등의) 부, 부문 department

depo *i.* (철도의) 정거장, (버스) 정류소, 공항; 버스 (전차, 기관차) 차고 depot

deputat *i.* 의원, 민의원 deputy; **Ali sovetin ~ı** *i.* 최고 의회 의원 Deputy of the Supreme Soviet; **~lar palatası** *i.* (입법, 사법 기관의) 회의장; 입법(사법)부; 의회, 의원(議院); 집회장, 회관 Chamber of Deputies; **~ toxunulmazlığı** *i.* 의회 치외법권 parliamentary immunity

deputatlıq *i.* 의원직, 의원의 의무 the obligation/duty of a deputy

dermatin *i.* 모조 가죽 leatherette

dermatologiya *i.* (의학) 피부 의학, 피부병학 dermatology

dermatoloq *i.* 피부병 학자; 피부과 (전문) 의사 dermatologist

desant *i.* 낙하, 착륙 landing

desantçı *i.* (군사) 낙하산 부대; 「집합적」 낙하산병 paratrooper

D

desert *i.* 사막; 황무지 desert

despot *i.* 전제 군주, 독재자; 「일반적」 폭군 despot; **~ casına** *z.* 전제적으로, 독재적으로; 횡포하게, 포학하게 despotically ○ **zülmkar, müstəbid** ● **rəhmli; ~çuluq** ☞ **despotism; ~ik** ☞ **despot**

despotizm *i.* ① 독재, 전제 정치, 폭정 despotism, repression, persecution ○ **zülmkarlıq, müstəbidlik, zülm** ● **rəhmlilik;** ② 전제주의, 전제 정치 absolutism, tyranny ○ **istibdad, mütləqiyyət**

despotluq ☞ **despotizm**

dessert *i.* 디저트 dessert

deşdir(t)mək *fe.* 구멍을 뚫게 하다, 구멍이 나게 하다 ask *smb.* to drill/bore/perforate, have *smt.* drilled/punched

deşici *si.* 송곳으로 구멍 뚫기, 천공(穿孔); 갉아먹는, 쏘는; 괴롭히는 drilling, gnawing ○ **dəlici**

deşik *i.* 구멍, 틈새, 짬, 간격, 홈, 가늘고 긴 구멍, 펑크 hole, puncture, gap, slot ○ **dəlik; ~ şin** *i.* 펑크 난 타이어 punctured tire; **~ açmaq** *fe.* 천공하다, 타인(打印)하다 punch; **burun ~yi** *i.* 콧구멍 nostril

deşikaçan *i.* ① 송곳, 드릴, 구멍 뚫는 사람 drill, borer; ② 구멍 뚫는 기구, 타인기(打印器); 찍어서 도려내는 기구; 표 찍는 가위, 펀치 punch; **~ dəzgah** *i.* boring/drilling machine 천공기, 타인기

deşikaçma *i.* 구멍 뚫기, 천공, 관통 drilling, boring, perforation

deşik-deşik *si.* 구멍투성이의, 구멍이 많은 full of holes, holey; **~ etmək** *fe.* 구멍을 내다 pierce with holes, riddle

deşikli *si.* 구멍이 난, 구멍이 많은, 뚫린 holey, full of holes, perforated, punctured

deşilmək *fe.* 관통되다, 구멍이 나다, 낡아 빠지다 be drilled, be riddled; wear thorough (clothes); open (wound)

deşmə *i.* 구멍 내기, 뚫기, 천공 drilling, boring, perforation

deşmək *fe.* ① 구멍을 뚫다, 도려내다, (구멍 따위를) 쪼아 파다, 천공하다, 꿰찌르다, 꿰뚫다 drill, bore, punch a hole, pierce a hole, peck, prick ○ **dəlmək, oymaq, burğulamaq** ● **bağlamaq;** ② *tex.* 구멍을 내다, 꿰뚫다, (우표 따위에) 미싱 바늘 구멍을 내다, (종이에) 눈금 바늘 구멍을 내다; (숫자 뚫는 기계로) 구멍 글자를 내다 perforate; ③ 쏠다, 갉다; 물다, 삭다 gnaw; ***Dərd ürəyimi deşir.*** *근심은 마음을 삶게 한다. Grief gnaws my heart.*

detal *i.* 세부, 세목(item); 지엽(枝葉) detail

detektiv *i.* 탐정; 형사 detective; **~ roman** *i.* 괴기 (탐정, 추리) 소설, 미스터리; 영험기(靈驗記) mystery novel

devalvasiya *i. eco.* 평가절하, 비하 devaluation, deprecation

devirmə *i.* 면직, 파면; 폐위, 타도 deposition, dethronement, overthrow, overturn, upsetting

devirmək *fe.* 면직(해임)하다, (권력의 자리에서) 물러나게 하다; (국왕을) 폐하다, 뒤집어 엎다, 타도하다, 무너뜨리다; 파괴하다; (정부 따위를) 전복시키다, (제도 등을) 폐지하다, 거꾸로 떨어뜨리다; (어떤 상태에) 갑자기 빠뜨리다 overthrow, precipitate, depose, dethrone, overturn, upset ○ **yıxmaq, salmaq, çevirmək** ● **qurmaq**

deviz *i.* 상표, 문장(紋章); 제명(題銘); 도안, 의장, 무늬 device, motto

devriliş *i.* 타도, 전복 overthrow ○ **çevriliş**

devrilmə *i.* 면직, 파면, 폐위(廢位), 전복(顚覆) deposition, dethronement, overthrow, overturn, upsetting

devrilmək *fe.* 전복되다, 면직되다, 폐위되다, 파면되다 be overthrown, be deposed

devrilməz *si.* 전복되지 않는, 파면되지 않는 which cannot be overthrown

devrilmiş *si.* 전복된, 파면된, 면직된 overthrown

deyə *si.* ① 말하면서, 말하기를, 의미하면서 saying, speaking, telling; ② 기쁘게, 즐겁게, 쾌활하게 so that, that; **~-gülə** *z.* merrily, gaily; **~ vaxt keçirmək** *fe.* 즐거운 시간을 보내다 have a jolly time

deyək *z.* 그럴 수도, 그렇게 말할 수도 possibly ○ **tutaq, elə bil; ~ ki** 가정해 보자면, 생각할 수도 있듯이 Let us assume, Say that …; ***Deyək ki, siz haqlısınız.*** *여러분이 옳다고 가정하면서. Assuming that you are right.*

deyən-gülən *si.* 기쁜, 반가운, 유쾌한, 쾌활한, 명랑한, 즐거운 glad, joyful, cheerful, buoyant, jovial; **~ adam** *i.* 쾌활한 사람, 명랑한 사람 cheerful man ○ **şən, ürəyiaçıq, zarafatcıl, əhvallı**

deyəsən *si.* ~ 같다 likely, it seems that, ○ **ehti-**

mal, görünür; ***Deyəsən o ağıllıdır.*** *그가 영리할 것 같다. He seems to be clever.*; ***Deyəsən yağış yağacaq.*** *비가 올 것 같다. It looks like rain.*

deyib-gülən *si.* 말이 많은, 수다스러운, 마음이 열린, 명랑한 talkative, open-hearted, glad ○ **söhbətcil, şən, ürəyiaçıq**

deyib-gülmək *fe.* 농담하다, 떠들다, 즐기다, 기뻐하다 joke, jest, chatter, rejoice, be glad ○ **şənlənmək, sevinmək**

deyici *i.* 일러바치는 사람, 고자쟁이, 수다쟁이, 밀고자, 고발인, 정보 제공자 telltale, informer

deyicilik *i.* 고자질, 탄핵; 통매(痛罵), 험담 informing, denunciation, preaching, speaking behind force *smb.* ○ **şeytanlıq, xəbərçilik**; ~ **etmək** *fe.* 고자질하다, 험담하다, 밀고하다 telltale, inform, speak ill of *smb.*

deyikləmək *fe.* 약혼하다, 어려서 결혼을 약조하다 betroth, engage, declare betrothed at early age; ○ **adaxlamaq, nişanlamaq**

deyikli *si.* 약혼한, 약혼자의 engaged, betrothed ○ **nişanlı**; ~ **olmaq** *fe.* ~와 약혼하다, 약혼한 사이가 되다 be betrothed (to)

deyil *əd.* 아니, 아닌, 아니다 not

deyilən *si.* 언급된, 말했던, 소위(所謂) mentioned, by name, so-called ○ **söylənən**; **yuxarda** ~ *z.* 위에 언급한 것처럼, 전술한 것처럼 afore said

deyiliş *i.* 발음; 발음하는 법 pronunciation ○ **tələffüz**

deyilmək *fe.* 언급되다, 말해지다, 입에 오르내리다, 회자(膾炙)되다 be told, be called (on, upon)

deyilmiş *si.* 언급한, 전술한, 말했던 mentioned, said

deyindirmək *fe.* 구시렁거리게 하다, 투덜대게 하다, 불평하게 하다 cause to grumble

deyingən I. *i.* 불평가, 잔소리가 심한 여자, 으드등 대는 여자 grumbler, shrew; II. *si.* 불평하는, 까다로운, 심술 궂은 grumbling, querulous, peevish, grumpy; ~ **adam** *i.* 불평가 grumbler ● **sakit**

deyingənlik *i.* 까다로움, 역정, 투정 peevishness, petulance ○ **dırdırlıq**

deyinmə *i.* (중얼거리는) 불평 murmuring

deyinmək *fe.* 불평하다, 툴툴대다, 푸념하다, 투덜대다, 중얼거리다 grumble, mutter, growl, murmur ○ **söylənmək** ● **susmaq**; **burunun altında** ~ *fe.* 투덜거리다, 중얼거리다; 불평을 말하다 mutter (into one's beard)

deyintili *si.* 불만스런, 불쾌한, 노한 discontent, dissatisfied, displeased ○ **narazı, şikayətli**

deyişdirmək *fe.* ① 논쟁에 들어가게 하다, 논쟁하게 하다 cause to enter an argument; ② 즉흥시 대결을 하게 하다 ask *smb.* to compete of improvisation of poem

deyişmə *i.* ① 시비, 싸움, 다툼, 언쟁 quarrelling, wrangling, altercation ○ **mübahisə, dalaşma, söyüşmə, höcətləşmə**; ② 즉흥시 경연 completion for improvisation of poem ○ **sözləmə**

deyişmək *fe.* ① 말다툼하다, 논쟁하다, 다투다 quarrel, argue, exchange bandy words, wrangle ○ **söyüşmək, höcətləşmək, dalaşmaq** ● **barışmaq**; ② 즉흥시 경연을 하다 complete for improvisation of poem

dezertir *i.* 도망자, 탈영병, 탈함자(脫艦者); (의무·가족 등을) 버린 사람, 유기자, 직장 이탈자; 탈당자 deserter ○ **fərari**

dezertirlik *i.* 버림, 유기; 도망; 탈당; 탈주, 탈함(脫艦) desertion ○ **fərarilik**

dezinfeksiya *i.* 소독; 살균; 멸균 disinfection

dezinfeksiyaedici *i.* 소독의, 멸균의 disinfectant; ~ **vasitə** *i.* 소독약, 멸균제 disinfectant

də ☞ **da**

dəb *i.* ① 유행, 성행; 인기, 호평 fashion, vogue, rage; **~də olan** *si.* 유행의, 유행을 따른, 당세풍의 fashionable, up-to-date; ~ **olmaq** *fe.* 유행에 따르다 be in fashion; **~dən düşmüş** *si.* 유행에서 벗어난, 구식의, 시대에 뒤진 old fashioned, out of date, out of fashion; **~ə düşmək** *fe.* 유행에 따르다 come into fashion, become fashionable; **~ə salmaq** *fe.* 유행에 이르다 bring into fashion; ② 관습, 풍습, 관행 custom; ***Buranın dəbi belədir.*** *여기 관습은 그렇다. It is the custom here.*

dəbbə[1] *i.* 트집잡는, 꼬투리 잡는, 흠 잡는, 까다로운 finding faults, picking on

dəbbə[2] *i.* 골기(骨器), 목기(木器) vessel made from wood or bone

dəbbəçi *i.* 트집 쟁이, 까탈 쟁이 person who finds fault with the already-made agreement/deal, ○ **cığal**

dəbbəçilik *i.* 트집을 잡거나 규칙을 어기는 성격 personality of finding fault or violating rule
dəbbəkar ☞ **dəbbəçi**
dəbbəkarlıq ☞ **dəbbəçilik**
dəbbələmək *fe.* ① 약속을 깨기 위해 트집을 잡다 find fault in order to break an agreement/deal/contract; ② 협정을 어기다 refuse an agreement ● **təsdiqləmək**
dəbbəlik *i.* ① 허영심, 자부심, 허풍, 자화자찬 boastfulness, vaingloriousness, vainglory; ~ **etmək** *fe.* 자랑하다, 허풍 떨다, 자화자찬하다 boast; ② 수축력 retraction;
dəbdəbə *i.* 사치, 호사 허식, 과시; 허세, 호화, 장려, 장대, 장엄 luxury, pomp, splendor, magnificence ● **cəfa**
dəbdəbəli *si. z.* 화려한, 호사한 splendid, pompous, luxurious, glorious, sumptuous; ~ **həyat** *i.* 호사한 생활, 사치한 생활 magnificent life ● **cəfalı**
dəbdəbəlik *i.* 사치스러움, 호화로움, 화려함; 쾌락, 향락 sumptuousness, magnificence, luxury
dəbərdilmək *fe.* 감동되다, 감정이 흔들리다, 마음이 흔들리다 be moved, be touched
dəbərilmək ☞ **dəbərdilmək**
dəbərmə *i.* 감동, 흥분 moving, rising
dəbərmək *fe.* 감동하다, 마음을 움직이다, 생각을 바꾸다, 흥분하다 move, budge, be up, touch ○ **tərpəşmək**
dəbilqə *i.* 헬멧, 철모, 투구 helmet, head-piece; **dalğıc ~si** *i.* 잠수용 헬멧, 잠수 모 diving helmet
dəbilqəli *si.* 헬멧을 쓴, 투구를 쓴 with helmet, wearing helmet
dəcəl I. *i.* 장난꾸러기, 개구장이 prank, mischief, prankish person; II. *si.* 버릇없는, 말을 듣지 않는, 장난을 좋아하는, 들뜬, 까불어대는, 즐겁게 뛰노는 naughty, mischievous, playful, frolicsome ○ **nadinc, şuluq** ● **dinc**; ~ **uşaq** *i.* 장난꾸러기, 버릇없는 놈 naughty child; *col.* 골치 덩어리 (아이) bundle of mischief; ~ **olmaq** *fe.* 버릇없는, 까부는 be naughty
dəcəlləşmək *fe.* 버릇없이 되다, 말을 듣지 않게 되다, 건방지게 되다 become playful/frolicsome ○ **nadincləşmək, şuluqlaşmaq**
dəcəllik *i.* 장난기, 버릇없음 mischievousness, prankishness, playfulness ○ **nadinclik, şuluqluq** ● **dinclik**; ~ **etmək** *fe.* 장난하다, 버릇없이 굴다 play pranks, be up to mischief
dəccəl *i.* 적그리스도, 거짓 그리스도 antichrist
dəcləmə *i.* 모으기, 채우기 gathering, putting together, filling
dəcləmək *fe.* ① 조심스럽게 정리하다 put in order carefully; ② 추수하여 저장하다 pile up grain and mark ○ **toplamaq, yığmaq**
dədə *i.* ① *col.* 아빠, 아버지 dad, daddy, father ○ **ata**; ② 선조, 조상 forefather ○ **baba, əcdad**; **~-baba** *i.* 조상들, 선조들 forefathers, ancestors; ~ **adətləri** *i.* 오래된 관습, 습관 old customs; **~-babadan** *z.* 조상으로부터, 선조들의 대물림으로 since the days of our grandfathers
dədəlik *i.* 계부 stepfather ○ **atalıq**
dəf *i.* ① 북, 탬버린 drum, tambourine; ~ **çalmaq** *fe.* 북을 치다, 드럼을 치다 beat the drum; ~ **çalan** *i.* 고수(鼓手), 드러머, 드럼 치는 사람 drummer, tambourine player; **~çi** ☞ **dəfçalan**; ② 격퇴, 반격, 반박, 거절 refusal, repulsion; ~ **etmək** *fe.* 반격하다, 격퇴하다, 거절하다 repulse, beat off; ~ **etmə** *i.* 거절, 반격 repulse; ~ **edilməz** *si.* 저항할 수 없는, 압도적인 irresistible; **hücumu ~ etmək** *fe.* 공격을 격퇴시키다 beat off an attack; **zərbəni ~ etmək** *fe.* 일격을 피하다, 가격(加擊)을 회피하다, 슬쩍 피하다 parry a blow
dəfə *i.* 번, 차례, 회, 경우 time, once, occasion ○ **kərə, yol, səfər**; **bir neç ~** *z.* 여러 번, 여러 차례 several times; **ilk ~dən** *z.* 처음부터, 첫 번부터 from the very first; **bir ~lik** *z.* 단 한번 once for all; **bu ~** *z.* 이번에, 이 경우에 this time, for this once, on this occasion; **bir ~ də** *z.* 한번만 더, 또 다시 once again, once more; **hər ~** *z.* 매번, 항상 every time, each time; ***Yüz dəfə ölç, bir dəfə biç.*** (*proverb.*) *한번 자르기 전에 열 번 재라. Look before leap.*
dəfələrcə ☞ **dəfələrlə**
dəfələrlə *z.* 수 차례, 여러 번, 반복해서 often, over and over again
dəfəlik *si.* 한 번만큼의 for one time; **bir ~** *z.* 단 한번의, 영원히 at one go, at a stretch; once and for all, for ever, for ever and ever
dəfinə *i.* 보배, 재보, 금은, 보물, 귀중품 treasure, buried treasure ○ **xəzinə**; **~lər adası** *i.* treasure island 보물 섬

dəfinəli *si.* 넉넉한, 유복한, 부자의 wealthy, rich ○ **xəzinəli**

dəfqayıran *i.* 탬버린 제작자, 드럼 만드는 사람 tambourine maker, drum maker

dəfn *i.* 장례식, 장례 burial, funeral; ~ **etmək** *fe.* 장례식을 하다, 매장하다 bury; ~ **mərasimi** *i.* 장례식 funeral; ~ **bürosu** *i.* 장례 집무실, 장의 사무실 funeral parlor, undertaker's office

dəfnə *i. bot.* (식물) 월계수 laurel, bay-tree; ~ **çələngi** *i.* 월계관 laurel, laurel wreath

dəfnəlik *i.* 월계 정원 laurel grove

dəftər *i.* 공책, 수첩, 필기장 notebook, copy-book, writing book; **qaralama** ~ *i.* 필기장 rough notebook; **not ~i** *i.* 기보 책, 오선 공책 music notebook; **rəssamlıq ~i** *i.* 사생첩, 스케치북, 소품집 sketchbook, drawing book

dəftərçə *i.* 수첩 small note-book

dəftərxana *i.* 문방구 stationery; ~ **ləvazimatı** *i.* ~~사무용품~~ stationery, writing materials

dəftərxanaçı *i.* 직원, 문방구 점원 clerk; *fig.* 관료적인 사람; 형식주의자 red-tapist

dəftərxanaçılıq *i.* ① 문방 profession of clerk; ② 형식주의 red-tape method

dəhan ☞ **ağız**

dəhləmək *fe.* 일을 강력히 추진하다, 밀어 부치다 drive on, urge, urge on

dəhliz *i.* 복도, 회랑 corridor

dəhmərləmək *fe.* 밀어 부치다, 추진하다 drive on, speed on, urge on

dəhmərlənmək *fe.* 추진되다, 강력히 밀어 부쳐지다 be driven, be urged

dəhnə¹ *i.* (말의) 재갈; ~~구속(물)~~ bit (part of horse bridle) ○ **cövzə**

dəhnə² *i.* ① 물레방아 방죽 mill-pond ○ **bənd**; ② 둑 (물레방아 용); 어살 weir (the starting point of branch of line or stream)

dəhrə *i.* 갈고리, 훅; 걸쇠 hook

dəhrələmək *fe.* 갈고리로 걸다, 걸쇠로 걸다 cut with hook

dəhrələnmək *fe.* 갈고리에 걸리다 be cut with hook

dəhrəli *si.* 갈고리에 걸린, 갈고리가 달린 with hook, having a hook

dəhrəşəkilli *si.* 갈고리 모양의 hook-shaped

dəhşət *i.* 당황, 경악, 낙담, 공포, 불안, 전율, 소름이 끼치도록 싫은 것, 두려움 dismay, dread, horror, terror ○ **vahimə**; **~ə gətirmək/salmaq** *fe.* 놀라게 하다, 두렵게 하다, 경악하게 하다 dismay, terrify; **~ə gəlmək** *fe.* 놀라다, 낙담하다, 당황하다, 경악하다 be dismayed, be terrified; ***Nə dəhşətdir!*** *너무도 끔찍해! How terrible!*

dəhşətləndirmək *fe.* 놀라게 하다, 두렵게 하다, 경악하게 하다, 소름 끼치게 하다 frighten, terrify, horrify

dəhşətlənmək *fe.* 놀라다, 두려워 떨다 be afraid, be terrified

dəhşətli *si.* ① 무서운, 소름 끼치는, 경악하게 하는, 무시무시한, 섬뜩한 horrible, awful, frightful, hideous, shrewd, terrible ○ **qorxunc**, **vahiməli**; ② 격렬한, 맹렬한, 광포한, 강력한, 흉포한 violent, strong, fierce ○ **güclü**, **şiddətli**, **dözülməz**; ~ **hava** *i.* 끔찍한 날씨, 맹렬한 날씨 terrible weather; ~ **isti** *i.* 폭염의 terrible heat; ~ **müharibə** *i.* 격렬한 전쟁 terrible war; ~ **külək** *i.* 맹렬한 바람 terrible wind; ~ **cinayət** *i.* 끔찍한 범죄 a horrible crime

dəxi *əd.* ~도, ~또한, ~마찬가지로 also, as well, too ○ **daha**, **artıq**

dəqiq I. *si.* 정확한, 정밀한, 뚜렷한, 명료한, 엄밀한, 엄격한, 어김없는 accurate, definite, exact, explicit, legible, neat, precise, strict, punctual ○ **düzgün**; ~ **müəyyən etmək** *fe.* 지정하다, 명확히 하다, 명기하다 specify; ~ **adam** *i.* 시간을 엄수하는 사람 punctual man; ~ **elmlər** *i.* 정확한 학문 exact science; ~ **hesablamalar** *i.* 정확한 계산 accurate calculation; ~ **tərcümə** *i.* 정확한 통역 accurate translation; ~ **alətlər** *i.* 정밀기계 precise instruments; II. *z.* 정확하게, 정밀하게, 어김없이, 날카롭게 exactly, precisely, punctually, sharp, accurately; ~ **demək** *fe.* 정확하게 말하다 say exactly; ~ **tərcümə etmək** *fe.* 정확하게 통역하다 translate accurately

dəqiqə *i.* 분, 순간, 찰나 minute, moment; **bu** ~ *z.* 지금 이 순간에 this very moment; **o** ~ *z.* 당장에, 그 순간에 at the moment, instantly; ~ **başı** a) 매 분마다 일어나는, 매분 간격의, 지속적으로, 매 분마다, 계속적으로, 끊임없이 occurring every minute, at interval of a minute, continual, incessant; b) 지속적으로, 계속하여 in every minute, continually, incessantly

dəqiqəlik *si.* 순간적인, 덧없는 minute, momen-

D

tary, moment's; **bir ~ istirahət** *i.* 순간적인 수식, 일각의 휴식 a moment's rest

dəqiqləşdirilmək *fe.* 구체화되다, 정밀하게 되다, 정확히 규정되다 be specified, be made precise, be defined precisely

dəqiqləşdirmək *fe.* 확실하게 하다, 구체화하다, 정확히 규정하다, 더 정확한 정의를 내리다 ascertain, specify, make exact define, give more precise definition; **mə'lumatı ~** *fe.* 정확한 정보를 갖다 make the information more exact

dəqiqləşmək *fe.* 구체화되다, 보다 정확하게 되다, 정밀하게 되다 become specified, become more precise/exact, accurate ○ **dürüstləşmək, müəyyənləşmək**

dəqiqlik *i.* 정확성, 정밀성, 시간 엄수 precision, accuracy, punctuality ○ **dürüstlük, müəyyənlik, mükəmməllik, düzgünlük; tərcümənin ~yi** *i.* 통역의 정확성, 통역의 충실성 faithfulness/accuracy of translation

dəlalət *i.* 증거, 증명, 증거물 proof, evidence ○ **dəlil, sübut; ~ etmək** *fe.* 나타내다, 표시하다, 증거하다, 증명하다 denote, indicate, show, witness, testify, give evidence

dələ *i. zoo.* (동물) 다람쥐 squirrel

dələduz I. *i.* 사기꾼, 악한, 무뢰한, 악당 swindler, cheat, knave; *col.* 악한, 불량배, 깡패 rogue ○ **fırıldaqçı, hiyləgər**; II. *si.* 깡패의, 건달의; 장난치는, 짓궂은, 악한의, 악한 같은, 무뢰한(無賴漢)의; 부정한 roguish, knavish; **~casına** *z.* 사기꾼처럼, 악하게 swindler-like, knavishly, roguishly

dələduzluq *i.* 짓궂음, 악한 짓, 사기 침, 속임, 사취, 반칙 roguishness, knavishness, cheating, defraud, foul ○ **fırıldaqçılıq, hiyləgərlik, biclik** ● **düzlük; ~ etmək** *fe.* 사기 치다, 편취하다, 깡패 질하다, 남의 피를 빨아먹고 살다 swindle, defraud, shark, rogue, cheat

dələqarın *si.* 많이 먹는, …을 탐하는 glutton, gluttonous

dələqarınlıq *i.* 대식, 폭음폭식 gluttony

dələmə *i.* 싱싱한 치즈 fresh cheese

dəli I. *i.* 미친 사람(남자), 광인, 무분별한 사람, (특히) 무모한 아가씨, 바람기 있는 처녀 madman, madcap; **ipləmə/zəncirli ~** *i.* 광포한 광인, 폭력적인 미치광이 violent lunatic; II. *si.* ① 미친, 실성한, 미치광이의, 광기의 mad, crazy, insane, lunatic ○ **divanə, xəstə**; ② 어리석은, 분별 없는, 바보 같은, 미련한 silly, foolish ○ **gic, axmaq, sarsaq, ağılsız** ● **ağıllı**; ③ 격렬한, 맹렬한, 극단적인, 비상한, 광포한, 폭력적인 violent, ardent ○ **azğın, coşğun, hiddətli, şiddətli; ~ olmaq** *fe.* 미치다, 미친 듯이 날뛰다; 격노하다 go mad, madden; **~ etmək** *fe.* 미치게 하다, 노발대발 하게 하다 drive mad, drive crazy, madden, drive *smb.* mad; **~cəsinə sevmək** *fe.* 미치도록 사랑하다 be mad about

dəlibaş I. *si.* 광포한, 폭력적인, 맹렬한, 모진, 미친 듯 날뛰는, 광란의 violent, furious, frantic ○ **dəlisov, azğın, qudurğan**; II. *i.* 무분별한 사람, 말괄량이 madcap, tomboy; 무모한(물불을 안 가리는) (사람) dare-devil, man of courage

dəlibaşlıq *i.* 격렬함, 맹렬함, 격정; 열광, 제멋대로 구는 행동 violence, unrestraint, fury, unruliness, unruly conduct ○ **dəlisovluq, azğınlıq, qudurğanlıq; ~ etmək** *fe.* 광포하다, 폭력적으로 행동하다 be violent, behave violently

dəlibəng *i. bot.* 흰독말풀, 산사나무 열매 stramonium, thornapple

dəlicəsinə *z.* 미친 듯이; 결사적으로; 맹렬히; 바보같이; 무모하게; (구어) 몹시, 극단적으로 madly, in a mad way; **~ sevmək** *fe.* 미친 듯 사랑하다, 지나치게 좋아하다 love madly, be crazy about

dəlici *i.* 보르반(盤), 천공기 drilling machine

dəli-divanə *si.* 미친, 제정신이 아닌 crazy, mad; **~ etmək** *fe.* 미치게 하다, 대단히 화가 나게 하다, 발광케 하다 drive mad, madden; **~ olmaq** *fe.* 미치다, 넋 나간 사람처럼 되다 go off one's head; **bir kəsin ~si olmaq** *fe.* ~를 미치게 좋아하다 be crazy about; ***Səndən ötrü dəli-divanəyəm, əzizim.*** *당신 때문에 내가 미칠 지경이오. I'm crazy about you, dardil.*

dəli-dolu I. *i.* 미친 사람, 무모한 사람, 제 맘대로 하는 사람 madcap, romp, dare-devil; II. *si.* 용감한, 기운찬, 씩씩한, 영웅적인 bold, dashing, valiant, smart, alert

dəli-doluluq *i.* 정신 차림, 경계 alertness, briskness, pertness

dəlixana *i.* 정신병동, 정신병자 수용소 lunatic asylum, mad house

dəlik *i.* 파열구, 틈, 구멍, 갈라진 틈, 길쭉한 구멍 breach, gap, hole, slot, opening ○ **deşik, oyuq**;

~ **açmaq** *fe.* 구멍을 뚫다, 틈을 갈라지게 하다 breach

dəlik-deşik *si.* 구멍 난, 구멍투성이의 hollowed, full of holes/gaps

dəlik-dəlik *si.* 구멍투성이의 full of holes

dəlikli *si.* 구멍난, 구멍투성이의 hollowed, full of holes ○ **deşikli, oyuqlu**

dəliqanlı I. *si.* 열렬한; 불타는 (듯한); 격렬한, 기운찬, 위세(용기) 있는, 혈기 왕성한; 의기 양양한; 쾌활한; 건방진 ardent, valiant, mettlesome, violent, perky, dashing, brave, bold ○ **igid, cəsur, qoçaq** ● **qorxaq, sakit**; II. *i.* 젊은이, 청(소)년, 아이, 용감한 사람, 씩씩한 녀석 youngster, dashing fellow, dare-devil

dəliqanlılıq *i.* ① 허세, 허장성세, 건방짐 bravado, dashing behaviour, perkiness ○ **igidlik, cəsurluq, qoçaqlıq, cəsarət**; ~ **etmək** *fe.* 격렬하게 행동하다, 건방지게 놀다 be violent, behave dashingly; ② 격렬함, 열렬함 ardentness, ferventness ○ **qızğınlıq, coşğunluq**

dəliqudurmuş *si.* 과격한, 광신적인 (언행 등); 난폭한, (화가 나서) 미친 듯이 날뛰는, 맹렬한, 격렬한 rabid, mad, furious, violent

dəlil *i.* 논의, 증거, 논거, 입증(하는 힘) argument, reason, evidence, proof, clue ○ **sübut, əsas**; **maddi** ~ *i.* 물적 증거 material evidence; ~ **gətirmək/göstərmək** *fe.* 증거를 제시하다, 예증을 들다 adduce proofs, adduce evidence; **təkzibedilməz** ~ *i.* 반박할 수 없는 논증 irrefutable argument; **ağıllı** ~ *i.* 효과적인 논증 sensible argument; **zəif** ~ *i.* 약한 논증 weak argument

dəliləşmək *fe.* 미치다, 어리석게 되다, 아둔하게 되다 go mad, go crazy, become stupid, become foolish ○ **azğınlaşmaq** ● **ağıllanmaq**

dəlilik *i.* 미침, 광기, 발광, 정신 이상, 미친 행동 madness, craziness, insanity, mad behaviour ○ **tərslik**; **özünü ~yə vurmaq/qoymaq** *fe.* 미친 척 하다, 정신 나간 것처럼 행동하다 pretend to be mad/crazy/insane; ~ **etmək** *fe.* 이상한 행동을 하다, 미치게 행동하다 behave crazily

dəlilli *si.* 분명한, 명백한, 뚜렷한, 확신케 하는 assuring, proving, ○ **sübutlu, əsaslı, qaneedici, inandırıcı**

dəlilsiz *si.* 증명되지 않은, 근거 없는, 증거 없는 unproved, unsubstantiated, proofless ○ **sübutsuz, əsassız**; ~ **hesabat** *i.* 근거 없는 보고 unsubstantiated report; ~ **ittiham** *i.* 근거 없는 정죄 unfounded accusation

dəlilsizlik *i.* 증거 없음, 실체 없음 insubstantiality, prooflessness

dəlilsiz-sübutsuz ☞ **dəlilsiz**

dəlinmək ☞ **deşilmək**

dəlisov *si.* ① 장황한, 아둔한; 정신적 결함이 있는 unbalanced, wayward, half-witted, extravagant ● **ağıllı**; ② 씩씩한, 용기 있는, 용감한, 담력이 센 brave, courageous ○ **qızğın, coşğun** ○ **qorxaq**; ~ **oğul** *i.* 제멋대로 하는 아들, 고집센 아들 wayward son

dəlisovluq *i.* 덜 떨어짐, 변덕, 별난 생각 half-wittiness, whimsy, a strange act ○ **qızğınlıq, coşğunluq**

dəllal *i.* 중개인, 브로커, 중매인 broker, mediator ○ **araçı, vasitəçi**; ~ **olmaq** *fe.* 중개인이 되다 become a broker

dəllalbaşı *i.* 중개인 총무 chief broker

dəllalhaqqı *i.* 중개(업) brokerage

dəllallıq *i.* 중개업, 중개 일 brokering, brokerage ○ **araçılıq, vasitəçilik**; ~ **etmək** *fe.* 중개업에 종사하다, 중개인으로 일하다 be a broker, act as a broker

dəllək *i.* ① 이발사, 이용사 barber, hair-dresser ○ **bərbər**; ② 할례사 person who does circumcision; ③ 사기꾼, 양털 깎는 사람 *fig.* fleecier, swindler; ~ **dükanı** *i.* 이발소 barbershop, hairdressing salon

dəlləkxana *i.* 이발소, 미장원 barbershop, hairdressing saloon, hairdresser's

dəlləklik *i.* ① 이발, 조발 hair-cutting, hairdressing ○ **bərbərlik**; ② 할례 circumcising

dəlmə *i.* 구멍 뚫기, 천공, 관통 drilling, perforation, digging ○ **deşmə, oyma**

dəl|mək *fe.* 구멍을 뚫다, 구멍을 내다 hole, bore, drill, perforate ○ **deşmək, oymaq, qazmaq**; **~ib keçmək** *fe.* (사람, 물건을) 꿰찌르다; (사람, 장소를) 꿰뚫다, 관통하다; …에 찔리다 (꽂히다); (사람, 물건을) (무기로) 꿰찌르다 pierce

dəm¹ *i.* 증기, 가스, 연무, 일산화 탄소 가스, 목탄 가스; (자극성의) 발연(發煙); 향기, 훈연(燻煙); (술 따위의) 독기 fumes, carbon monoxide, charcoal fumes; ~ **qazı** *i.* 일산화탄소, 목탄 가스 carbon monoxide, charcoal fumes; ***Onu dəm***

D

qazı vurub. *그는 일산화 가스에 중독되었다. He has been poisoned be carbon monoxide.*

dəm² *i.* 차 (원액), 달인 차 brew; ~ **çayniki** *i.* 차 주전자 (차를 달이기 위한) teapot; ~ **almaq** *fe.* 차를 달이다 draw brew; ~**ə qoymaq** *fe.* 차를 달이다, 차의 원액을 만들다 draw, brew, put on the stove/fire to draw

dəm³ *i.* 순간, 찰나, 단시간; 시간 moment, instant ○ **an, ləhzə, vaxt, çağ, zaman, əyyam, dövr**; **elə bu ~də** *z.* 바로 이 순간에 at that very moment

dəmç *i. mus.* 반주(부) accompaniment ○ **nəfəs**; ~ **tutmaq** *fe.* (노래를) 같이 따라 부르다 accompany, join (in singing); ~ **vurmaq** *fe.* 적당치 않는 주제를 크게 떠들다 speak boastfully about an undeserved matter; ~ **olmaq** *fe.* 완전히 취하다, 곤드레만드레 되다 be completely drunk

dəmadəm *z.* 항상, 순간 순간, 계속해서 always, continually, constantly

dəmbədəm *z.* 매번, 매시간, 항상 every time, always ○ **saatbasaat, anbaan, hər vaxt**

dəmdəməki *si.* 경솔한, 가벼운, 분별없는, 싸게 행동하는 (사람) light-headed, flighty, rash, frivolous, giddy, flippant (person) ○ **yüngül, qeyri-ciddi**

dəmdəməkilik *i.* 경솔함, 천박함 flightiness, rashness, frivolity, giddiness ○ **yüngüllük, qeyri-ciddilik**

dəmdəsgah *i.* 장대, 장엄, 호화, 장려, 사치, 호사 luxury, splendor, magnificence

dəmdəsgahlı *si.* 화려한, 호사한, 사치스러운, 호화로운, 값진 굉장한, 멋진, 근사한 luxurious, gorgeous, splendid, sumptuous, magnificent

dəmək *i.* 굴, 구멍, 숨는 곳 hole, burrow; **siçan ~yi** *i.* 쥐구멍 mouse's hole ○ **yuva**

Dəməşq *i.* 다마스커스/다메섹 (시리아 수도) Damascus

dəmir *i.* ① 철(금속 원소; 기호 Fe; 번호 26) iron; ② 철제의 기구, 철물, 건축용 철물, 금속 제품, 철기류 hardware; ~ **darvaza** *i.* 철 대문 iron gate; ~ **çübuq** *i.* 철장 iron rods; ~ **iradə** *i.* 굳은 의지 iron will; ~ **intizam** *i.* 강한 훈련/연단 iron discipline; ~ **papaq** *i.* 철모, 헬멧 helmet; ~ **pul** *i.* 동전 coin; ~ **qab** *i.* 깡통 can; ~ **qutu** *i.* 철제 상자 can; ~ **barmaqlıq** *i.* 쇠살대, 쇠창살 grate; ~ **filizi** *i.* 철광석 ironstone; ~ **dövrü** *i.* 철기 시대 the Iron Age; ~**-dümür** *i. top.* 철로된 잡동사니 iron items, iron articles, iron pieces; ***Dəmiri isti-isti döyərlər.*** (*proverb.*) *쇠는 달궈졌을 때, 두들겨라. Strike the iron while it is hot.*

dəmirağac *i. bot.* 쇠나무 (쇠처럼 단단한 나무, 물에 가라앉음) iron tree

dəmir-beton *i.* 강화 콘크리트, 철근 콘크리트 reinforced concrete, ferro-concrete; ~ **qurğu** *i.* 강화 콘크리트 건축물 reinforced concrete construction; ~ **məmulatları** *i.* 강화 콘크리트 물품 ferro-concrete items

dəmirçi *i.* 대장장이; 편자공, 금속세공장(匠) blacksmith, hammersmith, smith; ~ **işi** *i.* 철공, 대장공 blacksmith's work

dəmirçilik *i.* 대장장이 일 profession of a blacksmith; ~ **etmək** *fe.* 대장장이 노릇을 하다 be a blacksmith

dəmirçixana *i.* 대장간 forge, smithy

dəmirli *si.* 철을 함유한, 철이 나는 ferriferous; *geol.* 쇠의; 철분을 함유하는; 쇠녹의; 쇠녹빛의, 적갈색의, (광천이) 철분을 함유하는 ferruginous, chalybeate (water)

dəmiryayan *i.* (금속의) 압연 rolling

dəmiryol *i.* 철도 railway; ~ **qovşağı** *i.* 교차로 junction; ~ **vağzalı** *i.* 철도 정거장 depot, station; ~ **şəbəkəsi** *i.* 철도 망 railway system; ~ **xətti** *i.* 철로 railway track/line

dəmiryolçu *i.* 역무원, 철도 공사 직원 railway man, railroad man, railroader

dəmiryolçuluq *i.* 철도 공사 직 job of railway man

dəmkeş¹ *i.* 차 끓이는 주전자를 바치는 원형 쇠틀 crown, top-ring (samovar)

dəmkeş² *i. mus.* 반주자 accompanist; ② *fig.* 그저 예예 하는 사람; 아첨꾼 (sycophant) yes-man

dəmkeşlik *i.* 반주자의 직업 profession of accompanist

dəmləmə *i.* 차를 끓임, 차 달이기 infusion, heating, boiling

dəmləmək *fe.* ① 차를 끓이다, 차를 달이다 brew, draw, make (tea, coffee); ② (필로브) 증발시키다, 물을 달여 말리다 evaporate (rice, plov)

dəmləndirmək *fe.* 술 취하게 하다; 차를 끓이도록 하다 cause *smb.* to become drunk

dəmlənmə ☞ **dəmlənmək**

dəmlənmək *fe.* ① (차가) 끓다, 우려지다, 다려지

다 be made/brewed, be infused (tea), be steamed; ② 술에 취하다 become drunk ○ **keflənmək, sərxoşlanmaq**; ③ 기분이 좋아지다 cheer up, brighten up ○ **nəş'ələnmək, şadlanmaq, ruhlanmaq**; ***O, dəmlənib.*** *그는 술에 취했다. He has got drunk.*

dəmli *si.* ① 즐거운, 기쁜, 명랑한 glad, joyful, bright ○ **şən, nəş'əli**; ② 술 취한 drunk ○ **kefli, sərxoş**

dəmlilik *i.* ① 기분이 좋아짐 cheering up ○ **şənlik, nəş'əlilik**; ② 중독됨, 술 취함 intoxication, drunkenness ○ **keflilik, sərxoşluq**

dəmrov *i. tib.* 포진(疱疹), 헤르페스 herpes

dəmrovlu *si.* 포진에 걸린, 헤르페스에 걸린 ill with herpes

dəmsaz *si.* 적절한, 비슷한, 잘 맞는 suitable, similar, fitting, reasonable ○ **uyğun, müvafiq**

dəmsazlıq *i.* ① 우정, 호의, 우호, 친선, 친목 friendship ○ **yoldaşlıq, həmdəmlik**; ② 적절함, 적절성, 타당성 suitability, fitness ○ **uyğunluq, müvafiqlik**

dəmtutan *i.* 차를 우려냄, 달임 brew, steam

dəmyə I. *i.* 마른 농토 dry farming land; II. *si.* 물 대지 않은 not irrigated; ~ **torpaq** *i.* 관개 시설이 없는 토지 non-irrigated land

dən *i.* ① 곡식, 낟알, 곡물, 알곡 grain, corn ○ **toxum, tum**; ② 닭 모이, 여물, 꼴 provender, feed for chicken ○ **yem**; ③ 회색 줄, 회색 무늬 streak of grey; ~ **düşmüş saçlar** *i.* 회색 비친 머리 graying hair, hair touched with grey; ~ **düşmək** *fe.* 회색 머리가 비치다 be touched with grey; **~ə düşmək** *fe.* (짐승) 지나치게 먹어 병에 걸리다 begin to ripe; eat to die (animal)

dəndan *i. obs.* 이, 치아, 이빨 tooth

dəndə *i.* (바퀴의) 살, 스포크 spoke

dən-dən *z.* 알갱이로 이뤄진, 과립상의, 낟알이 많은 grain by grain, grainy, granular; ~ **kürü** *i.* 낟알로 된 캐비어 granulated caviar

dəndənə *i. tex.* 톱니 바퀴 gear-wheel

dəndənəli *si.* 기어가 있는, 톱니가 있는, 톱니 모양을 한, 들쭉날쭉한 toothed, clogged, dental, jagged, indented; ~ **təkər** *i. tex.* 톱니바퀴 cog wheel

dənə *i.* ① 개, 개수; 조각, 단편 piece ○ **ədəd; bir neçə** ~ *si.* 몇 개 several; **doqquz** ~ *z.* 아홉 개 nine pieces; ② 씨앗, 낟알, 곡물 seed, grain ○ **çəyirdək, toxum, tum**

dənəcik *i.* 작은 낟알 grain

dənə-dənə *z.* 한 개 한 개, 하나씩 by the piece, by the grain; ~ **satmaq** *fe.* 낱개로 팔다 sell by the piece

dənələmə *i.* 갈라짐, 분리됨 cracking, separating

dənələmək *fe.* (껍질·껍데기 따위가) 벗어지다, 벗겨지다, 쪼개다, 알갱이로 만들다, 타작하다 shell, crack, granulate, make grainy (nibble, husk, hull, pod) ○ **ayırmaq, arıtmaq**

dənələnmək *fe.* 알갱이가 되다, 타작되어 알곡이 되다 be granulated, become grainy

dənəli *si.* 곡물의, 낟알의, 알곡의 grainy, granular, full of grain, ears of corn

dənəmuzd *si.* 성과에 따른 by the piece; ~ **haqqı** *i.* 성과급 piece rate

dənəvər ☞ **dən-dən**

dənəvərlənmək ☞ **dənələnmək**

dənəvərləşdirmək ☞ **dənələmək**

dənəvərləşmək ☞ **dənələnmək**

dənəvərli ☞ **dənəli**

dəng[1] *i.* 소음 noise, nasty sound, bothering voice; ~ **etmək** *fe.* 큰 소리로 말하여 괴롭게 하다 bother with loud talk; ~ **olmaq** *fe.* 쓸데없는 얘기에 이물이 나다, 소음으로 넌더리가 나다 be tired with nonsense talk, be fed-up with noise

dəng[2] *i.* ① 동등, 필적하는 것, 유례; 대등한 사람, 동배 equal ○ **bərabər, tay**; ② 다른 한 쪽, (짝이 되는) 다른 쪽 one part, one piece ○ **bir hissə, bir dənə**; ③ 묶음, 꾸러미, 다발, 뭉치 tie, bundle, fagot ○ **top, bağlama**

dəngəsər *i.* ~ **etmək** *fe.* 큰소리로 떠들어 괴롭히다 annoy with loud talking

dəniz *i.* 바다, 대양 sea; ~ **piyadası** *i.* 해병, 수륙양용 marines; ~ **sahili/kənarı** *i.* 해변, 해안 shore seaside; ~ **xəstəliyi** *i.* 뱃멀미 sea-sick; ~ **xəstəliyinə tutulmaq** *fe.* 뱃멀미를 앓다 be sea-sick; ~ **zabiti** *i.* 해군 장교 naval officer; ~ **gəzintisi** *i.* 크루즈, 선박여행, 만유 cruise; ***Xəzər Dənizi*** *i.* 카스피해 *the Caspian Sea*; **~in dibi** *i.* 바다의 바닥, 심해 bottom of sea, sea bottom; **~in o tayında** *z.* 바다 건너 over the sea; ~ **havası** *i.* 해풍, 바다 공기 sea air; ~ **qırağı** *i.* 해변, 해안 sea-side, sea-shore; ~ **səyahəti** *i.* 항해, 순

D

항 voyage; ~ **döyüşü** *i.* 해전(海戰) sea battle; ~ **xəritəsi** *i.* 해도(海圖) sea chart; ~ **dövləti** *i.* 해양 자원 sea power; ~ **donanması** *i.* 해군력(海軍力) marine force; ~ **qulduru** *i.* 해적(害敵) pirate; ~ **heyvanları** *i.* 해양 동물 sea animals; ~ **bitkiləri** *i.* 해초(海草) sea plants

dənizatı *i. zoo.* 해마(海馬) hippocapus, sea horse

dənizçi *i.* 선원, 해원, 뱃사람, 항해자; 수병(水兵) mariner, sailor, seaman, seafarer; ~ **olmaq** *fe.* 뱃사람이 되다, 바다에서 일하는 사람이 되다 be a sailor; go to sea

dənizçilik *i.* 운항, 항해; 항해술(학), 항법(航法) navigation, seafaring; ~ **məktəbi** *i.* 해양 대학, 해양 학교 naval school, nautical college; ~ **astronomiyası** *i.* 항해 천문학 nautical astronomy

dənizxiyarı *i. zoo.* 해삼(海蔘) sea cucumber

dənizkələmi *i. bot.* 겨잣과(科)의 식물 (유럽 해안산; 새싹은 식용) sea kale

dənizkirpisi *i. zoo.* 성게 sea-urchin

dənizqaranquşu *i. zoo.* 제비갈매기, 바다제비 sea swallow

dənizotu *i. bot.* 해초 (미역, 다시마, 김 등 통칭) sea-grass ○ **yosun**

dənizpərisi *i.* ① 인어(人魚); 마녀(魔女), 요부(妖婦); ② 아름다운 목소리의 여가수; 유혹자 siren

dənizpişiyi *i. zoo.* 흰곰, 북극곰; 물개 sea bear

dənizşeytanı *i. zoo.* 아귀; 매가오리 sea-devil

dəniztısbağası *i. zoo.* 바다거북 turtle

dənizulduzu *i. zoo.* 불가사리 starfish

dənləmək *fe.* ① (곡식을) 한 톨 한 톨 거두다, (새가) 먹이를 쪼아 먹다 peck grain by grain ○ **yemək**; ② (과일) 하나 하나 거두다 pick/reap one by one (fruit) ○ **toplamaq, yığmaq, dərmək**; ③ *fig.* 한 사람씩 죽이다 murder, kill one by one ○ **qırmaq, öldürmək**; ④ 구별하다, 구분하다 clear up, select, distinguish ○ **arıtlamaq, təmizləmək**

dənlənmək *fe.* ① 한 톨 한 톨 쪼아 먹다 peck, take grain one by one; ② 음식을 깨작거리다, 한 톨 한 톨 밥알을 세어 먹다 eat little, peck at one's food

dənli *si.* 알곡의, 알갱이의 grainy, granular; ~ **bitkilər** *i.* 알곡 식물, 곡물 cereals, grain-crops

dənlik *i.* ① (새의) 모이주머니 소낭 crop, craw; ② (반추 동물의) 제4 위(胃), 주름위, 추위(皺胃) funnel-shaped box, abomasum, rennet bag

dənli-paxlalı *si.* 콩의; 콩이 열리는; *bot.* 콩과(科)의 leguminous; ~ **bitkilər** *i. bot.* 콩과(科)식물 leguminous plants

dənsiz *si.* 씨 없는 (과일), 쭉정이 (곡물) grainless, seedless, empty (grain)

dənsizlik *i.* 무핵성(無核性) state of being grainless

dəntəmizləyən *si.* 키질, 체질 (곡식을 고르는 일) winnowing; ~ **maşın** *i.* 풍구 (농사용) winnowing machine

dənyeyən *si. zoo.* 곡류를 먹는 동물 (조류) granivorous, granivore

dərbədər *si.* 빈둥거리는, 집 없는, 부랑의 loafing (door to door), homeless ○ **avara, yurdsuz**; ~ **düşmək** *fe.* 노숙자가 되다, 비렁뱅이가 되다, 빈둥거리다 wander, stray

dərviş *i.* 거지, 부랑자, 노숙자; 은둔자, 시주승, 금욕 수도자 wandering hermit, dervish, poor man, beggar, anchorite, recluse

dərc; ~ **etmək** *fe.* 출판하다, 알리다 insert, publish; ~ **etmə** *i.* 재생산, 다량 생산 reproduction; ~ **edilmə** *i.* 출판 publication; **jurnalda məqalələr** ~ **etmək** *fe.* 잡지에 논문을 발표하다, 에세이를 올리다 write articles for a magazine

dərd *i.* ① 슬픔, 불행, 비참, 화 grief, mischief, sorrow, woe, distress ○ **qəm, qüssə, kədər, iztirab** ● **sevinc**; ② (마음 속의) 고민, 남 모를 비밀 secret, thought (in mind) ○ **sirr, fikir, düşüncə**; ~ **eləmək** *fe.* 슬퍼하다, 비통해하다 mourn; **~ə şərik olmaq** *fe.* 동정하다, 슬픔을 나누다 sympathise; ~ **çəkmək** *fe.* 슬퍼하다, 애통해하다 grieve, sorrow; ~ **əlindən dəli olmaq** *fe.* 슬픔으로 괴로워하다, 슬픔으로 미칠 것 같다 be distraught with grief; **~ə düşmək** *fe.* 고민에 빠지다, 어려움에 봉착하다, 슬픔에 빠지다 get into trouble, come to grief; **~ə salmaq** *fe.* 슬픔에 빠뜨리다, 문제를 야기하다, 고통스럽게 하다 give trouble, give *smb.* pain; **~inə qalmaq** *fe.* ~로 인하여 노심초사하다, ~때문에 애타다, 걱정하다 be anxious /take care of *smb.*; **~ə şərik olmaq** *fe.* ~의 슬픔을 나누다 share one's grief; **~ini açmaq** *fe.* 맘속의 슬픔을 나누다, 고민을 얘기하다 make a clean breast of one's grief; **~ini təzələmək** *fe.* 상처를 다시 꺼내다, 상처를 건드리다 reopen old sores

dərd-bəla *i. top.* 불행, 슬픔, 고민 misfortune, distress, grief, sorrow, trouble
dərd-ələm *i. top.* 슬픔과 불행의 모든 것 mourning, sorrow, grief
dərd-ələmli *si.* 비참한, 슬픈, 쓸쓸한 mournful, sorrowful, doleful
dərdəcər *si.* 병든, 병약한, 건전치 못한 ailing, sickly, unhealthy ○ **azarlı, dərdli, xəstə, nasaz, zəif**
dərdi-sər *i.* ① 고생, 비탄, 재난, 불행 trouble, grief, distress ○ **başağrısı, əziyyət, narahatlıq**; ② 근심, 걱정, 고민 care, anxiety, concern ○ **qayğı, fikir**; **~ vermək** *fe.* 고생스럽게 하다, 걱정거리를 만들다, 두통거리를 제공하다 give *smb.* trouble
dərd-qəmli *si.* 슬픈, 애통하는, 비탄의 sad, sorrowful, mournful, grievous ○ **qüssəli, kədərli**
dərdləndirmək *fe.* 애통하게 하다, 슬프게 하다 cause *smb.* to pain/grieve/sadden
dərdlənmə *i.* 걱정거리, 두통거리 despairing, grieving
dərdlənmək *fe.* 실망하다, 걱정하다, 슬퍼하다 despair, grieve (about, over) ○ **kədərlənmək, xiffətlənmək**
dərdləşmə *i.* 같이 슬퍼함, 같이 고민을 나눔 mutual complaint about one's grief/sorrow
dərdləşmək *fe.* 고민을 서로 나누다, 같이 슬퍼하다, 같이 걱정하다 confide one's sorrow/misfortune/distress to each other ○ **danışmaq, söyləmək** ● **sevinmək**
dərdli *si.* 슬픈, 쓸쓸한, 불쌍한, 비참한, 가련한 sorrowful, mournful, sad, doleful, miserable ○ **kədərli, qüssəli, qəmli, yanıqlı, həzin** ● **şən**; **~ olmaq** *fe.* 슬프다, 비참하다, 가련하다 be miserable/sad; **~ görünmək** *fe.* 슬퍼 보이다, 불쌍해 보이다 look sad/sorrowful/miserable; **~-~** *z.* 슬프게, 서럽게, 불쌍하게 sadly, sorrowfully, mournfully
dərdlilik *i.* 슬픔이 가득함, 비탄이 가득한 sorrowfulness, sadness, mournfulness
dərd-möhnət ☞ **dərd**
dərdsız *si.* 마음이 가벼운, 걱정이 없는, 슬픔이 없는, 문젯거리가 없는 light-hearted, care-free, free from sorrow, untroubled ○ **qayğısız, fikirsiz, kədərsiz** ● **nəşəsiz**

dərdsiz-qəmsiz ☞ **dərdsiz**
dərdsizlik *i.* 부주의, 무관심, 부신경 carelessness, unconcern, indifference ○ **qayğısızlıq, fikirsizlik, kədərsizlik**
dərə *i.* 골짜기, 계곡, 유역, 협곡; *geo.* 단층(斷層), 지구(地溝) rift, valley, canyon; vale, dale ○ **vadi**
dərəbəyi *i.* ① 영주(領主) feudal lord; ② 중재인, 조정자 arbiter
dərəbəylik *i.* ① *tar.* 봉건 제도 feudalism; ② 임의, 전횡, 독단성 arbitrariness ○ **özbaşnalıq**
dərəcə *i.* ① 정도, (온도·각도·경위도 따위의) 도(度) (부호 °); *riy.* 차(次); *mus.* 음계상의 도(度) degree, extent; ○ **ölçü, səviyyə**; ② 등급, 단계, 계급, 신분 grade, rank, class ○ **mövqe, rütbə, mərtəbə**; ③ *qram.* 급(級) (형용사·부사의 비교의) degree; **bir ~yə qədər** *z.* 어느 정도 to a certain extent; **son ~yə qədər** *z.* 최고 등급으로, 최상급으로 to the highest degree; **birinci ~** *i.* 일급, 특급 first class; **sifətin ~ləri** *qram.* 비교급 degrees of comparison; **doktorluq ~si** *i.* 박사 학위 doctorate, doctor's degree; **elmi ~ vermək** *fe.* 학위를 주다 confer a degree
dərəcəli *si.* 등급의, 계급의 of rank, of grade; **birinci ~ diplom** *i.* 최상급 외교 first class diploma; **~ xətkeş** *i.* 눈금 박은 자 graduated ruler
dərəcəsiz *si.* ① 등급 없는, 계급 없는, 신분 없는 without rank/class; ② 눈금 없는 not graduated
dərəli *si.* 계곡의, 계곡이 있는 with valley ● **təpəli**
dərəlik *i.* 골짜기 an area with valleys ● **təpəlik**
dərə-təpə *i.* 언덕과 골짜기 hill and valley; **~-li** ☞ **dərəli-təpəli**; **~-lik** ☞ **dərəlik-təpəlik**
dərhal *z.* 당장, 직접적으로, 즉각적으로, 그 자리에서, 이 순간 at once, directly, immediately, instantly, on the spot, this moment ○ **tez, əlüstü, fövran** ● **gec**; **~ qayıtmaq** *fe.* 즉각 돌아오다 return immediately
dərhəqiqət *z.* 참으로, 진실로, 실제로 truly, really, in deed
dəri *i.* ① 피부; 가죽 hide, skin, leather ○ **gön**; ②*ana.* 피부, 진피(眞皮) cutis; **~əlcəklər** *i.* 가죽 장갑 key gloves; **bir ~ bir sümük** *si.* 깡마른, 여윈, 말라깽이 skin and bones, very thin, bag of

D

bone; **~sini soymaq** *fe.* 껍질을 벗기다 flay; **~ xəstəlikləri** *i.* 피부병 dermatopathia; **~ həkimi** *i.* 피부과 의사 dermatologist; **~dən çıxmaq** *fe.* 각고의 노력을 하다, 모든 것을 날리며 노력하다 go all out; ***Qoyun dərisi geymiş canavar.*** *양 가죽을 쓴 늑대. A wolf in sheep's clothing.*; **~ hüceyrə** *i.* 피하 조직 hypodermic/subcutaneous tissue; **~ aşılayan** *i.* 무두장이, 제혁(製革)업자 skin-tanner; **~ biçən** *i.* 가죽 벗기는 사람 skin-cutter; **~ boyayan** *i.* 피혁 염색업자 skin-dyer; **~ boyunlu** *si.* 모피 칼라를 한 with fur collar; **~ duzlayan** *i.* 피혁 염 처리자 skin-salter; **~ qurudan** *i.* 피혁 건조기 skin-dryer; **~ ət** *i.* 가죽같이 질긴 고기 leathery meat

dərialtı *si. tib.* 피하(주사용)의 hypodermic, subcutaneous

dəriçi *i.* 무두장이, 제혁(製革)업자, 가죽 다루는 사람, 제혁장(製革匠) tanner, currier, leather-dresser

dəriçilik *i.* 제혁업(製革業) profession of tanner/currier

dərixana *i.* 제혁 공장 tannery

dərili *si.* 가죽의, 가죽으로 만든, 가죽처럼 질긴 leathery

dərilmək *fe.* (과일) 거두어 들여지다, 추수되다 be picked, be plucked

dərin *si.* ① 깊은, 밑바닥이 깊은; (병 따위의) 뿌리 깊은 deep, profound ● **dayaz**; ②; (신앙, 사상) 강한, 깊은 strong in though/faith ○ **güclü, təsirli**; ③ 내용이 풍부한, 의미 심장한 rich in contents ○ **məzmunlu, mənalı, əsaslı, əhəmiyyətli, ciddi; ~ dəlik/yara** *i.* 깊은 상처 slash; **~ kədər** *i.* 깊은 슬픔 deep sorrow; **~ yuxu** *i.* 깊은 잠 deep sleep; **~ sükut** *i.* 깊은 고요 profound silence; **~ bilik** *i.* 깊은 지식 deep knowledge; **~ kök salmaq** *fe.* 뿌리를 깊이 내리다 be deeply rooted; ***Sakit axan su dərin olar.*** *깊은 강은 고요히 흐른다. Still water runs deeply.*

dərindən *z.* ① 심각하게, 광범위하게 broadly, seriously ○ **hərtərəfli, ciddi**; ② 주의 깊게 carefully ○ **diqqətlə**; ③ 풍부하게 richly, a good deal of ○ **çox-olduqca**

dərindüşüncəli *si.* 사려 깊은, 현명한, 뜻 깊은 profound, wise, considerate; **~lik** *i.* 깊음, 깊이; 깊숙함, 심오(深奧), 통찰, 간파; 통찰력 profundity, insight, depth of thought

dərinfikirli *si.* 사려 깊은 profound; **~lik** *i.* 심오함 profundity, depth of thought

dərinləşdirmək *fe.* ① 깊게 하다 deepen, make deeper; ② *fig.* (의미를) 확장하다, 강화하다 extend, intensify; **qanovu ~** *fe.* 고랑을 깊게 하다 deepen the ditch; **biliyini ~** *fe.* 지식을 확장하다 extend one's knowledge; **ziddiyyətləri ~** *fe.* 모순을 심화하다 intensify contradictions

dərinləşmək *fe.* ① 깊게 되다 deepen, become deeper ○ **çuxurlaşmaq**; ② (내용이) 강화되다, 심화되다 become intensified, become complicate ○ **mürəkkəbləşmək, ağırlaşmaq, ciddiləşmək, çətinləşmək**; ***Ziddiyyətlər dərinləşdi.*** *갈등의 골이 심화되었다. The contradictions became intensified.*

dərinlətmək ☞ **dərinləşdirmək**

dərinlik *i.* ① 깊이, 심도(深度) deepness, depth ● **dayazlıq**; **~yi ölçmək** *fe.* (물 깊이를) 측량하다; (추로) 재다 (물 깊이 따위를), 측량하다 sound the depth, plumb the depth; ② *fig.* 깊은 사상; (*pl.*) 심원한 일 intensity, profundity ○ **ciddilik, mə'nalılıq, məzmunluluq**; **qəlbinin ~yində** *z.* 마음의 깊은 곳에 in one's heart of hearts

dərinlikölçən *i. tex.* 측심기, 깊이 게이지 depth-gauge

dəriseçən *i.* 피혁 선별자 skin-sorter

dərisiqalın *si.* ① *zoo.* 후피 동물의; (피부가) 비후(肥厚)한 pachydermatous; ② *fig.* (비유) 둔감한, 무신경한, 낯두꺼운 thick skinned, insensitive; **~ heyvan** *i.* pachyderm

dərisiqara *si. zoo.* 후피(厚皮) 동물(코끼리·하마 등) black-skinned

dərisoyan *i.* 껍질 벗기는 사람(기구), (나무·짐승 따위의) 껍질(가죽) 벗기는 사람 peeler, flayer

dəriyamayan *i.* 피혁 수선공 skin-mender

dəriyığan *i.* 피혁 수집상 skin-collector

dəriyuyan *i.* 피혁 세척업자 skin-washer

dərk *i.* 이해; 터득; 이해력, 납득; 지기, 식별; 이해력, 지력(知力), 예지, 분별 comprehension, understanding ○ **anlama, qavrama**; **~ emtək** *fe.* 감지하다, 깨닫다, 지각(知覺)하다, 의식하다, 알아듣다, 이해하다, 알다, 경험하다 be sensible of, realize, perceive, be conscious of, pick to, understand; know, experience, become acquainted; **özünü ~ etmək** *fe.* 자신을 알다 know oneself; ~ **edən** *si.* 의식하고 있는 conscious; ~ **etmə** *i.* 이해, 자각, 식별, 인식, 지각력 comprehension, perception; ~ **etməmək** *fe.* 의식하지 못하다, 알지 못하다 be unconscious of; **məğlubiyyətin acısını ~ etmək** *fe.* 패배의 쓴 맛을 알다 know the bitterness of defeat

dərkedilməz *si.* 지각할 수 없는, 이해할 수 없는, 불가사의한, 수수께끼 같은 inconceivable, incomprehensible, inscrutable

dərkedilməzlik *i.* 지각 불능, 불가해(성), 측량할 수 없음 incomprehensibility, inscrutability

dərketmə *i.* 이해, 지각 understanding, comprehension; *fəl.* 인식, 인지 cognition

dərkənar *i.* 지시, 지령, 훈령, 명령; (제품 따위의) 사용법 (취급법) instructions; ~ **qoymaq** *fe.* (보고서, 논문) 사용 설명을 덧붙이다 append instructions (on application, report)

dərman *i.* 약, 의약, 의술, 치료(법), 구제 책 medicine, drug, cure, remedy ○ **dava**; ~ **yazmaq** *fe.* 처방전을 쓰다 prescribe a medicine; ~ **içmək** *fe.* 약을 먹다, 섭취하다 take medicine; ~ **vermək** *fe.* 약을 주다 give medicine; ~ **etmək** *fe.* 치료법을 알아내다, 의료적으로 치료하다 find a remedy, treat medically; ~ **bitkiləri** *i.* 약초 herbs, medical plants; ~ **preparatları** *i.* 약 제조, 약 달이기 medicinal preparation

dərmanlamaq *fe.* 약으로 치료하다 treat with a mordant; *tex.* 소독약으로 처리하다 pickle, dip, stain sprinkle with disinfectant

dərmanlanmaq *fe.* 약물 치료를 받다, 소독약으로 처리되다 be treated with a mordant, be pickled

dərmanlı *si.* 약이 들어 있는 mixed with medicine

dərmansız *si.* ① 치료약이 없는 without medicine; ② 치료 불가한, 불치의 incurable, irremediable, hopeless ○ **çarəsiz, əlacsız**

dərmə *i.* (과일) 따기, 거두기 picking, plucking

dər|mək *fe.* (꽃, 과일을) 따다, 거두다, 모으다 pick, pluck (flower, fruit); gather ○ **qoparmaq, toplamaq, yığmaq**; **nəfəs ~mək** *fe.* 숨을 들이쉬다 draw a breath, breathe in; **nəfəs ~mədən** *z.* 숨을 죽이고 without pausing for a breath

dərnək *i.* 동아리, 동호회, 서클, 클럽 circle, society, hobby group; **ədəbiyyat ~yi** *i.* 문학 동아리 literary circle; **tarix ~yi** *i.* 역사 동아리 historical society

dərnəkçilik *i.* 당파적인 성향, 배타적임 clannishness

dərrakə *i.* 지식, 지능, 지성 mind, intellect, intelligence ○ **ağıl, düşüncə, şüur, anlaq**

dərrakəli *i.* 지적인, 지성을 갖춘, 영리한, 의식이 있는 intelligent, clever, conscious ○ **ağıllı, düşüncəli, anlaqlı** ● **dərrakəsiz**

dərrakəlilik *i.* 지성, 식별력, 분별력, 영리함 consciousness, cleverness, brightness, quick-wittedness ○ **düşüncəlilik, anlaqlılıq, şüurluluq, fəhmlilik**

dərrakəsiz *si.* 정당하지 않는, 아둔한, 어리석은 unreasonable, slow-witted, unwise, foolish ○ **ağılsız, düşüncəsiz, anlaqsız, küt** ● **dərrakəli**

D

dərrəkəsizlik *i.* 비합리적임, 부당함, 터무니없음, 무분별함, 어리석음, 아둔함 unreasonableness, foolishness, slow-wittedness ○ **düşüncəsizlik, fəhmsizlik, şüursuzluq**

dərs *i.* ① 교과, 수업, 교육, 훈련, 지시 lesson, instruction; ② 과제, 숙제, 연구 과제 assignment; ③ 가르침, 교수 teaching; ④ 훈련, 훈육, 수양, 규율, 벌, 인과응보 discipline, penalty; ~ **almaq** *fe.* 수업을 받다 take lessons; **~ə cavab vermək** *fe.* 과제에 답하다 answer one's lesson; ~ **götürmək** *fe.* 수업을 받다, 훈계를 받다, 교훈을 얻다 learn a lesson; ~ **otağı** *i.* 교실 classroom; ~ **ili** *i.* 학기, 학년 school year; ~ vaxti *i.* 수업 시간, 공부 시간 school hours, study hours; ~ **vəsaitləri** *i.* 교재, 교육 자료 school supplies, teaching materials; ~ **vermək** *fe.* 가르치다, 수업을 진행하다 teach; ***Bu sənə dərs olsun!*** *이로부터 교훈을 받으라. May this be a lesson to you.*

dərslik *i.* 교과서, 교과 자료 manual, textbook

dərun *i.* 안, 내부 inside, interior ○ **iç, daxil**

dəruni *si.* 안쪽의, 내부의 inner

dərya *i.* 바다, 대양 sea, ocean ○ **dəniz**; **~da balıq sövdəsi** *i.* 바다의 어군 castle in the sea

dəryaça *i.* 저수지, 저수조 reservoir, storage pond/pool

dəryaz *i.* ① (자루가 긴) 큰 낫 ② 목자의 갈고리형 지팡이 scythe, shepherd's crook ○ **kərənti**; **~ı döymək** *fe.* 낫을 갈다 whet a scythe

dəryazlamaq *fe.* 큰 낫으로 베다 scythe

dərz *i.* (곡식 등의) 단, 묶음, 한 다발, 꾸러미 sheaf

(*pl.* sheaves), bundle, binding, package

dərzbağlayan *i.* 곡식 단을 묶는 사람, 꾸러미 꾸리는 사람, 묶는 사람 sheaf-binder, bundler, binder, packer

dərzi *i.* 재단사, 침모, 재봉사 seamstress, tailor, dressmaker; **~ e'malatxanası**, **~ xana** *i.* 양복점, 양장점 tailor's shop

dərzilik *i.* 재단, 양복 만드는 일 tailor's/dressmaker's work; **~ etmək** *fe.* 재단사가 되다, 양복점을 경영하다 be a tailor

dəsgah *i.* ① 호화, 장려, 장대(壯大), 위대, 숭고; 위엄, 위풍 splendor, grandeur, magnificence ○ **cah-cəlal**, **həşəmət**, **dəbdəbə**, **təntənə**, **büsat**, **şənlik**; ② 세트, 모음 set, complex ○ **qurğu**, **kələk**, **tədbir**; **çay ~ı** *i.* 차 잔 모음 tea set; **~ açmaq** *fe.* 조금 평범하지 않는 일을 하다 do/organize *smt.* unusual

dəsgahlı *si.* 빛나는, 훌륭한, ; 화려한, 호사한 splendid, luxurious ○ **cah-cəlallı**, **dəbdəbəli**, **təmtəraqlı**

dəsxoş *i.* 상여금, 보너스, 특별 수당 tip, gift, bonus; **~a getmək** *fe.* 헛되이 무슨 일을 하다 do *smt.* in vain

dəsisə *i.* 사기, 부정, 속임수 cheating, wicked work, undertable work

dəsmal *i.* ① 수건, 손 수건 kerchief; towel ○ **məhrəba**; ② 앞치마, 행주치마 apron ○ **yaylıq**; **burun ~ı** *i.* 손 수건 handkerchief; **çay ~ı** *i.* 티 타월, 부엌 타월 (식기 건조용) tea towel

dəsmallama *i.* 수건으로 닦다 wiping with a kerchief

dəsmallı *si.* 수건을 두른, 숄을 두른 of kerchief, of shawl

dəsmallıq *i.* 타월 천; 타월로 닦기 toweling, a cloth for a kerchief

dəst *i.* ① 한 벌, 한 조 set, suite; ② 봉사 service; **çay ~i** *i.* 찻잔 세트/차 봉사 tea service/set; **xörək ~i** *i.* 만찬 기구 세트; 만찬 식사 코스 dinner set/service; **çimmək ~i** *i.* 목욕기 세트 bathing suit; **bir ~ mebel** *i.* 가구 한 벌 a suit of furniture

dəstə *i.* ① 다발, 송이 bunch; ② 집단, 단체, 떼, 한 부대, 한 팀 group, cluster, company, detachment, gang, party, team, band, fraction, brigade ○ **qrup**, **toplu**, **yığın**; ③ 단, 묶음, 더미 batch, sheaf, stack; **bir ~ gül** *i.* 꽃 한 다발 a bunch of flower; **yanğın söndürənlər ~si** *i.* 소방 대 fire brigade; **qabaqcıl ~** *i.* 전진 부대 advance detachment, *fig.* 전위, 선봉 vanguard; **bir ~ kağız** *i.* 종이 한 묶음 sheaf of paper; **bir ~ məktub** *i.* 편지 한 꾸러미 batch of letters

dəstəbaşı *i.* 팀장, 팀리더, 십장, 반장 leader, chief, captain, ringleader, guide

dəstəbaşılıq *i.* 리더쉽, 지도력 leadership

dəstəbaz *i.* 친족, 씨족, 문중 사람; 당파, 도당 clansman, member of a clique

dəstəbazlıq *i.* 당파적 구조/편제 clannishness, clique-formation

dəstəbədəstə *z.* 무리를 지어, 그룹 별로 by groups/bouquet

dəstədəstə ☞ **dəstəbədəstə**

dəstək *i.* ① 손잡이, 자루 bracket, handle, knob ○ **qulp**, **qəbzə**; ② 지주, 버팀목, 버팀대; 지지자, 후원자, 의지 처 prop, stake; ③ 수화기; ③ receiver of phone ○ **paya**, **dayaq**; ***Dəstəyi asma!*** *전화 끊지 마세요. Hold the line!*

dəstəkli *si.* 손잡이가 달린, 자루가 있는 (연장) with a handle/grip/shaft ○ **qulplu**

dəstələmə *i.* 모임, 함께 함, 힘이 되어 줌 gathering, assembling

dəstələmək *fe.* (꽃) 다발을 만들다, 꾸러미를 만들다, 모으다 group, make a bunch (of flowers *etc.*) ○ **yığmaq**, **toplamaq**

dəstələnmək *fe.* 꾸러미로 거두다, 같이 모이다; 힘이 되어 주다 be bunched up, be grouped

dəstələşmək *fe.* 그룹을 만들다, 떼를 짓다, 집단을 만들다 group, form groups

dəstələtmək *fe.* 꾸러미를 만들게 하다, 다발을 만들게 하다 ask *smb.* to make bunch of *smt.*, have *smt.* bunched

dəstəli *si.* 묶여진, 다발로 된 bunched ○ **toplu**

dəstəmaz *i.* (회교) 기도하기 전 씻는 의식 ritual ablution before praying (for Muslims)

dəstərxan *i.* 식탁보 big table-cloth

dəstləmək ☞ **dəstləşdirmək**

dəstləşdirmək *fe.* 완성시키다, 온전히 묶다 complete, make up the staff/bunch

dəst-xət *i.* ① 손으로 씀, 육필, 필적, 서풍 handwriting ○ **əl yazması**; **yaxşı ~ti olmaq** *fe.* 글씨를 예쁘게 잘 쓰다 write a good hand, have a good hand writing; ② 손 hand ○ **əl**

dəvə *i.* 낙타, 약대 camel; **birhürgüclü ~** *i.* 단봉

낙타 one humped camel; **ikihürgüclü** ~ *i.* 쌍봉 낙타 two humped camel; ~ **karvanı** *i.* 낙타 대상 camelcade

dəvəçi *i.* 낙타 주인, 낙타 키우는 사람 cameleer, camel breeder

dəvəçilik *i.* 낙타 목축 camel breeding, job of cameleer

dəvədabanı *i. bot.* 머위 colts-foot, foal foot

dəvədələyi *i. zoo.* praying manits

dəvəgöz(lü) *si.* (놀라서) 눈을 부릅뜬 goggled eye, pop-eyed

dəvəquşu *i. zoo.* 타조 ostrich; ~ **lələyi** *i.* 타조 깃 ostrich feather

dəvət *i.* 초청, 부름, 초인 , 초대 call, invitation ○ **çağırış**; ~ **etmək** *fe.* 초청하다 invite; **rəqsə** ~ **etmək** *fe.* 춤을 요청하다 ask to a dance

dəvətli *si.* 초청된 having an invitation ○ **çağırışlı**

dəvətnamə *i.* 초청장, 청첩장 invitation card

dəvəyunu *i.* 낙타 털 camel's hair

dəyanət *i.* 안정, 견고, 자제, 결단, 확정 stability, steadfastness, staunchness, stableness, self-control, staying-power, determination ○ **möhkəmlik, səbat**; ~ **göstərmək** *fe.* 결단을 보여주다 display determination

dəyanətli *si.* 안정된, 굳은, 견고한 steadfast, self-possessed, self-restrained, stable ○ **möhkəm, səbatlı**

dəyanətlilik *i.* 안정됨, 견고함 steadiness, firmness, stability, self-possession ○ **möhkəmlik, səbatlılıq**

dəyanətsiz *si.* ① 변화 무쌍한, 변덕스러운, 불실의, 불안정의 inconstant, unstable, unsteady, changeable; ② 믿을 수 없는, 신뢰할 수 없는, 의지할 수 없는 unreliable, untrustworthy

dəyanətsizlik *i.* ① 신뢰할 수 없음, 의지할 수 없음 untrustworthiness, unreliability; ~ **göstərmək** *fe.* 신뢰할 만하지 못함을 보여주다, 신뢰를 갖게 못하다 display untrustworthiness; ② 불안정함, 성실치 못함 instability, unsteadiness

dəyə *i.* 참호, 호, 오두막, 두옥, 유목민 천막 dug-out, mud-hut, shack, nomad tent ○ **komacıq, alaçıq**

dəyənək *i.* ① 곤봉, 몽둥이 bludgeon, cudgel ○ **çomaq**; ② 지휘봉, 직장(職杖) truncheon, baton, club ○ **kötək**; ③ *fig.* 강압, 압제 force, constrain ○ **güc, zor**

dəyənəkləmək *fe.* 곤봉으로 때리다; 지분대다; 위협하다, 몽둥이로 치다 bludgeon, cudgel, baton

dəyənəklənmək *fe.* 곤봉으로 맞다, 위협당하다 be bludgeoned/cudgeled/batoned

dəyənəklətmək *fe.* 곤봉으로 때리게 하다, 위협하게 하다 ask *smb.* to bludgeon/cudgel/baton

dəyənəkli *si.* 곤봉을 가진, 지휘봉을 가진 having bludgeon/baton

dəyər *i.* ① 값, 가치 cost; *eco.* 가치 value ○ **qiymət**; **mübadilə ~i** *i. eco.* 교환 가치 exchange value; **izafi** ~ *i. eco.* 잉여 가치 surplus value; **istehlak ~i** *i. eco.* 사용 가치 use value; **nominal** ~ *i.* 액면 가(치)face value; **istehsal ~i** *i.* 생산가 cost of production; **fəhlə qüvvəsinin ~i** *i.* 인건비 cost of labour; ② 가격, 대가, 시세, 물가, 시가 price, value, worth, ○ **ləyaqət, keyfiyyət**; **~i olmaq** *fe.* 값지다, 값나가다 be worthy; **~indən az qiymətləndirmək** *fe.* 평가 절하하다 underestimate; ***Onunla evlənməyə dəyər.*** *그녀와 결혼할 만하다. She is worth marrying.*; ***Bu filmə baxmağına dəyər.*** *이 영화는 볼 만하다. It is worth while to see this film.*

dəyər-dəyməzinə *z.* 아주 싼 가격에 in very cheap price; ~ **satmaq** *fe.* 아주 싼 가격에 팔다 sell for nothing

dəyərli *si.* ① 가치 있는 valuable ○ **qiymətli, bahalı, keyfiyyətli**; ② 중요한, 필요한 유익한 significant, necessary, essential, beneficial ○ **qiymətli, əhəmiyyətli, lazımlı, faydalı, yararlı**; ~ **hədiyyə** *i.* 값진 선물 valuable present; ~ **təklif** *i.* 값진 제안 valuable suggestion; ③ 현명한, 분별 있는, 양식을 갖춘 sensible, worth while; ~ **məsləhət** *i.* 현명한 충고 sensible advice; ~ **eksperiment** *i.* 가치 있는 실험 worth while experiment

dəyərlilik *i.* 가치 있음, 온전한 값 preciousness, worthy man, full value

dəyərsiz *si.* ① 무가치한, 무자격의 worthless, valueless ○ **qiymətsiz, ləyaqətsiz**; ② 쓸모 없는, 무익한 useless, good for nothing ○ **əhəmiyyətsiz, yararsız**; ③ 값없는, 값이 안 나가는 priceless, invaluable; ~ **adam** *i.* 무모한 사람 worthless man; ~ **şeylər** *i.* 쓰레기 trash; ~ **hala düşmək** *fe.* 값이 빠지다, 값이 떨어지다 be-

D

come worthless, wear out
dəyərsizlik *i.* 값없음, 무가치함 worthlessness, valuelessness
dəyib-dolaşmaq *fe.* 걱정하다, 고민하다, 금하다 worry, trouble, prevent
dəyirman *i.* 방앗간 mill; **əl ~ı** *i.* 손 방앗간 hand mill; **yel ~ı** *i.* 풍차 방앗간 windmill; **su ~ı** *i.* 물레 방앗간 water mill; **buxar ~ı** *i.* 증기 방앗간 steam-mill; **bir kəsin ~ına su tökmək** *fe.* ~의 손에 놀아 나다 play into ask *smb.*'s hands
dəyirmançı *i.* 방앗간 주인, 방아장이 miller
dəyirmançılıq *i.* 방앗간 일 profession of miller
dəyirmandaşi *i.* 맷돌 millstone; **üst ~** *i.* 윗맷돌 upper millstone; **alt ~** *i.* 아랫맷돌 nether millstone
dəyirmanlıq *si.* 방아에 찧을 준비된 (곡식) mill ready (grain)
dəyirmi *si.* 원형의, 둥근 round ○ **dairəvi, girdə, yuvarlaq, yumru**; **~ stol** *i.* 원탁 round table; **~ rəqəmlər** *i.* 대략의 수 (10, 100, 1000 등 우수리를 뗀 수) round figure
dəyirmibaş *si.* 둥근 머리의 round headed
dəyirmiləmək *fe.* 둥글게 하다, 두리뭉술 하게 하다, 대략의 수로 표현하다 round off, make round, express in round numbers ○ **dairələmək, yumrulamaq, girdələmək**
dəyirmilənmək *fe.* 둥글게 되다, 대략으로 말하다 become rounded
dəyirmiləşdirmək *fe.* 두리뭉실하게 하다, 대략 하다 round off, approximate
dəyirmiləşmək ☞ **dəyirmilənmək**
dəyirmilik *i.* 둥금, 원형 roundness ○ **dairəlilik, girdəlik, yumruluq**
dəyirmisifət(li) *si.* 동그란 얼굴의, 통통한 round-faced, chubby
dəyirmisov *si.* 둥그스름한, 둥구무래한 roundish
dəyirmitəhər ☞ **dəyirmisov**
dəyişdirici I. *i.* 교환기, 전환, 변경, 교환 switch; II. *si.* 교환되는, 전환하는 switching
dəyişdirilmək *fe.* 교환되다, 교차되다 be changed, be exchanged
dəyişdirmə *i.* 교환, 치환, 맞바꿈, 물물 교환, 교체 exchange, changing, interchanging, bartering, swap, substitution, replacement
dəyişdirmək *fe.* 바꾸다, 교환하다, 맞바꾸다, 물물교환하다, 대신하다, 교체하다, 변화를 주다 change, exchange, interchange, swap, substitute, alter, alternate, shift, vary
dəyiş-düyüş *i. col.* 교환, 맞바꿈, 상호교환 swap, barter, interchange; **~ etmək** *fe.* 교환하다, 맞바꾸다, 교체하다 interchange, swap, barter; **~ salmaq** *fe.* 잘못 가지다 take by mistake
dəyişəcək ☞ **dəyişək**
dəyişək *i.* 속옷, 내의 under clothes, under wear, underclothing ○ **tuman, köynək, döşəkağı**
dəyişəktikən *i.* 침모, 여자 재봉사 seamstress
dəyişən I. *si.* 변경할 수 있는, 가변성의, 번갈아 하는 variable, alternate; II. *i.* 교환기, 교류 발전기 changer, alternator; **~ kapital** *i. eco.* 유동자본 variable capital; **~ vahid** *i. riy.* 가변(可變)의, 부정(不定)의 variable; **~ külək** *i.* 변화 무쌍한, 바람 variable wind; **~ cərəyan** *i. fiz.* 교류 (略: A. C., a. c.) alternating current
dəyişik *si.* 혼동하는, 변화하는 confused ○ **səhv, yanlış** ● **düz**; **~ salmaq** *fe.* 혼동하게 하다, 헷갈리게 하다 confuse, mix up, take by mistake; **~ düşmək** *fe.* 혼동되다, 헷갈리다 be confused, be mixed up; **bir kəsi ~ salmaq** *fe.* 사람을 착각하다 take ask *smb.* for someone else
dəyişiklik *i.* ① 변화, 전환 change ○ **dönüş**; ② 방향 전환, 회전; (의견·태도의) 표변, 전향 alteration, variation, volte-face (politic) ○ **başqalıq, təbəddülat** ● **sabitlik**; **böyük ~** *i.* (사회 등의) 대변동, 동란, 격변 upheaval
dəyişilən *si.* 변하기 쉬운, 움직이기 쉬운; inconstant, unstable, unsteady
dəyişilmə *i.* ① 수정, 변경, 개수, 개변, (의견 등) 전환 modification, alternation, volte-face; ② 변화, 이동 changing, change; **vəziyyətin ~si** *i.* 상황의 변화 change of situation; **rəhbərliyin ~si** *i.* 지도부(력)의 변화 change of leadership
dəyişılmək *fe.* 변화되다, 변하다, 수정되다, 변화를 겪다 change, alter, under go a modification; **yaxşılığa doğru ~** *fe.* 개량되다, 개선되다 improve; ② *qram.* (동사) 활용되다, 인칭 변화를 하다 be conjugated, conjugate
dəyişilməyən *si.* 변치 않는, 일정한; 항구적인, 부단한, 영구한, 영속하는; 불변의, 내구성의 constant, invariable, permanent; **~ ünvan** *i.* 본적

(本籍) permanent address; ~ **vahid** *i. riy.* 상수(常數), 불변수(량), 항수(恒數), 계수, 율 constant
dəyişilməz *si.* 변경할 수 없는, 불변의, 변치 않는, 바뀌지 않는 invariable, immutable, unalterable; ~ **temperatur** *i.* 정온(定溫) invariable temperature; **təbiətin ~ qanunları** *i.* 불변의 자연 법칙 immutable laws of nature
dəyişilməzlik *i.* 불변성, 항구성; 지조 견고; 절조, 성실; 정절 constancy
dəyişkən *si.* 변하기 쉬운, 일정치 않은, 변덕스러운 unstable, unsteady, variable ● **sabit**; ~ **hava** *i.* 변화 무쌍한 날씨, 변덕스러운 날씨 changeable weather
dəyişkənlik *i.* 변화, 변이, 변동, 변덕; 가변성, 불안정성 variation, inconstancy, changeability, mutability
dəyişmə *i.* ① 물물 교환, 교역(품) barter, bartering ○ **mübadilə**; **əmtəəyə** ~ *i.* 식량 교환 bartering for food; ② 변화, 교환, 대치 change, alteration, variation ○ **başqalaşma, təzələnmə**; **kəmiyyət və keyfiyyət ~ləri** *i.* 양적 질적 변화 quantitative and qualitative changes; ③ *qram.* (문법) (동사의) 활용(活用), 어형 변화 conjugation ○ **təsrif**; **fe'llərin ~si** *i. qram.* 동사 활용 conjugation of verbs
dəyişmək *fe.* ① 변화하다, 교환하다, 교대하다, 대신하다, 변경하다 change, exchange, alter, relieve (duty), supersede, vary ○ **başqalaşmaq, təzələnmək** ● **sabitləşmək**; **fikrini** ~ *fe.* 마음을 바꾸다, 생각을 바꾸다 change one's mind; **istiqamətini** ~ *fe.* 방향을 바꾸다, 방향 전환을 하다 change the direction; ② (문법) (동사를) 활용(변화)시키다; (동사가) 활용(변화)하다 *qram.* conjugate; **feli şəxsə görə** ~ *fe.* (문법) 인칭에 따른 동사가 활용되다 conjugate a verb according to person
dəyişməz *si.* ① 불변하는, 안정된, 항구적인, 정지된 invariable, constant, permanent, immutable, stationary, unalterable ○ **sabit**; ② 다함이 없는, 무한한, 끊임없는, 헌신된, 진실한 unfailing, devoted, true; ~ **olmaq** *fe.* 안정되다, 변함이 없다 be steady
dəyişməzlik *i.* 불변성, 확실성 invariability, immutability, inalterability ○ **sabitlik**
dəymə *i.* ① 감동 touching; ② 비틀거림, 주저, 망설임 stumbling; ③ 냉각, 식힘 cooling; ④ 점검, 조사 checking; ⑤ (과일 등) 익음, 원숙 ripening
dəymədüşər I. *i.* 성마름, 성미가 까다로움, 과민; *bot.* 봉선화류(類) touch-me-not, touchy person, thin-skinned person; II. *si.* 성미가 까다로운, 성마른, 과민한, 쉽게 상하는, 정에 무른 touchy, quick to take offence, susceptible ○ **küsəyən** ● **təmkinli**; ~ **olmaq** *fe.* be touchy
dəymədüşərlik *i.* 성마름, 까다로움; 감수성, 민감함 touchiness, susceptibility
dəymək *fe.* ① 닿다, 건드리다, 접촉하다, 만지다 touch, offend ○ **toxunmaq**; ***Dəymə!*** *손대지 마시오, 건드리지 마! Don't touch!*; **xətrinə** ~ *fe.* ~의 감정이 상하다 hurt one's feeling, offend *smb.*; **ürəyə** ~ *fe.* 마음이 상하다 offend ask *smb.*; ② (차, 사람 등) 부딪히다, 충돌하다, 상충하다 hit, collide, conflict ○ **yıxılmaq, ilişmək**; **hədəfə** ~ *fe.* 과녁을 맞히다, 표적을 때리다 hit the target; ***Maşın divara dəydi.*** *차가 벽에 부딪혔다. The car hit the wall.*; ③ 들르다, 방문하다, 찾아 보다 call on, visit, look in ○ **yoxlamaq**; **dosta** ~ *fe.* 친구를 방문하다 visit a friend; **mağazaya** ~ *fe.* 가게에 들르다 look in at the shop; ③ (과일이) 익다, 원숙하다 ripen, become ripe ○ **yetişmək, lalıxlamaq**; ***Alma dəyib.*** *사과가 익었다. The apple has ripened.*; ④ 지출하다, 값나가다 cost; ***Dəyməz!*** *전혀!, 그런 말 마세요. Don't mention it, Not at all.*; ④ 감기에 걸리다 catch cold ○ **soyuqlamaq**; ***Mənə soyuq dəydi.*** *나 감기에 걸렸다. I've caught cold.*
dəyməmiş ☞ **kal**
dəymiş *si.* 익은, 원숙한 ripe; ~ **alma** *i.* 익은 사과 ripe apple ○ **yetişmiş** ● **kal**
dəyyus *i.* 부정한 아내의 남편, 좋지 못한 인간 cuckold; an ill-person ○ **qeyrətsiz, namussuz**; ~ **olmaq** *fe.* 부정한 인간이 되다, 오쟁이 진 남편이 되다 be a cuckold
dəyyusluq *i.* 부정한 짓, 부정한 출산, 뚜쟁이 질, 방조, 비열한 짓 cuckoldry, procreation, pandering, pimping ○ **qeyrətsizlik, namussuzluq**
dəzgah *i.* 작업대, 재봉대 bench, a long worktable; *tex.* 공구, 공작 기계 machine-tool; **toxucu ~ı** *i.* 직기, 베틀 weaving loom; **dülgər ~ı** *i.* 목수의 작업대 carpenter's bench; **xarrat ~ı** *i.* 가구장의 작업대 joiner's bench; **yonucu ~ı** *i.* 평삭반(平削盤), 대패 planer, planing machine; **çap**

D

~ı *i.* 인쇄기, 인쇄대 printing-press

dəzgahçı *i.* 기술자 machine-operator

dəzgahqayırma *i.* 공작 기계 건설 machine-tool construction; **~ sənayesi** *i.* 공작 기계 산업 machine-tool industry

dəzgahsazlayan *i.* 공작기계 조정자, 공작기계 조절기 adjuster of machine-tool, adjuster

dıbır *i.* 어린 숫염소 small male goat

dıqqılı I. *si.* 작은, 조그마한, 시간이 이른, 소형의 지소의 tiny, wee, diminutive; II. *z.* 조금, 약간 a little, a wee bit, just a bit

dıqqıltı *i.* 두드리는 소리 (딱딱, 똑똑), (서로 부딪히는) 소음 knock, tap, noise; **qapıda ~** *i.* 문을 두드리다 knock at the door

dığ *i. tib.* 결핵(병)(略: TB), (특히) 폐결핵 tuberculosis ○ **vərəm, ciyər vərəm**

dığa *i.* 아르메니아 남자 아이; 녀석, 사내, 친구 Armenian boy, lad

dığdığ *i.* ① *col.* small agreement; discord 말다툼, 불화, 알력; **~ salmaq** *fe.* 불화를 가져오다, 다툼을 일으키다 cause an argument/discord; ② 소문, 풍문, 추문, 의옥(疑獄) rumor, scandal

dığdığçı *i.* 푸념쟁이, 불평가 grumbler

dığdığçılıq *i.* 불쾌, 안달, 역정 peevishness, petulance

dıgıldamaq *fe.* (벌·기계 따위가) 윙윙거리다; 와글거리다, 소란 떨다 buzz

dığıltı *i.* 윙윙거리는 소리, 와글거림 buzz, buzzing

dığırladılmaq *fe.* 말리다, 감기다 be rolled

dığırlama *i.* 굴림, 감김 rolling

dığırlamaq *fe.* 굴리다 roll ○ **diyirləmək, yumbalatmaq**

dıgırlanmaq *fe.* 구르다, 감기다 be rolled, roll oneself

dığlama *i.* 결핵 감염 pining, getting tuberculosis ○ **vərəmləmə**

dığlamaq *fe.* ① 그리워하다, 갈망하다, 수척해지다 pine; ② 싫증나다, 지루해지다 be bored, become bored ○ **vərəmləmək**

dığlatmaq *fe.* 지루하게 하다, 싫증나다 bore, bother ○ **vərəmləmək**

dılğır I. *si.* ① 무용한, 쓸데 없는 naked (animal), useless, good for nothing ○ **boş, avara, lüt, yaramaz**; II. *i. col.* 하층민, 잡동사니, 벌거숭이 아이 riffraff, naked child/boy ○ **qotur**

dılğırlıq *i.* ① 벌거 벗음, 무용함 nakedness, uselessness ○ **boşluq, avaralıq, kütlük, yaramazlıq**; ② 방랑(생활); 방랑성, 방랑벽; 「집합적」 방랑자 vagabondage, vagrancy, prank ○ **qoturluq**

dımbılı *si.* 작은, 하찮은, 미량의 tiny, wee, diminutive

dımırcıq *i.* 융기(해 있음), 돌출; 융기부, 돌출부; 혹, 결절 protuberance, knob

dımırcıqlı *si.* 돌기가 있는 protuberant

dınqıldamaq *fe.* 딸랑거리다, 짤랑거리다 jingle, chink, clank

dınqıldatmaq *fe.* ① 딸랑 소리를 나게 하다, 짤랑거리게 하다, 철꺽 소리가 나게 하다 chink, jingle, clank; ② (악기를) 서투르게 다루다, 소음을 내다 strum, play carelessly/without skill; **tarı ~** *fe.* 타르(아제리 민속 현악기)를 서투르게 치다 strum a tar

dınqılı *si.* 작은, 어린 tiny, wee, diminutive; **~ uşaq** *i.* 어린 아이 little child

dınqıltı *i.* ① 딸랑거리는 소리, 철컥거리는 소리, 서투른 음악 소리 jingling, chinking, tinkling, strumming; ② *col.* 불만, 불만족 dissatisfaction, discontent

dırmalama *i.* (땅) 파기 digging

dırmalamaq *fe.* ① 파다, 긁다 dig, scratch ○ **qazımaq, cırmaqlamaq**; ② 성가시게 하다, 괴롭히다 irritate, annoy ○ **qıcıqlandırmaq**

dırmanan ☞ **dırmaşan**

dırmandırmaq ☞ **dırmaşdırmaq**

dırmanma *i.* 오름, 오르기 mounting

dırmanmaq *fe.* 오르다, 기어 오르다, 떼지어 오르다 mount, climb, swarm up ○ **çıxmaq, qalxmaq, dırmaşmaq** ● **düşmək**

dırmaşan *si.* 기어오르는 climbing, creeping; **~ bitkilər** *i.* 덩굴(만성) 식물 creeping plants

dırmaşdırmaq *fe.* 기어오르게 하다 cause *smb./ smt.* to climb/creep

dırmaşma *i.* 오름, 오르기, 상승 ascent, rise

dırmaşmaq *fe.* 기어오르다, 기어가듯 움직이다 climb, creep, scramble; ***Sarmaşıq divara dırmaşır.*** *담쟁이 넝쿨이 벽을 타오르고 있다. Ivy creeps the wall.*

dırmıq *i.* 갈퀴, 고무래 rake; harrow (big); **~la yığmaq** *fe.* 갈퀴로 모으다 rake up

dırmıqlama *i.* 땅 고르기, 써레질 raking, scratching, making even (soil)

dırmıqlamaq *fe.* ① 갈퀴로 모으다 rake; ② 써레로 땅을 고르다, 평평하게 하다 harrow, make soil even ○ **hamarlamaq**, **təmizləmək**; ***Bağı dırmıqlayın!*** *정원을 갈퀴로 청소하라! Rake the graden.*

dırmıqlanmaq *fe.* 갈퀴질 당하다 **dırnaq** *i.* ① 손톱, 발톱 nail, finger nail, thumb-nail, toe-nail; ② 발굽 (굽 있는 동물의) 발 hoof (animal); ③ *fig.* 인용 부호 quotation mark (" "); ~ **açmaq** *fe.* 인용하다 quote; ~ **bağlamaq** *fe.* 인용을 마치다 unquote; ~ **işarəsi** *i.* 인용 부호 inverted commas, quotation mark; **təpədən ~ğa qədər** *z.* 정수리부터 발끝까지, 전체적으로 from top to toe; ~ **içində** *z. fig.* in inverted commas; 소위(所爲) so-called

dırnaqarası *si.* 소위(所爲) so-called; ~ **alim** *i.* 자칭 과학자 so-called scientist

dırnaqlama *i.* 손(발)톱으로 긁기, 할퀴기 scratching with a nail

dırnaqlamaq *fe.* 발톱으로 할퀴다 scratch with nails, hoof (animal) ○ **cırmaqlamaq**, **cızmaq**

dırnaqlanmaq *fe.* 발톱으로 할퀴어지다, 할큄을 당하다 be scratched with nails, be hoofed (animal)

dırnaqlaşmaq *fe.* 서로 할퀴다, 다투다, 싸움하다 scratch each other with nails, hoof

dırnaqlı *si.* ① 발톱을 가진 having nails; ② 발굽이 있는, 유제류(有蹄類)의 hoofed, ungulate ○ **caynaqlı**; ~ **heyvanlar** *i. zoo.* 유제 동물 ungulate animals

dırnaqlılar *i. zoo.* 유제 동물 ungulate animals

dırnağaoxşar ☞ **dırnaqşəkilli**

dirnaqsız *si.* 발톱이 없는, 굽이 없는 without nail, without hoof

dırnaqşəkilli *si.* 발톱 모양의, 발굽 모양의 nail-shaped

dırnaqtəmizləyən *i.* 발톱 솔 nail-brush

dırnaqtutan *i.* 손톱깎이 nail-scissors

dışarı *si.* 밖의, 외부의 external, out, outward; ~ **çıxmaq** *fe.* 나가다 go out ● **içəri**

dızıx *i. col.* 겁쟁이, 비겁자 coward

dızıxqulu *i. col.* 겁쟁이, 비겁한 사람 coward, faint-hearted man

dızıxmaq *fe.* 달아 나다, 도망 가다 make off, run away, take to one's heels

dızıldamaq *fe.* 윙윙거리다 hum, buzz

dızıltı *i.* 윙윙거리는 소리 buzz, hum

dızqax *si.* ① 겁 많은, 비겁한, 소심한 cowardly, faint-hearted, timid; ② 깡마른, 여윈 thin, lean

di *əd.* 자!, 그래! 그러면! now! well! what! right! now then! come!; ***Di gəlin!*** *자! 오라고! Come now!*; ***Di başla!*** *바로 시작해! Right begin!*; ***Di əsəbləşmə!*** *자~ 긴장하지 말고! Come on, don't be nervous!*

diabet *i. tib.* 당뇨(병)diabetes

diafilm *i. fot.* 투명 양화(陽畵)(슬라이드 따위) diapositive film strip

diafraqma *i. ana.* 횡격막; 격막, 막 diaphragm

diaxronik *si. dil.* 통시적(通時的)인(언어 사실을 사적(史的)으로 연구·기술하는 입장) diachronic

diaxroniya *i. dil.* 통시적(通時的) 언어학 diachrony

diaqnostika *i. tib.* 진단학 diagnostics

diaqnoz *i. tib.* 진단(법) diagnosis

diaqonal *si.* 대각선의, 사선의 diagonal

diaqram *i.* 도표, 도형, 도식, 도해 chart, diagram

dialekt *i. dil.* 방언, 지방 사투리; (같은 어족(語族)에서 갈린) 파생 언어 dialect; ~ **fərqləri** *i.* 방언적 다양성 dialectal differences

dialektik I. *i. fəl.* 변증가; 변론가 dialectician; II. *si.* 변증법적인 *fəl.* dialectic; ~ **materializm** *i. fəl.* 변증법적 유물론 dialectic materialism; ~ **metod** *i.* 변증법적 방식 dialectical method

dialektika *i. fəl.* 변증법; (중세의) 논증학; 논리학 dialectics ● **metafizika**; **inkişafın ~sı** *i.* 발달의 변증학 dialectics of development; **təbiətin ~sı** *i.* 자연의 변증학 dialectics of nature

dialektizm *i. dil.* 변증주의 dialecticism

dialektoloji *si.* 방언학의 dialectologic(al)

dialektologiya *i. dil.* 방언학, 방언 연구 dialectology

dialektoloq *i. dil.* 방언학자 dialectologist

dialoji *si.* 대화체의, 문답체의 dialogic

dialoq *i.* 대화, 문답 dialogue

dia-mat *i. col.* 변증법적 유물론 dialectical materialism

diametr *i.* 직경, 지름, (렌즈의) 배율 diameter

diametral *i. si.* 정반대의 diametrical; II. *z.* 정반대로 diametrically

diapazon *i.* 한계, 범위; 둘레, 주위; *mus.* 음역

range, diapason; compass

diapazonlu *si.* 넓은 음역의 of great range/ compass; **geniş ~ səs** *i.* 넓은 음역의 목소리 voice of great range

diapozitiv *i. fot.* (환등기·현미경의) 슬라이드 lantern slide

diaspor *i.* 디아스포라, 이산 민족 Diaspora

diatez *i. tib.* 병적 소질, 특이 체질 diathesis

dib *i.* ① 바닥, 밑바닥, 토대; 기초 bottom, bed, ground ○ **alt** ● **üz**; ② *ana.* 처녀막 (maidenhead) hymen; **titan ~ə çökmək** *fe.* 가라 앉다 sink; **dənizin ~i** *i.* 바다의 밑바닥 bottom of the sea; **~də** *z.* 바닥에서 at the bottom; **~inə getmək** *fe.* 밑바닥에 내려가다 go to the bottom

dibaçə *i.* 시의 서두 introduction in a poem ○ **giriş, müqəddəmə**

dibçək *i.* 화분 flower pot, pot

dibsiz *si.* ① 밑바닥이 없는, 아주 깊은 bottomless, ver deep ○ **altsız**; ② 무한한, 제한 없는 limitless, unlimited ○ **sonsuz, ucsuz, bucaqsız**

didaktik *si.* 교훈적이니, 가르치기 위한, 교훈 벽이 있는 didactic; **əsas ~ prinsiplər** *i.* 교훈의 첫째 원칙 first principle of didactics

didaktika *i.* 교수법, 교수학, 교훈 didactics; **~nın əsas prinsipləri** *i.* 교수법의 주요 원칙 major principles of didactics

didar *i.* ① 얼굴, 생김새, 모양 face, figure, shape ○ **görünüş, sifət, üz**; ② 외관, 외견, 형세 appearance ○ **görmə**

didə ☞ *arx.* **göz**

didələmək ☞ **didmək**

didərgin *i.* 방랑자, 부랑자, 유랑자 vagrant, idler, loafer, wanderer, exile; **~ düşmək** *fe.* 외국에서 살다, 모국에서 축출당하다 live in a strange land, be driven out of one's country; **~ salmaq** *fe.* 쫓아내다, 방황하게 하다 drive out, cause to wander ○ **sərgərdan, dərbədər**

didərginlik *i.* 방랑, 부랑, 빈둥거림 vagrancy, idleness ○ **sərgərdanlıq, dərbədərlik**

didik *si.* 누덕누덕한, 망그러진 tattered, torn up (into pieces)

didik-didik *si.* 누덕누덕한, 갈기갈기 찢긴, 너덜너덜한 torn, ragged; **~ köynək** *i.* 누더기 셔츠 ragged shirt; **~ emtək** *fe.* 갈기갈기 찢다 tatter, tear into pieces

didikləmək *fe.* 갈갈이 찢다, 너덜너덜하게 해뜨리다 scutch, pull apart, tatter

didiklənmək *fe.* 갈갈이 찢어지다, 너덜너덜 닳아지다 be scutched, be pulled apart, be tattered

didilmə *i.* 솜 타기 spinning

didilmək *fe.* 너덜거리게 되다 be plucked, become ragged, be scotched ○ **dağılmaq**

didim-didim ☞ **didik-didik**

didişdirilmək *fe.* 찢어지다, 낡아서 해지다 be torn up, be tattered

didişdirmək *fe.* ① 갈갈이 찢게 하다, 조각나게 하다 pull up, tatter, tear into pieces ○ **dartışdırmaq** ② 괴롭히다, 귀찮게 하다 bother ○ **incitmək**

didişmə *i.* ① 싸움, 다툼 fight, fighting ○ **dava, qovğa, çəkişmə, boğuşma**; ② *fig.* 언쟁하다, 말다툼하다 bickering, wrangle, squabble; **~ salmaq** *fe.* 싸우게 하다, start a fight

didişmək *fe.* ① 싸우다, 다투다 fight (dogs, birds) ○ **vuruşmaq, dalaşmaq, söyüşmək, çeynəşmək, boğuşmaq**; ② *fig.* 다투다, 싸우다, 말다툼하다 bicker, wrangle, squabble; ***Bu iki uşaq həmişə bir-biri ilə didişir.*** *애들은 항상 서로 으르렁거린다. The two children are always bickering each other.*

didmə *i.* ① 잡아당김 pulling; ② 고문, 괴롭힘 torment

did|mək *fe.* ① (모, 면 등) 두드려서 펴다, 솜을 타다 scutch, swingle (wool, cotton) ○ **dağıtmaq, yırtmaq**; ② 잘게 부수다, 갈갈이 찢다 tear up, tear to pieces ○ **cırmaqlamaq, yolmaq**; ③ *fig.* 고문하다, 고통을 주다, 괴롭히다 rack, torture; **~ib tökmək** *fe.* 난도질을 하다, 짓이기다 mangle; ***Şübhələr onu didirdi.*** *그는 의심으로 고통 당하고 있다. He was racked by doubts.*

diferensial *si. i.* (수학) 미분(의) differential; **~ tənlik** *i.* 미분 방정식 differential equation

diferensiya *i.* 식별, 구별; 차별; 분화; 미분 differentiation ○ **parçalanma, təbəqələşmə, ayrılma**

difteriya *i. tib.* 디프테리아 diphtheria

diftonq *i. dil.* 이중모음 (ai, au, ɔi, ou, ei, uə 따위) diphthong

digər I. *i.* 그 밖의, 그 위의, 또 다른, 별개의 other ○ **başqa, özgə, qeyri**; II. *si.* (성질, 종류가) 다른,

틀리는 another, different; ~ **tərəfdən** *z.* 한편, 다른 쪽에선 on the other hand; ~ **sözlə** *z.* 다시 말하면 in other words; ***O heç vaxt digərlərinn haqqında düşünmür.*** *그는 다른 사람을 전혀 고려하지 않는다. He never thinks of others.*

dik I. *i.* 높은 곳, 작은 언덕 height, hillock; II. *si.* ① 똑바른, 수직의 erect, upright ○ **başıyuxarı**; ② 험한, 깎아지른 듯한, 수직식의, 가파른 sheer, vertical, steep, perpendicular ○ **yoxuş** ● **eniş**; ③ 높은, 고도의, 치솟은 high, lofty, haughty ○ **yüksək, uca, hündür** ● **alçaq**; III. *z.* 똑바로, 수직으로, 직선적으로 upright, erect, on end; ~ **baxmaq** *fe.* 응시하다, 노려보다 stare, glare; ~ **durmaq** *fe.* 똑바로 서다, 곧게 서다 stand upright; **başın ~ tutmaq** *fe.* 머리를 감싸 쥐다 hold oneself erect, hold up one's head; ~ **burun** *si.* 납작코의 snub-nosed; ~ **qaya** *i.* 가파른 절벽 vertical cliff; ~ **yeriş** *i.* 바른 걸음 upright walk; **~inə** *z.* 수직적으로, 똑바로 on end, erect, upright, vertically; ~ **qoymaq** *fe.* 바로 세우다, 세로로 세우다 put uprightly/vertically

dikbaş I. *i.* 고집 센 사람, 완고한 사람 pighead/sturbborn/obstinate person; II. *si.* ① 성질이 비뚤어진, 고집 센 defiant, obstinate, pigheaded ○ **təşəxxüslü, iddialı** ● **mülayim**; ② 교만한, 거만한, 건방진 proud, haughty, arrogant ○ **tərs, lovğa** ● **təvazökar**

dikbaşlıq *i.* ① 고집, 인내, 불굴; 집요함 persistence, impudence, insolence, ○ **təşəxxüs, iddia, lovğalıq**; ② *col.* 오만, 무례, 뻔뻔스러움, 후안(厚顏), 몰염치; 건방짐 cheek, sauce, recalcitrance, pride ○ **tərslik, məğrurluq** ● **təvazökarlıq**; ~ **etmək** *fe.* 고집하다, 주장하다, 집착하다 be obstinate, persist, display impudence

dikbaşlıqla *z.* 고집스럽게, 거만하게, 무례하게 impudently, insolently

dikdaban I. *i.* 높은 굽 신발 high-heeled shoes; II. *si.* 굽이 높은 high-heeled

dik-dik *z.* 거만하게, 집착하면서 proudly, steadily; ~ **baxmaq** *fe.* 거만하게 바라보다 look proudly

dikdir *i.* 언덕, 오르막, 가파른 길 hill, hillock, slope ○ **kiçik təpə** ● **dərə**

dikəldilmək *fe.* 곧게 세워지다, 일으켜 세워지다 be straightened, be raised

dikəlmə *i.* 오르기, 세우기 rising, climbing, building up

dikəlmək *fe.* ① 곧게 되다, 수직적으로 세워지다, 똑바로 서다, 일어서다 become erect, stand erect, draw oneself up ○ **qalxmaq, durmaq** ● **əyilmək**; ② 기어오르다 climb up ○ **çıxmaq, qalxmaq**; ③ (건물, 기둥) 세우다, 짓다 build up ○ **düzəlmək, qurulmaq**

dikəltmək *fe.* 똑바로 서게 하다, 일어나게 하다 straighten, help *smt.* to raise oneself up

dikilmək *fe.* 응시 되다, 지속적으로 바라봄을 당하다 be stared, be watched constantly

dikləmə *i.* ① 일으킴, 세움 raising; ② (사람)훈련함, 세워줌, (어떤 일에) 준비시킴 aiming, training

diklənmək *fe.* 일어서다 rise, be lifted, be raised

dikləşmək *fe.* 높아지다, 올려지다 become high

diklik *i.* ① 고도, 높이, 높음 height, altitude, loftiness ○ **ucalıq, yüksəklik, hündürlük**; ② 언덕, 높은 곳 hill ○ **təpə**

dikmək *fe.* 곧게 세우다, 곧게 만들다 straighten, make straight; **gözünü** ~ *fe.* 응시하다, 똑바로 보다, 지켜보다, 소망을 걸다 stare at, fix one's eyes on, gaze on; pin one's hope; **gözünü yerə** ~ *fe.* 시선을 땅에 떨구다 drop one's eyes; **gözünü yola** ~ *fe.* 학수 고대하다, 초조하게 기다리다 wait for anxiously, expect impatiently

diksindirmək *fe.* 깜짝 놀라게 하다, 소름 끼치게 (소스라치게) 하다, 몹시 두려워하게 (놀라게) 하다, 위협하다 startle, frighten, scare; put up flush

diksinmə *i.* 무서워함, 공포 scaring, fearing

diksinmək *fe.* ① 놀라다, 무서워하다 be scared ○ **səksənmək, atılmaq**; ② 소름 끼치다, 오싹하다, 소스라치다 be frightened, shudder, startle ○ **qorxmaq, hürkmək, xoflanmaq**

diksiya *i.* (음성) 발음 (방법), 유절(有節) 발음, (개개의) 조음(調音); 뚜렷한 발음; 똑똑한 말투 articulation, enunciation; **aydın** ~ *i.* 분명한 발음, 또박또박한 발음 clear articulation

diktat *i.* 받아쓰기 dictates

diktator *i.* 독재자 dictator; ~ **hökmdar** *i.* 독재적인 군주 dictatorial ruler

diktatorluq *i.* 독재 정치, 독재 정권 dictatorship; ~ **etmək** *fe.* 독재하다, 독재적으로 다스리다 rule dictatorially, be a dictator

diktatura *i.* 독재정치 dictatorship

D

diktə *i.* 받아쓰기 dictation; ~ **etmək** *fe.* 받아쓰다 dictate; **öz iradəsini ~ etmək** *fe.* 유언을 받아쓰다 dictate one's will

diktofon *i.* 구술 녹음기, 속기용 녹음기 dictaphone

diktor *i.* 아나운서, 방송원 announcer; ~ **olmaq** *fe.* 아나운서가 되다, 방송원으로 일하다 be a announcer

diktorluq *i.* 방송, 아나운서의 직책 job of announcer

diqqət *i.* 주위, 관심, 유의, 배려, 조심, 주목, 인지, 애고(愛顧) attention, heed, notice, note, care, regard ○ **qayğı**; ~ **vermək** *fe.* 주의를 기울이다, 유의하다, 조심하다 pay attention, take notice; **~i cəlb etmək** *fe.* 주의를 끌다 draw/attract attention; ~ **yetirmək** *fe.* 주의를 기울이다, 조심하다 notice, attend, pay attention; ~ **yetirməyən** *si.* 주의 산만한, 조심성 없는 reckless; **~i yayındırma** *i.* 주의 분산 diversion; ***Diqqət!*** *조심!, 주목! Attention!*; ***Öz işinə daha çox diqqət yetirməlisən.*** *자신의 일에 보다 더 주의를 기울이도록! You should give more care to your work.*

diqqətcil *si.* 주의 깊은, 조심스러운, ~에 주의를 기울이고 있는, 주의가 집중된, 전념하고 있는 attentive, careful, intent

diqqətəlayiq *si.* 흥미 있는, 주의할 만한, 주의를 기울일 만한 remarkable, notable, note-worthy ○ **maraqlı**

diqqətəşayan ☞ **diqqətəlayiq**

diqqətlə *z.* 주의 깊게, 주의해서, 집중적으로, 신중히 attentively, with care, carefully ● **ayaqüstü**; ~ **gözdən keçirmək** *fe.* 면밀히 조사하다, 주의 깊게 심문하다 sift; ~ **hazırlanmış** *si.* 정성들여 만든, 정교(면밀)한, 공들인; 복잡한 elaborate; ~ **baxmaq** *fe.* 자세히 보다, 응시하다, 지켜보다 gaze, peer

diqqətli *si.* ① 생각이 깊은, 신중한, 동정심 많은, 인정이 있는, 잘 생각해 주는 considerate, thoughtful ○ **həssas, qayğıkeş** ● **laqeyd**; ② 말쑥한, 단정한; 말끔히 정돈된; (생각 따위가) 정연한; (옷차림 따위가) 산뜻한, 청초한 tidy, neat, clean ○ **səliqəli, təmizkar**; ③ 주의 깊은, 조심스러운; 겸소한 careful, attentive, cautious ○ **ehtiyatlı**

diqqətlilik *i.* ① 주의 깊음, 세심함 attentiveness, carefulness ○ **həssaslıq, iltifatlıq, qayğıkeşlik**; ② 정확함, 정밀함, 시간을 잘 지킴 accuracy, punctuality

diqqətsiz *si.* ① (남의 권리·감정 등에 대한) 헤아림(생각)이 없는; 분별이(사려가) 없는, 경솔한; 예의범절을 모르는, 무관심한 inconsiderate, indifferent ○ **laqeyd, başısoyuq, huşsuz**; ② 너저분함, 지저분함 messy ○ **səliqəsiz**; ③ 주의가 산만한, 집중하지 못한 inattentive, careless, heedless ○ **ehtiyatsız**

diqqətsizcəsinə *z.* 경솔하게, 신중치 않게, 주의 깊지 못하게 heedlessly, inattentively

diqqətsizlik *i.* ① 태만, 등한시, 소홀함, 부주의, 얼빠짐, 넋나감 negligence, absence of mind ○ **başısoyuqluq, huşsuzluq**; ② 난잡함, 지저분함, 엉망 messiness ○ **səliqəsizlik**; ③ 부주의, 소홀, 속 편함 carelessness ○ **ehtiyatsızlıq**; ~ **göstərmək** *fe.* 무시하다, 부주의하다, 경시하다, 소홀히 하다 set aside, disregard; ~ **etmək** *fe.* 주의를 기울이지 않다, 배려하지 않다 pay no attention

dil[1] *i.* ① *ana.* 혀; (동물의 식용) 혓바닥 (고기), 텅 tongue; **~ini göstərmək** *fe.* 혀를 보여주다, 놀리다, 어처구니 없어 하다 show one's tongue, put out one's tongue; **iti ~** *i.* 날카로운 혀 sharp tongue; **acı ~** *i.* 사악한 혀 wicked tongue; **alovun ~i** *i.* 불꽃의 혀 tongue of flame; ② a) (말하는) 혀; 입; 언어 능력; b) 말, 발언, 담화; 지껄임; 변설; 말씨, 말투, 음성, 말하는 투; (*pl.*) 종교적 흥분에 의한 방언, 사람을 도취케 하는 웅변; c) 언어, 국어; 외국어, (특히) 고전어; 방언; 어떤 국어의 국민 language, tongue; ③ (오르간·피아노·취주 악기의) 키 key (of musical instrument); ④ (뱀의) 혀 sting (of snake); ⑤ 문 빗장 latch (of door); ⑥ (기계) (톱니바퀴의 역회전을 막는) 톱니멈춤쇠, 걸쇠 catch, pawl, latch (in technic); **lal-kar ~i** *i.* 수화 sign language; **danışıq ~i** *i.* 구어(口語), 대화 언어 (문자언어와 대별해서) spoken language; **~i topuq çala-çala danışmaq** *fe.* 말을 더듬다, 더듬으며 말하다 stammer; **~i topuq çalma** *i.* 말더듬기 stammer; **~i tutulmuş** *si.* 벙어리, 말 못하는 dumb, speechless; **~i saxlamaq** *fe.* 말을 참다, 말을 하지 않고 지키다 hold one's tongue; **ana ~i** *i.* 모국어, 자국어, 본말 mother tongue, vernacular; **qəbilə ~i** *i.* tribal tongue 부족어; **ədəbi ~** *i.* 문자어, 문어 (구어에 대비 개념) literary language; **ümumi ~ tapmaq** *fe.* 공통 의견을 찾아 내다, 공동 의견에 이르다 find common language, get a working agreement; **~i gəlmək** *fe.* 감히 말하다 dare to say; **~siz-ağızsız** *si.* 말없는, 대꾸 없는 dumb; **diri ~lər** *i.* 생존 언어들 living languages; **~ açmaq** *fe.* 말하게 되다, 말 많게 되다 begin to speak; become talkative; become impudent/bold; **~ vermək** *fe.* ~에게 말하도록 하다 allow *smb.* to speak; **~i boğaza qoymamaq** *fe.* 수다를 떨다 chatter, rattle on; **~ yetirmək** *fe.* 묻다, 의뢰하다 ask, apply; **~ tökmək** *fe.* 찬사나 불평을 쏟아 놓다 shower praises, compliments; **~-ağız etmək** *fe.* 사과하다, 용서를 구하다 apologise, beg *smb.* 's pardon; **~dən düşmək** *fe.* 지치다, 피곤에 겹치다 get tired/fatigued, become exhausted; **~dən salmaq** *fe.* 닳아지게 하다, 다 써버리다, 지쳐 빠지게 하다 wear out, exhaust; **~dən-~ə düşmək** *fe.* 추문 거리가 되다 become the matter of scandal; **~ə basmaq** *fe.* 계속해서 지껄이다, 쉬지 않고 떠들다 rattle on, talk without interval; **~ə gəlmək** *fe.* 말하기 시작하다 begin to speak; be rude; **~ə gətirmək** *fe.* 말하게 하다, 발음하게 하다 say pronounce, force *smb.* to speak; **~i tutulmaq** *fe.* 벙어리가 되다, 말없이 되다 be speechless, become dumb; **~ini kəsmək** *fe.* 말하기를 멈추다, 말하는 것을 방해하다 stop talking, interrupt *smb.* talking; **~ini pişik yemək** *fe.* 말하기를 거절하다, 묵비(默祕) 하다. keep silent, refuse to open one's mouth; **~i geyişmək** *fe.* 말하도록 자극하다, 말하고 싶어 근질근질하다 itch to say; **~inin ucunda olmaq** *fe.* 다른 사람의 말거리가 되다 be on the tip of one's tongue; ***Dilim gəlmir.*** *말하고 싶지 않다. I can hardly say.*; ***Dilini saxlayan salamat olar.*** *말을 아끼는 자가 안전하다. A still tongue makes a wise head.*

dil² *i. fars.* 마음, 정신 heart, spirit, mind ○ **ürək, qəlb, könül; ~ bağlamaq, ~ vermək** *fe.* love in heart, become beloved

dilağız; **~ etmək** *fe.* 감사를 표하다 express one's thanks

dilaltı *si.* 혀 밑의, 혀 아래 있는 sublingual

dilara *si.* 예쁜, 아름다운 pretty, nice

dilavər *si.* ① 유창한, 능변의, 설득력 있는, 감동적인, 말이 많은 eloquent, talkative, voluble ○ **dilli**; ② 유창하게, 능변으로, 말끔하게, 용감하게, 대담하게 brave, courageous, smart, intrepid ○ **qoçaq, igid, cəsur, mərd**; **~cəsinə** *z.* volubly, eloquently; smartly, valiantly, intrepidly

dilavərləşmək *fe.* ① 유창하게 되다, 말을 많이 하게 되다 become voluble/talkative/eloquent; ② 대담하게 되다, 용감하게 되다 be encouraged, become smart ○ **cəsarətlənmək, ürəklənmək, qoçaqlaşmaq**

dilavərlik *i.* ① 유창, 능변, 웅변; 설득력; 웅변술 eloquence, volubility ○ **dillilik**; ② 용기, 용감성, 용맹, 의협 bravery, smartness, courageousness, gallantry ○ **qoçaqlıq, igidlik, cəsarət, mərdlik**

dilbər I. *i. poet.* 아름다운 여인, 연인 beauty, beautiful girl, sweet-heart, lover; ○ **sevgili, canan;** II. *si.* 매혹적인, 아름다운 beautiful, charming, fascinating

dilbərana *si.* 매혹적인, 아름다운, 황홀케 하는 beautiful, charming, fascinating; **~ təbəssüm** *i.* 매혹적인 미소 charming smile

dilbərlik *i.* 매혹, 미모 fascination, beauty ○ **gözəllik, canalıcılıq**

dilbilən *si.* 이해력이 좋은, 노련한, 재치 있는, 사려깊은 understanding, experienced, witty, considerate ○ **düşüncəli, təcrübəli**

dilbilməz *si.* 난망한, 혼동된 (생각) muddle-hearted, confused in thought

dilbilməzlik *i.* 난망함, 어리둥절함, 지리 멸렬 muddle-heartedness

dilbir I. *si.* 한마음으로, 한 목소리로, 의견 일치의 unanimous ○ **əlbir, həmrə'y, həmfikir**; II. *i.* 같은 마음을 가진 사람 like-minded person; **~ olmaq** *fe.* 의견 일치를 보다, 동의를 얻다 be unanimous, come to an arrangement, make an appointment

dilbilməz *si.* 어리석은, 혼란한 muddle-headed, stupid

dilbirlik *i.* 일치, 생각의 조화, 한 목소리 identity, harmony of ideas, unanimity ○ **əlbirlik, həmrə'ylik, sözləşmə**

dilcavabı I. *si.* 말로 하는, 구어의, 구두의, 기록되지 않은 oral, mouthed, spoken, unwritten ○ **şifahi** ● **yazılı**; II. *z.* orally, verbally 말로, 구두로

dilçək *i. ana.* (해부학) 현옹수(懸壅垂), 목젖 uvula

dilçi *i.* 언어학자, 어학자, 외국어에 능한 사람, 통역 linguist

D

dilçilik *i.* 언어학, 어학 linguistics, science of language; **tarixi ~** *i.* 역사 언어학 historical linguistics; **ən'ənəvi ~** *i.* 전통 어학 traditional linguistics; **tətbiqi ~** *i.* 응용언어학 applied linguistics; **riyazi ~** *i.* 수리(數理) 언어학 mathematical linguistics; **təsviri ~** *i.* 기술(記述) 언어학 descriptive linguistics; **ümumi ~** *i.* 일반언어학 general linguistics; **~ metodları** *i.* 언어학적 방법(론) linguistic method; **~ tədqiqatları** *i.* 어학 연구 linguistic studies

dildən-dilə *z.* 입에서 입으로, 구전(口傳)으로 from mouth to mouth; **~ düşmək** *fe.* 입에 오르내리다, 인구(人口)에 회자(膾炙)하다 pass from mouth to mouth, be passed on

dil-dil; **~ ötmək** *fe.* 지저귀다, 찍찍거리다, 수다를 떨다 twitter, chirp, prattle, chatter

dildirmək *fe.* 나르다, 전달하다, (의미 사상 등) 전하다 convey

dilə-dişə; **~ düşmək** *fe.* 말거리가 되다, 인구에 회자되다 become the subject of talk; **~ salmaq** *fe.* 말거리를 만들다, 소문 거리가 되다 make the subject of talk

dilemma *i.* 진퇴 양난, 궁지, 딜레마; (논리학) 양도 논법 dilemma; **~ qarşısında qalmaq** *fe.* 궁지를 대처하다 face a dilemma

diletant *i.* 딜레탕트, 아마추어 애호가 dilettante, amateur

diletantizm *i.* 딜레탕티즘, 아마추어 예술, 수박 겉핥기 (지식); 아마추어 솜씨; 도락; 아마추어의 입장(자격) dilettantism, amateurism

diletantlıq ☞ **diletantizm**

dilək *i.* 소원, 소망, 욕구, 욕망 desire, dream, wish ○ **istək**, **arzu**,

diləkli *si.* 원하는, 열망하는 desirous, wilful, lustful ○ **istəkli**, **arzulu**, **təmənnalı**

diləmə *i.* 애원하는, 간구하는 begging, wishing

diləmək *fe.* 빌다, 열망(갈망)하다, 구하다, 바라다 crave, beg, want, wish ○ **istəmək**, **arzulamaq**; **düşməndən aman ~** *fe.* 자비를 애걸 하다 sue for mercy

dilənçi I. *i.* 거지, 동냥아치; 가난뱅이, 극빈자, 피구호민; 빈민; 거지 beggar, medicant, pauper ○ **yolçu**; II. *si.* 빈곤한, 매우 가난한, 가난에 시달린; 초라한 beggary, destitute, indigent, poverty-ridden, poverty-stricken, ○ **yoxsul**, **kasıb** ● **dövlətli**; **~ halına salmaq** *fe.* 가난하게 하다, 곤궁하게 하다 impoverish; **~ həyat sürmək** *fe.* 거지처럼 살다, 곤궁에 처하여 살다 lead a beggary life, be destitute, pass a beggary existence; **~ kökünə düşmək** *fe.* 가난해지다, 빈궁에 처해지다, 거지가 되다 grow poor, be reduced to penury, become a beggar

dilənçiləşdirmək *fe.* 거지가 되게 하다 cause *smb.* to be a beggar

dilənçiləşmə *i.* 빈궁해짐, 가난해짐 becoming poor, beggar

dilənçiləşmək *fe.* 가난해지다, 파산하다 bankrupt, become poor ○ **yoxsullaşmaq**, **kasıblaşmaq**

dilənçilik *i.* ① 구걸, 동냥 begging ○ **yolçuluq**; ② 빈곤, 빈궁, 곤핍 poverty, beggary ○ **yoxsulluq**, **kasıblıq**

dilənçipayı *i.* 적선(積善), 기부, 보시(布施), 시주 handout, alms, dole

dilənmək *fe.* 구걸하다, 구걸하러 다니다 beg, go about begging from people; ***Dilənçinin torbası dolmaz.*** *거지의 밥그릇은 결코 차지 않는다. A beggar's purse is bottomless.*

dilgir *si.* 불만스러운, 불평스러운, 불만족의 displeased, discontented, dissatisfied ○ **narazı**, **incik**, **dilxor**, **pərt** ● **şən**

dilgirlik *i.* 불만족, 불쾌함 dissatisfaction, discontent, displeasure ○ **narazılıq**, **inciklik**, **dilxorluq**, **pərtlik**

dilxor *si.* 시무룩한, 절망한, 낙담한, 우울한, 풀 죽은, 억압된 disappointed, downcast, sad, upset, depressed, out of humour; **~ olmaq** *fe.* 시무룩하다, 풀이 죽어 있다 be upset, be depressed; **~ görünmək** *fe.* 풀 죽어 보이다, 낙담해 보이다, 우울해 보이다 look disappointed; **~ etmək** *fe.* 실망시키다, 슬프게 하다, 화나게 하다 upset, put out, disappoint ○ **pərt**, **qəmgin**, **kədərli**, **mə'yus** ● **şad**

dilxorçu *si.* 지루한, 따분한, 넌더리 나는, 괴로운 boring, irksome, bothering

dilxorçuluq *i.* 의기소침, 침울, 우울, 실망, 낙심 depression, despondency, low spirits; *col.* (의학) 울병(鬱病), 우울증 blues

dilxorluq *i.* 폐, 성가심, 귀찮음, 불쾌; 불만; 골; (고어) 불쾌한 일, 불만의 원인 displeasure, nuisance ○ **pərtlik**, **inciklik**, **mə'yusluq** ● **şadlıq**

dilxoş *si.* 즐거운, 기쁜, (마음을) 기쁘게 하는, 깍듯

한 courteous, joyful, glad
dilxoşluq *i.* ① 친절, 상냥함; 인정, 예의 바름, 공손(정중)함 joyfulness, joy, courtesy, kindness ○ **şadlıq, fərəh, sevinc, məmnunluq**; ② 농, 농담, 익살, 재치 있는 말; 재담 joke, jest, witticism ○ **zarafat, əylənmə, maraqlaşma**; ~ **etmək** *fe.* 즐겁게 하다, 재미나게 하다; …의 기분을 풀게 하다, 웃기다 amuse oneself, divert oneself, make merry, have a good time, pay compliments
diliacı ☞ **acıdil**
diligödək ☞ **diliqısa**
diliqısa *si.* 할 말없는, 죄책을 인정하는 guilty, exposed (unworthy to speak)
diliqısalıq *i.* 할 말없음, 죄책감 guiltiness, unworthiness to speak
dilik *si.* 혀 모양의, 혀 모양으로 잘린 cogged, scalloped
dilik-dilik *si.* ① 이가 있는; 톱니 모양의, 조개 모양의, 부채꼴 조개 모양의 cogged, toothed, scalloped; ② 조각조각의, 덩어리로 나뉜 in pieces, piece by piece ○ **tikə-tikə, parça-parça**
diliklәmәk *fe.* 톱니 모양을 만들다, 혀 모양으로 자르다 scallop
diliklәnmәk *fe.* 혀 모양으로 되다, 톱니 모양을 하다 be scalloped
diliklәtmәk *fe.* 톱니 모양으로 자르게 하다 ask *smb.* to scallop
dilikli ☞ **dilik-dilik**
dilim *i.* (베어낸, 나눠진) 얇은 조각 slice, hunk ○ **tikə**; ~ **kəsmək** *fe.* 얇게 썰다, 얇은 조각으로 나누다 slice
dilim-dilim *z.* 조각조각으로 (레몬, 오렌지, 햄, 케잌 등) by pieces, slice
dilimlәmә *i.* slicing, chopping, cutting into pieces 얇게 자르기
dilimlәmәk *fe.* 얇은 조각으로 자르다 slice, chop, cut into pieces ○ **doğramaq, kəsmək**
dilimlәnmәk *fe.* 얇게 나눠지다 be sliced, be chopped
dilimlәnmiş *si.* 얇게 나눠진 sliced
dilimlәtmәk *fe.* 얇게 자르게 하다 ask *smb.* to slice
dilimli *si.* 얇은 조각으로 된 sliced, cut into pieces ○ **tikəli**
dilişirin *si.* 친절한, 부드러운 말씨의 kind, smooth-spoken ○ **mehriban**
dilişirinlik *i.* 친절, 상냥함, 환대, 동정, 호의 kindness, hospitability, sympathy ○ **mehribanlıq, sevimlilik**
diliuzun *si.* 긴 혀를 가진, 말이 많은 long-tongued, talkative
diliuzunluq *i.* 수다스러움 talkativeness
dillәndirilmәk *fe.* 말하도록 요청받다 be asked to speak
dillәnmә *i.* ① 말하기, 표현하기 talk, speak, mention; ② 노래하기 singing
dillәnmәk *fe.* ① 말하기 시작하다, 말하다 begin to speak, talk ○ **danışmaq, söyləmək, demək**; ② 소리내기 시작하다, 노래하기 시작하다 begin to sound, sing ○ **oxumaq, ötmək, çalmaq**
dillәşmә *i.* ① 말하기, 대화하기 talking, conversation; ② 언질, 의논, 의사 결정 promise, discussion, decision
dillәşmәk *fe.* ① 토론하다, 다투다, 언쟁하다 argue, dispute, wrangle, fall out, quarrel ○ **bəhsləşmək, sözləşmək, qərarlaşmaq** ● **barışmaq**; ② 대화하다, 언약하다, 결정하다 discuss, promise, decide ○ **söhbətləşmək, danışmaq**
dilli *si.* ① 말 잘하는, 수다스러운, 유창한, 말이 많은 voluble, talkative ○ **dilavər** ● **qaradinməz**; ② 용감한, 대담한 brave, courageous ○ **cəsarətli**; ③ *mus.* 키가 있는, 리드가 있는 (악기) with keys/reeds; ③ 뻔뻔한, 염치없는, 부끄럼을 모르는 impudent, shameless ○ **həyasız**
dilli-dilavәr ☞ **dilli**
dillilik *i.* ① 말이 많음, 유창함 talkativeness, volubility ○ **danışqanlıq, diliuzunluq** ● **qaradinməzlik**; ② 뻔뻔함, 후안 무치함 shamelessness ○ **həyasızlıq**
dilmanc *i.* 통역(관) interpreter ○ **tərcüməçi**
dilmanclıq *i.* 통역 interpretation ○ **tərcüməçilik**; ~ **etmək** *fe.* 통역사가 되다, 통역하다 be an interpreter
dilnәvaz *si.* 매혹적인, 매력이 넘치는 fascinating, attracting
dilortası *si. dil.* (음성학) 혀의 뒤쪽에서 조음(調音) 되는 dorsal
dilotu; ~ **yemək** *fe.* 어눌하게 말하다 speak ineffectively

dilönü *si. dil.* 혀끝 tongue tip, blade; ~ **samitlər** *i.* 설단 자음, 혀끝 자음 blade consonants
dilpəsənd *si.* 매력적인 charming, fascinating
dilrüba ☞ **dilpəsənd**
dilsiz *si.* ① 말없는, 과묵한, 할 말 없는 dumb, speechless, silent ○ **səssiz**; ② 유약한, 부드러운, feeble, meek, poor ○ **yazıq, fağır, aciz, sakit, müti, həlim, dinməz (adam)**; ③ *tex.* (기계) 톱니가 없는 without catch
dilsiz-ağızsız *si.* ① (온)순한, 유화한, 상냥한 meek, mild; ② 겸손한, 겸허한, 조심성 있는 humble, silent
dilsiz-ağızsızlıq *i.* ① 온순함, 온화함 meekness, mildness; ② 겸손함 humbleness
dilsizlik *i.* ① 비천함, 초라함, 비참함 silence, lowliness ○ **yazıqlıq, fağırlıq, acizlik, sakitlik, mütilik, həlimlik**; ② 부드러움 mildness; ③ 과묵함 silence ○ **lallıq**
dilsuz *si.* 감동적인, 영향력 있는 moving, influential
dilşünas *i.* 언어학자, 통역 linguist
dilşünaslıq *i.* 언어학, 어학 linguistics, science of language
diltəng *si.* 우울한, 슬픈 distressed, sad
diltutulması *i.* ① *tib.* 실어증(失語症) aphasia; ② 말하지 못함, 침묵함 dumbness, numbness
dilucu *i.* ① *dil.* 설첨음(舌尖音) apical; *si.* ② 마음 내키지 않는, 꺼리는, 마지못해하는, 머뭇거리는, 주저하는 reluctant, unwilling, hesitant ○ **könülsüz, ötəri, ürəksiz**; ~ **təklif etmək/demək** *fe.* 지나는 길에 들르도록 청하다 invite by the way
dimdik[1] *i.* 육식조(鳥)의 부리 beak, bill
dimdik[2] *z.* 똑바로, 곧게 on end, upright; ~ **durmaq** *fe.* 똑바로 서다, 곧게 서다 stand oneself upright; ***Tüklerim dimdik durdu.*** *모골이 송연해졌다. My hair stood on end.*
dimdikləmək *fe.* (부리로) 쪼다 peck ○ **döymək, vurmaq, dişləmək**
dimdiklənmək *fe.* (부리로) 쪼다 (재귀적)be pecked
dimdikləşmək *fe.* (집합적으로) 쪼다, 서로 쪼다 peck together/each other
dimdikli *si.* 부리가 있는 with bill, with beak
din *i.* 종교, 신앙 religion, creed
dinamik *si.* 동력의; 동적인 dynamic ● **statik**
dinamika *i. fiz.* 역학, 동역학; 「일반적」 역학 dynamics
dinamiklik *i.* 역동적임 dynamicalness
dinamit *i.* 다이너마이트 dynamite
dinamitçi *i.* 다이너마이트를 다루는 사람; 적극적 야심가 dynamiter
dinamitli *si.* 다이너마이트를 가진, 장착한 having dynamite
dinamizm *i. fəl.* 역동론 (모든 현상은 자연력의 작용으로 말미암음) dynamism
dinamo *i. tex.* 발전기 dynamo
dinamomaşın *i.* 발전기 dynamo
dinar *i.* 디나르 (유고슬라비아, 이란, 이라크 등의 화폐 단위) dinar (currency unit); **~lıq** *i.* 한 디나르의 가치를 가진 (물건) worth of one dinar
dinc I. *si.* ① 침착한, 조용한, 겸허한 quiet, humble ○ **sakit, başıaşağı** ● **dikbaş**; ② 차분한, 태평한, 평화로운 calm, peaceful ○ **sülhsevər, sakit**; II. *z.* 조용히, 차분하게, 고요하게 quietly, peacefully, calmly; ~ **yanaşı**, ~ **yaşama** *i.* 공존 coexistence; ~ **yatmaq** *fe.* 태평하게 자다 sleep peacefully; ~ **yaşamaq** *fe.* 평화롭게 살다 live in peace
dincəldici *si.* 달래는, 진정시키는, 안정하게 하는 calming, quieting, soothing
dincəlmə *i.* 쉼, 이완, 긴장을 풂, 휴양, 휴식 rest, relaxation, respite
dincəlmək *fe.* ① 쉬다, 휴가를 갖다 repose, rest, have holiday; ② 진정하다, 안정하다 calm down, settle down ○ **rahatlanmaq** ● **işləmək**
dincəltmək *fe.* ① 쉬게 하다, 진정시키다 give rest, pacify, quiet, make restfulness; ② 조용히 시키다, 포기하게 하다 ask *smb.* to come quiet/ to give up ○ **rahatlamaq, sakitləşdirmək**
dinclik *i.* ① 쉼, 안정을 취함, 평온, 냉정, 침착 peace, rest, calmness, repose ○ **rahatlıq, sakitlik, istirahət** ● **narahatlıq**; ② 신빙성, 확실성, 안락성 reliability, convenience ○ **asayiş, əmin-amanlıq, arxayınlıq**; **~yi olmayan** *si.* 쉼없는 restless; **heç kimə ~ verməmək** *fe.* give *smb.* no rest, let *smb.* 쉬지 못하게 하다, 재촉하다, 닦달질하다 have no rest; **əbədi ~** *i.* 영구적 평화 eternal peace
dinçi *i.* 성직자, 종교인 clergy (man)
dinçilik *i.* 성직 clergy (ship)
dindar I. *i.* 경건한 사람, 종교인, 신자 pious man,

religious man, believer; II. *si.* 경건한, 종교적인, 헌신된 pious, religious, devout ○ **mö'min** ● **kafir**

dindarcasına *z.* 종교적으로, 경건하게 religiously, piously

dindarlıq *i.* 경건성, 종교적 색채 piety, religiousness ○ **mö'minlik**

dindaş *si.* 같은 종교를 가진 사람 co-religionist, dissenter

dindaşlıq *i.* 같은 신앙을 가진 자들의 모임 dissenting sect, community of religion

dindirilmək *fe.* 조사받다, 심문받다 be questioned/interrogated

dindirmə *i.* 조사, 검사, 심사, 심문 examination, questioning, interrogation ○ **sorğu-sual, istintaq**

dindirmək *fe.* ① 조사하다, 심문하다, 취조하다 question, interrogate, ask for speaking ○ **danışdırmaq, söylətmək, soruşmaq**; ② 화해하다, 말을 건네다 be on good terms, speak to, reconcile

ding *i.* 정미소, 제분소 peeling mill, bulling mill

dingdaş *i.* 맷돌 mill stone

dingə *i. arx.* (여자의) 머릿수건 woman's head kerchief

dingildəmək *fe.* ① (위 아래로) 뛰다 jump up, bob (up and down) ○ **atılıb-düşmək, oynamaq**; ② 경망스럽게 까불다 act frivolously/light-mindedly; ③ 허풍 떨다, 자랑하다 brag of

dingildəşmək *fe.* ① (집합적으로) 뛰다 jump up all together; ② 같이 춤추다 dance all together

dingildətmək *fe.* ① 뛰게 하다 cause *smb.* to jump up; ② 까불게 하다 cause *smb.* to behave frivolously

dingiş *si.* 경망한, 경솔한, 들뜬 light-minded, frivolous, flippant; ~ **adam** *i.* 경솔한 사람 light-headed man

dingilti *i.* 뛰기, 뛰어 넘기 jumping, leaping

dini *si.* 독실한, 경건한, 종교적인 religious, pious, devout; ~ **mərasim** *i.* 종교 의식 religious ceremony

diniman *i.* 신앙, 믿음, 확신, 신념 faith, belief, conviction, persuasion

dinləmə *i.* ① 듣기 audition; ② 청문, 소청 listening to, hearing out ○ **eşitmə**; ③ 청강 attending (lecture *etc.*)

dinləmək *fe.* ① 듣다, 청문하다 listen to, hear ○ **eşitmək** ● **söyləmək**; ② *tib.* 소식자(消息子)를 넣어 진찰하다 sound; **mühazirə** ~ *fe.* 청강하다 attend a lecture

dinlənilmək *fe.* ① 들려지다 be listened to; ② 참석당하다 be attended

dinlənmək *fe.* 듣다 be listened to

dinləyici *i.* 청중, 방청인, 관객, 청취자, 청강생 listener, hearer; audience

dinmək *fe.* ① speak, begin to speak, say, utter 말하다, 언급하다, 목소리를 내다 ○ **danışmaq, söyləmək** ● **susmaq**; ② 화가 나다 get angry ○ **acıqlanmaq**

dinməz *si.* 과묵한, 조용한, 말수가 적은 mute, silent, taciturn, speechless (man) ○ **sakit** ● **zəvzək**; ~ **söyləməz** *z.* 양처럼, 잠잠히 like a lamb, without a word

dinməzcə *z.* 조용히, 잠잠히 silently, tacitly, without a word

dinməz-danışmaz ☞ **dinməz**

dinməzlik *i.* 과묵, 침묵, 말없음 taciturnity, reticence ○ **sakitlik, susma, sükut** ● **zəvzəklik**

dinozavr *i. zoo.* 공룡 dinosaur

dinpərəst *i.* 종교인, 특정 종교 지지자 supporter of religion

dinpərəstlik *i.* 경건함, 종교적임 piety, religiousness

dinsiz I. *i.* 불신자, 무신론자 atheist, irreligious person, non-believer ○ **ateist**; II. *si.* ① 무신론의, 불경한 atheistic, impious ● **mö'min**; ② *fig.* 잔인한, 혹독한 brutal, cruel ○ **qəddar, mərhəmətsiz, insafsız**

dinsizcəsinə *z.* 불신자처럼 like an atheist

dinsizlik *i.* ① 무신론, 신을 믿지 않음 atheism, godlessness ○ **ateistlik**; ② *fig.* 사악함, 잔인함 mercilessness, brutality, cruelty ○ **qəddarlıq, mərhəmətsizlik, insafsızlıq**; ~**i xurafat** *i.* 미신, 사교신앙 superstition

dipdiri *si.* ① 싱싱한, 아주 팔팔한 quite alive, thoroughly alive; ② 적절히 요리되지 않은 not cooked perfectly, under-cooked

diplom *i.* 학위증 diploma, certificate of degree; ~ **işi** *i.* 학위 논문 degree work, graduation paper

diplomant *i.* 학위 소지자 diploma holder

diplomat *i.* 외교관 diplomat; **təcrübəli** ~ *i.* 경

D

력 외교관, 노련한 외교관 career diplomat
diplomatcasına *z.* 외교적으로, 재치 있게, 감각이 세련되게 diplomatically, tactfully
diplomatik *si.* 외교적인 diplomatic; **~ nümayəndə** *i.* 외교 사절단 minister; **~ korpus** *i.* 외교단 diplomatic corps
diplomatlıq *i.* 외교관 직무 profession of diplomat
diplomatiya *i.* 외교(술) diplomacy; **ikitərəfli ~** *i.* 상호 외교 bilateral diplomacy; **nüvə ~sı** *i.* 핵 외교 nuclear diplomacy; **zorakılıq ~sı** *i.* 권력 외교 power diplomacy; **müharibə ~sı** *i.* 전쟁 외교 war diplomacy
diplomçu *i.* 학위과정 이수자 student working on graduation thesis/degree thesis
diplomlu *si.* 학위를 가진, 자질을 인정 받은 having a diploma/degree, professionally qualified
diplomsuz *si.* 학위 미소지의 having no diploma/degree
dirçəldilmək *fe.* 부흥되다, 소생되다 be rebirthed, be revived
dirçəliş *i.* 부흥, 부활, 쇄신 revival, rebirth, renascence, regeneration; **sənayenin ~i** *i.* 산업의 부흥 revival of industry
dirçəlmək *fe.* ① 갱생하다, 부활하다, 부흥하다, 살아나다 revive, regenerate, become animates ○ **canlanmaq, qüvvətlənmək**; ② 회복되다, 낫다 get well, recover ○ **yaxşılaşmaq, sağlamlaşmaq, bərkimək** ● **xəstələnmək** ③ 성장하다, 자라다 grow up ○ **böyümək**
dirçəltmək *fe.* ① 살아나게 하다, 재생시키다, 부활시키다 regenerate, revive, enliven; **qədim ən'ənəni ~** *fe.* 오랜 전통을 복원시키다 revive an old custom; ② 양육하다, 부양하다, 키우다 rear, bring up; **ailəni ~** *fe.* 가족을 부양하다 rear a family
dir-dirrik *i.* 설비, 비품, 도구, 용구 utensils, appointments
direksiya *i.* 이사회, 경영진 board (of directors); management
direktiv I. *i.* 지시, 지령, 훈령 instructions, directives, directions; II. *si.* 지시하는; 지도(지휘, 관리, 지배)하는 directive directory; **~ göstərişlər** *i.* (행동) 방침; 경향, 지시, 지침 instructions, directives, directions
direktor *i.* 지도자, 관리자, 감독, (학교의) 교장, 경영(관리)자 director, superintendent, manager, head principal, head mistress; **məktəb ~u** *i.* 교장 director of a school, school principal; head master, head mistress
direktorluq *i.* ① 사장의 직무 duty, position or work of director; ② 중역회, 이사회 board of directors, directorate; **~ etmək** *fe.* 사장으로서 일하다 work as director
dirək *i.* ① 기둥, 말뚝, 들보, 지주, 버팀목, 장대 post, log, beam, column, prop, pole ○ **tir, sütun, dayaq**; ② 지지, 원조, 후원, 고무, 옹호; 찬성 support ○ **arxa, kömək**; **sərhəd ~yi** *i.* 국경 초소 frontier post; **cəmiyyətin ~yi** *i.* 사회의 기둥 pillar of society; **~ qoymaq** *fe.* 기둥을 세우다 place column/pillar
dirəkləmək *fe.* 기둥을 세우다 put pole, place post
dirəklənmək *fe.* 기둥이 세워지다 be placed pole
dirəkli *si.* 기둥이 있는, 버팀목이 있는 having poles, with columned ○ **tirli, sütunlu**
dirəklik *i.* 기둥으로 쓸만한 (것) objects used for post, pillar, column ○ **tirlik, sütunluq**
dirəmək *fe.* ① 버팀목을 세우다, 지지대를 만들다 prop up, set (against), lean, rest ○ **dayamaq, söykəmək**; ② 응시하다, 주시하다 stare, watch ○ **zilləmək, baxmaq**; **dirəyi divara ~** *fe.* 벽에 기둥을 대다 rest pole against wall; **burunu aynaya ~** *fe.* 창에 대고 코를 누르다 press nose against window; **ayağını yerə ~** *fe.* 고집하다, 집착하다, 주장하다 persist, be stubborn, refuse to make any change; **ayaqlarını yerə ~** *fe.* 발을 바닥에 대고 든든히 서다 dig one's heels in, plant one's feet firmly; **bir kəsi divara ~** *fe.* 구석으로 몰아 세우다 drive *smb.* into corner
dirənmək *fe.* ① 주장하다, 고집하다 rest (against), jib, insist(on), press(for) ○ **söykənmək, dayanmaq**; ② 단단히 서다, 발로 일어서다 stand oneself up ○ **dikəlmək, qalxmaq**; ③ 이르다, 조우하다, 이끌리다 reach, be directed ○ **toxunmaq, rastlaşmaq**; ④ 응시하다, 바라보다 be stared ○ **dikilmək**
dirəşmək *fe.* 주장하다, 고집하다 persist, insist, be stubborn
dirhəm *i.* 디르헴 (고대 아랍의 동전) dirhem (an-

cient Arab coin)

diri I. *si.* ① 살아 있는, 생생한, 활동하고 있는 alive, live, living ○ **canlı, sağ**; ~ **dillər** *i.* 살아 있는 언어 (현재 상용되고 있는 언어) living languages; ~ **çəki** *i.* 생(生)체중(도살 전의 가축의 체중) live weight; ② 생기(활기) 넘친, 기운찬, 팔팔한, 활발한, (곡 따위) 밝고 명랑한, 활기찬 lively ○ **qüvvətli, çevik, qıvraq**; ~ **uşaq** *i.* 활기찬 아이 lively child; ③ 완숙하지 않은 under-done, under-cooked; II. *z.* 생기 있게, 발랄하게, 활기차게 lively; ~ **tutmaq** *fe.* 생포하다 catch alive

diribaş *si.* 민첩한, 영민한, 영리한, 교묘한 deft, ingenious, lively, agile, smart, nimble, bright ○ **cəld, çevik, zirək, bacarıqlı, oynaq, qıvraq** ● **maymaq**

diribaşlaşmaq *fe.* 영리해지다, 똑똑해지다, 영민해지다 become agile/smart/ingenious ○ **çevikləşmək, zirəkləşmək**

diribaşlıq *i.* 활발함, 활달함, 생기 있음, 생동감, 기민함 liveliness, vivacity, sprightliness, alertness ○ **cəldlik, çeviklik, zirəklik, bacarıqlılıq** ● **maymaqlıq**

diri-diri *z.* 생생하게 살아서 alive, while alive; ~ **basdırmaq** *fe.* 생매장하다 bury alive; ~ **udmaq** *fe.* 산채로 삼키다 swallow unchewed

dirigöz(lü) *si.* ① 살아 있는 alive ○ **canlı**; ② 기민한, 경쾌한 날랜 agile, smart ○ **zirək, cəld**; ~ **öldürmək** *fe.* 무자비하게 고문하다 torture mercilessly

dirijabl *i.* 비행선(船) dirigible (balloon); airship

dirijor *i. mus.* 지휘자, 악장, 컨덕터 conductor, bandmaster; ~ **çubuğu** *i.* 지휘자의 지휘봉 conductor's baton

dirijorluq *i.* 지휘자의 직무 profession/work of conductor; ~ **etmək** *fe.* 지휘하다 conduct

dirildici *si.* 생명(활력)을 주는, 활기를(기운을) 북돋우는 life-giving, vivifying

dirildilmək *fe.* 살려지다, 부활되다, 기운을 돋우다 be revived, be enlivened

dirilik *i.* ① 건강 health ○ **sağlıq**; ② 삶, 살기 life, living ○ **həyat, yaşayış, güzəran**; ③ 존재, 생존 existence ○ **varlıq** ● **yoxluq**; ③ 생생함, 쾌활, 발랄함 vivacity, liveliness ○ **canlılıq, coşğunluq**; ~ **suyu** *i.* 생명수, 생명의 물 water of life

dirilmə *i.* ① 부활, 소생, 재생, 회생 resurrection, revival, animation, reviving ○ **canlanma, dirçəlmə**; ② 활력을 줌 enlivening

dirilmək *fe.* ① 부활하다, 소생하다, 환생하다 come to life, return to life, be revived ○ **canlanmaq, dirçəlmək** ● **ölmək**; ② 활기를 되찾다, 활발해지다 reliven up, revive

diriltmək *fe.* 살아나게 하다, 살려내다, 죽은 자를 살려내다 revive, bring to life, raise from the dead

diringi *i.* 가벼운 음악 (춤을 위해) light music (for dance)

dirrik *i.* 남새 밭; 시판용 채소 재배 농원 kitchen garden ○ **bostan**; ~ **məhsulları** *i.* 야채 소출 vegetable crops

dirrikçi *i.* 시판용 야채 재배업자 market-gardener, truck farmer ○ **bostançı**

dirrikçilik *i.* 시판용 채소 재배 market-gardening, truck-farming ○ **bostançılıq**; **~lə məşğul olmaq** *fe.* 원예 사업을 하다 do market-gardening, grow vegetable

dirsək *i.* ① 팔꿈치 elbow; ② 굽음, 굽은 곳, 굴곡 (만곡)(부) bend (of river/road)

dirsəkaltı *i.* 팔걸이 elbow-rest, arm (of chair)

dirsəkləmək *fe.* 팔꿈치로 밀다(찌르다), 팔꿈치로 밀어 제치고 나아가다; (몸을) 들이밀다 elbow, hit/push with elbow ○ **vurmaq, itələmək**

dirsəklənmə *i.* 팔꿈치로 기대기 leaning, resting on one's elbow

dirsəklənmək *fe.* ① 팔꿈치로 기대어 서다 lean on one's elbows on ○ **söykənmək**; ② 팔꿈치로 치이다 be elbowed

dirsəkləşmək *fe.* 팔꿈치로 서로 치다/밀다 push with elbow each other

dirsəkli *si.* 팔꿈치 모양의, 굽어진 elbow-shaped, cranked ○ **qüvvətli, qolugüclü, sözükeçən**

dirsəklik ☞ **dirsəkaltı**

dirsəkşəkilli ☞ **dirsəkvarı**

dirsəkvarı *si.* ① *tex.* L자 모양의 elbow, cranked; ~ **val** *i.* 크랭크축(軸) crankshaft; ② 팔꿈치 모양의 elbow-shaped; ~ **sümük** *i. ana.* 척골(尺骨) ulna

disk *i.* ① 디스크, disc, dial of phone; **ayın ~i** *i.* moon's disk 둥근 달; ② *idm.* (경기용) 원반(原盤) discus; ~ **atma** *i.* 투 원반 discus-throwing

diskussiya *i.* 토론, 논쟁 discussion, debate ○

D

müzakirə, mübahisə; ~ **etmək** *fe.* 토론하다, 논쟁하다 discuss, debate

diskriminasiya *i.* 차별, 차별대우 discrimination

dispanser *i.* 진료소, 헬스센터 clinic, health centre

dispetçer *i.* 운전 지령원(항공기의 비행계획을 작성하는) 운행 관리자, 관제관; 조종자; 간사 dispatcher, controller

disput *i.* 공개토론회, 입론(立論), 논법, 변론; 논쟁, 토의 public debate, argumentation, controversy ○ **mübahisə**

dissertant *i.* 학위후보(자) candidate for a degree

dissertantlıq *i.* 학위후보(자)의 위치, 직무 state of being candidate for degree

dissertasiya *i.* 논문 (학위논문) thesis, dissertation; ~ **yazmaq** *fe.* 논문을 쓰다 write a thesis; **namizədlik ~sı** *i.* 학위 후보 논문 thesis for a candidate's degree; **doktorluq ~sı** *i.* 박사 학위 논문 doctoral thesis; **~nın avtoreferatı** i 논문 요약 summery of a dissertation; ~ **mövzusu** *i.* 논문 주제 dissertation topic; ~ **müdafiəsinin təsdiq edilməsi** *i.* 논문 인가 approval of a dissertation; ~ **müdafiə etmək** *fe.* 논문을 변증하다 defend a dissertation; ~ **haqqında rə'y** *i.* 논문 평가 opinion on a dissertation; ~ **üzərində işləmək** *fe.* 논문을 위해 수고하다 work on a dissertation; **~nın nüsxəsini kitabxanaya vermək** *fe.* 학위 사본을 도서관에 제출하다 deposit a copy of the dissertation in the library; ~ **müdafiə gününü tə'yin etmək** *fe.* 논문 변론을 위한 계획을 세우다 fix the schedule for the defense of the dissertation

dissimilyasiya *i.* (감정을) 감춤; 시치미 뗌; 위선; (정신의학) 질환(疾患) 은폐 dissimulation

distansiya *i.* 거리, 간격 distance

distillə *i.* 증류(법); 추출된 것, 증류수, 정화, 정수(精粹), 순화 distillation, cleaning, purifying ○ **təmizləmə, saflaşdırma**; ~ **etmək** *fe.* 증류하다 distil; ~ **edilmiş** *si.* 증류된 distilled; ~ **edilmiş su** *i.* 증류수 distilled water

diş *i.* ① 이, 치아 tooth; ② 기어, 바퀴의 톱니 gear, tooth (of wheel/saw); ③ (과일, 마늘 등) 한 쪽 slice, portion, clove (of fruit, garlic *etc.*); ③ (성의) 총안(銃眼)과 총안 사이의 벽 부분 merlon, battlement (cliff); ~ **ağrısı** *i.* 치통 toothache; ~ **çəkmək** *fe.* 이를 뽑다, 발치하다 extract a tooth; ~ **əti** *i.* 잇몸, 치은(齒齦) gums; ~ **fırçası** *i.* 칫솔 tooth brush; ~ **həkimi** *i.* 치과의사 dentist; ~ **pastası** *i.* 치약 tooth-paste; ~ **samitləri** *i. dil.* 치음(齒音) dental consonants; ~ **texniki** *i.* 치기공사 dental mechanic; ~ **tozu** *i.* 치분, 가루 치약 tooth-powder; ~ **yarası** *i.* 물린 자국, 이로 인한 상처, 물림 bite; **~ə qapaq taxmaq/qoymaq** *fe.* 이를 덧씌우다 crown a tooth; **~i düşmək** *fe.* 이가 빠지다 fall out; **~i müalicə etdirmək** *fe.* 치아 치료를 받다 have dental treatment; **~inə plomb qoymaq** *fe.* 치아를 때우다 fill one's tooth; **~in dibi** *i.* 치근(齒根) the root of a tooth; **~ini taqqıldatmaq** *fe.* 이를 딱딱 부딪치다 click one's teeth; **~lərini qıcırtmaq** *fe.* 이를 갈다 grind one's teeth; **~lərini qıcamaq** *fe.* 이를 뿌드득 갈다 grit one's teeth; **~lərini sıxmaq** *fe.* 치아를 고정하다 clench one's teeth; **~lərini xırçıldatmaq** *fe.* 치아를 갈다 grind one's teeth; **~li çarx** *i.* 기어, 톱니 바퀴 gear; **ağıl ~i** *i.* 사랑니 wisdom tooth; **azı ~lər** *i.* 어금니, 대구치(大臼齒) molars; **laxlayan** ~ *i.* 이가 뜨다 loose tooth; **qoyma** ~ **lər** *i.* 의치(義齒) false teeth; **süd ~i** *i.* 젖니, 유치(乳齒) milk tooth, first tooth; **sün'i/taxma** ~ *i.* 인조 치아, 의치 false/artificial tooth; **təbii ~lər** *i.* 자연 치아 natural teeth; **yan/köpək ~lər** *i.* 송곳니 canine teeth

dişbatan *si.* ① 먹을 수 있는, 식용에 적합한, 식용의 eatable, edible; ② *fig.* 상처를 입기 쉬운; 비난(공격) 받기 쉬운, 약점이 있는 vulnerable, sensitive to injury or criticism

dişbatmaz *si.* ① 먹을 수 없는, 거친 tough, not eatable; ② 거부할 수 없는, 당연한, 무적의, 정복할 수 없는 irresistible, invincible

dişçöpü *i.* 이쑤시개 toothpick

dişdək ☞ **dişlək**

dişdək-dişdək ☞ **dişlək-dişlək**

dişdəm *i.* 한 번 꼬집기(자르기, 물기); 작은 조각 nip; ~ **götürmək** *fe.* (집게발 따위가) 물다, 집다, 꼬집다; (개 등이) 물다 nip

diş-diş *si.* 이가 있는, 톱니가 있는, 이 모양의, 들쭉날쭉한 toothed, cogged, dental, jagged, indented ○ **kərtik-kərtik**; ~ **təkər** *i.* 톱니 바퀴 cogwheel

dişəbənzər *si.* 이 모양의 tooth shaped

dişək *i.* 요철, 새김 눈, 자른 자리, 들쭉날쭉함 notch, nick, jag, indent ○ **oyuq, çıxıntı**
dişək-dişək ☞ **dişəkli**
dişəkli *si.* 새김 눈이 있는, 벤 자국이 있는 notched, nicked, jagged, indented
dişələmək *fe.* 금을 내다, 눈금을 새기다, 톱니 모양을 내다 notch, nick, jag, indent
dişəmək ☞ **disələmək**
dişərmə *i.* 알을 품음, 부화(孵化) hatching, incubation
dişərmək *fe.* 부화하다, 알을 깨다 hatch, incubate; ○ **cücərmək, çıxmaq**
dişərti *i.* 병아리 chick, young ○ **cücərti**
dişi *i.* 여성의, 여자의, 부인의, 여자다운; 암컷의 female ● **erkək**; ~ **it** *i.* 창녀 bitch; ~ **keçi** *i.* 암염소 she-goat
dişicik *i. bot.* 암술 (cf. stamen); 암술의 무리 pistil ● **erkəkcik**
dişicikli *si.* 암술이 있는 with pistil
dişiciksiz *si.* 암술이 없는 without pistil
dişqurdalayan *i.* 이쑤시개, 치실 toothpick
dişlə *i.* 장대, 막대, 들보 pole, beam
dişlək *i.* ① 깨묾, 묾 bite; ② (곤충) 쏨 sting (of insect)
dişlək-dişlək *z.* 야금야금, 여기 저기 깨물어서 bite by bite; ~ **etmək** *fe.* 온통 깨물다, 여기저기 쏘다 bite all over, sting all over; ~ **olmaq** *fe.* 깨물리다, 쏘이다 be bitten all over, be stung all over
dişləmə *si.* 쓰디 쓴 (차) bitter ○ **acı (çay)** ● **şirin**; ~ **çay** *i.* 쓴 차 bitter tea
dişlə|mək *fe.* ① 물다, 쏘다, 깨물다 bite, sting ○ **sancmaq, çalmaq, vurmaq**; **~yib qoparmaq** *fe.* 물어 뜯다 bite off; ***İşləməyən dişləməz.*** (*proverb.*) *일하지 않는 자는 먹지도 말라. No pains, no gains.* ② 이로 끊다, 이빨로 자르다 cut with teeth ○ **kəsmək**
dişlənmək *fe.* 물리다, 쏘이다 be bitten, be stung
dişli *si.* ① 이를 가진 toothed; ② 이 모양을 한 cogged, toothed
dişlilik *i.* 유창 volubility
dişsiz I. *si.* ① 이가 없는 toothless; ② *zoo.* 빈치류(貧齒類)의 (개미핥기, 아르마딜로, 나무늘보 등) edentate; ③ 약한, 무력한 weak, feeble, insipid; ~ **adam** *i. col.* 이가 없는 사람 edentate; II. *z.* 김빠지게, 무미건조하게, 무력하게 insipid, feebly, weakly
dişsizlik *i.* 이가 없음 toothlessness
div *i.* ① 도깨비, 괴물 ogre; ② *fig.* 귀신 같은 사람, 괴물 같은 사람 giant, monster (man)
divan[1] *i.* 침대 겸용 안락의자, 디반, 안락의자, 긴 의자 couch, sofa, divan ○ **taxt**
divan[2] *i. arx.* 법정, 사법, 재판 law-court, justice ○ **məhkəmə, tribunal**; ~ **tutmaq** *fe.* 앙갚음하다, 보복하다 inflict reprisals, deal; *col.* 엄하게 다루다 make short work, give short shrift, punish sternly
divan[3] *i.* (한 시인의) 작품집(특히 아라비아, 페르시아의); (이슬람법(法)에서) 회계부 divan (selected poems of a poet) ○ **külliyyat, məcmuə**
divanə I. *i.* ① 미치광이, 미친 사람 madman, maniac; ② 애호가 man in love; II. *si.* ① 분별없는 네 발로 기다 는, 무모한, 미친 reckless, mad, insane ○ **dəli** ● **ağıllı**; ② 사랑에 빠진, 사랑에 미친 in love, enamored
divanələnmək *fe.* 미치다, 실성하다 be insane, be mad ● **ağıllanmaq**
divanələşmək *fe.* 미쳐가다, 실성하다 go mad, become insane ○ **dəliləşmək**
divanəlik *i.* ① 무모함, 어리석음, 무감각함 folly, madness, senselessness 미치광이 삶을 살다, 사랑에 빠져 살다 ○ **dəlilik** ● **ağıllılıq**; ② 사랑에 빠짐 being in love; ~ **etmək** *fe.* lead the life of a madman; be in love
divanxana *i.* 법정, 재판정 law-court, courtroom
divan-çarpayı *i.* 접혀지는 침대 의자 folding divan
divar *i.* ① 벽, 담, 외벽, 내벽 wall ○ **hörük**; ② 경계 border ○ **sədd**; ③ 담장 fence; ~ **kağızı** *i.* 벽지 wallpaper; ~ **saatı** *i.* 벽시계 clock; ~ **qəzeti** *i.* 벽보 신문 wall newspaper; ~ **naqqaşlığı** *i.* mural painting 벽화; **~a dirəmək** *fe.* 구석으로 내몰다, 어려움에 빠뜨리다, 궁지에 몰다 drive drive *smb.* into a corner; **dörd ~ arasında** *z.* 사방 벽으로 둘러 싸인 within four walls; **~a dırmaşmaq** *fe.* 격분시키다, 제 정신을 잃고 흥분하다 climb the wall; be beside oneself, go into a frenzy; ***Divarın da qulağı var.*** *낮말은 새가 듣고 밤 말은 쥐가 듣는다. Walls have ears.*
divarkağızlayan *i.* 도배자, 벽지 바르는 사람 upholsterer

diversant ☞ **təxribatçı**
diversiya *i.* 전환, 다른 데로 돌리기, 견제, 양동작전 diversion ○ **təxribat**
diviziya *i.* 사단, 분함대, 사단 division
diyar *i.* 나라, 땅 country, land; **doğma ~** *i.* 모국 native land; **bizim ~da** *z.* 우리 쪽에서는 in our part
diyar-diyar/diyarbədiyar *z.* 나라마다 from country to country
diyarşünas *i.* 지역 민족지학자, 기술적 인종학자 regional ethnographer, local lore student
diyarşünaslıq *i.* 지역 전승 연구 regional ethnography, study of local lore
diyircək *i.* ① 보행기 baby-walker ○ **yüyürək**; ② 롤러, 녹로(轆轤) roller; ③ 롤러 스케이트 roller skate; ③ 베어링 bearing
diyircəkli *si.* 롤러가 있는, 바퀴가 달린 having rollers ○ **təkərli**; **~ yastıq** *i. tech.* 롤러베어링 roller bearing
diyirlədilmək *fe.* 굴리다, 굴려 지다 be rolled
diyirləmək *fe.* 구르다 roll ○ **yuvarlamaq**; **çəlləyi ~** *fe.* roll the barrel 통을 굴리다
diyirləndirmək *fe.* 굴리게 하다 ask drive *smb.* to roll
diyirlənmək *fe.* 구르다, 굴러 가다 roll, wheel
diyirlətmək ☞ **diyirləndirmək**
diz *i.* knee, lap 무릎; **~ çökmək** *fe.* 무릎을 꿇다 kneel; **~ çökdürmək** *fe.* 무릎을 꿇리다 bring a person to his knee; **~i üstə** *z.* 무릎을 꿇고 on the knees, kneeling; **~inə döymək** *fe.* 무릎을 치다, 심각하게 통회하다, 후회하다 repent bitterly; **~ qapağı** *i. ana.* 슬개골, 종지뼈; 무릎받이 (무릎 보호용) knee-cap, kneepan, patella; **~ oynağı** *i.* 무릎 관절 knee joint; **~ bədiz, ~-~ə** *z.* 얼굴을 맞대고, 무릎을 맞대고 face to face, knee by knee, privately; **~ oturmaq** *fe.* 무릎을 맞대고 앉다 sit knee by knee
dizel *i.* 디젤, 경유 diesel
dizenteriya *i. tib.* 이질, 적리; (구어) 설사병 dysentery
dizin-dizin *z.* 네발로, 사지로 on all four; **~ sürünmək** *fe.* crawl on all four
dizləmək *fe.* 무릎을 꿇다, 무릎으로 치다 knee, hit with the knee
dizlik *i.* 반바지, 속 바지 breeches, pants, underpants
dodağıqalın *si.* 두툼한 입술을 가진 thick-lipped
dodağıyoğun ☞ **dodağıqalın**
dodaq *i.* 입술, 입 (말하는 기관으로서)lip; **alt/üst ~** *i.* 윗/아래 입술 lower/upper lip; **~ büzmək** *fe.* 입술을 비죽거리다 (경멸·불쾌·냉소의 표정) curl one's lips; **~ boyası/pomadası** *i.* 립스틱, 입술 연지 ipstick; **~ samiti** *i. dil.* 순음(脣音) labial consonant; **~ altdan gülmək** *fe.* (구어) 가만히 (뒷전에서) 웃다, 득의의 미소를 짓다 laugh in one's sleeve; **~ğını dişləmək** *fe.* 노염(고통, 웃음)을 참다 bite one's lips; **~ğını sallamaq** *fe.* 실쭉거리다, 골나다, 부루퉁해지다 be sulky, be in the sulk; **~larını marçıldatmaq** *fe.* 쩝쩝 입맛을 다시다 make a smacking sound with one's lips; **~ları qaçmaq** *fe.* 미소짓다 smile; **~ altı** *z.* 낮은 목소리로 under lips, in low voice; **~altı danışmaq** *fe.* 속삭이다, 소곤 거리다 mutter; **~ zümzümə etmək** *fe.* 흥얼거리다, 콧노래를 부르다 hum, sing in a low voice, hum a song; **~ba~** *z.* a) 넘칠 정도로 brimfully; b) 입술끼리 lips to lips; **stəkanı ~ doldurmaq** *fe.* a) 잔이 넘치도록 채우다 fill a glass brimfully; **~dodağa öpüşmək** *fe.* 입술로 뽀뽀하다 kiss lips to lips; **~ dəyməz** *i.* (사랑의 시 중 하나) a kind of aşıq poem without using lips; **~-~ğa** *z.* 입술끼리, 입술로 lips to lips
dodaqlama *z.* 넘칠 정도로, 가득히 brimfully; **~ doldurmaq** *fe.* 가득 채우다 fill brimfully
dodaqlanan *si. dil.* 순음화한, 원순(圓脣)의 labialized, rounded; **~ samitlər** *i. dil.* 순음(脣音) labialized consonants
dodaqlanma *i. dil.* 순음화 labialization
dodaqlanmaq *fe. dil.* 순음화되다 labialize, be labialized
dodaqlanmayan *si.* 순음화되지 않는 inlabial
dodaqlı *si.* 두툼한 입술의 with thick lips, thick-lipped
dodaqlıq *i.* 마우스피스 (악기의 입에 대는 부분) mouth piece (of instrument) ○ **ağızlıq**
dodaqucu *si.* 내키지 않는, 꺼리는, 망설이는 reluctant, unwilling, hesitant ○ **ürəksiz, könülsüz, həvəssiz**
dodaqvarı *si.* 입술 모양의 lip-shaped
doğan *si.* ① *zoo.* 태생의; 모체 발아의 viviparous; **~ balıq** *i.* 모체 생 어류 viviparous fish; ② 생산

가능한, 출산 연령의 able to give birth; ~ **qadın** *i.* 가임 여성 woman in childbirth

doğanaq *i.* (줄을 매기 위한 나무) 갈고리 hook (wooden for fastening rope)

doğar *si.* 다산의 풍요한, 비옥한 fecund, productive; ~ **qoyun** *i.* 암양 ewe; ~ **donuz** *i.* 암돼지 sow

doğma I. *si.* ① 토속의, 고유의 one's own; ② 고향의, 출신지의 native, home ● **yad, ögey**; ③ 가까운, 사랑하는, 아끼는 intimate, beloved ○ **yaxın, əziz, sevimli, mehriban**; ~ **torpaq** *i.* 고향, 모국 native land; II. *i.* ① 출산, 분만, 해산 birth, childbirth, delivery, childbed; ② 태양의 떠오름 rise (sun); ~ **atam** *i.* 친 아버지 my own father; **vaxtından əvvəl** ~ *i.* 조산 premature birth; ~ **qardaş** *i.* 친형 one's own brother; ~ **dil** *i.* 모국어 native tongue

doğ|maq *fe.* ① 새끼를 낳다, 아이를 낳다 give birth; foal (horse); lamb (sheep); calve (cow), fawn (deer); kitten (cat); farrow (pig) ○ **balalamaq, küçükləmək**; ② 떠오르다 (태양, 달), 나타나다 appear, *fig.* give rise, rise (sun, moon) ○ **çıxmaq, görünmək** ● **batmaq**; ③ 발원하다, 시작하다, 근원이 되다 originate ○ **törəmək**; **~ura bilən** *si.* 임신 가능한 fraught, pregnant; **~ub-törəmək** *fe.* 기원(起源)하다 give birth; *bio.* 번식시키다, 늘(불)리다 propagate; **~ub-törəməz** *si.* 불모의, 임신을 못하는, 생식력이 없는 barren, sterile, infertile; **~ub-törəməzlik** *i.* 불모, 생식불능, 불임(증) barrenness, sterility, infertility; **~ub-törətmək** *fe.* a) 세상에 태어나게 하다, 생산하다 give birth, bring into world; b) 자손을 보다 procreate, produce, engender

doğmalaşmaq *fe.* 익숙해지다, 친숙해지다 be familiar, get used to ● **yadlaşmaq**

doğmalıq *i.* 출생, 탄생, 혈연, 친족, 인척관계 nativity, kindred, kinship, relationship ● **yadlıq**

doğrama *i.* 조각조각 자르다, 찍어 자르다 chop

doğramaq *fe.* ① 작은 덩어리로 자르다, 나누다 fell, chop, hew, stump ○ **parçalamaq**; ② 고기를 갈다 mince (meat); ③ 베다, 난도질하다 cut, sabre, slash ○ **kəsmək, ayırmaq**; ④ 톱으로 썰다 saw; ⑤ 빻다, 부수다, 가루로 만들다 crumble; ⑥ 얇게 썰다 slice, cut into pieces; **çörək** ~ *fe.* 빵을 부수다, 가루로 만들다 crumble bread

doğramac *i.* 음식 이름 (요구르트에 야채를 썰어 넣어 만든) food (made of sour milk and greens)

doğram-doğram *z.* 조각조각으로, 잘게 잘게 quite broken, in pieces; ~ **etmək** *fe.* 잘게 잘게 썰다 cut/shop into pieces

doğranılmaq *fe.* 잘게 썰리다 be chopped/sliced into pieces

doğranmaq *fe.* ① 조각조각 나뉘다, 작게 잘리다 be broken into pieces, be cut up; ② 잘려 넘어지다 be hewed down; ③ 잘게 갈리다 be minced (meat); ④ 톱질을 당해 넘어지다 be sawn (with saw); ⑤ 잘게 부숴지다 be crumbled, be sliced

doğrantı *i.* (잘게 부숴진) 조각들 pieces, chips, chops ○ **qırıntı**

doğru I. *i. si.* ① 바른, 옳은, 똑바른 right, direct, straight forward ○ **düzgün, dürüst** ● **əyri**; ~ **qərar** *i.* 옳은/바른 결정 true/right decision; **yeganə** ~ **yol** *i.* 올바른 오직 한 길 the only true way; ② 정직한, 진실한, 참된 honest, faithful, earnest, inward ○ **təmiz, saf, namuslu, sədaqətli**; ③ 진리의, 참된 true, truthful ○ **həqiqi, səhih, gerçək, mö'təbər, e'tibarlı** ● **yalan**; **daha ~su** *z.* 보다 정확하게 말해서 to be more exact; ④ 옳은, 정확한 correct, exact ○ **səhvsiz, xətasız, düzgün** ● **yanlış**; II. *z.* 참으로, 진실로, 옳게 rightly, truly, correctly; ~ **danışmaq** *fe.* 진실을 말하다 speak true; ~ **çıxmaq** *fe.* 옳게 드러나다, 실현되다 come true, prove to be true; III. *qo.* ~향하여, ~쪽으로 toward, towards ○ **tərəf, sarı**; **şəhərə** ~ *z.* 시내쪽으로 toward the city; ~ **olaraq** *z.* 참으로 truly; ~ **olmaq** *fe.* 참되다 come true; ~ **yoldan azdırmaq** *fe.* 꾀다, 유혹하다 tempt; **evə** ~ *z.* 집으로 homewards

doğruca *z.* 진실로, 참으로 truthfully

doğruçu *si.* 올바른, 똑바른, 진실한 upright, truthful ● **yalançı**

doğruçuluq *i.* 정직, 신뢰, 진실성 truthfulness, uprightness, honesty ● **yalançılıq**; *Doğruçuluq ən yaxşı siyasətdir. 정직이 최상의 정책이다. Honesty is the best policy.*

doğrudan *ms.* 참으로, 진실로, 실제로, 확실히 indeed, really, verily ○ **həqiqətən, gerçəkdən, əslində**; *Doğrudan? 정말로? Really?*

doğrudanda *z.* 참으로, 진실로 indeed

doğrudan-doğruya ☞ doğrudan

D

doğru-düzgün *si.* 옳은, 참된, 올바른 right, true, upright

doğrulmaq *fe.* ① 정당화되다, 확증되다 justify oneself, be confirmed ○ **düzəlmək, dikəlmək, durmaq, qalxmaq**; ② 옳게 판명 나다, 옳은 것으로 드러나다 come true, turn out true ○ **gerçəkləşmək, reallaşmaq**; ***Şayiələr doğrulur.*** *소문은 진실로 판명 났다. The rumors are confirmed.*

doğrultmaq *fe.* ① 정당화하다 justify; **ümidi ~** *fe.* 소망을 정당화하다 justify hope; **e'timadını ~** *fe.* 확신을 정당화하다 justify one's confidence; **özünü ~** *fe.* 자신을 정당화하다 justify oneself; ② 가치를 보증하다, 보증하다 prove its value, warrant; **özünü təcrübədə ~** *fe.* 실력으로 자신을 보증하다 demonstrate its value in practice; **xərcini ~** *fe.* 비용을 지불하다 pay the expenses; ***Nəzəriyyə özünü doğrultdu.*** *이론이 옳게 판명되었다. The theory proved to be correct.*

doğruluq *i.* ① 정직, 충직, 충성, 신실성 honesty, faithfulness, uprightness, loyalty, fidelity ○ **həqiqilik, düzlük, sədaqət, səmimiyyət** ● **əyrilik**; ② 실제적임; 실용성; 실용주의 practicality, truthfulness ○ **gerçəklik, səhihlik, düzgünlük** ● **yalan**; **~ğunu sübut etmək** *fe.* 정당함을 입증하다 vindicate

doğruluqsevən *si.* 정직한, 진실한, 올바른, 성실한 truthful, upright, veracious; **~ adam** *i.* 진실한 사람 truthful man

doğrusu *z.* 참으로, 진실로 truly, to tell the truth ○ **düzu**; ***Doğrusu, o həqiqi yoldur.*** *참으로 그는 참된 길이다. To tell the truth He is the true way.*

doğruyabənzər *si.* 매우 비슷한, 그럴 만한 likely, probable, very similar; **~ nəticə** *i.* 개연적인 결과, 예상되는 결과 probable result; **~ əhvalat** *i.* 비슷한 얘기 a likely story

doğruyaoxşar ☞ **doğruyabənzər**

doğu *i.* 동쪽 the East

doğul|maq *fe.* ① 태어나다, 근원이 되다, 시작하다 be born, be originated ● **ölmək**; ② *fig.* 존재하게 되다 come into being/existence; **~duğu yer** *i.* 출신지 birthplace; **~duğu gün** *i.* 출생일 birthday; **kor ~maq** *fe.* 소경으로 태어나다 be born blind; **~ub-törənmək** *fe.* a) 많이 생산하다, 다산하다, 번식되다 be born in great number, be propagated; b) 많은 수가 되다 come into being/existence in great number

doğuluş *i.* 분만, 태생, 출산 delivery, birth

doğum *i.* 분만, 해산 childbirth, delivery ● **ölüm**; **~ evi** *i.* 산과 병원 maternity hospital; **~ şö'bəsi** *i.* 분만 실 delivery room; **~ günü** *i.* 생일 birthday; **~ yeri** *i.* 출생지 birthplace; **~ gecəsi** *i.* 생일 밤 birth night; **~ tarixi** *i.* 생년월일 date of birth

doğurmaq *fe.* (감정 따위) 일으키다, 자극하다, 흥분시키다, 일깨우다 provoke, give rise, stir up, excite, rouse, arouse; **qəzəb/hirs/nifrət/maraq ~** *fe.* (분노, 신경, 증오, 흥미) 일으키다, 유발하다 stir up anger/nerve/hate/curiosity; **şübhə ~** *fe.* 의심을 일으키다 give rise to doubt, raise doubt; **həyəcan ~** *fe.* 공포를 유발하다 cause alarm; **qibtə/paxıllıq ~** *fe.* 시샘을 유발하다 raise envy; **narahatlıq ~** *fe.* 불안을 유발하다 give rise to anxiety; ② 만들다, 창조하다 create, cause, make; **təəssürat ~** *fe.* 인상을 남기다, 영향을 미치다 make an impression, have an effect; **sensasiya ~** *fe.* 물의를 일으키다 make a sensation

doğuş *i.* ① 해산, 분만, 출산 birth, delivery, childbirth; **asan ~** *i.* 순산(順産) easy delivery; **çətin ~** *i.* 난산(難産) difficult delivery; **vaxtından əvvəl ~** *i.* 조산 premature birth; ② 뜸, 올라옴 rising; **günəşin ~u** *i.* 일출 sunrise ● **ölüm**

doxsan *say.* 아흔, 구십 ninety; **~ıncı** *numb.* 아흔 번째 ninetieth; **~ yaşlı** *si.* 아흔 살의, 아흔 살 먹은 of ninety-year, of ninety years old

dok *i.* 독, 선거(船渠), 선창, 선착장; 조선소 dock

doktor *i.* ① 의사 doctor, physician; ② 박사; 의학 박사(略: D., Dr.); 박사 칭호 doctor (of degree); **filologiya elmləri ~u** *i.* 언어학 박사 doctor of philology

doktorant *i.* 박사학위 과정 대학원 생 person working for doctor's degree

doktorluq *i.* ① 의사직(분) profession of doctor; ② 박사 학위 state of being a doctor, doctoral; **~ dərəcəsi** *i.* 박사학위; 학위 doctorate; **~ dissertasiyası** *i.* 박사학위 논문 doctoral dissertation

doktrina *i.* 독트린, 교의, 교리; 주의, 신조; 공식 외교 정책 doctrine, teaching, tenet

doqqaz *i.* (마을의) 작은 길, 골목길 path, narrow way (in the village)

doqquz *say.* 아홉, 구(9) nine; **~ dəfə/qat** *z.* 아홉 겹 nine fold; **~ aylıq** *si.* 9개월의, 아홉 달의 nine-month, of nine months; **~ca** *numb.* 아홉만큼의 just nine; **~-~** *z.* 한번에 아홉씩 nine at a time; **~ günluk** *si.* 9일의 nine-day, of nine days; **~ illik** *si.* 9년의, 아홉 해의 nine-year, of nine years; **~luq** *i.* 아홉의, 아홉 사람의 (차, 자리 등) *smt.* of nine; **~ ürək** *i.* (카드 게임의) 9하트를 가진 the nine of the hearts (in card game); **~ mərtəbə** *si.* 9층의 of nine-storeyed; **~ rəqəmli** *si.* 아홉 자릿수의 of nine digit; **~ sinifli** *si.* 9학년의 of nineth grade; **~uncu** *numb.* 아홉 번째의 ninth; **~ yaşlı** *si.* 9살 먹은 nine year old

doqma *i.* 도그마, 교의, 교리; 교조, 신조; 독단적 주장; 정설(定說), 정리 dogma, tenet ○ **hökm, müddəa, ehkam**

doqmat *i.* 도그마, 교의, 교리 dogma, doctrine ○ **ehkam**

doqmatizm *i. fəl.* 독단(론); 독단주의; 독단적인 태도; 교조(教條)주의 dogmatism ○ **ehkamçılıq**

doqmatik *si. fəl.* 독단적인; 고압적인; 독단주의; 교의의, 교리의 dogmatic

doqmatiklik *i.* 독단론, 독단주의 dogmatism; ○ **ehkamlıq**

dol *i.* ① 가죽 부대; 가죽 물통 leather bucket; ② *ast.* 물병자리(the Water Bearer); 보병궁(寶瓶宮) Aquarius, water-carrier

dolab[1] *i.* 붙박이 장, 붙박이 찬장 cabinet, built in closet, built in cupboard ○ **şkaf**

dolab[2] *i.* 사악함, 교활함, 불의함 wickedness, cunning ○ **kələk, hiylə, fənd**; **~ qurmaq** *fe.* 사악한 일을 꾸미다 set up wicked thing; **~ gəlmək** *fe.* 속이다; 속여서 빼앗다; 속여서 …하게 하다 cheat, trick; **~a düşmək** *fe.* 속다, 사기에 걸리다 fall into trap, be cheated

dolabca *i.* 작은 찬장 small built in cupboard

dolaq *i.* ① 각반; 가죽 각반 puttees, foot-cloth ○ **patava, sarğı**; ② 감기, 감음, 감아 들이기, 감아 올리기 winding

dolaqçı *i.* 감는 사람(물건) winder

dolaqlamaq *fe.* 감다, 감아 싸다 wind; **ayaqlarını ~** *fe.* 발감개로 발을 감다 wind round one's feet with foot-binding

dolaqlanmaq *fe.* (스스로) 발싸개로 감다 be wound, be wound round

dolaqlı *si.* 각반을 한, 각반으로 감은 wound, with foot-cloth, with puttees

dolaqlıq *i.* 발감개로 적절한 (천, 가죽) cloth for puttees/foot-binding ○ **patavalıq, sarıqlıq**

dolaqsız *si.* 각반이 없는, 각반을 감지 않은 without foot bindings; without puttees

dolama I. *i. tib.* 표저(瘭疽) whitlow; II. *si.* ① 꼬불꼬불한, 감겨지는, 감겨 있는, 감겨 붙는, 꼬여지는 winding, twining ○ **dolanbac, əyri-üyrü**; **~ cığır** *i.* 꼬불꼬불한 길 winding path; **~ pilləkan** *i.* 감아 올라가는 사닥다리 winding stairs; ② 나선형의, 소용돌이 형의 zigzag, bent, spiral ○ **buruq-buruq, vintvari**; ③ 우스개 짓, 장난 fooling, pulling drive *smb.*'s leg; **~ yol** *i.* 회로, 회선; 배선도 circuit

dolama- dolama *z.* 지그재그로, 갈지(之)자로 in a zigzag; **~ getmək** *fe.* 갈지(之)자로 걷다, 비틀비틀 걷다 go in a zigzag

dolamaq *fe.* ① 감다, 꼬다, 꾸부리다 wind, twine, spin ○ **sarımaq, bağlamaq**; **sapı ~** *fe.* 실을 감다 spin thread; **sapı tağalağa ~** *fe.* 실패에 실을 감다 wind thread on a reel; **qollarını boynuna ~** *fe.* ~의 목에 팔을 감다 twine arms on drive *smb.*'s neck; **dəsmalı boynuna ~** *fe.* 목에 타월을 두르다 wind towel round one's neck; ② 놀리다, 농락하다 fool, tease; **bir kəsi ~** *fe.* ~를 놀리다, ~를 농락하다 fool drive *smb.*, pull drive *smb.*'s leg; **barmağına ~** *fe.* 아무를 마음대로 (조종)하다 (가지고 놀다), 농락하다 twist/wind drive *smb.* round one's little finger, deceive, take in, cheat

dolanacaq *i.* ① 삶, 삶의 방편 life, way of living ○ **yaşayış, həyat, güzəran**; ***Dolanacaq yoxdur.*** *살기가 어렵다. Life is impossible.*; ② 생존; 현존, 존재; 생활, 호구지책, 생계 subsistence, living, existence ○ **vəsait, mənbə**; **~ qazanmaq** *fe.* 호구지책을 마련하다 earn a living

dolanbac I. *i.* 미궁(迷宮); 미로 labyrinth, maze; II. *si.* ① 비비 꼬인, 굽이굽이 감겨진 zigzag, winding ○ **dolaşıq, əyri-üyrü** ● **düz**; ② 간접적인, 우원하고 번거로운 indirect, roundabout ○ **dolanma, bilavasitə**

dolanbacı *z.* 뱅뱅 돌려서, 간접적으로 in a roundabout way, windingly

dolanbaclı *si.* ① 휘감긴, 비비 꼬인 igzag, wi-

D

nding; ② 간접적인 indirect, devious

dolandırılmaq *fe.* 감겨지다, 돌려지다, 꼬여지다 be turned, be rotated; ② 보살펴지다, 살도록 도움을 주다 be taken care of, be supported to live

dolandırmaq *fe.* ① 돌리다, 돌아 가게 하다 turn, wheel round, rotate; ② 보살피다, 삶의 필요를 채워주다 take care, support to live, provide drive *smb.* with money to live on, give food; ③ 가까스로 살다 manage; **başını** ~ *fe.* 근근이 살다, 되는 대로 살다 live anyhow/haphazardly, make both ends meet

dolanışıq ☞ **dolanacaq**

dolanma *i.* ① 삶, 살아감 life, living; ② 돌림, 회전, 감기 rotation, revolution, spinning

dolanmaq *fe.* ① 돌리다, 회전하다, 감기다 urn, revolve, rotate ○ **dönmək**, **çevrilmək**, **dəyişmək**; ② 감다 reel ○ **fırlanmaq**, **hərlənmək**; ③ 빈둥거리다, 어슬렁거리다 loiter about ○ **gəzmək**, **dolaşmaq**; ③ 싸다, 꾸리다 wrap, pack ○ **sarılmaq**, **bağlanmaq**; ④ 방해하다, 막다 hinder, block ⑤ilişmək, dolaşmaq; ⑥ 살아가다, 생활해 가다, 존속해 가다 subsist, revive ○ canlanmaq; ⑦ 살다, 존재하다 live, exist ○ yaşamaq; işsiz ~ *fe.* 일없이 빈둥거리다 loiter one's time about

dolaşa *i. zoo.* 갈가마귀(울음소리가 야단스러움; 유럽산) daw, jackdaw

dolaşdırılmaq *fe.* ① 엉키다, 흐트러지다 (실, 끈, 줄 등) be entangled/matted (thread, rope); ② (사건, 사고) 뒤엉키다, 복잡하게 꼬이다 be mixed up, become entangled, be interlaced/interweaved (happening, accident *etc.*); ③ 연루되다, 관련되다 be drawn/involved

dolaşdırmaq *fe.* ① 복잡하게 하다, 혼란시키다, 뒤섞어 놓다, 휘저어 놓다 tangle, muddle up, entangle, mat, mix up; **saçı** ~ *fe.* 머리가 헝클어지다 tangle hair; ② 함축하다, 포함시키다, 혼란시키다, 당혹하게 하다 implicate, involve, confuse, puzzle, complicate; **məsələləri** ~ *fe.* 문제를 꼬이게 하다, 복잡하게 하다, 일을 어렵게 만들다 complicate matters, muddle a business, make a mess of a business, get things into a muddle

dolaşıq I. *i.* 혼동, 난잡, 어리둥절함, 엉킴, 뒤죽박죽 confusion, muddle, tangle, mess, jumble, mish-mash; II. *si.* ① 복잡한, 까다로운; 번거로운, 알기 어려운, 헝클어진, 엉킨 complicated, matted, tangled ○ **pırtlaşıq** ● **aydın**; ~ **arqument** *i.* 뒤죽박죽한 논쟁, 두서 없는 논쟁 tangled argument; ~ **hesabat** *i.* 혼동된 결산 confused report; ~ **saç** *i.* 헝클어진 머리카락 tangled/matted hair; ~ **düyün** *i.* 뒤엉킨 매듭 tangled knot; ② *fig.* 혹 투성이의, 얽히고 설킨, 뒤섞인 knotty, intricate ○ **qarışıq**, **mürəkkəb**; ~ **məsələ** *i.* 얽힌 문제 knotty/intricate question 뒤; ③ 구부러진, 꼬여진 crooked, distorted ○ **əyri-üyrü**; III. *z.* 헷갈리게, 혼동되게, 뒤얽히게, 복잡하게 confusedly, confusingly, intricately, complicatedly

dolaşıqlı *si.* ① 구부러진, 휘어진 bent, curved ○ **əyri-üyrü**; ② 복잡한, 꼬인 complicated; ○ **mürəkkəb**, **qarışıq** ● **aydın**

dolaşıqlıq *i.* ① 뒤섞임, 뒤엉킴, 뒤죽박죽함 muddle, tangle ○ **əyri-üyrülük**, **dolanbaclıq**; ② 혼동, 복잡, 착잡, 얽히고설킴 confusion, intricacy, mess, mix; ○ **mürəkkəblik**, **çətinlik** ● **aydınlıq**

dolaşmaq *fe.* ① 스스로 엉키다, 연루되다, 꼬이다 entangle oneself, get tangled ○ **sarılmaq**, **ilişmək** ● **açılmaq**; ② 돌아다니다, 걸어 다니다, 거닐다, 방랑하다 go around, walk about, roam, make a tour ○ **dolanmaq**, **gəzmək**; ③ 성나게 하다, 놀리다, 기분 상하게 하다 offend, hurt, tease ○ **sataşmaq**, **toxunmaq**, **öcəşmək**; ④ 걸려 넘어지다 get into trouble, stumble ○ **çaşmaq**, **karıxmaq**; **dili** ~ *fe.* 더듬다, 버벅거리다 stammer; **əl-ayağa** ~ *fe.* 방해하다 be in the way; ⑤ 퍼지다 spread ○ **yayılmaq**

dolay *i.* (해안, 계곡, 산 등)을 따라 난 작은 길, 꾸불꾸불한 길 path along coast line/valley/mountain ○ **yol**, **cığır**

dolayı *si.* 에움길의; 완곡한(말 따위), 우회하는, 멀리 도는; 방계의, 우회한, 꾸불꾸불한; 정도(正道)를 벗어난 roundabout, devious, indirect ○ **dolanbac** ● **birbaşa**; ~ **yol** *i.* 돌아가는 길, 우회하는 길 roundabout way; ~ **cavab** *i.* 완곡한 대답, 우회적인 대답 indirect answer; ~ **nəticə** *i.* 간접적인 결과, 부수적인 결과 indirect result; II. *z.* 돌려서, 완곡하게, 간접적으로 indirectly, in a roundabout way; ~ **getmək** *fe.* 돌아가다, 멀리 우회하다 go indirectly, take a roundabout way; ~ **eşitmək** *fe.* 간접적으로 듣다 hear indirectly; ~**silə** *z.* 간접적으로, 우회적으로 indirectly, deviously

dolça *i.* 항아리, 단지, 물통 can, jar

doldurma ① 채우기 filling; ② printed, fast-printed 인쇄된

doldurmaq *fe.* ① 싣다, 채우다 fill (in), load ○ **tökmək, yükləmək**; ② 채우다, 다른 것으로 메우다 stuff (chicken, fish, pillow *etc.*) ○ **bərkitmək, tıxmaq, basmaq**; ③ 충전하다, 장전하다 load, charge (electric, gun); **silahı** ~ *fe.* 장전하다 charge one's gun ○ **yığmaq, toplamaq**; ③ 이루다, 완수하다, 이행하다 fulfil, carry out ○ **ödəmək; planı** ~ *fe.* 계획을 이루다, 계획을 이행하다 fulfil the plan; ④ 싸다, 감싸다, 가리다 wrap, cloak ○ **yaymaq, tutmaq, çulğalamaq, bürümək**

doldurulmaq *fe.* ① 채워지다, 메워지다 be filled, be inflated; ② 메워지다 be stuffed; ③ 충전되다, 장전되다 be charged; ③ 완수되다 be fulfilled

dolğun I. *si.* ① 꽉 찬, 통통한, 뚱뚱한, 불룩한 full, stout, portly, corpulent, plump, complete ○ **kök, dolu, ətli, canlı** ● **arıq**; ② 부푼, 부은, 부어 오른 bubbled, swollen; ③ 억센, 튼튼한, 강건한 sturdy, robust ○ **iri, cüssəli, canlı, boylu-buxunlu**; ④ 강한, 활기찬, 기운찬, 팔팔한 strong, brisk ○ **gur, qüvvətli, güclü** ● **zəif**; ⑤ 익은, 성숙한, 완성된, 원숙한 matured, ripened ○ **yetkin**; ⑥ 내용이 알찬, 가치 있는, 내용이 풍부한 rich in content, full of value, substantial, solid, interesting ○ **mə'nalı, dərin, hərtərəfli**; ~ **kitab** *i.* 내용이 알찬 책, 흥미 있고 내용이 풍부한 책 substantial/solid/interesting book; II. *z.* 풍성하게, 풍부하게, 심오하게 substantially, profoundly, deeply, thoroughly, in detail; ~ **kömək etmək** *fe.* 넘치도록 돕다 help substantially

dolğunlaşdırmaq *fe.* 강건하게 하다, 풍부하게 하다 make more substantial/solid

dolğunlaşmaq *fe.* ① 뚱뚱하게 되다, 몸무게가 늘다, 살이 찌다 become full/plump, get stout, gain weight ○ **kökəlmək, ətlənmək**; ② 풍부하게 되다, 온전하게 되다, 실속이 들다 become substantial/solid, get substantial/solid ○ **yetkinləşmək, kamilləşmək**; ③ 성숙하게 되다, 성숙해지다 get matured

dolğunluq *i.* ① 뚱뚱함, 통통함 stoutness, plumpness ○ **köklük, doluluq**; ② 성숙 maturity; ③ 건장함, 활발함, 원기 왕성 sturdiness, briskness ○ **yetkinlik**; ④ 내용의 풍부함 richness in content, fullness ○ **mükəmməllik; hakimiyyət** ~**ğu** *i.* 권력의 팽배 fullness of power

dollar *i.* 달러 dollar (USA currency)

dolma *i.* 돌마 (포도의 연한 잎, 양배추, 피망 등에 속으로 고기를 싸고 쪄서 만든 아제르바이잔 전통 음식) goloubets (a kind of Azerbaijani food)

dol|maq *fe.* ① 차다, 채워지다 be filled, become full; ② 메워지다 enter, pack up ○ **girmək, tıxanmaq** ● **boşalmaq**; ③ 싸매지다, 가려워지다 cover ○ **bürümək, örtmək**; ④ 뚱뚱해지다 get fat ○ **kökəlmək, ətlənmək**; ⑤ 정교해지다 be delicate ○ **doluxsunmaq, kövrəlmək, tutulmaq**; ⑥ 이르다, 다다르다 (시간, 장소) reach ○ **girmək, çatmaq, yetmək**; ~**ub daşmaq** *fe.* 넘치다 overflow; **gözü qanla** ~ *fe.* 죄를 저지를 상태이다 be ready to commit crime

dolu[1] *i.* 우박 hail; ~ **yağmaq** *fe.* 우박이 내리다 hail

dolu[2] *si.* ① 뚱뚱한 full, plump, stout ○ **dolğun, ətli, canlı** ● **arıq**; ② 꽉 찬, 채워진, 가득한 full, filled, packed, crowded ○ **çox** ● **xali, yarımçıq**; ③ 장전된 (총) loaded (gun); ~ **olmaq** *fe.* 꽉 메워지다, 사람으로 가득하게 되다 be full/packed/crowded

dolubədən(li) *si.* 건장한, 단단한 stout, portly, plump

dolubədənlilik *i.* 건장함 stoutness, plumpness

doludöymə *i.* 우박 피해 damage done by hail

doluxa-doluxa *z.* 감격하여, with tears in eyes; being deeply moved

doluxmaq ☞ **doluxsunmaq**

doluxsunmaq *fe.* 감격하다, 곧 울 것 같다, (남의 감정에 대해) 이해심이 강하다, 감정이 섬세하다, 동정심이 크다 shed a few tears, be easy to cry, be fragile, be delicate ○ **ağlansınmaq, kövrəlmək, tutulmaq** ● **gülümsünmək**

doluqiymətli *si.* 값 비싼, 완전한 값의 of full value, valuable

doluluq *i.* ① 참, 충만, 풍부, 푸짐 fullness ○ **siləlik**; ② 충분, 완전; 충실; 풍부, 뚱뚱함, 비만 plentitude, completeness, stoutness ○ **köklük,**

D

dolğunluq

dolusu *qoş.* ~이 가득하게 –ful; **ağız~** *si.* 한입 가득, 한 입만큼의 mouthful; **ovuc~** *si.* 한 움큼의, 한 움큼만큼의 handful

doluşmaq *fe.* ① (집합적으로) 가득 채우다, 쏟아져 들어가다 become sunken, pour into, enter, hollow in a body ○ **girmək, tıxanmaq**; ② 더하다, 모으다 add, sum ○ **yığışmaq, toplaşmaq, cəmləşmək** ● **çıxmaq**

doluvurma *i.* 우박으로 인한 피해 damage done by hail

domba *si.* 현저한, 두드러진, 불룩 솟은, 돌출한 salient, protuberant, prominent ○ **dəbərə**

dombagöz *si.* 퉁방울눈의, 눈이 툭 불거진 lobster-eyed, goggle-eyed

dombalaq *i.* 재주 넘기, 공중제비 somersault; **~ aşmaq** *fe.* 재주를 넘다, 공중제비를 돌다 somersault, turn/throw a somersault ○ **mayallaq, aşırıq**

dombalan I. *i.* ① *bot.* 송로(松露)의 일종 (버섯의 일종으로 조미용) truffle; ② *tib.* 궤양; 종기, 농양(膿瘍)abscess, ulcer; II. *si.* 돌출한, 불룩 솟은, protuberant, protruding

dombalangöz *si.* lobster-eyed, goggle-eyed 퉁방울눈의, 눈이 툭 불거진

dombalıq *i.* salience, protuberance, prominence 돌출, 융기, 돌기 ○ **dəbərəlik, donqarlıq**

dombalmaq *fe.* ① stoop, bend down 몸을 꾸부리다(굽히다), 웅크리다, 새우등을 하다, 구부정히 하고 서다 ○ **əyilmək**; ② 부풀다, 부어오르다 become swollen, swell out ○ **köpmək, şişmək, qabarmaq**

dombaltmaq *fe.* ① 부어오르게 하다 stick out; **qarını ~** *fe.* 배가 부어오르다 stick out one's belly; ② 구부리다, 웅크리다 bend, crook, curve

dombul *si.* 토실한, 불룩한, 부푼 plump; **~ cücə** *i.* 통통한 닭, 살이 쪄 오른 닭 plump chicken; **balaca ~ əllər** *i.* 토실한 아이의 손 little plump hand

dominant I. *i.* 우세; 우세한 것 dominant; II. *si.* 우세한, 주도적인, 지배적인, 유력한 dominant, dominating; **~ ideya** *i.* 지배적인 생각, 주도적인 생각 dominant idea

dominantlıq *i.* 지배, 권세, 우월 domination

dominion ☞ **müstəmləkə**

domino *i.* 도미노 놀이(28매의 패로 하는 점수맞추기); 도미노 놀이에 쓰는 패(장방형의 나무·뼈·상아 따위로 된) dominoes

domkrat *i.* *tex.* 밀어 올리는 기계, 잭(나사 잭·수압 잭 따위) jack; **~la qaldırmaq** *fe.* jack up, lift up with jack 잭으로 들어 올리다

domna *i.* 용광로 blast-furnace; **~ sobası/peçi** *i.* blast-furnace 용광로

domnaçı *i.* blast-furnace operator 용광로 공, 용광로 조작자

domuşuq *si.* squirmed, timid, shriveled 머뭇머뭇하는, 소심한 ○ **büzüşük** ● **açıq**

don[1] *i.* clothing, dress, gown, frock 옷, 의상, 의복, 피복 ○ **paltar, libas, geyim**; **axşam ~u** *i.* evening dress 저녁 의상; **baharın yaşıl ~u** *i.* 봄의 연두색 의상 green dress of spring; **~a girmək** *fe.* ~인 체하다, 정체를 숨기다 pretend to be, put on a mask; ***Gözəllik ondur, doqquzu dondur.*** (*proverb.*) *옷이 날개다. 미의 대부분은 의상이다. The tailor makes the man.*

don[2] I. *i.* ① 서리, 얼어붙는 추위 frost ○ **şaxta**; ② 얼어 붙은 땅, 동토(凍土) icy-crushed ground, ice-covered ground; II. *si.* 얼어붙은, 언 frozen; **~ vurmuş** *si.* 언, 냉동된 rost-bitten; **Yollar dondur.** 길이 얼었다 Roads are frozen

donanma *i.* 함대, 선단, 선대 fleet, marine; **hərbi dəniz ~sı** *i.* 해군 navy; **dəniz ~sı** *i.* 해병 marine; **hava ~sı** *i.* 공군력 air force, air fleet; **çay ~sı** *i.* 내륙 운하 운행 inland water transport; **mülki ~** *i.* 상선, 무역선 merchant/merchandise marine; **~ zabiti** *i.* 해군 장교 naval officer

donanmaçı *i.* 수병, 선원, 뱃사람 seaman, sailor

dondurma I. *i.* 아이스크림 ice-cream; II. *si.* 어는, 몹시 추운 frost-biting, freezing; **~ şumu** *i.* *agr.* 추경(秋耕), 가을 갈이 autumn ploughing

dondurmaçı ☞ **dondurmasatan**

dondurmasatan *i.* 아이스크림 장수 ice cream vendor, ice cream man

dondurmaq *fe.* 냉장하다, 얼리다, 서늘하게 하다, 차게 하다, 얼다 freeze, refrigerate; **ət ~** *fe.* 고기를 냉장하다 freeze meat

dondurucu I. *i.* 냉장고, 냉동고 refrigerator; *si.* *col.* 냉각하는, 냉장하는 fridge, frig; II. refrigerating; **~ qurğu** *i.* 냉장공장 refrigerating plant; **~ avadanlıq** *i.* 냉장 장비 refrigerating equipment

dondurulmaq *fe.* 얼리다, 얼게 되다 be frozen/refrigerated
dondurulmuş *si.* 언, 냉장된 frozen, refrigerated; ~ **ərzaq** *i.* 냉동 음식 frozen food
donjuan *i.* 바람둥이 Don Juan, philanderer
donjuanlıq *i.* 난봉 philandering
donkixot *i.* 돈키호테, 돈키호테식의; 열광적인 Don Quixote, quixotic
donkixotluq *i.* 돈키호테적인 성격; 기사연(然)하는 (공상적인) 행동(생각) quixotism, quixotry
donqa *si.* 곱사등의, 꼽추의 hunch-backed, hump-backed ○ **qozbel**
donqaburun *si.* 매부리코의 hook-nosed
donqalmaq *fe.* 구부리다, 활 모양으로 구부리다, 곱사등이 되다 hunch, arch, be hunched back ○ **bükülmək**
donqalı *si.* 곱사등의, 꼽추의, 혹이 있는 humped, hunched, hump-backed ○ **bükülü**
donqar I. *i.* 곱사등이, 꼽추 hump, hunchback; II. *si.* 곱사등이의, 꼽추의 humped, hunch-backed ○ **qozbel** ● **şumal**
donqarbel ☞ **donqar**
donqarburun(lu) ☞ **donqaburun**
donqarlamaq *fe.* 구부리다, 굽히다 arch, hunch; **belini** ~ *fe.* 등을 구부리다 arch one's back; ***Pişik belini donqarladı.*** *고양이가 등을 구부렸다. The cat arched her back.*
donqarlanmaq *fe.* 허리가 굽다, 꼽추가 되다, 곱사등이 되다 become bent, stoop, become hunched
donqarlaşdırmaq ☞ **donqarlatmaq**
donqarlaşmaq ☞ **donqarlanmaq**
donqarlatmaq *fe.* 굽게 하다, 구부리게 하다 arch, bend, hunch
donqarlı *si.* 구부린, 구부정한 hunched, humped
donqarlıq *i.* 곱사등, 구부림 stoop, state of being hunched ○ **qozbellik**
donquldanma *i.* 중얼거림, 불평함, 투덜거림 muttering, mumbling, grumbling
donqulda(n)maq *fe.* ① 중얼거리다, 투덜거리다, 웅얼거리다 grumble, mutter, mumble; ② 투덜거리다, 버럭 소리를 지르다 growl, snarl ○ **deyinmək, mırtıldamaq** ● **susmaq**
donquldaşmaq *fe.* (집합적으로) 소리를 지르다, 투덜거리다 grumble together, growl together
donqultu *i.* 투덜거리는 소리, 중얼거리는 소리, 으르렁거리는 소리 grumble, mutter, growl, mumble ○ **deyinti**
donlu *si.* 옷을 걸친, 가운을 걸친, 옷을 입은 dressed in gown, having a dress on ○ **paltarlı, qiyafəli**
donluq¹ *i.* 옷감 a material for clothing ○ **paltarlıq**
donluq² *i.* 봉급, 수당 salary, rate of pay ○ **maaş, aylıq**
donma *i.* 결빙 freezing,; ~ **nöqtəs** *i.* (결)빙점 freezing point
don|maq *fe.* ① (공포로) 얼어붙다 freeze, become frozen, stand stock-still (with fear) ○ **soyumaq, buzlaşmaq** ● **ərimək**; ② 얼어 죽다, 얼어서 뻣뻣하게 되다 freeze to death, stiffen ○ **üşümək** ● **isinmək**; ③ 뻣뻣하게 되다 get stiff ● **açılmaq**; **~ub qalma** *i.* 마취, 무감각, 망연자실 stupefaction; **~ub qalmış** *si.* 무감각한 numb, rigid; **~ma nöqtəsi** *i.* 빙점 freezing point
donmuş *si.* ① 결빙된, 냉동의 frozen; ~ **ət** *i.* 냉동 고기 frozen meat; ② 뻣뻣한, 딱딱한, 굳은 stiff, numb, rigid
donor *i.* 헌혈자, 장기 기증자 (blood) donor
donos *i.* 비난 denunciation
donosçu *i.* 밀고자, 고자질쟁이 informer, sneak, a sneaky person
donsuz *si.* 옷을 입지 않은 without dress, having no dress
donuxmaq *fe.* ① 무감각하게 되다, 벙어리가 되다, 마비되다; become torpid/dumb, be struck ② 넋이 나가다, 멍하게 되다 lose one's wits, go out of one's mind; **təəccübdən** ~ *fe.* 놀라서 멍하게 되다, 넋이 나가다 grow dumb with surprise
donuq *si.* ① 냉동한, 굳힌 frozen, congealed ○ **tutqun, dumanlı**; ② 메마른, 둔감한, 멍한 (감정) numb, insensitive, dry (emotion) ○ **key, hissiz, duyğusuz, quru, ölgün**; ③ 꾸물거리는, 느린 sluggish ○ **hərəkətsiz**; ~ **baxış** *i.* 넋 나간 것처럼 보임 puzzled look; ~ **şagird** *i.* 아둔한 학생 dull pupil; ~ **rəng** *i.* 흐린 색, 광택이 없는 색 mat/dull colour
donuqlaşdırmaq *fe.* 얼게 하다, 얼리다, 흐리게 하다 make mat/dull
donuqlaşmaq *fe.* 굳히다, 얼다, 냉동되다 흐리

D

게 되다 become mat/dull

donuqluq *i.* ① 차가움, 냉혹, 언 상태 freeze, frozen condition ○ **soyuqluq**; **torpağın ~ğu** *i.* 땅의 언 상태 frozen condition of ground; ② 무기력, 침체, 흐리멍덩함, 흐릿함 dullness, dimness, wanness, languor ○ **hərəkətsizlik**; ③ 냉담, 무관심, 무감각 apathy ○ **süstlük**

donuz *i.* 돼지, 멧돼지, 식용돼지, 암퇘지, 숫퇘지 pig, swine; hog, sow; boar; **~ əti** *i.* 돼지 고기 pork; **~ axuru/damı** *i.* 돼지 우리, 더러운 집 sty; **~ basdırması** *i.* 베이컨 bacon; **~ budu** *i.* 햄 ham; **~ kimi xortuldamaq** *fe.* 꿀꿀거리다, 불평한 grunt

donuzabaxan *i.* 돼지 치는 사람 pig-breeder, pig-tender

donuzçu *i.* 돼지 치는 사람 pig-breeder, pig tender

donuzçuluq *i.* 돼지 키우기, 돼지 농원 pig-breeding

donuzluq *i.* ① 돼지 우리 pigsty, pigpen; ② *col.* 감옥 prison

donuzotaran *i.* 돼지치기 swine-herd

donuzsaxlayan *i.* 돼지 치는 사람 pig-tender

dopdoğru I. *si.* 아주 옳은 (강조형) quite correct, completely right; II. *z.* 아주 옳게, 지당하게 quite truly, completely truly

dopdolu *si.* 아주 꽉 찬, 메어 터지도록 가득한 extremely full, chock-full, completely full, cram-full, overcrowded; **~ olmaq** *fe.* 아주 가득하게 되다 be chock full/cram-full/completely full

dor *i. bot.* 너도밤나무의 열매·도토리 따위(돼지의 먹이)mast; **~ ağacı** *i.* 너도밤나무 mast

dosent *i.* (대학의) 조교수, 전임 강사, 조수 senior lecturer, reader, assistant professor (in university)

dosentlik *i.* 조교수 직, 대학 지도부 post of senior lecturer, university readership

dost *i.* 벗, 친구, 동료, 단짝, 짝 friend, chap, pal, buddy, chum ○ **yoldaş**, **arxadaş**; **köhnə ~** *i.* 오래된 친구 old friend; **~ olmaq** *fe.* 친구가 되다 make friends; **~ ölkələr** *i.* 우방(국) friendly countries; **~ əlaqələr** *i.* 우호 관계 amicable relations; ***Yaxşı dost pis gündə mə'lum olar.*** (*proverb.*) *좋은 친구는 어려운 때 알게 된다. A friend in need is a friend indeed.*; ***Dost dosta tən gərək, tən olmasa gen gərək.*** (*proverb.*) *우정이란 항상 자기 편에 서는 것은 아니다. Friendship cannot stand always on one side.*; ***Hər şeyin təzəsi, dostun köhnəsi.*** *친구만 빼고 모든 것은 새것이 좋다. An old friend is better than two new.*; **~-aşna** *i. top.* (집합적으로) 친구, 동료, 친지, 친척 friends and pals, near ones, friends and relatives

dost-aşnalıq *i.* 우정, 친밀한 관계 friendship, relation of closeness

dostpərəst/dostbaz *si.* 친구에 빠진 사람, 친구 만드는 것에 모든 걸 거는 사람 living to make friends

dostbazlıq *i.* 치우친 사랑, 편애, 정실 favoritism, passionate attitude to one's friend

dostcasına *z.* 친구 입장으로, 친구처럼, 우정 때문에 amicably, friendly, as a friend, like friend ○ **mehribancasına**, **dostanə**, **dostyana**

dost-doğma ☞ **doğma**

dost-düşmən *i. top.* 사회적 환경, 주변인 social surroundings; one's associates

dostlaşdırmaq *fe.* 친구가 되게 하다, 같이 모이게 하다 bring together, unite in friendship; **~laşmaq** fe

dostlaşmaq *fe.* 서로 친구가 되다 make friends (each other)

dostluq *i.* 우정, 친애, 우호, 친목, 친선 friendship, amity ○ **yaxınlıq**, **münasibət** ● **düşmənçilik**; **~ münasibətləri** *i.* 친선 관계 amity; **~ görüşü** *i.* 친선 경기 friendly match; **~ etmək** *fe.* 친구가 되다, 서로 잘 지내다 make friends, be in good terms with, be on friendly terms with; **əsl ~** *i.* 참된 친구, 진짜 친구 real friendship; **~ xatirinə** *z.* 친구 명분으로 for the sake of friendship

dost-tanış *i. top.* (집합적) 친구, 친지 friends and acquaintances

doşab *i.* 과일 주스로 만든 젤리 gelatine from fruit juice like grape/mulberry/fig ○ **bəkməz**

doşablıq *i.* 젤리를 만드는데 적당한 (과일) fruit suitable for making jelly ○ **bəkməzlik**

dotasiya *i.* 보조(장려)금, 조성금 subvention, subsidy

dov *i.* (싸움의) 맞상대, 맞수 equality (of fight); **~ gəlmək** *fe.* 승리하다, 이기다, 극복하다 overcome, overpower, gain victory; ***İki it bir aslana dov gəlir.*** (*proverb.*) *개 두 마리면 사자를 상대할 수 있다. Two dogs can cope with one lion.*

dovğa *i.* (요구르트에 콩이나 쌀을 넣어 끓여 만든 아제르바이잔 음식) one of Azerbaijani food (made with sour milk, greens and rice)

dovdaq *i. zoo.* 능에 bustard

dovşan *i.* 토끼, 산토끼, 집토끼 hare, rabbit; **~ dərisi** *i.* 토끼 가죽 hare-skin; **bir oxla iki ~ vurmaq** *fe.* 일석 이조하다 kill two birds with one stone

dovşançı *i.* 토끼 치는 사람 hare-breeder

dovşançılıq *i.* 토끼 사육 hare-breeding; **~ ferması** *i.* 토끼 농장 hare-breeding farm

dovşandodaq *si.* 언청이(선천적으로 윗입술이나 입천장이 갈라진 것)의 hare-lipped

doydurma *i.* ① 충만; 만원; 포식, 만복(滿腹), 물리게 함, 만끽, 많음 satiation, repletion, satiety; ② *kim.* 포화(상태) saturation

doydurmaq *fe.* ① 만족하다, 충족하다 satiate with, give to eat to one's heart's content, sate, satisfy; **cana ~** *fe.* 지루하게 하다 bore, tire out, pester; ② *kim.* 포화 상태를 만들다 saturate

doydurucu *si.* 내용이 풍부한; (음식 등이) 실속 있는, 매우 많은, 풍부한; 내용(지식)이 풍부한 substantial, copious, filling, nourishing

doydurulmaq *fe.* ① 만족하다, 흡족하다 be full/sated, be satisfied; ② *kim.* 포화되다 become saturated; ③ 질리다, 물리다 be fed up with

doymaq *fe.* 만족하다, 흡족하다, 가득하다, 포만하다 have had enough, be full, be satisfied ○ **bezikmək, soyumaq** ● **acmaq**; ② *kim.* 포화되다 become saturated; **cana ~** *fe.* 질리다, 물리다 be bored stiff, be fed up

doymamış *si.* 꽉 차지 않은, 포만하지 않은, 만족하지 않은 unsaturated; **~ məhlul** *i.* 불포화 액 unsaturated solution

doymaz *si.* 욕심이 많은, 만족하지 않은; 질리지 않는, 아주 맛있는 (음식) greedy, insatiable, unsatisfied, very enjoyable ○ **acgöz, qarınqulu**

doymazlıq *i.* 욕심이 많음, 탐심, 만족을 모르는 insatiability, greed; gluttony ○ **acgözlük, qarınqulu96luq**

doymuş *si.* ① 배부른, 포만한, 만족한, 꽉 찬 sated, satisfied, replete ○ **tox**; ② *fig.* 포화된 saturated; **~ məhlul** *i.* 포화 용액 saturated solution

doyumluq *si.* 만족한 상태 enough to satiate; **bir ~ yemək** *i.* 배부를 만큼의 음식 a portion of food to be full up

doyunca *z.* 만족할 만큼 충분하게 to one's heart's content ○ **tıxınca** ● **yarımçıq**; **~ yemək** *fe.* 족한 만큼 먹다 eat to one's heart's content; **~ danışmaq** *fe.* 만족할 만큼 말하다 talk to one's heart's content

doyurmaq ☞ **doydurmaq**

doyuzdurmaq ☞ **doydurmaq**

doyuzdurulmaq ☞ **doydurulmaq**

doza *i.* 복용량, 1회분의 dose, draught; **artıq ~** *i.* 과복용 overdose; **az ~** *i.* 복용량 보다 적은 under dose; **böyük ~da vermək** *fe.* 과 처방하다 give an overdose; **öldürücü ~** *i.* 치사 복용(량) fatal dose; **şüalanma ~sı** *i.* 방사능 처방 radiation dose

dozanqurudu *i. zoo.* 투구벌레(류), 딱정벌레 beetle

dozimetr *i. fiz.* 물약 계량기, 약량계(藥量計); (물리) 방사선량계(放射線量計) dosimeter; **şəxsi ~** *i.* 개인 약량계 personal dosimeter

döl *i.* ① *bio.* (포유 동물, 특히 사람의 임신 3개월이 넘은) 태아(胎兒) fetus ○ **rüşeym, maya**; ② 산기(産期)의 암양(羊) lambing (sheep) ○ **cins**; **~ düşmək** *fe.* 새끼 낳기를 시작하다, 출산을 시작하다 start lambing, start to procreate; **~ bağlama** *i.* 수태(受胎), 임신, 잉태 conception

döllәndirmәk *fe.* ① 수태(受胎)(수정)시키다, 임신(수태)시키다 fecundate, impregnate; ② *arg.* 정액을 주입하다, (인공)수정시키다 inseminate

döllәnmә *i. bio.* 수정(수태) 작용 conception, fertilization

döllәnmәk *fe.* ① 수정되다, 임신되다, 수태되다 become impregnated; ② *arg.* 인공 수정되다 get inseminated ○ **mayalanmaq**

döllük *i.* 순종의; 출신이 좋은, 혈통이 분명한 thoroughbred, pedigree; **~ heyvan** *i.* 순종의 소 pedigree cattle ○ **mayalıq, cinslik**

dölsüz *si.* 애를 못 낳는, 임신을 못하는 barren, sterile; **~ heyvan** *i.* 불임 동물 sterile animal

dölsüzlәndirilmәk *fe.* **dölsüzlәşdirilmәk**

dölsüzlәndirmәk *fe.* 불임시키다, 중성화시키다 sterilise

dölsüzlәnmәk *fe.* 불임 되다, 중성화되다 be-

D

come sterilized

dölsüzləşdirilmək *fe.* 불임되어지다, 중성화되어지다 be sterilized

dölsüzləşdirmək *fe.* 불임시키다 sterilize

dölsüzləşmək *fe.* 불임되다 become barren, be sterilized

dölsüzlük *i.* 불임, 생식불능, 불임증 sterility, barrenness, fruitlessness

döndərmə *i.* 변환, 전환, 변경 conversion, turning

döndərmək *fe.* ① 바꾸다, 변화시키다, 변경시키다 change ○ **çevirmək**; **söhbəti ~** *fe.* 대화 주제를 바꾸다 change the topic; ② 뒤집어 엎다, 뒤집히다, 전복시키다(하다); 멸망시키다 overturn ○ **devirmək, yıxmaq, aşırmaq**; ③ 전환하다(방향) reverse ○ **tuşlamaq, yönəltmək**; **maşını ~** *fe.* 차를 돌리다, 방향 전환하다 turn the car, swing the car round; ④ 돌리다 turn, swing ○ **yönəltmək, çevirmək**; **açarı ~** *fe.* 열쇠를 돌리다 turn the key; **tarixin təkərini ~** *fe.* 역사의 수레 바퀴를 돌리다 reverse the course of history

dönə *i.* 시기, 기회, 때 time, turn ○ **dəfə, yol**; **bu ~** *z.* 이때에, 이번에 this time

dönə-dönə *z.* 여러 번 반복하여, 몇 번이고 many times, repeatedly, again and again ○ **dəfələrlə, təkrar-təkrar**

dönəlgə *i.* 운, 운명, 숙명 luck, destiny, fate ○ **tale**

dönəcək ☞ **döngə**

döngə *i.* ① 굴곡, 굽은 길, 꺾임, 모퉁이, 길모퉁이 turning, bend, curve, corner ○ **tin**; **sərt ~** *i.* 급 커브, 급 방향 전환 sharp turn; ② 옆길, 샛길, 골목길 lane, side road, back street; **~li** *si.* 커브가 있는, (방향) 꺾이는 curved, bent, cornered ○ **tinli, əyri-üyrü**

dönmə *i.* 전환, 차례 turn

dönmədən *si.* 굽히지 않는, 움츠리지 않는, 위축되지 않는, 단호한 steadfast, unflinching; **həyat tərzinin ~ inkişafı** *i.* 삶의 수준을 높임, 생활 수준의 발전 steady rise in the standard of living; II. *z.* 취소할 수 없게, 결정적이게 irrevocably, persistently, importunately

dönmək *fe.* ① 돌다, 돌아오다 return ○ **qayıtmaq**; **geri ~** *fe.* 되돌아 오다 return, come back; **evə ~** *fe.* 집으로 돌아 오다 return home; ● **getmək** ② 변화하다, 바뀌다, 전환되다 turn, be transformed, be converted, change ○ **çevrilmək**; ③ 돌다, 회전하다 turn round, swing round ○ **fırlanmaq, hərlənmək**; ④ 생각을 철회하다, 한 말을 취소하다 retract, renounce; **fikrindən ~** *fe.* 관점을 철회하다 renounce one's point of view; **sözündən ~** *fe.* 했던 말을 철회하다, 취소하다 retract one's word, go back on one's word

dönməz *si.* ① 견고한, 바뀌지 않는, 흔들리지 않는 firm, staunch, steadfast, unshakeable; **~ dostlar** *i.* 견고한 친구, 변함없는 친구 firm friends; **~ mübariz** *i.* 확고한 전사, 의기 투철한 전사 staunch fighter; **~ e'tibar** *i.* 견고한 신뢰 steadfast faith; **~ inam** *i.* 견고한 신념, 확신 firm belief/conviction; ② 지속적인, 내구적인 persistent ○ **səbatlı, əzmli, dözümlü**

dönməzlik *i.* 견고; 견실; 확고 부동, 인내(력), 참을성, 버팀 firmness, steadfastness, patience, perseverance ○ **səbat, əzmkarlıq, dözümlülük**

dönük I. *i.* 배반자, 반역자; 역적 traitor; II. *si.* 불안정한; 견고하지 않은 fickle, unsteady, changeable ○ **səbatsız, e'tibarsız, vəfasız** ● **vəfalı**; **~ dost** *i.* 변덕스런 친구 fickle friend; ② 불충(不忠)한, 배반하는 treacherous; **~ hərəkət** *i.* 반역적인 행동 treacherous action

dönüklük *i.* 불신(불성실, 배반) (행위); 배교(背教); 탈당, 변절, 신의 없는 행동 treachery, betrayal, perfidy, apostasy, faithlessness; **~ etmək** *fe.* 배반하다, 불성실하다, 불충하다 betray, be unfaithful ● **səbatlılıq**

dönüm *i.* ① 돌아옴, 귀환 returning ○ **qayıtma, dolanma**; ② 기회, 때, 번 time ○ **dəfə, kərə**

dönüş I. *i.* ① 돌아옴, 귀환 return ○ **qayıdış**; ② 진전, 발전, 진보 progress, advancement ○ **irəliləyiş**; ③ 전환점, 급변 turn, turning point, sudden change ○ **dəyişiklik**; **siyasətdə qəti ~** *i.* 정책의 급진적 변화 radical change in policy; **əsaslı ~ yaratmaq** *fe.* 근본적인 변화를 가져오다 bring about a fundamental change; ④ 차례, 번, 회, 배, 곱 time ○ **dəfə, kərə**; II. *si.* 결정적인, 중대한, 엄격한 turning, crucial; **~ nöqtəsi** *i.* 전환점, 분기점 turning point; **~ anı** *i.* 결정적인 순간 crucial moment; **tarixin ~ nöqtəsi** *i.* 역사의 전환점 turning point of history

dörd *say.* 넷 four, 4; **~də bir** *i.* 사분의 일 (1/4) quarter; **~ gözlə baxmaq** *fe.* 응시하다, 주시하다 gaze; **~ tərəfdən** *z.* 사방에서 from every side /quarter; **~ bir yana** *z.* 사방으로 in every direction; **~yanına baxmaq** *fe.* 사방을 둘러 보다, 면밀히 조사하다 look all around

dördadamlıq *si.* ① 4인용 (객실, 차) four-seater, four-berth cabin; **~ kupe** *i.* 4인용 기차 객실 compartment for four; ② 4인 기준의 for four persons; **~ nahar** *i.* 4인 점심식사 dinner for four persons

dördatlı *si.* 네 마리의 말이 끄는 of four horses, four horsed

dördatomlu *i.* 네 권으로 된 (전집) four-volume edition

dördavarlı *si.* 노가 네 개 있는 four-oared; **~ qayıq** *i.* 4개의 노가 있는 배 four oared boat

dördayaq *i.* 반죽을 펴는데 쓰는 판 board for spreading dough

dördayaqlı *si.* ① 다리가 넷인 four-legged; ② *fig.* 매우 빠른 rapid, very speedy ○ **çaparaq, cəld**

dördaylıq *si.* 4 개월 된, 넉 달 된 of four-month, four month old

dördbarmaq *si.* 손가락이 4개인 four-fingered

dördbucaq *i.* 사각형 (직사각형, 정사각형) quadrangle, square

dördbucaqlı *si.* 사각형의 quadrangular

dördcərgəli *si.* 네 줄로 된 of four-row

dördcildlik *i.* 네 권으로 된 전집 edition in four volumes, four-volume edition

dördəlli *si.* (손이) 아주 빠른 rapid, hastily ○ **cəld, tələsik**

dörd-dörd *z.* 한 번에 넷씩 four at a time, four by four

dördəm *i.* 갤럽 (말의 최대 속도) gallop

dördəmə *z.* 최고 속도로 at gallop; **~ çapmaq** *fe.* 최고 속도로 달리다 gallop

dördfaizli *si.* 4%의 of four percent

dördgöz(lü) *si.* ① 네 개 부분으로 된 consisting of four part; **~ mənzil** *i.* 방 4개의 아파트 four-room flat; ② *fig.* 주의 깊은, 조심스러운 careful, thoughtful ○ **diqqətli, ayıq-sayıq**

dördgünlük *si.* 4일의, 4일 걸리는 of four-day

dördhecalı *si. dil.* 4 음절의, 네 개 음절의 of four-syllable, tetra syllabic

dördhədli *si. riy.* 4 등분의, 4 차원의 four-member

dördillik *si.* 4년차의 four-year old, of four years

dördkünc(lü) *si.* 4각의, 4각형의 quadrangular; four-cornered

dördqat *si.* 네 겹의, 4 중의 four-layered, fourfold, four times over

dördlük *i.* 4인 놀이 (카드 등) four; four of (playing card); **~ ürək** *i.* four of hearts; **~də** *z.* 넷 씩, 4인 1조로 four-jointly

dördmərtəbə(li) *si.* 4층으로 된 (건물)four-storeyed

dördnala *z.* 최고 속도로 at full gallop, top speed

dördotaqlı *si.* 방인 넷 딸린 (집, 아파트) with four rooms, of four room

dör-döşək *i.* 침구 bedding ○ **yatacaq**

dördpərdəli *si.* 4막으로 된 (연극) of four-act (drama)

dördpilləli *si.* 4단계로 된 of four stage

dördrəqəmli *si.* 네 자리 수의 of four-digit

dördrəng(li) *si.* 4색의 of four coloured

dördsaatlıq *si.* 네 시간 걸리는 (거리)of four-hour

dördseriyalı *si.* 4 부작의 of four part; **~ film** *i.* 4부작 영화 four-part film

dördsəsli *si. mus.* 4부 음악의 (합창) of four parts

dördsimli *si. mus.* 4개 현의 (악기) four-stringed

dördsinifli *si.* 4 학년의 of four-year

dördtelli ☞ **dördsimli**

dördtəkərli *si.* 사륜(四輪)의 four-wheeled

dördtərəfli *si.* 4조(組)로 갈리는; 4부(部)로 (4인으로) 되는; 4나라 사이의 quadrilateral, quadripartite

dördüncü *say.* 4번째의 fourth; **~ cərgə** *i.* 네 번째 줄 the fourth row

dördyarpaq *si.* 네 잎을 가진 (클로버) of four-leaf

dördyaşar ☞ **döryaşlı**

dördyaş(lı) *si.* 4년생의, 네 살 된 four-year old, of four years

dördyerli *si.* 4인용의 of four-seater

dördyol *i.* 사거리, 교차로 cross-road, crossing; **~da** *z.* 교차로에서 at the cross

D

dördyüzüncü *say.* 400번째의 four-hundredth; **~il dönümü** *i.* 400 주년 기념 four-hundredth anniversary

döş I. *i.* ① 가슴, 흉부, 상반신, 앞가슴 bosom, bust, breast, ○ **köks, sinə**; ② 유방, 젖가슴 breast (for baby); ○ **məmə, əmcək; uşağa ~ vermək** *fe.* 젖을 먹이다 nurse; **~ünə sıxmaq** *fe.* 가슴에 안다 clasp *smb.* to one's breast; **~-~ə** *z.* 가슴에 안고 breast to breast; II. *si.* 가슴의, 흉근의 가슴에 다는 pectoral; **~ əzələsi** *i.* 가슴 근육 pectoral muscles; **~ qəfəsi** *i. ana.* 가슴, 흉곽, 흉강(胸腔); (곤충의)흉부 thorax; **~ün giləsi** *i.* 젖꼭지 nipple; **~ nişanı** *i.* 뱃지, 훈장 badge; **~ qəfəsi** *i.* 가슴, 흉곽; 폐; 가슴속, chest

döşək *i.* (솜, 짚, 털 따위를 넣은) 침대요, 매트리스 mattress; **yorğan ~** *i.* 침구 (일체) bed, bedding; **saman ~** *i.* 짚 매트리스 straw mattress; **yaylı ~** *i.* 스프링 매트리스 spring mattress

döşəkağı *i.* 침대 커버, 요 덮개 sheet, bed spread ○ **mələfə**

döşəkağılıq *i.* 침대 커버용 천 cloth for bed spreading ○ **mələfəlik**

döşəkcə *i.* 작은 매트리스, 작은 요(대기) small mattress

döşəmə *i.* 바닥, 마루, 지면 floor; **~də** *z.* 바닥에서 on the floor; **~ vurmaq** *fe.* 바닥을 깔다 (나무, 합판 등) floor, lay a floor

döşəmək *fe.* ① 깔다, 펴다, 판자로 깔다 spread, lay, plank, cobble; ○ **salmaq, sərmək, tökmək, qoymaq;** ● **yığmaq; xalça ilə ~** *fe.* 카펫으로 깔다 spread with carpets; ② 무자비하게 패다, 때리다 beat mercilessly, whip mercilessly ○ **vurmaq, döymək, çəkmək;**

döşəməsilən *i.* 바닥닦이, 바닥 쓸개 floor-polisher

döşəməyuyan *i.* 날품팔이 잡역부(婦), 파출부 char-woman

döşənəcək *i.* 마루, 바닥; 바닥 깔기; 마루청, 마루 까는 재료 flooring

döşənəkli *si.* 바닥에 카펫이 깔린 furnished, covered with carpets

döşənmək *fe.* ① 깔리다, 펼쳐지다 be spread (out), be laid out, be planked, be cobbled ○ **sərilmək, salınmaq**; ② 바닥으로 떨어지다 fall ○ **sərələnmək, yayılmaq, uzanmaq; ayağa ~** *fe.* 거꾸러지다 fall to one's feet

döşəyatan *si.* 마음에 닿는, 매혹적인, 마음을 이끄는, 유혹적인 attractive, winning, inviting, pleasant

döşgəlməsi *i. tib.* 유선염(乳腺炎) mastitis

döşləşmək *fe.* (가슴을) 서로 밀다, 싸우다, 다투다 clash, conflict, push each other, fight ○ **vuruşmaq, savaşmaq**

döşlü *si.* ① 가슴이 큰, 풍만한 가슴의 big-breasted ○ **köksIü, sinəli**; ② 용감한, 무서워하지 않는 brave, fearless ○ **qoçaq, qorxmaz**

döşlük *i.* (아이들을 위한) 턱받이; 가슴 받이가 달린 앞치마 apron; pinafore; bib (for baby) ○ **önlük**

döşlüklü *si.* 앞치마를 한; 가슴 받이를 한 with breast-collar/breast-plate; with bib ○ **önlüklü**

döşüacıq *si.* 가슴이 열린, 마음이 열린 open breasted

döşürmək *fe.* 따다, 모으다 pluck, collect, gather ○ **toplamaq, yığmaq, dərmək**

döşüzəif *si.* 가슴이 약한 weak-chested

dövlət[1] *i.* 국가, 나라; 권력, 제국 state, power, empire ○ **hökumət; ~ çevrilişi** *i.* 쿠데타, 무력정변 coup d'etat; **~ aparatı** *i.* 정부기관, 정부기구, 정부 조직 government machinery; **~ bayrağı** *i.* 국기, 국장(國章) national flag, colors; **~ borcu** *i.* 국채(國債) national debt; **~ dili** *i.* 공용어 official language; **~ hakimiyyəti** *i.* 국가 권력, 국위 State power, State authority; **~ hüququ** *i.* 헌법 constitutional law; **~ istiqraz vərəqəsi** *i.* 국채 state loan; **~ malını mənimsəmə** *i.* 횡령, 착복 embezzlement; **~ müəssisəsi** *i.* 공공 기관 public office; **~ qulluqçusu** *i.* 공무원 public officer; **~ quruluşu** *i.* 정치 제도(형태), 정체(政體), 통치 방식; 관리 체제 regime, political system; **~ sərhədi** *i.* 국경, 변경 state frontier; **~ sirri** *i.* 국비(國秘) state secret; **~ xadimi** *i.* 정치가 statesman; **~ə xəyanət** *i.* 반역(죄) high treason; **~ himni** *i.* 국가, 애국가 national anthem; **~in dağılması** *i.* 정부 전복 break up of a state; **~in ixtiyarı** *i.* 정부 통치 the reign of government; **böyük ~lər** *i.* 강대국들 Great Powers; **dünya ~ləri** *i.* 세계 정부들 world powers; **federal ~** *i.* 연방정부 federal state; **müttəfiq ~lər** *i.* 연정(聯政), 연합정부 the allied powers; **qonaq qəbul edən ~** *i.* 주최구 host country

dövlət² 재산, 부, 풍부 fortune, riches, wealth; ~ **qazanmaq** *fe.* 돈을 벌다 make fortune ○ **sərvət, mal, mülk**

dövlətəzidd *si.* 반정부적 anti-state; ~ **fəaliyyət** *i.* 반정부 활동 anti-state activities

dövlətləndirmək *fe.* 부자를 만들다, 부자가 되게 하다 enrich

dövlətlənmək *fe.* 부자가 되다, 풍부해지다, 부유해지다 grow rich, enrich oneself, become rich ○ **varlanmaq, zənginləşmək** ● **yoxsullanmaq**

dövlətli *si.* 부유한, 부자의, 잘 나가는, 번영하는 rich, wealthy, well off, well-to-do, prosperous; ~ **adam** *i.* 부자 man of property ○ **varlı, pullu, sərvətdar, zəngin**

dövlətlilik *i.* 부유함, 번영 richness, prosperity ○ **varlılıq, pulluluq, zənginlik** ● **kasıblıq, yoxsulluq**

dövlətpərəst *i.* 수익을 좇는 사람, 돈을 목적으로 하는 사람 profit seeker, mercenary minded person

dövlətpərəstlik *i.* 자신의 이익을 좇음, 돈을 목적으로 함 self-interest, mercenariness

dövlətsiz *si.* 재산이 없는, 가난한 without fortune

dövlətsizlik *i.* 빈곤, 가난함 poverty, poorness

dövr *i.* ① 시, 시기, 때, 시대, 세대, 연대 time, times; age, era, period, phase ○ **zəmanə, vaxt; feodalizm ~ü** *i.* 봉건 시대 age of feudalism; ② 회전, 순환, 유통, 획기적인 일 revolution, circulation, turn, cycle, epoch ○ **fırlanma, dolanma, hərlənmə;** ~ **etmə** *i.* 회전, 혁명 revolution; ~ **etmək** *fe.* 회전하다, 순환하다 revolve, rotate, circulate; **yeni ~açan** *si.* 새 시대를 여는, 신기원의 epoch making; **~i mətbuat** *i.* 언론 press; **~iyyədə olmaq** *fe.* 순환하다, 회전하다, 유통하다 circulate; ③ 운, 운명, 행운 fortune, luck, fate

dövran *i.* ① 순환, 유통 circulation; **qan ~ı** *i.* 혈액 순환 circulation of blood; ② 시기, 신기원 time, epoch; ○ **zəmanə, vaxt, dövr, çağ;** ~ **sürmək** *fe.* 화려하게 살다, 멋지게 살다 live splendidly, live on the fat of the land; ***Hər aşiqin bir dövranı olur.*** (*proverb.*) *모든 일은 그것의 때가 있다. Everything has its time.*

dövrə *i.* ① 원주(圓周); 주선(周線); 주위 circumference ○ **çevrə, dairə; yer kürəsinin ~si** *i.* 지구의 원주 the circumference of the earth; ~ **vurmaq** *fe.* 둘러 앉다, 돌아 가다 go round, sit round; ② 구리판, 동판 copper plate ○ **boşqab;** ③ *idm.* 랩, (주로(走路)의) 한 바퀴, (수영 경기의) 한 왕복; (행정(行程)·경쟁 등의) 한 구분, 단계 lap ○ **tur; axırıncı ~** *i.* 마지막 한 바퀴 last lap; ③ 전기회로 *elm.* electric circuit; ○ **sikl;** ④ (주위) 환경, 주위의 상황 circle, surrounding; ○ **ətraf, həndəvər, yan; ~yə almaq** *fe.* 에워(둘러)싸다 encircle

dövrəvi *si.* 순환(성)의, 원형의, 둥근; 빙글빙글 도는 circular; ~ **hərəkət** *i.* 순환 운동 circular motion; ~ **müdafiə** *i. mil.* 전방위(全方位)적 방어 all-round defence

dövrələmə *i.* 둘러쌈, 포위, 포위 정책 encirclement

dövrələmək *fe.* ① 포위 공격하다; …을 에워싸다; 몰려들다(쇄도하다) besiege, enclose; ② 에워싸다, 둘러싸다, 원형으로 모으다 surround, encircle, make a circle round, gather round

dövrələnmək *fe.* 둘러 싸이다, 에워 싸이다 be surrounded/enclosed/encircled/gathered round; ***Ev ağaclarla dövrələnib.*** *집은 나무들로 둘러 싸여 있다. The house is surrounded with trees.*

dövri *si.* 주기적인, 정기의, 정시의; 간헐적인, 이따금의 periodic(al); ~ **mətbuat** *i.* 정기 간행물(일간지 제외), 잡지 periodical press; ~ **cədvəl** *i. kim.* (원소의) 주기표 periodic table; **elementlərin ~sistemi** *i. kim.* 주기계(週期系) periodic system; ~ **kəsr** *i. riy.* 순환 소수 recurring/repeating decimal

dövrilik *i.* 정기적임, 주기성; 주기수(數); 주율(週律) periodicity

dövriyyə *i.* ① *fin.* 일기(一期)의 총 매상고, 거래액; (상품·자금의) 회전(율) turnover; **pul ~si** *i.* 자본 회전 money turnover; **illik ~** *i.* 년간 매상고, 년간 거래액 annual turnover; **kapital ~si** *i.* 자본 회전 turnover of capital; ② 순환 circulation; **~yə pul buraxmaq** *fe.* 자금을 유통시키다 put money into circulation; ~ **kapitalı** *i.* 유통 자본 circulating capital; ~ **vəsaiti** *i.* 유통 자산, 유통 자본 circulating/floating assets

dövrləş(dir)mək *fe.* 기간 별로 나누다 divide

into periods

döycələmək *fe.* ① *tib.* 접종하다, 예방 접종하다 inoculate, vaccinate; ② *tib. arg.* 이식하다, 옮겨 심다 transplant

döycələnmək *fe.* ① *tib.* 접종되다 be inoculated, be vaccinated; ② *tib. arg.* 옮겨 심기다, 이식되다 be transplanted

döyəcləmək *fe.* ① 쳐서 납작하게 하다, 두드려서 단단하게 하다 strike, beat, bang ○ **yastılamaq, bərkitmək, toxaclamaq; qapını ~** *fe.* 문을 두드리다 bang on the door; ② 치다, 때리다, 마찰하다, 연마하다, 안마하다 hit, thrash, give a rubbing, ram ○ **vurmaq, çarpmaq, taqqıldatmaq**

döyəclənmək *fe.* ① 맞다, 두들겨 맞다 be struck, be beaten, be trashed; ② 두드려지다 be knocked

döyənək *i.* (피부의) 경결(硬結), (특히 발가락에 생기는) 티눈, 못 corn, callosity ○ **qabar; bir kəsin gözünü ~ etmək** *fe.* 눈에 거슬리다 be an eyesore to *smb.*; **bir kəsin ~yini basmaq** *fe. col.* 남의 감정을 해치다 treat on *smb.*'s corns

döyənəkli *si.* (피부) 굳은, 못이 박힌, 각질의 callous, horny, toil-hardened, well trodden, well beaten ○ **qabarlı**

döymə *i.* 똑똑 두드리는 소리 tattoo

döymək *fe.* ① 치다, 두드리다, 두드려서 으깨다 beat, whip, lash, thrash ○ **vurmaq, kötəkləmək, əzişdirmək** ● **oxşamaq**; ② 때리다, 매질하다, 채찍질하다; 때리다 strap, give a logging/thrashing/whipping ○ **vurmaq, çarpmaq**; ③ 똑똑 소리를 내다 knock ○ **taqqıldatmaq**; ④ (쇠를) 불리다; 단조(鍛造)하다 forge ○ **üyütmək**; ⑤ (곡식을) 도리깨질하다; 타작(탈곡)하다 thresh; **ayaq ~** *fe.* 발을 구르다 march; camp on the doorstep; **döşünə ~** *fe.* 자랑하다, 으스대다, 뽐내다 boast, swagger; **gözünü ~** *fe.* 눈을 깜박 거리다, 깜박거리다 have a blank look, look blank, blink; **mürgü ~** *fe.* 졸다, 졸음으로 머리를 끄덕거리다 nod, be drowsy; ***Dəmiri isti-isti döyərlər.*** *쇠를 달궈졌을 때, 차야 한다. Strike the iron while it is hot.*

döyməlik *i.* 뼈 없는 고기, 썰기에 적당한 boneless meat, meat suitable for chopping

döyükmək *fe.* ① 혼동되다, 멍하다, 정신 나가다 be confused, be struck dumb, be distracted, faint, lose one's sense ○ **çaşmaq, özünü itirmək**; ② (말·개 따위가) 귀를 쫑긋 세우다; (사람이) 주의해서 듣다, 귀를 기울이다 prick up one's ears (horse)

döyülmək *fe.* ① 맞다, 두들겨 맞다 be hit, be beaten; ② 채찍질 당하다 be whipped (with reeds); ③ 문이 두드려지다 be knocked (door); ④ 쇠가 연마되다 be forged/beaten (iron)

döyülmüş *si.* ① 두드려진 beaten; ② 맞은 whipped, lashed; ③ 연마된 forged, beaten

döyünmə *i.* 박동, 뜀, 고동 beating, throbbing, pulsation; **ürək ~si** *i.* 심장 박동 the beating of the heart, the throbbing of the heart

döyünmək *fe.* 맥이 뛰다, 가슴이 고동치다, 두근거리다 beat, throb, pulse ○ **vurmaq, çırpınmaq** ● **dayanmaq**; ***Ürəyim həyəcandan döyünür.*** *흥분으로 가슴이 두근거린다. My heart is throbbing with excitement.*

döyüntü *i.* 맥박, 고동 throb (heart); **ürək ~sü** *i.* 심장 박동, 고동 heartbeat

döyüş *i.* ① 싸움, 전투, 격투, 전투 battle, combat, fight ○ **vuruş, dava, çarpışma; hava ~ü** *i.* 공중전 air fight; **ciddi ~** *i.* 격렬한 싸움 furious fighting; **əlbəyaxa ~** *i.* 접근전 close combat; **~ü udmaq** *fe.* 싸움에서 이기다 win the battle; **həlledici ~** *i.* 결정적인 싸움 divisive fight; **xoruz ~** *i.* 닭싸움 cock fight; **yumruq ~ü** *i.* 주먹다짐, 주먹 싸움 fisticuffs; **~ə-~ə** *z.* 싸우면서 fightingly; **~də geri çəkilmək** *fe.* 후퇴하다 make a fighting retreat

döyüşçü *i.* 전사, 군사, 병사 warrior, fighter ○ **əsgər**

döyüşdürmək *fe.* 싸우게 하다 force to fight; **xoruz ~** *fe.* 닭싸움을 시키다 cause cocks to fight, set cocks on

döyüşkən *si.* ① 용감한, 기사적인 brave, chivalrous ○ **mübariz, qorxmaz, cəsarətli** ● **qorxaq**; ② 호전적인, 전쟁에 능한, 싸움을 잘하는 martial, warlike, bellicose ○ **davakar, vuruşqan, savaşqan** ● **sakit**; **~ xalq** *i.* 호전적인 민족 warlike nation; **~ qəbilə** *i.* 호전적인 부족 bellicose tribe; **~ ruh** *i.* 전투 정신 martial spirit

döyüşkənlik *i.* ① 용기, 용감성, 담력, 배짱 courage, bravery ○ **mübarizlik, cəsarətlilik** ● **qorxaqlıq**; ② 호전성, 전투적 기질, 싸움을 즐김, 적의, 적개심, 공격성 bellicosity, hostility, animosity, aggression ○ **davakarlıq, vuruşqanlıq, savaşqanlıq**

döyüşmək *fe.* 싸우다, 전쟁하다, 다투다 fight, battle, give battle, combat ○ **çarpışmək, vuruşmaq, savaşmaq, toqquşmaq** ● **barışmaq**

dözmək *fe.* ① 참다, 인내하다, 견디다, 겪다 suffer, endure, undergo, stand, bear, put up with ○ **tablamaq, qatlaşmaq; ağrıya ~** *fe.* 고통을 견디다 suffer/bear pain; **soyuğa ~** *fe.* 추위를 견디다 endure cold; **ehtiyaca ~** *fe.* 어려움을 참다, 궁핍을 견디다 suffer privation, undergo hardship; ***Mən belə soyuğa dözə bilmirəm.*** *나 이런 추위를 견딜 수 없다. I cannot stand up with this cold;.* ② 인내심을 갖다, 인정하다, 관용하다 have patience ○ **razılaşmaq, barışmaq;** ***Mən sizin davranışınıza dözə bilmirəm.*** *당신들의 행동을 더 이상 참을 수 없소. I have no patience with your behaviour.;* ③ 지지하다, 묵인하다, 관대히 다루다 tolerate, support; ***O, zarafata dözmür.*** *그는 농담을 묵인하지 못한다. He cannot take a joke.*

dözülməz I. *si.* intolerable, intolerant, unbearable, insufferable, excruciating 견딜 수 없는, 편협한, 참을 수 없는, 참기 어려운, 몹시 괴로운; **~ ağrı** *i.* 참기 힘든 고통 unbearable pain; **~ kobudluq** *i.* 참을 수 없는 건방짐, 참을 수 없는 무례함 insufferable rudeness; **~ həyasızlıq** *i.* 참을 수 없는 오만함 intolerable insolence; II. *z.* 참을 수 없게, 견딜 수 없이, 인내의 한계에 다다르게 unbearably, insufferably, excruciatingly, intolerably

dözülməzlik *i.* 불관용, 편협 intolerance

dözüm *i.* ① 인내, 참을성, 자제심, 지구력 patience, endurance, forbearance, staying-power; **~ü olmaq** *fe.* 인내하다, 견디다 have patience; ② 인내력, 내구력, 끈기, 꿋꿋함 endurance, stamina, hardiness ○ **mətanət, dəyanət, tab gətirmə**

dözümlü *si.* 끈질긴, 관용적인, 자비로운, 관대한, 강인한 patient, charitable, tolerant, tough ○ **səbirli, mətanətli, tablı** ● **səbirsiz**

dözümlülük *i.* 내구력, 지구력, 인장 강도 endurance, endurance, staying-power; stamina, hardiness ○ **möhkəmlik, mətanət, davamlılıq, səbirlilik** ● **səbirsizlik**

dözümsüz *si.* 성마른, 불관용의, 조급한, 인내심 없는, 자제력 없는 intolerable, impatient, lacking self-control; **~ uşaq** *i.* 성마른 아이 impatient child; **~ adam** *i.* 성마른 사람 impatient man ○ **səbirsiz, mətanətsiz, davamsız** ● **səbirli**

dözümsüzlük *i.* 성마름, 성급함, 조급함, 초조 impatience, lack of self-control; **~ etmək** *fe.* 자제하지 못하다, 성급하다 display lack of self-control ● **hövsələlik**

dram *i.* 연극 drama; **~ teatrı** *i.* 극장 play house; **~ əsəri** *i.* 연극 작품 drama; **~ dərnəyi** *i.* 연극 동아리 theatrical circle

drama *i.* 연극 drama

dramatik *si.* 극적인, 연극 같은, 인상적인 dramatic

dramatikləşdirilmək *fe.* 극화(劇化) 되다 be dramatized

dramatikləşdirmə *i.* 각색, 극화, 희곡화; 극화(희곡화)한 것 dramatization

dramatizm *i.* 극적 효과, 극적 특성 dramatic effect, dramatic quality ○ **dramatik, ağır, gərgin, faciəli**

dramaturji *si.* 극적인, 연극과 같은 dramatic

dramaturgiya *i.* 희극 작성, 연극의 이론, 연극 공연 dramatic composition/theory; drama plays; **yunan ~sı** *i.* 희랍 연극 Greek drama

dramaturq *i.* 연극 각본가, 극작가, 각색자 playwright, dramatist

dramlaşdırılmaq *fe.* 극화되다 be dramatized

dramlaşdırılmış *si.* 극화된, 연극으로 각색된 dramatised

dramlaşdırma *i.* 각색, 연극화 dramatization

dramlaşdırmaq *fe.* 극화하다, 각색하다 dramatize

drenaj *i.* 배수, 배수 방법, 배수로 drainage

drujina *i.* 공공 질서 부대, 사회 질서 부대, 무장 질서 유지대 armed workers detachment; public order squad

drujinaçı *i.* 무장 질서 유지 대원 member of people's patrol, member of a public order squad

dua *i. din.* 기도, 식전 기도 prayer, grace (before meal); **~ etmək** *fe.* 기도하다 pray; **~ yazmaq** *fe.* 기도를 쓰다, 기도문을 만들다 write a prayer; **~ oxumaq** *fe.* 기도하다, 기도를 읽다 read a prayer, say one's prayer

duaçı *i.* 중보자, 중재자 intercessor, man who

D

prays for other

dualizm *i. fəl.* 이원론 dualism

dualist *i. fəl.* 이원론자 dualist

dualistlik *si. fəl.* 이원론적 dualistic

dublikat *i.* 복사, 복제 duplication, copy ○ **kopiya, surət, üz**

dublyaj *i.* 더빙, (필름·테이프의) 재녹음 dubbing-in; ~ **etmək** *fe.* 다른 나라 말로 재녹음하다 dub

dublyor *i.* 임시 대역배우; 필요에 따라 대역을(대리를) 하도록 훈련된 사람 understudy (in theatre); dubbing actor

duda *i.* 검댕, 매연, 유연(油煙) soot ○ **qurum, his**

dudman *i.* 명가(名家), 가문, 가족 reputable family, home, family ○ **ev, ailə**

duel *i.* 결투 duel; **~ə çağırmaq** *fe.* 결투를 청하다 challenge to a duel; **~ə çıxmaq** *fe.* 결투하다 fight a duel; **~də öldürmək** *fe.* 결투에서 죽이다 kill *smb.* in a duel

duelçi *i.* 결투자 duelist

duet *i. mus.* 이중창, 이중주(곡); (댄스) 듀엣 무곡 duet

dul *i.* 미망인; 홀어미, 과부; 홀아비 widow, widower; ~ **qalmaq** *fe.* 홀아비(어미) 생활을 하다 be widowed, be a widow, widower; ~ **kişi** *i.* 홀아비 widower; ~ **qadın** *i.* 과부 widow

dulluq *i.* 홀아비(어미) 생활 widowhood, widowerhood

dulus *i.* 도공(陶工), 옹기장이, 도예가 potter

dulusçu ☞ **dulus**

dulusçuluq *i.* 도기 제조(법) pottery

dulusxana *i.* 도기 제조소 potter's shop, pottery

duman *i.* (엷은) 안개, 놀, 연무, 연기; 매연; (짙은) 안개; 농무(濃霧)의 기간; 연무(煙霧) mist, fog, smoke ○ **sis**; **~-ən** *i. top.* 안개 (집합적)fog and mist

dumanlandırmaq *fe.* ① 구름이 끼게 하다, 안개가 내리게 하다 cloud, dim, fog, befog; ② *fig.* 어둡게 하다, 흐리게 하다; 덮어 감추다, 가리다 obscure, hide

dumanlanmaq *fe.* ① (날씨) 흐리게 되다, 안개가 끼다 grow cloudy, become foggy ○ **bulanmaq, qaralmaq, tutqunlaşmaq** ● **açılmaq**; ② 어둡게 하다, 흐리게 되다 become gloomy, darken; ③ 안개 속에 있다, 안개가 끼이다 be in a fog, be befogged

dumanlaşmaq ☞ **dumanlanmaq**

dumanlı *si.* ① 안개 낀, 안개가 자욱한, 잘 안 보이는, 희미한, 흐릿한 misty, dim, foggy ○ **sisli** ● **açıq**; ② 어두운, 흐린, 혼탁한, 어두컴컴한 obscure, turbid, vague ○ **qarışıq, tutqun** ● **aydın**; ③ 슬픈, 비탄에 잠긴 sad, sorrowful ○ **kədərli, tutqun**; ~ **hava** *i.* 안개 낀 날씨 foggy weather; ~ **dağ** *i.* 안개 자욱한 산 misty mountain; ~ **səhər** *i.* 안개 낀 아침 misty morning; ~ **xatirə** *i.* 희미한 기억 misty memory

dumansız *si.* 안개 없는, 화창한 mistless, fogless ○ **aydın, saf, təmiz**

dumansızlıq *i.* 명쾌함, 깨끗함, 뚜렷함 clarity, cleanness, mistlessness ○ **aydınlıq, saflıq, təmizlik**

dumbul *i.* 북, 드럼 drum; ~ **çalmaq** *fe.* 드럼을 치다 play the drum

dumbulağacı *i.* 드럼 스틱, 북채 drumstick

dumbulçalan *i.* 드러머, 북 치는 사람 drummer

dumbulçu ☞ **dumbulçalan**

dumbulçuluq *i.* 드러머(드럼 연주자)의 직업 profession of drummer

dumduru *si.* ① 매우 깨끗한, 매우 투명한, 매우 맑은 very clear, transparent, quite limpid ○ **şəffaf** ● **bulanlıq**; ~ **gölməçə** *i.* 매우 맑은 연못 very limpid pool; ② 매우 물이 많은, 매우 축축한 quite watery

dunuq *i.* 이해가 더딘, 머리가 둔한 slow-witted person; ~ **arvad** *i.* 아둔한 여자 a dense woman

duracaq I. *i.* ① 버스 정류장 stop (bus); ② 보행기 bay-walker; II. *si.* 마지막의, 막판의 of the last, last, of the end

duraq *i.* ① 주거지, 아파트 camp, flat, apartment; ② 버스 정류장 stop (bus)

durbin *i.* 쌍안경 binocular(s), pair of glasses; **səhra ~i** *i.* 야전 쌍안경 field-glasses; **teatr ~i** *i.* 극장용 쌍안경 opera glasses

durdurmaq *fe.* 세우다, 서게 하다, 정지시키다 stop

durğu *i.* 중지, 휴지, 끊긴 동안 pause, interval, stop ○ **dayanış**; ~ **işarələri** *i. qram.* 구두점, 쉼표, 콤마 punctuation marks

durğun *si.* 정지한, 움직이지 않는, 조용한, 동요되지 않는 still, calm, stagnant, immovable, motionless; ~ **su** *i.* 고여 있는 물 stagnant water; ~

hava *i.* 고요한 날씨 still air; ~ **olmaq** *fe.* 고여 있다 be stagnant ○ **sakit, hərəkətsiz** ● **axar**

durğunluq *i.* ① 침체, 정체; 부진, 불황, 정돈(停頓), 막힘, 막다른 골, 멈춤, 정지, 휴지 stagnation, dead lock, standstill, depression ○ **hərəkətsizlik, dəyişməzlik** ● **inkişaf**; **sənaye ~ğu** *i.* 산업 정체, 불황 industrial stagnation; **ticarətdə ~** *i.* 교역 정체 depression in trade; **~ illəri** *i.* 정체기, 불황기 the years of stagnation; ② *tib. bio.* 호메오스타시스, 항상성(恒常性) (생체내의 균형을 유지하려는 경향); (사회 조직 등의) 평형 유지력 homeostasis

durğuzmaq *fe.* ① 일으켜 세우다, 깨우다 wake up, awaken ○ **oyatmaq**; ***Məni saat yeddidə durğuzun.*** *7시에 깨워 주세요. Wake me up at 7.*; ② 올리다, 일으키다 lift, raise ○ **qaldırmaq**

durma *i.* 섬, 멈춤, 정지 stand, attitude, pose, dead lock

durmadan *z.* 쉬지 않고, 즉각적으로, 계속해서 ceaselessly, immediately, forever ○ **dayanmadan, fasiləsiz, daimi** ● **ara-sıra**

durmaq *fe.* ① 자기 발로 서다 stand; **ayağa ~** *fe.* stand on one's feet; **dizi üstə ~** *fe.* 무릎 꿇다 kneel; **barmağının ucunda ~** *fe.* 발가락 끝으로 서다 stand on one's tip toe; **növbəyə ~** *fe.* 줄을 서 기다리다 stand in a queue; **keşiyində ~** *fe.* 경비를 서다 stand on guard; **sülhün keşiyində ~** *fe.* 평화 유지를 위해 경비를 서다 stand on guard of peace; **tərəfində ~** *fe.* 한 쪽 편에 서다, 한 쪽 편을 들다 stand up for one's side; ② 일어나다 get up, rise; ③ 서다, 정지하다 stop, halt; **yuxudan ~** *fe.* 잠에서 일어나다 get up; **qarşı ~** *fe.* 반대하다 oppose; **sözündə ~** *fe.* 약속을 지키다 keep one's promise/word

durna *i. zoo.* 두루미, 학 crane; **~ balası** *i.* 두루미 새끼 young crane; **~ qatarı** *i.* 두루미 떼, 학무리 train of cranes, flock of cranes

durnabalığı *i. zoo.* 창꼬치 pike

durnaboğaz *si.* 긴 목을 가진 long-necked

durnagöz(lü) *si.* 아름답고 투명한 눈을 가진 with beautiful and limpid eyes

duru *si.* ① 맑은, 깨끗한 limpid, pure; **~ su** *i.* 맑은 물, 깨끗한 물 pure/limpid water ○ **saf, təmiz, şəffaf, aydın** ● **bulanlıq**; ② 엷은, 멀건, 물이 많은 thin, watery ○ **sıyıq, maya**; **~ şorba** *i.* 국물 watery soup; **~ sıyıq** *i.* 멀건 죽 thin porridge; ③ 깨끗한, 순수한 net, clear ○ **əsl, xalis, təmiz**; **~ qazanc** *i.* 순이익 net profit; *col.* clear profit; **~ çəki** *i.* 정미(正味) 중량, 순(純) 중량 net weight; **~ maddə** *i.* 액체 liquid

duruxmaq *fe.* 머뭇거리다, 주저하다, 망설이다, 결단을 내리지 못하다; 혼동되다, 헷갈리다 falter, become confused, be perplexed, hesitate ○ **tutulmaq, döyükmək, çaşmaq**

duruxuq *i.* 헷갈리게 하는, 혼동케 하는, 당황케 하는 confusing, perplexing, bewildering ○ **tutuq, döyük**

durulanmaq *fe.* 투명하게 되다, 명료해지다 become transparent, become pure liquid, be cleared up, be elucidated ○ **aydınlaşmaq, müəyyənləşmək, şəffaflanmaq**

durulaşdırılmaq *fe.* 투명해지다, 맑아지다; 엷어지다, 묽어지다 be cleared, be brightened up; be made watery/thin

durulaşdırma *i.* ① 희석 dilution, thinning, rarefaction; ② 명료화, 투명화 making limpid/clear

durulaşdırmaq *fe.* ① 명료화하다, 투명하게 하다 make limpid; ② 묽게 하다, 엷게 하다 dilute, thin

durulaşmaq *fe.* ① 투명해지다, 맑아지다, 순수해지다 become transparent/limpid/pure ○ **saflaşmaq, aydınlaşmaq**; ② 묽어지다, 엷어지다 become thin/watery

duruldücu *i.* 침전조(沈澱漕) settling/sedimentation tank; **~ çən** *i.* 침전조, 침전 탱크 settling/precipitation tank

durulmaq *fe.* ① 묽게 되다, 연하게 되다 become transparent, become pure liquid ○ **sıyıqlaşmaq**; ② 명료화 하다 become clear ○ **aydınlaşmaq, açılmaq**; ③ 투명하게 되다, 맑게 되다 become transparent ○ **saflaşmaq, şəffaflaşmaq** ● **bulanmaq;**

durultmaq *fe.* 투명하게 만들다, 맑게 하다, 순수하게 하다 make transparent/limpid/pure

duruluq *i.* ① 묽음 wateriness ○ **sıyıqlıq**; ② 명료함, 깨끗함, 맑음 pureness, clearness ○ **aydınlıq, açıqlıq**; ③ 투명함 transparency ○ **saflıq, şəffaflıq**

durum *i.* ① 지속, 인내, 지구력 continuance, patience, endurance ○ **davam, dözüm, tab**; ② 안정, 지속 continuation, stability ○ **davam-**

D

lılıq, möhkəmlik, qidalılıq; ~**nümayiş etdirmək** *fe.* 불굴의 의지를 표현하다 display fortitude/determination

durumlu *si.* ① 견고한, 튼튼한, 안정된 firm, steadfast, steady, staunch ○ **davamlı, dözümlü, səbatlı**; ~ **özül** *i.* 견고한 기초 firm foundation; ~ **baxış** *i.* 응시 steadfast gaze; ~ **sü'rət** *i.* 일정 속도 steady speed; ~ **dost** *i.* 변함없는 친구 staunch friend; ② 풍부한, 내용이 많은 copious, substantial, nourishing; ~ **qida** *i.* 풍부한 영양 substantial food; ③ *kim.* 분해하기 어려운; *fiz.* 안정한 (원자핵·소립자 등) stable, persistent; ~ **qaz** *i.* 안정 기체 stable gas; ~ **maddə** *i.* 지속성 약품 *kim.* persistent agent

durumluluq *i.* ① 끈덕짐, 고집, 완고, 버팀; 영속, 지속(성), 내구(력), 확고 부동 persistence, steadfastness, perseverance ○ **davamlılıq, dözümlülük, səbatlılıq**; ② 영양이 풍부함 nutritiousness

durumsuz *si.* ① 지속성 없는(약품); 비영속형의 unstable, nonpersistent; ~ **qaz** *i. kim.* 불안정 기체 non-persistent gas; ② 영양(營養)불량(부족)한, 자양분이 결핍된 insubstantial, innutritious; ~ **yemək** *i.* 영양 부족의 식사 insubstantial meal

duruş *i.* ① 태도, 거동, 행동거지, 몸가짐 bearing, carriage, attitude, pose, posture; **məğrur** ~ *i.* 교만한 태도, 건방진 행동 proud bearing/carriage/pose; **qəribə** ~ *i.* 이상한 자세 strange pose

dustaq *i.* ① 죄수, 기결수, 형사 피고인 convict, prisoner ○ **məhbus**; ~ **etmək** *fe.* 사로잡다, 체포하다 arrest; **siyasi** ~ *i.* 정치범 political prisoner; ~ **olmaq** *fe.* 감금되다, 옥에 갇히다 be a prisoner

dustaqlıq *i.* 체포; 구류; 억류, 감금 arrest, confinement, imprisonment ○ **məhbusluq**; ~**da olmaq** *fe.* 체포되다 be arrested; **ömürlük** ~ *i.* 종신형 life imprisonment

dustaqxana *i.* 교도소, 감옥, 구치소 prison ○ **qazamat, həbsxana**

duş[1] *i.* 샤워, 목욕 (일반적으로 욕조 없이) douche, shower; ~ **qəbul etmək** *fe.* 샤워하다, 몸을 씻다 take a shower

duş[2] *i.* 환상, 몽상 dream, vision ○ **yuxu, rö'ya**

duşxana *i.* 샤워실, 목욕탕 shower-room

duvaq *i.* 베일, 면사포 veil ○ **örtü, qapaq**

duvaqlamaq *fe.* 베일을 씌우다, 베일로 가리다 veil

duvaqlanmaq *fe.* 베일을 쓰다 be veiled

duvaqlı *si.* 베일로 가린 veiled ○ **örtülü**

duvaqsız *si.* 베일을 벗은, 얼굴을 가리지 않은 wide open-faced ○ **üzüaçıq**

duyğu *i.* 지각(知覺)(작용); 인식; 지각력, 감각, 인지 (능력) sense, feeling, sensation, perception ○ **hiss**; **beş** ~ *i.* 오감 five senses; **eşitmə ~su** *i.* 청각(聽覺) sense of hearing; **görmə ~su** *i.* 시각(視覺) sense of sight; **dadbilmə** ~ *i.* 미각(味覺) sense of taste; **lamisə/toxunma ~su** *i.* 촉각(觸覺) sense of touch; **iybilmə ~su** *i.* 후각(嗅覺) sense of smell; **gözəllik ~su** *i.* 미적 감각 sense of beauty; **yenilik ~su** *i.* 새 것에 대한 감각 sense of the new

duyğulu *si.* 민감한, 예민한, 분별력 있는, 재치 있는, 감각이 세련된 sensitive, sensible, tactful ○ **hissli**; ~ **adam** *i.* 예민한 사람, 지각이 있는 사람 sensitive man; ~ **qadın** *i.* 세련된 여인 sensible woman; ~ **münasibət** *i.* 지각 있는 태도 sensitive/tactful attitude

duyğusuz *si.* ① 무감각의, 인사 불성의, 무정한, 냉혹한, 무딘, 둔감한 senseless, unfeeling, heartless, stolid ○ **hissiz**; ② 이해가 더딘, 아둔한 slow-witted

duyğusuzluq *i.* 무감각, 무신경; 무자비, 냉혹함 insensibility, heartlessness ○ **hissizlik**

duyma *i.* (불길한) 예감, 예각(豫覺), 육감 presentiment, providence

duymaq *fe.* ① (오관으로) 지각(知覺)하다, 감지하다; 눈치채다, 인식하다, 느끼다, 인식하다 perceive, feel, sense, become aware ○ **sezmək, anlamaq**; ② *fig.* 이해하다, 예견하다, 미리 알다, 추측하다 understand, divine, foresee ○ **qavramaq**; **bir kəsin niyyətini** ~ *fe.* 의도를 파악하다 divine one's intention

duyuq *si.* 주의 깊은, 깨어 있는, 방심하지 않은 vigilant, alert ○ **ayıq, sayıq**; ~ **düşmək** *fe.* 육감을 갖다, 감지하다, 조짐을 읽다 fall, understand, have a foreboding; ~ **salmaq** *fe.* 미리 알게 하다, 미리 알리다 let know beforehand, give an advance notice

duyuqluq *i.* 조심, 경계, 불침번 서기, 신중, 지속적인 주의 vigilance, watchfulness, continual attentiveness ○ **ayıqlıq, sayıqlıq**

duyuqsuz *si.* 무지한, 알지 못하는, 모르는, 낯선, 면식이 없는, 사정에 어두운, 생소한 ignorant, uninformed, unacquainted ○ **xəbərsiz**

duyulmaq *fe.* 지각되다, 느껴지다, 예견되다, 인지되다 be felt, be foreseen, be noticeable

duyulmaz *si.* 인지되지 않는, 파악하기 어려운, 불가해한 intangible; **~ çətinlik** *i.* 파악하기 어려운 문제들 intangible difficulties

duyulmazlıq *i.* 손으로 만질 수 없음, 만져서 알 수 없음; 파악할 수 없음, 불가해 intangibility

duz *i.* 소금, 식염, 염분 salt; **~a qoymaq** *fe.* 절이다, 담그다, (소금절이 등으로) 보존하다 cure, marinade, pickle; **~ karxanası** *i.* 염광(塩鑛), 소금광산 salt-mines; **~a qoyulmuş** *si.* 소금에 절인, 담근 pickled; **~suz yağ** *i.* 짜지 않은 버터 fresh unsalted butter; **~unu vurmaq** *fe.* 양념하다, 간을 맞추다 season; **daş ~** *i.* 암염 rock-salt; **~-çörək** *i.* 소금과 빵 (가장 힘든 시기의 음식) salt and bread; **~çörək kəsmək** *fe.* 친한 친구가 되다, (어려운 시기에 음식을 나눈) 친구가 되다 be an old friend; **~çörəyi itirmək** *fe.* 모든 인간 관계가 절단 나다, 절연(絶緣)하고 살다; 배은 망덕하다 break off all kinds of relations, be ungrateful; **~çörəyə and içmək** *fe.* 음식(생명)을 걸고 맹세하다 swear on bread and salt; **~ xana** *i.* 염전, 제염소 saltern, salt-works; **~ qabı** *i.* 소금 그릇 salt-cellar; **~lama** *i.* 소금 치기, 소금에 절이기, 간 맞추기 salting

duzaq *i.* 올가미, 함정, 덫 snare, trap ○ **tələ, cələ**

duzlaq *i.* 바닷물이 드나드는 늪지, 염성(塩性) 소택(沼澤) saline land, salt-marsh, deposit of salt ○ **şoranlıq**

duzlamaq *fe.* ① 소금을 치다 salt; ② 절이다 pickle; **kələmi ~** *fe.* 양배추를 절이다 pickle cabbage

duzlanmaq *fe.* ① 소금을 치다, 절이다 be salted, be pickled, be corned ② 짜게 되다 become salted

duzlanmış *si.* 절인, 짠 salted, pickled

duzlaşmaq *fe.* 소금이 되다 turn into salt ○ **şoranlaşmaq**

duzlu *si.* ① 짠, 소금기가 있는 salty, salted, pickled ○ **şor** ● **şit**; **~ su** *i.* 짠 물 salty water; **~ balıq** *i.* 절인 생선 salt fish; **~ yağ** *i.* 짠 버터 salty butter; **~ xiyar** *i.* 절인 오이 pickled cucumber; **~ ət** *i.* 절인 고기 corned beef; ② *fig.* 기분 좋은, 유쾌한, 호감이 가는, 좋아할 만한 taking, pleasant, attractive, likeable

duzluluq *i.* ① 염분, 염도 saltiness, salinity; ② *fig.* 매력 있음, 좋아함, 쾌활함 attractiveness, likeableness ○ **şorluq**

duzsuz *si.* ① 소금 치지 않는, 밋밋한, 싱거운 unsalted, saltless, plain ○ **şit**; ② *fig.* 싱거운, 김빠진, 무미 건조한, 맛이 없는 insipid, vapid, flat, feeble ○ **bayağı**; **~ zarafat** *i.* 싱거운 농담 feeble joke

duzsuzluq *i.* 싱거움, 맛없음 saltlessness, lack of salt ○ **şitlik, bayağılıq**

dübarə *z.* 다시, 반복해서, 두 번째로 again, repeatedly, second time ○ **təkrar**

dübbədüz I. *si.* ① 아주 평평한, 아주 곧은 quite even, quite plane; **~ yol** *i.* 아주 곧은 길 quite even road; **~ səth** *i.* 매우 편편한 표면 quite plane surface; ② 아주 올바른, 매우 바른 quite correct, right; II. *z.* 정확하게, 정밀하게, 날카롭게 exactly, precisely, sharp; **~ saat yeddidə** *z.* 7시 정각에 at seven o'clock sharp

dübədü *z.* 얼굴을 마주하고, 은밀하게 tête-à-tête, confidentially

düçar *si.* 책임을 지는, 맡겨진, 주어진 subjected, liable ○ **mübtəla, tutulma**; **~ olmaq** *fe.* 예속되다, 종속되다, 맞닥뜨리다, 겪다 strike, overtake, befall, encounter, undergo, be subjected; **~ etmək** *fe.* 위험에 빠뜨리다, 종속시키다, 위험에 노출시키다 expose, subject, endanger; **xəstəliyə ~ olmaq** *fe.* 병에 걸리다 be struck by illness; **eşqə ~ olmaq** *fe.* 사랑에 빠지다, 사랑에 종속되다 fall in love; **düşmənə ~ olmaq** *fe.* 적과 맞닥뜨리다 encounter the enemy; **təhlükəyə ~ etmək** *fe.* 위험에 노출시키다, 위험에 빠지게 하다 expose *smb.* to danger

düdəmə *i.* 잡종, 잡종견 cur, mongrel

düdük *i.* (고적대의) 저, 횡적(橫笛), 뿔피리, 피리, 관악기; 파이프오르간의 관; 저를(횡적을) 부는 사람 fife, pipe, horn ○ **ney**; **~ çalmaq** *fe.* 피리를 불다, (관악기)를 연주하다 play pipe; **~ vermək** *fe. fig.* 헛된 약속을 하다, 속이다 give a vain promise, deceive

düdükçalan *i.* 피리 부는 사람 fife player

düdükçü ☞ **düdükçalan**

düdüləmək *fe.* 쫏쫏 하고 암탉을 부르다 call hens

D

chuck-chuck
düha ☞ **dahilik**
düjün *i.* 12 개 dozen
dükan *i.* 가게, 상점 shop; **baqqal ~ı** *i.* 야채 상점 grocer's shop; **ət ~ı** *i.* 정육점 butcher's shop; **meyvə ~ı** *i.* 과일 가게 fruit shop; **dəllək ~ı** *i.* 이발소, 미용원 barber's shop; **dəmirçi ~ı** *i.* 대장간 blacksmith's shop; **kənd ~ı** *i.* 시골 가게 village shop; **~-bazar** *i. top.* 상점과 시장 (집합적) shops and markets; **~ çı** *i.* 점원, 장사하는 사람 shop keeper, tradesman ○ **dükandar**; **~çılıq** *i.* 장사, 상업 shop keeping, work of shop keeper
dükçə *i.* 원통형으로 감은 실톳 cop (knitting)
dülgər *i.* 목수, 목공, 선장(船匠); 소목장이 일, 가구 제조업; 소목 세공, 가구류 carpenter, joiner; **~ olmaq** *fe.* 목수가 되다 be a carpenter; **~ dükanı** *i.* 목수의 집, 목공소 carpenter's shop
dülgərlik *i.* 목공 carpentry; **~ etmək** *fe.* 목수 일을 하다, 목공이 되다 work as a carpenter; **~ xana** *i.* 목공소 carpenter's work-shop
dümbək *i.* ☞ **dumbul**
dümbəkçalan ☞ **dümbəkçi**
dümbəkçi *i.* 드러머, 북 치는 사람 drummer
dümdüz *i. si.* 아주 정확한, 아주 옳은, 아주 평평한, 매우 고른 exact, fairly flat, even; II. *z.* 직선적으로, 정밀하게, 정확하게 straightly, precisely, exactly ○ **dik**; **~ oturmaq** *fe.* 곧 바로 앉다 sit up straight
düməl101nmək *fe.* ① 바쁘다, 분주하다 be busy; ② 문제가 생기다, 시간을 많이 빼앗기다 have trouble, spend much time; ③ 빈들빈들 시간을 보내다 fiddle
dümsük *i.* (주의를 끌기 위해) 팔꿈치로 슬쩍 찌르기, 갑자기 찌르기 nudge, push, jab, poke ○ **itələmə**, **dürtmələmə**; **~ vurmaq** *fe.* 팔꿈치로 슬쩍 찌르다; 조금씩 밀다; 주의를 끌다; 자극하다; 가까이 가다; …을 조금씩 밀다(움직이다) nudge
dümsükləmək *fe.* ① 팔꿈치로 슬쩍 찌르다; 조금씩 밀다; 주의를 끌다; 가까이 가다 nudge, prod, hit, stroke ○ **vurmaq**, **itələmək**, **dürtmələmək**; ② 엿보다, 동정을 살피다; 파고들다, 캐다, 조사하다; nose, pry, examine
dümsüklənmək *fe.* 살짝 찌르다, 조금씩 밀다 be nudged
dün ☞ **dünən**
dünən *i.* 어제, 어저께 yesterday; **~ gecə** *i.* 엊저녁 last night; **~ səhər** *i.* 어제 아침 yesterday morning; **~ki** *si.* 어제의, 어제 있었던 yesterday's, of yesterday ○ **dünkü**; **~ yağış** *i.* 어제 내린 비 yesterday's rain
dünya *i.* ① 세상, 세계, 지구, 현세 earth, globe, world, universe ○ **kainat**, **aləm**; **~ müharibəsi** *i.* 세계 대전 world war; **~ bazarı** *i.* 세계 시장 world market; **~ miqyasında** *z.* 세계에 견줄 규모의 on a world scale; **~ əhəmiyyətli hadisə** *i.* 세계적으로 중요한 행사 event of world importance; **~ çempionatı** *i.* 세계 대회, 세계 선수권 world championship; **~nın yaranması** *i.* 천지의 창조 the origin of the universe; **bütün ~da** *z.* 모든 세상에 all over the world; **~nın sonu** *i.* 세상의 끝에 the end of the world; **~sını başına dar etmək** *fe.* (누구를) 문제로 끌어들이다 lead *smb.* to trouble; **~ya gəlmək** *fe.* 세상에 태어나다 be born; **~nı bir yerə yığmaq** *fe.* 혼란을 초래하다 set up a clamour; **~dan bixəbər olmaq** *fe.* 세상 물정을 모르다 be ignorant, know nothing about the world around; **~nı başına almaq** *fe.* 소동을 일으키다 make a noise, make a row; **~nın qurtaran yerində; ~nın o başında** *z.* 세상 저편에 on the other side of the world, at the world's end; **hər iki ~da** *i.* 이생과 내생에 in this world and next; **~larca** *z.* 무한대로, 무제한으로 infinitely, limitlessly; **bir kəsə ~larca minnətdar olmaq** *fe.* 한없는 감사를 표하다 be infinitely obliged to *smb.*; **bir kəsə ~larca hörmək etmək** *fe.* 무한정 존경하다 respect *smb.* infinitely; **~sında** *z.* 세상에, 결단코 never; ***Mən bunu dünyasında yaddan çıxarmayacağam.*** *결코 잊지 않을 것이다. I'll never forget it.*
dünya-aləm *i.* 세상 천지 whole world
dünyabaxışı *i.* 세계관, 가치관 world-view, world outlook
dünyagörmüş *si.* 경험한, 지혜로운, 정통한, 세상 물정에 밝은 experienced, adept, world wise ○ **təcrübəli**, **müdrik**
dünyagörüşü *i.* ① 세계관, 인생관, 사회관 world view; ② 정신 세계의 조망, 전망 outlook, range of vision, mental outlook; **siyasi ~** *i.* 정치적 조망 political view; **geniş ~ olan adam** *i.* 넓은 세계관을 가진 사람 broad minded person
dünyəvi *si.* 세속적인, 속세의, 이세상의, 세상 물

정에 밝은 earthly, worldly, worldly-wide, secular; ~ **şöhrət** *i.* 명성, 명예 world-wide fame; ~ **kədə** *i. lit.* 비관적 세계관, 염세; 감상적 비관론 Weltschmerz

dünyəviləşdirilmək *fe.* 세속화되다, be secularized

dünyəviləşdirmə *i.* 세속화 secularization

dünyəviləşdirmək *fe.* 세속화시키다 secularize

dünyəvilik *i.* 세속적임 worldliness

dürr *i.* 진주 jewel, gem, precious stone ○ **inci, mirvari: ağızdan ~ tökmək** *fe.* 유창하고 학식 있게 말하다 speak eloquently and wisely

dürdanə *i.* 진주, 알 진주 pearl, seed pearl; ~ **axtaran** *i.* 진주 모으는 사람 pearl diver

dürək *i.* (동식물의) 잡종; (특히) 잡종의 개, (경멸적) 튀기, 혼혈아 mongrel, half-breed; Métis

dürəng *si.* ① 이색(二色)(성)의; (동물) 이색을 띠는; *tib.* 이색성 색각(色覺)의 two-coloured, dichromatic; ② 두 얼굴의, 이중적인 double-faced, two-face, hypocritical

dürənglik *i.* ① 이색성 state of being two-coloured; ② 양면성, 이중성 double-facedness, hypocrisy

dürgələmək *fe.* 싸다, 감다, 두르다 wrap, roll

dürgələnmək *fe.* (스스로) 감다, 싸다, 두르다 be rolled/wrapped up

dürlü I. *i.* 형태, 종류 type, kind, sort ○ **cür, növ**; II. *si.* 다양한, 서로 다른 various, different ○ **cürbəcür, növbənöv, çoxlu**; ~ -~ *si.* 여러 가지의, 서로 다른 various, different; ~ **fikirlər** *i.* 다양한 생각 various thoughts

dürmək *i.* 얇은 빵에 말아 감은 샌드위치 rolled sandwich

dürtmə *i.* 찌르기, 밀치기 jab, hit, poke ○ **dümsük,**

dürtmək *fe.* ① 찌르다, 밀어 넣다, 밀다 poke, thrust, slip, push in, shove ○ **soxmaq, yerləşdirmək** ● **çıxartmaq**; **bir şeyi cibinə ~** *fe.* 호주머니에 무언가를 집어넣다 thrust *smt.* into pocket; ② 음식으로 배를 잔뜩 채우다 stuff oneself with food, tuck in

dürtmələmək *fe.* 찌르다, 쑤시다 prod, push, shove ○ **dümsükləmək, dürtmək**

dürtülmək *fe.* ① 밀리다, 찔리다 be poked/pushed; ② 집어 넣다, 쑤셔 넣다 plunge into, elbow one's way; **camaatın arasına ~** *fe.* 사람들 사이로 밀어 넣다 plunge into the crowd

dürtüşdürülmək *fe.* 쑤셔 넣어지다, 채워 넣어지다 be stuffed/shoved carelessly and roughly

dürtüşmək *fe.* 서로 밀치다, 서로 밀어 넣다 plunge all together

dürüst I. *i., si.* 옳은, 정직한, 투명한, 곧은, 정확한 correct, honest, straight, exact, right, precise ○ **doğru, düzgün** ● **səhv**; II. *z.* 정확하게, 엄밀하게 precisely, correctly, exactly; **yeganə ~ yol** *i.* 유일한 옳은 길 the only true way; ~ **cavab** *i.* 옳은 대답 correct answer; **sözləin ~ işlədilməsi** *i.* 언어의 올바른 사용 right use of words; ~ **ünvan** *i.* 옳은 주소 right address; ~ **tərcümə** *i.* 정확한 통역/번역 exact translation; ~ **mə'na** *i.* 정확한 뜻 the precise meaning

dürüstləşdirmək *fe.* (문제 등을) 밝히다, 명료하게 하다, 설명하다, (의미·견해 따위를) 분명하게 하다, 해명하다 specify, clarify, elucidate, make clear ○ **dəqiqləşdirmək, aydınlaşdırmaq; mə'lumatı ~** *fe.* 그 정보를 보다 확실히 설명하다 make the information more exact

dürüstləşmək *fe.* 더 정확하게 되다 become more exact/precise

dürüstlük *i.* ① 곧음, 청렴(강직), 정확, 엄밀; 정밀(도) uprightness, precision, exactitude ○ **düzlük, doğruluq, dəqiqlik**; ② 참됨, 옳음 truth, righteousness ○ **həqiqilik, gerçəklik, səhihlik**

düstur *i.* 식; *mat.* 공식; *kim.* 화학식 formula; ~ **vasitəsilə ifadə etmək** *fe.* 식으로 표현하다 express by a formula, formulate

düsturlaşdırmaq *fe.* 식으로 쓰다 formulate

düşbərə *i.* 뒤쉬베레 (작은 만두 국 같은 아제르바이잔 음식) Azerbaijani soup with meat dumplings

düşərgə *i.* 천막; 주차장 camp, parking lot (for car) ○ **yurd, mənzil, duracaq, dayanacaq**; ~ **salmaq** *fe. mil.* 진을 치다, 야영하다(시키다), 주둔시키다 pitch a camp, encamp; **~də yaşamaq** *fe.* 천막 생활을 하다 camp out; **yay ~si** *i.* 여름 캠프, 수련회 summer camp; **ölüm ~si** *i.* 죽음의 수용소(아우슈비츠 등의) death camp; **hərbi ~** *i.* 군대 막사, 군대 야영 army camp; **hərbi əsirlər ~si** *i.* 수용소 prison camp; **idman ~si** *i.* 운동 캠프 sport centre

düşərli *si.* 유용한, 이익을 가져오는 useful, beneficial, health-giving ○ **xeyirli, faydalı**

düşkün I. *i.* (무엇에) 빠진 사람, 사랑에 빠진 사람 man who has weakness for *smt.*, lover; **təbiət ~ü** *i.* 자연주의자, 자연에 빠진 사람 nature-lover, lover of nature; **pul ~ü** *i.* 돈에 빠진 사람 greedy for money; **arvad ~ü** *i.* 여자에 빠진 사람 ladies' man; **şəhvət ~ü** *i.* 성 중독자 sexy person; II. *si.* ① 비참한, 불행한 miserable, unfortunate ○ **yazıq, bədbəxt, zavallı** ● **bəxtəvər**; ② 연약한, 병약한 weak, sick ○ **zəif, cansız, üzgün, xəstə** ● **gümrah**; ③ 종속된, 얽매인 subjected ○ **mütəla, düçar**; ④ 야비한, 비도덕적인 demoralised, humble, obscure ○ **rəzil, alçaq** ● **vicdanlı**; ⑤ 가난한, 빈약한 poor ○ **yoxsul, kasıb, fəqir**; **~ vəziyyətdə olmaq** *fe.* ~때문에 침울하다, 우울하다 be in depressed, be in blues

düşkünləşmək *fe.* ① ~에 대해 연약하다, ~에 대한 사랑에 빠지다 have weakness for/greedy for ○ **öyrəşmək, aludələşmək**; ② 연약해지다, 쇠잔해지다 become weak, grow old and feeble ○ **zəifləmək**; ③ 가난해지다, 빈한해지다 get poor ○ **yoxsullaşmaq, kasıblaşmaq, fəqirləşmək**

düşkünlük *i.* ① 의기소침, 침울, 우울; *tib.* 울병(鬱病), 우울증 depression, apathy; *col.* blues; **~dən əziyyət çəkmək** *fe.* 우울증으로 고생하다 suffer from the blues; **ruh ~lüyü** *i.* 기분이 저하됨 low spirit ② (~에 대한) 열정, 열망 passion (for), greediness ○ **mübtəlalıq, aludəlik**; ③ 쇠약함, 연로함 old age, feebleness

düşmə *i.* 떨어짐, 슬럼프, 악화, 저하, 하락 falling, dropping, slump, going (out, down), cutting, lowering, deterioration

düşmək *fe.* ① 떨어지다, 낙하하다; (꽃·잎이) 지다, (머리털이) 빠지다, (물가·수은주 따위가) 하락하다, 내리다, (수량 따위가) 감소하다; (목소리가) 낮아지다 fall, drop ○ **enmək, tökülmək**; **dalı /arxası üstə ~** *fe.* 뒤로 넘어지다, 자빠지다 fall on one's back; **qatardan ~** *fe.* 기차에서 내리다 alight from the train; **ruhdan ~** *fe.* 낙심하다, 낙담하다 lose courage/heart; **əldən ~** *fe.* 지치다, 녹초가 되다 be exhausted; **məhkəməyə ~** *fe.* 재판에 이르다 be brought to trial; **əsir ~** *fe.* 포로로 잡히다 be taken as a prisoner; **dərdə ~** *fe.* 슬픔에 빠지다, 어려움에 빠지다 get into trouble, come to grief; **təşvişə ~** *fe.* 공황(恐慌)에 휩쓸리다, 황당한 일을 당하다 become panic-stricken; **yola ~** *fe.* 길을 떠나다 set off, start, leave, depart; **işi ~** *fe.* 어떤 일을 처리하게 되다 have to do *smt.* with, have dealing with; **gözdən ~** *fe.* 불명예를 당하다, 망신을 당하다 fall into disgrace, get disrespectful; **dillərə ~** *fe.* 구설수에 오르다, 사람들의 입에 오르내리다 fall into disrepute, become notorious; ② 가라 앉다, 내려가다, 넘어지다, 무너지다 come down, descend, get off, collapse, sink ○ **yıxılmaq**; ③ (말·탈것에서) 내리다, 하차하다, 배에서 내리다 alight, land (from ship); ④ (기차가) 탈선하다 run off (from rails); put up at, stop at (hotel); ⑤ (인기 따위가) 떨어지다 be defamed, be unpopular; ⑥ (온도가) 떨어지다 subside (heat); **bir kəsin oduna ~** *fe.* 어떤 일로 고통 당하다 suffer for *smb.*; ***Gecə düşdü.*** *밤이 오다. Night fell.*; ***Sizin odunuza düşmüşəm.*** *내가 당신 때문에 고통받고 있소. I suffer for you.*

düşmən *i.* 적, 원수; 적군, 적대자, 적수, 경쟁 상대, 대항자 enemy, foe, adversary ○ **yağı** ● **dost, həmdəm**; **qatı ~** *i.* 철천지원수 bitterest enemy; **~cəsinə** *z.* 적의를 가지고, 원수처럼, 박정하게 unfriendly, as an enemy, with animosity

düşmənçilik *i.* 증오, 적의(敵意), 적개심; 불화, 반목 enmity, hostility ○ **düşmənlik**; **~ hissləri** *i.* 적개심, 증오 feelings of hostility; **~ etmək** *fe.* 다투다, 싸우다 quarrel, be at war

düşmənlik *i.* 증오, 적의(敵意), 적개심; 불화, 반목 hostility, animosity, enmity ○ **ədavət, yağılıq** ● **aşınalıq**

düşub-qalmaq *fe.* 오랫동안 머물다 stay for long time

düşük *si.* ① 조산한, 때 이른 prematurely born, premature; **~ uşaq** *i.* 조산아 premature born child; ② 기 꺾인, 풀 죽은 downcast; **~ çiyin** *i.* 처지 어깨 downcast shoulder; ③ 부적절한 언사, 경우에 맞지 않는 말 talking out of place/out of point/ineptly ○ **alçaq, dəyərsiz, qüsurlu, biçimsiz, nöqsanlı**

düşüklük *i.* ① 조숙함, 시기 상조 state of being premature; ② 기가 꺾임, 풀 죽음 state of being downcast; ③ 경우에 맞지 않는 말을 하는 성격

character of talking out of point ○ **dəyərsizlik, yöndəmsizlik, qüsursuzluq**
düşüm *i.* 적합성, 일치, 상사(相似), 조화, 부합 conformity, correspondence ○ **uyğunluq, münasiblik, yaraşıq**
düşümlü *si.* 부합하는, 적합한, 일치된, 조화된 conformable, corresponding, appropriate ○ **uyğun, münasib, yaraşıqlı**
düşümlülük *i.* 적합, 일치; 상사(相似), 유사; 준거, 복종; 순응주의 conformity, correspondence ○ **uyğunluq, münasiblik, yaraşıqlılıq**
düşümsüz *si.* 부적당한, 온당치 않은 inappropriate, unsuitable ○ **uyğunsuz, münasibsiz, yaraşıqsız**
düşümsüzlük *i.* 부동, 부등, 불균형, 불일치; 상위 disparity, lack of correspondence ○ **uyğunsuzluq, münasibsizlik, yaraşıqsızlıq**
düşüncə *i.* 생각, 사고(思考), 명상(瞑想), 묵상(默想), 사려(思慮), 고려(考慮), 반성(反省), 숙고(熟考), 분별력, 감각 thought, meditation, consideration, reflection, sense ○ **xəyal, fakir, anlaq, şüur, dərrakə; sağlam ~nin əleyhinə** *z.* 상식 외로, 상식 밖의 contrary to common sense; **~yə qərq olmaq** *fe.* 깊은 생각에 잠기다, 깊은 생각에 빠지다 be lost deep in thought, be plunged in meditation
düşüncəli *si.* ① 분별 있는, 사리를 아는, 이치에 맞는, 현명한, 재치 있는 reasonable, wise, clever, sharp, quick-witted ○ **anlaqlı, şüurlu, dərrakəli, ağıllı, mə'rifətli, fərasətli; ~ uşaq** *i.* 영리한 아이 a clever child; ② 생각에 빠진, 오매 불망의 thoughtful ○ **dalğın, fikirli, qayğılı; ~ baxışlar** *i.* 생각에 잠긴 모습 thoughtful looks
düşüncəlilik *i.* ① 분별력, 영리함, 예리함, 재치 있음 cleverness, brightness, sharpness, quick-wittedness ○ **anlaqlılıq, şüurluluq, dərrakəlilik, mə'rifətlilik, fərasətlilik**; ② 사려 깊음, 숙려, 동정, 참작, 헤아림, 양심적임, 성실함, 배려 thoughtfulness, consideration, regard, conscientiousness
düşüncəsiz *si.* ① 이해가 더딘, 머리가 둔한 slow-witted ○ **ağılsız, dəli, gic**; *col.* 우둔한, 이해가 느린, 아둔한 dense; ② 사려 없는, 비합리적, 무분별한 thoughtless, unreasonable ○ **anlaqsız, şüursuz, dərrakəsiz, fərasətsiz; ~ hərəkət** *i.* 무분별한 행동 an unconscious action
düşüncəsizlik *i.* ① 아둔함, 이해가 더딤 slow-wittedness ○ **ağılsızlıq, dəlilik, giclik**; ② 사려가 깊지 않음, 무분별함, 몰상식, 부적절함, 무책임함 thoughtlessness, unconsciousness, irresponsibility, unaccountability ○ **anlaqsızlıq, şüursuzluq, dərrakəsizlik, fərasətsizlik**;
düşündurmək *fe.* ① 생각 나게 하다, 생각 하게 하다 remind, cause *smb.* to think; ② 걱정을 끼치다, 근심하게 하다, 불안하게 하다 give *smb.* anxiety, make uneasy
düşünə-düşünə *z.* 의식적으로, 신중히, 일부러 consciously, deliberately
düşünmə *i.* 반성, 회고 reflection ○ **fikirləşmə, anlama**
düşünmədən *z.* 사려 없이, 생각 없이, 경솔하게, 분별없이, 성급하게 headlong, rashly, without thinking; **~ danışmaq** *fe.* 경솔히 말하다, 분별없이 말하다, 성급하게 말하다 speak rashly/without thinking
düşün | mək *fe.* 생각하다, 숙고하다, 궁리하다, 고안하다, 고찰하다, 암시하다, 추론하다, 곰곰이 생각하다 think (of, about), cogitate, consider, imply, reason, view, reflect ○ **fikirləşmək, anlamaq; ~üb -daşınmaq** *fe.* 곰곰이 생각하여 말하다, 숙고하여 말하다 think over and over; turn over in one's mind; ponder over
düşünülmək *fe.* 고려되다, 배려되다, 살펴지다 be considered, be thought over
düşünülmüş *si.* 고려된, 숙고된, 잘 배려된 의향으로 deliberate, considered, with deliberate intent; **~ qərar** *i.* 숙고된 결정 considered decision
düşünülməmiş *si.* 헤아림(생각)이 없는; 분별이 없는, 경솔한; 예의 범절을 모르는 inconsiderate
düşünüşmək *fe.* 불화하다, 사이가 나쁘다, 반목하다 be on bad terms (with), have a feud (with), take hostility ● **dostlaşmaq**
düşürdülmək *fe.* ① 떨어 뜨려 지다, 내려지다 be taken/dropped down; ② 내려지다, 내리도록 도움을 받다 be alighted, be assisted in alighting
düşürmək *fe.* 내려뜨리다, 내리도록 돕다, 떨어뜨리다 take away, take down, assist/help *smb.* down, set down; drop ○ **endirmək, devirmək, salmaq**;
düyə *i.* 어린 암소 heifer

D

düym *i.* 인치 inch

düymə *i.* 단추, 단추 모양의 물건 button; **~ləri açmaq** *fe.* 단추를 풀다 unbutton; **~ bağlamaq** *fe.* 단추를 잠그다 button up

düyməçə *i.* ① 봉오리, 싹 bud; ② 작은 단추 button (small) ○ **düymə**; ③ 버튼 (전기 스위치) button (electric); ④ 압정, 납작한 못 tack, push pin

düymək *fe.* 묶다, 꿰매다 tie, zip, stitch ○ **ilgəkləmək, düyünləmək, bağlamaq, calamaq**

düymələmək *fe.* 단추를 끼우다, 단추로 잠그다 button, joint ○ **bağlamaq, qovuşdurmaq** ● **açmaq**

düymələnmək *fe.* (자신의) 단추를 잠그다 button oneself up, be buttoned up ○ **bağlanmaq, qovuşdurulmaq**

düyməli *si.* ① 단추가 달린, 단추로 묶는 buttoned; ② 묶인, 닫힌, 잠긴 tied, jointed ○ **bağlı** ● **açıq**

düyü *i.* 쌀, 밥, 벼 rice; **~ şorbası** *i.* 쌀죽 rice-soup; **~ sıyığı/yayması** *i.* 쌀죽 rice porridge; **~ kağızı** *i.* 얇은 고급 종이, 라이스페이퍼 (베트남식 식사에서 싸 먹는 얇은 종이 모양의 음식) rice paper

düyüçü *i.* 쌀 농사 짓는 사람, 미농(米農) rice-grower

düyülmək *fe.* 단추로 잠기다, 매듭으로 묶여지다 be tied up, get into a knot; ***Onun qaşları düyüldü.*** *(생각이나 화가 나서) 눈썹을 찡그렸다. His eyebrows knitted.*

düyümləmək ☞ **düyünləmək**

düyümlü ☞ **düyünlü**

düyün1 *i.* 묶음, 매듭, 고리 bundle, knot, loop, tie; **~ vurmaq** *fe.* 고리로 매다 loop; **~ü açmaq** *fe.* 매듭을 풀다 undo a knot; **~ü boşaltmaq** *fe.* 매듭을 늦추다 loosen a knot

düyün2 *i.* ① 혼례, 결혼식 wedding ○ **toy, şənlik** ● **yas**; ② 흥겹게 떠들기, 환락, 명랑 merriment, mirth, merry-making

düyünçə *i. dim.* 작은 매듭, 작은 꾸러미 small knot, small parcel

düyünçələmək *fe.* 꾸러미를 만들다 parcel up

düyünçələnmək *fe.* 꾸러미로 만들어지다 be parceled up

düyün-düyün ☞ **düyünlü**

düyünləmək *fe.* 매듭으로 묶다, 팽팽하게 죄다 tie, string, knot, tighten ○ **bağlamaq** ● **açmaq**; **yumruğunu ~** *fe.* 주먹을 쥐다 make a fist, clench one's fist

düyünlənmək *fe.* ① (스스로) 꽉 죄여 묶다 be tightened ○ **bağlanmaq**; ② 복잡해지다, 비꼬이다, 어려워지다 be diverted, be complicated ○ **dolaşmaq, mürəkkəbləşmək, çətinləşmək**

düyünlü *si.* ① 매듭 진, 매듭으로 묶여 진 knotty ○ **bağlı** ● **açıq**; ② 복잡한 gnarled, complicated ○ **dolaşıq, mürəkkəb**; ③ *fig.* 슬픈, 어려움에 빠진 sad, sorrowful ○ **yaslı**; ● **şad**

düz I. *i.* 평지, 평야, flat, plain; ○ **çöl, düzənlik**; **~də** *z.* 평지에 on the flat; **~də qoymaq** *fe. fig.* 운명의 자비에 맡겨지다 leave to the mercy of fate; II. *si.* ① 편평한, 납작한, 평탄한, 명백한, 분명한 even, straight, plain, flat ○ **hamar** ● **nahamar**; **~ xətt** *i.* 직선 straight line; **~ yer** *i.* 편평한 땅, 평지 plain ground, flat place; ② 정확한, 똑바른, 옳은 accurate, correct, right, sound ○ **doğru** ● **yanlış**; **~ qərar** *i.* 옳은 결정 sound decision; **~ bucaq** *i.* 직각 right angle; **~ cavab** *i.* 정답 right answer; **~ vaxt** *i.* 적시 right time; ③ 정직한, 성실한 honest ○ **doğru, namuslu, vicdanlı, hiyləsiz**; **~ adam** *i.* 정직한 사람 honest man; III. *z.* 직선적으로, 직접적으로, 정밀하게, 정확하게 straightly, sharply, precisely, exactly ○ **sərrast, dik** ● **əyri**; **~ oturmaq** *fe.* 똑바로 앉다 sit up straight;**~ danışan** *si.* 직선적으로 말하는 straight forward (speaking); **~ sahə** *i.* 평지, 평원 plane; **~ tə'yin edilmiş vaxtda** *z.* 정확한 시간에 to the very moment; **~ yoldan döndərmək** *fe.* 유혹하다, 현혹시키다, 꾀다 mislead; **~-dünya** *z.* 세상 어디든지 everywhere all over the world; **~-düzünə** *z.* 정직하게, 솔직히 straight, point-blank, frankly; **~ demək** *fe.* 솔직하게 말하다 speak frankly (openly)

düzbucaq *i. riy.* 직사각형 rectangle

düzbuzaqlı *si.* 직각의 right-angled; **~ üçbucaq** *i.* 직각 삼각형 right-angled triangle

düzdürülmə *i.* ① 정정, 수정, (틀린 것을) 바로잡기; 첨삭; 교정(校正) correction; ② 평평하게 하기, 땅 고르기, 정지(整地); 고저(수준) 측량; 균일화, 평준화 smoothing, leveling; ③ 수리, 수선; 수리 상태 repairing, mending

düzdürülmək *fe.* ① 정정되다, 교정되다 be corrected; ② 평탄케 되다, 고르게 되다 be straightened, be smoothed/leveled; ③ 질서 있게 되다, 정돈되다 be put in order, be set in order; ③ 고쳐 지다 get fixed; **işə ~** *fe.* 직장에 고용되다 get up in a job

düzək *i.* 꾸밈, 장식; 장식품 decoration, adornment, ornamentation ○ **yaraşıq, bəzək**

düzəkli *si.* 꾸며진, 장식된, 정돈된 decorated, adorned, aligned, equalized ○ **yaraşıqlı, bəzəkli**

düzəldilmək *fe.* 고쳐지다, 해결되다, 만들어지다 be corrected, be made, be settled

düzəliş *i.* ① 교정, 수정 correction; ② 변경, 개선 amendment; **~ etmək** *fe.* 변경하다, 개정하다, 수정하다 amend, revise, make alterations; **~ vermək** *fe.* 교정하다, 수정하다 emend

düzəlişdirmək *fe.* ① 교정하도록 하다, 일을 정돈하도록 오게 하다 help to come to arrange matters; ② 고치도록 요청하다/명하다 ask *smb.* to correct

düzəlişmə *i.* 공모, 협상 bargain, collusion, deal, understanding

düzəlişmək *fe.* ① (서로) 동의하다, 승인하다 agree with one another, arrange matters; come to an agreement/understanding ○ **razılaşmaq**; ② 고치다, 교정하다 correct, repair ○ **tarazlaşmaq** ● **pozuluşmaq**

düzəlmək *fe.* ① 세우다, 만들다 built up, make ○ **qurulmaq**; ② 정리하다, 정돈하다 set in order, settle ○ **nizamlamaq**; ③ 일으키다, 세우다 erect, raise ○ **filmlike, qalxmaq** ● **əyilmək**;

düzəlməz *si.* 고칠 수 없는, 나아질 수 없는, 회복할 수 없는, 치명적인 irreparable, irremediable, irretrievable, fatal; **~ səhv** *i.* 결정적인 실수, 치명적인 실수 fatal mistake

düzəltmə *si.* 인위적인, 위조의, 가짜의 artificial, bogus, false

düzəltmək *fe.* ① 고치다, 교정하다, 수정하다, 개정하다 correct, rectify, emend, revise; **səhvi ~** *fe.* 실수를 바로잡다 correct a mistake, set right; ② 곧게 하다, 고르게 하다, 편평케 하다 straighten, make even, smooth; **yol ~** *fe.* 길을 고치다 level a road; **belini ~** *fe.* 허리를 곧 바로 하다 smooth one's back; ③ 맞추다, 조정하다, 조절하다 put right, adjust; **saatı ~** *fe.* 시계의 시각을 맞추다 adjust a watch; ④ 고치다, 수리하다, 보수하다 repair, reform, remedy; ⑤ 제작하다, 만들다, 짓다, 제조하다, 조립하다 form, make, construct, fabricate ○ **yaratmaq, qayırmaq, hazırlamaq, quraşdırmaq, qurmaq** ● **dağıtmaq**; **cümlə ~** *fe.* 문장을 만들다, 문장을 짓다 construct a sentence; **stol ~** *fe.* 테이블을 만들다 make a table; ⑥ 놓다, 배열하다, 바로잡다, 준비하다 place, arrange, fix up, set up, get; **xəstəni xəstəxanaya ~** *fe.* 환자를 병원에 입원시키다 get a sick man into hospital; **uşağı məktəbə ~** *fe.* 아이를 학교에 입학시키다 place child in school; **işə ~** *fe.* 직장에 취직시키다 get *smb.* a job; ***Üzündən düzəltmə, necə var elə de.*** *겉치레만 꾸미지 말고, 있는 대로 말해. Don't fabricate, say as it is.*

düz-əməlli *z.* 알맞게, 버젓이, 적절히, 어울리게 decently, properly, becomingly; **~ geymək** *fe.* 어울리게 옷을 입다 dress decently

düzən *i.* 평원, 저지(低地) lowland, plain ○ **çöl**

düzəngah(lıq) ☞ **düzənlik**

düzənlik *i.* 저지, 평원, 평야 lowland, plain, flat ○ **çöllük**

düzənmək *fe.* 차려 입다, 옷을 잘 입다 dress, make up oneself ○ **bəzənmək, geyinmək**

düzgü *i.* 구성, 조직, 구조, 조직적 방식 method, formation

düzgün *si.* 적절한, 알 맞는, 공평한 proper, fair ○ **doğru** ● **yalan**

düzgünləşdirmək *fe.* ① 정돈하다, 고치다, 바로 잡다 make exact/correct/right, put in order; ② 수리하다 repair

düzgünləşmək *fe.* 옳게 되다, 바로 되다 become correct/right

düzgünlük *i.* ① 올바름, 공정함, 바름, 정직함 trustfulness, straightforwardness, uprightness, fairness; ② 정확함, 단정 correctness, rightness; **seçilmiş yolun ~yü** *i.* 택한 길의 정확함 correctness of the chosen path ○ **doğruluq**

düzxətli *si.* 직선의, 직선으로 둘러싸인, 직진하는, 똑바른 rectilinear, straightforward

düzxətlilik *i.* 선의 곧음, 똑바름 straightness of line

düzqamət(li) *si.* 날씬한, 몸매 좋은, 미끈한 slender, slim, svelte; **~ gənc qız** *i.* 날씬한 젊은 여자 a slender young girl; **~ qadın** *i.* 날씬한 여자 a svelte woman

düzqamətlilik *i.* 날씬함, 호리호리함 slender-

D

ness, slimness

düzqəlbli *si.* 일편 단심의, 곧은 마음을 가진, 정직한 single-hearted, straight forward, frank

düzqəlblilik *i.* 정직함, 곧은 마음 straight-forwardness, single-heartedness

düzləmək *fe.* ① 편평하게 하다, 고르게 하다 level, make even/plane/smooth; **torpağı ~** *fe.* 땅을 고르다 level the ground; ② 완전히 무너뜨리다 raze to the ground ○ **hamarlamaq**

düzləndirici *i.* 개정(수정)자, (전기) 정류기(整流器); *kim.* 정류기(精溜器) rectifier

düzlənmək *fe.* ① 편평하게 되다, 고르게 되다 be leveled, be mad even, become leveled, be razed to the ground; ② 곧게 하다, 나란히 하다 form, draw up, take up formation; ***Düzlən!*** *나란히! Fall in!*

düzləşdirilmək *fe.* ① 고르게 되다 be leveled, be made even; ② 곧게 펴지다 be straightened; ③ 조정되어지다, 교정되어지다 be rectified

düzləşdirmək *fe.* ① 고르게 하다, 편평하게 하다 make even, level; ② 곧게 하다 straighten; ③ 교정시키다, 고치게 하다 rectify

düzlük *i.* ① 평원, 평지; 편평함 plainness, flatness, flat place; ② 정직함, 올바름, 곧음 honesty, uprightness, trustfulness ○ **doğruluq, vicdanlılıq, sədaqət, namusluluq, təmizlik** ● **əliəyrilik, riyakarlıq**; ***Düzlük ən yaxşı siyasətdir.*** (*ata. s.*) *정직이 최상의 정책이다. Honesty is the best policy.*

düzmə *i.* ① 배열, 정리 정돈 stringing, threading, arrangement ○ **yerləşmə, sıralama**; ② 조립하기, 세우기 constructing, building ○ **qurma, düzəltmə**; ③ 교활함, 사악함 wickedness, cunning ○ **kələk, hiylə, fırıldaq**

düzmək *fe.* ① 실에 꿰다 thread, string; ② 모양을 만들다, 정렬 시키다, 세우다 form up, draw up ○ **qurmaq, düzəltmək** ● **dağıtmaq**; **cərgəyə ~** *fe.* 기둥 모양으로 만들다 form in column; ③ 배치하다, 배열하다 place, arrange ○ **yerləşdirmək, sıralamaq; kitabları şkafa ~** *fe.* 책을 책장에 정돈하다 place/arrange books in a bookshelf

düznəqulu I. *i. si. col.* 정직한, 솔직한 candid, frank; **~ adam** *i.* 정직한 사람, 공정한 인물 candid man; II. *z.* 솔직히, 공공연히, 숨김없이 candidly, frankly, openly; **~ danışmaq** *fe.* 솔직하게 말하다, 내놓고 말하다 speak frankly

düzü *interjection.* 진실로, 참으로 to tell the truth, truthfully ○ **doğrusu**; ***Düzü, mən sizi gözləmirdim.*** *사실은 말야, 너를 기대하진 않았다. To tell the truth, I didn't expect you.*

düzülmək *fe.* ① 실에 꿰이다 be strung/threaded; ② 배열되다, 배치되다 be placed/arranged; ③ 형성되다 be formed

düzülü *si.* ① 실에 꿰인 strung, threaded; ② 정리 정돈된 placed, arranged in order

düzülüş *i.* ① 순서, 배열 order; **sözlərin ~ü** *i.* 단어의 배열, 순서 order of words, word-order; ② 배열, 배치 disposition, arrangement

düzülüşmək *fe.* 정렬하다, 줄을 세우다 draw up, form, line up

düzüm *i.* 형태, 줄, 구성, 조직 formation, row ○ **sıralanma, sıra**

düzünə *z.* ① 곧바로, 직선적으로 straightly ○ **düz** ● **çəpəki**; **~ getmək** *fe.* 똑바로 가다 go straight; ② 정직하게, 솔직하게, 숨김없이 frankly, openly, bluntly ○ **doğru**; **~ danışmaq** *fe.* 솔직히 얘기하다, 허심탄회 얘기하다 say frankly/openly

düzürəkli *si.* 곧은 마음을 가진, 정직한 마음을 가진, 일편 단심의 single-hearted, frank, straightforward

düzürəklilik *i.* 일편 단심, 정직함, 진솔함, 곧은 마음을 가짐 single-heartedness, straightforwardness, frankness

düzvuran *i.* 사격수, 저격수 sniper, sharpshooter

dvoryan *i.* 상류층, 귀족 nobleman, noble, member of gentry

dvoryanlıq *i.* 고귀, 숭고, 고결함 nobility, gentry, nobleness

dzyudo *i. idm.* 유도 judo

dzyudoçu *i. idm.* 유도 선수 judoist

E·e

e'caz *i.* 기적, 경이, 놀라운 일 miracle, wonder, marvel ○ **xariqə**
e'cazkar I. *i.* 마술사, 요술쟁이 magician, thaumaturge, wonder-worker; **~lıq** *i.* 신기함, 기적적임, 기기묘묘 miraculousness; II. *si.* 기적적인, 신기한, 기기묘묘한 miraculous, lovely, marvellous; ○ **əcaib, qəribə, xariqüladə; ~ca(sına)** *z.* 신기하게, 경이롭게 miraculously, wonderfully
e'dam *i.* 처형, 사형 execution, capital punishment; **~ etmək** *fe.* 처형하다, 사형에 처하다 execute, put to death ○ **ölüm**
edi *i.* 만가 (문학의 장르) elegy (genre of literature)
edilmək *fe.* 행해지다, 만들어지다 be done, be made; **zəbt ~** *fe.* 점유되다, 점용되다 be occupied
effekt *i.* 효력 effect
effektiv *si.* 효과적인, 효험이 있는 effective, efficacious
effektli *si.* 효과적인, 효과가 있는 effective, efficacious ○ **tə'sirli**; **~ metod** *i.* 효과적인 방법 effective method; **~ olmayan** *si.* 효과 없는 inefficient
effektlilik *i.* 효과, 효율성 effectiveness, efficiency ○ **tə'sirlilik**
Efiopiya 이디오피아 Ethiopia; **Efiopiyalı** *i.* 에티오피아인 Ethiopian
efir *i.* ① *kim.* 에테르, 에틸에테르 ether; **~ə çevirmək** *fe.* 알코올을 에테르화하다 etherify *kim.* ② 하늘, 창공; *col.* 라디오 방송 ether (詩); **~ə vermək** *fe.* 방송하다 put on the air, broadcast
efirli *si. kim.* 에테르의, 에테르 성분의 etheric
eh *nid.* 무엇!, 그렇지~! (실망을 나타냄) eh, oh, what a
əhkam *i.* ① *fəl.* 교리, 교의; 신조; 정론(定論), 정설, 정견(定見) dogma; **~ laşdırılmaq** *fe.* 교리화되다, 독단적인 주장이 되다 be dogmatized; **~ laşdırmaq** *fe.* 교리[정리]로서 주장하다; …을 독단적으로 말하다 dogmatise; ② *din.* 견해, 주의, 신조, 교리 tenet, doctrine; **~çı** *i.* 공론가 dogmatic person; dogmatist; doctrinaire, doctrinist
ehkamçılıq *i.* 교조주의 dogmatism
ehkampərəst ☞ **ehkamçı**
ehkampərəstlik ☞ **ehkamçılıq**
ehmal *si. z.* 주의 깊게, 세심히, 천천히 careful(ly), attentive(ly), slow(ly) ○ **sakitcə, astaca, üsulca** ● **cəld**; **~lıca; ~ca** *z.* 주의 깊게, 천천히 carefully, slowly; **~lı** *si. z.* 주의 깊게, 조심해서, 천천히 careful(ly), slow(ly), quiet(ly); ***Ehmallı olun!*** *조심하세요! Be careful!*; **~lılıq** *i.* 배려, 주의, 신중 care, caution, prudence; ○ **yavaşlıq, sakitlik, ehtiyatlılıq, üsulluluq** ● **cəldlik**; **~sız** *si.* 부주의한, 경솔한 careless, imprudent ○ **ehtiyatsız, üsulsuz**; **~sızlıq** *i.* 부주의, 몰지각 carelessness, imprudence ○ **ehtiyatsızlıq, üsulsuzluq**
ehram[1] *i.* 피라미드 pyramid ○ **piramida**
ehram[2] *i.* ① 순례자들이 걸치는 겉옷 (흰천을 두르듯 입음) pilgrim's robe; ② 큰 수건 big towel
ehramvarı *si.* 각추 모양의 pyramidal
ehsan *i.* ① 추도회, 기념 연회 funeral, repast, commemorative feast ○ **xeyrat**; ② 구호, 선행 alms, good deed
ehtikar *i.* 투기업자 speculator ○ **alverçi**
ehtikarlıq *i.* ① 부당 이득 취하기, 독직 행위 speculation, profiteering, jobbery ○ **alverçilik**; ② cornering; **~ etmək** *fe.* (주식, 토지 등에) 투기하다; 시세를 예측하고 사다 speculate
ehtimal *i.* ① 확률, 가능성 probability, likelihood, possibility ○ **mükünlük**; ② 가정, 추측

assumption, conjecture, supposition ○ **güman, təsəvvür, fərziyyə**; ~ **ki** *z.* 아마, 아주 개연성이 높게 probably, very likely; ~ **etmək** *fe.* 추측하다, 가정하다 assume, suppose; **hər ~a qarşı** *z.* 어쨌든, 확실하게 in any case, surely; **~la** *z.* 가정으로, 아마 supposedly, presumably

ehtimali *si.* 추정 가능한, 예상되는 probable, presumable; ~ **nəticə** *i.* 가능한 결과 probable result

ehtiram *i.* 명예, 존경, 존중 honour, respect, reverence, esteem ○ **hörmət, sayğı**; ~ **etmək** *fe.* 명예롭게 하다, 존경하다, 존중하다 honour, respect, esteem

ehtiramlı *si.* 정중한, 공손한, 공경하는 respectful, deferential ○ **hörmətcil, mə'rifətli, nəzakətli, qanacaqlı**

ehtiramlılıq *i.* 존경 respect, deference, respectfulness

ehtiramsız *si. z.* 예절이 없는, 무례한 disrespectful(ly), coarse(ly), rude(ly) ○ **nəzakətsiz, ədəbsiz, mə'rifətsiz, hörmətsiz; ~casına**

ehtiramsızlıq *i.* 무례함, 불경 rudeness, disrespect, coarseness ○ **nəzakətsizlik, ədəbsizlik, mə'rifətsizlik, hörmətsizlik**; ~ **göstərmək** *fe.* 무례하게 굴다, 불경스럽게 행동하다 show disrespect

ehtiras *i.* ① 열정, 갈망 passion, violent longing ○ **həvəs, eşq, şövq, meyl, şəhvət**; ② 자발성, 추세 willingness, tendency ○ **coşğunluq, vəcd, həyəcan**; ③ 정욕, 욕망 lust, desire ○ **şəhvət**

ehtirasla *z.* 열렬하게, 열정적으로 passionately, ardently, with passion ○ **coşğunluqla, eşqlə, həyəcanla**

ehtiraslı *si.* 열렬한, 관능적인, 뜨거운 passionate, fervent, sensual, sultry ○ **şəhvətli, həris, düşkün** ● **sönük**; ~ **qadın** *i.* 열정적인 여자 passionate woman; ~ **nitq** *i.* 정열적인 연설 passionate speech

ehtiraslılıq *i.* 열정 passion

ehtirassız *si. z.* 냉담한, 냉정한 impassive(ly), passionless(ly)○ **həvəssiz, şövqsüz, hərarətsiz**

ehtirassızlıq *i.* 냉담, 냉정, 침착 impassivity

ehtişam *i.* 사치품, 빛남, 웅대 luxury, splendour, grandeur ○ **təmtəraq, dəbdəbə, cəlal, əzəmət** ● **matəm**

ehtişamlı *si.* 화려한, 호화스러운 luxurious, splendid, magnificent ○ **təntənəli, dəbdəbəli, əzəmətli, möhtəşəm**

ehtişamlılıq *i.* 사치스러움, 호화로움 luxuriousness, splendour

ehtiva *i.* ~ **etmək** *fe.* 포옹하다, 얼싸안다 include, embrace

ehtiyac *i.* 필요, 빈곤 need, poverty, distress ○ **tələb, lüzum, gərəklik, yoxsulluq, kasıblıq**; **~ı olmaq** *fe.* 궁핍하다, 가난하다, 곤란에 처해 있다 be in want, need, be in need of, want, require; **~ı olan** *si.* 궁핍한 destitute; ~ **hiss etmək** *fe.* 부족을 느끼다 feel lack; ~ **olsa** *z.* 궁핍에 처한 때라도 in case of need; ***Ehtiyac yoxdur.*** *필요 없음! No need.*

ehtiyaclı *si.* 매우 가난한, 궁핍한 needy, indigent

ehtiyaclılıq *i.* 궁핍함 neediness

ehtiyacsız *si. z.* 부족함 없이, 잘 나가는 needless(ly), well to do

ehtiyacsızlıq *i.* 유복 being well to do

ehtiyat[1] *i.* 경고, 주의 discretion, precaution, caution; ~ **qapı** *i.* 비상구 emergency exit; ~ **tədbiri** *i.* 경고, 주의 precaution; ~ **görmək** *fe.* 주의를 기울이다 take precautions; ***Ehtiyat igidin yaraşığıdır.*** *ata.s. 주의는 안전의 부모이다. 조심은 용기의 대부분이다. Caution is the parent of safety. Discretion is the better part of valour.*

ehtiyat[2] I. *i.* 주식, 상점, 공급, 저장, 기금 reserve, stock, store, supplies, margin, hoard, fund ○ **tədarük**; II. *si.* 비축하는, 여분의 spare, reserving; ~ **toplamaq** *fe.* 모으다, 창고에 저장하다 stock, lay in stock; ~ **görmək** *fe.* 저장하다, 비축하다 store, hoard; ~ **görmə** *i.* 저장 storage; **tükənməz ~lar** *i.* 끝없는 공급 inexhaustible supplies; **~təkəri** *i.* 스페어 타이어 spare tire; **~da saxlama** *i.* 예비, 비축 reservation; **~da saxlamaq** *fe.* 예비하다, 비축하다 reserve; ~ **hissələr** *i.* 부품, 비축품 spareparts, spares

ehtiyatla *z.* 주의 깊게, 신중하게, 관심을 가지고 carefully, cautiously, with care

ehtiyatlanmaq *fe.* 조심하다 beware, be careful ● **cür'ətlənmək**

ehtiyatlı *si. z.* ① 주의 깊은, 신중한 cautious(ly),

careful(ly), prudent(ly) ○ **ehmallı, üsullu** ● **diqqətsiz**; ② 능숙한 skilful(ly); ~ **olmaq** *fe.* 조심하다 beware, mind; ***Ehtiyatlı ol!*** *조심하세요! Have a care! Be careful!, Look ahead, Mind the step!*

ehtiyatlılıq *i.* ① 조심성, 신중함 carefulness, cautiousness, prudence; ② 검소함, 절약성 thriftiness

ehtiyatla *z.* 온후하게, 신중히 gently, gingerly, reluctantly ○ **qorxa-qorxa, çəkinə-çəkinə, yavaş, asta, üsulluca** ● **cəsarətlə**

ehtiyatsız *si. z.* ① 부주의한, 무분별한, 무모한, 경솔한 heedless(ly), indiscreet(ly), rash(ly), reckless(ly), imprudent(ly) ○ **tədbirsiz, üsulsuz** ● **tədbirli**; ② 비축하지 않고, 여분 없이 without stock, without reserve ○ **tədarüksüz**;

ehtiyatsızca(sına) *z.* 부주의하게, 서투르게 carelessly, clumsily

ehtiyatsızlıq *i.* 부주의, 몰지각, 경솔 carelessness, imprudence, inconsideration ○ **tədarüksüzlük, tədbirsizlik, üsulsuzluq**; ~ **etmək** *fe.* 경솔히 행동하다 act carelessly

ehtiyatsızlıqla *z.* 서둘러서 hastily

ehtizaz *i.* 진동, 좌우 회전 vibration, oscillation ○ **titrəyiş**; **~a gəlmək** *fe.* 흥분되다, 전율하다 become excited

exinokok *i. zoo. med.* 포낭충증(包囊蟲症) 에키노코쿠스 증 echinococcus

ekipaj *i.* 승무원 (비행기, 기차) crew (train, aeroplane)

ekiz ☞ **əkiz**

ekiztay ☞ **əkiztay**

ekologiya *i.* 생태학 ecology

ekoloji *si.* 생태학적인 ecological

ekran *i.* 스크린 screen; **~da** *z.* 방송에, 스크린에 on the screen; **bədii əsərin ~laşdırılması** *i.* 소설의 영상화 screen version of a novel

ekranlaşdırılmaq *fe.* 촬영되다, 영화화되다 be screened, be filmed

ekranlaşdırılmış *si.* 영화화된 screened

ekranlaşdırmaq *fe.* 영화화하다 film, screen

ekranlı *si.* 스크린이 있는, 영화화된 with screen, screened; **geniş ~ film** *i.* 넓은 화면의 영화 wide-screened film

ekskavator *i. tex.* 굴착기 excavator, power shovel

ekskavatorçu *i.* 굴착기 운전사 excavator driver

ekskurs *i.* 여록, 여담 excursus, digression

ekskursant *i.* 소풍객, 유흥객 excursionist

ekskursiya *i.* 소풍, 유흥 excursion, trip

ekspansiya *i.* 확장 expansion

ekspansionizm *i.* 확장주의, 팽창주의 expansionism

ekspansionist *i.* 팽창주의자 expansionist; ~ **siyasət** *i.* 팽창주의 정책 policy of expansion

ekspedisiya *i.* 탐험, 연구 expedition, research; **elmi ~** *i.* 과학적인 연구 scientific research

ekspeditor *i.* 운송 대리인, 운송업자 forwarding agent, forwarder; *col.* 지배인 head clerk

ekspeditorluq *i.* 운송업 profession of a forwarder

eksperiment *i.* 실험 experiment; ~ **aparmaq** *fe.* 실험을 실행하다 carry out an experiment

eksperimental *si.* 실험적인 experimental; ~ **metodlar** *i.* 실험 방법 experimental methods

eksperimentator ☞ **eksperimentçi**

eksperimentçi *i.* 실험자 experimenter, experimentalist

ekspert *i.* 전문가 expert

ekspertiza *i.* 전문가에 의한 검사, 전문가에 의한 평가 examination by expert, appraisal by expert

eksponat *i.* 전시회 exhibit

eksport *i.* 수출 export ● **import**

eksportçu *i.* 수출상 exporter

ekspress *i.* 급행 express

ekspressiv *si.* 표현이 풍부한 expressi ve; **dilin ~ funksiyası** *i.* 언어의 표현 기능 expressive function of language

ekspressivlik *i.* 표현이 풍부함 expressiveness

ekssentrik *si.* 괴상한, 기괴한 eccentric

ekstaz *i.* 무아경 ecstasy; **~a gətirmək** *fe.* 무아경 빠지다 throw into ecstasy

ekstensiv *si.* 광대한 extensive

ekstensivlik *si.* 광대함 extensiveness

ekstern *si.* 외부 학생 external student

ekstrakt *i.* 추출물 extract

ekstremal *si.* 극치 extreme, extremal; ~ **vəziyyət** *i.* 극단적인 상황 extreme situation

ekstremizm *i.* 극단주의 extremism

ekstremist *i.* 극단론자 extremist

E

ekvator *i. geol.* 적도 equator, the Line

ekvatorial *si.* 적도의 equatorial; ~ **ölkələr** *i.* 적도 국가 equatorial countries

ekvivalent *si.* 동등한 equivalent; ~ **dəyər** *i.* 동등 가치 equivalent value

ekvivalentlik *i.* 등가(等價) equivalency

ekzema *i. med.* Eczema

ekzemalı *si. med.* eczematous

ekzotik *si.* 이국 exotic; ~ **quşlar** *i.* 외래조류(鳥類) exotic birds; ~ **çiçəklər** *i.* 외래화(花) exotic flowers

el *i.* ① 민족 folk, people, nation; ○ **camaat, xalq**; ~ **adəti** *i.* 민속 관례 folk-custom; ② 국가, 땅 country, land ○ **ölkə, məmləkət, vilayət, vətən, diyar, yurd**; ~**dən-**~**ə** *z.* 각국으로, 각 민족으로 from country to country, from people to people; ③ 지파(支派), 종파(宗派) **tayfa, qəbilə**; ~**siz-obasız** *si.* 국민도 국가도 없는 without native land and nation

e'lan *i.* 광고, 공고, 고시, 선언 advertisement, announcement, notice, declaration ○ **bildiriş, xəbər, mə'lumat**; ~ **etmək** *fe.* 알리다, 선언하다, 광고하다, 통지하다 announce, declare, proclaim herald, notify, proclaim, resound, pronounce; ~ **etmə müharibə** ~ *i.* 선언, 통지 pronunciation, declaration; **etmək** *fe.* 전쟁을 선포하다 declare war; **müstəqillik** ~ **etmək** *fe.* 독립을 선언하다 proclaim independence; **təşəkkür** ~ **etmək** *fe.* 감사를 표하다 express one's appreciation; ~ **asmaq** *fe.* 게시하다 post; ~ **edilmək** *fe.* 광고되다 resound; ~ **lövhəsi** *i.* 광고판, 게시판 sign board

elastik *si.* 신축성 있는, 유연한, 융통성 있는 elastic, flexible; ~ **olmayan** *si.* 뻣뻣한 stiff

elastiklik *i.* 탄력, 신축성 *fiz.* 탄성; *econ.* 탄력성; 융통성, 순응성; 유연성; (기력의) 회복력, 낙천성 elasticity

elat *i.* 국적, 민족 (정체성) nationality, people (group of related people)

elçi *i.* ① 대사 ambassador ○ **səfir**; ② 사절, 외교관, 특명 전권 공사 envoy, messenger ○**müjdəçi**; ③ 결혼 중매인, 중매쟁이 match-maker; ④ 대표자, 대리인 representative

elçilik *i.* ① 대사관, 대사공관 embassy, residence of an embassy; ② 중매 match-making; ~ **etmək** *fe.* 중매하다, 중매쟁이가 되다 ask in marriage, be a messenger

eldaş *i.* 동포, 겨레, 동료, 친구 compatriot, fellow-countryman

elektriçka *i.* 전기 기차 electric train

elektrik I. *i.* ① 전기, 전깃불 electricity, electric light; ② 전기 기술자, 전기공 electrician; II. *si.* 전기의, 전기로 움직이는 electric(al); ~ **işığı** *i.* 전기 (불) eectricity, electric light; ~ **düyməsi** *i.* 스위치 switch; ~ **lampası** *i.* 전구 bulb; ~ **sobası** *i.* 전열기 bowl fire; ~ **stolunda e'dam** *i.* 전기 사형 electrocution; ~ **əl fənəri** *i.* 손전등 flash; ~ **cərəyanı** *i.* 전류(電流) electric current; **müsbət** ~ **yükü** *i. elec.* 양전기 positive electricity; **mənfi** ~ **yükü** *i.* 음전기 negative electricity; ~ **stulu** *i.* 전기 의자 (사형용) electric hair; ~ **stansiyasi** *i.* 발전소 power station

elektrikçəkən *i.* 전기공(電氣工) electrician

elektrikkeçirmə *i. tex. elec.* 전도성(電導性), 전도율(기호 σ) electro-conductivity

elektrikləndirilmə *i. fiz.* 전기 공급 electrization

elektrikləndirilmək *fe.* 전력화 되다, 전기 공급이 되다 be electrized, be electrified

elektrikləndirmə *i.* 전기 공급, 전력화 electrization

elektrikləndirmək *fe.* 전기 공급을 하다, 전력화 하다 electrize, electrify

elektriklənmək *fe.* 전력화 하다 become electrified, become electric

elektrikləşdirilmə *i.* 전력화 electrification, being electrified

elektrikləşdirilmək *fe.* 전력화 되다 be electrified

elektrikləşdirmək *fe.* 전기를 흐르게 하다 electrify; **şəhəri** ~ *fe.* 도시를 전력화 하다, 도시에 전력 공급을 하다 electrify the city

elektrikləşmə *i.* 전력화, 전기 공급 electrification

elektrikləşmək *fe.* 전력화되다 become electrified

elektrikölçən *i.* 전력계(電力計) electric meter

elektrikötürmə *i.* 송전(送電) electrical transmission

elektroakustik *si.* 전자 음향의 electro-acoustic

elektroakustika *i.* 전자 음향학 electro-acoustics

elektroaparatura *i.* 전기 기구, 전기 장비 electrical equipment

elektrokardioqram *i.* 심전도(心電圖) electrocardiogram

elektrokardioqrafiya *i.* 심전도(心電圖) 측정 electrocardiography

elektrokimya *i.* 전기 화학 electrochemistry

elektroliz *i. kim.* 전기 분해(법); 전기 분해 요법 electrolysis

elektromaqnetizm *i.* 전자기(電磁氣) lectromagnetism

elektromaqnit *i. fiz.* 전자석 electromagnet

elektromaşın *i.* 전기 기계 electric machine

elektrometr *i. fiz.* 전위계(電位計) electrometer

elektromexanik *i.* 전기 기술자, 전기 전공 electrician

elektromexanika *i.* 전자 역학 electro mechanics

elektromontyor *i.* 전기 기술자 electrician

elektron *i. fiz.* 전자; *elec.* 전자 1개의 전하와 같은 전기량의 단위 electron

elektronika *i.* 전자 공학; 전자 기술 electronics

elektrotexnik *i.* 전기 기술자, 전기 전공 electrician, electrical engineer

elektrotexnika *i.* 전기 공학, 전자 공학 electric engineering, electrotechnology

elektrovoz *i.* 전기 기관차 electric locomotive

elektrod *i.* 전극(電極) electrode

el-elat ☞ **elat**

element *i.* ① 성분(成分), 요소(要素), 구성분자 element; ② 전지 cell

elementar *si.* 초보의, 초급의, 입문의; 기본(원리)의 elementary

elementarlıq *i.* 기본 성질 elementary quality

elevator *i. tex.* 승강기(昇降機) elevator

elə I. *pron.* 그런 (것) such a; II. *z.* 그래서, 그런 식으로, 그렇게 so, thus, like that, this way; III. *da.* 그냥, 그저 just; ~ **bil ki (guya ki)** *bağ.* ~인 줄, ~인 체 as though, as if; ~ **ki** *bağ.* 그래서, 그러므로, 하자 마자 as soon as; ***Elə deyil.*** *그렇지 않다! No it's not.*; ***Eləmi?*** *그래? 그런가? Is it so?*; ***Elə ki, o gəlir.*** *그가 오자 마자, 그가 온다니깐··· as soon as he comes*; ***Elə danışma.*** *그렇게 말하지마! Do not talk like that.*; ~- **bələ** I. *si.* 그저 그런, 평범한, 단순한 simple, ordinary, common; II. *z.* ① 그저 그렇게, 맥없이, 까닭 없이 simply, meaninglessly, without reason; ② 어느 정도 so-so, somehow; ***Mən elə-belə danışmıram.*** *나 그냥 말하는 게 아냐! I'm not speaking without reason.*; ***O, elə-bələ adam deyil.*** *그는 보통 사람이 아니다. He's not simple person.*; **~cə** *z.* a) 단지, 그저, 간단히 simply, purely; b) 그래서, 그렇게, 그런 식으로 so, in this way, thus; **~də** *z.* 또한, 역시 also, as well; **~si** *pron.* 그런 류의, 그런 것들의, 그와 같은 that kind, that sort, like that, things like that

eləmək ☞ **etmək;**

elita *i.* ① 표본, 시험품 (농업, 식물학, 동물학 등) best specimens (agriculture, botany, zoology); ② 엘리트 elite

eliziya *i. dil.* 음의 탈락, 발음 생략; (단어·절·문장 등의) 생략 elision ○ **səs düşümü** ● **proteza**

E

elləşdirilmək *fe.* 사회 생활에 순응되다, 사회화되다 be socialized, be collectivized

elləşdirmə *i.* 잡단화, 사회화 socialization, collectivization

elləşdirmək *fe.* 사회에 순응시키다, 적응시키다, 사교적으로 만들다, 사회화하다 socialize, collectivize

elli *si.* 토속의, 지역적인 local, native ○ **yerli**

ellik *si.* 일반적인, 공공의, 공통의 common, public, general ○ **ictimai, ümumi**

ellikcə *z.* ① 다 같이, 온전히, 전체적으로 all together, completely, totally ○ **bütün, başdan-başa, hamılıqla;** ② 도매의, 대량의 wholesale

elliklə *z.* 전체적으로, 전부, 온전히 all together, thoroughly, completely, totally ○ **bütünlüklə**

ellinizm *i.* 헬레니즘 (그리스 문화, 사상) Hellenism

ellips *i.* ① *mat. geom.* 타원 ellipse; ② *qram.* 생략; ③ 생략 부호(—, ···, *** 등) ellipsis

ellipsşəkilli ☞ **ellipsvarı**

ellipsvarı *si.* 타원형의 elliptical, ellipsoid

elliptik *si. qram.* 생략(법)의 elliptic; ~ **cümlələr** *i.* 생략 문장 elliptic sentences

elliptiklik *i.* 타원율(率) ellipticity; **yerin ~yi** *i.* 지구의 타원율 ellipticity of the earth

elm *i.* 과학, 학문; 자연과학; 지식, science; ~ **adam** *i.* 학자, 과학자, 지식인 scientist, scholar; **~ilə məşğul olmaq** *fe.* 학문 연구에 종사하다 be engaged in research; **~ə aid** *si.* 학문적인, 과학

적인 academic; ***Elmlər Akademiyası*** *i.* *학술원, 과학원 the Academy of sciences*; **dəqiq ~lər** *i.* 정밀과학 exact sciences; **humanitar ~lər** *i.* 인문과학 humanities; **ictimai ~lər** *i.* 사회 과학 social sciences; **~i** *si.* 학문적인, 과학적인 scientific, academic; **~ dərəcə** *i.* 학위(學位) degree; **~ iş** *i.* 연구 research; **~ işçi** *i.* 연구원 researcher; **~ rəhbər** *i.* 연구 책임자 research adviser; **~i-fantastik** *si.* 공상 과학 science-fiction; **~ roman** *i.* 과학 소설 scientific fiction novel; **~i-ilahi** *i.* 신학, 종교학 theology; **~i-kütləvi** *si.* 대중 학문 popular-scientific; **~ filmlər** *i.* 대중 과학 영화 popular-scientific films; **~ilik** *i.* 과학적 특성, 학문적 특성 scientific character; **~i-metodik** *si.* 학문 방법론적 methodical and scientific; **~i-nəzəri** *si.* 학문 이론적 scientific and theoretical; **~i-texniki** *si.* 학문 기술적 scientific and technical; **~i-tənqidi** *si.* 학문 비평적 scientific and critical; **i-təcrübi** *si.* 학문 실용적 scientific and practical

elmləndirmək *fe.* 계발하다, 교육하다, 교도하다, 계몽하다 enlighten, educate

elmlənmək *fe.* 계몽되다, 교육되다 become educated, get enlightened

elmli *si.* 학문적인, 학문이 있는, 박식한 well-educated, learned ○ **təhsilli, oxumuş, ziyalı** ● **savadsız**

elmlilik *i.* 박식함, 학구적임 state of being well-educated

elmsiz *si.* 교육받지 못한, 배우지 못한, 무식한 uneducated, unlearned, unscientific, ignorant ○ **təhsilsiz, savadsız, cahil, avam** ● **savadlı**

elmsizlik *i.* 교육 부재, 무지 lack of education, ignorance ○ **təhsilsizlik, savadsızlıq, cəhalət**

eloğlu *i.* 애국자, 동포, 동향 사람 compatriot, countryman, fellow-townsman

elsiz *si.* 가까운 사람 없는 without kinsmen, without people

elti *i.* 동서(同壻)-남편 형제의 배우자 sister in law (husband's brother's wife)

e'mal *i.* ① *tex.* 취급, (제조의) 과정, 제조법, 공정; 처치, 치료 treatment, process, conversion; ② (기계적) 처리, 처리공정 machining, mechanical treatment (car); **neft ~ı** *i.* 정유(精油)oil refining; **pambıq ~ı** *i.* 원면(原綿) 처리 conversion of cotton; **~ etmək** *fe.* 공정을 거치게 하다, (공정을 통해) 처리하다, 정제하다 work up, treat process, refine

e'malatxana *i.* 작업장, 공작실 shop, studio, workshop

e'maledici *si.* 제조업의, 제조업에 종사하는 manufacturing; **~ sənaye** *i.* 제조업 manufacturing industry

embarqo *i. mil.* 입출항 금지 명령; 제한, 방해, 금지; 보도(報道) 제한(制限) embargo; **~ qoymaq** *fe.* 금지하다, 제한하다 embargo

emblem *i.* 기장(旗章), 기(旗); 표지, 상징, 문장(紋章) ensign, emblem, symbol ○ **rəmz, nişan, əlamət**; **milli ~** *i.* 국기(國旗) national emblem

embrioloji *si.* 발생학의 embryological

embriologiya *i.* 발생학 embryology

embrioloq *i.* 발생학자 embryologist

embrion *i.* 씨눈, 배(胚); 태아 embryo

emfatik *si. dil.* (음절, 어구 등이) 강조된, 강세가 있는 emphatic; **~ vurğu** *i.* 강세, 악센트 emphatic stress; **~ niqt** *i.* 단호한 연설, 강력한 담화 emphatic speech; **~ əvəzlik** *i.* 강조 대명사 (强調代名詞) emphatic pronoun

emfaza *i. lit.* 강조, 강세; 역설; 강조점 emphasis

emiqrant *si.* 해외 이민자 emigrant

emissar *i.* 밀정, 간첩 emissary

emosiya *i.* 감정; 정서(情緖); 감동, 감격 emotion; **müsbət ~** *i.* 긍정적 감정 positive emotion; **mənfi ~** *i.* 부정적 감정 negative emotion

emosional *si.* 감정적인, 정서적인 emotional ○ **həyəcanlı**

emosionallıq *i.* 정서성; 감정 본위; 감정주의, 주정(主情)주의 emotionality, emotionalism ○ **həyəcanlılıq**

empirik I. *si. fəl.* 경험주의의, 경험 편중의; 돌팔이 의사 같은 empirical; II. *i. fəl.* 경험론자, 경험주의자 empiricist ○ **təcrübi**

empiriklik *i.* 경험론, 경험주의 empiricism ○ **təcrübilik**

empiriokritisizm *i.* 경험적 비평(론) empiriocriticizm

empirizm *i.* 경험적 방법; 경험주의, 경험론(經驗論) empiricism

emulsiya *i. kim.* 유상액 (乳狀液); *kim.* 유탁액; *pharm.* 유제; *fot.* 감광유제 emulsion

en *i.* 너비, 넓이, 폭(幅) width, breadth ● **uzunluq**; **~ dairəsi** *i. geo.* 위도 latitude; **~ etmək** *fe.*

넓히다, 확장하다 widen

endirilmək *fe.* 낮아지다, 강등되다 be lowered, be reduced, be deposed, be dethroned, be demoted

endirmə ☞ **endirmək**

endirmək *fe.* ① 낮추다, 내리다 lower, sink, let down ○ **salmaq**; ② 낮추다, 줄이다, 삭감하다, 깎다 bring down, reduce, abate, cut; ○ **ucuzlaşdirmaq, azaltmaq**; ③ 퇴위시키다, 강등시키다 demote, reduce in appointment

energetik *i.* 동력 공학 전문가 power engineering specialist

energetika *i.* [단수 취급] 에너지론 energetics

enerji *i.* 활력, 정력; 활기, 원기, 기력; *fiz.* 에너지, 세력; 잠재 에너지 energy; **nüvə ~si** *i.* 핵 에너지 (원자의 결합, 분해를 과정의 발생 에너지를 이용) nuclear energy; **vahid ~ sistemi** *i.* 단위 에너지 계(界) unified power system

enerjili *si.* 정력적인, 활동적인, 원기(왕성)한 energetic, vigorous

enəcək *i.* ① 내리막, 경사 slope, descent ○ **eniş**; ② 사다리의 마지막 계단 the last step of the stair

eninə I. *si.* 직경의, 너비의, 가로지르는, 직경 방향의 diametrical, transverse, cross ○ **köndələninə** ● **uzununa**; II. *z.* 가로질러, 건너편의; 넓이로 across, in breadth; **~-uzununa** *z.* 가로 세로로, 장광(長廣)으로 a long and a cross, far and wide; **~ vurmaq** *fe.* 무자비하게 때리다 beat black and blue, beat unmercifully; **~ ölçmək** *fe.* 빈둥거리다 idle, loaf; **~ keçmək** *fe.* 가로지르다, 횡단하다, 넘다 cut across; traverse

eniş *i.* 내리막, 경사(傾斜)로 slope, hilly, descent; **sərt ~** *i.* 가파른 경사 steep slope

enişaşağı *z.* 내리막의, 하강의, 내려가는 downwards

enişli *si.* 내리막의, 경사진 sloping, slanting

enlənmək *fe.* ① 확대하다 enlarge ○ **genəlmək**; ② 넓히다 widen, broaden ○ **genişlənmək, yayılmaq** ● **daralmaq**; ③ 뚱뚱해지다 become fat ○ **kökəlmək**; ④ 커지다, 성장하다 become grown up ○ **böyümək, artmaq**

enləşdirmək ☞ **enlətmək**

enləşmək ☞ **enlənmək**

enlətmək *fe.* 넓게 하다, 넓히다 widen, broaden ● **daraltmaq**

enli *si.* 넓은, 광대한, 광폭의 wide, broad, loose ○ **geniş, gen** ● **dar, nazik**; **~ ağız(lı)** *si.* 넓은 입을 가진, 입이 넓은 wide-mouthed; **~ alın(lı)** *si.* 넓은 이마를 가진, 넓은 이마의 wide-foreheaded; **~ döş(lü)** *si.* 넓은 가슴을 가진, 가슴이 넓은 broad-chested; **~ qaş(lı)** *si.* 눈썹이 넓은 wide-eyebrowed; **~ kənar** *si.* 넓은 윤곽의, 넓은 테두리의 wide-brimmed; **~ kürək(li)** *si.* 어깨가 넓은 broad-shouldered; **~ sifət(li)** *si.* 얼굴이 넓은 broad-faced; **yarpaq(lı)** *si.* 넓은 잎을 가진 broad-leaved; **~ zolaq** *si.* 넓은 줄무늬의 wide-striped; **~ lik** *i.* 넓이, 폭 wideness, breadth ○ **genişlik, genlik**

enmə ☞ **enmək**

enmək *fe.* ①(아래로) 떨어지다, 낙하하다 fall ○ **düşmək** ● **qalxmaq**; ② 내리다, 착륙하다 go down, descend ○ **azalmaq, düşmək, alçalmaq** ● **yüksəlmək**; ③ (새가) 내려앉다, (차, 말 등에서) 내리다 alight; ④ 가라 앉다, 침전하다 sink

ensiz *si.* 좁은, 넓지 않은 narrow ○ **dar** ● **gen**; **~ arx** *i.* 도랑, 배수구, 수로, 홈통 gutter; **~ lent** *i.* 색 테잎, 장식 리본 streamer; **~ parça** *i.* 길쭉한 천 조각 strip; **~ yol** *i.* (울타리, 담, 집 사이의) 좁은 길 lane

ensizlik *i.* 협소(狹小) narrowness, tightness ○ **darlıq**

ensiklopedik *si.* 백과 사전적인, 박식한 encyclopedic

ensiklopedist *i.* 백과사전 편집자 encyclopaedist

ensiklopedizm *i.* 백과사전적 학습 encyclopedic learning

ensiklopediya *i.* 백과사전 encyclopedia

ensiklopediyaçı *i.* 백과사전 편집자 encyclopaedist

entomoloji *si.* 곤충학의 entomological

entomologiya *i.* 곤충학 entomology

entomoloq *i.* 곤충학자 entomologist

entusiast *i.* 열심인 사람, 팬, 광 enthusiast

entusiazm *i.* 열심, 열광 enthusiasm

epidemik *si.* 유행성의 (병), 널리 퍼져 있는 (유행), 전염성의 (웃음 등이) epidemic; **~ xəstəlik** *i.* (병의) 유행, 만연, 유행병의 발생; (물건의) 유행; (벌레 등의) 대발생 epidemic

epidemiologiya *i.* 역학(疫學) epidemiology

E

epidemioloq *i.* 역학 전문가 epidemiologist
epidemiya *i.* 유행병의 발생 epidemic
epidiaskop *i.* 에피디아스코프 (불투명체의 표면 상을 영사하는 환등기) epidiascope
epik *si. lit.* 서사시적인, 영웅적인, 대규모의 epic; ~ **poeziya** *i.* 서사시 epic poetry
epiqon *i.* 모방자, 모조자 imitator, unoriginal follower
epiqonçuluq ☞ **epiqonluq**
epiqonluq *i.* 박약한 모방 feeble imitation
epiqraf *i.* 비명(碑銘), 비문(碑文) epigraph
epiqrafika *i.* (특히 옛날의) 비명 연구, 제명학(題銘學), 금석학 epigraphy
epiqram *i. lit.* 경구; 표현[말투]; (짧은) 풍자시, 에피그램 epigram
epilepsiya *i. med.* 간질 epilepsy
epileptik *si.* 간질증의 epileptic; ~ **tutma** *i.* 간질 발작 epileptic attack
epiloq *i. lit.* 맺음말, 에필로그 epilogue
episentr *i. geo.* 진앙, 진원지; 중심점 epicenter
epiteli *si.* 상피(上皮)의, 상피 조직의 epithelial
epizod *i.* 삽화적인 사건, 에피소드; 삽화; 1회분 연속극 episode
epizodik *si.* 삽화의 episodical
epoxa *i.* (획기적이고 특색있는) 시대, 시기 epoch; **elmi kəşflər ~sı** *i.* 과학적 발견의 획기적 시대 epoch of scientific discoveries
epopeya *i. lit.* 서사시 epopee, epopea
epos *i. lit.* 서사시 epos
eqoist *i.* 이기주의자 egoist, selfish person ○ **xudbin**
eqoistcəsinə *z.* 이기적으로 selfishly, egoistically
eqoistik *si.* 이기적인 egoistic, selfish ○ **xudbinlik**
eqoistlik ☞ **eqoizm**
eqoizm *i.* 이기심, 자기 만족 *ethic.* 이기주의; *fəl.* 자아주의 egoism, selfishness
era *i.* (역사 정치상의) 시대; 연대, 시기 era; **~mızdan əvvəl** *i.* 기원전 b.c. (Before Christ); **~mızda** *i.* 서기 a.d. (Anno Domini)
erkəc *i.* 숫염소 he-goat, billy-goat ○ **təkə**
erkək I. *i.* 숫양 ram, wether; II. *si.* ① 수컷의 he-, male; ~ **keçi** *i.* 숫염소 he-goat; ~ **ördək** *i.* 숫오리 drake; ~ **canavar** *i.* 수컷늑대 dog-wolf; ~ **qaz** *i.* 수컷 거위 gander; ② *fig.* 용감한, 대담한 manly, courageous
erkəkcəsinə *z.* 불굴의 정신으로, 용감하게, 당당하게 with fortitude, courageously, bravely
erkəkcik *i. bot.* 수술 stamen
erkəkcikli *si.* 수술이 있는 with stamen
erkəkciksiz *si.* 수술이 없는 stamenless
erkəkləmə, ☞ **erkəkləmək**
erkəklənmək *fe.* ① 성인이 되다, 자라다, 성장하다 come to man's estate, be grown up; ② *col.* 높은 말 위에 앉다 mount the high horse ○ **xoruzlanmaq**
erkəkləşmək *fe.* (야채 등) 자라서 뻣뻣하게 되다, 과성장하다 become stiff, become overgrown
erkəklik *i.* ① *hüq.* 성숙기 puberty ○ **yetkinlik**; ② 거침, 조악(粗惡) coarseness, roughness, rudeness ○ **qabalıq, kobudluq, qanmazlıq**
erkən I. *z.* 이른, 빠른, 일찍 early, soon ○ **tezdən, sübhdən, ertə**; II. *si.* 일찍, 이르게 early; ~ **bahar** *i.* 이른 봄 early spring; ~ **tərəvəz** *i.* 이른 야채 early vegetable
erməni *i.* 아르메니아인 Armenian
Ermənistan *i.* 아르메니아 Armenia
ermənicə *z.* 아르메니아어 the Armenian language
eroziya *i. geol.* 부식 erosion
erotik *si.* 성애의, 성애적인, 호색적인 erotic; ~ **məhəbbət** *i.* 성애(性愛) erotic love
erotika *i.* [종종 단수 취급] 성애를 다룬 문학, 에로소설; 관능, 육욕, 호색, 음란 sensuality, erotica
erotizm *i.* (사람의) 색정적 경향[성격], 호색, 이상성욕; (문학·그림 등의) 성적 묘사 eroticism
ertomaniya *i. med.* 이상 성욕, 색광증 erotomania
ertə *z.* ① 초기에, 일찍이, 일찍부터; 아침 일찍 early ○ **sübhdən, tezdən** ● **axşam**; **səhər ~dən** *z.* 아침 일찍, 이른 아침부터 from early morning, a bit earlier; ② 사전에, 미리 beforehand, in good time; ~ **gəlmək** *fe.* 좀 일찍 오다 come a bit earlier, come before night fall; **~si** *si.* 다음날의, 익일(翌日)의 the following, next; ~ **gün** *i.* 다음날, 익일 the following day, next day
erudisiya *i.* (연구·독서 등에 의한) 깊은 지식, 학식, 박식 scholarship
eser *i. tar.* 사회혁명당 socialist-revolutionary
eskadra *i.* 해군 소함대 squadron (navy)

eskadrilya *i. avi.* 비행 중대 squadron (air); **qırıcı ~** *i.* 전투 비행 중대 fighter squadron
eskadron *i.* 기병 대대 squadron (cavalry)
eskalator *i.* 자동계단(에스컬레이터) escalator, moving staircase
eskiz *i.* 윤곽, 외형, 윤곽도, 선화 outline, sketch, model, draft
eskimos I. *i.* 에스키모인 Eskimo; II. *si.* 에스키모의 Eskimo
eskimosca *z.* 에스키모어로 in Eskimo language
esperanto *i. dil.* 에스페란토어 Esperanto
esperantoçu *i.* 에스페란토어를 사용하는 사람 Esperantist
esse *i. lit.* 에세이 essay
essensiya *i. kim.* 본질, 진수, 정수 essence
estakada *i.* 부두, 잔교, 선창; 교각, 교대, 문설주 pier
estafet *i. idm.* 이어 달리기, 계주(繼走) relay-race; **~i vermək** *fe.* 바톤을 건네다 hand on the baton
estetizm *i.* 심미주의, 탐미주의, 유미주의, 예술지상 주의 aestheticism
estetika *si.* 미학의, 심미안이 있는, 감각적인 aesthetic
estetika *i. fəl.* 미학(美學); 미적 감각에 관련된 정신·정서의 연구 aesthetics
eston I. *i.* 에스토니아인 Estonian; II. *si.* 에스토니아의 Estonian
estonca *z.* 에스토니아어로 in Estonian language
Estoniya *i.* 에스토니아 Estonia
estrada *i.* ① 무대, 연단 stage, platform; ② 버라이어티 예술 variety art; **~ artisti** *i.* 버라이어티 배우 variety actor; **~ tamaşası** *i.* 버라이어티 쇼 variety show
eşafot *i.* 처형대, 교수대 scaffold; **~a göndərmək** *fe.* 사형에 처하다 send to the scaffold
eşdirilmək *fe.* ① 땅이 파 헤집어지다 be dug up (ground); ② 실이 엉키다 be twisted (thread); ③ 담배를 말다 be rolled (cigarette)
eşelon *i.* ① *mil.* (군대·함선·항공기 등의) 제형(梯形) 편성; 제대(梯隊) echelon; ② 군인 열차 special train, troop train
eşələmək *fe.* ① 파다, 캐다, 채굴하다 pick, dig, mine ○ **qazımaq, qarışdırmaq**; ② 찾다, 뒤지다, 휘저어 찾다 seek, rummage ○ **axtarmaq, əlləşdirmək, araşdırmaq**; ③ (말이) 땅을 긁다 paw (horse); ④ 흩다, 퍼뜨리다, disperse, scatter, nuzzle, root up
eşələnmək *fe.* ① 찾아내다, 파서 뒤집다 rummage, toss and turn ○ **qurdalanmaq, çevrilmək**; ② 헛되이 시간을 보내다, 낭비하다 dawdle
eşənək *i.* 땅을 파기, 파서 뒤집기 dug-out place, a place turned upside-down
eşənəklik ☞ **eşənək**
eşidilən *si.* 들리는, 들을 수 있는 audible
eşidilmək *fe.* 들리다, 감청(監聽)되다 be listened, be audible, be heard
eşik *i.* 바깥, 외부 outside, out ○ **bayır, çöl** ● **içəri**
eşikağası *i. arx.* 청지기, 하인 우두머리, 집사, 관리인 butler
eşilmək *fe.* ① 꼬아지다 (실) be twisted, be twined; ② 파지다 be dug; ③ 감기다, 감아 올려지다 be rolled up
eşitdirmək *fe.* 듣게 하다, 알리다 bring *smt.* to notice, inform
eşitmək *fe.* ① 듣다, 들리다, 귀를 기울이다 hear, listen to; ○ **dinləmək, duymaq, qavramaq, mənimsəmək**; ② 알려지다 get informed
eşq *i.* ① 사랑, 애정 love ○ **sevgi, məhəbbət, sevda**; **~ə düşmək** *fe.* 사랑에 빠지다 fall in love; **vətən ~i** *i.* 조국애 love of motherland; ② 욕망, 소원 desire, want ○ **həvəs, meyl, istək, arzu**; ③ 영광, 영예 glory; ***Eşq olsun!*** *만세! Bravo! Well done!*
eşqbaz *i.* 난봉꾼, 호색한(好色漢) philanderer, lady's man, lecher ○ **arvadbaz, şorgöz**
eşqbazlıq *i.* 난봉, 호색 philandering ○ **arvadbazlıq, şorgözlük**; **~ etmək** *fe.* 여자를 꼬시다, 유혹하다 entice women; **gününü ~da keçirmək** *fe.* 주색 잡기로 생을 보내다, 육욕에 빠지다 lead a loose life, indulge in lust
eşqiyyə *i. lit.* 사랑의 가곡, 서정시 love lyrics
eşqli *si.* ① 요염한, 성적 매력을 풍기는 philandering, amorous; ② 갈망하는, 열렬한 anxious, feverish, passionate ○ **hərarətli, həyəcanlı, ehtiraslı**
eşqnamə *i.* 연애 편지 love letter; **~ oxumaq** *fe.* 사랑의 선언을 하다 make *smb.* a declaration of love
eşqsiz *si. z.* 사랑없이 loveless(ly), without love

E

eşmə *si.* 꼬이는, 뒤틀리는 twisting, spinning, digging; ~ **bığ** *i.* 꼬인 콧수염 twisted moustache

eşmək *fe.* ① (땅을) 파다, 파내다 dig out, excavate (ground) ○ **qazımaq**; ② (실, 끈) 꼬다 twist (thread, rope) ○ **burmaq**; ③(코로) 헤집다 pick (with nose); ④ (발로) 긁다, 파내다 paw ○ **əlləşmək, axtarmaq, töküşdürmək, qurdalamaq**; ⑤ 코로 파내어 찾아내다 nuzzle; ⑥ (토끼, 두더지 등) 굴을 파다 burrow

eşmələmək *fe.* 거칠게 꼬다 twist roughly

eşşək *i.* ① 당나귀 donkey; ② *fig.* 바보 the stubborn and stupid ○ **qanmaz, kobud, küt, axmaq**; ③ 가대(架臺) trestle; ④ *idm.* 도약용 말 vaulting horse

eşşəkarısı *i. zoo.* 말벌 wasp, bumble-bee

eşşəkbeli *i.* 등 넘기 (구부린 등을 뛰어 넘음) leap-frog (game); ~ **oynamaq** *fe.* 등 넘기를 하다 play leap-frog

eşşəkcə(sinə) *z.* 당나귀처럼, 멍청하고 고집스럽게 as an ass/donkey, like an ass

eşşəkçi *i.* 당나귀 모는 사람 ass drover

eşşəkçilik *i.* 당나귀 몰이 job of ass drover

eşşəklik *i.* 무지, 고집 ignorance, stubbornness, caddishness ○ **qanmazlıq, kobudluq, anlamazlıq, heyvanlıq**; ~ **etmək** *fe.* 고집을 부리다 display crass ignorance/stupidity

etajer(ka) *i.* (책·골동품 등을 놓는) 장식 선반 book-stand; whatnot

etalon *i.* 기준, 표준 standard; *fig.* model; ~ **metr** *i. fiz.* 표준 미터, 표준 길이 standard metre

etalonlaşdırılmaq *fe.* 표준화되다 be standardized

etalonlaşdırmaq *fe.* 표준화하다 standardize

etan *i. kim.* 에탄(bimethyl) ethane

etap *i.* (경기의) 한 바퀴 stage; lap (in sports)

e'tibar *i.* 신뢰, 믿음, 확신, 신용 trust, faith, confidence, credit, reliance ○ **sədaqət, vəfa**; ~ **etmək** *fe.* 신뢰하다, 의존하다, 신용하다 trust, confide, rely (on); ~ **etməmək** *fe.* 불신하다 mistrust; **~dan salmaq/~dan düşmək** *fe.* 신용이 떨어지다 discredit; **~lı olmaq** *fe.* 평가를 받다, 호평을 받다 be held in estimate; **~a layiq olmaq** *fe.* 믿을 만하다, 신용할 수 있다 be trustworthy

e'tibarən *bağ.* (시간적으로) ~이후, ~부터 since, from

e'tibarilə *da.* ~에 의거해서 by, according; **öz mahiyyəti** ~ *z.* 실제적으로, 사실상 virtually, in the main

e'tibarlı *si.* ① 믿을 만한, 신뢰할 만한, 신실한, 성실한 reliable, trustworthy, trusty, faithful ○ **sədaqətli, vəfalı**; ~ **dost** *i.* 신실한 친구 faithful friend; ~ **mə'lumat** *i.* 믿을 만한 정보 reliable information; ② 유효한 valid; ③ 근거 있는, 권위 있는, 정식의 authoritative; ~ **lüğət** *i.* 권위있는 사전 authoritative dictionary; ④ 확실한, 견고한, 안전한 safe, secure, firm, solid ○ **möhkəm, davamlı**

e'tibarlılıq *i.* ① 신뢰할 만함, 믿을 만함, 옳음, 의지할 가치가 있음 faithfulness, trustfulness, righteousness, trustworthiness, reliability ○ **sədaqətlilik, doğruluq, düzgünlük, inamlılıq** ● **vəfasızlıq**; ② 유효성 validity; ③ 권위성, 신빙성, 확실성 authenticity; ④ 견고성, 확실성 firmness, steadfastness, solidity ○ **möhkəmlik, davamlılıq**

e'tibarnamə *i.* 위임장, 권한 대행 warrant/letter of attorney; power of attorney

e'tibarsız *si.* ① 믿을 수 없는, 신뢰하지 못할 unreliable; ② 불성실한, 불충한 faithless, disloyal; **~casına** *z.* 불충하게, 불성실하게 disloyally, distrustfully; ③ 불안한, 안전하지 못한 insecure, precarious, unsafe; ~ **divar** *i.* 불안한 담 insecure wall; ④ 무효한, 효력이 없는 invalid, void

e'tibarsızlıq *i.* ① 불신, 불안전 unreliability, insecurity; ② 불충(不忠) disloyalty; ③ 무효, 무익, 취소 invalidity, nullity

e'tidal *i.* ① 온건, 중용, 완화 moderation, moderateness; ② 침착함, 고요함, 평온함 calmness, coolness ○ **mötədillik, mülayimlik, soyuqqanlılıq, sakitlik, təmkin**

etik *si.* 윤리적, 도덕적 ethic(al); ~ **prinsiplər** *i.* 윤리적 원칙, 도덕적 기준 ethical principles

etika *i.* 윤리(학) ethics

etiket[1] *i.* 에티켓, 예의, 예법, 교제법, 의례 의식, 의전 etiquette

etiket[2] *i.* 표찰, 꼬리표 label; ~ **yapışdırmaq** *fe.* 꼬리표를 달다 label

etiketləmək *fe.* 꼬리표를 달다, 표찰을 달다 label

etiketlənmək *fe.* 꼬리표를 달리다 be labeled

e'tiqad *i.* ① 믿음, 신념, 신앙 belief, faith ○ **inam**; ② 확신, 확실성 certainty, conviction; **~ emtək** *fe.* 믿다 believe

e'tiqadca *z.* 믿음으로, 확신 있게 by belief, by faith

e'tiqadlı *si.* 신앙이 있는, 확실한, 믿을만한, 검증된 convinced, faithful (pious), confirmed ○ **əqidəli, məsləkli**

e'tiqadsız *si.* 믿지 못하는, 신앙이 없는 unbelieving, irreligious ○ **inamsız**

e'tiqadsızcasına *z.* 믿음 없이, 불신으로 without belief, with an air of disbelief

e'tiqadsızlıq *i.* 불신앙, 회의 unreliability, sceptism, unbelief, disbelief ○ **inamsızlıq**

e'tila *i.* 찬양, 칭찬 raising, exaltation, praising

etilen *i. kim.* 에틸렌 ethylene

e'timad *i.* 신임, 신뢰, 신용 belief, confidence, faith, trust, reliance ○ **e'tibar, inam**; **~ etmək** *fe.* 신용하다, 신임하다 rely on, have confidence; **~ möhkəmləndirmə tədbirləri** *i.* 신뢰 구축을 위한 행사 confidence building measure; **~ın böhranı** *i.* 신뢰의 간격 credibility gap; **~ göstərmək** *fe.* 신임하다, 신뢰하다 entrust; **~ı doğrultmaq** *fe.* 자신의 신뢰를 합리화하다 justify one's confidence

e'timadnamə *i.* (외교관의) 신임장, 신용증명서, 신용 증명서, 보증서 credentials; *fin.* 신용장 (L.C.) letter of credit

e'timadlı *si.* 믿을 만한, 성실한, 충성스러운 trustworthy, faithful, loyal ○ **e'tibarlı, inamlı, sədaqətli**

e'timadlılıq *i.* 믿을 만함, 신뢰성 credibility

e'timadsız *si.* untrustworthy, unfaithful, disloyal ○ **e'tibarsız, inamsız**

e'timadsızcasına *z.* 믿을 수 없게, 의심을 품고 with distrust, distrustfully, mistrustfully

e'timadsızlıq *i.* 믿을 수 없음, 불신, 불성실 untrustworthiness, unreliability, disloyalty ○ **e'tibarsızlıq, inamsızlıq**

etimoloq *i.* 어원 학자[연구가] etymologist

etimologiya *i. dil.* 어원학, 어원연구; 어원설명 etymology

etimoloji *si. dil.* 어원학적, 어원적 etymological

e'tina *i.* 자비심, 박애심, 친절, 자선 favor, benevolence, attention, regard, care; **~ etmək/qılmaq** *fe.* 주의를 기울이다, 호의를 보이다 regard one's favour, pay one's attention; **~ etməmək** *fe.* 무시하다, 무관심하다 disregard, neglect, pay no attention

e'tinasız *si. z.* 무관심한, 무심한 inattentive(ly), regardless(ly), careless(ly), unfavourabl(ly), thoughtless(ly), indifferent(ly) ○ **sayğısız, diqqətsiz** ● **diqqətli**

e'tnasızca(sına) *z.* 무관심하게, 무심하게 indifferently, carelessly

e'tinasızlıq *i.* 경시, 등한시, 무시, 무관심 disregard, neglect, negligence, indifference ○ **sayğısızlıq, diqqətsizlik, hörmətsizlik** ● **diqqətlilik**

e'tinasızlıqla ☞ **e'tnasızca**

e'tiraf *i.* 고백, 인정, 동의, 시인, 자백, 자인 acknowledgement, confession, admission; **~ etmək** *fe.* 고백하다, 시인하다, 인정하다 confess, own, admit, acknowledge; ***E'tiraf etməliyəm ki ...*** *고백하기는… I must say that ...*

e'tiraz *i.* 이의 제기, 항의, 반대, 불복, 거부 protest, objection, retort ● **razılıq**; **~ etmək** *fe.* 반대하다, 항의하다, 불복하다 protest, object, mind; ***E'tiraz edirsən ki ...?*** *심려가 되지 않을지? Do you mind...?*; ***E'tirazım yoxdur.*** *이의 없음! No objection!*

e'tirazsız *si. z.* 절대적으로, 무조건적으로; 의심의 여지없이 implicit(ly), unquestioning(ly)

e'tiyad *i. class.* 습관, 습관적 행위 custom; **~ etmək** *fe.* 습관들이다, 길들이다 accustom

et|mək (eləmək) *fe.* 하다, 행하다 do, make; **qəbul ~mək** *fe.* 받아들이다, 접수하다, 취하다 accept, admit, receive; **narahat ~mək** *fe.* 염려하다, 걱정하다 worry, disturb, trouble; **söhbət ~mək** *fe.* 대화하다, 말하다 have a talk, talk; ○ **eləmək**; **~dirilmək** *fe.* 행해지다 be done, be made; **davam ~** *fe.* 계속되다 be continued; **çap ~** *fe.* 인쇄되다 be printed; **nümayiş ~** *fe.* 보이다 be demonstrated; **~dirmək** *fe.* ask/cause *smb.* 하게 하다, 행하도록 하다 to do/carry out; **təcəssüm ~** *fe.* 구현하다 embody

etməkdənsə *bağ.* ~하기 보다는, 차라리 instead of

etnik *si.* 민족의, 민족학적인 ethnic

etnogenez *i. anth.* 민족 발생학 ethnogeny

etnoqraf *i.* 민족지(誌)[학]자 ethnographer

etnoqrafik *si.* 민족지(誌)[학]적 ethnographic(al)

E

etnoqrafiya *i.* 민족지(誌)[학], 사회 인류학 ethnography, social anthropology
etnoloji *si.* 민족학, 인류학 ethnological
etnologiya *i.* 민족학, 인류학 ethnology
etüd *i.* ① *lit.* 단편 (소설, 수필 등), 촌극 study, sketch; ② *mus.* 연습곡, 에튀드, 소곡 etude, exercise; ③ (체스) 묘수 풀이 문제 problem (chess)
ev *i.* 집, 가정; 건물 house, home ○ **bina, tikili**; **~ə aid** *si.* 가정의, 세대의 가사의 domestic; **~ heyvanları** *i.* 가축(家畜)domestic animals; **~ dovşanı** *i.* 집토끼 rabbit; **~ quşları** *i.* 가금(家禽)류 fowl, poultry; **~ dustağı** *i.* 가택(家宅)연금(軟禁) house arrest; **~ üçün darıxma** *i.* 향수병 homesick; **~ oğrusu** *i.* 도둑 burglar; **~ oğurlama**; **~ soyma** *i.* 도둑질 burglary; **~ sahibi** *i.* 집주인 host; **~ kirayəsi** *i.* 세(貰) rent; **~dən, yurddan kənarda** z 해외에 abroad; **~in içində** *z.* 실내에 indoor; **~ xərcləri** *i.* 살림살이, 가계 지출 household expense; **~ tapşırığı** *i.* 숙제 homework; **~ tökmək** *fe.* 집을 청소하다, 소제하다 tidy up a house; **~ yıxmaq** *fe.* 불행하게 하다 make *smb.* unhappy; **~i yıxılmaq** *fe.* 불행하게 되다 become unhappy; ***Əvvəl evin içi, sonra çölü.*** *ata.s. 수신제가치국평천하(修身齊家治國平天下) Charity begins at home.*
evcanlı ☞ **evdar**
evcil *si.* 집안의, 가정적인, 가족의 domestic
evdar I. *i.* 가정적인 사람, 주부 family man; housewife; II. *si.* 절약하는, 검소한, 알뜰한 thrifty; **~ qadın** *i.* 가정 주부 house wife
evdarlıq *i.* 살림살이, 가계, 가사 housekeeping
ev-eşik *i.* 살림살이, 세간(世間) goods and chattels; house and home; **~ sahibi olmaq** *fe.* 새 가정을 꾸리다, 신접 살림을 시작하다 start a family, settle down to married life; **~yə baxmaq** *fe.* 가정을 돌보다 look after house
evfemizm *i. dil.* 완곡 어법, 완곡 어구 euphemism
evfemistik *si.* 완곡어법의, 완곡한 euphemistic
evkalipt *i. bot.* 【植】유칼립투스 eucalyptus; **~ yağı** *i.* 유칼립투스 오일 eucalyptus oil
evquraşdırma *i.* 집 건축, 집 짓기 house-building
evlad ☞ **övlad**
evləndirilmək *fe.* 결혼하다 be wed, be married off
evləndirmək *fe.* 결혼시키다 marry off
evlənmə *i.* 결혼, 결혼식 wedding, marriage
evlənmək *fe.* 결혼하다, 혼인하다 marry, get married, wed; ● **boşanmaq; ~ təklif etmək** *fe.* 청혼하다 offer one's hand, propose
evli *si.* 결혼한 (남자) married (man) ○ **ailəli** ● **subay**
evli-eşikli *si.* 가정을 가진 having home and house, having a family
evlilik *i.* 결혼 상태 state of being married, wedlock ○ **ailəlilik** ● **subaylıq**
evrika *nid.* 무엇인가를 발견했을 때의 함성 알았다, 바로 이것이다, 됐다! [그리스어로 I have found (it)의 뜻. 아르키메데스가 Syracuse 왕의 왕관의 황금 순도 측정법을 발견했을 때의 환성에서] eureka!, I found it!
evsiz *si.* ① 집없는 homeless, having no home; ② 미혼의 unmarried ○ **ailəsiz**
evsiz-eşiksiz *si.* 집이 없는 homeless
evsizlik *i.* ① 무주택 homelessness, having no family; ② 미혼 singleness, state of being unmarried ○ **ailəsizlik**
evtikmə ☞ **evquraşdırma**
evyaran *i.* 가택 침입자[강도] housebreaker
evyıxan *si.* 파멸적인, 해로운 harmful, pernicious
ey *nid.* 여보세요! 이봐! *Hi! Hello!, Look here!*
eybəcər I. *i.* 추악한 사람, 섬뜩하게 하는 사람 ugly man, fright ○ **çirkin, kifir**; II. *si.* 무서운, 소름이 끼치는, 몹시 추한, 흉한 hideous, ugly, deformed ○ **yöndəmsiz, iyrənc** ● **qəşəng**; **~ hala salmaq/düşmək** *fe.* 외관을 상하다, 손상되다, 훼손되다 disfigure; **~ şəklə salmaq** *fe.* 추하게 하다 deform; **~ hala salınmış** *si.* 손상된, 훼손된 deformed
eybəcərcəsinə *z.* 흉한 모습으로, 추하게 in an ugly manner
eybəcərləşdirilmək *fe.* 추하게 되다 be made ugly
eybəcərləşdirmək *fe.* 추하게 하다 make look ugly
eybəcərləşmə, ☞ **eybəcərləşmək**
eybəcərləşmək *fe.* 손상되다, 비정상화하다 become deformed/misshapen/abnormal ● **qəşəngləşmək**
eybəcərlik *i.* ① 추함, 못생김 deformity, ugli-

ness ○ **çirkinlik, kifirlik, biçimsizlik** ● **qəşənglik**; ② 훼손, 불만족 defect, dissatisfaction ○ **çatışmazlıq, kəsir, nöqsan**;

eydirmə, ☞ **eydirmək**

eydirmək¹ *fe.* (젖 짜기 전의) 마사지를 하다 massage (cow's udder before milking)

eydirmək² *fe.* 비탄하다, 깊이 슬퍼하다 bewail, express deep sorrow (sighing, weeping)

eyham *i.* 간접적 언급, 암시 allusion, hint; **~la danışmaq** *fe.* hint; **incə ~** *i.* 미묘한 암시 delicate hint; **~ vurmaq** *fe.* 힌트를 주다, 암시하다 hint at, allude, drop a hint

eyhamla *z.* 암시적으로, 넌지시 with hint, allusively

eyhamlı *si.* 암시적인, 애매한, 모호한 allusive, ambiguous, vague ○ **üstüörtülü, ikimə'nalı, kinayəli**

eyhamsız *si.* 분명히, 암시없이, 변죽없이 clear, without hinting, without beating around bush ○ **kinayəsiz**

eyhana *bağ.* 만일, 경우에 if, in case, providing; ***Eyhana o gəlsə, deyin gözləsin.*** *그가 오면, 기다리라고 해! If he comes, tell him to wait.*

ey-hay *nid.* 아이고! 아뿔사! Alas!

eyi I. *si.* 좋은, 훌륭한 good, nice; ② II. *z.* 잘, 좋게 well, nicely

eyib *i.* ① 부끄러움, 수치심 shame, disgrace; ② 결점, 부족, 흠, 약점, 단점, 결핍, 결함 defect, vice, shortcoming, deficiency ○ **nöqsan, kəsir, qüsur**; **~ini açmaq** *fe.* (다른 사람의) 수치를 드러내다 reveal one's disgrace, speak about one's shame; **~ini axtarmaq** *fe.* 결점을 찾다, 트집 잡다 try to find one's defect; **~inə gəlmək** *fe.* 수치를 느끼다, 부끄러워하다 feel shy, be ashamed; **~ tutmaq** *fe.* 창피하다, 부끄러워하다 put to shame; ***Eyibdir.*** *수치야! It's a shame.*; ***Eybi yoxdur. Nə eybi var!*** 괜찮아, 문제 없어!, 괜찮아! *No problem. It doesn't matter, Never mind!*; ***Eyib olsun!*** *수치를 알아라, 창피하지도 않으냐! For shame!*

eyibli *si.* ① 수치스런, 불명예스런, 악평을 초래하는, 꼴사나운 shameful, disgraceful, disreputable, obscene, indecent, unseemly ○ **nöqsanlı, qüsurlu, qəbahətli**; ② 결함이 있는, 부족한 having defect, with shortcoming; **~ hərəkət/davranış** *i.* 수치스런 행동, 품위 없는 행위 disreputable conduct

eyiblik *i.* ① 수치, 불명예, 치욕 disgrace, shame; ② 타락, 부패, 사악 depravity; ***Kasıblıq eyiblik deyil.*** *가난이 수치는 아니다. Indigence is not disgrace.*

eyibsiz *si.* ① 무결한, 무흠한, 나무랄 데 없는 faultless, blameless ○ **qüsursuz, nöqsansız**; ② *fig.* 순결한, 정숙한, 티없는, 청순한, 순수한 chaste, immaculate, pure; ***Eyibsiz gözəl olmaz.*** *ata.s. 미인에게도 결점은 있다. 장미도 가시는 있다. There is no beauty without defect.*

eyibsizlik *i.* ① 고상함, 정숙함, 순수함, 순결, 정절 chastity, immaculacy; ② 무결함, 흠없음, 온전한 blamelessness, defectlessness ○ **qüsursuzluq, nöqsansızlıq** ● **qüsurluluq**;

eyiləşmə ☞ **eyiləşmək**

eyiləşmək *fe.* 개선되다, 호전되다 get better ○ **yaxşılaşmaq**

eyilik *i.* 옳음, 정직, 공정 rightness ○ **yaxşılıq**

eyləmək ☞ **etmək**

eymənmə ☞ **eyimənmək**

eymənmək *fe.* 놀라다, 무서워하다, 겁나다 be frightened, be afraid of ○ **qorxmaq, xoflanmaq, vahilənmək**

eynək *i.* 안경, 보안경 spectacles, goggles, glasses; **günəş ~yi** *i.* 선글라스, 색안경 sun-glasses; **~ taxmaq** *fe.* 안경을 쓰다 wear glasses

eynəkli *si.* 안경을 쓴 with glasses

eynən *z.* 정확히, 문자대로 exactly, word for word, the same

eyni *si.* 같은, 동일한, 일치하는, 적절한, 알맞은 same, identical, adequate ○ **oxşayış, bənzəyiş**; **~ cür** *si.* 같은 종류의, 같은 형태의 alike, uniform; **~ fikirdə olmaq** *fe.* 동의하다 agree; **~ ilə** *z.* 정확히 exactly; **~ vaxtda** *z.* 동시에 meanwhile; **~ zamanda** *z.* 동시에, 일제히 in the meantime, simultaneously; **~ qiymətli** *si.* 동등한, 등가(等價)의 equivalent; **~ni açmaq** *fe.* 기쁘게 하다 make *smb.* happy/merry; **~nə almamaq** *fe.* 무시하다, 경시하다, 주의를 주지 않다 pay no attention; **~ adlı** *si.* 동명 이인의 of the same name; **~ biçimli** *si.* ① 같은 유행의 of the same cut/fashion; ② 같은 형태의 of the same build/figure; **~ xasiyyətli** *si.* 같은 성질의, 같은 성격의 of the same character; **~ xassəli** *si.* 같은 속성의 of the same property; **~ elementlər** *i.* 같은

E

속성의 요소들 elements of the same properties; ~ **köklü** *si.* 같은 뿌리의, 같은 근원을 가진 of the same root; ~ **qiymətli** *si.* 같은 가격의, 등가의 equivalent, of the same price; **~lə** *z.* 정확히, 정밀히, 정확하게 exactly, as just as, precisely; ~ **mə'nalı** *si. dil.* 동의(同義)적인 synonymous; ~ **ifadələr** *i.* 동의적 표현 synonymous expressions; ~ **vaxtlı** *si.* 동시(同時)적, 동시대의 simultaneous, synchronous; ~ **yaşlı** *si.* 같은 나이의, 동갑(同甲)의 of the same age; ~ **təşkil etmək** *fe.* 동일시하다, 같이 보다 identify; ~ **zamanlılıq** *i.* 동시대성, 동존성 simultaneousness, simultaneity

eyniləşdirilmək *fe.* 동일시되다 be identified

eyniləşdirmə *i.* 동일시 identification

eyniləşdirmək *fe.* 동일시하다 identify, make the same; **nöqteyi-nəzərləri** ~ *fe.* 의견 일치를 보다 identify opinion

eyniləşmə, ☞ eyniləşmək

eyniləşmək *fe.* 닮아가다, 비슷해지다, 동일화 되다 resemble, become similar, identify ○ **oxşamaq**, **bənzəmək**

eynilik *i.* 동일함, 동일성, 일치 identity, sameness, simplicity, similarity ○ **oxşarlıq**, **bənzərlik** ● **müxtəliflik**

eyniyyət *i.* 동일(성), 일치(성), 유사 identity, sameness, similarity

eyş-işrətli *si.* 방탕한, 음탕한 rakish, loose, wild; ~ **həyat sürmək** *fe.* 방탕한 삶을 살다 lead a rakish life

eyvah *nid.* 저런, 아이고! alas!

eyvan *i.* 발코니, 베란다, 툇마루, 돌출 현관 balcony, veranda, porch ○ **balkon**, **seyvan**

eyvanlı *si.* 발코니가 있는, 베란다가 있는 having porch/balcony ○ **balkonlu**, **seyvanlı**

eyvansız *si.* 발코니가 없는 having no porch

eyzən *z.* ① 철저히, 완전히, 모조리 thoroughly, all through, completely ○ **tamamilə**; ② 항상, 지속적으로 always, constantly; ***O, eyzən məşğuldur.*** *그는 항상 바쁘다. He is always busy.*

e'zam *i.* 임무, 사명, 공적 임무; (출장의) 목적 errand, mission, officail mission; ~ **etdirmək** *fe.* 출장을 보내다 send on business/mission

e'zamiyyə *si.* 공적인, 권위 있는 official; ~ **vərəqəsi** *i.* 공증서, 보증서, 공적 서류 authority, warrant, credentials

e'zamiyyət *i.* 출장, 공무 여행 errand, mission, business trip; **~ə getmək** *fe.* 출장가다, 공무 여행하다 go on a mission, go away on a business; **~də olmaq** *fe.* 출장 중에 있다 be on a mission/business

e'zamiyyətçi *i.* 사업출장자 business traveller

ezop *si.* 이솝 (우화)의 Aesopian; ~ **dili** *i.* 이솝 우화적 언어 Aesopian language

ə *nid.* 여봐! 이봐! hey you! look here!
əba ☞ aba
əbalı ☞ abalı
əbədən *z.* ① 결코…않은 never, not ○ **heç vaxt, əsla**; ② 전혀, 조금도 not at all; ***Öyrənmək əbədən gec deyil.*** *ata.s. 배움에는 지각이 없다. 늦었다고 생각하는 때가 가장 이른 때이다. It is never too late to learn.*
əbədi I. *si.* ① 영원히, 영존하는, 영구한, 무궁한, 불후(不朽)의 eternal, incessant, perpetual, everlasting ○ **daimi, həmişəlik** ● **müvəqqəti**; ② 불사의, 영생의 immortal ○ **ölməz**; II. *z.* 영원히, 무궁히, 끝없이 for ever, without end, eternally; ~ **olaraq** *z.* 영원토록, 끊임없이 in perpetuity, eternally; ~ **saxlamaq** *fe.* 영존케 하다, 불멸케 하다 perpetuate; ~ **yuxu** *i.* 영면(永眠), 죽음 death
əbədiləşdirilmək *fe.* ① 불멸하게 되다, 영원성이 주어지다 be immortalized, be perpetuated; ② 길이 기념이 되다 be monumentalized
əbədiləşdirilmiş *si.* 불멸화된, 영원화된 eternalized, perpetuated, immortalized
əbədiləşdirmə *i.* 불멸화, 영원화 immortalization, perpetuation
əbədiləşdirmək *fe.* 불멸화 시키다, 영원화 하다, 기념화 하다 immortalize, perpetuate, eternalize, monumentalize
əbədiləşmək *fe.* 불멸화되다, 영원화 되다 become immortal, become perpetual ○ **daimiləşmək**
əbədilik *i.* 영원, 영구, 무궁 perpetualness, forever, eternity ○ **daimilik, həmişəlik** ● **müvəqqətilik**
əbədiyyət *i.* ① 영원 eternity, perpetuity ○ **əbədilik, daimilik** ● **müvəqqətilik**; ② 무궁한 미래 endless future; ③ 불멸성, 영생 immortality, eternal life; **~ə qoşulmaq** *fe.* 영원한 생명에 연결되다, 영원한 세상에 들어가다 launch into eternity
əbəs I. *si.* 헛된, 공연한, 효과없는 vain, futile, unavailing, useless ○ **nahaq, bihudə, faydasız, boş** ● **mə'nalı**; II. *z.* ① 헛되이, 쓸데없이 vainly, in vain; ② 불공정하게, 거짓되게 unjustly, falsely; ③ 까닭 없이, 영문없이 without reason; ④ 헛되이 for nothing, emptily; ~ **ümid** *i.* 헛된 소망, 거짓된 소망 a vain hope; ~ **arzu** *i.* 헛된 꿈 a vain dream; ~ **yerə** *z.* 쓸데없이 in vain, to no purpose; ~ **cəhd** *i.* 헛된 시도, 무의미한 노력 vain attempt
əbləh I. *i.* 바보, 멍청이, 천치, 얼간이 fool, dolt, blockhead, idiot; II. *si.* 어리석은, 저능의, 분별없는, 얼간이 같은 foolish, stupid, doltish, silly, imbecile; **~cəsinə** *z.* 바보같이, 어리석게 foolishly, doltishly; ~ **lik** *i.* 어리석음, 아둔, 우둔, 백치 같은 짓, 천치 놀음 stupidity, folly, idiocy, imbecility
əbləq *si.* 갈색 흰색 얼룩한, 흑백 얼룩한 skewbald, piebald
əbləqlik *i.* 알록달록함 skewbaldness, piebaldness
əbrəş *si.* 회황(灰黃)색의, 회색 바탕의 검정 얼룩이 있는 isabella coloured, dapple-grey ○ **xallı**
əbrişim *i.* ① 비단, 명주, 견사 silk, silk thread; ② *bot.* acacia
əbülhövl *i. myth.* 스핑크스 (인간이나 동물 머리에 사자 몸으로 된 석상 sphinx
əcaib I. *si.* 이상한, 야릇한, 묘한, 괴상한, 별난 strange, extraordinary, queer, curious ○ **qəribə, təəccüblü, qeyri-adi**; II. *z.* 이상하게, 묘하게, 별나게 in a strange way, strangely

ə

əcaiblik *i.* 이상, 범상, 괴상 strangeness, oddity, unusualness

əcdad *i.* 조상, 선조 predecessor, forefather, ancestors, progenitor ○ **kök, nəsil**

əcəb *si.* ① 이상한, 별난, 현저한 strange, striking ○ **təəccüblü, qəribə**; ② 우스운, 익살맞은 funny ○ **gülməli, əyləncəli**; ③ 놀라운, 기막힌 amazing, wonderful ○ 잘 했군! **yaxşı, gözəl, ə'la**; **Əcəb oldu!** It serves him right!

əcəba *da.* ① 어머나 I wonder if … ○ **görəsən**; ***Əcəba, o haradadır?*** *어머나, 그가 어디 있지? I wonder, where is he?*; ② 어찌 why; ***Əcəba, siz onu tanımırsınız?*** *어찌 그를 모른다고?* ***Why, don't you know him?***

əcəl *i.* 파멸, 죽음, 멸망 doom, end, death hour, fate ○ **ölüm**; **~ hərləmək/girləmək** *fe.* 죽음을 구하다, 죽기를 원하다 seek a death for oneself; **~i çatmaq/yetmək** *fe.* 죽음의 시간에 이르다 get to death hour; ***Əcələ macal yoxdur.*** *ata.s.* *죽음은 거절이 없다. Death when it comes will have no denial.*

əcələ *si. z.* 즉각적으로, 서둘러서 prompt(ly), hurried(ly) ○ **tələsik, cəld, tə'cili**

əcəlsiz *z.* 조숙히, 조기에, 이른 시간에 prematurely, before one's own time ○ **vaxtsız**

əcəm *i.* 비아랍인 (이라크인, 이란인) non-Arabian, Iraqi, Iran

əcəri *si.* 새로운, 새, 신선한 quite new, fresh ○ **təzə, qattəzə**

əcərli ☞ əcəri

əcinnə *i.* 마귀 같은! (욕설) jinn(ee); hag! (insult)

əclaf *si.* ① 역겨운, 비열한, 야비한, 더러운 (행동) foul, vile, mean, filthy, base (behaviour); ② 고약한, 악당의, 몰염치, 비열한 (man) villain, scoundrel, rascal ○ **alçaq, rəzil** ● **vicdanlı**; ***Əclaf!*** *야비한! 철면피! Villian! Scounddin! Rascal!*

əclaflıq *i.* 악명, 오명, 악형, 불명예, 비열한 짓, 극악 무도 infamy, vileness, villainy, meanness ○ **alçaqlıq, rəzillik** ● **ləyaqətlilik**; **~ etmək** *fe.* 야비한 짓을 하다, 비열하게 행동하다 do a foul thing

əcnəbi I. *i.* 외국인, 외부인 alien, foreigner; II. *si.* 외국의, 해외의, 외부의 foreign, alien ○ **xarici** ● **yerli**

əcuzə *i.* 성질 나쁜 여자 bad-tempered woman

əcr *i.* ① 보답, 답례, 보수 requital, recompense; ○ **mükafat, əvəz**; ② 징벌, 응징, 되갚음, 복수, 보복 retribution, punishment ○ **cəza**; **~ vermək** *fe.* 보상하다, 보복하다, 응보(應報) 하다, 앙갚다 requite, recompense, reward; punish

əcz *i.* 무력, 무능, 무기력, 불능 inability, helplessness, incapability ○ **acizlik, iqtidarsızlıq**

əcza *i.* 약(藥), 의약품, 약제, 약물 medicine, drug ○ **cüzlər, dərman, dava**

əczaçı *i.* 약사, 약제사 chemist, druggist, apothecary, pharmaceuticist;

əczaçılıq *i.* 약학, 약제학, 약리학 pharmaceutics, pharmacology

əczaxana *i.* 약국 pharmacy, chemist's

əda *i.* ① 자랑, 교만, 잘난 체 air, pride; ② 애교, 교태, 요염 coquetry, mincing air ○ **naz, qəmzə, işvə**; ③ 방식, 태도, 자세 style, manner; ④ 습관, 관습, 관례 practice; **~ satmaq** *fe.* 잘난 체하다, 깔보다, 얕보다, 뽐내다, 거드름 피우다, 허풍 떨다 mince, swagger, put on airs; ***O, əda ilə danışırdı.*** *잘난 척 말한다. He spoke with an air of importance.*

ədabaz I. *i.* 자랑 꾼, 잘난 체하는 사람, 요염한 여자 affected creature, coquette; swagger; II. *si.* 자랑하는, 뽐내는, 잘난 척하는, 까다로운, 거만한 mincing, finical, finicking, haughty ○ **lovğa, iddialı, ədalı**; **~casına** *z.* 잘난 체하며, 허세 부리듯, 집착이 강한, 까다로운 affectedly, affectingly, finically

ədabazlıq *i.* 잘난 척, 교태, 요염, 허세부림 mincing manners, finicality, airs and graces; affectation, affectedness ○ **lovğalıq, iddialılıq, ədalılıq**; **~ etmək** *fe.* 잘난 척하다, 허세 부리다, 교만하다, 허풍 떨다 mince, show affectation, be affected; swagger, bluster

ədalanmaq *fe.* 잘난 척하다, 교태를 부리다, 뽐내다, 허세 부리다 mince, swagger, be affected, put on airs, give oneself airs

ədalət *i.* ① 정직, 진실, 고결한 행위 truth, righteousness; ② 정의, 공정 justice, fairness ○ **haqq, həqiqət, düzlük** ● **ədalətsizlik**; **~ naminə** *z.* 정의를 위하여 for the sake of justice; **~ məhkəməsi** *i.* 재판정(裁判廷) court of justice

ədalətlə *z.* 공정하게, 정의롭게, 공평하게 justly, fairly, impartially; **~ rəftar etmək** *fe.* 정당하게

취급하다, 공평히 다루다 deal fair

ədalətli *si.* 정의로운, 정당한, 공평한, 곧은 just, equitable, fair, impartial, upright ○ **vicdanlı, haqlı** ● **ədalətsiz**; ~ **hökm** *i.* 공정한 판결 just sentence; ~ **müqavilə** *i.* 대등한 조약, 평등 조약 equitable treaty

ədalətlilik *i.* 정의로움, 정의, 공평, 무사, 공정 justness, justice, fairness, equity, impartiality, uprightness ○ **vicdanlılıq, haqlılıq, düzgünlük**

ədalətsiz *si.* 불공평한, 불공정한, 차별적인, 차등의 unfair, unjust, inequitable ○ **insafsız, vicdansız, haqqsız**; **~hərəkət** *i.* 부당한 행동, 불편한 행동 unjust action, unfair action; **~cəsinə, ~liklə** *z.* 불공평하게, 불공정하게, 부당하게 unjustly, unfairly, with partiality ● **insaflı, vicdanlı, haqqlı**

ədalətsizlik *i.* ① 부조리, 부정, 부당, 불법, 권리 침해 injustice, unjustness ○ **insafsızlıq, vicdansızlıq, haqsızlıq** ● **insaflılıq**; ② 불공평, 불균형 unfairness; ③ 사악, 무도, 부정한 행위, 나쁜 짓, 죄 iniquity; ~ **etmək** *fe.* 부조리하게 행동하다, 부정하게 행하다 act unjustly

ədalı *si.* 잘난 척하는, 요염한, 뽐내는, 거드름 피우며 말하는 affected, mincing, finical, finicking, airily, coquettish ○ **ədəbaz, lovğa, şivəli, işvəzkar, nazlı**; ~ **duruş** *i.* 잘난 척하는 자세, 허세 부리는 모양 affected pose

ədalılıq *i.* 잘난 척하는 태도, 뽐냄 mincing manner, finicalness ○ **ədəbazlıq, lovğalıq, işivəlilik, nazlılıq**

ədasız *si.* 단순한, 겸허한, 순진한 simple, simple-hearted, without affection ○ **sadə, nazsız, işvəsiz**

ədasızlıq *i.* ① 소박함 simplicity; ② 순진함 simple-heartedness ○ **sadəlik, nazsızlıq, işvəsizlik**

ədat *qram.* 불변화사, 소사(小辭), 접두[접미]사 particle

ədavət *i.* ① 불화, 불일치, 알력 discord, hatred ○ **kin, küdurət, qərəz**; ② 증오, 악의, 대립, 적대 enmity, hostility, feud; ~ **bəsləmək** *fe.* 적의를 품다, 악의를 갖다 feel animosity; **~lə** *z.* 악의적으로 hostilely, with enmity, with animosity; **~li** *si.* 악의적인, 비우호적인 hostile ○ **kinli, qərəzli**; **~lilik** *i.* 악의, 적의, 적개심, 원한, 증오 hostility, animosity ○ **kinlilik, düşmənçilik**; **~siz** *si.* 너그러운, 관대한, 회유하기 쉬운 non-inimical, non-hostile, forgiving, placable ○ **kinsiz, qərəzsiz**;

ədəb *i.* 고상함, 품위 있음, 예의 바름, 우아함, 정중함, decency, delicacy, politeness, breeding manner, tact ○ **nəzakət, incəlik, tərbiyə**; ~ **vermək** *fe.* 교양하다, 훈육하다, 예의를 가르치다 teach manners; ~ **qaydaları** *i.* 예의 범절, 예절, 예법 rules of propriety, decencies; **~-ərkan** *i.* 예의 바름, 공손함, 예의 범절, 몸가짐, 좋은 버릇 ivility, manners; **~-ərkanla** *z.* 예의 바르게, 공손하게, 잘 어울리게, 재치 있게 mannerly, decently, civilly, courteously, tactfully, decorously; **~-ərkanlı** *si.* 고상한, 예의 바른, 공손한 decent, civil, courteous, tactful

ədəbi *si.* 문학의, 문학에 밝은, 문어(文語)의 literary; ~ **isqamət** *i.* 문학 사조 (文學 思潮) literary trend; ~ **nəsr** *i.* 소설(小說) fiction; ~ **təxəllüs** *i.* 필명(筆名), 저작명 (著作名) pen-name; ~ **irs** *i.* 문학 유산 (文學 遺産) literary heritage; ~ **tənqid** *i.* 문학 비평(文學 批評) literary criticism; ~ **fəaliyyət** *i.* 문학 활동 literary activity

ədəbiyyat *i.* 문학(文學) literature; **~şünaslıq** *i.* 문학 연구 (문학사(文學史), 문학 비평 등) history of literature, literary criticism; ~ **aləmi** *i.* 문학 세계 literary world; **bədii** ~ *i.* 미문(美文), 미문학(美文學), 순수문학(純粹文學) fiction, belles-lettres; **elmi-kütləvi** ~ *i.* 대중 과학 문학 (大衆 科學 文學) popular scientific literature

ədəbiyyatçi ☞ **ədəbiyyatşünas**

ədəbiyyatşünas *i.* 문학가(文學家), 문학사(文學士) specialist in literature

ədəbiyyatşünaslıq *i.* 문학 연구 (문학 비평, 문학역사 등) literary criticism, history of literature

ədəbli I. *si.* ① 정중한, 예의 바른, 교양 있는, 고상한, polite, well-behaved, well-conducted, decent, mannerly, tactful, civil; ② 문명의 civilized; II. *z.* 고상하게, 교양 있게, 정중하게 decently, civilly, courteously, tactfully, decorously ○ **tərbiyəli, əxlaqlı, qanacaqlı** ● **kobud**

ədəblilik *i.* 교양, 고상함, 정중함, 예의 바름 good breeding, decency, morality, civility, courtesy, politeness ● **kobudluq**

ədəbsiz I. *i.* 막된 녀석, 버릇없는 놈, 상놈, 야비한 사람 churl, boor, cad, ribald; II. *si.* ① 버릇없는, 교양 없는, 막된, 야비한 ill-mannered, ill-bred, uneducated, discourteous, tactless ○ **tərbiyəsiz, əxlaqsız, qaba, kobud** ● **abırlı**; ② 무례한, 버릇없는, 촌스런, 세련되지 못한, 실례가 되는, rude, indecent, boorish, coarse-grained, impolite; ③ 외설스런, 음탕한, 저질의 bawdy, gross, ribald, obscene; II. *z.* 무례하게, 버릇없이 indecently, impolitely, rudely, bawdily, grossly, obscenely

ədəbsizlik *i.* 속물 근성 ill-breeding, indecency, incivility ○ **tərbiyəsizlik, nəzakətsizlik, qanacaqaızlıq, qabalıq, kobudluq, diliuzunluq, hörmətsizlik**

ədəd *i.* ① *mat.* 수(數), 숫자, 자릿수 number, figure ○ **say, hesab**; ② 개 (個·箇·介) a piece, a unit; an item ○ **dənə**; **cüt ~** *i.* 짝수 even number; **tək ~** *i.* 홀수 odd number; **kəsr ~i** *i.* 분수(分數) fractional number; **qarışıq ~** *i. mat.* 혼수(混數 - 대분수[소수]를 말함) mixed number

ədədi *si.* ① *mat.* 수에 관한, 수를 나타내는, 수로 표시되는, 숫자에 의한 numerical; ② ~개의 of piece; **~ kəmiyyət** *i.* 기수(基數) numerical number; **~ metod** *i.* 수치 방법론 numerical method

ədədsiz *si.* 수 없는, 셀 수 없는 numberless, countless ○ **saysız, hesabsız**

ədəm *i.* 부재(不在), 무(無), 없음 absence, non-existence ○ **yoxluq**

ədəmgah *i.* 부재하는 세상, 상상의 세계 world of non-existence

Ədən *i.* 예멘의 한 도시 이름 city in Yemen

ədəsə *i.* 렌즈; (안구의) 수정체 lenses

ədib¹ *i.* ① 작가, 문학가, 글 쓰는 사람 writer, man of letters ○ **yazıçı, nasir**; ② 기자(記者) journalist

ədib² ☞ **ədəbli**

ədibanə *z.* 작가처럼, 문학가 처럼 as like writer

ədiblik *i.* 문학 활동 literary activity ○ **yazıçılıq**

Ədirnə *i.* 터키의 한 도시 이름 city in Turkey

ədl ☞ **ədalət**

ədliyyə *i.* 정의, 법무 justice; ***Ədliyyə Nazirliyi*** *i.* *법무부 Ministry of Justice*

ədna *si.* 불쾌한, 치사한, 비열한, 야비한 obscene, vile, loathsome ○ **alçaq, rəzil, nanəcib**

ədnalıq *i.* 혐오감을 일으키는 것; 혐오, 증오 abomination, lowliness ○ **alçaqlıq, rəzillik, nanəciblik**

ədu *i.* 적(敵), 원수(怨讐) enemy ○ **düşmən**

ədvə ☞ **ədviyyə**

ədviyyət ☞ **ədviyyə**

ədviyyə *i.* 양념, 조미료; 조미(調味), 가미(加味) spice, seasoning; **~ vurmaq** *fe.* 양념을 넣다, 조미하다, 가미하다 spice, season

ədviyyələmək *fe.* 양념을 넣다, 조미하다 spice

ədviyyələnmək *fe.* 양념이 넣어지다 be spiced

ədviyyəli *si.* 양념이 넣어진, 맛이 나는, 조미된, 가미된 spiced, spicy

ədyan *i.* 종교 religions

ədyal *i.* 담요, 이불 blanket

əfəl I. *i.* 손재주가 없는 사람; 운동 경기가 서투른 사람, 얼간이, 멍청이, 바보 dullard; a muff; awkward person; II. *si.* 서투른, 실수가 많은, 어설픈; 둔한, 어리석은, 몰상식한 awkward, clumsy, bungling; dull, stupid, obtuse ○ **maymaq** ● **zirək**

əfəlləşmək *fe.* 서투르게 되다, 어리석게 행동하다 get clumsy, get awkward ○ **maymaqlaşmaq**

əfəllik *i.* 어리석음, 실수 투성이, 서투름, 아둔함 clumsiness, awkwardness, dullness, stupidity ○ **maymaqlıq** ● **zirəklik**

əfəndi *i.* ① 수니 이슬람 교사에 대한 호칭 title of Sunni Islam teacher; ② 배운 사람에 대한 호칭 title for the learned man

əfğan *i.* 외침, 고함, 비명, 절규 furious scream, yell, howl, cry ○ **fəryad, fəğan**

əf'i *i.* ① 독사 boa, venomous snake; ② *fig.* 독설 venomous tongue, betrayer ○ **mənhus, xain, məkrli**; **~ ilana dönmək** *fe.* 분노로 매우 흥분하다, 진노하다, 대노하다 get very angry, be infuriated, fly into rage

əfkari-ümumiyyə *i.* 여론(輿論) public opinion

əfqan *i.* 아프간 사람, *si.* 아프간의 Afghan

Əfqanistan *i.* 아프가니스탄 Afghanistan

əflatun *i.* 플라톤 Platon

əfsanə *i.* ① 신화, 전설, 가공의 이야기, 우화 myth, fable ○ **əsatir, mif**; ② 전설, 전승, 일화 legend; ③ 엉터리 이야기, 거짓말 cock and bull story, idle tale ○ **dastan, hekayə**;

əfsanəli *si.* 전설적인, 신화적인, 환상의, 우화적인

full of legends, fantastic, fabulous; ~ **nağıllar** *i.* 우화, 전설적인 이야기 tales of legends, fables

əfsanəvi *si.* ① 우화적인 fabulous ○ **əsatiri**; ② 전설적인, 굉장한, 신화적인 legendary, mythical, fantastic ○ **qeyri-adi**, **fövqəl'adə**; ~ **qəhrəman** *i.* 전설적 영웅 legendary hero; ~ **gözəllik** *i.* 환상적인 미인 fantastic beauty; ~ **diyar** *i.* 요정의 나라 fairyland; ~ **nağıllar** *i.* 동화, 이야기, 민담 fairy-tale, fables

əfsanəvilik *i.* ① 전설적임, 이루지 못할 꿈 legendary ○ **əsatirilik**; ② 비범함, 엄청남 extraordinariness ○ **qeyri-adilik**, **fövqəl'adəlik**

əfsun *i.* 마법, 마술, 주술; 마법을 걸기, 축귀(逐鬼) sorcery, magic, enchantment, exorcism ○ **sehr**

əfsunçu *i.* 마법사, 마술사, 주술사 witch, wizard, sorcerer ○ **sehrbaz**

əfsunlama ☞ əfsunlamaq

əfsunlamaq *fe.* 마법을 걸다, 주술을 걸다 bewitch, charm, enchant ○ **sehrləmək**

əfsunlu *si.* 마법의, 마법을 건 magic, charmed ○ **sehrli**

əfsus *nid.* 저런!, 아뿔사! alas, what a pity! ○ **heyf**, **təəsüf**; ***Əfsuslar olsun ki...*** *불행하게도! Unfortunately...*

əfv *i.* 사면, 용서, 사죄, 면제, 특사 pardon, forgiveness, amnesty ○ **bağışlama**; ~ **ərizəsi** *i.* 사면청원(赦免 請願), 용서를 구함 appeal for pardon; ~ **etmək** *fe.* 사면하다, 사죄하다, 면제하다 excuse, forgive, have mercy on, pardon; **ümumi siyasi** ~ *i.* 일반 사면 general political amnesty; ~ **e'lan etmək** *fe.* 특사(特赦)를 내리다, 대사면을 내리다 declare amnesty; ~ **ümumiyə düşmək** *fe.* 사면에 포함되다, 대사면에 해당되다 be granted amnesty; ***Əfv ediniz!*** *용서하소서! 실례합니다! Pardon me!*

əfvedilməz *si.* 용서할 수 없는, 변명의 여지가 없는 unforgivable, inexcusable

əfvi-ümumi *i. mil.* 일반 사면, 석방 amnesty, free pardon; ~ **istəmək** *fe.* 사면을 요청하다 appeal for amnesty

əfyun *i.* 아편(阿片) opium ○ **tiryək**; ~ **çəkmək** *fe.* 아편을 피우다 smoke opium

əfyunlu *si.* 아편을 함유한 opiumized, bitter ○ **tiryəkli**, **zəhərli**, **acı**

əfzəl *si.* 선호하는, 더 좋아하는 preferable, better, above; ~ **tutmaq** *fe.* 선호하다 prefer

əgər *bağ.* 만약, 가정(假定)하여, ~라면; ~ 하지 않다면 (부정문) if, provided, in case; unless (in negative); ***Əgər istəmirsənsə getmə.*** *원하지 않으면, 가지 마라. Unless you want to, don't go.*

əgərçi *bağ.* ~임에도 불구하고, ~이지만, ~일 지라도 despite, though, although ○ **hərçənd**

əgər-əksik *i.* ① 결핍, 부족 shortage; ② 흠, 단점, 결점, 약점 defect, shortcoming; ③ 흉함, 추함 deformity

əğyar *i.* ① 재류 외국인, 외국인, 이방인, 타향인 alien, foreigner, stranger; ② 적의를 가진 사람 hostile ○ **özgə**, **düşmən**, **rəqib**, **yad**

əğyarlıq *i.* 적의, 적대성, 적대, 대립, 원한 hostility, animosity, strangeness ○ **düşmənçilik**, **rəqiblik**, **yadlıq**

əğniya *i.* 유산계급(有産階級) the rich, bourgeoisie

əğləb *si.* 대다수의, 과반수의 major, most

əhali *i.* ① 인구, 주민수 folk, people, population ○ **camaat**, **xalq**; ② 거주자, 정주자, 거주민 inhabitants; ~**ni yerləşdirmək** *fe.* 식민화 하다, 식민지로 이주시키다 colonize; **yerli** ~ *i.* 지역 인구 local population; ~**nin sıxlığı** *i.* 인구 밀도(人口 密度) density of population

əhalisiz *si.* 비 거주지의, 사람이 많이 살지 않는, 사람이 살기에 적합하지 않는 uninhabited, unpopulated

əhalisizlik *i.* 거주에 적합치 않음 uninhabitedness

əhatə *i.* ① 포위, 일주, 고립화 encirclement ○ **dövrə**, **yan-yörə**; ② 주위, 둘레 ring, hedge in; ③ 둘러싸고 있는 것, 에워싸기 surroundings; ~ **etmək** *fe.* 둘러싸다, 에워싸다, 포위하다, 포함하다, 산입하다 surround; environ, enclose, embrace, round up, encircle; include, embrace, involve, cover; ~**yə almaq** *fe.* 둘러싸다, 에워싸다 surround; ~ **sahəsi** *i.* 범위, 한계, 시야 scope

əhatəedici *si.* 에워싸는, 둘러 있는, 포함되어 있는 embracing, covering, involving

əhatələmək *fe.* 포함하다, 범위에 넣다, 포위하다 envelop, encircle ○ **dövrələmək**

əhatəli *si.* 포괄적인, 광범위한 comprehensive, broad-covered, detailed ○ **geniş**, **hərtərəfli** ● **birtərəfli**; ~ **mə'lumat** *i.* 자세한 정보, 광범위한 내용 comprehensive information

əhatəlilik *i.* 포함, 포괄성 wideness, detail ○

Ə

genişlik, hərtərəflilik

əhatəsində *si.* 범위 안에, 동반되어, 수반되어 accompanied

əhd *i.* ① 약속, 언약, 계약 promise, pledge ○ **və'd, ilqar, and**; ~ **etmək** *fe.* 맹세하다, 언약하다, 서약하다 take an oath, give a solemn promise; ② 맹세, 서약 vow, oath; **~ə vəfa etmək** *fe.* 서약을 지키다, 의무를 이행하다 redeem a pledge, meet one's engagements; ③ 목적, 목표 object, aim ○ **istək, məram**; **~inə çatmaq** *fe.* 목적을 이루다 gain one's object

əhdi-cədid *i.* (성경의) 신약(新約) the New Testament

əhdi-ətiq *i.* (성경의) 구약(舊約) the Old Testament

əhdləşmək *fe.* 의견 일치를 보다, 계약을 체결하다, 서로 맹세하다 come to an agreement, vow to each other ○ **sözləşmək**

əhdnamə *i.* 동의서(同意書) letter of agreement

əhd-peyman *i.* 언약, 서약, 엄중한 약속 vow, solemn promise; ~ **etmək/bağlamaq** *fe.* 맹세하다, 서약하다 vow, take solemn oath

əhəd *i.* 힘, 능력 power, strength; **~i kəsilmək/üzülmək** *fe.* 지치다, 피곤해지다, 기진하다 be exhausted, be tired out ; **~ini kəsmək** *fe.* ~를 피곤하게 하다, 지치게 하다 exhaust, tire out (*smb.*)

əhəmiyyət *i.* ① 중요성, 중대성; 의미, 취지 importance, significance ○ **rol, dəyər, fayda**; ② 사용, 이용 use; ~ **verməmək** *fe.* 무시하다, 간과하다, 눈감아 주다 ignore, overlook; **~i olmaq** *fe.* 중요시되다, 문제시되다 matter; ***Bunun əhəmiyyəti yoxdur.*** *별로 의미가 없다. 중요하지 않다! It doesn't matter.*

əhəmiyyətli *si.* ① 중요한, 필수의 significant, eszsential, important ○ **qiymətli, dəyərli, mə'nalı, faydalı**; ② 유용한, 쓸만한 useful; ③ 상당한, 본질적인, 중요한, 가치가 큰 considerable, substantial, sizeable

əhəmiyyətlilik *i.* 중요성, 중요도 significance ○ **mühümlük, dəyərlilik**

əhəmiyyətsiz *si.* ① 쓸데없는, 헛된, 공연한, 효과없는, 가치 없는 futile, insignificant, petty, unimportant ○ **dəyərsiz, qiymətsiz, mə'nasız, faydasız**; ② 무용한, 쓸데없는 useless, of no use; ~ **şey** *i.* 시시한 것, 사소한 일 trifle

əhəmiyyətsizlik *i.* ① 무의미, 하찮음, 사소함, 미미함 insignificance, unimportance ○ **dəyərsizlik, qiymətsizlik, cüzilik**; ② 쓸모 없음, 무가치함, 무용함 uselessness

əhəng *i.* 석회 (calcium oxide) lime; **sönməmiş** ~ *i.* 석회, 소화 석회 burnt lime, quick lime; **sönmüş** ~ *i.* 분말 석회 slack lime; ~ **daşı** *i.* 석회석 limestone; ~ **məhlulu** *i.* 회칠한 whitewash, limewater; **xlorlu** ~ *i. kim.* 표백분 bleaching powder

əhəngləmək *fe.* 회칠하다, 분칠하다 whitewash ○ **ağartmaq**

əhənglənmək *fe.* 회칠되다, 백도제가 발려지다 be covered with lime, be whitewashed

əhəngli *si.* 석회가 들어 있는, 석회질을 포함한; 회칠을 한 limed; ~ **palçıq** *i.* 회 반죽, 그라우트, 모르타르 풀 grout, mortar

əhəngyandıran *i.* 석회 연소기 lime burner

əhl *i.* ① 소유주, 주인 man, owner ○ **yiyə, sahib**; ② 주민, 거주민 resident, inhabitant, dweller, people ○ **əhali**; **dərd ~i** *i.* 슬픈 사람 man of sorrow; **zövq ~i** *i.* 미식가 man of taste; **qələm ~i** *i.* 작가, 서기, 사무원 writer, scriber, clerk; **elm ~i** *i.* 지식인, 학자, 유식한 사람 man of knowledge, scholar, savant, erudite; **eşq ~i** *i.* 애인, 사랑에 빠진 사람 man in love, lover; **saray ~i** *i.* 궁정에 드나드는 신하 courtiers; **şəhər ~i** *i.* 도시인, 도시 사람 townsman, townspeople; **kənd ~i** *i.* 시골 사람, 촌 사람, 부락민, 지방 사람 countryman, villager, country folk

əhli-biqəm *si.* 저돌적인; 무모한 careless, merry-go-around, devil-may-care

əhli-dil *i.* 명석한 사람, 천재(天才) bright man

əhli-dünya *i.* 세상적인 사람, 시류(時流)를 타는 사람, 유행을 따르는 사람 man of the world, man of fashion

əhli-əyal *i.* 가족, 가족 구성원 family, member of a family, household

əhli-hal *i.* 자비심이 많은 사람, 동정심이 많은 사람 man of compassion, compassionate man

əhli-iman *i.* 의로운 사람, 의인, 믿음의 사람; 종교인 righteous man, man of religion

əhli-insaf *i.* ① 자비로운 사람 man of mercy; ② 정의의 사도 man of justice

əhli-kef *i.* 쾌락주의자, 난봉꾼, 주색 잡기에 빠져 있는 debaucher, Epicurean, merry-maker; jovial fellow; bacchanal, reveler

əhliləşdirilmiş *si.* 길들여진, 길든, 유순한 tame, domesticated; **vəhşi heyvanların ~si** *i.* 야생 동물 길들이기 domestication of wild animal
əhliləşdirilmək *fe.* 길들여지다, 유순하게 되다 be domesticated, be made tame, be tamed
əhliləşdirmək *fe.* 길들이다 tame
əhliləşmək *fe.* 길들다, 길러 지다, 적응되다 become domestic, become tame ○ **öyrəşmək, alışmaq, uyuşmaq**
əhliləşmiş *si.* 길든, 길들여진 domestic, tame
əhli-mənsəb *fig.* 공무원, 관리, 직원 officials, functionaries
əhli-mə'rifət *i.* 태도가 좋은 사람, 예의 바른 사람 man of good manner
əhli-sənət ☞ **sənətkar**
əhli-vəfa ☞ **vəfalı**
əhmədi-biqəm *i. col.* 낙천적인 사람, 맘 편한 사람 devil-may-care, happy-go-lucky man
əhsən *nid.* 잘 했어!, 좋아! bravo! well done! ○ **afərin**
əhval *i.* ① 분위기, 기분, 마음 가짐 mood, humor, spirits ○ **kef, hal**; ② 건강 상태, 감정 상태 feeling, state of health ○ **keyfiyyət, vəziyyət, güzəran**; **~ı yaxşılaşmaq** *fe.* 기분이 좋아지다 get better; **~ını pozmaq** *fe.* 기분을 상하다 depress; **~ı qarışmaq** *fe.* 아프게 되다, 앓다, 건강이 악화되다 fall ill, feel ill, get worse; ***Əhvalın necədir?*** *안녕하십니까? 기분이 어떠십니까? How are you?*
əhvalat *i.* ① 사건 event, incident, episode, occurrence ○ **hadisə, qəziyyə**; ② 삽화(插話), 이야기 story; ***Əhvalat necə baş verdi***? 사건이 어찌 일어난 거야? *How did it happen* ?
əhval(i)-ruhiyyə *i.* ① 기분, 분위기, 마음 가짐 mood, spirits, frame of mind, humour; ② 정신 상태, 정신 구조 state of mind; **ictimai ~** *i.* 공중의식, 사회 분위기, 풍조 state of public mind
əhvallı *si.* ① 부유한, 부자의, 부한 wealthy, rich, well-off ○ **varlı, dövlətli**; ② 존경할 만한, 훌륭한, 신분이 높은 respectable ○ **yaşlı, hörmətli**
əhvallaşmaq *fe.* 인사하다, 안부를 묻다 greet, hail ○ **salamlaşmaq**
əxlaq I. *i.* ① 도덕, 윤리, 도덕성 (특히 성(性)과 관련되어) morals, morality; ethics ○ **mə'nəviyyət**; ② 행동, 행위, 품행, 행상, 행실, 동작 behavior, conduct; II. *si.* 도덕상의, 윤리상의 moral; **~ı pozğun** *si.* 비도덕적인, 비윤리적인, 타락한 corrupt in morals, infamous, depraved, graceless; **~ını pozmaq** *fe.* 속이다, 꾀다, 유혹하다, 타락하다, 풍기를 문란케 하다 corrupt, demoralize; seduce; **~ dərsi** *i.* 도덕적 충고, 윤리적 교훈 moral admonition; **~ normaları** *i.* 윤리(법), 도의, 도리 ethics
əxlaqi *si.* 윤리상의, 도덕적인 ethical, moral; **~ nəticə** *i.* 도덕, 도의 moral; **~ keyfiyyətlər** *i.* 윤리적 가치, 도덕적 덕목(德目) moral values
əxlaqlı *si.* ① 도덕적으로 높은, 윤리적인, 고상한, 정숙한, 순결한 high moral standards, chaste; ② 잘 교육된, 잘 행동하는, 예의바른 well bred, well-behaved, courteous ○ **tərbiyəli, namuslu, ismətli, iffətli** ● **pozğun**
əxlaqlılıq *i.* 좋은 행실, 훌륭한 품행 good-conduct, good behavior ○ **namusluluq, ismətlilik, iffətlilik**
əxlaqsız *si.* ① 부도덕한, 더러운, 타락한, 수치스런, 방탕한 immoral, filthy, depraved, graceless, libertine, dissolute ○ **pozğun, namussuz** ● **namuslu**; ② 방종한, 방탕한, 버릇없이 자란 ill-bred, wicked, dissolute ○ **tərbiyəsiz, ismətsiz, ədəbsiz**; **~ adam** *i.* 방탕아, 난봉꾼, 도락자, libertine, debauchee, a profligate; **~ qadın** *i.* 화냥년, 매춘부 wanton, whore; **~ casina** *z.* 비도덕적으로, 비윤리적으로, 방탕하게 dissolutely, licentiously
əxlaqsızlıq *i.* 비도덕, 방탕, 난봉, 타락, 추잡, 매춘행위, 간통, 간음 immorality, profligacy, depravity, lewdness, whoredom, corruption, dissoluteness ○ **pozğunluq, namussuzluq, tərbiyəsizlik, ismətsizlik, ədəbsizlik**; **~ etmək** *fe.* 타락시키다, 유혹하다, 주색에 빠지다 debauch, indulge in lust/lewdness
əxz *i.* 탈취, 강탈, 가로챔 taking, grabbing ○ **alma, götürmə**
əjdaha *i.* ① *myth.* 괴물, 망상 dragon, chimera, monster; ② *ast.* 용자리(Draco) Dragon; ③ 거인, 거한(巨漢) giant, giantess
əjdər ☞ **əjdaha**
əkə *si.* ① 큰, 거대한 big, great; ② 장성한, 어른이 된 grown-up, full-grown, adult ○ **böyük**
əkə-bikə *si.* 나이 많은, 경험이 많은 elderly, experienced
əkəc *si.* ① 큰, 거대한 big, great ○ **böyük, yekə,**

Ə

iri; ② 나이든, 연로한, 경험이 많은, 노숙한 elder, elderly, grown-up, experienced ○ **yaşlı, təcrübəli; ~-~** *z.* 어른처럼, 경험자처럼, 노숙하게, 익숙하게 like an adult, like an experienced

əkəclənmək *fe.* ① 장성하다, 어른이 되다 grow up, become an adult ○ **yekəlmək, irilənmək;** ② 경험을 갖다, 익숙해지다 become experienced ○ **təcrübələnmək;** ③ 어른처럼 행동하다 behave like an adult

əkəclik ☞ **əkəlik**

əkəlik *i.* 연장자, 어른, 남성의 장년기, 연상, 손위, old-age, adulthood, virility, seniority ○ **böyüklük, irilik, yekəlik**

əkənək *i.* ① 파종지 (播種地)sowing area; ② 경작지, 배양지, 재배지 land under cultivation

əkili *si.* ① (씨) 뿌려진 sown; ② 심겨진 planted

əkilmək *fe.* ① (씨가) 뿌려지다 be sown; ② 심겨지다 be planted ○ **basdırılmaq;** ③ 경작되다, 재배되다, 키워지다 be cultivated, be grown, be raised; ④ *fig.* 도망치다, 달아나다 flee, run away, escape, guy, take one's heel ○ **getmək, qaçmaq**

əkin I. *i.* ① 경작, 씨뿌림, 심기 seeding, sowing, planting ● **biçin;** ② 농장, 농원 plantation, ploughed field ○ **zəmi, tarla;** II. *si.* ① 경작할 수 있는, 농사를 지을 만한 arable; for sowing, for cultivation; **~ yeri** *i.* 경작지, 농경지 arable land, area under grain crops; **növbəli ~** *i.* 윤작(輪作) crop rotation; **~-biçin** *i.* 경작, 농사, 심고 거두기 field cropping, field husbandry

əkinəbaxan *i.* 경작지를 지키는 사람, 망대 지기 field mounted keeper

əkinçi *i.* ① 농사꾼, 농군, 농부 ploughman, farmer ○ **cütçü** ● **biçinçi;** ② 곡식을 가꾸는 사람, 옥수수 경작자 grain grower, corn grower

əkinçilik *i.* ① 농업, 농경, 농사, 농법 agriculture, tillage, farming, husbandry ○ **ziraət**

əkinqabağı *si.* 파종전의 pre-sowing; **~ suvarma** *i.* 파종 전 물대기 pre-sowing irrigation

əkinlik *si.* 파종에 적합한, 파종을 위한 for sowing, for cultivation

əkiz *si.* 쌍둥이의, 한쌍의 twin ○ **cüt, qoşa; ~ bacılar** *i.* 쌍둥이 자매 twin sisters; **~ qardaşlar** *i.* 쌍둥이 형제 twin brothers; **~lər doğmaq** *fe.* 쌍둥이를 낳다 twin

əkizlik *i.* 쌍둥이 임, 쌍둥이의 관계 doubleness, state of being twin ○ **cütlük, qoşalıq**

əkiztay *i.* 쌍둥이의 한 편 one of twins

əkkas *i. obs.* 사진기사, 사진사 photographer

əklik *i.* 화환, 화관, 꽃장식 garland, wreath ○ **çələng**

əklil *i.* 화관, 꽃장식 crown, garland, wreath; **~ qoymaq** *fe.* 화관을 씌우다 lay a wreath

əkmək[1] *fe.* ① 심다, 묻다 plant, set, pot ○ **basdırmaq** ● **biçmək;** ② 씨를 뿌리다 sow, seed; ③ *fig.* 떠나보내다 send away; **başını ~** *fe.* 멀리하다 do away; ***Nə əkərsən, onu biçərsən.*** *ata. s. 무엇을 심든지 그대로 거둔다. As you sow you shall mow.*

əkmək[2] ☞ **çörək**

əknaf *i. obs.* 면, 측면, 표면 side, surrounding, aspect ○ **ətraf, tərəf, cəhət**

əkrəm *si. class.* 고상한, 귀족의, 고귀한 noble, aristocratic

əks I. *i.* ① 반영, 반사, 반향 reflection, reflexion, reflected image; **~ etdirmək** *fe.* 반사하다, 반영하다 reflect; **~ olunma** *i.* 반영, 반사 reflection; **~ olunmaq** *fe.* 반영되다 reflect; ② 사진, 형상, 그림 picture, image, photo ○ **surət, şəkil;** II. *si.* 반대의, 상대의, 역의 opposite, reverse, contrary ○ **zidd, tərs; tamam ~** *si.* 정반대의 quite the opposite; **~ istiqamətli** *si.* 반대 방향의, 정반대의 backward, contrary; **~ təqdirdə** *z.* 한편, 그렇지 않으면, 거꾸로 otherwise, on the contrary, or else; **~ çıxmaq** *fe.* 반대하다, 거스리다, 모순되다 oppose, conflict, contradict; **~ tərəf** *i.* 반대편, 뒷편, 뒷면 opposite side, reverse side, verso; **~ halda/tərzdə/surətdə** *z.* 그렇지 않으면 otherwise

əkscərəyan *i.* 역류, 반류(反流); 역전류 counter current (electricity)

əksetdirici I. *i. fiz.* 반사경, 반사기, 반사로 reflector, reverberator; II. *si.* 반사하는, 반사에 의한, 반향하는 reflective, reflecting, reverberating

əksetmə *i.* 반사, 반영, 반향 reflection, reverberation

əksər *si.* 거의, 대부분의 most ○ **çoxu, əksəriyyət; ~ hallarda** *z.* 대부분의 경우에, 대개의 경우에 in most case; **~ hissə** *i.* 대부분 the most part, the major part; **~ən** *z.* 거의, 전반적으로, 대개의 경우에 mostly, mainly, chiefly

əksəriyyət *i.* 대다수, 대부분 majority, most people; **dostlarımın ~i** 내 친구의 대부분 most of my friends; **səs ~i** *i.* 투표의 대다수 majority of votes; **~lə** *z.* 과반이상으로 by the majority

əks-həmlə ☞ **əks-hücüm**

əks-hücüm *i.* 반격 counter-attack; *mil.* 반공(反攻), 공격 전환 counter-offensive

əksiddia *i.* 반소(反訴), 반대 요구 counterclaim

əksik *si.* ① 부족한, 이르지 못한, 결여된 little, low, under ○ **az, alçaq, aşağı**; ② 결점의, 약점의 defective ○ **nöqsanlı, qüsurlu, eyibli**

əksilmə *i.* 감축, 감소, 할인, 축소 reduction

əksiltmə *i.* 감소, 감퇴, 경감, 완화 abatement

əksinə *z.* ① 거꾸로, 거슬려서, 반대로 against, contrary ○ **tərsinə, ziddinə** ● **düzünə**; ② 무릅쓰고, 무시하고, 불구하고 in defiance; ③ 역으로, 반대로, 자리를 바꿔서 other way around, on the contrary, vice versa; **~ iş görmək** *fe.* 반대하다, 무시하다, 거부하다, 허용하지 않다 defy; **~ çıxmaq** *fe.* 반대하다, 거스리다 be against

əksinqilab *i.* 반혁명운동 counter-revolution

əksinqilabçı *i.* 반혁명운동가 counter-revolutionary

əksinqilabçılıq *i.* 반혁명주의 counter-revolutionary activity

əksinqilabi *si.* 반혁명주의자 counter-revolutionary

əks-kəşfiyyat *i.* 역 스파이 활동, 공안 활동, 대적 정보 활동 counter-espionage, security service, counter-intelligence

əks-kəşfiyyatçı *i.* 정보 안전 요원, 역 정보 요원 security service man, security officer

əkslik *i.* ① 반대, 저항, 항쟁 opposition; ② 모순, 반목, 대립 contradiction ○ **ziddiyyət, uyğunsuzluq**; ③ *fəl.* (철학) 반 (정반합 중의) opposite, antithesis

əks-səda *i.* 메아리 echo

əks-tədbir *i.* 반작용, 역작용 counter-measure, counterblast, counteraction; **təcili ~** *i.* 즉각적 반대 prompt counteraction; **~ görmək** *fe.* 대안을 마련하다, 반작용 하다 take counter-measures, counteract

əks-təklif *i.* 반대 신청, 반대 제안 counter-offer, counter-proposal

əks-tə'sir *i.* 반작용, 반대, 저항, 역작용 opposition, counteraction; **~ göstərmək** *fe.* 반대하다, 반작용하다 counteract, oppose

əks-zərbə *i.* ① 반격(反擊), 받아 치기 counter-blow; ② *mil.* 역습, 반격 counter-stroke

əqayid *i.* 믿음의 원리 principles of faith

əqd *i.* 통일, 일치, 합동, 단결 unity; **~ etmək** *fe.* 묶다, 하나로 만들다 unite; **nigah ~ etmək** *fe.* 결혼하다 get married

əqdəm *z.* 전에, 예전에 before, ago ○ **qabaq, əvvəl, irəli**; **iki dəqiqə bundan ~** *z.* 2분전에 tow minutes ago

əqdəs *si.* 지성(至聖)의, 가장 거룩한 most holy

əqdnamə *i.* 결혼 증서 marriage certificate

əqdxan *i.* 결혼 주례자, 결혼 예식자 officiator (for marriage)

əqdxanlıq *i.* 결혼 예식 진행 officiating

əqəliyyət *i.* 소수, 소수 집단 minority ○ **azlıq**; **milli ~** *i.* 소수 민족 national minority; **səs ~i** *i.* 소수 득표자 minority of votes; **~də qalmaq** *fe.* 투표에서 지다 be outvoted

əqəll *z.* 더 적은, 더 작은 less, fewer

əqəllən *z.* 최소의 least, at least

əqidə *i.* 믿음, 신뢰, 확신, 신조, 신념 faith, belief, conviction, persuasion, view, creed, principle, opinion ○ **e'tiqad, inam, məslək, yol, fikir, qənaət**; **siyasi ~** *i.* 정치 확신 political conviction; **~ sahibi** *i.* 믿음의 사람, 신념의 사람, 신실한 사람 man of faith, the faithful

əqidəli *si.* ① 확인된, 확신된, 신념 있는 convinced, confirmed, persuaded, faithful ● **məsləksiz**; ② 고 원칙적인, 원칙이 굳은 high principled

əqidəlilik *i.* 확신함, 신념을 가짐 faithfulness, conviction

əqidəsiz *si.* 신앙이 없는, 거짓의, 원칙 없는 faithless, false, devoid of principles and ideals ○ **e'tiqadsız, inamsız, məsləksiz** ● **məsləkli**; **~cəsinə** *z.* 불신앙으로, 믿지 못하고, 거짓으로 faithlessly, falsely; **~lik** *i.* 신앙 없음, 무신앙 faithlessness

əqiq *i.* 마노(瑪瑙)석 agate (precious stone)

əql ☞ **ağıl**

əqlən *z.* 지적으로, 지성적으로, 영리하게 intellectually

əql-şüur *i.* 지식, 지식인 intellect, intellectual

əqli *si.* 지적, 정신적인 intellectual, mental ○ **zehni** ● **fiziki**; **~ qabiliyyətlər** *i.* 지적 능력, 지

Ə

적 수완 mental facilities, intellectual facilities; ~ **iş** *i.* 정신적노동, 정신적인 일 mental work; ~ **qüsur** *i.* 정신적 결함 mental defect

əqrəb[1] *i.* (시계의) 바늘, 시침(時針) hand (clock), needle, pointer

əqrəb[2] *i.* ① *zoo.* 전갈 scorpion; ② *ast.* 【天】전갈자리 Scorpion; ~ **bürcü** *i. ast.* 전갈 자리, 전갈궁(天蝎宮) Scorpio

əqrəba *i.* (집합적) 친척, 일가 친척, 일족, 동족, 혈족 (collective) relative, kin, kinsfolk, kindred ○ **qohum**

əqrəbalı *si.* 친척이 있는, 일족이 있는 동족의 having relatives/kindred ○ **qohumlu**

əqrəbalıq *i.* 친척 관계, 혈족 관계 kinship, relationship (of relative) ○ **qohumluq, yaxınlıq**

əqrəbasız *si.* 친족이 없는, 일가 친척이 없는 having no relatives, kinless

əqsa *si.* 먼, 멀리 있는 far, far distant; ***Əqsayi Şərq*** *i. 극동(極東) Far East*

əqsam *i.* 종류, 타입, 성격 sort, kinds

əl *i.* ① 손, 수족 hand; ② (동물의) 앞발 forefoot, foreleg, paw, ped (animal); ③ 번, 회(回) time ○ **dəfə**; ④ 차례, 순번, 기회 turn ○ **növbə**; ⑤ 편, 쪽 hand, side; ~ **açmaq** *fe.* 구걸하러 가다, 조르다, 억지로 얻어 내다 beg, go begging, cadge; ~ **ağacı** *i.* 지팡이, 손 막대기 cane, stick; ~ **altınca** *z.* 비밀리에, 남몰래, 은밀히 in an underhand way, secretly, in secret; ~ **altında** *z.* 손에 닿는, 가까운, 유용한 at hand, within reach, ready at hand; ~ **altından** *si.* 은밀한, 남의 이목을 꺼리는 clandestine, furtive; ~ **arabası** *i.* 손수레, 손으로 미는 화물 운반차 truck; ~ **atmaq** *fe.* 도움을 주다, 일을 떠맡다 resort, stretch out one's hand, undertake, encroach/infringe; ~-**ayağa düşmək** *fe.* 야단을 떨다, 안달하다, 법석을 떨다, 소란을 떨다 fuss, make a fuss; ~ **basmaq** *fe.* 맹세하다, 엄숙히 선언하다 swear; ~ **boyda** *z.* 매우 작은, 매우 소량의 very small, very little; ~ **bulaşdırmaq** *fe.* 손을 더럽히다, 나쁜 일에 개입하다 spoil one's hand, dirty one's hand; ~ **çalmaq** *fe.* 박수 치다, 갈채하다, 칭찬하다 clap, applaud; ~ **çantası** *i.* 손가방 hand bag; ~**çatan** *si.* 접근하기 쉬운, 유용한, 사용할 수 있는 accessible; ~**çatmaz** *si.* 접근할 수 없는, 서먹서먹한, 사용할 수 없는 unapproachable, out of reach, inaccessible; ~ **çatmaq** *fe.* 도달하다, 손에 닿다 reach, be within reach of a hand; ~ **çəkmək** *fe.* 손을 떼다, 포기하다, 거절하다, 버리다, 사임하다, 권리를 내주다 hand off; leave, abandon; refuse, renounce, abdicate, relinquish; give up; ***Əl çək məndən!*** *혼자 있게 둬, 상관하지 마! Leave me alone!*; ~ **dəsmalı** *i.* 손수건 napkin; ~ **dəymək** *fe.* 만지다, 건드리다 touch; ~ **eləmək** *fe.* 손짓하여 부르다, 손을 흔들어 작별하다, 손을 내밀어 인사하다 summon with one's hand, wave good-by, greet with hand; ~ **əməyi** *i.* 손 노동, 가사 노동 manual labour; ~ **gəzdirmək** *fe.* 자극하다, 손질하다 touch up, retouch, work up; ~ **ilə** *z.* 손으로, 수동식으로 by hand, manually; ~ **ilə işləyən** *si.* 손노동하는, 손으로 작동하는 hand-operated; ~ **ilə düzələn** *si.* 손으로 만든, 수공의 manual, hand-made; ~ **işi** *i.* 수공품, 수공예 hand craft; ~ **qaldırmaq** *fe.* 손을 들다, 손을 들어 투표하다, lift one's hand, raise one's hand against, vote by hand; ~ **qatmaq** *fe.* 간섭하다, 방해하다, 훼방하다 interfere; 데려가다 take *smb.* in hand; ***Özgənin işlərinə əl qatma!*** *다른 사람의 일에 끼어들지 마라! Don't interfere into other's affairs!*; ~-**qol atmaq** *fe.* 번영하다, 꽃피우다 flourish; ~-**qolu bağlı oturmaq** *fe.* 게으름 피우다 be idle; ~-**qolu boşalmaq** *fe.* 정신을 잃다, 용기를 잃다 lose heart; ~-**qolunu açmaq** *fe.* 수족을 풀어주다, 충분한 활동의 영역을 주다 untie *smb.* hands, give full scope; ~-**qolunu bağlamq** *fe.* 수족을 묶다, 속박하다 bind hand and foot, band; ~ **qoymaq** *fe.* 동의하다, 동의를 표하다 give one's consent; ~ **saxlamaq** *fe.* 손을 멈추다, 정지하다, 쉬다 stay one's hand, stop, pause; ~ **sıxma** *i.* 꽉 잡기, 거머쥐기; 악수; 포옹 clasp; ~ **tərpətmək** *fe.* 서두르다, 급히 하다; 황급히 굴다, 허둥대다 hurry up; 때리려고 하다 intend to strike; ~ **sıxmaq** *fe.* 악수하다, 거머쥐다 shake hands, clasp one's hands; ~ **tutmaq** *fe.* 도움을 주다, 돈을 빌려주다 help in finance, lend money; ~ **uzatmaq** *fe.* 손을 내밀다, 도움을 청하다, 도와주다 reach out, ask for help; support, give hands; ~ **verib görüşmək** *fe.* 악수로 인사하다 shake hands; ~ **vermək** *fe.* 손을 내밀다, 악수하다, 도움을 주다, 이익이 되다, 편익이 되다; 어울리다, 맞다 hold out one's hand, offer one's hand; shake hands; suit, fit, be convenient;

strike a bargain; ***Bu mənə əl vermir.*** *이건 내게 어울리지 않아. It doesn't suit me.*; ~ **vurma** *i.* 박수 clap; ~ **vurmaq** *fe.* 만지다, 손을 대다, 박수하다, 칭찬하다 touch, hand; clap, applaud; ~ **yaylığı** *i.* 손수건 handkerchief; ~ **yazması** *i.* 필사본, 원고, 손으로 쓴 문서(책, 편지) manuscript; ~ **yeri qoymaq** *fe.* 빠져나갈 구멍을 만들다 have a way out, have oneself a loophole; ~ **yetirmək** *fe.* 도움을 주다, 도움의 손길이 되다 lend a helping hand, help; ~ **üzmək** *fe.* 실망하다, 희망을 잃다 lose hope, despair; **~də bəsləmək** *fe.* 길들이다, 손에 익히다 tame; **~də edilməz** *si.* 이용할 수 없는 unavailable; **~də edilmiş qənimət** *i.* 약탈품, 불법 점유물, 장물, 횔령물 plunder; **~də etmək** *fe.* 손에 넣다, 얻다, 갖다, 획득하다, 입수하다, 달성하다 achieve, acquire, attain, gain, get, obtain, procure; **müvəffəqiyyət ~də etmək** *fe.* 성공하다, 성취하다 attain success; **mənfəət ~də etmək** *fe.* 이익을 얻다 derive benefit; **gəlir ~də etmək** *fe.* 소득을 얻다, 이윤을 내다 drive, gain profit; **~də gəzdirmək** *fe.* 야단 법석을 떨다, 소동을 떨다, 안달하다 make much of, make a fuss, carry in one's arm; **~də olmaq** *fe.* 손 안에 있다 be in the hand; **e'tibarlı ~lərdə olmaq** *fe.* 안전하게 보관되어 있다 be in safety; **~də olan**, **~də edilə bilən** *si.* 손에 있는 유용한, 항상 쓸 수 있는 available, on hand; **~də saxlamaq** *fe.* 움켜 쥐다, 꼭 잡다 hold in one's hand, keep fast, retain; have in one's hand; **~də tutmaq** *fe.* 손으로 잡고 있다 hold in one's hand; ***Bir əldə iki qarpız tutmaq olmaz.*** *ata.s.* *한 번에 두 토끼를 쫓을 수 없다. If you run after tow hares at once, you'll catch neither.*; **~dən almaq** *fe.* 구매하다, 사다 purchase; **~dən ~ə** *z.* 손에서 손으로 from hand to hand; **~dən buraxmaq** *fe.* 놓치다 miss, lose; **~dən cəld** *si.* 손이 빠른, 소매치기 swift-handed; **~dən çıxarmaq** *fe.* 완성하다, 완결하다 complete, crown, go through with; ***Tək əldən səs çıxmaz.*** *박수도 손바닥이 마주 쳐야 소리가 난다. One man, no man.*; **~dən düşmə** *i.* 지침, 소진, 고갈 exhaustion; **~dən düşmək** *fe.* 지치다, 소진하다, 수척해지다, 뇌쇄하다 be exhausted, break down, burn down, be wasted; pine; be worn out, become decrepit; **~dən düşmüş** *si.* 소진한, 지친, 싫증난; 낡아빠진, 닳아 빠진 exhausted, tired out, jaded; toil-worn; wasted, worn-out, threadbare; effete; **~dən getmək** *fe.* 비위를 맞추다, 알랑거리다, 마음에 품다; 버리다, 망가지다, 죽다 be obsequious, fawn; foster, cherish, make a fuss; be spoiled, pass away, die; **~dən iti olmaq** *fe.* 서두르다, 재촉하다 be quick, hurry up, make haste; **~dən qalmaq** *fe.* 제쳐 놓다, 외면하다 put aside; ***Əldən qalan əlli il qalar.*** *ata.s.* *제쳐 놓은 일은 결코 성사되지 않는다. Delays never make progress.*; **~dən qoymamaq** *fe.* 포기하지 않다, 떠나지 않다 not to abandon, not to part, not to give up; **~dən salmaq** *fe.* 피로하다, 지치다 exhaust, fatigue; **~dən vermək** *fe.* 보내다, 떠나보내다, 양도하다 not to retain; let go; **~dən yerə qoymaq** *fe.* 내려 놓다, 중지하다 lay down; **~dən zirək** *si.* 손재주가 있는 light-fingered; **~ə almaq** *fe.* (원조, 협력) 얻다, 받아 내다 win over to one's side, enlist; **özünü ~ə almaq** *fe.* 자제하다, 참다 have a self-control, recover one's temper; **~ə baxmaq** *fe.* 의존하다, 종속되다 be *smb.*'s dependent; **~ə dadanmış** *si.* 길든, 길들여진 tame; **~ə düşmək** *fe.* 찾아 내다, 얻게 되다 be found; ***Keçən gün ələ düşməz.*** *ata.s.* *지난 시간은 결코 다시 오지 않는다. Lost time is never found again.*; **~ə gəlmək** *fe.* 얻어지다, 갖게 되다 be gained; **~ə gətirmək** *fe.* 유혹하다, 꾀어 들이다, 유인하다 entice, lure; **~ə keçirmək** *fe.* 차지하다, 잡다, 획득하다, 손에 넣다 take possession of, seize, capture; **~ə keçmək** *fe.* 포획되다, 붙잡히다 fall in one's hand, be seized; *hərb.* be captured; **~ə salıb gülmək** *fe.* 비웃다, 냉소하다, 빈정대다 sneer; **~ə salmaq** *fe.* 갖다, 취득하다, 성취하다; 비웃다, 조롱하다, 빈정대다 get, attain; jeer, jest, make fun of, mock; **~ə vermək** *fe.* 배신하다, 팔아 넘기다 betray, deliver up, extradite; **~ə öyrətmək** *fe.* 길들이다 tame; **~i açıq** *si.* 관대한, 너그러운 generous; **~i aşağı düşmək** *fe.* 가난하게 되다 become poor; **~i belində** *z.* 거만하게 haughtily, arrogantly; idly, in idleness; **~i boşa çıxmaq** *fe.* 실패하다, 성취하지 못하다 fail, fall through; **~i çatmaq** *fe.* 이르다 reach; **~i çolaq** *i.* 무딘 손, 재주 없음 a numb hand; **~i olmaq** *fe.* 관여하다, 참여하다 have a hand in, be involved; participate; **birinin sağ ~i olmaq** *fe.* 수종이 되다, ~의 충복이 되다 be

Ə

smb.'s right hand; **~i qalxmamaq** *fe.* 하고 싶어 하지 않다 not to have intention to do; **~i qoynunda** *z.* 침울하여, 의기소침하여 in sorrow, in sadness, in melancholy; **~i əsmək** *fe.* 구두쇠가 되다, 인색한이 되다 be niggardly; **~inə göstərmək** *fe.* 다루다, 취급하다 handle; **~ində olmaq** *fe.* ~의 수하에 있다 be in one's power; **~ində hər iş gələn adam** *i.* 만능꾼 Jack of all trades, a good hand in everything; **~indən almaq** *fe.* 횡령하다 expropriate, deprive, dispossess; bereave; save, deliver; rob; **~indən çıxmaq** *fe.* 놓치다, 실기(失機)하다 let go, let slip; miss, lose; **~indən dad çəkmək** *fe.* 불평하다, 투덜대다 complain; **~indən hər iş gəlmək** *fe.* 만능 재주꾼이 되다 be a good hand in everything, be Jack of all trades; **~indən xəta çıxmaq** *fe.* 범죄하다, 과실을 범하다 commit a crime, perpetrate a blunder; **~indən qaçmaq** *fe.* 피하다, 도망하다, 면하다 escape, evade, slip away, avoid; **~indən gələni etmək** *fe.* 최선을 다하다 do one's best; **~indən iş gəlmək** *fe.* 뭔가를 할 수 있게 되다 be able to do something; ***Əlindən bir iş gəlməyən çox danışan olar.*** *ata.s.* *말꾼은 재주가 없다. Great talkers are little doers.*; **~indən qutarmaq** *fe.* 피하다, ~의 영향권에서 벗어나다 save oneself from; flee away; save, deliver; **~indən tutmaq** *fe.* 힘을 합치다, 서로 돕다 join hands; lend helping hands; **~indən zara gəlmək** *fe.* 싫증 내다, 지치다 be bored to death, be sick of; **~ini ölçmək** *fe.* 몸짓으로 말하다 gesticulate; **~ini üzmək** *fe.* 포기하다 give up; **~ləri boşalmaq** *fe.* 용기를 잃다, 의기 소침하다 lose heart; **öz ~i ilə** *z.* 스스로, 손수 by oneself, by one's own hand; **~-ayaq** *i.* 팔과 다리 limbs, hands and feet; **~-ayaq etmək** *fe.* 서두르다, 재촉하다, 분발하다 make haste, hurry, be quick, bestir oneself; **~-ayaq dolaşmaq** *fe.* 방해하다, 훼방하다 get in *smb.*'s way, hamper; **~ yığışdırmaq** *fe.* 손으로 붙잡다 take *smb.* in hand; **~bə~** *z.* 즉각적으로, 당장 immediately; **~-~ə** *z.* 손에 손잡고 hand in hand; **~ vermək** *fe.* 협력하다 co-operate, work together; **~-qol** *i.* 손과 팔, hands and arms; **~ atmaq** *fe.* 버둥거리다, 몸부림 치다, 뒹굴다 flounder; **~ ölçmək** *fe.* 몸짓으로 이야기하다, 손을 위아래로 움직이다 gesticulate, saw the air; ***Əldə bir quş ağacda iki quşdan yaxşıdır.*** *ata. s. 손안의 새 한 마리가 숲 속의 두 마리보다 낫다. A bird in hand is worth two in the bush.*; ***Əl əli yuyar, əl də üzü.*** *ata.s. 손으로 손을 씻으면 그 손으로 얼굴도 씻는다. You roll my log and I'll roll your log.*

ə'la I. *si.* 훌륭한, 뛰어난, 빛나는, 멋진, 놀라운, 최고의, 우수한 brilliant, first rate, capital, excellent, striking, superfine ○ **yüksək, yaxşı, gözəl**; II. *z.* 멋지게, 우수하게, 멋지게 excellently, perfectly, well, fine; III. *nid.* 아주 잘했어!, 놀라워!Excellent! Splendid!; **~ növ** *si.* 최고급의, 최극상의 of high quality; **~ məhsul** *i.* 최고급 곡물 prime crop; **~ keyfiyyətli** *si.* 최상품의, 초일류의 superb, superfine; **~çı** *i.* 우등생, 우수 일꾼 excellent pupil/student/worker

əlac *i.* ① 약, 치료제 drug, remedy ○ **dərman, dava, çarə**; ② 구제책, 구제 방법 way out ○ **çıxış**; ③ 수단, 방법 means ○ **tədbir, vasitə**; **~ etmək** *fe.* 처치하다, 구제책을 마련하다 treat, find the way out

əlaclı *si.* ① 치료 가능한, 고칠 수 있는 remediable, curable; ② 정정할 수 있는, 수리할 수 있는 amendable, repairable ○ **tədbirli, vasitəli**

əlacsız *si.* ① 치료할 수 없는, 고칠 수 없는, 치유책이 없는, 불치의 incurable, cureless ○ **davasız, dərmansız**; ② 고칠 수 없는, 수정할 수 없는 irremediable, not amendable; ③ 절망적인, 자포자기의 desperate, hopeless ○ **çarəsiz, imkansız**

əlacsızlıq *i.* ① 구제 불능 incurability, remedilessness; ② 절망적인 상태, 자포자기, 절망 helplessness, hopelessness, desperation ○ **çarəsizlik, naəlaclıq**

əlahəzrət I. *nid.* 폐하(陛下), 전하(殿下), 저하(底下) Highness, Majesty; Your Majesty, Her Majesty, His Highness (calling); II. *si.* 왕의, 왕실의, 왕다운, 제국의, 황제의, 황후의 royal, imperial

əlahiddə I. *si.* ① 특수한, 특이한, 독특한 special, particular ○ **xüsusi, ayrıca**; ② 별도의, 독자적의 separate ○ **ayrı, başqa**; II. *z.* ① 별개로, 독자적으로, 따로 separately, apart; ② 특별히, 특수적으로 particularly, especially

əlahiddəlik *i.* ① 특수성, 특이성, 독특성 specialty ○ **xususilik**; ② 분리, 구분 separation ○ **ayrılıq**

əlahiddləlәşmәk *fe.* (자신을) 구별하다, 분리하다 separate oneself, isolate oneself, specialise oneself ○ **xususilәşmәk**

əlaqə *i.* ① 관계, 연락, 연결, 관련, 연합 tie, link, bond, connection, association, attachment, relation, relationship ○ **münasibәt, bağlılıq, dostluq, yaxınlıq**; ② 상호 관계, 상관 관계 correlation; ③ 교류, 사귐, 친교, 접촉 intercourse, communication, contact; ④ 연락, 통신 connection; **~si olmaq** *fe.* 연락이 되다, 관련되다, 염려하다, 연관되다 concern, be involved in, relate; **~ saxlamaq** *fe.* 연락이 닿다, 의사소통이 되다, 개인적 관계를 지속하다 communicate; maintain personal contact, keep contact; **~lәrin kәsilmәsi** *i.* 절교, 절연, 단절 breach; **~yә girmәk** *fe.* 관계를 맺다 get in touch; **dostluq ~lәri** *si.* 친밀한 관계 friendly relations; **dostluq ~lәrini genişlәndirmәk** *fe.* 친구 관계를 맺다 develop friendly relations; **qarşılıqlı ~** *i.* 상호 교제, 상호 관계 interrelation, mutual relation; **qohumluq ~lәri** *i.* 혈족 관계 links of blood; **sıx ~ yaratmaq** *fe.* 친밀한 관계를 맺다 establish close links; **şәxsi ~** *i.* 개인적인 관계 personal contact; **cinsi ~** *i.* 성적 관계 sexual intercourse; **~ vasitәsi** *i.* 의사 소통 수단, 연락 방법 means of communication

əlaqədar *si.* 연관된, 관계 있는, 종속된, 예속된 dependent, in connection, connected, in relation, associative ○ **bağlı, asılı**; **~ olmaq** *fe.* 취급하다, 관련되다 deal with

əlaqədarlıq *i.* ① 종속, 예속 dependence ○ **bağlılıq, asılılıq**; ② 연관(성) connection

əlaqələndirici *si.* 연결성의, 접속적인, 결합상의 connective, connecting, linking, associative

əlaqələndirilmək *fe.* 연루되다, 연관되어지다 be connected, be linked, be associated with ○ **bağlanmaq, uyğunlaşdırılmaq, uzlaşdırılmaq**

əlaqələndirmək *fe.* ① 연관시키다, 연결시키다, 짝을 지우다, 관계시키다 connect, bring into connection, couple, bind up, relate ○ **bağlamaq, uyğunlaşdırmaq, uzlaşdırmaq**; ② 협력하게 하다, 화해시키다, 적합하게 하다 co-ordinate, reconcile, fit

əlaqələnmək ☞ əlaqələndirilmək

əlaqəli *si.* 관계의, 연관된, 연결된, 긴밀히 결부된 in connection, connected, coherent, associated ○ **bağlı, uyğun, münasib, asılı, rabitәli**; **~ olmaq** *fe.* 연관되다, 관계되다, 취급하다 deal with

əlaqəlilik *i.* 연관성, 관계성, 연결성 relevance, connection, dependence ○ **bağlılıq, asılılıq, rabitәlilik**

əlaqəsiz I. *si.* 관계없는, 상관없는, 연결되지 않은 having no relation/connection, unconnected, irrelevant; II. *z.* 연관성이 없이, 상관없이 incoherently ○ **rabitәsiz, uyğunsuz**

əlaqəsizlik *i.* 절단, 분리, 절연, 단절, 지리멸렬, 앞뒤가 안 맞음, 독립적임, 고립됨 disconnection, incoherence, loneliness ○ **rabitәsizlik, uyğunsuzluq**

əlaltı I. *i.* ① 조수, 협력자, 보조자 assistant, helpmate, handy man ○ **kömәkçi**; ② 도제(徒弟) apprentice; ③ *fig.* 하인, 종복, 머슴 fawner, menial, servitor; II. *si.* 유용한, 도움이 되는 at hand, available; *z.* 비밀리에, 은밀히, 음흉하게 in underhand way, in secret, covertly ● **aşkar**; **~ndan** *z.* 은밀하게, 비밀리에, 꼼수로 secretly, covertly

əlaman I. *i.* ① 간청, 탄원, 애원 entreaty; ② 불평, 불만, 푸념, 넋두리 complaint; II. *nid.* ① 도와주세요!, 사람살려! Help!; ② 제발! pleasingly!; ③ 당치 않아!, 결코 그럴 수 없어! God forbid!; **~ etmәk** *fe.* 탄원하다, 애원하다 entreat; **~da qalmaq** *fe.* 큰 어려움에 처하다, 곤경에 처하다 be in great difficulty

əlamət *i.* ① 상징, 표상, 징조, 표시, 지시, 암시 badge, emblem, symbol, ensign, mark, sign, indication, token ○ **nişanә, işarә, rәmz**; ② 징후, 전조, 흔적, 증상, 증후 portent, vestige, symptom (of disease); ③ (작품 등) 자취, 형적, 흔적, 자국 trace, sign, vestige (work, masterpiece) ○ **iz, әsәr, qalıq**

əlamətdar *si.* 중요한, 중대한, important, significant, portentous; **~ hadisә** *i.* 중요한 사건, important event, sign of time ○ **әhәmiyyәtli, maraqlı**

əlamətdarlıq *i.* 중요성, 중대성 significance, importance ○ **әhәmiyyәtlilik, maraqlılıq**

əl'an *z.* 지금, 현재, 당장 just now, at the moment, at present

əlavə I. *i.* ① 추가, 부록, 여분, addition, appen-

ə

dix, addendum; enclosure, supplement, supplementary ○ **üstəlik**, **artım**; ② *qram.* 동격 apposition; II. *si.* 부가의, 추가의, 보충의, 보완의, 여분의, additional, supplementary; extra; III. *bağ.* ~ 외에, ~을 제외하고, 더욱이 beside, apart from, beyond, moreover, in addition, furthermore ○ **başqa**; ~ **etmək** *fe.* 더하다, 보충하다, 추가하다 supplement, add, insert; ~ **etmə** *i.* 추가, 보충 addition; ~ **olaraq** *z.* 게다가, 더욱이 in addition; ~ **yem** *i.* 보충 비료, 보충 사료 supplementary fertilizer; ~ **seçkilər** *i.* 보선(補選) by-election; ~ **edilmə** *i.* 부속물, 부속 건물, 부록 annex; ~ **xərclər** *i.* 추가 지출 overhead expenses; ~ **mə'lumat** *i.* 추가 정보, 주변 정보 extra information

əlavəsiz *si.* 보충하지 않고, 첨가하지 않고, 여분 없이 without supplement, without appendix, without addition

əlbəsə *i.* 의상, 의복 wear, dress ○ **libas**, **paltar**

əlbəsəli *si.* 의복을 입은, 의상을 입은 dressed, clothed ○ **libaslı**, **paltarlı**

əlbəsəlik *i.* 천, 옷감 material for clothes ○ **paltarlıq**

əlbət *ara.s.* 아마, 추측컨데, 보기에는 maybe, probably, apparently, obviously

əlbəttə I. *z.* 물론, 확실히 without fail, to be sure; II. *ara.s.* 물론, 당연히, 자연히, 절대적으로 undoubtedly, certainly, naturally, of course, surely ○ **mütləq**, **şübhəsiz**, **şəksiz**

əlbəyaxa I. *i.* 맨 주먹 싸움, 육박전, 백병전 hand-to-hand fighting, man-to-man fighting; II. *si.* 육박한, 상대방에 접근한 hand-to-hand, man-to-man; ~ **olmaq** *fe.* 드잡이 하다, 난투하다, 맞잡고 겨루다, 씨름하다 scuffle, come to blows, grapple

əlbir I. *si.* 결속한, 협동적인, 합의의 joint, concerted, solidary ○ **bərabər**, **birgə**, **şərik**, **həmrə'y** ● **tək**; II. *z.* 우호적으로, 협동적으로 in friendly manner, in concert with, hand in hand; ~ **olmaq** *fe.* 의견 일치를 보다, 뜻을 같이 하다 be in agreement; ~**-dilbir** *z.* 한맘으로, 한 뜻으로, 연합하여 in harmony, in concert with

əlbirlik *i.* 결속, 연합, 협동, 협력 solidarity, unity, concert

əlborcu *i.* 빚 (단기, 소량의) a little amount of debt for a short time

əlcək *i.* 장갑, 벙어리장갑, 여성용 손목 장갑 glove; mitten, mitt; gauntlet

əlcəktikən *i.* 장갑 장수, glover, glove maker

əlcəktoxuyan *i.* 장갑 장수 glove-knitter, glover

Əlcəzair *i.* 알제리 Algeria

əlçatan *si.* 유용한, 쓸 수 있는, 손에 닿는, 접근 가능한, 손에 넣을 만한 accessible, approachable, attainable, available

əlçatmaz *si.* ① 높은, 키 큰 tall, high ○ **hündür**, **uca**, **yüksək**; ② 먼, 거리가 있는 far ○ **uzaq**; ③ *fig.* 이를 수 없는, 접근할 수 없는, 사용할 수 없는 inaccessible, unapproachable, unattainable, out of reach

əlçatmazlıq *i.* 접근 불가, (정신적) 간격, 소원(疏遠), (신분적) 차이 inaccessibility, highness, distance ○ **hündürlük**, **ucalıq**, **yüksəklik**, **uzaqlıq**

əldəqayırma *si.* ① 수공의, 가내 제조의 home-made, hand-made; ② 인위적인, 인공의, 부자연스런 artificial ○ **sün'i**; ③ 거짓의, 모조의, 위조의, 가짜의 false, sham, untrue ○ **saxta**; ~ **həkim** *i.* 돌팔이 의사 sham doctor; ④ 원시적인 primitive ○ **primitiv**

əldəyirmanı *i.* (손으로 가는) 맷돌, (커피 등) 손으로 가는 기구 hand-mill; quern

əldəyməmiş *si.* 미개발의, 이용되지 않는, 천연의, 언급되지 않은 untouched, untapped; ~ **torpaq** *i.* 처녀지(處女地) virgin soil

əleyhdar I. *i.* 적대자(敵對者), 반대자, 적수(敵手), 적; **Əleyhdar** 적그리스도 opposer, opponent, objector, antagonist, adversary; II. *si.* 반대하는, 반대쪽의, 거슬리는 adverse, contrary, opposite

əleyhdarlıq *i.* 적의(敵意), 적개심(敵愾心), 반목, 적대, 대립 hostility, opposition, antagonism, enmity ○ **düşmənçilik**

əleyhinə *bağ.* 거슬러, 대항하여, 반대하여 against; **müharibə** ~ *z.* 전쟁에 대항하여 against war; ~ **danışmaq** *fe.* 거슬리게 말하다 speak against; ~ **olmaq** *fe.* 거스르다, 대항하다, 반항하다 be adverse to

əleyhqaz *i.* 방독면(防毒面), 마스크, 인공 호흡기 gas-mask, respirator

əleykəssalam əleykuməssəlam *nid.* 안녕하십니까? (**Salam əleykum** 에 대한 대답으로) How are you?, How do you do?

ələf ☞ alaf
ələk *i.* (밀가루 등 거르는) 체, 거르는 기구 sieve, bolter (for flour) ○ **qarışıqlıq, alt-üst**; **~-vələk** *i.* 혼잡, 뒤죽박죽, 흥분, 동요, 야단법석 topsy-turvy, commotion; **~ ələmək** *fe.* 체질 하다, 거르다; 샅샅이 뒤지다, 뒤집어 찾다 ransack, rummage
ələkçi *i.* 체쟁이 (체로 거르는 사람) bolter, sieve-maker; **~nin qıl verəni** *i.* 아첨꾼 yes-man
ələkçilik *i.* 체로 거르는 일, 체쟁이 직업 the job of bolter making
ələkeçməz *si.* 손에 잡히지 않은, 곁잡기 힘든, 정의하기 어려운, 외기 어려운 elusive, difficult to catch
ələkləmək ☞ **ələmək**
ələklənmək ☞ **ələnmək**
ələksatan *i.* 체장수 bolter-seller
ələktoxuyan *i.* 체쟁이, 체 만드는 사람 boltter maker, sieve weaver
ələlbət *z.* 실패 없이, 반드시, 어떤 경우도 without fail; by all means, in any case
ələlxüsus *z.* 아주 특별히, 특수하게, 각별히, 두드러지게 especially, in particular, particularly ○ **xüsusilə**
ələm[1] *i.* 슬픔, 애도, 비애, 불행 sadness, melancholy ○ **dərd, qəm, kədər, qüssə** ● **nəş'ə**
ələm[2] *i.* (중세 이탈리아의) 끝에 가닥 난 깃발, 유기(旒旗) gonfalon ○ **bayraq**
ələmdar *i.* 유기수(旒旗手) gonfalonier
ələmək *fe.* ① 체질하다, 거르다, 체로 치다 sift, sieve, bolt, screen; ② *fig.* 태우다, 그슬리다, 괴롭히다 burn, scorch; bother, give it hot to *smb.*; **nur ~** *fe.* 불을 켜다, 비추다, 밝게 하다 light up, illuminate, illumine
ələmli *si.* 슬픈, 어려운, 불행한, 우울한 sad, sorrowful, mournful ○ **dərdli, qəmli, kədərli, qüssəli**
ələngə *i.* ① 대퇴골(大腿骨) thigh-bone; femur; ② *fig.* (비유적) 바짝 마른 사람, 수척한 사람 meager/gaunt frame; bones
ələnmək *fe.* 체로 걸러지다, 샅샅이 수색 당하다 be sifted, be sieved; be bolted; **nur ~** *fe.* 밝혀지다, 비춰지다 be lighted up, be illuminated
ələsalma *i.* 조롱, 비웃음, 깔봄, 놀림감 mockery
əlhəzər *nid.* ① 조심해!, 손대지마! Keep away! Keep off! Beware!; ② 피하라! Shun! Evade!; ③ 그럴 수가! God forbid!; **~ etmək** *fe.* 피하다, 회피하다, 우회하다 shun, evade, beware; ***Əlhəzər, arvad üzlü kişdən, kiş üzlü arvaddan.*** *ata.s. 철면피를 경계하라, 낯짝이 두꺼우면 마음도 둔하다. Shun a mild man and a bold woman.*
əliaçıq *si.* open-handed, generous, lavish ○ **səxavətli** ● **xəsis**; ***Əliaçıq adamın ürəyi də açıq olar.*** *열린 손, 열린 마음. He who is open-handed is open-hearted.*
əliaçıqlıq *i.* 관대함, 관용, 아량, 인심 좋음 generosity, open-handedness ○ **səxavətlilik** ● **xəsislik**
əliağır *i.* ① 힘센 사람, 손이 강한 사람 a man with strong hand ○ **qüvvətli, güclü, zorlu**; ② 불행을 가져오는 사람 a man who brings misfortune
əliaşaqı *si.* 가난한, 빈곤한, 빈궁한, 옹색한 hard up, short of money, indigent, poor ○ **yoxsul, kasıb, imkansız**
əliaşağılıq *i.* 가난, 빈공, 궁핍 poverty ○ **yoxsulluq, kasıblıq**
əliboş I. *si.* 빈손의, 헛수고의 light-handed, empty handed ● **əlidolu**; II. *i.* 게으름뱅이, 농땡이, 부랑자 loafer, idler, jobless
əliboşluq *i.* 가난, 빈궁, 궁핍 poverty, indigence
əlidolu *si.* 손에 가득한, 풍성한 with hands full
əliəyri I. *i.* 소매치기, 좀도둑 pilferer, fingerer, light-fingered person; II. *si.* 손재주가 있는; 손버릇이 나쁜; 부정한, 속임수의 light-fingered, thievish, pilfering, dishonest ○ **oğru, natəmiz**
əliəyrillik *i.* 좀도둑질, 절도 pilferage, sharp practice; theft, stealing ○ **oğurluq**; **~ etmək** *fe.* 훔치다, 슬쩍하다 pilfer, thieve
əlif[1] *i.* ① 아랍 알파벳의 첫글자 the first letter of Arabic letter; ② *fig.* 곧은, 올바른, 올곧은 upright ○ **düz, şax**
əlif[2] *i.* 초벌 페인트 (주로 녹 방지용 primary paint); **~ yağı** *i.* 건조성 기름 drying oil
əlifba I. *i.* ① 알파벳, 문자 체계, 자모 ABC, alphabet; ② 기초, 기본, 근본, 성분, 요소 basic, elements, rudiments; II. *si.* 알파벳 순의, 알파벳에 의한, 자모의 alphabetical; **~ kitabı** *i.* 알파벳 책 ABC book; **~ göstəricisi** *i.* alphabetical index 알파벳 순의 색인(索引)
əlif-bey ☞ **əlifba**
əligətirən I. *si.* 운 좋은, 행운의, 성공적인 lucky,

Ə

successful; II. *i.* 행운아 lucky man

əliiti *si.* 기민한, 재빠른, 날렵한, 능숙한, 손재주가 있는 agile, adroit, dexterous, nimble ○ **zirək, cəld**

əlik *i. zoo.* 노루 roe (deer), roebuck

əliqabarlı *si.* 부지런한, 근면한 hard-working ○ **zəhmətkeş**

əliqabarlılıq *i.* 부지런함, 근면함 hard-working ○ **zəhmətkeşlik**

əliqandallı I. *si.* 수갑을 찬 handcuffed; II. *i.* 죄수 prisoner ○ **dustaq, əsir**

əliqanlı *si.* 손에 피가 묻은, 살인자의 bloody-handed

əlil I. *i.* 장애자, 장애인 disabled, invalid (people); II. *si.* 장애를 가진, 지체 부자유한, 불구(不具)의 invalid, disabled, crippled, maimed ○ **şikəst**

əlillik *i.* 취업 불능, (신체적, 법적) 무능력 invalidity, disablement, disability ○ **şikəstlik**

əlimyandı *z.* ① 서둘러서, 급하게, 급히, 허둥지둥, 경솔하게 hurriedly, in a hurry, hastily; ② 지독하게, 맹렬하게 desperately

əlisilahlı *si.* 무장한, 무기를 든 armed

əliuzun *i.* 소매치기, 좀도둑 thief, pilferer, pickpocket

əliuzunluq *i.* 좀도둑질, 소매치기 theft, pilferage

əliyalın *si.* 비무장의, 무기를 들지 않은 unarmed, without weapon

əlkimya *i.* 연금술(鍊金術), 연단술 alchemy

əlkimyaçı *i.* 연금술사 alchemist

əlküt *si.* 서투른, 솜씨 없는 heavy-handed, bungling; ~ **adam** *i.* 솜씨가 없는 사람, 서투른 사람 a bungler

əlqərəz *ara.s.* 짧게 말해서, 간단히 하자면 shortly, in short, in brief ○ **xülasə, müxtəsər, bir sözlə**

əllamə I. *i.* ① 만물 박사 know-all, know-it-all; ② 거짓 과학자, 가짜 학자 false scientist; II. *si.* ① 전지(全知)의, 박식한 omniscient, all-knowing; ② 빈틈없는 약삭빠른, 예민한, 영민한, 명민한 shrewd, sly, arful ○ **bic, hiyləgər**; ③ 가짜의, 모조의, 거짓의 sham, false; ~ **tənqidçilər** *i.* 가짜 비평꾼 false critics; ~ **həkimlər** *i.* 돌팔이 의사 sham doctor, quack

əllaməlik *i.* 박식함 omniscience, high-standing nonsense; philosophizing, wickedness ○ **biclik, hiyləgərlik**

əlləm-qəlləm *si.* 부정직한, 부정한, 교활한, 협잡의 dishonest, knavish, cheating

əlləmə¹ *i.* 바위, 암벽, 암반 big stone, rock

əlləmə² *i.* 더듬기, 촉각(觸覺), 진맥(診脈), 촉진(觸診) palpation, handling, touching, feeling with hands

əlləmək *fe.* ① 손으로 더듬다, 느껴보다 feel with hand; ② *med.* 촉진(觸診)하다 palpate; ③ 만지다, 대보다 touch ○ **toxunmaq, sürtmək, yoxlamaq**

əllənmək *fe.* 촉각으로 느끼다, 촉진(觸診)되다, 만져지다 be palpated, be touched

əlləşdirmək *fe.* ① (서로) 더듬다, 만지다 handle, touch; ② *med.* 촉진하다 palpate; ③ 더듬어 찾다, 샅샅이 뒤져 찾다 rummage, feel(in)

əlləşmək *fe.* ① 수고하다, 노력하다 make effort, try hard ○ **calışmaq, çapalamaq** ● **avaralanmaq**; ② 힘써 일하다, 힘들여 나아가다 toil, labour; ③ 지치게 하다, 녹초로 만들다 fag, struggle ○ **çəkişmək, döyüşmək**; ④ 괴로워하다, 고민하다 bother, have trouble with; ***Sən orada nə çox əlləşirsən.*** *거기서 뭘 그렇게 애쓰고 있는가? What are you struggling with so much there.*

əlli¹ *say.* 쉰, 오십 fifty 50,; ~-~ *z.* 50씩 fifty by fifty; ~**llik** *i.* 희년, 50주년 fifty-year, fiftieth anniversary, Jubilee; ~**nci** say. 50번째의 fiftieth; ~ **yaşlı** *si.* 50년된, 50세 먹은 of fifty, fifty-years-old; ~**ncilər** *i.* 오순절 파 Pentecostals

əlli² *si.* ① 힘센, 강한 strong ○ **güclü, qüvvətli**; ② 기민한, 재빠른, 능력 있는 agile, able ○ **cəld, bacarıqlı** ● **yavaş**

əlliayaqlı I. *si.* 기민한, 명민한, 영리한, 똑똑한, 머리가 좋은, 교묘한 agile, adroit, dexterous, lively ○ **diribaş, zirək, bacarıqlı, çevik**; II. *z.* ① 자국이 남지 않게 without leaving a trace; ② 송두리째, 통째로, 한 번에 wholly, bodily; ~ **batmaq** *fe.* 통째로 잠기다 sink bodily; ~ **olmaq** *fe.* 기운을 차리다, 분발(分撥)하다 bestir oneself

əlmuzdu *i.* 보상, 배상, 답례, 보답, 보수 recompense, pay; ~ **vermək** *fe.* 보상하다, 답례하다, 보답하다 recompense, pay

əlsiz I. *si.* ① 손발이 없는, 수족이 없는 without arm or hand; ② *fig.* 도움이 없는, 무능한, 불능한 helpless, disabled, impotent; ~**-ayaqsiz** I.

si. ① 도움이 없는, 어쩔 수 없는, 불능의 helpless, disabled ○ **köməksiz**; ② 버림받은, 외로운, 절망의 forlorn, alone ○ **kimsəsiz**; ③ 기운이 빠진, 쇠약한, 활기 없는, 서투른, 다루기 어려운 effete, feeble, impotent, clumsy, awkward ○ **bacarıqsız, aciz, yazıq** ● **bacarıqlı**; II. *i.* 무능한(無能漢), 가난한 사람, 궁핍한 사람 poor man, indigent man ○ **fağır**

əltopu ☞ **həndbol**

əlüstü *z.* 곧, 당장, 즉시, 즉각적으로, 신속히 offhand, instantly, promptly, immediately ○ **dərhal, dayanmadan, tez, cəld, o dəqiqə** ● **gec**

əlüzsilən *i.* (손 닦는) 수건 towel

əlüzyuyan *i.* 세면기, 세면대 wash-stand

əlvan *si.* 다채로운, 화려한, 화사한 colorful, motley, gay, gay-coloured, varicoloured ○ **rəngarəng, alabəzək**

əlvanlıq *i.* 다채로움, 얼룩짐, 다양화함, 다양(성), 점박이 diversity of colours, variegation ○ **rəngarənglik, alabəzəklik**

əlverişli *si.* ① 적절한 fit, suitable ○ **yararlı, münasib, uyğun, müvafiq**; ② 좋아하는, 기분 좋은, 편리한, 마음이 맞는, 시기적절한 favourable, propitious, convenient, congenial, opportune; ③ 편리한, 유용한, 유익한, 득이 되는, 실용적인 useful, advantageous, accessible, beneficial, profitable, practical ○ **mənfəətli, gəlirli, xeyirli, faydalı** ● **faydasız**; ~ **olmayan** *si.* 불리한, 불편한 disadvantageous; ~ **şərtlər** *i.* 유리한 조건, 편리한 조건 easy terms

əlveriş(li)lik *i.* ① 적절성, 적합성, 편리성 suitableness, suitability, fitness, convenience ○ **yararlılıq, münasiblik, uyğunluq, müvafiqlik**; ② 유익성, 유용성 usefulness, advantageousness, convenience; ③ 수익성 usefulness, profitableness ○ **gəlirlilik, xeyirlilik, faydalılıq** ● **yararsızlıq**

əlverişsiz *si.* ① 부적절한, 맞지 않는, 불편한, 좋아하지 않는, 마음에 들지 않는 unfit, unsuitable, inconvenient, unfavourable, inauspicious ○ **yararsız, uyğunsuz** ● **münasib**; ② 무용한, 손해 나는 unprofitable, useless ○ **gəlirsiz, xeyrisiz, faydasız**

əlverişsizlik *i.* ① 부적절성, 어울리지 않음 unfitness, unsuitableness ○ **yararsızlıq, uyğunsuzluq**; ② 이익이 없음, 무용함 unprofitableness, uselessness ○ **gəlirsizlik, xeyirsizlik, faydasızlıq**

əlvida I. *i.* 작별, 이별, 송별 farewell, parting; II. *nid.* 안녕! 잘가! Farewell! Good-by! Adiou ○ **xudahafiz**; ~ **demək** *fe.* 헤어지다, 이별하다, 송별하다 say good-bye

əlyazma *i.* 손 글씨, 필사(筆寫), 원고 manuscript, handwriting

əlyetməz ☞ **əlçatmaz**

əlyövm *z. class.* 오늘, 현재, 지금 today, now

əmanət I. *i.* 보증금, 담보금, 기탁금, 콜머니 (청구 즉시 반환한다는 조건이 붙은 차입금) deposit, call money; II. *si.* 기탁된, 예치된, 예금된 entrusted, given in trust, saving; ~ **kassası** *i.* 저축은행 savings bank; ~ **qoymaq** *fe.* 저축하다, 예금하다, 예치하다 deposit; ***Əmanətə xəyanət olmaz.*** *위탁은 신뢰. Keep safe what you have been entrusted with.*

əmanətçi *i.* 공탁자, 예금자 depositor

əmanətdar *i.* 수탁자(受託者), 보관자 trustee, depositary

əmcək *i.* 가슴, 젖, 젖꼭지, 젖통, 유방 breast, nipple, teat, pap, dug, udder; *ana.* 포유 기관, 유선(乳腺) mamma, mammary glands; ***anasının əmcəyini kəsən*** *i.* *인비인(人非人), 불한당, 악당 rascal, dishonest man*

əmcəkli *si.* 가슴이 있는, 젖꼭지가 있는; 젖먹이 아이가 있는 having breast, nippled, teated

əmək *i.* 노동, 수고, 생산활동, 노고 work, labor ○ **zəhmət, iş**; ~ **məcəlləsi** *i.* 노동 문제 labor code ~ **haqqı** *i.* 임금, 삯, 급료, (월급, 주급, 연봉 등)wages, pay, salary; **ağır** ~ *i.* 노역, 고역, 수고 toil; ~ **intizamı** *i.* 징역, 부역 labor discipline; ~ **ehtiyatı** *i.* 인력, 일손 manpower; **maddiləşmiş** ~ *i.* 재화화된 노동, 노동 가치 materialized labor

əməkçi *i.* 노동자, 근로자, 부역자 working people, worker, labourer ● **müftəxor**; ~ **kütlələr** *i.* 노동자 계층 working people

əməkdar *si.* 명예의 honoured; ~ **elm xadimi** *i.* 명예 과학자 Honoured Scientist; ~ **incəsənət xadimi** *i.* 명예 예술가 Honoured Art Worker; ~ **artist** *i.* 명예 연예인 Honoured Artist

əməkdaş *i.* ① 동업자, 동역자, 협력자, 동료(同僚) collaborator, colleague, fellow workman; ②

고용인, 노동자 employee, worker; ③ 기고가, 투고자 contributor (newspaper, journal)

əməkdaşlıq *i.* ① 협력, 동업, 합작 collaboration, cooperation; ② 기고, 투고 contribution; ~ **etmək** *fe.* 협력하다, 동업하다; 기고하다, 투고하다 co-operate, contribute; collaborate

əməkgünü *i.* 노동일(勞動日) work-day

əməköməci *i. bot.* 당아욱; 아욱과의 총칭, 접시꽃 mallow, hollyhock

əməksevən *si.* 부지런한, 근면한, 부단히 노력하는, 열심인 diligent, hard-working, industrious ○ **çalışqan, zəhmətkeş**

əməksevənlik *i.* 근면, 노력, 부지런한 diligence, hard-working, industry ○ **çalışqanlıq**

əməksevər *si.* 부지런한, 근면한, 열시인 industrious, diligent ○ **əməksevən**

əməksevərlik *i.* 부지런함, 노력, 근면 diligence, industriousness ○ **əməksevənlik**

əməksiz *si.* 느긋한, 무위 도식의, 수고하지 않는 easy, toilless ○ **zəhmətsiz**

əməl *i.* ① 행동, 행위, 활동, 실행, 진행, 처리, 취급, 집행 action, act, deed, transaction ○ **hərəkət, iş**; ② 품행, 행실, 처신 behavior, conduct; ③ 야비한 속임수 mean trick ○ **hiylə, kələk, biclik**; ④ *mat.* 작동, 조작, 운전 operation; ⑤ 의도, 목적, 의지, 의향 purpose, intention ○ **qayə, məqsəd, arzu**; ~ **etmək** *fe.* 준수하다, 수행하다 observe; **~də yoxlamaq** *fe.* 실습하다, 실행하여 실험하다 test in practice; **~i cəhətdən** *z.* 실제적으로 practically; **~ə gəlmək** *fe.* 나타나다, 존재하게 되다, 실제가 되다 appear, be generated; **~ə gətirmək** *fe.* 만들다, 조작하다, 창출하다, 형성하다 make up, generate, form; ~ **azmaq** *fe. col.* 경솔하게 되다, 주제를 넘다, 오만해지다 become impudent/insolent

əməlbaz I. *i.* 사기[협잡]꾼; 마술사; 책략가 trickster; II. *si.* 교묘한, 교활한 tricky, trickish ○ **hiyləgər, tədbirli**

əməlbazlıq *i.* 사기 협잡, 속임, 거짓, 왜곡, 속임수, 책략 trickery, perfidy, deceit, dishonesty ○ **hiyləgərlik, tədbirlilik**

əmələgəlmə *i.* 형성, 성립, 육성, 발달 formation, production

əməli *si.* 실제의, 실천상의, 실용적인 practical, constructive ○ **işgüzar, təcrübi, praktik**; ~ **fəaliyyət** *i.* 실제 행동, 실천적 활동 practical activity; ~ **təklif** *i.* 건설적 제안 constructive proposal

əməlisaleh *si.* 옳은, 올곧은, 정직한, 정의로운, 의로운 upright, honest, just, righteous

əməliyyat *i.* 기능, 작용, 조작, 운전; 수술(手術) operation, action

əməlli I. *si.* 적절한, 단정한, 예의 바른, 어울리는, 고상한, proper, decorous, decent, tolerable ○ **layiqli, ləyaqətli**; II. *z.* 적절히, 고상하게, 예의 바르게, 잘, 속속들이 properly, decently, decorously, thoroughly, well

əməllicə *z.* 적절히, 적당히, 알맞게(fitly); 타당하게 properly

əməlli-başlı *z.* 적절히, 적당하게, 바르게, 틀림없이 properly, decently

əməzək *i.* 겁쟁이, 나약한 사람 milksop, shy, irresolute man ○ **key, maymaq, qorxaq, bacarıqsız, küt**

əmgək *i. ana.* 전두부(前頭部); 두정부(頭頂部) sinciput

əmi *i.* 삼촌, 큰아버지, 백부(伯父), 작은 아버지, 숙부(叔父); 아저씨 uncle (father's brother); ~ **uşaqı** *i.* 사촌 cousin

əmiarvadı *i.* 숙모(叔母), 백모(伯母) aunt, uncle's wife

əmici *si.* 빠는, 흡인하는, 흡수하는; 젖내 나는, 아직 젖이 떨어지지 않은 sucking; ~ **tel** *bot.* 흡지(吸枝), 흡근(吸根) sucker

əmiqızı *i.* 사촌 (여동생, 누나) (first) cousine

əmilmək *fe.* 젖을 빨리다, 키우다, 양육되다 be suckled, be nursed ○ **əmmək**

əmin *si.* ① 안심할 수 있는, 안전한 safe, secure; ② 확실한, 믿을 수 있는, 담대한, 의지할 수 있는, 믿음직한 sure, confident, reliable, trustworthy, trusty ○ **arxayın**; ~ **olmaq** *fe.* 확실하다, 분명하다 be sure, be certain; ~ **etmək** *fe.* 확실하게 하다, 분명히 하다 assure, ensure

əminamanlıq *i.* ① 고요함, 조용함, 침착 tranquility, quiet, calmness; ② 평안함 peace; ③ 안락, 태평 무사 law and order

əminəvəsi *i.* (사촌) 조카 second cousin

əminləşmə, ☞ **əminləşmək**

əminləşmək *fe.* 확신시키다, 설득하다, 믿게 하다 convince, persuade, trust ○ **arxayınlaşmaq, rahatlaşmaq**

əminlik *i.* ① 확신, 확실성, 확언, 보증, 장담 certitude, assurance; ② 신용, 신뢰, 신임 confidence ○ **sakitlik**, **qorxusuzluq**, **arxayınlıq**

əmioğlu *i.* 사촌, cousin

əmir *i.* (회교국) 군주, 토후(土侯), 왕족 emir, emeer, amir, ameer

əmiri *si.* 뛰어난, 일급의, 탁월한, 우수한 excellent, first-class, first-rate, of the top quality

əmirlik *i.* 아랍 토후[왕족]의 권한 [신분, 관장 구역]; 토후국 emirate

əmişdirmək *fe.* 젖을 빨게 하다 force to suckle

əmişmək *fe.* 젖을 빨다 (가축; 집단적으로) suck commonly (about domestic animals)

əmiuşağı *i.* (집합적으로) 사촌들 cousin (collective)

əmizdirmək *fe.* 젖을 빨리다, 젖을 주다, 젖을 먹이다 give a suck, suckle, nurse

əmlak *i.* 부동산, 땅, 소유지 property, possession ○ **mülk**; **ictimai ~** *i.* 공공 재산, 공유지 social property

əmlik *i.* 양 lamb; **~ kimi** *z.* 양과 같이 lamb-like

əmma I. *i.* 원인, 이유; 장애, 방해 reason, cause, hindrance ○ **səbəb**, **bəhanə**, **əngəl**; **~ qoymaq** *fe.* 트집잡다 find fault; II. *bağ.* 그러나, 하지만 but ○ **amma**, **lakin**

əmmalı *si.* 의심스러운, 의문이 가는 doubtful, questionable

əmmamə *i.* 터반 (머리에 감아 쓰는 모자 [터키어 tülbend에서, TULIP 모양이 비슷한 데서)] turban

əmmaməli *si.* 터반을 쓴 turbaned (man)

əmmə *i.* 한 입, 한 번 핥기 suck; 한 모금 (술 등) ○ **sorma**

əmmək *fe.* 빨다, 양분을 취하다 suck, nourish

əmniyyət *i.* ① 안전, 안보, 무사 safety, security ○ **təhlükəsizlik**, **qorxusuzluq**, **əminlik**, **sakitlik**; **ictimai ~** *i.* 사회 안전, 사회 안보 collective security; ② 안전 장치, 평안, 평정 safeguard, tranquility; ③ 안전 보장, 안전 담보 guarantee; ④ 신뢰, 인정 trustworthiness ○ **e'timad**, **e'tibar**

əmniyyətli *si.* 확실한, 안전한, 고요한, 평안한 certain, silent, safe ○ **əmin**, **sakit**

əmr I. *i.* 명령, 지령, 지시, 호출 command, direction, injunction, bidding, order ○ **hökm**, **göstəriş** ● **xahiş**; II. *si.* 명령적인, 위엄 있는, 엄한 imperative; **fe'lin ~ şəkli** *i. qram.* 명령법[형] imperative mood of verb; **~ etmək** *fe.* 명령하다, 지시하다, 엄히 말하다

əmranə *i. hüq.* (…에 대한) 중지 명령, 금지 명령 injunction

əmsal *i. mat.* 계수; 인수, 인자(因子) coefficient, factor; **faydalı iş ~ı** *i.* 효과적인 작용, 능률, 효율 efficiency

əmtəə *i. pol. eco.* 재화(財貨); 상품 commodity, goods ○ **mal**, **şey**; **~ istehsalı** *i.* 재화 창출; 상품 생산 commodity production; **~ məhsulu** *i.* 상품 생산 commodity output; **~ təsərrüfatı** *i.* 생산업 commodity economy; **~ mübadiləsi** *i.* 상품 매매, 물물 교환 barter; **~ dövrəsi** *i.* 상품 순환, 재화 순환 commodity circulation; **~ birjası** *i.* 상품 거래 commodity exchange

əmtəəlik *si. eco.* 매매상의, 시장의, 거래의 marketable, for sale ○ **satışlıq**, **bazarlıq**; **~ məhsul** *i.* 상품 생산, 거래 창출 marketable product

əmtəəşünas *i.* ① 시장경제 전문가, 상품거래 전문가 expert in the science of commodities; ② 상품 담당자 goods manager

əmtəəşünaslıq *i.* 상품경제, 시장경제 science of commodities

əmud *i.* ① 곤봉, 전곤(戰棍), 타구봉 bludgeon, mace, club, cudgel; ② *riy.* (선·면 등과) 직각을 이루는 perpendicular

əmudi *si. z.* 수직으로, 직각으로 perpendicular(ly)

əmzik *i.* 고무 젖꼭지 nursing bottle, soother (rubber teat), baby's dummy

əmzikli *si.* 젖먹이의, 젖을 먹이는 suckling, giving suck

ən *da.* 가장, 최고의 most ○ **daha**, **çox**, **lap**; **~ aşağıdakı** *si.* 맨 밑바닥의 undermost; **~ gözəl** *si.* 최고 미인의 most beautiful; **~ mühüm** *si.* 가장 중요한 chief; **~ pis**, **~ yaman** *si.* 최악의 worst; **~ sadə** *si.* 원시적인 primitive; **~ uzaq** *z.* 가장 먼, 극한의 utmost; **~ yaxşı** *si.* 최상의, 최고의 best, first rate; **~ yüksək nöqtə** *i.* 절정, 클라이막스, 정상 climax, culmination, summit; **~ yüksək** *i.* 최고, 정점, 최고조 top

ənam *i.* 선물, 하사품; 은사, 재주 present, gift ○ **bəxşiş**, **hədiyyə**, **mükafat**

ənbər *i.* ① 용연향(龍涎香 향유 고래의 창자에서 얻는 향료) ambergris, amber grease ○ **iy**, **ətir**; ② 향기로움, 향기 fragrance, perfume; **müşk ~** *i.* 사향 (냄새); 사향 비슷한 분비물 scent of musk

ə

ənbərbu I. *i.* 향신료를 넣은 필로브(밥) flavoured/aromatic rice; II. *si.* 향기가 나는, 방향성의, 용연향 같은 fragrant, aromatic, flavored, of ambergris odor

ənbəriyyə *i. bot.* 끈끈이 주걱 (식충 식물) sundew

ənbir *i.* 집게, 펜치 pliers

əncam *i.* ① 도움, 수단, 해결책, 방안 way, way out, measure ○ **kömək, vasitə, tədbir, yol**; ~ **çəkmək** *fe.* 해결책을 마련하다, 방안을 강구하다 find a way out, take measure; **~a qoymaq** *fe.* 옳게 하다, 조정하다 adjust, put right; ② 조성, 조장, 촉진, 증진, 진흥, 장려 promotion, facilitation; ~ **etmək** *fe.* 조장하다, 촉진하다, 진흥하다, 장려하다 promote, facilitate; ③ 종결, 종료, 만료, 결말, 결과 end, termination ○ **son, axır, nəticə**; ~ **tapmaq** *fe.* 끝내다, 종결하다, 해결하다 come to an end, find way out, finish

əncir *i. bot.* 무화과, 무화과 나무 fig; fig tree

əncirlik *i.* 무화과 과원 fig grove

əndam *i.* ① 몸, 신체 body ○ **bədən, can**; ② 체격, 체형 stature, figure ○ **boy, qədd, qamət**; *Onun əndamı yaraşıqlıdır. 그녀는 체형이 잘 발달 되었다. She has a well-developed figure.*

əndamlı *si.* ① 당당한, 풍채가 있는 stately; ② 몸이 잘 발달된, 날씬한 slender, of fine figure ○ **boylu-buxunlu, biçimli**; ③ 포동포동한, 살집이 좋은, 풍만한 plump ○ **dolğun, canlı, kök** ● **arıq**

əndamsız *si.* 어울리지 않은, 볼 성 사나운 ill-figured, of ugly-stature ○ **biçimsiz**

əndamsızlıq *i.* 꼴불견, 부조화, 불일치 state of being ill-figured, dissonance, discordance ○ **biçimsizlik**

əndazə *i.* ① 치수, 차원, 규모, 범위 measure; dimensions, size ○ **ölçü, ülgü, biçim**; ② 품세, 모양새 cut, pattern; ③ 범위, 한계 bound, limit ○ **hədd, hüdud**; ④ 모양, 모양새, 형태 frame, shape ○ **forma, quruluş**

əndazəli *si.* ① 차원의 dimensional ○ **ölçülü**; ② 비례하는, 균형 잡힌, 어울리는, 대칭적인 proportionate, commensurate, symmetrical ○ **mütənasib**

əndazəsiz *si.* ① 측정 불가한, 무한의, 헤아릴 수 없는 measureless ○ **ölçüsüz**; ② 불균형의, 비대칭의, 어울리지 않는 disproportional, asymmetrical ○ **namütənasib**; ③ 볼 품 없는, 무늬 없는, 밋밋한 patternless, frameless, shapeless ○ **formasız, biçimsiz**; ④ 무제한의, 한정되지 않는 unlimited, unbounded ○ **qeyri-məhdud**

əndərilmək *fe.* 쏟아지다, 쏟아 부어지다 be poured out, be spilt out

əndərmək *fe.* 쏟아 붓다, 비우다, (짐을) 부리다, 하역하다 pour out, dump, unload, empty ○ **tökmək, boşaltmaq** ● **doldurmaq**

əndişə *i.* 고민, 걱정, 염려 trouble, care, anxiety; ~ **çəkmək** *fe.* 고민하다, 걱정하다 trouble; **~yə düşmək** *fe.* 걱정에 빠지다, 고민에 빠지다 feel anxious; ~ **oyatmaq** *fe.* 문제를 만들다, 문제를 일으키다 cause to trouble

əndişəli *si.* 고민거리의, 성가신, 곤란한, 안달하게 하는 troublesome, anxious ○ **dərdli, qayğılı, iztirablı**; ~ **baxış** *i.* 고민에 빠진 모습, 어려움에 빠진 모습 troubled look

əndişəlilik *i.* ① 슬픔, 고통, 고민, 비탄에 잠긴 sorrowfulness, grief, agonies ○ **dərdlilik, qayğılılıq, iztirablılıq**; ② 흔들림, 동요, 불안, 격앙 agitation, nervousness ○ **narahatlıq, təlaş, nigarançılıq**

əndişəsiz *i.* 평온한, 걱정 없는, 평안한, 침잠한 care-free, calm, comfortable, untroubled, tranquil ○ **sakit, rahat**

əndişəsizlik *i.* 평온함, 잠잠함, 걱정 없음, 편안함 calmness, comfort, carelessness ○ **sakitlik, rahatlıq, fikirsizlik, qayğısızlıq**

əndişmə *i.* ① 고민함, 걱정 consideration, care ○ **fikir, qayğı**; ② 안달함, 동요, 불안, 흥분 nervousness, agitation ○ **narahatlıq, təlaş, nigarançılıq, iztirab, qorxu**; ③ 의심, 내적 갈등 suspicion ○ **şübhə, vəsvəsə**

ən'ənə *i.* 전통, 관습, 관례 custom, tradition; **~yə görə** *z.* 전통적으로 by tradition; **~çi** *i.* 전통주의자, 인습주의자, 상투적인 사람 conventionalist, traditionalist; ~ **çilik** *i.* 인습주의, 전통주의 faithfulness, loyalty for traditions; ~ **pərəst** *i.* 보수주의자, 관습주의다 conventionalist, traditionalist, conservative; ~ **pərəstlik** *i.* 전통주의, 관습주의, 수구주의 traditionalism, adherence to tradition, conservatism; **~vi** *si.* 전통적인, 전통에 따른, 상투적인 conventional, traditional; ~ **mərasim** *i.* 전통의식 traditional ceremony; ~ **olaraq** *z.* 전통에 따라, 전통적으로 traditionally;

~vilik *i.* 전통적인 성격, 전통성 traditional nature, traditional character

əng *i.* 아래 턱 lower jaw; **~i qızışmaq** *fe.* 긴 얘기를 하다, 끊임없이 말하다 have a long talk; **~ə vermək** *fe.* 재잘거리다, 조잘거리다, 떠들어 대다 chatter, have a long chatter

əngəl *i.* ① 방해물, 장애물, 방해, obstacle, hindrance, hitch ○ **maneə, çətinlik**; ② 곤란, 장애 difficulty, impediment, obstruction; ③ 울타리, 통나무 bar, barrier, clog; ④ 결점, 약점 defect, shortcoming, something wrong; **~ olmaq** *fe.* 방해가 되다, 지장이 되다 clog, hinder, cumber; impede, encumber; **~ törətmək** *fe.* 훼방하다, 방해하다 throw obstacles; **~ə düşmək** *fe.* 난관에 봉착하다, 궁지에 처하다 get into a scrape, be in a pretty pickle; **~ə salmaq** *fe.* 궁지에 몰아넣다, 난관에 처하게 하다 involve in a scrape; **~i çıxmaq** *fe.* 추문에 노출되다 cause a scandal

əngəlli *si.* ① 방해하는, 장애의, 지체시키는 hindering, impedimental, impeding, encumbering ○ **çətin, dolaşıq, cəncəl, xatalı** ● **asan**; ② 뒤엉킨, 복잡해진 intricate, complicated; ③ 위험한, 모험적인 perilous, dangerous

əngəlsiz I. *si.* ① 잘 진행되는, 부드러운, 방해가 없는 smooth, hinderanceless ○ **maneəsiz, xatasız**; ② 엉클어지지 않은, 복잡하지 않은 not intricate, not complicated; ③ 위험하지 않은 not perilous, not dangerous; II. *z.* 복잡하지 않고 smoothly, without complications

əngiboş *si.* 수다스러운, 말이 많은, 장황한 garrulous, talkative; **~ adam** *i.* 수다쟁이, 허풍선이, 떠버리 talker, gas-bag, windbag, chatter-box

əngin *si.* ① 매우 큰, 거대한; 헤아릴 수 없는, 한없는, 널찍한, 광대한 immense, spacious, vast ○ **geniş, vüs'ətli**; ② 무한한, 한없는, 무제한의 endless, infinite; **~ üfüq** *i.* 한없는 지평선 endless skyline; **~ fəza** *i.* 거대한 공간 vast space

ənginar *i. bot.* 아티초크 (국화과) artichoke

ənginlik *i.* 광활함, 넓음 wide expanse, wide open space, vastness ○ **genişlik, vüs'ət, açıqlıq**

ənlik *i.* 루즈, 볼 연지, 입술 연지 rouge, blusher; **~ vurmaq/sürtmək** *fe.* 연지를 바르다; rouge, apply blusher

ənlik-girşan *i.* 연지와 분 rouge and powder, blusher and powder; **~li-girşanlı** *si.* 연지와 분을 바른 rouged and powdered

ənlikli *si.* 루즈를 바른, 연지를 바른 rouged, tinted, tinted with blusher

əntər *i.* ① *zoo.* 비비(狒狒); (전설상의) 개머리를 한 사람 baboon, cynocephalus; ② *fig.* 섬뜩하게 하는 사람 ugly/monstrous man, fright ○ **çirkin, kifir, yöndəmsiz** ● **gözəl**

əntərlik *i.* 추악함 ugliness ● **gözəllik**

əntiq *si.* 과거의, 고대의, 전통적인, 고풍의 antique; **~ şeylər** *i.* 고물 연구, 골동품 수집 antiquary

əntiqə I. *si.* 대단한, 훌륭한, 멋진, 놀라운 wonderful, beautiful, marvelous ○ **gözəl, qəşəng** ● **kifir**; ② *fig.* 이상한, 기묘한, 색다른 odd, strange ○ **qəribə, əcaib**; **~ şey** *i.* 진품, 진귀한 것 rarity II. *nid.* 탁월해!, 멋져! excellent!

ənvər *si.* 가장 밝은, 가장 눈부신 most radiant, most effulgent

əprimə, ☞ **əprimək**

əprimək *fe.* ① 땀이 나다, 땀을 흘리다 perspire, sweat ○ **tökülmək, üzülmək**; ② 노쇠해지다, 늙다 become old, get decrepit

ər I. *i.* ① 남편, 남자 husband, man ○ **kişi, zövc**; ② 사나이, 대장부, 장부 man of courage, a brave man ○ **mərd, igid, qoçaq**; ③ 후덕한 사람, 덕이 있는 사람 man of virtue; II. *si.* 장부 같은, 사나이다운, 당당한, 박력 있는, 씩씩한 courageous, brave, virile, manly; **~ə getmək** *fe.* (여자가) 결혼하다, 시집가다 marry; **~də olmaq** *fe.* 결혼 생활을 하다 be married; **~-arvad** *i.* 부부(夫婦), 한 쌍의 남녀 couple, pair, husband and wife; **~-arvadlıq** *i.* 결혼관계, 혼인 관계, 결혼 생활 matrimony, conjugality, wedlock; **~ə getməmiş qadın** *i.* 미혼 여성 spinster; **~ə getmə** *i.* 결혼, 혼인, 결혼식, 혼례 marriage; **~ə vermək** *fe.* 결혼을 시키다, 시집을 보내다 wed, marry off

ə'raf *i. din.* 연옥(煉獄) purgatory

ərazi *i.* 지역, 영역, 영지, 분야 territory, locality, area; **~ bütövlüyü** *i.* 영토보전(領土保全) territorial integrity; **~yə məxsus** *si.* 지방의, 영역의, 영토의 territorial

ərdo[1] *i.* 괴물, 괴기 monster, slobin, wood-globin ○ **qulyabanı**

ərdo[2] *i.* ① 구정물, 더러워진 물, 하수 soapy water, dirty water; ② *fig.* 싸구려 장사; 시시한 [맥

빠진] 이야기 slops, wish-wash

ərəb *i.* ① 아랍; 아랍인 Arab, Arabian; **~ dili** *i.* 아랍어 Arabic; **~ rəqəmləri** *i.* 아라비아 숫자 Arabic numerals

ərəbcə *z.* 아랍어로 in Arabic language, in Arabic

ərəbdovşanı *i. zoo.* 날쥐 (북아프리카, 아시아산) jerboa

Ərəbistan *i.* 아랍 국가 Arabia

ərəbizm *i.* 아랍어법, 아랍어원 Arabism, arabic word

ərəbşünas *i.* 아랍어 학자, 친 아랍파; 아랍연구가 Arabist, Arabic philologist

ərəbşünaslıq *i.* 아랍학, 아라비아 철학 Arabic study, Arabic philology

ərəfə *i.* 전야제; 전야; 저녁 eve; **yeni il ~si** *i.* 망년, 새해 전날 New Year's eve; **~də** *z.* 전야제에서 on the eve

ərəğac *si.* 조생(종)의, 일찍 거두는 early, early-ripe; **~ tərəvəz** *i.* 조생 야채 early vegetables

ərəmik *si.* 메마른, 불모의, 흉작의 barren, sterile

ərəmiklik *i.* 불모지, 흉작, 메마름 barrenness, sterility

ərən *i.* ① 장부, 씩씩한 사람, 용장 brave/courageous man, brave spirit ○ **ər, qoçaq, igid**; ② 현인(賢人), 현명한 사람 wise man, sage ○ **müdrik, ağıllı**; ***Ərənlər üçəcən deyiblər.*** *ata.s. 한번으로 습관이 되지 않는다. One is no custom.*

ərəzən *si.* 만생종의, 늦게 거두는 (채소, 곡식) late, late ripe

ərgən *si.* 결혼에 적합한, 자격이 있는 marriageable, eligible; **~ oğlan** *i.* 과년한 총각, 혼기의 총각 marriageable young man

ərgənlik *i.* 결혼 연령, 혼인에 적합함 marriageable age, marriageability

ərgin *si.* 녹은, 용해된 melted, dissolved

ərginlik *i.* 용해성(性), 용해액 state of being melt

ərğənun *i. mus.* 오르간 organ

əridilmək *fe.* ① 용해되다, 녹여지다 be melted, be fused; be thawed; ② 해결되다, 풀어지다 (**həll olunmaq**)be dissolved

əridilmiş *si.* ① 녹은, 용해된, 해동된 melted, fused, founded, rendered, thawed; ② 풀어진, 해결된 dissolved; **~ donuz piyi** *i.* 돼지기름을 정제한 것 lard

əridici *i. kim.* 용제, 용매 solvent, vehicle

ərik *i. bot.* 살구 apricot; **~ağacı** *i.* 살구나무 apricot tree

əriklik *i.* 살구 밭, 살구 과원 apricot grove

ərimək *fe.* ① 녹다, 용해하다, 더워져서 풀리다 melt, fuse, thaw; ② 풀리다, 해결되다 dissolve; ③ *fig.* 써버리다, 소비하다, 날씬해지다 waste away, lose flesh, grow thin; ④ *fig.* 녹아 없어지다, 증발되다, 사라지다 melt away, vanish, fade away, disappear

əriməməzlik *i.* 녹지 않음 insolubility

ərincək I. *si.* 게으른, 나태한 lazy, indolent; II. *i.* 게으름뱅이, 게으름쟁이 idler, lazy-bone ○ **tənbəl, kahal** ● **çalışqan**

ərincəklik *i.* 게으름, 나태, 무위, 놀기 laziness, idleness ○ **tənbəllik, kahallıq**

əringən *si.* 게으른, 나태한 lazy, lazy-bone ○ **tənbəl, kahal**

əringənlik *i.* 게으름, 나태함, 부주의 laziness, carelessness ○ **tənbəllik, kahallıq**

ərinik *si.* ① 게으른, 부주의한, 태만한 lazy, careless ○ **tənbəl, kahal, başısoyuq**; ② 녹은, 용해된 melted

ərinmək *fe.* 게으르다, 태만하다, 부주의하다 be lazy, be idle ○ **tənbəlləşmək, ətalətləşmək**

ərinmiş *fe.* 녹은, 용해된 melted, founded; **~ yağ** *i.* 녹은 버터, 끓인 버터 boiled butter

ərinti *i.* ① 합금, 혼합 alloy; ② 융해, 용융, 용해, 융합 fusion

əriş *i.* 날실 warp, beam thread

ərişlik *i.* 날실 재료 (material) for warp of cloth

əriştə *i.* ① 국수 noodles; ② 국수 (요리) noodle soup

ərit(dir)mək *fe.* 녹이다, 용해시키다 dissolve, melt

əriyən *si.* 녹는, 용해되는 fusible, dissoluble

əriyici *si.* 용해할 수 있는, 분해할 수 있는, 녹이는 fusible, dissolvable

ərizə *i.* 신청서, 진술서, 탄원서 application, petition; **~ vermək** *fe.* 신청서를 제출하다 hand in an application

ərizəbaz *i.* (소송, 탄원)을 일삼는 사람 litigious person

ərizəbazlıq *i.* 소송짓, 소송권 litigiousness, malicious litigation

ərizəçi *i.* 지원자, 출원자, 응모자, 신청자 applicant, suitor

ərizəyazan *i.* 출원자, 응모자 applicant

ərk¹ *i.* 비공식적인 관계, 허물없는 관계, 친밀함, 친근성 unceremonious relationship; familiarity, friendly terms; ~ **etmək** *fe.* 친하게 지내다 behave in friendly way; **~i çatmaq** *fe.* 친선관계로 행할 권리를 갖다 have the right to do *smt.* in friendly way; ~ **yana**, **~lə** *z.* 허물없이, 마음 편하게 unceremoniously; **~-naz** *i.* 교태, 추파, 바람난 행동 coquetry, flirtatious behavior

ərk² *i.* 작은 담장, 방벽, 관문 small fence, barrier; ***Laxlayan daş ərkdə qalmaz.*** *ata.s.* *두 마음을 품은 자는 한곳에 머무르지 않는다. Double-minded man never stay in a place.*

ərkan *i.* ① 귀족, 고귀한 사람 noble, peer; ② 공손함, 정중함, 예의 바름, 친절함, 고상함 courtesy, civility ○ **ədəb, qanacaq, mə'rifət**

ərkanlı *si.* 정중한, 공손한, 예의 바른, 교양 있는 courteous, civil, well-cultured ○ **ədəbli, qanacaqlı, mə'rifətli**

ərkansız *si.* 무분별한, 주제넘은, 염치없는, 경솔한, 건방진 atheistic, unbelieving, impudent ○ **dinsiz, imansız**

ərkəsöyün *i.* 총아(寵兒), 총애받는 사람, 소중한 것, 자기 본위의 사람 pet, favorite, selfish man ○ **xudpəsənd, ərköyün**

ərklik *i.* 격식 없음, 격의 없음, 친밀함, 친근함 closeness (relationship), unceremoniousness ○ **yaxınlıq**

ərköyün I. *i.* 총애 받는 사람, 소중한 것 pet; II. *si.* ① 버릇없는, 애지중지하는, 호강 받고 자란 petty, spoilt, pampered, high-fed ○ **xudbin**; ② 필요 이상 고용한, 정원 외 고용의 feather-bed; ~ **uşaq** *i.* 버릇없는 아이, 짓궂은 아이, 못된 녀석 pet, mischievous child; ~ **böyütmək/etmək** *fe.* 애지중지 키우다, 버릇없이 키우다, 제 멋대로 행동하게 하다 pet, pamper, spoil

ərköyünləşmək *fe.* 버릇없이 되다, 이기적이 되다 grow spoilt, become spoilt ○ **xudbinləşmək**

ərköyünlük *i.* 자기 본위, 버릇없음, 장난 꾸러기 짓, 장난, 비열함 selfishness, naughtiness, mischief, rascality

ərli *si.* ① 결혼한 (여자) married (woman); **~-arvadı** *si.* 부부의 a wife with the husband together; ② 가족이 있는 with all family

ərlik I. *si.* ① 혼기가 찬 (남자), 결혼할 만한 marriageable, mature for marriage; ② 결혼의, 혼인의 부부 관계의 matrimonial; II. *i.* 남성다움, 장부다움, 고결함 manhood, bravery, integrity ○ **mərdlik, qoçaqlıq, namusluluq**

ərlilik *i.* 혼인 관계, 결혼한 상태 state of being married

ərməğan *i.* 기념품, 선물, 유물, 추억거리 souvenir, gift, present ○ **yadigar**

ərmik *si.* 불임의, 불모의, 결실이 없는, 메마른 barren, sterile ○ **sonsuz**

ərov *i.* 구정물, 하수 dirty/soapy water

ərp *i.* ① 찌꺼기, 앙금, 침전물, 잔여물, 얇은 막, 박피 lees, scale, dregs, sediment, residuum, remains, coat, pellicle; ② 박피, 얇은 막; 치석(齒石) tartar, thin coating, beeswing; ③ (혀에 끼는) 백태 fur, coating (on the tongue)

ərsə *i.* 광장, 시장, 공개 장소 plaza, open space; **~yə çatdırmaq/yetirmək** *fe.* (아이, 짐승을) 키우다, (아이를) 기르다, (가족을) 부양하다, (식물, 채소) 재배하다, (동물을) 사육하다 bring up, rear, breed, raise, grow (man, animal, vegetable); **~yə yetmək/çatmaq** *fe.* 자라다, 성숙하다 grow up

ərsin *i.* 긁어내는 기구, (설거지 용) 수세미 scraper

ərsinləmək *fe.* 긁어내다, (문질러) 씻어 내다 scrape

ərsiz *si.* 결혼하지 않은, 독신의, 홀로된 (여자) single, unmarried (woman), widowed ○ **dul**; ~ **qalmaq** *fe.* 독신으로 지내다, 남편을 잃고 지내다 remain unmarried; lose one's husband

ərsizlik 과부 생활 widowhood ○ **dulluq**

ərş *i.* (시적) 하늘, 공중 sky, heaven (poetic) ○ **göy, asiman**; **~in yeddinci qatında** *z.* 7층 천에 in the seventh heaven

ərşi-ə'la ☞ **ərş**

ərşi-fələk ☞ **ərş**

əruz *i.* 동양시의 운율, 격조의 하나 Aruz (classical poetic meter in oriental poetry)

ərz¹ *i.* ① 흙, 땅, 대지; 지구 earth, terra ○ **yer**; **küreyi-~** *i.* 지구 terrestrial globe; ② 세상, 세계, 누리 world ○ **dünya, aləm, cahan**

ərz² *i.* 성명, 의뢰, 요청, 탄원 statement, word, request ○ **şikayət, xahiş, rica**; ~ **etmək** *fe.* 탄원하다, 성명하다, 선언하다, 요청하다 state, declare, say, tell; ~ **olunmaq** *fe.* 언급되다, 선언되다 be stated, be declared; ***Ərzim var.*** *용무가 있*

Ə

습니다. 말씀드릴 게 있습니다. I have something to tell.

ərzaq *i.* 식품, 식료품, 식량 food-stuff, provisions, victuals, rations; ~ **payı** *i.* 식품의 할당량, 배급량 ration; ~ **təchizatı** *i.* 배급, 할당량 공급 ration supply; ~ **ehtiyatı** *i.* 식료품, 양식 food store

ərzində *qoş.* (시간, 공간) ~정도에, ~동안, ~안에 within, during, in the course, within, throughout; **gün** ~ *z.* 하룻동안 during the day; **bir həftə** ~ *z.* 한 주 동안 in a week

əsa *i.* 지팡이, 막대기 walking stick ○ **əl ağacı**

əsab *i.* 무기, 병기 weapon ○ **silah, yaraq**

əsablı *si.* 무장한 armed ○ **silahlı**

əsalı *si.* 지팡이를 가진 with a staff

əsarət *i.* 노예생활, 속박, 구속, 노예 신분, 압박, 압제, 억압 servitude, slavery, thralldom, bondage, oppression ○ **əsirlik, qulluq, köləlik, dustaqlıq** ● **hürriyyət, azadlıq**; ~**ə salmaq** *fe.* 노예로 만들다, 예속시키다, 포로로 하다 enslave; ~ **altında** *z.* 압제아래에, 속박아래에 under the yoke; ~ **altına almaq** *fe.* 정복하다, 지배하다, 복종시키다 subjugate

əsarətçi *i.* 압제자, 정복자 oppressor

əsas I. *i.* ① 기초, 기본, 기반 base, basis, foundation, bed, bedding ○ **bünövrə, özül, bina, təməl**; ② 원칙, 원리, 기준 principles, fundamentals; ③ *qram.* 어간(語幹)stem; ④ 근거, 이유, 기초 ground, basis, cause, reason, motive ○ **səbəb, bahanə, dəlil, sübut**; ⑤ *kim.* 염기(鹽基) base; ⑥ *geom.* 밑변; *mat.* (대수의) 밑; 기수(基數) base; II. *si.* 으뜸인, 주요한, 가장 중요한, 기본적인, 주된, 중심의, 기초의 cardinal, basic, central, main, material, primary, prime, principal, major ○ **başlıca, mühüm, zəruri** ● **yardımcı**; ~**ını qoymaq** *fe.* 기초를 놓다, 기저를 다지다 found, base, establish; ~ **kapital** *i.* 고정자본 fixed capital; ~ **məsələ** *i.* 중요한 문제, 핵심적인 문제 main point, cardinal problem; ~ **qüvvələr** *i.* 주요 군사력 major forces; ~ **göstəricilər** *i.* 주요자료, 기초자료 main data; ~ **e'tibarı ilə** *z.* 거의가, 대부분의 경우에, 원칙에 따르면 for the most, in principle; ~ **hissə** *i.* 구성 물질, 요소, 성분 constituent; **sözün** ~**ı** *i. qram.* 어간; 연설 요지 stem of the word; ~ **iş vaxtından artıq** *z.* 규정 외 시간, 초과시간 overtime; ~ **olan** *si.* 정당한, 정당한, 근거 있는 valid; **tutarlı** ~ *i.* 중요한 논거, 근거 good reason; ~ **fəaliyyət** *i.* 주요 활동 primary activity; ~ **sahələri** *i.* 주요 분야 main branches; ~ **fikir** *i.* 요지, 핵심 논지 keynote, main idea; ~ **peşələr** *i.* 주요 직업, 주요 직종 essential trades

əsasən I. *z.* 주로, 주요하게, 대개, 전반적으로 chiefly, for the most, mostly, on the whole, mainly; II. *bağ.* ~에 근거해서, ~에 따르면 with reference to, according to under; **bir şeyə** ~ *z.* ~와 상관되어서, ~에 의거하여 in accordance with; **konstitusiyaya** ~ *z.* 헌법에 따르면, 헌법에 의거하여 under the constitution

əsaslandırıcı *si.* 중요하게 하는, 주요하게 하는 basing, substantiating, grounding

əsaslandırılmaq *fe.* 기초가 놓이다, 근본이 세워지다 be grounded, be based, be substantiated

əsaslandırılmış *si.* 기초가 잘된, 근거를 가진, 체계를 잘 잡은 well-grounded, justified, grounded, based, substantiated

əsaslanmaq *fe.* 근거하다, 기초하다, 의거하다 refer, be based upon, be founded on

əsaslı I. *si.* ① 건강한, 튼튼한, 견고한 sound, valid, solid ○ **tutarlı, inandırıcı**; ② 주요한, 원칙적인, 중심적인 of principle, cardinal, substantial ○ **dərin, ciddi, mühüm, prinsipial**; ③ 근본적인, 원초적인, 철저한 thorough, capital, fundamental ○ **köklü, möhkəm, fundamental**; II. *z.* 기본적으로, 근본적으로, 전체적으로, 철저히, 원칙적으로 essentially, thoroughly, substantially, principally, well-grounded ○ **dərindən, hərtərəfli, möhkəm, əməlli-başlı**; 분명한 근거, 굳건한 기초 ~ **dəlil** sound argument; 원론적 차이 ~ **fərq** principle difference; 기초 구조 ~ **tikinti** capital construction

əsaslılıq *i.* 견고함, 굳음, 기초가 튼튼함 solidity, well-groundedness ○ **ciddilik, tutarlılıq, inandırıcılıq**

əsasnamə *i.* 법령, 법규, 제정법, 규정, 조례; 법령서 regulations; statute

əsassız *si.* ① 기초가 없는, 토대가 빈약한 baseless, groundless ○ **bünövrəsiz, təməlsiz**; ② 입증되지 않는, 근거가 없는, 사실에 입각하지 않은, 기초 지식이 없는 unfounded, ungrounded, unsubstantiated; ③ 무효한, 효력이 없는

non-valid; ④ 이유가 없는, 설득력이 부족한, 부자연스러운 reasonless, lame ○ **səbəbsiz**; ~ **üzr** *i.* 설득력 없는 핑계, 부자연스런 변명 lame excuse

əsassızlıq *i.* ① 사실 무근, 까닭 없음 groundlessness, baselessness ○ **bünövrəsizlik, təməlsizlik**; ② 이유 없음, 근거 없음 lack of reason ○ **səbəbsizlik**

əsatir *i.* 신화, 설화 myth ○ **mifologiya, əfsanə**

əsatiri *si.* 신화적, 전설적, 가공의 mythic(al); ~ **personaj** *i.* 전설적 인물, 가공의 인사 mythical personage

əsdirmək *fe.* 떨게 하다, 흔들다 shake, cause to tremble

əsəb I. *i.* ① 신경 (섬유), 신경 조직 nerve ○ **sinir**; ② *fig.* 신경질(과민) irritation ○ **hirs**; II. *si.* ① 성마른, 신경질의, 신경 과민의, 걱정하는, 초조한, 위기감을 주는 nervous, nerve ○ **hirsli, əsəbi, həyəcanlı**; ~ **sistemi** *i.* 신경 조직, 신경 계통 nervous system; ~ **gərginliyi** *i.* 긴장, 정서적 긴장, 억압 nervous tension; ~ **xəstəliyi** *i.* 신경 질환 nervous disease; ② 신경증에 걸린 환자 neurotic; ~ **olmaq** *fe.* 초조하다, 흥분하다, 성마르다 be nervous

əsəbi *si.* 성마른, 신경질적인, 신경과민의, 겁 많은 hysterical, nervous, irritable

əsəbicəsinə *z.* 신경질적으로 nervously

əsəbiləşdirici *si.* 신경을 곤두서게 하는, 초조하게 하는, 애타게 하는, 귀찮은 making nervous, irritating

əsəbiləşdirmək *fe.* 애타게 하다, 초조하게 하다, 성마르게 하다, 신경을 건드리다, 약 올리다, 신경질 나게 하다 irritate, get on one's nerves, madden, make *smb.* nervous

əsəbiləşmək *fe.* 초조해지다, 신경질을 내다, 긴장하다, 짜증내다 get nervous, get mad, feel nervous, be irritated ○ **hirslənmək, sinirlənmək, həyəcanlanmaq** ● **sakitləşmək**

əsəbilik *i.* 신경질 (과민성), 성마름, 소심함, 초조함 nervousness, nervosity ○ **hirslilik, həyəcanlılıq, sinirlilik** ● **sakitlik**

əsəbsiz *si.* 냉정한, 차분한 nerveless

əsər[1] *i.* ① 작품 (문학, 예술) work (of art, literature), creation, piece; **incəsənət** ~ *i.* 예술 작품 a piece of art; **musiqi** ~ *i.* 음악 작곡 musical composition; **seçilmiş** ~**lər** *i.* 선별 작품들 selected works; **şah** ~ *i.* 걸작(傑作)품 masterpiece; ② 자취, 흔적, 지표 sign, trace, vestiage, evidence; ③ 영향, 효과, 작용 influence, effect

əsər-əlamət ☞ **əsər**의 ②

əsərlənmək *fe.* ① 흥분되다, 격동되다 get excited ○ **səndələmək**; ② 감동되다, 감화되다 be affected ○ **tə'sirlənmək**

əsərli *si.* 영향력 있는, 유력한, 세력있는 affected, influential, impressive ○ **tə'sirli**

əsərsiz[1] *si.* 흔적 없는, 표시 없는, 감쪽같은 without work, workless

əsgər *i.* 군인, 병사, 사병, 전사 soldier, warrior; serviceman; ~**lər** *i.* 군대, 군인 soldiery; **ümumi ~i xidmət** *i.* 징병, 군대 징집 compulsory military service; ~ **olmaq** *fe.* 입대하다, 복무하다 enlist, be in army; ~**sayağı** *z.* 병사처럼, 전사처럼 like a soldier

əsgəri *si.* 군대의, 군인의, 병력의 martial, military, army ○ **hərbi**; ~ **tə'lim** *i.* 군대 훈련 military training; ~ **borc/vəzifə** *i.* 군인의 의무, 국방의무 soldier's duty

əsgərlik *i.* 복무, 병역, 병영 생활 military service, soldiering; ~ **etmək** *fe.* 복무하다, 병역의무를 이행하다 serve in the army; ~**dən qaçmaq** *fe.* 탈영하다, (복무를) 기피하다 desert, discharge

əsgi *i.* ① 헝겊조각, 누더기, 걸레, 무명, 면포 rag, duster, house flannel; ② 포대기, 기저귀, 배내옷 swadling cloth ○ **cındır**; ~**yə dönmək** *fe.* 낡아지다, 닳아 빠지다 become ragged; ~**si tüstülü olmaq** *fe.* 악평을 받다; be in bad repute

əsgi-üsgü *i.* (집합적으로) 헝겊, 나부랭이 rags (collective)

əsgiləşmək *fe.* ① 너덜거리다, 낡아 빠지다 become shabby ○ **cındırlaşmaq**; ② 닳아 빠지다 get worn ○ **köhnəlmək**

əsginas *i.* 지폐(紙幣) currency bill, paper money

əshabə *i.* 응원자, 후원자, 지지자 companion, supporter ○ **tərəfdar**

əsil I. *si.* ① 고상한, 귀족의, 귀족 출신의 noble, of noble origin ○ **əsilli, nəcabətli, nəsilli**; ② 원본의, 정품의, 진짜의, 진정한 authentic, genuine; ③ 원래의, 원작의 very, original; ④ 참된, 진짜의 true, real; ~ **dost** *i.* 참된 친구 true friend, bosom friend; II. *i.* 기원, 출신, 태생, 혈

Ə

통, 가문 origin, birth, parentage, sheer ○ **nəsil, soy, nəsəb, mənşə**; ***Əsil al, çirkin olsun; bədəsil gözəl alma.*** *ata.s.* *겉 보다는 속을 살펴라. Beauty is but skin-deep look for nobility.*

əsillik *i.* ① 지위의 높음, 출생의 고귀함 nobleness, nobility ○ **nəciblik, alicənablıq**; ② 순종에 가까움 purity, neatness ○ **təmizlik**

əsilli *si.* 고귀한, 귀족의 noble ○ **nəcabətli**

əsillilik *i.* 순수함, 섞이지 않음, 순종(純種) purity, neatness ○ **xalislik, saflıq**

əsilsiz *si.* ① 비천한 nobleless ○ **nəcabətsiz**; ② 가짜의, 잡종의 false, inauthentic ○ **yalan, uydurma**

əsilsizlik *i.* ① 비천함, 비속함 noblessness ○ **nəcabətsizlik**; ② 미미함, 하찮음 meanness, insignificance ○ **əsassızlıq, uydurmaçılıq**

əsilzadə *i.* 귀족, 귀족적인 사람, 고상한 사람 noble, aristocrat, noble man

əsir *i.* ① 포로, 죄수, 인질 prisoner, captive ○ **məhkum, dustaq**; **~ almaq** 사로잡다, 포획하다, 생포하다 captivate; 포로가 되다, 사로 잡히다 **~ düşmək** be captivated; ② 노예, 농노 slave, serf ○ **kölə, qul**; **~ etmək** *fig.* 사로잡다, 매혹하다, 호리다 capture, fascinate, charm, captivate

əsirgəmək *fe.* ① refuse, deny; ② begrudge, grudge; ③ spare; **köməyini ~** *fe.* deny assistance; **əlindən gələni ~** *fe.* not do one's best

əsirlik *i.* ① captivity; ② slavery, servitude, servility ○ **köləlik, qulluq, məhkümluq, dustaqlıq, əsarət**

əsirlik-yesir *i. col.* (집합적으로) 노예, 포로 slave, captive, poor chap, lack-all

əski *si.* ① 오래된, 낡은, 늙은 old ○ **köhnə, keçmiş, qədim, ulu** ● **yeni, təzə**; ② 옛날의, 아주 오래된, 고대(古代)의 grand, ancient; **~ abidələr** *i.* 고대 비석들 ancient monuments

əskik I. *si.* ① 부족한, 불충분한, 연약한 insufficient, little ○ **naqis, az**; ② 불완전한, 결핍의, 결손의, 결함이 있는 imperfect, deficient, missing, lacking ○ **yarımçıq**; ③ 불명예스러운, 망신스러운, 괘씸한 shameful, base, mean, ill-famed ○ **nöqsanlı, qüsurlu, eyibli**; II. *i.* 부족, 결핍, 궁핍, 결손 shortage, lack, deficit; **~i ödəmək** *fe.* 결손을 보충하다, 적자를 충당하다 meet a deficit; *z.* 적게, 작게 less, short ○ **kiçik, alçaq, aşağı**; **~ qiymətləndirmək** *fe.* 과소평가하다, 경시하다, 깔보다 underestimate; **~ eləmək** *fe.* 줄이다, 적게 하다, 삭감하다, 깍다, 짧게 하다 lessen, diminish, reduce, cut down; shorten; **~ danışmaq** *fe.* 허튼 소리하다, 터무니없는 짓을 하다 talk nonsense; **əyər-~** *i.* 부족, 불완전, 결손, 결함 lack, shortage, deficit, defect, imperfection

əskiklik *i.* ① 결핍, 부족, 결함 lack, shortage, deficiency ○ **azlıq, naqislik** ● **artıqlıq**; ② 결점, 간격, 결함 defect, gap, vice; ③ 비열함, 망신, 비천함, 치사함 meanness, baseness ○ **eyib, nöqsan, qüsur**; **~ gətirmək** *fe.* 낮추다, 떨어뜨리다 (품위, 위신, 지위, 평가 등) 굴욕을 주다, 창피를 주다 abase, humiliate

əskilmək *fe.* ① 저자세가 되다, 품위를 손상하다, 비굴하게 굴다 abase oneself, grovel, diminish ○ **alçalmaq**; ② 줄다, 적어지다 shorten, be shortened ○ **azalmaq**

əsl I. *i.* ① 근원, 기원, 출처, 원천, 발단, 유래 origin; ② 기초, 토대, 기저 base; II. *si.* ① 원래의, 최초의, 본래의 original ○ **surət, orijinal**; ② 참된, 실제의, 진짜의 true, real ○ **həqiqi, doğru, düzgün** ● **yalançı**; ③ 진정한, 진짜의, 순수한, 순종의, 순혈의 authentic, genuine, pure ○ **xalis, saf, təmiz**; ④ 동일한, 동질의 same ○ **məhz, həmin**; **~ən** *z.* 시작부터, 기원부터, 출신부터 by birth, by origin ○ **nəsilcə, soyca**; **~i sifət** *qram.* 성상형용사(性狀形容詞), 성질 형용사 qualitative adjective; **~ində** *z.* 실제적으로는, 진짜로는, 사실상 as a matter of fact, in fact, in fact

əsla *z.* 전혀, 결단코 never, not at all, altogether, on no account, by no means, quite, by all means ○ **heç, qətiyyən, heç vaxt**; ***Əsla yox.*** *전혀 (그렇지 않다)! Not at all.*

əsməcə *i.* 떨림, 오한, 진동 shiver, quiver, thrill, fever ○ **üşütmə, qızdırma**; **~ tutmaq** *fe.* 오한에 떨다, 덜덜 떨다, 진동하다 shiver, tremble

əsməcəli *si.* 열이 있는, 열성의, 열에 들뜬, 열나기 쉬운 feverish, quivering, shivering ○ **üşütməli, qızdırmalı**

əsmək *fe.* ① (추위, 두려움, 긴장으로) 떨다, 덜덜 떨다, 전율하다 tremble, shiver, thrill, quiver, quake, tingle (cold) ○ **titrəmək; qorxudan ~** *fe.* 두려움에 떨다 shake, tremble with fear; ② (바람이) 불다, 휙 불다 blow, puff (wind) ○ **dalğalanmaq, yellənmək**; ③ *fig.* 소중히 하다, 자

상히 돌보다, 양육하다 cherish, foster
əsmər *si.* 검게 그을린 (얼굴), 얼굴색이 검은 brown (face), dark-complexioned ○ **qarabuğdayı, qarayanız**
əsna *i.* 순간, 찰나, 단시간 moment, instant, time, stretch of time ○ **vaxt, zaman**; **bu ~da** *z.* 이 순간에, 이 찰나에 at this moment
əsnaf *i.* 공인, 장인, 수공인, 수공업자 handicraftsman, professional man ○ **sənətkar, peşəkar**
əsnaflıq *i.* 수세공업, 수공예, 전문직업, 전문성 professionalism, handicraftsmanship ○ **sənətkarlıq, peşəkarlıq**
əsnasında *bağ.* ~동안에, ~는 과정에 during, in the course of
əsnə|k *i.* ① 하품 yawn; ② *ana.* 인두(咽頭) pharynx; **~i boğmaq/qaytarmaq** *fe.* 숨이 막히다 stifle a yawn
əsnəmə *i.* 하품 yawning
əsnəmək *fe.* 하품하다 yawn
əspərək *i. bot.* 물푸레나뭇과 레세다속의 일종 mignonette
əsr *i.* ① 100년, 세기(世紀) century; ② 시대, 시간 age ○ **dövr, zaman, vaxt, çağ**
əsrar *i.* 신비, 불가사의 mysteries ○ **sir**
əsrarəngiz *si.* 신비의, 불가사의의, 수수께끼 같은 mysterious, enigmatic(al)
əsrarəngizlik *i.* 수수께끼, 수수께끼 그림, 신비 mystery, enigma
əsriməк *fe.* ① 격노하다 become furious, be infuriated; ② 격분하다, 격렬하게 화를 내다 rage (at, against) ○ **qızmaq, coşmaq, azğınlaşmaq**
əsrimiş *si.* 화가난, 격노한, 격분한, 격앙된 furious, infuriated, in a white rage ○ **qızmış, azğınlaşmış**; ② 장성한 grown-up ○ **yetkinləşmiş**
əsrlərcə *z.* 수세기 동안에, 오랜 시간 동안에 for centuries, for ages
əsrlik *si.* 수세기를 걸쳐 for centuries
əssalam *nid.* 평안하시기를 ! be peace with you!
əşi *nid.* 쳇, 도대체! 글쎄, 어째, 그러면! well, why, now then, what; ***Əşi, bəs mən?*** *좋다! 그럼 난 뭐야? Well, and what about me?*; ***Əşi, belə hava olar.*** *도대체 날씨가 이게 뭐야. What weather!*
əşrəf *si.* 가장 존경할 만한, 가장 영예로운 most honorable
əşya *i.* 물건, 물품, 상품, 소유물 article, goods, item, object, thing
ət *i.* ① 고기, 육류 meat; ② (과일의) 살, 과육(果肉) pulp, flesh (fruit); **~ suyu** *i.* 육수(肉水) broth; **~ tikəsi** *i.* 스테이크, 고기 조각 steak; **~ kəsmək** *fe.* (고기를) 얇게 썰다 carve; **qoyun ~** *i.* 양고기 mutton; **mal ~** *i.* 쇠고기 beef; **~ satan** *i.* 푸주한, 푸줏간 주인, 고기 파는 사람 butcher; **~ dükanı** *i.* 푸줏간, 고깃집 butcher's shop; **~lik donuz** *i.* 육돈(肉豚) hog; **dana ~i** *i.* 송아지 고기 veal; **cöngə ~i** *i.* 황소 고기 bull beef; **ov ~i** *i.* 먹이, 사냥 고기 game, prey; **sığır ~i** *i.* 사슴 고기 elk's meat; **~ basmaq** *fe.* 살찌다, 뚱뚱해지다 grow stout; **~ə dolmaq** *fe.* 뚱뚱해지다 gain flesh; **~ə dönmək** *fe.* 나른해지다, 노고하다, 맥없다 become languid, feel slack, be flabby; **~i tökülmək** *fe.* (살이) 빠지다, 마르다 lose flesh; *fig.* 창피하게 느끼다 be ashamed of; **~i ürpəşmək** *fe.* 움찔하다, 소스라치게 놀라다, 섬뜩하다 feel creepy, be startled; **~i çimçəşmək** *fe.* 메스꺼워하다, 정 떨어지다 be disgusted, feel disgust, be squeamish; **~ini didmək** *fe.* 갈기갈기 찢다, 엽기적인 행동을 하다 tear into pieces; be at odd; **~ini kəsmək** *fe.* 몹시 괴롭히다, 고문하다 torture; be at odd; **~cə** I. *i.* 나신(裸身), 벌거벗은 몸, 벌거벗은 아이 naked body; nude baby; II. *si.* 벌거벗은, 나신의 naked, nude
ətalət *i.* ① *fiz.* 관성 inertia; ② 불활성, 화학작용을 일으키지 않음 inertness, sluggishness ○ **hərəkətsizlik, fəaliyyətsizlik, süstlük, tənbəllik**; ③ 나태, 게으름 sloth, laziness; **~ basmaq** *fe.* 게을러 지다, 태만해지다 become inert/slothful
ətalətli *si.* ① 자동력이 없는, 불활성의, 화학작용이 일어나지 않는 inert, inactive, sluggish ○ **hərəkətsiz, fəaliyyətsiz, süst**; ② 게으른, 나태한 slothful ○ **tənbəl**
ətcəbala *i.* 갓 날아 나온 어린 새, 풋내기, 신출내기, 젊은이, 애송이; 초심자, 신참자 fledgling, nestling, youngling
ətçəkən *i.* 고기 가는 기계 meat-grinder, mincing machine, meat chopper
ətçilik *i.* 육류 산업 meat production
ətdaşıyan *i.* 고기 나르는 사람, 육류 유통 업자 ferryman of meat
ətdoğrayan *i.* ① 고기 자르는 사람, 정육사 cho-

ə

pper; ② 푸주간, 고기 파는 사람 butcher

ətək *i.* ① 옷자락, 치마 자락 (옷, 천) 단, 가장자리 skirt, hem, lap; ② 산자락 bottom, foot (hill, mountain); ~ **dolusu** *si.* 치마 자락 가득한 a skirtful; ***əl mənim, ətək sənin.*** *간청하오니! I beg you. I do entreat you!*; ~-~ *z.* 치마 자락 가득히, 많이 많이 a skirtful (of), very much, a great deal, plenty of

ətəkləmək *fe.* ① 옷자락을 붙잡다, 잡고 놔 두지 않다, 간직하다 catch by lap, keep, retain ○ **tutmaq, saxlamaq**; ② (이삭 등) 모으다, 주워 모으다 collect, gather ○ **yığmaq, toplamaq**; ③ *fig.* 간청하다, 요청하다, 탄원하다 request, entreat, beg ○ **yalvarmaq**

ətəkli *si.* 가장자리가 있는, 단을 만든 with lap/skirt; ~ **sırğalar** *i.* 귀고리 (달랑 거리는) earrings with pendants

ətəksiz *si.* ① 가장자리가 없는, 가장자리를 꿰매지 않은 hemless, skirtless; ② 달랑거리지 않는 pendantless

ətənə *i. ana.* 태반, *med.* 후산(後産) placenta; afterbirth

ətiacı *si.* 지독한, 독살스런, 신랄한 acrimonious ○ **diliacı, kobud, mədəniyyətsiz** ● **mülayim**

ətiacılıq *i.* ① 중상, 비방, 욕, 험담 slander, backbiting; ② (말, 언어) 매서움, 신랄함 acrimony ○ **diliacılıq, kobudluq, mədəniyyətsizlik**

ətiqə *i.* 고물, 고기(古器), 골동품 antique; **asari** ~ *i.* 골동품, 고기(古器) antique; **asari ~ mağazası** *i.* 골동품점 curiosity shop

ət(i)r *i.* ① 냄새, 방향(芳香), 향기 aroma, smell, fragrance, odor ○ **iy, rayihə**; ② 향수, 향료 perfume, scent; ~ **vurmaq** *fe.* 향수를 뿌리다, 향료를 바르다 perfume, perfume oneself, use scent; ~**ini duymaq** *fe.* 냄새를 맡다, 냄새를 감지하다 scent, feel, catch the smell

ətirlənmək *fe.* ① 향수를 뿌리다, 향료를 바르다 perfume oneself, use perfume; ② 향기를 내다, 좋은 냄새를 풍기다 be fragrant, smell sweet

ətirli *si.* 향기가 좋은, 방향성의 fragrant, sweet-scented, flavoured ○ **iyli, rayihəli**

ətirşah *i. bot.* 제라늄, 쥐소니풀; 양아욱 cranes bill, geranium

ətlənmək *fe.* 살찌다, 비대해지다, 살이 오르다 grow fat/stout, put on flesh ○ **kökəlmək, canlanmaq** ● **arıqlamaq**

ətli *si.* 뚱뚱한, 살찐, (과일 등) 살이 많은 fat, meaty, in flesh, beefy, pulpy, fleshy, succulent ○ **dolu, kök** ● **arıq**; ~ **meyvə** *i.* 다육 다즙의 과일 succulent fruit

ətli-qanlı *si.* 통통한, 건강한, 튼튼한 sturdy; ~ **uşaq** *i.* 통통한 아이, 튼튼한 아이 sturdy child

ətli-canlı *si.* 살찐, 뚱뚱한, 원기 왕성한, 기운이 넘치는 fleshy, lusty; ~ **oğlan** *i.* 튼튼한 소년 sturdy boy

ətlik *si.* 육용의 (소, 돼지) (cattle) for slaughter

ətlilik *i.* 살이 오름, 통통함, 비만, 비대 fleshiness, plumpiness, corpulence

ətraf I. *i.* ① 측면, 쪽, 면 side ○ **yan-yörə, tərəf**; ② 주변, 주위, 환경, 상황, 근처 environment, surroundings, vicinity; ③ 변방, 외곽, 지역 outskirts, suburbs, region; ④ *ana.* 사지중의 하나, 손발, 수족 extremity; II. *si.* ① 주변의, 환경의, 둘러싸는, 주위의 surrounding, environmental; ② 근처의, 주변의, 가까이의 near-by, neighbouring; ~ **yerlər** *i.* 주변, 주위, 인근지역 circumference, neighbourhood; ~ **aləm** *i.* 주변 환경 outward things; ~ **mühit** *i.* 주변 분위기 surroundings; ~**a baxmaq/nəzər salmaq/göz gəzdirmək** *fe.* 주변을 둘러 보다, 사방을 살펴 보다 look around

ətrafın(d)a *qoş.* ~의 주위에, ~둘러서 around, round

ətraflar *i.* 수족, 사지, 팔 다리 extremity, limb

ətraflı I. *si.* 광범위한, 주변을 포함한, 자세한, 숨기지 않는 comprehensive, all-round, detailed, in detail, minute, explicit ○ **müfəssəl, hərtərəfli, təfsilatlı, geniş** ● **qısaca**; II. *z.* 자세하게, 명시적으로, 솔직하게 in detail, minutely, at length; ~ **düşünmək** *fe.* 숙고하다, 명상하다, 회상하다 meditate

ətraflılıq *i.* 자세함, 상세함, 세밀함, 광범위함 detail, comprehensiveness ○ **müfəssəllik, hərtərəflilik, genişlilik**

ətrəngi *si.* 살색의 flesh-coloured

ətriyyat *i.* 향료, 향수; 향수 제조법, 향수 제조소, 향수 가게 perfumery; ~ **dükanı** *i.* 향수 가게 perfumery's shop

ətriyyatci *i.* 향수 제조사, 향수 풍기는 사람 perfumer

ətriyyatçılıq *i.* 향수 제조, 향수 취급업 perfumery, profession of perfumer

ətsiz *si.* ① 마른, 날씬한, 빈약한 scraggy, meager, thin ○ **arıq, cılız**; ② 야윈, 살이 없는 lenten, plain, meatless, emaciated

ətsizlik *i.* 살이 빠짐, 살이 없음 (짐승, 과일) meat deficiency ○ **arıqlıq**

ətürpərdən *si.* 메스껍게 하는, 진저리나는 disgusting, abominable; ② 무시무시한, 소름끼치는, 추악한 scaring, frightful

ətyeməz *si.* 채식의 vegetarian

ətyeyən *si.* ① *zoo.* 육식성의, 식충류의 carnivorous, flesh-eating; ② 고기를 먹는, 육식의 beef-eating; **~ heyvan** *i.* 육식동물, 식충식물 carnivore

əvəz I. *i.* ① 대체, 대치, 치환, 교환, 대신, 보충의 substitute, substitution; ② *kim.* 치환(置換) substitute; ③ 보상, 보답, 보수, 보복, 변상, 상쇄, 보정 requital, amends, compensation, recompense ○ **mükafat, muzd, haqq**; II. *si.* ① 대리의, 대용이 가능한, 치환의 substitutive; ② 교체할 수 있는, 교환할 수 있는 interchangeable 등가의, 상응하는, 평행의 equivalent, parallel ○ **qarşılıq**;; **~ini vermək** *fe.* 되갚다, 보상하다, 보답하다 compensate, repay; **~ etmək** *fe.* 대신하다, 교체하다, 대체하다 substitute, replace, supersede; **~ etmə** *i.* 교체, 대체, 교환 substitution; **~ini çıxarmaq** *fe.* 건네받다, 되받다 overtake; **müdir ~i** *i.* 대리 사장 acting director; **~ini ödəmək** *fe.* 보상하다, 대속하다, 대납하다 compensate, redeem; **~in(d)ə** *qoş.* ~대신해서, ~의 보상으로 instead of, in return, in exchange; **~lənən** *si.* 교환하는 interchanging

əvəzçi I. *i.* ① 대리(자), 대체자 substitute; II. *si.* 대치하는, 대리하는 replacing

əvəzçilik *i.* 다원성, 복수상태, 복수성 pluralism, holding more than one office; **~ etmək** *fe.* 복수형을 취하다, 이중 직업을 갖다 pluralize, hold plural jobs

əvəzedici I. *i.* 대리자, 대치자 substitute; II. *si.* 대신하는 substitutive

əvəzedilmə *i.* 교체, 대치, 교환 substitution, replacement

əvəzedilməz *i.* 대신할 수 없는, 불가결의, 절대 필요한 irreplaceable, indispensable

əvəzetmə *i.* 대치, 치환, 교환 substitution, replacement

əvəzlənmə *i.* ① *kim.* 치환 substitution; ② *dil.* 교대, 교환, 치환 interchange, gradation, alternation; **səslərin ~si** *i.* 발음 도치 sound interchange/alternation; **saitlərin ~si** *i.* 모음도치(母音倒置) vowel gradation; **samitlərin ~si** *i.* 자음도치(子音 倒置) consonant alternation

əvəzlənmək *fe. kim.* 치환(置換)되다 be substituted; ② *dil.* 도치(倒置)되다 interchange

əvəzlik *qram.* 대명사 pronoun; **şəxs ~ləri** *i.* 인칭 대명사 personal pronouns; **işarə ~ləri** *i.* 지시(指示) 대명사 demonstrative pronoun

əvəzolunmaz ☞ **əvəzedilməz**

əvəzsiz *si.* ① 대치될 수 없는, 치환되지 않는 non-substitutive; ② 상대가 없는, 무쌍의, 독특한, 유일한, 무류(無類)의, 비길 데 없는 matchless, unique, peerless ○ **misilsiz, bərabərsiz, taysız**; ③ 무료(無料)의 free of charge ○ **pulsuz, müftə**

əvvəl I. *i.* 처음, 시작, 최초, 개시 beginning ○ **başlanğıc**; II. *si.* 이른, 빠른 first, early ○ **ibtidai**; III. *z.* ① 이전, 전, 이미 ago, before ○ **qabaq**; **~cə** *z.* 먼저, 미리 at first ○ **qabaqca** ● **sonra**; **~(cə)dən** *z.* 처음부터, 시작부터, 사전에 from the outset, right from the start, from the beginning, beforehand ○ **qabaqcadan**; ② 먼저, 일찍 first, at first ○ **birinci** ● **son**; **~ən, ~a** *ara. s.* 먼저, 첫번째로, 무엇보다 먼저 at first, first of all, firstly; **~-axır** *z.* 조만간, 마침내 sooner and later, finally ○ **gec-tez; hər şeydən ~** *z.* 맨 먼저 first of all; ③ 미리, 먼저, 일찍이 forerly, previously, in the past; ④ 앞에, 먼저 ahead ○ **qabağa, irəli**; IV. *bağ.* ~의 앞에, ~전에 before, ago ○ **qabaq** ● **sonra**; **~ki** *si.* 이전의, 앞의 previous; ***Əvvəl düşün, sonra danış.*** *ata.s.* *먼저 생각하고 나중에 말하라. First think then speak.*; ***Əvvəl arxı tullan, sonra bərakallah də at.*** *ata.s. First catch your hare then cook him.*

əyal *i.* ① 가족, 가속, 권속 family, household ○ **ailə, külfət**; ② 아내, 부인 wife ○ **arvad, zövcə**

əyalət *i.* ① 지방, 지역, 관할 구역 province, region; ② 시골, 오지 remote district

əyan[1] *si.* 분명한, 확연한, 뚜렷한, 드러난 clearnotorious, apparent, patent, obvious, evident, manifest ○ **aydın, aşkar, açıq**

ə'yan[2] *i.* 귀족, 특권층, 고위층 aristocrat, noble, nobleman; peer; **saray ~ları** *i.* 궁정에 출사하는 조신(朝臣) courtiers

əyani I. *si.* 생생하게 표현된, 눈 앞에 보는 듯한, 선

ə

명한 graphic, visual, obvious ○ **açıq, aşkar**; II. *z.* 분명하게, 선명하게, 생생하게 visually, graphically, clearly; ~ **vəsait** *i.* 가시적인 도움 visual aids; ~ **misal** *i.* 생생한 실례 obvious case, graphic example; ~ **sübut/dəlil** *i.* 확연한 증거 visual proof/evidence

əyaniləşdirmək *fe.* 생생하게 표현하다, 분명하게 설명하다 make visual/clear/graphic

əyanilik *i.* ① 선명성, 확연성, 명백성 clearness, obviousness ○ **inandırıcılıq, aşkarlıq, aydınlıq**; ② 시청각 자료 활용 use of visual methods/aids

əyar *i.* ① 기준, 표준, 규범, 척도 standard, measure, caliber, criterion (of gold) ○ **düzgünlük, dəqiqlik**; ② (금은 제품의) 순도 검증 각인(刻印); 품질 증명, 우량 마크 hallmark, platemark; ~ **qoymaq** *fe.* 품질 증명을 하다 hallmark

əyə[1] *nid.* 여보게, 이봐요! hay! ○ **adə**

əyilmək *fe.* ① 구부려지다, 굽혀지다, 휘어지다 bend, be bowed down, curve ○ **qatlanmaq**; ② 몸을 구부리다, 뻗다, 기울다, 몸을 굽히다 lean, stoop; ③ 마음이 기울다, 배가 기울다 incline, tilt, list, heel, careen; ④ 비뚤어지다, 뒤틀리다 warp, be warped, be wrenched out of shape, become distorted; ⑤ 아래로 처지다, 늘어지다 sag, bend downward; ⑥ 구부러지다, 비뚤어지다 become crooked

əyilməz *si.* 굽지 않는, 휘지 않는, 경직한, 굳은 unbending, inflexible

əyilməzlik *i.* 경직성, 불굴, 굽히지 않기 inflexibility

əyin *i.* ① 신체, 인체 human body; ② 의복, 피복 clothes, clothing, garment ○ **paltar, üst-baş, geyim, əyin-baş**

əyin-baş *i.* 옷, 의복, 의류 clothes, clothing, garment

əyinti *i.* ① 표면의 움푹한 곳, 두드린 자국 dent; ② 기울기, 휘기, 곡선, 휨, 굽은 모양 bend, curve; ③ *fig.* 뒤틀기, 왜곡, 허위진술, 사칭(詐稱) distortion, misrepresentation

əyirdək *i.* 도넛 모양의 것 doughnut (pastry)

əyirilmək *fe.* 굽어지다, 뒤틀리다, 파형이 되다 be spinned, be curved, be waved

əyirici I. *i.* 실 잣는 사람, 방적공, 방적기 spinner; II. *si.* 급속히 회전하는, 실 잣는 spinning

əyiricilik *i.* ① 방적업 profession of spinner; ② 방적 spinning

əyirmə *i.* 실 잣기, 방적 spinning; ~ **dəzgahı** *i.* 방적기 spinning frame

əyirmək *fe.* 방적하다, 힘차게 돌리다 spin

əyişmək *fe.* 다투다, 싸움하다, 티격태격하다, 사이가 나빠지다 quarrel, fall out, be at odds

əyləmək *fe.* 정지하다, 쉬게 하다, 고삐를 늦추다, 지체하게 하다, 제켜 놓다 stop, halt, bring to a stop, rein up, detain, delay, keep off ○ **saxlamaq, dayandırmaq**

əyləncə *i.* 기분 전환, 오락, 놀이, 레크리에이션, 환대, 접대, 취미 diversion, pleasure, fun, pastime, entertainment, amusement ○ **istirahat, rahatlanma**

əyləncəli *si.* 즐겁게 하는, 재미 있는, 유쾌한 amusing, entertaining, diverting ○ **məzəli, maraqlı** ● **cansıxıcı**

əyləncəsiz *si.* 즐겁지 않는, 지겨운 unamusing, undiverting

əyləndirici *si.* 즐겁게 하는, 기분 전환의, 즐거운, 재미 있는 entertaining, amusing, diverting

əyləndirmək *fe.* 환대하다, 접대하다, 즐겁게 하다, 기분 전환시키다 divert, solace, amuse, entertain; be distracted, indulge

əylənmək *fe.* 기분 전환하다, 즐기다, 스스로 즐겁게 하다 toy, have nice time, amuse oneself ○ **şənlənmək** ● **kədərlənmək, darıxmaq**

əyləşdirilmək *fe.* 자리에 앉혀지다, 자리에 권함을 받다 be seated, be offered a seat

əyləşdirmək *fe.* 앉게 하다, 자리를 권하다 seat, offer a seat

əyləşmək *fe.* 앉다, 자리를 취하다 sit, sit down, take a seat ○ **oturmaq**

əylik *i. zoo.* 노루 roe, deer ○ **cüyür**

əymə *i.* ① *tex.* L자 모양의 관 elbow; ② *geom.* 각, 각도; 모서리, 모퉁이 angle piece; ③ 아치, 홍예; 아치형의 문, 홍예문 arch

əymək *fe.* 구부리다, 꺾다, 휘다, 굽히다, 기울이다 bend, curve, bow, hook, flex, crook, incline, tilt, dent, lean; **ağız** ~ *fe.* (불만, 불평) 입술을 삐죽이다, 흉내 내다 make a wry mouth, mimic; **baş** ~ *fe.* 머리를 숙이다, 인사하다 bow; **boyun** ~ *fe.* 겸허하게 하다 humble oneself, abase oneself, submit

əyməli *si.* 휘어지는, 꺾어지는, 휜, 굽은 curved, arched, bowed

əyri I. *i.* ① 굽은 것, 갈고리 모양의 것, 삐뚤함 crook, slanting ○ **çəp, çaş**; ② 꼬불꼬불함, 꼬불꼬불한 길 meander; ③ *mat.* 곡선 그래프 curve; ④ 울퉁불퉁함 dent; II. *si.* ① 구부러진, 휘어진, 삐뚤어진, 휜, 꼬불꼬불한 crooked, curved, wry, bent, perverse, distorted, hooked, tortuous, meandering ○ **dolayı**; ② *fig.* 그릇된, 부당한, 거짓의, 부정직한, 불공정한 false, wrong, unfair, dishonest ○ **yanlış, qüsurlu, nöqsanlı**; *z.* 왜곡되게, 삐뚤 하게, 뒤틀리게, 불공정하게 crookedly, tortuously; awry, askew, aslant; side-long, side-ward; unfairly; ~ **xətt** *i.* 곡선, 삐뚤어진 선 curve; ~**ağız** *si.* 입이 삐뚤한 wry- mouthed; ~**bel** *si.* 곱사등의, 꼽추의 humpbacked, hunchbacked; ~ **boyun** *si.* 목이 삐뚤한, 목이 굽은 wry-necked; ~**böyür** *si.* 기운, 치우친, 균형이 안 잡힌 lop-sided; ~**burun** *si.* 코가 삐뚤어진, 코가 휜 wry-nosed, hook-nosed; ~**cə** *z.* 삐딱하게, 뒤틀려서 slightly crooked/bent/curved; ~**çizgili** *si.* 곡선의, 곡선형의 curvilinear; ~ **çiyin** *si.* 한쪽 어깨가 기운 lop-side shouldered; ~**dimdik** *si.* 부리가 삐뚤어진 hook-beaked, hook-billed; ~**diş** *si.* 이가 들쭉날쭉한 wry-toothed; ~-**dolanbac** *si.* 에두르는, 복잡한, 나선형의, 굽이굽이 흐르는 winding, meandering; ~-~ *z.* 삐딱하게, 왜곡되게, 굽게 scantingly, askew; ~ **baxmaq** *fe.* 찡그려서 보다 scowl; ~**xətli** *si.* 곡선의, 곡선형의 curvilinear; ~**ayaq** *si.* (바깥 쪽으로) 다리가 굽은 bow-legged, bandy-legged; ~**lik** *i.* 굴절, 에두름, 굽기, 굽히기, 찌그러짐, 비틀림; 간음, 사음, 간통 slant, crookedness, curvature, tortuousity, distortion; adultery, fornication, falsehood, dishonesty ○ **dolayılıq, yanlışlıq, qüsurluluq, bükülülük, buruqluq, hiylə, biclik** ● **düzlük, düzgünlük**;

əyrilmək *fe.* 굽혀지다, 굽어지다, 휘어지다, 왜곡되다 be bent, be crooked, be distorted

əyrim I. *i.* ① 굽히기, 굽음, 구부리기, 구부러짐; 굽은 상태; 만곡, 굴곡; 몸을 구부리기 bend, curve, curvature, crookedness ○ **döngə, dönüş**; ② *geo.* (강, 하천) 만곡 twisting; II. *si.* ① 휘어진, 굽어진, 뒤틀린, 꼬여진 wry, crooked, curved, distorted; ② 약한, 부서지지 쉬운, 깡마른, 쇠약한, 연약한 weak, lean, skinny, sickly, puny ○ **sısqa**

əyrim-üyrüm ☞ əyri-üyrü

əyri-oğru *i.* 도둑 thieves, thievish people ○ **dələduz**

əyrisiz *si.* 뒤틀리지 않은, 꼬이지 않은 bendless, curveless, crookless

əyrisiz-üyrü *si.* 꼬인, 뒤틀린, 휘청거리는, 만곡의, 꼬불꼬불한, 물결 모양의, 파형의, 고르지 않은, 비비 꼬는 crooked, winding, meandering, meandrous (river), flexuous, zigzag, tortuous, unevene

əyyam *i.* 시대, 시간, 세대, 세월 days, time, age, era ○ **çağ, zaman, dövr**; **Nuh ~ında** *z.* 노아 시대에, 과거에 in the days of Noah, in the past

əyyar *i. si.* ① 사악한 (사람), 간교한 (사람) wicked, cunning man ○ **hiyləbaz, kələkbaz**; ② 소매치기 purse cutter, pickpocket ○ **oğru, cibkəsən**; ③ 영악한 (사람) clever ○ **arif**

əyyarlıq *i.* ① 속임, 사기 thieving, cheating, swindling ○ **oğruluq, fırıldaqçılıq**; ② 영악함, 약삭빠름 cleverness, shrewdness ○ **ariflik**

əyyaş *i.* 술꾼, 술고래, 방탕아, 부랑아 reveller, carouser, bibber, tippler, alcoholic, drunkard, debauched man ○ **sərxoş**

əyyaşlıq *i.* 흥청댐, 야단법석, 방탕 revel, revelry, debauch, drunkenness ○ **sərxoşluq, işrət**; ~ **etmək** *fe.* 흥청대다, 술독에 빠지다, 떠들썩하게 마시다 booze, carouse, revel

əza[1] *i.* 슬픔, 비탄, 애도 mourning ○ **yas, matəm**

əza[2] *i.* 고난, 곤궁, 고생, 고통, 고뇌, 괴로움 hardship, torment, laboring ○ **əziyyət, zəhmət, məşəqqət, cəfa**

ə'za[3] *i.* 사지(四肢), (몸의) 기관, 신체, 지체(肢體) limb, organ, parts of body

əzab *i.* ① 고문, 고통, 괴로움, 고민, 비통, 몸부림 torture, torment, anguish, agony ○ **əziyyət, üzüntü, işgəncə, sıxıntı**; ② 고통, 아픔, 상심, 통한 pang, throe; ③ 억압, 압제, 압박 oppression; **ruhi ~** *i.* 정신적 고통, 압박감, 고뇌, 가책 mental anguish, oppression, twinge, rack; **vicdan ~ı** *i.* 양심의 가책, 깊은 후회 remorse, twinge of conscience; **canvermə ~ı** *i.* 단말마, 죽음의 고통 agony; ~ **vermək** *fe.* 고문하다, 괴롭게 하다, 괴롭히다, 마음을 아프게 하다, 압박하다 torment, torture, distress, pain, rankle; ~ **çəkmək** *fe.* 고통 하다, 아파하다, 괴로워하다, 억눌리다 suffer, take pains, feel oppressed; ~**a salmaq** *fe.* 괴롭히다, 고통을 가하다 put in suffer/

ə

throe, inflict anguish; **~keş adam** *i.* 순교자, 희생자 martyr

əzab-cəfa ☞ əzab-əziyyət

əzab-əziyyət *i.* 불행, 고통, 궁핍, 고민, 괴로움 anguish, suffering, trouble, misery; **~a dözmək/qatlaşmaq** *fe.* 괴로움을 견디다, 고통을 참다 endure suffering; **~la** *z.* 고통스럽게, 통렬하게, 통한스럽게 tormenting, poignantly, grievously

əzab-işgəncə ☞ işgəncə

əzablı *si.* ① 통한의, 통렬한, 살을 에는 듯한, 고통스러운, 고민스러운, 괴로운 poignant, torturing, agonizing ○ **əziyyətli, üzüntülü, sıxıntılı, çətin** ● **asan**; ② 애쓰는, 수고를 아끼지 않는, 부지런한, 고심한, 공들인 painstaking; **~ həyat** *i.* 고통스러운 생애, 불운한 삶 life full of suffering

əzabsız *si. z.* 고통 없이, 편안하게, 무통으로 tortureless(ly), pangless(ly), throeless(ly), painless(ly) ○ **yüngül, asan**

əzabverici *si.* 고민스러운, 고통스러운, 통렬한, 괴롭히는 poignant, painful, tormenting, torturing, grievous

əzan ☞ azan

əzazil *si.* ① 잔인한, 야만적인, 비인간적인, 끔찍한, 냉혹한 brutal, cruel, grim, fell, hard-hearted, harsh ○ **zalım, amansız, rəhmsiz, insafsız, qəddar** ● **mərhəmətli**; ② 독재적인, 횡포한, 전제적인, 폭군적인 despotic, tyrannical, heavy-handed; **~cəsinə** *z.* 잔인하게, 비인간적으로, 끔찍하게 grimly, cruelly, brutally; **~lik** *i.* 폭정, 억압, 잔인성, 포악성, 무자비 oppression, brutality, cruelty, mercilessness, tyrannicalness

əzbər *z.* 마음에 새긴, 기억에 새긴 by heart, by rote; **~ demək** *fe.* 암송하다 recite; **~ öyrənmək** *fe.* 외다, 암송하다, 암기하다 learn by heart, memorize, cram; **~çi** *i.* 주입식 선생 (학생), 암기자 crammer; **~çilik** *i.* 암기, 주입식 암기 cramming; **~dən** *z.* 기억으로, 암송으로 by heart, by rote; **~ söyləmək** *fe.* 기억하여 말하다 narrate by heart

əzbərləmək *fe.* 외다, 암기하다, 암송하다 learn by heart, memorize, cram ○ **mənimsəmək**

əzbərlənmək *fe.* 외우다, 기억되다, 암송되다 be recited by heart, be memorized

əzdirmək *fe.* 짓이기게 하다, 뭉개게 하다, 으깨게 하다 make *smb.* crush *smt.*; **özünü ~** *fe.* 뽐내다, 재다 mince, coquette

əzəl I. *si.* 이전의, 전날의, 앞선 front, first, before ○ **əvvəl, qabaq, ilkin**; II. *z.* 처음에, 먼저 at first, first ○ **ibtidaidən, başlanğıcdan**; **~ gündən** *z.* 첫날부터 from the first day; **~cə** *z.* 먼저, 일찍 in early time, at first; **~dən** *z.* 처음부터, 애당초, 애당초 from the beginning, from the basic

əzəlcədən ☞ əzəldən

əzələ I. *i. ana.* 근육, 근 조직, 완력 muscle, brawn, sinew; II. *si.* 근육의, 근육에 의한 muscular; **~ toxuması** *i.* 근섬유(筋纖維) muscle fibre

əzələli *si.* ① 근육이 좋은, 근육이 발달한, 강건한, 건장한 muscled, sinewy, brawny, muscular

əzələsiz *si.* 근육이 약한, 연약한, 약골의 muscleless, sinewless

əzələsizlik *i.* 연약함, 약골 musclelessness, sinewlessness

əzəli *si.* 영원한, 태초의 eternal, beginning of time ○ **əvvəli**

əzəlilik ☞ əzəliyyət

əzəliyyət *i.* 영원, 태초 eternity, beginning of time

əzəlki *si.* 이전 것의, 앞선 것의 of the previous ○ **əvvəlki**

ə'zəm *si. obs.* 위대한, 장대한 great, big

əzəmət *i.* ① 위엄, 위대함, 웅장함, 위풍, 숭고, 장엄, 웅대 grandeur, greatness, sublimity, magnificence, splendour ○ **dəbdəbə, cəlal, təmtəraq, ehtişam**; ② 돋보임, 우뚝 솟음 loftiness; ③ 존엄, 장엄함, 위풍 당당함 majesty ○ **böyüklük, ululuq**

əzəmətlə *z.* 위엄으로, 장대하게, 엄위롭게 with majesty, grandeur

əzəmətli *si.* 웅장한, 화려한, 고결한, 숭고한, 당당한, 위풍당당한, 장려한, 훌륭한 magnificent, majestic, monumental, grand, lofty, stately ○ **böyük, möhtəşəm, dəbdəbəli, təmtəraqlı, cəlal**

əzəmətlilik *i.* 장엄, 숭고, 위엄 majesty, grandeur, sublimeness, loftiness ○ **böyüklük, möhtəşəmlik, təmtəraq, cəlal**

ə'zəmi *si. obs.* 많은, 다량의, 충만한 most, plenty

ə'zəmiyyət ☞ əzəmət

əzgil *i. bot.* 서양모과나무(장미과); 그 과실 medlar

əzgillik *i.* 모과 정원 medlar groves

əzgin *si.* 축 처진, 늘어진, 무른, 무기력한, 연약한 flabby, flaccid, weary, baggy, crushed, languish, inert, listless ○ **yorğun, halsız, taqətsiz, süst**; ~ **görkəm** *i.* 피곤한 모습, 지친 외모 tired appearance; ~-~ *z.* 나른하게, 노곤하게, 맥없이, 늘어지게 languidly, listlessly, tiredly, wearily, sluggishly

əzginləşmək *fe.* ① 지치다, 피곤해지다 get tired, be exhausted ○ **yorğunlaşmaq, üzgünləşmək**; ② 처지다, 노곤해지다, 활기 없다, 침체하다 become languid, droop

əzginlik *i.* ① 나른함, 노곤함, 쇠약, 권태, 무기력 languidness, languor, languishment, listlessness, sluggishness; ② 피로, 피곤 fatigue, tiredness, weariness ○ **yorğunluq, taqətsizlik, süstlük**

əzici *si.* ① 짓누르는, 압박하는 oppressive; ② 뭉기는, 으깨는 crushing, smashing; ③ 의기소침하게 하는, 우울한 depressing, overpowering ○ **məhvedici, sarsıdıcı**

əzik I. *i.* ① 상처, 좌상, 타박상 injury, contusion, bruise ○ **zədəli, yaralı**; ② 우묵한 곳, 두드린 자국 dent; ③ 짓눌림, 짓눌린 곳 squash; II. *si.* ① 뭉개진, 눌러 이겨진 crushed; ② 분쇄된, 으깨진 crumpled, rumpled, squashy; ③ 짓밟힌 trampled; ④ 부셔진, 가루가 된 crumbled; ⑤ 으깨진 mashed; ⑥ 우묵하게 파여진 dented; ~-~ *si.* 아주 짓이겨진, 뭉개진 totally crumpled/rumpled; ~ **eləmək** *fe.* 아주 잘게 부서지다 rumple, crumple

əzik-üzük ☞ **əzik-əzik**

əzikləmək *fe.* 짓이기다, 깔아 뭉개다, 구기다, 움푹 파다, 두드려 들어가게 하다 crush, mash, crumple, dent badly

əziklik *i.* 음푹 파여진 곳 squishiness

əzilə-əzilə *z.* ① 뽐내며 (말하다, 걷다) mincingly (speaking, walking); ② 요염하게, 아양 떨며 coquettishly, with airs and graces

əzilən *si.* ① 구겨진 rumpled; ② 찌그러진, 뭉크러진, 진창이 된 squashy; ③ 부스러지기 쉬운, 무른 crumbly; ④ 억눌린, 짓눌린 oppressed

əzil|mək *fe.* ① 뭉개지다 be crumpled; ② 짓밟히다 be trampled down; ③ 짓눌려 찌그러지다 be squashed, be smashed; ④ 부숴지다, 찧어 가루가 되다 be ground/triturated; ⑤ 움푹 패이다, 두들겨 납작하게 되다 be dented; ⑥ 다치다, 상처를 입다, 멍이 들다 be hurt, be bruised ○ **zədələnmək**; ⑦ *fig.* 억눌리다, 억압되다 be oppressed; **~ib-büzülən** *si.* 요염한 coquettish, mincing, finical, on air, rumpled; **~ib-büzülmə** *i.* coquetray dyduag; **~ib-büzülmək** *fe.* 교태를 부리다, 아양을 떨다, 잘난 체하다, 굼실거리다, 몸부림 치다, 찌그러뜨리다, 구기다 flirt, coquet, be affected, give oneself airs, put on airs, wriggle, crumple

əzilmiş *si.* ① 짓이겨진, 뭉개진 rumpled, crumpled, crushed; ② 가루가 된, 부숴진 squashed, mashed; ③ 상처 입은, 멍든 bruised, hurt; ⑤ 우묵한, 파여진 dented, smashed; ⑥ 멍든 triturated, bruised

əzim *si.* 큰, 위대한, 높은, 숭고한, 고상한 great, grand, high, noble ○ **ulu, böyük, yüksək, ali**

əzinti *i.* ① 타박상, 멍 bruise; ② 분쇄, 충돌 smash, crush

əzişdirilmək *fe.* ① 짓이겨지다, 뭉개지다 be crumpled, be squashed; ② *fig.* 두들겨 맞다, 곤죽이 되다 be beaten, be trashed

əzişdirmək *fe.* ① (집합적으로) 깔고 뭉개다, 짓밟다 crumple together, rumple together; ② *fig.* (집합적으로) 두드리다, 패다, 공격하다 beat, thrash, belabor, punch, cudgel ○ **döymək, kötəkləmək**

əziyyət *i.* ① 고통, 고난, 걱정거리, 불안 trouble, worry; discomfort, uneasiness; ② 고통, 고민, 괴로움 torture, torment, anguish ○ **məşəqqət, əzab, cəfa**; ③ 고통, 통증, 괴롬 pains, suffering; ④ 고난, 신고, 곤궁, 고생 hardship; ~ **vermək** *fe.* 괴롭히다, 아프게 하다, 힘들게 하다, 극도로 애먹이다 trouble, distress, torment, load, pain; cause to trouble; **~ə salmaq** *fe.* 괴롭히다, 애 먹이다, 힘들게 하다 put *smb.* into trouble; ~ **çəkmək** *fe.* 고생하다, 고통 하다, 괴로워하다 suffer, take pains; be afflicted, have trouble; worry, be distressed, be tortured; **~ə qatlaşmaq** *fe.* 참고 견디다, 견디어 이기다 endure, bear; **~lə** *z.* 힘겹게, 고통스럽게, 애쓰게, 고달프게, 힘들게 torturingly, painfully, laboriously, toilsomely, painstakingly

əziyyətli *si.* ① 고통스러운, 힘들게 하는, 괴롭히는 torturing, tormenting, distressing ○ **əzablı, məşəqqətli, yorucu, üzücü** ● **rahat**; ② 아픈, 괴로운 painful; ③ 고생스러운, 힘든, 어려운 toil-

Ə

some, laborious; ④ 고통을 수반하는, 고심하는, 애쓰게 하는 troublesome, painstaking; ⑤ 불편한, 무거운, 힘든, 쉽지 않는 burdensome, onerous, uneasy

əziyyətlilik *i.* ① 고통스러움, 괴로워함 tormentingness, painfulness; ② 통렬함, 날카로움 poignancy, harshness, graveness ○ **əzablılıq, məşəqqətlilik, üzücülük, ağırlıq**

əziyyətsiz *si. z.* 고통 없이, 수고 없이, 쉽게 painless(ly), toilless(ly), eas(il)y ○ **əzabsız, məşəqqətsiz**

əziyyətsizlik *i.* 고통 없음, 쉬움, 냉담함 easiness, nonchalance ○ **əzabsızlıq, məşəqqətsizlik**

əziz I. *si.* 사랑하는, 애지중지하는, 친애하는, dear, darling, sweet, amiable, tenderly beloved ○ **sevimli, istəkli, hörmətli**; II. *i.* 여보, 얘야 darling

əzizləmək *fe.* ① 애지중지하다, 응석받이로 기르다 pamper, coddle; ② 쓰다듬다, 어루만지다, 노심초사하다 caress, care too much, fondle; ③ 지나친 관심을 보이다 show great concern, cherish ○ **bəsləmək, istəmək, sevməkhh**

əzizlənmək *fe.* ① 응석받이로 자라다, 지나치게 소중히 여겨지다 be coddled; ② 어루만져지다, 귀염을 받다 be fondled, be caressed; ③ 소중히 길러지다 be cherished ○ **bəslənmək, sevilmək, istənilmək**

əzizləşmək *fe.* 서로 사랑하다, 서로 아끼다 become darling

əzizlik *i.* ① 애지중지, 소중함, 절실함 dearness; ② 장난 mischief, rascality, misconduct

əziz-xələf *i.* 연인, 소중한 사람 darling, tendering, sweetheart; cherished child

əzqəza *z.* 우연히, 우발적으로, 뜻하지 않게 by accident, accidentally

əzm I. *i.* 결심, 결의, 고집, 인내, 불굴, 집요함; 의결 resolve, resolution, determination, persistence, insistence ○ **dözüm, qərar, mətanət**; II. *si.* 의도적인, 뜻이 강한, 고의적인, 단호한 willful, purposeful

əzmə *i.* 숫돌, 맷돌 whetstone, grindstone

əz|mək *fe.* ① 구기다, 쭈글쭈글하게 하다 rumple, crumple; ② 부수다, 가루로 만들다, 뭉개다, 으깨다 crumble, crush; ③ 짓이기다, 걸쭉하게 하다 mash, squash; ④ 박살내다, 분쇄하다 smash; ⑤ 두드려 움푹하게 하다 dent; ⑥ 다치게 하다, 멍들게 하다 hurt, bruise; ⑦ 압도하다, 억누르다, 진압하다 squash, crush; ⑧ 부수다, 분쇄하다, 찧어 가루를 내다 triturate, grind; ⑨ 진압하다, 억압하다 oppress, break down, over power; **kartof ~məsi** *i.* 으깬 감자 mashed potatoes

əzmələmək *fe.* ① 날카롭게 하다 grind/crush with whetstone; ② 호되게 때리다, 완패시키다 beat, thrash

əzməçələmək ☞ **əzmələmək**

əzmkar *si.* 완고한, 고집 센, 단호한, 결연한, resolute, determined, fixed in purpose, decisive, willful, steady, firm ○ **dözümlü**

əzmkarcasına ☞ **əzmkarlıqla**

əzmkarlıq *i.* 견고함, 흔들림 없음, 인내, 견인, 불굴 steadfastness, patience, long-suffering, persistence ○ **dözümlülük**

əzmkarlıqla *z.* 결연히, 단호히 resolutely, resolvedly, with strong will

əzmlə *z.* 흔들림 없이, 결단코 resolutely, decisively, steadily

əzmli *si.* 결연한, 단호한 resolute, resolved, determined, willful, firm, steady ○ **dözümlü**

əzmsiz *si.* 우유부단한, 결단성 없는, 불안정한, 비틀거리는 irresolute, indecisive, unsteady

əzmsizlik *i.* 우유부단, 비틀거림, 불안정 irresoluteness, indecisiveness, unsteadiness

əzrail *i.* ① *din.* 죽음의 사자 the angel of death/decease; ② 무자비한 인간 ruthless person

əzvay *i.* ① *bot.* 알로에 aloe; ② *med.* 알로에 aloes

əzzəl ☞ **əzəl**

F·f

fabrik *i.* 공장 mill, plant, factory; ~ **markası** *i.* 상표, 브랜드, 품질 brand; **kağız ~sı** *i.* 종이공장 paper mill; **ipək ~i** *i.* 비단 공장 silk mill; **mahud ~i** *i.* 의류 공장 cloth factory; **toxuculuq ~i** *i.* 방적공장 weaving mill; ~ **fəhləsi** *i.* 공장 근로자 factory worker

fabrikant *i.* 공장장, 공장 주인 manufacturer, mill owner, factory owner

fabrikat *i.* 제조 제품 manufactured product

fabula *i.* 줄거리, 각색, 구상 plot, story

faciə *i.* 비극 tragedy ○ **fəlakət, müsibət, bədbəxtlik** ● **komediya**

faciəli *si.* 비참한; 재난의, 손해가 큰; 끔찍한 disastrous, terrible, tragic(al) ○ **fəlakətli, dəhşətli, müsibətli** ● **komik**

faciəlilik *i.* 재난; 재해; 불행, 슬픔, 통탄 tragedy, calamity, grievousness

faciəvi ☞ **faciəli**

fağır I. *i.* 불행한 사람; 사회적 낙오자 (죄수·매춘부 등) the poor thing, the poor; the unfortunate; **~-füqəra** I. *i.* (집합적으로) 불쌍한 사람들, 가난한 사람들 the poor (collective), the poor people; II. *si.* ① 가난한, 빈곤한, 빈궁한, 불쌍한 poor, needy ○ **yoxsul, kasıb**; ② 온유한, 겸허한, 온순한 meek, humble ○ **sakit, dinc, mülayim, sadə, utancaq**; ③ 비참한, 불쌍한, 불쌍한, 비운의 miserable, helpless ○ **zavallı, biçarə, yazıq, bədbəxt, miskin**; **~ranə** *z.* 불쌍하게, 가난하게, 겸허하게 poorly, humbly; **~-~** *z.* 순종적으로, 조용하게, 수수하게 touching, quietly, softly, gently, faintly, silently, humbly, submissively, obediently

fağırlaşmaq *fe.* ① 비하하다 put on a modest air, belittle oneself ○ **sakitləşmək, mülayimləşmək, sadələşmək**; ② 겸손해지다, 비참해지다 become humble, become helpless ○ **yazıqlaşmaq, zavallılaşmaq, miskinləşmək**; ③ 가난해지다 become poor ○ **yoxsullaşmaq, kasıblaşmaq**

fağırlıq *i.* ① 온유, 평온, 겸허 meekness, peacefulness, humbleness ○ **sakitlik, dinclik, ağırlıq, mülayimlik, sadəlik, utancaqlıq, təvazökarlıq**; ② 비참, 빈곤 helplessness, misery ○ **yazıqlıq, zavallılıq, miskinlik**; ③ 가난, 빈궁 poorness ○ **yoxsulluq, kasıblıq**

fahişə *i.* 매춘부, 음탕한 여자, 기생, 치신머리 없는 여자, 창부 whore, prostitute, street-walker, trollop, strumpet, harlot

fahişəxana *i.* 기생집, 고급 유곽 house of prostitution, parlor house; (*col.*) brothel

fahişəlik *i.* 매춘, 매음; 타락; 퇴폐 prostitution, street-walking, harlotry, adultery, whoredom; 매춘 매매, 성매매 harlot/prostitute trade; ~ **eləmək** *fe.* 매음하다, 몸을 팔다 prostitute, whore; **~yə qurşanmaq** *fe.* 매음에 빠지다, 기생질에 빠지다 play the harlot, indulge in prostitution/harlotry

faiz *i.* 퍼센트, 백분율 percent, rate; 이자, 이율 interest (on capital); **on** ~ *si. z.* 10분의 일, 10 %, 십일조 ten percent; **yüz** ~ *si. z.* 온전히, 전체적으로 complete, absolutely; **~ə vermək** *fe.* 이자로 돈을 빌려주다, 이자 놀이하다 lend at interest; **bank ~i** *i.* 은행 이자율 bank rate; **böyük ~lə** *z.* 고리(高利) 로 at high interest

faizli *si.* 이자를 붙이는, 이율에 따르는 interest bearing, rated; ~ **borc** *i.* 이자 빚 interest-bearing loan; ~ **istiqrazlar** *i.* 이율 채권 interest-bearing bonds

faizsiz *z.* 이자를 붙이지 않는 bearing no interest

fakt *i.* 사실, 실제, 진실 fact, case, thing ○ **əsas,**

F

dəlil, sübut; ~ **gətirmək** *fe.* 사실을 언급하다, 입증하다 mention facts; ~ **göstərmək** *fe.* 실제를 보여주다 point a fact; **mə'lum/açıq** ~ *i.* 잘 알려진 사실 bare/naked fact, notorious fact; **gerçək** ~ *i.* 입증된 사실 established fact; ***Faktın əleyhinə çıxmaq olmaz.*** *사필귀정(事必歸正). You can't fight against facts.*

faktik *si.* 사실의, 진실의, 실제의 actual, real, virtual ○ **gerçək, həqiqi, düzgün, əsaslı**; ~ **olaraq** *z.* 사실상, 실제적으로 actually, practically, in fact; ~ **vəziyyət** *i.* 실제 상황 the actual situation; ~ **material** *i.* 실제 자료 the factual material; **~i sahibi** *i.* 실질적인 소유주 virtual master; **~i müdir** *i.* 실제 관리자 the virtual manager

faktiki *z.* 실제적으로 practically, actually, in fact, virtually ○ **həqiqətən, əslində**

faktor *i.* 요인, 요소, 인자; *riy.* 인자(因子), 인수, 약수; *mex.* 계수, 율; *bio.* 인자(gene), (특히) 유전 인자; *kim.* 역가(力價) factor ○ **amil**; **müvəqqəti/keçici ~lar** *i.* 일시적 요인들, 단기 요인들 transitory/transient factors

faktura *i.* ① 계산서, 청구서, 목록; *econ.* 송장(送狀) (상품 발송의), (송장에 적힌) 화물; 명세 기입 청구서 bill, invoice; ② *mus.* (전체적인) 기조(基調), 텍스처; 전체적 연주 분위기 texture, manner of execution

fakultativ *si.* 선택적인, 임의의 optional, elective; ~ **fən** *i.* 선택 과목 optional subject; ~ **kurs** *i.* 선택과목 elective course

fakültə *i.* (대학의) 학부 (department), 분과(分科) faculty, department; **filologiya ~si** *i.* 언어 문학부; **tarix ~si** *i.* 역사학부 historical faculty, faculty of history

faqot *i. mus.* 바순, 파곳(낮은음 목관악기); (풍금의) 낮은 음 음전(音栓) Bassoon

faqotçu *i. mus.* 바순 취주자 Bassoonist

fal *i.* soothsaying 점, 복술; 점치는 의식, 예언 omen augury, fortune telling,; **əl ~ı** *i.* 수상술, 손금보기 palmistry, chiromancy; **kart ~ı** *i.* 카드 점(占) cartomancy; **~a baxmaq/~ açmaq** *fe.* 점치다 tell a fortune, surmise

falabaxan ☞ **falçı**

falçı *i.* 점쟁이, 무당 fortune teller, palmist, augur, soothsayer

falçılıq *i. obs.* 점, 점복 fortunetelling, palmistry, chiromancy, augury; 점쟁이 직업 occupation of fortuneteller

faliz *i.* 광석, 금속 ore

familiya *i.* 성(姓) family name, surname ○ **soyad**

familiyalı *si.* 성(姓)에 따라 by family name, by (sur) name

familiyasız *si.* 이름이 없는 nameless

fanatizm *i.* 광신, 열광, 열중; 광신적 행위 fanaticism ○ **mövhumat**

fanatik *i., si.* 광신적인, 열광적인 fanatic ○ **dindar**; *i.* 광신자, 열광자 fanatic; ~ **fikirlər** *i.* 광신적 사고 fanatic idea

fanatiklik *i.* 광신적 성격, 광신, 열광 fanaticism, fanatic character ○ **mövhumatçılıq, dindarlıq**

faner *i.* 베니어 판, 합판 plywood, veneer

fani *si.* 죽을 수밖에 없는 운명의, 일시적인, 뜬 세상의, 속세의, 덧없는 mortal, temporal, frail, perishable ○ **puç, boş, müvəqqəti, mə'nasız, bihudə**

fanilik *i.* 덧없음, 짧은 목숨 perishability, perishable nature, frailty, vanity, ephemerality ○ **puçluq, müvəqqətilik, boşluq, mə'nasızlıq**

fantastik *si.* 환상적인, 몽환적인, 기상천외의, 황당무계한, 믿을 수 없는 fantastic, fabulous ○ **əfsanəvi, xəyali, uydurma** ● **real**; ~ **hekayə** *i.* 소설, 꾸민 이야기, 가공의 이야기, 허구 fiction

fantastika *i.* 공상, 환상, 기상, 비현실성, 허구 fantasy, unreality; *lit.* 공상 소설, 공상 과학소설 romantic fiction, science fiction

fantastiklik *i.* 허구, 황당무계함 unreality, fantastic nature, fabulousness ○ **əfsanəvilik, xəyallıq, xülyalıq** ● **reallıq**

fantaziya *i.* ① 상상, 가공, 추측, 예상, 공상 imagination, fancy, fantasy, fantasia ○ **xəyal, xülya, təsəvvür**; ② *mus.* 환상곡, 접속곡 fantasia

fanus *i.* 등불, 램프 lantern, lamp, light

farad *i. fiz.* 패럿(전기 용량의 실용 단위; 기호 F farad (electrical engineering)

farağat I. *si.* ① 조용한, 고요한, 온화한, 잔잔한, 편안한, 차분한 quiet, mild, still, calm, tranquil ○ **azad, asudə, sakit, dinc** ● **sərbəst**; ② II. *i.* 틈, 여가, 한가한 시간, 휴식, 안정, 평정 leisure, rest, peace; ~ **qoymaq** *fe.* 쉬게 하다, 휴식케 하다 give rest; ~ **buraxmaq** *fe.* 평안함 가운데 홀로 두다

leave alone in peace; ~ **durmaq** *fe.* 가만히 서있다, 조용히 있다 stand still; ***Farağat!*** *주목! attention! (command)*
farağatlaşmaq *fe.* 냉정을 되찾다, 차분해지다, 평온해지다 calm, quiet ○ **sakitləşmək, səssizləşmək, dincəlmək**
farağatlıq *fe.* 고요, 평온, 휴식, 편안 calm, calmness, restfulness ○ **sakitlik, səssizlik, asayiş, istirahət, dinclik**
faraş *si.* 이른 (채소, 과일), 조생종의 early, fast-ripening (vegetables, fruit) ○ **tez, erkən**
farfor *i.* 자기(磁器); (*pl.*) 자기 제품 porcelain, china; ~ **qabqacaq** *i.* 도자기 china ware
farinqit *i. med.* 인두염 Pharyngitis
farmakologiya *i.* 약리학(藥理學), 약물학 pharmacology
farmakoloji *si.* 약리학적인 pharmacological
farmakoloq *i.* 약사, 약리사 pharmacologist
Fars *i.* 페르시아인, 이란인 Persian; ~ **dili** *i.* 페르샤어 Persian (language) ; ~**ca** *z.* 페르샤어로 in Persian
fasad *i. tik.* (건물의) 정면(front) ; (사물의) 겉, 외관 facade, front
fasilə *i.* (장소적인) 간격, 거리; (시간적인) 간격, 사이 interruption, interval, break, pause, gap ○ **ara, vaxt, tənəffüs, durğu**; 긴장을 풂, 휴양, 휴식, 중간 휴식 relaxation, respite; 거리, 간격 distance ○ **məsafə**; ~ **etmək** *fe.* 잠깐 쉬다; 한숨 돌리다, 긴장을 풀다, 편하게 하다, 쉬게 하다 make a pause, pause, relax; ~ **vermə** *i.* 정지, 휴지, 중지 cessation; **nahar ~si** *i.* 점심 휴식 dinner break; ~ **vermək** *fe.* 잠깐 쉬게 하다, 잠깐 정지시키다 break off, interrupt; ~**yə çıxmaq** *fe.* 잠깐 쉬다 have a break; ~**lərlə** *z.* 잠깐씩 쉬면서, 쉬엄쉬엄 at intervals, off and on
fasilə|li *si.* 잠깐 쉬는 intervened ○ **tənəffüslü, durğulu**; 일시적인, 임시의, 간헐적인 temporary, on and off ○ **vaxtaşırı, müntəzəm**
fasiləsiz *si. z.* 쉬지 않고, 연달아서, 계속해서 ceaseless(ly), incessant(ly), unceasing(ly), unbroken(ly), continuous(ly), uninterrupted(ly) ○ **müntəzəm, aramsız, daim, dalbadal, durmadan** ● **arabir**; ~ **davam edən** *si.* 지속적인 연속적인 continual
fasiləsizlik *i.* 연속성, 지속성, 끊임없음 continuance, continuity, incessancy ○ **müntəzəmlik, aramsızlıq, daimilik**
fasıq *i.* 협잡꾼, 사기꾼 intriguer, caviller, pettifogger
fason *i.* 양식, 형, 스타일, 유행, 풍조 fashion, style; ~**unu götürmək** *fe.* 유행을 따르다, 풍조를 타다 take a pattern, copy a dress ○ **biçim, model, ülgü**
fasonlu *si.* ~ 형태의, ~양식의, 유행하는 shaped, form, fashionable ○ **biçimli, modelli**; 자만하는, 자족하는, 자득하는, 안심하는 self-satisfied, complacent, smug ○ **ədalı**; 오만한, 건방진, 도도한, 불손한, 거만한, 젠체하는; 유행의, 최신 모드의, 당세풍의 haughty, supercilious, arrogant, modish, stylish
fasonsuz *si.* 유행에 처지는, 뒤떨어지는 styleless, shapeless, without fashion ○ **biçimsiz, modelsiz, yöndəmsiz**
faş *si.* 공개적인, 공공의, 공중의 open, manifested, public ○ **açıq, aşkar**; ~ **etmək** *fe.* 공개하다, 명백히 하다, 공표하다 make public/known; publicize, give publicity, manifest; ~ **olmaq** *fe.* 알려지다, 명시되다, 노출되다, 드러나다 become known, be manifested
faşist *i.* 파시스트, 독재주의 fascist
faşistləşmək *fe.* 파시스트가 되다 become fascist
faşistlik *i.* 파시즘, 국수주의, 독재주의 fascism, fascist nature
faşizm *i.* 파시즘, 국수주의 fascism
fatalist I. *i.* 운명론자 fatalist; II. *si.* 운명론적인, 숙명적인 fatalistic
fatalizm *i.* 숙명론, 운명론 fatalism
fateh *i.* 정복자, 승리자, 극복자 conqueror ○ **istilaçı, işğalçı**; *fig.* **könüllər/ürəklər ~i** *i.* 멋진 남자 lady-killer
fatehlik *i.* 공격, 침략, 정복 aggression ○ **istilaçılıq, işğalçılıq**
fauna *i.* 동물군, 동물구계(動物區系), 동물지 fauna
fayda *i.* 이익, 편의, 이득, 실익, 실리, 권익, 수익, 이윤, 소득 advantage, benefit, gain, utility, interest, use, profit ○ **qazanc, mənfəət, xeyir, sərfə** ● **zərər**; ~ **götürmək/görmək** *fe.* 이익을 취하다, 이윤을 남기다 benefit, derive benefit; ***Nə fayda?*** *이득이 뭔데? What's the use?*; ***Faydası yoxdur.*** *이득이 없다. It's no use.*
faydalandırmaq *fe.* 이용하게 하다, 이득을 내

F

게 하다, 수익을 올리게 하다 make use (of), profit (by) , enjoy, avail oneself (of) , take advantage (of) , approbate, derive benefit (from)

faydalanmaq *fe.* 이용하다, 사용하다, 유익을 얻다 take advantage of, make use of, profit by ○ **bəhrələnmək**

faydalı *si.* 유용한, 유익한, 이익을 가져오는, 유효한, 유리한, 할 보람이 있는 beneficial, useful, advantageous, efficacious, profitable, good, worthwhile ○ **mənfəətli, qazanclı, yararlı** ● **zərərli**; ~ **qazıntı** *i.* 광물, 광석 mineral; ~ **məsləhət** *i.* 유익한 충고 useful advice; **ictimai ~ əmək** *i.* 공익 사업 노동 labor of social utility

faydalılıq *i.* 유용함, 유효성, 유익성 utility, usefulness, advantageousness, profitableness ○ **xeyirlilik, mənfəətlilik, sərfəlilik, əlverişlilik**

faydasız *si.* 무용한, 효과 없는, 무익한, 무능한, 무가치한, 헛된, 손해되는 useless, fruitless, inefficient, worthless, in vain, unprofitable ○ **xeyirsiz, səmərəsiz, mə'nasız, nahaq, boş, əbəs** ● **xeyirli, səmərəli**

faydasızlıq *i.* 무용함, 불리함, 덧없음 uselessness, disadvantage, unprofitableness, unfavourableness, futility, vanity ○ **xeyirsizlik, səmərəsizlik, mə'nasızlıq, bihüdəlik**

fayton *i.* 마차, 탈 것, 객차 cab, phaeton, carriage

faytonçu *i.* 마부, 마차 운전자 phaeton driver

faza *i.* ① 단계, 국면 phase, stage; ② 기간, 세대 period

fazalanma *i.* 국면 전환 revolution

federal *si.* 연방의, 동맹의, 연맹의 federal; ~ **kansler** *i.* (독일 연방) 수상 Federal Chancellor

federalist *i.* 연방주의자 federalist

federalizm *i.* 연방주의 federalism

federasiya *i.* 동맹, 연합, 연맹; 연방제(를 폄) ; 연방 (정부) federation

federativ *si.* 동맹한, 연합한; 공모한, 동맹의, 연합의; 연방제의 confederate, federate, federal; ~ **dövlət** *i.* 연방 정부 federal state

fe'l *qram.* 동사 verb; **qaydalı ~lər** *i.* 규칙동사 regular verbs; **qaydasız ~lər** *i.* 불규칙 동사 irregular verbs; **köməkçi ~** *i.* 조동사 auxiliary verb; **modal ~lər** *i.* 양태동사 modal verbs; **tə'sirli ~lər** *i.* 타동사 transitive verbs; **tə'sirsiz ~lər** *i.* 자동사 intransitive verbs

feldşer *i.* 의사 조수, 수련의 surgeon's, doctor's assistant

feldşpat *i. min.* 스파(벽개성(劈開性) 비금속 광물의 총칭); 장석(長石) spar, feldspar (mineralogy)

fe'lən *z.* 실제적으로, 사실상의 practically, actually

fe'li *si.* 동사의 verbal; ~ **isim** *qram.* 동명사 verbal noun; ~ **bağlama** *qram.* 분사 participle; ~ **sifət** *qram.* 분사 participle

felyeton *i.* 주제 풍자, 풍자 문학 newspaper/topical satire

felyetonçu *i.* 풍자문학가, 풍자가, 풍자 시인 newspaper/topical satirist

femida *i. mif.* (그리스신화) 테미스 (법률, 재판, 정의를 주관하는 여신) Themes

feminizm *i.* 페미니즘, 여권주의 feminism

feniks *i.* 페닉스, 불사조 Phoenix

fenil *i. kim.* 페닐 기(基) phenyl

fenol *i. kim.* 페놀 (방향족 알코올의 하나, 특이한 냄새가 나는 무색 또는 흰색 결정으로, 콜타르의 분류(分溜) 나 벤젠을 원료로 하는 화학 합성으로 얻는다. 방부제, 소독 살균제, 합성수지, 염료, 폭약 따위를 만드는 데 쓴다.) phenol

fenologiya *i. bio.* 생물 계절학(季節學) phenology

fenoloji *si.* 생물 계절학적인 phonological

fenoloq *i.* 생물 계절학자 phenologist

fenomen *i.* 현상 phenomenon

fenomenal *i.* 현상적인 phenomenal

fenomenalizm *i. fəl.* 현상론(現象論); 실증주의, 경험주의 phenomenalism

fenomenalogiya *i. fəl.* 현상학 phenomenology

feodal *i.* 영주, 제후 feudal lord, feudal; ~ **zülmü** *i.* 봉건제도적 억압 feudal oppression

feodalizm *i.* 봉건주의 feudalism

ferma *i.* 농장 farm; **mal-qara ~sı** *i.* 목장 breeding farm; **südçülük ~sı** *i.* 낙농목장 dairy farm

fermaçı *i.* 농부, 목부 farmer, cattle-breeder

ferment *i. kim. bio.* 효소(酵素), 발효 ferment, enzyme

fermentasiya *i. kim. bio.* 발효 fermentation

fermentləmək *fe. bio.* 발효하다 ferment

fermentləşdirmək *fe. bio.* 발효시키다 make fermented

fermentləşmək *fe.* 발효되다 be fermented, become fermented

fermer *i.* 농부, 목부 farmer

festival *i.* 잔치, 축전, 축제 festival, fete
fetiş *i.* 주물(呪物), 물신(物神) ; *psy.* 성적 감정을 불러일으키는 무성물(無性物) idol, fetish ○ **büt, sənəm**
fetişizm *i.* 주물(呪物)숭배; 물신숭배, 배물교(拜物教); *psy.* 성욕 도착(倒錯) fetishism
fetişist *i.* 주물 숭배자, 물신 숭배자; 성욕도착자 fetishist
fetişləşdirmək *fe.* 주물 숭배하다, 물신을 만들다 make a fetish, worship an idol ○ **bütləşdirmək, ilahiləşdirmək**
fetişlik *i.* 우상숭배 fetishism, idolatry ○ **bütlük, ilahilik**
fetr *i.* 펠트, 모전(毛氈); 펠트 제품 felt; **~ şlyapa** *i.* 펠트 모자, 중절모 felt hat
fevral *i.* 2월 February
feyz *i.* ① 은혜, 혜택, 풍부, abundance, blessing, boon ○ **rifah, ne'mət, fayda, bolluq**; ② 기쁨, 즐거움, 유쾌 delight, enjoyment ○ **həzz, ləzzət**; **~ almaq** *fe.* 즐기다, 기뻐하다 take delight, enjoy
feyzyab *si.* ① 풍부한, 많은 abundant; ② 아주 기뻐하는 delighted; **~ etmək** *fe.* 매우 기쁘게 하다, 만족시키다, 탐닉하게 하다 delight, indulge; **~ olmaq** *fe.* 매우 기뻐하다, 즐거워하다 enjoy, take delight
fəal I. *i.* ① 가장 적극적 인사 most active member; II. *si.* ② 능동적인, 적극적인, 열심인, 기민한, 팔팔한, 활동적인, 정력적인 active, industrious, agile, brisk, energetic, strenuous ○ **aktiv, çalışqan, işlək** ● **passiv**; **~ iştirak etmək** *fe.* 적극적으로 가담하다 take an active part; ***O, çox fəaldır.*** *그는 매우 정력적이다. He's very energetic.*
fəaliyyət *i.* ① 활동, 활약, 행동 activities, work; ② 직업, 업무, 작업 occupation, work ○ **peşə, məşquliyyət**; ③ 활동, 행동, 경력, 활동 영역 action, career, scope; **~ sahəsi** *i.* 활동 영역, 활동 분야 province, sphere; **təxribatçılıq ~i** *i.* 파괴적인 행동 subversive activity; **~ə gətirmək** *fe.* 일으키다, 행동케 하다 stir
fəaliyyətlilik *i.* 활동적임, 노력, 근면함, 사업 활성 activity, diligence, business ○ **aktivlik, çalışqanlıq, işgüzarlıq, işləklik**
fəaliyyətsiz *si.* 소극적인, 둔한, 활발치 못한, 무위의, 게으른; *kim.* 비활성의 passive, inert, inactive ○ **hərəkətsiz, passiv, süst, təndəl, key, ətalətli**
fəaliyyətsizlik *i.* 멈춤, 현상 유지, 정지, 활발치 못함, inaction, standstill, inactivity, inertia ○ **hərəkətsizlik, rassivlik, süstlük, kəylik, ətalətlilik**
fəallaşmaq *fe.* 활성화하다, 노력하다, 시작하다, 분발시키다 activate, try, initiate, stir up ○ **aktivləşmək, çalışmaq** ● **passivləşmək**
fəallıq *i.* 활동성; 행동, 활동 activity; **kütlələrin siyasi ~ğı** *i.* 국민의 정치적 활동 political activity of the masses ○ **aktivlik, çalışqanlıq, işləklik, işgüzarlıq, fəaliyyət** ● **passivlik**
fəda *i.* 희생, 제물, 헌신, 헌물, 자기 희생 sacrifice, offering, self-sacrifice ○ **qurban**; **~ etmək** *fe.* 희생하다, 헌신하다 sacrifice; **~ olmaq** *fe.* 희생되다 be sacrificed
fədai *i.* 애국자, 우국지사, 희생자, 헌신적인 혁명가 patriot, self-sacrifier, committed revolutionary ● **fərari**; *si.* 희생적인, 이타적인, 자기 희생의, 자기 부인의, 헌신된 sacrificial, unselfish, self-sacrificing, self-denying, devoted
fədailik *i.* 자기 희생, 애국 self-sacrifice, patriotism
fədakar *si.* 희생적인, 헌신적인, unselfish, self-sacrificing, self-denying, devoted, selfless ○ **cəsur, qoçaq, mərd** ● **qorxaq**; **~ əmək** *i.* 헌신적 노력 selfless labor
fədakaranə *z.* 헌신적으로, 고생을 감수하며 unselfishly, painstakingly
fədakarcasına ☞ **fədakaranə**
fədakarlıq *i.* ① 헌신, 희생, 이타적임 unselfishness, devotion; ② 용감, 용기, 담력 bravery, heroism, courage ○ **cəsurluq, qoçaqlıq, mərdlik, qəhrəmanlıq** ● **qorxaqlıq**
fədakarlıqla ☞ **fədakaranə**
fəğan *i.* 부르짖음, 소리침, 울부짖음, 통곡, 신음 yell, scream, wail, moan, groan ○ **fəryad, nalə**; **~ etmək** *fe.* 통곡하다, 부르짖다, 울부짖다 wail, yell, scream
fəhlə *i.* 노동자, 일꾼, 인부 worker, workman, laborer; **~ sinfi** *i.* 육체 (임금) 노동자 계급 working class; **qara ~** *i.* 육체 노동자, 블루칼라 manual laborer; **ixtisaslı ~** *i.* 기술 노동자 skilled workman; **muzdlu ~** *i.* 임금 노동자 hired worker; ***Kişi fəhlədir, arvad bənna.*** *남자는 집을 짓고, 여자는 가정을 만든다. Men make houses, wom-*

F

en make homes.

fəhləlik *i.* 육체 노동 state of being worker; occupation of worker; ~ **etmək** *fe.* 육체 노동을 하다, 노동자가 되다 labor, be a worker

fəhm *i.* ① 이해, 터득; 이해력 understanding, comprehension; ② 지성, 지적 능력, 이성, 이지, 명민, 통찰력 mind, intelligence, reason, intellect, perspicacity ○ **anlayış, idrak, zəka, dərrakə, fərasət**; ~ **etmək** *fe.* 인지하다, 터득하다, 고찰하다, 이해하다, 감지하다 consider, ponder (over)

fəhmli *si.* 영리한, 똑똑한, 머리가 좋은, 머리 회전이 빠른, 재치 있는, 이해가 빠른, 지적 능력이 있는, 총명한 quick-witted, sharp, bright, keen-witted, quick of apprehension, clever, intelligent, sensible, perspicacious ○ **fərasətli, düşüncəli, dərrakəli** ● **küt**

fəhmlilik *i.* 재치, 명민, 총명, 예리함 quickness to understand, sharpness, sensibility ○ **fərasətlilik, düşüncəlilik, dərrakəlilik**

fəhmsiz *si.* 둔한, 재치 없는, 둔감한, 아둔한 slow-witted, dull ○ **fərasətsiz, düşüncəsiz, dərrakəsiz, küt, zəkasız** ● **ağıllı**

fəhmsizlik *i.* 둔감함, 아둔함, 미련함, 저능함 indifference, dullness, slowness to understand ○ **fərasətsizlik, düşüncəsizlik, dərrakəsizlik, kütluk, zəkasızlıq**

fəxarət ☞ **fəxr**

fəxr *i.* 자랑, 명예, 영예 pride, honour; ~ **etmək** *fe.* 자랑스럽게 여기다, 자랑하다, 긍지를 갖다 be proud of, take pride

fəxri *si.* 영예로운, 훌륭한, 명예의, 명예직의 honorable, honorary ○ **şərəfli, möhtərəm, hörmətli, ehtiramlı**; ~ **ad** *i.* 명예학위 honorary degree; ~ **qaravul** *i.* 명예의 수호자 guard of honour; ~ **vəzifə** *i.* 명예 직위 honorary position

fəxrilik *i.* ① 명예로움, 훌륭함, 자랑할 만함 honourableness ○ **şərəflilik**; ② 존경할 만함, 존경의 가치가 있는 respectableness ○ **möhtərəmlik, hörmətlilik, ehtiramlılıq**

fəqərə *i. ana.* 척추골, vertebra; ~ **sütunu** *i.* 등뼈, 척주 spine, backbone, vertebral column

fəqərəli *i. si. zoo.* 척추동물(의) vertebrate, vertebral animal

fəqərəsiz *i. si. zoo.* 무척추동물(의) invertebrate, invertebrate animal

fəqət *bağ.* 그러나, 그런데, 그럼에도, 어쨌든 but, only, however, nevertheless

fəqir ☞ **fağır**

fəlakət *i.* 역경, 불행, 재난, 재앙, 재해, 참사 adversity, misfortune, calamity, catastrophe, disaster ○ **bəla, müsibət, bədbəxtlik, faciə** ● **səadət**; **təbii** ~ *i.* 자연 재해 natural calamity; **müharibə ~i** *i.* 전쟁 폐해 scourge of war

fəlakətli *si.* 재난의, 비참한 calamitous, adversary, catastrophic, unfortunate, disastrous ○ **müsibətli, faciəli, dəhşətli**; ~ **nəticələr** *i.* 비참한 결과, 몹시 불행한 결과 disastrous effects; ~ **səhv** *i.* 재난을 초래한 실수 calamitous error

fəlakətlilik *i.* 불행, 비극, 재난, 비참 misfortune, tragedy, disaster, calamity ○ **müsibətlilik, faciəlilik, dəhşətlilik**

fələk *i.* 운, 운명 fate, destiny; ***Sən saydığını say, gör fələk nə sayır.*** *ata.s. (속담) 일은 사람이 꾸미되, 성패는 하늘에 달렸다. Man proposes, God disposes.*

fələkzadə *si.* 가엾은, 불쌍한, 비참한, 불운한, 운 나쁜, 가련한, 불행한 poor, miserable, wretched, hapless, long-suffering

Fələstin *i.* 팔레스타인 Palestine

fəllah *i.* 노동자, 소작농, 농부 (in Egypt, Syria) fellah, peasant, labour

fəlsəfeyi-əqliyyə *i. fəl.* 합리주의, 이성론, 순리론(純理論); 이성주의 rationalism

fəlsəfə *i.* 철학 philosophy

fəlsəfi *si., z.* 철학적(으로) philosophical(ly); ~ **fikir** *i.* 철학적 사고 philosophical thought

fəna *si.* 나쁜, 악질의, 불량한 bad, ill, unpleasant ○ **pis, xarab, yaman, şuluq** ● **xoş**; ~ **işlər/əməllər** *i.* 악행, 나쁜 짓 evil deed; ~ **rəftar** *i.* 냉대, 학대, 혹사 ill treatment; **bəxti** ~ *si.* 운이 나쁜, 불행한; 불행을 가져오는 ill-fated

fənalaşdırmaq *fe.* 나쁘게 하다, 열등하게 하다, 저하시키다, 타락시키다, 괴롭히다 worsen, make worse, aggravate, deteriorate

fənalaşmaq *fe.* 나빠지다, 저하되다 become worse, be aggravated, go bad ○ **pisləşmək, xarablaşmaq, yamanlaşmaq** ● **yaxşılaşmaq**

fənalıq *i.* 악, 악행, 불량, 열악, 유해, 흉 evil, harm, badness ○ **pislik, xarablıq, yamanlıq** ● **yaxşılıq**; ~ **etmək** *fe.* 악행하다 do evil

fənd *i.* ① 묘기, 재주, 곡예, 기술, 기능, 기교, 솜씨

trick, craft ○ **ustalıq, məharət, hünər**; ② 놀이, 장난, 농담 play ○ **hoqqa, oyun, fırıldaq**; ③ 속임수, 발뺌, 계교, 책략 dodge, trick, fraud, deception ○ **kələk, hiylə, biclik**; ~ **işlətmək** *fe.* 속임수를 쓰다, 모략하다 play a trick

fəndcil ☞ **fəndgir**

fəndcillik, ☞ **fəndgirlik**

fəndgir *i. col.* 사기꾼, 협잡꾼, 책략꾼 dodger, trickster, crafty person ○ **kələkbaz, hiyləgər, bic, çoxbilmiş**; *si.* 솜씨가 좋은, 능숙한, shrewd, evasive, shifty, dodgy, resourceful, never at a loss, adroit, dexterous, deft ○ **cəld, çevik, diribaş, zirək**

fəndgirlik *i.* ① 사기, 협잡, 부정수단, 간악함, 교활함 trickery, craftiness, dodgery, fraud ○ **kələkbazlıq, hiyləgərlik, biclik, çoxbilmişlik**; ② 기민함, 능란함, 능숙함 shiftiness, shrewdness, adroitness, dexterity ○ **cəldlik, çeviklik, diribaşlıq, zirəklik**

fənər *i.* ① 횃불, 가로등 headlight, lamp, lantern, torch, streetlamp; ② *col.* 눈가에 든 멍 eye bruise; **electrik ~i** *i.* 플래시, 손전등 electric torch, flash

fənərləmək *fe. fig. col.* 눈에 멍이 들도록 패다 beat *smb.* to get a black eye

fənn *i.* ① 과목, 학과 subject (of study); ② 학과, 교과, (학문의) 분야 discipline, branch of science

fəraq *i.* 이별, 분할, 분리 departure, separation, parting ○ **ayrılıq, hicran**

fərar *i.* 탈출, 도피 flight, escape; ~ **etmək** *fe.* 탈출하다, 도피하다 take flight, desert, escape

fərari *i.* 도피자, 도망자, 탈출자 deserter, fugitive, runaway ○ **qaçaq**; ~ **olmaq** *fe.* 도피자가 되다, 도망자가 되다 be a deserter; be a fugitive

fərarilik *i.* 도피, 탈출, 도망 desertion, running away ○ **qaçaqlıq**

fərasət *i.* ① 총명, 명민, 직각(直覺), 직관(력), 통찰력; 직관적 통찰; 직관적 지식 sagacity, intuition, perspicacity, reasonableness ○ **düşüncə, idrak, dərrakə**; ② 능력, 기량, 역량, 정신적 재능 ability, capability, mental faculty ○ **fəhm, bacarıq, qabiliyyət, məharət**

fərasətli *si.* ① 명민한, 총명한, 영리한, 통찰력이 있는, 이해력이 좋은 날카로운 sagacious, intelligent, ingenious, shrewd, reasonable, perspicacious, acute, apt to understanding ○ **ağıllı, düşüncəli, zehinli, zəkalı, dərrakəli, mühakiməli**; ② 능력 있는, 재능 있는, 역량 있는 able, skilful ○ **fəhmli, bacarıqlı, qabiliyyətli, məharətli** ● **maymaq**

fərasətlilik *i.* ① 지성, 이지, 이해력, 사고력 intelligence, reasonableness, consideration ○ **ağıllılıq, düşüncəlilik, zehinlilik, zəkalılıq, dərrakəlilik, mühakiməlilik**; ② 능력, 가능성, 역량, 재능 ability, capability ○ **fəhmlilik, bacarıqlılıq, qabiliyyətlilik, məharətlilik**

fərasətsiz *si.* ① 무딘, 우둔한, 멍텅구리의, 얼빠진; 당황한, 얼떨떨한 muddle-headed, obtuse, stupid, irrational, unreasonable ○ **ağılsız, düşüncəsiz, zehinsiz, zəkasız, dərrakəsiz**; ② 솜씨 없는, 서투른 clumsy, unable, unskillful ○ **fəhmsiz, bacarıqsız, qabiliyyətsiz, küt** ● **bacarıqlı**

fərasətsizlik *i.* ① 둔감, 우둔, 어리석음, 무딤 slow wits, stupidity, dullness, obtuseness ○ **ağılsızlıq, düşüncəsizlik, zehinsizlik, zəkasızlıq, dərrakəsizlik, mühakiməsizlik**; ② 무능력, 불능, 무자격 incapacity, inability, incapability ○ **fəhmsizlik, bacarıqsızlıq, qabiliyyətsizlik, kütlük**

fərd *i.* 개인, 각자 person, individual ○ **şəxs, nəfər, adam**

fərdən *z.* 개인적으로, 각자 individually, personally

fərdi *si.* 개인적인, 각자의, 전용의, 개인용의 personal, individual, special ○ **şəxsi, xüsusi, təkbaşına** ● **kollektiv, ümumi**

fərdiləşdirilmək *fe.* 개별화되다, 개성화되다 be individualized

fərdiləşdirmək *fe.* 개별화하다, 개성화하다 individualize

fərdiləşmək *fe.* 개인화되다, 특화되다 individualize, specialize ○ **xüsusiləşmək, təkləşmək**

fərdilik *i.* 개성, 특성, 독특성, 특질 individuality, character, singularity

fərdiyyət *i.* 개성, 특성 individuality

fərdiyyətçi *i.* 개인주의자 individualist

fərdiyyətçilik *i.* 개인주의 individualism

fərə *i.* 어린 암탉 pullet (young hen) ● **beçə**

fərəh *i.* 기쁨, 환희, 즐거움 joy, delight, gladness ○ **sevinc, şadlıq, nəş'ə, zövq** ● **kədər**; ~ **dolu** *si.* 즐거운, 기쁜 joyous; ~**lə** *z.* 기쁘게, 즐겁게 joy-

F

fully, rejoicingly

fərəhləndirici *si.* 기쁘게 하는, 기분 좋게 하는, 유쾌하게 하는 gladdening, cheering, gratifying

fərəhləndirmək *fe.* 기쁘게 하다, 유쾌하게 하다, 기분 좋게 하다 make glad/happy, cause joy, gladden

fərəhlənmək *fe.* 기뻐하다, 기분 좋다, 유쾌하다 be glad, be happy, rejoice ○ **sevinmək, şadlanmaq, şənlənmək** ● **kədərlənmək**

fərəhli *si.* 기쁜, 행복한, 즐거운, 기뻐 날뛰는, 열광적인 glad, happy, joyous, joyful, rapturous, sunny ○ **sevincli, şad, nəş'əli** ● **kədərli**

fərəhlilik *i.* 기쁨, 즐거움, 행복 gladness, joy, happiness ○ **sevinclik, şadlıq**

fərəhsiz *si.* 침울한, 우울한 cheerless, dismal, dreary, gloomy ○ **pərişan, qəmli, kədərli**

fərəhsizlik *i.* ① 침울, 우울 gloominess, depression, sadness ○ **pərişanlıq, qəmlilik, kədərlilik**

fərq *i.* ① 차이, 다름, 구별, 대조, 대비; 다양성, 변화 contrast, difference, discrepancy, distinction, disparity, diversity, odds ○ **təvafüt, müxtəliflik;** ② *riy.* 차(差) difference; **~i olmaq** *fe.* 다르다 differ; **~i aradan götürmək** *fe.* 동등하게 하다, 같게 하다 make odds even; **~inə baxmaq** *fe.* 유의하다 care; **~ qoymaq** *fe.* 구별하다, 차별하다 distinguish, discriminate; **~ini tapmaq/hesablamaq** *fe.* 차를 계산하다, 대차 대조하다 *riy.* calculate the difference; ***Mənim üçün fərgi yoxdur.*** *상관없다. 차이 없다. I don't care.*; ***Fərqi yoxdur!*** *괜찮아! No matter.*

fərqləndirici *si.* 구별하는, 특징짓는, 분화하는 distinguishing, differentiating; **~ xüsusiyyət** *i.* 특수성, 차별성 differentiating feature

fərqləndirilmək *fe.* 차별당하다, 구별되다 be discerned, be distinguished

fərqləndirmək *fe.* 분별하다, 식별하다, 인식하다, 구별하다, 차별하다, 차이를 두다 discern, distinguish, differentiate between

fərqlənmə *i.* 우대(優待), 특대(特待) merit, distinguished service ○ **seçilmə, ayrılma; ~ diplomu** *i.* 명예 학위, 우수 학위 honours diploma

fərqlənmək *fe.* ① 뛰어나다, 낫다 differ, excel, vary ○ **seçilmək, ayrılmaq** ● **eyniləşmək;** ② 스스로 구별하다 distinguish oneself; be notable, be distinguished

fərqli *si. z.* 다른, 다양한 diverse(ly), different(ly), dissimilar(ly), unlike(ly) ○ **təvafütlü** ● **eyni; ~ olaraq** *z.* 다르게, 대조적으로 unlikely, in contrast to, as distinct from; **~ olmaq** *fe.* 가지 각색이다, 서로 다르다 vary

fərqlilik *i.* 구별점, 다양성, 상위(相違), 모순 distinction, diversity, discrepancy ○ **ayrılıq, seçililik**

fərqsiz *si.* 아주 동일한, 같은, 일치하는 identical, same, similar ○ **təvafütsüz**

fərqsizlik *i.* 유사점, 상사성(相似性), 닮은 점 similarity, identity, sameness, lack of difference

fərli I. *si.* ① 적당한, 적절한, 유용한 fit (to, for), useful, suitable (to, for), good (for) ○ **yararlı, əlverişli, faydalı;** ② 합당한, 옳은, 가치 있는 worthy, right; II. *z.* 잘, 옳게, 적절하게 well, properly, decently, plainly

fərli-başlı ☞ **fərli**

fərlilik *i.* 적절함, 적합성 fitness, suitableness ○ **yararlılıq, əlverişlilik, faydalılıq**

fərman *i.* 법령, 칙령, 포고, 명령 decree, edict ○ **əmr, hökm; ~ vermək** *fe.* 법령을 내리다, 명령하다 decree, issue an edict; **prezident fərmanı** *i.* 대통령령 presidential edict

fərmayiş *i.* 명령 command

fərsiz *i.* 무용지물 butterfingers, good for nothing; *si.* ① 무용지물의, 쓸모 없는, 무가치한 bad, evil, poor, worthless, good for nothing ○ **yararsız, gərəksiz, faydasız, xeyirsiz, səmərəsiz;** ② 미약한, 박약한 feeble, frail ○ **süst, küt, ölüvay**

fərsizlik *i.* ① 무용함, 쓸모 없음 worthlessness, uselessness ○ **yararsızlıq, gərəksizlik, faydasızlıq, xeyirsizlik, səmərəsizlik;** ② 빈약함, 무재주 want, lack of talent ○ **süstlük, kütlük, ölüvaylıq**

fərş *i.* ① 잠자리, 양탄자, 바닥 깔개 bedding, carpet, rug; ② 비품, 가구 furnishings; **~ döşəmək** *fe.* 바닥을 깔다, 양탄자로 깔다 carpet, furnish with carpets

fəryad *i.* ① 하소연, 읍소(泣訴) moan, wail, loud cry ○ **nalə, fəğan, şivən, müsibət, çığırtı, bağırtı, qışqırtı;** ② 도움을 구하는 외침 cry for help; **~ etmək** *fe.* (도와 달라고) 소리치다 scream, wail, cry out, yell for help; **~a yetişmək** *fe.* 도움을 주다, 구해 주다 go to the rescue for help

fərz *i.* ① 가정, 억측, 가설, 추측, 추량 supposition, assumption, surmise ○ **ehtimal, güman, zənn**; ② 생필품 necessaries; **~ etmək** *fe.* 추측하다, 가상하다, 가설하다 assume, suppose, surmise; **~ edək ki** *z.* 가정하면, 추측상 supposedly; **~ olunduğu kimi** *z.* 예상대로 supposedly

fərzən *z.* 대략, 어림잡아 approximately

fərzənd *i.* 아들, 자손, 후예 son; child, offspring, issue

fərzəndsiz *si.* 자식 없는 having no child, sonless

fərziyyə *i.* 상상, 추측; 가정, 가설 hypothesis, surmise, supposition ○ **ehtimal, güman**

fərziyyəçi *i.* 이론가 hypothesist, theoretician

fəs *i.* 두건, 터키모(帽) (붉은 색; 검은 술이 달렸음) fez, top (head cover)

fəsad *i.* ① 이간질, 음모 sedition, disturbance, discord, dissension, intrigue ○ **fitnə, şər, böhtan, iftira**; **~ törətmək/salmaq** *fe.* 이간질하다, 불화케 하다 intrigue; **~ qurmaq** *fe.* 음모하다, 공모하다 conspire, plot mischief; **~ törədən** *i.* 음모자, 공모자 mischief-maker, conspirator; *med.* ② *med.* 합병증, 후유증 complication, aftereffect

fəsadçı *i.* 음모자, 이간질하는 자 intriguer, plotter, mischief maker, conspirator ○ **böhtançı, dedi-qoduçu**

fəsadçılıq *i.* 이간질, 밀고자 intrigue ○ **böhtançılıq, dedi-qoduluq, şeytançılıq, xəbərçilik, kələkbazlıq, müzürlük**

fəsahət *i.* 유창함, 구변이 좋음, 장황함, 표현력 eloquence, expression, oratory, expressive utterance ○ **bəlağət, ifadəlilik, mə'nalılıq**

fəsahətli *si. z.* 웅변적인, 유창하게, 장황하게, 표현이 풍부한 eloquent(ly), expressive(ly) , telltale(ly) ○ **bəlağətli, ifadəli, mə'nalı**

fəsahətsiz *si.* 표현력이 부족한, 쓸데없는, 요점없는, 의미 없는 useless, meaningless, pointless ○ **bəlağətsiz, ifadəsiz, mə'nasız**

fəsahətsizlik *i.* 표현력이 부족함 lack of eloquence ○ **bəlağətsizlik, ifadəsizlik, mə'nasızlıq**

fəsəli *i.* 팬 케이크, 빈대떡 pancake

fəsih *si.* 유창한, 능변의 eloquent; **~ natiq** *i.* 능변가, 웅변가 eloquent speaker

fəsil *i.* ① 계절, 철 season; ② (책, 논문의) 장; (인용·발췌된 시문의) 일절, 한 줄 chapter (in book), passage

fəsilə *i. bio.* 과(科) (order와 genus의 중간) family; **pişik ~si** *i.* 고양잇과 cat family

fəsli *si.* 터키모를 쓴 wearing a fez

fəth *i.* 정복, 점령 conquest; **~ etmək** *fe.* 정복하다, 점령하다, 차지하다 conquer; *fig.* win

fətir *i.* 얇은 케이크, 얇은 빵 flat cake, flat bread

fəvvarə *i.* 분출구, 분사구 fountain, jet; **neft ~si** *i.* 분출 유정(噴出油井) oil gusher; **~ vurmaq** *fe.* 분출하다, 용솟음 치다 spring forth, gush

fəvvarəli *si.* 뿜어 나오는 gushing

fəvvarələnmək *fe.* 솟아 나다, 내 뿜다 gush, spring forth

fəza *i.* 공간 space; **kosmik ~** *i.* 우주 공간, 우주 outer space

fəzilət *i.* ① 미덕, 덕, 선; 선행, 덕행, 고결; C (개개의) 도덕적 미점, 덕목(德目) virtue, merit, grace ○ **məziyyət, ləyaqət, şərəf, mənlik**; ② 우수성, 탁월성 excellence, superiority ○ **müdriklik, kamillik**; ③ (성격·성질의) 온화, 온순, 관대, 자비; 자비 깊은 행위 clemency, mercy ○ **comərdlik, səxavət**

fəzilətli *si.* ① 합당한, 가치 있는, 훌륭한 deserving, worthy, gracious ○ **məziyyətli, ləyaqətli, şərəfli**; ② 완전한, 탁월한, 우수한 superior, excellent, perfect ○ **kamil**

fındıq *i. bot.* 개암 hazel, hazelnut; **~ağacı** *i.* 개암나무 hazel tree; **~burun** *si.* 들창 코 snub-nosed; **~lı** *si.* 개암 향이 있는 hazel-flavored; **~lıq** *i.* 개암 나무 밭 hazel grove; **~qıran** *i.* 호두 (견과) 까기 nut-cracker; **yer ~ğı** *i. bot.* 땅콩 peanut, ground nut

fınxıra-fınxıra *z.* 훌쩍거리며 snortingly, sniffingly

fınxırıq ☞ **fınxırtı**

fınxırmaq *fe.* 킁킁거리다, 코를 풀다 spit, snort, sniff, blow one's nose

fınxırtı *i.* 코풀기, 훌쩍거림 snorting, sniffing

fır *i.* 고름, 부어 오른 상처 knob, lump ○ **irin, yara, çiban, şiş**

fırça *i.* 솔 (칫솔, 구둣솔 등); 붓 (그림, 도색 등 용도의) brush; **diş ~sı** *i.* 칫솔 tooth brush; **rəngsaz ~sı** *i.* 페인팅 붓 painting brush

fırçalamaq *fe.* 솔질하다 brush

fırçalanmaq *fe.* 솔질 되다 be brushed

F

fırçıldatmaq *fe.* 윽박지르다, 입다물게 하다; (제안·계획 등을) 억누르다 squelch
fır-fır *z.* 빙글빙글, 뱅뱅 (도는 모습) whirlingly; ~ **dolanmaq** *fe.* (주변을) 배회하다, 빙빙 돌다 go whirling round
fırfıra *i.* 뱅뱅 돌리는 장난감 whirler; humming-top (toy)
fırıx ☞ **fırıq**
fırıq *si.* 불쾌한, 싫은, 나쁜, 악질의 bad, nasty ○ **pis, yaman, xarab, fəna**; ***Onun işləri fırıqdır.*** *그의 사업은 아주 잘 못 되어 가고 있다. His affairs are going badly.*
fırıldaq *i.* 반칙; 부정 행위, 비겁한 수법, 사기, 협잡 foul play, sham, swindle, fraud, shady transaction, undertaking, cheating, hanky-panky ○ **kələk, hiylə, biclik**; ~ **gəlmək** *fe.* 사취하다, 속이다, 속여 빼앗다, 야바위 치다 swindle; ~ **işləmək/etmək** *fe.* 속이다, 사기 치다 cheat
fırıldaqçı *i.* 사기꾼, 야바위꾼, 악당, 깡패 dishonest, swindler, cheater, knave, rascal, rogue, rook, cunning fellow
fırıldaqçılıq *i.* 사기, 협잡, 야바위 trickery, imposture, knavery, fraud, foul play, roguery, sharp practice, ○ **hiyləgərlik, fəndgirlik, biclik, kələkbazlıq**; ~**la məşğul olmaq** *fe.* 기만하다, 속이다, 사취하다, 사기하다 cheat, swindle, be engaged in shady-trickery
fırıldamaq *fe.* 빙빙 돌다, 회전하다, 소용돌이 하다 revolve, rotate, turn, turn (round), whirl, go round, fly down; *col.* fall down, fly away, spin
fırıltı *i.* 회전, 선회; 소용돌이 whirl
fırın *i.* 솥, 오븐; 화덕, 아궁이; (공업용) 용광로 oven, furnace (technical)
fırlama *i.* 회전, 구르기 rolling (around), twirling, rotating, revolve ○ **hərləmə, dolama**
fırlamaq *fe.* 회전하다, 돌다 twist, twirl, turn, turn (round and round), twist about, twiddle, revolve (round), (colloquial) run on, rotate ○ **hərləmək, dolamaq**
fırlana-fırlana *z.* 빙글빙글, 빙빙 rotating, whirlzing, spinning (round) , turning (round and round)
fırlanan *si.* 회전하는, 돌아 가는, 구르는 rotating, rotational, revolving, spinning, whirling, turning round; ~ **mühərrik** *i.* rotary engine 로터리 엔진
fırlandırıcı I. *i. fiz.* 회전자; II. *si.* rotating, rotary 회전[선회, 윤전]하는; (기계 등에) 회전 부분이 있는; 회전식의 rotator
fırlandırılmaq *fe.* 회전 되다, 돌려지다, 순환되다 be made to turn, be sent whirling, turn, revolve, rotate
fırlandırmaq *fe.* 돌리다, 회전시키다, 순환시키다 revolve, rotate, spin; *col.* run on, twist, twirl, turn
fırlanğıc *i.* ① 회전기 rotor, roller; ② 회전 목마 merry-go-around
fırlanma *i.* 회전, 교대 rotation; **çarxın ~sı** *i.* 바퀴의 회전 rotation of a wheel
fırlanmaq *fe.* 회전하다, 순환하다 circle, reel, revolve, spin, turn, whirl, go round
fırlat(dır) maq *fe.* 돌리다, 돌게 하다, 회전시키다, 순환시키다 make/cause to wheel/twist/turn/spin
fırlı *si.* 혹이 많은, 농양이 있는 knobby, abscessed ○ **çibanlı, yaralı, irinli**
fırtıq *i.* 콧물 snivel, snot; ~**ğı axmaq** *fe.* 콧물을 흘리다, 훌쩍거리다 snivel
fırtıqlı *si. vul.* 콧물을 흘리는, 훌쩍거리는 snotty
fırtıqlılıq *i.* 콧물이 흐름 snottiness
fırtına *i.* 폭풍우, 사나운 비바람, 강풍, 질풍, 폭풍 storm, tempest, gale ○ **boran, tufan**; ~ **qoparmaq** *fe.* 폭풍이 일다 stir up a storm
fırtınaquşu *i. zoo.* 바다제비 (폭풍우를 예보) storm-petrel
fırtınalı *si.* ① 폭풍우의, 폭풍의 stormy ○ **boranlı, tufanlı**; ② 격렬한(정열 따위); 소란스러운, 동요하는 wild, tempestuous, agitated ○ **şidətli, coşğun** ● **sakit**
fırtınalılıq *i.* ① 폭풍우 storm ○ **boranlılıq, tufanlılıq**; ② 격렬함, 소란, 교란, 난류 violence, fierce, turbulence ○ **şiddətlilik, coşğunluq**
fırtınasız *si.* 평온한, 조용한 (날씨) calm, stormless, galeless
fıs *i.* 훅 (불기) , 씩씩 (화날 때 하는 소리) puff, hiss; ~ **vermək** *fe.* 쉿 소리를 내다, 훅하고 불다, 씩씩거리다 puff, hiss
fısdıq (ağacı) *i. bot.* 너도밤나무 beech
fıs-fıs *z.* 훅 훅 (부는 소리); 씩씩 (소리) puffingly; ~ **etmək** *fe.* 훅훅 불다, 씩씩거리다 puff; ~ **fısıldamaq** *fe.* 씩씩거리다, 씩씩 불다, 대단히 화가 나다 hiss violently, be very angry

fısıldamaq *fe.* 씩씩거리다, 거칠게 숨을 몰아 쉬다 hiss, puff, pant over, breath heavily and noisily through the nose

fısıltı *i.* 씩씩 (부는 소리) , 훅훅 (거리는 소리) puffing, hiss

fısqırıq *i.* ① *col.* 눈보라, 폭풍우 windstorm, snowstorm; ② 소란, 야단, 법석 turmoil, tumult, clamor; **~ qoparmaq/qaldırmaq** *fe.* 소란을 떨다, 야단 법석을 떨다 set a clamor

fısqırtmaq *fe.* ① 대항하다, 반대하다 set on/against; ② *col.* 담배를 피다 smoke; **qəlyan ~** *fe.* 파이프 담배를 피다 puff at a pipe, smoke a pipe

fıstıq *i. bot.* 견과 (피스타치오, 너도 밤, 땅콩, 잣 등) beech, pistachio nut, ground-nut, peanut, pine kernel; **~ qozası** *i.* 너도밤나무 열매 (특히 땅에 흐트러진) beechmast, beech-nut; **~ yağı** *i.* 너도 밤 열매 기름 beechnut oil

fış-fış *z.* 부스럭거리면서 rustlingly; **~ etmək** *fe.* 종알거리다, 재잘거리다, 징징거리다 babble, murmur, whistle, singing, whine

fışıldamaq *fe.* 바스락거리다 hiss, sizzle, fizz, babble, rustle

fışıldayan *si.* 거품이 이는 (포도주, 음료수 등) , 치익 소리를 내는 sparkling, fizzing

fışıltı *i.* 바삭거리는 소리, 쉬쉬거리는 소리 hissing, hissing sound, sibilant, splashing, rustling

fışıltılı *si.* 피식피식 소리 나는, 바삭바삭거리는 hissing

fışqırıq *i.* ① 용솟음, 분출 (액체) gush, spurt, squirt; ② 휘파람 부는, 휘파람 소리 내는 whistle; **~ çalmaq** *fe.* 휘파람을 불다 whistle; **~la** *z.* 뿜어 내도록, 분출하면서, 치익 소리 내면서 gushingly, with a gush; with a whistle, whistling

fışqırmaq *fe.* ① 분출하다, 뿜어내다, 솟아 오르다, 용솟음치다 spurt, gush, spring forth, squirt; ② 첨벙 튀기다, 탁 하고 뱉어내다, 쫘하고 뿜어내다 splash (on), spatter (on) , sprinkle (with)

fışqırtı *i.* 뿜어냄, 분사, 분출, 사출; 분출구 jet

fışqırtmaq *fe.* ① 분사하다, 분출하다 squirt, spurt ○ **səpələmək, çiləmək**; ② 첨벙 하고 튀기다, 물 창을 치다, 튀어 오르다 splash, sprinkle ○ **püskürtmək, sıçratmaq**

fıştırıq *i.* 휘파람 소리 hiss, whistle; **~ çalmaq** *fe.* 휘파람을 불다 whistle; **~a basmaq** *fe.* 야유하다, 시 소리를 내다 (경멸) hiss, catcall

fibra *i.* 섬유, 실 fibre

fibrin *i. bio. kim.* 섬유소(素); *bot.* 부질(麩質) fibrin

fibroma *i. med.* 섬유종(腫) fibroma

fidan *i.* 싹, 순, 움, 곁눈, 묘목, 어린 나무 shoot, offshoot, sucker, plant, sapling, seeding

fidiyə *i.* 속전(贖錢), 몸값, 배상금; *theol.* 예수의 속죄 ransom

fik(i)r *i.* ① 생각, 의견, 견해 thought, conception, idea, opinion, notion, view ○ **əql, zehin, düşüncə, təfəkkür**; ② 주의, 주목, 소견, 비평 attention, remark, care ○ **qayğı, dərd**; ③ 고안, 계획, 설계, 의도 design, plan, intention ○ **niyyət, məram, məqsəd**; **mənim ~imcə** *z.* 내 생각에는 in my opinion; **aydın ~** *i.* 분명한 생각, 명확한 견해 bright thought/idea; **dərin ~ə dalmaq/getmək** *fe.* 생각에 잠기다, 골똘히 생각하다 be lost in thought, be plunged in a deep reverie; **dolaşıq ~** *i.* 얽히고설킨 생각, 엉클어진 생각 knotty idea, muddled thought; **qəmgin ~ə dalmaq** *fe.* 울적한 생각에 빠지다 be lost in gloomy reflection; **yanlış ~** *i.* 그릇된 개념 wrong conception; **təhrif olunmuş ~** *i.* 왜곡된 생각 misrepresented/distorted idea; **~ aparmaq** *fe.* 생각에 잠기다, 골똘하다 fall into thinking, become thoughtful; **~ aydınlığı** *i.* 견해의 명확성 clarity of thought/idea; **~ ayrılığı** *i.* 견해 차이, 의견 충돌 difference, friction; **~ çəkmək** *fe.* 슬퍼하다, 우울하다 grieve; **~ dağınıqlığı** *i.* 방심, 무의식 absence of mind; **~ demək** *fe.* 의사 표시를 하다 remark; **~ dolaşıqlığı** *i.* 생각의 혼돈 confusion of thought; **~ etmək** *fe.* 생각하다, 사고하다, 사려하다; 곰곰이 생각하다 think, ponder; grieve, lament, brood; **~ irəli sürmək** *fe.* 의견을 개진하다 put forward an idea, give an idea; **~ mübadiləsi** *i.* 의견 교환, 의사 소통 exchange of opinion, views; **~ söyləmək** *fe.* 의견을 개진하다, 말하다 speak, utter one's opinion; **~ vermək** *fe.* 주의하다, 사려하다, 배려하다, 조심하다 attend, pay attention, take notice; take care of, think of; **~ yürütmək** *fe.* 따지다, 논하다, 설득하다, 추론하다 reason; **~də həll olunan** *si.* 생각으로 해결되는 mental; **~ə dalmaq** *fe.* 생각에 잠기다, 고심하다 ponder, give oneself up to reflection; **~i bəyənmək** *fe.* 의견에 찬성하다 approve the idea; **~i dağınıq** *si.* 정신이 없는, 무의식 중의 absent-minded, distracted, preoccupied; **~i izah etmək** *fe.* 의견을 설명하다 explain an idea; **~i**

F

müdafiə etmək *fe.* 의견을 방어하다 make a stand for an idea; **~i təsdiq etmək** *fe.* 의견을 확증하다 confirm an idea; **~inə düşmək** *fe.* 의도를 가지다, 의도하다 have an intention; **~inə gəlmək** *fe.* 정신이 돌아오다, 깨어나다 come to one's mind; **~ində götür-qoy etmək** *fe.* 숙고하다, 심의하다, 반추하다, 되새기다, 묵상하다 deliberate, ruminate, meditate; **~ində olmaq** *fe.* 의도하다, 계획하다, 획책하다 intend, scheme, have a thought; **~ində saxlamaq** *fe.* 생각을 품다 bear in one's mind; **~ində sona kimi durmayan** *si.* 일치하지 않는, 조화되지 않는, 상반하는, 모순된 inconsistent; **~ində bir şey tutmaq** *fe.* 골똘하다 think of *smt.* **~indən dönmək** *fe.* 마음을 바꾸다, 생각을 바꾸다 change one's mind; **~ini dağıtmaq** *fe.* 생각이 분산되다, 정신이 없다 disperse one's thoughts; **~ini dəyişmək** *fe.* 마음을 바꾸다 change one's mind; **~ini toplamaq/cəmləş(dir) mək** *fe.* 생각을 집중하다 collect one's thoughts; **~lərini yazmaq** *fe.* 생각을 메모하다, 기록하다 note

fikir-xəyal *i.* 묵상, 명상, 숙고 thought, muse, reflection, meditation; **~ etmək** *fe.* 회상하다, 묵상하다, 명상하다, 숙고하다, 고찰하다 reflect (on, upon), meditate (on, upon) , ponder (over, on)

fikirləşmə *i.* 생각, 묵상, 명상 thinking, thought, reflection, meditation ○ **düşünmə**

fikirləşmədən *z.* ① 지체 없이, 거침없이 rashly, without thinking; ② 숙고하지 않고, 신중치 않게 without deliberation, off hand

fikirləşmək *fe.* ① 생각하다, 고찰하다, 상상하다, 숙고하다 think, ponder, consider ○ **düşünmək**; ② 명상하다, 숙려하다 meditate, plot, speculate, ruminate, think over; ③ 숙고하다, 심의하다 deliberate

fikirli *si.* ① 생각이 많은, 신중한, 상상력이 풍부한, 사려 깊은 thoughtful, intelligent ○ **qayğılı, dalğın, düşüncəli** ● **əhli-kef**; ② 생각에 잠긴, 멍한, 음울한, 적적한, 몰두한 dismal, preoccupied ○ **iztirablı, təlaşlı, təşvişli, əndişəli**; *z.* 사려 깊게, 주의 깊게, 생각에 잠겨, 시름에 잠겨 thoughtfully, pensively; **~ sifət** *i.* 신중한 얼굴 thoughtful face; **~ olmaq** *fe.* 신중하다, 생각에 잠기다, 반추하다, 공상에 빠지다 be thoughtful/pensive/ruminant, be fallen into reverie

fikirlilik *i.* 생각이 많음, 공상에 빠짐 thoughtfulness, pensiveness, reverie

fikirsiz *si.* ① 개념 없는, 사려 없는, 무지한, 무관심한 thoughtless, unintelligent ○ **düşüncəsiz, başsoyuq, səhlənkar, laqeyd**; ② 부주의한, 분별없는, 경솔한 careless, gay, inconsiderate ○ **qayğısız**

fikirsizlik *i.* ① 무관심, 냉담 unconcern, indifference, inconsideration ○ **düşüncəsizlik, başsoyuqluq, səhlənkarlıq, laqeydlik**; ② 부주의, 경솔(輕率), 소홀(疏忽) carelessness, gayness ○ **qayğısızlıq**

fikir-zikir *i.* 사고(思考), 반성, 숙고, 심사, 회상 thought, reflection; **~ etmək** *fe.* 곰곰이 생각하다, 마음을 앓다 brood over

fikrən *z.* 정신적으로, 지적으로 mentally, intellectually

fikri *si.* 정신적인, 지적인 mental, intelligent

fiksaj *i.* ① *fot.* 현상 fixing agent (photo); ② (파스텔화의) 염착(染着)제 fixative (pastel painting) ; **~ etmək** *fe.* 고착하다, 고정시키다 fix

fiksator *i. tex.* (톱니바퀴의 역회전을 막는) 톱니 멈춤쇠 pawl, stop, latch, holder

fikus *i. bot.* fichus

fiqur *i.* ① 모양, 형태, 형상 figure; ② (체스의) 말 chess-man, piece (chess); **həndəsi ~** *i.* 기하학적 형태 geometrical figure

fiqurant *i.* (franch) (발레의) 남자 무용수; (연극·영화에서 대사 없는) 뜨내기역, 단역 배우, (영화) 보조 출연자 figurant, super, extra (in ballet)

fiqurist *i.* 피겨스케이트 선수 figure skater

fiqurlu *si.* 무늬가 있는, 새겨진 문양의, 풍채가 있는, 모양이 좋은 figured, carved, shaped, formed ○ **naxışlı**; **~ konki sürmə** *i. idm.* 피겨스케이팅 figure skating; **~ uçuş** *i.* 곡예 비행 acrobatic flight (aviation)

fil *i.* ① 코끼리 elephant; ② (장기의) 비숍 bishop (chess); **~ dişi** *i.* 상아(象牙) ivory; **milçəkdən ~ düzəltmək** *fe.* 침소봉대하다 make mountains out of mole-hills; **~ xəstəliyi** *i. med.* 상피병(象皮病) elephantiasis; **~ qulağında yatmaq** *fe.* 무지하다, 알지 못하고 지내다 be unaware of, be in ignorance; ***Dəvədən böyük fil var.*** *판서 위에 정승 있다. There is a still greater one to be found.*

filan *vz.* 어떤 (사람), 그러한 (사람) such and such, so and so; certain; **~ saatda** *z.* 일정 시간에 at such and such hour; **~ şeylər** *vz.* 그런 것들

such and such things; **~-bəhmən** *vz.* 이것 저것, 그것 저것 so and so, this and that, that and other; **~-fəsməkan** ☞ **filan-behman**; **~-filan** *vz.* 그런 저런, 그렇고 그런 것 so-and-so, such-and-such; **~kəs** *vz.* 그런 사람, 어떤 사람 such person, so and so; someone; **~ cür** *vz.* 그런 저런 so and so

filantrop *i.* 박애주의자 philanthropist

filantropiya *i.* 박애, 인자, 자선 philanthropy

filarmoniya *i.* 필하모니, 음악협회, 음악회 philharmonic society

filatelist *i.* 우표수집가 philatelist

filatelizm *i.* 우표수집 philately

filateliya *i.* 우표수집 philately

filban *i.* 코끼리 사육사 elephant driver

filbahar *i. bot.* 고광나무속의 식물 mock orange, philadelphus

filbədən *si.* 코끼리의, 코끼리 같은; 거대한 elephantine

filial *i.* 지점, 지부, 자회사 branch (office) , subsidiary; **institutun ~ı** *i.* 대학의 지부 branch of the institute

filiz *i.* 광석(鑛石) ore; **~ çıxarmaq** *fe.* 채광하다; 채굴하다 mine; **dəmir ~i** *i.* 철광석 iron ore; **~ mə'dəni/yatağı** *i.* 광산, 갱 ore deposit, mine; **~hövzəsi** *i.* 광산 분지 mining basin

film *i.* 영화 film, picture, movies; **~ çəkmək** *fe.* 촬영하다 film, shoot; **bədii ~i** *i.* 장편, 특작 feature film; **dublyajlı ~** *i.* 더빙 필름, 음성이 녹화된 영화 dubbed film; **dəhşətli ~** *i.* 공포영화 horror film; **dia~** *i.* 영화 필름 film strips; **macəra ~i** *i.* 모험 영화 adventure film; **mult~** *i.* 만화 영화, 애니메이션 영화 cartoon film; **rəngli ~** *i.* 천연색 영화 colour film; **sənədli ~** *i.* 기록 영화 documentary; **səsli ~** *i.* 음성 영화 a sound film, talkie; **səssiz ~** *i.* 무성 영화 silent film

filmoskop *i.* 영사기 film projector

filmoteka *i.* 영화 수집, 영화 도서관 film library/collection

filologiya *i.* 언어학 philology

filoloji *si.* 언어학적인 philological

filoloq *i.* 언어학자 philologist

filosof *i.* 철학자 philosopher, **~anə/~casına** *si. z.* 철학적으로 philosophical(ly)

filosofluq *i.* 철학화 philosophizing; **~ etmək** *fe.* 철학적이 되다 philosophize, be philosophical

filtr *i.* 여과기, 필터 filter, sifter; **~dən keçirmək** *fe.* 여과하다 filter

filtrasiya *i.* 여과 filtration

filtrli *si.* 필터가 있는 filtered

Fin *si.* 핀란드의 Finish; **Finlandiya** *i.* 핀란드 Finland; **~ dili** *i.* 핀어, 핀란드어 Finnish; **Finlandiyalı** *i.* 핀란드인 Finish (man)

finak *i.* 핀란드 칼 Finnish dagger, knife

final *i.* ① 최종, 피날레, (franch) (소설·희곡의) 대단원; (사건의) 고비; (분쟁 따위의) 해결, 낙착, 결말 finale; denouement, conclusion ○ **nəticə, son, axır**; ② 결승(전) final (game); **~ oyunu** *i.* 최종전 final; *si.* 최종의, 최후의 final

finalçı *i.* 결승전 출장 선수; *fəl.* 목적 원인론자 finalist

fincan *i.* 컵, 잔 cup; **bir ~ çay** *i.* 차 한잔 a cup of tea

fincə *z.* 핀란드어 Finnish (language)

finikiyalı *i.* 페니키안, 페닉스인 Phoenician

finiş *i. dim.* 끝, 종결, 최후, 종국 finish ● **start**; **~ə çatmaq** *fe.* 결승점에 도착하다, 끝나다, 종결되다 finish; **~ə birinci çatmaq** *fe.* 결승점에 선착하다 finish first; **~ lentini kəsmək** *fe.* 결승 테이프를 끊다 break a finishing tape

finka *i.* 핀란드 칼 Finnish dagger/knife

firavan *si.* ① 잘나가는, 성공하는 유복한, 번영하는, 호화로운, 사치스런 prosperous, sumptuous, luxurious, well-to-do ○ **varlı, zəngin**; **~ həyat** *i.* 번영, 융성, 행운, 유복 prosperity, life of luxury; **~ adam** *i.* well-to-do man; *z.* ② 사치스럽게, 호사하게, 번창하게 luxuriously, sumptuously, prosperously; **~ yaşamaq** *fe.* 호사스럽게 살다, 잘 살다, 번창하다 live off the fat of the land, live luxuriously

firavanlıq *i.* 번창, 번영 prosperity, luxury, luxurious life, abundance ○ **varlılıq, zənginlik, bolluq**

firəngtoyuğu *i. zoo.* Guinea-fowl

firiştə *i.* 천사 angel

firqəndə *i., bot.* 묘목 layer, seedlings

firma *i.* (2명 이상의 합자(合資) 한) 회사, 상회, 상사, 상점 (이름) firm; **~lar birliyi** *i.* 기업 조합 syndicate

firni *i.* 우유와 밀가루의 전분으로 만든 젤리 firni (starchy jelly of milk and rice flour)

firon *i.* ① *tar.* 파라오 (고대 이집트 왕의 칭호) Pha-

F

raoh; ② 압제자 tyrant, proud and obstinate man

fironluq *i. fig.* 폭정, 억압 tyranny, cruelty; ~ **etmək** *fe.* 억압하다, 압제하다 tyrannize

firuzə *i.* 터키석 (보석) turquoise (treasure); ~ **rəngli** *si.* 터키색의, 청록색의 Turquoise

firuzeyi *si.* 터키석 색깔의, 터키석의 turquoise, of turquoise color

fisqarmoniya *i. mus.* 하모늄 (reed organ의 일종) harmonium

fişəng *i.* 폭죽, 불꽃놀이 fireworks, sky-rocket; ~ **atmaq** *fe.* 불꽃놀이를 하다 let off a rocket

fişəngbazlıq *i.* 불꽃놀이 fireworks

fişəngqayıran *i.* 불꽃 제조술, 불꽃 쏘아 올리기 pyrotechnics

fit *i.* ① 휘파람; 쉬쉬 (뱀, 거위, 고양이 등 동물이 내는 소리); 야유하는 소리; 기러기 울음소리 (자동차 경적소리) whistle, hiss, hooting, honk; ② 경적, 사이렌, 호각 whistle, hooter, car horn; **~ə basmaq** *fe.* 쉬~ 소리를 내다 hiss, catcall; ~ **vermək** *fe.* 휘파람을 불다, 경적을 울리다, 신호를 보내다 whistle, boom, hoot, horn; ~ **çalmaq** *fe.* 휘파람을 불다, 휘파람으로 부르다, 경적을 불다 whistle, boom, hiss an actor

fitə *i.* ① (공중 목욕탕의) 앞 가리게 apron (in a public bath); ② (미용사의) 앞치마 hair-dresser's sheet

fitil *i.* ① 심지, 등심(燈心) wick (lamp) ○ **piltə**; ② (폭탄·폭약 등의) 신관(信管); 도화선 fuse (for exploding fluid); ③ *med.* (종이, 솜, 털 등의) 작은 덩어리[뭉치]; 속에 채워 넣는 것[솜], 패킹 tampon, wad

fitilləmək *fe.* ① 신관을 건드리다, 도화선에 불을 붙이다 set fuse; ② *fig.* 흥분시키다, 격려하다, 자극하다 incite

fitləmək *fe.* ① 휘파람을 불다, 피리를 불다 whistle, pipe; ② *fig.* 격려하다, 고무하다, 자극하다, 선동하다, 부추기다 set on, denounce, incite, instigate

fitnə *i.* 음모, 간계, 부추김, 선동 intrigue, scheme, provocation, instigation, sedition, mischief making ○ **fəsad, iftira, böhtan, dedi-qodu**

fitnəbaz *i.* 책략가, 음모가, 간계 꾼, 공모자 intrigant, intriguer, plotter

fitnəbazlıq *i.* 음모, 책략, 간계 부리기 intriguing, intriguery

fitnəçi ☞ **fitnəkar**

fitnəçilik ☞ **fitnəkarlıq**

fitnəkar I. *si.* ① 도발적인, 자극적인, 부추기는 provocative; II. *i.* ② 문제아, 도발가, 선동가 trouble-maker, intriguer, instigator, mischief-maker; *col.* 정보원 stool-pigeon

fitnəkarlıq *i.* 도발, 분개, 자극(시키는 것); 부추김, 선동, 자극, 유인 provocation, instigation, trouble-making ○ **iftiraçılıq, böhtançılıq, iblislik,**

fitnələmək *fe.* 계략을 꾸미다, 선동하다, 부추기다 intrigue, instigate, make trouble

fitrə *i.* 빈민 구호금, 의연금, 자선 기부금; 구제, 자선, 구휼 (라마단 금식 마지막 주간) alms, charity (at the close of Ramadan)

fitrən *z.* 자연적으로, 당연히 by nature, naturally

fitrət *i.* 성격, 특성 nature, character

fitrətən ☞ **fitrən**

fitrə-zəkat ☞ **fitrə**

fitri *si.* 타고난, 천성의, 선천적인, (경험에 의하지 않고) 본유(本有) 적인 innate, inborn, native ○ **anadangəlmə, təbii**; ~ **ağıl** *i.* 천부적인 지성, 천성적인 기지 innate intellect, native wit, mother wit; ~ **iste'dad** *i.* 천부적 재능 inborn talent; ~ **qabiliyyət** *i.* 천부적 능력 innate ability

fitva *i.* ① 결정, 판결 decision, judgment; ② 부추김, 선동, 자극 instigation, incitement, setting-on; ~ **vermək** *fe.* 판결하다, 선동하다, 자극하다 give a judgment, instigate, incite

fitvaçı *i.* 선동가, 반항가 instigator; *col.* fire band ○ **araqızışdıran**

fitvalamaq *fe.* 선동하다, 자극하다 instigate, set on

fizik *i.* 물리학자 physicist

fizika *i.* 물리학 physics; ~ **kabineti** *i.* 물리실험실 physics laboratory

fiziki *si.* 물리적인, 육체적인 physical ○ **cismani** ● **zehni**; ~ **əmək** *i.* 육체노동 physical labour, manual labour; ~ **kimya** *i.* 물리 화학 physical chemistry; ~ **coğrafiya** *i.* 자연 지리학 physical geography; **~-riyazi** *si.* 물리 수학 physio-mathematical

fiziokrat *i. econ.* 중농주의자 (농업중시의 경제사상) physiocrat

fiziokratik *si.* 중농주의적 physiocratic

fiziologiya *i.* 생리학 physiology

fizioloji *si.* 생리학상의, 생리적인 physiological; ~

məhlul *i.* 생리학적 용액 physiological solution
fizioloq *i.* 생리학자 physiologist
fizionomiya *i.* 골상학, 관상술 physiognomy
fizionomist *i.* 관상학자, 골상학자 physiognomist
fizioterapevt *i.* 물리치료사 physiotherapist
fizioterapevtik *si.* 물리치료적인 physiotherapical
fizioterapiya *i.* 물리 요법, 물리 치료 physical therapy, physiotherapy
flakon *i.* 병 bottle; **ətir ~u** *i.* 향수병 scent bottle
flaqman *i.* ① (경주 등의) 기수; (건널목의) 신호수, 건널목지기 flagman, flag officer; ② 기함(旗艦) flagship (sailing)
flaqştok *i.* 깃대 flagstaff
flamand I. *i.* 플라망인; 플라망어를 말하는 벨기에인 Fleming, Flander; II. *si.* 플랑드르(Flanders)의; 플라망어[인]의; 플랑드르 미술의 Flemish
flamandca *z.* 플라망어 Flemish
flaminqo *i. zoo.* 홍학, 플라밍고 flamingo
flanel *i. tex.* (면) 플란넬; 특히 美 무명, 면포 flannel
flebit *i. med.* 정맥염 phlebitis
flegel *i.* (몸채의) 부속 건물, 딴채 outbuilding
fleksiya *i. ling.* 굴절, 어형 변화; 변화[굴절]형, 굴절 어미 inflection; **daxili ~** *i.* 내부 굴절 internal inflection
flektiv *si. dil.* 단어를 어미 변화한 [어형 변화, 굴절, 활용] 된 inflected; **~ dillər** *i.* 굴절어 inflected language
fleqmatizm *i.* ① 담, 가래; 점액; 점액질 phlegm; ② 냉담, 침착, 냉정; 무감동 coolness, apathy
fleqmatik I. *i.* 점액질의 인간, 냉담한 사람, 침착한 사람 phlegmatic person; II. *si.* 점액질의; 게으른, 무기력한 (dull), 지둔한; 무감동한, 냉담한; 침착한, 냉정한; 담성의; 담[가래]의 phlegmatic
fleqmatiklik *i.* 점액질; 냉담함, 침착함 (성경, 행동) phlegmatic character/behavior
fleyta *i.* 플루트, 피리 flute; **~ çalmaq** *fe.* 플루트를 연주하다, 피리를 불다 play the flute
fleytaçalan, fleytaçı *i.* 플루트 주자, 피리 부는 사나이 flutist
flora *i.* 꽃; 식물상, 식물구계 flora
florensiyalı *i.* 플로렌스 사람 Florentine
florin *i. tar.* (영국의) 플로린 (주화(鑄貨)) florin
flüger *i.* (닭 모양의) 풍향계(風向計); 변덕스런 사람 weathercock, weather-vane
flüs *i.* 통통히 부어 오른 뺨 swollen cheek
flyaqa *i.* 플라스크 병; 모래거푸집 flask
fokstrot *i.* 폭스 트롯 (4박자의 사교춤) ; 그 곡 fox-trot; **~ oynamaq** *fe.* 폭스 트롯을 추다 dance the fox-trot
fokus¹ *i. fiz. med.* 초점; (렌즈의) 초점 (거리) ; (상의) 초점 정합 (위치) focus ○ **məsafə, nöqtə**; **~ məsafəsi** *i.* (렌즈·망원경 등의) 초점 거리 focal distance/length
fokus² *i.* 묘기, 손재주, 속임수 (카드에서) trick, card-trick ○ **kələk, hiylə, fırıldaq**; **~ göstərmək** *fe.* 묘기를 부리다, 속임수를 쓰다, 요술을 부리다, 마법을 걸다 juggle, conjure, do conjuring
fokusçu *i.* 마술사, 요술쟁이; 협잡꾼, 사기꾼 illusionist, conjurer, juggler
fokusçuluq *i.* 요술, 마술; 속임수, 사기; 책략 jugglery, legerdemain, juggling
fokuslaşdırmaq *fe.* 초점을 맞추다 focus, bring to a focus
folklor *i.* 민속학 folklore
folklorçu ☞ **folklorşünas**
folklorşünas *i.* 민속학자 specialist in folklore
folklorşünaslıq *i.* 민속학 folklore studies
folqa *i.* 포장지 foil; **qızıl ~** *i.* 금박(金箔), gold foil
fon *i.* 배경, 분위기, 바탕 background ○ **mühit, şərait, zəmin, əsas**; **~unda** *z.* 배경으로, 배경 앞에 against the background; **işıqlı ~da** *z.* 밝은 배경 앞에, 밝은 분위기에 against a light background, on a light background
fond *i.* 기금, 자금 fund ○ **ehtiyat, vəsait**; **valyuta ~u** *i.* 현금 자본 currency reserves; **qızıl ~u** *i.* 금괴 자본 gold fund; **əmək haqqı ~u** *i.* 임금 자본 wages fund; **əsas lüğət ~u** *i.* 기본 단어 모음 basic stock of words; **ehtiyat ~u** *i.* r 준비금, 적립금 eserve fund; **yardım ~u** *i.* 구제 자금 relief fund; **torpaq ~u** *i.* 토지 자금 available land
fonem *i. ling.* 음소(音素) , 음운(音韻) phoneme
fonematik *si. ling.* 음소(音素) 의, 음운(音韻) 의 phonemic
fonetik *si. dil.* (언어의) 음성[발음]의; 발음에 의거한, 음성을 나타내는; 음성학상의 phonetic
fonetika *i. dil.* 단수 취급 음성학; (언어의) 음성 체계 phonetics
fonetist *i.* 음성학자 phonetician
fonoqram *i.* 표음(表音) 문자 phonogram

F

fonoqraf *i.* (美) 축음기 phonograph
fonoqrafiya *i.* 표음식 철자법 phonography
fonologiya *i.* 음성학(phonetics) ; (양자를 합한) 음운론; 음운사; 음운 체계 phonology
fonoloji *si.* 음운론적, 음성학적 phonologic(al)
fonometr *i. fiz.* 측음기; 음파 측정기 phonometer
fonometrik *si.* 음파 측정상의 phonometric(al)
fontan *i.* 샘, 수원; 분수, 분수지 fountain; **neft ~ı** *i.* (분출량이 많은) 분유정(噴油井) oil gusher; **~ vurmaq** *fe.* (액체·말 등이) 세차게 흘러[쏟아져] 나오다, 분출하다; (눈물·피 등이) 펑펑 쏟아지다, 흘러나오다 gush, spring forth
fontanlamaq *fe.* 분출하다 gush, spring forth
fontanvuran *si.* 분출하는, 솟아 오르는 gushing
forma *i.* ① 모양, 형상, 형태; 외형, 외관; 모습; (특히 사람의) 몸, 몸매, 인체 form, shape ○ **şəkil, görünüş**; ② *tex.* (주물 등의) 주형(鑄型), 거푸집, (과자 등을 만드는) 틀; 뼈대, 대 mould; ③ 제복, 군복, 관복, 유니폼 uniform ○ **qiyafə**; ④ (훈련·연구·서술 등의) 방법, 방식; 교수법, 방법론; (특히 일정한 계획에 따른) 방법 way, method ○ **üsul, qayda**; ⑤ (공통의 특징을 가진) 형, 유형, 타입 type ○ **növ, tip, quruluş; müəyyən ~ya salmaq** *fe.* 모양을 만들다 shape; **şar ~sında** *z.* 공 모양의 in the form of a globe, ball-shaped; **yazılı ~da** *z.* 서식으로 in the form of writing
formadüzəlici *si. qram.* 단어 형성에 쓰는 성어(成語) 적인 formative; **~ şəkilçilər** *i. qram.* 파생어미(派生 語尾) formative affixes, word-changing suffixes
formal *si.* ① 문체(상)의 stylistic, shaped *si.* ○ **şəkli**; ② 외형상의, 외관상의 external, outside ○ **zahiri, xarici**; ③ 공식적인, 정식적인, 명분적인 formal, formalistic, nominal ○ **rəsmi**; **~ münasibət** *i.* 의례적인 태도, 관심 결여 formal attitude, lack of interest; **~ metod** *i.* 공식적인 방법, 의례적인 방법 formal method
formalaşdırılmaq *fe.* 모양이 만들어지다, 틀에 맞춰지다 be given a form/shape; be moulded
formalaşdırmaq *fe.* 형태를 만들다, 모양을 만들다 give a form, form, shape, give a shape; **xasiyyəti ~** *fe.* 성격을 고치다 mould up the character
formalaşmaq *fe.* ① 만들다, 제조하다, 규정하다 form, create, define ○ **düzəlmək, müəyyənləşmək, yaradılmaq**; ② 개발되다, 성장하다 develop into, mature ○ **yetişmək, yetkinləşmək**
formalı *si.* ① 형태를 가진, 가시적인 formal, visible ○ **şəkilli, görünüşlü**; ② 개발된 developed; ③ 규칙적인, 순서가 잘 잡힌, 정연한 regular, methodical, orderly ○ **üsullu, qaydalı**
formalılıq *i.* ① 형식적인 것, 틀에 박힌 것, 인습, 형식 존중, 의식 formality; ② 발달, 익어감 ripening; ③ 질서정연, 규칙성 regularity, orderliness
formalin *i. kim.* 포르말린 formalin
formalist *i.* 형식주의자, 형식론자; 이론 주의자 formalist ○ **rəsmiyyətçi**; **~cəsinə** *z.* 형식적으로, 공식적인 방법으로 formally, in a formalistic way
formalistik *si.* 형식적인 formalistic
formalizm *i.* 형식주의 formalism
formallıq *i.* 형식적인 것, 인습, 틀에 박힌 것 formality
formant *si.* 조형의, formative
formasız *si.* ① 형식이 없는, 모양이 없는, 볼품이 없는 formless, shapeless ○ **şəkilsiz, görünüşsüz**; ② 유니폼을 입지 않는 uniformless ○ **biçimsiz**
formasızlıq *i.* ① 무정형, 혼돈 formlessness, ○ **şəkilsizlik, görünüşsüzlük**; ② 볼품없음 shapelessness ○ **ülgüsüzlük, biçimsizlik**
formasiya *i.* 정치 구조, 체계 formation, structure (politics); **geoloji ~** *i.* 지형구조 geological formation; **ictimai-iqtisadi ~** *i.* 사회 경제 구조 social and economic structure
format *i.* 형태, 견본, 전형, 구성, 형식 format, size, type, face (of book), example, measure ○ **əndazə, nümunə**
formativ *si.* 조형의, 형성의, 조형적, 형태적 formative
formul(a) *i. riy.* (…의) 식, 공식; 상투 어구; 처방전, 조제법 formula
fors *i. col.* 뽐냄, 거드름, 자랑 swagger ○ **lovğalıq, təşəxxüs**; **~ etmək** *fe. col.* 거드름을 피우다, 뽐내다, 자랑하다 swagger
forslanmaq *fe.* 뽐내다, 자랑하다, 거드름을 피우다, 잘난 체하다 swagger, plume, pride oneself (on *smt.*), figure oneself (on, upon *smt.*), mount the high horse ○ **lovğalanmaq, dartmaq, çəkmək, öyünmək**
forslu I. *si.* 뽐내는, 교만한, 거드름을 피우는 boastzful, vainglorious; II. *i.* 자기 자랑하는 사람,

허풍선이 boaster, braggart, show-off ○ **lovğa, təşəxxüslü**

forsluluq *i.* 교만, 자랑, 자만 pride, self-satisfaction, arrogance ○ **lovğalıq, təşəxxüs**

forsunka *i. tex.* 분무기, 흡입기; (석유, 가스 등) 연소기, 버너 sprayer; oil/fuel burner

fortepiano *i.* 피아노 piano

forum *i.* 포럼, 공개 토론장, 좌담회 forum

forzas ① 책의 앞뒤의 백지; 팜플렛 등 전단지 (printing) fly-leaf

fosfat *i. kim.* 인산염; 인산 광물; *agr.* 인산 비료 phosphate

fosfor I. *i. kim.* 인 phosphorus; II. *si. kim.* 인의, (특히) 5가의 인을 함유한 phosphoric; ~ **turşusu** *i.* phosphoric acid

fosgen *i. kim.* 포스겐 phosgene

fosforit *i. min.* 인광석 phosphorite

fosforlaşdırmaq *fe. kim.* …에 인을 첨가하다; …에 인광을 내게 하다 phosphorate

fosforlaşmaq *fe.* 인이 첨가되다 become phosphorated

fosforlu *si. kim.* 3개의 인을 함유한, 인광을 내는; 인광성의 phosphorous, phosphorescent

foto *i.* 사진 photo, photograph; **~şəkil çıxarmaq** *fe.* 현상하다 develop; 현상(現像) ~ **şəkil çıxarma** development; 사진을 찍다, 촬영하다 ~ **çəkmək** take a photo, photograph

fotoaparat *i.* 카메라, 사진기 camera

fotoatelye *i.* 사진관 studio, photographer's

fotoböyüdücü *i.* 확대기(擴大機) enlarger

fotoelement *i. fiz.* 태양(광) 전지 photoelectric cell, photo-cell, photopile

fotoetüd *i.* 사진 묘사, 사진술에 의한 묘사 photographic sketch

fotogenik *si.* 사람이 사진이 잘 받는; (특히) 영화에 알맞은 photogenic

fotokamera *i.* 카메라, 사진기 camera

fotokimya *i.* 광화학(光化學) photochemistry

fotokimyavi *i.* 광화학(작용) 의 photochemical

fotoqraf 사진찍는 사람, (특히) 사진가, 카메라맨 photographer; 아마추어 사진작가, 사진 동호인 **həvəskar** ~ amateur photographer; 전문 사진작가 **peşəkar** ~ professional photographer

fotoqrafçı *i.* 사진사, 사진작가 photographer

fotoqrafxana *i.* 사진관 photographer's (studio)

fotoqrafik *si.* 사진의, 사진용의, 사진에 의한; 사진 같은, 매우 사실적인 photographic

fotoqrafiya *i.* ① 사진 촬영(술) photography; ② 사진관 photographer's

fotoqraflıq *i.* 사진사 직업 profession of photographer

fotolaboratoriya *i.* 사진실 photo-laboratory, photo-lab

fotolent *i.* 사진용 필름 (photographic) film

fotoliz *i. kim.* 광분해 photolysis

fotometriya *i. fiz.* 광도 측정(법); 측광학(測光學) photometry

fotometrik *si.* 광도측정의 photometric

fotomexanika *i.* 사진 제판법 photomechanics

fotomexaniki *si.* 사진 제판법의 photomechanical

fotomontaj *i.* (포토) 몽타주 사진; 몽타주 사진 제작법 photomontage

fotomüxbir *i.* 사진 특파원, 촬영 기사 newspaper/magazine photographer

fotoobyektiv *i.* 렌즈, 피사체 lens

fotoreklam *i.* 사진광고 photographic advertisement

fotoreportaj *i.* 사진기사(記事) picture story, photo-report

fotoreportyor *i.* 사진기자(記者) camera man

fotosərgi *i.* 사진 전시회 photo-exhibition

fotosinkoqrafiya *i.* 사진 아연 철판(凸版) (술) photo-zincography (printing)

fotosintez *i. bio.* 광합성 photosynthesis

fotosintetik *si.* 광합성의 photosynthetic

fotosurət *i.* 복사, 사진 복사 photographic copy, photocopy

fotoşəkil *i.* 사진 photograph; ~ **çəkmək** *fe.* 사진을 찍다, 촬영하다 photograph

fototeleqram *i.* 사진 전보 photo-telegram

fototeleqraf *i.* 사진 전송기 photo-telegraph

fototelefon *i.* 전신전화, 팩시밀리 photo-telephone

fototerapiya *i. med.* 광선 요법 photo-theraphy

fototexnologiya *i.* 광학기술 photo-technology

fotoxromiya *i.* 광호변성(光互變性) 물질(의) photochromy

fotoxronika *i.* 삽화 논평, 삽화 잡지 pictorial review

foye *i.* (극장 등의) 휴게실(lobby) , 입구의 홀, 현관 foyer; *col.* crush-room

F

foyeli *si.* 휴게실이 있는, 현관이 있는 having a foyer/crush room

foyesiz *si.* 현관이 없는, 휴게실이 없는 foyerless

fövq *i.* 정상, 꼭대기, 최고점, 극한, 정점, 절정 top, summit; **~ündə** *qo.* 위에, 관해서 above, up, on, upon

fövqəladə *si.* 뛰어난, 현저한, 예외적인; 비정상인; 특별한, 각별한; 유례가 없는 exceptional, extra, extraordinary, particular ○ **qeyri-adi** ● **adi**; **~ vəziyyət** *i.* 비상 사태, 비상 상황 state of emergency; **~ səlahiyyət** *i.* 특명, 특권 extraordinary power; **~ surətdə** *z.* 비상하게, 현저하게, 놀랍게 extraordinarily, extremely; **~ sessiya** *i.* 특별 회기, 임시 회기 extraordinary session

fövqəladəlik *i.* 독특성, 비범성, 특이성 extraordinary, extreme, singularity, extraordinary character ○ **qeyri-adilik, müstəsnalıq** ● **adilik**

fövqəlbəşər *i.* 초인(超人) superman

fövqəltəbii *si.* 초자연적인, 기이한, 불가사의한 supernatural, preternatural

fövqəltəbiət *i.* 초자연적 특성, 기이성, 불가사의 supernatural character/feature

fövrən *z.* 즉각적으로, 당장에 instantly, in a moment

fövri *si.* 순간적인, 즉각적인, 즉석의, 목전의, 당면한 instantaneous, instant, immediate

fövt *i.* 퇴화, 쇠퇴, 타락, 퇴보, 상실 missing, degeneration, degeneracy, death; **~ olmaq** *fe.* 소멸되다, 퇴보하다, 쇠퇴하다, 멸망하다, 놓치다 die out, become extinct, become desolate, empty, depopulated, perish, be killed; **fürsəti ~ etmək** *fe.* 기회를 상실하다, miss an opportunity

frak *i.* 연미복, 턱시도, 야회복 dress-coat, tail-coat, swallow-tail, evening dress, tuxedo (英)

frakiyalı *i.* 트라키아인 Thracian

fraklı *si.* 연미복을 입은 wearing tail-coat

fraksiya *i.* fraction

fraksiya I. *i.* (정치) 분파, 파벌; (화학) 분류; 작은 부분, 분파, 단편; *riy.* 분수, (두 수의) 비, 비율 faction (politics) , fraction(chemistry) ; II. *si.* 당파적인, 파벌적인, 분수적인 fractional, factious, fractionating, fractional; **partiya ~ları** *i.* 정당 분파들 party fractions; **~lara ayırmaq/parçalamaq** *fe. kim.* 혼합물을 분별, 증류하다; …을 분류[분별]로 얻다 fractionate; **~ ziddiyəti** *i.* 분파적 충돌 fractional conflict; **~ distilasiyası** *i. kim.* 증류 (작용); 증류 유출물, 증류액 fractional distillation

fraksiyaçı *i. pol.* 분파주의자, 파벌주의자, 파벌 선동자 factionary, factionist

fraksiyaçılıq *i. pol.* 분파주의, 파벌주의 fractionalism, factionalism

fraqment *i.* 조각, 파편, 단편, 부분; 소량 fragment

fraqmentar *si.* 단편으로 된 fragmentary

fraqmentarlıq *i.* 단편성 fragmentariness, fragmentary character

frank *i.* 프랑크(옛 프랑스 화폐) franc (French money)

franklar *i. tar.* 프랑크인 Franks

Fransa *i.* 프랑스 France

fransız *i.* 프랑스인 French (person); *si.* 프랑스의 French; **~ dili** *i.* 프랑스어 French

fransızlaşmış *si.* 프랑스풍의 Frenchified

fransızlaşdırmaq *fe. col.* 프랑스화하다, Frenchify, Gallicize

fransızlaşmaq *fe.* 프랑스화되다 become Frenchified, become Gallicized

fransızca 프랑스어 French, the French language

fraza *i. qram.* 구(句); (일반적으로) 어구, 문구; 말 phrase; **mə'nasız ~lar** *i.* 쓸데없는 소리 mere words, phrases; **gözəl ~lar** *i.* 유창한 문구 fluid phrases

frazeologiya *i.* 어법, 말씨, 말투; 문체, 용어 phraseology

frazeoloji *si.* 용어적인 phraselogical; **~ lüğət** *i.* 용례 사전, 어구 사전 phraseological dictionary; **~ birləşmə** *i.* 어구 단위, 용어 합성 phraseological unite

freqat *i.* ① (전함) 프리깃함 frigate (warship); ② *zoo.* 군함새 frigate-bird

freska *i.* 프레스코화법 (갓 칠한 회벽에 수채화로 그리는 화법) fresco (painting)

frez *i. tex.* 프레싱, 절단, 절삭 cutter, mill, milling, cutter

frezer *i. tex.* 절삭기, 절단기 cutter, mill, milling cutter; **~ dəzgahı** *i.* 절단기 milling machine

frezerləmək *fe.* 절단하다 mill, cut

frezerçi *i.* 절단기사 milling machine operator

frontal *si.* 정면의 frontal; **~ hücum** *i.* 전면 공격

frontal attack; ~ **sorğu** *i.* 정면 심문 frontal interrogation
fruktoza *i. kim.* 과당 fructose
fufayka *i.* (선원·운동선수용의) 메리야스 스웨터, 셔츠; (여자·소아용) 메리야스 상의 jersey, sweater
fuqa *i. mus.* 푸가, 둔주곡(遁走曲) fugue
fuqas *i.* 푸가세, 고폭약 fugasse, high explosive
fundamental *si.* 견고한, 기초가 튼튼한, 근본적인 fundamental, solid, substantial; ~ **bina** *i.* 견고한 건물 solid building; ~ **kitabxana** *i.* 중앙 도서관 main library
funikulyor *i.* 케이블카 funicular
funksiya *i.* ① 기능, 작용, 효용, 직무, 구실; ② *riy.* 함수(函數) function; **törəmə** ~ *i. riy.* 파생 함수 derived function; **tərs(imə)** ~ *i. riy.* 반비례 함수 inverse function; ~ **ifa etmək** *fe.* 기능을 다하다, 작용하다 function, fulfill a function; ~ **daşımaq** *fe.* 작용하다, 기능[작용]하다 function, functionate
funksiyonal *si.* 기능적인, 기능상의, 작동하는; *riy.* 함수의 functional
funt *i.* (무게 단위) 파운드 (lbs) pound (weight) ; ~ **sterling** *i.* (영국 화폐 단위) 파운드(£) pound
furqon *i.* 웨건 (영국에서는 estate) , 짐칸을 늘인 승용차 wagon, van
futbol *i.* 축구(蹴球) football, soccer
futbolçu *i.* 축구 선수 football player, soccer player, footballer
futlyar *i.* 지갑 case, sheath, wallet
futurizm *i.* 미래주의 futurism
futurist *i.* 미래파 futurist
futuristik *i.* 미래의; 미래파의 futuristic
füfə *i.* 음식, 맘마 (음식에 대한 아이들 언어) food, dish (in child's language)
füqəra *i.* 빈민, 무산계급, 플로레타리아 계급, 노동자 계급 the poor, proletariat class
füləmək *fe.* ① 불다 blow; ② 바람에 날리다 blow out, put out ○ **üfürmək**
fünun *i.* 과목(科目) subjects (of study)
fürsət *i.* 기회 chance, opportunity, occasion ○ **imkan, məqam, vaxt**; ~ **axtarmaq** *fe.* 기회를 노리다 look for chance; **~dən istifadə etmək** *fe.* 기회를 붙잡다, 기회를 활용하다 seize, use an opportunity; **~i əldən vermək** *fe.* 기회를 놓치다 lose the chance
füsünkar *si.* 매력적인, 매혹적인 charming, magic, fascinating, lovely ○ **cazibəli, məlahətli, lətafətli, məftun**
füsünkarlıq *i.* 매혹, 황홀 charm, fascination, attractiveness ○ **cazibəlilik, məlahət, lətafət, məftunluq**
fütuhat *i.* ① 정복 conquest; ② 획득, 취득 gain, result (after labour)
füzelyaj *i.* main body of airplane
füzul I. *i.* 어리석은, 아둔한 silly, stupid; II. *si.* 귀찮은 사람, 쓸데없이 참견하는 사람 meddlesome man ○ **boşboğaz, naqqal**
füzulluq *i.* 경솔, 부주의 garrulity, talkativeness, indiscretion ○ **boşboğazlıq, naqqallıq, çərənçilik, uzunçuluq**; ~ **eləmək** *fe. col.* 지껄이다, 떠들어 대다 chatter, rattle on
füzun *si.* 여분의, 추가의 extra, surplus, plentiful

F

gah¹ *bağ.* ~이거나 ~저거 (선택적 지시 접속사), 자~, 이제~ either or, now; **~ burada ~ orada** *z.* 여기 저기, 여기나 저기나 now here now there, here and there

gah² *i.* 재봉에서 두 번 접어 박음질 한 곳 place of double fold sewing of clothes ○ **büzmə**

gahgir¹ *si.* 다루기 힘든, 고집 센, 가만히 있지 못하는, 편안치 못한 (말) restive, restless, stubborn (horse)

gahgir² *i.* 가늘고 노란 빛이 나는 모래 thin yellowish sand

gahgirlənmək *fe.* 주저하다, 뒷걸음질치다 jib, balk, be restive

gahgirləşmək ☞ **gahgirlənmək**

gahgirlik *i.* 불안함, 고집스러움 restiveness

gallah *i.* 물소 떼 herd of buffalo

gap *i.* 대화, 대담, 회화, 잡담, 한담 conversation, chat, talk ○ **söhbət**, **danışıq**; **~ vurmaq/eləmək** *fe.* 대화하다, 잡담하다 converse, talk; ***Gapı kəsin!*** *잡담하지마! Stop talking.*

gapçı *i.* 수다쟁이, 잡담꾼 chatter, chatterbox, talker; **~ qadın** *i.* 수다스런 여자 talkative woman; **~ olmaq** *fe.* 수다를 떨다 be a chatterbox

gapçılıq *i.* 수다스러움 talkativeness, chattering

gaplamaq *fe.* 말하다, 수다 떨다, 대화하다 talk, converse

gavahın *i.* (쟁기의) 보습, 쟁기 날 ploughshare

gavalı *i.* 자두 plum; **qara ~** *i.* 흑자두 bulge plum

gavalılıq *i.* 자두 밭, 자두 농장 plum orchard

gavur *i.* (터키) 불신자(不信者) (특히 회교도가 기독교도를 경멸해서 부르는 말), 이단자, 비 회교도 giaour, heretic (namely Christianity by Muslims)

gavurluq *i.* 이단 heresy ○ **kafirlik**

gec *si.* 늦은, 뒤늦은, 지체된, 지각한 late, tardy; *z.* 느리게, 늦게 late, tardily ○ **ləng**, **yavaş** ● **erkən**; **~ qonaq** *i.* 늦은 손님 late guest; **~ çatma** *i.* 지각 tardy arrival

gecdən-gec *z.* 아주 늦게 very late

gecdəyən ☞ **gecyetişən**

gecə *i.* ① 밤, 야간, 저녁 night ● **gündüz**; ② 저녁 무렵 night time; **hər ~** *z.* 매일 저녁 every night; **dünən ~** *z.* 엊저녁 last night; **~ köynəyi** *i.* 잠옷 nightgown; **~ oğrusu** *i.* 밤손님, 도둑 burglar; **~ yarısı** *i.* 자정 midnight; **~bəgündüz** *z.* 밤낮없이, 종일토록 night and day, day and night; **~-gündüz** *z.* 밤낮, 항상 night and day, always; ***Min bir Gecə.*** *i.* *천일야화(千一夜話). The Arabian Night.*; ***Gecən xeyrə qalsın!*** *안녕히 주무십시오! Good night!*; ***Gecə düşdü.*** *저녁이 되었다. Night fell.*

gecəkəpənəyi *i. zoo.* 나방 moth, owlet moth

gecəkəsdi *i.* 밤샘 결혼 잔치 *ethn.* overnight party for a wedding

gecəqonağı *i.* ① 밤손님 guest staying overnight; ② 도둑 thief

gecəquşu *i.* ① *zoo.* 박쥐 bat (**yarasa**); ② *fig.* 잠을 적게 자는 사람 man who sleeps a little

gecələmək *fe.* 밤을 새다, 밤을 지내다 pass the night, sleep/spend the night ○ **qalmaq**

gecəli-gündüzlü *si.* 밤낮의 of day and night

gecəpapağı *i.* 취침 모자 nightcap

gecəriyən *si.* 천천히 녹는 slowly melting

gec-gec *z.* 좀처럼, 어쩌다 rarely, seldom ○ **arabir**; *i.* 회전 목마 merry-go-around

gecikdirmək *fe.* ① 지각하게 하다, 늦게 하다 cause to be late, make *smb.* be late ○ **ləngitmək**, **yubatmaq**, **süründürmək**; ② 지체케 하다, 붙들다, 기다리게 하다 delay, hold up, detain

gecikmək *fe.* ① 늦다, 지각하다, 놓치다 be late,

be overdue ○ **ləngimək, yubanmaq** ● **tələsmək**; ② 오래 머물다 stay too long, linger

gecikməz *si.* 시급한, 다급한 pressing, urgent

gecikmiş *si.* 늦은 late

gecqanan I. *si.* 덜 떨어진, 둔한, 둔감한 dull, stupid, obtuse, slow-witted ○ **küt, korazehin**; II. *i.* 멍청이, 얼간이 바보 dullard, blockhead; ~ **şagird** *i.* 열등생, 등신 dunce

geclik *i.* 지각, 뒤늦음 lateness, tardiness ● **tezlik**

gec-tez *z.* 조만간 sooner or later, early or late

gecyetişən *si.* 만생종(晩生種)의 late-ripening

gedəcək *si.* 직면하게 될, 다가오는 coming to go

gedən-gələn *i. top.* 행인, 방문자들 passers-by, visitors

gedər-gəlməz *i.* 유배, 망명 place of no return, death, exile; *col.* 시베리아 (비유적) Siberia

gedərgi *si.* 절대적인, 예외 없는, 남지 않는 absolutely not going, not remaining

gedəri ☞ **gedərgi**

gedib-gəlmək *fe.* ① 오가다, 지나다 come and go; ② 교분이 있다 keep contact, have fellowship

gediş *i.* ① 여정, 여로, 과정, 수행 course, motion, move, run, process, going away ○ **hərəkət**; ② (체스) 이동 move (chess); ~ **diplomatiyası** *i.* 왕복 외교 shuttle diplomacy; **ağıllı** ~ *i.* 묘수 (장기, 체스) clever move (chess); **~-gəliş** *i.* ① 왕래, 교분, 친분, tour, come and go, traffic; ② 관계, 교분, 친분 relation, intercourse; ③ 행동 activity; ~ **səfəri** *i.* 여행 shuttle; **küçə ~i** *i.* 거리 교통 street traffic; **sərnişin ~i** *i.* 승객 이동 passenger traffic; **~i kəsmək** *fe.* 관계를 끊다, 절교하다 break off with *smb.*

gen[1] *si.* ① 넓은, 광대한, 폭이 큰 wide, broad ○ **geniş, enli** ● **dar**; ② 사이가 뜬, 먼 interval, far; ③ 헐렁한, 넉넉한 loose; ~ **etmək** *fe.* 넓히다 widen; ~ **pencək** *i.* 헐렁한 겉옷 easy coat; ***Dost dost tən gərək, tən olmasa gen gərək.*** (속담) *친구는 가까워야 친구지, 가깝지 않으면 멀어진다. A friend in need is a friend in deed.*

gen[2] *i. bio.* 유전자 gene

gen-bol *si.* ① 넓은, 넉넉한 공간의, 헐렁한 spacious, roomy, loose, wide; ② (재산, 살림) 여유 있는, 넉넉한 free; ~ **həyat** *i.* 여유로운 삶, 넉넉한 살림 free and untrammeled life; ~ **yaşamaq** *fe.* 잘 살다, 넉넉하게 살다 live well to do

gen-bolluq *i.* 공간이 넓음, 여유로움, 넉넉함 expanse, spaciousness ○ **genişlik, sərbəstlik**; *fig.* 여유로운 삶 freedom, liberty

gendən *z.* 멀리 떨어져 있는, 떨어져 사는, 먼 afar, from afar, at the distance ○ **uzaqdan, qıraqdan**; ~ **baxmaq** *fe.* 멀리서 보다, 방관하다 look from a distance

gendən-genə ☞ **gendən**

genealoji *si.* 유전학적, 계보학의, 족보의 genealogical; ~ **cədvəl** *i.* 가계도, 계보적 도표 genealogical table

genealogiya *i.* 계도(系圖), 계보(系譜); 가계[족보, 혈통]의 연구 genealogy ○ **şəcərə, nəsil tarixi**

general *i.* 장군, 장성 general; ~ **rütbəsi** *i.* 장성급, 지휘 통솔력 generalship, rank of general; **~-qubernator** *i.* (식민지) 총독 governor-general; **~-mayor** *i.* 시장, 사령관 major-general; **~-polkovnik** *i.* 준장, 대령 colonel-general

generalissimus *i.* 총사령관, 최고 지휘관 Generalissimo

generasiya *i. fiz.* 발생, 생성 generation

generator *i.* 발전기 generator; **cərəyan ~u** *i.* 직류 발전기 dynamo; **dəyişən cərəyan ~u** *i.* 교류 발전기; **sabit cərəyan ~u** *i.* 직류 발전기 direct-current generator

genezis *i.* 기원, 생성 genesis ○ **mənşə, törəniş**

genetik *si. bio.* 유전(학)의; 유전 인자의[에 의한] genetic

genetika *i. bio.* 유전학 genetics

genəldilmək *fe.* 확장되다, 넓혀지다 be widened

genəldilici *i.* 넓게 펴는 도구, 확장기(擴張機) tool for widening

genəlmək *fe.* 퍼지다, 넓게 되다, 확장되다, 폭넓어지다 widen, broaden, expand, gain in breadth, become widened

genəltmə *i.* 확장, 확대, 연장 widening, enlarging, extending

genəltmək *fe.* 확장시키다, 넓히다, 연장하다 widen, enlarge, extend ○ **genişlətmək, artırmaq, böyütmək** ● **daraltmaq**; **tə'sir dairəsini** ~ *fe.* 영향권을 넓히다, 영향력을 확장하다 extend the sphere of influence

genəşmə *i.* 상담, 조언, 추천 advising, recommending ○ **məsləhətləşmə, soruşma**

genəşmək *fe.* 충고하다, 조언하다, 의논하다, 상담

G

하다 advise, discuss, ask, counsel ○ **məsləhətləşmək**, **soruşmaq**

geniş *si.* ① 넓은, 폭이 큰 wide, broad; ② 넓은 공간의 spacious, capacious, vast; ③ 폭넓은, 광범위의 ample, extensive; ④ 여유로운 (삶) free (life); ~ **yayılmış** *si.* 널리 퍼진, 대중화된, 잘 알려진, 유행하는 widespread, popular, prevalent; ~ **açmaq** *fe.* 늘리다, 확대하다, 팽창시키다 expand; ~ **dəhliz** *i.* 홀, 식장, 강당, 집회장, 로비 hall, lobby; ~ **izahat** *i.* 정교한 설명, 공들인 해설 elaborate explanation; ~ **miqyasda** *z.* 광폭으로, 광범위하게 on a large scale; ~**alınlı** *si.* 이마가 넓은 with a wide forehead; ~ **ürəkli** *si.* 마음이 넓은 large-hearted; ~ **dünya görüşlü** *si.* 거시적인, 시야가 넓은 far-sighted; ~ **kütlələr** *i.* 광범위한 대중 the broad masses; ~ **tanışlıq** *i.* 폭넓은 인간관계 extensive acquaintance; ~**cə** *z.* 넓게, 널리 widely; ~**ekranlı** *si.* 넓은 화면의 (텔레비전) wide-screened; ~**kökslü** *si.* 가슴이 넓은 large-hearted; ~**qəlbli** *si.* 마음이 넓은, 관대한, 개방적인 large-heart, generous, open-hearted; ~**həcmli** *si.* 큰 폭의, 대범한, 넉넉한 big-sized, large, vast, broad; ~**təhər** *si.* 널찍한 loose, easy-fitting; somewhat large

genişləndirmə *i.* 확장 broadening, expansion

genişləndirmək *fe.* 확장시키다, 넓히다, 퍼지게 하다, 퍼뜨리다 extend, expand, enlarge, widen, broaden, spread

genişlənmə *i.* 확장, 연장 extension ○ **artma**, **böyümə**

genişlənmək *fe.* 확장되다, 팽창하다, 넓어지다, 도달하다, 이르다 expand, dilate, become wider, reach ○ **artmaq**, **böyümək**

genişlik *i.* ① 넓이, 폭 width, breadth; ② 개방성, 공개성 openness, wideness (palce); ③ 넉넉함, 여유로움 liberty, freedom; ④ 범위, 한도, 한계 compass, range

genitmək *fe.* 몰아내다, 쫓아내다 drive out, turn out, turn out of the house

genlik *i.* 폭, 넓이 width ○ **genişlik**

genosid *i.* 대량학살, 집단학살, 몰살 genocide, holocaust

geobotanika *i.* 지리 식물학 geo-botanics

geodezist *i.* 측지학자 geodesist

geodeziya *i.* 측지학 geodesy

geodinamika *i.* 지구 역학 geodynamics

geofizika *i.* 지구 물리학 geophysics

geofiziki *si.* 지구 물리학의 geophysical

geokimya *i.* 지구 화학 geochemistry

geokimyavi *si.* 지구 화학의 geochemical

geologiya *i.* 지질학 geology

geoloji *si.* 지질학의 geological

geoloq *i.* 지질학자 geologist

geomorfologiya *i.* 지형학, 지형학적 특질 geomorphology

geosentrik *si.* 지심에서의, 지구 중심적인 geocentric

geosentrizm *i.* 지구 중심설, 천동설 geocentricism

gerb *i.* 상징, 표상, 문장 arms, emblem, coat of arms; **dövlət ~i** *i.* 국기 State Emblem

gerçək I. *si.* 사실의, 진짜의, 믿을만한, 실제의 true, trustworthy, actual, real ○ **həqiqi**, **doğru**, **düz**, ● **yalan**; II. *z.* 진실로, 정말로 truly, correctly

gerçəkdən *z.* 정말로, 확실하게 in earnest, truly, seriously; ***Məsih gerçəkdən dirilmişdir.*** *그리스도께서 확실히 부활하셨다. Christ rose up indeed.*

gerçəkləmək *fe.* 실현시키다, 수행하다, 완수하다 cause come true, accomplish

gerçəklənmək ☞ **gerçəkləşmək**

gerçəkləşmə *i.* 완성, 완수, 성취, 실행, 수행, accomplishment, realization, fulfillment

gerçəkləşmək *fe.* 실현되다, 현실화되다 realize, come true, accomplish, fulfill ○ **həqiqiləşmək**, **doğrulaşmaq**, **reallaşmaq**

gerçəkli *z.* 진실로, 확연하게 truly, really

gerçəklik *i.* ① 실재, 사실, 현실 reality, life, actuality ○ **varlıq**, **həyat**; ② 진실, 올바름, 신빙성 truth, rightness, trustworthiness ○ **doğruluq**, **həqiqət**; ~**yə çevrilmək** *fe.* 현실화되다, 이뤄지다 become true, become reality

geri *z.* 뒤로, 거꾸로 backward ○ **arxaya**, **dala** ● **irəli**; *i.* ① 뒤따름 back, following; ② 결과, 종말 result, end; ~ **almaq** *fe.* 되받다, 되찾다 recover; ~ **baxmaq** *fe.* 되돌아보다, 회상하다 look back; ~ **çəkilmə** *i.* 퇴각, 후퇴 retreat; ~ **çəkilmək** *fe.* 퇴각하다, 후퇴하다, 뒷걸음치다 shrink, retreat; ~ **çəkmək** *fe.* 취소하다, 퇴진하다 withdraw; ~ **çağırma** *i.* 회상, 추억 recall; ~ **çağırmaq** *fe.* 되부르다, 회상하다 withdraw, recall; ~ **durmaq**

fe. 물러나 있다, 비켜서 있다 step back, step aside, walk away; ~ **dönmək** *fe.* 되돌아오다 return, come back; ~ **düşmək** *fe.* 뒤떨어지다 fall behind, lag behind; *fig.* 뒤처지다 be behind, be behindhand; ~ **götürmək** *fe.* 되찾다, 폐지하다, 없애다 abolish, withdraw; ~ **qalmış** *si.* 후진성의, 저개발의 backward, underdeveloped; ~ **qalmamaq** *fe.* 보조를 맞추다, 행보를 같이하다 keep pace with; ~ **qalmaq** *fe.* 뒤처지다 lag behind; ~ **qaytarmaq** *fe.* 되찾다, 도로 사다 redeem; **~də buraxmaq** *fe.* 지나치다, 능가하다, 초월하다 surpass; **~də** *z.* 뒤에, 뒤쳐져 behind, at back side; **~dən** *z.* 뒤로부터 from behind; **~-geri** *z.* 뒤로, 뒤로부터 with one's back (to), backwards; ~ **getmək** *fe.* 뒤로 빠지다, 뒤로 처지다 back, go backwards

geriləmə *i.* 후퇴, 복귀, 퇴화 regression, lag, lagging, behind

geriləmək *fe.* ① 뒤쳐지다, 되돌아 가다 regress, back ○ **çəkilmək, uzaqlaşmaq**; ② 야위다, 살이 빠지다 recess, grow thin, lose flesh ○ **arıqlamaq, zəifləmək**

gerilənmək *fe.* 퇴각하다, 후퇴하다, 철회하다 recede, be slow

gerilik *i.* 뒤쳐짐, 퇴보 backwardness, lagging behind, lag ○ **zəiflik** ● **inkişaf**

germanistika *i.* 독일어학 Germanic philology

germanium *i. kim.* 게르마늄 germanium; 기호: Ge

germanizm *i.* 독일식 기풍 ling, Germanism

germetik *si.* 밀폐된, 기밀의 hermetic, airtight; ~ **bağlanmış** *si.* 밀봉된 hermetically sealed

gestapo *i.* 게슈타포 (나치 독일 비밀 경찰) Gestapo

getman *i.* 군사령관 commander of an army

getmə *i.* 떠남, 출발 departure

get|mək *fe.* ① 가다, 걷다 go, walk ○ **yerimək**; ② 움직이다, 운전하다 move, drive; ③ 계속하다, 지속하다 continue; ④ 다가가다, 접근하다, 이르다 come close, approach, reach; ⑤ 취하다, 맞추다 take, need, suit, fit; ⑥ 보여주다, 행하다, 수행하다 show, perform; ⑦ 장가 가다, 시집가다 marry; ⑧ 팔리다 be sold; 흐르다 run, flow; **~dib gətirmək** *fe.* 가서 가져오다 fetch; **ürəyi ~mək** *fe.* 기절하다, 혼절하다, 의식을 잃다 faint, lose consciousness; **mühazirəyə ~mək** *fe.* 강의에 참석하다 attend lectures; **vəzifədən ~mək** *fe.* 직위 해제 당하다, 자리를 물러나다 leave one's post, resign one's post; **səhnədən ~mək** *fe.* 무대를 떠나다 leave stage, retire from stage

gedə-gedə ☞ **getdikcə**

getdikcə *z.* 갈수록, 점점 더, 점차로, 차츰 by degrees, gradually, little by little, as time goes ○ **tədricən, yavaş-yavaş**

getto *i.* 게토, 고립집단, 유태인 거리 ghetto

geydirmək *fe.* 옷을 입히다 clothe, dress, help *smb.* to wear

geyik *i. zoo.* 노루 deer-like animal

geyilmək *fe.* 옷 입혀지다, 꾸며지다 be worn, be dressed

geyilmiş *si.* 입었던, 중고의 second-hand

geyim *i.* 의복, 옷, 피복, 의상 clothes, garments, attire, array, ○ **paltar, libas, üst-baş; üst ~ləri** *i.* 외출복 street clothes; **iş ~ləri** *i.* 작업복 overalls; **baş ~ləri** *i.* 머리 쓰개 headgear, head dress; **alt ~ləri** *i.* 내복, 내의 underwear; **~-gecim** *i.* 외투, 의상 overcoat, full dress

geyimli *si.* 잘 차려 입은, 잘 꾸민 dressed, arrayed ○ **gecimli, bəzənmiş- düzənmiş** ● **çılpaq, üryan; mavi** ~ *si.* 청색 정장의 attired in blue, dressed in blue; **~-gecimli** *si.* 잘 차려 입은, 화려한 의상의 fully-dressed, well dressed, arrayed

geyindirmək *fe.* (옷을) 입히다 dress/clothe someone else

geyinəcək *i.* 옷, 의복 clothes ○ **paltar, üst-baş**

geyinmək *fe.* 입다 be dressed ● **soyunmaq**; **yaxşı** ~ *fe.* 차려 입다 dress well, array oneself

geyişdirmək *fe.* 가렵게 하다 cause to feel itch

geyişik *i.* 가려움 itch; ~ **hiss etmək** *fe.* 가렵다, 근지럽다 feel itch

geyişmək *fe.* 가렵다 itch

gey|mək[1] *fe.* 입다, 착용하다 dress, wear, array, put on; **~ib baxmaq** *fe.* 입어 보다 try on (dress); ***O, nə geymişdi?*** *그가 어떻게 입었지? What had he on?*

geymək[2] *i.* 옷, 의상, 의복 clothes, dress

geyməli *si.* 입을 만한 worth dressing

geysu *i.* 머리, 두발 hair ○ **saç, hörük**

gəbə *i.* 카펫, 양탄자, 융단 big carpet, rug; ~ **döşəmək** *i.* 마루에 양탄자를 깔다 carpet floor; **~toxuyan** *i.* 카펫 수공업자 carpet-maker

gəbəçi *i.* 융단 직조자 carpet maker

gəbəçilik *i.* 융단 직조 carpet-making

G

gəbərdilmək *fe.* 살해되다, 죽임을 당하다 be killed

gəbərmək *fe.* 죽다, 돌아가다 die, fall, pass away ○ **ölmək, keçinmək; acından ~** *fe.* 아사(餓死)하다 die of hunger

gəbərtmək *fe.* 죽이다, 죽게 하다 kill, cause to die

gəc *i.* 회반죽, 플라스터 plaster

gəda *i.* ① 하인, 종, 노예, 농노 bondman, servant ○ **qul, kölə, nökər** ● **bəy, nəcib;** ② 아첨꾼, 비굴한, 알랑쇠 flatterer, yes-man, groveller ○ **yaltaq, satqın**

gədalıq *i.* ① 노예신분, 노예제도 slavery, servantship ○ **köləlik, nökərlik;** ② 아첨, 아부, 추종 flattery ○ **yaltaqlıq, satqınlıq**

gədə *i.* ① 소년, 남자, 사내 아이 guy, boy ○ **uşaq (oğlan);** ② 녀석, 노예, 종, 머슴 fellow, servile, bondman; **~-güdə** *i.* 비굴한 사람, 아첨꾼들 bondsmen, grovellers, dishonorable person ○ **yaltaq, satqın**

gədəbaşı *i.* 청지기, 노예 반장 head servant

gədəciyəz *i.* 귀여운 녀석 little fellow ○ **oğlancığaz, uşaqcığaz**

gədək *i.* 들소 송아지 calf of a buffalo ○ **balağ**

gədik *i.* 산등성이 ridge, back of a mountain ○ **aşırım**

gələcək I. *i.* 장래, 미래, 운명 future, destiny ● **keçmiş;** II. *si.* 다가오는, 미래의, 장래의 coming, future, forthcoming; **~ zaman** *i.* 미래형 시제 *qram.* future tense; **~ zamanın qeyri-müəyyən forması** *qram.* 미래 부정형 Future Indefinite Tense form; **~ zamanın davamedici forması** *qram.* 미래 진행형 Future Continuous Tense form; **~ zamanın bitmiş forması** *qram.* 미래 완료형 *qram.* Future Perfect Tense form; **~ zamanın davam edib bitmiş forması** *qram.* 미래 완료 진행형 Future Perfect Continuous Tense form; **~ nəsil** *i.* 미래세대, 다가오는 세대 generation to come, posterity; **~dən xəbər vermək** *fe.* 예견하다, 예보하다 predict; **~dən xəbər vermə** *i.* 예보, 예견 prediction; **~yi görməyən** *si.* 단견의, 속 좁은 short-sighted; **~də** *z.* 이제부터, 앞으로, 향후, 장차 hereafter, in the future

gələn *i.* 손님 guest, visitor ○ **qonaq, mehman;** *si.* 다가오는, 다음의 coming, next ○ **gələcək, gözlənilən, növbədəki; ~ dəfə** 다음 번 next time; **~ il** 내년 next year; **~ mövsüm** *i.* 오는 시절, 계절 coming season; **~-gedən** *i.* 행인 passers-by, everyone, riffraff, rabble

gələsər *si.* 풍부한, 풍족한, 비옥한, 기름진 abundant, fertile

gəlim *i.* 수입, 이득, 이윤 income, interest, profit ○ **artımqazanc, gəlir**

gəlimli *si.* 이익이 되는, 돈벌이가 되는, 유익한, 도움이 되는 profitable, beneficial, having a gain

gəlin *i.* ① 신부, 약혼녀 bride, fiancée; ② 며느리 daughter-in-law (son's wife); ③ 올케 sister in law (brother's wife); **~-qız** *i.* 아녀자, 젊은 부인 young ladies

gəlincə *qo:* ~관해서, ~에 있어서 as to, with regard to, as for; **mənə ~** *z.* 나로서는, 내 생각에는 as for me

gəlincik *i.* 꼭두각시, 인형 doll, puppet

gəlinlik I. *i.* 신부됨, 신부감 state of a bride; II. *si.* 신부의, 신부를 위한 of bride

gəlir *i.* 수입, 소득, 이득, 보수 income, profit, return ○ **qazanc, mədaxil** ● **zərər; təmiz/xalis ~** *i.* 순이익, 순수익 net profit; **~ vergisi** *i.* 수입세 income tax; **~lə tə'min etmək** *fe.* 주다, 부여하다 endow; **illik ~** *i.* 연봉, 연수입 annual revenue; **zəhmətsiz ~** *i.* 불로 소득 unearned income; **~-çıxar** *i.* 수입과 지출 income and expenditure

gəlirli *si.* 이익이 남는, 소득이 되는, 수지가 맞는, 유리한 profitable, remunerative, paying, lucrative ○ **qazanclı, mədaxilli, səmərəli** ● **zərərli; təsərrüfatın ~ sahəsi** *i.* 경제 흑자 영역 the profitable branch of the economy

gəlirlilik *i.* 이익, 수익 profitableness, remunerativeness ○ **qazanclılıq, səmərəlilik**

gəlirsiz *si.* 소득이 없는, 무익한, 적자의 unprofitable, unremunerative ○ **qazancsız, səmərəsiz**

gəlirsizlik *i.* 적자성, 무소득 unprofitability ○ **səmərəsizlik**

gəlirverən ☞ **gəlirli**

gəliş *i.* 도착, 방문, 내방(來訪) arrival, visit

gəlişigözəl *si.* 우연한, 뜻밖의, 예상 못한 accidental, by chance, unexpected; *z.* 우연히, 뜻밖에 accidentally, by chance, unexpectedly

gəllahı *z.* 자유롭게, 활달하게, 솔직하게 openly,

freely, frankly

gəlmə ① ☞ **gəlmək**; *i.* ② 외국인, 나그네 stranger ○ **yad, özgə, qərib** ● **yerli**

gəl|mək *fe.* ① 오다, 도착하다, 이르다, 다다르다 come, arrive ○ **çatmaq** ● **getmək**; ② 접근하다, 가까이 다가가다 approach, arrive, reach; ③ 느껴지다, 추측되다, 인지하다 seem, be shown, feel, perceive; **~-gedər** *si.* 일시적으로, 단회적으로 temporary, short-lived ○ **müvəqqəti**; **~dikcə** *z.* 점점 더, 조금씩, 날마다 when (it) comes, gradually, little by little, day by day; **~-gəl** *i.* 오라고 부름 calling to come; **~ demək** *fe.* 초청하다 call invite; **~-get** ☞ **get-gəl**; **~ib-çıxmaq** *fe.* 나타나다, 도착하다 appear, arrive; **Mənə elə gəlir ki...** 내가 보기에는… It seems to me; ④ 무게를 더하다 weigh, put on; ***Bu nə qədər gəlir?*** *무게가 얼마나 될까요? How much does it weigh?*; ⑤ 결혼을 수락하다, 청혼을 받아들이다 marry, accept a marriage proposal; ⑥ 비가 내리다, 눈이 내리다 rain, fall, flow; ⑦ 기원하다, 발생하다, 드러내다 originate, come from, bring forth, be caused; ⑧ 안정되다, 맞추다 fit, suit, settle; **~ib qapını açmaq** *fe.* 초인종에 응답하다 answer the bell; **~ib getmək** *fe.* 참석하다, 요구하다 visit, call on, attend; **rast ~mək** *fe.* 우연히 마주 치다 come across; **hakimiyyətə ~mək** *fe.* 권력을 잡다 come to power; **nəticəyə ~mək** *fe.* 결론에 이르다 come to a conclusion, arrive at a conclusion; **razılığa ~mək** *fe.* 동의에 이르다 come to an agreement; **sona ~mək** *fe.* 마치다 come to an end; **dəhşətə ~mək** *fe.* 놀라다, 경황하다 be horrified; **ağlına ~mək** *fe.* 이해하다, 깨닫다 come into one's mind; **özünə ~mək** *fe.* 정신을 차리다 come to oneself; **huşa ~mək** *fe.* 의식을 차리다, 의식이 돌아오다 regain one's consciousness, come round; **məhkəməyə ~mək** *fe.* 법정에 출두하다 appear before the court; ***Gəl gedək!*** *갑시다! Come along!*

gəlməhagəl[1] *i.* 지속적으로 풍성한 결과 continually abundant results

gəlməhagəl[2] *z.* 오랜 산책 후에 after a long walk

gəlməməzlik *i.* 불참 non-attendance

gəlməyən *si.* 오지 않는 missing

gəm[1] *i.* 타작 마당 trashing board ○ **vəl**

gəm[2] *i.* 양의 입에 젖을 빨지 못하게 씌우는 망 net put onto a lamb's mouth to prevent it from sucking

gəmə *i.* ① 꾸러미 half a bundle, package; ② 다발 small bunch of plants

gəmi *i.* 배, 선박 ship, vessel; **~ he'yəti** *i.* 선원 ship's crew; **~ tərsanəsi** *i.* 조선소 shipyard, dockyard; **~ilə yola salmaq/göndərmək** *fe.* 선적하다, 배로 보내다 ship; **~ilə səyahətə çıxmaq/gəzmək** *fe.* 순항하다, 순양하다 유람하다 cruise; **~ qəzası** *i.* 난파, 파선 shipwreck; **~ yükləmə** *i.* 선적, 적재, 발송, 출하 shipment; **~lərin hərəkəti** *i.* 항해, 해운 navigation; **~lərin səfəri** *i.* 항해, 운항 navigation; **~nin dal tərəfi** *i.* 고물, 선미(船尾) stern; **hərbi ~** *i.* 전함(戰艦) warship; **~yə minib yola düşmək** *fe.* 출항하다, 출국하다 embark; **~yə minmək** *fe.* 승선하다, 배에 오르다, 출국하다 go aboard a ship; **~yə yükləmə** *i.* 선적(船積), 적재(積載) shipping; **~ni suya salmaq** *fe.* 진수(進水)하다 launch; **~-bərə** *i.* 화물선(貨物船) cargo boat; **~-peyk** *i.* 우주선, 우주비행체 spaceship, spacecraft

gəmiçi *i.* 선원, 뱃사람, 갑판원, 수부(水夫) sailor, seaman

gəmiçilik *i.* 항해, 해운, 해상 여행 navigation, seafaring; **~yə yarayan** *si.* 항해할 수 있는, navigable

gəmidə/gəmiyə *z.* 승선하여, 해외로 aboard, on board

gəmik ☞ **sümük**

gəmiqayıran *i.* 조선업자 shipwright, shipbuilder

gəmiqayırma *i.* 조선 shipbuilding; **~ tərsanəsi** *i.* 조선소 shipbuilding yard

gəmircək *i. ana.* 연골; 연골부[조직] cartilage, gristle

gəmiricilər *i. zoo.* 설치류 동물 (쥐·다람쥐 등) rodent, gnawer

gəmirik *si.* ① 손상된, 망가진 broken, cracked, smashed; ② 쏠은, 갉아먹은 eaten, gnawed

gəmirikləmək ☞ **gəmirmək**

gəmirilmək *fe.* 망가지다 be broken, be gnawed

gəmirinti *i.* 그루터기, 부스러기 core, stump, stub

gəmirişdirmək *fe.* 서로 싸우게 하다, 서로 다투게 하다 cause to gnaw each other

gəmirişmək *fe.* 싸우다, 다투다 fight, wrangle, squabble, gnaw each other

G

gəmirmə *i.* 깨물기, 갉아먹기, 파먹어 들어가기 gnawing, nipping, snapping ○ **yemə**

gəmirmək *fe.* 쏠다, 갉아먹다, 깨물어 끊다, 씹다 gnaw, chew ○ **yemək**; **sümük ~** *fe.* 뼈를 갉아먹다, 뼈를 쏠다 gnaw a bone, pick a bone

gəmləmək *fe.* (젖을 못 빨도록) 양의 입에 망을 씌우다 put a net onto a lamb's mouth to prevent it from sucking

gənc I. *i.* 젊은이, 청년, 청소년, 사춘기, 연소자 young, adolescent, juvenile, fellow, lad, youth ○ **cavan**, **yeniyetmə**; II. *si.* 젊은, 연소한, 젊음이 넘치는 youthful, young; **~ nəsil** *i.* 젊은 세대 young generation; **~ seçicilər** *i.* 연소 유권자 young electors; **~ görünmək** *fe.* 젊어 보이다 look young; **~lər** *i.* 청년, 젊은이 youth, young people

gəncəfə ☞ **qumar**

gəncləşdirmək *fe.* 젊어지게 하다, 활력을 되찾게 하다 rejuvenate

gəncləşmə *i.* 회춘, restoration to youth ○ **cavanlaşma**

gəncləşmək *fe.* 젊어지다, 활력을 되찾다 look younger, restore to youth, rejuvenate ○ **cavanlaşmaq** ● **qocalmaq**

gənclik *i.* ① 개화기 bloom; ② 젊음, 청년기, 청소년기 youth, youthfulness ○ **cavanlıq**, **yeniyetməlik**; ③ 젊은이 young people; **~ illəri** *i.* 청년기 green years; **~lə əlaqəli** *si.* 젊은, 청년기의 juvenile; **~ həvəsi** *i.* 청년의 열정 youthful enthusiasm

gəndalaş *i. bot.* 딱총나무(의 열매) elderberry, sambucus; elder

gəndalaşlıq *i.* 딱총나무 밭 elder grove

gənə *i. zoo.* 진드기 tick

gənəcik *i.* 잔진드기 *zoo.* small tick

gənəgərçək *i. bot.* 비버 향료 나무 castor oil plant; **~ yağı** *i.* 비버향, 해리향 caster oil

gənəli *si.* 진드기가 있는 having ticks

gənəşik *i.* 상담, 협의, 자문 consultation

gənəşmək *fe.* 조언하다, 자문하다, 의견을 나누다 consult, seek advice; talk things over

gənzik *i. ana.* 인후두 (咽喉頭) nasopharynx

gər[1] ☞ **əgər**

gər[2] *i.* a kind of animal disease (sheep, goat *etc.*)

gər[3] *i. bot.* 뽕나무; 뽕나무 열매 mulberry ○ **çəkil**

gəraylı *i.* a form of poem used by an **aşıq**

gərçək ☞ **gənəgərçək**

gərçi *da.* ~에도 불구하고 inspite of, despite ○ **hərçənd**, **baxmayaraq**, **əgərçi**

gərd *i.* 편물제품의 흠 defect on the knitting wear

gərdək *i.* 신랑의 집에 신부를 위해 커튼으로 준비된 장소 *ethn.* the special place prepared with curtains for the bride at the groom's house; ○ **pərdə**; **~ qurmaq** *fe.* 신혼의 잠자리를 만들다 set up a screen, make bed for new married couple; **~yə girmək** *fe.* 신혼의 잠자리에 들다, 자신을 숨기다 take oneself off behind the screen; hide

gərdəkli *si.* 커튼이 드리운 with curtains ○ **pərdəli**

gərdən *i.* 목 (앞부분) throat, neck (front part) ○ **boğaz**

gərdənbənd *i.* 목걸이, necklace; **brilyant ~** *i.* 다이아몬드 목걸이 diamond necklace

gərdənə *i.* 산 고개 mountain passage

gərdənli *si.* 아름다운 목을 가진 with a beautiful neck

gərdənlik ☞ **gərdənbənd**

gərdi *i.* 바느질 판 sowing bed ○ **lək**

gərdiş *i.* 산책, 행진 walk, spromenade ○ **gəzinti**, **hərəkət**

gərdun *i.* ① 하늘, 창공 firmament; ② 운명, 숙명, 액운 destiny, doom, fate ○ **tale**, **bəxt**, **fələk**, **iqbal**

gərək I. *mod.s.* ① 반드시, ~할 필요가 있는 necessarily, should ○ **lazım**; ***Gərək bu kitabı oxuyaq.*** *이 책을 읽을 필요가 있다. We should read this book.*; ***Gərək kimsə ora getsin.*** *기필코 누군가 거기 가야 한다. (Necessarily) Somebody shoud go there.*; ***Gərək bunu ehtiyatla edəsiniz.*** *조심스럽게 이것을 해야 합니다. This work need to be done carefully.*; ② 애석하게도 (과거 시제와 함께 후회나 회한을 표현) regretfully (with past tense expressing regret or an impossible wish); ***Sən gərək biləydin ki.*** *네가 알았어야 하는 건데. You ought have known that.*; ***Mən gərək ora gedəydim.*** *내가 거기 갔어야 하는 건데… I should have been there.*; *bağ.* 둘 다, ~이면서 both—and—; ***Gərək dost, gərək düşmən.*** *친구이면서 원수. Either friend or enemy.*; II. *i.* ① 무기, 병기 weapon, arms ○ ***yaraq, silah, ləvazimat; Gərəyini götür.*** *무기를 취하라. Take the* weapon.

gərəkli *si.* 필요한, 필수의, 없어서는 안 될, 불가결의 indispensable, necessary, useful ○ **lazımlı, zəruri, yararlı, mühüm,** ● **lazımsız**

gərəklik *i.* 필요성, 필수성, 필수품 essentiality, necessity ○ **lazımlıq, zərurilik**

gərəklilik *i.* 필요성, 필수 불가결함 necessity, fitness ○ **zərurilik, yararlılıq**

gərəkmək *fe.* 필요하다 need, be necessary

gərəkməz I. *z.* 꼭 그런 것은 아닌 not necessarily; II. *si.* 불필요한, 쓸데없는, 본질적이 아닌 unnecessary

gərəksiz *si.* 불필요한, 쓸데없는 useless, unnecessary ○ **lazımsız, yararsız,**

gərəksizlik *i.* 무익함, 소용없음, 무용함 uselessness ○ **lazımsızlıq, yararsızlıq**

gərgənc; ~ **etmək** *fe.* 마른 피부를 전체적으로 긁다 stretch fully to dry leather/skin

gərgin *si.* ① 빡빡한, 팽팽한, 긴박한, 촘촘한 tight, strained, tense ○ **tarım, dartılmış**; ② 몹시 힘드는, 견디기 어려운, 벅찬 arduous, intensive ○ **əsəbi, intensiv**; ③ 무거운, 심각한 heavy, serious ○ **çətin, ağır, sıxıntılı (vəziyyət)**

gərginləşdirmə *i.* 긴장, 격화 straining, intensifying, tensing ○ **kəskinləşdirmə, şiddətləndirmə**

gərginləşdirmək *fe.* ① 당기다, 조이다, 긴장시키다, 신랄하게 하다 strain, intensify, sharpen, bring to a head; ② 악화시키다, 심화시키다, 가중시키다 aggravate; **münasibətləri** ~ *fe.* 관계가 악화되다, 긴장 관계가 되다 strain the relations; **əzələni** ~ *fe.* 근육을 긴장시키다 strain a muscle ○ **kəskinləşdirmək, şiddətləndirmək**

gərginləşmə *i.* 긴장됨, 심화됨 being strained, being intensified

gərginləşmək *fe.* ① 모질어지다, 날카로워지다 become sharp ○ **kəskinləşmək**; ② 악화되다, 긴장되다, 심화되다 become aggravated/strained

gərginlik *i.* ① 중압감, 긴장, 압력, 부담 strain, stress, tension ○ **kəskinlik, əsəbilik** ● **sakitlik**; ② 어려움, 곤란, 심각함 difficulty, seriousness; ③ *phys.* (물리) 긴장, 압력, 신장(伸張) tension, pressure, compression; **yüksək** ~ *i.* 높은 압력, 높은 중압 high tension; **beynəlxalq ~yi zəiflətmək** *fe.* 국제 긴장을 완화시키다 relax international tension

gərginlikli *si.* 높은 압력의 high-pressured

gərilmə *i.* 인장(引張) pull, tension

gərilmək *fe.* ① (팽팽하게) 당겨지다, 긴장되다 be strained, be tightened ○ **dartılmaq, çəkilmək, tarımlanmaq**; ② (날개가) 활짝 펴지다 be stretched fully (wing)

gərmə *i.* 연료로 쓰이는 짐승 배설물 덩어리 kizyak (manure briquettes used for heating)

gərmək¹ *fe.* ① 잡아당기다, 꽉 죄다, 긴장시키다, 팽팽하게 하다 strain, tighten, tauten ○ **dartmaq, çəkmək, tarımlamaq**; ② 펼치다, 뻗다, 뻗치다 stretch, extend ○ **ayırmaq, sərmək**; **əzələlərini** ~ *fe.* 근육에 힘을 주다, 근육을 긴장시키다 tense one's muscles

gərmək² *i.* 조생(早生) 참외 중의 하나 a kind of melon (early-ripened)

gərmənc *i.* 말을 붙잡는데 쓰는 동아줄 rope for catching a horse

gərməşov *i. bot.* 구엘더 로즈 guelder-rose

gərnəşmək *fe.* (몸을) 쭉 펴다 stretch oneself

gəşt *i.* 산책, 산보, walk, stroll, promenade ○ **gəzmə, dolanma, seyr, gəzinti, hərəkət**

gətirilmək *fe.* 배달되다, 전달되다 be delivered, be brought

gətirmə *si.* 받아들여진, 적응된 adopted, accepted

gətirmək *fe.* ① 가져오다, 건네주다, 전달하다 bring, deliver, fetch; ② 성취하다, 잘되다 succeed; ③ 설득하여 시키다, 납득시키다 persuade; ④ 이해하다, 납득하다, 인지하다, 파악하다 understand, catch meaning; **meydana** ~ *fe.* 만들다, 조제하다 create; **meyvə** ~ *fe.* 과일을 맺다 bear fruit; **mənfəət** ~ *fe.* 이익을 남기다 be of use, give benefit; **sitat** ~ *fe.* 인용하다 cite a quotation; **sübut** ~ *fe.* 증빙하다, 증거를 제출하다 produce proofs; **misal** ~ *fe.* 예를 들다 give an example; **dəhşətə** ~ *fe.* 놀라게 하다, 무섭게 하다 horrify; **hərəkətə** ~ *fe.* 행동하게 하다, 수행하게 하다 set in motion

gəvələmə *i.* 씹기, 반추 chewing ○ **çeynəmə, gövşəmə**

gəvələmək *fe.* ① 씹다 chew, masticate; ② 빵만 먹다 eat bread (without anything) ○ **çeynəmək, kövşəmək**

gəvənnəşmək *fe.* (나뭇가지 등) 처지다, 휘어지

G

다 hang down (tree, branches)

gəvəş *i. med.* 구루병(病), 골연화증(骨軟化症) folk name of rachitis, rickets

gəvəzə *i.* 수다쟁이, 허풍선이, 떠버리, 입이 싼 사람 chatterbox, talker, gasbag, windbag, blabbermouth ○ **boşboğaz**, **hərzə**, **çərənçi**, **naqqal**, **yanşaq**, **lağlağı**; II. *si.* 수다스러운, 말이 많은, talkative, garrulous; *z.* 수다스럽게, 장황하게, garrulously, stupidly, foolishly

gəvəzəlik *i.* 수다 garrulity, talkativeness ○ **boşboğazlıq**, **naqqallıq**, **çərənçilik**; **~ etmək** *fe.* 지껄이다, 재잘재잘 거리다 jabber

gəyirik ☞ **gəyirmə**

gəyirmə *i.* 트림(하기) belch, eructation

gəyirmək *fe.* 트림하다 belch, eructate

gəyirti ☞ **gəyirmə**

gəz[1] *i.* 때, 경우, 번, 회수, 순서, 차례 time ○ **dəfə**, **kərrə**

gəz[2] *i.* 벤 자리, 조각, 부스러기, 베어낸 자국 chip, notch ○ **kəsik**, **yarıq**, **oyuq**

gəz[3] *i.* 피스타치오, 아몬드, 호두 등을 넣어 만든 케잌의 일종 a kind of cake with pistachios, almonds

gəzdək *i.* 산정상의 우묵한 곳 hollow on the back of a mountain

gəzdirmək *fe.* ① 산책을 시키다 (특정한 사람을) 항상 옆에 두다 lead, conduct, drive, draw, take for a drive, carry; keep one's side; ② 지니다, 지니고 다니다 carry, wear; **pulu cibində ~** *fe.* 호주머니에 항상 돈을 가지고 다니다 carry one's money in pocket; **bir kəsi əli üstündə ~** *fe.* (특정한 사람을) 항상 옆에 두고 다니다 make much of smb

gəzə-gəzə *z.* 걸어가면서 walkingly, going

gəzəl *i.* 석류 껍질 (과거에 염색용으로 사용함) pomegranate peel

gəzən[1] *si.* ① 방랑하는 떠도는, 정처 없는, 헤매이는 vagrant, wandering, roaming; **~ musiqiçi** *i.* 방랑 가객, 방랑 악사 vagrant musician; ② 걷는, 보행하는 walking; **~ xəstə** *i.* 보행 환자 walking patient

gəzən[2] *i.* 구두 수선공의 가죽 자르는 칼 shoemaker's knife

gəzəngi *i.* 아몬드 나무에 발생하는 질병의 한 종류 *bot.* a kind of tree disease (almond)

gəzənti *si.* 유랑하는, 순회하는, 항상 움직이는 vagrant, itinerant, restless

gəzərgi *si.* 이동하는, 유랑하는 (직업) walking, itinerant

gəzəyən I. *i.* ① 게으름뱅이, 흥청거리는 사람, 난봉꾼, 방탕자 idler, reveler, fidget ○ **sərsəri**, **avara**, **əyyaş**, **kefcil**; ② 행실이 나쁜 여자, 정부(情婦), 매춘부(賣春婦); 방탕자, 난봉꾼; 도락가 fancy woman; rake, immoral man; II. *si.* 돌아다니는 idle, traveling; 방종한, 몸가짐이 헤픈, 바람기 있는 (여자) loose (lady)

gəzəyənlik *i.* ① 방랑(생활) 방랑벽, 방랑 상태 idleness, vagabondage ○ **sərsərilik**, **avaralıq**, **əyyaşlıq**, **kefcillik**; ② 방종, 헤픔, 바람기 looseness

gəzinişmək *fe.* 같이 걷다 walk along together

gəzinmək *fe.* 걷다, 산보하다, 산책하다, 거닐다 walk along, walk up and down, scroll, wander

gəzinti *i.* 산보, 산책, 거닒, 완보 drive, ride, stroll, trip, walk; **~yə getmək** *fe.* 산책 가다 go for walk

gəziş *i.* 보조, 걸음걸이 gait, going, taking a walk ○ **yerimə**, **getmə**

gəzişmə *i.* 걷다 walk

gəzişmək *fe.* 다리를 뻗다; 산보를 나가다, 완보하다, 산책하다 stretch one's leg, go for a walk, take a walk, pace, stroll

gəzləmək *fe.* 둘로 나누다, 양분(兩分)하다 bisect, divide into two ○ **haçalamaq**

gəzmə *i.* 산보, 산책, 만유(漫遊) walking around, hanging around, wandering; **~yə çıxmaq** *fe.* 산보하다, 산책하다, 만유하다 go for a walk, take a walk

gəz|mək *fe.* ① 걷다, 걷기에 나서다 walk, have a walk; ② 유랑(流浪)하다, 여행하며 다니다 tour, stroll; **~ib dolaşmaq** *fe.* 방랑하다, 떠돌다, 오가다, 유랑하다, 완보하다 roam, stroll, wander, rove ○ **yerimək**, **dolanmaq**, **dincəlmək**

gəzməli *si.* 여행할 만한, 가볼 만한 worth visiting/traveling

gibbon *i. zoo.* 긴팔원숭이(동인도제도·남아시아산) gibbon

gic I. *i.* 바보, 멍청이, 괴짜 idiot, crank, oddity, eccentric man, ○ **sərsəri**, **axmaq**, **dəli**, **səfeh**; II. *si.* 어리석은, 멍청한, 괴상한, 괴팍한 fool, silly; abnormal; III. *z.* 어리석게, 괴상하게, 바보스럽게

foolishly, stupidly, silly, idiotically; ~-~ *z.* 어리석게, 바보같이, 멍청하게, 괴상하게 idiotically, stupidly, foolishly

gicbeyin *si.* 어리석은, 괴상한, 괴팍한, 얼간이 같은 silly, doltish, foolish, idiot ○ **səfeh, yüngül, gic, sarsaq, ağılsız** ● **ağıllı; özünü ~ yerinə qoymaq** *fe.* 바보 같은 짓을 하다, 어리석게 행하다 make a fool of oneself

gicalov *i.* 역경, 고난 hardship, difficulty in life

gicavar *i.* ① 종잡을 수 없는 춘하 풍(風) spring or summer wind which changes direction unpredictably; ② 변덕스러운 사람 a moody person

gicbaş ☞ **gicbeyin**

gicbəsər ☞ **gic**

gicbəsərlik ☞ **giclik**

gicəlləndirici *si.* 어지럽게 하는, 어찔어찔하는, 아찔한, 현기증 나는, 끔찍한, 대경실색케 하는 giddy, dizzy, terrific, stupefying; **~ hündürlük** *i.* 어찔어찔한 높이 giddy height; **~ müvəffəqiyyət** *i.* 끔찍한 성공, 대경 할 성공 dizzy success

gicəlləndirmək *fe.* 어지럽게 하다, 현기증을 일으키다 make dizzy, cause dizziness/giddiness, stupefy

gicəllənmə *i.* 어지러움, 현기증, 혼미, 혼동 being dizzy, confusing

gicəllənmək *fe.* 어지럽다, 어지러움을 느끼다, 혼미하다, 혼동하다 whirl, feel dizzy, get confused

gicəlmə *i.* 현기증, 멀미 reeling, feeling sick

gicəlmək¹ *fe.* 비틀비틀하다 reel

gicəlmək² *fe.* 어리석게 되다, 멍하게 되다 become foolish

gicəltmə *i.* 양에게 일어나는 질병 중의 하나 a kind of sheep disease

gicəltmək¹ *fe.* 어지럽게 하다, 현기증을 유발하다 make a reel, cause to be dizzy

gicəltmək² *fe.* 놀리다, 미치게 하다 make a fool of, madden

gicgah *i.* 머리 (이마와 귀 사이 부분) skeleton, part between the forehead and the ear

gicişdirmək *fe.* 쑤시다, 찌르다, 화나게 하다, 짜증나게 하다, 애타게 하다, 자극하여 괴롭히다 irritate, prickle

gicişmə *i.* 가려움, 쑤심 itch, irritation ○ **qaşınma, göynəmə**

gicişmək *fe.* 긁다, 가렵다 itch, scratch oneself; **əlləri ~** *fe.* 손을 긁어 무슨 일을 하게 하다 itch one's hand to do *smt.* ○ **qaşınmaq, göynəmək**

gicitkən *i. bot.* 쐐기풀 nettle ○ **gəzənə**

gicitkənanası *i.* 마른 쐐기풀 dead-nettle

gicitkənli *i.* 쐐기풀의, 쐐기풀이 있는 of nettle, having nettle

gicləşmək *fe.* ① 어리석게 되다, 바보처럼 되다 become stupid/foolish ○ **səfehləşmək, dəliləşmək, sərsəmləşmək** ● **ağıllanmaq**; ② 어리석게 행동하고 말하다 act/speak idiotically

giclik *i.* 바보짓, 정신박약, 우둔함, 기행(奇行), 무절제, 방종 idiocy, imbecility, eccentricity, crankiness, extravagance ○ **səfehlik, dəlilik, axmaqlıq; ~ etmək** *fe.* 바보처럼 행동하다, 괴팍하게 행동하다 act idiotically

gico *i.* 소용돌이, 회오리바람 whirlpool, eddy ○ **burulğan**

gictəhər *si.* 약간 미친 듯한, 약간 어리석은 듯한, 바보스러운 a little crazy, a bit silly, doltish; *z.* 어리석게, 무의미하게 silly, inanely

gigiyena *i.* 위생, 위생학 hygiene; **~ tələblərinə uyğun** *si.* (공중) 위생의, 위생상의, 위생적인 sanitary; **~ya əsaslanan** *si.* 위생적인, 건강에 좋은, 위생학의 hygienic

gigiyenik *si.* 위생적인, 건강에 좋은, 위생학의 hygienic

giqantizm *i. bio.* 거대증(巨大症) gigantism, giantism

gil *i.* 찰흙, 점토; 흙, 진토(塵土) clay, plastic clay; **~ qablar** *i.* 도기류 (陶器類) pottery; **~ mə'mulatı** *i.* 토기, 도기 earthware, pottery

gilas *i.* 버찌; 벚나무 *bot.* cherry

gilaslıq *i.* 버찌 과원, 버찌 정원 cherry orchard

gilavar *i.* 카스피해서 불어오는 남서풍 south-west wind (from Caspian sea)

gildəni *i.* 현대 이라크에 사는 고대 민족 중의 하나 an ancient people who lived in the territory of modern Iraq

gildi *i.* 조합, 단체, 협회 guild

gildir-gildir *z.* 방울방울, 똑똑 (물이 떨어지는) drop by drop ○ **damcı-damcı, gilə-gilə**

giley *i.* 불평, 불만 complaint, disapproval ○ **şikayət, deyinmə, narazılıq** ● **razılıq; ~ etmək** *fe.* 불평하다, 불만하다 make a complaint; lodge a complaint

giley-küsü ☞ **giley-güzar**

G

giley-güzar *i.* 불평, 불만 complaint, murmur, grumble
gileylənə-gileylənə *z.* 불평하며, 투덜거리며, 중얼거리며 complainingly
gileylənmə *i.* 불평하기 complaining ○ **şikayətlənmə**
gileylənmək *fe.* 불평하다 complain ○ **şikayətlənmək**
gileyli *si.* 만족 못 하는, 재미없는, 불만스러운 dissatisfied, discontented, displeased ○ **şikayətli, deyingən, narazı,** ● **razı**
gileylik *i.* 불만족, 불찬성 dissatisfaction, disagreement
gilə *i.* ① *bot.* 액과, 장과 berry; ② 열매, 알(석류알, 포도알) drop (of pomegranate, grape *etc.*); ③ 눈동자 apple of the eye; ④ 젖꼭지 nipple
Giləklər *i.* 이란에 사는 종족 an ethnic group found in Iran
giləmə *i.* 열매 따기 separation, plucking a berry ○ **ayırma, dənələmə**
gilələmək *fe.* 송이에서 낱알로 분리하다 separate, pluck (berry from a bunch of grapes *etc.*) ○ **ayırmaq, dənələmək**
gilələnmək *fe.* 송이에서 낱알로 떨어지다 be separated from its cluster
giləmeyvə *i.* 열매 *bot.* berry
gilənar *i.* 신 버찌 cherry ○ **albalı, bişnye**
gilənarlıq *i.* 버찌 밭 cherry orchard
gilgilə *i.* 열광, 대소동, 과대 선전 hoopla
giliz *i.* ① 카트리지 케이스 cartridge case; ② 담배곽(廓) cigarette-wrapper
gilqarışdıran ☞ **gilqarışdırıcı**
gilqarışdırıcı *i.* 시멘트 혼합기 cement mixer
gillə *i.* 과일을 말리는 도기 pottery used in drying fruit
gillədilmək *fe.* 말리다, 구르다 be rolled
gilləmək[1] *fe.* 말다, 굴리다 roll ○ **diyirləmək, yumalatmaq**
gilləmək[2] *fe.* 진흙을 바르다 plaster clay
gillənmə *i.* 구름, 굴리기 rolling ○ **diyirlənmə**
gillənmək *fe.* 구르다, 말리다 roll ○ **diyirlənmək**
gillətmək *fe.* ① 구르게 하다, 굴리다 roll, cause to roll; ② 한 번에 마시다, 꿀꺽하다 *fig.* drink off at one gulp
gilli *si.* 점토질의, 점토를 섞은, 점토질을 함유한 clayed, argillaceous; ~ **torpaq** *i.* 점토, 찰흙 clayed soil, loam
gillik *i.* 점토, 찰흙 loam
gilmöhrə *i.* 욋가지와 찰흙 wattle and daub
giltorpaq *i. kim.* 알루미나, 반토(礬土), 산화알루미늄 alumina
gilyotin *i.* 단두대 guillotine
gimgə *i.* 모임, 회합, 집회; 회중 gathering ○ **yığıncaq, yığnaq**
gimnast *i.* 체육 전문가, 체육교사, 체조선수 gymnast
gimnastik *si.* 체육의; 체조의 gymnastic; ~ **hərəkətlər** *i.* 체조 연습 gymnastic exercise
gimnastika *i.* 체조, 체조 기술 gymnastics, drill
gimnastyorka *i.* 체조복 field shirt
gimnazist *i.* 중등학생 secondary school pupil
gimnaziya *i.* 중학교, (인문계) 고등학교 secondary school, gymnasium; **klassik** ~ *i.* 전통 학교 classic school
gimrik *si.* 낟알의, 낟알이 많은 grainy, granular
ginekoloq *i.* 산부인과 의사 gynaecologist
ginekoloji *si.* 산부인과의 gynaecological; ~ **xəstəlik** *i.* 여성 질환 woman's disease
ginekologiya *i. med.* 산부인과 gynaecology
gipersten *i.* 광물질의 하나 a type of mineral
gips *i.* ① 석고, 깁스 gypsum; ② 회반죽, 석고 반죽 plaster; ③ 석고 주조, 깁스 붕대 plaster cast
gipsləmək *fe.* 석고처리를 하다, 석고로 고정하다, 석고 붕대를 하다 plaster; fix with gyps
gipslənmək *fe.* 석고 붕대로 고정되다 be plastered; be gypsumed
gipsləşmək *fe.* 석고 처리가 되다 become plastered/gypsumed
gipsli *si.* 석고의, 석고 처리한 plastered, mixed with plaster, gypseous
gir *i.* ① 기력, 힘, 원기 power, strength, energy ○ **güc, qüvvət, taqət**; ② 곤란, 난처한 처지, 궁지 jam (a hard situation); **~ə düşmək** *fe.* 곤란한 처지에 빠지다, 궁지에 빠지다 be entrapped; **~ə keçmək** *fe.* (누구의) 피임에 빠지다, 곤란에 빠뜨리다 fall into smb's hands; **~ə salmaq** *fe.* 유혹에 빠뜨리다, 덫에 빠뜨리다 ensnare; ***Giri yoxdur.*** *손에 힘이 빠졌다. My hands have no strength.*
girami *si.* 사랑하는, 친애하는 dear, beloved ○ **əziz-girami**
girdab *i.* ① 소용돌이, 혼란 whirlpool, eddy ○

buruluğan; ② 진퇴양난, 궁지, 난국, 난처 hardship, dilemma; **~ə düşmək** *fe.* 곤란에 빠지다, 어려운 처지에 빠지다 get into trouble
girdə *si.* 둥근, 원형의, 구형(球形)의 round, spherical, ball ○ **yumru, dəyirmi, yuvarlaq**
girdəağız(lı) *si.* 입이 둥근, 둥근 입을 가진 round-mouthed
girdələmə *i.* 둥글게 하기, 원형화 getting round, rounding off ○ **yumrulanma, dəyirmilənmə**
girdələmək ☞ **girdələndirmək**
girdələndirmək *fe.* 둥글게 만들다, 원형화 시키다 round off ○ **yumrulamaq, dəyirmiləmək**
girdələnmək *fe.* 둥글게 되다 round
girdəlik *i.* 원형 roundness ○ **yumruluq, dəyirmilik**
girdənək *si.* 원형의, 둥근 round
girdəsifət(li) *si.* 둥근 얼굴의, 얼굴이 둥근 moon-faced, round faced
girdəüz ☞ **girdəsifət**
girdin *i.* 나무토막, 장작 log, billet
girdinləmək *fe.* 나무 토막을 내다 cut into logs
gireh *i.* 인치 vershok, inch
girəcək *i.* 입구, 출입구 entrance
girələmək ☞ **girvələmək**
girəvə *i.* ① 정박 설비, 배의 피난처, 정박소, 은신처 shelter, harborage, secret place ○ **pusqu, marıq, qurğu**; ② 기회, 호기(好機), 적기(適期) a suitable moment, chance, opportunity ○ **fürsət, imkan**; **~ düşmək** *fe.* 호기를 가지다, 적기(適期)를 만나다 have an opportunity; **~yə salmaq** *fe.* 속이다, 현혹시키다, 사기하다 cheat, deceive, choose an opportunity
girəvələmək *fe.* 기회를 잡다, 호기를 이용하다 catch the chance
giriftar *si.* 의존적인, 부수하는, 종속적인 contingent, subjected, liable ○ **düçar, tutulmuş, mübtəla**
giriftarlıq *i.* 의존, 종속 contingence, subjection
girinc *i.* 싫어함, 적대감, 반감, 혐오, 증오 repugnance, aversion; **~ eləmək** *fe.* 괴롭히다, 귀찮게 굴다, 성가시게 하다, 신경을 건드리다 bother, annoy, fuss; **~ qalmaq/olmaq** *fe.* 싫증나다, 싫어하다 get bored
girinti *i.* 움푹 들어간 곳 hollow, cavity, depression
girinti-çıxıntı *i.* 요철, 울퉁불퉁한 곳, 울룩불룩한 곳 bend, crookedness, unevenness
girintili *si.* 구멍이 있는, 울퉁불퉁한 hollow
girintili-çıxıntılı *si.* 울퉁불퉁한, 구불구불한, 꼬불꼬불한, 굽이굽이 흐르는 sinuous, tortuous, twisting, winding, meandering
giriş *i.* ① 머리말, 서론(序論), 서두(序頭), 입문(入門), 도입(導入) opening (word), preface, introduction ○ **başlanğıc, müqəddimə** ● **son**; ② 접근, 진입, 입구, 입장, 등장, 입사, 입학 access, admission, entrance, entry; **~ hissəsi** *i.* 서문, 머리말, 서론, 서두 preface
girişdirmək *fe.* 행하게 하다, 조치를 취하게 하다 set to work/to do some action
girişmə *i.* 시작, 도입, 개시 beginning, starting, fastening ○ **başlama, yapışma, tutma**
girişmək *fe.* 시작하다, 개시하다, 매달리다 begin, start, fasten, set about, tackle ○ **başlamaq, yapışmaq, tutmaq**
girişsiz *si.* 서론 없이 without introductions ○ **müqəddiməsiz, başlanğıcsız**
giriz *i.* 경주, 달리기 race, running ○ **qaçma, qaçış**
girləmə *i.* ①괴롭힘, 귀찮게 함 sticking, annoying ○ **yapışma, tutma**; ② 삶, 연명 living ○ **dolanma, yaşama**
girləmək *fe.* ① 주시하다, 따르다, 조르다, 성가시게 재촉하다 watch, follow, be after, pester, badger, importune ○ **yapışmaq, tutmaq**; ② 살다, 연명하다 live ○ **dolanmaq, yaşamaq**; **başını ~** *fe.* a) (어떤 식으로 든) 살다 live somehow; b) 헛되이 시간을 보내다 spend one's time in vain
girlənmək *fe.* ① 떠돌아다니다, 헤매다 hang about, loiter, mess about, dawdle, stray; ② (어찌 어찌) 살다 live somehow
girli *si.* ① 힘찬, 기운찬, 굳센 strong, powerful ○ **güclü, qüvvətli**; ② 많은, 풍성한 much, abundant
girmə¹ *i.* ① 들어감, 진입, 출입 entry, entering; ② 수축, 축소; 수축량, 수축도 shrinkage
girmə² *i.* 덤불 숲 bush forest
girmək *fe.* ① 들어가다, 들어오다, 진입하다 come in, enter; ② 접근하다, 이르다 arrive, approach; ③ 시작하다, 개시하다 start, begin; ④ 가입하다, 입회하다, 참여하다 join; ⑤ 가려지다, 포함되다 be covered; **otağa ~** *fe.* 방에 들어가다 enter the

G

room; **limana** ~ *fe.* 항구로 진입하다 sail into harbor; **əlaqəyə** ~ *fe.* 관계를 시작하다, 관계를 맺다 enter into relation; **instituta** ~ *fe.* 대학에 들어가다 enter the institute; **yolüstü** ~ *fe.* 들르다 drop in; **partiyaya** ~ *fe.* 잔치에 참여하다 join the party; **vuruşa** ~ *fe.* 전투에 참여하다, 전투를 시작하다 join battle; **qəlbinə** ~ *fe.* 마음에 들어가다, 신뢰를 갖게 하다 warm oneself into *smb.*'s confidence; **gözə** ~ *fe.* 주변을 맴돌다, 남에게 폐를 끼치다 hang round, make a nuisance of oneself

girov *i.* ① 보증, 보증금, 담보물, 저당, 차용증, 보증인 guarantee, security, deposit; ② 인질, 볼모, 포로 hostage; ~ **qoymaq** *fe.* 저당 잡히다, (명예, 생명)걸다, 걸고 맹세하다 pawn; ~**u geri almaq** *fe.* 구속(救贖)하다, 속전을 주고 풀려나다, 사죄하다 ransom; ~ **saxlamaq** *fe.* 저당 잡다, 볼모로 잡아두다, 인질로 잡아두다 take/hold hostage

girovdar *i.* 저당인, 담보자; 전당포, 유질물 (流質物) 취급점 security holder, pawn shop

girovsuz *si.* 저당 없이, 무담보, 담보 없이 without security

girs *i.* 밀가루와 고기로 만든 요리 food cooked with flour and meat ○ **gürzə**

girsiz *si.* 약한, 무력한 weak

girvə *i.* 눈더미 snow heap

girvənkə *i.* 1파운드의 무게 400 gram unit of weight (pound)

giryan *si.* 징징거리는, 우는 소리를 하는 whining

giryə *i.* 울음, 울부짖음 crying, weeping

giş *i.* 광목, 아마섬유, 삼베옷 linen, canvas, sack-cloth

gitara *i.* 기타 (악기) guitar

gitaraçalan *i.* 기타리스트 (기타 치는 사람) guitarist

giyid *i.* 새를 속이는데 쓰는 호각 whistle used for fooling birds

giyov *i.* 사위 son-in-law ○ **kürəkən**

gizildəmə *i.* 섬뜩한 느낌, 전율, 몸의 떨림 creeps, shivers

gizildəmək *fe.* (신체의 일부가) 아프다, 쑤시다, 찌르듯 아프다, 지근거리다 ache, prick, prickle, throb ○ **sızıldamaq, zoqquldamaq, göynəmək**; ***Bədənim gizildəyir.*** *오한이 들다. It makes me feel creepy all over.*

gizildətmək *fe.* 아프게 하다, 쑤시게 하다, 고통을 유발하다 cause to ache/be sick

gizilti *i.* 아픔, 고통; 오한, 전율, 떨림, 두근거림, pain, stab, pang, creeps, shivers, creeping of the skin ○ **sızıltı, zoqqultu**; **kədər ~si** *i.* 슬픔의 고통 pang of sadness

giziltili *z.* 아픈, 아프게 하는, 고통스러운 painful, prickling, throbbing ○ **sızıltılı, zoqqultulu**

gizir *i.* 조수, 조력자 assistant, helper

gizlədici *i.* 은폐자 concealer

gizlədicilik *i.* 은폐, 숨김, 은신, 피난 concealment, harboring

gizlədilmək *fe.* 은폐되다, 숨겨지다 be concealed, be hidden

gizlədilmiş *si.* 은폐된, 숨겨진, 가려진 concealed

gizləmək *fe.* ① 숨기다, 가리다, 감추다 hide, conceal; **cinayətkarı** ~ *fe.* 범죄를 숨기다 hide a criminal; ② 속이다, 감추다, 은닉(隱匿)하다 keep back, keep to oneself, dissemble, cover; **acığını** ~ *fe.* 분노를 숨기다 hide one's anger; **adını** ~ *fe.* 자신의 이름을 감추다 conceal one's name

gizlənc *i.* 은폐물 something to hide

gizlənqaç ☞ **gizlənpaç**

gizlənmə *i.* 변장, 위장, 속임수 disguise, camouflage

gizlənmək *fe.* 몸을 움츠려 숨다, 감추다, 변장하다, 가장 무도회에 참가하다 crouch, hide, masquerade (oneself)

gizlənpaç *i.* 숨바꼭질 hide and seek (game); ~ **oynamaq** *fe. fig.* 숨바꼭질 놀이를 하다; 속고 속이다 play hide and seek; play a shifty game

gizli *si.* ① 비밀히 행해지는, 은밀한, 비밀의, 남의 이목을 꺼리는, 기밀의 clandestine, confidential, furtive, secret, unnoticed; ② 불법의, 위법의, 비합법적인, 허용되지 않는, 비밀의 illegal, underground, secret ○ **qeyri-leqal**; ③ 밀접한, 친밀한, 사사로운, 개인적인 intimate; *z.* 비밀리에, 남몰래, 넌지시, 은연중에 secretly, covertly, off the record ○ **məxfi, xəlvəti** ● **aşkar**; ~ **şey** *i.* 비밀, 기밀 secret; ~ **mə'lumat** *i.* 내부정보 inside information; ~ **iclas** *i.* 비밀 모임 secret meeting; ~ **təşkilat** *i.* 비밀 조직 secret organization; ~ **kəbin** *i.* 비밀 결혼, 밀혼(密婚) secret marriage; ~ **fəaliyyət** *i.* 밀행, 비밀 활동 secret activities; ~ **mətbəə** *i.* 비밀 출판 secret press; ~ **dostlar** *i.* 친한 친구 intimate friends; ~ **razılığa gəlmək** *fe.* 공모하다, 음모를 꾸미다 conspire; ~ **rəhbərlik**

etmək *fe.* 배후 조종하다, 책동하다 pull the strings; ~ **saxlamaq** *fe.* 숨기다, 감추다, 은폐하다 conceal, hide; ~ **sözləşmə** *i.* 결탁, 공모 collusion

gizlin *si.* ① 비밀의, 감춰진, 숨겨진, 가려진 secret, covert, veiled, clandestine ○ **xəlvəti, məxfi**; ② 친밀한, 은밀한, 깊은 관계의 intimate ○ **intim**

gizli(n)cə *z.* 비밀리에, 은밀히, 살짝 secretly, in secret ○ **xəvətcə**; ~ **baxmaq** *fe.* 엿보다, 들여다보다 peep; ~ **demək** *fe.* 비밀리 말하다, 은밀히 말하다, 암시적으로 말하다 prompt; ~ **qulaq asmaq** *fe.* 엿듣다, 우연히 듣다 overhear; ~ **xəbər vermək** *fe.* 밀고하다, 털어 놓다 confide

gizli(n)qovuşma *i.* 암호문 cryptogram

gizli(n)lik *i.* 공모, 음모, 기밀 secretness, conspiracy ○ **xəlvətilik, məxfilik**

god *i.* 통, 맥주 통 barrel, cask, roll ○ **çəllək, boçka**

godul *i.* ① 꼭두각시, 인형 puppet, marionette; ② 작고 뚱뚱한 사람 a short and fat person

godqayıran *i.* 통 제조업자 cooper

gomuş ☞ camış

gonbul *i.* 뚱뚱한 사람, 토실한 아이 stout man, fat boy; *si.* 뚱뚱한, 토실한, 포동포동한, 비만한 plump, fat, corpulent

gonbulluq *i.* 비만, 살집이 좋음, 뚱뚱함, 풍성함, 기름짐, 비대 plumpness, fatness, corpulence

gop *i.* ① 과장, 과대시 exaggeration ○ **yalan, uydurma**; ② 자랑, 뽐냄, 허풍 boasting, bragging, twaddle, tittle-tattle; **~a basmaq** *fe.* 자랑하다, 과장하다, 거짓말하다 brag, boast, lie, tell lies, be wrong; ***Ona inanmayın gopa basır.*** *그를 믿는다고? 허풍일 뿐이야. Don't believe him, he is just boasting.*

gopalamaq ☞ gopamaq

gopamaq *fe.* ① 때리다, 두드리다 beat, strike; ② 자랑하다, 허풍 떨다, 뽐내다 boast, brag

gopcul *si.* 자랑하는, 과장된, 허풍 떠는, 자랑하기 좋아하는, 허영심이 강한 boastful, vainglorious

gopculluq ☞ gopçuluq

gopçu *i.* 허풍쟁이, 자랑 꾼, 허풍선이 liar, braggart, boaster ○ **gopcul, lovğa**

gopçuluq *i.* 허풍, 허영, 자랑 boasting, bragging, vainglory ○ **lovğalıq**

goplamaq *fe.* ① 자랑하다, 허풍 떨다 boast, brag ○ **lovğalanmaq**; ② 과장하다, 허풍 떨다, 거짓말하다 yelp, bark, lie, tell lies ○ **uydurmaq**

gor *i.* 무덤, 묘지 grave, tomb ○ **qəbir, məzar**; **~a getmək** *fe.* 죽다 die

gorbagor *si.* 저주받은, 지옥 선고받은 cursed, damned, accursed; ~ **olmaq** *fe.* 죽다, 돌아가시다 die, pass away; ~ **etmək** *fe.* 죽이다 kill

gorbagorluq *i.* 저주, 파멸, 험담, 악담, 욕 cursing, damnation, malediction ○ **mənhusluq**

gorbiz *si.* 강한, 힘센 strong ○ **qüvvətli**

gorda *i.* 날이 넓은 칼, 칼 broadsword, sword

gordax, gordah *i.* 처녀지, 새 땅, virgin soil, new land, untrodden expanse

goreşən *i.* ① *zoo.* 하이에나 hyena ○ **kaftar**; ② *col.* 악한(惡漢) ill-person

gorgah *i.* 가족 묘지 cemetery (for family)

göbək *i.* ① *ana.* 배꼽 navel; 배꼽 umbilicus; 배꼽, *med.* 중심점 omphalos; 배꼽 *col.* bellybutton; **~yə kimi** *z.* 배꼽까지, 허리까지 till navel, to the waist; ~ **atmaq** *fe.* 밸리 댄스를 추다 dance the belly-dance; ~ **bağlamaq** *fe.* 뚱뚱해지다, 비만해지다 develop a punch, become fat; **~yi bir yerdə kəsmək** *fe.* 탯줄을 동시에 자르다, 아주 친한 친구가 되다 be bosom friends; **~yi bitişik olmaq** *fe.* 항상 같이하다 be always together, do everything together; ② 마음, 중심 heart, centre; **şəhərin ~yində** *z.* 시내 중심에서 in the center of city; **dünyanın ~yi** *i.* 우주의 중심에서 the hub of the universe

göbəkbağı *i.* 탯줄 *ana.* umbilical cord, funiculus, navel string; ~ **kəsmək** *fe.* 탯줄을 자르다, 탄생하다 cut the naval string

göbəkli *si.* 뚱뚱한, 포동포동한, 풍만한 fat, plump, paunchy ○ **kök, yoğun, yekəqarın**

göbək-pulu *i.* 갓난 아이에게 주는 인사 돈 (탯줄 돈) a present for a newborn child

göbəksapı *i.* 탯줄 umbilical cord, navel-string

göbələk *i.* ① 버섯, 식용버섯, 독버섯 *bot.* mushroom, toadstool; ② 균류(菌類) *bio.* fungus; ~ **kimi inkişaf etmək** *fe.* 버섯처럼 돋아나다 spring up all over, mushroom; ~ **şorbası** *i.* 버섯국 mushroom soup; ~ **xəstəliyi** *i.* 곰팡이성 질병 fungous disease

göbələkbaş *si.* 버섯 머리를 한 with a mushroom-like head

göbələkvarı *si.* 버섯 모양의 mushroom-like, mushroom-shaped

G

göbələkşəkilli ☞ göbələkvarı
gödəcik *si.* 작은, 짧은, 낮은 low, short
gödəciklik *i.* 낮음, 짧음 shortness
gödək *si.* 짧은, 부족한 short ○ **qısa, balaca, alçaq** ● **uzun**; **~ayaq(lı)** *si.* 다리가 짧은 short-legged; **~barmaqlı** *si.* 손가락이 짧은 short-fingereds; **~boğaz(lı)** *si.* 목이 짧은 short-necked; **~boy(lu)** *si.* 단신(短身)의, 작은, 소형의 short in height, undersized, dwarfish, shortish, stunted; **~boyun** *si.* 목이 짧은 short-necked; **~buynuz** *si.* 짧은 뿔을 가진 short-horned; **~dəstə(li)** *si.* 손잡이가 짧은 short-handled; **~dil** *si.* 혀가 짧은 short-tongued; **~diş** *si.* 이가 작은 short-toothed; **~qanaq** *si.* 짧은 날개를 가진 short-winged; **~qıç(lı)** *si.* 다리가 짧은 short-legged; **~qol(-lu)** *si.* 팔이 짧은 short-armed; **~quyruq(lu)** *si.* 꼬리가 짧은 short-tailed; **~ömür** 단명(短命)한 short-lived; **~ömürlük** *i.* 단명, 짧은 수명 short life, short duration; **~paça** 다리가 짧은 short-legged; **~sap(lı)** ☞ **gödəkdəstə**; **~saç** 짧은 머리의, 단발머리의 short-haired, with short, bobbed hair
gödəkcə *z.* 짧게, 간단하게 briefly, shortly; *i.* 자켓 jacket
gödəklətmək *fe.* 짧게 하다, 줄이다 make shorten
gödəklik *i.* 짧음, 작음, 낮음 shortness, smallness, lowliness ○ **qısalıq, balacalıq, alçaqlıq** ● **uzunluq**
gödəldilmək *fe.* 짧게 자르다 be cut short
gödəlmə *i.* 수축, 단축 shortening ○ **qısalma, balacalanma, kiçilmə, alçalma**
gödəlmək *fe.* 짧게 하다, 단축하다, 수축하다 shorten ○ **qısalmaq, balacalanmaq, daralmaq, kiçilmək, alçalmaq** ● **uzanmaq**
gödəltmək *fe.* 짧게 만들다, 단축시키다 make shorten
gödən *i.* 배, 복부 womb, belly, stomach ○ **qarın, mədə**
gödənqulu *si.* 욕심 많은, 탐욕스런, 게걸스런, 탐심의 avaricious, gluttonous, greedy ○ **qarınqulu, acgöz**
gödənli *si.* 자궁의, 동모이부 (同母異父)의 uterine ○ **qarınlı**
gödərək *si.* ☞ **gödək**
göl *i.* 연못, 호수 lake, pond; **duzlu/şor ~** *i.* 소금못, 물이 짠 호수 salt lake; **sün'i ~** 인공호수 artificial lake; **~ sahili** *i.* 둑, 제방 bank of lake; **~-~** *z.* 호수가 많은, 연못이 많은 dotted with many lakes; ***Dama-dama göl olar, axa-axa sel.*** *방울 방울 연못되고 흘러 흘러 강이 된다. 티끌 모아 태산. Many a little make a mickle.*
göllәndirmək *fe.* 제방을 쌓아 못을 만들다, 댐을 만들다 dike, dam
göllənmək *fe.* 연못이 되다; 눈물을 흘리다 pond; tear
gölləşmək *fe.* 흐르는 물을 막아 연못을 만들다 pond back, pond up; form a lake
göllük *i.* 연못이 많은 지역 a place full of lakes/ponds; lake district, lake land
gölməçə *i.* 작은 연못, 물웅덩이, 저수지 dam, weir, puddle, pool
gölməçəli *si.* 물웅덩이가 많은 with many puddles
gömdürmək *fe.* 파묻다, 묻어서 감추다 dig and hide, bury ○ **basdırmaq**
gömmək *fe.* ① 묻다, 매장하다 bury ○ **basdırmaq**; ② 제거하다, 폐지하다 abolish ○ **puçlamaq, məhv etmək**
gömrük *i.* 관세(關稅) customs, duty, tax; **~haqqı** 관세, 통관료 custom; **~ haqqı vermək** *fe.* 관세를 물다 pay duty; **idxal ~yü** *i.* 수입관세(輸入關稅) import duty; **ixrac ~yü** 수출관세(輸出關稅) export duty
gömrükçü *i.* 세관원 customs officer
gömrüklü *si.* 관세가 있는, 관세를 낸 taxed, duty-paid
gömrüksüz *si.* 무관세의 duty-free
gömrükxana *i.* 세관(稅關) customhouse; **~ işçisi** *i.* 세관원(稅關員) custom official
gömülmək *fe.* 묻히다, 파멸되다 be buried; be abolished
gön *i.* 가죽, 피부, 피혁 leather, skin, hide; **~ü suya vermək** *fe.* 망치다, 망가뜨리다 spoil everything; **~ünü soymaq** *fe.* 껍질을 벗기다, 가죽을 벗기다 skin; *fig.* 모든 것을 빼앗다, 심하게 벌하다 take everything, punish severely
gönbiçən *i.* 피혁장이 leather cutter
gönçü *i.* 무두장이, 제혁업자 tanner
gönçülük *i.* ① 제혁업 leather industry; ② 피혁제품 leather goods
göndərilmə *i.* 전송, 파견, 발송 dispatch, send-

ing off, forwarding

göndərilmək *fe.* 보냄을 받다, 파견되다, 떠나다 leave, set of, out, go

göndəriş *i.* 전송, 환송, 파송(派送) seeing off, sending

göndərmə *i.* 파송, 전송 sending ○ **yollama, yönəltmə, vermə**

göndərmək *fe.* 보내다, 전달하다, 전송하다, 파견하다, 송달하다, 나르다 dispatch, forward, refer, send, transmit ○ **yollamaq, yönəltmək; həkim dalınca ~** *fe.* 의사를 부르러 보내다 send *smb.* for doctor; **e'zamiyyətə ~** *fe.* 심부름을 보내다 send *smb.* on a mission; **salam ~** *fe.* 안부를 전하다 send greetings to *smb.*; **geri ~** *fe.* 되돌려 보내다 send back

gönlük *i.* 피혁 원자재, 가죽 원료 leather material

gönsoyan *si.* ① 가죽을 벗기는, 껍질을 벗기는 flaying, skinning; ② 매우 비싼, 바가지를 씌우는 very expensive (man); ③ 잔인한, 혹독한, 매정한 brutal, cruel

gönüqalın *si.* ① *zoo.* 후피(厚皮) 동물의 pachydermatous; **~ heyvan** *i. zoo.* 후피(厚皮) 동물(코끼리·하마·코뿔소 등); (특히) 코끼리 pachyderm; ② *fig.* 후안 무치한, 낯두꺼운, 둔감한 thick-skinned, unfeeling, case-hardened, insensitive ○ **qanmaz, anlamaz**

gönüqalınlıq *i.* 무감각, 둔감 slowness, insensibility, dullness ○ **qanmazlıq, anlamazlıq**

gördürmək *fe.* ① 만나게 하다, 대면시키다 cause *smb.* to see; ② 일을 시키다, 어떤 일을 수행하게 하다 cause *smb.* to do, force *smb.* to carry out some work

görə *qoş.* ① ~때문에, ~으로 인해 according to, for, because, as; **məsləhətə ~** *z.* 충고에 따라 according to advice; **vəziyyətə ~** *z.* 상황에 따라 according to (one's) position; **dəbə ~** *z.* 유행을 따라 according to fashion; ② ~덕분에, ~탓에 thanks to, owing to

görəcək ☞ **görəcəkli**

görəcəkli *si.* 미래의, 다가오고 있는 coming, something to come

görən[1] ☞ **görəsən**

görən[2] *i.* 가축에게 풀 먹이기 breeding on the grass, grazing

görənimək *fe.* 풀을 먹이다, 풀을 뜯기다 graze, breed on the grass

görəsən *da.* 거봐! (염려나 흥미를 나타냄) I wonder (expessing worry, interest *etc.*)

görəsi *si.* 볼만한, 볼만한 가치가 있는 worth seeing, necessary to see

gör-götür *i.* 인지, 지각, 이해 perception, learning

görk *i.* 전시, 묘사, 서술, 진술, 설명 display, representation, show

görkəm *i.* ① 외형, 외모, 풍모 appearance; aspect, look ○ **görünüş, üz, sifət, sima**; ② 경치, 풍경, 경관 scenery, scene; ③ 표현, 표지, 노출, 게양, 진열 display, representation; **~dən salmaq** *fe.* 외관이 손상되다, 훼손하다 disfigure; **~ini dəyişmək** *fe.* 변장하다, 위장하다 disguise

görkəmli *si.* ① 잘 보이는, 눈에 띄는, 뚜렷한, 현저한, 유명한, 발군의, 저명한, 탁월한, 두드러진 conspicuous, distinguished, eminent, famous, outstanding, prominent, remarkable ○ **məşhur, hörmətli, sanballı**; ② 고귀한, 당당한, 품위 있는, 중요한, 인상적인 significant, important, impressive, dignified; **~ yazıçı** *i.* 저명한 작가 leading writer; **~ qələbə** *i.* 주목할 만한 승리 notable victory; **~ həkim** *i.* 저명한 의사, 탁월한 의사 eminent doctor

görkəmlilik *i.* ① 눈에 띔, 탁월성, 명망, 저명 conspicuousness, distinction, fame, prominence ○ **məşhurluq, hörmətlilik, sanballılıq**; ② 아름다움, 즐거움 prettiness, beautifulness ○ **boylu-buxunluluq, qamətlilik**

görkəmsiz *si.* 매력 없는, 시시한, 못생긴, 어울리지 않는 ill-favoured, unattractive, uncomely, plain, homely ○ **çirkin, yaraşıqsız, idbar**

görkəmsizlik *i.* 매력 없음, 어울리지 않음, 비호감 uncomeliness, plainness, homeliness ○ **çirkinlik, yaraşıqsızlıq**

görkəzmək ☞ **göstərmək**

görmə *i.* ① 지각, 인지, 이해 perception, apprehension ○ **duyma, sezmə, bilmə, anlama**; ② 조준, 겨눔, 목적지향 vision, aiming; **~ qabiliyyəti** 시력, 시각 능력 eyesight, sight

gör|mək *fe.* ① 보다, 주시하다, 지켜보다 see, behold; ② 우연히 마주치다, (생각이) 스치다 come across; ③ 알아차리다 notice; ④ 방문하다, 소집하다, 만나다 visit, meet, muster; ⑤ 분류하다, 정돈하다 clarify, define; ⑥ 만족하다, 충분하다 suffice, be enough; ⑦ 완수하다, 수행하다, 실행하다

G

fulfill, execute; ⑧ 경험하다, 견디다, 감내하다 experience, go through, live; **çox ~müş** *si.* 경험이 많은 experienced; **~məyə getmək** *fe.* 보러 가다, 방문하다 visit; **iş ~mək** *fe.* 수행하다, 일하다 carry out, do some work; **~dən** *z.* 보지 않고 without seeing

görməli *si.* 볼만한, 구경할 만한 worth seeing; **~ yerlər** *i.* 볼만한 곳, 관광 명소 places of interest, sightseeing, sights

görməmiş *si.* 만족하지 못한, 탐욕스러운, 몹시 탐내는 greedy, insatiable, avid; **~ kimi yemək** *fe.* 게걸스럽게 먹다, 통째로 삼키다 eat greedily, gobble

görməmişlik *i.* 탐욕 greediness, insatiability

görməzlik *i.* 장님, 실명 blindness, sightlessness ○ **korluq, görməmə**

görsədilmək *fe.* 보이다, 전시되다, 진열되다 be shown, be displayed

görsənmək *fe.* 보이다, 볼 수 있게 되다 appear, come into sight

görsətmək ☞ **göstərmək**

görükmək ☞ **görünmək**

görülmə *i.* 준비, 배열, 정리, 교정 preparation, arrangement, correction ○ **qayırılma, hazırlanma, düzəldilmə**

görülmək *fe.* 배열되다, 교정되다, 정리되다 be arranged, be corrected, be prepared ○ **qayırılmaq, hazırlanmaq, düzəldilmək**

görüm ☞ **görkəm**

görüm-baxım *i.* 도움, 원조 (물질적) help, assistance, aid (material aid)

görümlü *si.* 볼만한, 구경할 만한 suitable for seeing

görünən *si.* 가시적인, 눈에 보이는 visible

görünmə *i.* 출연, 출전, 갑자기 나타나는 것, 발생, 존재 appearance, apparition, emergence, presence ○ **açılma, ağarma, sökülmə**

görünmədən *z.* 눈에 띄지 않게, 알 수 없게, 지각할 수 없이, 알아차리지 못하게 imperceptibly, unostentatiously ○ **xəlvəti, sezdirmədən**

görünmək *fe.* ① 보이다, 감지되다, 엿보이다 look, peep, seem; ② 자신을 과시하다, 드러내다 show oneself, appear; ③ 고려되다, 여겨지다 be considered, be counted; ***Görünür ki.*** *분명히, 명백히, 그렇게 보인다. Evidently, It seems to be.*

görünməyən *si.* 모르는, 감지하지 못하는 unnoticed

görünməz *si.* ① 전례 없는, 유례없는, 신기한, 보이지 않는 unprecedented, invisible; ② 은연중에, 암암리에, 넌지시 covertly, secretly

görünür *z.* 분명히, 명백히, 확실히 obviously, certainly ○ **yəqin, ehtimal**

görünüş *i.* ① 단면, 외모, 외관 aspect, appearance, look, outlook, prospect; ② 경치, 광경, 장관 sight, view; **dünya~ü** *i.* 세계관, 가치관 world outlook, world view

görünüşlü *si.* 현저한, 획기적인 remarkable

görüş *i.* ① 보기, 시각 sight, seeing; ② 만남, 데이트, 랑데부 appointment, date, engagement, rendezvous; ③ 마주침, 회합 encounter, meeting; ④ 면회, 관점, 견지 visit (prison), standpoint, view, vision; **rəsmi ~** *i.* 공적 방문 official visit; **~ tə'yin etmək** *fe.* 약속을 정하다, 만날 약속을 하다 make a date, make an appointment

görüşdürmək *fe.* 만나게 하다 arrange to meet

görüşmək *fe.* ① (서로) 만나다, 보다, 마주치다 come across, meet, see; ② 인사하다 greet ○ **qarşılaşmaq, salamlaşmaq, rastlaşmaq** ● **vidalaşmaq**; ③ (남녀가) 데이트하다 have a date

göstəbək *i.* 검은 점, 사마귀 mole

göstərici *i.* ① 계기, 표시기, 지침 indicator, mark, gauge; ② 지수(指數)(index number), 율 *riy.* index, exponent; ③ 지시기, 표시기, 표지 *tex.* indicator, pointer; ④ 표지판 road sign; **~ dirəyi** *i.* 도로 표지 signpost

göstərilmə *i.* 전시, 시범, 실례, 실증, 해설 show, demonstration, illustration

göstərilmək *fe.* 보여지다, 전시되다, 시범되다 be shown/demonstrated/displayed

göstəriş *i.* 지시, 명령, 지침, 규정 direction, instruction, prescription ○ **tə'limat, məsləhət, izahat**; **~ vermək** *fe.* 지적하다, 꼬집어 내다 point out

göstərmə *i.* 보여줌, 전시, 시범 show

göstərmək *fe.* ① 보여주다, 가르쳐 주다, 시범을 보여주다, 실례를 들다 show, demonstrate; ② 가리키다, 지적하다 indicate, point; ③ 전시하다, 진열하다 display; ④ 지시하다, 나타내다, 표시하다 denote, explain, express; ⑤ 알리다, 가르쳐 주다 notice, indicate, inform; **özünü ~** *fe.* ~인 체하다, 가장하다 pretend, feign; **yol ~** *fe.* 길을 가르쳐주다; 충고하다, 조언하다 show the way; give

advice
götürəçi *i.* 성과급 노동자, 도급 노동자 piece-rate worker
götürəçilik *i.* 성과급 노동, 도급일 piecework
götürgə *i.* (군인의) 검띠 sword-belt
götür-qoy *i.* 심사숙고, 자문, 심의, 숙려 reflection, consultation, discussion, meditation ○ **mülahizə, fikir, məsləhət, müzakirə**; **~ etmək** *fe.* 저울질하다, 심사숙고하다, 곰곰이 생각하다 cogitate, meditate, reflect
götürmə *i.* ① 취득 taking ○ **alma, aparma**; ② 일으킴 raising ○ **qaldırma**; ③ 참음 bearing ○ **qatlaşma, dözmə**
götürmək *fe.* ① 가지다, 빌리다, 취하다 take, borrow ○ **almaq, aparmaq**; ② 받아들이다, 인지하다, 인식하다, 깨닫다 accept, learn, perceive; ③ (열매 등) 맺다 bear (fruit); ④ 퍼뜨리다 spread; ⑤ 지불하다, (돈을) 내다 cost, pay; ⑥ 시작하다, 기초를 놓다 lay a foundation, start; ⑦ 참다, 견디다 bear, endure ○ **qatlaşmaq, dözmək**
götürülmək¹ *fe.* 수용되다 be taken
götürülmək² *fe.* 날쌔게 움직이다, 휙 뛰어나가다 dart, start running
götürüm¹ *i.* 참음, 인내, 지구력, 지속력 endurance, patience, forbearance ○ **dözüm, tab, taqət, qüvvət**
götürüm² *i.* 차량의 적재량, 선박의 톤수 tonnage of a car, carrier
götürümlü *si.* ① 현명한, 영리한, 명석한 wise, intelligent ○ **zəkalı, fərasətli, zehinli**; ② 참을 성 있는, 견딜 만한 patient, endurable, tolerable ○ **dözümlü, səbirli**
gövdə *i.* ① 몸통, 동체, 몸매, 체격, 골격 body, figure, stature, frame, trunk ○ **bədən, qəddi-qamət**; ② 선체(船體) hull (ship); ③ *bot.* (나무의) 원줄기, 수간(樹幹) trunk, bole; **ağacın ~si** *i.* 나무의 원줄기 the trunk of a tree; ④ *tex.* 뼈대, 틀, 수틀 frame, framework; **maşının ~si** *i.* 차의 뼈대 the frame of a car
gövdəcik *i.* 작은 몸통, 작은 동체 small body, trunk
gövdəli *si.* ① 건장한, 장중한, 당당한, 위엄이 있는, 장엄한 big, huge, stately, well-built ○ **boylu-buxunlu, qəddi-qamətli**; **~ xanım** *i.* 건장한 여인, 당당한 여자 stately lady; ② 풍만한, 포동포동한 plump, chubby, bulky ○ **kök, dolğun**
gövdəsiz *si.* (신체가) 빈약한, 볼품없는; 줄기 없는, 동체 없는 without a trunk, a stem, a bole
gövhər *i.* 보석(寶石) precious stone, jewel
gövşək *i.* 되씹음, 반추(反芻) rumination, mastication
gövşəmə *i.* 되씹기, 반추 mastication, rumination ○ **çeynəmə**
gövşəmək *fe.* 되씹다, 곱씹다, 저작하다, 반추하다 masticate, chew ○ **çeynəmək**
govşəşmək *fe.* (집합적으로) 되씹기를 하다, 저작(咀嚼)하다 masticate together (collectively)
gövşən ☞ **gövşək**
govşəyən *si.* 반추 동물의 ruminant, cud-chewing; **~ heyvanlar** *i.* 반추동물 ruminant animals
göy¹ *i.* ① 하늘, 궁창 sky, firmament; ② 천국 heaven ○ **səma, fəza**; **~ qurşağı** *i.* 무지개 bow, rainbow; **~ gurultusu** *i.* 천둥 thunder; **~ cismi** *i.* 천체(天體) celestial body; **~ qüvvəsi** *i.* 창공 the vault of heaven; **~lərə qaldırma** *i.* 앙양, 높임, 고양, 승천(昇天) exaltation; **~ün yeddinci qatında olmaq** *fe.* 칠층 천에 이르다, 매우 높은 자리에 앉다 be in the seventh heaven, be in high rank; **~də almaq/götürülmək/satılmaq** *fe.* 날개 돋친 듯 팔리다 buy upç be sold like hot cake; **~də axtarmaq** *fe.* (무엇을) 얻으려고 무진 애를 쓰다 endeavor to get; **~də razı olmaq** *fe.* 의심의 여지 없이 동의하다 agree easily/without doubt; **~dən od yağmaq** *fe.* 태양이 작열하다 be very hot; **~ə sovurmaq** *fe.* be 완전히 망가지다 destroyed completely, be collapsed; **~ə çəkilmək** *fe.* a) 높이 날다, 극도의 희열에 빠지다 become deficient; b) 세상에서 얻을 수 없게 되다, 찾을 수 없게 되다 go up in the sky
göy² *si.* 푸른, 하늘색의 blue, sky blue ○ **mavi**; **göm~** *si.* 아주 푸른, 진푸른색의 deep blue, dark blue; *i.* 멍, 타박상 bruise, contusion, black eye
göy³ I. *si.* ① 녹색의, 푸른 green; ② 아직 익지 않은, 여물지 않은 unripe; II. *i.* ① 채소 vegetable; **göm~** *si.* 진녹색의 very green, dark green; ② (추위로) 퍼렇게 됨 lost color from coldness; ③ 멍듦 bruised
göy⁴ *si.* 욕심이 많은, 탐욕스러운, 인색한, 구두쇠의, 노랑이의 greedy, stingy, mean ○ **xəsis, simic**
göycəçiçək *i. med.* 치아노제, 청색증(青色症) cyanosis
göyçək *si.* 보기 좋은, 아름다운, 예쁜 good-look-

G

ing, pretty ○ **gözəl, qəşəng, yaraşıqlı** ● **çirkin**

göyçəkcə *z.* 매우 보기 좋게, 아름답게, 예쁘게 very pretty, prettier and prettier

göyçəklənmə *i.* 미화, 가미, 꾸밈, 장식 beautifying, embellish

göyçəklənmək *fe.* 아름답게 되다, 미화되다, 꾸며지다 become prettier ○ **gözəlləşmək, qəşəngləşmək** ● **çirkinləşmək**

göyçəkləşmək ☞ **göyçəklənmək**

göyçəklik *i.* 아름다움, 미, 우아함, 기품 있음 beauty, prettiness, gracefulness ○ **gözəllik, qəşənglik, yaraşıqlılıq**

göydələn *i.* 하늘을 찌르는 건물 sky-scraper

göy-dəmir *si.* 진 회색의 (말) dark-gray (horse)

göydəndüşmə *i.* 뜻밖의 행운, 하나님의 선물 windfall, godsend; *si.* 별안간, 우연의, 돌발적인 unexpected, sudden ○ **təsadüfi, gözlənilməz**

göydəndüşmüş ☞ **göydəndüşmə**

göyəm *i. bot.* 유럽 산 벚나무 속의 일종 blackthorn, sloe; **~ ağacı** *i. bot.* 슬로 벚 나무 sloe

göyəmi *si.* 까만 버찌 색깔의 sloe-coloured

göyəmlik *i.* 슬로벚나무 넝쿨숲 sloe bush

göyərçin *i.* 비둘기 dove, pigeon; **sülh ~** *i.* 평화의 비둘기 dove of peace

göyərçini *si.* 청회색의 blue-gray

göyərçinotu *i. bot.* 마편초속(屬)의 버베나 verbena ○ **minaçiçəyi**

göyərçinsaxlayan *i.* 비둘기 애호가 pigeon-fancier

göyərdilmək[1] *fe.* 파랗게 물들여지다 be dyed in blue

göyərdilmək[2] *fe.* 채소가 재배되다 be grown (vegetable)

göyərmə *i.* ① 재배, 녹화(綠化) hatching, greening, growing; ② (추워서) 퍼렇게 됨 being cold; ③ 외침 shouting; ④ 신경이 곤두섬, 긴장으로 퍼렇게 됨 getting nervous

göyərmək[1] *fe.* ① 파랗게 되다 become blue, turn green ○ **maviləşmək, göyləşmək**; ② 멍이 들다 get bruised; ③ 파랗도록 울다, 고함을 쳐서 얼굴이 파랗게 되다 yell, shout ○ **qışqırmaq bağırmaq**; ④ (추위, 긴장) 파랗게 되다 turn blue from coldness/nervousness ○ **üşümək**; ⑤ 멀리 보여 파랗게 되다 be shown far from

göyərmək[2] *fe.* ① 싹이 터서 자라다 sprout ○ **cücərmək, yaşıllaşmaq, bitmək**; ② 야기하다, (일이) 일어나게 하다 cause, happen

göyərmiş[1] *si.* 자라서 딸 수 있게 된 (야채) grown green; ripe

göyərmiş[2] *si.* 추위에 떨어 파랗게 된 turn blue from coldness

göyərtə *i.* 갑판 board, deck; **gəminin ~sində** *z.* 승선하여, 배를 타고 on board ship

göyərtəsiz *si.* 갑판이 없는 without a deck

göyərti[1] *i.* ① 야채, 채소 vegetable, greens ○ **tərəvəz, səbzəvat**; **~ dükanı** *i.* 야채상, 채소 가게 vegetable shop, greengrocer's; ② 풀, 초본, 약초 herbs ○ **bitki**

göyərti[2] *si.* 파란, 청색의 blue

göyərtili *si.* ① 채소의, 야채의 with vegetables; ② 야채를 재배하는 sown plant, green; **~ həyət** *i.* 녹색 정원 green yard

göyərtisatan *i.* 야채상 greengrocer

göyərtisiz *si.* 불모지의, 식물이 없는 without plants, futile

göyərtmək[1] *fe.* ① 청색으로 염색하다 dye into blue; ② 멍들게 하다 cause to bruise

göyərtmək[2] *fe.* 재배하다, 채소 농사를 짓다, 채소를 키우다 sprout, grow, cultivate, raise, bring up

göy-göyərti *i.* 야채, 채소 greens, vegetables

göygöz(lü) *si.* 눈이 푸른, 때묻지 않은, 귀여운, 마음에 드는 blue-eyed

göyqanad *si.* 파란 날개를 가진 blue-winged

göyləşmək[1] *fe.* 파란색으로 변하다 turn blue in colour

göyləşmək[2] *fe.* 파랗게 질리다, 추위로 떨다 turn green, grow rampantly

göyləşmək[3] *fe.* 구두쇠가 되다, 인색하게 되다 become mean/stingy

göylü *si.* 야채가 있는 with vegetables ○ **tərəvəzli**

göylük[1] *i.* 초원, 잔디밭 meadow ○ **otluq, çəmənlik**

göylük[2] *i.* 인색, 노랑이 stinginess, meanness ○ **xəsislik, simiclik**

göynədən ☞ **göynədici**

göynədici *i.* 타는 듯한, 욱신거리는, 아린, 찌르듯이 아픈 burning, smarting, aching, stinging ○ **acışdırıcı, qıcıqlandırıcı, qaşındırıcı**

göynəmək *fe.* ① 가렵다, 근질근질하다 itch; ② 아

리다, 쑤시다 ache; ③ 울다, 훌쩍거리다 cry, weep ○ **sızıldamaq**, **zoqquldamaq**

göynərti *i.* 가려움, 안달 itching ○ **gicişmə**, **qaşınma**

göynətmək *fe.* 안달나게 하다, 초조하게 하다, 짜증나게 하다, 괴롭히다, 가렵게 하다, 쑤시다, 아프게 하다 irritate, bother, itch, prickle, cause to ache

göyöskürək *i. med.* 백일해 whooping cough, pertussis

göyrüş *i. bot.* 물푸레나무(물푸레나뭇과); (특히) 서양물푸레나무 ash ○ **vən**

göyrüşlük *i.* 물푸레나무 숲 ash-wood

göysatan *i.* 채소상, 야채상 greengrocer

göyşək-gövşək *si.* 반추하는, 되씹는 ruminant

göyşük *i.* ① 반추, 되씹기, 되새김질 chewing, rumination; ② 되새김질 거리 chew, cud

göyümsov *si.* 푸른빛을 띤, 엷은 남빛의 bluish

göyümtraq ☞ **göyümsov**

göyümtul ☞ **göyümsov**

göy-yaşıl *si.* 청녹색의 blue-green

göyzəmin *si.* 푸르스름한 somewhat blue

göz *i.* ① 눈 eye; ② 시력 sight, eyesight; ③ 보살핌 care, looking after; ④ 구멍 hole; **iynənin ~ü** *i.* 바늘 구멍 the eye of a needle; ⑤ 원인, 근원, 기원, 시작 origin, spring, source; **bulağın ~ü** *i.* the origin of spring 시냇물의 시작; ⑥ (다리의) 한 칸, 한 부분 part (each part of a bridge *etc.*); 접시, 접시 모양의 그릇 pan, tray; **tərəzinin ~ü** *i.* 저울의 접시 the tray of a balance; **~ ağartmaq** *fe.* 위협적으로 보이다 look threateningly; **~ ağrısı** *i.* 눈의 쓰라림 sore eye; **~ almacığı** *i.* 눈동자, 눈알, 안구 *ana.* eyeball; **~ bəbəyi** *i.* 눈동자 apples of the eye; **~ çanağı** *i.* 안와(眼窩) *ana.* eye socket; **~ dəymək** *fe.* 액이 끼다, 나쁜 일의 빌미가 되다 put the evil eyes on, put off (by too much praise); **~ gəzdirmək** *fe.* 대충 읽다, 대충 조사하다, 지나치듯 다루다 skim, survey; **~ görə görə yalan danışmaq** *fe.* 면전에서 거짓말하다 tell a barefaced lie; **~ həkimi** *i.* 안과의사 oculist, eye specialist; **~ xəstəliyi** *i.* 안질(眼疾) eye disease; **~ qırpımı** *i.* 눈 깜빡임 wink; **~ qırpma** *i.* 눈 깜빡거리기 wink; **~ qırpmaq** *fe.* 눈을 깜빡거리다, 눈짓으로 신호하다 blink, wink; **~ qapağı** *i.* 눈꺼풀 eyelid; **~ qoymaq** *fe.* (~에 대하여) 탐심을 내다, 눈도장을 찍다 watch, cast covetous eyes; **~ olmaq** *fe.* 주의를 기울이다 attend; **~ oyuğu** *i.* 안와(眼窩), 눈구멍 socket; **~ vurma** *i.* 윙크, 눈 깜빡임 wink; **~ vurmaq/etmək** *fe.* 눈을 깜빡이다, 눈짓으로 신호하다 wink; **~ yaşı** *i.* 눈물 tear; **~ yummaq** *fe.* 눈을 감다, 생각에 잠기다 indulge; **~-~ə, ~bə~** *z.* 마주보고, 대면하여 tête-à-tête, eye to eye, face to face; **~-qulaq olmaq** *fe.* 신경을 집중하다 be all eyes and ears; **~dən düşmə** *i.* 면박, 불명예, 불신 disgrace; **~dən düşmək** *fe.* 존경을 잃다 fall into disesteem; **~dən itmə** *i.* 사라짐, 소실, 소멸 disappearance; **~dən itmək** *fe.* 사라지다 vanish; **~dən keçirmək** *fe.* 훑다, 대강 읽어 보다 have a glance, run over; **~dən salmaq** *fe.* 면박을 주다, 수치를 주다 disgrace; **~ə çarpan** *si.* 잘 보이는, 눈에 잘 띄는, 알아보기 쉬운 conspicuous; **~ə çarpmaq** *fe.* 이목을 끌다, 주의를 끌다, 인상적이다, 현저하다 be striking; **~ə girmək** *fe.* ~의 환심을 사다, 비위를 맞추다 ingratiate oneself with *smb.*, curry *smb.*'s favor; **~ə görünmə** *i.* 출현, 발현, 갑자기 유명해짐 emergence; **~ə görünmək** *fe.* 출현하다, 갑자기 드러나다 emerge; **~ə görünməz** *si.* 비가시적인, 보이지 않는 invisible; **~ə sataşmaq** *fe.* 눈치를 채다 be noticed; **~lə işarə etmək** *fe.* 눈짓하다 wink; **~lərini bərəltmək** *fe.* 응시하다 stare; **~lərini döymək** *fe.* 멍하게 바라보다 gape; **~lərini korlamaq** *fe.* 눈 멀게 하다, 사랑에 빠지다 ruin one's sight, spoil one's eyes; **~lərini qıyıb baxmaq** *fe.* 엿보다, 들여다보다, 훔쳐 보다 peep; **~lərini zilləmək** *fe.* 노려보다, 응시하다 stare; **~ü almaq** *fe.* ~을 할 것처럼 생각하다 think oneself capable of doing *smt.*; **~ü dalınca qalmaq** *fe.* 일을 마무리하지 않고 두다, 기분이 나쁘다 leave things undone, feel unhappy; **~ü doymaq** *fe.* 실컷 가지다, 보다, 먹다 have had enough; **~ü kəlləsinə çıxmaq/dörd olmaq** *fe.* (무엇을) 열심히 찾다 look for *smt.* attentively; **~ü götürməmək** *fe.* 경멸하다, 모멸하다, 질투하다, 질색하다, 싫어하다 disdain, envy, abhor, detest; **~ü ilə görən adam** *i.* 증인, 목격자 eyewitness; **~ü qızmaq** *fe.* 매우 화나다 fly into a rage, be furious; **~ü qamaşmaq** *fe.* 눈이 매우 쓰라리다 feel colic in the eyes; **~ü olmaq** *fe.* 열망하다, 강하게 원하다 desire strongly; **~ü sataşmaq** *fe.* 우연히 보다, 우연히 알게 되다 look by chance, notice by accidentally; **~ü seçmək** *fe.* 구분하다, 분별하

G

다 make out, discern; **~ü su içməmək** *fe.* ~를 의심하다 have one's doubts; **~ü süzülmək** *fe.* 졸리다, 잠자고 싶어하다 be sleepy, want to sleep; **~ü tutmaq** *fe.* 사랑에 빠지다, 환상에 사로 잡히다 take a fancy to, fall in love; **~ü uçmaq** *fe.* 연모하다, 사랑하다 desire/long for; **~ü yaşarmaq** *fe.* 눈물을 비치다, 울려고 하다, 울먹이다 shed a few tears, be on the point of weeping; **~ü yol çəkmək** *fe.* 응시하다, 주의를 기울이다, 보살펴 배려하다 stare, be thoughtful; **~ünə ağ salmaq** *fe.* 심하게 꾸짖다 punish severely; **~ün aydın** *i.* 축하, 경하 congratulations; **~ün büllu-ru** *i.* (안구의) 수정체 lens; **~ün giləsi** *i.* 문하생 pupil; **~ün içinə demək** *fe.* 면전에 말하다 say to one's face; **~ünə təpmək** *fe.* 게걸스럽게 먹다, 허겁지겁 먹다 fall upon one's food; **~ünü döymək** *fe.* 멍하게 바라보다, 다른 생각에 빠지다 blink, look blank; **~ünü ovuşdurmaq** *fe.* 눈을 비비다 rub one's eyes; **~ünü qırpmadan** *z.* 눈도 꿈쩍하지 않고, 용감하게 without a wink of sleep, bravely; **~ünü qıymaq** *fe.* 눈을 가늘게 뜨다, 얼굴을 찌푸려 응시하다 screw upon one's eyes; **~ünün ağı-qarası** *i.* 눈동자, apples of the eye, the only one, darling; **~ünün acısını almaq** *fe.* 잠깐 자다 take a nap; **~ünün kökü saralmaq** *fe.* 초조해하다, 조마조마 기다리다, 조바심 내다 be in an agony of suspense, be tired of waiting; **~ünün odunu almaq** *fe.* 기죽이다, 위협하다, 위압하다 daunt; **bir ~ qırpımında** *z.* 눈깜짝할 사이에 in a wink, in no time; **bir kəsin ~ünü açmaq** *fe.* 이해시키다, 설득하다 make *smb.* understand; **nəyəsə ~ yummaq** *fe.* 무시하는 척하다, 못 본 척하다, 묵인하다 pay no attention, pretend not to pay attention; **iti ~** *i.* 예리한 눈초리 keen/sharp eyes; **sərrast ~** *i.* 날카로운 눈매 true eye, keen eye; ***Göz dəyməsin.*** *액땜해라! 재수 옴 붙지 않게! Touch wood!*; ***Gözdən uzaq, könüldən iraq.*** *안 보면 멀어진다. Out of sight, out of mind.*; ***Gözünüz aydın!*** *축하합니다! Congratulations!*

gözağartması *i.* (공포와 협박 조로) 노려보기, 쏘아보기 glare (fearing, threatening); **~ vermək** *fe.* 노려보며 위협하다 threaten with glare

gözaltı *i.* 마음에 둔 사람 sweet heart, the selected boy or girl (in mind); *z.* 비밀리에, 은연중에, 남몰래 covertly, secretly, clandestinely ○ **altdan, gizlincə**; **~ baxmaq** *fe.* a) 의심의 눈초리로 보다, 시무룩하게 바라보다 look distrustfully/sullenly; b) 엉큼하게 바라보다, 남몰래 바라보다 look secretly, cast a furtive glance

gözaltılamaq *fe.* 마음으로 인정하다, 마음으로 점지하다 approve, elect, chose (in mind) ○ **bəyənmək, seçmək**

gözaydınlığı *i.* 축하, 경축 congratulation; **~ vermək** *fe.* 축하하다 congratulate

gözbağlayıcı *i.* ① 마술, 속임수의 기술, 곡예 magic, conjuring trick, juggling; ② 생각할 수 없는 어떤 것, 믿을 수 없는 것, 불가사의 something inconceivable

gözbağlıca ☞ **gözbağlayıcı**

gözcük *i.* 문구멍 peep-hole

gözcüyəz *i. dim.* 눈 (지소 명사) eye

gözdağı *i.* 병환, 질환 sick, ill ○ **xəstə, naxoş**

gözə *i.* 목초지, 초원, 저습지, 풀밭 meadow, grassland

gözəçarpan *si.* 눈을 끄는, 뚜렷한, 두드러진, 식별 가능한 noticeable, attractive, distinguishable

gözədəyən *si.* ① 주의를 끄는, 아름다운, 매력적인 noticeable, beautiful, attractive ○ **yaxşı, gözəl**; ② 뚜렷이 구별되는, 특유한, 독특한 distinctive, selective ○ **fərqlənən, seçilən, ayrılan**

gözədəymə *si.* 매혹적인, 황홀케 하는 overlook, bewitching ○ **nəzər**

gözədəyməz *si.* 구별할 수 없는, 분간할 수 없는, 주목되지 않는 indistinguishable, unnoticed

gözəgələn *si.* 잘 생긴, 멋진, 매혹적인, 눈길을 끄는 good-looking, pretty, attractive, noticeable

gözəgəlimli ☞ **gözəgələn**

gözəgörünməz *i.* ① 불가시적 존재 the invisible being; ② *col.* 하나님 God; *si.* ① 보이지 않는, 불가시적인 invisible; ② 상상의, 가공의, 착각을 일으키게 하는 imaginary, unreal, illusory

gözəgörünməzlik *i.* 실재하지 않는 것, 가공의 것 unreality, figment

gözək *i.* ① 새끼, 밧줄 rope, rein, bridle; ② 짜깁기, 꿰매기 darn, mended part (clothes) ○ **bağ, ip**

gözəkli *si.* 짜깁은 sewn, stitched

gözəl I. *i.* 미인, 미 beauty; II. *si.* ① 아름다운, 잘생긴, 고운, 수려한, 그림 같은 beautiful, fine, handsome, picturesque ○ **göyçək**, **qəşəng**, **yaraşıqlı** ● **çirkin**; ② 훌륭한, 뛰어난, 우수한, 탁월한, 화려한 excellent, premium, superior, splendid; ③ 좋은, 고운, 즐겁게 하는 good, nice, fine, pleasant; *z.* 멋지게 beautifully; ~ **və aydın danışmaq qabiliyyəti** *i.* 웅변, 달변, 웅변술 eloquence; ~ **hava** *i.* 고운 날씨 fine weather

gözəlcəsinə *z.* 적절히, 적당하게 thoroughly, properly

gözəldanışan *si.* 웅변인, 달변인, 유창한 eloquent, expressive, telltale

gözələmək ☞ **gözəmək**

gözəl-göycək *si.* 예쁜, 아름다운, 고운 beautiful, nice, pretty

gözəlləmə *i.* 여인의 미를 의인화한 시의 한 종류 a poem in which woman's beauty is personified

gözəllənmək ☞ **gözəlləşmək**

gözəlləşdirmək *fe.* 깨끗이 하다, 아름답게 하다, 수식하다, 장식하다, 윤색하다 smarten, beautify, embroider, embellish

gözəlləşmək *fe.* 예뻐지다, 외관이 개선되다, 미화되다 grow prettier, become better looking, improve in appearance ○ **göyçəkləşmək**, **qəşəngləşmək**, **yaxşılaşmaq** ● **eybəcərləşmək**

gözəllik *i.* 아름다움, 예쁨, 우아 beauty, prettiness, grace ○ **göyçəklik**, **qəşənglik**, **yaraşıqlılıq** ● **çirkinlik**; ***Gözəllik ondur, doqquzu dondur.*** *옷이 날개라. (아름다움은 꾸미기 나름) The tailor makes the man. Fine feathers make fine birds.*

gözəm ☞ **güzəm**

gözəmə *i.* 꿰매기, 짜깁기, 기운 자리 darn ○ **çitəmə**

gözəmək *fe.* 꿰매다, 짜깁다, 깁다 darn, dash ○ **çitəmək**; **yamamaq və** ~ *fe.* 꿰매고 깁다 patch and darn; **corab** ~ *fe.* 양말을 깁다 darn a sock

gözənək *i.* 자수, 자수품 embroidery

gözənmək *fe.* 꿰매지다, 기워지다 be darned

gözətçi *i.* 문지기, 관리인, 간수, 감시인, 경비원, keeper, sentry, warden, watch, watchman ○ **keşikçi**, **nəzarətçi**, **baxıcı**; ~ **olmaq** *fe.* 경비원이 되다 be on guard; ~ **budkası** *i.* 초소, 보초막 sentry-box

gözətçilik *i.* ① 감시, 경계, 주의, 조심, 관리, 감독, 지휘 observation, guard, protection, control, supervision, superintendent ○ **qoruma**, **mühafizə**, **baxma**, **nəzarət**; ② 경비직, work of guard/watchman

gözətləmə *i.* 감찰, 경비, 관리, 지킴, 약속 guarding, protection, guard, expectation, meeting, appointment ○ **qoruma**, **baxma**

gözətləmək *fe.* 감시하다, 보호하다, 보초를 서다, 기대하다 guard, protect, stand guard, expect ○ **qorumaq**, **baxmaq**,

gözətmək *fe.* 꿰매도록 하다, 깁도록 시키다 ask *smb.* to darn

gözəyarı *z.* 대략, 대충, 대체로, 대강 approximately, roughly ○ **təqribən**, **təxminən**; ~ **ölçmək** *fe.* 눈짐작으로 재다, 어림잡다 measure by the eye

gözəyarılıq *i.* 어림, 추정, 개산(概算), 예측 approximation ○ **təqribilik**, **təxminilik**

gözəyici *i.* 짜깁기 darning

gözgörəsi *z.* 엄연히, 분명히, 솔직히, 공공연히 obviously, evidently, with one's own eyes, openly, plainly; ~ **yalan danışmaq** *fe.* 면전에 거짓말하다, 눈뜨고 거짓말하다 tell a barefaced lie

göz-göz *si.* 구멍투성이의 porous, spongy, wafer ; ~ **etmək** *fe.* 모든 기회를 활용하다 use every opportunity

gözqamaşdıran ☞ **gözqamaşdırıcı**

gözqamaşdırıcı *si.* 매우 눈부신, 매우 밝은, 눈을 못 보게 하는 dazzling, very bright, blinding; ~ **günəş işığı** *i.* 눈부신 태양빛 dazzling sunlight; ~ **gözəllik** *i.* 눈부신 미녀 dazzling beauty

göz-qaş *i.* 눈과 눈썹 eye and eyelash; ~ **eləmək** *fe.* 눈짓하다, 윙크하다 wink, give a wink; ~ **oynatmaq** *fe.* 요염하게 놀다, 뽐내다, 젠체하다, 잘난 척하다 make/pull faces, look coquettishly, give oneself airs

göz-qulaq *si.* 눈과 귀를 기울인, 이목(耳目)을 집중한 eyes and ears; *fig.* 주의 깊은 careful; **~(da) olmaq** *fe.* 주의를 기울이다, 관찰하다, 살펴보다, 조심하다 pay attention, observe, looking after, be watchful

gözləmə *i.* ① 방어, 보호, 옹호 protection ○ **qoruma**; ② 기대, 예상, 예기, 흔적, 추적 trace, expectation ○ **güdmə**, **pusma**

gözləmək *fe.* ① 기다리다, 기대하다, 시중들다 wait, expect, await; ② 지키다, 방어하다, 보호하다, 주의하다 guard, watch, protect ○ **qoru-**

G

maq; ③ 지켜보다, 살펴보다 keep, observe ○ **güdmək**, **pusmaq**; **özünü** ~ *fe.* 자신을 돌아보다, 살펴보다 take care; **oturub** ~ *fe.* 앉아서 기다리다 sit and wait, cool one's heel; **pəhriz** ~ *fe.* 음식을 조절하다 keep diet; **müddəti** ~ *fe.* 시간계획을 지키다 keep to the schedule; **sakitliyi** ~ *fe.* 조용히 하다 keep silence; **qanunu** ~ *fe.* 법을 지키다 keep the law; **qaydanı** ~ *fe.* 질서를 지키다, 도리를 지키다 observe order

gözlənilən *si.* 기다리는, 예상되는, 기대하는 forthcoming; ~ **hadisə** *i.* 예상되는 사건 forthcoming event

gözlənilmədən *z.* 갑자기, 별안간 unexpectedly, suddenly ○ **birdən**, **qəflətən**

gözlənilməyən *si.* 별안간의, 갑작스런 unexpected

gözlənilməz *si.* 갑작스런, 돌연한, 불시의, 별안간의 sudden, surprising; ~ **səadət** *i.* 뜻밖의 횡재 prize; ~ **xəbər** *i.* 갑작스런 소식 unexpected news; ~ **ölüm** *i.* 급사(急死) sudden death; ~ **nəticə** *i.* 예상치 않은 결과 unlooked-for result; ~ **zərbə** *i.* 돌격, 기동 타격 surprise attack

gözlənilməzlik *i.* 갑작스러움, 돌연 surprise, suddenness

gözlənmək *fe.* 예상하다, 기대하다, 앞지르다, 기다리다, 기대하다 wait, expect, anticipate

gözləşmə *i.* (서로) 눈짓 winking ○ **himləşmə**

gözləşmək *fe.* (서로) 눈짓하다, 서로 윙크하다 exchange winks, wink at each other ○ **himləşmək**

gözlətmək *fe.* 기다리게 하다, 대기하게 하다 keep one waiting, let one wait

gözlü *si.* ① 눈이 있는, 눈을 가진 eyed ● **kor**; ② 구멍이 있는, 나뉜 구역의 having pigeon-hole/drawers (of furniture and bookshelf); **üç** ~ **mənzil** *i.* 방 세 칸 아파트 a flat with three rooms

gözmuncuğu *i.* 부적, 액막이 amulet, charm (blue eye)

gözotu *i. bot.* 좁쌀풀 (옛날에 눈병 치료에 썼음) eye-bright, euphrasy

gözsəyriməsi *i.* 신경성 눈꺼풀 경련 the nervous twitching of the eyelids

gözsüz *si.* 눈이 없는, 눈을 갖지 않은 without eyes, eyeless

gözucu *z.* 피상적으로, 엉성하게 fluently, superficially, cursorily; **kitaba** ~ **baxmaq** *fe.* 건성으로 책을 보다 glance over a book; ~ **tanış olmaq** *fe.* 피상적인 조사를 하다 make a cursory inspection ○ **ötəri**, **üzdən**

gözüac *si.* 탐욕스런, 욕심 많은, 욕심 사나운, 부당하게 바라는, 만족할 줄 모르는 greedy, avid, covetous, insatiable ○ **tamahkar**, **dargöz**, **həris**, **düşkün**, **xəsis**, **simic** ● **gözütox**

gözüaclıq *i.* 탐욕스러움, 갈망, 욕심 많음 greediness, avidity, covetousness ○ **tamahkarlıq**, **dargözlük**, **hərislik**, **düşkünlük**, **xəsislik**, **simiclik**

gözüaçıq *si.* ① 눈을 뜨고 with open eyes; ② 영리한, 경계심이 많은, 조심성 있는 intelligent, watchful, vigilant, clever ○ **ayıq-sayıq**, **duyuq**, **diqqətli**; ~ **yatmaq** *fe.* 눈뜨고 자다 sleep with open eyes

gözüaçıqlıq *i.* 경계, 조심, 주의 vigilance, watchfulness ○ **ayıqlıq**, **sayıqlıq**, **duyuqluq**, **diqqətlilik**

gözübağlı *z.* 저돌적으로, 꾸물대지 않고, 신중하지 못하게, 무모하게 blindly, headlong, rashly, on and off chance

gözübağlıca *i.* 마술사, 마법사, 요술쟁이, 장님놀이 conjurer, juggler, blind man's buff (game)

gözüdar *si.* 욕심 많은, 탐욕스러운 greedy ○ **acgöz**, **paxıl**, **dargöz**

gözüdarlıq *i.* 욕심, 시샘, 시기 greediness, jealousy ○ **acgözlük**, **paxıllıq**

gözüdoymaz ☞ **gözüac**

gözüiti *si.* 눈치 빠른, 지각이 예민한, 눈이 매서운 sharp-eyed, quick-eyed ○ **tezgörən**

gözüitilik *i.* 눈치 빠름, 예민함 quick-sightedness

gözükölgəli *si.* 죄의식이 있는, 가책 받는, 뒤가 켕기는 sinful, guilty; ~ **olmaq** *fe.* be sinful/guilty

gözükölgəlilik *i.* 소심함, 비겁함, 심약함 cowardliness, timidity ○ **qorxaqlıq**, **ağciyərlik**

gözüqanlı *si.* 냉정한, 냉혹한, 잔인한, 잔혹한 unkind, brutal, cruel ● **mərhəmətli**

gözüqıpıq *si.* ① 시력이 약한, 눈이 침침한 weak-sighted (man who screws up his eyes); ② 심약한, 겁 많은 timid, fearful ○ **qorxaq**, **ağciyər**

gözümçıxdı; ~**ya salmaq** *fe.* 학대하다, 박해 하다, 고문하다, 괴롭히다, 피해자로 만들다 persecute, torment, victimize, haunt

gözütox *si.* 만족한, 욕심부리지 않는 satiable, satisfied, not greedy ○ **əliaçıq**, **səxavətli**, ● **tam-**

arzı

gözütoxluq *i.* 포식, 물림, 지겨움 satiability ○ **əliaçıqlıq, səxavətlilik**

gözüyaşlı *si.* ① 눈물로 우는 weeping in tears; ② 눈물이 많은, 불쌍한 tearful, unhappy, miserable ○ **ağlar, mələr,** ● **gülər**

gözüyaşlılıq *i.* 눈물이 많음, 불쌍함 tearfulness, miserableness ○ **ağlar, mələr**

gözüyumlu ☞ **gözübağlı**

gözüyumuq *si.* 나태한, 게으른, 행동이 굼뜬, 느려 터진 sluggish, inert ○ **ölüvay, fərsiz**

gözüyumuqluq *i.* 무기력, 권태, 나른함, 게으름 languor, inertia, sluggishness ○ **ölüvaylıq, fərsizlik**

gözyaşardan *si.* 울게 하는, 괴로운; 눈물 나게 하는 tearing, lachrymatory; ~ **qaz** *i.* 최루제, 최루탄 tear-gas

gum-gum *onomatopoeic.* 탕탕 (총소리) bang-bang

gumbuldamaq *fe.* ① 굉음을 내다 rattle, fall down, thunder; ② 우르릉거리며 무너지다 make a noise, fall with a bang, come crashing down

gumbuldatma *i.* 우르르 거리는 소리, 구르는 소리 crashing, rumbling, rolling ○ **tappıldatma**

gumbuldatmaq *fe.* 세게 때려 무너뜨리다, 부딪혀서 무너뜨리다 thump, hang down, drop with a crash ○ **tappıldatmaq**

gumbultu *i.* 체질하는 소리, 우르르 무너지는 소리 riddle, sifter, crash, **gumb** noise, din ○ **tappıltı, gurultu, şaqqıltı, patırtı**

gumb *onomatopoeic.* 덜컹덜컹, 딸그락딸그락 noise made by a hollow container

gumur-gumur ☞ **gum-gum**

gup *onomatopoeic.* 꽝하는 소리 bang, boom

gup-gup I. ☞ **gup**; II. *i.* 심장박동 heartbeat

gupamaq *fe.* 강타하다, 가격하다 strike strongly, give a heavy blow

guppadan *z.* 별안간, 갑자기, 느닷없이 suddenly

guppagup ☞ **gup-gup**

guppuldamaq *fe.* 꽝꽝거리다 make a bang-bang noise

guppultu *i.* ① 주먹으로 탕탕거림 the sound of fist striking; ② 탕탕거림 bang-bang noise; ③ 혼란, 당혹, 분규 turmoil, perplexity

gupsamaq *fe.* 세게 때리다, 두드리다, 쾅쾅 두드리다 strike, hit, thump ○ **ilişdirmək**

gur *si.* ① 강한, 날쌘, 신속한, 황급한 strong, bright, quick, rapid ○ **güclü, qüvvətli, şiddətli, iti, sür'ətli**; ~ **işıq** *i.* 강한 밝은 빛 bright light; ~ **al-ver** *i.* 활발한 거래 brisk trade; ~ **inkişaf** *i.* 고속 성장, 눈부신 발전 rapid growth; ② (머리카락) 무성한, 울창한 fluffy, luxuriant (hair) ○ **qalın, sıx, toplu**; ③ 굵고 우렁찬 (목소리) loud, thick (voice) ○ **gurultulu, təmtəraqlı, dəbdəbəli** ● **sakit**; ④ 밀집된, 꽉 들어찬, 빽빽한 noisy dense, compact, populous ○ **bol, coşğun**; ~ **küçə** *i.* 번화한 거리, 들끓는 거리 populous street

gurhagur I. *i.* 귀가 터질 것 같은 소리, 크고 시끄러운 소음 deafening voice, din, uninterrupted din; II. *z.* 거센, 강한, 시끄러운, 격렬한 strongly, violently; noisily ○ **gurultulu**

gurlama *i.* 굉음을 냄, 우레 같은 소음 crashing, thundering, rolling ○ **gumbuldama, partıldama**

gurlamaq *fe.* ① 울리다, 큰 소리를 내다 boom, thunder ○ **gumbuldamaq, partıldamaq** ② 갑작스럽게 큰 소리를 내다 make sudden loud noise

gurlaşma *i.* ① 음량이 높음, 응축됨 being loud, condensing ○ **sıxlaşma, qalınlaşma**; ② 두꺼움, 섬유질을 포함함 thickening, fibrousness

gurlaşmaq *fe.* ① 소리가 점점 커지다 raise more and more noise; ② 점점 더 거세어지다 make stronger and stronger; ③ 응축되다, 두꺼워지다 condense, thicken ○ **sıxlaşmaq, qalınlaşmaq**

gurlayıcı *si.* 붕붕거리는, 쿵쾅거리는, 크고 지속적인 소음을 일으키는 booming, banging

gurluq *i.* ① 소리의 강도, 큰소리, 시끄러움, 야함 loudness ○ **sıxlıq, qalınlıq** ● **zəiflik**; ② 화려함, 사치함 gorgeousness, gaiety ○ **təmtəraqlıq, dəbdəbəlik**

gurp *onomatopoeic.* 쿵 (무거운 물건이 땅에 떨어지는 소리) bang (when a heavy object falls)

gurrah vermək *fe.* 내뿜다, 분출하다 gush out, spout

gursaç(lı) *si.* 머리카락이 거칠고 굵은 thick-haired

gursəs(li) *si.* 목소리가 굵은 thick-voiced

gurşad I. *i.* 장대비, 소나기, 억수, 폭우 heavy shower, downpour, cloudburst ○ **leysan (yağış)** II. *si.* 쏟아붓는, 퍼붓는 pouring, showering

G

gurtagurt *onomatopoeic.* 탁탁, 톡톡 (나뭇가지가 불에 탈 때 나는 소리) snapping (when wood burns)

guruldamaq *fe.* 탁탁 거리다, resound, rattle, thunder

gurultu *i.* ① 우레, 붕붕거림, 딸깍거림, 웅웅거림 boom, rattle, thunder, roar noise; **qələbənin ~su** *i.* 승리의 함성 thunder of victory; **~ilə** *z.* 소리 높여, 시끄럽게 loudly; **~ilə bağlamaq** *fe.* 꽝하고 문을 닫다 bang, slam; ② 소란, 혼란, 분란, 동요, 불안, 걱정 turmoil, disturbance ○ **caxnaşma, qalmaqal, hay-küy**; **~ qoparmaq** 소란을 일으키다, 동요를 야기하다 set up a clamor/uproar

gurultulu *si.* 폭풍의, 격렬한, 야단법석의 boisterous, loud, stormy, violent, thundering, thunderous ○ **haylı-küylü, həyəcanlı, coşğun, uğultulu** ● **sakit**; **~ alqışlar** *i.* 우레와 같은 박수 burst , storm of applause; **~ məktub** *i.* thundering letter; **~ şəlalə** *i.* 우레 같은 폭포, 천지를 울리는 폭포 a thundering waterfall

guruldamaq ☞ **gurlamaq**

guruldatmaq *fe.* 우레 같은 소리를 나게 하다, 소리가 울려 퍼지게 하다 cause to thunder; *fig.* cause to resound

guşə *i.* ① 모서리, 구석, 모퉁이 corner, nook, angle ○ **künc, tin, bucaq**; **~ daşı** *i.* 귓돌, 구석의 초석 cornerstone; ② 측면, 국면, 견지 part, side, aspect ○ **hissə, tərəf, cəhət**; ③ 외지, 외딴 곳 remote place; ④ 높은 음, 음높이 *mus.* high pitch

guşəbənd *i.* 꺾쇠, 쇠 집게 cramp-iron, staple, crampon ○ **künyə**

guşədaşı *i.* 기초, 모서리 돌, 초석 cornerstone, foundation

guşəli *z.* 모서리가 있는, 모서리의 of corners ○ **künclü, tinli**

guşənişin I. *i.* 금욕주의자, 수도사 ascetic ○ **asket, zahid**; II. *si.* 금욕적인 ascetic, ascetical; **~ olmaq** *fe.* 금욕적이 되다 be ascetic

guşənişinlik *i.* 금욕주의 asceticism

guya (ki) *əd.* ① ~하는 것처럼, ~인체, ~임에도 as though, as if, supposedly; ***O elə danışırdı ki, guya məni görmürdü.*** *그는 나를 본 것처럼 말한다. He was speaking as if he did not see me.*; ② 가장하여, ~ 것처럼 pretendably; ***O elə deyir ki, guya özü görüb.*** *그는 자기 눈으로 본 것처럼 말한다. He says he saw it himself.*; ③ 분명히, 명백히, 명료하게 ostensibly; ***Guya o bura işləməyə gəlib.*** *분명 그는 여기 일하러 왔다. He came here ostensibly to work.*

gübrə *i.* 비료, 거름, 똥, 배설물 fertilizer, dung, manure; **~ vurmaq** *fe.* 거름을 주다, 시비하다 manure; **~ vermək** *fe.* 기름지게 하다, 거름을 주다 fertilize; **süni ~** *i.* 인공비료 artificial fertilizer

gübrələmə *i.* 시비(施肥), 거름주기 fertilization, manuring

gübrələmək *fe.* 거름을 주다, 땅을 기름지게 하다 dung, fertilize, give manure

gübrələnmək *fe.* 땅이 비옥하게 되다 be fertilized

gübrəli *si.* 거름을 준, 거름을 뿌린 fertilized

güc *i.* ① 힘, 세기, 체력 power, strength, force ○ **taqət, qüvvət**; ② 기력, 실력, 능력, 활력 might, capability, energy; ③ 설득력 persuasiveness, persuasive power ○ **zor, qüvvə**; ④ 격렬함, 집중적임, 열심임 intensity, intensiveness; ⑤ 재정적 능력 financial capability; ⑥ 우월성, 우세, 우위 superiority; ⑦ 법적 권리, 권한, 권력 legal right, authority; ⑧ 도움, 원조 aid, help, assistance; **~ çatmayan** *si.* 거부할 수 없는, 무기력한 irresistible, unable; **~dən düşmüş** *si.* 약해진, 노쇠한 decrepit; **iş ~** *i.* 직업, 일, 업무, 사업 occupation, business; **at ~ü** *i.* 마력(馬力) horse-power; **~ü çatmaq** *fe.* 겨우 해내다, 가까스로 하다 manage to do, be able to; **~ə salmaq** *fe.* 과역(過役)하다, 과로(過勞)하다 over work, overburden; **~-bəla** *z.* 어렵게, 어렵사리, 힘겹게 with difficulty, hardly; **~lə** *z.* 억지로, 힘들여서 hardly, by force; **~ qaçıb canını qurtarmaq** *fe.* 가까스로 도망하다 have a narrow escape; **~ yerimək** *fe.* 겨우 걷다 be hardly able to walk; **~ sezilən** *si.* subtle; ***El gücü, sel gücü.*** *백지장도 맞들면 낫다. Many hands make work easy.*

gücdəndüşmə *i.* 피로, 의기소침, 극도의 쇠약 prostration, mental and physical exhaustion

gücənmə *i.* 수고, 노고, 분투 effort, strain

gücənmək *fe.* 애쓰다, 힘쓰다, 노력하다 make an effort, strain oneself, labour

gücləndirici *i.* 강화제, 증폭기, 강하게 하는 사람(기계, 의약) intensifier, amplifier

gücləndirmə *i.* 강화, 보강, 증원, 심화, 보력 reinforcement, aggravation, intensification, emplification ○ **qüvvətləndirmə, artırma**

güclən(dir)mək *fe.* 강화하다, 강하게 하다, 보강하다, 증폭하다, 증대하다, 증강하다 strengthen, reinforce, intensify, amplify; **müşahidəni ~** *fe.* 경계를 강화하다 double the watch; **qidanı ~** *fe.* 영양을 보충하다 increase nourishment; **beynəlxalq münasibətlərdə gərginliyi ~** *fe.* 국제 긴장 관계가 심화되다 intensify/heighten international tension

güclənmə *i.* 강화, 보강, 증강 reinforcement, strengthening, fortifying ○ **qüvvətlənmə**

güclənmək *fe.* 강화되다, 강하게 되다, 심화되다, 여세를 집중하다, 힘을 더하다 be fortified, get strengthened, deepen, gather momentum ○ **qüvvətlənmək**

güclü *si.* ① 강한, 센, 힘센, 강력한 strong, powerful ○ **qüvvətli, zorlu**; ② 견고한, 흔들리지 않는 stronghold, firm; ③ 잘 무장한, 잘 준비된 well-armed; ④ 건강한, 튼튼한 (정부) sound, strong (government); ⑤ 능력 있는, ~에 뛰어난, ~을 잘 하는 mighty, keen, good at; ***O riyaziyyatdan güclüdür.*** *그는 수학을 참 잘한다. He is good at mathematics.*; ⑥ 비옥한, 기름진 fertile, fruitful (land); ⑦ 정력적인, 열정적인, 활동적인, 튼튼한, 원기 왕성한 strenuous, sturdy, vigorous; **~ dərman** *i.* 강력한 처방, 효과적인 의약 drastic remedy

güclülük *i.* ① 강력함 power, powerfulness ○ **qüvvətlilik, zorluluq** ● **zəiflik**; ② 수용력, 포용력; 용적, 용량 *tex.* capacity

gücölçən *i.* 역계(力計), 동력계 dynamometer (☞ **güvvətölçən**)

gücötürücü *i.* 클러치, 동력전달장치 clutch, transmission

gücsüz *si.* 무기력한, 연약한, 약한, 도움이 안되는 powerless, weak, feeble, helpless ○ **taqətsiz, qüvvətsiz** ● **qüvvətli**; **~ uşaq** *i.* 병약한 아이 weak/feeble child

gücsüzlük *i.* 무력함, 무능, 불능 inability ○ **taqətsizlik, qüvvətsizlik,** ● **qüvvətlilik**

gücürləmə *i.* 폭력, 난폭, 폭행, 강간, 강압, 강요, 강제 violence, rape, coercion, constraint

gücürləmək *fe.* 강요하다, 강압하다, 강간하다, 강제하다 force, coerce, rape, violate

güdaz *i.* 폐지, 희생, 피해(자) abolishment, sacrifice, victim; **~a getmək** *fe.* ~의 덫에 걸리다, 희생이 되다, 피해자가 되다 fall prey to; **~a vermək** *fe.* 희생을 시키다 victimize

güdə ☞ **gödək**

güdəboy *si.* 작은 듯한, 짤막한, 소형의, 유달리 작은 shortish, undersized, dwarfish ○ **gödək**

güdəlmək ☞ **gödəlmək**

güdmə *i.* 엿듣기, 뒤밟기, 핍박, 압박 overhearing spy persecution ○ **pusma, izləmə, gözləmə**

güdmək *fe.* ① 엿보다, 엿듣다, 뒤를 밟다 pursue, spy, chase, shadow, lie in wait ○ **pusmaq, izləmək, gözləmək**; ② 지키다, 보호하다, 방어하다 guard, defend, protect ○ **qorumaq, mühafizə etmək**; ③ 풀을 먹이다, (짐승 떼를) 보살피다 graze (cattle), pasture; ④ 찾다, 쫓다, 뒤쫓다 seek; **mənfəət ~** *fe.* 이익을 쫓다, 편익만 따르다 seek benefit

güdük *i.* 미행(尾行), 감시 shadowing, trailing, watch

güdükçü *i.* 미행자, 감시자, 첩자, 밀고자 spy, shadow, trailer, watchman

gül *i.* ① 장미 rose; ② 꽃, (집합적) 꽃 flower, blossom ○ **çiçək**; **~ dəstəsi** *i.* 꽃다발, 부케 bouquet; **~ vazı** *i.* 꽃병 bowl; **~ kələm** *i. bot.* 콜리플라워, 꽃양배추 cauliflower; **~ bağı** *i.* 화원(花園) rose garden; **~ sərgisi** *i.* 꽃 전시 flower show; ***Tikansız gül olmaz.*** *ata.s. 가시 없는 장미가 있던가? No rose without thorn.*

gülab *i.* 장미수(薔薇水) rose water; **~ çəkmək** *fe.* 장미수를 증류하다 distill rose water

gülabdan *i.* 장미수 병 rose water bottle

gülavpuş ☞ **gülabdan**

gülbaz *i.* 꽃을 좋아하는 사람 flower lover ○ **çiçəkbaz**

gülbəniz(li) ☞ **gülüzlü**

gülbəsər *i.* 조생 오이 early cucumber

gülcamal(lı) ☞ **gülüzlü**

gül-çiçək *i.* (집합적으로) 꽃 flowers (collective name)

gülçöhrə ☞ **gülüzlü**

gülçü *i.* ① 화초 재배가, 화훼가(花卉家) florist; ② 꽃 파는 사람 flower man, women, girl

gülçülük *i.* 화훼 재배 floriculture

güldan *i.* 화분(花盆) flowerpot

güldürücü *si.* 웃기는, 웃게 하는, 우스운, 익살맞은, 즐겁게 하는, 어처구니없는 laughable, funny, amusing, ridiculous

güldürmək *fe.* 웃기다, 웃게 하다, 즐겁게 하다 amuse, make *smb.* to laugh, set laughing

güləbətin *i.* 금줄, 은줄 gold thread, silver thread

gülə-gülə *z.* 웃으면서, 기쁘게, 즐겁게 smilingly, laughingly, gaily, merrily

gülər *si.* 웃는, 웃음을 머금은 smiling; ~ **üz** *si.* 웃는 얼굴, 밝은 얼굴 smiling face, cheerful face; ~ **üzlü** *si.* 얼굴이 환한 radiant

gülərüz *si.* 친절한, 상냥한, 다정한, 쾌활한, 흥겨운, 공손한 genial, jolly, polite ○ **xoşrəftar, xoşsifət,** ● **qaraqabaq**

gülərüzlü *si.* 명랑한, 상냥한, 부드러운, 따뜻한, 애정이 넘치는, 호감이 가는 cheerful, affable, good-natured, pleasant, affectionate, tender, sweet ○ **xoşsifətli, iltifatlı, səmimi, nəvazişkar** ● **qaraqabaq, qaşqabaqlı**

gülərüzlülük *i.* 상냥함, 친절함, 부드러움, 인정 많음 cheerfulness, affableness, kindness ○ **xoşsifətlilik, iltifatlılıq, səmimilik, xoşrəftarlıq**

güləş[1] *si.* 친절한, 명랑한, 웃음이 가득한, 사귀기 쉬운, 쾌활한 kind, cheerful, smiling, affable, joyous, buoyant ○ **mehriban, gülərüzlü, üzügülər, iltifatlı,** ● **qəmli**

güləş[2] *i.* 씨름, 레슬링 wrestling ○ **çarpışma, tutuşma, qapışma; sərbəst** ~ *i.* 자유형 레슬링 free-style wrestling; **klassik** ~ *i.* 그레코로만 레슬링 Greco-Roman wrestling

güləşçi *i.* 씨름꾼, 레슬러 wrestler; **sərbəst** ~ *i.* 자유형 레슬러 free style wrestler

güləşdir(t)mək *fe.* 씨름하게 하다 cause *smb.* to wrestle

güləşqabaq(lı) ☞ **gülər**

güləşlik *i.* 정직, 성의 진실, 솔직, 진지, 진심, 상냥함 sincerity, affability

güləşmə ☞ **güləş**

güləşmək *fe.* 씨름하다 wrestle ○ **qapışmaq, tutuşmaq; ayaq üstə** ~ *fe.* 서서 씨름하다 wrestle in standing

güləşsifət(li) ☞ **gülərüzlü**

güləyən I. *i.* ① 명랑한 사람, 쾌활한 사람 merry fellow ; ② *zoo.* 흰뺨오리 golden-eye (bird); II. *si.* 쉽게 명랑해지는, 쉽게 즐거워하는 easily amused

gülgəz *si.* 빨강, 심홍색 red, crimson ○ **qırmızı, al**

gülgün *si.* 꽃 같은 flower-like

gülxana *i.* 온실 greenhouse ○ **istixana**

gülxətmi *i. bot.* 접시꽃 mallow, hollyhock

gülqabı *i.* 화분 flowerpot

güllə *i.* 총알, 탄환, 총탄, 약포 bullet; ~ **kimi** *z.* 총알처럼 like a shot; ~ **keçirməyən** *si.* 방탄의 bullet-proof; **boş** ~ *i.* 탄창이 빈 blank cartridge; ~ **atmaq** *fe.* 발사하다, 쏘다, 사격하다 shoot; ~ **yağdırmaq** *fe.* 집중 사격하다 fire intensively

gülləboran *i.* ① 강한 총격, 일제 사격, 연속 사격 strong firing, shooting down, fusillade; ② 대학살, 잔학행위 massacre, atrocity; ~ **etmək** *fe.* 집중 사격하다, 일제 사격하다 fire intensively

gülləçi *i.* 총알제조자, 탄환제조자 bullet manufacturer

güllələmə *i.* ① 총살형, 사형집행 execution; ② 일제 사격 shooting, fusillade

güllələmək *fe.* 총살하다, 쏘다 shoot, execute by shooting

güllələnmə *i.* 사격, 사형 집행 shooting, execution; **~yə məhkum edilmək** *fe.* 총살형에 처하다 be sentenced to be shot

güllələnmək *fe.* 총에 맞다, 총살형 당하다 be shot, be executed by shooting

güllələt(dir)mək *fe.* 사격시키다 order *smb.* to shoot/execute

güllənmək *fe.* ① 꽃이 피다, 꽃으로 덮이다 break out into blossom, be in bloom; ② 꽃으로 장식하다 decorate with flowers

gülləsiz *si.* ① 빈 탄창 blank (cartridge); ② 장전되지 않은 unloaded (car)

güllü *si.* ① 꽃이 있는, 꽃으로 장식된 having flowers ○ **çiçəkli, çəmənli;** ② 꽃을 사용한, 꽃 같은 figured, floral, patterned; ~ **parça** *i.* 꽃 무늬 천 figured cloth; ~ **çit** *i.* 날염된 칼리코, 사라사 printed calico; **~-gülşənli** ☞ **güllü-çiçəkli; ~-çiçəkli** *si.* 꽃으로 가득한 full of flowers

güllük *i.* 화원, 화단 flower garden, flower bed ○ **çiçəklik, çəmənlik**

gülməxmər *i.* 벨벳 panne (velvet)

gülmək *fe.* ① 웃다 (보통 소리 내어) laugh; ② 비웃다, 조롱하다, 야유하다, 냉소하다 jeer, sneer, scoff; ③ 기분 좋다, 기쁘다 be glad, be happy

gülməli I. *si.* ① 웃을 만한, 웃게 하는, 웃기는, 재미있는, 익살스러운 cheerful, comic, funny, humorous; ② 엉터리의, 우스운, 어리석은, 비웃음

거리의 ridiculous, ludicrous; II. *z.* 익살 맞게, 재미있게, 우습게, 즐겁게 comically, amusingly, in an amusing way
gülməşəkər *si.* 기분 좋은, 상쾌한, 즐거운, 유쾌한 sweet, pleasant
gülnar *i. bot.* 석류꽃 pomegranate flower
gülöyşə *si.* 시고 단 (석류 맛 같은), 새콤달콤한 sweet and sour (a kind of pomegranate) ○ **meyxoş**
gülpərəst *i.* 꽃을 가꾸는, 꽃을 좋아하는 flower lover
gülrəng *si.* 꽃 색깔의 flower-coloured, fink
gülrüx, gülrüxsar ☞ **gülüzlü**
gülsatan *i.* 화훼가, 플로리스트 florist
gülşad *si.* 즐거운, 상쾌한, 생생한, pleasant, cheerful, scenic, beautiful ○ **xoşa gələn, ürəkaçan**
gülşən *i.* 화원 flower garden ○ **çiçəklik, çəmənlik**
gülü *si.* 붉은색의, 주홍색의 red, scarlet, vermilion
gülül *i. bot.* 석죽과 동자꽃속의 식물의 총칭 lychnis
gülümsəmə *i.* 미소 smile
gülümsəmək *fe.* 미소짓다 smile; **qəmgin-qəmgin** ~ *fe.* 슬픈 미소를 짓다 smile a sad smile
gülümsər *si.* 미소의, 미소 짓는, 즐거운 smiling, jolly ○ **təbəssümlü**; **~cəsinə** *z.* 미소 지으며, 웃으면서 smiling
gülümsünmək ☞ **gülümsəmək**
gülünc *si.* ① 까부는, 우스꽝스러운, 웃기는, 익살스러운 funny, comic, droll; ② 부조리한, 이치에 맞지 않는, 우스운, 엉터리의, 조롱거리의 absurd, ridiculous, ludicrous, derisive ○ **gülməli, məzəli**
gülünclük *i.* ① 익살, 해학, 유머 humour, comic; ② 불합리, 어리석음, 비웃음, 조롱, 놀림 absurdity, derision, ridicule ○ **məzəlilik**
gülüstan *i.* 화원, 꽃밭, 화단 flower garden, parterre, flower bed ○ **çiçəklik, çəmənlik**
gülüş *i.* ① 웃음 laughing ○ **təbəssüm, sevinc, fərəh**; ② 유머, 해학 joking, humour ○ **istehza, yumor**; ③ 즐거움, 기쁨 gladness, joy; **təlqinedici** ~ *i.* 전염성 있는 웃음 infectious laughter; **~ü kəsmək** *fe.* 웃음을 참다 suppress one's laughter; **acı** ~ *fe.* 쓴 웃음 bitter laugh
gülüşlü *si.* 즐거운, 명랑한, 기쁜 joyous, pleasant, glad ○ **təbəssümlü, sevincli, fərəhli**
gülüşmə *i.* 집합적 웃음 general laughter
gülüşmək *fe.* (집단적) 웃다, 미소 짓다 laugh, grin, smile (together) ● **ağlaşmaq**
gülzar(lıq) *i.* 화단, 화원 flower garden, parterre
güman *i.* ① 추측, 가정, 상상 guess, supposition, hypothesis ○ **zənn, fərz, şübhə, ehtimal**; **~ ki** *mod.s.* 필시, 대개는, 십중팔구는, 아마도 likely, probably; **~ edilən** *si.* ~할 듯한, 가능성이 있는 liable; **~ etmək** *fe.* 암시하다, 비치다, 예상하다 imply; ② 소망, 희망, 바램 hope, wish ○ **ümid, arzu, istək**; **~ı gəlmək** *fe.* a) 바라다, 희망하다, 기원하다 hope; b) 기대를 걸다, 믿다 rely on
gümanlı *si.* ① 의심의 소지가 있는 suspicious ○ **şübhəli, ehtimallı**; ② 기대하는, 소망하는 hopeful ○ **ümidli**
gümansız *si.* 의심의 여지없는, 논의의 여지가 없는, 두말 할 것 없는 doubtless, unquestionable, indubitable ○ **şübhəsiz, ehtimalsız**
gümrah[1] I. *si.* 선명한, 강렬한, 산뜻한, 강건한, 건강한, 혈색이 좋은 vivid, strong, rosy, healthy, ruddy, hale and hearty ○ **sağlam, qıvraq, çevik, diribaş** ● **yorğun, əzgin**; II. *z.* 기분 좋게, 쾌활하게, 들떠서 cheerfully; **~ görünmək** *fe.* 강건한, 원기 왕성한, look hale
gümrah[2] *si.* 타락한, 부패한 depraved, astrayed, lost (from the right way)
gümrahlanmaq ☞ **gümrahlaşmaq**
gümrahlaşmaq *fe.* 생생하게 되다, 건강하게 되다, 기분 좋게 되다 become vivid, become cheerful, be healthy ○ **sağlamlaşmaq, qıvraqlaşmaq** ● **sustalmaq**
gümrahlıq *i.* 건강함 cheerfulness, healthiness, ruddiness ○ **sağlamlıq, qıvraqlıq, çeviklik, diribaşlıq** ● **yorğunluq**
gümüş I. *i.* 은 (Ag) silver; II. *si.* 은으로 만든 silvery; **xalis** ~ *i.* 순은(純銀) fine silver; ***Danışmaq gümüşdür, susmaq isə qızıl.*** *ata.s.* *연설은 은이고, 침묵은 금이다. Speech is silver, silence is gold.*
gümüşcə *i. zoo.* 강에서 사는 작은 물고기 a kind of small fish found in rivers
gümüşlü *si.* 은을 포함한, 은으로 꾸민 containing silver, decorated with silver
gümüşü *si.* 은빛이 나는 silvery, shimmering; ~

G

qovaq *i.* 은사시나무 silver poplar

gün *i.* ① 날, 낮 day; ② 해, 태양 sun ○ **günəş**; ③ 기념일 memorial day; ④ 정한 때 certain time; ⑤ 삶, 인생 life, living ○ **güzəran, dolanacaq, yaşayış**; ⑥ 상황, 경우 situation, case; ⑦ 일하는 날 workday; **~ ağlamaq** *fe.* 미래를 고민하다 think of future, trouble about future; **~ çıxmaq** *fe.* 동이 트다, 해가 뜨다 dawn; **~ doğan vaxtı** *i.* 일출시간 daybreak; **~lərcə** *z.* 여러 날, 오랫동안 through all the days; **~ vurması** *i.* 일사병 sunstroke; **~də qızınmaq** *fe.* 일광욕하다, 햇빛을 쬐다 sit/bask in the sun; **~də qurutmaq** *fe.* 햇빛에 말리다 sun; **~dən qaralmış(üz)** *si.* 그을린, 선탠을 한 brown; **~dən qaralma, yanma** *i.* 햇빛에 그을림 tan; **~dən yanmış** *si.* 햇빛에 탄 sunburnt; **~dən yanma** *i.* 볕에 탄 화상 sunburn; **~lərin bir günündə** *z.* 어느 날 once upon a time; **~ün çıxması** *i.* 일출 sunrise; **~ün məsələlərinə aid** *si.* 시사 문제를 다룬, 시국에 관한, 화제의 topical; **bir ~dən bir** *z.* 하루 걸러, 매 이틀마다 every other day; **~dən ~ə** 매일, 항상 from day to day; **bu ~lərdə** *z.* 요즈음, 근자에 the other days, one of these days; **~ə-~, ~bə~** *z.* 하루하루, 매일매일 day by day; **istirahət ~ü** *i.* 휴일 day off, rest-day; **iş ~ü** *i.* 근무일 working day; **qələbə ~ü** *i.* 승전 일 victory day; **yaxşı/pis ~ görmək** *fe.* 좋은 날/나쁜 날을 지내다 live a happy/miserable life; **Gün aydın**! 좋은 오후! *Good afternoon*!

günəvər *i.* ① 남쪽 south; ② 양지 sunny place ○ **güney, cənub** ● **quzey**

güngörməz *si.* 알려지지 않은, 발견되지 않은 unknown, undiscovered

güngörmüş *si.* 경험이 많은, 지혜로운 (노인) experienced, worldly-wise

gün-gündən *z.* 매일 매일 day by day

gün-günorta *i.* 정오 무렵, 한낮 time around noon, midday, high noon

güngünzəran *i.* 삶, 살림 life, living; ***Günün-güzəranın necə keçir?*** *어떻게 지내십니까?, 어찌 사세요? How are you getting on?, How do you live.*

günhesabı *i.* 일당(日當) by the day, pay by the day

günişığı *i.* 낮 daylight

günah *i.* ① 죄; 자책감 sin, guilt ○ **təqsir, suç**; ② 흠, 결점, 결함, 단점; 실수, 잘못, 과실, 비행, 위반; 책임, 원인 fault, shortcoming; **~ etmək** *fe.* 죄를 짓다, 범죄하다, 저지르다, 나쁜 짓을 하다, 범하다 sin; **~ı başqasının boynuna atmaq** *fe.* 죄를 전가하다, 죄책을 회피하다 shift the blame; **~ından keçmə** *i.* 용서, 사죄, 자비 mercy; **~ından keçmək** *fe.* 용서하다, 사죄하다, 면죄하다 pardon ; **~ını boynuna almaq** *fe.* (죄를) 자백하다, 실토하다, 인정하다, 죄 용서를 구하다 confess, acknowledge, plead one's guilt; **~ını yumaq** *fe.* 죄를 변상하다 make amends for

günahkar I. *i.* 죄인, 범인, 범죄 용의자 sinner, culprit; II. *si.* 죄책의, 죄책감의, 결점이 있는, 불완전한, 도덕상 비난을 받을, 그릇된 guilty, faulty ○ **təqsirkar, suçlu; təntənənin ~ı** *i.* 축제의 영웅, 잔치의 주인공 hero of the festivity/occasion; **~ hesab etmək** *fe.* 유죄를 선고하다, convict; **~ olmaq** *fe.* ~에 대해 죄책감을 갖다 be guilty of *smt.*; **~casına** *z.* 죄인처럼, 죄책감을 갖고 like/as sinner

günahkarlıq *i.* 죄를 범함, 비행, 유죄, 죄책감을 가짐, 비난할 만함, 괘씸함 guilt, guiltiness, culpability ○ **təqsirkarlıq, suçluluq**

günahlandırma *i.* 고소, 기소 conviction, accusation

günahlandırmaq *fe.* 비난하다, 정죄하다, 고발하다, 공격하다, 기소하다 blame, condemn, accuse, indict

günahlanma *i.* 비난, 혐의, 고발, 고소, 기소 charge, accusation, imputation ○ **təqsirlənmə**

günahlanmaq *fe.* 비난받다, 전가되다, 고발되다, 기소되다, 오명을 쓰다 be charged, be accused ○ **təqsirlənmək**

günahlı *si.* 죄의, 죄책이 있는 sinful, guilty, culpable ○ **təqsirli, suçlu**

günahlılıq *i.* 유죄, 죄책, 과실이 있음, 비난 받을 만함 sinfulness, guilt, culpability ○ **təqsirlilik, suçluluq**

günahsız *si.* ① 무죄의, 흠 없는, 결점이 없는 guiltless, faultless ○ **təqsirsiz, qəbahətsiz** ● **müqəssir, cinayətkar**; ② 순전(純全)한, 순결한, 순수한 innocent, pure ○ **saf, təmiz, mə'sum, ismətli, ~ casına** *z.* 순수하게, 순전하게, 순결하게 innocently, guiltlessly

günahsızlıq *i.* 무죄, 순결함, 순수함 innocence ○ **təqsirsizlik, qəbahətsizlik, saflıq, təmizlik,**

məʼsumluq, ismətlilik
günarası ☞ **günaşırı**
günaşırı *z.* 이틀마다 every other day
günbatan *i.* 서쪽, 해지는 쪽 west ● **gündoğan**
günbəd ☞ **günbəz**
günbəz *i.* 반구 천장, 돔 모양의 건조물, 둥근 지붕, 아치형 천장 cupola, dome, arch, vault ○ **qübbə**
günbəzli *si.* 둥근 지붕의, 둥근 모양의 domed
günçıxan *i.* 일출, 동쪽 sunrise, east ○ **şərq**
günçiçəyi *i. bot.* 양꽃마리 heliotrope
gündə *z.* 매일 every day ○ **hər vaxt**
gündəlik *i.* 일기(장) diary; ~ **tutmaq** *fe.* 매일 일과를 지키다 keep a diary; *si.* 매일, 현재의 current, daily; ~**də duran məsələlər** *i.* 예정안, 의제 (議題), 메모 agenda; ~ **həyat** *i.* 매일의 삶, 삶의 양식 daily life; ~ **qayğı** *i.* 매일의 염려 everyday care; ~ **ehtiyac** *i.* 매일의 필요 day to day needs; ~ **vəzifə** *i.* 매일 업무 daily duties; ~ **qazanc** *i.* 매일 수입 daily earnings
gündən-günə *z.* 날마다, 매일, 하루 하루 from day to day, day by day
gündoğan ☞ **günçıxan**
gündüz I. *i.* 낮, 낮 시간, 대낮 day, daytime, daylight; II. *z.* 매일, 하루 하루 by day
güney *i.* ① 남쪽 south; ② 양지 sunny side
güneyli *i.* 남쪽 사람들 inhabitant of the south
güneylik *i.* 남부, 남쪽지방 southern part, southern place
günəbaxan *i. bot.* 해바라기 sunflower; ~ **yağı** *i.* 해바라기 기름 sunflower-seed oil; ~ **tumu** *i.* 해바라기 씨 sunflower seed
günəbaxanlıq *i.* 해바라기 밭 field of sunflower
günəmuzd I. *i.* 일당 노동자 workman hired by day, time-worker; II. *si.* 일당의, 일수의 paid by day; III. *z.* 날짜 별로, 일수로 by day; ~ **işləmək** *fe.* 일당으로 일하다 work by day
günəmuzdçu *i.* 일당 노동자 laborer paid by the day
günəmuzdçuluq *i.* 일당 노동 daily labour
günəş *i.* ① 태양, 해 sun ○ **gün**; ② 햇빛, 일광 sunlight; ~ **işığı** *i.* 햇빛, 햇살 sunlight, sunshine; ~ **şüası** *i.* 햇빛, 태양 광선 sunbeam; ~**in batması** *i.* 해지기, 일몰(日沒) sunset; ~**in doğması** *i.* 해돋이, 일출(日出) sunrise; ~**in tutulması** *i.* 일식(日蝕) eclipse; ~**in çıxması** *i.* 동틈, 해돋이 dawn; ~**də qızınmaq** *fe.* 동틀 무렵 bask in the sun; ~ **ləkəsi** *i. ast.* 흑점(黑點) sunspots; ~ **vannası** *i.* 일광욕 sun bath; ~ **saatı** *i.* 해시계 sun dial
günəşi *si.* 태양의 solar
günəşli *si.* 빛나는, 눈부신, 해 뜨는 shiny, bright, sunny
günəşum *i.* 씨뿌리지 않은 밭 a plowed field which remains unsown
günlü *si.* 햇빛이 밝은, 햇빛이 잘 드는, 양지바른 sunny ○ **günəşli**
günlük *i.* ① 양산 umbrella, sunshade parasol ○ **çətir**; ② 하루, 하루의 일, 하루의 분량 one-day, daily ○ **gündəlik**; **bir ~ iş** *i.* 하루일, 하루 분량의 일 one-day work; ③ 양지 (켠) sunny place; ④ 모자의 챙, 햇빛 가리개 (cap) peak, cap visor
günorta *i.* 정오, 한낮 noon, midday; ~ **yeməyi** *i.* 점심 lunch; ~**dan sonra** *z.* 오후 afternoon, p.m.; ~**dan əvvəl** *z.* 오전 a.m.; ***Günortanız xeyir.*** *좋은 오후 되시길. 안녕하세요. (오후 인사) Good afternoon!*
günortaüstü *z.* 정오 무렵에, 한낮에 around noon
günsüz ☞ **günəşsiz**
günü *i.* 새 부인 a man's most recent wife; ~ **düşmək** *fe.* 잘못되다, 일이 그릇되다 go wrong, go contrarily
günüqara *si.* 불행한, 불운한, 불길한 unhappy, unfortunate (☞ **qaragün**)
günüqaralıq *i.* 불행, 역경, 불운 unhappiness, misfortune
günüləmək *fe.* ① 원수가 되다, 적이 되다 become an enemy; ② 사이가 나빠지다, 반목하는 사이가 되다 be at odds with
günülük *i.* 한 사람의 서로 다른 부인들 관계 the relation between the wives of a man
günvurma *i. med.* 일사병, 열사병 sunstroke, heatstroke; *med.* siriasis
Günyaşar I. *i. zoo.* 하루살이 mayfly, dayfly; ephemera; II. *si.* 덧없는, 지나가는, 일시적인, 순식간의 ephemeral, transitory
günyə *i.* 삼각자 (美 triangle) set square, cross-staff
gürcü *i.* 조지아인 Georgian
gürcücə *i.* 조지아어 Georgian language
Gürcüstan *i.* 조지아 Georgia
gürdək *i.* ① 뚜껑, 마개 lid ○ **qapaq**, **tıxac**; ② 얇

Ğ

은 천, 면봉 gauze ○ **piltə, tampon**

gürrah *i.* 갑작스런 소란이나 동요로 어떤 일의 시작 sudden start of something with boisterousness, turbulence

gürşad *i.* ☞ **gurşad**

güruh *i.* 파벌, 소집단 clique, gang, crowd; **mürtələr ~u** *i.* 반동집단, 반동주의자 집단 clique of reactionaries

gürz *i.* 쇠망치 mace, iron hammer; 대장장이의 큰 망치; 결정적 타격 *tex.* sledge-hammer

gürzə *i.* ① 국수가 들어 있는 국 noodle type of soup ○ **girs**; ② 독사, 살모사, 뱀 *zoo.* viper, adder

güşad *si.* 편안한, 안락한, 평온한 comfortable, easeful

güşbərə ☞ **düşbərə**

güvə *i. zoo.* 좀 (clothes) moth

güvəc *i.* 토기 clay pot

güvəqıran *i. kim.* 나프탈렌 naphthalene

güvənmə *i.* 의지(依支) trust

güvənmək *fe.* ① 의지하다, 신뢰하다 confide, trust in, rely on ○ **arxalanmaq, bel bağlamaq**; ② 자랑하다, 뽐내다 boast, show off, strut, prance ○ **lovğalanmaq, öyünmək, qürrələnmək**

güyüm *i.* 목이 긴 청동 주전자 bronze jar with a long neck

güz *i.* 가을 autumn, fall ○ **payız**

güzar *i.* 통행, 통과, 여정, 과정 passing, passage, way; **~ı düşmək** *fe.* 우연히 들르다 visit accidentally, find oneself in

güzariş *i.* ① 사건, 사고, 우발적 사건 accident, happening ○ **hadisə, vaqiə, əhvalat**; ② 지시, 명령 instruction, order ○ **göstəriş, əmr**

güzdək *i.* 가을 풀, 가을 잔디 autumn grass

güzdəkləşmək *fe.* 가을 잔디를 기르다 grow autumn grass

güzəm *i.* (가을) 양모 sheep wool (in autumn)

güzər ☞ **güzar**

güzəran *i.* 삶, 존재, 생활, 생활 양식 living, being, existence, life, way of living ○ **həyat, dirilik, varlıq, yaşama, dolanacaq**; **~ keçirmək** *fe.* 그럭저럭 살다 live a small way; **xoşbəxt ~ keçirmək** *fe.* 행복하게 살다 live a happy life

güzəranlı *si.* 번영하는, 잘사는 well-to-do, prosperous ○ **dövlətli, varlı, hallı**

güzəranlıq *i.* 번영, 궁여지책, 살림살이 prosperity, livelihood, means of subsistence ○ **dövlətlilik, varlılıq, hallıq**; **~ qazanmaq** *fe.* 생계비를 벌다, 생계를 꾸리다 earn one's living

güzəransız *si.* 궁핍한, 살기 어려운, 가난한 indigent, needy ○ **həyatsız, dolanacaqsız**

güzəransızlıq *i.* 궁핍, 가난, 곤경 indigence, want ○ **həyatsızlıq, dolanacaqsızlıq**

güzərgah, güzərgəh *i.* 길, 통로 way, road, path

güzəşt *i.* ① 양보, 양여, 승인, 용인; 할인, 인하 concession, discount; **~ getmək** *fe.* a) 양보하다, 승인하다, 타협하다, 호양하다 discount, concede, give in, compromise; b) 감하다, 줄이다, 감소시키다, 완화하다 bate, abate, take off; **~ə gedən** *si.* 후한, 관대한 liberal; ② 경감, 완화, 차감, 공제 abatement, deduction, reduction; **~ etmək** *fe.* a) 차감하다, 공제하다 give a reduction; *b*) 승인하다 make allowance; c) 용납하다, 용서하다 excuse, forgive, pardon

güzəştli *si.* 우대의, 특혜의 preferential

güzəştsiz *si.* 무조건적인, 타협 없는 unconditional, without concession or compromise

güzgü *i.* ① 거울, 유리 glass, mirror, looking-glass; ② 반사, 영상 reflection, image; ③ 검시경 *med.* speculum; **əyri ~** *i.* 찌그러진, 뒤틀린 거울 distorting mirror; **~ əksi** *i.* 거울 이미지 mirror reflection

güzgüçülük *i.* 거울 제조 mirror making

güzgüqayıran ☞ **güzgüçü**

güzgülü *si.* 거울의 mirror; **~ şkaf** *i.* 거울 달린 옷장 mirror wardrobe

güzlük *i.* 겨울 바느질 winter sowing

H·h

ha *nid.* 자!, 어!, 그래! (경고, 재촉, 반어적 표현으로) now! mind! well! here! (warning, inducement, irony); ***Başlayın ha!*** *시작하란 말이야! Begin now!*; ***Ehtiyatlı ol ha!*** *조심하라고! Do be careful!*

Haaqa *i.* 헤이그 (네덜란드 도시) The Hague

habelə *əd.* 역시, 또한, 마찬가지로, 이런 식으로! also, as well, too, either, in this way

hacat *i.* 도구, 공구, 연장, 기구, 용구 tool, instrument, tackle, implement ○ **alət, silah**

hacət *i.* 필요, 수요; 필수품 need, necessity ○ **ehtiyac, lüzum**; ***Hacət yoxdur.*** *아무것도 필요 없어! There is no need whatsoever. No need.*

hacı *i.* 메카에 순례를 다녀온 무슬림 Muslim who performed the pilgrimage to Mecca

hacıleylək *i. zoo.* 황새 stork

hacıyatmaz *i.* 곡예 인형 tumbler, tumbling doll (toy) ○ **gəlincik**

haça I. *i.* 농업용 포크, 갈퀴, 쇠스랑; 왕관 (끝이 갈라진) fork, bifurcation, forked crown ○ **ayrıc**; II. *si.* ① 갈라진, 나뉘어진, 분기된 forked, bifurcate; ② 둘로 나뉘어진, 이분한, 이항대립의 *bot.* dichotomous ○ **qoşa cüt, ikili**

haçadil(li) *si.* 갈라진 혀를 가진, 혀가 갈라진 forked-tongued

haçadızrnaq(lı) *si. zoo.* 굽이 갈라진 cloven-footed, cloven-hooved

haçaq ☞ **havaxt**

haçaquyruq *si.* 꼬리가 둘인 (곤충) double-tailed (insect)

haçalama *i.* 분기, 분지(分枝) divarication, bifurcation ○ **ayırma, bölmə, ikiləmə**

haçalamaq *fe.* 둘로 나누다, 가르다, 분기하다, 분지하다 fork, bisect, divide into two ○ **ayırmaq, bölmək, ikiləmək**

haçalanmaq *fe.* 나뉘다, 갈리다 be bifurcated, be forked; ***Yol haçalanır.*** *길이 둘로 나뉘어진다. The road forks.*

haçalı *si.* 나뉘어진, 갈래 난, 짝으로 된, 쌍으로 된 doubled, paired, forked ○ **ikili, qoşa**

haçalıq *i.* 이중성, 이원성 duality, pair ○ **ikilik, qoşalıq**

haçan *z.* (의문부사) 언제 when (interrogative)

haçandan-haçana *z.* 결국, 마침내, 결론적으로 at last, in the end, after all

haçasaqqal(lı) *si.* 갈라진 수염을 한 (man) forked-bearded

hadisə *i.* ① 일, 사건, 행사, 우연한 사건, 사고 affair, contingency, episode, event, incident, occurrence ○ **əhvalat, qəza, macəra, vaqiə, qəziyyə**; ② 현상, 사상, 사건 phenomenon; **təbii ~** *i.* 자연 현상 natural phenomenon; **bədbəxt ~** *i.* 불행한 사고 accident, misfortune; **nadir ~** *i.* 희귀한 현상, 드문 일 unusual phenomenon; **~lərlə dolu** *si.* 다사한, 파란만장한 eventful; **~lərin gedişi** *i.* 사건의 연속 sequence of events; **~lərə nikbin baxmaq** *fe.* 긍정적으로 사물을 바라보다, 낙천적 관점을 취하다 look on the sunny side of things

haf *i. zoo.* 불나방 tiger moth; **~ kimi** *z.* 갑자기 suddenly

haf-haf *onomatopoeic.* 왈왈, 멍멍 (개 짖는 소리) bow-wow (puppy) !, yelp, yap

hafıldama *i.* 왈왈거림 yelping, yapping

hafıldamaq *fe.* 캥캥 짖어대다, 왈왈 거리다 yelp, yap

hafizə *i.* 기억, 추억 memory ○ **yaddaş, huş**; **~yə həkk olunmaq** *fe.* 기억에 사로 잡히다 stick in one's memory; ***Bu mənim hafizemdən çıxıb.*** *내 기억에서 사라졌다. This has slipped my* memory.

hafizəli *si.* 기억력이 좋은, 잘 기억하는 having a retentive memory ○ **yaddaşlı, huşlu**

hafizəlilik *i.* 기억을 잘 보존함 retentiveness (of memory) ○ **yaddaşlılıq, huşluluq**

hafizəsiz *si.* 잘 잊어버리는, 멍한, 얼빠진 forgetful, absent-minded ○ **yaddaşsız, huşsuz, unutqan, dalğın**

hafizəsizləşmək *fe.* 기억을 상실하다, 건망증이 심화되다 lose one's memory; become forgetful ○ **huşsuzlaşmaq**

hafizəsizlik *i.* 건망증 forgetfulness, absent-mindedness ○ **yaddaşsızlıq, huşsuzluq, unutqanlıq**

hakim I. *i.* ① 심판, 재판관, 법관 judge ○ **hökmdar, padşah**; ② *idm.* 심판원 (운동 경기의) referee; II. *si.* 지배적인, 주도적인, 유력한, 우세한 ruling, dominant; ~ **dairələr** *i.* 당국(當局) authority; ~ **mövqe** *i.* 지배력, 지배권, 우세, 우월 ascendancy; **~i-mütləq** *i.* 전제 군주, 독재자, 절대 지배자, 통치자 autocrat, monarch, sovereign; ~ **olmaq** *fe.* 능가하다, 압도하다, 이기다, 유력하다 prevail; ~ **sinif** *i.* 지배 계급 ruling class

hakimiyyət *i.* ① 권력, 권세, 세도, 통치력, 권한 power, authority, rule ○ **ixtiyar, səlahiyyət, ağalıq**; ② 지배권(력), 통치권, 주권, 영향력 dominion, empire, sway; **dövlət ~i** *i.* 국가 권력 State power; **sovet ~i** *i.* 소비엣 정부, 평의회 정부 Soviet Government; **ali ~i** *i.* 최고 권력, 최고 통치권 supreme power; **yerli ~** *i.* 지방 정부, 지방 권력 local authorities; ~ **başında durmaq** *fe.* 권좌에 앉다, 권력을 잡다 hold power, be in power; **~i ələ almaq** *fe.* 권력을 쟁취하다 seize power

hakimlik *i.* ① 권력, 권세, 최고 권한, 주권, 패권 power, authority, supremacy ○ **hakimiyyət**; ② 지배력, 우세, 우위, 통제 dominion, domination, ascendancy; **havada ~** *i.* 공중 패권, 공중 지배권 supremacy in the air; ~ **etmək** *fe.* 지배하다, 복종시키다, 억제하다 dominate

haqda ☞ haqqında

haqq I. *i.* ① 권한, 권리, 이권, 정당한 요구 자격 right ○ **hüquq**; ② 옳음, 정당한, 진실성, 명제, 원리 truth, justice ○ **ədalət, həqiqət, doğruluq, düzlük**; ③ 임금, 보수, 봉급, 급료 charge, pay, salary ○ **muzd, ödəmə**; ④ 지급, 반제, 납입, 납부 (회원권) due, payment (membership); ~ **qazandırma** *i.* 변명, 해명, 핑계 excuse; ~ **qazandırmaq** *fe.* 정당화하다, 변명하다, 의혹을 풀다 justify; **~-nahaq** *z.* 아무런 이유 없이, 무단으로, 싫든 좋든 for no reason at all, for nothing, willy-nilly; ~ **tərəfdarı** *si.* 공정한, 정당한, 공평한 equitable; **~ını almaq** *fe.* 자기의 몫을 받다 get one's share; **namusum ~ı** *z.* 명예를 위해, 이름을 걸고 upon my honour; **zəhmət ~ı** *i.* 수고비, 임금, 노동의 대가 salary, wage

haqq-hesab *i.* ① 계산, 정산, 견적, 타산, 계책, 예측, 어림, 산정 calculation, computation; ② 계정, 계좌, 구좌 account; **~a almaq** *fe.* 정산하다, 계산하다, 계측하다 leave out of the count; **özünə ~ vermək** *fe.* 깨닫다, 의식하다 be aware of, realize; ~ **kəsmək** *fe.* 예산을 깎다, 삭감하다 cut off an account

haqqında *qo.* ~에 관하여, ~대하여 about, concerning ○ **barəsində**

haqlamaq *fe.* 따라잡다, (뒤따라) 앞지르다, 추월하다, 어깨를 나란히 하다 catch up (with), overtake, come up with, run down, overhaul ○ **çatmaq, yetişmək, yaxalamaq, tutmaq**

haqlanmaq *fe.* 따라잡히다, 추월당하다 be caught up, be overtaken, be run down

haqlaşmaq *fe. col.* 청산하다, 결제하다, 수지 결산을 하다 square, settle up, account (with) ○ **hesablaşmaq, üzülüşmək, çürütmək**

haqlı *si.* ① 옳은, 정당화된, 참된, 진리의 right, just, justified ○ **doğru, düz, dürüst, qanuni** ● **ədalətsiz**; ② 순결한, 무죄의, 비난의 여지없는 innocent, blameless ○ **günahsız, təqsirsiz**; ③ 옳은, 올 곧은, 정당한, 공정한 righteous, upright ○ **insaflı, ədalətli, adil**; ~ **tələb** *i.* 정당한 요구, 마땅한 이치 just demand; ***Siz haqlısınız.*** *adfe.* *당신이 옳습니다. You are right.*

haqlılıq *i.* ① 옳음, 정직, 공정, 적절, 정확 rightness ○ **doğruluq, düzlük, dürüstlük, qanunilik**; ② 무죄함, 순결함 innocence ○ **günahsızlıq, təqsirsizlik**; ③ 의, 정당함, 고결, 정의 righteousness ○ **insaflılıq, ədalətlilik, adillik**

haqsız *si.* ① 불공정한, 부조리한, 옳지 않는, 그른 unfair, unjust, wrong ○ **ədalətsiz, insafsız**; ② 죄의, 범죄의, 최책을 가진 faulty, guilty ○ **günahkar, təqsirli** ● **ədalətli**

haqsızlıq *i.* 부조리, 불공평, 불공정, 부정, 불법, 권리 침해, 나쁨, 사악 injustice, wrong ○ **ədalətsizlik, insafsızlıq** ● **ədalətlilik**; ~ **etmək** *fe.* 잘못하다, 그릇 행하다, 불공평하게 처사하다 do wrong, act unfairly

hal *i.* ① 상황, 환경, 조건, 분위기, 경우, 상태 situation, circumstance, condition, mood, case, state ○ **vəziyyət, durum, mövqe, yer**; ② 순간, 시간 moment, time; ③ *qram.* 격(格), 격범주 case; ④ 건강, 안녕, 근력 health, strength, force ○ **əhval, kef**; **belə ~da** *z.* 이런 경우에 in that case; **hər ~da** *z.* 어떤 에든지, 어쨌든 in any case, anyhow, anyway; **indiki ~da** *z.* 현재 상황에서는 under present condition; ~ **hazırda** *z.* 지금은, 당장은 at present; **o (bu) ~da** *z.* 그(저) 때, 그(저)런 상황에 then; **~ı qalmamaq** *fe.* 이미 지치다, 힘이 빠지다 have no strength left; **~ına salmaq** *fe.* 변화시키다, ~상황에 빠지게 하다, 개조하다 convert; **~ına salma** *i.* 개조, 개변, 변화 conversion; **~ına yanma** *i.* 동정(同情) compassion; **~ına yanmaq** *fe.* 동정하다, 같이 아파하다, 같이 애통해 하다 deplore **~ını soruşmaq** *fe.* 안부를 묻다 ask the health of *smb.*; ***Bu nə haldır düşmüsən?*** *웬 일이냐? 무슨 일이야? What happened to you?*; ***Daha getməyə halım yoxdur.*** *더 이상 못 가겠어. I don't feel like going.*

halal *si. din.* ① 허용된 permitted, lawful ○ **qanuni** ● **haram**; ② 정직한, 깨끗한 honest, acquired ; ~ **etmək** *fe.* 허락하다, 용인하다, 용서하다 forgive, permit; ~ **zəhmət** *i.* 정직한 노력 honest labour; ~ **qazanc** *i.* 정직한 수입 honest wage

halallaşmaq *fe.* 서로 용납하다, 서로 용서하다 forgive one another

halallıq *i.* 면제, 사면, 해제, 관용, 용서 absolution, forgiveness, pardon; ~ **istəmək** *fe.* 이슬람법에 의거 (아무개의) 용서를 구하다 ask *smb.*'s pardon according to the shariat

halalsüdəmmiş *si. obs.* 존경할만한, 훌륭한, 정직한 respectable, honest

halamaq *fe.* 부르짖다 call

halay *i.* 원, 둘레, 원형, 동그라미, 고리, 환 circle, ring; ~ **vurmaq** *fe.* 원형을 만들고 춤을 추다 form a ring and dance

halaylamaq *fe.* 둘러 싸다, 포위하다, 에워싸다 surround, enclose

halbuki *ba.* ~할지라도, 반면에, 그러나, 어쨌든 though, while, whereas, but, however, nevertheless, meanwhile; ***Halbuki bu belədir.*** *어쨌든 이것은 이렇다! Nevertheless it is so.*

hal-əhval *i.* 건강, 기분, 형편, 상황 health, condition; ~ **tutmaq** *fe.* 안부를 묻다, 누군가의 건강을 묻다 inquire; ask after *smb.* health

halət *i.* 상황, 상태, 건강 상태, 기분 situation, state, condition ○ **hal, əhval, kef, vəziyyət, duruş, mövqe, yer**; **yaramaz ~ə düşmək** *fe.* 건강이 안 좋아 지다, 기분이 상하다 be out of condition (sickness); **normal ~** *i.* 정상 상태 normal state

hal-hazırda *z.* 당장은, 지금은, 방금, 현상황으로는, 이 순간에는 now, at present, today, at the present moment ○ **indi** ● **keçmişdə**

halı *si.* 정통한, 숙달한, 익숙한, 친교가 있는, 친분이 있는 versed, conversant with ○ **xəbərdar, agah**

halında *z.* ~의 경우에 in case of

halqa *i.* ① 반지 ring ○ **üzük**; ② 원, 원형 circle ○ **dairə, çərçivə**; ③ 고리, 고리 모양, 고를 낸 매듭, 홀매 loop, noose ○ **ilmə, kəmənd**

halqalama *i.* 포위, 일주, 고립화 encirclement ○ **dövrələmə**

halqalamaq *fe.* ① 반지로 꾸미다, 고리로 장식하다 furnish with a ring; ② 원형을 만들다, 둘러싸다, 둥글게 하다, 포위하다 encircle, enclose, ring, hedge in ○ **dövrələmək**; ③ 걸다 (고리에) hook

halqalanmaq *fe.* 포위되다, 둘러 싸이다, 격리되다 be surrounded, be enclosed, be put cordons (at, round), be cordoned off ○ **əhatə edilmək/olunmaq**

halqalı *si.* ① 연결된, 관련된, 연계된, 연결 고리가 있는 linked, ringed ○ **dairəli, çərçivəli**; ② 걸린, 갈고리에 걸린, 결혼한 hooked ○ **ilməli, kəməndli**

halqavarı *si.* ① 고리 모양의, 반지 모양의, 둥근 ring-shaped, round; ② *col.* 완전한, 무흠한 perfect

hallanan *si. qram.* 어형 변화[굴절, 격변화]를 하는 declinable; ~ **sözlər** *i.* 격변화 어휘들 declinable words

hallandırıcı *i.* 자극 격려, 자극하는 것, 촉진제, 흥분제 stimulus

H

hallandırma *i. qram.* 어형변화, 격변화 declension, declination
hallandırmaq *fe.* 격변화하다, 어형 변화하다 decline, change cases
hallanma *i. qram.* 격변화, 어미 변화 declension, declination ○ **dəyişmə**
hallanmaq *fe.* 격변화되다, 어미 변화되다 *qram.* be declined ○ **dəyişmək**
hallanmayan *si.* 격변화 하지 않는 *qram.* indeclinable
hallaşma ☞ **hallaşmaq**
hallaşmaq *fe.* 인사하다, 안부를 묻다, 환영하다 say how do you do (to), greet, hail ○ **görüşmək, sallamlaşmaq**
hallı *si.* 기분 좋은, 기쁜 즐거운, 기운찬, 건강한 glad, joyful ○ **əhvallı, kefli, nəş'əli**
halsız *si.* 연약한, 지친, 피곤한, 기진한 weak, exhausted, weary ○ **zəif, gücsüz, qüvvəsiz, aciz, əlacsız, çarəsiz, baçarıqsız**
halsız-əhvalsız *si.* ① 비사교적인, 침울한, 지친 unsociable, unnameable; ② 불쾌한, 성마른, 까다로운, 투정을 부리는 grumbling, peevish, querulous, grumpy
halsızlıq *i.* ① 지침, 기분이 나쁨, 맥없음 weakness, feebleness ○ **zəiflik, gücsüzlük, qüvvəsizlik**; ② 불능, 무능, 절망, 자포자기 helplessness, desperation, recklessness ○ **acizlik, əlacsızlıq, çarəsizlik, bacarıqsızlıq**
halva *i.* 견과류 가루를 기름과 설탕으로 버무려 만든 아제리 전통의 과자류 khalva (paste of nuts, sugar and oil); ~ **çalmaq** *fe.* 할바를 만들다 make khalva
halvaçı *i.* 할바 만드는 사람 (파는 사람) halva makzer, halva seller
hamam *i.* 욕실, 욕탕, 욕조 bath, bathroom, bathhouse; ~**dan çıxmaq** *fe.* 목욕을 하다 bathe, have a bath; ~ **xalatı** *i.* 목욕 가운 bathrobe; **ictimai** ~ *i.* 공중 목욕탕 public baths; ***Köhnə hamam, köhnə tas.*** *아무것도 변한 게 없다. The same old bath, the same old cup. (Everything is same as before.)*
hamamçı *i.* 목욕탕 종업원 bathhouse attendant
hamamxana *i.* (공중) 목욕탕 bathhouse, bathroom
haman ☞ **həmin**
hamar *si.* ① 매끄러운, 부드러운, 평평한 even, level, sleek, smooth ○ **düz, ütülü** ● **kələ-kötür**; ② 쉬운, 편안한, 조용한 easy, comfortable, peaceful ○ **rahat, sakit**; ③ 곧은, 다려진, 편편한 straight, ironed, flat ○ **səlis, rəvan**
hamarlamaq *fe.* ① 평평하게 하다, 고르게 하다, 매끄럽게 하다, 부드럽게 하다 make even, level off, trim, make smooth, smooth out, down, make level ○ **düzəltmək, yonmaq**; ② 줄을 세우다, 줄을 맞추다 align, arrange, put in the line ○ **tumarlamaq, sığallamaq**
hamarlanmaq *fe.* 고르게 되다, 편편하게 되다, 부드럽게 되다 be made even, be levelled off, smooth (down), become smooth
hamarlanmış *si.* 매끈매끈한, 반들반들한, 매끄러운, 다려진 sleek
hamarlaşmaq ☞ **hamarlanmaq**
hamarlat(dır)maq *fe.* 편편하게 하다, 부드럽게 만들다, 고르게 하다 cause *smt.* to be smoothed out
hamarlayıcı *i.* 도로 평탄 기, 옷 다림 롤러 road-roller (road), rolling press (clothes)
hamarlıq *i.* 부드러움, 평평함 smoothness, sleekness ○ **səlislik, rəvanlıq, rahatlıq, sakitlik**
hamaş *i. col.* 학우 school-fellow, fellow-student
hamaşıq *i. bot.* 작은 꽃 넝쿨 floscular, raceme
hamaşlı *si. obs.* 같이하는, 함께 하는 together (with)
hamaşlıq *i.* 합자, 공동 투자 clubbing, pooling
hambal *i.* 운반인, 전달자, 전령, 운반기, 집배원, 통신원 bearer, porter, carrier
hamballıq *i.* 운송업 profession of porter/carrier; ~ **etmək** *fe.* 운송하다, 운반하다 carry
ham-ham *onomatopoeic.* 멍멍 (개 짖는 소리) bow-wow (dog bark) !
hamı *vz.* 모두, 전부, 각각이 all, the whole of, everybody; ~ **tərəfindən tanınma** *i.* 인기, 평판 popularity; ~**ya mə'lum olan** *si.* 인기 있는, 익숙한 popular, familiar
hamısı *si.* 모든, 전부의 whole
hami *i.* 보호자, 관리자, 후견인 guardian, patron, sponsor ○ **havadar, qəyyum, himayədar, arxa, kömək**
hamilə *si.* 임신한 pregnant; ~ **olmaq** *fe.* 임신하다 be pregnant ○ **boylu, ikicanlı, ağırayaq**
hamiləlik *i.* 임신; 임신 기간 pregnancy ○ **boyluluq, ikicanlılıq, ağırayaqlılıq**

hamilik *i.* 후견, 대리 부모 역할, 후원, 보호, 찬조, 장려 sponsorship, patronage, protection ○ **havadarlıq, qəyyumluq, himayəçilik**; **~yə götürmək** *fe.* 후원하다, 찬조하다, 보호하다 patronize, give voluntary assistance; **~edən** *i.* 보호자, 후견자 protector

hamiyə *i.* 각주, 소주(小註) footnote

hamlac *i.* 취관 토치, 불을 부는 대롱, 블로램프 blowpipe, blowtorch

hampa *i.* 부자, 잘나가는 사람, 번영가 rich, wealthy, well-to-do, prosperous person

hampalıq *i.* 번영, 융성, 부 prosperity, richness

hana *i.* 정경기 (textile industry) warping, warping machine

hanaquran *i.* 정경기 warper

handabir *z.* 종종, 가끔, 좀처럼 now and then, seldom, rare

hanı *vz.* 어디? where ?; ***Məmin dostum hanı?*** *내 친구는 어디 있지? Where is my friend?*

hankı ☞ **hansı**

hansı *vz.* ① 어느, 어떤 which, what; ② 어떤 종류의, 어떤 것의 what sort of, what; ***Siz hansı musiqini xoşlayırsınız?*** *어떤 음악을 좋아하시나요? What kind of music do you like?*; ***Bu kitablardan hansını istəyirsən?*** *이책 중에 어떤 것을 원하시나요? Which of these books do you want?*

hap-gop *i. col.* 잡담, 재잘거림 lies, chatter, talk

hap-gopçu *i.* 거짓말쟁이, 수다쟁이, 허풍선이, 떠버리 liar, talker, gasbag, windbag

hapıttı *si.* 조급한, 서두르는, 경솔한, 무분별한, 성급한, 허둥대는 precipitate, rash, hasty, inconsiderate

hara *vz.* (의문 부사) 어디, 어디서 where, what place (interrogative); ***O, hara gedir?*** *그가 어디로 가고 있지? Where is he going?*; **~sa** *z.* 어떤 곳에 somewhere; **~da** *z.* 어디서, 어디에서 where (in, at, on); **~dan** z 어디서, 어디로부터 from where; ***Haradan gəlirsən?*** *어디서 오는 길이야? Where are you coming from?*; **~dansa** *z.* 어떤 곳에서든지 (양보적 의미) from somewhere, somewhere; **~dasa** *z.* 어디엔가, 어떤 곳에든지 anywhere; **~lı** *vz.* 어디 출신 person from where; **~ya** *z.* 어디로 where to; ***Haraya gedirsən?*** *어디로 가는가? Where are you going?*; **~yadək, ~yacan** *col.* 어디까지, 어느 정도까지? how far, by where; **~yasa** *z.* 어느 곳으로 서든지 anywhere to

haram *si.* ① (종교적으로) 금지된, 부정한 prohibited forbidden by religion,; ② 부정하게 획득한 gained in dishonest way; **~ ilik** *i.* 척추 골수 *med.* spinal cord/marrow; **~ yemək** *fe.* 부정한 것을 먹다, 부정한 방법으로 살다 eat the forbidden, live by means of dishonesty; **~ etmək** *fe.* 문제를 야기하다, 금기하다 forbid the use of enjoyment; give a great trouble; ***Haram olsun!*** *천벌 받을! May god punish you!*

haramı *i. obs.* 도둑, 강도; 약탈자, (특히) 산적의 한 사람(bandit)robber, brigand ○ **oğru, quldur**

haramılıq *i.* 강도질, 약탈, 강탈; 강도[약탈] 사건, 해적 행위, 불법 점유, 횡령 robbery, piracy, plunder; ○ **oğurluq, quldurluq, soyğunçuluq**

haramxor *i.* 남을 우려먹는 사람; 식객, 뇌물 받는 사람 sponger, parasite, idler; bribe-taker, grafter ○ **tüfeyli, müftəxor**

haramxorluq *i.* 뇌물 수수, 증수회(贈收賄), 등쳐 먹기 sponging, parasitic, bribery ○ **tüfeylilik, müftəxorluq**

haramzadə I. *i.* 악한, 불량배; 사기꾼, (구어) 교활한 사람 bastard, slyboots, swindler, rogue ○ **tülünğü, bədzat, əclaf, alçaq**; II. *si.* 불법의, 변칙의 illegitimate ○ **bic, hiyləgər, kələkbaz, fırıldaqçı, cüvəllağı, dələduz**

haramzadəlik *i.* 반칙행위, 협잡 행위, 속임수, 사칭, 부정행위, 비행 foul play, sharp practice, trickery, imposture, knavery, cunning, slyness ○ **tülüngülük, bədzatlıq, əclaflıq, biclik, hiyləgərlik, kələkbazlıq, fırıldaqçılıq, cüvəllağılıq, fəndgirlik, dələduzluq**; **~ etmək** *fe.* 사기를 치다, 협잡하다, 속이다 use cunning, be cunning, crafty

haray *i.* ① 외침, 고함, 통곡 cry, shout ○ **səda, səs-küy, çığırtı, bağırtı, qışqırtı**; ② 비명, 놀람, 불안, 공포, 걱정, 염려 alarm, anxiety ○ **təhlükə, qorxu, vəlvələ, təşviş, təlaş**; **~ çəkmək** *fe.* 도움을 부르짖다, 도움을 청하다 cry for help, sound the alarm, raise an alarm, help, assist, cry for help, come for help; **~a cavab vermək** *fe.* 도움을 주다, 도움 요청에 반응하다 respond to the call

harayçı *i. col.* 비명을 외치는 사람, 도움을 청하는

H

사람 parter hurrying for help ○ **hay-küyçü, qışqırıqçı, hayçı**

harayçılıq *i.* 도움을 청함, 위급을 알림 parting, yelling for help, crying for help ○ **hay-küyçülük, qışqırıqçılıq, hayçılıq**

haray-həşir ☞ **hay-küy**

haraylamaq *fe.* 소리 내어 부르다, 큰 소리로 사람을 청하다, 소환하다 call, call upon (to), cry (to); summon ○ **səsləmək, haylamaq, çağırmaq, qışqırmaq, bağırmaq**

haraylanmaq *fe.* 소환되다, 부름을 받다 be called/summoned

haraylaşmaq *fe.* 서로 소리치다 shout to each other

harın *si.* ① 만족한, 풍부한, 가득한, 완비된 satisfied, replete; ② 자족한, 흐뭇한, 자기 만족의 self-satisfied, complacent ○ **özündənrazı, qudurğan, çox lövga** ● **başıaşağı**; ③ *col.* 잘난 체하는, 독선적인, 자기 만족의, 자부심이 강한 smug ○ **qızğınlaşmış, azğınlaşmış**

harınla(n)maq *fe.* ① 살찌다, 뚱뚱해지다, 풍만해지다 grow fat, plump ○ **piylənmək, kökəlmək**; ② 교만해지다, 자만하다 get proud, be haughty ○ **dikbaşlanmaq, lovğalanmaq**

harınlaşmaq ☞ **harınlanmaq**

harınlıq *i.* ① 풍부, 만족, 충만, 충실 richness, satiety, satiation, repletion; ② 자기 만족, 평온한 만족함, 자기도취 self-satisfaction, complacency; *col.* smugness; ③ 교만, 자만 haughtiness ○ **dikbaşlıq, lovğalıq**

harmonik *si.* 조화로운, 화음의 harmonious

harmoniya *i.* 조화, 화음(和音) harmony

hart *i.* 활자 합금 (납, 안티몬, 주석의 합금) type-metal (printing)

hasar *i.* 방벽, 목책, 울타리, 울, 담, 방어벽 barrier, fence ○ **çəpər, barı**; **~ çəkmək** *fe.* 울타리를 치다, 담을 쌓다 fence; **~dan atlanmaq** *fe.* 담을 뛰어 넘다 leap a fence

hasarlamaq *fe.* 담장을 치다, 울타리를 만들다, 벽으로 둘러싸다 enclose, fence in ○ **çəpərləmək**; **şəhəri divarla ~** *fe.* 도시를 담장으로 둘러싸다 fence a town in with a wall

hasarlanmaq *fe.* 울타리를 치다, 자신을 보호하다, 자신의 주위를 담장으로 둘러싸다 defend oneself (against), guard oneself (from, against), fence oneself in, be fenced in, be enclosed

hasarlat(dır)maq *fe.* 담장을 만들게 하다 cause *smb.* to fence in/enclose/enclose (with) fence

hasarlı *si.* 울타리가 있는 fenced, enclosed ○ **çəpərli, barılı**

hasarlılıq *i.* 연금, 갇힘, 보호됨 enclosedness ○ **çəpərlilik, barılılıq**

hasarsız *si.* 담장이 없는, 울타리를 치지 않은 fenceless ○ **çəpərsiz, barısız**

hasarsızlıq *i.* 개방됨 openness, the state of having no boundary ○ **çəpərsizlik, barısızlıq**

hasil *i.* ① 총량, 총액 sum, total; ② 결과, 효과, 성과 result, outcome ○ **nəticə, yekun, fayda**; ③ *riy.* 합 sum; **ümuni ~** *i.* 전체 총계, 총합 grand total, sum total; **~ə gəlmək** *fe.* 결론에 이르다, 결과를 가져오다 come out; **~ə gətirmək** *fe.* 생산하다, 결과를 낳다, 만들어 내다 produce, work out, make; **~ olmaq** *fe.* 획득되다, 얻어지다, 소득이 되다 be obtained, result in

hasilat *i.* 결과, 생산품, 산출, 생산 output, production ○ **məhsul, mədaxil, varidat**; **illik ~** *i.* 년간 생산량 annual production

haşa *nid.* 결단코! 그럴 수 없어! Never! Oh Lord! Never at all my God!

haşalama *i.* 부정, 거절, 부인, 부정적 진술 denial, negation, non-recognition

haşalamaq *fe.* 부인하다, 부정하다, 반론하다 deny, disclaim

haşiyə *i.* ① 가장자리, 변두리, 주변, (옷의) 단, 끝단 border, edge, edging, selvage (clothes) ○ **kənar, köbə, qıraq**; ② (목재의) 모서리 손질, (금속의) 표면처리 trimming, planking (wooden); plating (metal); ③ 여백, 가장자리, 각주 달기 margin, footnoted; **~ çəkmək** *fe.* 경계를 긋다, 틀을 짜다, 장식을 달다, 모서리를 다듬다 border, frame, fringe, edge

haşiyələmək *fe.* 경계를 만들다, 테두리를 하다 border (with), edge (with), fringe (with), hem (with), set in a frame, frame, mount

haşiyələnmək *fe.* 테두리로 둘려지다, 틀에 짜이다 be set in a frame, be framed

haşiyələnmiş *si.* 테두리를 한, 장식이 된, framed, bordered, fringed, edged

haşiyələt(dir)mək *fe.* 테두리를 하게 하다 ask *smb.* to set in a frame, have *smt.* framed

haşiyəli *si.* 경계 표시가 된, 각주가 달린 bordered, framed; footnoted ○ **köbəli, çərçivəli,**

dövrəli

haşiyəlik *i.* 자투리, 조각 list, selvedge

haşiyəlilik *i.* 가장자리를 잘라 냄, 장식이 달림 state of being framed ○ **köbəlilik, çərçivəlilik, dövrəlilik**

haşiyəsiz *si.* 경계가 없는, 개방된, borderless, having no edge, frameless ○ **köbəsiz, qıraqsız, çərçivəsiz**

haşiyəsizlik *i.* 개방성, 틀에 짜이지 않음 state of being unframed/borderless ○ **köbəsizlik, çərçivəsizlik**

hatəm *i.* 호인, 부자이면서 관대한 사람 rich and generous person

hava[1] *i.* ① 공기, 바람, 대기 air; ② 날씨, 기후, 기상 weather, climate, atmosphere ○ **iqlim**; ③ 분위기, 특성, 특질 characteristic; **açıq ~da** *z.* 개방된 곳에서 in the open air; **~ya vermək** *fe.* 공기를 쐬게 하다, 공기에 노출시키다 air; **~ qüvvələri** *i.* 공군 전투력 airforce; **~ poçtu** *i.* 항공 우편 airmail; **~ axını** *i.* 돌풍, 기류 blast; **~ doldurmaq** *fe.* 공기를 주입하다, 공기를 채우다 stuff; **~ yolu** *i.* 항공, 항공기 airline; **~ donanması** *i.* 비행 편대, 비행단 aviation; **~ hücumuna qarşı** *si.* 대공(對空)의 anti-aircraft, eo gkdrhdrldyddml; **~ mə'lumatı** *i.* 기상 정보, 일기예보 weather-forecast; **~ şarı** *i.* 벌룬, 기구(氣球) balloon; **~sını dəyişdirmək** *fe.* 환기하다, 통풍하다 ventilate; **~ya aid** *si.* 대기의, 대기의 작용에 의한, 대기 속에서 일어나는 atmospheric(al); **~ya sovurmaq** *fe.* 부풀리다, 날려보내다 blow up

hava[2] *i.* 음조, 음악의 분위기, 주요 선율, 가락 melody, tune, motif ○ **nəğmə, ahəng**; **oyun ~sı** *i.* 춤곡 dance-music; **~ çalmaq** *fe.* 가락을 만들다, 멜로디를 연주하다 play a tune

havacat *i.* 멜로디, 가락, 노래, 음조 song, melody, tune

havadan *z.* ① 공중에서, 하늘에서, 위로부터 from the moon, from the air ○ **göydən**; ② 무료로, 거저 for nothing, gratis, free (of charge); ③ 애쓰지 않고, 쉽게 without (any) difficulty, without any trouble; ④ 예상치 않게, 느닷없이 unexpectedly ○ **gözlənmədən, qəfildən, birdən**

havadar *i.* ① 옹호자, 대변자, 보호자 defender, intercessor, patron; ② 후원자, 지지자 supporter, adherent ○ **tərəfdar, himayədar** ● **himayəsiz**; **~ olmaq** *fe.* 변호하다, 중보하다, 개입하다, 편들다 advocate, intercede (for),take the part (of), stand up (for)

havadarlıq *i.* 중보, 변호, 탄원, 중재, 알선 intercession, backing, seconding, supporting ○ **tərəfdarlıq, himayə, arxa, dayaq**

havadəyişən *i.* 환풍기 ventilator

havaxt *vz.* 언제 when ○ **haçan, nə vaxt, nə zaman**

havaxtacan *vz. col.* 언제까지 how far, by when ○ **haçanacan, haçanadək**

havalandırılmaq *fe.* 기분을 돋우다, 흥분되다 be aired by *smb.*, become excited

havalandırmaq *fe.* ① 격려하다, 흥분시키다, 기분을 돋게 하다 cause *smb.* to be excited/encourage; ② 화나게 하다 make *smb.* angry

havalanmaq *fe.* ① 흥분하다, 기분이 돋다 become excited; ② 화가 나다, 긴장하다, 광적이 되다 become nervous, be frantic, rage, become furious, get into temper ○ **əsəbiləşmək, hirslənmək, acıqlanmaq, cinlənmək, qızmaq**; ③ 잘난 척하다, 재다, 뽐내다 give oneself airs ○ **uçmaq, qalxmaq, pərvazlanmaq**

havalı *si.* ① 공기가 가득한, 바람이 가득찬, 팽창한 (타이어, 풍선 등) full of air; ② 잔뜩 뽐낸, 자만하는 으스대는, 우쭐대는, 허풍이 가득한, 허황된, 과장된 conceited, grandiloquent, bombastic, turgid; ③ 흥분한, 격한, 화가 난, 노한, 긴장한, 신경질적인 excited, angry, nervous ○ **hirsli, coşğun, qızğın, həyəcanlı, hərarətli**

havalılıq *i.* ① 거만함, 교만함, 젠 arrogance, pride ○ **lovğalıq, təkəbbürlülük, iddialılıq**; ② 분노, 화남, 분노 resentment; ③ 호화, 화려, 장려, 사치함 sumptuousness, splendour ○ **dəbdəbəlilik, ibarətlilik, təmtəraqlılıq**

havaölçən *i.* 기압계; 기량계(氣量計) aerometer, barometer

havar *i.* 경보 장치, 경보기, 자명종 alarm, alarm bell

havasız *si.* 통풍이 나쁜, 숨막히는, 답답한 stuffy, airless, badly ventilated ○ **bürkülü, boğanaqlı**

havasızlıq *i.* 답답함, 숨막힘 closeness, stuffy air ○ **bürkü, boğanaq**

havayı I. *si.* ① 거저, 공짜로 free (of charge), without cost ○ **pulsuz, müftə, müsəlləm, məccani**; ② 값싼, 싸구려의 cheap; ③ 헛된, 무용한

H

vain, useless ○ **faydasız, əsassız, lüzümsüz**; II. *z.* 헛되이, 공허하게, 무익하게 **~yerə** for nothing, uselessly, vainly ○ **boş, nahaq, əbəs, hədər, bica, bihudə**

havuc *i. bot.* 당근 carrot ○ **yerkökü**

hay *onomatopoeic.* ① 음, 으흠, 어 response, comment!; ② help (살려달라고 외치는) 소리, 미명 noise, yell for; **~ qoparmaq** *fe.* 비명을 지르다 shriek

hayçı *i.* 소란을 피우는 사람 panic-monger, scaremonger, alarmist ○ **küyçü, qışqırıqçı**

hay-hay *nid.* 오오! 아~ oh! ah! o!

hay-haray *i.* 외침, 절규, 비명, 소동, 왁자지껄 cry, shout, noise sound, hubbub, uproar ○ **qalmaqal, çığırtı, bağırtı, qışqırtı**; **~ qoparmaq/salmaq/eləmək/etmək** *fe.* 소란을 피우다, 소동을 일으키다, 비명을 지르다, 외치다 make a noise, make a racket, kick up a row, cause a sensation

hay-həşir ☞ **hay-haray**

hay-huy ☞ **hay-haray**

hayxırıq *i.* 가래, 담; 점액 phlegm

hayxırmaq *i.* 가래를 뱉다 spit, expectorate

hayıf! *nid.* 어이쿠 저런! 어머머! 아깝다! Alas!, What a pity

hay-küy *i.* 소요, 아우성, 야단 법석, noise, sensation, racket, ballyhoo, hubbub, uproar, hue and cry ○ **qalmaqal, mərəkə, dava** ● **sakitlik**; **~ qaldırmaq** *fe.* 야단 법석을 떨다, 소란을 일으키다 fuss about; **~ salmaq** *fe.* 안달하다, 소란을 떨다 fuss; **böyük ~ə səbəb olmaq** *fe.* 소요를 일으키다 boom; **heç nədən ~, heç zaddan ~** *i.* 헛소동 much ado for nothing

hay-küyçü ☞ **hayçı**

hay-küyçülük *i.* 소동, 소요, 소란, 야단 법석 panic, commotion, agitation ○ **çaxnaşma, vəlvələ, təlaş**

hay-küylü *si.* 흥분한, 소란스런, 야단법석인 loud, noisy, clamorous, agitated ○ **qanaqallı, mə'rəkəli, davalı**

hay-küylülük *i.* 소란스러움, 시끄러움, 함성 loudness, noisiness, clamour, agitation ○ **qanaqallıq, mə'rəkəlilik, davalıq**

hay-küysüz *si.* 소동 없이, 소요 없이, 조용히 noiseless, silent, peaceful, without fanfare ○ **səssiz, sakit**

hay-küysüzlük *i.* 고요함, 평화로움, 평온함, 침착함 silence, calmness, peacefulness ○ **səssizlik, sakitlik**

haydı! *nid.* 자!, 얼른! Come! Be off!

hayqırmaq *fe.* 부르짖다, 소리치다, 외치다, 비명을 지르다 cry out, yell, screech, scream ○ **qışqırmaq, bağırmaq**

hayqırtı *i.* 비명, 소리지름, 외침 yelling, screaming ○ **qışqırtı, bağırtı**

haylamaq *fe.* ① *col.* 소리치다, 외치다, 부르짖다 call, hail, call (to), halloo ○ **çağırmaq, səsləmək, qışqırmaq**; ② (소리를 내서) 쫓아내다, 몰아 내다 drive a herd, turn out ○ **qovmaq (mal-qaranı)**

haylanmaq *fe.* ① 불리우다, 찬양받다 be hailed, be called (to); ② 몰려 내다, 쫓겨 나다 be driven/turned out

haylaşmaq *fe.* 소리지르다 call/shout to one another, have something in common (with *smb.*)

haylaz *i. col.* 부랑자 slacker, idler, loafer

hazır *si.* 준비된, 자진하는 ready, ready-made, prepared, willing; **~kı vaxtda** *z.* 오늘날, 요즈음 nowadays; **~-amadə** *z.* 대기중의, 항상 준비된 at call, in readiness; ***O, hazır-amadə dayanmışdır.*** *그는 대기중이다, 그능 상시 준비되어 있다. He is at call. He is in readiness.*

hazırcavab *si.* 재치 있는, 기지 있는, 임기응변의, 변통을 잘하는 witty, resourceful, ready, quick witty ○ **zirək, diribaş, fərasətli, bacarıqlı, ağıllı, məzəli**

hazırcavablıq *i.* 재치, 기지, 임기응변 wit, resourcefulness, quick wit ○ **zirəklik, diribaşlıq, fərasətlilik, bacarıqlılıq, ağıllılıq, məzəlilik**

hazırda *z.* ① 당장, 지금, 즉각 at p resent, today, at the given moment, at present moment, at the moment ○ **indi** ● **gələcəkdə**; ② 부르는 즉시, 상시 대기의, 항상 준비된 on call, in readiness; **~ olmaq** *fe.* 대기하다, 항상 기다리다 be on hand, be present

hazırkı *si.* 주어진, 지금의, 현 상황의 given, present-day ○ **indiki, müasir**; **~ adamlar** *i.* 현대인 people of today

hazırlamaq *fe.* ① 준비하다, 예비하다, 고안하다, (약을) 조제하다 prepare, design, create ○ **qayır-**

maq, düzəltmək, yaratmaq, sazlamaq; ② (음식을) 조리하다 cook ○ **bişirmək**; ③ 수련하다, 훈련하다, 배우다 train, teach ○ **öyrətmək**; ④ 성숙하다, 숙성하다 mature; ⑤ 개발하다, 개선하다 develop ○ **təkmilləşdirmək**

hazırlanmaq *fe.* ① (스스로 ~에) 준비하다, 대비하다 prepare for, make ready for, get ready (for); ② (~에 대해) 각오하다, 의도하다, 맘 먹다 intend, be about to, make up one's mind

hazırlaşdırmaq *fe.* (~에 대해) 준비시키다, 훈련시키다, 대비시키다 cause *smb.* to coach/train/get ready

hazırlaşmaq *fe.* 준비하다, 대비하다 prepare

hazırlıq *i.* ① 준비, 예비, 훈련 preparation, training; ② 지급, 조달 state purchases, purveyance, laying-in; ~ **işləri** *i.* 준비, 계획 arrangement; ~ **işləri görmək** *fe.* 준비하다, 계획하다 make preparations; ~ **üçün olan** *si.* 예비의, 서두의, 준비의 preliminary; **hərbi** ~ *i.* 군사훈련, 전투 훈련 battle training, combat instruction; ~ **kursu** *i.* 준비과정, 예비과정 preliminary course; ~ **mərhələsi** *i.* 기초 단계, 예비 단계 preliminary stage

hazırlıqlı *si.* ① 준비된, 예비된 prepared, ready ○ **tədarüklü, ehtiyatlı**; ② 배운, 익힌, 지성 있는 learned, intelligent ○ **bilikli, savadlı**

hazırlıqsız *si.* 즉흥의, 준비 없는, 즉석의, 임시변통의 impromptu, unprepared, extempore, off-hand ○ **tədarüksüz, birdən, qəflətən**

heca *i.* 음절 ling, syllable; **axırıncı** ~ *i.* 최종음절 the last syllable; ~-~ 음절마다 in syllables; ~**düzəldən** *si.* 음절의, 음절을 만드는 syllable-building, syllabic; ~ **vəzni** *i.* (음절 수에 따른) 운율, 격조 metre based on the number of syllables

hecalamaq *fe.* ① 음절에 따라 철자를 쓰다 spell out by syllables; ② 분철하다, 음절로 나누다 syllabize, syllabicate

heç I. *vz.* 아무도, 아무것도 none (of), nothing; II. *z.* 전혀, 아무것도 아니게 not a bit, not at all, never; ~ **biri** *vz.* 어느 누구도, 어떤 사람도 (아닌) none, neither; ~ **cürə** *z.* 어떤 방법으로도 on no account; ~**də** *z.* 전혀, 조금도 altogether; ~ **kəs** *vz.* 아무도 아닌, 어느 누구도 아닌 neither, none, nobody; ~ **nə** *vz.* 아무것도 아닌 nothing; ~ **nəyə inanmayan adam** *i.* 회의론자, 의심 많은 사람 skeptic; ~ **olmazsa** *z.* 최소한, 아무리 해도 at least; ~ **vaxt** *z.* 전혀 아닌 by no means, never, never more; ~ **yer(d)ə** *z.* 어느 곳도 아닌, 아무 곳도 아닌 nowhere; ~ **şeydən çəkinməyən** *si.* 거리낌 없는, 조심성 없는, 비양심적인 unscrupulous; ~-~**ə qurtarmaq** *fe.* 비기다 finish in a draw; ***Oyun heç-heçə qurtardı.*** *경기는 비겼다. The match ended in a draw.*

heçlik *i.* 상상의 것, 보잘 것 없는 사람 (것) nonentity, worthless creature ○ **yoxluq, boşluq** ● **varlıq**

hegemon *si.* 주도권의, 패권의 우위의 hegemonic

hegemoniya *i.* 주도권, 지도권 hegemony

hegemonluq ☞ **hegemoniya**

hekayə *i.* 이야기, 담화, 설화, 소설, 동화 tale, narrative, fiction, story; **kiçik** ~ *i.* 짧은 이야기 short story; ~ **danışan** *i.* 이야기 꾼, 야담가 story teller

hekayəçi *i.* 야담가, 이야기 작가 story-teller, fiction writer, narrator, short-story writer

hekayənəvis ☞ **hekayəçi**

hekayət *i.* 말하기, 진술하기, 세기, 서술 telling, narration

hekayəyazan ☞ **hekayəçi**

hektar *i.* 헥타 (면적의 단위; 2.471에이커; 100 ares = 10,000m². 약자: hectare

hektoqraf *i.* 젤라틴판 복사법[기] hectograph

hektoqrafik *i.* 헥토그라프의 hectographic

hektoqrafiya *i.* 헥토그라프 hectography

hersoqina *i.* 공작부인 duchess

hersoq *i.* 공작(公爵) duke

hesab *i.* ① 계산, 견적, 어림, 예측 calculation, count, reckon; ② 계산서, 보고서, 계정 *fin.* account current ○ **say, miqdar**; ③ 산술, 산수, 수론, 정수론 arithmetics; ④ *idm.* 점수, 득점 현황 score; ~ **kitabı** *i.* 통장, 출납 장부 account book; ~ **xətkeşi** *i.* 계산자 slide-ruler; **cari** ~ *i.* 당좌 계정 current account ; ~ **dərsliyi** *i.* 산수책 arithmetic book; ~ **udmaq** *fe.* 점수를 내다 score; ~ **vermək** *fe.* 정산하다, 계산하다 account for; ~ **etmək** *fe.* 간주하다, 고려하다, 생각하다, 추정하다 calculate, count, reckon, consider, find ; ~ **almaq** *fe.* 고려하다, 숙고하다 take into consideration; ~**da irəli çıxmaq** *fe.* 점수가 앞서다 lead the game in score; ~**ı çürütmək** *fe.* 정산

H

하다, 계산하다, 수지를 맞추다 pay off, get even, settle up accounts; **~ını aparmaq** *fe.* 추정하다, 계측하다, 이해하다, 간주하다, 추측하다 realise, understand, guess, surmise; **onun ~ına görə** *z.* 추정에 따라, 예측에 따라 according to his reckoning

hesabaalma *i.* 계산, 정산, 회계, 경리, 재고 조사, 현황 조사 calculation, accounting, stock-taking

hesabagəlməz *si.* 엄청나게 많은, 셀 수도 없는, 무수한 innumerable, countless, numberless, incalculable; **~ var-dövlət** *i.* 막대한 부 countless riches

hesabat *i.* 계산서, 보고서, 대차 계정 account, report; **~ vermək** *fe.* 수지 계산을 보고하다, 세무 보고하다, 결산하다 report, render an account; **özünə ~ vermək** *fe.* 인지하다, 염두에 두다 be aware of

hesabdar *i.* 회계사, 회계원, 경리 accountant, bookkeeper, ledger clerk ○ **mühasib**

hesabdarlıq *i.* 부기(簿記), 회계사 직무 bookkeeping, accountancy

hesabı *si.* 옳은, 적절한, 바른 right, true, just

hesablama *i.* 계산, 산출, 산정 reckon, calculation, computation ○ **sayma**; **~ mərkəzi** *i.* 산정소, 계산소 computation centre

hesablamaq *fe.* 예측하다, 계산하다, 셈하다, 산정하다, 산출하다 count, calculate, compute, esteem ○ **saymaq**; **məxarici ~** *i.* 지출을 예산하다, 예산을 세우다, 지출을 산출하다 estimate expenditure

hesablanmaq *fe.* 계산되다, 예측되다, 셈되다, 산출되다 be calculated, be computed, be counted up

hesablaşmaq *fe.* ① 서로의 점수를 계산하다 (경기에서), 주고 받을 것을 계산하다 settle a score one another; ② 지급하다, 지불하다 deal, revenge, pay off, make short work ○ **üzülüşmək, çürütmək**; **satqınla ~** *fe.* 배반자를 처리하다, 배반을 보복하다 deal with a traitor

hesablaşmamaq *fe.* 문제를 삼지 않다 defy

hesablaşmayan *si.* 배려하지 않는, 경솔한, 무분별한, 성급한, 조급한 inconsiderate

hesablayıcı *i.* ① 계산기, 측정기, 계량기 *tex.* counter, meter, teller, calculator; ② 계산원, 금전 출납 계원 accounting clerk; **~ maşın** *i.* 계산기 calculating machine

hesabsız *si.* 무수한, 엄청나게 많은, 셀 수 없는 innumerable, countless, numberless ○ **hədsiz, saysız, qədərsiz**

hesabsızlıq *i.* 무수함, 셀 수 없을 만큼 많음, innumerableness, unaccountability ○ **hədsizlik, saysızlıq, qədərsizlik**

hey[1] *i.* 건강, 근력, 힘 health, strength ○ **qüvvət, iqtidar, taqət**; **~dən düşmək; ~i olmamaq** *fe.* 지치다, 피곤해지다, 무력해지다 get tired (with), be unable, be dead tired

hey[2] *nid.* 헤이! 여보세요! 이봐! hello!, I say!, look here!

Hey[3] *z.* 언제든지, 항상, 전시간 all the time, the whole time ○ **həmişə, daim, fasiləsiz, aramsız, dalbadal** ● **hərdən**; *O hey danışır. 그는 항상 지껄인다. He speaks all the time.*

heybət *i.* ① 공포, 무서움, 경악, 전율 fear, fright, terror, horror; ② 엄격함, 가혹, 엄정, 결렬, 쓰라림 strictness, severity, stringency, austerity, sternness, rigour; **~ etmək** *fe.* 겁나게 하다, 무섭게 하다, 위협하다 terrify

heybətli *si.* 무서움, 공포스런, 기가 질린, 무시무시한, 지독한 terrible, horrible, frightful, fearful, dreadful ○ **qorxulu, dəhşətli, müdhiş, vahiməli**

heyət *i.* 회원, 회원권, 회원 수, 대표단, 위원 membership, body, staff, crew, delegation ○ **tərkib, kollegiya**; **tam nümayəndə ~i** *i.* 전 대표단 full delegation

heyf *nid.* 오! 저런! 아뿔싸! What a pity! Alas!; *z.* 불행히도, 재수없게 unfortunately; **~i gəlmək** *fe.* 아까워하다, 안타까워하다 spare; **~ ki** *z.* 유감인데, 안됐는데 it's pity; **~ almaq/çıxmaq** *fe.* 보복하다, 앙갚음하다 take revenge upon; ***Mənim sizə heyfim gəlir.*** *참 안됐습니다. I'm sorry for you.*; ***Heyf, biz onu tapa bilmədik.*** *유감스럽게 그를 찾지 못했습니다. Unfortunately we couldn't find him.*

heyfsilənmək *fe.* 유감으로 여기다, 후회하다, 뉘우치다 regret, be sorry

heyhat *nid.* 오! 저런! 안됐어! Alas! Oh!, Unfortunately

heykəl *i.* 상, 동상, 조상, 소상, 입상, 기념비 statue, monument; memorial ○ **abidə**

heykəltəraş *i.* 조각가 sculptor

heykəltəraşlıq *i.* 조각술, 조소술 sculpture
heyləmək *fe.* 부르짖다, 외치다 call, shout, make noise ○ **səsləmək, çağırmaq, haraylamaq, haylamaq**
heyran *si.* 놀란, 황홀한, 환희의, 감탄한 astonished, perplexed, charmed, taken, raptured, admiring ○ **məftun, vurğun**; **~ etmək** *fe.* 놀라게 하다, 황홀하게 하다, 대경 실색케 하다, 멍하게 하다, 매혹하다, 뇌쇄하다 amaze, strike dumb, fascinate, charm; **~ qalmaq/olmaq** *fe.* 황홀경에 빠지다, 놀라다, 감탄하다 be astonished/surprised
heyranedici *si. z.* 경탄케 하는, 황홀케 하는, 놀라게 하는 admirable(ly), striking(ly), amazing(ly), wonderful(ly), marvellous(ly)
heyranlıq *i.* 기쁨, 환희, 황홀, 경탄, 놀람 rapture, admiration, amazement, admiration ○ **məftunluq, vurğunluq**
heyrət *i.* 놀람, 경이, 경탄, 황홀 astonishment, surprise, wonder; **~dən ağzı açıq qalmaq** *fe.* 입을 벌리고 바라보다, 멍하니 바라보다 gape
heyrətamiz *si.* 놀라운, 경이로운, 황홀한, 매혹적인, 기막힌, 기적 같은 fabulous, striking, charming, miraculous; **~ oxşayış** *i.* 경이적인 닮은 꼴 striking resemblance
heyrətamizlik *i.* 비상함 extraordinariness
heyrətləndirici ☞ **heyrətamiz**
heyrətləndirmək *fe.* 놀라게 하다, 멍하게 하다, 아찔하게 하다, 소스라치게 하다 astonish, surprise, daze, startle, amaze, strike
heyrətlənmək *fe.* 경탄하다, 놀라다, 매혹되다, 의아히 여기다 be astonished, be surprised, wonder ○ **təəccüblənmək**
heyrətli *si.* 놀란, 경탄한, 매혹된, 멍한 astonished, surprised, struck, amazed, startled, staggered ○ **qəribə, təəccüblü**
heyrətlilik *i.* 놀람, 경이, 의아 astonishment, surprise, wonder ○ **qəribəlik, təəccüblülük**
heyrətsiz *si.* 놀라지 않은, 침착한, 냉랭한 without surprise, with no astonishment ○ **təəccübsüz**
heyrətsizlik *i.* 침착함, 냉랭함 state of not being surprised ○ **təəccübsüzlük**
heysiyyət *i.* ① 미덕, 선, 덕행, 고결, 덕목, 위엄, 위풍, 공덕, 진가 virtue, dignity, merit, authority ○ **ləyaqət, nüfuz, qədr-qiymət, məziyyət**; ② 명예, 자긍, 자랑, 자존심, 양심 honour, pride, conscience ○ **namus, vicdan, şərəf**; ③ 자존, 자애, 자만 self-esteem, self-love, personality ○ **mənlik, şəxsiyyət**; **~inə toxunmaq** *fe.* 자존심을 상하게 하다 wound one's self-esteem
heysiyyətli *si.* ① 정당한, 가치 있는, 정식의, 자존심이 강한 worthy, self-esteemed, authoritative ○ **ləyaqətli, nüfuzlu, məziyyətli**; ② 명예로운, 영광스런, 양심적인, 정직한 honourable, honest, conscientious ○ **namuslu, vicdanlı**
heysiyyətlilik *i.* ① 덕, 덕목, 가치 있음, 정당함 merit, worthiness ○ **ləyaqət, nüfuz**; ② 명예, 영예(榮譽) honour ○ **namus, vicdan, şərəf**; ③ 위엄, 위풍, 존엄성, 존구함, 신성함, 고결함, 청렴함, 올곧음 dignity, integrity, self-respect, uprightness ○ **mənlik, şəxsiyyət**
heysiyyətsiz *si.* ① 부당한, 무가치한, 정당하지 않음 unworthy, worthless ○ **ləyaqətsiz, məziyyətsiz**; ② 부정직한, 비양심적인, 건방진, 무례한 dishonest, unconscientious, rude, unmannered ○ **namussuz, vicdansız, şərəfsiz, mədəniyyətsiz**
heysiyyətsizlik *i.* ① 무례한 언동, 모욕, 경멸, 냉대 indignity, affront; ② 부정직, 부당함, 신용 없음, 불신 dishonesty, faithlessness ○ **ləyaqətsizlik, mədəniyyətsizlik**
heysiz *si.* 약한, 부서지기 쉬운, 약화된 weak, feeble
heyva *i. bot.* 모과 (나무) quince
heyvan I. *i.* 짐승, 동물, 야수, 맹수 animal, beast, brute ○ **mal-qara, davar**; II. *si. fig.* 어리석은, 고집스런, 멍청한 stupid, fool; **~ sifəti** *i.* 코끝 주둥이, 입마개 muzzle; **sağmal ~** *i.* dairy cattle (집합적) 젖소; **ətlik ~** *i.* (집합적) 육우 beef cattle; **vəhşi ~** *i.* 맹수, 육식 동물 beast of prey, wild animal
heyvanat *i.* 동물 왕국, 동물 세계 animal kingdom
heyvancasına *z.* 잔인하게, 야만적으로, 야수적으로 brutally, bestially
heyvandar *i.* 목축업자 cattle breeder
heyvandarlıq *i.* 목축업 live stock-raising, livestock farming, cattle-breeding, cattle-reading; **~ məhsulları** *i.* 축산물 animal products
heyvani *si.* 동물적인, 짐승 같은, 야수 같은, 비인간적인 animal, brutal, bestial; **~ qəddarlıq** *i.*

H

비인간적 잔인함 bestial brutality

heyvanlaşmaq *fe.* 잔인하게 되다, 거칠게 되다, 조악하게 되다, 멍청해지다, 아둔하게 되다 become brutalized, become rough, become coarse, become dull, become stupid, become slow-witted ○ **vəhşiləşmək, kobudlaşmaq**

heyvanlıq *i.* ① 잔인성, 야만성, 야수성 brutality, bestial cruelty; ② 거침, 조악함, 건방짐 roughness, coarseness, rudeness ○ **kobudluq, qabalıq, ədəbsizlik, nəzakətsizlik**

heyvanxana *i.* 동물원 zoological gardens; menagerie (mobile); zoo

heyvansifət *si.* 조야한, 세련되지 않은, 멍청한, 아둔한 *col.* unpolished, uncouth, dull, obtuse, stupid, slow-witted, beast-like, bestial

heyvərə *si.* ① 특색이 없는, 볼품없는, 못 생긴, 추악한, 흉측한, 불명예스러운 lacking in imagery, featureless (at style), ugly, hideous, deformed, disgraceful ○ **eybəcər, çirkin, iyrənc, kifir, biçimsiz, yöndəmsiz**; ② 기괴한, 거대한, 엄청난, 흉물스런, 괴이한 monstrous ○ **yekə, zorba, böyük, nəhəng, heybətli**; ③ 투박한, 시골스런, 촌스런, 야비한, 세련되지 못한 churlish, boorish; ④ 버릇없는, 건방진, 거친, 난폭한 rough, rude ○ **kobud, qaba**; *i.* 무례한 (無禮漢), 지겨운 놈, 싫증나게 하는 사람, 막된 놈, 비천한 (卑賤漢) rude fellow, bore, churl

heyvərələşmək *fe.* ① 거대해지다, 커지다 become enormous, become huge ○ **zorbalaşmaq, nəhəngləşmək, yekələşmək**; ② 손상하다, 망가지다, 개악되다, 결손되다 worsen, spoil; ③ 어리석게 되다, 분별없게 되다 become silly, become foolish; ④ 추해지다, 싫증나다, 싫어지다 become ugly, become loathful ○ **eybəcərləşmək, çirkinləşmək, kifirləşmək, biçimsizləşmək** ⑤ 수다스러워 지다, 말이 많아 지다 become talkative

heyvərəlik *i.* ① 무례함, 거침, 버릇없음 rudeness, impoliteness ○ **kobudluq, qabalıq**; ② 망가짐, 손상됨 spoiling, ruin; ③ 어리석음, 불합리, 멍청함, 바보스러움 absurdity, silliness ○ **qanmazlıq, giclik, axmaqlıq**; ④ 추함, 단정치 못함, 허술함, 난잡함 ugliness, untidiness ○ **eybəcərlik, çirkinlik, iyrənclik, kifirlik, biçimsizlik, yöndəmsizlik**; ⑤ 수다스러움, 말이 많음 talkativeness ○ **boşboğazlıq, çərənçilik, naqqalıq**; ~ **eləmək** 무례하게 행동하다, 버릇없이 굴다 show oneself rude, show oneself impolite

heyz *i. med.* 월경 (기간) menses, menstruation

hə *əd.* ① (명령문에서 강조로 쓰임) 지금, 당장, 어서, 분명히 now (imperative sentence); ② (동의, 긍정) 예, 그래요, 맞습니다 yes, well (agreement) ● **yox**

həb *i.* 약, 알약, 환약 pill, bolus, globule, tablet; ~ **atmaq** *fe.* 약을 삼키다, 투약하다 swallow a pill

Həbəş *i.* 에디오피아인 Ethiopian; ***Həbəşistan*** *i.* *에디오피아 Ethiopia*

həbib *i.* ① 사랑하는 사람, 마음에 드는 사람, 애인 beloved one, darling, paramour; ② 친구, 절친한, 응석받이 friend, pet, favourite

həbs *i.* ① 가둠, 체포, 구금, 구류, 감금, 구금, 유폐 arrest, confinement ○ **tutulma, saxlanılma**; ② 교도소, 형무소, 감옥, 구치소 prison, jail; **~ə almaq** *fe.* 구금되다, 갇히다, 유폐되다 confine, take into custody; ~ **etmək** *fe.* 붙잡다, 체포하다, 수감하다 arrest, imprison, confine; ~ **düşərgəsi** *i.* (특히 나치스의) 강제 수용소 concentration camp; **~də** *z.* 구금하의, 감금 상태의 in custody

həbsxana *i.* 감옥, 교도소, 구치소 jail, prison, gaol; ~ **gözətçisi** *i.* 교도관, 간수, 옥졸 jailer, turnkey; **~ya salmaq** *fe.* 수감하다, 감옥에 가두다, 구속하다 imprison; ~ **kamerası** *i.* 감방, 독방 cell

həbsxanaçı *i.* 교도관, 간수 warder, jailer, gaoler

həcc *i.* 성지순례 (이슬람에서 메카 여행) pilgrimage to Mecca; **~ə getmək** *fe.* 성지 순례를 가다 go on a pilgrimage to Mecca

həcəmət *i.* ① *med.* 정맥 절개술, 사혈(瀉血) bloodletting, phlebotomy, venesection; ② 흡각(吸角) *med.* cupping-glass

həcm *i.* ① 크기, 부피 size, volume ○ **tutum**; ② 용량 capacity; **işin ~i** *i.* 업무량(業務 量) volume of work; **məhsulun ümumi ~i** *i.* 총 생산량, 산출 총량 total volume of output

həcmli *si.* 용량이 큰, 많이 들어가는, 넓은, 널찍한, 부피가 큰, 방대한 capacious, voluminous, bulky ○ **tutumlu**; ~ **cib** *i.* 큼직한 호주머니 capacious pocket

həcmlilik *i.* 용량이 큼, 방이 넓음, 널찍함, 부피가 큼 capaciousness, bulkiness ○ **tutumluluq**

həcv *i.* 풍자, 비꼼, 빈정대기; 문서 명예 훼손(죄)

(문자, 그림 등에 의한 모욕); (출판물에 의한) 명예 훼손 죄 libel, satire, pasquil, lampoon ○ **pamflet, satira**; ~ **yazmaq** *fe.* 중상하다, 명예 훼손하다 libel

həcvçi *i.* 풍자문학가, 풍자 작가 lampoonist, pamphleteer, satirist

həcvğu ☞ **həcvçi**

həcviyyə *i.* 경구, 경구적 표현, 풍자시 *lit.* epigram

həcviyyət *i.* 풍자시 모음, 경구 모음 collected libels, collected pasquilnades

həcvli *si.* 풍자적인, 비꼬는 satiric(al)

həcvyazan *i.* 풍자 작가, 풍자 문학가 lampoonist, pamphleteer, satirist

hədd *i.* ① 한계, 한도, 범위, 한계선 limit, range, line, measure ○ **hüdud, sərhəd**; ② 범위, 단계, 정도, 한도, 양, 길이, 넓이, 크기 degree, extent ○ **ölçü, dərəcə**; ③ *riy.* 비율, 대비(對比) term of a proportion ; ~**dən**/~**i keçmək** *fe.* 한계를 넘다, 경계를 지나치다, 한도를 넘어서다 overstep the limits, pass all bounds; ~ **qoymaq** *fe.* 한계를 정하다, 선을 긋다 limit, draw the line; **son** ~**ə kimi** *z.* 최대한, 최극점까지 to the last extent; **müəyyən** ~**ə kimi** *z.* 어느 정도, 일정 범위 안에서 to a certain extent; ~**ini aşmaq** *fe.* 범위를 벗어나다 go beyond the limit; **yüsək** ~ *i.* 초극점, 최고 한도 superior limit; ~**ən çox** *z.* 정도 이상으로 out of measure; ~**ən ziyadə** *z.* 범위안에서, 측정 가능한 한 beyond measure; ~**ini bilmək** *fe.* 분수를 알다, 주제를 알다, 자기 한계를 알다 be above oneself, presume; ~**ən artıq** *si.* 지나친, 과도한 excessive, superfluous, *z.* 지나치게, 과도하게 over, too, very much; ~**ən artıq işləyib yorulmaq** *fe.* 과로하다, 지나치게 일하다 overwork; ~**ən artıq yükləmək** *fe.* 과중하게 실다, 과적재하다, 지나치게 부담 지우다 overburden; ~**ən çox tərifləmək** *fe.* 지나치게 칭찬하다, 과도하게 아부하다 exalt

hədd-hüdud ☞ **hədd**

həddi-büluğ *i.* ① 법적 성인 maturity, full age (legal); ② 사춘기, 성숙기 puberty, adolescence; ~**a yetmək** *fe.* 성인이 되다, 사춘기에 이르다 attain one's maturity; ~**a çatmamış** *si.* 청소년기의, 미성년의 under age; ~**a çatmamış adam** *i.* 미성년자 minor

hədə *i.* 위협, 협박, 위험 menace, threat ○ **təhlükə, qorxu, xətər, qara-qorxu**; **müharibə** ~**si** *i.* 전쟁의 위협 threat of war, menace of war; **nəyinsə** ~**si altında** *z.* 무엇인가의 위협하에 under threat of *smt.*

hədəf *i.* ① 과녁, 표적 target, mark ○ **nişan, obyekt**; ② 목표, 목적, 의도 aim, goal ○ **məqsəd, niyyət, murad, qəsd, məram**; ~**ə vurmaq/düşmək** *fe.* 명중하다 hit the target, hit the bull's eye; ~**ə dəymək** *fe.* 표적을 맞추다 hit the mark; ~**ə dəyməmək** *fe.* 표적에서 벗어나다 miss; ***Zərbə hədəfə düşdü.*** *그 가격(加擊)이 명중하였다. The blow went home.*

hədəqə *i. ana.* 와(窩), 안와(眼窩) socket, eye socket; orbit (or eyes)

hədə-qorxu *i.* 위협, 협박 threat; ~ **gəlmək** *fe.* 약자를 들볶다, 크게 위협하다 bully; ~ **ilə alma** *i.* 공갈, 협박, 협잡 racket

hədələmək *fe.* 위협하다, 협박하다, 공갈하다 manacle, threaten ○ **qorxutmaq**

hədələnmək *fe.* 놀라다, 두려워하다, 협박당하다, 공갈 당하다 be scared, be threatened

hədələyici *si.* 위협적인, 협박적인, 험악한 threatening, menacing; ~ **ton** *i.* 위협적인 목소리 menacing tone

hədər *si. z.* 헛되게, 무익하게, 쓸데없이 useless(ly), vain(ly), unavailing(ly), futile(ly), unproductive(ly) ○ **boş, əbəs, bica, mə'nasız, faydasız, xeyirsiz, səmərəsiz, bihudə, nahaq**; ~ **yerə** *z.* 쓸데없이, 헛되게, 무용지물로 in vain, for nothing, in vain, for nothing; ~ **getmək** *fe.* 낭비하다, 헛되이 일하다 go for naught, go waste; ***Onun bütün zəhməti hədər idi.*** *그의 모든 수고는 수포로 돌아 갔다. All his labour was in vain.*

hədərən-pədərən *i.* 쓸데없는 소리, 잡담, 횡설수설, 허튼 소리 *col.* absurdity, idle talk, twaddle, nonsense, balderdash, rubbish, lies, gibberish; ~ **danışmaq** *fe.* 횡설수설하다, 쓸데없는 말을 하다 talk nonesense

hədə-zorba ☞ **hədə**

hədik *i.* ① 밀죽(粥) boiled wheat, wheat porridge; ② 갈지 않은 옥수수, 봄 보리 corn (not ground), spring rye, spring barley

hədis *i.* ① 전설, 묘사, 전통 narration, legend, tradition ○ **rəvayət, hadisə, xəbər**; ② 하디쓰 (모하메드의 생애를 기록한 이슬람 책) Hadith (story of Mohammed's life); ③ 놀이 game ○

H

oyun

hədislik *i.* 놀이를 위한 것 something for the game ○ **oyunluq**

hədiyyə *i.* 선물, 기념품, 진상품, 공납 gift, present, souvenir, offering ○ **bəxşiş, sovqat, töhfə, peşkəş**; ~ **vermək/etmək** *fe.* 선물을 주다, 상납하다 present

hədiyyəlik *i.* 선물로 줄만 한 것, 선물로 준비된 것 anything for a present; intended for a present, meant for a present, destined to be a present ○ **bəxşişlik, sovqatlıq, töhfəlik, peşkəşlik**

hədsiz *si. z.* ① 지나치게, 과도하게, 무한정으로 excessive(ly), infinite(ly), limitless, unbounded(ly) ○ **sonsuz, hüdudsuz**; ② 무수하게 innumerable(ly); ~ **dərəcədə** *z.* 한도 없이, 한도 끝도 없이 limitless; **~-hesabsız** *si.* 무수한, 무한한, 셀 수 없는 innumerable, countless, numberless, excessive, infinite; **~-hüdudsuz** *si.* 방대하게, 거침없이, 광활하게 boundless, enormous

hədsizlik *i.* 무한함, 광활함, 한없음 endlessness, limitlessness ○ **sonsuzluq, hüdudsuzluq**

hədyan *i.* ① 욕, 욕설, 망상 delirium, ravings, nonsense ○ **söyüş**; ② 헛소리, 농담, 잡담 어리석은 말 nonsense, rot, rubbish, ribaldry, foul language fiddlesticks, absurdity ○ **hərzə, laqqırtı, cəfəngiyyat, uydurma**

hədyançı *i.* 욕쟁이, 입이 거친 사람 ribald, foul-mouthed man

hədyanlama ☞ hədyanlamaq

hədyanlamaq *fe.* 욕하다, 욕설하다, 거친 말을 쓰다, 헛소리하다 use foul, bad language, talk nonsense ○ **sayıqlamaq, sərsəmləmək, sarsaqlamaq**

hədyanlıq *i.* 저급한 말, 비천한 말, 욕설 ribaldry, foul language ○ **hərzəlik, laqqırtılıq, cəfəngiyyat, uydurmalıq, sarsaqlıq, sərsəmlik**

həfçi *i.* 까다로운 사람, 딱딱한 사람, 꼼꼼하고 지루한 사람, 속 좁은 사람 boring, pedantic, punctilious, irksome ○ **çürükçü**

həfçilik *i.* 딱딱함, 옹졸함, 지루함, 까다로움 pedantry, punctiliousness ○ **çürükçülük**

həftə *i.* 주(週), 주간(週間) week; **hər** ~ *z.* 매주 every week; ~ **sonu** *z.* 주말(週末) weekend

həftəarası *z.* 주간에, 주간 중에 in weekdays, in the course of a week, within a week

həftəaşırı *z.* 1주 안에, 주에 한 번 in a week, once a week

həftəbazar *i.* 매주 열리는, 주에 한 번 열리는 weekly market

həftəbecər *i.* 절인 것 pickles

həftələrcə *z.* 몇 주간 동안 for weeks

həftəlik I. *si.* 매주, 주마다 있는 weekly; II. *i.* 주간(週刊) 잡지 weekly magazine; ~ **müddət** *z.* 한 주간 동안 a week's time; ~ **əmək haqqı** *i.* 주급(週給) weekly wage

həgam *i.* 동요, 소란, 야단 법석, 혼란; 공연, 상영, 상연 commotion, disorder, confusion, muddle performance, presentation, notion

hə-hə 예 예, 그렇습니다, 그래 그래 yes, oh yes, *col.* yes, agree (with *smb.*), agree (to *smt.*), agree (with *smt.*)

həkəm *i.* (운동 경기의) 심판 judges, (sports) umpire

həkim *i.* ① 의사(醫師), 치료자 doctor, physician; ② *fig.* 현자(賢者), 철학자(哲學者) sage, wise man, philosopher; ~ **xidməti** *i.* 의료 봉사 medical service; **diş ~i** *i.* 치(과)의사 dentist; **göz ~i** *i.* 안과 의사 oculist; **baytar** ~ *i.* 수의사(獸醫師) veterinary (surgeon)

həkimanə *si. z.* 현명하게, 지혜롭게, 정당하게, 공평하게, 침착하게 wise(ly), sage(ly), judicious (ly), reasonable(ly), sober-minded(ly)

həkimbaşı *i.* 의무 과장, 전문의 head physician; 의무관(醫務官), 의무사령관 *mil.* chief medical officer

həkimxana *i.* 종합병원, 각과 진료부 polyclinic

həkimlik *i.* 의료직, 의무직 medical profession

həkk *i.* ① 조각, 도려내기, 조각법 carving, fretwork, engraving ○ **oyma, naxış**; ② 깎기, 조각하기 scraping; ~ **etmək** *fe.* 조각하다, 깎아 내다 carve, engrave, scrape

həkkak *i.* 조각가, 조각공, 도장공, 제판공 carver, engraver; **taxta ~ı** *i.* 목공, 목판공 wood-cutter; **daş ~ı** *i.* 석공, 석조각가 lapidary; **polad ~ı** *i.* 강철공, 강철조각가 steel cutter

həkkaklıq *i.* 조각업, 조각 profession of engraver/etcher

həqarət *i.* 모멸, 경멸, 멸시, 굴욕, 체면 손상 disdain, humiliation, abasement ○ **təhqir, hörmətsizlik**; 몰락, 실추, 전락, 기대에 어긋남 *col.* come-down; **~lə baxmaq** *fe.* 모멸하다, 경멸하다, 멸시하다, 얕보다, 몹시 싫어하다 disdain, despise; **~ə dözmək** *fe.* 모멸감을 참다, 굴욕을 견디다 endure humiliation; **~ə mə'ruz qalmaq** *fe.* 경멸을 당하다, 모욕을 당하다, 무례를 참다 suffer indignity; **~lə** *z.* 경멸적으로, 굴욕적으로, 욕되게, 무례하게 abusively, insultingly

həqarətli *si.* 굴욕적, 멸시적, 모욕적 insulting, abusive, humiliating ○ **təhqirli**; **~ məktub** *i.* 모욕적인 편지, 모멸적인 전갈 abusive letter; **~ eyham** *i.* 모욕적인 언급, 굴욕적인 비평 insulting remark

həqiqət *i.* ① 진리, 정의 truth, justice ○ **doğruluq, düzlük, haqq, ədalət**; ② 사실, 실제 fact, reality ○ **gerçəklik, varlıq**; **obyektiv ~** *i.* 객관적 사실 objectiv truth; **mütləq ~** *i.* 절대 진리 absolute truth; **nisbi ~** *i.* 상대 진리 relative truth; **~ axtarmaq** *fe.* 진리를 찾다, 구도하다, 정의를 구하다 seek the truth, seek justice; **~ naminə əzab çəkmək** *fe.* 진리를 위하여 고통받다 suffer for the truth; **~ə göz yummaq** *fe.* 사실을 외면하다, 진실을 왜곡하다 wink at the facts; **~ə mütabiq olmaq** *fe.* 진리에 서다, 진리의 편을 들다 be in accordance with the truth; **~ə oxşamayan** *si.* 믿을 수 없는 incredible; **müasir ~** *i.* 현대의 실제 present day reality; **imkanları ~ə çevirmək** *fe.* 가능성을 현실로 바꾸다 turn possibilities into reality; **müqəddəs ~** *i.* 하나님의 진리, 복음 God's Truth, Gospel; **~ən** *z.* 진실로, 참으로, 실제로 in fact, indeed, truly, actually; ***O həqiqətən dirilmişdir.*** *그는 참으로 부활하셨도다. Indeed he has risen.*

həqiqətli *si.* 진리의, 진실의, 정의의, 옳은 just, fair, right ○ **ədalətli, doğru, düz**

həqiqətsiz *si.* ① 부정의, 부당한, 부조리한 unjust, unfair ○ **ədalətsiz, haqsız**; ② 거짓의, 비실제적인 false, unreal

həqiqətsizlik *i.* ① 불의, 부정, 부조리 injustice, unfitness ○ **ədalətsizlik, haqsızlıq**; ② 비실제, 존재하지 않음 unreality, non-existence

həqiqi *si.* 실제적인, 사실의, 진리의, 진실적인, 진정한, 진짜의 actual, authentic, genuine, real, true, truthful, valiant, earnest, sheer ○ **əsl, sadiq, vəfalı, doğru, səmimi, real, gerçək, yəqin**

həqiqilik *i.* ① 엄수, 성실, 충성, 성의, 진실 fidelity, sincerity ○ **sadiqlik, vəfa, sədaqət**; ② 실제, 진리, 옳음, 정의, 신뢰성, 신빙성 reality, truth, uprightness, authenticity ○ **reallıq, gerçəklik, yəqinlik, dürüstlük, doğruluq, varlıq**; **həyatın ~yi** *i.* 삶의 성실성 fidelity of life

həqir *si.* ① 불쌍한, 비참한, 비열한 pitiful, pitiable, poor, wretched ○ **yazıq, bədbəxt, zavallı, biçarə, zəlil**; ② 온유한, 겸허한, 순종적인 humble, meek, submissive ○ **alçaq, rəzil, mənfur**

həqiranə *z.* ① 겸허히, 겸손하게, 온유하게 humbly, with humility, meekly; ② 불쌍하게, 비참하게 pitifully; **~ gülümsəmək** *fe.* 동정적으로 미소 짓다 smile pitifully

həqirlik *i.* 겸허, 겸손 humility

həqqaniyyət *i.* 정의, 옳음, 정직, 공정, 적절, 올바름 justice, rightness, correctness

həqqaniyyətlə *z.* 정당하게, 공정하게 justly

həqqaniyyətli *si.* 옳은, 정직한, 정의로운 just, right

həlak *i.* 사망, 멸망 death, destruction; **~ olmaq** *fe.* 사망하다, 멸망하다, 죽임을 당하다, 생명을 잃다 perish, be utterly done up, be killed, lose one's life; **~ etmək** *fe.* 죽이다, 살해하다 kill, murder

hələ *z.* ① 아직, 아직은, 여태 yet, still, so far; ② 지금은, 현재로서는 for the time being, for the present; **~ heç vaxt** *z.* 이전에 전혀 never before; **~ ki** *ba.* 아직은 until; ***Hələ yox.*** *아직은 아냐. Not yet.* ***O hələ yorulmayıb.*** *그는 아직 지지치 않았어. He isn't tired yet.*

hələ-belə *z.* 그럭저럭, 그냥 without reason, without purpose, so, thus, like that

hələ-həlbət *z.* 확실히, 어쨌든, 어떤 경우라도 without fail, certainly, at any rate, whatever happens, in any case

hələlik I. *z.* 현재로서는, 지금은 for the present, for the time being ○ **müvəqqəti** ● **həmişəlik**; II. *ms.* 안녕, 잘 있어, 잘 가 good-bye, so long, cheerio

hələm-hələm *si.* 어떤, 각각의 every, any

hələzun *i.* ① 나사선, 나선형, 나선 코일 spiral; ② *zoo.* 고둥, 달팽이 (나선형 동물) snail, helix

hələzuni *si.* 나선형의, 소용돌이 모양의, 나사 모양의 spiral

həlim[1] *si.* ① 온유한, 부드러운, 점잖은, 침착한, 조용한 meek, mild, gentle, calm, quiet ○ **mülayim, yumşaq, sakit, dinc**; ② (성격이) 겸허한, 온유한, 부드러운, 유(柔)한 humble, meek, mild

H

(person's chatacter) ○ **səxavətli**, **sadədil**, **təvazökar** ● **sərt**

həlim² *i.* 수프, 국; 탕약 broth, decoction

həlimanə *z.* 부드럽게, 유하게, 온유하게 gently, meekly, softly

həlimaşı *i.* 밀가루죽 (고기와 젤리를 섞어서) wheaten porridge with meat and jelly

həlimlənmək *fe.* 부드러워지다, 점잖아지다, 차분해지다, 온화해지다 become gentle, become meek, become calm, become quiet, become mild ○ **mülayimləşmək**, **yumşalmaq** ● **sərtləşmək**

həlimləşmək ☞ **həlimlənmək**

həlimlik *i.* 부드러움, 온화함, 차분함 gentleness, meekness ○ **mülayimlik**, **yumşaqlıq**, **sakitlik**, **dinclik** ● **sərtlik**

həlqəvi *si.* ① 고리 모양의, 반지 모양의 ring-shaped, round; ② *col.* 완전한 perfect

həll *i.* 해결책, 해답, 해결, 청산, 타결 solution, settlement ○ **qərar**, **nəticə**; **~ etmək** *fe.* 해결하다, 풀다; 녹이다, 용해시키다 solve, settle; dissolve, fuse (in water); **~ olmaq** *fe.* 녹다, 용해되다 fuse

həllac *i.* (면, 양모 등) 빗질하는 기계, 소모공(梳毛工), 소모기 scutcher, (textile) comber, carder (of cotton)

həllaclıq *i.* 빗질, 소모 등의 직업 profession of scutcher/comber/carder

həlledici *si.* ① 결정적인, 매우 중대한, 해결책의 crucial, decisive; ② 용해력이 있는 *kim.* solven; **~ səs** *i.* 결정적인 투표 deciding vote; **~ faktor** *i.* 결정적 요소 determinant factor; **~ sahə** *i.* 결정적 분야, 주요 분야 key sector

həlledilməz *si.* 용해되지 않는 insoluble; **~ madzdə** *i.* 비용해물질 insoluble substance; **~ problem** *i.* 해결되지 않는 문제 unsolvable problem

həlletmə *i.* 결정, 해결, 타결, 성사 decision, determination, settlement

hølləhuş *i.* 악한, 불량배, 사기꾼 rogue, swindler; *col.* crook

hølləhuşluq *i. col.* 미심쩍은 업무, 못된 짓, 사기협잡, 교활한 행위 shady transaction, roguery, swindle, sharp practice

hølləm-qølləm *i.* 깡패, 협잡꾼, 악한, 사기꾼 cheat, swindler, knave; *col.* rogue

həlviyyət *i.* 캔디, 봉봉, 설탕 절임, 사탕과자 sweet stuff, sweets, sweetmeats, (American) candy

həllənmək *fe.* 즐기다, 기뻐하다, 골몰하다, 즐거워하다 take pleasure, delight, revel, enjoy

həlməşik *i.* 갤런틴 (닭, 송아지 등 고기를 두루마리로 만들어 차게 내는 요리) (cooking) galantine, meat-jelly

həm *bağ.* ① 그리고, 또한, 마찬가지로 and, as well, both; ② *prefix.* 동일한, 동반하는, 동시의 same, accompanying; **~ əsr** *si.* 동시대의, 동년배의 contemporary; **~də** *ba.* 또한, 역시 both and; **~ sərhəd** *i.* 경계를 공유하는 (이유) having same boundary; ***Həyat həm gülmək, həm ağlamaqdır.*** *인생이란, 웃기도 울기도 하는 것이다. Life is both to laugh and to cry.*

həmahəng *si.* ① 일치의, 조화의 화합의 in unison (music, physics); ② 조화롭게 하는, 일치시키는 harmonizing (with); **~ olmaq** *fe.* 화합하다, 일치하다, 어울리다 be in keeping (with)/toning (with)

həman ☞ **həmin**

həmavaz ☞ **həmahəng**

həmail *i.* ① 어깨띠, 십자띠; (의료용) 삼각띠 *mil.* crossbelt, shoulder-belt, baldric, (*med.*) sling, (*mil.*) sword-belt, waist-belt; ② 부적, 액막이, 주문 amulet, charm

həmbəti *si.* 자궁, 동모 이부의 uterine

həmcins *si.* 순종의, 동종의, 균질의, 유사한 homogeneous, uniformed, similar ○ **eyni**, **oxşar**, **bənzər**; **~ üzvlü cümlə** *i.* 같은 품사로 이루어진 어구 *qram.* sentence with homogenous parts

həmcinslik *i.* 동종성, 유사성, 균질성 homogeneity, uniformity ○ **eynilik**, **oxşarlıq**, **bənzərlik**

həmçinin *bağ.* 또한, 마찬가지로, 동일하게 also, too, as well; ***O həmçinin gedəcək.*** *그도 갈 것이다. He will go as well.*

həmd *i.* 찬양, 영광, 찬송, 칭송, 높임, 숭배, 동경, 예배 praise, exaltation, adoration; **~ etmək** *fe.* 찬양하다, (지위, 명예를) 높이다 praise, exalt; ***Həmd olsun!*** *주께 영광!, 하나님께 영광! Praise the Lord!*

həmdəm *i.* ① 친구, 동무, 벗, 동반자 friend, pal, (American) buddy ○ **dost**, **sirdaş**, ● **əğyar**; ② 대화자, 질문자, 사회자 interlocutor ○ **həmsöhbət**, **müsahib**

həmdəmlik *i.* ① 우정, 친구 관계 friendship ○ **dostluq, sirdaşlıq**; ② 회화, 대화, 문답 interlocution ○ **həmsöhbətlik, müsahiblik**

həmdərd *i.* 동병상련, 같이 희생 당한 자, 같이 고난 당하는 자 fellow sufferer, companion in distress, fellow victim

həmdərs *i.* 급우, 동급생 classmate

həmdin *i.* 같은 종교를 가진 사람, 신앙의 동료, 비국교도 co-religionist; dissenter (against the Orthodox Church)

həmd-səna ☞ **həmd**

həməqidə *i.* 동지(同志), 동료, 뜻이 같은 사람 like-minded person, person of like mind, person holding the same views; ***O, bizim həməqidəmisdir.*** *그는 우리의 동지이다. He shares our ideas.*

həməl *i. ast.* 마갈(磨)궁; 염소자리 (Capricorn) the Goat (in Arabian astronomy)

həmən ☞ **həmin**

həmərsin *i. bot.* 장미의 일종 sweetbrier, eglantine

həmfikir *si.* 의견 일치의, 만장일치의, 같은 생각을 가진 unanimous, like-minded ○ **həmrəy**

həmfikirlik *i.* 만장일치, 전원 합의 unanimity, accord, conformity of opinions ○ **həmrəylik**

həmhüdud *si.* 인접한, 이웃의, 경계를 공유하는 frontier, border, adjacent, contiguous, contiguous (to) ○ **həmsərhəd**

həmhüquq *si.* 권리 동등한, 같은 권한을 가진 equal in rights, possessing (enjoying equal rights)

həmhüquqluq *i.* 동등(성), 평등, 균등, 대등 equality (of rights)

həmxana *i.* ① 임차인, 세든 사람, 숙박인 lodger, roommate, tenant; ② 이웃 neighbor

həmxasiyyət *i.* 성격이 같은 사람 man of identical character

həmi ☞ **həm**

həmin *vz.* 바로 그, 같은 사람, 같은 물건 the very same (one)

həmişə *z.* 항상, 무시로, 언제나, 예전부터, 반드시 always, forever, everlasting ○ **daim, hər vaxt, hər zaman, əbədi, ömürlük** ● **müvəqqəti**; **~ olduğu kimi** *z.* 항상 그랬듯이, 하던 대로 as ever, as always

həmişəbahar *i. bot.* 모란, 작약, 천수국(千壽菊), 만수국 marigold, peony

həmişəcavan *si.* 상춘(常春)의, 항상 젊은 ever-young

həmişəki *si.* 일상의, 보통의, 평상시의 ordinary, usual ○ **daimi**

həmişəlik *z.* 영원히, 영구히, 끊임없이 forever ○ **daimilik, əbədilik, ömürlük** ● **müvəqqəti**; **~ kimi** *z.* 항상, 보통 때와 다름없이, 일상처럼 as usual

həmişəyaşıl *si.* 상록(常綠)의 evergreen

həmiyyət *i. obs.* 열정, 위엄, 존엄, 존귀 zeal, dignity; **~ etmək** *fe.* 만족시키다, 기쁘게 하다, 의무 지우다 oblige, gratify

həmkar *i.* 제휴자, 공동 경영자, 동료, 공저자, 합작자, 동업자 associate, collaborator, colleague; **~lar ittifaqı** *i.* 노동조합 labour union, trade union

həmkarlıq *i.* 연합, 유대, 합동, 공동, 협력, 합작 association, collaboration

həmkəndli *i.* 동향 사람, 동향인 country man

həmqəbilə I. *i.* 동족, 같은 부족 출신 *obs.* tribesman; II. *si.* 같은 부족 출신의, 같은 부족의, 같은 종족의 tribal, of the same tribe

həmlə *i.* 폭행, 협박, 공격, 맹공, 맹습 assault, attack, onslaught, dash ○ **hücum, basqın**; **süngü ~si** *i.* 백병전, 총검 돌격 bayonet attack; **~ etmək** *fe.* 공격하다, 돌격하다, 폭행하다 assault, attack, dash; **~ni dəf etmək** *fe.* 공격을 물리치다, 격퇴하다 repulse an attack

həmli *si.* 임신의, 새끼를 밴, 수태하고 있는 pregnant ○ **hamilə**

həmməhəllə *i.* 동향 사람, 동촌 사람 the man who lives in the same city block

həmməna(lı) *i. dil.* 동의어(同義語) synonym

həmmənzil *i.* 같은 아파트에 사는 이웃 neighbour

həmməslək *i.* 같은 생각을 가진 사람, 동지(同志), 같은 신앙 고백을 가진 like-minded person, person having identical ideas/opinions

həmməzhəb *i.* 같은 신앙을 가진, 같은 종교의 co-religionist

həmnöv *si.* 균질의, 순종의, 동종의 homogeneous, uniformed, similar

həmnövlük *i.* 동종성, 균질성 homogeneity, uniformity

həmpiyalə *i. col.* 같은 혜택을 누리는 사람, 같은

H

이익에 부합되는 사람 boon companion

həmrah *i.* 동료, 동무, 길동무, 같은 여행객 companion, fellow-traveller; like-minded person

həmrəng *si.* 같은 색깔의 of one-colour

həmrəy *si.* 같은 생각의, 의견일치의, 단결된, 한 마음의 unanimous, solidary ○ **həmfikir, yekdil**; ~ **olmaq** *fe.* 단결되다, 일치되다, 연합되다 be solidary

həmrəylik *i.* 단결, 결속, 만장일치 solidarity, unanimity ○ **həmfikirlik, yekdillik**

həmsənət *i.* 동종업자, 동업자 man of identical profession

həmsərhəd *i.* 이웃한 나라, 경계를 마주한 이웃 (same) boundary; ~ **olmaq** *fe.* 인접하다, 근접하다, 가까이 있다 verge

həmsöhbət *i.* 사회자, 질문자 interlocutor

həmşəhərli *i.* 동향의, 같은 도시 출신의, 같은 도시에 사는 fellow citizen, fellow-towns man

həmtay ① *i.* 동등, 평등, 유사성 equality, similarity; ② *si.* 동등한, 유사한, 평등한 equal, similar; 같은 나이의, 동갑(同甲)의 of the same age

həmvətən *i.* 동포, 동족, 같은 나라 국민 compatriot, fellow-citizen, countryman

həmvilayət *i.* 동향인, 동촌인, 같은 동네 출신 (fellow-)country man, fellow-townsman, fellow-villager

həmyaş(lı) *i.* 동갑(내기) man of the same age ○ **yaşıd**

həmyerli *i.* 같은 지역 출신, 동향인, 향우 compatriot, countryman

həncama *i.* 경첩, 돌쩌귀, (관절, 수레바퀴의 테) 경첩모양의 것 hinge, joint ○ **rəzə**

həndbol *i. idm.* 핸드볼, 송구(送球) handball

həndbolçu *i. idm.* 핸드볼 선수 handball player

həndəvər I. *i.* 외주, 원주, 주위, 주변, 환경 circumference, circle, environment, neighbourhood ○ **ətraf, dövrə**; II. *z.* 주위에, 둘레에, 주변에 round, around, by, near; ***Həndəvərdə heç kim yoxdur.*** *주변에 한사람도 없다. There is nobody around.*

həndəvərində *qo.* ~ 주위에, ~주변에, ~가까이, ~근처에 round, around, near, near at hand, here about(s)

həndəsə *i.* 기하학(幾何學) geometry

həndəsi *si.* 기하학적 geometric(al); ~ **silsilə** *i. riy.* 등비 수열(等比數列), 기하급수 geometric progression

hənək *i. col.* 익살, 나쁜 장난, 바보 짓, 어리석음 buffoonery, foolery ○ **zarafat, qaravəli**

hənəkçi *i. col.* 익살꾼, 잘난 체 하는 놈 joker, jester

hənəkçilik *i.* 익살, 장난 joking, jesting

hənəkləşmək *fe. col.* 장난하다, 서로 농담하다, 서로 익살 떨다 joke, jest ○ **zarafatlaşmaq, oynamaq**

hənəkli *si.* 익살의, 장난스러운 joking, humorous ○ **zarafatcıl, məzəli**

hənəklilik *i.* 익살, 장난, 바보 짓 buffoonery, foolery ○ **zarafatcıllıq, məzəlilik**

həng *i.* 율동, 리듬, 측정 rhythm, measure, bar

həngamə *i. col.* 소동, 분란, 소란, 분규, 혼란, 난잡, 무질서 commotion, muddle, disorder, mess, bustle, turmoil ○ **qarışıqlıq, şuluqluq, qovğa, mərəkə, çaxnaşma, hərc-mərclik**

həngaməli *si.* 무질서한, 혼란한, 소란한, 난잡한 noisy, messy, rumpled, disordered ○ **qovğalı, mə'rəkəli, çaxnaşmalı, hay-küylü**

hənirti *i.* 바스락거림, 숨쉬는 소리 rustle, breathing sound ○ **xışıltı, səs**;

həpənd *si.* 보통의, 흔해 빠진, 평범한, 저속한, 상스러운, 진부한 commonplace, vulgar, base(-s), mean, low, hackneyed, banal ○ **axmaq**

həpir-çupur *i.* 잡쓰레기, 폐물, 잡동사니 rubbish, trash, odds and ends

hər *vz.* 각각의 every, each, each one, any; ~ **addımda** *z.* 모든 걸음에 at every step; ~ **ay** *z.* 매월, 매달, 달마다 every month, monthly; ~ **biri** *z.* 각각, 한사람 한사람, 하나씩 하나씩 apiece, every, each; ~ **cür** *si.* 모든 종류의 every kind of; ~ **dəfə** *z.* 항상, 매번 every time; ~**dən bir** *z.* 가끔, 어쩌다, 때때로 occasionally, now and again, now and then; ~ **ehtimala qarşı** *z.* 만약을 대비해서 in any case; ~ **gün** *z.* 매일, 날마다 daily, every day; ~**günkü** *si.* 매일의, 각 날의 daily ○ **gündəlik, adi, həmişəki**; ~**günlük** ☞ **hərgünkü**; ~ **halda** *z.* 어쨌든, 어떤 경우에도, 불구하고 although, at all events, and yet, whether or not, notwithstanding, I dare *say.*; ~ **hansı bir şey** 어떤 것, 아무 것 something, anything; ~ **hansı** *vz.* 어떤, 아무 whatever, whichever, any; ~ **ikisi** *vz.* 둘 다, 둘 다 따로 both, either; ~ **işə qarışan** *si.* 호기심 많은 curious; ~

kəs *vz.* 모든 사람, 각각의 사람, 각자 everybody, anybody; ~ **necə olursa-olsun** *z.* 어떤 경우라도, 어쨌든 by all means; ~ **necə** *z.* 어떻게든 in whatever way; ~ **nə** *vz.* 무엇이든 whatever; ~ **nədənsə** *z.* 어떤 이유든 for some reason, or other; ~ **nəisə** *z.* 어떤 것이라도 whatever it may be; ~ **nəyin bahasına olursa olsun** *z.* 모든 것을 걸고라도, 모든 희생을 치르더라도 at any cost; ~ **şey** *vz.* 모든 것 everything; ~ **şeydən əvvəl** *z.* 무엇 보다도 first of all, above all; ~ **şeydən şübhələnən adam** *i.* 회의론자 skeptic; ~ **şeyi bilməyə çalışan** *si.* 호기심 많은 curious; ~ **şeylə maraqlanan** *si.* 무엇이나 알려고 하는; ~ **tərəfdən dövrəyə almaq** *fe.* 포위된, 둘러싸인 enclose; ~ **vaxt** *z.* 항상, 매번, 언제나 always, whenever; ~ **yer(d)ə** *z.* 어디나, 어떤 장소에서나 all over, far and near, everywhere, wherever; ~ **zaman** *si.* 언제나, 항상, 매번 ever, every time, always

hərami *i.* 도둑, 강도, 약탈자 *obs.* robber, brigand

hərarət *i.* ① 열, 열기, 고열 temperature, fever ○ **qızdırma, istilik**; ~ **dərəcəsi** *i.* 온도, 기온 temperature; ② 열정, 열의, 열심, 정열, 흥분 ardour, glow, warmth ○ **qızğınlıq, coşğunluq, ehtiras**; ~**ini ölçmək** *fe.* 온도를 측정하다, 체온을 재다 take one's temperature; ~**lə** *z.* 열심으로, 진심으로, 열정으로 warmly, cordially; ~ **qarşılamaq** *fe.* 따뜻하게 맞이하다 greet warmly

hərarətli *si.* ① 고열의, 따뜻한, 더운, 열이 높은 warm, hot, feverish; having a high temperature ○ **alovlu, odlu, yanar, yanar, parlaq**; ② 열정적인, 열심의, 격렬한, 정열적인 enthusiastic, ardent, burning ○ **qızğın, atəşin, ehtiraslı, coşğun**

hərarətlilik *i.* ① 열이 많음, 더움, 뜨거움 warmth, fever; ② 열심, 갈망, 열성, 열의 ardour, eagerness, enthusiasm

hərarətölçən *i.* 온도계 thermometer

hərb *i.* 전쟁, 싸움, 전투 war, battle, fight ○ **müharibə, dava, döyüş, vuruş** ● **sülh**

hərbçi *i.* 군인, 전사 martial, warrior

hərbə-zorba *i.* 위협, 협박 threat, threaten (with), menace (with)

hərbçi *i.* 병사, 군인, 복무자(服務者) soldier, serviceman

hərbi *si.* 군인의, 군사적, 군대의, 전쟁의 martial, military, war ○ **əsgəri**; ~ **attaşe** *i.* 군무원, 군무수행자 military attaché; ~ **avantüra** *i.* 전쟁 모험, 군사적 모험, 군대 사건 military adventure; ~ **cani** *i.* 전범(戰犯) war criminal; ~ **çağırış** *i.* call-up 징병(徵兵); ~ **çağırış yaşı** *i.* 징병연령 military age; ~ **ehtiyatlar** *i.* 군수품, 군용품 munitions; ~ **elm** *i.* 군사학, 병법, 군사과학, 전쟁학 military science, science of war; ~ **əməliyyat** *i.* 군사행동, 전쟁행위, 전투행위 action, hostilities; military operations; ~ **gəmi** *i.* 전함, 전투함 warship; ~ **hissə** *i.* 군대 단위 unit; ~ **xidmətə getmək** *fe.* 복무하다, 군대 의무를 이행하다 enlist, join the army; ~ **xidmət** *i.* 군 복무 military service; ~ **məktəb tələbəsi** *i.* 사관 생도 cadet; ~ **nazirlik** *i.* 국방부, 해군본부 admiralty; ~ **səhra xəstəxanası** *i.* 야전 병원 ambulance station; ~ **səhra məhkəməsi** *i.* 군법회의, 군사 법원 court martial; ~ **sənaye** *i.* 전쟁산업, 무기산업 war industry; ~ **təlim** *i.* 군사 훈련 military training; ~ **vəziyyət** *i.* 군사 정권, 군대 정부 martial law

hərbi-dəniz *si.* 해군의 naval; ~ **qüvvələri** *i.* 해군 naval forces; ~ **donanması** *i.* 해군성, 해군 함대 navy

hərbiləşdirilmək *fe.* 군비를 가주다, 무장되다 be militarized

hərbiləşdirmə *i.* 군비, 군국화 militarization

hərbiləşdirmək *fe.* 군비를 갖추다, 무장하다, militarize

hərbiləşmək *fe.* 무장되다 be militarized

hərcayi I. *si.* ① 뻔뻔한, 당당한 pert, free and easy; ② 주제 넘는, 부적절한, 잘 못 둔 misplaced, irrelevant, inappropriate, out of place ○ **boş, nahaq**; II. *z.* 타당치 않게, 무관하게 irrelevantly, inappropriately; ~ **söz** *i.* 경우에 맞지 않는 말 misplaced word

hərcayilik *i.* 부적절, 얼도당토 않음, 엉뚱한 일, 관련성 없음, 무용, 헛됨 irrelevance, vanity ○ **boşluq, nahaqlıq, əbəslik**

hərcəhətli *si.* 포괄적인, 많은 것을 포함하는, 광범한, 범위가 넓은, 다방면의, 널리 쓰이는 comprehensive, all-round ○ **hərtərəfli**

hərcəhətlilik *i.* 광범위함, 포괄성, versatility, comprehensiveness; ○ **hərtərəflilik** 다재 자능

hərc-mərclik *i.* ① *col.* 혼란, 소동, 혼잡, 당황 난처함, 어리둥절 confusion, muddle ○ **dolaşıq-**

H

lıq, qarmaqarışıqlıq, qarışıqlıq, nizamsızlıq, özbaşınalıq; ② 무질서, 혼란(상태) chaos, *col.* mess; ~ **salmaq** *fe.* 교란시키다, 혼란시키다, 질서를 어지럽히다 put into disorder, disarrange; **istehsalatda ~** *i.* 생산에 있어서 혼란, 무분별 anarchy in production

hərçənd *bağ.* 그럼에도, 게다가, 어쨌든, 무릅쓰고 though, although, in spite of, despite

hərdəmxəyal *si.* ① 불안정한, 흔들리는, 덜컹거리는, 미덥지 않은, 변덕스러운 unsteady, shaky, precarious, wavering, inconstant ○ **mütərəddil, səbatsız, e'tibarsız, dəmdəməki, dönük;** ② 천박한, 경박한, 경망스러운 light-minded, frivolous ○ **yüngül, yelbeyin, boşbeyin**

hərdəmxəyallıq *i.* ① 불안정성, 변덕스러움, 무절조함, 흔들림, 덜컹거림 inconstancy, unsteadiness, shakiness; ② 경박함, 천박한, 경망스러움, 덤벙댐 frivolity, light-mindedness, flippancy

hərə ☞ **hər**

hərəkat *i.* 행동, 운동 movement; **fəhlə ~ı** *i.* 노동자 계급 운동 working-class movement; **inqilabi ~** *i.* 혁명적 운동 revolutionary movement; **xalq ~** *i.* 국민적 운동 national movement; **sülh ~** *i.* 평화운동 peace movement

hərəkə *i. dil.* 아랍어에서 모음 발음을 위한 표기 sign of Arabic vowel for pronunciation

hərəkət *i.* ① 행동, 동작, 운동, 움직임 motion, movement; ② 운행, 거래, 왕래, 통행 traffic; ③ 활동, 행동, 실행, 작동 action, operation; ④ 행위, 활동, 작용 activity, deed; ⑤ 증진, 진작(振作) promotion; ⑥ 재활, 부흥 revival; ⑦ 계몽, 일어남 awakening; **~ə gətirmək** *fe.* 행동을 하게 만들다 set in motion; **~ etmək** *fe.* 행동하다, 동작하다, 작동하다, 선동하다, 부추기다, 시작하다, 출발하다 act, behave, operate, stir, move, start, depart from; **başlanğıc ~ etmək** *fe.* 시작하다, 개시하다, 출발하다 start; **~ə gəlmək** *fe.* 출발하다 start (train); **~ verici güvvə** *i.* 추진력, 구동력 driving motive; **~ elətdirmək** *fe.* 행동하게 하다 move; **~in dayanması** *i.* 정체, 적체, 체증 jam

hərəkətli *si.* ① 움직이는, 가동성의, 이동성의, 활동적인, 민첩한, 기민한 mobile, active, agile; ② clever, quick-minded; ③ 뽐내는, 으스대는, 거드름 피우듯 말하는 mincing, finical

hərəkətlilik *i.* ① 이동성, 기민성, 행동성 mobility, commuting; ② 실용성, 실천성, 실제성 practicality, actuality, reality ○ **zirəklik, diribaşlıq, cəldlik, oynaqlıq;** ③ 행동, 행위 behaviour

hərəkətsiz *si.* 움직이지 않는, 가만히 있는, 완만한, 지둔한 motionless, unmoved, inert ○ **durğun, ləng, ağır, fəaliyyətsiz, ölüvay, süst; ~cə** *z.* 조용히, 적막히, 비활동적으로, 소극적으로 motionlessly, inactively, still

hərəkətsizlik *i.* ① 움직이지 않음, 완만함, 느려터짐 immobility, sluggishness ○ **durğunluq, lənglik;** ② 비활동성 inactivity ○ **fəaliyyətsizlik,;** ③ 완만성, 지둔함, 저능함 inertness, feebleness ○ **ağırlıq, ölüvaylıq, süstlük**

hərəkətverici *si.* 동력적인, 추진력의, 동기 부여적인, 자극하여 행동하게 하는 motoring, engineering, motive, motivating; **~ qüvvə** *i.* 동기 부여, 추진력, 동력 motive power, motive forces

hərəm *i.* 부인, 아내, 내자(內子) wife, harem

hərəmağası *i.* 환관(宦官), 거세(去勢)남 eunuch

hərəmxana *i.* 내실(內室), 남자들의 출입 금지 지역 harem

hərf *i.* 글자, 글씨, 문자 letter; **böyük ~** *i.* 대문자 capital letter; **kiçik ~** *i.* 소문자 small letter; **baş ~** *i.* 이니셜 문자, 머리글자, 첫 글자 initial letter; **~bə~** *z.* 한 글자 한 글자, 한마다 한마디 letter for letter, word for word; **~ən** *z.* 문자적으로, 단어적으로 literally, word for word ○ **eynən, sərbəst; ~-~** *z.* 한 글자 한 글자, 문자적으로 letter for letter, to the letter, literally; **~ səhvi** *i.* 문자적 오류 literal error; **ölü ~** *i.* 사문자(死文字) dead letter

hərf-hədyan *i.* 어리석음, 낫 놓고 기역자도 모름, 분별없음, 어처구니 없음 foolishness, folly, stupidity, nonsense, fiddlesticks

hərfi *si.* 문자적, 낱말의 literal ○ **düz, həqiqi, əsl** ● **məcazi; ~ mə'nada** *z.* 문자적 의미로, 과장하지 않고 literally, without exaggeration; **~ tərcümə** *i.* 문자적 번역 literal translation

hərfilik *i.* 정확성, 정밀성, 명료성 precision, exactness, accuracy ○ **dəqiqlik, düzlük, həqiqilik**

hərgah *bağ.* 만일, ~한 경우에 in case of, if ○ **əgər**

həri (addressin) yes

hərif *i.* ① 정체 불명의 사나이, 인비인, 악한, 악당,

수상쩍은 인간 strange fellow, rascal, foe, queer bird; ② 둔한 사람, 무식한 사람 dull man, ignorant guy ○ **qanmaz, anlamaz** ● **arif**

həriflik *i.* ① 이상함, 기묘함, 괴상함; 적의, 적개심, 적대 strangeness, hostility; ② 무식, 무지; 무교육, 무학; 생소함, 둔함, 둔감 ignorance, dullness ○ **qanmazlıq, anlamazlıq** ● **ariflik**

həris *si.* ① 탐심내는, 욕심 많은, 탐욕스러운, 비열한, 비겁한 covetous, mean; ② 열렬한, 열광적인, 열심인, 헌신적인 ardent, zealous; ③ 기꺼운, 자발적인 willing, voluntary; ④ 거친, 껄껄한, 조악한, 가혹한, 모진 harsh, hard, cutting; ⑤ 불명료한, 애매한, 주의를 끌지 않는, 눈에 띄지 않은, 공격적인, 거슬리는 obscure, aggressive; resenting; ~ **olmaq** *fe.* 부당하게 탐내다, 갈망하다, 욕심부리다 covet

hərisləşmək *fe.* ① 탐욕스럽게 되다, 야비하게 되다, 인색하게 되다 become greedy, become mean ○ **tamahkarlaşmaq, xəsisləşmək, simicləşmək**; ② 열정적이 되다, 열심을 내다 become ardent, be eager; ③ 잔인하게 되다, 거칠게 되다 become brutal, become harsh

hərislik *i.* ① 탐욕스러움, 강한 욕망 greediness, avarice ○ **tamahkarlıq, acgözlük, dargözlük, xəsislik, simiclik** ● **səxavətlilik**; ② 열정, 열심, 격정, 정열 eagerness, passion ○ **həvəskarlıq, azarkeşlik, maraqlılıq**; ③ 잔인함 brutality, cruelty; ④ 열심, 열중, 열광, 열의 zeal, enthusiasm; ⑤ 열망, 야망, 포부 ambition; ~ **etmək** *fe.* 야심적이 되다, 의욕적이 되다 be ambitious

hərki-hərkilik *i.* 무법상태, 무질서, 혼란, 혼잡 anarchy, confusion, muddle

hərləmək *fe.* ① 돌다, 회전하다, 빙빙 돌다, 공전하다 turn (round and round), round, whirl, spin, revolve, rotate ○ **fırlamaq, dolamaq**; ② 돌리다, 비틀다, 꼬다 drive, turn, twist; ③ 뒤쫓다, 추적하다, 추구하다 pursue, strive (for)

hərləndirici *si.* 회전시키는, 회전할 수 있는 rotary

hərləndirmək *fe.* ① 돌리다, 회전시키다 make *smb.* or *smt.* rotate/turn/spin; ② 추적하게 하다, 추구하게 하다 make *smb.* to chase/pursue

hərlənmək *fe.* ① 돌다, 회전하다 be rotated, be revolved, be spun ○ **fırlanmaq, dolanmaq, yellənmək, tərpənmək**; ② 뒤틀리다, 꼬이다 be driven, be twisted; ③ 추구되다, 추적되다 be chased, be pursued

hərlət(dir)mək ☞ **hərləndirmək**

hərrac *i.* 경매, 공매 (American) auction, public sale; **~a qoymaq** *fe.* 경매하다, 공매하다 sell by auction

hərtərəfli I. *si.* ① 포괄적인, 범위가 넓은, 다방면의 comprehensive, extensive; ② 다재 다능한, 융통성 있는 versatile; II. *z.* 철저히, 면밀히, 상세히 thoroughly, closely, in detail ○ **ətraflı, müfəssəl, geniş, dolğun** ● **birtərəfli**

hərtərəflilik *i.* ① 포함(력), 포괄(성), 내포 comprehension; ② 다재 다능함, 융통성 있음, 다방면성 versatility ○ **ətraflılıq, müfəssəllik, hərcəhətlilik, dolğunluq**

hərzə *i.* ① 무의미한 말, 허튼 소리, 터무니없는 것, 쓸모없는 것 nonsense, rubbish, rot, fiddlesticks ○ **cəfəngiyat, mə'nasız, boş, yalan**; ② 야비한 사람, 상놈, 점잖지 못한 사람 ribald, foul-mouthed man ○ **boşboğaz, naqqal, çərənçi, laqqırtı, ağzıyava, ağzıpörtöv**; ③ 외설, 음탕한, 불쾌한 obscene, bawdy, indecent; ~ **danışmaq** *fe.* 허튼 소리하다, 천하게 말하다 talk nonsense

hərzəgu ☞ **hərzəkar**

hərzəkar *i. col.* 말이 거친 사람, 상말 하는 사람 ribald, foul-mouthed man; 잡담가, 수다쟁이, 허튼 소리 하는 사람 twaddler, prattler

hərzəlik *i.* ① 외설, 음란, 음란함 obsceneness, obscenity; ② 수다, 다변 garrulity, talkativeness, undue familiarity; ③ 무분별, 경솔, 부주의, 사려 없음 bawdiness, use of foul, indiscretion, bad language

həsəd *i.* 시샘, 시기, 질투, 부러움, 선망 envy ○ **paxıllıq, qibtə**; ~ **aparmaq** *fe.* 부러워하다, 샘내다, 시샘하다, 시기하다 begrudge, envy; **~dən partlamaq** *fe.* 시샘으로 폭발하다 be bursting with envy

həsədlə *z.* 시기함으로, 시샘으로, 질투하여 enviously, jealously

həsədli *si.* 부러운 듯한, 시기하는, 샘하는, 질투심이 강한 envious, jealous

həsir *i.* ① 인피 돗자리, 거적, 짚 돗자리 bast mat, straw-mat; ② **~papaq** 밀집모자 straw-hat

həsirçi *i.* 짚자리 하는 사람, 돗자리 만드는 사람 mat-weaver

H

həsirçilik *i.* 짚자리 of mat weaving profession
həsirli *si.* ① 짚을 깐 mat-spreaded; ② 밀집모자를 쓴 hat-worn
həsirtoxuyan ☞ **həsirçi**
həsirləmək *fe.* 돗자리를 깔다 cover with a bast mat
həsləmək *fe.* 차분해지다, 조용해지다, 마음을 가라앉히다 move back, fall; calm down
həsr *i.* 헌신, 전념, 헌납, 봉납, 서임(敍任), 봉헌, 성별(性別) dedication, devotion, initiation, ordination, consecration ○ **ithaf**; ~ **etmək** *fe.* 헌신하다, 전념하다, 헌납하다, 봉헌하다 dedicate, devote
həsrət *i.* 아쉬움, 그리움, 사모함 regret, longing, yearning ○ **xiffət, dərd, qüssə, qəm, ələm** ● **vüsal**; ~ **çəkmək** *fe.* 갈망하다, 사모하다, 동경하다, 그리워하다 starve (for), yearn, long
həsrətli *si.* 사모하는, 갈망하는, 동경하는, 그리워하는 dreary, sad, melancholy ○ **xiffətli, dərdli, qüssəli, qəmli, ələmli**
həsrətlilik *i.* 그리움, 사모함, 갈망 dreariness, sadness, melancholy ○ **xiffətlilik, dərdlilik, qüssəlilik, qəmlilik, ələmlilik**
həssas *si.* ① 예민한, 민감한, 감각이 있는, 영향을 잘 받는 sensitive, perceptible, tactful ○ **sayıq, ayıq, hüşyar**; ② 동정심 많은, 이해심 많은, 사려 깊은, 배려하는 considerate, responsive, tender-hearted ○ **diqqətli, qayğıkeş**; ③ 감정적인, 심정적인, 감정에 따른 sentimental, delicate; ~ **münasibət** *i.* 재치 있는 접근, 약삭빠른 접근 tactful approach
həssaslaşmaq *fe.* 민감해지다, 예민해지다, 미묘해지다 become sensitive, become delicate ○ **sayıqlaşmaq, ayıqlaşmaq, hüşyarlaşmaq**
həssaslıq *i.* ① 감정의 미묘함, 감수성, 예민성 delicacy of feeling, sensibility, perceptivity ○ **sayıqlıq, ayıqlıq, hüsyarlıq**; ② 염려, 근심, 고민, 고통 care, agony, anguish ○ **canıyananlıq, qayğıkeşlik, diqqətlilik**; ③ 애정, 애착, 감화 affection, influence ○ **tə'sirlilik, kəskinlik, ehtiraslılıq**
həşəm *i.* 이엉, 짚, 지붕 이는 데 쓰는 곡류 줄기 straw; thatch (for roof), haulm
həşəmət *i.* 위엄, 웅장함, 위풍, 숭고, 장려, 호화 grandeur, greatness, sublimity, splendour, magnificence ○ **əzəmət, dəbdəbə, cəlal, təmtəraq**
həşəmətlə *z.* 웅장하게, 숭고하게, 위엄 있게, 화려하게 splendidly, gorgeously, majestically
həşəmətli *si.* 장대한, 웅장한, 장려한, 호화로운, 웅장한, 당당한, 고결한 grand, great, splendid, magnificent ○ **əzəmətli, möhtəşəm, dəbdəbəli, parlaq, böyük**
həşəmətlilik ☞ **həşəmət**
həşərat *i.* 곤충, 벌레, 버러지 insect, bug ○ **cücu**
həşəratöldürən *i.* 살충제 insecticide
həşəratyeyən *i. zoo. bot.* 식충성의, 곤충을 잡아먹는 insectivorous
həşəri *i. med.* 여자 색정증; 여성의 병적인 성욕 항진 nymphomania
həşərilik *i. med.* 여자 색정증에 걸림 nymphomania
həşir *i.* ① 소음, 비명, 소동, 왁자지껄 noise, screech, hubbub, uproar ○ **hay-küy, qiyamət**; ② 최후심판일, 판결일, 단죄의 날 grand day, Dooms Day
həşiş *i.* 하시시, 대마초 hashish
həşrədək *z.* 심판날까지, 결코, 전혀 until the Day, never, not any time
həştad *say.* 팔십 (80) eighty ○ **səksən**; **~ıncı** *say.* 80번째 eightieth; **~illik** *i.* 팔순년 eightieth anniversary; **~yaşlı** *si.* 80세의, 여든 살의 of eighty years, eighty-year, of eighty, eighty-year-old
Həştərxan *i.* 아스트라한 (러시아 연방의 남부 도시) Astrakhan (geographical name)
hətta *bağ.* 게다가, ~이라도 even; **hətta ... olsa** *bağ.* ~할지라도, ~일지라도, ~에도 불구하고 even if, even though; ~ **əğər** *bağ.* ~일지라도 even if; ***Hamı gəlmişdi, hətta uşaqlar.*** *əd. 애들까지라도 모두 왔었다. Everyone came even the children.*
həvalə *i.* 심부름, 위임, 볼일, 용건, 사명, 임무 commission, errand, entrust ○ **tapşırılma**; ~ **etmək** *fe.* 위임하다, 책임을 지우다, 임무를 부여하다 charge, commission
həvali *i.* 교회, 근교, 주변, 변두리 suburb, environs, land, region
həvari *i. din.* 예수의 12제자들 apostle (12 disciples of Jesus)
həvə *i.* 카펫을 짤 때, 탄탄하게 당겨주는 도구 tool for carpet-making used for tightening

həvəng(dəstə) *i.* pestile; **~də su döymək** *fe.* beat the air

həvəs *i.* 욕구, 의욕, 이끌림, 성향, 애호, 기호, 갈망, 유혹, 충동, 사명감, desire, wish, inclination, disposition, enthusiasm, fancy, hobby, incentive, longing, temptation, vocation, zest ○ **arzu, meyl, maraq, şövq**; **~ oyatmaq** *fe.* 욕구가 일어나게 하다, 감정을 일으키다, 유발시키다, 유혹하다 impel, induce, entice; **böyük ~** *i.* 갈망, 열망, 열정, 격정, 열성 anxiety, passion; **~ində olmaq** *fe.* 열정적이 되다, ~에 의욕을 갖다 be eager to; **~dən düşmə** *i.* 열정이 식음, 동기를 잃음, 환멸 disillusion; **~i olmamaq** *fe.* 하고 싶지 않게 되다, 내키지 않게 되다 be in no mood, be reluctant; **~ göstərmək** *fe.* 의욕을 보이다 show intention; **~ə salmaq/gətirmək** *fe.* 자극하여 열정을 갖게 하다, 하고 싶게 하다 excite, cause to wish; **~ə gəlmək** *fe.* 입맛을 돋우다, 열정을 갖게 되다, 원하게 되다 take a liking, acquire a taste; **~i olmaq** *fe.* 열망을 갖다, 갈망하다 have desire; **öz ~ ilə** *z.* 자원하여서, 자신의 욕구대로 by one's own wish

həvəskar I. *i.* 애호가, 동호인 amateur, dilettante ○ **diletant** ● **peşəkar**; II. *si.* ~에 열정을 가진, ~에 갈망하는 desirous of, eager for ○ **meylli, şövqlü**; **~ olmaq** *fe.* 애호가가 되다 be a lover; **incəsənət ~ı** *i.* 예술 애호가 a lover of art

həvəskarlıq *i.* ① 성향, 취향, 의향, 경향 inclination, disposition ○ **meyllilik, şövqlülük**; ② 딜레탕트식, 예술 취미, 도락 amateurishness, dilettantism ○ **diletantlıq**

həvəslə *z.* 열망을 가지고, 기쁨으로, 열정으로 willingly, readily, with enthusiasm ● **zorla**

həvəsləndirici *si.* 격려하는, 욕망을 돋우는, 하고 싶게 하는, 자극하는 encouraging, tempting, stimulating; **~ təbəssüm** *i.* 격려의 미소 encouraging smile

həvəsləndirmə *i.* 격려, 자극 encouragement

həvəsləndirmək *fe.* 격려하다, 동기를 부여하다, 자극하다, 하고 싶게 만들다, 욕구를 일깨우다 encourage, motivate, stimulate, give an incentive, awake the desire to do *smt.*

həvəslənmək *fe.* 열망하다, 욕구하다, 갈망하다, 기호를 갖다 long for, desire, be keen, take a fancy ○ **şirnikmək, meyllənmək, maqraqlanmaq**

həvəsli *si.* ① 기꺼운, 자원하는, 열정적인 willing, voluntary ○ **könüllü, meylli**; ② 열심을 가진, 열성적인 enthusiastic ○ **qızğın, çoşğun, hərarətli**

həvəslilik *i.* ① 기꺼움, 자원적임, 자발적으로 한 일 voluntary, willingness ○ **könüllülük, meyllilik**; ② 열심, 열정, 갈망 enthusiasm, zeal, eagerness ○ **qızğınlıq, çoşğunluq, hərarətlilik**

həvəssiz *si. z.* 마음이 내키지 않는, 좋아하지 않는, 꺼리는 reluctant(ly), unwilling(ly) ○ **könülsüz, ürəksiz**

Həvva *i.* 하와, 이브 Eve

həya *i.* 수치심, 부끄러움, 삼가함, 망설임, 겸허, 겸양, 정숙함, 숫기, 수줍음 shame, diffidence, modesty, bashfulness, shyness ○ **abır, ar, utancaqlıq, xəcalətlik**; **~sını itirmək** *fe.* 부끄러움을 잃어버리다, 뻔뻔해지다 lose all sense of shame

həya-abır ☞ **həya**

həyalanmaq *fe.* 수줍어하다, 부끄러워하다 become modest/diffident, be ashamed

həyalanmaq *fe.* 자신 없게 되다, 수줍어하게 되다, 숫기 없다 become diffident, become modest, become bashful, become shy ○ **utanmaq, xəcalətlənmək, abırlanmaq, arlanmaq**

həyalı *si.* 부끄러워하는, 수줍어하는, 조심성 있는, 부끄러운 bashful, diffident, modest, decent, shameful ○ **utancaq, ədəbli, sakit, dinc, abırlı, arlı** ● **əxlaqsız**

həyalılıq *i.* 고상함, 품위 있음, 예의 바름, 점잖음, 예절 decency, propriety, diffidence, bashfulness, shamefulness ○ **utancaqlıq, ədəblilik, abırlılıq** ● **namussuzluq**

həyan *i.* ① 보호, 방호, 옹호, 보살핌 protection, guarding; ② 후견, 보호, 장려 patronage, protection, support; ***Onun həyanı var.*** *그를 후원하는 사람이 있다. He has support.*

həyasız *si.* 뻔뻔한, 파렴치한, 조신하지 않는, 철면피의, 넉살 좋은, 건방진 shameless, barefaced, audacious, cynical, saucy, impudent ○ **utanmaz, ədəbsiz, abırsız, arsız, sırtıq**

həyasızcasına *z.* 부끄러운 줄 모르게, 뻔뻔하게, 파렴치하게 shamelessly, barefacedly, impudently, brazenly

həyasızlaşmaq *fe.* 뻔뻔해지다, 파렴치해지다, become audacious, become shameless, become impudent ○ **ədəbsizləşmək, abırsızlaş-**

H

maq, arsızlaşmaq, sırtıqlaşmaq

həyasızlıq *i.* 주제넘음, 무례, 건방짐, 염치없음, 무례함 impertinence, shamelessness, impudence ○ **ədəbsizlik, abırsızlıq, sırtıqlıq, rüsvayçılıq**

həyasızlıqla *z.* 무례하게, 건방지게, 염치없이, 주제 없게 shamelessly, impudently, insolently, impertinently

həyat *i.* 삶, 생명, 존재, 실제 life, being, existence, reality ○ **yaşayış, varlıq** ● **ölüm**; **sakit ~ sürmək** *fe.* 조용한 삶을 살다 lead a quiet life; **~ əlaməti olmayan** *si.* 죽은 듯한 lifeless; **~a keçirmək** *fe.* 실현하다, 실행하다 realize; **~ tərzi** *i.* 삶의 양식, 삶의 양태 lifestyle, mode of life; **~ yolu** *i.* 생명의 길, 삶의 방도 way of life; **~ vermək** *fe.* 살리다, 생명을 주다, 움직이다, 자극하다 animate; **~ üçün zəruri** *si.* 생명의, 생명에 관한, 생명의 원천인 vital; **~ şəraiti** *i.* 삶의 방편, 삶의 환경 medium, environment; **~ səviyyəsi** *i.* 삶의 수준, 삶의 기준 standard of life; **~a keçirmək/tətbiq etmək** *fe.* 실현시키다, 수행하다, 실행하다, 이루다 bring, carry out, put into practice, come true; **~a qaytarmaq** *fe.* 되살리다, 소생시키다 revive; **~da gördükləri** *i.* 경험, 체험 experience; **~da olduğu kimi** *si.* 실제적으로, 현실처럼 true to nature

həyatbəxş *si.* 생명을 주는, 생기를 주는, 기운을 차리게 하는, 생생하게 하는 life-giving, vivifying, resuscitating, animating

həyati *si.* ① 불가결한, 필수한, 긴요한, 중대한 vital ○ **zəruri, vacib, mühüm, aktual**; ② 생생한, 생명이 있는 vivid ○ **canlı**; **~ məsələ** *i.* 중요한 문제들, 생명의 문제를 vital question; **~ maraq** *i.* 근본적인 관심 fundamental interest

həyatilik *i.* 활력, 체력, 생명력, 정력, 활기 vitality, vital power ○ **zərurilik, vaciblik, aktuallıq**

həyatsız *si.* ① 생명이 없는, 죽은 lifeless; ② 연약한 feeble

həyatverici *si.* 생명을 주는, 생생하게 하는, 소생시키는, 의식을 회복시키는 life-giving vivifying, resuscitating, animating; **~ qüvvə** *i.* 소생능력 life-giving force

həyəcan *i.* 당황, 당혹, 불안, 고민, 동요, 흥분, 감동, 감격, 근심 anxiety, alarm, commotion, uproar, emotion, excitement, sensation, uneasiness, stir, thrill ○ **vəlvələ, çaxnaşma, təşviş, iztirab, narahatlıq**; **~dan titrəmək** *fe.* 두근거리다, 오싹하다, 당황하다 thrill; **~ siqnalı** *i.* 놀람, 불안, 공포 alarm; **yanğın ~ı** *i.* 화재 경보 fire-alarm; **hərbi ~** *i.* 전쟁경보 battle alarm; **hava ~ı** *i.* 공습경보 alert, air-raid alarm; **kimyəvi ~** *i.* 화생방경보 gas alarm; **~a gətirən** *si.* 당황케 하는, 감동적인 pathetic; **~ yaratmaq** *fe.* 당혹케 하다, 당황케 하다 arouse anxiety

həyəcanlandırmaq *fe.* 당황케 하다, 당혹하게 하다, 동요시키다, 격앙시키다, 교란시키다 excite, agitate, trouble, alarm

həyəcanlanmaq *fe.* 당황하다, 흥분하다, 당혹하다, 동요하다, 흥분하다 be agitated, be in agitation, be disturbed, be worried, be alarmed ○ **əsəbiləşmək, qızışmaq, alovlanmaq, coşmaq, qəzəblənmək, narahatlaşmaq** ● **sakitləşmək**

həyəcanlı *si.* 흥분한, 극적인, 황당한, 흔들리고 있는, 떨고 있는, 염려 근심하는 anxious, dramatic, troubled, agitated, perturbed, worried ○ **coşğun, hərarətli, qızğın, səksəkəli, qorxulu, iztirablı, təşvişli** ● **sakit**; **~ olmaq** *fe.* 당황하다, 당혹하다, 근심하다 be alarmed, be anxious

həyəcanlılıq *i.* ① 당혹함, 당황함, 염려함, 노심초사함 anxiety, bitterness, upsetting, enthusiasm ○ **əsəbilik, coşğunluq, hərarətlilik, qızğınlıq, səksəkəlilik**; ② 소요, 소동, 분란 uproar, commotion, sensation ○ **qorxululuq, iztirablılıq, təşvişlilik**

həyəcansız *si.* 침착한, 편안한, 고요한 peaceful, comfortable, silent ○ **sakit, rahat, dinc**

həyət *i.* 안마당, 뜰 yard, courtyard ○ **çöl, bayır**

həzarbuta *i. bot.* 왕수염패랭이꽃 sweet-William

həzarpeşə *i.* ① 상자, 궤, 금고, 관 *obs.* casket, small chest, coffer; ② 무직자 a person having no profession

həzər *i.* 공포, 걱정, 불안, 염려 fear, misgiving; **~ etmək** *fe.* 피하다, 모면하다, 벗어나다 avoid, evade; 향하게 하다, 나아가다 *col.* steer, escape

həzərat *i.* ① 참석자, 수행원 attendant; ② 신사, 주인 gentleman, master, people

həzin *si.* 구슬픈, 애처로운, 우울한 plaintive, dismal, sad, melancholy ○ **qəmli, kədərli, yanıqlı, iniltili** ● **ürəkaçan**; **~ səs** *i.* 조용한 소

리, 기분을 달래 주는 노래 lullaby; ~ **melodiya** *i.* 구슬픈 가락, 조곡(弔哭) mournful melody; ~-~ *z.* 구슬프게, 애처롭게 dismally, plaintively; ~ **oxumaq** *fe.* 애처롭게 노래하다, 구슬프게 노래하다 sing a tune mournfully

həzinlik *i.* 슬픔, 애통, 비통, 우울 sadness, sorrow, melancholy ○ **qəmlilik**, **kədərlilik**, **yanıqlılıq**

həzm *i.* ① 소화, 새김질, 소화력 digestion; ② 이해력, 터득; ~ **orqanları** *i.* 소화기관 digestive organs; ~ **etmək** *fe.* 소화하다, 삼키다, 넘기다 digest, swallow; **qidanın ~ olunması** *i.* 소화력 digestion; **~i-rabe etmək** *fe.* ① 먹어 삼키다 *vul.* eat up, gobble (up); ② 횡령하다, 가로채다 appropriate

həzrət *i.* 각하! Excellency (title); **~i peyğəmbər** *i.* 거룩한 선지자 the holy prophet; ***Əlahəzrət...!*** *각하! His/Her Excellency!*

həzz *i.* 즐김, 기쁨, 쾌감, 쾌락, 도락, 오락 pleasure, delight, enjoyment ○ **zövq**, **ləzzət**, **kef**, **səfa**, **nəşə**

hıçqırıq *i.* 딸꾹질, 흐느낌, 훌쩍거림 hiccup, sobbing; ~ **tutmaq** *fe.* 딸꾹질 하다 have the hiccups; **~ilə ağlamaq** *fe.* 훌쩍거리며 울다 sob

hıçqırmaq *fe.* 딸꾹질 hiccup, hiccough

hıçqırtı ☞ **hıçqırıq**

hıqqanmaq *fe.* 주저하다, 망설이다, 머뭇거리다, 흔들리다, 꺾이다 hesitate, stammer, falter

hıqqıldamaq *fe.* 끙끙거리다, 신음하다 groan

hıqqınma *i.* 노력, 진력, 고된 일 exertion, pant

hıqqınmaq *fe.* 노력하다, 진력하다, 헉헉거리며 일하다 puff, pant, exert oneself, make an effort

hıqqına-hıqqına *z.* 주저주저하면서, 더듬거리며, 머뭇거리며 hesitatingly, stammeringly, falteringly

hırıldamaq *fe.* 꼬꼬댁 울다, 종알종알 지껄이다 낄낄거리다 cackle, shout with laughter, giggle, titter, chuckle ○ **gülmək**

hırıltı *i.* 껄껄거림, 킥킥거림 laughter, snigger, giggling ○ **qəhqəhə**

hırtıldamaq ☞ **hırıldamaq**

hibrid *i.* 잡종, 튀기, 혼열, 혼종 *bio.* hybrid ○ **mələz**

hibridləşdirilmə *i.* 잡종 만들기, 혼종(混種) *bio.* hybridization

hibridləşdirmək *fe.* ① 잡종을 만들다 hybridize; ② 수정시키다, 수태시키다 fertilize, fecundate, pollinate ○ **mələzləşmək**, **tozlanmaq**

hibridləşmək *fe.* 잡종이 되다, 혼종이 되다 become hybridized

hicaz *i.* 아제르바이잔 전통음악인 무감의 한 멜로디 the name of a classical Azerbaijani mugam melody

hicran *i.* 분리, 분할, 구분; 이별의 고통 separation, parting, mental pain of separation ○ **ayrılıq** ● **vüsal**; ~ **günü** *i.* 이별의 날 day of separation

hicrət *i.* 이주, 이동, 이민 migration, emigration, transmigration, emigrate

hicri *i.* 회교력의 원년 (모하메드가 메카에서 메디나로 옮긴 해) the beginning of the Muslim era from 16th of June 622; Mohammed's migration from Mecca to Medina

hiddət *i.* ① 화, 분노, 진노, 격노, 격분, 적의 anger, wrath, rage, fury, resentment ○ **qəzəb**, **qeyz**, **hirs**, **acıq**, **kin**; ② 악의, 증오 ill-will, malevolence; ③ 격렬함, 맹렬함 violence, impetuosity; **~lə** *z.* 격렬하게, 맹렬하게, 거세게 angrily, wrathfully, violently

hiddətləndirmək *fe.* 화나게 하다, 격노시키다, 격분시키다 anger, incense, make angry, infuriate, stir to fury

hiddətlənmək *fe.* ① 화내다, 분노하다, 기분 상하다, 원망하다, 불쾌하게 생각하다 become angry, lose one's temper, resent ○ **qəzəblənmək**, **qeyzlənmək**, **hirslənmək**, **acıqlanmaq**; ② 격렬해지다, 거칠어지다, 맹렬해지다 become furious, become ardent ○ **azğınlaşmaq**, **quduzlaşmaq**

hiddətli *si.* ① 성난, 화난, 노한, 몹시 싫어하는, 화를 잘 내는 angry, resentful, indignant ○ **qəzəbli**, **qeyzli**, **hirsli**, **acıqlı**, **kinli**; ② 열렬한, 정열적인, 열광적인 ardent, fierce ○ **quduz**, **azğın**, **coşğun**, **qudurğan**, **dəli**; ③ 악의적인, 원한의, 적의의 malicious, malevolent

hiddətlilik *i.* ① 노여움, 분노, 격노함, 노발대발함, 분개, 의분 furiousness, resentment, indignation, ire; ② 열망, 갈망, 안달 adour, eager; ③ 악의, 적의, 원한 malice

hidrat *i. kim.* (종종 복합어) 수화물(水化物) hydrate

hidravlik *si.* 수력의, 수역학의, 수압의, 동수의

H

hydraulic; ~ **mühərrik** *i.* 수력 엔진, 수력 발전기 hydraulic engine
hidravlika *i.* 수력학(水力學) hydraulics
hidrobiologiya *i.* 수생 생물학, 육수 생물학 hydrobiology
hidrodinamika *i.* 유체 역학 hydrodynamics
hidroelektrik *si.* 수력 전기의 hydroelectric; ~ **stansiyası** *i.* 수력발전소 hydroelectric power station
hidroenerji *i.* 수력 에너지 hydroenergy
hidrogen *i. kim.* 수소; 기호 H hydrogen; ~ **bombası** *i.* 수소 폭탄 H-bomb
hidrogenerator *i.* 수력 발전기 hydrogenerator
hidrogeneoloji *si.* 수리 지리학 hydrogeological
hidrogeneoloq *i.* 수리 지리학자 hydrogeologist
hidroqraf *i.* ① 수로학자 hydrographer; ② 수위도 (水位圖) hydrograph
hidroqrafiya *i.* 수로학(水路學) hydrography
hidroliz *i. kim.* 가수 분해 hydrolysis
hidroloji *si.* 수문학(水文學)의, 수문학적 hydrologic
hidroloq *i.* 수문학자 hydrologist
hidrometeoroloji *i. meteo.* 대기 수상(水象) hydrometeorology
hidrometr *i.* 액체 비중계; 유속계(流速計) hydrometer
hidrometriya *i.* 액체 비중 측정 hydrometry
hidromonitor *i.* 수심 모니터 hydromonitor
hidropat *i.* 수(水)치료사 hydropathist
hidropatiya *i.* 수(水)치료법 hydropathy
hidropatik *si.* 수(水)치료법의 hydrophatical
hidroplan *i.* 수상 (비행)기; 수상 활주정 hydroplane
hidrosfer *i.* 수권(水圈) hydrosphere
hidrostansiya *i.* 수력 발전소 hydroelectric power station
hidrostat *i.* (보일러의) 폭발[손상] 방지 장치; 누수 검출기 hydrostat
hidrostatik *si.* 유체 정역학(流體靜力學)의 hydrostatic
hidrostatika *i.* 유체 정역학(流體靜力學) hydrostatics
hidroterapiya *i.* 수치료법 hydropathy, hydrotheraphy
hidrotexnik *i.* 수력 기술의 hydrotechnician
hidrotexnika *i.* 수력 기술 hydraulic engineering
hidrotexniki *i.* 수력기술의 hydrotechnical
hidroturbin *i.* 수력 터빈 hydroturbine
hifz *i.* 보전, 보호, 지속, 유지, 부양 saving, preservation, maintenance ○ **saxlama, qoruma**; ~ **etmək** *fe.* 간직하다, 보호하다, 간수하다, 유지하다 spare, keep, preserve, maintain; ***Allah sizi hifz etsin!*** *하나님이 지키시길! May God save you!*
hikkə *i.* 고집 셈, 완고함, 못된 성격, 분노 ill-naturedness, obstinacy, stubbornness, wrath ○ **inad, qəzəb, qeyz**
hikkəli *si.* 악의적인, 심술궂은, 완고한, 고집 센, 성격이 비뚤어진 malicious, obstinate, stubborn ○ **inadlı qəzəbli, qeyzli**
hikmət *i.* 지혜, 현명, 분별, 예지, 지식 wisdom, knowledge ○ **müdriklik, fazillik, aqillik, ağıllılıq**; **xalq ~i** *i.* 민중의 지혜 popular wisdom; ***Burada heç bir hikmət yoxdur.*** *누워서 떡 먹기. It's quite simple, even a child could do it.*
hikmətamiz ☞ **hikmətli**
hikmətli *si.* 현명한, 지혜로운, 분별이 있는, 사려 분별이 있는 wise, sage ○ **müdrik, aqillı**
hikmətlilik ☞ **hikmət**
hil *i. bot.* 카더몬, 소두구(小豆) cardamom
hilal *i.* 반달, 초승달; 14일간 half moon, crescent, fortnight; ~ **-əhmər** *i.* 적초승달 (적십자회) Red Crescent
hilali *si.* 2주간의 fortnightly
him *i.* 힌트, 암시, 언질, 단서, 시사, 동기, 요령, 지시 hint, indication, allusion ○ **işarə**; ~ **etmək** *fe.* 단서를 남기다 drop a hint; **~i baha düşmək** *fe.* 암시를 받다, 언질을 받다 take the hint
himayə *i.* 후원, 보호, 찬조, 장려, 보살핌 patronage, care, charge, protection ○ **havadarlıq, hamilik, qayğı**; ~ **etmək** *fe.* 후원하다, 보호하다, 장려하다, 찬조하다 sponsor, patronize, protect
himayəçi *i.* 보호자, 후견인, 후원자 patron, guardian, protector, trustee, sponsor ○ **himayədar**
himayəçilik *i.* 후원, 보호, 찬조, 장려 patronage, protection ○ **himayə**

himayədar *i.* 보호자, 후견자 patron, protector ○ **havadar, hami**
himayədarlıq *i.* 보호, 후원 protection; ~ **etmək** *fe.* 보호하다, 후원하다 protect
himayəkar ☞ **himayədar**
himayəkarlıq, ☞ **himayəçilik**
himayəsiz *si.* 도움 없는, 홀로 된, 보호자 없는 helpless, left alone, without patronage ○ **köməksiz, baxımsız, havadarsız, hamisiz**
himayəsizlik *i.* 도움 없음, 홀로 됨, 보호자 없음 helplessness, non-patronage ○ **köməksizlik, baxımsızlıq, havadarsızlıq, hamisizlik**
himləmək *fe.* 암시하다, 언지하다 hint
himləşmək *si. col.* 서로 윙크하다, 서로 암시하다 hint, wink (at each other) ○ **gözləşmək**
himmət *i.* ① 열심, 열의, 열정, 열중, 진지 zeal, fervour, effort, endeavour; ② 호의, 은혜, 선의, 친절 favour, grace, goodwill, kindness
himmətlə *z.* 관대하게, 배포가 크게, 풍부히 magnanimously, generously
himmətli *si.* ① 활동적인, 적극적인, 열심 있는, 열성적인, 진지한 active, energetic, zealous, ardent, earnest, fervent; ② 친절한, 호의적인, 관대한, 인자한 magnanimous, generous, gracious, kind
himn *i.* 찬송, 성가, 노래, 축가 hymn, anthem; **dövlət ~i** *i.* 국가(國歌) national anthem
hin *i.* ① 헛간, 광, 축사 barn, stable ○ **tikili, dam**; ② 시간, 순간 time ○ **vaxt, zaman, çağ, an**; **bu ~də** *z.* 이 시간에, 이 순간에, 지금 at this time, at the moment
hind *si.* 인디안, 인도인 Indian; **Hindi** *i.* 인도어, 힌디어 Indian (language); **Hindli** *i.* 인도인, 힌디 Indian, Hindu; **Hidistan** *i.* 인도 India
hinddarısı *i. bot.* 수수, 단수수 sorghum, sorg(h)o
hinduşka *i.* ☞ **hindtoyuğu**
hindqozu *i.* 코코넛 coconut
hindtoyuğu *i.* 터키, 칠면조 turkey
hipnoz *i.* 최면 (상태), 최면술, 최면학 hypnosis, mesmerism, hypnotism; ~ **etmək** *fe.* 최면을 걸다 hypnotize, mesmerise
hipnozçu *si.* 최면술사 hypnotist, mesmerist
hipnozlamaq *fe.* 최면을 걸다, 매료하다 hypnotize, mesmerize
hipnozlanmaq *fe.* 최면에 들다, 최면에 걸리다 become hypnotized, be mesmerized
hipnotizm *i.* 최면(술) hypnotism
hipotenuz *i. geom.* (직각 삼각형의) 빗변 hypotenuse
hirs *i.* ① 성, 화, 분노, 격노 anger, ire, wrath, fury ○ **qəzəb, qeyz, acıq, kin, hiddət**; ② 악의, 적의, 심술 malice, spite ○ **qərəz, ədavət**; ~ **başına vurmaq** *fe.* 진노하다, 분노하다 fly into a rage; **~i tutmaq** *fe.* 부루퉁해지다 sulk; **~indən çatlamaq** *fe.* 분노하다, 진노하다 burst out with anger
hirsləndirmək *fe.* 기분을 상하게 하다, 화나게 하다, 성가시게 하다, 격노하다 displease, infuriate, irritate, incense
hirslənmək *fe.* 화나다, 진노하다, 신경질내다, 짜증내다 become furious, become angry ○ **qəzəblənmək, qeyzlənmək, acıqlanmaq, əsəbiləşmək, cinlənmək, hiddətlənmək** ● **sakitləşmək**
hirsli *si.* 화난, 짜증난, 신경질 난, 성난 angry, cross, irate; **~-~** *z.* 격노하여, 진노하여, 짜증내어 angrily, wrathfully ○ **acıqlı, əsəbi, qeyzli, kinli, tündməzac** ● **sakit**
hirslilik *i.* 성급함 irritability, shortness of temper, quick temper ○ **acıqlılıq, əsəbilik, qeyxlilik, kinlilik, tündməzaclıq, hiddətlilik**
his *i.* ① 검댕, 검댕이 soot ○ **duda, qurum**; ② 때, 먼지, 그을름 dirt, smut ○ **pas, çirk, kir, zığ, lil, zibil**; ~ **etmək** *fe.* 연기를 피우다, 담배를 피우다 smoke; **~ə vermək** *fe.* 훈제하다, 연기를 쐬다 smoke, blacken; **~ə verilib duzlanmış donuz əti** *i.* 훈제 돼지 고기 smoked bacon; **~-pas** *i.* 때, 더러움, 그을음, 지저분함 dirt, filth, soiling, making dirty, untidy
hisbasmış *si.* 연기가 자욱한, (연기에) 그을른 smoky, sooty
hisxana *i.* (고기 생선 등의) 훈제소 curing factory, smoke-house
hisləmək *fe.* 훈제하다, 연기를 쐬다 blacken with soot, smoke(fish)
hislənmək *fe.* 연기에 그을리다 be covered with soot ○ **paslanmaq, çirklənmək, kirlənmək**
hisli *si.* ① 연기가 자욱한, 연기에 그을린 smoky, sooty ○ **qurumlu, dudalı**; ② 얼룩지고 더러운, 때가 낀 smutty, grimy ○ **paslı, çirkli, kirli** ● **təmiz**; ~ **tavan** *i.* 연기에 그을린 천장 smoky ceiling; ~ **otaq** *i.* 연기가 자욱한 방 smoky

H

room; **~-paslı** *si. col.* 때로 얼룩진, 더러워진 dirty-faced, smudgy

hislilik *i.* ① 그을림, 연기가 가득함 smokiness, sootiness ○ **qurumluluq, dudalılıq**; ② 더러움, 얼룩짐 dirtiness, smuttiness ○ **paslılıq, çirkinlik, kirlilik**

hiss *i.* 감정, 정서, 느낌, 감각, 지각(작용), 감상, 소감 emotion, feeling, sensation, sentiment, sense ○ **duyğu**; **~ organları** *i.* 감각 기관 organs of sense; **məs'uliyyət ~i** *i.* 책임감 responsibility; **~ etmək** *fe.* 느끼다, 지각하다, 알아차리다 sense, perceive, feel; **~ edən** *si.* 감각이 있는, 의식이 있는 conscious; **~ə qapılmaq** *fe.* 감정에 굴복하다, 감정에 좌우되다 be swayed by one's feeling; **günahını ~ emtək** *fe.* 죄책감을 갖다 feel one's guilt; **beş ~** *i.* 오감(五感), 오각(五覺) the five senses; **eşitmə ~i** *i.* 청각(聽覺), 듣는 감각 sense of hearing; **görmə ~i** *i.* 시각(視覺), 보는 감각 sense of sight; **iybilmə ~i** *i.* 후각(嗅覺), 냄새 맡는 감각 sense of smell; **dadbilmə ~i** *i.* 미각(味覺), 맛을 보는 감각 sense of taste; **lamisə ~i** *i.* 촉각(觸覺), 만져보는 감각 sense of touch; **yumor ~i** *i.* 유머 감각 sense of humour; **borc ~i** *i.* 채무감 (債務感) sense of duty; **şərəf ~i** *i.* 명예감(名譽感), 영예(榮譽)로움 sense of honour; **razılıq ~i** *i.* 만족감(滿足感) sense of satisfaction; **ağrı ~i** *i.* 통감(痛感) sense of pain; **təhlükəsizlik ~i** *i.* 안도감(安堵感) feeling of safety; **rəhmkarlıq ~i** *i.* 자비심(慈悲心) feeling of pity; **iftixar ~i** *i.* 자존감(自尊感) feeling of pride

hissə *i.* ① 부분(部分), 조각, 몫, 분깃, 단편, 분절, 마디, 계층, 분할, 분리, 분배 part, piece, portion, segment, allotment, detail, division, extract, fragment, share ○ **parça, qisim, pay**; ② 일부, (조직의) 한 구분, 과(課), 부(部) department; ③ *mil.* 부대(部隊), 사단(師團) unit, division ○ **bölmə**; **nitq ~ləri** *i. dil.* 품사(品詞) parts of speech; **~lərə ayırma** *i.* 분할(分割), 구획(區劃) partition; **~lərə ayırmaq** *fe.* 재분하다, 소분할하다, 세분하다 subdivide; **~-~** *z.* 부분적으로, 조각조각 나눠서 in parts, piece by piece

hissəcik *i.* ① 파편, 단편, 조금 fraction, part(icle); ② *qram.* 불변화사, 소사(小辭), 접두[접미]사 particle; **yüklü ~lər** *i.* 고에너지 소립자 high-energy particle

hissi *si.* 감각의, 감상적인, 감각적인 emotional, sensual

hissiyyat *i.* 감각, 감정, 느낌, 감동 sense, feeling, sensation ○ **hiss**

hissiyyatlı ☞ **hissi**

hissiyyatsız *si.* 둔한, 둔감한, 무감각의, 느낌이 없는 insensitive, thick-skinned ○ **hissiz**

hissiyyatsızlıq *i.* 둔감, 무감각, 무관심 insensitiveness, indifference, dullness ○ **hissizlik**

hissiz *si.* ① 감각이 없는, 의식을 잃은, 인사 불성의 senseless, insensitive ○ **duyğusuz, bihuş**; ② 단단한, 돌 같은, 무자비한 hard, stony ○ **daşürəkli, sərt, bərk**

hissizləşdirmə *i. med.* 마취; 마취법 실시 anaesthesia, anaesthetization

hissizləşdirmək *fe. med.* 마취시켜 몸의 감각을 잃게 하다 anaesthetize

hissizləşmək *fe.* 감각이 없어지다, 둔하게 되다 become anaesthetized, become numb ○ **keyləşmək, bihuşlaşmaq**

hissizlik *i.* ① 의식을 잃음, 무의식, 인사불성, 무감정 loss of consciousness, insensibility ○ **huşsuzluq, duyğusuzluq**; ② 무자비함, 앙갚음, 복수에 대한 집념 ruthlessness, vindictiveness ○ **rəhmsizlik, sərtlik, bərklik, daşürəklilik**

hissli *si.* 예민한, 지각이 있는, 지각할 수 있는 sensitive, sensual, perceptible ○ **duyğulu, ehtiraslı**

histologiya *i.* 조직학, 미시적 해부학; 생물의 미세구조 histology

histoloq *i.* 조직학자 histologist

hiylə *i.* 교활, 계략, 책략, 음모, 속임, 거짓, 사기, 협잡, 기만, 속임수 craft, ruse, cunning, deceit, deception, trick ○ **kələk, fənd, biclik**; **hərbi ~** *i.* 전투 전략 war ruse; **~ etmək** *fe.* 속이다, 기만하다, ~체하다 pretend

hiyləbaz ☞ **hiyləgər**

hiyləgər I. *i.* 교활한 사람, 사기꾼, 협잡꾼, 마술사, 책략가 fraud, cheat, trickster, slyboots ○ **kələkbaz, fəndgir, bic, fırıldaqcı, haramzada, cüvəllağı**; II. *si.* 교활한, 협잡의, 부정직한, 속이기 쉬운 tricky, deceitful, cunning, fraudulent ○ **xain, məkrli, iblis, zirək, çevik** ● **mərd**; **~ təbəssüm** *i.* 교활한 웃음 sly smile; **~ baxış** *i.* 간교한 모습 cunning look

hiyləgərlik *i.* 속임, 책략, 교활함, 협잡 cunning,

trickery, artfulness, slyness

hiyləli ☞ **hiyləgər**

hiyləsiz *si.* 순진한, 교활하지 않은, 꾸밈없는, 간소한, 세상물정 모르는 artless, unsophisticated, simple, ingenious ○ **sadədil, ürəyiaçıq, düz, doğru**

hiyləsizlik *i.* 순진함, 정직함, 단순함 uprightness, simplicity, artlessness ○ **sadədillik, ürəyiaçıqlıq, düzlük, doğruluq**

ho, ho-ho *i. onomatopoeic.* (의성어) 소를 몰 때, 내는 소리 "호~" "호 호" sound used for driving cattle

hobbi *i.* 취미, 도락, 기호 hobby

hodaq *i.* 쟁기를 끄는 소 cattle working on plough

hodaqçı *i.* 목부(牧夫), 축사에서 일하는 일꾼 cattle-farm worker, cattle-yard worker

ho-ha *i.* 울음, 외침, 비명 shout, cry (peremptory)

hoholamaq *fe.* (호호 소리를 내어) 소를 몰다 drive cattle with the ho ho sound

hoqqa *i.* ① 계략, 교활한 수단, 농간, 묘책, 책략 trick, artifice, deceit, manoeuvre ○ **hiylə, kələk, fırıldaq**; ② 농담, 장난 prank, practical joke, ○ **zarafat, naz, oyun, əyləncə**; ~ **çıxarmaq** *fe.* 교묘하게 다루다, 속이다, 사취하다, 마법을 부리다 juggle, be capricious, conjure; ***Bu onun hoqqasıdır.*** *이것이 그의 소행이다. That is his doing.*

hoqqabaz *i.* ① 사기꾼, 협잡꾼, 난봉꾼 conjuror, swindler, cheater, con man ○ **hiyləgər, kələkbaz**; ② 어릿광대, 익살꾼, 농담꾼 clown, buffoon, jester ○ **oyunbaz**; ③ 위선자, 착한 체하는 사람 hypocrite ○ **riyakar, ikiüzlü (adam)** ● **mərd**

hoqqabazlıq *i.* ① 속임, 사기, 협잡 cheating, trickery ○ **hiyləgərlik, kələkbazlıq, fırıldaqçılıq**; ② 마술, 기술 jugglery ○ **oyunbazlıq, təlxəklik**; ③ 위선, 교활함, 사악함 hypocrite, wickedness ○ **riyakarlıq, ikiüzlülük, tülkülük** ● **mərdlik**; ~ **etmək** *fe.* 사기, 협잡, 속임수 cheat, trick, buffoon

hoqqar I. *si.* (다리가) 늘씬한, 다리가 호리한, 깡마른 사람 leggy, lanky; II. *i.* 훌쭉한 사람, 날씬한 사람 lanky fellow, lanky girl ○ **uzundraz**

hoqquldamaq *fe.* 따끔거리다, 쿡쿡 찌르다, 쑤시다, 아프다, 신음하다 have pangs, groan, prickle ○ **zoqquldamaq**

hol *i.* 빙빙 도는 것, 팽이, 윙윙 소리 내며 도는 것 whirligig, top, humming-top ○ **fırfıra**

holland I. *si.* 네덜란드의 Dutch; II. *i.* 네덜란드어, 네덜란드 인 the Dutch; **Hollandiya** 네덜란드 Netherlands; **Hollandiyalı** *i.* 네덜란드인 Dutch

homogen *si. bio.* 동종(성), 균질(성) homogenous

homoseksual *si.* 동성(同性) homosexual

homoseksualizm *i.* 동성애(同性愛) homosexualism

homoseksualist *i.* 동성애자(同性愛者) homosexualist

hopdurma *i.* 흡수, 병합, 동화 absorption

hopdurmaq *fe.* 흡수하다, 마셔들이다, 쭉 들이켜다, 받아들이다 absorb, drink in, imbibe, take in

hopdurmayan *si.* 방수의 waterproof

hopdurulmaq *fe.* 흡수되다, 빨려들다 be absorbed, be imbibed, be taken in

hop-hop *i. zoo.* 후투티 hoopoe

hopma *i.* 흡수, 흡입 absorption

hopmaq *fe.* 열중하다, 빨려들다, 젖어들다 be absorbed, soak into ○ **çökmək**

hoppana-hoppana *z.* 팔짝 팔짝 뛰면서, 가볍게 뛰면서 skipping, hopping

hoppanış *i.* 뛰기, 뛰어오르기, 도약, 뛰어다니기 jump, spring, caper

hoppanma *i.* 뜀, 뛰어오름, 도약 jump, leap; **yerində ~** *i. idm.* 제자리 멀리뛰기 standing jump; **qaçaraq ~** *i. idm.* 멀리 뛰기 running jump

hoppanmaq *fe.* ① 뛰다, 뛰어오르다, 도약하다 spring, jump, throw onself ○ **atılmaq, tullanmaq, sıçramaq**; ② 맞다, 두근거리다, 맥박치다 beat, throb ○ **döyünmək, çırpınmaq**; **sevincdən ~** *fe.* 기뻐 뛰다 jump with joy, leap high with joy

hop-hop *i. zoo.* 후투티 (직립한 부채 같은) 관모가 있음) hoopoe ○ **şanapipik**

hor ☞ **hovur**

hormon *i. bio. kim.* 호르몬 hormon

hormonal *si. bio. kim.* 호르몬의 hormonal

horra *i.* 죽, 국물 mash, watery kasha (soup of grains, groats), liquid part of soup ○ **sıyıq, yal**

hortlatmaq ☞ **hortuldatmaq**

hortuldatmaq *fe.* 후루룩 마시다, 소리내(소리

H

내)어 마시다 drink noisily, swallow the wrong way

hor(t)ultu *i. onomatopoeic.* 후루룩후루룩, 꿀꺽꿀꺽 noise made when drinking water (soup/drinks)

horuq *si.* 빠른, 민첩한, 기민한, 즉각적인, 효과적인 quick, prompt, efficient

hov *i.* ① 도움, 지원, 보조, 원조, 거들어 줌, 구원 help, assistance, aid ○ **yardım, kömək**; ② *med.* 염증, 종창, 종기 swelling, inflammation, ○ **iltihab, şiş, köp**; ~ **etmək** *fe.* 도움을 청하다, 원조 요청하다 ask people to come to help

hovxurma *i.* 숨을 내쉬기, 호기(呼氣)작용(作用) expiration

hovxurmaq *fe.* 숨을 내쉬다 breathe out

hovlamaq *fe.* 부어오르다, 염증이 생기다 swell, inflame

hovlanmaq *fe.* ① 부어오르다 become swollen ○ **şişmək, qabarmaq, köpmək**; ② 염증이 일어나다 be inflamed ○ **iltihablanmaq**; ③ 타오르다, 불에 타다, 불꽃이 일다 be burning ○ **alovlanmaq, qızışmaq**

hovlu *si.* ① 부어 오른, 부푼 swollen ○ **şiş, köp**; ② 불에 탄, 불에 구운 burned ○ **alovlu, qızğın**; ③ 불타는, 흥분된 inflamed ○ **iltihablı**; ~ **göz** *i.* 불타는 눈, 흥분된 눈 an inflamed eye

hovur *z.* 순간, 잠깐, 짧은 시간 short period of time, stretch of time, a bit, a little, some time; ***Bir hovur gözlə!*** *잠깐만! Wait a little!*

hovuz *i.* 호수, 못, 연못, 수영장, 저수지 pond, pool, reservoir; **üzgüçülük ~u** *i.* 수영장 swimming pool, swimming bath

hoydulamaq *fe.* 야유하다, 고양이 소리를 내다, 놀리다 hiss off, catcall, make fun

hoydu-hoydu *i.* 야유, 비난, 경멸 (의 소리) hiss, catcall; ~**ya götürmək** *fe.* 야유하다, 경멸하다 hiss off, make fun

hozəki *si.* 서투른, 실수투성이의, 어색한, 볼품없는 clumsy, lumbering, awkward, bear

hozəkilik *i.* 서투름, 어색함 clumsiness, awkwardness

höccətləmək ☞ **hecalamaq**

höcət I. *si.* 다루기 어려운, 고집 센, 완고한, 어리석은 stupid, obstinate, stubborn, refractory; II. *i.* 벽창호, 고집 센 사람 pigheaded, obstinate person ○ **tərs, kəc, inad** ● **üzüyola**

höcətçi ☞ **höcətkar**

höcətkar *i.* 다투기 좋아하는 사람, 논쟁을 좋아하는 사람 quarrelsome person

höcətkarlıq *i.* 다투는 성격 character of being quarrelsome

höcətlə *z.* 고집스럽게, 어리석게 stubbornly, obstinately

höcətləşmək *fe.* 토론하다, 논쟁하다, 다투다 converse, argue (with), dispute (with) ○ **dəyişmək, sözləşmək, mübahisələşmək, çəkişmək**

höcətlik *i.* 고집스러움, 완고함, 외고집, 굴절됨 obstinacy, stubbornness, refractoriness ○ **tərslik, kəclik, inadcıllıq**

hökm *i.* ① 판단, 판결 order, judge; ② 결심(結審), 정죄, 판결, 결정, 판정 condemnation, conviction, judgement, sentence, verdict, decision; ~ **vermək** *fe.* 재판하다, 심판하다, 판결하다 judge; ~ **çıxarmaq** *fe.* 선고하다, 판결하다 sentence convict, pass a; ~ **oxumaq** *fe.* 판결문을 읽다, 선고하다 pronounce a sentence; ~ **sürmək** *fe.* 다스리다, 군림하다, 주권을 잡다 reign; ~**ü icra etmək** *fe.* 형(刑)을 집행하다 execute a sentence

hökmdar *i.* 지배자, 국왕, 통치자 ruler, lord, master, monarch, sovereign ○ **hakim, padşah, şah**

hökmdarcasına *z.* 지엄하게, 최고로 sovereignly

hökmdarlıq *i.* 영지, 영토, 왕국, 제국; 통치권, 지배력 dominion, empire, sway ○ **hakimlik, padşahlıq, şahlıq**

hökmən *z.* 확실히, 틀림없이; 분명히, 반드시, 절대적으로; 무조건으로; 무제한으로; 전제적으로 certainly, absolutely, without fail, inevitably, unavoidably ○ **mütləq, qəti**; ***O, hökmən gələcək.*** *그는 반드시 올 것이다. He is sure to come.*

hökmfərma *i.* ① 군주 통치자, 국왕 monarch, sovereign; ② 통치, 다스림, 지배 ruling, sovereign; ~ **etmək** *fe.* 다스리다, 통치하다, 지배하다, 좌우하다 rule (over), have dominion (over), sway, reign

hökmlü *si.* 고압적인, 도도한, 오만한 imperious, sentenced ○ **sərəncamlı, əmrli, göstərişli** ● **mülayim**

hökmran *i.* 통치다, 독재자, 총독 governor, dictator ○ **hakim, ağa**; ~ **olmaq** *fe.* 지배하다, 우세하다, 우위에 서다 dominate, command

hökmranlıq *i.* 통치권, 지휘, 통솔, 지배, 우위 supremacy, command, governing, dominating, reign, rule; ~ **etmək** *fe.* 다스리다, 통솔하다, 우위를 점하다, 지배하다 govern, rule, reign; **havada** ~ *i.* 공중 권세 supremacy in the air ○ **ağalıq, hakimlik**

hökumət *i.* 정부, 행정, 권위, 국가 government, administration, authority, state, cabinet; ~ **qulluqçusu** *i.* 공무원, 공직자 officer; ~**dən xəbərsiz divan tutmaq** *fe.* 사형으로 죽이다 lynch

hökumətsizlik *i.* 무정부 상태, 무법 상태 anarchy

hönkür-hönkür *z.* (우는 소리) 엉엉, 으아앙 sobbingly, violently; ~ **ağlamaq** *fe.* 크게 소리 내어 울다 burst out sobbing, cry bitterly

hönkürmək *fe.* 흐느껴 울다 sob ○ **ağlamaq, hıçqırmaq** ● **qaqqıldamaq**

hönkürtmək *fe.* 울게 하다 cause *smb.* to sob

hönkürtü *i.* 흐느낌, 울음 sobbing ○ **ağlama, hıcqırtı** ● **qəhqəhə**

hördürmək *fe.* 벽을 쌓도록 하다, 뜨개질을 하게 하다 ask *smb.* to weave (knitting)/to build (wall)

hörələnmək *fe. col.* 거드름 피우다, 뽐내며 걷다, 허풍을 떨다 swagger

hörgü *i.* ① 벽돌 쌓기 laying (bricks) ○ **tikinti**; ② 쌓아 올리기 piling up ○ **düzmə, yığma, qalaq**; ③ 짜기, 깁기, 뜨개질 sewing, weaving ○ **tikmə, toxunma**

hörgülü *si.* ① 벽돌을 쌓은, 쌓아 올린 interlaced, built, plaited ○ **tikili, qurulu**; ② 쌓아 올려 모아둔 piled ○ **düzümlü, yığımlı, qalaqlı**

hörmək *fe.* ① 머리를 땋다, 꼬다 braid, plait (hair); ② 짜다, 엮다 짜서 만들다 weave; ③ 그물을 치다 net; ④ (실을) 꼬다, 감다 twine; ⑤ (가마니 등) 짜다, 땋다 wattle, plait; ⑥ (벽돌을) 쌓다, 쌓아 올리다 build, make (wall)

hörmələmək *fe.* 감다, 둘러 쌓다, 묶어 올리다 weave, bind, tie up

hörmət *i.* 존경, 존중, 경의, 호감, 애정, 신망, 호의, 관용, 우대 regard, reputation, respect, courtesy, deference esteem, homage, honour ○ **ehtiram, şərəf, sayğı**; ~ **bəsləmək** *fe.* 존중감을 느끼다, 호의를 느끼다, 존경하다, 영광스럽게 생각하다 feel respect, cherish respect; ~ **etmək** *fe.* 존경하다, 존중하다, 호의를 베풀다 esteem, honour, respect; ~**dən düşmək** *fe.* 존경을 잃다, 권위를 떨어 뜨리다 lose respect/authority; ~ **göstərmək** *fe.* 경의를 표하다, 존중을 표시하다 do/pay homage; ~ **qazanmaq** *fe.* 권위를 입다, 명예를 얻다, 존중함을 받다 win recognition from

hörmətcil *si.* 존경할 만한, 경외스러운 respectful, courteous

hörmətcillik *i.* (사람에 대하여) 예의바름, 정중함, 공손함, 인정 많음, 상냥함, 온화(한 태도), 부드러움 courteousness, respectfulness, affability

hörmətkar *si.* 사귀기 쉬운, 붙임성 있는, 상냥한; 부드러운, 사려 깊은, 신중한 affable, friendly, cordial, considerate (towards), thoughtful (for), obliging (toward), kind (to)

hörmətkarana ☞ **hörmətlə**

hörmətlə *z.* 존경스럽게, 영예롭게 respectfully, honourably; (편지 끝에) 존경하며, 신실하므로 respectfully yours, yours faithfully (letter ending); ~ **qarşılamaq** *fe.* 존귀하게 접대하다, 존경할만하다 treat with respect, be respectful (to)

hörmətli *si.* 존경할 만한, 영예로운, 존엄한, 훌륭한 honourable, respectable, venerable, worthy of respect ○ **ehtiramlı, möhtərəm, şərəfli** ; ~ **qonaq** *i.* 귀빈 guest of honour

hörmətsiz *si.* ① 경의를 표하지 않는, 예절이 없는, 실례되는, 버릇없는, 불명예의, 치욕적인, 망신살의 disrespectful, dishonoured ○ **ehtiramsız, sayğısız**; ② 비열한, 고약한, 쌀쌀한, 매정한 nasty, repulsive ○ **kobud, qaba, sərt, ədəbsiz**; ~ **etmək** *fe.* 치욕을 주다, 창피를 주다, 망신을 주다, 체면을 깎이다 dishonour, disgrace

hörmətsizlik *i.* ① 주제넘음, 무례, 건방짐, 오만, 거만, 무례 impertinence, insolence ○ **ehtiramsızlıq, saymazlıq, sayğısızlıq**; ② 반발성, 격퇴성 nastiness, repellency ○ **kobudluq, qabalıq, sərtlik, ədəbsizlik**; ~ **etmək** *fe.* 경멸하다, 멸시하다, 무시하다, 경시하다, 소홀히 하다 despise, neglect

hörmətsizliklə *z.* 버릇없이, 무례하게, 경의를 표하지 않고 disrespectfully

hörük *i.* ① 땋은 머리 한 다발, 머리 매듭, 변발

H

braid, plait, tresses, queue (hair); ② (동물을 매는) 밧줄 tether (for animal); ~ **hörmək** *fe.* 머리를 땋아 늘이다 queue

hörükləmək *fe.* ① (머리를) 땋다, 매다 braid, plait, interlace, weave (hair); ② (동물을) 밧줄로 매다, 묶다 tie up, tether (animal) ○ **bağlamaq**, **düyünləmək**

hörüklənmək *fe.* ① 매듭지다, 땋다 be braided, be plaited; ② (머리를) 매다, 묶다 be tied up, be tethered (animal) ○ **bağlamaq**, **düyünlənmək**

hörüklü *si.* ① 머리를 땋은, 매듭을 한 braided, plaited, interlaced ○ **tağlı**, **qulaclı**; ② 묶은, 엮은 tied, tethered ○ **bağlı**, **düyünlü**

hörülmə *i.* 그물, 거미가 쳐 놓은 그물 network

hörümçək *i.* ① 거미 spider; ② 거미 그물 spider's web; ~ **toru** *i.* 거미줄, 거미 그물, 거미집 spider's web, cobweb

hörücü *i.* 매듭 짓는 사람, 묶는 사람, (뜨개질) 뜨는 사람 (기계) tier, binder, knitter

hörüş *si.* 젖은, 습기가 있는, 함빡 젖은 damp, wet, moist, soggy

hövkə *i. tex.* 납땜 인두 soldering iron

hövkələmək *fe.* ① 구기다, 엉망으로 만들다, 주름잡다 crumple; *fig.* bunch up, make hash ○ **ovuşdurmaq**, **büküşdürmək**, **əzmək**, **sıxmaq**; ② 문지르다, 마사지하다 massage, rub ○ **yumrulamaq**, **burmələmək**

hövl *i.* ① 공포, 두려움, 걱정, 염려 fear, fright; ② 서두름, 허둥댐, 성급함 hurry, haste; **~dən əsmək** *fe.* 공포로 떨다 quake with fear

hövləki ☞ **hövlnak**

hövlnak *z.* ① 공포스럽게, 놀라서, 경악해서 with panic, fearfully; ② 서둘러서, 황급히 hurrying, hastening ○ **tələsik**, **tez**

hövlnaklıq *i.* 서두름, 황급함, 허둥댐 hastening, hurrying ○ **tələsiklik**, **tezlik**

hövsələ *i.* 인내, 참음, 견딤, 끈기, 내구력, 지구력, 지송 patience, endurance ○ **səbir**, **dözüm**; **~dən çıxmaq** *fe.* 인내의 한계를 넘다, 화를 내다, 감정을 부리다 lose one's temper; **~dən çıxarmaq** *fe.* 화 나게 하다, 인내의 한계를 벗어나게 하다, 분개시키다, 격노하다 try one's patience, exasperate *smb.*; **~sini basmaq** *fe.* 참다, 인내하다, 견디다, 분노를 억누르다 be patient, arm oneself with patience

hövsələli *si.* ① 참을성 있는, 인내하는, 오래 견디는, 묵묵히 따르는 patient, long-suffering, resigned ○ **səbirli**, **dözümlü**, **səbatlı** ● **səbirsiz**; ② 꾸준한, 끈기 있는 부지런한 assiduous

hövsələnmək *fe.* (곡물을) 까불러 가려지다, 까불리다, 키질되다, 분리되다 be winnowed

hovsələt(dir)mək *fe.* 키질하다, 까불다, 키질하여 구별하다 ask *smb.* to winnow

hövsələsiz *si.* ① 참을성 없는, 견디지 못하는, 성급한, 충동적인 impatient, impetuous, hasty ○ **səbirsiz**, **qərarsız**, **dözümsüz**; ② 화난, 노한, 성난, 신경질적인 nervous, angry ○ **hirsli**, **acıqlı**, **əsəbi**, **tündməzac** ● **təmkinli**

hövsələsizlik *i.* ① 성급함, 충동성, 우유부단, 성마름, 조바심 impatience, indecisiveness ○ **səbirsizlik**, **qərarsızlik**, **dözümsüzlük** ● **səbirlilik**; ② 화남, 성남, 분노함, 분개함 nervousness ○ **hirslilik**, **acıqlılıq**, **əsəbilik**, **tündməzaclıq**; ~ **etmək** *fe.* 성급함을 보이다, 성마르다, 초조해하다 display impatience

hövsələsizliklə *z.* 서둘러서, 참지 못하고 hastily, impatiently; ~ **gözləmək** *fe.* wait impatiently

hövsəmə *i.* 키질, 까불기 winnowing

hövsəmək *fe.* 키질하다, 까불다 winnow, fan

hövsər *i.* 키 winnowing-machine, winnowing fan

hövzə *i. geol.* 구조 분지; (수반 모양의) 저지 basin; **kömür ~si** *i.* 석탄광, 석탄 갱 coal basin, coal field

höyüş *si.* 습기 있는, 젖은, 축축한 moist, damp, humid, wet ○ **nəm**

höyüşlü ☞ **höyüş**

höyüşlənmək *fe.* 젖다, 축축해지다 become moist, become damp, become wet ○ **nəmlənmək**

hubara *i. zoo.* 능에, 느시(유럽·아프리카산 느싯과의 새) bustard

hul *si.* 수직의, 연직의, 직립한, 수직이동의, 정점의, 절정의, 꼭대기에 있는 vertical; ~ **qalxmaq** *fe.* 올라가다, 오르다 go up, mount

hulu I. *i. bot.* 복숭아, 복숭아 나무 peach, peach (-tree); II. *si.* 복숭아 색의 peachy (colour)

humanist I. *si.* 자비로운, 인정 있는, 고상한, 우아한; 인문학의, 박애주의적, 인도주의적 humane, humanitarian, charitable ○ **insaniyyətli**, mürüvvətli, insaflı, mədəni; II. *i. ethic.* 인도주의자 humanist

humanistlik *i.* 인간성, 인간의 속성, 인도, 친절, 자애, 인정, 인간애 humanity, humanness ○ **insaniyyət, mürüvvət, insaf, ədalət**

humanitar *si.* 인간의, 인간적인; 인문학의, 교양과정의 humane, humanitarian, liberal; **~ elmlər** *i.* 교양과정; 교양과목; 인문과학 humanitarian science, liberal arts; **~təhsil** *i.* 고등보통교육, 폭넓은 교육(경험) liberal education

humanizm *i.* 인간주의, 인도주의, 인문주의; 인본주의, 박애주의; 인문 과학 humanism ○ **insanpərvərlik**

humayun I. *i.* 아제리 전통 음악인 무감의 한 가락 a classic Azerbaijani mugham melody; II. *si.* 풍채있는, 왕다운, 쾌적한 kindly, regal, (textile); **~ ağı** *i. bot.* 가지(eggplant) madapollam; ***Həzrət humayun!*** *폐하! His majesty!*

humus *i.* 부식(腐植)(질), 부엽토, 거름, 비료, 유기질 비료 (동물의 배설물) humus, manure

Hunlar *i.* 훈족 (헝가리인의 선조) the Hun tribe of migrated from Asia to Europe in 4th century

huri *i.* ① *leg.* 요정 (이슬람 세계의 천국에 있는) houri (girl of paradise in Islam), fairy, nymph; ② 관능적인 미녀, 요염한 여자 voluptuous beauty

huş *i.* ① 지각, 의식, 제정신, 자각 sense, consciousness, mind ○ **şüur, düşüncə, idrak**; ② 기억력, 기억, 회상 memory ○ **hafizə, yaddaş**; ③ 나른함, 졸음 drowsiness; **~unu itirmək** *fe.* 의식을 잃다, 기절하다, 혼절하다 lose consciousness, faint; **~unu itirmiş** *si.* 무의식의, 의식을 잃은 unconscious

huşlu *si.* ① 깨어있는, 의식있는, 주의를 기울이는 awake, attentive ○ **ayıq, sayıq, həssas**; ② 재치 있는, 영리한, 예리한, 영민한, 이해가 빠른 quick-witted, sharp, bright, receptive ○ **zəkalı, fərasətli, zehinli**

huşlu-başlı *si.* 기억력이 강한, 기억하는 having a memory

huşluluq *i.* ① 주목, 심사 숙고, 주의, 주의 깊음 attention, carefulness, attentiveness ○ **ayıqlıq, həssaslıq**; ② 영리함, 예리함, 영민함, 총명함, 이해력이 빠름 sharpness, brightness, quick-wittedness ○ **zəkalılıq, qabillik, fərasət, fəhmlilik, zirəklilik**

huşsuz *si.* ① 무의식의, 멍한, 방심한, 얼빠진 absent-minded ○ **unutqan, dalğın, dagınıq**; ② 망각의, 기억 없는, 주의 없는 forgetful, heedless ○ **hafizəsiz, yaddaşsız**

huşsuzlaşmaq *fe.* 기억을 상실하다, 잊어버리다, 기억력이 약해지다 lose one's memory, become forgetful ○ **unutqanlaşmaq, dalğınlaşmaq, yaddaşsızlaşmaq**

huşsuzluq *i.* 멍함, 얼빠짐, 방심, 마음의 산란, 주의 산만, 잊혀진 상태, 무의식 상태 dispersion, absent-mindedness, distraction, forgetfulness, oblivion, unconsciousness ○ **unutqanlıq, dalğınlıq, dağınıqlıq, yaddaşsızlıq**

huşyar *si.* ① 주의를 기울이는, 조심성 있는, 방심하지 않는 vigilant, watchful, sensitive ○ **ayıq, sayıq**; ② 재치 있는, 영리한, 민첩한, 영민한 quick-witted, sharp, bright ○ **ağıllı, fərasətli, zəkalı, anlaqlı, düşüncəli, fəhmli;**

huşyarcasına *z.* 예리하게, 통렬하게, 예민하게, 빈틈없이, 재치 있게, 약삭빠르게 keenly; *fig.* tactfully

huşyarlıq *i.* ① 경계, 조심성, 조심스러움, 경계심을 갖음 vigilance, watchfulness ○ **ayıqlıq, sayıqlıq**; ② 민감성, 예민성 sensitiveness ○ **ağıllılıq, fəhmlilik**; ③ 정확성, 정밀성, 명확성 preciseness, exactness ○ **diqqətlilik, dəqiqlik**

huyuxmaq *fe.* 놀라서 말을 잃다, 아연실색하여 멍하게 있다 be struck dumb

huyuqmaq *fe.* 놀라다, 당황하다, 대경실색하다 be frightened, be startled, shy, take fright

huyuqdurmaq *fe.* 놀라게 하다, 당황하게 하다 frighten, cause to be frightened/to be shy

hüceyrə *i. bio.* 세포(細胞) cell

hüceyrəarası *si. bio.* 세포간(間)의, 세포 사이의 intercellular

hüceyrəli *si. bio.* 세포의 cellular

hücrə *i.* 세포 cell

hücum *i.* 공격, 강습, 맹공격, 습격 offence, assault, attack, raid, storm ○ **həmlə, basqın, yürüş, axın**; **~ etmək** *fe.* 공격하다, 습격하다 attack, assault; **~ xarakterli** *si.* 공격적 성격의, 호전적 성격의 offensive, aggressive; **~la almaq** *fe.* 돌격하여 점령하다 capture by storm; **~ edən** *i.* 습격, 급습, 돌격 raider; **~a keçmək** *fe.* 공격하다, 습격하다 launch an attack; **gözlənilməz ~** *i.*

H

급습 surprise attack; **kimyəvi ~** *i.* 화학무기 공격 gas attack; **geniş miqyaslı ~** *i.* 대규모 습격 wide scale attack; **hava ~** *i.* 공습(空襲) air attack

hücumçu *i.* ① (축구의) 공격수 forward (football); ② 공격자, 침공자 attacker; **mərkəz ~su** *i.* 중앙 공격수 centre forward (football)

hücumlu *si.* ① 모욕적인, 공격적인, 화나게 하는 offensive, attacking ○ **həmləli, basqınlı**; ② 군사 행동의, 군사작전의 campaigning ○ **yürüşlü, axınlı**

hüd-hüd *i. zoo.* 후투티 hoopoe

hüdud *i.* 가장자리, 가두리, 길가, 경계, 국경, 범위, 한계, 한도, 국한 verge, border, boundary, frontier, bounds, limit ○ **hədd, sərhəd, son**; **~dan keçmək** *fe.* 한계를 넘다, 경계를 넘다 overpass the limit

hüdudlama *i.* 식별, 구별, 차별, 분화, 경계획정 differentiation, discrimination, delimitation, demarcation

hüdudlamaq *fe.* 나누다, 식별하다, 구별하다, 분화하다, 경계를 정하다 delimit, demarcate, differentiate, discriminate ○ **ayrılmaq, bölünmək**

hüdudlu *si.* 한계를 정한, 경계를 그은, 구분한 delimited, demarcated, differentiated, discriminated, ○ **hədli**

hüdudluluq *i.* 식별, 구별, 차별, 한계를 정함, 경계 결정 differentiation, discrimination, delimitation ○ **hədlilik, sərhədlilik**

hüdudsuz *si.* 무한한, 무제한, 무한정 infinite, boundless, limitless, ○ **hədsiz, sonsuz, nəhayətsiz**

hüdudsuzluq *i.* 무한성, 무제한성, 드넓음 infiniteness, endlessness, boundlessness ○ **hədsizlik, sonsuzluq, nəhayətsizlik, genişlik**

hüfuz *i.* 우월, 우세, 지배력, 지배권 ascendancy

hüquq *i.* ① 권리, 특권, 이권, 수익권, 소유권 right (legal) ○ **ixtiyar, imtiyaz, haqq**; ② 법(法), 법률(法律) law; **vətəndaşlıq ~u** *i.* 시민의 권리 civic rights; **beynəlxalq ~** *i.* 국제 법 international law; **~u qaytarılma** *i.* 복권, 복직, 명예회복 rehabilitation; **~unu özünə qaytarmaq** *fe.* 복권하다, 명예를 회복시키다 rehabilitate; **~ elmi** *i.* 법학, 법체계, 법제 jurisprudence

hüquqi *si.* 법의, 법률의, 적법한, 재판상의 legal, juridical; **~ şəxs** *i.* 법인(法人) juridical person; **~ idarələr** *i.* 법률기관, 법학회 legal institutions

hüquq-qayda *i.* 법과 질서 law and order

hüquqlu ☞ **hüquqi**

hüquqluluq *i.* 온전한 법적 권리 state of full legal right ○ **hüquq**

hüquqsuz *si.* ① 권리 없이, 권리를 박탈당한 without any right, deprived of civil rights ○ **ixtiyarsız-imtiyazsız**; ② 부당한, 불공평한 unjust, unfair ○ **haqsız, ədalətsiz, qanunsuz**

hüquqsuzluq *i.* ① 무법 상황, 불법, 위법, 비합법 상황; 불공평 상황, 부당성 lawlessness, illegality, lack of rights, absence of civil rights ○ **ixtiyarsızlıq, imtiyazsızlıq**; ② 추방 상태, 방랑생활 pariah, outcast ○ **haqsızlıq, ədalətsizlik, qanunsuzluq**

hüquqşünas *i.* 법률가, 법학자, 변호가, 법관 lawyer, jurist, man of law

hüquqşünaslıq *i.* 법학(法學) jurisprudence, study of law

hülqum *i. anat.* 식도, 인두 gullet; *col.* 목구멍 throat

hüllükçü *i.* 사기꾼, 협잡꾼, 책략가, 사칭자, 악한 deceiver, cheat, fraud, trickster, impostor, crook, swindler

hündür *si.* ① 높은, 키가 큰, 우뚝 솟은 high, lofty, tall ○ **uca, yüksək** ● **alçaq**; ② 고음의 high-pitched (voice) ○ **bərk, gur**

hündürboylu *si.* 키가 큰, 장신의 tall, lanky ○ **ucaboy, boylu-buxunlu** ● **balacaboy**

hündürdən *z.* ① 위로부터, 높게 from height ○ **yüksəkdən, ucadan**; ② 크게, 우렁차게 long(ly), aloud ○ **bərkdən, ucadan**

hündürlük *i.* 높이, 신장, 고도 height, altitude, pitch ○ **ucalıq, yüksəklik, təpəlik**; *fig.* 높음, 고지, 고도 loftiness, elevation

hündürləşmək *fe.* 생겨나다, 일어나다, 나타나다 arise, escalate, raise ○ **yüksəlmək, ucalmaq**

hünər *i.* ① 용기, 용감한 정신, 대담함, 씩씩함 bravery, boldness, daring ○ **qoçaqlıq, cürət, cəsarət, cəsurluq, mərdlik, igidlik, ciyərlilik, ürəklilik**; ② 기술, 재주, 묘기, 재간 art, skill, feat, ability, talent ○ **bacarıq, qabiliyyət, məharət, ustalıq**; **~ göstərmək** *fe.* 묘기를 보이다, 위업을 이루다 perform a feat

hünərlənmək *fe.* ① 재주를 닦다, 기술을 연마하다 become skilled, become master; ② 용감하게 되다, 용기를 얻다 become brave, become bold, become daring ○ **qoçaqlaşmaq, cürətlənmək, cəsarətlənmək, cəsurlanmaq**
hünərli *si.* ① 교묘한, 정교한, 독창적인 ingenious, skilful, talented ○ **bacarıqlı, məharətli, qabiliyyətli, əlli-ayaqlı, mahir**; ② 용감한, 용기있는 brave, courageous, gallant ○ **qoçaq, cürətli, cəsur, ürəkli** ● **qorxaq**
hünərlilik ☞ **hünər**
hünərsiz *si.* 실수투성이의, 재주가 없는, 서투른, 무능한 clumsy, unskilful, incapable, incompetent, dull, untalented ○ **bacarıqsız, qabiliyyətsiz, fərsiz, küt**
hünərsizlik *i.* 무능함, 부적당함 incapability, disqualification, incompetence ○ **bacarıqsızlıq, fərsizlik, kütlük, fərasətsizlik**
hünü *i. zoo.* 모기, 각다귀 gnat, mosquito ○ **mığmığa**
hürən *si.* 짖는 barking; ***Hürən it dişləmə*** *adfe. ata.s.* *짖는 개는 물지 않는다. A barking dog never bites.*
hürəyən *si.* 계속 짖어대는, 끊임없이 짖어 대는 continually barking, incessantly barking
hürgüc *i.* 혹, (사람이나 낙타의) 등에 난 혹, 낮고 둥근 언덕 hump
hürkmək *fe.* ① 놀라다, 경악하다, 당혹하다 be frightened, be startled, be afraid of ○ **qorxmaq, çəkinmək**; ② 부끄러워하다, 수치스럽다 be shy, feel shame ○ **utanmaq, sıxılmaq**
hürkü *i.* ① 놀람, 두려움, 공포 scare, startling ○ **ürkü, qorxu, çəkinmə**; ② 부끄러움 shyness ○ **utanma, sıxılma**
hürkütmək *fe.* 놀라다, 두려워하다, 불안해하다 scare, appall, alarm, dismay, frighten
hürmə *i.* 짖음 (개) barking
hürmək *fe.* (개가) 짖다 bark; **aya ~** *fe.* 달을 보고 짖다 bark at the moon; *fig.* 쓸데없는 말 하다 talk nonsense
hürr *si.* 자유로운, 통이 큰, 관대한 free, liberal
hürriyyət *i.* 자유, 독립국가, 자주 freedom, liberty, ○ **azadıq, sərbəstlik**
hürriyyətlik ☞ **hürriyyət**
hüriyyətpərvər *si.* 자유를 사랑하는 freedom-loving
hüriyyətsevər ☞ **hüriyyətpərvər**
hüruf ☞ **hərf**
hürufat *i.* ① 알파벳 alphabet ○ **əlifba**; ② prints, types
hürufi *i.* 문자점을 보는 소종파의 추종자들 follower of a religious sect relating to letter magic
hürüş *i.* 서로 짖어댐 barking together
hürüşmək *fe.* 서로 짖어 대다 bark together
hüsn *i. poet.* 요정, 미녀, 매료 beauty, charm, fascination ○ **gözəllik, camal**
hüsnxət *i.* 서예(書藝), 서법, 필법 calligraphy, penmanship
hüsni-rəğbət *i.* 기호, 좋아함, 선호함 favour, favourable disposition; **~ bəsləmək** *fe.* 동정하다 sympathize
hüzn *i.* 슬픔, 비통, 애통, 불행, 비참 condolence; sadness, grief, sorrow; **~ başsağlığı vermək** *fe.* 위로하다, 조문하다 offer one's condolences ○ **qəm, kədər, qüssə, dərd, ələm**
hüznlə *z.* 슬프게, 비통하게, 서럽게, 서글프게 sadly, sorrowfully
hüznlü *si.* 서러운, 슬픈, 비통한 mournful, sad, grievous ○ **qəmli, kədərli, qüssəli, dərdli**
hüznsüz *si.* 기쁜, 서럽지 않은, 슬프지 않은 glad, without sorrow ○ **qəmsiz, kədərsiz, qüssəsiz, dərdsiz, ələmsiz**
hüzur *i.* 있음, 존재, 임재; 면전, 앞, 바로 앞 presence, repose ○ **ön, qabaq, qarşı**
hüzurunda *z.* ~의 면전에서, 앞에서 in the presence of; **Allahın ~** *z.* 하나님의 존전에서, 하나님의 임재하에 in the presence of God

H

xab *i.* ① 꿈 dream ○ **yuxu**; ② 무지, 무의식 ignorance (of what happened) ○ **xabi-cəhalət, xabi-qəflət, cəhalət, avamlıq**

xabanera *i.* (스페인 춤) 하바네라 habanera (one of spanish dance styles)

xavəran *i.* 아제르바이잔 전통 음악인 무감의 한 멜로디 one of classic Azerbaijani music **muğam**

xacə¹ *i.* 터번을 쓴 이슬람 선생에 대한 호칭 title for Islamic teacher who normally wears a turban

xacə² *i.* 환관 eunuch ○ **xədim**

xacəbaşı *i.* 환관장 chief-eunuch

xaç *i.* (아르메니아 단어) 십자가, 십자가상 (from Armenian word) cross, crucifix; ***Qırmızı Xaç və Qırmızı Aypara Cəmiyyəti*** *i. 적신월사 the Red Cross and Crescent*; ***Xaç Yuruşləri*** *i. 십자군 전쟁 tar. Cross-Crusade*

xaçlamaq *fe.* 십자가에 못 박다, 십자가에 처형하다 crucify

xaçlı I. *si.* 십자가가 있는 with corss; II. *i.* 십자군 전쟁 Cross Crusader

xaçnişan *i.* 십자군 전쟁 Cross Crusade

xaçpərəst *i.* 기독교인 (부정적 의미로) Christian (negative meaning)

xaçpərəstlik *i.* 기독교 Christianity

xaçvarı *si.* 십자가 모양의 cross-shaped, cruciform

xadim *i.* 수종자, 직원, 공무원, 종사자 service man; clergy ○ **xidmətçi**

xadimə *i.* 시중드는 사람, 하인, 종자, 수행원 attendant, service woman

xadimlik *i.* 시중드는 일, 봉사, 수고 service, job of serviceman ○ **xidmətçilik**

xah *bağ.* ~이거나 either.... or ...; **Məkanın xah külxan, xah səhra, xah bağ olsun.** 장소는 목욕탕이든지, 사막이든지, 동산이어야.

xahiş *i.* 부탁, 호소, 기도, 간청, 탄원, 애원 appeal, request, prayer, invocation, entreaty, application, petition ○ **rica, təvəqqe, yalvarış, istək, dilək, arzu**; ~ **etmək** *fe.* 부탁하다, 애원하다, 호소하다, 청원하다 request, plead, beg, ask, sue; ~ **edən** *i.* 청원자, 탄원자 suitor; ***Xahiş edirəm!*** *제발, 부탁합니다. Please!*

xahişsiz *z.* 부탁하지 않고 without request

xahnəxah *z.* 상관없이 regardless

xa-xa *nid.* 하하 ha ha

xaxam *i.* 유대교의 대 사제, 선생 Jewish chief-priest, rabbi

xain I. *i.* 배반자, 반역자, 역적, 국적, 매국노, 밀고자 traitor, betrayer; II. *si.* 배반적인, 불성실한, 딴 맘을 품은 treacherous ○ **satqın, dönük, namərd** ● **sadiq**

xainanə ☞ **xaincəsinə**

xaincəsinə *z.* 배반적으로, 불성실하게, 표리부동하게, 배신하여 treacherously, traitorously, perfidiously

xainlik *i.* 배반, 반역, 모반, 밀고, 배신행위, 불성실 treachery, betrayal, perfidy, treason, faithlessness ○ **satqınlıq, dönüklük, namərdlik, xəyanət** ● **sadiqlik**

xak *i.* 흙, 땅 soil, earth ○ **torpaq**; ~ **ilə yeksan olmaq** *fe.* 완전히 멸망당하다 (문자적으로 '땅바닥과 같이 되다) be destroyed completely

Xakaslar *i.* 하카스 사람들 (부족 이름) one of people group in **Xakas** autonomy

xaki *i.* 카키 (색) khaki (colour of soil)

xaqan *i.* 각간 (몽골, 터키, 고구려 등의 지방 왕) the title of king in Mongol or Turk history

xaqanlıq *i.* 부족 왕국, 소왕국 territory or country under the ruling of **Xaqan**

xal *i.* ① 점, 검은 점, 사마귀 mole; ② 장식, 장신구 ornament; ③ *spo.* 점수 point; ~ **kimi** *z.* 아주 작은 very small; ~ **vurmaq** *fe.* 점을 찍어 표시하다 mark

xala *i.* ① 이모 aunt (mother's sister); ② 통상적으로 나이가 든 여자를 부르는 말 calling form for old woman; ~ **uşaqı** *i.* 이종 사촌 cousin; ***Xala xətrin qalmasın.*** *이모의 나쁜 기억으로 남지 않기를 (기껍지 않은 일에 대해) (about the work or word of unwillingness)*

xalabacı *i.* 아제리 전통 춤의 하나 one of Azerbaijani dance styles

xalacan *xit.* (이모를 부르는 친근한 호칭) addressing form for the aunt

xalacıq ☞ **xalacan**

xalaqızı *i.* 이종 사촌 누이 (first) cousin (female)

xalanəvəsi *i.* 이종 오촌 조카 second cousin

xalaoğlu *i.* 이종 사촌 형제 (불특정 남자를 부르는 데도 쓰임) (first) cousin (male)

xalat *i.* 의상 (가운처럼 걸치는 옷) dressing gown, gown

xalatlıq I. *si.* 할랏을 만들 재료 suitable for making **xalat**; II. 할랏을 만드는 재료의 단위 unit of counting the quantity of material for **xalat**

xalça *i.* 카펫 (보통 특정 크기로 만들어진) carpet

xalçaçı *i.* ① 카펫 만드는 사람 carpet-maker; ② 카펫 파는 사람 carpet-seller

xalçaçılıq *i.* 카펫 제조공장 manufacture of carpets

xalça-palaz *i. top.* 카펫이나 바닥에 까는 모든 것 mattress with carpets

xalça-şünas *i.* 카펫 전문가 carpet expert

xalçatoxuyan *i.* 카펫 엮는 사람 carpet-maker

xaldar *si.* ① 얼룩무늬의, 점이 있는, 얼룩이 있는 dappled, mottled, spotty, spotted, blotched ○ **xallı**; ② 출산 표시가 있는, 검은 점이 있는 having a birth-mark, having a mole

xaldarlamaq *fe.* 점을 찍다, 반점을 만들다 make spotty, make mottled

xaldarlanmaq *fe.* 반점이 있게 되다, 얼룩달룩해지다 become spotty, become mottled

xalxal[1] *i.* 목걸이 necklace

xalxal[2] *i.* 축사, 헛간 shed for animal

xal-xal *si.* 점이 많은, 얼룩 덜룩한, 얼룩투성이인 dappled, mottled, spotty, spotted, blotched, speckled

xalı *i.* 카펫 (방 전체를 가릴 만한) (large) carpet

xalıçı *i.* 카펫 짜는 사람 carpet-maker

xalıçılıq *i.* 카펫 만드는 직업 carpet-making

xalı-xalça *i. top.* 침구 (깔고 덮는 것) bed spreadings

xalıyanı *i.* 작은 카펫 small carpet (spread around big carpet)

xali *si.* ① 빈, 든것이 없는, 짐을 싣지 않은, 빈손의, 공허한, 내용물이 없는 empty, vacant ○ **boş**, **dəyərsiz**, **mənasız**, **əhəmiyyətsiz**; ② 불모지의, 사람이 살지 않는, 유기된 uninhabited, tenantless, deserted; ***Meydan xali qaldı.*** *광장은 텅 비어 있었다. The square left empty.*

xaliq *i.* 창조주, 조물주, 하나님 the creator, God ○ **yaradan**, **tanrı**; ***Yaxşılıq et, balıq bilməsə də xaliq bilər.*** *ata.s.* *선을 행하면, 물고기가 몰라도 하나님은 아신다. Do good even fish doesnt know, but God knows.*

xalis *si.* ① 원래의, 최초의, 본래의, 순수한, 진본의 original, pure, true ○ **əsl**, **həqiqi**, **sırf**, **təmiz**; ② 완전한, 순전한, 섞이지 않은, 깨끗한 sheer, pure, clean ○ **təmiz**, **saf**, **seçmə**; ③ 자연적인, 진실한, 순전한 natural, honest ○ **səmimi**, **təbii**; ~ **çəki** *i.* 실중량 net weight

xalislik *i.* ① 독창력, 확실성, 신빙성 originality, authenticity ○ **əsillik**, **həqiqilik**; ② 청결함, 순수함, 순전함 purity ○ **təmizlik**, **saflıq**, **seçməlik**; ③ 정직함, 진실함 honesty ○ **səmimilik**, **təbiilik**

xalq *i.* ① 사람들, 인구, 국민 people, population ○ **camaat**, **el**; ② 국가, 국적, 민족 nation, nationality; ③ 군중, 민중 crowd, folk; ~ **mahnısı** *i.* 대중 가요 folk-song; ~ **təsərrüfatı** *i.* 경제학, 경제, 국민 경제 economics, economy, national economy

xalqçı *i. tar.* 인민당원, 러시아 인민주의자 Narodnik, Russian populist

xalqıçılıq *i.* 인민당, 인민사회 사상 Narodism, populism

xalqşünas *i.* 민족지학자(民族誌學자(子)) ethnographer

xalqşünaslıq *i.* 민족지학, 민족한, 인류학 ethnology, ethnography

xallamaq *fe.* 점을 찍다 put spots

xallanmaq *fe.* 얼룩이 지다 be put sopts, get

X

spotted

xallı *si.* ① 점이 있는, 점박이의, 얼룩덜룩한 dappled, mottled, spotty, spotted, blotched; ② 출산반 (出産斑)이 있는, 모반(母斑)이 있는 having a birth-mark

xallıca *si.* 작은 점이 많이 있는 with tiny spots

xalsedon *i. min.* 옥수 (석영의 일종) chalcedony

xalsız *si.* 점이 없는, 출산 반이 없는 having no birth-mark, having no mole

xalta *i.* 칼라, 깃, 목에 꼭 끼는 목걸이 collar, dog-collar; **boyuna ~ salmaq** *fe.* 예속되다 be subordinated; (일찍 결혼한 남자에게) 개 목걸이 달다 joke for the man who got married early

xaltalamaq *fe.* ① 깃을 달다 put collar; ② 예속하다 put oneself under the subordination

xaltalı *si.* 깃이 있는 with collar

xaltura *i. col.* 부업, (돈 때문에 하는) 잡일, 하찮은 일, (돈벌이를 위한 문학) (예술) 작품 hack-work, pot-boiler (earning from extra job)

xalturaçı *i.* ① *col.* boiler (돈벌이를 위한) 문학가, 예술가 pot-; ② *fig.* 서툰 사람 clumsy man

xalvar *i.* ① (25 foot) 300 킬로그램 정도의 무게 단위 the unit of weight; ② 일 할바르 씨앗을 뿌릴 만큼의 땅 넓이 the range of the land as wide as sowing 1 **xalvar** seed; ***Hesab var dinarla bəxşiş var xalvarla*** (*ata.s.*) *되로 주고 말로 받는다.*

xam *si.* ① 천연의, 가공하지 않은, 원료 그대로의 raw, crude; ② 처녀지의, 경작되지 않은 virgin, untilled; ③ 경험한 적이 없는, 처음 경험하는 unexperienced, unpracticed ○ **naşı**, **nabələd**, **təcrübəsiz** ● **təcrübəli**; ④ 야생의, 길들여지지 않은, 익지 않은 wild, untamed, unripe ○ **çiy**, **alaçiy**; **~ mal** *i.* 원료, 미제품, 소재 raw material; **~ mə'dən** *i.* 광석(鑛石), 원광(原鑛)ore; **~ düşmək** *fe.* 무경험으로 실수 하다 mistake by inexperience; **~ ələ salmaq/~ salmaq** *fe.* 경험 없이 시도해 보다 try to do *smt.* with inexperience; **~ xəyal** *i.* 공상, 몽상, 백일몽 daydream, imagination, fansy

xama *i.* 신 크림 sour cream

xamaçı *i.* 신 크림 만드는 사람, 파는 사람 sour cream maker

xam-xam *si. z.* ① 요리하지 않은, 익히지 않은 raw, without cooking; ② 버릇없이, 무례한, 천한 unmannerly

xamıt *i.* 말의 목줄, 멍에 horses collar, yoke

xamıtqıç *si.* 다리가 굽은 (사람, 동물) bow-legged, bandy-legged

xamıtlamaq *fe.* ① 옷에 깃을 달다 put a collar (on); ② *fig.* 목줄을 달다, 멍에를 메다 put a yoke (on), to yoke

xamlamaq *fe.* 기술이나 경험을 잃어버리다, 거칠게 되다 lose skill/experience *etc.* ○ **naşılaşmaq**, **nabələdləşmək**, **təcrübəsizləşmək**

xamlıq *i.* ① 무경험, 미숙, 익숙하지 않음 inexperience ○ **naşılıq**, **nabələdlik**, **təcrübəsizlik**; ② 알지 못함, 무식함, 무지함 non-acquaintance (with), ignorance (of); ③ 무례함, 무지함, 버릇없음 unfilled state, rudeness, crudity

xammal *i.* 천연 원료 raw materials

xamna *i.* 원사, 생사, 고치솜 raw-silk, floss

xamuş I. *si.* 말수가 적은, 무뚝뚝한 taciturn, silent, still, quiet, low ○ **sakit**, **dinc**, **fərağat**, **səssiz**; II. *z.* 조용히, 말없이, 무뚝뚝하게 silently, tacitly, without award, quietly; **~ olmaq** *fe.* 말수가 적어지다, 조용해지다 become quiet, quiet down, hush

xamuşan ☞ **xamuşluq**

xamuşluq *i.* 고요, 정적 silence ○ **sakitlik**, **sükut**, **dinclik**, **fərağatlıq**, **səssizlik**

xan *i.* 왕, 주인, 우두머리, 장, 영수(領袖) king, boss, chief, lord ○ **şah**, **ağa**, **başçı**, **hakim**, **hökmran** ● **kəndli**, **nökər**

xana *i.* 우리, 새장, 둥우리; 교도소 cage, coop, cell, square

xanaxap *si.* 의식하지 못하는, 알아채지 못하는, 모르는, 불시의, 예고 없는 unaware, by surprise

xana-xana ☞ **xanalı**

xanalı *si.* 바둑판 무늬인, 체커 무늬의 checkered

xanə *i.* ① 집, 둥지 house, nest ○ **ev**, **məskən**; ② *mus.* (음악의) 마디, 세로줄, 소절 time measure, bar ○ **takt**

xanədan *i.* ① (역대) 왕조, 왕조 지배 dynasty; ② 씨족, 문중, 일족, 한 집안 clan, house

xanəgah *i.* ① 회교 고행파 탁발 수도승을 위한 수도원 place for dervishes, cloister for dervishes; ② abode 머무는 곳, 체제 장소, 체류 장소 dwelling quaters ○ **təkyə**, **ibadətgah**

xanəxərab *si.* 비참한, 남루한, 불쌍한 miserable, poor, unfortunate, unlucky ○ **bədbəxt**, **yazıq**; **~ etmək** *fe.* 비탄하다, 괴롭히다, 고민시

키다 distress, afflict; ***Ey xanəxərab!*** *불쌍한 친구 갔으니라구…! You, poor devil!*
xanəndə *i.* 가수, 노래하는 사람 singer
xanəndəlik *i.* 노래하는 일 (직업) singing profession
xanənişin *si.* 은퇴, 은둔, 고독, 사회적소외 reclusive, staying-at-home; ~ **etmək** *fe.* 연금하다, 감금하다, 유폐하다 confine, detain in custody; ~ **olmaq** *fe.* 고립되다, 은둔하다 seclude
xanı (balığı) *i. zoo.* 농어류의 작은 민물고기(유럽산) ruff, perch
xanım *i.* 여사, 마님, 부인, 여주인 madam, lady, mistress; ~ **qız** *i.* 젊은 여자 young lady ○ **bəyim** ● **qulluqçu**
xanımböcəyi *i. zoo.* 무당벌레 lady-bird
xanımcan *i. dim.* **xanım**
xanımlıq *i.* ① 여자임, 여자다움 womanhood ○ **qadınlıq**; ② 고상함, 우아함 nobleness, gentleness ○ **nəciblik**, **ağayanalıq**, **alicənablıq**;
xanımsallandı *i. bot.* 한련(旱蓮); 그 꽃 nasturtium, Indian cress ○ **ərikgülü**
xanım-xatın *i.* 여사, 마님, 부인 madam
xaniman *i.* ① 벽난로, 노변; 가정 hearth, home ○ **ocak**; ② 가족 family
xanimanlı *si.* 가정이 있는 with home
xanimansız *si.* 가정이 없는 without home
xanlıq *i.* ① 왕국, 영토 kingdom, territory; ② 왕권, 왕위, 왕의 신분, 왕정 kingship ○ **hakimlik** ● **nökərlik**
xanzad *i.* 나뭇가지 (바람결에 떨어진) twigs and branches fallen with wind
xanzadə *i. tar.* 왕자, 왕위 계승자 son of khan, descendant of khan
xaos *i.* 혼란, 혼동, 무질서 chaos, disorder ○ **qarmaqarışıqlıq**, **hərc-mərclik**
xaotik *si.* 혼란한, 무질서한 chaotic, disordered ○ **qarmaqarışıq**, **nizamsız**, **qaydasız**
xaotiklik *i.* 혼란함, 무질서함, 무정부 상태 disorderliness, anarchy, turmoil
xar[1] *i.* 가시, 대못 pickle, spike, thorn ○ **tikan**
xar[2] *si.* 수치스러운, 부끄러운, 불명예스러운, 망신스러운, 괘씸한, 고약한 shameful ○ **biabır**, **zəlil**, **üzüqara**, **bədnam**, **rüsvay**, **pərt**; ~ **etmək** *fe.* 중상하다, 면목을 잃게 하다, 비난하다, 힐책하다 defame; ~ **olmaq** *fe.* 수치를 느끼다, 부끄러워하다, 면목을 잃다 disgrace oneself
xar[3] *si.* 부드러운, 느스한 soft, loose ○ **yumşaq**, **boş**, **məsaməli**
xara *i.* 비단의 한 종류 a kind of glossy silk
xarab *si.* ① 나쁜, 고장난, 망가진, 썩은 bad, spoiled, spoilt, gone bad ○ **pis**, **yaman** ● **yaxşı**; ② 타락한, 부패한, 부적절한 bad(ly), bad mark ○ **yaba**, **pozğun**, **yaramaz**; ~ **eləmək** *fe.* 망가뜨리다, 손상하다, 고장내다 spoil, mar, break, damage; ~ **olmaq** *fe.* 악화되다, 손상되다, 망가지다, 타락하다 deteriorate, become worse, go bad, become corrupt, be demoralized
xaraba I. *i.* 파괴된 흔적, 유적, 폐허 ruins; II. *si.* 파괴된, 손상된, 망가진, 버려진 ruined, devastated, wasted ○ **viranə**, **uçuq** ● **abad**; ~ **qoymaq**, **~ya döndərmək** *fe.* 파괴하다, 무너뜨리다, 파선하다, 유린하다, 황폐시키다, 잡치다, 약탈하다 destroy, demolish, wreck, devastate, ravage; ~ **olmaq** *fe.* 황폐되다, 망가지다, 유린되다 reduce to ruins
xarabalaşmaq *fe.* 망가지다, 손상되다 become ruined ○ **viranələşmək** ● **yaxşılaşmaq**
xarabalıq *i.* 폐허, 버려진 곳 ruins, slum ○ **viranəlik** ● **abadlıq**
xarabazar(lıq) *i.* 폐허, 유적, 망가진 곳 ruins
xarabçılıq *i.* (외관상) 흉함, 추함, 못 생김, 기형, 꼴불견 ugliness, deformity, outrage, disgraceful things; ~ **etmək** *fe.* 더럽히다, 불결하게 하다, 혼상하다, 얼룩지게 하다 foul, make foul, dirty, make mischief, soil, dirty
xarablamaq *fe.* ① 망쳐놓다, 손상하다, 부패하다 spoil, corrupt, mar; ② *col.* 악화시키다, 더럽게하다, 불결하게 하다 foul, make foul, dirty, make mischief ○ **korlamaq**, **pozmaq**, **qaralamaq**
xarablaşdırmaq *fe.* 악화시키다, 더 나쁘게하다, 타락시키다, 썩게 만들다 make worse, worsen, deteriorate, spoil, corrupt, mar
xarablaşmaq *fe.* 악화되다, 타락하다, 망가지다, 추해지다 become worse, get deteriorate, take a turn for the worse, go bad, become corrupt, be demoralized ○ **pisləşmək**, **ağırlaşmaq**, **pozulmaq**
xarablıq *i.* ① 타락, 부패 ruin, spoiling; ② 악화, 고장 worsening, brokenness
xaraxapan *si.* ① 폐쇄된, 닫힌 closed; ② 황무하

X

게된, 사람이 살지 않은 uninhabited

xarakter *i.* ① 성격, 특성, 특징 nature, character ○ **xasiyyət, təbiət**; ② 인상, 형태, 유형 image, type ○ **tip, obraz, surət**; ③ 본질, 진수, 정수, 근성, 특질 essence, core ○ **xassə, keyfiyyət, mahiyyət, xüsusiyyət**; **~izə etmək** *fe.* 간주하다, 규정하다, 특징을 나타내다 characterise, define

xarakterik *si.* 전형적인, 대표적인, 특유한, 뚜렷한, 구별이 되는 typical, characteristic, distinctive ○ **səciyyəvi**

xarakteristika *i.* ① 서술, 기술, 설명, 묘사, 소묘, 개요 설명 description, delineation; ② 참조, 참고, 조회, 전거; 참조사항, 참고문, 인용문 reference, testimonial

xarakterli *si.* 특성상의, 본질상의 characteristic ○ **səciyyəvi, tərs, inad, iradəli**

xaraktersiz *si.* 특징없는, 나약한, 근성이 없는 weak-willed, spineless, feeble ○ **iradəsiz, səciyyəsiz, qılıqsız**

xaraktersizlik *i.* 나약함, 의지 박약, 근성이 없음, 정신력이 약함 weakness of will, spinelessness, feebleness ○ **iradəsizlik, səciyyəsizlik**

xaral *i.* 큰 자루, 부대 large sack

xarço *i.* 양고기로 만든 조지아의 국물있는 음식 (Georgian soup made of ram)

xardal *i. bot.* 겨자 mustard; **~ yaxması** *i.* 겨자 반죽 (치료를 위해) mustard plaster (for treatment); **~ qabı** *i.* 겨자 그릇 mustard pot

xarıldamaq *fe.* 오도독 씹다, 와삭와삭 씹다, 저작(咀嚼)하다, 눈을 뽀드득 뽀드득 밟다 crunch, masticate (trampling snow) ○ **xırçıldamaq, xırtıldamaq**

xarıldaşmaq ☞ **xışıldamaq**

xarıltı *i.* 깨물어 부수기, 저벅저벅 밟기 (소리) crunch

xaric *i.* ① 바깥, 외부 outside ○ **bayır, zahir, çöl**; ② 외국, 해외 abroad, foreign country ○ **kənar, yad, özgə** ● **daxil**; ③ *mus.* 불협화음, 부조화음, 귀에 거슬리는 소리 dissonance, cacophony; **~ etmək** *fe.* 배제하다, 쫓아내다, 차단하다, 몰아내다, 용납하지 않다 exclude, expel

xaricdə *z.* 해외에서, 외국에서 overseas, abroad

xaricdəki *si.* 해외의 overseas

xaricdən *z.* ① 외관상으로, 겉보기에, 밖으로부터 outwardly, from appearances, from the exterior; ② 외국으로부터, 국외에서 from foreign country

xaricə *z.* ① 밖으로, 겉으로 outside; ② 해외로, 외국으로 abroad

xarici I. *si.* ① 외관의, 밖의, 외부의, 바깥쪽의, 외관의, 형식적인 exterior, external, outside, outward ○ **zahiri, şəthi** ● **daxili**; ② 외국의, 대외의, 외면적인 foreign, overseas; II. *i.* 외국인 foreigner ○ **əcnəbi** ● **yerli**; **~ ticarət** *i.* 대외 무역 overseas trade; **~ görkəm** *i.* 외관(外觀) outside; **~ aləm** *i.* 외계(外界), 바깥 세상 the outer world; **~ görünüş** *i.* 외관, 외모, 겉모습, 용모, 표정, 겉치레 exterior, semblance; **~ siyasət** *i.* 대외 정책, 외교 정책 foreign policy; **~ ölkədə** *z.* 외국에서 abroad; ***Xarici İşlər Nazirliyi*** *외무부(外務部) Ministry of Foreign Affairs*

xaricində *qo.* ~의 밖에, ~외부에, ~외에 outside, on the outside, from the outside

xariciyyə *i.* 외무부 (옛 이름) Ministry of foreign affairs (old name)

xariqül'adə *si.* 비범한, 비상한, 놀라운, 현저한, 엄청난, 신기한 extraordinary, unusual ○ **qəribə, qeyri-adi, fövqəladə, müstəsna**

xariqul'adəlik *i.* 단독성, 단일성, 특이성, 색다름, 이상함, 독특성 singularity, uniqueness ○ **qeyri-adilik, fövqəltəbiilik, müstəsnalıq**

xariqə *i.* 기적, 이사(異事), 불가사의, 경이로운 일, 놀라운 일 miracle, wonder, marvel ○ **möcüzə**

xariqəli *si.* 기적적인, 놀랄만한, 비상한, 특이한 miraculous, wondrous, extraordinary ○ **möcüzəli, qəribə, əcaib, ecazkar**

xariqəlilik *i.* 놀라움, 경이로움, 불가사의함 wondrousness, miraculousness ○ **möcüzəlilik, qəribəlik, əcaiblik, ecazkarlıq**

xarlanmaq *fe.* (액체가) 굳어지다, 얼다, 응결되다, 응고되다 congeal, coagulate, clot (sugar, snow, blood) ○ **şəkərlənmək**

xarlanmış *si.* 굳어진, 응어리진 candied, sugared

xarlıq *i.* 단맛, 달기 sweetness ○ **şəkərlilik**

xarrat *i.* 목수, 소목장이, 가구장이 joiner, carpenter

xarratxana *i.* 목공소, 가구 공장 workshop of carpenter

xarratlıq *i.* 목수일 profession of joiner, state of being a joiner

xart *onomatopoeic.* (의성어) 바삭 바삭 (견과류나 바삭한 물건이 깨지는 소리) crunch (breaking nuts *etc.*)
xartaxart *z.* 바삭바삭, 아삭아삭 crunchingly, crispingly
xartıldatmaq *fe.* 바삭거리다, 아삭거리다 crunch
xartıltı *i.* 바삭거림, 바삭거리는 소리 crunch
xartut *i. bot.* 오디 (뽕나무 열매)의 일종 (알이 굵고 검은) kind of mulberry (big, black)
xarthaxart ☞ xartaxart
xas¹ *si.* ① 특수한, 특별한, 특정한, 독특한 special, peculiar ○ **xüsusi, şəxsi**; ② 순수한, 순전한, 원래의 pure, genuine, original ○ **keyfiyyətli, əla, cins**; ~ **olan** *si.* 적절한, 특정한 proper, peculiar to ○ **məxsus, aid**
xas² *i.* 화요일 Tuesday ○ **çərşənbə axşamı, tək günü**
xasa *si.* 잘된, 잘 구워진 well-done, well-cooked ○ **bürüştə, ə'la**
xasiyyət *i.* ① 성격, 성품, 특성, 특징 character, disposition, nature ○ **təbiət**; ② 특수성, 특질, 특유의 성격, 버릇 peculiarity ○ **xassə, xüsusiyyət, kefiyyət, dəyər, layaqət**; ~ **sərtliyi** *i.* 기개, 강한 정신력, 강한 성격 backbone
xasiyyətnamə *i.* (인격·품행·자격·가치·장점 등의) 증명서; 추천장 characteristic, testimonial, reference
xassə *i.* (사물의) 고유성, 특성, 속성 quality, property, peculiarity
xassəli *si.* 독특한, 특색있는, 성격상의, 마땅한, 자격있는 peculiar, characteristic, quality, worthy, deserved ○ **xüsusiyyətli, xasiyyətli, kəyfiyyətli, dəyərli, ləyaqətli**
xas-xalis *si.* 본래의, 원래의, 순종의 original, genuine ○ **əsil, nəcabətli**
xaş *i.* 뼈를 고아 만든 아제르바이잔 식 곰탕 (양 머리, 소 뼈 등) one of Azerbaijani soup (made of the head of goat, sheep *etc.* with garlic)
xaşa¹ *i. bot.* 아프리카나래새 (콩과 식물) esparset (onobrychis: a plant of the pulse family)
xaşa² *i.* 큰 부대, 자루 big sack, bag ○ **xaral**
xaşal *si.* 배가 부른, 배가 나온, 배불뚝이의 big-bellied, pot-bellied ○ **yekəqarın, qarınlı**
xaşalıq *i.* 에스파라셋 농원 field of esparaset
xaşalqarın ☞ xaşal
xaşallaşmaq *fe.* 배가 나오다, 배불뚝이가 되다 become pot bellied
xaşallıq *i.* 탐욕, 욕심, 게걸스러움 greediness, covetousness ○ **yekəqarınlıq, qarınlılıq**
xaşxaş I. *i. bot.* 양귀비속(屬)의 각종 식물; 양귀비씨 poppy, poppy-seed; II. *si.* 양귀비과의 papaveraceous ○ **lalə**
xaşxaşlıq *i.* 양귀비 밭 field of poppy
xata *i.* ① 죄책, 비난, 죄 guilt, blame ○ **günah, təqsir**; ② 위험, 위협, 위기, 모험 danger, peril, jeopardy ○ **təhlükə, qorxu, xətər**; ③ 실수, 잘못, 오해, 틀리기, 결함, 단점 mistake, error, fault ○ **səhv, yanlış, qələt, qüsur**; ~ **baş vermək** *fe.* 불행을 만나다, 어려움에 처하다 face misfortune; ~ **dəymək** *fe.* 손상당하다, 다치다 get harmed; **~ya düşmək** *fe.* 불행에 빠지다 fall into misfortune; **~da qalmaq** *fe.* 피할 수 없는 상황에 빠지다 be in inescapable state; **əlindən ~ çıxmaq** *fe.* 실수로 사람을 죽이다, 실수로 큰 일을 저지르다 murder by mistake; **~sı başdan olmaq** *fe.* 위험에서 벗어나다 escape from danger; **öz-özünü ~ya salmaq** *fe.* 위험에 빠지다, 위험을 자초하다 put oneself in a danger; ***Kiçikdən xata, böyükdən əta.*** *바늘 도둑이 소 도둑된다. He who steals a pin will steal an ox.*
xata-bala *i.* 불행, 불운, 난관, 역경, 위험, 위기, 성가신 일, 귀찮음, 괴로움 misfortune, trouble, jeopardy, danger, peril, nuisance, annoyance ○ **təhlükə, qorxu, xətər, fəlakət, müsibət, zaval**; ***Xata-baladan uzaq olasan.*** *불행이 당신을 덮치지 않기를. May not the misfotune touch you.*
xata-balalı *si.* ① 위험한, 불행한, 불길한 dangerous, unfortunate ○ **təhlükəli, xətərli, qorxulu**; ② 문제의, 골치 아픈 troublesome, unfortunate ○ **ağır, məşəqqətli, əziyyətli, müsibətli, bəlalı**
xata-balaçı *i.* 문제를 만드는 사람, 골치거리 인간 someone troublesome, trouble-maker ○ **nadinc, şuluq**
xatakar *si.* 위험한, 위기의, 그릇된, 곤란한, 성가신 dangerous, perilous, mischievous, troublesome, pesky ○ **təhlükəli, qorxulu, xətərli, zərərli, ziyanlı**
xatakarlıq *i.* 손해, 재해, 해독, 악영향, 곤란한 일 mischief, malice, vandalism ○ **təhlükə, qor-**

X

xu, xətər, fəlakət, müsibət

xatakün ☞ xatakar

xatalı *si.* 위험한, 안전하지 못한, 불안정한, 걱정스러운 insecure, dangerous ○ **xatakar**

xatalılıq *i.* 불안정, 고뇌, 고민, 비탄 insecurity, distress ○ **xatakarlıq**

xatasız *si.* ① 두려움 없는, 안전한, 안심한 fearless, secure ○ **təhlükəsiz, qorxusuz, xətərsiz**; ② 결코 틀리지 않는, 절대 옳은, 나무랄데 없는, 실수 없는 infallible, impeccable, unerring, faultless ○ **qüsursuz, səhvsiz, qələtsiz**

xatasızlıq *i.* 무오성, 무과실, 절대 확실 infallibility, impeccability

xatəm¹ *i.* 반지 ring ○ **üzük**

xatəm² *i.* 마지막 (인간) the last (one); **adəmdən ~ə** *z.* 결코, 전혀 never, at all

xatın *i.* ① 영주의 부인, 여주인 barons wife, lady; ② 영주의 딸, 소녀, 젊은 처자 lady, dame, barons daughter, girl, young lady, miss ○ **xanım**

xatınbarmağı ☞ xatını

xatını *i. bot.* 포도의 일종 a kind of grape

xatırlama *i.* 기억, 추억, 회포, 인상 remembrance ○ **anma**

xatır|lamaq *fe.* 되새기다, 회상하다, 기억해 내다 mention, recollect ○ **anmaq** ● **unutmaq**; **~ından çıxarmaq** *fe.* 잊다, 까먹다 forget; **~ına gəlmək** *fe.* 생각나다, 기억해 내다 occur to one's mind

xatırlanmaq *fe.* 회상되다, 기억에 남다, 생각나다 be remembered, be called to mind, be recalled

xatırlatdırmaq *fe.* 기억을 되살리게 하다, 회상하게 하다 cause *smb.* to remember, recollect, recall, think of

xatırlı *si.* 기억되는, 존경되는, 존경심이 가득한, 정중한 respected, respectful, deferential ○ **hörmətli, möhtərəm, ehtiramlı**

xatimə *i.* ① 끝, 끝냄, 종료, 종결, 만료 end, termination ○ **son, axır, xülasə**; ② 요약, 발췌, 적요 abstract (of book)

xatir *i.* ① 기억, 회상; (대뇌의) 기억 작용; 기억력 memory ○ **yaddaş, zehin**; ② 존경, (사람·장점 등에의) 경의 respect, esteem ○ **hörmət, etiram, sayğı**; ③ 마음, 심장, 심정, 기분 heart, mind (as part of emotion) ○ **könül, ürək, qəlb**; **~ saxlamaq** *fe.* 존경심을 간직하다, 존경하다 treat with respect, be respectful (to); **~ə dəymək** *fe.* ~의 기분을 건드리다, 기분을 상하게 하다 offend *smb.*; **~ə gətirmək** *fe.* 기억하다 remember; **~dən çıxarmaq** *fe.* 잊다, 잊어버리다 forget *smt.*, forget; **~i olmaq** *fe.* 존경하다 be held in respect; **~ini almaq** *fe.* 진정하다, 달래다, 가라앉히다, 위로하다 calm down, console

xatirat *i.* 회상, 추억, 명상, 평정, 침착 recollection, memory, reminiscence

xatircəm *si.* 확실한, 든든한, 자신있는, 명확한 (성격) assured, sure, confident, positive, certain, quiet, calm, easy-tempered ○ **əmin, arxayın, möhkəm, qəti, əzmli**; **~ etmək** *fe.* 진정하다, 신용하다, 신뢰하다 calm down, confide; **~ olmaq** *fe.* 확신하다, 안심하다 be confident, feel easy

xatircəmlik *i.* ① 신용, 신뢰, 신임, 확신, 확실성, 침착, 고요 confidence (in), certitude (in), calm, calmness, quiet, tranquility ○ **arxayınlıq, qətlik**; ② 평온한 만족감, 자기만족, 자기 도취 complacency ○ **inam, etimad, qənaət**; **~ vermək** *fe.* 확신시키다, 안정시키다 assure, convince

xatircəmliklə *z.* 확실히, 명확하게 surely, certainly

xatirə *i.* ① 기억, 추억, 회상, 회고 memory, remembrance, mind, reminiscence ○ **hafizə, yaddaş**; ② 기념품, 기념물 souvenir, token ○ **yadigar**; **~ dəftəri** *i.* 일기, 메모 diary; **~ni əbədiləşdirmək** *fe.* 영원히 기념하다 memorize; **~sini yad etmək** *fe.* 기념하다, 추도하다, 축하하다 commemorate

xatirgörən *z.* 호의적으로 호의를 가지고 favourably

xatirgörənlik *i.* 호의를 베풂 favour

xatirinə I. *z.* 괘념(掛念)하여, 사려깊게, 이해심을 갖고, 주의하여 considerately, mindfully; II. *qo.* ~을 위하여, ~ 덕분에 for the sake of, in order for, in behalf of; **sənin ~** *z.* 당신을 위하여, 당신을 기념하며 for your sake, for the love of

xatirlatmaq *fe.* 기억하게 하다 remind (of)

xatrına *qo.* ~을 위하여 for the sake of

xatun ☞ xatın

xavra *i.* 회당(會堂) synagogue

xavyar *i.* 캐비어 (철갑상어의 알을 소금에 절인 것

이며 값비싼 진미) hard-roe, caviar(e)
xay *i.* (항해상의) 고요한 날씨, 바람없는 날 (nautical) calm, windless weather
xaya *i. ana.* 서혜부(鼠蹊部), 음낭 groin, scrotum
xayır ☞ **xeyr**
xey(i)r *i.* ① 이익, 유익, 유용성, 실용 profit, gain, utility, prosperity ○ **fayda**, **gəlir**, **qazanc**, **mənfəət**, **sərfə**; ② 복(福), 은혜, 은총 blessing; ~ **vermək/götürmək** *fe.* 유익을 주다, 이익을 남기다, 편의를 제공하다 profit, utilize; ~**i dəymək** *fe.* 쓸만하다, 사용할 가치가 있다 be of use, serve a useful purpose; ~**i olmaq** *fe.* 유익되다, 이용하다 take advantage of; ***Xeyir ola?*** *좋은 일이야? Good news, I hope*; ***Xeyri yoxdur.*** *도움이 되지 않아!, 쓸데 없어! No use.*
xeyir-bərəkət *i.* 삶의 풍성함, 여유 abundance in life
xeyir-dua *i.* ① 축복, 은총, 은혜 blessing ○ **səadət, xoşbəxtlik**; ② 축도, 축복의 기도 benediction; ~ **vermək** *fe.* 복을 빌다, 축복하다 bless
xeyir-duaçı *i.* 복을 비는 자 one who bless
xeyirxah *si.* 선한, 후한, 고결한, 동정적인, 인정 많은, 호의적인 liberal, noble-minded, sympathetic, benevolent, favourable ○ **mülayim**, **yumşaq**, **rəhmdil**, **mərhəmətli**, **iltifatlı**, **alicənab**, **mərd**, **ləyaqətli**
xeyirxahcasına *z.* 호의적으로, 동정적으로 favourably, with goodwill
xeyirxahlıq *i.* 자선심, 박애심, 친절심, 자비심, 선량, 미덕, 후덕, 관용, 호의, 온정 benevolence, goodness, kindness, goodwill ○ **mülayimlik**, **yumşaqlıq**, **rəhmdillik**, **mərhəmət**, **iltifat**, **alicənablıq**, **mərdlik**
xeyirxəbər *i.* 좋은 소식, 복음, 희소식 good news, happy tidings
xeyirxəbərçi *i.* 사자, 전령, 선구자, 소식을 전하는 사람 publisher, spreader, herald
xeyirləşmək *fe.* 계약을 맺다, 협정을 맺다, 거리를 정하다, strike, contract a bargain, strike hands, strike a bargain
xeyirli *si.* ① 유용한, 유익한, 도움이 되는, 유리한, 건전한 useful, beneficial, advantageous, wholesome ○ **faydalı**, **gəlirli**, **qazanclı**, **mənfəətli**, **sərfəli**, **yararlı**, **əlverişli**; ② 친절한, 맘씨 고운, 인정 많은, 관대한 kind, good
xeyirlilik *i.* 유용성, 유효성, 쓸모 있음 usefulness, advantage, beneficialness
xeyirsiz *si.* 무익한, 손해보는, 헛된, 태만한, 보람없는 unprofitable, useless ○ **faydasız**, **səmərəsiz**, **hədər**, **əbəs**, **zərərli** ● **faydalı**
xeyirsizlik *i.* 무익함, 불리함, 태만함, 불편함 uselessness, disadvantage, unprofitableness ○ **faydasızlıq**, **səmərəsizlik**, **sərfəsizlik**, **əlverişsizlik**, **zərərlilik**
xeyirsöyləməz *si.* 악의적인, 독설적인, 앙심을 품은 venomous, spiteful, malicious (speaking)
xeyir-şər *i.* 축하와 위로의 의식 ceremony of congratulations and condolences
xeylaq ☞ **xeyli**
xeyli *si.* 상당한, 어지간한, 적지 않은, 많은 considerable, many
xeylicə *z.* ① 상당히, 많이, 심히 considerably, a great deal of, many, lots of, a lot of ○ **çoxlu**, **olduqca**, **dedikcə**; ② 훨씬, 오히려 rather, fairly; ~ **vaxta** *z.* 상당 기간 long before; ~ **əvvəl** *z.* 아주 오래 전 long before; ~ **sonra** *z.* 아주 오랜 후 long after
xeymə *i.* 천막, 텐트, 천막 같은 tent, hut
xeyməgah *i.* 야영지, 숙영지, 비부악 bivouac, camp, tent ○ **düşərgə**
xeyr (addressing) 아니 no ○ **yox** ● **bəli**
xeyrat *i.* 장례 식사, 빈민 구호품, 의연금, 향연, 축하연, 잔치 funeral repast, alms, charity, feast, banquet ○ **ehsan**
xeyrə *i.* 물대접, 수반, 대야, 세면기; 물대접 모양의 그릇(저울 접시 등) basin
xeyri, **xeyrigülü** *bot.* 꽃무 (겨잣과, 유럽산) wallflower
xeyrinə *qo.* ~을 위하여, ~의 명목으로 in favour of
xeyriyyə I. *si.* 인정 많은 (benevolent), 자비로운, 인정이 많은, 인자한; 박애주의의 charitable, philanthropic; II. *i.* 자선, 적선, 구휼, 공적 구제 charity; ~ **cəmiyyəti** *i.* 자선 기금 (단체, 시설) charity, charitable society
xeyriyyəçi *i.* 자선가; 박애주의자 philanthropist, charity-monger
xeyriyyəçilik *i.* 자선심, 박애심, 친절심; 자비심; 선행; 자선, 인도주의, 박애주의 benevolence, charity, philanthropy, humanitarianism
xeyrlilik *i.* 이익이 됨, 돈벌이가 됨, 번영, 융성 profitableness, prosperity; ○ **faydalılıq**, **gəlir-**

X

lik, qazanclılıq, mənfəətlilik, sərfəlilik, yararlılıq

xəbər *i.* ① 소식, 전갈, 보고, 소문 news, message, report, rumour; ② 정보, 특전(特電), 공문, 지식, 경고, 경보 information, dispatch, knowledge, warning ○ **məlumat, bildiriş, raport;** ② *gram.* 술어(述語), 서술어 predicate;~ **almaq** *fe.* 묻다, 문의하다, 조사하다 inquire, investigate; **~i olmaq** *fe.* 알다, 알고 있다 know; ~ **bilmək** *fe.* 배우다, 묻다 learn; ~ **eləmək** *fe.* 알리다, 통보하다 inform, notify; ~ **forması** *gram.* 직설법 indicative; ~ **gətirən** *i.* 사자(使者) herald; ~ **olmayan** *si.* 알지못한, 무지한 ignorant; ~ **tutmaq** *fe.* 물어보다, 알아보다 ask after, learn; ~ **vermək** *fe.* 알리다, 충고하다, 소식을 전하다 advise, inform, let *smb.* know; ***Xəbərim var.*** *알고 있어. I'm aware.*

xəbərçi *i.* ① 사자, 전갈자, 메신저 herald, messenger ○ **müjdəçi;** ② 숙덕 공론자, 수다쟁이 sneaker, gossiper ○ **carçı, çuğulçu, qeybətçi, dedi-qoduçu;** ***Xəbərçi yalançı olar yalançı xəbərçi*** (*ata. s.*) *소식을 전하는 사람의 잘못!*

xəbərçilik *i.* 숙덕공론, 밀고, 배반, 고자질, 험담, 객소리 잡담 squealing, tattling, gossip, tittle-tattle ○ **carçılıq, şeytançılıq, çuğulçuluq, qeybət, dedi-qoduçu, böhtançılıq;** ~ **etmək** *fe.* 쑥덕 공론 하다, 잡담하다 gossip

xəbərdar *si.* 인식하고 있는, 알려진, 인지(認知)한 aware, apprised ○ **bələd, məlumatlı, bilikli, təcrübəli, sərіştəli;** ~ **olmaq** *fe.* 인식하고 있다. 알고 지내다 be aware of, be acquainted with; ~ **etmək** *fe.* 알리다, 경고하다, 통고하다 herald, signal, inform; ***Xəbərdar!*** *조심! Be careful!*

xəbərdaredici *si.* 알리는, 경고하는, 통고하는, 인지하는 informing, warning

xəbərdarlıq *i.* 알림, 경고, 충고, 주의, 통지 knowledge, notice, warning; ~ **etmək** *fe.* 경고하다, 알리다, 전달하다, 연락하다 give notice, advise, communicate, warn

xəbər-ətər *i.* tidings 소식, 정보, 색다른 일, 기별, 보도 news, ○ **xəbər, soraq, iz**

xəbər-ətərsiz *z.* 예고 없이, 통고없이, 흔적없이, 감쪽같이 without notice, without trace

xəbər-ətərsizlik *i.* 애매함, 불투명함 obscurity

xəbər(lər) *i.* 뉴스, 소식, 기별, 보고 news, tidings, transaction

xəbərləşmək *fe.* 묻다, 서로 알려주다, 정보를 구하다 inquire (about), want to know (about) learn, get to know, find put, make inquiries (about) ○ **tanımaq, bilmək, soraqlaşmaq**

xəbərsiz *si.* ① 주목되지 않은, 모르는, 알려지지 않은, 정보 없는 unnoticed, uninformed ○ **məlumatsız, təcrübəsiz, sərіştəsiz, biliksiz;** ② 무지한, 무의식의 ignorant, unconscious; ③ 무관심의, 태연한 unconcerned, indifferent

xəbərsiz-ətərsiz ☞ **xəbər-ətərsiz**

xəbərsizlik *i.* 정보 부족, 무지, 무사 태평 lack of information, ignorance ○ **məlumatsızlıq, təcrübəsizlik, sərіştəsizlik, nadanlıq, biliksizlik**

xəbis *si.* 악의적인, 교활한, 부도덕한, 악질인 wicked, vicious, malicious, spiteful ○ **alçaq, əclaf, rəzil, yaramaz, çirkin, mənfur**

xəbisləşmək *fe.* 악하게되다, 악의를 품게 되다, 비열하게 되다 become vicious, be sneaky ○ **alçaqlaşmaq, rəzilləşmək, əclaflaşmaq, mənfurlaşmaq**

xəbislik *i.* 혐오감을 일으키는 것, 혐오스러움, 극악 (무도) 범죄, 교활함, 배신행위, 악명, 오명, 불명예 abomination, (heinous) crime, evil deed, insidiousness, perfidy, infamy, vileness ○ **alçaqlıq, əclaflıq, rəzillik, iyrənclik, çirkinlik, mənfurluq;** ~ **etmək** *fe.* 악행하다, 증오하다, 아주 싫어하다 do evil, abominate

xəbti-dimağ ☞ **xəfti-dimağ**

xəcalət *i.* 수치, 부끄러움, 당혹, 어색함 shame, constraint ○ **həya, abır, rüsvayçılıq, üzüqaralıq, ar, biabırçılıq;** ~ **vermək** *fe.* 부끄럽게하다, 상기시키다, 당황케 하다 abash

xəcalətli *si.* ① 부끄러워하는, 당황하는, 어리둥절한, 쩔쩔매는, 불안한 ashamed, abashed, confounded, disconcerted, confused; ② 부담스러운 신세를 지다 be indebted to *smb.* feel obligation (toward)

xəcalətmək *fe.* 당황하다, 쩔쩔매다, 어리둥절하다, 불안해하다, 어색해하다 be ashamed, abash, perplex, bewilder ○ **həyalanmaq, arlanmaq, sıxılmaq, çaşmaq, karıxmaq, həyəcanlanmaq, pərtləşmək, qızarmaq, utanmaq**

xəccəgül *i. bot.* 에델바이스, 설중화 (雪中花) edelweiss ○ **qarçiçəyi**

xəcil *si.* 부끄러워하는, 당황한, 어리둥절한, 혼란한

ashamed, abashed, confounded, confused ○ **xəcalətli**

xəcillik *i.* 당황함, 부끄러워함, 어리둥절함, 어색함 perplexing, disconcert, confusion ○ **xəcalətlilik**

xədəmə *i.* 하인, 시종, 시중드는 사람, 종업원 servants, entourage, attendants ○ **xidmətçilər, qulluqçular**

xədəng *i.* 화살, 화살 모양의 것 arrow ○ **ox**

xədim I. *si.* 거세한, 불깐 castrated, emasculated ○ **axta, axtalanmış**; II. *i.* 환관, 내시 eunuch ○ **xidmətçi, qulluqçu**; ~ **eləmək** *fe.* 거세하다, 불까다 castrate, emasculate

xədicəgülü, xəccəgülü ☞ **novruzgülü**

xəfə *si.* 답답한, 꽉조인, 꽉 막힌, 불편한, 좁은 close, stuffy, uncomfortable, tight, narrow ○ **boğanaq, bürkü, isti** ● **sərin**; ~ **yer** *i.* 빈민가 slum

xəfələmək *fe.* 약하게 하다, 둔하게 하다, 질식시키다, 목이 메게 하다, 숨 못 쉬게 하다, 억누르다, 억제하다 deaden, choke, suppress, stifle

xəfəlik *i.* 답답함, 꽉 조임, 질식 상황 stuffiness, tightness, squeezing, choking ○ **bürkülülük, sıxıntılılıq, boğanaqlıq** ● **sərinlik**

xəfənək *i.* ① (수의학) 기종(氣腫) lung sickness in a horse or other animals; ② 천식, 질식, 가사(假死) asthma, asphyxia, emphysema ○ **təngişmə, təngnəfəslik, töyşümə**

xəfəng *i.* (문 위쪽의) 채광창 transom

xəfif *si.* 온화한, 평온한, 완만한, 엷은 gentle, slight, light ○ **yüngül, mülayim, sakit, dinc, zəif, incə** ● **şiddətli**; ~ **külək** *i.* 미풍, 산들바람 zephyr

xəfifləşmək *fe.* 온화해지다, 평온해지다 become gentle, become meek, become silent ○ **mülayimləşmək, zəifləşmək, sakitləşmək**

xəfiflik *i.* ① 온화함, 평온함, 부드러움, 용이함 gentleness, peacefulness, meekness, easiness ○ **yüngüllük, mülayimlik, sakitlik, dinclik**; ② 조용함, 완만함 silence, gentleness ○ **yavaşlıq, lallıq**

xəfiyyə *si.* 탐정의, 탐지용의 detective, spy

xəfiyyəçi *i.* 형사, 탐정, 스파이 detective, police spy

xəflənmək *fe.* 숨막히다, 조이다, (액체를) 짜다 be choked, be squeezed ○ **boğulmaq, istilənmək, sıxılmaq**

xəfti-dimağ *si.* 미친, 제정신이 아닌, 실성한 insane, lunatic, crazy; ~ **olmaq** *fe.* 미치다, 정신이 나가다; 대단히 화가 나다 get mad, go crazy

xəkə *i.* 석탄 먼지 coal-dust

xəkəndaz *i.* 쓰레받이 dust-pan

xəlbir *i.* 체, sieve; ~**dən keçirmək** *fe.* 체질하다 sieve

xəlbiraltı ☞ **xəlbirgözü**

xəlbirgözü *i.* 체눈, 밀기울, 속겨, 침전물 siftings, bran, precipitation

xəlbirləmə *i.* 심사 screening

xəlbirləmək *fe.* 체질하다, 거르다 sift, sieve

xəlbirlənmək *fe.* 체질되다 screen

xəlbirlət(dir)mək *fe.* 거르게 하다 screen

xələf *i.* ① 후계자, 후배, 상속인 heir, inheritor, ○ **varis, vərəsə**; ② 후손, 손자 grandson, descendants ○ **nəsil, övlad** ● **sələf**

xələflik *i.* ① 상속권, 후계권 heirship, right of inheritance ○ **varislik, vərəsəlik**; ② 자손, 손자 descendant ○ **nəsil, övlad**

xələl *i.* ① 상실, 손실, 손해 loss, damage ○ **zərər, ziyan, itki**; ② 위반, 파기, 침범, 침해, 위배 breach, violation, infringement ○ **pozğunluq, nasazlıq** ● **xeyir**; ~ **vermək/vurmaq/qatmaq** *fe.* 편견을 갖다, 해하다, 다치게 하다, 흩어지게 하다 prejudice, harm, do harm (to), injure, shatter

xələldar *si.* ① 죄를 지은, 위반한, guilty, violating ○ **pozğun, ziyankar**; ② 손상된, 결점이 있는 defected ○ **nöqsanlı**

xələldarlıq *i.* ① 죄를 지음, 비행, 위법 guiltiness, violation ○ **pozğunluq, ziyankarlıq**; ② 결함이 있음 defection ○ **nöqsanlılıq**

xələt *i.* ① 화장옷, 실내복 dressing-gown; ② 선물, 기념품, 증여물 gift, present ○ **hədiyyə, bəxşiş, sovqat, ənam**

xələtlik *i.* 화장옷을 만들 재료 something for making gown

xəlfə *i.* ① (장례나 결혼식) 사회자 ceremony leader (in a wedding, funeral); ② 회교 학교의 보조교사 assistant teacher in a Muslim school

xəlifə *i. tar.* 칼리프 (회교국 교주로서의 터키 국왕 칭호) caliph

xəlifəlik *i. din.* 칼리프의 지위 (통치, 구역) caliphate

X

xəlitə *i.* 합금, 혼성물, 화합물 alloy, cast, compound

xəlvət *si.* ① 눈에 띄지 않는, 조용한, 비밀의 unnoticed, quiet ○ **gizli, məxfi**; ② 홀로, 외로운 alone, lonely ○ **tək-tənha, yalqız**; ③ 오지(奧地), 한지(閑地) remote place, quiet place; ~ **guşədə** *z.* 한 구석에 in a quiet corner

xəlvətcə *z.* 몰래, 은밀히, 살그머니, 가만히 secretly, in secret, surreptitiously, by stealth, on the quiet, on the sly ○ **xəlvəti**

xəlvəti *si.* 은밀한, 비밀한, 몰래한, 조용히 secretly, in secret, surreptitious, by stealth, on the quiet, on the sly ○ **gizli, məxfi** ● **aşkar**

xəlvətilik *i.* ① 비밀스러움, 은폐됨, 숨겨져 있음, 잠복 상태 secret, concealment ○ **gizlinlik, məxfilik**; ② 외딴 곳, 궁벽한 곳, 벽지(僻地), 외진 곳 solitude, seclusion, retirement ○ **təklik, tənhalıq, yalqızlıq** ● **aşkarlıq**

xəlvətləmək *fe.* ① 비밀이 뭔가 할 일을 도모하다, 공모하다, 음모를 꾸미다 look for the chance to do *smt.* in secret, conspire ○ **gizləmək, məxfiləmək**; ② 격리하다, 분리하다, 외지게 되다 isolate, become remote ○ **təkləmək, yalqızlamaq**

xəlvətlik ☞ **xəlvətilik**

xəmir *i.* 반죽 dough; ~ **yoğurmaq** *fe.* 반죽하다, 섞어 이기다, 주무르다 knead the dough

xəmiraşı *i.* 국수, 칼 국수 noodle ○ **əriştə**

xəmirçək *i. ana.* 연골; 연골부, 연골조직 cartilage, gristle

xəmrə *i.* 효모(酵母), 효소, 발효균; 발효 (작용) ferment, leaven, sourdough; ~ **etmək** *fe.* 발효시키다, 효모로 발효시키다, 베이킹 파우더로 부풀게 하다 ferment, leaven

xəmrəsiz *i.* 발효되지 않은, 무교(無酵)의 unleavened

xəmsi *i. zoo.* khamsa

xəmsin *i.* 캄신 바람 (이집트에서 3-5월 부는 뜨거운 바람), 건조한 열파 simoom, simoon (hot wind in Arabian Desert)

xəncər *i.* 단검, 단도, 비수 dagger

xəncərqayıran ☞ **xəncərsaz**

xəncərsaz *i.* 총포 대장장이, 총포공 gunsmith, armourer

xəndan *i.* ① 웃음, 웃기 laughing, smiling; ② 한창때인 젊은이 bloomer, blossomer

xəndək *i.* 수로, 도랑, 배수구, 개골창; 참호 구축 작업, 성채 ditch, entrenchment; *mil.* 참호, 방어 진지, 전선 trench ○ **qanov, çuxur, arx** ● **düz**

xənnəs *i.* 악마, 사탄 Satan

xərac *i.* ① 진상 (품), 공물, 조세, 부과금 tribute, contribution ○ **vergi, bac**; ② 전쟁 보상금, 손해 배상 (war) indemnity

xərc *i.* 비용, 출비, 지출 expense, cost; ~ **çıxmaq** *fe.* 값을 치르다 cost ○ **məsarif, sərf, çıxar**

xərcləmə *i.* 지불, 지금, 지출, 소비, 소모 expenditure ○ **işlətmə**

xərcləmək *fe.* 지출하다, 지불하다 spend, expend, use ○ **işlətmək**

xərclənmək *fe.* 지출되다, 지불되다 be spent, be expended

xərclik *i.* 용돈 pocket money ○ **məsariflik, çıxarlıq**

xərçəng *i.* ① *med.* 암, 암종(癌腫) cancer; ② *zoo.* 가재류, 게류, 새우류 crayfish, crab

xərək *i.* (환자 부상용) 들것, (옛날의) 가마 litter, stretcher

xərəngə I. *si.* 교활한, 간교한, 간사한, 장난기 많은 sly, arch, cunning, playful; II. *i.* 사기 협잡꾼, 부정직한 사람, 깡패, 불량배, 악한 cheat, swindler, knave, (jocular) rogue

xərəzi *i.* 잡화·방물 haberdashery

xərif *si.* ① 무책임한 irresponsible; ② *col.* 바보 같은, 얼간이 같은 (인간) blockhead, dunderhead (man) ○ **iradəsiz, gic, sarsaq, qanmaz**

xəriflə(ş)mək *fe.* ① *col.* 조롱거리가 되다, 바보가 되다 make a fool of oneself, go out of ones mind; ② 노망이 들다, 애처럼 되다 lose ones wits, become a dotard, be in ones second childhood ○ **səfehləşmək, sərsəmləşmək, gicləşmək**;

xəriflik *i.* ① 어리석음, foolishness, ridiculousness ○ **safehlik, sarsaqlıq, sərsəmlik, giclik**; ② 무책임함 irresponsibility ○ **kütluk, matıxlıq**

xəritə *i.* 지도, 천체도, 해도 chart, map

xəritəçəkən *i.* 작도 전문가, 지도 제작자 cartographer

xəsarət *i.* 손해, 손상, 상해, 부상 damage, injury ○ **zərər, ziyan**; ~ **yetirmək** *fe.* 다치다, 부상을 입다 injure, hurt

xəsis I. *si.* 탐욕스러운, 욕심많은, 인색한, 째째한

covetous, greedy, mean ○ **simic, dargöz, acgöz, tamahkar** ● **bədxərc, səxavətli, comərd**; II. *i.* 노랭이, 구두쇠, 수전노, 욕심쟁이 churl, miser

xəsiscəsinə *z.* 인색하게, 쩨쩨하게, 알뜰하게 stingily, sparingly

xəsisləşmək *fe.* 인색해지다, 얄팍해지다, 탐욕스러워지다 be greedy, become mean, become covetous ○ **simicləşmək, dargözləşmək, tamahlanmaq**

xəsislik *i.* 탐욕, 욕심, 탐 greed, misery ○ **simiclik, dargözlük, acgözlük, tamahkarlıq, zıqqılıq** ● **bədxərclik, səxavətlilik**; ~ **etmək** *fe.* 부러워하다, 샘내다, 시샘하다, 아까워하다 begrudge

xəspuş *i. col.* 소매치기 pickpocket ○ **oğru, cibgir**

xəspuşlaşmaq *fe.* 훔치다, 소매치기하다, 도둑질하다 steal, pick pocket ○ **oğrulamaq, mənimsəmək**

xəspüşuq *i.* 소매치기, 도둑질 stealing, pick-pocketing ○ **oğurluq, cibgirlik**

xəstə I. *si.* 병든, 아픈, 몸이 불편한, 병약한, 쓰러린 ill, invalid, sick, sickly, sore, unhealthy, unsound ○ **naxoş, azarlı, nasaz** ● **sağlam**; II. *i.* 환자(患者) patient; ~ **olmaq** *fe.* 병들다, 아프게 되다 be ill; ~**ni evə yazmaq** *fe.* 퇴원시키다 discharge; ~**yə baxmaq** *fe.* 간호하다 nurse; ~**yə baxan** *i.* 간호사, 간병인 nurse

xəstələndirmək *fe.* 병들게 하다, 감염시키다, 오염시키다 infect, contaminate

xəstələnmək *fe.* 병들다, 아프게 되다, 편찮게 되다 fall ill, become sick, get ill ○ **naxoşlamaq, azarlamaq, nasazlamaq, kefsizləmək**

xəstəlik *i.* 질병, 병, 질환 complaint, illness, sickness, disease ○ **naxoşluq, azarlıq, nasazlıq, kefsizlik** ● **sağlamlıq**; **yoluxucu** ~ *i.* 전염병(傳染病) infectious, contagious decease

xəstəlikli *si.* 질병이 있는, 질환이 있는, 아픈, 연약한, 병든 sickly, puny, ailing, unhealthy

xəstəxana *i.* 병원 hospital

xəşə *i.* 자루 sack

xəşənək *i.* 기침, 헛기침 cough ○ **öskürmə**

xəşənəkli *si.* 기침하는, 기침이 있는 coughing ○ **öskürərkli**

xəşil *i.* 짓이김, 짓눌림 squash

xəta *i.* 실수, 실패, 넘어짐, 과오 fault, slip, stumble, mistake, offence; **böyük** ~ *i.* 큰 실수, 실책 (비난받을만한) blunder; ~ **etmək** *fe.* 잘못을 범하다, 실수하다 err

xətalı *si.* 잘못된, 틀린 (학설, 이론, 판단) erroneous

xətər *i.* ① 위험, 위협, 협박, 위난 threat, menace, jeopardy, danger, peril ○ **təhlükə, qorxu, hədə, xata**; ② 손해, 손상, 부상 harm, hurt, injury, damage ○ **zərər, ziyan**

xətərli *si.* ① 위험한, 위협적인, 위기의, 무모한, 위험이 따르는, 투기적인 dangerous, perilous, risky, venturesome, speculative ○ **təhlükəli, xatalı, qorxulu**; ② 손해의, 손실이 있는, 유해한, 나쁜, 상처를 주는 해악적인 harmful, bad, injurious, deleterious ○ **zərərli, ziyanlı**

xətərlilik *i.* ① 위험에 처함, 위기에 있음 danger, risk ○ **təhlükə, xata, qorxu**; ② 손상, 손해, 손실 harm, damage, loss ○ **zərər, ziyan**

xətərsiz *si.* ① 안전한, 편안한, 어렵지 않는 safe, painless ○ **təhlükəsiz, xatasız, qorxusuz**; ② 무해한, 무독한 harmless, innocuous ○ **zərərsiz, ziyansız**

xətərsizləşmək *fe.* ① 안전하게 되다, 위협이 없어지다, 안심할 수 있게 되다 become secure, get safe ○ **təhlükəsizləşmək, xatasızlaşmaq, qorxusuzlaşmaq**; ② 무해하게 되다, 무독하게 되다 become harmless ○ **zərərsizləşmək, ziyanslizlaşmaq**

xətərsizlik *i.* ① 안전, 평안, 용이함, 안심 security, safety ○ **təhlükəsizlik, xatasızlıq, qorxusuzluq**; ② 무해함, 무독성의, 실수하지 않음 harmlessness, innocuousness ○ **zərərsizlik, ziyansızlıq**

xətkeş *i.* 자 (척도(尺度)), 괘선기 ruler

xətli *si.* 줄이 그어진, 괘선의; *riy.* 1차의; 선상의 lined, ruled, (mathematics) linear

xətm *i.* 완성, 완수, 끝냄, 성취, 이룸 completion, finish, end, termination, fulfillment ○ **bitirmə, tamamlama, qurtarma**; ~ **etmək** *fe.* 완수하다, 완성하다, 이루다 complete, finish, fulfil

xətmi *i. bot.* 당아욱; 아욱과의 총칭 mallow

xətt *i.* 선, 긁힘, 글씨체 line, scratch, handwriting ○ **cizgi, cızıq, yazı**; ~ **çəkmək** *fe.* 줄을 긋다, 줄을 재다 line, rule; **hərəkət** ~ *i.* 과정 방법

X

론 method of proceeding

xəttat *i.* 서예가, 달필가, 대서인, 필기자 calligrapher

xəttatlı *i.* 서예의, 서도의, 달필의, 필기체의 calligraphic

xətti-hərəkət *i.* 전술, 용병학, 병법 tactics

xəyal *i.* ① 상상, 환상, 몽상, 백일몽 imagination, dream, day-dream ○ **xulya, xəyalət, kölgə, kabus**; ② 유령, 망령, 환영(幻影), 화신(化身), 심상(心象), 허깨비 spectre, ghost, phantom, apparition ○ **vahimə, qarabasma**; ③ 환영(幻影), 환각, 망상(妄想), 신기루, 환각(幻覺) illusion, chimera, mirage, fancy, vision ○ **təsəvvür, təxəyyül**; **~ eləmək** *fe.* 상상하다, 공상하다, 꿈을 꾸다, 비젼을 보다 dream, think, imagine; **~a gətirmək** *fe.* 고안해 내다, 생각해 내다, 창의성을 발휘하다 imagine, fancy; **~a dalmaq/qapılmaq/getmək** *fe.* 공상에 잠기다, 상상에 빠지다 be lost, be plunged in thought; **~a düşmək** *fe.* ~할 의도를 가지다 intend to do; **~ında canlandırmaq** *fe.* 마음에 그리다, 상상하다 figure; **~dan keçmək** *fe.* mind (생각이) 머릿속을 지나치다, 번뜩 생각이 지나가다 flash through one's

xəyalat *i.* ① 유령, 귀신, 요괴, 괴물, 망상, 이상향, 공상적 사회 apparition, chimera, shadow, utopia; ② 우울, 울화, 침울 melancholy, spleen

xəyalçı *i.* 꿈꾸는 사람, 비젼을 보는 사람, 이상주의자, 낭만주의자, 공상가, 몽상가 dreamer, day-dreamer, visionary, romantic, romanticist, utopian, idealist ○ **xəyalpərəst**

xəyalçılıq *i.* 꿈을 꿈, 낭만, 이상주의 dreaming, romance, utopianism ○ **xəyalpərəstlik**

xəyalən *z.* 상상으로, 마음속으로 mentally, in one's thought

xəyalət *i.* ① 환상, 이상향, 꿈의 나라 fantasy, utopia, dreamland ○ **xülya, fantaziya, utopiya**; ② 비관주의, 염세주의; 비관, 염세 pessimism, sorrow ○ **bədbinlik, xiffət**

xəyalı *si.* 환상의, 공상의, 망상의, 상상의, 가공의 fantastic, fictitious, imaginary ○ **saxta, uydurma, yalan, əfsanəvi**

xəyalpərəst I. *si.* 변덕스러운, 가공적인, 현실적인 fanciful; II. *i.* 환상가, 공상가, 몽상가 visionary, castle-builder ○ **utopist, xülyaçı**

xəyalpərəstlik *i.* 낭만주의, 낭만성, 이상주의 romanticism, romantic quality ○ **utopistlik, xülyaçılıq, əfsanəvilik**

xəyalplov *i.* 발명, 창출, 고안, 창의성, 창조력 invention, fiction, utopia

xəyanət *i.* 배신, 배반, 기만, 반역, 밀고, 내통, 폭로 treachery, treason, betrayal, perfidy ○ **xainlik, namərdlik, satqınlıq**; **~ etmək** *fe.* 배신하다, 팔아넘기다, 저버리다 betray, be unfaithful (in love)

xəyanətçi ☞ **xəyanətkar**

xəyanətçilik ☞ **xəyanətkarlıq**

xəyanətkar *i.* 배신자, 반역자 traitor, betrayer ○ **xain, satqın, namərd, dönük**

xəyanətkarlıq *i.* 배신, 반역, 밀고, 내통 treachery, betrayal, treason ○ **xainlik, satqınlıq, namərdlik, dönüklük**

xəz *i.* 모피, 털가죽 fur; **~ palto** *i.* 모피 외투 fur coat

xəzan *i.* ① 가을, 추계(秋季) fall ○ **payız**; ② 낙엽, 나뭇잎의 떨어짐 shedding of the leaves, autumn, foilage ○ **yarpaq tökülməsi** ● **bahar**

xəzəl I. *i.* 단풍, 낙엽, 마른 나뭇잎 dry leaves, fallen leaves; II. *si.* 무수한, 셀 수 없는 innumerable

xəzəllənmək ☞ **xəzəlləşmək**

xəzəlləşmək *fe.* 단풍이 들다 turn coloured leaves

Xəzər *i.* 카스피해 Caspian, the Caspian Sea

xəzərlər *i. tar.* 5-10 세기에 코카사스 북부에 살던 터키족의 하나 Turkish people who were in upper Caucasas in 5-10 centuries

xəz(i)nə *i.* ① 보물, 보석, 귀중품 treasury, exchequer ○ **dövlət, əmlak, pül, sərvət**; ② 보고(寶庫), 보전(寶典), 귀중품 보관소, 금고, 국고 burried treasure, store house, depository ○ **dəfinə**; ③ *mil.* 군수품 창고, 저탄실, 탄약고, 탄약실 magazine, cartridge-chamber; ④ 고전 욕탕에서 온수 창고 warm water reservoir or cistern in old bath house; pond, ornamental water; **dövlət ~si** 국고, 국가 기금 state treasury; **bilik ~si** 지식의 보고(寶庫) depository of learning; **~ üstündə oturmaq** *fe.* 돈방석에 앉다, 매우 부자가 되다 get very rich

xəzinəçi ☞ **xəzinədar**

xəzinədar *i.* 회계 출납원, 경리부장, 출납관 treasurer, safe-keeper

xəzinədarlıq *i.* 출납관리, 회계의 업무 work of

treasurer

xəzli *si.* 모피의, 모피를 가진 with fur, furry, furred

xəzlik *si.* 모피 원료 (material) good for fur

xəzri *i.* 카스피해에서 압쉐론 반도로 부는 북풍 Khazry (north wind blowing from the Caspian sea toward Apsheron peninsula) ● **gilavar**

xıx *i.* 자르기, 일격, 한 번 베기 cut

xıj *i.* 도로 건설용 재료(잡석, 석탄재), 자갈, 조약돌, 잔돌 road metal, pebbles, shingle, gravel

xıl *i.* 군중, 인파 crowd, throng

xılxın *si.* 맞지 않는, 적당치 않는 unfit, unfit to use

xılt *i.* 침전물, 앙금, 퇴적물, 찌꺼기 deposits, sediment, dregs ○ **çöküntü, torta**

xıltlı *si.* 앙금이 있는, 불순물이 낀 containing sediments, impure ○ **çöküntülü, tortalı**

xıltlılıq *i.* 불순함, 침전 impurity, settling of sediment ○ **çöküntülülük, tortalılıq**

xımır-xımır *i.* 천천히, 잔잔히, 잠잠히 slowly, noiselessly, silently, quietly, stealthily, in an underhanded way, on the quiet, on the sly

xımxırt *i.* 하찮은 것, 시시한 것, 시시콜콜한 것 small things, articles, trifles, small, points, (trivial) details

xına *i.* ① *bot.* 헤나 (부처꽃과의 관목; 아시아·이집트산) henna,; ② *col.* 헤나 염료, 안료 make up, cosmetics, dye(ones hair with henna); ③ 적갈색

xınalı *si.* 헤나로 염색한 dyeing with henna

xınc *i.* 주름살, 구김, 부서짐, 금이 감 crumple, wrinkle, fracture, crack ○ **əzik, sınıq, qırıq**

xıncaxınc *i.* 사람으로 꽉찬, 혼잡한, 압축된, 굳어진 packed, chock-full, crammed-full, full to overflowing

xınc-xınc ☞ xıncım-xıncım

xıncılouz *i. bot.* 스노드롭(남유럽 원산); 그 꽃 (아네모네의 일종)snowdrop

xıncım-xıncım *i.* 파편, 깨진 조각 splintered, shattered; ~ **etmək** *fe.* 깨지다, 산산 조각 나다, 박살나다 break, smash to pieces, splinter, shatter, smash to smithereens

xınclamaq *fe.* 구기다, 주름지게 하다, 쭈글쭈글 만들다 crumple, break ○ **əzmək, sındırmaq, qırmaq**

xır *i.* ① 넘새밭, 텃밭 kitchen garden ○ **bostan**; ② 자갈, 조약돌, 잔돌 pebble, shingle, gravel ○ **çınqıl**; ③ 청소, 깨끗이 하기 clean ○ **təmiz**

xırçı *i.* 텃밭지기 garden keeper ○ **bostançı**

xırçılıq *i.* 텃밭 짓기, 텃밭 농사 gardening, melon-growing, melon-cultivation ○ **bostançılıq**

xırçıldamaq *fe.* 탁탁 소리를 내다, 덜걱거리다, 바스락거리다 crackle, rattle, rustle ○ **qıçırdatmaq, şıqqıldatmaq**

xırçıldatmaq *fe.* 이를 갈다, 뿌드득 이 가는 소리를 내다 gnash, grind ones teeth

xırçıldayan *si.* 바스락 거리는, 아삭거리는 crisp, brittle

xırçıltı *i.* 이 가는 소리, 뿌드득 소리 gnashing, grinding of teeth ○ **qıçırtı, şıqqıldatma**

xırçın *si.* ① 성질이 급한, 급한 성격의 hot-tempered, quick-tempered, hasty ○ **hirsli, tündməzac, inad, höcət, tərs, kəc**; ② 완고한, 외고집의, 쌀쌀한, 불친절한, 호전적인 obstinate, stubborn, unfriendly, ungracious ○ **davakar, dalaşqan, cəncəl, öcəşkən, deyişkən**; ③ 딱딱한, 굳은, 완고한, 융통성이 없는 hard, rigid, stiff ○ **bərk, sərt, cod, qaba, kobud**

xırçınlıq *i.* ① 성깔, 고집, 완고 temper, obstinacy, stubbornness ○ **hirslilik, tündməzaclıq, inadcıllıq, höcətlik, tərslik, kəclik**; ② 공격적임, 적의, 적개심, 적대 aggression, hostility ○ **davakarlıq, dalaşqanlıq, cəncəllik, öcəşkənlik, deyişkənlik**; ③ 완고, 뻐뻔스러움, 엄함, 악의 hardness, harshness, malignancy ○ **bərklik, sərtlik, codluq, qabalıq, kobudluq**

xırda *si.* 작은, 자잘한, 사소한 petty, small, little ○ **kiçik, balaca, cüzi** ● **böyük**; ~ **pul** *i.* 잔돈 change; ~ **çay daşı** *i.* 자갈 pebble; ~-~ **doğramaq** *fe.* 잘게 부수다, 가루로 만들다 crumble

xırdaboylu *si.* 작은, 소형의 petty, little, tiny

xırdaca *z.* 작게, 자잘하게 tiny, petty ○ **balaca, kiçikcə, cüzi**

xırdaçı I. *si.* 소심한, 꼼꼼한, 세심한 scrupulous; II. *i.* 방물 장수 seller of small wares ○ **pədant, vasvası**

xırdaçılıq *i.* ① 사소함, 소심함, 시시함 meanness, pettiness, triviality ○ **pedantlıq, vasvasılıq**; ② 방물장사 job of selling small wares

xırda-xırda *i.* ① 작게 작게, 잘게, 조금씩, 조각조각 in pieces, by slices ○ **tikə-tikə, dilim-di-**

lim; ② 천천히, 점점, 살금살금 slowly ○ **yavaş-yavaş, asta-asta**

xırda-xuruş *i.* 작음, 자잘함 smallness

xırdaki *i.* 왕겨, 여물 (소, 말 사료) rise, chopped straw, chaff

xırdalama *i.* ① 잘게 썲, 저밈 chopping, mincing; ② 잔돈으로 바꾸다 exchange (money)

xırdalamaq *fe.* 잘게 썰다, 저미다, 잔돈으로 바꾸다 mince, exchange, change ○ **kiçiltmək, parçalamaq, doğramaq**

xırdalaşdırılmaq *fe.* 잘게 부숴지다, 잘게 나눠지다 be broken up into smaller units, be divided

xırdalaşdırmaq *fe. col.* 잘게 썰게 하다, 저미게 하다, 나뉘게 하다 make small, fine, divide, break up into smaller units

xırdalaşmaq *fe.* ① 작아지다, 왜소해지다, 저하되다 become, grow small, smaller, degenerate ○ **balacalaşmaq** ● **iriləşmək**; ② 찢어지다, 분리되다, 잘게 부숴지다 be torn ○ **cırlaşmaq**

xırdalatdırmaq *fe. col.* 작게 하다, 잘게 시키다, 분리시키다, 찢게 하다 make small, fine, crush, splinter, change

xırdalatmaq *fe. col.* 작게 하다, 나누다, 쪼개다, 잘게 부수다 make small, fine, divide, break up into smaller units

xırdalı *si.* ① 작은, 소량의, 조금의 small, little ○ **balacalı, kiçikli**; ② (가루가) 고운, 가는, 미세한 fine, granular ○ **narınlı** ● **irili**

xırdalıq *i.* ① 작음, 소량, 소심 smallness, (figurative) pettiness, meanness ○ **balacalıq, kiçiklik**; ② 어린시절, 유아기 infancy, babyhood; ③ (가루가) 미세함, 고움 ○ **narınlıq** ● **böyüklük**

xırda-mırda *i. top.* 사소한 것들 small things

xırda-para *i.* 잔돈, 동전급의 돈 smallness

xırdavat *i.* 잡다한 것, 잡화, 철물 haberdashery, small wire, ironmongery

xırdavatçı *i.* 잡화상 peddler

xırxı *i.* 톱 saw

xırxır *i.* 목소리가 쉰 hoarse, raucous husky

xırıldamaq *fe.* 헐떡거리다, 쌕쌕거리다, 숨을 몰아 쉬다 wheeze

xırıltı *i.* 쉰 목소리 wheeze, hoarse, husk ○ **tutqunluq, boğuqluq, batıqlıq**; ~ **ilə danışmaq** *fe.* 헐떡이며 말하다 gasp

xırıltılı *si.* 목이 쉰, 헐떡거리는 hoarse, husky ○ **tutqun, boğuq, batıq**

xırım-xırda *i.* 사소한 것들 smallness

xırlıq *i.* ① 정원 가꾸기 gardening ○ **bostanlıq**; ② 자갈밭 pebbly place ○ **çınqıllıq, daşlıq**

xırman *i.* 타작마당, 창고, 헛간 barn, trashing of grain, trashing floor

xırmanaltı *i.* 부스러기, 찌꺼기 waste (material), scrap

xırmançı *i.* 탈곡자 thrasher

xırmandöyən ☞ **xırmançı**

xırpalamaq *fe.* 목을 조이다, 목을 잡다 seize, take by the throat ○ **yaxalamaq, yapışmaq**

xırsız *si.* 찌끼가 없는, 순수한, 순전한 having no sediments, pure ○ **çınqılsız, asfaltsız**

xırsızlıq *i.* 깨끗함, 순수함 pureness, cleanness ○ **çınqılsızlıq, asfaltsızlıq**

xırtıldamaq *fe.* 오도독 씹다, 바삭 바삭 밟아 부수다 crunch

xırtıltı *i.* 바삭 거리는 소리, 아작아작 거리는 소리 crunch

xısın-xısın *z.* ① 살금살금, 남몰래, 은밀히, 음흉하게 quietly, stealthily, in an underhanded way, on the quiet, on the sly; ② *col.* 음흉한 웃음으로 smirk, grin

xısınlaşmaq *fe.* 속삭이다, 귓속말을 하다, 밀담하다 whisper, murmur ○ **pıçıldaşmaq**

xış *i.* 나무 쟁기 wooden plough

xışıldamaq *fe.* ① 바스락 거리다, 살랑거리다, 졸졸 거리다 murmur, rustle, creak; ② 쌕쌕거리다, 헐떡거리다 wheeze ○ **uğuldamaq, guruldamaq, xırıldamaq**

xışıltı *i.* 바스락 거리는 소리, 삐걱거리는 소리, 삐걱거리는 소리 murmur, creak, rustle ○ **xırıltı, şırıltı, uğultu, guirultu**

xışıltılı *si.* 바스락 거리는, 중얼거리는, 끙끙거리는 rustling, mumbling, groaning ○ **xırıltılı, şırıltılı, uğultulu, guirultulu**

xışlamaq *fe.* 쟁기로 갈다 plough

xışma *i.* 손바닥, 한줌, 한 움큼 palm, (amount of) handful; **bir** ~ *si.* 한 움큼 만큼 handful of

xışmalamaq *fe.* ① 구기다, 손으로 뭉게다 rumple, tumble ○ **əzmək, bürüşdürmək, övkələmək**; ② 손바닥으로 모으다 gather in a handful ○ **ovuclamaq**

xidmət *i.* 봉사, 수고, 섬김, 도움, 시종, 수종 employment, merit, service, contribution ○ **iş, vəzifə, qulluq**; **elmə ~** *i.* 과학에 기여 contribution to science; **~ etmək** *fe.* 봉사하다, 섬기다, 복역하다, 사역하다 serve; **~ etmə** *i.* 봉사, 섬김 service; **~ göstərmək** *fe.* 수고하다, 사역하다, 섬기다 oblige; **bir ~ə qoymaq** *fe.* 임무를 맡기다 commission; **~inə görə** *z.* ~의 수고로, ~ 덕분에 according to one's

xidmətçi *i.* 시종, 사역자 attendant, servant; **~ qadın** *i.* 가정부, 청소부 charwoman, housemaid

xidməti *si.* 직무상의 official; **~ vəzifələr** *i.* 직무 official duties

xidmətkar *i.* 기꺼이 남을 돌보는, 친절한, 상냥한, 정중한, 붙임성 있는 obliging, complaisant

xidmətkarlıq *i.* 남을 기쁘게 하기, 친절, 정중, 공손, helpfulness, complaisance

xiffət *i.* 슬픔, 비애 sorrow, care, bitterness, sadness ○ **dərd, kədər, qüssə** ● **fərəh**

xiffətcil *si.* 슬픈, 애통하는, 비통한, 고통 받는, 상처 입은 sorrowful, aggrieved, sad, bitter ○ **dərdcil, kədərli, qüssəli**

xiffətcillik *i.* 애통함, 슬퍼함, 고통받음 grief, sadness, bitterness ○ **dərdcillik, kədərlilik, qüssəlilik**

xiffətlənmək *fe.* 슬퍼하다, 우울하다, 침울하다, 애통해 하다 be sad, be melancholy, be sorrowful ○ **kədərlənmək, qüssələnmək** ● **fərəhlənmək**

xilaf I. *i.* 거짓, 허위, 기만 lie, falsehood ○**yalan, uydurma, qondarma**; II. *si.* 반대의, 역(逆)의 opposite, against ○ **zidd, qarşı, əks** ● **doğru**

xilafət *i. tar.* 칼리프의 지위/통치/구역 caliphate

xilafi-adət *i.* 습관을 거슬림 contrary to ones habit

xilafi-qanun *si.* 불법의, 부당한, 비합법적인 unlawful, (low) illegal

xilas *i.* 구속(救贖), 구제, 구원, 구조, 구출 rescue, salvation, escape ○ **qurtuluş, nicat** ● **məhv**; **~ olma** *i.* 구조, 탈출 salvation, escape; **~ olmaq** *fe.* 구조되다, 구속되다, 구원되다, 구출되다 get saved; **~ etmə** *i.* 구조, 구제 salvage; **~ etmək** *fe.* 구조하다, 구원하다, 구속(救贖)하다 rescue, rid, save; **~ edilmə** *i.* 구조됨, 구원받음 rescue

xilasedici *si.* 구원을 베푸는, 구조하는, 생명을 구하는 rescuing, life-saving

xilaskar *i.* 구세주, 구주(救主), 구원자, 구조자 saviour, rescuer ● **zülmkar**

xilqət *i.* 창조, 피조물 creature ○ **yaradılış, təbiət**

ximirçək *i. ana.* 연골부, 연골 조직 cartilage, gristle

xing *si.* 당황한, 어찌할 바 모르는, 황당한, 상기된 confused, embarrassed, abashed, disconcerted; **~ eləmək** *fe.* 혼동시키다, 당황케 하다 confuse

xingal *i.* ① 반죽을 얇게 펴서 잘게 썰어서 양파나 야채 등을 넣어 요리한 아제르바이잔 전통 음식 중의 하나 Azerbaijani national dish (cut spread dough into thin and small, after being cooked, eaten dry with fried oinion, vegetable *etc.*); ② 식사, 음식 meal, food

xirid *i.* 판매, 매각, 거래, 매매 sale, selling, market; **~ eləmək** *fe.* 팔다, 매각하다, 거래하다, 매매하다 market, sell (of), dispose (of), get rid (of), rid oneself (of), sell out

xirtdək *i. ana.* 후두; 발성 기관 larynx, Adams apple

xirtdəkləmək *fe.* (목을) 붙잡다, 붙들다 seize, hold up, fasten ○ **yaxalamaq, tutmaq, yapışmaq**

xirtdənək *i. ana.* 연골, 연골부 cartilage, gristle

xiştək *i.* 쐐기, 쐐기 모양의 것 wedge, field, gore, gusset, quoin

xitab *i.* ① 호칭 addressing a person; ② *gram.* 호칭 addressing ○ **müraciət**

xitabnamə *i. hüq.* 호소, 상소 (상급 법원으로의 재심 청구; 항소·상고·항고 등이 포함됨) appeal, proclamation

xitam *i.* 끝냄, 끝내기, 종료, 종국 finishing, final, end ○ **bitmə, tükənmə, son, axır**

xiyaban *i.* 가로수 길, 오솔길 (정원, 공원의) avenue, alley

xiyar *i.* 오이 cucumber

xizək *i.* 썰매 sledge; **~də gəzmək** *fe.* 스키하다 ski

xlorid *i. chem.* 염화물 chloride

xlorlamaq *fe.* 염소와 화합시키다 chlorinate

xlorlanmaq *fe.* 염소 화합물이 되다 become chlorinated

xlorlaşdırılmaq *fe.* 염소 화합이 되다 be chlo-

X

rinated

xof *i.* 두려움, 공포, 경악 fear, fright, dread ○ **qorxu, dəhşət, vahimə** ● **cəsarət**; ~ **olmaq** *fe.* 두려워하다, 놀라다 be afraid (of) fear

xoflandırmaq *fe.* 위협하다, 공포를 조장하다 inspire fear

xoflanmaq *fe.* 놀라다, 두려워하다, 기겁하다 be afraid (of), fear ○ **vahimələnmək, qorxmaq, dəhşətlənmək** ● **cəsarətlənmək**

xoflu *si.* ① 무서운, 놀랄만한, 대경할 만한, 공포스러운, 무시무시한 terrible, frightful, fearful, dreadful; ② 겁많은, 소심한, 두려워하는, 쉽게 놀라는 timid, timorous, easily frightened, scared ○ **qorxulu, dəhşətli, vahiməli, müdhiş** ● **cürətli**

xofluluq *i.* 놀람, 공포, 전율; 무서운 것, 공포의 대상 fright, horror, dread ○ **dəhşət, vahimə**

xofsuz *si.* 두려움을 모르는, 꿈쩍없는, 대담한, 용기있는, 용감한, 대담무쌍한 fearless, intrepid ○ **cürətli, cəsarətli, ürəkli, qoçaq, mərd**

xofsuzluq *i.* 대담함 fearlessness, courage, courageousness ○ **cürət, cəsarət, ürəklilik, qoçaqlıq, mərdlik**

xokkey *i.* 하키 hockey; **otüstü** ~ *i.* 필드하키 field hockey; **buz üzərində** ~ *i.* 아이스하키 ice hockey

xolerin *i. kim. med.* 염소 (기호 Cl) chlorine

xonça *i.* ① (천장, 창문 등의) 한 칸, (반자, 창) 틀 panel; ② (결혼식 전 날 신부집으로 가져오는 캔디나 과일로 채운 접시)

xonsa *i.* 양성구유자(兩性具有者), 남녀추니; 양성동물; 암수 한 몸 (한 그루) hermaphrodite, bisexual

xor¹ *i.* 합창(단), 성가(대) choir, chorus

xor² *si.* 낮은, 경멸할 만한, 멸시할, 비열한 low, contemptible, despicable ○ **pis, əyri**; ~ **baxmaq** *fe.* 멸시하다, 모멸하다, 업신여기다, 깔보다, 냉소하다, 조롱하다, 조소하다 neglect, scorn

xora I. *i.* (재해, 대사건 등의) 여파, 결과; 베어낸 후 다시 자라는 목초 aftermath, aftergrass, fog; II. *si.* (과일) 익지 않은 unripe, green

xorna *i.* 코골이, 코 고는 소리 snore, snoring; ~ **çəkmək** *fe.* 코를 골다 snore

xortdan *i.* ① 흡혈귀 vampire; ② 허수아비, 허깨비, 놀라게 하는 것 fright, scarecrow

xortlamaq *fe. mif.* 부활하다, 재활하다, 다시 살다 rise again, rise from the dead ○ **dirilmək**

xortuldamaq *fe.* 꿀꿀거리다, 붕붕거리다; 투덜거리다, 불평하다 grunt

xortum *i.* (코끼리) 코 trunk

xoruldama *i.* (고양이 등이 만족한 듯) 가르랑거림, 만족한 태도를 보임 purr

xoruldamaq *fe.* 가르랑거리다, 코를 골다, 꿀꿀거리다 purr, snore

xorultu *i.* 코고는 소리, 가르랑 거림, 꿀꿀거리는 소리 snore, grunt(ing)

xorum *i.* 할당량; 1인분 양식, 지급량 ration, allowance

xoruz *i.* 수탉; (조류)수컷 cock, rooster; **hidu ~u** 칠면조 수컷 turkey-cock; ~ **banı** *i.* 닭이 우는 시간, 새벽 cock-crow; ~ **pipiyi** *i.* (수탉의) 볏, 벼슬 cocksomb; 검붉은 색 dark red

xoruzbaz *i.* 투계사, 투계 애호가, 닭싸움꾼 cocker, cockfighter

xoruzbazlıq *i.* 투계 (경기), 닭싸움 cockfight

xoruzbeçə *i.* 젊은 수탁; 툭하면 싸우는 젊은이 cockerel

xoruzquyruğu *i.* 검붉은 색 dark red; ~ **çay** *i.* 진한 차

xoruzlanmaq *fe.* ① *col.* (동물의 수컷이 암컷에) 올라타다; 말에 올라 타다 mount, ride the high horse; ② 분노를 끌어 올리다, 남자 다움을 과시하다 fume ○ **kəkələnmək, şeşələnmək, kişilənmək**

xosdəvəng *i.* 속삭임 whispering to one another; ~ **eləmək** *fe.* 속삭이다 whisper

xosək *i.* 오두막, 헛간, 창고, 판자집, 통나무 집 hovel, hut, shanty, shack

xosunlaşmaq *fe.* 서로 속삭이다 whisper to one another ○ **pıçıldaşmaq**

xoş *si.* ① 기쁜, 기분 좋은, 유쾌한, 마음에 드는, 상냥한, 호감을 주는, 우호적인 pleasant, fine, nice, amiable, good ○ **üzügülər, səmimi, xeyirxah, məlahətli**; ② 합당한, 바람직한, 어울리는, 타당한, 적합한 desirable, appropriate, beneficial ○ **əlverişli, münasib, yararlı**; ③ 즐거운, 즐길 만한, 만족을 주는 enjoyable, pleasurable ○ **ləzzətli, nəşəli, səfalı**; ④ 온순한, 유화한, 온유한, 다정한 meek, tender ○ **sakit, mülayim, yumşaq**; ~ **iy** *i.* 향기, 좋은 냄새 scent; ~ **məram** *i.* 좋은 뜻 good will; ~ **niyyət** *i.* 좋은 의도 good intention; ~ **təbiətli** *si.* 성격이 좋은

good-natured; ~ **təmli** *si.* 익은, 말랑한, (즙이 많아) 단 mellow; ~ **təsadüf** *i.* 운, 운명, 운수, 재수 fortune; ~ **vaxt keçirmə** *i.* 오락, 기분 전환 놀이 pastime; ~ **əhval** *si.* 기분 좋은, 유쾌한 high spirit; **~a gəlmək** *fe.* 기쁘게 하다, 마음에 들다 please; **~a gəlməyən** *si.* 싫은, 호감가지 않는 unwanted; **~a gəlməz** *si.* 만족하지 않은, 불쾌한 disagreeable, unpleasant; **~u gəlmək** *fe.* 좋아하다, 맘에 들다 like; **~una gəlmək** *fe.* 좋아하다, 즐기다 enjoy, take a fancy to

xoşabazlıq *i.* 일치, 조화, 화합, 좋은 음조 harmony, euphony

xoşagələn *si.* 마음에 맞는, 마음에 드는, 공감하는 sympathetic, nice

xoşagəlimlilik *i.* 매력있음, 좋아함 attractiveness, likableness

xoşagəlimsiz ☞ xoşagəlməz

xoşagəlməz *si.* 불쾌한, 싫은, 못마땅한, 마음에 들지 않는, 성미에 안 맞는 unpleasant, disagreeable, antipathetic ○ **iyrənc**, **çirkin**, **acı**, **mənfur**

xoşagəlməzlik *i.* 불쾌함, 못마땅함 unpleasantness, antipathy (to), aversion (for, to), dislike (for, to) ○ **iyrənclik**, **çirkinlik**, **mənfurluq**

xoşagəlməyən *si.* 불쾌한, 공감되지 않은, 싫어하는 unpleasant, disagreeable, antipathetic

xoşahəng *si.* 조화로운, 화합하는, 듣기 좋은 harmonious, melodious, euphonious, euphonic ○ **məlahətli**

xoşahənglik *i.* 화합, 화음, 음조가 좋음 harmony, euphony ○ **məlahət**, **gözəllik**

xoşbəxt *si.* 행복한, 운 좋은, 행운의, 양지의 fortunate, happy, sunny; ~ **adam** *i.* 천진난만한 사람, 주위를 밝게 하는 사람 sunbeam ○ **şad**, **bəxtəvər**, **bəxtiyar**, **məmnun**, **məsud**

xoşbəxtlik *i.* 행복함, 지복(至福), 행복을 가져오는 것 happiness, felicity, luck ○ **bəxtəvərlik**, **bəxtiyarlıq**, **səadət**, **firavanlıq**, **ağgun**, **məsudluq**, **şadlıq**, **fərəhlilik** ● **zülm**; ~ **təsadüf** *i.* 행운, 재수 good luck; ~ **gətirən** *si.* 다행스러운 lucky

xoşbəxtlikdən *z.* 다행히 fortunately, luckily

xoş-beş *i.* 서로 문안함, 서로 반겨줌 saying how do you do (to), greeting one another, hailing one another

xoşəməl *i.* 의로운 사람, 올곧은 사람 just/righteous man

xoşətir(li) *si.* 향기로운, 방향성의 fragrant, perfumed, aromatic

xoşəxləq *si.* 행실이 바른, 얌전한, 예의바른 well-behaved, orderly

xoşəhval *si.* 친절한, 붙임성있는, 정중한, 남을 기쁘게 해주려는, 남을 돌보는, 사려깊은 complaisant, obliging, well-behaved, orderly

xoşfikir *i. obs.* 충직한, 성실한, 인정 많은, 호의적인, 선의의 loyal, loyalist, benevolent, well-wishing

xoşgələn *si.* 마음에 드는, 좋아하는 pleasant

xoşgəldin ~ et|mək *fe.* 환영하다, 영접하다 welcome; **~mə** *i.* 영접, 환영 welcome; *Xoş gəlmişsiniz! 어서 오십시오! 환영합니다! Welcome!*

xoşgörkəm *si.* 단정한, 예절 바른, 예쁜, 아름다운, 수려한, 좋은 인상의 seemly, nice-looking, pleasant to look at, gratifying, to the eye, of pleasing appearance

xoşhal *si.* 기뻐하는, 자기 만족의, 쾌활한, 서근 서근한 complacent, placid, good-humoured, kindly, happy ○ **mülayim**, **yumşaq**, **alicənab**, **mərd**, **rəhmdil**, **mərhəmətli**, **laqeyd**, **xatircəm**, **arxayın**

xoşhallı ☞ xoşhal

xoşhallıq *i.* 만족함, 자기 도취, 차분함 complacency, placidity, mildness of temper ○ **mülayimlik**, **yumşaqlıq**, **alicənablıq**, **mərdlik**, **rəhmdillik**, **laqeydlik**, **xatircəmlik**, **arxayınçılıq**

xoşxasiyyət(li) *si.* 성격이 좋은, 단정한, 기쁘게 하는, 예의 바른, 정중한, 세련된, 우아한 well-behaved, orderly, pleasant, well-mannered, urbane, kindly, amiable, good-natured ○ **rəhmli**, **rəhmdil**, **mərhəmətli**

xoşxasiyyətlilik *i.* 친절함, 성격이 좋은, 상냥함, 애교, 붙임성 kindliness, good-nature, amiability ○ **rəhmlilik**, **rəhdillik**, **mərhəmət**, **mehribanlıq**

xoşqılıq *si.* 자비로운, 인정많은, 동정적인 merciful, compassionate ● **amansız**

xoşlamaq *fe.* 좋아하다, 즐기다, 마음에 들다 be pleased, be fond of, enjoy ○ **bəyənmək**, **sevmək**, **istəmək** ● **pisləmək**

X

xoşlandırmaq *fe.* 기쁘게 해 주다 give pleasure

xoşluq *i.* ① 즐거움, 기쁨, 희락, 쾌락 pleasure ○ **ləzzət, kef, nəşə, səfa**; ② 좋음, 선함, 선대, 선행 good treatment ○ **məlahət, gözəllik** ● **pislik**

xoşluqla *z.* 선의로, 자원하는 기쁨으로 with ones own free will, without any compulsion or constraint ● **zorla**

xoşnəvis *i.* 서예가, 달필가 calligrapher ○ **xəttat**

xoşniyyət *i. obs.* 선의, 성실, 충성, 박애 loyal, loyalist, benevolence, well-wishing ○ **etibar, sədaqət, xeyirxahlıq**

xoşniyyətli *si.* 충성스러운, 성실한, 믿을 만한 trustful, faithful, benevolent ○ **etibarlı, sədaqətli, xeyirxah**

xoşniyyətlilik ☞ **xoşniyyət**

xoşrəftar *si.* 정중한, 세련된, 친목적인, 우호적인, 기분 좋은 pleasant, well-mannered, urbane, sociable, convivial, jovial ○ **ünsuyyətli, mülayim, nəzakətli, mehriban**

xoşrəftarlı ☞ **xoşrəftar**

xoşrəftarlılıq *i.* 정중함, 세련됨, 온화함, 친절함 kindness, goodness, meekness, gentleness ○ **ünsiyyətlilik, mülayimlik, nəzakət, mehribanlılıq**

xoşsəsli *si.* 듣기 좋은, 화음의, 화합의, 조화로운 harmonious, melodious, euphonious, euphonic

xoşsəslik *i.* 화음, 조화, 화합 harmony, euphony

xoşsifət(li) *si.* (표정이) 상냥한, 붙임성 있는, 부드러운, 진심에서 우러난 affable, friendly, cordial, pretty, comely ○ **mehriban, gülərüzlü, oltifatlı, xeyirxah, səmimi, nəvazişkar, sevimli, qanışirin, yapışıqlı** ● **mısmırıq**

xoşsifətlik *i.* 상냥함, 온화함, 부드러움, 진심, 성심, 성의, 예쁨, 아름다움 affability, cordiality, prettiness, comeliness ○ **mehribanlıq, üzügülərlik, nəvazişkarlıq, iltifat, xeyyirxahlıq, səmimilik, sevimlilik, qanışirinlik, yapışıqlılıq**

xoşsima *si.* 예쁜, 아름다운, 잘 생긴, 보기 좋은 seemly, comely, handsome, fine-looking

xoşsimalıq *i.* 예쁨, 아름다움, 보기 좋음 comeliness, loveliness

xoşsöhbət *i.* 기분좋은 동행, 좋은 만남, 유쾌한 교제 pleasant company

xoşsurət *si.* 잘생긴, 호감을 주는 (외모) seemly, nice looking, pleasant to look at, gratifying to the eye, of pleasing appearance

xoştəbiət(li) ☞ **xoştinət(li)**

xoştinət(li) *si.* 성격이 좋은, 행실이 좋은, 단정한 good-natured, well-behaved, orderly

xoşu *i.* 궁녀, 시녀; 매춘부 courtesan

xoşzahir ☞ **xoşgörkəm**

xotkə *i. zoo.* 쇠오리 teal ○ **cürə**

xotuq *i.* 나귀 새끼 young of an ass ○ **qoduq**

xov *i.* 솜털 nap, pile ○ **tük, lığa**

xovlu *si.* 모피의 furry ○ **tüklü**

xozal *i.* 체로 걸러낸 찌끼, 겨, 왕겨, 무가치한 것, 침전물 siftings, bran, dross, precipitation

xozan *i.* 지푸라기, 검불 (타작)straw

xörək *i.* 음식, 요리, 식사 dish, meal ○ **bişmiş, yemək**; ~ **bişirmək** *fe.* 요리하다 cook; ~ **qaşığı** *i.* 큰 스푼, 서빙 스푼 table-spoon

xörəkbişirən *i.* 요리사, 주방장 cook, chef ○ **aşpaz**

xörəkpaylayan *i.* 웨이터, 급사, 식당 종업원 waiter

xötək *i. zoo.* 버팔로 buffalo

xristian I. *si.* 기독교의 Christian; II. *i.* 기독교인 Christian; ~ **etmək** *fe.* 세례를 주다, 기독교화 하다 christen

xristianlıq *i.* 기독교 Christianity

xrizantem *i. bot.* 국화; 국화꽃 chrysanthemum

xromatik *si.* 색체의, 착색의 chromatic

xromlamaq *fe. tex.* 철판을 씌우다, 도금하다 plate, chrome-plate

xromlanmaq *fe.* 크롬으로 착색되다, 도금되다 be plated/coated with chromium

xromlu *si.* 제이크롬의, 크롬을 함유하는; 크롬산의 chromic, chrome

xroniki *si.* 장기간에 걸치는, 상습적인, 오래끄는 병, 만성의 chronic

xronoloji *i.* 연대적인, 연대학의, 연대기의 chronological

xronologiya *i.* 연대학(年代學); 연대기, 연표, 연대순 배열 chronology

xronometrik *si.* 연대 측정의, 시각 측정의 chronometric

xub *si.* ① 좋은, 아름다운 nice, beautiful; ② 예쁜, 멋진 lovely, pretty; ③ 오케이 o.k.

Xuda *i.* 신, 하나님 God

xudahafiz *nid.* (하나님이 지키시길!) 잘가시오, 안녕! Good-bye!, Farewell! ○ **hələlik, əvida**

xudahafizləşmək *fe.* 작별하다, 이별하다 say good-bye (to), take ones leave (of), bid adieu, bid farewell ○ **vidalaşmaq, ayrılmaq**

xudaya *xit.* 오 하나님!, 오 저런! good God, good Lord, goodness, oh, Lord, (my) God, Lord, my God!, good gracious!, Goodness me!

xudbin I. *si.* 이기적인, 자기 본위의, 제멋대로, 방자한 selfish; II. *i.* 이기주의자, 자기본위의 사람, 자만심이 강한 사람 egoist ○ **eqoist** ● **təvazökar**

xudbincəsinə *z.* 이기적으로, 자기 본위적으로 selfishly, egoistic(al)ly

xudbinlik *i.* 자기 본위, 이기심, 자기 만족 egoism ○ **eqoistlik**

xuddam *i. din.* 성직자, 평수사(平修士; 수도회에서 일반 노동에 종사하는 수사) minister of religion, lay-brother

xudmani *i.* 진밀한, 정감 어린, 우정이 넘치는, 정직한, 숨김없는 intimate, candid ○ **səmimi, yığcam**

xudpəsənd I. *i.* 이기주의자, 자기 본위의 사람 egoist, self-lover; II. *si.* selfish, egotistical, self-loving ○ **xudbin**

xudpəsəndlik ☞ **xudbinlik**

xudsər *si. z.* ① 의지가 강한, 자의식이 강한 self-willed, willful; ② 혼자서, 스스로, 독립적으로, 독단적으로 oneself, by oneself, independently, without assistance, on ones man

xul *i. zoo.* 둑중개(담수어); 둑중개속의 민물고기의 총칭 bullhead, millers-thumb

xuliqan *i.* 불량배, 깡패, 건달, 악당 hooligan, ruffian, *col.* rowdy(-dowdy) ○ **dələduz**

xuliqanlıq *i.* 깡패기질; 난폭한 행동; 공무 집행 방해 hooliganism, ruffian behaviour ○ **dələduzluq**; ~ **etmək** *fe.* 난폭하게 행동하다, 소동을 벌이다 behave like a hooligan, make a row

xumar *si.* ① (눈이) 침침한, 게슴츠레한, 활기 없는 languid, languorous; ② *si.* 술 취한, 곤드레 만드레한 drunken, intoxicated ○ **süzgün, kefli**

xumarlandırmaq *fe.* ① 취하게 하다, 거나하게 하다 make tipsy; ② 애지중지하여 무기력하게 키우다, 버릇없고 능력없게 만들다 call up dreams, evoke dreams, lull, indulge, pamper, coddle, caress, fondle, pet

xumarlanmaq *fe.* ① 허약해지다, 활기 없게 되다 become tipsy ○ **keflənmək, nəşələnmək, dəmlənmək**; ② 애지중지 키워지다, 버릇없이 되다, 얼러 크다 be caressed, be fondled, be lulled ○ **oxşamaq, nazlanmaq, əzizlənmək, əzizlənmək**

xumarlı *si.* ① 게슴츠레한, 초점없는 (눈) half-opened ○ **süzgün, yarımaçıq**; ② 거나한, 취한, 곤드레 만드레한 drunken ○ **məst, sərxoş, kefli, süst**

xumarlıq *i.* ① 숙취; 맥풀린 상태 hang-over ○ **süzgünlük**; ② 술취함 drunkenness ○ **məstlik, sərxoşluq, keflilik, süstlük**

xurafat *i.* 편견, 선입관, 혐오감, 미신적 관습 prejudice, superstition ○ **mövhumat, dindarlıq**

xurafatçı *i.* 미신적인 인간, 무당, 사교(邪教) 숭배자 superstitious (person) ○ **mövhumatçı**

xurafatçılıq *i.* 광신적 행위, 열광, 맹신, 미신적 관습 fanaticism, superstition ○ **mövhumatçılıq, dindarlılıq**

xurcun *i.* 안장주머니 saddle-bag

xurd-xəşil *si.* 계발된, 개방된 developed, warmed-up, softened up; ~ **eləmək** *fe.* a) 머리를 내려치다 smash ones skull; b) *fig.* 풀어지도록 끓이다 boil soft

xurma *i. bot.* 감나무; 감; 대추야자 date, persimmon

xurmalıq *i.* 대추 야자 밭, 감나무 밭 date-grove

xurmayı *i.* 밤, 밤나무, 밤색깔의 chest-nut, chestnut coloured

xuruş *i.* (요리의) 고명, 곁들임, 장식, 꾸밈 garnish ○ **qara**

xutuz *i.* 모자, 모자 같은 것, 뚜껑 cap

xuz *i.* 혹 (사람, 낙타) 등의 혹 hump

xuzlu I. *si.* 혹이 있는, 혹을 가진 humpbacked, hunchbacked; II. *i.* 곱사등이 humpback, hunchback

xüduru *z.* 쓸데없이 in vain, for nothing

xülasə *i.* 요약, 축약, 간추린 내용, 개관, 개설 abstract, digest, extract, review, summary, in-short ○ **yekun, nəhayət, nəticə**;

xülasələmək *fe.* 결론에 이르다, 매듭짓다, 결론를 내다 conclude, reach a conclusion ○ **yeku-**

X

nlaşdırmaq, nəticələndirmək

xülya *i.* 환상, 환영, 상상 fantasy, fancy, imagination, idle fancy ○ **xəyal, xəyyalət, xamxəyal, fantazia** ● **real**

xülyaçı *i.* 몽상가, 환상가 dreamer, visionary

xülyaçılıq *i.* 백일몽, 몽상, 환상, 공상 dreaminess, reverie

xüms *i. din.* 자선금으로 내는 수입의 1/5 one fifth of one's income for alms

xüng *i.* 향, 향료, 향내, 향연기 incense, frankincense

xüruc *i.* 배제; 입국금지, 추방 expulsion, exclusion

xüsusda *qo.* ~에 관하여, ~의, ~에 대하여 of, about, on, against, upon, for, on the occasion (of), relatively, concerning

xüsusən *z.* 특히, 특별히, 현저하게, 그 중에서도 especially, particularly, namely, that is ○ **əlalxüsus**

xüsusi *i.* 개체, 단일체 individual ○ **şəxsi, fərdi**; *si.* 독특한, 배타적인, 특별한, 개인적인 exclusive, particular, peculiar, special, specific, personal ○ **məxsus, ayrıca**; ~ **imtiyazlar** *i.* 배타적 특권 exclusive privilege; ~ **ilə** *z.* 특별히, 특히 in particular, particularly; ~ **isim** *gram.* 고유 명사 proper noun; ~ **mülkiyyət** *i.* 재산, 자산, 소유물 property; ~ **qeyd edilən** *si.* 강조된 emphatic; ~ **qeyd etmək** *fe.* 강조하다 underline, emphasise; ~ **tapşırıqla göndərmək** *fe.* (특수 임무로) 파견하다 detach; ~ **vurğu ilə tələffüz etmək** *fe.* 발음상 강조하다 emphasise

xüsusilə *z.* 특별히 especially; ~ **qeyd etmək** *fe.* 강조하다, 역설하다 stress

xüsusiləşmə *i. gram.* 분리, 고립, isolation ○ **ayrılma, təklənmə**

xüsusiləşmək *fe. gram.* 따로 서 있다, stand apart, keep aloof ○ **ayrılmaq, təklənmək**

xüsusiləşmiş *si. gram.* 분리된, 격리된 solitary, detached

xüsusilik *i.* 특수성, 독특성, 개성 peculiarity, characteristic, personality

xüsusiyyət *i.* ① 개성, 독특성, 특성, 특질 feature, property, qualification, quality, peculiarity ○ **xassə, dəyər, keyfiyyət, mahiyyət, sifət**; ② 독창력, 기발함, 진품성 originality, individuality ○ **orijinallıq, spesifiklik**

xüsusiyyətçi *i.* 소유주 owner, possessor, proprietor, landlord ○ **mülkiyyətçi, yiyə, sahib**

xüsusiyyətçilik *i.* ① 소유권 ownership ○ **mülkiyyət, mal-mülk**; ② 점유, 소유 possession, property ○ **yiyəlik, sahibkarlıq** ● **kollektivlik**

xütbə *i.* 종교적 연설, 설교, 설법 religious speech

xüsusunda *qo.* ~과 연관되어, ~에 상관된, ~에 관한 relatively, concerning, relative to, about, with respect (to)

I·i

ianə *i.* 헌금, 봉헌금, 원조금 aid, subsidy, grant ○ **sədəqə, yardım, kömək**; ~ **vermək** *fe.* 기부하다, 지원하다, 봉헌하다 endow, donate

ianəçi *i.* 기부자, 후원자, 조력자, 기증자, 공헌자 helper, donor, donator, contributor

ianət ☞ **ianə**

iaşə *i.* ① 급식, 사육; 먹기 feeding; ② 음식물, 영양(물), 자양물 food, nourishment; ~ **müəssisələri** *i.* 공공 음식 제공 회사 public catering establishments

iaşəçi *i.* 연회업자 caterer

ibadət *i.* 예배, 예배의식, 참배, 숭배 worship, divine service ○ **sitayiş, pərəstiş**; ~ **etmək** *fe.* 예배하다, 숭배하다 worship, pray; ~ **edən** *i.* 예배자 worshipper

ibadətçi *i.* 순례자, 예배자 pilgrim, worshipper

ibadətçilik *i.* 순례 pilgrimage

ibadətgah *i.* 예배단, 예배 장소 temple, place of worship, chapel

ibadətxana ☞ **ibadətgah**

ibadətkar *i.* 순례자, 예배자 pilgrim, worshipper

ibarə *i. dil.* 구, 절, 문장 phrase, word, sentence ○ **kəlam**; **boş** ~ *i.* 단문 mere sentence

ibarəbaz *i.* 공언가, (공허한) 미사여구를 늘어 놓는 사람 phrase-monger

ibarəbazlıq *i.* 공언, 빈말 phrase-mongering, mere verbiage

ibarəçi ☞ **ibarəbaz**

ibarəli I. *si.* (말, 문체, 표현이) 미사여구의, 과장된, 허풍떠는, 허황된, 과시적인, 야심적인 pompous, bombastic, high-flown, fanciful, pretentious, mannered, affected, artificial ○ **təmtəraqlı** ● **sadə**; II. *z.* 과장해서, 허풍으로, 허세 부리며, 잘난 체 하며 pretentiously, affectedly ; ~ **danışmaq** *fe.* 잘난체 말하다, 허풍을 떨다 speak pretentiously

ibarəlilik *i.* 화려함, 호화로움, 오만함, 과장된 언행, 호언 장담, 부자연스러움, 매너리즘 pomposity, bombast, fancifulness, mannerism, artificiality ○ **təmtəraqlılıq**

ibarəpərdaz ☞ **ibarəbaz**

ibarət *si.* 이루고 있는, 구성하는 consisting of, composed of; ~ **olmaq** *fe.* 구성되다, 이루고 있다, 포함하다, 조성되다 comprise, consist of, constitute, include

iblis *i.* ① 악, 악마 evil, devil ○ **şeytan, cin**; ② *fig.* 교활한 사람, 사기꾼 wicked man, swindler, sly-boot ○ **fitnəkar, hiyləgər** ● **mələk**; *col.* 불한당 rouge

iblisanə, ibliscəsinə *z.* 악마적으로, 극악무도하게, 악마같이 devilishly

iblisləşmək *fe.* 사악해지다, 화나게 하다, 자극하여 감정을 유발시키다 become wicked, become provocateur ○ **fəsadlaşmaq, hiyləgərləşmək**

iblislik *i.* 교활함, 사악함 wickedness, viciousness, insidiousness, perfidiousness, disloyalty ○ **fəsadlıq, fitnəkarlıq, hiyləgərlik**

ibn *i.* 아들, 자손, 후손 son, descendent; **~i-adəm** *i.* 아담의 후손, 인류 descendent of Adam, human

ibraz *i.* 홍보, 보여줌, 전시, 시범 clearing, show, demonstration

ibrani *i.* 히브리인 Hebrew

ibrə *i.* ① 바늘, 송곳, 시계 바늘, 화살 needle, awl, hand (of watch), pointer, arrow; ② 모, 양모, 모직 의복 hair, wool, woollen cloth

ibrət *i.* 교훈, 모범, 본때, 경고, 훈계 lesson, example, warning, admonition ○ **dərs**; ~ **almaq** *fe.* 교훈을 얻다, 충고를 듣다 draw the moral, take a lesson; ~ **dərsi** *i.* 교훈, 훈계 lesson, moral

ibrətamiz *si.* 교훈적인, 본보기의 instructive, exemplary

ibrətləndirmək *fe.* 가르치다, 본때를 보여주다, 본보기를 보이다, 교훈을 베풀다 teach, give a lesson

ibrətlənmək *fe.* 교훈을 배우다, 결론을 도출해 내다 learn a lesson, draw a conclusion

ibrətli ☞ **ibrətamiz**

ibrətverici ☞ **ibrətamiz**

ibtida *i.* ① 시작, 시초, 개시 beginning, start, commencement; ② 원리, 원칙, 공리, 법칙 principles, basis; ③ 기원, 출처, 원천, 발생, 발단 origin, source; ④ 처음, 시초, 시작 first, beginning

ibtidadan *z.* 처음부터, 근본부터, 애시당초; 원칙상 from the beginning, at first ○ **başlanğıcdan, əvvəldən, başdan**

ibtidai *si.* ① 기초의, 초급의, 입문의, 초보의 primary, elementary ○ **ilk, başlanğıc**; ② 미개의, 원시의 primitive, savage ○ **primitiv, adi** ● **müasir**; ~ **insan** *i.* 초기 인간 early man; ~ **məktəb** *i.* 초등학교 elementary school, primary school; ~ **təhsil** *i.* 초등 교육 primary education; ~ **cəmiyyət** *i.* 원시사회 primitive society; ~ **adətlər** *i.* 원시적 습관 savage custom

ibtidai-icam *si.* 원시 공동 사회의, 원시 공동 사회 간의 primitive-communal; ~ **quruluşu** *i.* 원시 공동 사회 제도 primitive communal system

ibtidailər *i. zoo.* 단세포 생물, 단세포 동물, 원생동물 monad, unicellular animal

ibtidailik *i.* 원시 상태, 원시성 primitive state, primitiveness ○ **ilkinlik**

ibtidasız *si.* 기원을 모르는, 출처를 모르는 without outset/origin

ibtila *i.* ① 경향, 성향, 성벽, 기호, 기질, 성질, 성미 inclination, disposition; ② 복종, 굴복, 종속 subjection; ③ 고통, 괴로움, 고뇌, 고난, 수난, 피해 suffering, torment

icab *si.* 필수의, 기본적인, 중요한 basic, essential, important, necessary ○ **vacib, labüd, zəruri**; ~ **etmək** *fe.* 필요로 하다, 필요하다 be necessary, need

icad *i.* 발명, 고안 invention ○ **yaratma, ixtira, kəşf, düzəltmə**; ~ **etmək** *fe.* 궁리하다, 고안하다, 발명하다, 창조하다 devise, invent

icarə *i.* 임대차 계약, 임대 lease, rent ○ **kirə**; ~**yə götürmək** *fe.* 세를 들다, 빌려 쓰다, 임대를 하다 rent, lease, take on a lease; ~ **etmək/vermək** *fe.* 세를 놓다, 빌려주다 lease, have on lease; ~ **müqaviləsi** *i.* 임대 계약 lease; ~ **haqqı** *i.* 임대료, 전세, 월세 rental, rent; ***İcarəyə verilir.*** *전세 놓습니다. For hire.*

icarəçi *i.* 차지인(借地人), 차가인(借家人); 임차인 (lessor) leaseholder, tenant, lessee

icarəçilik ☞ **icarədarlıq**

icarədar *i.* 차가인, 임차인 lease holder

icarədarlıq *i.* 차용, 보유 tenancy

icarəhaqqı *i.* 임대료, 소작료 rent, rental

icazə *i.* 허락, 허가, 승인, 용인, 허용, 인가 allowance, leave, permission, sanction ○ **izin, rüsxət**; ~ **vermək** *fe.* 허락하다, 용인하다, 동의하다, 인정하다, 비준하다 permit, allow, let, sanction; authorize; ~**nizlə** *z.* 당신의 용인하에 by your leave; ~ **vərəqəsi** *i.* 허가서, 인가서, 허가증, 면허장, 감찰 permit, allowance, pass, license; ~ **almaq** *fe.* 허락을 받다 get permission

icazəli *si.* 허용된, 적법한 permitted, legal ○ **izinli, rüsxətli**

icazasız *si.* 허가 없이, 무허가의 without permission ○ **izinsiz, rüsxətsiz**

icbar *i.* 강제, 강요, 강박 compulsion, constraint

icbari *si.* 강압적인, 의무적인, 필수의, 강제적인 compulsory, compelling, forced, obligatory ○ **məcburi**; ~ **təhsil** *i.* 의무 교육 compulsory education

icbarilik *i.* 강제, 강요, 책임, 의무 compulsion, obligation ○ **məcburilik, zorluluq**

iclas *i.* 모임, 회의, 협의회, 집합, 회합 conference, meeting, session, sitting ○ **yığıncaq**; ~ **keçirmək** *fe.* 회의하다, 모임을 갖다, 회합하다 sit; **ümumi** ~ *i.* 총회 general meeting; ~**ı açmaq** *fe.* 회의를 갖다, 모임을 열다, 개회하다 open the meeting; ~**ı bağlamaq** *fe.* 모임을 폐하다, 폐회하다 close the meeting

iclasbaz *i.* 회의를 좋아하는 사람 one who enjoys meetings

iclasbazlıq *i.* 회의를 즐김 enjoyment of meetings

iclasçı *i.* 회의 주재자 assessor

icma *i.* 공동체, 모임 community, commune ○ **cəmiyyət, təşkilat, məclis**

icmal *i.* 비평, 회고, 평론, 심리, 해설, 총괄, 요약 review, round-up, commentary ○ **xülasə**; **mətbuat ~** *i.* 기자 회견, 총괄 회견 press round-up

icmalçı *i.* 해설자, 비평자, 평론가, 총괄자 reviewer, commentator, columnist

icra *i.* ① 집행, 실행, 이행, 실시 execution, fulfillment; ② 연주, 상연, 공연, 연출, 표현 performance, rendering, rendition; **~ etmək** *fe.* 집행하다, 이행하다, 실시하다, 수행하다 execute, fulfil, transact, carry out, perform; **hökmü ~ etmək** *fe.* 형을 집행하다 carry out a sentence; **əmri ~ etmək** *fe.* 명령을 이행하다 carry out an order, execute an order

icraçı *i.* 실행자, 이행자, 집행자, 연주자, 연출자 executor, performer; **məhkəmə ~sı** *i.* 집행관, 지방행정관 bailiff, officer of law

icraedici *i.* 집행부, 행정부, 실행위원회, 경영간부진 executive; **~ komitə** *i.* 실행위원회 executive committee

icraiyyə *i.* 행정부, 집행부, 실행이사회 executive; **~ komitəsi** *i.* 실행위원회 executive committee

icrasız *si.* 이행하지 않는, 실행되지 않는 without execution/discharge

ictimai *si.* 공공의, 사회의, 공동의 common, public, social ○ **kollektiv**, **ümumi**, **ellik** ● **xüsusi**; **~ xadim** *i.* 공인, 공적인 사람 public man, public figure; **~ asayişin pozulması** *i.* 공공의 골칫거리, 공공의 문제, 사회 문제 public nuisance; **~ quruluş** *i.* 사회 구조 framework of society; **~ vəziyyət** *i.* 사회 상황 social station; **~ mənşə** *i.* 사회적 배경, 출신 성분 background, birth rank; **~ sığorta** *i.* 사회 보험 social insurance; **~ şüur** *i.* 공공의식 social consciousness; **~ təminat** *i.* 사회보장 social security

ictimai-iqtisadi *si.* 사회 경제의 social economic; **~ quruluş** *i.* 사회경제 구조 (제도) social and economic system

ictimailəşdirilmək *fe.* 공공화되다, 사회화되다 be socialized, be collectivized

ictimailəşdirilmiş *si.* 사회화된, 공공화된, 집산화 된 socialized, collectivized

ictimailəşdirmə *i.* 사회화 socialization, collectivization

ictimailəşdirmək *fe.* 사회화하다, 국유화하다, 집산화 하다 socialize, collectivize

ictimailəşmək *fe.* 사회화하다, 공공화하다 become social, become public ○ **ümumiləşmək**, **elliklәşmәk**

ictimailik *i.* 공동체, 공공의견 community, public, public opinion ○ **kollektivlik**, **ümumilik**

ictimai-faydalı *si.* 사회적으로 유용한 socially useful

ictimai-mədəni *si.* 사회문화의 social and cultural

ictimai-siyasi *si.* 사회정치의 social and political

ictimaiyyat *i.* 사회학 social sciences

ictimaiyyatçı *i.* 사회학자 teacher of social sciences

ictimaiyyət *i.* 사회, 공동체, 민족 society, community, people

ictimaiyyətçi *i.* 공인(公人) public person

iç I. *i.* 안, 안쪽, 내부 inside, interior ○ **daxil**, **içalat** ● **bayır**, **çöl**; II. *si.* 안의, 내부의, 안쪽으로 inner, interior, inward; **~ yağı** *i.* (소, 양의 허리에 있는 굳은) 지방 suet; **~i boş** *si.* 속이 빈, 중공의, 알맹이가 차 있지 않는, 공허한 hollow; **~ini doldurmaq** *fe.* 속을 채우다, 채워넣다 stuff; **~ini çəkmək** *fe.* 한숨을 쉬다 sigh; **~ini çəkmə** *i.* 한숨 sigh; **~inə salmaq** *fe.* 포함하다, 내포하다 include; **~ində** *qo.* ~중에서, ~사이에서, ~둘러싸여 among; **~indəkilər** *i.* 내용, 내용물 contents; **~indən** *qo.* 안으로부터, 통하여 out of; through; **~inə** *z.* 안으로 in, inward

içalat *i.* ① *ana.* 내장; (특히) 복강(腹腔) 안의 내장, 내장기관, 창자, 장(腸) internal organs, entrails, intestines, viscera ○ **bağırsaq**; ② offal

içəri *z.* 안에, 안으로 in ○ **daxildə**, **batildə** ● **bayırda**; **~ buraxmaq** *fe.* 들여보내다, 들이다 let in; **~də** *z.* 안에서 inside; **~dəki** *si.* 안에 있는 indoor, interior; **~dən** *z.* 속으로부터, 안으로부터 from inside, on the inside; **~sində** *qo.* 안으로, ~안에 into, within ~; **~əriyə** *z.* 안쪽에 inside; **~ girmək** *fe.* 들어가다, 입장하다 get in; **~lərə keçmək** *fe.* 관통하다 penetrate; **~ tərəfə** *z.* 안쪽에서 inside

içilmək *fe.* 마시우다 be drunk

içim *i.* 한 모금(의 물)mouthful of a drink, gulp

içimlik *i.* 정량, 투여량; 한 모금 dose, draught

için *si.* 안쪽의, 내부의 inward, inside

için-için; **~in-~in** *z.* 훌쩍훌쩍 (울음) weepingly;

I

~ **ağlamaq** *fe.* 훌쩍거리며 울다 sob
içirmək *fe.* 마시게 하다, 취하게 하다 give to drink; make *smb.* drunk
içki *i.* 마실 것, 음료, (주로 술) drink; ~ **düşkünü** *i.* 술 중독, 술 주정 man addicted to drink, drunkard
içkili *si.* 음료가 있는, 마실 것이 있는 having beverages
içkisiz *si.* 마실 것이 없는 having no beverages
içmək *fe.* ① 마시다, 들이켜다 drink; ② (약을) 섭취하다, 투여하다 have, take (medicine); **and** ~ *fe.* 맹세하다 take an oath
içməli *si.* 마실 만한, 마실 수 있는 drinkable, drinking
idarə *i.* ① 사무실, 사무소 office, board, bureau, department, public office; **nəşriyyat ~si** *i.* 인쇄소, 인쇄실 publishing office; ② (관청) 부처, 기관, 공공 기관, 권위 조직, 체제 institution, establishment; ~ **başçısı** *i.* 행정관, 행정 담당 administrator; **polis ~si** *i.* 경찰서 police station; ③ 경영, 관리, 통제, 통치, 지휘 management, control, ruling; ~ **edilməz** *si.* 통제할 수 없는, 관리할 수 없는 unmanageable; ④ *gram.* 지배 government; **felin isimi ~si** *i.* 동사에 의한 명사의 지배 the government of nous by verbs; ~ **etmək** *fe.* a) (정부) 통치하다, 관할하다, 다스리다 rule, govern (government); b) (사업) 경영하다, 관리하다, 운용하다 control, run, steer, manage (business); c) (기계) 작동하다, 사용하다 operate (machine); d) (차량) 운전하다 drive (vehicle); e) (오케스트라) 지휘하다 conduct (orchestra); ~ **etmə** *i.* 통제, 관리, 경영 control, management; ~ **rəhbərliyi** *i.* 행정, 통치, 관리, 경영 (권리) administration; ~ **heyəti** *i.* 운영위원회, 실행 이사회 board of directors; ~ **işçisi** *i.* 사무원, 고용원 clerk, employee
idarəçilik *i.* ① 경영, 통제, 운용 (의 직업) the occupation of a manager; ② 형식주의적 절차, 공무원 식, 관료적 형식주의 red-tape
idarədar *i.* 관리자, 지배인, 감독 manager
idarəedən *i.* 매니저, 관리자, 지배인 manager
idarəedilən *si.* 관리되는, 관할 하의 dirigible, guided
idarəolunan *si.* 통제되는, 조절되는 guided; ~ **mərmi** *i.* 유도 미사일(탄) guided missile
idarəolunmayan *si.* 억제할 수 없는, 감당하기 어려운, 다루기 힘든 uncontrolled; ~ **ehtiras** *i.* 억제할 수 없는 정욕 uncontrolled passion
idarələrarası *si.* 부처 간의, 각 부 간의 interdepartmental
idbar *si.* ① 추한, 흉한, 못생긴, 끔찍한, 역겨운 shabby, ugly, hideous, repulsive ○ **çirkin, eybəcər, kifir** ● **gözəl**; ② 불행한, 불운한 unlucky ○ **bədbəxt**
idbarlıq *i.* 초라함, 비천함, 추함, 흉함 shabbiness, ugliness ○ **çirkinlik, eybəcərlik, kifirlik**
iddia *i.* 가장(假裝), 요구, 권리, 주장, 뽐냄, 잘난 체함, 자만 pretension, claim, action, assertion, bill ○ **tələb, istək, dilək, arzu**; ~ **etmək** *fe.* 주장하다, 단언하다, 주장하다, 옹호하다; 잘난 체하다, 논쟁하다, 뽐내며 걷다, 거드럭거리다 claim, assert, allege, contest, swagger, boast; ~ **təqdim etmə** *i. juri.* 소추 (절차), 기소, 고발 prosecution
iddiaçı *i.* ① *mil. hüq.* 원고(原告), 고소인 plaintiff, pretendant (↔ defendant); ② 탄원자, 청원자 petitioner; ③ 가장하는 사람, ~인체 하는 사람, 대망자, 청구인 pretender, claimant, aspirant; ④ *idm.* 도전자, (선수권을 노리는) 선수, 팀 contender, challenger
iddialanmaq *fe.* 뽐내다, 자랑하다, 교만해지다 become arrogant/lofty
iddialı *si.* 자만하는, 자부하는, 거만한, 젠체하는, 과시적인, 건방진, 뻔뻔한, 불손한 pretentious, lofty, presumptuous, arrogant, haughty, high and mighty ● **başıaşağı**
iddialılıq *i.* 교만함, 건방짐 arrogance, haughtiness, loftiness ○ **mətəkəbbirlik, təşəxxüslük, lovğalıq**
iddiasız *si.* 겸손한, 삼가는, 얌전한, 정숙한, 자만하지 않는, 수수한 modest, unpretentious ○ **sadə, təkəbbürsüz, təvazökar**
iddiasızlıq *i.* 수수함, 젠체하지 않음, 정숙함, 얌전함 modesty, unpretentiousness ○ **sadə, təkəbbürsüz, təvazökar**
ideal I. *i.* 이상(理想), 궁극의 목적, 전형 ideal ○ **məqsəd, qayə, amal**; II. *si.* 이상적인, 최선의, 완전한, 더할 나위 없는 ideal, perfect; ~ **hava** *i.* 이상적인 날씨, 최상의 날씨 ideal weather; ~ **qaz** *i. fiz.* 이상 기체 ideal gas
idealist I. *i.* 이상주의자, 공상가, 관념론자 idealist; II. *si.* 이상적인, 공상적인, 관념적인 idealis-

tic; **~cəsinə** *z.* 이상적(理想的)으로, 이상주의자처럼 idealistically, like an idealist
idealistlik *i.* ① 이상주의, 이상을 갖기, 이상화된 모습 idealism; ② 공상, 환상, 몽상, 망상 dreaminess, reverie
idealizə *i.* 이상화, 관념화 idealization; **~ etmək** *fe.* 이상화 하다, 이상적인 것으로 다루다 idealize; **~ olunmaq** *fe.* 관념화되다, 이상화되다 be idealized
idealizm *i.* 이상주의, 관념론(觀念論), 유심론(唯心論) idealism
ideallaşdırılmaq *fe.* 이상화되다 be idealized
ideallaşdırmaq *fe.* 이상화하다 idealize
ideallıq *i.* 이상, 궁극의 목적 ideal
identik *si.* 똑같은, 동일한 identical
identiklik *si.* 동일성, 일치, 동일함 identity, sameness
ideoqram *i. dil.* 표의 문자 (상형문자 등) ideogram
ideoqrafik *i. dil.* 표의문자의 ideographic
ideoqrafiya *i. dil.* 표의 문자 (한자 등 상형 문자) ideograph
ideologiya *i.* 이데올로기, 이념, 관념 형태, 관념론(觀念論) ideology
ideoloji *si.* 이념적인, 관념적인 ideological; **~ cəbhə** *i.* 이념전선 (理念前線) ideological front
ideoloq *i.* 이데올로기 연구자, 사상학자, 이념가 ideologist
ideya *i.* 개념, 사상, 관념; 착상, 발안 idea ○ **əfkurə, məslək, əqidə, fikir, qayə, məqsəd; bədii və ~ səviyyəsi** *i.* 예술적이고 개념적 기준 ideological and artistic standards; **hakim ~lar** *i.* 우세한 개념, 지배적인 사상 prevailing ideas; **~-bədii** *si.* 이상적이고 예술적인 ideological and artistic; **~ca** *z.* 관념적으로 ideologically; **~-estetik** *si.* 관념적이며 심미적인 ideological and aesthetic; **~lı** *si.* 이념적인, 개념적인, 고결한 ideological, high-principled; **~-nəzəri** *si.* 이념적이고 이론적인 ideological and theoretical; **~-siyasi** *si.* 이념적이고 정치적인 ideological and political; **~ silahı** *i.* 이념적 무기 ideological weapon; **~-tərzbizyəvi** *si.* 이념적이고 교육적인 ideological and educational
ideyalılıq *i.* 도덕적 본질, 도적적 개념, 고결성 moral substance/fibre, moral intelligence, high-mindedness, ideological content ○ **məfkurəlilik, qayəlilik, məsləklilik**
ideyasız *si.* 원칙 없는, 원칙이나 개념이 없는 devoid of principle and ideals, unprincipled ○ **məfkurəsiz, qayəsiz, məsləksiz, prinsipsiz**
ideyasızlıq *i.* 무분별, 부도덕, 무원칙, 무개념 lack of progressive ideas, lack of moral standards, absence of principles and ideas ○ **məfkurəsizlik, qayəsizlik, məsləksizlik, prinsipsizlik**
idilliya *i.* 전원시, 목가적 이야기 idyll; **~ səhnəsi** *i.* 전원 풍경, 전원 생활 idyllic scene
idilliyaçı *i. lit.* 목가주의자, 전원시인 idyllist
idiom *i. dil.* 숙어, 관용어 idiom, idiomatic expression
idiomatik *si. dil.* 관용적인 idiomatic(al); **~ ifadə** *i.* 관용적인 표현 idiomatic expression
idiomatika *i. dil.* ① 숙어 연구, 관용어법자 study of idioms; ② 관용적 표현, 숙어 idiomatic expressions, idioms
idiomatiklik *i.* 관용적 특성 idiomatic nature
idman *i.* 운동, 스포츠, 육체적 운동, 훈련, 체조 sport, physical exercise, training, gymnastics; **~ zalı** *i.* 체육관, 옥내 경기장 gymnasium; **~ meydanı** *i.* 운동장, 단련장 sports ground; **~ etmək** *fe.* 연습하다, 훈련하다 exercise; **~la məşğul olmaq** *fe.* 운동하다, 운동 선수로 살다 exercise
idmançı *i.* 선수, 운동가, 스포츠맨 athlete, sportsman; **dərəcəli ~** *i.* 등급이 있는 선수 rated sportsman
idmançılıq *i.* 선수로서의 직업 profession of sportsman
idrak *i.* ① 이성, 지성, 지각, 이해력 reason, mind, intellect ○ **dərrakə, fəhm, şüur, anlaq**; ② *fəl.* 인지(認知), 인식(認識), 지각(知覺) cognition, perception; **~ qabiliyyəti** *i.* 인지 능력 (認知 能力), 이해력 cognitive faculty; **~ nəzəriyyəsi** *i.* 이식 이론, 인식 이론 theory of knowledge
idraklı *si.* ① 이성적인, 신중한, 판단력 있는, 영리한, 재치있는, 분별력 있는 reasonable, judicious, wise, sensible ○ **dərrakəli, fəhmli, şüurlu, düşüncəli** ● **səfeh**; ② 의식을 가진, 자각하고 있는, 인지할 수 있는 conscious, intelligent, perceptive
idraklılıq *i.* 판단력 있음, 타당성, 인지 능력, 수용성, 이해력 judiciousness, reasonability, perceptibility, receptivity ○ **dərrakəlilik, fəhmli-**

I

lik, **şüurluluq, düşüncəlilik**

idraksız *si.* 우둔한, 아둔한, 이해가 느린, 지력이 떨어지는 dense, unwise, foolish, slow-witted, unintelligent ○ **dərrakəsiz, fəhmsiz, düşüncəsiz, şüursuz** ● **düşüncəli**

idraksızlıq *si.* 비이성적임, 불합리함, 인지력 결핍, 부적절성, 터무니없음 unreasonableness, lack of receptivity ○ **dərrakəsizlik, fəhmsizlik, düşüncəsizlik, şüursuzluq**

idxal *i.* 수입 import ● **ixrac**; ~ **etmək** *fe.* 수입하다 import

idxalat *i.* 수입 (품, 량) import

idxalçı *i.* 수입업자 importer

ifa *i.* 연주, 상연, 공연, 표현 performance, rendering, rendition, fulfillment ○ **icra**; ~ **etmək** *fe.* 연주하다, 연출하다, 묘사하다 fulfil, perform

ifaçı *i.* 제작자, 연주자, 연출자, 배우, 가수 executor, performer, singer

ifaçılıq *i.* 숙달, 통달, 정통, 전문적 기능 mastery; ~ **məharəti** *i.* 탁월한 연출, 탁월한 공연 mastery, master performance

ifadə *i.* 표현, 묘사, 표현법, 증언 (법정), 발언 expression, phrase, testimony (court), utterance ○ **demə, anlatma, izah, ibarə, fraza**; **üzün ~si** *i.* 표정, 표정 연기 expression, look; **idiomatik ~** *i.* 관용적 표현, 관용어 idiomatic expression, idiom; ~ **etmək** *fe.* 표현하다, 묘사하다, 서술하다, 전달하다, 나타내다, 알리다, 언급하다, 재연하다 express, explain, mean, convey, denote, formulate, signify, state, represent; ~ **etmə** *i.* 표현, 묘사, 서술, 회화, 초상, 조상, 진술, 상연, 연출 representation; ~ **edilmə** *i.* 표현, 진술 expression

ifadəli *si.* 장황한, 달변의, 유창한, 표정이 넘치는, 두드러진, 생생한 eloquent, expressive, emphatic, picturesque ○ **aydın**; ~ **oxumaq** *fe.* 생생하게 노래하다, 장황하게 표현하다 recite

ifadəlilik *i.* 표현이 풍부함, 장황함, 명료함 expressiveness, clarity ○ **aydınlıq**

ifadəsiz *si.* 무표정한, 무덤덤한, 음조가 없는, 활력이 없는 inexpressive, inexpressible, toneless

ifadəsizlik *i.* 무표정함 inexpressiveness

iffət *i.* 좋은 행실, 도덕적 순결, 명예 good conduct, moral purity, honour ○ **saflıq, təmizlik, irz, namus, əxlaq**

iffətli *si.* 품행이 단정한, 정직한, 영예로운, 순결한 well-behaved, honest ○ **namuslu, isməti, həyalı, təmiz, saf, təmiz**

iffətsiz *si.* 후안무치한, 낯짝이 두꺼운, 부끄러움을 모르는, 뻔뻔한 shameless, bzare-faced ○ **namussuz, ismətsiz, həyasız, abırsız**

iffətsizlik *i.* 후안 무치, 뻔뻔함, 나쁜 행실 bad conduct, bad behaviour, shamelessness ○ **namussuzluq, ismətsizlik, həyasızlıq, abırsızlıq**

iflas *i.* ① 파산, 도산, 실추, 파탄 bankruptcy, insolvency, crash, failure ○ **müflis**; ② 붕괴, 파멸, 해체, 파열, 분해, 해산 break-up ○ **uğursuzluq, müvəffəqiyyətsizlik**; ~ **olmuş** *si.* 파산한, 도산한 bankrupt; **~a uğramaq** *fe.* 파산하다, 망하다, 도산하다, 실패하다 go bankrupt

iflic *i. med.* 마비(증), 중풍 paralysis, palsy; ~ **etmək** *fe.* 마비시키다, 저리게 하다 paralyse; ~ **vurmaq/olmaq** *fe.* 마비되다, 무기력해지다 be paralysed

iflicli *si. med.* 마비된, 풍에 맞은 paralysed; ~ **qol** *i.* 마비된 손 paralysed arm

ifrat *i.* 극단, 과격, 과도, 초과 excess, extreme; ~ **sol** *i.* 극단적 좌파 the extreme left; ~ **dərəcədə** *z.* 극단적으로 extremely; **~a varmaq** *fe.* 극단으로 치닫다 run to extremes

ifratcı *i.* 극단론자, 과격주의자 extremist

ifratçılıq *i.* 극단주의, 극단론, 과격론 extremism

ifraz *i.* 배설, 배출(작용), 배설물, 분출, 분리 excretion, separating; ~ **etmək** *fe.* 배설하다, 배출하다, 분출하다 excrete, discharge

ifrazat *i. bio.* 배설물(대변, 오줌, 땀 등), 선(腺) 분비물 excreta; ~ **organları** *i.* 배설 기관, 분비 기관 organs of secretion, secretory organs

ifrazedici *si.* 배설하는, 분비하는 secretory, excretory

ifrit *i.* 악마, 악령 devil, ghost ○ **iblis, şeytan, cin**

ifritə *i.* 마녀, 성미 사나운 여자, 심술궂은 여자, 입이 험한 여자, 추한 노파 witch, virago, vixen, termagant, hag ○ **çirkin, bədheybət, kifir** ● **gözəl**

ifritəlik *i.* ① 마법(술), 요술 witchery, sorcery ○ **cadugərlik**; ② 험상궂음, 후안 무치함 deformity, shamelessness; ~ **etmək** *fe.* 마법을 부리다, 요술을 부리다 display witchery

ifşa *i.* 열어 보여줌, 탄로, 발각, 적발, 노출, 제시, 전시 revealing, disclosure, exposure ○ **açma, aşkarlama**; ~ **etmək** *fe.* 탈을 벗기다, 정체를 폭로하다, (비밀을) 드러내다, 노출하다, 고발하다, 드러내다 unmask, reveal, expose, denounce, disclose

ifşaedici *si.* 폭로적인, 정죄하는 unmasking, accusing

iftar *i. din.* 라마단 금식 기간에 해질 때 먹는 음식 breaking a fast; meal (at sunset during Ramazan)

iftixar *i.* 자긍, 자만, 우월감 pride ○ **fəxr, öyünmə;**

iftixarla *i.* 교만하게, 잘난 듯이, 당당히, 훌륭히, 자랑스럽게 proudly

iftixarlı *si.* 교만한, 거만한, 자랑하는 proud, proud-hearted; ~ **baxış** *i.* 교만한 모습, 당당한 자태 proud look

iftira *i.* 명예 훼손, 중상, 비방, 악담 calumny, slander, aspersion, libel ○ **böhtan, şər**; ~ **ittihamı** *i.* 비방적인 고발, 정죄 slanderous accusation; ~ **etmək** *fe.* 비방하다, 정죄하다, 고발하다 slander; ~ **dolu yazılar çap etmək** *fe.* 명예 훼손 문서를 발표하다, 중상하다 libel

iftiraçı *i.* 중상자, 악담자, 비방자 slanderer, calumniator ○ **böhtançı, şərçi**

iftiraçılıq *i.* 중상, 비방, 욕, 명예훼손, 악담 slander, calumny, aspersion ○ **böhtançılıq, şərçilik**

igid I. *i.* 용사, 영웅, 용기있는 사람 braveman, hero, man of courage; II. *si.* 용감한, 담대한, 영웅적인, 결연한, 불굴의 brave, courageous, valiant, stout-hearted, hero ○ **cəsur, qoçaq, qəhrəman**; ~**cəsinə** *z.* 용감히, 씩씩하게 bravely

igidləşmək *fe.* 용기를 갖다, 용감하게 되다 become brave, become courageous ○ **cəsurlaşmaq, qoçaqlaşmaq**

igidlik *i.* 용기, 용감, 과감한 행동, 영웅적 행동 courage, bravery, pluck, heroism ○ **qoçaqlıq, qəhrəmanlıq, rəşadət**; ~ **göstərmək** *fe.* 용감히 행동하다, 용기를 보여주다 act bravely, show bravery

iğfal *i.* 속임, 협잡, 기만, 거짓 deception, hoax, juggling, trickery

ixlas *i.* 사랑, 진실, 솔직, 진지, 성의, 정직, 성실 love, sincerity, cordiality, candour, agape ○ **səmimiyyət**

ixrac *i. eco.* 수출 export; ~ **etmək** *fe.* 수출하다 export

ixracat *i.* 수출(품) export; ~ **ticarəti** *i.* 수출 무역 export trade

ixracatçı *i.* 수출업자 exporter

ixtilaf *i.* 투쟁, 갈등, 분규, 불화, 모순, 불일치 conflict, controversy, difference, discord, discrepancy, distension, disagreement ○ **ziddiyyət, mübahisə, münaqişə** ● **birlik**; **beynəlxalq** ~ *i.* 국제 분규, 국가간 갈등 international friction; **baxışların ~ı** *i.* 의견차이 difference of opinions; ~ **salmaq** *fe.* 갈등을 보이다, 이견을 보이다 give rise to differences

ixtilaflı *si.* 논쟁 거리의, 분규의 소지가 되는, 논의할 만한 controversial, questionable, disputable, debatable ○ **mübahisəli, münaqişəli**

ixtilaflılıq *i.* 논쟁, 논의, 싸움, 다툼, 불일치 controversy, disagreement, dispute ○ **mübahisəlilik, münaqişəlik**

ixtilafsız *si.*, *z.* 반대 없이, 다툼 없이 without controversy, beyond question ○ **mübahisəsiz, münaqişəsiz**

ixtilafsızlıq *i.* 동의적임, 상응성, 조정, 일치 agreeability, co-ordination

ixtilal *i. arx.* 반란, 반역, 모반, 역모, 폭동 rebellion, revolt ○ **üsyan**

ixtilalçı *i.* 반군, 모반자, 반역자, 폭동자 rebel, insurrectionist ○ **üsyançı**

ixtilat *i.* ① 혼란, 소란, 불안, 동요 confusion, turmoil; ② 대화, 대담, 회화 conversation ○ **söhbətləşmə**; ~ **etmək** *fe.* 혼란시키다, 뒤섞어 놓다 confuse, jumble

ixtira *i.* 발견, 탄로, 발각, 고안, 발명 discovery, contrivance, invention ○ **icad, kəşf, yaratma**; ~ **etmək** *fe.* 발명하다, 고안해 내다 invent

ixtiraçı *i.* 발명자 inventor

ixtiraçılıq *i.* 창의적임 inventiveness; ~ **qabiliyyəti** *i.* 창의력, 창의성 inventive faculty

ixtisar *i.* ① 요약, 축약, 축약판, 초본, 적요 abridgment, abbreviation ○ **qısaltma, azaltma**; ② 감소, 축소, 할인, 삭감 reduction, cutting down, cut-back; ③ *mat.* 생략, 삭제, 취소, 말소 cancellation; ~ **etmək** *fe.* 깎다, 삭감하다, 축소하다, 줄이다 reduce, abbreviate, abridge, shorten; ~ **etmə** *i.* 수축, 단축, 축소 contraction; ~**olunmaq** *fe.* 줄여지다, 삭감되다, 요약되다, 축

I

약되다 be abridged, be abbreviated

ixtisarla *z.* 요약해서, 줄여 말하면 in abbreviation form

ixtisarlı *si.* 요약된, 축약된, 생략된 abridged, abbreviated, shortened

ixtisas *i.* 전공, 전문, 전문성, 직업 profession, qualification, trade, speciality ○ **sənət, peşə**; **~a sahib olmaq** *fe.* 전공하다, 전문가가 되다, 전문 기술을 갖다 specialize; **~ı olmayan** *si.* 연마되지 않은, 익숙하지 않은 unskilled; **~ qazanmaq** *fe.* 전문직을 갖다, 전문성을 보유하다 acquire a profession

ixtisasartırma *i.* 전문기술 개선, 전문성 계발 improvement of professional skill

ixtisaslandırılmaq *fe.* 전문화되다, 전공화 되다 be specialized

ixtisaslandırmaq *fe.* 전문으로 하다, 전문적으로 취급하다, 전문화하다, 특수화하다 specialize, assign specialization

ixtisaslanmaq *fe.* 전문화되다, 특수화되다 become specialized

ixtisaslaşdırılmış *si.* 전문화된 specialized

ixtisaslaşdırmaq *fe.* 전문적 기술을 가르치다, 전문성을 기르다 give specialized training, assign a specialization

ixtisaslaşma *i.* 전문화 qualifying, specializing, specialization

ixtisaslaşmaq *fe.* 전문화되다, 자질을 얻다 specialize, qualify, become specialized

ixtisaslı *si.* 전문적인, 기술적인, 자격을 획득한, 훈련된 professional, skilled, qualified, trained ○ **təcrübəli, bilikli, hazırlıqlı**; **~ əmək** *i.* 전문적 노동 skilled labour

ixtisassız *si.* 전문화되지 않은, 자격이 미비한 unskilled, unqualified

ixtişaş *i.* 혼란, 무질서, 동요, 분규, 소동, 소란 disorder, trouble, unrest, disturbance, sedition ○ **qarışıqlıq, hərc-mərclik, qarmaqarışıqlıq** ● **sülh**; **~ törətmək** *fe.* 소동을 일으키다, 평화를 깨다, 혼란을 야기하다 disturb the peace; **~lı** *si.* 무질서한, 혼란한, 소란한 troubled; **~lı günlər** *i.* 혼란한 시기 troubled days

ixtişaşçı *i.* 소동자, 혼란자, 문제인물 troublemaker, rabble-rouser

ixtiyar¹ *i.* ① 권한, 재량권, 처분권, 권세 disposal, right, power ○ **qüvvət, güc, taqət**; ② 의지, 뜻, 의사 will; ③ 옳음, 의 righteousness; **~ vermək** *fe.* 재량권을 부여하다 entitle; **~ olmaq** *fe.* 재량권이 주어지다 be entitled; **mənim ~ımda** *z.* 나의 재량대로 at my disposal

ixtiyar² *i.* 현노파 old and wise man ○ **qoca, yaşlı, nurani** ● **gənc**

ixtiyarat ☞ **ixtiyar¹**

ixtiyari *si.* 수의(隨意)의, 임의의, 부정(不定)의 arbitrary, free, willing, voluntary ○ **iradi, könüllü**; **~ qərar** *i.* 임의 결정 arbitrary decision; **~ hərəkət** *i.* 임의 행동 free movement

ixtiyarilik *i.* 기꺼움, 흔쾌한 마음 willingness, volunteer ○ **iradilik, könüllülük**

ixtiyarlıq *i.* 늙음, 노령의 나이, 노년기 oldness, agedness ○ **qocalıq** ● **gənclik**

ixtiyarlaşmaq *fe.* 노련해지다, 나이들고 현명해지다 grow old and wise ○ **qocalmaq, yaşlaşmaq**

ixtiyarsız *si. z.* 본의 아닌, 마지못해하는, 부득이한, 무심결의, 법적 권한이 없는 involuntary, unintentional, deprived of legal right ○ **hüquqsuz, səlahiyyətsiz**

ixtiyarsızlıq *i.* 권한 부재, 재량권 없음 lack of rights ○ **hüquqsuzluq, səlahiyyətsizlik**

ikən *ba. qo.* ~하는 동안, ~하는 때 while, as, while being; ***Uşaq ikən o, Moskvada yaşayırdı.*** *아이 때 그는 모스크바에서 살았다. As a child he lived in Moscow.*

iki I. *say.* 2, 둘 two; II. *i.* 낙제점 poor mark; **~ dildə danışan** *si.* 두 언어를 쓰는 bilingual; **~ dəfə** *z.* 두번 twice; **~ dəfə artırmaq** *fe.* 배가하다, 두배로 늘이다 double; **~ tərəfli** *fe.* 쌍방의, 양당의 bilateral; **~ tərəfli danışıqlar** *i.* 쌍방 대화 bilateral dialogue; **~si də** *z.* 둘 다 both; **~sindən biri** *z.* 둘 중 하나 either

ikiadamlıq *si.* 두 사람이 앉을 수 있는 two-seater

ikiağızlı *si.* 양날의 (칼) double-edged (knife, sword)

ikiarvadlı *si.* 중혼(重婚)의, 중혼(重婚)죄의 bigamous

ikiarvadlıq *i.* 중혼(重婚) bigamy

ikiatlı *si.* 쌍마 (雙馬), 두 말이 이끄는 (마차) two horse

ikiatomlu *si. fiz.* 이원자의 diatomic

ikiavarlı *si.* 노가 둘인 (배) two-oared

ikiayaqlı *si.* 두 발의 two-legged, biped, bipedal
ikiaylıq *si.* 두 달 동안의, 두 달 된 (아기) for two-month, two-month old
ikibarmaqlı *si.* 두 손가락의 two-fingered
ikibaşa *z.* 왕복의, 가고 오는 there and back
ikibaşlı *si.* 쌍두 체제의; 애매한, 복선적 의미의 two-headed, ambiguous ○ **ikimə'nalı, ikitərəfli, dumanlı** ● **aydın**
ikibir *z.* 둘 씩, 쌍쌍이 in pairs, pair in pair, two by two ○ **cüt-cüt**
ikibucaqlı *si.* 쌍각(雙角)의, 두 각을 가진 two-angled
ikibuynuzlu *si.* 양각(兩角)의, 두 뿔을 가진 two-horned
ikicanlı *si.* 임신중의, 출산이 가까운 pregnant, parturient ○ **hamilə, boylu, boğaz**
ikicanlılıq *i.* 분만, 출산, 임신 parturiency, pregnancy ○ **hamiləlik, boğazlıq**
ikicə *z.* 둘만이 only two, just two of them
ikicərgə *z.* 두 줄씩 in two rows
ikicərgəli *si.* 두 줄의 two-rowed
ikicildli *si.* 두 권의 책으로 된 of two-volume edition
ikicildlik *i.* 두 권으로 된 전집 two-volume edition
ikicinsiyyətli *si.* 암수동체(성)의 hermaphroditic
ikicinsiyyətlilik *i.* 암수동체, 양성구유자, 남녀추니 hermaphroditism, hermaphrodite
ikicinsli *si.* 양성(兩性)의 bisexual
ikicinslilik *i.* 양성(兩性)bisexuality
ikiçarxlı *si.* 쌍륜(雙輪)의 two-wheeled ○ **ikitəkərli**
ikiçin ☞ **ikicərgə**
ikidən-birdən *z.* 항상, 수시로 ever
ikidilli *si.* ① 두 언어를 쓰는 bilingual; ② *fig.* 두 말을 하는, 외식적인, 부정직한 two-faced, dishonest ○ **ikiüzlü, yalançı** ● **səmimi**
ikidillilik *i.* ① 두 언어의 상용(능력) bilingualism; ② *fig.* 외식, 가장 hypocrisy ○ **ikiüzlülük, yalançılıq**
ikidırnaqlı *si. zoo.* 발굽이 갈라진 cloven-hoofed
ikidırnaqlılar *i. zoo.* 발굽이 갈라진 동물, 우제(偶蹄) 동물 cloven-footed animals
ikidorlu *si.* 쌍 돛대의 two-masted; ~ **gəmi** *i.* 쌍돛단 배 two-master
ikielementli *si.* 두 구성 분자로 된 two-elemented
ikiəlli *si.* 강하게, 매우 강한 뜻으로, 전심으로 firmly, very willingly, with all one's heart
ikiəsrlik *si.* 2세기 동안의 of two centuries
ikifaizli *si.* 2%의 two percent
ikifazalı *si.* 2중 접상의 two-phased
ikifikirli *si.* 우유부단한, 두 생각이 있는, 갈등하는, 동요하는 vacillating, vacillatory, indecisive
ikifikirlilik *i.* 마음의 동요, 주저 vacillation
ikigözlü *si.* 두 개 구획으로 된, 2개 방으로 구성된 two-compartmented; ~ **mənzil** *i.* 2개 방으로 된 아파트 two-room apartment
ikigöyərtəli *si.* 2층으로 된, 2중 판으로 된 double-decked
ikigünlük *si.* 2일 동안의 of two-day
ikigüvənlı *si. zoo.* 쌍봉의 two-humped; ~ **dəvə** *i.* 쌍봉 낙타 Bactrian camel
ikihakimiyyətlilik *i.* 양두 정치, 이두 정치 diarchy, dual power
ikihecalı *si.* 2 음절로 된 disyllabic; ~ **söz** *i.* 2음절 단어 disyllabic word, disyllable
ikihədli *si. mat.* 이항식(項式)(의) binomial
ikihəftəlik *si.* 2주간의, 2주간 동안 of two weeks, two-weeks time, fortnight
ikihürgüclü ☞ **ikigüvənli**
ikixətli *si.* 2중 궤도의 double-track; ~ **dəmir yolu** *i.* 복선 철도 double track railway
iki-iki *z.* 둘 씩, 둘 둘이 in pairs, by two
ikiillik I. *si.* 2년의, 격년의 of two years, two-year; biennial; II. *i.* 유급생 repeater (student remaining in the same class)
ikiqanadlı *si.* 2개 날개의, 쌍익의 two-winged, dipterous
ikiqat(lı) I. *si.* 2중의, 2겹의 two-fold, double; II. *z.* 두 배씩, 갑절의, 곱절의 twice as, double; ~ **çərçivə** *i.* 이중 구조 창문, 이중 틀 창문 double-window frame; ~ **etmək** *fe.* 갑절을 더하다 double
ikiqiymətli *si.* 두 자릿수의 two-digit
ikiqollu *si.* 양팔의, 팔이 둘인 two armed, double-armed
ikiqulplu *si.* 손잡이가 둘인 two-handled
ikilaylı *si.* 두 겹의 two-layered
ikiləmək *fe.* ① 둘 씩 만들다, 짝을 짓다, 쌍으로

I

만들다 make into a pair, mate, couple ○ **qoşalaşdırmaq**, **cütləşdirmək**; ② 둘로 나누다 divide into two ○ **bölmək**; ③ 반복하다 repeat

ikilənmə *i.* 양분, 분기(分岐) division into two, divarication, bifurcation

ikilənmək *fe.* 두 갈래로 가르다, bifurcate, fork, be bisected/divided into two

ikiləşmək *fe.* ① 배가되다, 강화되다 become redoubled, be doubled, be reduplicated ○ **qoşalaşmaq**; ② 짝지어지다, 쌍이 만들어지다 be mated, become paired; ③ *fig.* 내분이 일다 lose inner unity

ikilətmək *fe.* 분열시키다, 반복시키다 cause to double, make *smb.* to repeat

ikili *si.* 두 겹의, 중복의 dual, double; ~ **xüsusiyyətə malik olmaq** *fe.* 이중 성격을 갖다 have a dual character; ~ **təbiət** *i.* 이중성격 double nature

ikilik *i.* ① 2, 둘, 둘이 됨 two (number); ② 이중성 duality ○ **ziddiyyət**

ikilikdə *z.* 같이, 면전에, 얼굴을 마주 보고 in duality, together, in private, tete-a-tete ● **təklikdə**

ikilülə(li) *si.* 쌍총신인, 쌍발총의 double-barrelled (rifle)

ikimə'nalı I. *si.* ① 이중 의미를 가진 of two meaning; ② 모호한, 애매한 ambiguous, vague ○ **eyhamlı, kinayəli;** II. *z.* 애매하게, 종잡을 수 없는, 모호하게 ambiguously, equivocally

ikimənzilli *si.* 2개 아파트로 된 two-flat; ~ **ev** *i.* 2 아파트로된 연립주택 two-flat house

ikimərtəbə(li) *si.* 2층으로 된 two-storeyed

ikimilli *si.* 2중 괘선으로 된 (공책) two-lined (copy book)

ikimotorlu *si.* 2개의 엔진을 가진 twin-engined

ikinci *say.* 둘째의, 두 번째의 second; ~ **dərəcəli** *si.* 이등급의, 열등한, 부속적인 inferior, minor, second-rate, secondary, subordinate, subsidiary; ~ **növ** *si.* 2등급의 second-rate; ~ **çağ** *i.* 오후 afternoon; ~ **cərgə** *i.* 2번째 열 the second row

ikincilik *i.* 두 번째 장소 second place

ikinəfərli ☞ **ikiyerli**

ikinövbəli *si.* 2번 교대의 two-shift; ~ **iş** *i.* 2번 교대의 일 two shift work

ikioxlu *si.* 축이 둘 있는 biaxial

ikiotaqlı *si.* 방이 둘인 two-room; ~ **mənzil** *i.* 2칸 방 아파트 two-room flat

ikiövrətli ☞ **ikiarvadlı**

ikipalatlı *si.* 2개 건물이 있는 two-chambered, bicameral; ~ **parlament** *i.* 양원 의회(兩院 議會) two-chambered parliament

ikipartiyalı *si.* 양당 간의 of two-party

ikipartiyalılıq *i.* 양당제도 two-party system

ikipəncərəli *si.* 2개 창문이 있는 two-windowed

ikipərdəli *si.* 2개 막으로 이뤄진 two-act; ~ **peyc** *i.* 2개 막의 연극 two-act play

ikirəqəmli *si.* 두 자릿수의 two-digit; ~ **rəqəm** *i.* 두 자릿수 two-digit number

ikirəng(li) *si.* 2개의 색으로 이뤄진, 2색성의 two-coloured, dichromatic; ~ **bayraq** *i.* 2색 국기 twocoloured flag

ikisaatlıq *si.* 2시간 동안 two hour

ikisaitli *i. dil.* 중모음, 복모음 diphthong

ikisaplı *si.* 두 손 잡이의 two-handled; ~ **mişar** *i.* 두 손 잡이 톱 two-handled saw

ikisıralı ☞ **ikicərgəli**

ikisi *əv.* 그중의 둘 two (of them)

ikisifətli ☞ **ikiüzlü**

ikisilindrli *si.* 2중 실린더의 (엔진) two-cylindered

ikisimli *si.* 두줄의 (악기) two-stringed

ikişəkilli *si.* 2개의 장면이 있는 two scene

ikitağlı *si.* 2개 아치형의 two-arched

ikitarlalı *si.* 2개의 밭으로 된 (교대 경작) of two-field (rotation of crops)

ikitelli ☞ **ikisimli**

ikitəbəqəli *si.* 2개 층으로 된 two-layer, two stratum

ikitəkərli *si.* 2 륜의 two-wheeled

ikitərəfli *si.* 양면의, 쌍방의, 교차적인 double-sided, bilateral, two-way ○ **qarşılıqlı**; ~ **sətəlcəm** *i. med.* 2중 폐렴 double pneumonia

ikitərkibli *si. dil.* 2개 요소로 된 two element ○ **cüttərkibli**

ikitirəlik *i.* 불화, 부조화, 불협화음 discord, dissension ○ **ayrılma**, **təfriqə**, **çəkişmə** ● **birlik**; ~ **salmaq** *fe.* 불화를 심다 sow discord

ikiüzlü I. *si.* 양면의, 표리부동의, 위선적인 two-faced, hypocritical; II. *i.* 위선자 hypocrite ○ **riyakar** ● **səmimi**

ikiüzlücəsinə *z.* 위선적으로, 외식적으로 hypocritically

ikiüzlülük *i.* 위선, 외식, 가장 hypocrisy, affectation; ~ **etmək** *fe.* 위세를 부리다, 위선하다 play the hypocrite, dissemble ○ **riyakarlıq**

ikiüzvlü *si. mat. ling.* 이항식(項式)(의) binomial; ~ **tənlik** *i.* 이항 방정식 binomial equation; ~ **cümlə** *i.* 두 개 요소로 이뤄진 문장 binomial sentence

ikiyanlı *si.* 양면의, 쌍방의 double-sided, bilateral

ikiyarpaq(lı) *si. bot.* 쌍엽의, 두 잎을 가진 two leaved

ikiyaşar *si.* 2개년의, 2살 된 of two years, two-year

ikiyaşlı ☞ **ikiyaşar**

ikiyelkənli *si.* 쌍 돛의 (배) double sail

ikiyerli *si.* 2인승 (차) two-seater

ikmal *i.* 완성, 업적, 달성, 성취, 결말 completion, achievement, finalization ○ **tamamlama, bitirmə, qurtarma**

ikona *i.* 상, 초상, 아이콘, 성상 icon

ikrah *i.* 혐오, 반감, 증오, 진저리, 정떨어짐 aversion, disgust, loathing, numbness ○ **iyrənmə, çimçişmə, diksinmə**; ~ **hissi** *i.* 혐오감, 반감, 몹시 싫어함 aversion; ~ **eləmək** *fe.* 싫어하다, 혐오하다 feel, sense, have sensation; ~ **yaratmaq** *fe.* 정나미가 떨어지다, 진저리를 치다 fill with aversion/disgust/loathing

ikram *i.* 존경, 존중, 명예 respect, honour, esteem ○ **hörmət, əzizləmə, ehtiram, sayğı**

iksir *i.* 만능약, 비약, 영약 elixir; **həyat ~i** *i.* 생명의 영약 elixir of life

iqamət *i.* 거주, 살림 residing, living, staying

iqamətgah *i.* 거주지, 주소, 주거, 거처 residence, abode, dwelling

iqbal *i.* 행운, 운명, 숙명 fortune, fate, destiny ○ **bəxt, tale**

iqdam *i.* 시작, 개시 beginning, start ○ **başlama, girişmə**

iqlim *i.* ① 기후, 날씨; 풍조, 사조, 추세 climate ○ **hava**; ② 지역, 지방, 땅 country, region ○ **ölkə, məmləkət**

iqlimli *si.* 기후의, 날씨의 weather

iqlimşünas *i.* 기상학자, 기후학자, 풍토학자 meteorologist, climatologist

iqlimşünaslıq *i.* 기상학, 기상, 일기 상태 meteorology

iqrar ① 인정, 승인, 자백, 고백, 시인, 인식 admission, acknowledgement, recognition ○ **təsdiq, e'tiraf, qəbul** ● **inkar**; ② 결판, 결정, 판결 decision, judgement ○ **qərar, qənaət, hökm**; ~ **etmək** *fe.* 고백하다, 승인하다, 인정하다 affirm, admit, confess, acknowledge; **məğlubiyyətini ~ etmək** *fe.* 패배를 인정하다 acknowledge one's defeat

iqtibas *i.* 채용, 채택, 선택, (외국어) 차용 adoption, borrowing ○ **sitat**; ~ **etmək** *fe.* 빌리다, 차용하다 borrow

iqtidar *i.* ① 권력, 힘, 능력, 실력 force, strength, ability, power, might ○ **qüvvət, taqət, güc**; ~**partiyası**; 여당(與黨) ruling party; ② 가능성, 실현성, 가망 possibility ○ **imkan**; ***Onun yaşamaq iqtidarı yoxdur.*** *그녀는 살 가망이 없다. She has no possibility to live.*

iqtidarlı *si.* ① 권세 있는, 실력 있는, 힘있는 strong, powerful ○ **qüvvətli, güclü**; ② 능력 있는, 가능성 있는 capable, possible ○ **bacarıqlı, qabiliyyətli, qüvvətli**

iqtidarlılıq *i.* 힘셈, 가능성 있음, 권력 있음 state of being strong; possibility

iqtidarsız *si.* ① 약한, 무력함, 연약함, 실력 없음 weak, feeble, powerless, unable ○ **qüvvətsiz, gücsüz**; ② 불가능 impossible; ~ **hala düşmüş** *si.* 불구가 된, 장애가 있는, 무능한 disabled

iqtidarsızlıq *i.* ① 약함, 빈약함, 연약함 weakness, feebleness ○ **qüvvətsizlik, gücsüzlük**; ② 무기력, 불가능 inability, impossibility

iqtisad *i.* 경제(학) economics; **siyasi ~** *i.* 정치 경제학 political economy

iqtisadi *si.* 경제의, 경제학적인 economic; ~ **böhran** *i.* 경제 위기 economic crisis; ~ **inkişaf xarakteri** *i.* 경제 발전의 양태 patterns of economic development; ***Avropa ~ Birliyi*** *i. 유럽 경제 공동체 European economic community*; ~ **qanunlar** *i.* 경제 법 economic laws

iqtisadiyyat *i.* 경제, 경제학 economy, economics

iqtisad(iyyat)çı *i.* 경제학자 economist

iqtisadçılıq *i.* ① 경제학자의 직무 profession of economist; ② *tar.* 경제주의 (노동조합 운동에서 정치문제보다 경제 문제를 중시하는 주의) econo-

I

mism

iqtiza ① 본질, 진수(眞髓), 필수불가결한 요소, 본성 essence, necessity, indispensability, essentiality

il *i.* 년(年), 해 year; **keçən ~** *i.* 작년(昨年) last year; **gələn ~** *i.* 내년(來年) next year; **cari ~** *i.* 금년(今年) current year; **~dən-~ə** *z.* 매년, 연속해서 from year to year, year after year; ***Yeni iliniz mübarək!*** *새해 복 많이 받으세요. Happy New Year!*

ilahə *i.* 여신 goddess; **məhəbbət ~si** *i.* 사랑의 여신 Venus, goddess of love; **müdriklik ~si** *i.* 지혜의 여신 Athena, goddess of wisdom

ilahi I. *i.* 신, 하나님 God; II. *si.* 신성한, 거룩한, 더할 나위 없는 divine, celestial, extraordinary; III. *accl.* 오 하나님! My God! Good Lord!

ilahiləşdirilmək *fe.* 우상화되다, 신격화되다 be idolized, bemade divine

ilahiləşdirmək *fe.* 우상화하다, 신격화하다 idolize, make divine, deify ○ **yüksəltmək, qaldırmaq**

ilahilik *i.* ① 신, 신성, 신격, 거룩성 deity, holiness, sanctity, divinity ○ **ülvilik, müqəddəslik, yüksəklik**; ② 미, 아름다움, 경이 beauty, wonder, fancy ○ **gözəllik, füsunkarlıq**

ilahiyyat *i.* 신학, 신학이론 theology, divinity

ilahiyyatçı *i.* 신학자 theologian

ilaxır **və ~** *qo.* 등등, 무리, 따위 and so on, *etc.*

ilan *i.* 뱀, 살무사, 독사 snake, viper, serpent; **eynəkli ~** *i.* 코브라 cobra; **~ balığı** *i. zoo* 뱀장어, 칠성장어 eel, lamprey; **~ kimi** *z.* 불성실한, 배반하는, 딴 마음 먹은 treacherous, repulsive; **~ qabığı** *i.* 뱀가죽 snakeskin; **~ zəhəri** *i.* 뱀의 독액 snake venom; **qoyunda ~ gizlətmək** *fe.* 앙심을 품다, 악의를 가지다 keep, cherish a snake in one's bosom; ***İlan vuran ala çatıdan qorxar.*** *ata.s. 자라 보고 놀란 가슴 솥뚜껑 보고 놀란다. The scalded dog fears cold water.*

ilan-çayan *i.* (집합적으로) 독사 poisonous snakes (collective)

ilan-qurbağa *i.* ① *top.* 양서류, (혐오스런 동물들) reptiles and insects; ② *col.* 휘갈겨 쓴 글자 scrawl; **~ yazmaq** *fe.* 휘갈겨 쓰다, 낙서하다 scrawl, scribble

ilanlıq *i.* 뱀이 많은 곳 place full of snakes

ilanoynadan *i.* 뱀 부리는 사람 snake charmer

ilansayağı *z.* 뱀처럼, 간교하게 as a snake, like a snake

ilanvarı *si.* 뱀 같은, 똬리를 친 snaky, snake-shaped, spiral, winding

ilaşırı *z.* 격년마다 once every two year, every two years

ilavə ☞ **əlavə**

ilbəil *z.* 매년, 해마다 every year, year after year

ilbiz *i. zoo.* 달팽이 snail

ilbizəbənzər *si.* 나선형의 snail-shaped

ilbizşəkilli *si.* 나선형의 snail-shaped

ilbizvarı ☞ **ilbizşəkilli**

ildırım *i.* ① 번개, 번갯불, 전광, 소이탄 lightning, globe-lightning, fire-ball ○ **şimşək**; ② 뇌전, 낙뢰, 벼락 thunderbolt; **~ çaxması** *i.* 벼락, 벼락이 떨어짐, 낙뢰(落雷) thunderbolt; **~ ötürən/siperi** *i.* 피뢰침 lightning arrester, lightning-conductor, lightning-rod; **~ sürətilə** *z.* 전광석화와 같이, 번개처럼 at lightning speed; **~ çaxmaq** *fe.* 번개 치다 flash lightning

ildırımlı *si.* 번개의, 번개 치는 lightning ○ **şimşəkli**

ildırımsürətli *si.* 번개처럼 빠른 quick as lightning; **~ zərbə** *i.* 번개 같은 강타 lightning stroke; **~ müharibə** *i.* 번개 전투 Blitzkrieg

ildönömü *i.* 기념일, 기일 anniversary; **~nü qeyd etmək** *fe.* 기념일을 축하하다 celebrate an anniversary

ilə (-la, -lə) *qo.* ① ~와 함께, ~을 가지고 with; ② ~안에, ~안에서 in; ③ ~을 가지고, ~에 의해서 by; **maraq ~** *z.* 흥미를 갖고 with interest; **mürəkkəb ~ yazmaq** *fe.* 잉크로 쓰다 write in ink; **qatar ~** *z.* 기차로 by train

ilgək *i.* ① 단추 구멍 button hole; ② 지퍼, 고리 zipper, loop

ilgəkləmək *fe.* 꿰매다 stitch

ilgəkli *si.* 꿰맨, 단추 구멍이 있는 stitched, having a buttonhole

ilğım *i.* 신기루, 환각, 망상, 허망한 꿈 mirage ○ **sərab**

ilhaq *i. tar.* 부가, 첨가, 부록; 별관 (본관에 연결된) annexation, annexion ○ **bitişdirmə, birləşdirmə, qatma, qoşma**; **~ etmək** *fe.* 덧붙이다, 첨부하다, 덧붙여 쓰다 annex

ilhaqçı *i.* 병합론자, 합병론자 annexationist

ilhaqçılıq *i.* 병합, 합병 annexation

ilham *i.* 영감, 계시, 감응, 열정, 고무, 감화, 자극 inspiration, enthusiasm ○ **ruhlanma, təb**; ~ **almaq** *fe.* 영감을 받다, 계시를 받다 be inspired, draw inspiration; ~ **vermək** *fe.* 계시를 주다, 영감을 주다, 격려하다, 북돋우다 inspire, encourage, hearten; ~**la** *z.* 열정으로, 열심으로 with enthusiasm, enthusiastically

ilhamçı ☞ **ilhamverən**

ilhamlandırmaq *fe.* 영감을 주다, 격려하다, 응원하다, 열정을 돋우다 inspire, cheer up, fill with enthusiasm

ilhamlanmaq *fe.* 영감을 받다, 격려를 받다 be inspired, be encouraged ○ **ruhlanmaq, həvəslənmək**

ilhamlı *si.* 영감이 넘치는, 영감을 받은, 마음이 들뜬 inspired, elated, exhilarated ○ **coşqun, ehtiraslı** ● **sönük**

ilhamlılıq *i.* 영적 흥분 상태 state of being full of inspiration

ilhamsız *si.* 영감없이, 감흥 없이 not having inspiration

ilhamverən *i.* 격려자, 고무자, 북돋우는 사람 inspirer

ilhamverici *si.* 영감적인, 고무적인 inspiring; ~ **sözlər** *i.* 고무적인 말 inspiring words

ilxı *i.* (말) 떼 herd (horse)

ilxıbaşı ☞ **ilxıçı**

ilxıçı *i.* 목동, 가축 떼의 소유자 herdsman

ilxıçılıq *i.* 목축, 양마(養馬) horse-herding, job of herdsman

ilxıotaran ☞ **ilxıçı**

ılıq I. *si.* ① 따스한, 미지근한, 미온의 warm, warmish, tepid, lukewarm ○ **isti**; ② 따뜻한, 친절한, 동정심이 있는 kind, warm-hearted; II. *z.* 약간, 조금, 살짝, 살며시 slightly, lightly, softly ○ **hərarətli, nəvazişli, mehriban, xoş**

ılıqlandırmaq *fe.* 미지근하게 하다 make warmish

ılıqlanmaq *fe.* 미지근해지다 become warm ○ **qızmaq, isinmək**

ılıqlaşmaq ☞ **ılıqlanmaq**

ılıqlaşdırmaq ☞ **ılıqlandırmaq**

ılıqlıq *i.* 따스함, 친절함, 관용 warmth, kindness, generosity ○ **mülayimlik, istilik** ● **soyuqluq**

ılıqtəhər *si.* 약간 따스한 warmish; ~ **su** *i.* 미지근한 물 warmish water

ilik *i.* 골, 골수(骨髓) marrow; ~**yinə işləmək** *fe.* 골수에 사무치다 (추위, 원한) penetrate to the marrow (cold); ~ **kimi** *z.* 골수처럼 like marrow

ilikli *si.* 골수가 포함된 containing marrow

iliksiz *si.* 골수없이 marrowless

il-ildən *z.* 매년, 해마다 year after year

ilim-ilim *z.* 점점, 시나브로, 점차적으로 gradually; ~ **itirmək** *fe.* 점점 사라지다 banish

ilinmək *fe.* 따뜻하게 되다 become warm

ilişdirilmək *fe.* 걸리다, 부딪히다, 엉키다 be stuck, be clung, be hitched

ilişdirmək *fe.* ① (갈고리, 고리, 밧줄 등을)걸다, 매달다 hitch, harness, hook, fasten ○ **bəndləmək, taxmaq**; ② 곤경에 처하게 하다, 문제에 빠지다, 골칫거리에 빠지다 cause to get in trouble

ilişik I. *i.* ① 관계, 연관 relation, connection ○ **münasibət, əlaqə, asılılıq**; ② 장애, 방해 hindrance, obstacle ○ **əngəl, maneə**; II. *si.* 결합된, 연관된, 연루된 tangled, coupled ○ **dolaşıq, qarışıq**;

ilişikli *si.* ① 연루된, 뒤얽힌, 뒤죽박죽한 coupled, tangled, muddled ○ **dolaşıq, qarışıq**; ② 방해하는, 훼방하는 hindering ○ **əngəl**

ilişiksiz *si.* 방해 없이, 문제없이, 원만하게 smooth, without hindrance ○ **əngəlsiz, maneəsiz**

ilişkən *si.* 달라붙는, 잘 걸리는, 잘 매이는, 점착성이 강한, 집착이 강한 tenacious, cohesive, hitching

ilişkənlik *i.* 접착력, 집착성, 응집성 tenacity, cohesiveness

ilişmək *fe.* ① 걸리다, 매달리다 be fastened to ○ **taxılmaq**; ② 어겨지다, 범해지다 be offended ○ **toxunmaq, dəymək**; ③ 섞이다, 엉키다 be mixed up, be messed up ○ **qarışmaq**; ④ 지체되다, 거리끼다 delay, be reluctant ○ **ləngimək, yubanmaq**; ⑤ 집착하다, 엉겨붙어 싸우다 dispute, quarrel, stick to *smb.* ○ **sataşmaq, öcəşmək**

ilitmək *fe.* 데우다, 따뜻하게 하다 warm up, heat up ○ **qızdırmaq, isitmək**

ilk *si.* ① 첫째의, 먼저의 first ○ **birinci, əvvəlinci**; ② 기초의, 초등의, 시작의 elementary, original, primary, initial ○ **başlıca, əsas**; ③ 초기의, 최초의 primitive; ~ **mənbə** *i.* 원형, 원작, 원문, 원서; 본인, 실물 original; ~ **şərt** *i.* 전제(前提), 근거, 전술 사항 premise; ~ **dəfədən** *z.* 첫 번에, 단

I

번에 at first shot, at first attempt; ~ **kömək** *i.* 응급 구조 first aid; ~ **öncə** *z.* 무엇보다 더 먼저 first of all; ~ **mə'nası** *i.* 원래의 뜻, 기본적 의미 primary meaning; ~ **qiymət** *i.* 초기 값 initial cost

ilkin *si.* 처음의, 제일의, 기초적인, 기본적인 first, initial, preliminary, primary ○ **birinci**; ~ **şərait** *i.* 선행조건, 전제 premise; ~ **yardım** *i.* 응급구조, 선행 처치 first aid; ~ **mənbə** *i.* 원래 출처, 정보원, 출전 primary source

ilkinlik *i.* 우선순위, 제1위 primary nature, priority, primacy

ilqar *i.* ① 충성됨, 신실함, 신의, 충절, 충의 faithfulness, loyalty, fidelity ○ **vəfa**; ② 약속, 맹세, 계약 promise ○ **əhd, və'd**; ~ **vermək** *fe.* 약속하다, 언약을 맺다 give a promise; **~dan dönmək** *fe.* 약속을 깨다, 신의를 저버리다 break one's promise

ilqarlı *si.* 충실한, 성실한, 열심인, 신의가 두터운, 독실한 faithful, loyal, trustful, devoted ○ **vəfalı**; ~ **dost** *i.* 신실한 친구, 신의가 두터운 친구 faithful friend

ilqarlılıq *i.* 신실성, 충절, 헌신 faithfulness, loyalty, devotion

ilqarsız *si.* 믿지 못할, 부정직한, 신용할 수 없는, 부정(不貞)한, 불성실한, 불충한 mistrustful, unfaithful, disloyal ○ **vəfasız**

ilqarsızlıq *i.* 불충, 배신, 믿지 못함, 신의를 저버림 mistrustfulness, unfaithfulness, disloyalty; ~ **göstərmək** *fe.* 배신하다, 신의를 저버리다 show disloyalty

illa1 *qo. arx.* ~외에, ~를 제외하고 beside, except

illa2 ☞ **illah**

illah *da.* 특별히, 각별히, 특히, 현저하게 especially, particularly; ***İllah sənin əlindən.*** *너 때문에 질렸어! I'm especially sick of you.*

illərcə *z.* 수년 동안, 해마다 for years, for years on end

illərlə ☞ **illərcə**

illət *i. arx.* ① 질환, 불쾌, 병 ailment, illness, disease ○ **xəstəlik, azar**; ② 이유, 원인, 까닭, 동기 reason, cause ○ **səbəb**; ③ 소원, 기원 wish, dream ○ **məqsəd, arzu, niyyət**

illətli *si.* ① 아픈, 병든, 쑤시는 ill, sick, ailing ○ **xəstə, azarlı** ● **salamat**; ② 흠이 있는 having a defect; ③ 근거 있는, 이유 있는 with cause, having grounds

illətsiz I. *si.* 건강한 healthy; II. *z.* 이유 없이, 근거 없이 without cause, for no reason ○ **səbəbsiz**

illik *si.* 매년의, 해마다 annual, yearly; annual, yearly, one year old; ~ **maaş** *i.* 연봉(年俸)one year's salary; ~ **gəlir** *i.* 년 수입 revenue; ~ **hasilat** *i.* 년간 생산량 yearly output; ~ **hesabat** *i.* 년간 결산, 년간 보고(서) annual report

ilmə *i.* 홀매, 올가미 noose, loop

ilmək *i.* ① 단추, 매듭 button, knot; ② 홀매, 올가미, 고리 loop, noose

ilməkləmək *fe.* 매듭을 묶다, 홀매를 치다, 올가미를 만들다 knot, put into a loop, make a loop

ilməklənmək *fe.* 매듭지어지다, 홀매지다 be knotted, be looped

ilməklətmək *fe.* 묶게 하다, ~을 매듭 짓게 하다 have *smt.* looped

ilməkli *si.* 고리가 있는 looped

ilməksiz *si.* 고리가 없는 loopless

il-müdam *z.* 항상, 영원히 forever, always

illüminasiya *i.* 조명, 밝게 하기 illumination

illüminator *i.* (배의) 조명 porthole, sidelight (sailing); (비행) 조명 창 window (aviation)

illüstrasiya *i.* 삽화, 도해, 비교, 실례 illustration

illüstrasiyalı *si.* 도해가 있는 illustrated; ~ **kitab** *i.* 삽화가 있는 책 illustrated book

illüstrasiyaçı ☞ **illüstrator**

illüstrativ *si.* 실례가 되는, 예증이 되는, 설명적인 illustrative

illüstrator *i.* 삽화가 illustrator

illüziya *i.* 환영(幻影), 환각(幻覺) illusion ○ **xəyal**

illüzionizm *i. fəl.* 미망설(迷妄說), 환상설 Illusionism

illüzionist *i.* 착각에 빠져 있는 사람, 망상가; 미망설 논자[신봉자] illusionist

iltifat *i.* 자선심, 박애심, 친절함, 호의 benevolence, favour, kind treatment, good will, kindness ○ **lütfkarlıq, mərhəmət, e'tina**; ~ **etmək** *fe.* 존중하다, 존경하다, 친절히 대하다 respect, esteem; ~ **göstərmək** *fe.* 생색내다, 아부하다, 아첨하다 compliment, condescend; **~la** *z.* 호의를 가지고, 친절하게 politely, benevolently, favourably; ~ **danışmaq** *fe.* 친절히 말하다 speak favourably; ***ltifat edin!*** *제발, 부디! Please! Be so kind!*

iltifatlı *si.* 정중한, 호의적인, 박애적인, 세련된 polite, amiable, benevolent, well-mannered, urbane ○ **lütfkar**, **mərhəmətli**
iltifatlılıq *i.* 상냥함, 애교, 붙임성, 사랑스러움 amiability, benevolence, politeness, urbanity ○ **lütfkarlıq**, **mərhəmətlilik**
iltifatsız *si.* 호의적이 아닌, 적대적인, 거슬리는, 무례한 unfavourable, ill-disposed, malevolent, impolite, discourteous ○ **nəzakətsiz**
iltifatsızlıq *i.* 호의 없는 태도, 적대적, 무례함, 건방짐 unfavourable attitude, discourtesy, impoliteness ○ **nəzakətsizlik**, **mərhəmətsizlik**; **~ göstərmək** *fe.* 무례를 범하다, 적개심을 보이다 display discourtesy
iltihab *i. med.* 염증 inflammation; **~ etmək** *fe.* 염증이 생기다 become inflamed; **ağ ciyərin ~ı** *i. med.* 폐렴 pneumonia
iltihablı *si.* 부어오르는, 염증이 발생 중인 inflamed, inflammatory; **~ proses** *i.* 염증을 일으키는 과정 inflammatory process
iltimas *i. arx.* 의뢰, 요구, 요청, 간청, 탄원 request ○ **xahiş**, **rica**; **~ etmək** *fe.* appeal
iltimas *i.* 탄원하는, 애원하는 supplicant
iltisaqi *si. dil.* 교착성의 agglutinative, agglutinating; **~ dillər** *i.* 교착어(膠着語) agglutinative language
iltisaqilik *i. dil.* 교착, 접합, 유착 agglutination
iltizam *i.* 의무감, 채무감 engagement, commitment; **~ gəlmək** *fe.* 청하러 오다, 애걸하러 오다 come to ask/beg
iltizamnamə *i.* ① 채무증서, 이행 약속 증서 written commitment/obligation; ② *econ.* 빚, 부채, 채무 liability
iltizamçı *i.* 채무자, 빚진 자 person in charge
imalə *i. med.* 관장(灌腸); 관장제; 관장기, 관장(약) enema, clyster; **~ etmək** *fe.* 관장하다 give an enema, clyster
imam *i.* 이맘, 이슬람 성직자 imam, Islamic leader, leader in public worship in Islam
imamzadə *i.* ① *din.* 이맘의 후손들을 매장하는 장소 burial place for an imam's descendants; ② 이맘의 후손 son of an imam
imamlıq *i.* 이맘의 직무 work of an imam
iman *i.* 믿음, 신앙, 신뢰, 신앙 고백 (religious) belief, faith, trust, creed, confession ○ **inanma**; **~ gətirmək/bəsləmək** *fe.* 하나님을 믿다 believe in God; **~ını yandırmaq** *fe.* 신앙을 벗어나다, 믿음을 저버리다 sin against the truth
imanlı I. *i.* 신자 believer ○ **dindar**; II. *si.* 독실한, 신실한, 양심적인, 경건한 devout, pious, faithful; conscientious ○ **insaflı**, **mərhəmətli**
imansız I. *i.* 불신자, 무신자 non-believer, atheist ○ **dinsiz**, **allahsız**, **e'tiqadsız**, **kafir**; II. *si.* 불경건한, 모독적인 impious, profane ○ **mərhəmətsiz**, **qəddar**; **~casına** *z.* 불신앙적으로, 모독적으로, 부끄럼 없이 unbelievingly, godlessly, shamelessly
imansızlıq *i.* ① 불신, 무신앙 atheism ○ **dinsizlik**, **kafirlik**; ② 무자비함, 잔인함, 혹독함 mercilessness, brutality, cruelty ○ **mərhəmətsizlik**, **insafsızlıq**, **qəddarlıq**, **amansızlıq**
imarət *i.* 성, 궁전, 대궐 같은 집 castle, palace, nice-looking house/building ○ **bina**, **ev**, **mülk**, **tikili**
imarətli *si.* 궁궐 같은, 웅장한, 호화로운 palatial
imdad *i.* 도움, 원조, 구원 help, aid, interaction, assistance ○ **kömək**, **yardım**; **~a yetmək** *fe.* 돕다, 원조하다, 지원하다 help, come to help; **~a çağırmaq/~ diləmək** *fe.* 도움을 청하다 call for help: **İmdad!** Help!
imdadsız *si.* 도움 없는, 스스로, 난처한 helpless, aidless ○ **köməksiz**, **yardımsız**
imdadsızlıq *i.* 도움 없음, 난처함 helplessness, aidlessness ○ **köməksizlik**, **yardımsızlıq**
iməci *i.* 자원봉사 참여자, 자원봉사자 participant of the day of voluntary unpaid work
iməcilik *i.* 자원 봉사 subbotnik (a day of voluntary unpaid work)
imək *i.* 기어다님, 기어가기, 서행 crawl, crawling
iməkləmək *fe.* 기다, 기어다니다 crawl; **~yə başlamaq** *fe.* 기기 시작하다, 기어다니기 시작하다 start to crawl
iməklətmək *fe.* 기어다니도록 하다 ask *smb.* to crawl, teach to crawl
imirçimək *fe. col.* (음식이) 쉬다, 시어지다, 썩다 turn sour, go bad, become rotten
imirçimiş *si.* (음식이) 쉰, 썩은 rotten, tainted
imitasiya *i.* 모조(품), 가짜, 복사물, 흉내내기 imitation, mimicking
imkan *i.* ① 기회, 능력, 명분, 가능성 chance, occasion, opportunity, possibility ○ **mükünlük**; ② 자원, 재원, 공급원, 수단, 편익, 편의 resource,

I

means, facilities ○ **iqtidar, qüvvə, vəsait**; **~ və gerçəklik** *i. fəl.* 가능성과 실제성 possibility and reality; **~dan istifadə etmək** *fe.* 기회를 활용하다 profit by the occasion, take the opportunity of; **~ vermək** *fe.* 가능하게 하다, 만족시키다 enable, indulge; **~ yaratmaq** *fe.* 가능하게 하다 enable; **~ı olmaq** *fe.* 가능해지다, 돈으로 살만하다 be able to, afford, have possibility; **~ daxilində** *z.* 주어진 상황 하에서, 가능한 대로 within the possibility, as far as possible

imkanlı *si.* 힘있는, 부자의, 권력 있는, 능력 있는, 여유 있는, 영향력 있는 powerful, rich, authoritative, able, available, influential ○ **iqtidarlı, vəsaitli**

imkansız *si.* 가난한, 능력 없는, 여유 없는, 불가능한 poor, impossible, unavailable ○ **iqtidarsız, qüvvəsiz**

imkansızlıq *i.* 불가능, 곤핍, 결핍, 무력함 impossibility, poorness ○ **iqtidarsızlıq, qüvvəsizlik**

imla *i.* ① 철자(綴字) spelling; ② 받아쓰기 dictation; **~ qaydaları** *i.* 철자법 spelling rules; **~ səhvi** *i.* 철자 오류 spelling mistakes; **~ demək** *fe.* 받아쓰게 하다 dictate; **~ yazmaq** *fe.* 받아쓰다 write a dictation, have a dictation

immiqrant *i.* 이민자, 이주자, 입국자 immigrant

immiqrasiya *i.* 출입국 관리, 입국심사 immigration; **~ qanunları** *i.* 입국 법 immigration laws

immunitet *i. med. bio.* 면역(성), 항체 immunity; **təbii ~** *i.* 자연 면역 natural immunity

imperator *i.* 황제 emperor

imperatorluq *i.* 제국(帝國) emperorship

imperatriçə *i.* 여황제, 황녀 empress; wife of an emperor

imperial *i. arx.* 제정 러시아의 금화 imperial (golden coin)

imperialist *i.* 제국주의자 imperialist

imperializm *i.* 제국주의 imperialism

imperializməzidd *i.* 반제국주의 anti-imperialist

imperiya *i.* 제국, 황제의 통치 empire

impuls *i.* 충동, 추진력 impulse

import *i.* 수입 import

importçu *i.* 수입업자 importer

impotent *i.* 무력한 사람, 성교 불능의 남자 impotent man

improvizasiya *i.* 즉흥으로 하기, 즉흥시 (곡, 연주, 그림); (국악의) 산조(散調) improvisation; **~ etmək** *fe.* 즉석에서 연주하다, 임시 변통으로 마련하다, 급조하여 채우다 improvise

improvizator *i.* 즉흥 연주자 improviser

improvizatorluq I. *i.* 즉흥연주 profession of improviser; II. *si.* 즉흥적인 improvising; **~ iste'dadı** *i.* 임기응변적 재능 improvizing talent

impuls *i.* 충동, 충격, 추진력 impulse, urge; **yaradıcılıq ~u** *i.* 창의적 추진력 creative impulse

impulsiv *si.* 충동적인, 직정적인; 추진적인, 밀고 나가는 impulsive; **~ güc** *i.* 추진력 impulsive force

impulsivlik *i.* 충동적임, 충동성 impulsiveness

imrəndirmək *fe.* 설득하다, 재촉하여 시키다, 권유하여 하게 하다, 야기하다, 유발하다 persuade, induce

imrənmək *fe.* ① 원하다, 바라다, ~하고 싶어하다, 요망하다, 기대하다 want, desire, long for ○ **həvəslənmək, tamahlanmaq**; ② 놀라다, 소스라치다, (놀라서) 움찔하다 be stimulated ○ **diksinmək, çəkinmək**

imrik *si.* 거친, 굵은 coarse-grained; **~ duz** *i.* 굵은 소금 coarse salt

imsilə | mək *fe.* 냄새를 맡다 smell; **~yib tapmaq** *fe.* 냄새로 찾아 내다 smell out

imsilənmək *fe.* 냄새 나다 be smelled

imsilətmək *fe.* 냄새를 맡게 하다 ask *smb.* to smell

imtahan *i.* ① 시험, 검사, 검토, 조사 examination; *col.* exam ○ **yoxlama, sınaq**; ② 고난, 시련, 고생 ordeal, test; **~ etmək** *fe.* 시험을 치다, 검사하다, 조사하다 examine, test; **~ vermək** *fe.* 시험을 통과하다 pass an examination; **~dan kəsilmək** *fe.* 시험에서 떨어지다, 낙방하다 fail at an exam; **~a hazırlaşdırmaq** *fe.* 시험에 준비하다, 벼락치기 공부하다 cram; **~a girmək** *fe.* 시험을 치르다 take an exam

imtahançı *i.* 시험관, 심사원, 조사원, 심문관 examiner

imtahanedici *si.* 시험적인, 조사하는 examining

imtahansız *si.* 무시험의 without a test, free from examination ○ **yoxlamasız, sınaqsız**

imtina *i.* ① 거부, 거절, 의절, 배척, 배격, 회피, 피함, 취소 repudiation, avoidance, refusal ○ **çəkinmə**; ② *mil.* 거절, 거부 rejection; **~ etmək** *fe.* (권리 등을) 거절하다, 배격하다, 회피하다 renounce, refuse, avoid (legal right *etc.*)

imtiyaz *i.* ① *mil.* 특권, 특혜, 특전 privilege ○ **üstünlük, güzəşt**; ② *eco.* 양보, 양여(讓與), 승인, 용인 concession ○ **hüquq**; **~ vermək** *fe.* 특권을 부여하다, 특전을 주다, 면제하다 privilege

imtiyazlı *si.* 특권을 가진, 특전이 있는 privileged ○ **güzəştli, hüquqlu**; **~ siniflər** *i.* 특권 계급 privileged classes; **~ səhm** *i. econ.* 특권적 공유 privileged share

imtiyazlılıq *i.* 특권을 누림 state of being privileged

imtiyazsız *si.* 특전없이 without privilege, unprivileged

imza *i.* 서명, 서명하기 signature ○ **qol**; **~ etmək /atmaq** *fe.* 서명하다 sign; **~ toplamaq** *fe.* 서명을 모으다 collect signatures

imzalamaq *fe.* 서명하다 sign ○ **qollamaq**; **müqaviləni ~** *fe.* 계약서에 서명하다, 조약에 서명하다 sign a treaty

imzalanmaq *fe.* 서명하다, (협정 등이) 맺어지다 be signed, be concluded

imzalanmış *si.* 서명이 된, 서명된, 결론이 난, 맺어진 signed

imzalı *si.* 서명이 있는 signed

imzasız *si.* ① 익명의 anonymous; ② 서명되지 않은 unsigned

inad I. *i.* ① 완고함, 고집 셈, 집요함 obstinacy, stubbornness, persistence ○ **əzm, dəyanət, səbat**; ② 고집 센 사람, 완고한 사람 pigheaded/obstinate person ○ **tərs, höcət** ● **üzüyola**; II. *si.* 완고한, 고집 센 obstinate; **qatır kimi ~** *si.* 노새처럼 고집 센 obstinate as a mule; **~ etmək** *fe.* 고집하다, 관철하다, 버티다 persist

inadcıl *si.* 완고한, 고집 센; 외고집의, (성질이) 비뚤어진 stubborn, tenacious ○ **inadkar**

inadcıllıq *i.* 완고함, 고집 셈, 고집 불통 stubbornness, obstinacy ○ **inadkarlıq**

inadkar I. *si.* 완고한, 고집 센, 옹고집의, 융통성 없는, 끈덕진, 집요한 pigheaded, obstinate, tough, insistent, persistent ○ **tərs, höcət** ● **üzüyola**; II. *i.* 고집 센 사람 stubborn person

inadkarcasına *z.* 완고하게, 고집스럽게 stubbornly, obstinately; **~ inkar etmək** *fe.* 완고하게 거절하다, 완강하게 부인하다 refuse obstinately

inadkarlıq *i.* 인내, 버팀, 끈기, 끈덕짐, 불굴, 견인불발, 꽉 쥐고 놓지 않음, 집착; 끈질김 perseverance, obstinacy, stubbornness, tenacity, persistent ○ **tərslik, höcətlik**; **~ göstərmək** *fe.* 집요함을 보이다, 완고함을 보이다 show stubbornness

inadla *z.* 격하게, 고집스럽게 hard, persistently; **~ tələb eləmək** *fe.* 우기다, 주장하다, 요구하다 insist

inadlı *si.* ① 완고한, 고집 센, 요구하는 obstinate, pressing, tenacious ○ **tərs, höcət, kəc**; ② 굳은, 견고한, 흔들리지 않는, 지속적인 firm, steady, constant ○ **əzmli, dəyanətli, səbatlı, qətiyyətli**

inadlılıq *i.* 집착, 끈질김, 고집 obstinacy, tenacity ○ **tərslik, höcətlik**

inayət *i. arx.* 도움, 원조, 조력 aid, help ○ **kömək**

inaq *i. med.* 크루프 (어린애의 인두와 기관의 병) croup; **~ olmaq** *fe.* 크루프 병을 앓다 become ill with croup

inam *i.* 믿음, 확신, 신뢰, 신임, 의뢰, 의지 belief, confidence, conviction, credit, faith, reliance, trust ○ **e'tibar**; **özünə ~** *i.* 자기 확신 (self) confidence; **kor-koranə ~** *i.* 맹신, 절대적 신뢰 blind faith, implicit faith; **~la** *z.* 확신 있게, 확신을 가지고 confidently, with confidence; **~la danışmaq** *fe.* 자신있게 말하다, 확언하다 speak with confidence

inamlı *si.* 독실한, 확신하는, 믿을 만한, 신뢰하는 resolute, firm, confident, sure, trustful, trusting ○ **e'tibarlı, sədaqətli, qətiyyətli**; **~ addım** *i.* 결연한 발걸음 resolute step; **~ cavab** *i.* 확답(確答)firm answer; **~ qələbə** *i.* 확승, 확실한 승리 confident victory

inamsız *si.* ① 불분명한, 불확실한 uncertain, hesitant; ② 우유부단한, 결단력 없는, 줏대 없는, 망설이는 irresolute, indecisive

inamsızlıq *i.* 불신, 불확신, 불확실성, 불명확 disbelief, distrust, mistrust, uncertainty

inanan I. *si.* 신뢰하는, 믿을 만한, 잘 믿는, 잘 속는 confidential, trustful, credulous; II. *i.* 신자, 믿음을 가진 자 believer

inandırıcı I. *si.* 확신케 하는, 설득력 있는, 강력

I

한 convincing, persuasive, weighty, forceful ○ **qaneedici, sübutlu, əsaslı, tutarlı**; II. *z.* 강력하게, 확신을 갖고, 영향력 있는, 유력한 forcefully, convincingly, weightily, persuasively; ~ **nümunə** *i.* 믿을 만한 예증, 확신케 하는 예 convincing example; ~ **dəlil** *i.* 확신시키는 논쟁 convincing argument; ~ **söz** *i.* 영향력 있는 발언 weighty utterance; ~ **nitq** *i.* 강력한 연설 forceful speech; ~ **olmayan** *si.* 불충분한, 설득력이 없는, 부자연스러운 lame

inandırıcılıq *i.* 납득시킴, 설득력, 강력한 언변 convincing, persuasiveness, forcefulness ○ **qaneedicilik, sübutluluq, əsaslılıq, tutarlılıq**

inandırılmaq *fe.* 확신되다, 설득되다 be convinced, be persuaded

inandırmaq *fe.* ① 확신시키다, 설득하다 convince, try to convince; ② 권고하다, 훈계하다, 감동시키다, 설득하다, 안심시키다 exhort, impress, induce, persuade, reassure

inanılmaz *si.* ① 사실 같지 않은, 일어날 성싶지 않은, 믿을 성싶지 않은, 받아들일 수 없는 improbable, unbelievable, incredible, inconceivable; ② 거의 믿을 수 없는, 거짓말 같은, 굉장히 좋은, 놀랄 만한, 기가 막힌 fabulous, amazing; ~ **əhvalat** *i.* 믿을 수 없는 이야기 incredible story; ~ **qəhrəman** *i.* 놀랄 만한 영웅 fabulous hero

inanılmazlıq *i.* 불신, 확신부재, 믿지 않기, 의혹 disbelief, lack of faith

inanılmış *si.* 믿어지는, 믿을 만한, 신뢰할 만한, 의지할 만한 reliable, dependable, trustworthy; ~ **dost** *i.* 믿을 만한 친구 reliable friend

inanmalı *si.* ① 믿을 만한, 의뢰할 만한, 신뢰할 만한 trustworthy, reliable, believable ; ② 개연성 있는, 가능한, 있을 법한 probable, likely, verisimilar; ~ **nəticə** *i.* 가능한 결과, 그럴듯한 결과 probable result

inanmamaq *fe.* 불신하다, 믿지 않다 distrust

inanmaq *fe.* 믿다, 의뢰하다, 신뢰하다, 의지하다 confide, rely (on), trust, believe ○ **arxayınlaşmaq**

incə *si.* ① 고운, 미세한, 섬세한, 미묘한, 우아한, 날씬한, 세련된 fine, delicate, tender, slim, refined, subtle, sweet, slight ○ **zərif, nəfis**; ~ **qıçlar** *i.* slender legs; ~ **zövq** *i.* delicate taste; ② 예민한, 꼼꼼한, 세밀한 kind, sensitive, precise ○ **mehriban, mülayim, həssas, diqqətli**; ~ **yerinə toxunmaq** *fe.* 노출신경을 건드리다, 예민한 부분을 건드리다 hint where it hurts; ③ 가려진, 비밀의, 은밀한 secret, hidden ○ **üstüörtülü, pərdəli, gizli**; ~ **eyham** *i.* 은밀한 암시 delicate hint; ④ 명확한 exact ○ **dəqiq**; ⑤ *dil.* 가느다란, 엷은 soft; ~ **saitlər** *gram.* 엷은 모음 soft vowels (**i, e, ə, ö, ü**); ~ **samitlər** *gram.* 엷은 자음, 구개음화 된 자음 soft consonants, palatalized consonants

incəayaq(lı) *si.* 날씬한 다리 slim-legged

incəbelli *si.* 가는 허리 having a slender waist

incəhissli *si.* 예민한, 감정적인, 심정적인 sentimental, sensitive

incə-incə *z.* 부드럽게, 미세하게, 섬세하게 tenderly, delicately, finely

incəqəlbli *si.* 부드러운 마음을 가진, 친절한, 동정적인 kind-hearted, tender-hearted

incələndirmək *fe.* 섬세하게 하다, 날씬하게 하다, 세밀하게 하다 make tender/thin

incələnmək *fe.* 부드러워지다, 얇게 하다 become tender/thin

incələşdirilmək *fe.* thin 부드러워지다, 섬세하게 되다 be made tender/

incələşdirmək *fe.* ① 부드럽게 하다, 섬세하게 하다 make tender/thin; ② *dil.* 구개음화 되다 palatalize

incələşmə *i. dil.* 구개음화 palatalization

incələşmək ① 날씬해지다, 부드러워지다 become graceful, become tender ○ **zərifləşmək, nazikləşmək**; ② *dil.* 구개음화 되다 become palatalized

incəlik *i.* 부드러움, 날씬함, 미묘함, 고상함 gracefulness, tenderness, subtlety, refinement, nicety ○ **zəirflik, nəfislik, qəşənglik, gözəllik** ● **qabalıq, kobudluq**

incəlmək *fe.* ① 가늘어지다, 날씬해지다 become tender, be thin ○ **arıqlamaq**; ② 부드러워지다 become softened

incə-mincə *si. col.* 부드러운, 야들야들한, 우아한 delicate, tender, graceful

incəsənət *i.* 예술 (그림, 조각, 건축 등) art, fine arts; **təsviri** ~ *i.* 표현 예술 fine art

incəvara *ms.* 다행히, 운 좋게도 luckily, fortunately

inci I. *i.* 진주(眞珠) pearl ○ **mirvari, dürr**; II. *si.*

값비싼, 귀한, 진기한 precious ○ **qiymətli**; ~ **çiçəyi** *i. bot.* 은방울꽃의 일종 (백합과) lily of the valley; ~ **dişlər** *i.* 진주 이빨 pearl teeth; ~ **boyunbağı** *i.* 진주 목걸이 pearl necklace

incidən *i.* 무례한 사람 offender

incidici *si.* 통렬한, 아프게 하는, 찌르는, 기분을 상하게 하는, 고통을 주는 poignant, agonizing, hurtful, offensive, racking; ~ **davranış** *i.* 불쾌하게 하는 행동 offensive behaviour

incidilmək *fe.* ① (감정) 상하다, 불쾌하다 be offended, be hurt (feelings); ② 고문당하다 be tortured

incigülü *i. bot.* 은방울꽃의 일종 (백합과) lily of the valley

incik I. *si.* 감정이 상한, 기분 나쁜, 악의에 찬, 유감을 가진 offended, resentful; having a grudge (against) ○ **küsülü** ● **razı**; ~ **səs** *i.* 기분 상한 목소리 offended voice; ~ **baxış** *i.* 분개한 모습, 기분이 상한 모습 resentful look; II. *z.* 기분 나쁘게, 모욕적으로 offensively, resentfully

inciklik *i.* 불평, 불만, 노여움, 분노, 상처, 적의 grievance, offence, injury, resentment, discord ○ **küsü, umu-küsü, narazılıq** ● **razılıq**; **araya ~ salmaq** *fe.* 불화를 심다 sow discord

incil I. *i.* 복음, 복음서; (전체적으로) 신약 the Gospel, Good News (**Xoş Xəbər**); II. *si.* 복음적인 evangelical

incimək *fe.* ① 기분 상하다, 불쾌히 여기다, 속상하다, 토라지다, 삐치다 be hurt, be offended, resent ○ **küsmək, sınmaq**; ② 고통을 받다, 괴로워하다 receive pain from ○ **ağrımaq, sızlamaq**

incişmək *fe.* (서로) 감정이 상하다, 기분이 나쁘다, 관계가 깨지다 have grudge against each other, be on bad terms each other

incitmə *i.* 상함, 깨짐, 불쾌 offence, injury

incitmək *fe.* 폐를 끼치다, 불편하게 하다, 괴롭히다, 시달리게 하다, 상하게 하다, 쏘다, 기분 나쁘게 하다, 귀찮게 하다, 감정을 건드리다 disturb, harass, hurt, sting, injure, offend, vex, cause offence, touch ● **barışmaq**

indeks *i.* 색인, 목록 index; **qiymət** ~ *i.* 가격 목록 price index

indeksli *si.* 색인이 있는 indexed

indeterminizm *i. fəl.* 비결정론, 자유의지론 indeterminism

indeterminist *i. fəl.* 자유의지론자 indeterminist

indən ☞ **indidən**

indi *n., z.* 지금, 현재, 당장 now, presently ○ **bu saat, hazırda**; **~cə** *z.* 바로 지금, 당장 just, just now, right now; **~lik** *z.* 지금, 현재로서 for the present ○ **hələlik**; **~likdə** ☞ **indilik**; **~yə qədər** *z.* 지금까지 hitherto; **~yədək** *z.* 아직, 지금까지 up to now, till, by this time; **~yə kimi** *z.* 아직 as yet; **~ki** *ba.* 지금의, 당장의, 현재의 since; ***Indiki buradasan, otur.*** *자, 앉으시오. Sit down, since you are here.*

indikator *i.* 지시계, 표시기, 표지 indicator

indiki *si.* ① 현재의, 지금의 present, present-day ○ **hazırkı, müasir** ● **sonrakı**; ② *dil.* 현재 시제 present; ~ **zaman** *i. gram.* 현재 시제 present tense; ~ **zamanlarda** *z.* 요즈음, 오늘날 in these days

individual *si.* 개인적인 individual

individualizm *i.* 개인주의 individualism

individualist *i.* 개인주의자 individualist

individuum *i.* (사회, 가족에 대비해서) 개인, 사람, 인간 individual

İndoneziya *i.* 인도네시아 Indonesia

indoneziyalı *i.* 인도네시아인 Indonesian

induizm *i.* 힌두교 Hinduism

induksiya *i. fəl.* 귀납(법), 귀납적 결론; 유도, 유발 induction

induktiv *si.* 귀납법의 inductive

induktivlik *i.* 귀납법 induction

inək *i.* ① 소, 암소 cow; ② *col.* 뚱뚱하고 꼴사나운 여자 stout clumsy woman; ~ **sağmaq** *fe.* 젖을 짜다 milk a cow; ~ **südü** *i.* 소젖, 우유 cow's milk

inəkotaran *i.* 목동, 소먹이는 사람 cowboy

inəksağan *i.* 젖 짜는 사람, 젖 짜는 여자, 착유부 milker, dairymaid, milkman, dairyman

inəksaxlayan *i.* 낙농경영자, 소 키우는 사람 cow-breeder

inəyəbaxan *i.* 소 먹이는 사람 cow keeper

infarkt *i. med.* 경색 형성; 경색 infarction

infeksiya *i. med.* 감염, 전염, 오염 infection

infeksion *si. med.* 전염성의, 잘 번지는, 옮아가는 contagious ○ **yoluxucu**

infinitiv *i. dil.* 부정사(不定詞) infinitive ○ **məsdər**

inflyasiya *i. econ.* 통화팽창, 인플레이션, 물가 폭등 inflation
informasiya *i.* 정보, 보도, 소식, 제보 information; **kütləvi ~ vasitələri** *i.* 대중 매체 mass media; **~ bürosu** *i.* 안내소 information bureau
informatika *i.* 정보과학 information science
informativ *si.* 정보를 제공하는, 지식을 주는, 정보량이 많은 informative
infraqırmızı *si. fiz.* (스펙트럼의) 적외부(赤外部)의, 적외선의; 적외선에 민감한 infra-red; **~ süalar** *i.* 적외선 infra-red rays
İngilis *si.* 영어의 English; **İngilislər** *i.* 영국사람, 영국인 the English; **İnglis dili** *i.* 영어 English; **~cə** 영어로 English
ingilisləşdirmək *fe.* 영국화하다 make English
ingilisləşmək *fe.* 영국화되다 become English
ingilispərəst *i.* 친영파의, 영국 편을 드는 Anglophile
ingilispərəstlik *i.* 영국광, 영국에 심취한 사람 Anglomania
İngilitərə *i.* 영국 England
inhalyasiya *i. med.* 흡입, 빨아들이기 inhalation
inhalyator *i. med.* 흡입기 inhaler
inhisar *i.* 독점, 전매 monopoly; **dövlət ~ı** *i.* 정부 독점, 전매 government monopoly; **~ qiymətlər** *i.* 독점적 가격 exclusive prices; **~ hüququ** *i.* 배타적 권리, 독점 exclusive rights, monopoly
inhisarçı *i.* 독점자, 전매자 monopolist; **~ kapitalizm** *i.* 독점적 자본주의 monopolistic capitalism
inhisarçılıq *i.* 독점주의, 독점 상태 monopolism
inhisarlaşdırmaq *fe.* 독점하다, 전매하다 monopolize
inhisarlaşmaq *fe.* 독점되다, 전매되다 become monopolized
inikas *i.* 반사, 반영 reflection; **~ nəzəriyyəsi** *i.* 굴절 이론, 어형 변화 the theory of inflection
inildəmək *fe.* 신음하다, 고통스러워하다, 앓다, 끙끙거리다 whine, moan, groan ○ **zarımaq, sızıldamaq**; **ağrıdan ~** *fe.* 고통으로 신음하다 moan with pain
inildəşmək *fe.* (서로) 신음하다, 끙끙대다, 소리내어 고통스러워하다 whine/moan/groan together
inildətmək *fe.* 신음하게 하다 cause to moan/groan
inilti *i.* 신음, 끙끙거림 groan, moan ○ **zarıltı, sızıltı**
iniltili *si.* 신음하는, 끙끙거리는 moaning, groaning, moanful ○ **zarıltılı, sızıltılı**
inişil *z.* 재작년 the year before last; **~ki** *si.* 재작년의 before last; **~ qış** *i.* 재작년 겨울 the winter before last
injeksiya *i.* 주입, 주사, 관장 injection; **~ etmək** *fe.* 주입하다, 주사하다 inject
inkar *i.* 부정, 부인, 거부 negation; denial, refusal ○ **danma**; **~ forması** *gram.* 부정형(否定形) negative form; **~ etmək** *fe.* 부정하다, 거절하다, 부인(否認)하다 refuse, deny; **~ edilmə** *i.* 부인, 부정 denial; **~ edilə bilən** *si.* 부정할 만한 deniable; **~ cavab** *i.* 부정적인 답변 negative answer; **~ cümlə** *i. gram.* 부정문(否定文) negative sentence
inkaredilməz *si.* 부인할 수 없는, 명확한, 거절할 수 없는, 논란의 여지가 없는 undeniable, irrefutable, indisputable; **~ dəlil** *i.* 반박할 수 없는 논증 irrefutable argument; **~ həqiqət** *i.* 부정할 수 없는 진리 undeniable truth
inkaredilməzlik *i.* 반박할 수 없음 irrefutability
inkarlıq *i. gram.* 부정, 부인 negation, denial; **~ kateqoriyası** *i.* 부정 구문 category of negation
inkassator *i.* 수집가, 채집자, 징세관, 수금원 collector
inkassatorluq *i.* 수집, 채집, 징세, 수금 job of collector
inkişaf *i.* 발전, 성장, 진보, 개발 development, progress, growth ○ **tərəqqi, yüksəliş** ● **tənəzzül**; **~ et(dir)mək** *fe.* 발전하다, 진보하다, 계발하다, 번성하다 develop, progress, cultivate, flourish; **~ edən** *si.* 번성한, 성공한 prosperous; **~ etməmiş** *si.* 저개발의, 미개발의 underdeveloped
inkorporasiya *i.* 합동, 합병, 법인 (설립) incorporation
inkorporlaşmaq *fe.* 합동하다, 합력하다 become incorporated
inkubator *i.* 부화기, 보육기, 세균 배양기 incubator; **~ cücəsi** *i.* 부화기 병아리, 인공부화 병아리 incubator chicken

inkvizisiya *i. tar.* 공적조사, 조사 탐구, 종교재판 inquisition

inkvizitor *i.* 조사관, 종교재판관 inquisitor

inqilab *i.* 혁명, 변혁 revolution

inqilabçı *i.* 혁명가, 변혁가 revolutionary

inqilabçılıq *i.* 혁명 활동 revolutionary activity

inqilabi *si.* 혁명의, 혁명가의 revolutionary; ~ **hərəkat** *i.* 혁명 운동 revolutionary movement

inqilabiləşdirilmək *fe.* 혁명되다 be revolutionized

inqilabiləşdirmək *fe.* 혁명하다 revolutionize

inquş *i.* 잉구쉬인 Ingush; ~ **dili** *i.* 잉구쉬어 Ingush language

inləmək ☞ **inildəmək**

inlətmək ☞ **inildətmək**

innab *i.* 대추 jujube

innabı *i.* 적갈색 (대추 색깔의) red-brown (colour of jujube)

insaf *i.* 정직, 공정, 양심, 정당성, 중용, 절제, 온화, 자비 justice, conscience, reasonableness, moderation, fairness, mercy ○ **mürüvvət, rəhm, şəfqət, ədalət**; **~a gəlmək** *fe.* 마음이 부드러워지다, 동정적이 되다, 마음이 풀리다, 공정해지다, 누그러지다 relent, come to reason, be fair, show moderation; ~ **etmək** *fe.* 공정히 행하다, 자비를 베풀다, 누그러뜨리다, 완화시키다 act justly, have mercy on

insafən *interj.* 정직하게 말해서, 공정하자면, 정정당당히 to be honest, in justice, in all fairness ○ **həqiqətdən**

insafla *z.* 올바르게, 정당하게, 공평하게, 편파성 없이 justly, fairly, impartially; ~ **hərəkət etmək** *fe.* 공평히 행하다, 정당히 행하다 act justly

insaflı *si.* 공정한, 정당한, 지당한, 이치에 닿는, 양심적인, 정의로운 equitable, conscientious, fair, just ○ **mürüvvətli, rəhmli** ● **kafir**

insaflılıq *i.* 정당함, 공평함, 온정적임 justness, fairness, mercifulness

insafsız *si.* 무감각한, 인정을 모르는, 무정한, 냉담한, 잔인한, 비인간적인, 무자비한, 가혹한, 사정없는, 부당한 callous, cruel, inhuman, pitiless, relentless, unfair, unjust ○ **mürüvvətsiz, zalım, qəddar, rəhmsiz, vicdansız, şərəfsiz**

insafsızca(sına) *z.* ① 부당하게, 무자비하게, 냉혹하게, 냉담하게 unfairly, unscrupulously; ② 무자비하게, 잔인하게 mercilessly, cruelly; ~ **döymək** *fe.* 무자비하게 때리다 beat mercilessly

insafsızlıq *i.* 잔인성, 냉혹성, 무자비함, 부당함, 부조리 cruelty, inhumanity, mercilessness, injustice, unfairness ○ **mürüvvətsizlik, zalımlıq, qəddarlıq, rəhmsizlik, vicdansızlıq, ədalətsizlik, haqsızlıq**

insan *i.* 인간, 사람, 인류 human, soul ○ **adam, bəşər**; ~ **əqli/zəkası** *i.* 인간의 지성 human mind; ~ **təbiəti** *i.* 인간 본성 human nature; ~ **yerinə qoymaq** *fe.* 인간다운 취급을 하다, 존경하다, 존중하다 consider *smb.*, respect, esteem; ***İnsan ol!*** *인간이 되라! Be a man!*

insanabənzər ☞ **insanaoxşar**

insanaoxşamaz *i.* 흉측한 인간, 기형 인간 misshaped person, ugly person

insanaoxşar *si.* 사람과 비슷한, 유인원류의 anthropomorphic, anthropoid

insancasına *z.* 인간으로서, 인간적으로 humanly, as a human being

insandanqaçan *si.* 비사회적인, 수줍어하는, 무뚝뚝한 (사람) unsociable (person)

insani *si.* 인간적인, 인간미가 있는, 자비로운 humane ○ **bəşəri** ● **heyvani**; ~ **münasibət** *i.* 인간 취급 human treatment

insaniyyət *i.* 인류, 인류애, 박애, 자선 humanity, benevolence, philanthropy, kindness ○ **mürüvvət, bəşəriyyət**

insaniyyətsiz *si.* 부정한, 불공평한, 부당한 unjust, brutal, cruel, inhumane ○ **mürüvvətsiz, vicdansız**

insaniyyətsizlik *i.* 부정함, 비인간적임, 무자비함, 부조리함, 부당함 inhumanity, savagery ○ **mürüvvətsizlik, vicdansızlıq**

insanlıq *i.* ① 인류, 세상, 인간 humanity, mankind ○ **bəşəriyyət**; ② 인간성, 인간적임, 자선심, 박애심 humaneness, philanthropy; **~ğa zidd** *si.* 비인간적인 inhuman; ~ **ləyaqətini itirmək** *fe.* 인간의 존엄성을 잃어버리다, 인간 취급을 받지 못하다 lose one's human dignity

insanpərvər *i.* 인문주의자, 박애주의자 humanist, humanitarian

insanpərvərcəsinə *z.* 인간적으로, 인류애적으로 humanely

insanpərvərlik *i.* 인정 많음, 인자함, 박애주의 philanthropos, humanism

insansayağı *z.* 인간으로서, 사람처럼 as a man,

I

like a man

insansevən ☞ **insanpərvər**

insansevməz I. *i.* 대인 기피증자, 교제를 싫어하는 사람 people-hater, misanthrope; II. *si.* 교제를 싫어하는 misanthropic

insansevməzlik *i.* 염세, 사람을 싫어함 misanthropy

insansız *si.* 고독한, 외로운, 인적이 드문, 사람이 살지 않는 solitary, unfrequented, lonely, uninhabited ○ **adamsız**

ins-cins *pron.* 아무도, 한 사람도 nobody, no one; ***Küçədə bir ins-cins yoxdur.*** *거리에는 한 사람도 없다. There is nobody in the street.*

insirafi *si. dil.* 굴절의, 어형 변화의 inflexional; ~ **dillər** *i.* 굴절어 inflexional languages

insirafilik *i.* 굴절성, 굴절적 특징 character of being inflexional

inspektor *i.* 조사관, 검사관 inspector

inspektorluq *i.* 검사관 업무 job of inspector

instansiya *i.* 경우, 사실, 실례, 예증 instance

instinkt *i.* 본능, 자연적 충동 instinct

instinktiv *i.* 본능의, 천성의, 직관적인, 본능적인 instinctive; ~ **hərəkət** *i.* 본능적 행동, 직관적 행동 instinctive movement

institut *i.* 대학, 단과대학 institute; ***Xarici Dillər İnstitutu*** *i. 외국어 대학 Institute of Foreign Languages*

instrumental *si.* 수단이 되는, 도구로 쓰이는 instrumental; ~ **musiqi** *i.* 기악(器樂) instrumental music

insulin *i. med.* 인슐린 (췌장 호르몬) insulin

insult *i. med.* 뇌일혈의 발작, 뇌 혈전증, 중풍 cerebral thrombosis, (apoplectic) stroke

inşa *i.* ① 작곡, 창작, 작문 composition, assay ○ **yazı**; ~ **yazmaq** *fe.* 작곡하다, 작문하다, 글을 쓰다 write a composition; ② 건설, 건축 building, construction ○ **qurma**, **yaratma**, **qayırma**, **tikmə**; ~ **etmək** *fe.* 건설하다, 건축하다, 집을 짓다 construct, build, erect

inşaat *i.* 건설, 건조, 건축 construction, building ○ **tikinti**; ~ **ustası** *i.* 건축가, 건설 기술자 builder; ~ **materialları** *i.* 건축 자재 building materials; ~ **mövsümü** *i.* 건설 경기 building season; ~ **meydanı** *i.* 건설 현장 building site; ~ **dəstəsi** *i.* 건설 집단 construction gang

inşaatçı *i.* 건축자, 건설시공자 builder, constructor

inşaatçılıq *i.* 건축업, 건설업 profession of builder/constructor

inşallah *nid.* 신의 뜻대로! by God's will, with the help of God, I hope

inteqral *i. mat.* 적분(積分) integral; ~ **hesablama** *i.* 적분법 (cf. differential 미분) integral calculus

inteqrallamaq *fe.* 적분하다 integrate

inteqrallanmaq *fe.* 적분되다 be integrated

intellekt *i.* 지적능력, 지성, 오성(悟性), 이지, 이해력 intellect

intellektual *i.* 지식인, 지자(知者) intellectual; ~ **qabiliyyətlər** *i.* 지적 능력, 지적 재능 intellectual faculties

intellektualizm *i. fəl.* 주지(主知)주의; 지적 추구, 지성 편중 intellectualism

intensiv *si.* 집약적인, 집중적인, 철저한, 내포적인 intensive

intensivləşdirmək *fe.* 강화 시키다, 격화 시키다, 증대 시키다 intensify

intensivləşmək *fe.* 강화하다, 집약되다, 결론을 내다 intensify, make a conclusion

intensivlik *i.* 강렬함, 격렬함, 열심, 효과적임 intensity, fruitfulness ○ **məhsuldarlıq**, **səmərəlilik**

intermediya *i.* 간주곡 interlude

internat (**məktəb**) *i.* 기숙 학교 boarding school

internasional ☞ **beynəlmiləl**

internasionalist ☞ **beynəlmiləlçi**

internasionalizm ☞ **beynəlmiləlçilik**

interpretasiya *i.* 설명, 해명, 해석; 통역 interpretation

interyer *i.* 내부, 내정, 내심 interior

interval *i.* 간격, 사이, 짬, 휴지기간, 공간, 거리 interval, space; **qısa** ~ *i.* 짧은 간격 short interval

interviziya *i.* 동유럽 8개국의 텔레비전 방송망 intervision (cf. EUROVISION)

intervü *i.* 인터뷰, 기자회견, 회담, 면담, 면접 interview; ~ **almaq** *fe.* 면담하다, 회담하다, 면접하다 interview

intəha *i.* 한계, 말미, 끝 end, limit ○ **son**, **axır**, **nəhayət**, **qurtaracaq**

intəhası *ms.* 그러나, 그렇지만 but, however

intəhasız *si.* 끝없는, 한없는, 무한한 endless,

limitless ○ **nəhayətsiz, sonsuz**

intəhasızlıq *i.* 무한정, 가없음, 무궁, 무한의 공간, 무한의 범위 endlessness, infinity ○ **nəhayətsizlik, sonsuzluq**

intibah *i. tar.* 르네상스, 문예 부흥 the Renaissance ○ **oyanma, canlanma, dirçəlmə**

intibahnamə *i.* 전단, 광고지 leaflet; **~ yaymaq** *fe.* 전단을 뿌리다 distribute leaflets

intihar *i.* 자살, 자살자 suicide; *mil.* felo-de-se; **~ etmək** *fe.* 자살하다 commit suicide

intixab *i.* 선택, 선정, 정선 selection ○ **seçmə**

intiqam *i.* 보복, 복수, 앙갚음, 원수 갚기 revenge, vengeance ○ **qisas, öc**; **~ almaq** *fe.* 복수하다, 원한을 갚다, 보복하다 revenge, avenge; **qan ~ı** *i.* 피의 복수, 원수 갚기 blood feud, vendetta

intiqamçı I. *i.* 복수자, 보복자 revenger, avenger; II. *si.* 보복적인, 복수적인, 앙갚음의 vindictive, vengeful

intiqamçılıq *i.* 보복, 복수심 vindictiveness, vengefulness

intim *si.* 밀접한 관계가 있는, 친밀한; 사사로운, 개인적인, 깊은 관계가 있는, 정을 통하고 있는 intimate, ; **~ hisslər** *i.* 친밀감, 친교 intimate feelings; **~ əlaqələr** *i.* 친근감, 성적 관계 intimate relations

intişar *i.* 보급, 선전, 전파, 확대, 신장 spreading, dissemination, extension ○ **yayılma**; **~ tapmaq** *fe.* 넓게 퍼지다, 널리 확산되다 be spread/used widely; **təhsilin ~ı** *i.* 연장 교육 the extension of education

intizam *i.* 훈련, 학습, 수양, 질서, 기풍, 군기 discipline, order ○ **nizam, qayda, səliqə, tərtib**; **məktəb ~ı** *i.* 학교질서, 학교 위계 school discipline; **əmək ~ı** *i.* 노동 질서 labour discipline; **~ı pozmaq** *fe.* 풍기를 문란하게 하다 demoralize; **~a dəvət etmək** *fe.* 단련하다, 수련하다 discipline; **~ gözləmək/~a riayət etmək** *fe.* 질서를 유지하다, 기풍을 잡다 maintain discipline

intizamçılıq *i.* 훈계, 훈련, 교도 disciplining

intizamlı *si.* 단련된, 수련된, 정돈된, 질서 있는 disciplined, orderly, neat ○ **nizamlı, qaydalı, səliqəli, tərtibli** ● **nadinc**; **~ olmaq** *fe.* 질서가 잡혀 있다, 잘 단련되다 be in good order, be well disciplined

intizamlılıq *i.* 단련됨, 질서 정연, 정돈됨, 균정함 discipline, orderliness, neatness, being organized, regularity ○ **nizamlılıq, qaydalılıq, səliqəlilik, tərtiblilik**

intizamsız *si.* 무질서한, 단련되지 못한, 불규칙적인, 중구난방한 undisciplined, undisciplinable; irregular, disordered ○ **tərtibsiz, nizamsız, pozuq, qarmaqarışıq** ● **tərbiyəli**

intizamsızlıq *i.* 단련되지 못함, 불규칙적임, 무질서, 혼란함 lack of discipline, irregularity, disorder, chaos ○ **tərtibsizlik, nizamsızlıq, pozuqluq, qarmaqarışıqlıq, səliqəsizlik**

intizar *i.* 기대, 대망, 갈망 anxiety, expectation, waiting anxiously ○ **həsrət**; **~ çəkmək/~da qalmaq** *fe.* 갈망하다, 고대하다, 안달하다 wait anxiously, be anxious; **~la** *z.* 안달하여, 열망하여 anxiously

intizarçılıq ☞ **intizar**

intizarlı *si.* 열망하는, 갈망하는, 염려 가운데 anxious, troubled, ardent, eager ○ **həsrətli, nigaran**

intoksikasiya *i. med.* 중독 intoxication

intonasiya *i.* 억양, 음조 intonation; **qalxan ~** *i.* 올림조 rising intonation; **düşən ~** *i.* 내림조 falling intonation

intriqa *i.* 음모, 간계, 음모를 꾸밈 intrigue ○ **hiylə, fitnə, ziddiyyət**; **~ salmaq/aparmaq** *fe.* 음모를 꾸미다, 간계를 짜다 intrigue

intriqan *i.* 책략가, 음모가 intrigant, intriguer,

intriqaçı ☞ **intriqan**

intriqaçılıq *i.* 책략, 모략, 음모 intriguing

intuisiya *i.* 직관(력), 직각(直覺), 통찰(력) intuition, instinct

intuitiv *si.* 직관적인, 통찰력의 intuitive; **~ bilik** *i.* 직관적 지식 intuitive knowledge

invariant *i.* 불변식[량] invariant

invariantlıq *i.* 불변(성) invariance

inventar I. *i.* 재고(품), 매입(품), 재하, 저장 stock; II. *si.* 재고의, 품목 일람의 inventory; **canlı ~** *i.* 가축류 livestock; **cansız ~** *i.* 장비, 설비, 설치 equipment; **~ nömrəsi** *i.* 채고 번호 inventory number

inventarizasiya *i.* 재고조사, 실적 조사, 현황 조사 inventory making, stock-taking; inventory

inversiya *i. dil.* 전도(轉倒), 도치법; *gram.* 어순 전도, 도치 inversion; **tam ~** *i.* 완전 도치법 full inversion

I

inzibatçı *i.* 행정관, 관리자 administrator
inzibatçılıq *i.* 행정, 관리 job of administrator; ~ **bacarığı** *i.* 행정 능력 administrative ability
inzibati *si.* 행정적인, 업무적인, 공무적인 administrative, official; ~ **cəza** *i.* 행정조치, 공적 징계 official reprimand; ~ **qaydalarla** *z.* 행정적 방법으로 by administrative means
ion *i. fiz.* 이온 ion; *si.* 이온의, 이온상의 ionic; ~ **nəzəriyyəsi** *i.* 이온 이론 ionic theory
ionlaşma *i. fiz.* 이온화, 전리 ionization; **atmosferin ~sı** *i.* 대기의 이온화 ionization of the atmosphere
ionlaşdırılmaq *fe.* 이온화 되다 be ionized
ionlaşdırmaq *fe. fiz.* 이온화시키다 ionize
ionlaşmaq *fe.* 이온화하다 become ionized
ionlaşmış *si.* 이온화한 ionized
ionlu *si.* 이온의, 이온이 있는 ionized
ip *i.* ① 끈, 실, 노끈, 새끼, 밧줄, 동아줄 cord, rope ○ **sap**; ② 끈, 줄, 실 string, twine; ③ (직물, 편물용) 실 yarn; **~lə bağlamaq** *fe.* 끈으로 묶다, 줄로 매다 tie, lash; **~in ucu** *i.* 단서, 실마리, 계기 clue; **yun ~** *i.* 털실 woolen yarn; **pambıq ~** *i.* 무명실 cotton yarn; **~ə yatırtmaq** *fe.* 억제하다, 통제하다, 압도하다 curb, subdue; **~ə-sapa yatmamaq** *fe.* 반항하다, 통제불능이 되다, 설득되지 않다 yield to no persuasion, become uncontrolled; **~ini yığmaq/çəkmək** *fe.* 제지하다, 억누르다, 통제하다, 꾸짖다 pull *smb.* up, hold back; **~i qırmaq** *fe.* 손에서 벗어나다, 통제에서 벗어나다 slip away, get out of hand
ipboyayan *i.* 실 염색하는 사람 yarn-dyer
ipək *i.* 비단, 생사, 명주실, 견사, 견직물 silk; ~ **kimi** *si.* 비단의, 명주의 silken; **xam ~** *i.* 천연 견사(絹絲) raw silk; **sün'i ~** *i.* 인조견사 (人造絹絲) artificial silk, rayon silk; ~ **don** *i.* 비단옷 silk dress; ~ **saç** *i.* 비단 같은 머리 silken hair; ~ **kimi olmaq** *fe.* 양처럼 순해지다, 온화해지다 be as meek as lamb
ipəkaçan *i.* 견사 푸는 사람 silk-winder
ipəkçi *i.* 잠농 (蠶農), 누에치기 silkworm breeder
ipəkçilik *i.* 견사 공업, 견직업, 양잠(養蠶)silk industry, silkworm breeding, sericulture
ipəkqurdu *i. zoo.* 누에; 누에나방의 유충 silk worm, bombyx
ipəkli *si.* 비단의, 비단 같은 silky, silken
ipəkəyirən *si.* 견직의 silk-weaving; ~ **fabrika** *i.* 견직공장 silk weaving mill; ~ **dəzgah** *i.* 견직기 silk-weaving loom
ipəyatmaz *si.* 꺾이지 않는, 굴복하지 않는, 불굴의, 꿋꿋한, 통제불능의 indomitable, stubborn, violent, hard-mouthed; unmanageable
ipəyat(ma)mazlıq *i.* 불굴의지, 꿋꿋함 indomitability
ipəyirən *i.* 방적공, 방적기 spinner; ~ **maşın** *i.* 방적기 spinning machine
ipəyirmə *i.* 방적 spinning
ipləmə *si. col.* 격렬한, 통렬한, 사나운, 험한 mad, turbulent, violent ○ **dəlisov, dəlibaş, dəli**
ipləmək *fe.* 줄을 매다, 줄로 묶다 rope, tie up with a rope
iplik *i.* 명주사, 무명사 sowing cotton, cotton yarn ○ **saplıq**; ~ **parça** *i.* 명주 공장 cotton fabric
iplikli *si.* 명주가 섞인 half-cotton
iprit *i. kim.* 이페리트(제1차 세계 대전 때 독일군이 처음 사용한 독가스) mustard gas, yperite
ipsiz *si.* ① 무선의, 줄이 없는 ropeless, cordless; ② *fig.* 제한 없는, 자유한, 자유 분방한 free and easy, without restraint (person)
irad *i.* 흠, 단점, 결점, 결함 fault, error, defect ○ **nöqsan, kəsir, eyib, qüsur**; ~ **tutmaq** *fe.* 흠잡다, 트집을 잡다 find fault, cavil, reprove
iradə *i.* ① 뜻, 의지, 의사(意思) will, volition ○ **istək, dilək, arzu, murad**; ② 처분, 재량권, 고집, 불굴 disposal, persistence; ○ **əzm, ixtiyar**; ③ 의도, 의향, 의지, 작정 intention ○ **niyyət, məram**; **dəmir ~** *i.* 강철 같은 의지 iron will; **öz ~si əleyhinə** *z.* 자신의 뜻에 반하여 against one's own will
iradəli *si.* 강한 의지의, 결의가 굳은, 결연한, 단호한 strong-willed, resolute, determined, persistent ○ **möhkəm, səbatlı** ● **qorxaq**
iradəlilik *i.* 불굴의 의지, 지조가 굳음, 절개, 절조, 견인 persistence, constancy, fortitude ○ **möhkəmlik, səbatlılıq** ● **qorxaqlıq**
iradəsiz *si.* 의지가 약한, 무기력한, 개성이 없는 weak-willed, flabby, characterless; without self-will ○ **zəif, qətiyyətsiz** ● **cür'ətli**
iradəsizlik *i.* 의지 박약 lack of will, weak will ○ **zəiflik, qətiyyətsizlik** ● **cəsarətlilik**
iradi *si.* 의지적인, 의지에 의한, 뜻의 volitional, of the will ○ **ixtiyari, könüllü**; ~ **hərəkətlər** *i.*

의지적 행동 volitional movements; ~ **impuls** *i.* 의지적 충동, 자극 volitional impulse

iradsız *si.* 부끄러운 줄 모르는, 조신하지 않는, 뻔뻔스러운 shameless, irreproachable, impeccable ○ **nöqsansız, qüsursuz, eyibsiz**; ~ **davranış** *i.* 흠잡을 때 없는 행동거지 impeccable conduct

iradsızlıq *i.* 무흠(無欠), 무죄(無罪), 결백(潔白), 의지박약(意志薄弱) innocence, purity, blameless ○ **nöqsansızlıq, qüsursuzluq, eyibsizlik**

iraq I. *si.* 먼, 원거리의, 멀리 있는 far, distant, remote, faraway ○ **uzaq, aralı, kənar**; II. *z.* 멀리, 멀게 far off, far; ~ **ölkələr** *i.* 먼 나라, 아득한 나라 faraway countries; ~ **düşmək** *fe.* 멀리 떨어지다, 외국에 살다 be far off, live in a foreign country; ***İraq olsun!*** *하나님이 금하시길! God forbid!*

iraqlaşmaq *fe.* 멀리 지내다 keep away (from)

iraqlıq *i.* 오지, 먼 곳 remoteness, distance ○ **uzaqlıq, aralılıq, kənarlıq**

İran I. *i.* 이란 Iran; II. 이란 사람, 이란어 Iranian; ~ **höküməti** *i.* 이란 정부 Iranian government; ~**lı** *i.* 이란 사람 Iranian

irçal *i.* 오디 잼 mulberry jam ○ **riçal**

irçə *i.* 원형, 외형, 형태 mould, form ○ **qəlib**

irəli I. *si.* 앞의, 전방의, 앞쪽의, 앞서는 forward, onward, advancing ○ **əvvəl, qabaq** ● **sonra**; II. *z.* 앞으로, 앞에서 forward ahead ○ **qabağa**; III. *qo.* 먼저, 미리 before; ~**cədən** *z.* 사전에, 미리 beforehand, in good time, in advance,; ~**də** *z.* 앞에서, 앞서가서 in front, in advance, ahead; ~**də getmək** *fe.* 앞장서다, 앞서 가다 take the lead, go in advance; ~**dəki** *si.* 앞에 있는, 앞의 forward, next, following; ~ **stansiya** *i.* 다음 역 the following station; ~**dən** *z.* ① 앞에서부터, 앞쪽부터 from/at the front; ② 미리, 사전에 in advance, beforehand; ~-**geri** *z.* 앞뒤로 to and fro, forward and backward; ~**yə doğru** *z.* 앞을 향하여 forward; ~ **sürmək** *fe.* 주장하다, 옹호하다 allege, submit, assert; ~ **sürmə** *i.* 주장함, 단언함 assertion; ~ **çəkmək** *fe.* 승진하다, 앞서다, 촉진하다 promote; ~ **çəkmə** *i.* 증진, 촉진, 승진 promotion; ~ **gəlmək** *fe.* 앞에 나오다 come forward; ~ **getmək** *fe.* 앞지르다, 앞서 나아가다 go too far, proceed

irəlilədilmək *fe.* 앞장 세워지다, 앞에 서다 be pushed forward, be advanced

irəliləmə *i.* ① 앞장서는, 앞서 나가는 advancing; ② 전진, 진행, 진보, 향상 progressing ○ **irəliləyiş**; ③ 증가, 가산 adding, increasing ○ **artma, yüksəlmə**;

irəliləmək *fe.* ① 앞서다, 앞서가다, 월등하다 advance, progress, surpass ○ **artmaq, yüksəlmək** ② 걷다 walk ○ **yerimək**

irəlilətmək *fe.* ① 앞장 세우다, 앞서게 하다 advance, move on, push on; ② 개발시키다, 발전시키다, 선진화 시키다 develop; **sənayeni** ~ *fe.* 산업을 발전시키다 develop an industry

irəliləyən *si.* 앞서 있는, 앞서가는 onward

irəliləyiş *i.* ① 진보, 전진, 개발, 발전 advancement, progress, advance; ② 개선, 변화, 앙양 improvement, change, elevation ○ **tərəqqi, inkişaf, nailiyyət, yüksəliş**

irəlilik *i.* 승진, 전진, 앞으로 나아감 advancement

irəmə *i.* 정상, 꼭대기, 절정 summit, top, peak ○ **təpə, dikdir**

irəməlik ☞ **irəmə**

irəş *si.* 수정된, 다산의 fecundated, much experienced in giving birth (animal) ○ **anac**

irəşmə *i.* 양털로 만든 동아줄, 밧줄 rope made of goat's wool

irfan ① 지식, 학식, (학문 분야에) 정통, 숙지 knowledge ○ **bilik, mə'lumat**; ② 성숙, 원숙, 발달 maturity ○ **yetkinlik, kamillik**; ③ 계발, 계몽, 교화, 교양 enlightenment, culture ○ **mədəniyyət, maarif**

iri *si.* 규모가 큰, 굵은, 크고 무거운 large-scaled, big, coarse, massive ○ **yekə, cüssəli, həcmli, böyük** ● **balaca, xırda**; ~ **gövdəli** *si.* 큰 줄기의, 큰 통의 massive; ~ **sənaye** *i.* 중공업(重工業) large scale industry; ~ **qum** *i.* 굵은 모래 coarse sand

iribədənli *si.* 키가 큰, 잘 자란 big, tall, well-grown

iriburun(lu) *si.* 코가 큰 big-nosed

iriçən *i.* 컨테이너 container

iriçiçəkli *si.* 꽃이 큰 large-flowered

iridənəli *si.* 낟알이 굵은 big-grained, coarse

iridium *i. kim.* 이리듐 (기호 Ir) iridium

iridiş *si.* 이가 굵은, 굵은 치아를 가진 large-toothed

iridırnaqlı *si.* 발톱이 굵은 large-hoofed
iridodaqlı *si.* 두터운 입술을 가진 thick-lipped
iriformatlı *si.* 크기가 큰 large-sized
irigövdəli *si.* 굵은, 키가 크고 뚱뚱한; 굵은 줄기를 가진 tall, big, stout (man); big-trunked (tree)
irigövdəlilik *i.* 건장함, 굵음 bigness
irigöz *si.* 눈이 큰; 구멍이 큰 big-eyed; big-holed
irihəcmli *si.* 공간이 넉넉한, 여유가 있는 capacious; voluminous; ~ **qazan** *i.* 큰 냄비 capacious saucepan; ~ **kitab** *i.* 두꺼운 책 voluminous book
iri-xırda *si.* 크고 작은 big and small
iri-iri *si.* 크고 큰, 큼직한 big, large; ~ **daşlar** *i.* 큰 돌들 big stones
irikalibrli *si.* 큰 지름의, 큰 능력의 large calibred
iriləmək *fe.* 거칠게 자르다, 거칠게 갈다 mill coarsely, cut roughly
irilənmək *fe.* ① 커지다, 자르다, 성숙하다 become large, grow, maturate ○ **böyümək, yekələnmək** ● **balacalaşmaq**; ② 개발되다, 발전하다, 성장하다 develop, grow up
iriləşdirmək ☞ **irilətdirmək**
iriləşmək ☞ **irilənmək**
irilət(dir)mək *fe.* 자라게 하다, 키우다, 크게 하다 cause to grow
irili-xırdalı *si.* 크고 자잘한 mixed with big and small
irilik *i.* ① 거대함 coarseness, bigness, largeness ○ **yekəlik, böyüklük** ● **xırdalıq**; ② 크기, 규모 size, scale
irin *i.* 고름, 배설물 pus, matter ○ **çirk**
irinaxma *i. med.* 화동, 고름 purulent discharge
irinlədici *si. bio.* 화농의, 고름의 suppurative
irinləmə *i. med.* 화농성, 화농현상 suppuration ○ **çirklənmə**
irinləmək *fe.* 곪다, 고름이 괴다, 궤양을 일으키다 suppurate, fester, discharge pus/matter, rankle ○ **çirklənmək**
irinlətmək *fe.* 곪게 하다, 궤양을 일으키다 fester, let fester
irinli *si.* 곪는, 화농의, 궤양의 festering, suppurative, purulent, septic ○ **çirkli**; ~ **yara** *i.* 곪은 상처, 화농(化膿) 상부 festering wound; ~ **appendiks** *i. med.* 맹장염, 충수염(蟲垂炎) suppurative appendicitis
irinlilik *i.* 화농 상태, 염증 상태 state of being suppurative
irintörədən *si.* 화농성의, (화농제) suppurative
iriölçülü *si.* 큰 규모의 large-scaled
iripanelli *si.* 큰 판넬의 large-panelled
iris *i.* 태피 (설탕, 당밀을 곤 캔디) toffee, toffey, taffy
irisifətli *si.* 얼굴이 큰 large-faced
irişdirmək *fe.* 방긋 웃게 하다, 이를 드러내게 하다 make *smb.* grin, cause *smb.* to bare one's teeth
irişə-irişə *z.* 방긋 웃으며 grinning, smiling; ~ **danışmaq** *fe.* 밝게 말하다, 웃으면서 말하다 speak smiling
irişmək *fe.* ① 닿다, 도착하다, 달성하다 reach, attain ○ **çatmaq, yetişmək**; ② 경박하게 웃다, 경솔하게 웃다, 빙글거리다 smile imprudently, grin unpleasantly ○ **gülmək, hırıldamaq**
iriyanaq(lı) *si.* 볼이 큰, 볼이 튀어나온 large-cheeked
iriyarpaq(lı) *si.* 큰 잎파리를 가진 large-leafed
irq *i.* 민족, 인종 race; **ağ** ~ *i.* 백인종 white race; **qara** ~ *i.* 흑인종 black race; **sarı** ~ *i.* 황인종 brown race
irqçi *i.* 민족주의자, 인종차별주의자 racist, racialist
irqçilik *i.* 민족주의적 신념, 민족적 편견 racism
irqi *si.* 민족상의, 민족의, 인종의 racial; ~ **ayrıseçkilik** *i.* 인종 차별 racial discrimination; ~ **əlamətlər** *i.* 인종적 특색 racial characteristic
irland *si.* 아일랜드의 Irish; ~ **dili** *i.* 아일랜드어 Irish (language)
İrlandiya *i.* 아일랜드 Ireland; **~lı** *i.* 아일랜드 사람 Irishman
irmaq *i. arx.* 강, 내, 개울 river, stream ○ **çay**
irmək ① 도달하다, 달성하다 reach, attain ○ **çatmaq, yetişmək**; ② 거칠게 빻은 곡물, 굵게 간 옥수수 bran, grits, feed
ironiya *i.* 반어, 반어법 irony
irradiasiya *i. fiz.* 발광, 복사(輻射), 조사, 방사선 노출 irradiation
irrasional *si. mat.* 이성이 없는, 분별없는 irrational; ~ **ədəd** *i. riy.* 무리수(無理數) irrational number; ~ **tənlik** *i.* 무리수 방정식 irrational equation
irrasionalizm *i. fəl.* 비이성주의, 비합리주의 ir-

rationalism

irriqasiya *i.* 관개, 주수 irrigation

irriqator *i.* 관개 경작자, 관개시설 (차), 물뿌리개 irrigator

irs *i.* ① 유산, 유물; 세습, 물려받은 것, 전승 heritage, legacy ○ **mal, mülk**; ② 상속 재산, 상속 물건, 유전적 성질 inheritance; **~dən məhrum etmək** *fe.* 상속권을 빼앗다, 유산 권리를 빼앗다 disinherit

irsən *z.* 유산으로, 유전적으로, 세습으로 by inheritance, by right of succession, by heredity; **~ almaq** *fe.* 상속(相續)받다 inherit

irsi *si.* 유산의, 유전적인, 물려받은, 세습적인 hereditary, inheritable, inherited; **~ xəstəlik** *i.* 유전병 hereditary disease; **~ keyfiyyət** *i.* 유전 형질 inherited quality

irsiyyət *i.* 유전(형질); 세습, 전통 heredity

irşad *i.* 진리로 이끎 direction to the truth, instruction to the truth

irtibat *i.* ① 묶음, 연관, 연락, 연계 tie, band, relation, connection ○ **rabitə, əlaqə, bağlılıq**; ② 교류, 소통 intercourse, communication

irtibatsız *si.* 연관 없는, 관계없는 without connection, without relation ○ **rabitəsiz, əlaqəsiz**

irtica *i. siy.* 반동, 역행, 공격, 반작용 reaction, aggression; **beynəlxalq ~** *i.* 국제적 역행, 국제적 반작용 international reaction

irticaçı *i.* 반동자, 역행자 reactionary, aggressor; **~ qüvvələr** *i.* 반동적인 힘, 반동력(反動力) reactionary forces

irticaçılıq *i.* 반동성(反動性) reactionary character

irtmək *i.* ① (토끼, 사슴 등) 짧은 꼬리; 비열한 놈, 애송이 scut (animal); ② *ana.* 미골(尾骨) coccyx, coccyges

irtməkləmək *fe.* 꼬리를 붙잡다 seize by the scut

irz *i.* 영예, 명예, 존중, 자격, 공덕 honour, regard, deserving, worthiness, merit ○ **namus, ismət, iffət, şərəf**

irzsizlik *i.* 불명예, 치욕, 악평, 수치 dishonour, disgrace, shame ○ **namussuzluq, ismətsizlik, şərəfsizlik**

İsa Məsih Jesus Christ. True God and Saviour of the world who came down from heaven to take our place under the law and keep the law perfectly for us then to pay for all our sins with his own blood. On the 3rd day he rose again from the dead. After appearing to his disciples for 40 days, proving that he really was alive, and giving them final instructions, he returned to heaven to prepare a place for those who believe in him and to rule over all things. Before he returned to his heavenly throne, he promised that he would come again with power and great glory to judge the living and the dead. Those who believe in him will enjoy all the glory and splendour of heaven with Jesus for ever and ever. Those who reject Jesus and trust in their own "good deeds" or in their idols or any thing else will be judged accordingly and found wanting. They will be cast into eternal flames prepared for the devil and his angels to suffer for ever and ever. Tragically, many perish needlessly, for anyone, no matter how wicked, can be saved if he will just turn from his evil ways and trust in Jesus. Whoever believes in him will not perish, but have eternal life. If you confess with your mouth, "Jesus is the Lord", and believe in your heart that God has raised him from the dead, you will be saved. For more details, refer the Bible.

İsa Məsih məhz bizim üçün qanuna tabe olub, riayət etmək üçün göydən enmişdir. O, qanı ilə günahlarımızı yumuş həqiqi Allah və Xilaskardır. Üçüncü gündə dirilmişdir. O, 40 gün ərzində şagirdlərinə görünüb, həqiqətən sağ olduğunu sübut etdi. Onlara son təlimləri verdikdən sonra Ona iman edənlərə yer hazırlamaq və hər şey üzərində rəhbərlik etmək üçün göylərə qayıtdı. O, göylərdəki taxtına dönməzdən əvvəl vəd verdi ki, dirilərə və ölülərə hökm etmək üçün yenidən qüdrət və böyük izzətlə gələcəkdir. Ona iman edənlər əbədiyyən Məsihlə bərabər göylərin izzətindən və cah-cəlalından zövq alacaqlar. İsanı inkar edib öz "yaxşı əməllərinə" və bütlərə, yaxud da bir başqa şeylərə arxalananlar onlara layiq şəkildə məhkum olunacaqlar. Onlar əbədiyyən əzab çəkmək üçün iblis və onun mələkləri üçün hazırlanmış sönməz atəşə atılacaqlar. Bədbəxtlikdən, çoxları əbəs yerə məhv olur. Fəqət, kimsə nə qədər günahlı olmasından asılı olmayaraq, öz şər yolundan dönüb İsaya inanarsa, xilas ola bilər. Ona iman edən kimsə məhv olmayacaqdır. Əgər ağzınla etiraf etsən ki, "İsa Rəbbdir" və ürəyində Allahın Onu ölülərdən diriltdiyinə inansan xilas olacaqsan. Daha ətraflı məlumat üçün Bibliyaya müraciət edin.

isbat *i.* 증거, 입증, 논증, 증명 proof, evidence, argument ○ **sübut, dəlil**; **~ etmək/~a gətirmək** *fe.* 보여주다, 증거하다, 입증하다, 논증하다 show, prove

isbatedilməz *si.* 논란의 여지가 없는 undemonstrable

isbatlı I. *si.* ① 결정적인, 결론적인, 확연한, 확증적인 conclusive, evident ○ **sübutlu, dəlilli**; ② 알맞은, 어울리는, 온당한, 품위 있는, 예의 바른 decent, proper, seemly, decorous; II. *z.* 적절하게, 예의 바르게, 온당하게 decently, properly ○ **layiqli, görkəmli, yararlı**

isbatlılıq *i.* 고상함, 품위 있음, 예의 바름, 예의범절 decency, seemliness, decorum

isbatsız I. *si.* ① 입증되지 않는, 증거가 없는 unsubstantiated, unfounded; ② 부적절한, 버릇없는, 속악한, 야비한, 거친, 천한 indecent, improper, indecorous, unseemly; II. *z.* 부적절하게, 버릇없이 improperly, indecently

isbatsızlıq *i.* 꼴사나움, 꼴불견, 속악, 상스러움 indecency, improp

isə (-sa, -sə) *ba.* 반면에, 어쨌든, 그렇지만, ~하더라도 -는 아니다 while, however; **mən ~** *z.* 나로서는, 내 입장에서는 as for me; ***Onlar getdilər, sən isə burada qal!*** *그들은 가더라도, 너는 여기 머물라! They have gone but you stay here!*

isəvi ☞ **xristian**

isəvilik ☞ **xristianlıq**

ishal *i. med.* 설사 diarrhea; **~ olmaq** *fe.* 설사병에 걸리다 have diarrhea; **qanlı ~** *i.* 혈변, 이질 *med.* blood flux

isidilmiş *si.* 가열된, 화난, 흥분한 heated, warmed

isidici *i.* 가열기, 가열판 hot-water bottle, heating pad; **~ kompres** *i.* 열 압축기 hot compress

is(i)m *i.* ① 이름, 명칭, 호칭, 성명 name ○ **ad**; **İsminiz nədir?** 이름이 어떻게 되세요? What is your name?; ② *gram.* 명사(名詞) noun; **xüsusi ~** *gram.* 고유명사(固有名詞) proper noun; **ümumi ~** *gram.* 일반명사 common noun; **konkret ~** *i.* 구체명사(具體名詞) concrete noun; **mücərrəd ~** *i.* 추상명사(抽象名詞) abstract noun; **~in halı** *gram.* 격; (특정 언어의) 격범주(格範疇)의 체계; 집합적 격범주 case

isimləşmə *i. dil.* 명사화 substantivization, becoming noun

isimləşmək *fe. dil.* 명사화하다 substantivize

isimləşmiş *si. dil.* 명사화 된 substantivized

isimsiz *si.* ① 무명의, 이름도 없는, 익명의 nameless; ② 명분 없는 nounless

isindirilmək *fe.* 가열되다 be heated

isindirmək *fe.* 가열하다, 덥게 하다, 따뜻하게 하다, 데우다 warm, heat, warm up, heat up

isinişdirilmək *fe.* 순응되다, 순화되다, 익숙해지다 be accustomed, be acclimatized

isinişdirmək *fe.* 순응시키다, 순화시키다, 적응시키다, 익숙하게 하다 accustom, make used to; bring together, acclimatize

isinişmək *fe.* 적응하다, 순응하다, 익숙해지다, 자리잡다 become accustomed, get used, get into the way, become acclimatized ○ **öyrəşmək, alışmaq, bağlanmaq**

isinmək *fe.* ① 더워지다, 따뜻하게 되다 warm, grow warm ○ **qızmaq, istilənmək** ● **soyumaq**; ② 비슷해지다, 익숙해지다, 순응하다 become similar ○ **öyrəşmək, alışmaq**

isitmə *i. med.* 말라리아, 학질(瘧疾) malaria, swamp fever○ **qızdırma**; **~yə düşmək** *fe.* 말라리아에 걸리다 be taken ill with malaria

isitmək *fe.* ① 덥게 하다, 데우다, 가열하다 heat, warm ○ **qızdırmaq**; ② 말라리아에 걸리다 become ill with malaria; **suyu ~** *fe.* 물을 데우다 heat the water

isitməli *si.* 말라리아의, 말라리아에 걸린 malarial; **~ xəstə** *i.* 학질 환자, 말라리아 환자 malarial patient

iskələ *i.* 부두, 잔교, 선창, 안벽 wharf, quay, pier, jetty

iskəncəbi *i.* 음료중의 하나 (식초, 꿀이나 설탕을 섞은 것) a kind of drink (made of vinegar, honey and sugar)

iskənə *i.* 끌, 정, 둥근 끌 chisel, gouge

iskənələmək *fe.* 끌로 새기다, 조각하다 chisel

iskənələnmək *fe.* 끌로 새겨지다, 조각되다 be chiseled

isladılmaq *fe.* 젖다, 적셔지다 be moistened

isladılmış *si.* 젖은, 축축한 moistened, wetted

islah *i.* 개심, 교정, 정정, 수정, 바르게 함 amendment, correction, reform ○ **düzəltmə**; **~ etmək** *fe.* 바르게 하다, 교정하다, 수정하다, 정정하다 reform, correct; **mətni ~ etmək** *fe.* 문장을 고치다 amend the text

islahat *i.* 개혁, 개선, 쇄신 reform ○ **dəyişiklik**; **~ yolu ilə dəyişmək** *fe.* 개혁하다, 쇄신하다, 개선하다 reform; **pul ~ı** *i.* 화폐 개혁 currency reform; **torpaq ~ı** *i.* 토지개혁 land reform; **köklü ~lar** *i.* 일소 개혁, 포괄적 개혁 sweeping reforms

islahatçı *i.* 개혁주의자, 개혁가 reformer, reformist

islahatçılıq *i.* 개혁주의, 혁신주의 reformism; **~ siyasəti** *i.* 개혁 정책, 개선 정책 reformatory policy

islahedici *si.* 개혁적인, 개혁주의적인 reformatory, reformative; **~ tədbirlər** *i.* 교정 조치, 교정 방책, 교정수단 corrective measures

islahedilməz *si.* 고칠 수 없는, 구제 불능의, 완고한, 뿌리깊은 incorrigible

islahedilməzlik *i.* 구제불능, 고칠 수 없음 incorrigibility

islaholunmaz ☞ **islahedilməz**

islaq *si.* 젖은, 물기가 있는, 축축한 wet, soggy, mushy ○ **nəm**, **yaş** ● **quru**

islaqlıq *i.* ① 축축함, 눈물 많음 sogginess, mushiness; ② 습도, 습기 humidity, moistness ○ **nəmlik**, **yaşlıq**, **rütubətlilik**

İslam *i.* 이슬람 Islam

islamçılıq ☞ **islamlıq**

islamiyyət ☞ **islamlıq**

islamlıq *i.* 이슬람, 회교 Mohammedanism, Islamism, Islam

islandca *z.* 아이슬랜드어로 Icelandic

İslandiya *i.* 아이슬랜드 Iceland

islandiyalı *i.* 아이슬랜드 사람 Icelander; *si.* 아이슬랜드의 Icelandic

islanmaq *fe.* 젖다, 축축하게 되다 soak, get wet, get drenched ○ **nəmlənmək**, **yaşlanmaq** ● **qurumaq**; **iliyə kimi ~** *fe.* 흠뻑 젖다, 피부까지 스미다 get wet to the skin

islanmış *si.* 젖은 wet

islatdırmaq *fe.* 젖게 하다, 적시다, 담그다 make *smb.* to wet/soak

islatmaq *fe.* ① 젖다, 흠뻑 젖다, 스미다 soak, wet thoroughly, drench ○ **yaşlatmaq**, **nəmlətmək** ● **qurutmaq**; **boğazını ~** *fe.* 목소리가 젖다 wet one's whistle

ismarış *i.* 위임, 명령, 지시, 심부름, 용건 commission, information, message, errand, task ○ **tapşırıq**, **sifariş**; **~ göndərmək** *fe.* 지시를 내리다, 심부름을 보내다, 지시하다 inform, send message; **~ almaq** *fe.* 위임을 받다, 명령을 받다, 임무를 부여받다 get/obtain information/message

ismarlama ☞ **ismarlamaq**

ismarlamaq *fe.* 전갈하다, 위임하다, 맡기다, 책임지게 하다 send word, send message, commit, charge, entrust ○ **tapşırmaq**

ismarlanmaq *fe.* 위임되다, 맡겨지다, 전갈되다 be informed

ismət *i.* ① 명예, 존중, 존경, 신망, 명성, 영명 honour, respect, reputation ○ **namus**, **həya**, **abır**; ② 고상, 순결, 정절, 정숙함 chastity, innocent; **~ini qorumaq** *fe.* 순결을 지키다 defend one's chastity; **~ini itirmək** *fe.* 순결을 잃다, 명예가 실추되다 lose one's honour, become disgraced

ismətli *si.* ① 순결한, 정직한, 순수한, 고상한, 흠없는 honest, innocent, pure, moral, irreproachable, blameless, faultless ○ **namuslu**, **həyalı**, **abırlı**, **əxlaqlı**, **təmiz**, **məsum** ● **namussuz**; ② 순결한, 정숙한 chaste

ismətlilik *i.* ① 고결한, 올바름, 훌륭함, 고상함, 명예로움 honorableness, uprightness, honesty, innocence, blamelessness ○ **namusluluq**, **həyalılıq**, **abırlılıq**; ② 순결성, 정숙성 chastity, chasteness ○ **əxlaqlılıq**, **mə'sumluluq**, **günahsızlıq** ● **əxlaqsızlıq**

ismətsiz *si.* ① 부정한, 속임수의, 불명예스런, 치욕스런, 창피한 dishonest, dishonourable; ② 후안무치의, 뻔뻔한, 부끄럼을 모르는 shameless, bare-faced, brazen-faced ○ **namussuz**, **həyasız**, **abırsız**, **şərəfsiz** ● **namuslu**

ismətsizcə *z.* 창피하게도, 뻔뻔하게 dishonourably, shamelessly

ismətsizlik 뻔뻔함, 후안무치 shamelessness ○

I

namussuzluq, abırsızlıq

isnad *i.* 참조, 조회, 출전, 참고문 reference ○ **məxəz, mənbə, dayaq, dirək, söykənəcək; ~ etmək** *fe.* 참조하다, 위탁하다, 언급하다 refer, ascribe

İspan *i.* 스페인인 Spaniard; **İspaniya** *i.* 스페인 Spain; **~ dili** 스페인어 the Spanish language; **İspaniyalı** *i.* 스페인인 Spanish

ispanaq *i. bot.* 시금치; 그 잎 spinach

ispolkom *i.* 실행[집행] 위원회 executive committee

israf *i.* 낭비(행위), 출비; 지출 expense, waste, squander ○ **xərcləmə, dağıtma, işlətmə; ~ etmək** *fe.* (돈, 힘 등) 낭비하다, 소모하다 squander, waste (money, strength)

israfçı I. *i.* 낭비자, 방탕아 squanderer, spendthrift, waster ● **qənaətçi**; II. *si.* 소비적인, 낭비적인, 사치한 wasteful, extravagant

israfçılıq *i.* 낭비, 소비, 소모적임, 소실, 난봉 squandering, wastefulness, dissipate ○ **bədxərclik** ● **qənaətçilik**

İsrail *i.* 이스라엘 Israel; **israilli** *i.* 이스라엘 사람 Israeli

israr *i.* 강력한 주장, 단언; 강조, 강요, 고집, 인내, 불굴; 집요함 insistence, persistence, urgency ○ **inad, təkid; ~ etmək** *fe.* 우기다, 강력히 주장하다 insist, persist; **öz dediyində ~ etmək** *fe.* 자기가 말한 것을 고집하다, 강력히 주장하다 stand on one's ground

israrla *z.* 끈덕지게, 끈기 있게, 완강하게, 불굴의 의지로, 집요하게 persistently, insistently, urgently; **~la təhrik etmək** *fe.* 주장하다, 강압하다, 재촉하다, 촉구하다 urge; **~la xahiş etmək** *fe.* 간청하다, 탄원하다 entreat

israrlı *si.* 끝까지 해내는, 끈덕진, 끈기 있는, 고집하는 persistent, insistent, urgent

istedad *i.* ① 은사, 타고난 재능, 소질, 능력, 수완 talent, gift, faculty, vocation ○ **zəka, talant;** ② (육체, 정신, 법률, 도덕, 경제 등) 능력, 힘, 기량, 수완, 역량 ability, capability ○ **qabiliyyət; qeyri-adi ~** *i.* 비범한 재능 extraordinary talent; **dilə ~ı olmaq** *fe.* 언어적 재능을 갖다 have a gift for language; **~ını göstərmək** *fe.* 재능을 보이다 show one's talent

istedadlı *si.* 재능 있는, 재주 있는, 은사가 있는 gifted, talented, capable ○ **qabiliyyətli, zəkalı, talantlı** ● **küt**

istedadlılıq *i.* 재주 있음, 은사 있음, 능력 있음, 천부적 재능 talent, giftedness, gifted nature ○ **qabiliyyət**

istedadsız *si.* 무능한, 재주 없는, 무기력한 incapable, untalented ○ **qabiliyyətsiz, bacarıqsız**

istedadsızlıq *i.* 무능력, 재주 없음 incapability, lack of talent ○ **qabiliyyətsizlik, bacarıqsızlıq**

istefa *i.* 사임, 사직, 은퇴; 사표, 사직서 resignation, retirement; **~ya çıxmaq** *fe.* 사직하다, 은퇴하다 resign, retire; **~ya çıxmış** *si.* 은퇴한, 사직한 retired; **hökmət ~sı** *i.* 정부 사임, 공직 사퇴 resignation of a government

istehkam *i.* 성채, 요새, 축성 citadel, fortification ○ **sədd, qala; ~ xətti düzəltmək** *fe.* 요새화하다, 강화하다 fortify

istehkamçı *i.* 공병, 토목 공병 field engineer, combat engineer, sapper

istehkamlı *si.* 강화된, 요새화된 fortified, securely established

istehlak *i.* 소비, 사용 consumption, use; **~ malı** *i.* 소모품, 필수품, 일용품 commodity; **~ dəyəri** *i.* 사용 가치 use value; **~ etmək** *fe.* 사용하다, 소비하다 consume, use up

istehlakçı *i.* 소비자, 이용자 consumer, user; **~lar cəmiyyəti** *i.* 소비자 협회, 소비자연맹 consumer's society

istehsal *i.* 생산, 제조, 산업 manufacture, production; **kütləvi ~** *i.* 대량생산 mass production; **~ malları** *i.* 생산품, 공산품 ware; **polad ~ı** *i.* 제철생산 steel manufacture; **məişət malları ~ı** *i.* 생필품 생산 production of consumer goods; **~ gücü** *i.* 생산 능력 production capacity; **~ etmək** *fe.* 생산하다, 산출하다 produce

istehsalat *i.* 생산(량); 생산 공장, 제조 공장 factory, plant, works; **~ iclası** *i.* 생산 회의 production conference

istehsalçı *i.* 생산자 producer

istehza *i.* ① 반어(법) irony; ② 조소, 조롱, 비웃음, 냉소; 놀림감, 웃음거리 mockery, ridicule, sneer ○ **masqara, kinayə, lağ; ~ etmək** *fe.* 비웃다, 냉소하다, 놀리다, 모욕하다 sneer, ridicule, mock; **taleyin ~sı** *i.* 운명의 장난, 운명의 놀림 irony of fate

istehzalı *si.* 비웃는, 조롱하는, 조소하는 derisive,

ironic(al), mocking ○ **kinayəli**; ~ **gülüş/təbəssüm** *i.* 비웃음, 조소, 냉소 sneer

istehzasız *si., z.* 장난 없이, 놀림 없이 without irony, mockless

istehzayana *z.* ironically, with irony, quizzically; ~ **baxmaq** *fe.* 반어적으로, 조롱하듯 glance ironically

isterik *si.* 광란의, 분별이 없어진 hysterical

istək *i.* 원함, 욕망, 갈망, 열심, 좋아하는 것 wish, desire, eager, inclination, longing ○ **arzu, dilək, murad**

istəkli I. *i.* 사랑하는 이, 소중한 사람 beloved one, darling ○ **əziz, sevimli, mehriban**; II. *si.* 사랑하는, 애지중지하는 beloved, darling, dear

istəklilik *i.* 사랑스러움, 친밀함, 친근감, 친절함 loveliness, intimacy, dearness, friendliness ○ **sevimlilik, mehribanlıq**

istəksiz *si. z.* 내키지 않게, 마지못해, 꺼리면서 reluctant(ly), averse(ly), unwilling(ly) ○ **könülsüz, həvəssiz**

istəksizlik *i.* 마음이 내키지 않음, 본의 아님, 꺼림, 싫어함 reluctance, aversion, unwillingness ○ **könülsüzlük, həvəssizlik**

istəmədən *z.* 본의 아니게, 마지못해, 부득이하게, 무심결에 involuntarily, unintentionally, by accident

istə|mək *fe.* ① 하고 싶다, 원하다, 바라다 want, wish ○ **arzulamaq, diləmək**; ② 요청하다, 물어 보다 ask; ③ 좋아하다, 원하다, 요망하다 love, desire, adore, like ○ **sevmək**; **~diyinə nail olmaq** *fe.* 원하는 것을 얻다 get one's own way; ***İstərdim ki ...*** *소망하기는… I should like ...*; ***Necə istəyirsən et.*** *하고싶은 대로 해! Do as you like!*; ***Nə demək istəyirsən?*** *무슨 말을 하려는 건데? What do you mean?*; ***İstəyənin bir üzü qara, verməyənin iki.*** *ata.s.* *달라면 한번 어렵고, 거절하면 두면 어렵다. It is more embarrassing to refuse than to ask.*

istəməli *si.* 사랑할 만한, 사랑할 가치가 있는, 합당한, 호감이 가는 loveable, worthy of love, desirable

istəməyən *si.* 거리끼는, 본의 아닌 unwilling

istənilmək, istənmək *fe.* ① 바라지다, 원해지다 be desired, be wanted; ② 요청되다 be asked; ③ 사랑받다 be loved

istənilməyən *si.* 원하지 않는 unwanted

istər *bağ.* ~이거나 ~이거나 or, either; ***istər ... istər ...*** *ba.* *이거나 혹은 저거나 whether, or*; ***İstər yazsın, istər yazmasın*** *원하면 쓰든지 말든지 Whether he write or not ...*

istər-istəməz *z.* 싫든 좋든, 좋아하든 말든 willy-nilly, like it or not; ***İstər-istəməz siz getməlisiniz.*** *원하든 말든 가야 한다. You have to go willy-nilly.*

isti I. *i.* 열, 뜨거움 heat ○ **hərarət**; II. *si.* ① 뜨거운, 더움 hot, sultry ○ **bürkü**; ② 따뜻한 warm ○ **hərarətli, mehriban, səmimi**; ③ 타는, 타는 듯한 burning ○ **yandırıcı, qızğın**; ~ **xana** *i.* 온실 hot-house; ~ **ölkələr** *i.* 열대 지역 the tropics; **~cə** *z.* 따뜻하게, 친절하게 warmly, tepidly; **~-soyuq** *i.* 냉열(冷熱) heat and coldness; **~-soyuqluq** *i.* 관련성, 적절성 heat and coldness; *col.* relevance; **~si-soyuğu olmamaq** *fe.* 관계하지 않다, 무관심하다 have nothing to do with; have no concern

istiarə *i. lit.* 은유, 암유(暗喩) metaphor

istibdad I. *i.* 독재, 압제, 전제 tyranny, autocracy, despotism, absolute rule ○ **zülm, mütləqiyyət**; II. *si.* 전제적인, 독재적인, 횡포한 despotic, despotical

istibdadçı *i.* 독재자, 폭군 despot, tyrant

istibdadçılıq *i.* 독재정치, 폭정 despotism, tyranny

istifadə *i.* 사용, 이용, 용법; 어법, 적용, 활용 use, usage, application, utilization; ~ **etmək** *fe.* 사용하다, 이용하다, 쓰다, 활용하다, 고용하다, 적용하다 use, make use of, apply, take advantage of, employ, utilize; **~dən çıxmaq** *fe.* 못쓰게 되다 get out of use; ~ **olunmayan** *si.* 쇠퇴한, 쓸모 없어진, 한물간, 구식의 obsolete; **fürsətdən ~ etmək** *fe.* 기회를 활용하다 take an opportunity; **imtiyazdan ~ etmək** *fe.* 특권을 누리다, 특권을 활용하다 enjoy privileges

istifadəsiz *si.* 사용하지 않은, 미개발의, 이용되지 않은 unused, untapped; ~ **ehtiyatlar** *i.* 사용되지 않은 자원 untapped reserves

istifadəsizlik *i.* 사용되지 않음, 미개발 상태 state of being unused

istiğfar *i.* 죄의 고백, 회개 confession of sin, repentance ○ **tövbə etmə**

istixana *i.* 온실; (도자기) 건조실 hot-house, greenhouse; ~ **dirrikçiliyi** *i.* 온실 가꾸기 hot-house market gardening

isti-isti *z.* ① 뜨겁게 hot; ② 즉석에, 당장에 immediately; ***Dəmiri isti-isti döyərlər.*** *ata.s. 쇠는 달궈졌을 때 두드린다. Strike the iron while it is hot.*

istikeçirən *i. si.* 열전도(의) heat-conducting

istikeçirmə *i.* 열전도성 heat, thermal conductivity

istiqamət *i.* 방향, 방위, 경향, 추세, 방면 direction, course, trend, orientation ○ **cəhət, səmt, tərəf**; **~ini dəyişdirmək** *fe.* 방향을 전환하다 reverse; **~də** *qo.* **~** 방향으로, ~쪽으로 in the direction of; **bütün ~lərdə** *z.* 다방면에서, 전방위적으로 in all directions

istiqamətləndirici ☞ **istiqamətverici**

istiqamətləndirmək *fe.* ① 이끌다, 선도하다, 방향을 잡아주다 direct, turn, guide, lead; ② 조준하다, 겨누다, 의도하다, 목표를 잡다 aim, level

istiqamətlənmək *fe.* ① 방향이 잡히다, 이끌어지다, 익숙해지다, 정렬되다, 조절되다 be directed, be turned, be oriented, be aligned, be familiarized ○ **yönəlmək, yollanmaq**; ② 조준되다, 겨눠지다 be aimed; ③ 향하다, 걸음을 이끌다 be bound, direct one's step

istiqamətli ① 의지가 굳은, 굳게 결심하고 있는 resolute, persistent ○ **əzmli**; ② 향한, 방향이 설정된, 기운 oriented, inclined ○ **səmtli, tərəfli**

istiqamətverici *si.* 이끄는, 지도하는, 지시하는 guiding, directing, leading; **~ qüvvə** *i.* 유도력, 이끄는 힘 guiding force

istiqanlı *si.* ① *zoo.* 온혈의, 온혈 동물의 warm-blooded; ② 친절한, 다정한, 유쾌한, 사회적인 pleasing, attractive, pleasant, kind, sociable ○ **adamayovuşan, mehriban, üzügülər** ● **soyuqqanlı**; ③ 성격이 급한, 화를 잘 내는, 성마른 hot-tempered, quick-tempered; *col.* peppery

istiqanlılıq *i.* ① 마음이 따뜻함, 다정함 cardiac, heartfulness; ② *zoo.* 온혈성 warm-bloodedness; ③ 친절함, 진실함, 다정함 likeableness, attractiveness ○ **mehribanlıq, səmimilik**

istiqbal *i.* ① 미래, 차후, 장래 the future ○ **gələcək**; ② 영접, 환영 meeting, welcome ○ **qarşılama**; **parlaq ~** *i.* 밝은 미래 bright future; **~a çıxmaq** *fe.* 엄숙하게 맞이하다 meet solemnly, go to meet solemnly

istiqlal ☞ **istiqlaliyyət**

istiqlaliyyət *i.* 독립, 자유, 주권, 통치권 independence, sovereignty, liberty, freedom ○ **müstəqillik, azadlıq**; **milli ~** *i.* 국가 독립 national independence; **~ qazanmaq** *fe.* 독립하다, 주권을 갖다 become independent, win independence

istiqlaliyyətçı *i.* 독립운동가, 독립 투쟁가 independence activist, freedom-lover

istiqraz *i.* 대여, 대출, 차용 loan, lending; **dövlət ~ı** *i.* 국가 차관(借款) State loan; **daxili ~** *i.* internal loan 내부 대출; **xarici ~** *i.* 외부 대출, 차관 foreign loan

istila *i.* 정복, 극복, 침범, 침략 conquest, aggression, incursion, invasion ○ **tutma, işğal**; **~ etmək** *fe.* 정복하다, 침략하다 invade, conquer

istilaçı *i.* 침략자, 정복자 invader, conqueror, aggressor

istilaçılıq *i.* 침략, 침범, 정벌, 정복 invasion, conquest, aggression; **~ siyasəti** *i.* 도발적인 정책, 침략정책 aggressive policy; **~ müharibəsi** *i.* 정복 전쟁, 침략전쟁 aggressive war

istilah *i.* 용어, 술어, 전문어 term ○ **termin**

istilədici *si.* 가열의, 뜨겁게 하는 heating; **~ kompres** *i.* 열 압축 hot compress

istiləndirilmək *fe.* 가열되다, 데워지다 be heated, be warmed

istiləndirmək *fe.* 데우다, 가열하다 heat/warm *smt.* up

istilənmək *fe.* 더워지다, 가열되다 become warm, be heated ○ **qızmaq, isinmək**

istiləşdirmək ☞ **istiləndirmək**

istiləşmək ☞ **istilənmək**

istilətmək ☞ **isitmək**

istilik *i.* 온도, 열기 temperature, warmth ○ **qızdırma, hərarət** ● **soyuqluq**; **~ buraxmaq** *fe.* 열을 방출하다, 복사하다 radiate; **~ tutumu** *i.* 열용량 thermal capacity; **~ nüvə bombasının sınaqdan çıxarılması** *i.* 열핵실험 nuclear test

istilikkeçirən *si. fiz.* 열전도성의 heat-conducting

istilikkeçirmə *i. fiz.* 열전도성 heat-conductivity

istilikölçən *i. fiz.* 칼로리미터 calorimeter

istilikötürmə *i. fiz.* 열전도 heat-transfer/transmission

istiliksevən *si. bot. zoo.* 열대성 heat-loving

istinad *i.* ① 지지, 후원, 뒷받침, 의거(依據) support, relying upon, being supported ○ **dayanma, əsaslanma, söykənmə**; ② 신용, 신뢰, 신임 confidence ○ **güvənmə**; **~ etmək** *fe.* 주장하다, 근거하다, 참조하다, 의지하다, 지원하다 allege, base on, quote, refer, allude, rely upon, support; **~ nöqtəsi tapmaq** *fe.* 발판을 얻다, 거점을 확보하다 gain a foothold

istinadən *qo.* ~에 의거하여, ~에 상관되어 according to, in accordance with ○ **əsasən**

istinadgah *i.* ① 대피소, 피난처, 오두막, 보호시설 shelter, asylum; ② 거점, 발판, 뒷받침 support, foothold ○ **arxa, dayaq, kömək**; ③ 성채, 요새, 안전한 곳 stronghold, bulwark; **~ nöqtəsi tapmaq** *fe.* 거점을 확보하다, 기반을 닦다, 터전을 세우다 gain a foothold; **sülhün ~ı** *i.* 평화의 발판 stronghold of peace

istintaq *i.* ① 질문, 심문, 의문, 질의, 문초, 조사 interrogation, cross-examination, inquest, inquiry, investigation ○ **sorğu, sual, söylətmə, soruşma, dindirmə**; ② *mil.* 연구, 조사, 탐사, 심사 investigation, inquest; **~ etmək** *fe.* 조사하다, 심사하다, 탐사하다, 심문하다 question, cross-examine; **ilkin ~** *i.* 예비 심사, 예비 조사 preliminary investigation; **məhkəmə ~ı** *i.* 사법 심사, 사법 심문 juridical investigation

istiot *i.* 후추, 고추 pepper; **~ qabı** *i.* 후추병(후추병) pepper box, pepper pot; **qara ~** *i.* 검은 후추 black pepper, capsicum; **qırmızı ~** *i.* 고추, 고추가루 cayenne, red-pepper

istiotlamaq *fe.* 후추를 치다, 고추를 넣다 add/pour pepper, pepper

istiotlanmaq *fe.* 후추가 넣어지다 be peppered

istiotlanmış *si.* 후추를 넣은, 고추를 더한 peppered

istiotlu *si.* 후추의, 후추를 넣은, 고추의, 고추를 넣은 pepper, peppery; **~ xörək** *i.* 매운 음식 peppery meal

istiotluq *i.* 고추밭 pepper bed, pepper garden

istirahət *i.* 쉼, 휴식, 휴양 rest, repose ○ **dinclik, rahatlıq**; **~ etmək** *fe.* 쉬다, 휴식하다 rest; **~ günü** *i.* 휴일, 쉬는 날 rest day; **~ evi** *i.* 휴양소 rest-home

istirahətcil *i.* 도락에 빠진 사람, 쾌락주의자 sybarite, Epicurean

istirahətcillik *i.* 쾌락주의, 도락적인 삶 sybaritism, sybaritic life

istirahətçi *i.* 휴가를 보내는 사람, 쉬는 일을 좋아하는 사람 holiday-maker

istirahətsizlik *i.* 성가심, 귀찮음, 곤혹, 괴로움, 불편, 불쾌 annoyance, discomfort, displeasure ○ **narahatlıq, rahatsızlıq**

istismar *i.* ① 개발, 개척, 선전 exploitation; ② 작용, 작동, 시행 operation; **~ xərclər** *i.* 개발비, 작동비 operation costs; **~ etmək** *fe.* 개발하다, 개척하다, 실행하다, 달성하다 exploit, exclude, bring to fruition; **əməyi ~ etmək** *fe.* 노동을 촉진하다 exploit labour; **~a vermək** *fe.* 작동시키다, 촉진시키다 put into operation

istismarçı *i.* 이용자, 개발자, 착취자 exploiter; **~ siniflər** *i.* 이용자 계급 the exploiter class

istismarçılıq *i.* 개발 행위, 개발 사업 act of exploitation

istisna *i.* 예외, 제외 exception ○ **müstəsna, ayırma**; **~ etmək** *fe.* 제외하다, 예외하다, 열외하다 except, exclude; **~ təşkil etmək** *fe.* 예외시키다 be an exception; **~ etmək yolu ilə** *z.* 예외적으로 by way of exception

istisnalıq *i.* 예외적 특성, 예외성, 특이성, 각별성, 이례성 exceptional nature, exceptionality, exceptionalism

istisnasız *z.* 예외 없이 without exception

istridyə *i. zoo.* 굴, 식용조개 oyster

istisu *i.* 아제르바이잔의 미네랄 음수 중의 하나 istisu (a kind of mineral water in Azerbaijan)

İsveç *i.* 스웨덴 Sweden; **İsveçli** *i.* 스웨덴 사람 Swede; **~ dili** *i.* 스웨덴어 Swedish; **isveçcə** *z.* 스웨덴어로 in Swedish, in the Swedish language

İsveçrə *i.* 스위스 Switzerland; **İsveçrəli** *i.* 스위스 인 Swiss

iş *i.* ① 일, 직업 work, job, profession ○ **peşə, sənət**; ② 사업, 업무, 노동, 행동, 수고 business, transaction, deed, act ○ **fəaliyyət, çalışma, zəhmət, əmək**; ③ 관계, 상관 relation, relevance ○ **münasibət, əlaqə, aidiyyət**; ④ 사건, 사고, 행사, 일, 문제 affair, happening, matter ○ **hadisə, əhvalat, qəziyyə**; ⑤ 약속, 업무, 고용 appointment, office, employment ○ **vəzifə, borc**; Å 봉사, 노동, 수고 service, labour ○ **xidmət, qulluq**; **bir ~lə məşğul olmaq** *fe.* ~에 열중하다, ~로 바쁘다 engage; **bir ~ə qoymaq** *fe.*

I

위임하다, 맡기다 commission; ~ **aparmaq** *fe.* (업무, 교섭 등) 수행하다, 처리하다, 해 나가다 transact; ~ **birliyi** *i.* 협력, 동역, 합작 collaboration; ~ **görmək** *fe.* 업무를 보다, 일 보다, 작용하다, 활동하다, 기능하다 function; ~ **günü** *i.* 일하는 날, 주간 weekday; ~ **icraçısı** *i.* 감독, 직장, 십장 foreman; **sülh ~i** *i.* 화평의 일, 좋은 일 cause of peace; ~ **adamı** *i.* 사업가, 실업가 businessman; ~ **vaxtı** *i.* 근무시간 labour hours; **~ə götürmək** *fe.* 고용되다, 직장을 얻다, 종사하다 employ, engage, take into service; ~ **növbəsi** *i.* 근무자, 당번자, 당직자 shift; ~ **otağı** *i.* 서재, 작업장, 일터 cabinet, study; ~ **vermək** *fe.* 고용하다, 일을 주다 employ; ~ **verən** *i.* 고용자, 사용자 employer; **~dən çıxarmaq** *fe.* 해고하다, 파면하다, 면직하다 dismiss, give the sack, discharge; **~dən çıxarma** *i.* 해고, 파면, 면직 discharge; **~dən çıxarılmaq** *fe.* 해고당하다, 면직당하다 get the sack; **~i olmaq** *fe.* 취급하다, 업무를 보다 deal with; **~i tərsinə görmək** *fe.* 업무를 엉망으로 만들다, 일을 만들다 put the cart before the horse; **~ləri sahmana salmaq** *fe.* 일을 원만하게 하다 smooth; **~ə başlamaq** *fe.* 일을 시작하다, 업무를 시작하다 set to work; **~ə salmaq** *fe.* 일을 작동시키다, 일을 돌아가게 하다 gear, set in motion, start;

işan *i.* 성직자, 목사, 종교인 clergyman, religious worker

işarantı *i.* (멀리서 보이는) 희미한 불빛 weak and dimming light (seen from far)

işarə *i.* 암시, 간접적 언급, 몸짓, 표지, 부호 allusion, gesture, mark, sign, signal

işarə ① 표시, 신호, 증거, 표징, 흔적; 부호, 기호 sign, evidence, mark, trace ○ **əlamət, nişanə, iz**; ② 암시, 언급, 몸짓 informing, hint, implication ○ **anlatma, bildirmə, him-cim**; ③ 신호, 소식, 기별 signal, news ○ **siqnal, xəbərdarlıq**; ~ **etmək** *fe.* 표시하다, 기호를 넣다, 신호를 보내다 sign, imply, point; ~ **qoymaq** *fe.* 표시하다, 신호를 보내다, 알리다 sign, mark; ~ **dirəyi** *i.* 표지판, 단서 signpost; ~ **fənəri** *i.* 고갯짓, 손짓 beckon; **~ilə çağırmaq** *fe.* 손짓으로 부르다 beckon; **bərabərlik ~si** 동등성의 표시 sign of equality; **nida ~si** *i. gram.* 감탄부호 acclamation mark; **sual ~si** *i. gram.* 의문 부호 question mark; **durğu ~si** *i. gram.* 구두점(句讀點), 구두법 punctuation mark

işarələmək *fe.* 표시하다, 기호를 붙이다, 표지를 붙이다 mark, mark out

işarələnmək *fe.* 표시되다, 표지가 붙여지다 be marked, be marked out

işarələtmək *fe.* 표시를 붙이게 하다 ask *smb.* to mark out

işarəsiz *si.* 표시 없는, 가격표 없는 without a mark/sign

işarət ☞ işarə

işarmaq *fe.* 어른어른 빛나다, 깜빡거리다, 불빛이 흔들거리다, 번쩍거리다 shimmer, glimmer, flicker, twinkle, glitter ○ **işıldamaq, parıldamaq**

işartı *i.* 깜빡거리는 불빛, 희미한 불빛 shimmering point, weak light

işbacaran *si.* 일을 잘하는, 사업의 수완이 있는 capable of working, efficient

işbaz I. *i.* 사업가, 일에 빠진 사람 businessman; workaholic; ② *si.* 유능한, 실력 있는, 능률적인 efficient, business-like

işbazlıq *i.* ① 일중독성 workaholic character; ② 효율성, 능률성 efficiency

işbilən *si.* 유능한, 능력 있는, 사업수완이 있는 capable, competent, eligible, diligent ○ **bacarıqlı, işgüzar, çalışqan**

işburaxma *i.* 결근(缺勤) absence (from work)

işcil *si.* 근면한, 부지런한, 노력하는, 역량이 큰 industrious, hard-working, competent ○ **işgüzar, zəhmətsevən, çalışqan, bacarıqlı** ● **tənbəl**

işcillik *i.* 근면함, 유능함, 능숙함, 숙달됨, 역량, 적성, 능력 industriousness, proficiency, competence ○ **zəhmətkeşlik, işgüzarlıq, bacarıq, çalışqanlıq, fəaliyyət** ● **tənbəllik**

işçi *i.* 일꾼, 노동자, 직원 worker ○ **fəhlə**; **rəhbər ~** *i.* 책임자, 담당자, 감독 person in charge

işdək *i.* 교묘한 방책, 속임수, 책략 dodge, ruse, guile

işdənçıxarma *i.* 해고, 해임, 면직, 방출 discharge, dismissal

işdənkənar *si.* 게으른, 일하지 않는, 노력하지 않는 non-working

işədüzəltmə *i.* 구직, 직업 소개 provision of employment

işəmə *i.* 방뇨, 배뇨 (작용) urination

işəmək I. *fe.* 배뇨하다, 방뇨하다, 오줌을 누다

urinate, water ○ **siymək**; II. *i.* 오줌, 소변 urine, water

işəmuzd *i.* 성과급 작업, 도급일 piece-work; ~ **əmək haqqı** *i.* 성과급 piece work payment

işəmuzdçu *i.* 도급 일꾼, 성과급 일꾼 piece-worker

işəmuzdçuluq *i.* 성과급, 도급 piece-work

işəyarama *i.* 유용, 유익, 실용, 유용성 utility

işəyarar(lı) *si.* 일에 대한 적절성, 적합성 fit for work, suitable for work

işəyararlıq *i.* 수행능력, 업무능력, 유용성 ability to work; helpfulness, usefulness

işəyarayan *si.* 일을 잘하는, 유능한, 능력 있는 capable of working, able to work; helpful, useful

işgəncə *i.* 고문, 고통, 고뇌, 번뇌, 번민 anguish, torture ○ **əzab, əziyyət, zülm** ● **kef**; ~ **vermək** *fe.* 고문하다, 몹시 괴롭히다 torture, put to torture

işgəncəli *si.* 골칫거리의, 어려운, 역경의, 억압적인, 통렬한, 살을 에는 듯한 troublesome, adverse, hostile, oppressed, agonizing, poignant ○ **əzablı, əziyyətli, zülmlü**; ~ **şübhələr** *i.* 고통스러운 의심 agonizing doubts

işgil *i.* ① 걸쇠, 고리, 빗장 hook, catch, lock, latch; bushing key ○ **cəftə, qarmaq**; ② 역경, 장애, 문제 거리 adversity, obstacle; ○ **çətinlik, maneə, əngəl**

işgilləmək *fe.* ① 갈고리로 걸다, 걸쇠로 잠그다 set up hook; ② 방해하다, 장애물을 놓다 hinder, put up an obstacle

işgilli *si.* ① 걸쇠에 걸린, 잠겨진 covered, shut with a hook; ② 곤란 가운데 있는, 어려운, 힘겨운 in difficulty

iş-güc *i.* (집합적) 온갖 일, 주변 상황, 이런 저런 일 all kind of works, affairs, matters (colllective); **~ü başdan aşmaq** *fe.* 매우 바쁘다, 할 일이 많다 be very busy, have much work to do

işgüzar ① *i.* 사업가, 실업가, 실업인 businessman; ② *si.* 능숙한, 숙련된, 수완이 있는, 사업적인 proficient, efficient, able, business-oriented ○ **bacarıqlı, təşəbbüskar** ● **tənbəl**; ~ **dairələr** *i.* 사업자 협회, 경제인 협의회 business circles; ~ **məsləhət** *i.* 실제적인 조언, 효과적인 조언 practical advice

işgüzarlıq *i.* 업무능력, 능숙함, 노련함, 직업정신, 전문성 capability, proficiency, profession ○ **bacarıqlılıq, təşəbbüskarlıq, zəhmətsevərlik, işcillik** ● **bacarıqsızlıq, tənbəllik**

işgüzarlıqla *z.* 효과적으로, 효율적인 방법으로 efficiently, in an efficient way

işğal *i.* 정복, 점령, 침략, 점유 conquest, invasion, occupation ○ **tutma, zəbt, istila**; ~ **etmək** *fe.* 차지하다, 점령하다, 침략하다 occupy, invade

işğalçı *i.* 침략자, 점령자, 점유자 invader, occupier, occupant ○ **istilaçı**; ~ **ordu** *i.* 점령군 occupying army

işğalçılıq *i.* 확장 정책, 팽창 주의, 병합, 합병 annexations, expansionist policy ○ **istilaçılıq**; ~ **müharibələri** *i.* 정복 전쟁 wars of conquest

işığahəssas *si.* 감광(感光)의, 빛에 민감한 light-sensitive; ~ **kağız** *i.* 감광지, 인화지 sensitized paper; photographic paper

işığahəssaslıq *i.* 감광성(感光性) photosensitivity

işıq *i.* ① 빛, 광선, 광명, 광채, 광도, 섬광, 불꽃, 불똥 light, brightness, gleam, spark ○ **nur, ziya**; ② 전기, 전력 power, electricity ○ **enerji** ● **qaranlıq, zülmət**; ~ **ucu** *i.* 소망의 불빛 gleam of hope; ~ **buraxmaq** *fe.* 빛을 발산하다 radiate; ~ **keçirən** *si.* 투명한 transparent; ~ **saçan** *si.* 빛나는, 빛을 발하는 radiant; ~ **saçmaq** *fe.* 반짝이다, 빛나다 beam, shine, glitter; ~ **və hərarət saçmaq** *fe.* 열과 빛을 내다, 타오르다 glow; ~ **üzü görmək** *fe.* 빛을 보다, 안광을 보다 see the light; **~dan qorunmaq** *fe.* 그늘지게 하다, 빛을 가리다 shade; ~ **salmaq** *fe.* 빛을 비추다 throw light

işıqlandırılmaq *fe.* 비춰다, 빛을 쐬다 belit, be elucidated

işıqlandırma *i.* ① 조명, 밝게 하기, 빛을 비춤 lighting, illumination; ② *fig.* 설명, 해명, 해설 elucidation, interpretation

işıqlandırmaq *fe.* ① 빛나게 하다, 빛을 비추다, 조명하다 lighten, light up, illuminate; ② *fig.* 밝히다, 해명하다, 설명하다 elucidate, throw light on; **hadisələri səhv** ~ *fe.* 의문에 잘못 해명하다 treat wrong of the question

işıqlanma *i.* ① 냉광(현상) luminescence; ② 동이 틈, 일출, 새벽 dawn, daybreak

işıqlanmaq *fe.* 밝아지다, 날이 새다, 새벽이 오다 light up, brighten, be lit, dawn

işıqlatmaq *fe.* 밝게 하다, 빛을 주다 brighten, light

işıqlaşar-işıqlaşmaz *z.* 동이 트자 마자, 이른 새벽에 at daybreak, very early in the morning

işıqlaşmaq *fe.* 밝아지다, 환해지다 brighten, clear up; *İşıqlaşır.* *동이 튼다, 날이 샌다. It's dawning.*

işıqlı *si.* ① 밝은, 빛나는, 양지의 light, sunny ○ **nurlu**, **ziyalı**; ② 기쁜, 행복한 happy, joyful; ③ 밝아지는, 밝게 하는 brightening ○ **aydın**, **parlaq**

işıqlıq *i.* ① 명료성, 투명성 clarity, glittering ○ **aydınlıq**, **parlaqlıq** ● **qaranlıq**; ② 행복함 happiness; **~ğa çıxmaq** *fe.* 행복하게 되다, 행복하게 살다 be happy, live in happiness

işıqsaçan *si.* 빛을 내는, 야광의, 형광의 luminous, luminescent

işıqsız *si.* 빛이 없는, 깜깜한 having no light, dark

işıqsızlıq *i.* 깜깜함 lack of light

işıqucu *i. fig.* 희미한 소망, 실낱 같은 기회 dimming hope; slight opportunity

işıldamaq *fe.* 번쩍이다, 빛나다, 번쩍거리다, 반짝거리다 spark, twinkle, glitter, glimmer ○ **parıldamaq** ● **sönmək**

işıldatmaq *fe.* 윤나게 하다, 광택을 내다 give lustre/brilliance

işıldayan *si.* ① 반짝이는, 인광을 내는, 인광성의 luminous; phosphorescent; ② 반짝이는, 빛을 내는 shining, beaming; **~ rəng** *i.* 반짝이는 색 luminous paint; **~ işarələr** *i.* 반짝이는 표지판 luminous signs

işıltı *i.* 반짝임, 미광, 명멸 glimmer, flicker, glitter ○ **parıltı**

işıltılı *si.* flashing, glittering 반짝이는, 명멸하는 ○ **parıltılı**

işım-işım işıldamaq *fe.* 아주 밝게 빛나다 glimmer very brightly

işlədilmək *fe.* 사용되다, 순환되다 circulate, be used; **geniş ~** *fe.* 널리 사용되다 be used widely

işlədici *si.* (약 등) 깨끗하게 하는, 정화하는 purgative (medicine); **~ imalə** *i. med.* 관장(灌腸); 관장제; 관장기 purgative enema

işlək *si.* ① 근면한, 열심히 일하는, 효과적인, 능동적인 hard-working, efficient ○ **fəal**, **çalışqan** ● **tənbəl**; ② 일상의, 보통 있는 everyday, very common; **~ ifadə** *i.* 일상적 표현 everyday expression; **~ fəhlə** *i.* 숙련공, 노련한 일꾼 efficient worker

işləmə *i.* 적합, 적용, 적응 adaptation ○ **bəzək**, **naxış**, **şəbəkə**

işlə|mək *fe.* ① 일하다, 노동하다, 수고하다 work, labour ○ **çalışmaq** ● **avaralanmaq**; ② 작동하다, 기능하다 run, function, operate; ③ (상점, 사무실) 열려 있다 be open (shop, office); ④ (죄) 짓다 commit (sin); **~yib taqətdən düşmək** *fe.* 과로하다 overwork; **~yib hazırlamaq** *fe.* 촉진하다, 개발하다, 판촉하다 exploit; **bərk/səylə ~mək** *fe.* 열심히 일하다 work hard; **qul kimi ~mək** *fe.* 노예처럼 일하다 work like a slave; **qarnı ~mək** *fe.* 설사하다 have diarrhea

işlənilmək ☞ **işlənmək**

işlənmək *fe.* ① 사용되다, 인용되다, 쓰임 받다 (문장에서) be used (in a sentence); ② 해결되다, 성취되다, 이뤄지다 be worked out; ③ 손질되다 be trimmed

işlənmiş *si.* ① 사용된, 중고의 used, second-hand; ② 손질된, 수가 놓인 trimmed, embroidered

işlətmək *fe.* ① 사용하게 하다, 사용 시키다 use, put to use; ② 일하게 하다, 일하도록 요청하다 ask/order *smb.* to work; ③ 연습하게 하다, 실습하게 하다 put into practice; ④ 죄 짓게 하다 commit (sin, crime)

iş-peşə ☞ **iş-güc**

işrət *i.* 잔치, 축제, 연회, 탐닉, 만족, 쾌락 feast, banquet, orgy, bliss ○ **kef**; **~lə məşğul olmaq** *fe.* 난교하다, 축제하다 feast, drink and have sex (with)

işrətli *si.* 쾌락의, 행복이 넘치는 blissful, beatific ○ **kefli**

işsiz I. *si.* 실업(失業)의, 직업 없는, 직장 없는 jobless, out of work, unemployed ○ **bekar**, **avara**; II. *i.* 실업자, 무직자 idler, jobless person, unemployed person; **~-gücsüz** *si.* 일없는, 놈팡이의, 실직한 workless, unemployed, idle; **~lər** *i.* 실업자들, 무직자들 (집합적) the unemployed (collective)

işsizlik *i.* ① 실직 (상태), 실업률 unemployment; ② 무위, 놀기, 빈둥거림 idleness ○ **bekarçılıq**, **avaralıq**

iştaha *i.* 입맛, 식욕; 의욕, 욕구 appetite, willfulness ○ **arzu**, **istək**, **meyl**; **~ açmaq** *fe.* 입맛을

돋우다 stir up an appetite; ~ **itirmək** *fe.* 식욕을 잃다 lose one's appetite; ***İştaha diş altındadır.*** *먹어봐야 맛을 알지! Appetite comes with eating.*

iştahaaçan *si.* ① 입맛을 돋우는, 식욕을 자극하는 appetizing; *i.* ② 반주, 전식, 식욕을 돋우는 것 appetizer

iştahagətirən ☞ iştahaaçan

iştahalandırmaq *fe.* 식욕을 돋우다, 입맛을 나게 하다 appetize, whet one's appetite

iştahalanmaq *fe.* 입맛이 돈다, 식욕이 일다 be appetized, have a good appetite

iştahalı *si.* 식욕이 좋은, 입맛이 좋은 having a good appetite, appetizing ○ **meylli, həvəsli**

iştahasız *si. z.* 억지로, 입맛 없이 reluctant(ly), having no appetite

iştahasızlıq *si.* 식욕 부진 lack of appetite

iştahla *z.* 입맛 나게, 식욕을 가지고 with an appetite

iştirak *i.* ① 참석, 참여, 관여, 가입, 협력, 합작 participation, collaboration; ② 출석하다, 참여하다, 참석하다 attendance, presence 출석, 참석; ~ **etmək** *fe.* participate, take part in, concern, attend, be present, share; ~ **edən** *si.* 참여한, 출석한 present; ~ **etməmək** *fe.* 결석하다 be absent; ~ **etməyən** *si.* 결석한, 참석하지 않은 missing, absent

iştirakçı *i.* 참석자, 출석자, 관여자, 공범자(범죄), 경쟁자, (경기) 출전자, (의회) 의원 associate, participant, participator, accomplice (crime), competitor (competition), player (game), member (congress)

iştirakçılıq *i.* 참여, 관여, 공범, 연루 participation, complicity

işvə *i.* 교태, 애교, 요염함, 희롱, 시시덕거림 coquetry, finicality, flirtation ○ **naz, qəmzə, cilvə**; ~ **satmaq** *fe.* 애교를 부리다, 아양을 떨다, 교태를 부리다 flirt, coquette

işvəbaz ☞ işvəli

işvəbazlıq *i.* 아양, 교태, 애교 coquetry, finicality

işvəkar *si.* 애교스런, 교태를 부리는, 시시덕거리는 coquettish, flirtatious ○ **nazlı, qəmzəli**

işvəkarlıq *i.* 교태, 애교 떨기, 교태 부리기, 요염함 coquetry, flirtation ○ **naz, qəmzə**

işvəli *si. z.* 요염하게, 남자를 녹이는, 시시덕거리는, 바람난 coquettish(ly), bashful(ly), flirtatious(ly) ○ **nazlı, qəmzəli, cilvəli, şux, dilbər**

it *i. zoo.* 개 dog; ~ **damı** *i.* 개집, 견사, 개 사육장 kennel; ~ **xaltası** *i.* 개 목걸이 dog-collar; ~ **günü** *i.* 개의 삶 dog's life; ~ **günündə yaşamaq** *fe.* 개와 같이 살다, 개처럼 살다 live a dog's life; ~ **kimi yorulmaq** *fe.* 개처럼 피로하다, 매우 피곤하다 be dog-tired

itaət *i.* 순종, 복종, 충실, 준수 obedience ○ **tabelik, mütilik**; ~ **etmək** *fe.* 순종하다, 복종하다 obey; ~ **etməmək** *fe.* 불순종하다, 불복하다 disobey; ~ **altında saxlamaq** *fe.* 예속된, 종속하는 subject

itaətkar *si.* 순종적인, 겸허한, 유순한, 말 잘 듣는 obedient, humble ○ **müti, intizamlı**; ~ **olmaq** *fe.* 순종적이다, 유순하다 be obedient; ~**casına** *z.* 유순하게, 순종적으로 obediently, humbly

itaətkarlıq *i.* 순종, 예속, 종속 obedience, submission ○ **mütilik, intizamlılıq**; ~ **göstərmək** *fe.* 순종하다, 예속하다, 복종하다 obey

itaətli *si.* 순종하는, 종속하는, 묵묵히 따르는 obedient, submissive, resigned

itaətlilik *i.* 복종적임, 순종함, 유순함 obedience, submissiveness

itaətsiz *si.* 불순종적인, 반항적인, 다루기 힘든, 불복하는, 순종치 않는 disobedient, recalcitrant, rebellious, unruly ○ **intizamsız**

itaətsizlik *i.* 불순종, 반항, 거부, 다루기 힘듦 insubordination, disobedience, recalcitrance ○ **intizamsızlıq**

İtaliya *i.* 이탈리아 Italy

İtaliyalı *i.* 이탈리인 Italian

İtaliyan *si. i.* 이탈리아의, 이탈리아어 Italian; **İtaliyanca** *z.* 이탈리아 어로 Italian

itarısı *i. zoo.* 말벌, 나나니벌 wasp

it-bat *i.* 소멸, 사라짐 disappear

itbaz *i.* 애견가 dog-lover

itburnu *i. bot.* 들장미의 일종 dog-rose; hips (its fruit)

itdamı *i.* 개집 dog-hole, dog house

itdirsəyi *i. med.* 다래끼, 맥립종(麥粒腫) sty, stye (eye)

itəbaxan *i.* 사냥개지기, 사냥꾼 huntsman

itələ|mək *fe.* 밀다, 밀치다, 밀어 움직이다 push, shove, jog, thrust; ~**yib keçmək** *fe.* 밀치고 지나가다 push; ~**yib yerində durmaq** *fe.* 매우 유사하다, 매우 닮다 be the very image of, resem-

I

bling very much

itələnmək *fe.* 밀리다, 밀쳐지다 be pushed/shoved, be jogged

itələşmək *fe.* 서로 밀치다, 밀고 밀리다, squash, push each other

itələyici *si.* 반발하는, 척력(斥力)의 repulsive, repellent

ithaf *i. lit.* 헌신, 전념 dedication; ~ **etmək** *fe.* 바치다, 헌납하다 dedicate

iti I. *si.* ① 날카로운, 잘드는, 뾰족한, 예리한, 예각의 sharp, acute, keen, cutting ○ **kəskin, sivri, şiş** ● **küt**; ② 날렵한, 재빠른, 신속한 rapid, speedy, swift ○ **tez, cəld** ● **yavaş**; II. *z.* ① 빠르게, 재빠르게 rapidly, swiftly; ② 예리하게 sharply; ~ **ağıllı** *si.* 예리한, 민첩한, 기민한 ingenious, keen; ~ **uclu** *si.* 뾰족한 pointed; ~ **göz** *i.* 날카로운 눈매 sharp eyesight; ~ **axın** *i.* 급물살 swift current; ~ **danışmaq** *fe.* 빨리 말하다 speak rapidly; ~ **dönmək** *fe.* 급회전하다 turn sharp

itiaxan *si.* 어느덧 지나가는, 순식간의, 덧없는 (인생, 시간) fleeting, transient

itibaxışlı *si.* 눈이 날카로운; 눈치 빠른; 지각이 예민한 sharp-eyed

itib-batmaq *fe.* ① 사라져 버리다, 잃어버리다 be missing, be lost; ② 사라지다, 없어지다 disappear, vanish; ③ 죽다, 세상을 떠나다 perish, die

itibuynuzlu *si.* 끝이 뾰족한 뿔을 가진, 날카로운 뿔을 가진 sharp-horned; ~ **kələ** *i.* 날카로운 뿔을 가진 황소 sharp-horned bull

itiburun(lu) *si.* 코가 뾰족한, 콧날이 선 sharp-nosed, pointed; ~ **çəkmə** *i.* 콧날이 선 구두 pointed shoes

itibucaq *i. mat.* 예각(銳角) acute-angle

itibucaqlı *si. mat.* 예각의 acute-angled; ~ **üçbucaq** *i.* 예각 삼각형 acute-angled triangle

itidırnaq(lı) *si.* 손톱이 날카로운 sharp-nailed

itidil(li) *si.* 혀가 날카로운 sharp-tongued

itidiş(li) *si.* 날카로운 이를 가진 sharp-toothed

itigedən *si.* 빠른 속도의, 빠른 high-speed, fast

itigörən *si.* 눈치 빠른, 눈매가 빠른 sharp-sighted

itigöz(lü) *si.* 눈치 빠른, 재빠른, 예민한 sharp-eyed, lively ○ **sayıq, huşyar, həssas, diqqətli**

itigöz(lü)luk *i.* 경계, 조심, 주의를 기울임 vigilance, attentiveness ○ **sayıqlıq, huşyarlıq, həssaslıq, diqqətlilik**

iti-iti *z.* 재빨리, 아주 빠르게 quickly, fast, very rapidly ○ **cəld, tez-tez**

itik *i.* 손실, 손해, 하실, 소비 loss, waste, losses, lost thing ○ **itki**

itiqanad(lı) *si.* 빠른 날개를 가진 swift-winged

itiqulaq(lı) *si.* 귀가 예민한, 잘 듣는 sharp-eared

itiləmək *fe.* (칼, 연장 등) 날카롭게 하다, 갈다, 벼리다 sharpen, grind, whet

itilənmək *fe.* 날카롭다, 벼려지다 be sharpened, be whetted

itilənmiş *si.* 날카로워진, 벼린 sharpened, whetted

itiləşdirmək ☞ **itilət(dir)mək**

itiləşmək *fe.* 날카롭게 되다, 갈아서 잘 들게 되다 become sharp/acute

itilət(dir)mək *fe.* (타인을)날카롭게 만들다, 예민하게 만들다 make *smb.* sharpen/acute

itiləyici *si.* 가는, 날카롭게 하는 grinding; ~ **dəzgah** *i.* 칼 가는 기계 grinding machine; ~ **daş** *i.* 숫돌, 맷돌 grindstone

itilik *i.* ① 날카로움, 예리함, 예민함 sharpness, acuity, keenness ○ **kəskinlik** ● **kütlük**; ② 빠름, 속도 rapidity, swiftness ○ **tezlik, cəldlik**

itilmək *fe.* 없어지다, 치워지다, 사라지다 get away, clear off ○ **getmək**; ***İtil!** 꺼져! Be off! Clear out!*

itirilmiş *si.* 잃어버린, 놓친 lost

itirmə *i.* 낭비, 손실 loss, waste; **qan** ~ *i.* 혈액의 손실 loss of blood; **huşunu** ~ *i.* 의식을 잃음, 의식 불명 loss of consciousness

itirmək *fe.* 잃다, 손해보다, 지다 lose ● **tapmaq**; **gözdən** ~ *fe.* 시각을 잃다 lose sight; **nüfuzunu** ~ *fe.* 권위를 잃다 lose one's head

itirt(dir)mək *fe.* 잃게 하다, 제거시키다 cause to remove/drive out

itiuc(lu) *si.* 끝이 뾰족한, 끝이 날카로운 pointed, sharp-pointed

itiyarpaq(lı) *si.* 바늘 잎의, 침엽수의 sharp-leafed

itki *i.* 손실, 손해, 하실; 피해자, 희생자 casualties, leak, loss ○ **ölüm**; **ümumi** ~ *i.* 총손실 total loss; **ağır** ~ *i.* 심각한 손실 grievous loss; **~si olmaq** *fe.* 손실로 고통받다 suffer losses

itkin *i.* 실종, 분실, 행방불명 missing; ~ **düşmək**

fe. 행방불명되다 be missing; ~ **düşmüş** *si.* 행방불명된 missing; ~ **düşənlər** *i.* 행방불명자 the missing 행; ~ **salmaq** *fe.* 쫓아내다, 추방하다, 유형에 처하다 drive out, banish

itkinlik *i.* 사라짐, 소실, 소멸, 실종 disappearance

itkisiz *z.* 손실 없이, 하실없이(하 실없이/하릴없이) without loss; **məhsulu ~ yığmaq** *fe.* 손실 없이 거두다 harvest without loss

itqurd *i.* 하층민, 하층계급, 잡동사니 riffraff (collective)

itmək *fe.* 잃다, 헤매다, 사라지다, 실종되다 be lost, go astray, disappear, vanish ○ **azmaq**

itmiş *si.* 실종된, 손실된, 잃어버린 lost

itoynadan *i. col.* 어릿광대, 놀이꾼 wag, joker, jester

itsaxlayan *i.* 개주인, 견사공 dog-keeper

ittifaq *i.* 연합, 연맹, 협의회, 동맹 league, union, unity, alliance, confederacy ○ **birlik, həmrə'ylik**; **~da birləşmək** *fe.* confederate ; **~ın üzvü** *i.* 동맹하다, 공모하다, 연합하다 confederate; **hərbi ~** *i.* 군사 연맹 military alliance

ittiham *i.* 고발, 고소, 기소, 비난, 탄핵, 혐의, 용의 accusation, censure, charge, incrimination, denunciation, conviction ○ **günah, təqsır, suç**; **~ hökmü** *i.* 유죄 판결, 유죄 판정 verdict of guilty; **~ etmək** *fe.* 고발하다, 고소하다, 기소하다, 비난하다 charge, censure, condemn, accuse, denounce, indict

ittihamçı *i. mil.* 검찰관, 검사 prosecutor; accuser

ittihamnamə *i.* 고발장, 고소장, 기소장 bill of indictment, guilty verdict

ityatmaz *si.* (장소가) 매우 어지럽고 더러운 very dirty/bad (place)

ityeməz *si.* (음식) 아주 더러운 extremely bad/poor; **~ xörək** *i.* 형편없는 식사 meal of extremely poor quality

iy[1] *i.* 냄새, 향기, 악취 smell, odour, scent ○ **qoxu, üfunət**; **~ini almaq** *fe.* 냄새를 맡다 smell; **~ini duymaq** *fe.* 냄새를 맡다, 냄새를 느끼다 scent; ***Bundan xata iy gəlir.*** *냄새가 이상한 걸. This means trouble.*

iy[2] *i.* (방적기의) 북, 방추 spindle

iybilmə *i.* 후각 sense of smell; **həssas ~ qabiliyyətinə malik olmaq** *fe.* 예민한 후각을 갖다 have good nose

iyəbəzər *si.* 물레 모양의, 방추 모양의 spindle-shaped

iyimək *fe.* 썩다, 부패하다, 악취를 내다 go bad, become rotten

iyimiş ☞ **iylənmiş**

iyirmi *say.* 스물, 20 twenty; **~-~** *z.* 20씩, 스물씩 by twenties; **~nci** *say.* 스무 번째, 20번째 twentieth; **~illik** *si.* 20년의 twenty year; **~günlük** *si.* 20일의 twenty day; **~qəpiklik** *si.* 20 게픽짜리 동전의 twenty copeck, penny

iyitmək *fe.* 악취 나게 하다, 썩게 하다 stink of, reek of

iyləmək *fe.* ① 냄새 나다, 썩다, 부패하다 smell, scent, sniff at, have a smell ○ **qoxulamaq**; ② *fig.* (냄새로) 조사하다, 검사하다 check ○ **yoxlamaq, araşdırmaq**

iyləndirmək *fe.* 썩게 하다, 부패하게 하다, 악취 나게 하다 make *smt.* rotten, let *smt.* go bad

iylənmək *fe.* ① 썩다, 냄새 나다, 악취 나다 become foul, be rotten, go bad ○ **qoxumaq, ağırlaşmaq**; ② 냄새 나다, 냄새를 띠다, 악취 나다 smell, reek, stink; **sarımsaq ~** *fe.* 마늘 냄새가 나다 reek of garlic

iylənmiş *si.* 냄새 나는, 썩은, 부패한, 더럽혀진 foul, rotten, putrid, tainted ○ **qoxumuş, ağırlaşmış**

iylətmək ☞ **iyləndirmək**

iyləşmək *fe.* 서로 냄새를 풍기다 smell/sniff each other

iyli *si.* 냄새 나는, 악취 나는, 고약한, 향기 나는, 방향성(芳香性)의 odorous, fetid, stinking, aromatic, fragrant ○ **qoxulu, ətirli**

iylilik *i.* 방향성, 향기로움, 향기 odorousness, fragrancy

iynə *i.* ① 바늘, 바늘 모양의 것 needle; ② (곤충의) 침, 가시, 바늘 sting, prickle; ③ *med.* 주사, 침 injection; **~nin gözü** *i.* 바늘귀 needle's eye; **~ üstə oturmaq** *fe.* 안절부절못하다 be on nettles; **~ vurmaq** *fe.* 주사를 놓다 have an injection; **~ üzəində oturmaq** *fe. col.* 안절부절못하다 be on pins and needles

iynəbatırma *i. med.* 침술, 침술 요법; 천자(穿刺) acupuncture

iynəqabı *i.* 바늘쌈 needle-case

iynələmə *i.* ① 침, 침술요법 acupuncture; ② 바

I

늘로 찌르기 pricking with a needle

iynələmək *fe.* ① 바늘로 찌르다, 침을 놓다, 천자(穿刺)하다 pierce, puncture with a needle ○ **sancmaq, acılamaq**; ② 핀을 꽂아 고정하다, 핀으로 붙이다 pin, fasten with a pin; ○ **sancaqlamaq, bəndləmək**

iynəli *si.* ① 꾹꾹 쑤시는, 바늘로 덮여있는 prickly, covered with needles; ② 풍자적인, 빗대는 ironical; ~ **sözlər** *i.* 풍자적인 말 ironical words; ~ **kompliment** *i.* 풍자적인 아첨 ironical compliment

iynəşəkilli ☞ **iynəvarı**

iynəvarı *si.* 바늘 모양의 needle-shaped

iynəvurma *i.* 주사하기, 주사 놓기 injection

iynəyarpaq *i.* 침엽(針葉) conifer

iynəyarpaqlı *si.* 침엽의 coniferous; ~ **meşə** *i.* 침엽수림 coniferous forest; ~ **ağaclar** *i.* 침엽수 coniferous tree

iynəyarpaqlılar *i. bot.* 침엽수종 (針葉樹種) conifers

iyrənc *si.* ① 진저리나는, 가증스러운, 넌더리 나는, 역겨운, 메스꺼운 abominable, disgusting, repulsive, offensive ○ **rəzil, yaramaz, alçaq, mənfur** ● **namuslu**; ② 몹시 나쁜, 지독한, 불쾌한, 역겨운, 더러운, 부패한, 썩은 dirty, foul, nasty, rotten, vile ○ **rəzil, çirkin, murdar** ● **gözəl**;

iyrənclik *i.* ① 천함, 비열함, 야비함, 더러움 dirtiness, disgusting, despicability ○ **çirkinlik, mənfurluq**; ② 야비함, 비열함, 치사함, 검소함 meanness, frugality ○ **rəzalət, yaramazlıq, alçaqlıq**

iyrəndirmək *fe.* 진저리나게 하다, 역겹게 하다, 메스껍게 하다 disgust, provoke, make *smb.* to feel sick

iyrənən *si.* 성미가 까다로운, 까다로운, 걸핏하면 토하는 fastidious, squeamish, finical; ~ **adam** *i.* 까다로운 사람 fastidious person

iyrənmək *fe.* 메스껍다, 역겹다, 까다롭다 be disgusted, feel aversion, be squeamish ○ **diksinmək, çiyrinmək**

iysiz *si.* 무취한, 냄새가 나지 않는 odourless, scentless, having no scent

iysizlik *i.* 냄새가 없음, 무취(無臭) lack of odour, scentlessness

iyul *i.* 칠월, 7월 July

iyun *i.* 유월, 6월 June

iyvarı ☞ **iyəbənzər**

iz *i.* 자국, 자취, 흔적, 족적, 족문 track, mark, trail, footprint ○ **xətt, şırım, nişanə, əlamət, yol**; *fig.* 흔적, 혈흔 sign, trace, vestige; **zəhmətin ~ləri** *i.* 수고의 흔적, 노력의 결과 signs of labour; **~inə düşmək** *fe.* 발자국을 좇다 get on the track; **~ini itirmək** *fe.* 발자국을 놓치다 cover one's tracks; **~i ilə getmək** *fe.* 추적하다 track

izafət *i. dil.* 후치 한정사, 후치 수식어구 post-positional attributive group, jointing of modifiers

izafi *si.* ① 불필요한, 잉여의, 나머지의 unnecessary, surplus ○ **artıq, əlavə**; ② *eco.* 여분의, 가외의 extra, surplus; ~ **dəyər** *i.* 잉여 가치 surplus value; ~ **əmək** *i.* 잉여 노동(력) surplus labour; ~ **məhsul** *i.* 잉여 소출 surplus production

izafilik *i.* 잉여(분), 잉여(량) surplus

izah *i.* 정의(定義), 설명, 주석, 주해, 해설, definition, comment, illustration, explanation, elucidation ○ **şərh, bəyan**; ~ **etmək** *fe.* 설명하다, 해설하다, (이유를) 설명하다 account for, illustrate, explain

izahat *i.* ① 설명, 해명, 변명 explanation; ② 해설, 주석, 주해 comment, commentary; ~ **vərəqəsi** *i.* 주석 노트, 해설 노트 explanatory note **ermək** *fe.* 설명하다, 해설하다, 풀다 explain, elucidate, give an explanation

izahatçı *i.* 해설자 commentator

izahedici *si.* 설명을 해주는, 알게 해주는, 설명적인 explanatory, elucidatory, elucidative, ~ **qeyd** *i.* 설명 노트 explanatory note; ~ **sözlər** *i.* 이해시켜 주는 단어들 elucidatory words

izahedilməz *si.* 설명할 수 없는, 불가사의한, 기묘한 inexplicable, unaccountable; ~ **səbəblər** *i.* 영문 모를 이유들 unaccountable reasons; ~ **sirr** *i.* 설명할 수 없는 신비 inexplicable mystery

izahedilməzlik *i.* 불가해함, 설명할 수 없음 inexplicability

izahlı *si.* 설명의, 설명해주는 explanatory, elucidatory; ~ **lüğət** *i.* 해설 사전, 주석사전 explanatory dictionary

izahsız *si.* 설명 없는, 해설 없이 without explanation

izaxtaran *i.* 추적자, 개척자, 탐험자 tracer, pathfinder

izçi ☞ **izaxtaran**

izdiham *i.* ① 군중, 무리, 떼, 인파; 오합지졸 host, crowd, mob ○ **tünlük, basırıq**; ② 행렬, 줄, 행진 procession, train; **dəfn ~ı** *i.* 장례 행렬 funeral procession

izdihamlı *si.* 붐비는, 대만원인 crowded, busy ○ **tünlüklü, basırıqlı**; **~ iclas** *i.* 대만원 집회 crowded meeting

izdihamlılıq *i.* 다수, 다수의 사람들, 동요, 야단법석, 불안 multiplicity, commotion, turmoil ○ **gurultululuq, hay-küylülük**

izdivac *i. arx.* 결혼 marriage; **~ etmək** *fe.* 결혼하다 get married, marry

izhar I. *i. arx.* 표현, 표출, 드러남, 나타남 (감정, 정신, 성격 등) expression, revealing; II. *si.* 맑은, 분명한, 드러난, 확연한 clear, manifest, apparent ○ **bəlli, aydın, məlum**

izin *i.* 허락, 용인, 허용, 허가 leave, permission ○ **icazə, rüsxət**; **~vermək** *fe.* 허락하다, 허가하다, 용인하다 permit, allow, give permission; **~ almaq** *fe.* 허락을 얻다, 허가를 받다, 용인되다 get permission

izinli *si.* 허락된, 허가된 allowed, permitted ○ **icazəli, rüsxətli**

izinsiz *si.* 고의로, 의도적으로, 허락 없이 wilfully, without permission ○ **icazəsiz**

izləmə *i.* 추적, 추격, 추구, 미행 pursuit, trace ○ **arama, güdmə**

izləmək *fe.* ① 추적하다, 추구하다, 따르다 chase, go after, trace, track, follow, pursue ○ **aramaq, axtarmaq, araşdırmaq**; ② 미행하다, 뒤를 좇다 shadow ○ **güdmək**; **düşməni ~** *fe.* 적을 뒤쫓다 pursue the enemy

izolə *i.* 격리, 분리, 고립 isolation; **~ etmək** *fe. tex.* 단전하다, 절연하다, 격리하다, 분리하다, 방음하다 keep from flowing electricity, cut the current; isolate, insulate; **~ olmaq** *fe.* 고립되다, 격리되다, 절연되다 isolate oneself, be insulated

izoləedici *si. tex.* 격리된, 절연된, 분리된 isolating, insulating

izolyasiya *i. tex.* 분리, 격리, 고립, 고독, 절연 isolation, insulation; quarantine

izolyator *i.* ① *tex.* 절연체, 절연기, 애자 insulator; ② 격리병동 isolation ward

izsiz *si.* ① 자국 없는, 흔적 없는 traceless, without leaving a trace ○ **ləpirsiz, şırımsız**; ② 표시 없는, 증상 없는 without a sign, symptomless ○ **nişansız, əlamətsiz**; **~-soraqsız** *z.* 단서 없이, 흔적 없이 without leaving any trace/clue; **~ yoxa çıxmaq** *fe.* 흔적 없이 사라지다, 완전히 사라지다 disappear without a trace, disappear completely

iztanıyan ☞ **izaxtaran**

iztehza *i.* 비웃음, 조소, 경멸, 무시 mockery

iztirab *i.* 고통, 고생, 고민, pang, torment, agony, anguish, pain ○ **təlaş, təşviş, narahatlıq, nigarançılıq** ● **rahatlıq**; **~ çəkmək** *fe.* 고생하다, 고통에 시달리다 agonize, be in torment; **~ vermək** *fe.* 고통을 주다, 괴롭게 하다 cause *smb.* to suffer; **~la** *z.* 통렬하게, 살을 에듯 poignantly, agonizingly

iztirablı *si.* 고통스러운, 비통한 poignant, agonizing ○ **təşvişli, həyəcanlı, əzablı, əziyyətli** ● **xoşbəxt**; **~ xatirələr** *i.* 통렬한 추억 poignant memories

iztirablılıq *i.* 통렬함, 날카로움 poignancy

iztirabsız *si.* 고요히, 아픔 없이 without poignancy, calm

iztirabsızlıq *i.* 무통 상태 lack of poignancy, calmness

izzət *i.* 영광, 영예, 명예, 높임, 존중 glory, honour, regard, respect, esteem ○ **hörmət, şərəf, etibar**; **~ göstərmək** *fe.* 공경하다, 존경하다, 명예롭게 하다 respect, show respect

izzətli *si.* 영광스러운, 명예의, 영예의 glorious, honourable, worthy of honour ○ **hörmətli, şərəfli, əziz**

J · j

jabo *i.* 주름 옷깃 jabot, ruff
jaket *i.* 재킷, 조끼, 외투 jacket, coat
jalə *i.* ① 이슬, dew ○ **şeh, şəbnəm**; ② 눈물, 땀 tear
jalüzi *i.* 베니스식 블라인드 (잡아 올리는 블라인드) Venetian blind, jalousie
jandarm *i.* 경관, 헌병 gendarme
jandarmeriya *i.* (집합적) 헌병대 gendarmerie
janr *i.* 장르, 종류, 유형, 양식; 풍속화, 풍속화 기법 genre
janrist *i.* 풍속화가 genre-painter
jarqon *i.* 은어, 속어, 비어; *dil.* jargon, slang, cant **~la danışmaq** *fe.* 비속어로 말하다 speak slang
jarqonizm *i.* 비속어적 표현 slang word or expression
jasmin *bot.* 자스민 (페르시아 어원) jasmine, jassamine
javel *i.* 액체 탈색제, 표백제 liquid bleach
JEK (Mənzil İstismar Sahəsi) *i.* 주택 관리소 housing (maintenance) office
jelatin *i.* 젤라틴 gelatin
jelatinəbənzər ☞ **jelatinəoxşar**
jelatinəoxşar *si.* 점착성의; 젤라틴을 포함한 gelatinous
jelatinləşmə *i.* 젤라틴화 gelatinization
jelatinləşdirmək *fe.* 젤라틴화하다 gelatinize
jelatinləşmək *fe.* 젤라틴이 되다 become gelatin
jelonka *i.* 슬러지 펌프, 모래 펌프 (걸죽한 상태의 물질을 퍼내는 펌프) sludge-pump, sand-pump, sludger
jele *i.* 젤리 jelly
jenşen *i.* (고려) 인삼 *bot.* ginseng
jest *i.* 몸짓, 손짓 gesture
jeton *i.* ① 계산대, 판매대, counter; ② 동전 모양의 전화나 지하철 토큰 medal (coin for telephone, metro)
jezl *i.* 막대기, 봉 rod, baton, croizer, staff
jilet *i.* 질렛 (조끼 모양의 입는 것) vest, waistcoat
jiletli *si.* 질렛을 입은 with a waistcoat, in a waistcoat
jiletlik *si.* 질렛용 (재질); good for making waistcoat; **~ parça** *i.* 질렛용 옷감 fabric suitable for waistcoat
jiro *i.* 지로 endorsement
jirokompas *i.* 자이로 컴퍼스, 전륜 나침의 gyrocompass
jirondist *i.* 지롱드당 (프랑스 혁명당시 온건 정당) Girondist
jiroskop *i.* 자이로스코프, 회전의(回轉儀) gyroscope
jiroskopik *si.* 자이로스코프의, 회전 운동의 gyroscopic
jiroçek *i.* 지로 수표 jiro check
jirovka *i.* (어음 등의) 배서 endorsement, banking order
jmıx *i.* 깻묵 cotton cake, oil-cake
jmıxdoğrayan *i.* 깻묵 가는 것 cotton cake grinder, oil-cake grinder
jokey *i.* 조종자 jockey
jonqlyor *i.* 마술사, 기술사; 사기꾼 juggler
jonqlyorluq *i.* 교묘한 손재주; 곡예 jugglery, sleight of hand
julik *i.* 사기꾼, 협잡꾼 rouge, swindler, cheat, sharper
juliklik *i.* 사기, 속임수; roguery, swindling, sharp practice; **~ etmək** *fe.* 속이다 cheat, swindle
juri *i.* 배심원단 jury; **~ üzvü** *i.* 배심원; 심사위원회

(전시회, 전람회 등에서) judge (in court) hanging commitee (in art display; umpire (sports)

jurnal *i.* ① 정기 간행물, 잡지;periodical, magazine, journal ② 기록부, 명부, 호적부 register, diary; **aylıq; ~** *i.* 월간(月刊); monthly magazine **həftəlık; ~** *i.* 주간(週刊); weekly **iki həftləlik; ~** *i.* 격주간 (隔週刊); fortnightly **iki aylıq; ~** *i.* 격월간 bimonthly

jurnalist *i.* 기자 journalist

jurnalistika *i.* 저널리즘(신문잡지업) journalism

jurnalistlik *i.* 기자의 직업 profession of a journal

K·k

kabab *i.* 케밥 (터키 방식의 숯불 구이); kabab, roast meat; ~ **şişi** *i.* 꼬치, 쇠꼬챙이 (구이용) broach, skewer; ~ **çəkmək** *fe.* 꼬치에 꿰다 spit pieces (**ürəyini, ciyərini**); ~ **etmək** *fe.* 가슴에 못을 박다, 괴롭히다, 학대하다 make *smb.* suffer, distress, afflict; ~ **olmaq** *fe.* 그을리다, 겉을 태우다 scorch, be scorched; **günün altında ~ olmaq** *fe.* 일광욕하다 bask in the sun, be fried in the sun

kabablıq *i.* 케밥용 고기 the mutton for kabab

kababçi *i.* 케밥을 굽는 사람 kabab maker, kabab dealer

kababxana *i.* 케밥 식당 kabab house

kabardalı

kabardin *i.* 캬바르디안인 Kabardian, Kabardinian

kabardincə *z.* 캬바르디안어로 Kabardian language

kabare *i.* 캬바레 Cabaret

kabel *i.* 케이블, 전선 cable; **asma**; ~ *i.* 고가선 overhead cable

kabina *i.* 객실 cabin

kabinet *i.* ① 서재, 공부방 study; ② 상담실; 수술실; 치과진료실 consulting room, surgery room, dentist's; ③ (정부) 내각 government; ~ **alimi** *i.* 탁상 공론적 학자 armchair scientist; ~ **elmi** *i.* 탁상 공론 book learning

kabinə *i.* 노점; 매점; 간이 점포; (트럭의) 운전실; (승강기의) 승강실 booth cab (truck) lift car (lift); **seçki ~si** *i.* 투표소 polling booth

kabinka *i.* 작은 방, 작은 공간 small cabinet

kabus *i.* 유령, 요괴, 귀신, 도깨비, 환영 ghost, spectre, spook; nightmare, phantom, apparition, illusion ○ **qarabasma, qorxulu, dəhşətli**; ~ **şəkilli** *si.* 유령 같은, 귀신 같은 ghosty, ghostly

kabusabənzər *si.* 도깨비 같은 ghostlike

kadet[1] *i.* 사관생도 cadet (student at a military academy)

kadet[2] *i. siy.* 입헌 민주제 Constitutional-Democrat

kadmium *i. kim.* 카드뮴 cadmium

kadr[1] *i.* 사진의 정지 장면; sequence still (individual pictures of a movie film or roll of photo film) ○ **şəkil**

kadr[2] *i.* ① 간부진, 중견요원 cadre, personnel; ② 대기 군인 standby army; ③ 간사 staff

kadril *i.* 카드리유 (4쌍이 네모꼴로 추는 프랑스 춤) quadrille

kafe *i.* 카페 cafe; coffee house

kafedra *i.* ① 의자 chair; ② 연단, 강단 rostrum; ③ 부서, 과 department, office; ~ **müdiri** *i.* 부서장 chief

kafel *i.* 광택 나는 타일 glazed/Dutch tile, dalle, stone tile ○ **kaşı**

kafelli *si.* 타일을 깐 tiled

kafeteri(ya) *i.* 카페테리아 cafeteria

kafər ☞ **kafir**

kafi *si.* 만족할 만한, 충분한 만큼 satisfactory, enough; ~ **olmayan** *si.* 부적절한 inadequate, insufficient, not enough ● **pis**; ~ **dərəcədə** *z.* 충분할

kafilik *i.* 만족, 충분, 풍요 satisfaction, sufficiency

kafir I. *i.* (터키) 불신자(不信者)(특히 회교도가 기독교도를 경멸해서 부르는 만족하지 못할 말), 이단자, 비회교도 giaour, infidel, pagan, non-muslim, atheist ○ **mürtəd, gavur** ● **müsəlman**; II. *si.* ① 이교도의, 비신앙의, 배교의, 모독적인 infidel, unfaithful, apostate, blasphemous; ②

굳은 마음의, 잔인한, 받아들이지 않는 hard hearted, brutal; **~cəsinə** *z.* 잔인하게, 무자비하게, 잔혹하게 brutally, cruelly, mercilessly

kafirlik *i.* ① 무신앙, 불신앙, 배교, 변절 infidelity, unbelief, apostasy, blasphemy ○ **mürtədlik, gavurluq**; ② 굳은 마음, 잔인함 hard-heartedness, cruelty

kaftan *i. obs.* 카프탄 (중근동 사람들이 입는 소매와 기장이 긴 옷) kaftan, caftan (in times past, a long dress worn in villages)

kaftar I. *i.* ① *zoo.* 하이에나 Hyena; ② 나이 많은 늙은이 very aged man, decrepit man ○ **qoca, yaşlı** ● **cavan**; ③ 잔소리 심한 여자; 사내 같은 여자, 여장부 virago, hag, grimalkin, termagant; II. *si.* 나이가 아주 많은, 매우 늙은 very old, decrepit, senile; ***Kaftar!*** *할망구 같으니! Old hag!*

kaftarkus *i. zoo.* 하이에나 hyena

kaftarlaşmaq *fe.* 노쇠해지다, 늙다 grow decrepit, age

kaftarlıq *i.* 노쇠, 망령 decrepitude, senility

kafur *i. bot.* ① 장뇌(樟腦) camphor; ② 장뇌유, 캠퍼 오일 camphoric oil

kağız *i.* ① 종이 paper **ağ**; ~ *i.* 백지 blank paper; **qəzət ~ı** *i.* 신문지 news-print; **damalı ~** *i.* 그래프용지, 방안지 squared paper; **divar ~ı** *i.* 벽지 wall paper; **şirli ~** *i.* 광택지 glossy paper; **~ çəkmək** *fe.* 종이로 싸다, 종이를 바르다 paper; **~ pul** *i.* 지폐 paper money; **qurulayan**; **~** *i.* 압지 blotting-paper; **dilindən ~ almaq** *fe.* 증명서를 발급받다, 서명하게 하다, 맹세하게 하다 make *smb.* sign/pledge/commit; **~ üzərində qalmaq** *fe.* 서류상으로 남다 remain on paper; ② 편지, 서한, 서찰 letter; ③ 서류, 증명서 document, certificate

kağızbadam *i. bot.* 아몬드 (껍질이 아주 얇은) almonds (with thin shell)

kağızçəkən *i.* 실내 장식업자 upholsterer

kağızçılıq *i.* (관료주의의) 형식적 절차, 관료적 형식주의 red-tape (bureaucracy)

kağızkəsən *i.* 종이 재단기, 종이칼 papercutter (in printing)

kağız-kuğuz *i.* 폐지 뭉치 scribbles, scrap of paper

kağızqatlayan *i.* (인쇄에서) 종이 접는 기구 folder (in printing)

kağız-qələm *i.* 문구류 stationery

kağızlamaq *fe.* (방을) 도배하다, 종이로 싸다 paper, paper a room

kağızlanmaq *fe.* 도배되다, 종이로 싸이다 be papered

kağızlı *si.* ① 도배된 (벽) papered (wall); ② 서류화된 with document

kağızpaylayan *i.* 우편배달부, 전달자 postman, lettercarrier; messenger

kağızsız *si.* 서류가 없는, 서류화되지 않은 without document

kaha *i.* 굴, 동굴, 소굴 cave, cavern, grotto, den ○ **zağa, mağara**

kahal *si.* 부주의한, 태만한, 게을리하는, 등한한 negligent, careless ○ **səhlənkar, başısoyuq**; 흐릿한, 둔탁한, 둔한, 굼뜬 dull, sluggish ● **ağır, ləng**

kahalıq *i.* 동굴 집단 지역 an area of many caves

kahallıq *i.* ① 태만, 부주의, 게으름 carelessness ○ **səhlənkarlıq, başısoyuqluq, diqqətsizlik**; ② 굼뜸 sluggishness

kahı *i. bot.* 상추 lettuce, salad

kahıl *si.* 게으른, 나태한, 일하기 싫어하는 lazy, inert, sluggish

kahıllanmaq ☞ **kahıllaşmaq**

kahıllaşmaq *fe.* 게을러지다 become lazy

kahıllıq *i.* 무기력함, 완만함, 둔함 inertness, sluggishness, laziness

kahil ☞ **kahıl**

kahin *i.* 제사장 priest, augur, oracle

kahinlik *i.* 제사장직 priesthood

kainat *i.* ① 우주, 만물, 삼라만상, 천지만물 cosmos, universe; ② 세상, 지구 earth ○ **aləm, dünya, cahan**

kakao *i.* 코코아, 코코아 빈 cocoa; cocoa bean

kakil ☞ **kəkil**

kaktus *i. bot.* 선인장 cactus

kaqor *i.* 적포도주의 일종 a kind of red wine

kal *si.* ① 덜 익은, 성숙하지 않은, 미성숙한, unripe, green ○ **göy, dəyməmiş** ● **yetişmiş**; ② 미완성의, 미개발의 immature, undeveloped; ③ 쉰, 허스키한, 쉰 목소리의; hoarse, husky; ④ 둔한, 무딘, 굼뜬 dull, slow-witted, obtuse; **~ səs** *i.* 쉰 목소리 hoarse voice; **yuxudan ~ oyanmaq** *fe.* 덜자고 깨다 awake without having enough sleep

K

kala¹ *i.* 섬유로 덮인 면화씨 cotton seed covered with fiber

kala² *i.* 큰 유리 항아리, 병 biq glass jar, bottle

kalafa *i.* ① 폐허, 유적 ruin ○ **xarabalıq**; ② 구멍, 틈, 벌어진 데, 열극 aperture, hole, gap ○ **çökək, çuxur** ● **düz**; ③ 구멍, 우물, 웅덩이 pit, well

kalafaağız *si.* 입이 큰 having a big mouth

kalafalıq *i.* 폐허, 유적 ruins ○ **çökəklik, çuxurluq** ● **düzənlik**

kalağay(ı) *i.* 가는 비단으로 만든 두건 large head shawl made from thin silk

kalambur *i.* 익살, 말장난 pun, innuendo ○ **cinas**

kalan *si.* ① 부유한, 부자의 moneyed, rich, wealthy ○ **varlı, pullu**; ② 부요한, 풍성한 abundant, plentiful

kalava *i.* 찢어진 틈, 끊긴 데, 금, 사이, 빈틈; 계곡, 협곡 rift, valley, canyon ○ **dərə**

kalba ☞ **kərbəlayı**

kalendar *i.* 달력 calendar ○ **təqvim**

kaleydoskop *i.* 만화경(萬華鏡) kaleidoscope

kaleydoskopik *si.* 만화경의, 변화 무쌍한 kaleidoscopic

kalım *ethn.* 신랑이 신부 부모에게 주는 돈 money present for the parents of the bride from the bridegroom

kalış *i. bot.* 팔수수 eulalia

kalışlıq *i.* 팔수수밭 durra-grove

kalibr *i.* ① (포신·총열의) 구경 caliber (diameter of barrel of gun); ② *tex.* 계기, 계측기; 생산품의 크기 gauge, size of manufactured products

kalibrləmək *fe.* 크기를 재다, 측정하다 measure, check of size

kalium *i. kim.* 칼륨 kalium, potassium

kalium-karbonat *i. kim.* potash

kaliumlu *si. kim.* 칼륨의, 칼륨이 들어 있는; with kalium, potash; **~ gübrə** *i.* 칼리 (탄산 칼륨) potash fertilizer

kalka *i.* ① 투사지 tracing-paper, tracing cloth; ② *dil.* 차용어, 외래어 loan translation; **~ etmək** *fe.* 차용어를 쓰다 borrow as a translation loan word

kalkulyasiya *i.* 계산 calculation

kalkulyator *i.* 계산기, 계산원 calculator, cost-clerk

kallaşmaq *fe.* 쉰 목소리가 되다 become hoarse/husky ● **açılmaq**

kallaşmış *si.* 쉰, 거친 husky, hoarse ○ **boğuq, tutqun**

kallıq *i.* ① 풋내기, 미성숙 unripeness, immaturity; ② 어리석음, 무감각함 dullness, stupidity

kalliqraf *i.* 달필가, 서예가; 필기자; 대서인 calligrapher ○ **xəttat**

kalliqrafiya *i.* 서예, 서법, 운필 calligraphy ○ **xəttatlıq**

kalliqrafik *si.* 서예의, 달필의, 필기체의 calligraphic

kalmıq *i.* 칼미크 (카스피해 서북 연안에 있는, 러시아 연방 내의 자치 공화국) 족; 칼미크어 Kalmyk; **~ dili** the Kalmyk language

kaloriya *i. fiz.* 열량, 칼로리 calorie

kalorili *si. fiz.* 고열량의 high-caloried, rich in calorie

kalorililik *i. fiz.* 영양가 calorific value

kalorimetr *i. fiz.* 칼로리미터 calorimeter

kalorimetriya *i. fiz.* 칼로리 측량 calorimetry

kalsit *i. min.* 탄산 칼슘의 결정 calcite

kalsium *i. kim.* 칼슘 calcium

kalta ☞ **sunərgizi**

kalvil *i.* a kind of yellowish apple

kalvinizm *i. fəl.* 칼빈주의 Calvinism

kalvinist *i.* 칼빈주의자 Calvinist

kam¹ *i.* ① 열망, 욕망, 소원, 동경 desire, wish, aspiration ○ **murad, dilək, istək, arzu**; ② 목표, 대망, 목적 aim, purpose, object, end ○ **məqsəd, məram**; ③ 기쁨, 환희, 유쾌, 즐거움 delight, enjoyment ○ **ləzzət, zövq**; **~ almaq** *fe.* 목적을 이루다, 되갚다; 다른 사람의 불행을 즐기다 gain one's object; take vengeance gloat over/rejoice at other's misfortune; **~a yetmək/yetişmək** *fe.* 소망을 이루다, 욕망을 채우다 achieve one's desire

kam² *i.* 목구멍 throat; **~ına keçmək** *fe.* 삼키다, 삼켜 넘기다, 착복하다, 유용하다 swallow, gulp d own; make *smt.* one's own, appropriate

kamal *i.* ① 정신적 성숙, 온전함 mental maturity, perfection ○ **kamillik, yetkinlik**; ② 지력(知力), 이해력, 학습 능력 intelligence, academic knowledge ○ **elm, ürgan, fəzilət**; 판단력, 자유 재량 discretion, wisdom ○ **ağıl, düşüncə, dərrakə**; **~a yetirmək** *fe.* 완전하게 되다, 성숙

하다, 온전하게 되다 perfect, complete

kamallanmaq *fe.* 정신차리다, 성숙해지다 be sober-minded, become wise, become mature

kamallı *si.* 영리한, 지혜 있는, 판단력이 정확한, 사려 깊은 clever, reasonable, wise, judicious, mature, thoughtful ○ **ağıllı**, **düşüncəli**, **dərrakəli**, **şüurlu**, **mühakiməli**, **yetkin** ● **səfeh**

kamallılıq *i.* ① 영리함, 지성, 지력 intellectuality ○ **ağıllılıq**, **düşüncəlilik**, **dərrakəlilik**, **şüurluluq**, **mühakiməlilik**; ② 정신적 성숙 mental maturity ○ **yetkinlik**; ③ 도리에 맞음, 사리에 맞음, 신중함 reasonableness, judiciousness

kamalsız *si.* ① 불합리한, 부당한, 도리에 맞지 않는 unreasonable, unwise ● **ağıllı**; ② 미성숙의, 불완전한 immature

kaman *i.* 활; bow; ~ **yayı** *i.* 활시위; (악기의) 현 bowstring; **qaşı** ~ *si.* 활 눈썹을 한 arch-browed; ~**ın yayını dartmaq** *fe.* 활시위를 당기다 draw a bow; ~ **kimi əyilmək** *fe.* 구부리다, 구부정하다, 굴종하다 stoop, bend as a bow

kamança *i.* 캬만챠 (아제르바이잔 전통악기, 한국의 해금과 비슷함) ***kamança*** *(oriental musical instrument)*

kamançaqayıran *i.* 캬만차 만드는 사람 kamancha maker

kaman(ça) çalan ☞ **kamançaçı**

kamançaçı *i.* 캬만차(캅카스와 서아시아 일대에서 주로 사용되는 민속악기의 하나)를 켜는 사람 kamancha player

kamançaçılıq *i.* 캬만차를 연주하는 직업 profession of kamancha player

kamandar *i.* (활의) 사수, 궁수(弓手), 궁술가 archer, bowman; bow-bearer

kamanə *i.* (현악기 연주를 위한) 활 bow for a stringed instrument

kamanlı *si.* 활을 가진, 바이올린 연주의 with bow, with fiddler

kambağı *i.* (말의 등에 짐을 묶기 위한) 밧줄 rope (to tie luggage on the horse back)

kambala *i. zoo.* 홍가자미류, 강도다리속, 도다리 plaice, flounder, flatfish

kameliya *i. bot.* 동백나무, 그 꽃 camellia

kamera *i.* ① 방 chamber, cell; ② 공기 주머니, 타이어 내부 튜브 bladder, inner tube of tire; ③ 사진기 camera (photo); ④ *tex.* (운하 등) 양쪽을 수문으로 막은 구간 chamber; **dezinfeksiya ~sı** *i.* 멸균실, 살균실, 소독실 disinfecting chamber; **saxlama ~sı** *i.* 휴대품 보관소 cloak-room, left luggage room; **həbsxana ~sı** *i.* 감방 (교도소 내) cell, ward; ~ **musiqisi** *i.* 실내악 chamber music; ~ **konserti** *i.* 실내악 연주회 chamber concert

kamerayamayan *i.* 타이어 수리공, vulcanizer

kamerton *i. mus.* 소리굽쇠 tuning fork; pitch-fork

kamfora *i.* 장뇌(樟腦) camphor; ~ **yağı** *i.* 장뇌유, 캠퍼 오일 (향료·의약용) camphor oil

kamforalı *si.* 장뇌유의 camphorous, camphoric

kamil *si.* ① 완전한 perfect, mature, complete ○ **yetkin**, **mükəmməl**; ② 기술적인, 잘 교육된, 경험이 많은 skilled, capable, well educated, experienced

kamilləşdirmək *fe.* 완전하게 하다, 완벽하게 하다, 완숙하게 하다 make complete/perfect ○ **mükəmməlləşdirmək**, **yetkinləşdirmək**, **təkmilləşdirmək**

kamilləşmək *fe.* ① 완전하게 되다, 온전하게 되다 become complete, perfect oneself ○ **yetkinləşmək**, **mükəmməlləşmək**, **təkmilləşmək**; ② 지혜를 얻다 gain wisdom

kamillik *i.* 완전함, 완벽함, 성숙함 perfection, maturity ○ **yetkinlik**, **mükəmməllik**, **bitkinlik**; ② 완성됨, 완결됨 completeness

kamium *i. kim.* 칼륨, 포타슘 (은백색의 금속성 원소; 기호 K) potassium

kamium-karbonat *i.* 탄화 칼륨 carbonaceous potassium

kamod *i.* 서랍장 chest of drawers

kampaniya *i.* 군사 행동, 전투, 작전; campaign (military action) drive; **mətbuat ~sı** *i.* 출반 선전 press campaign; **seçki ~sı** *i.* 선거 운동 election campaign; **səpin ~sı** *i.* 씨뿌리기 sowing campaign

kamran *si.* 복된, 행복한 blessed, happy

kamranlıq *i.* 복됨, 행복함 blessedness, happiness

kamsız *si.* 불행한, 불운한 unhappy, unlucky

kamvol *si.* 잘 정련된 (모직) refined (wool)

kamyab *si.* 복된, 행복한, 완성된 blessed, happy, fulfilled ○ **xoşbəxt**, **bəxtiyar**

kan *i.* 광산 mine ○ **mə'dən**
kanada *i.* 캐나다 Canada; **Kanadalı** *i.* 캐나다인 Canadian
kanal *i.* ① 관개 수로 canal (irrigation), channel; ② 도관, (수송)관; 맥관; *ana.* 요도 duct, canal; **sidik ~ı** *i.* 요도 urethra; ③ (파이프·총·포신의) 내강(內腔) (of barrel of gun); ④ *fig.* (텔레비전, 라디오, 전신 등) 통신로, 채널, 주파수대 channel
kanalizasiya *i.* 하수 처리; 하수도 sewerage; **~ çəkmək** *fe.* 하수 설비를 하다 sewer, supply with sewerage system; **~ sistemi** *i.* 하수 설비 sewerage system; **~ borusu** *i.* 하수관 sewer pipe
kanalizasiyalı *si.* 하수 설비가 된 sewered, supplied with sewerage system
kanalizasiyasız *si.* 하수 설비가 되지 않은 unsewered, without sewerage system
kanape *i.* 카나페 (토스트에 캐비아 (caviare) 등을 얹은 것) canapé
kanarya *i.* 카나리아 canary
kanat *i* 밧줄, 로프 rope, cable ○ **buraz**; **polad**; **~** *i.* 강선(鋼線), 강철 밧줄 steel-rope
kandar *i.* 문지방, 문턱, 입구 sill, threshold ○ 문턱을 밟다; **astana**; **~a ayaq basmaq** *fe.* step on the threshold **~ını qoparmaq** *fe.* ~을 괴롭히다 pester *smb.*
kanibal *i.* 식인종 cannibal
kanifol *i.* 송진(resin); colophony, rosin; **~ sürtmək/çəkmək** *fe.* (현악기의 현에) 송진을 바르다 rosin
kanifollamaq *fe.* (현악기의 현에) 로진을 바르다 apply resin on a bow (for string instrument)
kankan *i.* 우물 파는 사람 spring-digger, well-sinker
kankanlıq *i.* 관정 기술 well-digging, profession of well-digger
kanoe *i. idm.* 카누, 통나무 배 canoe
kanonada *i.* 연속 포격 cannonade
kanonerka *i.* 카누 경기 canoeing
kanselyariya *i.* 문방구 stationery shop
kansler *i.* 수상 chancellor; **Alman ~** *i.* 독일 수상 German premier
kantata *i. mus.* 칸타타 (독창, 중창, 합창과 기악 반주로 이루어진 대성악곡) cantata
kanton *i. tik.* 모서리 장식 canton
kap *i.* 먹지 않은 과일의 일부 parts of fruit that are not eaten
kapella *i. mus.* 합창, 합주 choir, cappella, ensemble
kapelmeyster *i.* (성가대·관현악단·악대의) 지휘자, 악장 kapellmeister, band-master
kapillyar *i.* 모세 혈관 *ana.* capillary, blood vessel
kapital *i. econ.* 자본금, 원금 capital; **~ qoyuluşu** *i.* 투자 investment; **daimi ~** *i.* 지속 자본 constant capital; **dəyişən ~** *i.* 운용 자본; variable capital; **dövriyyə ~ı** *i.* 유동 자본; circulating capital; **əmtəə ~ı** *i.* 재화(財貨) commodity capital; **əsas ~** *i.* 고정 자본 fixed capital; **maliyə ~ı** *i.* 금융 자본 (산업 자본에 접합된 은행 자본) financial capital; **sənaye ~ı** *i.* 산업 자본 industrial capital; **ölü/istifadəsiz ~** *i.* 불량 재고, 팔고 남은 물품, 재고 dead stock, unemployed capital **ticarət ~ı** *i.* 상업 자본 trade capital
kapitalist *i.* 자본가, 부자; 자본주의자 capitalist
kapitalizm *i.* 자본 주의 capitalism; **inhisarçı ~** *i.* 독점자본주의 monopolistic capitalism; **sənaye ~i** *i.* 산업 자본주의 industrial capitalism
kapitallaşdırmaq *fe.* 자본화시키다, 자본 환원시키다 capitalize
kapitallaşma *i.* 자본화 capitalization
kapitallaşmaq *fe.* 자본화하다 get capitalized
kapitan *i.* 지휘관, 명장; 선장, 함장, 기장; captain; **~ köməkçisi** *i.* 보좌관 mate
kapot *i.* ① 두건 달린 긴 외투; 투우사의 케이프, (여성용의) 실내복 capote, housecoat; ② 자동차의 보닛 bonnet (car); ③ *tex. avi.* 카울링 (항공기의 엔진 커버) cowling (plane)
kapral *i. mil.* 하사 (sergeant 아래이며 최하위의 하사관), 분대장 corporal, foreman (navy) squad-commander
kapriçç(i)o *i. mus.* 카프리치오, 기상곡 capriccio
kapron *i.* 카프런 (합성 섬유의 일종) kapron (in weaving, a kind of synthetic fibre); **~ lifi** *i.* 합성 섬유 kapron/synthetic fibre
kapsul[1] *i. pharm.* 캡슐, 교갑 capsule
kapsul[2] *i. mil.* 뇌관(雷管), (소총 등의) 격발 뇌관; 장난감 권총의 종이 화약 cap, percussion cap, fulminate cap; primer cap; **detonator ~u** *i.* 폭발 뇌관 detonating cap
kapsullu *si.* ① 꼬투리에 싸인, 캡슐에 든 capsu-

late, enclosed in a capsule; ② 뇌관이 있는, 뇌관을 장착한 capped, having a percussion cap

kaptenramus *i. mil.* 병참 장교 quartermaster

kapüşon *i.* 두건, 후드, (수도복의) 두건 (달린 겉옷) hood, cowl

kar[1] I. *i.* ① 청각 장애자, 귀머거리 deaf man; II. *si.* ① 청각장애를 가진, 귀가 먼, 귀머거리의 deaf; ② *dil.* 무성(음)의 voiceless, unvoiced; **tamam ~** *si.* 완전 귀머거리의 stone-deaf; **~ samit** *i. dil.* 무성 자음 voiceless consonant; **~ etmək** *fe.* 귀먹게 하다 deafen

kar[2] *i.* 일 업무, 직업, 종사 활동 ○ **peşə, məşğuliyyət**; ② 거래, 관계 dealing ○ **iş**; ③ 영향, 효험 effect, efficacy ○ **tə'sir**; **bir kəslə ~ı olmaq** *fe.* ~와 관계 있다, ~와 연관되어 있다 have *smt.* to do with *smb.*; **~ etmək** *fe.* 영향력을 발휘하다, 효험을 내다 produce effect, take effect; **~ görmək** *fe.* 돕다, 도움을 주다 help, render assistance; **~a gəlmək** *fe.* 효과를 보다, 유용하다 prove effect, be of use; **~ aşmamaq** *fe.* 결과를 보지 못하다, 효과가 없다 yield no results, be of no effect, be not sufficient; ***Dərman kar eləmədi.*** *약이 효과가 없었다. The medicine did not take effect.*; ***O nə karın sahibidir?*** *그의 직업이 뭔데? What is his occupation?*; ***Mənim onunla heç bir karım yoxdur.*** *난 그와는 아무 상관 없다. I have no dealing with him.*; ***Qutunu atma, bir gün karına gələr.*** *상자를 버리지 마라, 쓸 날이 올 것이다. Don't throw the box away, it may be used in some day.*

karabin *i.* 카빈 총 carbine (gun with short barrel)

karabinyor *i.* 기총병 carbineer

karagələn *si.* 유용한, 쓸만한, 필요한, 필요 불가결한 useful, helpful, beneficial, necessary, requisite ○ **lazımlı, gərəkli, yararlı, əlverişli**

karagəlməyən ☞ **karsız**

karagəlməz ☞ **karsız**

karaim *i.* (크림, 라트비아, 폴란드 등에 사는 터키의 일족) one of the Turkic people groups who live in Crimea, Latvia, Poland *etc.*

karamel *i.* 캐러멜 (설탕을 고아 조린 액체); caramel; **~ konfeti** *i.* 캐러멜 caramel, sugarplum

karandaş *i.* 연필 pencil; **rəngli ~** *i.* 색연필; coloured pencil, crayon; **~la çəkmək** *fe.* 스케치하다, 연필로 그리다, 데생하다 draw with a pencil, sketch

karandaşçərtən ☞ ***karandaşyonan***

karandaşyonan *i.* 연필깎이 pencil sharpener

karantin *i.* 격리, 강제격리, 검역 정선 기간 quarantine; **~də olmaq** *fe.* 격리되다 be in quarantine; **~ə salmaq** *fe.* 격리시키다 quarantine

karastı *i.* ① 기계, 공구, 도구 tool; ② 무기, 병기, 공격 수단 weapon

karat *i.* 캐럿 (보석류 무게 단위 200mg); 금의 순도 (순금은 24 캐럿) carat (200 mg)

karbid *i. kim.* 탄화물, (특히) 카바이드 (calcium carbide의 통칭) carbide

karbohidrat *i.* 탄수화물, 함수 탄소 *kim.* carbohydrate

karbohidrogen *i. kim.* 탄화수소 hydrocarbon

karbol *si. kim.* 석탄산의 carbolic ; **~ turşusu** *i. kim.* 석탄산 (화학 용어로는 phenol) carbolic acid

karbon *i. kim.* 탄소; 기호 C; carbon; **~ qazı** *i.* 이산화가스, 탄산가스; carbon dioxide gas, carbonic acid gas; **~ turşusu** *i. kim.* 탄산 carbonic acid

karbonat *i. kim.* 탄산염 carbonate

karbonit *i. kim.* 탄소의, 탄산의 carbonite

karbonlaşdırmaq *fe. kim.* 탄산염화하다; 탄화하다; 탄산가스를 포화시키다. carbonate, carbonize

karbonlaşmaq *fe. kim.* 탄화되다, 탄산염화 되다 carbonate, be carbonized

karbonlu *si. kim.* 탄소질의, 탄소의 carbonaceous, carbonic

karbonsuz *si.* 탄소가 없는 carbon free

karbürasiya *i.* (내연 기관에서의) 기화(氣化) carburetion

karbürator *i. tex.* (내연 기관의) 기화기, 카뷰레터 carburetor

karbüratorçu *i.* 카뷰레터 기술자 mechanic who specializes in carburetors

kardinal *i.* 추기경 cardinal

kardinallıq *i.* 추기경직 cardinalate, the office of cardinal

kardioqram *i. tib.* 심전도(心電圖) cardiogram

kardioqraf *i. tib.* 심전계(心電計) cardiograph

kardiologiya *i. tib.* 심장(병)학 cardiology

kardioloji *si. tib.* 심장병학의 cardiological

kardioloq *i. tib.* 심장학자 cardiologist

K

karel ① *i.* 카렐리안 (국가) Carelian (nation); ② *si.* 카렐리안의 Carelian
kareta *i.* coach
kargah *i.* ① 카펫 짜는 틀, 직기 carpet maker's loom; ② 자수틀 tambour; ③ 레이스를 짜는 틀 lace-frame; ~ **çəkmək** *fe.* 옷을 잡아당겨 입다 pull on, get on
kargər *i.* 도제, 실습생, 견습공 apprentice
kargir *i.* 결과, 영향 effect ○ **tə'sir, əlac**
kargüzar I. *i.* 사무원, 직원, 주재원 clerk, business correspondent; II. *si.* 사업상의, 직무상의 clergical, business-like
kargüzarxana ☞ **dəftərxana**
kargüzarlıq *i.* ① 사무직, 주재 사무 clerical work, business correspondence; ② 도움, 지원 aid, support
karxana *i.* ① *obs.* 작업장, 공장 workshop, factory; ② 채석장, 출처, 원천 quarry; **qum ~sı** *i.* 모래 채취장 sand-pit; **əhəng daşı ~sı** *i.* 석회석 채석장 lime stone quarry
karxanaçı *i.* 제조업자, 공장주 manufacturer
karıxdırıcı *si.* 혼동시키는, 혼란하게 하는, 당황하게 하는, 기만적인 confusing, delusive, bewildering
karıxdırmaq *fe.* ① 혼란시키다, 혼동시키다; bewilder, confuse; ② 실수하게 하다, 실수를 유발하다 cause *smb.* to make fault; ③ 산만하게 하다, 혼란하게 하다 distract
karıxmaq *fe.* ① 혼동되다, 정신없다 lose one's mind, get bewildered; ② 실수하다 fall into error; ③ 당황하다, 당혹해하다 be perplexed, be at loss ○ **çaşmaq**
karikatura *i.* 캐리커쳐, 풍자만화, 희화(戱畵); caricature, cartoon; **~sını çəkmək** *fe.* 풍자하다, 만화화하다 lampoon, caricature
karikaturaçı *i.* 풍자화가, 만화가 caricaturist, cartoonist
karikaturist ☞ **karikaturaçı**
karkas *i.* 액자, (액자, 거울 등의) 틀 frame work, frame
kar-kor *i.* 장애자, 농맹아(聾盲啞) deaf-blind
karkün *si.* 능률적인, 경제성 있는, 사업적인 efficient, business-like
karkünluq *i.* 능률, 효율 efficiency
kar-lal *i.* 농아(聾啞) deaf-mute; **~lar** *i.* 농아 deaf-and-dumb
karlaşdırmaq *fe.* ① 귀먹게 하다 deafen; ② *dil.* 유성음을 무성음화시키다 devocalise, devoice
karlaşmaq *fe.* ① 귀를 먹다, 청각장애를 갖다 become deaf; ② *dil.* 무성음화되다 become devocalised, be devoiced
karlı *si.* 능력 있는, 재주 있는, 합당한 efficient, worthy, profitable, business-like ○ **bacarıqlı, qabiliyyətli, işgüzar**; ② 영향을 주는, 효과적인, 적절한, 효과가 있는, 철저한, 과감한 effective, effectual, efficacious, drastic, potent ○ **tə'sirli**; ③ 효율적인, 효과적인, 이익을 가져다주는, 유익되는 profitable, paying ○ **gəlirli, xeyirli, sərfəli**; ④ 많은 양의, 충분한 plentiful, in large quantity ○ **çox**; ⑤ 무거운, 신중한, 막대한 heavy
karlıq *i.* 귀먹음, 청각장애 deafness; **özünü ~a vurmaq** *fe.* 귀머거리인 체하다, 못 들은 체하다 pretend to be deaf
karlılıq *i.* 효율성, 수익성 efficiency, profitability
karnaval *i.* 사육제, 카니발 carnival
karniz *i.* 커튼 걸이, 처마[천장] 돌림띠; cornice (horizontal bar on the top of wall for curtain *etc.*), eaves
karp *i. zoo.* 잉어 carp
karsala *si.* ① 반귀머거리의 half-deaf; ② 둔한, 아둔한, 소심한, 수줍어하는, 자신 없는, 서투른 numb, dull, muddle-headed, sheepish, torpid, diffident, awkward, clumsy ○ **əfəl, kütbeyin, key, utancaq, əməzək**
karsalalıq *i.* ① 반귀먹음 semi-deafness; ② 둔감함, 둔함 dullness, insensibility
karsalamaq *fe.* 반귀먹다 become semi-deaf
karsaz *si. obs.* 도움이 되는, 유익이 되는, 돈벌이가 되는 helpful, beneficial, profitable
karsazlıq *i. obs.* 지원, 도움, 원조, 수익성 aid, helpfulness, profitability
karser *i.* 유치장 detention house
karsız *si. z.* ① 무익한, 무가치한, 쓸데없는 worthless, good for nothing, useless ○ **xeyirsiz, faydasız, sərfəsiz, səmərəsiz, yararsız**; ② 효과 없는, 헛된, 무력한, 예술적 효과가 없는, 무능한 ineffective, impotent, nondrastic; ③ 만족스러운 효과가 없는 ineffectual; ④ 나쁜, 엉성한 poor, bad; ⑤ 둔한, 무딘 obtude
karsızlıq *i* 무익, 소용없음, 헛됨, 무가치, 쓸모 없음, 천박함, 경박함 futility, uselessness, frivolity ○ **xeyirsizlik, faydasızlıq, sərfəsizlik, səmərəsizlik, yararsızlıq**

kart *i.* 카드, 종이쪽, 패 card, pasteboard; **~la qumar oynamaq** *fe.* 카드놀이하다 gamble; **~ı qarışdırmaq** *fe.* 카드를 뒤섞다 shuffle the cards; **~ basmaq** *fe.* 속이다, 사기치다 cheat, swindle

kartəhər *si.* 귀먹은 듯한 half-deaf

kartoçka *i.* 카드, 종이쪽, 패 card

kartof *i.* 감자 potato; **~ qabığı** *i.* 감자 껍질 potato peelings; **~ püresi** *i.* 으깬 감자 mashed potato; **~ unu** *i.* 녹말, 전분 starch

kartofçu *i.* 감자 재배자 potato grower

kartofdoğrayan *i.* 감자 빚는 기계 potato-chipper

kartofəkən *i.* 감자 재배자 potato-planter

kartofəzən *i.* 감자 으깨는 도구 potato pulper

kartofqazan *i.* 감자 파는 도구 potato-digger

kartofsoyan *i.* 감자 깎는 도구 potato-peeler

kartofyığan *i.* 감자 수지 기계 potato-picking combine

kartoqram *i.* 통계 지도 cartogram

kartoqraf *i.* 지도 제작자 cartographer

kartoqrafik *si.* 지도 제작의 cartographic

kartoqrafiya *i.* 지도 제작법, 작도법 cartography

karton *i.* 합판지, 판지, 보드지 cardboard, carton

kartonaj *si.* 판지로 만든 of cardboard articles

kartoşka ☞ **kartof**

kartoteka *i.* 카드 색인, 카드 카탈로 card index, card catalogue, file; **~ qutusu** *i.* 카드 색인 박스, 파일 박스 card-index box, file box

kartvellər *i.* 코카서스 지역의 범 조지아인 그룹 pan-Georgian people in the Caucasas region

kartel *i.* 카르텔 (독립 회사들의 연합) cartel (combination of independent companies)

karusel *i.* 회전 목마, 팽이, 풍차 merry-go-around, whirling

karvan *i.* ① (사막 등을) 가는 상인, 순례자, 여행자 등의) 카라반, 대상(隊商), 대(隊) caravan, convoy; ② 대열, (줄지어 있는) 떼 string, train; **dəvə ~ı** *i.* 낙타 대열 camelcade; **gəmi ~ı** *i.* (상선, 여객선 등) 대열, 선단 convoy; **maşın ~ı** *i.* 차 대열 string of cars; **ulduz ~ı** *i.* 별의 대열 string of stars; ***İt hürər, karvan keçər.*** *개는 짖어도 카라반은 간다. The dogs bark, but the caravan goes on.*

karvan-karvan *z.* 줄줄이 row after row

karvanbaşı *i.* 카라반 대장(隊長) caravan leader, caravan guide

karvançı *i.* 카라반 노역부 worker who loads up caravans

karvanqıran *i. ast.* 비너스, 금성 Venus

karvanqovan *si.* 매우 강한 (바람) very strong (wind); **~ külək** *i.* cold wind from the mountain 강풍

karvansara *i.* 여관, 여인숙, 숙박소, 대상 숙소 inn, hostelry, caravanserai

karvansaraçı *i.* 여관 주인 innkeeper

karvanvuran *i.* 산적, 도적, 강도 bandit, thief who holds up caravans

karvanyolu *i. ast.* 은하수 Milky Way ○ **kəhkəşan**

karxana *i.* 갱, 작업장 pit

karyera *i.* 경력, 평판, 명성, 명망 career, reputation, fame ○ **mənsəb, şöhrət**; **~ qazanmaq** *fe.* 경력을 쌓다, 명성을 얻다 make one's career, make one's way up

karyerist *i.* 자기 본위 주의자, 명성 추구자, 수완가, 수단꾼 fame seeker, self seeker, place hunter, go-getter, climber

karyeristlik ☞ **karyerizm**

karyerizm *i.* 명성 추구, 야망가, 자기 본위 주의 self-seeking, pursuit of fame ○ **mənsəbpərəstlik, şöhrətpərəstlik**

kas *si.* 광택이 없는, 둔탁한 (표면) dull, lacking lustre, dead

kasa *i.* ① 사발, 대접 bowl, cup; ② *ana.* 두골의 윗부분 upper part of skull; **səbr ~sını daşırmaq** *fe.* 인내의 잔이 넘치다 make the cup run over; **səbr ~sını doldurmaq** *fe.* 인내의 잔을 채우다 fill up the cup

kasacıq *i.* ① 작은 컵 small cup; ② *bot.* 꽃받침, 악(萼) calyx

kasad *si.* ① (경기) 침체의, 경기 둔화의, 부진한, 불황의 stagnant, dull, slack (market) ○ **qıt, qəhət, çatışmaz**; ② 불충분한, 모자라는, 빈약한, 결핍한, 불완전한 scanty, scarce, meagre, poor, in short supply, deficient ○ **kasıb, yoxsul**

K

kasadlaşmaq *fe.* 경기가 둔화되다, 침체되다, 가난하게 되다 become stagnant, impoverish, bankrupt, become poor ● **varlanmaq**

kasadlıq *i.* ① 거래 둔화, 통상 감소 slowdown of trade, bad selling; ② 불충분, 빈약, 감소, 궁핍 scantiness, scarcity, deficiency, dearth, shortage, privation ○ **kasıblıq**, **yoxsulluq**; ③ 기근, 결핍 faminine, shortage ○ **qıtlıq**, **qəhətlik**; ~ **çəkmək** *fe.* 궁핍에 처하다, 빈궁에 빠지다 be short of, be in want

kasamas(t) *i.* 신 우유, 요구르트 sour milk ○ **qatıq**

kasavarı *si.* 그릇 모양의 bowl-shaped

kasayaoxşar **kasavarı**

kasayarpaq *i.* 꽃받침 sepal

kasıb *si.* ① 가난한, 빈궁한, 궁핍한, 살기 어려운 poor, indigent; ○ **yoxsul** ● **varlı**, **dövləli**; ② 질이 떨어지는, 양이 부족한, 빈약한, 근소한 meagre, miserable ○ **fağır**, **zavallı**, **miskin**, **sadə**; ~ **torpaq** *i.* 척박한 땅 poor soil; ~ **nitq** *i.* 빈약한 연설; poor speech; **ağıldan** ~ *si.* 약한 정신의; feeble-minded; **~ca** *z.* 어렵게, 조금, 궁색하게 poorly, a little

kasıbçılıq ☞ **kasıblıq**

kasıbfəndi *si.* 자선가, 가난한 사람을 돕는 사람 one who aids the poor

kasıb-kusub *i. top.* 가난한 사람들 the poor people

kasıblaşdırmaq *fe.* 가난하게 하다, 궁핍하게 하다 impoverish, make scanty

kasıbla(ş)maq *fe.* 가난하게 되다, 빈궁하게 되다 become poor, be impoverished ○ **yoxsullaşmaq** ● **varlanmaq**

kasıblıq *i.* ① 곤궁, 빈궁, 결핍, 가난 need, poverty, penury, indigence ○ **yoxsulluq** ● **varlılıq**; ② 졸렬, 비참, 참담 poorness ○ **fagırlıq**, **miskinlik**; ~ **içində yaşamaq** *fe.* 가난하게 살다 live in poverty; **təxəyyülün ~ı** *i.* 상상력 부족 poverty of imagination; ***Kasıblıq ayıb deyildir.*** *가난이 수치가 아니라, 그것을 부끄러워하는 것이 수치다. Poverty is not a shame, but the being ashamed of it is.*

kasıbvarı ☞ **kasıbyana**

kasıbyana *si.* 가난한, 수수한 poor, modest; ~ **həyat/dolaşıq** *i.* 수수한 생활 modest life; ~ **nahar** *i.* 검소한 저녁, 간소한 만찬 frugal dinner

kaska *i.* 투구, 헬멧 helmet, casque ○ **tackülah**

kasnı *i. bot.* 치커리 (국화과 꽃상추속; 잎은 샐러드용, 뿌리-커피 대용) chicory, succory, endive

kassa *i.* ① 돈궤, 금고 cash-box; ② 신용 금고 credit office; ③ 활자 케이스 case (printing); **bilet ~sı** *i.* 매표소 booking office **əmanət ~sı** *i.* 저축 은행 savings bank

kassasiya *i. hüq.* (판결 등의) 파기, 폐기; cassation; ~ **şikayəti** *i.* 상소 appeal; ~ **məhkəməsi** *i. hüq.* 상소 법정 court of appeal

kasset *i.* 카세트 (녹음용 테이프, 필름 등) cassette

kassir *i.* 출납원, 현금 관리원 cashier

kassirlik *i.* 현금 출납 post of cashier

kasta *i.* 카스트 제도 caste (system)

kastanyet *i. mus.* 캐스터네츠 castanets

kaş (ki) *da.* (소원, 후회 등을 나타냄) ~할 수 있다면 if, If only, I wish (wish, regret *etc.*); ***Kaş o burada olaydı!*** *그가 여기 있었더라면! If only she were here!*

kaşalot *i. zoo.* 향유고래 cachalot, sperm-whale

kaşanə *i.* 궁전, 빌라, 호화주택 palace, villa, mansion ○ **qəsr**, **saray**, **imarət**

kaşı *i.* (윤택 나는) 타일, 도자기, 그릇 glazed tile, glazed brick, glazed vessel, glazed pottery ○ **kafel**

kaşılı *si.* 타일로 덮인 covered with glazed tiles

kaşne *i.* 머플러, 목도리, 스카프 muffler, scarf, comforter

kataliz *i. kim.* 촉매 현상, 촉매 작용 catalysis, chemical reaction

katalizator *i. kim.* 촉매 catalyst, catalyser

katalistik *si. kim.* 촉매 작용의 caltalistic

kataloq *i.* 목록, 카탈로그 catalogue; **fənn ~u** *i.* 주제별 카탈로그 subject catalogue

kataloqçu *i.* 목록[카탈로그] 작성자, 목록 담당 직원 cataloger

katar *i. tib.* (목과 코의) 점막 염증 katarrh, inflammation of mucous (mainly in the nose and throat); **mə'də ~ı** *i.* gastric catarrh

katarakt *i. tib.* 백내장 cataract

kataraktlı *si. tib.* 백내장 cataractal

kataral *si. tib.* 카타르 (점막의 염증) catarrhal

katbin *i.* 털이 짧은 모피의 여성 의류 fur-trimmed women's clothing

kateqoriya *i.* ① 분류상의 구분, 부문, 범주; ② *idm.* (운동의) 체급 class

kateqoriyalı *si.* 범주의, 범주에 속하는 categorical
kater *i. nav.* 함선에 싣는 대형 보트 launch, boat
katet *i. riy.* 카테튜스(직각 삼각형의 직각을 이루는 한 변) cathetus
kateter *i. tib.* 카테테르, (특히) 도뇨관(導尿管 catheter
katib(ə) *i.* 비서, 서기, 간사 ○ **mirzə**; 서기관, 율법학자; 서기 **xəttat**
katiblik *i.* ① 사무국, 서기국, 사무국원 secretariate; ② 비서직, 사무직 secretaryship; ~ **etmək** *fe.* 비서로 일하다 be a secretary
katod *i. fiz.* 음극 negative pole(↔ anode), cathode
katodlu *si. fiz.* 음극의 cathodic
katolik *i.* 가톨릭, 천주교, 구교 catholic, Catholicism
katoliklik *i.* 가톨릭 신앙, 교리 Catholicism
katolikos *i.* 만병통치약 catholicos
katolisizm *i.* 가톨릭교 Catholicism
katorqa *i.* 항만 노역, 징역, 천한 [싫은, 지겨운, 힘든] 일, 고역 penal servitude, hard labour; drudgery; **~ya məhkum şəxs** *i.* 부역 기결수 convict; **~ya məhkum etmək** *fe.* 징역에 처하다 condemn to penal servitude
katta ☞ **kətxuda**
kauçuk *i.* 탄성 고무 (India) rubber, caoutchouc **sintetik**; ~ *i.* 인조 고무 synthetic rubber
kauçuklu *si.* 고무처럼 탄력이 있는 rubber bearing, rubbery; ~ **bitkilər** *i.* 고무나무 rubber bearing plants
kaustik *si.* 가성의, 부식성의, 신랄한, 매서운 caustic
kavaler *i.* 신사, 기사(騎士), (여성) 호위자 cavalier, escort, gentleman
kavatina *i.* 카바티나 (짧은 아리아); 일반적으로 짧은 서정적 기악곡 (lyric aria in opera)
kaverna *i. tib.* (결핵에 의한 폐의) 공동(空洞) cavern (lung)
kayuta *i.* (여객선의 1, 2등) 객실, (기선의) 특별실 cabin, room (ship), state-room
kazak *i.* 코사크 사람[기병] Cossack
kazarma *i.* 막사(幕舍) caserne, barrack (in army) ○ **qışla**
kazein *i.* 카세인, 건락소(乾酪素) casein
kazino *i.* 카지노, 도박장, 도박장이 있는 호텔 casino
keçdi-keçdi *i.* (아이들의 달리기 경주 같은 게임) running competition (children's game)
keçə *i.* 펠트, felt, mat; ~ **cəkmə** *i.* 펠트 부츠; felt boots, snow boots; ~ **armaq/basmaq/təpmək** *fe.* 펠트를 만들다, 거적을 엮다 felt, make thick felt; **yerə ~ döşəmək** *fe.* 펠트를 바닥에 깔다 cover the floor with felt
keçəbiçən *i.* 펠트 재단사, 펠트 직조사 cutter of thick felt, felter, fuller
keçəcək *i.* 과거, 지난 시간 past, past time; 삶, 인생 living, life
keçəçi ☞ **keçəbiçən**
keçəçilik *i.* 펠트 공업, 펠트 짜기 milling
keçəxana *i.* 펠트 제작소 fulling mill, felt fulling mill
keçəl *si.* 딱지투성이인, 딱지로 덮인 scabby; 불모한, 황무한; 대머리의 bald; barren, bald headed; ~ **yer** *i.* 대머리 부분 bald spot
keçəlbaş *si.* 대머리의, 머리가 벗겨진 egg-headed, bald headed
keçələt *i.* 여울, 얕은 곳 (도보, 말, 자동차로 건널 수 있는 강 등의) ford, crossing
keçələkərkəs *i. zoo.* (유럽산) 흰목대머리수리 griffon vulture
keçələmək *fe.* 펠트를 깔다, 펠트로 덮다 cover with felt, overlay with felt
keçəlləşdirmək *fe.* (머리를) 헝클어뜨리다, 얽히게 하다 tangle, entangle (hair)
keçəlləşmək *fe.* 대머리가 되다 become bald ○ **dazlaşmaq**
keçəllik *i. tib.* (상처의) 딱지 scab; ② 황무함, 민둥, 대머리임 baldness, barrenness, bleakness ○ **dazlıq**
keçən I. *i.* 행인, 지나가는 사람 by-gone; II. *si.* ① 과거의, 지나간 past, by gone ; ② 이전의, 지난번의 previous, last; ~ **dəfə** *z.* 마지막으로 last time ; ~ **il** *i.* 작년 last year; ~ **günlər** *si.* 지난 날의 bygone; *i.* 과거 past; ***Keçənə güzəşt deyərlər.*** *ata.s.* *과거는 흘러갔다! Let by-gones be by-gones*; ***Keçən gün ələ düşməz.*** *ata.s.* *지난 시간은 다시 붙잡을 수 없다. Lost time is never found again.*; ***Keçən günə gün çatmaz.*** *ata.s.* *과거는 항상 좋았다고 생각한다. The past time was the best.*
keçənlərdə *z.* 지난 날들에 the other day

K

keçəri *si.* 임시의, 잠정적인 temporary, passing ○ **müvəqqəti, ötəri, keçici**
keçəsatan *i.* 펠트를 파는 사람 the seller of thick felt
keçətəpən *i.* 펠트 만드는 사람 felter
keçi *i.* 염소 goat; ~ **dərisi** *i.* 염소 가죽 goat skin **dağ ~si** *i.* 야생 염소 ibex; ~ **buynuzü** *i.* 염소 뿔 goat's horn; ~ **balası** *i.* 염소 새끼; kid **~ni bostana buraxmaq** *fe.* 양떼에 늑대를 풀어 놓다 set the wolf to keep the sheep; ~ **suyu bulandırmaq** *fe.* 하찮은 일로 다투다 find quarrel in a straw
keçici *si.* ① 일시적인, 순간적인, 순식간의, 덧없는 지나는/일시적 감정들 transient, transitory, passing ○ **ötəri**; ~ **hisslər** *i.* transient feelings; ~ **bayraq** *i.* 우승기(旗); challenge banner; ~ **kubok** *i. idm.* 우승상; challenge prize; ② 전염성의, 감염성의 infectious, zymotic, catching, contagious ○ **yoluxucu, infeksion**; ~ **xəstəlik** *i.* 전염병 infectious disease
keçicilik *i.* 전염성, 감염 contagiousness, infectiousness ○ **yoluxuculuq**
keçid *i.* ① (강, 산, 거리 등) 횡단, 도항, 교차, 지나는 곳 crossing, pass, passage (river, street, mountain); ② 전환기, 전환점 transition period, turning point; **yeraltı** ~ *i.* 지하 보도 subway
keçidli *si.* 횡단보도가 있는 having a passage way
keçiqıran *i.* 3월말부터 4월 중순까지의 기간 (의 추위) coldness (at the end of March), time from the end of March to the middle of April
keçilmək *fe.* ① 넘다, 지나다 be covered, be crossed, be surmounted; ② 인도되다, 이끌리다 be conducted; ③ 가르쳐지다 be taught
keçilməz *si.* ① 지날 수 없는, 건널 수 없는, 관통할 수 없는 impassable, unfordable, impenetrable; ② 용서할 수 없는, 그냥 지날 수 없는 unpardonable, unexuseable; ③ 놓치기에는 너무 아름다운, 극도로 아름다운 too beautiful to miss, extremely beautiful; ~ **yol** *i.* 지나갈 수 없는 길 impassable way; ~ **palçıq** *i.* 통과할 수 없는 진흙탕 impassable mud; ~ **günah** *i.* 용서받을 수 없는 죄 unpardonable sin
keçilməzlik *i.* ① 통과 불능; ② 용서할 수 없음
keçindirmək *fe.* 되살리다, (인공호흡 등으로) 소생시키다, 의식을 회복시키다 resuscitate
keçinəcək *i.* 삶 living, life ○ **yaşayış, dolanacaq**
keçinmək[1] *fe.* ① 살다, 지내다, 생존하다 live, get on, survive ○ **dolanmaq, yaşamaq, girlənzmək**; ② 같이 지내다, 잘 지내다 get along together; ③ ~없이 살다, ~없이 지내다 manage (without), do (without)
keçinmək[2] *fe.* 돌아가시다, 죽다 decease, pass away ○ **ölmək**
keçiotaran *i.* 염소지기 goatherd
keçirici I. *i. fiz.* 전도체(傳導體) guide, conductor; II. *si.* 전도성의, 전기가 통하는; conductive, conducting; **elektrik ~si** *i.* 전도체 **(naqil)** conductor
keçiricilik *i.* ① *fiz.* (열·음의) 전도성, 전도력, 전도율 (기호 σ), 전도도(傳導度) conductivity, conductance; ② 용적, 용량 capacity; **maqnit ~yi** *i.* 투과성, 투자(透磁)율 permeability, permeance
keçirilmək *fe.* ① (모임, 행사 등) 주관되다, 주최되다, 조직되다, 열리다 be held, be conducted, be carried out (meeting) ○ **icra olunmaq, aparılmaq**; ② (전기) 통과되다, 전달되다, 전도되다 be be passed, be run through (electricity) ○ **ötürülmək**; **həyata**; ~ *fe.* 실행되다, 실현되다 be put into practice, be realized
keçirim[1] ☞ keçid
keçirim[2] *fiz.* (열·음의) 전도성[력], 전달, 송달 conductivity, transmission
keçirimli *si.* 전도성의, 전도력이 있는 conducting
keçirimlilik *fiz.* 전도율, 전도 효율 conductibility
keçirmə *si.* 은유적 portable, figurative, metaphorical
keçir(t)mək[1] *fe.* ① 건너게 하다, 나르다, 배로 건너다 take/put/lead across, convey, smuggle, ferry; **çaydan** ~ *fe.* 강을 건너다; take across the river; ② 통과하다, 관통하다, 지나가다 run/pass/put through; ③ (지위, 직장, 상황) 옮기다, 이동하다, 바꾸다 transfer, move, switch, shift (position, situation, work); **mövzuya** ~ *fe.* 주제로 돌아가다 turn into subject; ④ 연기하다, 휴회하다 put off, adjourn; **iclası sabaha** ~ *fe.* 모임을 내일로 연기하다 adjourn the meeting till tomorrow; ⑤ (모임, 행사) 주관하다, 주최하다, 치르다 hold, conduct (meeting); **seçkilər** ~ *fe.* 선

거를 치르다 hold the elections; **həyata** ~ *fe.* 실행하다, 이행하다 put into practice; ⑥ 입다, 신다 pull on, put on, get on; **ucuna** ~ *fe.* 찌르다 thrust into; **dəstəyə** ~ *fe.* 손잡이로 찔러 넣다 thrust into the haft; ⑦ 열·전기·음 등을 전도하다 conduct (electricity current); ⑧ (시간) 보내다, 지내다 spend, pass (time); **vaxtı boş** ~ *fe.* 시간을 허비하다, 빈둥거리며 보내다 waste time, loaf away; ⑨ 살다, 존재하다, 머물다 live, exist, stay; **köçəri həyat** ~ *fe.* 유목 생활을 하다 live a nomadic life **nəzərdən** ~ *fe.* 훑어보다, 살펴보다 look through; **həyəcan** ~ *fe.* 놀라다, 당황하다, 흥분하다 be alarmed, get excited

keçir(t)mək² *fe.* (불, 전기 등) 끄다, 소등하다 switch off, turn off (light), extinguish; **şamı** ~ *fe.* 촛불을 끄다 put out a candle

keçirməyən *si.* 관통할 수 없는, 통과할 수 없는 impenetrable; **su** ~ *si.* 방수의, 내수의, 물이 스미지 않는 water proof, water tight; **cərəyən** ~ *si.* 비전도성의 non-conductive

keçisaqqal(lı) *si.* 염소 수염의 having a goatee

keçmək¹ ① 지나다, 지나가다, 통과하다, 넘다, 건너다 pass; **üstündən** ~ *fe.* 살펴보다, 돌아다녀 보다 look over; **arxasına** ~ *fe.* go behind 뒤로 지나다; **daxilinə** ~ *fe.* 관통하다, 속을 지나다 pass into; **əldən ələ** ~ *fe.* 손에서 손으로 건네지다 pass from hand to hand; **yan** ~ *fe.* 피하다, 회피하다, 그냥 지나치다 avoid, leave out, skip; ② (강, 길, 거리) 건너다, 가로지르다 cross, get across (river, way, distance); ③ (시간) 지내다, 보내다, 허비하다 pass, elapse, wear away (time); ④ 앞지르다, (~보다) 빨리 달리다, 범위를 넘다 outrun, leave behind, pass, forge ahead, outfly; ⑤ 발생하다, 일어나다 happen; ⑥ (병) 걸리다, 감염되다 infect (disease); ⑦ 끝내다, 지나다 be over, pass; ⑧ 공부하다, 수업을 진행하다 study, conduct a lesson; **təcrübə** ~ *fe.* 경험하다, 실무를 익히다 do practical work; **hərbi tə'lim** ~ *fe.* 전술상의 연습을 하다 conduct tactical exercise; ⑨ 감하다, 약하게 하다, 눅이다, 억제하다 bate, take off, come down; **günahdan** ~ *fe.* ~를 죄에서 자유롭게 하다, 죄를 용서하다 solve *smb.* from sin ~

keçmək² *fe.* 꺼지다, 소멸되다 be turned off, go out, die out ○ **sönmək, qaralmaq**

keçmiş¹ I. *i.* 태고, 고대 past time, antiquity, passing, passage; II. *si.* 전의, 앞선, 먼저 일어나는, 선행하는 antecedent, bygone, former, last, passed; III. *z.* 나중에, 후에 after, later; ~ **zaman** *qram.* 과거시제 past tense; **şərəfli** ~ *i.* 찬란한 과거 glorious past; **uzaq ~də** *z.* 먼 과거에 in remote past; **~də** *z.* 과거에, 지난 날에 in the past; **bir az** ~ *z.* 얼마 전에 not long after; **~in qalığı** *i.* 잔존물, 유물 hang-over

keçmiş² *si.* 꺼진, 소멸된 turned off, extinguished

kef *i.* ① 기분, 분위기, 심정 feeling, mood, frame of mind ○ **ovqat, əhval-ruhiyyə**; ② 건강, 건강 상태 health, state of health ○ **hal, əhval**; ③ 기쁨, 만족, 즐거움, 지복 pleasure, delight, sweet bliss ○ **həzz, nəş'ə, ləzzət, zövq** ● **qəm, kədər**; ④ 흥청 망청 놀고 마시기, 술잔치 carouse, carusal, relvels racket, orgy, bacchanalia, dirink bout; *col.* burst ○ **eyşişrət**; ⑤ 변덕스런 생각, 일시적 기분 whim, whimsy, sweet will ○ **həvəs, meyl, könül, istək**; ~ **etmək** *fe.* 즐기다, 흥청대다, 진탕 마시다, 탐닉하다 enjoy oneself, divert oneself, carouse, revel, spree, be in bliss, luxuriate; ~ **əhli** *i.* 야단 법석 떠드는 무리 merrymaking people; ~ **məclisi** *i.* 마시고 떠드는 잔치 drunken revelry, jovial feast; ~ **vermək** *fe.* 여흥을 베풀다, 즐겁게 하다, 기분을 전환하다 delight; amuse, divert, entertain; **~də olmaq** *fe.* 술잔치를 벌이다; have a spree; **~ə getmək** *fe.* 술잔치에 가다; go out on a spree; **~ə qurşanmaq** *fe.* 유흥 잔치에 가다 go on the racket; **~i açılmaq/durulmaq/kökəlmək** *fe.* 기분이 좋아지다 cheer up; **~i aşağı olmaq** *fe.* 기분이 언짢다, 가라앉다 be in low spirit; **~i gəlmək** *fe.* 기분이 좋다, 즐거워하다 be delighted, feel in a good humour; **~i istəmək** *fe.* 원하다, 바라다 wish, want, desire; **~i kök** *z. si.* 즐거운, 기분 좋은, 흥이 난 glad, cheerful, in good humour; **~i pozulmaq/korlanmaq** *fe.* 기분 상하다 lose one's good spirit; **~i qarışmaq** *fe.* (건강) 상태가 나빠지다 lose one's good spirit, get worse (patient); **~i yuxarı olmaq** *fe.* 기분이 좋아지다 be in high spirit, be in tipsy; **~inə soğan doğramaq** *fe.* 기분을 잡치다, 기분을 상하게 하다 upset, dispirit; **~inə yatmaq** *fe.* 좋아하다, 기뻐하다 like, please; **~ini sormaq** *fe.* 안부를 묻다 require after health; ***Kefim yaxşı***

K

deyil. *몸 상태가 좋지 않다. I am not feeling very well. Kefin necədir? 기분이 어떻습니까? 건강 하십니까? How are you?*

kefal *zoo.* 회색 숭어 grey mullet, kephale (long fish)

kefcil ☞ **kefçi**

kefçi *i.* 방탕아, 난봉꾼 debauchee, reveler, carouser, merry fellow ● **kədərli**

kef-damaq *i.* 즐거움, 흥겨움, 위안 pastime, amusement

kef-əhval *i.* 감각, 촉각, 감촉 feeling, mood

kefxana *i.* 아편굴 secret resort, opium den

kefikök I. *si.* 기분이 좋은, 흥이 넘치는, 잘 지내는 well-doing, well to do; exhilarated; II. *z.* 사치스럽게, 화려하게, 호화롭게 luxuryiously, sumptuously

kefiköklük *i.* 명랑, 활기, well-doing, exhilaration

kefincə *z.* 그가 좋은 대로 as he pleases

kefinəqulu *i.* 난봉꾼 ladies' man, playboy; ~ **dolanmaq** *fe.* 부패한 삶을 살다 lead a depraved life

kefir *i.* 요구르트 (유산균 발효유의 일종) yogurt

keflәndirici *si.* 취하게 하는, 들뜨게 하는; intoxicating, stupefying, heady; ~ **şərab** *i.* 독한 포도주 heady wine

keflәndirmәk *fe.* 취하게 하다, 만취시키다 intoxicate, befuddle, inebriate

keflәnmәk *fe.* 취하다, 비틀거리다 get drunk, be intoxicated, get tipsy ○ **dəmlənmək, məstləşmək, nəş'ələnmək** ● **ayılmaq**

kefli I. *i.* 술고래, 주정뱅이, 모주꾼 drunk man; *col.* sot ○ **dəm, sərxoş** ● **ayıq**; II. *si.* ① 건강한 healthy; ② 취한 drunk, tipsy, intoxicated ○ **nəş'əli, zövqlü, şən**; ~ **yerişi** *i.* 비틀거리는 걸음 tipsy gait; ~ **səs** *i.* (술에 취해) 혀꼬부라진 소리 tipsy voice

kefli-damaqlı ☞ **kefli**

kefli-kefli *z.* 술취해서 drunkenly, tipsily

keflilik *i.* 술취함, 취기 tipsiness, drunkenness, inebriation, hard drinking ○ **dəmlik, sərxoşluq**

kefsiz *si.* ① 건강이 좋지 않은, 병든, 병약한 unwell, unhealthy, sick; ② 기가 죽은, 의기소침한, 낙심한 dejected, sad, spiritless, gloomy ○ **xəstə, naxoş, azarlı** ● **saz**

kefsizlәmәk *fe.* 병들다, 병약해지다 be unwell, feel ill

kefsizlәşmәk *fe.* 병들다, 병약해지다, 몸이 불편해지다 become unwell, be indisposed, get sick ○ **xəstələnmək, naxoşlamaq, azarlamaq** ● **yaxşılaşmaq**

kefsizlik *i.* ① 불쾌, 몸이 불편함, 병듦, 아픔 indisposition, sickness, ailment, lethargy ○ **nasazlıq, naxoşluq**

keks *i.* 케잌 cake

keql[1] *i.* 구주희(九柱戲), 구(球)·원반으로 9개의 핀을 넘어뜨리는 놀이 skittles, ninepins (game); ~ **oynamaq** *fe.* 구주희 놀이를 하다 play skittles/ninepins

keql[2] *i.* (인쇄) 활자 크기 point, size of type (printing); ~ **10-luq** *i.* 활자 크기 ten point-type 10 point

keltlər *i.* 켈트(족(族)) Kelt (tribe)

kenquru *i. zoo.* 캥거루 Kangaroo

kepka *i.* 모자, 캡 cap

keramika *i.* 도자기, 요업제품 ceramic

keratin *i. kim.* 케라틴, 각질 keratin

keratit *i. tib.* 각막염 keratitis

keroqaz *i.* 등유 난로 kerosene stove

keşakeş ☞ **kəşməkəş**

keşik *i.* 보호자, 경비 (장소나 시설), 파수병 (군대), 경호원 (개인) guard, escort, watch ○ **qarovul, güdük, qoruma**; ~ **çəkmək** *fe.* 보초를 서다, 파수를 보다, 경호하다 watch, keep watch, sentinel; ~ **yində durmaq** *fe.* 경호하다, 경호원이 되다 guard, be on guard

keşikçi *i.* 호위자, 보디가드, 호위대, 관리인, 감시인 body-guard, guard, caretaker, sentry, sentinel; **gecə ~si** *i.* 야경꾼 nightman; ~ **qoymaq** *fe.* 보초를 세우다, 경비를 두다 post a sentry; ~ **budkası** *i.* 경비 초소 sentry box; ~ **dəstəsi** *i.* 경비대, 파수대 sentry-unit; ~ **qülləsi** *i.* 망루, 파수대 (把守臺) watch tower; ~ **gəmisi** *i.* 순시선 patrol ship

keşikçibaşı *i. obs.* 경비대장 chief of the guards

keşik(çi)xana *i.* 경비실 lodge, guard-room

keşikçilik *i.* 경비, 호위, 경호 work of guarding, escorting

keşiş *i.* 성직자, 사제, 제사장 priest, clergy man, minister; **baş ~** *i.* 감독 bishop

keşişlik *i.* 사제직, 제사장직 priesthood

keşkə *i.* (피부나 마른 과일에 생기는 검은 반점) encrustation that is formed on skin or on dried fruit

keşkəl *i.* 내, 시내, 개울, 도랑 stream, ditch

keşniş *i. bot.* 고수 (미나릿과의 풀), 향채(香菜) 호유(胡荽 - 고수의 열매; 향미료용) Coriander

key I. *i.* 얼간이, 멍청이, 바보; dullard, blockhead, mutt; II. *si.* ① 무감각한, 둔한, 죽은 insensitive, dead ○ **ölgün**, **süst**; ② 둔한, 정신이 멍한 absent-minded, dull, obtuse ○ **səfeh**, **sarsaq**; ③ 완만한, 지둔한, 활발치 못한 inert, sluggish; ~ **Balaxanım** *i. col.* 얼간이, 멍청이, 바보 dullard, mutt

keybənd *i.* (카펫의 일종) a kind of carpet

keyf *i.* 대접, 향응, 환대 위로회; 쾌감, 쾌락 pleasure, treat; ~ **çəkmək** *fe.* 즐기다, 만족하다 take pleasure

keyfiyyət *i.* 질, 자질, 능력, 소질; quality, grade, qualification; ***Kəmiyyət keyfiyyətə keçir.*** *양에서 질로 전환하다. Quantity transfer into quality.*

keyfiyyətcə *z.* 질적으로 in quality, by quality

keyfiyyətəbaxan *i.* 품질 관리자 controller on the quality

keyfiyyətli *si.* 성질상의 qualitative ○ **möhkəm**, **davamlı**; **yüşək**; ~ *si.* 고품질의 of high quality

keyfiyyətlilik *i.* 특성, 특질, 속성, 신뢰성, 견고함 quality, reliability, solidity ○ **davamlılıq**

keyfiyyətsiz *si.* 저질의 of poor quality

keyfiyyətsizlik *i.* 저질 lack of quality

keyidici *si.* 마취의 anaesthetic; **yerli** ~ *i.* 국부 마취 local anesthetic; **ümumi** ~ *i.* 전신 마취 general anesthetic; ~ **maddə** *i.* 마취제, 마취약 (에테르 클로로포름) anesthetic substance

keyikmək ☞ keyimək

keymə *i.* ① 무감각해짐 getting numb; ② *fig.* 마비 (시키기), 마비 상태 stupefaction, torpor

keyimək *fe.* 마비되다, 무감각해지다, 마취되다 become numb (with cold), grow torpid; become anaesthetized, become insensitive, become languid ○ **tutulmaq**, **hissizləşmək**, **süstləşmək**, **olgünləşmək**

keyimiş *si.* ① 마비된, 무감각해진 numbed, asleep; ② 무정한, 무감각한, 무딘, 둔한; apathetic, insensitive, torpid, sluggish; ③ *fig.* 마비시키는 stupefied

keyitmə *i.* 마취 anaesthetization

keyitmək *fe.* 마비시키다, 무감각하게 하다 numb, make numb; ② 마취시키다 anaesthetize; ③ 감각을 (술, 마약으로) 마비시키다, 망연하게 하다 stupefy; make senseless

keyləşdirilmək *fe.* 마취되다 be anaesthetized; ② *fig.* 망연하게 되다 be stupefied

keyləşdirmək ☞ keyitmək

keyləşmək ☞ keyimək

keylik *i.* ① 무감각, 마비 numbness; ② 맥없음, 멍청함, 둔감함 languidness, stolidity, apathy; ③ *fig.* 어리석음, 둔함, 정신이 멍함 stupidity, dullness, absent-mindedness ○ **süstlük**, **ölüvaylıq**, **huşsuzluq**

keysu *i.* 긴 머리, 엉킨 머리 long hair, web

kə'bə *i.* ① 카바 (메카에 있는 검은 돌로 둘러 싸인 무슬림들의 성지 순례 중심 되는 제단) Kaaba, Caaba (shrine at Mecca enclosing with black stone); ② 성소, 성물 scared thing; sanctuary ○ **qibləgah**

kəbin *i.* 결혼 증서, 결혼 계약서 marriage document, marriage contract ○ **izdivac**, **nikah** ● **talaq**, **boşanma**; ~ **kəsmək** *fe.* 결혼하다, 결혼을 문서화하다 contract a marriage, register the marriage, marry; ~ **kağızı** *i.* 결혼 증명서 marriage lines (certificate); ~ **talağını vermək** *fe.* 이혼하다, 결별하다 divorce

kəbinli *si.* 결혼 관계에 있는 having a marriage-contract, in marriage; ~ **arvad** *i.* 법적인 아내 lawful wife

kəbinsiz *si.* 법적 결혼관계가 아닌; without a marriage contract; ~ **izdivac** *i.* 사실혼 uncertified marriage; ~ **arvad** *i.* 첩, 동거녀, 내연녀 concubine; ~ **yaşamaq** *fe.* 동거하다 cohabit

kəbinsizlik *i.* 동거, 사실혼 관계 cohabition, the state of being without marriage contract/bond

kəbir *si.* 거대한, 장대한, 광대한 great

kəbleyi ☞ kərbəlayı

kəbutər *i.* 비둘기 dove, pigeon ○ **göyərçin**

kəc[1] I. *si.* ① 비스듬한, 기울어진, 비뚤어진 oblique, skew, slanting ○ **əyri**, **çəp** ● **düz**; ② 어리석은, 고집스러운 stupid, stubborn ○ **tərs**, **inad**; II. *z.* ① 비뚤어지게, 기울어져서, 찡그리게 aslant, askew, scowlingly ② 거슬려서, 무릅쓰고 counter, in defiance of; ~ **danışmaq** *fe.* 거슬리게 말

K

하다, 삐딱하게 말하다 talk in defiance; ~ **nəzər /baxış** *i* 비뚤어진 모습, 왜곡된 시각 scowling look, sidelong glance; ~-~ *z.* 삐딱하게, 기울어지게 slantwise, obliquely

kəc² ☞ **gəc**

kəcavə *i.* 가마, 들것 palanquin, litter

kəcbin *si. obs.* 사팔뜨기의, 비뚤어진 시각의 squint-eyed ○ **çəpgöz, qıyıqgöz, çaş**

kəcqabırğa *si.* 완고한, 고집 센, 비뚤어진, 다루기 힘든 stubborn, obstinate ○ **tərs, inadcıl, höcət**

kəcləşmək *fe.* 완고해지다, 고집이 세지다, 완강해지다 become obstinate, become stubborn ○ **tərsləşmək, inadlaşmaq**

kəclik *i.* ① 굽기, 굽히기, 만곡, 굴곡 crookedness ○ **əyrilik, çəplik**; ② 주장, 단언, 억지, 집요함 insistance, obstinacy ○ **tərslik, inadkarlıq** ● **üzüyolalıq**

kəcmədar *si.* 역설적인, 거슬리는 paradoxical, contradictory ○ **nəhs**

kəcpapaq *si.* 양쪽 챙이 있는 모자 cap with sides

kəcrəftar *si.* 붙임성이 없는, 퉁명스러운, 무뚝뚝한 unamiable, unsociable

kədər *i.* 슬픔, 비통, 우울, 의기소침, 비탄 grief, sorrow, depression, distress, dole ○ **qüssə, qəm, dərd, bəla** ● **sevinc**

kədəravər ☞ **kədərləndirici**

kədərləndirici *si.* 괴로움을 주는, 고민하게 하는, 비참한 distressing, grievous

kədərləndirmək *fe.* 슬프게 하다, 화나게 하다, 억누르다, 괴롭히다 sadden, upset, distress, pain

kədərəngiz ☞ **kədərləndirici**

kədərlənmək *fe.* 슬퍼하다, 비통해하다, 마음이 아프다 mourn, lament, be sorry, grieve, get distressed ○ **qüssələnmək, qəmlənmək, dərdlənmək** ● **sevinmək**

kədərli *si.* 슬픈, 우울한, 괴로운, 애처로운, 측은해 보이는, 비탄에 잠긴 dejected, depressed, dismal, doleful, gloomy, piteous, sad, sorrowful ○ **qüssəli, qəmli, dərdli, bəlalı** ● **sevincli, şən**

kədərlilik *i.* 슬퍼함, 괴로워함, 비탄에 잠김 sorrowfulness, grievousness ○ **qüssəlilik, qəmlilik, dərdlilik**

kədərsiz *si.* 슬픔 없는, 괴로움 없는, 마음 아프지 않는 sorrowless, without grief ○ **qüssəsiz, qəmsiz, dərdsiz**

kədərsizlik *i.* 슬픔 없음, 비탄해하지 않음 lack of sorrow, lack of grief ○ **qüssəsizlik, qəmsizlik, dərdsizlik**

kəf¹ *i.* ① 찌꺼기 spume, scum, scale ○ **köpük**; **~ini yığmaq** *fe.* 찌꺼기를 제거하다 remove scum; ② 사악함, 악의 wickedness ○ **kələk, hiylə, badalaq**; **~ getmək/gəlmək** *fe.* 속이다, 꼬드기다, 사기치다 dupe, swindle, cheat

kəf² ☞ **kəfə**

kəfə *i.* 손바닥, (동물의) 앞발바닥 palm ○ **ovuc, aya**

kəfən *i.* 수의, 가리개, 덮개, 싸개 shroud, covering, winding sheet; **~ə bükmək/tutmaq** *fe.* 싸개로 싸다, 수의로 싸다 shroud, wrap in a shroud; **~i yırtmaq** *fe.* 중병에서 회복되다, 죽음의 문턱에서 돌아오다 cheat death, recover from serious illness; **~i saraltmaq** *fe.* 죽다 hop the perch

kəfənləmək *fe.* 수의를 입히다, 수의 자루에 시체를 넣다 tuck up in a shroud, clothe in a shroud

kəfənlənmək *fe.* 수의를 입다, 수의로 입혀지다 be shrouded, be clothed in a shroud

kəfənli *si.* 수의를 입힌 tucked up in a shroud

kəfənsiz *si.* 수의가 없는 without shroud

kəffarə *din.* 사죄를 위한 연보나 금식 행위 alms or fasting for the forgiveness of sin

kəfgir *i.* ① 더껑이를 걷어내는 사람/도구 ○ **abgərdən, çömçə**; ② 흔들이, 진자, 시계추 pendulum; ③ 샤워 뭉치 shower head

kəfləmə¹ *i.* 가루약 medicine in powder form

kəfləmə² *i.* 수음(手淫), 자위; 질 외 사정 masturbation, onanism

kəfləmək *fe.* 가루 약을 먹다 take medicinal powder

kəflənmək *fe.* 부풀어 오르다, 끓어오르다 form scum, swell, boil

kəfli *si.* 부풀어 오른 swelled, scummy

kəfrəm *i.* 베갯잇 underclothing, pillow-case ○ **mitil**

kəhər I. *i.* 적갈색, 밤색; bay (red-brown horse) II. *si.* 적갈색의, 밤색의 red brown ● **yabı**

kəhildəmək *fe.* 앓다, 신음하다, 헐떡거리다 groan, grasp, puff and pant ○ **ləhləmək, töv-**

şümək

kəhilti *i.* 긴 숨소리, 한숨 소리 deep breathing sound

kəhkəşan *i.* ① *ast.* 은하수, 은하, 성운 Milky way, Galaxy ② 별들의 군집 myriad of stars

kəhrəba *i.* 호박(琥珀)(색) amber

kəhrimək *fe.* 늙어가다, 낡아지다 get old, get ruined

kəhriz *i.* 수맥, 지하 수도관 water vein, underground water-pipe

kəkələmə *i.* 말더듬 stuttering, stammering

kəkələmək *fe.* 비틀거리다, 말을 더듬다 falter, stammer, stutter, ruffle

kəkələnmək *fe.* 뽐내다, 으스대다, 거드름 피우며 걷다 ruffle, fume, swagger ○ **xoruzlanmaq**, **qoçulaşmaq**

kəkəlik *i.* 더듬거림, 더듬기 stuttering, stammering ○ **pəltəklik**

kəkəmək ☞ **kəkələmək**

kəkil *i.* 앞머리, 앞 갈기, 머리다발; 새의 볏, 관모, 도가머리, 상투 forelock, tuft (of hair) crest, coople-crown, topknot (of bird) ○ **saç**, **tel**

kəkilli *si.* 장식술이 있는, 볏이 있는 crested, tufted; ~ **ördək** *i.* 볏이 있는 오리 a tufted duck; ~ **toyuq** *i* 볏이 있는 암탉 coople-crowned hen

kəklik *i. zoo.* 자고(유럽산), 뇌조(雷鳥), 들꿩, 멧닭 partridge, red-legged partridge, white grouse, willow ptarmigan

kəklikotu *i. bot.* 사향초 wild thyme, summer savory

kəkotu ☞ **kəklikotu**

kəkov *i.* 더듬는 사람, 말더듬이 stutterer, stammerer ○ **kəkə**

kəkovlamaq ☞ **kəkələmək**

kəkovluq *i.* 말더듬거림 stuttering, stammering

kəl *i.* ① *zoo.* 수컷 들소 buffalo (male); ② *fig.* 체구가 큰 사람 gigantic man

kəlağayı *i.* (여성) 두건 head-kerchief for woman, silky head gear

kəlağayılı *si.* 두건을 쓴 wearing head-kerchief/head gear

kəlam *i.* ① 말씀, 전언, 금언, 경구; 성경 말씀 saying, aphorism, dictum, apopthegm, adge, byword ○ **söz**; ② 연설, 대담 speech, talk; ***Əvvəl tə'am, sonra kəlam.*** *ata.s. 식후 만사경. First eating, then speaking.*

kəlbətin *i.* 집게 pincers, pliers, nipper, tongs; ~ **ilə çəkmək** *fe. fig.* 잡아끌다, 끌어 당기다 haul

kəlçə *i. zoo.* 들송아지 buffalo calf

kələ *i.* ① 종우(種牛) seed-bull; ② *fig.* 노형, 형씨, 놈, 녀석 jack, guy; **~yə gəlmə** *i.* 발정기, 교미기, 암내 풍기기 rut, estrus, heat; **~yə gəlmək** *fe.* 발정하다, 암내를 풍기다 rut; ~ **kimi olmaq** *fe.* 들소처럼 힘세다 be as strong as bull, be as sound as roach

kələbək ☞ **kəpənək**

kələçə *i.* 어린 들소 young bull

kələduran *i.* 3년된 암 들소 three-year old female buffalo

kələf *i.* ① (머리) 타래, 늘어뜨린 머리 yarn ○ **yumaq**; ② (실) 타래, 다발, 묶음 hank; **~ini dolaşdırmaq** *fe.* 놀이를 망치다 spoil/ruin one's game

kələfaçan *i. tex.* 릴, 감개 틀, 얼레, 자새 reel

kələfçə *i.* ① 작은 타래 skein, hank; ② (통 모양의) 실패, 보빈, 자새, 타래 bobbin, reel, spool

kələfləmək *fe.* 실패에 감다, 릴에 줄을 감아 당기다 reel, wind

kələk *i.* ① 속임, 사기 행위, 속임수 swindle, trick, trickery, art, artifice, shuffle, craft, dodge, wile ○ **hiylə**, **badalaq**, **kəf**; **~gəlmək** *fe.* 속이다, 협잡하다, 교묘히 빠져나가다 trick, swindle; ~ **işlətmək** *fe.* 계략을 쓰다, 속임수를 쓰다 use trickery, practice tricks; ② 전략, 책략, 음모, 계략 stratagem, device, crafty designs, ruse, contrivance; ~ **qurmaq** *fe.* 모의하다, 꾀하다 machinate, design on *smb.*; ③ 사기, 기만, 책략, 배신, 협잡, 사칭; fraud, deception, machination, cheat, cheating, swindle, foul play, imposture; ~ **gəlmək** *fe.* (도박에서) 속임수를 쓰다, 사취하다, 속여서 빼앗다 cheat, swindle, defraud, sharp (gambling); **~yə düşmək** *fe.* 속임수에 당하다, 사기당하다 get into pitfall, be cheated; **~yə salmaq** *fe.* 속임수를 놓다, 음모에 빠뜨리 do an ill turn; **~yini kəsmək** *fe.* 남을 끊임없이 혹사하다, 가혹하게 일을 시키다 keep *smb.*'s nose to the grindstone

kələkbaz I. *i.* 속이는 사람, 사기꾼, 책략가, 음모가, 수단꾼, 악한, 악당, 깡패 trickster, crafty man, sly person, fraud, cheater, swindler, crook, sharper, rascal, dodger, knave ○ **bic**, **fitnəkar**, **fəndgir**, **haramzada**, **fırıldaqçı** ●

K

sadəlövh; II. *si.* 교묘한, 속이는, 사악한, 비열한, 교활한, 부정한, 사기의 artful, tricky, sly, facetious, crafty, cunning, fraudful, knavish, roguish, dodgy

kələkbazlıq *i.* 교묘함, 속임수를 씀, 부정함, 교활함, 비행, 못된 짓 artfulness, craftiness, dodgery, knavery, roguery, slyness, trickery, imposture ○ **biclik, fitnəkarlıq, haramzadalıq, fəndgirlik**

kələkçi ☞ kələkbaz

kələk-külək *i. col.* 윤리에 벗어난 행위, 부도덕함, 부정, 장난, 속임수, 좋지 않은 일 hanky-panky, ruse, trick, subterfuge

kələklə *z.* 속임수를 써서, 교묘하게, 사악하게 by trick, craftily, by fraud

kələkləmək *fe.* 속이다, 사취하다 deceive, cheat, defraud, swindle

kələ-kötür *si.* ① 울퉁불퉁한, 덜컹거리는, 거친, 평탄치 않은 rough, rugged, bumpy, uneven; ② 무용한, 쓸데없는 useless; ③ 거친, 사나운 tough; ④ 무거운, 어려운 heavy, problematic; ~ **yol** *i.* 울퉁불퉁한 도로 bumpy road; ~ **dəri** *i.* 거친 피부 rough skin; ~ **səth** *i.* 거친 표면 rough surface

kələ-kötürləşdirmək *fe.* 거칠게 하다, 평탄치 않게 하다 make rough, roughen

kələ-kötürləşmək *fe.* 울퉁불퉁해지다, 거칠어지다 become rough, roughen

kələ-kötürlük *i.* 거침, 평평하지 않음, 어려움 roughness, ruggedness, bumpiness

kələksiz *si.* 속이지 않는, 순수한, 진정한 artless, ingenious, trickless, ruseless, heatless, guileless

kələm *i. bot.* 양배추 cabbage; **gül** ~ *i. bot.* 콜리플라워, 꽃양배추; 콜리플라워의 머리 부분 (식용) cauliflower; **bir baş**~ *i.* 양배추 한 one head of cabbage; **duzlu/turşuya qoyulmuş** ~ *i.* 양배추 절임 sauerkraut; ~ **böcəyi** *i. zoo.* 양배추 벌레 cabbage bug; **yarpaq** ~ *i.* 양배추 잎 cabbage leaf; ~ **kötüyü** *i.* 양배추 줄기 cabbage stalk

kələmat *i.* 말, 말씀, 어록 words (plural form)

kələmqurdu *i. zoo.* 양배추 벌레 cabbage worm

kələmdolması *i.* (고기를 다져 말린 양배추 쌈) stuffed cabbage-roll

kələmkəpənəyi *i. zoo.* 배추흰나비 cabbage butterfly

kələm-kötüyü *i.* 양배추 줄기 cabbage-stump, cabbage stalk

kələmlik *i.* 양배추밭 cabbage garden

kələntər *i.* 지사(知事), 지방 수뇌, 방백 local governor, chief magistrate

kələntərlik *i.* 지사직, 지사 관할 영역 territory/work of governor

kələz *i. zoo.* 천산갑 (개미를 잡아먹음) pangolin

kəlik *i.* 애호박 unripe pumpkin

kəlin *i.* 뿔 없는 숫양 hornless ram

kəlisa ☞ **kilsə**

kəlküttə *i.* 캘커타 Calcutta (India)

kəllahı *si.* 자유로운, 독립적인 free, independent ○ **özbasına, azad, sərbəst**

kəllə *i.* ① *ana.* (척추 동물) 두골, 두개골 skull, cranium (*pl.* crania) ○ **beyin**; ② *fig. col.* 머리, 정수리; 두뇌, 지성 pate, poll, pan ○ **baş, qafa**; ~ **işlətmək** *fe.* 머리를 쓰다, 두뇌를 사용하다; use one's loaf; ***Kəlləni işlət!*** *머리를 쓰라고! Use your loaf!*; ③ 덩어리, 결구 head, loaf; **bir ~ qənd** *i.* 설탕 덩어리 sugarloaf, a loaf of sugar; ④ (동물) 머리, 정수리 후두부 pate, poll (animal); ⑤ (물건의) 굵은 쪽의 끝, (총의) 개머리 끝 butt; ~ **vurmaq** *fe.* 머리로 받다, 뿔로 밀다 butt; ⑥ 맨 위, 꼭대기, 정상, 끝 top ○ **zirvə**; **ağacın ~si** *i.* 나무 꼭대기 the top of a tree; ⑦ (침대) 머리 head piece (of divan); ~ **sındırmaq** *fe.* 애먹이다, 괴롭히다 puzzle over, rack one's brain over; **~-~yə gəlmək** *fe.* 정면 충돌하다; crash, come into collision; **~ni yerə/yastığa atmaq** *fe.* 자러가다 go to bed, turn in; **~ni yerə qoymaq** *fe.* 죽다, 돌아가시다 kick the bucket, die; **gözü ~sinə çıxmaq** *fe.* 놀라다, 당황하다 be wonder-struck, be astonished, be amazed; ~ **şəkli** *i.* 해골 모양의 heath's head

kəlləçarx *i.* ① *tex.* 회전 이음쇠, 회전 고리 swivel; ② *col.* 정수리, 머리, 꼭대기 head, top; **~a vurmaq** *fe.* 지나치게 하다, 지나치다 overdo, go too far

kəlləgöz I. *i.* 외눈박이 거인 키클롭스 Cyclops; II. *si.* ① 외눈의, 사이클롭스식의 one-eyed, Cyclopean; goggle-eyed; ② 다루기 힘든, 반항적인, 차분하지 못한 (말) restive, jibbing (horse); ~ **at** *i.* 주저하는 말, 뒷걸음 치는 말 jib, jibbing horse

kəllələmək *fe.* 머리로 치받다, 부딪치다 butt

kəlləleşmək *fe.* 서로 싸우다, 뿔로 들이 받으며

싸우다 butt each other, batter each other ○ **buynuzlaşmaq**, **vuruşmaq**

kəlləli *si. col.* 영리한, 똑똑한, 명민한 sharp, clever, sensible ○ **ağıllı**, **başlı**, **bilikli**, **fərasətli**

kəllə-mayallaq *z.* 거꾸로, 머리를 아래로; 역으로, 반대로 뒤죽박죽, 뒤섞여 topsy turvy, head over heels; ~ **durmaq** *fe.* 물구나무서다 stand head over heel; ~ **yıxılmaq** *fe.* 곤두박질하다 fall head over heels

kəllə-paça *i.* 곰탕 (양머리나 발을 고아서 만든 국물) gelled meat soup (from lamb's head or feet)

kəlləpəz *i.* 곰탕을 만드는 사람 one who prepares gelled meats

kəlmə *i.* (한 마디의) 말, 언어 word ○ **söz**; **bir ~də** *z.* 한 마디로 in a word; **~si ~sinə** *z.* 한 마디 한 마디 (말로) word by word; ~ **kəsmək** *fe.* 말하다, 연설하다 speak, talk ; **~si ağzında qalmaq** *fe.* 말을 하지 않고 삼키다 be interrupted; **~başı** *z.* 자주, 수시로 often, frequently; **~bə~** *z.* 한 마디 한 마디 word by word; ***Arifə bir kəlmə /işarə kifayətdir.*** *현명한 사람에겐 한 마디 말이면 통한다. A word to the wise is enough.*

kəlməlik *i.* 많은 말, 긴 연설 quantity of words

kəltən *i.* (흙) 덩어리 clod, lump of earth, soil

kəltənli *si.* 덩어리가 섞인 cloddy

kəm[1] I. *i.* 부족, 결핍, 결손, 적자 shortage, deficit, remnant ○ **əskik**, **kəsir**; ~ **olmaq** *fe.* 부족하다, 결핍되다 have a shortage; II. *si.* ① 조금, 약간의 little, short; **ağıldan** ~ *si.* 정신 박약의, 저능의, 어리석은 imbecile; ***Suyu kəmdir.*** *물이 부족하다. It has little water.* ***Aydan 3gün kəmdir.*** *한달에서 3일 부족하다. Three days short of a month*; ② 부족한, 결손의, 손실의 lacking, missing; ***Nə kəmdir?*** *무엇이 부족하지? What's missing?*; ③ 열등한, 낮은, 하등의 inferior; ~ **olmaq** *fe.* ~보다 못하다, 열등하다 be inferior to *smb.*, yield; ***O bu cəhətdən heç kəsdən kəm deyil.*** *그는 이 분야의 어떤 사람 보다도 뒤떨어지지 않다. He is inferior to none in this respect.*; II. *prep.* ~없이, ~ 가지지 않고 without, -less; ~ **baxmaq** *fe.* 친절하게 대하다, 잘 대접하다 treat unfriendly

kəm[2] *i.* 재갈의 쇠 부분 metal part of a bit

kəmağıl *si.* 얼빠진, 어리석은, 모자라는, 저능의 half-witted, weak-minded, imbecile ○ **dəmdəməki**, **yelbeyin**, **yüngül**

kəmağıllıq *i.* 무능, 저능, 모자람 weak-mindedness, imbecility ○ **dəmdəməkilik**, **yelbeyinlik**, **yüngüllük**

kəmal ☞ **kamal**

kəman ☞ **kaman**

kəmandar ☞ **kamandar**

kəmbaha *si. obs.* 싼, 가격이 낮은, 저렴한, 천한 cheap, low cost, mean

kəmbəxt *si.* 불행한 unfortunate

kəmcür'ət *si.* 비겁한, 옹졸한 coward, timid

kəmçə *i.* 회반죽 바르는데 쓰는 도구 tool for plastering ○ **malakeş**

kəmçənə *si.* 아래 턱이 약한 having a short underjaw

kəmçik *i.* ① 부족, 결핍, 결여 shortage; ② 불충분, 부적절, 무력, 불완전, 불비 insufficience, incompleteness ○ **kəsir**, **əyər-əskik**

kəmetibar *si.* 무효한, 믿을 수 없는 invalid, untrustworthy

kəmetiqad *si.* 믿음이 부족한, 의심이 많은 of little faith, sceptic

kəmetiqadlıq *i.* 믿음 부족, 신뢰 결핍, 회의(론) little faith, scepticism

kəmetina *si.* 배려하지 않는, 사려가 부족한, 경솔한, 무분별한, 성급한 inconsiderate, careless

kəmədəb *si.* 불손한, 무례한, 막돼먹은, 유해한 rude, mischievous ○ **biədəb**, **ədəbsiz**

kəmənd *i.* (가축, 짐승 등을 잡기 위한) 올가미 밧줄, 새끼줄 lasso, rope, noose (for catching animal *etc.*); ~ **atıb tutmaq** *fe.* 올가미 밧줄로 잡다 lasso; **~ə düşmək/keçmək** *fe.* 함정에 빠지다, 올가미에 걸리다 be lassoed, be entrapped, fall into pitfall; **~ə salmaq** *fe.* 함정에 빠뜨리다, 올가미로 잡다 lasso, entrap, ensnare

kəməndçi *i.* 밧줄을 만드는 사람, 올가미로 짐승을 잡는 사람 lassoer

kəmər[1] *i.* ① 띠, 혁대, 예대, 장식띠 belt, girdle, waistband ○ **toqqa**, **qayış**; ② 탄약대; bandoleer ③ *tex.* 금속 띠, 금속 링 iron ring, girdle

kəmər[2] *i. tex.* (물, 가스, 석유 등의) 도관, 송유관 conduit, pipe line; **qaz ~i** *i.* 가스 도관, gas pipeline; **su ~i** *i.* 수도관 water pipeline; **neft ~i** *i.* 송유관 oil pipeline

kəmər[3] *i.* (arch type of) window, door

kəmərbənd *i.* 띠, 혁띠, 가슴띠 waistband, belt

kəmərbəstə *si. obs.* 대기 중인, 섬기는 일에 준비된 ready to serve

K

kəmərçin *i.* (아이들 옷) 허리띠가 달린 치마 dress /skirt with gathers (child's clothes)

kəmərləmək *fe.* 띠로 매다, 혁대를 매다, 띠로 졸라 매다 gird, belt, girdle

kəmərlənmək *fe.* (스스로) 띠를 두르다, 혁대를 매다 be girded, girdle (oneself with)

kəmərli *si.* 띠를 두른, 혁대를 맨 girdled, belted ○ **toqqalı**, **qayışlı**

kəmərlik *i.* 혁대를 만들 만한 것 (가죽, 천) material for making a belt, girdle ○ **toqqalıq**, **qayışlıq**

kəmfürsət *si.* ① 말을 듣지 않는, 확고 부동한, 엄한, 가차없는 relentless, grim, unrelenting, inexorable; ② 난폭한, 거친, 사나운, 포악한, 표독한, 호전적인, 성급한, 성마른 fierce, ferocious, severe, truculent, abrupt, impatient, intolerant ○ **amansız**, **insafsız**, **sərt**, **qəddar**

kəmfürsətlik *i.* ① 움직이지 않음, 확고함, 가차없음 mercilessness; ② 무자비함, 단호함, 냉혹함, 잔인함 ferocity, grimness

kəmxörək *si. obs.* 소식가 light eater

kəmhövsələ *si.* 참을 수 없는, 견디지 못하는, 성급한, 격렬한, 맹렬한 impatient, hot-tempered, vehement

kəmhövsələlik *i.* 성급함, 조바심, 안달 impatience, hot-temper, vehemence

kəmiltifat *si.* 불친절한, 무자비한, 불쾌한, 고약한 unfriendly, ungracious ○ **iltifatsız**

kəminə *si.* 비참한, 옹색한, 비열한, 비천한 poor, base, miserable ○ **həqir**, **miskin**, **aciz**, **zavallı**, **yazıq**

kəmiştəha *si.* 입맛이 없는, 식욕부진의 having no appetite

kəmyek *si.* 작은, 미치지 못하는 a little short

kəmiyyət *i.* ① 양(量), 수량, 분량, 액수 quantity, value, number ○ **miqdar**, **qədər**, **say**, **ədəd**; ② *riy.* 측정 가능한, 잴 수 있는 measurable; ③ *dil.* 발음의 길이, 발음법 length of pronunciation; ~ **analizi** *i.* 질량 분석; quantitative analysis **~in keyfiyyətə keçməsi** *i.* 양에서 질로의 변환 transition from quantity to quality; **~cə** *z.* 수적으로, 수량에서, 양적으로 in quantity, quantitatively

kəm-kəsir *i.* ① 부족, 결손, 적자, 결핍 shortage, lack, deficit; ② 불완전 imperfection; **~i qalmaq** *fe.* 부족하다, 미완으로 남다 have shortage, leave unfinished

kəm-kəsirli *si.* ① 부족한, 결핍의 with shortage; ② 불완전한, 미완의 imperfect, unfinished

kəmməhəl *si.* 게을리하는, 태만한, 부주의한, 등한한 negligent, neglectful, careless, slack; **~ olmaq** *fe.* 태만하다, 나태하다, 부주의하다 be negligent, be slack, be careless; ***O öz vəzifəsinə kəmməhəldir.*** *그는 자기의 직무에 태만하다. He is negligent of his duties.*

kəmməhəllik *i.* 태만함, 부주의함 negligence, neglect, disregard, carelessness; **~ etmək** *fe.* 태만하다, 부주의하다, 등한히 하다 be slack, neglect, disregard, be careless

kəmsavad *si.* 배우지 못한, 무식한 almost illiterate, of little education

kəmsavadlıq *i.* 무식, 무학, 교양 없음 being almost illiterate

kəmsər *si. obs.* 둔한, 아둔한, 어리석은, 바보 같은 dull, silly, stupid, doltish; **~-~** *z.* 어리석게, 바보 같이 silly, foolishly

kəmsik[1] ① (개 등을 묶는) 줄, 끈, 밧줄 piece of cord/thread, leash (for tying dog) ○ **xalta**; **başına ~ salmaq/keçirmək** *fe. fig.* 속박하다, 구속하다, 괴롭히다 leash, toture

kəmsik[2] *i.* insufficient part

kəmsikləmək *fe.* 끈으로 묶어 놓다, 줄로 매어 놓다 keep a tie on, tie with rope, leash ○ **xaltalamaq**, **noxtalamaq**, **yüyənləmək**

kəmsikli *si.* 줄에 매여 있는, 끈에 묶여 있는 leashed, having a leash on the neck

kəmşirin *si.* 달지 않는, 달짝지근한 slightly sweet

kəmşüur *si.* 우둔한, 어리석은, 지력이 약한 unintelligent, mindless

kəmtale *si.* 불행한, 형편이 나쁜 unfortunate, unlucky

kəmtalelik *i.* 불행, 불운, 역경 misfortune

kəmtər *si.* 비천한, 비참한, 비열한 base, mean, low, poor ○ **alçaq**, **aşağı**, **aciz**, **yazıq**, **miskin**

kən *i.* (마루를 받치는) 보, 도리 beam (which upholds a floor)

kənaf *i. bot.* 인도대마, 칸나비스 (밧줄의 재료로 쓰임) cannabis savita, hemp mallow, kenaf (plant from which hemp rope is made)

kənaflıq *i.* 삼밭, 대마 밭 hemp field

kənar I. *i.* ① 가장자리, 끝, 테두리, 강변, 물가 edge, brink; ② 둑, 제방, 해안, 강가 shore, seaside, side ○ **sahil, qıraq**; ③ 둘레, 가두리, 경계, 모서리, 윤곽, 여백 verge, margin, hem, marginal note, corner, suburb, border, brim, fringe; II. *si.* ① 외부의, 이질적인, 외생의, 본질에 벗어난 outside, extranous, strange ○ **özgə, başqa** ● **yaxın**; ② 외진, 떨어진, 먼 remote, distant ③ 밖에, 밖에서; III. *z.* outside, out of; **~ını qatlayıb tikmək** *fe.* (천·옷의) 단을 꿰매다 hem; **~ durmaq** *fe.* 물러 서다, 비껴 서다 stand aback, step aside; **~ etmək** *fe.* 제외하다, 제거하다, 제외하다 exclude, remove, debar, suspend; **~ məhəllə** *i.* 교외, 근교; suburb **~a çəkilmək** *fe.* 길에서 비켜서다, 일에서 은퇴하다, 거리를 두다 get out of the way, retire from, hold aloof; **~a çəkmək** *fe.* 거리를 두게 하다, 비켜서게 하다 keep aloof, keep away; **~a çıxmaq** *fe.* 나가다, 떠나다, 멀리 서다 go out of, leave, go beyond; **~a atmaq** *fe.* 내팽개치다 hurl; **~a çıxma** *i.* 일탈(逸脫) deviation; **~a qoymaq** *fe.* 치우다, 제껴 놓다, 한 쪽에 두다 put aside; **~a sıçramaq** *fe.* 뛰쳐나가다 jump aside; **~da oturmaq** *fe.* 비켜 앉다, 가장자리에 앉다, 방관하다 sit aside; **~da qalmaq** *fe.* 소외되다, 제외되다 remain in an inferior job, be left aside; **~dan baxmaq** *fe.* 방관하다, 지켜보다 take a detached view; **~dan gətirmək** *fe.* 수입하다, 들여오다 import; **~larını bəzəmək** *fe.* 가장자리를 꾸미다 fringe; ***O şəhərdən kənarda yaşayır.*** *그는 시외에 산다. He lives out of town.*; ***Kənardan baxana oyun asan gəlir.*** *ata.s. 훈수는 쉽다. Lookers on see more than players.*

kənarlaşdırmaq *fe.* 제외하다, 배제하다, 쫓아내다, 방출하다, 제거하다, 밀어내다 exclude, expel, remove, push aside

kənarlaşmaq *fe.* 멀어지다, 소원해지다, 회피하다 keep away, move away, shun

kənd *i.* 시골, 촌, 부락; 지방, 농촌 village, country, countryside; **~ əhalisi** *i.* 농경 인구 rural population; **~ mənzərəsi** *i.* 시골 풍경 rural scenery; **~ təsərrüfatı** *i.* 농업, 농경, 농사, 농법 agriculture; **~ təsərrüfatı ilə məşğul olmaq** *fe.* 농사 짓다 farm; **~arası** *si.* 부락 간의, 촌락 간의, 시골의 inter-village; of rural areas, of the country; **~ arası yol** *i.* 시골길 lane; **~aşırı** *z.* 촌락을 지나면서 passing through villages; **~bə~** *z.* 마을에서 마을로, 방방곡곡의 from village to village; **~-kəsək** *i.* 시골, 부락, 촌락 countryside, village; **~sayağı** *z.* 시골 방식으로 in the rural manner

kəndcik ☞ **kəndciyəz**

kəndciyəz *i.* 작은 마을, 촌락 hamlet, small village

kəndçi *i.* 시골 사람, 촌사람; 농민 farmer, countryman

kəndçilik *i.* 농업 (경영), 농사; 사육[양식]업 farming, agriculture

kəndxuda *i.* 우두머리, 추장, 촌장 headman, village elder ○ **kətxuda**

kəndi[1] *i.* (곡물 등을 보관하는) 궤, 궤짝, 큰 상자 chest; **duy ~si** *i.* 뒤주 rice chest

kəndir I. *i.* ① 새끼, 밧줄, 로프, 줄 rope, cord, string, cable, twine ○ **ip, qaytan**; ② *bot.* 삼, 대마, 삼의 섬유 hemp; II. *si.* 삼의[비슷한] 삼으로 만든[에 관한], 대마 섬유 hempen; **~ lifi** *i.* hempen fibre

kəndirbaz *i.*① 줄타기 곡예사 rope-walker, rope-dancer; ② *fig.* 마술사, 사기꾼 juggler

kəndirbazlıq *i.* 줄타기 곡예 rope-walking, acrobatics, rope-dancing; **~ etmək** *fe.* 곡예를 부리다, 마술을 쓰다 juggle, make trick

kəndirqayış *si.* 견고한, 튼튼한, 강한 hard, solid, strong ○ **bərk, möhkəm**

kəndirləmək *fe.* 줄로 묶다, 끈으로 동이다 cord

kəndistan *i.* 시골, 마을, 촌락, 시골스러운 장소 village, country-side, rustic place

kəndistanlı *i.* 부락민, 농민 village dweller, peasant

kənd-kənd ☞ **kəndbəkənd**

kəndli I. *i.* 시골 사람, 촌뜨기, 부락 주민 peasant, villager; **~lər** *i.* 주민, 농민, 소작인 peasantry, villagers; **təhkimli ~** *i.* 노예, 농노 bondman; II. *si.* 시골의, 시골스러운 peasant, rustic; **~ kütləəri** *i.* 시골 사람들, 농민 peasant masses; **~ sadəliyi** *i.* 시골의 단순한 삶 rustic simplicity; ; **~ təsərrüfatı** *i.* 농사, 농업, 농경 peasant household

kəndlicəsinə *z.* 촌스럽게, 시골스럽게 peasant-like, rustically

kəndli-kütlü *i. col.* 시골 사람들 (집합적으로) country pumpkins

kəndliləşdirmək *fe.* 시골로 가다, 시골살이를 시키다, 촌스럽게 만들다 rusticate, countrify

K

kəndliləşmə *i.* 시골살이, 전원 생활, 시골풍이 됨 rustication

kəndliləşmək *fe.* 촌티내다, 시골스러워지다, 촌스러워지다 become countrified/rusticated

kəndlilik *i.* 시골 생활, 전원 생활, 농업, 농사 rusticity, agriculture

kənək *si.* ① 까기 어려운 (호두) difficult to open (nut); ② 해내기 어려운 (일) difficult to perform (work); ③ 다루기 어려운 (사람) difficult to deal with (man)

kəniz *i.* ① 노예, 첩, 소실 bondmaid, female slave, odalisque; ② 가정부, 하녀, 시녀 housemaid, handmaiden, maid servant; ③ 내연의 처, 첩; 결혼하지 않고 같이 사는 여자, 동거녀 concubine, odalisque

kənizlik *i.* ① 노예 신분 state of female slave, slavery; ② 가정부의 역할 work of housemaid/maid servant

kənkan ☞ **kankan**

kəpək *i.* ① (가루를 체질하고 남은) 찌끼, 밀기울, 속겨 bran, sifting (remains after sifting flour); ② 톱밥 sawdust; ③ 비듬, 때, 오물 scurf, dandruff; Arpaya qatsan at yeməz; ***kəpəyə qatsan it yeməz.*** *ata.s. 무용지물, 일을 망치는 존재. It's good for nothing.*

kəpəkləmək *fe.* 잘게 부수다 cut into small pieces

kəpəkli *si.* 겨가 섞인 containing bran; ~ **un** *i.* 밀기울이 섞인 밀가루 bran meal

kəpənək *i. zoo.* 나비, 나방 butterfly, moth

kəpənəkgüllü *i. bot.* 팬지, 삼색제비꽃 pansy

kəpənəkqurdu *i. zoo.* 촌충 (촌충류) tape-worm

kəpəng *i.* (위로 열리는 지하실 따위의) 문 door for basement (opening upwardly) ○ **lyuk**

kəpitkə *i.* 뱃밥, 오컴 (낡은 로프를 풀어서 배의 판자 틈을 메워 물 새는 것을 막음) oakum (on the ship)

kəpitkələmək *fe.* 틈·이음매를 막다; 배·창문·탱크 등의 틈을 막아 물·공기가 새는 것을 막다 calk, caulk

kərahət *i.* 혐오, 증오, 싫어함, 질색 hatred, abhorrence, repulsion, loathing ○ **nifrət, ikrah**

kərahətli *si.* 혐오스러운, 구역질 나는, disgusting, abhorrent, detesting, loathsome ○ **iyrəndirici, ikrahlı**

kəramət ① 아낌없는 마음씨, 마음이 후함, 인심 좋음; 관대, 관용, 아량, 도량이 큼, 배포가 큼 generosity, liberality, kindness, magnanimity ○ **mərdlik, alicənablıq, lütf, rəhm, rəğbət, comərdlik, mərhəmət**; ② (영향력) 기적적인 능력, 덕행 virtue, miracle, wonder working force (influential power) ○ **bacarıq, fərasət**

kəramətli *si.* ① 관대한, 관용적인, 배포가 큰 generous, magnanimous, liberal ○ **mərd, alicənab, comərd, səxavətli, əliaçıq**; ② *obs.* 마술적인, 놀라운, 경이적인 magician ○ **möcüzəli, e'cakar**

kəramətlik *i.* ① 자비, 관대, 고결, 관용 mercy, nobility, generosity ○ **mərdlik, alicənablıq, comərdlik, səxavətlilik, mərhəmətlilik**; ② 경이로운 일을 할 수 있는 능력 working property

kəramətsiz *si.* ① 무자비한, 옹졸한, 속좁은 merciless; ② 무능한, 무가치한 incapable, worthless ○ **bacarıqsız, fərsiz, ölüvay**

kəramətsizlik *i.* 무능력, 불능, 무가치함 incapability, inability, worthlessness

kərbəlayı *i.* (시아 이슬람에서 이맘 알리의 무덤이 있는 이락의 케르발라에 순례를 다녀온 회교도에게 붙이는 타이틀) title given to a Muslim who has made a pilgrimage to the town of Kerbala in Iraq, the burial place of Imam Ali

kərçə *si.* 단발 머리의 (사람) shor/t-haired (a person)

kərdə *i.* 모판, 못자리, 온상 seed-bed

kərdi[1] *i.* 묘상, 화단, 모판, (밭의) 두둑, (직물의 골) bed, seed-bed, ridge, row; **tərəvəz ~si** *i.* 야채 두둑 vegetable bed; **toxum səpmək üçün ~** *i.* 모판, 못자리 seeding bed, seed bed; **şitil əkmək üçün ~** *i.* 묘목 모판 plantnbed; **çiçək ~si** *i.* 화단 flower bed

kərdi[2] *i.* 복숭아(의 일종) a kind of peach

kərdiyar I. *i.* 보리의 혼합 mixture of barley and wheat 밀과; II. *si. fig.* 혼잡한, 뒤섞인 confused, mixed

kərə[1] *i.* 버터, (고형의) 기름 butter; ~ **yağı** *i.* 고형 버터 butter

kərə[2] *si.* 짧은 머리의, 단발의 (사람); 짧은 귀를 가진, 짧은 꼬리의 (양) short-haired (person) having short ears or a short tail (sheep)

kərə[3] *z.* time ○ **dəfə**

kərəci *i.* 바지선, 너벅선, 거룻배 barge, carriage

kərəcivan *i.* 뱃사공, (작은 상선, 어선의) 선장 boatman, skipper

kərəm[1] *i.* ① *obs.* 호의, 은혜, 자비 favour, grace, mercy; ② 관용, 관대, 아량, 후덕, 마음이 후함 generosity; ○ **lütf**, **mərhəmət**, **inayət**; ***Kərəm et/qıl!*** *자비를 베푸소서! 호의를 부탁합니다. Have mercy on!*

kərəm[2] ☞ **kərə**[3]

kərəmi *i. mus.* 느린 템포의 아제르바이잔 음악의 일종 the name of an Azerbaijani slow melody

kərəmli *si.* 자비로운, 은혜로운, 너그러운 merciful, gracious ○ **mərhəmətli**, **lütfkar**, **insaflı**, **rəhmli**

kərəmlilik *i.* 자비로움, 너그러움, 고결함 mercifulness, gentleness ○ **lütfkarlıq**, **mərhəmətlilik**, **alicənablıq**

kərəmsiz *si.* 잔인한, 비열한, 야비한 merciless, pitiless, cruel ○ **insafsız**, **mərhəmətsiz**, **rəhmsiz**

kərən *i.* 통나무, 각재, 닻채, 보 log, log of wood, beam, girder; ***El yığılsa, kərən sındırar.*** *ata.s.* *화합은 어려움을 극복케 한다! Union is strength.*

kərənay *i. obs.* 트럼펫 trumpet (musical instrument)

kərənti *i.* (자루가 긴) 풀 베는 낫, 큰 낫 scythe ○ **dəryaz**

kərəntiçi *i.* 풀 베는 사람, 건초 만드는 사람, 큰 낫을 쓰는 사람 mower, hay-maker, scythe-man

kərəntiləmək *fe.* 풀을 베다, 큰 낫으로 자르다 mow down, cut ○ **dəryazlamaq**

kərəntilənmək *fe.* 풀이 깎이다 be mown, be cut

kərəskə *i.* ① (양을 분리 하는데 쓰는 축사) pen (used for separating lambs from the rest of the flock); ② (집 짐승을 위한) 축사 pen (place for domestic animal)

kərəviz *i. bot.* 셀러리 celery

kərəyağı *i.* 덩어리 기름 (버터) butter

kərgədan *i. zoo.* 코뿔소 rhinoceros

kərim *si.* 자비로운, 은혜로운, 동정적인, 온정적인, 너그러운 gnerous, mercilful, gracious, compassionate, clement; ***Allah kərimdir.*** *신은 자비하시다! God is merciful.*

kərimlik *i.* 은혜, 자비 grace, mercy ○ **lütf**, **lütfkarlıq**, **kərəm**

kərişkə *i.* (목공 연장의 하나) carpenter's tool

kərkə *i. zoo.* (담수어의 일종) a kind of freshwater fish

kərkəs *i. zoo.* 흰목대머리수리 griffon (-vulture)

kərki *i.* ① (재목의 거친 부분을 다듬는) 손도끼, 자귀, 까뀌 adze; ② 괭이, 괭이 모양의 도구 hoe, hack; ~ **ilə yonmaq** *fe.* 자귀로 다듬다 adz, hew with an adz

kərkiləmək *fe.* 자귀로 다듬다 shave wood with an adze

kərkincək *i. zoo.* 쇠황조롱이 (유럽산의 작고 용감한 매) merlin

kərmə *i.* 소똥 (말려서 땔감으로 쓰임) dried cattle dung used for burning

kərpic *i.* 벽돌 brick; **bişmiş** ~ *i.* 구운 벽돌; burnt brick; **çiy** ~ *i.* 중공(中空) [유공(有孔)] 벽돌 airbrick, adobe; **oda davamlı** ~ *i.* 내화 벽돌 firebrick; **üzlük** ~ *i.* 정면 벽돌 front brick; ~ **hörmək** *fe.* 벽돌을 쌓다 lay bricks; ~ **kəsmək** *fe.* 벽돌을 만들다 mold bricks; ~ **rəngi** *i.* 벽돌 색깔의 brick-red; ~ **hörən** *i.* 벽돌공 bricklayer

kərpicbişirən *i.* 벽돌 굽는 사람 brick-baker

kərpicçi *i.* 벽돌공, 기술자 master, brick-baker; bricklayer

kərpicçilik *i.* 벽돌 생산 manufacture of bricks, work of bricklayer

kərpicxana *i.* 벽돌 공장, 벽돌 저장소 brickyard

kərpici *si.* ① 벽돌색의 brick-red; ② 벽돌 모양의, 체크 무늬의 brick-shaped, checked (**dama-dama**)

kərpickəsən *i.* 벽돌 만드는 사람 brick-molder

kərrat *i.* 여러 번 times (plural form of **kərrə**)

kərrə *z.* 때, 번 time ○ **dəfə**

kərtənkələ *i. zoo.* 도마뱀 lizard

kərt ☞ **kərtik**

kərti ☞ **bayat**

kərtik *i.* 새김 눈 notch, cut ○ **çapıq**, **yarıq**

kərtikləmək *fe.* 얇게 썰다, 조각 조각 빚다 chip, notch

kərtilmək *fe.* 베어지다, 새겨지다 be notched, be nicked

kərtləmək ☞ **kərtikləmək**

kərtmək[1] *fe.* 자르다, 베다, 빚다 cut, nothch, carve ○ **çapmaq**, **yarmaq**

kərtmək[2] *i.* 먼지, 때, 녹 dirt, rust ○ **kir**, **pasaq**, **çirk**, **qartmaq**

kəs *vz.* 사람, 인생 person ○ **şəxs**, **adam**; **bir** ~

K

vz. 어떤 사람 someone; **heç** ~ *vz.* 아무도 no one; **hər**; ~ *vz.* 누구나 everyone, everybody

kəsad ☞ kasad

kəsafət *i.* ① 진흙, 진창, 먼지 dirt, filth ○ **çirklilik**; ② 탁함, 더러움, 혼란함 turbidness ○ **kəsiflik**

kəsafətli *si.* 진창의, 더러운, 어지러운 dirty, muddy, filthy, untidy

kəsalət *i.* ① 게으름, 느림, 나태함, 무감각함 indolence, idleness, sloth ○ **süstlük**, **tənbəllik**, **ölgünlük**; ② 불활성, 지둔함, 무기력, 권태, 무감동, 침체 inertia, languor, apathy, stagnancy, sluggishness ○ **ağırlıq**, **hissizlik**, **keylik**, **fəaliyyətsizlik**; ~ **basmaq** *fe.* 나태해지다, 태만해지다 become lazy

kəsalətli *si.* ① 게으른, 나태한, 태만한 indolent, sloth ○ **tənbəl, süst**; ② 자력 활동이 불가한, 무감각한, 침체된, 지둔한 inert, apathetic, stagnant, sluggish ○ **ətalətli, inersiyalı, durğun, key, ağır**

kəsb *i.* ① 취득, 획득, 얻음, 입수 acquisition, gain, procuring; ② 삶의 방편, 삶의 수단 job, means of living; ~ **etmak** *fe.* 얻다, 획득하다, 입수하다, 벌다 acquire, gain, get, procure; ***Atanın kəsbi oğula halaldır.*** *ata.s.* *아버지가 번 것은 아들의 것도 된다. Father's property is lawful for the son.*

kəsbkar *i.* 쟁취자, 경작자 toiler

kəsbkarlıq *i.* 삶의 수단, 방편, 직업 job, work, means of living; ~ **etmək** *fe.* 생활비를 벌다 earn one's living

kəsdirmək *fe.* ① 자르게 하다, 베게 하다 make *smb.* to cut, make *smt.* to cut; ***Saçlarımı kəsdirəcəyəm.*** *머리를 깎도록 해야겠다. I'll have my hair cut.*; ② 서게하다, 멈추게 하다, 일을 중지하게 하다 make *smb.* to stop, make *smt.* to stopped ○ **dayandırmaq**; ③ (물, 가스 등) 중단하게 하다, 공급을 끊게 하다 make shut (water, gas); ④ 봉급을 삭감시키다 make salary docked; ⑤ 곡물을 거두게 하다, 추수하게 하다 make harvested ○ **biçdirmək**; ⑥ 담장을 치게 하다 make fence off ○ **hasarlatdırmaq**; ⑦ 집착하게 하다, 포기하지 않게 하다 stick/adhere to *smt.* ○ **əl çəkməmək**; ⑧ 이해시키다, 납득시키다, 깨닫게 하다 understand, realise, comprehend, decide ○ **anlamaq**, **dərk etmək**, **qət etmək**; ⑨ 할례를 받게 하다 have circumcised

kəsə I. *si.* 짧게 자른, 지른 short cut ○ **qısa**, **müxtəsər**, **yığcam**; II. *z.* 단순히, 간단히 shortly, simply ○ **ən yaxın**, **ən qısa** ● **dolanbac**; ~ **yol** *i.* 지름길 short cut; ~ **cavab** *i.* 간단한 응답 cut answer; **sözün ~si** *z.* 짧게 말해서 for short, briefly; ~ **etmək** *fe.* 간단히 말하다, 짧게 말하다 take a short cut, speak for short; **~sinə** *z.* 짧게 말해서, 질러서 by way of a short cut; ~ **getmək** *fe.* 지름길을 택하다 take a short cut

kəsəb *i. obs.* 연장을 꽂는 가죽 벨트 leather sack belt for tools

kəsəbə *i. obs.* 노동자, 기술자 toiler, labourer, master ○ **zəhmətkeş**, **fəhlə**, **peşəkar**, **sənətkar**

kəsəbəlik *i. obs.* 직업 profession

kəsək *i.* 덩어리 clod, lump; ~ **torpaq** *i.* 진흙 덩어리 clod; ~ **kimi** *z.* 딱딱한, 거친 hard, solid

kəsəkdöyən *i.* 덩어리를 으깨는 기구 lump masher

kəsəkəs *i.* 살해, 유혈 slaughter, bloodshed

kəsək-küsək *i.* 흙 덩어리 soil in clods

kəsəkləşmək *fe.* 덩어리로 응결되다, 뭉치다 get lump/clod

kəsəkli *si.* 흙 둔덕이 있는, 덩어리가 가득한 abounding in covered with mounds, tussocky

kəsəklik *i.* 흙 둔덕이 가득한 곳 the place covered with clods, tussocks

kəsən I. *si.* 예리한, 날카로운, 잘 드는, 잘 베어지는 cutting, sharp; II. *i.* 삼각법 (三角法), (기하) 할선(割線), 시컨트 secant

kəsər *i.* ① 자르는 도구, 손도끼 등 tool, adge-tool, cold steel, side-arms, hatchet 예리함, 날카로움 ○ **bıçaq**; ② sharpness, acuteness, acuity ○ **itilik**; ③ 유효성, 효험, 효과, 영향 efficacy, effect, power, influence; **~dən düşmək** *fe.* 무뎌지다, 효과가 떨어지다 become blunt; lose one's efficacy

kəsərli *si.* ① 날카로운, 예리한 sharp, cutting, acute; ② 효과적인, 효율성이 있는 effectual, efficient, efficacious, impressive ○ **ötkün**, **tutarlı**, **əsaslı**, **ciddi**, **tə'sirli**, **inandırıcı**; ~ **dərman** *i.* 효험 있는 약 efficacious medicine; ~ **tədbirlər** *i.* 효과적인 수단 effectual measure; ~ **sözlər** *i.* 상처를 주는 말, 날카로운 말 sharp words

kəsərlilik *i.* ① 날카로움 sharpness; ② 폭력적임,

강력함, 인상적임 impressiveness ○ **tutarlılıq, əsaslılıq, tə'sirlilik, inandırıcılıq**

kəsərsiz *si.* ① 무딘, 뭉툭한, 둔한 blunt, edgeless, obtuse ○ **küt, kor**; ② 비효율적인, 효험이 없는, 인상적이지 않는 ineffectual, ineffective, unimpressive ○ **tutarsız, əsassız, tə'sirsiz**; **~ etmək** *fe.* 비효과적으로 만들다, 둔하게 하다 make edgeless make ineffective

kəsərsizlik *i.* ① 둔함, 뭉툭함 obtuseness; ② 비효율, 비능률, ineffectiveness

kəsərti *i.* 자르는 도구 cutting tool, cutlery

kəsəyən *i. zoo.* 설치류 동물 rodent; **~lər dəstəsi** *i.* 설치류 (쥐, 다람쥐), 토끼 the rodents; ***Anbar kəsəyənsiz olmaz.*** *ata.s. 쥐가 없는 창고가 있나? There is a black sheep in every flock.*

kəshakəs *i.* ① 살육, 살해, 대학살 massacre, bloodshed; ② 지배, 위함, 통치, 억압, 독정 despotism, domination

kəsici *si.* ① (날이) 잘 드는, 예리한 cutting, sharp, incisive ● **küt**; ② 신랄한, 강렬한 violent, intense; **~ alət** *i.* 절단기, 재단기 cutting tool; **~ diş** *i.* (치과) 앞니 cutting tooth, incisor

kəsicilik *i.* ① 예리함, 날카로움 sharpness; ② 신랄함, 아프게 함 violence

kəsif *si.* ① 답답한, 숨막히는, 목을 조르는, 질식시키는 stuffy, suffocating ○ **ağır, boğuq, kəsafətli**; ② 더러운, 먼지 투성이의, 불결한 dirty, filthy ○ **natəmiz, pinti**

kəsifləşdirmək *fe.* 더럽게 하다, 불순하게 하다, 오염시키다, 칙칙하게 하다 desecrate, contaminate, make obscure

kəsifləşmək *fe.* 더러워지다, 불결해지다 get dirty, be desecrated

kəsiflik *i.* 굵기, 짙음, 밀집, 두꺼움 thickness, fogginess, unclearness

kəsik I. *i.* ① 벤 자국, 새긴 자국, 갈라진 틈, cut, gash, incision ○ **çapıq, yarıq**; ② 절단, 중단, 자르고 남은 부분, 조각, 단편 off, stump, scrap, snip ○ **parça, tikə**; ③ (기하) (원의) 호(弧); (직선의) 선분; 마디, 부분, 분절; ④ *riy.* (입체의) 절단도 segment section; II. *si.* 간단한, 단편적인 brief, without continuity; **üfüqi/uzununa ~** *i.* 수평 단면 horizontal section; **şaquli ~** *i.* 수직 단면 vertical section

kəsik-kəsik *si.* ① 조각조각, 조각난, 토막토막, 단편적인 ribbed, cut into pieces, shredded, notched, without continuity ○ **doğram-doğram, kərt-kərt**; ② 단편으로 된, 조각조각의, 불완전한 fragmentary, scrappy, snippy ○ **qırıq-qırıq**; ③ 발작적인, 경련성의, 돌연한 jerky, abrubt, broken; **~ fit** *i.* 돌발적인 휘파람, 호각 jerky whistle; **~ eləmək** *fe.* 잘게 자르다, 저미다 cut to pieces

kəsik-küsük *i. top.* 조각조각, 파편, 단편, 부스러기들 pieces, cuts, shreds, scraps, snips, odd and ends

kəsiksaç(lı) *si.* 단발 머리의 short-haired

kəsili *si.* 상한, 상처받은 hurt

kəsiliş ☞ **kəsim**

kəsilişmək *fe.* ① 정산하다, 계산을 마무리하다 settle accounts; ② 합의에 이르다 conclude an agreement

kəsilmək *fe.* ① 베이다, 잘리다, 조각나다 be cut/gashed/incised, be cut off, be severed, be chopped off; be snipped/clipped, be sawed ○ **doğranmaq, yarılmaq, sınmaq, dağılmaq, parçalanmaq**; ② 부분적으로 나뉘다, 울타리가 쳐지다 be partitioned off, be fenced off; ③ 정지되다, 중지되다 cease, end, stop ○ **qurtarmaq, bitmək**; ④ 방해받다 be broken off; be interrupted; **ayağı ~** *fe.* 절연하다, 교제를 끊다, 찾아오지 않다 stop visiting, stop appearing; **düşmən ~** *fe.* ~와 원수가 되다, ~의 적이 되다 become *smb.*'s enemy/**foe**; **imtahandan ~** *fe.* 시험에 낙방하다 fail, be plucked; ***Yağış kəsildi.*** *비가 그쳤다. The rain has stopped.*

kəsim *i.* ① 절단, 단절 cutting; ② 절단 방법 manner of cutting; ③ 판결 형태 form of decision

kəsinti *i.* 자름, 절단, 자르기 cut

kəsir *i.* ① 부족, 결핍, 결손, 불완전, 간격 lack, shortage, deficit, deficiency, gap, insufficiency ○ **çatışmazlıq, boşluq, məsafə**; ② 결함, 결손, 실수, 손상 defect, fault, blemish ○ **nöqsan, qüsur**; ③ 찌꺼기, 남은 것, 파편, 자투리 remnant, remainder ○ **qalıq artıq**; ④ 미불금, 체납금 arrears; **~də qalmaq** *fe.* 적자를 갖다 have a deficit; **~i ödəmək** *fe.* 부족액을 지불하다 meet a deficit; **~i olmaq** *fe.* 적자를 보다 have failure

kəsirli *si.* ① 부족한, 불충분한 lacking ○ **kəm-kəsirli** ○ **qalıqsız**; ② 남은, 부족액의, 잔여금의 remaining; ③ 불완전한, 결함이 있는, 온전하지 못한 imperfect, incomplete, defective; ④ *riy.* 분

K

수의 fractional

kəsirsiz *si.* 결함 없는, 실수 없는 faultless, flawless

kəsirsizlik *i.* 무흠함, 무결함 faultlessness

kəsişən I. *si.* 교차점의, 횡단의; II. *i.* 교선, 교점 crossing, intersecting; ~ **xətlər** 교차선 intersecting lines; ~ **şüalar** *i.* 교차광선 cross light

kəsişmək *fe.* 교차하다, 가로지르다 cross, intersect

kəski *i.* ① *tex.* 절단기 cutter, chisel, incisor; ② *obs.* 막다른 골목, 곤경, 진퇴양난 impasse, no way out

kəskin I. *si.* ① 예리한, 날카로운 sharp, acute; ② 신랄한, 격렬한, 상처를 주는, 에는 impressive, keen, shocking, bitter ○ **sərt, qatı, şiddətli, tə'sirli, güclü**; ③ 뚜렷한, 선명한, 명료한 clear, distinct, conclusive dead; ④ 무거운, 심각한, 집중적인 grave, severe, intensive; ⑤ 버릇없는, 거친 rude, tough; ⑥ 돌연한, 갑작스런 abrupt; ~ **ağrı** *i.* 에는 아픔 shrewd pain; ~ **baxış** *i.* 심각한 외모 severe look; ~ **vəziyyət** *i.* 견디기 어려운 상황 acute position; ~ **qoxu** *i.* 독한 냄새 strong smell; ~ **zərbə** *i.* 엄청난 가격(加擊) hard blow; ~ **ağıl** *i.* 뛰어난 두뇌 incisive wit; ~ **külək** *i.* 살을 에는 바람 cutting wind; ~ **mübarizə** *i.* 맹렬한 전쟁 sharp struggle; ~ **nəzər** *i.* 엄격한 감시 keen look; ~ **söz** *i.* 신랄한 말 sharp word; ~ **tənqid** *i.* 혹독한 비판 severe criticism; ~ **şaxta** *i.* 모진 추위 severe frost; ~ **münasibət** *i.* 긴박한 관계 strained relation; ~ **maraq** *i.* 지대한 관심 acute interest; ~ **düşmənlik** *i.* 심각한 반목 antagonism; II. *z.* 날카롭게, 신랄하게, 에는 듯이, 모질게 sharply, abruptly, incisively, trenchantly, curtly; ~ **danışmaq** *fe.* 인정사정없이 말하다 use sharp word; ~ **fərqlənmək** *fe.* 확실하게 구별되다 differ distinctly

kəskinləşdirmək *fe.* 날카롭게 하다, 심화시키다, 악화시키다, 격렬하게 하다 sharpen, intensify, aggravate; **münasibətləri** ~ *fe.* 관계를 악화시키다 strain the relations; **xəstəliyi** ~ *fe.* 병을 악화시키다 aggravate an illness

kəskinləşmə *i.* 악화, 심화, 증대 aggravation, intensification; **ziddiyyətlərin ~si** *i.* 적개심의 심화, 반목의 증대 intensification of antagonism; **beynəlxalq vəziyyətin ~si** *i.* 국제적 상황의 악화 aggravation of the international situation

kəskinləşmək *fe.* ① 날카롭게 되다, 첨예하게 되다, 예리하게 되다 become sharp, sharpen ○ **sivriləşmək, itiləşmək**; ② 심화되다, 악화되다 become strained, become grave ○ **ciddiləşmək, gərginləşmək**; ***Xəstəlik kəskinləşdi.*** *병이 악화되었다. The illness grew acute.*

kəskinlik *i.* ① 첨예함, 날카로움, 심화됨 acuity, acuteness, incisiveness, trenchancy (situation), pungency, poignancy (sense, smell) ○ **sivrilik, itilik**; ② 긴장, 심화, 악화 tension, tensity, tenseness ○ **ciddilik, gərginlik, tündlük, bərklik zəiflik**

kəsmə¹ ☞ **kəsmək**

kəsmə² ☞ **kəsməşikəstə**

kəsmə³ *i.* 으깨진 쌀, 싸라기 crushed/waste rice

kəs|mək *fe.* ① 잘라내다, 찍어내다, 오려내다, 톱으로 켜내다 cut (off), chop (off), snip (off), saw (off); ② 아프다, 통증이 있다 have pain, hurt ○ **yaralamaq**; ③ 칼로 새기다 incise ○ **çərtmək, yarmaq**; ④ 절단하다, 나누다 sever, divide ○ **bölmək**; ⑤ 구역을 나누다, 담장을 쳐서 나누다 fence in, partition off ○ **divarlamaq**; ⑥ (길, 과정) 방해하다, 끼어들다, 못하게 하다 hinder, interrupt, block (way, process), cancel, nullify; ⑦멈추다, 결단 내다, 끝내다 stop, pause, put to an end, come to an end, conclude ○ **son qoymaq**; ⑧ 절감하다, 축소하다 dock, curtail ○ **azaltmaq, qısaltmaq**; ⑨ (가스, 물, 전기 등) 공급을 중단하다 shut, break (gas, water, curent); ⑩ (사지나 신체 일부) 절단형을 내리다 slaughter punish, amputate, chop; **~ib qoparmaq** *fe.* 잘라내다 cut off; **~ib keçmək** *fe.* 돌파하다, 횡단하다 cross; **ağrı** ~ *fe.* 통증을 멈추다 stop pain; **yolunu** ~ *fe.* 길을 방해하다 bar the way; **haqq-hesabı** ~ *fe.* 관계를 끊다, 절연하다 cut off relations; **süddən** ~ *fe.* 젖을 떼다 wean; **ümidini** ~ *fe.* 절망하다 despair

kəsməşikəstə *i.* 아제르바이잔 민요의 한 가지 풍 name of an Azerbaijani folk song mood

kəsmik *i.* 응유, 코티지 치즈 (Dutch/pot cheese 스킴밀크로 만든 신맛이 강한 치즈) curds, cottage cheese

kəsmikli *si.* 응결된, 응유로 만든 curdled, with curds

kəsr *i. riy.* 분수, (두 수의) 비, 비율 fraction; **adi** ~ *i.*

공분수 common fraction; **onluq** ~ *i.* 10진법 decimal fraction; **düzgün** ~ *i.* 진분수 proper fraction; **düzgün olmayan** ~ *i.* 가분수 improper fraction; **ardıcıl** ~ *i.* 연분수 continued fraction

kəsrə *i.* 아랍 문자의 기호 중 하나 symbol in the Arabic alphabet

kəsrət *i.* 대량 a large quantity ○ **çoxluq**

kəsrətli *si.* 많은, 대량의, 다량의, 다수의 enormous, much, many, lots of ○ **çox**, **çoxlu**, **bollu**, **saysız-hesabsız**

kəsri ☞ **kəsrli**

kəsrli *si. riy.* 무리(수)(의) surd, irrational (number)

kəstanə *i.* 밤, 밤나무 chestnut; ~ **rəngi** *i.* 흑갈색(의) dark brown

kəşf *i.* 발견 discovery; ~ **etmək** *fe.* 발견하다, 찾아내다 discover, find out

kəşfiyyat *i.* ① 정보 지원, 첩보 업무, 정탐 intelligence service, secret service; ② *mil.* 첩보활동, 정찰, 정보활 reconnaissance, espionage, exploration; ③ *geol.* 탐사, 조사; 시추, 시굴, 탐광 prospecting, prospect, exploration; ~ **aparmaq** *fe.* 정찰하다, 지역 등을 (공학·지학의 목적으로) 조사하다, 답사하다 reconnoiter; Mərkəzi Kəşfiyyat İdarəsi *(CIA)*; ~ **döyüşləri** *i.* 탐색전 probing attacks; ~ **qazma** *i.* 시추(試錐) exploratory drilling

kəşfiyyatçı *i.* ① 첩보원, 정보원, 간첩 secret service man, intelligence officer; ② *mil.* 척후병, 정찰병, 군사 탐정 scout, spy, guide, reconnoiter; ③ *geol.* 탐사자, 정찰대, 탐험가, 시굴자 prospector, explorer; **~lar bölməsi** *i.* 정찰대 reconnaissance detachment; **~lar dəstəsi** *i.* 정찰조 reconnaissance party

kəşkül *i.* 코코넛 껍질로 만든 잔 the cup made from the shell of coconut

kəşmir *i.* 캐시미어 (모직의 일종) cashmere (woolen cloth)

kətan I. ① *bot.* 아마(亞麻) flax; ② 아마의 섬유; 아마포, 리넨 linen (cloth); II. *si.* 아마포의, 리넨의 flax, linen; ~ **lifi** *i.* 아마 섬유 flax fiber; ~ **yağı** *i.* 아마인유(亞麻仁油) linseed-oil; ~ **toxumu** *i.* 아마인(亞麻仁) flax-seed, linseed; ~ **sənayesi** *i.* 아마 산업 linen industry

kətançı *i.* 아마 재배자 flax-cultivator

kətançılıq *i.* 아마 재배 flax-cultivating

kətanquşu *i. zoo.* 붉은가슴방울새 linnet

kətansəpən *si.* 아마 파종 flax-sowing

kətanyığan *i.* 아마 집적기 flax-processing machinery

kətə *i.* (우유, 밀가루, 계란, 기름 등으로 만든 파이의 일종) kulebiaka (pie made of milk, flour, egg, oil *etc.*) sweet pie

kətxuda *tar.* 촌장, 부족장, 추장 village headman, chief

kətil *i.* 걸상, 발판 stool

kətmən *i.* 괭이 (땅을 파거나 껍질 벗기는 도구) strong hoe, spud, mattock

kətmənləmək *fe.* 괭이로 땅을 파다/껍질을 벗기다 hoe, till with hoe, spud

kəvakib *i.* 별 (고전 문학 상의) stars (in classic literature)

kəvəl *si.* 병약한, 병에 잘 걸리는, 왜소한 sickly, puny

kəvər *i. bot.* 부추 leek, caper-bush, caper

kəyan *i. tar.* 이란 왕에 대한 칭호 title for Iranian king

kırıxmaq ☞ **karıxmaq**

ki I. *ba.* ~는 것; 그가 말하기를 that; **O dedi ki....** He said that...; II. *əd.* 그런데, 글쎄; 그런데 …, 근데… but, well; ***O ki, sənin qardaşındır.*** *그는 그의 형이지. But he is your brother.*; ***Mən ki uşaq deyiləm.*** *난 아이가 아냐. Well, I'm not a child.*; III. *ms.* (여러 접속사나 분사와 불변화사와 결합하여 양보적 의미를 강조한다); **kim** ~ *vz.* 누구든지 who(ever); ***Kim ki sənə başqasından qeybət qırır, səndən də başqasına qeybət qırar.*** *네게 다른 사람을 험담하는 사람은 너에 대해서도 험담할 것이다. Who chatters to you will chatter of you too.*; **necə** ~ 그래서, 이 때문에 as; ***Necə ki demişdi, elə də oldu.*** *말이 씨가 되다. It happened so as he had predicted.*; **ancaq** ~ 오직, 다만 but; **ona görə** ~ 이 때문에, 이래서 because; **bunun üçün** ~ because of this *(with various conjunction and particle)*; **odur** ~ 그러므로, 그래서 therefore; **indi/madam** ~ 지금까지는 since; ***Madam ki, getmirsən, qal evdə.*** *가지 않으려면 집에 머물라. Since you are not going, stay at home.*

kiberinetika *i.* 인공 두뇌 연구, 사이버 네틱스 (생물의 제어 기구와 기계의 제어 기구의 공통 원리

K

를 규명하는 학문) cybernetics

kibr *i.* 교만, 오만, 거만, 건방짐, 불손함 arrogance, haughtiness, loftiness ○ **lovğalıq, məğrurluq, təşəxxüs**

kibrit *i.* 성냥 match; ~ **yandırmaq** *fe.* 성냥을 켜다/긋다 strike a match, strike a light

kibrlənmək *fe.* 교만하다, 건방지다, 오만 불손하다 become arrogant/concealed/haughty

kibrli *si.* 교만한, 오만한, 자만하는, 우쭐대는 arrogant, conceited, haughty, lofty

kicəmək *fe.* 놀리다, 괴롭히다, 노리개로 삼다, 약자를 들볶다 tease, bully, irritate, harass ○ **öcəşmək, sataşmaq**

kiçicik *si.* 작은, 미세한 tiny, wee

kiçik *si.* ① (키가) 작은, 단소한 little, small, tiny (height of body) ○ **balaca, xırda** ● **böyük, yekə**; ② (나이가) 젊은, 적은, 작은 young, junior, minor (age); ③ 시시한, 지소한, 소소한, 덜 중요한 insignificant, minor, less important, petty, insignificant; ④ (직위, 지위 등) 낮은, 하급의 low, junior, minor, petty (position *etc.*); ⑤ 미소한, 미세한, 면밀한, 세심한 minute, diminutive; ⑥ 사소한, 대수롭지 않는 slight; ~ **balta** *i.* 손도끼 hatchet; ~ **kilsə** *i.* 부속 예배당, 작은 성당 chapel; ~ **kürək** *i.* 국자 (모양의 연장), 작은 삽 scoop; ~ **lövhə** *i.* 접시, 작은 판 plate; ~ **parça** *i.* 파편, 조각, 단편 fragment; ~ **pyes** *i.* 밑그림, 약도; 초안, 초고 sketch; ~ **təkərli motoroller** *i.* 스쿠터, 외발 굴림판 scooter; ~ **təpə** *i.* 둔덕, 작은 더미 mound; ~ **xalça** *i.* 융단, 양탄자, 깔개 rug

kiçikcik ☞ **kiçicik**

kiçiklənmək *fe.* (몸을) 구부리다, 쭈그리다, (겁이 나서) 움츠리다, 머리를 조아리다 crouch, cringe, kowtow ○ **yaltaqlanmaq**

kiçikləşdirmək *fe.* 축소시키다, 작게 만들다 cause *smt.* to decrease in size

kiçikləşmək *fe.* 작아지다, 줄어들다, 적어지다 become small, diminish, decrease, lessen ○ **balacalaşmaq, xırdalaşmaq**

kiçiklik *i.* ① 작음, 적음 small size, smallness ○ **balacalıq, gödəklik, qısalıq** ● **böyüklük**; ② 대수롭지 않음, 사소함 unimportance, insignificance

kiçiktəhər *si.* 자그마한, 작은 것 같은 rather small

kiçikyaşlı *si.* 젊은, 나이 어린, 연소한 young, under age, minor, infant, juvenile

kiçildici *si.* 줄이는, 작게 하는 diminishing; *qram.* 지소사, 지소어 diminutive; ~ **şəkilçi** *i.* 지소 접미사 diminutive suffix

kiçildilmək *fe.* 작아지다, 줄어들다, 손상되다 be diminished, be lessened, be detracted (size)

kiçildilmiş *si.* 줄어든, 작아진, 경감한 diminished, lessened, reduced

kiçilən *si. riy.* 약분수, 환원 reducing number

kiçilmə *i.* ① 감소, 축소, 삭감, 할인 diminution, lessening, reduction; ② 강등시키다, 낮추다 being demoted

kiçilmək *fe.* ① 줄다, 작아지다, 감소하다 diminish, decrease ○ **balacalanmaq böyümək**; ② 낮아지다, 강등되다 lower degrade ○ **alçalmaq**; ③ 짧아지다 shorten ○ **gödəlmək, qısalmaq**; ④ 얇아지다, 섬세해지다 become thin, become delicate ○ **cılızlaşmaq**

kiçilmış *si.* 낮아진, 강등된 degraded

kiçiltmə *i.* ① 감소, 삭감, 축소 diminution, decrease, lessening, reduction, reducing; ② 강등, 강위 demotion, demoting; ③ 감손(減損) detraction; ~ **dərəcəsi** *i.* 단어의 축소형 diminutive form of word; ~ **ad** *i.* 애칭, 예명 pet name; ~ **söz** *i.* 지소사 diminutive

kiçiltmək *fe.* ① 줄이다, 감소시키다, 축소시키다 lessen, diminish, reduce; ② (지위) 강등시키다 demote (position); ③ (역할) 손상시키다 detract (role)

kif *i.* 곰팡이, 백분병, mustiness, mould; mildew ○ **cəng, çürüntü**; ~ **atmaq/bağlamaq/tutmaq** *fe.* 곰팡이가 끼다 mould; ~ **basmaq** *fe.* 곰팡이로 덮이다 be covered with mould; ~ **göbələyi** *i.* 곰팡이 버섯 mould fungus

kifayət *i.* 충분, 충족, 만족 sufficiency; ~ **etmək** *fe.* 만족시키다, 충분하게 하다, 충족시키다 suffice, satisfy; ~ **edən** *si.* 만족할 만한, 만족시키는 satisfactory; ~ **qədər** *z.* 충분하게, 만족할 만큼, 넉넉하게 enough, considerablly, amplly, sufficiently; ~ **olmaq** *fe.* 충족하다, 만족하다 suffice; ***Kifayətdir.*** *됐어, 충분해. It's enough. That will do.*; ***Arifə bir işarə kifayətdir.*** *ata.s.* *영리한 사람에게는 한 가지 표시만으로도 충분하다. A word to the wise is enough.*

kifayətləndirici *si.* 만족시키는, 충족하게 하는 sufficient, satisfactory; ~ **cavab** *i.* 만족할 만한

대답 satisfactory answer

kifayətləndirmək *fe.* 만족시키다, 충족시키다, 넉넉하게 하다 satisfy, content

kifayətlənmək *fe.* ① 만족하다, 자족하다 content oneself (with), be satisfied ○ **qənaətlənmək**; ② 자제하다, 절제하다 limit/confine oneself ○ **məhdudlaşmaq**

kifayətsiz *si.* 부족한, 불충분한 insufficient

kifayətsizlik *i.* 불충분, 부족 insufficiency, inadequacy

kifir *si.* ① 역겨운, 흉한, 못생긴 ugly, repulsive, disgusting ○ **çirkin**, **eybəcər** **gözəl**; ② 무용한, 무가치한 useless, unworthy; ~ **hava** *i.* 나쁜 날씨, 험한 날씨 unpleasant weather; ~ **məxluq** *i.* 넌더리나는 피조물 disgusting creature

kifirlənmə *i.* 곰팡이 낌 mouldness, mustiness

kifirlənmək ☞ **kifirləşmək**

kifirləşmək *fe.* 흉해지다, 넌더리나다, 진절머리 나다 be fed up, become deformed/shabby/ugly ○ **çirkinləşmək**, **eybəcərləşmək** ● **gözəlləşmək**

kifirlik *i.* 못생김, 흉함 plainness, ugliness **gözəllik**

kifləndirmək *fe.* 곰팡이 끼게 하다 cause *smt.* to be musty/moldy

kiflənmək *fe.* 곰팡이 끼다/슬다 grow mouldy, get musty ○ **cənglənmək**, **barlanmaq**

kiflənmiş *si.* 곰팡이 낀 molded, musty

kiflətmək ☞ **kifləndirmək**

kifli *si.* 곰팡이 낀, 곰팡이가 가득한 mouldy, musty ○ **cəngli**, **barlı** ● **saf**

kiflilik *i.* 곰팡이가 가득함 mustiness, mouldiness ○ **cənglilik**, **barlılıq**

kifsimək ☞ **kiflənmək**

kikovun *i.* 쇠파리 gadfly

kil *i.* 용골 (ship) keel

kilə *i.* ① 6 킬로그램의 단위 unit of weight 6kg; ② 천칭의 한 종류 a kind of balance

kiləmək *fe.* 더럽히다, 얼룩지게 하다 soil

kilid *i.* ① 자물쇠 lock ○ **qıfıl**, **cəftə**, **rəzə**; ② 빗장, 걸쇠 bar, bolt

kilidləmək *fe.* 잠그다, 자물쇠를 걸다 lock, shut, close with lock ○ **qıfıllamaq**, **bağlamaq** ● **açmaq**

kilidlət(dir)mək *fe.* 잠그게 하다 lock

kilidli *si.* 잠긴, 닫힌 locked, closed ○ **qıfıllı**, **bağlı** ● **açıq**

kilidsiz *si.* 열린, 풀린 unlocked ○ **qıfılsız**

kilim *i.* 문양을 놓은 양탄자의 일종 kilim (a tapestry-woven type of rug)

kilimçə *i.* 작은 양탄자 small kilim

kilimçi *i.* 양탄자 짜는 사람 kilim weaver

kilimçilik *i.* 양탄자 제조업 kilim weavingr

kilimtoxuyan *i.* 양탄자 짜는 사람 carpet-weaver

kilkə¹ *i.* ① 한 뭉치의 양털, 털 뭉치, 털 부스러기 flock, tow; ② 헝클어진 머리, 갈기 tangled hair, tousy hair, mat, mane

kilkə² *i. zoo.* 스프랫 청어 sprat

kilkəbaş(lı) *si.* 헝클어진 머리를 한 having tangled hair

kilkələşdirmək *fe.* 머리·옷 등을 헝클다, 구기다; 마당 등을 어지르다 tousel, make tousy/shaggy

kilkələşmək *fe.* ① 헝클어지다, 부스러기가 되다 turn into flock/tow/hards; ② 머리가 헝클어지다, 뒤얽히다 become shaggy/tousy/matted (hair)

kilkəli *si.* 주름 잡힌, 구겨진 ruffled, rumpled ● **təmiz**

kilkəsaç(lı) *si.* 헝클어진 머리를 한, 뒤얽힌 머리를 한 having rumpled hair, mat-haired

kilkəşik *si.* 헝클어진, 뒤얽힌 (머리) rumpled, tangled, muddled (hair); ~ **düşmək** *fe.* 헝클어지다 get tangled; ~ **salmaq** *fe.* 헝클어뜨리다 tangle

kilo *i.* 킬로그램 kilogram

kilokalori *i.* 킬로 칼로리 kilo-calorie

kiloqram *i.* 킬로그램 (unit of weight) kilogram

kiloqramlıq *i.* 1킬로그램 만큼의 물건 weight of 1 kilogramme

kilolitr *i.* 킬로리터 kilo-liter

kilometr *i.* 킬로미터 (unit of distance) kilometre

kilometrlik *i.* 1킬로미터의 거리 distance of 1 kilometre

kilovat *i.* 킬로와트 kilowatt

kilovat-saat *i.* 킬로와트시 kiliwatt-hour

kilsə *i.* 교회, 성당 church, cathedral; ~ **məhkəməsi** *i.* 종교 재판소 spiritual court

kim *vz.* 누구 who; ~**inlə** *z.* 누구랑 with whom ; ~**isi** *i.* 어떤 이들, 누구이건, 누구든지 some peo-

K

ple; ~ **ki** 누구나 whoever it is; **heç** ~ 아무도 No one; **hər** ~ everyone, anyone; ***Kimə nə?*** *누구에게 무슨 상관? What does it matter to anybody.*; ***Kim bilir.*** *누가 알게? Who knows.*

kimə *vz.* 누구에게? (dative) to whom

kimi¹ *qo.* ① ~처럼, ~와 같이 similar to, as, like; ② ~까지, ~때까지 till, by; ③ 하자 마자 as soon as; **sənin ~ ucaboy** 너처럼 키가 큰 as tall as you; **mənim** ~ *z.* 나처럼 like me; **indiyə** ~ *z.* 지금까지 up to now; **stansiyaya** ~ *z.* 역(驛)까지 up to the station; ***O gələn kimi mənə xəbər ver.*** *그가 오면 즉시 내게 알려라. As soon as he comes, let me know.*

kimi² *vz.* 누구를 (accusative) whom

kimin *vz.* 누구의 (genitive) whose; **~sə dalınca getmək** *fe.* 뒤쫓다 fetch; ***Bu kimin kitabıdır?*** *이게 누구 책이냐? Whose book is this?*

kiminki *vz.* 누구의 것 (possessive pronoun) whose

kimisə ☞ **kimi²**

kimi(si) *vz.* (어떤) 사람들 some (people), one; ***Kimisi siqaret çəkir, kimisi rəqs edir, kimisi isə söhbət edirdi.*** *어떤 이들은 담배를 피우고, 어떤 이들은 춤을 추고, 어떤 이들은 이야기를 하고 있었다. Some were smoking, some were dancing and some were talking.*

kim-kimsə *i.* 일가 친척 kin, relative ○ **qohum, dostaşna, qohum-əqrəba**

kimoqraf *i.* 키모그래프 (인체의 맥박 등의 측정기); 항공기의 진동 측정기

kimono *i.* kimono 기모노 (일본 전통 복식) kymograph

kimsə *vz.* ① 누군가, 아무든지, 어떤 이든 somebody, someone, anybody; ② 아무도 아닌 no one, nobody; **~dən asılı olmaq** *fe.* ~에게 의존하다, ~에 달려 있다 hinge on, depend on; **~nin hesabına** *z.* 누군가의 비용으로 at *smb.*'s expense; **~nin yerini tutmaq** *fe.* ~의 자리를 대신하다 supplant; **~yə tə'sir göstərmək** *fe.* (~에게) 압력을 행사하다, 권력을 행사하다, 영향을 미치다 exert pressure on *smb.*

kimsənə *i.* ① 어떤 사람에게 person; ② 주체, 인간 subject, fellow

kimsəsiz *si.* ① 혼자서, 외로이, 아무도 없이 alone, lonely ○ **tək-tənha, yalqız, yetim**; ② 친구가 없는, 의지할 데 없는 friendless, helpless ○ **arxasız, adamsız, sahibsiz**; ~ **yerlər** *i.* 외진 곳, 외로운 곳; solitary places; ~ **həyat** *i.* 외로운 삶 lonely life

kimsəsizlik *i.* ① 독거, 고독 solitude, loneliness ○ **tək-tənhalıq, yalqızlıq**; ② 무력함, 도움이 없음, 의지할 데 없음, 난처함 helplessness ○ **arxasızlıq, adamsızlıq, sahibsizlik**

kimya I. *i.* 화학(化學) chemistry; **üzvi** ~ *i.* 유기화학(有機化學) organic chemistry; **qeyri-üzvi** ~ *i.* 무기화학(無機化學) inorganic chemistry; ~ **sənayesi** *i.* 화학공업(化學工業) chemical industry

kimyaçı *i.* 화학자, 약제사, 약종상 chemist

kimyagər *i.* ① 화학자, 화학 종사자 chemist, chemical scientist; ② 연금술사 (鍊金術師) alchemist

kimyagərlik *i.* ① 화학 연구, 화학 산업 profession of chemist/chemical scientist; ② 연금술 alchemy

kimyəvi *si.* 화학의, 화학적 chemical; ~ **təmizləmə** *i.* 건조 세탁, 드라이클리닝 dry cleaning; ~ **maddə** *i.* 화학 물질 chemical substance; ~ **element** *i.* 화학 요소 chemical element; ~ **gübrə** *i.* 화학 비료 chemical fertilizer; ~ **birləşmə** *i.* 화학적 결합 chemical compound; ~ **müharibə** *i.* 화학전(化學戰) chemical warfare; ~ **hücum** *i.* 화학 공격 gas attack; ~ **həyəcan** *i.* 화학 경보, 가스 경보 gas alert, gas-alarm

kin *i.* 원한, 유감, 악의, 증오, 혐오, 적의, 심술 rancour, grudge, hatred, malice, spite ○ **ədavət, qərəz, qəzəb, hirs, acıq**; ~ **bəsləmək** *fe.* 증오하다, 혐오하다, 심술을 부리다 hate; ~ **saxlamaq** *fe.* 원한을 품다, 악의를 품다 bear grudge against, bear malice

kinayə *i.* 암시, 간접적 언급, 넌지시 비침, 빗댐 hint, allusion, innuendo truth ○ **eyham, him, istehza, rişxənd**; **acı** ~ *i.* 신랄한 암시; caustic hint, biting irony; ~ **etmək** *fe.* 암시하다, 힌트를 주다, 넌지시 말하다 allude, drop a hint; ~ **ilə danışmaq** *fe.* 풍자적으로 말하다, 빗대어 말하다 speak ironically

kinayəli *si.* 암시적인, 풍자적인, 빗대는; allusive, sarcastic, ironical; ~ **baxış** *i.* 암시적 모습, 풍자적인 모습 ironical look

kindar ☞ **kinli**

kinematoqraf *i.* 영화, 영화 촬영 cinema, cinematograph

kinematoqrafik *si.* 영화 촬영 기술의, 영화에 의한 cinematographic

kinematoqrafist *i.* 영화 촬영기사 cinematographist

kinematoqrafiya *i.* 영화 촬영 기술, 영화 촬영 기법 cinematography

kineskop *i.* (상표명) 키네스코프 (수상용 브라운관); 키네스코프 녹화 kinescope

kinetik *si. fiz.* 운동의, 운동상의, 운동에 의해 생기는 kinetic; ~ **enerji** *i.* 운동 에너지 kinetic energy

kinetika *i.* 동역학(動力學) kinetics

kinə *i. kim. phar.* 퀴닌, 키니네; 기나피(皮), 신코나 (기나수에서 채취한 의약용 나무 껍질) cinchona, quinine

kin-küdrət ☞ **kin**

kinli *si.* 악의적인, 증오적인, 혐오의, 독이 서린 malicious, malignant, mischievous, spiteful ○ **ədavətli, hirsli, acıqlı**

kinli-kinli *z.* 악의적으로, 심술부리며, 원한에 사무쳐 maliciously, rancorously, angrily

kinlilik *i.* 원한이 사무침, 혐오함, 악의가 가득함 maliciousness, malignancy, spitefulness, mischievousness, rancorousness ○ **ədavətlilik, acıqlılıq**

kino *i.* 영화, 동영상 cinema, movies, the pictures; ~ **jurnal** *i.* 뉴스 영화 newsreel; ~ **ulduzu** *i.* 영화 배우, 영화 스타 film star; ~ **artist** *i.* 영화 배우 cinema actor; ~ **kadr** *i. (film)* (특히 영화의 선전용) 스틸 사진 still; ~ **rejissor** *i.* 영화 제작자 cinema producer; ~ **operator** *i.* 영화 촬영 기사 camera-man; ~ **xidməti** *i.* 영화 산업 cinema facilities, cinema entertainment

kinoaktyor *i.* 영화 배우 film actor

kinoaktrisa *i.* 여배우 film actress

kinoaparat *i.* 영화 촬영기 film projector, camera

kinoatelye *i.* 영화 제작소 film studio

kinofaciə *i.* 비극 영화 tragic film

kinofestival *i.* 영화제 film festival

kinofilm *i.* 동영상, 영화 motion picture, movie

kinoxronika *i.* 뉴스 영화, 시사 영화 newsreel, topical film

kinojurnal *i.* 영화 뉴스 newsreel

kinokadr *i.* (film) 일련의 장면 sequence, still

kinokamera *i.* 영화 촬영기 cinecamera

kinokomediya *i.* 희극 영화 comedy-film

kinoqurğu *i.* 영사기; film projector, film unit **səyyar** ~ *i.* 이동 영사기 portable film projector

kinolaşdırılmaq *fe.* 영화화되다 be included in a cinema circuit

kinolaşdırma *i.* (영화관·극장 등의) 흥행 계열[체인] cinema circuit

kinolaşdırmaq *fe.* 흥행 계열을 조직하다 organize a cinema network or circuit

kinolent *i.* 영화 필름 filmstrip, reel, tape

kinomexanik *i.* 영화기사 film-operator

kinooperator *i.* 영화기사 film-operator

kinorejissor *i.* 영화 감독 film-director, film producer

kinoreklam *i.* 영화 광고 cinema advertisement

kinoseans *i.* 영화 쇼 cinema-show

kinoccenari *i.* 영화 시나리오, 영화 극작 film-scenario, film script

kinoccenarist *i.* 영화 작가, 극작가 scenario writer, script writer

kinostudiya *i.* 영화 제작소 film-studio

kinoteatr *i.* 영화관 cinema house, movie theatre

kinsiz *si.* 너그러운, 관대한, 진정시킬 수 있는, 관용(寬容)적인 placable, appeasable, easily appeased, forgiving, peaceable ● **ədavətli**

kinsizlik *i.* 너그러움, 관대함, 관용 gentleness, mildness

kiosk *i.* (거리의) 신문, 잡지 매점, 간이 점포 kiosk, kiosque, booth; **qəzət ~u** *i.* 신문 가판점 newsstall

kioskçu *i.* 매점원 stall-keeper

kip I. *si.* ① 꽉 찬, 빽빽한, 촘촘한, 조밀한, 긴밀한, 옹골진 compact, dense, tight, hermetic ○ **sıx** ● **boş**; ② 강력한, 견고한 strong, hard; II. *z.* 밀집되어, 빽빽하게, 단단하게 closely, tightly **qapını**; ~ **örtmək** *fe.* 문을 꼬옥 닫다 shut the door tightly; ~ **oturmaq** *fe.* 빽빽하게 맞추다 fit close; **~cə** *z.* 빽빽하게, 촘촘하게, 옹골지게 compactly, densely

kipcək *i.* (피스톤 로드 등의) 패킹 누르개, 글랜드 stuffing-box, gland

kipkəc ☞ **kipcək**

kiplənmək ☞ **kipləşmək**

K

kipləşdirmək *fe.* 꽉 채우다, 꽉 조이다 tighten, make tight

kipləşmək *fe.* ① 빽빽하다, 꽉 차다; get packed ② 견고해지다, 조밀해지다 become solid, become firm ○ **sıxlaşmaq**, **bərkimək**, **möhkəmləşmək**

kiplik *i.* ① 밀도, 비중, 농도 condensation, density; ② 밀집상태, 굳음, 고체성 solidity, firmness, hardness ○ **sıxlıq**, **möhkəmlik**, **bərklik**

kipr *i.* 사이프러스, 구브로 Cyprus; **Kiprli** *i.* 사이프러스 인, 구브로 인 Cypriot

kiprik *i.* 눈꺼풀 eyelash; ***Kipriyimi qırpmadım.*** *한숨도 못 잤다. I didn't sleep a wink. (cf.* **kirpik***)*

kir *i.* 때, 더러움, 오물, 오염 dirt, filth ○ **çirk**; ~ **bağlamaq** *fe.* 때가 끼다, 더러워지다 be covered with dirt, become dirty

kirayə *i.* 세, 임대 lease, rent ○ **kirə**; ~ **otaqları** *i.* 셋방 lodgings

kirayəçi *i.* 세 든 사람, 숙박인 householder, tenant ○ **kirəçi**

kirayənişin *i.* 숙박인, 세 든 사람 lodger, householder ○ **kirənişin**

kirayəyə *z.* 세 놓음 for rent; ~ **vermək** *fe.* 세를 주다, 세를 놓다 rent, lease out, let (out); ~ **götürmək** *fe.* 세를 들다, 세로 입주하다 rent, lease, let

kirdar ① 행위, 소행, 현행, 현장, 실천 act, practice, work ○ **iş**, **əməl**, **hərəkət**; ② 인내, 참음, 견딤 patience, endurance ○ **səbir**, **hövsələ**

kirdarlı *si.* ① 잘 견디는, 참을성 있는, 인내심이 강한 patient, tolerant; ② 비슷한, 유사한, 닮은 alike, resembling

kirdarsız *si.* ① 무능한, 할 수 없는, ~할 여지가 없는 unable, incapable; ② 참을 수 없는, 견디지 못하는, 성마른, 성급한 impatient, restless

kirə *i.* ① (토지·건물 등의) 임대차 계약, 임차, 임대 lease, hire, hiring; ~ **ilə** *z.* 세를 들어서 on lease; ② 임대료, 세 hire, rent fee; **məzil ~si** *i.* 아파트 임대 rent; **~nin ümumi məbləği** *i.* 전체 임대료 rental; **~sinə** *z.* 세 놓음 on rent, for rent; ~ **etmək** *fe.* 세를 들다 lease, take on lease, rent; **~yə vermək** *fe.* 세를 놓다 grant on lease, rent; **~yə götürmək** *fe.* 세를 들다 hold on lease; ***Kirə verilir.*** *세를 놓음. For hire.*; ~ **götürmək** *fe.* 세를 들다 rent; ***O, mənə üç aylıq mənzil kirəsi borcludur.*** *그는 내게 석 달 월세가 밀렸다. He owes me three months' rent.*

kirəc *i.* ① 설화 석고, 산석, 석고 burnt lime, alabaster, gyps ○ **gəc**; ② *tib.* 분말 석고 plaster of Paris; ~ **sarğısı** *i.* (의료) 고정 석고 a plaster of Paris

kirəcləmək *fe.* 석고를 하다, 석고로 고정하다 plaster, gypsum

kirəclənmək *fe.* 석고로 고정되다 be plastered, gypsum

kirəcləşmək *fe.* 석화되다 turn into alabaster

kirəçi *i.* ① 세 든 사람, 하숙인, 숙박인, 임차인 lessee, roomer, lodger, leaseholder, tenant; ② 빌려주는 사람, 가옥주 landlord, lessor

kirəkeş *i.* ① 짐수레꾼 carter, drayman; ② 세 든 사람, 숙박 roomer, lodger, householder

kirəkeşlik *i.* ① 짐수레꾼 임금, 짐마차 운반 carter's trade, drayage; ② 짐마차 직업 profession of carter; ~ **etmək** *fe.* 짐수레꾼이 되다, 수레꾼 일을 하다 dray, be a drayman

kirələmək *fe.* 세로 빌리다 hire, lease, let

kirəli *si.* (집) 임대, 세입; (자동차) 빌려 씀, 사용함 leased, leasehold; rented, for rent (house) hired, on hire (car, taxi); ~ **ev** *i.* 셋 집 rented house

kirəmit *i.* 타일, 기와 (지붕) tile, roofing slate; ~ **zavodu** *i.* 기와 공장 tile factory; ~ **sobası** *i.* 타일 공장, 기와 공장 tilery

kirəmitbişirən *i.* 타일/기와 제조인 tile-maker

kirəmitçi *i.* 타일공, 기와공 tiler

kirəmitli *si.* 타일을 깐, 기와를 이은 tiled

kirənişin *i.* 세 든 사람, 하숙인, 임차인 tenant, lodger, leasee

kirəsiz *si.* 세를 내지 않는 rent-free; ~ **ev** *i.* 세를 내지 않는 집 rent-free house

kiridilmək *fe.* 조용해지다, 중단되다 be silenced, be cut off

kirimək *fe.* ① 조용하게 하다, 완화시키다 hush, fall silent, lapse into silence ○ **susmaq**, **mumlamaq**; ② 울음을 그치게 하다, 달래다, 진정시키다 cease/stop crying ○ **rahatlanmaq**, **ovunmaq**, **sakitləşmək**

kiriş *i.* 활 줄, (악기) 줄, 현(絃) bow-string, string

kirişçi *i.* 활의 줄을 매는 기술자 a craftsman who makes bow-strings

kirişləmək *fe.* (활) 줄을 매다, 줄을 당기다 draw string

kiritmək *fe.* ① 조용하게 하다, 침묵시키다 hush, make silent, make fall silence ○ **susdurmaq, sakitləşdirmək**; ② 울음을 그치게 하다, 달래다 make *smb.* stop crying, calm *smb.* down, soothe, lull; **uşağı ~** *fe.* 아이를 어르다 lull/soothe the baby

kirkirə *i.* 맷돌 hand mill, quern

kirki(t)¹ *i.* 카펫을 탄탄하게 만드는 데 쓰는 빗 같은 도구 comb, tool for tightening carpet ○ **daraq, həvə**

kirkit² *i.* 껍질이 두껍지 않는 호두 nut (walnut, almond *etc.* with not very hard shell. (cf. **kağız qoz, kirkit qoz, çətənə qoz**)

kirləndirmək *fe.* 더럽게 하다, 더럽히다 soil, make dirty, make filthy

kirlənmək *fe.* 더럽게 되다, 때가 끼다 become dirty ○ **çirklənmək**

kirlənmiş *si.* 더러운, 때 묻은 dirty

kirlətmək ☞ **kirləndirmək**

kirli *si.* 더러운, 때가 낀 dirty, foul, unclean ○ **çirkli, pinti, natəmiz** ● **təmiz**

kirlilik *i.* 더러움, 불결함, 불순함 filthiness, uncleanness, dirtiness, impurity ○ **çirklilik, pintilik, natəmizlik** ● **təmizlik**

kir-pas ☞ **kir**

kirpi *i. zoo.* 고슴도치(구세계산); 호저(豪猪) hedgehog

kirpik *i.* ① 눈썹 eyelash; ② *bot.* 섬모(纖毛), 솜털 cilium (*pl.* cilia); **~ qırpmaq/döymək/çalmaq** *fe.* 윙크하다, 눈을 깜박거리다; blink, twinkle, wink; **~ qırpmadan** *z.* 눈도 깜박거리지 않고 without batting an eyelid

kirpikli *si.* 눈썹을 가진 having eyelashes

kirs¹ *i. med.* 반흔(瘢痕) cicatrices/cicatrix (hardened part around scar)

kirs² *i.* 주름(살), 구겨짐, 흉터 wrinkle, seam, crease ○ **qırış, bükük**

kirşan *i.* 분말, 화장분, 활석 powder (cosmetic), talc

kirşanlamaq *fe.* 분을 칠하다 powder

kirşanlanmaq *fe.* 분을 바르다 use powder, powder oneself

kirşanlı *si.* 분칠한 powdered (face)

kirşə *i.* (승용, 운송용) 썰매 sledge, sleigh; **~ sürmək** *fe.* 썰매를 몰다 drive a sledge/sleigh

kirşəbağlayan ☞ **kirşəqayıran**

kirşəçi *i.* 썰매꾼 sleigh driver

kirşəqayıran *i.* 썰매 만드는 사람 craftsman who makes a sledge

kirt¹ *i.* (피부의) 주름 wrinkle on the skin

kirt² *onomatopoeic.* 급정거하는 행동이나 소리 squawk (sudden stop an action); **~ dayanmak** *fe.* 갑자기 멈추다 come to a sudden stop

kirtik¹ *i.* 비누 조각의 남은 것 remainder of a cake of soap

kirtik² *i.* 말의 천식이 되는 원인 a cause of horse asthma

kirvə *i.* 대부, 후견인; 할례 시 붙잡아 주는 사람 God-parents, Godfather; person who hold child for circumcision

kirvəcik ☞ **kirvəciyəz**

kirvəciyəz *i.* 친구, 옛친구 friend, crony

kirvəlik *i.* ① 할례 시 아이를 붙잡아 줌 holding child for circumcision; ② 우정, 친구 관계 friendship, acquaintance, closeness

kis¹ *i.* 카펫의 주름진 것 wrinkle on the carpet

kis² *ni.* 양을 몰 때 쓰는 목자들의 소리 word used by shepherds to herd sheep

kisel *i.* 전분 젤리 kissel (starchy jelly)

kisə *i.* ① 가방, 주머니, 부대, 마대 bag, sack; ② 쌈지, 지갑, 동전 주머니 pouch, purse; **pul ~si** *i.* 지갑 purse; **hamam ~si** *i.* 때를 문지르는 주머니 pouch for rubbing in bath; **~dən getmək** *fe.* 손실을 당하다 suffer losses ; **~yə salmaq** *fe.* 주머니에 넣다 pouch, pocket; **~sini doldurmaq** *fe.* 주머니를 채우다 fill one's purse

kisəcik *i.* 작은 주머니, 작은 가방 small sack

kisəçəkən ☞ **kisəçi**

kisəçi *i.* (욕탕) 때밀이 rubber (in bath house)

kisədibi *i.* 쓰고 남은 돈/물건 remains (after something has been used)

kisələmək *fe.* 때수건으로 때를 밀다 rub one's body with a bath glove

kisələnmək *fe.* 때를 밀다 be rubbed, rub oneself

kisələtmək *fe.* 때를 밀게 하다 have one's body rubbed

kisəli *si.* ① 주머니가 있는; having bag/sack ② *zoo.* 유대류, 유대 동물 marsupial; **~ heyvanlar** *i.* 유대 동물 marsupials

kisəlilər *i. zoo.* 유대류, 유대 동물 marsupials (pouched-animal)

K

kisətoxuyan *i.* 주머니를 뜨는 사람 sack-knitter
kisəyi *i. fib.* 모슬린 (옷감) muslin
kisib *i.* 전리품, 노획품, 약탈물 trophy, booty, loot, captured material, spoils of war; **~ mal** *i.* 약탈물 captured goods; **~ etmək** *fe.* 약탈하다, 노략질하다 spoil, seize as a loot
kist *i.* 솔, 브러시, (장식용) 술 brush, tassel ○ **firça**
kiş *ni.* 암탉을 쫓을 때 내는 소리 exclamation used for driving away hens
kişi *i.* ① 남성 man, male; ② 남편 husband ○ **ər** ● **arvad**; ③ 사람, 인간, (몇) 명 man, person; ④ (명예롭고, 신사적인) 사람 honorable, honest (man) ○ **igid**, **cəsur**, **mərd**, **qoçaq**; **~ cinsi** *qram.* 남성, 남성형 masculine; **~ kimi** *z.* 사내답게, 남자답게, 당당하게 manly, with fortitude; with dignity; **~ adam** *i.* (진짜) 남자, 사내다운 남자, 명예로운 남자 manly person, man of worth, courageous man; **~ kimi qadın** *i.* 남자 같은 여자 manlike woman; **~ xeylağı** *i.* 남성, 남자 male; **~ məclisi** *i.* 남자들의 집회 men's company; **~ keyfiyyətləri** *i.* 남성다움 man's qualities; **~ xasiyyəti** *i.* 남성다운 성격 man's character, strong character; **~ ləyaqəti** *i.* 남성적 존엄성 man's dignity; **~ alt tumanı** *i.* 바지 drawers; **dünyagörmüş ~** *i.* 현명한 사람, 물정을 아는 사람 man of the world, wise man; ***Kişi gərək vədinə əməl etsin.*** *남자라면 뱉은 말에 책임져야. Man must redeem his pledge.*
kişiciyəz ☞ **kişi**
kişi-kişi *z.* 사내 대장부같이 manly
kişilənmək *fe.* ① 젠체하다, 뻐기다, 뽐내다, 과시하다 flaunt, parade, swagger, ride on the high horse; ② 남자답게 되다, 씩씩해지다 become manly ○ **xoruzlanmaq**
kişiləşmə *i.* 성장, 성숙 growing up, attaining puberty
kişiləşmək *fe.* 성장하다 grow up
kişili-arvadlı *i.* (집합적) 부부, 남녀 (collective) husband and wife, man and woman
kişilik *i.* ① 남자다움, 성숙, 장성, 원숙 maturity, manhood ○ **yetkinlik**, **bitkinlik**, **mərdlik**, **cəsarət**, **mətanət**, **qeyrət**; ② 용감, 용기, 위엄, 존엄, 위풍 braveness, dignity; ***Bu heç kişilikdən deyil.*** *이건 남자의 할 짓이 아니다. It is not worthy of manhood.*
kişinyov *i.* 키쉬네프 (도시) Kishinev (city)
kişisiz *si.* 남편 없는, 남자 없는 without a husband, without a man ○ **ərsiz**; **~ arvad** *i.* 과부 widow
kişisizlik *i.* ① 과부생활 widowhood ○ **ərsizlik**; ② 남자 부족 lack of male
kişivarı *si.* 남자다운 man-like
kişiyəoxşar *si.* 남자 비슷한 manlike
kiş-kiş ☞ **kiş**
kişləmək *fe.* 암탉을 소리 내어 쫓다 drive hens with exclamation **"kiş"**
kişmir *i.* 캐시미어 (모직) Cashmere (wool)
kişmiş *i.* 알이 잘고 씨가 없는 건포도 currants; seedless raisins, sultana
kişnək ☞ **kişnərti**
kişnəmə *i.* (말의) 울음 neigh
kişnəmək *fe.* (말이) 울다 neigh, whinny
kişnərti *i.* (말의) 울음 소리 neighing, whinny
kişnəşmək *fe.* (집단적) 말이 울다 neigh together (horse)
kitab *i.* 책, 서적, 도서 book; **~ əhli** *i.* 책을 좋아하는 사람, 문인, 박식한 사람 bookman; **~ açmaq/ ~a baxmaq** *fe.* 점치다 tell fortune; **~ dili** *i.* 문어적 언어 bookish language; **~ evi** *i.* 책방, 서점 book shop; **~ həvəskarı** *i.* 책을 좋아하는 사람 book-lover; **~ ifadəsi** *i.* 문어적 표현 bookish expression; **~ mağazası** *i.* 책방, 서점 book shop; **~ qurdu** *i.* 책벌레 bookworm; **~ rəfi** *i.* 책꽂이, 서가(書架) bookshelf; **~ üslubu/ifadə tərzi** *i.* 현학적 태도 pedantic style; **~ şkafı** *i.* 서고 bookcase; **~a əl basmaq** *fe.* 코란을 걸고 맹세하다 swear on Koran; **~ı bağlanmaq** *fe.* 끝나다, 파멸되다, 죽다 be done for; ***Onun kitabı bağlandı.*** *그는 마지막 기회를 놓쳤다. He is done for. His goose is cooked.* **~ın üz qabığı** *i.* 책표지 cover; **mə'lumat ~ı** *i.* 참고 서적, 참조서적 reference book
kitabaltı *i.* 책받침 bookstand
kitabça *i.* ① 소책자, 팸플릿 booklet, pamphlet; ② 서류철 file of document; **çek ~sı** *i.* 수표 chequebook; **hesab ~sı** *i.* 출납 전표 pay-book; **əmanət ~sı** *i.* 저축 통장; savings bank book; **təqaüd ~sı** *i.* 연금 통장; pension card; **ev ~sı** *i.* 집문서 house register
kitabçı *i.* 비서, 서기, 서기관, 책을 좋아하는 사람, 책벌레, 독서광 scribe, bibliophile, lover of books, bookish person

kitabə *i. arx.* ① 씀, 새김, 명각, 기입, 비명; inscription, inscription on stone; ② 묘비명 epitaph (on grave stone)
kitabət ① 쓰기, 집필, 저작, 저술 writing; ② 비서직 secretary's work
kitabxana *i.* 도서관 library
kitabxanaçı *i.* 사서(司書) librarian
kitabxanaçılıq *i.* ① 도서관학 library science; ② 사서의 직무 profession of librarian
kitabiyyat *i.* 도서 목록, 서지(書誌), (특정 작가의) 저작 목록 bibliography
kitabpərəst *i.* 애서가(愛書家) bibliophile, booklover
kitabpərəstlik *i.* 애서(愛書) bookloving
kitabsatan *i.* 판서(板書), 서적상 bookseller, bookman; ~ **təşkilat** *i.* 매서 기관, 출판 기관 book selling organization
kitabsevər *i.* 애서(愛書) bibliophile
kitabşünas *i.* 도서관원, 서지학자, 도서관학자 bibliographer
kitabşünaslıq *i.* 서지학(書誌學) bibliography
kitrə *i.* 고무, 수액 gum, tree sap
kitrəli *si.* 고무(질)의, 점착성의 gummy
kizb *i.* 거짓, 허언, 기만 lie, falsehood ○ **yalan, böhtan, iftira**
klaviatura *i.* (피아노, 타자기, 컴퓨터) 키보드, 건반(鍵盤) keyboard
klaviş *i.* 건(鍵: 피아노 등 건반 악기의 하나 하나의 혀) key
klavişli *si.* 건반을 가진 keyed
klapan *i.* 밸브(장치); *ana.* 판, 판막 valve
klarnet *i. mus.* 클라리넷 clarinet
klarnetçalan ☞ **klarnetçi**
klarnetçi *i.* 클라리넷 연주가 clarinettist
klassik I. *i.* 고전 (음악, 예술, 문학) classic; II. *si.* 고전적인 classical; ~ **musiqi** *i.* 고전 음악 classical music; ~ **nümunə** *i.* 고전적 실례 classical example
klassisizm *i.* 고전주의 classicism
klavir *mus.* (악기의) 건반 clavier
klerikal I. *i.* 성직자, 목사 clerical; II. *si.* 성직자의, 성직권을 주장하는 clerical
klimatologiya *i.* 기상학자 climatology ○ **iqlimşünaslıq**
klinik *si.* 임상의, 임상 치료의 clinical
klinika *i.* 진료소, 클리닉 clinic
klişe *i.* (인쇄) (클리셰)(版)(의 인쇄물); 연판(鉛版); 연판 제판; 연판 인쇄 cliche, stereotype block
kloun *i.* (서커스 등의) 어릿광대; 익살꾼 clown
klub *i.* (스포츠·사교를 위한) 클럽; 동호회 club
knyajna *i.* 미혼의 공주 unmarried princess
knyaz *i.* 왕자 prince
knyazlıq *i.* 공국, 속국 principality
koalisiya *i.* 일체화, 합체, 융합; 제휴, 연립 연합 coalition
kobalt *i. kim.* 코발트 cobalt; *si.* cobalt (colour)
kobud I. *si.* ① (낱알 등이) 굵은, 거친, 껄껄한 coarse, rough ○ **sərt, qaba, quru**; ~ **parça** *i.* 굵은 베옷 coarse cloth; ~ **kağız** *i.* 거친 종이 rough paper; ② 버릇없는, 멋없는, 꼴사나운 loutish, rude, roughly made ○ **yöndəmsiz, biçimsiz, yaraşıqsız**; ~ **alətlər** *i.* 조잡한 도구들, 허름한 용기들 rude implements; ~ **əşyalar** *i.* 대강 만든 물건들 roughly made articles; ③ 무례한, 건방진, 거친, 조잡한, 조악한 rude, rough, crude, coarse, brutal, curt, churlish, vulgar, harsh ○ **heyvərə**; ~ **adam** *i.* 막되게 자란 남자, 야비한(漢), 버릇없는 사람 churl, lout, boor; ~ **surətdə** *z.* 대강, 대략 roughly; ~ **səhv** *i.* 큰 실수, 대과(大過) blunder, grave mistake; ~ **davranış** *i.* 건방진 태도 crude manner; ~ **səs** *i.* 거친 목소리 gruff voice; ~ **söz** *i.* 모진 말씨 harsh word; ~ **olmaq** *fe.* 건방지다 be rude; II. *z.* 거칠게, 건방지게, 심하게, 버릇없이 roughly, rudely, coarsely; ~ **səhv etmək** *fe.* 크게 실수하다 blunder; ~ **rəftar etmək** *fe.* 거칠게 다루다 treat roughly; ~ **danışmaq** *fe.* 거칠게 말하다 speak in a gross manner
kobudcasına *z.* 거칠게, 심하게, 버릇없이 roughly, violently; ~ **pozmaq** *fe.* 거칠게 짓밟다 trample, violate grossly
kobudlaşdırmaq *fe.* 거칠게 만들다, 버릇없이 만들다 coarsen, make coarse; make rude, roughen
kobudlaşmaq *fe.* ① 조잡하게 되다, 거칠게 되다 coarsen, roughen ○ **kobudlaşmaq, qabalaşmaq, qurulaşmaq**; ② 나빠지다, 악화되다 worsen; ③ 흉하게 되다, 볼품없이 되다 become shapeless, become deformed ○ **biçimsizləşmək, yöndəmsizləşmək**
kobudluq *i.* ① 뻔뻔함, 후안무치 audacity, impudence, impertinence, roughness, harsh-

K

ness, violence ○ **sərtlik**, **qabalıq**, **quruluq** ● **zəriflik**; ② 악화, 심화 aggravation; ~ **etmək** *fe.* 거칠다, 무례하다, 건방지다 be rude, treat rough

kobur ☞ **qobur**

kobuza *i. mus.* 우크라이나 전통 북 Ukrainian classic drum

kod *i.* 기호, 암호(체계), 약호 code; ~**la yazmaq/şifrləmək/işarələmək** *fe.* 암호로 기록하다 code

kodal *i.* 올가미, 덫, 함정 trap, pitfall ○ **tələ**

kodein *i. phar.* 코데인 (아편으로 만드는 진통제, 진정제) codeine

kodeks *i.* 법전, 법률; (특히 고전, 성경 등의) 사본 code, codex; **əmək ~i** *i.* 노동법 labor code; **əxlaq ~i** *i.* 도덕법 moral codex

kofein *i. phar.* 카페인 caffeine

kofta *i.* 여자 재킷 woman's jacket

koğa *i.* 갈고리, 굴곡 crook; **çoban ~sı** *i.* (목동의 손잡이가 굽은) 지팡이 shepherd's crook; ~**ya dönmək** *fe.* 구부러지다, 만곡되다 crook, become crook ○ **qarmaq**

koğuş *i.* (나무나 이빨) 동공, 우묵한 곳, 구멍 hollow (in tree/tooth)

koğuşlanmaq *fe.* 구멍이 나다 hollow out

koğuşlu *si.* 구멍이 있는 hollow; ~ **ağac** *i.* 구멍이 파인 나무 hollow tree

kokain *i. phar.* 코카인 (국부 마취제) cocaine

kokainizm *i.* 코카인 중독 cocaine addict

koks *i. kim.* 코크스 coke

kokslaşdırılmaq *fe.* 코크스화되다 be coked

kokslaşdırmaq *fe.* 코크스화시키다 coke

kokslaşmaq *fe.* 코크스화하다 coke

kokteyl *i.* 칵테일 cocktail

kol *i.* 관목, 덤불 shrub, bush; **qızılgül ~u** *i.* 장미 덤불 rose bush; **tikanlı** ~ *i.* 가시 덤불 thorn-bearing shrub; ~ **basmaq** *fe.* 덤불로 덮이다 bush; **qaçıb ~a girmək** *fe.* 덤불로 숨어 들다 show the white feather; ***Bu sən girən kol deyil.*** *네가 간여할 만한 일이 아니다. It's beyond your power.*

kola *si.* ① 짧은 뿔, 잘린 뿔 short-horned, curt-horned; ② 뿔이 없는 with polled horns; ~ **heyvan** *i.* 뿔이 빠진 동물 (사슴, 소) pollard

kolahürən *si.* 쓸데없이 짖는 (개) barking uselessly

kolavat *i.* 화전(火田) slash and burn field

kolaz *i.* (바닥이 편평하고 좁은) 나룻배 canoe, mobile gas chamber (boat)

kolazçı *i.* 뱃사공, 나룻배 사공 boatman, ferryman

kolba *i.* (실험실에서) 플라스크, 알코올 램프 flask, alcohol lamp (laboratory)

kolbasa *i.* 소시지 sausage; **hisə verilmiş** ~ *i.* 훈제 소시지 smoked sausage

kolbasar ☞ **kolluq**

kolçedan *i.* 합금, 아말감, 혼합물, 결합물 alloy, amalgam

kolçedanlı *si.* 혼합된 alloyed

kolenkor *i.* 캘리코 calico; ~ **cild** *i.* 캘리코로 만든 덮개 calico cover

kolxoz *i.* 집단 농장 collective farm; ~ **mülkiyyəti** *i.* 집단농장 토지 collective-farm property

kolxozçu *i.* 집단농장 농부 collective farmer

kolit *i. tib.* 대장염, 결장염, 장염 colitis, enteritis, inflammation of intestines

kol-kos *i.* 가시덤불, 관목 덤불 thorns-and-shrubs, shrubbery, bushes, shrubs, brushwood; ~ **basmaq** *fe.* 잡목으로 덮이다, 덤불로 덮이다 be covered with bush

kol-koslu *si.* 덤불이 우거진, 가시 덤불이 무성한 bushy, shrubby, thorny

kol-kosluq *i.* 덤불 숲 bushy place

kollec *i.* 대학 (단과 대학) college

kollegial *si.* 대학의 collegiate, joint, collective; ~ **rəhbərlik** *i.* 집단 지도 체제 collective leadership

kollegiallıq *i.* 집단성, 집단 지도력 collective nature; joint leadership

kollegiya *i.* 집단, 위원회, 이사회 board; **nazirliyin ~sı** *i.* 장관 회의 board of Ministry **vəkillər ~sı** *i.* 변호사 협회 college of barristers

kolleksiya *i.* 수집, 채집, 집합 collection

kolleksiyaçı *i.* 수집가 collector

kolleksioner ☞ **kolleksiyaçı**

kollektiv I. *i.* 집합제, 집단 collective, body; II. *si.* 집합적인, 축적된, 공통의, 일괄적인 collective ○ **birgə** ● **təkbaşına**; **tələbə ~i** *i.* 학생 집단 student body; **fəhlə ~i** *i.* 노동자 집단 workers' collective; ~ **müqavilə** *i.* 집단적 동의 collective agreement; ~ **təhlükəsizlik** *i.* 집단 안전 collective security; ~ **təsərrüfat** *i.* 집단 농장 collective farm; ~ **şəkildə** *z.* 집단적으로, 일괄적으로

collectively

kollektivçi *i.* 집산주의자 collectivist

kollektivçilik *i.* 집산주의, 집신주의적 경향; collectivism; ~ **təmayülü** *i.* 집단적 동향, 대세 collective trend

kollektivist *i.* 집산주의자 collectivist

kollektivizm *i.* 집산주의 collectivism

kollektivləşdirilmək *fe.* 집단화되다 be collectivized

kollektivləş(dir)mə *i.* 집산화 collectivization ○ **birləşmə**

kollektivləşdirmək *fe.* 집산화시키다, 집단화 시키다 collectivise

kollektivləşmək *fe.* 집산화하다 become collectivised ○ **birləşmək** ● **fərdiləşmək**

kollektivlik *i.* 집합성, 집합체, 공동체 collectivity, collectivism ○ **birlik**

kollektor *i.* 집합장치, 집적장치 (송수관, 송유관 등) collector, manifold (pipeline); ② (도서관) 집책소 book collecting department (library); ③ 집전장치 commutator (electricity); ~ **suvarma sistemi/şəbəkəsi** *i.* 집수기 네트워크 water collector network

kolloid *i. kim.* 콜로이드, 교질(膠質) colloid

kolloidal *si. kim.* 교질의, 콜로이드성의 colloidal; ~ **məhlul** *i.* 콜로이드 용액; colloidal solution; ~ **kimya** *i.* 콜로이드 화학 colloidal chemistry

kollu *si.* 덤불의, 관목 숲의 bushy, shrubby, thorny

kolluq *i.* 덤불, 관목 숲 bush, shrubbery, shrubby place

kolonialist ☞ **müstəmləkəçi**

kolonializm ☞ **müstəmləkəçilik**

kolonist *i.* 식민지 주민, 해외 이주자 colonist, settler

koloniya *i.* ① (이주민) 정착촌 settlement; ② 식민지, 이주지, 속령, 해외영토 colony ○ **müstəmləkə**

kolonka *i.* ① 순간 온수 장치, 온수기 water-heater, geyser; ② 휘발유 주유기 petrol pump

kolonna *i.* (신문·잡지·서적 등의 페이지의) 세로의 난, 단; (신문·잡지 등의) 정기적 특약 기고란, 칼럼; 서명 기사 column; **nümayişçilər ~sı** *i.* 시위자들의 기고란 column of demonstrators

kolorimetr *i.* 비색계(比色計), 측색계(測色計) colorimeter

kolorist *i.* (사진, 머리칼의) 착색자; 색채화가 colourist

kolorit *i.* 착색(법), 채색(법) color, coloring; **milli ~** *i.* 인종적 색채 national color; **yerli ~** *i.* 지역적 색채 local color

koloritli *si.* 그림같은, (문장, 말 등이) 생생한, 사실적인 picturesque, vivid

kolpan I. *i.* 문질러 닦는 도구, 브러시 scrub; II. *si.* 가지가 많은 (나무), 텁수룩한 (수염) scrubby, scrub; branchy, fluffy, downy, luxuriant; ~ **ağac** *i.* 가지가 많은 나무 branchy tree; ~ **budaq** *i.* 무성한 가지 luxuriant branch

kolpanlı *si.* ① 잔가지로 덮인, 털이 가득 덮인 covered with scrubs; ② 가지가 우거진 thickly branching; ~ **ağac** *i.* 가지가 무성한 나무 thickly branching tree

kolpanlıq *i.* 관목이 가득한 땅, 덤불이 얽힌 땅 scrubby growth, undergrowth, scrub-land, land covered with scrubs

kolt *i.* 콜트식 자동 권총 Colt (revolver gun)

kom *i.* 꾸러미, 뭉치, 다발, 보따리 bundle, pack ○ **dəstə, yığın**

koma[1] *i.* ① 오두막, 별채의 작은 집, 헛간, 광 hut, cottage, shed ○ **daxma, qazma, ev**

koma[2] *i.* 더미, 퇴적물, 뒤범벅 pile, heap, huddle ○ **topa, yığın; daş ~sı** *i.* 돌무더기 heap of stone; **qum ~sı** *i.* 모래더미 heap of sand **peyin ~sı** *i.* 퇴비 더미 dunghill; ~ **vurmaq** *fe.* 쌓다, 더미를 만들다 heap up, pile

koma[3] *i. tib.* 혼수 (상태) coma

komacıq *i.* 작은 오두막, 헛간, 광, 창고 small cottage, hut, shanty, hovel, cabin

koma-koma *z.* 무더기로 in small groups, in heaps

komalamaq *fe.* 쌓아 올리다, 더미를 만들다, 무더기를 만들어 올리다 hill up, earth up, heap up, pile up

komalaşmaq *fe.* 무더기로 모이다, 떼를 짓다, 다발로 되다 flock together, cluster, bunch, crowd ● **dağılmaq**

komalıq *i.* 여러 무더기를 쌓아 놓은 곳 field of heaps

komanda *i.* ① 명령, 지령, 지시 order, command; ~ **vermək** *fe.* 지시하다, 명령을 내리다 give a command; ② *mil.* 분대, 파견대 party,

K

detachment, crew; **yanğın söndürən ~sı** *i.* 소방대 fire-brigade; ③ 팀, 조, 단 team; **futbol ~sı** *i.* 축구단 football team; **yığma ~** *i.* 조합단 combined team; **yerli ~** *i.* 해당 지역 팀 home team; **qonaqların ~sı** *i.* 원정 팀 visitor's team; **~ məntəqəsi** *i.* 본부, 사령부 command post; **~ birinciliyi** *i.* 팀별 선수권 대회 team championship

komandan *i.* 사령관, 지휘관 commander; **ordu ~ı** *i.* 군 사령관 army commander; **cəbhə qoşunları ~ı** *i.* 전방 사령관 army group commander; **hərbi dairə ~ı** *i.* 군 총 사령관 commander in chief; **donanma ~ı** *i.* 함대 사령관 commander in chief of the fleet; **ali baş ~** *i.* 총 사령관 supreme commander in chief

komandanlıq *i.* 본부, 사령부 command, headquarters; **Ali Baş ~** *i.* 고위 사령관 High command, Commanding heights; **baş ~** *i.* 중앙 본부, 총본부 Central Headquarters

komandir *i.* ① 지휘관, 사령관, 지도자, commander, leader, Commanding officer; ② 선장(배) captain (ship); **bölük/vzvod ~i** *i.* 소대장 platoon leader; **manqa ~i** *i.* 분대장; section commander, squad leader; **polk/alay ~i** *i.* 연대장 regimental commander; **diviziya ~i** *i.* 사단장 divisional commander; **batalyon ~i** *i.* 대대장 battalion commander

komandirlik *i.* ① 사령관 지위 the office of a commander; ② 핵심 직위, 지휘관 직분 commanders, commanding heights, key positions; **~ etmək** *fe.* 지휘하다, 명령하다 command

kombayn *i.* 콤바인 (농기계) 굴착기 combine (farm), mining combine (mine)

kombaynçı *i.* 콤바인 운전자 combine operator

kombinasiya *i.* ① 결합, 배합, 조합 combination; ② 콤비네이션 (美 union suit) slip, combinations (woman's shirt)

kombinasiyalı *si.* ① 결합하는, 결합성의, 집대성적인 combinative; ② 콤비네이션을 입은 in slip/combinations (woman's shirt)

kombinat *i.* ① 사업 조합장 group of enterprises; **kömür ~ı** *i.* 석탄 조합장 group of mines; ② 훈련소 training centre; **məişət xidməti ~ı** *i.* 개인용역회사 personal service shop

kombinezon *i.* 긴 작업복 (가슴 받이와 멜빵 달린) overalls; **təyyarəçi ~u** *i.* 항공복 flying suit

kombinezonlu *si.* 긴 작업복을 입은 wearing overalls, in flying suit

kombinə *si.* 결합한, 연합한, 공동의 combined; **~ etmək** *fe.* 결합하다, 연합하다, 합동하다 combine

komediant *i.* 코미디언, 어릿광대 jester, mummer

komediya *i.* 희극, 코미디 comedy, farce ○ **məzhəkə**; **musiqili; ~** *i.* 뮤지컬 코미디 musical comedy

komediyaçı *i.* ① 희극작가 comedian (writer); ② 희극 배우 comedy actor; ③ 어릿광대, 까부는 사람 jester, droll person

komedioqraf *i.* 희극작가 writer of comedy

komendant *i.* ① (도시·요새 등의) 사령관, 지휘관, 장관 commandant (city, castle); ② (작업·시설 등의) 지도 감독자, 관리자, 지배인 superintendent, official in charge of quarter (building, department); **~ saatı** *i.* 야간 단속 개시 시간 curfew; **~ saatı müəyyən/tə'yin etmək** *fe.* 야간 통금을 정하다 impose a curfew

komendantlıq *i.* ① 사령관직, 관리직 position of commandant; ② 관리실, 사령실 office of commandant

komendatura *i.* 사령실, 관리실 commandant's office

kometa *i. ast.* 혜성, 살별 comet

komik I. *i.* ① 희극배우 comic actor; ② 웃기는 녀석 funny fellow, comic; II. *si.* 희극의, 희극적인 comic, comical ○ **məzhəkəli, məzəli** ● **qaraqabaq, satirik**; **~ aktyor** *i.* 코미디언 comedian

komiklik *i.* 코미디 comedy

komintern *i.* 국제공산당 Comintern (*Comm*unist *Intern*ational)

komissar *i.* (소련의) 인민 위원 commissar; **hərbi ~** *i.* 군사 위원 military commissar

komissariat ☞ **komissarlıq**

komissarlıq *i.* ① 인민위원회; comissariat; **hərbi~** *i.* 군사위원회 military registration and enlistment office; ② 인민위원직 the post of comissar

komissiya *i.* 위원회 commission, committee; **seçki ~sı** *i.* 선거위원회 election committee; **münaqişə ~sı** *i.* 분쟁위원회 conflict committee; **hərbi-tibb ~sı** *i.* 군의위원회 medical board

komisyon *i.* 위임, 위원 commission, committee; ② 중매업, 중개업 brokerage; ~ **mağazası** *i* 중개상 commission shop

komisyonçu *i.* 중매인 broker

komisyoner ☞ **komisyonçu**

komitə *i.* 위원회 committee; **icrayyə ~si** *i.* 실행위원회 executive committee; **Mərkəzi; ~** *i.* 중앙위원회 Central committee **partiya ~si** *i.* 정당위원회 party committee

komizm *i.* 희극적 요소 comic element

komentariya *i.* 해설, 주해, 주석 commentary, comments; ~ **vermək** *fe.* 해설하다 comment

kommentator *i.* 해설자 commentator

kommuna *i.* 이야기 하다, 친히 하다, 마음이 통하다 (신, 자연, 인간) commune

kommunal *si.* 지방 자치체 (도시, 시, 읍), 시정의, 시영의, 공동 사회의 municipal, communal, public; ~ **mülkiyyət** *i.* 공동 재산; communal property; ~ **xidmət** *i.* 공공 서비스 public utility

kommunar *i. tar.* (1871년의) 파리 코뮌 지지자 Communard

kommunist *i.* 공산주의자 communist; ~ **partiyası** *i.* 공산당 Communist Party

kommunizm *i.* 공산주의; communism; ~ **qurmaq** *fe.* 공산주의를 세우다 build communism

kommutator *i.* 정류기, 전환기 정류자 commutator, switch board; **telefon ~u** *i.* 전화 교환 장치 telephone switch board

komod *i.* 서랍장 chest of drawer, locker

kompakt *si.* 꽉 찬, 빽빽한, 촘촘한, 긴밀한 compact

kompaniya *i.* 친구, 벗; 그룹, 회사; 친교 company

kompas *i.* 컴퍼스, 나침반 compass

kompensasiya *i.* 상쇄, 벌충, 메움, 보상, 보정 compensation

kompilyasiya *i.* (책) 편집, 편찬, 편집된 것 compilation

kompilyasiyaçı *i.* 편집자 (사전) compiler

kompilyativ *si.* 편집물의, 편집 중의 compiling

kompleks *i.* 복합체, 합성물, 종합 빌딩 complex; ~ **ədədlər** *i. riy.* 복소수(複素數) complex numbers; ~ **mexanizasiya** *i.* 복합 기계화 complex mechanization; ~ **briqada** *i. mil.* 혼성 여단 complex brigade

komplekt *i.* (낱개를 포함한 전체) 벌 complete set, suite; **jurnallar ~i** *i.* 잡지 한 벌 complete set of magazines; **boşqab ~i** *i.* 접시 한 벌 a set of dishes

komplektləşdirmə *i.* ① 취득, 획득 acquisition; ② 징집, 모집, 보충, 보강 staffing, recruitment

komplektləşdirmək *fe.* ① 갖추다, 완비하다, 채우다 complete, replenish; ② *mil.* 징집하다 recruit (army)

komplektli *z.* 완전히, 남김없이, 죄다, 전적으로, 충분히 completely

kompliment *i.* 찬사, 칭찬의 말, 아첨; compliment; ~ **demək/atmaq** *fe.* 아첨하다 compliment

komponent *i.* 구성요소, 성분 component

kompost *i.* 퇴비, 두엄; 혼합물, 합성물 compost; ~ **quyusu** *i.* 퇴비 구덩이 compost pit

komposter *i.* (차장의) 펀치, 천공기 punch (of conduct)

komposterləmək *fe.* 표에 펀치로 표시하다 punch (the ticket)

kompot *i.* 설탕에 절인 과일 compote, stewed fruit ○ **xoşab**

kompozisiya *i.* 조립, 합성, 구성 composition

komprador *i. tar.* 매판(買辦) compradore

kompres *i.* 압축기; 압박 붕대 compress

kompressor *i.* 압축하는 사람, 압축기, 압축 펌프 compressor

kompressorçu *i.* 압축기 운전자 compressor operator

kompromis *i.* 타협, 양보 compromise; **~ə girmək** *fe.* 타협하다, 양보하다, 절충안을 찾다 compromise, make a compromise

kompul *si.* 장엄한, 당당한, 과장된 magnificient, splendid

komputer *i.* 컴퓨터 computer

komsomol *i.* 콤소몰 (옛 소련의 전 연방) 레닌 공산주의 청년 동맹(원) komsomol, Young Communist League

komsomolçu *i.* 콤소몰 가입자 member of the komsomol

kondensator *i.* 농축기, 압축장치, 축전기, 콘덴서 condenser

konduktor *i.* 차장, 안내원, 안내양 conductor, guard

K

konduktorluq *i.* 차장 업무, 안내원 직무 duty/work of a conductor

konfederasiya *i.* 연합, 연맹 confederacy, confederation

konfederativ *si.* 동맹한, 연합의, 공모한 confederate

konferansye *i.* (라디오, 텔레비전 방송이나 카바레, 쇼 등의) 사회자 M.C. (master of ceremonies), compere

konfet *i.* 캔디, 사탕 sweet, candy, bon-bon, sweetmeats; ~ **qutusu** *i.* 사탕 상자 sweetbox; ~ **kağızı** *i.* 캔디 포장지 sweet wrapper

konfetçı *i.* 과자 장수, 과자 제조자 confectioner

konflikt *i.* 분규, 다툼, 싸움, 분쟁 conflict

konfrans *i.* 회의, 협의회, 회담 conference; ~ **zalı** *i.* 강당, 회의실 auditorium; **sülh ~ı** *i.* 평화회의 peace conference

konki *i.* 스케이트 skate; ~ **sürmək** *fe.* 스케이트를 타다 skate; **diyirçəkli** ~ *i.* 롤러 스케이트 roller skates

konkisürmə *i.* 스케이트 타기 skating; **fiqurlu** ~ *i.* 피겨스케이팅 figure skating

konkret *si.* 구체적인, 실제적인, 유형의, 명백한 concrete, specific ● **abstrakt**; ~ **təklif** *i.* 구제적인 제안 concrete proposal; ~ **məqsəd** *i.* 구체적인 목표, 실제적인 목표 specific aim; ~ **ifadə eləmək** *fe.* 구체적으로 표현하다 express concretely

konkretləmək *fe.* 구체화하다, 실체화하다 concrete, concretize ● **abstraktlaşmaq**

konkretlik *i.* 구체성, 실제적임 concreteness ● **abstraktlıq**

konkurs *i.* 콩쿠르, 경연 concours, contest ○ **müsabiqə**

konqres *i.* 국회, 의회 congress, parliament congress

konqlomerat *i.* ① 응집, 집괴, 집합 conglomeration; ② *geol.* 역암(礫岩) conglomerate

konsentrat *i.* ① 집중 생산(물) concentrated product; ② 응축, 농축 concentrate; **qida ~ları** *i.* 영양 농축물 food concentrates

konsentrik *si.* 중심을 공유하는, 동심의, 공심적인, 집중적인 concentric; ~ **çevrələr** *i. riy.* 동심원 concentric circles

konsentriklik *i.* 동일 중심성 (同一中心性) concentricity

konsepsiya *i.* 고안, 착상, 창안, 구상, 계획, 관념 conception, idea

konsern *i.* 사업, 업무, 영업, 상사, 상회 concern, company, enterprise

konsert *i.* ① 음악회, 연주회 concert; ② 협주곡, 콘체르토 concerto (musical work) **simfonik** ~ *i. mus.* 교향곡, 심포니 symphony concert; ~ **vermək** *fe.* 연주회를 갖다 give concert

konsertmeystr *i.* 오케스트라 지휘자 leader of orchestra, conductor

konserv *i.* 설탕절임, 잼, 통조림 conserve, tinned food; ~ **bankası** *i.* 통조림 통 can; **ət ~i** *i.* 통조림 고기 canned meat; **balıq ~i** *i.* 통조림 생선 canned fish; **meyvə ~i** *i.* 통조림 과일 canned fruit

konservaçan *i.* 통조림 따개 tin opener

konservator *i.* 보수주의자, 전통주의자 conservative

konservatoriya *i.* (美) 예술 학교, 음악 학교 conservatory, conservatoire

konservləşdirici *si.* 통조림 제조 (법, 업) canning

konservləşdirmə *i.* 보존, 보관, 저장 preservation

konservləşdirmək *fe.* (통조림으로) 보존하다, 저장하다, 보관하다 cure, preserve, can

konsessiya *i.* 양보; 승인, 용인 concession; **~ya vermək** *fe.* 양보하다, 양여하다 grant concession; ~ **müqaviləsi** *i.* 양여합의, 양보적 합의 concessive agreement; ~ **siyasəti** *i.* 양보적 전략 policy of granting concessions

konsessiyaçı *i.* 특권 (기업, 단체) concessionaire

konsilium *i. tib.* (전문의) 상담, 진찰, 감정 consultation

konslager *i.* (특히 나치스의) 강제 수용소 concentration camp

konsorsium *i. eco.* 합판(합작) 기업, 국제 차관단 consortium

konspekt *i.* 개념, 관념, 구상(된 것) concept

konspirasiya *i.* 공모, 음모, 공동 모의 conspiracy

konspirativ *si.* 음모적인, 공모적인, 비밀적인 secret, conspiratorial; ~ **yolla** *z.* 비밀리에 secretly

konspirativlik *i.* 비밀함, 음모적임 secretness,

conspiracy
konspirator *i.* 음모자, 공모자 conspirer, conspirator
konstebl *i.* 경관, 순경, 치안 관리 constable
konstitusiya *i.* 헌법, 정관, 규약 constitution
konstitusiyaçı *i.* 호헌론자, 헌법 학자, 헌법 신봉자 constitutionist, adherent of constitution
konstitusiyaçılıq *i.* 입헌주의, 호헌 정신 constitutionalism
konstitusiyalı *si.* 헌법상의, 헌법적인; constitutional; ~ **monarxiya/mütləqiyyət** *i.* 입헌 군주제 constitutional monarchy
konstruksiya *i.* 건설, 건조, 가설, 설계 construction, design
konstruktiv *si.* 건설적인, 발전적인 constructive
konstruktivizm *i.* 구성주의 constructivism, construction
konstruktivist *i.* 구성주의자 constructivist
konstruktor *i.* 건설자, 건조자 constructor, designer
konstruktorluq *i.* 건설업, 건조업 (배, 건물) profession of construction/design
konsul *i.* 영사 consul; **baş** ~ *i.* 총영사 consul general
konsulxana *i.* 영사관, 영사직 consulate
konsulluq *i.* ① consulate; ② the duty of a consul
konsultasiya *i.* 상담, 협의, 회의, 자문회 consultation ○ **məsləhət**
kontakt *i.* 접촉, 마주침; (전기) 단락(短絡) contact, short circuit, cross
kontekst *i.* 문맥 (文脈); 배경, 상황 context
konteyner *i.* 용기, 컨테이너 container
kontinent *i.* 대륙, 육지대, 본토 continent, mainland ○ **qitə, materik**
kontinental *i.* 대륙성의, 유럽풍의 continental; ~ **iqlim** *i.* 대륙성 기후 continental climate
kontingent *i.* 대표단 contingent
kontor *i.* 사무실, 안내소 office, bureau
kontraband *i.* 밀수(품), 금수(품); 밀매매품; contraband, smuggling; ~ **yolu ilə** *z.* 살그머니, 남모르게 on the sly
kontrabandçı *i.* 밀수꾼 smuggler, smuggler
kontrabas *i. mus.* 더블베이스, 콘트라베이스 double-bass, contra bass
kontrabasçı *i.* 더블베이스 주자 double-bass player
kontr-admiral *i.* 해군 소장 rear admiral
kontrakt *i.* 계약서, 협약서, 청부서 contract, agreement; ~ **bağlamaq** *fe.* 계약을 맺다 make a contract ○ **müqavilə, bağlaşma**
kontrast *i.* 대조, 대비 contrast
kontribusiya *i.* 손해 분담, 조세, 배상, 보상; 손해 배상 보험 contribution, indemnity; ~ **qoymaq** *fe.* 손해 배상 보험을 들다 lay under contribution, impose an indemnity; ~ **tələb etmək** *fe.* 손해 배상을 요구하다 require an indemnity
kontrol *i.* 지배, 관리, 지휘 control; ~ **etmək** *fe.* 지휘/감독하다, 지시하다, 지도 관리하다 superintend, control; ~ **altında** *z.* 통제하에 under the control; **~a götürmək** *fe.* 통제권을 획득하다 take the control
kontrolçu *i.* 통제자, 관리자, 지휘자, 감독자 controller, inspector
kontrolsuz *si.* 통제 없는, 관리 없는 uncontrolled, unchecked
kontrolyor *i.* ① 검사관, 조사관, 관리자 inspector, controller; ② 검표원 ticket collector (railway)
kontrolyorluq *i.* inspection, observation, controlling 검사, 조사, 관찰; ~ **etmək** *fe.* 관리하다, 조사하다, 감독하다, 통제하다 control, check
kontur *i.* outline
kontur *i.* ① 윤곽, 외형; 개요, 대요 contour, outline; ~ **çəkmək** *fe.* 윤곽을 그리다, 대요를 만들다 outline; ~ **xəritə** *i.* 약도 outline map; ② *elm.* 회로, 회선; 배선도 circuit
kontuziya *i.* contusion, shell-shock 좌상, 타박상; (정신의학) 폭탄성 쇼크; 전투 신경증
kontuziyalı *si.* contused, shell-shocked 타박상을 입은, 전투적 쇼크를 받은
konus *i.* 원뿔, 원추 cone
konusşəkilli ☞ **konusvarı**
konusvarı *si.* 원추형의, 원뿔 모양의 cone-shaped, conoid, conical
konveyer *i.* 생산라인, 컨베이어 벨트 conveyor, production line; **yığma ~i** *i.* 조립라인 assembly belt; ~ **üsulu** *i.* 컨베이어 시스템, 운반 체계 conveyor system
konvensiya *i.* 대회, 대표자 회의, 집회, 협의회

K

convention

konversiya *i.* 전환, 변환, 변화, 교환 conversion

konvert *i.* 봉투 envelop ○ **zərf**

konvoy *i.* 호위(대), 의장(대), 보호자, 에스코트 escort, convoy; ~ **ilə müşayət etmək** *fe.* 호위하다, 바래다주다 convoy, escort

konyak *i.* 브랜디, 코냑 brandy, cognac

konyunktiv[1] *i. qram.* 접속어, 접속사 conjunctive

konyunktiv[2] *i. ana.* (눈의) 결막 conjunctiva

konyunktivit *i. tib.* 결막염 conjunctivitis

kooperasiya *i.* ① 협력, 협동, 협조, 원조 cooperation; ② *econ.* 협동 조합, 제휴 교육 제도 co-operative societies; cooperative system; **əmək ~sı** *i.* 노동 협력 labor cooperation; **istehlak ~sı** *i.* 소비자 협동 조합 consumer's cooperative societies

kooperativ *i.* 협동조합 cooperative society

kooperativçi *i.* 협동조합원 cooperator

kooperativləşdirmək *fe.* 협동조합을 결성하다, 협동하다 organize in a cooperative, cooperate

kooperativləşmə *i.* 협동 cooperation

kooperativləşmək *fe.* 협동조합에 가입하다 be organized in a cooperative, cooperate

koordinasiya *i.* 동격, 대등 관계 coordination

koordinat *i.* 동등한 사람 coordinate; ~ **oxları** *i. riy.* 좌표; (지도 등의) 좌표 coordinates

kopiya *fe.* 복사, 재생산, 재현, 재건, 복원 copy, reproduction; ~ **etmək** *fe.* trace; ~ **kağızı** *i.* carbon paper

koppuş *si.* 포동포동한, 땅딸막한, 풍만한, 오동통한 pudgy, plump, chubby ○ **kök, toppuş**

koppuşlaşmaq *fe.* 통통해지다, 살찌다, 포동포동해지다 plump, become plump, get chubby

kor I. *i.* 소경, 장님 blind man; II. *si.* ① 눈을 못 보는, 소경의 blind; ② 둔감한, 아둔한 insensitive, dull; ③ 안개가 짙은 thick (fog); ④ 필사적인, 모든 것을 건 desperate, dead-locked; ~ **etmək** *fe.* (빛이) 눈을 어지럽게 하다, 부시게 하다, 보이지 않게 하다 blind, dazzle; ~ **bağırsaq (çıxıntısı)** *i. ana.* 충수(蟲垂), (통속적으로) 맹장 caecum, appendix; ~ **siçan** *i. zoo.* 두더지 mole; ~ **yapalaq** *i.* 올빼미 brown owl, barn-owl; ~ **küçə** *i.* 막다른 골목 blind street; ~ **cığır** *i.* 막다른 길 blind path; ~ **xiyaban** *i.* 막다른 골목, 장래성 없는 일 blind alley; ~ **quyu** *i.* 헤어날 수 없는 구덩이 blind ditch; ~ **bucaq** *i. riy.* 둔각(鈍角) obtuse angle; ~ **qoymaq** *fe.* 망가뜨리다, 부수다 destroy, demolish, shatter, damage; ~ **bəxt/tale** *i.* 불운, 불행 rough luck, ill-fate; ***Kor kora kor deməsə bağrı partlayar.*** *ata.s.* *똥 묻은 개가 겨 묻은 개 나무란다. The pot calls the kettle black.* ***Kor koru tapar, su da çuxuru.*** *ata.s.* *유유상종(類類相從). Birds of a feather flock together.*

kora *i.* 무딘 못 blunt nail

korafəhm ☞ **korazehin**

koramal *i. zoo.* (유럽산 작은) 독 없는 뱀의 일종, 그래스 스네이크 (북미산이며 무독) grass-snake

koramaz *i.* 우유 음료의 일종 a kind of drink made from milk

korazehin *si.* 아둔한, 둔감한, 어리석은, 둔한 dull, obtuse, stupid, slow-witted ○ **küt** ● **fərasətli**

korazehinlik *i.* 아둔함, 어리석음, 멍청함 dullness, obtuseness, stupidity ○ **kütlük**

korbucaqlı *si. riy.* 둔각의; obtuse-angled; ~ **üçbucaq** *i.* 둔각 삼각형 obtuse-angled triangle

korbuz *si.* 강한, 튼튼한, 나이보다 성숙해 보이는 (아이) looking older than one's age, strong, sturdy

korca(sına) ☞ **kor-koranə**

kordebalet *i.* 발레단 corps de ballet

koreya *i.* 한국, 대한민국; Korea **Koreyalı** *i.* 한국인 Korean **~ca** *z.* 한국말로 in Korean (language)

koridor *i.* 복도, 통로 corridor, passage

korifey *i.* 지도자, 선도자, 선각자, 권위자 coryphaeus, leading figure, luminary, great man

korgöz *si.* 소경, 앞을 못 보는 blind

kor-kobud *si.* 무용한, 쓸데없는 useless, unsuitable ○ **yaraşıqsız, qaba**

kor-koranə *z.* 부주의하게, 어리석게, 생각없이 blindly, carelessly, recklessly; ~ **getmək** *fe.* 맹종하다 follow blindfold

korlamaq *fe.* ① 망가뜨리다, 손상시키다, 타락시키다, 빛나가게 하다, 엉망으로 만들다 spoil, mar, corrupt, pervert, mangle, damage ○ **xarablamaq, qaralamaq**; **iştahını ~** *fe.* 입맛을 떨어뜨리다 spoil one's appetite; **kefini ~** *fe.* 기분을 망치다, 기분을 잡치다 spoil one's pleasure, upset, put out; **öz əsəblərini ~** *fe.* 기분을 망치다 take on; **mə'dəni ~** *fe.* 위장을 망치다, 소화불량 상태가 되다 upset the stomach, cause indigestion;

② 사용하다, 소비하다, 허비하다 use up, squander, dissipate, waste, spend ○ **xərcləmək**; ③ 악화시키다, (질을) 떨어뜨리다, 저하시키다 deteriorate, worsen ○ **pisləşdirmək**; ④ 허둥거리다, 머뭇거리다 blunder; ***Əsəblərini korlama.*** *기분 상하지 마라. Don't take it to your heart.*; ***Pulunu korlama.*** *돈을 허비하지 마라. Don't squander your money.*

korlanma *i.* 부패, 타락, 오염 corruption

korlanmaq *fe.* ① 타락하다, 부패하다, 부정하다, 썩다 be spoiled, be marred, decay, get out of order, corrupt, spoil; ② 악화되다, (가치를) 떨어뜨리다, 저하시키다 go bad, deteriorate, become worse; ③ 실수하다, 허둥거리다 be blundered; ***Keyfiyyət korlanıb.*** *질이 떨어졌다. (저하되었다) The quality has deteriorated.*

korlanmamış *si.* 부패되지 않은, 타락하지 않은 unspoiled

korlanmış *si.* 흠이 있는, 썩은, 부패한, 비뚤어진, 어그러진 defective, depraved, perverse, wry, corrupt, spoilt

korlaşmaq *fe.* 시각을 잃다, 앞을 못 보게 되다 become blind, lose sight

korluq[1] *i.* 실명, 시각 상실 blindness

korluq[2] *i.* ① 필요, 궁핍, 기근 need, want, famine ○ **ehtiyac**; **su ~ğu** *i.* 물부족, 기갈; water famine; ② 어려움, 문제, 곤경 trouble, hardship, difficulty ○ **narahatlıq**, **əziyyət**; ③ 해, 상실, 손해 damage, harm ○ **ziyan**; **~ vermək** *fe.* 줄이다, 부족하게 하다, 손해를 끼치다, 문제를 일으키다 stint, trouble, damage; **~ çəkmək** *fe.* 곤핍에 처하다, 어려움에 처하다 be in need, be hard-up

kornet *i. mus.* 코넷 (관악기의 일종) cornet, cornet-a-pistons, cornopean

kornetçalan *i.* 코넷 주자(奏者) cornet, cornetist

kor-peşman *z.* 헛되이, 고통가운데 in vain, in distress; **~ olmaq** *fe.* 유감스럽다, 후회하다 be sorry, regret

korporasiya *i.* 법인, 단체, 조합; 유한회사 corporation

korpus *i.* ① 건물 building ○ **bina**; ② *mil.* 병과; 병단, 군단, 대 corps; ③ *tex.* 본체, 주요부 body, case, frame; ④ 프리머 (활자) long primer (printing); ⑤ *tar.* 학파, 학계 school, corps

korput *i.* 큰 망치 heavy hammer

korrektor *i.* 교정자, 수정자 proofreader, corrector

korrektorluq *i.* 교정 작업, 수정 profession of corrector/proofreader

korrektura *i.* ① 교정작업 proof-reading; ② 교정본 proof-sheet; **~ işrələri** *i.* 교정 기호 proof-reader's marks

korroziya *i. geol. kim.* 부식(작용), 부식 상태, 용식 corrosion

korset *i.* (정형 외과에서 사용하는 환부의) 교정 용구 stays, corset; **ortopedik ~** *i.* 정형외과의 교정 용구 orthopedic corset

korsetli *si.* 교정 용구를 사용하는 corseted

korş *si.* 무딘, 잘 들지 않는 blunt ● **iti**

korşalmaq *fe.* 무뎌지다, 둔해지다 become blunt, become dull **kəsərləşmək**

korşaltmaq *fe.* 무디게 하다 blunt, make blunt, rebate

kort[1] *si.* 무딘, 뭉툭한 blunt

kort[2] *i.* 테니스 코트 tennis court

kortalma *i.* 무디게 함 blunting

kortalmaq *fe.* 무뎌지다, 뭉툭하게 되다 get blunt, become blunted

kortaltmaq *fe.* 무디게 하다, 둔하게 하다 blunt, dull

kortəbii *si.* (현상이) 자연히 일어나는, 자연 발생적인, 자동성의, 원시의, 초생의 natural, elemental, spontaneous, primordial, non-artificial ● **şüurlu**; **~ qüvvə** *i.* 자연의 힘 elemental force; **~ hərəkət** *i.* 자연 발생적 동작 spontaneous movement; **~ şəkildə** *z.* 자동적으로, 자발적으로 spontaneously

kortəbiilik *i.* 자발성, 자연성, 원시성 spontaneity, elemental state, naturalness, unaffectedness ● **şüurluluq**

korun-korun *z.* (연기, 안개가) 진한, 두터운 thickly, densely (smoke)

koruş I. *i.* 소경, 장님, 봉사 blind man, short sighted man; II. *si.* ① 시력이 약한 weak-sighted; ② 둔한, 둔감한, 둔탁한 blunt, obtuse, edgeless ○ **küt**; **~ buçaq** *i.* 무딘 칼 blunt knife

koruşluq *i.* ① 장님, 약한 시력 blindness, short sightedness ② *fig.* 둔함 bluntness

kos *i.* 공, 구(求) ball ○ **top**

kosa I. *i.* 턱수염이 없는 사람 thin-bearded man

K

II. *si.* 수염이 없는, 풋내기의 beardless, thin-bearded
kosa-kosa *ethn.* (노부루즈 축제 때) 어릿광대, 익살꾼 buffoon, jester (in Novruz Bayram)
kosala *i.* 가공한 염소 가죽 processed goat skin
kosalaşmaq *fe.* 수염이 얇아지다 become thin-bearded
kosalıq *i.* 수염이 적음 thinness of beard
kosasaqqal *si.* 수염이 적은 thin-bearded
kosmetik *si.* 화장의, 미용상의 cosmetic
kosmetika *i.* 미용, 화장, 미용술 make-up, cosmetics, beauty treatment
kosmik *si.* 우주의, 우주 공간의 cosmic, of space; ~ **gəmi** *i.* 우주선 spaceship; ~ **uçuş** *i.* 우주여행 space flight; ~ **fəza** *i.* 외부 세계 outer space; ~ **şüalar** *i.* 우주 광선 cosmic rays; ~ **şüalanma** *i.* 우주 방사능 cosmic radiation
kosmodrom *i.* 우주 센터, 우주선 발사 기지 cosmodrome, space drome
kosmoqoniya *i.* 우주 생성론, 우주의 진화론 cosmogony
kosmoqrafiya *i.* 천지학 (천지의 구조에 관한 과학); 우주 현상지(現像紙), 우주 구조론 cosmography
kosmologiya *i.* 우주론 (우주의 기원, 구조를 연구하는 철학, 천문학의 한 부문) cosmology
kosmoloji *si.* 우주론적 cosmological
kosmonavt *i.* 우주인, 우주 비행사 spaceman, cosmonaut, astronaut
kosmonavtika *i.* 우주 항공학, 우주 비행술 cosmonautics, astronautics
kosmopolit *i.* 세계인, 세계주의자 cosmopolitan, cosmopolite ● **nihilist**
kosmopolitik *si.* 세계 정책적인, 국제 정치적인 cosmopolitical
kosmopolitizm *i.* 세계주의, 세계주의적 기질 cosmopolitanism
kosmos *i.* 외계, 우주 cosmos, outer space; **~un tədqiqi/fəthi** *i.* 우주 탐험, 우주 탐사, 우주 계발 space exploration
kostyol *i.* 폴란드 로마 가톨릭 교회 Polish, Roman - Catholic church
kostyum *i.* 정장, 옷, 복장 costume, suit
koşək *i.* (과일에서 먹지 못하는) 찌꺼기 inedible part of fruits like apple/pear/quince *etc.* ○ **puçal, cecə**
kotan *i.* 쟁기 plough
kotançı *i.* 밭 가는 사람, 쟁기잡이 ploughman
kotançılıq *i.* 쟁기잡이의 직업, 일 job of ploughman
kotangent *i. riy.* 코탄젠트, 여접(餘接) 약자: cot. cotangent
kotanlamaq *fe.* 밭갈다, 땅을 갈다, 기경하다 plow, till, plough
kotlet *i.* 커틀릿, (얇게 저민 고기의 튀김) cutlet, chop, rissole; **ət ~i** *i.* (양, 소 등) 저민 고기 튀김 rissoles of meat
kotletlik *si.* 커틀릿에 어울리는 good for cutlet
kotmul *si.* 낡은 worn-out (broom)
kottec *i.* 작은 별장, 별채 cottage
kov *i.* 고려, 고찰, 숙려, 숙고, 배려, 참작, 협상, 절충 account, consideration, negotiation; ~ **eləmək** *fe.* 협상하다, 절충하다, 고려하다 consider, negotiate; ***Kov deyil!*** *고려할 사항이 아니다. That doesn't count! Fens!*
kovxa ☞ **kətxuda**
kovkəb *i. obs.* 별, 항성 star ○ **ulduz**
kozır *i.* 으뜸패, 으뜸패의 한 벌 trump, ruff; ~ **kart** *i.* 트럼프(카드) trump card; **~la kəsmək/vurmaq** *fe.* 으뜸패를 내다, 비장의 수를 쓰다 trump, ruff
köbə *i.* (옷) 자락, 끝, 가장자리, 테두리 edge, edging, bordering (of dress)
köbələmək *fe.* 테두리를 꿰매다 sew edge/edging/hemming
köbələt(dir)mək *fe.* 테두리를 하도록 시키다 ask *smb.* to border
köbəli *si.* 테두리가 있는 having an edge/edging/hemming
köbər *i.* 경사진 곳, 가파른 곳, 언덕 slope, high place
köç *i.* ① 이주 집단 group of migrants; ② 이주자촌 camp of migrants; **qaraçı ~ü** *i.* 집시촌 Gipsy camp; ~ **düşmək** *fe.* 야영하다, 숙영하다 encamp; ③ 새로운 초지를 찾아 이동하는 양떼 herd of sheep moving to new pasture; ④ 이동 물품 belongings for moving
köçəbə *si.* 유목의, 유목 생활을 하는 nomadic
köçəköç *i.* 보편적 이주, 총괄적 이주 general migration, universal removal
köçəl ☞ **közəl**
köçərgi ☞ **köçəri**

köçəri I. *i.* 유목민, 이주민 nomad, migrant; II. *si.* ① 유목하는, 유목생활의 nomadic ② 이주하는 migrating ○ **gəzəri** ● **oturaq**; ~ **tayfalar** *i.* 유목민족 nomadic tribes; ~ **quşlar** *i.* 철새 migratory birds; ~ **həyat** *i.* 유목 생활 nomadic life; ~ **həyat keçirmək** *fe.* 유목생활을 하다 live a nomad's life

köçərilik *i.* 유목 생활, 이주 생활 nomad life, nomadism, migrational life ○ **gəzərilik**

köçgün *si.* 이주하는, 유목하는 emigrant, immigrant

köçhaköç ☞ **köçəköç**

köç-külfət *i.* 각각의 가족 구성원 every member of family

köç(lü)-külfətli *z.* 가족 전체적으로 with all of family

köçmə *i.* ① 이동, 제거 moving, removal; ② 이주, 내주, 외주 migration, immigration, emigration, transmigration

köç|mək *fe.* ① 이사하다, 이동하다, 옮기다 move, leave, remove ○ **getmək**; ② 이주하다 migrate, emigrate; ③ *fig.* 결혼하다 marry; ④ 죽다, 세상을 떠나다 pass away, die; **~üb getmə** *i.* (철새) 이동; migration (bird); **bu dünyadan** ~ *fe.* 이승을 하직하다 pass away

köçürdülmək ☞ **köçürülmək**

köçürmək *fe.* ① 이동시키다, 옮기다 move, evict ○ **aparmaq, daşımaq**; ② 옮겨 적다, 받아 적다, 복사하다, 베껴 쓰다 copy, crib, make a fair copy, recopy, retype, transcript ○ **yazmaq**; ③ 전이하다, 전환하다, 옮기다 transfer, carry; ④ ~와 결혼하다 marry *smb.* off

köçürtmək *fe.* 소개(疏槪)시키다, 비우다 evacuate, empty out

köçürülmə *i.* 이주, 강제 이주 emigration

köçürülmək *fe.* ① 소개되다, 옮겨지다, 퇴거되다 be evacuated, be transcribed, be evicted; ② (돈) 이체하다, 옮기다 be moved, be removed, be transferred, be remitted (money); ③ 받아 적다, 옮겨 쓰다 be copied, be retyped; ④ 결혼해 가다 be married off

köhlən I. *i.* 준마(駿馬), 군마 courser; II. *si.* 잘 길러진, 잘 훈련된 (종마) well-groomed, well-stalled, well-tended (stallion) ○ **harın**

köhlənlik ☞ **harınlıq**

köhnə *si.* ① 낡은, 오래된, 닳아빠진 old, worn out, threadbare, shabby, frayed, dilapidated ○ **cırıq, nimdaş**; ② 중고의, secondhand ③ 신선하지 않는, 오래된, 퀴퀴한 stale, not fresh; ④ 쇠퇴한, 쓸모없는, 한물간, 시대에 뒤진 obsolete, out of date; ⑤ 과거의, 고대의 past, ancient ○ **əski, qədim** ● **təzə**; ~ **fikirli** *si.* 구식의 old fashioned; ***Hər şeyin təzəsi, dostun köhnəsi.*** *ata.s. 친구와 포도주는 오랠수록 좋다. Old friends and old wine are best.*; ***Köhnə hamam, köhnə taz.*** *항상 그대로인 변함없는 (생활). No changes. As same as before.*

köhnəçi *i.* 폐품수집업자 old-clothes man, junkman

köhnədən ☞ **qədimdən**

köhnəfuruş ☞ **köhnəçi**

köhnə-kültə ☞ **köhnə-kürüş**

köhnə-kürüş I. *i.* 낡은 옷, 누더기 rags, raggery, old clothes ○ **cındır, dağılmış, cırılmış**; II. *si.* 닳아빠진, 남루한 worn out, ragged; ~ **paltarlar** *i.* 낡은 옷 old clothes

köhnəldilmək *fe.* 낡게 되다, 남루하게 되다 be rendered old/shabby

köhnələşmək *fe.* 낡아지다, 남루해지다, 닳아지다 become ragged, be worn out

köhnəlik *i.* ① 낡음, 오래됨, 닳아빠짐 oldness, shabbiness, decrepitude, exhaustion ○ **nimdaşlıq, əskilik** ● **təzəlik**; ② 시대에 뒤짐 obsoleteness, outmodedness; ③ 퀴퀴함, 신선하지 않음 staleness

köhnəlmə *i.* 낡아짐, 닳아짐, 썩어짐 wear, decrepitude, decay

köhnəlmək *fe.* ① 낡다, 닳다, 헐다 become old, be worn out, wear out, become shabby, be frayed ○ **cırılmaq, dağılmaq, yırtılmaq, üzülmək**; ② 퀴퀴해지다, 낡아지다 stale, become stale ○ **qocalmaq** ● **yeniləşmək, təzələnmək**; ③ 시대에 뒤떨어지다, 유행에 뒤쳐지다 become out of date, get obsolete, be out of fashion

köhnəlmiş *si.* ① 닳아진, 낡은, 헌 worn out, frayed; ② 퀴퀴한, 김빠진 stale; ③ 시대에 뒤쳐진, 구식의 antiquated, obsolete, old, out of date; ~ **sözlər** *i.* 폐어 obsolete words; ~ **üslub** *i.* 구식, 유행에 뒤쳐진 양식 outmoded style

köhnəltmək *fe.* ① 낡게 하다, 헐게 하다; wear out, make old, fray; ② 퀴퀴하게 하다; make

K

stale; ③ 유행에 뒤쳐지다 make antiquated, make obsolete

köhnə-möhnə *i.* 낡고 헌 것들 (collective) old things, old stuff, old junk

köhnəpərəst *i.* 반동주의자, 퇴행적 인간, 구식의 고집쟁이, 보수적인 사람 fogey, conservative, retrograde person, reactionary, fogie

köhnəpərəstlik *i.* 시대에 뒤짐, 완고한 수구주의 fogyism, routine, conservatism

köhnəsayaq *si. z.* 낡아 보이는, 시대에 뒤떨어진 old-looking, in an old-fashioned way, old-fashioned

köhül *i.* 동굴, 굴; 은신처 cave, den ○ **mağara**

kök¹ ① 뿌리 root; ② *bot.* 당근, 홍당무 carrot; ③ 기원, 출처, 근원 origin, rootstock, derivation ○ **əsas**; ④ *dil.* 어근(語根) radix, root of word; ⑤ 이유, 근거 main reason; ⑥ *riy.* 루트, 근(根); (방정식의) 근 root; **kvardat ~** *i.* 제곱근, 루트 square/second root; **kub ~** *i.* 세제곱근 cube/third root; **məsələnin ~ü** *i.* 문제의 근원 root of problem; **ana ~** *i. bot.* 뿌리줄기, 지하경 rhizome; **~ün telləri** *i.* 근모, 뿌리털 root hair; **cücərtinin ~ü** *i.* 어린 뿌리; 배축(胚軸) 세근(細根) radicle; **~ atmaq/buraxmaq** *fe.* 뿌리를 뻗다, 뿌리를 내리다 take root, send out root; **~ünü kəsmək** *fe.* 뿌리를 자르다, 뽑아내다, 근절시키다, 발본색원하다 root out, eradicate, uproot; **~ündən qoparmaq** *fe.* 근절시키다 eradicate; **~ salmaq** *fe.* 깊이 뿌리내리다 be deeply rooted; **~ündən çıxarmaq** *fe.* 뿌리까지 뽑아내다 stub, uproot; **~ündən dəyişmək** *fe.* 과격하게 변화하다, change radically; ***Bütün bəd əməllərin kökü puldur.*** *돈은 일만 악의 뿌리. Money is the root of all evils.*; ***Ot kökü üstündə bitər.*** *ata.s. 아니 땐 굴뚝에 연기 나랴? Like father like son.*

kök² *si.* ① 뚱뚱한, 살찐, 통통한 fat, fleshy ○ **ətli, canlı, əndamlı**; ② 건강한, 건전한 healthy ○ **saz**

kök³ *i. mus.* 올바른 가락; 음의 고저의 일치, 협화, 동음, 화성 tune, mood; **~dən düşmüş** *z.* (피아노의) 조율이 흩어진 out of tune (piano); **~dən salmaq** *fe.* 조율이 흩어지다 put out of tune

kök⁴ *i.* (바늘의) 한 땀, 가봉 시침질 stitch, tacking, basting, rough stitch; **~ atmaq** *fe.* 꿰매다 stitch

kök⁵ *i.* 경우, 상황, 장면 situation, case

kökayaqlılar I. *i. bio.* (아메바 등) 근족충류(根足蟲類) rhizopod; II. *si.* (아메바 등) 근족충류(根足蟲類)(의) rhizopodous, rhizopodan

kökalma *i. riy.* 거듭제곱, 누승 extraction of root, evolution (x^n=a)

kökcük *i. dim.* 잔뿌리 rootlet, small root, thin root

kökdoğrayan *si.* 뿌리 자르기 oot-cutting

kökə *i.* 케이크, 쿠키 cake, bread like cake, flat cake, cookie, corndodger ○ **qoğal**

kökəbənzər *si. bot.* 뿌리 같은 root-like; 뿌리 모양의 rhizoid

kökəcik *i. dim.* 쿠키 small **kökə**

kökəldilmək *fe.* 살찌워지다 get fattened

kökəldilmiş *si.* 살찐, 잘 먹인 fattened, fat, well-fed

kökəlmə *i.* 비만, 비대 obesity, steatosis, adipose

kökəlmək *fe.* 살찌다, 뚱뚱해지다, 비대해지다 fatten, put on weight, gain weight ○ **yağlanmaq, piylənmək, ətlənmək, yoğunlamaq**

kökəltmək *fe.* 살찌게 하다, 살찌우다 fatten ○ **bəsləmək**

kökləmək¹ *fe.* 조율하다 tune, tune in, adjust ○ **sazlamaq**

kökləmək² *fe.* 꿰매다 sew ○ **tikmək**

köklənmək¹ *fe.* 조율되다, 기음화 하다 be tuned (music), be adjusted

köklənmək² *fe.* 뿌리를 내리다, 견고히 서다 take deep root, stand firm

köklənmək³ *fe.* 꿰매지다, 시침질(가봉)되다 be sewn, be basted, be tacked

köklənmiş *si.* 조율(調律)된 in tune (piano) , tuned

kökləşdirmək¹ *fe.* 살찌게 하다, 살찌우다 fatten

kökləşdirmək² *fe.* 굳게 하다, 강화하다, 굳건하게 하다 strengthen, consolidate

kökləşmək¹ *fe.* 뚱뚱해지다 get fat

kökləşmək² *fe.* 견고히 서다 stand firm

kökləyici *i.* 조율사 tuner, tuning

köklü¹ *si.* ① 뿌리가 있는 having roots; ② 견고한, 튼튼한 firm, strong ○ **yerli-dibli, əsaslı** ● **əsassız**; ③ 가정 배경이 든든한 having big family and relatives

köklü² *si.* 기본적인, 기초적인, 전체적인, 철저한 radical, fundamental, basic; **~ dəyişiklik** *i.* 근본적 변화 fundamental/radical change; ~

dönüş *i.* 근원적 변화 radical turn

köklü-budaqlı I. *si.* ① 잘 발달된 (나무) well-developed; ② 든든한 가정 배경을 가진 having big family and many relatives; II. *z.* 뿌리까지, 철저히 by the roots, with the roots

köklü-gövdəli ☞ **köklü-budaqlı**

köklük[1] *i.* 뚱뚱함, 살찜, 비만, 비대 stoutness, fatness, plumpness, corpulence ○ **yağlılıq, piylilik, ətlilik, canlılıq** ● **arıqlıq**

köklü-köməcli ☞ **köklü-budaqlı**

köks *i.* ① 가슴 bosom, breast, chest ○ **döş, sinə**; ② 마음 heart; ~ **qəfəsi** *i. ana.* 가슴, 흉곽 chest; (인간, 고등 척추 동물의) 흉곽, 가슴, (곤충의) 흉부 thorax; **~ü dolusu nəfəs almaq** *fe.* 긴 숨을 쉬다 breathe deeply; **~ünə basmaq** *fe.* 가슴에 꼭 껴안다 strain *smb.* to one's breast; **~ünü gərmək** *fe.* 든든히 서다, 견고히 지탱하다 stand up staunchly, defend with might; **~ünü ötürmək** *fe.* 한숨을 쉬다 sigh

köksüdolu *si.* ① 풍만한 (가슴) well-rounded; ② 편안한, 깊고 넓은 comfortable, deep and wide

köksüdolusu *z.* 편안히, 깊고 넓게 comfortably, deeply and widely

köksüz[1] *si.* 뿌리가 없는 rootless

köksüz[2] *si.* 조율되지 않은 tuneless

kökümeyvəli *si.* 근채작물의 (무, 고구마, 감자 등) root-crops, root-like; ~ **gövdə** *i.* 뿌리 같은 줄기 root-like stem

kökümsov ☞ **kökümeyvəli**

kökündən *si. z.* 철저하게, 근본적으로; radical(ly), fundamental(ly); ~ **dəyişmə** *i.* 변형, 변모 transfiguration; ~ **dəyişdirmək** *fe.* 철저하게 바꾸다 change root and branch

kölə *i.* 종, 노예 serf, slave ○ **qul** ● **azad**; ~ **halına salmaq** *fe.* 예속시키다, 노예로 만들다 enslave; ~ **kimi** *z.* 노예처럼 like a slave, slavishly; ~ **bazarı** *i.* 인력시장 slave auction; ~ **ticarəti** *i.* 노예매매 slave trade; **~cəsinə** *z.* 천하게, 비굴하게, 노예처럼 slavishly; subserviently

köləlik *i.* ① 농노 신분, 농노제도 serfdom, slavery ○ **qulluq, əsarət** ● **azadıq**; ② 굴레, 멍에 yoke, bondage; **~yin ləğvi** *i.* 노예제도의 폐지 abolishment of slavery; ~ **həyatı** *i.* 노예같은 삶 slavish life; ~ **quruluşu** *i.* 노예제도 slave-holding system

kölgə *i.* ① 그림자, 그늘 shadow, shade; ② (물, 거울 등에 비친) 그림자, 영상 image, shadow (unclear part); ③ *fig.* 보호, 돌봄, 감독 care; **~də qalmaq** *fe.* 막후에 머물다 remain in the back ground; **işıq və ~** *i.* 빛과 그림자 light and shadow; **~sində** *z.* ~의 보호하에 under *smb.*'s care; ***Kölgən qalın olsun!*** *관대하십니다! You are so generous.* ***Köpək qaya kölgəsində yatıb, elə bilir ki, öz kölgəsidir.*** *ata.s.* *남의 은덕을 자기의 공로로 생각한다. One must not consider the blessing granted to him to be the result of his own efforts.*

kölgələyici *si. i.* 그늘지게 하기, 햇빛 가리기 shading, shade

kölgələmək *fe.* 그늘지게 하다, 빛을 가려 응달을 만들다 shade, shadow

kölgələndirmə *i.* 그림자를 지게 함, 흐리게 함 overshadowing

kölgələndirmək *fe.* 그림자를 지게 하다, 흐리게 보이게 하다 overshadow

kölgələnmək *fe.* ① 그림자로 가려지다; be shadowed ② 그늘에 쉬다, 그늘에 숨다 rest in shadow, conceal in shadow

kölgəli *si.* ① 그늘진, 그림자가 드리운 shadowy, shady ○ **sərin**; ② 서글픈, 우울한 sad, sorrowful

kölgəlik *i.* ① 그늘, 그늘진 곳 shade, shady place; ② 차양, 천막, 차폐물 awning, shelter, shed

kölgəlilik *i.* 그늘짐, 그림자가 드리움 shadiness, shadow ○ **sərinlik**

kölgəsevən *si.* 음지성의 (식물) shade (plant)

kölgəsiz *si.* ① 그늘이 없는, 그림자가 없는 without a shadow, shadeless; ② *fig.* 존중되지 않는, 반응하지 않는, 하찮은 unresponsive, unvirtuous

kömbə I. *i.* 빵 덩어리 (거칠게 빻은 옥수수 가루 반죽을) 뜨거운 재 속에서 구운 빵 loaf of bread, ash cake; II. *si.* (빵) 볼록한, 통통한 stout, plump (bread) ○ **qalac, yöndəmsiz, kök, gombul**

kömbədodaq *si.* 두터운 입술을 가진 thick lipped

kömənc[1] *bot.* 땅으로 퍼지며 자라는 식물 plant spreading on the ground not growing up

kömənc[2] *i.* 벌집 beehive

köməclənmək *fe.* 땅으로 퍼지며 자라다 spread

K

on the ground (plant)

kömək *i.* ① 도움, 원조, 지원, 구호 help, aid, relief, promotion, favour ○ **yardım**; **qarşılıqlı ~** *i.* 상호 보조, 상호 지원 mutual assistance; **maddi ~** *i.* 물질적 도움, 후원, 재정지원 support, pecuniary aid; **~ etmək** *fe.* 돕다, 지원하다, 후원하다, 구호하다, 선행하다 promote, help, assist, further, relieve, support, give *smb.* a lift, lend a hand, do good; **~ vermək/göstərmək** *fe.* 후원하다, 기부하다, 도움을 주다 help, give help, render assistance; **~ durmaq** *fe.* 후원하다, 지원하다 support, stand for; **~ istəmək/diləmək** *fe.* 도움을 청하다 ask for help; **~ görmək** *fe.* 도움을 입다, 구호되다, 후원되다 enjoy *smb.*'s help, be aided, be supported; **~yi ilə** *z.* ~의 덕택에, ~의 도움으로 with help of, by means of; **~yi dəymək** *fe.* 돕다, 지원하다, 후원하다 help, support, aid; **~ təklif etmək** *fe.* 도움을 제안하다, 후원을 제안하다 offer one's hand; ② 돕는자, 조력자 support, assistant, helper; ***Bu dərman mənə çöx kəmək edir.*** *이 약은 내게 아주 효험 있다. This medicine has done me a lot of good.* ***O, ailənin tək köməyidir.*** *그가 가정을 먹여 살린다. He's only support of the family.*

köməkçi *i.* 보조자, 지원자, 조수, 보좌관 helper, auxiliary, assistant; vice-; extra- ; **rejisor ~si** *i.* 제작자 보조 assistant producer; **usta ~si** *i.* 조수 master's helpmate; **~ dəstələr** *i.* 보좌 부대 auxiliary detachments; **~ nitq hissələri** *i. qram.* 기능어 (대명사, 전치사, 접속사, 조동사 등) structural parts of speech, function words; **~ fel** *qram.* 조동사 auxiliary verb; **~ elektrik stansiyası** *i.* 보조 발전소 subsidiary power station

köməkdar *si.* 도움이 되는, 쓸모 있는 helpful; *i.* 도움을 주는 사람 helper

köməkdarlıq *i.* 도움, 보조 helping, assistance

köməkkeş ☞ **köməkçi**

köməkkeşlik *i.* ① 상호지원 mutual aid/help; ② 공동 동작 conjoint action, joint efforts; **~lə** *z.* 공동합작으로, 공동으로 conjointly, with joint efforts

köməkləşmək *fe.* 서로 돕다, 같이 애쓰다, 수고에 하나되다 help each other, unite in effort, conjoin efforts ○ **birləşmək**

kömәkli *si. z.* 도움을 주는, 보조되는, 후원되는 aided, assisted, helping one another ○ **birgə**; ***Köməkli iş asan olar.*** *ata.s.* *백지장도 맞들면 낫다. Many hand make light work.*

köməklik *i.* 도움, 지원, 상호작용 aid, help, interaction ○ **yardım**

köməksiz *si.* ① 도움 없는, 보호자 없는, 단기의 helpless, defenseless, single-handed; ② 버려진, 홀로된, 외로운 deserted, supportless, forlorn

köməksizlik *i.* 홀로임, 외로움 helplessness

kömür *i.* 석탄, 숯 coal; **ağac ~ü** *i.* 숯; charcoal ;**daş ~** *i.* 조개탄, 덩어리 석탄 coal, pit coal ;**gözərmiş ~** *i.* 타고 있는 석탄 live coals; **~ basmaq/yandırmaq** *fe.* 숯을 굽다, 숯으로 만들다 make charcoal, char, bake charcoal; **~ mə'dəni** *i.* 석탄광 coal pit; **~ çıxaran** *i.* 석탄 광부 collier; **~ qətranı** *i.* 콜타르 coal tar; **~ istehsalı** *i.* 석탄생산(량); coal output; **~ yatağı/süxuru** *i.* 석탄 광층 coal bed, coal seam; **~ dəmi** *i.* 연무, 석탄가스, 석탄 연기 fumes of charcoal; **~ qazı** *i.* 석탄 가스 coal gas; **~ kisəsi** *i.* 석탄 주머니 coal sack; **~ hövzəsi** *i.* 석탄 야적장 coal basin, coal field; **~ qabı/səbəti** *i.* (운반용) 석탄 통 coal scuttle; **~ xəkəsi** *i.* 분탄, 석탄 먼지 coal-dust; **~ çalası** *i.* 숯 가마 charcoal pit/kiln

kömürbasan ☞ **kömürçü**

kömürçıxaran ☞ **kömürqazan**

kömürçıxarma *i.* 석탄 추출(물) coal extraction

kömürçü *i.* 탄부(炭夫), 숯장이, 숯 굽는 사람 coal man

kömürçülük *i.* 탄광일, 숯 굽기 coalmaking

kömürdoğrayan *i.* 석탄 으깨는 사람 coal-crusher, coal breaker

kömürxana *i.* ① 숯가마, 숯 공장; coaling, charcoal kiln ② 석탄 창고 coal-hole, coal bunker

kömürqazan *i.* 석탄선; 탄갱부 coal-miner, collier

kömürləşdirmə *i.* 탄화(炭化) carbonization

kömürləşdirmək *fe.* 탄화하다, 까맣게 타다 char, carbonize

kömürləşmək *fe.* 숯이 되다, 타서 까맣게 되다 become charred, char

kömürlü *si.* 숯으로 검게 된, 석탄의, 석탄을 함유한 blackened with coal, coaly

kömürlük *i.* ① 석탄 저장소 a place where coal is piled; ② 숯 재료로 쓸 목재 wood for making charcoal

kömüryandıran *i.* 석탄난로 coal-burner

köndələn I. *si.* 가로지르는, 횡단하는, 가로의 transverse, across ○ **eninə**; II. *z.* 가로질러, 비스듬히, 횡단하여 aslant, transversely, askance, athwart; **~ tir** *i.* 횡목 (橫木), 가로보 rail, transverse beam; **~ xətt** *i.* 횡선, 가로축 transverse line

könlüaçıq *si.* 기분좋은, 기쁜 glad, joyful ○ **şən, gülərüzlü, şad, xürrəm**

könlüaçıqlıq *si.* 기쁨, 즐거움, 기분 좋음 gladness, joyfulness ○ **şənlik, şadlıq, gülərüzlülük**

könlüqara ☞ **qəlbiqara**

könlüqırıq, **könlüsınıq** *si.* 마음이 상한, 토라진, 기분상한 broken-hearted ○ **incimiş, incik, küskün**

köntöy I. *si.* ① 시골의, 소박한, 상스러운, 거친, 본데없는, 교양 없는, 야비한, 촌스러운 rustic, rude, uncultured, awkward, boorish, coarse, rough, impudent, brutal, harsh ○ **kobud, qaba, sərt**; ② 투박한, 망가진 blunt, ruined; II. *z.* 촌스럽게, 상스럽게 rustically, rudely; **~ davranış/hərəkətlər** *i.* 촌스런 행동 rustic manner; **~ söz** *i.* 거친 말 rude word; **~ cavab vermək** *fe.* 퉁명스러운 대답을 하다 give a curt reply; **~-~** *z.* 투박하게, 거칠게, 야비하게 교양 없이, 퉁명스럽게 bitterly, rudely, awkwardly, harshly

köntöyləşmək *fe.* 조잡하게 하다, 거칠게 만들다 coarsen

köntöylük *i.* 거침, 투박함, 버릇없음, 촌스러움 coarseness, rudeness, roughness ○ **kobudluq, qabalıq, sərtlik**

könül *i.* ① 마음, 심장, 영혼, 가슴 heart, mind, soul, bosom ○ **ürək, qəlb**; ② 의지, 소망, 욕망, 바램, 경향, 기질 will, wish, desire, longing, inclination, disposition ○ **arzu, dilək, istək, həvəs, meyl**; **~ açmaq** *fe.* 기분이 좋다, 마음을 열다, 즐기다, 기뻐하다 open one's heart; rejoice, gladden; **~ bağlamaq/vermək** *fe.* 사랑에 빠지다 fall in love; **~ qırmaq** *fe.* 감정을 상하다 wound one's feeling; **~ oxşamaq** *fe.* 마음의 기쁨이 되다 be pleasure to the heart; **~ü istəmək** *fe.* 고대하다, 갈망하다 long for; **~ünə yatmaq** *fe.* 좋아하다, 만족해하다 like; **~ünü almaq** *fe.* 달래다, 위로하다 soothe, console, comfort; **~ünü ələ almaq** *fe.* 마음을 얻다 gain one's heart; **~ünü xoş eləmək** *fe.* 만족시키다, 기쁘게 하다, 만족하다 gratify; **~ü olmaq** *fe.* 원하다, 소망하다, 이끌리다; wish, want, have inclination/disposition; **~ündən keçmək** *fe.* 꿈꾸다, 원하다, 소원하다, 바라다 wish, want, desire, dream; **~ünə düşmək** *fe.* 기다리다, 기대하다, 갈망하다 long for; **~ü olmamaq** *fe.* 거리끼다 be reluctant; **~ olmayan** *si.* 거리끼는, 기꺼워하지 않는 reluctant, unwilling; **~ünə dəymək** *fe.* 감정을 상하다 hurt; **~ünü almaq** *fe.* 달래다, 조화시키다, 회유하다 conciliate, soothe; ***Könül sevən göyçək olar.*** *ata.s.* *제 눈에 안경. Beauty lies in the lover's eyes.*; ***Könlü balıq istəyən ayağını suya salar.*** *ata.s.* *물고기 잡으려면 발을 적셔야지. He who would catch fish must not mind getting wet.*

könülaçan *si.* 기쁘게 하는, 즐겁게 하는, 기쁜, 만족시키는, 편안케 하는 pleasant, pleasurable, rejoicing, gratifying, comforting

könüllü I. *si.* 자발적으로 (자유 의사로) 하는 voluntary, inclined, likely ○ **həvəsli, meylli** ● **zorla**; II. *i.* 자원자, 자원 봉사자 volunteer; III. *z.* 자진하여, 자원하여, 자유 의사에 따라 voluntarily, of one's own free will; **~ iş** *i.* 자원 봉사 voluntary work; **~ ordu** *i.* 자원 부대, 모병 voluntary army; **~ cəmiyyət** *i.* 자원 voluntary society

könüllülük *i.* 자원 봉사, 자유 의사에 따름 volunteer work, voluntariness ○ **həvəslilik, meyllilik**; **~ əsasında** *z.* 자원에 기초하여 on a voluntary basis

könülsevən I. *i.* 연인, 애인, 사랑하는 사람 sweetheart, darling, dear one, darling ○ **ürəyəyatan, sevimli, xoşagələn, istənilən**; II. *si.* 사랑하는, 마음에 연모하는 dear to one's heart

könülsüz *si.* 억지의, 거리끼는, 내키지 않는, 기껍지 않는 half-heartedly, involuntary, reluctant, unwilling ○ **həvəssiz, meylsiz** ● **ürəkli**; **~cə (sinə)** *z.* 억지로, reluctantly; **~-~** *z.* 마지 못해, 억지로 reluctantly

könülsüzlük *i.* 억지로 하는 일, 기껍지 않음, 건성으로 함 reluctance, unwillingness, half-hearted ○ **həvəssizlik, meylsizlik**

köp *i.* *tib.* ① (가축의) 고창증(鼓脹症- 위 주머니가 가스로 부풀어오르는 병) flatulence, flatulency;

K

hoove (veterinary) ○ **şiş**; ② 부풀어 오른, 통통한 plump, chubby, pudgy; **~ünü almaq** *fe. fig.* 남의 야코를 죽이다, 콧대를 꺾다 take *smb.* down a peg or two

köpbəcə *si.* 통통한, 토실한 plump, chubby

köpbəcələşmək *fe.* 통통해지다, 토실해지다 get fat, grow plump

köpdürmək *fe.* 부풀리다 (공기로), 팽창시키다, 확장하다 inflate, plump (with air)

köpək *i.* 개, 사냥개 dog, hound; **~ diş** *i.* 송곳니, 엄니 canine (tooth), fang; ***Köpək!*** *비열한 놈! Hound!*

köpəkbalığı *i. zoo.* 상어; 경린(硬鱗) 어류의 총칭 shark, dog-fish

köpəkləşmək *fe.* 늙어가다 grow old

köpəklik *i.* 연로함, 노쇠함 oldness, agedness

köpəş *si.* 수포가 생긴, 부풀어 오른 blistered, blistery, puffed up ○ **şiş**, **köp**

köpəşik *i.* 물집, 기포; 타박상 blister, bump ○ **sızaq**, **sızanaq**; **~ səpmək** *fe.* 물집으로 덮이다 be covered with blisters

köpəşmək *fe.* 상처로 덮이다, 타박상으로 부어오르다 be covered with blisters/bumpes, puff up

köpgər *i. zoo.* 샤모아 (알프스영양) chamois

köpmək *fe.* ① 가스로 부어오르다 become flatulent/flattuous ○ **şişmək**, **qabarmaq**; ② (반죽 등) 부풀어 오르다 be blown, be puffed up, swell (dough) ○ **acımaq (xəmir)**

köpük *i.* ① 거품, 포말 (맥주, 비누, 말 등); foam, spume, froth (beer); suds (soap); lather (horse); ② (끓는 표면에) 찌꺼기 scum; **~yünü yığmaq** *fe.* 찌꺼기를 제거하다 skim, remove scum; ***At köpük içində idi.*** *말이 땀투성이가 되어 있었다. The horse was in a lather.*

köpükləndirici I. *i.* 거품 나게 하는 것 frother; II. *si.* 거품이 이는, 부풀어 오르는; frothing, bubbling up, puffing up; **~ maddə** *i.* 거품을 이는 물질 frothing substance

köpükləndirmək *fe.* 거품이 일게 하다 make/cause foam/froth, froth

köpüklənmək *fe.* 거품이 일다, 포말이 일다; bubble, froth, foam, froth, spume; **ağzı ~** *fe.* 입에 거품을 물다 send out foam from mouth

köpüklü *si.* 거품이 이는, 거품을 품은 foamy, frothy, scummy, spumous, spumy; **~ pivə** *i.* 거품이 덮인 맥주 frothy beer

köpüksüz *si.* 거품이 없는, 포말이 생기지 않는 foamless, frothless, spumeless

köpürmək *fe.* ① 부풀다, 부풀어 오르다 puff, swell out, inflame; ② 거품을 일게 하다, 거품투성이로 만들다 foam, get foamy; ③ 휘젓다, 뒤섞다, 건드려 자극하다, 화나게 하다 stir, become agitated, rage, get furious

köpürtmək *fe.* 부어오르게 하다 swell, swell out

köpüyəbənzər *si.* 거품 같은 foamlike

körəməz ☞ **koramaz**

körfəz *i.* 만, 후미; 작은 만, 후미진 곳 bay, gulf, cove, creek

körpə I. *i.* 아기, 유아 baby, infant; II. *si.* ① 유아의, 갓난 아이의, 유년기의, 어린 baby, infant **balaca**, **kiçik**, **tifil**; ② 새로운, 어린 new, young ○ **tər**, **təzə**, **yeni** ● **böyük**; **südəmər ~** *i.* 갓난 아이, 젖먹이 infant in arms; **~lər evi** *i.* 육아실, 보육원, 탁아소 nursery; **~ zoğlar** *i.* 싹, 새싹, 움, 어린 가지 fresh sprouts

körpəcik *i.* 갓난이, 젖먹이, 아기 young one, baby, infant, poor baby, poor little one

körpəciyəz ☞ **körpəcik**

körpəli *si.* 아이가 있는, 아이의 with baby ○ **uşaqlı**

körpəlik *i.* ① 젖 먹는 시절, 유아기 babyhood, infancy ○ **uşaqlıq böyüklük**; ② 신선함 freshness; ***Mən onu körpəlikdən tanıyıram.*** *기저귀 찰 때부터 알고 지낸다. I know him since he was in petticoat.*

körpü *i.* ① 다리, 가교, 육교; 안벽, 부두, 선창 bridge, quay; **~ özülü** *i.* 부두, 잔교, 선창, 교각 pier; **asma ~** *i.* 현수교(懸垂橋) suspension bridge; **qalxan ~** *i.* 도개교(跳開橋), 가동교, (성의 해자에 걸친) 도개교 draw bridge; **piyada ~sü** *i.* (횡단용) 인도교, 육교 foot-bridge; **panton ~sü** *i.* 주교(舟橋), 부교; pontoon-bridge, bridge of boats; **qıl ~** *i.* 최후 심판 the final judgment, doom; ② 선교 (船校), 브리지, 함교 bridge (control room on the ship); ③ (건축 등의) 비계 (발판) scaffold

körpücük *i.* ① (횡단용) 인도교, 육교 foot-bridge; ② *ana.* 콧마루 bridge; **~ sümüyü** *ana.* 쇄골(鎖骨) clavicle; **burun ~yü** *i. ana.* 콧마루 bridge of the nose

körpülü *si.* 다리로 잇는, 다리가 있는 bridged,

having a bridge

körük *i.* ① 풀무; (오르간 등의) 바람통, 역풍기 bellows; ② 콧구멍 nostril; ~ **basmaq** *fe.* 풀무질하다 blow the bellows

körükbasan ☞ **körükçü**

körükçü *i.* 부는 사람/것; 유리를 부는 직공; 송풍기/장치; (용광로 등의) 현장 주임, 대장장이 blower, blacksmith

körükçülük *i.* 대장공, 대장일 blower's job, forge, forging furnace

körükləmək *fe.* ① 풀무질하다; blow bellow ② 타오르다, 불붙다, 격정으로 뜨거워지다 kindle, inflame

körüklənmək *fe.* 불다, 타다 be blown

körüklü *si.* 풀무가 있는 having bellows

kösöv *i.* ① 횃불, 관솔, 숯덩이 firebrand, smoldering-brand, charred log; ② 부서진것, 망가진 것 broken thing; ~ **olmaq/~ə dönmək** *fe.* 숯이 되다, 관솔이 되다 turn into fire-brand

kösövlənmək *fe.* ① 숯이 되다 burn to soot, turn into a fire-brand; ② 숯으로 타들어 가다 be eaten with a fire-brand

kösövlü *si.* 숯이 된, 까맣게 탄 burned to soot, charred

köstəbək *i. zoo.* 두더지 mole

köstək *i.* 탈곡, 타작 hiding, thrashing

köşə *i. obs.* (가죽 따위의) 끈, 묶는 것 tie, band (leather *etc.*)

köşəbənd *si.* 가죽끈으로 묶인 tied with leather band

köşək *i.* 낙타 새끼 young camel, camel calf

köşələmək *fe.* ① 가죽끈을 만들다 make leather band; ② 가죽끈으로 묶다 tie with leather band

köşən ☞ **kövşən**

köşk *i.* ① 키오스크, 노점, 매점, 간이 점포, 마구간, 외양간 booth, stall, kiosk ○ **kiosk**; **qəzət ~ü** *i.* 신문 판매대 news stall; **kitab ~ü** *i.* 서적 판매대 bookstall; **telefon ~ü** *i.* 공중 전화 박스 telephone booth; ② 가설 건축물, 대형 천막, 정자, 초당 pavilion, summer house, arbour, pergola

kötək *i.* ① 곤봉, 방망이 cudgel, club, bat, bludgeon ○ **dəyənək**; ② 치기, 때리기, 펀치 bat, buffet, cuff, punch ○ **döyülmə, zərbə**; ~ **yemək** *fe.* 방망이로 맞다, 두들겨 맞다 get a good thrashing/cudgeling

kötəkləmək *fe.* 치다, 때리다, 가격하다, 두들기다 batter, cuff, punch, cudgel, thrash, belabour, beat mercilessly ○ **döyəcləmək, əzişdirmək**

kötəklənmək *fe.* 맞다, 얻어맞다, 두들겨 맞다 be beaten/cuffed/punched mercilessly, get thrashing/cudgeling

kötəkləşmək *fe.* 서로 때리다, 서로 치고 박다 beat, flog each other

kötücə ☞ **kötükcə**

kötük *i.* ① 나무 토막, 그루터기, 나무 밑동 log, stub, stump, block; ~ **kimi dayanmaq** *fe.* 돌처럼 굳어 서있다 stand like stone; ② 삽 shovel; ③ 잔[어린]뿌리; 지근(支根), 곁뿌리, (담쟁이덩굴 등의) 가는 뿌리 rootlet

kötükcə *i.* 고손자(高孫子) great-great-grandson

kötükcük *i. dim.* **kötük**

kötükvarı *si.* 그루터기 같은, 그루터기가 많은 stubby; ~ **barmaqlar** *i.* 굳은 살이 많이 박힌 손 stubby fingers

kövdən *si. obs.* 둔한, 아둔한, 우둔한, 어리석은 dull, stupid

kövəşimək *fe.* 살짝 붓다, 약간 부풀어 오르다 swallow slightly ○ **köpmək**

kövkəb *i. obs.* 별 star ○ **ulduz**

kövrək *si.* ① 잘 깨지는, 연약한, 무른, 파삭파삭한 frail, brittle, crisp, fragile ○ **zərif, yumşaq** ● **bərk**; ② 허약한, 체력이 약한 mealy, feeble, weak; ③ 잘 상하는, 예민한 vulnerable, touchy, sensitive; ~ **peçenye** *i.* 크래커 (비스킷의 일종. 잘 부서짐) cracker

kövrəklənmək *fe.* ① 약해지다, 부서지기 쉬워지다 be fragile, be feeble; ② 예민해지다, 상처받기 쉽게 되다 become vulnerable, become sensitive

kövrəklik *i.* ① 무름, 약함, 덧없음 fragility, frailty; ② 유함, 온유함, 온화함 mealiness, meekness; ③ 예민함, 상처받기 쉬움 touchiness, sensitiveness, sensitivity

kövrəlmək *fe.* ① 깨어지다, 섬세해지다, 가냘퍼지다 be broken, be delicate ○ **boşalmaq, yumşalmaq, həlimləşmək** ● **bərkimək, sərtləşmək**; ② 울려고 하다, 눈물이 글썽이다 be ready to weep, be moved to tears ○ **ağlamsınmaq**

kövrəltmək *fe.* 울게 하다, 감동시키다 move *smb.* to tear, soften, tenderize

kövsər I. *i.* 낙원의 샘 wellspring in paradise; II. *si.* (물맛이) 단, 좋은 sweet, tasty (drink)

K

kövşək *si.* 잘 깨어지는, 약한, 무른 fragile, brittle, frail
kövşən *i.* 밀밭 wheat-field ○ **zəmi**
kövşənli *si.* 밀밭의 having straw, straw
kövşənlik *i.* 밀밭, 추수 밭 stubble field, harvest field
köy *i.* 동네, 마을, 부락 village, town ○ **kənd**
köylü *i.* 주민, 부락민 villager
köynək *i.* 셔츠, 와이셔츠 shirt, chemise; **gecə ~** *i.* 잠옷 night-robe; ② 홑청, (책) 덮개 case, covering, jacket; **~-~ ət tökmək** *fe.* 매우 창피해하다, 매우 수치스러워하다 be ashamed very much
köynəkcək *si.* 벌거벗은, 셔츠를 입지 않은 shirtless, without street clothes, stark naked; ***O köynəcək oturmuşdu.*** *셔츠바람으로 앉아 있었다. She was sitting stark naked.*
köynəkli *si.* 셔츠를 입은 wearing a shirt
köynəklik *i.* 셔츠에 어울리는 재료/천 material for making shirts
köynəksiz ☞ **köynəcək**
köz *i.* 잉걸, 불씨 cinder, embers, live coal; **~ kimi** *z.* 붉게 타는 red hot; **~ə dönmək** *fe.* 잉걸이 되다, 이글이글 타다 cinder, burn to cinder
közə *i.* 개울, 시내 brook, stream
közəl *i.* 여물, 지푸라기 bits of straw, remains of straw
közəl, közər *i.* 쭉정이 waste part of wheat when cleaning
közərdilmək *fe.* 이글거리며 타다 become red hot
közərişmək *fe.* 잉걸을 만들다 make embers
közərmək *fe.* 불타오르다, 불꽃 없이 타다 smoulder, glow, get hot, incandesce ○ **alovlanmaq**
közərmiş *si.* 불타오르는, 백열광을 발하는 incandescent, red hot
közərti *i.* 불꽃, 붉어짐, 화염 glow, flush, blush, flame, fire ○ **alov, qızartı**
közərtmə *i.* 불타오름, 백열 incandescence, white-heat, red-heat
közərtmək *fe.* 이글거리며 타다 make burning hot, incandesce
közləmək *fe.* 불씨를 만들다, 잉걸을 만들다 make embers
közlənmək *fe.* 잉걸이 되다 become live coals
közlü *si.* 잉걸이 있는 cindery

Krım *i.* 크리미아 (반도) Crimea
krab *i.* 게, 새우, 가재 (갑각류 통칭) crab ○ **xərçəng**
kraxmal *i.* 전분, 녹말 starch ○ **nişasta**
kraxmallamaq *fe.* 풀을 먹이다, 풀을 먹여 빳빳하게 하다 starch
kral *i.* 왕, 대제 king ○ **şah, hökmdar, padşah**; **~ arvadı** *i.* 왕비 queen; **~a məxsus** *i.* 왕의, 왕다운, 왕실의 피를 받은 royal; **~ kimi** *z.* 왕 같은; kingly; **~ titulu** *i.* 제왕직함 regal title
kraliça *i.* 여왕 queen
kraliçalıq *i.* 여왕권 queenhood
krallıq *i.* ① 왕권, 왕의 신분, 왕위; kingship, kinghood; ② 왕국; 왕령(王領) 왕정 kingdom, realm; **onun ~ğı dövründə** *z.* 그의 다스리던 시대에 during/under his kingship
kran[1] *i.* (물, 가스) 꼭지, 고동, 마개 cock, tap, faucet (water, gas); **yanğın ~ı** *i.* 소화전(消火栓) firecock
kran[2] *i. tik.* 크레인, 기중기 crane; **qaldırıcı; ~** *i.* 기중기(起重機) lifting crane
krant ☞ **kran**[1]
krançı *i.* 기중기 조작자 crane worker
krater *i.* 분화구, 폭탄구멍 crater
kredit *i.* 신용, 신뢰, 채권 credit; **~ bileti** *i.* 은행권, 지폐 bank note; **uzun müddətli ~** *i.* 장기 대출 long term credit; **qısa müddətli ~** *i.* 단기 대출 short term credit; **~ vermək** *fe.* 대출하다 grant credit; **~lə almaq** *fe.* 신용 구매하다 buy on credit
kreditor *i.* 신용제공자, 채권자, 저당권자 creditor, mortgagee
krekinq *i.* 분해 증류, 크래킹 cracking
krem *i.* 크림, 유지 cream; **~ rəngli** *i.* 크림 색의 creamy; **üz ~i** *i.* 화장 크림 face cream; **ağardıcı~** *i.* 미백 크림 light cream; **təmizləyici ~** *i.* 세면 크림 cleaning cream; **nəmləndirici ~** *i.* 보습크림 moisturizing cream; **tərə qarşı qoruyucu ~** *i.* 발한(發汗) 방지 크림 protection cream against perspiration; **üz qırxmaq üçün ~** *i.* 면도 크림 shaving cream; **çəkmə ~i** *i.* 구두약 shoes-polish
krematori *i.* 화장터 crematorium, crematory
kreml *i.* 크레믈린 (모스크바 정치 중심) the Kremlin (in Moskow)
krep *i.* ① *fib.* 크레이프 (바탕이 오글오글한 직물)

crepe; ② (크레이프의) 상장(喪章) crape

krepdeşin *fib.* 크레이프드신 (엷은 비단), crepe de Chine

kreslo *i.* 안락의자 armchair

kreşendo *i. mus.* 크레센도(의 악절). 약자: cres(c), crescendo

kreyser *i.* 순양함 cruiser; **ağır** ~ *i.* 중순양함 heavy cruiser; **yüngül** ~ *i.* 경순양함 light cruiser; **döyüş** ~**i** *i.* 장감 순양함 battle cruiser

kriket *i.* 크리켓 (11인 2팀으로 하는 영국의 구기) cricket

kriminal *i.* 범인, 죄인, 형벌 criminal, crime, penal

kriminalist *i.* 범죄과학자 criminalist

kriminalistika *i.* 범죄과학 criminalistics

kriminologiya *i.* 범죄형사학 criminology

kriminoloq *i.* 범죄형사 학자 criminologist

kristal I. *i.* 수정, 수정 제품 crystal; II. *si.* 수정의, 수정 같은, 맑은, 투명한 crystalline, crystal clear

kristallaşdırmaq *fe.* 결정시키다, 결정화시키다 crystallize

kristallaşma *i.* 결정화 crystallization

kristallaşmaq *fe.* 결정화되다, 명확하게 되다 crystallize, become crystallized

kristallik *si.* 맑은, 투명한 crystalline, crystallitic

kristallıq *i.* 수정같이 맑음 crystallinity

kristalloqrafik *i., si.* 결정학(의), 결정(의) crystallographic(al)

kristalloqrafiya *i.* 결정학(結晶學) crystallography

kron *i.* 왕관, 면류관, 왕권 crown

kross *i. idm.* 크로스컨트리 경기 cross-country race

krossvord *i.* 크로스워드 퍼즐, 낱말 채우기 놀이 crossword, crossword puzzle

krujeva *i.* 레이스; (제복 등의 장식용) 몰 lace, lacework, pint-lace; **toxunma** ~ *i.* 뜨개 몰; bone lace; **əllə hörülmə** ~ *i.* 수제 몰 hand-made lace

krujevaçı *i.* 레이스 만드는 사람 lace-maker

krujevalı *si.* 레이스 장식을 한, 가장자리를 레이스로 마무리한 laced, lacy; trimmed with lace

krujka *i.* 컵, (맥주용) 큰 컵, 조끼 mug, tankard, noggin ○ **parç**

krupoz *i.* 크루프(병)의, 크루프에 걸린 croupous

ksilofon *i.* 실로폰 xylophone

kub I. *i. riy.* 입방체, 정육면체; *mat.* 입방, 세제곱 cube; II. *si.* 3차원의, 입체의, 입방체의 cubic; ~ **kökü** *i.* 세제곱근 cubic root; ~ **santimetr** *i.* 입방 센티미터 cubic centimeter

kubatura *i.* 용적, 용량 cubic capacity, content

kubik *i.* 벽돌, 각석, 각재 block, stone brick

kubizm *i.* 입체파, 큐비즘 (20세기 초 일어난 미술 운동) cubism

kubmetr *i.* 입방 미터 cubic meter

kubmetrlik *i.* 입방미터 만큼의 용적 quantity of one cubic meter

kubok *i. idm.* 컵, 우승컵, 트로피 cup, trophy **keçici** ~ *i.* 도전 경기 challenge cup; ~ **almaq** *fe.* 우승하다, 이기다 win a cup

kud *i.* 벌통, 벌집 beehive

kudu *i.* 단호박 pumpkin, squash ○ **qabaq**

kufi *i.* 고전 아랍 문자 kuphic, cufic (ancient arabic scripture); ~ **yazlar** *i.* 고전 아랍 문서 Kufic inscriptions; ~ **xətt** *i.* 고전 아랍 필서 Kufic handwriting

kuflan *i.* 빙빙 도는 것, 회전목마, 팽이, 풍차 roundabout, merry-go-round, whirligig

kuful *i.* 마른 나무에 생기는 구멍 hollow left after tree has dried up ○ **koğuş**

kukla *i.* ① 인형, 꼭두각시 doll, puppet, marionette; ② 잘 차려 입은 여자애 well-dressed little girl; ~ **teatrı** *i.* 인형극 puppet-show

kukluksklan *i.* 3K 단(團), 큐클럭스클랜(略: K.K.K., KKK) Ku-Klux-Klan (K.K.K.)

kula *i.* 나무토막, 장작 log, billet, fire wood

kulaq *i.* 맘씨 좋은 농부 rich farmer who is generous to the poor ○ **qolçomaq**

kulminasiya *i. ast.* (천체의) 남중 culmination; climax

kulon[1] *fiz.* 쿨롬 (전기량 측정의 mks 단위. 약자 C); 프랑스의 물리학자 C.A. de Coulomb (1736-1806의 이름에서) coulomb

kulon[2] *i.* 귀고리, 목걸이 등 pendant (accessory)

kultivasiya *i.* 경작, 재배, 양성, 양식 cultivation; ~ **çəkmək** *fe.* 경작하다, 재배하다, 양식하다 cultivate

kultivator *i.* 경작자, 양성자, 수양자; 경운기 cultivator

kultivatorçu *i.* 경운기 운전자 cultivator operator

K

kuluar *i.* 로비 (호텔, 극장 등의 입구 홀, 복도, 휴게실) lobby

kuluf¹ *i.* 시궁창, 배수구 draining hole under wall or fence

kuluf² *i.* 책망, 꾸중 reproof, rebuke ○ **tənə, sərki**; ~ **vurmaq** *fe.* 책망하다, 꾸중하다 reprove, blame

kuluflamaq *fe.* 야단치다, 질책하다, 책망하다 reprove, blame

kum *i.* 벌집, 벌통 beehive, hive

kumıc *i.* 발효 마유(馬乳) koumiss (fermented mare's milk) ○ **qımız**

kimpul *i.* (대장장이가 양손으로 쓰는) 큰 해머; 강력한 타격, 결정적인 타격 sledgehammer

kupe *i.* 컴파트먼트 (객차 내의 화장실이 딸린 개인용 침실) compartment, sleeper (in train)

kuplet *i.* ① 행 연구(聯句), 대구(對句) couplet, verse 2; ② 풍자 가극 topical/satiric songs

kupletçi *i.* 풍자 가수 singer of topical/satiric songs

kupon *i.* 쿠폰, 우대권, 경품 교환권 coupon

kuran *i.* 흙 둔덕, 고분 mound

kurort *i.* 건강 휴양소 health resort; ~ **müalicəsi** *i.* 휴양소 치료 spa treatment/cure; ~ **komissiyası** *i.* 휴양소 위원회 health-committee

kurortçu *i.* 휴양객 health resort visitor, holiday-maker

kurorologiya *i. med.* 광천/온천학 balneology

kurs¹ *i.* ① (학교의) 학년, 학기 course, grade (in school); ② (공부나 치료를 위한 일련의) 과정 course; **axşam ~ları** *i.* 야간 반 evening courses; **qısa ~** *i.* 단기 과정, 속성과정 short course **tam**; ~ *i.* 전과정 complete course; **müalicə ~u** *i.* 치료 과정 course of treatment; **mühazirə ~u** *i.* 강의 과정, 강의 학기 course of lecture; **tədris ~u** *i.* 연구 과정 course of studies

kurs² *i.* 환율 exchange rate (money); **dəyər ~u** *i.* 교환 가치 exchange value; **manatın dəyər ~unun artması** *i.* 마나트 환율 가치의 상승 increase in the exchange value of the manat

kursant *i.* (과정을 밟고 있는) 학생 student

kursiv *i.* 이탤릭체 italics (in printing); italic type

kursovka *i.* 요양소 위원회의 치료 과정에 대한 인증 *authorization to a course of treatment with board at a sanitarium*

kuryer *i.* 수송자, 전갈자, 급사(急使); messenger, courier; **diplomaik ~** *i.* 외교 행낭 diplomatic courier

kus *i.* 큰 북 big drum

kustar I. *i.* 수세공인, 수공예가, 수공업자 handicraftsman; II. *si.* ① 수공의, 수공예의 handmade; ② *fig.* 아마추어 같은, 미숙한, 원시적인 primitive, amateurish; ~ **məmulatı** *i.* 수공예품 handicraft wares, hand-made goods; ~ **sənayesi** *i.* 가내 수공업 domestic industry **~casına** *z.* 미숙하게, 어리숙하게, 원시적으로 primitively, amateurishly

kustarlıq *i.* ① 손재주; ② *fig.* 서투른 기술 amateurish work, tinkering

kut I. *i.* ① 더미, 쌓아 올린 것, 무더기 heap **topa, qalaq**; ② (사람들) 떼, 그룹 (of people) **dəstə, toplu**; II. *si.* 진한, 두터운, 밀집한 thick, condensed **qalın, sıx, gur**; **~-~** *z.* 무더기 heap by heap

kutlamaq *fe.* 쌓아 올리다, 무더기를 만들다, 모으다 pile, heap, gather

kuza *i.* 바구니, 광주리 body

kuzə *i.* 주전자, 단지 pitcher

kuzəçilik *i.* 도기류, 도기 제조술 pottery

kü ☞ **küy**

kübar I. *i.* 귀족, 고관, 특권층, 유력자 aristocrat, noble, magnate, grandee ○ **əsilzadə, aristokrat**; II. *si.* ① 지체 높은, 고상한 aristocratic; ② 예의 바른, 공손한, 정중한 courteous, chivalrous; ③ 거만한, 으스대는, 뻐기는, 잘난 체하는 lordly; **~lar təbəqəsi** *i.* 상류층, 특권계급, 귀족, 엘리트 aristocracy, the elite; ~ **qadın** *i.* 고상한 (체하는) 여인 fine lady; **~ca(sına)** *z.* 으스대며, 거만하게, 뻐기며 aristocratically, arrogantly; **~anə** ☞ **kübarcasına**

kübarlıq *i.* ① 신빙성 authenticity, originality; ② 귀족주의, 귀족 기질, 고귀함, 고결 aristocracism, nobility, nobleness ○ **əsilzadəlik, aristokratlıq, zadəganlıq, nəciblik**

kübarlaşmaq ① 확실해지다 become authentic ○ **nəcibləşmək**; ② 고상해지다, 귀족스러워지다 become aristocratic, become noble ○ **zadəganlaşmaq, aristokratlaşmaq**

küçə *i.* 길, 거리, 도로 street; ~ **hərəkəti**, ~ **nəqliyyatı** *i.* 교통 traffic; **~də əngəl** *i.* 교통 체증 traffic jam; ~ **qapısı** *i.* porch 돌출 현관; **~də** *z.* 집밖에서, 외부적으로 outside of house, out of door, outside; ~ **qadını** *i.* 밤거리 여자, 매춘부 street-walker, prostitute; ~ **döyüşü** *i.* 시가전 street fighting; ~ **uşağı** *i.* 부랑아, 최하층민, 거리 깡패 street lad, gutter-sniper; **~aşağı** *z.* 길을 따라가면 down the street; **~aşağı getmək** *fe.* 길을 따라 내려가다 walk down the street; **~bə~** *z.* 거리거리마다, 골목 골목 from street to street; **~yuxarı** *z.* 길따라 오르는 up the street; **~yuyan** *i.* 청소 street washing; ***Bizim küçədə də bayram olar.*** *우리의 시대도 올 거야. Our day will come.*

küçəsüpürən *i.* 청소부, 환경미화원 street sweeper

küçük *i.* ① 강아지, (동물의) 새끼, puppy, cub, whelp; ② (경멸) 애새끼! whelp (insulting); ③ 자손, 자식 (짐승의 새끼) offspring

küçükləmək *fe.* (동물이) 새끼를 낳다, 자손을 낳다 whelp, pup, bear young (animals), give offspring ○ **balalamaq**

küdurət *i.* ① 악의, 적의, 원한, 앙심, 증오, 심술 rancour, spite, anger, vexation, annoyance, hatred ○ **kin, nifrət, qəzəb, ədavət**; ② 슬픔, 비운, 비참 disaster ○ **qəm, dərd, bəla**

küdurətlənmək *fe.* 화나다, 성가시다, 귀찮다 be angry, be vexed, be annoyed

küdurətli *si.* ① 화난, 성난, 악의의, 증오의 wicked, malicious ○ **kinli, qəzəbli, ədavətli**; ② 슬픈 sad, sorrowful ○ **qəmli, dərdli**

küdurətlilik *i.* 악의, 분노 malice, anger, spite ○ **kinlilik, qəzəblilik, ədavətlilik**

küdül *si.* 꼬리가 잘린 primate, dock-tailed, curtailed, stubby

küflə ☞ **külbə**[1]

küflət ☞ **külfət**

küfr *i.* ① 신성 모독, 독신, 성물 절도 blasphemy; ② 불경, 배교, 변절 godlessness, apostasy; ~ **danışmaq** *fe.* 모독하다 blaspheme

küfran *i.* 배은망덕, 망은, 감사치 않음 ingratitude, ungratefulness ○ **nankorluq**

küftə *i.* 고기 완자, 미트볼; 완자 국 meatballs; **~bozbaş** soup with meatballs

küknar *i. bot.* 전나무, 전나무 재목 fir-tree; ~ **qozası** *i.* 전나무 솔방울, 잣 fir cone

küknarlıq *i.* 전나무 숲, 가문비나무 숲 fir-grove, spruce-grove

kükrək *si.* ① (날씨, 풍파 등) 사나운, 험한, 폭풍우의 turbulent, rough, stormy, blusterous, overflowing; upset, bursting; ② (식물이) 무성한 rampant (plant) ○ **coşqun sakit**; ~ **dalğalar** *i.* 험한 파도, 풍파 turbulent waves; ~ **dəniz** *i.* 거친 바다 rough sea

kükrəmək *fe.* ① 격노하다, 사납게 행동하다 rage, rampage ○ **əsəbiləşmək, coşmaq, qızışmaq** ● **sakitləşmək**; ② 거칠어지다 become turbulent, get violent, rampage, become rampant ○ **qalxmaq**; ***Dəniz kükrədi.*** *바다가 거칠어졌다. The sea ran high.*

kükrətmək *fe.* ① 무성하게 하다, 사납게 하다 rampant; ② 거칠게 하다, 화나게 하다, 분노하게 하다 turblent/rough/stormy, make *smb.* rage and fume

kükü *i.* 야채를 넣은 오믈렛 omelette with greens

kükürd *i. kim.* 유황 (비금속 원소; 기호 S); sulfur, brimstone; ~ **turşusu** *i.* 황산 sulfuric acid; ~ **buraxmaq** *fe.* 황산과 화합시키다, 황산으로 처리하다, 황을 뿌리다 sulfate, sulfurise; spray with sulfur

kükürdləmək *fe.* ① 황산염화 하다, 황산염화되다 sulfurate, sulfurise; ② 황을 뿌리다 with sulphur

kükürdlü *si.* 유황(색)의 sulfurous, sulfury, sulfuric

kükürdlülük *i. kim.* 유황을 포함한 sulfur-content

kül *i.* 재 ash, cinder; ~ **qabı** *i.* 재떨이 ashtray; **~ə dönmək** *fe.* 재가 되다, 불에 타다 be reduced to ashes; **~ə döndərmək** *fe.* 재로 변하게 하다, 태워 재가 되게 하다 crenate; ~ **etmək** *fe.* 재 속에 놓다 lay in ashes; **~ü göyə sovurulmaq** *fe.* 재를 날리다, 초토화되다 be put to rout, be defeated utterly; ~ **kimi olmaq** *fe.* 재가 되다, 재로 변하다 get ashen, turn ashen

külah *i. obs.* 모자, 덮개 hat, cap ○ **papaq**

külatan *i.* 쓰레받기 dustpan ○ **xəkəndaz**

külafirəngi *i.* 정자 balcony, summer-house, arbour, perdola

külbaş I. *i.* 비참한 존재 poor thing; wretched man; II. *si.* 불행한, 불운한, 비운의 unhappy, unlucky, unfortune ○ **bədbəxt**

külbaşlıq *i.* 불행, 불운, 재난 misfortune, misadventure

külbə[1] *i.* 진흙 오븐의 공기 구멍 air vent in a clay

K

oven

külbə² *i.* 재 괴는 곳 ash-pit

külçə¹ *i.* 주괴(鑄塊), 잉곳, 금괴, 지금(地金); ingot, bar, bullion, ore, nugget; **qızıl ~si** *i.* 금괴 bar of gold

külçə² *i.* 장례 기간에 나눠주는 빵; 문양을 내어 구운 빵 bread distributed during a day of mourning decorated baked bread

külçələnmək *fe.* (뱀이) 꽈리를 틀다 coil, roll (snake)

külə *si.* 꼬리가 없는, 꼬리가 잘린 having no tail

küləcə *i.* 속을 채운 재킷 lined/padded jacket

küləçalan ☞ **küləçalar**

küləçalar *si.* 회색의, 재색의 grey, ash-like

külək *i.* 바람 wind ○ **yel, meh; ~ mühərriki** *i.* 풍력 발전용 풍차 wind turbine; **~ enerjisi** *i.* 풍력 에너지 wind energy; **~ sürəti** *i.* 풍속 wind velocity; **xəfif ~** *i.* 미풍 light breeze, gentle wind; **bərk ~** *i.* 강풍 strong wind; **şidətli ~** *i.* 폭풍 violent wind; **səmt ~yi** *i.* (항공기·선박의) 뒷바람 fair wind, tail wind; **əks istiqamətdə əsən ~** *i.* 역풍 contrary wind, cross wind; **yandan əsən ~** *i.* 측면 풍 lateral wind; **səmum ~yi** *i.* 시뭄 (아라비아 등의 사막에서 부는 모래 섞인 뜨거운 바람) simoom, samiel; **~yin ani şiddəti** *i.* 돌풍, 한 바탕 부는 바람 blast; **~yin əsməsi** *i.* (바람, 숨, 공기, 증기, 연기 등의) 한 번 불기/분/양; 훅 부는 소리 puff; **~yin istiqamətində** *z.* 바람을 거슬러, 바람을 불어 오는 쪽으로 windward, before wind; **~yin əks istiqamətinə** *z.* 바람을 등지고 against wind, in the wind's eye; ***Külək yatıb.*** *바람이 잤다. The wind has fallen.*

küləkdöyən I. *i.* 바람이 불어오는 쪽/방향 windward side, weatherside; II. *si.* 바람에 거슬리는 exposed to wind, windward; **~ qayalar** *i.* 바람에 노출된 바위들 rocks exposed to wind

küləkkeş ☞ **küləklik**

küləkləmək *fe.* 바람이 불다, 바람에 날리다 breeze, blow, fan ○ **yelləmək, körükləmək;** ***Bərk küləkləyir.*** *바람이 거세게 불고 있다. Wind is blowing strongly.*

küləkli *si.* 바람이 많은 windy ○ **yelli, mehli** ● **sakit**

küləklik *i.* 통풍구 air vent in a house, air-hole

küləkli-qaralı *si.* 눈보라가 치는 stormy (snow)

küləkli-tufanlı *si.* 폭풍이 이는 stormy

küləkli-yağışlı *si.* 비바람이 치는 stormy

küləkölçən *i. fiz.* 풍속계, 풍향계 anemometer, wind vane; wind velocity meter

küləksiz *si.* 바람이 없는, 바람이 잔 windless, breezeless ○ **sakit**

küləksizlik *i.* 바람 없음, 온화함 windlessness ○ **sakitlik**

küləktutan *si.* 바람 맞는 (장소) wind-blown, windy (place)

küləktutmayan *si.* 바람이 불지 않는 곳 lee; **~ sahil** *i.* 잔잔한 해변 lee shore

küləş *i.* 지푸라기, (추수하고 남은 줄기의) 밑동 straw, stubble

küləşdoğrayan *i.* 여물써는 기계/사람 straw-chopper

küləşləmək *fe.* 지붕을 이다, 이엉으로 지붕을 덮다 thatch, cover with straw

küləşlənmək *fe.* 지붕이 짚으로 이어지다, 이엉으로 덮어지다 be thatched, be covered with straw; ***Daxmanın damı küləşlənmişdi.*** *그 초막의 지붕은 짚으로 이어졌다. The roof of the hut was thatched.*

küləşli *si.* ① 밀짚의, 밀짚으로 만든 strawy, haulmy; ② 짚으로 이어진, 이엉으로 덮어진 thatched, covered with straw; **~ dam** *i.* 초가지붕 thatched roof

külfə *i.* 천창(天窓), (감시·통풍용의) 작은 창문; 지붕창 skylight, loophole; dormer window ○ **işıqlıq**

külfət *i.* ① 가족, 권속 household ○ **ailə**; ② 부인, 아내 **arvad, zövcə**; ③ *fig.* (가족을 위한) 노고, 부양 hardship, care (for family); ***Onu külfət basıb.*** *그는 부양가족이 많다. He has much trouble about his family. He has a large family.*

külfətli *si.* 가족이 있는, 결혼한 haivng family; married ○ **ailəli**

külfətliklə *z.* 전 가족이 함께 with the whole family

külfətsiz *si.* 가족이 없는, 독신의 without family, single, bachelor ○ **ailəsiz**

külfətsizlik *i.* 독신 생활, 독신주의 bachelorhood, singleness ○ **ailəsizlik**

külxan *i.* 보일러 화구, (배의) 기관실 stoke-hole, stoke-hold

külxana ☞ **külxan**

külxanaçı ☞ **külxançı**

külxançı *i.* (기관, 보일러 등의) 화부 stoker, firemen

kül-külfət ☞ **külfət**

kül-külfətli *z.* 부양가족이 있는 with all family

külqabı *i.* 재떨이 ashtray

küll *si.* 모든, 전체의, 전반적인, 각각의 all, whole, entire, general, every ○ **bütün, cümlə, cəmi, bütöv, tam, ümum**; ~ **aləm** *i.* 전세계, 온누리 entire world; ~ **halında** *z.* 전체적으로, 온전히, 전부, 모두, 전혀 altogether, wholly, entirely, totally

külləmə *si.* 숯으로 구운 baked in charcoal

külləmək *fe.* 재를 흩다, 재를 깔다, 재로 덮다 scatter ash, spread ash, cover with ashes

küllənmək *fe.* ① 재로 덮이다 be covered with ash; ② 재가 되다 become ash; ③ *fig.* 헛되이 시간을 보내다 spend time uselessly

külləşmək *fe.* 타서 재가 되다 burn to ash

külli *si.* ① 많은, 다량의, 대량의 many much, in great number ○ **saysız-hesabsız, xeyli, çoxlu, çox**; ② 다수의; ~ **məbləğ** *i.* 큰 돈의, 많은 예산의 a large sum; ~ **məbləğdə** *z.* 많은 돈으로 in a large sum of money; ~ **miaqdarda** *z.* 대량으로, 많이 a great number

külliyyat *i.* 일 전체, 온전한 일 complete works

küllü *si.* 재를 포함한, 재로 덮인 containing ashes, ash covered

küllük *i.* ① 재를 버리는 곳, 잿더미, 재 구덩이, 폐허 ashery, ashpit, brokenness, ruin; ② 재로 덮인 곳 place covered with ash; **~yə çevirmək** *fe.* 망가뜨리다, 잿더미로 만들다 lay in ashes; **köhnə ~ləri eşələmək** *fe.* 과거지사를 되짚다 burrow bygones, recall bygones

küllülük *i.* 재를 포함한 것, 잿더미 containing ashes

külmə¹ *i. zoo.* 물고기의 일종 Rutilus caspicus kurensis (a kind of fish)

külmə² *i.* 누에 고치를 말리는 통 for drying wet cocoon

külrəngi *si.* 재색의, 회색의 gray-coloured, ashgray

kültəmizləyən *i.* 굴뚝청소부 chimney cleaner

külü *si.* 회색의 grey-colour

külüf *i.* 절벽에 뚫린 작은 굴 small cave on the hill or cliff

külüng *i.* 곡괭이 pick, pickaxe, hack; ~ **çalmaq** *fe. fig.* 애쓰다, 열심히 일하다 toil, work hard

külüngləmək *fe.* (곡괭이로) 파내다 dig out with pick, pick (up)

külünglənmək *fe.* 곡괭이로 캐내어지다 be dug with pick

külüngçü *i.* 곡괭이 꾼, 곡괭이로 일하는 사람 labourer who works with pick

küm *i. zoo.* 누에, 잠(蠶) silkworm ○ **barama, barama qurdu**

kümbəd ☞ **kümbəz**

kümbəz *i.* 반구 천장, 돔 모양의 건조물 cupola, dome, big top ○ **günbəz**

kümbədli *si.* 돔 형태의 지붕이 있는 domed, with round top (building)

kümçü *i.* 잠농(蠶農) worm breeder ○ **baramaçı**

kümdar ☞ **kümçü**

kümdarlıq *i.* 양잠(養蠶) sericulture, silkworm raising ○ **baramaçılıq**

kümxana *i.* 양잠실(養蠶室) silkworm rearing room

kümöyül *i. zoo.* 나무를 해치는 해충 insect harmzful to trees

künc *i.* ① 구석, 모서리 corner ○ **bucaq, guşə**; ② 방구석 nook; **~ə çıxmaq** *fe.* 모서리로 몰다, 모서리에 서다 corner, drive onto a corner

künc-bucaq ☞ künc

künclü *si.* 각이 있는, 모서리가 있는 angled, cornered ○ **bucaqlı**

künclük *i.* 모서리가 있음, 구석짐 being angled, being cornered ○ **bucaqlıq**

küncüd *i. bot.* 참깨 sesame, til; ~ **halvası** *i.* 참깨 할바 (참깨와 꿀로 만드는 터키 기원의 캔디) sesame halvah; ~ **yağı** *i.* sesame oil 참기름

küncüdlü *si.* 참깨를 넣은 containing sesame

kündə¹ *i.* (밀가루 반죽) 덩어리 a lump/clot of dough, dough ball

kündə² *i.* 족쇄, 차꼬, 쇠고랑 *stocks*, fetters, shackles, hampers; **ayağına~ vurmaq** *fe.* 족쇄를 채우다, 속박하다 put in the stocks, fetter, shackle, hamper

kündəaçan *i.* 반죽을 펴는 도구 instrument for rolling a dough

kündələmək *fe.* 반죽 덩어리를 만들다, 반죽을 말다 roll dough, make paste ball ○ **yumrulamaq**

kündəli *si.* 족쇄를 채운 shackled, fettered

K

kündətutan *i.* 반죽 덩이를 보관하는 자루 felter, fuller (dough)

kündür *i.* ① 향, 유향(乳香); frankincense ② 부적, 액막이

künə *i.* 밑동; 엉덩이, 궁둥이 bottom, seat, butt; **yumurtanın ~si** *i.* 계란의 밑동 butt of an egg (the widerside of an egg); ***Künəni yerə qoy.*** *앉거라! Put your bottom down.*

künfəyəkün *i.* 엉망진창, 혼란, 지저분한 것; upset, sicken, mess, disorder; **~ etmək** *fe.* 엉망진창을 만들다 make mess

küng *i.* 토관(土管) earthen pipe

künh *i.* 본질, 진수, 정수, 불가결 요소 essence, basis ○ **məğz, əsas**

künyə *i.* 직책이나 별명 title or nickname (with əbu, ibn, ümm *etc.*)

küp¹ *i.* (포도주, 물을 보관하는) 큰 항아리; large earthenware pot; **~ dibində yatan** *i. fig.* 술주정뱅이 drunkard; **~ünə girmək** *fe.* 몹시 마시다, 매우 취하다 drink hard, be a drunkard

küp² *i.* 개머리판, 손잡이, 자루 butt plate (gun), handle ○ **dibcik**; **baltanın ~ü** *i.* 도끼 자루 poll of ax, hilt; **qılıncın ~ünə qədər** *z.* 매우, 심히 up to the sword hilt

küpçə *i.* 작은 질항아리 small pot ○ **küpəcik**

küpçü *i.* 염색공 dyer ○ **boyaqçı**

küpçülük *i.* 염색업 dyeing, coloring

küpə¹ *i.* ① 계량기(計量器), 계량컵 measuring pot; ② 질 항아리 earthenware pot; **~ qoymaq** *fe.* 계량기로 재다 apply cupping glasses

küpə² *i.* 나뭇가지, 잔가지, 싹눈, 봉오리 bud, twig ○ **tumurcuq**

küpəcik ☞ **küpçə**

küpəçiçəyi *i. bot.* 푸크시아 (바늘꽃과) fuchsia

küpəgirən *i.* 성미 사나운 여자, 입이 험한 여자 witch, virago, vixen, termagant

küpələmək *fe.* 계량기로 재다 measure by cupping glass

küpəmək *fe.* ① 산산이 부수다, 깨뜨리다, 박살내다, 분쇄하다 mash, strike ○ **gopamaq, döymək, əzişdirmək, vurmaq**; ② 빠지다, 몰입하다, 탐닉하다 ○ **aşırmaq, tıxmaq, ötürmək**

küpəştə *i.* 배의 측면 side (of ship)

küpsəmək ☞ **küpəmək**

kür¹ *si.* ① 민감한, 정서적인, 감정적인; emotional; ② 성마른, 신경질의, 신경 과민의, 변덕스러운 anxious, troubled, peevish, capricious ○ **əsəbli, həyəcanlı, iztirablı, narahat, nadinc rahat**; ③ 게으른, 나태한, 일하기 싫어하는, 무능한 lazy, incapable ○ **aciz, tənbəl**; **~ uşaq** *i.* 비뚤어진 성격의 아이, 안달하는 아이 fretful baby, peevish child

kür² *si.* (물) 깨끗한, 맑은 pure, clean (water) ○ **təmiz, pak (su)**

Kür *i.* 큐르강 (아제르바이잔의 가장 큰 강) Kura (river in the republic)

kürd *i.* 쿠르드인 Kurd, Kurds

kürdcə *z.* 쿠르드어로 in Kurdish/the kurdish language

kürd-şaxnaz *i.* 아제르바이잔 전통 음악 장르인 무감의 한 가락 one of an Azerbaijani mugam melodies

kürdi *i. mus.* 아제르바이잔 전통악기인 카만차 음악의 한 종류 a type of **kamança** music

kürdoğlu *i. mus.* (아제르바이잔 음악 장르인 아쉭의 한 작품 이름, 전설적 영웅전) a type of **aşıq** music

kürdü *i.* 솜자켓 lined, padded jacket

kürdünağırı *i. mus.* 터키 민속 음악의 한 종류 a Turkish folk melody

kürə¹ *i.* 공, 구(求), 둥근 물체, 구체(球體), 기구 ball, sphere, balloon, globe; **yer ~si** *i.* 지구(地球) the terrestrial globe

kürə² *i.* 노(爐), 아궁이, 화덕; 난로; 용광로, 벽난로 바닥; 노변 furnace, hearth; **dəmirçi ~si** *i.* (금속을 가열하는) 노(爐), (대장간의) 노, (단조용(鍛造用) 가열로; 대장간 (smithy) 철공장, 괴철로(塊鐵爐) forge, forging furnace, bloomery

kürə³ *si.* 귀가 긴 (양, 짐승) long eared (sheep); **~ qoyun** *i.* 귀가 긴 양 long eared sheep

kürəcik *i.* ① 작은 공, 구슬, 묵주; small ball, bead, pellet; ② *ana.* 유리 세포, (특히) 혈구 blood corpuscle; **ağ ~** 백혈구; white corpuscle; **qırmız ~** 적혈구 red corpuscle

kürəçi *i.* 화부, 대장장이, 단조공 hearth-worker, forger, stove-man ○ **ocaqçı**

kürək¹ *i.* ① 등 back; ② *ana.* 견갑골(肩甲骨) shoulder-blade ○ **bel**; ③ (소의) 척(목과 어깨의 살) bottom-chuck; ④ 의상의 등쪽; back (of dress); **~yi yerə dəymək** *fe.* 넘어지다, 패하다 be thrown down, be defeated

kürək² *i.* ① 나무 삽, 삽 wooden shovel, spade

○ avar; ② (나룻배 등의 고물에 있는) 노 scull

kürəkayaqlı *si. zoo.* 새·동물 등이 물갈퀴를 가진, 손가락·발가락이 물갈퀴가 있는 webbed, web-footed

kürəkcik *i.* 작은 삽, 부삽 small spade

kürəkçi ☞ avarçı

kürəkən *i.* 사위 son-in-law (daughter's husband)

kürəkləmək *fe.* ① 삽으로 파다; with spade; ② 노를 젓다 with oar

kürəkli¹ *si.* 어깨가 넓은 broad-shouldered ○ **yekə, cüssəli; ~ oğlan** *i.* 건장한 청년 well-set fellow

kürəkli² *si.* 삽을 가진, 노를 가진 equipped with a spade/ore

kürəksiz¹ *si.* 등이 없는 (드레스) backless (dress)

kürəksiz² *si.* 노가 없는 without shovel/ore

kürələmək *fe.* 삽으로 파다 shovel with a spade

kürəmək *fe.* 갈퀴로 긁어모으다, 갈퀴질하다 rake ○ **kürümək**

kürən I. *i.* 밤색 말, 머리털이 붉은 사람; chestnut (horse) red-headed (man); II. *si.* ① 머리털이 붉은 rust-coloured; ② 짓궂은, 말썽을 부리는, 장난스런 mischievous ○ **nadinc, əsəbi, həyəcanlı; ~ saç** *i.* 붉은 (머리)털 ginger hair; **~ dələ** *i.* 붉은 다람쥐 red squirrel

kürənxana *i.* 벽돌 등을 굽는 가마, 노(爐) kiln, hearth

kürənləşmək *fe.* 빨개지다 turn reddish

kürənlik *i.* 성마름, 성급함, 초조함 irritability, nervousness ○ **nadinclik, əsəbilik, həyəcanlılıq**

kürənmək ☞ kürünmək

kürəşəkilli *si.* 공모양의 ball-shaped, spherical, sphere shaped

kürəşmək *fe.* ① 초조해하다, 긴장하다, be nervous, feel nervous ○ **əsəbiləşmək, həyəcanlanmaq**; ② 말썽을 부리다 mischievous, become playful ○ **nadincləşmək, ərköyünləşmək**

kürətdirmək *fe.* 갈퀴질하게 하다, 삽질하게 하다 make *smb.* rake up, shovel up

kürəvarı ☞ kürəvi

kürəvi *si.* 공모양의 ball-shaped, spherical, rounded

kürəyəc *i.* 삽 spade ○ **kürək**

kürk *i.* ① 양피 코트, 모피 코트 skin coat, furcoat; ② 덮개 covering; **~ünə birə düşmək** *fe.* 안달하다, 안절부절못하다 *be* anxious/uneasy; **~ünə birə salmaq** *fe.* 안달하게 하다, 초조하게 하다 make *smb.* anxious

kürkçü *i.* 양피 코트 만드는 사람 sheep skin coat maker

kürklü *si.* 양피 코트를 입은 wearing a sheep skin coat

kürktikən ☞ **kürkçü**

kürləşmək *fe.* 신경질 내다, 안달하다, 안절부절못하다 become nervous, become anxious ● **rahatlaşmaq**

kürlük *i.* ① 안달, 초조, 차분하지 못함, 언짢아 함 fractiousness, restiveness, peevishness ○ **ağlağanlıq, şıltaqlıq, qışqırıqçılıq**; ② 짜증, 신경질 nervousness ○ **əsəbilik**

kürnəc *i.* 회합, 같이 모임 together

kürrə ☞ **kürə¹**

kürsək *i. zoo.* 발정기; 암내, 교미; 외설, 음란함 sexual heat, estrus, copulation (of animals) lewdness; **~yə gəlmək** *fe.* 짝짓다, 교미하다 mate (animal)

kürsü *i.* ①의자, 좌석, 권좌(權座) stool, chair; **qatlama; ~** *i.* 접이 의자 folding chair; **elektrik ~sü** *i.* 전기의자 (사형) execution chair; ② 단, 대, 교단, 연단, 강단, 설교단 tribune, platform, rostrum; **xitabət ~sü** *i.* 연단, 강단, 설교단 rostrum; ③ *fig.* 직책, 직위 chair (position), office, post

kürt *si.* 알을 품고 있는, 둥지에 앉아 있는; brood, brooding, sitting (hen); **~ düşmək** *fe.* 횃대에 앉다, 자리잡다 perch, alight; **~ toyuq** *i. fig.* 알을 품는 암탉 brood-hen; 집에만 머무는 사람 stay-at-home; **~ yatmaq** *fe.* 알을 품다 brood, sit on eggs; **~ yatıb bala çıxarmaq** *fe.* 부화하다 hatch

kürtlük *i.* 병아리 한 배 brood

kürtük *i.* 봄에 녹지 않고 있는 계곡의 눈 덩이 piles of snow found in valleys as yet unmelted during springtime

kürü (ikra) *i. zoo.* ① 캐비어 (철갑상어의 알을 소금에 절인 것이며 값비싼 진미) caviare (as food); ② 곤이, 어란(魚卵); (어류, 양서류 등의) 알(덩어리) hard roe; spawn, roe-corn; **nəvər ~** *i.* 이리, 어백(魚白) soft roe; **~ tökmək** *fe.* 물고기 등이 알을

K

낳다 spawn ③ 으깬 가지 요리 (보관용)
kürüləmək *fe.* (물고기) 알을 낳다 lay caviare
kürülü *si.* 알을 밴 (물고기) roed; ~ **balıq** *i.* 알을 밴 물고기 roed fish
kürümək *fe.* ① 삽으로 땅을 파다, 갈퀴로 긁다 shovel with a spade/rake; ② 삽으로 치우다
kürünmək *fe.* 삽으로 파헤쳐지다 be shoveled up
kürüntü *i.* 갈퀴 rakings
kürüşmə *i.* 싹, 발아; 씨; (생체의) 원기(原基), (발생의) 초기배(胚); (배(胚) 세포 같은) 발생[진화]의 초기 단계 germ, embryo
kürütökmə *i.* (물고기의) 배란(排卵) spawning eggs (fish); ~ **dövrü** *i.* 배란기 (물고기의) spawning time
küsdüm (ağacı) *i. bot.* 미모사 (열대·온대산; 자귀나무·아카시아 등) mimosa (tree)
küsdümçiçəyi *i. bot.* 노랑물봉선화, 봉선화 touch-me-not, noli-me-tangere
küsdümgülü *i. bot.* 미모사 mimosa (flower)
küsdürmək *fe.* 기분을 상하게 하다, 토라지게 하다 offend, cause to fall out, make fall out, give umbrage
küsən ☞ **küsəyən**
küsənmək *fe.* ① 불만하다, 투덜대다, 토라지다, 삐지다 express discontent/displeasure ○ **ummaq, gileylənmək**; ② 시샘하다, 부러워하다, 샘내다, 시기하다 long for, wish for, begrudge ○ **qibtə etmək, həsrətlənmək**; ③ 열망하다, 간원하다, 희망을 걸다 set hope on ○ **qürrələnmək, bel bağlamaq**
küsəyən *si.* (성미가) 까다로운, 예민한; touch-me-not, touchy, susceptible; ~ **qız** *i.* 쌀쌀한 아가씨 pettish girl
küsəyənlik *i.* (성미가) 까다로움, 신경질적임 touchiness, resentfulness, pettishness (personality)
küskü ☞ **küsü**
küskün *si. z.* 기분이 상한, 실망한, 상처 입은, 삐진, 토라진 offended, hurt, aggrieved, disappointed, pessimistic ○ **incik, narazı** ● **razı**; ~ **nəzər** *i.* 기분 상한 얼굴 aggrieved look; ~**cəsinə** *z.* 기분이 언짢게, 불만스럽게, 실망하여, 삐져서 offendedly, disappointedly
küskünləşmək *fe.* 절망하다, 실망하다, 기분상하다, 토라지다 get disappointed, be offended ○ **incimək, bədbinləşmək**
küskünlük *i.* 실망, 낙담, 기대에 어긋남, disappointment, offence, offendedness ○ **inciklik, narazılıq** ● **barışıqlıq**
küsmə *i.* 언짢음, 역정, 불만 tiff, disagreement ○ **incimə**
küsmək *fe.* ① 다투어 관계가 상하다, 우정이 깨지다, 다투어 기분이 상하다, 불만을 가지다 quarrel, rupture friendship ○ **incimək** ● **barışmaq**; ② 기분 상하다, 상처 입다, 뚱해지다 feel hurt, sulk, be offended; **həyatdan** ~ *fe.* 삶에 절망하다, 염세적이 되다, 비관적이 되다 be disappointed in life, become pessimist; **dunyadan** ~ *fe.* 세상을 비관적으로 보다 take gloomy view of worldly affairs
küstax *si.* 거친, 조악한, 건방진, 무례한, 언짢게 하는 rough, coarse, graphic, obvious, impudent, insolent
küstaxlıq *i.* 후안무치, 뻔뻔함, 염치없음, 무례함, 건방짐, 거침 impudence, insolency, roughness, coarseness
küsü *i.* 불화, 불만, 악감 offense, tiff, falling out, rupture, grudge, feeling of resentment; ~ **saxlamaq** *fe.* 악감을 품다, 악의를 가지다; 서로 악감을 갖고 있다 bear grudge; ***Onlar küsü saxlayırlar.*** *They don't speak with each other.*
küsülü *si.* 관계가 상한, 불화하는, 악감을 가진 offended (with), bearing a drudge ○ **incik, narazı** ● **barışıqlı**; ~ **olmaq** *fe.* 사이가 나빠 지내다 bear a grudge
küsülülük *i.* 부루퉁해지다 sulk
küsüşmə *i.* 다툼, 언쟁, 반목, 불화 quarrel
küsüşmək *fe.* 서로 다투다, 서로 반목하다 quarrel each other, tiff each other
küş *i.* 개 짖지 못하도록 내는 소리 *a sound to cause a dog to bark*
küşdərə *i.* 나무의 안쪽을 파 내는 도구 *tool for carving the inside of wood*
küş-küş; **uşağı** ~ **eləmək** *fe.* 아이를 달래서 재우다 lull a child to sleep
küşkürmək ☞ **küşkürtmək**
küşkürtmək *fe.* 따라다니며 괴롭히다, 몰아 세우다; 개를 화나게 하다 hound, set, urge; irritate a dog
küştü *i.* 레슬링, 힘겨루기 wrestling ○ **güləşmə**
küt[1] *si.* ① 무딘, 뭉툭한, 뾰족하지 않은 obtuse ○

kəsərsiz; ② 둔감한, 둔탁한, 우둔한 dull, insensitive ○ **korazehin, fərsiz, bacarıqsız** ○ **bacarıqlı, zirək**; ③ (의견) 무의미한, 무익한, 무미건조한 meaningless, vacant (opinion); ④ (소리가) 둔탁한, 흐릿한, 희미한 dull, obtuse, muffled, indistinct (sound); ⑤ 우둔한, 아둔한, 느린 dull, dense, slow-witted, sluggish; ~ **zərbə** *i.* 둔탁한 가격(加擊) bump

küt² *i.* 오븐에 굽는 과정에서 형태가 뒤틀린 빵 deformed loaf of bread in oven; ~ **getmək/düşmək** *fe.* 빵이 오븐 벽에서 떨어지다; 빨리 잠들다 fall from the oven wall; fall fast asleep

kütbaş I. *i.* 얼간이, 멍청이, 바보 dullard, blockhead, clod, dolt, dunderhead, dunce, numskull, bone-head; II. *si.* 아둔한, 멍청한, 바보 같은, 머리가 나쁜 dull, block-headed; doltish, lumpish ○ **kəmağıl, gecqanan, kütbeyn** ● **düşüncəli**

kütbaşlıq *i.* 둔감, 굼뜸, 둔함, 어리석음, 얼빠짐 dullness, stupidity, vacancy ○ **kəmağıllılıq**

kütbeyin ☞ **kütbaş**

kütbeyinli(li)k ☞ **kütbaşlıq**

kütbucaq *riy.* 둔각(鈍角) obtuse angle

kütbucaqlı *i. riy.* 둔각의 obtuse-angled

kütburun *si.* 뭉뚝한 코 blunt-nosed

kütlə *i.* 대중, 군중, 무리 (사람들) bulk, mass, multitude (people); **xalq ~ləri** *i.* 군중 masses

kütləşdirmək *fe.* ① 둔하게 하다, 뭉툭하게 하다 blunt; ② 두껍게 하다, 진하게 하다, 과장하다 condense, exaggerate

kütləşmək *fe.* ① 둔해지다, 뭉툭해지다 (칼, 연장 등) grow blunt; ② 가치가 떨어지다; worthless; ③ 진해지다, 두꺼워지다 dull, thicken, clot ○ **fərsizləşmək, kəsərsizləşmək**

kütləvi *si.* 대중의, 시민의, 민간의, 공공의 mass, public, civil ● **fərdi**; ~ **kitabxana** *i.* 공공 도서관 public library; ~ **yeriş** *i.* 퍼레이드, 행진 parade, procession; ~ **təşkilatlar** *i.* 시민 단체, 시민 조직 **mass** organizations; ~ **istehsal** *i.* 대량 생산, 민간 생산 mass production; ~ **mahnılar** *i.* 민중 가요, 대중 가요 popular songs; ~ **rəqslər** *i.* 윤무, 원무 round/figure dances; ~ **nəşr** *i.* 대중 출판 mass publication; ~ **istehsal etmək** *fe.* 대량 생산하다 mass produce

kütləviləşdirmək *fe.* 대중화하다, 쉽게 하다 popularize, make popular

kütləvilik *i.* 대중성, 공공성 mass character, publicity

kütləşdirmək *fe.* ① 둔하게 하다, 뭉툭하게 하다, 날을 죽이다 blunt, make pointless, make edgeless; ② *fig.* 무디게 하다, 흐릿하게 하다, 억누르다, 억압하다 dull, deaden, muffle, depress; ***Bu dərman ağrını kütləşdirir.*** *이 약은 통증을 덜어준다. This drug dulls the pain.*

kütləşmək *fe.* 둔하게 되다, 무디게 되다, 날이 죽다 become blunt, dull, become edgeless

kütlük *i.* 둔감, 흐릿함, 아둔 density, dullness, bluntness ○ **korazehinlik, fərsizlik**

kütüb *i.* 서적, 책 books

kütüm *i. zoo.* 잉어 종류 omul, carp-like fish

küvən *i.* 낙타의 혹 the hump of camel

küvənli *si.* 혹이 있는 humpy **bir**; ~ **dəvə** *i.* 단봉낙타 Arabian camel; **iki~ dəvə** *i.* 쌍봉낙타 Bactrian camel

küy *i.* ① 소동, 아우성, 노호, 야단법석, 소란, 폭동 반란 racket, hubbub, tumult; uproar, noisy stir, panic, scare ○ **səs, hay-küy, qalmaqal, gurultu, tıqqıltı**; **hay-~** *i.* 야단법석, 소동, 흥분 ado, bustle, fuss; ~ **qaldırmaq** *fe.* 소란을 떨다, 야단 법석을 떨다, 소요를 일으키다 stir uproar, boom, make commotion; ~ **salmaq** *fe.* 소란을 떨다, 소동을 일으키다, 야단 법석을 떨다 make noise, kick up racket, set a rumour abroad, raise panic; **~ə düşmək** *fe.* 떠들어대다, 소란을 떨다 fuss, make a fuss; ② *dil.* noise 잡음, 소음, 시끄러움

küycül ☞ **küyçü**

küyçü *i.* 소란을 피우는 사람, 허둥대는 사람 panic-monger, alarmist ○ **hap-gopçu**

küyçülük *i.* 공황, 허둥대기, 공포 panic-mongering ○ **hap-gopçuluq**

küy-kələk *i.* 공황, 소란, 야단법석 panic, scare, stir, commotion, tumult, uproar, bluster

küy-kələkçi ☞ **küyçü**

küy-kələklə *z.* 소란스럽게, 야단법석을 떨며 with uproar, with bluster

küy-kələklik *i.* 공황상태 delusiveness, panic-mongering

küyləmək *fe.* ① 소란을 일으키다, 소리를 퍼뜨리다 spread noise ○ **haylamaq**; ② 과장하다, 엄살떨다, 허풍 떨다 exaggerate, overstate ○ **böyütmək, şişirtmək**

K

küylü *si.* 소란한, 시끄러운, 소동스러운 noisy, tumultuous ○ **səsli, haraylı, qalmaqallı** ● **səssiz**

küylülük *i.* 소란함, 시끄러움 noisiness **səssizlik**

küyükdürmək *fe.* 자극하다, 흥분시키다, 감정을 일으키다 excite, alarm

küyül *i.* ① 동굴; ② 숨은 위험, 모래톱; ③ 벌떼 swarm of bee

küyüldəmək *fe.* (벌 등이) 윙윙거리다, 웅성거리다 buzz, hum ○ **vıyıldamaq**

küyültü *i.* 윙윙거림, 통곡함 howling, wailing ○ **vıyıltı**

küz[1] *i.* 울타리, 우리 enclosure pen, sheep-fold

küz[2] *i.* (밭의) 골, 고랑, 이랑 furrow, trough ○ **şümda, şırım, cız**

küzçü *i.* 쟁기잡이, 밭 가는 사람 furrower

küzgəl *i.* 굽지 않은 벽돌 unbaked brick

küzləmək *fe.* 고랑을 타다 make a furrow, furrow

küzlü *si.* 고랑을 탄 furrowed

kvadrant *i. riy.* 사분면 quadrant

kvadrat *i.* 사각형의, 네모진; 평방, 제곱, 제곱한 수; quadrate, square; **~ kök** *i. riy.* 제곱근, 루트 square root; **~ metre** *i.* 평방미터 square meter; **~ mötərizə** *i.* 대괄호 ([ ]의 한 쪽) square brackets; **~ tənlik** *i. riy.* 이차 방정식; 이차 방정식론 quadratic

kvadratura *i. riy.* 사각형으로 하기 quadrature

kvadrat-yuva *i.* 사각 상자, 사각 케이스; square cluster, square pocket; **~ üsulu ilə əkmək** *fe.* 정사방형으로 심다 plant in square pockets

kvadrilyon *i. riy.* (미국·프랑스에서) 1,000의 5제곱(의), 천조(千兆)(의) quadrillion

kvant *i. fiz.* 양자(量子) quantum (minimum unit of energy); **~ ədədi** *i.* 양자수 *quantum* number; **~ mexanikası** *i.* 양자역학 *quantum* mechanics; **~ nəzəriyyəsi** *i.* 양자이론 quantum theory

kvars *i. min.* 석영(SiO2) quartz; **~ lampası** *i.* 석영 수은등 (석영관을 사용한 수은등) quartz lamp; **~ şüşəsi** *i.* 석영 유리 quartz glass

kvarsit *i. min.* 규암 quartzite

kvarta *i. mus.* 제4의, 4번째의 fourth

kvartal *i.* ① 분기, 1년의 1/4, 3개월; ② 구역, 분할 구역, 지구 quarter, block ○ **məhəllə**

kvartet *mus.* 사중창[주]곡 (특히 현악기를 위한 것) quartette

kvas *i.* 크바스 (밀가루나 빵을 발효 시켜 만든 신 음료) kvass (sour drink made from bread or flour)

kvinta *i. mus.* 5도 음정의 fifth

kvintet *i. mus.* 5중주[창]곡 quintetto

kvit *i. col.* 피장파장 quits, a draw, even (with someone)

kvitləşmək *fe.* 서로 빚진 것이 없다, 비기다 be quits with; ***Biz kvitləşdik.*** *비겼다. We are quits.*

kvorum *i.* 정족수 quorum; **~ toplamaq** *fe.* secure a quorum, muster a quorum; ***Kvorum yoxdur.*** *정족수에 달하지 못하다. There is no quorum.*

Q·q

qa *i.* (까마귀 등의 새가 우는 소리) 깍, 까르르 caw (noise of birds like crow)

qab *i.* ① 그릇, 접시, 식기 dish, tableware, jar; ② *col.* 용기(容器), 병 container, bottle; ③ 케이스, 갑(匣), 용기 vessel, case; **duz ~ı** *i.* 소금통 salt-cellar, salt shaker; **yağ ~ı** *i.* 버터 통 butter-dish; **kül ~ı** *i.* 재떨이 ashtray; **qənd ~ı** *i.* 설탕통 sugar-bowl; **tənəkə ~ı** *i.* 양철통 tinware

qaba *si.* ① 거친, 조악(粗惡)한, 굵은 rough, coarse, crude ○ **kobud, sərt, cod;** ② 버릇없는, 교양 없는, 난폭한, 천박한, 상스러운 rude, vulgar ○ **ədəbsiz, nəzakətsiz, kobud** ● **zərif ~-~** *z.* 거칠게, 난폭하게, 버릇없이 roughly, coarsely, rudely, crudely

qabaq[1] *i.* 앞, 전면, 앞쪽 front, fore; *z.* 앞에, 미리, 전에 before, ago; **~ tərəfi** *z.* 전면, 앞쪽 front side; **~ğa getmək** *fe.* 앞서가다 be fast; **~ğa çıxan** *si.* 앞서가는, 선두의 prominent; **~ğında** *qo.* ~의 앞에 in front of; **~ğını almaq** *fe.* 미리 막다 avert; **~ğını kəsmək** *fe.* 억제하다, 가로 막다 dam; **~ğını tutmaq** *fe.* 앞을 가리다 eclipse; **~da** *z.* a) 앞에, 앞서가는 in front, ongoing ○ **irəlidə, əvvəldə;** b) 앞날에, 미래에 in future ○ **irəlidə, gələcəkdə ~dan** *z.* 앞에서부터 a) from the front ○ **qarşıdan;** b) 사전에, 미리 before hand ○ **əvvəlcədən, irəlicədən; ~dakı** *si.* 앞서가는, 앞 순서의 foremost, previous; **~kı** *si.* a) 이전의, 과거의, 옛날의 previous, former; b) 먼저 번의, 앞선 front, first ○ **əvvəlki, irəliki** ● **sonrakı; ~-qabağa** ☞ **qabaq-qarşı; ~-qarşı** *z.* 대면하여, 정면으로 face to face, oppositely ○ **qarşı-qarşıya, üz-üzə**

qabaq[2] *i.* 호박, 애호박 pumpkin ○ **balqabaq, kudu**

qabaqca *z.* 미리, 앞서서, 사전에, 먼저 firstly, previously, formerly ○ **əvvəlcə, irəlicə** ● **sonra ~ başvermək** *fe.* 앞서 일어나다, 먼저 발생하다 precede; **~ başvermiş** *si.* 먼저 일어난, 선행된 preceded

qabaqcadan *z.* 사전에, 미리 beforehand, previously ○ **əvvəlcədən, irəlidən; ~ demə** *i.* 예견, 예언, 경고 prediction; **~ görmə** *i.* 예견, 예비 providence; **~ görmək** *fe.* 예지하다, 예상하다, 예기하다 anticipate; **~ hiss etmə** *i.* 예감, 예지 presentiment; **~ inandırmaq** *fe.* 선입견을 갖다 prejudice; **~ lazım olan şərt** *i.* 전제(前提) premise; **~ olan** *si.* 예비의, 서두의, 준비의 preliminary; **~ xəbər vermək** *fe.* 예보하다, 경고하다 predict, prophesy; **~ yaranmış mənfi rə'y** *i.* 편견, 선입견 prejudice

qabaqcıl *si.* ① 앞선, 선두의, 최신의 foremost, leading, up-to-date, experienced ○ **təşəbbüslü;** ② 능동적인, 적극적인 active ○ **fəal;** ③ 진보적인, 발전적인 progressive ○ **mütərəqqi** ● **mühafizəkar**

qabaqcıllıq *i.* ① 선도, 주도, 더 중요함, 앞섬 priority, superiority ○ **birincilik, təşəbbüsçülük;** ② 적극성, 활기, 활동 activity ○ **fəallıq;** ③ 진보성 progressiveness ○**mütərəqqilik**

qabaqlama *i.* 앞지르기, 앞서감 outstrip, counteracting ○ **ötmə, keçmə**

qabaqlamaq *fe.* 앞지르다, 방해하다, 상쇄하다 counteract ○ **ötmək, keçmək**

qabaqlaşma *i.* 대면 meeting, reception ○ **qarşılaşma, rastlaşma**

qabaqlaşmaq *fe.* 뒤떨어지다, 뒤에 남기다 be passed by, be left behind ○ **qarşılaşmaq, rastlaşmaq**

qabalaşdırmaq *fe.* 거칠게 하다, 조악하게 하다, 버릇없게 만들다 make rough, coarsen, make rude

qabalaşmaq *fe.* 거칠어지다, 조악해지다, 건방지다 become rough, coarsen, be rude ○ **kobudlaşmaq, codlaşmaq**

qabalıq *i.* ① 버릇없음, 건방짐, 무례함 rudeness, roughness ○ **kobudluq, codluq**; ② 주제넘음, 무례, 건방짐, 부적절함 impertinence ○ **tərbiyəsizlik, ədəbsizlik, nəzakətsizlik** ● **zəriflik**

qaban *i. zoo.* 멧돼지 wild-boar, wild-sow, pig

qabar *i.* ① 타박상, 혹, 멍, 물집 blister, bump; ② 티눈, 못, 피부경결 corn, callosity; ③ 융기부, 돌출부, 혹, 결절 protuberance, knob ○ **suluq, döyənək**

qabarcıq *i.* 거품, 기포, 물집 bubble

Qabardin *i.* 카바르드인 **Kabardian**

qabarıq *i.* 융기, 종기 convex, tumour ● **yatıq**
~ **yer** *i.* 돌출부, 융기부 bulge

qabarıqlanmaq *fe.* 거품이 일다, 거품이 되어 나오다 bubble, effervesce

qabarıqlıq *i.* 부어오름, 돌출부 bulge, swelling

qabar-qabar *si.* 티눈으로 덥힌, 피부경결로 덮인, 굳어진, covered with corns/callosity, callous

qabarlanmaq *fe.* 티눈으로 덮이다, 굳은 살이 박히다 be covered with corns, callosity

qabarlatmaq *fe.* 굳은 살이 박히게 하다 make callous

qabarlı *si.* 굳은 살이 박힌, 못이 박힌, 각질의 caloused, horny ○ **suluqlu, döyənəkli**

qabarlıq *i.* ① 부어 오름, 종기, 융기, 부기 swelling, tumour, blister, protuberance ○ **şişkin, qalxıq**; ② 편편하지 않음, 울퉁불퉁함 unevenness

qabarlılıq *i.* ① 울퉁불퉁함, 언덕이 많음; unevenness, hilliness ② 부어오른 부위, 종기 부위 callosity, horniness ○ **suluqluq, döyənəklik**

qabarmaq *fe.* ① 부어오르다, 부풀다 flow, swell ○ **qalxmaq, şişmək, köpmək**; ② 물집이 생기다, 수포가 발생하다 blister, scald ○ **bərkimək, döyənəkləşmək, suluqlanmaq**; ③ 일어나다, 부풀다 rise, overflow ○ **yüksəlmək, qalxmaq, daşmaq** ● **enmək**; ④ (피부) 소름이 돋다 rise skin (fear) ○ **dikəlmək**; ⑤ (화가) 끓어오르다, 치밀어 오르다 get upset, resent ○ **acıqlanmaq, hirslənmək**

qabartı *i.* 돌출, 튀어나옴, 두드러짐, 융기 salience, protuberance, prominence ○ **çıxıntı**

qabartılı *si.* 튀어나온, 돌출한, 물집이 잡힌 protuberant, prominent ○ **suluqlu, döyənəkli**

qabartmaq *fe.* 부어오르다, 붇다 swell ● **yatırtmaq**

qabıq *i.* 껍질, 껍데기, 박피, 외피, 갑각, 깍지, 겨 bark, peel, rind, shell, skin, crust, husk ○ **örtü, dəri**; **~dan çıxarmaq** *fe.* 껍질을 벗기다, (곡물) 찧다 husk; **yer ~ı** *i.* 지표(地表) crust; **~ vermək** *fe.* 껍질을 벗기다 peel; **~ğını soymaq** *fe.* 껍질을 까다 skin; **~ğını təmizləmək** *fe.* 껍질을 깨다 shell

qabıqlanmaq *fe.* 껍질이 벗겨지다, 껍질이 생기다 shell off, be covered with a shell, crust

qabıqlı *si.* 껍질이 있는 shelled ○ **qılaflı**

qabıqsız *si.* (견과류 등) 껍질이 없는, 껍질이 벗겨진 hulled, shelled, husked ○ **qılafsız**

qabıqüstü *i.* 각피(角皮) cuticle

qabırğa *i. ana.* 늑골, 갈빗대, 갈비뼈 rib ○ **böyür**

qabırğaaltı *si.* 늑골 내부의, 늑골 하부의 sub costal

qabırğaarası *si.* 늑골을 잇는, 늑간(肋間)의 intercostal

qabırğalı *si.* 튼튼한, 건장한, 견고한 sturdy, strong, firm ○ **kök, ətli, canlı, dolğun**

qabırğaüstü *si.* 늑골 상부의 supercostal

qabil *si.* ① 능력 있는, 재주 있는, 할 수 있는, 재능 있는 capable, talented ○ **iste'dadlı, qabiliyyətli, zehnli, zəkalı**; ② 기름진, 비옥한, 다산의 fertile ○ **yararlı, münbit, yaxşı**

qabiliyyət *i.* ① 능력, 재능, 재주 ability, capacity, faculty, talent, vocation ○ **iste'dad, zəka**; ② 훌륭함, 온전함, 가치 있음 worthiness, completeness ○ **ləyaqət, mə'rifət, kamal**

qabiliyyətli *si.* ① 재능이 있는, 능력이 있는, 할 수 있는, 영리한, 이해가 빠른, 능숙한 talented, apt, able, capable, clever, decent ○ **iste'dadlı, bacarıqlı, zehnli**; ② 온당한, 적절한, 가치 있는 worthy, deserving ○ **ləyaqətli, dəyərli**

qabiliyyətsiz *si.* ① 무능한, 능력 없는 incapable ○ **iste'dadsız, bacarıqsız**; ② 무가치한, 적절치 않는 worthless ○ **ləyaqətsiz, dəyərsiz**

qabiliyyətsizlik *i.* ① 무능, 불능, 무력 inability, incapability ○ **iste'dadsızlıq, bacarıqsızlıq**; ② 부적절함, 가치 없음, 온당치 않음 worth-

lessness ○ **ləyaqətsizlik, dəyərsizlik, layiqsizlik**
qabilləşmək *fe.* 재능을 갖게 되다, 능력을 갖추다, 재주를 키우다, 온전하게 되다 become capable, become talented, become perfect, become skilled
qabillik *i.* 능력, 재능, 숙련됨, 능숙함 capability, talent, giftedness, skillfulness ○ **iste'dadlılıq, bacarıqlıq, mahirlik**
qab-qacaq *i.* 집기류, 가정용품, 용구 utensil; ~ **şkafı** *i.* 찬장, 벽장, 반침 cupboard
qablama *i.* 냄비, 스튜냄비 boiler, saucepan ○ **qazança**
qablamaq *fe.* 꾸리다, 짐을 싸다, 정리하여 두다 pack, put into ○ **yerləşdirmək, yığmaq**
qablanmaq *fe.* 꾸려지다, 챙겨지다, 정리되다 be packed
qablaşdırmaq *fe.* 꾸리게 하다, 채워 넣다 pack, stow
qablayıcı *i.* 포장기, 짐 꾸리는 사람, 포장업자 packer
qabyuyan *i.* ① 식기 방, 식기실 scullery; ② 주방장, 식모 scullery-maid, kitchen-maid
qac *i.* ① 적, 원수, 상대, 대적자, 반대자 enemy, opponent, adversary, opposition ○ **düşmən, zidd, müxalif**; ② 배수구, 개골창, 수로, 도랑 ditch, trench ○ **arx**
Qacarlar *i.* 카자르족 (이란내 터키의 일족) a Turkish tribe in Iran
qacımaq *fe.* 수집하다, 모으다, 축적하다, 구부리다, 접다 dry up and collect, gather; warp; become crooked, bent, crumbled ○ **yığışmaq, əyilmək, bürüşmək**
qacınmaq *fe.* (몸을) 펼치다, 쭉 펴다 pull, draw, stretch (body, arm, leg) ○ **gərnəşmək**
qaçağan *si.* 빨리 달리는 fast (running) ○ **cəld**
qaçaq *i.* ① 도망자, 탈주자 fugitive; ② 밀수업자 smuggler, brigand, bandit, contraband ○ **quldur**; ~ **mal** *i.* 밀수품, 밀매매품 contraband; ~ **mal gətirmək** *fe.* 밀수하다, 밀매매하다 smuggle; ~ **sərnişin** *i.* 밀항자 stow-away
qaçaqaç *i.* ① 뛰기, 달리기 running; ② 도망, 피신, 도주, 패주, 도피 flight, panic, escape; **~da olmaq** *fe.* 피신 중에 있다 be on the run; ~ **salmaq** *fe.* 공황을 일으키다, 허둥대게 하다, 도망하게 하다 raise a panic, put to flight, cause to run away
qaça-qaça *z.* 서둘러서, 급히, 허둥지둥 running, hastily, hurriedly
qaçaqbaşı *i.* (도둑) 두목, 우두머리 chieftain, (robber), chief
qaçaqçı *i.* 밀매자, 밀수자, 밀항자, 도둑 smuggler, contrabandist ○ **quldur**
qaçaqçılıq *i.* 밀매, 밀수, 탈취 smuggling, contraband ○ **quldurluq**
qaçaqlıq *i.* 밀수, 밀매 smuggling ○ **quldurluq** ~ **etmək** *fe.* 밀수하다, 밀매하다 smuggle
qaçaq-malçılıq *i.* 밀수, 밀매, 탈취 smuggling
qaçaraq *z.* 서둘러, 급히, 허둥지둥 on the run, hastily ○ **tez, cəld** ● **yavaş-yavaş**
qaçılmaz *si.* 피할 수 없는, 불가피한, 당연한, 필연적인, 도망칠 수 없는 unavoidable, inevitable, inescapable
qaçınmaq *fe.* 피하다, 면하다, 돌리다 avoid, avert ○ **çəkinmək, uzaqlaşmaq**
qaçırılmaq *fe.* 납치당하다, 피랍당하다, 치워지다, 쫓겨나다 keep pace, be kidnapped, be driven out
qaçırmaq *fe.* 쫓아내다, 치우다, 몰아내다 drive out, take away ○ **hürkütmək**
qaçırtmaq *fe.* 쫓아내다, 몰아내다, 도망치게 하다 drive out, take away
qaçış *i.* 경주, 달리기, 함께 달리기 flight, run ○ **yarış**; ~ **yarışı** *i.* 경주(競走) races
qaçışma *i.* 달리기, 뛰기 flight, running about
qaçışmaq *fe.* 허둥지둥 도망치다, 급히 뛰다, 흩어지다 scamper about, scatter ○ **yarışmaq**
qaçqın *i.* 난민, 도망자, 피난자 refugee, fugitive ○ **mühacir**
qaçqınlıq *i.* 난민촌, 피난처, 대피소 refuge, evacuation, shelter ○ **mühacirlik**
qaçma *i.* 도망; 달리기 escape, running
qaç|maq *fe.* ① 뛰다, 가다, 진행하다, 전진하다 go, proceed ○ **getmək, yüyürmək** ● **dayanmaq**; ② 도망하다, 피하다, 사라지다, 피난하다, 회피하다 avoid, shun, refrain, disappear, flee, escape, dash, run ○ **çəkinmək, uzaqlaşmaq**; **~ıb canını qurtarmaq** *fe.* 피난하다, 도망하다 flee; **~ıb getmək** *fe.* 도망치다, 사라지다 run off; **~ıb xilas olmaq** *fe.* 도망쳐 살아나다 escape; **ağzıdan ~maq** *fe.* 경솔하게 말하다 slip out inadvertently; **işdən ~maq** *fe.* 일을 회피하다

Q

avoid work; **nəzərdən** ~ *fe.* 감시를 피하다, 감독을 회피하다 escape *smb.*'s attention/notice; **rəngi** ~ *fe.* 탈색되다 turn pale; **yuxusu** ~ *fe.* 잠을 이루지 못하다 lose one's sleep

qada *i.* 고통, 질환, 재난, 불행 ailment, affliction, disaster, misfortune ○ **bəla**, **dərd**, **müsibət**, **fəlakət** ● **sevinc**

qadaq *i.* 리벳, 대갈못 rivet, clinch

qadağan *i.* 금지, 금제, 반대, 거부, 비난 ban, prohibition, veto ○ **yasaq**; ~ **etmək** *fe.* 반대하다, 거부하다, 금하다 prohibit, ban, forbid, suppress (newspaper), veto; ~ **edilmiş** *si.* 금지된, 거부된 forbidden, banned

qadalı *si.* 재난의, 고통의, 불행한, 비참한 disastrous, misfortunate, miserable ○ **bəlalı**, **dərdli**, **başıbəlalı**, **müsibətli**

qadın *i.* 여자, 여인 woman ○ **arvad** ● **kişi**; ~ **aktyor** *i.* 여배우 actress; ~ **cinsi** *i.* 여성(女性) feminine; ~ **cinsinə aid** *si.* 여성의, 암컷의, 자성(雌性)의 female; ~ **dəlləyi** *i.* 미용사 hairdresser; ~ **köynəyi** *i.* 슈미즈, 슈미즈 드레스(어깨끈이 달린 여자의 속옷) chemise; ~ **çantası** *i.* 핸드백, 손가방 hand bag

qadınlıq *i.* 여자, 여자다움, 여성성 womanhood ● **kişilik**

qadınsifət(li) *si.* 남자답지 못한, 여성스러운 effeminate

qadınxasiyyət(li) *si.* 여자 성격의, 여자 같은 (성격) feminine, woman-like

qadir *si.* 할 수 있는, 능력 있는, 재능 있는 able, competent, capable ○ **qüdrətli**, **qabil** ● **bacarıqsız**; ***Qadir deyiləm.*** *난 못해. I cannot.*

qadirlik *i.* 능력, 힘, 권능, 할 수 있음 might, ability, power ○ **qüdrət**, **qabiliyyət**, **bacarıq**

qafa *i.* 머리 head ○ **baş**, **kəllə**

qafalı *si.* ① 머리의, 머리가 있는 of head ○ **başlı**; ② 배운, 지식이 있는 learned, literate ○ **bilikli**, **kəlləli**

qafil *si.* ① 무의식의, 경망한, 경솔한, 부주의한 careless, unexpected, uninformed ○ **ehtiyatsız**, **diqqətsiz**, **xəbərsiz**; ② 갑작스러운, 불현듯한, 별안간 sudden ○ **birdən**, **gözlənilmədən**

qafillik *i.* 갑작스러움, 돌연, 불시, 별안간 suddenness, unexpectation ○ **xəbərsizlik**

qafiyə *i.* 운율(韻律), 운 rhyme; ~ **tapmaq** *fe.* 운율을 맞추다 rhyme

qafiyəbəz *i.* 작시자, 엉터리 시인 rhymer

Qafqaz *i.* 코카서스, 카프카즈 Caucasus

qağa *i.* 아빠, 아버지 dad, daddy

qağayı *i. zoo.* 갈매기 gull, sea-gull

Qahirə *i.* 카이로 Cairo

qahmar *i.* 보호자, 후원자, 옹호자, 지지자 patron, defender, intercessor, supporter ○ **tərəfdar**, **arxa**, **kömək**, **havadar**; ~ **çıxmaq** *fe. col.* 참여하다, 지지하다, 변호하다 take the part, stand up; stick up

qahmarçılıq *i.* 지지, 후원, 옹호, 보호, protection, intercession, adherence ○ **tərəfdarlıq**, **havadarlıq**

qax *i.* 건과(乾果)류 dried fruits

qaxac I. *si.* 말린, 육포로 만든, 저미어 말린 dried, jerked ● **yumşaq**; II. *i.* 육포, 말린 저장용 고기 dried meat, jerked meat, jerk ~ **edilmiş donuz əti** *i.* 소금에 절이거나 훈제한 햄 ham; ~**ı çıxmaq** *fe.* 지나치게 건조하게 되다 become overdried; ~**a döndərmək** *fe.* (육류 저장) 말리다, 육포로 만들다 dry up, overdry

qaxacımaq *fe.* 육포로 되다, 말리다 jerk, get jerked, get overdried

qaxacqayırma *i.* 건조시키기 jerking, making jerky

qaxaclamaq *fe.* 육포로 만들다, 얇게 저미어 말리다 jerk, dry-cure

qaxacxana *i.* 훈제소, 절임 공장 smoke-house, curing factory

qaxılmaq *fe.* ① 찔리다, 꿰어 찔리다 go into, pierce; ② 가만히 앉아 있다 sit quiet and still

qaxınc *i.* 책망, 꾸중, 질책, 비난 reproach, rebuke ○ **minnət**; ~ **etmək** *fe.* 책망하다, 꾸중하다, 질책하다 give a tell-off; **başa** ~ **olmaq** *fe.* 무용지물이 되다 be good for nothing

qaxmaq *fe.* ① 타격하다, 때리다, 가격하다, 치다 strike, bang ○ **vurmaq**, **çırpmaq**; ② 밀치다, 찔러 쓰러트리다 hit and thrust ○ **çalmaq**, **vurmaq**, **sancmaq**

qaxsımaq *fe.* 썩다, 부패하다, 부패하여 냄새가 나다, 악취를 내다 stink, spoil, go bad, have a putrid smell ○ **qoxumaq**, **acımaq**

qaxsımış *si.* 썩은, 부패한, 악취를 내는 spoiled, rotten, rancid; ~ **yumurta** *i.* 썩은 달걀 rotten egg; ~ **yağ** *i.* 부패한 기름 rancid oil

qaxsıtmaq *fe.* 썩게 하다, 부패하게 하다 let go bad, cause to decay
qaib *si.* 부재의, 없는, 결석한, 불참한 absent ● **zühur**
qaim *si.* 견고한, 안정된, 일정한 firm, steady ○ **sabit, möhkəm**
qaqqıldamaq *fe.* ① 꼬꼬댁 울다, (오리가) 꽥꽥 거리다 cackle, quack ○ **çığırmaq, bağırmaq**; ② 낄낄 거리다, 쫑알거리다 laugh ○ **gülmək**
qaqqıldaşmaq *fe.* (갑자기) 웃음을 터트리다, (여럿이) 같이 웃다 burst out laughing ● **ağlaşmaq**
qaqqıltı *i.* 낄낄거림, 쫑알거림 shouting, laughing ○ **çığırtı, bağırtı, qəhqəhə**
qaqqo *i. zoo.* 흰뺨오리 golden-eye
qala *i.* ① 성채(城砦), 요새(要塞), 성(城) strong hold, castle, citadel, fort, tower ○ **bürc, tikili**; ② (도시 등의) 무장화, 요새화, 방비; 방비하는 것; 방비 시설, 방어 공사; 성채, 요새; 축성술(학) fortification ○ **istehkam**; ③ 옥, 감옥, 교도소, 형무소 prison, jail ○ **həbsxana, dustaqxana, qazamat**; ④ 지지대, 발판 support, strong hold ○ **dayaq, arxa**
qalabəyi *i.* 성주(城主) town governor
qalaq *i.* 더미, 무더기, 쌓아 올린 것 bale, bank, stack, pile ○ **yığın, topa, koma**; **~-~** *z.* 무더기 무더기, 더미더미 pile by pile, a lot of, a plenty of
qalaqlamaq *fe.* 무더기로 쌓아올리다, 더미더미 모아놓다 gather in small groups ○ **yığmaq, toplamaq, komaqlamaq** ● **dağıtmaq**
qalaqlanmaq *fe.* 더미더미 모이다, 옹기 종기 모이다 be gathered in small groups
qalamaq *fe.* ① 모으다, 집합하다 pile, gather ○ **toplamaq, yığmaq, komalamaq**; ② 장작더미를 쌓고 태우다 burn (piling up firewood, coal *etc.*) ○ **yandırmaq, alışdırmaq** ● **keçirmək, söndürmək**
qalan I. *vz.* 나머지, 그 외 other, rest; II. *i.* 남은자, 잔류자, 잔류물, 찌꺼기 remainder, rest, residue, remmant; **~ları** *vz.* 나머지, 그 외, 기타 the others, rest
qalanmaq *fe.* 타다, 연소되다 be lighted, be burned
qalanmış *si.* 쌓은, 쌓아놓은 piled
qalantereya *i.* 남자용 복식품(점); 잡화, 방물 haberdashery
qalay *i.* 깡통, 양철통 tin
qalayçı *i.* 양철장이, 생철공 tinsmith, tin-man
qalayçılıq *i.* 양철공작, 땜장이질 the work of a tinsmith
qalaylama *i.* 주석도금, 양철공작 tinning
qalaylamaq *fe.* 통을 만들다, 통조림으로 만들다, 주석 도금하다 tin
qalaylanmaq *fe.* 통조림으로 만들어지다 be tinned
qalaylatdırmaq *fe.* 통에 넣게 하다 have *smt.* tinned
qaldırıcı *si.* 들어올리는 raising, hoisted; **~ maşın** *i.* 승강기, 지게차 lift, elevator; **~ kran** *i.* 크레인 crane
qaldırılmaq *fe.* 올려지다, 높여지다 be lifted, be raised
qaldırma *i.* 올리기, 높이기 raise, lift
qaldır|maq *fe.* ① 세우다, 바로 세우다 make upright ○ **dikəltmək** ● **endirmək**; ② 올리다, 높이다, 들어올리다, 밀어 올리다 elevate, hoist, rear, lift, raise, pick up ○ **yüksəltmək, ucaltmaq**; ③ raise, heal ○ **sağaltmaq, durquzmaq**; **kimsəyə qarşı iş ~** *fe.* 법정에 소환하다, 소송하다 sue; **ayağa ~** *fe.* 소란을 야기하다, 야단법석을 떨게 하다 cause a commotion; **aradan ~** *fe.* 없애다, 장애를 제거하다, 극복 하다 abolish, do away with; **baş ~** *fe.* 거부하다, 저항하다 rise in rebellion
qalereya *i.* 회랑(回廊), 주랑현관 (柱廊玄關) gallery
qalxan *i.* 방패; 방패모양의 물건; 보장, 보호물 shield
qalxanaoxşar *i.* 방패와 닮은, 갑상선의, 갑상선형의 thyroid
qalxanbalığı *i.* 홍가자미류, 도다리 plaice, flounder
qalxıq *i.* 부어오름, 솟아오름, 부은 자리 elevating, elating ● **yatıq**
qalxma *i.* 일어남, 봉기 rise
qalxmaq *fe.* ① 일어서다, 일어나다 stand up, get up ○ **durmaq, dikəlmək**; ② 낫다, 회복되다 get healed ○ **sağalmaq, yaxşılaşmaq**; ③ (탈것에) 오르다, 타다 arise, mount, rise ○ **yüksəlmək, irəliləmək**; ④ 봉기(蜂起)하다, 저항하다 rise in rebellion; ⑤ (산에) 등정하다, 오

Q

르다 go up, climb ○ **dırmaşmaq, çıxmaq** ● **düşmək; ürəyi ~** *fe.* 병들다 fell sick

qalıq *i.* ① 잔류자, 생존자 remnant, remainder, survival; ② 찌꺼기, 잔유물 residuum, residue, rest ○ **artıq, tullantı**

qalım *i.* 생존 survival, safety, life ○ **sağlıq, dirilik**

qalın *si.* ① 두꺼운, 두터운 thick ○ **yoğun** ● **nazik**; ② 밀집된 condensed ○ **sıx** ● **seyrək**; ③ 진한, 농축된 dense, thick ○ **kəsif, qəliz**; ④ 고약한, 불쾌한, 굵은, 조악한 nasty, coarse ○ **kobud, qaba** ● **incə**; ⑤ 부유한, 부자의, 부의 rich, wealthy; **~ saç** *i.* 굵은 머리 thick hair; **~ ip** *i.* 새끼, 밧줄 rope; **~ lay** *i.* 넓은 후판, 두껍게 썬 조각 slab; **~ pərdə** *i.* (빛 차단) 커튼, 가림막 blind; **~ pərdə çəkmək** *fe.* 커튼을 닫다 blind; **~ tüklü** *si.* (털이) 무성한 shaggy; **~ bağırsaq** *i.* 대장(大腸) the large intestine; **~ səs** *i.* 굵은 목소리, 저음(低音) deep voice

qalındodaq(lı) *si.* 입술이 두터운 thick-lipped

qalınqabıq(lı) *si.* 두꺼운 껍질의 thick-skinned

qalınqaş(lı) *si.* 진한 눈썹의 thick-browed

qalınlaşdırmaq *fe.* 두껍게 하다, 두텁게 하다 thicken

qalınlaşmaq *fe.* ① 두꺼워지다, 두터워지다 thicken, become thicker ○ **yoğunlaşmaq**; ② 진해지다, 밀집되다 become dense ○ **sıxlaşmaq, basırıqlaşmaq, kəsifləşmək** ● **seyrəlmək**

qalınlıq *i.* ① 두께, 비만, 비대, 굵음, 짙음 thickness, stoutness, corpulence ○ **yoğunluq**; ② 농도(濃度), 밀도(密度) density ○ **sıxlıq, basırıqlıq** ● **seyrəklik**; ③ 거침, 사나움, 투박함 roughness, rudeness ○ **kobudluq, qabalıq** ● **incəlik**

qalınsaç(lı) *si.* 머리카락이 굵은 thick-haired

qalib I. *si.* 승리의, 승전의 triumphant, victorious, superior, dominant ○ **müzəffər, rəşadətli, zəfərli**; II. *i.* 승리자, 우승자, 정복자 conqueror, winner (in race), conqueror; **~ gəlmək** *fe.* 이기다, 우승하다, 정복하다, 지배적이다, 능가하다, 압도하다 gain a victory, overcome, prevail, vanquish, win

qalibiyyət *i.* 승리, 우월, 압도 victory, superiority ○ **üstünlük, müvəffəqiyyət, qələbə**

qalibiyyətli *si.* 승리의, 개선의, 성공적인, 의기양양한 victorious, triumphant, victor ○ **müzəffər, məğlubedilməz**

qaliblik ☞ **qalibiyyət**

qallon *i.* 갤런 (영 4.546리터, 미 3.785 리터) gallon

qalma *i.* 체류, 체재 stay; **~ müddəti** *i.* 체제기간 stay

qalmaq *fe.* ① 서다, 머물다, 정지하다 stand, stop, stay ○ **dayanmaq, durmaq** ● **getmək**; ② 살다, 체류하다, 체재하다 live, dwell ○ **yaşamaq**; ③ 지체하다, 지각하다 be late, stay too long ○ **gecikmək, yubanmaq**; ④ 놓다, 두다, 정착하다, 위치하다, 자리잡다 locate ○ **yerləşmək**; ⑤ 걸다, 걸리다, 매다 hitch ○ **ilişmək**; ⑥ 남다, 남겨지다 remain, be left; **sağ ~** *fe.* 생존하다; 유기되다; 연기되다 survive, be abandoned, be postponed; **işindən ~** *fe.* 해고되다, 일자리를 잃다 be kept from one's work; **yuxuya ~** *fe.* 잠들다, 잠에서 깨어나지 않고 있다 fall asleep; **üstündə ~** *fe.* 자기주장을 고집하다 fall to one's bid; **az qaldı ki** *ms.* 거의 nearly; **mənə qalarsa** *ms.* 내 생각으로는, 나로 말할 것 같으면 if it were left to me, in my opinion; Qoy qalsın. 너 가져 (팁, 잔돈 줄 때) *Leave it.*

qalmaqal *i.* ① 소동, 혼동, 혼란, 혼잡, 무질서, 난맥 uproar, confusion, disorder ○ **səs-küy, dava-dalaş** ● **sakitlik**; ② 소문, 쑥덕공론, 가십 gossip, scandal ○ **dedi-dodu**

qalmaqalçı *i.* 다툼쟁이, 소동을 일으키는 사람 quarreller, brawler ○ **davaçı**

qalmaqalçılıq *i.* 호전성, 공격성 pugnacity, aggressiveness, belligerence ○ **davakarlıq, dalaşqanlıq**

qalmaqallı *si.* 시끄러운, 요란한, 말썽 많은, 중상 잘하는 noisy, scandalous ● **sakit**

qaloş *i.* 고무장화, 고무 덧신 galoshes, overshoes, rubber

qalpaq *i.* 뚜껑, 마개, 덮개 lid, cover, plug ○ **qapaq, örtü**

qalpaqlı *si.* (마개로) 막힌, (덮개로) 덮인 covered, lidded ○ **qapaqlı, örtülü, papaqlı**

qalstuk *i.* 넥타이, 목도리 scarf, tie

qamaq *i.* 해먹 (그물 침대) hammock

qamarlamaq *fe.* 잡다, 붙잡다, 움켜잡다, 매달리다, 점착(粘着)하다 seize, stick, cling ○ **tutmaq, yaxalamaq, yapışmaq**

qamaşdır|maq *fe.* 혼란시키다, 현혹시키다, 압도하다 dazzle; **göz ~ıcı** *si.* 눈을 어지럽게 하는 dazzling

qamaşmaq *fe.* 혼동되다, 현혹되다 be dazzled

qamət *i.* ① 신장, 키, 높이 stature ○ **boy-buxun, qədd**; ② 등 back ○ **bel**

qamətli *si.* 똑바른, 수직의, 곧추선, 잘 지어진 erect ○ **boy-buxunlu** ● **yöndəmsiz**

qamçı *i.* 회초리, 채찍 lash, whip ○ **şallaq, qırmanc**

qamçılamaq *fe.* 채찍질하다, 회초리로 매질하다, 호되게 꾸짖다 lash, whip, flog ○ **şallaqlamaq, qırmanclamaq, döyəcləmək, vurmaq**

qamış *i.* 갈대, (대나무, 등나무, 종려나무 등의) 줄기 cane, reed

qamışlıq *i.* 갈대밭, 갈대숲 reed bed

qamma *i.* (물고기, 파충류 등의) 비늘, 박편, 딱지 scale

qan *i.* ① 피, 혈액 blood; **~ təzyiqi** *i.* 혈압(血壓) blood pressure; **~ aparmaq, çox ~ itirmək** *fe.* 출혈(出血)하다, 중상을 입다 bleed; **~ dövranı** *i.* 혈액순환 (血液循環) blood circulation; **~ ağlamaq** *fe.* 비통하게 울다, 비통해하다; 피로 얼룩지다 weep bitterly; **~a boyanmaq** be bloodstained; **~ axıtmaq** *fe.* 피를 흘리게 하다 shed blood; **~a susamış** *si.* 피에 굶주린, 잔인[흉악]한; (영화 따위가) 살상 장면이 많은 blood thirsty; **~ davası** *i.* 피의 복수, 원수 갚기 blood-feud, vendetta; **~ tutmaq** *fe.* 피를 보고 기절하다 faint at the sight of blood; **~ında olan (var)** *si.* 천부적인, 선천성의, 타고난 inborn, innate

qanacaq *i.* ① 사고, 사상, 생각, 개념, 관념, 고찰, 숙려, 숙고 thought, consideration ○ **düşüncə, şüur, anlaq**; ② 정중함, 사려 깊음 politeness, comprehension ○ **ədəb, mə'rifət, tərbiyə**

qanacaqlı *si.* 정중한, 예의 바른, 사려 깊은, 깍듯한 polite, considerate, courteous ○ **düşüncəli, anlaqlı, ədəbli, mə'rifətli, nəzakətli** ● **həyasız**

qanacaqlılıq *i.* 사려 깊음, 정중함 consideration, thoughtfulness, courtesyka ○ **düşüncəlilik, anlaqlılıq, ədəblilik, mə'rifətlilik, nəzakətlilik**

qanacaqsız *si.* 버릇없는, 야비한, 세련되지 못한, 투박한, 막된 boorish, churlish, inconsiderate ○ **düşüncəsiz, ədəbsiz, mə'rifətsiz, nəzakətsiz** ● **tərbiyəli**

qanacaqsızlıq *i.* 버릇없음, 야비함, 배려하지 않음 ill-breeding ○ **düşüncəsizlik, ədəbsizlik, mə'rifətsizlik, nəzlikakətsizlik**

qanad *i.* 날개 blade, wing ○ **pər ~larını çırpmaq** *fe.* (날개를) 펄럭거리다, 팔딱거리다 flap, flutter **~ı altına sığınmaq** *fe.* ~의 보호아래 있다, 보살피다 be under *smb.*'s protection **~ı qırılmaq** *fe.* 절망하다, 도움 받을 데가 없다, be helpless, be broken; ***Quşa qanad yük olma.*** *z. 새는 날개를 무겁다고 하지 않는다. A burden of one's choice is not felt.*

qanadayaqlı *i.* Pteropoda

qanadıyekə *si.* 큰 날개를 가진 big-winged

qanadlandırmaq *fe.* 영감을 주다, 날개를 달아주다 inspire, lend wings

qanadlanmaq *fe.* ① 도망하다, 날갯짓하다 wing, take wing, fly away ○ **uçmaq, pərvazlanmaq**; ② 진동하다, (좌우로, 앞뒤로) 흔들리다 rock, swing; ③ 기뻐하다, 즐거워하다 rejoice, be pleased ○ **sevinmək, ruhlanmaq, həvəslənmək, ürəklənmək**

qanadlı *si.* 날개를 단, 날개를 지닌 winged ○ **pərli**

qanadsiz *si.* 날개가 없는 wingless

qanadşəkilli *si.* 날개 모양의 wing-shaped

qanadüstü *z.* 날면서 on the wing, flying

qanaxma *i.* 피 흘림, 살육 bleeding

qanamaq *fe.* 피 흘리다 bleed

qanatmaq *fe.* 피 흘리게 하다 cause to bleed

qanazlığı *i.* 빈혈(증), 무기력, 탈력감 anaemia

qanbahası *i.* 핏값, 생명의 대가 blood money

qancıq I. *i.* ① 암캐 bitch ○ **dişi**; ② 독한 여자, 심술 궂은 여자 spiteful woman; II. *si.* 여성의, 여자의 (개, 나귀, 늑대 등) female (dog, donkey, wolf *etc.*); ***Qancıq, ağzını yum.*** *못된 년! 입 닥쳐라! You bitch, shut your mouth!*

qandal *i.* 수갑, 차꼬, 족쇄, 속박 fetters ○ **buxov, cidar, zəncir**

qandallamaq *fe.* 족쇄를 채우다, 수갑을 채우다 fetter, shackle ○ **buxovlamaq, cidarlamaq, zəncirləmək**

qandallı *si.* 구속된, 속박된 fettered, shackled ○ **buxovlu, zəncirli**

qandırmaq *fe.* 설명하다, 납득시키다, 확신시키다 explain, convince

qane *i.* 이해함, 만족함, 납득함 belief, satisfaction ○ **inanma, kifayətlənmə**

qaneedici *si.* 납득된, 만족한, 확신한 satisfied, convinced ○ **inandırıcı, kifayətləndirci**

qangörmə *i.* 생리, 월경 menstruation, period, menses

qanıq *si.* ① 피에 주린, 살의가 가득한 bloodthirsty ○ **sərt, azğın, bəd, quduz**; ② 격렬한, 난폭한, 미친 듯 날뛰는, 맹렬한 furious, mad, rabid ○ **həris, alışqan, vərdişli**

qanıqara *si.* 우울한, 침울한, 기분이 가라앉은 dejected, gloomy, sad, ill-tempered, in bad humour ○ **pərt, tutqun, mə'yus** ● **şad ~ olmaq** *fe.* 침울하다, 삐지다 sulk; ***Onun qanı qaradır.*** *그는 우울하다. 삐졌다. He is in the sulks.*

qanıqaralıq *i.* 우울함, 침울함, 슬픔 sadness, gloom, gloominess ○ **pərtlik, tutqunluq, mə'yusluq** ● **nikbinlik**

qanıqmaq *fe.* 습관을 갖다, 버릇이 되다, 길들이다 have a habit, fall into a habit, habituate ○ **alışmaq, hərisləşmək, dadanmaq**

qanırmaq *fe.* 나사를 뽑다, 돌려서 열다 unscrew, twist, wrench ○ **burmaq, əymək, qatlamaq, bükmək, çevirmək, döndərmək**

qanısoyuq *si.* 냉담한, 무정한 cold-blooded, unkind ○ **adamayovuşmaz, üzgülməz**

qanısoyuqluq *i.* 냉정함, 침착함, 평정 equanimity, unkindness ○ **adamayovuşmazlıq, üzgülməzlik**

qanışirin *si.* 친절한, 다정한 nice, kind

qaniçən *si.* 피에 주린, 잔인한, 살기 등등한 bloodthirsty, sanguinary, blood-sucker ○ **zalım, qəddar, rəhmsiz, vəhşi** ● **rəhmli**

qaniçənlik *i.* 잔인함, 흡혈, 무자비 bloodthirstiness, blood-sucking

qaniçici ☞ **qaniçən**

qaniçicilik *i.* 잔인함, 무자비함 cruelty, brutality ○ **zalımlıq, qəddarlıq**

qankeçmə(si) *i.* 생리, 월경 menses, menstruation

qanqal *i.* 엉겅퀴 thistle

qan-qan; **~-~ demək** *fe.* 피에 주리다, 살기가 등등하다 thirst for blood

qanqaralığı *i.* 고민, 불쾌, 귀찮음 trouble, nuisance, unpleasantness

qanqarışması *i.* 근친상간(죄), 상피 incest

qanqurudan *i. bot.* 서양가새풀 (yarrow) milfoil

qanlı *si.* ① 피가 흐르는, 유혈이 낭자한 bloody ○ **vəhşi, yırtıcı**; **~ ishal** *i.* 이질, 적리 dysentery; **əli ~** *si.* 살인죄 guilty of murder

qanlı-canlı *si.* 건강한, 건강한 혈색의, 혈색이 좋은 healthy, ruddy

qanlılıq *i.* 적의, 적개심, 증오, 적대 hostility, animosity ○ **düşmənçilik**

qanmaq *fe.* 이해하다, 납득하다, 깨닫다 understand, realize ○ **anlamaq**

qanmaz *si.* ① 둔한, 아둔한, 멍청한 impudent, dull ○ **anlaqsız, düşüncəsiz, qanacaqsız**; ② 무례한, 버릇없는, 거친 rude, impolite ○ **ədəbsiz, tərbiyəsiz** ● **nəzakətli ~casına** *z.* 무례하게, 건방지게, 무식하게 impudently, dully; rudely, impolitely

qanmazlıq *i.* 무식, 무지, 멍청함, 아둔, 둔감 ignorance, dullness, insensibility ○ **anlamazlıq, düşüncəsizlik, qanacaqsızlıq, tərbiyəsizlik**

qanov *i.* 도랑, 시궁창, 배수구; 빈민굴 gutter

qanovuzu *si.* 핑크의, 연분홍의 pink ○ **tünd, pürrəng**

qansız *si.* ① 창백한, 빈혈의 pale, anaemic ○ **solğun**; ② 잔인한, 무정한, 무자비한 ruthless, merciless, brutal ○ **rəhimsiz, mərhəmətsiz, insafsız, mürüvvətsiz, amansız, qəddar** ● **rəhmli**; ③ 비양심적인, 야비한, 비열한 having no conscience ○ **qeyrətsiz, şərəfsiz, vicdansız**

qansızlıq *i.* ① *tib.* 빈혈(증), 무력증 anemia ○ **solğunluq, zəiflik**; ② 무자비함, 비양심적임, 고약함 mercilessness, unconscientious ○ **rəhimsizlik, insafsızlıq, vicdansızlıq, sərtlik** ● **rəhmlilik**

qansızlaşdırmaq *fe.* 피를 쏟아내다, 사혈(瀉血)하다 drain something of its blood, exsanguinate

qansızlaşmaq *fe.* ① 빈혈이 되다 become anaemic ○ **solmaq, ağarmaq, zəifləmək**; ② 무정하다, 무자비하다, 잔인해 지다 become merciless, become cruel ○ **rəhimsizləşmək, insafsızlaşmaq, amansızlaşmaq**

qansoran *i.* 흡혈자, 강탈자, 강요자 extortioner, parasite, blood-thirsty ○ **zalım, qaniçən**

qantarğa *i.* 굴레, 재갈, 속박, 억제 bridle, curb ○ **yüyən, cilov**

qantarğalamaq *fe.* 억압하다, 억제하다, 굴레를 씌우다, 재갈을 물리다 bridle, curb, restrain ○ **yüyənləmək, cilovlamaq**

qantarğalı *si.* 재갈을 물린, 억제되는, 굴레를 씌운 bridled, curbed ○ **yüyənli, cilovlu**

qantarğasız *si.* 굴레를 벗은, 재갈을 물리지 않은, 자유로운 unbridled, uncurbed ○ **yüyənsiz, cilovsuz**

qantəmizləyən *si.* 혈액을 정화하는 blood-purifying

qantökmə *i.* 살해, 살육 bloodshed

qanun *i.* 법, 법률, 율법, 원리, 법칙 law, act, principle, statute; **~dan kənar hərəkət etmək** *fe.* 법을 범하다 go beyond the law; **~a riayət etmək** *fe.* 법을 준수하다 abide by the law; **~u pozan** *i.* 범법자 law-breaker, offender; **~a uyğun** *si.* 법적인, 적법한, 법칙에 맞는, 규칙적인, 법치의 legal, natural, regular, law-governed; **~dan kənar e'lan etmək** *fe.* 불법을 선언하다 proclaim unlawful; **~a zidd** *si.* 법에 어긋나는, 불법의 unlawfull, illegal; **~ hərəkətlər** *i.* 불법적 행동 unlawful actions; **~ vericilik** *i.* 입법 legislation; **~verici hakimiyyət** *i.* 입법부, 입법기관, 의회, 국회 legislature; **~ layihəsi** *i.* 법안, 의안 bill; **~ məcəlləsi** *i.* 법전, 법률의 집대성 code; **əsas ~** *i.* 헌법 constitution

qanunauyğunluq *i.* 적법성, 정규, 적합 conformity with a law, regularity

qanuni *si.* 법적인, 법의, 재판상의, 적법한, 합법적인, 원칙에 맞는 lawful, juridical, legal, legitimate ○ **rəsmi**

qanunilәşdirilmək *fe.* 적법화되다, 법의 기준에 맞추어지다 be legalized, be legitimated, legitimatize

qanunilәşdirmək *fe.* 적법화시키다, 법의 기준을 따르다, 정당성을 인정하다 legalize, become legitimated, legitimatize ○ **rəsmilәşdirmək**

qanunilәşmək *fe.* 적법화되다, 법에 맞춰지다 become legalized

qanunilik *i.* 합법적임, 적법성, 정당성 lawfulness, legality

qanunnamə *i.* 법률, 법률 모음 code

qanunsuz *si.* 무법의, 불의의 lawless

qanunsuzluq *i.* 불법성, 무법성 lawlessness

qanunşünas *i.* 법률가, 변호사 jurist, lawyer

qanunverici *i.* 의원, 입법자 legislator, law-giver, law-maker

qanverən *i.* 헌혈자 donor (of blood)

qan-yaş *i.* 눈물, 피눈물 tear, bitter tear ○ **ağlama, yas,**

qapaq *i.* 뚜껑, 덮개, 마개 cover, flap, lid, cover ○ **örtü, papaq**

qapaqap *i.* 날치기, 사재기 snapping, snatching away, buying up **~ salmaq** *fe.* 날치기하다 snatch away, buy up

qapaqlamaq *fe.* 뚜껑을 덮다, 마개로 막다 cover with a lid, close ○ **örtmək, bağlamaq**

qapalı *si.* 닫힌, 막힌, 덮인 shut, covered ○ **bağlı, örtülü** ● **açıq ~ üzgüçülük hovuzu** *i.* 실내 수영장 indoor swimming pool **~ iclas** *i.* 비밀회의, 비공개회의 closed meeting

qapalılıq *i.* ① 덮임, 막힘, 닫힘 being tightened, being covered ○ **bağlılıq, örtülülük**; ② 신비, 비밀, 터놓지 않음 mystery, reticence, secrecy ○ **gizlilik** ● **açıqlıq**

qapama *i.* 덮개, 가리개 covering

qapamaq *fe.* ① 덮다, 가리다, 닫다 cover, shut, close ○ **örtmək, bağlamaq, qıfıllamaq** ● **açmaq**; ② 단단히 하다, 꼭 다물다, 단단히 붙잡다 tighten ○ **tutmaq, tıxamaq**; **gözləri ~** *fe.* 눈을 감다, 못 본 체하다 close the eyes, pretend not to see

qapan[1] *i.* 저울, 천칭 scales, balance ○ **tərəzi**

qapan[2] *si.* 무는, 깨무는 biting ○ **dişləyən, tutan**; ***Qapan it dişini göstərməz.*** *ata.s. 무는 개는 짖지 않는다. Biting dog never shows teeth.*

qapançı *i.* 몸무게 재는 사람 one who weighs

qapanmaq *fe.* ① 덮이다, 닫다, 닫히다 be covered ② 막다, 막히다 be corked up

qapaz *i.* 손목 수갑; cuff ~ vurmaq *fe.* 수갑을 채우다 cuff

qapazlamaq *fe.* 수갑을 채우다 cuff

qapazlanmaq *fe.* 수갑을 차다 be cuffed

qapazlaşmaq *fe.* 서로 수갑을 채우다 cuff each other

qapı *i.* ① 문, 대문, 출입문 door, gate; ② *idm.* 골대, 골문 goal; **yandaki ~** *i.* 이웃 next door **~ sürgüsü** *i.* 걸쇠, 빗장 latch **~nı açmaq** *fe.* 문을 열다 open the door **~nı çəkmək** *fe.* 문을 닫다 shut the door

Q

qapı-baca *i.* 모든 출입문 all exits and gaps in house/home/building
qapıbir *si.* 매우 가까운 (이웃) very close ● **uzaq**
qapıçı *i.* ① 문지기, 관리인, 청소부, 수위 door-keeper, care-taker, janitor, porter; ② (구기의) 골키퍼 goalkeeper
qapı-qapı *z.* 가가호호, 문마다 door to door, along the doors ~ **dolaşmaq** *fe.* 가가호호 방문하다, 가능한 모든 장소를 물색하다 go from door to door, have recourse to all sorts of places
qapılmaq *fe.* ① 날치기 당하다, 빼앗기다 be snatched/grabbed; ② 흡수되다, 몰아 들여지다, 혼동되다 be plunged, be absorbed, be lost ○ **uymaq**
qapışdırmaq *fe.* (갑자기) 날쳐 도망하다, 도망하다, 빼앗아 날다 snatch away, buy up, take away, remove
qapışmaq *fe.* (서로) 쏘다, 찌르다, 씨름하다 sting, wrestle ○ **boğuşmaq**
qaplamaq *fe.* 싸다, 감싸다, 덮다, 감다 muffle, wrap ○ **bürümək**, **çulğamaq**, **örtmək**, **basmaq**, **tutmaq**
qapmaq *fe.* ① 갖다, 당기다, 잡아당기다 take, pull ○ **götürmək**, **qamarlamaq**, **dartmaq**; ② (개가) 물다, 깨물다 bite, nip (dog) ○ **dişləmək**; ③ 잡아채다, 낚아 채다, 날치기 하다 snap, snatch ○ **çalmaq**, **oğurlamaq**, **aparmaq**; ④ 붙잡다, 잡아당기다 seize, attach ○ **yapışmaq**, **tutmaq**
qar *i.* 눈; 적설(積雪), 설원(雪原), 강설(降雪) snow; ~ **yağmaq** *fe.* snow 눈이 내리다; ~ **topu** *i.* 눈뭉치 snow ball; ~ **təpəsi** *i.* 눈두덩, 눈덩이 drift; ~ **uçqunu** *i.* 눈사태 avalanche; ***Qar yağır.*** *눈이 내린다. It is snowing. It snows.*
qara *i.* 검은, 검정(색)의, 어두운 black; ~**sını çəkmək** *fe.* 소묘(素描)하다, 스케치하다 sketch; ~ **ayaqqabı yağı** *i.* 검정 구두약; blacking; ~ **(adam)** *i.* 흑인, 토인 Negro, Niger; ~ **mal** *i.* 소(떼) cattle; **qap~** *si.* 아주 검은, 아주 어두운 very black, pitch-dark
qarabaq *si.* 시무룩한, 기분이 언짢은, 성미가 까다로운 morose
qarabaqara; arxasınca ~ getmək *fe.* 뒤를 밟다, 미행하다 follow *smb.*, follow on *smb*'s *heel*
qarabasan *i.* 몽유병(夢遊病)자 sleepwalker
qarabasma *i.* ① 악몽(惡夢), 환각(幻覺), 환상(幻像), 환영(幻影) hallucination, nightmare; ② 귀신, 허깨비 ghost, nightmare
qarabaş *i.* 하녀, 시녀(侍女), 몸종 servant ○ **qulluqçu**, **kəniz** ● **xanım**
qarabaşaq *i. bot.* 메밀, 메밀가루 buckwheat ~ **yarması** *i.* 메밀죽 buckwheat porridge
qarabaşlıq *i.* 시중, 노예일; 노예신분, 노예 직분 servanthood ○ **qulluqçuluq**, **kənizlik**
qarabatdaq *i. zoo.* 탐욕스러운 사람, 대식가, 먹보 cormorant
qarabəniz I. *si.* 검은, 검은 얼굴의 dark, dark faced; II. *i.* (얼굴이) 까무잡잡한 여자 swarthy girl, dark-complexioned woman
qarabəxt *si.* 불행한, 불쌍한, 안된 unhappy, unfortunate, unlucky ○ **bəxtsiz**, **bədbəxt**, **talesiz** ● **bəxtəvər**
qarabığ(lı) *si.* 콧수염이 검은 black-moustached
qarabuğdayı *si.* 갈색의, 갈색을 띤 brown, brownish
qaraca[1] *i. bot.* 깜부기병, 맥각병(麥角病) ergot, spur
qaraca[2] *si.* ① 검은 빛을 띠는, 거무스름한 dark, darkish, swarthy; ② 무가치한, 값없는 worthless, priceless ○ **dəyərsiz**, **qiymətsiz** ● **ağca**
qaraciyər *i. ana.* 간, 간장(肝臟) liver; ~ **xəstəliyi** *i.* 간질환 hepatic disease
qaraçı *i.* ① 집시(족) Gypsy; ② 철면피한(漢), 염치(廉恥)없는 사람, 몰염치(沒廉恥) shameless man ○ **xəsis**, **simic**; ③ 거지, 동냥아치 beggar ○ **yolçu**, **dilənçi**; ④ 소동꾼, 아우성꾼 shouter, bawler, squalor ○ **qışqırıqçı**, **küy-kələkçi**
qaraçılıq *i.* ① 집시생활, 집시의 세계, 집시족 Gypsydom ○ **yolçuluq**, **dilənçilik**; ② 요란, 소란, 소동, 시끄러움 clamour, loudness, garishness ○ **qışqırıqçılıq**, **küy-kələkçilik**; ③ 구걸, 동냥 mendicancy, begging ○ **xəsislik**, **simiclik**; ④ 염치 없음 shamelessness, stinginess ○ **həyasızlıq**
qaraçısayaq *si.* 집시 같은 Gypsy-like
qaraçöhrə *i. bot.* 주목(朱木) yew tree
qaraçuxa *i.* (못된) 운명, 숙명 lot, destiny ● **alaçuxa**
qaradaban *si.* 성공하지 못한, 실패한, 성과가 없는 unsuccessful, fruitless ○ **uğursuz**, **ağırayaq** ● **uğurlu**
qaradinməz *si.* 조용한, 과묵한, 무뚝뚝한 calm,

taciturn, silent ○ **danışmaz, dinməz** ● **söhbətcil**
qaradinməzlik *i.* 말수가 적음, 과묵함 taciturnity, reticence ○ **lallıq, danışmazlıq, dinməzlik**
qaragün *si.* 불행한, 불쌍한, 비참한 unhappy, unfortunate, miserable ○ **bədbəxt, başıbəlalı, yazıq**
qaragünlülük *i.* 고통, 불운, 불행, 고생 torture, suffering, torment ○ **əziyyət, çətinlik, məşəqqət**
qaragünlü *si.* unhappy, unfortunate ○ **qaragün** ● **ağgünlü, xoşbəxt**
qarağac *i.* 느릅나무, 느릅나무 재목 elm
qarağat *i.* 구스베리, 까치밥 currant, gooseberry
qaraj *i.* 차고, 창고 garage; ~ **salmaq/qoymaq** *fe.* 차고에 두다, 창고에 저장하다 garage
qaraqabaq *si.* 우울한, 섬뜩한, 둔한, 멍한 dull, grim, dismal ○ **adamayovuşmaz, qaşqabaqlı**
qaraqabaqlıq *i.* 침울함, 우울함, 시무룩함 sullenness, gloominess, moroseness
Qaraqalpaq *i.* 카라칼팍 (우즈베키스탄의 한 소수 민족) Karakalpak
qaraqalpaqca *z.* 카라칼팍 언어로 in Karakalpak, in the Karakalpak language
qaraqanad(lı) *si.* 검은 날개의 black-winged
qaraqaş(lı) *si.* 검은 눈썹의 black-browed
qaraqışqırıq *i.* 소동, 소란, 동요, 분요, 야단법석 sensation, racket, disturbance, ballyhoo ○ **səs-küy, çığır-bağır**
qaraqışqırıqçı *i.* 소동꾼, 야단법석을 떠는 사람 panic-monger ○ **hay-küyçü, çığır-bağırçı**
qara-qorxu *i.* 위협적인, 협박적인 threatening ○ **hədə**
qaraqovaq *i. bot.* 검은포플라나무 black poplar
qaraquş[1] *i. zoo.* 독수리 eagle ○ **qartal**
qaraquş[2] *i.* 손가락 주변에 일어나는 피부의 박피 skin scale taken off aroung finger nail ○ **qabıq**
qaralama *i.* 초안 rough copy, draft; ~ **çəkmək** *fe.* 윤곽을 잡다 outline; ~ **şəkil** *i.* 윤곽 outline
qaralamaq *fe.* ① 줄을 그어지우다 cross out ○ **cızmaq**; ② 쓰다, 기록하다 write ○ **yazmaq**; ③ 까맣게 하다 blacken ○ **ləkələmək**; ④ 지우다 erase ○ **pozmaq**
qaralıq *i.* 어둠, 암흑(暗黑) blackness ● **ağlıq**
qaralmaq *fe.* ① 화나다, 짜증나다 get upset ○ **hirslənmək**; ② 까맣게 되다, 검게 되다, 어둡게 되다 (날씨 등) blacken, be dark, darken ○ **qaranlıqlaşmaq, tutulmaq (hava)**; ③(불, 전등) 꺼지다 turn off ○ **sönmək**; ④ 악화되다, 더 나빠지다 worsen; ⑤ 보여지다 be shown; ⑥ (체면, 수치) 욕보이다 abuse
qaraltı *i.* 그림자 그림, 흑점(黑點) black spot, silhouette ○ **kölgə, ləkə** ● **ağartı**
qaraltmaq *fe.* 구름이 끼다, 어둡게 되다, 흐리게 되다 cloud, blacken
qaramal *i.* 가축, 소떼 cattle, livestock
qaramuq *i. bot.* 독보리, 호밀풀 등의 잡초 cockle
qaranəfəs *si.* 숨막히는, 매우 급한 pressing, urgent ○ **tələsik, çaparaq** ● **yavaşca**
qaranquş *i.* 제비 swallow
qaranlıq *i.* 어둠, 흑암 darkness, gloom ○ **zülmət** ● **işıqlıq, aydınlıq**
qaranlıqlaşdırılmaq *fe.* 어둡게 되다, 까맣게 되다 become darkened
qaranlıqlaşdırmaq *fe.* 어둡게 하다, 검게 하다 blacken
qaranliqlaşma *i.* 흑화(黑化), 검게 하기, 어둡게 하기 blackening ○ **tutulma**
qaranlıqlaşmaq *fe.* 어두워지다, 까맣게 되다 become dark ○ **tutulmaq** ● **ağarışmaq**
qarantiya *i.* 보증, 담보 guarantee; ~ **vermək** *fe.* 보증하다, 담보하다 guarantee
qarapaça *i. zoo.* 사모아 (알프스 영양) chamois
qarapəncə *si.* 발이 검은 black-legged
qarasaç(lı) *si.* 검은 머리카락의 black-haired
qarasaqqal(lı) *si.* 수염이 검은 black-bearded
qarasına *z.* 따라서, 연이어 following ○ **dalınca, arxasınca**
qaraşın *si.* 얼굴이 까만 dark-complexioned ○ **qarayanız** ● **ağbəniz**
qaratikan *i.* 갯대추나무 속의 일종 Christ's thorn
qaratoyuq *i.* (유럽산) 지빠귓과의 명금(鳴禽) blackbird, thrust
qaratorpaq *i.* 검은 흙, 흑토(黑土) black soil
qaratorpaqlı *si.* 검은 흙이 있는 black soiled
qaraürəkli *si.* 신용하지 않는, 시샘하는, 선망하는, 교활하고 배신적인, 딴 마음을 먹은 distrustful, mistrustful, jealous, wicked and treacherous ○ **paxıl, qəlbiqara**

Q

qaravaş *i.* ① 하녀, 시녀 servant; ② 첩, 내연녀 concubine ○ **qarabaş**

qaravəlli *i.* 일화, 풍자(諷刺) anecdote, funny story ○ **məzəli**

qarayanız *si.* ① 갈색의, 갈색을 띤 brown, brownish; ② 까만 얼굴의, 유색인의 dark-complexioned ○ **qarabuğdayı, qaraşın**; ③ 거무스름한, 까무잡잡한 swarthy ○ **qarayağız**

qarayanıq *si.* 그을린, 까무잡잡한 얼굴의 burnt, dark-complexion ○ **dümağ**

qarayaxa *si.* (사람, 요구 등) 끈덕진, 성가신, 절박한 importune ○ **həyalı**

qarayaxalıq *i.* 집요함, 끈질긴 간청 importunity, invocation ○ **həyalılıq**

qarayel *i.* 덥고 건조한 바람 hot dry wind ○ **ağyel**

qarçiçəyi *i. bot.* 에델바이스: 알프스 등 높은 산에서 자라는 국화과의 일종; 스위스의 국화(國花) edelweiss ○ **xəccəgül**

qardaş I. *i.* 형제, 동포, 친구 brother; II. *xit.* 여보게, 여보게나 old man, old chap, my boy; **doğma ~** *i.* 친형제 one's own brother; **ögey ~** *i.* 의붓형제 step brother; **süd ~** *i.* 같은 수양 부모 밑에 자란 형제 foster-brother; **şəfqət ~ı** *i.* 남자 간호사 male nurse; **~ partiyalar** *i.* 우애 정당 fraternal parties; **~ xalqlar** *i.* 우애 민족 brotherly peoples; **~arvadı** *i.* 형수, 제수 brother's wife, sister-in-law; **~casına** *z.* 우호적으로, 친선을 위해 brotherly, fraternally ; **~qızı** *i.* 여조카 niece; **~oğlu** *i.* 남조카 nephew

qardaşlaşmaq *fe.* 형제처럼 지내다, 친하게 지내다 fraternize

qardaşlıq *i.* 우애, 동포애, 형제애 fraternity, brotherhood ○ **yaxınlıq, dostluq**; **~ telləri** *i.* 형제의 인연, 친교의 끈 links of brotherhood

qarderob *i.* 양복장, 옷장 wardrobe

qarət *i.* 약탈, 강탈, 도둑질 robbery, burglary, plunder ○ **çapqın, çapovul, talan**; **~ etmək** *fe.* 강탈하다, 빼앗다 rob, plunder

qarətçi *i.* 도둑, 강도 robber, burglar ○ **quldur**

qarətçilik *i.* 약탈, 강도, 강탈, 도적질 robbery, pillage, plunder ○ **quldurluq, çapqınçılıq, soyğunçuluq, talançılıq, çapovulçuluq**

qarətkar ☞ **qarətçi**

qarətkarlıq ☞ **qarətçilik**

qarğa *i.* 까마귀, 까치 crow; ***Hər kəsin qarğası özünə bir qırğıdır.*** *자기 가진 것에 대한 지나친 허풍을 떨다. A man thinks his own geese swans.*

qarğamaq *fe.* 미워하다, 싫어하다 detest, hate, curse ● **tə'rifləmək**

qarğı *i.* (대나무, 등나무, 수수나무 등의) 줄기, 가는 줄기, 갈대, 갈대 줄기 cane, reed

qarğıdalı *i.* 옥수수, (집합적) 옥수수 corn, maize

qarğıma *i.* 저주, 파멸, 험담, 악담, 중상 damnation, imprecation, malediction

qarğımaq *fe.* 저주하다, 악담하다, 중상하다 curse, damn

qarğış *i.* 저주, 천벌, 혐오 damnation, detestation ○ **söyüş, bəddua** ● **alqış**

qarı *i.* 노파(老婆) old woman ○ **ağbirçək**

qarıldamaq *fe.* 까옥거리며 울다 (까마귀) caw

qarıldaşmaq *fe.* (집단적으로) 까옥거리다 croaking, cawing

qarılıq *i.* 노년, 노년기 oldness ○ **qocalıq**

qarılmaq *fe.* 휘다, 굽다 curve

qarımaq *fe.* ① 연로해 지다, become an old maid ○ **qocalmaq**; ② 주름지다 be wrinkled (skin from water *etc.*)

qar(ı)n *i.* ① *ana.* 배, 위 belly, stomach, abdomen 복강, 복부 ○ **uşaqlıq**; ② 자궁 womb ○ **iç, batin**; **~ yatalağı** *i.* 장티푸스 typhoid; **~ı bərkitmək** *fe.* 많이 먹다, (음식으로) 기운을 차리다 refresh, eat much; **~ağrısı** *i.* 배앓이, 복통(腹痛) stomach-ache; **~ı ağrımaq** *fe.* 배가 아프다, 배앓이 하다 have stomach-ache; **~ boşluğu** *i.* 복부; the abdominal region; ***Onun qarnındakını bilirəm.*** *그의 의도를 알고 있다. I know what is in his mind.*

qarınaltı *i.* 띠, 밴드; (말 등의) 뱃대끈 (saddle)-girth, bellyband

qarınənə *i.* 노파, 노인 old woman

qarınqulu *si.* 탐욕스러운, 대식하는, 욕심 많은 (사람) glutton, greedy (person) ○ **yeyimcil** ○ **gözütox**

qarınquluuq *i.* 탐욕스러움, 욕심 많음 gluttony, covetousness ○ **yeyimcillik**

qarınlı *si.* 배가 나온, 비만의 big-bellied, potbellied ○ **yekəqarın, şişman**

qarış *i.* 한 뼘 span

qarışdırmaq *fe.* ①(액체, 가루 등) 섞다, 혼합하다, 교반하다, 휘젓다, (실, 줄 등) 헝클어뜨리다,

흩뜨리다, 혼란시키다 mix, blend, derange, entangle, confound, confuse, agitate ○ **qurdalamaq, bulamaq, çevirmək**; ② 지우다, 소자(消磁)하다, 삭제하다, 말소하다 erase ○ **pozmaq**; ③ 비슷하게 하다, 유사하게 하다 show alike ○ **oxşatmaq**

qarışıq I. *si.* ① 섞인, 혼합된 mixed, confused ○ **qatışıq**; ② 연합된, 동등한, 하나된, 합성된 united, equal ○ **birgə, bərabər**; ③ 헝클어진, 흩어진 disorderly, jumbled ○ **qarma-qarışıq, tərtibsiz, nizamsız**; ④ 이해할 수 없는, 알아볼 수 없는, 복잡한 incomprehensive, complex, unrecognizable ○ **anlaşılmaz, dolaşıq**; II. *i.* 혼합물, 합성품, 구성물 composition, tangle

qarışıqlı *si.* ① 혼합된, 섞인 mixed, confused ○ **qatışıqlı**; ② 우회의, 별개의, 다양한 diversed, detoured ○ **dolaşıqlı**

qarışıqlıq *i.* ① 혼란, 혼동, 분규, 무질서 disorder, mess, mixture ○ **tərtibsizlik, nizamsızlıq, qaydasızlıq**; ② 혼동, 혼돈, 몰이해, 난해 confusion, incomprehension ○ **anlaşılmazlıq, dolaşıqlıq**; ③ 혼란, 분규, 소란, 야단 법석, 동란, 격변 commotion, riot, turmoil ○ **hərc-mərclik, dolaşıqlıq**

qarışıqsız *si.* 단정한, 깔끔한, 정돈된 neat

qarışqa *i.* 개미 ant

qarışqayeyən *i.* 땅돼지, 천산갑, 바늘 두더지 anteater, ant-bear

qarışdırıcı *i.* 선동자 instigator, fireband

qarışdırıcılıq *i.* 선동, 교사(巧詐), 부추김, 유발, 자극 instigation, incitement, shuffling

qarışdırılmaq *fe.* 섞여지다, 혼합되다, 혼동되다 be mixed, be stirred

qarışıqlı *si.* 상호간의, 서로의; 서로 동등한 관계를 가진 mutual

qarış-qarış *z.* 면밀히, 자세히, 주의 깊게 span very precisely, span by ~ **axtarmaq** *fe.* 면밀히 찾아보다; search every inch of ground ~ **ölçmək** *fe.* 면밀히 측정하다 measure very carefully

qarışlamaq *fe.* 면밀히 측정하다, 세밀히 살펴보다 measure with a span, inch

qarışma *i.* 참견, 간섭, 개입 intervention; **işə** ~ *i.* 간섭, 개입 interference

qarış|maq *fe.* ① 만나다, 연합하다, 합치다 join togehter, unite ○ **qovuşmaq, birləşmək, qoşulmaq**; ② 섞다, 혼동시키다, 끼어들다, 방해하다, 맞서다 mix, blend, intervene, meddle, interfere ○ **qatışmaq**; ③ 더럽게 하다, 더럽히다 make dirty ○ **bulaşmaq**; ④ 망치다, 엉망되게 하다 spoil, ruin ○ **pozulmaq**; **~mış olmaq** *fe.* 연루되다, 개입되다 be involved in

qarqara¹ *i.* 체인 기중기 reel, coil, chain (device for lifting heavy thing up) ○ **çarx**

qarqara² *i.* 질식, 숨막힘 choking, suffocation ○ **yaxalama**

qarlamaq *fe.* 눈이 내리다 snow

qarlı *si.* 눈에 덮인 snow-clad

qarmaq *fe.* 굽히다, 만곡시키다, 커브로 던지다 curve ○ **çəngəl, tilov**

qarmaqarışıq *si.* ① 무질서한, 엉망진창의, 헝클어진, 난잡한 disorederly, dishevelled, topsy-turvy ○ **nizamsız, qaydasız, tərtibsiz**; ② 이해할 수 없는, 불가해한 incomprehensible ○ **anlaşılmaz, dolaşıq** ● **aydın**; ③ 헝클어진, 지저분한, 난잡한 방종한, 엉망인 messy, meddled, spoiled ○ **hərc-mərc, pozğun**

qarma-qarışıqlıq *i.* ① 무질서함, 난잡함, 엉망진창 disorderliness ○ **nizamsızlıq, qaydasızlıq, tərtibsizlik** ● **nizamlılıq**; ② 부패함, 타락함, 망가짐 messiness, spoil, depravity ○ **hərc-mərclik, pozğunluq** ● **əmin-amanlıq**

qarmaqlamaq *fe.* 붙잡다, 꼭 쥐다, 낚아채다 seize, snatch, grip

qarmalamaq *fe.* 붙잡다, 낚아채다 seize, snatch, catch ○ **qapmaq, yapışmaq, tutmaq**

qarmon *i. mus.* 아코디언, 손풍금, 콘서티나 accordion, concertina

qarmonçalan *i.* 아코디언 연주자 accordion/concertina player

qarnıaçıq *si.* 벌거벗은, 가리지 않은, 드러낸, 나체의 bare, naked, poor

qarnıaçıqlıq *i.* 벌거벗음, 나신, 나체, 가리지 않음 bareness

qarnıdolusu *si.* 배부른, 만족한, 흡족한, 꽉 채운 contented, satisfied ○ **doyunca**

qarnıyoğun *si.* 배가 튀어나온, 배가 부른 big-bellied, pot-bellied ○ **şişman, dolğun, yekəqarın**

qarnıtox *si.* 배부른, 만족한, 부족함 없는, 가득한 satisfied, replete ● **gözüac**

qarnitur *i.* 한 벌; suite **mebel ~u** *i.* 가구 세트 a

Q

suite of furniture
qarnizon *i.* (요새의) 주둔군, 수비대 garrison
qarovul *i.* 경비원, 파수, 보초, 불침번, 파수꾼, 수비대 safe-guard ○ **keşikçi, gözətçi**
qarovulçu *i.* 수비, 파수, 보초, 경비원 guard, sentry ○ **keşikçi, gözətçi**
qarovulçuluq *i.* 파수, 경비, 보초, 수비 the duty of sentry, sentinel ○ **keşikçilik, gözətçilik**
qarovulxana *i.* 초소, 경비소, 경비실, 감시실, 보초실 guard-room, guard-house
qarovullamaq *fe.* ① 매복하다, 미행하다; mark out, engage, make an ambush ② 수비하다, 경비하다, 지키다, 보초를 서다 guard, keep watch over ○ **pusqulamaq, güdmək**
qarovulluq *i.* 경비, 감독, 감시 guarding, supervision ○ **keşikçilik, gözətçilik**
qarpışmaq *fe.* 씨름하다, 안간힘을 쓰다 ① wrestle ○ **güləşmək, qurşaqlaşmaq**; ②격투하다, 싸우다 fight ○ **tutaşmaq, dalaşmaq, vuruşmaq**
qarpız *i.* 수박 water-melon
qarpmaq *fe.* 쥐다, 낚아채다, 움켜쥐다 grip, catch ○ **qapmaq**
qarsaq *i.* 화상 trill, flounce ○ **ütük, pörtük**
qarsalamaq *fe.* 타다, 그을다, 눋다 burn, scorch ○ **ütmək, pörtmək, yanmaq**
qarşı *si.* 거슬리는, 반대의, 대항하는 opposite, against, towards; **ona** ~ *z.* 그에 대항하여; against him ~ **gəlmək** *fe.* 직면하다, 대면하다 face ~ **qoymaq** *fe.* 반대하다, 방해하다; oppose ~**dan gələn** *si.* 다가오는, 임박한 forth-coming, coming ~**sı alınmaz** *si.* 피할 수 없는, 저항할 수 없는, 막아설 수 없는 irresistible, unavoidable ~**sını almaq** *fe.* 막아서다, 가로막다, 저항하다, 반대하다 bar, check, counteract, prevent ~**sını alma** *i.* 방지, 저지, 방해 prevention ~**da** *z.* ①~의 앞에 in front of, before ○ **qabaq, ön** ● **arxa**; ② 장차, 미래에 in the future ~**dakı** *si.* 반대쪽의, 저편의 opposite, yonder ~-~**ya** *z.* 마주보고, 맞대하여 face to face ~ **durmaq** *fe.* 직면하다, 막아서다, 대결하다 confront ~-~**ya qoymaq** *fe.* 대조하다, 대비하다 contrast
qarşıdurma *i.* 물리치기, 격퇴, 반박 repulse
qarşılama *i.* 영접, 환영 welcome
qarşılamaq *fe.* 만나다, 영접하다 meet; **xoş** ~ *fe.* 환영하다 welcome
qarşılanmaq *fe.* 만나다, 영접받다 be met
qarşılaşdırma *i.* 대결, 대항 confrontation
qarşılaşdırmaq *fe.* 대항하다, 대결하다 confront
qarşılaşmaq *fe.* (우연히) 만나다, 마주치다, 해후하다 ① come across, encounter ○ **rastlaşmaq**; ② 대면하다, 만나다 face, meet ○ **üzləşmək**
qarşılıq *i.* 상호(相互), 쌍방, 조합, 배합, 결합, 짜맞추기 combination ○ **müştərəklik**
qarşılıqlı *si.* 상호간의, 쌍방의 mutual ○ **müştərək, şərikli** ~ **yardım** *i.* 상호 원조, 쌍방 지원 mutual help ~ **anlaşma** *i.* 상호이해 mutual understanding ~ **güzəşt** *i.* 타협, 양보, 절충, 호양(互讓) compromise ~ **güzəştə getmək** *fe.* 타협하다, 절충하다, 양보하다, 호양하다 compromise ~ **münasibət** *i.* 상호 관계, 호혜관계 relationship
qart *si.* ① 나이든, 늙은 old, elderly ○ **qoca** ● **cavan**; ② 경직된, 경화된 hardened ○ **qatı, qəddar** ● **mülayim** ~ **düşmən** *i.* 뿌리깊은 원수, 철천지원수 inveterate enemy
qartal *i. zoo.* 독수리 eagle ○ **qaraquş** ~ **burnu** *i.* 매부리 코 aquiline nose
qartalbaxışı *i.* 독수리 eagle-eye
qartalburun(lu) *si.* 매부리코의 aquiline nosed
qartdamaq *fe.* 긁다, 할퀴다, 생채기를 내다, 긋다, 문지르다, 문질러 닦아내다, 긁어내다 scratch, scrape
qartəmizləyən *i.* 제설기(除雪機) snow-plough
qartımaq *fe.* ① 나이들다, 늙다 grow old ○ **qocalmaq**; ② 낡다, 헐다, 닳다 become worn out ○ **köhnəlmək**
qartımış *si.* 늙은, 나이든, 낡은, 헌 old, aged
qartlanmaq *fe.* 가렵다, 근질근질하다 itch ○ **qaşınmaq**
qartlaşmaq *fe.* ① 나이들다, 늙어가다 become old ○ **qocalmaq**; ② 거칠어지다, 조악해지다 coarsen, be rough ○ **sərtləşmək, qabalaşmaq** ● **cavanlaşmaq**
qartlıq *i.* ① 노년기, 노쇠 (상태) old age, decrepitude; ② 거침, 굵음 coarseness ③ 늙음 oldness ○ **qocalıq**
qartmaq *fe.* ① 거칠어지다, 딱딱해지다, 경화되다 harden, roughen; ② 도르래로 움직이다, 도

르래를 달다 sheave, pulley

qartmaqlanmaq *fe.* 상처의 딱지로 덮이다, 부스럼이 지다 be covered with scabs, crusts

qartmaqlı *si.* 딱지로 덮인, 딱딱한 외피로 덮인 covered with scabs, crusts ○ **qasnaqlı**

qasıq *i. ana.* 살, 서혜부(鼠蹊部); groin ~ **yırtığı** *i.* 서혜부 탈장 inguinal hernia

qasılmaq *fe.* ① 지어지다, 형성되다; ② shorten 단축되다 be built ○ **daralmaq, qısalmaq**

qasırğa *i.* 회오리바람, 소용돌이, 폭풍, 태풍, 대폭풍 whirlwind, cyclone, hurricane, typhoon, tornado ○ **tufan, boran**

qasırğalı *si.* 폭풍우의, 질풍 같은 stormy, squally ○ **tufanlı, boranlı** ● **bürkülü**

qasid *i.* 전달자, 사자(使者), 전령, 소식을 가져오는 사람 messenger, herald ○ **elçi, çapar**

qasidlik *i.* 전령의 직책, 소식 전하기 messenger's work, heraldry, heraldship ○ **elçilik, çaparlıq**

qasnaq *i.* ① (상처의) 딱지 scab ② 통, 원통형 모양의 틀, 테, 고리 drum, hoop (sieve, *etc.*)

qasnaqlamaq *fe.* 테를 두르다, 쇠테로 죄다 hoop

qasnaqlanmaq *fe.* 테가 둘리다, 쇠테로 조여지다 be hooped

qasnaqlı *si.* ① 딱지가 진 (상처); scabbed ② 쇠테를 둘린 hooped ○ **qabıqlı**

qastrit *i. tib.* 위염(胃炎) gastritis

qastrol *i.* 시찰, 관광, 순회공연; tour **~a çıxmaq** *fe.* 관광하다, 시찰하다, 순회 공연하다 tour

qastronom *i.* 야채상회 gastronom, grocery-store

qastronomik *si.* 미식범의, (특정지역의) 식사법의 gastronomic

qastronomiya *i.* 식료 잡화류 groceries and provisions

qaş *i.* 눈썹 eye brow; **~larını çatmaq** *fe.* 눈썹을 찡그리다 knit one's brows

qaşalma *i.* 눈썹을 다듬어 뽑다 pulling out some eye brow hairs

qaşarası *i. ana.* 미간(眉間) middle of forehead 미간, 눈썹활 사이 glabella

qaş-daş *i.* 보석류, 장신구 jewellery ○ **cavahirat**

qaşıq *i.* 숟가락, 스푼 spoon; ~ **dolusu** *si.* 한 숟가락 가득한 spoonful; ***Qismətində olan qaşığına çıxır.*** *운이 가져다주는 것을 얻는다. You get what fate brings you.*

qaşıqlamaq *fe.* 숟가락으로 뜨다, 스푼으로 재다 spoon, measure with spoon

qaşıma *i.* 빗질, 소면(梳綿), 소모(梳毛) combing, carding, hacking

qaşımaq *fe.* ① 긁다, 할퀴다, 긋다 scratch ② 긁어 파다, dig

qaşındırmaq *fe.* 가렵게 하다, 자극하다 arouse an itch, irritate

qaşınma *i.* 긁기, 할퀴기, 긋기 itch ○ **gicişmə, qıcıqlanma**

qaşınmaq *fe.* (스스로) 긁다, 근질근질하다 scratch, itch ○ **gicişmək, qıcıqlanmaq**

qaşqa *i.* 이마의 흰 점 white spot on the forehead

qaşqabaq *si.* 눈살을 찌푸린, 기분이 언짢은, 찡그린 얼굴을 한 frown, scowl ○ **acıqlı, hirsli, üzügülər; ~ğını sallamaq/tökmək/turşutmaq** *fe.* 얼굴을 찡그리다, 기분이 언짢아 하다 frown, scowl, knit one's brows; ~ **göstərmək** *fe.* 언짢아 하다, 뾰로통해 지다, 골 내다 gloom, sulk, scowl

qaşqabaqlı *si.* 기분이 상한 sullen, gloomy, cheerless

qaşqabaqlılıq *i.* 기분 나쁨, 언짢음, 우울함, 침울함 gloom, gloominess, somberness ○ **acıqlılıq, hirslilik**

qaşov *i.* 말 빗 horse-comb

qaşovlamaq *fe.* 빗질하다, 솔질하다 comb, brush ○ **təmizləmək, daramaq**

qaşovlanmaq *fe.* (스스로) 빗질하다, 머리를 빗다 be combed

qat *i.* ① 층, 계층, 지층 layer ○ **lay, təbəqə;** ② (옷의) 겹, 두께, 주름 fold, floor, pleat, plait (clothe) ○ **mərtəbə;** ③ 번, 회수 time (number of repetition) ○ **dəfə, kərə**

qatar *i.* ① 기차, 열차, 전차 train ○ **düzüm, karvan;** ② 떼, 줄, 열 flock, flight, string ○ **sıra, cərgə; durna ~ı** *i.* 학 떼 flock of crane; **~la getmək** *fe.* 줄지어 가다 go by train; ~-~ *z.* 떼를 지어, 군집으로 in file, flock

qatarlanmaq *fe.* 줄을 짓다, 행렬을 만들다 (train) be formed a file, flock, be threaded ○ **sıralanmaq, cərgələnmək, düzülmək**

qatbaqat *z.* 층층이, 겹겹이 layer after layer, stratum by stratum

qatı I. 응축 시럽 *i.* condensed syrup ○ **mət,**

Q

qəliz; II. *si.* ① 응축된, 농축된, 짙은, 진한 condensed, thick, dense ○ **sıx**; ② 격렬한, 맹렬한, 강한, 심한 strong, hard, turbulent, violent ○ **şiddətli**, **güclü**, **bərk**; ③ 무자비한, 잔인한, 혹독한 fierce, brutal, merciless ○ **sərt**, **rəhmsiz**, **amansız**, **qəddar** ~ **duman** *i.* 짙은 안개 thick fog

qatıq *i.* 요구르트 yoghurt, sour milk

qatıqaşı *i.* 야채와 요구르트를 넣어 만든 쌀죽 soup from rice, vegetable and sour milk

qatılaşdırılmış *si.* 농축된, 응축된 condensed

qatılaşdırmaq *fe.* 농축시키다, 농후하게 하다, 응축시키다 condense

qatılaşma *i.* 농축, 응축, 압축 thickening, clotting, condensation

qatılaşmaq *fe.* ① 진해지다, 농축되다, 응축되다, 응결되다 harden, clot, thicken ○ **bərkimək**, **qəlizləşmək**, **mətləşmək** ● **durulmaq**; ② 격렬해지다, 심해지다 become strong, violent ○ **şiddətlənmək**, **güclənmək** ● **zəifləmək**

qatılatmaq *fe.* 농축시키다, 응결시키다, 진하게 하다, 과장하다 thicken, condense, exaggerate

qatılıq *i.* ① 단단함, 경도(硬度) hardness ○ **bərklik**, **mətlik**; ②(액체의) 농도(濃度), 진한 정도 density, thickness (fluid) ○ **sıxlıq**, **kəsiflik**, **qəlizlik**; ③ 격렬함, 격정 fierceness, severity ○ **şiddətlilik**, **sərtlik** ; ④ 무자비함, 잔인성 mercilessness ○ **mərhəmətsizlik**, **rəhmsizlik**, **amansızlıq**; ⑤ 혼합, 혼성 mingle, mixture ○ **qarışma**, **qoşulma**, **birləşmə**

qatılma *i.* 덧붙임 annex

qatılmaq *fe.* ① 섞이다, 혼합되다 be mixed, be blended ○ **qarışdırılmaq**; ② 더해지다, 증가하다, 부어오르다, 첨가되다 increase, rise, swell, be added ○ **qarışmaq**, **qoşulmaq**, **birləşmək** ● **durulmaq**

qatır *i. zoo.* 노새 mule

qatırquyruğu *i.* 말꼬리 horse-tail, mare's tail

qatışdırmaq *fe.* 혼합하다, 헷갈리게 하다, 혼동시키다 mix, confuse ● **fərqləndirmək**

qatışıq I. *si.* 혼합된, 혼동된, 섞인 mixed; II. *i.* 혼합물, 합금, 합성물 mix, mixture, alloy, compound ○ **qarışıq**

qatışıqlıq *i.* 무질서, 혼동, 혼란 disorder

qatışıqsız *si.* 순수한, 불순물이 없는, 단일의, 동질의 pure

qatışmaq *fe.* 섞이다, 혼합되다, 첨가되다 join in, mix with others

qatil *i.* 살인자, 살해자, 사살자, 살인범 assassin, butcher, cut-throat, murderer ○ **cani** ● **günahsız**

qatillik *i.* 암살, 살해, 살인, 도살 assassination, butchery ○ **canilik** ● **günahsızlıq**

qat-qarış, ☞ **qat-qarışıq**

qat-qarışıq *si.* 뒤섞인, 혼합된, 혼동된 confusing, mixed ○ **nizamsız**, **dolaşıq**, **pozğun**

qat-qat *z.* ① 훨씬 더, 몇 겹 더, 몇 배나 더 much, flaky, foliated with lamella, strata, schistose ② 더 나은, 더 많은 better

qatqı *i.* 혼합상태, 혼합물 admixture, tinge, dash ○ **aşqar**

qatqılı *si.* 혼합물이 있는, (특정한) 색조를 띤, 기미가 있는 with admixture, with a touch of

qatqısız *si.* 색조가 없는, 단조로운, 기미가 없는 without a touch of

qatlamaq *fe.* ① tighten; ② fold ○ **büzmək**, **bükmək**, **əymək** ● **açmaq**

qatlanan *si.* 접히는, 구부릴 수 있는, 휘기 쉬운, 나긋나긋한 flexible, folding

qatlanmaq *fe.* ① 굽다, 휘다, 접히다 be clubbed, be pooled, be bent down ○ **bükülmək**; ② bear ○ **dözmək**; ③ be crooked ○ **əyilmək**

qatlaşmaq *fe.* 견디다, 참다, 용인하다 undergo, tolerate ○ **dözmək**, **tablamaq**

qatlayıcı *i.* 접는 기구, 폴더, 종이 집게 folder

qatma *i.* 줄, 새끼, 끈, 동아줄 rope, cord ○ **ip**

qatmaq *fe.* ① 더하다, 첨가하다, 첨부하다 add, attatch ○ **birləşdirmək**, **qoşmaq**; ② 섞다, 혼합하다 mix ○ **qarışdırmaq**; ③ 삽입하다, 끼워 넣다, 끼우다, 기입하다 insert

qatma-qarışıq *si.* 혼합된, 혼동된, 뒤엉킨 confused, confusing, tangled, muddled up

qatma-qarışıqlıq *i.* 혼동, 뒤엉킴, 엉망진창 confusion, mess, muddle, mishmash

qatran *i.* 피치, 수지, 아교, 송진, 끈끈한 물질 gum, pitch, tar ○ **zift**

qatranlamaq *fe.* 타르를 칠하다, 타르로 더럽히다 tar, cover with tar ○ **ziftləmək**, **yağlamaq**

qatranlanmaq *fe.* 타르로 더럽혀지다, 타르로 덮이다 be pitched, be tarred

qatranlat(dır)maq *fe.* 타르로 덮게 하다, 타르

를 칠하게 하다 have something covered with tar or resin, have *smb.* pitch, resin or tar something
qatranlı *si.* 타르를 칠한, 타르로 덮인 tarry ○ **ziftli**
qaval *i. mus.* 탬버린 tambourine ○ **dəf**
qavalçalan ☞ qavalçı
qavalçı *i.* 탬버린 주자 tambourine player
qavrama *i.* 이해, 인식, 지각, 인지, 파악력 perception, comprehension, reception ○ **anlama** ~ **qabiliyyəti** *i.* 인지력, 지각, 인식작용 cognition
qavramaq *fe.* 인지하다, 이해하다, 파악하다 perceive, follow, understand ○ **anlamaq**
qavranmaq *fe.* (스스로) 파악하다, 인지하다 be perceived
qavrayış *i.* 이해, 인식, 지각, 파악 perception, apprehension ○ **dərketmə**
qavrayışlı *si.* 인지하고 있는, 알고 있는, 지각(知覺)하는, 통찰이 예리한, 직관이 좋은 aware, perceptive ○ **əhatəli, geniş**
qaya *i.* 바위, 절벽, 암석, 암반, 암벽 rock, cliff ○ **uçurum, yarğan**
qayahörümçəyi *i.* 땅거미의 일종, 독거미의 일종 tarantula
qayalı *si.* 바위로 된, 암석이 많은, 벼랑 같은, 절벽의, 깎아지른 듯한, 가파른, rocky, steep, precipitous
qayalıq *i.* 바위 산, 바위가 많은 곳, 절벽 rocky place ○ **uçurumluq, yarğanlıq**
qayçı *i.* 가위 scissors
qayçılamaq *fe.* 가위로 자르다 cut with scissors ○ **kəsmək, doğramaq, budamaq**
qayda *i.* ① 규칙, 이치, 질서, 법규, 규정 order, rule, law ○ **qanun, nizam, səliqə**; ② 방법, 도리, 방안 way, method ○ **üsul, yol, tərz**; ③ 습관, 관습, 풍습, 인습 custom, habit ○ **adət, dəb** ~**-qanunu pozmaq** *fe.* (규율, 규범, 법 등) 위반하다, 범법하다 demoralize ~**ya salma** *i.* 정리정돈, 협정, 타협, 조정 arrangement ~**ya salmaq** *fe.* 정리하다, 정돈하다, 조정하다, 타협하다 arrange, regulate, co-ordinate, set, put in order ~ **üzrə** *əd.* 규정에 따라, 도리로서 according to the rule; **bir ~ olaraq** *əd.* 규정으로서, 도리로서 as a rule
qayda-qanun *i.* 규정, 규율, 질서, 통제, 풍기 rule, regulation, discipline ○ **nizam-intizam**
qaydalı *si.* 합법적인, 도리에 맞는, 정리 정돈된, 상당한 regular, sizeable, considerable ○ **səliqəli, müntəzəm, düzgün** ● **səliqəsiz**
qaydasında *z.* 정상적으로, 규정에 맞게 in order; ***Hər şey qaydasındadır.*** *모든 것이 정상이다. Everything is O. K.*
qaydasız *si.* ① 불법적인, 불규칙적인, 무질서한, 혼란한 irregular, disorderly, confused ; ② *qram.* 불규칙 변화 irregular ○ **nizamsız, səliqəsiz, tərtibsiz, pozğun** ● **səliqəli**
qaydasızlıq *i.* 무질서, 불규칙, 범법, 범칙 disorderliness, irregularity ○ **nizamsızlıq, səliqəsizlik, tərtibsizlik, pozğunluq**
qayə *i.* 목적, 의도 purpose, aim ○ **məqsəd, məram**
qayəsiz *si.* 뜻 없이, 의도 없이, 목적 없이, 의도하지 않는 aimless, pointless, senseless ○ **məqsədsiz, məramsız**
qayəsizlik *i.* 무의미함, 무목적, 주견 없음, 무익함 aimlessness, meaninglessness ○ **məqsədsizlik, məramsızlıq**
qayğanaq *i.* 오믈렛, 계란 스크램블 scrambled egg, omelette
qayğı *i.* 염려, 걱정, 배려, 관심, 사려, 숙려(熟慮) regard, care, consideration ○ **fikir, dərd, möhnət, qəm** ~**sına qalmaq** *fe.* 염려하다, 걱정하다, 배려하다, 신경쓰다 take care, look after, mind
qayğıcıl ☞ qayğıkeş
qayğıcıllıq ☞ qayğıkeşlik
qayğıkeş *si.* 사려 깊은, 이해심이 많은, 신중한, 조심스러운, 염려하는 considerate, responsive, careful, thoughtful, solicitous
qayğıkeşlik *i.* 염려가 많음, 심려, 사려 깊음, 조심스러움, 생각이 깊음 care, thoughtfulness, solicitude
qayğılı *si.* 걱정스러운, 조심하는, 사려 깊은 thoughtful, careful, solicitous ○ **qeydkeş, qəmli, kədərli, qüssəli, fikirli**
qayğısız *si.* 부주의한, 경망한, 경솔한, 무관심한, 무정한 careless, easy-going, light-hearted, thoughtless ○ **fikirsiz, laqeyd, dərdsiz, kədərsiz, qəmsiz**
qayğısızlıq *i.* 부주의, 경솔, 경망, 소홀, 속 편함 carelessness ○ **laqeydlik**

Q

qayıdış *i.* 되돌아옴, 반영, 귀환, 반사, 반향, 반사 작용 reflection, return ○ **gediş ~ növ** *qram.* 재귀용법 (동사/대명사) reflexive
qayıq *i.* 배, 소형 보트, 나룻배 boat
qayıqçı *i.* 사공, 뱃사람, 나룻지기 boatman, ferryman
qayıqçılıq *i.* 사공, 나룻일 boatmanship
qayım *si.* ① 건장한, 장대한 (키) tall and strong ○ **uca, bərk, zil**; ② 튼튼한, 육중한 hard and heavy ○ **bərk, möhkəm, ağır, tutarlı**; ③ 인색한, 구두쇠의 stingy, mean
qayın *i.* 처남, 시동생 brother-in-law
qayınağacı *i. bot.* 자작나무 birch
qayınana *i.* 시어머니, 장모 mother-in-law
qayınata *i.* father-in-law
qayırılmaq *fe.* 제작되다, 만들어지다 be made
qayırma *si.* 제조된, 인공의, 인조의 artificial, man-made
qayırmaq *fe.* 제작하다, 만들다, 제조하다 make, build ○ **qurmaq, tikmək**
qayış *i.* 띠, 테, 끈, 벨트 band, belt, strap ○ **kəmər ~la bağlamaq** *fe.* 띠로 묶다, 테를 두르다 strap
qayışbaldır *si.* 야윈, 쇠약한, 수척한, 초췌한 lean, thin, emaciated
qayıtma *i.* 돌아옴 return ○ **dönmə, gəlmə**
qayıtmaq *fe.* 돌아오다, 귀환하다, 되돌아오다, 반사하다 recur, return, come back ○ **dönmək, gəlmək** ● **getmək**
qayıtmaz *si.* 돌이킬 수 없는, 취소할 수 없는, 회복불능의 irretrievable, irrevocable
qaymaq *i.* 크림 cream **~ tutmaq** *fe.* 크림이 엉키다 form cream **~ğı alınmış süd** *i.* 더껑이를 걷어낸 우유 skimmed milk
qaymaqçıçəyi *i.* 미나리아재비 buttercup, yellow-gold, gold-up
qaymaqlanmaq *fe.* 크림이 엉키다, 크림이 엉켜 덮이다 be covered with cream
qaymaqlı *si.* 크림을 함유한, 크림 같은, 크림색의 creamy
qaynaq[1] *i.* 기원, 시작, 근원, 출처, 발단, 처음, 유래; 원인 origin, spring ○ **mənbə, bulaq, çeşmə**
qaynaq[2] *i.* 용접, 납땜질 soldering, welding ○ **soyuq**
qaynaq[3] *i.* 발톱 claw, talon ○ **caynaq, dırnaq**
qaynaqçı *i.* 용접공 welder
qaynamaq *fe.* ① 끓다, 비등하다, 거품이 일어 넘치다 seethe, simmer ○ **pıqqıldamaq, paqqıldamaq**; ② 시어져 거품이 일다, (술, 포도주 등) 익다 turn sour, ferment ○ **fışqırmaq, köpüklənmək**; ③ 거품이 일어 넘치다, 부글부글 끓다 bubble up ○ **qabarmaq**
qaynanmış *si.* 끓인, 삶은, 데친 boiled
qaynar *si.* ① 끓는, 가열된, 뜨거운 hot ○ **hərarətli, isti**; ② 타는, 태우는, 불붙는 fiery, fervent ○ **odlu, alovlu, canlı, ehtiraslı**; ③ 열정적인, 뜨거운 eager, ardent ○ **coşğun, qızğın ~ xətt** *i.* 직통 전화; hot line **~ su ilə yandırmaq** *fe.* 데다, 뜨거운 물에 데게 하다 scald
qaynarlıq *i.* ① 열, 뜨거움 heat, hotness ○ **hərarət, istilik** ● **soyuqluq**; ② 열정적임, 적극적임 eagerness ○ **coşğunluq, aktivlik** ● **sönüklük**
qaynaşmaq *fe.* 군집하다, 사람으로 넘치다, 쇄도하다 swarm, crowd, throng ○ **tərpəşmək, oynamaq**
qaynatdırmaq *fe.* 끓게 하다, 끓이다 cause *smt.* to boil
qayna|(t)maq *fe.* ① 끓이다, 익히다, 가열하다 boil, heat, bubble ② 요리하다 cook ③ 용접하다, 결합시키다 weld, join ○ **calamaq, bitişdirmək ~yıb-qarışmaq** *fe.* 가열 혼합하다 mix
qaysaq *i.* (상처) 딱지 crust, scab
qaysaqlamaq *fe.* 딱지가 지다 cover with scabs
qaysaqlanmaq *fe.* 딱지가 생기다 be covered with scabs
qaysı *i.* 살구 apricot ○ **ərik**
qaysılıq *i.* 살구 밭 apricot orchard ○ **əriklik**
qaytaq *i.* 끈, 줄, 레이스, 새끼, 땋은 머리 cord, lace, braid, band ○ **çıxdaş**
qaytağı *i.* 레진카 (레스기인의 전통 춤) lezginka (dance)
qaytan *i.* 끈, 노끈, 줄, 띠 band, string, lace ○ **bağ, ip ~la bağlamaq** *fe.* 끈으로 묶다, 매다 lace
qaytanlamaq *fe.* 끈으로 매다, 묶다, 코바늘로 뜨다 lace up, tie with lace, knit, crochet ○ **bağlamaq, bərkidilmək**
qaytanlanmaq *fe.* 끈으로 묶이다 be laced up
qaytanlı *si.* 끈으로 묶인, 짜인 bound, tied, knitted ○ **bağlı, ipli**

qaytarılmaz *si.* 비가역적인, 돌이킬 수 없는, 되돌릴 수 없는 irretrievable, irrevocable
qaytarma *i.* 되돌림, 귀환, (샀던 물건을) 물림 return ○ **döndərmə**
qaytarmaq *fe.* 되갚다, 제자리에 되돌려 놓다, 회복시키다, 되돌아오다 repay, replace, restore, return; **vətənə ~** *fe.* 귀국하다, 본국으로 송환하다 repatriate
qaz[1] *i.* (성분을 함유한 모든 기체) 가스, 공기 이외의 가스, 혼합 기체 gas **~la doldurmaq** *fe.* 가스를 채우다, 팽창시키다 inflate
qaz[2] *i.* 거위 goose **~lar** *i.* 거위 떼 geese
qazabaxan *i.* 거위사육사 one who tends geese
qazalaq *i.* (이륜) 마차, 수레 cap, gig
qazalaqçı *i.* 마부, 마차꾼, 수레꾼 gig-carter, cab-man
qazamat *i.* 교도소, 감옥, 구치소 jail, prison, goal ○ **dustaqxana, həbsxana**
qazan *i.* 솥, 냄비, 가마솥 boiler, cauldron, container, copper saucepan
qazanc *i.* ① 수입, 소득, 이득, 벌이 earnings, gain, profit, income ○ **fayda, xeyir, gəlir, mənfəət** ○ **ziyan**; ② 결과, 결실, 성과, 보람 result, fruit ○ **nəticə, səmərə**
qazanclı *si.* 이익이 되는, 벌이가 되는, 이문이 남는 profitable, beneficial ○ **faydalı, xeyirli, gəlirli, mənfəətli, mədaxilli** ○ **zərərli**
qazancsız *si.* 이익이 없는, 무익한, 헛된, 손해보는 unprofitable ○ **gəlirsiz, faydasız** ○ **zərərsiz**
qazança *i.* 작은 솥, 작은 냄비 small boiler
qazançı *i.* 솥 만드는 사람, 솥장이, 냄비 장사 boiler-maker
qazanxana *i.* 주방, 조리실 boiler-room, boiler-house
qazanılmaq *fe.* 벌다, 얻어지다, 벌리다 be gained /acquired/earned
qazanılmış *si.* 얻은, 번, 소득의; earned, won **~ pul** *i.* 수입, 번 돈 earnings
qazanqayıran *i.* 냄비 제조공 boiler-maker
qazanmaq *fe.* ① 벌다, 얻다, 획득하다, 입수하다, 습득하다, 훔치다 acquire, deserve, merit, win, earn ○ **udmaq** ● **xərcləmək**; ② 소유하다, 가지다 possess ○ **yiyələnmək**
qazaoxşar *si.* 가스의, 기체의, 가스모양의 gaseous, gasiform

Qazax *i.* ① 아제르바이잔 서북 쪽의 도시; city in NW Azerbaijan; ② 카자흐스탄인 Kazakh
qazaxca *z.* 카자흐스탄어로 (말하다) in Kazakh, in the Kazakh language
qazarma *i.* 막사, 병영, 숙사 barracks, quarters ○ **qışla**
qazı *i.* 종교재판관 religious judge
qazıcı *i.* 천공기, 착암기, 광부, 갱부 borer, driller, miner ○ **oyucu**
qazıq *i.* 구멍, 파낸 구멍, 우묵한 곳 dug pit, hole ○ **çüxur, çökək**
qazılıq *i.* 타협안, 절충안 compromise
qazı|maq *fe.* ① 파다, 파내다, 깎아내다, 푸다 carve, cut out, scoop ○ **kəsmək, qoparmaq**; ② 파내다, 파서 만들다, 새기다, 조각하다, 장식하다 excavate, engrave ○ **eşmək, oymaq ~yıb çıxarmaq** *fe.* 파내다, 발굴하다 excavate, dig out
qazımaçı *i.* 광부, 갱부; 지뢰공병 miner
qazılmaq *fe.* 깎여지다, 패이다, 조각되다 be dug
qazıma *i.* 깎아 냄, 조각, 새김 cutting, engraving
qazıntı *i.* 발굴물, 화석 excavations, fossil ○ **qırıntı, tör-töküntü**
qazıyıcı *i.* 조각공(彫刻工), 도장공(塗裝工), 제판(製版)공 engraver, etcher
qazlanmaq *fe.* ① 공기가 통하다, 통풍되다 be aerated, be gasified ② 자랑하다, 교만하다, 허풍떨다 be proud, boast ○ **öyünmək, qürrələnmək, xoruzlanmaq, coşmaq**
qazlaşdırma *i.* 가스 발생 gasification
qazlaşdırmaq *fe.* 통풍시키다, 공기가 통하게 하다 gasify, aerate
qazlı *si.* ① 공기가 있는, 가스가 가득한 of gas, with gas; ② *fig.* 교만한, 거만한 proud ○ **iddialı, təşəxxüslü, lovğa**
qazlılıq *i.* 교만함, 거드럭거림, 뻔뻔함, 주제넘음 swaggering, presumption, pride ○ **iddia, təşəxxüs, lovğalıq**
qazma *i.* ① 지붕, 옥상 roof ○ **dam, daxma**; ② 파내기, 발굴, 찾아내기 digging, lifting ○ **oyma, eşmə**
qazmaçı *i.* 광부, 갱부, 발굴자, 착암공(鑿巖工) miner, borer, driller ○ **şaxtaçı**
qazmaçılıq *i.* 착암, 발굴업, 광업 the work of a borer, driller, miner
qazmaq[1] *fe.* 파내다, 꿰뚫다, 구멍내다, 샘을 파다

Q

dig (out), bore, sink ○ **oymaq, eşmək** ○ **doldurmaq**

qazmaq² *i.* 빵 껍질, 밥의 누른 부분, 튀밥, 누룽지 crust, rind, peel

qaznaq *i.* 구멍, 구덩이 pit, hole ○ **çuxur, çökək**

qazolin *i.* 휘발유, 가솔린 gasoline

qazon *i.* 론, 한랭사(寒冷紗) lawn

qazölçən *i.* 가스 계량기 gas-meter

qeyri-müəyyən *si.* 부정(不定)의, 모호한, 분명치 않은, 정해지지 않은, 막연한, 애매한 ambiguous, indefinite, indirect, misty, vague; ~ **artikl** *qram.* 부정관사(不定冠詞) the indefinite article

qeyri-müəyyənlik *i.* 불명확, 불확실 uncertainty

qeyri-mümkün *si.* 불가능 impossible

qeyri-müntəzəm *si.* 불규칙적인, 부정기적인 irregular

qeyri-mütəşəkkil *si.* 불규칙적인, 부정형의, irregular, unorganised

qeyri-normal *si.* 정신 이상의, 실성한, 미친, 몰지각한 insane

qeyri-real *si.* 실재하지 않는, 비현실적인; 상상적인, 가공의, 환상적인 unreal

qeyri-rəsmi *si.* 비공개의, 비공식의, 비공인의 off the record, informal, unofficial

qeyri-səmimi *si.* 성의 없는, 불성실한, 거짓의, 부정직한, 불친절한 insincere, unamiable, unfriendly, unkind

qeyri-şüuri *si.* 무의식의, 인사불명의, 부지불식간의 unconscious, involuntary

qeyri-təbii *si.* 자연의 법칙에 어긋나는, 부자연스러운; 비정상적인 unnatural

qeyri-üzvi *i.* 무기(물)의, 무생물의; 생활 기능이 없는 inorganic

qeyz *i.* 분개, 의분, 감정, 격정, 열정; indignation, passion, rage, violence; **~lə** *z.* 분노하여, 비분강개하여 angrily, wrathfully ● **mərhəmət**

qeyzləndirmək *fe.* 화나게 하다, 격노시키다, anger, incense

qeyzlənmak *fe.* 격노하다, 분노하다, 몹시 화나다 become angry, be resented ○ **hiddətlənmək, qəzəblənmək, acıqlanmaq** ● **sakitləşmək**

qeyzli *si.* 분노의, 화가 난, 격노(激怒)한 angry, wrathful ○ **hiddətli, acıqlı, hirsli, qəzəbli** ● **sakitcə**

qeyzlilik *i.* 분노, 격노함, 화가 남, 비탄에 잠김 anger, bitterness

qəbahət *i.* 실수, 실패, 잘못, 죄 fault, guilt ○ **qüsur, nöqsan, günah**

qəbahətli *si.* 죄를 지은, 죄책감의, 흠이 있는, 잘못한 guilty, faulty, defective, sinful ○ **qüsurlu, nöqsanlı, günahlı**

qəbahətsiz *si.* 흠 없는, 죄 없는 blameless, irreproachable ○ **qüsursuz, nöqsansız, günahsız**

qəbahətsizlik *i.* 흠잡을 데 없음, 결점 없음, 결백함 blamelessness, innocence ○ **qüsursuzluq, nöqsansızlıq, günahsızlıq**

qəbih *si.* ① 죄 있는, 책 있는, 잘못한 dirty, unclean ○ **qəbahətli**; ② 부당한, 적합지 않는 unworthy, mean ○ **nalayiq, ləyaqətsiz**

qəbilə *i.* 모계 씨족; 동일 조상의 관념을 가지는 혈연 집단, 종족, 씨족 clan, tribe

qəbir *i.* 무덤, 묘지 tomb ○ **məzar, gor** ~ **daşı** *i.* 묘석, 묘비 tombstone

qəbiristan *i.* 매장지, 공동 묘지 cemetery, church yard ○ **məzarlıq, gorluq**

qəbiz *i. tib.* 변비증(便祕症) constipation

qəbul *i.* 받아들이기, 수리, 수령; 수용; 입회(허가), 가입, 신청, 응모 application, audience, reception; ~ **edilmiş** *si.* 틀[판]에 박힌(formal) 평범한, 진부한(trite), 상투적인 conventional; ~ **edilməz** *si.* 받아들일 수 없는, 용인할 수 없는, 마음에 들지 않는, 환영할 수 없는 unacceptable; ~ **etdirmək** *fe.* (사람을) 감탄시키다, 위압하다, 주제넘게 나서다, 강요하다 impose; ~ **etmə** *i.* 수령; 수용; 입회(허가), 가입, 채용, 채택 reception, admission, adoption, receipt, acceptance; ~ **etmək** *fe.* 받아들이다, 수용하다, 인정하다, 빌리다, 허용하다, 채택하다, 채용하다 agree, allow, acknowledge, borrow, grant, take, accept, admit, adopt, receive; **~e(d)ilə bilən** *si.* 수용가능한, 받아들일 만한 acceptable; ~ **etməmək** *fe.* 거부하다, 거절하다, 물리치다 reject, repulse; ~ **qaydaları** *i.* 입회 요건, 입학 조건 admittance standards

qəbuledici *i.* 수용자, 접수자 receiver

qəbz *i.* 영수증, 수령(증), 인수(증) receipt; **baqaj ~i** *i.* 수화물 수령증 luggage ticket; ~ **vermək** *fe.* 영수증을 발행하다 give a receipt

qəbzə *i.* 손잡이, 자루 grip, handle, half ○ **qulp, dəstə, sap**

qəbzəli *si.* 손잡이가 달린, 자루가 있는 having a handle, knob, arm, grip ○ **qulplu**, **dəstəli**, **saplı**

qəcələ *i.* 까치; 수다쟁이; 자질구레한 것을 모으는 사람 magpie

qədd *i.* 모습, 몸매, 체격, 형상 figure, stature ○ **bel**

qəddar I. *si* 극악 (무도)한, 잔인하기 짝이 없는, 무자비한, 비인간적인, 사악한, 무례한, 난폭한 atrocious, cruel, inhuman, merciless, outrageous, unmerciful ○ **rəhmsiz**, **amansız**, **mərhəmətsiz**, **zalım** ○ **rəhmli**; II. *i.* monster, tyrant; **~casına** *z.* cruelly

qəddarlıq *i.* 극악 (무도), 잔인성, 잔인함, 무자비함; 만행, 잔학행위 cruelty, atrocity, brutality, savagery ○ **rəhmsizlik**, **amansızlıq**, **mərhəmətsizlik**, **zalımlıq** ○ **rəhmlilik**

qəddəmək *fe.* 깎다, 자르다, 절단하다, 다듬다, 손질하다 cut, hew, trim ○ **yonmaq**, **çərtmək**

qədd-qamət *i.* 모양, 모습, 몸매, 체격 figure, stature

qədəh *i.* (운두가 깊은) 사발, 주발, 잔, 컵 bowl, glass, tumbler, cup, wine-glass ○ **bakal**, **piyalə**, **kasa**

qədəm *i.* ① 걸음, 걸음걸이, 걷기, 달음 step, stride ○ **addım**; ② 다리 leg ○ **ayaq**

qədəmli *si.* 유익한, 성공적인, 이익이 되는 successful, beneficial ○ **uğurlu**, **xeyirli**

qədəmsiz *si.* (시도 등이) 성공하지 못한; (사람이) 실패한; 성과가 나쁜, 불운한, 만족스러운 (결정적인) 효과가 없는 unsuccessful, ineffectual ○ **uğursuz**, **xeyirsiz**

qədər[1] I. *i.* 량(量), 수량, 분량, 액수, 정량, 정도 quantity, amount, degree ○ **miqdar**, **say**, **kəmiyyət**; II. *qo.* ① ~전 before; ② ~까지, ~에 이르도록 until, till, as ... as, about ○ **kimi**; **sən gələnə ~** 당신이 올 때까지 until you come; **saat 5ə ~** 5시까지 ~ till 5 o'clock; **~indən çox yemək** *fe.* 과식하다 overeat; ***Mənim sənin qədər kitabım yoxdur.*** *너만큼 책을 갖고 있지 않다. I don't have as many books as you have.*; ***Bildiyim qədər.*** *내가 아는 한. As far as I know.*

qədər[2] *i.* 운명, 숙명, 운, 운수, 팔자 destiny, fate ○ **tale**, **qismət**, **müqəddərat**

qədərsiz *si.* 무수한, 셀 수 없을 만큼의 innumerable, countless ○ **saysız**, **hesabsız**

qədim *si.* 옛적의, 옛날의, 고대의, 과거의, ancient, early, antique ○ **köhnə**, **əski** ● **müasir**, **təzə**; **uzaq ~də** *z.* 한 옛날에, 오랜 옛적에 in remote antiquity; **~ dünya** *i.* 태고적 세상, 아득한 옛날 antiquity; **~ dövrlər** *i.* 태고, 아득한 옛날; 중세 이전의 시대 antiquity; **~ dövrlərə aid şey** *i.* 고대의, 고풍스러운 물건 antique

qədimdən *z.* 옛적부터, 오래 전부터 since old days ○ **köhnədən**, **əskidən**, **çoxdan**

qədimi *si.* 고대의, 과거의, 고풍의 ancient, old ○ **köhnə**, **əski** ○**yeni**

qədimlik *i.* 태고, 아득한 옛날 antiquity ○ **köhnəlik**, **əskilik** ○ **yenilik**

qədir *i.* ① 가치, 진가, 위엄, 존엄, 위풍, 품위 value, dignity, honor, respect ○ **dəyər**, **qiymət**, **e'tibar**, **hörmət**, **ləyaqət**; ② 수량, 양, 액수, 정량 quantity, number ○ **miqdar**, **say**, **kəmiyyət**; **~ini bilmək** *fe.* 가치를 인정하다, 감사하다, 정당하게 평가하다 know the value of, appreciate

qəfəs *i.* ① 새장, 골조, 뼈대, 격자, 격자창(문) cage, lattice ○ **qurğu**; ② 감옥, 교도소, 구치소 jail, prison ○ **həbs**, **zindan**; **~ salmaq** *fe.* 투옥하다, 감금하다, 구치하다 cage

qəfəsə *i.* 그물구조, 격자방(격자 방), 우리, 닭장, 매장 net, cage, coop, mew, hutch ○ **hörük**, **şəbəkə**

qəfəsəli *si.* 그물 상의, 그물 구조의, 그물 모양의 cellular, netting ○ **hörüklü**, **şəbəkəli**

qəfil *si.* 갑작스러운, 뜬금없는, 돌연한, 불시의, 별안간의, 성급한 sudden; **~ağrı** *i.* 격동, 발작; pang, spasm; **~dən** *z.* 갑작스럽게, 예상치 못하게, 뜻밖에, 불쑥 suddenly, unexpectedly ○ **ansız**, **xəbərsiz**

qəflət *i.* ① 별안간, 불시, 부지불식, 의식하지 못함 ignorance, unawareness ○ **qəfillik**, **xəbərsizlik**; ② 무식, 무지, 무학, 어리석음, 우둔 ignorance, stupidity ○ **cəhalət**, **avamlıq**; ③ 부주의, 경솔, 경망, 소홀, 멍함, 방심상태 carelessness, absent-mindedness ○ **diqqətsizlik**, **huşsuzluq**, **səhlənkarlıq**; **~ yoxusuna getmək** *fe.* 무지하게 지내다, 천하태평 하다 be in ignorance of; **~ən** *si.* 갑작스러운, 불시의; abrupt, sudden; *z.* 갑자기, 돌연히 suddenly, suddenly

qəhə *i.* 웃음, 웃음소리 laughter ○ **gülüş**, **qa-**

Q

qqıltı

qəhər *i.* ① 분노, 화, 진노 anger, wrath, rage ○ **hiddət, qəzəb, acıq** ● **sevinc**; ② 슬픔, 애통, 비통 sorrow, sadness

qəhərlənmək *fe.* ① 화나다, 화가 치밀어 오르다, 화로 숨이 막히다 get angry, choke with anger, suffocate with anger; ② 슬퍼하다, 슬픔으로 목이 메이다 grieve, become sad, choke with sorrow ○ **kədərlənmək, kövrəlmək, doluxsunmaq**

qəhərli I. *si.* ① 화난, 성난, 분노의, 악이 바친 resented, angry, irate, wrathful, malicious, furious ○ **acıqlı, qəzəbli, hiddətli**; II. *z.* 화가 나서, 성이 나서, 홧김에, 악의적으로 angrily, furiously, irately, maliciously

qəhərlilik *i.* 화난 상태, 악이 바침 fury, rage ○ **acıqlılıq, qəzəblilik, hiddətlilik**

qəhət *i.* 부족, 결핍, 결손, 적자, 모자람 shortage, deficit, scantiness ○ **qıtlıq, yoxluq**; ~ **olmaq** *fe.* 부족하다, 결핍되다, 결손되다; become deficit, run short; **başına söz** ~ **olmaq** *fe.* 할 말이 없다 have nothing to say

qəhətlənmək ☞ qəhətləşmək

qəhətləşmək *fe.* 부족해지다, 적자가 되다, 메마르다, 결손 되다 grow scanty, run dry, become deficit ○ **qıtllaşmaq, yoxlaşmaq**

qəhətlik *i.* 부족함, 결함, 결핍, 불완전 shortage, lack, deficiency ○ **qıtlıq, yoxluq** ○ **bolluq**

qəhqəhə *i.* (껄껄) 웃음 laughter, roar ○ **ağlaşma**; ~ **ilə gülmək** *fe.* 껄껄거리며 웃다 roar with laughter; ~ **çəkmək** *fe.* 웃음이 터져 나오다 burst out laughing

qəhr *i.* ① 분노, 화, 진노 rage, fury, wrath; ② 분개, 의분 indignation; ③ 비통, 애통, sorrow, sadness; ~ **etmək** *fe.* 부수다, 망가뜨리다, 박살내다 destroy, ruin, smash

qəhrəman *i.* ① 영웅, 우승자, 투사, 용사 champion, hero ○ **igid, qoçaq** ○ **qorxaq**; ② 인물, 주인공 character; **mili** ~ *i.* 국가적 영웅 national hero; **romanın** ~**ı** *i.* 소설의 주인공 principal character of a novel

qəhrəmanca(sına) *z.* 영웅적으로, 용감하게; heroically, as a hero; ~ **həlak olmaq** *fe.* 영웅적으로 죽다 die a hero's death

qəhrəmanlaşmaq *fe.* 용감해지다, 대담해지다, 씩씩해지다 be brave, be gallant ○ **igidləşmək, qoçaqlaşmaq**

qəhrəmanlıq *i.* 영웅주의, 용맹 무쌍, 영웅적행위, 공적, 공훈 heroism, bravery, exploit, feat ○ **igidlik, qoçaqlıq, rəşadət, cəsurluq** ○ **qorxaqlıq**; ~ **göstərmək** *fe.* 영웅적 행위를 보여주다 display heroism

qəhvə *i.* 커피 coffee; ~ **dənələri** *i.* 커피 원두 coffee beans; ~ **xana** *i.* 커피점 coffee house; ~**dan** *i.* 커피 주전자 coffee pot

qəhvəyi *si.* 갈색의, 커피색의 brown

qəlb[1] *i.* 가슴, 마음, 영혼 bosom, heart, soul ○ **ürək, könül**; ~**ini sındırmaq** *fe.* ~의 마음을 상하게 하다, 상처를 입히다 offend *smb.*; ~**dən** ~**ə girmək** *fe.* 마음을 나누다 keep changing one's mind; ~**ləri sevindirmək** *fe.* 마음을 흡족하게 하다, 기쁘게 하다 gladden the hearts; **daş** ~**li** *si.* 굳은 마음, 완고한 stone-hearted; **incə** ~**li** *si.* 마음이 섬세한, 여린; tender hearted; **sevən** ~ *i.* 따뜻한 마음, 애정이 깊은 마음, 사랑하는 마음 affectionate heart; ~**i yanmaq** *fe.* 동정하다, 유감을 느끼다, 불쌍히 여기다 feel sorry, pity; ~**inə yatmaq** *fe.* 마음에 들다, 좋아하다 like very much; ~**inə yol tapmaq** *fe.* 확신을 심어 주다, 설득하다 worm into one's confidence

qeyb *i.* 부재, 없음, 결석, 빠짐, 결여, 공허; 가려짐, 비밀, 숨겨짐 absence, lost, vacancy, secret, concealment ○ **zühur**; ~ **olmaq** *fe.* 사라지다, 없어지다, 자취를 감추다, 보이지 않게 되다 disappear, vanish; ~ **etmək** *fe.* 감추다, 숨기다 conceal, hide

qeybət *i.* 추문, 스캔들, 치욕, 불명예, 수치, 중상, 욕, 비방 scandal, slander ○ **dedi-qodu**; ~ **eləmək** *fe.* 중상하다, 비방하다, 욕하다, 명예 훼손하다 slander

qeybətcıl *si.* 수치스러운, 창피한, 지독한, 괘씸한, 중상적인, 입이 사나운, 명예를 훼손하는 scandalous, slanderous, gossip-loving

qeybətçi *i.* 남의 말 하기 좋아하는 사람, 수다쟁이, 소문내는 사람, 말쟁이 gossip, scandal-monger ○ **dedi-qoduçu**

qeybətçilik *i.* 소문내기, 험담, 쑥덕공론 informing, preaching ○ **dedi-qoduçuluq**

qeyd[1] *i.* ① 기록, 기입, 기재, 비평, 단편, 의견 entry note, record, comment ○ **çıxarış**; ② 등록, 기록, 등기 registration; ③ 언급, 주의, 주목, 촌평 remark; ~ **etmək** *fe.* 기념하다, 축하하다, 경축하

다, 알리다, 기록하다, 등록하다, 표시하다, 언급하다 celebrate, commemorate, mark, notice, put down, note, make note of, record, remark; **~ə almaq** *fe.* 역사에 남기다, 기록하여 기념하다 chronicle; **~lər** *i.* 언급, 표시, 주의 prose edings; **~lərini yazmaq** *fe.* 기록하다, 써서 남기다 note, make note of

qeyd² *i.* 염려, 근심, 걱정 care, trouble ○ **fikir, qayğı**

qeydedici *si.* 기록하는, 쓰기위한 recording **~ cihaz** *i.* 녹음기, 기록사, 속기사 recorder, recording instrument

qeydiyyat *i.* 등록, 기록, 등기, 접수 registration; **~dan keçirmək** *fe.* 등록하다, 기록하다, 등기하다 enroll, file, record, register

qeydkeş *si.* 주의 깊은, 사려 깊은, 친절한 careful, thoughtful, kind ○ **diqqətli, mehriban**

qeydkeşlik *i.* 사려 깊음, 배려, 염려, 근심 thoughtfulness, care ○ **qayğıçılıq**

qeydsiz *si.* ① 무사태평한, 부주의한, 경망한, 경솔한 careless, happy-go-lucky ○ **fikirsiz, qayğısız**; ② 무제한의, 절대적인, 무조건적인 unconditional ○ **sözsüz, şərtsiz**

qeydsizlik *i.* 경망함, 경솔함, 부주의함, 무관심 carelessness, unconcern ○ **fikirsizlik, qayğısızlıq**

qeyd-şərt *i.* 예약, 제한, 한정, 지정 reservation

qeyrət *i.* 존엄, 위엄, 위풍, 자부심, 긍지, 자긍 dignity, honour ○ **namus, ar, çalışma, dözüm, mətanət**

qeyrətlənmə ☞ **qeyrətlənmək**

qeyrətlənmək *fe.* 당당해지다, 고무되다, 위풍당당하다 become cheerful, be brave ○ **ruhlanmaq, ürəklənmək, cəsarətlənmək**

qeyrətli *si.* 당당한, 열심인, 열정적인, 강렬한, 기민한 arduous, zealous, diligent, keen ○ **namuslu, aril, rəzil**

qeyrətlilik *i.* 당당함, 위풍당당, 정열적임 cheerfulness

qeyrətsiz *si.* 경솔한, 경망스러운, 부주의한, 무관심한 light-hearted, careless, unconcerned ○ **namussuz, arsız, şərəfli**

qeyrətsizlik *i.* 무관심, 부주의, 소홀, 속 편함 unconcern, carelessness ○ **namussuzluq, arsızlıq, heysiyyətsizlik**

qeyrətsizcə(sinə) *z.* 경솔하게, 경망스럽게, 소홀하게, 무관심하게 imprudently, carelessly

qeyri I. *qo.* ~외에 except ○ **başqa, savayı**; II. *si.* 특별한, 가외의, 규격 외의, 정상이 아닌, 보통이 아닌, 비범한, 별난, 놀라운 extra, extraordinary

qeyri-adi *si.* 별난, 비범한, 이상한, 괴이한, 기묘한, 색다른, 야릇한, 기괴한, 의외의 odd, queer, rare, uncommon, unusual, peculiar ○ **fövqəl'adə, qəribə, təəccüblü**

qeyri-adilik *i.* 독특함, 비범함, 의외성, 별다름, 비정상 uniqueness, singularity, uncommonness ○ **fövqəl'adəlik, qəribəlik, təəccüblülük**

qeyri-bərabər *si.* 불평등의, 불균형의, 어울리지 않은 unequal

qeyri-bərabərlik *i.* 불평등, 부동, 불균형, 불균등 inequality, odds

qeyri-ciddi *si.* 경솔한, 소홀한, 경망스러운 천박한 not serious, unfounded, light, frivolous

qeyri-hərbi *si.* 민간의, 비군대의 civil; **~ şəxs** *i.* 민간인 (군인에 대비하여) civilian

qeyri-iradi *si.* 자발적인, 임의의, 자연히 일어나는, 자동성의 spontaneous ○ **qeyri-ixtiyari**

qeyri-kafi *si.* 불만족의, 성에 차지 않는, 불충분한 unsatisfactory

qeyri-kamil *si.* 불완전한, 불충분한, 결함의 imperfect

qeyri-qanuni *si.* 불법의, 위법의, 비합법적인 illegal

qeyri-leqal ☞ **qeyri-qanuni**

qeyri-məhdud *si.* 무한한, 무제한의, 무조건의, 광대한, 절대의 unlimited, absolute

qeyri-məhsuldar *si.* 비생산적인, 비효율적인 non-productive

qeyri-mə'lum *si.* 불명료한, 애매한, 눈에 띄지 않는, 주의를 끌지 않는 obscure

qeyri-nizami *si.* 불규칙의, 고르지 않는, 불연속의 irregular

qeyri-müəyyən *si.* 부정(不定)의, 분명하지 않는, 애매한, 불특정의, 간접적인, 모호한; ambiguous, indefinite, indirect, misty, vague; **~ artikl** *qram.* 부정사(不定詞) the indefinite article

qeyri-müəyyənlik *i.* 확신이 없음; 명확하게 알 수 없는 상태; 의심, 주저, 망설임 uncertainty

qeyri-mümkün *si.* 불가능한, 도저히 있을 수 없는, 믿기 어려운 impossible

qeyri-müntəzəm *si.* 불규칙적인 irregular

qeyri-mütəşəkkil *si.* 미조직의, 잘 조직되지 않은, 불규칙의 irregular, unorganised

qeyri-normal *si.* 정신 이상의, 실성한, 미친 insane

qeyri-real *si.* 실재하지 않는, 비현실적인; 상상적인, 가공의, 환상적인 unreal

qeyri-rəsmi *si.* 비공식의, 기록되지 않는 off the record, informal

qeyri-səmimi *si.* 성의 없는, 불성실한, 거짓의, 우호적이 아닌; 친절하지 않은; 쌀쌀한 insincere, unnamable, unfriendly, unkind

qeyri-şüuri *si.* 의식하지 못하는, 알아채지 못하는, (일시적으로) 의식을 잃은, 의식 불명[인사 불성]의 unconscious

qeyri-təbii *si.* 자연의 법칙에 어긋나는, 부자연스러운; 비정상적인, 변태적인 unnatural

qeyri-üzvi *i.* 무기(물)의, 무생물의, 생물적 구조를 갖지 않은 inorganic

qeyz *i.* (악, 부정, 비열[부당]한 행위에 대한) 분개, (감정의) 폭발; 울화, 격노 indignation, passion, rage, violence ● **mərhəmət ~lə** *z.* 화가 나서, 진노하여 angrily, wrathfully

qeyzləndirmək *fe.* 화나게 하다, 분노하게 하다 anger, incense

qeyzlənmak *fe.* 화내다, 분노하다, 기분 상하다 become angry, be resented ○ **hiddətlənmək, qəzəblənmək, acıqlanmaq** ● **sakitləşmək**

qeyzli *si.* 화가 난, 격노한, 분노에 찬 angry, wrathful ○ **hiddətli, acıqlı, hirsli, qəzəbli** ● **sakitcə**

qeyzlilik *i.* 진노함, 분노함 anger, bitterness

qəbahət *i.* 잘못, 과실, 비행, 악행 fault, guilt ○ **qüsur, nöqsan, günah**

qəbahətli *si.* 유죄의, 잘못한, 결점의, 흠이 있는, 죄책의 guilty, faulty, defective, sinful ○ **qüsurlu, nöqsanlı, günahlı**

qəbahətsiz *si.* 비난할 여지없는, 나무랄 데 없는, 죄 없는, 순진한 blameless, irreproachable ○ **qüsursuz, nöqsansız, günahsız**

qəbahətsizlik *i.* 비난의 여지가 없음, 결백함, 무죄함 blamelessness, innocence ○ **qüsursuzluq, nöqsansızlıq, günahsızlıq**

qəbih *si.* ① 더러운, 깨끗하지 않는; dirty, unclean; ② 가치 없는, 신용할 수 없는, 걸맞지 않은, 하찮은 unworthy, mean ○ **qəbahətli, nalayiq, ləyaqətsiz**

qəbilə *i.* 가계, 족속, 씨족, 친족 clan, tribe

qəbir *i.* 무덤, 묘지 tomb ○ **məzar, gor ~ daşı** *i.* 비석, 묘석, 묘비 tombstone

qəbiristan *i.* 공동묘지, 묘원 cemetery, church yard ○ **məzarlıq, gorluq**

qəbiz *i. tib.* 변비증(便秘症) constipation

qəbul *i.* 응모, 접수, 영접, 신청, 출원 application, audience, reception; **~ edilmiş** *si.* 인습적인, 관례의 conventional; **~ edilməz** *si.* 용인되지 않는, 받아들일 수 없는 unacceptable; **~ etdirmək** *fe.* 강요하다, 받도록 요구하다 impose; **~ etmə** *i.* 접수, 영접, 용인, 수령, 영수 reception, admission, adoption, receipt, acceptance; **~ etmək** *fe.* 동의하다, 인정하다, 받아들이다, 빌리다, 채용하다, 접수하다 agree, allow, acknowledge, borrow, grant, take, accept, admit, adopt, receive; **~e(d)ilə bilən** *si.* 받아들일 수 있는, 용인할 만한 acceptable; **~ etməmək** *fe.* 거절하다, 거부하다, 물리치다 reject, repulse; **~ qaydaları** *i.* 입학 규정 admittance standards

qəbuledici *i.* 수신자, 접수자, 영접인 receiver

qəbz *i.* 영수증, 수령증 receipt; **baqaj ~i** *i.* 물표, 수화물 전표 luggage ticket; **~ vermək** *fe.* 영수증을 발행하다 give a receipt

qəbzə *i.* 손잡이, 자루, 핸들 grip, handle, half ○ **qulp, dəstə, sap**

qəbzəli *si.* 손잡이가 있는, 자루가 있는 having a handle, knob, arm, grip ○ **qulplu, dəstəli, saplı**

qəcələ *i.* 까치 magpie

qədd *i.* 체격, 몸매, 모습 figure, stature ○ **bel**

qəddar I. *si.* 잔인한, 잔혹한, 무자비한, 사악한 atrocious, cruel, inhuman, merciless, outrageous, unmerciful ○ **rəhmsiz, amansız, mərhəmətsiz, zalım** ● **rəhmli**; II. *i.* 괴물, 폭군, 폭압자 monster, tyrant; **~casına** *z.* 잔인하게, 사악하게 cruelly

qəddarlıq *i.* 잔인성, 극악무도함, 무자비, 만행 cruelty, atrocity, brutality, savagery ○ **rəhmsizlik, amansızlıq, mərhəmətsizlik, zalımlıq** ● **rəhmlilik**

qəddəmək *fe.* 깎다, 다듬다, 깎아 다듬다 cut, hew, trim ○ **yonmaq, çərtmək**

qədd-qamət *i.* 체격, 모습, 형태, 체형 figure, stature

qədəh *i.* 컵, 잔, 큰 컵 bowl, glass, tumbler, cup,

wine-glass ○ **bakal, piyalə, kasa**

qədəm *i.* ① 걸음걸이, 한 걸음, 활보, 걷기 step, stride ○ **addım;** ② 다리 leg ○ **ayaq**

qədəmli *si.* 성공적인, 효과적인, 이익을 내는 successful, beneficial ○ **uğurlu, xeyirli**

qədəmsiz *si.* 무력한, 무익한, 헛된, 실패한 unsuccessful, ineffectual ○ **uğursuz, xeyirsiz**

qədər[1] I. *i.* 양, 분량, 수량, 정도 quantity, amount, degree ○ **miqdar, say, kəmiyyət;** II. *qo.* ①~전에, ~앞서 before; ② ~까지, ~하는 한 until, till, as ... as, about ○ **kimi; sən gələnə ~** 당신이 올 때까지 until you come; **saat 5ə ~** 5시까지 till 5 o'clock; **~indən çox yemək** *fe.* 과식하다, 폭식하다 overeat; ***Mənim sənin qədər kitabım yoxdur.*** *나는 너만큼 책을 많이 갖고 있지 않다. I don't have as many books as you have.*; ***Bildiyim qədər.*** *내가 아는 한. As far as I know.*

qədər[2] *i.* 운명, 운, 재수 destiny, fate ○ **tale, qismət, müqəddərat**

qədərsiz *si.* 엄청나게 많은, 셀 수도 없는, 무수한 innumerable, countless ○ **saysız, hesabsız**

qədim *si.* 옛날의, 태고적부터의; 고래(古來)의, 아주 오래된, 과거의; 고래의; 고대의 ancient, early, antique ○ **köhnə, əski** ● **müasir, təzə; uzaq ~də** *z.* 아주 먼 옛날에, 아주 오래 전에 in remote antiquity; **~ dünya** *i.* 태고 시대, 아득한 옛날 antiquity; **~ dövrlər** *i.* 오래 전 옛날 antiquity; **~ dövrlərə aid şey** *i.* 고대 유물, 골동품 antique

qədimdən *z.* 오래전부터, 옛날부터 since old days ○ **köhnədən, əskidən, çoxdan**

qədimi *si.* 고대의, 오래된, 옛날의 ancient, old ○ **köhnə, əski** ● **yeni**

qədimlik *i.* 옛날, 고대, 고대 시대, 오래된 것 antiquity ○ **köhnəlik, əskilik** ● **yenilik**

qədir *i.* ① 가치, 가격, 존엄성, 중요성, 영예 value, dignity, honor, respect ○ **dəyər, qiymət, e'tibar, hörmət, ləyaqət;** ② 양, 수량, 분량 quantity, number ○ **miqdar, say, kəmiyyət ~ini bilmək** *fe.* 가치를 알다, 인정해 주다 know the value of, appreciate

qəfəs *i.* ① 격자, 격자 구조물 cage, lattice ○ **qurğu;** ② 감옥, 교도소 jail, prison ○ **həbs, zindan; ~ salmaq** *fe.* 가두다, 감옥에 넣다 cage

qəfəsə *i.* 그물, 격자 구조, 우리, 닭장, 통발, 매장 net, cage, coop, mew, hutch ○ **hörük, şəbəkə**

qəfəsəli *si.* 다공성의, 다포자의, 세포의, 그물의 cellular, netting ○ **hörüklü, şəbəkəli**

qəfil *si.* 돌연한, 갑작스러운, 불시의, 별안간의 sudden ○ **ansız, xəbərsiz; ~ağrı** *i.* 고통, 격통, 발작 pang; **~dən** *z.* 갑자기, 별안간, 느닷없이 suddenly, unexpectedly

qəflət *i.* ① 무식, 무지, 부지불식 ignorance, unawareness ○ **qəfillik, xəbərsizlik;** ② 무지, 무식, 어리석음 ignorance, stupidity ○ **cəhalət, avamlıq;** ③ 부주의, 방심 상태 carelessness, absent-mindedness ○ **diqqətsizlik, huşsuzluq, səhlənkarlıq; ~ yoxusuna getmək** *fe.* 무지하다, 방심하다, 알지 못하다 be in ignorance of

qəflətdən I. *si.* 돌연한, 불시의, 갑작스러운, 예상치 못한 abrupt, sudden; II. *z.* 갑자기, 불현듯, 느닷없이 suddenly, suddenly

qəhə *i.* 웃음, 폭소 laughter ○ **gülüş, qaqqıltı**

qəhər *i.* ① 화, 분노, 진노, 격노 anger, wrath, rage ○ **hiddət, qəzəb, acıq** ● **sevinc;** ② 슬픔, 애통, 안타까움 sorrow, sadness

qəhərlənmək *fe.* ① 화나다, 화가 나서 숨 넘어가다 get angry, choke with anger, suffocate with anger; ② 슬퍼하다, 슬픔으로 목이 메이다 grieve, become sad, choke with sorrow ○ **kədərlənmək, kövrəlmək, doluxsunmaq**

qəhərli I. *si.* 화난, 독이 오른, 약오른, 악의에 찬, 격노한 resented, angry, irate, wrathful, malicious, furious ○ **acıqlı, qəzəbli, hiddətli;** II. *z.* 격노하여, 화가 나서, 악의적으로 angrily, furiously, irately, maliciously

qəhərlilik *i.* 화가 남, 분노함, 격노함 fury, rage ○ **acıqlılıq, qəzəblilik, hiddətlilik**

qəhət *i.* 부족, 모자람, 결핍, 결손, 적자 shortage, deficit, scantiness ○ **qıtlıq, yoxluq; ~ olmaq** *fe.* 부족하다, 결핍되다 become deficit, run short; **başına söz ~ olmaq** *fe.* 할 말이 없다 have nothing to say

qəhətlənmək ☞ **qəhətləşmək**

qəhətləşmək *fe.* 부족해지다, (자원이) 떨어지다, 동이 나다 grow scanty, run dry, become deficit ○ **qıtlaşmaq, yoxlaşmaq**

qəhətlik *i.* 부족, 결핍, 손해, 모자람 shortage, lack, deficiency ○ **qıtlıq, yoxluq** ● **bolluq**

qəhqəhə *i.* 웃음, 웃는 소리, 껄껄 laughter, roar ● **ağlaşma; ~ ilə gülmək** *fe.* 껄껄거리며 웃다,

Q

크게 웃다 roar with laughter; ~ **çəkmək** *fe.* 웃음을 터트리다 burst out laughing

qəhr *i.* ① 분노, 진노, 격노, 화; ② indignation 분개, 의분 rage, fury, wrath; ③ 슬픔, 애통, 안타까움 sorrow, sadness; ~ **etmək** *fe.* 부수다, 망가뜨리다, 박살내다 destroy, ruin, smash

qəhrəman *i.* ① 용사, 영웅, 전사, 투사 champion, hero ○ **igid, qoçaq** ● **qorxaq**; ② 주인공, 배역, 등장 인물 character; **mili** ~ *i.* 국민 영웅 national hero; **romanın ~ı** *i.* 소설의 주인공 principal character of a novel

qəhrəmanca(sına) *z.* 영웅적으로, 용감하게 heroically, as a hero ~ **həlak olmaq** *fe.* 장렬하게 죽다, 영웅처럼 죽다 die a hero's death

qəhrəmanlaşmaq *fe.* 씩씩하다, 용감하다, 용기 있다 be brave, be gallant ○ **igidləşmək, qoçaqlaşmaq**

qəhrəmanlıq *i.* 영웅적 행위, 위업(偉業), 공적, 공훈 heroism, bravery, exploit, feat ○ **igidlik, qoçaqlıq, rəşadət, cəsurluq** ● **qorxaqlıq** ~ **göstərmək** *fe.* 영웅적 행위를 하다, 영웅적으로 행동하다 display heroism

qəhvə *i.* 커피 coffee; ~ **dənələri** *i.* 커피 원두 coffee beans; ~ **xana** *i.* 커피점(店); **~dan** *i.* coffee pot 커피 주전자, 커피 메이커 coffee house

qəhvəyi *si.* 커피 색의, 갈색의 brown

qəlb[1] *i.* 가슴, 마음, 품, 심정 bosom, heart, soul ○ **ürək, könül**; **~ini sındırmaq** *fe.* ~의 심정을 건드리다, 기분을 상하게 하다, 마음을 아프게 하다 offend *smb.* 심정의 변화를 일으키다; **~dən ~ə girmək** *fe.* keep changing one's mind; **~ləri sevindirmək** *fe.* 기쁘게 하다, 기분을 좋게 만들다 gladden the hearts; **daş ~li** *si.* 완악한 마음을 가진, 마음이 굳은, 목석같은 stone-hearted; **incə ~li** *si.* 마음이 유한; tender hearted; **sevən** ~ *i.* 사랑하는 마음, 애정이 넘치는 마음, 따뜻한 마음; affectionate heart; **~i yanmaq** *fe.* 동정하다, 애타다, 초조하다 feel sorry, pity; **~inə yatmaq** *fe.* 마음에 들다, 좋아하다 like very much; **~inə yol tapmaq** *fe.* 안심시키다, 비위를 맞추다 worm into one's confidence

qəlbaçan *si.* 쾌활한, 씩씩한, 신명이 나는, 원기 있는, 생기 있는, 활기찬, 활발한 cheerful, merry, lively

qəlbdən *z.* 마음으로, 진심으로, 정직하게 from one's heart, heartily, frankly

qəlbdən-qəlbə *z.* 마음에서 마음으로 from heart to heart

qəlbən *z.* 진실로, 마음에서 우러나서 heartily, from the heart, sincerely

qəlbəyatan *si.* 좋아하는, 마음에 드는, 이끌리는, 매혹적인 pleasant, pleasing, likeable, bewitching, enchanting, charming, fascinating; ~ **uşaq** *i.* 마음을 끄는 아이, 마음에 드는 아이 enchanting child; ~ **gənc** *i.* 매혹적인 청년 charming young man

qəlbi *si.* ① 키가 큰, 장신의 high, tall ○ **hündür** ● **alçaq**; ② 높은, 높아진, 숭고한 lofty, elevated; ③ 고음의, 높은 소리에 맞춰진 high pitched

qəlbidaş *si.* 무정한, 무자비한, 목석같은, 잔인한 merciless, brutal, cruel, pitiless ○ **rəhmsiz, insafsız**

qəlbidaşlıq *i.* 무정함, 잔인함, 무자비함 mercilessness, brutality, cruelty

qəlbiləndirmək *fe.* 높이다, 올리다, 찬양하다 exalt

qəlbilənmək *fe.* 일어나다, 오르다 rise

qəlbinazik *si.* 자비한, 동정적인, 인정 많은, 온정의, 측은 지심의 merciful, sympathetic, compassionate, mild ○ **rəhmli, insaflı, şəfqətli**

qəlbiqara *si.* ① (사람이) 신뢰하지 않는; (…에) 의심을 품은 distrustful, mistrustful; ② 부러운 듯한, 시기하는 듯한; (남, 남의 지위, 소유물을) 샘하는; 시기에서 나온; 질투심이 강한 envious, jealous ○ **paxıl, riyakar** ● **təmiz**

qəlbiqaralıq *i.* ① 믿지 않음, 신용 불량, 의구심; distrustfulness, mistrustfulness; ② 질투, 시샘, 시기 jealousy, envy ○ **paxıllıq, riyakarlıq**

qəlbiqırıq *si.* 마음이 상한, 비참한, 감정이 상한 offended, unhappy, unlucky

qəlbir *i.* 체 (곡식을 거르는 도구) sieve

qəlbirləmək *fe.* (가루, 재 등을) 체로 치다, (sieve); …을 체로 걸러서 뿌리다, 걸러내다; 면밀히 조사하다 sift

qəlbisınıq *si.* 기분이 상한, 불쾌한, 원한을 품은 offended, bearing a grudge

qəlbitəmiz *si.* 진실한, 정직한, 공정한 sincere, honest, fair

qəlbitəmizlik *i.* 성실, 성의, 정직, 진실 sincerity, honesty, fairness

qəlbsiz *si.* 무감각한, 무정한, 인정 없는, 무신경한 callous, heartless, soulless, unfeeling

qələbə *i.* ① 승리, 우승, 극복, 정복, 승전 victory, triumph,conquest ○ **zəfər**, **qalibiyyət** ● **məğlubiyyət**; ② 군중, 인파, 군집, 대중 crowd, multitude ○ **izdiham**, **tünlük**, **basabas** ~ **çalmaq/qazanmaq** *fe.* 승리를 얻다, 이기다, 정복하다 gain a victory, triumph

qələbəlik I. *i.* 대군중 crowd, crush; II. *si.* 소란한, 요란한, 소리나는, 붐비는 noisy, crowded

qələm *i.* 펜, 볼펜, 만년필 pen; **ələ ~ almaq** *fe.* 쓰다, 저작하다, 편집하다, 공부하다 write, edit; **~ əhali** *i.* 식자층(識者層), 유식한 사람들; literary people; **~ çəkmək** *fe.* 지우다, 빼내다, 취소하다, 배제하다 cross out, strike out; *fig.* destroy, do away, cancel; **~ə gəlməz** *si.* 글로 표현할 수 없는, 형언할 수 없는 indescribable; **əli ~ tutan** *si.* (글로) 자신을 표현함 capable to express oneself; **diyircəkli ~** *i.* 볼펜 ball-point pen

qələmdan *i.* 필통 pencil-case

qələmə *i. bot.* 포플러 poplar

qələməlik *i.* 포플러 숲 poplar grove

qələmqabı ☞ **qələmdan**

qələmucu *i.* ① 펜촉 nib, pen; ② 펜 뚜껑 pointer protector

qələmyonan *i.* 연필깎이 pencil sharpener

qələt *i.* ① 어리석은 짓, 미친 짓, 어리석은 행동 foolishness, stupidity, stupid action; ② 실수, 실패, 오류 mistake, blunder, error, misprint ○ **səhv**, **yanlış**, **xəta**, **yanılma** ● **doğru**

qələtsiz *si.* 실수 없는, 옳은, 똑바른 faultless, without a mistake, correct ○ **səhvsiz**, **xətasız**, **düzgün**

qələvi *i. kim.* 알칼리 Alkali

qələviləşmək *fe. kim.* 알칼리화하다 alkalise

qələvili *si. kim.* 알칼리성의 alkaline

qələvilik *i.* 알칼리성 alkalinity

qələviləşdirilmək *fe.* 알칼리화되다 be alkalized

qələviləşdirmək *fe.* 알칼라화시키다 alkalise

qəlib[1] *i.* ① *tex.* 주조물, (주물 등의) 주형(鑄型), 거푸집, (과자 등을 만드는) 틀; 뼈대, 대 mould, form, cast ○ **ülgü**; ② (목제, 금속제의) 구두골 last, boot-tree, shoe-tree; ③ 모자 틀; 비누 한 조각 block (for hat); **bir ~ sabun** a cake of soap

qəlib[2] *i.* 유목 천막용 펠트제 thick felter for covering nomad tent

qəlibqayıran *i.* 틀을 만드는 사람, 주형공 moulder

qəlibləmək *fe.* ① 구둣골을 채우다 last (shoes) ② 모자 틀을 끼우다 block (hat); ③ 본을 뜨다, 무늬를 만들다 mould, pattern

qəliblənmək *fe.* 구두골에 끼워지다, 모자 틀에 끼워지다, 무늬를 본 뜨다 be lasted, be blocked, be patterned

qəlibli *si.* 형태화된, 틀에 박힌 formed, patterned ○ **ülgülü**

qəliz *si.* ① (이해하기) 힘든, 어려운, 복잡한, 곤란한 complicated, dificult (to understand) ○ **mürəkkəb**, **çətin** ● **sadə**, **asan**; ② 두꺼운, 농후한, 짙은, 밀집한, 촘촘한 thick, dense ○ **kəsif**, **sıx**; ③ 심한, 극도의, 엄격한, 신랄(辛辣)함 severe, sharp ○ **tünd**, **kəskin**

qəlizləşmək *fe.* ① 복잡해지다, 어려워지다, 곤란해지다, 힘들게 되다 be complicated, become difficult ○ **mürəkkəbləşmək**, **çətinləşmək**; ② 진해지다, 짙어지다, 농후해지다, 밀집되다 become thick, be dense ○ **sıxlaşmaq**; ③ 엄해지다, 심해지다, 엄격해지다, 날카로워지다 become severe, become sharp ○ **tündləşmək**, **kəskinləşmək**

qəlizlik *i.* ① 복잡함, 곤란함, 어려움 difficulty, complication ○ **mürəkkəblik**, **çətinlik** ● **sadəlik**; ② 밀도, 쓰라림, 신랄 thickness, severity, density bitterness ○ **sıxlıq**

qəlp *si.* ① 거짓의, 조작된, 위조된 false, forged ○ **saxta**, **yapma**, **qayırma**; ② 질투하는, 시기하는 envious, jealous ○ **paxıl**, **riyakar**; **~ pul** *i.* 위폐(僞幣) false coins

qəlplik *i.* 거짓됨, 위선, 그릇됨 falsity, falsehood ○ **saxtalıq**, **riyakarlıq**

qəlpə *i.* 조각, 파편, 편린 fragment

qəlyan *i.* 물담배, 후카 hookah ○ **çubuq** ~ **çəkmək** *fe.* 물담배를 피다 smoke

qəlyanaltı *i.* 다과, 간편식사 snack, lunch (light refreshment in the afternoon); **~ etmək** *fe.* 가볍게 점심을 먹다 have lunch; **~ eləmək** *fe.* 간식을 먹다 have a bite

qəlyanaltıxana *i.* 간이 식당, 스낵 바 snackbar

qəm *i.* 비탄, 비애, 비통, 슬픔, 의기소침, 우울함 grief, sadness, depression, sorrow, woe ○ **kədər**, **dərd**, **qüssə** ● **sevinc**; **~ çəkmək** *fe.* 우울하다, 의기소침하다 grieve, be sad

qəmə *i.* 단검, 단도, 비수 dagger, poniard
qəmələmək *fe.* 단검으로 찌르다, 단도로 베다 hit/wound with a dagger/poniard
qəmgətirən *si.* 우울하게 하는, 침울하게 하는 melancholic
qəmgin *si.* ① 슬픈, 우울한, 침울한 sad, mournful, grievous, dreary ○ **kədərli, dərdli, qüssəli**; ② 지루한, 울적한 boring, drear, fatuous ○ **darıxdırcı, cansıxıcı**
qəmginləşmək *fe.* 슬퍼하다, 침울하다 be sad, grieve ○ **qüssələnmək, kədərlənmək**
qəmginlik *i.* 우울, 침울 melancholy, gloominess, sadness, depression ○ **kədərlilik, dərdlilik, qüssəlilik** ● **şadlıq**
qəmiş I. *i.* 갈대, cane, reed; II. *si.* 요구 등이 끈덕진, 성가신; 절박한, 귀찮은, 안달나게 하는 importunate, troublesome, persistent; ~ **olmaq** *fe.* 괴롭다, 난처하다, 성가시다 pester; ~ **qoymaq** *fe.* 난처하게 하다, 성가시게 하다, 괴롭히다 bother, pester
qəm-qüssə *i.* 슬픔, 애통, 비통, 우울; sadness, grief; ~ **çəkmək** *fe.* 슬퍼하다, 애통하다 grieve
qəmləndirmək *fe.* 슬프게 하다, 서럽게 하다 grieve, sorrow
qəmlənmək *fe.* 슬프다, 우울하다, 울적하다 grieve, be sad, be melancholy ○ **qəmginləşmək** ● **şadlanmaq**
qəmli *si.* 애처로운, 불쌍한, 구슬픈, 슬픔을 자아내는 sad, plaintive ○ **kədərli, dərdli, qüssəli** ● **şad**
qəmlilik *i.* 슬퍼함, 애통함 sadness, sorrow ○ **qəmginlik**
qəmsiz *si.* 쾌활한, 명랑한, 재미있는 light-hearted, carefree, jovial ○ **kədərsiz, dərdsiz, qüssəsiz**
qəmsizlik *i.* 기뻐함, 명랑함, 즐거움 happiness, joy ○ **kədərsizlik, dərdsizlik, qüssəsizlik**
qəmzə *i.* 교태, 애교 떨기; 농락(籠絡) coquetry ○ **naz, şivə, işvə**
qəmzəli *si.* 요염한, 애교가 넘치는; 농락하는 coquettish ○ **nazlı, şivəli, işvəli**
qənaət *i.* 절약, 검약, 절약행위 economy ○ **fikir, yəqinlik** ● **israf**; ~ **etmək** *fe.* 절약하다, 검소하다, 검약하다 save
qənaətbəxş *si.* 소모적인, 포괄적인, 만족스러운 exhaustive, comprehensive ○ **qaneedici, kifayətləndirici, məqbul**
qənaətcil *si.* 검소한, 절약하는, 알뜰한 economical, thrifty
qənaətcillik *i.* 검소, 절약 thrift, economy
qənaətkar *si.* 경제적인, 절약하는, 검소한 economical, thrifty ● **israfçı**
qənaətləndirici *si.* 만족할 만한, 훌륭한, 충분한, 흡족한 satisfactory
qənaətləndirmək *fe.* 만족시키다, 흡족하게 하다, 충족시키다 satisfy
qənaətlənmək *fe.* 만족하다, 흡족하다, 충족시키다 be satisfied
qənaətsiz *si.* 낭비적인, 소비적인, 방탕의 squandered, spendthrift, wasteful ○ **israfçıl**
qənaətsizlik *i.* 소비적임, 낭비벽, 사치스러움 wastefulness, extravagance ○ **israfçıllıq**
qənbər *i.* 작은 간판 shingle
qənbil *i.* 오래된 등잔 oil lamp
qənd *i.* (주로) 각설탕, 덩어리 설탕, 당(糖) sugar ○ **şəkər**; ~ **qabı** *i.* 설탕 그릇 sugar basin, bowl; **bir tikə** ~ *i.* 각설탕 한 조각 a lump of sugar; ~ **çuğunduru** *i.* (샐러드용) 근대 뿌리 beet
qəndab *i.* 시럽, 당밀(糖蜜), 꿀 syrup ○ **şərbət**
qənddan *i.* 설탕그릇 sugar-basin, sugar-bowl
qəndil *i.* 샹들리에, 장식이 달린 전등 lustre, chandelier ○ **lampa, çıraq**
qəndilli *si.* 전등이 있는 having a lamp ○ **lampalı, çıraqlı**
qəni *si.* 부유한, 풍부한 rich, wealthy, opulent ○ **varlı, dövlətli, zəngin**
qənim *i.* 증오자, 파괴자, 원수 hater, undoer, ruiner, destroyer, tormentor, torturer ○ **düşmən** ● **dost**
qənimət *i.* 노획물, 전리품, 약탈물 booty, catch, prey, spoil ○ **fürsət**
qənimətçilik *i.* 약탈, 강탈, 횡령, 불법 입수 self-seeking, grabbing
qənirsiz *si.* 독특한, 유독한, 무쌍의, 전대미문의 unique, unparalleled, matchless ○ **misilsiz**
qənnadı *i.* 당과, 제과, 설탕 절임 confection ○ **şirniyyat**; ~ **dükanı** *i.* 과자제조점, 과자점 confectionery
qənnadıçı *i.* 과자 제조 판매자, 과자 장수 confectioner
qənşər I. *i.* 앞, 반대쪽, 앞쪽 forward, opposite side ○ **irəli, qabaq** ● **arxa**; II. *z.* 반대편의, 앞

쪽의 opposite; III. *qo.* ~건너서, ~앞에 opposite **~ gəlmək** *fe.* 마주치다, 마주 대하다 meet face to face

qəpik *i.* 마나트; 작은 돈, 하찮은 액수 copeck, penny 1/100

qəpikcil *si.* 수전노의, greedy

qəpik-qəpik *z.* 자잘하게 by pennies

qəpik-quruş *i.* 잔돈, 거스름돈, 하찮은 돈 (small) change, petty cash

qəpiklik *i.* ① 1 게픽의 돈 copeck; ② 1 게픽의 가치 value of a copeck; ③ *fig.* 자잘한 것, 하찮은 것 petty

qəpiksiz *si.* 무일푼의, 빈털터리의, 극빈의 penniless, impecunious

qərar *i.* 해결, 결말, 결정, 결의, 결심, (…하겠다는) 결단 decision, resolution ○ **nəticə, qətnamə, fikir, mülahizə, durum**; **~a gəlmək** *fe.* 결정하다, 결심하다, 정하다, 결단하다 decide, resolve, make one's choice, make up one's mind, settle; **~ qəbul etmək** *fe.* 을 결정하다; (…하기로) 결심하다; (…할 것을) 작정하다, 결의하다; (의회, 회합 등이) (…할 것을) 의결[결의]하다; (상황 등이) (남에게) (행동을) 결심시키다 (on ..., on doing) (남에게) (…할 것을) 결심시키다 resolve; **bir ~a gələ bilməyən** *si.* 조화되지 않는; 엇갈린, 조리가 서지 않는, 모순되는; (…과) 일치하지 않는, 상반되는, 조화되지 않은 inconsistent; **~ çıxarmaq** *fe.* 추론[추단]하다; (전제, 증거, 사실 등에서) 결론짓다 (from ...); (…이라고) 추정하다 infer; **~a almaq** *fe.* 결정하다, 한정하다, 정하다 determine; **~da kəskinlik** *i.* 꽉 쥐고 놓지 않음, 집착, 끈질김 tenacity; **~ından dönməyən** *si.* 고정된, 움직이지 않는, 확고한 consistent

qərardad *i.* 판단, 판정, 명령, 지령, (…하라는) 지시 order, judgement ○ **hökm, sərəncam, əmr**

qərardar *i.* (국회, 집회 등의) 결의; 결의안[문] resolution ○ **qətnamə**

qərargah *i.* ① 거주 settlement ○ **məskən, ev**; ② 본부, 사령부 headquarter ○ **ştab**

qərarlaşmaq *fe.* ① 결정하다, 정하다, 결단하다, 결론을 내리다 decide, ascertain, define ○ **yerləşmək, müəyyənləşmək, sabitləşmək**; ② 약속하다, 제정하다 promise, establish ○ **sözləşmək, şərtləşmək**

qərarlı *si.* ① (…하기로) 결심한; 결심이 굳은, 단호한 resolved ○ **qətnaməli**; ② 판단된, 판정이 내려진, 정해진 ordered, appointed ○ **hökmlü, sərəncamlı, əmrli**; ③ 안정된, 흔들리지 않는, 신뢰할 수 있는 stable, steady ○ **sabit, səbatlı, dözümlü**

qərarsız *si.* ① impatient (일에) 참을 수 없는, 견디지 못하는; (남에게) 짜증을 내는, (사람이) 성급한, 성마른 ○ **aramsız, durumsuz, səbirsiz, dözumsüz**; ② 변화무쌍한, 우유부단한, 망설이는, 결단력이 없는, 마음 내키지 않는 unstable, variable, indecisive, hesitant, irresolute ○ **səbatsız, davamsız, dəyişkən**; ③ 초조하게 하는, 안달하게 하는, 불쾌감을 주는 uncomfortable ○ **narahat, iztirablı**

qərarsızlıq *i.* ① 성급함, 성마름, 조바심, (남에게 대한) 안달 impatience ○ **aramsızlıq, durumsuzluq, səbirsizlik, dözumsüzlük**; ② 결단력이 없음, 줏대 없음, 우유부단, 망설임 irresolution ○ **səbatsızlıq, davamsızlıq, dəyişkənlik**; ③ 안달하는 상태 fidgeting, nervousness ○ **narahatlıq**

qərb *i.* 서(쪽), 서방; 서부 지방, 서부 west; **~ə doğru** *z.* 서향으로, 서쪽으로 westward

qərbi *si.* 서양의, 서구의, 서양인의, 서양식의, 서양풍의 occidental, west, western ● **şərqi**

qərənfil *i.* ① 카네이션 carnation; ② 담홍(淡紅)색; 심홍색; 살색, 피부색 pink

qərəz *i.* ① 원한, 유감; 악의, 악의, 적의, 앙심, 심술 grudge, selfish aim, malice, spite, rancour ○ **məqsəd, niyyət, məram**; ② 발췌, 발초(拔抄), 적요, 요약; 정수 result, abstract, summary ○ **xülasə, nəticə**

qərəzkar(çı) *si.* (사람, 언행이) 자기 본위인, 이기적인, 제멋대로의, 방자한 selfish, interested, malicious ○ **qərəzli**

qərəzkar(çı)lıq *i.* 악의, 적의, 원한, 심술궂음, 앙심을 품음 malice, spitefulness, evil intent ○ **qərəzlilik**

qərəzlə *z.* 일부러, 고의로, 의도적으로 purposely, intentionally

qərəzli *si.* 악의[적의] 있는, 심술궂은, (사물 등이) 사람에게 해를 끼치는, 유해한 malicious, spiteful, mischievous ○ **bədxah** ● **xeyirxah**; **~ xəbərlər** *i.* 악의적 보도, 악의적인 뉴스 news bias

qərəzlilik *i.* 적의, 적개심; 적대, 대립; 적대 행위,

Q

악의, 심술 hostility, spite, anger ○ **bədxahlıq** ● **xeyirxahlıq**

qərəzsiz *si.* (처리 등이) 공정[정당]한; 공평한; 지당한, 이치에 닿는 equitable, impartial ○ **səmimi** ● **ədavətli**

qərərsizcə(sinə) *z.* 우발적으로, 즉석에서, 사전 준비 없이 unpremeditatedly, accidentally

qərəzsizlik *i.* 공평 무사, 불편 부당 impartiality ○ **səmimilik**

qərib I. *i.* 배회하는 사람, 방랑자 wanderer, stranger, foreigner ○ **gəlmə**; II. *si.* ① 외국[타국]의, 자국 외의, 외국에서 온, 외국산의; 외국행의; 특정 지역 밖에 있는, 타지방에서 온 foreign ○ **yad, özgə** ● **doğma**; ② 무력한, 도움이 없는, 외로운, 곤궁한 helpless, alone, miserable ○ **biçarə, yazıq, zavallı, kimsəsiz**; ③ 불쌍한, 애처로운, 구슬픈, 우울한 dismal, plaintive ○ **həzin**

qəribə *si.* 이상한, 진기한, 유별난, 이상한, 기묘한, 색다른, 야릇한, 기괴한 curious, fancy, fantastic, marvellous, miraculous, odd, original, queer, strange, wonderful, peculiar ○ **təəccüblü, qeyri-adi, maraqlı** ● **adi**; ~ **şey** *i.* 놀라운 일, 경이, 기적, 이적 miracle; ~ **adam** *i.* 괴짜, 기인 crank, odd fish

qəribələşmək *fe.* 어색해지다, 이상해지다, be unfamiliar, become strange ○ **başqalaşmaq, özgələşmək, dəyişmək** ● **doğmalaşmaq**

qəribəlik *i.* 이상함, 어색함 strangeness ○ **təəccüblülük** ● **adilik**

qəriblik *i.* ① 외국, 타향, 타국 strange, foreign land ○ **qürbət** ● **doğmalıq**; ② 비참함, 불쌍함, 도움 없음 miser, helplessness, loneliness ○ **yazıqlıq, zavallılıq, aramsızlıq, kimsəsizlik, təklik**; ③ 비통함, 애통함, 억울함 sadness, sorrowfulness ○ **hüzn, ələm, kədər, qəmginlik**

qəribsəmə *i.* 향수(鄕愁) homesick, nostalgia ○ **darıxma**

qəribsəmək *fe.* 그리워하다, 애타게 기다리다 long for, homesick ○ **darıxmaq** ● **sevinmək**

qəribsimək ☞ qəribsəmək

qərinə *i.* ① 33세의 나이 the age of 33 years; ② 나이, 전환기의 나이 age of epoch

qəriyə *i.* 마을, 동네 village ○ **kənd**

qərq *i.* 담금, 잠금, 투입; 잠긴[가라앉은] 상태, 잠수, 침수, 침몰 immersion, submersion, submergence, sinking ○ **batma, boğulma**; ~ **etmək** *fe.* 물 속에 넣다, 가라앉히다, 물을 끼얹다; 물에 잠기게 하다, 범람하다, 침수시키다 flood, inundate, submerge

qəsb *i.* (토지의) 수매, 수용; (재산 등의) 몰수, 압수, 강탈, 수탈 expropriation, seizure, invasion, expansion; ~ **etmək** *fe.* (지위, 직책, 권력 등을) 폭력으로 입수하다, 강탈하다, 횡령하다 usurp, encroach

qəsbkar *i.* 정복자, (전쟁의 최종적인) 승리자 conqueror ● **xilaskar**

qəsbkarlıq *i.* (영토 등의) 팽창 정책[주의]; (통화 등의) 팽창 정책[론] expansionism ● **xilaskarlıq**

qəsd *i.* ① (무엇을 해보려는) 시도, 기도, 공모, 음모, 은밀한 계획, (특히 악의 있는) 계략 attempt, conspiracy, plot; ② (의도한) 목적, 목표 intention, target ○ **niyyət, məqsəd**; ③ 테러 (행위) terror; ④ 적의, 적개심; 적대, 대립, 악의, 원한; 적대 행위 hostility, malice ○ **qərəz, düşmənçilik, ədavət** **~ən** *z.* 의도적으로, 고의로, 일부러, 계획적으로 intentional, on purpose **~ən edilmiş** *si.* 악의 있는, 악의적인, 적의(敵意)의, 심술궂은, 일부러 행한, 고의의 malicious, intended; **~ən edilən** *si.* 의도적인, 계획적인, 고의의 (intentional) deliberate; **~-qərəz** *i.* 해로움, 악영향; 악의, 적의, 증오 malevolence, malignancy; **~-qərəzli** *si.* 극히 해로운; 악의에 찬 malignant; **~siz** *si.* 악의 없는, 의도하지 않은 without intention, aimless, without malice; ~ **etmək** *fe.* 시도[기도]하다; 해보다, 꾀하다 attempt; ~ **hazırlamaq** *fe.* ~을 몰래 계획하다, 획책하다 plot; **özünə ~etmə** *i.* 자살, 자진, 자멸, 자살적 행위 suicide; **özünə ~ etmək** *fe.* 자살하다 suicide

qəsdçi *i.* 공모자, 음모자, 암살자, 자객(刺客) terrorist, conspirator, assassinator ○ **terrorçu**

qəsdçilik *i.* 테러리즘, 테러 행위, 암살 (행위) terrorism, assassination ○ **terrorçuluq**

qəsəbə *i.* 촌락, 부락, (작은 단위의) 구역 settlement

qəsəm *i.* 서약, 맹세; (법정 등에서의) 선서 oath, swear ○ **and**

qəsidə *i.* (사교적인, 과장한) 찬사, 칭찬하는 말, 부(賦), 송(頌); 송가(頌歌) panegyric, ode, encomium

qəsr *i.* 궁궐, 궁전; (주교, 고관 등의) 관저, 공관,

(대)저택 palace, castle ○ **imarət**

qəssab *i.* 푸주한, 푸줏간 주인; 백정, 도살자; butcher; ~ **dükanı** *i.* 푸주간, 고깃집, 육류 판매점 butcher shop

qəssablıq *i.* 푸주 일, 고기 판매, 백정일 butcher's work

qəşəng *si.* ① 예쁜, 아름다운, 멋진, 훌륭한 beautiful, handsome, lovely ○ **gözəl, göyçək** ● **kifir**; ② (감촉이) 섬세한, 미묘한; (모양, 모습이) 우아한, 날씬한, 가냘픈; (빛, 색채 등이) 부드러운, 은은한, 연한, 엷은 subtle, delicate ○ **gözəl, zərif, incə, lətif, məlahətli; ~cə** *z.* 아름답게, 곱게, 훌륭하게, 솜씨 있게, 멋지게; 기분 좋게 beautifully

qəşəngləşdirmək *fe.* 아름답게[훌륭하게] 하다, 미화하다, 광채를 더하다, 매력적 만들다, 인상적으로 하다; 아름다움을 돋보이게 하다 adorn, beautify

qəşəngləşmək *fe.* 예뻐지다, 아름답게 되다, 훌륭하게 되다 smarten, become pretty, beautify ○ **gözəlləşmək, göyçəkləşmək** ● **kifirləşmək**

qəşənglik *i.* 멋, 세련, 아름다움, 맵시, 매력적임 beauty, smartness, charmingness ○ **gözəllik, göyçəklik, gözəşirinlik** ● **kifirlik**

qəşş *i.* 기절, 혼절 fainting; swoon; ~ **etmək** *fe.* 의식을 잃다, 기절하다, 혼절하다 loose consciousness ○ **bayğınlıq** ● **ayılma**

qət *i.* 결단, 과단, 확정, 결심, 결의 decision determination; ~ **etmək** *fe.* 결단하다, 확정하다, 결정하다, 한정하다, 정하다 determine

qətfə *i.* 목욕 수건, 큰 수건 bath towel ○ **dəsmal**

qətfələnmək *fe.* 수건으로 두르다 be covered with a bath towel

qəti I. *i.* 긴급한 일, 명령, 책무 imperative; II. *si.* 결정적인, 필수의, 긴급한, 긴요한 conclusive, decisive, dogmatic, positive, resolute, utter ○ **möhkəm, son, axırıncı, həlledici**; ~ **tədbirlər** *i.* 결정적 조치, 결정적인 수단 drastic measure ~ **təklif** *i.* 단호한 주문 firm offer ~ **qərar** *i.* 돌이킬 수 없는 결정, 폐기할 수 없는 결정 irrevocable decision

qətilik *i.* 결의, 결심, 결단, 단호함, 결정적임 resolution, resoluteness

qətiləşmək *fe.* 한정되다, 결정되다, 제한되다, 정해지다 become resolute, be defined ○ **müəyyənləşmək, ciddiləşmək**

qətilik *i.* 단호함, 불굴, 견인 불발 resolution ○ **qətiyyət** ● **tərəddüdlük**

qətiyyən *z.* 결단코, 반드시, 기필코 by no means, not in the least, by all means ○ **əsla, heç, tamamilə**; *Qətiyyən yox. 절대 안되지. Not in the least.*

qətiyyət *i.* 확실(성); 필연성, 불가피함, 결심, 결의; 결단력, 과단(성) certainty, determination, resolution, certitude, decision ○ **əzm, səbat, cəsarət; ~lə** *z.* 확실히, 불가피하게, 결연히, 과단성 있게 certainly, resolutely, decidedly

qətiyyətli *si.* 결정적인, 결의가 굳은, 과단성의 decisive, strong willed ○ **əzmli, səbatlı, dəyanətli, möhkəm, cəsarətli**

qətiyyətlilik *i.* 결의, 불가피성 firmness, monotony, invariability, unchangeableness ○ **səbat, dayanıqlıq, möhkəmlik, cəsarətlilik, dönməzlik**

qətiyyətsiz *si.* 결단력이 없는, 줏대 없는, 우유부단한, 망설이는 irresolute, indecisive ○ **səbatsız, cəsarətsiz**

qətiyyətsizlik *i.* 우유부단, 망설임 indecision ○ **səbatsızlıq, mütərəddidlik**

qətl *i.* 살인, 암살, 살해 assassination, murder ~ **etmək** *fe.* 암살하다, 살해하다 assassinate

qətnamə *i.* (국회, 집회 등의) 결의; 결의안[문] resolution

qətrə *i.* (과실의) 인(仁); (콩 등의) 꼬투리, 겉껍질 속의 종자[열매]; (밀 등의) 낟알 drop, kernel ○ **damcı, gilə**

qətrə-qətrə *z.* 방울방울, 송골송골 drop by drop ○ **damcı-damcı**

qəttəzə *si.* 신상품의, 새로 만든, 손대지 않은 brand-new

qəvi *si.* 강한, 굳센, 튼튼한 strong, firm ○ **qüvvətli, güclü, möhkəm**

qəvvas *i.* 수영 선수 swimmer ○ **üzgüçü**

qəyyum *i.* 보호자, 후견인 guardian, sponsor, trustee ○ **himayəçi**

qəyyumluq *i.* 보호자의 임무, 후견인의 직무 guardianship, tutorship ○ **himayəçilik**

qəza *i.* ① 사고, 참사, 충돌 accident, casualty, crash, wreck ○ **fəlakət**; ② 우발 사건, 사건 happening ○ **vaqiə, əhvalat; ~ya uğramaq** *fe.* 사고를 만나다, 사고를 당하다, 부딪치다. wreck, meet with an accident, crash

Q

qəzal *i.* 영양; 그 가죽 antelope
qəzet *i.* 신문; 신문사; 신문 용지 newspaper; **~ satan** *i.* 신문 팔이 news-boy; **~ köşkü** *i.* 신문 가판대 news-stand; **divar ~i** *i.* 벽보 신문 wall newspaper; **~ kağızı** *i.* 신문 용지 newsprint; **~ işçisi** *i.* 신문 종사자 (판매자, 기자, 보도원) newspaperman, journalist, reporter; **mərkəzi ~lər** *i.* 중앙지 national newspapers; **çoxtirajlı ~** *i.* 주요 신문, 인쇄 부수가 많은 신문 factory newspaper
qəzetçilik *i.* 신문업(新聞業) the newspaper business
qəzə *i.* (문 등의) 경첩 hinge
qəzəb *i.* (일시적이며 격렬한) 성, 화, 분노, 격노, 격분, 격정, 분개, 적의, 원한 anger, fury, indignation, malice, passion, rage, resentment, wrath ○ **hiddət, acıq, hirs, qeyz**
qəzəbləndirmək *fe.* 격노하게 하다, 화나게 하다, 격앙시키다 enrage, infuriate, anger
qəzəblənmək *fe.* 화나다, 격노하다, 격앙되다, 분노하다 become angry, become upset ○ **hiddətlənmək, acıqlanmaq, hirslənmək, qızışmaq** ● **sakitləşmək**
qəzəblənmiş *si.* 몹시 화를 낸, 노발대발한, 격노한 furious
qəzəbli *si.* 화난, 적의를 가진, 분노한, 노발대발한, 악의에 찬 angry, malicious, malignant, indignant, furious, violent ○ **hiddətli, acıqlı, hirsli, qeyzli** ● **sakit**
qəzəbnak ☞ qəzəbli
qəza-qədər *i.* 운, 운명, 운수, 팔자, 숙명 fate
qəzəvat *i.* 성전(聖戰) sacred religious war
qəzil *i.* 염소 털 모직 goat's wool
qəziyyə *i.* 사고, 사건, 재난, 참사 accident, casualty, happening, chance ○ **əhvalat, hadisə, vaqiə, təsadüf, macəra**
qıc (olma) *i.* 마비, 경련(convulsion) spasm, numbness ○ **keylik, hissizlik, cənglik**
qıcamaq *fe.* (입을) 악물다 clench one's teeth ○ **sıxmaq**
qıcanmaq *fe.* 위협하다, (남을) 협박하다 threaten ○ **qolaylanmaq, atılmaq**
qıcıq *i.* 성남, 안달; 화나게 함 irritation
qıcıqlandırıcı *si.* 애타게 하는, 화나게 하는, 약올리는, 귀찮은 irritating, irritable
qıcıqlandırmaq *fe.* 짜증나게 하다, 안달나게 하다, 초조하게 만들다, 화나게 하다 irritate
qıcıqlanmaq *fe.* 가렵게 하다; 가렵다, 근질근질하다 be itchy
qıcımaq *fe.* 이를 갈다 grind one's teeth
qıcqırma *i.* 발효 (작용, 과정) fermentation, turning sour
qıcqırmaq *fe.* 발효되다 ferment (jam, wine *etc.*) ○ **turşumaq, acımaq**
qıcqırtmaq *fe.* 발효시키다 make sour
qıclıq *i.* 무절제, 방종 crankiness, extravagance ○ **keylik, hissizlik, cənglik**
qıç *i.* (동물, 사람의) 다리 leg ○ **ayaq**
qıça *i.* ① (나무) 가지 branch (tree); ② 조각, 절편, 파편 piece, bit, slice ○ **tikə, parça**
qıçsız *si.* 무족의 (동물) legless ○ **ayaqsız**
qıdıq *i.* 간지럽힘, 자극함, 부추김 tickling, irritation ○ **qıcıq**; **~ğı gəlmək** *fe.* 간지럽다; be ticklish; ***Qıdığım gəlir.*** *간지러워! I'm ticklish.*
qıdıqlamaq *fe.* 간지럽히다 tickle
qıdıqlanmaq *fe.* 간지럽다 be tickled
qıdıqlaşmaq *fe.* 서로 간지럽히다 tickle each other
qıdıqlı *si.* 간지러운, 간지러움을 잘 타는 ticklish
qıf *i.* 깔때기 funnel
qıfaoxşar *si.* 깔때기 모양의 funnel-shaped
qıfıl *i.* 걸쇠, 빗장; 자물쇠 latch, lock, padlock ○ **kilid**; **asma ~** *i.* 맹꽁이 자물쇠 padlock; **~ vurmaq** *fe.* 자물쇠를 채우다 lock
qıfıllamaq *fe.* 자물쇠를 채우다 lock ○ **bağlamaq, kilidləmək**; ***Qıfılla!*** *닥쳐! Hush!, be quiet!*
qıfıllanmaq *fe.* 자물쇠로 잠기다 be locked
qıfıllı *si.* 자물쇠로 잠긴 locked ○ **bağlı, kilidli**
qığ *i.* (물)방울, 낙하물 droppings
qığ-qığ *i.* 아이들의 재잘거림, 재잘재잘 baby talk, childish prattle; **~ etmək** *fe.* 재잘거리다, 지껄이다 prattle
qığılcım *i.* 불꽃, 불똥, 번쩍거림, 스파크, 점화 spark, flash ○ **çırtdaq, cılğam, çınqı**; **~ saçmaq** *fe.* 불꽃을 튀기다, 섬광을 발하다, 번쩍 빛나다 sparkle, spark
qığılcımlanmaq *fe.* 불꽃을 튀기다, 번쩍이다 sparkle, scintillate
qığılcımlı *si.* 불꽃을 내는, 반짝이는 sparkling
qığılcımsız *si.* 스파크 없는, 번쩍거리지 않는 without sparkle
qığıldamaq *fe.* ① (아이가) 좋알거리다, 재잘거리

다 prattle (baby); ②(오리, 닭 등이) 꽥꽥거리다, 깍깍거리다 squawk (chicken)
qığıldaşmaq *fe.* ① (아이들이 여럿이 쫑알거리다 prattle together (baby); ② (새, 오리 등) 서로 깍깍거리다 squawk together (chicken)
qığıltı *i.* ① 쫑알거림, 재잘거림 baby talk, prattling; ② 깍깍거림, 꽥꽥거림 squawk
qığırdaq *i. ana.* 연골; 연골부, 연골 조직 cartilage, gristle
qığırdaqlı *si. ana.* 연골의, 물렁뼈의 cartilaginous, gristly
qığlama *i.* 배변, 불순물 제거 defecation
qığlamaq *fe.* 배변하다, 불순물을 제거하다 defecate
qıjı *i. bot.* 고사리 fern
qıjıldamaq *fe.* (물이) 소리 내어 흐르다, 콸콸 물이 흐르다 flow/run noisily (water)
qıjıltı *i.* 콸콸거림 the sound of a running river
qıjhaqıj *i.* 콸콸 a noisy running of a river
qıl *i.* 거센 털, 강모 bristle ○ **tük**
qılaf *i.* 껍데기, 겉장, (책의) 표지 case, cover
qılça *i.* 다리, 발 foot, leg ○ **qıc**
qılçasıayri *si.* 오(O) 다리의, (바깥쪽으로) 다리가 굽은 bow-legged, bandy-legged
qılçıq *i.* (밀의) 까락, 까끄라기, 미늘 tendril of wheat-ear ○ **tıx, sümük**
qılçiqlı *si.* 깔끄러운, 깔끄런 수염이 있는 awned, arista, bearded ○ **tıxlı, sümüklü**
qılıc *i.* crest
qılıqlamaq *fe.* 속이다, 사기치다 cheat, deceive ○ **tövlamaq, aldatmaq**
qılıqlı *si.* 도시풍의, 세련된, 우아한, 고상한, 유쾌한 pleasant, urbane, well-mannered, sociable ○ **xoşrəftar**
qılıqsız *si.* 버릇없는, 예의 없는, 무례한 ill-mannered ○ **bədrəftar, kəc**
qılıqsızlıq *i.* 무뚝뚝함 unsociability ○ **rəftarsızlıq**
qılınc *i.* (특히 기병용) 군도(軍刀), 칼 saber, sword; **~dan keçirmə** *i.* 대학살; 대량 살육 massacre; **~dan keçirmək** *fe.* 살육하다, 죽이다, 학살하다 put to the sword; **~ oynatmaq** *fe.* 지배하다, 다스리다, 복종시키다 be the ruler, dominate
qılınclamaq *fe.* ① 칼로 베다, 자르다 cut with a sword ○ **kəsmək, vurmaq, çapmaq**; ② 칼로 치다 hit with sword ○ **döymək, vurmaq**
qıllı *si.* 털투성이의, 털이 많은 hairy, shaggy, dishevelled ○ **tüklü**
qılmaq *fe.* 행하다, 하다, 이행하다, 실행하다 do, make, see, act
qılmıldanmaq *fe.* 휘젓다, 흔들어 움직이다, 북돋우다, 불러 일으키다 stir, move ○ **tərpənmək, oynatmaq**
qılmıldaşmaq *fe.* 서로 북돋우다, 서로 자극하다 stir/move with together *smb.*
qımıltı *i.* 움직임, 행동 movement, motion ○ **tərpəniş, hərəkət**
qımışmaq *fe.* 미소 짓다, 방긋 웃다 smile ○ **gülümsəmək** ● **ağlamsınmaq**
qımız *i.* ① 신 말 젖 sour horse milk; ② 매우 신 음식 very sour food
qın *i.* 칼집, 덮개, 집 sheath, shell ○ **qab, pərdə, örtük**; **~a qoymaq** *fe.* …을 칼집에 넣다, 씌우다 sheath; **~ına çəkilmək** *fe.* 퇴각하다, 후퇴하다, 취소하다 withdraw into oneself
qınaq *i.* 비난, 질책, 꾸짖음, 잔소리 reproach, reproof, rebuke ○ **məzəmmət, töhmət, danlaq**
qınamaq *fe.* 나무라다, 비난하다, 책망하다, 꾸짖다 reprove, reproach, upbraid ○ **danlamaq, təqsirləndirmək, töhmətləndirmək** ● **tərifləmək**
qınanmaq *fe.* 비난받다, 책망받다, 혼나다 be reproached, be condemned
qıncanmaq *fe.* 불장난하다, 집적거리다, 장난삼아 해보다 flirt
qınlı *si.* 껍데기가 있는, 덮개가 있는, 칼집이 딸린 having a shell ○ **çanaqlı**
qıpıq *si.* 반쯤 열린, 반쯤 닫힌 half opened, half closed
qıpqırmızı *si.* 매우 붉은, 진적색의 quite red
qır[1] *i.* 아스팔트, 타르 asphalt, tar
qır[2] *i.* 평원, 평지, 평야 plain, field ○ **düzən, çöl**
qır[3] *i.* 농락, 농염, 교태, 애교, 요염 coquetry ○ **naz, qəmzə, şivə**
qıraq *i.* ① 가장자리, 가, 끝, 물가 margin, edge ○ **kənar, yan**; ② 해변 (sea) side ○ **sahil, kənar**; *si.* ③ 외래의, 주변의 foreign ○ **kənar, yad, özgə** ● **yaxın**; **~dakı** *si.* 가장자리의, 변경의, 여백의 marginal
qırçın *i.* (스커트 등의) 주름, 플리트 pleat ○ **qırış**
qırçınlamaq *fe.* 주름을 잡다 pleat
qırçınlı *si.* 주름 잡힌 pleated

Q

qırğı *i.* 매, 매 비슷한 새의 총칭 hawk
qırğın *i.* ① 대학살; 대량 살육, 섬멸, 괴멸 massacre, slaughter, annihilation ○ **tələfat**; ② 싸움, 전쟁 fight ○ **dalaşma, vuruşma, söyüşmə**
Qırğız *i.* 키르기스인; Kirghiz; **~ca** *z.* 키르기스어로 Kirghiz, in the Kirghiz language
Qırğızıstan *i.* 키르기스스탄 (국가) Kirghizistan
qırhaqır *i.* 백정, 살육자, 살인자, 학살자 slaughter, carnage
qırx *say.* 마흔, 40 forty
qırxayaq *i. zoo.* 지네류 centipede ○ **xərçəng**
qırxğünlük *si.* 40의, 마흔의 of forty days, forty days
qırxdilli *si.* 부끄러운 줄 모르는; 조신하지 않는; 뻔뻔스러운; 파렴치한 shameless, impudent ● **namuslu**
qırxdırmaq *fe.* 머리를 깎다, 이발을 하다 have one's hair cut
qırxıq *si.* 면도를 한 shaved
qırxılıq *i.* 가위 scissors, shears ○ **qayçı**
qırxılmaq *fe.* 면도를 당하다 be shaved, be shaven
qırxın *i.* 양모의 연간 산출량 wool clip
qırxıncı *say.* 마흔 번째의, 40번째의 fortieth
qırxillik *si.* 40년의 of forty years
qırxmaq *fe.* (양털, 머리털 등) 깎다, 자르다, shave, clip, shear, cut, trim ○ **kəsmək, qayçılamaq**
qırxyarpaq *i. bot.* (작은 많은 꽃잎을 가진 풀)
qırıcı *i.* 격추기, 전투기; 파괴자, 싸움꾼 destroyer, fighter, pursuit plane ○ **öldürcü**
qırıq I. *si.* ① 연락이 두절된, 관계가 끊긴 disconnected ○ **rabitəsiz, əlaqəsiz**; ② 부숴진, 깨진 broken, smashed ○ **sınıq** ● **saz**; II. *i.* ① 조각, 파편 piece, part ○ **tikə, parça**; ② 깨진 틈, 틈새 crack
qırıq-qırıq *si.* 잘게 부숴진, 여러 토막 난 in piece
qırıqlıq *i.* ① 부숴짐, 깨짐, 망가짐 brokenness ○ **sınıqlıq** ● **sazlıq**; ② 아픔, 쑤심, 고통 ache, weep ○ **əzginlik, ağrı, sızıltı**
qırıldamaq *fe.* (학 등) 우는 소리 call (of crane)
qırılma *i.* (갑작스러운) 분리, 분열, 종결, 중단 abruption
qırılmaq *fe.* ① 부서지다, 깨어지다 shatter, break up ○ **kəsilmək, ayrılmaq, qopmaq**; ② 산산 조각 나다 be broken into pieces ○ **sınmaq, parçalanmaq**; **aclıqdan ~** *fe.* 기아로 허덕이다 be starved; **beli ~** *fe.* 허리가 부숴진, 매우 지친 exhausted
qırılmış *si.* 부숴진, 깨어진, 망가진 broken, extinct
qırıntı *i.* 조각, 파편 fraction ○ **tullantı, xırım-xırda**
qırış *i.* (종이, 직물 등의) 주름, 접은 자국, (바지의 세운) 줄 crease, wrinkle ○ **bürüşük, bükük** **~-~** *si.* 구겨진 wrinkled, puckered ○ **cizgi**
qırışdırmaq *fe.* 주름을 잡다 wrinkle
qırışıq *i.* 주름, 구겨짐 wrinkle ○ **qırış** ● **açıq**
qırışıqlı *si.* 주름 잡힌, 구겨진 wrinkled, puckered ○ **bürüşüklü** ● **açıq**
qırışmaq *fe.* 주름지다, 구겨지다, 오그라지다 wrinkle ○ **büzüşmək, yığışmaq** ● **açılmaq**
qırışmal *si.* 비열한, 몰염치한, 미천한 rascal, corrupt
qırışmış *si.* ① 주름진, 오그라진 wrinkled, puckered ② 구겨진 rumpled
qırqovul *i. zoo.* 꿩 pheasant
qırlamaq *fe.* 타르를 입히다, 아스팔트를 깔다, (지붕에) 타르를 깔다 cover with tar
qırma *i.* 산탄, 작은 탄알 small shot
qırmaq[1] *fe.* ① 흩다, 부서뜨리다; scatter, shatter ② 깨뜨리다, 조각내다 fracture ○ **parçalamaq, sındırmaq**; ③ 잘라내다, 베어 넘어뜨리다 cut down ○ **kəsmək, doğramaq**; ④ (관계가) 깨지다 break off (relation) ○ **üzmək, kəsmək**; ⑤ 죽이다 kill ○ **öldürmək**; ⑥ 약화되다 weaken ○ **zəiflətmək, düzəltmək**
qırmaq[2] *i.* 갈고리, 고리, 낚시바늘; 작살 hook, gaff, catch ○ **qarmaq ~la tutmaq** *fe.* 갈고리로 걸다, 갈고리로 끌어올리다 hook
qırmanc *i.* 채찍, 회초리, 매 whip, scourge ○ **qamçı, şallaq, tatarı**; **~la döymək** *fe.* 채찍질하다, 매로 때리다 whip
qırmanclamaq *fe.* 채찍질하다, 호되게 꾸짖다 whip
qırmızı *i.* 빨간색, 적색, 붉은 색 red (colour) ○ **al** **~ turp** *i.* 빨간 무, 홍당무 radish; **~ çuğundur** *i.* 근대 뿌리 beet root
qırmızıdərili *si.* (피부가) 붉은, 붉은 피부색의 red-skinned, red-skin
qırmızıdodaq *si.* 빨간 입술의, 입술이 빨간 red-lipped

qırmızılıq *i.* 붉음, 적색임, 불그레함 redness ○ **allıq, qızartı**
qırmızımtıl *si.* 불그스름한, 불그레한 reddish
qırmızımtraq *si.* 붉은 색을 띠는, 불그레한 reddish
qırmızıtəhər *si.* 빨간색 계통의, 불그스레한 reddish
qırmızıtüklü *si.* 붉은 털의, 불그스레한 털을 가진 (짐승) red-leathered
qırov *i.* 서리 hoarfrost ○ **şeh, şəbnəm**
qırpım *i.* 순간, 찰나, 단시간 instant, moment ○ **an, ləhzəz**; **bir göz ~da** *z.* 눈 깜짝할 사이에 in a moment
qırpınmaq *fe.* ① (눈을) 깜짝하다, 깜박이다, 반짝거리다 close, wink ○ **yumulmaq, örtülmək**; ② 부끄러워하다, 움츠러들다 be shy, be shrunk ○ **utanmaq, çəkinmək, sıxılmaq**; ③ 위축되다, 기죽다, 시들다 be shaky, be shriveled ○ **diksinmək, qımıldanmaq, tərpənmək**
qırpmaq *fe.* 깜박이다, 깜짝이다, 반짝이다 blink, wink; **göz ~dan** *z.* 눈 깜짝할 사이에 without batting an eyelid
qır-saqqız *i.* 아스팔트, 타르 pitch, tar
qırt-qırt *i.* (암탉 등이) 꼬꼬 거림 clucking (hen)
qırtlaq I. *i.* 후두; 발성 기관 larynx; II. *si.* 목쉰 소리의; 후두음의, 연구개음의 guttural, laryngeal
qısa *si.* ① 낮은; 키가 작은 short ○ **gödək, alçaq**; ② (거리, 길이, 시간이) 짧은; 오래 가지 않는 short cut ○ **kəsə, yaxın**; ③ (말, 문장 등이) 간결한, 간단한 concise, curt, brief ○ **müxtəsər, yığcam** ● **geniş, ətraflı**; **~ (boylu)** *si.* 키가 작은 short; **~ kəsmək** *fe.* 짧게 자르다, 간결하게 말하다 cut short; **~ şalvar** *i.* 민소매 셔츠 breeches, shorts; **~ corab** *i.* 양말 sock; **~ dövrə** *i.* 짧은 주기 short circuit; **~ müddətli** *si.* 순간적인, 일시적인 momentary; **~ məsafəyə qaçış** *i.* 단거리 경주, 스프린트 sprint; **~ məzmun** *i.* 발췌, 발초(拔抄), 요약; 정수 abstract; **~ qapanma** *i.* 단기 순환, 단기 회로 short circuit; **~ tuman** *i.* 짧은 바지, 반바지 shorts; **~ quyruq** *i.* 꼬리가 짧은 short-tailed; **~ qısalmaq** *fe.* 간결하게 말하다, 간명하게 정리하다 become short, shrink
qısaayaqlı *si.* 다리가 짧은 short-legged
qısabarmaq *si.* 손가락이 짧은 short-fingered
qısabığ *si.* 수염이 짧은 short-moustached
qısaböylu *si.* 키가 작은, 소형의, 난장이의 undersized, dwarfish, stunted ● **ucaboylu**
qısaboyun *si.* 목이 짧은 (사람, 옷 등) short-necked
qısabuynuz *si.* 뿔이 짧은 short-horned
qısaca *z.* 짧게, 간결하게 in brief ○ **müxtəsər, gödək**
qısadalğalı *si.* 단파(短波)의 short-wave
qısadışli *si.* 이가 짧은, 단치(短齒)의 short-toothed
qısaqanad *si.* 날개가 짧은 short-winged
qısalıq *i.* ① 단신(短身), 작은 키 shortness (height) ○ **gödəklik, alçaqlıq, ucalıq**; ②(길이) 가까움, 근접함 closeness (road) ○ **kəsəlik, yaxınlıq**; ③ 간결함, 간명함 conciseness ○ **müxtəsərlik, yığcamlıq**
qısalmaq *fe.* ① 짧아지다, 간결해지다 become short, be shortened, be concise ○ **gödəlmək, yığılmaq** ● **uzanmaq**; ② 제한되다, 국한되다 be limited, be confined ○ **məhdudlaşmaq**
qısaltma *i.* 축소; 단축; 요약 abridgement, abbreviation
qısal|tmaq *fe.* 축소하다, 요약하다, 단축하다; abbreviate, adapt, curtail, shorten **~dıb sadələşdirmə** *i.* 축약, 단축 adaptation
qısası *z.* 간단히, 간명하게 shortly
qısayunlu *si.* 털이 짧은 short-haired
qısdırmaq *fe.* 억압하다, 쥐어짜다, 억지로 시키다 press, squeeze, force
qısıq *si.* ① 짧은 short ○ **qısa**; ② 답답한, 숨막히는 stuffy, suffocating ○ **boğuq, tutqun, xırıltılı**
qısıqlıq *i.* ① 짧음 shortness ○ **qısalıq**; ② 답답함, 숨막힘 stuffiness, suffocation ○ **boğuqluq, tutqunluq, xırıltılılıq**
qısılmaq *fe.* ① 답답하다, 숨막히다 be condensed, be shortened ○ **sıxılmaq**; ② (목소리) 거칠어지다, 쉬다 hoarsen, become hoarse (voice) ○ **tutulmaq, xırıldamaq, batmaq (səs)**; ③ 들러붙다, 붙잡다, 바짝 다가서다 cling, snuggle, cuddle ○ **sığınmaq, daldalanmaq, gizlənmək**; ④ 부끄러워하다, 창피하다, 소심하다, 심약하다 be shy, be bashful, be timid ○ **utanmaq, sıxılmaq, çəkinmək**
qısıntı *i.* 불명예, 굴욕, 치욕 ignominy, shame ○ **sıxıntı**
qısır I. *i.* 불임자 (소, 짐승) barrener; II. *si.* 불임의, 불모의, 열매를 맺지 못하는 barren, dry

Q

qısqac *i.* ① *zoo.* 집게벌레 earwig; ② *tex.* 클램프(죄는 기구); 꺾쇠, 거멀, 쇠집게; (외과용) 겸자(鉗子) clamp, clutch, clip

qısqanc *si.* 질투하는, 시샘하는, 선망하는 jealous, **ürəyiaçıq**

qısqanclıq *i.* 질투, 시기, 시샘, 선망 jealousy ○ **təmizlik**

qısqanmaq *fe.* (남에게) 주기 싫어하다, 내주기를 꺼리다; 아까워하다, 질투하다 grudge, be jealous

qısqı *si.* ① 재촉 quickening, driving on ○ **tələsdirmə, qısnama**; ② 협박, 위협 threatening ○ **hədə, qara-qorxu**

qısqınmaq *fe.* 부끄러워하다 be shy, be shrunk ○ **çəkinmək, utanmaq, sıxılmaq**

qısqıntı *i.* 역경, 곤란 oppression, difficulty, adversity ○ **sıxıntı, əziyyət**

qısqırtmaq *fe.* 휘젓다, 혼란하게 하다 stir up, set against

qısmaq *fe.* ① 쥐어짜다, (목) 조르다 squeeze ○ **boğmaq, sıxışdırmaq**; ② 억누르다, 압축하다 compress ○ **sıxmaq, basmaq**; ③ 진압하다, 억압하다 suppress ○ **yatırmaq, basmaq, sıxmaq**; ④ 숨기다, 은닉하다 hide, conceal ○ **gizlətmək, çəkmək**; ⑤ 줄이다, 감소시키다, 축소하다 lessen, decrease, narrow ○ **daraltmaq, azaltmaq, kiçiltmək**

qısnaq *z.* 서둘러, 급히; 허둥지둥; 경솔하게 hastily, speedy ○ **tələsik, tə'cili**

qısnamaq *fe.* 재촉하다, 강압하다, 몰아넣다 drive on, speed on, urge on ○ **sıxışdırmaq, dirənmək**; **bir kəs küncə ~** *fe.* (사람을) 코너에 몰아넣다 drive on *smb.* into corner

qısnanmaq *fe.* 재촉 당하다, 몰리다, 억압되다 be drive on, be speeded on, be urged on, speed on ○ **sıxışmaq, dirənmək**

qış *i.* 겨울, 동계(冬季) winter ● **yay**

qışqırıq *i.* (공포, 고통의) 외침, 비명 shriek, cry, scream ○ **çığırtı, bağırtı** ● **sakitlik**

qışqırma *i.* 절규, 외침; 외치는 소리 exclamation, cry, shout, yell

qışqırmaq *fe.* 외치다, 절규하다, 말하다; (사람이) 새된 목소리로 외치다, 비명 지르다 exclaim, shout, cry, shriek ○ **çığırmaq, bağırmaq** ● **susmaq**

qışqırtı *i.* 외침, 절규, 비명 cry, shout ○ **qışqırıq**

qışla *i.* 막사, 병영; (특히) 주둔병의 숙사 barracks ○ **qazarma**

qışlaq *i.* 겨울 집, 오두막집 winter hut, lodge, cabin ● **yaylaq**

qışlama *i.* 겨울 보내기, 과동(過冬) wintering, winter sojourn

qışlamaq *fe.* 겨울을 보내다, 겨울을 나다, 과동(過冬)하다 pass the winter, spend the winter, winter ● **yaylamaq**

qıt *si.* 모자라는, 불충분한, 결핍된, 가난한 scarce ○ **qəhət, yoxluq, bol**

qıtıqotu *i.* 서양 고추냉이 horseradish

qıtlaşmaq *fe.* 결핍되다, 모자라다, 희귀하게 되다 become scarce, be critical, become rare ○ **qəhətləşmək, bollaşmaq**

qıtlıq *i.* 태부족, 극심한 결핍, 드묾, 희귀함, 부족, 불완전 famine, scarcity, shortage, dearth, deficiency ○ **qəhətlik , bolluq**

qıvraq *si.* ① 건장한, 건강한, 튼튼한 healthy, strong, sturdy ○ **sağlam, möhkəm, gümrah, xəstə**; ② (동작이) 경쾌한, 기민한, 날랜 mobile, light ○ **yüngül**

qıvraqlaşmaq *fe.* ① 건강해지다, 건장해지다, 튼튼해지다, 강건해지다 get well, get healthy ○ **sağlamlaşmaq, yaxşılaşmaq, sağalmaq, gümrahlaşmaq** ● **xəstələnmək**; ② (검열, 단속, 규제 등이) 완화되다; (고생, 부담, 걱정이) 가벼워지다, 편해지다, 괴롭지 않게 되다. alleviate, lighten, become light ○ **yüngülləşmək**

qıvraqlıq *i.* ① 건강함 healthiness ○ **sağlamlıq, gümrahlıq**; ② 경쾌함, 날렵함 quickness ○ **yüngüllük, çeviklik**

qıvrıla-qıvrıla *z.* 꼬불꼬불 꼬여서, 뒤틀려서 coilingly

qıvrılma *i.* ① 꼬임, 뒤틀림 twist, coiling ○ **burulma**; ② 겹침, 꾸겨짐 folding ○ **qatlanma, bükülmə, bürüşmə, büzüşmə**

qıvrılmaq *fe.* ① 곱슬하게 하다, 비틀다, 꼬다 curl ○ **burulmaq**; ② 웅크리다, 접다, 구기다 fold ○ **qatlanmaq, bükülmək, bürüşmək, büzüşmək, açılmaq**

qıvrım *si.* 감긴, 곱슬한, 꼬인 curled, curly, twisted ○ **buruq ~ tel** *i.* 곱슬한 머리카락 curl

qıvrımlıq *i.* 곱슬함, 꼬임 curliness ○ **buruqluq**

qıy *i.* 소리, 외침, 고함, 비명 voice, screech, scream, shout ○ **səs, qışqırtı, bağırtı, haray**

qıyğac *si.* aslant, slantwise, obliquely, askew ○ **əyri, yanaki, çəpəki** ● **düz**

qıyğacı *si. z.* 기울어진, 비스듬한, 비탈진, 경사진, 삐딱하게 slanting(ly), skew, oblique

qıyıq[1] *i.* 바늘, 바늘 모양의 것 needle ○ **iynə, cuvalduz**

qıyıq[2] *si.* 꼬인, 뒤틀린, 비틀어진 twisted, twined ○ **çəp, əyri** ● **açıq**

qıyılı *si.* 눈을 가늘게 뜬 blinked, closed ● **açıq**

qıyılmaq *fe.* (눈을) 가늘게 뜨다, 곁눈질하다 screwed up, squint ● **açılmaq**

qıyıltı *i.* 고함소리, 소리침, 외침 shouting, yelling, screaming ○ **qışqırtı, bağırtı**

qıylamaq *fe.* 소리치다, 고함치다, 악을 쓰다, 외치다 shout, scream, yell, screech ○ **qışqırmaq, bağırmaq, səsləmək**

qıymaq *fe.* ① (눈 등을) 가늘게 뜨다, screw up one's eyes; ② 뻔뻔하다, 미안하게 느끼지 않다 not feel sorry ● **əsirgəmək**

qız *i.* ① (가족 관계) 딸 daughter; ② 소녀, 여자(아이), (결혼 전의) 여자 girl, maid ~ **vaxtı çağı** *i.* 소녀 시절 girlhood ~ **dostu** *i.* 여자친구 girl friend; **cavan** ~ *i.* (보통 미혼의) 젊은 여성, 아가씨, 소녀 lass, lassie; **qarımış** ~ *i.* (혼기가 지난 제법 나이든) 미혼 여성, 노처녀 spinster, old maid ~ **qalası** *i.* (바쿠의 상징적 구조물) 소녀의 망루; 처녀의 성 Maiden Tower; ***Qızını döyməyən dizinə döyər.*** *ata.s.* *딸아이를 치지 못하면, 무릎을 친다. (적절한 사전 교육이 후회를 막는다) Keep your daughter in order or you will regret it later.*

qızardılmaq *fe.* 볶여지다, 붉히다 be roasted/fried/rouged

qızarıb-bozarmaq *fe.* (얼굴이) 붉어지다, 빨개지다, 부끄러워하다 blush, be ashamed of

qızarıb-pörtmək *fe.* 얼굴을 붉히다, 부끄러워하다, 빨개지다 blush, redden

qızarışmaq *fe.* ① 붉게 보이다, 빨개지다 show red; ② (과일이) 빨갛게 되다, 익다 ripe, mature ○ **yetişmək, dəymək**

qızarmış *si.* ① 빨개진, 붉어진 reddened; ② 볶은, 기름에 튀긴 fried, roasted ~ **çörək** *i.* 토스트 toast

qızarmaq *fe.* ① 튀기다, 볶다 fry, be roasted, toast; ② (부끄러움이나 온도로 인해 얼굴이) 빨갛게 되다, 붉어지다 turn red, blush

qızartdaq *si.* 불그스름한, 녹이 낀 색깔의, 황갈색의 reddish, rust-coloured, fawn-coloured

qızartı *i.* ① 붉음, 적색(성) redness ○ **qırmızılıq**; ② 불탐, 이글거림 glow ○ **şəfəq, parıltı**

qızartma *i.* 볶음 고기, 튀김 고기 roasted meat

qızartmaq *fe.* ① 붉게 만들다 cause to be red ○ **gözərtmək, allandırmaq**; ② (요리) 볶다, 굽다 roast ○ **bişirmək**; ③ 부끄럽게 만들다 cause to be shy ○ **utandırmaq**

qızdırıcı *i.* 가열기 heater

qızdırılmaq *fe.* 가열되다, 데워지다 get warm, be heated

qızdırma *i.* ① (감기 등) 발열, 고열, 고온 fever, temperature, heating ○ **hərarət, istilik**; ② 한기, 오한 shivering ○ **isitmə**; **~dan yanmaq** *fe.* 고열로 데다 burn with a fever; **~sı olmaq** *fe.* 고열로 아프다, 발열하다 run a temperature

qızdırmaq *fe.* 데우다, 가열하다, 덥게 하다 warm, heat ○ **isitmək, üşütmək, soyutmaq**

qızdırmalı *si.* 열이 있는, 고열의, 고온의 feverish

qızğın I. *si.* ① 끓는, 뜨거운 boiling ○ **qaynar** , **soyuq**; ② 격렬한, 강렬한, 맹렬한 ardent, busy, fervent, hot, red-hot, stormy ○ **coşğun, hərarətli, alovlu, atəşin, ehtiraslı**; ③ (감정, 증오 등) 격한, 격정적인, 불타는 듯한 strong, vehement, fiery ○ **gərgin, güclü, şidddətli** ● **zəif**; II. *z.* 격렬하게, 열정적으로 격하게, 맹렬하게 ardently, heatedly, passionately, dearly

qızğınlaşmaq *fe.* ① 엄해지다, 격해지다, 가혹해지다, 맹렬해지다 become severe, become strong, deepen ○ **şiddətlənmək, gərginləşmək, güclənmək, dərinləşmək, qızışmaq**; ② 격노하다, 화나다, 분노하다 get upset, get angry ○ **azğınlaşmaq, qızmaq, hiddətlənmək, qəzəblənmək**

qızğınlıq *i.* ① 끓음, 비등(沸騰) boiling, steaming ○ **qaynarlıq** , **soyuqluq**; ② 열정, 열의, 열심 ardour, passion ○ **coşğunluq, hərarətlilik, atəşinlik, ehtiraslılıq**

qızıl I. *i.* 금, 황금 gold; II. *si.* 주황색의, 불그스름한 red; ~ **balıq** *i.* 연어 salmon; ~ **gül** *i.* 장미 rose; **xalis** ~ *i.* 순금 pure gold; ~ **suyuna salmaq** *fe.* 도금하다, 금색으로 칠하다 gild; ~ **zanbaq** *i.* 튤립 tulip

qızılağac *i. bot.* 오리나무 alder-tree

qızılağaclıq *i.* 오리나무 숲 alder grove
qızılaxtaran *i.* 금광꾼, 사금꾼 gold-prospector, gold-digger
qızılbaş *si.* 금머리의, 금으로 입힌 gold-copulated, gold-domed
qızılca *i. tib.* 홍역; (일반적으로) 발진성 질병의 총칭 measles; ~ **çıxartmaq** *fe.* 홍역을 앓다 be ill with measles
qızılcalı *si.* 홍역에 걸린 having the measles
qızılqaz *i. zoo.* 홍학, 플라밍고 flamingo
qızılqanadlı *si.* 황금날개의 golden-winged
qızılquyruq *i. zoo.* 상딱새(구세계산) redstart
qızılquş *i. zoo.* 매; 매사냥용의 매 falcon
qızıllı *si.* 금빛의, 황금색의, 금처럼 번쩍이는, 싯누런 golden
qızılsaç(lı) *si.* (머리털이) 금발인, 블론드인; (피부가) 흰; (사람이) 금발로 피부가 희고 파란 눈을 가진 golden-haired, blonde
qızınmaq *fe.* (자신을) 덥게 하다, 따스하게 하다 warm oneself
qızışdırmaq *fe.* (병 등을) 악화시키다, (불행, 성가신 일 등을) 심화시키다; (죄를) 가중시키다, 사람을) 괴롭히다, 화나게 하다 aggravate, incite
qızışqan *si.* 성급한, 성미가 급한, 서두르는 hot-tempered, quick-tempered, hasty
qızışqanlıq *i.* 급한 성격, 성급함, 성마름 quick, hot temper
qızışmaq *fe.* ① 더워지다, 덥게 되다 get warm, become heated ○ **istilənmək, hərarətlənmək**; ② 흥분되다, 열받다, 화나다 get excited, get angry ○ **hirslənmək, əsəbiləşmək, sakitləşmək**
qızquşu *i. zoo.* 댕기물떼새 lapwing, pewit
qızlıq *i.* ① 의붓딸 stepdaughter; ② 소녀임; 소녀시절, 처녀성, 동정 girlhood, virginity
qızma *i.* 난방, 온도를 높임, 열 heating, raising the temperature (of), heat
qızmaq *fe.* ① 더워지다, 데워지다 became hot, be heated ○ **istilənmək, hərarətlənmək, soyumaq**; ② 성나다, 화나다 become angry ○ **hirslənmək, hiddətlənmək**; ③ 끓어 넘치다 be boiled over ○ **coşmaq**
qızmar *si.* 화끈한, 불타는, 격렬한, 열정적인, 격정의 hot, ardent, passionate ○ **qaynar, yandırıcı, isti** ● **sərin**
qızmarlıq *i.* 더움, 뜨거움, 타오름, 열정, 열심 hotness, ardour, heat ○ **qaynarlıq, yandırıcılıq, istilik**
qızçiçəyi *i. bot.* 데이지(엉거싯과 식물) daisy
qiblə(qəh) *i.* (회교도의 기도 시) 메카 방향 the direction towards Mecca (Muslims turn to when praying)
qibtə *i.* 시샘, 시기, 질투; 부러워함, 부러움, 선망 envy; ~ **etmək** *fe.* 부러워하다, 시기/시샘하다 envy
qida *i.* (사람의) 식품, 식량, 양식, 영양물, 자양물 food, nourishment; ~ **məhsulları** *i.* 식료품 food-stuff; ~ **rejimi** *i.* 식이요법, 규정식 diet ○ **yemək**
qidalandırıcı *si.* 영양[자양]이 되는; 영양분이 많은 feeding, nourishing
qidalandırmaq *fe.* (사람, 동식물을) 기르다, 먹여 살리다, 양분을 공급하다 feed, nourish
qidalanma *i.* 양육, 육성, 조장, 영양 보급[섭취]; (동식물의) 영양 작용[과정] nourishment, nutrition ○ **yemə, bəslənmə**
qidalanmaq *fe.* 음식물을 취하다, 양분을 섭취하다 have food, be nourished ○ **yemək, bəslənmək**
qidalı *si.* 영양/자양이 되는; 영양분이 많은 nourishing, nutritious ○ **yeməli**
qidalılıq *i.* 영양 보급, 영양 섭취; (동식물의) 영양 작용, 영양 과정 nutrition ○ **bəsləyicilik**
qidasız *si.* 양분이 없는, 영양가가 없는 malnutritious
qiraət *i.* 읽기, 독서, 낭독; 독서력 reading ○ **oxu, mütaliə** ~ **kitabı** *i.* 읽을 거리, 읽을만한 책 reading-book
qiraətçi *i.* 독자, 독서하는 사람, 독서가 reader ○ **oxucu, mütaliəçi**
qiraətxana *i.* 독서실, 도서관 reading room, reading hall
qisas *i.* 보복; (남에 대한) 앙갚음; 복수 revenge, vengeance ○ **intiqam**
qisasçı *i.* 보복자, 복수자 avenger ○ **intiqamçı**
qisasçılıq *i.* 복수, 원수 갚기, 앙갚음, 복수의 기회 vengeance, revenge, vindictiveness ○ **intiqamçılıq**
qisim *i.* 부분, 일부, 몫, 할당, 조각 part, portion, piece, kind ○ **hissə, parça**
qismən I. *si.* 일부의, 부분적인, 국부적인; 부분을 이루는; (지식, 설명 등이) 불완전한, 어중간한 par-

tial; II. *z.* 어느정도, 부분적으로 partly ○ **bir qədər**

qismət *i.* ① 운명, 숙명, 액운, 비운, 운수, 팔자 destination, destiny, doom, fate, lot, luck ○ **tale, nəsib, qədər**; ② 몫, 할당 portion ○ **pay**; ③ 한 조각; (토지 등의) 한 구획; 파편, 단편 piece, part ○ **parça, hissə**; ~ **isə** *z.* 그게 운명이라면 if it so decrees; ***Qismətində olan qaşığına çıxar.*** *정해진 운명에 따라 네 몫이 된다. You get what fate brings you.*

qişa *i.* 박막(薄膜), 막; 세포막, 격벽(隔壁); 막벽(幕壁) membrane, layer, curtain ○ **örtü, pərdə, təbəqə**

qişalı *si.* 가려진, 숨겨진, 덮여진 covered, veiled, screened ○ **örtülü, pərdəli**

qitə I. *i.* 대륙; 육지 지대, (부근의 섬, 반도에 대하여) 본토 continent, mainland; II. *si.* 대륙(성)의 continental

qitələrarası *si.* 대륙 간의; 대륙 간을 잇는; 대륙 간을 비행하는 intercontinental

qiyabi *si.* 통신과정의, 수업에 참여하지 않고 진행하는 without seeing, correspondent ○ **əyani**

qiyabiçi *i.* 통신과정 학생, 교외 학생 correspondence course student, extramural student

qiyafə ☞ **qiyafət**

giyafət *i* 외양, 외모, 용모, 풍모. outward appearance ○ **paltar, geyim, üst-baş**

qiyam *i.* 반역, 반란, 모반, 역모, 폭동 rebellion, revolt, insurrection, mutiny ○ **bunt, üsyan**; **həbsxana ~ı** *i.* 교도소 반란 prison riot; ~ **qaldırmaq** *fe.* 반란을 일으키다, 폭동을 일으키다 raise a revolt

qiyamçı *i.* 반역자, 모반자, 반항자, 폭도, 반란군 rebel, mutineer, insurgent ○ **üsyançı**

qiyamçılıq *i.* 반역, 반란, 모반, 역모, 폭동 rebellion, mutiny, revolt ○ **üsyançılıq**

qiyamət (**günü**) *i.* ① 최후의 심판일, 판결일, 단죄의 날 judgement day, end of the world, doomsday ○ **məhşər**; ② 천재 (지변), 재해, 재난, 참사, 무질서, 혼란 (상태) disaster, calamity, chaos ○ **müsibət, fəlakət, bəla, əzab**; ③ 동요, 흥분; 소란, 야단법석, 혼란, 불안 commotion, turmoil

qiyamkar *si.* 반항적인, 거부하는, 반대제의, 순종치 않는, 반대하는 mutinous, rebellious

qiymə *i.* 포스미트 다진 고기나 생선을 양념한 것) forcemeat; **ət ~si** *i.* 저민 고기 minced meat

qiyməkeş *i.* 가는[빻는] 사람; 고기 가는 사람 chopper, grinder

qiymət *i.* ① 중요성, 중대성, 의미, 의의 significance ○ **əhəmiyyət, dəyər**; ② 가격, 값, 물가 시세, 가치 cost, estimate, mark, price, rate, value, worth ○ **qədir-qiymət, dəyər** ~ **qoymaq** *fe.* (가격으로) 평가하다, 어림잡다, 개산하다 rate, prize, appraise; ~ **tə'yin etmək** *fe.* (대금을) 청구하다, (사람, 물건에) 매기다 charge; **~dən salmaq** *fe.* (물건의 가치, 품질 등을) 떨어뜨리다 degrade; **~ini aşağı salmaq** *fe.* 가치[가격]를 떨어뜨리다 depreciate, reduce prices; **~dən düşmə** *i.* (가치의) 저하, 평가 절하 devaluation, depreciation; **~dən düşmək** *fe.* 가치[가격]를 떨어뜨리다 depreciate; **~i olmaq** *fe.* 값을 지불하다 cost

qiymətləndirilmək *fe.* 높이 평가되다, 존중되다, 가격 메겨지다 be estimated, be valued

qiymətləndirmək *fe.* (재산, 자료, 능력을) 평가하다, 견적하다 estimate, evaluate, value, rate, qualify, underestimate; **gözəyarı** ~ *fe.* 대강 짐작하다, 대강 평가하다 estimate roughly; **fəaliyyətini** ~ *fe.* 행동을 평가하다, 활동에 대해 평가하다 judge other's behavior; **ləyaqətinə görə** ~ *fe.* 진가를 인정하다, 진가를 알다 appreciate *smb.* at his true value

qiymətləşmək *fe.* 가격을 흥정하다 ask the price of

qiymətli *si.* ① 값비싼, 값이 높은 of great price, valuable ○ **dəyərli, bahalı**; ② 중요한, 필요한 necessary ○ **lazımlı, mühüm, dəyərli**; ~ **daş** *i.* 보석(寶石) gem, jewel; ~ **şey** *i.* 고가품 rare thing

qiymətlilik *i.* ① 존귀함, 고가 value ○ **dəyərlilik**; ② 필수성, 중요성 necessity, importance ○ **lazımlılıq, mühümlük**

qiymətsız *si.* ① 무가치한, 값이 없는 worthless ○ **dəyərsiz**; ② 하찮은, 별볼일 없는 insignificant ○ **əhəmiyyətsiz**

qiymətsizlik *i.* 무의미; 하찮음, 사소함; 미미함; 비천 insignificance, triviality ○ **dəyərsizlik, əhəmiyyətsizlik**

qliserin *i. kim.* 글리세린 glycerine

qlobus *i.* 지구; 구체(球體); 구형의 물건(남포의 갓[등피]전구, 금붕어 어항 등); 눈알, 안구 globe

Q

qlükoza *i.* 포도당 glucose, grape-sugar
qobu *i.* 계곡, 협곡, (산)골짜기 ravine, gorge, gully, valley
qobur *i.* 권총의 가죽 케이스 holster
qobustan *i.* 평원, 평야, 평지 plain ○ **düzənlik**
qoca I. *si.* ① 나이든, 늙은 aged ○ **yaşlı** ● **cavan**; ② 낡은 old; II. *i.* 노인, 영감, 남편 old man, husband
qocalı *si.* 늙은, 노령의 aged ● **cavanlı**
qocalıq *i.* 노령, 노인기 old age ○ **yaşlılıq** **~ğa görə pensiya** *i.* 노령/병약 퇴직; 연금; 노후; 노쇠 superannuation
qocalma *i.* ① 나이 들어감, 늙어감 ageing; ② 낡아감 becoming old
qocalmaq *fe.* ① 나이들다, 늙다 age, grow old ○ **yaşlaşmaq**; ② 낡아지다, 노쇠하다 run out, become worn out ○ **köhnəlmək**
qocaman *si.* ① 베테랑의, 베테랑다운 veteran, venerable; ② 나이든, 늙은, 나이가 많은 aged, advanced in years ● **gənc**
qocasayağı ☞ **qocasayaq**
qocasayaq *z.* 노년기의, 노망한 것처럼 senile, like an oldperson
qocayemişı *i.* 적절한 것, 노티 나는 것 anything suitable
qoç I. *i.* 숫양 ram; II. *fig.* 용감한, 대담한 brave ○ **igid**, **cəsur**
qoçaq *si.* ① 모험을 좋아하는, 대담한, 앞뒤를 가리지 않는 adventurous, brave, reckless ○ **igid**, **şücaətli**, **rəşadətli**, **qorxmaz**, **mərd** ● **qorxaq**; ② 현명한, 노련한, 능숙한 wise, capable, proficient ○ **zirək**, **bacarıqlı**, **dilavər** ● **tənbəl** **~casına** *z.* 용감하게, 대담하게 bravely
qoçaqlaşmaq *fe.* 용기를 얻다, 용감해지다, 담대해지다 become brave, be encouraged ○ **igidləşmək**, **cəsurlaşmaq**, **ürəklənmək**, **tənbəlləşmək**
qoçaqlıq *i.* ① 용감, 투지, 용맹, 담대함 bravery, courage, valour ○ **igidlik**, **rəşadət**, **şücaət**, **mərdlik**, **qorxaqlıq**; ② 숙달, 숙련, 능숙 proficiency ○ **zirəklik**, **hünər** ● **tənbəllik**
qoçu *i.* ① 악당, 불한당, 깡패; 난폭한 놈 ruffian, hooligan; chieftain ○ **qolugüclü**, **zorlu**, **fağır**; ② 자객, 암살범, 청부살인업자 hired assassin
qoçuluk *i.* 난폭[잔인]한 짓 [성질], 폭력, 폭행 ruffianism ○ **qolugüclülük**, **zorakılıq**, **qolçomaqlıq**, **fağırlıq**
qoduq *i.* 망아지, 새끼 나귀, 노새 foal, young donkey
qoduqluq *i. col.* 감옥, 유치장, 교도소, 형무소 lockup, quad, prison
qoğal *i.* 고갈 (나사형 말으로 만 납작한) 빵 round fancy bread; round, rich and small loaf
qoğlu-moğlu *i.* gogol-mogol
qohum I. *i.* 친척, 인척, 혈연 관계, 집안 relation, relative ○ **əqraba**, **yad**; II. *si.* (사람, 집안 등이) 인척 관계에 있는, 동종의, 유사한, 가까운 allied, akin; **~ dillər** *i.* 유사 언어 집단 related languages; **uzaq ~** *i.* 먼 친척 a remote relative
qohumbaz *i.* 족벌주의자, 정실주의자 nepotist
qohumbazlıq *i.* 친족 등용, 족벌주의, 정실(情實) favouritism, nepotism
qohumcanlı *i.* 족벌주의자 nepotist
qohum-əqrəba *i.* 친척, 인척, 집안, 동족 relatives, kin folk
qohumlar *i. top.* 일가친척 relatives; ***Mənim qohumlarım, onun qohumları.*** *나의 민족이 그의 민족이라. My people, his people.*
qohumlaşmaq *fe.* 관계를 형성하다, 가까운 관계를 맺다 become related, have relationship (with), **yadlaşmaq**
qohumlu *si.* 친척이 있는, 가까운 인척이 있는 of relatives ○ **əqrabalı**
qohumluq *i.* 친척 (인척, 혈연) 관계, 결혼, 결연; 인척 관계 relationship, alliance ○ **əqrabalıq** , **yadlıq**; **~ əlaqələri** *i.* 친인척 연계, 가계 family ties; **~ğu olmaq** *fe.* 관계를 맺다 relate
qohumsuz *si.* 친인척이 없는 having no relatives
qoxu *i.* 악취, 냄새, 고약한 냄새 smell, odour, scent, stink, stench ○ **iy**, **ətir**
qoxulama *i.* ① 냄새를 맡음, 코를 킁킁거림; smelling, sniffing; ② (냄새로) 검사, 조사 checking
qoxulamaq *fe.* ① 악취가 나다, 냄새가 나다 smell, snuff ○ **iyləmək**; ② 냄새를 풍기다 sniff around
qoxulu *si.* ① 냄새나는, 악취나는 smelly, odorous ○ **iyli**, **ətirli**; ② 악취를 풍기는, 냄새 고약한 stinking, fetid, putrid
qoxuma *i.* 부패, 썩어감, 변질 rotting, decomposing, decaying

qoxumaq *fe.* 냄새를 풍기다, 썩다, 부패하다, 변질되다, 악취를 풍기다 stink, reek, rot, decompose, decay, have a foul, fetid, putrid smell ○ **iylənmək, çürümək**

qoxumuş *si.* 썩은, 부패한, 더러운, 악취나는 rotten, decayed ○ **iylənmiş**

qoxusuz *si.* 무취(無臭)의, 냄새 없는 scentless, stinkless ○ **iysiz, ətirsiz**

qol[1] *i.* ① (동물의)팔, (식물의) 가지 arm, branch ○ **şaxə, budaq**; ② (전체의)일부, 조직의 한 구분 part, department ○ **şö'bə, hissə, qisim**; ③ 한 편, 한쪽 wing, fling ○ **cinah, tərəf, səmt**; ④ 서명, 싸인 signature ○ **imza**; **~ saatı** *i.* 손목시계 wrist watch; **~ köbəsi** *i.* 수갑 cuff; **~ atmaq** *fe.* 가지를 내다, 번지다, 자라다, 발전하다 send forth branches, extend, develop ; **~una girmək** *fe.* 팔짱을 끼다 take *smb.* by arm

qol[2] *i. idm.* (체육) 점수, 골, 득점 goal, mark, score

qolay *si.* ① 쉬운, 가벼운, 편안한 easy ○ **asan, yüngül**; ② 편안한, 적절한, 적당한 convenient, suitable ○ **münasib, uyğun, rahat**; ③ 가벼운, 일없는, 간단한 light, jobless ○ **bikar, yüngül**; **~ca** *z.* 쉽게, 가볍게 easily, lightly

qolaylaşmaq *fe.* 쉬워지다, 가벼워지다, 단순해지다, 수월해지다 make easy, simplify, facilitate ○ **asanlaşmaq, yüngülləşmək**

qolaylıq *i.* ① 평이화, 단일화, 용이화 facilitation, simplification ○ **asanlıq, yüngüllük**; ② 적절성, 적합성, 어울림 suitability, appropriateness ○ **münasiblik, uyğunluq**

qolbaq *i.* 브레이슬릿, 팔찌 bracelet, bangle ○ **bilərzik, bazubənd**

qolbaqlı *si.* 팔찌를 한, 팔장식을 한 having a bracelet, having an armlet ○ **bilərzikli, bazubəndli**

qolbənd *i.* 팔찌, 팔 장식 armlet, bracelet ○ **qolbaq, bilərzik, bazubənd**

qol-budaq *i.* ① 가지, 분지(分枝), 가지 모양의 것, 분파, 분맥(分脈) branch, ramification, fork; ② (사람의) 사지, 팔과 다리 arm and leg ○ **əl-ayaq**; ③ 측근자들, 추종자들, 동료 entourage, associates

qolçaq *i.* 짧은 소매 armlet, over-sleeve

qolçomaq *i.* 부유한 소농 kulak (rich peasant) **~ ünsürlər** *i.* 부농 요소, 부농 구성 분자 kulak elements

qolçomaqlıq *i.* ① 부농의 지위 the work of a kulak; ② 부정, 억압, 탄압 suppression, injustice

qol-qanad *i.* 분지화(分枝化), 세분화, 분기(分岐) branching, ramification, forking ○ **şaxə, qol-budaq**

qol-qola *z.* 팔짱을 끼고 arm in arm

qollu-budaqlı *si.* 가지가 무성한, 가지를 널리 뻗친 ramified, far-flung

qolsuz *si.* 민소매의 armless

qoltuq *i.* 겨드랑이, 액와(腋窩) armpit; **~ ağacı** *i.* 갈라진 버팀나무, (여성용) 등자 crutch

qoltuqaltı *i.* 겨드랑이 armpits

qolugüclü *si.* 힘 센, 강한 strong, powerful ○ **qoluzorlu**

qolugüclülük *i.* 억압, 압제, 압박 power, oppression ○ **qoluzorbalıq, zülm, haqsızlıq**

qoluqüvvətli *si.* 힘 센, 강한, 강건한 strong, healthy ○ **güclü, sağlam**

qoluzorba *si.* 강한, 힘 센, 건장한 strong ○ **qoçu, güclü**

qoluzorbalıq *i.* 폭력성, 깡패 기질 oppression, hooliganism ○ **qolgüclülük, zülm, haqsızlıq**

qom *i.* 더미, 무더기 heap, group of ○ **dəstə, topa**; **~-~** *z.* 무더기무더기, 더미더미 bunch by bunch

qomarlamaq *fe.* 둘러싸다, 에워싸다 surround, encircle

qomarlanmaq *fe.* 포위되다, 둘러 싸이다 be surrounded, be encircled

qomlamaq *fe.* 더미를 만들다, 무더기무더기 만들다, 다발로 묶다 bunch, bundle

qonaq *i.* 손님, 방문객, 내빈 guest, visitor ○ **mehman ~ etmə** *i.* 손님접대, 환대 treat **~ etmək** *fe.* 손님 접대하다, 환대하다 treat, entertain **~ getmək** *fe.* 방문하다, 손님으로 가다, 내방하다 visit **~ otağı** *i.* 거실, 응접실, 면회실 drawing room, parlour, sitting room, spare room **~ qəbul etmək** *fe.* 손님을 맞다, 영접하다, 환대하다 recieve a guest, entertain **çağırılmamış ~** *i.* 불청객, 뜻밖의 손님 uninvited guest **~cıl** *si.* 환대하는, 친절한 hospitable **~-qara** *i. top.* 손님들(집합적) guest, visitor **~-qaralı** *si. col.* 손 대접 잘하는, 환대하는, 친절한 hospitable **~ ev** *i.* 영빈관, 사랑방 hospitable household **~lıq** *i.* 잔치, 환

Q

대, 접대 dinner party, entertainment, feast, banquet ~ **vermək** *fe.* 잔치하다 give a party **~pərvər** *si.* 손 대접을 잘하는, 친절한 hospitable **~pərəst** *i.* 손님을 잘 접대하는 hospitable; **~pərəstlik** *i.* 환대, 후대 hospitality; **~sevən** *i.* 손님을 잘 대하는 hospitable; **~sevənlik** *i.* 환대함 hospitality; **~sevməz** *si.* 접대가 나쁜, 무뚝뚝한, 쌀쌀한 inhospitable; **~sevməməzlik** *i.* 접대가 나쁨, 무뚝뚝함; 냉대; 불친절 inhospitality

qondarılmaq *fe.* 조합되다, 꾸며내다, 지어내다 be invented, be concocted

qondarma I. *i.* 허구, 조합, 조작, 꾸며낸 이야기; fiction, fabrication, concoction; II. *si.* 거짓의, 조작된, 허구의, 상상의 false, faked, fictional, fictitious, imaginary ○ **uydurma, saxta, süni** ● **təbii**; ~ **ittiham** *i.* 거짓 고소 false accusation; ~ **ad** *i.* 가명 (假名) fictitious name

qondarmaq *fe.* 지어내다, 꾸며내다, 조작하다, 조합하다 invent, make up, concoct, fabricate ○ **uydurmaq, quraşdırmaq**; **özündən** ~ *fe.* 이야기를 꾸며내다 tell stories

qondola *i.* 곤돌라, 큰 무개(無蓋) 화차(gondola car) gondola

qondolaçı *i.* 곤돌라 사공 gondolier

qondurmaq *fe.* 앉게 하다, 두게 하다 cause to perch

qonma *i.* ① (새 등이) 내려앉음, 내림 landing, alighting, perching; ② 타기, 승마, 승차 riding, sitting

qonmaq *fe.* ① (새가) 내려앉다 perch (bird); ② (곤충이) 내려 앉다, 내리다 alight, land (insect) ○ **enmək, düşmək, oturmaq**; ③ (먼지가) 가라앉다 settle (dirt)

qonorar *i.* 사례금, 보수금 fee, honorarium **müəllif ~ı** *i.* 판권료, 저작료 author's emoluments, royalties

qonum-qonşu *i. top.* 이웃 (집합적) neighbours

qonur *si.* 갈색의 brown; ~ **ayı** *i.* 갈색곰 brown bear; ~ **tülkü** *i.* 불여우 red fox

qonurgöz *si.* 갈색눈 brown-eyed

qonurlaşmaq *fe.* 갈색이 되다 become brown

qonurumtul ☞ **qonurvarı**

qonurvarı *si.* 갈색을 띈 brownish

qonşu I. *i.* 이웃 neighbor, 인접한, 바로 붙어있는; II. *si.* Adjacent; ~ **ev** *i.* 이웃집 next door; ~ **qapı** *i.* 이웃 next door

qonşucasına *z.* 이웃처럼 like neighbour

qonşulaşmaq *fe.* 이웃이 되다 become a neighbour

qonşuluq *i.* 근처, 이웃, 부근, 주변; neighbourhood, vicinity; **~dakı** *si.* 이웃하는 neighbouring

qonuşma *i.* 대화, 담화 talking, conversing

qoparaq *z.* 재빨리, 속히, 신속히, 급하게 swiftly, quickly, rapidly ○ **çaparaq, cəld, tələsik**

qoparaqlamaq *fe.* 급히 뒤쫓다, 내쫓다, 몰아내다 run after quickly, drive away

qopardılmaq *fe.* 떨어져 나가다, 벗겨지다, 찢어지다 be taken off, come off, be torn off

qoparma *i.* 찢어짐, 벗겨짐, 떨어져 나감 tearing, discharging, cutting away

qopar|maq *fe.* ① 찢어내다, 꺾다, 따다 tear away, pick, pluck, unstuck ○ **ayırmaq, kəsmək, üzmək, qırmaq**; ② 뜯어내다, 찢어내다 pull out, tear out, pull up; ③ 잡아채다, 낚아채다, 뜯어내다 snatch, wring, break off, discharge; **~ıb didmək** *fe.* 작물을 거두다, 곡물을 수확하다; crop; **qiyamət ~maq** *fe.* 혼란을 일으키다, 소동을 일으키다 make a great fuss, kick a row; **ürəyini** ~ *fe.* 사색이 되도록 놀라다 be frightened deadly; **pul** ~ *fe.* 돈을 뜯어내다 rush/squeeze money

qopartdırmaq *fe.* 뜯어내게 하다, 거두게 하다, 낚아채게 하다 ask *smb.* to tear out/to pick/to unstuck

qopma *i.* 떨어져 나감, 끊김, 연락 두절 losing touch, coming off

qopmaq *fe.* 연락을 끊다, 멀어지다, 떨어지다 lose touch, divorce oneself from ○ **aralanmaq, qırılmaq, üzülmək , yapışmaq**

qopuq *si.* ① 도려낸 것, 지스러기, 오려낸 것 cutting, slaying ○ **kəsik, qırıq, üzük**; ② 융기, 올려짐 upheaval ○ **qalxıq**

qor *i.* (꺼져가는 불 속의) 붉은 석탄; 여운, 미련, 앙금 ember, grains of fire in ashes; red-hot grains coal in ashes; **yerinə ~ tökülmək/dolmaq** *fe.* 안달하다, 안절부절못하다 be very uneasy/anxious

qora *si.* ① 신 포도, 덜 익은 포도 unripe/green/grapes; ② 들포도 wild grapes; **gözünün ~sını tökmək/sıxmaq** *fe.* 울다, 눈물을 짜다, 흐느끼다 cry, weep, squeeze out tear

qoraba *i.* ① 신 포도즙; unripe grape juice; ② 포도 통조림 thick preserve of grapes

qor-qoduq *i. top.* 어중이떠중이, 오합지졸, 군중 riff-raff, rabble, smal fry

qorğa ☞ **qovurğa**

qorxaq I. *i.* 겁쟁이, 비겁자 coward, craven ○ **ağciyər, xoflu, cəsarətsiz** ● **mərd, igid**; II. *si.* ① 비겁한, 겁 많은, 소심한, 옹졸한 coward, craven, faint-hearted, chicken-hearted, timid; ② 우유부단한, 안절부절못하는, 망설이는, 결단력이 없는 indecisive, irresolute

qorxaqlaşmaq *fe.* 놀라다, 당황하다, 수줍어하다 be frightened, become shy ● **igidləşmək**

qorxaqlıq *i.* ① 겁, 겁 많음, 소심 cowardice, timidity, cravenness, faint-heartedness, cowardliness ○ **ağciyərlik, xofluluq, cəsarətsizlik, ürəksizlik**; ② (사람이) 결단성 없음, 우유부단함 indecisiveness ● **igidlik, mərdlik, qəhrəmanlıq**

qorxa-qorxa *z.* 매우 신중하게, 소심하게, gingerly, timidly

qorxmaq *fe.* ① 두려워하다, 무서워하다, 거리껴하다 be afraid, be scared ○ **ürkmək, xoflanmaq, ürəklənmək**; ② 신중하다, 조심하다 be careful ○ **çəkinmək**; ③ 망가지다, 상처 입다 be spoiled, be damaged ○ **pozulmaq, korlanmaq**

qorxmaz *si.* 대담한, 용감한, 무서움을 모르는, 앞뒤를 헤아리지 않는, 불요 불굴의, 대담무쌍한 daring, dauntless, intrepid, lionhearted ○ **ürəkli, qocaq, cəsur, igid, ağciyər**

qorxmazlıq *i.* 용감, 용맹, 용감한 정신[행위]; 용기, 씩씩함, 대담함, 무용, 장렬(壯烈) bravery, boldness, heroism, gallantry ○ **ürəklilik, qocaqlıq, cəsurluq, igidlik, rəşadət** ● **ağciyərlik**

qorxu *i.* ① 두려움, 외경(畏敬), 공포, 전율, 소름이 끼침; 심한 불쾌감; 무서운 상태; 무서움 horror, dread, fear, awe, dismay, scare, terror ○ **hövl, xof**; ② (폭풍(우), 파도 등의) 격렬한 움직임; (정신적인) 동요, 흥분; 소란, 야단법석 alarm, commotion, fuss ○ **həyəcan, iztirab, təşviş, təlaşt**; **~ya salmaq** *fe.* 깜짝 놀라게 하다; 깜짝 놀라게 해서 [자극해서] (…의 상태가) 되게 하다 startle; **~ya düşmək** *fe.* 놀라다, 당황하다, 겁먹다 be startled, be dismayed

qorxubilməz *si.* 무서움을 모르는; 무서워하지 않는; 대담 무쌍한, 용감한 fearless, intrepid

qorxudulmaq *fe.* 놀라다, 두려움에 빠지다, 겁먹다 be frightened, be scared

qorxulu *si.* 놀라게 하는, 소름 끼치는, 무서운 shocking, frightful, frightening, dreadful ○ **dəhşətli, təhlükəli, xətərli, xatalı**

qorxunc *si.* 무서운, 무시무시한, 끔찍한, 몹시 싫은 awful, horrible, terrible, terrific, dreadful ○ **qorxulu**

qorxusuz *si.* 대담한, 호기로운, 용감한 audacious, fearless ○ **xofsuz, zərərsiz, təhlükəsiz , cəsarətsiz**

qorxusuzluq *i.* 대담무쌍, 용감, 용맹, 무서워하지 않음 fearlessness ○ **xofsuzluq, zərərsizlik, təhlükəsizlik**

qorxutmaq *fe.* ① (걱정, 공포 등이) (사람을) 크게 [깜짝] 놀라게 하다; (불시의 위험 등이) 겁먹게 하다, 움츠리게 하다; 마음을 어지럽히다, 불안하게 하다; 갑자기 환멸을 느끼게 하다 dismay, alarm, scare, appall, daunt, terrify, frighten ○ **xoflandırmaq, çəkindirmək**; ② (남을) 협박하다; (…하겠다고) 위협하다 threaten, intimidate ○ **hədələmək**; ③ (사람, 동물을) 겁을 주어 내쫓다 frighten away ○ **hürkütmək**

qorucu *i.* ① 안전 장치, 보호[방호]하는 것, 보호 수단 guard, protector; ② 방부제, 예방약 preservative, preventive

qoruq *i.* 보존지역, 보호지구, 보호 구역; 금렵구, 조수 보호 구역 reserve, reservation, sanctuary

qoruqçu *i.* 야경꾼, 경비원 watchman ○ **gözətçi, mühafizəçi**

qoruqçuluq *i.* 야경, 경비, 당직 watching, guarding ○ **gözətçilik, mühafizəçilik**

qoruq-qaytaq *i.* 행동 규범 norm of behaviour, rule of conduct

qoruq-qaytaqsız *si.* 제어[통치]하기 어려운, 규칙에 따르지 않는; 주체할 수 없는, 난폭한; ~ **uşaq** *i.* unruly child 난폭한 아 unruly, unbridled; ~ **dil** *i.* 통제되지 않는 혀 ubriddled tongue

qoru|maq *fe.* ① 지키다, 보호하다 guard, protect ○ **saxlamaq**; ② 방어하다, 수비하다, 아끼다, 옹호하다 defend, shield, spare, vindicate; ③ 간수하다, 보관하다, 보존하다 conserve, keep; **~yub saxla(n)ma** *i.* 보존, 관리, 유지, 저

Q

장 conservation, preservation; **~yub saxlamaq** *fe.* 관리하다, 유지하다, 보존하다, 저장하다, 비축하다 maintain, save, treasure, preserve

qorunmaq *fe.* ① 보존되다, 보호되다, 유지되다 be guarded, be protected; ② (자신을) 보호하다, 변호하다, 지키다, (하지 않도록) 지키다 defend oneself, be careful not to do

qoruyucu I. *i. tex.* 안전장치, 보호장비; (전기의) 퓨즈 safety device, protector; II. *si.* ① 보호하는, 보호용의, 보호적인, 방어적인, 예방적인 protective, preventive; ② *tex.* 안전의, 안전 확보의; safety; ~ **peyvənd** *i. tib.* 예방접종 (豫防接種) protective vaccination

qoşa *i.* (짝이 된) 2개, 2개 한 벌, 한 쌍; (같은 종류의 것, 사람의) 둘, 두 사람 couple, double ○ **cut, birgə, bərabər**; ~ **şeylər** *i.* 쌍둥이, 짝으로 된 것, 쌍으로 된 것 twins

qoşabuynuz *si.* 뿔이 두개 달린 two-horned

qoşa-qoşa *z.* 쌍쌍이, 둘씩, 짝짝이 in pairs ○ **cut-cut, iki-iki**

qoşalama ☞ qoşalamaq

qoşalamaq *fe.* 짝을 맞추다, 짝을 짓다 pair, mate ○ **cutləmək, təkləmək**

qoşalaşdırmaq *fe.* 배가시키다, 쌍을 만들다 double

qoşalaşmaq *fe.* 짝이 되다, 쌍이 되다 become paired ○ **cutləşmək, təkləşmək**

qoşalıq *i.* 평행관계, 병렬식, 병행론, parallelism, **təklik**

qoşalülə *si.* (산탄총 등이) 쌍열식인, 총열이 두개인 double-barrelled

qoşdur(t)maq *fe.* (말 등에) 마구를 달게 하다, 마차에 말을 매게 하다; 두개를 서로 묶게 하다; 트레일러를 연결하게 하다 have something harnessed

qoşqu *i.* ① (말 등의) 마구(馬具), 멜빵 harness, gear; ② (짐, 수레를) 끌기, 견인력; 끄는[끌리는] 것 draught; ~ **ləvazimatı** *i.* 마구 harness

qoşma ① *qram.* 후치사 postposition; ② 마구, 멜빵, 고삐 harness ○ **bağlama, bəndləmə, ilişdirmə**;

qoş|maq *fe.* 묶다, 연결하다, 합세하다, 연합하다 harness ○ **bağlamaq, bəndləmək, ilişdirmək, birləşdirmək**;

qoşucu *i.* 커플러, 결합기, 연결기 coupler

qoşulma ☞ qoşulmaq

qoşul|maq *fe.* ① 가입하다, 합세하다 join ○ **bağlanmaq, birləşmək**; ② 만나다, 대면하다; meet **~an araba** *i.* 트레일러 trailer;

qoşun *i.* 군대, 대군 army ○ **ordu**; **~lar** *i.* 부대, 군대, 중대 troops

qotaz *i.* (모자, 슬리퍼 등의 장식용) 방울술; (실, 끈 등을 묶은) 태슬, (장식)술 pompon, tassel

qotazlamaq *fe.* 술로 장식하다 pompon, tassel

qotazlı *si.* 술로 장식한, 태슬로 꾸민 having pompons

qotazvarı *si.* 술 모양의, 태슬 형태의 tassel-shaped, pompom-shaped

qotur I. *i.* ① 가려움증 *tib.* itch, scab ~ **tutmaq** *fe.* 가려움으로 고생하다 have the itch, suffer from the itch; ② 개선(疥癬), 옴 mange; II. *si.* ① 가려운, 근질거리는, 가려움증으로 고생하는 itchy, suffering from itch; ② 옴이 있는 mangy

qoturlaşmaq *fe.* 옴에 옮다, 가려워하다 become itchy, become mangy

qov *i.* 부싯깃 tinder

qovaq[1] *i.* 비듬, 박편, 오물 찌기 dandruff, scurf, scale (from the hairy part of head) ○ **kəpək, qabıq**

qovaq[2] **(ağacı)** *i.* 포플러, 백양; 그 재목 poplar

qovalamaq *fe.* (말, 소 등을) 쫓다, 몰다; (사냥감을) 몰다, 몰아내다; (지역에서) 몰아내다 drive out ○ **qovmaq**

qovdu-qaçdı *i. col.* 소란, 혼란, 불안, 동요 running about, turmoil

qovğa *i.* ① (동물의) 으르렁거림, 울부짖음, (사람의) 고함, 큰 목소리; 아우성, 폭소, 소동, 추문 roar, brawl, scandal ○ **çaxnaşma, dava-dalaş, asayiş**; ② 싸움, 드잡이, 난투 fight, scuffle ○ **vuruş, qalmaqal**; ③ 불행, 불운, 고난(misery) 재난, 참사 disaster, calamity ○ **bəla, müsibət, macəra, hadisə**

qovğacı *i.* 소동꾼, 싸움꾼, 호전적인 사람 brawler, trouble-maker, pugnacious man

qovğalı *si.* ① 소란한, 소동을 일으키는, 분요한 noisy, tumultuous, bustling ○ **davalı, qalmaqallı, cəncəlli, mübahisəli**; ② 재해[재난]를 일으키는; 파멸을 초래하는; 불운한, 비참[불행]한 disastrous, unfortunate ○ **bəlalı, müsibətli**

qovğasız *si.* 문제없이, 소동 없이, 무난히 troubleless, scandalless

qovhaqov *i.* 황급함, 혼란함, 서두름 hurry-scurry, haste

qovlamaq ☞ qovalamaq

qovluq *i.* ① 파일, 폴더 file, folder; ② 겨드랑이에 끼는 (서류)함 underarm case

qovma *i.* 경주, 축출 race

qovmaq *fe.* ① 몰아내다, 쫓아내다, 배제하다, 추방하다 drive away, banish, expel ○ **çıxarmaq**, **uzaqlaşdırmaq**; ② 되돌리다, 돌이키다 turn back ○ **qaytarmaq**; ③ 좇다, 따르다, 뒤쫓다 chase, race ○ **izləmək**

qovrulmaq *fe.* 볶아지다, 튀겨지다, 구워지다 be roasted, be fried, be broiled

qovşaq *i.* ① 연결, 연합, 접합 (상태); 연락점, 접합점, 결합점; (강의) 합류점; 교차점; 연락[접속]역, 연락지 junction, joint, joining; **yol ~ğı** *i.* 접합로, 합류로; junction road; ② *tex.* (특정 용도를 가진) 기계, 기구, 장치; 설비 일습, (기기의) 조립 부품; 조립(작업) unit, assembly

qovuq *i.* 거품, 기포(氣泡); 비눗방울 bubble ○ **qabarcıq**, **köpükcük**

qovuqlanmaq *fe.* (액체가) 거품 일다[일게 되다]; 끓다, 비등하다 bubble

qovulmaq *fe.* ① 쫓겨나다, 돌이키다 be driven away, be turned out; ② 해고되다, 해산되다 be dismissed/sacked; ③ 배제되다, 제외되다 be expelled; ④ 추방되다, 유배되다 be banished

qovun *i.* 멜론, 참외 melon ○ **yemiş**

qovurğa *i.* 볶은 밀 (노브루즈 바이람에 먹는 부럼과 같은 것) fried wheat

qovurma *i.* 불고기(의 한 점), (특히) 로스트 비프; 불고기용의 고기(조각) roast, fried meat

qovurmaq *fe.* ① (고기 등을) (불에) 굽다, 석쇠 구이로 하다, 튀기다, 프라이하다 roast, fry, broil ○ **qızartmaq**, **bişirmək**; ② 태우다 burn ○ **yandırmaq**

qovurt(dur)maq *fe.* 타게 하다, 굽게 하다 have *smt.* roasted/fried

qovuşdurmaq *fe.* ① 연결시키다, 연락하게 하다, 가입시키다, 접촉하게 하다, 연합시키다, 합세하게 하다 unite, join, meet, connect ● **ayırmaq**; ② 결혼하다, 결혼에 가담하다 marry, join in marrage

qovuşma *i.* 연결, 연합, 접합, 짜맞추기, 결합, 배합; 합동 joining, junction, combination

qovuş|maq *fe.* ① 서로 연합하다, 통합하다, 합세하다 join, unite, come together ○ **birləşmək**, **bitişmək** ● **ayrılmaq**; ② 만나다, 결혼하다, 재회하다 join, marry, meet again ○ **görüşmək**, **çatmaq**, **yetişmək**; ③ (강이) 합류하여 흐르다, 혼합하다 interflow, flow together; ***Dağ dağa qovuşmaz, adam adama qovuşar.*** *산은 서로 만나지 않지만, 사람은 언젠가 다시 만난다. Men may meet, but mountains not.*

qovuşmaz *si.* ① 교제를 싫어하는, 수줍어하는, 무뚝뚝한 unsociable; ② 성미가 맞지 않는, 화합이 안되는, 함께 일하기 어려운, 양립하기 어려운 incompatible

qovuşmazlıq *i.* ① 소원, 이간, 소외, 반목, 불화 reserve, estrangement; ② 부조화, 불일치 incompatibility

qovuşuq *si.* 연결된, 결합된, 합치된, 뒤엉킨, 뒤섞인, 연루된 joint, mixed, complicated, involved

qovuşuqluq *i.* 관련, 연루, 복잡한 결합 involvement, complication, confusion

qovut *i.* 볶은 밀가루, 볶은 밀가루 죽; roasted wheat flour; gruel made of roasted wheat flour

qovzamaq *fe.* 들어올리다, 높이다 lift ○ **qaldırmaq**

qovzatmaq *fe.* 들어올리게 하다 ask *smb.* to lift up

qoy *əd.* ① 하게 놔두다, 허용하다 let; ***Qoy, o getsin.*** *그를 가게 둬라. Let him go.*; ② ~일 지라도, ~할지라도 though; ***Qoy gecə olsun, mən gözləyəcəyəm.*** *밤이 되더라도 기다리겠다. Though it is late, I intend to wait.*; ***Qoy o gəlməsin, mən də'vət edəcəyəm.*** *그가 오지 않더라도 초청은 하겠다. Even he doesn't come I'll invite him.*

qoyma *i.* ① 배치, 자리매김, 설치, 놓음; putting, placing, arrangement; ② *tex.* 설치, 가설(加設) mounting, installation, setting **~ dişlər** *i.* 의치(義齒) false/artificial teeth **~ saç** *i.* 가발(假髮) wig

qoy|maq *fe.* ① 허락하다, 허용하다, 놔두다, 자유롭게 하다, 시키다, 하게 하다 allow, permit, release, let ○ **buraxmaq**; ② 놓다, 두다, 넣다, 자리잡게 하다 lay, place, put, deposit, insert ○ **yükləmək**; ③ 짓다, 설치하다, 얹어 놓다, 세우다, 조립하다 set, build ○ **tikmək**, **qurmaq**; ④ (옷을) 입다, (모자를) 쓰다 wear, dress ○ **geymək**; ⑤ 연기하다, 간직하다, 가지고 있다 keep, prolong ○ **uzatmaq**, **saxlamaq** **~yub getmək**

Q

fe. 놓고 가다, 잊고 가다; leave a thing and go away **~ub qaçmaq** *fe.* 버리고 가다, 버리고 도망하다; run away, escape; ***Qoy danışsın.*** *그가 얘기하게 하라. Let him speak!* ***Qoy belə olsun.*** *그렇게 하라. May it be so!*

qoyuluş *i.* 놓기, 두기 laying

qoyun[1] *i.* 양(羊) ram, sheep **~ əti** *i.* (성장한) 양의 고기 mutton; ***Bir qoyundan iki dəri soyulmaz.*** *양 한 마리의 가죽을 두 번 벗길 수 없다. You can't flay the same ox twice.*

qoyun[2] *i.* ① 겨드랑이 armpit ○ **qoltuq**; ② 포옹 embrace ○ **ağuş, qucaq**

qoyunçuluq *i.* 목양(牧羊) sheep breeding

qoyunqıran *i. bot.* 서양고추나물, 세인트 존스워트 (여성의 다한증, 안면홍조 등의 치료에 효과가 있다고 함) St. John's wort

qoyunqırxan *i.* 양털 깎는 기구, 양털을 깎는 사람 sheep shearer

qoyunqulağı *i.* 물망초 forget-me-not

qoyunotaran *i.* 목동, 목자 shepherd ○ **çoban**

qoz *i.* 호도(胡桃), 호두; 견과류 walnut, nut, hump; **~ sındıran** *i.* 호두깎이 nutcracker; **~ qabığı** *i.* 호두껍질 dos shell; **~ qabığına soxmaq** *fe.* 학대하다, 천대하다 maltreat, ill-treat; **~ qabığına girmək** *fe.* (숨을) 쥐구멍을 찾다 creep into any hole to hide oneself

qoza *i.* ① 구과(毬果) (솔방울, 소철 열매 등); cone; ② (목화의) 싹, 눈, 봉오리 bud (cotton), button

qozalamaq *fe.* 싹이 트다, 봉오리가 맺다, (솔)방울이 생기다 put on a button; form balls; form cones

qozavarı *si.* 원추 방울 모양의 cone-shaped, ball-shaped

qozbel I. *i.* 꼽추 humpback, hunchback ○ **donqar**; II. *si.* 꼽추의, 곱사등의 hunchbacked, humpbacked; ***Qozbeli qəbir düzəldər?*** *ata.s.* *표범이 자기 반점을 고칠 수 있느냐? (성격은 못 고친다. 렘13:23) Can a leopard change his spots?*

qozla, qozlu *i.* 운전석, 기관석 couch box ○ **şahnişin**

qozlanmaq *fe. col.* 자랑하다, 거만 떨다 boast, pride oneself

qozluq *i.* 견과 나무, 견과나무 숲 nut-tree, nut-grove

qönçə *i.* (꽃) 봉오리, 싹눈 bud ○ **tumurcuq**

qönçələnmə ☞ **qönçələmək**

qönçələnmək *fe.* 꽃망울이 맺히다, 꽃봉오리가 트다, 꽃이 피다 bud, flower, bloom, blossom ○ **açılmaq**

qövm *i.* (공통의 풍습, 전통을 가진) 부족, 종족 tribe, minor people

qövmi *si.* 부족의, 종족의 tribal

qövmiyyət *i.* 종족성 belonging to a tribe

qövr; **~etmək** *fe.* 괴롭히다, 성가시게 하다, 귀찮게 하다, 불쾌하게 하다 annoy, irritate

qövs *i.* 활, 호(弧), 원호, 곡선, 휨, 굽은 모양의 것, 만곡 arc, arch, bend, curve, shaft bow

qövsi, qövsvari *si.* 아치가 있는; 아치형의, 활 모양의, 호(弧)의 arched, arch-like

qövsi-qüzeh *i.* 무지개 rainbow

qövşə *i.* (칼)집, 껍데기, 가죽 case, cover, skin ○ **qabıq, qın**

qraf *i.* 백작(伯爵) count, earl

qrafik I. *si.* 그림[조각]의; 새겨진, 묘사된, 그려진 graphic; II. *i.* 예정, 계획, 스케줄, 일정; 예정표; (일련의) 예정 (사항) schedule

qrafin *i.* 물병 water-bottle

qraflıq *i.* 군(郡), 주(州); 백작의 영토 county, shire

qram *i.* 그램 (미터법의 질량 단위) gram

qrammatik *si.* 문법(상)의, 문법적인 grammatical

qrammatika *i.* 문법; 문법학; (개인의) 문법적 지식, 어법, 말씨 grammar

qrammafon *i.* 축음기, 전축 gramophone, record player; **~ valı** *i.* (축음기 등의) 음반, 레코드 record

qran *i.* (이란) 동전 Iranian coin

qranat *i.* 수류탄; 약품을 넣은 유리 구탄 (球彈), 최류탄, 소화탄 grenade

qranit *i.* 화강암 granite

qravüra *i.* (조각, 건축 등의) 양각, 돋을새김, 부조(浮彫); 양각 세공 relief; **~ ustası** *i.* 조각가, 새기는 장인(匠人) carver

qrifel taxtası *i.* 슬레이트, 점판암, 석판 slate

qrim *i.* 화장, 장식; 화장품 makeup

qrimçi *i.* 미용사, 메이크업 코디 beautician; make-up artist

qrimləmək *fe.* 화장하다, 미용하다 put on make-up

qrip *i.* 유행성 감기, 독감 flu, influenza

qripli *si.* 유행성의 influenzal

qrup *i.* (사람, 물건의) 무리, 모임, 떼, 그룹, 집단, 단체, 조직체, 법인 body, class, group, party, set ○ **dəstə, birləşmə, toplaşma**; ~ **halında toplanmaq** *fe.* 그러모으다, 무리로 만들다, 떼를 짓다 group

qrupçuluq *i.* 소집단성, 도당적임, 파벌적임, 당파적임 clannishness, cliquishness

qruplaşdırılmaq *fe.* 그룹으로 나뉘다, 분류되다 be grouped, be classified

qruplaşdırma *i.* 분류, 떼로 묶음 grouping, classification

qruplaşdırmaq *fe.* 무리로 나누다, 분류하다 group, classify

qruplaşma *i.* 분류, 무리 짓기, 등급 분류 grouping, classification

qruplaşmaq *fe.* 분류되다, 무리를 이루다 be grouped/classified ○ **birləşmək, toplaşmaq**

qu *i. zoo.* 백조; 백조의 수컷, 백조의 새끼 swan, cob, cob-swan, cygnet

qubar *i.* ① 진흙, 진창 mud ○ **toz**; ② *fig.* (사람, 일에 대한) 슬픔, 비애, 비탄 sorrow ○ **kədər, dərd, qəm, qüssə** ● **sevinc**

qubarlanmaq *fe.* 슬퍼하다, 비통해하다, 비탄에 잠기다 be sad, be pained, be sorrowful ○ **kədərlənmək, dərdlənmək, qəmlənmək, qüssələnmək** , **sevinmək**

qubarlı *si.* 슬픈, 비탄에 잠긴, 한탄의 sorrowful, sad ● **fərəhli**

qubernator *i.* 통치자, (주로) 주지사 governor

qucaq *i.* 품, 가슴 embrace, arms, breast ○ **ağuş**; ~ **dolusu, bir** ~ *si.* 한아름의, 한아름 가득; armful; **~-~** *z.* 서로 품에 안고 arm in arm; **~-qucağa** *z.* 팔짱을 끼고 folding in one's arms

qucaqlama *i.* 포옹하다, 품에 안다, 껴안다 hug

qucaqlamaq *fe.* 포옹하다, 안다, 껴안다 embrace, give a hug ○ **yapışmaq, tutmaq**

qucaqlanmaq *fe.* 품에 안다, 안기다 be embraced

qucaqlaşmaq *fe.* 서로 포옹하다 embrace/hug one another , **aralanmaq**

qucmaq ☞ **qucaqlamaq**

quculmaq ☞ **qucaqlanmaq**

quda *i.* 사돈 어른 (며느리나 사위의 아버지) father of the son-in law/daughter in law

qudurğan *si.* ① 고삐 풀린, 광적인, 제정신이 아닌, 소란스럽게 하는, 난폭한, 무도한 unbridled, frenzied, turbulent, violent ○ **harın, azğın, həyasız**; ② 건방진, 무례한, 주제넘는, 뻔뻔한 arrogant, presumptuous

qudurğanlaşmaq *fe.* ① 폭력적이 되다, 거칠어지다, 무도해지다, 난폭해지다 become violent, become turbulent, over step the mark ○ **azğınlaşmaq, qudurmaq**; ② 건방지다, 무례하다, 뻔뻔하다, 경솔하다, 버릇없다, 염치없다 grow arrogant, become impudent ○ **harınlaşmaq, həyasızlaşmaq**

qudurğanlıq *i.* 거침, 무례함, 건방짐, 난폭함, 폭력적임 turbulence, violence, insolence ○ **harınlıq, azğınlıq, həyasızlıq**

qudurmaq *fe.* ① (남을) 격노하게 하다; 성을 내다, 격앙 시키다, 격노하다 enrage, infuriate, be violent ○ **azğınlaşmaq** ● **sakitləşmək**; ② 건방지다, 무례하다, 염치 없다, 뻔뻔하다 be haughty, be insolent

quduz *si.* ① (개가) 공수병(恐水病)에 걸린, 광견병의 rabid, mad; ② *fig.* 미친, 제정신이 아닌, 화난, 격노한 rabid, furious, wild, violent ○ **azğın, zalım, qəddar, qudurğan**; **~casına** *z.* 미쳐서, 미쳐 날뛰며, 화가 나서, 제정신을 못 차리고 furiously, rabidly, madly

quduzlaşdırmaq *fe.* 미치게 하다, 분노하게 하다, 격노하게 하다 dirve mad, make *smb.* furious, stir to fury

quduzlaşmaq *fe.* 미치다, 분노하다, 격노하다, 제정신이 아니다, 격렬하다 become rabid/mad/furious ○ **azğınlaşmaq, qudurmaq** ● **mülayimləşmək**

quduzluq *i.* ① 공수병, 광견병; 물에 대한 병적인 공포 hydrophobia, rabies; ② *fig.* 분노, 격노, 진노 fury, rage ○ **azğınlıq, vəhşilik, zalımlıq**

quqquluqu *onomatopoeic.* 꼬꼬, 꼬끼오 (수탉의 울음소리) cock-a-doodle-doo

qu-quşu *i.* 백조 swan

qul *i.* 노예, 종, 하인, 하녀 slave, servant ● **ağa**

qulağıkəsik *si.* (동물, 죄수가) 귀 끝을 잘린 crop-eared

qulaq *i.* 귀, 귓바퀴, 이개 ear; ~ **asmaq** *fe.* 듣다, 순종하다 listen; ~ **batıran** *si.* (목소리, 소리가) 높고 날카로운, 새된 shrill; ~ **batırmaq** *fe.* 귀를 먹게[들리지 않게] 하다; 귀를 소음으로 먹먹하게 하다 deafen; **~ğını doldurmaq** *fe.* 설득하다, 종용하다, 미리 알려주다 persuade, prime *smb.*;

göz-~ olmaq *fe.* 주위를 집중하다, 오각을 집중하다 be all eyes and ears; **gizlincə ~ asmaq** *fe.* (장소, 전화 등에) 도청 마이크를 장치하다; 도청하다; drop ears, bug, wiretap; **~batıran** *z.* 지독히, 매우 크게 fiercely, very loudly ○ **şiddətli, gurultulu**; **~ burması** *i.* 벌, 처벌, 형벌, 지독한 취급, 학대, 꾸짖음, 꾸중 punishment, scolding, chiding, thrashing ○ **tənbeh, cəza**; **~cıq** *i.* 귀마개 earflap; **~lıq** *i.* 이어폰, 헤드폰 receiver, ear flap, headphone; **~siz** *si.* 귀 없는, 둔감한, 몰지각한 earless; **~yastığı** *i.* 낮은 베게, 쿠션, 방석, 등 받침 small pillow, cushion; ***Qulağına girmədi.*** *그는 주의를 기울이지 않았다. He paid no attention.*; ***Yerin də qulağı var.*** *밤말은 쥐가 듣고 낮 말은 새가 듣는다. Walls have ears.*

qulam *i.* 하인, 부하, 종, 노예 servant, slave ○ **qul, kölə, nökər**

qulan ☞ qulun

qulancar *i.* 아스파라거스 (백합과의 일종); 그 어린 싹(식용) asparagus

quldarlıq *i.* 노예의 처지[신분] slavery; **~ etmək** *fe.* 노예로 만들다, 예속시키다, 포로로 하다 enslave

quldur *i.* 도둑, 강도; 약탈자, 악한, 악당, 살인자, 도적떼, 산적 robber, bandit, thug, cutthroat ○ **yolkəsən**; **~casına** *z.* 도둑처럼, 떼강도처럼 as a robber, brigand; **~lar** *i.* 깡패, 악한 gangster; **~ dəstəsi** *i.* 떼강도, 도둑무리 gang; **~luq** *i.* 강탈, 도둑질 robbery, brigandage ○ **çapqınçılıq, soyğunçuluq**

qullab *i.* 빨아들이기, 흡입 inhalation, draw

qulluq *i.* ① 봉사, 섬김, 시중, 운행, 공헌 service ○ **xidmət, iş, vəzifə**; ② 노예의 처지, 노예 신분, 농노 신분; 강제 노역 slavery, bondage ○ **hüzur, köləlik**; **~ etmək** *fe.* 보살피다, 시중들다 look after, serve; **~ etmə** *i.* 시중, 봉사 service; **~ göstərən** *si.* 노예의, 시중드는, 굴종 servile; **~ göstərən yaltaq** *i.* 비굴한 태도, 비위 맞추기 supple mind; ***Mənə görə bir qulluq.*** *잘 모시겠습니다. I'm at your service.*

qulluqçu *i.* 직원, 종사원, 공무원 clerk, employee, maid, civil servant; **hökumət ~su** *i.* 공무원, 직원 public servant, functionary

qulluqçuluq *i.* 직무, 업무, 시중 service

qulluqpərəst *si.* 노예적인, 비굴한 servile

qulluqpərəstlik *i.* 노예 상태; 노예 근성, 비굴, 아첨; 맹종 servility

qulp *i.* 손잡이, 자루, 핸들 handle ○ **dəstə, sap**

qulplamaq *fe.* 손잡이를 잡다, 손잡이를 만들다 make handle, grip on handle

qulplu *si.* 손잡이가 있는, 자루가 있는 (농기구 등) having a handle ○ **dəstəli, saplı**

qulun *i.* 망아지, 새끼 나귀 foal

qulunlamaq *fe.* (말, 나귀 등) 새끼를 배다, 새끼를 낳다 foal, bear a foal, give a birth to foal

qulunc *i.* (추위로 인한) 요통(腰痛) back-pain (with cold)

qulyabanı *i.* 괴물, 요괴; 매우 험상궂고 무서운 얼굴을 한 사람 monster

qum *i.* 모래 sand; **~ təpəsi** *i.* 모래 언덕, 모래 더미 mound, bank; **~ saatı** *i.* 모래시계 hour glass

qumar *i.* 도박 gambling; **~ oynamaq** *fe.* 도박하다 gamble; **~a qoyulmaq** *fe.* (판돈) 도박에 걸리다; **~da ortaya qoyulan pul** *i.* 판돈, 내기에 건 돈/물건 stake

qumarbaz *i.* 도박꾼, 투기꾼, 타짜 gambler

qumarxana *i.* 카지노, 도박 시설 casino, gambling establishment

qumaş *i.* 직물, 편물; 천, 피륙 fabric, red calico ○ **parça, arşınmal**

qumbara *i.* 수류탄 hand-bomb ○ **bomba, mərmi**

qumdaşı *i.* 사암(砂岩) sandstone

qumqumu *i.* 모래 거푸집 flask

qumlaq ☞ qumluq

qumlamaq *fe.* (모래로) 덮다, 깨끗하게 하다 cover, make clean (with sand) ○ **təmizləmək, yumaq, silmək, sürtmək**

qumlu *si.* 모래의, 사질(砂質)의; 모래를 포함하는, 모래 투성이인 sandy

qomluq *i.* 모래사장, 모래밭 sandy place

qumral *si.* 금발의 fair-haired, blond, fair

qumrov *i.* 종(鐘), 방울 ring, handbell, bell ○ **zəng, zınqırov**

qumrovlu *si.* 방울이 달린 having a bell ○ **zəngli, zınqırovlu**

qumru *i. zoo.* 멧비둘기의 일종(유럽산) turtle-dove

qumsal *si.* 모래의, 사질(砂質)의; 모래를 포함하는, 모래투성이인 sandy

qumsallıq *i.* 모래 사장, 모래 밭, 모래 사막 very sandy place

qunc *i.* (양말, 신발 등) 목 neck (shoes, socks *etc.*)
qundaq[1] *i.* 강보 (襁褓), 배내옷, 기저귀 swaddling clothes, nappies; ~ **bezi** *i.* (아기의) 기저귀 diaper
qundaq[2] *i.* (총의) 개머리판, 권총 손잡이 butt, butt stock, gun carriage
qundaqlamaq *fe.* ① 강보로 싸다, 기저귀를 채우다 wrap, swaddle ○ **sarımaq, bələmək** ● **açmaq**
qundaqlı *si.* 기저귀를 찬, 강보로 두른 wrapped with diaper ○ **sarıqlı, bələkli** ● **açıq**; ② 개머리판이 있는, 손잡이가 있는 (권총) butt-stocked
qundaqlıq *i.* 강보, 강보에 쓸 재료 cloth for wrapping ○ **sarıqlıq, bələklik**
qundaqsız *si.* 개머리판이 없는; 기저귀를 차지 않은 buttless, without butt-stock
qupquru *si.* 매우 마른, 바짝 마른 quite dry
qurabiyyə *i.* 케익 cake
quraq *si.* 건조한, 메마른, 가뭄의, 한발의, 목마른, 갈증 난 arid, drought-afflicted, droughty ○ **yağmursuz, quru**
quraqlıq *i.* 건조; 불모, 가뭄, 한발 aridity, drought ○ **yağmursuzluq, quruluq**
quraqlığadavamlı *si.* 내건조성의, 가뭄에 잘 견디는 drought-resisting
quraqsımaq *fe.* 뽀송뽀송하다, 건조해지다, 약간 덜 마른, 눅눅한 become dryish
qurama I. *si.* 여러 색의 천조각으로 붙여 만든 scrappy; II. *i.* 조작되거나 꾸며낸 말 fabrication, forge
Qur'an *i.* 쿠란, 코란 the Koran
quraşdırıcı *i.* (기계의) 정비공, 조립공; (가구, 비품 등의) 설비[설치]하는 사람 fitter
quraşdırma *i.* 짜맞추기, 설치, 결합, 배합; 합동 combination
quraşdırmaq *fe.* ① *tex.* 조립하다, 짜맞추다; assemble, fit; ② 결합하다, 연결하다, 조합하다, 짓다, 만들다 combine, form, construct ○ **calamaq, bitişdirmək** ● **dağıtmaq**; ③ (이야기를) 짜맞추다, 지어내다, 꾸며내다 invent, make up, tell stories ○ **uydurmaq**
qurbağa *i. zoo.* 개구리 frog
qurbağagöz *si.* 눈을 부릅뜬; 통방울눈의, 튀어나온 눈망울을 가진 goggle-eyed, lobster-eyed
qurbağalıq *i.* (개구리가 사는) 늪지, 습지 frogland
qurban *i.* 산 제물, 제물; (신에게) 산 제물을 바치는 일 sacrifice, victim; ~ **olmaq** *fe.* 희생되다, (스스로) 헌신하다, 투신하다 fall a prey to, sacrifice oneself, be a victim; ~ **kəsmə** *i.* 희생; 희생적 행위, 희생되는 것 sacrifice; ~ **vermək/etmək** *fe.* (신에게) 제물로 바치다; 희생(산 제물)으로 하다. (…을 위하여) 바치다, 버리다 sacrifice; ~ **bayramı** *i.* 쿠르반 바이람 (이슬람에서 아브라함이 이스마일을 제물로 바쳤다는 날을 기념하는 절기) Moslem Festival of sacrifice
qurbangah *i.* 제단(祭壇); 성찬대, 제단 altar
qurbanlıq *i.* 희생으로 드리는 동물 sacrificial animal; animal destined for sacrifice
qurban-sadağa; ~ **getmək** *fe.* (사람, 동물을) 부드럽게 다루다, 잘 돌봐주다; (아이를) 응석받이로 기르다, 애지중지하다 pamper, coddle, entreat
qurcalanmaq *fe.* (스스로) 뒤섞다, 흔들다; 안절부절못하다 stir, shake, move, fidget ○ **qurdalanmaq, tərpənmək**
qurcuxmaq *fe.* 흔들다, 뒤섞다, 혼합하다 stir, move
qurd[1] I. *i.* 이리, 늑대 wolf ○ **canavar**; II. *si.* 이리의, 이리에 관한, 이리에 비슷한, 사나운, 야만적인 lupine, wolf-like; ***Qurddan qorxan meşəyə girməz.*** *늑대가 무서워 숲에 가지 않는다. 구더기 무서워 장 못 담그랴? He who fears every bush never goes a birdying.*
qurd[2] *i.* 연충 (지렁이, 구더기, 촌충 등); (발이 없고 꿈틀꿈틀하는) 벌레 worm ○ **həşərat**
qurdalama, ☞ **qurdalamaq**
qurdalamaq *fe.* ① (사람, 몸의 일부, 물건 등을) 긁다, 할퀴다, 생채기를 내다, 성나게 하다, 상처나게 하다, 얼얼하게 하다 scratch, irritate, touch; ○ **qaşımaq, toxunmaq, qıcıqlandırmaq**; ② 파 헤집다, 뒤적이며 찾다, 섞어 복잡하게 하다 stir and pick, dig and seek, mix ○ **eşələmək, əlləşdirmək, tərpətmək, qarışdırmaq**
qurdalanmaq *fe.* 몸을 흔들거리다, 들까불다, 달랑거리다 toss
qurdayağı *i. bot.* 석송(石松), 석송속(石松屬)의 식물 lycopodium, club-moss, wolf's claw
qurdlu *si.* 벌레 먹은, 벌레가 있는 worm-eaten, wormy; ② 시기하는, 질투심이 많은, 앙심을 품은 envious ○ **kinli, qəlbiqara, paxıl** ● **saf, təmiz**

Q

qurdluq *i.* 잔인함, 무자비함, 냉혹함, 잔인한 성질 cruelty, atrocity, brutality ○ **canavarlıq, vəhşilik, yırtıcılıq**

qurdluluq *i.* 벌레가 많음 worminess

qurğu *i.* ① *tex.* 설치대, 설치물, 장치, 설비; plant, mounting, installation, setting; ② (특정한 용도의 한 벌의) 기구, 기계(器械), 용구; (몇 가지 요소로 된) 장치, 설비 apparatus, equipment, contrivance ○ **avadanlıq, alət, cihaz, tərtibat, vəsait**; ③ 계략(計略), 책략, 음모 trick, ruse ○ **hiylə, kələk, tələ**

qurğuşun *i.* 납 (기호 Pb) lead; ~ **filizi** *i.* 납 광석 lead ore; ~ **təbəqə** *i.* 납판, 감광판 leadplate; ~ **kimi ağır** *si.* 납처럼 무거운 as heavy as lead

qur-qur *i.* 개골개골 (깍깍) 우는 소리, 콸콸 (꿀렁꿀렁)함, (하는 소리) croak, gurgling ~ **eləmək** *fe.* 꼬르륵거리다, 깍깍거리며 울다 croak, gurgle

qurma *i.* 건설, 건조, 가설, 수립, 건립 construction, buiding, erection

qurmaq *fe.* ① 조립하다, 건조하다, 세우다, 짓다, 만들다, 형성하다 assemble, base, build, construct, erect, establish, form, install ○ **tikmək, qayırmaq, düzəltmək** ● **dağıtmaq, yıxmaq, sökmək, uçurmaq**; ② (시계의 태엽을) 감다; wind up (clock); ③ 세우다, 조직하다, 준비하다 set up, organise, pitch (tent), found

qurnaz *si.* ① 교활한, 약삭빠른, 간사한 cunning, sly, wicked ○ **hiyləgər, məkrli**; ② 영리한, 능력 있는 clever, capable ○ **ayıq, zirək**

qurnazlıq *i.* ① 교활함, 약삭빠름, 간사함 wickedness, slyness, cunning ○ **hiyləgərlik, məkr**; ② 영민함, 영리함 shrewdness, cleverness ○ **ayıqlıq, zirəklik**

qursaq *i. ana.* 주름위, 추위(皺胃); 레닛 막 (송아지의 제4위 또는 다른 어린 동물의 위의 내막) abomasum, rennet bag ○ **mədə**; **~ğı dar** *si.* (사람이) 성마른, 화 잘 내는 hot tempered, peppery; **~ğı daralmaq** *fe.* 성마르다, 화를 잘 내다 become hot-tempered

qursaqlı *si.* 용감[용맹]한, 늠름한, 두려움을 모르는; 용기가 필요한 brave, courageous ○ **ürəkli, cəsarətli**

qurşaq *i.* ① 띠, 혁대; (백작, 기사의) 예대(禮帶) waistband, belt, girdle ○ **belbağı, bel**; ② (금속, 나무 등으로 만든) 테, 고리, (통 등의) 테; 고리[테] 모양의 물건(굴렁쇠, 반지 등) hoop; ③ *col.* (도시에서 특정한) 지구, 지역 zone; **mülayim ~** *i.* temperate zone 기후대(氣候帶); **göy ~ğı** *i.* 무지개 rainbow; **~ tutmaq** *fe.* 씨름하다, 격투하다, 레슬링을 하다 wrestle; **~ğa çıxmaq** *fe.* 초과하다, 필요 이상으로 많다 be a lot, be more than enough

qurşaqlaşmaq *fe.* (도시에서 특정한) 지구, 지역 wrestle

qurşaqlı *si.* 띠를 두른, 고리를 단 with waist belt; with hoop

qurşamaq *fe.* ① (사람, 허리 등을) (띠, 벨트 등으로) 졸라매다; (칼 등을) 차다; (권력, 힘 등을) 주다, 부여하다 gird, girdle ○ **dolamaq, bağlamaq**; ② (장소에) 유인하다; (…하도록) 교묘하게 속이다 inveigle

qurşanmaq *fe.* ① (스스로) 띠를 매다, 졸라 매다 tie, fasten (oneself) ○ **bağlamaq**; ② 탐닉하다, (-에) 빠지다, 몰입하다 inveigle, indulge ○ **girişmək, qoşulmaq**

qurtaqurtla *z.* 꿀꺽꿀꺽, 게걸스럽게 gulpingly ~ **içmək** *fe.* 꿀꺽거리며 삼키다, 급히 삼키다 gobble, gulp down

qurtaracaq *i.* 종료, 종결, 종지, 만료 end, finishing, termination ○ **son, nəhayət, axır, nəticə, aqibət, başlanğıc**

qurtarma *i.* 해난 구조 salvage

qurtarmaq[1] *fe.* ① 끝내다, 종결하다, 마치다 (과정, 사건) be over, be through with, conclude, end, expire, finish, result in ○ **bitirmək, tamamlamaq , başlamaq**; ② (수량, 자원 등) 소비되다, 끝나다, 소모되다 run out, be short of ○ **tükənmək**; ③ 돌아가시다, 죽다, 사망하다 pass away, die, decease ○ **ölmək, keçinmək**

qurtarmaq[2] *fe.* ① 구원하다, 구하다, 살려내다 save, rescue ○ **xilas etmək**; ***Canım qutardı.*** *십년 감수했네. I've just been relieved.*

qurtarmamış *si.* 미완의, 종료되지 않는, 완성되지 않은 unfinished

qurtarmaz *si.* 다 쓸 수 없는, 무진장의, 지칠 줄 모르는, 끈기 있는 inexhaustible, endless

qurtulan *i.* 생존자, 유족; 잔존물, 유물 survivor

qurtulmaq *fe.* 도주하다, 모면하다, 벗어나다 escape, be saved ● **tutulmaq**

qurtuluş *i.* 구원, 구속, 해방 salvation ○ **xilas, nicat, azadlıq** ● **əsarət**

qurtum *si.* 한 모금의 mouthful drink/sip/gulp

○ **içim, udum**

qurtum-qurtum *z.* 한 모금 가득히, 한 모금씩 mouthfully

qurtumlamaq *fe.* 한 모금 마시다, 홀짝거리며 마시다 drink a mouthful, sip

quru I. *i.* 땅, 육지, 대지 land ○ **torpaq, qitə, yer**; II. *si.* ① 낡은, 생기 없는, 진부한 stale, old ○ **köhnə, boyat, təzə**; ② 마른, 건조한 dried, dry ○ **susuz, quraq, sulu, yağışlı, rütubətli, yaş**; ③ 메마른, 황무한 barren ○ **çılpaq, yalçın**; ④ (음식, 고기 등) 뻑뻑한, 기름기 없는 lean, without oil (food, meat) ○ **yavan, yalxı** ● **yağlı, ətli**; ⑤ 시시한, 하찮은, 천박한 frivolous ○ **boş, qeyri-ciddi , mə'nalı**; ⑥ 지루한, 진부한, 무미건조한 uninteresting, plain, boring ○ **maraqsız, cansıxıcı, darıxdırıcı** ● **maraqlı**; ⑦ 냉정한, 냉랭한, 무정한 cool, emotionless, insensitive ○ **soyuq, sərt, ruhsuz, laqeyd, e'tinasız, mülayim, yumşaq**; **~ ot** *i.* 건초, 꼴; hay; **~ qurbağası** *i.* 두꺼비; (도마뱀 등) 두꺼비 비슷한 짐승 toad; **~ yolla səyahət etmək** *fe.* 육지 여행 (차, 기차, 버스 등) travel by land; **~da, quruya** *z.* 육지에서, 땅에서 ashore, on land; **~dan-~ya** *z.* 헛되게, 허투루, 공연히 in vain

qurucu I. *si.* 건설적인, 건설의 constructive; II. *i.* 건축자, 시공자, 세우는 자 founder, builder ○ **yaradıcı , dağıdıcı**

quruculuq *i.* 건축업(계), 창조 construction, creating, building ○ **yaradıcılıq , dağıdıcılıq**

quruducu I. *si.* 소멸해가는, 메말라가는; drying II. *i.* 건조기 drying apparatus, dryer

qurudulmaq *fe.* 건조되다 be dried

qurudulmuş *si.* 건조된 dried

quru-quru *si.* ① 마른, 무미한, 무의미한 dry; ② 증거 없는, 근거 없는 without grounds, proof

qurulamaq *fe.* 말리다, 닦아내다 dry, wipe dry ● **islatmaq**

qurulanmaq *fe.* 마르다, 건조되다 be wiped dry ● **islanmaq**

quruldamaq *fe.* (개구리, 까마귀 등) 개골개골 (깍깍) 울다 croak

quruldaşmaq *fe.* (집단적으로) 깍깍거리다 croak (commonly)

qurulma *i.* 형성, 성립, 육성, 발달 formation

qurulmaq *fe.* ① 지어지다, 만들어지다 be built, be created ○ **yaradılmaq, tikilmək** ● **dağılmaq**; ② 근거가 제공되다 be grounded ● **əsaslandırılmaq**

qurultay *i.* (특정 목적의) 집회, 집합, 회합; (국가, 각계의 대표자가 모이는) 회의, 대회, 학회 congress, assembly

qurultu *i.* 깍깍거리는 소리, 딸각거림 croaking

qurulu *si.* 지어진, 준비된, 완성된 ready, prepared, built ○ **hazır, tikili**

quruluq *i.* ① 여윔, 마름, 약함, 불모성 leanness, dryness, aridity ○ **arıqlıq, cansızlıq, zəiflik**; ② 무관계; 무관심, 지루함 uninterest, boringness ○ **maraqsızlıq, darıxdırıcılıq**; ③ 냉정, 무정, 냉담, 뻔뻔함 coolness, insensitivity ○ **laqeydlik, e'tinasızlıq**

quruluş *i.* ① 사회, 조직, 단체, 기관, 집합체 society, organization ○ **cəmiyyət**; ② 설립, 구조, 제도, 형태 foundation, structure, system ○ **üsul, sistem**

qurum¹ *i.* 그을음 soot ○ **his, duda**

qurum² *i.* 조직, 기관, 단체 society ○ **quruluş, cəmiyyət**

qurumaq *fe.* ① 마르다, 건조되다, 시들다 dry, wither , **islanmaq**; ② 얼다, 빙결하다 freeze ○ **donmaq**;

qurumlamaq *fe.* 그을다, 검댕이로 덮이다 soot, cover with soot ○ **hislənmək**

qurumlu *si.* 그을린, 검댕이투성이의 sooted ○ **hisli**

qurumsaq I. *i.* 포주, 채홍사 procurer, scoundrel, pander, pimp; II. *si.* 수치스러운 dishonourable, procurable ○ **namussuz, qeyrətsiz**

qurumsaqlıq *i.* 뚜쟁이질, 매춘 알선 pandering, pimping ○ **namussuzluq, qeyrətsizlik**

qurunmaq *fe.* (스스로) 말리다, 닦아내다 dry oneself

quruş *i.* 반 코펙, (아주 자잘한 액수의) 동전 half a copeck, penny

quruşsuz *si.* 무일푼의, 땡전도 없는 penniless

qurutdurmaq *fe.* 말리게 하다, 말리도록 시키다 make *smt.* dry

qurutəhər *si.* 마른 듯한 dryish, on the dry side

qurutma *i.* 건조 drying; **~ otağı** *i.* 건조실 drying room; **~ aparat** *i.* 건조기 drying apparatus; **~ kağızı** *i.* 압지(押紙) blotting paper

qurutmaq *fe.* 건조하다, 말리다 drain, dry

qusdurmaq *fe.* 토하게 하다, 역겹게 하다 make

Q

smb. vomit/throw up

qusdurucu *si.* 역겨운, 구토를 일으키는, 토하게 하는 emetic, vomitive, vomitory

qusma *i.* 구토, 구역질 vomiting, retching

qusmaq *fe.* 토하다, 구토하다, 구역질하다 vomit, throw up ○ **qaytarmaq, öyümək**; ***Qusmağım gəlir.*** *질린다 질려. I feel sick.*

qusuntu *i.* ① 구토, 구역질 vomit; ② *tib.* 구토증 emesis

quş *i.* ① 새, 조류 bird; ② 체크표시 (√); check mark, tick; ~ **tükü** *i.* 깃털 feather; ~ **yuvası** *i.* 둥지, 보금자리 bird's nest; ~ **balası** *i.* (둥우리를 떠나기 전의) 새 새끼 nestling; ~ **südü** *i.* 비둘기가 새끼에게 토해 주는 젖 모양의 액체 먹이 pigeon's milk; ~ **damı** *i.* 닭장, 가금류 사육장 poultry house; ~ **əppəyi** *i.* (식) 냉이 shepherd's purse; **su ~ları** *i.* 물새, (특히) 고니, 거위, 오리; 헤엄치는 새 water birds, waterfowl; **yırtıcı ~lar** *i.* 맹금류(猛禽類) birds of prey; ~ **qoymaq** *fe.* a) 점검하다, 검토하다, 표시하다 tick, put a tick; b) 트집 잡다, 흠을 찾다 find fault, cavil (at); ***Alıcı quş dimdiyindən bilinər.*** *잘되는 나무는 떡잎부터 알아본다. A bird may be known by its song.*

quşabaxan *i.* 양계업자, 조류 사육사 hen-woman, poultrymaid

quşbaz *i.* 애조가(愛鳥家); 새 장수 bird-lover, birdfancier

quşbeyin I. *i.* 분별없는[어리석은] 사람, 바보, 얼간이, 멍청이 fool, block-head; II. *si.* 어리석은, 멍청한, 바보 같은 dull, feather brained ● **ağıllı**

quşcuğaz *i.* (작은) 새 little bird, birdie

quşçu *i.* 양계업자, 조류 사육사 poultry farmer, breeder

quşçuluq *i.* 가금(家禽), 조류 사육; poultry; ~ **ferması** *i.* 조류사육장 poultry farm

quşxana *i.* 비둘기집, 조류 사육장 dove-cote, pigeon-loft

quşkeçməz *si.* 통과되지 않는, 투과되지 않는, impassable, inaccessible, forbidding, impregnable; ~ **meşə** *i.* 지나갈 수 없는 숲, 밀림(密林) impassable forest

quşqonmaz I. *i. bot.* 아스파라거스 (백합과의 일종) asparagus, dropwort; 터리풀; 미나리; II. *si.* 높은, 고도의 very high, lofty ○ **uca, yüksək**

quşqun *i.* 말의 꼬리 부분을 거쳐서 안장을 묶어주는 끈 band, belt, strap (tying a horse under the tail to keep the saddle in position) ○ **qayış**; ~ **təklfi** *i.* 원하지 않는 초대 unwilling invitation

quşsatan *i.* 조류 장수 bird-seller

quşürək(li) *si.* 겁 많은, 비겁한, 심약한 cowardly, faint-hearted

quşüzümü *i. bot.* 로건베리; 그 열매 loganberry

quşyeyən *i.* 새를 먹는 동물 bird-eater

qutab *i.* (야채나 양의 내장을 빚어 넣은) 부침개 meat pastry

qutabsatan *i.* 구탑 장수 pastry-cook

qutan *i. zoo.* 펠리컨 pelican

qutlu *si.* 성공한, 성공적인, 출세한 lucky, successful ○ **uğurlu, xoşbəxt**

qutu *i.* 상자, 케이스, 함, 궤 bin, box, case, chest, sheath; **kibrit ~su** *i.* 성냥갑 match box

qutucuq *i.* 작은 상자, 함, 궤 small box

qutuşəkilli *si.* 상자 모양의 box-shaped

qutuvarı ☞ **qutuşəkilli**

quylamaq *fe.* 심다, 붙여 넣다, 묻다 dig in, put, stick on ○ **girmək, batmaq**

quylanmaq *fe.* 파고들다, 묻히다 be dug in

quymaq *fe.* 기름이나 버터로 볶은 굵은 가루로 만든 단 국 sweet mealy soup roasted with butter, oil

quyruğukəsik *si.* 꼬리가 잘린 dock-tailed

quyruq *i.* 꼬리; 꼬리 모양의 것; (옷 등의) 자락; 길게 땋아 늘인 머리, 변발 tail; **~unu ələ vermək** *fe.* 단서를 잡히다, 곤경에 처하다 be caught, be in great straits; ***Sən onun quyruğusan.*** *너는 그의 꼬랑지다. 그림자처럼 따라다닌다. You follow him like a shadow.*

quyruqlu *si.* 꼬리가 있는 tailed

quyruqsuz *si.* 꼬리가 없는, 꼬리 모양의 tailless, non-caudate ○ **lümək**

quyu *i.* 우물, 땅에 파여진 구덩이; 함정 well ○ **çuxur**; ~ **qazmaq** *fe.* 함정을 파다 lay a trap; ***Özgəyə quyu qazan özü düşər.*** *자기가 파 놓은 함정에 스스로 빠진다. He that mischief hatches, mischief catches.*

quyuqazan *i.* 관정기(管井機), 우물 파는 기계 (사람) well-digger, borer, driller

quyulamaq *fe.* 묻다, 파묻다, 매장하다, 묻어두다, 묵살하다 bury ○ **basdırmaq, örtmək, torpaqlamaq**

quzğun *i. zool.* 큰까마귀, 갈까마귀, 수염수리 raven, lammergeyer

quzğunqılıncı *i. bot.* 긴 칼 모양의 잎을 가진 식물(창포, 붓꽃, 부들 등) flag, sword-lily

quzey *i.* ① 북, 북쪽; 북부(지방), 북방 지역; 북반구; 북극 지방[권] north ● **güney**; ② shaggy side 거칠고 조잡한 쪽

quzu *i.* 어린 양 lamb; ~ **əti** *i.* 새끼 양의 고기; 새끼 양의 가죽; lamb; ~ **kimi** *z.* 어린양 같이 lamb-like, genuine; ~ **dərisi** *i.* 어린양 가죽 lamb skin

quzugöbələyi *i. bot.* 곰보버섯(식용) morel

quzuqulağı *i. bot.* 참소리쟁이속의 총칭(수영을 포함함); 괭이밥 sorrel

quzulamaq *fe.* ① (양이) 새끼를 낳다 lamb, give birth to lambs ○ **doğmaq**, **balalamaq**; ② 온순해지다, 헐거워지다, 부드러워지다 soften, empty ○ **yumşalmaq**, **boşalmaq**

quzuluq *i.* ① (사람, 포유 동물 등의) 자궁 womb; ② 온유, 온순함, 온화함 meekness, silence ○ **həlimlik**, **yumşaqlıq**, **sakitlik**

quzuotaran *i.* 목동(牧童), 새끼 양 치기 lamb keeper

qvardiya *i.* 파수 (근무); 감시, 경계; 주의, 조심 guard

qvardiyaçı *i.* 수위, 감시원, 보초, 위병 guardsman

qübbə *i.* 반구(半球) 천장; (반구 천장 위의) 뾰족탑; 그 둥근 지붕 cupola, dome, vault, canopy, arch ○ **günbəz**

qübbəli *si.* 둥근 지붕이 있는 having a cupola/dome, big top ○ **günbəzli**

qübbəvarı *si.* 돔형의, 둥근 지붕 형태의 cupola-shaped, domelike

qüdrət *i.* ① (세력, 권력, 재력 등의) 힘, 능력 strength, power ○ **qüvvət**, **güc**; ② 체력, 완력 force, might ○ **taqət**, **iqtidar**, **güc**; ③ (마음, 재정 등이) 견실함, 건전, 견고 solidity, powerfulness ○ **möhkəmlik**, **iradə**; ④ (도덕적) 덕성, 품성, 인격 character ○ **təbiət**, **fitrət**

qüdrətli *si.* (사람, 사물이) 힘이 있는, 강력한, 세력 있는, 강대한; 활력[활기]에 넘친, 원기 왕성한; 정력적[적극적]인; (사람이) 튼튼한, 건강한; 강건한 powerful, mighty, vigorous ○ **qüvvətli**, **güclü**, **zəif**

qüdrətlilik *i.* 강력, 강대, 위대; 고위 powerfulness, mightiness ○ **qüvvətlilik**, **iqtidar** , **gücsüzlük**

qüdrətsiz *si.* (물건이) 약한, 부서지기 쉬운; (사람이) (체력에서) 약한, 허약한; (몸의 기관이) 쇠약한; (국가, 법률, 사람 등이) 권력이 세지 않은, 약화된 weak, powerless, incapable ○ **iqtidarsız**, **gücsüz**, **zəif**, **aciz**, **bacarıqsız**

qüdrətsizlik *i.* (육체적, 정신적, 지적인) 약함; 허약; 심약, 우유부단; 저능, 우둔, 박약 weakness, feebleness, incapability ○ **iqtidarsızlıq**, **gücsüzlük**, **zəiflik**, **acizlik**, **bacarıqsızlıq**

Qüds *i.* 예루살렘: 고대 팔레스타인의 수도; 유태교, 크리스트교, 회교의 성지; 1950년 이후 이스라엘의 수도 Jerusalem

qüdsi *si.* 신성한, 거룩한 sacred, holy

qüdsiyyət *i.* 신성; 고결, 청정(清淨) holiness, purity, sanctity ○ **müqəddəslik**, **təmizlik**, **paklıq** , **eybəcərlik**

qüdsilik ☞ **qüdsiyyət**

qüllə *i.* 탑, 망루 tower

qürbət *i.* ① 외국, 이국(異國) strange country; ② 나그네 being away from home ○ **qəriblik**, **yadlıq**; **~də yaşamaq** *fe.* 타향살이 live in foreign country

qürrələnmak *fe.* 자랑하다, 허풍 떨다 be proud of, be boastful ○ **qürurlanmaq**, **güvənmək**, **lovğalanmaq**

qürrəli *si.* 위엄 있는, 당당한, 장엄한, 자랑스러운 proud, majestic ○ **məğrur**, **iddialı**, **lovğa** ● **təvazökar**

qürub *i.* ① 일몰, 해질녘 sunset ○ **batma**, **günbatan** ● **məşriq**; ② (일반적으로) 종국, 말기, 만년; **ömrün ~ illəri** *i.* 일생의 말년; declining years of life; ~ **çağı** *i.* 해질녘 sunset

qürur *i.* ① (정신, 인격 등의) 신성함, 귀중함, 존귀함, 존엄성, 자부, 자랑 pride, self-existence, dignity, self-conceit ○ **iftixar**, **mənlik**, **təmkin**; ② 우월감, 교만, 거만, 자만심 haughtiness, arrogance ○ **təkəbbür**, **məğrurluq**, **lovğalıq**; **~la** *z.* 교만하게, 거들먹거리며, 오만하게; proudly, haughtily; ~ **danışmaq** *fe.* 거만히 말하다, 장담하다 speak proudly

qürurlanmaq *fe.* 자랑하다, 교만하다, 거만하다 put on haughty air, look haughty ○ **qürrələnmək**, **lovğalanmaq**

qürurlu *si.* ① (태도, 말씨, 풍채, 문체, 상태, 건물 등이) 당당한, 위엄이 있는, 풍채가 당당한, 장중

Q

한, 장엄한 stately, proud ○ **iftixarlı, təmkinli**; ② (사람, 말, 태도 등이) 거만[오만]한, 불손한 haughty, arrogant ○ **qürrəli, iddialı, lovğa , təvazökar**

qürurluluq *i.* 거만함, 오만함, pride, haughtiness, majesty

qürursuz *si.* 자존심 없는, 비굴한 prideless

qüssə *i.* (사람, 일에 대한) 슬픔, 비애, 비탄, 의기소침, 우울, 슬럼프; 억압 상태[증], 울병(鬱病) sorrow, grief, depression ○ **qəm, kədər, hüzn, fikir, dərd , nəşə**

qüssələndirici *si.* (상처 등이) 몹시 아픈, 중상의, (고통이) 심한 grievous, distressing

qüssələndirmək *fe.* (사물이) (사람을) 몹시 슬프게 하다, 비탄에 잠기게 하다, 괴롭히다 grieve, pain, sadden

qüssələnmək *fe.* 슬퍼하다, 애타게 갈망하다, 비탄에 잠기다 feel sorrow, pine for, be saddened ○ **kədərlənmək, qəmlənmək, dərdlənmək , şənlənmək, şadlanmaq**

qüssəli *si.* (사람이) 슬퍼하는, 비탄에 잠긴; (표정 등이) 슬픈; (사물이) 슬픔을 자아내는, 슬퍼할 sad, melancholy, sorrowful ○ **kədərli, qəmli, məhzun, həzin, dərdli , şən**

qüssəlilik *i.* 슬픔, 비애; 불행, 슬픈 상태 (기분); (우)울병, 억울병 sadness, sorrowfulness, melancholia ○ **kədərlilik, qəmlilik, məhzunluq, həzinlik , şənlik**

qüssəsiz *si.* 걱정 없는, 무사안일한, 무념 무상한 griefless, care free, untroubled ○ **qayğısız, dərdsiz, qəmsiz, kədərsiz**

qüssəsizlik *i.* 부주의, 경솔, 경망; 소홀; 속 편함, 무관심, 냉담 carelessness, indifference, unconcern ○ **qayğısızlıq, dərdsizlik, qəmsizlik, kədərsizlik**

qüsur *i.* ① 수치, 결함, 오점, 오명, 흠, 결점 shame, defect, fault, flaw, taint, shortcoming ○ **eyib, nöqsan**; ② (도덕, 법률상의) 범죄 사실, 죄를 범했음, 비행, 죄; 유죄 guilt, sin ○ **təqsir, günah, qəbahət**

qüsurlu *si.* ① 부끄러워해야 할, 부끄러운, 결점이 있는; 불완전한; 도덕상 비난을 받아야 할, 그릇된 shameful, faulty, defective ○ **eyibli, nöqsanlı**; ② 불완전한, 불충분한, 불비한 incomplete ○ **natamam, yarımçıq**; ③ 죄 많은; 죄받을, 사악한, 범죄적인, 죄가 될 만한; 죄의[에 관한] sinful, guilty ○ **təqsirli, günahlı, qəbahətli , təmiz**; **~ nüsxə** *i.* 불완전 사본 imperfect copy

qüsurluluq *i.* ① 결함성, 오점 투성이, 그릇됨 defectivnes ○ **eyiblilik, nöqsanlılıq**; ② 불완전한 상태, 불완전성, 불비함 imperfection, incompleteness ○ **natamamlıq, yarımçıqlıq**

qüsursuz *si.* 결점[흠]이 없는; 완전[완벽]한, 흠잡을 데 없는, 나무랄 데 없는; 아무 죄도 없는 faultless, guiltless, blameless, perfect ○ **eyibsiz, nöqsansız, mükəmməl, müntəzəm, naqis**

qüsursuzluq *i.* 흠 없음, 무결점, 나무랄 데 없음 irreproachability, blamelessness, faultless ○ **eyibsizlik, nöqsansızlıq, mükəmməllik**

qütb I. *i.* ① (천체, 지구의) 극; 하늘의 극 terrestrial pole; ② (전기, 자기의) 극; (electric, magnetic) poles; II. *si.* 북극[남극]의, 극(pole)의 polar; **cənub ~ü** *i.* 남극 South Pole; **şimal ~ü** *i.* 북극 North Pole; **~ ulduzu** *i.* 북극성; the North star; **mənfi ~** *i. fiz.* 음극(陰極) negative pole; **müsbət ~** *i. fiz.* 양극(陽極) positive pole; **maqnit ~ü** *i. fiz.* 자극(磁極) magnetic pole

qüvvə *i.* ① 힘, 세기, 기세, 세력, 근력, 완력 force, power, strength, energy, muscle ○ **güc, taqət**; ② *fig.* 권력, 권세 authority, power ○ **güc, qüdrət, iqtidar, nüfuz ~dən düşmə** *i.* 쇠퇴(衰退), 퇴락(頹落), 쇠락(衰落) decline; **~dən düşmək** *fe.* (사람, 힘, 정력 등이) 쇠퇴하다; (인격, 가치 등이) 떨어지다, 저하하다; 타락하다; 감소하다; 차차 약해지다; 유효하다, 타당하다, 정당하다, 합법적이다; become invalid, decline; **~də olmaq** *fe.* be valid, be effective; **~dən salma** *i.* (법률, 제도, 관습 등의) 전폐(全廢), 폐지, 박멸 abolition; **~ləri toplamaq** *fe.* (남을) (공통의 목적을 위해) 불러 모으다, 규합하다; 모아 다시 조직/편성하다, 새로이 결집하다 rally; **~sini itirmiş** *si.* (사람이) 병약한, 일상 일도 하지 못하는; (물건이) 병약자용의, 망가져가는, 고물인 invalid; **~yə minmək** *fe.* 힘에 실리다, 발효하다, 시효하다, 권력을 갖다, 권좌에 앉다 come into force; **cazibə ~si** *i.* 중력(重力), 지구 인력; (일반적인) 인력, 끌어당기기, 끌어당기는 힘, 견인력 gravity, attraction; **dartma ~si** *i. tex.* 팽팽하게 치기[늘이기]; 신장, 인장(引張), 장력(張力) 신장성(伸長性); tension, tensile force, tensility; **fəhlə ~si** *i.* 노동력(勞動力) labour force; **hərbi ~** *i.* 군사력(軍事力) armed forces; **ilişmə ~si** *i. tex.* 응집력(凝集力), 점착성(粘着性)

cohesive force; **silahlı ~lər** *i.* 화력(火力), 무기의 힘 armed forces; **var ~si ilə** *z.* 전력(全力)을 다하여 with all one's strength

qüvvələnmək *fe.* 힘을 얻다, 강해지다 become stronger/more powerful, gain strength

qüvvəli *si.* ① 강한, 강력한, 힘센, 힘있는; powerful, strong ② (지식이) 강한, 많은, 풍부한 good, strong (knowledge)

qüvvəlilik *i.* 지적능력, 힘있음 power, capacity

qüvvəsiz *si.* ① 약한, 연약한, 허약한 weak, feeble; ② *fig.* 무력한, 권위 없는 powerless

qüvvəsizlik *i.* 약함, 연약성, 허약함; weakness, feebleness *fig.* 무력함 powerlessness

qüvvət *i.* 힘, 에너지, 정력 energy, strength ○ **qüvvə**; **~ vermək** *fe.* 강하게 하다, 능력 있게 하다, 힘을 주다, 능력을 부여하다 enable

qüvvətləndirici *i.* 강화[증대]시키는 사람[것]; 증강 장치, 증압기(增壓機); 증폭기, 앰프; 확대경 intensifier, amplifier

qüvvətləndirmə *i.* 강화, 보강, 증원 reinforcement, intensification

qüvvətləndirmək *fe.* 강화하다, 증강시키다, 격렬하게 하다; 정도를 더하다, 증대하다; (신념 등을) 강하게 하다; 보강하다; (군대 등을) 강화[증강]하다 strengthen, intensify, corroborate, reinforce

qüvvətlənmək *fe.* 강해지다, 견고해지다; 기운이 나다; 인원을 늘리다; 격렬해지다, 강해지다 become stronger, gain strength ○ **güclənmək**, **zəifləmək**

qüvvətli *si.* ① 정력[활동]적인, 원기(왕성)한; 강건한, 튼튼한; 튼튼하고 잘 자라는 energetic, strong, sturdy ○ **güclü**, **sağlam**, **zəif**; **~ adam** *i.* 근육질 인간 muscle man; ② (건축물, 직물이) 튼튼한, 견고한, 질긴 strong, solid ○ **möhkəm**, **əsaslı**, **tutarlı**, **tə'sirli**; ③ 큰 영향을 주는; 동기[유인]가 되는; 유력한, 행세하는, 세력 있는 influential, capable, gifted ○ **bacarqlı**, **məharətli**, **iste'dadlı**

qüvvətlilik *i.* 강건함, 견고함 power, strength ○ **güclülük**, **taqətlilik**

qüvvətölçən *i.* (기계적인 힘을 측정하는) 역계(力計) dynamometer

qüvvətsiz *si.* ① (물건이) 약한, 부서지기 쉬운; (사람이) (체력에서) 약한, 허약한; (몸의 기관이) 쇠약한; (국가, 법률, 사람 등이) 권력이 세지 않은, 약화된, 체력이 약해진, 허약한 weak, feeble ○ **gücsüz**, **üzgün** , **güclü**; ② 영향력이 없는, 무기력한 uninfluential ○ **təsirsiz**; ③ 불능의, 무력한 unable, incapable ○ **bacarıqsız**, **aciz**

qüvvətsizlik *i.* ① 약함, 부서지기 쉬움, 쇠약함 weakness, feebleness ○ **gücsüzlük**, **üzgünlük**, **güclülük**; ② 영향력 없음 uninfluentiality ○ **təsirsizlik**; ③ 불능, 무능, 무자격 incapability ○ **bacarıqsızlıq**, **acizlik**

qüvvətverici *i.* 강화[증대]시키는 사람[것]; 증강 장치, 강화제 intensifier, amplifier

Q

L·l

labirint *i.* ① 미궁(迷宮) labyrinths, maze; ② *ana.* 미로, small intestine; ③ 혼동, 애매함, 불명료 confusion

laborant *i.* 실험실 조수 laboratory worker, assistant **baş; ~** *i.* 실험실 주임 head laboratory assistance

laboratoriya *i.* 실험실 laboratory; **~ metodu** *i.* 실험 방법 laboratorial method; **dil ~sı** *i.* 랩실, 어학 실습실 language laboratory

labüd *si.* ① 필요한, 요구적인, 당연한, 필수적인 necessary, essential ○ **zəruri, vacib, lazımlı, olumlu**; ② 의무적인, 불가피한, 피할 수 없는 obligatory, inevitable, unavoidable, inescapable; ***Ölüm labüddür.*** *죽음은 불가피하다. Death is inevitable.*

labüdən *z.* ① 반드시, 불가피하게, 의무적으로, 필수적으로 inevitably, obligatorily, of necessity ○ **hökmən, məcburən, mütləq**; ② 하여간, 어쨌든, 좌우간, 원하든 원치 않든 irremediably, whether wanted or not ○ **istər-istəməz, əlacsız, naçar**

labüdlük *i.* 필수성, 불가피성, 필연성 necessity, inevitability ○ **zərurilik, vaciblik, lazımlılıq; inqilabın ~yü** *i.* 혁명의 불가피성 the inevitability of revolution

lacıvərd I. *i.* 청금석 azure stone; II. *si.* 감청색의, 하늘색의 azure, sky-blue

lacıvərdli *si.* 감청색의, 하늘색의 azure, sky-blue

laçın *i. zoo.* (흰) 매 white falcon

lad *i. mus.* 화음, 화성(법) harmony, concord

laəlac *si.* 불치의, 교정할 수 없는 incurable, remediless ○ **əlacsız**

laf *i.* 대화, 회화, 대담, 좌담, 토론 conversation, dialogue, discussion ○ **mükamilə, söhbət, danışıq, söz**

lafet *i.* 트레일러 trailer

lağ *i.* 모욕, 모독, 조롱, 비웃음, 경멸 mockery, ridicule, derision, scorn ○ **istehza, masqara, rişxənd; ~ etmək** *fe.* 놀리다, 모욕하다, 조롱하다 mock, make fun of; **~a qoymaq** *fe.* 조소하다, 조롱하다, 놀리다 play a joke, scoff at, ridicule; ***Məni lağa qoyursan?*** *날 놀리는 거지요? Are you teasing me?*

lağaqoyma *i.* 모욕, 조롱, 능멸, 굴욕 mockery, derision, humiliation

lağan *i.* 개밥 통 bowl for dog food

lağar *i.* 골, 밭고랑 (쟁기에 의한) furrow, groove

lağbaz ☞ **lağçı**

lağçı *i.* 조롱자, 조소자, 모욕자 mocker, scoffer

lağçılıq *i.* 조롱, 조소, 능멸, 모욕 mockery, ridicule

lağım *i.* ① 참호, 지하도, 지하 터널 sap, undermining, underground tunnel, subway; ② 하수도, 하수 처리, 용수로 canal, sewerage; **~ atmaq/vurmaq** *fe.* 밑을 파다, 토대를 허물다, 호를 파다, 대호를 파다 undermine, sap

lağımatan ☞ **lağımçı**

lağımçı *i.* ① 하수관 청소부 drainage cleaner; ② 광부, 참호 공병 sapper, miner; ③ 개척자 field engineer, pioneer

lağlağı[1] *si.* ① 말이 많은, 수다스러운, 재잘거리는, 말하기 좋아하는 talkative, chatty, loquacious ○ **gəvəzə**; *i.* ② 야유, 조소, 경멸 jeering, scorning ○ **zarafatcıl, məzəli**

lağlağı[2] ☞ **lağ**

lağlağılıq *i.* ① 잡담 chatter, jabber, twaddle ○ **gəvəzəlik, boşboğazlıq**; ② 익살스러움, 경박함 jest, facetiousness ○ **zarafatlıq, məzəlilik, hənəkçilik**

lahut *i.* 신성, 거룩함, 신위, 신격 deity, divinity ○ **ilahilik, ülviyyət**
lahuti *si.* 거룩한, 신성한 divine, godly
lax[1] *si.* ① 썩은, 부패한, 손상된 decayed, rotten, spoiled ○ **qoxumuş, iylənmiş (yumurta)**; ② 헛된, 무용의, 무익한 emty, useless; ○ **boş, mə'nasız**; ~ **çıxmaq** *fe.* 헛되다, 무용하다, 쓸모없게 되다 be not realized, come to nothing
lax[2] *si.* 떨리는, 뒤뚱거리는, 비틀거리는 shaky, staggering, tottering, rickety
laxlama *i.* 흔들거림, 비틀거림 swaying, reeling ○ **boşalma, tərpənmə, çalxalanma**
laxlamaq *fe.* 느슨하다, 헐겁다, 불안정하다, 헐겁게 돌다 loosen, be unsteady ○ **boşalmaq, çalxalanmaq, tərpənmək**
laxlamış *si.* 헐거운, 느슨한 loose, unrestrained
laxlatmaq *fe.* 헐겁게 하다, 휘청거리다, 흔들거리다 sway, rock, shake, loosen
laxlıq[1] *i.* 계란의 썩은 상태 spoiled/rotten quality of an egg
laxlıq[2] *i.* 불안정, 헐거움, 느슨함 unsteadiness, looseness, laxity; rottenness ○ **boşluq**
laxta[1] *i.* 엉김, 뭉침 clot; **qan ~sı** *i.* 핏덩이, 피엉김 clot of blood
laxta[2] *si.* 통통한, 살찐, 뚱뚱함 fat, plump, fleshy
lax-tax *si.* 헛된, 조용한, 버려진, 쓸데없는 empty, silent, deserted
laxta-laxta *z.* 덩어리 in clots
laxtalanma *i.* 엉김 (피) thickening (blood)
laxtalanmaq[1] *fe.* 엉기다, 응고되다 coagulate, clot
laxtalanmaq[2] *fe.* 통통해지다 become plump
laxtalaşmaq *fe.* 응고되다, 엉기다 curdle, coagulate, clot, thicken ○ **qatılaşmaq**
lak *i.* 니스, 도료, 옻칠 varnish, lacquer; ~ **çəkmək** *fe.* 니스칠하다, 도료를 칠하다 varnish
Lak *i.* 다게스탄에 사는 소수 민족 중의 하나 a minor Caucasian people group in Dagestan
Lakca *z.* 라크 언어로 in the language of the Lak people
lakçı ☞ **lakçəkən**
lakçəkən *i.* 칠쟁이, 도료공 varnisher
lakey *i.* 하인 footman, man-servant, lackey, flunky
lakin *bağ.* 그러나, 그럼에도 but, nevertheless
laklamaq *fe.* 도료를 칠하다, 니스칠하다 varnish
laklı *si.* 니스칠한 varnished
lakmus *i. kim.* 리트머스 litmus; ~ **kağızı** *i.* 리트머스 시험지 litmus paper
laktasiya *i.* 젖의 분비, 수유(기), 포유(기) lactation
laqeyd *si.* 무관심한, 냉담한, 무심한, 냉정한 disinterested, indifferent, nonchalant, unaffected, unmoved, cool, careless, lgiht-minded ○ **biganə, başısoyuq, səhlənkar** ● **məsuliyyətli**; ~ **olmaq** *fe.* 무관심하다 be indifferent ~**cə(sinə)**; *z.* 무관심하게, 무심하게, 냉담하게 indifferently, carelessly, nonchalantly
laqeydləşmək *fe.* 부주의하다, 무심하다, 무관심하다 become careless, become light-hearted, become indifferent ○ **ciddiləşmək**
laqeydlik *i.* 무관심, 냉담, 태연함, 무시, 경시, 방치, 소홀 indifference, nonchalance, neglect, negligence ○ **biganəlik, başısoyuqluq, səhlənkarlıq**; ~ **göstərmək** *fe.* 무시하다, 무관심하다 neglect, be indifferent; ~**lə** *z.* 소홀히, 무관심하게, 냉담하게 indifferently
laqqalaq *onomatopoeic.* (의성어) 콸콸, 졸졸 (병이나 주전자에서 물을 따를 때) gurgling (noise when pouring water from narrow necked bottle)
laqqıldama *i.* 콸콸거림, 졸졸거림 gurgling, lap; **suyün ~sı** *i.* 물이 콸콸 쏟아지는 소리 gurgle of water; **dalğaların ~sı** *i.* 파도가 철썩거림 lap of waves
laqqıldamaq *fe.* (콸콸, 철썩, 졸졸) 소리를 내다 gurgle, lap
laqqıldatmaq *fe.* (물, 우유 등) 할짝할짝 핥다, 찰싹거리게 하다 lap, lick up (milk *etc.*)
laqqıltı *i.* ① 찰싹거림, 할짝거림 gurgling, lap; ② ☞ **laqqırtı**
laqqırtı *i.* 잡담, 재잘거림, 종알거림 chatter, jabber, babble; ~ **vurmaq** *fe.* 재잘거리다, 잡담하다, 지껄이다 chat, blabble
laq-laq *onomatopoeic.* (학이나 황새가) 딱딱거림 the sound a stork makes
lal *si.* ① 벙어리의, 말을 못하는 dumb, mute; ② 침묵의, 조용한; ~ **olmuş** *si.* numb 마비된, 언, 저린 silent, calm
lalapiti(k) *si.* 중얼거리는 stammering, mumbling
lal-dinməz I. *z.* 말하지 않고, 말없이 without

L

speaking; II. *si.* 말수가 적은, 무뚝뚝한, 입이 무거운 taciturn, reticent

laldili *i.* 수화(手話) sign-language

lalə I. *i. bot.* 양귀비속(屬)의 각종 식물; 튤립; 그 꽃 [알뿌리] poppy, tulip; II. *si.* 붉은 색의, 적색의, 흑적색의 red, crimson

lalədodaq *si.* 붉은 입술의 having tulip-red lips

laləgün *si.* 튤립처럼 붉은 red as a tulip

laləlÉ™nmək *fe.* ① 튤립으로 덮이다 be covered with tulip; ② 붉게 되다 redden

laləli *si.* 튤립이 있는 planted with tulips, having tulips

laləlik ☞ **laləzar**

lalərəng *si.* 튤립 같은 적색의 tulip- like red colour

lalərüx ☞ **laləyanaq**

laləyanaq *si.* 볼이 붉은 having red cheeks

laləzar *i.* 튤립 정원 tulip garden

laləzarlıq ☞ **laləzar**

lalıq *si.* 너무 익은, 과숙한 overripe ○ **lırt**

lalıqlıq *i.* 과숙(過熟) overripeness

lalıqlamaq *fe.* 과숙하다, 너무 익다 overripe

lal-kar *si.* ① 농아의, 귀먹어 말못하는 deaf and dumb, deaf-mute ; ② 조용한 still, silent

lallaşmaq *fe.* 조용히 되다, 과묵하게 되다, 말을 못하게 되다 become mute, become dumb

lallıq *i.* 말 못 함, 조용함, 소리 없음 dumbness, muteness ○ **sakitlik, səssizlik, dinməzlik**

lal-mat *z.* 말이 안 나올 정도로 놀라서, dumbfounded, speechless

lam *si.* 말없는, 조용한, 소리 없는 mute, speechless ○ **ahəstə, sakit, səssiz**

lama *i. zoo.* 라마 (양과 비슷하나 목이 김) lama

lama *i.* 라마 불교 승려 Lama (Lamaism)

lamaizm *i.* 라마 불교 lamaism, Lama Buddhism

laməhalə *z.* 최소한, 적어도 at least ○ **ən azı, heç olmazsa**

laməkan ☞ **məkansız**

laməzhəb *si.* 비종교적인, 신앙이 없는, 믿지 않는 irreligious, unbelieving ○ **məzhəbsiz, dinsiz, allahsız**

lamisə *i.* 촉감(觸感), 촉각(觸覺) tactile sensation, sense of touch

lampa *i.* 램프, 남포, 등 lamp; ~ **şüşəsi** *i.* 남포 유리 lamp chimney; ~ **işığı** *i.* 등잔불 lamp light

lampacıq *i.* 작은 등잔 small lamp

lampoçka *i.* 전구, 등잔 bulb, light bulb

lampaüstü *i.* 전등 갓 lampshade

landşaft *i.* 전등 갓 landscape

lap *əd.* 매우, 아주, 상당히, 꽤 very, rather, quite, awfully, exactly ○ **ən, çox**; ~ **uzaqlarda** *z.* 매우 먼 far off; ***Lap yaxşı ki.*** *아주 좋기로는. All the better.*; ***Mən lap köməksizəm.*** *난 도대체 도움이 안돼. I'm awfully helpless.*

lapar-lapar *z.* ① 조각 조각 piece by piece; ② 눈꽃으로, 눈 조각으로 having big flakes (of snow in calm weather)

lapçın *i.* 슬리퍼, 덧신 slippers

lap-lap *z.* 당황하여, 놀라서 astonishingly, perplexedly

lappadan *z.* 갑자기, 느닷없이 suddenly, unexpectedly ○ **gözlənilmədən, qəfildən, birdən**

ları *si.* 목이 긴 (암탉) long-necked, long-legged (hen)

laringit *i. med.* 후두염 laryngitis

larinqologiya *i.* 이비인후과학 otorhinolaryngology

larinqoloq *i.* 이비인후과 의사 otorhinolaryngologist

larinqoskop *i. med.* 후두경(鏡) laryngoscope

las I. *i. onomatopoeic.* 닭을 잡으려고 할 때 내는 소리 sound made in trying to catch hens; II. *si.*불능의, 무능의 ncapable

lastik[1] *i.* 면직류의 일종 a kind of cotton clothing material

lastik[2] *i.* 고무줄 elastic rubber band

latayır *si.* 비사교적인, 반사회적인, 성질이 비뚤어진, 항상 남을 헐뜯는 cynical, asocial ○ **ədəbsiz, nalayiq, hərzə**

latayırçı *i.* 비꼬는 사람, 냉소가, 조소가 cynic

latayırçılıq *i.* 냉소주의, 냉소적 사고 방식; 견유 철학 cynicism

Latınca *z.* 라틴어(로) the Latin language

Latınlar *i.* 라틴족 (이탈리아, 스페인, 프랑스, 포르투갈 등) Latin, Roman (people)

Latınlaşdırmaq *fe.* 라틴화 하다 Latinize

Latış *i.* 라트비아인 Latvian

latifundiya *i. tar.* 라티푼디움 (노예를 부려 경작한 고대 로마의 대토지) latifundium

latin *si.* 라틴의; Latin; ~ **dili** *i.* 라틴어; 라틴 문자, 로마 문자 Latin language; ~ **əlifbası** Latin (Ro-

man) alphabet
latinizm *i.* 라틴어풍 (투, 어법) Latinism
latinist *i.* 라틴어 학자 Latinist
lat-lüt *si.* ① naked 벌거 벗은 ○ **çılpaq**; ② poor (man) 가난한, 빈궁한 ○ **kasıb, yoxsul**
latun *i.* 놋쇠, 황동; 놋쇠 빛깔 brass
latviya *i.* 라트비아, 라트비아인 Latvia, Latvian
latviyalı *i.* 라트비아 인 Latvian (☞ **Latış**)
laureat *i.* 월계관, 계관 laureate
laübalı *si.* 냉정한, 무관심한, 사려 없는 indifferent, apathetic, inconsiderate ○ **etinasız, saymaz, laqeyd**
laübalılıq *i.* 무관심, 비정함, 배려 없음 indifference, apathy, inconsiderateness ○ **e'tinasızlıq, saymazlıq, laqeydlik**
lava *i.* 용암(熔岩) lava
lavaş *i.* 라바쉬 (얇게 펴 만든 빵) lavash (bread made from thinly rolled dough)
lavaşa¹ ☞ **lavaşana**
lavaşa² *i.* (말 굴레의) 재갈 bit (tightening a horse's head through the mouth and ear when shoeing)
lavaşalamaq *fe.* 재갈을 물리다 tighten a horse with a bridle
lavaşana *i.* 건과, 신 알약 dried sour fruit, sour pastille
lavaşqulaq *si.* 토끼·개 등이 귀가 처진 lop-eared ○ **palazqulaq**
lavaşlamaq *fe.* 라바쉬를 만들다 make **lavaş**
lavta *i.* 분만용 핀셔 obstetrical pincers
lay¹ I. *i.* ① 층, 막; 지층 layer, stratum, coating ○ **qat, təbəqə, qalaq**; ② (수의 뒤에서) 줄, 칸 row, line ○ **cərgə, sıra**; II. *si.* 온전한, 완전한, 전체적인 whole, complete
lay² *i.* (접는 부분의) 한쪽, (짝의) 한쪽 each side of something foldable, one of a pair ○ **tay**
laybalay¹ ☞ **lay-lay²**
laybalay² *si.* 한쪽 한쪽 of each side
laydır *i.* 쟁기에서 흙을 뒤집는 부분 part of the plough which turns the soil
layəmut *si.* 불멸의, 불사의 immortal ○ **ölməz**
layihə *i.* 프로젝트, 사업; 고안, 계획 design, device, plan, project, proposition, scheme; **qanun ~si** *i. pol.* 법안, 의안 bill
layihəçi *i.* 기획자, 설계자, 계획 입안자 planner, designer, architect
layihələşdirmək *fe.* 기획하다, 설계하다, 계획을 짜다 project, design, plan
layiq *si.* 합당한, 정당한, 자격 있는, 적절한 worth, worthy, proper, suitable ○ **ləyaqətli, dəyərli, qiymətli, hörmətli, ehtiramlı, münasib, yaraşan**; **~ olmaq** *fe.* 마땅하다, 그럴 만한 가치가 있다 deserve, earn, merit; **~ olmayan** *si.* 부적합한, 가치가 없는 unworthy; **~ görmək** *fe.* 가치를 보다, 적절하다고 생각하다 deem worthy/suitable; **~incə** *z.* 적절히, 마땅히, 부합하여 in proper manner, well, properly
layiqi ☞ **layiqli**
layiqli *si.* 맞는, 적절한, 부합하는, 마땅한, 합당한 fit, worthy, deserving, proper ○ **ləyaqətli, dəyərli, qiymətli, hörmətli**
layiqlilik *i.* 존귀함, 존엄성, 적절함, 가치 있음, 소중함, 공로, 공적, 미덕, 덕, 덕목 dignity, quality, merit, virtue ○ **ləyaqətlilik, dəyərlilik, hörmətlilik**
layiqsiz *si.* ① 무가치한 unworthy, unrespectable ○ **ləyaqətsiz, dəyərsiz, hörmətsiz**; ② 적절치 않는, 부합하지 않는 indecent, improper, obscene ○ **ədəbsiz, yaramaz, nalayiq**
layiqsizlik *i.* ① 저속함, 야비함, 외설스러움, 속악함, 상스러움 obscenity, indecency ○ **ləyaqətsizlik, dəyərsizlik, hörmətsizlik**; ② 부적절, 어울리지 않음, 무가치 uselessness, unworthiness, improperness ○ **ədəbsizlik, yaramazlıq, nalayiqlik**
laylama *i.* 층을 이룸, 계층 분화 layer, stratum
laylamaq *fe.* 층을 나누다, 층층이 쌓아 올리다 divide into layers, stratify, put layer on layer
laylanmaq *fe.* 층을 이루다, 겹겹이 쌓이다 be deposited, form strata, layer
layla *i.* ① 자장가 lullaby; ② 아제르바이잔 시형식의 하나 a form of Azerbaijani poem; **~ çalıb yatırtmaq** *fe.* 자장가를 불러 재우다 lull, rock
lay-lay *z.* 층층이, 겹겹이 layer upon layer, ply on ply ○ **qat-qat, qalaq-qalaq**
laylı *si.* ① 박막의, 층을 이룬 flayed, foliated, lamella ○ **qatlı, təbəqəli, qalaqlı**; ② *min.* 편암(片岩)의 schistose
layner *i.* 안감 liner
lazım *si.* 필요한, 필수의, 없어서는 안 될, 적절한 necessary, due, proper ○ **gərək, vacib**; **~ gələn** *si.* 적절한, 필요한, 잘 맞는 proper; **~ ol-**

maq *fe.* 필요로 하다, 필수적이다; need, be needed, be necessary; **~ınca** *z.* 적절히 properly

lazımi *si.* 필요한, 적절한 necessary, due, proper ○ **gərəkli, vacib, zəruri**

lazımlı *si.* 필요한, 유용한 necessary, useful ○ **gərəkli, faydalı, zəruri**; ~ **şey** *si.* 필요한 일, 필수품 necessary thing

lazımlılıq *i.* 유용성, 필요성 usefulness, necessity ○ **gərəklilik, zərurilik**

lazımlıq *i.* 필요성, 수요, 요구, 불가결 necessity, requirement, indispensability ○ **gərəklik, zərurilik, vaciblik**

lazımsız *si.* ① 불필요한, 무관한, 필요 없는 useless, irrelevant, unnecessary, unwanted ○ **gərəksiz, lüzumsuz, izafi, yararsız, faydasız**; ② 잉여의, 초과의, 남는 surplus, superfluous, needless ○ **artıq**; ~ **narahatlıq** *i.* 안달, 소란, 야단법석 fuss

lazımsızlıq *i.* ① 불필요함, 상관없음, 필요 없음 uselessness, irrelevance, unnecessity ○ **gərəksizlik, lüzumsuzluq, izafilik, yararsızlıq, faydasızlıq**; ② 잉여, 남음, 초과함 surplus ○ **artıqlıq**

ledi *i.* 여자, 부인 lady

legion *i. tar.* 레기온 (고대 로마의 군단; 3,000-6,000명의 보병으로 편성됨) legion (Roman)

leqal *si.* 적법한, 합법적인, 법률에 입각한 legal, lawful

leqallaşdırmaq *fe.* 적법화시키다, 공인하다 legalise

leqallaşmaq *fe.* 적법화되다, 공인되다 become legalized

leqallıq *i.* 적법성, 합법성 legality

lehim *i.* 납땜 solder, soldering ○ **qalay**

lehimçi *i.* 양철장이, 생철공 tin-man, tin-smith, tinker

lehimləmə *i.* 납땜, 놋쇠 세공 soldering, brazing, cohesion

lehimləmək *fe.* 납땜질하다, 납으로 때우다, 결합하다 solder, braze, unite ○ **qalaylamaq, yapışdırmaq**

lehimlənmək *fe.* 납땜질되다 be soldered

lehiməyici *si.* 납땜의, 납땜하는 soldering

lehimli *si.* 납땜한, 납으로 때워진 soldered ○ **qalaylı**

lehimlilik *i.* 납땜 soldering ○ **qalaylılıq**

lehimsiz *si.* 납땜하지 않은 not soldered ○ **qalaysız**

lehimsizlik *i.* 납땜질됨 state of being unsoldered ○ **qalaysızlıq**

lehinə *qo.* ~에 찬성하여, ~편들어, ~을 지지하여 on behalf of, in favour of

lehmə *i.* 진흙, 진창 watery mud

lehməqarın *si.* 대식하는, 탐욕스러운, 식욕이 왕성한 gluttonous, voracious

lehməli *si.* 매우 어두운 muddy, murky

lehməlik *i.* 진흙 구덩이 mud hole

lek *i.* 알바니아 화폐 단위 Albanian currency

lekal *i.* 운형(雲形)자 curved ruler, French curve

leksik *i. dil.* 어휘의, 사전의, 사전적인 lexical

leksika *i.* 사전, 사서, 고전어 사전, 어휘 lexicon

leksikoqraf ☞ **lüğətçi**

leksikoqrafiya ☞ **lügətçilik**

leksikologiya *i.* 어휘론(語彙論) lexicology

leksiya *i.* 강의, 강연 lecture ○ **mühazirə**

lektor *i.* 강사 lecturer, instructor

lektoriya *i.* 강의실 lecture hall

lemma *i. riy.* (논증·증명의) 보조 정리; (문장, 토론의) 주제, 테마, 제목; (사전 등의) 표제어 lemma, thesis, title

lenç *i.* 점심 lunch

lend-liz *i.* 토지 임대 land-lease

Leninçi *i.* 레닌주의자 Leninist

Leninizm *i.* 레닌주의 (프롤레타리아 독재를 주장하는 공산주의의 이론) Leninism

lent *i.* 필름, 얇은 막, (구두 등 매는) 끈, (가늘고 긴 종이, 천 등의) 테이프 film, fillet, lace, ribbon, strip, tape; ~ **yazısı** *i.* 촬영, 기록, 녹화, 녹음; record ~**ə yazmaq** *fe.* 녹음하다, 녹화하다 record

leprozori *i.* 나병원(癩病院) hospital for lepers

leş *i.* 짐승의 썩은 고기, 부육(腐肉) carrion, dead flesh ○ **cəmdək, laşə**

leşyeyən *i.* (죽은 고기를 먹는) 독수리; 콘도르 carrion vulture, buzzard, carrion-eagle

ley *si.* 사냥하는, 육식의, 짧은 부리의 short-billed, hunting, carnivorous (bird)

leyborist *i.* 영국 노동당원 (지지자) labourist

leyk ☞ **kakin**

leyka *i.* (독일산) 카메라 leica (small photo camera)

leykamiya *i. tib.* 백혈병 leukaemia

leykosit *i.* 백혈구 leukocyte

leyl *i.* 밤, 야간 night ○ **gecə**

leylac *i.* 상습 도박꾼 inveterate gambler

leylacı ☞ **qıyğacı**

leylək *i. zoo.* 황새 stork (☞ **hacıleylək**)

leyli *si.* 밤의, 야간의 having to do with the night

leysan *i.* 소나기 shower ○ **gürşad**; ~ **yağmaq** *fe.* 소나기가 내리다 shower

leytenant *i.* 위관 장교, 상관 대리 부관 lieutenant

leytmotiv *i. mus.* (악극에서) 시도동기(示導動機) leading motive

ləb *i.* 입술 lip ○ **dodaq**

ləbaləb ☞ **ləbələb**

ləbbadə *i.* 겉옷, 외투, 가운 cloak, gown, robe

ləbbeyk *əd.* 명령에 대기; waiting for a command; ~ **demək** *fe.* 명령에 대기하다 wait for a command

ləbbeykdeyən *i.* 명령 대기자 man who acts only on another's order

ləbələb *si.* 완전히 꽉 찬, 목에 찬 completely full ○ **ağızbaağız**

ləbləbi *i.* ① 볶은 콩 roasted pea; ② 볶은 근대 roasted beet

ləc I. *i.* 증오자, 원수, 적 hater, bitter enemy ○ **düşmən, qərəzkar, qənim**; II. *si.* ① 증오에 찬, 복수심에 찬 odious, hateful ○ **öcəşik**; ② 짓궂은; 말썽을 부리는 mischievous ○ **dəcəl, nadinc**

ləcləşmək *fe.* 서로 싫어하다, 서로 증오하다 hate each other, detest each other

ləclik *i.* 증오, 혐오, 완고함, obstinacy, stubbornness ○ **nifrət, kin, ədavət, qərəz**; ~ **etmək** *fe.* 고집하다, 끈덕지게 되풀이하다 persist (in)

ləçək *i.* ① 삼각 두건 head kerchief (triangle) ○ **yaylıq, dəsmal**; ② *bot.* 꽃잎, 화판 petal ○ **yarpaq**; **qızıl gülün ~yi** *i.* 장미 꽃잎 rose petal, rose-leaf

ləçəklənmək *fe.* 꽃이 피다, 개화하다 bloom, flower

ləçəkli *si.* ① 두건을 쓴 covered with head-kerchief; ② 꽃잎이 있는 petalous, petalled ○ **yarpaqlı**

ləçəksiz *si.* 꽃잎이 없는 apetalous

ləçər I. *i.* (여자에게 욕할 때) 고약한 년, 파렴치한 년! stinker, impudent woman, shameless woman (insulting word for woman); II. *si.* ① 뻔뻔한, 파렴치한, 부끄러운 줄 모르는, 경박한 impudent, shameless, dishonorable ○ **həyasız, ədəbsiz**; ② 더러운, 비천한, 불순한 mean, impure, base ○ **əclaf, murdar, rəzil, nacins**

ləffazlıq *i.* 허튼 소리, 어리석음 nonsense, absurdity, jest ○ **naqqallıq, boşboğazlıq**

ləfz *i.* 발음, 표현, 발표 pronunciation, expression ○ **söz, kəlmə**; ~ **etmək** *fe.* 발음하다, 표현하다 pronounce, express

ləğəndə *i.* 꺾꽂이 (나무의 어린 가지를 잘라 흙에 묻어 번식시키는 방법 cutting and planting ○ **daldırma**

ləğm ☞ **lağım**

ləğv *i.* ; ~ **etmə** *i.* 취소, 철회, 폐지, 폐기 abolition, repeal; ~ **edilmiş** *si.* 폐기된, 철폐된 null and void; ~ **etmək** *fe.* 취소하다, 철폐하다, 폐지하다, 거절하다, (명령, 주문을) 철회하다, 배제하다, 제거하다, 청산하다 abolish, repeal, annul, veto, abrogate, abate, cancel, countermand, eliminate, liquidate, quash, recall, root out

ləğviyyat *i.* 허튼 소리, 무의미한 말, 뻔뻔한 태도 nonsense, empty prattle ○ **boşboğazlıq, cəfəngiyat**

ləh *i.* 이랴! (말을 출발시키기 위해 내는 소리) *onomatopoeic.* sound made to prompt a horse to go

ləhcə *i.* ① *dil.* 방언 dialect; ② 언어 language

ləhcəşünas *i.* 방언학자 dialectologist ○ **dialektoloq**

ləhcəşünaslıq *i. dil.* 방언연구, 방언학 dialectology ○ **dialektologiya**

ləhləmək *fe.* (짐승이) 숨을 거칠게 내쉬다 pant, gasp for breath (animal) ○ **tövşümək**

ləhlətmək *fe.* 숨차게 하다 cause to pant, force to work to exhaustion

ləhləyə-ləhləyə *z.* 숨이 차서, 황급히, 혼란하여 out of breath, hurry-scurry

ləhn *i.* 음조, 억양 tone, intonation

ləhzə *i.* 순간, 찰나 instant, second, moment (the shortest time) ○ **an, saniyə, dəm; bir ~də** *z.* 한순간에, 눈깜짝할 사이에 in an instant, in a moment, in a flash

ləhzəlik *i.* 한순간의 시간 the shortest duration; **bir ~** *z.* 순간적으로, 즉시, 즉각적으로 in an instance, instantaneously

ləxləxə *i.* 혼란시키기, 혼란 상태, 혼잡, 동요, 흥분, 소란 confusion, commotion ○ **pozğunluq, qarışıqlıq, şuluqluq**

lək *i.* 모판, 못자리, 온상 (seedling) bed; ~ **açmaq** *fe.* 모판을 만들다 dig beds

ləkə *i.* ① 점, 흠, 얼룩, 오점, 반점 blot, patch, smear, smudge, spot, taint, stain ○ **çirk, kir**; ② 불명예, 오점, 결점, 흠 dishonour, disgrace ○ **damğa, rüsvayçılıq, üzüqaralıq, biabırçılıq, bədnamlıq**; ~ **salmaq** *fe.* 얼룩지다, 더럽히다, 흠내다 blot; ~-~ *z.* 점이 많은 spottily; ***Günəşdə də ləkə var.*** *태양도 흑점이 있다. 완전 무결은 없다. Nothing is perfect.*

ləkəaparan *i.* 표백제, 표백 bleach

ləkəcik *i.* 작은 반점 small spot

ləkədar ☞ **ləkəli**

ləkələmək *fe.* ① 더럽히다, 얼룩지게 하다, 반점을 만들다 blot, smear, taint, stain, blemish ○ **bulamaq, batırmaq**; ② 불명예스럽게 하다 blacken, compromise, dishonour ○ **utandırmaq, pisləmək, qaralamaq**

ləkələnmək *fe.* 얼룩지다, 오점을 남기다 be spotted, be blotted

ləkəli *si.* 얼룩진, 더럽혀진 stained, spotty ○ **çirkli, kirli**

ləkər *i.* 외관, 겉보기, 용모, 풍모, 모양, 외형 image, appearance ○ **görkəm, surət, sir-sifət**

ləkərsiz *si.* 추한, 못생긴, 험상궂은 ugly, hideous ○ **kifir, çirkin, bədləkər**

ləkəsiz *si.* 깨끗한, 오점 없는 spotless, stainless ○ **təmiz**

ləkəsizlik *i.* 깨끗함, 무흠 spotlessness, blamelessness

ləkətəmizləyən *i.* (얼룩) 제거제 remover (stain, spot)

ləktə *si.* (여자들에게) 뻔뻔한, 경솔한, 오만한, 벗어난, 수치스러운 impudent, errant, shameless (just for woman) ○ **həyasız, abırsız**

ləqəb *i.* 별명, 애칭, 익명, 가명, 필명(筆名) nickname, pseudonym, alias, pen-name ○ **təxəllüs, ayama**; ~ **qoymaq** *fe.* 별명을 부치다, 별명을 부르다 nick name

ləqəbli *si.* 별명의, 필명의, 가명의 nicknamed

ləl *i.* ① 루비, 홍옥 ruby; ② 홍조를 띄는 신체의 부분 (입술, 볼) parts of the body which have a reddish hue, such as lips and cheeks

ləl-cavahirat *i.* 보석 gem, precious stone

lələ *i.* ① (부자 집 자제를 위한) 가정교사 tutor (for children of wealthy families); ② (나이든 남자를 부르는) 아저씨 uncle (used for addressing an adult or an aged man)

lələdağ ; ~ **etmək** *fe.* 화를 촉발하다 irritate, anger ○ **hirsləndirmək, acıqlandırmaq**

lələgilə *i.* 아이들을 달래는 물건 something used for wheedling a child (like candy, fruit *etc.*)

lələ-giryan *si.* 집 없는 homeless

lələk *i.* 깃(털) feather

lələklənmək *fe.* (둥지를 떠날 만큼) 성장하다 become fully fledged

lələkli *si.* 깃털이 있는, 깃털의 feathery, feathered

lələksiz *si.* 깃털이 없는 featherless

lələkvarı *si.* 깃털 같은 feather-like

lələlik *i.* 가정교사일 tutoring; ~ **etmək** *fe.* 아첨하다, 알랑거리다 flatter

lələş *i.* 순종적인 종 obedient servant

ləli ☞ **nənni**

ləlik *i.* 호소, 탄원, 간청 pleading, suppliant, supplicatory ○ **yalvarış**

ləlimək *fe.* 호소하다, 탄원하다, 간청하다 entreat, implore, supplicate ○ **yalvarmaq**

ləlo; ~ **getmək** *fe.* 열망하다 have an appetite, be eager to have, have an ardent desire

ləlöyün *si.* 탐욕스런, 욕심 많은, 몹시 탐내는 grasping, greedy, avid ○ **acgöz, tamahkar, dargöz, qarınqulu**

ləlöyünlük *i.* 탐욕스러움, 욕망, 갈망, 탐욕 greediness, avidity ○ **acgözlük, tamahkarlıq, dargözlük, qarınqululuq**

ləmə *i.* 찬장, 선반 shelves on walls on which kitchen utensils are, shelf ○ **rəf**

ləməli *si.* 선반이 있는 having a shelf ○ **rəfli**

ləmpə *i.* 천장 ceiling ○ **tavan, səqf**

ləmpəli *si.* 천장이 있는, 천장의 having a ceiling ○ **tavanlı, səqfli**

ləms *si.* 나른한, 노곤한 languid, sluggish, phlegmatic ○ **əzgin, süst, halsız, ölgün, hissiz**; ~ **eləmək** *fe.* 나른하게 느끼다 feel tiredsome

ləmsləşmək *fe.* 무감각해지다 become sluggish, become numb ○ **süstləşmək, keyləşmək, halsızlaşmaq, hissizləşmək**

ləmyesir ☞ **əsir-yesir**

lənbər; ~ **vurmaq** *fe.* (좌우로) 흔들거리다, (가득 한 물이) 찰랑거리다, (찰랑거리는 물이) 옆으로 쏟아지다, (찰랑찰랑) 물을 나르다 shake, pour, carry water

ləndəhor *si.* 초라한, 낡은 rough, coarse, shabby, tough ○ **qaba, kobud, nataraz, yekəpər, zorba**

lənət *i.* 저주 curse, imprecation ○ **nifrin, qarğış**; **~ə layiq** *si.* 저주받을 만한, 꺼림칙한, 괘씸한 damnable; **~ə gəlmiş** *si.* 저주받은 damned; ***Lənətə gəlsin!*** *제기랄! Damn!, Damnation!*

lənətləmə *i.* 저주, 악담 cursing ○ **nifrinləmə, qarğışlama**

lənətləmək *fe.* 저주하다, 악담하다 curse, damn ○ **nifrinləmək, qarğışlamaq**

lənətlənmək *fe.* 저주받다 be cursed ○ **qarğınmaq**

lənətlik *i.* ① 저주, 욕, 중상, 비방, 비난, 혹평 (받을 만한 일) damnation, imprecation, malediction ; ② 저주 curse

lənətüllah *ni.* 저주받을 놈! God damn you!

ləng I. *i.* 굼벵이, 느림보, 꾸물거리는 사람 slow coach, laggard; II. *si.* 느린, *z.* 느리게 slow; slowly ○ **yavaş, asta**

ləngər *i.* ① 목재, 하물 lumber, burden; ② 닻 anchor ○ **lövbər**; ③무게, 중력, 바닥짐 ballast, weight, gravity ○ **ağırlıq, taraz**; ~ **vurmaq** *fe.* 균형을 이루다 balance; **~lə** *z.* 무겁게, 육중하게 heavily

ləgəri *i.* 동판 접시 bronze tray

ləngərləmək *fe.* 기울다, 굽히다, 경사지게 하다, 흔들리게 하다 lean, slant, swing, anchor ○ **əyilmək, yellənmək, yırğalanmaq, səndələmək**

ləngərlənmək *fe.* 기대다, 의지하다, 기울다, (고정된 자리에서) 흔들거리다 lean, lie over, tilt, incline, keep balance

ləngərli *si.* ① 균형 잡힌, 안정된 balanced; ② 육중한, 무거운, 짐을 실은 heavy ○ **ağır, yüklü**

ləngəryeriş *i.* 완보, 무거운 걸음 slow walk, heavy walk

ləngidici *si.* 지체되는, 늦어지는 delaying

ləngidilmək *fe.* 연기되다, 지체되다 be delayed, be postponed

ləngimə *i.* 지체, 연기, 망설임, 주저 delay, hesitation ○ **yavaşıma, gecikmə, yubanma**; **~dən** *z.* 지체없이, 즉각적으로 without delay, on the spot

ləngimək *fe.* ① 늦어지다, 연기되다 delay; ② 늦다, 뒤처지다 be late, stay back ○ **yavaşımaq, gecikmək, yubanmaq**

ləngitmə *i.* 지체, 주저함 delay

ləngitmək *fe.* 지체시키다 delay, cause to be late

lənglik *i.* 느림, 지체됨 sluggishness, delay ○ **yavaşlıq, astalıq**

ləpə¹ *i.* 파도 wave ○ **dalğa**

ləpə² *i.* (견과류의) 속, 알맹이 kernel (walnut, hazelnut)

ləpə³ *i. bot.* 떡잎, 자엽(子葉) 열편(裂片) seed-lobe, seed-leaf ○ **dilim, fal**

ləpədöyən *i.* 파도타는 사람, (해안에 부딪쳐 생기는) 쇄파(碎波) surf, breakers

ləpələmək *fe.* (견과류의) 껍질을 깨다, 껍질을 벗기다 husk, remove the shell (of nuts)

ləpələnmə *i.* 파도치기, 거친 파도 choppiness, roughness ○ **dalğalanma**

ləpələnmək *fe.* 파도가 거칠어지다 be rough, be choppy, rise in waves ○ **dalğalanmaq**

ləpə-ləpə *z.* ① 철썩 철썩, 철썩거리며 wavily ○ **dalğa-dalğa**; ② 조각 조각 piece by piece ○ **dilim-dilim**

ləpəli¹ *si.* 파형의, 파도의 waved, wavy ○ **dağlalı**

ləpəli² *si.* 속이 찬 (견과) containing a kernel ○ **içli (qoz, fındıq)**

ləpəli³ *i. bot.* 떡잎이 있는, 자엽의 seed-lobed, seed-leafed ○ **dilimli, fallı**

ləpəsiz¹ *si.* 파도가 없는, 잔잔한 waveless ○ **sakit**

ləpəsiz² *si.* 떡잎이 없는 without seed-leaf ○ **dilimsiz, falsız**

ləpik¹ *i.* 매끈한 조약돌 smooth and plain stone, pebble

ləpik² *i.* 실내화 slipper

ləpikdaş *i.* (아이들 놀이) 공깃돌, 구슬 jackstone, marbles (children's game)

ləpir¹ *i.* 흔적, 표시, 자취, 자국 track, footprint, footstep, trace ○ **iz, nişan**

ləpir² *i.* 다리가 짧은 닭의 종류 a variety of short-legged chicken

ləpirçi *i.* 추적자 (사냥) tracker (hunting)

lərgə *i. bot.* 버즘나무, 플라타너스 plane tree
lərgəlik *i.* 플라타나스 숲 (정원) plane grove
lərzan *i.* 떨림 (추위 공포 등) thrill ○ **titrək**, **rəşədar**; ~ **etmək** *fe.* 떨다, 오싹하다 thrill, shudder
lərzə *i.* 전율, 공포, 놀람, 동요, 떨림, 몸서리 thrill, shudder, trembling, trepidation; **~yə salmaq** *fe.* 떨게 하다, 몸서리치게 하다, 전율케 하다 thrill; **~yə düşmək** *fe.* (생각에) 떨다, 오싹하다 tremble at the thought of
lərzələnmək *fe.* 떨다, 오싹하다, 전율하다 shudder, tremble
ləşkər *i.* 군대, 부대 army, troop ○ **qoşun**, **ordu**
ləşkərgah *i.* 검문소 post, army post
lət *si.* ① 살찐, 뚱뚱한, 비만한 pulp, flesh, fat ○ **şişkin**, **kök**, **köpüş**, **qosqun**; ② 부은, 무른, 늘어진 flabby, weary, languid ○ **əzgin**, **süst**, **ölüvay**
lətafət *i.* ① 세련, 고상함, 우아함, 교양, 우미, 공손함; refinement, elegance, grace, courtesy, kindness; ② 미, 아름다움, 미모, 매력, 애교, 매료 beauty, charm, fascination ○ **zəriflik**, **incəlik**, **gözəllik**
lətafətli *si.* 우아한, 세련된, 부드러운, 공손한, 매료하는 graceful, tender, pleasant, charming, delightful, lovely, refined, elegant ○ **zərif**, **incə**, **gözəl**
lətafətlilik ☞ **lətafət**
lətif *si.* 우아한, 매력적인, 부드러운, 상냥한, 호감이 가는 graceful, tender, pleasant, charming, delightful, lovely, refined, elegant ○ **lətifətli**
lətifə[1] *i.* 일화, 기담, 일사, 익살 anecdote, humour, gag
lətifə[2] *si.* 아름다운, 우아한, 예쁜 beautiful, pretty, graceful ○ **gözəl**, **incə**, **qəşəng**
lətifəçi *i.* 개그맨, 코미디언, 익살꾼, 만담가(漫談家) gagman, comic chat artiste, comedian
lətifətli *si.* 부드러운, 세련된, 섬세한, 미묘한 tender, delicate ○ **lətif**
lətifləşmək *fe.* 세련되다, 예뻐지다 be beautified, become prettier ○ **incələşmək**, **zərifləşmək**, **gözəlləşmək**
lətiflik *i.* ① 우아함, 세련됨 kindness, courtesy ○ **yumşaqlıq**, **mülayimlik**, **xoşluq**, **lətafət**; ② 아름다움, 미모 beauty ○ **incəlik**, **zəriflik**, **qəşənglik**
lətlənmək ☞ **lətləşmək**
lətləşmək *fe.* 비만해지다, 뚱뚱해지다 grow fat and flabby ○ **şişkinləşmək**, **tosqunlaşmaq**
lətlik *i.* ① (배가) 볼록함, 뚱뚱함, 비만, 비대 paunchiness, stoutness, corpulence, obesity ○ **şişkinlik**, **tosqunluq**, **köplük**; ② 무기력함, 부음, 연약함 flabbiness, sluggishness, weariness ○ **əzginlik**, **süstlük**, **ölüvaylıq**
ləvazimat *i.* 비품, 설비, 연장, 장치, 도구, 용구, 필수품 necessities, equipment, gear, outfit, utensil, munitions, supplies, provisions, materials
ləvənd *si.* 부도덕한, 타락한, 썩은 immoral, corrupted
ləyaqət *i.* 존엄성, 위엄, 위품, 미덕, 덕, 선, 품위 있음, 온당함, 적절함, 자격 있음 dignity, virtue, decency, merit, quality, suitability, fitness ○ **məziyyət**, **qədr-qiymət**, **nəzakət**
ləyaqətli *si.* 알맞은, 어울리는, 고상한, 기품 있는, 적절한, 온당한 decent, dignified, deserving, proper, decorous, becoming ○ **dəyərli**, **layiqli**, **e'tibarlı**, **hörmətli**, **ehtiramlı**, **ədəbli**, **nəzakətli**, **tərbiyəli**, **əlverişli**
ləyaqətlilik *i.* 가치 있음, 적법함, 정통, 적출, 미덕, 선 value, worthiness, legitimacy, virtue, merit, dignity, nobility ○ **dəyərlilik**, **layiqlilik**, **e'tibarlılıq**, **hörmətlilik**, **ehtiramlılıq**, **ədəblilik**, **nəzakətlilik**, **tərbiyəlilik**, **əlverişlilik**
ləyaqətsiz *si.* 무가치한, 어울리지 않은, 품위 없는, 야비한, 무의미한 unworthy, worthless, indecent, meaningless ○ **tərbiyəsiz**, **nəzakətsiz**, **ədəbsiz**
ləyaqətsizlik *i.* 꼴사나움, 상스러움, 점잖지 못함, 염치없음 obscenity, indecency ○ **ədəbsizlik**, **nəzakətsizlik**, **tərbiyəsizlik**
ləyən *i.* 욕조, 욕통, 대야 basin, tub, wash-tub
ləyəncə *i.* (작은) 대야, 욕조 basin, wash-tub
Ləzgi *i.* 레즈긴 사람 Lezghin
Ləzgihənki *i.* 레즈긴 풍의 춤 Lezghinka (dance)
Ləzgicə *i.* 레즈긴어 Lezghin, the Lezghin language
ləziz *si.* 맛있는, 맛 좋은 delicious ○ **dadlı**, **tamlı**
ləzzət *i.* ① 맛, 기쁨, 만족, 입맛, 풍미 taste, treat, zest, delight, flavour ○ **dad**, **tam**; ② 즐거움, 쾌락 pleasure, enjoyment ○ **kef**, **zövq**, **nəş'ə**;

~ **vermək** *fe.* 기쁘게 하다, 즐겁게 하다, 유쾌하게 하다 delight; ~ **almaq** *fe.* 즐기다, 기뻐하다 take pleasure, get a kick out of, enjoy

ləzzətləndirmək *fe.* 맛나게 하다, 맛을 돋우다 make delicious

ləzzətlənmək *fe.* 맛있게 되다 become delicious/tasty/palatable

ləzzətli *si.* ① 맛있는, 입맛 나게 하는 delicious, nice ○ **dadlı**, **tamlı**; ② 즐거운, 기쁘게 하는 pleasant, enjoyable ○ **zövqlü**, **nəş'əli**; ~ **etmək** *fe.* 맛나다, 풍미를 주다 flavour, delight

ləzzətlilik *i.* ① 맛있음, 진미, 별미 tastefulness, delicacy ○ **dadlılıq**, **tamlılıq**; ② 쾌락, 즐거움 pleasure, enjoyment ○ **zövqlülük**, **nəş'əlilik**

ləzzətsiz *si.* ① 맛없는, 시시한 tasteless ○ **dadsız**, **tamsız**; ② 즐겁지 않는, 유쾌하지 않는 unpleasant, nasty ○ **zövqsüz**, **nəş'əsiz**

ləzzətsizlik *i.* 불쾌, 언짢음, 화남, 보챔, 토라짐 displeasure, petulance, dislike ○ **zövqsüzlük**, **nəş'əsizlik**

lığ *i.* 진흙, 진창, 곤죽 wash, mash, mud ○ **lehmə**, **bataq**, **palçıq**, **lıqqa**

lığa *i.* 찌꺼기 dregs, scum ○ **qatı**, **mət**, **qəliz**

lığırsa *i.* 설익은 빵 half-baked bread

lığlanmaq *fe.* 진흙창이 되다, 진창이 되다 become muddy

lığlı *si.* 진창의, 진흙탕의 muddy ○ **lehməli**, **palçıqlı**

lıqqa *i.* (비 온 뒤의) 진흙 mud (after rain) ○ **bataq**, **lehmə**

lıqqıldamaq *fe.* 펄펄 끓다, 끓어 넘치다 seethe, boil over noisily

lıqqıltı *onomatopoeic.* 보글보글 (끓는 소리) plopping

lırçıldamaq *fe.* (철퍽, 퐁당, 텀썩, 풍덩) 소리를 내다 make splashing noise

lırcıltı *i.* 철퍽 (진흙창에 떨어지는 소리) *onomatopoeic.* noise made when dropping something in mud

lırt *si.* ① (과일이 과숙하여) 물렁한 overripe to watery ○ **boş**, **lət**; ② 무른, 부스러지기 쉬운, 즙이 많은 friable, crumbly, loose, light, mellow ○ **yumşaq**

lırtqarın *si.* 배가 불룩하여 쳐진 fat and fleshy belly

lırtlıq *i.* ① 헐렁함 looseness ○ **boşluq**, **lətlik**; ② 부드러움 tenderness ○ **yumşaqlıq**; ③ 깨지기 쉬움, 물렁함 friability, flabbiness ○ **süstlük**, **əzginlik**

lırtlaşmaq *fe.* ① 헐렁해지다, 느슨해지다 loosen ○ **boşalmaq**, **lətləşmək**; ② 물렁해지다 become friable, become crumbly ○ **yumşalmaq**

libas *i.* 의류, 옷 (보통 몸 전체를 가리는) garment, clothes, clothing ○ **paltar**

libaslı *si.* 옷을 입은 dressed ○ **paltarlı**

libassız *si.* 벗은, 옷을 입지 않은 undressed

liberal I. *si.* 관대한, 자유로운 liberal; II. *i.* 진보주의자, 관용주의자 liberal ○ **ikiüzlü**, **barışdırıcı**

liberalcasına *z.* 자유롭게, 관대하게, 후덕하게 liberally

liberalizm *i.* 자유주의, 자유주의 운동 liberalism

liberallaşmaq *fe.* 자유롭게 되다, 안정성을 잃다 become liberal, lose steadiness

liberallıq *i.* 진보적 견해 liberal views ○ **ikiüzlülük**, **barışdırıcılıq**, **güzəştçilik**

liberti *i.* 자유, 독립, 해방 liberty

libretto *i. mus.* 리브레토 (오페라 대본, 오페라 가사) libretto (opera text)

librettoçu *i.* 리브레토 작가 libretto composer

licim *si.* 추접스러운, 단정치 못한 slovenly, with untidy appearance ○ **biçim**, **görkəm**, **təhər-töhür**

lider *i. idm.* 지도자 leader; 선두 팀 leading team

liderlik *i.* 지도력, 지도부; leadership *idm.* 선수권, 우승 championship

lif *i.* ① 섬유, 줄, 실; fibre, string; ② 때수건 small pouch used for soaping down the body and removing dirt

lifçi *i.* 때밀이, 목욕 관리사 scrubber ○ **kisəçi** (attendant who washes customers' backs in a public bath)

lifə *i.* 멜빵, 혁대 waist-band, the belt of trousers

lifgir ☞ **lifçi**

lifgirlik ☞ **lifçilik**

lifləmək *fe.* 때수건으로 씻다 wash with a scrubbing pack

lifli *si.* 섬유의, 섬유질의 fibrous

lift *i.* 승강기, 리프트, 엘리베이터 lift, elevator

likör *i.* 알코올 음료, 술 liquor

liqa *i.* 안색, 얼굴의 윤기, 피부색 face, complexion ○ **üz**, **çöhrə**, **sima**, **sifət**

liqaf *i.* 과일의 씨방을 둘러싸는 백색 물질 white

material around seeds of fruit such as quince, *etc.*

liqnit *i.* 갈탄 lignite (low quality coal)

liqroin *kim.* 리그로인 (탄화수소의 인화성(引火性) 혼합물) ligroin

lil[1] *i.* 진흙, 연니(軟泥), 진창, 늪, 수렁 slime, ooze, mire, lees, silt ○ **lehmə, bataq**

lil[2] *si.* 청분(靑粉) blue, bluing (for clothes whitening) ○ **sinka**

Liliput *i.* 릴리퍼트 (걸리버 여행기에 등장하는 소인국) Liliput

lilləmək *fe.* (옷감을) 청염색하다(청염하다/청 염색하다/파란색으로 염색하다) blue (cloth)

lilləndirmək *fe.* 물을 흐리게 하다, 오염시키다 make water turbid, contaminate

lillənmək[1] *fe.* 진창으로 덮이다 be covered with silt, get muddy

lillənmək[2] *fe.* 청분을 물에 풀다 put bluing in water

lillənmiş *si.* 청염색한 dyed blue (for clothes)

lilli[1] *si.* 진창의, 진흙의 silty, muddy ○ **lehməli, bataqlı**

lilli[2] *si.* 파랗게 물들인 dyed blue

lillik *i.* 진창 바닥, 늪지대 siltiness, muddiness ○ **lehməlik, bataqlıq**

liman *i.* 항구, 항도, 항만; dock, harbour, haven, port, estuary, firth, bay, gulf **have ~ı** *i.* 공항; airport; **~ işçisi** *i.* 항만 노역자 docker, port-labourer

limfa *i. ana.* 림프[임파](액) lymph

limfatik *si.* 림프(액)의 lymphatic

limfositlər *i. ana.* 림프 세포, 림프구 lymphocytes

limit *i.* 한계, 제한 limit ○ **son hədd**

limitləmək *fe.* 제한하다, 한정하다, 국한하다, 정의하다 limit, confine, define

limitlənmək *fe.* 제한되다, 구속되다, 한정되다 be limited, be confined

limon *i.* 레몬 lemon

limonad *i.* 레모네이드 lemonade

limonlu *si.* 레몬을 함유한; with lemon; **~ su** *i.* 과즙음료 squash

limuzin *i.* 리무진, 호화 대형 승용차 limousine

linc *i.* ① 찹쌀 glutinous rice, sticky rice; ② 지침, 일사(병) weariness, fatigue from sunlight ○ **yorğunluq, süstlük**

linclik ☞ **linc**

linç *i.* 린치 lynch; **~ mühakiməsi ilə cəzalandırmaq** *fe.* 린치를 가하여 죽이다, 사형을 가하여 죽이다 lynch

linçləmək *fe.* 린치를 가하다 punish by lynching

ling *i.* 쇠지렛대 crowbar

lingləmək *fe.* 쇠지렛대로 들어 올리다/땅을 파다 pry or lift with a crow-bar

ling-lingi *i.* 깨금발 놀이 (한쪽 다리로 뛰면서 노는) *a game in which children jump on one leg*

linkor *i.* 전함 battleship

linoleum *i.* 리놀륨 (실내 마루 깔개) linoleum

linoleumlu *si.* 리놀륨을 깐 covered with linoleum

linotip *i.* 라이노타이프, 자동 주조 식자기 linotype

linotipçi *i.* 라이노타이프 노동자 linotype worker

linza *i.* 렌즈; (눈의) 수정체 lens ○ **ədəsə**

lira *i. mus.* 리라, 수금 (현악기) lyre (stringed instrument) ○ **rübab**

lirə *i.* (이탈리아, 터키, 이집트) 화폐 단위 monetary unit used in Italy/Turkey/Egypt

lirik I. *si.* 서정시의, 서정적인 lyric, lyrical ○ **incə, zərif**; II. *i.* 서정시인 lyricist; **~ şe'r** *i.* 서정시 lyric

lirika *i.* 노랫말 lyrics

lirizm *i.* 서정성, 서정시풍, 서정시체 lyricism

lisan *i.* 언어 language ○ **dil**

lisançı *i.* 언어학자, 통역자 linguist ○ **dilçi**

lisaniyyat *i.* 언어학 linguistics ○ **dilçilik, dilşünaslıq**

litsey *i.* (터키, 유럽) 중학교 middle school (in Turkey, Europe)

lisenziya *i.* 면허증; 허가, 허락 license

liter *i.* 무임 승차권 free ticket for train or other transportation

litium *i. kim.* 리튬; 기호 Li lithium

litoqrafiya *i.* 석판 인쇄(술); 평판 인쇄 (planography) lithography

litosfer *i.* 암석권(圈), 지각 lithosphere

litr *i.* 리터 (=1000 cc) litre

litraj *i.* 리터 단위로 재는 량(量) measuring quantity of a vessel by litre

litrlik *i.* 1 리터 만큼의 량 (용기) 1 litre size vessel

Litva I. *i.* 리투아니아 Lithuania; II. *si.* 리투아니아의 Lithuanian

Litvalı *i.* 리투아니아인 Lithuanian

Litvaca *z.* 리투아니아 어 the Lithuanian language

livan *i.* 레바논 Lebanon; **Livanlı** *i.* 레바논 인 Lebanese

lobbi *i.* 로비 (호텔, 식당 등의) 입구 홀 lobby

lobya *i. bot.* 강낭콩 kidney bean

lodka *i.* 소형 배 small boat

loğaz *i.* ① 모욕, 조롱, 경멸, 냉소 mockery, sneer, scorn, derision ○ **istehza, rişxənd, masqara**; ② 거짓, 거짓말 lie, falsehood ○ **uydurma, yalan, laf**

loğman *i.* (민속에서) 식자, 병을 다루는 사람 well informed person, pathologist (in folklore)

loxma *i.* 빵 한 조각 (이빨로 뜯어낸 만큼) piece of bread bitten by teeth ○ **dişləm, tikə**

loxmalamaq *fe.* 먹이다, 빵을 주다 feed, give bread

loxmalıq *i.* (한 입 만큼의) 빵 조각 piece (of bread)

loja *i.* (극장·무도회장 등의) 박스, 칸막이한 자리, 특별석; (법원의) 증인석 lodge, box (in theatre)

lokator *i.* 경계 설정자, 권리자 locator

lokaut *i.* 공장폐쇄, 대량해고 lock-out

lokomobil *i.* 증기 기관 steam engine

lokomotiv *i.* 기관차 locomotive

loqarifm *i. riy.* 로가리듬, 로그; 기호 log logarithm

loqquldamaq *fe.* 부글부글 끓어오르다 bubble, boil

loqquldatmaq *fe.* 부글거리게 하다 lap

loqqultu *i.* 거품이 읾, 끓어오름 bubbling

lom ☞ **ling**

lomba *i.* 덩어리 lump, clot

lomba-lomba *z.* 덩어리 lump by lump

lombalamaq *fe.* 덩어리를 먹다 eat in lumps

lombard *i.* 비밀 대출 banking (loan on security)

lopa¹ I. *i.* ① 점화, 빛남, 불꽃 kindling, flame; ② 눈꽃 flake of snow; II. *si.* (수염이) 강한, 뻣뻣한 strong, thick (moustache) ○ **yekə, böyük, qalın**; **~bığ(lı)** *si.* 두껍고 뻣뻣한 수염을 기른 having a thick and long moustache, moustached **~gödən(li)** ☞ **yekəqarın**; **~-~** *z.* 펄펄 (눈 내림), 조각조각; in flakes, in flake shape; **~ qar** *i.* 눈조각, 눈꽃 snow flake

lopa² *i.* (비누 제조 시 위에 뜨는) 찌꺼기 lees, dregs after making soap

Loparlar ☞ **Saamlar**

lopuq *i.* 푸푹 (부푼 볼을 누를 때 나는 소리 같은) *sound made when pressing upon a puffed up cheek with one's fingers*

lor *i.* 치즈의 백색 응고물 white congelation of cheese

lord *i.* 귀족, 주인, 우두머리, 지주 lord, peer

lort *si.* 살찐, 뚱뚱한 stout, corpulent ○ **şişman, sallaqqarın**

lortçu *i.* 유랑자, 방랑인, 농땡이, 부랑자 vagabond, loafer, tramp, hobo

lortgödən(li) ☞ **lortqarın(lı)**

lortqarın(lı) *si.* 탐욕스런, 식욕이 왕성한, 대식하는, 욕심 많은 voracious, gluttonous, greedy ○ **yeyimcil, qarınqulu**

lortluq *i.* 뚱뚱함, 살찜, 비대, 비만 stoutness, obesity ○ **şişmanlıq**

loru *si.* 구어체의, 격식 차리지 않는, 저속한 (언어) common, low colloquial, vulgar (language, word) ○ **saya, kobud, vulqar**

loruluq *i.* (언어의) 평이성, 단순성 plainness, simplicity (language)

losman *i.* 뱃사람, 선원 sailor

loş¹ *si.* 서투른, 솜씨가 없는, 실수투성이의 awkward, clumsy

loş² *i. zoo.* 칠면조 수컷 turkey-cock

lotereya *i.* 복권, 제비뽑기 lottery

loto *i.* 복권 lottery

lotu *i.* ① 사기꾼, 악한, 불량배 swindler, rogue, cheat, old fox ○ **fırıldaqçı, oğru, xəspuş, dələduz**; ② 따듯한 마음의 남자 warm hearted man ; ③ 정부(情夫), 연인 illegal husband, lover ○ **oynaş, aşna**; ④ 명랑한 사람, 즐거운 사람 jovial fellow, merry fellow ○ **zarafatcıl, məzəli, kefcil**

lotu-bambılı *si.* 맵시꾼, 멋쟁이 fop, coxcomb, tender

lotubazlıq *i.* 속임수, 사기, 계략, 협잡, 사칭 trickery, imposture ○ **lotuluq, əxlaqsızlıq**

lotubeçə *si.* 기운찬, 활발한 glib, pert, bright, smart

lotuluq *i.* 부정행위 trickery, imposture, knav-

ery ○ **fırıldaqçılıq**, **oğruluq**, **xəspuşluq**, **dələduzluq**, **kələkbazlıq**, **biclik**, **hiyləgərlik**, **fəndgirlik**
lotu-potu *i.* 악당 rogues
lotuxana *i.* 악당 은신처 hangout for rogues
lov *i.* 재난, 재해, 참사, 불행, 불운 disaster, catastrophe, misery ○ **bəla**, **afət**
lovğa I. *i.* 제 자랑하는 사람, 허풍선이 boaster, braggart; II. *si.* 건방진, 뻔뻔한, 주제넘는 presumptuous, vain, arrogant, vainglorious, haughty ○ **təkəbbürlü**, **iddialı**, **təşəxxüslü**, **ədəbaz**; **~lanmadan** *z.* 자랑이 아니라… without boasting
lovğalıq *i.* 교만, 거만, 건방짐 arrogance, vainglory ○ **təkəbbürlük**, **ədəbazlıq**
lovğalanmaq *fe.* 자랑하다, 뽐내다 boast, brag ○ **təkəbbürlənmək**, **öyünmək**
lovğalaşmaq *fe.* 자부하다, 자만하다, 허영심을 갖다 become presumptuous, be self-conceited
lovğalıq *i.* 교만, 거만, 오만 arrogance, haughtiness, insolence ○ **təşəxxüs**, **təkəbbür**
lovlu *si.* 재난의, 불운의, 비참한, 격동의, 불행한 disastrous, fateful, cataclysmic, calamitous
loyal *si.* 충성스런 loyal, faithful
loyallıq *i.* 충성 loyalty
löhran *i.* 처녀지 virgin land
löhrəm I. *i.* 빨리 달리는 말 trotter; II. *si.* 빨리 달리는 trotting ○ **yort**
löhrən *si.* 기름진, 풍작을 가져오는 (땅) fertile, fruitful, strong (land) ○ **qüvvətli**, **münbit**, **məhsuldar**
lök[1] *i.* 어린 낙타 young camel
lök[2] *i.* 과일 따는데 쓰는 긴 막대기 long rod for plucking fruit
lökdodaq *si.* 입술이 두터운 thick-lipped ○ **sallaqdodaq**
lökküldəmək *fe.* 두근거리다, 맥박치다, 지근거리다 go pit-a-pat, throb with pain
lökkültü *i.* 지끈거리는 아픔 throbbing pain
lökləmə *i.* 낙타의 질주 the gallop of camel
lökləmək *fe.* 낙타가 질주하다 run at a gallop, walk heavily (camel)
lökü *i.* 쌀가루로 만든 케익, 떡 cake made of rice flour
löküd *i.* 설익힌 밥 half-boiled rice
lövbər *i.* 닻; anchor; **~ atmaq/salmaq** *fe.* 닻을 내리다 anchor, settle down, sit down
lövbərotu ☞ **dəmirtikan**
lövhə *i.* ① 판, 대, 칠판, 게시판 board, blackboard; ② 두꺼운 판자, 평판 plate, plank; ③ 이정표, 게시판 sign board ④ 캔버스, 범포 canvas, painting board; **e'lan ~si** *i.* 게시판 notice board
lövhəcik *i.* 작은 판(지), 그림판 small board, plastic art, picture
löyün *i.* 외모, 모양, 외관 sight, appearance ○ **görkəm**, **görünüş**
löyünlü *si.* 외부의, 외양의 external, outward ○ **görkəmli**, **görünüşlü**
löyünsüz *si.* 못생긴, 추한, 흉한 ugly, untidy ○ **görkəmsiz**, **biçimsiz**
lumu ☞ **limon**
lunatizm *i. tib.* 몽유병 somnambulism, sleepwalking
lunatik *si.* 몽유병의, 몽유병자처럼 somnambulant
lupa *i.* 돋보기 lens, magnifier ○ **zərrəbin**
lüğab *i.* 타액, 침; 가래, 담 spittle, sputum, saliva, phlegm ○ **tüpürcək**, **selik**, **bəlğəm**
lüğablı *si.* 점액의 mucous, phlegmatic ○ **selikli**
lüğət *i.* 사전, 용어, 어휘 dictionary, glossary, vocabulary ○ **leksika**; **~ tərkibi**, **~ fondu** *i.* 어휘량 word stock
lüğətcə *i. dim.* 소형 사전 little dictionary
lüğətçi *i.* 사전 편집자/집필자 lexicographer
lüğətçilik *i.* 사전 편찬, 사전학 lexicography
lüğətşünas ☞ **leksikoloq**
lüğətşünaslıq ☞ **leksikologiya**
lüğəvi *si.* 사전적인 lexical
lül[1] *si.* 만취한 drunk ○ **dəm**, **sərxoş**; **~ olmaq** *fe.* 인사불성으로 취하다 be drunk; **~ qənbər** *si.* 인사불성으로 취함 blind drunk; ***O lüldür.*** *그는 취해있다. He is drunken.*
lül[2] *si.* 전체의, 완전한, 몽땅 complete, whole, thorough, total, entire ○ **başdan-başa**, **bütün**, **səlt**
lülə *i.* ① 총신(銃身) barrel of gun, gun barrel; ② 원통형 용기 cylinder, roll, scroll, hollow; ③ *ana.* 정강이 뼈 cylindrical bone; **~ sümük** *i.* 정강이 뼈 shin
lülək *i.* 분출구, 주둥이 spout
lüləkabab *i.* 케밥 rolled fried meat, roast meat

on spit

lülələmək *fe.* 원통형으로 만들다 roll up into the shape of a barrel ○ **bükmək**

lülələnmiş *si.* 원통형의 rolled up, formed into a tube shape

lüləli *si.* 말아 올린 rolled-up ○ **bükülü**

lüləmaya *i.* ① (태아, 젖먹이 머리의) 숨구멍, 정문 soft part of baby's head, fontanelle; ② 껍질이 형성되지 않은 계란 soft-shelled egg

lüləyiqırıq *si.* 분출구가 부서진 having a broken spout, spoutless

lüləyin *i.* 원통형의 물통 drum shaped water tank

lül-qənbər *si.* 취한 drunk, tipsy

lüllənmək *fe.* 취하다 become drunk, get dead drunken

lümbaqo *i. tib.* 요통(腰痛) lumbago

lümə(k) *si.* 꼬리가 잘린 duck-tailed, short, scanty

lüminessensiya *i.* 냉광 현상 (형광) luminescence

lüm-lüm *z.* 온전히, 모조리 wholly, totally ○ **bütöv-bütöv, parça-parça**

lümlüt *si.* 아주 벗은, 완전히 벗은 quite naked, completely naked ○ **tamamilə lüt, soyunmuş, paltarsız, çılpaq, lüt-üryan** ● **geyimli**

lüstr *i.* (장식이 달린) 샹들리에, 촛대 lustre ○ **çilçıraq**

lüt I. *si.* ① 나체의 bare, naked ○ **çılpaq, üryan** ● **geyimli**; ② 불모의 barren, sterile ○ **bitkisiz, quru**; II. *i.* 누더기를 걸친 사람; 부랑아 ragamuffin; **~ bədən** *i.* 나체 naked body; **~-anadangəlmə** ☞ **lümlüt**; **~cə** *z.* 벌거 벗고 nakedly; **~-ətcə** *si.* 벗은, 옷을 입지 않은 (아기) bare, naked (baby); **~-madərzad** ☞ **lümlüt**; **~-üryah** ☞ **lümlüt**;

lüteran *i.* 루터교인 Lutheran

lüteranlıq *i.* 루터교 Lutheranism

lütf *i.* 은혜, 호의, 선의, 혜택 grace, favour, boon, charm, good-will, assent, approbation, virtue, kindness ○ **iltifat, mərhəmət, mehribanlıq**; **~ etmək** *fe.* 은혜를 내리다, 호의를 베풀다 oblige, condescend, bestow honor; ***Allahın ~ü ilə*** *z.* *하나님의 은혜로 with God's grace*

lütfən *əd.* 제발, 천만에 with favour, please, certainly, don't mention it

lütfkar *si.* 은혜로운, 자애로운 gracious, amiable, good, kind, blessed; ***Siz çox lütfkarsınız.*** *매우 자애로우십니다. How good of you!*

lütfkarlıq *i.* 은혜를 베풂, 은혜로우심 graciousness, civility, kindness

lütləmək *fe.* 옷을 벗다 strip, undress ● **geyindirmək**

lütləndirmə *i.* 벌거숭이, 노출 nudity, denudation

lütləndirmək *fe.* 옷을 벗기다 bare, strip, undress

lütlənmək ☞ **lütləşmək**

lütləşmək *fe.* ① 벗기다 be bared, be stripped ○ **soyunmaq, çılpaqlanmaq**; ② 모든 것을 다 잃다, 파산하다 lose all fortune, go bankrupt ○ **yoxsullaşmaq, kasıblaşmaq**

lütlük *i.* ① 벌거벗음 nudity, nakedness ○ **çılpaqlıq, üryanlıq**; ② 극빈 extreme poverty ○ **yoxsulluq, kasıblıq**; ③ 불임, 무익 futility, barrenness

lüzum *i.* 필요 necessity ○ **lazımlıq, ehtiyac**

lüzumiyyət ☞ **lazımlıq**

lüzumlu *si.* 필요한 necessary

lüzumsuz *si.* 불필요한, 소용없는, 무익한 unnecessary, needless, useless (☞ **lazımsız**)

lüzumsuzluq *i.* 불필요함, 소용없음, 무익함 uselessness (☞ **lazımsızlıq**)

lya *i. mus.* (음계) 라 tone of A (la)

M·m

maarif *i.* 계몽, 계발, 교화, 교육; enlightenment, education **xalq ~i** *i.* 공교육 public education
maarifçi *i.* 계몽주의자 educationist, enlightener
maarifçilik *i.* 계몽활동 enlightenment
maariflǝndirmǝk *fe.* 계몽하다, 교육하다, 계발하다 enlighten
maariflǝnmǝk *fe.* 계몽되다, 계발되다 be enlightened
maarifpǝrǝst ☞ maarifçi
maarifpǝrǝstlik ☞ maarifçilik
maarifpǝrvǝr ☞ maarifçi
maarifpǝrvǝrlik ☞ maarifçilik
maaş *i.* 임금, 보수, 급료, 봉급 pay, salary, wages ○ **donluq**, **mǝvacib**; ~ **dǝrǝcǝsi** *i.* rate 임금 수준; **~la** *z.* 임금으로, 보수로 on salary; **~ından tutmaq** *fe.* 임금을 체불하다 detain
maaşlı *si.* 봉급을 받는 salaried ○ **donluqlu**
maaşsız *si.* 무보수의 without a salary/pay
mabaqi *i.* 잔고(殘高) account balance ○ **qalıq**
mabeyn *i.* 중간, 중앙 midst, middle ○ **aralıq**, **ortalıq**
mabǝd *i.* 계승, 승계, 지속 succession, continuation ○ **ard**, **dal**, **davam**
macal *i.* 기회, 여건, 시간적 여유 chance, leisure, spare time ○ **imkan**, **şǝrait**, **fürsǝt**, **vaxt**; ~ **vermǝk** *fe.* 기회를 제공하다 give a chance; ~ **tapmaq** *fe.* 시간을 내다 find time for
macalsız *si.* 시간적 여유가 없는 having no spare time
macalsızlıq *i.* 시간 부족 lack of time
Macarıstan *i.* 헝가리 Hungary
Macar *si.* 헝가리인; Hungarian; ~ **dili** *i.* 헝가리어 Hungarian
macǝra *i.* 모험, 사건, 이변 adventure, happening ○ **hadisǝ**, **qǝziyyǝ**, **ǝhvalat**, **sǝrgüzǝşt**; ~ **axtaran** *si.* 모험심이 강한 adventurous
macǝraçı *i.* 모험가 adventurer
macǝraçılıq *i.* 모험, 탐험, adventuring
maç *i.* 입맞춤, 키스 kiss ○ **öpüş**
maça I. *i.* ① 팔뚝 forearm; ② 슬개골 kneepan, kneecap; II. *si.* 거친, 무례한, 저속한 rude, vulgar, impolite
madam *i.* 마담 madam
madam(ki) *bağ.* ~이므로 inasmuch, whereas, since
madampolam *i.* 면직물의 일종 a kind of cotton material
madar *si.* 애지중지, 가장 아끼는 dearest, precious, cherished ○ **ǝn ǝziz**, **arxa**, **ümidgah** **(övlad)**
maddǝ *i.* ① 물질, 개체, 물체, 실체, 본질 물건 substance, material, item, matter ○ **cisim**, **materiya**; ② 절, 조항, 약관, 조목, 항목, 품목 clause; **müqavilǝnin ~si** *i.* 계약 조항; treaty clause **~bǝ~**, **~-~** *z.* 구구절절(句句節節)이 paragraph by paragraph, point by point
maddi *si.* ① 물질적인 material ○ **real**, **gerçǝk**, **cismani**, **fiziki**; ② 재정적인, 재무상의 financial; ~ **cǝhǝtdǝn kömǝk etmǝk** *fe.* 재정적으로 돕다 set *smb.* on his legs; ~ **rifah** **(halı)** *i.* 복지, 생활수준 welfare, well-being, living standard; ~ **yardım** *i.* 원조, 지원, 후원 allowance, relief; ~ **mǝs'uliyyǝt** *i.* 재정적 손실에 대한 책임 liability for damage; ~ **tǝ'minat** *i.* 재정적 보장 material security
maddilǝşmǝk *fe.* 실체화하다, 구체화하다, 물질화하다 realize, come true, become material, become concrete ○ **reallaşmaq**, **gerçǝklǝşmǝk**
maddilik *i.* 물질주의 materialism ○ **reallıq**,

gerçəklik

madera *i.* 마데이라 (포도주의 일종) Madeira (a kind of wine)

madərşahlıq *i.* 모계중심사회 matriarchy ○ matriarxat

madmazel *i.* 마드모아젤 (특히 프랑스계 미혼 여성의 경칭이며 miss에 해당함. 단독으로 호칭으로도 쓰임. Mlle(mademoiselle)

Madonna *i.* 마돈나 (성모 마리아) Madonna

madyan *i.* 암말 mare (female horse)

mayestro *i. mus.* 대작곡가; 명지휘자; M- 그 경칭 maestro (great conductor, artist *etc.*)

maəda *si.* 여분의, 예비의, extra, spare, additional ○ **başqa, əlavə**

mafar *i.* 기회, 호기, 가능성, 여건 chance, opportunity, possibility ○ **imkan, macal**

mafə *i.* 관가(棺架), 관대(棺臺); 무덤; 영구차 catafalque, open hearse, bier

mafrac ☞ **məfrəş**

mafraq *si.* 깨지기 쉬운, 부서지기 쉬운, 약한 fragile, soft ○ **kövrək, yumşaq** ● **bərk**

mafraqlıq *i.* 허약 fragility, softness ○ **yumşaqlıq**

mafraş ☞ **məfrəş**

magiya *i.* 마술, 마법, 주술 magic

magistr *i.* 대학원생 postgraduate student

magistral *i.* (물, 전기, 가스 등) 간선(幹線), 본선 main line (water, electricity *etc.*)

mağ *i.* 마술사, 무당, witch, sorceress, siren ○ **sehrbaz, əfsunçu, cadugər**

mağar *i.* (극장 등의 출입구 위에 돌출한) 차양 marquee

mağara[1] *i.* 동굴, 굴 cave, den ○ **zağa, kaha**

mağara[2] *i.* (감는) 릴, 감는 틀; (낚싯대의) 릴, 낚싯줄 감는 장치 reel (lifting device for heavy objects) ○ **qarqara, sap çarx**

mağaza *i.* 가게, 상점 shop, store; ~ **sahibi** *i.* 상점 주인 shop keeper; **~çı** *i.* 점원 shop keeper

mağmun *si.* 무능한, 무력한, 허약한 incapable, unable ○ **bacarıqsız** ● **zirək**

mağul *nid.* 오 저런! 어머나! Goodness! At least!

mah *i.* 달 moon ○ **ay**

Mahaç-qala *i.* 다게스탄의 수도 the city on the Caspian coast in Dagestan

mahal *i.* 지역, 지구, 관할구 district

mahir *si.* 영리한, 영민한, 능력 있는, 능숙한 clever, able deft, skilful ○ **məharətli, bacarıqlı, diribaş, zirək, çevik, cəld** ● **aciz; ~anə** *z.* 능숙하게, 솜씨 있게 skillfully; **~cəsinə** ☞ **mahiranə**

mahirləşmək *fe.* 노련해지다, 능숙해지다 become skilfull, get skilled

mahirlik *i.* ① 능숙함, 노련함 skilfulness ○ **məharətlilik, bacarıqlılıq;** ② 영리함 cleverness ○ **diribaşlıq, zirəklik, çeviklik, cəldlik** ● **acizlik**

mahiyyət *i.* 본질, 핵심, 본체 essence, substance, main point ○ **məğz, əsas, mə'na, mətləb; ~ e'tibarı ilə, ~cə** *z.* 사실상, 실제로 as a matter of fact, in fact

mahlıc *i.* (씨를 제거한) 면화, 목화 seedless cotton, seed-removed cotton

mahliqa ☞ **aybəniz**

mahmız *i.* 격려, 자극, 고무 spur

mahmızlamaq *fe.* 격려하다, 자극하다 spur

mahmızlı *si.* 격려된, 자극된 having spurs, spurred

mahna *i.* 핑계, 구실, 이유 excuse, pretext ○ **bəhanə**

mahnı *i.* 노래, 가곡 song ○ **nəğmə, layla; ~ oxumaq** *fe.* 노래하다 sing

mahparə ☞ **aypara**

mahrasa *i.* 수도승 monk

mahru ☞ **aybəniz**

mahruxsar(lı) ☞ **aybəniz**

mahtab *i.* 월광 clearness of moon, bright moonlit night

mahtablı *si.* 달빛이 비치는, 밝은 (밤) moonlit, bright (night)

mahud *i.* 모직의류 woolen cloth

mahur *i.* 아제르바이잔 전통 음악인 무감의 한 장르 one of Azerbaijani classical melody **(müğam)**

mahur-hindi *i.* 무감의 한 종류 one of Azerbaijani classical melody **(müğam)**

max *i.* 고려, 사려, 배려 consideration, care; **~ verməmək** *fe.* 무시하다, 경멸하다 neglect, evade, avoid

maxorka *i.* 독한 담배 makhorka, shag (rough strong tobacco)

mail *si.* ① 치우치는, (~하는) 경향이 있는 inclined, disposed ○ **yatıq;** ② 동경하는, 사모하는, 간절한 yearning, longing ○ **həvəs, meyl**

M

maili *si.* 치우친, 기우는 inclined, slanting

maillik *i.* 경향, 성향, 성벽, 기호, 의향 inclination, disposition ○ **həvəslilik, meyllilik**

major *i. mus.* 장조 major ● **minor**

makaron *i.* 마카로니 (밀가루 반죽을 반숙하여 만들어낸 다양한 형태의 음식 재료) macaroni

Makedoniya *i.* 마케도니아 Macedonia

Makedonyalı *i.* 마케도니아 사람 Macedonian

maket *i.* 모형 model

maketçi *i.* 모형 만드는 사람 modelist

makina *i.* 타자기 typewriter

makinaçı *i.* 타자수 typist

makinaçılıq *i.* 타자기 typewriting

Maksim *i.* 맥심식 속사 기관총 (영국의 기술자 Hiram Maxim(1840-1916)의 이름에서) Maxim gun

maksimal *si.* 최대한의, 최고의 maximal ● **minimal**

maksimalist *i.* 최대한의 강령주의자 (제정 러시아의 사회민주 노동당내의 극좌적 소분파) maximalist

maksimum *i.* 최대(한) 최대량, 최고 superior limit, maximum ● **minimum**

makulatura *i.* 쓰레기, 잡동사니, 폐물 trash

maqas *i.* (계기판의 바늘) pointer

maqasçı *i.* 철도원 switchman, pointsman

maqazin *i.* ① 가게, 상점 shop; ② 탄창, 탄약통 bullet cartridge

maqqaş *i.* 펜치, 집게, 족집게, 핀셋 pincers, tweezer

maqqaşlamaq *fe.* 핀셋으로 집다, 족집게로 뽑아내다 pick/touch with tweezers

maqqaşlanmaq *fe.* (족집게로) 집어내다, 뽑다 be picked/touched with tweezers

maqma *i.* 마그마 (광물, 유기물의 천연 혼합물); 마그마, 암장(巖漿) magma

maqmatik *si.* 마그마의, 마그마를 함유한 containing magma

maqnat *i.* 유력자 magnate

maqnetizm *i.* 자성 magnetism

magneziya *i.* 마그네시아, 산화 마그네슘 (제산제, 하제용) magnesia

maqnezium *i. kim.* 마그네슘 (금속 원소; 기호 Mg) magnesium

maqnit *i.* 자석 magnet; ~ **xassəli** *si.* 자성을 가진 magnetic; ~ **oxu** *i.* 자침(磁針) magnetic needle

maqnitləndirmək *fe.* 자성화시키다 magnetize

maqnitlənmək ☞ **maqnitləşmək**

maqnitləşmək *fe.* 자성화되다 become magnetized

maqnitləşdirici *si.* 자성화시키는 magnetizing

maqnitli *si.* 자성의 magnetic

maqnitlik *i.* 자성적 성질 magnetic property, feature

maqnitometr *i.* 자기계, 자력계 magnetometer

maqnitofon *i.* 테이프 녹음기 taperecorder

maqnitsizləşdirmək *fe.* 자성화 되다 become demagnetized

maqnoliya *i. bot.* 목련(류) (태산목도 포함함, 미국 남부의 상징) magnolia

mal[1] *i.* 가축 (소 무리: 소, 암소, 들소 등) cattle (cow, ox, buffalo *etc.*); ~ **əti** *i.* 쇠고기 beef

mal[2] *i.* ① 상품, 제품 goods, commodity, effects, ware; ② 재료, 원료, 소재 material; ③ 개인 소지품, 소유물 possessions, belongings ○ **əmtəə, mülk, əmlak; sənaye ~ları** *i.* 공산품, 제품 manufactured goods

mala[1] *i.* 회반죽, 플라스터, 석고 반죽 plaster ○ **suvaq;** ~ **çəkmək** *fe.* 회반죽을 바르다 plaster

mala[2] *i.* 써레 (스파이크 모양의 써렛발이 있는 제초용 농구) harrow; ~ **çəkmek** *fe.* (땅을) 써레질하다 harrow

malabaxan *i.* 목동 herdsman

malaçəkən ☞ **malaçı**

malaçı *i.* 회반죽 바르는 사람 plasterer

malaçılıq *i.* 회반죽 바르는 직업 plastering, job of plasterer

malax *i. bot.* 무화과의 일종 a kind of fig

malaxit *i.* 공작석 (장식용) malachite

malakanlıq *i.* 러시아 정교회의 일파 a branch of the Russian Orthodox church

malakeş ☞ **malaçı**

malakeşlik ☞ **malaçılıq**

malalamaq[1] *fe.* 회반죽을 바르다 plaster ○ **suvamaq, sürtmək, şirələmək**

malalamaq[2] *fe.* 땅을 고르다 harrow, drag

malalanmaq *fe.* 회반죽이 발려지다 be plastered

malalı[1] *si.* 회반죽을 바른 plastered ○ **suvaqlı, şirəli**

malalı[2] *si.* 써레질 한 harrowed

malamal *si.* 꽉 채운 completely full ○ **dolu, dopdolu, ləbələb**
malay *i.* 청소년, 젊은이 young fellow, youngster, adolescent
malayıran *i.* 물건을 고르는 사람, 분류자 sorter
malbaş *si.* 둔한, 아둔한, 어리석은, 무딘 dull, blunted, stupid ○ **küt, qanmaz, səfeh, gic, korazehin, yekəbaş, zırrama** ● **dərrakəli**
malbaşlıq *i.* 어리석음, 둔함, 무딤 dullness, stupidity, foolishness ○ **kütlük, qanmazlıq, korazehinlik, yekəbaşlıq, zırramalıq**
malcanlı *si.* 소심한, 인색한 thoughtful, careful, solicitous (about property) ○ **qənaətcil, yığıcı**
malcanlılıq *i.* 검소, 절약, 경제성 thrift, economy ○ **qənaətcillik**
malçəkən ☞ **qapançı**
malçibini *i. zoo.* 쇠파리, 침파리, 등에 gad-fly, horse-fly, breeze
maldar *i.* 목동 cattle-breeder
maldarlıq *i.* 목축; stock, cattle breeding; ~ **ferması** *i.* 농장, 농원 ranch
mal-davar ☞ **mal-qara**
maldili *i. bot.* 선인장 cactus
mal-dövlət *i.* 재산, 부, 소유, 재화, 자산 wealth, property, possessions ○ **sərvət, dövlət, əmlak, var**
mal-heyvan ☞ **mal-qara**
malxulya *i. med.* (우)울병, 억울병 melancholia
malxulyaçı *i.* 우울한, 침울한 melancholic
malik *i.* ① 소유주, 임자, 소지자, 사용자, 경영자 owner, holder, proprietor ○ **sahib, yiyə**; ② 소유(물) possession; ~ **olan** *i.* 소유자, 소지자 owner; ~ **olmaq** *fe.* 소유하다, 누리다, 갖다, 지니다 own, enjoy, have, possess
malikanə *i.* 토지, 부동산, 부지, 사유지, 택지 estate
malikiyyət *i.* 소유권, 소유자임, 독점권 ownership, proprietorship ○ **sahiblik, yiyəlik**
maliyyə I. *i.* 재정, 재무, 재원, 자금 finance; II. *si.* 재정적인 financial; ***Maliyyə Naziriyi.*** *Ministry of Finance.*
maliyyələşdirmək *fe.* 재원을 확보하다, 자금을 모으다 finance
maliyyət *i.* 가격, 가치, 값, 대가 price, worth, cost ○ **qiymət, dəyər, baha**
maliyyəçi *i.* 재정가, 재무관, 금융업자 자본가 financier
maliyyətsiz *si.* 가치 없는, 쓸모없는 worthless, valueless
mal-qara *i.* 가축, 소(무리) cattle
mal-qaraçı ☞ **maldar**
mal-qaraçılıq ☞ **maldarlıq**
mallar *i.* 상품, 제품 goods; **~ın göndərilməsi** *i.* 위탁, 탁송 consignment
mallı *si.* ① 가축을 기르는 breeding domestic animals; ② 부자의 rich, wealthy ○ **pullu, varlı, gəlirli**
mal-madar ☞ **mal-mülk**
mal-mülk *i.* 부동산, 재산, 토지 real estate, real property ○ **var, dövlət**
Maloruslar *i.* 우크라이나인 Ukrainian
malpərəst *i.* 구두쇠 money-worshipper, niggard, skinflint, tightwad ○ **malcanlı**
malpərəstlik *i.* 배금주의, 인색함 materialism, stinginess, debasement
mal-pul ☞ **maldövlət**
malsız[1] *si.* 가축을 기르지 않는 having no domestic animals
malsız[2] *si.* 가난한, 빈곤한 poor, meager ○ **yoxsul, kasıb**
malyariya *i. tib.* 말라리아 malaria
mama[1] *i.* 조산원, 산파 midwife
mama[2] *i.* ① 아주머니, 고모 aunt ○ **bibi**; ② 엄마 mammy
mamaça *i.* 산파, 조산원 보조 midwife (uneducated)
mamalıq *i.* 산파술, 산과학 midwifery, obstetrics ○ **bibilik**
mamır *i. bot.* 이끼 moss
mamırlanmaq *fe.* 이끼로 덮이다 be covered with moss
mamırlı *si.* ① 이끼가 낀, 이끼가 자라는 mossy, moss-grown; ② 털이 많은 hairy
mamont *i. zoo.* 메머드 (플라이스토세의 거대한 코끼리) mammoths
man *i.* 오점, 흠, 티, 결함 shame, fault, defect ○ **nöqsan, eyib, kəsir**
manat *i.* 마나트 (아제르바이잔 화폐 단위) manat (Azerbaijan currency)
manatlıq *i.* 1 마나트 지폐 one-manat note
mancanaq *i.* ① 방아 두레박; sweep, shadoof ② 노포(弩砲) (돌, 화살 등을 사출하는 옛날 무기)

M

catapult

mandal *i.* 빗장, 걸쇠, 멈춤쇠, 잠그는 고리 bolt, bar, latch, lock, snap ○ **cəftə, siyirtmə**

mandallı *si.* 빗장이 있는, 걸쇠를 단, 자물쇠를 건 having a bolt, having a lock

mandarin[1] *i.* 감귤 tangerine ○ **naringi**

mandarin[2] *i.* ① 옛 중국의 관리, 시대에 뒤떨어진 관료 mandarin; ② 중국 공용어 Chinese official language

mandat *i.* 지령서, 명령서, 영장(令狀) certificate of mandate

mandolina *i.* 만돌린 mandolin

mandolinaçalan *i.* 만돌린 주자 mandolin-player

mane *i.* 지체, 장애, 방해, 제한 delay, obstacle, hindrance, impediment ○ **ləngitmə, yubatma, gecikdirmə, əngəl; ~ olmaq** *fe.* 방해하다, 제한하다, 훼방 놓다, 어지럽히다 hinder, clog, bar, disturb, prevent, stop, interfere; **~ni aradan qaldırmaq** *fe.* 장애를 극복하다 overcome

maneçilik *i.* 장애, 방해, 훼방 obstacle, hindrance ○ **əngəl, ilişik, çətinlik; ~ törətmək** *fe.* 방해하다, 훼방하다 throw obstacles, obstruct

maneə *i.* 방해, 훼방, 장애, 장애물, 방해물, 혼잡, 밀집 bar, clog, hindrance, interference, barrier, block, check, impediment, jam, obstacle, obstruction ○ **əngəl, ilişik**

maneəli *si.* 장애가 있는, 방해물이 있는 having an obstacle/impediment/hindrance ○ **əngəlli, ilişikli**

maneəlik *i.* 장애물, 방해물 obstacle, hindrance, impediment ○ **əngəllik, ilişiklik**

maneəsiz *si.* 방해 없는, 장애 없는, 간섭 없는, 자유로운 free, unimpeded ○ **əngəlsiz, ilişiksiz**

manej *i.* ① 말 훈련장 turf (horse training); ② 서커스 무대 circus stage

manevr *i.* 이행, 기동작전 manoeuvres, shunting

manifest *i.* 선언문, 성명서 manifest, manifesto

manikür *i.* 매니큐어 manicure

manikürçü *i.* 매니큐어 미용사 manicurist

manipulyasiya *i.* 촉진, 조작, 취급법, 잘 다룸; manipulation; **~ etmək** *fe.* 조종하다, 조작하다 manipulate

manivela *i.* 지레 lever

manjet *i.* 수갑, 팔찌, 소매 끝 cuff, wristband

manqa *i.* 팀, 그룹, 단체 link, team, group

manqabaşı *i.* 팀 리더, 지도자 field-team leader

manqal *i.* (석탄, 숯을 때는 난방용) 금속제 화로 brazier

manqan *i. kim.* 망간; 기호 Mn. manganese

manqo *i. bot.* 망고 (나무, 열매) mango

manometr *i.* 액주(液柱) 압력계 manometer

mansarda *i.* 다락, 다락방, 지붕 밑층 garret

manşırlamaq *fe.* 조준하다, 겨냥하다, 방향을 잡다 aim, direct, point ○ **nişanlamaq**

mantar *i.* 마개, 코르크 마개 cork ○ **probka; ~la bağlamaq** *fe.* 코르크 마개로 막다 cork

manto *i.* 망토, 모피 코트 woman's fur coat

manufaktura *i.* 공장제 수공업, 제조업, 제조, 생산, 산업 manufacture

manufakturaçı *i.* 제조자, 생산자 manufacturer ○ **bəzzaz**

manuskript *i.* 사본, 필사본 manuscript

manyak *i.* 미치광이 maniac

marafon *i.* 마라톤 (42.195 킬로 미터 경주) marathon (42.195km long race)

marafonçu *i.* 마라톤 경주자 marathoner

marqarin *i.* 인조 버터, 마가린 margarine

maraq *i.* 흥미, 관심, 호기심, 유인, 자극 interest, concern, curiosity, hobby, incentive ○ **həvəs, meyl, zövq, mənafe, xeyir; ~ oyandırmaq** *fe.* 자극하다, 흥미를 유발하다 scheme; **~ğı olmayan** *si.* 흥미 없는 disinterested; **~la** *z.* 관심 있게 with interest

maraqlanan *si.* 관심 있는, 호기심 이는 concerned, curious

maraqlandırmaq *fe.* 관심을 끌다, 자극하다, 고무하다, 유인하다 interest, intrigue, encourage ○ **həvəsləndirmək, şirnikdirmək**

maraqlanmaq *fe.* 관심을 갖다, 흥미를 느끼다, 호기심을 갖다 concern, go in for, take interest in, be interested in ○ **həvəslənmək, meyllənmək**

maraqlanmayan *si.* 흥미 없는 incurious

maraqlı *si.* ① 재미있는, 흥미 있는, 매력적인, 관심을 끄는 interesting, attractive, charming ○ **gözəl, qəşəng**; ② 의미 있는, 중요한 meaningful ○ **mə'nalı**; ***Maraqlıdır.*** *궁금해! I wonder.*

maraqlılıq *i.* ① 매력, 흥미, 호기심 attraction,

interest, charm ○ **gözəllik, qəşənglik**; ② 의미 심장함 meaningfulness ○ **mə'nalılıq**

maraqsız *si.* ① 재미없는, 생기 없는, 하찮은 insipid, insignificant ○ **mə'nasız, əhəmiyyətsiz** ● **mə'nalı**; ② 진부한, 시시한 plain, trivial ○ **görkəmsiz, kifir**; ③ 무관심한, 냉담한, 무감각한 indifferent ○ **laqeyd, e'tinasız**

maraqsızlıq *i.* ① 무의미함, 중요치 않음, 시시함 meaninglessness, insignificance ○ **mə'nasızlıq, əhəmiyyətsizlik**; ② 매력 없음, 예쁘지 않음 unattractiveness ○ **görkəmsizlik, kifirlik**; ③ 무관심, 흥미 없음 indifference ○ **laqeydlik, e'tinasızlıq**

maral *i. zoo.* 사슴, 순록; deer, reindeer; ~ **buynuzları** *i.* 사슴뿔 antlers

maralbaxışlı *si.* 사슴처럼 눈이 예쁜 having biq beautiful eyes

maralçı *i.* 사슴 목축자 deer-breeder

març *onomatopoeic.* 쪽 (입맞춤 소리) smacking kiss or such a sound

marçamarç(la) *z.* 긴 입맞춤 a long smacking kiss

marçıldatmaq *fe.* 쪽 소리 나게 키스하다 smack one's lips, give a smacking kiss

marçıltı *i.* 쪽 소리 나는 키스 smacking kiss

marıq *i.* 매복 ambush, ambuscade ○ **pusqu**; ~ **durmaq** *fe.* 잠복하다, 매복하다 lay in wait for, waylay, ambush, trap

marıqlamaq *fe.* 매복하다, 잠복하다, 잠복하여 습격하다 lay in wait for, waylay, ambush, trap

marıt *i.* 경계 태세, 사냥개의 준비되어 있는 상태 alert, ready stance of a hunting dog

marıtlamaq *fe.* 주시하다, 응시하다 point, come to a point, gaze, stare ○ **marıqlamaq**

marıtmaq ☞ **marıtlamaq**

Mari *i.* 마리인 the Mari

Maricə *i.* 마리어 Mari, the Mari language

marionet *i.* 꼭두각시, 마리오네트 marionette

marka *i.* ① 우표 postage-stamp, stamp; ② 상표; brand mark; ~ **yapışdırmaq** *fe.* 우표를 붙이다 stamp

markalamaq *fe.* 상표를 붙이다 mark

markalı *si.* 우표를 붙인, 우송 요금을 지불한 stamped

markasız *si.* 우표를 붙이지 않은 unstamped

markiz *i.* 후작(侯爵) marquis

markizet *i.* 마르키제트 (커튼 등에 쓰는 가볍고 얇은 직물) marquisette

Marksizm *i.* 마르크시즘, 마르크주의 Marxism

Marksist *i.* 마르크스주의자; Marxist **~cəsinə** *z.* 마르크스주의자처럼 Marxist-like

marmelad *i.* 마멀레이드 marmalade

Mars *i. ast.* 화성; 마르스 (고대로마의 군신) Mars

marselyeza *i.* 마르세유 Marseilles

marş *i.* 행진, 퍼레이드 march, parade

marşal *i.* 육군 원수, 군의 고관, 사령관 marshal

marşallıq *i.* 사령관의 지위 the post of marshal

marşrut *i.* 노선 (버스); 길, 노정, 항로 route

mart *i.* 3월 March

martı(quşu) ☞ **qağayı**

masa *i.* 책상, 상, 테이블 board, table ○ **miz, stol**

masabəyi *i.* 잔치, 축제의 사회자 master of ceremonies at a party or festival ○ **tamada**

masaj *i.* 마사지, 안마(술) massage; ~ **eləmək** *fe.* 마사지하다 massage

masajçı *i.* 마사지사, 안마사 masseur, masseuse

masajlamaq *fe.* 마사지하다 massage

masal *i.* 이야기, 동화 story, tale ○ **hekayə, nağıl**

masaüstü *i.* 책상보 tablecloth

masəva *qo.* 게다가, 더욱이 extra, the other, additional ○ **qeyri, başqa, əlavə**

masıra *i.* 실패 spool, bobbin

maska *i.* 변장, 위장, 가장, 의태, 겉꾸밈, 속임수 disguise, mask; ~ **taxmaq** *fe.* 거짓 핑계를 대면서 돌아다니다, 가장하다, 속이다 masquerade; **~sını açmaq/yırtmaq** *fe.* 가면을 벗다, 자신을 드러내다, 속셈을 보이다 unmask, expose one's intention

maskalamaq *fe.* 가장하다, 위장하다 mask, disguise, camouflage ○ **gizlətmək, pərdələmək**

maskalanma *i.* 가장, 위장, 겉치레, 허구 camouflage, disguise

maskalanmaq *fe.* (자신이) 가면을 쓰다, 위장하다, 가장하다, ~인체 하다 be masqueraded, be camouflaged, be disguised

maskalı *si.* 가장한, 위장한, 가면을 쓴 disguised, masked ○ **gizli, pərdəli**

maskarad *i.* 가장무도회, 가장, 겉치레; masquerade, masked ball; ~ **kostyumu** *i.* 가장복 fancy dress

masqara *i.* 모욕, 조롱, 비웃음 mockery ○ **əyləncə, zarafat, hənək, məzhəkə**; **~ya qoymaq** *fe.* 모욕하다, 조롱하다 mock
masqarabaz ☞ **masqaraçı**
masqarabazlıq ☞ **masqaraçılıq**
masqaraçı *i.* 조롱자, 비웃는 자, 모욕하는 자 scoffer, mocker ○ **istehzaçı, rişxəndçi, təqlidçi, təlxək**
masqaraçılıq *i.* 모욕, 조롱, 비웃음 scoffing, mockery ○ **istehzaçılıq, rişxəndçilik, təqlidçilik**
masqura *i.* 작은 그릇 small bowl
mason *i.* 석공, 석수, 벽돌공 freemason, mason
masonluq *i.* 본능적 공감; 프리메이슨단의 주의/관행/제도 freemasonry
massiv *i.* 대산괴(大山塊); 단층지괴 (斷層地塊) massif
mastika *i. tik.* 매스틱스 (회반죽의 일종) mastic (material like plaster)
maş *i.* 강낭콩 kidney bean ○ **lobya**
maşa *i.* 부젓가락, 집게 tongs, poker
maşalamaq *fe.* 부젓가락으로 작업하다 work with tongs
maşallah *ni.* 대단해! 멋져! wonderful!, fine!
maşın *i.* 기계, 기계장치; machine; 차 car; **~ detalları** *i.* 기계장치, 자동차 부속 machinery; **~ siqnalı** *i.* 경적 horn; **~da aparmaq** *fe.* 태워주다 give *smb.* a lift; **~ı müəyyən edilmiş dayanacaqda saxlamaq** *fe.* 주차하다 park
maşınçı ☞ **maşinist**
maşınqayıran *i.* 자동차 제조자 machine manufacturer
maşınqayırma *i.* 자동차 제조, 기계공작; machine manufacture; **~ zavodu** *i.* 자동차 공장 machine manufacturing factory
maşınquraşdıran *i.* 자동차 조립공 assembly line worker in a machine factory
maşınist *i.* 자동차공 mashinist
maşınistlik *i.* 자동차공업 machinist occupation
maşınka *i.* ① 난로 stove ○ **pilətə**; ② 타자기 typewriter ○ **makina**
maşınlamaq *fe.* ① 재봉틀로 꿰매다 sew with sewing machine; ② 자동 기계로 머리를 깎다 cut hair with electric razor
maşınlaşdırılmaq *fe.* 기계화되다 be mechanised
maşınlaşdırma *i.* 기계화 mechanisation
maşınlaşdırmaq *fe.* 기계화시키다 mechanise
maşınlı *si.* 기계화된 mechanized
maşınsazlayan *i.* 자동차 조정 기술자 machine adjuster
maşınsürən *i.* ① 기계 운영자 machine operator; ② 운전자 driver
maşınşünas *i.* 자동차 기술자 mechanic
maşinist *i.* 기술자, 운전자 engineer, driver
maşinistka ☞ **makinaçı**
mat *i.* ① 당혹, 당황, 황당함 wonder, bewilderment ○ **məəttəl, təəccüblü**; ② **~ qalmış** *si.* (체스) 패배한 numb, defeated, lost (chess)
matador *i.* 투우사, 기마 투우사 matador, toreador, bullfighter
matah *i.* 진귀한 것, 진품 rarity, jewel
matan *si.* 아름다운, 예쁜, 잘 생긴 handsome, pretty
matara ☞ **mətərə**
material *i.* ① 물질, 재료 material; ② 적의나 증오를 알림 notice of hostility or malice
materialbaz *i.* 적의나 반감의 표시를 하는 사람 one who writes a notice of ill-will ○ **donosçu**
materialist *i.* 물질주의자 materialist ● **idealist**; **~cəsinə** *z.* 물질주의적으로 materialist-like; **~tik** *si.* 물질주의적 materialistic
materializm *i.* 물질주의 materialism ● **idealizm**
materik *i.* 대륙, 육지 지대 continent ○ **qitə**
materiya *i.* 물질, 성분, 실재물, 개체, 구성요소 matter, substance
matəm *i.* 애도, 비탄, 애도의 표시 mourning ○ **yas, təziyə, əza, hüzn** ● **toy, sevinc**; **~ mitinqi** *i.* 추도 모임, 애도 모임, 장례 memorial service
matəmgah *i.* 장례식장 house of mourning ○ **yasxana**
matəmgədə ☞ **matəmgah**
matəmxana ☞ **matəmgah**
matəmli *si.* 슬픈, 애도의, 비통한 mournful, sad, deplorable ○ **yaslı, hüzurlu** ● **şad**
matəmlilik *i.* 애도, 슬퍼함 mournfulness, sorrow ○ **yaslılıq, əzalılıq**
matım-matım *z.* (진의가) 의심스러운, 분명치 않는, 모호한 dubiously, wondrously

matqab *i.* 송곳, a drill (instrument)
mat-mat *z.* 놀랍게, 황당하게 surprisingly ○ **təəccüblü, heyran**
mat-məbhut ☞ **mat-mat**
mat-məətəl ☞ **mat-mat**; ~ **qalmaq** *fe.* 당황하다, 황당해하다 be puzzled, bewildered
matriarxat *i.* 가모장제 matriarchy ○ **madərşahlıq**
matrikul *i.* (대학) 입학허가 matriculation
matris *i.* (발생, 성장, 생성의) 모체, 기반 matrix
matros *i.* 마도로스, 선원 sailor, seaman
matrosluq *i.* 선원 직/생활 the work of seaman /sailor
Mauzer *i.* 모제르총 (독일의 기술자 Pau Mauser (1838-1914)의 이름에서) Mauser (gun)
mavi *si.* 하늘색의, 감청색의 azure, blue, sky-blue ○ **göy**; ~ **gözlü** *si.* 푸른 눈을 가진 blue eyed
mavigöz *si.* 벽안(碧眼)의 blue-eyed
mavilәşmәk *fe.* 파랗게 되다 become blue
mavilik *i.* 파란 색깔을 띰 blueness ○ **göylük**
mavimsov *si.* 푸르스름한, 푸른 빛을 띤 bluish, somewhat blue
mavzoley *i.* 기념 건조물, 묘석, 묘비, 능묘 monument, gravestone, mausoleum ○ **türbə**
may *i.* 5월; 5월제 (5월 1일 거행하는 봄 축제); **May Bir** ~ May Day
maya[1] *i.* ① 이스트, 누룩, 효모(균) yeast, ferment ○ **acıtma, xəmrə**; **xəmir ~sı** *i.* 빵 효모 baker's yeast; ② 주제, 토픽, 테마 topic, theme, subject; ③ 핵, 이유, 원인, 근원, 정(精) reason, cause, origin ○ **rüşeym, döl, başlanğıc, toxum, nüvə, əsas**; ④ 원금, 자본금, 본전 principal, capital, money
maya[2] *zoo.* 암낙타 female camel
mayabaş *si.* 본전치기로 without income or loss
mayabaşlıq *i.* 본전치기 payment for just principal
mayak *i.* 등대, 신호 beacon, lighthouse
mayalama *i.* 발효작용, 발효과정 fermentation ○ **qıcqırtma, acıtma**
mayalamaq *fe.* ① 발효시키다 ferment, bubble ○ **turşutmaq, qıcqırtmaq, acıtmaq**; ② 수태시키다, 수정시키다 fecundate, impregnate; ③ 초유를 먹이다 feed foremilk/colostrum
mayalandırma *i.* 수태, 수정 fecundation ○ **münbitləşdirmə, döllәndirmә**
mayalandırmaq *fe.* 수정시키다 fertilise, nourish, nurture ○ **münbitləşdirmək, döllәndirmәk, qidalandırmaq**
mayalı *si.* 발효된 yeasty, fermented ○ **rüşeymli, nüvəli, əsaslı**; ~ **xəmir** *i.* 발효 반죽 paste
mayalıq *i.* ① 기원, 시작, 원인 origin, beginning ○ **başlanğıclıq, toxumluq, əsaslıq**; ② 발효, 효모, 효소 ferment, leaven ○ **acıtmalıq, xəmrəlik**; ③ 수정란; 비옥, 다산 fertility, fecundity ○ **münbitlik**; ④ 순혈종, 종마, 종돈 thoroughbred, pedigreed, pure-bred ○ **döllük**
mayallaq *i.* ① 재주넘기, 공중제비 somersault, loop ○ **dombalaq, kəlləmayallaq, tullanma, hoppanma**; ~ **aşmaq** *fe.* 공중제비를 하다, 재주넘기를 하다 somersault, tumble, loop
mayaotu *i. bot.* 홉 (뽕나뭇과의 다년생 덩굴 식물의 총칭); 그 건조한 열매 (맥주의 방향고미제·강장약용) hop
mayasız *si.* ① 무교의, 발효시키지 않은; unleavened ② 원금 없는, 본전 없는 without principal
mayasızlıq *i.* 무교(無酵), 발효시키지 않음 leavenlessness
mayböcəyi *i. zoo.* 왕풍뎅이 wingless beetle, may-bug
maye *i.* 액체, 유체(流體) fluid, liquid ○ **su, duru, sıyıq**; ~ **halında** *si.* 액체상의 liquid
mayeləşdirmək *fe.* 묽게 하다, 희석하다, 액화시키다 dilute, turn into liquid
mayeləşmə *i.* 희석, 묽은 상태, 묽게 하기 dilution ○ **durulma**
mayeləşmək *fe.* 희석되다, 액화되다 be diluted, be liquified ○ **durulmaq**
mayəhtac *i.* 가정용품, 필수품 domestic utensils, necessaries
maygülü[1] *i. bot.* 5월에 피는 꽃 mayflower (☞ **mixəkgülü**)
maygülü[2] *zoo.* 큰 도요새 great snipe ○ **sufərəsi, cüllüt**
mayıf *si.* 불구의, 장애의 disabled, maimed, mutilated ○ **şikəst, əlil, nöqsanlı**
mayıflaşmaq *fe.* 불구가 되다, 장애를 입다 become disabled
mayıflıq *i.* 전단, 절제 (팔 다리) mutilation ○ **şikəstlik**
mayis ☞ **may**

mayisgülü ☞ **maygülü**
mayka *i.* 조끼 vest
maymaq *si.* 부주의한, 무관심한, 잊어버리는, very absentminded, careless, heedless, unmindful, forgetful ○ **key, ağzıaçıq, aciz, ləng, yavaş** ● **gözüaçıq**; **~casına** *z.* 넋없이, 부주의하게, 얼빠지게 forgetfully, absentmindedly
maymaqlama ☞ **maymaqlamaq**
maymaqlamaq *fe.* 미숙하다, 서투르다, 솜씨 없다 be awkward, become clumsy, become sluggish ○ **keyləşmək, acizləşmək, kütləşmək**
maymaqlıq *i.* 정신없음, 넋 나감, 얼빠짐 absentmindedness, awkwardness, clumsiness ○ **keylik, acizlik, kütlük, lənglik, astalıq** ● **gözüaçıqlıq**
mayor *i.* 시장; *mil.* 공군 소령 major
mayorluq *i.* 소령의 지위 rank of major
maz *i. tib.* 연고 ointment, balm
mazaq *i.* 농담, 장난 joke ○ **zarafat, oyun**
mazaqlaşma ☞ **mazaqlaşmaq**
mazaqlaşmaq *fe.* 서로 장난하다, 농담하다 joke, jest together ○ **zarafatlaşmaq, oynaqlaşmaq**
mazarat *i.* 귀찮은 존재, 성가신 사람, 폐 nuisance, harm ○ **ziyan, zərər**
mazat *i.* 아첨, 알랑거림, 굽신거림, 비굴한 태도; 굽신거리다, 비굴하게 굴다, 아첨하다 crouch, cringe, apple-polish, bootlick **özünü ~a qoymaq**
mazğal *i.* (城) 총안(銃眼), 작은 창문, 구멍, 틈 loop-hole, embrasure, gun-port
mazı *i.* ① (나무에 생기는) 몰식자, 오배자 oak-gall, nut-gall; ② 작은 공 small ball; ③ 솔방울 pine cone
mazı-mazı *i.* 작은 공놀이 a game with small balls
mazi I. *i.* 과거, 지나간 시간 past time; II. *qram.* 과거시제 past tense
mazlamaq *fe.* ① 연고를 바르다; anoint, apply ointment ② 고약을 붙이다 (몸, 상처) plaster
mazlı *si.* 기름을 바른 anointed
mazurka *i. mus.* 마주르카(폴란드의 약간 빠른 3박자의 춤); 그 곡 (Mazur Mazovia 지방 이름에서 유래) mazurka (Polish)
mazut *i.* 연료유 (fuel oil) mazut
mazutlama ☞ **mazutlamaq**
mazutlamaq *fe.* 기름을 바르다, 연료유로 채우다 putty with mazut, apply mazut oil
mazutlanmaq *fe.* 기름으로 채워지다 be puttied, be smeared with mazut
mazutlu *si.* 연료유로 덮인 covered with mazut
mebel *i.* 가구, 비품, 세간 furniture; **~ düzmək** *fe.* 가구를 갖추다, 세간을 들이다 furnish **yumşaq**; **~** *i.* 실내장식용 가구 upholstered furniture
mebelçi *i.* 가구 수리공 furniture repairman
mebelqayıran *i.* 가구공 furniture maker
mebelli *si.* 가구를 갖춘 furnished
medal *i.* 메달, 기장, 훈장, 상패 medal; **~ almaq** *fe.* 훈장을 받다, 메달을 따다 get a medal; **~ təqdim etmək** *fe.* 훈장을 수여하다, 메달을 달아주다 bestow a medal
medalçı ☞ **medalyon**
medallı *si.* 메달리스트 medal winner
medalyon *i.* 큰 메달 medallion
median *i. riy.* 메디안, 중앙값; 중선 median
meduza *i. zoo.* 해파리 medusa
meh *i.* 산들바람, 미풍; *meteo.* (매시 4-31마일 (6-50km) 풍속의) 바람 breeze ○ **yel, nəsim**
mehli *si.* 미풍이 부는, 바람이 이는 windy, breezy ○ **yelli, küləkli**
mehman *i.* 손님, 객, 방문자, 내방자, 문병객 guest, visitor ○ **qonaq**
mehmanxana *i.* 호텔, 여관 hotel, inn
mehmanxanaçı *i.* 여관 주인, 집주인 innkeeper, landlord
mehmanxanaçılıq *i.* 호텔경영 hotel management
mehmannavaz *si.* 친절한, 후한, 환대하는 hospitable, friendly ○ **qonaqcıl, qonaqpərəst**
mehmannavazlıq *i.* 친절함, 후함, 환대함 hospitableness, friendliness ○ **qonaqpərəstlik**
mehparə ☞ **mahparə**
mehr[1] *i.* 사랑, 애정 love, charity ○ **sevgi, məhəbbət**
mehr[2] *i.* 신부를 사는 돈 bride money
mehrab *i.* 모스크안의 제단 altar in a mosque
mehriban *si.* ① 친절한, 따뜻한 amiable, genial, gentle, kind, sociable, affectionate ○ **nəvazişli, səmimi** ● **sərt**; ② 진심으로, 충심으로 친절하게, 마음으로 cordially, sincerely, tenderly ○ **əziz, istəkli**; **~casına** *z.* 친절하게, 따뜻하게, 진실하게 kindly, cordially, politely

mehribanlaşma ☞ mehribanlaşmaq
mehribanlaşmaq *fe.* 친하게 지내다, 친절한 관계를 갖다 be friends, be on friendly terms ○ **səmimiləşmək** ● **sərtləşmək**
mehribanlıq *i.* 부드러움, 친절함, 우애 깊음 tenderness, kindness, friendliness ○ **nəvazişkarlıq, səmimilik** ● **sərtlik**
mehribançılıq ☞ mehribanlıq
mehrlənmək *fe.* 사랑에 빠지다, 사랑하게 되다 fall in love, love ○ **alışmaq, isinişmək**
mehrsiz *si.* 무정한, 무관심한, 냉담한, 무심한 apathetic, indifferent, nonchalant ○ **sevgisiz, məhəbbətsiz**
mehtər *i.* 마부 stable-man, groom, ostler
mehtərbaşı *i.* 말 관리 책임자 equerry, an officer who supervises the horses of a noble house
mehtərxana *i.* 마구간, 축사 stable, pen, barn ○ **tövlə**
mehtərlik *i.* 말 사육 grooming, looking after horses
mexanik *i.* 기술자, 엔지니어 engineer, mechanic
mexanika *i.* 역학, 응용역학, 기계학 mechanics
mexaniki *si.* 역학적인, 기계학적인 mechanical; ~ **qurğular** *i.* machinary; ~ **e'malatxana, sex** *i.* machine shop; ~ **avadanlıq** *i.* 기계류, 기계 장치 machinery
mexanikləşdirilmək *fe.* 기계화되다 be mechanized
mexanikləşdirmə *i.* 기계화 mechanization
mexanikləşdirmək *fe.* 기계화시키다 mechanise
mexanikləşmək *fe.* 기계화되다 be mechanized
mexaniklik *i.* 기계공작 occupation of mechanic
mexanist *i.* 기계론자 mechanist
mexanistik *si.* 기계론적인 mechanistic
mexanizm *i.* 기계적 장치, 기어 device, gear, mechanism, machine
mexanizator ☞ **mexanist**
mexanizatorluq ☞ **mexanistik**
Meksika *i.* 멕시코 Mexico
meksikalı *i.* 멕시코인 Mexican
melanxolik *si.* 우울한, 침울한 melancholic
melanxoliya *i.* 우울, 침울 melancholy
meliorasiya *i.* 토질개선, 토질개량 amelioration, improvement of soil quality
meliorativ *si.* 토질 개선의 ameliorative
meliorator *i.* 토질 개선 전문가 an expert on improving soil quality
melodik *si.* 조화로운, 화합하는 harmonious, melodious ○ **ahəngdar**
melodiklik *i.* 선율적임 melodiousness
melodiya *i.* 멜로디, 하모니, 화음 tone, melody, harmony
melodram *i.* 멜로드라마, 통속극 melodrama
melodramatik *si.* 연극 조의, 멜로드라마 조의 melodramatic
memar *i.* 건축가, 건축 기사, 설계자 architect
memarlıq I. *i.* 건축, 건축학, 건축술 architecture; II. *si.* 건축적인 architectural
membran *i. bio. kim.* 박막(薄膜), 막; 세포막 membrane
memorandum *i.* 메모, 비망록 memorandum
memorial *i.* 기념적인 memorial
meningit *i. tib.* 수막염 meningitis
mentol *i. kim. tib.* 멘톨, 박하뇌 menthol
menyu *i.* 식단, 메뉴; 청구서 bill, menu
Menşevik *i.* Menshevik
Menşeviklik ☞ **Menşevizm**
Menşevizm *i.* Menshevism
menzurka *i. kim.* 눈금 매긴 그릇, 미터 글라스 measuring glass, graduate
mer *i.* 시/읍/면 장, 지방자치제의 장 mayor
merac *i.* 이슬람의 승천(일) ascension (day) in Islam
merejka *i.* 드론워크 (올을 뽑아 걸어 매는 자수) drawn-work, drawn-thread work
merejkalı *si.* 드론워크로 장식하다 decorated with drawn work
mergel *i.* 비료로 사용되는 모래 흙 margel, sandy soil used as fertilizer
meridian *i. geol.* 자오선, 경선; (천구의) 자오선 meridian
merinos *i.* 메리노 양모 (털실, 모직물) merino
meşə *i.* 숲, 삼림 forest, wood ○ **orman**; ~ **kənarı** *i.* 산림의 끝자락 outskirts of forest; ~ **materialları** *i.* 원목, 제재목 lumber; ~ **bəyi** *i.* 삼림학자, 삼림 노동자 forester; ~ **qurşağı** *i.* 삼림띠 forest belt; ~ **gözətçisi** *i.* 삼림 감독관; forest

M

guard; **şam ~si** *i.* 송림, 소나무 숲 pine forest, pinery
meşəbəyi *i.* 삼림 노동자, 학자 forester
meşəbəyilik *i.* 임학, 삼림관리 forestry
meşəcüllütü *i. zoo.* 멧도요 (도욧과(科)의 수렵조) wood cock
meşəçi *i.* 삼림꾼, 삼림관리자 forester, cultivator of woods
meşəçilik *i.* 삼림학, 산림 관리 forestry
meşə-çöl *i.* 삼림-초원 forest-steppe
meşədoğrayan ☞ **meşəqıran**
meşəxoruzu *i. zoo.* 큰뇌조(雷鳥) wood grouse
meşəqıran *i.* ① 나무꾼, 벌목꾼 logger, lumberman, lumberjack, timberman, timberjack; ② 벌목기계 wood-cutting machine
meşəqırma *i.* 벌목, 벌채 felling, logging
meşələndirmək *fe.* 식목하다, 삼림화시키다 plant trees
meşəli *si.* 삼림의, 숲의 forest, wood ○ **ormanlı**
meşəlik *i.* 숲, 삼림지 woodland, grove ○ **ormanlıq**
meşəsalma *i.* 숲 가꾸기 afforestation, forest-planting
meşəsiz *si.* 불모의, 황무한 woodless, treeless, barren
meşəsizləşdirmək *fe.* 황폐하게 하다, 망가뜨리다 desolate, ruin, lay waste
meşəsizlik *i.* 황무함, 불모 barrenness, lack of forest
meşəşünaslıq ☞ **meşəçilik**
meşətorağayı *i. zoo.* 숲종다리(유럽산) wood lark
meşin *i.* 러시아산 가죽 yuff, Russian leather
meşmeşi *i.* 살구 apricot ○ **ərik**
meşok *i.* 주머니, 자루 sack, bag ○ **kisə**, **torba**
meşşan *si.* 옹졸한, 속 좁은 narrow-minded (individual); **~casına** *z.* 옹졸하게 narrow-mindedly
metafizik *si.* ① 형이상학의, 추상적인 metaphysical; ② 애매한, 추상적인, 불분명한 vague, uncertain
metafizika *i.* 형이상학, 순수철학 metaphysics
metafora *i. lit.* 은유, 암유(暗喩) metaphor
metaforik *si.* 은유적인 metaphorical ○ **məcazi**
metaləridən *i.* 제련 용광로 smelting furnace
metalçı *i.* 양철장이, 생철공 tin smith
metal I. *i.* 금속 metal; II. *si.* 금속적인 metallic
metalaoxşar *si.* 금속성인, 금속제의 metallic
metalkəsən *i.* 판금 metal-cutting
metallı *si.* 금속(염)을 함유하는 metalline
metallaşdırmaq *fe.* 금속화시키다 metalize
metallik *si.* 금속성의 metallic
metallurgiya *i.* 야금학 metallurgy; **qara ~** *i.* 철 야금학 ferrous metallurgy; **əlvan ~** *i.* 비철 야금학 non-ferrous metallurgy
metallurji *si.* 야금학의 metallurgical
metallurq *i.* 야금학자 metallurgist
metalşünas ☞ **metallurq**
metalşünaslıq ☞ **metallurgiya**
metan *i. kim.* 메탄 methane
metastaz *i. tib.* 전이(에 의해 일어난 상태); 천이 metastasis
metateza *i. dil.* 음위(音位)/자위(字位) 전환/전위/치환 (단어 내의 문자·음절·음이 바뀌는 일) metathesis
meteor *i.* 대기현상 meteor (meteorological phenomena)
meteorit *i.* 운석 meteorite
meteorologiya *i.* 기상학 meteorology
meteoroloji *si.* 기상학적인 meteorological
meteoroloq *i.* 기상학자 meteorologist
metil *i. kim.* 메틸, 메틸기(基) methyl
metis *i.* 혼혈아; 프랑스계 캐나다인과 북미 인디언과의 혼혈아 metis (mixed blood)
metod *i.* 방법, 방안, 수단 method ○ **üsul**, **yol**
metodik *si.* 계획적인, 체계적인 systematic, methodical
metodika *i.* 조직 이론 methodical theory
metodiki *si.* 정연한, 조직적인 methodical
metodist *i.* 감독자, 관리자 supervisor
metodologiya *i.* ① (예술, 과학 등의) 방법론; ② *log.* 방법론; ③ *edu.* 교육 방법론 methodology
metodoloji *si.* 방법론적인 methodological
metodoloq *i.* 방법론자 methodologist
metodsuz *si.* 방법이 없는 methodless
metonimiya *i. lit.* 환유, 전유 (사물을 직접 가리키는 대신 그 속성이나 그것과 공간적, 시간적으로 가까운 관계에 있는 것을 쓴 것) metonymy
metr *i.* 미터 metre
metraj *i.* 길이와 넓이를 재는 자 scale of length, square *etc.*
metrik *si.* 미터법의 metric

metro *i.* 지하철 subway, the tube, the underground
metro ☞ **metropoliten**
metrologiya *i.* 도량형학 metrology
metroloji *si.* 도량형의 metrological
metropoliten *i.* 지하철 subway, tube
mey *i.* 포도주 wine ○ **şərab**
meyar *i.* 기준, 표준, 규범, 척도 measure, criterium ○ **ölçü**; **qiymət ~ı** *i.* 가치 측정 measure of value
meydan *i.* ① 광장, 장소 ground, space, square, scope; ② 기회, 호기 chance, opportunity; **~ oxuyan** *si.* 도발적인, 약 올리는, 자극하는, 도전적인 provocative, defiant; **~ oxumaq** *fe.* 도전하다, 약 올리다, 자극하다 challenge, defy; **~ oxuma** *i.* 도전 challenge; **~a getirmək** *fe.* 창조하다, 제조하다 create, afford; **~a çıxarma** *i.* 발견 discovery; **~a çıxarmaq** *fe.* 발견하다, 가져오다, 밝혀내다 bring forth, detect, manifest; **~a çıxmaq** *fe.* 떠오르다, 나타나다 emerge, turn out, appear; **~a çıxma** *i.* 등장, 떠오름, 나타남 appearance, emergence
meydança *i.* 작은 광장 a small square or area
meydanlıq ☞ **meydan**
meygədə ☞ **meyxana**
meyxana[1] *i.* 술집, 바, 펍 dukhan, tavern, bar, public house
meyxana[2] *i. lit.* 즉흥시 improvisational poem
meyxanaçı *i.* 술집주인 barkeeper, publican
meyxoş *si.* ① 시면서 단 (맛) sour and sweet ○ **tuşaşirin**; ② 유쾌한, 상쾌한, 기분 좋은 pleasant, favorable
meyit *i.* 주검, 시신 corpse, ash ○ **cənazə**, **cəsəd**, **ölü**; **~ xana** *i.* 영안실, 시체 안치소 morgue, mortuary
meyitsifət *si.* 창백한, 허약한, 병약한 feeble, sickly, pale
meylənmək *fe.* ① 경사지다, 비스듬히 하다 slope; ② 응원하다, 격려하다, 북돋우다 cheer up, brighten, encourage ○ **həvəslənmək**
meyl *i.* ① 경향, 성향 inclination, slant, slope, drift, tendency ○ **yatıqlıq**, **əyilmə**, **təmayül**; ② 동경, 열망, 대망 aspiration, impulse, incentive, longing ○ **səy**, **cəhd**; **~ etmək** *fe.* tend ~하는 경향이 있다, ~하기 쉽다
meylli *si.* ① 경향이 있는, 성향이 있는 apt, inclined ○ **yatıq**; ② 자발적인 willing ○ **həvəsli**, **sə'yli**, **cəhdli**; **~ olmaq** *fe.* 기울다, 성향을 나타내다 slope, tend; **~ olan** *si.* 기운, 경향이 있는, 이끌리는 inclined
meylsiz *si.* 내키지 않는, 좋아하지 않는, reluctant, steadfast ○ **həvəssiz**; **~cəsinə** *z.* 억지로, 내키지 않게 unwillingly, reluctantly
meylsizlik *i.* 저항, 거부감, 꺼림, 싫증 reluctance, disinclination ○ **həvəssizlik**
meymun *i. zoo.* 원숭이 ape, monkey
meymunabənzər *z.* 원숭이 같은 ape-like
meymuncuk *i.* 맞쇠, 마스터 키, 곁쇠 master-key, skeleton-key
meymunluq *i.* 흉내내기, 따라하기 aping, pretending; **~ etmək** *fe.* 흉내내다, 따라하다 ape, mimic
meymusifət *si.* 원숭이 같은 얼굴의 ape-faced
meynə *i.* 포도 넝쿨 vine, grapevine
meynəlik ☞ **üzümlük**
meynəqurdu *i. zoo.* 포도 넝쿨 벌레 vine bug
meyvə *i.* ① 과일, 과실, 열매 fruit; ② 결과, 소득 result, gain; **~ bağı** *i.* 과수원 orchard; **~nin əti** *i.* 과육(果肉) pulp; **~ şirəsi** *i.* 주스, 과일 주스 juice
meyvəcat *i.* 과실유, 여러가지 과일 fruits, variety of fruits
meyvəçi *i.* 과원지기 fruit-grower, grower ○ **bağban**
meyvəçilik *i.* 과수업, 과원 fruit-growing
meyvəkök *i.* 뿌리 root, root-crops
meyvələnmək *fe.* 과실을 맺다 produce fruit
meyvəli *si.* 과일이 많은, 열매가 많은 fruitful ○ **bəhrəli**, **məhsuldar**
meyvəlik *i.* 과수원 orchard
meyvəqurudan *i.* 과일 건조기 fruit dryer
meyvəsatan *i.* 과일상 fruit seller
meyvəsiz *si.* 과일이 없는, 결실 없는 fruitless
meyvəsizlik *i.* 무익, 헛됨, 무가치, 결실 없음 futility, fruitlessness
meyvə-tərəvəz *i. top.* 과일 야채 (통칭) fruit and vegetables
meyvəyığan *i.* 과일 따는 사람 fruitpicker
meyvəyetirici *si.* 열매를 많이 맺는, 비옥한, 기름진 (땅) fruitful, fertile ○ **münbit**, **bərəkətli**, **məhsuldar**
məal *i.* 주요 단어, 핵심어 key word

M

məbadə *əd.* 전혀/조금도/결코 ~아니다 by no means
məbəd *i.* 성전, 사찰 temple; holy place
məbədgah ☞ **məbəd**
məbhut *si.* 당황한, 황당한 bewildered
məbləğ *i.* 양, 액수, 금액 amount, sum, sum of money
məbud *i.* 숭배물 object of worship
məcaz *i. lit.* 은유, 암유 metaphor ○ **kinayə, eyham**
məcazi *si.* 비유적인, 은유적인 figurative, metaphorical ○ **köcürmə, törəmə**; **~ mə'nada** *z.* 비유적으로, 은유적으로 in a figurative sense
məcazilik *i.* 비유적임, 사실적임 figurativeness, picturesqueness
məcbur *si.* 강요된, 억지의, 강제적인, 의무화된 forced, obliged, bound ○ **zor, icbar**; **~ etmək** *fe.* 요구하다, 강요하다, 의무를 지우다, 강제하다 cause, compel, enforce, force, impel, make, oblige, urge; **~ olmaq** *fe.* 요구되다, 강제되다, 의무화되다 have to, oblige, be obliged, be forced
məcburən *z.* ① 강압적으로, 강제적으로, 의무적으로 forcefully ○ **zorla, güclə**; ② 절대적으로, 분명히, 명백히 absolutely, definitely
məcburi *si.* 강제적인, 의무화된, 의무적인 compulsory, obligatory forced, forcible ○ **icbari** ● **könüllü**; **~ enmə** *i.* 비상착륙 emergency landing; **~ təhsil** *i.* 의무 교육 compulsory education
məcburiyyət *i.* 강제, 강요, 강박, 구속, 책임, 의무 compulsion, obligation, pledge ○ **icbarilik**
məcburluq *i.* 의무, 책임 obligation ○ **icbarilik** ● **könüllülük**
məccanən *z.* 자유롭게, 대가 없이 freely
məccani *si.* 대가 없는, 돈 내지 않는 free of charge ○ **müftə, havayı**
məcəllə *i.* 법전, 규준, 관례 code; **qanun ~si** *i.* 법조항 code; **cinayət ~si** *i.* 형사법 criminal code
məchul I. *si.* 알려지지 않은, 모르는 unknown ○ **namə'lum, gizli, sirli, müəmmalı** ● **bəlli**; II. *i.* ① *riy.* 미지수 the unknown, unknown quantity ② *i. qram.* 수동태, 수동형 passive; **~ növ** *qram.* 수동태 passive voice; **~ fel** *qram.* 수동동사 passive verb
məchullaşmaq *fe.* 가려지다, 비밀로 되다 be concealed, become secret ● **mə'lumlaşmaq**
məchullu *si.* 가려진, 덮여진, 알려지지 않은, 비밀의 secret, veiled, covert, unknown ○ **gizli, sirli, müəmmalı**
məchulluq *i.* 신비, 비밀; 불가해성 mystery, secrecy ○ **müəmmalılıq, namə'lumluq**
məclis *i.* ① 총회, 모임, 의회 assembly ○ **iclas, yığıncaq, parlament**; ② 잔치 party ○ **qonaqlıq, şülən**; **baş ~** (UN) 유엔 총회 General Assembly; **milli ~i** *i.* 국회 national assembly
məclisi-müəssisən *i.* 국민의회 Constituent Assembly
məcməyi *i.* 쟁반, 요리접시 tray
məcmu *i.* ① 총액, 합계, 총계 amount, sum, total ○ **bütün, tamam cəmi**; ② *riy.* 합계, 총계, 총량 sum ○ **yekun, cəm**
məcmuə *i.* 신문, 잡지, 정간물 journal, magazine ○ **toplu**; **~ nömrəsi** *i.* 정간물 일련 번호 magazine issue
məcnun *si.* 사랑에 미친, 사랑에 빠진, 열애의 mad (from love), crazy ○ **dəli, divanə**
məcnunluq *i.* 광기, 광란, 열광, 열중 madness, craziness ○ **dəlilik, divanəlik**
məcra *i.* ① 강바닥, 하상, 통로, 수로, 접근로 channel, canal, river-bed; ② 경로, 전달경로 way, direction of progress
məcun I. *i.* 민방 환약(民方 丸藥); folk medicine; II. *si.* 별미의, 아주 맛있는 delicious, tasty
məcus *i.* (이란의) 고대 배화교 형태의 하나 fire worship religion
məcusi *si.* 배화교의, 주술적인 of fire-worshipper, magician ○ **ataşpərəst**
məcusilik *i.* 배화교 fire-worship
mədaxil *i.* 수입, 소득, 차변 income, profit ○ **gəlir, qazanc** ● **məxaric**
mədaxilli *si.* 소득의, 수입이 있는, 수지가 맞는, 유리한, 돈벌이가 되는 profitable, lucrative ○ **gəlirli, qazanclı**
mədaxillik *i.* 수익성 profitability, expediency, usefulness ○ **gəlirlilik, qazanclılıq**
mədaxilsiz *si.* 소득이 없는, 수익성이 없는 non-profitable ○ **gəlirsiz, mənfəətsiz**
mədar ☞ **orbit**
mədd *i. geol.* 조수, 조석, 조류(潮流); 밀물 tide, tide water ○ **qabarma**
məddah *si.* 칭찬하는, 찬양하는, 찬미하는 lauda-

tory
məddahlıq *i.* 칭찬, 칭송, 찬사, 경의 laudation, compliment, flattery
mədd-cəzr ☞ **mədd**
mədə *i. ana.* 위; (반추류 등의) 위의 하나; stomach; **~ağrısı** *i.* 위통(胃痛) stomach-ache; **~altı vəzi** *i. ana.* 췌장 pancreas
mədəcik *i. ana.* 실(室) (속이 빈 기관·부분의 총칭; 심실·뇌실(腦室) 등) ventricle, blood pump
mədəd I. *i.* 도움, 원조, 구조 help, aid ○ **kömək, yardım, imdad, aman**; II. *ni.* 구해주세요! 사람 살려! Help us!
mədə-bağırsaq *i.* 위장(胃腸), 위와 창자의 통칭 gastroenterostomy
mədədçi ☞ **mədədkar**
mədədçilik ☞ **mədədkarlıq**
mədədkar *i.* 조력자, 조수, 조교 assistant, helper
mədədkarlıq *i.* 조력, 지원, 도움 help, aid, support
mədən *i.* 광산, 광상, 광업소, 채광소, 채굴갱 mine; field; **duz ~ləri** *i.* 소금광; salt mines **neft ~ləri** *i.* 유전(油田) oil fields
mədənçi *i.* 광부, 인부 miner
mədənçilik *i.* 광업, 채굴업 mining work
mədəni *si.* ① 교양 있는, 교화된, 세련된, 고상한 cultured ○ **ədəbli, nəzakətli, qanacaqlı** ● **kobud**; ② 문화의, 문화적인 cultural; ③ 경작된, 재배된, 경작지의 cultivated
mədəni-kütləvi *si.* 교양의, 수양의, 문화적인 cultural
mədəniləşdirmək *fe.* 교화하다, 계몽하다, 수양시키다 enlighten, civilize
mədəniləşmək *fe.* 교화되다, 세련되다, 계발되다 become enlightened, become cultured
mədənilik *i.* 정중함, 예의 바름, 세련됨, 교양 있음 courtesy, culture ○ **ədəblilik, nəzakətlilik, qanacaqlılıq** ● **kobudluq**
mədəniyyət *i.* ① 문화, 문명 culture, civilization; ② 지력, 이해력, 총명 intelligence ○ **savadlılıq, elmlilik, biliklilik** ● **cəhalət**
mədəniyyətli ☞ **mədəni**
mədəniyyətsiz *si.* 비문화적인, 교양 없는 rude, uncultured, uncivilised, ○ **tərbiyəsiz, qeyri-mədəni** ● **tərbiyəli**
mədəniyyətsizlik *i.* 교양 없음, 무식함 lack of culture ○ **tərbiyəsizlik** ● **mə'rifətlilik**
mədfən *i.* 무덤, 묘지 tomb, grave ○ **qəbir, məzar**
mədh *i.* 찬양, 찬송 praise, compliment ○ **tə'rif, öymə, vəsf, mədhiyyə** ● **həcv**; **~ etmək** *fe.* 찬양하다, 칭송하다, 기리다 celebrate, glorify
mədhiyyə ☞ **mədhnamə**
mədhiyyəçi ☞ **məddah**
mədhiyyəçilik ☞ **məddahlıq**
mədhnamə *i. lit.* 송가(頌歌), 서정시 ode, lyric poem
mədxəl *i.* 머리말, 서론, 서두 introduction, prelude ○ **müqəddimə, giriş**
mədikcə *bag.* ~하지 않으면, ~아니면 unless
Mədinə *i.* 메디나 (모하메드의 매장지가 있는 사우디아라비아의 도시) the city in Saudia Arabia where Mohammed is buried
mədrəsə *i.* 회교의 종교학교 Muslim religious school
məəttəl *si.* 놀란, 당황한, 황당한 surprising, striking ○ **təəccüblük, heyrətlik**; **~ qalmaq** *fe.* 당황하다, 황당해하다, 놀라다 be puzzled, perplexed
məəttəlçilik *i.* 당황, 당혹, 혼란 perplexity, bewilderment
məəttəllik ☞ **məəttəlçilik**
məfhum *i.* 개념, 관념, 인지, 인식 concept, idea, notion ○ **anlayış**
məfkurə *i.* 이상, 궁극의 목적, 관념형태 ideal, ideology ○ **əqidə, ideologiya**
məfkurəli *si.* 관념적인, 공론적인 ideological
məfkurəsiz *si.* 개념 없는, 관념 없는, 이상이나 목표가 없는 devoid of principle, without ideal or ideology ○ **əqidəsiz**
məfkurəsizlik *i.* 비전 없음, 이상/꿈이 없음 lack of vision, lack of ideal ○ **əqidəsizlik**
məfkurəvi *si.* 이데올로기적, 관념적 ideological ○ **əqidəli, ideoloji**
məfkurəvilik *i.* 이념, 도덕적 본질, 도덕관 ideology, moral substance, moral intelligence ○ **əqidəlilik**
məfrəş *i.* 굵은 천으로 만든 큰 자루 large sack made of carpet material
məftil *i.* 선, 철사, 전선 wire
məftilqayıran *i.* 철사공 wire maker
məftilli *si.* 배선이 된, 전선이 깔린 wired

məftilsiz *si.* 무선의 wireless

məftun *si.* 매혹된, 마음을 빼앗긴, 황홀한 charmed, fascinated ○ **vurğun**, **aşiq**, **pərəstişkar**; **~ etmək** *fe.* 매혹하다, 황홀케 하다, 뇌쇄하다; charm, fascinate; **~ olmaq** *fe.* 황홀하다, 매혹되다, 푹 빠지다; admire, be charmed **~casına** *z.* 황홀하여, 매혹되어 fascinatingy, charmingly

məftunedici *si.* 황홀케 하는, 매혹하는, 뇌쇄케 하는, 마음을 끄는 magic, charming, fascinating

məftuniyyət ☞ **məftunluq**

məftunlaşmaq *fe.* 사랑에 빠지다, 매혹되다 admire, be fascinated, be charmed, fall in love ○ **vurğunlaşmaq**

məftunluq *i.* 환희, 황홀, 감탄, 감복 admiration, rapture ○ **vurğunluq**, **pərəstişkarlıq**, **füsunkarlıq**, **cazibədarlıq**

məğbun ☞ **məğmun**

məğər I. *əd.* 정말로? 그럴 리가? really; II. *ba.* 그렇지 않으면 unless ○ **bəs**

məğlətə *i.* 동요, 흥분, 소란, 야단법석 commotion, turmoil ○ **qarışıqlıq**, **dava-dalaş**, **hay-küy**

məğlub *si.* 실패한, 패한, 패배한 defeated, overwhelmed ● **qalib**; **~ etmək** *fe.* 패배시키다, 격퇴시키다, 제압하다, 해치우다 defeat, get the better of, vanquish, subdue; **~ olmaq** *fe.* 실패하다, 패배하다, 무너지다, 격퇴되다 fall, fail, be defeated, be conquered, lose; **~ edilməz** *si.* 질 수 없는, 정복 불가한, 불패의 invincible, unconquerable, undefeatable

məğlubedilməz *si.* 질 수 없는, 불패의, 무적의 invincible, invulnerable, unconquerable

məğlubedilməzlik *i.* 무적, 불패 invincibility

məğlubiyyət *i.* 실패, 패배, 압도됨 overthrow, defeat, failure ○ **basılma**, **uduzma** ● **qalibiyyət**

məğlubluq ☞ **məğlubiyyət**

məğmun *si.* 속은, 배반당한, (성격, 능력 등이) 없는 cheated, betrayed, devoid

məğmunluq *i.* ① 속음, 배반당함 being deceived, being betrayed; ② 무능함, 쇠약함 incapability, feebleness

məğrib *i.* 서쪽 west ○ **günbatan**, **qərb** ● **məşriq**

məğrur *si.* 교만한, 거만한, 거드름 피우는, 불손한, 오만한 proud, arrogant, haughty ○ **vüqar**, **fəxr**, **iftixar**, **qürur**; **~anə** *z.* 교만하게, 거만하게, 불손하게, 거드름 피우면서; proudly, arrogantly; **~casına** ☞ **məğruranə**

məğrurlanmaq *fe.* 거만해지다, 오만하다, 거드럭거리다 be proud of, boast, swagger

məğrurluq *i.* 오만, 교만, 불손, 건방짐 pride, arrogance

məğşuş *si.* ① 혼란한, 번잡한, 무질서한, 복잡한, 어지러운 confused, chaotic, disordered ○ **iğtişaşlı**, **hərc-mərc**; ② 시무룩한, 언짢은 듯한, 우울한, 다루기 힘든 sullen, dismal, cheerless ○ **kefsiz**, **halsız**, **bikef**

məğşusluq *i.* 무질서, 혼잡, 혼란 disorder, confusion

məğz *i.* ① (과일의) 인(仁); (견과류의) 속, 알맹이; (양파의) 중심; (콩의) 싹눈 kernel, core (nut); ② 핵심, 중핵, 요점 foundation, basis, bottom ○ **əsl**, **əsas**, **mə'na**, **mətləb**

məğzibadam *i.* 아몬드 속; 껍질을 깐 아몬드 kernel of almond

məh ☞ **mah**

məhal ☞ **mahal**[2]

məharət *i.* ① 기술, 솜씨, 기량, 숙달된 기술 art, craft, mastership, skill ○ **bacarıq**, **qabiliyyət**, **hünər**; ② 숙달됨, 맵씨 있음, 기량이 뛰어남 cleverness, swiftness ○ **çəldlik**, **diribaşlıq**, **zirəklik**, **çeviklik**; **~lə** *z.* 익숙하게, 능숙하게, 숙달된 모습으로 skillfully

məharətli *si.* ① 숙달된, 기술이 좋은, 능숙한, 숙련된 skilled, skilful ○ **bacarıqlı**, **qabiliyyətli**, **mahir**; ② 빠른, 영리한, 민첩한, 영민한 swift, quick, clever, intelligent ○ **çəld**, **zirək**, **diribaş**, **çəpik**

məharətlilik *i.* ① 기술이 좋음, 솜씨 있음, 기량이 좋음 skilfulness, capability ○ **bacarıqlılıq**, **qabiliyyətlilik**, **mahirlik**; ② 영민함, 기민함, 민첩함, 영리함 quickness, cleverness, intelligent ○ **çəldlik**, **zirəklik**, **diribaşlıq**

məharətsiz *si.* ① 어설픈, 서투른, 솜씨 없는, 어색한 unskilful, unprofessional ○ **bacarıqsız**, **qabiliyyətsiz**, **fərasətsiz**; ② 미숙한, 풋내기의 novice, rookie, neophyte ○ **küt**, **təcrübəsiz**, **naşı**, **xam**

məharətsizlik *i.* ① 서툶, 솜씨 없음, 기량 없음 unskilfulness ○ **bacarıqsızlıq**, **qabiliyyətsiz-**

lik, fərasətsizlik; ② 미숙함, 경험 부족, 미숙함 inexperience, rawness ○ **kütlük, təcrübəsizlik, naşılıq, xamlıq**

məhbəs *i.* 교도소, 감옥, 형무소, 구치소 prison, house of detention, jail ○ **həbsxana**

məhbəsxana ☞ **məhbəs**

məhbub *i.* 임, 사랑하는 이, 연모하는 사람, 사모하는 님, 간절한 (남자) loving, yearning, longing (man) ○ **sevgili, mə'şuq, istəkli**

məhbubə *i.* 사모하는 님, 사랑하는 이 (woman) loving, yearning

məhbus *i.* 죄수, 기결수; 포로 convict, prisoner ○ **dustaq**

məhbusluq *i.* 구금, 구속, 감금, 유폐; 투옥, 수감 confinement, imprisonment ○ **dustaqlıq**

məhcub *si.* 암띤, 부끄럼타는, 수줍어하는, 숫기 없는 shy, bashful ○ **utancaq**

məhcubluq *i.* 부끄러움, 수치심, 수줍어함 shame, abasement

məhdud *si.* ① 제한된, 한정된, 유한한, 좁은, 여유가 없는 limited, narrow ○ **dar** ● **geniş**; ② 사소한, 하찮은, 변변찮은, 시시한 trivial, insignificant, petty ○ **kiçik, əhəmiyyətsiz, az, cüzi**; ③ 옹졸한, 소심한, 쪼잔한, 편협한 narrow-minded, narrow-sighted ○ **dardüşüncəli, darfikir**; ~ **etmək** *fe.* 제한하다, 한정하다, 억제하다, 억누르다 limit, restrain

məhdudiyyət *i.* 한정, 제약; 옹졸함, 소심함 restriction, limitation ○ **dardüşüncəlilik**

məhdudlanmaq *fe.* (스스로) 억제하다, 제한하다 limit oneself to, confine oneself to

məhdudlaşdırma *i.* 축약, 삭감, 제한, 단축 abridgement

məhdudlaşdırmaq *fe.* 제한하다, 요약하다, 삭감하다, 제약하다, 한정시키다 abridge, confine, localise, limit, restrict; **özünü**; ~ *fe.* 자신을 억압하다, 억제하다 limit, restrict oneself

məhdudlaşma *i.* 한정, 억제, 단축 limitation, restriction

məhdudlaşmaq *fe.* 제한되다, 한정되다, 억제되다 become limited, become confined

məhdudlayıcı *si.* 억제하는, 제한하는, 제약하는 confining, restraining, coercive

məhdudluq *i.* 편협함, 제한됨, 옹졸함, 소심함 scantiness, narrow-mindedness ○ **dardüşüncəlilik**

məhəbbət *i.* ① 사랑, 애정 love, affection ○ **eşq, sevgi** ● **nifrət**; ② 인연, 연줄 relation, tie, friendship 관계 ; ③ 편애, 치우친 호의, 기호, 좋아함, 선호 inclination, preference, partiality ○ **həvəs, meyl, bağlılıq**; **vətənə** ~ *i.* 조국애 love for one's country; ~ **macarası** *i.* 연애 사건 love affair; ~**ə layiq** *si.* 사랑할 만한 love worthy

məhəbbətanə *z.* 애정 어리게, 사랑을 갖고 affectionately

məhəbbətli *si.* ① 사랑하는, 애정 어린, 따뜻한 affectionate, loving ○ **eşqli, sevgili**; ② 성향의, 끌리는, 마음이 내키는 inclined, related ○ **həvəsli, meylli, bağlı**; ③ 신실한, 충성된, 충실한 faithful, loyal ○ **sadiq, sədaqətli**

məhəbbətnamə *i.* 연애 편지 love letter

məhəbbətsiz *si.* 사랑 없는, 무감각한 loveless

məhəccər *i.* 난간, 계단 끝의 작은 기둥, 계단의 손잡이 틀 banisters, rail, railing ○ **barmaqlıq, sürahi**

məhəccərli *si.* 난간이 있는 having banisters, railed

məhək(daşı) *i.* 시금석 touchstone, Lydian stone

məhəl[1] *i.* 주의, 주목, 관심 attention, interest ○ **e'tina, diqqət**; ~ **qoymamaq** *fe.* 무시하다, 소홀하다, 무관심하다 ignore, disregard

məhəl[2] *i.* 지방, 지역 country, locality, district

məhəlçilik *i.* 지역 연고주의 provincial inclination ○ **yerliçilik**

məhəllə *i.* (도시의 특수) 구역, 지구 block, quarter

məhəlli *si.* 한 지방의, 지역적인 territorial, local

məhərrəm *i.* 아랍력으로 첫 달 (시아 무슬림의 애도의 달) the first month in the Arabian calendar (mourning month for Shiah muslim martyrs)

məhərrəmlik *i.* 시아 순교자들을 위한 애도 mourning for Shiah Muslim martyrs

məhkəmə *i.* 법정, 재판정, 재판 court, court of justice, trial; **işi** ~**yə vermək** *fe.* 송사하다, 재판에 걸다; go to law, bring an action; ~ **iclasçıları** *i.* 배심(원단) jury; ~**(lik) işi** *i.* 재판; trial; ~**də** *z.* 소송중인 on trial; ~ **prosesi** *i.* 재판 과정, 소송과정 trial, process; ~ **tərəfindən tə'qib etmək** *fe.* 기소하다, 고소하다, 법적으로 청구하다 prosecute; **cəza** ~**si** *i.* 형사 법원 Criminal Court

məhkəməbaz *i.* 소송 걸기 좋아하는 사람 a person who refers to the courts on any issue

məhkəməlik *si.* 법정에 상관되는 referring to the courtroom

məhkum *si.* ① 정죄된, 언도받은 condemned, sentenced; ② 부속된, 종속된 subordinated; ~ **etmək** *fe.* 정죄하다, 비난하다, 선고하다, 판결을 내리다 condemn, doom

məhkumiyyət *i.* ① 정죄, 판단, 유죄 판결 condemnation, judgement; ② 부속, 종속, 예속; subordination, servitude

məhkumluq *i.* 정죄, 판결 sentence, judgement

məhliqa ☞ **mahliqa**

məhlul *i. kim.* 용액; 용체(溶體) solution

məhlullu *si.* 용액의, 용해물의 of solution

məhparə ☞ **mahparə**

məhraba ☞ **mahrəba**

məhrəba *i.* 수건, 손수건 towel, kerchief ○ **dəsmal**

məhrəm *si.* ① 친밀한, 아주 가까운, 깊은 intimate; ② 가까운, 은밀한, 비밀스러운 close, secret ○ **sirdaş, gizli**

məhrəmanə *z.* ① 친밀하게, 가깝게, 정성스럽게 intimately, trustfully; ② 은밀하게, 비밀스럽게 secretly, privately

məhrəmlik *i.* 친밀감, 친교, 절친, 우정 intimacy, friendship ○ **yaxınlıq, dostluq, sirdaşlıq**

məhrum *si.* 불운한, 불리한, 적합지 않은, 어울리지 않은 unfortunate, inept, void, deprived ○ **nəsibsiz, bədbəxt, uğursuz, yazıq, talesiz, məzlum**; ~ **edilmiş** *si.* 가난한 destitute; ~ **etmək** *fe.* 빼앗다, 면직하다, 박탈하다 deprive, dispossess; ~ **olmaq** *fe.* 빼앗기다, 잃다 lose, be deprived of; **irsdən** ~ **etmək** *fe.* 상속권을 빼앗다 disinherit; **hüquqdan**; ~ **olmaq** *fe.* 시민의 권리를 빼앗기다 lose a civil right

məhrumiyyət *i.* ① 박탈, 몰수, 빼앗기, 곤경, 불행, 불운 privation, hardship, misfortune ○ **nəsibsizlik, uğursuzluq, talesizlik, məzkunluq**; ② 빈곤, 빈궁, 궁핍 need, necessity, poverty ○ **ehtiyac**; **~ə mə'ruz qalmaq** *fe.* 곤란을 겪다, 어려운 시간을 보내다 suffer hardship, have a rough time

məhrumluq *i.* 박탈, 몰수, 면직, 파면; 결핍, 부족, 부자유, 궁핍 deprivation, privation, hardship, misfortune ○ **uğursuzluq, talesizlik, məzkunluq**

məhsul *i.* ① 과실, 열매, 소출, 소득, 결과물 harvest, output, produce, product, production, yield ○ **bəhər**; ② 농작물, 수확물, 실과 crop, fruit, food ○ **ərzaq, yeyinti**; ~ **yığımı** *i.* 추수기, 수확기 yield, harvest time, harvesting; **bol**; ~ *i.* 풍작, 풍년 heavy crop; **ərzaq ~ları** *i.* 식량, 식료품, 식품; food stuff **maldarlıq ~ları** *i.* 축산 식품 animal products

məhsulat *i.* 생산물 products

məhsuldar *si.* 산출력이 있는, 소출이 많은, 풍부한, 결실이 많은, 비옥한 efficacious, rich, productive ○ **bəhərli, bərəkətli, səmərəli, xeyirli, əlverişli, gəlirli**

məhsuldarlaşdırma *i.* 풍부하게 함 fecundation, impregnation, fertilization

məhsuldarlaşdırmaq *fe.* 비옥하게 하다, 다산하게 하다, 풍부하게 하다 fecundate, impregnate, fertilize

məhsuldarlıq *i.* 효율성, 생산성, 소득성, 결과물 efficiency, output, productivity ○ **bəhərlilik, bərəkətlilik, səmərəlilik, xeyirlilik, əlverişlilik, gəlirlilik**

məhsullu *si.* 다작의, 다산의, 열매가 많이 열리는, 비옥한, 결실이 많은 fruitful, productive ○ **bəhərli, səmərəli**

məhsulluluq *i.* 생산성, 다산성, 풍부함, 적절성 productivity, fruitfulness, abundance, profitableness ○ **bəhərlilik, səmərəlilik, bəhrəlilik, xeyirlilik, gəlirlilik**

məhsulsuz *si.* 비생산적인, 불모의, 이익이 없는, 효과 없는 unproductive, fruitless ○ **bəhərsiz, səmərəsiz, xeyirsiz, gəlirsiz**

məhsulsuzluq *i.* 비생산적임, 불모성, 이익이 없음 unproductiveness, fruitlessness ○ **bəhərsizlik, səmərəsizlik, xeyirsizlik, gəlirsizlik, qıtlıq, bərəkətsizlik**

məhsulverici ☞ **məhsuldar**

məhsulverməz *si.* 황무한, 불모의, 열매가 없는, 수확이 없는 barren

məhşər *i.* 최후의 심판일 judgment day ○ **qiyamət**

məhtab *i.* 달빛, 월광 moonlight

məhv *i.* 죽음, 소멸, 소실, 철폐, 폐지, 전멸 death, destruction, loss, fall, abolition, annihilation

○ **tələf**, **ölüm**; ~ **etmək** *fe.* 무효로 하다, 효력을 상실케 하다, 폐지하다, 소멸시키다, 말살하다 annul, annihilate, break, quell, ruin, sweep, wipe out, destroy; ~ **etmə** *i.* 파괴, 소멸, 철폐 destruction; ~ **edilmə** *i.* 소멸, 괴멸, 전멸, 멸망; annihilation; ~ **olma** *i.* 파괴, 붕괴, 무너짐, 잔해 ruin; ~ **olmaq** *fe.* 지다, 굴복하다, 파괴되다, 괴멸되다, 망하다 be destroyed, die, perish, succumb; ~ **olmuş** *si.* 망한, 소멸된, 소실된 lost

məhvedici *si.* 파괴적인, 치명적인, 전복시키는, 파멸적인, 해로운 subversive, mortal, destroying, pernicious, baneful, fatal

məhvedilməz *si.* 불사의, 죽지 않는, 불후의, 불멸의, 영원한 immortal, eternal, indestructible, perpetual

məhvər *i. mex.* 피벗, 회전축; 축, 지지물, 중심 pivot, axis ○ **ox**

məhz *da.* 소위 namely, very, i.e. (that is)

məhzən ☞ **məhz**

məhzun *si.* 슬픈, 애통하는, 생각에 잠긴, 슬픔에 잠긴 sad, mournful, wistful ○ 서럽게 **qəmli**, **kədərli**, **dərdli**, **həzin**; ~-~ 슬프게 sadly, sorrowfully

məhzunanə ☞ **məhzun**

məhzunluq *i.* 슬픔, 애통, 비애 sadness, sorrow, wistfulness ○ **qəmlilik**, **kədərlilik**, **dərdlilik**

məxaric *i.* 비용, 지출, 출비 expense ○ **xərc**, **çıxar** ● **mədaxil**

məxəz *i.* 기원, 근본, 근원, 원인 source, origin ○ **mənbə**

məxəzli *si.* 본래의, 최초의, 믿을 만한, 신빙성 있는, 근거 있는 authentic, grounded, original ○ **mənbəli**

məxfi *si.* 비밀의, 가려진, 기밀의, 은밀한, 남몰래 행해지는 secret, covert, veiled, confidential, clandestine ○ **gizli**, **xəlvəti** ● **aşkar**; ***Məxfidir.*** *기밀!. Confidential.*

məxfilik *i.* 은닉, 숨겨져 있음, 잠복상태, 감추기, 숨기기 concealment, camouflage

məxləs *i.* 개설, 개관, 보고, 설명, 개론 survey, review ○ **müxtəsər**, **xülasə**

məxluq *i.* ① 피조물, 생물, 만물, 창조된 것 creation, creature; ② 군중 multitude, people

məxluqat *i.* 창조물, 피조물 전체, 창조된 세계 creation, making

məxmər *i.* 벨벳, 비로드, 우단 (표면에 부드러운 보풀이 촘촘히 난 직물) velvet

məxmərək *i. tib.* 풍진(rubella) German measles

məxməri *si.* 벨벳 같은 (촉감의); 부드러운, 매끄러운; 감촉이 부드러운; 사치한, 우아한, 안락한 velvety, plushy, silken ○ **laləhətli**, **zərif**, **ətirli**

məxmərli ☞ **məxməri**

məxrəc *i.* ① *riy.* 분모(divisor) (↔ numerator) denominator ● **surət**; **ümumi** ~ *i.* 공통분모; common denominator; **eyni/ortaq ~ə gətirmək/tapmaq** *fe.* 공통분모로 축약하다 reduce to a common denominator; ② *dil.* 유절(有節) 발음, (개개의) 조음(調音); 뚜렷한 발음; 자음(子音) articulation ○ **artikulyasiya**

məxsus *si.* ~에 속한, ~의 소유의, 특유한, 독특한, 특징적인 peculiar to, belonging to, proper, special, characteristic ○ **aid**, **dair**; ~ **olmaq** *fe.* 부속하다, 따라/붙어 다니다, 소지하다, 소유하다 pertain, belong to; **özünə** ~ *si.* ~에게 특유한, ~에 독특한 original, peculiar; **~ən** *z.* 특히, 특별히, 신중히, 각별히 specially, deliberately, especially

məxsusi *si.* 특별한, 각별한, 특수한, 두드러진, special, especial, deliberate ○ **xüsusi**

məxsusiyyət *i.* 특성, 성격, 독특성, 특유의 기질, 특색 characteristic, peculiarity ○ **aidiyyət**, **xüsusiyyət**

məişət *i.* ① 생활 양식/방식 mode of life; ② 삶, 살림, 생활 life, living ○ **yaşayış**, **dolanış**, **həyat**; ~ **kondisioneri** *i.* 에어컨 ; air-conditioner; ~ **şəraiti** *i.* 생활 여건, 삶의 조건 condition of life

məiyyət *i.* 수행원의 일행, (고관 등의) 경호; (여행자의) 안내; (죄수의) 호송 suite, escort, guard

məkan *i.* 공간 (시간에 대비해서); 거처, 거주지, 체재 장소 residence, dwelling place, accommodation ○ **yurd**

məkansız *si.* 집 없는, 가난한, ~을 가지지 않음 homeless, destitute

məkə, **məkəbuğdaşı** *i. bot.* 옥수수 corn ○ **qarğıdalı**, **peyğəmbəri**

məkərə *i.* 장, 장날, 품평회, 바자 fair, market sale ○ **yarmarka**

məkik *i.* (베틀의) 북; 재봉틀의 북실통 shuttle (of knitting machine)

məkkilti *i.* (양 등의) 울음소리 bleating
məkr *i.* 배신, 교활한 행동, 간교한 음모, 약삭빠름 perfidy, slyness, cunning ruse, craftiness ○ **hiylə, kələk, fənd, biclik**
məkrli *si.* ① 교활한, 간사한, 약삭빠른 cunning, wicked ○ **hiyləli, fəndgir, bic**; ② 악의적인, 적의가 있는, 심술궂은, 원한을 갖은 malicious, ill-willed ○ **acıqlı, kinli, qeyzli**
məkrlilik *i.* 교활함, 악의, 적의, 반감, 혐오 wickedness, evil ○ **hiyləlilik, fəndgirlik, biclik, iblislik**
məkruh *si.* 질색인, 혐오할 만한, 미운, 지긋지긋한, 메스꺼운 abhorrent, loathsome, disgusting ○ **iyrənc, mənfur, çirkin**
məktəb *i.* 학교; school; **ali** ~ *i.* 고등 교육기관 institute, college; **orta**; ~ *i.* 중등교육기관 secondary school; **ibtidai**; ~ *i.* 초등교육기관 elementary school; **internat**; ~ *i.* 기숙학교 boarding school; **~li oğlan** *i.* 남학생 schoolboy; **~li qız** *i.* 여학생 schoolgirl; ~ **yoldaşı** *i.* 학교 친구 school mate, school fellow; ~ **müəllimi** *i.* 선생, 교사 school master, school teacher; ~ **skamyası** *i.* 책상 desk; ~ **direktoru** *i.* 학교장 head master, principal; ~ **inspektoru** *i.* 지도 교사 supervisor; **~ə qədər müəssisə** *i.* 유치원, 취학 전 교육기관; 학교 교사, 담임 교사; 교 외의, 교과 외의 pre-school institution, kindergarten; **~dar** school master, instructor; **~dən kənar** extra-scholastic, non-scholastic; **~ə qədər** *si.* 취학 전의; 학교 교사(校舍); of pre-school age; **~xana** school building; **~lilər** *i.* 취학연령의 아이들 school children;**~yanı** *si.* 학교 가까운 close to school; **~yaşlı** *si.* 취학연령 a child of school age
məktub *i.* 편지, 전갈 letter, message ○ **kağız, namə**; **açıq** ~ *i.* 공개 편지 open letter
məktublaşma *i.* 편지왕래, 통신; correspondence; ~ **dostu** *i.* 편지 친구, 펜팔 pen-pal
məktublaşmaq *fe.* 서로 편지하다 correspond
məkulat *i.* 식료품 food, edibles ○ **azuqə, ərzaq**
məqalə *i.* 기사, 논설, 논물 article; **baş** ~ *i.* 주요 기사 사설, 논설 leading article
məqam *i.* ① 곳, 장소, 공간 space, room, place ○ **yer, məskən**; ② 여건, 시간, 기회 time, opportunity ○ **imkan, şərait, fürsət, vaxt**; ③ 지위, 품위 postion, dignity ○ **vəzifə, rütbə, mənsəb, mərtəbə**; ④ 상태, 입장, 처지 situation ○ **hal, vəziyyət**
məqbər *i.* 무덤, 묘지 cemetery, tomb ○ **qəbir, məzar**
məqbərə *i.* 무덤, 매장지 tomb, sepulcher
məqbul *si.* 받아들일만한, 적절한, 마음에 드는, 만족스러운, 용인되는, 자격이 있는 acceptable, admissible ○ **münasib, əlverişli, kafi**
məqbulluq *i.* 허용성, 용인성, 수용성, 용인할 수 있음 admissibility, acceptability ○ **münasiblik, kafilik**
məqsəd *i.* 목적, 목표, 의도 purpose, aim, idea, intention, object, objective ○ **niyyət, murad, qəsd, məram**; **~i ilə** *z.* 의도적으로 for the purpose of; **~in çatmaq** *fe.* 성공하다, 성사하다 succeed; **~ə çatmaq** *fe.* 달성하다, 얻다 attain to; **yeganə ~lə** *z.* 유일한 목적으로 with the sole purpose
məqsədəuyğun *si.* 목적에 맞는, 편리한, 합당한, 적정한, 바람직한, 권할 만한 expedient, advisable
məqsədəuyqunluq *i.* 편의 expediency, advisability
məqsədlə *z.* 의도적으로, 고의로, 일부러 for the purposeof, intentionally
məqsədli *si.* 목적 있는, 의도를 가진, 고의적인, 의식적인 purposeful, intended, intentional ○ **niyyətli, muradlı, məramlı**
məqsədlilik *i.* 의도, 계획, 예상, 가망, 의향, 의지 contemplation, intention ○ **niyyətlilik, məramlılıq**
maqsədsiz *si.* ① 목적 없는, 이렇다할 주견이 없는 aimless ○ **niyyətsiz**; ② 무의미한, 무익한, 가치 없는, 이렇다할 목적이 없는 idle, meaningless ○ **mə'nasız, faydasız**
məqsədsizlik *i.* 무익함, 무의미함 uselessness, meaninglessness ○ **mənasızlıq, faydasızlıq**
məqsud *i.* 소원, 소망, 기원, 욕망, 욕구, 목표 wish, hope, desire, target ○ **məram, niyyət, qəsd**
məqtə *i.* 시낭송대(臺) an area where a person stands when reading poetry
məqtul *si.* 죽임당한, 암살된, 살해된 killed, assassinated
məqul *si.* 이치에 맞는, 사리에 맞는, 도리에 어긋나지 않은, 공평한, 합당한 reasonable, rational

○ ağıllı, ağlabatan
məlahət *i.* 매력, 우아함, 애교, 섬세함, 부드러움, 자상함 charm, gracefulness, delicacy ○ **lətafət, incəlik, zəriflik, gözəllik**
məlahətli *si.* ① 매력적인, 애교가 있는, 황홀하게 하는, 유쾌한 attractive, charming ○ **lətafətli, cazibəli, füsunkar**; ② 예쁜, 아름다운, 온화한, 원숙한 pretty, beautiful, mellow, nice ○ **gözəl**
məlahətlilik *i.* 매력, 유혹, 아름다움 attraction, temptation, gracefulness ○ **lətafət, cazibədarlıq, füsunkarlıq, zəriflik, gözəllik**
məlaikə, məleykə *i.* 천사, 천사 같은 사람 angel ○ **mələk**
məlal *i.* 슬픔, 애통, 비통, 비탄 grief, sorrow ○ **hüzn, kədər, qəm, usanma**
məlalət ☞ **məlal**
məlallı *si.* 슬픈, 애통하는, 쓰라린 grievous, sad, sorrowful ○ **hüznlü, kədərli, qəmli**
məlamət *i.* 책망, 질책, 꾸짖음, 징계, 야단침 reproof, censure, rebuke, scold ○ **danlaq, danlama, məzəmmət, töhmət**
məleykə *i.* ① 천사 angel; ② 여왕 queen
mələ *i. zoo.* 좀 bristletail, moth
mələfə *i.* 침대 커버, 시트, 얇은 천 bed-sheet, sheet ○ **döşəkağı**
mələfəli *si.* 시트를 씌운 covered with a sheet
mələk I. *i.* 천사 angel; II. *si.* 아름다운, 매혹적인, 끌리는; fascinating, charming, beautiful; ~ **cildinə girmək** *fe.* 천사로 가장하다 pretend to be an angel
mələkçöhrə(li) ☞ **mələküzlü**
mələkə *i.* 여왕 queen ○ **kraliça**
mələkmənzər *i.* 천사 같은 angel-like
mələkotu *i. bot.* 안젤리카 (뿌리는 약용, 줄기는 식용) angelica
mələksima(lı) ☞ **mələküzlü**
mələksurətli ☞ **mələküzlü**
mələkut *i.* 천사의 거소 place where angels dwell
mələkülmövt *si.* ① 잔인한, 흉측한, 야만적인 brutal, cruel ○ **əzrail**; ② 흉측한 (여자) deformed (about woman) ○ **bədheybət**
mələküzlü *si.* 천사의 얼굴을 한 angel-like
mələləmək *fe.* (출산이 임박하여) 젖이 부풀어 오르다 increase of milk in the breasts as the time of birth approaches
mələmə *i.* (양, 염소) 매매 울음 bleating
mələmək *fe.* 매매거리며 울다 bleat (sheep, goat, deer *etc.*)
mələr *si.* ① 우는 듯한, 생각에 잠긴 crying, wistful ○ **ağlar, gözüyaşlı** ● **gülər**; ② 가축 domestic animal
mələrti *i.* 동물의 울음 animal's cry
mələs *si.* 시고 단 (맛) sour and sweet ○ **meyxoş, turşməzə**
mələşmə *i.* (서로, 집단적으로) 매매하고 울음 bleating
mələşmək *fe.* (양, 염소 등이) 울다 bleat together
mələz *si.* 혼혈의, 흑백 혼혈의, 잡종의 metis, mulatto, half-breed, mongrel
mələzləşdirmə *i.* 잡종화, 교배(交配) cross-breeding, hybridization
mələzləşdirmək *fe.* 잡종화하다, 교배시키다 cross-breed, hybridise
məlhəm *i.* ① (약용) 연고 balm, ointment (medicine); ② 치료방법, 해결책, 처치방법 remedy, solution, treatment
məlih *si.* 유쾌한, 즐거운, 온건한, 향기로운 pleasant, temperate, balmy ○ **məlahətli, gözəşirin, şirin, xoşagələn, duzlu**
məlik *i.* 왕 king ○ **hökmdar, şah, padşah**; **~lik** 왕국; 왕권 kingdom, kingship
məlkəmut ☞ **mələkülmövt**
məlul *si.* 슬픈, 우울한 sad, melancholy ○ **məlallı, qəmgin, mə'yus, məzhun, bezgin, usanmış**; **~casına ~-~** *z.* 슬프게, 우울하게, 서럽게 sadly, sorrowfully
məlulluq *i.* 슬픔, 애통, 우울함 sadness, sorrow, grief ○ **hüzn, kədər, mə'yusluq, üzgünlük**
məlum *si.* 분명한, 알려진, 공개된, 주지(周知)의 notorious, known, evident, clear ○ **aydın, açıq, aşkar** ● **məchul**; ~ **növ** *qram.* 능동태 active voice; ~ **olmaq** *fe.* 증명하다, 입증하다 prove; **na~** *si.* 알려지지 않는, 익명의 unknown; ***Mənə hər şey mə'lumdur.*** *나는 모든 것을 알고 있다. I know everything.*; ***Bu hamıya məlumdur.*** *그건 모두에게 잘 알려진 사실이다. It is well known.*
məlumat *i.* 정보, 소식, 공고, 고지, 게시, 인식, 지각 announcement, bulletin, cognizance, data, dispatch, information, intelligence, message,

M

reference report ○ **xəbər**; ~ **agentliyi** *i.* 소식통 news-department; ~ **bürosu** *i.* 안내소 inquiry office; ~ **kitabçası** *i.* 안내서 manual; ~ **kitabı** *i.* 안내서, 안내 책자 handbook; ~ **vermək** *fe.* 알리다, 보고하다 inform, report; ~ **verən** *i.* 기자 reporter; **son** ~ *i.* 최근 뉴스 latest news

məlumatfüruş *i.* 현학자, 공론가, 학식을 뽐내는 사람 pedant

məlumatfüruşluq *i.* 현학 pedantry

məlumatlı *si.* 인식된, 알려진, 유명한 recognised, known, famed, noted, experienced ○ **bilikli**, **təcrübəli**, **səriştəli**

məlumatlılıq *i.* 인지, 인식, 경험, 노련함 recognition, experience, skillfulness ○ **biliklilik**, **təcrübəlilik**, **səriştəlilik**

məlumatsız *si.* 알리지 않는, 알지 못하는 uninformed

məlumluq *i.* ① 명확성, 확실성, 분명함, 받아들이기 쉬움, 명석, 명쾌 clarity, limpidity, clearness, plainness, lucidity ○ **aydınlıq**, **aşkarlıq**; ② 구별됨, 명성, 식별 distinction, fame ○ **məşhurluq** ● **məchulluq**

məlun *si.* 저주받은, 벌받은, 혐오감을 일으키는, 역겨운 cursed, damned, repulsive ○ **mənhus**, **iyrənc**, **mənfur**

məlunluq *i.* 천벌, 악담, 험담, 비난, 역겨움, 멸시받을 만함 damnation, repulsion, contemptibility ○ **mənhusluq**, **iyrənclik**, **mənfurluq**

məmaniət *i.* 방해, 장애, 간섭 hindrance, obstacle, restraint ○ **maneçilik**, **əngəl**, **meneə**

məmaniətli *si.* 방해하는, 저해 요인의, 간섭하는, 참견을 좋아하는 obstructive, interfering ○ **əngəlli**, **maneəli**

məmaniətsiz *si.* 자유로운, 방해 없는, 제한 없는 free, without obstacles ○ **maneəsiz**, **sərbəst**, **azad**, **əngəlsiz**

məmat *i.* 죽음, 사망, 서거 death, demise, doom ○ **ölüm**, **vəfat**

məmə[1] *i.* 가슴, 젖꼭지, 유두 breast, nipple, teat ○ **döş**

məmə[2] *i.* 엄마 mother, mummy ○ **ana**

məməçi *i.* 유모 wet nurse, nanny ○ **dayə**

məməli *si.* 포유의, 포유동물의; mammal; ~ **heyvanlar** *i.* 포유동물 mammal

məməsiz *si.* 가슴이 없는 breastless

məməş ☞ **məmə**

məmləkət *i.* 영토, 지역, 나라 country, state ○ **ərazi**, **diyar**, **ölkə**

məmluk *i. tar.* 궁전 호위병 royal guard

məmnu *i.* 금지 prohibition, ban, proscription ○ **qadağan**, **yasaq**

məmnun *si.* 만족하는, 기뻐하는, 마음에 드는 content, satisfied, glad ○ **xoşhal**; ~ **olmaq** *fe.* 기뻐하다, 마음에 들다, 만족하다 be glad, be pleased

məmnuniyyət *i.* 만족시키기, 만족하기, 흡족, 충족 satisfaction, pleasure, appreciation, gratitude ○ **razılıq**, **təşəkkür**, **minnətdarlıq**

məmnuniyyətlə *z.* 기쁘게, 기꺼이 willingly, with pleasure ○ **xoşluqla**, **razılıqla**, **şad olaraq**

məmnunluq *i.* ① 동의, 인정, 합의, 만족 agreement, contentment, satisfaction ○ **razılıq**; ② 귀족 계급; 고결함, 고귀함 nobility, gentry ○ **nəciblik**, **alicənablıq**

məmul *si.* 조립의, 생산된, 제조된 manufactured, produced, fabricated

məmulat *i.* 생산품, 상품, 제조품, 공산품 products, goods, manufactured products

məmur[1] I. *i.* 직원, 사무원, 공무원, 관리; clerk, functionary, officer; II. *si.* 위임된, 맡겨진 mandated

məmur[2] *si.* 쾌적한, 안락한, 잘 갖춰진 comfortable, equipped ○ **abad**, **abadan**

məmuriyyət *i.* 공직, 직위 official position

mən *vz.* 나는, 내가, 저는 I; Mənəm. 저입니다 *It's me;* **mənəm mənəm demək** *fe.* 자랑하다; brag; **~cə** *ms.* 제 생각에는 In my opinion...; **~i** *vz.* (목적격) 나를 me (accusative); **~im** *vz.* (소유격) 나의 my (genitive); **~imki** *vz.* (소유 대명사) 나의 것 mine; **~lik** *i.* 자존심, 자존감, 자긍심, 긍지 I myself, self-esteem, self respect, pride, dignity; **~yinə toxunmaq** *fe.* 비하하다 debase ○ **heysiyyət**, **şəxsiyyət**, **şərəf**; **~liksiz** *si.* 긍지도 없이 without dignity; **~li-sənli** *z.* 다같이 you and me together; **~siz** *z.* 나없이, 나 빼고 without me

məna *i.* 의미, 뜻, 취지 meaning, sense, significance ○ **mahiyyət**, **məzmun**, **ideya** ● **forma**; **~sı olmaq** *fe.* 의미하다, 뜻을 나타내다, 상징하다, 중요성을 나타내다 mean, signify, matter, stand for; **~sını açmaq** *fe.* 해석하다, 번역하다 interpret; **~sını tutmaq** *fe.* 파악하다, 이해하다 grasp; **~ dolu** *si.* 표현이 풍부한, 감정을 나타내는 expressive; **sözün tam ~sında** *z.* 단어의 온전한 뜻으로; 의미 없다. in the full sense of the word; ***Mə'nası yoxdur.*** *의미 없다. It makes no sense.*

mənaca *z.* 의미에 있어서, 의미상의 by significance, in the sense, in the meaning

mənalandırma ☞ **mə'nalandırmaq**

mənalandırmaq *fe.* ① 중요성을 부여하다, 뜻을 나타내다, 인지하다 give significance, bestow meaning, acknowledge ○ **dolğunlaşdırmaq, ideyalandırmaq**; ② 평가하다 estimate, evaluate

mənalanmaq *fe.* ① 정의하다, 뜻을 밝히다, 분명히 하다 define, clarify; ② 나타내다, 알리다, 표명하다 signify, indicate

mənalı *si.* ① 중요한, 유창한 eloquent, significant, expressive ○ **məzmunlu, dolğun, maraqlı** ● **boş**; ② 의미 깊은, 뜻깊은, 의미심장한 meaningful, thoughtful ○ **ağıllı, düşüncəli, dərrakəli**; ③ 비유적인, 은유의, 직설법의 metaphorical, indicative

mənalılıq *i.* 의미심장함, 뜻이 깊음, 표현이 풍부함 meaningfulness, significance, expressiveness ○ **məzmunluq, dolğunluq, maraqlılıq**

mənasiz *si.* ① 의미 없는, 무의미한, 무미건조한, 시시한 senseless, meaningless, blank, commonplace, empty, insignificant ○ **boş, əbəs, cəfəng** ● **maraqlı**; ② 무미한, 맛없는, 재미없는 plain, saltless ○ **duzsuz, bayağı, şit**; ③ 어리석은, 부주의한, 불합리한 unwise, absurd ○ **düşüncəsiz, fərasətsiz**; **~ bir şey** *i.* 어리석은 짓, 허튼 소리 absurdity, nonsense, stuff

mənasızcasına *si. z.* 부조리하게, 불합리하게, 어리석게 absurdly

mənasızlıq *i.* ① 허튼 짓, 어리석은 짓, 부조리, 불합리 nonsense, absurdity ○ **cəfəngiyat, bayağılıq**; ② 무미건조함, 진부함, 특징 없음 tastelessness, insipidity ○ **düşüncəsizlik, fərasətsizlik**

mənafe *i.* 이익, 이득, 소득 interest, benefit, income ○ **fayda, gəlir, xeyir, qazanc, sərfə, mənfəət**

mənbə *i.* ① 샘, 우물 spring, fountain ○ **bulaq, qaynaq, çeşmə**; ② 기원, 발생, 유도, 유래, 근원, 원인 channel, derivation, origin, source ○ **başlanğıc, mənşə, kök, əsas** ● **mənsəb**

mənbəşünas *i. dil.* 어원학자 etymologist ○ **məxəzəşünas**

məbəşünaslıq *i. dil.* 어원학 etymology ○ **mə'xəzəşünaslıq**

məndəcər *i.* 비경작지, 농사를 짓지 않는 땅 uncultivated land

məndəcərlik ☞ **məndəcər**

məndil[1] *i.* 손수건 handkerchief, hankie ○ **cib dəsmalı, yaylıq**

məndil[2] *i.* 건초가 썩지 않도록 바닥에 깔아두는 낡은 건초 old hay placed at the bottom of a haystack to prevent decaying

məndulə *i.* 목면 nankeen, cotton cloth

mənə *vz.* (여격) 나에게, 내게; me (dative); ***Mənə elə gəlir ki.*** *내 생각에도… To my mind, in my opinion*

mənəmlik *i.* 자랑, 자기 만족, 자기도취 boast, self-satisfaction, complacency ○ **təkəbbür, lovğalıq**

mənəm-mənəmlik ☞ **mənəmlik**

mənən *z.* 영적으로, 정신적으로 spiritually, mentally ○ **ruhən**

mənənə *i.* 식물을 상케 하는 벌레의 일종 a kind of insect harmful to plants

mənəvi *si.* ① 정신적인, 영적인 mental, spiritual ○ **ruhi, daxili, qeyri-maddi** ● **maddi, cismani, fiziki**; ② 도덕적, 윤리상의 moral ○ **əxlaqi**; **~ zərbə** *i.* 충격, 격돌 shock; **~ yaxınlıq** *i.* 영적 친화력, 영적 유사성 spiritual affinity; **~ sərvətlər** *i.* 영적 가치들, 영적 자원 spiritual values

mənəviyyat *i.* 도덕성, 윤리성, 영성 morality, spirituality

mənfəət *i.* ① 이익, 이득, 소득 profit, gain, net income ○ **gəlir, qazanc, xeyir, fayda** ● **zərər**; ② 이점, 우위, 우세, 유리한 점 advantage, good; **~ düşünməyən** *si.* 공평무사한, 사욕 없는, 청렴한 disinterested; **~ güdən** *si.* 보수가 목적인, 돈만 바라는 mercenary; **~ vermək** *fe.* 이익을 가져오다, 소득을 주다 pay, bring in profit; **~ götürmək** *fe.* 이익을 받다, 소득을 얻다 profit (by)

mənfəətbərdar ☞ **mənfəətdar**

mənfəətdar *si.* 이익이 되는, 돈벌이가 되는, 유익한 profitable
mənfəətdarlıq *i.* 수익성 profitability
mənfəətgüdən ☞ **mənfəətpərəst**
mənfəətli *si.* 수익이 되는, 돈벌이가 되는, 수지맞는, 유리한 profitable, lucrative ○ **gəlirli, qazanclı, xeyirli, faydalı, sərfəli** ● **zərərli**
mənfəətlilik *i.* 수지맞음, 돈벌이가 됨, 유리함 profitableness, lucrativeness ○ **gəlirlilik, qazanclılıq, xeyirlilik, faydalılıq, sərfəlilik**
mənfəətpərəst *si.* 이익을 좇는, 이기적인, 사리에 밝은 (사람); self-interested, selfish **~cəsinə** *z.* 이기적으로 selfishly
mənfəətpərəstlik *i.* 자익을 좇음, 이기적임, 사욕을 좇음, 사리에 밝음 self-interest, self-seeking
mənfəətsiz *si.* 이익이 없는, 손해 보는, 무익한, 헛된, 돈벌이가 안되는 unprofitable, profitless ○ **gəlirsiz, qazancsız, xeyirsiz, faydasız, sərfəsiz**
mənfəətsizlik *i.* 이익이 없음, 돈벌이가 안됨 unprofitableness ○ **gəlirsizlik, qazancsızlıq, xeyirsizlik, faydasızlıq, sərfəsizlik**
mənfi *si.* ① 부정적인, 좋아하지 않는 negative, unfavorable, useless ○ **pis, yaramaz**; ② *riy.* 마이너스의, 음(陰)의 negative number, sub-zero ● **müsbət**; **~ işarəsi** *i.* 마이너스 기호 the negative sign
mənfilik *i.* 소극성, 음성; 나쁨, 부정적임 negativity ○ **pislik, yaramazlıq** ● **müsbətlik**
mənfur *si.* 경멸할 만한, 멸시할, 혐오감을 일으키는, 메스꺼운, 구역질나는 contemptible, repulsive, disgusting ○ **iyrənc, çirkin, acı, mənhus**
mənfurluq *i.* 불쾌감, 혐오, 반감, 언짢음 repulsion, displeasure ○ **iyrənclik, çirkinlik, acılıq**
məngənə *i.* ① 파악, 악력 grip, press; ② 압착기계 squeezer, juice maker ○ **sıxac**
məngənəli *si.* 억눌린, 압박된 pressed
məngirləmək *fe.* 얻다, 찾다, 갖다, 배우다 gain, find, take, learn ○ **mənimsəmək, yiyələnmək**
mənhus *si.* ① 불운한, 실패한, 재수없는 failing, unfortunate ○ **uğursuz, bədbəxt**; ② 비열한, 멸시한, 경멸할 만한 contemptible, despicable ○ **məlun, iyrənc, mənfur**
mənhusluq *i.* ① 비열, 경멸, 멸시, 천대, 업신여김 contempt, scorn ○ **məlunluq, iyrənclik, mənfurluq**; ② 실패, 불행 failure, misfortune ○ **uğursuzluq, bədbəxtlik**
mənimsəmə *i.* 습득, 숙달, 정통함 mastering, learning ○ **yiyələnmə, anlama**
mənimsəmək *fe.* ① 배우다, 익히다, 숙련하다 learn, master; ② 받아들이다, 습득하다, 동화하다, 적응하다, 제 것으로 삼다 adopt, assimilate, appropriate, perceive ○ **yiyələnmək, anlamaq**; ③ 횡령하다, 악용하다 embezzle, misappropriate, pocket
mənimsənmək *fe.* 수용되다, 적응되다 be perceived, be adopted
mənkuhə *i. obs.* 조강지처, 법적인 부인 wedded wife, lawful wife
mənsəb¹ *i.* 직위, 직책, 출세 career, position, post ○ **vəzifə, dərəcə, rütbə**
mənsəb² *i. geo.* 하구(河口) entry, mouth of a river
mənsəbli *si.* 높은 직위의, 출세한 positioned, posted, careered ○ **vəzifəli, dərəcəli**
mənsəbpərəst *si., i.* 권력지향주의(자), 권세주의(자), 출세주의(자) power-loving, ambitious, aspiring to power
mənsəbpərəstlik *i.* 권력지향, 권세주의 love of power, greed for power
mənsub *si.* ~에 속한, ~의 소유인 belonging (to) ○ **aid**; **~ olmaq** *fe.* ~에 속하다, 부속하다 belong, pertain
mənsubiyyət *i.* 관계, 관련, 연관성 attitude, relationship, belonging, property, connection, tie ○ **aidiyyət**; **~ kateqoriyası** *qram.* 소유 카테고리 category of possession
mənsubluq *i.* 속성, 관계, 소유, 연계, 관련 belonging, attitude, relationship, property, connection, tie
mənsur *si.* 흥미 없는, 평범한, 지루한, 상상력이 없는 prosaic, prose, mundane
mənsuriyyə *mus.* 아제르바이잔 전통 음조인 무감의 한 종류 an Azerbaijani classical melody **muğam**
mənşə *i.* ① 근원, 기원, 출처, 원천, 발생, 발단, 유래, 가계, 혈통 origin, descent; ② 기원, 발생, 창시 발생의 유래, 내력 genesis, affiliation ○ **kök,**

əsas; ~cə *z.* 원래, 본질적으로, 원천적으로 by origin, originally
məntəqə *i.* ① 지역본부, 서, 국, 사업소 station, post; ② *geo.* (지구의 기후에 따라 구분한) 대(帶) belt, zone ○ **qurşaq**
məntiq *i.* ① 논리, 논리학; 논법; 도리, 조리 타당성 logic; ② 추론, 추리, 논법, 논리적 근거 reasoning, rationale
məntiqcə *z.* 논리적으로 logically
məntiqçi ☞ **məntiqşünas**
məntiqi *si.* 합리적인, 논리적인 rational, logical
məntiqli *si.* 논리적, 정당한, 도리에 맞는 logical, reasonable
məntiqlilik *i.* 논리성, 논리적 사고, 조리에 맞음 logicality
məntiqsiz *si.* 비논리적인, 불합리한, 부조리한 illogical
məntiqsizlik *i.* 비논리성, 불합리 illogicality, lack of logic
məntiqşünas *i.* 논리학자, 사상가, 철학자 logician, thinker
mənzərə *i.* 전망, 경치, 풍광, 경관 look, view, outlook, scene, scenery, sight ○ **görünüş, şəkil**; ~ **rəssamı** *i.* 풍경화가 landscape painter
məzərəçi *i.* 풍경화가 landscape painter
mənzərəli *si.* 경치 좋은, 볼만한, 그림 같은, 아름다운 picturesque, scenic, beautiful ○ **gözəl, qəşəng, şairanə, səfalı**
mənzil *i.* ① 아파트, 연립주택; 방, 숙소 apartment, flat, lodgings, quarter ○ **ev, məskən, yurd**; ② 역 간 거리, 정거장 간 거리 distance between stations or stops, destination; ③ 교각(橋脚) 간 간격 distance between bents of bridge; ④ 사격거리, 사정거리 range (shooting); ~ **sahəsi** *i.* 거주지, 거소 dwelling-space, flat; ~ **tikintisi** *i.* 아파트 건설 house-building; ~ **haqqı** *i.* 집세 (월세, 전세, 주세) rent
mənzilli *si.* ① 집이 있는 having a house ○ **evli**; ② 교각 간의 of division (bridge); ③ 사정 거리 안의 ranged
mənzilsiz *si.* 무주택의, 비주택지의 homeless, without a residence
mənzum *si.* 쓰여진, 기록된, 글로 표현된, 시형식으로 표현된 written, expressed in verse, written in poetic form ● **mənsur**
mənzumə *i.* 시, 운율 poem, rhyme
mənzur *i.* 목표, 과녁 goal, target ○ **məqsəd, niyyət**
Mərakeş *i.* 모로코 Morocco
mərakeşli *i.* 모로코인 morocco
məram *i.* 욕망, 소원, 의도, 목적 desire, intention, purpose ○ **istək, arzu, dilək, tələb**; **~ına çatmaq** *fe.* 목적을 달성하다, 소원을 성취하다, 의도를 이루다 attain, gain, one's object, end
məramlı *i.* 의도적인, 계획적인, 야망을 가진 intentional, ambitious, tended ○ **məqsədli, diləkli, istəkli, niyyətli, həvəsli, meylli**
məramnamə *i.* 프로그램 program(me)
mərasim I. *i.* 의식, 예식, 식, 의식절차, 전례 ceremony, rite, function, procession ○ **ayin, təntənə, şadlıq, şənlik, bayram**; **dəfn ~i** *i.* funeral; II. *si.* 의식적인, 의례적인, 절차상의 ceremonial
mərbut *si.* 연관된, 접촉된, 상관된 connected, relevant, related
mərc *i.* 내기, 내기의 대상 bet; ~ **gəlmək, tutmaq, çəkmək** *fe.* 돈을 걸다, 내기를 하다 bet, make a bet; **~i udmaq** *fe.* 내기 돈을 따다 win a bet; **~i uduzmaq** *fe.* 내기 돈을 잃다 lose a bet
mərcan *i.* ① *bot.* 산호(珊瑚) coral; ② 귓불 earlobe
mərcanı *i.* ① *bot.* 넌출월귤 (진달랫과); 그 열매 (젤리·파이·소스 등의 원료) cranberry ○ **quşüzümü**; ② 붉은 색의, 크랜베리 색의 red, of reddish colour
mərcanvarı *si.* 산호초 같은 coral-like
mərcək *i. ana.* 외이 (外耳), 귓바퀴 bottom part of auricle (ear)
mərci *i. bot.* 렌즈콩; 그 씨 lentil
mərciçilov ☞ **mərciplov**
mərcili *si.* 렌즈콩의, 렌즈콩이 들어있는 containing lentils, cooked with lentil
mərcimək ☞ **mərci**
mərciplov *i.* 렌즈콩을 넣어 지은 밥 rice cooked with lentils
mərcləşmək *fe.* 내기하다, 걸다 bet, wager
mərd I. *i.* 남자다운, 용감한, 당당한 manlike ○ **cəsarətli, igid, qoçaq, comərd, cəsur**; II. *si.* ① 믿을 만한, 신뢰가 있는, 믿음직한 trustful, faithful; ② 용감한, 기사도에 맞는, 기품 있는, 용기 있는 chivalrous, noble, brave, courageous ○ **ləyaqətli, alicənab, əliaçıq**; **~cəsinə** 꿋꿋하

M

게, 불굴의 정신으로 with fortitude

mərdanə *z.* 용감하게, 기품있게 bravely, nobly ○ **cəsuranə**

mərdanəlik *i.* 남자다움, 대장부 기질 manliness, manhood ○ **cəsuranəlik, bahadırlıq** ● **qorxaqlıq**

mərdimazar *si.* 해로운, 유해한, 불건전한, harmful, noxious, pernicious (language, action) ○ **qəlbiqara, fəsad, iyrənc, çirkin, müzür** ● **xeyirxah**

mərdimazarlıq *i.* 손해, 손상 harm, malevolence, hurtfulness ○ **fitnəçilik, fəsadçılıq, iyrənclik, müzürlük** ● **xeyirxahlıq**

mərdimgiriz *si.* 비사회적인, 비사교적인, 쌀쌀한, 무관심한, 초연한, 냉담한 unsociable, aloof, indifferent

mərdimgirizlik *i.* 비사회적임, 무뚝뚝함 unsociability

mərdlik *i.* ① 충실, 성실, 신의, 정확, 진실, 진심 faithfulness, sincerity ○ **sədaqət, vəfa, e'tibarlılıq**; ② 용기, 대담, 꿋꿋함, 담력 courage, fortitude, pluck, bravery ○ **igidlik, cəsarət, mətanət, şücaət, qəhrəmanlıq, fədakarlıq**

mərd-mərdanə *z.* 용감하게 bravely, boldly

mərə *i.* ① 계곡, 골짜기 a valley, a hollow; ② 어린이 놀이에 쓰인 구멍 hole used for a children's game (**mərə-mərə**)

mərəkə *i.* ① 소란, 분란, 혼란 noise, hubbub, clamour ○ **hay-küy, səs-küy, qalmaqal, dava, qovğa, cəncəl, qiyamət** ● **sakitlik**; ② 집합, 모임, 군중 gathering, crowd ○ **məclis, yığıncaq**

mərəkəçi *i.* 문제아, 소동을 일으키는 사람, quarreler, brawler, troublemaker ○ **hay-küyçü, davaçı, qovğaçı**

mərəkəçilik *i.* 다툼, 소동, 분란 quarrelling, uproar ○ **hay-küyçülük, qalmaqallıq, davakarlıq, qovğalıq**

mərəköçdüm ☞ **mərə-mərə**

mərə-mərə *i.* 구멍에 돌멩이나 견과 등을 던져 넣는 어린이 놀이 children's game putting nuts, stones into a hole

mərəz *i.* ① 병, 질환, 질병 illness, disease ○ **xəstəlik, azar, naxoşluq**; ② 경향, 성향, 습성, 성벽 propensity, idiosyncrasy, habitual practice; ③ 6개월된 사냥개 six month old greyhound

mərəzli *si.* 병든, 허약한, 몸이 불편한, 병적인 ill, sick, diseased ○ **azarlı, naxoş**

mərgümüş *i.* 비소; 기호 As; 금속 모양의 비소 arsenic

mərhəba *nid.* 여보세요, 안녕 hello, bravo

mərhələ *i.* ① 과정, 단계, 일보, 국면 process, stage, phase ○ **dövr**; ② 하루 여행길 (거리) distance of one day travel; ③ 입장, 위치, 처지, 환경 place; **ilk ~** *i.* initial stage 첫 단계; **son ~** *i.* 마지막 단계 final stage

mərhələli *si.* 단계적인, 점차적인 phased ○ **dövrlü**

mərhəm *i.* 연고 ointment (☞ **məlhəm**)

mərhəmət *i.* 자비, 은혜, 동정, 연민, 측은하게 여기는 마음 grace, charity, mercy, compassion, pity ○ **rəhmlilik, mehribanlıq** ● **qəzəb**; **~ etmək** *fe.* 긍휼히 여기다, 측은히 여기다 pity; **~ göstərmək** *fe.* 자비를 보이다, 은혜를 내리다 show mercy

mərhəmətli *si.* 동정적인, 자비로운, 자애스러운 compassionate, merciful, pitiful, tender-hearted ○ **rəhmli, mehriban, şəfqətli** ● **qəzəbli**

mərhəmətlik *i.* 연민, 측은함, 자비, 동정 compassion, mercy, pity ○ **rəhmlik, şəfqətlik**

mərhəmətsiz *si.* 무자비한, 거친, 잔인한 harsh, merciless, cruel ○ **insafsız, amansız, rəhmsiz, zalım, qəddar** ● **rəhmli**

mərhəmətsizlik *i.* 무자비함, 매정함, 가차없음 pitilessness, mercilessness ○ **insafsızlıq, amansızlıq, zalımlıq, qəddarlıq** ● **insaflılıq**

mərhum *si.* 죽은, 고인이 된, 고(故) dead, deceased, late ○ **rəhmətlik**

mərhumə *i.* 죽은 여자, 고인이 된 여자 deceased woman

mərifət *i.* ① 재치, 약삭빠름, 예의 바름 politeness, tact, good-manners ○ **ədəb, nəzakət, qanacaq**; ② 교양, 문화, 계몽, 지식 culture, enlightenment, knowledge ○ **elm, maarif, mədəniyyət**

mərifətlənmə ☞ **mə'rifətlənmək**

mərifətlənmək *fe.* 교양 있다, 세련되다 become polite, be courteous ○ **ədəblənmək, nəzakətlənmək**

mərifətli *si.* 교양 있는, 세련된 polite, courteous

○ ədəbli, nəzakətli, qanacaqlı, tərbiyəli ● qanacaqsız
mərifətlilik *i.* 정중함, 교양 있음, 세련됨 politeness, courtesy ○ **ədəb, nəzakət, qanacaq**
mərifətsiz *si.* 무례한 tactless, rude, impolite ○ **ədəbsiz, nəzakətsiz, qanacaqsız, tərbiyəsiz** ● **qanacaqlı**
mərifətsizlik *i.* 무례함, 거침, 조악함, 세련되지 못함 roughness, coarseness, rudeness ○ **nəzakətsizlik, tərbiyəsizlik, qanacaqsızlıq, ədəbsizlik**
məriz *si.* 병든, 아픈, 건강하지 못한 sick, ill, unwell ○ **xəstə, naxoş, azarlı**
mərizxana ☞ **xəstəxana**
mərizlik *i.* 질병, 질환 illness, sickness ○ **xəstəlik, naxoşluq**
mərkəz *i.* 중심, 중앙, 소재지 centre, seat ● **ucqar**; **diqqət ~i** *i.* 관심의 대상 centre of attention/attraction; **diqqət ~ində** *z.* 각광을 받고, 공공연히, 집중 조명을 받아 in the limelight; **~ hücumçusu** *i.* 중앙 공격수 centre forward
mərkəzçi *i.* 중도파, 온건한 사람 centrist
mərkəzçilik *i.* 중도주의, 온건주의 centrism
mərkəzdənqaçma *si.* 원심적인, 원심력에 의한 centrifugal
mərkəzəqaçan *si.* 구심성의, 구심적인 centripetal
mərkəzi *si.* ① 중앙의, 중심의 central; ② 주요한, 주된, 가장 중요한, 중심적인 main, basic; ③ 선도하는, 선두의, 지도적인, 유도적인; leading; **~ Asiya** *i.* 중앙 아시아 Central Asia
mərkəziyyət *i.* 중앙집권주의/제도; centralism **demokratik**; **~** *i.* 민주적 중앙집권주의 democratic centralism
mərkəziyyətçi *i.* 중앙집권주의자 centralist
mərkəzləmək *fe.* 중심에 모으다, 중심에 집중시키다 centralize
mərkəzləşdirilmək *fe.* 집중되다, 중심에 모이다, 중앙집권화되다 be centralized
mərkəzləşdirmə *i.* 집중화, 중앙 집권, 능의 집중화 centralization
mərkəzləşdirmək *fe.* 집중시키다 centralize
mərkəzləşmək *fe.* 중심에 모이다 centre
mərmər I. *i.* 대리석 marble II. *si.* 대리석으로 된, 대리석 무늬의 marble, marbled
mərmərik *bot.* 야생 석류 wild pomegranate
mərmi *i.* 포탄, 탄환 shot, cannon ball
Mərrix *ast.* 화성 Mars
mərsin *bot.* 월귤나무속의 총칭; 그 열매 bilberry, whortleberry
mərsiyə *i.* 애가(哀歌), 비가, 만가(挽歌); 엘레지 elegy, funeral song, requiem
mərsiyəxan *i.* 만가를 부르는 사람 one who sings an elegy
mərtəbə *i.* ① 층(層) storey, floor ○ **qat**; ② 위치, 수준, 계급, 단계 level ○ **səviyyə**; ③ 지위, 신분, 직책, 직위 position ○ **rütbə, mənsəb, vəzifə, məqam, dərəcə**; ④ 정도, 단계, 범위 degree, grade ○ **miqdar, qədər, dərəcə**
mərtəbəli *si.* 층으로 이루어진 storeyed
məruf *si.* ① 알려진, 주지의, 견문이 있는 known, informed ○ **mə'lum**; ② 유명한, 잘 알려진 famous ○ **şöhrətli, məşhur**
məruz *si.* 법적의무가 있는, 책임져야 할 liable, subject (to); **~ qalmaq** *fe.* 견디다, 견뎌내다, 참다 endure, undergo; **~ qoymaq** *fe.* 내보이다, 드러내 놓다, 당하게 하다 expose, subject
mə'ruzə *i.* 연설, 담화, 강좌 talk, report, lecture; **~ə oxumaq** *fe.* 강의하다, 연설하다 deliver a lecture, give a talk
mə'ruzəçi *i.* 강사 lecturer
məryəmböcəyi, məryəmqurdu *i. zoo.* 쥐며느리 wood-louse, sow bug
mərz *i.* 경계(선), 구역, 범위 boundary, bound ○ **xətt, sərhəd**
mərzləmək *fe.* 경계를 정하다, 경계선을 긋다 draw a line, make a boundary
məs ☞ **məst²**
məsafə *i.* 거리, 간격, 신장, 늘이기 distance, extension, stretch, way; **uzaq ~də** *z.* 멀리서, 멀리 far away
məsafəölçən *i.* (총·사진기 등의) 거리계 rangefinder
məsamə *i.* (피부·잎의) 작은 구멍, 털구멍, 숨구멍 pore
məsaməli *si.* 작은 구멍이 많은, 다공성의, 구멍투성이의 porous
məsaməlilik *i.* 유공(有孔)성, 다공성 porosity
məsarif *i.* 비용, 지출 expenses, expenditure, outlay ○ **məsrəf**
məscid *i.* 회교당, 모스크 mosque ○ **came**
məsdər *qram.* 부정사 infinitive

məsəl *i.* 격언, 금언, 명언, 속담, 잠언 saying, proverb ○ **zərbi-məsəl**; ~ **çəkmək** *fe.* 명구를 말하다, 금언을 말하다 speak using proverbs

məsəla ☞ **məsələn**

məsələ *i.* ① 문제, 과제, 일, 요점 affair, problem, matter, point, subject, sum ○ **mətləb**; ② 질문, 문제 puzzle, question ○ **sual**; ***Məsələ bundadır ki.*** *문제의 핵심은 이것이다. The point is, The question is.*; ~ **həll eləmək** *fe.* 문제를 해결하다, 풀다 do sums, solve; ~ **barəsində kifayət qədər danışmaq** *fe.* 주제에 관해 충분히 토론하다 exhaust a subjec;t **əsas** ~ *i.* 중요 문제, 핵심 과제 key question

məsələn *bağ.* 예로써, 예를 들면 for instance, for example

məsh *i.* 기름부음, 기름을 바름 anointing, anointment; ~ **etmək** *fe.* 기름을 바르다, 기름을 붓다 anoint

məsxərə *i.* 모욕, 경멸, 멸시 mockery ○ **istehza, masqara, ələ salma** (☞ **masqara**); ~**yə qoymaq** *fe.* 조롱하다, 경멸하다, 멸시하다 jeer

Məsih *i.* 메시야, 그리스도, 기름 부음 받은 자(☞ **isa Məsih**) Messiah, Christ, the Anointed One

məskən *i.* ① 거주지, 촌락, 부락 settlement ○ **yurd, ev, mənzil**; ② 장소, 위치, 지정 지구; location; ~ **etmək,** ~ **salmaq** *fe.* 거주하다, 정착하다 settle

məskun *i.* 거주지역, 인구 밀집 지역 populated place ○ **sakin**; ~ **etmək** *fe.* 인구가 밀집되다 populate

məskunlaşdırmaq *fe.* 인구를 이주시키다, 식민지로 만들다 colonize, populate

məsləhət *i.* 충고, 조언, 상담 counsel, consultation, advice ○ **məşvərət, razılıq**; ~ **vermək** *fe.* 충고하다, 조언하다, 권고하다 advise, counsel; ~ **görmək** *fe.* 추천하다, 권고하다 recommend, suggest

məsləhətçi *i.* 상담자, 조언자 adviser, consultant; **hüquq** ~**si** *i.* 법적 조언자 legal adviser

məsləhətləşmə *i.* 상담, 협의 자문 consultation ○ **soruşma**

məsləhətləşmək *fe.* 조언을 구하다, 상담하다 consult, ask advice ○ **soruşmaq**

məsləhətli *si.* 상담의, 협의의, 자문의, 조언의, 고문의; 권고할 만한, 추천할 만한 consultative, advisory ○ **soraqlı**

məsləhətsiz *si.* 협의 없이, 상의 없이 without consultation, advice ○ **məşvərətsiz, razılıqsız**

məsləhətxana *i.* 상담소; counselling office **qadın** ~**sı** *i.* 산모 복지 상담소 maternity welfare centre

məslək *i.* ① 신조, 신경, 신앙고백, 원칙 creed, principle, idea ○ **ideya, əqidə, məfkurə, amal**; ② 신앙, 믿음 belief ○ **inam, e'tiqad, məzhəb**; ③ 소망, 소원 hope, wish ○ **istək, arzu, dilək**

məsləkbaz *i.* 신앙을 쉽게 바꾸는 사람 one who changes his belief easily

məsləkdaş *i.* 같은 신조를 믿는 사람, 동료회원 like-minded person, associate ○ **həmfikir, şərik, silahdaş, arxadaş**

məsləkdaşlıq *i.* 동료의식, 친구 관계, 우정 association, comradeship ○ **həmfikirlik, şəriklik, silahdaşlıq, arxadaşlıq**

məsləkli *si.* 확신하는, 원칙에 충실한 convinced, highly principled ○ **ideyalı, inamlı, əqidəli, e'tiqadlı**

məsləklilik *i.* 확신, 신념 conviction ○ **ideyalılıq, inamlılıq, əqidəlilik, e'tiqadlılıq**

məsləksiz *si.* 신조나 원칙이 없는, 이념 없이 사는 devoid of principles and ideals ○ **ideyasız, prinsipsiz, əqidəsiz**

məsləksizlik *i.* 무원칙, 이상이 없음, 궁극의 목적을 모름 lack/absence of principles and ideals ○ **ideyasızlıq, prinsipsizlik, əqidəsizlik**

məsnəvi *lit.* 2행 연구(聯句), 대련(對聯) distich, couplet

məsrəf *i.* ① 비용, 경비, 지출 cost, expenditure ○ **xərc, çıxar**; ② 이득, 소득, 유용성 profit, usefulness ○ **sərf, xeyir, fayda**

məsrəfli *si.* ① 지불되는 paid; ② 이익이 되는, 돈벌이가 되는 useful, profitable ○ **xeyirli, yararlı, gərəkli**

məsrur *si.* 기쁜, 즐거운, 명랑한 glad, joyful, pleasant ○ **şən, şad, sevincək**

məsruriyyət *i.* 기쁨, 즐거움, 환희, 황홀 joy, gladness, rapture ○ **məsrurluq, şadlıq, sevinc**

məst[1] *si.* 술 취한 drunken ○ **sərxoş, dəm, kefli**; ~ **etmək** *fe.* 술 취하게 하다; make drunk; ~ **olmaq** *fe.* 술 취하다 become drunk

məst[2] *si.* 가죽신 light shoes made of leather ○

məs

məstan *si.* 울부짖는, 징징대는 crying, pussy ○ **axıcı, süzgün, xumar**; ~ **pişik** *i.* 고양이 pussy-cat

məstanə ☞ **məstan**

məstedici *si.* 취하게 하는, 들뜨게 하는, 매혹적인, 황홀케 하는 intoxicating, fascinating ○ **bihuşedici, kefləndirən**

məstlik *i.* 술 취함, 도취, 열광 intoxication ○ **sərxoşluq, dəmlik**

məsud *si.* 행복한, 기쁜, 만족스러운 happy, blessed ○ **xoşbəxt, bəxtiyar**

məsudluq *i.* 행복, 기쁨, 만족 happiness, blessing ○ **xoşbəxtlik, bəxtiyarlıq**

məsul *si.* ① 책임이 따르는, 책임을 지는 responsible ○ **cavabdeh**; ② 중요한, 중대한, 뜻 깊은 significant, important; ~ **işçi** *i.* official 담당자; ~ **olmaq** *fe.* 책임지다 answer for; ~ **tapşırıq** *i.* 책임 있는 과제, 중대 명령 a very important commission

məsuliyyət *i.* 책임, 의무, 담당 responsibility, charge ○ **cavabdehlik**; **~i öz boynuna götürmək** *fe.* 책임을 지다, 책임을 담당하다; assume the responsibility; ~ **daşımaq** *fe.* 책임을 지다, 담당하다 be responsible, bear responsibility; **~ə cəlb etmək** *fe.* 책임을 지다, 담당하다 hold responsibility

məsuliyyətli *si.* 책임이 있는 (☞ **məs'ul**) responsible

məsuliyyətlilik *i.* 책임 responsibility ○ **cavabdehlik**

məsuliyyətsiz *si.* 무책임한, 믿을 수 없는 irresponsible ○ **səhlənkar**; **~cəsinə** *z.* 무책임하게 irresponsibly

məsuliyyətsizlik *i.* 무책임, 태만 irresponsibility, absence of responsibility ○ **səhlənkarlıq**

məsulluq *i.* 책임, 의무를 짊 responsibility ○ **cavabdehlik**

məsum *si.* 순결한, 청순한, 결백한, innocent, guiltless, chaste ○ **ismətli, namuslu, təmiz, bakirə, günahsız**; **~casına** *z.* 순결하게, 정숙하게 innocently

məsumluq *i.* ① 무죄, 결백함 innocence, chasity, guiltlessness; ② 불행, 불운, 역경, 궁핍 misfortune, poverty

məşədi *i.* 마샤드를 순례한 시아 무슬림에게 주어지는 칭호 the religious title (for shia muslim who has been at a holy site in the city of Mashad)

məşəqqət *i.* 고생, 고통, 역경, 곤란, 어려움, 장애 suffering, distress, difficulty, adversity, hardship, obstacle ○ **iztirab, əziyyət, cəfa, möhnət**

məşəqqətli *si.* ① 힘든, 버둥거리는, 몸부림치는, 고통스러운 struggling, tormenting, painful ○ **iztirablı, əziyyətli, cəfalı, zəhmətli**; ② 어려운, 힘든, 곤란한 difficult, hard ○ **çətin, müşkül, ağır**

məş'əl *i.* ① 횃불, 토치램프, 회중전등 torch; ② 안내판, 표지판 guide, sign post

məş'əllənmək *fe.* 횃불을 밝히다 light torch

məş'əlli *si.* 횃불을 밝힌 illuminated with a torch

məşğələ *i.* ① 수업, 학업 study (lesson) ○ **dərs**; ② 훈련, 연습 training, couching ○ **işləmə, çalışma, məşq**; ③ 연구, 직업, 일, 근무 pursuit, occupation ○ **məşğuliyyət**; ~ **saatları** *i.* 학교 시간, 수업시간 school hours

məşğul *si.* 바쁜, 분주한, 종사하는 busy, occupied; ~ **etmək** *fe.* 종사하다, 열중하다 occupy; ~ **olmaq** *fe.* 종사하다, 열중하다, 작업중이다, 몰두해 있다 be busy, be engaged, go in for, see to, mind; ***Öz işinlə məşğul ol!*** *네 일이나 열심히 해! Mind your own business!*; ~ **olmayan** *si.* 널널한, 비어 있는, 사용되지 않는 unoccupied

məşğuliyyət *i.* ① 종사, 고용, 사용, 직업, 일 engagement, employment, occupation, business ○ **iş, sənət, peşə**; ② 오락, 소일거리, 기분전환 pastime ○ **işləmə, çalışma**

məşhur *si.* 유명한, 명성이 있는, 고명한, 잘알려진, 인기있는 famous, popular ○ **görkəmli, tanınmış, adlı-sanlı, şöhrətli**

məşhurlaşma ☞ **məşhurlaşmaq**

məşhurlaşmaq *fe.* 유명해지다, 눈에 띄게 되다, 잘 알려지다 become famous, become distinguished, become well-known ○ **görkəmləşmək, tanınmaq**

məşhurluq *i.* 명성, 명망, 고명, 평판, 세평 fame, distinction, eminence ○ **görkəmlilik, ad-sanlılıq, şöhrətlilik**

məşq *i.* 운동, 연습, 훈련, 실습, 교습 exercises, rehearsal, training ○ **təlim, çalışma**; ~ **etmək**

M

fe. 연습하다, 리허설하다 rehearse, train; ~ **etdirmək** *fe.* 훈련하다, 코치하다, 지도하다 coach

məşqçi *i.* 강사, 훈련자, 코치 coach, trainer

məşriq *i.* 동(東) east ○ **şərq** ● **məğrib**

məşrubat *i. top.* 음료수 drinks

məşrut *si.* 임시적인, 조건적인, 실험적인 conditional, tentative

məşrutə *i.* 절대 권력자의 권한을 통제할 헌법 constitution which would limit the rights of an absolute ruler

məşrutəçi *i.* 입헌주의자 the supporter of a constitution

məşrutəçilik *i.* 입헌제 constitutionalism

məşrutəxah ☞ **məşrutəçi**

məşrutəli *si.* 입헌적인, 헌법상의 constitutional

məşrutiyyət ☞ **məşrutəçilik**

məşşatə ☞ **bəzəkçi**

məşşatəlik *i.* 장식업, 실내 장식 occupation of decorator

məşuq(ə) *i.* 정부, 첩, 내연녀 lover, mistress, paramour, concubine ○ **sevgili**, **sevimli**, **məhbub(ə)**

məşuqəbaz ☞ **aşnabaz**

məşuqəbazlıq ☞ **aşnabazlıq**

məşum *si.* 치명적인, 파괴적인 fatal, deadly, sinister, ominous

məşumluq *i.* 재해, 재난, 불행, 실패, 치사, 치명적임 fatality, lethality, misfortune ○ **uğursuzluq**, **nəhslik**, **bədbəxtlik**, **talesizlik**

məşvərət *i.* 상담, 협의, 자문 consultation ○ **məsləhət**, **müzakirə**

məşvərətçi *i.* 상담가, 고문, 컨설턴트 consultant ○ **məsləhətçi**

mət *i.* 응축 시럽 condensed syrup

məta *i.* ① 상품, 물품, 제품 goods, merchandise, wares ○ **mal**, **əmtəə**; ② 희귀품, 진품, 고가품 rare object, precious matter

mətanət *i.* 기개, 강한 정신력, 단호함, 결연함, 불굴의 정신, 견인, 인내 backbone, firmness, fortitude ○ **cəsarət**, **möhkəmlik**, **davamlılıq**, **dözümlülük**, **səbatlılıq**, **yenilməzlik**

mətanətli *si.* 용감한, 참을성 있는, 견고한, 안정된, 꿋꿋한 bold, steady, steadfast, patient ○ **cəsarətli**, **davamlı**, **dözümlü**, **səbatlı**, **comərd**

mətanətlilik *i.* 견고함, 꿋꿋함, 용감함 steadiness, steadfastness, boldness, patience ○ **cəsarətlilik**, **davamlılıq**, **dözümlülük**, **səbatlılıq**, **comərdlik**, **yenilməzlilik**

mətanətsiz *si.* 유약한, 섬세한 weak, delicate, impatient ○ **davamsız**, **dözümsüz**, **səbatsız**

mətanətsizlik *i.* 유약함, 섬세함 unsteadiness, instability ○ **davamsızlıq**, **dözümsüzlük**, **səbatsızlıq**

mətbəə *i.* 인쇄소 print house ○ **çapxana**, **basmaxana**; ~ **şrifti** *i.* 활자 type

mətbəəçi *i.* 인쇄공 printer, print worker

mətbəx *i.* 부엌; 음식, 요리 kitchen; ~ **böcəyi** *i.* 바퀴벌레 cockroach; ~ **plitəsi** *i.* 조리용 레인지 range

mətbəxqurdu *i. zoo.* 바퀴벌레 cockroach

mətbu *si.* 인쇄된 printed

mətbuat *i.* 출판물, 신문, 정간물 잡지; 보도기관, 언론계 press; **~da** *z.* 언론에 in the press; ~ **azadlığı** *i.* 언론/출판의 자유 freedom of the press; ~ **konfransı** *i.* 기자회견 press conference

mətbuatçı *i.* 뉴스 기자 news reporter

mətə *i.* 놀이를 위해 땅위에 그린 원 circle drawn on the ground for playing a game

mətərə *i.* 물병 (여행용) water jug (for travel)

mətin *si.* ① 견고한, 고정된, 확고한 firm, strong, persistent ○ **bərk**, **möhkəm**, **davamlı**, **dözümlü** ● **zəif**; ② 안정된, 흔들리지 않는, 믿을 만한, 집요한 unchangeable, stable, trustful ○ **dönməz**, **dayanıqlı**, **sarsılmaz**, **e'tibarlı**

mətinləşmək *fe.* 견고해지다, 안정되다 become strengthened, become steady ○ **bərkişmək**

mətinlik *i.* 견고함, 신뢰할 만함, 끈질김, 집요함 firmness, staunchness, steadfastness, persistence, tenacity ○ **bərklik**, **möhkəmlik**, **davamlılıq**, **dözümlülük**, **səbatlılıq** ● **zəiflik**

mətlə *i. lit.* 서시(序詩) prelude to a poem ○ **giriş**, **müqəddimə**

mətləb *i.* ① 본질, 진수, 정수, 불가결 요소 essence, main point ○ **mahiyyət**, **məzmun**; ② intentio 의도, 의향, 야망, 포부, 요구 ambition, desire, demand ○ **məqsəd**, **murad**, **məram**, **istək**, **arzu**

mətləbli *si.* ① 실제의, 본질적인, 핵심적인 essential, cardinal, factual ○ **mahiyyətli**, **məzmunlu**; ② 의도적인, 소망하는, 야심적인 intentional, ambitious, desirous ○ **məqsədli**, **muradlı**,

istəkli, arzulu
mətləbsiz *si.* 가공의, 부서지기 쉬운, 본질 없는, 핵심 없는 coreless, insubstantial ○ **mahiyyətsiz, məzmunsuz, məramsız**
mətlub *i.* 욕망, 요구, 원망 desire, want, wish ○ **arzu, istək**
mətn *i.* 본문, 원문 text
mətni *si.* 본문의 textual
mətnşünas *i.* 원문 연구가 textologist
mətnşünaslıq *i.* 원문연구, 본문 연구 textology
məva *i.* 둥지, 소굴, 잠자리 nest, den, cave, shelter
məvacib *i.* 임금, 봉급 salary, wage, pay ○ **maaş, donluq**
məvacibli *si.* 고용된, 지급되는 paid, employed ○ **maaşlı**
məyus *si.* ① 비참한, 의기소침한, 우울한, 고민스러운 miserable, discouraged, depressed, dispirited, distressed ○ **tutqun, pərt, dilxor** ● **məs'ud**; ② 소망 없는, 절망적인 hopeless ○ **ümidsiz**; **~ etmək** *fe.* 실망시키다, 낙망시키다, 기분 상하게 하다, 환멸을 느끼게 하다 disappoint, upset, disillusion; **~ olmaq** *fe.* 실망하다, 낙담하다, 기분을 상하다 become disappointed, upset; **~-~** *z.* 실망하여, 의기소침하여 with disappointment, dissapointedly;hh **~anə** ☞ **mə'yuscasına**; **~casına** *z.* 서글프게, 슬프게, 우울하게 depressedly, sorrowfully
məyuslaşmaq *fe.* 실망되다, 낙망되다, 기분 상하다 be disappointed, be distressed, become depressed, become desperate ○ **ümidsizləşmək** ● **şadlanmaq**
məyusluq *i.* 우울함, 침울함, 실망함, 낙망함 gloom, disillusion, disappointment ○ **pərtlik, dilxorluq, ümidsizlik** ● **məsudluq**
məzac *i.* ① 성격, 기질, 본성 temper, character, nature ○ **xasiyyət, təbiət, hal, qılıq**; ② 욕구, 욕망 appetite, desire ○ **coşğunluq, ehtiras, həvəs**
məzaclı *si.* 열심인, 열중하는, 열렬한, 열광적인 eager, ardent, strong, enthusiastic ○ **coşğun, qızğın, ehtiraslı**
məzar *i.* 무덤, 묘지, 묘 grave, tomb ○ **qəbir, gor**
məzarçı ☞ **qəbirqazan**
məzardaşı ☞ **qəbirdaşı**
məzarxanlıq *i.* 장례식 funeral player
məzarıstan *i.* 공동묘지, 묘지 cemetery, graveyard ○ **qəbiristan**
məzarlıq *i.* 매장지, 공동묘지 graveyard, cemetery ○ **qəbirlik, gorluq**
Məzdəki *i.* 배화교 숭배자 the supporter of Mazdaism
Məzdəkilik *i.* 배화교 Mazdaism (an ancient religion in Iran)
məzdəmək *fe.* ① 먹다, 삼키다, 게걸스럽게 먹다; devour, gorge, gulp ② 강탈하다, 입수하다 seize, usurp
məzə *i.* ① 전채(hors d'oeuvre); 반주 (aperitif); (일반적으로) 식욕을 돋우는 것 appetizer; ② 재미, 즐거움, 오락, 놀이, 기분전환 fun, pastime, diversion ○ **zarafat, əyləncə**; ③ 유머, 해학, 익살 humour ○ **yumor**; ④ 간식, 기호 식품 snack, sweets, sweet viands ○ **çərəz**; ⑤ 맛, 풍미 taste, enjoyment ○ **ləzzət, dad, tam**; ⑥ 교태, 애교, 요염함, 희롱, 시시덕거림 coquetry, flirtation ○ **naz, işvə, qəmzə, şivə**
məzəcil *si.* 해학적인, 익살스러운, 우스꽝스러운, 재미있는, 즐거운, 우스운, 유쾌한 humorous, amusing, cheering ○ **zarafatcıl**
məzələnmək *fe.* 즐기다, 오락하다, 놀이하다, 기분 전환하다 amuse, have a pastime ○ **əylənmək**
məzələt *i.* 실추, 품위 손상, 악화, 굴욕, 치욕 abasement, degradation, humiliation, disgrace ○ **zəlillik, həqarət, alçaqlıq, e'tibarsızlıq, xarlıq**
məzəli *si.* ① 익살스러운, 농담의, 재담의, 놀림의, 해학적인 joking, humourous ○ **zarafatcıl, oyunbaz** ● **qaraqabaq**; ② 재미있는, 흥미진진한, 매력적인, 유쾌한 interesting, charming ○ **duzlu, maraqlı**; ③ 우스꽝스러운, 웃게 하는, 유쾌한 funny, amusing ○ **gülməli, əyləncəli**; ④ 맛있는, 풍미스러운 tasteful ○ **ləzzətli, dadlı, tamlı**
məzəlilik *i.* ① 농담, 익살, 나쁜 장난 jest, foolery, buffoonery ○ **təlxəklik, oyunbazlıq** ● **qaraqabaqlıq**; ② 재미있는 일, 우스운 일 intresting matter ○ **duzluluq, maraqlılıq**; ③ 희극, 코미디 comedy, humour ○ **yumor, əyləncəlilik**
məzəmmət *i.* 책망, 견책, 징계, 훈계, 비난, 질책,

비난 censure, reproach, reproof, blame ○ **danlaq, tə'nə, töhmət, qınaq** ● **tə'rif**; ~ **etmək** *fe.* 책망하다, 질책하다, 꾸짖다 reprove, reproach, censure

məzəmmətedici *si.* 책망하는, 나무라는, 질책하는, 비판적인 reproachful, censorious, scolding

məzəmmətləmək *fe.* 꾸짖다, 질책하다, 비난하다, 나무라다 reproach, upbraid ○ **danlamaq, töhmətləmək, qınamaq** ● **tə'rifləmək**

məzəmmətlənmək *fe.* 꾸중 받다, 질책당하다, 비난받다 be reproached, be upbraided

məzəmmətli *si.* 책망하는, 나무라는, 징계의 reproachful, censorious, scolding ○ **danlaqlı, tə'nəli, töhmətli** ● **tə'rifli**

məzənnə *i.* 시장 가격, 비용 market price, cost ○ **nırx**

məzənnələşmək *fe.* 가격을 매기다, 값을 정하다 fix the price ○ **kəsişmək, sövdələşmək**

məzənnəli *si.* 값을 매긴, 가격을 붙인 market priced ○ **nırxlı**

məzhəb *i.* 신경, 신조, 교리, 종파, 교파, 문벌 creed, denomination

məzhəb *i.* ① 종교 religion ○ **din**; ② 신조, 이념 belief, idea ○ **məslək, əqidə**

məzhəbsiz *si.* 무신론적, 이단적 atheist, heretic

məzhəkə *i.* 코미디, 희극 comedy, burlesque, parody ○ **əyləncə, zarafat, lətifə**

məzhəkəçi *i.* 코미디언, 익살꾼, 까불이, 희극 배우 comedian, clown

məzhəkəçilik *i.* 익살, 장난, 익살 스러움 buffoonery

məzhəkəli *si.* 희극의, 희극적인, 익살스러운 comic, humorous ○ **əyləncəli, gülməli** ● **faciəli**

məzhəkənəvis *i.* 코미디언, 희극작가 comedian, comedy writer

məzhəkəyazan *i.* 희극작가 comedy writer ○ **komedioqraf**

məziyyət *i.* 덕, 자질, 존엄성, 가치, 공로 virtue, quality, dignity, merit ○ **ləyaqət, qiymət, dəyər**

məziyyətli *si.* 값이 나가는, 비싼, 소중한, 가치 있는 valuable, worthy

məzkur *si.* 상술(上述)한, 언급한, 상기한, 위에서 말한, 전술(前述)한, 전기(前記)한 afore-mentioned, above-mentioned

məzlum *si.* ① 억눌린, 억압된, 짓눌린; oppressed ② 비참한, 참담한, 가난한, 곤궁에 처한 miserable, poor, distressed ○ **aciz, həqir, bədbəxt, zəlil, yazıq, itaətli, məhkum, fağır, sadə**; ~ **xalqlar** *i.* 억압된 민중; oppressed people; **~-~/~anə/~casına** *z.* 비참하게, 가난하게, miserably, poorly, meekly

məzlumluq *i.* ① 억압, 압박, 비참, 불행, 궁핍 depression, misery, abasement ○ **acizlik, həqirlik, bədbəxtlik, zəlillik, yazıqlıq, fağırlıq, sadəlik, mütilik**; ② 유순함 meekness, gentleness ○ **həlimlik, mülayimlik, yumşaqlıq** ● **zalımlıq**

məzmun *i.* ① 내용, 기사, 개념, 줄거리, 구상 contents, plot ○ **mahiyyət, mə'na** ● **forma**; ② 주제, 제목, 화두, 논제 theme, topic, subject ○ **mətləb, məsələ**; **qısa ~** *i.* 요약 summary; **~ca** *z.* 요약하여, 의미상의 in content, in meaning

məzmunlu *si.* 내용이 풍부한, 내용이 알찬, 본질적인, 가치가 있는 rich in content, substantial ○ **mə'nalı, dolğun, maraqlı** ● **cansızıcı**

məzmunluq *i.* 뜻이 깊음, 심오함, 내용이 풍부함 pithiness, richness in contents

məzmunluluq *i.* 내용이 풍부한, 뜻이 깊음 meaningfulness, richness in contents ○ **mə'nalılıq, dolğunluq, maraqlılıq**

məzmunsuz *si.* 내용이 없는, 진부한, 특징 없는, 풍미 없는, 김빠진 empty, insipid, vapid ○ **mə'nasız, maraqsız** ● **mənalı**

məzmunsuzlaşmaq *fe.* 진부해지다, 김빠지다, 흥미를 잃다 become insipid, become disinterested, become meaningless ○ **mə'nasızlaşmaq, maraqsızlaşmaq**

məzmunsuzluq *i.* 진부함, 특징 없음, 내용없음 emptiness, insipidity, vapidity ○ **mə'nasızlıq, maraqsızlıq**

məzun *i.* 졸업생, 학사 graduate; ~ **olmaq** *fe.* 졸업하다 graduate

məzuniyyət *i.* 휴가, 연가, 말미 holiday, leave, vacation; **xəstəliyə görə ~də** *z.* 병가중의 on sick leave; **~ə getmək** *fe.* 휴가를 보내다 take a leave

məzuniyyətçi *i.* 휴가 중인 사람 a person on leave

məzur *si.* 허용된, 용인된 excused, permitted

mığmığ ☞ mığmığı
mığmığa ☞ mığmığı
mığmığı *i.* 모기 gnat, mosquito ○ **ağcaqanad**
mığıldamaq *fe.* 스스로 웃다 smile to oneself
mığıltı *i.* 혼자 웃는 웃음 a smile to oneself
mıqqıldamaq ☞ nıqqıldamaq
mıqqıltı *i.* 신음소리, 울음 groaning, crying ○ **inilti, zarıltı**
mırıq *si.* 앞니가 없는 without front teeth
mırıqlıq *i.* 앞니가 없음 toothlessness
mırıldama *i. onomatopoeic.* (고양이가 만족스러울 때) 가르랑거리기, 목구멍 울리기 purr
mırıldamaq *fe.* 가르랑거리다, 목구멍을 울리다, 낮게 으르렁거리다 snap, purr, grumble, mutter
mırıldanmaq *fe.* 우르렁거리다 grumble
mırıltı *i.* 딱딱거림, 소리침, 중얼거림 snarling, murmuring
mır-mır *i.* 중얼 중얼 *onomatopoeic.* mumbling, muttering
mırmırı *i. zoo.* 큰철갑상어 (캐비아와 부레 아교를 얻을 수 있어서 귀중하게 여김; 흑해 및 카스피해 해산물) beluga, white sturgeon ○ **ağbalıq**
mırt; ~ **vurmaq** *fe.* 잡담하다 have a chat with
mırtıldama *i.* 중얼거림 mumble, murmur ○ **deyinmə, donquldama, söyləmə**
mırtıldamaq *fe.* 중얼거리다, 딱딱거리다, 잔소리하다 mumble, grumble, murmur ○ **deyinmək, donquldamaq, söyləmək**
mırtla(n)maq *fe.* 투덜거리다, 중얼거리다, 불평하다 grumble(at), mutter ○ **deyinmək, söylənmək, donquldamaq**
mısmırıq *i.* 우울, 침울 gloom, sulk ○ **qaraqabaq, qaşqabaq** ● **xoşsifət**; **~ğını sallatmaq** *fe.* sulk, frown, scowl
mısmırıqlı *si.* 우울한, 침울한, 심기가 나쁜, 언짢은 듯한, 시무룩한 gloomy, sullen ○ **qaraqabaqlı, qaşqabaqlı**
mıx *i.* 못, (천막의) 말뚝 nail, peg ○ **mismar**
mıxabənzər *si.* 못 모양의 nail-shaped
mıxça *i.* 잔못, 작은 못 tack, small nail
mıxçalamaq *fe.* 못질하다, 못질하여 붙이다 nail, fasten
mıxqayıran *i.* 못 제조자 one who makes nails
mıxlama ☞ mıxlamaq
mıxlamaq *fe.* 못을 박다, 못을 박아 붙이다 nail, harden ○ **bərkitmək, çalmaq, vurmaq**
mıxlanmaq *fe.* 못박히다 be nailed down
mıxlı *si.* 못박힌 nailed ○ **mismarlı**
mıxvarı ☞ **mıxabənzər**
mışamış *z.* 새근새근 (아이 자는 모습) quiet, comfortable and sweet (baby sleeping)
mışıldamaq *fe.* 새근거리며 자다 sleep sweetly
mışıl-mışıl ☞ mışamış
mışovul *i. zoo.* 족제비 weasel
mız *i. zoo.* 초파리 drosophila, vinegar fly
mızı *i.* 멍청이 sluggish, slow coach, laggard ○ **zəhlətökən, deyingən, qaraqabaq, qaşqabaq, usandırırcı, maymaq, cansıxıcı, ağzıboş**
mızılda(n)maq *fe.* 중얼거리다 mutter, mumble, grumble ○ **donquldamaq, mırtıldamaq, qurdalanmaq, deyinmək**
mızılıq *i.* 느린 행동 sluggishness, awkwardnes, captiousness ○ **deyingənlik, donqultuluq, öcəşkənlik**
mızıltı *si.* 중얼거림 murmuring, muttering, mumbling, grumbling ○ **deyinti, donqultu**
mızmızı *si.* 중얼거리는 mumbling, tire-some, importunate
mi *i. mus.* 미 (E) 음계 mi (the third sound)
miçətkən *i.* 침대 위에 씌우는 방충망 bed curtains (from insect)
miçman *i.* 해군 사관 학교 생도 midshipman
midbər *i.* 멍에에 연결된 끈을 받쳐주는 고리 ring tied with bridle
Midiyalı *i.* 메디아 사람 Median
mif *i.* 신화, 지어낸 이야기 myth ○ **əsatir**
mifik *si.* 신화적인, 신화상의, 허구의 mythical, fictitious ○ **əsatiri, əfsanəvi, mifoloji**
mifoloq *i.* 신화학자 mythologist
mifoloji *si.* 신화학적인 mythological
mifologiya *i.* (특정 민족 또는 인물에 관한) 신화 (체계); 집합적 신화 mythology
mixbər *i.* (실험실) 시험관 test tube (in laboratory)
mixək *i.* 정향 (丁香: 정향나무의 꽃봉오리를 말린 향료) cloves (spice)
mixəkgülü ☞ **maygülü**
mixəyi *si.* 갈색의, 다갈색의 brown
mixi *si.* 쐐기 모양의 cuneiform
miknət *i.* 힘, 근력, 체력 power, strength, force ○ **güc, qüvvət, iqtidar, qüdrət**

M

mikrob *i.* 미생물, 세균, 병원균, 박테리아, germ, microbe, bacteria
mikrobioloji *si.* 미생물학적인 microbiological
mikrobiologiya *i.* 미생물학 microbiology
mikrobsuzlaşdırma *i.* 멸균, 살균, 소독 sterilization
mikrobsuzlaşdırmaq *fe.* 소독하다, 살균하다 sterilize
mikrofon *i.* 마이크 microphone
mikroiqlim ☞ **mikroklimat**
mikroklimat *i.* 미기후 (微氣候: 좁은 지역 내의 기후) micro-climate
mikrometrlik *si.* 측미법(側微法)/측미술의 micrometrical
mikron *i.* 미크론 (1미터의 100만 분의 1, 기호 μ, mu) micron (measuring unit)
mikroorqanizm *i.* 미생물, 미소 동식물 microorganism
mikrorayon *i.* 지구, 지역, 관할구 district
mikroskop *i.* 현미경 microscope
mikroskopik *si.* 아주 작은, 미세한 microscopical, very small
miqdar *i.* ① 수량, 분량, 액수, 정량 quantity, amount, deal, number, sum ○ **kəmiyyət, say, qədər**; ② 가치, 예산, 견적 value estimate ○ **qiymət, hesab**; **böyük ~** *i.* 다수의, 무수함, 군중, 잡답(雜沓) multitude; **~ sayları** *i.* 기수(基數) cardinal number; **~ca** *z.* 수량에 있어서 in number
miqdarsız *si.* ① 수없는, 측량할 수 없는, 무한한 numberless, limitless, numerous ○ **saysız, hədsiz, çox**; ② 헤아릴 수 없을 만큼 귀중한 invaluable ○ **hörmətsiz**
miqdarsızlıq *i.* 무한함, 끝없음 limitlessness, endlessness
miqnatis *i.* 자석, 자철광 magnet ○ **maqnit**
miqren *i. tib.* 편두통 migraine ○ **parabaş**
miqyas *i.* 폭, 범위, 한도, 한계; 축척(縮尺) range, scale ○ **ölcü, həcm, tutum**; **geniş ~da** *z.* 광범위하게 on a large scale
miqyaslı *si.* ① 광범위한, 다양한 wide covering ○ **geniş, əhatəli**; ② 척도의 scaling, measuring ○ **ölçülü, həcmli, tutumlu**
mil[1] *i.* ① 바늘 knitting eedle ○ **iynə**; ② 시계 바늘 hands of watch ○ **əqrəb**; 핵심축, 핵심 부분 pivot, core; ③ (폭풍에 의한) 큰 파도, 놀 billow, roller; ④ (경찰, 도둑의) 곁쇠, 만능해결 열쇠 masterkey, skeletonkey
mil[2] *i.* 줄자 tapeline, stripe ○ **ölçü**
mil[3] *i.* 마일 mile; **İngilis ~i** *i.* 영국 마일 (1609 미터) English mile (1609m); **dəniz ~i** *i.* 해리 (1853 미터) sea mile (1853m)
Milad (**bayramı**) *i.* 성탄절; 서기 Christmas **~dan sonra** A.D. (Anno Domini; After the Lord)
miladi *i.* 서력, 서기, 은혜의 해 the dominical era, the year of grace
milçə *i.* 작은 축, 회전축 small pivot, axis
milçək *i. zoo.* 파리(true fly); 침소봉대 (하루살이·반딧불이 등) 날개로 나는 곤충 fly; ***Milçəkdən fil düzəltmək.*** *침소봉대. Make a mountain out of a molehill.*
milçəkqıran *i.* 파리잡이, 끈끈이 poisonous or sticky paper used to catch flies
milçəkqovan *i.* 파리 쫓는 도구 flapper, fly swatter
milçəkvuran *i.* 파리채 flapper, fly swatter
milçəkyeyən *i.* 파리 먹는 곤충 insect which feeds on flies
miləmil *si.* 줄무늬의 striped ○ **zolaqlı, zol-zol, zolaq-zolaq**
milis *i.* ① 예비군 militia man ○ **milisioner**; ② 민병대 militia ○ **milisiya**; **~ işçisi** *i.* 민방위병, militia man
milisioner *i.* 민방위병 militia man
milisiya *i.* 민병대 militia
militarist *i.* 군국주의자, 군사전문가, 전략가 militarist
militarizm *i.* 군국주의, 군사중심 정책, 군인 정신, 무단 정치 militarism
millənmək *fe.* 날아오르다, 올라가다 fly up, soar, go up ○ **qalxmaq, şığımaq**
millət *i.* 민중, 민족, 국적 people, nation, nationality ○ **əhali, xalq, camaat**
millətçi *i.* 민족주의자, 애족자 nationalist, loyalist
millətçilik *i.* 국가주의, 민족주의 nationalism
millətpərəst ☞ **millətçi**
millətpərəstlik ☞ **millətçilik**
millətpərvər ☞ **millətçi**
millətpərvərlik ☞ **millətçilik**
milli[1] *si.* 국가의, national; **~ marş** *i.* 국가 hymn
milli[2] *si.* 줄 쳐진, 줄무늬의 striped, scratched ○

zol-zol, zolaqlı, mil-mil
milliqram *i.* 밀리그램 milligram
millik *i.* 1마일 a mile distance
milliləşdirilmə *i.* 국유화 (대상) nationalization
milliləşdirilmək *fe.* 국유화되다 be nationalized
milliləşdirmə *i.* 국유화 (주체) nationalization
milliləşdirmək *fe.* 국유화하다 nationalize
millilik *i.* 국적, 국민성 national trait, nationality
millimetr *i.* 밀리미터 millimeter
millimetrlik *i.* 밀리미터의 길이 length of millimeter
milliyə ☞ **milli[1]**
milliyyət *i.* 국적, 국민성, 국민정신, 민족성 nationality, public spirit
mil-mil ☞ **miləmil**
milyard *say.* 10억 billion
milyardçı ☞ **miliyarder**
milyarder *i.* 억만 장자 billionaire
milyon *say.* 백만 million
milyonçu ☞ **milyoner**
milyoner *i.* 백만장자 millionaire
mimik *si.* 흉내내는 모조의, 모방의 mimic
mimika *i.* 흉내내기, 모방 mimicry
mimikaçı *i.* 흉내내는 사람, 모방자, 모조자 mimic, imitator
mimoza *i. bot.* 미모사 mimosa ○ **küsdümağacı**
min I. *say.* 1000, 천; Thousand; **~dəbir** *z.* 아주 드물게, 좀처럼 rarely, one in a thousand; **~inci** *say.* 1천번째 thousandth; **~lərcə** ☞ **minlərlə**; **~lərlə** *si.* 많이, 아주 많이, 여러 번; thousands of, many; **~-~** *z.* 천천, 만만; thousands of, thousand by thousand; II. *si.* 많은 many of; **~illik** *i.* 천년(의 기간) millennium
mina[1] *i.* 에나멜 도료, 법랑(琺瑯) enamel
mina[2] *i.* 지뢰 mine
minaaxtaran *i.* 지뢰 탐지기 minesweeper, mine-detector
minaatan *i.* 구포(臼砲), 박격포 mortar
minacat *i.* 사망에 대한 공고 in the past, in Islam, the public proclamation of someone's death
minaçi *i.* 지뢰 공병 miner
minaçiçəyi ☞ **minagülü**
minagülü *i. bot.* 버베나 (마편초속(屬)) verbena
minadüzən *i.* 어뢰설치 선박 military plane or ship which plants mines in the sea
minalamaq[1] *fe.* 에나멜을 입히다 enamel
minalamaq[2] *fe.* 지뢰를 설치하다 mine, plant or lay mines
minalı[1] *si.* 에나멜을 칠한 enameled
minalı[2] *si.* 지뢰가 설치된 mined
minarə *i.* (회교 사원의) 뾰족탑 minaret
minarəli *si.* 뾰족탑이 있는 having a minaret
minasaz ☞ **minaçı**
minbaşı *i.* 사령관 chief captain (military commander)
minbər *i.* (모스크 내의) 강단 pulpit (in a mosque)
mindilli *i.* 거짓말쟁이 liar ○ **yalançı**
mindirmək *fe.* (말, 차 등에) 태우다 put on (horse), take in (car), place
mineral *i.* 미네랄, 무기화합물 mineral
minerallaşma *i.* 광물화 mineralization
minerallaşmaq *fe.* 광물화하다 mineralize
mineralogiya *i.* 광물학 mineralogy
mineraloji *si.* 광물학적인 mineralogical
miniatür *i.* 축소 모형, 축소도 miniature
miniatürçü *i.* 소형 모형 제작자 miniaturist
miniatürlük *i.* 우아; 꼼꼼함, delicacy, daintiness ○ **incəlik, zəriflik**
minici *i.* 기병, 마부 rider, horseman ○ **süvari**
minicilik *i.* 마술(馬術) horsemanship
minik *i.* ① (말, 차 등) 타기, 승차, 승마 riding; ② 운송, 수송, 탈것 transportation ○ **sərnişin**; **~ maşını** *i.* 승객용 차 car (for passenger); **~lə getmək** *fe.* 타고 가다 ride; **~lə getmə** *i.* 승차 ride, riding; ***Minik qurtardı.*** *전원 승차! All aboard!*
minillik I. *i.* 천년, 왕국 millennium; II. *si.* 천년의 millenary
minimal *si.* 최소의, 최저한도의 minimum
mini-mini *si.* 작은, 소형의, 좁은 small, tiny ○ **xırdaca, kiçikcik**
minimum *si.* 최소의 양의, 최소 한도의, 최저점의 minimum
miniş *i.* 타기, 탈것 riding ○ **minmə**
minmək *fe.* 승차하다, 승마하다, 승선하다 mount, ride, get on (horse, car, train, ship) ○ **oturmaq, əyləşmək** ● **enmək**
minnət *i.* ① 호의, 감사하는 마음 favour, grati-

tude ○ **xahiş, rica, təvəqqə, yalvarma**; ② 부탁, 의뢰, 요청, 탄원 request, supplication ○ **istək, dilək, razılıq, təşəkkür**

minnətçi *i.* 중재자, 조정자 agent, solicitor, intercessor

minnətçilik *i.* 중재, 중개 intercession

minnətdar *si.* 감사하는, 고마워하는 thankful, grateful ○ **razı**; ~ **olmaq** *fe.* 의무를 지우다, 감사하다 oblige; ***Minnətdaram.*** *감사합니다. I am grateful.*

minnətdarlıq *i.* 감사함, 고마움 gratitude, thankfulness ○ **razılıq, təşəkkür**

minnətli *si.* 감사하는 마음의, 고맙게 여기는 grateful, thankful

minnətsiz *si.* 감사하지 않는, 배은망덕한 ungrateful, unthankful ○ **xahişsiz, ricasız, təvəqqesiz, yalvarışsız**

minnətsizlik *i.* 배은망덕, 망은 ingratitude, unthankfulness ○ **xahişsizlik, ricasızlıq, təvəqqəsizlik, yalvarışsızlıq**

minnət-sünnət *i.* 청원, 탄원, 진정, 기원, 간구, petition, entreaty, begging at someone's feet ○ **xahiş, yalvarış, rica**

minomyot ☞ **minaatan**

minonos *i.* 어뢰 발사선 torpedo ship

minor *si.* 단음정의, 단음계의 minor

mintənə ☞ **nimtənə**

minus *i.* ~을 뺀, ~이 없이 minus

minval *i.* 방법, 규칙 way, rule, ○ **qayda, tərz, yol, üsul**; **bu ~la** *z.* 이런 식으로, 이렇게 in this way, thus

miokard *i. ana.* 심근 myocardium

miokardit *i. tib.* 심근염(心筋炎) myocarditis

mirab *i.* 수로 관리인 person who oversaw irrigation projects in times past

mirablıq *i.* 수로 관리 occupation of "**mirab**"

miraxur *i.* 궁내 마부, 궁내관(宮內官) ruler's ostler, royal groom ○ **mehtərbaşı**

miralay *i.* (육군·공군·해병대의) 대령, 중령 (lieutenant colonel)의 위, 준장 (brigadier general)의 아래 계급 colonel ○ **polkovnik**

miras *i.* ① 유산, 상속, 세습 heritage, inheritance, legacy ○ **mülk, mal, var, dövlət**; ② 전승, 전통; tradition, custom; ~ **qalmaq** *fe.* 물려받다, 유산을 상속받다 inherit; **~dan məhrum etmək** *fe.* 상속권을 빼앗기다 disinherit

mirqəzəb *i.* 집행자, 압제자, 군주, 폭군 executioner, despot

mirvari(d) *i.* 진주 pearl ○ **inci**; **sun'i** ~ *i.* 모조 진주, 진주 같은 것 Venetian pearl; ~ **boyunbağ** *i.* 진주 목걸이 pearl necklace

mirvarili *si.* 진주가 박힌 pearled

mirzə *i.* ① 볼셰비키 혁명 이전의 지식인; educated person in pre-Bolshevik revolutionar y times ② 직원, 사무원, 서기 clerk, secretary

mirzəlik *i.* 서기직 occupation of secretary

mirzəyi *i. mus.* 아제르바이잔 전통 음악 중 템포가 느린 분위기의 음악 mood slowly played Azerbaijani music and dan ce

mis *i.* 구리, 청동, 동 copper; ~ **pul** *i.* 동전; copper coin; ~ **rəngli** *si.* 구릿빛의, 적갈색의 coppery

MİS 아파트 관리부(동사무소 역할까지 함 JEK) (**mənzil istismar sahəsi**)

misal *i.* 예, 본보기, 모범 example ○ **nümunə, örnək, timsal**; ~ **gətirmək** *fe.* 예를 들다 cite as an example; ~ **üçün** *ms.* 예를 들면 for example

misallı *si.* 본보기의, 모범적인, 사례의 alike, resembling

misəridən *si.* 구리 제련의 copper (smelting)

misgər *i.* 구리 세공사 brazier, copper-smith

misgərlik *i.* 구리세공 occupation of brazier, copper-smith

misilsiz *si.* 동등하지 않는, 비교되지 않는, 독특한, 특유의 unequaled, transcendent, matchless, peerless, incomparable ○ **qeyri-adi, xariqüladə**

misilsizlik *i.* 초월(성), 탁월(성) transcendence, incomparability ○ **qeyri-adilik**

Misir *i.* 이집트, 애굽 Egypt

misirli *i.* 이집트인, 애굽인 Egyptian

misirşünas *i.* 이집트 학자 Egyptologist

misirşünaslıq *i.* 이집트학 (고대 이집트 문명의 연구) Egyptology

miskin *si.* ① 가난한, 불행한, 비참한, 누추한 poor, unfortunate, miserable, squalid, shabby, unlucky ○ **fağır, biçarə, bədbəxt, yazıq, zavallı, binəva**; ② 무력한, 능력 없는, 적합지 않는 unable, incapable, inept ○ **bacarıqsız, aciz, düşkün**; ~-~ *z.* 딱하게도, 불쌍하게, 우울하게 miserably, plaintively, dolefully

miskinləşmək *fe.* ① 가난해지다, 불쌍해지다

become poor, become helpless ○ **yoxsullaşmaq, fağırlaşmaq, kasıblaşmaq**; ② 불행하다, 곤궁에 처하다 become miserable, become distresse ○ **zavallılaşmaq**
miskinlik *i.* ① 무력함, 괴로움, 의지 없음 misery, helplessness, distress ○ **yazıqlıq, fağırlıq, zavallılıq, biçarəlik**; ② 곤궁, 궁핍, 빈궁 poverty, indigence ○ **yoxsulluq, kasıblıq**
misl *i.* ① 대등한 것, 동등, 견줄만한 것, 유사함 match, equal, likeness, similarity ○ **bənzər, oxşar, tay**; ② 때, 경우, 번, 회, 순서, 차례 time ○ **dəfə, kərə**; **~li görünməmiş** *si.* 전례 없는, 유례없는, 신기한, 새로운; unprecedented; **~li olmayan** *si.* 아주 값비싼; 돈으로는 살 수 없는; 아주 귀중한 priceless
misləmək *fe.* 구리를 입히다, 구리를 사용하다 cover with copper
mismar *i.* 못, 나사못 screw, nail ○ **mıx**; **~ vurmaq** *fe.* 못 박다 nail
mismarlamaq *fe.* 못을 박다, 못질하다 nail, screw ○ **mıxlamaq**
mismarlanmaq *fe.* 못박히다, 못으로 고정하다 be nailed, be fastened; be tied
misqal *i.* 26 그람 단위의 무게 unit of weight (26 gram)
misqallı[1]; **~tirmə** *i.* 섬세한 옷 장식의 하나 one of precious ornament for clothes
misqallı[2] *i. bot.* 껍질이 두꺼운 포도의 일종 a kind of grape with thick peel
misqallıq *si.* 26 그램 무게만큼의 weight of 26 gram
misqal-tərəzi *i.* 보석을 다는 섬세한 저울 precision balance for weighing precious metal
misra *i. lit.* 반행; 불완전행, 시절(詩節), 스탠자, 연(聯), 절 hemistich, stanza, verse
misralıq *i.* 연의 수 number of verses
misri[1] *si.* 연의, 절의 of verse
misri[2] *si.* 전염성인, 전염병의, 접촉 전염성의, 유행성의 infectious, contagious, epidemic ○ **yoluxucu, keçici, sirayətedici**
miss *i.* 미스, 양(孃) miss
missis *i.* 미시즈, 부인 mrs.
missiya *i.* 미션, 사명, 임무 mission
missyoner *i.* 선교사, 사명자 missionary
mister *i.* 군(君), 씨(氏) mister
mistik *si.* 신비적인, 신비주의의 mystic, mystical
mistika *i.* 신비적 분위기 mystique
mistisizm *i.* 신비주의 mysticism
misyayan *i.* 구리를 얇게 펴는데 쓰는 도구 tool for flattening copper
mişar *i.* 톱 saw; **əl ~ı** *i.* 손 톱 hand saw
mişarağzı ☞ **mişarkəpəyi**
mişarkəpəyi *i.* 톱밥 sawdust, filings
mişaraoxşar ☞ **mişarvarı**
mişarbalığı *i. zoo.* 톱가오리(열대 아메리카, 아프리카산) saw-fish
mişarçı *i.* 톱질하는 사람 sawyer
mişardaşı *i.* 벽돌 (톱으로 켠) stone brick
mişardişli *si.* 톱니의 saw-toothed
mişarxana *i.* 목공소 carpenter's shop ○ **dülgərxana**
mişarlamaq *fe.* 톱질하다, 켜다 file, saw ○ **doğramaq, kəsmək, yarmaq**
mişarlanmaq *fe.* 톱질되다 be sawn
mişarlat(dır)maq *fe.* have something sawn
mişarvarı *si.* 톱 같은, 톱니의 saw-like, toothed
mitqal *i.* 사라사; 캘리코 calico
mitil I. *i.* 담요나 베개의 잇, 커버 cover (for cushion, blanket) II. *si.* 낡은, 오래된, 묶은 old, worn out ○ **köhnə, dağılmış, cındır**
mitillik *i.* ① 덮개용 재료; material suitable for a cover ② 번민, 고뇌 distres
mitinq *i.* (정치적 이슈에 관한) 민중집회, 데모 meeting, demonstration (usually political issue)
mitralyoz ☞ **pulemyot**
mitropolit *i. din.* 수도 대주교구의, (정교회에서) 부(府) 주교 관구의 metropolitan (bishop)
mixək *i. bot.* 정향(丁香) 나무 clove
miyan I. *i.* 허리, 띠, 벨트 belt, back; II. *si.* 중도의, 중간의 middle, medium, midst ○ **orta, ara**
miyança *i.* 속옷 안감 lining for underclothes
miyançı *i.* 교섭자, 협의자, 중매자, 조정자, 중개자 negotiator, mediator ○ **araçı, vasitəçi**
miyançılıq *i.* 조정, 중재, 중개 mediation
miyandar *i.* 사회자, 진행자, 조정자, 중개자 master of ceremonies, mediator
miyandarlıq *i.* 중개, 조정, 진행 work of mediator
miyanə *si.* 좋은, 나쁘지 않는 fairly good, not bad, middling ○ **orta, babat**
miyanpur *i.* 복숭아나 살구 속에 호두를 넣은 주

M

전부리 peach, apricot *etc.* filled in with walnut kernel

miyantən *si.* 소고기나 돼지고기로 만든 햄 round (beef), ham (pork)

miyov *onomatopoeic.* 야옹 야옹 mewing, wailing, miaow

miyo(v)lama *i.* 야옹거림 mew

miyo(v)lamaq *fe.* 야옹거리다 mew

miyo(v)ltu *i.* 야옹거리는 소리 mew

miyopişiyi *i. zoo.* 들고양이 wild cat

miz[1] *i.* 책상 table ○ **stol, masa**

miz[2] *si.* 날카로운, 뾰쪽한 sharp, pointed ○ **şiş, iti, biz**

mizac ☞ **məzac**

mizan *i.* ① 규범, 질서 order, norm ○ **qayda, nizam, səliqə, sahman**; ② 측정 단위 measure, rule ○ **ölçü, əndazə, me'yar**; ③ 무게 단위 weight ○ **çəki, ağırlıq, ölçü**

mizan-tərəzi *i.* 영혼의 정화; 정죄(淨罪); 연옥; 일시적인 고난[징벌](의 상태) purgatory

mizləmək *fe.* ① 찌르다; poke, jab ② 가라앉히다 잠그다 sink, immerse

mizrab *i.* (현악기를 위한) 채, 픽(pick) plectrum, pick (for string instrument)

mizraq *i.* 창 spear

moda *i.* 유행(vogue), 패션; 유행의 형식, 시대의 기호(嗜好); 상류 사회의 습관; 풍조; fashion, style; **~ya uyğun** *si.* 유행의, 유행을 따른, 당세풍의 stylish, up to date, fashionable ; **~da olmaq** *fe.* 유행을 따르다 be in fashion **son ~lar** *i.* 최신 유행의 latest styles

modabaz *i.* 유행 연구가, 유행을 좇는 사람, 멋쟁이 fashion monger

modabazlıq *i.* 유행 연구, 유행 좇기 fashion mongering

modaçı ☞ **modabaz**

modaçılıq ☞ **modabazlıq**

modal *i. dil.* 법(mood)의, 상태를 나타내는 modal

modalı *si.* 유행의, 유행을 따른, 당세풍의 fashionable

modallıq *i. dil.* 양식, 양상 modality

modapərəst ☞ **modabaz**

modapərəstlik ☞ **modabazlıq**

model *i.* 디자인, 모형, 모델, 원형, 모범, 본보기, 도안 design, model, pattern, standard; **~ düzəltmək** *fe.* 원형을 만들다, 모범을 세우다 model

modelçi *i.* 디자이너, 모형제작자, 도안가 pattern maker

modelçilik *i.* 모형제작, 도형제작, 도안 designing, modeling

modelqayıran ☞ **modelçi**

modelləşdirmək *fe.* 표준 모형을 만들다 make a scale model

moderato *i. mus.* 중간 속도로 moderato

moderator *i.* 사회자, 중재자, 조정자 moderator

modern *si.* 현대의, modern ○ **müasir**

modernizm *i.* 현대주의, 근대주의, 현대식 태도, 근대 사상 modernism

modernist *i.* 현대주의자, 근대주의자, modernist

modullaşdırmaq *fe.* 조정하다, 조절하다, modulate

moizə *i.* ① 설교 sermon ○ **və'z**; ② 간곡한 권유, 권고, 충고, 경고, 훈계 exhortation ○ **nəsihət**; **~ etmək** *fe.* 설교하다, 훈계하다 preach

Mokko *i.* 모카 커피 (예멘의 도시 이름에서) a kind of coffee

moqquldamaq *fe.* 꿀꿀거리다, 투덜거리다, 푸념하다, grunt, gurgle

moqqultu *i.* 돼지가 꿀꿀거리는 소리 grunting, gurgling sound (pig *etc.*)

Moldavan *i.* 몰다비아인 Moldavian

Moldova *i.* 몰다비아 Moldavia

molekul *i. kim.* 분자, 미분자, 그램분자 molecule

molekulyar *si.* 분자의, 분자로 된 molecular

molibden *i. kim.* 몰리브덴(금속 원소; 기호 Mo; 번호 42) molybdenum

molla *i.* 이슬람 성직자 Islamic teacher

mollagunə *si.* 종교적인 religious ○ **dindar**

mollanüma ☞ **mollagunə**

mollasayaq ☞ **mollagunə**

mollaxana *i.* 이슬람 학교 Islamic school

moltanı *i.* 불신자, 비종교적인 사람 faithless person, irreligious person ○ **dinsiz, yolsuz, kafir**

moltanılıq *i.* 무종교, 무신앙, 반종교 faithlessness, irreligion

moment *i.* 순간, 찰나 moment

monarx *i.* 군주, 주권자, 제왕 monarch

monarxist *i.* 군주주의자, 군주제주의자 monarchist

monarxiya *i.* 군주제, 군주정치 monarchy

monarxiyalı *si.* 군주의, 군주 정치의, 군주제의 monarchic
monastır *i.* 수도원 (남자) monastery
monizm *i. fəl.* 일원론(一元論) monism [cf.] dualism, pluralism
monist *i.* 일원론자 monist
monistik *si.* 일원론적인 monistic
monitor *i.* 충고자, 권고자 monitor
Monqol *i.* 몽고인; Mongolian **~ustan** *i.* 몽고 Mongol
monokl *i.* 단안경, 외알 안경 monocle, eyeglass
monoqram *i.* 모노그램 (성명 첫 글자 등을 도안화 하여 짜맞춘 글자) monogram
monoqrafik *si.* 전공 논문의 monographic
monoqrafiya *i.* (특정 테마에 관한) 전공[연구] 논문, 모노그래프 monograph
monolit I. *i.* 한통으로 된 돌; 돌 하나로 된 비석/기둥 (obelisk 따위); monolith II. *si.* 견고한, 튼튼한 stronghold ○ **möhkəm**
monolitlik *i.* 견고함, 확고부동함, 고정됨 strongholdness, steadfastness ○ **möhkəmlik, birlik**
monoloq *i.* 모놀로그, 독백, 혼자 하는 대사; 독백[독연]극; 독무대; (시 등의) 독백체 monologue ● **dialoq**
monopoliya *i.* 독점, 전매; 독점[전매]권; 독점 판매, 시장 독점; (남의 시간 따위를) 독차지하는 일 monopoly
monoteist *i.* 유일신론자, 인격신론자 monotheist
monoteizm *i.* 일신교, 일신론 monotheism
monotip *i.* 모노타이프 (자동 주조 식자기; 상표명) monotype
monpası *i.* 낙과(落果) fruit drops
montaj *i.* 짜맞추기, 조립 montage, assembling, mounting, cutting; **~ işləri** *i.* 임명, 임관; 취임(식); 설치, 설비, 가설; (보통 *pl.*) (설치된) 장치, 설비; 건설; 조립; 설정; 설립; installation, erection; **~ etmək** *fe.* 조립하다, 짜맞추다 assemble, mount; **~çı-çilingər** *i.* 조립공, 정비공, 설비사 fitter
montyor *i.* 전기 기사, 전공, 전기학자 electrician
monument ☞ **abidə**
monumental *si.* 기념비의, 기념되는 monumental ○ **əzəmətli, möhtəşəm**
monumentallıq *i.* 광대, 무한, 막대한 것 (양) immensity

mor *si.* 자줏빛의, 진홍색의, 새빨간 purple
moratorium *i.* (법률) 모라토리엄, 지급 정지[연기], 지급 유예(기간) moratorium
Mordova *i.* 몰도바 Mordova
Mordovaca *i.* 몰도바어 Mordovian language
morfem *i. dil.* 형태소(形態素) (뜻을 나타내는 최소의 언어 단위) morpheme ○ **şəkilçi**
morfi *i.* 모르핀 morphine
morfizm *i.* 모르핀 중독 morphine addiction
morfinnist *i.* 모르핀 중독환자 morphine addict
morfologiya *i. dil.* 형태학 어형론, 형태론 morphology; *geol.* 지형학; 「일반적」 조직/형태의 연구
morfoloji *si.* 형태학의, 어형론의, 형태론의, 지형학의, 조직의 morphological
morfoloq *i.* 형태학자 morphologist
morj *i. zoo.* 해마 morse, walrus
mors *i.* 과일 음료 fruit drink
mortira *i. mil.* 박격포, 구포(臼砲); 구포 모양의 발사기(구명 밧줄 발사기 등) mortar (short barrelled cannon)
moruğu *si.* 자줏빛의, 진홍색의, 새빨간 purple
moruq *i. bot.* 나무 딸기 (열매) raspberry, garden strawberry
moruqluq *i.* 딸기 나무 밭 raspberry garden
Morze *i.* 모르스 부호 Morse, Morse alphabet (telegraph)
motal I. *i.* 양가죽 주머니 sheep skin sack (for keeping cheese, pickle *etc.*); II. *si.* (여자) 뚱뚱한 chubby, fat (woman)
motalqarın *si.* 뚱뚱한, 배가 불룩한 paunchy, potbellied
motel *i.* 모텔 motel
motiv *i.* 주제 motif
motmotu *i. bot.* 구즈베리(의 열매) goose-berry
motor *i.* 엔진, 발전기, 전동기 engine, motor; **~lu qayıq** *i.* 모터 보트 motorboat; **~ qapağı** *i.* (자동차) 엔진 뚜껑 hood, bonnet; **~u işlətmədən enmək** *fe.* 활주하다, 활공하다 glide
motorçu ☞ **motorist**
motorxana *i.* 엔진실 engine room
motorist *i.* 자동차 엔진 기술자 motorist
motorlaşdırma *i.* 동력 설비화, 자동차화 motorization
motorlaşdırmaq *fe.* 동력설비화 하다, 자동차화하다 motorize

motoroller *i.* 스쿠터, 소형 오토바이 scooter
motodrom *i.* 오토바이 경주장 motodrome, motor-cycle race track
motosikl(et) *i.* 오토바이 motorcycle
motosikl(et)çi *i.* 오토바이 경주자 motor-cyclist
motoyürüş *i.* 오토바이 경주 motor racing
movuldamaq *fe.* 울부짖다, 고함치다, 소리지르다 bellow, roar
movultu *i.* 울부짖음, 부르짖음 bellowing, roaring sound
mozaik *si.* 모자이크의, 잡동사니의, 그러모은 mosaic
mozaika *i.* 모자이크 (수법) mosaic
mozaikaçı *i.* 모자이크 세공 기술자 mosaic artist
mozalan *i. zoo.* 쇠파리, 침파리 gad-fly
möcüzə *i.* 기적, 이사(異事) miracle, wonder ○ **xariqə**
möcüzəkar, möcüzəgöstərən *i.* 기적을 일으키는 사람 miracle worker
möcüzəkarlıq *i.* 기적, 기적을 이룸 the working of miracles, wonders
möcüzəli *si.* 경이로운, 기적적인, 놀라운 wondrous, miraculous ○ **xariqüladə** ● **adi**
möhkəm *si.* ① 강한, 견고한, 내구적인, 안정적인 durable, firm, lasting, hard, massive, positive, solid, stable, steady ○ **bərk, davamlı, dözümlü, sabit, dayanıqlı, mətin, mətanətli**; ② 의지가 강한, 견고한, 튼튼한 stout, strong, strong willed, substantial ○ **sağlam, qıvraq, canıbərk**; ③ 고정된, 변하지 않는 resolute, unchangeable, fixed ○ **sarsılmaz, alınmaz, yenilməz**; *z.* 강하게, 견고하게, 튼튼하게 strongly, fiercely, ardently ○ **güclü, şiddətli, bərk** ● **zəif**; ~ **sülh** *i.* 영구적인 평화 lasting peace; ~ **davamlı** *si.* 견고한, 흔들리지 않는 fast
məhkəmcə ☞ **möhkəm-möhkəm**
möhkəmləndirmək *fe.* 합병하다, 통합 정리하다, 보강하다, 강화하다 consolidate, reinforce, strengthen, fortify
möhkəmləndirtmək *fe.* 강하게 하다, 견고하게 하다, 격려하다 cause *smb.* to strengthen
möhkəmlənmə ☞ **möhkəmlənmək**
möhkəmlənmək *fe.* ① 강해지다, 견고해지다, 강화되다 become steadfast, be consolidated, become firm, become strong ○ **bərkimək, mətinləşmək, sabitləşmək** ● **boşalmaq**; ② 건강해지다, 좋아지다, 튼튼해지다 become healthy, get well ○ **bərkimək, sağlamlaşmaq, qıvraqlaşmaq** ● **zəifləmək**
möhkəmlətmə *i.* 원기회복, 심신의 상쾌함 refreshment
möhkəmlətmək *fe.* 강하게 하다, 보강하다 fortify ● **boşaltmaq, zəiflətmək, sarsıtmaq**
möhkəmlik *i.* ① 강함, 견고함, 안정됨 strength, stability, firmness ○ **bərklik, davamlılıq, dözümlülük, sabitlik, dayanaqlıq, yenilməzlik** ● **boşluq**; ② 건강함, 튼튼함 soundness, healthiness ○ **sağlamlıq, qıvraqlıq** ● **zəiflik**
möhkəm-möhkəm *z.* 강하게, 견고하게 strongly, firmly
möhlət *i.* 연기, 지연 postponement, date, period, respite ○ **vaxt, və'də**; ~ **vermək** *fe.* 연기하다 adjourn
möhlətlə *z.* 분할로, 할부로 by installment
möhnət *i.* ① 역경, 어려움, 고난 suffering, hardship ○ **zəhmət, əziyyət, qayğı**; ② 고문, 고생, 고뇌, 괴로움 torture, torment ○ **işgəncə, iztirab, bəla**; ③ 슬픔, 애통, 비통 sorrow, sadness ○ **dərd, qəm, qüssə, kədər**
möhnətkeş I. *si.* 근면한, 부지런한, 어려움을 견디는 diligent, hard-working; II. *i.* 순교자, 순직자 martyr
möhnətli *si.* ① 고생스러운, 수고스러운, 괴로운, 비참한 suffering, calamitous ○ **işgəncəli, iztirablı**; ② 슬픈, 아픈, 어려운, 고통스러운 sorrowful, grievous, painful, lamenting ○ **dərdli, qəmli, qüssəli, kədərli**
möhrə *i.* 토벽(土壁), 아도비 벽 earthen wall, adobe wall, mud wall ○ **gil divar, gil hasar**
möhtac *si.* 필요한, 긴요한 필수적인 needy, indigent ○**ehtiyaclı, yoxsul, kasıb**
möhtaclıq *i.* 필요, 긴요, 궁핍, 부족 need, neediness, privation ○ **ehtiyac, yoxsulluq**
möhtəkir I. *i.* 투기자, 암표상, 투기상 speculator; II. *si.* 투기적인, 투기를 좋아하는 speculative ○ **alverçi**
möhtəkirlik *i.* 투기, 시세 예측 사기 speculation ○ **alver**; ~ **etmək** *fe.* 투기하다 speculate
möhtərəm *si.* 지존한, 칭송할 만한 much-respected, estimable, dear ○ **hörmətli, ehtiramlı, sanballı**
möhtərəmlik *i.* 존경함, 경의를 표함 respect,

honour ○ **hörmətlilik, ehtiramlılıq, sanballılıq**

möhtəşəm *si.* 막대한, 크신, 웅장한, 당당한, 숭고한, 외경할 enormous, grand, luxurious, magnificent, majestic, monumental, sublime, superb, tremendous, stately 장엄한, 거대한, ○ **dəbdəbəli, təntənəli, cah-calallı, nəhəng**

möhtəşəmlik *i.* 위대한, 위엄, 장관, 위풍, 호화, 장려 grandeur, splendour, magnificence

möhür *i.* 직인, 고무인 seal, stamp; ~ **vurmaq** *fe.* 도장을 찍다, 조인하다, 비준하다 seal

möhürləmək *fe.* ① 도장을 찍다, 인증하다 stamp; ② 봉인하다, 도장을 찍어 닫다 seal

möhürlənmək *fe.* ① 봉인되다 be sealed up; ② 도장이 찍히다, 인준되다 be stamped

möhürlənmiş ☞ **möhürlü**

möhürlü *si.* 봉인된, 도장이 찍힌 sealed, signed with a seal

mö'min I. *i.* 신자, 경건한 사람 believer ○ **dindar** ● **ateist**; II. *si.* 경건한, 종교적인; devout, religious; ~ **adam** *i.* 신자, 독실한 사람 believer

mö'minlik *i.* 경건, 종교적임, 신앙적임 piety, religiousness, devoutness ○ **dindarlıq** ● **ateistlik**

mö'təbər *si.* 믿을 만한, 신임할 만한, 존경할 만한 trustful, trustworthy, valid, respectable ○ **e'tibarlı, nüfuzlu, hörmətli**

mö'təbərlik *i.* ① 믿을 만함, 신뢰할 만함, 믿음직함 trustworthiness, accountability, reliability ○ **e'tibarlılıq, nüfuzluluq, hörmətlilik**; ② 옳음, 올바름, 올곧음 uprightness, probity, honesty, candor ○ **doğruluq, düzgünlük, səhihlik, dəqiqlik**

mö'tədil *si.* ① 중도적인, 적당한, 중간의, 온건한, 도를 넘지 않는 middle, medial, moderate, temperate ○ **orta, miyanə**; ② 미지근한, 열의 없는, 미온적인 tepid, lukewarm, warmish ○ **mülayim, yumşaq**

mö'tədilləşdirmək *fe.* 적절하게 하다, 중간적 입장을 취하게 하다 make moderate

mö'tədilləşmək *fe.* 온건하다, 적절하다 become moderate

mö'tədillik *i.* ① 온건, 완화 moderation ○ **miyanəlik**; ② 부드러움 meekness ○ **mülayimlik, yumşaqlıq**

mö'tərizə *i.* 괄호 bracket; **~də** *z.* 괄호 안에 있는 in brackets; **~yə almaq** *fe.* 괄호에 넣다 put in brackets

mövc *i.* 파도, 물결 wave ○ **dalğa, ləpə**

mövclənmək *fe.* 물결치다, 파도가 일다 wave, undulate

mövcib *i.* 이유, 원인, 까닭 reason, cause ○ **səbəb, bais**

mövcibincə *qo.* ~에 따라, ~에 의해 according to, because of ○ **görə, əsasən, binaən**

mövcud *si.* 존재하는, 현존하는, 이용할 수 있는 existing, present, available; ~ **olmaq** *fe.* 생존하다, 존재하다; 있다 live, subsist, exist; ***Mövcuddur.*** *있다. 존재한다.* ***There is(are).***

mövcudat *i.* 존재, 실존, 현존, 생존 beings, existences

mövcudiyyət *i.* 존재, 실재, 생존 being, subsistence, existence ○ **varlıq** ● **yoxluq**

mövcudluq *i.* 존재, 실재 existence ○ **varlıq, mövcudiyyət**

mövhum *si.* 상상의, 공상의 imaginary, fanciful

mövhumat *i.* 편견, 선입관 prejudice, superstition ○ **xurafat, fanatizm** ● **ateizm**

mövhumatçi *i.* 미신적인 사람 superstitious person ● **ateist**

mövhumatçılıq *i.* 미신적 행위, 맹신 fanaticism, superstition ○ **fanatiklik, xurafatçılıq** ● **ateistlik**

mövhumatpərəst ☞ **mövhumatçı**

mövhumi *si.* 미신적인, 미신에 관한 superstitious, credulous

mövqe *i.* ① 지위, 영역 place, territory ○ **yer, məhəl**; ② 태도, 신분, 직책, 직위 attitude, position ○ **rol**; ③ 전장, 전방, 전선 battlefield, front line ○ **cəbhə**; ④ 상황, 형세, 정세 situation ○ **vəziyyət, hal**; ~ **tutmaq** *fe.* 발판을 확보하다, 지위를 갖다, 근거를 확보하다 take one's stand

mövla *i.* 신, 하나님, 창조주 God, Creator, Lord ○ **allah, yaradan, tanrı**

mövlud *si.* 태어난, 존재하는 born ○ **doğulmuş**

mövsüm *i.* 계절, 철, 시절 season; **öz ~ündə** *z.* 제때에, 제철에 in season; ~ **işləri** *i.* 철에 따른 일, 계절 노동 seasonal work; **~çü** *i.* 계절노동자 seasonal worker; **~çülük** *i.* 계절 노동직 seasonal work; **~i** *si.* 계절의, 계절적인 seasonal; **~lük** *si.* 계절의, 계절상의 seasonal

mövt *i.* 죽음, 소멸 death, decease ○ **ölüm, və-**

fat

mövüc *i.* 건포도 raisin

mövücalan *i.* 포도 말리는 곳 drying place of grape, fig

mövücü *i.* 건포도 만드는 포도의 종류 kind of grape for making raisin

mövzu *i.* 제목, 주제, 화제 plot, subject, theme, topic ○ **süjet**; ~ **dəyişmək** *fe.* 주제를 바꾸다, 주제를 전환하다 change the subject

mövzun *si.* ① 적절한, 주제에 맞는 suitable, harmonious○ **müntəzəm, həmahəng, vəznli**; ② 옳은, 적절한 right, straight ○ **düzgün, təndürüst**; ③ 부드러운, 유한 smooth, fluent ○ **səlis, rəvan, axıcı**

mucul I. *i.* 가열된 철의 표면에 일어나는 박피 peel on the surface of iron when heated; II. *si.* 뜨겁고 오그라드는 burning and shrinking

mucullanmaq *fe.* 뜨겁고 오그라들다 burn and shrink

mufta *i.* ① 머프 (안에 털을 댄 여성용 원통형 토시) muff; ② *tex.* 연결장치, 호스의 이음쇠, 결합장치 coupling, clutch, muff, sleeve

muğ *i.* 배화교도 fireworshipper ○ **atəşpərəst, məcusi**

muğam *i. mus.* 아제르바이잔 전통 음악 장르의 하나 (판소리 비슷함) oriental vocal, instrumental music consisting of several parts

muğamat *i.* 무감의 운율 **muğam** melodies

muğamatçı *i.* 무감 가수 **muğam** singer

muğamvarı *si.* 무감 형태의 **muğam** type

muğayat; ~**olmaq** *fe.* 보살피다, 지키다, 돌보다 take care of, guard, secure

muxru *i.* 대형 천막 large, long tent, marquee

muxtar *si.* ① autonomous; ② 자치적인, 자치권이 있는, 자치의 independent, free; ~ **vilayət** *i.* 자치주 autonomous region

muxtariyyət *i.* 자치국가, 자치주 autonomy, self government

muxtariyyətli ☞ **muxtar**

muqdar *i.* 양, 액수, 수량 amount, quantity, number ○ **kəmiyyət, qədər**

mulat *i.* 물라토 (백인과 흑인 사이에 난 제1대 혼혈아) mulatto

multiplikasiya *i.* 증가, 증대, 증식, 번식, 번성 multiplication

multiplikasiyaçı *i.* 증식 전문가 an expert on multiciplations

mum *i.* ① 밀랍, 납 wax; ② 양초 candle; ~**dan düzəldilmiş** *si.* 밀랍으로 된, 창백한 waxen, waxy

mumiya *i.* ① 미라, 미라 모양의 것 mummy, preserved body; ② 갈색 염료 brown coloured dyes

mumiyalamaq *fe.* 미라로 만들다, 미라처럼 만들다, 방부 처리하다 mummify, embalm ○ **balzamlamaq**

mumgün *i.* 어두운 날들, 어려운 날들 dark day, black day

mumgüvəsi *i. zoo.* 벌집에 해로운 곤충 insect which is particularly harmful to beehives

mumlamaq *fe.* ① 왁스칠하다(왁스 칠하다), 왁스로 광내다 wax, polish with wax; ② 밀랍으로 봉하다 close, plug with wax

mumlu *si.* 밀랍으로 만든 waxed

muncuq *i.* 구슬 beads

muncuqgöz *si.* 작고 둥글며 반짝이는 눈 beady-eyed

muncuqlanmaq *fe.* 구슬을 꿰다 string beads, thread beads

muncuqlu *si.* 구슬 장식의 decorated with beads

muncuq-muncuq *z.* 구슬 방울로 (땀), 방울방울) (땀을 흘리다) bead by bead, drop by drop (sweat)

muncuqvarı ☞ **muncuq-muncuq**

mundir *i.* 제복, 군복, 관복 uniform

mundirli *si.* 제복을 입은 uniformed

munis I. *i.* 친한 친구 dear, close friend; II. *si.* ① 친절한, 점잖은 kind, gentle; ② 유쾌하게 하는, 맘에 맞는 pleasing, agreeable

murad *i.* 의지, 뜻, 의도, 목적 desire, intention, purpose ○ **arzu, istək, məqsəd, məram, niyyət, kam, dilək**

murdar *si.* ① (의식상) 더러운, 부정한 ritually unclean ○ **haram**; ② 더러운, 비굴한, 비천한, 야비한 dirty, unclean ○ **iyrənc, rəzil, alçaq, əclaf, xəbis, çirkin, mənfur** ● **təmiz**; ③ 혐오스러운 disgusting

murdarçı *si.* 더러운, 지저분한, 비양심적인 dirty, untidy, unscrupulous

murdarçılıq *i.* 비양심적임, 더러움, 추접함 unscrupulousness, slovenliness, untidiness

murdarlama *i.* 모독, 남용 profanation
murdarlamaq *fe.* ① 더럽히다, 모독하다, 오염시키다 defile, profane, contaminate, desecrate ○ **bulamaq**, **çirkləmək**, **batırmaq**; ② 악화시키다, 저하시키다 worsen, deteriorate ○ **korlamaq**, **pisləşdirmək**, **xarablamaq**, **ləkələmək** ● **təmizləmək**
murdarlanmaq *fe.* 더러워지다, (가치가) 떨어지다 be defiled, be profaned, worsen
murdarlıq *i.* ① 더러움, 단정치 못함, 비양심적임 untidiness, unscrupulousness, slovenliness ○ **haramlıq**; ② 비하, 실추, 굴욕, 치욕 abasement, disgrace ○ **pislik**, **alçaqlıq**, **rəzillik** ● **təmizlik**
murdov ☞ **zığ**
murğuz *i. bot.* 갈대 비슷한 곡초 reed-like plant belonging to the grain family
murmurdar ☞ **murdar**
murov *i.* 과거 지방 치안 담당관 a government official posted in rural areas who acted as the police in past times
musiqar *i.* ① 부리로 여러 소리를 내던 신비의 새; a mythical bird who could give off various sounds by blowing through holes in its beak ② 음악가 musician
musiqi *i.* 음악 music; ~ **əsəri** *i.* 음악 작품 music, composition; ~ **məktəbi** *i.* 음악학교 music school
musiqibaz ☞ **musiqipərəst**
musiqiçi *i.* 음악가 musician
musiqili *si.* 음악적인 musical
musiqilik *i.* 화음, 화성 musical harmony ○ **məlahət**, **ahəngdarlıq**, **ahəng**
musiqipərəst *i.* 음악광 musiclover
musiqipərəstlik *i.* 음악을 좋아함 love of music
musiqişünas *i.* 음악가 music(al) expert, musicologist
musiqişünaslıq *i.* 음악학 musicology, science of music
muskat *i.* 포도나 포도주의 일종 a kind of grape or its wine
muslin *i.* 모슬린 (직물) mousseline de soie (piece of fine cloth)
musson *i.* 몬순 (계절풍) monsoon (seasonal wind)
muşhamuş ☞ **mışamış**
muşqurmaq *fe.* 입맛을 다시다 smack one's lips; ② (동물) 호각 whistle (for an animal)
muşquruq ☞ **muşqurtu**
muşqurtu *i.* 휘파람 소리 whistling sound
muştuluq *i.* ① 복음(福音), 기쁜 소식 Gospel, good news ○ **müjdə**, **xoş xəbər**; ② 선물 present ○ **bəxşiş**
muştuluqçu *i.* 복음 전도자 good news herald
muştuluqlamaq *fe.* 복음을 전하다 impart good news
muştut *i. bot.* 산뽕나무 wild mulberry ○ **cır tut**
muymul *i. zoo.* 참새과의 새 bird in the sparrow family
muz ☞ **mız**
muzd *i.* ① 봉사료 service charge, tip; ② 보너스, 상여금 bonus, reward; **~la tutulmuş** *si.* 보수를 바라는, 돈만 바라는 mercenary
muzdlu *si.* 고용의, 고용된, 용병의 hireling, mercenary
muzdsuz *si.* 무료의 free of (service) charge
muzdur *i.* 일용 노동자 day-labourer, time-worker, workman hired by the day
muzdurçuluq ☞ **muzdurluq**
muzdurluq *i.* ① 일용노동 day labour; ② 노동직 labouring
muzey *i.* 박물관 museum; ~ **eksponatı** *i.* 전시품, 걸작품; 시대에 뒤떨어진 사람 museum piece; **incəsənət ~i** *i.* 예술 박물관 Art Museum
muzeyşünas *i.* 박물관학자 museologist
muzeyşünaslıq *i.* 박물관학 museology
müadil *si.* 같은 크기의, 같은 양의, 같은 치수의, 등측량의, 등가의, 등량의 isometric, equivalent; ~ **cisimlər** *i. fiz.* 등적체(等積體) isometric body
müadilə *i. riy.* 상등, 등식 equality ○ **tənlik**
müahidə(namə) *i.* 동의서, 계약서 consolidation, agreement ○ **müqavilə**, **müqavilənamə**, **saziş**
müalicə *i.* 치료, 처치 treatment; ~ **etmək** *fe.* 치료하다, 처치하다 treat, cure; ~ **edilməz** *si.* 불치의 incurable; ~ **vasitələri** *i.* 치료방법 cure; ~ **kursu** *i.* 치료과정 cure
müalicəxana *i.* 병원, 요양소, 치료소, 외래 진료소 hospital, dispensary, out-patient clinic
müalicəsiz *si.* 불치의, 치료법이 없는 incurable, remediless

müamilə *i.* 고리, 고리대금 exorbitant interest, high interest, usury ○ **sələm**
müamiləçi *i.* 고리업자 usurer ○ **alverçi, sələm verən**
müamiləçilik *i.* 고리업, 고리대금업 usury ○ **alverçilik**
müamiləsiz *si.* 고리 없는, 저리의 without high interest ○ **sələmsiz**
müariz *si.* 마주 보는, 상대의, 반대의 opposite, contrary
müasir *si.* 현대의, 최신의 contemporary, modern, up-to-date ○ **indiki, hazırki, təzə, yeni** ● **qədim**
müasirləşdirilmək *fe.* 현대화되다 be modernized
müasirləşdirmə *i.* 현대화 modernization
müasirləşmək *fe.* 현대화하다, 최신화하다 modernize, up-date ○ **yeniləşmək, təkmilləşmək** ● **köhnələşmək**
müasirlik *i.* 현대성, 최신성 modernity, being up-to-date ○ **təzəlik, yenilik** ● **qədimlik**
müaşiqə *i.* 상사병 falling in love ○ **eşqbazlıq**
müavin *si.* 부, 대리의 vice-, assistant, deputy, substitute; **konsul ~i** *i.* 부영사 vice consul; **prezident ~i** *i.* 부통령 vice president; **sədr ~i** *i.* 부회장 vice-chairman
müavinət *i.* 분배, 수당 dole, relief ○ **kömək, yardım**
müavinlik *i.* 부관직, 보조업무 the duty of being an assistant or deputy
müayinə *i.* ① 조사, 검사, 시찰, 검열 examination, inspection ○ **yoxlama, baxma**; ② *tib.* 진찰, 진단, 진료 diagnosis; **~ etmək** *fe.* 조사하다, 검사하다 examine, inspect; **~ otağı** *i.* 진료실 consulting room
mübadilə *i.* 교환, 교류 interchange, exchange ○ **dəyişmə**
mübah *si.* ① 중립적 ritually neutral; ② 풍성한, 풍부한 abundant
mübahisə *i.* 논쟁, 논란, 토론 argument, contest, debate, quarrel, dispute ○ **disput, müzakirə, bəhs, deyişmə, çəkişmə, toqquşma, ixtilaf, münaqişə**; **~ etmək** *fe.* 논쟁하다, 논의하다, 토론하다 dispute, debate, argue; **~ni yatırtmaq** *fe.* 논란을 가라 앉히다, 논란을 잠재우다 settle quarrel; **~yə girmək** *fe.* 다투다, 씨름하다 contend; **~li məsələ** *i.* 논쟁 문제, 토론 이슈 controversial question, matter of argument
mübahisəçi *i.* 토론자, 논쟁자, 말다툼자 debater, squabbler, wrangler
mübahisəli *si.* 논란의, 논쟁거리의 quarrelsome, argumentative, contentious
mübahisəsiz *si.* 논란의 여지가 없는, 명백한, 확실한, 의심할 바 없는, 두말할 것 없는 indisputable, unquestionable, undeniable ○ **münaqişəsiz, toqquşmasız, ixtilafsız**
mübaliğə *i. lit.* 과장 exaggeration, hyperbole ○ **böyütmə, şişirtmə, artırma**; **~ etmək** *fe.* 과장하다 exaggerate; ***Mübaliğə olmasın.*** *정직하게 말해서, 참으로, 과장 없이. Truly. This is the truth.*
mübaliğəçi *i.* 과장해서 말하는 사람 one who exaggerates
mübaliğəli *si.* 과장된 exaggerated ○ **şişirdilmiş**
mübaliğəsiz *si.* 과장 없이, 진솔하게 without exaggeration
mübarək *si.* ① 행복한, 복된, 기쁜 blessed, happy, joyous ○ **uğurlu, xeyirli, xoşbəxt**; ② 친애하는, 사랑하는, 애지중지하는 dear, beloved, virtuous ○ **müqəddəs, əziz, hörmətli, layiqli**
mübarəkbad ☞ **mübarəkbadlıq**
mübarəkbadlıq *i.* ① 축하, 축전 congratulation; ② 축복 blessing
mübariz I. *i.* 투사, 전사, 선수, 용사 fighter, champion ○ **iradəli, əzmli, döyüşkən** ● **əfəl**; II. *si.* 호전적인, 용감한, 군인다운 martial; **~ ruh** *i.* 군인 정신, 투지 martial spirit; **sülh ~ləri** *i.* 평화를 위한 투사 fighters for peace, peace monger
mübarizə *i.* ① 싸움, 투쟁, 다툼 fight, struggle ○ **çarpışma, vuruşma, döyüşmə**; ② 경쟁, 논쟁, 논의 contest, quarrel, argument; **~ aparmaq** *fe.* 싸우다, 다투다, 씨름하다, 경쟁하다, 맞서다 contend; **~ etmək** *fe.* 투쟁하다, 싸우다 struggle, fight; **sülh uğrunda ~ etmək** *fe.* 평화를 위하여 투쟁하다 fight for peace; **~yə qalxmaq** *fe.* 반역하다, 반란을 일으키다, 반항하다 rebel
mübarizəçi *i.* 싸움꾼, 전사, 투사 fighter
mübarizəli *si.* 호전적인, 투지가 강한, 투쟁적인 fighting, struggling, pugnacious, militant ○ **çarpışmalı, vuruşmalı**

mübarizəsiz *si.* 조용한, 평화로운 quiet, calm, peaceful

mübarizlik *i.* 호전성 pugnacity, militancy ○ **döyüşkənlik**

mübaşir *i.* (이란에서) 농촌의 토지 관리자 in Iran: person appointed to manage estates in rural areas; ~ **olmaq** *fe.* 일자리를 얻다, 종사하다 get to work, be occupied

mübhəm *si.* 막연한, 모호한, 애매한 vague, uncertain, unkown, mysterious ○ **qeyri-müəyyən, gizli, üstüörtülü**

mübhəmlik *i.* 확신이 없음, 의심, 주저, 망설임, 회의(론), 무신론 uncertainty, skepticism

mübtəda *i. qram.* 주어, 주부 subject; **~sız (cümlə)** *i. qram.* 비인칭 문장 impersonal sentence

mübtəla *si.* ① 종속된, 종위의, 예속된 subjected, subordinate, dependent ○ **aludə, giriftar, düçar**; ② 몰입된, 중독된, 빠져있는 indulged, addicted

mübtəlalıq *i.* 종속, 예속, 의존 subjection, dependence ○ **aludəlik, giriftarlıq, düçarlıq**

mücabir *i.* 모스크의 사제 priest in mosque, ever worship servant

mücadilə *i.* 다툼, 싸움, 전투 fight, combat, battle ○ **mübarizə, dava-dalaş**

mücahid *i.* ① 혁명가 revolutionary; ② 성전 참여자 (이슬람에서) one who wages the holy war ○ **fədai**

mücərrəb (dərman) *i.* 만병통치약 (cure-all) panacea

mücərrəd *si.* 추상적인, 추상의 abstract; **~ anlayış** *i.* 추상적 이해, 추상적 개념 abstract concept ○ **abstrakt** ● **konkret**

mücərrədləşdirmə *i.* 추상화(抽象化) abstracting

mücərrədləşdirmək *fe.* 추상화하다 abstract

mücərrədləşmək *fe.* 추상적이 되다 become abstract

mücərrədlik *i.* 추상관념, 추상명사; 추상주의, abstraction, abstractionism ● **konkretlik**

mücəssəm *i.* 구체화, 형상화 구상, 구현; 성육신 embodiment, incarnation

mücəssəmə *i.* 인격화, 구체화 personification, embodiment

mücrü *i.* 상자, 궤, 서랍장, 손궤 casket, small chest, coffer

müctəhid *i.* 이슬람의 경전해석, 교리 해석 등을 하는 종교 지도자 a chief religious person who interprets and makes commentary on religious laws and dogmas in Islam.

müdafiə *i.* 방어, 수비, 방위; 변호 defense, defensive, protection ○ **qoruma, himayə, arxa, dayaq**; **~ etmək** *fe.* 방어하다, 변호하다, 수비하다, 지지하다 defend, advocate, plead, shield, support, protect; **~ edən** *i.* 보호자, 방어자, 후원자 protector; **dissertasiya ~si** *i.* 논문 방어, 논문 심사 defense of a thesis; **~ qurğuları** *i.* 방어물, 요새 defenses; **~ mövqeyini tutmaq** *fe.* 수세가 되다, 수세 입장에 서다 stand on the defensive; **~ sənayesi** *i.* 군수 산업 war industry

müdafiəçi *i.* ① 수비수, 수비자, 방어자 defender; ② 변호사, 지지자 advocate; ③ *idm.* 수비수 back (soccer)

müdafiəli *si.* 수비적인 defensive

müdafiəsiz *si.* 수비 없는, 방어 없는, 보호 없는 defenceless

müdafiəsizlik *i.* 보호 없음, 방어받지 못함 defencelessness

müdaxilə *i.* 참견, 방해, 훼방, 간섭 intervention, interference ○ **qarışma, soxulma, miyançılıq**; **~ etmək** *fe.* 끼어들다, 간섭하다 interfere

müdaxiləçi *i.* (다른 나라 국정에) 간섭론자 interventionist

müdaxiləçilik *i.* 간섭론 interventionism

müdaxiləsiz *si.* 간섭 없는, 끼어들지 않는 without intervention

müdaxiləsizlik *i.* 비간섭주의, (정치상의) 불간섭주의 non-intervention, noninterference

müdam *z.* 항상, 무시로, 언제나, 지속적으로 always, constantly ○ **daim, həmişə, müttəsil, aramsız, fasiləsiz**

müdara *i.* 친구인 것을 외적으로 드러냄 the appearance of being a friend externally

müdavim *i.* 청중, 수강자 audience, listener, student ○ **tələbə, şagird**

müddəa *i.* 규칙, 규정, 조례, 법규, 법령, 안건, 제안, 기획 regulations, statute, proposition, clause ○ **iddia, tezis, fikir**

müddəi *i.* ① 고소자, 원고(原告), 소송자, 고발자, 소추자 plaintiff, petitioner, accuser, prosecutor ○ **tələbkar, iddiaçı**; ② 적, 원수, 적대자 en-

M

emy, ill-wisher ○ **düşmən, rəqib, bədxah**

müddəiyi-ümumi *i.* 검찰관, 공소관 public prosecutor ○ **prokuror**

müddət *i.* ① 기간, 동안, 임기, 형기, 근무 기간, 형기간 term, while, date, period ○ **vaxt, zaman**; ② 계절, 시절 season ○ **mövsüm**; **qısa ~li** *z.* 단기간에 for a while, short term; **~in qurtarması** *i.* 종료, 종결, 종지, 만료 termination, expiration

müddətində *qo.* ~하는 동안에 during, in the course, for; **son on gün ~** *z.* 요 며칠간에, 최근 며칠 동안 for the past ten days

müddətli *si.* 성급한, 급한, 억압의 urgent, pressing ○ **möhlətli**

müddətlilik *i.* 기간성, 만료가 있음, 만기가 있음 duration, having expiration ○ **və'dəlilik, möhlətlilik**

müddətsiz *si.* 무기한, 정해지지 않은 기간의 with no fixed term, indefinite ○ **və'dəsiz, möhlətsiz**

müddətsizlik *i.* 영속성, 내구성, 영존, 불변 permanence, perpetuity ○ **həmişəlik, ömürlük, daimilik**

müdərris *i.* 강사(講師) lecturer ○ **müəllim**

müdərrislik *i.* 강사직 lectureship

müdhiş *si.* 굉장히 무서운, 싫은, 흉측한 dreadful, terrifying ○ **qorxunc, dəhşətli**

müdhişlik *i.* 공포, 테러 행위 terror, horror, dread ○ **qorxuncluq, dəhşətlilik, vahiməlilik**

müdir *i.* 사장, 감독, 대표 chief, administrator, director, manager, superintendent; **məktəb ~i** *i.* 교장, 학장 headmaster, principal

müdirə *i.* 여사장 female chief

müdiriyyət *i.* 사장직, 사장업무 directorate, head office

müdirlik *i.* 지배인 the work of manager

müdrik *si.* 현명한, 지혜로운 profound, wise ● **səfeh**; **~ cəsinə** *z.* 현명하게, 지혜롭게 wisely, sensibly, ingeniously

müdriklik *i.* 지혜, 분별, 현명함 wisdom ○ **aqillik** ● **nadanlıq, cahillik**

müəllif *i.* 저자, 작가, 저작자, 필자, 저술자 creator, author

müəlliflik *i.* 저작업, 출처 authorship; **~ hüququ** *i.* 저작권 copyright

müəllim *i.* 선생, 교사, 강사; 선생님 (보통 존칭으로써) 광범위하게 쓰임) teacher, lecturer, master

müəllimə *i.* (여) 선생, 교사 teacher (female)

müəlliməlik ☞ **müəllimlik**

müəllimlik *i.* 교직, 교사직, 가르침; teaching profession; **~ vəzifəsi** *i.* 장인(匠人) 직위, 교사로서의 직위 mastership; **~ etmək** *fe.* 가르치다 work as a teacher, teach

müəmma *i.* 수수께끼, 신비 riddle, mystery

müəmmalı *si.* ① 신비한, 은밀한, 비밀의 mysterious, concealed ○ **sirli, qəribə**; ② 수상쩍은, 의심 가는 suspicious, shady ○ **şəkli, şəbhəli**

müəmmalılıq *i.* 어리둥절하게 함 mystification, suspiciousness ○ **qəlizlik, mürəkkəblik, çəlpəşiklik**

müəmmasız *si.* 명백한, 분명한, 확실한 clear, certain ○ **aydın, açıq, aşkar**

müənnəs *i. qram.* (아랍어 문법의) 여성 female gender in Arabic

müəssis *i.* 창설자, 설립자, 원조, 개조 founder, originator ○ **tə'sisçi, yaradan**

müəssisə *i.* 관리, 경영, 지배, 통치, 기획; 권위조직, 권력기구, 사업체, 공공기관 administration, enterprise, establishment, institution, public office, venture; **birgə~** *i.* 공동 사업체, 합판회사 joint venture; **~ sahibi** *i.* 고용주, 사용자 employer; **~nin markası** *i.* 상표 trademark; **~ başçısı** *i.* 경영자, 사장 patron, boss

müəyyən *si.* 특정한, 일정한, 규정된, 결정된, 지정된, 결심한 particular, certain, definite, determined ○ **aydın, aşkar, açıq, dürüst, dəqiq, qəti**; **~ etmək** *fe.* 지정하다, 결정하다, 정하다, 선택하다, 확인하다 define, ascertain, determine, identify, qualify; **~ olunmuş** *si.* 정확한, 딱 들어맞는 precise; **~ şəklə salmaq** *fe.* 틀에 맞추다, 틀에 넣다 frame; **~ şəraitdə** *z.* 확실한 조건하에, 정해진 상황가운데 under certain condition

müəyyənləşdirici *si.* 결정적인 determining

müəyyənləşdirilmək *fe.* 결정되다, 정해지다, 지정되다 be defined, be determined

müəyyənləşdirmək *fe.* 결정하다, 지정하다, 정하다, 확실하게 하다 define, determine, clarify ○ **aydınlaşdırmaq, dəqiqləşdirmək**

müəyyənləşmək *fe.* 구체화하다, 모양을 갖추다, 분명해지다 become formed, take shape,

clarify itself ○ **dəqiqləşmək, aydınlaşmaq**
müəyyənlik *i.* 결심, 결정, 확정, 정의, 확실성, 명백성 determination, definition; clarity ○ **aydınlıq, aşkarlıq, qətilik**
müəzzəm *si.* ① 위대한, 웅장한, 탁월한 great, grand, splendour, honourable ○ **əzəmətli, böyük, cəsamətli, möhtəşəm**; ② 고상한, 고귀한, 고결한 noble ○ **ehtiramlı, alicənab**
müəzzin *i.* (이슬람에서) 기도 시간을 알려주는 역할을 하는 사람 person who is trained to call Muslims to prayer in Islam ○ **azançı**
müəzzinlik *i.* 기도 시간을 알려주는 직책 profession of prayer calling
müfəssəl *si.* 자세한, 상세한, 면밀한 elaborate, in detail, detailed ○ **ətraflı, təfsilatlı, hərtərəfli** ● **qısa**
müfəssəllik *i.* 상보, 세부 사항 details, surroundings, backgrounds ○ **ətraflılıq, təfsilatlıq, hərtərəflilik**
müfəttiş *i.* 검사관, 감독관, 조사관 inspector; **avtomobil ~i** *i.* 차량 검사관 car inspector; **vergi ~i** *i.* 세금 검사원 tax inspector
müfəttişlik *i.* 검사소, 관찰소 inspection (office) ○ **təftişlik**
müflis *i.* 파산자, 지급 불능자 bankrupt, penniless ○ **yoxsul, kasıb, pulsuz** ● **varlı**; **~ olmaq** *fe.* 파산하다, 망하다 go bankrupt
müflisləşmək *fe.* 파산하게 되다, 신용 불량자가 되다 go on bankrupt, become penniless ○ **yoxsullaşmaq, kasıblaşmaq** ● **varlanmaq**
müflislik *i.* 파산, 도산 (상태), 실추, 파탄 bankruptcy ○ **dağılma, iflas, səfalət**
müfrəd *i. qram.* (문법) 단수 singular
müftə *si.* 무료의, 공짜의 free of charge ○ **havayı, məccani, pulsuz** ● **pullu**; **~cə** *z.* 무료로, 공짜로 freely of charge, vainly
müftəxor *i.* 공짜를 좋아하는 사람, 기생인간, 식객, 남을 우려먹는 사람, 무위도식자 parasite, sponger, drone ○ **tüfeyli** ● **zəhmətkeş**
müftəxorlaşmaq *fe.* 공짜를 좋아하다, 무위도식하다 become unlawfull, illicit
müftəxorluq *i.* 무위도식, 남을 등쳐먹기 parasitism, sponging ○ **tüfeylilik** ● **zəhmətsevərlik**
müfti *i.* 수니파 무슬림의 지도자 religious leader for Sunni Muslims
müftilik *i.* 수니파 지도자의 직책이나 역할 the role of mufti
müğayir *si.* 부적절한, 적당하지 않는, 맞지 않는, 어울리지 않는 unsuitable, inapt, unfit, inappropriate ○ **zidd, əks, müxalif**
müğənni *i.* 가수, 성악가 vocal singer ○ **xanəndə, oxuyan**
müğənnilik *i.* 가수로서의 직업 singing profession ○ **xanəndəlik**
mühacir *i.* (정치, 종교, 경제 등의) 난민, 이민자, 망명자, 유배자, 이주자 exile, emigrant, refugee, immigrant (for political, religious or economic reasons)
mühacirət ☞ **mühacirlik**
mühacirlik *i.* 망명, 이민, 이주, 유배; migration, immigration, emigration, exile; **~ etmək** *fe.* 이주하다, 이민 가다 emigrate; **~tə göndərmək** *fe.* 추방하다, 고국을 떠나다, 국적을 버리다 expatriate
mühafiz *i.* 관리인, 보관자, 수위 keeper, custodian ○ **mühafizəçi**
mühafizə *i.* 보관, 관리, 보호 관리, 호위, 옹호, 보존 custody, escort, protection, preservation, conservation ○ **qoruma, müdafiə, himayə, arxa, dayaq**; **~ etmək** *fe.* 보존하다, 보관하다, 지키다 keep, preserve, conserve; **~ edilmə** *i.* 보호, 보존, 관리, 유지 conservation; **~ dəstəsi** *i.* 경호원, 호위자, 호위병 guard; **~ edib saxlamaq** *fe.* 보관하다, 간수하다 reserve; **~ kamerası** *i.* 휴대품 보관소 cloak room, luggage office
mühafizəçi *i.* 경호원, 보호자 guard
mühafizəedici *si.* 경호하는, 보호하는, 호위하는 protecting, preserving ○ **qoruyucu**
mühafizəkar I. *i.* 보수당원, 보수적인 사람, 전통주의자 conservative; II. *si.* 보수적인, 보수주의의, 온건한 conservative
mühafizəkarlıq *i.* 보수주의, 보수성, 보수적 경향 conservatism ○ **irticaçılıq**
mühakimə *i.* ① 고려, 상고, 이성, 판단력 consideration, reason, wisdom, judiciousness ○ **mülahizə, fikir, düşüncə, ağıl, idrak, dərrakə**; ② 심판, 판단, 판정, 정죄, 비난, 책망 judgment, condemnation, trial ○ **hökm**; **~ etmək** *fe.* 정죄하다, 판단하다, 심판하다 condemn, judge, reason, try
mühakiməli *si.* 판단력 있는, 정당한, 합리적인

reasonable, sober-minded ○ **düşüncəli, ağıllı, dərrakəli**

mühakiməsiz *si.* 경솔한, 경박한, 무모한, 신중하지 못한 imprudent, rash, reckless, inconsiderate ○ **düşüncəsiz, ağılsız, dərrakəsiz**

mühakiməsizlik *i.* 무모함, 경솔함, 경박함, 신중하지 못함, 무분별함 rashness, inconsiderateness, recklessness ○ **düşüncəsizlik, dərrakəsizlik, ağılsızlıq**

müharibə *i.* 전쟁, 전투, 무력 충돌, 교전 war ○ **hərb, dava** ● **sülh; soyuq ~** *i.* 냉전 cold war; **~ etmək** *fe.* 전쟁을 일으키다 wage war; **~ e'lan etmək** *fe.* 선전 포고하다 declare war; **vətəndaş ~si** *i.* 내전 civil war; **~ edən** *si.* 호전적인, 싸우기를 좋아하는 belligerent; **~ qızışdıran** *i.* 전쟁을 부추기는 사람 war-monger; **~ vəziyyəti** *i.* 전시, 전쟁 상태 warfare; **~ vəziyyətində olan** *si.* 교전중인, 전시의 belligerent; **~dən qabaqkı** *z.* 전전의 pre-war; **~ iştirakçısı** *i.* 참전용사 veteran

mühasib *i.* 회계사, 회계원, 공인 회계사, 장부 기입자; accountant, book-keeper; **baş ~** *i.* 회계부장 chief accountant

mühasibat *i.* 부기(簿記), 회계업무 bookkeeping, accountancy

mühasirə *i.* 포위공격, 포위 기간, 고립화 siege, encirclement; **~yə almaq** *fe.* 포위하다, 둘러싸다 besiege, encircle; **~dən çıxmaq** *fe.* 포위를 뚫다 break through the siege

mühazirə *i.* 강의, 강연 lecture; **~ oxumaq** *fe.* 강의하다 lecture, deliver a lecture; **~ zalı** *i.* 강의실 lecture hall

mühazirəçi *i.* 강사 lecturer

mühəqqəq *si.* 실제의, 진실한, 분명한, 실용의 real, true, certain, practical ○ **həqiqi, gerçək, yəqin, səhih**

mühəndis *i.* 기술자, 공학자, 기사 engineer

mühəndislik *i.* 공학, 엔지니어링 engineering profession

mühərrik *i.* 엔진, 모터, 기관, 발동기 engine, motor

mühərrir *i.* ① 기자 journalist ○ **jurnalist**; ② 주필, 편집장, 편집자 editor ○ **redactor**

mühərrirlik *i.* 신문 잡지업

mühəvvəl *i.* 위임, 명령, 지령, 지시 mandate, commission; **~ eləmək** *fe.* 위임하다, 명령하다, 지시하다 command, order

mühəyya *si.* 현존하는, 준비된 existing, ready ○ **mövcud, hazır**

mühit *i.* ① 분위기, 환경, 주위, 상황, 형편 environment, surroundings, circumstance, set ○ **həyat, şərait, vəziyyət**; ② 일정 사회의 사람들 people of certain society; ③ *fiz.* 매개, 매체, 수단 medium; **ətraf ~in qorunması** *i.* 환경 보호 protection of the environment

mühüm *si.* ① 중요한, 중대한, 뜻깊은, important, significant, prime, primary, principal ○ **vacib, lazımlı, gərəkli, zəruri**; ② 기본적인, 기초적인 essential, substantial ○ **əsas, əhəmiyyətli**

mühümlük *i.* 중요성, 중대성, 의미, 의의, 취지 importance, significance ○ **əsaslıq, vaciblik, əhəmiyyətlilik, gərəklilik, zərurilik**

müxalif[1] I. *i.* 반대, 반작용, 반대 경향, 역경, 불운 antagonism, adversity; II. *si.* 거슬리는, 반대하는, 적대적인 hostile, opposite; **bir əqidəyə ~ olan** *si.* 이단적인, 이교적인 heretic

müxalif[2] *i.* 아제르바이잔 전통 음악 무감의 한 멜로디 an Azerbaijani classic melody **Muğam**

müxalifət *i.* 반대, 적대; 야당(野黨) opposition

müxalifətçi *i.* 야당, 반대파, 비판자, 반대자 oppositionist

müxalifətçilik *i.* 반대, 저항, 비판 opposition

müxatəb *i.* 청중, 관중 audience, listeners ○ **dinləyən**

müxatib *i.* 연설자, 강연가, 웅변가 speaker, orator ○ **söyləyən**

müxbir *i.* 특파원, 통신원 correspondent, reporter; **~ üzv** *i.* 통신원 corresponding member; **~ vəsiqəsi** *i.* 기자증 press card; **xüsusi ~** *i.* 특파원 special correspondent

müxbirlik *i.* ① 뉴스 통신 news correspondence; ② 보도, 통신 informing, reporting ○ **xəbərdarlıq**

müxəlləfat *i.* 가재도구, 가전 제품 household equipment, furniture

müxəmməs *i.* ① *lit.* 오보격 (步格)(의 시); 강약오보격, 영웅시 pentameter; ② (古典韻) 장단단오보격

müxənnəs *si.* 겁 많은, 겁쟁이의, 소심한, 신약한 fearful, timid ○ **qorxaq, namərd, alçaq**

müxənnəslik *i.* 겁 많음, 소심함 fearfulness, timidity, cowardice ○ **qorxaq, namərd, alçaq**

müxənnət *i.* 배신자, 반역자, 역적, 국적, 변절자 traitor, betrayer, renegade ○ **xain, satqın** ● **sadiq**

müxənnətlik *i.* 배신, 배반, 기만 treachery, betrayal ○ **xainlik, satqınlıq** ● **sadiqlik**

müxtəlif *si.* 잡다한, 다양한, 다채로운, 서로 다른, 각양의 miscellaneous, various, different, diverse ○ **cürbəcür, rəngarəng, başqa-başqa**; ~ **rəngli** *si.* 다채로운, 잡다한 색의 varicoloured, colourful

müxtəlifcəhətli *si.* 다방면의, 다각적인, 다재다능한 scalene, many-sided, versatile

müxtəlifləşmək *fe.* 식별하다, 분간하다, 구별하다 differentiate, vary ○ **rəngarəngləşmək**

müxtəliflik *i.* 불평등, 부동, 불균형, 불균등, 다양성, 상이성, 불일치, 차이 inequality, diversity, variety ○ **cürbəcürlük, rəngarənglik, başqa-başqalıq**

müxtəlifmə'nalı *si.* 여러 뜻을 가진, 뜻이 애매한, 모호한 multivocal, ambiguous, of many meanings

müxtəlifnövlü *si.* 다양한 various

müxtəlifölçülü *si.* 다양한 크기의 in various sizes

müxtəlirəngli *si.* 다채로운, 다색의, 혼색의 varicoloured, multicoloured, motley

müxtəlifrə'yli *si.* 모순되는, 상반되는, 정반대의 contradictory

müxtəlifrə'ylik *i.* 모순, 상반됨 contradiction

müxtəlifsəsli *si. mus.* 다성(多聲) 음악, 대위법 (counterpoint)(↔ homophony); *mus.* 다음 (메아리에서와 같은) polyphony

müxtəliftərəfli *si.* 다방면의, 다각의, 다재다능한 scalene, many-sided, versatile

müxtəlifyanlı ☞ **müxtəliftərəfli**

müxtəsər I. *si.* ① 간략한, 간결한, 간명한, 요약된, 축약의 brief, concise, abridged ○ **qısa (danışıq, söhbət)** ● **geniş**; ② 인하된, 깍인; reduced, cheap

müxtəsərləşdirmək *fe.* 요약하다, 축약하다 simplify, abridge, abbreviate ○ **qısaltmaq**

müxtəsərlik *i.* 짧음, 간결함, 단명함, 잠시 brevity, briefness, conciseness ○ **qısalıq**

müjdə *i.* 복음, 복된 소식 Gospel, good news ○ **muştuluq**

müjdəçi *i.* 전도자, 전도사 herald, evangelist ○ **muştuluqçu**

müjdəçilik *i.* 전파, 전도 work of herald/evangelist ○ **muştuluqçuluq**

müjdələmək *fe.* 복음화하다, 전도하다, 복음을 전하다 bring good news, evangelize ○ **muştuluqlamaq**

müjkan *i.* 속눈썹 하나 eyelashes ○ **kirpiklər**

mükafat *i.* 상, 보상 prize, reward ○ **bəxşiş, hədiyyə, haqq, əvəz**; ~ **almaq** *fe.* 상을 얻다 obtain a prize

mükafatlı *si.* 상이 걸린, 상여금이 걸린 with a reward, bonus ○ **bəxşişli, hədiyyəli**

mükafatlandirmaq *fe.* 상을 주다, 상을 걸다, 보상하다 crown, reward, award, decorate

mükafatlanmaq *fe.* 상을 얻다, 보상 받다 be awarded a bonus, bounty, premium

mükafatsız *si.* 무료의, 거저의, 공짜의, 보상 없는, 배상 없는 gratis, free of charge, without indemnity

mükalimə *i.* 대화, 대담, 문답, 회화, 좌담 dialogue, conversation ○ **danışıq, söhbət, müsahibə, dialoq** ● **monoloq**

mükəddər *si.* 슬픈, 애통하는, 비통한, 슬퍼하는, 괴로워하는 sorrowful, aggrieved, depressed, sad ○ **kədərli, qəmli, məhzun** ● **şad**

mükəddərlik *i.* 슬픔, 비통, 애통 sadness, sorrow ○ **kədərlilik, qəmlilik, məhzunluq**

mükəlləfiyyət *i.* 의무, 책임, 채무 duty, obligation, responsibility

mükəlləfiyyətli *si.* 법적의무가 잇는, 복종해야 하는, 책임을 져야 하는 liable, obligated, responsible

mükəmməl *si.* 완벽한, 완전한, 철저한, 최상의 excellent, perfect, superb, thorough, complete, absolute, perfect ○ **kamil, tam, ə'la, bütün**

mükəmməlləşdirmək *fe.* 완전하게 하다, 개선시키다, 진보시키다 perfect, improve

mükəmməlləşmək *fe.* 성숙하다, 온전해지다, 개선되다 become mature, become perfect, become improved ○ **təkmilləşmək**

mükəmməlik *i.* 완전함, 훌륭함 perfection, excellency, completeness ○ **kamillik, tamlıq**

mükərrər *z.* 반복하여, 되풀이하여 repeatedly, over again

M

müqabil *si.* 거슬리는, 반대하는 against, opposite ○ **qarşı, üzbəüz**

müqabilə ☞ **müqabil**

müqabillik *i.* 대조, 대비, 반대 contrast, opposition

müqabilində *qo.* ~ 대항하여, ~거슬려 against, in front of

müqavilə *i.* 계약(서), 조약, 동의(서), 협정 contract, charter, pact, agreement, treaty ○ **bağlaşma, yazılışma, saziş**; ~ **bağlamaq** *fe.* 계약을 체결하다, 조약을 맺다 conclude an agreement

müqavilənamə ☞ **müqavilə**

müqavimət *i.* ① 저항, 반항, 반대, 역풍 opposition, resistance ○ **qarşıdurma, əks, tə'sir**; ② *fiz.* 저항; 저항기, 저항 장치 저항; resistance; ~ **göstərmək** *fe.* 반대하다, 저항하다 resist, oppose; ~ **göstərməyən** *si.* 저항 없는, 무저항의 non-resistant

müqavimətli *si.* 저항적인, 반대하는 resistant, reluctant

müqayisə *i.* 비교, 비유, 대조 comparison, contrast ○ **tutuşdurma, qarşılaşdırma**; ~ **etmək** *fe.* 비교하다, 견주다, 비기다, 대조하다, 대비하다 compare, contrast, draw a parallel between; ~ **dərəcəsi** *i.* 비교급; comparative; **~də** *z.* ~에 비교하여 in comparison with

müqayisəli *si.* 비교의, 비교에 의한, 상대적인 comparative

müqayisəsiz *si.* 비교할 수 없는, 비길 수 없는, 비할 데 없는, 무쌍의, 빼어난 incomparable, matchless, inimitable

müqəddəm *qo.* ~ 전에, ~앞에 before, formerly ○ **qabaq, əvvəl, irəli**

müqəddərat *i.* 운명, 운, 숙명, 팔자 fate, destiny ○ **tale, qismət**

müqəddəs I. *si.* 거룩한, 신성한 holy, sacred ○ **pak, ülvi**; II. *i.* ① 성도, 성자 saint; ② 거룩한 장소 sacred place ○ **pir, ocaq**; **Müqəddəs Ruh** 성령, 성신 the Holy Spirit

müqəddəslik *i.* 거룩성, 신성, 존엄성 holiness, sanctity ○ **paklıq, qüdsiyyət**

müqəddimə *i.* 머리말, 서론, 서두 foreword, introduction, preface ○ **giriş, başlanğıc**

müqəddiməsiz *z.* 서론없이, 간략하게 without introduction, in a short word

müqəllid *i.* 모방자, 모조자, 흉내내는 사람 imitator, mimic ○ **təqlidçi**

müqəllidlik *i.* 흉내내기, 모방, 모조 mimicry, imitation ○ **təqlidçilik**

müqərrəb *i.* 친구, 한패, 동무 bosom buddy, chum, amigo ○ **məhrəm, dost, sirdaş**

müqəssir *si.* 죄 지은, 죄책감의, 죄책의 guilty, sinful ○ **təksirkar, günahkar, suçlu**; **~cəsinə** *z.* 사악하게, 죄책감에 싸여 sinfully, guiltily

müqəssirlik *i.* 죄책 guilt, culpability ○ **təqsirlik, günahkarlıq, suçluluq**

müqəşşər *i.* 깍지를 깐 콩 peeled bean

müqəvva *i.* 박제 (새, 동물 등) stuffed bird, stuffed animal, scarecrow

müqəyyəd ☞ **muğayat**

müqtədir *si.* ① 강한, 힘있는 strong, powerful ○ **qüvvətli, güclü, qüdrətli**; ② 능력 있는, 가능케 하는 capable, able ○ **bacarıqlı, iqtidarlı**

mülahizə *i.* ① 결정, 명령, 지시 decision, order ○ **qərar, sərəncam, ixtiyar**; ② 참고, 표시, 고려 consideration, remark ○ **qeyd, rə'y**; ③ 추천, 천거, 권장 recommendation, endorsement ○ **fikirləşmə, düşünmə, baxış, nəzər**; ④ 이해, 사려, 배려 thought, comprehension ○ **düşüncə, fərasət, fəhm**; ~ **yürütmək** *fe.* 주목하다, 주의하다 remark

mülahizəli *si.* 재치 있는, 영리한, 사려 깊은, 총명한, 기특한, 영특한 quick-witted, sharp, bright, considerate, sensible, thoughtful ○ **fərasətli, anlaqlı, düşüncəli, ağıllı, zəkalı, fəhmli, dərrakəli, mühakiməli**

mülahizəsiz *i.* 비이성적인, 불합리한, 부당한 unreasonable ○ **ağılsız, dərrakəsiz, düşüncəsiz, mühakiməsiz**

mülahizəsizlik *i.* 부당함, 부조리 unreasonableness ○ **ağılsızlıq, dərrakəsizlik, düşüncəsizlik, mühakiməsizlik**

mülaqat *i.* 대면, 면담 interview, personal contact, meeting

mülayim *si.* 온화한, 부드러운, 점잖은 mild, moderate, gentle, meek, soft; ~ **iqlim** *i.* 온화한 날씨 temperate climate; **~cə/~cəsinə** *z.* 온화하게, 부드럽게 mildly, silently, gently

mülayimləşmək *fe.* 부드러워지다, 온화해지다, 조용해지다 become mild, gentle; become silent ○ **həlimləşmək, yumşalmaq, sadələş-**

mək ● sərtləşmək

mülayimlik *i.* ① 온화함, 온유함, 부드러움 meekness, mildness, gentleness, softness ○ **nəzakət, xoşrəftarlıq, ünsiyyətlilik, başıaşağılıq, fağırlıq, yüngüllük, incəlik, sadəlik, yumsaqlıq, həlimlik, mö'tədillik** ● **sərtlik, kobudluq**; ② 자비로움, 고상함 mercifulness, nobleness ○ **mərhəmət, alicənablıq, laqeydlik, xatircəmlik, arxayınçılıq**

mülazim *i.* 상관, 대리, 부관; 중위, 소위 lieutenant

mülhid *i.* 비이슬람교도 heretic (non-Muslim) ○ **imansız, kafir, dinsiz**

mülk *i.* 부동산, 토지 real estate

mülkədar *i.* 토지주, 지주 landowner, landlord

mülki *si.* 시민의 civil; ~ **xidmət** *i.* 공무, 시민으로서 의무 civil service; ~ **hava donanması** *i.* 민간 항공, 민항 civil aviation

mülk-imarət, mülk-mal *i.* property, possession ○ **ev-eşik, var-dövlət**

mülkiyyət *i.* 소유, 소유권, 점유(권) possession, ownership; ~ **hüququ** *i.* 소유권 ownership; **şəxsi~** *i.* 사유 재산 personal property; **~dən məhrum etmək** *fe.* 훔치다, 도용하다, 몰수하다, 강취하다 expropriate; **~in zorla əlindən alınması** *i.* 강취, 몰수, 압수 expropriation

mülkiyyətçi *i.* 소유자, 경영자, 독점권자 proprietor

mülksüz *si.* 토지 없는, 육지 없는 landless

mültəfit *i.* 고려, 고찰, 숙려 consideration; ~ **olmaq** *fe.* 고려하다, 사고하다, 예상하다, 평가하다 consider, estimate, evaluate

mümaniət *i.* 장애, 방해, 제한 obstacle, impediment, restriction ○ **maneə, əngəl, maneçilik**

mümaniətsiz *z.* 장애 없이, 자유로이, 방해 없이 without hindrance, without obstacle

mümarisə *i.* 훈련, 연습, 반복, 되풀이 training, repetition, exercise

mümkün *si.* 가능한, 사용할 수 있는, 도달할 수 있는, 있음직한 accessible, possible, probable; ~ **olan** *si.* 가능한 possible; ~ **qədər tez** *z.* 가능한 빨리 as soon as possible; ~ **olan hər şəyi etmək** *fe.* 최선을 다하다 do one's best; ~ **ola bilən** *si.* 견딜만한, 참을 만한 tolerable; ~ **olmayan** *si.* 불가능한 impossible, incredible, unbelievable; ***Mümkün deyil.*** *불가합니다. It's not possible.*

mümkünat *i.* 가능성, 가능한 것, 기회, 재정능력 possibility, chance, opportunity, financial ability

mümkünlük *i.* 가능성 possibility

mümkünsüz *si.* 불가능한 impossible

mümtaz *si.* 선택된, 특권의 chosen, selected ○ **imtiyazlı**

münaqişə *i.* ① 논쟁, 논의, 논전 controversy, argument ○ **mübahisə, bəhs, deyişmə**; ② 분쟁, 분규, 싸움, 다툼 conflict, battle ○ **dava-dalaş, vuruşma, qovğa, didişmə, söyüşmə, küsüşmə, çəkişmə** ● **sülh**; **~yə girmək** *fe.* 갈등하다, 분규하다, 대립하다 conflict

münaqişəli *si.* ① 논쟁적인, 논쟁의 소지가 있는, 문제성의 controversial, arguable, problematic, disputable, moot, questionable ○ **mübahisəli, bəhsli, deyişməli**; ② 전투적인, 싸움 중인 fighting, combative ○ **davalı-dalaşlı, qovğalı**

münaqişəsiz *si.* ① 논란의 여지가 없는, 문제없는, 명백한, 부정할 수 없는 unquestionable, indisputable ○ **mübahisəsiz, bəhssiz**; ② 전쟁 없는, 싸우지 않는 without fighting ○ **davasız, vuruşsuz, qovğasız, söyüşsüz**

münasib *si.* 적절한, 어울리는, 적당한, 상황에 맞는, 알맞은 adequate, appropriate, convenient, suitable, reasonable (price), fit ○ **uyğun, əlverişli, məqbul, yararlı, layiq**; ~ **olmaq** *fe.* 맞다, 어울리다 suit; ~ **vaxt** *i.* 기회, 호기, 적기; opportunity, suitable time; ~ **vaxtda** *z.* 적절한 시기에, 적기에 in due time

münasibat *i.* 적절성, 어울림, 타당성, 적합성 suitability, appropriateness, fitness ○ **əlaqə, yaxınlıq, rabitə**

münasibət *i.* 관계, 태도, 경우 relation, attitude, occasion ○ **əlaqə, bağlılıq**; **~lər** *i.* 관계성; terms; **həyata ~** *i.* life 삶에 대한 태도 attitude to; **ailə ~ləri** *i.* 가족관계 family relationships; **dostluq ~ləri** *i.* 교유관계 friendly terms; **yaxşı ~də olmaq** *fe.* ~와 좋게 지내다, 사이가 좋다 be on good terms; **~i ilə** *z.* ~의 경우에 맞춰서, ~와 연관지어서 on the occasion of, in connection with; ~ **göstərmək** *fe.* 반응하다, 작용하다 react; ~ **göstərmə** *i.* 반응, 반향 reaction

münasibətli *si.* 상관된, 연루된, 연관된 relevant, related, caused ○ **əlaqəli**

M

münasibətlilik *i.* 관련성, 적절함, 타당성 relevance, connection, affiliation ○ **əlaqəlilik**
münasibətsiz *si.* 무관한, 상관없는 irrelevant ○ **əlaqəsiz**
münasibətsizlik *i.* 무관, 상관없음 irrelevance ○ **əlaqəsizlik**
münasibhal ☞ **münasib**
münasiblik *i.* ① 일치, 합치, 적합 accordance, conformity ○ **uyğunluq**, **əlverişlilik**; ② 유용성, 가치 있음 usefulness, worthiness ○ **yararlılıq**, **layiqlilik**
münbit *si.* 비옥한, 생산적인, 건설적인 fertile, productive ○ **məhsuldar**, **bərəkətli**, **yararlı**; ~ **hala gətirmək** *fe.* 비옥화시키다 fertilize; ~ **olmayan** *si.* 불모의, 척박한 barren
münbitlik *i.* 비옥, 다산, 풍부, 번식능력, 생산성 fertility, productivity ○ **məhsuldarlıq**, **bərəkətlilik**, **yararlılıq**
müncər *i.* 마침, 끝, 종료 finale, end, finish
mündəric *si.* 출간된, 출판된 published
mündəricat *i.* 목차, 내용 table of contents, contents
mündəricatlı *si.* 내용이 풍부한 rich in content (book)
mündəricə ☞ **mündəricat**
mündəricəsiz *si.* 내용이 빈약한 lacking in content (book)
münəccim *i.* 점성가, 천문학자 astrologer, astronomer
münəccimlik *i.* 천문학, 점성학 astrology
münəccimbaşi *i.* 점성가의 우두머리 chief astrologer
münəqqid *i.* 비평가, 해설가 critic, commentator ○ **tənqidçi**
münəqqidlik *i.* 비평, 해설 criticism ○ **tənqidçilik**
münəvvər *si.* ① 빛나는, 환한, 밝은 bright, luminous, shining ○ **işıqlı**, **nurlu**, **parlaq**, **rövşən**; ② 지능적인, 영리한 intelligent ○ **ziyalı**
münhəsir *si.* 충실한, 정절을 지키는 devoted, faithful (just for one)
münkir *si.* 불신의, 신뢰할 수 없는 denying God, unfaithful ○ **danan**, **dinsiz**, **kafir**
münsif *i.* 중재자, 판정자, 심판자 arbiter, arbitrator, judge, umpire; **~lər hey'əti** *i.* 배심원, 배심단 jury, board of adjudicators
münsiflik *i.* 조정, 중재, 중재 재판 judging, arbitration
münşi *i.* 저자, 작자, 작가 writer, author ○ **yazıçı**, **ədib**
müntəxəb *si.* 수집된, 선택된 collected, selected
müntəxəbat *i.* 독자, 독서, 소장품 reader, reading-book, collection
müntəzəm *si.* 정기적인, 연속되는, 규칙적인, 지속되는, 안정적인 consecutive, regular, steady ○ **həmişə**, **sistematik**, **ardıcıl**, **mütəmadi** ● **vaxtaşırı**, **hərdənbir**; ~ **maddi yardım** *i.* 정기 보조, 정규 지급 비용 allowance
müntəzəmlik *i.* 규칙성, 균정, 질서, 일정 불변 regularity, constancy ○ **sistematiklik**, **ardıcıllıq**, **mütəmadilik**
müntəzir *si.* 대기중인, 준비된 waiting for, ready ○ **hazır**
müraciət *i.* ① 호소, 탄원, 연설, 성명(聲明) appeal, address ○ **xitab**, **demə**; ② 청원, 탄원, 진정, 신청, 출원 petition, application, approach ○ **xahiş**, **iltimas**, **rica**; ~ **etmək** *fe.* 출원하다, 신청하다, 탄원하다, 참조하다 address, approach, appeal, apply, refer, resort
müraciətnamə *i.* 신청서, 청원서 application form
mürafiə *i.* (사실, 법률 문제의) 심리, 재판, 공판 (절차), 소추 (절차), 기소, 고발, 고소, 소송 trial, prosecution, lawsuit, litigation ○ **məhkəmə**
mürasilə *i.* 통신, 교신, 편지 왕래 letter writing, correspondence ○ **məktublaşma**, **xəbərləşmə**, **yazışma**
mürcüm *i.* 고드름 icicle
mürdəşir *i.* (회교 회당의) 시신을 씻는 사람 the person who washes the deceased
mürəbbə *i.* 잼 jam; **gilas ~si** *i.* 채리 잼
mürəbbəlik *si.* 잼 만들기 좋은 good for making jam
mürəbbi *i.* (남자) 훈장, 강사, 교사 educator, master, tutor (man)
mürəbbilik *i.* 훈련, 가르침 teaching profession (man)
mürəbbiyə *i.* (여자) 교사, 지도자, 강사 educator, master, tutor (woman) ○ **tərbiyəçi**
mürəbbiyəlik *i.* (여자) 가르침, 수도, 교편 teaching profession (woman) ○ **tərbiyəçilik**
mürəxxəs *si.* 허용되는, 무방한, 허가된 permis-

sible

mürəkkəb[1] *si.* 합성의, 혼성의, 복합의 compound, complex, complicated ○ **dolaşıq, çətin, qarışıq** ● **asan, sadə**; ~ **tərkibli** *si.* 합성의, 복합의 compound; **tabeli ~ cümlə** *i. qram.* 복문(複文) complex sentence; **tabesiz; ~ cümlə** *i. qram.* 중문(重文) compound sentence

mürəkkəb[2] *i.* 잉크, 얼룩; blot, ink **~qabi** *i.* 잉크병 inkpot, ink stand

mürəkkəbləşdirmək *fe.* 복잡하게 하다, 혼란하게 하다 complicate

mürəkkəbləşmə ☞ **mürəkkəbləşmək**

mürəkkəbləşmək *fe.* 복잡해지다, 곤란해지다 become complicated, become difficult ○ **çətinləşmək, dolaşmaq, ağırlaşmaq** ● **asanlaşmaq, sadələşmək**

mürəkkəblik *i.* 복잡(성), 착잡 complexity, complication ○ **çətinlik, dolaşıqlıq** ● **asanlıq, sadəlik**

mürəttib *i.* 식자공(植字工), 식자기(植字機), 조판공(組版工) compositor, typesetter, typo

mürəttiblik *i.* 조판, 식자 composition, typesetting

mürgənə *i.* 얼룩, 오점 rust, tarnish

mürgü *i.* 낮잠 nap, slumber ○ **yatma, yuxu, uyqu**

mürgülü *si.* 졸리는, 꾸벅꾸벅 조는 drowsy, somnolent ○ **yuxulu, uyqulu**

mürgüləmə ☞ **mürgüləmək**

mürgüləmək *fe.* 졸다, 깜박 잠이 들다, 선잠을 자다 doze, slumber, take a nap ○ **yatmaq, yuxlamaq**

mürğ *i.* 새, 조류 bird ○ **quş**; **~i-səhər** *i.* cock 수탉

mürğzar *i.* 목초지, 초원, 저습지 meadow, pasture ○ **çəmənlik, otluq**

mürid *i.* (종교적) 추종자, 제자, 지지자, 신봉자 adherent, disciple, follower (religious)

müridizm *i.* 이슬람의 투쟁 운동, 반동 운동 reactionary, militant movement in Islam

müridlik *i.* 제자도 discipleship

mürşid *i.* 지도자, 선도자, 지휘자, 안내자 leader, guide

mürşidlik *i.* 지도력, 안내 leadership, guidance

mürtəce *i.* 반동주의자, 퇴보주의자 reactionary, retrogressive ○ **irticaçı** ● **mütərəqqi**

mürtəcelik *i.* 반동적 기질 reactionary character ○ **irticaçılıq**

mürtəd *i.* ① 배교자, 변절자 apostate, traitor ○ **dönük, xain**; ② (이슬람에 대하여) 비신앙의, 무신적인 irreligious, atheistic (against Islam) ○ **dinsiz, ateist**

mürtədlik *i.* ① 배교, 변절, 탈당 apostacy, treachery ○ **dönüklük, xainlik**; ② 무신(론), 불신앙 atheism, unbelief ○ **dinsizlik, ateistlik**

mürtəkib *si.* 악의적인, 적의가 있는, 심술궂은, 비생산적인 malicious, unproductive

mürur *i.* (시간의) 흐름, 지나감, 경과, 추이 passage, lapse, flight (time) ○ **keçmə, ötmə**; ~ **emtək** *fe.* (시간을) 보내다, 경과하다 pass, spent

mürvət *i.* ① 자비, 관용, 인정, 아량, 관대 mercy, generocity ○ **mərhəmət, mərdlik, cömərdlik**; ② 온화함, 정의로움 gentleness, justice ○ **alicənablıq, şəfqət, insaf**

mürvətli *si.* ① 자비로운, 관대한, 고상한 merciful, generous ○ **mərhəmətli, mərd, cömərd, alicənab**; ② 옳은, 정의로운 just, righteous ○ **şəfqətli, insaflı**

mürvətlilik *i.* ① 관용, 관대, 자비 mercy, mercifulness, generosity ○ **mərhəmətlilik, mərdlik, cömərdlik, alicənablıq**; ② 정의, 옳음 justice, righteousness ○ **şəfqətlilik, insaflılıq**

mürvətsiz *si.* 무자비한, 잔인한, 혹독한 pitiless, merciless ○ **rəhmsiz, amansız, daşürəkli, qəddar**

mürvətsizlik *i.* 잔인함, 무자비함 pitilessness, mercilessness ○ **rəhmsizlik, amansızlıq, daşürəklilik, qəddarlıq**

müsabiqə *i.* 경연, 경쟁, 경주 contest, competition ○ **konkurs, yarış**; ~ **iştirakçısı** *i.* 경쟁자, 경쟁 상대 competitor, rival

müsadirə *i.* 몰수, 징발, 압류; confiscation; ~ **etmək** *fe.* 압류하다, 압수하다, 거둬들이다, 발매 금지하다 confiscate, suppress (book)

müsafir *i.* ① 여행자, 여행객 traveller ○ **səyahətçi**; ② 손님 guest ○ **qonaq, mehman**; ③ 승객 passenger ○ **sərnişin**

müsafirət *i.* 여행 traveling ○ **səyahət**

müsafirxana *i.* 여관, 호텔, 숙소 inn, hotel, tavern ○ **mehmanxana, qonaq evi**

müsahib *i.* ① 대화자, 토론자, 문답자 interlocuter, collocutor ○ **söhbətçi**; ② 친구, 동무, 동료,

M

벗 friend, companion ○ **həmsöhbət, dost, rəfiq, yoldaş**

müsahibə *i.* 대담, 면담, 면접 interview ○ **söhbət**; ~ **etmək** *fe.* 면담하다, 대담하다, 면접하다 watch; ~ **almaq** *fe.* 회견하다, 면접하다 interview

müsahibəçi *i.* 면접자, 면담자 interviewer

müsahiblik *i.* 대화에 가담, 대화 joining in conversation

müsaid *si.* 적절한, 맞는, 상당한, 상응하는 suitable, adequate ○ **uyğun, əlverişli, münasib**

müsaidə *i.* 허가, 허락, 용인 permission ○ **izin, icazə, rüsxət**; ~ **etmək** *fe.* 허락하다, 허가하다, 용인하다 allow

müsamirə *i.* 토론, 집합, 구경거리 gathering, show, debate ○ **konsert, yığıncaq, tamaşa, söhbət**

müsavat *i.* ① 동등, 평등 equality ○ **bərabərlik**; ② 1920년부터 시작된 아제르바이잔 민족 민주당 (national-democratic party in Azerbaijan which began in 1920)

müsavi *si.* 동등한, 상응하는, 알맞은 equal, adequate, competent ○ **bərabər**

müsaviləşmək *fe.* 평등하게 되다, 대등하게 되다, 균일화 하다, 동일시하다, 동화하다 equalize, equate, assimilate

müsavilik *i.* 동등성, 등가성(等價性), 균형, 상당(上堂)물(物) equality, balance, equivalence ○ **bərabərlik, tənlik**

müsbət *si.* 긍정적인, 적극적인, 알맞은, 상당한, 상응하는 positive, adequate; ~ **kəmiyyət** *i. riy.* 양의 수, 양 plus; ~ **işarəsi** *i.* 긍정적 신호 positive sign

müsbətlik *i.* 긍정적임, 적극성, 명확성 positiveness, positivity

müsəddəs *i. lit.* 6보격(步格) (의 시행) hexameter

müsəhhih ☞ **korrektor**

müsəhhihlik ☞ **korrektorluq**

müsəlla *i.* ① 나마즈를 하도록 준비된 장소 area set aside to do **namaz** ○ **namazgah**; ② (고대의) 기우제 (ancient) ritual used for appealing to God for rain

müsəlləh *si.* 무장한 armed

müsəlman I. *i.* 회교도 Moslem; II. *si.* 회교적인, 회교의 Islamic

müsəlmanlıq ☞ **müsəlmançılıq**

müsəlmançılıq *i.* 회교, 이슬람 Islam, Mohammedanism,

müsəlsəl *si.* 사슬에 감긴, 사슬에 묶인 chained

müsəmma *i.* 저자, 작자, 지은이 author, writer ○ **müəllif**

müsibət *i.* ① 재앙, 재난, 참사, 고난 calamity, evil, misfortune ○ **bəla, fəlakət, bədbəxtlik, zaval, kədər, iztirab**; ② 비극, 환란, 비운 tragedy, tribulation, funeral ○ **matəm, yas, faciə, bədbəxtlik** ● **səadət**; **~ə düçar olmaq** *fe.* 불행에 빠지다, 곤란에 처하다 get into trouble, misfortune

müsibətli *si.* 불행한, 재난적인, 비극적인 calamitous, disastrous, unfortunate ○ **bəlalı, fəlakətli, bədbəxt, kədərli, iztirablı, acınacaqlı**

müsinn *si.* 나이든, 늙은 old, aged ○ **sinli, yaşlı, qoca**

müslim ☞ **müsəlman**

müstəbid *i.* 전제군주, 폭군, 독재자, tyrant, despot, oppressor ○ **zalım, zülmkar, despot, qaniçən, əzazil** ● **zavallı**; **~cəsinə** *z.* 무자비하게, 거칠게, 가혹하게 cruelly, rigorously, harshly

müstəbidlik *i.* 전제 정치, 독재 정치, 절대 권력, 독재 지배, 폭정, 학정, 가혹 (행위) despotism, tyranny ○ **zülmkarlıq, despotluq, istibdad, qəddarlıq** ● **zavallılıq**

müstəcəb *si.* 성취된, 이뤄진, 완수된 (소망) attained, fulfilled, accomplished (hope, wish)

müstəhəq *si.* 가치 있는, 귀중한 valuable, worthy ○ **layiq, haqlı**

müstəqil *si.* ① 독립적인, 자유로운, 독자적인 independent, free, liberal ○ **sərbəst, özbaşına, öz-özünə** ● **asılı**; ② 의지가 굳은, 굳게 결심한, 결연한, 단호한 resolute, determined, decisive ○ **qətiyyətli, təşəbbüslü**; ~ **olmaq** *fe.* 독립하다, 제발로 서다 stand on one's legs; ~ **iş** *i.* 독자적인 사업 original work

müstəid *si.* 재능 있는, 능력 있는 gifted, talented, capable ○ **iste'dadlı, qabiliyyətli, fəhmli**

müstəidlik *i.* 능력, 재능, 소질, 적성 capability, aptitude, potential

müstəqillən *z.* 독립적으로, 독자적으로, 자원하여 independently, voluntarily ○ **özbaşına**

müstəqillik *i.* ① 자조, 자립 self-support ○ **sərbəstlik, özbaşınalıq**; ② 독립, 자립 independence, freedom ○ **azadlıq, istiqlaliyyət**; ③ 결연함, 확고함, 단호함 resoluteness, decisiveness ○ **qətiyyət, təşəbbüskarlıq** ● **tabeçilik**

müstəqim *si.* ① 직선적인, 거침없는 straight; ② 당장, 즉각적인, 직접적인 immediate, direct ○ **birbaş, düzünə**

müstəqimlik *i.* 곧음, 똑바름 straightness

müstəmləkə I. *i.* 식민지, 이주지 colony; II. *si.* 식민지의, 정복지의 colonial; **~yə çevirmək** *fe.* 식민지화하다, 정복하다 colonize; **~ vəziyyətimə salmaq** *fe.* 식민지화하다 colonize; **~ ölkələri** *i.* 식민지 colonies

müstəmləkəçi *i.* 이주자, 식민지 정착민 colonizer

müstəmləkəçilik *i.* 식민지주의 (정책, 상태); 식민지 기질 colonialism; **~yin ləğvi** *i.* 식민주의 철폐 abolition of colonialism

müstəmləkələşdirmə *i.* 식민화 colonization

müstəmləkələşdirmək *fe.* 식민지화하다 colonize

müstəntiq *i.* 예비 조사원, 심문자 preliminary investigator, interrogator

müstəntiqlik *i.* 심문, 조사 the work of investigator

müstəsna *si.* 예외적인, 비정상의, 각별한, 특유한, 구별되는 exceptional, particular, distinctive ○ **istisna**; **~ olmaqla** *z.* 예외적으로; except; **~ olaraq** *ms.* 예외적으로 as an exception; **~ dərəcədə** *z.* 예외적으로, 매우 높게, 고도의 exceptionally, highly, in high degree

müstəsnalıq *i.* 예외성, 배타성, 독자성, 구별성 exclusiveness, discrimination, exception ○ **istisnalıq**

müstəvi *si.* ① 평평한, 밋밋한, 수평인 flat, plane; ② *i. riy.* 직선 straight line

müsyö *i.* 선생, ~씨, ~님 monsieur, Mr. ○ **cənab, ağa**

müşahidə *i.* 주목, 주의, 주시, 관찰 notice, observation ○ **nəzər yetirmə, seyr etmə, izləmə**; **~ etmək** *fe.* 주의하다, 관찰하다, 응시하다 take notice, look on, observe, gaze, stare; **~ edən** *i.* 관찰자 observer

müşahidəçi *i.* 관찰자, 방관자, 관측자, 감시자, 날카로운 관찰자 onlooker, observer, keen-observer

müşahidəçilik *i.* 예의주시, 관찰, 감시 observation, power, keenness of observation

müşavir *i.* 조언자, 고문 counselor, councilor ○ **məsləhətçi, məşvərətçi**

müşavirə *i.* ① 상담, 토론 counselling, discussion ○ **məsləhət, müzakirə**; ② 회의, 평의회, 모임 council, conference, meeting ○ **iclas**

müşavirəbaz *i.* 회의를 좋아하는 사람 person who loves to have meetings ○ **iclasbaz**

müşavirlik *i.* 상담직, 조언직 counselling profession

müşayiət *i.* 반주, 부속, 안주 accompaniment, escort; **~ etmək** *fe.* 호위하다, 바래다주다, 지휘하다, 동반하다 escort, conduct, accompany

müşayiətçi *i.* 호위자, 호송자, 경호원 escort, convoy, guard

müşayiətedici ☞ **müşayiətçi**

müşəmbə *i.* (방수용) 유포, 납지(蠟紙), 파라핀 종이 oil-cloth, oil-skin, wax paper (for waterproof)

müşəmbələmək *fe.* 방수지로 덮다, 방수 재료로 깔다 cover with waterproof material

müşəmbəli *si.* 방수처리한 covered with waterproof material

müşərrəf *si.* 높은, 상승된, 우뚝 솟은 high, elevated, lofty ○ **şərəfli**

müşk *i.* 사향 (냄새) musk

müşkbar *si.* 사향 냄새가 나는 fragrant with musk

müşkbu *si.* 사향 냄새가 나는 musky

müşkül *si.* ① 어려운, 복잡한, 무거운 hard, difficult, heavy ○ **çətin, ağır** ● **asan**; ② 진퇴양난, 방해, 장애 dilemma, hindrance, blocking ○ **düyün, əngəl, maneə**

müşkülat *i.* 심각한 문제, 역경, 장애, 방해 serious problem, hardship, hindrance ○ **çətinlik, əngəl, məneə**

müşkülcə *z.* 어렵게, 간신히 hardly, with difficulty ○ **çətinliklə, müşküllatla**

müşkülləşmək *fe.* 복잡해지다, 어려워지다, 무거워지다 become complicated, become heavier, become difficult ○ **çətinləşmək, ağırlaşmaq, mürəkkəbləşmək**

müşküllük *i.* ① 곤경, 고난, 고생, 어려움 hardship, difficulty ○ **çətinlik, ağırlıq**; ② 방해, 장애 hindrance

müştaq *si.* 사모하는, 고대하는 longing for, year-

M

ning for; ~ **olmaq** *fe.* 사모하다, 갈구하다, long for, thirst for

müştəbeh *si.* 자만하는, 우쭐대는, 수상한, 의심이 가는 conceited, suspicious ○ **şübhəli, şəkli**

müştərək *si.* ① 공통의, 공동의, 결속한, 결합된 common, joint, combined ○ **şərikli, ortaqlı, birgə, ellik, kollektiv**; ② 공통적인, 비슷한 general, similar ○ **ümumi, bənzər, oxşar**; ~ **iş** *i.* 공동협력, 합작 collaboration

müştərəklik *i.* 연합, 합동, 공동 사업, 합판 사업 association, joint-venture ○ **şəriklilik, ortaqlılıq**

müştəri[1] *i.* ① 의뢰자, 고객 client, customer; ② 소비자, 가입자 subscriber, consumer; ③ 지원자, 응모자 applicant ○ **alıcı**

müştəri[2] *i. ast.* 목성 Jupiter

müştərigir *si.* 고객의 흥미를 끄는, 매력 있는 arousing customer's interest, attracting (goods)

müştərilik *i.* 구매력, 취득, 획득 purchasing, acquisition ○ **alıcılıq**

müştük *i.* ① 아가리, 입에 무는 것 (권투 등); mouth-piece ② 궐련 물부리 cigarette-holder

müştüklü *si.* 아가리가 있는, 마우스피스를 한 having a mouth-piece

mütabiq *si.* 동등한, 맞먹는, 적절한, 알맞은, 충분한 equal, equivalent, adequate ○ **uyan, uyğun, müvafiq**

mütabiqət ☞ **mütabiqlik**

mütabiqlik *i.* 적합성, 어울림, 동등, 등가(等價), 등량(等量), 같은 의의(意義), 균등(均等)성; (법의) 균등성 suitability, equivalence, equability ○ **uyğunluq, müvafiqlik**

mütaliə *i.* 읽기, 낭독, 낭송 reading; ~ **etmək** *fe.* 읽다, 낭독하다 read ○ **oxuma, qiraət**

mütaliəli *si.* 잘 읽히는 well-read

mütaliəçi *i.* 책벌레, 독서광 book-worm, literary glutton

mütarikə *i.* 휴전, 정전 armistice, cease-fire

mütəaqib *si.* 추격하는, 따르는 chasing, following

mütəarif *si.* ① 잘 알려진, 유명한 famous, well-known ○ **mə'lum, məşhur, tanınan**; ② 일반적인, 통상적인 ever, ordinary ○ **adi, həmişəki**

mütədavil *si.* 평소의 accustomed, common, usual ○ **işlək, adi**

mütəəssib *si.* ① 평범한, 진부한, 상투적인, 완고한, 완강한, 보수적인, 전통적인 conventional, obstinate, traditional, conservative; ② 엄한 종교적 rigidly religious

mütəəssir *si.* 감동한, 감격하게 하는, 마음이 움직인 moved, touched; ~ **etmək** *fe.* 감동시키다 move

mütəəssif *si.* 후회스러운, 유감스러운, 섭섭한, 회한(悔恨)의 regretful, remorseful

mütəfəkkir I. *i.* 사상가, 철학자, 몽상가 thinker ○ **dalğın**; II. *si.* 공상에 잠기는, 백일몽의, 몽상의 fanciful, daydreaming; **~anə** *z.* 공상에 빠져, 상상으로, 가공적으로 fancifully

mütəğəyyir *si.* 변형된, 바뀌진, 변모된 transformed, changed, transfigured

mütəhərrik *si.* 동적인, 활동적인, 생생한 mobile, lively, active ○ **oynaq, hərəkətli**

mütəhərriklik *i.* 기동성, 이동성, 변동성, 유동성, mobility, liveliness, activity ○ **oynaqlıq, hərəkətlilik**

mütəhəyyir *si.* 당황한, 혼동된, 정신이 산만한 bewildered, confused, disconcerted; **~anə** *z.* 혼란하게, 혼동되어 confusedly

mütəxəssis *i.* 전문가, 숙련가, 권위자, 대가 expert, professional, specialist

mütəxəssislik *i.* 전문성 professionalism, speciality

mütəkəbbir *si.* 교만한, 거만한, 콧대가 높은, 건방진, 모욕적인 arrogant, egotistical, haughty, contemptuous ○ **lovğa, təkəbbürlü, məğrur, dikbaş**; **~anə** *z.* 거만하게, 교만하게, 건방지게 arrogantly, haughtily

mütəkəbbirlik *i.* 교만, 거만, 거드름, 오만함, 자만 arrogance, pomposity, haughtiness, conceit ○ **lovğalıq, məğrurluq, dikbaşlıq**

mütəkkə *i.* 쿠션, 방석, 등받이 cushion

mütəqabil *si.* 전면의, 앞의, 정면의 front, before, opposite

mütəmadi *si.* 규칙적인, 상시적인, 지속적인 regular, continious, constant ○ **daimi, həmişə**

mütəmadilik *i.* 규칙성, 지속성, 불변성, 충성, 기개, 절개, 절조, 항구성 continuity, constancy, regularity ○ **daimilik, həmişəlik**

mütəmadiyən *z.* 지속적으로, 규칙적으로 constantly, regularly

mütənasib *si.* 비례하는, 균형 잡힌, 상대적인 proportional

mütənasiblik *i.* 비율, 대비, 비(比) proportion
mütəncəm *i.* 고기와 건포도 등으로 만든 요리 a kind of side dish cooked with meat, raisins
mütərcim *i.* 통역자, 번역자 translator, interpreter ○ **tərcüməçi**
mütərcimlik *i.* 통역, 번역 the work of interpreter, translator ○ **tərcüməçilik**
mütərəddid *si.* 우유부단한, 망설이는, 갈팡질팡한 irresolute, indecisive, undecided ○ **dönük, tərəddüd, hərdəmxəyal, dəmdəməki, dəyişkən, qərarsız**
mütərəddidlik *i.* 우유부단, 망설임, 지체, 지연, 꾸물댐, 머뭇거림 indecision, hesitation, procrastination ○ **dönüklük, tərəddüdlük, dəmdəməkilik, dəyişkənlik, qərarsızlıq**
mütərəqqi *si.* 진보적인, 진행중인, 진취적인 progressive ○ **qabaqcıl** ● **mühafizəkar**
mütərəqqilik *i.* 진보주의, 혁신론, 진보성 progressiveness, progressivism ○ **qabaqcıllıq**
mütəşəkkil *si.* 조직된, 준비된, 예비된; organized; ~ **surətdə** *z.* 준비된 대로, 예정에 따라, 계획된 대로 in an organized fashion/manner, on a planned basis
mütəşəkkilləşdirmək *fe.* 조직하다, 준비하다, organize, prepare
mütəşəkkillik *i.* 좋은 조직, 잘 준비됨 good organization
mütəvəcceh *si.* 보살핌, 봉사; serving, looking after; ~ **olmaq** *fe.* 섬기다, 대기하다, 시중들다, 보살피다 serve, wait on, concern
müti *si.* ① 순종적인, 충실한 obedient ○ **itaətkar**; ② 유순한, 얌전한 quiet, meek ○ **dinc, sakit**; ~**cəsinə** *z.* 얌전하게, 유순하게 obediently
mütiləşmək *fe.* 순종적이 되다, 얌전하다, 복종적이 되다 become obedient, become subordinate ○ **itaətləşmək**
mütilik *i.* 복종적임, 순종적임 submissiveness, obedience ○ **itaətkarlıq, dinclik, sakitlik**
mütləq I. *si.* 절대적인, 완전한, 철저한, 궁극적인, 본질적인, 확고한 absolute ○ **labüd, şübhəsiz, hökmən, şərtsiz, şəksiz, sözsüz, danışıqsız, qəti** ● **nisbi, təqribi**; II. *z.* 확실히, 확고하게, 절대적으로 absolutely, for certain
mütləqa *z.* ① 확실하게, 분명히, 틀림없이, 무론하고 certainly, absolutely, of course ○ **hökmən, mütləq, əlbəttə**; ② 원래대로, 확실히 by no means, originally ○ **qətiyyən, əsla**
mütləqiyyət *i.* 독재 정치, 전제 정치, 독재권, 군주정치 autocracy, monarchy; ~ **tərəfdarı** *i.* 군주제주의자 monarchist
mütləqiyyətçi *i.* 군주제주의자 monarchist
mütləqiyyətpərəst *i.* 군주제주의자 monarchist
mütrüb *i.* ① 무희, 춤꾼, 줄타기 곡예사 dancer, rope-dancer; ② 성급한 사람, 경솔한 사람 rash man
mütrüblük *i.* 경박, 경솔, 천박함 frivolity, rashness ○ **yüngüllük, oyunbazlıq**
müttəfiq I. *i.* 동맹, 연합, 제휴 ally ○ **ittifaq, birlik**; II. *si.* 동맹한, 결연한, 연맹한 allied, unanimous ○ **həmfikir, həmrə'y, əlbir, yekdil** ● **rəqib**
müttəfiqən *z.* 동일하게, 연합하여, 한 소리로 unanimously, in accord, co-operatively ○ **birlikdə, yekdilliklə, həmrə'yliklə**
müttəfiqlik *i.* 연합, 연맹, 동맹 alliance, confederation ○ **birlik, həmrə'ylik**
müttəhim *i.* 범인, 범죄 용의자, 피고인, 피의자 culprit, the accused, the defendant ○ **günahkar, müqəssir**; ~ **kürsüsü** *i.* 피고인석 (재판정의) dock
müttəhimlik *i.* 고발, 고소, 기소, 소추, 공소 accusation, prosecution, indictment ○ **müqəssirlik, günahkarlıq, suçluluq**
müttəsil *si.* ① 지속적인, 영원한, 상시적인 constant, permanent, eternal, continuous; ② *z.* 항상, 영원히 always, ever ○ **daimi, həmişə, durmadan, fasiləsiz, aramsız, dalbadal**
müttəsillik *i.* 지속성, 일관성, 연속성, 상시성 constance, continuity ○ **daimilik, həmişəlik, fasiləsizlik, aramsızlıq**
müvafiq *si.* ① 마음에 맞는, 같은 성질의, 상응하는, 적합한 congenial, corresponding, suitable, respective ○ **uyğun, münasib, ahəngdar**; ② 상업적인, 이익을 내는 commercial, profitable ○ **yararlı, əlverişli**; ③ 일치하는, 동의하는, 협력적인 agreeable, amiable, cooperative ○ **razı, həmrə'y, həmfikir**; **bir şeyə** ~ *z.* 협력하여, 협조적으로 in accordance with; ~ **olaraq** *ms.* 상응하여, ~ 따라 according to, in accordance with; ~ **olmaq** *fe.* 상응하다, 부합하다, 일치하다 correspond

müvafiqət *i.* ① 일치, 합치, 화합, 상응 accordance, relevance ○ **uyğunluq, münasiblik**; ② 동의, 일치 agreement, conformity ○ **uzlaşma, razılaşma, həmrə'ylik**

müvafiqlik *i.* 적합성, 상응성, 적절성 suitability, appropriateness, adequacy ○ **uyğunluq, münasiblik, ahəngdarlıq**

müvazi *si.* 평행인, 상당한 parallel ○ **paralel**

müvazilik *i.* 평행관계, 유사성, 일치성; parallelism

müvazinə(t) *i. fiz.* ① 평형, 평정, 침착, 균형 equilibrium, balance ○ **tarazlıq, bərabərlik**; ② 침착, 냉정, 평정, 차분함 equanimity, serenity ○ **sükunət, sakitlik, aram**; ~ **saxlamaq** *fe.* 균형을 유지하다, 평정을 유지하다, 차분하다 balance, keep one's balance; ~**ini itirmək** *fe.* 균형을 잃다, 평정심을 잃다 lose one's balance; ~**i düzəltmək** *fe.* 균형을 맞추다 balance

müvazinətləşmək *fe.* 평정을 유지하다, 균형을 지키다 keep balanced, become equal ○ **tarazlaşmaq, bərabərləşmək**

müvazinətli *si.* 균형 잡힌, 평정을 유지하는 balanced ○ **tarazlı**

müvazinətlik *i.* ① 균형을 이룸 balance ○ **tarazlılıq**; ② 평정, 평온 even temper

müvazinətsiz *si.* 균형을 잃은, 동등하지 않는 unbalanced, unequal

müvazinətsizlik *i.* 불안정, 불균형 imbalance, inequality

müvəffəq *si.* 성공적인, 번창하는 successful, prosperous ○ **uğur, nailiyyət**; ~ **olmamaq** *fe.* 실패하다 fail; ~ **olmaq** *fe.* 성공적이 되다, 번영하다 succeed

müvəffəqiyyət *i.* 성공, 성취, 번영, 영예 laurel, luck, stroke of luck, success ○ **uğur, nailiyyət, qalibiyyət**; ~ **əldə etmək** *fe.* 성공하다, 성취하다, 번영을 이루다 achieve success; ~**ə nail olmaq** *fe.* 성공에 이르다 score a success ; ~ **arzu etmək** *fe.* 성공을 빌다 wish *smb.* to success; ~**lə** *z.* 성공적으로 successfully

müvəffəqiyyətli *si.* 성공적인, 재수 좋은 lucky, successful

müvəffəqiyyətlilik *i.* 성공적임, 재수 좋음, 행운, 다행 successfulness, luckiness

müvəffəqiyyətsiz *si.* 성공하지 못하는, 재수없는 unsuccessful, unavailing ○ **uğursuz**

müvəffəqiyyətsizlik *i.* failure, lack of success ○ **uğursuzluq** ● **uğurluluq**

müvəkkil *i.* 대리인, 중개인 agent, solicitor

müvəkkillik *i.* 대리점, 매개, 중개, 주선 agency

müvəqqəti *si.* 일시적인, 임시적인 temporary, transitory ○ **keçici, ötücü**; ~ **olaraq** *ms.* 일시적으로 temporarily; ~ **barışıq/sülh** *i.* 휴전, 정전 armistice; ~ **vəzifə ifa edən** *si.* 대리하는, 임시의 acting; ~ **hökumət** *i.* 예비 정부 provisional government

müvəqqətilik *i.* 덧없음, 일시적임 transcience, impermanence ○ **keçicilik, ötücülük, hələlik**

müvərrix *i* 역사가 historian ○ **tarixçi**

müyəssər *si.* 성취 가능한 reachable, accessible, achievable, attainable

müzakirə *i.* 의논, 토의, 토론 dispute, argument, debate, discussion ○ **mübahisə**; ~ **etmək** *fe.* 토론하다, 의논하다, 상의하다 discuss, debate, confer, consider; ~**nin mövzusu** *i.* 회의 안건, 토의사항 point of issue; ~**yə vermək** *fe.* 의견을 상정하다, 토론에 부치다 introduce

müzakirəlik ☞ **mübahisəlik**

müzare *i. qram.* 단순 미래 시제 simple future tense

müzayiqə *i.* 자제, 냉담 reserve, self-restraint, reticence ○ **əsirgəməmə, qıymama**

müzəffər I. *si.* 승리의, 우승의, 우월한 triumphant, victorious, superior; II. *i.* 승자, 승리자 victor ○ **qalib, basılmaz, yenilməz**

müzəffəriyyət *i.* 승리, 우승, 개선, 승전 victory, triumph ○ **qalibiyyət, basılmazlıq, yenilməzlik**

müzəffəriyyətli *si.* 승리의, 승리를 거둔, 성공한, 의기양양한 victorious, triumphant, victor

müzəkkər *i. qram.* 아랍어 문법에서 남성 (masculine) male gender in Arabic

müzəyyən *si.* 장식된, 꾸며진, 잘 차려진, 수식된 decorated, adorned, ornamented, embellished ○ **zinətli, bəzəkli**

müzlim *si.* ① 어두운 dark ○ **qaranlıq, zülmətli**; ② 불분명한, 의심스러운 uncertain, suspicious ○ **məchul, şübhəli**

müzmin *si.* 상습적인, 만성인, 고질적인 chronic

müztərib *si.* 억압적인, 고생스러운, 곤궁에 처한, 괴로운 oppressed, suffering, distressed, anguished ○ **narahat, təşvişli, iztirablı**

müzürr *si.* 해로운, 치명적인, 유해한 harmful, noxious, pernicious, fatal ○ **qəlbiqara**, **mərdiməzar**, **fəsad**, **zərərli**

müzürlük *i.* 해로움 perniciousness, harmfulness, noxiousness ○ **mərdiməzarlıq**, **fəsadçılıq**, **zərərlilik**

N·n

na~ (부정어나 반의어를 만드는 접두사) (negative prefix)

naaband *si.* 성공하지 못한, 실패한, 불운한 unsuccessful

nabaliğ *si.* 연소한, 나이가 어린 under age, minor

nabat *i.* 사탕 sugar candy, fruit-drop

nabəca *si.* 관련없는, 무관한, 문제가 되지 않는, 부적절한 irrelevant, unsuitable ○ **yersiz, münasibətsiz**

nabəkar *si.* ① 빈, 헛된 empty, vain ○**boş**; ② 천박한, 비천한, 무익한, idle, uncreative, mean ○**mərdimazar, yaramaz, alçaq**

nabələd *si.* ① 날것의, 원료 그대로의, 익지 않은, 경험 없는, 신참내기의 raw, inexperienced ○ **xam, naşı**; ② 익숙지 않은, 낯선, 이상한 unfamiliar, unconversant with ○**yad, özgə**

nabələdlik *i.* 미숙함, 낯섦, 생면부지 (生面不知) non-acquaintance, ignorance ○ **xamlıq, naşılıq**

nacaq *i.* 도끼 (날이 넓고 손잡이가 짧은) axe (long edge, short handle)

nacins *i.* 비천한 사람, 태생이 천한 인간 ignoble man ○ **nanəcib**

nacinslik *i.* 비천함, 낮음, 천함, 비열함, 인색함, 치사함, 충상, 비방 meanness, defaming ○ **nanəciblik**

naçaq ☞ **nasaz**

naçaqlanmaq *fe.* 앓다, 병들다 become sick

naçaqlıq ☞ **nasazlıq**

naçalnik *i.* 기관장, 부서장, 서장 (일정 지역 관할 경찰 책임자) head of an office, manager of a department

naçar *si.* 구제불능의, 강박관념에 지배된 (인간) remediless, compulsive (man); helpless, ○ **çarəsiz, əlacsız**

naçarlıq *i.* 구제 불능, 강박관념 helplessness, remedilessness ○ **çarəsizlik, əlacsızlıq**

nadan *si.* ① 무지한, 무식한, 배우지 못한, 버릇없는, 재치 없는 ignorant, uneducated, unmannerly, tactless ○ **avam, cahil, biliksiz**; ② 거친, 투박한 unrecognized, uninformed ○ **qaba, kobud, ədəbsiz, tərbiyəsiz, düşüncəsiz**

nadanlıq *i.* ① 무지함, 무식함, 배우지 못함, ignorance, unawareness ○**avamlıq, cahillik, cəhalət**; *i.* ② 예의 없음, 버릇없음, 거침, 조악함 rudeness, tactlessness ○ **kobudluq, ədəbsizlik, qabalıq** ● **mədənilik**

nadel *i.* 볼셰비키 혁명 이전에 농부들에게 할애 었던 땅 land given to a farmer before the Bolshevik revolution ○ **kəsik**

nadinc *si.* 심술궂은, 말썽부리(말썽 부리)는, 장난이 심한 naughty, mischievous, playful, frolicsome ○ **dəcəl, şuluq, ərköyün** ● **sakit**

nadinclik *i.* 장난, 말썽 mischief, naughtiness ○ **dəcəllik, şuluqluq, ərköyünlük**

nadir *si.* 드문, 희귀한, 좀처럼 없는, 진기한, 희한한 unusual, uncommon, scarce, rare ○ **tək-tük, seyrək, az** ● **kütləvi**; **~ hallarda** *z.* 좀처럼, 아주 드물게 rarely, seldom; **~ muzey nümunəsi** *i.* 박물관 진열품, 걸작품 museum piece; **~ şey** *i.* 독특한 것, 유일한 것 unique

nadirlik *i.* 진귀한 것, 진품, 희귀한 일 rarity, scarcity ○ **tək-tüklük, seyrəklik**

nadirülvücüd *si.* 예외적인, 비정상의, 각별한, 이례적인, 드문 exceptional ○ **müstəsna**

nadürüst *si.* 교활한, 간교한, 간사한 sly, arch, cunning ○ **dələduz, hiyləgər, kələkbaz, bic, fəndgir** ● **mərd**

nadürüstləşmək *fe.* 교활하다, 간교하다 be-

come sly/arch/cunning
nadürüstlük *i.* 간교함, 교활함, 간사함 slyness, archness, wickedness ○ **dələduzluq, hiyləgərlik, biclik, fəndgirlik, məkr** ● **mərdlik**
naehmal ☞ **ehmalsız**
naəhl *si.* 부적절한, 무용한, 가치 없는, 어울리지 않는, 버릇없는 unmannered, inadequate, unworthy, useless ○ **ləyaqətsiz, yaramaz, tərbiyəsiz, qanmaz**
naəhllik *i.* 부적절성, 부조리, 어리석음, 도움이 되지 않음 worthlessness, ineptitude, inadequacy ○ **ləyaqətsizlik, yaramazlıq, rəzillik, alçaqlıq, nanəciblik**
naəlac *si.* 절망적인, 희망이 없는, 필사적인, 모든 것을 건 hopeless, desperate ○ **çarəsiz, əlacsız**
naəlaclıq *i.* 절망적인 상황, 필사적인 상황 hopeless/desperate situation ○ **çarəsizlik**
naəlaclıqdan *ms.* 불행히도, 안타깝게도 unfortunately
naftalin *i. kim.* 나프탈렌 naphthalene
naftalinləmək *fe.* 나프탈렌으로 보관하다 preserve with naphthalene
naftol *i. kim.* 나프톨 (염료·향료의 원료; 방부제로도 씀) naphthol
nagah *si.* 갑작스러운, 예기치 않은, 불시의, 뜻밖의, 돌발적인, 돌연한 unexpected, sudden, abrupt ○ **qəfildən, birdən, gözlənilmədən, xəbərsiz**
nagahani *si.* 갑작스러운, 예기치 않은 unexpected, sudden ○ **birdən-birə, qəflətən, gözlənilmədən**
nagahanillik *i.* 갑작스러움, 불시성 suddenness
nagahdan ☞ **nagahandan**
nagahandan *z.* 어쩌다가, 우연히, 뜻밖에 accidentally, occasionally, by chance ○ **qəfildən, bilmədən, təsadüfən, birdən**
nagüvara *si.* 불공평한, 억지로, 어렵게 unjust, difficult, forceful ○ **qeyri-düzgün, zor, ağır, çətin**
nagüman *si.* 불분명한, 믿을 수 없는 uncertain, untrustworthy ○ **ümidsiz, inanmayan**
nağara *i.* 북 (작은 원추형 통 모양) drum
nağaraçalan ☞ **nağaraçı**
nağaraçı *i.* 북 치는 사람 drummer
nağd *si.* ① 현금의, 현찰의 on hand money, cash ○**nisyə**; ② 확실한, 불가피한 certain, sure, inevitable ○ **yəqin**; ~ **pul** *i.* 현금, 현찰 cash, ready money; ~ **ödəmək** *i.* 현금으로 지불하다 cash payment
nağıl *i.* 이야기, 동화 fairy-tale, tale, story, fairy tale ○**mütləq, sözsüz, şəksiz**; ~ **danışan** *i.* 이야기꾼 story teller; ~ **etmək** *fe.* 이야기하다, 서술하다 narrate; **xalq ~ı** *i.* 민속 동화, 민담 folk tale; **sehrli ~** *i.* 동화 fairy tale; ***Nağıl danışma!*** *거짓말 하지 마!, 이야기 지어내지 마! Don't tell stories!*
nağılbası *i.* 이야기의 서론 introduction of a story
nağılbaz *i.* 이야기 좋아하는 사람 story-lover
nağılçı *i.* ① 이야기꾼 storyteller, narrator; ② 수다쟁이, 거짓말쟁이 chatterbox ○ **uydurmaçı**
nağılçılıq *i.* 잡담, 허튼소리 babbling, chitchat, jabber ○ **uzunçuluq, sözçülük**
nağıldeyən *i.* 이야기꾼 story-teller, tale-teller
nağıletmə *i.* 이야기, 담화 narrative
nağıl-mağıl *i.* 잡다한 이야기 tale, story
nağılvarı *si.* 이야기 같은, 거짓말의 story-like
nagüvara *si.* 억지의, 불공평한, 어려운 forceful, unjust, difficult
nagüman *si.* 믿기 어려운, 소망 없는 unbelieving, hopeless
nahamar *si.* 거친, 울퉁불퉁한, 고르지 않는 rough ○ **düz**
nahaq *si.* ① 옳지 않는, 경우에 맞지 않은 unjust, unfair ○ **haqsız, ədalətsiz**; ② 헛된, 허망한 vain ○ **əbəs, hədər, faydasız, nəticəsiz**; ③ 불필요한, 근거 없는 unnecessary ○ **əsassız, lüzumsuz**; ~ **yerə** *z.* 쓸데없이, 헛되이 for nothing, in vain; **~ca/~dan** *z.* 나쁘게, 사악하게, 부당하게 wrongfully, unjustly; ***Onu nahaqdan təqsirləndirirlər.*** *그는 잘못 고발되었다. He was wrongly accused.*
nahaqlıq *i.* ① 불의, 교활, 부정, 부당 injustice, wickedness ○ **haqsızlıq, ədalətsizlik**; ② 부적절함, 무모함, 무용성 unsuitability, uselessness ○**əbəslik, hədərlik, faydasızlıq**
nahamar *si.* ① 고르지 않는, 부드럽지 않는, 평평하지 않는 uneven, not smooth ○**əyri-üyrü, kələ-kötür**; ② (말이) 매끄럽지 못한, 어눌한 influent, uneloquent ○**nöqsanlı, qüsurlu (dilüslub)**; ③ 악한, 사악한, 악의적인 evil, malicious

N

nahamarlıq *i.* ① 울퉁불퉁함, 고르지 못함 uneveness ○ **əyri-üyrülük, kələ-kötürlük, yöndəmsizlik**; ② 거침, 고약함 roughness, nastiness ○ **kobudluq, qabalıq, yekəpərlik**; ③ 결함 있음, 부족함, 불완전함, 결손 defectiveness, deficiency ○ **nöqsanlılıq, qüsurluluq**
nahamvar ☞ **nahamar**
nahar *i.* 점심 (식사) lunch, dinner; ~ **etmək** *fe.* 점심을 먹다 dine, have dinner; ~**ın bir hissəsi** *i.* 정식의 일부 course (of meal)
naharlıq *si.* 점심과 상관된 having to do with lunch
naharpaylayan *i.* 종업원, 배식자 waiter, waitress
naharsız *si.* 점심을 굶은 hungry, skipped lunch
nahiyə *i.* ① 지역, 구역 region, district; ② 신체기관의 위치 position of organs in the body
naxa ☞ **naqqa**
naxələf *si.* 불효의, 조상에 대해 불손한, 의무를 다하지 않는 undutiful, unworthy of one's ancestors
naxələflik *i.* 부모에 대한 불손한 행동, 불효 unfilial behaviour, dishonour towards parents ○ **naşükürlük, nankorluq**
naxır *i.* 불을 뜯는 소떼 herd of grazing cattle
naxırçı *i.* 목동 herdsman
naxırçılıq *i.* 목축업 cattle herding
naxış *i.* 문양, 무늬, 도안, 무늬 있는 장식, 자수문양 design, ornament, garnish, pattern, embroidery ○ **bəzək**; ~ **salmaq** *fe.* 자수로 문양을 놓다 embroider; ~ **açmaq** *fe.* 문양을 새기다 engrave
naxışaçan ☞ **naxışçı**
naxışçı *i.* 문양을 만드는 사람 engraver
naxışlamaq *fe.* 문양을 만들다, 장식하다, 꾸미다 pattern, carve, decorate ○ **bəzəmək**
naxışlı *si.* 의장이 있는, 문양을 장식한 figured, patterned
naxışsız *si.* 문양이 없는 without design
naxoş *si.* 건강하지 못한, 아픈, 병든, 건강이 좋지 않은 ill, sick, unhealthy ○ **xəstə, azarlı, kefsiz**; ~ **olmaq** *fe.* 아프다, 병들다 be ill, be ailing
naxoşlama *i.* 병듦, 아픔 falling ill ○ **xəstələnmə, azarlama, kefsizləmə**
naxoşlamaq *fe.* 병들다, 아프다, 건강을 잃다 fall ill, be taken ill ○ **xəstələnmək, azarlamaq, kefsizləmək**
naxoşlatmaq *fe.* 병들게 하다, 아프게 하다 cause disease
naxoşluq *i.* 병듦, 아픔 illness, disease ○ **xəstəlik, azarlılıq, kefsizlik**
naxunək *i.* 공갈, 협박, 강탈 blackmail, extortion
naxunəkçi *i.* 공갈자, 갈취자, 협박자 blackmailer, extortioner
naxunəkçilik *i.* 공갈, 협박, 갈취 blackmailing
naib *i.* ① (법정) 변호사, 법률가 barrister, solicitor ○ **vəkil, canişin**; ② 조수, 보좌관, 보조인 assistant, counsel ○**köməkçi, əlaltı**; ③ 추장, 촌장 village chief
naiblik *i.* 변호 업무, 촌장 업무 work of **naib**
nail: ~ **olmaq** *fe.* 성취하다, 이루다, 얻다 achieve, attain, labour, obtain, gain ○ **əldə etmək, çatmaq, yetmək**
nailiyyət *i.* 업적, 성취, 달성, 획득, 도달 achievement, attainment, record, breakthrough, gain ○ **müvəffəqiyyət**
nainsaf *si.* 잔인한, 혹독한, 무자비한, 비인간적인 merciless, cruel ○ **vicdansız, rəhmsiz, amansız, qəddar, zalım, daşürəkli** ● **rəhmli**
nainsaflıq *i.* 무자비함, 잔인함 mercilessness, cruelty ○**vicdansızlıq, rəhmsizlik, amansızlıq, qəddarlıq, zalımlıq, daşürəklilik**
nakam *si.* 불만족한, 성취하지 못한 unsatisfied, unfulfilled ○ **kamsız**
nakamlıq *i.* 불만족, 불평 dissatisfaction ○ **kamsızlıq**
nakəs *si.* 상스러운, 비열한, 천한, 부당한, 무용한, 부적절한 base, unfair, useless, unsuitable ○ **şərəfsiz, yaramaz, alçaq, rəzil**
nakəslik *i.* 위신 추락, 부당, 무용, 부적절 abasement, unfairness, uselessness, unsuitability ○ **yaramazlıq, alçaqlıq, rəzillik**
nakişi *si.* 농부다운, 촌스러운, 버릇없는, 야비한, 투박한, 불충한 boorish, vulgar, traitorous ○ **namərd, xain**
nakişilik *i.* 촌스럼(러움), 천함, 버릇없음, 상스러움, 배신행위, 불충함 boorishness, vulgarity, treachery ○ **namərdlik, xainlik**
naqabil *si.* ① 가치 없는, 적합하지 않는, 신용할 수 없는 unworthy, unsuitable ○ **imkansız,**

mahal; ② 불가능한 impossible; 무능력한 incapable ○ **qeyri-qabil**

naqafil *si.* 기대하지 않는, 갑작스러운 unexpected, sudden ○ **qəfildən, birdən, nagahan**

naqan *i.* 권총, 리벌버(리볼버) gun, revolver

naqil *i. fiz. i.* (전기) 전도체 conductor (electricity) ; ② 전달자, 운반자 carrier, transporter, conveyor ○ **keçirici**

naqillik *i.* (열, 전기, 음 등) 전도성, (생리 작용) 자극 전도 conductibility

naqis *si.* 결점이 있는, 부족한, 불완전한 defective, deficient ○ **qüsurlu, nöqsanlı, eybli, anormal, yarımçıq** ● **kamil**

naqislik *i.* 부족, 결핍, 결점 defectiveness, deficiency, shortage, scarcity ○ **qüsurluluq, nöqsanlılıq, eyblilik, anormallıq**

naqqa(balığı) *i. zoo.* 큰메기의 일종(유럽산) sheatfish

naqqal *si.* 말이 많은, 수다스러운, 이야기를 좋아하는 talkative, garrulous, chatty, loquacious ○ **boşboğaz, çərənçi, ağzıboş, çənəsiboş**

naqqallıq *i.* 허튼 소리, 잡담, 쓸데 없는 소리 idle talk, twaddle ○ **boşboğazlıq, çərənçilik, ağzıboşluq**

naqolay *si.* 서투른, 미숙한 awkward, uncomfortable

naqus *i.* 교회당 종 church bell

nal *i.* 말굽, 신 shoe, horseshoe; **~qıran** *i.* 자갈길, 모래길 sandy, gravelled area; **~lama** ☞ **nallamaq**; **~lamaq** *fe.* 말굽을 박다, 편자를 붙이다 shoe; **~lanmaq** *fe.* 말굽을 하다 be shoed; **~lı** *si.* 편자를 박은 shoed; **~sız** *si.* 편자를 박지 않은 Horseshoeless; **~şəkilli** ☞ **nalvar**; **~tökən** ☞ nalqıran; ***Həm nala həm mıxa vurmaq.*** *양편을 만족시키려 하다. Try to please both parties.*

nalan *si.* 슬픔, 비탄, 애도; mourning, lamenting **~ olmaq** *fe.* 슬퍼하다, 비탄하다, 애도하다 mourn, lament

nalayiq *si.* 고약한, 비열한, 부당한, 부적절한, 수치스러운 nasty, indecent, improper, disgraceful, unworthy, unsuitable ○ **ləyaqətsiz, ədəbsiz, yaramaz**; **~ hərəkət** *i.* 위반, 범죄, 죄 transgression

nalayiqlik *i.* 음란함, 음란, 외설, 부적절 obscenity, indecency ○ **ləyaqətsizlik, ədəbsizlik, yaramazlıq**

nalbənd *i.* 대장장이, 편자 만드는 사람 blacksmith, smith

nalbəndlik *i.* 편자공, 대장장이 일, 제철술 horseshoeing, farriery

nalça *i.* 작은 편자 small horseshoe

nalə *i.* 신음, 끙끙거리는 소리; wail, groan, moan **~ çəkmək** *fe.* 신음하다, 끙끙거리다 wail, moan, groan

nalvarı *si.* 편자 모양의, 반달 모양의 horseshoe-shaped, semicircled

nam *i.* 이름 name ○ **ad**

namaz *i.* 회교도의 일상 기도 ritual worship, daily prayer of a Muslim; **~ qılmaq** *fe.* 이슬람의 일상 기도를 행하다 perform the ritual prayers of Islam

namazgah *i.* 이슬람 교도의 일상 기도를 위해 마련된 장소 place set aside for performing the namaz

namdar *si.* 주목할 만한, 현저한, 빼어난 remarkable, famous ○ **adlı-sanlı, məşhur, şöhrətli, tanınmış**

namehriban *si.* 불친절한, 거친 unkind, harsh

nameyi-ə'mal *i. din.* 일생의 행위를 기록한 것으로 여겨지는 책 book of life (in which everyone's deeds, good and evil, are written)

namə *i.* 서한, 편지, 서류 letter, document ○ **məktub, kağız; qanun ~** *i.* 법전; code of laws **nizam~** *i.* 정관, 규율 regulations, chartet; **də'vət~** *i.* 초청장, 초대장, 청첩장 invitation (card)

naməhrəm Ê *i.* 이슬람에서 남자를 볼 권리가 없는 여자 a woman who has no right to look at a man in Islam; Ë *si.* ① 무관한, 친밀하지 않은 irrelevant, not intimate; ② 낯선, 생소한, 이질적인 strange, foreign

naməqbul *si.* 받아들일 수 없는, 용납되지 못하는, 허용할 수 없는 unacceptable, inadmissible

naməlum *si.* 낯선, 알려지지 않은 unfamiliar, unknown ○ **gizli, sirli, müəmmalı, məchul**

naməlumluq *i.* ① 생소함, 미숙함 unfamiliarity ○ **məchulluq**; ② 불확실성, 망설임, 애매함 uncertainty, obscurity ○ **qeyri-müəyyənlik**

namərbut *si.* 합당치 않는, 적절치 않는, 부적합한 unworthy, unsuitable ○ **nalayiq, namünasib**

namərd *si.* 야비한, 잔인한, 비겁한, 역겨운, 천한

(인간) unmanly, cruel, vile, despicable (person) ○ **rəzil, alçaq, əclaf, xain, iblis, qəddar**; **~ə möhtac olmaq** *fe.* 멸시하던 자에게 도움을 요청하게 되다 be obliged to ask help from one despised; **~ə möhtac olmamaq** *fe.* 아무에게도 빚지지 않다; be under obligation to no one; **~cəsinə** *si.* 비열하게, 야비하게, 저속하게 cowardly, unmanly, contemptibly

namərdlik *i.* 잔인함, 비겁함, 야비함, 극악함 cruelty, cowardice, villainy ○ **rəzillik, alçaqlıq, əclaflıq, xainlik, iblislik, qəddarlıq**

naminə *qo.* ~의 이름으로, ~를 위하여; in the name of, for the love of; **bütün dünyada sülh ~** *z.* 전 세계의 평화를 위하여 in the name of the world peace

namizəd *i.* ① 후보자, 지원자 applicant, candidate; ② 종사자 engaged (man); **elmlər ~i** *i.* 후보 과학자, 과학 꿈나무 candidate of scientist

namizədlik *i.* 입후보, 입후보 자격; candidature; **~yi irəli sürmək** *fe.* 후보자로 지명되다 nominate; **~yin irəli sürülməsi** *i.* 후보자 지명, 추천 nomination

namlu *i.* (총, 대포, 미사일 등) 총신, 포신 barrel (for rifle, cannon, artillery *etc.*) ○ **lülə**

nam-nişan *i.* 출생, 가문, 혈통 birth and parentage ○ **ad, yer-yurd, əsil-nəcəb**

namöhkəm *si.* 약한, 연약한, 빈약한 weak, short-lived ○ **davamsız**

namurad *si.* 불행한, 불운한, 비참한 unfortunate, disastrous ○ **uğursuz, bəxtsiz, talesiz**

namus *i.* 명예, 평판, 영예 honour, good name, reputation ○ **qeyrət, ismət, bəkarət, heysiyyət, həya, abır, ar, izzət, şərəf, mənlik**; **~una toxunmaq** *fe.* 명예를 실추하다, 자존심을 상하다 dishonour, affect one's honour, hurt one's pride

namuslu *si.* ① 정직한, 당당한, 명예로운, 양심적인 honest, upright, honourable, upright, conscientious ○ **ismətli, bəkarətli, həyalı, abırlı, arlı, vicdanlı, qeyrətli** ● **həyasız**; ② 신실한, 성실한, 순결한 faithful, pure

namusluluq *i.* ① 정직함, 당당함, 올바름, 명예로움 honesty ○ **ismətlilik, qeyrətlilik, bəkarətlilik, heysiyyətlilik, həyalılıq, abırlılıq**; ② 영광, 존귀함, 성실함, 순결함 honour ○ **təmizlik, düzlük, doğruluq, sədaqət, səmimiyyət**

namussuz *si.* 왜곡된, 부정직한, 불명예의, 수치의 crooked, dishonest, infamous, dishonourable ○ **həyasız, abırsız, arsız, şərəfsiz**

namussuzluq *i.* 불명예, 수치, 경멸, 모욕, 무례 dishonour, disgrace, indignity ○ **həyasızlıq, abırsızlıq, arsızlıq, rüsvayçılıq**

namüəyyən *si.* 명확하지 않는, 막연한, 애매한 indefinite

namümkün *si.* 불가능한, 믿기 어려운 impossible ○ **qeyri-mükün**

namünasib *si.* 부적절한, 부당한, 무관한 unsuitable, inappropriate, irrelevant ○ **yersiz, uyğunsuz**

namünasiblik *i.* 부적절함, 부당함, 어울리지 않음 unsuitability, inappropriateness ○ **yersizlik, uyğunsuzluq**

namürüvvət *si.* 무자비한, 잔인한, 난폭한 merciless, pitiless, ruthless ○ **mərhəmətsiz, mürüvvətsiz**

namütənahi *si.* 끝없는, 영원한, 계속되는 endless, unfinishing ○ **intəhasız, nəhayətsiz, sonsuz, bitməyən**

namxuda *nid.* 액운아 물러가라! Be protected! ○ **maşallah, gözə gəlməsin, göz dəyməsin**

nan *i.* 빵, 식빵 bread ○ **çörək**

nanə *i. bot.* 박하; (향료로 쓰는) 박하의 잎, 민트 mint, pepper mint

nanəcib *si.* 비열한, 야비한, 비신사적인, 명예스럽지 못한 ignoble, base, ungentlemanly, dishonourable ○ **alçaq, rəzil, əclaf, ləyaqətsiz, pozğun, tərbiyəsiz, şərəfsiz** ● **ləyaqətli**

nanəciblik *i.* 비열함, 야비함, 저속함, 부적절함, 불명예 meanness, dishonour, unworthiness, ill-breeding ○ **alçaqlıq, rəzillik, əclaflıq, ləyaqətsizlik, pozğunluq, tərbiyəsizlik, şərəfsizlik** ● **nəciblik**

nanıx *si.* 정신이 멍한, 망상에 빠진, 망각의, 부주의한 gloomy, absent-minded, forgetful, careless, negligent ○ **dalğın, dağınıq, unutqan, huşsuz, diqqətsiz**

nanıxlıq *i.* 우울함, 어두움 gloom, absent-mindedness, negligence, carelessness ○ **dalğınlıq, dağınıqlıq, huşsuzluq, diqqətsizlik**

nankor *si.* 배은망덕한, 감사치 않는 ungrateful, thankless ○ **naşükür**

nankorluq *i.* 배은 망덕, 감사치 않음 ingratitude ○ **naşükürlük**

napak *si.* 불결한, 불순한, 흠이 있는, 약점의 impure, defected ○ **natəmiz, murdar**

nar¹ *i. bot.* 석류나무; 그 열매 pomegranate

nar² *i.* 불, 불꽃 fire ○ **od, atəş**

narahat *si.* 불안한, 불안정한, 안절부절 못하는, 불편한, 편하지 않는, 거북한, 어색한, 부담스러운 anxious, disturbing, inconvenient, restless, uncomfortable ○ **təşvişli, həyəcanlı, iztirablı, nadinc, təlaşlı** ● **arxayın**; ~ **olmaq** *fe.* 초조해하다, 안달하다, 염려하다, 흥분하다, 불안해하다, 속을 태우다 be anxious about, fuss, worry, bother, excite, concern; ~ **olan** *si.* 염려하는 concerned; ~ **etmə** *i.* 집요함 importunity; ~ **etmək** *fe.* 괴롭히다, 귀찮게 하다, 방해하다, 염려케 하다, 걱정 끼치다 annoy, agitate, disturb, harass, trouble, worry; ***Narahat olmayın!*** *염려하지 마세요! 진정하세요! Don't bother! Don't worry! Take it easy!.*

narahatçılıq *i.* 불안, 초조 discomfort, anxiety, uneasiness ● **arxayınçılıq**

narahatlaşmaq *fe.* 불안해지다, 안달하다, 초조해지다 become uncomfortable, become anxious ● **arxayınlaşmaq**

narahatlıq *i.* 불안, 초조, 염려, 걱정 discomfort, stir, trouble, uneasiness, unrest, worry, anxiety, excitement, bother ○ **təşviş, həyəcan, iztirab, təlaş** ● **arxayınlıq**; ~ **hiss etmək** *fe.* 불편하게 느끼다, 거북하게 느끼다, 부담스러워하다 feel uncomfortable, feel uneasy

nararmudu *i. bot.* 가을 배의 일종 a kind of autumn pear

narazı *si.* 불만족스러운, 불쾌한, 만족하지 못한, 불화하는, 일치하지 않는 discontented, displeased, dissatisfied, disagreeing, discordant ○ **hiddətli, qeyzli**; ~ **salmaq** *fe.* 불쾌하게 하다, 화나게 하다, 신경질 나게 하다 displease; ~ **olmaq** *fe.* 못마땅해하다, 동의하지 않다 be displeased, disagree

narazılıq *i.* 불평, 불쾌, 불만, 불만족 complaint, displeasure, discontent, discord, dissatisfaction ○ **hiddət, qeyz, qəzəb, ixtilaf**

nargilə¹ *i.* 담배 파이프 pipe for smoking (**sulu qəlyan**)

nargilə² *i. mus.* 아제르바이잔 전통 음악 멜로디 중의 하나 one of Azerbaijani musical tunes

narın *si.* 미세한 fine, small ○ **xırda, yumşaq** ● **iri**; ~ **tük** *i.* 솜털, 솜털 깃 down; ~ **yağış** *i.* 가랑비, 이슬비, 보슬비 drizzling rain, drizzle; ~ **qum** *i.* 가는 모래 fine sand

narınc *i.* 야생 오렌지 bitter, wild orange

narıncı *i.* 오렌지 색의, 주황색의 orange (colour)

narınlamaq *fe.* 가루로 만들다, 바수다, (액체를) 안개처럼 만들다 make small, pulverize

narınlaşmaqmaq *fe.* 가늘게 되다, 미세하게 되다 become fine, be softened ○ **xırdalanmaq, yumşalmaq** ● **iriləşmək**

narınlatmaq *fe.* 가루로 만들다, 가늘게 하다 make small, fine

narınlıq *i.* 미세함, 고움, 가늚 smallness, fineness, pettiness ○ **xırdalıq, yumşaqlıq**

naringi *i.* 귤, 만다린 tangerine, mandarin

narkotik *i.* 약, 마약, 흥분제 drug; *si.* 마취력이 있는, 마약의 narcotic

narkoz *i.* 마취약, 마취제 anaesthetic

narlıq *i.* 석류 농장 pomegranate farm

narşərab *i.* 석류 즙, 석류 주스 pomegranate juice, sap

narval *i.* 외 뿔 철갑상어 unicorn-fish

naryad *i.* 인가, 보증, 담보 warrant, written authorization

narzan *i.* 나르잔 생수 (칼륨과 탄소를 포함한 나르잔 지역에서 생산됨) mineral water (from Narzan contained kalium and carbon)

nas *i.* 씹는 담배 chewing-tobacco

nasaz *si.* ① 건강하지 못한, 아픈, 병든 unwell, ill ○ **xəstə, naxoş, azarlı, kefsiz** ● **sağlam**; ② 부적절한, 부적합한, 맞지 않는 unfit, improper; ③ 무질서한 in disorder, chaotic

nasazlamaq *fe.* 아프다, 병들다, 건강하지 않다 be unwell, feel unwell ○ **xəstələnmək, naxoşlamaq, azarlamaq, kefsizləmək**

nasazlıq *i.* 불쾌, 몸이 불편함, 무기력, 무감각, 무감동 indisposition, lethargy ○ **xəstəlik, naxoşluq, kefsizlik, süstlük, əzginlik, ağrı**

naseh *i.* 고문, 조언자, 강사, 설교자 advisor, preacher, counselor ○ **nəsihətçi, öyüdçü**

naseza *si.* 경솔한, 경박한, 무가치한 rude, imprudent, unworthy, inappropriate, unsuitable ○ **ədəbsiz, namünasib, nalayiq**

nasir *i.* 산문 작가 prose writer

N

nasos *i.* 펌프, 양수기, 압축기 pump
nasoslamaq *fe.* 펌프로 퍼 올리다, 펌프로 퍼내다 Pump
naşad *si.* 불쾌한, 싫은, 재미없는, 마음에 안 드는, 못마땅한, 우울한, 비관적인 sad, unpleasant, gloomy ○ **qəmgin, kədərli, məhzun**
naşatır *i. kim.* 염화암모늄 ammonium chloride; ~ **spirti** *i.* 액화 암모늄 liquid ammonia
naşı *si.* 미숙한, 경험이 없는, 실습하지 않은, 실용이 안되는 inexperienced, unpractised, novice ○ **xam, təcrübəsiz, nabələd** ● **təcrübəli**
naşılıq *i.* ① 미숙, 순진 inexperience, naivete ○ **xamlıq, təcrübəsizlik**; ② 무능, 불능, incapability
naşılaşmaq *fe.* 경험을 잊다, 미숙해지다, 어색해지다 lose experience ○ **xamlaşmaq**
naşir *i.* 출판인, 출판사 publisher
naşükür *si.* 배은망덕한, 보람 없는, 생색이 나지 않는, 감사할 줄 모르는 ungrateful, thankless ○ **nankor**
naşükürlük *i.* 배은 망덕, 망은, 감사치 않음 ingratitude ○ **nankorluq**
natamam *si.* 불완전한, 불충분한, 미완의, 부분적인 partial, incomplete, unfinished ○ **yarımçıq** ● **bütöv**; ~ **iş günü** *i.* half time
natamamlıq *i.* 불완전, 부족함, 결핍, 결함, 결점, 단점 incompleteness, shortcoming, deficiency ○ **yarımçıqlıq**
nataraz *si.* 꼴사나운, 손재주가 없는, 서투른, 재치 없는, 흉한 clumsy, tactless, awkward ○ **yöndəmsiz, biçimsiz, köbud, yaraşıqsız**
natarazlıq *i.* 꼴불견, 서투름, 흉함 clumsiness ○ **yöndəmsizlik, biçimsizlik, yaraşıqsızlıq**
natəmiz *si.* 불결한, 더러운, 어지러운 unclean, dirty ○ **çirkin, kirli, zibilli, səliqəsiz, pinti**
natəmizlik *i.* 더러움, 불결, 어지러움, 혼잡함 untidiness, slovenliness ○ **çirkinlik, kirlilik, səliqəsizlik, pintilik**
natəvan *si.* 우아한, 점잖은, 얌전한, 기품 있는 graceful, delicate, weak, ill ○ **taqətsiz, gücsüz, iqtidarsız**
natiq *i.* 강연자, 연설자 (public) speaker, orator
natiqburun *si.* 납작코의 flat-nosed
natiqcəsinə *z.* 웅변적으로, 대변인으로 orator-like
natiqlik *i.* 웅변, 웅변술 oratory; ~ **iste'dadı** *i.* 웅변, 달변, 표현의 풍부함, 웅변술 eloquence
natrium *i. kim.* 나트륨 (기호 Na) sodium
natura *i.* ① 회화 모델, 화가 모델 painting model; ② 돈 대신 지불하는 물건 objects used as payment in the place of money
natural *si.* 자연적인 natural
naturalist *i.* 자연주의자, 자연주의 신봉자; 동식물학자, 박물학자 naturalist
naturalistik *si.* 자연을 모방하는, 자연 묘사의, 자연주의의 Naturalistic
naturalizm *i.* 자연주의, 자연적 행위; 자연신학 naturalism
natürmort *i.* 정물화 natura morte, still life (painting)
naümid *si.* 소망 없는, 절망의, 실망의 disappointed, hopeless ○ **çarəsiz, əlacsız**; ~ **etmək** *fe.* 환상을 버리게 하다, 미몽을 깨우치다, 제정신으로 돌아오게 하다, 환멸을 느끼게 하다 disillusion; ~**cəsinə** *z.* 낙망하여, 실망스럽게 hopelessly
naümidlik *i.* 낙망, 절망 hopelessness ○ **çarəsizlik, əlacsızlıq**
navala *i.* 겨로 만든 소 먹이 food for cattle made of bran
navalça *i.* (낙숫물의) 홈통 spout/pipe for rain or snow draining
navar[1] *i.* 솔기가 풀리지 않도록 윤곽에 대어 꿰맨 천 cloth sewn for protecting seam along outline
navar[2] *i.* 약대 털로 만든 안장, (마구의) 안부(鞍部) camel's hair saddle ○ **yəhəraltı**
navaxt *i.* 감옥, 형무소, 구치소; 지하 감옥 prison, dungeon ○ **qazamat, həbsxana**
navaziş *i.* 친애, 애정, 애정 표시 endearment ○ **oxşama, əzizləmə**
navazişkar *i.* ① 친절한, 대접이 좋은, 후한 kind, hospitable ○ **mehriban, üzügülər, xoşüzlü, iltifatlı**; ② 온순한, 유화한, 온화한 meek, gentle ○ **mülayim, yumşaq**
navazişkarlıq *i.* 호의, 친절, 정중, 다정함 favour, politeness, kindness ○ **mehribanlıq, üzügülərlik, xoşüzlülük, iltifat**
navazişli ☞ **navaziş**
naviqasiya *i.* 항해, 비행, 항공; 항해학, 항공학; 해운, 수운 navigation
naviqator *i.* 항해자, 항행자, 조종자, 항해사; 자동 조종 장치 navigator

nay ☞ ney

naz *i.* 변덕스러운 생각); 종작없는 생각; 일시적 기분, 잘난 체, 거드름; 교태, 애교 떨기, 요염함 whim, mincing air, coquetry ○ **şivə**, **qəmzə**, **əda**; ~ **etmək** *fe.* 뽐내다, (남을) 깔보다, 얕보다, 요염하게 행동하다 mince, be coy, behave coquettishly

nazbalınc ☞ **nazbalış**

nazbalış *i.* 깃털로 채운 베개 pillow filled with feathers

nazəndə ☞ **nazənin**

nazənin *si.* 요염한, 농염한 coquettish, delicate, dainty ○ **nazlı**, **şivəli**, **işvəkar**, **cilvəli**; ~-~ *z.* 요염하게, 교태를 부리며 daintily, coquettishly

nazik *si.* ① 가느다란, 홀쭉한, 길쭉한, 마른 thin, slender ○ **incə**, **zərif** ● **qalın**; ② 부드러운, 섬세한, 고운 tender, delicate, fine ○ **həssas**, **məlahətli**, **lətif**; **Â** 가는, 허약한, 여윈, (얼굴이) 뾰쪽한 slim, lean, fragile; ③ 우아한, 아름다운 graceful, beautiful; ~ **kökə** *i.* 팬케이크 pancake; ~ **səs** *i.* 가는 목소리, 여린 음성 thin voice

nazikanə ☞ **nazikcə**

nazikbel(li) *si.* 가는 허리의 thin-backed

nazikbədən(li) *si.* 마른, 피골이 상접한, 말라빠진 skinny, lean

nazikbığ(lı) *si.* 얇은 콧수염의 having a thin moustache

nazikcə *z.* 우아하게, 정숙하게 gracefully, delicately

nazikdiş(li) *si.* 촘촘한 (빗), 참빗의 fine-toothed (comb)

nazikdodaq(lı) *si.* 입술이 얇은 having thin lips

nazikdivarlı *si.* 얇은 벽의 having thin walls

nazikqabıq(lı) *si.* 껍질이 얇은 (견과, 나무 등) thin-rinded, thin-shelled (nuts, trees *etc.*)

nazikqaş(lı) *si.* 얇은 눈썹을 가진 having fine eyebrows

nazikqəlbli *i.* 친절한, 호의적인 kind, tender-hearted, benevolent

nazikləşdirmək *fe.* 부드럽게 하다, 순화시키다 refine, make thin, make thinner, soften

nazikləşmək *fe.* 얇아지다, 날씬해지다, 섬세해지다 become thin, become graceful, become delicate ○ **incələşmək**, **zərifləşmək** ● **qalınlaşmaq**

naziklətmək ☞ **nazikləşdirmək**

naziklik *i.* ① 우아함, 섬세함, 미묘함, 감수성, 자상함 gracefulness, delicacy ○ **incəlik**, **zəriflik**; ② 부드러움, 유연함, 민감함 tenderness ○ **məlahətlilik**, **lətafətlilik**; ③ 우아, 단정, 기품 elegance

nazikməzac *si.* 부드러운, 섬세한, 은은한 tender, delicate

naziktər *si.* 우아한, 고상한, 날씬하고 가냘픈 delicate, dainty ○ **incə**, **zərif**

nazikvücud(lu) ☞ **nazikbədənli**

nazikyarpaq(lı) *si.* 가는 잎의, 잎이 얇은 thin-leafed

nazikürək(li) *si.* 마음이 부드러운 soft-hearted

nazil: ~**olmaq** *fe.* 하늘에서 내려오다, 천부되다 descend from heaven

nazilmə ☞ **nazilmək**

nazilmək ☞ **nazikləşmək**

nazim *i.* 규제자, 단속자, 조정자; regulator ~ **çarx** *i. mex.* 플라이휠 (속도 조절용 무거운 바퀴) fly-wheel

nazir *i.* 장관 minister, secretary; ~**lər şurası** *i.* 내각 cabinet; **Maliyyə Naziri** *i.* 재무장관 minister of finance, Secretary of Treasury, Chancellor of the Exchequer

nazirlik *i.* (정부) 부처 board, ministry, department, office; ***Xarici işlər Nazirliyi*** *외무부 Ministry of Foreign Affairs*; ***Daxili işlər Nazirliyi*** *내무부 Ministry of Home Affairs*; ***Maarif Nazirliyi*** *교육부 Ministry of Education*

naz-qəmzə *i.* 교태, 애교 떨기, 요염함 coquetry ○ **işvə**, **süzgün baxış**, **cilvə**

nazlama *i.* 애교, 교태, 애무, 귀엽게 어루만지기 caress

nazlamaq *fe.* 꼭 껴안다(caress), …에 키스하다 pet, caress ○ **əzizləmək**, **oxşamaq**, **nəvaziş etmək**, **nazını çəkmək**

nazlandırmaq ☞ **nazlamaq**

nazlanma ☞ **nazlanmaq**

nazlanmaq *fe.* (사람이) 뽐내며 잔걸음으로 걷다, 뽐내며 행동하다/말하다, 수줍어하며 교태 부리다 mince, be coy, behave coquettishly ○ **işvələnmək**, **qəmzələnmək**

nazlı *si.* 수줍어하며 교태 부리는, 요염한 coy, coquettish ○ **işvəli**, **ədalı**

nazlıca ☞ **nazlı**

nazlı-duzlu *si.* 유쾌한, 상냥한, 수줍어하는 plea-

N

sant, coy, bashful ○ **işvəli, qəmzəli, qanışirin, xoş, şux**

naz-nazı *i. mus.* 템포가 느린 아제르바이잔 춤곡 a slow-tempo Azerbaijani dance

naz(ü)-ne'mət *i.* (재정적인) 번영, 융성; 행운; 부, 행복, 안녕, 복지 prosperity, well-being, abundance ○ **səadət, maddi-rifah, tam-firavanlıq**

naz-nəvaziş ☞ **nəvaziş**

nazsatan *si.* (특히 여자가) 시시덕거리는; 바람난; (언행 등이) 경박한, 들뜬 a flirtatious (girl)

necə *əd.* 얼마나, 어떻게, 어떤 how; ~ **deyərlər** *mod.s.* 소위, 말하자면 so called, so to speak; ***Necəsiniz?*** *어떠십니까?, 안녕하십니까? How are you?*; ***Necə olacaq?*** *어떻게 될 것인가? What will happen?*; **~sə** *z.* 어찌하든지, 어쨌든 somehow

neçə *əd.* 얼마나, 몇개나? how much, how many; **bir ~** *si.* 몇몇의, 약간의, 어느 정도의 some, several; **~nci** *əv.* 어떤? 몇 번째 것? which?, which of them; **~-~** *z.* 많이 많이, 상당히 many, a lot, plenty of; **~si** *əd.* 그것들 중에 어떤 것이? which of them; **~yə** *i.* 얼마? (값), 얼마나 비싸든지··· how much; ***Bu gün ayın neçəsidir?*** *오늘이 며칠이지? Wha t is the date today?*; ***Saat neçədir?*** *지금 몇 시야? What is the time?*; ***Hər neçəyə olursa olsun.*** *어쨌든, 하여간. At any cost.*

neft *i.* 기름, 석유 oil, petroleum; **~ buruğu** *i.* 유정탑(油井塔) derrick; **~mə'dəni** *i.* 유전(油田) oil field; **~ quyusu** *i.* 유정(油井) oil-well; **~ donanması** *i.* 급유 선단 (給油 船團) tanker fleet; **~ e'malı** *i.* 정유(精油) oil refining, oil-processing, petroleum refining; **~ e'malı zavodu** *i.* 정유공장 (精油 工場) oil-refinery; **~ kəməri** *i.* 송유관(送油管) oil-pipeline; **~ kəməri çəkmək** *fe.* 송유관을 건설하다 lay an oil pipeline; **~ məhsulu** *i.* 석유 생산 oil product; **~ sənayesi** *i.* 석유산업 oil-extracting industry; **~ hasilatı** *i.* 원유 생산량 oil output

neftayıran *i.* 정유공장 oil refinery

neftçıxarma *i.* 산유 oil extracting

neftçi *i.* 석유 노동자 oil industry worker

neftdaşıyan *i.* 석유 운반차 oil tanker

neftli *i.* 석유를 포함한 containing oil

neftlilik *i.* 산유 능력 ability to produce oil

neftsiz *si.* 석유가 포함되지 않은 containing no oil

nefttəmizləyən *i.* 정유 oil-refining

neftverən *i.* 석유가 매장된 oil-bearing

nehrə *i.* 큰 우유통 churn

ne'mət *i.* ① (하늘로부터 내려지는) 좋은 음식, 자선, 선행, 기부, 은혜 베풀기 favour food, boon, benefaction; ② 행복, 행운 happiness, luckiness

neolit *i.* 신석기(新石器) Neolith

neologizm *i.* 신조어, 새로운 표현 neologism

neştər *i.* ① 찌르기, 가시; sting ② 피침(披針); 외과[해부]용 메스 lancet, scalpel

neştərləmək *fe.* ①(벌침, 전갈) 쏘다, 찌르다 sting; ② (메스로) 자르다, 가르다 cut with a lancet or a scalpel

neştərlənmək *fe.* ① 쏘이다, 찔리다 be stung; ② 메스로 잘리다 be cut with a lancet or a scalpel

netto *si.* 그물, 네트 net

nevralgiya *i. tib.* 신경통 Neuralgia

nevrit *i. tib.* 신경염 Neuritis

nevrologiya *i.* 신경병학 neurology

ney *i.* (피리 같은 악기) nay (a flute-like musical instrument)

neybət *si.* 역겨운, 메스꺼운, 진절머리 나는, 혐오스러운, 불쾌한 disgusting, repulsive, detestable, abominable

neyçalan ☞ **nayçi**

neyçi *i.* 네이 (악기) 연주자 nay-player

neyistan *i.* 갈대밭 field of reeds

neylon *i.* 나일론 nylon

neysan ☞ **niysan**

neytral *si.* 중립적인 neutral

neytrallıq *i.* 중립상태, 중립 (정책) neutrality

neytrallaşdırmaq *fe.* 중립으로 하다, 중립을 선언하다, 중립화시키다 neutralize

neytron *i.* 중성자 neutron

nə *vz.* (의문 대명사) 무엇, 어떤 것 what, whatever; **nə ~ nə ~** *z.* ~도 ~도 아니다 neither ··· nor ···; **~ olursa olsun** *z.* 어떤 경우든, 어쨌든 in any case; **~ qədər** *z.* 어느 정도?; how much; ***Nə burada nə orada.*** *여기도 거기도 없다. Neither here nor there.*; ***Nə olub?*** *무슨 일이죠? What's matter?*; **~çi** *vz.* (직업상) 무슨 일 하시죠? what is··· (profession); ***Nəçisən?*** *하시는 일이 뭐죠? What is your profession?*; **~dən** *z.* 왜? 무

엇 때문에? why?; **~dənsə** *i.* 어떤 이유로든지 for some reason; **~dir** *pred.* 뭐야? 무슨 뜻이야? what is …? what does it mean?

nəbatat *i.* 푸름, 푸른 초목, 식물 vegetation, verdure

nəbatatçı *i.* 식물학자 botanist

nəbati *i.* 식물에 관한, 식물학상의, 식물의 botanical

nəbatatşünas *i.* 식물학자 botanist

nəbi *i.* 예언자, 선지자, 신의 대변자 prophet

nəbz *i.* 맥박, 고동 pulse; **~i yoxlamaq**, **~inə baxmaq** *fe.* 맥을 짚다, 맥박을 재다 feel the pulse; **~ini tutmaq** *fe.* 맥을 잡다, (어떤 사람에 대해) 약삭빠르다 be tactful, use tact with a person

nəbzölçən *i.* 맥박계 pulsometer

nəcabət *i.* 귀족계급, 고귀한 출생 nobility, nobleness, high birth ○ **əsillik**, **alicənablıq**; **~i olmayan** *si.* 비천한, 태생이 천한 ignoble

nəcabətli *si.* 고귀한 태생의 noble, well-born ○ **əsilli**, **alicənab**, **mərd**

nəcabətlilik *i.* 신분의 고귀함, 귀족신분, 특권계급, 귀족사회, 신사계급 nobility, aristocracy, gentry ○ **əsillilik**, **alicənablıq**

nəcabətsiz *si.* 비천한, 야비한, 비열한 base, ignoble ○ **əsilsiz**, **namərd**

nəcabətsizlik *i.* abasement, grovelling ○ **əsilsizlik**, **namərdlik**

nəcat ☞ **nicat**

nəccar *i.* 목수 carpenter ○ **dülgər**, **xarrat**

nəcib *si.* 고상한, 고귀한, 태생이 좋은 noble, well-born, high born ○ **alicənab**, **mərd**, **comərd** ● **kobud**; **~anə** ☞ **nəcibcəsinə**; **~cəsinə** *z.* 의젓하게, 귀족처럼, 고상하게 as a noble, aristocratically

nəcibləşdirmə *i.* 고상하게 함, 격상, 작위 수여 ennobling

nəcibləşdirmək *fe.* 격상시키다, 작위를 내리다 ennoble

nəcibləşmək *fe.* 고귀하게 되다 become noble ○ **alicənablaşmaq**, **əsilləşmək**

nəciblik *i.* 고상함, 높은 출생, 귀족신분 decency, nobleness, high birth ○ **alicənablıq**, **mərdlik**, **comərdlik**

nədamət *i.* 후회, 회개 regret, remorse, repentance

nədim *i.* 동지, 동료 comrade, confidant, colleague

nədimə *i.* 여자친구 confidante

nəf *i.* 이익, 이점, 소득 profit, gain, advantage

nəfbərdar *i.* 이익을 얻는 사람, 이득만을 추구하는 사람 winner, profit taker

nəfər *i.* 명 (사람을 세는 단위); 사람 person, (unit of counting person) ○ **şəxs**, **kəs**, **fərd**, **kimsə**; ***Biz on nəfər idik.*** *우리는 열 명입니다. We were ten.*

nəfəs *i.* 숨, 호흡 breath; **~ almaq** *fe.* 숨쉬다, 호흡하다 breathe; **~ alma** *i.* 호흡, 숨쉬기 breathing, aspiration; **~ çəkmək** *fe.* 흡입하다, 숨을 빨아들이다 inhale; **~i kəsilmək** *fe.* 숨막히다 be out of breath; **~i kəsilmiş** *si.* 숨막힌, 기막힌 breathless;**~ini dərmək** *fe.* 짧은 휴식을 취하다; take a short rest; ***Bir nəfəs canı qalıb.*** *그는 죽음 직전이다. 죽도록 피곤하다. He's quite worn out. He looks wretched.*

nəfəsli *i.* 바람이 부는 blowing; **~ alət** *i.* 취악기 (吹樂器) wind-instrument

nəfəslik *i.* 환기용 작은 창 small hinged window-pane used for ventilation

nəfəssiz *si.* 생명이 없는, 숨이 찬 lifeless, breathless

nəfis *i.* 우아한, 세련된, 온아한 refined, elegant, graceful ○ **incə**, **zərif**, **gözəl**

nəfislik *i.* 세련됨, 우아함, 온아함 refinement, elegance, grace ○ **incəlik**, **zəriflik**, **gözəllik**

nəfs *i.* ① 유혹, 욕망; temptation ② 야망, 욕심 ambition, greed; **~ çəkmək** *fe.* 유혹되다 tempt

nəfsani *si.* 유혹하는 tempting

nəfskar *i.* 탐욕스러운, 욕심 많은, 움켜쥐는 greedy, avaricious, grasping

nəfspərəst *i.* 아주 탐욕스러운, 매우 욕심이 많는, 탐욕스러운 very avaricious, very greedy

nəğmə *i.* 노래, 곡, 자장가 song, tune ○ **mahnı**, **layla**

nəğməkar *i.* 가수 singer

nəğməli *si.* 곡조의, 음악의, 멜로디의, 화음의 musical, in tune, harmonious ○ **musiqili**, **ahəngdar**

nəh: **~demək** *fe.* 저주하다, 욕하다, 괴롭히다, 비난하다 curse, afflict, condemn

nəhayət *i.* 끝, 종국, 마침 end ○ **son**, **axır**; *z.* 마침내, 드디어, 기어코 after all, at last, at length,

N

finally ○ **beləliklə**; ~ **dərəcədə** *z.* 극도로, 매우 extremely

nəhayətsiz *si.* 끝없는, 무한한, 무수한 endless, infinite, countless ○ **sonsuz, hədsiz, axırsız**

nəhayətsizlik *i.* 무한, 무수함, 만고, 무한대 endlessness, eternity, infinity ○ **sonsuzluq, hədsizlik**

nəhəng *si.* 거대한, 막대한, 엄청난 huge, titan, giant ○ **böyük, yekə, zorba, möhtəşəm, möhkəm** ● **balaca**; ~ **(adam)** *i.* 거인 giant

nəhənglik *i.* ① 광대함, 큼, 거대함 hugeness, enormity, immensity ○ **böyüklük, yekəlik, zorbalıq**; ② 견고함 firmness ○ **möhkəmlik**

nəhs *si.* 치명적인, 결정적인, 불행한, 불길한 fatal, fateful, deadly, luckless, ominous ○ **uğursuz**

nəhslik *i.* 실패 failure ○ **uğursuzluq**

nəhv *i.* 통어론, 구문론 syntax

nəhvi *si.* (문장론의) 통어(統語)론의, (문장 구성) 통어상의; 통어적인 syntactical

nəxş ☞ **naxış**

nəinki *bağ.* ~뿐 아니라 ~도 (또한) not only … but also

nəqahət *si.* 완전하지 않은 상태, 약한, 병든 not completely well yet, weak, sick

nəqarat *i. mus.* 후렴, 종결부 refrain, coda

nəql *i.* ① 이야기, 동화 story; ② 수송, 운반, 교통 transference, transportation, conveyance ~ **etmək** *fe.* ① 말하다, 이야기하다, 서술하다 relate, narrate; ② 나르다, 운반하다, 수송하다 carry, transport, convey

nəqli *si.* 서술적인, 이야기의 narrative

nəqliyyat *i.* 교통, 수송 transportation; **avtomobil ~ı** *i.* 차량수송 motor transport **dəmir yol ~ı** *i.* 철도 수송; railway transport; **dəniz ~ı** *i.* 해운(海運) sea transport; **hava ~ı** *i.* 공수(空輸), 항공수송 air transport

nəqliyyatçı *i.* 수송 노동자, 운항 종사자 transport worker

nəqş *i.* 조각, 새기기 carving

nəqqaş *i.* 화가, 장식가 painter ○ **rəssam, şəkilçəkən**

nəqqaşkar *i.* 장식가 decorator, worker of ornamentation

nəqqaşkarlıq *i.* 장식업, 장식 ornamentation, work of decorator

nəqqaşlıq *i.* ① 그리기, 회화; painting ② 인장, 표식 imprint, mark

nəqşə *i.* 계획, 의도, 추측 plan, intention, conjecture

nəkarə *vz.* 누군데? 뭐하는 사람인데? (interrogation word) **Kimdir?, Nəçidir?, Ağzı nədir?, Nə cur'ətin sahibidir?**

nəlbəki *i.* 접시 saucer

nəleyin *i.* 단화의 한 종류 a kind of shoe

nəm *si.* 습기 찬, 축축한, 다습한 moist, damp, humid ○ **rütubətli, yaş, sulu, höyüş, islaq** ● **quru**

nəmçiləmək *fe.* 보슬비가 내리다, 가랑비가 내리다 drizzle, mizzle

nəmçimək *fe.* 습하게 하다, 촉촉하게 하다 moisten, dampen

nəmək *fe.* 소금을 치다 salt

nəməko *i.* 버터나 치즈를 보관하기 위한 짠물 salty water for keeping butter, cheese from spoiling

nəmənə *əd.* 뭐? 어떻게? (interrogation word) **Nə?, Necə?**

nəmər *i.* 결혼식이나 약혼식에서 전통적으로 나눠주는 돈 혹은 사탕 money or candy distributed traditionally at a wedding or engagement

nəmi *i.* 유목 지역에서 갈대로 지은 창고 a storage area built of reeds found in a nomad's tent; storage area

nəmiş *i.* 젖는, 습기 찬, 축축한, 다습한 wet, moist, damp, humid ○ **rütubətli, yaş**

nəmişlənmə ☞ **nəmişlənmək**

nəmişlənmək *fe.* 습하게 되다, 축축하게 되다, 젖다 moisten, dampen, become humid ○ **rütubətlənmək, yaşlanmaq**

nəmişlik *i.* 습기, 물기, 습도 humidity, moisture ○ **rütubətlik, yaşlıq, sululuq** ● **quraqlıq nəmləmək/nəmlətmək/nəmləşdirmək** *fe.* 적시다, 젖게 하다, 습하게 하다, 축축하게 하다 moisten, dampen, sprinkle, make moist, damp, wet

nəmlənmə ☞ **nəmlənmək**

nəmlənmək *fe.* 축축하게 되다, 습기를 머금다 grow, become damp ○ **islanmaq, rütubətlənmək, sulanmaq**

nəmli *i.* 습한, 젖은, 물기가 있는 damp, moist, humid ○ **rütubətli, sulu, höyüş, islaq** ● **quru**

nəmlik *i.* 습도, 젖음, 축축함 moisture, dampness, humidity ○ **rütubətlilik, sululuq, höyüşlük, islaqlıq**
nəm-nüm *i.* 못마땅함, (얼굴) 찡그림, 잘난 체 affection, putting on airs, grimacing, clowning
nəmsiz *si.* 건조한, 습기 없는 dry, without dampness
nənə *i.* 할머니, 조모 grand-mother, granny
nənəcan *i.* 할머니 granny
nənni *i.* 요람, 유아 침대; 해먹 cradle, hammock
nər *i.* 숫낙타 camel (male); *si.* 용감한, 담대함, 대담한 brave, bold
nərd *i.* 주사위 놀이 a kind of game (24 nests, 30 stones)
nərdivan *i.* 계단 ladder, stairs, staircase, ladder
nərdtaxta ☞ **nərd**
nərə[1] *i.* 철갑상어 sturgeon
nərə[2] *i.* 포효, 으르렁거림 growl, roar ○ **çığırtı, bağırtı, qışqırtı**; ~ **çəkmək** *fe.* 으르렁거리다, 포효하다 groan, growl
nərgiz *i.* 수선화, 나팔 수선화 daffodil, narcissus
nərildəmə ☞ **nərildəmək**
nərildəmək *fe.* 으르렁거리다, 포효하다, 고함치다 growl, snarl, groan, roar ○ **bağırmaq, qışqırmaq**
nərildəşmək *fe.* (서로) 으르렁거리다, 소리치다, 포효(咆哮)하다 growl, snarl
nərilti *i.* 포효, 고함침, 으르렁거림 growl, snarl ○ **bağırtı, qışqırtı**
nərilti-gurultu ☞ **nərilti**
nərmada *i.* 우리, 축사 fold
nərmənazik *si.* 응석받이의, 사내답지 못한 mollycoddle ○ **zərif, incə, ərköyün, nazlı**
nərmənaziklik *i.* 응석받이, 나약함, 사내답지 못함 delicacy, effeminacy ○ **zəriflik, incəlik, ərköyünlük, nazlılıq**
nəsb etmək *fe.* 매다, 묶다 tie, bind, gird
nəsə *vz.* 무엇인지 something
nəsəb *i.* 계도, 계보, 족보, 가계, 혈통 genealogy, lineage, pedigree
nəsib *i.* 운명, 도착지 destination, luck ○ **qismət, tale**
nəsihət *i.* 도덕, 윤리, 교훈 moral, counsel ○ **öyüd**; ~ **etmək** *fe.* 권하다, 권장하다, 조언하다 counsel; ~ **vermək** *fe.* 열심히 권하다, 훈계하다, 권고하다 exhort, give a talking to, admonish
nəsihətçi *i.* 조언자, 상담가, 고문, 윤리학자 counsellor, advisor, moralist ○ **öyüdçü**
nəsihətçilik *i.* 상담, 상의, 협의 counseling ○ **öyüdçülük**
nəsihətli *si.* 조언적인, 상담의, 지도의 advising, instructing ○ **öyüdlü**
nəs(i)l *i.* 세대, 자손, 손자, 가문, 후대, 후세 generation, descendent, breed, descent, family, posterity, stock; **böyüməkdə olan** ~ *i.* 성장 세대 rising generation; **~i itmiş** *si.* 사멸한, 멸종한 extinct; **~i kəsilmək** *fe.* 저하하다, 악화하다, 퇴화하다, 퇴보하다 degenerate; **~i kəsilən** *si.* 퇴화하는, 쇠퇴하는, 소멸하는 degenerating; **~indən olmaq** *fe.* 계통을 잇다, 전해지다, 유전되다 descend; ~ **törəmək** *fe.* 대를 잇다, 자손을 두다, 계통을 잇다 be descended from; **~bə~** *z.* 세대마다, 세대를 이어서 from generation to generation
nəsilsiz *si.* 자손이 없는 childless
nəsim *i.* 미풍, 산들바람 breeze
nəsr *i.* 산문, 산문체 prose; *si.* 산문체의; prosaic; ~ **əsəri** *i.* 산문 prose; ~ **ədəbiyyatı** *i.* 소설 fiction
nəsrani *i.* 기독교인 Christian ○ **isəvi**
nəsraniyyət *i.* 기독교 Christianity ○ **isəvilik**
nəsrin, nəstərən *i. bot.* 한련(旱蓮); 그 꽃 nasturtium, indian cress
nəsturi *i.* 네스토리안, 네스토리우스 교도, 경교 신자 Nestorian
nəsturilik *i.* 네스토리안, 네스토리우스주의, 경교 Nestorianism
nəş *i.* 시신, 시체, 주검 corpse, dead body
nəşat *i.* 기쁨, 희락, 행복 gladness, joy, happiness
nəşə *i.* ① 기쁨, 쾌락, 즐거움 joy, enjoyment, liveliness, cheerfulness ○ **sevinc, şadlıq, kef, fərəh** ● **kədər**; ② 마약적 치료 narcotic remedy
nəşəbaz *si.* 쾌락적인, 쾌락에 빠진 voluptuary, Epicurean
nəşəbazlıq *i.* 쾌락 탐닉 voluptuousness
nəşəxor *i.* 마약중독 drug addict, hophead
nəşələndirmək *fe.* ① 흥을 돋우다, 쾌락을 좇다; cheer up, brighten up ② 취하게 하다, 중독시키다 intoxicate, make drunk

N

nəşələnmə ☞ nəş'ələnmək

nəşələnmək *fe.* 흥이 나다, 기분이 좋아지다, 즐거워하다 cheer up, brighten, rejoice ○ **şadlanmaq, şənlənmək, fərəhlənmək** ● **kədərlənmək**

nəşəli *si.* 유쾌한, 기분 좋은, 명랑한 boon, major, joyful, delight ○ **şad, şən, fərəhli, sevincli** ● **dərdli, cəfalı**

nəşəlilik *i.* 기뻐함, 즐거움, 희락 gladness, joyfulness, delight ○ **şadlıq, şənlik, fərəhlilik, sevinclilik**

nəşəsiz *si.* 슬픈, 우울한 joyless, sad ○ **kefsiz, fərəhsiz**

nəşəsizlik *i.* 실망, 낙심, 슬픔 sadness, joylessness, despondency ○ **kefsizlik, fərəhsizlik**

nəşət etmək *fe.* 만들다, 가져오다, 지어내다, 나타나다 create, bring about, generate, appear

nəşəverən, nəşəverici *i.* 황홀하게 하는, 매혹적인, 넋을 잃게 하는 ravishing, entrancing

nəşr *i.* 편집, 출판, 발행, 발간 edition, issue, publication; ~ **etmək** *fe.* 출판하다, 발행하다 issue, publish; ~ **edilmə** *i.* 출판 publication

nəşriyyat *i.* 출판사, 출판소 publishing house

naşir *i.* 출판인 publisher

nəticə *i.* ① 결과, 결실, 결과물, 효과, 생산품 conclusion, consequence, effect, issue, outcome, produce, product, result ○ **aqibət, yekun, xülasə** ● **başlanğıc**; ② 자손, 고손자, 자식 offspring, great-grandchildren; ~ **çıxarmaq** *fe.* 결과를 도출하다 infer; **~yə gəlmək** *fe.* 결론에 이르다, 마무리하다; conclude; **~lər əldə etmək** *fe.* 결과를 얻다, 과정을 만들다 get results, make progress; **~də** *z.* 결론적으로, 결과적으로, 마침내 in the end, subsequently, consequently; **~sində** *qo.* ~의 결과로, ~때문에 in consequence of, as a result of, because of

nəticələnmə ☞ nəticələnmək

nəticələnmək *fe.* 결판나다, 결론내다 result in ○ **yekunlaşmaq**

nəticəli *i.* 효과적인, 결과적인 effective ○ **yekunlu, xülasəli**

nəticəsiz *si.* 열매 없는, 결과 없는, 비효율적인 fruitless, inefficient ○ **yekunsuz**

nəticəsizlik *i.* 메마름, 허탕, 실패 futility, failure ○ **yekunsuzluq**

nəva *i.* ① 화음, 음율 harmony; ② 신음, 불만, 끙끙댐 groaning; ③ 아제르바이잔 전통음악인 **Muğam** 중에 하나

nəvaziş *i.* 친애, 애정, 친절, 동정 endearment, kindness, compassion; **~lə** *z.* 친절하게, 사랑스럽게 lovingly, kindly

nəvazişli *si.* 친절한, 동정적인, 긍휼한 kind, compassionate

nəvə *i.* 손자, 손주 grandchild

nəvə-nəticə *i.* 자손, 손자, 후손 grandchildren, posterity, offspring

nəyüzünbillah *nid.* 하나님이 말리시길; Allah göstərməsin/Allah eləməsin

nəzakət *i.* ① 예의 바름, 정중함, 공손함, 깍듯함 civility, courtesy, delicacy, kindness, politeness, tact ○ **ədəb, mərifət, tərbiyə, qanacaq**; ② 섬세함, 재치 있음, 얌전함 delicacy, tact, modest ○ **naziklik, zəriflik, incəlik**; **~lə** *z.* 정중하게, 예의 바르게, 깍듯이 gently, politely

nəzakətli *si.* 예의 바른, 깍듯한, 섬세한, 재치 있는 courteous, civil, delicate, mannerly, polite, attentive ○ **ədəbli, mərifətli, tərbiyəli, qanacaqlı** ● **kobud**

nəzakətlilik *i.* 예의 바름, 정중함, 공손한, 얌전함 courtesy, politeness, good manners, attentiveness ○ **ədəblilik, mərifətlilik, tərbiyəlilik, qanacaqlılıq**

nəzakətsiz *si.* 건방진, 무례한, 경우 없는 impolite, tactless, incorrect, rude ○ **ədəbsiz, mə'rifətsiz, tərbiyəsiz, qanacaqsız, qaba, kobud** ● **ləyaqətli**

nəzakətsizlik *i.* 무례, 실례 incivility, insolence, disrespect ○ **ədəbsizlik, mə'rifətsizlik, tərbiyəsizlik, qanacaqsızlıq, kobudluq** ● **qanacaqlılıq**

nəzarət *i.* 지배, 관리, 감독, 지휘, 단속, 통제, control, custody ○ **baxma, yoxlama**; ~ **etmək** *fe.* 관리하다, 지배하다, 감독하다, 통제하다, 관찰하다; control, supervise, observe ~ **altında saxlamaq** *fe.* 지휘 감독하다, 지시하다, 지도 관리하다 superintend; **qarşılıqlı** ~ *i.* 교차 감독, 교차 검토 cross check

nəzarətçi *i.* 감독관, 통제관, 관리관 observer, keeper

nəzarətçilik *i.* 감독, 관찰, 관리 examination, observation ○ **baxıcılıq, yoxlayıcılıq**

nəzarətsiz *si.* 관리 받지 않는, 통제 받지 않는, 방

치된 unsupervised ○ **baxımsız**; ~ **atılmış** *si.* 유기(遺棄)된, 방치(放置)된 abandoned

nəzarətsizlik *i.* 방치, 유기 state of being without supervision ○ **baxımsızlıq**

nəzdində *i.* 복종하는, 지배된, 부하의, 추종적인, 비굴한 subordinate

nəzər *i.* ① 관찰, 살펴봄 look, regard ○ **baxış, əqidə, görüş**; ② 고려, 주의, 주목, 관심, 배려 attention, support; ③ 불행, 불운 misfortune, bad luck; **~ə almadan** *z.* 개의치 않고, 주의하지 않고 regardlessly; **~ salmaq** *fe.* 언뜻 보다, 흘끗 보다, 훑어 보다 cast a look, glance ; **nöqteyi ~** *i.* 이론, 관점 theory, point of view ; **~də tutmaq** *fe.* 염두에 두다, 계획하다, 계산하다, 의미하다, 마음에 두다 calculate, plan, contemplate, imply, keep in mind, mean; **~də tutulmuş** *si.* 의도된 intended; **~dən qaçırmaq** *fe.* 눈감아주다, 관대히 봐주다, 못 보고 넘어가다 overlook; **~inə çatdırmaq** *fe.* 알려주다, 소식을 전하다, 기별하다 bring to *smb.*'s notice; **~ə alaraq** *z.* 염두에 두고서, 감안하여 in as much; **~ə almaq** *fe.* 염두에 두다, 관찰하다, 감독하에 두다, 조정하다 have in view, take into consideration; **~ə alsaq ki** *qo.* ~에 관하여, ~에 관계하여 considering; **~ çarpmayan** *si.* 알지 못한, 인식하지 못한, 주의를 끌지 못한 unnoticed; **~-diqqət** *i.* 주의, 주목 attention; **~i cəlb etmək** *fe.* 주의를 끌다, 이목을 끌다 attract *smb.*'s attention; **~incə** *qo.* ~에 관해, ~을 고려하여 according to

nəzəri *si.* 이론적인, 이론상의, 사색적인 theoretical ● **təcrübi**; **~ cəhətdən** *z.* 이론상으로, 이론적으로 theoretically, in theory

nəzəriyyə *i.* 이론 theory ● **praktika**

nəzəriyyəçi *i.* 이론가 theorist

nəzərli *i.* 이치에 맞는, 도리에 맞는, 냉정한, 침착한, 분별력 있는 reasonable, sober-minded ○ **baxışlı, əqidəli, görüşlü**

nəzir *i.* 적선, 구호 (자신의 소원 성취를 기원하여 구제하는 돈) vow, alm, promise (money or other items given to the poor or to a religious person in order to have a wish fulfilled)

nəzirə *i.* 모방시 imitative poem ○ **oxşatma, bənzətmə**

nəzirəçi *i.* 모방시인 the author of an imitative poem

nəzm *i.* 작시, 시작(詩作); 운(韻)문화 versification

nıx *i.* 고집 셈, 완고함, 외고집, 고집불통, 집요함, 집착, 끈질김 stubbornness, obstinacy, tenacity

nıqqıldamaq *fe.* 신음하다, 불평하다 groan, complaint

nırç *onomatopoeic.* "쯔~" (혀를 마찰하여 내는 소리, 부정적 표시 sound made by pressing the tongue against the palate of the mouth, signifying 'no'

nırx *i.* 가치, 가격 value, price, cost ○ **məzənnə, dəyər**

nırıldamaq *fe.* 외치다, 고함치다 shout, yell

nıtıq *i.* 콧소리 하는 사람, 코맹맹이 one who speaks nasally

nicat *i.* 구원, 구조 salvation, rescue, deliverance ○ **qurtuluş, xilas** ● **fəlakət**

nicatverici *i.* 구속하는, 대속하는 saving, rescuing

nida *i. qram.* 감탄사; 감탄, 절규, 외침; 느낌표, 감탄 부호(!) interjection, exclamation; **~ işarəsi** exclamation mark; **~ cümləsi** *i.* 감탄절 exclamatory sentence

Niiderlandiya *i.* 네덜란드 Netherland

nifaq *i.* 불화, 내분, 의견 충돌 discord, dissension ○ **çəkişmə, ikitirəlik**

nifrət *i.* 미움, 증오, 혐오, 가증, 악의, 악감, 적의 abhorrence, animosity, antipathy, disdain, scorn, contempt, hatred, disgust, horror ○ **kin, ədavət, qərəz** ● **məhəbbət, rəğbət**; **~ etmək** *fe.* 증오하다, 미워하다, 혐오하다, 싫어하다, 적의를 품다 disdain, abhor, despise, detest, scorn, hate; **~ doğuran** *si.* 혐오감을 일으키는, 가슴이 메스꺼워지는 repulsive; **~ hissi oyatmaq** *fe.* (남에게) 욕지기나게 하다, 메스껍게 하다; (남에게) 혐오감을 일으키다, 정떨어지게 하다, (남을) 진저리[싫증]나게 하다; (…에) 욕지기나다 disgust; **~ə layiq** *si.* 경멸할 만한, 멸시할, 비열한 contemptible, hateful; **~ ifadə edən** *si.* 경멸에 찬, 냉소적인, 비웃는 scornful; **~ oyatmaq** *fe.* (남에게) 불쾌감[혐오감]을 느끼게 하다 repel; **~lə** *i.* 비웃으며, 깔보고 scornfully

nifrətli *si.* 경멸에 찬, 냉소적인, 비웃는, scornful, hateful ○ **kinli, ədavətli, qərəzli**

nifrətlilik *i.* 가증스러움, 혐오스러움 detestability, abominability ○ **kinlilik, ədavətlilik, qərəzlilik**

nifrin *i.* 천벌, 신의 저주; 파멸; 비난, 혹평, 험담,

N

악담, 저주; 욕; 중상 damnation, imprecation, malediction
nigah *i.* 관찰, 지켜봄, 주시, 응시 sight, observaion, view
nigahçi *i.* 관찰자 observer
nigar *si.* 아름다운, 사랑스러운, 예쁜, 멋진 beautiful, lovely ○ **gözəl, sənəm, sevgili**
nigaran *si.* 염려되는, 걱정하는, 긴장한 anxious, nervous ○ **narahat, səksəkəli, həyəcanlı, iztirablı**; ~ **olmaq** *fe.* ~에 안달하다, 염려하다, 걱정하다 be anxious about, concern, worry; ***Mən ondan nigaranam.*** *그 때문에 걱정스럽다. I am nervous about him.*
nigarançılıq *i.* 염려, 걱정, 긴장함 anxiety, nervousness ○ **narahatlıq, seksəkə, həyəcan**
nigaranlıq ☞ **nigarançılıq**
nihan *si.* 비밀의, 숨겨진, 감춰진 secret, covered, hidden
nihilizm *i.* 니힐리즘, 허무주의, 무, 공, 무 존재 nihilism
nikah *i.* 결혼, 혼인 marriage, betrothal ○ **kəbin, evlənmə, izdivac**; ~ **bağlanmaq** *fe.* 결혼하다, 혼인하다 betroth, marry; **məqsədli** ~ *i.* 편의적 결혼 marriage of convenience
nikahlama ☞ **nikahlamaq**
nikahlamaq *fe.* (교회에서) 결혼하다 marry (in church) ○ **evləndirmək**
nikahlı *i.* 결혼한, 혼인의 married, conjugal ○ **kəbinli, izdivaclı**
nikahlılıq *i.* 결혼관계, 결혼 상태 marriage, conjugality, matrimony ○ **kəbin, izdivac**
nikahsız *si.* 혼외의, 결혼하지 않은 without marriage, out of wedlock ○ **kəbinsiz, izdivacsız**
nikahsızlıq *i.* 미혼 상태, 혼인 외 관계 out of marriage, non-conjugality
nikbət *i.* 불행, 불운 misfortune, bad luck
nikbin *si.* 낙관적인, 낙천적인, 희망의, 희망적인 hopeful, optimistic ● **bədbin**; ~ **adam** *i.* 낙관주의자, 낙관론자, 낙천론자 optimist
nikbinləşmək *fe.* 낙관론자가 되다 become an optimist ● **bədbinləşmək**
nikbinlik *i.* 낙관주의, 낙관론, 낙천론 optimism ● **bədbinlik**
nikel *i.* 니켈: 금속 원소의 하나; 기호 Ni nickel
nikelləmək *fe.* 니켈로 도금하다 plate with nickel, nickel
niqab *i.* 베일, (특히 여자의) 면사포; 덮개, 씌우개, 복면, 가면, 마스크 veil, mask
niqablı *i.* 가려진, 덮여진, 씌워진 veiled, covered
nilufər *i. bot.* 덩굴 식물, (특히) 메꽃속 bindweed ○ **suzanbağı**
nimçə *i.* 접시 plate; **çuxur** ~ *i.* 국 접시 soup plate; **dayaz** ~ *i.* 만찬접시 dinner plate
nimdaş *si.* 낡은, 닳은, 해진 shabby, worn out ○ **köhnə, geyilmiş, işlənmiş** ● **təzə**
nimdaşlıq *i.* 낡음, 닳음, 누더기 wearing out, shabbiness ○ **köhnəlik**
nimdər *i.* 융단, 깔개, 돗자리, 거적, 매트 rug, mat
nimtən *i.* 여성용 자켓 sleeveless jacket for woman
ninni *i.* 자장가 lullaby ○ **layla**
nisbət *i.* 비, 비율, 비교, 견줌, 비김, 균형, 조화, 바른 관계 proportion, comparison ○ **münasibət, müqayisə, tutuşdurma**
nisbətən *z.* 상대적으로, 비교적으로, 어느 정도 comparatively, in comparison; ~ **az** *si.* 비교적 적은, 비교 소수 comparatively less
nisbətli *i.* 비례하는, 균형 잡힌, 상대적인, 비교하는 proportional, comparing ○ **münasibətli, müqayisəli**
nisbi *si.* 비교의, 비교에 의한, 상대적인, 상당한, 비교급의 comparative, relative ○ **şərti, gözəyarı**; ~ **əksəriyyət** *i.* 단순 다수, 비교 다수 simple majority
nisbilik *i.* 상대성, 관련성, 의존성, 상관성 relativity ○ **şərtilik, təqribilik**
nisbiyyət *i.* 상대성, 관련성, 의존성, 상관성 relativity
nisbiyyətsizlik *i.* 부적절성 irrelativity
nisf *i.* 절반의, 약간의, 중간 정도의 half, semi
nisgil *i.* 비원(悲願), 원망(願望), 상사(想思) languor, grief ○ **kədər, qəm, qayğı** ● **sevinc**; ~ **eləmək** *fe.* 갈망하다, 몹시 하고 싶어하다, 열망하다 crave, hunger
nisgilli *i.* (이루지 못한 소망을 인해) 울적한, 침울한, 슬픈, 애수(哀愁)의 sad, sorrowful, grievous ○ **kədərli, qəmli** ● **nəş'əli**
nisyan *i.* 기억 상실, 건망증, 망각 oblivion, forgetfulness, amnesia
nisyə *i.* ① 신용 대부, 빚 credit ○ **borc**; ② 비현실적인, 공상의, 근거 없는, 비실용적인 unreal, em-

pty, groundless, impractical

niş ☞ **neştər**

nişan[1] *i.* 과녁, 표적; 표지, 표시 decoration, token, sign, symbol, ensign, mark ○ **əlamət, işarə, əsər, damğa, iz**; ~ **qoymaq** *fe.* 표시하다 mark; ~ **vermək** *fe.* 꾸미다, 장식하다 decorate; ~ **almaq** *fe.* 겨누다, 조준(照準)하다 aim, sight

nişan[2] *i.* 약혼 betrothal, engagement; ~ **üzüyü** *i.* 약혼 반지, 혼인 반지 engagement ring, wedding ring

nişançı *i.* 사격의 명수 marksman

nişanə *i.* 표시, 표지, 지시, 징조, 증거 sign, indication

nişangah *i.* 과녁, 표적 target

nişanlama *i.* ① 표시하기 marking-off ○ **işarələmə, damğalama**; ② 약혼 betrothed ○ **adaxlama**

nişanlamaq *fe.* 약혼하다 betroth (girl), engage ○ **adaxlamaq**

nişanlanma *i.* 약혼 engagement

nişanlanmaq *fe.* 약혼하다 be engaged

nişanlı[1] *si.* 표시한, 표시된 marked, proved ○ **əlamətli, işarəli, damğalı, izli**

nişanlı[2] I. *i.* 약혼자, 약혼녀 fiancee, fiancé ○ **adaxlı**; II. *si.* 약혼한, 정혼한 engaged

nişanlılıq *i.* 표시됨, 확인됨 being proved, being marked ○ **əlamətlilik, işarəlilik, damğalılıq, izlilik**

nişansiz *si.* 표시 없는, 근거 없는 noteless, proofless, markless ○ **işarəsiz, əlamətsiz, izsiz**

nişansızlıq *i.* 표시 없음, 증거 부족 lack of mark, lack of evidence ○ **işarəsizlik, əlamətsizlik**

nişasta *i.* 녹말, 전분 starch

nişastalamaq *fe.* 풀을 먹이다, starch

nişastalı *i.* 풀을 먹인 starched

nişastasız *si.* 풀 먹이지 않은 starchless

nitq *i.* 연설, 식사(式辭), 강연, 성명(聲明) address, speech; ~ **söyləmək** *fe.* 강연하다, 연설하다, 성명을 발표하다 deliver a speech, discourse; **vasitəli** ~ *i. qram.* 간접 화법; indirect speech; **vasitəsiz** ~ *i. qram.* 직접화법 direct speech; ~ **hissələrə** *i.* 품사(品詞) parts of speech; **~in məğzi** *i.* 연설의 핵심, 요점 keynote of speech; **üsyankar** ~ *i.* 반항적인 언사(言辭) rebellious speech

niyaz *i.* 간정, 탄원, 애원 appealing, begging for mercy

niyə *əd.* 왜, 무엇 때문에; 그런데 왜? why **Axı ~?** But why?

niysan *i.* 4월 April

niyyət *i.* 의도, 의향, 의지, 계획, 목적 impulse, intention, plan, purpose ○ **məqsəd, qayə, məram, murad, arzu**; ~ **etmək** *fe.* 의도하다, 작정하다, 지향하다, 꾀하다 intend; **~ində olmaq** *fe.* 하려고 하다, 의도하다, 작정하다, 계획하다, 고안하다 be about, contemplate, aim, design, intend, plot; ~ **tutmaq** *fe.* 추측하다, 억측하다 suppose, conjecture; **~ilə** *z.* 의도적으로, 일부러 with intention, on purpose

niyyətli *i.* 의도적인, 목적지향의 intentional, willful, purposeful, voluntary ○ **məqsədli, qayəli, məramlı, arzulu**

niyyətsiz *si.* 의도치 않은, 목적 없는, 의도 없는, 생각 없는 unintentional, aimless, accidental, unitended ○ **məqsədsiz, qayəsiz, məramsız, arzusuz**

niyyətsizlik *i.* 목적이 없음 aimlessness ○ **məqsədsizlik, qayəsizlik, məramsızlıq, arzusuzluq**

niza *i.* 다툼, 싸움, 분쟁 fighting, quarrelling

nizam *i.* 질서, 수련, 훈련, 단련 order, discipline ○ **qayda-qanun**; **~a salmaq** *fe.* 질서를 세우다, 조정하다 put in order, adjust; **~a salma** *i.* 규정화, 규칙화 regulation; **~la yerimək** *fe.* 행진하다 march; **~la yerimə** *i.* 행진 march; **~-intizam** *i.* 규율 (바름), 질서, 통제; 풍기; 자제; 훈육 discipline; **~a çağırmaq** *fe.* 정돈하다, 질서를 명령하다 call to order; ~ **zəiflətmək** *fe.* 풍기를 문란시키다 loosen discipline

nizami *i.* 규칙적인 regular ● **pozuq**

nizamlamaq *fe.* 훈련시키다, 단련시키다 discipline, regulate ● **pozmaq**

nizamlayıcı *i.* 통치자, 조정자, 규정자, 단속자 regulator, governor

nizamlı *si.* 질서의, 질서정연한, 단련된, 수련된 harmonious, orderly, disciplinary, regular ○ **intizamlı, qaydalı** ● **pozuq**

nizamlılıq *i.* 규칙성, 단련됨 regularity, discipline ○ **intizamlılıq, qaydalılıq, müntəzəmlik**

nizamnamə *i.* 규정집, (회사의) 정관 regu lations, charter

nizamsız *si.* 무질서의, 불규칙의, 비정규의 in disorder, irregular ○ **dağınıq, intizamsız, qarma-qarışıq**
nizamsızlıq *i.* 무질서, 불규칙 disorderliness, irregularity ○ **dağınıqlıq, intizamsızlıq, qarma-qarışıqlıq**
nizə *i.* 창, 작살 spear ○ **cida, mizraq; ~ilə vurmaq** *fe.* 창으로 찌르다 spear
nizələmək *fe.* 창으로 찌르다 wound with a spear, lance
noğul *i.* 아몬드로 채운 사탕 a candy with uneven surface and with spicy or almond filling
nohur *i.* 연못, 수영장 pond, pool
noxta *i.* (말, 소등의) 굴레 halter, bridle
noxtalama ☞ **noxtalamaq**
noxtalamaq *fe.* 굴레를 씌우다, 재갈을 물리다 bridle, tie a horse with a rope, curb ○ **bağlamaq, cilovlamaq**
noxtalı *i.* 굴레를 씌운, 재갈을 물린 bridled, tied with a rope ○ **bağlı, cilovlu**
noxtasız *si.* 굴레를 씌우지 않은, 재갈을 물리지 않은 unbridled, untied ○ **cilovsuz**
noxud *i.* 콩, 완두콩 pea
noxudlu *si.* 녹색의, 콩색깔의 노색의 pea-green, gray-green
noxudu *i.* 푸르스름한 녹색의, 탁녹색의 greenish and yellowish gray (colour)
norma *i.* ① 규범, 기준, 모범, 전형; 기준 노동량 rule, norm ○ **pay, hissə**; ② 기준, 평균 mark, rate; **~dan aşağı** *z.* 평균 이하 below the line; **~ya salmaq** *fe.* 표준에 맞추다, 기준에 이르게 하다 normalize
normal *si.* 정상의, 자연스러운 normal ○ **təbii, adi**
normalaşdırma *i.* 균등화, 평준화, 정량 rate setting, rate fixing, rationing
normalaşdırmaq *fe.* 정상화시키다 normalize
normallaşma ☞ **normallaşmaq**
normallaşmaq *fe.* 정상화되다, (건강, 상태) 회복되다 become normal, get well ○ **nizamlamaq**
normalı *i.* 규정된, 정량의 marked, rated ○ **paylı, hissəli**
normallıq *i.* 정상임, 정상상태, 온전한 정신 normality, sanity
Norveç *i.* 노르웨이 Norway *si.* 노르웨이의; Norwegian **Norveçli** *i.* 노르웨이인 Norwegian
not *i.* 악보(樂譜) music note
nota *i.* 서류, 문서, 서장(書狀) note; **diplomatik ~** *i.* 외교문서, 공식 전달 문서, 통지 diplomatic note; **eyni məzmunlu ~** *i.* 동일 서류 an identical note; **~ya cavab vermək** *fe.* 통지에 답하다 respond to a note ; **~nı qəbul etməmək** *fe.* 통지를 거부하다 reject a note; **~nı yazmaq** *fe.* 통지를 회람하다 circulate a note; **~ mübadiləsi** *i.* 각서를 교환하다 exchange of notes; **~ təqdim etmək** *fe.* 각서를 제출하다 hand in a note; **e'tiraz ~sı göndərmək** *fe.* 거부 통지를 보내다 send a note of protest; **cavab ~sı** *i.* 답신 counter note
notarial *i.* 공증인의, 공증인이 작성한 notarial
notarius *i.* ① 공증인 notary; ② 공증 사무소 notary office
nov *i.* (목재, 금속, 석재 표면의) 홈, 바퀴 자국, 수로(水路), 활자 밑의 홈 groove, gutter
novalça *i.* 작은 홈 groove
novatorluq *i.* 혁신, 쇄신 innovation
novbahar *i.* 초봄 early spring
novbar *i.* 초실, 과일 추수의 첫 때 first of the fruit harvest
novella *i* 단편 소설. short story, novel
Novruz (bayram) *i.* 노브루즈 명절 (춘분(春分)에 맞춰 지내는 배화교 력(歷)의 신년) Azerbaijani new year (20th of March)
novruzgülü *i.* 앵초, 달맞이 꽃 primrose
novur *i.* 골, 밭고랑; 깊은 주름살 deepened furrow
noyabr *i.* 11월 November
nökər *i.* 종, 시녀, 하녀 servant ○ **gədə, qulluqçu, xidmətçi** ● **ağa**
nökərçilik *i.* 종속적임, 예속됨 servility, subservience
nökərlilik *i.* 노예의 직무 work of a servant ○ **qulluqçuluq, xidmətçilik** ● **bəylik**
nöqsan *i.* 결함, 흠, 결핍, 결점, 약점 defect, fault, flaw, shortcoming, vice ○ **qüsur, eyib, səhv, əskik**; **~ tapmaq** *fe.* 트집잡다, 꼬투리를 잡다, 비난하다 criticize
nöqsanlı *si.* 흠이 있는, 틀린, 약점이 있는, 결함이 있는 defective, erroneous, faulty ○ **qüsurlu, eyibli**
nöqsanlılıq *i.* 결함이 있음, 잘못됨, 흠 defec-

tiveness ○ **qüsurluluq, eyiblilik**

nöqsansiz *si.* 결함 없는, 흠 없는 faultless ○ **qüsursuz, eyibsiz, ləkəsiz, təmiz**

nöqsansızlıq *i.* 결점 없음, 흠 없음, 완전함 irreproachability, blamelessness ○ **qüsursuzluq, eyibsizlik, ləkəsizlik**

nöqtə *i.* ① 점, 얼룩, 반점, 흑점 dot, point, spot, top; **~yi-nəzər** *i.* 관점, 개념, 이해, 인식, 원론, 견지, 입장 notion, point of view, principle, standpoint ② *i. qram.* 마침표 full stop; **~ qoymaq** *fe.* 점을 찍다, 마치다 dot **~li vergül** *i.* 세미콜론 semicolon; **~bə~** *z.* 면밀히 word for word, point by point; **~lər** *i.* 점들, 얼룩 dots

nöqtəcə *z.* 아주 조금, 극 소량으로 extremely little

nöqtəsiz *si.* 점 없는, 무결한 dotless

nömrə *i.* 수, 숫자, 수사 number; **qəzet ~si** *i.* 발행 부수, 출판 호수 issue; **konsert ~si** *i.* 공연의 각 항목 item of the programme

nömrəbaz *i.* 사기꾼, 난봉꾼, 속이는 사람 cheater, swindler

nömrələmə *i.* 계수, 셈, 세기, 계산 numeration, numbering

nömrələmək *fe.* 수를 세다, 수를 읽다, 셈하다, 번호를 매기다 number

nömrələnmək *fe.* 번호가 붙여지다, 페이지 수를 매기다 be numbered, paginated, be numbered the pages

nömrəli *i.* 숫자가 붙여진, 세어진 numbered

nömrəsiz *si.* 수가 매겨지지 않은, 무수한 numberless

nöş ☞ **nöşün**

nöşün *z.* 왜? why

növ *i.* ① 종류, 류(類), 부류(部類) sort, kind ○ **cins, cür**; ② 다양한, 각양 각색, 분류, 등급 aspect, quality, species, grade, first rate ○ **cürbəcür, rəngarəng**; **~lərə ayırmaq** *fe.* 분류하다, 등급을 정하다 sort, grade; **~ müxtəlifliyi** *i.* 다양함 variation; **~bə~** *si.* 다양한, 서로 다른, 상이한 different, diverse, various

növbə *i.* 순번, 당번, 교대, 근무시간 turn, queue, watch, shift; **~ çəkmək** *fe.* 당직을 서다, 보초를 서다 watch; **~yə durmaq** *fe.* 줄을 짓다, 줄에 서다, 대기 행렬에 기다리다 queue; **ilk ~də** *z.* 첫 교대에, 첫번에 in the first place; **öz ~sində** *z.* 당직에, 당번에 in one's turn; **~ ilə** *z.* 순서대로 in turn; **birinci ~də** *z.* 우선, 첫번째로, 먼저 in the first instance, primarily

növbədə *z.* 당직으로, 당번으로 on duty

növbələnmə *i.* 대체, 교체 alternation, interchange

növbələşdirmək *fe.* 대체하다, 교체하다, 번갈아 오다 alternate

növbələşən *si.* 교대의 alternate

növbələşmə *i.* 교체 shift

növbəli *i.* 예비품, 비상용품 spare, shift

növbəsiz *z.* 순번 없이, 기다리지 않고 without turn/queue

növbətçi *i.* 당직자 on-duty (person) ; **~lərin cədvəli** *i.* 당직표, 근무표 duty list; ***Bu gün növbətçi kimdir?** 오늘 당직이 누구지? Who is on duty today?*

növbətçilik *i.* 당직, 당번 duty, watching

növbəti *si.* 다음의, 뒤따르는 next, further, following; **~ ödəmə** *i.* 할부(割賦) installment; **~ məzuniyyət** *i.* 정기휴가 regular leave

növcavan *i.* 청소년, 사춘기 youngster, adolescence

növhə *i.* 조시(弔詩) a mournful poem lamenting the dead

növhəxan *i.* 조시 낭송가 singer of mournful poems

növlü *i.* 같은 종류의 of the same kind, sorted ○ **cinsli**

növlük *i.* 같은 종류의 것 something of same kind ○ **cinslik**

nöyüt ☞ **neft**

nur *i.* ① 빛, 밝음 light, brilliance ○ **aydınlıq, işıq** ● **zülmət**; ② 계발, 계몽, 교화 enlightenment, clarity; **gözümün ~u** *i.* 내 눈의 빛, 사랑하는 이 the light of my eyes, my darling; ***Məzarı nurla dolsun.** 무덤에 빛이 가득하길! Let the light descend upon his tomb.*

nurani *si.* 빛나는, 총명한, 명쾌한 luminous, shining, majestic ○ **qoca, ağsaqqal, pir**

nuranilik *i.* 노년기 old age ○ **qocalıq, ağsaqqallıq**

nuri-çeşmim *i.* 애지중지하는, 아주 사랑하는 very dear, very beloved

nuri-didəm ☞ **nuri-çeşmim**

nuri-eynim ☞ **nuri-çeşmim**

nurlanmaq *fe.* 빛나다, 반짝이다 shine, gleam

N

○ **işıqlanmaq**

nurlu *si.* ① 환한, 밝은, 빛나는 light, sunny, bright, radiant ○ **işıqlı**, **parlaq**, **aydın** ● **zülmətli**; ② 자비로운, 인자한 merciful ○ **mərhəmətli**, **rəhmli**

nuş *i.* ① 맛있는 tasty, delicious; **~i-can** ☞ **nuş olsun**; **~canlıqla** *z.* 즐겁게, 유쾌하게 enjoyably, with pleasure; ② 마심 drink; **~ etmək** *fe.* 마시다, 들이키다 drink; ***Nuş olsun!*** *맛있게 드세요! Bonne appitite! May you enjoy! Enjoy yourself!*

nüans *i.* 미묘한 차이, 음영, 섬세함 nuance, subtlety, delicacy, shade

nücəba *i.* 귀족, 고귀함, 거룩함, 고결 nobility, aristocrat

nücum *i.* 점성술, 원시 천문학 astrology

nüdrət *i.* 희귀함, 진귀함, 드묾, 비길 데 없음, 모범, 전형, 일품 rarity, scarcity, rareness, nonesuch; **~dən** *z.* ① 거의 rarely, seldom; ② 뜻밖에, 갑작스럽게 unexpectedly

nüfus *i.* 인구, 민중 population, people

nüfuz *i.* 권위, 위신, 신망, 우세, 인식, 승인, 인정, 평가 authority, ascendancy, recognition, influence ○ **təsir**; **~ etmək** *fe.* 꿰뚫다, 관통하다 penetrate; **~dan salmaq** *fe.* 타협하다, 양보하다, 호양하다 compromise; **~a malik olmaq** *fe.* 권위를 가지다, 권세를 갖다, 영향력을 미치다 have authority over, have great influence

nüfuzedici *si.* 감동을 주는, 진실한, 감명한, 절실히 느낀, 통찰력 있는 moving, sincere, heartfelt, penetrating

nüfuzlu *si.* 존경할 만한, 권위를 가진, 품위 있는, 영향력 있는 pectable, authoritative, influential ○ **təsirli**, **mötəbər**, **sözükeçən**, **hörmətli**

nüfuzluluq *i.* 통찰력, 권위, 명민(明敏), insight, authority, perspicacity ○ **təsirlilik**, **mötəbərlik**, **hörmətlilik**

nühusət *i.* 불행, 실패 misfortune, failure

nüktə *i.* 함의(含意), 함축 connotation, implied meaning

nümayan *si.* 명백한, 뚜렷한, 확실한, 분명한 apparent, seeming, evident

nümayəndə *i.* 대표단, 대표자 deputy, representative, delegate, spokesman; **~ göndərmək** *fe.* 대표단을 파견하다, 대표로 임명하다 delegate; **~lər** *i.* 대표인 representatives; **~ hey'əti** *i.* 파견단, 대표단, 대의원단 delegation

nümayəndəlik *i.* 사명, 대표 mission, representation

nümayiş *i.* 시위, 표명 manifest, demonstration; **~ etdirmək** *fe.* 명시하다, 보여주다, 의사표시하다, 시위하다 demonstrate, exhibit; **~ etdirmə** *i.* 명시, 데모, 시위 demonstration, display, show; **~karanə** *z.* 잘 보이게, 눈에 잘 띄게, 알아보기 쉽게 conspicuously

nümayişçi *i.* 시위자 demonstrator, marcher

nümunə *i.* 모범, 모델, 예시, 기준, 예(例), 견본, 표본 example, instance, model, pattern, sample, specimen, standard; **~ göstərmək** *fe.* 예를 들다, 모범을 보이다, 견본을 제시하다 set an example; **~ gətirmək** *fe.* 예를 들다 give an example; **~ götürmək** *fe.* 모범을 따르다, 기준을 맞추다 follow the example

nümunəvi *si.* 모범적인, 예시적인 exemplary, ideal, model; **~ tələbə** *i.* 모범생 model student

nüsxə *i.* 복사본 copy, prescription, duplicate; **~sini çıxarmaq** *fe.* 복사하다 copy

nütfə *i.* 정액, 정자 sperm, flesh, seed

nüvə I. *si.* 핵의, 원자핵의, 핵무기의, 원자력의 nuclear ; II. *i.* ① 핵, 핵심, 핵세포, 원자핵 nucleus; ② 핵심, 고갱이, 중심부 core; **~ enerjisi** *i.* 원자력 nuclear energy; **~ silahları** *i.* 핵무기 nuclear weapons

nüvəli *i.* 핵이 있는, 중심부의, 핵심의 kerneled, nucleus

nüvəsiz *si.* 핵이 없는, 중심이 없는 without a nucleus

o *vz.* 그, 그것, 저것 he, she, it; that ~ **biri** *si.* 그 다음의, 그 다른 next, other, another; ~ **birilər** *vz.* 나머지 the rest; ~ **dəqiqə** *z.* 당장, 즉각, 즉시 at once, instantly; ~ **dərəcə** *z.* 그 정도로, 그렇게 so; ~ **ki** *z.* 많이, 많도록 much, too much; ~ **ki qaldı** *z.* 말하자면, 관(關)하여 so as to, as for, so to speak; ~ **qədər** *z.* 그렇게, 그 정도로, 그다지; so, such; ~ **tayda**, ~ **taydaki** *si.* 저편의, 저쪽의 overseas; ~ **tayında** *z.* 다른 편에서 on the other side; **çayın** ~ **tayında** *z.* 강 건너편에 over the river; ~ **təqdirda** *z.* 그러면, 그럴 경우에 in that case; ~ **tərəfdə** *z.* 저 쪽에 beyond the side; ~ **tərəfində** *z.* 저쪽에서 over; **yolun** ~ **tərəfində** *z.* 길 건너에서 over the road; ~ **zaman** *z.* 그 때, 당시 then; **~dur ki** *z.* 결과적으로, 따라서 consequently; **~ndakı** *si.* 그의 것의, 그에게 있는 having with him; ② 그 때의, 당시의 of that time; **~nlar** *vz.* 그들 ;;; they **~nların** 그들의(소유격) their(possessive); **~nlarınkı** 그들의 것 (소유대명사) theirs (possessive pronoun); **~nlara** 그들에게 (여격) to them (dative); **~nları** 그들을 (목적격) them (accusative); **~nlar özləri** *vz.* 그들 스스로, 그들 자신 themselves ; **~nsuz** *si.* 그것 없이 ; without it; **~nu** *vz.* 그를, 그것을 him, her, it; **~nun** *vz.* 그의, 그것의 his, her, its; **~nunki** *vz.* 그의 것 hers, his, its; **~nun üçün** *z.* 그러므로, 그래서, 그리하여 therefore, so; **~nunla** *i.* 그와 함께 with him, her

oba *i.* ① 정착지 settlement; ② 촌락, 농장 small village, separated farm, khutor, farmstead ○ **qəsəb**, **xutor**, **aul**; ③ 부락민, 주민 people, villager ○ **el**

obabaşı *i.* 촌장 chief of the village

obaşdan *z.* 동트기 전, 동틀 때 before dawn, at daybreak, before daybreak ○ **tezdən**, **danüzü**

obaşdanlıq *i.* 라마단 금식 기간 중 해뜨기 전에 먹는 식사 meal before dawn during the fast of Ramadan

obraz *i.* 형상, 모양, 영상, 이미지, 평판 image, character, type

obrazlı I. *si.* 비유적인, 은유적인, 상징하는 figurative ○ **bədii**, **canlı**, **əyani**; ~ **üslub** *i.* 비유법, 비유하는 양태 figurative style; II. *z.* 비유적으로, 상징적으로 figuratively

obrazlılıq *i.* 비유법, 은유법, 생생함 figurativeness ○ **bədiilik**, **canlılıq**, **əyanilik**, **şəkillilik**

obstruksiya *i.* 방해, 반대, 장애 obstruction

obstruksionizm *i.* 의사방해(議事妨害) obstructionism

o-bu *vz.* 누구나, 모든 사람 everybody

obyekt *i.* 목적, 목표, 객체 object ○ **hədəf** ● **subyekt**

obyektiv *si.* 객관적인 objective ○ **doğru**, **düzgün** ● **subyektiv**

obyektivləşdirmək *fe.* 객관화하다, 구체화하다 objectify, substantiate

obyektivlik *i.* 객관성, 공정성 objectivity, fairness, impartiality ○ **doğruluq**, **düzgünlük**, **dəqiqlik** ● **subyektivlik**

ocaq *i.* ① 난로, 화로, 화덕, 아궁이 fire-place, furnace ○ **tonqal**; ② 출생지, 고향 birth-place, home ○ **yuva**, **yurd**, **məskən**; ③ *din.* 꺼지지 않는 불 inextinguishable fire ○ **pir**; ~ **qalamaq** *fe.* 장작을 쌓다 make fire; **~ğı qarışdırmaq** *fe.* 불을 지피다 stoke; **~ğa baxmaq** *fe.* 불을 관리하다 stoke

ocaqçı *i.* 화부(火夫) stoker

ocaqçılıq *i.* 화부 직업, 화부 직책 the job/work of fireman/stoker

ocaqxana *i.* (배의) 기관실 stoke-hole, stokehold

ocığaz *vz.* 그까짓 것, 제까짓 것 (3인칭 대명사의 지소형) that, he, she, it

oçerk *i.* 개요, 평론 sketch, feature story

oçerkçi *i.* 수필가 essayist

oçerkist ☞ oçerkçi

od *i.* ① 불, 불꽃 fire ○ **atəş, alov**; ② 매우 높은 온도 very high temperature; ③ 홍조, 붉어짐 blush, reddening; ④ 가족, 가정 family, house, household; **~ vurmaq** *fe.* 불을 지르다, 불을 붙이다 set on fire; **~ qalamaq** *fe.* 장작을 쌓다 stoke; **~ tutmaq** *fe.* 불이 붙다, 타다 catch fire, burn; **~a tutmaq** *fe.* 불에 타다, 사르다, 태워 버리다; scorch **~-ocaq** *i.* 난로, 화로 furnace, hearth

oda *i.* 방, 실(室) room

odadavamlı *si.* 내열성(耐熱性)의, 불에 타지 않는 fire-proof, refractory

odekolon *i.* 오드콜로뉴 향수 Eau-de-Cologne

odlaq *i.* 불로 태울 지역, 화전(火田) area for making fires

odlama ☞ odlamaq

odlamaq *fe.* ① 불을 붙이다 set on fire ○ **alışdırmaq, yandırmaq, alovlandırmaq, qalamaq**; ② 무기를 발사하다 fire arms; ③ 분노하다, 분개하다 rage, rant

odlanmaq *fe.* ① 불이 붙다, 타다, 점화되다, 발화되다 catch fire, burn, ignite ○ **yanmaq, alışmaq**; ② 부추기다, 선동하다 stir up ○ **həyəcanlanmaq, qızışmaq**

odlu *si.* ① 격렬한, 활활 타오르는 fiery, aglow, blazing ○ **atəşli, alovlu** ● **sönük**; ② 소란스러운, 시끄러운, 요동하는, 들썩거리는 uproarious, tumultuous, turbulent ○ **həyəcanlı, ehtiraslı, coşğun, qızğin, hərarətli, dəliqanlı** ; **~ silah** *i.* 화약 무기 gun, fire arm; **~-~** *z.* 흥분하여서, 격렬하게 excitedly

odluq *i.* (폭탄, 폭약 등의) 도화선 fuse, primer on primitive guns and cannons

odluluq *i.* 격렬함, 소요, 소동 fieriness, noisiness, uproar ○ **coşğunlüq, qızğınlıq, hərarət, dəliqanlılıq**

odontologiya *i.* 치(과)학; 치과의술 odontology (science of teeth)

odpüskürən *i.* 화염방사기 fire-spitting

odpüskürücü ☞ odpüskürən

odrəngli *si.* 격렬한 색의, 화가 난 안색의 fiery-coloured

odsaçan *i.* 화염 투척기 flame-thrower

odsöndürən *i.* 소화기(消火器) fire-extinguisher

odun *i.* 장작, 화목(火木) wood, firewood, log; **~ doğramaq** *fe.* 장작을 패다 chop wood

odunböcəyi *i. zoo.* 하늘소 Capricorn beetle

oduncaq *i.* 경재(硬材) (참나무, 벚나무, 단풍나무, 마호가니 등) hardwood, timber

odunçu *i.* 벌목공(伐木工) wood cutter

odunqıran ☞ woodcutter

odunlaşmaq *fe.* ① 나무처럼 딱딱해지다 become hardlike wood; ② 무감각해지다, 무정하다 become unfeeling, become numb

odunluq *i.* ① 땔감용 나무, 화목용 나무 fire wood; ② 장작 창고 storage for fire wood

odvuran *i.* 점화자, 점화 장치; 점호자(點弧子), 소이탄(燒夷彈) igniter, incendiary

of *nid.* 어!, 아이쿠! alas, ugh

oficiant *i.* 종업원(從業員), 웨이터 waiter

ofset *i.* 오프셋, 오프셋 인쇄물; 인쇄 면 뒷면이나 다음 면에 묻는 얼룩 (setoff); 지거(支距) (offset line); 오프셋 선(線) offset

oğlancıqaz *i. dim.* 어린 소년 (소년의 지소명사) boy, little boy

oğlaq *i.* 아가, 아기 baby (weaning), kid ○ **çəpiş**

oğlan *i.* 소년, 사내 아이, 남자 boy, youngster, lad; **~ dostu** *i.* 남자 친구 boy friend; **cavan ~** *i.* 청년, 젊은이 young man

oğlancıq *i.* 어린 소년 small boy

oğlancığaz ☞ oğlan

oğlanlıq *i.* 소년시절 boyhood

oğraş *i.* 포주 procurer, pander, pimp

oğraşlıq *i.* 매춘 알선, 포주업 procuration, pandering, pimping

oğru *i.* 도둑, 절도범, 소매치기, 인신 매매범 robber, thief, pilferer, pickpocket, shoplifter ○ **cibgir, xəspuş**

oğrubaşı *i.* 도둑의 두목 the leader of a group of thieves

oğrunca *z.* 은밀히, 살그머니, 몰래 stealthily

oğru-əyri *i.* 도둑들, 범인들 thieves, criminals

oğruluq *i.* 도둑질, 사기 robbery, thievery, jobbery, cheating ● **doğruluq**

oğrun *z.* 은밀히, 살그머니, 몰래 secretly, covertly, slyly ○ **xəlvəti, gizlincə,**

oğrun-oğrun *z.* 은밀히, 살그머니, 슬쩍 stealthily; ~ **gəlmək** *fe.* 기어들어오다, 슬그머니 들어오다 creep; ~ **iş görmək** *fe.* 훔치다, 슬쩍 가져가다 steal

oğul *i.* 아들, 자손 son; ~-**uşaq** *i.* 자손, 자녀 children; ~**luğa götürmək** *fe.* 입양하다 adopt

oğulcuğaz *i.* 어린 아들, 아가 son, sonny

oğulcuq ☞ **oğulcuğaz**

oğulluq *i.* ① 아들의 신분 sonship; ② 입양자, 입양아 adopted child, foster-son

oğul-uşaq *i.* 아이들, 자손들 children, kiddies

oğul-uşaqsız *si.* 자녀가 없는 childless

oğurlamaq *fe.* 훔치다, 소매치기하다, 후무리다 pocket, steal, filch

oğurlanmaq *fe.* 잃다, 도둑맞다 be stolen

oğurlatmaq *fe.* 도둑맞게 하다 have something stolen

oğurluq *i.* 도둑질, 소매치기, 훔치기 robbery, theft, stealing; ~ **etmək** *fe.* 훔치다, 도둑질하다 rob

oğurluqca *z.* 슬쩍, 몰래, 슬그머니 secretly, covertly

oğursaq *i.* 젖먹이 소 a cow that gives milk after the death of its calf

oh *nid.* 오!, 아하! oh, ah

oha *nid.* 훠어이!, 이랴! Giddyap! Gee! Haw! Gee ho! (driving ox or cow)

ohalamaq *fe.* 소를 몰다 drive cattle by yelling 'oha'

oho *nid.* 아하! 우와! oho (expression of surprise, joy)

ox[1] *nid.* 오호, 아하 oh, ah

ox[2] *i.* ① 화살, 화살표 arrow, arrow mark; ②(회전체의) 축(선); (물체, 모양 등을 이등분하는) 축선(軸線), 중심선 axis, pivot ○ **mehvər**

oxatan *i.* ① 궁수자리 Sagittarius, the Archer; ② 궁사(弓師), 궁수(弓手) an archer in military service in past times

oxay *nid.* 아주 좋아! how nice, how good

oxdan ☞ **oxqabı**

ox-kaman *i.* 활과 화살 bow and arrow

oxqabı *i.* 화살통, 전동(箭筒); 화살통 속의 화살 quiver (case for holding arrows)

oxlamaq *fe.* 활을 쏘다 shoot an arrow

oxlov *i.* 밀대 (반죽을 펴는 막대기 모양의 도구) rolling-pin or board (for spreading dough)

oxlovlamaq *fe.* 반죽을 펴다 spread with rolling pin

oxlu *si.* 화살이 있는 with arrow; ~ **kirpi** *i. zoo.* 호저(豪猪) porcupine

oxluq *i.* 화살을 만드는 재료 material for making arrows

oxranmaq *fe.* 말이 나지막하게 울다 neigh softly

oxrantı *i.* 말의 나지막한 울음 low neigh

oxşama *i.* ① 애무, 포옹 caress; ② 닮음, 유사(類似) resemblance

oxşamaq[1] *fe.* 닮다, 유사하다, 비슷하다 look like, take after, resemble ○ **bənzəmək**

oxşamaq[2] *fe.* ① 쓰다듬다, 어루만지다, 포옹하다, 애무하다 caress ○ **əzizləmək, sığallamaq, nazlamaq**; ② (죽은 자를 위해) 애곡하다 cry for the dead ○ **ağlamaq**

oxşamayan *si.* 닮지 않은, 비슷하지 않은, 다른 unlike, dissimilar

oxşar *si.* 닮은, 비슷한, 같은, 동일한 alike, analogical, akin, identical, like, same, similar ○ **bənzər, uyar**; ~**ı olmaq** *fe.* 닮다, 비슷하다, resemble; ~**ını düzəltmək** *fe.* 흉내내다, 모방하다, 베끼다, 비슷하게 만들다 imitate

oxşarlıq *i.* 비슷함, 유사 likeness, similarity, resemblance ○ **bənzəyişlik, eynilik, uyğunluq, uyarlıq**

oxşatma *i.* 비교, 비유 comparison

oxşatmaq *fe.* 잘못 알다, 사람을 잘못 보다, 비교하다 make an imitation, mistake someone for another, liken to, compare to

oxşayan *si.* 비슷한, 닮은, 동일한 like, similar

oxşayıcı *si.* ① 친절한, 친밀한, 친구다운 kind, friendly; ② 온유한, 침착한, 조용한 mild, calm, quiet

oxşayış *i.* ① 닮음, 유사성, 비슷함 resemblance, likeness ○ **bənzəyiş, eynilik, uyğunluq**; ② 친절함, 친밀함, 우정 어림 kindness, friendliness

oxşəkilli *si.* arrow -shaped

oxu *i.* 읽기, 낭독, 학습 reading ○ **qiraət**

oxucu *i.* 독자, 낭독자 reader

oxudulmaq *fe.* 배우다, 가르침을 받다 learn, be taught

oxuma *i.* 학습, 공부, 연구 study ○ **mütaliə**

oxumamış *si.* 배우지 못한, 무식한 uneducated

oxumaq *fe.* ① 읽다, 낭독하다 read; ② 공부하다

O

study ○ **mütailə etmək**; ③ 노래하다 sing; ④ 재잘거리다 twitter, chirp 지각(知覺)하다, 인식하다 feel, perceive ○ **duymaq, anlamaq**

oxumuş *si.* 배운, 학식 있는, 유식한, 잘 배운 educated, enlightened, learned, well-read ○ **təhsilli, savadlı** ● **avam**

oxunaqlı *i.* 읽기 쉬운, 재미있는, 읽을 만한 readable, easy to read, interesting ○ **aydın, asan** ● **çətin**

oxunaqlıq *i.* 가독성(可讀性), 읽기 쉬움 readability ○ **aydınlıq, asanlıq**

oxunmaq *fe.* ① 읽히다 be read; ② 노래되다 be sung

oxunuş *i.* ① 읽기 reading; ② 노래하기 singing

oxuşmaq *fe.* ① 노래로 경연하다; compete in song ② 같이 노래하다 sing together

oxutmaq *fe.* ① 읽게 하다, 가르치다 educate, teach; ② 공부하게 하다, 공부하도록 돕다 help to study

oxuyan *i.* ① 부단한 노력, 부지런함, 근면 diligence, painstaking; ② 가수, 성악가 singer, songster

oxu-yazı *i.* 읽기와 쓰기 reading and writing

ox-yay ☞ **ox-kaman**

okean *i.* 대양(大洋), 큰 바다 ocean; **~ın dibi** *i.* 대양 대륙붕 ocean bed

okeanoqraf *i.* 해양학자, 약자 oceanographer

okeanoqrafiya *i.* 해양학(海洋學) oceanography

oksid *i.* 산화물(酸化物) oxide

oksidləşdirici *i.* 산화제(酸化劑) acidifier, oxidiser

oksidləşdirmək *fe.* 산화(酸化)시키다 oxidise

oksigen *i.* 산소(酸素) oxygen

oktava *i.* ① *mus.* 옥타브, 제8도음, 8도음정, 음전(音栓) octave; ② 최저음 (最低音), 가장 낮은 소리 the lowest tone

oktaedr *i.* 8면체(面體), 8면체의 것 octahedron

oktopod *i.* 문어(文魚) octopus

oktyabr *i.* 10월 October

okulist *i.* 안과 의사; 검안사(檢眼士) oculist

olacaq *i.* 차후(此後), 미래(未來), 장래(將來), 운명(運命) future, fortune

olmaq *fe.* ① 있다, 존재하다 be, be present ● **ölmək**; ② 일어나다, 발생하다 happen, take place; ③ 되다, 바뀌다 become, turn, get; **anadan ~** *fe.* 태어나다, 출생하다 be born; **malik ~** *fe.* 소유하다, 가지다 have; **mövcud ~** *fe.* 존재하다, 실존하다 exist; **mümkün ~** *fe.* 가능하다 be possible; **varid ~** *fe.* 도착하다 arrive; **olmadığı üçün** *z.* ~이 없어서 for lack of; **~a bilsin ki** *z.* 아마도, 그럴 수도 perhaps; **~a bilən** *si.* 가능한, 내재한 fraught; ***Ola bilməz.*** *그럴 리가 없다! It can't be true.*; ***Oldu!*** *그렇다! OK!*; ***Olmaz!*** *안돼, 그러지 마, 하지 마! You must not! Don't do that. It's forbidden. It's not possible.*; **~sa-~sa** *int.* 최소한, 적어도; at the worst, at least **~sun** *i.* 그렇게 해, 그래!; let it be, OK, good; **~sun ki** *bağ.* 혹시, 아마, 그럴지도; possibly, obviously; **~ub-keçən** *i.* 사건, 일어났던 일 what has happened; **~ub-keçmiş** *si.* 지나간, 과거의 past

olmazın *si.* ① 너무 많은, 극대한, 측량할 수 없는 extreme, too much, immeasurable; ② 무가치한, 무관한, 부적절한 unworthy, unrelated, unsuitable; ③ 불가능한 impossible

olan *si.* 존재하는, 사용 가능한, 이전의 available, former

olan-qalan *i.* 나머지, 잔여물(殘餘物), 찌꺼기 remainder, residue

ola-ola *z.* ~앞에서, ~불구하고 in the presence of, in spite of

olan-olmaz *i.* 존재하는 모든 것 all that exists

olduqca *i.* 극도로, 너무 많은 extremely, too much

olduqda *qo.* ~의 경우에 in case of

oleandr *i. bot.* 협죽도(夾竹桃) oleander

oliqarxiya *i.* 소수 독재 정치 oligarchy

Olimpiya *i.* 올림픽 Olympic; **~ oyunları** *i.* 올림픽 경기 Olympic games

olmama *i.* 부재(不在) absence

olmaya *z.* 아마, 혹시, 아닐 수도! perhaps, maybe, if not …

olum *i.* 존재, 삶 being, living ● **ölüm**

om *i. tex.* 옴 (Ω, 전기 저항 측정 단위) ohm (unit of measuring electrical resistance)

omar *i.* 바닷가재, 왕새우, 대하(大蝦) lobster

omba *i.* 엉덩이, 대퇴부, 넓적다리 hip, thigh

omeqa *i.* 오메가, 끝, 최후 omega

omonim *i. dil.* 동음 이의어(異義語) homonym

on *say.* 열, 십(10) ten; **~aylıq** *i.* 10월짜리의 (것) ten-month period, of ten months; **~başı** *i.* 십장(什長) foreman, ruler of ten; **~ bir** *say.* 열 하

나, 십일(11) eleven; ~ **birinci** *say.* 열한 번째의 eleventh; **~bucaq(lı)** *i.* 십각형; decahedral, geometric figure having ten corners; **~ca** *si.* 10면체의 just ten, approximately ten; **~cildli** *i.* 열 권의 (전집) ten volumed (book) **~cildlik** *i.* 10권 전집 edition in ten volumes; ~ **doqquz** *say.* 열아홉, 십구(19) nineteen; ~ **doqquzuncu** *say.* 열아홉 번째의 nineteenth; **~ərğa** *i.* 수십의 (양, 개수) tens; **~günlük** *i.* 열흘, 10일간 tenday period, of ten days; ~ **ilik** *i.* 십 년 decade; ~ **iki** *say.* 열둘, 십이(12) twelve; ~ **ikinci** *say.* 열두 번째의, 12번의 twelfth; **~qat(lı)** *i.* 열 겹, 10층(건물) ten-storeyed (building), ten-plied; **~luq** *i.* 10의 (것), 10짜리 (지폐) ten, ten-manat note; **~manatlıq** *i.* 10 마나트 지폐; ten-manat note **~mərtəbə** *i.* 10층 건물 ten-storey; **~mərtəbəli** *i.* 10층으로된 ten-storeyed ; **~-~** *i.* 열 개씩 ten at a time, ten by ten; **~sinifli** *i.* 10학년의 (학생) ten-year; **~uncu** *say.* 열 번째의, 10번의 tenth; ~ **üç** *say.* 열셋, 십삼(13) thirteen; ~ **üçüncü** *say.* 열세 번째, 13번째 thirteenth; **~yaşar** *i.* 십년살이의 ten-year, of ten years; **~yaşlı** *i.* 10세의, 10년된 ten-year, of ten years

onda *z.* 그러면, 그 때는 then ● **indi**

ondan *z.* 그 후에, 그로부터 then (from) ; ~ **sonra** *z.* 그 다음에, 그 후에 then, since then, later

onurğa *i.* 척추(脊椎), 등뼈 spine, vertebra; ~ **beyni** *i.* 골수(骨髓) marrow, spinal chord; ~ **sütunu** *i.* 등뼈, 척추(脊柱) backbone, spine, vertebral column

onurğalı *si.* 척추의, 척추에 관한, 척추로 된 vertebral

onurğalılar *i.* 척추[등뼈] 동물 vertebrate, Vertebrata

onurğasız *i.* 등뼈[척추] 없는; 무척추 동물의 invertebrate

onurğsızlar *i.* 무척추 동물 Invertebrate

opal *i.* 단백석, 오팔 opal (precious stone)

opera *i.* 오페라 opera; ~ **teatrı** *i.* 오페라하우스 opera house

operasiya *i.* 수술(手術) (medical) operation

operativ *si.* 작용하는, 영향을 미치는 operative

operator *i.* 운전자(運轉者), 조작자(造作者), 기사 operator

opponent *i.* 대항자, 반대자, 상대 opponent

optik *i.* 광학상(光學上)의 optical

optika *i.* 광학(光學) optics

optimal *si.* 최선[최상]의, 가장 바람직한 optimal, best

optimist *i.* 낙천가, 낙관적인 사람; 낙천주의자 optimist ○ **nikbin**; **~cəsinə** *z.* 낙관적으로, 낙천적으로 optimistically

optimizm *i.* 낙천주의, 낙관주의 optimism ○ **nikbinlik**

ora *i.* 거기, 저기, 그곳, 저곳 there ● **bura**; **~da** *z.* 거기에, 그곳에 there; **~ya** *z.* 저기로, 거기로 (to) there, thither; ~ **bura** *z.* 여기 저기; and pro; **~ya-buraya** *z.* 이리로 저리로 around; **~da-burada** *z.* 여기에 저기에 around, here and there; **~-bura** *z.* 이리 저리 here and there; **~daca** *z.* 거기까지, 저기까지 there, then; **~daki** *si.* 저곳의, 그곳의 of that place; **~dan** *z.* 거기로부터, 저기로부터 from that place

orağabənzər *si.* 반달 모양의, 낫 모양의 crescent-(shaped)

oraq *i.* 낫, 큰 낫 hook, scythe, sickle; ~ **çəkic** *i.* 망치와 낫 hammer and sickle

oraqçı *i.* 낫꾼, 추수꾼 harvester

oraqvari *si.* 낫 모양의 sickle-shaped

oraqlaşmaq *fe.* 낫으로 베다, 자르다 cut, crop with sickle

oralı *i.* 특정 지역의 주민 the inhabitants of an area

oranjereya *i.* 온실, 도자기건조실 hot-house, greenhouse

oratoriya *i.* 오라토리오, 성담곡(聖譚曲) oratorio

ord *i.* 볼, 볼의 안쪽 cheek, inner side of cheek

orden *i.* 집단, 결사, 동맹 order

order *i.* 주문, 주문품 warrant, order

ordinat *i. riy.* 세로 좌표 ordinate

ordu *i.* 군대 army; **~da xidmət etmək** *fe.* 군대 복무하다 serve (army) ○ **qoşun**

ordubası *i.* 지휘관, 사령관, 장교 commander ○ **sərkərdə**

ordugah *i.* 부대, 주둔지 camp

orfoqrafiya *i. dil.* 정자법(正字法), 정서법 (正書法), 철자법(綴字法), 철자론 orthography, spelling

orfoqrafik *si.* 정자법의, 정서법의 orthographic

orfoepiya *i.* 정음학(正音學) orthoepy

orfoepik *si.* 정음학(正音學)의 orthoepical

orijinal ① *i.* 원형, 원작, 원문, 원서 original; ②

O

si. 원시의, 최초의, 본래의, 원작의 original ○ **əsl, həqiqi, təkrarsız, bənzərsiz**

orijinallıq *i.* 확실성, 신뢰성, 신빙성 authenticity ○ **əsllik, həqiqilik, təkrarsızlıq, bənzərsizlik**

oriyentalizm *i.* 동양학 orientalism

oriyentir *i.* 적응해야 할 사람 orienteer

orkestr *i.* 오케스트라 band, orchestra

orqan *i.* 조직, 기관, 기구 organ, organisation, body; **dövlət ~ları** *i.* 정부기관 government bodies; **yerli hakimiyyət ~ları** *i.* 지방 정부 기관 local authorities; **mətbuat ~ları** *i.* 언론 기관 press organs; **rəhbər ~lar** *i.* 지도자 그룹 government circles

orqanik *si.* 유기적인, 유기성의 organic

orqanizm *i.* 유기체, 생물 organism

orman *i.* 숲, 삼림(森林) wood, forest, grove ○ **meşə**

ormanlıq *i.* 삼림지대 woodland

ornament *i.* 장식품, 장신구 garnish, ornament

ornamental *si.* 장식용의, 장식용에 불과한 ornamental

ornitologiya *i.* 조류학(藻類學) ornithology

ornitoloji *si.* 조류학적(藻類學的)인 ornithological

oroqrafiya *i.* 산악학(山岳學), 산악지(山岳誌) orography

oroqrafik *si.* 산악학적인 orographical

orta *i.* ① 중앙, 중심 centre; *si.* ② 중간의, 가운데의, 평균의, 보통의 average, mean, medium, middle ○ **miyanə, babat** ● **ali**; ② 젊잖은, 친절한, 온유한, 부드러운 gentle, kind ○ **mülayim, mö'tədil**; **~ yaşlı** *si.* 중년의 middle-aged; **~ dalğa** *i.* 중파(中波) medium wave; **yanvarın ~ları** *i.* 1월 중순 mid-January; **~ cinsə aid** *qram..* 중성 neuter; **~ dərəcə** *i.* 표준의, 중간의, 평균의 standard; **~ hesabla** *z.* 평균적으로 on an average; **~ məktəb** *i.* 중등학교 secondary school; **~da olan** *si.* 중간의, 사이의 intermediary; **~ya qoyulan pul** *i.* 판돈 bet; **~ya çıxma** *i.* 비상시, 비상사태 emergence; **~ya çıxmaq** *fe.* 일어서다, 대중 가운데 서다 arise

ortabab *si.* 중산층의, 평균의, 보통의 middle, mean ● **yoxsul**

ortaboylu *si.* 중간 크기의 middle sized ● **ucaboylu**

ortada *z.* 중간에, 도중에 in the middle, half way along ● **qıraqda**

ortadakı *i.* 중간의 것, 평균의 것 middle, average

ortaq *i.* 동반자, 짝패, 동료 partner ○ **şərik, birgə, müştərək**

ortaqlaşma ☞ **ortaqlaşmaq**

ortaqlaşmaq *fe.* 동반자가 되다, 동업자가 되다 become a shareholder, become a partner ○ **şərikləşmək, müştərəkləşmək**

ortaqlı I. *z.* 공통적으로, 연합하여 ; in common, jointly; II. *si.* 결합된, 합친 combined ○ **şərikli, müştərəkli, yarıdar**

ortaqlıq *i.* 공동체, 연합체 community ○ **şəriklik, müştərəklik, yarıdarlıq**

ortalanmaq *fe.* 둘로 나뉘다 divide into two parts

ortalıq *i.* 중간의 것 middle

ortancıl *si.* 중간의, 평균의 middle, average ● **böyük**

ortasında *qo.* ~의 중간에, ~ 도중에 amidst, mid, in the middle of

ortasin(li) ☞ **ortayaş(lı)**

ortayaş(lı) *si.* 중년의 middle-aged

ortodoks *si. i.* 정교회(의) orthodox

ortodoksal *si.* 정교회의 orthodox

ortodoksallıq *i.* 정교회(正教會) orthodoxy

ortoped *i.* 정형외과의(醫) orthopaedist

ortopediya *i.* 정형외과(整形外科) orthopaedics

oruc *i.* 금식, 단식, 절식 fast; **~ tutmaq** *fe.* 금식하다, 단식하다 fast

orucluq *i.* 단식월(斷食月) month of fasting (ramazan)

Osetinlər *i.* 오세틴족 Osetine

Osetincə *i.* 오세틴 언어 the Osetine language

Osmanlı *i.* 오토만, 오스만 (터키) Otto man

ot *i.* ① 풀, 초본(草本), 약초, 목초(木草) grass, herbs; ② 건초, 꼴 hay; **~ tayası** *i.* 건초 더미 hay stack; **~-alaf** *i.* 잡초 hay, weed; **alaq ~u** *i.* 잡초 weed; **~abənzər** *si.* 풀과 같은 grass-like; **~biçən** *i.* 풀 베는 도구, 잔디 깎는 기계 chopper, mowing-machine; **~dırmaqlayan** *i.* 갈퀴, 써레, 고무래 rake; **~lu** *i.* 풀(잡초)이 덮인; grassy; **~suz** *i.* 불모의 grassless; **~suzluq** *i.* 황무함, 불모 barrenness; **~yeyən** *i.* 초식성(草食性)의 herbivorous; **~yığan** *i.* 건초 기계, 풀 깎는 기계

mower, hay-maker; **kəklik ~u** *i.* 사향초, (향미료) 타임 thyme; ***Ot öz kökü üstündə bitər.*** *부전자전(父傳子傳). Like father, like son.*; **~üstü xokkey** *i.* 필드하키 lawn hockey

otaq *i.* 방, 침실, 사실(私室) room, apartment, closet, chamber; **~ xidmətçisi** *i.* (호텔 등의) 객실 담당 여자 chambermaid; **~ğın havasını dəyişmək** *fe.* 방을 환기시키다 air; **~ı yığışdırmaq** *fe.* 방을 소제하다, 청소하다 do a room, tidy a room; **qonaq ~ğı** *i.* 객실, 응접실 drawing room, living room, sitting room; **yataq ~ğı** *i.* 침실 bedroom; **yemək ~ğı** *i.* 식당 dinning room

otaqça, otaqcıq *i.* 작은 방, 딸린 방 small room

otarma ☞ **otarmaq**

otarmaq *fe.* (풀을) 뜯기다, 먹이다 feed (grass), graze, pasture ○ **dolamaq, aldatmaq**

otbiçən ☞ **otçalan**

otçalan *i.* 풀 깎는 사람, 건초 업자 mower, hay-maker

otçuluq *i.* 목초 재배업 cultivation of meadows

otdoğrayan *i.* 벌초업자 grass cutter

otlamaq *fe.* 풀을 먹이다 graze, pasture

otlaq *i.* 목초, 풀 뜯기기 pasture ○ **örüş**

otluq *i.* 목초지 meadow, grassland

ottisk *i.* 인쇄 print

otuxmaq *fe.* 짐승에게 풀을 뜯기다 start to eat grass (for animal)

oturacaq *i.* ① 좌석 seat; ② 기초, 초석, 토대 basis, foundation, substructure, groundwork ○ **özül, əsas, bünövrə**

oturacaqlı *si.* 토대가 있는, 기초가 튼튼한 based, grounded ○ **özüllü, əsaslı, bünövrəli**

oturaq I. *si.* 정착한 settled, non-migrant; II. *i.* 정착지 place of settlement ● **köçəri**

oturaqlıq *i.* 정착 생활, 영구 정착 settled, permanent way of life

oturdulmaq *fe.* 앉혀지다 be seated

oturma ☞ **oturmaq**

oturmaq *fe.* ① 앉다 sit (down), take a seat, seat ○ **əyləşmək, minmək, qonmaq**; ② 맞추다, 자리를 잡다 fit, settle, shrink ○ **yığılmaq, qısalmaq, gödəlmək**; ③ 가라앉다, 주저앉다 sink, descend ● **qalxmaq**; ④(말, 차량 등) 올라앉다 get on

oturtmaq *fe.* ① 앉게 하다, 앉히다 seat, give seat, offer a seat; ② 자리를 내어 주다 put in one's place; ③ 정착(定着)게 하다 settle down; ④ 태워주게 하다, 날라주게 하다 let ride, give ride

oturub-durmaq *fe.* 연합하다, 교제하다, 협력하다 associate (with), consort (with)

oturub-durub *z.* 항상, 언제나, 끝까지, 매번 always, every time, for ever

oturum *i.* 앉음 sitting; **bir ~da** *i.* 한 번 앉아서 at one sitting

oturuş *i.* 앉는 자세 way of sitting

oturuşmaq *fe.* ① 같이 앉다, 같이 생활하다; sit together ② 같이 나이가 들다 get old, grow aged

oturuşmuş *i.* 노령, 고령자, 어르신 elderly, old

otuz *say.* 서른, 30; Thirty **~günlük** *i.* 30일의 기간 thirty day period; **~-oyuz** *i.* 서른 살 동갑 thirty at a time

otaqsüpürən/otaqtəmizləyən *i.* 청소부, 방을 소제하는 사람 office-cleaner, maid

ov *i.* 사냥, 수렵, 낚시, 사격, 추격 hunt, hunting, shooting, fishing, sport, game, catch, chase ○ **şikar, qənimət**; **~ heyvanı** *i.* (동물) 사냥 hunting animal (game); **~ quşu** *i.* (새) 사냥 hunting bird (game); **~a çıxmaq/~ etmək** *fe.* 사냥을 가다 ; hunt; **~ yeri** *i.* 사냥터, 낚시터 chase

oval *i.* 타원(형), 계란 모양 oval; **~ şəkilli** *si.* 계란 모양의, 타원의 oval

ovalıq *i.* 저지(低地), 평지, 평원 lowland, plain, flat country

ovcalamaq *fe.* 문지르다, 비비다, 마사지하다 rub, massage

ovçu *i.* 사냥꾼, 낚시꾼, 놀이꾼 hunter, angler, sportsman

ovçuluq *i.* 사냥, 수렵(狩獵), 낚시, (여우사냥) 추격 hunt, hunting, chase

ovdan *i.* 저장고, 창고 reservoir, storage pond

ovduq ☞ **ayran**

ovxalama *i.* 마사지, 안마 massage

ovxalamaq *fe.* ① 비벼서 가루로 만들다, 분쇄(粉碎)하다 crumble, smash ○ **doğramaq, narınlamaq**; ② 문지르다, 비비다, 안마하다 rub, massage, finger ○ **ovuşdurmaq, övkələmək**

ovxam *i.* 부스러기, 작은 조각, 빵가루 crumb

ovxantı ☞ **ovuntu**

ovxar *i.* 예리(銳利)함, 날카로움 sharpness

O

ovxarlamaq *fe.* 담금질하여 날을 세우다 sharpen (by heating and hammering)

ovxarlanmaq *fe.* 날카로워지다, 예리(銳利)해지다 be sharpened

ovxarlatmaq *fe.* 날카롭게 하다, 날을 세우게 하다 ask *smb.* to sharpen

ovxarlı *si.* 날카로운, 예리한 sharpened

ovqat *i.* 기분, 성향, 성미, 감정 상태 temper; emotional condition ○ **hal**, **vəziyyət**, **kef**; **~ı təlx** *si.* 기죽은, 우울한, 의기소침 (意氣銷沈)한, 음울한 dejected, dismal

ovqatsız *si.* 기분 나쁜, 기죽은, 우울한 upset, downcast, distressed ○ **pərt**, **dilxor**, **pozğun**

ovlaq *i.* 사냥지, 수렵 지구 hunting ground, preserve

ovlamaq *fe.* 사냥하다, 추격하다, 쏘다 chase, shoot

ovma I. *i.* ① 콜레라 cholera; ② 치즈와 버터를 으깨서 만든 음식의 일종 a kind of food (mixed with crumpled cheese and butter); ③ 잘게 부수기, 으깨어 가루로 만들기 crumpling, smashing ○ **doğrama**, **narınlama**, **xırdalama**; ④ 비비기, 문지름, 안마하기 rubbing, massaging ○ **sürtmə**, **ovxalama**; II. *si.* 구겨진, 부숴진 crumpled

ovmafətir *i.* (엉망으로 반죽하여 만든) 쿠키 cookie (much fumbled dough)

ovmaca *i.* 복통(腹痛), 고통 bellyache, pain

ovmaq *fe.* ① (가루로) 부수다, 갈다 crumble, grate ○ **doğramaq**, **narınlamaq**, **xırdalamaq**; ② 문지르다, 만지작거리다, 주무르다, 안마하다 finger, fumble, massage ○ **sürtmək**, **ovxalamaq**

ovsaf ☞ **övsaf**

ovsana; **~dan cıxarmaq** *fe.* 가치를 인정하다, 평가하다 appreciate, esteem

ovsar *i.* (낙타 용) 굴레, 밧줄 halter (for camel)

ovsarlamaq *fe.* 밧줄을 매다 halter

ovsarlı *si.* 굴레를 쓴, 밧줄을 맨 haltered

ovsarsız *si.* 굴레를 쓰지 않은, 밧줄을 매지 않은 halterless

ovsun *i.* 마술, 마법(魔法) magic, sorcery ○ **cadu**, **tilsim**, **sehr**

ovsunçu *i.* 마술사, 마법사 magician, sorcerer ○ **tilsimçi**

ovsunçuluq *i.* 마술, 마법 sorcery ○ **cadugərlik**, **sehrbazlıq**

ovsunlamaq *fe.* 마술을 걸다, 마법을 걸다, 요술을 부리다, 주술을 쓰다 charm, bewitch, enchant ○ **cadulamaq**, **tilsimləmək**, **məftun etmək**

ovsunlanmaq *fe.* 마법에 걸리다, 마술에 홀리다 enchant, bewitch, charm

ovsunlu *si.* 마법의, 마술의, 마술적인, 주술적인 charming, magical ○ **cadulu**, **tilsimli**, **sehrli**

ovsunotu *i.* 클로버, 토끼풀 clover

ovşala *i.* 레몬과 설탕을 넣어 만든 과일 주스 drink made from fruit juice with sugar and lemon ○ **şərbət**

ovşar *i.* (소, 염소 등 젖을 짜기 전) 젖통에 하는 마사지 massaging of udders before milking

ovuc *i.* 손바닥, (량(量)을 측정하는 단위) 줌; palm **bir ~** *si.* 한 줌의 palmful; **~ dolusu** *si.* 한 줌 가득 handful

ovuclamaq *fe.* 손으로 한 줌 한 줌 모으다 gather in handfuls

ovuq *i.* ① 움푹 패인 자리, 작은 웅덩이 hollow, crater, dip ○ **yarıq**, **deşik**, **koğuş**; ② 부스러기, 작은 조각, 빵 가루 crumb ○ **ovuntu**

ovuq-ovuq *si.* 자잘한, 조각 조각난 small small; **~ olmaq** *fe.* 자잘하게 되다 be tiny; **~ eləmək** *fe.* 잘게 부수다 crumble, break to smithereens, shatter

ovulmaq *fe.* ① 잘게 부숴지다 be crumbled ○ **doğranmaq**; ② 문질러지다, 마사지를 받다 be rubbed, be massaged ○ **ovxalamaq**

ovulan *si.* 잘게 부숴지는, 바삭바삭한 crisp

ovundura-ovundura *i.* 위로하며 consolingly

ovundurmaq *fe.* 위안 시키다, 진정시키다, 위로하다 console, calm ○ **təskinləşdirmək**, **sakitləşdirmək**

ovundurucu *si.* 위안이 되는, 위로의 consolatory, consoling

ovunmaq *fe.* 진정하다, 위안이 되다 be consoled, be comforted ○ **təskinləşmək**, **sakitləşmək**, **yumşalmaq**

ovunmaz *si.* 위로가 안되는, 위로할 길 없는 inconsolable

ovuntu *i.* 작은 부스러기, 조각, 빵가루 crumb ○ **qırıntı**

ovuşdurmaq *fe.* ① 문지르다 massage, rub ○ **övkələmək**, **ovxalamaq**; ② 비벼서 가루로 만

들다, 잘게 부수다 crumble ○ **əzmək, yoğurmaq, yumşaltmaq**
ovuşdurtmaq *fe.* 문지르게 하다, 잘게 부수게 하다 ask *smb.* to massage/rub/crumble
ovuşdurulmaq *fe.* ① 문질러지다 be massaged/rubbed; ② 잘게 부서지다 be crumbled
ovuşuq *si.* 부숴진 잘게 으깬 crumbled, mashed
oy *nid.* 아!, 저런! Gosh! Oh!
oyadıcı *si.* 자극성의, 흥분케 하는, 격려하는; *i.* 흥분제, 자극제 stimulant
oyaq *si.* ① 정신차린, 깨어있는, 침착한 awake, sober ○ **ayıq, sayıq** ● **yatmış**; ② 경계적인, 방심하지 않은, 조심하는 vigilant, watchful, careful; ~ **olmaq** *fe.* 깨어있다, 정신차리다 be awake, sit up
oyandırmaq *fe.* ① 깨우다, 각성시키다 awaken; ② 자극하다, 흥분시키다 stimulate
oyanıq *i.* 경계, 조심 vigilance
oyanma *i.* ① awakening, vigilance ○ **ayılma**; ② 자극, 흥분, 갱신, 갱생 regeneration, excitation ○ **canlanma**
oyanmaq *fe.* ① 깨다, 일어나다 arouse, wake ○ **ayılmaq**; ② 갱생하다, 재생하다 regenerate ○ **canlanmaq**
oyanmaz *si.* 깨어나지 않는, 깊은 잠을 자는 heavy sleeping
oyatmaq *fe.* 깨우다, 일어나게 하다, 일깨우다, 자극하다 arouse, evoke, rouse, stimulate, stir, wake
oydurmaq *fe.* 파내게 하다, 뚫게 하다 dig out; excavate
oylaq *i.* 평지, 광장, 시장, 평원 flat surface, plaza, plain, prairie
oyma *i.* ☞ ① **oymaq**[1]; ② 조각물, 부조(浮彫) carving, relief
oymaçı *i.* 조각가, 목판공 engraver, carver
oymaq[1] *fe.* 파내다, 조각하다, 부조하다 carve, engrave, hollow ○ **qazmaq, eşmək, dəşmək, qurdalamaq, töküşdürmək**
oymaq[2] *i.* (재봉용) 골무 thimble ○ **üskük, barmaqca**
oymaq[3] *i.* 동네, 마을, 촌락 (인) village, people ○ **icma, xutor**
oynağan *si.* 진지하지 않은, 우스운, 경박(輕薄)한 facetious, playful, frisky
oynaq[1] *si.* ① 영리한, 민첩한, 용감한 clever, quick, brave ○ **zirək, cəld, diribaş, çevik, qoçaq** ● **süst**; ② 경솔한, 경박한, 까부는 facetious, playful, frisky ○ **şən, şux, ədalı, şivəli**
oynaq[2] ☞ **oylaq**
oynaq[3] *i.* 연결장치, 이음쇠, 연결기 joint, coupling ○ **bənd, buğum,**
oynaqlama ☞ **oynaqlamaq**
oynaqlamaq *fe.* 까불며 뛰놀다, 뛰놀며 떠들다, 경박하게 굴다 romp, be naughty, play pranks ○ **şıllaqlaşmaq**
oynaqlaşmaq *fe.* 뛰놀다 sport, gambol, frisk
oynaqlıq *i.* ① 쾌활함, 신명남, 유쾌함 cheerfulness, playfulness ○ **şuxluq**; ② 경솔, 천박 frivolity, flippancy ○ **dəmdəməkilik**; ③ speedy, quick ○ **cəldlik** ● **süstlük**
oynama *i.* ① 춤 dance ; ② ☞ **oynamaq**
oynamaq *fe.* ① 역할을 하다, 행동하다, 공연하다 act, play, perform (role), represent, dance ○ **süzmək**; ② 흔들리다, 헐겁다 shake ○ **laxlamaq, tərpənmək, səndələmək, yırğalanmaq**; **rol** ~ *fe.* 역할을 감당하다, 연극하다 play a part
oynanmaq *fe.* 공연되다, 역할을 맡다 be played, be performed
oynaş *i.* 애인 lover, paramour ○ **lotu, aşna**
oynaşlı *i.* (불륜의, 혼외의) 애인이 있는 having illegal husband, having a lover ○ **lotulu**
oynaşlıq *i.* 불륜관계(不倫關係) relationship of between lovers
oynaşmaq *fe.* (집단적으로) 뛰놀다, 경기하다, 노름하다, sport, gamble, frisk
oynatmaq *fe.* ① 춤을 추게 하다, 놀게 하다 ask *smb.* to dance ② 속이다, 사기치다 deceive; ③ 헐겁게 하다, 삐걱거리게 하다 shake loose, make rickety
oynayan *i.* 무희(舞姬), 춤추는 사람 dancing, dancer
oyrotlar *i.* 오이로트 민족 (고르노-알타이 자치주, 약 17만 인구) Oyrots
oyuq *i.* 우묵한 곳, 구멍 dent, socket, hollow ○ **cüxur, qazıq, çökək, koğuş**
oyuqlu *i.* 구멍난, 파인 hollowed, dipped ○ **cüxurlu, çökəkli, koğuşlu**
oyulma ☞ **oyulmaq**
oyulmaq *fe.* 구멍나다 be dug in, be drilled ○ **deşilmək, dəlinmək, qazılmaq**
oyun *i.* ① 놀이, 장난 game ○ **rəqs**; ② 춤, 무도

O

dance, play, match; ③ 연극, 자랑, 과시 acting, show ○ **göstərmə, tamaşa**; ④ 농담, 놀림, 우스갯소리 joke ○ **zarafat, məzhəkə**; 속임, 사기, 협잡질 cheating ○ **fırıldaq, hiylə, kələk, hoqqa, həngamə**; **~ zərləri** *i.* 주사위 dice; **~ çıxarmaq** *fe.* 연극하다, 속이다 make a scene; **~un yarısı** *i.* 전반전 half time

oyunbaz *i.* ① 어릿광대, 익살꾼 clown; ② 사기꾼, 협잡꾼 swindler, defrauder, cheater ○ **hoqqabaz, təlxək, kələkbaz**

oyunbazlıq *i.* ① 익살, 나쁜 장난 clownery, buffoonery; ② 사기 swindling, cheating ○ **hoqqabazlıq, təlxəklik, fırıldaqlıq, hiyləgərlik**

oyuncaq *i.* ① 장난감, 완구 toy; ② 꼭두각시, 마리오네트 marionette

oyun-oyuncaq *i.* 시시한 것, 장신구 trinket, knick-knack

ozan *i.* ① 시인 poet, lyricist ○ **aşıq**; ② 수다쟁이 chatterbox ○ **yanşaq**

ozanlıq *i.* 시작(詩作), 작사 poem writing, lyric writing

ozon *i.* 오존 ozone

ozonator *i.* 공기 청정기 ozonizer, apparatus used for cleaning the air

ozonlaşmaq *fe.* 공기를 청정하다 change the ozone; clean with ozone

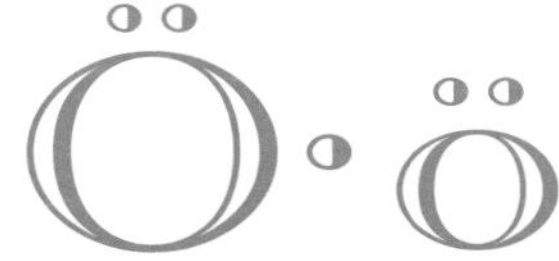

öc *i.* 앙갚음, 복수(復讐), 보복(報復) vengeance, revenge ○ **qisas, intiqam**

öcəşkən *si.* 놀리는, 호전적인, 공격적인, 시비조의 teasing, pugnacious, aggressive ○ **davakar, dalaşqan, savaşqan** ● **sakit**

öcəşkənlik *i.* 호전성, 놀림, 들볶음 pugnacity, bullying, teasing ○ **davakarlıq, dalaşqanlıq, savaşqanlıq**

öcəşmə ☞ **öcəşmək**

öcəşmək *fe.* 놀리다, 괴롭히다, 자극하다, 트집잡아 괴롭히다 tease, bully, excite, irritate, find fault with ○ **dalaşmaq, savaşmaq, sürtüşmək, acıqlanmaq, hirslənmək** ● **sakitləşmək**

öcül *i.* 안내자, 지도자 leader, guide

öd *i.* 쓸개즙, 담즙(膽汁) bile, gall; ~ **kisəsi** *i.* 쓸개, 담낭(膽囊) gall-bladder

öddək *si.* 소심한, 비겁한, 겁 많은, 심약한, cowardly, timid, shy, bashful ○ **qorxaq, ağciyər, cəsarətsiz, ürəksiz (adam)**

öddəklik *i.* 소심(小心), 심약(心弱), 비겁함, 겁 많음 timidity, cowardliness ○ **qorxaqlıq, ağciyərlik, cəsarətsizlik**

ödək *i.* 빚, 채무, 저당 debt, mortgage

ödəmə *i.* 변제(辨濟), 지불, 갚음, 변상, 보상 compensation, payment, amends; ~ **ilə** *i.* 대금상환(代金相換)으로 c.o.d. (cash on delivery)

ödəmək *fe.* ① 지불하다, 돈을 내다, 갚다, 채무 청산하다 repay, pay off, clear off ○ **qaytarmaq, vermək**; ② 보상하다, 되갚다, 배상하다 compensate; ③ 보충하다, 다시 채우다, 재충전하다 refill ○ **doldurmaq**; **zərəri** ~ *fe.* 변상하다, 변상해 주다 make amends for

ödənilmək *fe.* 지불되다, 변상되다, 배상되다 be paid, be satisfied

ödəniş *i.* 지불, 배상, 보상 recompense, payment

ödənmə *i.* 지불, 갚음 payment, pay; **~si vacib olan** *si.* 갚아야 되는, 변상해야 하는 due

ödənmək *fe.* 지불되다, 변상되다 be paid, be satisfied

ödəyiş *i.* (빚의) 지불; (의무의) 이행 satisfaction, paying off, repaying

ödünc *i.* 빚, 의무(義務), 구속(拘束), 책무(責務) debt, duty, obligation

öfkə *i. ana.* 허파, 폐(장) Lung

öfkələnmək *fe.* 화가 나다, 신경을 건드리다 get angry, get upset

öfkəli *i.* 용감한, 대담한, 담대한 brave, bold, gallant ○ **ürəkli, cəsarətli, ciyərli**

ögey *si.* 「의붓」「이복」「계(繼)…」의 뜻 step ○ **yad, özgə** ● **doğma**; ~ **ana** *i.* 계모(繼母) stepmother; ~ **ata** *i.* 계부(繼父) stepfather; ~ **oğul** *i.* 의붓아들 stepson; ~ **qız** *i.* 의붓딸 stepdaughter

ögey-doğmalıq *i.* 편견, 편애, 편차, 차별 prejudice, discrimination ○ **ayrı-seçkilik**

ögeylik *i.* 소외, 이국적임, 다름, 어색함 foreignness, alienation ○ **yadlıq, özgəlik** ● **doğmalıq**

ögəc ☞ **öyəc**

öhdə *i.* 의무, 책임, 책무 obligation, engagement, commitment, duty, responsibility; **~də olan** *si.* 종속하는, 좌우되는 dependent **~sindən gəlmək** *fe.* 감당하다, 극복하다, 꾸려 나가다, 타고 넘다 manage, overcome, cope, surmount

öhdəçi *i.* 담당자, 의무자, 책임자 one who has promised to see a work to its completion

öhdəçilik *i.* 책무, 책무 사항 obligation

öhdəlik *i.* 책무, 기업, 기도, 떠 맡음 obligation, undertaking; **~yə götürmək** *fe.* 책임을 떠 맡다, 의무를 감당하다 undertake an obligation; **~yi yerinə yetirmək** *fe.* 의무를 이행하다, 책무를 갚

Ö

다 repay an obligation

öhö(-öhö) *i.* 콜록콜록 (기침소리) *onomatopoeic.* sound made when coughing

ökcə *i.* (신발의) 굽, 뒤꿈치, 뒤축 heel (of shoes) ○ **daban**

öksə *i. bot.* 겨우살이의 일종 mistletoe

öksüz *si.* ① 부모 없는, 고아의 orphan ○ **yetim**; ② 불행한, 불운한, 비운의 (사람) unfortunate, unlucky

öksüzlük *i.* 고아 orphanhood ○ **yetimlik, kimsəsizlik**

öküz *i.* ① 황소, 수소 bull, ox; ② 공갈범, 불량배 bully

öküzlük *i.* 거침, 껄껄함, 울퉁불퉁함 toughness, roughness, unevenness

ölçmə *i.* 측량, 계량, 측정 measuring, measurement

ölçmək *fe.* ① (값, 중량, 부피 등) 재다, 측량하다, 평가하다 measure, weight, value; ② 셈하다, 고려하다, 검토하다 count, consider, compare

ölçü *i.* ① 차원, 측정, 비율, 크기 dimension, measure, rate, size ○ **miqyas, dərəcə**; ② 기준, 표준 criteria, standard ○ **əndazə, vəzn, meyar**; ~ **götürmək** *fe.* 측정하다, 측량하다, 재다 take measures; ~ **cihazı** *i.* 계량기, 계수기 meter; ~**nü müəyyən etmək** *fe.* 측량하다, 기준을 정하다, 등급을 매기다 rate

ölçüb-biçmək *fe.* 재단(裁斷)하다, 다각도에서 바라보다, 깊이 생각하다 try on, fit, look at from various angles, consider deeply

ölçücü *i.* 자, 척도, 규모, 측량기 ruler, scale, instruments for measuring

ölçülə bilən *si.* 측량할 수 있는 measurable

ölçülmə *i.* 측량, 측정, 헤아림 measure, measurement

ölçülmək *fe.* 측정되다, 고려되다, 측량되다 be measured

ölçülməz *si.* 측량할 수 없는, 잴 수 없는, 헤아릴 수 없는 immeasurable, immense, unfathomable

ölçülü *si.* ① 잘 측정된, 잘 조절된, 적정한; moderate, well balanced ② 재는, 헤아리는, 측량하는 measurable, measuring

ölçülü-biçili *si.* 잘 조절된, 잘 재단된 measured; ~ **söz** *i.* 적절한 말 measured word

ölçüsüz *si.* 한없는, 무한한 boundless, infinite ○ **hədiz**

ölçüsüzlük *i.* 측정 불가함, 무한함, 광대함, 막대함 immeasurability, unlimitedness, immensity ○ **hədizlik**

ölçüyəgəlməz *si.* 측량할 수 없는, 거대한, 무한한 immeasurable, immense, unfathomable

öldü-qaldı *i.* 운명, 숙명 doom, fate, destiny ○ **tale, aqibət**

öldürmə *i.* ① 마비시킴 making numb ○ **keyləşdirmə**; ② 살인, 살상 murder ○ **qırma**

öldürmək *fe.* ① 마비시키다, 저리게 하다 make numb ○ **keyləşdirmək**; ② 죽이다, 살상하다, 살인하다, 저격하다 kill, murder, shoot, slaughter, slay, assassinate ○ **qırmaq**; ③ 충격을 주다 shock ○ **sarsıtmaq**; ***Dərd məni öldürür.*** *고민스러워 죽겠다. Grief is killing me.*; ***Bir oxla iki dövşan öldürmək.*** *일석이조(一石二鳥). Kill two bird with one stone.*

öldürücü *si. z.* 치명적(으로), 치사에 이르게 하는, 죽게 만드는 fatal, killing, mortal, deadly ○ **məhvedici, sarsıdıcı**

öldürücülük *i.* 치명적 작용, 치사성, 충격성 fatality, lethality, deadliness ○ **məhvedicilik, sarsıdıcılıq**

öldürtmək *fe.* 죽이게 하다, 살인을 교사(巧詐)하다 ask *smb.* to murder/assassinate

öldürülmək *fe.* 죽임을 당하다, 살해되다, 저격당하다 be killed, be murdered, be assassinated

ölən *si.* 죽는, 죽게 되는, 죽음의 운명의 dying

ölət *i.* 치명적 질병, 치사(致死) 질환 fatal disease

öləzik *si.* 희미한, 창백한, 어두운, 우울한, 울적한 dim, dull, wan, lusterless, dreary ○ **sönük**

öləzimək *fe.* 희미해지다, 어두워지다, 우울하다, 빛을 잃다 get dim, become dull, lose its lustre ○ **sönmək, qaralmaq**

ölgün *si.* ① 죽은, 무감각한, 반죽음의, 생기 없는 dead, numb, half-dead, insipid ○ **key, süst, ölüvay**; ② 창백한, 생기 없는 sickly, puny, stunted, apathetic, flabby, dull ○ **zəif, arıq, sısqa, cansız, ətalətli, solğun**

ölgünləşmək *fe.* ① 창백해지다, 시들해지다, 병색이 짙어지다 be under-grown, grow sickly ○ **keyləşmək, süstləşmək**; ② 느려지다, 둔해지다, 지둔해지다 become sluggish, become inert, become inactive ○ **zəifləşmək, ətalətləşmək,**

solğunlaşmaq
ölgünlük *i.* ① 마비됨, 무감각 numbness, dullness ○ **keylik, süstlük, ölüvaylıq**; ② 병색이 완연함, 병듦 sickliness, puniness, flabbiness; ③ 무력, 무감각, 무정 inertia, apathy ○ **zəiflik, ətalət, kəsalət**
ölkə *i.* 나라, 국가, 국토, 지역 country, land, region; **~nin hərbi güvvələri** *i.* 국방력 national forces; **~nin içi** *i.* 국토, 영토 inland; **~nin içəriləri** *i.* 영토, 내륙 midland; **~nin kişi əhalisi** *i.* 인구, 인력 manhood
ölkəşünas *i.* (지역, 국가) 전문가 student of local lore
ölkəşünaslıq *i.* 지역학, 국가학, (특정 지역, 국가에 관한) 학문 study of local lore
ölmək *fe.* 죽다, 쓰러지다 die, succumb, be dead ○ **keçinmək, gəbərmək, qırılmaq** ● **yaşamaq**; **xərçənk xəstəliyindən ~** *fe.* 암으로 죽다 succumb to cancer; **~ ehtimalı** *i.* 사망률, 사망자 수 mortality; **~yə məhkum** *si.* 죽게 되는 mortal
ölməli *i.* 무용한, 죽어야 하는 useless, deathworthy
ölməz *si.* 불사의, 잊을 수 없는 immortal, unforgettable ○ **əbədi, daimi, unudulmaz**
ölməzlik *i.* 영원, 불사 불멸 eternity, immortality ○ **əbədilik, daimilik**
ölmüş *si.* 죽은, 고인이 된 dead
ölü I. *i.* 주검, 시신, 시체, 사체 dead, deceased, lifeless ○ **meyit, cənazə, cəsəd** ● **diri**; II. *si.* sicky, flabby, dead ○ **cansız, key, süst** ● **sağ**; **~ doğulmuş** *si.* 사산(死産)의 still born
ölüb-dirilmək *fe.* 매우 고통스러워 하다, 극한 어려움을 겪다 suffer greatly, go through great danger
ölüb-itən *si.* 소멸된, 죽어 없어진 abolished, passed away
ölücəsinə *z.* 죽은 것처럼, 죽어서 dead, deadly
ölüxana *i.* 시체 안치소, 영안실 mortuary,
ölüksünmək ☞ ölüşkəmək
ölülük *i.* ① 연약함, 피폐함, 생기 없음 feebleness, lifelessness, weakness ○ **cansızlıq, arıqlıq, sısqalıq** ● **dirilik**; ② 무감각, 무정함 numbness, insensitivity ○ **keylik, süstlük**
ölüm *i.* 죽음, 사망 mortality, death; **~ faizi** *i.* 사망률 death rate; **~ təhlükəsi** *i.* 죽음의 위험, 죽을 운명 mortality; **~ cəzasi** *i.* 사형 capital punishment
ölümcül *si.* ① 녹초가 된, 반 죽음의, 기진 맥진한 fatal, half-dead, exhausted, jaded, worn-out ○ **yarımcan, sarsıdıcı**; ② 죽게 될, 죽음의 mortal, deadly
ölümcüllük *i.* ① 소진, 고갈, 기진 맥진, 빈사(瀕死) exhaustion, half-dead state ○ **yarımcanlıq, sarsıdıcılıq**; ② 침체, 우울, 의기소침 depression ○ **üzgünlük, düşkünlük**
ölüm-dirim *z.* 뒤죽박죽, 닥치는 대로 life and death, pell-mell, hastily, haphazard; **~ mübarizəsi** *i.* 생사기로의 싸움 life and death struggle
ölüm-itim *i.* 폐지, 박멸, 전폐 abolition, annihilation
ölümqabağı *si.* 임종의, 죽음 직전의 dying,at the point of death
ölüm-zülüm *si.* 매우 어려운, 생사의 위기 very hard, very difficult
ölüncə *i.* 죽기 까지, 죽도록 til death, mortally
ölüsoyan *i.* 약탈자, 강탈자 marauder, pillager
ölüsoyanlıq *i.* 약탈, 강탈, 노획 marauding, pillage
ölüş *i.* 죽음 death
ölüşkəmək ☞ ölüşkümək
ölüşkümək *fe.* 시들다, 말라 죽다, 쇠잔하다 fade, wither, droop
ölüvay *si.* ① 축 늘어진, 무기력한, 약한 flabby, flaccid ○ **key, süst, maymaq** ● **bacarıqlı**; ② 기력 없는, 의욕 상실의, 느슨한, 굼뜬 languid, sluggish, slack ○ **ətalətli, solğun, üzgün** ● **zirək**; ③ 피골이 상접한 lanky, lean ○ **cılız, arıq, sısqa**; ④ 자지러진, 꼼짝 못하는, 불쌍한, 비열한 fascinated, pitiful ○ **ağzıboş, aciz**
ölüvaylıq *i.* ① 무름, 무력함 sluggishness, limpness, inertia, immobility flabbiness, flaccidity ○ **keylik, süstlük, maymaqlıq**; ② 굼뜸, 꾸물거림, 완만함 languidness, sluggishness, slackness ○ **ətalət, solğunluq, üzgünlük, kəsalət** ● **qıvraqlıq**; ③ 자지러짐, 꼼짝 못함 fascinatedness, pitifulness ○ **ağzıqboşluq, acizlik**
ölüyandırma *i.* 화장(火葬), 소각(燒却) cremation
ölüyuyan *i.* (이슬람에서 망자의 시신을 씻어 주는 사람) the man who is occupied with ritual ab-

lution of the deceased in Islam

ömründə *z.* 전혀, 생전, 절대로 never ○ **heç vaxt, qətiyyən**

ömür *i.* 일생, 평생 lifetime ○ **həyat, dirilik, varlıq**; ~ **boyu** *z.* 살아 생전에, 일생에 for life

ömürbillah *z.* ① 지금까지는, 전혀 so far, never; ② 항상, 언제나 always, for good

ömürlü *i.* 장수(長壽) long-life

ömürlük *i.* 평생, 항상, 상시 forever, ever more ○ **həmişəlik, əbədilik** ● **müvəqqəti**

ömürlülük *i.* 삶, 존재, 생활 existence, living ○ **həyatilik, varlıq**

ön *si.* ① 앞쪽의, 전번의, 이전의 before, first, front ○ **üz, tərəf, qabaq** ● **arxa**; ② 전면의 ; of front side; ~ **plan** *i.* 전경(前景) ; foreground; ~ **söz** *i.* 머리말 foreword; **~də gedən** *i.* 전초, 선봉 vanguard

öncə *z.* ① 전에, 이전에, 먼저 ago, first, ahead ② 미리, 사전에 before hand, earlier

öncül *i.* ① 지도 leading; ② 지도자, 안내자 leader, guide

öndən *i.* 앞으로부터, 앞에서 at, from the front

öndəki *vz.* 앞에 있는 forward

önlük *i.* ① *qram..* 접두사, 전치사 prefix, preposition; ② 앞치마 apron

önlüklü *si.* 앞치마를 두른 wearing an apron or pinafore

önşəkilçi *i. qram..* 접두사 prefix

önündə *z.* 앞의, 앞선, 앞에 있는 before, in front of

öpmək *fe.* 입 맞추다, 뽀뽀하다, 키스하다 kiss, give a kiss

öpüş *i.* 키스, 입맞춤 kiss ○ **busə**

öpüşmək *fe.* (서로) 입맞추다 kiss

ördək *i.* 오리 duck; ~ **balası** *i.* 오리 새끼 duckling

ördəkburun *i. zoo.* 오리너구리 duck-bill platypus

örkən *i.* (말 맬 때 쓰는) 줄, 끈 long rope used for horses

örnək *i.* 모범, 표준, 본보기 example, standard, type ○ **nümunə**

örpək *i.* ① (여자들) 두건 head covering for woman; ② 덮개 cover

ört-basdır *i.* 은닉, 감추기, 잠복 concealment, harbouring, receiving; ~ **etmək** *fe.* 가리개로 가리다, 칸막이로 가리다 screen

örtmə *i.* ① 가리개 covering; ② (차량) 추월(追越) overtaking (by car)

örtmək *fe.* ① 덮다, 씌우다, 가리다 coat, cover, lay, veil ○ **pərdələmək**; ② (문, 창) 닫다, 잠그다 shut closely (door, window *etc.*) ○ **bağlamaq, qapamaq, yummaq,** ● **açmaq**

örtü *i.* 장막, 칸막이, 커튼, 휘장 veil, curtain, cover ○ **pərdə, duvaq**

örtücü *i.* 휘장, 가리개 covering

örtük *i.* ① 덮개, 씌우개, 가리개, (식탁, 침대 등)보 veil, cover, spread, bedspread, cover; ~ **açmaq** *fe.* (베일을) 벗기다, 열다, 밝히다 unveil ○ **pərdə, duvaq**; ② 어깨걸이, 숄, 망토 shawl, cape, felt cover ○ **çiyinlik, bürüncək, yapıncı**

örtüklü *si.* ① 가려진, 덮인, 씌워진 veiled, covered, coated ○ **pərdəli, duvaqlı**; ② 애매한, 분명치 않은 ambiguous, equivocal; ③ 숄을 걸친, 망토를 입은 shawled, caped ○ **çiyinlikli, bürüncəkli**

öyümə *i.* 구토 질환, 구역질, 뱃멀미 vomitive, emetic sickness, nausea, vomiting

örtülmək *fe.* 가려지다, 덮어지다, 씌워지다 be covered, be closed, be coated ○ **bağlanmaq, yumulmaq, qapanmaq, pərdələnmək, bitişmək**

örtülü *si.* 가려진, 숨겨진, 씌워진 covered ○ **bağlı, qapalı, bitişik, yumulu, pərdəli**; ② 숨겨진, 가려진, 비밀의 inner, unseen, hidden ○ **eyhamlı, kinayəli, gizli** ● **açıq**;~ **istilik** *i.* 온실 hot-house; ~ **mə'na** *i.* 숨겨진 뜻, 저의(底意) inner meaning

örtüncək *i.* 덮개, 씌우개, 가리개 any kind of cover

örtünmək *fe.* 가려지다, 덮어지다 get covered, wrap up

örüş *i.* 목초지, 방목장 pasture ○ **otlaq**

öskürək *i.* 기침 cough

öskürmək *fe.* 기침하다 cough

öskürtmək *fe.* 기침 나게 하다 cause to cough

ötə¹ *vz.* ① 그것, 저것 that; ② 뒤따르는, 다음의 behind, following; ③ 저편, 건너편, 다른 편 the other side, the other party

ötə² *si.* 훌륭한, 출중한, 뛰어난, 완벽한 excellent, magnificent, perfect, first-class ○ **üstün,**

artıq, ötkün

ötə-bəri *z.* 여기 저기 here and there ○ **ora-bura**

ötədəki *si.* 저편의, 다른 편의 of the side, of that side

ötəki *vz.* 다른 편의 것, 그 외의 것 other, something else, another

ötən *si.* 지나간, 전번의 past, last ○ **keçən**

ötərgi *z.* 지나가는, 순식간의, 덧없는 fleetingly, transiently, in passing, by the way ○ **səthi, üzdən, yolüstü, ani, atüstü, gözucu**

ötəri *si.* ① 피상적인, 비유적인, 순식간의 superficial, fugitive, momentary ○ **səthi, üzdən**; ② 부주의한, 태만한 vacantly, inattentively, careless ○ **sözarası, dilucu, yolüstü, ayaqüstü** ● **diqqətlə**; ③ ~ 이유로, 때문에 for the reason, because of; **~ görmək** *fe.* 훑어보다, 흘끗 보다 glimpse, catch a glance; **~ nəzər** *i.* 흘끗 보기, 일별, 일견 glimpse; **~ baxmaq** *fe.* 흘끗 보다, 일견하다, 일별하다 steal a glance, glance

ötərilik *i.* 천박, 피상, 천박한 것, 덧없음 superficiality, momentariness ○ **səthilik, diluculuq, gözuculuq**

ötəsində *qo.* ~를 대신하여, ~를 위하여 on one's side, for

ötkəm *si.* 교만한, 거만한, 위엄 있는, 당당한, 장엄한 haughty, proud, majestic, arrogant ○ **təkəbbürlü, məğrur, qürurlu, təşəxxüslü, dikbaş, lovğa**

ötkəmlik *i.* 자만심, 자부심, 허영심 self-conceit, haughtiness, arrogance ○ **məğrurluq, qürur, təşəxxüs, dikbaşlıq, lovğalıq**

ötkün *si.* 너무 익은, 지나친 overripe, overdone, over roasted

ötkünlük *i.* 지나침 overripeness

öt|mək *fe.* ① 지나다, 경과하다, 앞지르다, 스치다 come by, elapse, outrun, outstrip, sweep ○ **qabaqlamaq, keçmək**; ② 진행하다, 전진하다, 나아가다 proceed, progress ○ **kecmək, aşmaq, sovuşmaq**; ③ (새가) 울다, 눈물을 흘리다, 끙끙대다 sing (bird), weep, whine ○ **oxumaq, civildəşmək**; **~üb keçmək** *fe.* 지나가다, 추월하다, 경과하다, 앞지르다 come by, exceed, pass, outrun, pass, outstrip, leave behind

ötrü *qo.* ~때문에, ~를 위하여, ~로 인하여 for the sake of, for, because of ○ **ücün, görə**; **bir kəsdən ~** 한 사람 때문에; for *smb.*'s sake; ***Nədən ötrü?** 무엇 때문에? For what?*

ötürmə *i.* 지남, 추월 pass

ötürmək *fe.* ① 전송하다, 배웅하다, 보내다 see off, transfer ○ **aparmaq, çatdırmaq, keçirmək, qaçırmaq, buraxmaq**; ● **qarşılamaq**; ② 건네다, 통신하다, 왕래하다 hand over, correspond; ③ 해산하다, 산회하다, 물러가게 하다, 떠나게 하다 dismiss, discharge; ④ 살짝 빠지다, 회피하다 sneak; ⑤ 탐식하다, 자주 먹다 devour, eat often ○ **yemək, aşırmaq, tıxamaq**; ⑥ 결석하다, 자리를 비우다 be absent from; ⑦ 무효화하다, 효력을 없애다, 빠뜨리다 void, invalidate, omit; **evə ~** *fe.* 집에 데려다 주다 see *smb.* home

ötür-ötür *z.* 주거니 받거니 transmitting, giving to each other

ötürüm *i.* 삼키기, 들이켜기, 한번에 삼키는 양 swallow

ötürücü *i.* 안내자, 인솔자 guide, escort; **~ cihaz** *i.* 전달 장치, 양도자, 전승자 transmitter

ötürülmək *fe.* 안내받다, 지도되다 be taken, led, conducted

ötüş *i.* 경주, 달리기 race, running ○ **yarış, qaçış, çapma**

ötüşdürmək *fe.* 서로 경주하게 하다, 서로 달리게 하다 compete in a speed race , race one another

ötüşmə *i.* ① 경주, 경쟁 competing in a speed race, racing one another ○ **yarışma, çapışma, qaçışma**; ② 삶, 살이 living, life ○ **yaşama, dolanma**; ③ (새가) 울다 sing, crow ○ **oxuma, banlama, cingildəmə, civildəmə**

ötüşmək *fe.* ① 같이 경주하다, 속도 경쟁하다, 서로 추월하다 race (with) one another, compete in a speed race ○ **yarışmaq, çapışmaq, qaçışmaq**; ② 기거하다, 살다 live, reside ○ **yaşamaq, dolanmaq**

övc *i.* 정점, 정상, 최고조, 절정 summit, pinnacle, apex

övkələmək *fe.* 문지르다, 갈다, 구기다, rub, massage, polish, grate, grind, rumple, crumple ○ **ovuşdurmaq, ovxalamaq, sürtmək, döymək, əzmək, yumşaltmaq**

övkələnmək *fe.* 스스로 문지르다, 자신을 마사지하다 rub oneself

Ö

övkəmək ☞ **övkələmək**
övkəşik *i.* 구겨짐, 구김 rumpled
övlad *i.* 아동, 아이, 자식 child ○ **uşaq, bala; ~lığa qəbul etmə** *i.* 입양(入養) adoption; **~lığa qəbul etmək** *fe.* 입양하다 adopt
övladlı *i.* 아이가 있는 with child ○ **uşaqlı, balalı**
övladlıq *i.* 어린 시절 childhood ○ **uşaqlıq, balalıq**
övladsevən *i.* 내리사랑, 자식 사랑, 아이 사랑 philoprogenitive, one who loves children
övladsız *si.* 무자식의, 손이 없는 childless
övladsızlıq *i.* 무자식 childlessness
övliya I. 성인, 성자; *i.* saint II. 거룩한, 진실한, 순결한 *si.* holy, pure, genuine, true
övraq *i.* 기록, 필적, 서류 sheet, writings
övrə *i.* 낭창(狼瘡) lupus (medical)
övrət *i.* ① 부인, 아내 wife ○ **arvad, zövcə, həyat yoldaş**; ② 여자 woman ○ **qadın**
övrətbaz ☞ **arvadbaz**
övrətlik ☞ **qadınlıq**
övza ☞ **vəziyyət**
övsaf *i.* 성질, 기질, 성격, 특성 character, personality, personal nature
öyəc *i.* 2년 이상 된 숫양 ram more than two years of age
öylə *i.* 정오, 한낮, 점심때 midday ○ **günorta**
öymə *i.* 자랑, 칭찬 boasting ○ **tə'rif, mədh**
öymək *fe.* 자랑하다, 칭찬하다, 추켜 세우다, 칭송하다 compliment, praise, eulogise, laud, extol ○ **tə'rifləmək**
öynə I. *i.* 당번, 차례, 순서, 대기 turn, queue, duty II. *z.* 어떤 때, 어느 날, 한번은 time, once, one day
öyrəncək *i.* 습관, 경력, 경험, 적응 habit, career, skilfulness, adaptedness ○ **adət, vərdiş, bacarıq, təcrübə, səriştə**
öyrəncəkli *si.* 습관화된, 적응된 accustomed, adapted, habitual ○ **vərdişli, səriştəli**
öyrəncəklik *i.* 습관, 관습, 적응 custom, habit, adaptation ○ **vərdiş, adət, səriştə**
öyrənci *i.* ① 학생, 생도, 학습자; pupil, student ② habitual, accustomed
öyrədilmək *fe.* 가르침을 받다, 학습하다 be taught
öyrədilmiş *si.* 학습한, 교육받은, 지시 받은 instructed
öyrənilmək *fe.* 지나치게 연구하다, 너무 공부하다 overstudy
öyrəniş *i.* 학습, 습관, 적응 learning, adaptation, habit ○ **vərdiş, adət, alışma**
öyrənişli *si.* 습관화된 accustomed ○ **vərdişli, adətkərdə, alışmış**
öyrənişmək *fe.* 습관화되다 get accustomed ○ **alışmaq**
öyrənmə *i.* ① 배움, 학습 studying ○ **oxuma**; ② 훈련, 학습 learning, training ○ **tə'lim, məşq**; ③ 적응 adapting ○ **alışma**
öyrən|mək *fe.* ① 배우다, 학습하다, 수업을 받다 learn, take lessons ○ **oxumaq**; ② 습관화 되다 get accustomed ○ **alışmaq**; ③ 상담하다, 알려지다 consult, get informed; ④ 연구하다, 찾아내다 research, ascertain, study, find out; **~ib bilmək** *fe.* 알다, 배우다, 증명하다 know, verify
öyrənmiş *si.* 학습한, 배운 trained, learned
öyrəşmək *fe.* 적응하다, 습관화되다, 익숙해지다 digest, get accustomed to, get used to, understand ○ **alışmaq**
öyrətmə *i.* 가르침, 수업 teaching
öyrətmək *fe.* ① 지도하다, 훈련하다, 가르치다 instruct, train, teach ○ **mənimsətmək, oxutmaq**; ② 부추기다, 선동하다 instigate ○ **fitləmək, salışdırmaq**
öyüd *i.* 설교, 강론, 교훈, 담화, 강설 sermon, exhortation, precept, lesson, moral ○ **nəsihət, ibrət, tə'limat**; **~ vermək** *fe.* 훈계하다, 권고하다 exhort, admonish, lecture; **~-nəsihət** *i.* 권고, 권장, 설교 exhortation; **~ vermək** *fe.* 설교하다, 강론하다 read *smb.* a lecture
öyüdləmək *fe.* 설교하다, 가르치다, 권고하다 teach, instruct, preach, exhort, admonish
öyümək *fe.* 메스꺼워 하다, 넌더리 나게 하다 sicken, feel sick, feel like vomiting
öyüngən *si.* 과장된, 허풍 떠는, 자랑하기 좋아하는 boastful
öyüngənlik *i.* 허풍 떨기 좋아하는 성격 character of boastfulness
öyünmə *i.* 자랑함, 거만한, 허영 boasting, bragging, vainglory ○ **tə'rifləmə, lovğalanma**
öyünmək *fe.* ① 자랑하다, 허풍 떨다, 교만하다 boast, brag, swagger ○ **tə'rifləmək, lovğalanmaq**; ② 믿다, 맡기다 confide

öz *vz.* 자신, 스스로 self, own; **~ünü** *vz.* 스스로를 (목적격), 스스로에게 (여격); oneself (*acc.*); **~ünə** to oneself (dative); **~ tərəfinə çəkmək** *fe.* 달래다, 회유하다, 조정하다 conciliate; **~ başına buraxmaq** *fe.* 홀로 되다 let *smb.* alone; **~ hüquqlarını tələb etmək** *fe.* 주장하다, 우기다 assert oneself; **~ xeyrini güdən** *si.* 장삿속의, 이익을 좇는 mercantile; **~ ürəyincə** *z.* 마음대로 one's liking; **~ü yazan qələm** *i.* 만년필 fountain pen; **~ündə təcəssüm etdirmək** *fe.* 구상화하다, 구현하다, 구체적으로 모습을 나타내다 embody; **~ü etmək** *fe.* 스스로 하다 do oneself; **~ünə güvənmək** *fe.* 자신하다 confide oneself; **~ canının qeydinə qalmaq** *fe.* 자신에 대한 염려를 하다 take care only of oneself; **~ünü təmizə çıxartmaq** *fe.* 정당화하다 justify oneself; **~ünü qurtarmaq** *fe.* 방어하다, 구원하다 defend oneself, save oneself; **~ünü əzib büzmək** *fe.* 재다, 자랑하다 give oneself airs, be affected; **~ünü ələ salmaq** *fe.* 놀리다, 스스로 비하하다 play the fool, make a fool of oneself; **~ünə gün ağlamaq** *fe.* 장래를 생각하다, 스스로를 챙기다 think of one's future, take care of oneself; **~ünü bərkitmək** *fe.* a) 많이 벌다, 스스로 챙기다 refresh oneself, eat much; b) 기운 나게 하다, 새롭게 하다 store up fresh energy; **~ünü vurmaq** *fe.* a) 자살하다, 자책하다 shoot oneself; b) 가장하다, 꾸미다; pretend to be, sham, feign, simulate; **~ünü ölülüyə vurmaq** *fe.* 죽은 체하다 pretend to be dead; **~ünü yeyib tökmək** *fe.* 반복적으로 말하다 say *smt.* repeatedly; **~ünü yetirmək** *fe.* 제시간에 도착하다 come just in time, arrive just in time; **~ünü yığışdırmaq** *fe.* a) 스스로를 추스르다; pull oneself together b) 놀라다, 헛수고 하다; be frightened/afraid, waste one's efforts, get tired; **~ünü göstərmək** *fe.* 앞장서다, 스스로를 내보이다 show oneself, put one's be foot foremost; **~ünü öymək** *fe.* 자랑하다, 교만하다 brag, boast, swagger; **~ünü uca tutmaq** *fe.* 교만하게 굴다, 거만하다 turn up, cock one's nose, put on airs; **~ünü çəkmək** *fe.* 지나치게 교만하다 puff up, be too proud; **~ünü yormaq** *fe.* 과로하다 overwork; ***Öz əli öz bası.*** *자유롭게, 제 마음대로. Freely, without restraint.*

özbaşına *si.* ① 자의로, 스스로 wilful, self-willed, unwarranted ○ **sərbəst, müstəqil, başlı-başına** ● **rəsmi**; ② 거리낌없는, 제한 없는 unrestrained, uncontrolled ○ **azğın**; **~ iş görmək** *fe.* 자행 자제하다 act wilfully

özbaşınalıq *i.* 방자, 방종, 무정부주의 license, anarchism ○ **sərbəstlik, müstəqillik, başlı-başınalıq** ● **rəsmilik**

Özbək *i.* 우즈베크인 Uzbek; **~ dili** *i.* 우즈베크어 Uzbek language

Özbəkistan *i.* 우즈베키스탄 Uzbekistan

özcə *z.* 스스로, 제 딴에 one's own

özcüyəz ☞ öz

özək *i.* ① 세포 cell; ② 속, 심, 고갱이 core, pith, heart; ③ 가로장, 비녀장, 축 bar, rod, pivot

özfəaliyyət *i.* 아마추어, 비전문가, 애호가 amateur

özgə I. *qo.* ~를 제외하고, ~를 예외로 하고 except, but ○ **başqa, qeyri, digər**; II. *si.* 다른, 외국의, 낯선, 외지의 strange, foreign, alien, other, another ○ **kənar, başqa** ● **doğma**

özgələşmək *fe.* 낯설다, 소원해지다, 따돌림 당하다 become a stranger, be left out ○ **başqalaşmaq, yadlaşmaq** ● **doğmalaşmaq**

özgəlik *i.* 낯섦, 외국적임, 소외 foreignness ○ **başqalıq, yadlıq**

özgəyerli *si.* 낯선, 외지의, 외부에서 온 foreign, alien, strange

özləri *vz.* 그들을 (복수 목적격) (*acc.*) themselves

özlərinin/özlərininki *vz.* 그들의, 그들의 (것) their, theirs

özlü *si.* 접착성의, 끈적거리는, 점착성 (粘着性)의 sticky, gelatinous

özlüyündə *z.* 스스로, 혼자서 by himself

özü *vz.* 스스로 (3인칭 단수 목적격) (*3rd. sg. acc.*) himself, herself, itself

özül *i.* 기초, 기반, 토대, 하부공사 foundation, base, ground work ○ **əsas, bünövrə, təməl**; **~ünü qoymaq** *fe.* 기초를 놓다, 시작하다 lay the foundation

özüllü *si.* 기초가 좋은, 기본이 튼튼한 having a foundation, based ○ **əsaslı, bünövrəli, təməlli**

özüllülük *i.* 기초가 좋음, 기본이 튼튼함 state of having a foundation ○ **əsaslılıq, bünövrəlilik, təməllilik**

özülsüz *si.* 근거가 없는, 기초가 없는 groundless,

Ö

without foundation ○ **əsassız, bünövrəsiz, təməlsiz**

özülsüzlük *i.* 근거 없음, 기초 없음 groundlessness ○ **əsassızlıq, bünövrəsizlik, təməlsizlik**

özüm *vz.* 나 자신 myself

özümüz *vz.* 우리 자신 (1인칭 복수 주격) (*1st, pl, nom.*) ourselves

özümüzü *vz.* 우리 스스로를 (1인칭 복수 목적격) (*1st, pl, acc.*) ourselves

ozümüzünkü *i.* 우리들의 것 (1인칭 복수 소유대명사) (*1st, pl, poss. pron.*) ours

özündənbəy *i.* 거만한 사람, 자신을 높게 보이려고 애쓰는 사람 haughty fellow, man who tries to show himself great

özündən *vz.* 스스로에게서 (탈격) self (ablative); ~ **razı** *si.* 건방진, 뻔뻔한, 주제넘는, 무람없는, 자만하는 presumptuous; ~ **razılıq** *i.* 자만심, 허영심 self-conceit; ~ **uzaqlaşdırmaq** *fe.* 물리치다, 배제하다, 얼씬도 못하게 하다 repel, repulse; ~ **çıxan** *si.* 급한, 신속한, 자신을 통제하지 못하는 hasty; ~ **çıxarmaq** *fe.* 격하게 분노하게 하다, 자제심을 잃고 화나게 하다 madden; ~ **çıxmaq** *fe.* 매우 화난 be furious, flare, fly into a rage, get mad, resent; ~ **çıxmış** *si.* 분개한, 성난, 산만해진, 이성을 잃은 distracted, indignant; ~ **müştəbeh** *si.* 자기 만족의, 자기 환상에 빠진 complacent; ~ **nagüman olma** *i.* 자신없음, 망설임, 암띰, 겸허, 삼가함 diffidence

özündəngetmə *i.* 간질(癎疾) epilepsy

özünə *vz.* 자신에게, 스스로에게 (여격) self (dative); ~ **arxayın** *si.* 자신 만만한 self-reliant; ~ **güvənən** *si.* 자신하는, 대담한, 배짱 있는, 건방진 confident, self-reliant; ~ **gəlmək** *fe.* 정신이 돌아오다, 의식을 회복하다, 회생하다 come to life, lift one's head, recover consciousness, recover oneself, regain consciousness, bring to life; ~ **qapanmış** *si.* 시무룩한, 언짢은 듯한, 다루기 힘든 sullen ~ **qaytarmaq** *fe.* (의식) 회복하다 regain

özünəhakim *si.* 절제하는, 자제하는, 연단된 restrained, disciplined, self-controlled

özünəxidmət *i.* 자기 봉사, 스스로 섬김 self-service

özünəməxsus *si.* 특유한, 독특한 particular

özünü *vz.* 스스로를, 자신을 (3인칭, 단수, 목적격) self (*acc.*); ~ **aparmaq** *fe.* 행동하다, 예의 바르다; behave ~ **bəyənən** *si.* 자만하는, 자기 만족의 complacent, conceited; ~ **göstərmək** *fe.* 잠깐 들르다 peep; ~ **günə vermək** *fe.* 일광욕하다 sun; ~ **itirmə** *i.* 당황, 실신 bewilderment; ~ **itirməmə** *i.* 자제, 절제, 조절 self-control; ~ **itirməyən** *si.* 당황하지 않는, 태연한, 침착한 unabashed; ~ **pis hiss etmək** *fe.* 건강 상태가 썩 좋지 않다 queer; ~ **saxlamaq** *fe.* 절제하다, 자제하다 abstain, avoid, refrain; ~ **xəlvətə vermək** *fe.* 쭈그리다, 구부리다 crouch; ~ **yaxşı aparmaq** *fe.* 예의 바르게 행동하다 behave oneself; ~ **öldürmək** *fe.* 자살하다, 자진(自盡)하다 commit suicide; ~ **ələ almaq** *fe.* 자신을 절제하다, 자신을 조장하다 compose oneself, control oneself

özünüalçaltma *i.* 겸허, 비하, 겸손 self-humiliation, self-disparagement

özünübilməməzlik *i.* 무의식, 인사 불성, 실성함 unconsciousness, oblivion

özünüçəkən *si.* 거만한, 고압적인, 자기 중심적인 arrogant, egotistical, overbearing

özünüdartan ☞ özünüçəkən

özünüidarə *i.* 자치(自治), 스스로 다스림 self-government

özünüqoruma *i.* 스스로 지킴, 자기보호, 절제함 self-preservation

özünümüdafiə *i.* 자위(自衛), 자기 방위, 정당방위 self-defence, apologia

özünümüşahidə *i.* 자성(自省) self-observation

özününkü *i.* 그의, 그녀의, 그것의 (3인칭, 단수, 소유격) his, her, it's

özünüöymə *i.* 자기 자랑, 자기 증진 self-promotion, boasting

özünütənqid *i.* 자기 비평 self-criticism

özünütərbiyə *i.* 가자 훈련 self-discipline

özunüyandırma *i.* 자기 분신(焚身) self-burning, self-consuming

özünüz *vz.* 여러분의 (2인칭 복수 주격); yourselves; ***Özünüz bilən yaxşıdır.*** *스스로를 아는 것이 중요. At your discretion.*

P·p

paça *i.* ① 가랑이, 사타구니 crotch, crutch; ② 정강이 leg, shin, calf (part between the knee and the ankle)

paçalamaq *fe.* ① 다리로 붙잡다, 걸다 *cling smb.* by leg ○ **tutmaq**, **yapışmaq**; ② 다리로 밀, 죽이다 pull by the leg, kill ○ **dağıtmaq**, **öldürmək**

paçalı *si.* 다리가 긴, 긴 다리를 가진 long-legged ○ **ayaqlı**

padnos *i.* 쟁반 tray

padşah *i.* 왕, 제왕, 통치자, 군주, 국왕 monarch, shah, ruler, sovereign

padşahlıq *i.* ① 왕권, 왕의 신분, 왕위 kingship; ② 왕국, 영토 kingdom, realm; ③ 통치, 왕의 법, 통치체제 reign, imperial rule, imperial regime, monarchism

padşahpərəst *i.* 군주제주의자 monarchist

padşahpərəstlik *i.* 군주제 monarchism

padşahyana *si.* 왕의, 왕립의) royal, kingly ○ **şahanə**

padzəhər *i.* 해독제 antidote, mithridate

pafos *i.* 열심, 열중, 열광, 광신 enthusiasm, inspiration ○ **coşğunluq**, **vəcd**, **həyəcan**, **təmtəraq**

paxıl I. *i.* 질투가 강한 사람, 시기하는 사람 envious person; II. *si.* ① 질투하는, 시기하는, 부러워하는 envious ○ **həsəd**; ② 탐욕스러운, 욕심부리는 green-eyed, yellow ○ **dargöz**; **~yana** *si.* 시샘하여, 시기로 가득하여 enviously, with envy; **~yana baxmaq** *fe.* 부러운 눈으로 보다 look enviously

paxıllamaq *fe.* 부러워하다, 시샘하다 envy, be jealous ○ **həsədləmək**

paxıllıq *i.* ① 시샘, 부러워함, 시기, 질투 envy; ○ **həsəd**, **qibtə**; ② 욕심부림, 탐욕 enviousness, greed ○ **dargözlük**; **~ etmək** *fe.* 부러워하다, 시샘하다, 시기하다 envy, begrudge, grudge; **~dan partlamaq** *fe.* 시기심으로 복장이 터지다 be bursting with envy

paxır *i.* 산소(酸素) oxide; **dəmir ~ı** *i.* 산화철(酸化鐵) ferric oxide ○ **pas**; **alümin ~ı** *i.* 산화 알루미늄 aluminum oxide; **mis ~ı** *i.* 산화 구리 copper oxide; **~ basmaq** *fe.* 산화되다 get oxidized; **~ı açılmaq** *fe.* 노출되다, 밝혀지다 become unmasked, come to light, stand exposed, be revealed; **öz ~ açmaq** *fe.* 자신을 드러내다 reveal oneself

paxırlanmaq *fe.* 산화되다 be oxidized

paxırlaşdırıcı *i. kim.* 산화제(酸化劑) acidifier, oxidizer

paxırlı *si.* 녹슨, 녹이 덮인 rusty ○ **paslı**

paxla *i.* 콩; 콩깍지 bean; **~lı bitki** *i.* 콩류의 식물 bean

paxlava *i.* 바클라바 (밀가루와 견과류 속으로 만들어 진 아제리 당류) pakhlava (a kind of eastern cake with nuts)

pak *si.* ① 깨끗한, 순결한, 청순한, 결백한 clean, innocent, honest ○ **təmiz**, **saf** ● **çirkli**; ② 순전한, 원래의 pure, original ○ **xaliz**, **əsl**, **sırf**

paket *i.* 묶음, 다발, 꾸러미 bundle, package, packet, parcel

pakizə I. *si.* ① 온전한, 순전한, 깨끗한 pure, clean, complete ○ **təmiz**, **saf**; ② 아름다운, 예쁜; pretty, lovely 깨끗하게, 정직하게 cleanly, honestly; II. *z.* ***Çox əcəb çox pakizə.*** *좋아! All right, O.K.*

pakizəlik *i.* 순결, 깨끗함 purity, cleanness ○ **təmizlik**, **saflıq**

paklamaq *fe.* 깨끗하게 하다, 정화시키다, 닦아내다 purify, clean, scour ○ **təmizləmək**, **safla-**

maq

paklıq *i.* 순결함, 청결함, 깨끗함, 순수함 innocence, decency, purity, cleanliness ○ **təmizlik, saflıq** ● **çirklilik**

pakt *i.* 협정, 조약, 계약 charter, pact

paqqapaq *i. onomatopoeic.* 부글부글, 보글보글 (물 끓는 소리) sound made by boiling liquid

paqqıladamaq *fe.* 부글부글 끓다, 요란하게 끓다 seethe, boil **up** noisily

pal *i.* 호두의 맨 껍질의 녹색 부분 green rind on the surface of walnut

palan[1] *i.* ① 안장, 안부 pack-saddle; ② 하역 인부들의 등 받침 back cushion for a porter; ③ 얇고 거친 의복 very thick and rough clothes

palan[2] *i.* (아파트, 주택 등의) 단지(團地), 구역(區域) unit of houses, block, street in the city

palanduz *i.* 안장 만드는 사람 pack-saddle maker

palanduzluq *i.* 안장 만들어 팔기 trade of a pack-saddle maker

palanlamaq *fe.* 말 등에 안장을 지우다 set up a pack-saddle on the back of horse

palanlı *si.* ① 안장을 지운 pack-saddled; ② *fig.* 뒤죽박죽된 머리 muddle-headed

palata *i.* ① 건물 chamber, house; ② 병동(病棟) ward (hospital); **ümumilər ~sı** *i.* (영국의) 하원 House of Commons; **Lordlar ~sı** *i.* 상원(上院) House of Lords **Yuxarı ~** *i.* 상원; Upper Chamber **Aşağı ~** *i.* 하원(下院) Lower Chamber

palaz *i.* 거친 직물, 깔개 coarse textile, rug

palazqulaq I. *si.* 귀가 큰 big-eared; II. *i.* ① 큰 단위 지폐 big bank note; ② *zoo.* 박쥐 bat

palçıq *i.* ① 진흙, 진창 mud, clay, wet-clay ○ **çirk, kir, zibil**; ② 반죽, 회반죽, 시멘트 반죽 grout; argil, pooter's clay ○ **zığ, lil, camır**; **~ vannası** *i.* 진흙 욕(浴) mud bath; **~ müalicəsi** *i.* 진흙 치료 mud cure; **~ vulcanı** *i.* 진흙 화산 mud volcano; **~ tutmaq** *fe.* 회반죽/시멘트 반죽을 만들다 prepare grout; **~ğa batmaq** *fe.* a) 엉망 진창이 되다 become mudded all over; b) 진창에 빠지다 **get** stuck in mud

palçıqlamaq *fe.* 회반죽을 바르다, 진흙을 바르다 spread clay, plaster, concrete ○ **yaxmaq, sürtmək, çəkmək, şirələmək, maqlalamaq, suvamaq**

palçıqlatmaq *fe.* 반죽을 바르게 하다 ask *smb.* to plaster/to clay

palçıqlı *si.* ① 진흙의, 진창의 muddy ○ **suvaqlı, malalı, şirəli**; ② 더러운, 얼룩투성이의 dirty, defective ○ **ləkəli, bulaşıq** ● **quru**; **~ yol** *i.* 진창길 muddy road

palçıqlıq *i.* 진창길, 진흙 구덩이 muddy place, area covered with mud

palçıqtəmizləyən *i.* 진흙 긁개 mud-scrapper

paleoqraf *i.* 고문서 학자, 고문헌 연구가 paleographer

paleoqrafiya *i.* 고문서학(古文書學) paleography

paleozoy *i.* 고생대의 Paleozoic

paleolit *i.* 구석기 paleolith

paleontologiya *i.* 고생물학, 고생물지(誌) paleontology

paleontoloji *si.* 고생물학의 paleontological

paleontoloq *i.* 고생물학자 paleontologist

palıd *i.* 떡갈나무, 참나무 oak; **~ağacı** *i.* 떡갈나무, 참나무 oak tree; **~ meşəsi** *i.* 참나무 숲 oak forest; **~ qozası** *i.* 상수리, 도토리 acorn

palıdlı *si.* 참나무의 oaken

palıdlıq *i.* 참나무 숲 oakery, oak-wood, oak grove

palma *i. bot.* 종려나무 palm tree; **xurma ~sı** *i.* 대추야자 나무 date palm; **~ ağacı** *i.* 회양목, 팜나무 palm tree, boxwood

pal-paltar *i. top.* 의복류, 온갖 종류의 옷 all kind of clothes

paltar *i.* 옷, 의복, 의류; 작업복, 드레스 clothes, dress, frock, garment ○ **libas, geyim, üst-baş**; **~ qolu** *i.* 소매 sleeve; **~ geymək** *fe.* (옷을) 입다 put on clothing; **~ı soyunmaq** *fe.* (옷을) 벗다 take off one's clothes; **ev ~ı** *i.* 집에서 입는 옷 house dress; **yun ~** *i.* 모직(毛織) woolen dress; **məxmər ~** *i.* 우단(羽緞) velvet dress; **trikotaj ~** *i.* 뜨개질 옷 knitted dress; **hazır ~** *i.* 기성복(旣成服) ready-made clothes; **~ yuyan maşın** *i.* 세탁기 washing machine; **~ yuyulan yer** *i.* 세탁소 laundry; **~ şkafı** *i.* 옷장 wardrobe; **~larını çıxartmaq** *fe.* 옷을 벗기다 undress

paltarasan *i.* 옷걸이 peg, **rack**, stand, hall-stand, clothe hanger

paltarlıq *i.* 옷감, 직물, 천 material for making clothes

paltarsaxlayan *i.* 겉옷 보관소 관리인 cloak room attendant
paltaryuma *i.* 세탁 washing
palto *i.* 외투 coat, overcoat
pambıq *i.* ① 면, 솜, 면직 cotton; ② 채우는 것 (솜, 양모, 짚 등) *wadding*; **xam ~** *i.* 원면(原綿) cotton wool; **~atan** *i.* 소모(梳毛)공 comber, carder; **~çı** *i.* 면화 재배농 **cotton** planter, cotton grower; **~ıqçılıq** *i.* 면화 재배 **cotton** growing; **~əyirmə** *si.* 면방적(綿紡績) **cotton** spinning; **~qlıq** *i. bot.* 면화 재배지 cotton plantation; **~ parça** *i.* 면직(綿織) **cotton** fabric; **~ tədarükü** *i.* 목화 따기 **cotton** collecting; **~təmizləyən** *i.* 목화 세탁 cotton cleaning; **~ yağı** *i.* 목화씨 기름 cotton oil; **~ toplamaq** *fe.* 목화 따다 pick cotton; **~yığan** *si.* 목화 따기 cotton picking
pamflet *i.* 팸플릿, 소책자 pamphlet
Panama *i.* 파나마 Panama; **~ kanalı** *i.* 파나마 운하 Panama canal
panoram *i.* 파노라마 panorama
pansion *i.* 소규모 숙박업소 boarding house
panter *i.* 퓨마, 표범, 재규어 panther
papa *i.* 교황 pope
papaq *i.* ① 양모 모자 sheepskin hat in Caucasus; ② 모자 cap, hat; **həsir ~** *i.* 밀짚 모자 straw hat; **xəz ~** *i.* 모피 모자 fur hat; **~ qoymaq** *fe.* 모자를 쓰다 put on one's hat
papaqçı *i.* 모자 만드는 사람 hatter, hat-maker
papalıq *i.* 교황의 지위/임기, 교황 통치권 Papacy
papış *i.* 아이 신발 shoes for babies; **şeytana ~ tikmək** *fe.* 매우 교활하다 be able to disappoint the devil, be unusually sly
papiros *i.* 담배 cigarette; **~ qutusu** *i.* 담배 갑 cigarette case; **~ kötüyü** *i.* 담배 꽁초; cigarette end; **~ kağızı** *i.* 담배 종이 cigarette paper
papirosalışdıran *i.* 라이터, 담뱃불 붙이는 것 cigarette lighter
papirosatan *i.* 담배 판매기, 담배 판매상 cigarette vendor
papirus *i.* ① *bot.* 파피루스 (나일 강 유역의 수생 식물) papyrus; ② 파피루스 (원시 종이) papyrus (for paper use)
para¹ *i.* ① 조각, 부분, 파편 piece, part ○ **tikə, parça, hissə** ● **bütün**; ② 나뉨 division ○ **bölük**; ③ 넝마, 헝겊 조각 rag ○ **yırtıq, sökük, cırıq**; **~-~** *z.* 조각조각, 산산이 in pieces, in bits; **~ etmək** *fe.* 박살내다 break into pieces; **qəlbi ~ olmaq** *fe.* 매우 슬퍼하다, 큰 자비를 보이다 be awfully sad, show a great mercy
para² *i.* 돈, 재화 money ○ **pul, sikkə**
parad *i.* ① 행진 parade; ② 검사, 검열; *mil.* 열병, 사열(식) review; **~da iştirak etmək** *fe.* 행진하다 parade; **dəniz ~ı** *i.* 해상 열병 naval review; **hava ~ı** *i.* 항공 시위 air display; **~ forması** *i.* 행진 복장 full dress/uniform
parafin *i.* 파라핀, 석랍(石蠟); paraffin **~ yağı** *i.* 케로신, 등유(燈油) paraffin oil
paraqraf *i.* (신문상의) 작은 기사, 단평, 촌평 item, paragraph
paralamaq *fe.* 잘게 나누다, 부서뜨리다, 찢다, 흩다, 나누다 tear into pieces, divide, break, split, scatter ○ **parçalamaq, bölmək, cırmaq, yırtmaq, dağıtmaq, tikələmək**
paralel *i.* 평행선, 평행, 병렬(竝列) parallel; **~ işarə qoymaq** *fe.* 평행선을 긋다 draw a parallel line; **~ xətt** *i.* 평행선 parallel line; **~ tirlər** *i. idm.* 평행봉(平行棒) parallel bars
paralelepiped *i.* 평행 육면체 parallelepiped
paralelizm *i.* 평행 관계, 병행론 parallelism
paralellik ☞ **paralelizm**
paraleloqram *i. riy.* 평행사변형 parallelogram
parali|ç *i.* 마비증, 중풍 paralysis; **~zə etmək** *fe.* 마비시키다, 저리게 하다, 무기력하게 하다 paralyze
parametr *i. riy.* 매개 변수 parameter
paraşüt *i.* 낙하산 parachute; **~lə tullanmaq** *fe.* 낙하산을 타고 뛰어내리다 jump with parachute
paraşütçü *i.* 낙하산병(落下傘兵), 낙하산 부대 parachutist
parazit *i.* ① 기생동물, 기생충; *bio.* parasite ② 기식자, 식객(食客) pest, parasite, sponger (man) ○ **tüfeyli, müfeylilik** ● **zəhmətkeş**; ③ 기생 곤충 (이, 진드기, 벼룩, 빈대 등) bug, bedbug, louse, tick (harmful insects); **~ xəstəlik** *i.* 기생병 parasitic disease; **~ həyat** *i.* 기생충적인 삶, 우려먹는 사람 parasitical life; **~ göbələk** *i.* 기생 독버섯 parasitic toadstool
parazitizm *i.* ① *bio.* 기생 생활 parasitism; ② 기생 활동 sponging, parasitism
parazitlik ☞ **parazitizm**
parazitologiya *i.* 기생충학 parasitolgy

parç *i.* 국자, 큰 숟가락, 주걱, 큰 스푼 scoop, dipper, ladle, cup, mug, tankard ○ **tayqulp**

parça¹ *i.* 천, 직물, 섬유, 옷감 cloth, drapery, fabric, stuff, textile, material ○ **material**; **~ dükanı** *i.* 포목상, 의류 소매상 draper

parça² *i.* 한 입(만큼의 양), 한 모금, 한 조각, 한 마디, 단편, 분절(分節) 종이 한 장; 한 조각 morsel, fraction, segment, slice, piece ○ **hissə, tikə** ● **bütöv**; **bir ~ kağız** a piece of paper; **bir ~** cake of, bit of

parçalamaq *fe.* ① 죽이다 kill ○ **öldürmək**; ② 조각내다, 부수다, cut, shatter, tear to pieces ○ **şaqqalamaq, bölmək, ayırmaq**

parçalanma *i.* 분해 (과정, 상태), 분리, 분열 decomposition, secession, split

parçalanmaq *fe.* 산산이 부수다, 박살내다, 분쇄하다 shatter

parçalanmaz *si.* 분할할 수 없는, 불가분의, indivisible, unbreakable

parça-parça *z.* 조각조각, 산산이 in bits, in pieces ○ **hissə-hissə, tikə-tikə**; **~ eləmək** *fe.* 난도질하다, 짓이기다, 엉망으로 만들다 mangle, smash

pardaxlama *i.* 반짝거림, 광내기, 닦기, 윤, 광택 polish

pardaxlamaq *fe.* 반짝이게 하다, 광을 내다, 닦아서 반짝이게 하다 polish

pardaq *i.* 반짝임, 윤, 광택 polish, glittering, burnish ○ **cila, sığal, parıltı, işıltı**

pardaqlamaq *fe.* 반짝이게 하다 polish, burnish ○ **cilalamaq**

pardaqlatmaq *fe.* 반짝거리도록 만들다 ask *smb.* to polish/to burnish ○ **cilalamaq**

pardaqlayıcı *si.* 반짝이는, 윤이 나는, 광택이 나는 polishing; **~ dəzgah** *i.* 광택기, 윤택기 polishing machine

pardaqlı *si.* 반짝이는 polishing, shining ○ **cilalı, sığallı**

parəbüzən *i.* 무당벌레 lady bird (bug)

parıldamaq *fe.* 반짝이다, 빛나다, 타오르다, 이글거리다, 어른거리다 shine, sparkle, glare, beam, glitter, shimmer, polish, twinkle, gleam ○ **işıldamaq, şö'lələnmək** ● **sönmək**

parıldaşmaq *fe.* 반짝이다, 희미하게 어른 거리다 twinkle, shimmer

parıldayan *si.* 반짝이는, 광택 있는, 반들반들한 glossy, shiny

parıltı *i.* 반짝임, 섬광, 희미한 빛, 어른 거리는 빛, 윤기 glitter, gleam, flash, glow, lustre, spark, varnish, shimmer, polish, twinkle ○ **işıltı, şəfəq, şö'lə, nur, işartı**

parıltılı *si.* 빛나는, 반짝이는, 어른거리는, 윤나는 shiny, gleaming, lustrous ○ **işıltılı, şəfəqli, nurlu**

parik *i.* 가발 wig

park *i.* 주차, 저장고; 군단, 군체, 떼 park **fleet**, stock; **təyyarə ~ı** *i.* 비행단 flying stock

parket *i.* 쪽매널 세공의 마루 **parquet**; **~ pərçimi** *i.* 쪽매널 세공 틀 parquet-block; **~ döşəmə** *i.* 쪽매널 마루 parquet floor, parquetry

parketçi *i.* 쪽매널 마루 기술자 parquet-floor layer

parlaq *si.* ① 빛나는, 반짝이는, 윤이 나는 bright, brilliant, glorious, glossy, radiant ○ **işıqlı, şəfəqli, nurlu**; ② 호화로운, 화려한, 웅대한, 훌륭한 splendid, gorgeous, striking, glamourous, vivid ○ **dəbdəbəli, təntənəli**; **~ talant** *i.* 훌륭한 재주 brilliant talent; **~ qələbə** *i.* 빛나는 승리 brilliant victory; **~ işıq saçmaq** *fe.* 빛을 비추다 radiate,

parlaqlıq *i.* 멋짐, 황홀함, 훌륭함, 밝음 glamour, brightness, brilliance ○ **işıltı, şəfəq, sö'lə, nur**

parlama *i.* 화염, 타오름 blaze

parlamaq *fe.* 타오르다, 빛나다, 반짝이다 glow, shine, sparkle, glimmer ○ **işıldamaq, şəfəqlənmək**

parlament *i.* 의회, 국회, 입법부 parliament; **~ iclası çağırmaq** *fe.* 국회 소집하다 summon parliament; **~ üzvü** *i.* 국회의원, 의원 member of parliament; **~ seçkiləri** *i.* 총선, 의원 선거 parliamentary election

parlamentçi *i.* 국회의원, 의회파 의원, 의회 정치가 parliamentarian

parlamentarizm *i.* 의회주의(議會主義) parliamentarism

parlamentli *si.* 의회의, 국회의 parliamentary; **~ quruluş** *i.* 의회제도 parliamentary system

paroxod *i.* 화통, 증기 기관차 steamer, steamboard; **dəniz ~u** *i.* 증기선 steamship; **sərnişin ~u** *i.* 여객선 passenger-ship; **yedək ~u** *i.* 예인선 steam tug

parol *i.* 비밀 번호, 패스워드, 비밀 코드, 암호, 군호 password, parole, countersign, watchword
parovoz *i.* 화통, 기관차 steam engine, locomotive
parovozqayıran *i.* 기관차 제조 engine building
partiya *i.* 집단, 정당 gang, party; ~ **üzvü** *i.* 정당원 party man; ~ **üzvü olmayan** *si.* 비정당원 non-party
partizan *i.* 유격병, 게릴라 대원, 빨치산 guerrilla, partisan; ~ **müharibəsi** *i.* 유격전(遊擊戰) guerrilla war; ~ **dəstəsi** *i.* 유격대(遊擊隊) partisan detachment
partlaq *si.* 깨진, 망가진, 부서진, 갈라진, 금이 간, 손상된 cracked, burst ○ **çatdaq**
partlamaq *fe.* 깨지다, 폭발하다, 망가지다 burst, explode ○ **dağılmaq, sınmaq, çatlam**
partlatmaq *fe.* 폭발시키다, 깨뜨리다, 폭파하다 blow up, blast, explode, burst
partlayan *si.* 폭발성의, 파열하는 explosive; ~ **samitlər** *i. dil.* 파열음 (破裂音) explosive consonants
partlayıcı *si.* 폭발하는, 폭발성의 explosive; ~ **maddə** *i.* 폭발물(爆發物) explosive **substance**
partlayış *i.* 폭발, 분출, 파열 burst, blast, explosion, eruption
parusin *i.* 리넨, 아마 직물, 아마섬유 linen
pas *i.* ① 녹 rust ○ **paxır, cəng**; ② 얼룩, 흠 spot, defect; ~ **atmaq** *fe.* 녹슬다 rust; ~ **atmış** *si.* 녹슨 rusty; ~ **atmayan/~lanmayan** *si.* 녹슬지 않는 rust-free, stainless; **~aparan** *i.* 녹 제거제 **rust-remover**; ~ **polad** *i.* 녹슬지 않는 강철 stainless steel ○ **ləkə, eyib, nöqsan**
pasa *i.* 재 cinder
pasaq *i.* 더러움, 어지러움, 얼룩짐 slovenliness, messiness ○ **pintilik, kirlilik, çirklilik**
pasaqlı *si.* 단정치 못한, 혼란한, 더러운, 어지러운 sloven, disordered, messy, untidy ○ **pinti, kirli, çirkli**
pasient *i.* 환자 patient
pasxa *i.* 유월절, 부활절 Easter (Passover)
paslanmaq *fe.* 녹슬다, 녹이 덮이다 rust, become rusty ○ **ləkələnmək**
paslı *si.* 썩은 냄새가 나는, 참을 수 없는, 결점의, 흠이 있는 rusty, flawed
paslılıq *i.* defectiveness ○ **ləkəlilik**
pasport *i.* 여권, 통행증, 입장허가증 passport
passiv *si.* 수동적인, 비활성의 passive, inactive ○ **laqeyd, süst, ölüvay, key**; ~ **növ** *i. qram.* 수동태(受動態) passive voice; ~ **balans** *i.* 비호 균형 unfavorable balance
passivlik *i.* 수동성, 비활동성, 느림, 게으름 passivity, sluggishness, inactivity ○ **laqeydlik, süstlük, ölüvaylıq, keylik**
pasta *i.* 페이스트 paste
pat *i.* 막다른 궁지 stalemate (chess)
patava *i.* 발싸개 onoocha, foot-binding ○ **dolaq**
patavalı *si.* 발싸개로 싼, 발싸개로 감은 wrapped, bound with onooncha ○ **dolaqlı**
patefon *i.* 축음기(畜音機) gramophone
patent *i.* 특허(권); 전매 특허증; 특허품, 특허 물건 patent, license; ~ **almaq** *fe.* 특허권을 얻다 take out a patent; ~ **sahibi** *i.* 전매 특허권 소유자(단체, 법인) patentee; ~ **qanunu** *i.* 특허법 patent law; ~ **hüququ** *i.* 특허권(特許權)patent-right
patentli *si.* 특허의, 특허권이 있는, 특허장을 받은 patent
patentsiz *si.* 허가 없는, 무면허의, 무허가의, 자유로운, 억제가 없는 unlicensed
patoloji *si.* 병리학의; 병리상의, 병적인; 병을 다루는 pathological, morbid
patologiya *i.* 병리학; 병상, 병리 pathology
patriarx *i.* 족장(族長), 열조(列祖) patriarch
patriarxal *si.* 족장의, 족장다운; 원로의; 존경할 만한 patriarchal
patriarxallıq *i.* 족장적 지위, 족장 제도 patriarchal character, patriarchalism
patriarxat *i. tar.* 가부장제(家父長制) (사회) patriarchy
patriot *i.* 애국자, 우국 지사, 지지자 patriot, enthusiast, supporter
patron *i.* 대부(代父), 보스, 후견자; 탄약통, 약포, 화약통, 카트리지 (교환 조작이 간편한 액체, 가스, 분말 등의 작은 용기) patron socket, cartridge
patronlamaq *fe.* 장전하다, 장착하다 load, charge
patronlanmaq *fe.* 장전되다, 장착되다 be loaded, be charged
pauza *i.* 중지, 휴지, 정지, 잠깐 휴식 pause, stop
pavilyon *i.* (전시장 등으로 쓰는) 가설[특설] 건축물, 파빌리온; (대형) 천막; (경기장의) 선수 대기

P

실, 임시 관람석 pavilion

pay¹ *i.* ① 할당, 분배; 할당액, 몫 allotment, share, portion, ration ○ **hissə, parça, cirə**; ② 나누어진 상태; 분할, 분리; 분배 division, part ○ **təqsim, bölgü**; ③ 몸값, 속전, 속량금(액), 배상금(액), 속죄, 죗값을 치르기; 속죄의 방법[행위] expiation, ransom; **~ı olmaq** *fe.* 나누다, 가르다; (사람들 사이에) 분배하다; 할당하다 apportion, share; **~ istəmək** *fe.* 몫을 요구하다 demand one's share; **~-bölüş** *i.* 나누어진 상태; 분할, 분리 분배 division, separation; **~-~** *z.* 조금씩, 조각 조각 *in* parts, piece by piece

pay² *i.* 발, 다리 foot; **~-piyada** *z.* 걸어서 on foot

paya *i.* 받침, 지주(支柱), 받침대, 말뚝, 막대기 prop, stake, peg, pole, support ○ **şüvül, dirək, dayaq, dəstək**; **~ vurmaq** *fe.* 받치다, 지지하다, 기대 놓다 stake, prop

payacıq *i.* 작은 말뚝, 못, (등산용) 하켄 small pole, peg

payaçəpər *i.* 막대 울타리, 나무 울타리 pole fence

payalamaq *fe.* 말뚝에 매다, 기둥으로 받치다; fasten with peg, support with pole **sahəni ~** *fe.* 몫을 요구하다 stake out a claim

payalanmaq *fe.* 지지되다, 펙으로 고정되다, 장대로 받쳐지다 be staked/proped, be fastened with peg, be supported with pole

payalıq *i.* 말뚝으로 쓸만한 나무 wood fit for stake

payçı *i.* 공유자, 참가자, 분배자 sharer, partaker

paydar *si.* 오래 견디는, 내구성이 있는, 지속되는 patient, durable, continous

payə *i.* 한 단계, 한 매듭, 한 등급 degree, grade; **nə ~də** *z.* 어느 정도로 how far

payəndaz *i.* 매트, 돗자리, 거적 mat

payız *i.* 가을, 추계 autumn, fall; **ömrün ~ı** *i.* 인생의 가을 autumn of one's life; **~ səpini** *i.* 추파(秋播) autumn sowing

payızbülbülü *i. zoo.* 황금방울새, 오색방울새(유럽산) goldfinch

payızlıq *si.* 가을의; 가을을 생각게 하는; 가을에 결실하는 autumnal; **~ meyvə** *i.* 가을 열매 autumnal fruit

paymal *i.* (문서의) 파기, 파멸 (상태), 멸망 destruction; **~ etmək** *fe.* (건물, 지역 등을) 파괴하다, 파멸시키다, (적 등을) 멸망시키다, 섬멸하다; (사람을) 죽이다 destroy, ruin; **~ olmaq** *fe.* 파멸되다, 소멸되다 be destroyed

paylama *i.* (여러 사람에게 대한) 분배, 배분, 배급, 배포 (to, among …); 할당; (주식 등의) 배당; (페인트 등의) 살포; 배분 방법 distribution ○ **bölüşdürmə, ayırma**

paylamaq *fe.* ① 베풀다, 분배하다, 시행하다, 적용하다, 집행하다 deal, dispense, distribute ○ **vermək, bölüşdürmək, ayırmaq**; ② 흩다, 뿌리다, 퍼뜨리다, 전파하다, 소산시키다 disperse, scatter ○ **parçalamaq, dağıtmaq** ● **yığmaq**

paylanma *i.* 분배, 배분, 배급, 배포; 할당 distribution, dispensation; **kitabın ~sı** *i.* 책 배포, 보급 distribution of books

paylanmaq *fe.* 분배되다, 전파되다, 퍼지다 be distributed, be dispensated

paylaşdırmaq *fe.* 할당하다, 배당하다, 떠맡기다 allot, deal out

paylaşmaq *fe.* 공유하다, 배분하다 share together

paylat(dır)maq *fe.* 나누도록 하다, 분배하게 하다 ask *smb.* to distribute

paylayıcı I. *i.* 분배자, 배급자, 배포자; 배전기 distributor; II. *si.* 분배에 관한, 배분적인 distributive, distributing; **~ löhvə** *i.* 배전판 distributing board, switch board

paytaxt *i.* 수도(首都), 주도(主都), 중심 도시 capital, metropolis; **~ sakini** *i.* 수도 인구 inhabitant of the capital

paz *i.* 쐐기, 쐐기 모양의 것 wedge ○ **çiv**; **~la sıxmaq** *fe.* 쐐기를 박다 wedge; **~ çalmaq** *fe.* 쐐기를 박다 wedge, drive a wedge; **~ olmaq** *fe. fig.* 방해하다, 장애를 놓다 hinder, put obstacle

pazaq *si.* 야윈, 마른, 빠짝 마른 lean, lanky, thin ○ **yağsız, arıq**

pazaoxşar ☞ **pazşəkili**

pazı *i. bot.* 홍당무, 비트, 근대 beet (root) ○ **çuğundur**

pazlamaq *fe.* 쐐기를 박다, 쐐기로 고정하다 wedge, fasten with a wedge

pazlanmaq *fe.* 쐐기로 고정되다 be wedged, be fastened with a wedge

pazlatmaq *fe.* 쐐기를 박게 하다, 쐐기로 고정하게 하다 ask *smb.* to wedge/fasten with a wedge

pazlı *si.* 쐐기를 박은 wedged ○ **çivli**

pazşəkili *si.* 쐐기 모양의 wedge-shaped
pazvarı ☞ **pazşəkili**
peçenye *i.* 비스킷 biscuit
pedal *i.* 페달, 발로 밟는 것 pedal, treadle
pedaqogika *i.* 교육학, 교수법 pedagogics, pedagogy
pedaqoji *si.* 교육자의; 교육(학)의, 교수법의 pedagogic; ~ **institut** *i.* 교육대학 teachers training institute
pedaqoq *i.* 교육자, 선생 pedagogue, teacher, educator
pedant I. *i.* 학자라고 (지식이 있다고) 뽐내는 사람, 현학자(衒學者); 공론가, 괴짜 학자 pedant, prig ○ **vasvası**; II. *si.* 박식한 체하는, 현학적인, 형식에 치우친, 꼼꼼한, 딱딱한 pedantic, punctilious
pedantlıq *i.* 학자라고 뽐내기, 박식한 체하기 pedantry, punctiliousness ○ **vasvasılıq, xırdaçılıq**
pencək *i.* 코트, 외투, 긴 웃옷; (신사복, 여성용 슈트의) 상의 coat, jacket
pendir *i.* 치즈, (일정한 모양으로 만든) 치즈 cheese
penni *i.* (화폐 단위의) 페니; 페니화 penny
pensiya *i.* 연금, 생활 보조금 pension; **~ya çıxmaq** *fe.* 은퇴하다 retire on a pension
pensiyaçı *i.* 연금 생활자, 생활 보조금 수혜자 pensioner, pensionary
per *i.* (법적, 사회적으로) 동등한 사람; 동료; (능력, 자격이) 동등한 사람; 친구, 동무 peer
perfekt *i. qram.* 완료 시제; 완료형 perfect
period *i.* (생애, 역사 등의) 기간, 시기; 시대 period
perpendikulyar *si.* (물건이) 수직의, 곧추선, 직립한; (선, 면 등과) 직각을 이루는 perpendicular, vertical
perspektiv *i.* (…에 관한) 전망, 전도 (의 가망) outlook, prospect
peşə *i.* 일, 업무, 직업; 종사 (하고 있는 활동) art, hand craft, occupation, vocation, trade, profession ○ **sənət, iş, məşğuliyyət**; ~ **təhsili** *i.* 직업 훈련 vocational training
peşəkar *i.* 직업적인, 전문적인 professional ○ **sənətkar**
peşəkarlıq *i.* 전문성, 직업성 professionality ○ **sənətkarlıq**
peşin *i.* 승진, 승급, 출세 advance
peşkəş *i.* 선물 gift, present ○ **hədiyyə, bəxşiş, töhfə**; ~ **etmək** *fe.* 선물하다 present
peşman *i.* 후회, 양심의 가책, 참회, 유감 repentance ○ **təəssüf, acıma**; ~ **etmək** *fe.* 후회하다, 참회하다, 유감스럽게 생각하다 repent; ~ **olmaq** *fe.* 유감으로 느끼다, 후회스럽다 be sorry, regret
peşmanlamaq *fe.* 후회하다, 참회하다, repent, regret
peşmanlıq *i.* 깊은 후회, 뉘우침, 가책, 자책, 비탄, 낙심, 회한 remorse, repentance, regret, repenting ○ **təəssüf, dilxorluq, pərtlik**
peşmançılıq ☞ **peşmanlıq**
peyda; ~ **olmaq** *fe.* 나타나다, 보여지다 emerge, be shown; ~ **etmək** *fe.* 보여주다, 나타내다 show
peydərpey *z.* 계속해서, 연속해서, 끊임없이 in succession, running, on end, without break
peyğəmbər *i.* 선지자 prophet
peyğəmbəranə ☞ **peyğəmbərcəsinə**
peyğəmbərcəsinə *z.* 예언적으로, 신탁 같이, 예언자적으로, 모호하게 prophetically, oracularly
peyğəmbərçiçəyi *i. bot.* 옥수수 cornflower
peyğəmbərlik *i.* 예언, 계시, 신탁(神託); 예언적 은사/재능 prophecy, oracle, gift of prophecy; ~ **etmək** *fe.* 예언하다, 미리 말하다 prophesy, foretell
peyin *i.* (특히 동물의) 똥; 거름, 비료 dung, manure, muck; **mal ~i** *i.* 동물의 똥, 소똥 animal manure; ~ **xəndəyi** *i.* 소똥 구덩이 manure pit; ~ **hörrəsi** *i.* 소똥 물, 침출수 manure water; ~ **vermək** *fe.* 거름을 뿌리다, 거름을 펴다 spread dung
peyinqurdu *i.* 소똥구리, 말똥구리 muckworm, dung-beetle
peyinləmək *fe.* 거름을 주다, 똥을 싸다, 망쳐놓다, 혼란시키다 manure, dung, muck
peyinli *si.* 퇴비의, 더러운, 똥같은, 지저분한 mucky, dungy
peyinlik *i.* 퇴비장, 똥 밭, 거름더미 dung yard, manure pit
peyk *i.* 위성, 인공위성 satellite, sputnik, baby moon
peysər *i.* 목덜미, 뒷목, 뒷머리 neck, back of the head, nape of neck ○ **boyun**
peyvənd *i.* ① *bot.* 접붙이기 (법) grafting, inocu-

P

lation ○ **calaq, aşı, qələm**; ② *tib.* 백신, 예방접종, 종두 inoculation, vaccination

peyvəndləmək *fe.* ① *tib.* 예방접종하다, 접종하다 inoculate, vaccinate ② *bot.* 접붙이기하다 engraft, inoculate ○ **calamaq, aşılamaq**

peyvəndli *si.* 접붙인, 접붙이기가 좋은 inoculated, grafting ○ **calaqlı, aşılı**

peyvəndlik *i.* 접붙이기용, 접종용 grafting, inoculation ○ **calaqlıq, aşılıq**

pəhləvan *i.* 레슬링 선수, 장사, 용사 wrestler; strong man, hero ○ **igid, cəsur, qoçaq, bahadır**

pəhləvanlaşmaq *fe.* 용감해지다, 용사가 되다, 장사가 되다 become bold, be encouraged ○ **igidləşmək, cəsurlaşmaq, qoçaqlaşmaq**

pəhləvanlıq *i.* 씨름, 용감 무쌍, 대담함, 씩씩함 wrestling, bravery ○ **igidlik, cəsurluq, qoçaqlıq, bahadırlıq**

pəhriz *i.* 금식, 제한식, 감식 diet, fast; ~ **etmək** *fe.* 금식하다, 감식(減食)하다; fast ~ **saxlamaq** *fe.* 식이요법을 하다 observe a diet, be on a diet

pələng *i.* 호랑이 tiger

pəltək *i.* (말을) 더듬거리는 사람, 말더듬이 stutterer, stammerer ○ **kəkə**

pəltəkləmək *fe.* 말을 더듬다, 더듬거리다 stutter, stammer ○ **kəkələmək**

pəltəklik *i.* 말더듬, 더듬거림 stuttering, stammering ○ **kəkəlik**

pənah *i.* 은신처, 피난처, 숨는 곳, 산장, 대피소 refuge, asylum, shelter, patronage; ~ **gətirilən yer** *i.* resort

pəncə *i.* 발, (새, 짐승의) 갈고리 발톱(이 있는 발), 집게발; (날카로운 발톱이 있는 네 발 짐승의) 발, 동물의 발 claw, paw ○ **ayaq**

pəncələmək *fe.* 움켜쥐다, 달라붙다 grasp, grip, seize ○ **götürmək, almaq**

pəncələşmək *fe.* 겨루다, 씨름하다 fight, grapple, wrestle ○ **tutaşmaq, dalaşmaq, vuruşmaq, çəkişmək**

pəncəli *si.* 발톱이 있는, 갈고리 발톱의 having claws

pəncərə *i.* 창, 창문 window; ~ **çərçivəsi** *i.* 창문틀 window-frame; ~ **şüşəsi** *i.* 창문 유리, 창유리 windowpane; ~ **altı** *i.* 창 토대, 문지방 sill

pər *i.* 검, 검객 blade

pərakəndə *si.* 흩어진, 풀어진, 낱개의, 각개의 dispersed, scattered ○ **dağınıq, darmadağın, tökünük, səpələnti** ● **yığcam**; ~ **satmaq** *fe.* 소매하다, 소매로 팔다; retail ~ **satış** *i.* 소매 retail trade

pərakəndəlik *i.* 분산시키기, 살포, 유포, 분산 dispersion, dispersal, scattering

pərçim *i.* 리벳, 대갈못 rivet, clinch ○ **qadaq, bəndləmə, bərkitmə, bağlama**

pərçimləmək *fe.* 못으로 고정하다, 끝을 구부려 단단히 하다 fasten with rivets, tighten with rivets ○ **qadaqlamaq, bəndləmək, möhkəmlətmək, bağlamaq, bərkitmək**

pərdə *i.* ① 커튼, 막, 장막, 창 가리개 curtain, drapery, screen, membrane (earring) ○ **örtük, tül**; ② (연극의) 막, 음악의 악보 act (play, drama), musical note

pərdələmək *fe.* ① 커튼을 치다, 막으로 가리다, 장막을 치다 curtain, screen with a curtain ○ **örtmək, tutmaq**; ② 숨기다, 가리다 hide ○ **gizlətmək**

pərdəli *si.* ① 가려진, 숨겨진 covered; ② (연극에서 몇 개의) 막으로 이뤄진 ○ **örtülü**

pərəstiş *i.* ① 매혹, 매료, 사랑에 빠짐 fascination, love ○ **sevgi, məftunluq**; ② 예배, 경배, 숭배 worship, adoration ○ **sitayiş**; ~ **etmək** *fe.* 예배하다, 숭배하다 adore, worship

pərəstişkar *i.* 숭배자, 예배자, 경배자, 참배자 fan, worshipper, suitor, adorer ○ **məftun, valeh, aşiq**

pərəstişkarlıq *i.* 매혹된 상태, 환희, 마법 fascination, enchantment ○ **məftunluq, valehlik, aşiqlik**; ~ **etmək** *i.* 구애하다, 집적거리다, 유혹하다 court

pərgar *i.* (제도용) 컴퍼스 pair of compasses

pəri *i.* 마음, 정신, 영혼, 혼백 spirit

pərişan *si.* ① 무질서한, 흩어진, 어질러진 disorderly, scattered ○ **dağınıq, qatma-qarşıq, nizamsız**; ② 슬픈, 우울한, 비통한, 쓸쓸한, 침울한 sad, cheerless, doleful ○ **qəmli, kədərli, dərdli, tutqun, pərt, dilxor, məhzun** ● **xoşbəxt**

pərişanlaşmaq *fe.* 우울해지다, 침울해지다, 화나다, 혼란해지다 become sad, be disturbed, get upset ○ **qəmginləşmək, tutqunlaşmaq, pərtləşmək, dilxorlaşmaq**

pərişanlıq *i.* 우울함, 침울함, 서러움 gloominess,

sorrowfulness, distress ○ **qəmginlik, kədərlilik, tutqunluq, pərtlik, dilxorluq, məhzunluq, mə'yusluq**

pərqu *i.* (새 새끼의) 솜털; (새의) 솜털 깃; (유아, 뺨의) 솜털 down; ~ **kimi** *si.* 솜털 같은, 푹신한, 솜털이 난 downy

pərli *si.* 날개가 있는, 날개의 winged ○ **qanadlı**

pərt *si.* 부끄러운, 불명예스러운 shameful, abashed, confounded, disconcerted ○ **dilxor, karıxma**; ~ **eləmək** *fe.* 당황케하다, 쩔쩔매게 하다, 불안하게 하다 confuse, perplex

pərtləşmək *fe.* 어쩔 줄 모르다 be confused, be startled ○ **çaşmaq, karıxmaq, tutulmaq**

pərtlik *i.* 당황, 황당, 혼돈 embarrassment, confusion ○ **dilxorluq, çaşqınlıq, tutqunluq, xəcalət**

pərvanə *i.* 나방 moth

pərvaz *i.* 날기, 도망, 도주, 탈출, 도피 flight ○ **uçuş**

pərvazlanmaq *fe.* 날다; 도망하다, 도피하다 fly ○ **uçmaq**

pəs¹ *i.* 낮은 목소리, 알토, 베이스 (톤) deep voice, alto, bass ○ **alt, alçaq, aşağı, asta**

pəs² ☞ 그런데, 하여튼 **bəs** (by the way)

pəsdən *z.* 낮은 목소리로, 낮은 톤으로 in a deep voice, in a slow voice ○ **alçaqdan, astadan** ● **ucadan**

pəsinmək *fe.* (행위, 쾌락을) 삼가다, 자제하다, 절제하다 abstain, refrain ○ **çəkinmək**

pəyə *i.* 마구간, 축사 stable ○ **tövlə**

pəzəvəng *si.* ① (사람, 팔다리, 몸 등이) 강건한, 튼튼한, 굳센, 기운찬; (체격 등이) 건장하게 생긴 sturdy, strong, robust ○ **heyvərə, yekəpər, uzundraz**; ② 어리석은, 아둔한, 바보 같은 stupid, silly, foolish ○ **yekəbaş, gic, qanmaz, zırrama, axmaq, kobud, qaba**

pəzəvənglik *i.* 건장함, 튼튼함 sturdiness, robustness ○ **heyvərəlik, yekəpərlik**

pıçıldamaq *fe.* 속삭이다 whisper

pıçıldaşmaq *fe.* 서로 속삭이다 whisper to one another

pıçıltı *i.* 속삭임 whisper

pıqqıldamaq *fe.* ① 낄낄거리다, 참으면서 웃다 titter, giggle ○ **gülmək**; ② 끓다, 끓어 넘치다 boil, seethe ○ **qaynamaq, coşmaq**

pıqqıltı *i.* ① 키득거림, 낄낄거림 tittering, giggling; ② 끓음, 넘침 boiling, bubbling ○ **qaynama, coşma**

pırıldamaq *fe.* 펄럭이다, 휘날리다, 나부끼다, 퍼덕거리다 flap, flutter, fly ○ **uçmaq, pərvazlanmaq, qanadlanmaq**

pırıltı *i.* 펄럭임, 나부낌, 휘날림 flapping, fluttering ○ **səs, gurultu**

pırpız *si.* 헝클어진, 흐트러진, 단정치 못한, 난잡한 disheveled, hairy, shaggy ○ **pırtlaşıq, dağınıq** ● **sığallı**

pırpızlanmaq *fe.* 헝클어지다, 흐트러지다 become shaggy ○ **biz durmaq**

pırpızlaşmaq *fe.* 서로 엉키다, 서로 흐트러지다 become shaggy ○ **pırtlaşmaq**

pırpızlı *si.* 헝클어진, 뒤얽힌, 무성한 shaggy, fluffy, hairy ○ **dağınıq, pırtlaşıq**

pırpızlılıq *i.* (머리카락) 무성함, 뒤얽힘 hairiness

pırsımaq *fe.* 썩다, 부패하다, 상하다, 붕괴하다 decay, become foul, become rotten ○ **xarablaşmaq, çürümək, qoxumaq**

pırtlaq *si.* 헝클어진, 뒤섞인, 망가진 entangled, scattered, dissipated ○ **dağınıq, pırtlaşıq**

pırtlamaq *fe.* 튕겨 오르다, 날쌔게 나오다 spring out, dart out ○ **çıxmaq, sıçramaq, atılmaq**

pırtlaşdırmaq *fe.* 헝클어지다, 뒤엉키다 ruffle

pırtlaşıq *si.* 헝클어진, 뒤얽힌 tangled, muddled up; ~ **saçlı** *si.* 헝클어진 (머리) shaggy ○ **dolaşıq, çəlpəşik, qarışıq**

pırtlaşmaq *fe.* 헝클어지다, 뒤엉키다 become entangled, become foul ○ **çəlpəşmək**

piano *i.* 피아노 piano; **royal** (~) *i.* 그랜드피아노 grand piano; ~ **çalmaq** *fe.* 피아노 연주하다 play the piano

pillə *i.* 단, 계단, 단계 stair, tread ○ **dərəcə**

pilləkən *i.* 사닥다리, 계단; 계단 주의! ladder, staircase; ***Pilləkən var.*** *계단 조심. Mind the step!*

pilləli *si.* 단계가 있는, 단계에 따른 having steps ○ **dərəcəli**

pilot *i.* 파일럿, 조종사 pilot

pinə *i.* ① 헝겊 조각, 금속 조각 (수리를 위해) patch ○ **yamaq**; ② (옷, 구두 등) 고침, 수선, 수리 mending, cobbling, making ready

pinəçi *i.* 구두 수선공 cobbler

pinələmək *fe.* (옷, 가죽 등) 수선하다 cobble ○ **yamamaq**

P

pinti *si.* 지저분한, 너저분한, 엉킨 shabby, untidy, messy ○ **kirli, çirkli, pasaqlı, səliqəsiz** ● **səliqəli**

pintiləşmək *fe.* 지저분하다, 혼잡해지다 become messy, become shabby ○ **kirləşmək, çirkləşmək, zibilləşmək**

pintilik *i.* 엉킴, 헝클어짐, 지저분함, 혼잡함 slovenliness, untidiness ○ **kirlilik, çirklilik, səliqəsizlik, zibillilik**

pioner *i.* 개척자, 선구자, 창시자 pioneer, founder ○ **təşəbbüskar, bani**

pionerlik *i.* 개척, 창시 pioneering ○ **banilik, təşəbbüsçülük**

pipik *i.* (새, 짐승 등의) 볏, 관모, 도가머리; (말 등의) 목덜미, 갈기 crest

pir[1] *i.* 노인, 원로 elder, aged man ○ **qoca, yaşlı**

pir[2] *i. din.* 소멸되지 않는 불, 신성한 곳 inextinguishable fire; sacred place ○ **ocaq**

piramida *i.* 피라미드, 금자탑 pyramid

pirani, *si.* 나이든, 연로한 old, aged ○ **qoca**

piranilik *i.* 연로, 노년기 oldness, old age ○ **qocalıq**

pirojna *i.* 갖가지 내용물을 넣고 기름에 튀긴 납작하고 길쭉한 빵 cake (fried)

piroq *i.* (크림, 젤리 등을 끼워 넣은) 케이크 pie

pis *si.* ① 나쁜, 악한, 못된, 고약한, 악독한, 사악한, 야비한 bad, evil, ill, mean, miserable, poor, unpleasant, vicious, vile, wicked ○ **xarab, bəd, iyrənc** ● **yaxşı**; ② 더러운, 지저분한 dirty, filthy ○ **çirkin, eybəcər, kifir**; ~ **ad çıxarmış** *si.* 악명이 난, 악명 높은 notorious, infamous; ~ **adam** *i.* 나쁜 사람, 나쁜 놈 evil genius; ~ **hadisə** *i.* 귀찮은 일, 성가신 일 nuisance; ~ **iy** *i.* 악취(惡臭), 고약한 냄새 stench; ~ **tərbiyə almış** *si.* 못돼먹은, 버릇없는, 교양 없는 illbred ; ~ **xüsusiyyət** *i.* 악덕, 부도덕, 사악 vice; ~ **xəbər** *i.* 나쁜 소식, 귀찮은 소식 nuisance ; ~ **yol çəkmək** *fe.* 타락하다, 매수하다, 썩다, 개악되다 corrupt; ~ **yuxu** *i.* 악몽(惡夢) nightmare; ~ **əhval-ruhiyyə** *i.* 우울함, 침울함 low spirit

pisikmək *fe.* 소스라치다, 놀라다 become frightened, be afraid of ○ **qorxmaq, hürkmək, çəkinmək** ● **şirnikmək**

pisləmək *fe.* ① 믿지 않다, 의심하다, 신뢰를 손상하다 discredit, disapprove ○ **danlamaq, məzəmmətləmək, qınamaq** ● **tə'rifləmək**; ② 싫어하다, 싫증 내다 dislike, hate ● **xoşlamaq**

pisləşdirmək *fe.* 악화시키다, 증대시키다, 가중시키다, 부정적 영향을 끼치다 affect, aggravate

pisləşmək *fe.* 악화되다, 심화되다, 저하시키다 deteriorate, worsen ○ **xarablaşmaq, ağırlaşmaq**

pislik *i.* ① 악, 악행, 해코지 evil, badness, bad action, harm ○ **yamanlıq, müsibət, bəla**; ② 더러움, 불결함 dirtiness, filthiness ○ **çirkinlik, iyrənclik, eybəcərlik**; ~ **etmək** *fe.* 해를 끼치다, 악을 행하다 make mischief, harm

pisniyyətli *si.* 악의적인, 악독한 ill-intentioned, ill-meaning ○ **bədxah, qərəzli**

pisniyyətlilik *i.* 악의, 악행, 악운 bad intention, misfortune ○ **bədxahlıq, qərəzlilik**

pistolet *i.* 권총 pistol

piston *i.* 피스톤 cap

pişik *i.* 고양이, 나비 cat, pussycat; ~ **balası** *i.* 새끼 고양이 pussy-cat

pişikotu *i.* 쥐오줌풀 (allheal), 길초근(吉草根) valerian

piştaxta *i.* 계산대, 판매대 counter

pivə *i.* 맥주 ale, beer

piy *i.* 기름, 지방, 비계, 지방조직 fat, grease, oil

piyada I. *i.* 보병, (체스) 졸 infantry, pawn (chess), pedestrian; II. *z.* 걸어서, 도보로, 보행하여 afoot, on foot; ~**lar üçün keçid** *i.* 횡단 보도 pedestrian crossing; ~ **qoşunlar** *i.* 보병, 보병부대 infantry; ~ **gəzmək** *fe.* 걷다, 산보하다 walk

piyləmək *fe.* ① 기름을 바르다, 기름을 치다, 연고를 바르다 anoint, grease ○ **yağlamaq, sürtmək, çəkmək, yaymaq**; ② 사기치다, 속이다 cheat ○ **aldatmaq**

piylənmək *fe.* 비만해지다, 뚱뚱해지다 grow stout, become fat ○ **kökəlmək, yağlanmaq**

piyli *si.* 기름진, 기름투성이의, 미끈거리는 greasy, oily ○ **yağlı, kök**

piylik *i.* 뚱뚱함, 기름짐, 미끈거림 fatness, greasiness ○ **yağlılıq, köklük**

plakat *i.* 광고, 전단, 포스터, 프로그램 (playbill); (영화, 연극, 음악회의) 상연[상영] 프로그램 bill

plan *i.* 프로그램, 계획, 기획, 의안, 안건, 일정(日程), 궁리, 책략 program(me), device, proposition, schedule, scheme, map, plan; ~ **qoymaq** *fe.* 계획하다, 계획을 세우다 plan; ~**ı yerinə ye-**

tirmək *fe.* 계획을 실행하다 fulfill the plan
planer *i.* 활공기, 글라이더 glider
planet *i.* 행성(行星), 혹성(惑星) planet
plantasiya *i.* (특히 열대, 아열대지방의 대규모의) 농장, 농원, 플랜테이션; 식림지; 재배 plantation
plastır *i.* 회반죽, 플라스터 plaster
plastik *si.* 플라스틱의, 비닐의 plastic; ~ **kütlə** *i.* 플라스틱 (제품) plastic
plastinka *i.* (축음기 등의) 음반, 레코드 plate, record
plastmassa *i.* 플라스틱 제품 plastic
plaş *i.* 우비(雨備), 외투 rain-coat, cloak
plitə *i.* (돌, 목재, 금속 등의) 넓은 후판(厚板) slab
plitka *i.* (막대 모양의) 조각 bar; **bir ~ şokalad** *i.* 초콜릿 한 조각 a stick of chocolate
plus *i.* 더하기 부호의, 플러스의, 양(陽)의, 정(正)의; 이상의, 약간 위의 plus
poçt *i.* 우편(郵便), 집배; 우편물 post, mail; ~ **qutusu** *i.* 우편함, 사서함 mail box, letter box, pillar-box; ~ **vaqonu** *i.* 우편차 mail-car; ~ **qatarı** *i.* 우편 기차; mail-train ~ **idarəsi** *i.* 우체국 post office; ~ **markası** *i.* 우표 stamp; ~ **ilə göndərmək** *fe.* 우편을 부치다 post
poçtalyon *i.* 우체부, 집배원(集配員) postman
podpolkovnik *i.* 중령(中領) lieutenant colonel
poema *i.* 시(詩), 운문; 미문, 시적 문장 poem
poeziya *i.* (문학 형식으로서) 시, 시가(詩歌), 운문(韻文) poetry
polad *i.* 강철, 강철 제품; steel ~ **əridən** *i.* 제련소 steel-maker; ~ **əritmə zavodu** *i.* 제련소 steel works
polis *i.* 경찰, 치안, 공안 police; ~ **işcisi** *i.* 경찰 policeman; ~ **idarəsi** *i.* 경찰서; police station ~ **mə'muru** *i.* 보안관, 사법 장관 sheriff
polismen *i.* 경찰, 치안 공무원 policeman, constable
polk *i.* 지배, 통치 regiment
polkovnik *i* 대령(大領). colonel
P**olşa** *i.* 폴란드; Poland ~**lı** *si.* 폴란드인 Pole, Polish
P**olyak** *i.* 폴란드인 Pole
pomada *i.* 립스틱, 연고제(軟膏劑) lipstick, ointment
pomidor *i.* 토마토 tomato
poni *i.* 조랑말, 작은 말; 포니(키가 보통 1.5미터를 넘지 않는 작은 말) pony
populyar *si.* 유명한, 인기 있는, 잘 알려진 popular, famous, well-known ○ **məşhur, tanımlı**
populyarlaşmaq *fe.* 유명해지다, 인기를 얻다 become popular, become famous ○ **məkşhurlaşmaq**
populyarlıq *i.* 인기, 평판, 유행, 대중성, 통속성 popularity ○ **məşhurluq**
portağal *i.* 오렌지 orange; ~ **rəngi** *si.* 오렌지색, 주황색 orange
portfel *i.* 서류가방 briefcase
portret *i.* 그림, 초상화, 얼굴 그림 picture, portrait; ~ **rəssamı** *i.* 초상화가 portraitist
P**ortuqaliya** I. *i.* 포르투갈 Portugal; ~**lı** *i.* 포르투갈인 Portuguese; II. *si.* 포르투갈의 Portuguese
post *i.* 지위, 부서, 관직 post (police)
pota *si.* 살찐, 뚱뚱한, 비대한, 비만의 stout, fat, round ○ **dolu, kök, koppuş, dolğun, yumru**
potalıq *i.* 살찜, 뚱뚱함 fatness, roundness, stoutness ○ **doluluq, koppuşluq, köklük, dolğunluq, yumruluq**
poza *i.* 자세, 자태 attitude, pose
pozan *i.* 지우개 eraser, rubber
pozğun *si.* ① 타락한, 부도덕한, 부패한, demoralized, immoral, corrupt, wicked, perverse, vicious ○ **azğın, yava** ● **namuslu**; ② 화난, 속상한 upset, disturbed ○ **dağınıq, qarışıq**
pozğunlaşmaq *fe.* ① 타락하다, 부도덕하다, be corrupted, be demoralised, be falsified; ② 비통해지다 become sad
pozğunluq *i.* ① 도덕적 타락, 부패, 사악, 부정 행위 corruption, immorality, wickedness ○ **əxlaqsızlıq, azğınlıq, yavalıq, ədəbsizlik**; ② 무질서, 혼돈 disorder, confusion ○ **qarışıqlıq, nizamsızlıq**; ③ 불완전, 결점 defectedness, incompleteness ○ **bərbadlıq, xarabalıq, viranəlik**; 병약함, 쇠약함 weakness, waneness ○ **nasazlıq, kefsizlik, dağınıqlıq**
pozma *i.* 위반, 범죄, 반칙 offence, transgression, breach; **əhdini ~** *i.* 약속 위반 breach of promise
pozmaq *fe.* ① 지우다, 어기다, 불쾌하게 하다 offend, rub, erase, taint, cross out, dissolve, violate ○ **silmək, qaralamaq**; ② 파손하다, 깨다, 흩다 wreck, break, frustrate ○ **dağıtmaq, qarışdırmaq**

P

pozucu *si.* 파괴적인 destructive
pozuq *si.* ① 부도덕한, 무례한, 버릇없는 demoralised, rude, ill-bred ○ **yava, əxlaqsız, ədəbsiz, azğın**; ② 혼란한, 깨어진 broken, confused ○ **dağınıq, qarışıq**; ③ 지워진, 희미한 erased, unclear ○ **silinmiş, qaralanmış**
pozuqluq *i.* ① 낭비, 방탕, 무절제한, 생활 방식, 폭음, 난봉 dissipation, debauchery ○ **yavalıq, əxlaqsızlıq, ədəbsizlik, azğınlıq**; ② 갈팡질팡 confusion, ruin ○ **dağınıqlıq, qarışıqlıq**; ③ 버릇없음, 부도덕 ill-breeding, immorality, rudeness
pozulma *i.* 위반, 반칙 offence
pozulmaq *fe.* ① 지워지다, 나빠지다, 악화되다, 범해지다 be violated, be erased, be worsened ○ **silinmək, qaralanmaq, korlanmaq**; ② 부서지다, 흩어지다 be scattered, be broken ○ **dağılmaq, səpələnmək**
pozulmaz *si.* 지워지지 않는, 범할 수 없는 inviolable
pozulmuş *si.* 지워진, 깨진, 타락한, 버린 broken, perverse, spoilt
pozuluşmaq *fe.* ①나빠지다, 악화되다, 부패되다 become worse, become spoilt ○ **korlanmaq, xarablanmaq, dağılmaq**; ② 흩어지다, 분산되다 be scattered, go away ○ **dağılışmaq, getmək**; ③ 나뉘다, 개입되다 be separated, be intervened ○ **ayrılmaq, şaxələnmək, aralanmaq** 화나다, 번민하다, 격노하다 become upset, become furious ○ **hirslənmək, coşmaq**
pörtlətmək *fe.* 끓이다, 끓게 하다, 끓어 넘치게 하다 boil, heat up ○ **bişirmək, qaynatmaq**
pörtmək *fe.* ① 붉게 하다, 빨갛게 만들다 redden; ② (햇볕에) 그을다, 타다 get burned, get tanned; ③ 데치다, 약하게 삶다 parboil, scald, boil slightly ○ **qızarmaq, bişmək**
pörtük *si.* 데친, 삶은 boiled, burned ○ **bişik**
pörtülmək *fe.* 약하게 데치다, 살짝 익히다 be slightly cooked, be half cooked
pöşələmək *fe.* 태우다, 가열하다 burn, heat ○ **yandırmaq**
praktik *si.* ① 실용적인, 사업적인 pratical, business like ○ **əməli, işgüzar**; ② 이익을 내는, 유익한 beneficial, profitable ○ **əlverişli, sərfəli**
praktika *i.* 실습, 경험, 경력 career, job ○ **təcrübə, iş**
praktiki *si.* 실제적인, 적용할 만한, 실용적인, 할 수 있을 만한 workable, practical, capable ○ **işgüzar, bacarıqlı, təcrübəli**; **~ məşğələlər aparmaq** *fe.* 개인 교습하다, 연습시키다; tutor **~ olaraq** *ms.* 실제적으로 practically
praktikilik *i.* 실용성, 경험, 경력, 능력 capability, experience, career ○ **işgüzarlıq, bacarıqlılıq, təcrübəlilik**
predmet *i.* 물건, 사물 object, article ○ **əşya, şey**
pres *i.* 언론, 출판 press
prezident *i.* 대통령, 총재 president
primitiv *si.* 원시적인, 기본적인 primitive ○ **sadə, ibtidai**
prins *i.* 왕자, 왕손 prince
prinsip *i.* 원칙, 원리, 공리, 법칙 principle ○ **əsaslı, mühüm**; **~ e'tibarı ilə** *z.* 원칙적으로, 원칙에 따라 on principle
priz *i.* 상, 상금; prize **~ almaq** *fe.* 상을 받다 obtain a prize
probkaaçan *i.* 병 따개, 코르크 따개 cork screw
problem *i.* 문제, 의문, 논점, 쟁점, 문제점 problem, question
professor *i.* 교수, 교사 professor
projektor *i.* 전조등, 탐조등 search light
proqram *i.* 프로그램, 순서 program(me)
proqramlaşdırma *i.* 프로그래밍 programming
proqramlaşdırmaq *fe.* 일정을 짜다, 순서를 정하다 schedule
proqres *i.* 진보, 진전, 발전 progress
proqressiv *si.* 발전적인, 진보적인 progressive
proletar I. *i.* 무산계급자 proletarian; II. *si.* 무산계급의 proletarian
proletariat *i.* 무산계급 proletariat
proloq *i.* 서론, 머리말, 서두, 서막 introduction, prologue, preface ○ **başlanğıc, müqəddimə, giriş** ● **epiloq**
proses *i.* 과정, 절차, 진행 process
prospeckt *i.* 대로, 큰 길, 수단, 방법, 전망, 가상, 기대 avenue, prospect
protest *i.* 이의제기, 항의 protest
protez *i.* 인공 팔다리 artificial limb
protokol *i.* 기록, 의사록, 초안, 각서, 메모 record, minutes; **~lar** *i.* 소송절차, 의사록, 법적 절차, 보고서 minutes, proceedings, transaction

provokasiya *i.* 자극, 도발 provocation
proyekt *i.* 계획안, 기획 project
psix *si.* 미친, 미쳐있는 mad, crazy ○ **dəli, gic**
psixi *si.* 정신적인, 영적인 mental, spiritual ○ **ruhi**
psixiatriya xəstəxanası *i.* 정신 병원, 정신병자 수용소 asylum
psixologiya *i.* 심리학 psychology
psixoloq *i.* 심리학자 psychologist
puç I. *i.* 무(無), 없음, 공허, 허무, 무익 nothing, naught; II. *si.* 공허한, 빈, 허전한, 무효의 empty, hollow, vain, idle ○ **boş, mə'nasız, əsassız, heç nə**; **~a çıxarmaq** *fe.* 유혹하다, 꾀다 beguile
puçluq *i.* 공허함, 무, 비어있음, 무효 emptiness, vanity, meaninglessness ○ **boşluq, mə'nasızlıq, əsassızlıq, heçlik**
puçur *i.* 봉오리, 새싹 bud, sprout ○ **tumurcuq, düyməçə**
puçurlamaq *fe.* 싹이 트다, 봉오리가 맺히다 grow, bud ○ **göyərmək**
pudinq *i.* 푸딩 pudding
pudra *i.* 가루, 분말 powder; **~ vurmaq** *fe.* 가루를 바르다, 분말을 뿌리다 powder
pul *i.* 돈, 화폐 money, currency; **~ buraxma** *i.* 화폐 발행; 투자 assignment; **~ buraxmaq** *fe.* 화폐를 발행하다, 투자하다 invest; **~ kisəsi** *i.* 지갑 purse, wallet; **~ mükafatı** *i.* 상여금 bonus; **~ qazanmaq** *fe.* 돈을 벌다, 수입을 만들다 earn, make money; **~ qoymaq** *fe.* 투자하다 invest; **~ tədavülü** *i.* 화폐, 통화 currency; **~ verib azad etmək** *fe.* 몸값을 받고 석방하다 ransom; **~ verib girovu geri almaq** *fe.* 구속(救贖)하다 redeem; **~ vəsaiti** *i.* 재정(財政) finance; **~ yardımı** *i.* 보조금, 교부금 subvention; **~ yığmaq** *fe.* 저축하다 save up; **~ çap edilən yer** *i.* 화폐 발행소, 조폐(造幣)국 mint; **~unu vermək** *fe.* 지불하다 pay; **~un qalığı** *i.* 잔돈, 거스름돈 change

pullanmaq *fe.* 부자가 되다 become rich, become wealthy ○ **varlanmaq, dövlətlənmək**
pulemyot *i.* 기관총 machine gun
pulemyotçu *i.* 기관총 사수 gunner, machine gunner
pullu *si.* ① 부유한, 부자의 wealthy, rich, well-off ○ **varlı, dövlətli, hallı** ● **kasıb**; ② 급여를 지불하는 salaried ○ **maaşlı** ● **havayı**
pulluluq *i.* ① 부유함, 유복함 wealthiness, richness, prosperity ○ **varlılıq, dövlətlilik, hallılıq**; ② 급여를 지불함 being paid salary ○ **maaşlılıq**
pulpa *i.* 펄프 (과육, 골수, 제지) pulp
pulsuz *si.* ① 무급의 without salary ○ **maaşsız**; ② 공짜의 free, free of charge ○ **havayı, müftə, məccani**
pulsuzlamaq *fe.* 돈이 떨어지다 be out of money
pulsuzlaşmaq *fe.* 가난하게 되다, 궁핍하게 되다 become poor, become penniless ○ **yoxsullaşmaq, kasıblaşmaq**
pulsuzluq *i.* 가난 poverty, pennilessness, lack of money ○ **yoxsulluq, kasıblıq**
pulverizator *i.* 물뿌리개
punş *i.* 펀치, 천공기 punch
pusqu *i.* ① 매복, 복병 ambush ○ **marıq, bərə**; ② 추격, 추적 chasing ○ **güdmə, izləmə, təqib**
pusmaq *fe.* 추적하다, 추격하다, 뒤를 밟다 trace, track ○ **güdmək, izləmək**
püre *i.* 으깬 감자 mash
pürmüddəa *si.* 싸늘한, 쌀쌀한, 냉담한 chilly
püskürmə *i.* 돌발, 발발, 분출 eruption, rejection ○ **fışqırma, atma**
püskürmək *fe.* 내뿜다, 분출하다 belch, reject ○ **fışqırmaq, atmaq**
püşk *i.* 제비뽑기 lot; **~ atmaq/çəkmək** *fe.* 제비뽑다, 추첨하다 cast, draw lots; ***Püşk mənə düşdü.*** *내가 당첨되었다. The lot fell upon me.*
pyes *i.* 연극, 극, 희곡, 각본 piece, play

P

R·r

rabitə *i.* ① 통신, 관계, 연결, 연락 relation, link, tie, bond, connection ○ **əlaqə, münasibət, bağ**; ② 전화선; 통신 수단 communication (telephone, post *etc.*); ~ **yaratmaq** *fe.* 소통하다, 통신하다, 연락하다 communicate; ~ **xətti** *i.* 통신선(通信線) line; **şəhərarası telefon ~si** *i.* 장거리 전화 long distance line; ~ **nazirliyi** *i.* (정보) 통신부 ministry of communication; ~ **şö'bəsi** *i.* 전신 전화국 post and telegraph office; **məntiqi ~** *i.* 논리적 연관성; logical connection; **sıx ~ yaratmaq** *fe.* 밀접한 관계를 맺다 establish close links; **dəmiryol ~si** *i.* 철도 수송, 철도 연계 railway communication; **müntəzəm hava ~si** *i.* 정기 항공 서비스 regular air service

rabitəçi *i.* ① 통신업자, 통신 종사자, 통신 기술자; communication engineer/worker ② *mil.* 통신병 signal man

rabitələndirmək *fe.* 통신체계를 갖추다, 연락이 닿다 be linked, tie together, bind, connect ○ **əlaqələndirmək, bağlanmaq**

rabitəli *si.* 연락이 닿은, 통신이 되는, 연결된, 접속된 connected, coherent, consecutive ○ **əlaqəli, münasibətli, bağlı**

rabitəlilik *i.* (전화) 연락, 통신, 밀착(성) connection, coherency

rabitəsiz I. *si.* 연락(접속)이 끊긴, 분리된; incoherent, jerky, disconnected; ~ **nitq** *i.* (언행이) 무뚝뚝한 언사, 앞뒤가 맞지 않는 curt speech; II. *z.* (말, 태도가) 퉁명스럽게, 무뚝뚝하게, 앞뒤가 맞지 않게 abruptly, jerkily, incoherently ○ **əlaqəsiz, münasibətsiz**

rabitəsizlik *i.* 앞뒤가 맞지 않음, 지리 멸렬; 앞뒤가 맞지 않는 생각 incoherence, abruptness (이야기, 말) ○ **əlaqəsizlik, münasibətsizlik**

radar *i.* 전파 탐지법; 레이더, 전파 탐지기 radar ; ~ **qurğusu** *i.* 레이더 장치, 레이더 설비 radar installation

radələrində *z.* (시간을 나타내는) 대략, 쯤, 정도; about, around; ***O saat 4radələrində getdi.*** *그는 4시쯤 갔다. He went about 4 o'clock.*

radial *si.*반지름 방향의, 방사선의 radialtive

radiasiya *i.* 복사 (작용); 복사 에너지, 방사물(선) radiation

radiator *i.* 발산(복사)하는 사람(것); 방열체(기), 발광체, 복사체(기), 복사 난방기 radiator

radikal I. *i.* 과격론자, 급진주의자, 급진 분자; 급진(과격)당원 radical; II. *si.* ① 근원적인; 기본적인, 근본적인 basic, fundamental; ② (사람, 사상이) 급진적인 경향인, 과격한, 혁명적인; 급진파의 radical, extreme, drastic; ~ **müalicə** *i.* 근원적 치료 radical cure; ~ **dəyişiklik** *i.* 급진적 변화, 과격한 개혁, 혁명적 변화 radical change; ~ **tədbirlər görmək** *fe.* 과감한 조처를 취하다 take drastic measure

radikalaltı *si. riy.* 피개수(被開數)의 radicand; ~ **ədəd/ifadə** *i.* 피개수(被開數) radicand

radikalizm *i. siy.* 급진주의, 과격론 radicalism

radikallıq *i.* ① *siy.* 급진주의, 과격론 radicalism (過激論); ② 유효성; (약 등의) 효험 efficacy (treatment, cure)

radikulit *i. tib.* 척수 신경근염 radiculitis

radio *i.* 라디오, 라디오 방송 radio, wireless (radiogram); 무선국(radio station); 무선 방송(업); ~ **ilə veriliş vermək** *fe.* (방송국이) (프로그램을) 방송하다; (사람이) …을 방송하다; (스폰서가) (프로그램을) 제공하다 broadcast; ~ **stansiyası** *i.* 무선국, 방송국 broadcasting station; ~ **verilişləri** *i.* 방송 broadcast; ~ **verilişlərini vurmaq** *fe.*(방송, 통신을) 전파 방해하다 jam; ~ **qovşağı** *i.* 방송 중계소, 방송 송신소 broadcasting center, radio relay center; ~ **mayakı** *i.* 전파 탐지 장치 radio beacon; ~ **rabitə** *i.*무선 통신, 무선 연락 radio communication; ~ **dinləyicisi** *i.* 청취자 radio listener

radioaktiv *si. kim. fiz.* 방사능을 가진, 방사능에 의한 radioactive; ~ **izotoplar** *i.* 방사능 동위 원소 radio isotopes, radioactive isotopes; ~ **çöküntü** *i.* (핵폭발로 인한) 방사성 물질의 강하; 죽음의 재; (화산재 등의) 강하물, 낙진 radioactive fallout; ~ **parçalanma** *i.* (방사성 물질의) 붕괴 radioactive decay

radioaktivləşmək *fe.* 방사능이 발산되다, 방사능을 내뿜다 emanate, be radioactive/emanated

radioaktivlik *i. kim.* 방사능 radioactivity

radioaltimetr *i.* 전파고도계(電波高度計) radio-altimeter

radioastronomiya *i.* 전파 측정 천문학 radio-astronomy

radioastronomik *si.* 전파 측정 천문학에 관한 radio-astronomic

radio(avto)qraf *i.* 방사능 사진 촬영사, 뢴트겐 촬영사 radio-autograph

radioavtoqrafiya *i.* 방사능 촬영 radio-autography

radiobiologiya *i.* 방사선 생물학 radiobiology

radiobioloq *i.* 방사선 생물학자 radiobiologist

radioçu *i.* 무선 기사; 방송업 종사자 radioman, wireless operator

radiodalğa *i.* 무선파, 무선 전파 radio-wave

radioelektronika *i.* 무선전자공학 radioelectronics

radioelement *i.* 방사능 원소 radio-element

radioestafet *i.* 무선 중계 radio-relay-race

radiojurnal *i.* radio-review

radiokimya *i.* 방사 화학 radio-chemistry

radioklub *i.* 무선 방송 클럽 radio-club

radiokonstruktor *i.* 무선 설비사 radio-constructor

radiola *i.* 라디오 겸용 전축 radio-gramophone

radio-qəbuledici *i.* 라디오 radio set

radioqram *i.* 전보, 전신 radio-gram, wireless (message), radio-telegram

radioqraf *i.* 뢴트겐 사진 촬영사 radiograph

radioqrafiya *i.* 뢴트겐 촬영 radiography

radiolaşdırılmaq *fe.* 무선 설비를 갖추게 되다 be equipped with a radio

radiolaşdırma *i.* 무선 설비 installation of wireless radio

radiolaşdırmaq *fe.* 무선설비를 갖추다 install a radio

radiolaşmaq *fe.* 무선으로 통신하다 be provided with radio

radiologiya *i.* 방사선학(의학); X선 투시, 뢴트겐 사진 촬영; X선 사진의 판독 radiology

radiolokasiya *i.* 전파 탐지, 전파 측정 radio-location, radar

radiolokator *i.* 전파 탐지기, 전파 측정기; radio-locator, radar; ~ **qurğusu** *i.* 전파 탐지 설비 radar installation

radioloq *i.* 방사선학자, 방사선 기사 radiologist

radiomaçt *i.* 무선 송신탑 radio-mast, radio-tower

radiomayak *i.* 무선 항로 표지 radio range beacon

radiomexanika *i.* 전파 공학 radio engineering

radiometeoroloji *si.* 전파 기상(학)의; radiometeoric; ~ **stansiya** *i.* 전파 기상관측소 radio-meteoric station

radiometeorologiya *i.* 전파 기상(학) radiometeorology

radiomontyor *i.* 라디오 기술자, 전파 기술자 radio-fitter

radionaviqasiya *i.* 무선 항법 radionavigation

radiopelenqator *i.* 무선 방향 탐지기 wireless direction finder, radiogoniometer

radioprojektor *i.* 방사능 투시기 radio- projector, radio-searchlight

radioproqnoz *i.* 전파 예후 radio-prognosis

radio-rabitə *i.* 무선 연락 radio-relation, wireless contact

radioreportaj *i.* 무선 중계 live radio report/ commentary

radio-reproduktor *i.* 전파 확성기, 무선 확성기 radio-loudspeaker

radio-siqnal *i.* 무선 신호; wireless signal; **vaxt bildirən** ~ *i.* 무선 시간 신호 wireless time signal

radiostansiya *i.* 무선 라디오 방송국 wireless radio station

radiostudiya *i.* 라디오 스튜디오 radio-studio

radioşünas *i.* 라디오 기술자 radio engineer
radioteatr *i.* 라디오 극장, 드라마 radio-theater
radiotexnik *i.* 라디오 기술, 무선 기술 radio-technique
radiotelefon *i.* 무선 전화 radiotelephone
radioteleqram *i.* 무선 전신, 무선 전보 radiogram, radio-telegram, wireless (message)
radioteleqrafçı *i.* 무선 전신원 radio-telegraphist
radiotranslyasiya *i.* 라디오 방송 radio transmission, broadcasting
radioverilişi *i.* 라디오 방송 broadcasting, radio-transmission
radiozavod *i.* 방사능 설비 radio-plant
radiozond *i.* 상층 기상 관측 장치 radiosonde (radio device placed in a weather balloon used to measure atmospheric pressure, temperature and humidity) (radiometeorograph)
radist *i.* 라디오 기술자, 무선 설비사 radio technician, wireless operator, radioman
radium *i. kim.* 라듐 (기호 Ra, 88번) radium; ~ **bromid** *i.* 브로민화라듐 radium bromide; ~ **karbonat** *i.* 라듐 탄소 radium carbonate; ~ **xlorid** *i.* 클로로화 라듐 radium chloride
radius *i.* (원, 구의) 반지름, 반경; 반지름의 길이 radius
radon *i. kim.* 라돈 (기호 Rn, 86번) radon (radium emanation)
rafinad *i.* 정제된 각설탕 refined lump sugar
rafinadlaşdırılmış *si.* 정제된 refined
rafinadlaşdırmaq *fe.* 정제하다, 정화하다, 불순물을 제거하다 refine, purify
rah *i.* 길, 도로 way ○ **yol**
rahat I. *si.* ① (의자, 침대, 주거 등이) 쾌적한, 안정된, (의복 등이) 편한, 기분 좋은 comfortable, easy, handy ○ **dinc, sakit, uyğun, əlverişli, münasib, səliqəli**; ② 평화로운, 평온한, 조용한 peaceful, silent, tranquil ○ **asudə, sərbəst**; ③ (장소, 설비 등이) 아늑한, 편안한, 따뜻하고 기분 좋은 cozy, snug; II. *z.* 쉽게, 편하게, 조용히, 아늑하게 easily, cosily, calmly; ~ **şərait** *i.* 편안함, 편한 분위기 comforts; ~ **etmək** *fe.* 달래다, 진정시키다, 평온케 하다 calm, quiet, soothe; ~ **durmaq** *fe.* 차분하게 행동하다 behave quiet; ~ **hiss etmək** *fe.* 편하다, 편하게 느끼다, 안도하다 be easy in one's mind, feel cozy; **~ca(sına)** *z.* 조용히, 차분하게 calmly
rahatçılıq ☞**rahatlıq**
rahatxana ☞**ayaqyolu**
rahatlamaq *fe.* 진정시키다, 평온케 하다 calm, set one's mind at rest
rahatlandırmaq ☞ **rahatlamaq**
rahatlanmaq *fe.* 진정하다, 이완하다, 안정되다, 안심하다 relax, rest, be calmed, be reassured ○ **dincəlmək**
rahatlaşdırmaq ☞ **rahatlamaq**
rahatlaşmaq *fe.* 조용해지다, 평온해지다, 편해지다 become calm, become quiet, soothe ○ **sakitləşmək, yüngülləşmək**
rahatlatmaq ☞ **rahatlamaq**
rahatlıq *i.* ① 편안함, 편리, 안락, 위안, 안도감, 안심 convenience, ease, comfort ○ **dinclik, sakitlik, sükut, səssizlik**; ② 휴식, 휴게; 휴양, 한숨 돌리기 rest, relaxation, utility ○ **istirahət, asudəlik**; **~ğı pozmaq** *fe.* 문제를 일으키다, 걱정을 끼치다, 휴식을 방해하다 trouble, worry, interfere one's ease/comfort; **~la** *z.* 차분하게, 조용하게, 편안하게 easily, peacefully
rahatsız *si.* ① 귀찮은, 성가신; 안달나게 하는; 힘드는, 곤란한, 걱정(염려)하는, 근심하는 troublesome, anxious, uneasy, restless ○ **həyəcanlı, iztirablı, əsəbli, qərarsız**; ② 편하지 않은, 안락하지 않은, 거북한, 어색한 comfortless, not cosy ○ **səliqəsiz, uyğunsuz**
rahatsızlıq *i.* ① 고민, 불안, 걱정, 염려; 불안, 고민; 걱정 anxiety, concern, care; ② 거북함, 답답함; 당황, 불쾌; 불안; 신고(辛苦), 쓰라림 discomfort, uneasiness ○ **həyəcan, izliktirab, təlaş, nigaranlıq, təşviş**
rahətülhülqum *i.* 터키 캔디의 일종 rahat lakoum, Turkish delight
rahib *i. din.* 대수도원장; 수도사, 수사, 수도승, 승려 abbot, monk
rahibə *i.* 수녀, 여승, 비구니 nun
rahiblik *i.* 수도사 신분; 승려직; 수도원 제도; 수도원 생활, 수도원 관행; (수도원의) 금욕 생활 monasticism; monkhood, monkery
rahlamaq *fe.* 교정하다, 옳게 만들다, 맞추다, 적응시키다 put right, adjust ○ **sahmanlamaq, sazlamaq, düzəltmək**
raxit *i. tib.* 척추 rachis, rickets (spinal column); ~ **xəstəliyə tutulmuş** *i.* 구루병, 골연화증 (骨軟

化症) suffering from rickets/rachitis

raxitizm *i.* 구루병, 골연화증(骨軟化症) rachitis

raxitli *si.* 구루병인에 걸린 rachitic, rickety

raket *i.* ① 로켓 추진 미사일 rocket, missile; **~ buraxmaq** *fe.* 로켓을 발사하다 launch/start/dispatch a rocket; ② *mil.* 미사일 (무기), 유도탄 missile; **kosmik ~** *i.* 우주 로켓 space rocket; **balistik ~** *i.* 탄도 미사일 ballistic missile; **uzaq mənzilli ~** *i.* 장거리 미사일 long range missile; **orta mənzilli ~** *i.* 중거리 미사일 middle range missile; **idarə olunan ~** *i.* 유도 미사일 guided rocket; **~ mühərriki** *i.* 미사일 추진 엔진 missile engine; **~ bazası** *i.* 미사일 기지 missile base

raketçi *i.* 로켓 발사원 (조종자, 승무원), 로켓 설계 기사(과학자) rocketeer, rocket signaler

raketdaşıyan *i.* 운반 로켓 missile carrier, carrier rocket

raketqayırma *i.* 로켓 제조 rocket manufacture

rakettayıran *i.* 로켓 제조 기술자 racketeer

raketka *i. idm.* 라켓 (테니스, 탁구, 배드민턴 등) racket (for tennis, pin-pong, badminton *etc.*)

raketodrom *i.* 로켓 발사장 (기지) rocketdrome; rocketfield

ralli *i.* (정치적, 종교적) 대회, 집회; 궐기 대회 rally

ram; **~ etmək** *fe.* 종속시키다, 따르게 하다, 복종시키다, 위압하다, 길들이다, 억제하다; a) subordinate, tame, subdue, curb; **~ olmaq** *fe.* a) 순종하다, 복종하다 submit; b) *mil.* (예하에) 두다, 부속되다 place under the command

ramazan *i.* 이슬람력에 따르는 금식의 달 the name of the month in the Muslim calendar in which Muslims fast

rampa *i.* ① 전등 갓; (극장) 통로 안내등 lamp shade footlight (theater)

ranço *i.* 농장, 농원, 목장 ranch

ranet *i.* 라넷 (사과의 일 품종) rainetete (a kind of apple)

rapira *i. idm.* 가볍고 가느다란 찌르는 검; 쌍날의 칼 rapier (sword for fencing)

rapiraçı *i.* 펜싱 선수; 검객, 검사 fencer

raport *i.* (신문 기자의) 특전(特電), 보도, 기사 dispatch, report; **~ vermək** *fe.* 사람이) 전하다, 알리다, 말하다, (들은 것, 대답 등을) 되풀이해서 말하다, 알리다, 보고하다, 통보하다, 신고하다 report; **~ qəbul etmək** *fe.* 보고를 듣다 receive a report

rapsodiya *i.* 격한 감정의 표현, 열광적인 발언, 정열적인 문장; (고대 그리스의) 서사시(의 1부); 광시곡, 광상곡, 랩소디 rhapsody

raritet *i.* 진귀한 것, 진품; 좀처럼 없는 사항; 귀한 일, 드문 일 rarity

rasion *i.* (식품의) 할당량 ration, food allowance, fixed allowance

rasional *si.* 합리적인, 도리에 맞는 rational; **əməyin ~ təşkili** *i.* 합리적 노동 조합 rational organization of labor; **~ sikl** *i.* 합리적 순환 rational cycle; **~ in'ikas** *i.* (작업 등의) 합리적 계획, (시간의) 합리적 할당 rational mapping; **~ ədəd** *i. riy.* 합리적 분량 rational quantities; **~ dövrə** *i.* 합리적 연쇄 rational chain; **~ metod** *i.* 합리적 방법 rational method; **~ izahat** *i.* 합리적 설명 rational explanation; **~ düşüncə** *i.* 합리적 사고 rational mind

rasionalist *i.* 합리주의자, 이성주의자 rationalist

rasionalizm *i. fəl.* 이성(합리)주의, 이성론, 합리론 rationalism

rasionallaşdırma *i. riy.* 합리화, 합리적 설명 rationalization; **interqralaltı ifadənin ~sı** *i.* 적분의 유리화 rationalization of integral

rasionallıq *i.* 합리성, 순리성(純理性); 도리를 분별함; 양식; 이성의 작용, 추리, 추론 rationality

rast[1] *z.* ① 일직선으로, 곧장, 직접, 바로 straightly ○ **doğru, düz, tuş, sərrast**; ② 깔끔하게, 반듯하게; 솜씨 있게, 일목요연하게 neatly, to the point; **~ gəlmək** *fe.* (우연히) 마주치다; 이해되다, 뜻이 통하다 happen, come across, find, occur; **~ gətirmək** *fe.* 이해시키다, 성사시키다 be successful

rast[2] *i.* 아제르바이잔 전통 음악인 무감의 일종 a type of Azerbaijani traditional music **muğam**

rasta *i.* 상가(商街) street of shops

rastabazar *i.* (여러 종류 가게들로 구성된) 시장(市場) market consisting of various shops

rastlaşmaq *fe.* 우연히 마주치다, 만나다, 이해하다 meet by chance, come across ○ **görüşmək, qarşılaşmaq**

rastlıq *i.* 정확; (기계적인) 정밀(성); 명확, 명료함; 꼼꼼함 precision

ratifikasiya *i.* 승인, 인가, 비준, 재가; 비준된 상태 ratification

ratin *i.* 모직(毛織)의 일종 a kind of wool cloth

R

raund *i.* (복싱의) 회(回) round (in boxing)
ravənd *i.* 장군풀, 대황(大黃); 그 뿌리(하제, 고미(苦味)제); 그 잎줄기(파이, 잼용) rhubarb
ravi *i.* 이야기하는 사람, 내레이터 narrator
ravvin *i.* 유태교회의 주관자(主管者); 유태인 율법학자 rabbi
ray ☞ **rels**
rayihə *i.* 냄새, (특히) 방향(芳香), 향기; (술의) 향기 aroma, fragrance, perfume
rayihəli *si.* 향기로운 fragrant, aromatic; ~ **çiçək** *i.* 향기로운 꽃 fragrant flowers; ~ **bitkilər** *i.* 향초(香草) aromatic plants
raykom *i.* 관할 위원회 district committee
rayon *i.* ① (도시, 영토의) 행정구, 관할구, 구, 행정구역 region (administrative unit), district; ② 근처, 부근, 주변, 지방, 장소; 생산지 area, vicinity, locality, zone; ~ **mərkəzi** *i.* (관할 기구의) 소재지, (구역의) 중심지 district center; ~ **ərazisi** *i.* 구역, 지역구의 영역 territory of district
rayonlararası *i.* 구역 간; inter-district ~ **hidroqovşağı** *i.* 구역 간 수리(水利) 구조 inter-district hydro-technical construction
rayonlaşdırılmaq *fe.* 구역별로 나누다, 분할하다 be divided into districts
rayonlaşdırılmış *si.* 구역별로 나뉜 divided into districts
rayonlaşdırma *i.* 구역분할 division of areas into districts
rayonlaşdırmaq *fe.* 구역을 분할하다 divide into districts
rayonlu I. *i.* 구역 주민 district dweller; II. *si.* 구역으로 나뉜, 그 지방의 with district
razı *si.* 만족한, 동의한 content, willing, satisfied, pleased ○ **məmnun**, **xoşhal**; **özündən** ~ *si. col.* 자기 만족; 자부심이 강한, 잘난 체하는; 독선적인; 자기 만족 self satisfied smug; ~ **baxış** *i.* 만족한 표정 content/pleased look; ~ **galmaq** *fe.* 만족하다, 기분에 맞다 be pleased; ~ **olmaq** *fe.* 동의하다, 만족하다 agree, allow, concur, comply; ~ **salma** *i.* 만족, 욕구 실현, 달성 satisfaction; ~ **salmaq** *fe.* (남을) 달래다, 만족시키다, 욕구를 실현시키다, 조건을 맞추다; 가라앉히다, 진정시키다; (고통 등을) 완화하다; (갈증 등을) 풀다, (허기를) 채우다 appease, persuade, please, satisfy
razılaşdırılmaq *fe.* 설득되다, 만족되다, 동의되다, 순응되다 be submitted to *smb.*'s approval, be coordinated; be conformed (to)
razılaşdırılmış *si.* 합의된, 동의한 coordinated; concerted; ~ **mətn** *i.* 합의된 내용 agreed text
razılaşdırma *i.* 일치; 화합, 조화, 동의, 합의, 승낙, 양해 concordance, agreement
razılaşdırmaq *fe.* 합의에 이르다, 동의하다, 일치하다 coordinate, come to an agreement
razılaşma *i.* ① 동의, 양해, 합의 agreement, understanding ○ **sözləşmə**, **şərtləşmə**, **vədələşmə**, **bağlaşma**, **düzəlişmə**, **uzlaşma**; ② 동의서, 합의서 covenant, agreement
razılaşmaq *fe.* 인정하다, 용인하다, 시인하다, 승인하다, 동의하다, 합의하다 concede, agree with, concur, give in, accord, yield, accept, consent, comply ○ **sözləşmək**, **şərtləşmək**, **vədələşmək**, **bağlaşmaq**, **düzəlişmək**, **uzlaşmaq**
razılaşmamaq *fe.* 일치하지 않다, 서로 다르다, 의견이 맞지 않다 disagree
razılaşmamazlıq *i.* 이해 부족, 불일치 reticence, lack of understanding
razılıq *i.* 합의, 결정, 협정, 만족, 용인, 승인 convention, consent, acceptance, assent, agreement, satisfaction ○ **yekdillik**, **birlik**, **əlbirlik**, **məmnunluq**, **xoşhallıq**
razyana *i. bot.* 상호 만족, 상호 일치 fennel, anise; **ümumi ~la** *z.* by common consent; ~ **əldə etmək** *fe.* 합의에 이르다, 일치하게 되다 reach an agreement, come to terms; **~ğa əsasən** *z.* 합의하에, 일치하에 in agreement with *smb.*; **~ğa gəlmək** *fe.* ① 합의에 이르다, 일치하게 되다, 만족하게 되다 assent, come to an agreement; ② 만족하다, 감사하다 gratitude, thanks; ~ **etmək** *fe.* 감사를 표하다, 친절에 보답하다 show one's gratitude, return *smb.*'s kindness
razyanalıq *i.* 회향풀 밭, 아니스 (미나릿과의 1년초) 밭 fennel grove, anise grove
reagent *si.* (화학 물질이) 잘 반응하는, 반발적인 reactive (material)
reaksiya *i.* 반응, 반작용, 반동, 반발; 상호 작용 reaction
reaktiv *si.* 반작용적인, 반응하는 reactive, reaction; ~ **təyyarə** *i.* 제트 비행기 jet plane; ~ **mərmi** *i.* 구포(臼砲), 박격포 mortar rocket; ~

mühərrik *i.* 제트 엔진 jet engine; **~ silah** *i.* 로켓 무기 rocket weapon

reaktor *i.* 반응기, 원자로; 반응 장치 reactor; **~un işini tənzim etmə** *i.* 반응기 제어 reactor control; **nüvə ~u** *i.* 원자로(原子爐) nuclear reactor

real *si.* ① 현실의, 실재하는, 실제의, 사실상의 real, substantial, actual, tangible ○ **həqiqi, doğru, gercək** ● **xəyali**; **~ gəlir** *i.* 실질 소득 real income; **~ əmək haqqı** *i.* 실질 임금 real wages; **~ vəziyyət** *i.* 사건의 실제 상황 actual state of affairs; ② 실제적인, 실질적인 practical, workable ○ **əməli, praktik**; **~ plan** *i.* 실제적인 계획 workable plan; **~ siyasət** *i.* 현실 정치, 실제 정책 practical policies; ③ 현행의, 현재의 alive, living ○ **həyati**

realist *i.* 현실(사실)주의자; 실존주의자 realist; **~cəsinə** *z.* 현실적으로, 사실적으로 realist like, realistically

realistik *si.* 현실주의의, 현실적인; 실제적인 realistic

realizə *i.* 실현, 현실화 realization; **~ etmək** *fe.* 실현하다, 달성하다, 실감하다 realize

realizm *i.* 현실주의; 현실성 realism; **sosialist ~i** *i.* 사회주의자의 현실 socialist realism; **tənqidi ~** *i.* 비평적 현실 critical realism

reallaşdırma *i.* 실현, 성취, 달성; 현실화 realization

reallaşdırmaq *fe.* 현실화하다, 성취하다, 실현하다 realize, actualize

reallaşmaq *fe.* 현실화되다 be realized, become real ○ **həqiqiləşmək, doğrulaşmaq, gerçəkliəşmək**

reallıq *i.* 현실(성), 진실(성), 진실함 reality ○ **gerçəklik, həqiqilik, doğruluq**

rebus *i.* 수수께끼 (그림) rebus

reçitativ *si.* 낭독의, 암송식의; 상세한 설명의, 상술적인; 기술(記述)의 recitative

redaksiya *i.* ① (편집, 교정; 간행물의) 판(版); (같은 판에 의한) 전 발행 부수 edition; ② 출판사 editorial office; ③ 편집자의 지위(권한); 편집상의 지시 editorship; **ilk ~** *i.* 초판 (初版) first wording; **~ heyəti** *i.* 편집진(編輯陣), 편집 위원 editorial board, editorial staff

redaktə *i.* 편집, 교정 editing, reduction; **~ etmək** *fe.* 편집하다, 교정하다 edit, reduce, revise; **əlyazmasını ~ etmək** *fe.* (필)사본의 편집 edit a manuscript

redaktor *i.* 편집자, 교정자 editor; **baş ~** *i.* 편집장 editor-in-chief; **məsul ~** *i.* 감수자(監修者) managing editor; **~ olmaq** *fe.* 편집자가 되다, 편집 일을 하다 be editor of

redaktorluq *i.* 편집(편집), 교정 작업, 편집직 (編輯職) editorial work, editorship

reduksiya *i.* 감소, 축소; 할인; 변형, 전화(轉化); 감소(축소)한 수량, 할인액, 평이(간이)화; 단일화 reduction, simplifying

reduktor *i. tex.* 감력기(減力機), 감축기 reduction gear, reducer

referat *i.* 참고 reference, abstract, synopsis, paper

referativ *si.* 참고용의; 지시적 용법의 abstract, referential; **~ jurnal** *i.* 발췌 저널 abstract journal/bulletin

referendum *i.* 국민 투표; 그 제도 referendum

referent *i.* 독자, (신간 서적, 연극의) 비평가, 평론가 referent, reader , reviewer

refleks *i. fiz.* 반사 행동(운동); 반사 (작용) reflex; **şərti ~** *i.* 조건 반사 conditional reflex; **şərtsiz ~** *i.* 무조건 반사 unconditional reflex

refleksiv, reflektiv *si.* (동작 등이) 반사적인 reflective

refleksiya *i.* 반사, 반영, 영향 reflection

refleksologiya *i.* 반사학(反謝學); 반사법 reflexology

refleksoloji *si.* 반사학적인 reflexological

refleksoloq *i.* 반사학자 reflexologist

reflekssiz *si.* 반사 작용 없는 without reflex

reflektor *i.* (빛, 열, 음의) 반사물 (면, 장치); 반사기, 반사경, 반사용 갓 reflector

reforma *i.* (사회, 제도 등의) 개량, 개선, 개혁, 쇄신; (폐해 등의) 일소 reform; **pul ~sı** *i.* 화폐 개혁 currency reform

reformasiya *i.* (사람의) 교정, 감화, 개심 reformation

reformator *i.* 개량(혁신)자 reformer

reformizm *i.* 개혁주의, 개량주의 reformism

reformist *i.* 개혁론자; 개신교 신자 reformist

refraksiya *i. fiz.* 굴절; 굴절(력) refraction, deflection

refraktor *i. fiz. ast.* 굴절시키는 것; 굴절 매체, 굴절 렌즈, 굴절 망원경 refractor

R

refraktometr *i.* 굴절률 측정기, 굴절계 refractometer
refrijerator *i.* 냉장고, 냉동실, 빙고(氷庫); 냉각(냉동) 장치; (증류기의) 증기 응축 장치 refrigerator
regenerasiya *i. tex.* 개심, 갱생; 혁신, 개조, 쇄신; 재건, 부흥 regeneration
regenerat *si.* 재생의; 개심시키는; 재생력 (쇄신력)이 있는, 축열식인; 재생식인 regenerative; ~ **sobası** *i.* 재생로(再生爐) regenerative furnace
regenerativ *si.* 재생하는 regenerative, regeneratory
regent *i.* 통치자, 지배자 regent
regentlik *i.* 섭정(攝政) regency
rejim *i.* ① 정치 제도(형태), 정체(政體), 통치 방식; 관리 체제 regime; **faşist ~i** *i.* 파시즘 통치 기간 fascist regime; ② 일상적인 일, 일과 routine; **sanatoriya ~i** *i.* (장기 요양의) 요양소 치료 과정 sanatorium routine; **məktəb ~i** *i.* 학교 일정, 학사 일정 school routine; ③ *tib.* 섭생, 요양법 regimen; **qidalanma ~i** *i.* 규정(특별)식; 식이 요법 diet; ④ *tex.* (경기자, 기계 등의) 컨디션 condition; **hərarət ~i** *i.* 온도 조건 conditions of temperature
rejissor *i.* (극, 영화, 방송 등의) 프로듀서, 제작자; 연출가; 무대 감독 producer, stage-manager; **quruluşçu ~** *i.* 연출가 producer
rejissorluq *i.* 연출, 감독; work of producer ~ **etmək** *fe.* (영화, 극, 방송 등) 연출하다, 감독하다 produce, stage
rejissura ☞ **rejissorluq**
reklam *i.* (신문, 잡지, 라디오 등에 의한 상품의) 광고, 선전, 홍보; 선전 방법, 광고업(業) advertisement, publicity; ~ **elanı** *i.* (책의 커버, 띠 등의 자찬 또는 과대한) 짧은 광고, 선전문 blurb; ~ **etmək** *fe.* 광고하다, 선전하다, 홍보하다 advertise, publicize
reklamasiya *i.* 반환 요구 reclamation, claim for replacement
reklamçı *i.* 광고자(주) advertiser
rekonstruksiya *i.* 재건, 부흥; 개조, 개축; 복원, 재편성 reconstruction; ~ **etmək** *fe.* 재건하다, 부흥시키다; 고쳐 세우다, 개축하다; 복원하다 reconstruct, rebuild
rekord *i.* (특히 운동 경기 등의) 기록, 최고(최신) 기록; (팀 또는 개인의) 승패 기록, 레코드 record; ~ **qazanmaq** *fe.* 기록을 갱신하다, 기록을 깨다 beat the record; ~ **məhsul** *i.* 최다 수확 기록 record crop; ~ **sürət** *i.* 최고 속도 기록 record speed; ~ **istehsal** *i.* 최고 생산 기록 record output; ~ **rəqəm** *i.* 기록 수치 record figure
rekordçu *i.* 최고 기록 보유자, (경기의) 우승자, 선수권 보유자, 챔피언 champion
rekordsmen *i. idm.* 최고 기록 보유자 record holder, record breaker
rektifikasiya *i.* 개정, 정정 rectification
rektor *i.* 학장; 대학의 명예 총장 rector, head of university, chancellor
rektorat *i.* (대학의) 총장실 office of rector
rektorluq *i.* ① 총장직, 총장 임기 rectorate, rectorship; ② 총장실, 대학 행정부 university administration, rector's office
rekvizisiya *i.* (정식) 요구, 요청, 명령; (범죄자 등의) 인도 요구; (군대에 의한) 징발, 징용; 요구서, 청구서, 요청서; 청구(신청) 용지 requisition
rekvizit *i.* 필수품, 필요품; 필수 조건; (극장) 필요 소품 requisite, requirement, properties; *col.* props (theatre)
rekvizitçi *i.* 필수품 담당자, 소품 담당 requisiter, worker who takes charge of requisites
rekvizitor ☞ **rekvizitçi**
reqbi *i. idm.* 럭비 (아메리칸 풋볼) rugby
reqbiçi *i.* 럭비 선수 rugby player
reqlament *i.* ① 규칙, 규정, 조례, 법규, 법령 regulation; ② 시한 (時限) time-limit; ~ **müəyyənləşdirmək** *fe.* 시한을 정하다 fix a time-limit; **~ə riayət etmək** *fe.* 시한을 지키다 stick to the time limit, keep within the time-limit
reqlan *i.* 래글런(형태의 외투) raglan (overcoat)
reqressiv *si.* 후퇴(역행)하는; 회귀하는; 타락의 regressive
reqressiya *i.* 후퇴, 복귀; 퇴화, 역행, 퇴보, 후퇴 regression, retrogression
rele *i. tex.* 중계(되는 통신) relay; ~ **sistem** *i.* 중계 장치 relay system; ~ **qutusu** *i.* 중계기, 자동 중계기; 계전기, 릴레이 relay box
rels *i.* 철도; (철도의) 레일, 궤도 rail, rails, metals; **~dən çıxmaq** *fe.* (열차, 전차 등을) 탈선하다 derail, jump the metals, run off the rails; **~ə salma/qoymaq** *fe.* (기차 등) 궤도에 올리다, 작동을 시작하다 let *smt.* go, launch *smt.*
relsli *si.* 궤도의, 철도의, 궤도가 있는 railed, with

rails/metals
relssiz *si.* 궤도가 없는, 철로화하지 않은 without rails/metals, not railed
relyativizm *i. fəl.* 상대주의 relativism
relyativist *i.* 상대주의자 relativist
relyef *i.* (토지의) 기복, 고저 relief, the prominence and depression of the ground; **dağ ~i** *i.* (산의) 고도(高度) high relief; **~ işləri** *i.* 돋을새김 작업 embossed work; **~ xəritəsi** *i.* (토지의) 기복을 나타내는 지도, 고도지도 relief map
remarka *i.* 표지, 표시; 촌평, 단평, 의견 remark
renta *i.* 임대료; 지대, 소작료, 집세, 방세 rent
rentgen *i.* X-선, 뢴트겐선, 방사선 x-raying; **~ şüaları** *i.* 방사선 x-rays; **~ şüaları ilə müayinə etmək** *fe.* 방사선으로 진단하다 x-ray
reostat *i.* 가감 저항기 rheostat
repertuar *i.* 상연(연주) 종목 일람, 레퍼토리 repertoire, program
repetisiya *i.* 되풀이, 반복, 중복; 재상연 (연주); 재제출, 재게시, (공연 등의) 예행 연습, 시연회(試演會), 리허설, 대본 읽기 repetition, rehearsal; **~ etmək** *fe.* (연극, 음악, 연설을) 연습(리허설)하다 rehearse
repetitor *i.* (수험 지도) 가정 교사, (경기의) 코치 coach, tutor
replika *i.* ① (배우의 등장, 다음 연기 등의) 큐, 큐가 되는 대사(몸짓, 신호) (theatre) cue; **~ vermək** *fe.* 큐를 주다 give the cue; ② 통렬한 반박, 재치 있는 응수; 말대꾸, 앙갚음, 보복 remark, retort, rejoinder; **~ atmaq** *fe.* 응수하다 retort
reportaj *i.* 보도, 기사 news reporting, reportage; **~ aparmaq** *fe.* (신문, 방송 등이) 보도하다, 전하다 report
reportyor *i.* 보고자, 정보 제공자; (보도) 기자, 통신원; 뉴스 해설자 reporter
repressiya *i.* 억압 repression
reproduksiya *i.* 재생산, 재현, 재건, 복원 reproduction
reproduktor *i.* microphone, loud speaker 확성기
reps *i. bot.* 렙(씨실 방향으로 이랑진 직물) rep (cloth)
resenziya *i.* (신간 서적, 연극 등의) 비평 기사, 논평; 평론 잡지 review, notice (theatre); **~ yazmaq** *fe.* (사람, 사물을) 비평하다, 비판하다, 평론하다 write a review, criticize
resenziyaçi *i.* (신간 서적, 연극의) 비평가, 평론가 reviewer
resept I. *i.* 요리법, 조리법; (약 등의) 처방(전), 조제법, 제법 recipe, formula, prescription, reception, cut and dried instruction; II. *si.* 받아들이는, 수용하는; 수용력이 있는, 감수성(수용력)이 풍부한 receptive; **~ lüğət** *i.* 풍부한 어휘, 내용이 풍부한 사전 receptive vocabulary
reseptar *i.* 접수계원, 접대원 receptionist
reseptura *i.* 처방, 처방전; 처방약 prescription
residiv *i.* ① (진보의) 방해, 역행, 후퇴, 재발, 재기, 재현; 되풀이, 반복, 순환 setback, recurrence, repetition; ② *tib.* (병의) 재발 relapse
residivist *i. hüq.* 상습범, 전과범 recidivist, repeat offender
residivizm *i. hüq.* 상습 범죄 recidivism
respirasiya *i.* 호흡 respiration
respirator *i.* 마스크; (인공) 호흡기 respirator
respublika *i.* 공화국, 공화제 국가, 공화 정체 republic; **muxtar ~** *i.* 자치공화국; Autonomous Republic; **Xalq ~sı** *i.* 인민공화국 People's Republic
respublikaçı *i.* 공화주의자; 공화당원 (R-) republican
respublikaçılıq *i.* 공화제; 공화주의 republicanism
restavrasiya *i.* 회복, 부흥, 복구 restoration
restoran *i.* 식당, 레스토랑 restaurant
retranslyasiya *i.* 중계 re-transmission, relaying
retuş *i.* ㅋ가필, 수정 (부분) retouch, retouching (photo)
retuşlamaq *fe.* (문장, 그림, 화장 등을) 손질하다, 수정하다 retouch
revanş *i.* ① 보복; (남에 대한) 앙갚음; 복수; revenge ② *idm.* 리턴매치, 선수권 복원 도전 경기 return match
revanşizm *i.* 영토 회복주의 revanchism
reverans *i.* (고귀한 사람 등에 대하여 여성이 무릎과 상체를 굽히고 하는) 인사(절, 경례) curtsy; **~ etmək** *fe.* make drop a curtsy 경례하다
revizionist *i. siy.* 수정주의자 revisionist
revizionizm *i. siy.* (마르크스주의자 사이에서의) 수정주의 revisionism
revmatizm *i. tib.* 류머티즘 rheumatism; **oynaq ~i** *i.* 관절염(關節炎) rheumatic fever

R

revmatik *si.* 류머티즘(류머티스성)의; 류머티즘에 걸린(걸리기 쉬운) rheumatic; ~ **ağrılar** *i.* 관절통, 류머티즘 통증 rheumatic pains

revmokardit *i. tib.* 류머티즘 (류머티스성) 심장질환 rheumatic heart disease

revolver *i.* 회전식 연발 권총, 리볼버 revolver, pistol; **altıpatronlu** ~ *i.* 6연발 권총 six-shooter revolver

reyd[1] *i.* (항구 밖의) 정박지, 계류소, 계선소 anchor ground, moorage, roadstead

reyd[2] *i.* ① 급습, 습격; raid ② 불시 검문 spot check

reyhan *i. bot.* 바질 (자주색 잎을 가진 향채) ocimum (herb with purple leaves)

reyhani[1] *i.* 아랍 서예체의 일종 a kind of Arabic calligraphy

reyhani[2] *i.* 아제르바이잔의 느린 춤의 일종 name of a slow-tempoed Azerbaijani dance

reyxskansler *i.* (독일 등의) 수상 Reichschancellor

reyxstaq *i.* (예전 독일의) 국회 Reichstag

reyxsver *i.* 1차대전 이후 조직되었던 독일군 조직 name of the German army from the first World War until 1935

reyka *i. tex.* 욋가지 (지붕이나 벽에 흙을 바르기 위해 엮어 넣는 가느다란 나뭇가지); 외, 욋가지; 욋가지 엮음 lath, measuring pole; **yerölçən** ~ *i.* 측량용 막대 surveyor's pole/rod

reys *i.* 운행, 운항; 주행, 항행 trip, run; voyage, passage; **birinci** ~ *i.* 처녀비행, 처녀항해 maiden trip, maiden voyage

reysfeder *i.* ① 도화 연필 drawing pen, ruling pen, various pens for drafting; ② 연필잡이, 연필꽂이 pencil-holder

reytuz *i.* ① (무릎 밑에서 홀친) 반바지, 승마용 바지 breeches, riding-breeches; ② 판탈롱; (일반적으로) 바지 pantaloons, long pants

rezerv *i.* 저장, 비축, 축적, 보존물, 저장품, 예비품 reserve

rezervasiya *i.* (좌석, 방 등의) 지정, 예약 reservation

rezidensiya *i.* 거처, 주소; 주택, (훌륭한) 저택 residence

rezident *i.* ① 거주자, 거류자; (호텔의) 장기 체재객 resident; ② 외국인 거류자, 고정간첩 foreign resident; fixed-post spy

rezin *i.* 고무줄(테이프) elastic, rubber; ~ **qaloş** *i.* 고무 덧신 rubber galoshes/overshoes; ~ **çəkmə** *i. col.* 고무 부츠 rubber boot gum boot; **sənayesi** *i.* 고무 공업 rubber industry

rezinka *i.* 고무줄(테이프) eraser

rezonans *i. fig.* resonance 울림, 반향; 잔향(殘響) echo, response; ~ **vermək** *fe. fig.* 반향을 주다, 잔향을 갖다 have repercussions

rəbb *i. din.* 주, 하나님, 주인; Lord, God; ***Ya Rəbb!*** *오 하나님, 오 주여! Oh, my Lord!*

rəbiülaxir *i.* 회력(回歷)의 4번째 달 the 4th month in the Islamic calendar

rəbiüləvvəl *i.* 회력(回歷)의 3번째 달 the 3rd month in the Islamic calendar

rəbt *i.* ① 묶기, 동이기, 매기, 죄기; 결합; 속박 tying, binding, connecting; ② 연결, 관계, 관련(연관)(성) relationship, connection; ~ **etmək** *fe.* 묶다, 연결하다, 접촉하다, 관계하다 bind, tie together, connect

rəcəb *i.* 회력(回歷)의 7번째 달 the 7th month in the Islamic calendar

rəcəz *i.* ① 시의 한 형태 a type of poem; ② poem recited by wrestlers before match

rədd[1]; ~ **cavabı** *i.* 거부 refusal, reject; ~ **edilmə** *i.* (교리, 학설 등을) 믿는 것의 거부; (사물의 존재의) 부정; 승인 거부, 부인 denial; ~ **etmə** *i.* 거절(각하, 부인, 배제)하기(되기) rejection, refusal; ~ **etmək** *fe.* 거절하다, 거부하다, 부인하다, 사절하다, 물리치다, 퇴짜 놓다 reject, deny, decline, repulse, spurn, turn down, refuse; ○ **qaytarmaq, inkar etmək**; **qərar layihəsini** ~ **etmək** *fe.* 결의된 안건을 거절하다 defeat/reject a draft resolution; **təklifi** ~ **etmək** *fe.* 제안을 거절하다 reject a proposal; ***Rədd olun!*** *꺼져!, 물러가라! Off with you! Get lost!*

rədd[2] *i.* 발자국, 자취 foot print, trace

rəddedilməz *si.* 부정할 수 없는, 논의할 여지가 없는, 틀림없는 undeniable, indisputable, certain

rədif *i.* 중근동 시문학에서 반복되는 후렴 repeated word after the rhyme in near or middle Eastern poem

rəf[1] *i.* 선반 shelf ○ **ləmə, taxça**; ~**lər** *i.* 선반 (가구) shelves; **kitab** ~**i** *i.* 책꽂이 book shelf

rəf[2] *i.* 제거, 걷어치우기, 배제, (법률, 제도, 관습 등의) 전폐(全廢), 폐지, 박멸 removal, abolition, elimination ○ **govma, uzaqlaşdırma, götürmə**; ~ **etmək** *fe.* (법률, 제도, 관습 등을) 폐지하다, 없애다, 이동시키다, 제거하다, 치우다, 데려가다 remove, abolish; **çətinliyi** ~ *fe.* (곤란 등을) 예방(제거)하다; (…을) 불필요하게 하다 obviate difficulties; **müharibə təhlükəsini** ~ **etmək** *fe.* 전쟁의 위협을 제거하다 lift/eliminate/remove the threat of war

rəfaqət *i.* 우정, 우애 friendship, camaraderie

rəfedici *si.* 없어도 되는, 필요 없는, 이동할 수 있는, 떼어낼 수 있는; 제거할 수 있는; 면직(해임, 전임)시킬 수 있는 removable, dispensable

rəfətə *i.* (빵 굽는 오븐의 표면에 반죽을 붙이는 기구) instrument for baking (to fasten paste on the surface of təndir)

rəfiq *i.* (남자) 친구 friend (boyfriend) ○ **dost, yoldaş**; **~anə** *z.* 친절하게, 우애 스럽게 friendly

rəfiq *i.* (여자) 친구 friend (girlfriend)

rəfiqlik *i.* 우정, 친선, 친애 friendship, good will ○ **yoldaşlıq, dostluq**

rəftar *i.* 대접, 접대, 행동, 태도 action, step, deed, behaviour, treatment ○ **əməl, hərəkət, münasibət, davranış**; **pis** ~ *i.* 학대, 냉대, 혹사; 비행, 버릇없음, 나쁜 행실 bad behaviour, misbehaviour, ill-treatment, maltreatment; **kobud** ~ *i.* 혹사, 홀대, 냉대 cruelty to *sm.*, cruel treatment; ~ **etmək** *fe.* 대하다, 취급하다, 대접하다 behave, treat, handle

rəftarlı *si.* (사람, 태도 등이) 상냥한, 호감이 가는, 세련된, 우아한, 고상한, 예절 바른 well-mannered, urbane, pleasant ○ **ünsiyyətli, mülayim, nəzakətli, mehriban, davranışlı**

rəftarsız *si.* 교제를 싫어하는; 수줍어하는, 퉁명스러운, 무뚝뚝한; 불친절 unsociable, unamiable ○ **ünsiyyətsiz, nəzakətsiz**

rəftarsızlıq *i.* 무관심, 냉담함, 교제가 서투름; 무뚝뚝함 aloofness, unsociability ○ **ünsiyyətsizlik, nəzlikakətsizlik**

rəğbət *i.* ① 욕망, 소망, 소원, 의향, 생각 desire, inclination ○ **istək, arzu, meyl, cazibə** ● **nifrət**; ② 동정, 자비 sympathy, mercy, compliment favour ○ **iltifat, mərhəmət**; ~ **bəsləmək** *fe.* 호의를 보이다, 존중하다, 동정심을 표하다 esteem, express sympathy, regard with favor; ~ **olmayan** *si.* reluctant; ~ **qazanmaq** *fe.* (존경, 호의를) 얻다 conciliate

rəğbətləndirmək *fe.* 흥미를 유발하다, 주의를 끌다 stimulate the interest, attract *smb.*'s attention

rəğbətlənmək *fe.* 흥미를 느끼다, 호기심이 일다 be attracted, be stimulated to interest ○ **istəmək, arzulamaq, meyllənmək**

rəğbətli *si.* (남의) 마음을 끌어당기는; 매력 있는; 흥미 있는, 호감이 가는 attractive, likeable, winning ○ **istəkli, sevimli, suyuşirin, məlahətli, cazibəli, duzlu**

rəğbətlilik *i.* 매력 있음, 마음을 끔, 호감이 감, 매력적임 likeableness, attractiveness ○ **istəklilik, sevimlilik, suyuşirinlik, məlahət, qanışirinlik, cazibədarlıq**

rəğbətsiz *si.* (남의) 마음(흥미)을 끌어당기는; 매력 있는; 흥미 있는, 매력 없는; 부적당한 unattractive, undesirable

rəğmən *qo.* ~에도 불구하고, ~ 상관없이 in spite of, nevertheless, regardless

rəhbər I. *i.* 지도자, 안내자, 감독, 두목, 통솔자 leader; guide ○ **başçı**; II. *si.* 주된, 주요한, 1급(류)의, 선도하는, 선두의, 지도적인, 유도적인 leading, chief; ~ **ideyalar** *i.* 선도적 발상 leading ideas; ~ **qüvvə** *i.* force 지도력, 통솔력 guiding

rəhbərlik *i.* ① 지도, 통솔, 지휘; 지도자로서의 자질; 지도력, 통솔력 leadership, guidance ○ **başçılıq**; ② 통치기구, 통솔조직 governing body, leaders; ③ 지도 원칙 guiding principles; **operativ** ~ *i.* 실제 운영, 실효지도 operative management; ~ **etmək** *fe.* 지도하다, 통솔하다, 관리하다, 운영하다, 감독하다 lead, administer, conduct, guide, manage, superintend, supervise; **bir işə** ~ **etmək** *fe.* (어떤 일을) 책임지다, 담당하다 be in charge of

rəhbərlikedici *si.* 지도적인, 통솔하는 leading, guiding

rəhm *i.* 불쌍히 여김, 동정, 연민, 자비, 관용, 자선, 적선, 구휼(救恤); 공적인 구제 charity, pity, mercy, compassion ○ **mərhəmət, şəfqət**; ~ **etmək** *fe.* 불쌍히 여기다, 자비를 베풀다, 적선하다 have a pity, feel sorry; **~ə/~i gəlmək** *fe.* 불쌍한 마음이 들다, 동정심이 유발되다 take pity/compassion on

rəhmdil *si.* 자비로운, 동정적인, 은혜로운 merciful, good-natured, charitable ○ **rəhmli, mər-**

R

həmətli, şəfqətli ● zalım

rəhmdillik *i.* 측은지심, 자비, 동정적임, 긍휼함 mercy, charity, good-nature ○ **rəhmlilik, mərhəmətlilik, şəfqətlilik** ● **zalımlıq**; ~ **göstərmək** *fe.* 동정을 표하다, 자비심을 갖다 be sorry for

rəhmət *i.* ① 천당, 천국, 극락, 낙원 paradise; ② 풍요, 지복, 이상향 abundance, plenty ○ **bolluq, ne'mət**; **~ə getmək** *fe.* 돌아가시다, 죽다 pass away

rəhmətlik I. *i.* 고인, 명인(冥人), 망자(亡者) the deceased; II. *si.* 죽은, 사망한, 고인이 된, 고(故) late, deceased, memorable ○ **mərhum**

rəhmkar ☞ **rəhmli**

rəhmli *si.* (남에게) 자비로운, 인정 많은, 착한, 너그러운, 자애로운 merciful, gentle, meek, good-natured, charitable ○ **mərhəmətli, şəfqətli, həlim, sadədil, ürəyiyumşaq, açıqürəkli, insaflı** ● **insafsız**

rəhmlilik *i.* 온유함, 겸허함, 동정적임 mercifulness, meekness, humility ○ **mərhəmətlilik, şəfqətlilik, həlimlik, sadədillik, sadəlik**

rəhmsiz *si.* 무자비한, 무정한, 냉담한, 무감각한, 굳어진, 인정 없는 merciless, callous, grim, pitiless, ruthless, unkind ○ **vicdansız, insafsız, amansız, daşürəkli, qəddar, azlım** ● **insaflı**; **~cə(sinə)** *i.* 악감을 품고, 무자비하게, 인정사정없이 embitteredly, violently

rəhmsizləşmək *fe.* 몰인정(沒人情)스럽게 되다, 잔인해지다, 완고해지다, 악감을 품다 become hardened/embittered/merciless

rəhmsizlik *i.* 완악함, 무정함, 무자비함, 무감각함, 잔인함 bitterness, mercilessness, ruthlessness, cruelty, heartlessness ○ **vicdansızlıq, insafsızlıq, amansızlıq, daşürəklilik, qəddarlıq, zalımlıq**; **~lə** *z.* 무자비하게, 무정하게, 잔인하게 without remorse

rəhn *i.* ① 담보, 보증금, 저당, 전당, 저당(담보)물 guarantee, pledge, hostage, deposit; **dostluğün ~i** *i.* 우정의 담보 pledge of friendship; ② *fig.* 주요 조건 main condition

rəhnüma *i.* 안내자, 인도자, 지도자, 개척자, 선구자 guide, leader, pathfinder

rəxnə *i.* ① 무너진 곳, 망가진 곳 hollow, recess ○ **yıxıq, çökük, dağınıq**; ② *fig.* 해, 손해, 손상, 위해(危害); 해악 harm, nuisance, pest ○ **zərər, ziyan**

rəxnələnmək *fe.* 성가시다, 귀찮다 be harmful, be recessed

rəxt *i.* ① 말타기에 필요한 깔개 things necessary for riding; ② 침구류 (bedclothes); (외양간, 마구간에 까는) 짚 bedding

rəxtxab *i.* 침대, 침구 bedding

rəis *i.* 지도적 지위, 수위, 수석; (집단의) 우두머리, 지도자, 지배자; 장관, 사장, 회장, 교장 head, chief, principal, superintendent; **ştab ~i** *i.* 간사장, 선임간사 chief of staffs

rəislik *i.* (집단의) 지도자단, 지도부, 운영부, 권력이 위임되어 있는 기관(사람) management, leadership, authorities, supremacy; ~ **etmək** *fe.* 다스리다, 지도하다, 운영하다, 지배하다, 제압하다, 통제하다, 통솔하다 command, predominate, dominate, be in command

rəiyyət *i.* (특정 국가나 권위 하에 있는) 국민, 백성, 민중, 시민, 민족 subject, people, citizen, crowd ○ **əhali, təbəə** ● **bəy**

rəiyyətlik *i.* 시민권, 시민의 신분 citizenship ● **bəylik**

rəiyyətpərvər *si.* 동포애적인 humanitarian, loving one's citizen

rəiyyətpərvərlik *i.* 동포애, 애국심 humanity, love to one's citizen

rəiyyətpərəst ☞ **rəiyyətpərvər**

rəqabət *i.* 경쟁, 대항 (의식), 대립관계, 경쟁 상대; 경쟁자 competition, rivalry, emulation ○ **yarış**; **azad** ~ *i.* 자유경쟁 free competition; ~ **etmək/aparmaq** *fe.* 경쟁하다, 대항하다 contend, compete, rival, vie; **~ə girmək** *fe.* (명성, 상, 권위, 이윤 등을 얻기 위해) 경쟁하다, 겨루다, 맞서다 compete

rəqabətlik *i.* 경쟁하기, 겨루기, 맞서기 competing, emulating ○ **yarışma**

rəqəm *i.* 수, 수사(數詞); 숫자, 아라비아 숫자; 아라비아 기수법(記數法) numeral, figure, cipher; **ərəb ~ləri** Arabic numerals 아라비아 숫자; ~ **göstəricilər** *i.* 수량, 가격; **~lər** *i.* data 숫자상의 자료들; (숫자로 표시된) figures; **~li** *si.* 숫자로 된, 수의 figured, digital, having numerals/figures; **~siz** *si.* 숫자가 없는 without figures/numerals

rəqib I. *i.* ① 경쟁자, 경쟁 상대, 대항자, 라이벌 상대 competitor, adversary, rival; ② 적, 적수, 적대자 opponent, enemy, foe ○ **əleyhdar, düş-**

mən; II. *si.* 적의를 가진; 대립(적대) 하는; 적대성의 hostile; ~ **komanda** *i.* 경쟁 팀 rival team

rəqiblik *i.* ① 경쟁; 대항 (의식); 대립 관계 rivalry; ② 적의, 적개심; 적대, 대립; 적대 행위 adversity, hostility ○ **əleyhdarlıq, düşmənlik**

rəqqas¹ *i.* 춤추는 사람; (직업적인) 무용가, 댄서, 무희 dancer

rəqqas² *i.* (일반적으로) 흔들이, 진자(振子); 추 pendulum

rəqqasə *i.* 무희, 무용수, 발레리나 dancer, ballerina

rəqs *i.* ① 춤, 무도, 무용 dance, dancing ○ **oynama, süzmə**; ② *fiz.* (주기적인) 진동; 한 번 흔들리기 oscillation, vibration; ~ **etmək** *fe.* 춤추다, 댄스를 하다 dance; ~ **axşamı** *i.* 대무도회 dance party, ball; **~ə getmək** *fe.* 춤추러 나가다 go to a dance

rəqsçı ☞ **rəqqas**

rəqsetmə *i.* 춤추기, 무도, 댄스 dancing

rəml *i.* 히브리 신비설, 카발라, 심령주의, 심령술 cabalism, cabala, spiritualism; ~ **atmaq** *fe.* 점치다, 예측하다, 예견하다 tell fortunes, guess, surmise

rəmlçi ☞ **rəmmal**

rəmmal *i.* 점쟁이, 천리안; 통찰력이 있는 사람 fortune-teller, clairvoyant

rəmmallıq *i.* 점치기, 점치는 직업 profession of cabalist

rəmz *i.* ① 상징, 표상, 문장(紋章) attribute, emblem, symbol, sign ○ **işarə**; ② 암시, 힌트, 시사; 단서, 동기, 풍유, 비유 hint, allegory; ***Göyərçin sülh rəmzidir.*** *비둘기는 평화의 상징이다. Dove is a symbol of peace.*

rəmzi *si.* 상징의, 상징적인, 상징이 되는, 비유의, symbolic, allegorical ○ **məcazi**; ~ **məna** *i.* 상징적인 의미 symbolic meaning; ~ **olaraq** *z.* ~의 상징으로서 in token of

rəna I. *i.* ① 미녀, 미인, 아름다운 사람 beautiful girl, beauty; ② *col.* 연인, 애인 sweetheart; II. *si.* 아름다운, 매혹적인, 예쁜 beautiful, attractive, pretty, kind

rənalıq *i.* 미, 매력, 매혹 beauty, charm

rənc *i.* ① 문제, 골칫거리, 역경; trouble, adversity ② 수고, 노동 labour

rəncbər *i.* ① 농장노동자, 소작농 farm labourer, farm-hand, landless peasant; ② *top.* 농업 노동자, 농업 무산계급 farm laborer, agricultural proletariat

rəncidə *si.* ① 지친, 피곤한, 기진한 tired, exhausted; ② 마음이 상한, 감정이 상한, 불운한 offended, ill-fated ○ **incik**; ~ **etmək** *fe.* 귀찮게 하다, 성가시게 하다, 화나게 하다 bother, offend

rəncidəhal *si.* 기분 상한, 화난, 모욕을 느끼는 offended, hurt, insulted

rəncidəxatir ☞ **rəncidəhal**

rəncidəqəlb ☞ **rəncidəhal**

rəncidəlik *i.* 모욕, 짓궂은 짓, 상처 offence, hurt

rəndə *i. tex.* 대패, 강판 plane (carpenter's), grater

rəndəçi *i.* 대패질 목수 planer

rəndələmə *i.* 대패질 planning ○ **düzəltmə, şümallama**; ~ **dəzgahı** *i.* 평삭반(平削盤); (전기 동력의) 기계 대패 planning machine

rəndələmək *fe.* 대패질하다, 강판질하다 plane, grate ○ **şümallamaq**

rəng *i.* ① 색, 색조, 빛깔, 염색 colour, stain, hue, dye ○ **boya**; ② 페인트, 물감 paint; **~lə işləmək** *fe.* 페인트칠하다 paint; **~i qaçmaq** *fe.* 색이 바래다, 탈색되다 fade, turn pale

rəngarəng ☞ **rəngbərəng**

rəngbərəng *si.* ① 다양한, 여러 종류의 various, diverse, manifold ○ **müxtəlif, cürbəcür, qarışıq** ● **eyni**; ② 다색(多色)의, 다채로운, (특히 꽃, 잎이) 잡색의, 얼룩덜룩한, 다채로운 색무늬의 multicolored, variegated, motley ○ **alabəzək, alabula, əlvan, rəngli**

rəngbərənglik *i.* ① 다양성, 잡다함, 다변화성, 차이, 불일치, 어긋남 variety ○ **müxtəliflik, cürbəcürlük**; ② 다채로움, 다색 quality of being multicoloured ○ **alabəzəklik, alabulalıq, əlvanlıq**

rəngidəyişilən *i.* 변색 colour changer

rəngin *si.* 다채로운, 다색의 motley, multicoloured

rəngkar ☞ **boyakar**

rəngləyici *si.* 색감을 주는, 색을 나타내는 colouring, painting

rəngləmə *i.* 색칠하기, 그리기 colouring, painting ○ **boyama, bəzəmə**

rəngləmək *fe.* 색을 나타내다, 얼룩지다, 그리다 colour, stain, paint ○ **boyamaq, bəzəmək**

rəngli *si.* 색채의; 착색(채색)한 coloured, chro-

R

matic ○ **boyalı, bəzəkli**

rənglilik *i.* 다채로움, 색의 화려함 colourfulness ○ **boyalılıq, bəzəklilik**

rəngsaz *i.* 페인트공, 도료공(塗料工) painter

rəngsazlıq *i.* ① 도색, 염색 painting, dyeing ② 도료공의 직업 profession of painter

rəngsiz *si.* ① 무채색의, 무색의 colourless ○ **boyasız, bəzəksiz**; ② 창백한 pale ○ **solğun, sönük**

rəngsizləşdirmək *fe.* 색을 지우다, 색을 없애다 remove the colour

rəngsizləşmə *i.* 탈색 colour removal ○ **solğunlaşma**

rəngsizləşmək *fe.* 탈색되다 have a colour removed ○ **solğunlaşmaq**

rəngsizlik *i.* ① 무채색, 색이 없음 colourlessness ○ **boyasızlıq, bəzlikəksizlik**; ② 창백함, 가녀림 feebleness, frailty ○ **solğunluq, sönüklük**

rəsədxana *i.* 관측소, 기상대, 측후소, 천문대 observatory, meteorological observatory

rəsm *i.* ① 그리기, 묘사, 도안 drawing, picture, illustration, design; ② 관습, 의례, 의식, 예식; custom, etiquette, ceremony; ~ **çəkmək** *fe.* (선) 그리다 draw; ~ **xət** *i.* 선을 긋기; (색을 쓰지 않고) 그림을 그리기; 선묘(線描); 제도 drawing, mechanical drawing

rəsmən *z.* 공식적으로, 정식으로, 의례적으로 officially, apparently, formally

rəsm-güşad *i.* (공공 시설 사용 등의) 공식 개시; 개회, 개업, 개통, 개관 inauguration, grand-opening

rəsmi *si.* ① 공인의, 관선의; 정식의, 공식의 official, authorized ○ **qanuni** ● **adi**; ② 의식(예식)의; 의례(儀禮)상의; 정식(공식)의; formal, ceremonial; ~ **xəbərlər məcmuəsi** *i.* 관보(官報) gazette; ~ **geyim** *i.* 제복, 군복, 관복, 유니폼 outfit, uniform; ~ **vəzifə** *i.* 공직(公職); public office; ~ **səfər** *i.* 공적 방문 official visit; ~ **söhbət** *i.* 공적 대화 official talk; ~ **də'vət** *i.* 공적 초청 formal invitation

rəsmiləşdirmək *fe.* 공식화시키다 make official

rəsmiləşmək *fe.* 공식화하다 become official

rəsmilik *i.* 적법(합법)(성); 법률 엄수 legality, lawfulness ○ **qanunilik**

rəsmiyyət *i.* 형식적인 것, 형식적 행위, 형식적 의례, 의식; 형식상(정식) 절차; formality, conventionality; ~ **xatirinə** *z.* 정식으로, 공식적으로 for formality's sake

rəsmiyyətçi *i.* 형식주의자; 형식론자, 관료적인 공무원 formalist, bureaucrat

rəsmiyyətçilik *i.* 형식주의, 허례, 관료적 형식주의, 형식주의적인 절차(관례), 공무원식 formalism, red-tape, red-tapism

rəsmiyyətpərəst *si.* 사무적인, 냉담한, 형식주의적인 chilly

rəsmi-keçid *i.* 행렬, 정렬; (시위) 행진, 퍼레이드, 시위 운동(행동), 데모, 검열, 사열 parade, march; demonstration, examination, inspection

rəsmli *si.* 실례(예증)가 되는, 설명적인, 명백히 하는 illustrative

rəssam *i.* 예술가, 미술가; (특히) 화가, 조각가 artist, painter; **peşəkar** ~ *i.* 전문 화가 professional painter; **həvəskar** ~ *i.* 애호 화가 amateur painter

rəssamlıq *i.* 그림 그리기, 화법, 화가업 painting; ~ **əsəri** *i.* 그림, 유화, 수채화; (특정한) 회화 painting

rəşadət *i.* 용감한 정신(행위); 용기, 씩씩함, 대담함 bravery, courage, valour; ~ **göstərmək** *fe.* 용기를 보이다, 용맹을 떨치다 be brave, display bravery ○ **qoçaqlıq, igidlik, cəsurluq, mərdlik, şücaət, fədakarlıq** ● **qorxaq**; **~lə** *z.* 용감하게, 씩씩하게, 당당하게, 용맹스럽게 bravely, valiantly, gallantly

rəşadətli *si.* 씩씩한, 용맹스러운, 용기 있는 gallant, brave, courageous ○ **qoçaq, igid, cəsur, mərd, şücaətli, fədakar**; ~ **olmaq** *fe.* 용감하다, 늠름하다, 당당하다 be brave; ~ **hərəkət** *i.* 용기 있는 행동, 위용 a gallant deed

rəşadətlilik *i.* 용감한 정신(행위); 용기, 씩씩함, 대담함 bravery, courage, gallantry ○ **qoçaqlıq, igidlik, cəsurluq, mərdlik, şücaət, fədakarlıq**

rəşə *i.* 경련, 경기, 떨림, 전율 convulsion, shaking, trembling

rəşid *i.* 용감한 사람, 영웅, 용감 무쌍함 courageous person, brave spirit

rəşidlik *i.* 용감한 정신(행위); 용기, 씩씩함, 대담함, 대담함; 뻔뻔함; 눈에 띔 bravery, boldness

rəşmə *i.* 띠, 혁대; (백작, 기사의) 예대(禮帶) belt, band, ribbon, tape

Rəşt *i.* 레쉬트 (이란의 항구 도시) city (port) in Iran

rəva *si.* 비슷한, 유사한 similar, like; ~ **görmək** *fe.* 허락하다, 허용하다 permit, allow

rəvac *si.* 시장성이 있는, 잘 팔리는; (값이) 적당한 saleable, marketable; ~ **mal** *i.* 잘 팔리는 상품 saleable goods; ~ **tapmaq** *fe.* 잘 팔리다, 진전하다, 개발되다 proceed, advance, go forward, develop; ~ **alver** *i.* 활발한 판매 brisk trade; ~ **vermək** *fe.* 개선하다, 증가하다, 발전하다 improve, lead, increase

rəvan I. *si.* ①반들반들한, 매끄러운 smooth, clear, easy to read and understand ○ **səlis, sərbəst, axar, hamar**; ② (말, 문체가) 유창한, 거침없는, 유창하게 하는 fluent, flowing; ~ **nitq** *i.* 유창한 연설 fluent speech; ~ **səs** *i.* 부드러운 음성 smooth voice; II. *z.* 유창하게, 부드럽게 fluently, smoothly; ~ **danışmaq** *fe.* 유창하게 말하다, 부드럽게 말하다 speak fluently/smoothly

rəvanlıq *i.* ① 능변, 다변 smoothness, fluency ○ **səlislik, sərbəstlik, axarlıq**; ② 완전(무결), 전체성 completeness, totality ○ **bitkinlik, tamlıq**

rəvayət *i.* ① (사건, 사물에 대한 개인적) 설명, 의견, 견해 legend, version; ② 소문, 풍문, 전문(傳聞) rumour, hearsay; ~ **etmək** *fe.* (사건, 경험 등을) (조리 있게) 말하다, 이야기하다 tell, narrate; ~**ə görə** *m.s.* 들리는 바에 의하면… 풍문에 의하면… It is said that ...

rəy *i.* ① 의견, 견해, 회고, 분별 opinion, review, judgment ○ **arzu, meyl, istək, niyyət**; ② 비평, 평가, 추정, 개산(槪算) criticism, estimate ○ **fikir, mülahizə**; ③ 추천서, 신용보증서 reference; ~ **yazmaq** *fe.* 회고하다, 반성하다, 재고하다, 논평하다 review; **ictimai** ~ *i.* 여론(輿論) public opinion; ~ **vermək** *fe.* 동의하다, 추천하다, 신원 보증하다 give reference, agree; ~ **soruşmaq** *fe.* 의견을 묻다 ask one's opinion; **kitaba** ~ *i.* 서적 비평 book review; **tə'rifəlayiq** ~ *i.* 고귀한 언급, 명예로운 언급 honourable mention; **xüsusi** ~ *i.* 반대 의견 dissenting opinion; **məhkəmə orqanlarının** ~ *i.* 법정적 견해 judicial opinion; ~ **mübadiləsi** *i.* 의견 교환 exchange of opinion; ~ **sorğusu** *i.* 국민 투표 referendum; ~**incə** *z.* ~의 견해에 따라 in one's opinion, to one's mind

rəyasət I. *i.* ① (집단의) 지도자단, 지도부 leadership, leaders; ② 당국, 관련 부처, 관계 당국 governing body, authorities; II. *si.* 최고회의의 presidium; ~ **hey'əti** *i.* (옛 소련의) 최고 회의 간부(회) presidium; **fəxri ~ hey'əti** *i.* 명예회원 honorable presidium; **iclasın ~ hey'əti** *i.* 회의 운영 간부진 presidium of the meeting

rəyasətpərəst I. *si.* 야망을 가진, 권력 지향의; ambitious, power-loving; II. *i.* 권력 추구자 pow er-seeker

rəyasətpərəstlik *i.* 야망, 권력 추구, 권력욕 ambition, love of power, aspiration to power

rəyçi *i.* 비평가, 감정가, 평론가, 검열자 critic, reviewer

rəzalət *i.* ① 옹졸함, 비열함, 치졸함, 졸렬함 vileness, baseness ○ **alçaqlıq, əclaflıq**; ② 수치스러움, 불명예스러움 shamefulness; ○ **eyib, biabırçılıq** ● **fəzilət**

rəzə *i.* (문, 창호를 잠그는) 빗장, 걸쇠 bolt, bar, latch, lock

rəzəli *si.* 빗장이 있는, 걸쇠가 있는 with bolt/bar/latch/lock

rəzil I. *i.* 무뢰한, 건달, 깡패 (rogue), 악한, 악당 scoundrell, villian, rascal; ~ **etmək** *fe.* 굴욕을 주다; (남에게) 창피를 주다, (남의) 자존심을 상하게 하다, (품위, 위신, 지위, 평가 등을) 낮추다, 떨어뜨리다 humble, humiliate, abase; ~ **olmaq** *fe.* 품위를 떨어뜨리다, 수치스럽게 되다, 자신을 낮추다 abase oneself, grovel; II. *si.* ① 비열한, 치사한, 성마른 base, low, hasty, wretched; ② 불명예스러운, 괘씸한, 고약한, 수치스런 disgraceful, shameful ○ **alçaq, əclaf, iyrənc, çirkin, murdar, xəbis** ● **ləyaqətli**; ~ **qadın** *i.* 비천한 여인; mean woman; ~ **iş/hərəkət** *i.* 비열한 행동 mean action

rəzillik *i.* ① (신분의) 비천함, 낮음; (성격의) 천함, 비열함, 인색함, 치사함; (질의) 저열, 조잡; 혐오스런 행위 meanness, abomination, abasement, baseness ○ **alçaqlıq, əclaflıq, iyrənclik, çirkinlik, murdarlıq, xəbislik**; ② 야비한 행동, 불쾌한 조처 infamous/foul/vile act ○ **biabırçılıq, həyasızlıq**

rısa *i.* 실이나 줄에 꿰어 만든 것 anything thread-

R

ed with string

rısalamaq *fe.* 실에 꿰다 thread with a string

rıtsar I. *i.* (봉건 군주를 섬긴) 기마 무사; 기사(騎士), 나이트, 승마사(乘馬士), 마술가 (馬術家), 기수 knight, cavalier, horseman; II. *si.* 기사도(제도)의, 여성에게 정중하고 예의 바른; 관대한 gallant, chivalrous

rıtsarlıq *i.* 기사도, 기사기질, 기사다움; (중세의) 기사 제도 knighthood, chivalry

riayət *i.* ① (법률, 관행 등을) 따름, 지킴, 준수 observance ○ **gözləmə, əməl etmə**; ② 지속; 유지, 보수(補修), 보전; 옹호; 주장; 부양 maintenance; ~ **etmək** *fe.* 존중하다, 주의를 기울이다, 살피다, 준수하다 treat with respect, pay attention, keep, follow, observe ○ **baxma**; **pəhrizə ~ etmək** *fe.* 절식하다 keep to a diet

riayətkar *i.* (법률, 제례 등의) 준수자 observer

riayətkarlıq *i.* (공약, 의무 등에 대한) 성실, 충실; (법률, 관행 등을) 따름, 지킴, 준수 loyalty, observance

riayətsizlik *i.* 존경심(경의)이 없음; 실례, 무례, 결례, 불경 disrespect, discourtesy

rica *i.* 기도, 기원; (구원을 희구하는) 탄원, 간청, 청원, 의뢰, 요청 invocation, request, prayer ○ **xahiş** ● **əmr**; ~ **etmək** *fe.* 청하다, 부탁하다, 요청하다 ask, request

riçal *i.* 도샵(아제리 전통요리)에 넣는 마른 과일 fruit jams (for putting in **doşab**); **üzüm ~ı** *i.* 포도 잼 jam of grapes; **alma ~ı** *i.* 사과 잼 jam of apple, apple jam

rif *i.* 초(礁), 사초, 모래톱 reef

rifah *i.* 행복, 번영, 복지 welfare, well-being, prosperity; **maddi ~** *i.* 경제 번영 well-being; **xalqın maddi ~ını yüksəltmək** *fe.* 국민의 경제 복지를 향상시키다 improve people's well-being

rikşa *i.* ① 인력거(人力車) ricksha, rickshaw; ② 인력거 끄는 사람 rickshaw-man, rickshaw-puller

riqqət *i.* 감동, 감격, 동정, 측은 compassion, sympathy, pity, tender emotion; **~ə gətirmək** *fe.* 감동시키다, 감격하게 하다 move, touch; **~ə gətirən** *si.* 감격스러운, 감동을 주는 moving; **~ə gəlmək** *fe.* 감동되다, 감격하다 be touched/moved; **~lə** *z.* 감동하여, 감격하여, 측은히 affectingly, pathetically, touchingly

riqqətləndirmək *fe.* 감동시키다, 감격하게 하다, 감명을 주다 move, touch, impress

riqqətlənmək *fe.* 감격하다, 감동되다 be touched, be moved

riqqətli *si.* 감격스러운, 감동을 주는, 인상적인, 마음을 움직이는 affecting, pathetic, touching, impressionable

rind *i.* 부랑자; 방랑(유랑)자 vagrant, idler, vagabond

rinq *i. idm.* 벨, 방울 ring, gong

risalə *i.* ① 전단(傳單) letter, papers, leaflet; ② 소책자, 팜플렛 booklet

risk *i.* 위험, 모험, 위기 hazard, peril, venture, risk; ~ **etmək** *fe.* 위험을 초래하다, 위험에 내맡기다, 위기에 처하다 risk, jeopardize, venture; ***Risk mö'təbər işdir.*** *ata.s.* *모험은 필수 과정이다. Nothing venture, nothing gain.*

riskli *si.* 위험한, 무모한, 대담한, 모험적인 risky

rişə *i.* (식물의) 뿌리; 근채류 root ○ **kök, saçaq**; ~ **atmaq** *fe.* 뿌리를 내리다 take root

rişələnmək *fe.* 뿌리를 내리다 take root ○ **saçaqlanmaq**

rişəli *si.* (식물 등이) 뿌리가 내린; (생각, 습관 등이) 뿌리 깊은, 끈질긴 rooted ○ **köklü, saçaqlı**

rişxənd *i.* 비웃음, 조롱, 냉소, 조소; 놀림감, 웃음거리, 조소의 대상 mockery, derision, sneer, scoff ○ **istehza, masqara**; ~ **etmək** *fe.* 조롱하다, 비웃다, 깔보다 mock, sneer, be sarcastic; **~lə** *z.* 조롱하여, 비웃으며 mockingly, jeeringly

rişxəndcil *si.* 냉소적인, 비웃는, 빈정거리는 (성격) mocking (personality)

rişxəndçı *i.* 조롱꾼, 비소자(誹笑者), 조소자 (嘲笑者) scoffer, mocker

rişxəndli *si.* 비웃는, 조소하는, 조롱하는 derisive, ironic ○ **istehzalı, masqaralı**

ritm *i.* 리듬, 율동; 규칙적 반복; 율동적인 움직임 rhythm ○ **vəzn, ahəng**; ~ **duğusu** *i.* 리듬감 sense of rhythm

ritmik *si.* 리듬의, 운율의 rhythmic(al); ~ **iş** *i.* 순조로운 작동 smooth functioning

ritmika *i.* ① 리듬 형태, 리듬의, 운율의; rhythmics, rhythmical pattern, ② 리듬법, 리듬 이론 theory of rhythm

ritmli *si.* 주기적인; 율동적인, 리듬의, 운율의 rhythmical ○ **vəznli, ahəngli**; ~ **hərəkət** *i.* 율동적 동작 rhythmical movement

ritmlilik *i.* 율동적임, 운율성 rhythmicalness ○ **vəznlilik, ahənglilik**

ritorik *si.* 수사학(수사법, 웅변술)의; 수사학적인, (외관, 경치가) 웅장한, 당당한, 화려한; 고결한, 숭고한 rhetorical, magnificent ○ **bəlağətli, təmtəraqlı**; ~ **sual** *i.* 수사학적 질문 rhetorical questions

ritorika *i.* ① (효과적인 화술, 작문의 기술로써의) 수사(修辭)법; 수사학; (그리스, 로마 시대의) 웅변술, 설득술; 문장법(술) rhetoric, eloquence ○ **bəlağət, üslubiyyat**; ② 허튼 소리; 터무니없는 것 nonsense, meaningless word ○ **sözçülük**

riya I. *i.* 위선(적 행위); 양의 탈을 쓰기, 시치미떼기, 가장, 위장 hypocrisy, dissimulation

riyakar *i.* 위선자; 가장(하기), 착한 체하는 사람 hypocrite, dissembler, double-dealer ○ **ikiüzlü**; II. *si.* 위선적인, 가장하는 hypocritical ○ **vicdansız, yalançı** ● **həyalı**; ~ **gülüş** *i.* 위선적 미소 hypocritical smile; **~casına** *z.* 위선적으로, 가장하여 as, like a hypocrite, dissembler

riyakarlıq *i.* 위선; 가장, 허세 부림, 잘난 체하는 태도 hypocrisy, affectation, dissimulation, cant ○ **ikiüzlülük, vicdansızlıq, yalançılıq** ● **həyalılıq**; ~ **etmək** *fe.* 위선을 부리다, 허세를 떨다, 가장하다 play the hypocrite, dissemble

riyasız *si.* 꾸밈없는, 거짓 없는, 솔직한, 성실한, 진지한, 진실한, 참된, 거짓 없는 honest, sincere, frank, open

riyasızlıq *i.* 솔직, 정직, 성실, 공평, 공정, 불편부당 candor, frankness, open-heartedness

riyazət *i.* 금욕주의; 극기(克己), 자제, 금욕, 엄격한 asceticism, self-restraint, self-denial

riyazi *si.* 수학(상)의; 수리적인; 수학용의 mathematical; ~ **analiz** *i.* 수리적 분석 mathematical analysis; ~ **məntiq** *i.* 수리 논리학 mathematical logic; ~ **dilçilik** *i.* 수리 언어학 mathematical linguistics

riyaziyyat *i.* 수학 mathematics; **ali** ~ *i.* 고등 수학 higher mathematics; **tətbiqi** ~ *i.* 응용 수학 applied mathematics; **~şünas** *i.* 수학자 mathematician

riz *i.* 자국, 표, 상처 (자국), 멍, 점, 자취, 흔적 mark, trace, trail, path

riza *i.* (형태, 성질, 특성 등의) (…과의) 유사, 상사, 비슷한 사례; 일치, 적합 agreement, conformity

rizasız *si.* 다른, 불일치의, 이의가 있는 disagreeing

rizə *i.* (가느다란) 끄트러기, 조각, 단편, 부스러기 piece, crumb, shreds, bits; ~-~ *z.* 자잘하게, 단편적으로 in pieces, in small particles

rizq *i.* 음식물, 영양(물), 자양물 food, nourishment ○ **azuqə, yeyəcək, ruzi**

rizvan *i.* ① 회교의 천당의 수호 천사 angel of the paradise guard in Islam; ② 천당, 극락, 낙원 paradise

rokoko *i.* 로코코(식): 18세기 전반(前半)에 프랑스에서 발달된 화려하고 섬세한 건축, 장식 양식 rococo style (in 18c French architectural style)

rol *i.* 역할, 임무, 구실, 배역 role, mission, part; ~ **oynamaq** *fe.* 역할 하다, 임무를 수행하다, 배역을 맡다 play a part, act; **~una girmək** *fe.* (남의) 흉내를 내다, 대역(代役)을 하다, 목소리를 흉내 내다; (무대에서) 역을 하다, 분장하다 impersonate

rolik *i.* ① *tex.* 롤러 (땅 고르는 기계, 밀방망이, 밀대, 페인트칠 롤러 등) roller; ② 도르래, 풀리, 롤러 스케이트 roller skate; pulley

rom *i.* 럼주 rum (alcohol)

R**oma** *i.* 로마(이탈리아, 고대 로마 제국의 수도; 로마 교황청 소재지) Rome; ~ **papası** *i.* 교황(教皇) the Pope

romalı *si.* 로마의, 로마식의 Roman

roman¹ *i.* ① 소설 fiction, novel; ② 로망스, 연애 사건 love affairs, romance; **macəra ~ı** *i.* 모험 소설 adventure novel; **detektiv** ~ *i.* 추리 소설 detective novel; **müasir** ~ *i.* 현대 소설 modern novel; **psyxoloji** ~ *i.* 심리 소설 psychological novel; **tarixi** ~ *i.* 역사 소설 historical novel; **məişət ~ı** *i.* 일상 소설 novel of everyday life

roman² *si.* 로마의, 로마식의 Romantic; ~ **dilləri** *i.* 로망스어 (라틴어 분파- 프랑스어, 이탈리아어, 스페인어, 포르투갈어, 루마니아어 등) Romance languages; ~ **filologiyası** *i.* 로망스 언어학 Romantic philology

romançı *i.* (장편) 소설가(작가) novelist

romanist *i.* ① 로망스 언어학자 Romanist, specialist in Romance philology, Romance philologist; ② 소설가 novelist

romantik *si.* (일 등이) 전기(傳奇)(공상) 소설적인, 로맨틱한 romantic; ~ **hekayət** *i.* 로맨스: 아름답고 서정적인 소곡(小曲) romance

romantika *i.* 로맨티시즘, 낭만주의, 로맨틱한 (공상적인) 일(기분, 성격); 이상주의적 경향 ro-

R

manticism

romantizm *i.* 로맨티시즘, 낭만주의 romanticism

romb *i.* 마름모꼴, 사방형; 능면체 rhombus, diamond; **~abənzər** ☞ **rombşəkilli**; **~aoxşar** ☞ **rombşəkilli**; **~oid** *i.* 편능형(偏菱形), 장(長)사방형 rhomboid; **~şəkilli** *si.* 마름모꼴의, 사방정계(斜方晶系)의 rhombic, diamond shaped; **~varı** ☞ **rombşəkilli**

rostbif *i.* 불고기(의 한 점), (특히) 로스트 비프; 불고기용의 고기(조각) roast beef

rotasiya *i.* 회전; 순환; (지구, 천체의) 자전, (관리, 선수의) 윤번, 교대 rotation

rotor *i.* (발동기 등의) 회전자 rotor

royal *i.* 로얄 피아노 royal (piano)

royalizm *i.* 왕당(근왕)주의 royalism

royalist *i.* 왕당원, 왕정주의자 royalist

rozetka *i.* 장미 비슷한 (모양의) 물건; (리본 등의) 장미 매듭(장식) rosette

rozmarin *i.* ① *bot.* (식물) 로즈메리 (충실, 기억의 상징) rosemary; ② 시고 단 맛의 사과 일종 a kind of apple with a sour taste and good smell

rövzə[1] *i. din.* 시아 무슬림 선생의 죽음에 대한 애가 elegy, story about the death of a Shiah muslim teacher

rövzə[2] *i.* ① 흐르는 물과 초원이 있는 정원 garden with flowing water and a meadow; ② 낙원 paradise

rövzəxan *i.* 애가(rövzə)를 부르는 가수 singer of an elegy

rövnəq *i.* ① 장식품, 액세서리 adornment, decoration, beauty ○ **bəzək**, **zinət**, **dəbdəbə**, **cah-cəlal**; ② (표면의) 광택, 윤 brilliancy, luster ○ **parlaqlıq**, **gözəllik**, **lətafət**

rövnəqlənmək *fe.* 미화되다, 장식되다, 꾸며지다 be beautified, be decorated, be adorned ○ **bəzənmək**, **zinətlənmək**, **parlamaq**, **gözəllənmək**

rövnəqli *si.* ① 장식된, 꾸며진, 미화된 decorated, adorned, beautiful ○ **bəzəkli**, **zinətli**; ② (건물, 의상 등이) 호화로운, 화려한; (풍경 등이) 웅대한, 훌륭한 splendid, magnificent ○ **dəbdəbəli**, **cah-cəlallı**

rövnəqlilik *i.* ① 장엄, 웅장, 웅대함, 훌륭함, 멋짐; (명성 등의) 현저, 탁월 splendour, magnificence ○ **parlaqlılıq**, **gözəllik**; ② 매력 있음, 이끌림 attractiveness ○ **lətafət**, **zinətlilik**, **bəzək-düzəklilik**

rövşən *si.* 빛나는, 번쩍이는; 닦은, 윤이 나는 shiny, bright, clear

rövşənlik *i.* 강한 밝음, 광휘, 빛남; 광택; (빛깔의) 선명, 밝음 brightness, brilliance, brilliancy

röya *i.* 꿈; 꿈꾸고 있는 상태, 꿈결; 환상, 꿈에서 본 것; 포부, (장래의) 꿈, (목표하는) 이상; 목적, 목표, 노리는 바 dream, vision; **~ görmək** *fe.* 꿈을 꾸다, 환상을 보다 dream, have a dream; **~da görmək** *fe.* 꿈에서 보다, ~에 대한 꿈을 꾸다 dream about

ruba *i.* 옛날 무게 측정 단위 old unit of weighing

rubəru *z.* 얼굴을 맞대고 face to face, tête-à-tête

ruh *i.* ① 영(靈), 영혼, 마음, 정신 존재 spirit ○ **can**; **Müqəddəs ~** *i.* 성령, 성신 the Holy Spirit; ② 내적 존재 inner being, emotion, perception ○ **iç**; ③ 요점, 핵심 main point, core; ③ 마음, 지성 heart, mind; **~ azarı** *i.* 정신병 mental disease; **~ düşkünlüyü** *i.* 우울, 침울, 의기소침, 의기소침한, 우울한 gloom, melancholy; **~dan düşmüş** *si.* 낙담한, 기운 없는 downhearted, depressed; **~dan düşmək** *fe.* (사람이) 의기 소침해지다, 기운이 빠지다 droop; **~dan düşmə** *i.* 의기소침, 우울, 슬럼프; 억압 상태(증), 울병(鬱病) depression; **~ən** *z.* 영적으로, 내적으로; 진심으로, 성심껏 spiritually, cordially

ruhani[1] I. *i.* 성직자, 목사 minister, priest; II. *si.* ① 종교에 관한, 종교(상)의; 종교적 의식의 religious; ③ 영적인, 영혼의 spiritual; ③ (그리스도) 교회의(에 관한); 성직자의(에 관한); 평신도가 아닌 ecclesiastical; **~ məktəb** *i.* 신학교, 종교 학교 ecclesiastical school; **~ ata** *i.* 목사; 사제(司祭) Padre; **~lər** *i.* 성직자, 승려 clergy; **~lik** *i.* 사제직, 승직 priesthood, clergys hip; **~yyə(t)** ☞ **ruhanilik**

ruhani[2] *si.* 훌륭한, 멋있는, 뛰어난, 굉장히 좋은 beautiful, fantastic (scenery)

ruhanilər *i.* 성직자, 승려 clergy

ruhanilik *i.* 사제직, 승직; 사제단, 승려단 priesthood, clergyship

ruhaniyyə(t) ☞ **ruhanilik**

ruhi *si.* ① 감정적인, 정서적인 emotional; ② 정신적인, 혼적인, 영적인 mental, spiritual ○ **psixi**; **~ xəstəlik** *i.* 정신 질환 mental illness; **~ xəstə** *i.*

정신질환자 mental patient, insane; ~ **sarsıntı** *i.* 정신적 혼란, 심적 교란 mental derangement; ~ **canlanma** *i.* 의기 양양함, 우쭐댐; 흔쾌한 기분 elation, elevation of spirit; **~-rəvan** *si.* 사랑하는, 애정 어린 darling, loving (one)

ruhiyyat *i.* 심리학 psychology

ruhiyyatçı *i.* 심리학자, 임상 심리 의사, 정신 분석 의사 psychologist

ruhla *z.* 자발적으로 willingly

ruhlandıran *i.* 격려자, 위로자 inspirer

ruhlandırıcı *si.* ① (사람을) 고무하는, 감동시키는, 용기(기운)를 북돋아 주는, 격려가 되는, 격려(장려)하는 inspiring, encouraging, heartening

ruhlandırma *i.* 격려하기, 고무(鼓舞), 분발시키기 inspiring, rousing

ruhlandırmaq *fe.* 격려하다, 고무하다, 용기를 북돋아 주다, 위안을 주다 inspire, cheer up

ruhlanma *i.* 격려, 위안, 고무 inspiration

ruhlanmaq *fe.* 생기를 갖다, 기운차다, 활발하다, 생동하다 become animated, revive, be encouraged ○ **həvəslənmək, ürəklənmək ilhamlanmaq, cür'ətlənmək**

ruhlu *si.* ① 생생한, 생동감 있는, 활발한 spirited, vivid ○ **canlı**; ② 기꺼운, 열정적인, 진지한 willing, eager ○ **həvəsli, zövqlü**

ruhnəvaz ☞ **ruhoxşayan**

ruhoxşayan *si.* 영과 같은 spirit-like

ruhpərvər *si.* 생명을 주는, 격려하는, 생동감을 주는 life-giving, encouraging

ruhsuz *si.* 영감 없는, 생명 없는, 초췌한, 윤기 없는, 생기 없는 spiritless, lifeless, feeble, insipid, lack-lustre ○ **cansız, öüvay, ölgün, key, süst**

ruhsuzluq *i.* 초췌함, 생기 없음 lifelessness, feebleness, insipidity ○ **cansızlıq, öüvaylıq, ölgünlük, keylik, süstlük, ətalət, kəsalət**

ruhşünas *i.* 심리학자 psychologist

ruhverici I. *i.* 영감을 주는 자, 생기를 주는 자 inspirer; II. *si.* 용기(기운)를 북돋아 주는, 격려가 되는, 격려(장려)하는, 영감을 주는; 영감을 받은; 영감의 encouraging, inspirational; ~ **söhbət** *i.* 생동감 넘치는 대화 inspirational talk

rulet *i.* ① 원통, 두루마리, 둥근 것, 원통형의 것 roll; **ət ~i** *i.* 룰라 케밥 (저민 고기를 꼬치에 둥글게 말아서 구운 것) beef-roll, meat loaf (kebab of minced meat in a long and round shape); II. *si.* 롤 케이크, 두루마리 모양의 케이크 sweet roll, cake

ruletka *i. tex.* (강철로 된) 줄자 tape measure, tape-line (in steel); ② 룰렛 (도박의 일종) roulette (game); ~ **oynamaq** *fe.* 룰렛 게임을 하다 play roulette

rulon *i.* (모자의 테두리 장식 등처럼) 가늘고 길게 만 것; (장식용의) 두루마리(파이핑) 리본 roll, rouleau

Rum *i.* 루마니아 (출생의) 사람(주민) Rumanian

rumb *i.* (배, 비행기의) 항정선(航程線) rhumb, rhumb line

Rumın *si.* 루마니아의; Ro manian **~iya** *i* 루마니아 Romania

rumka ☞ **qədəh**

rupiyə *i.* (인도 등의 화폐 단위) 루피 rupee (India, Pakistan currency)

Rus *si.* 러시아의; Russian **~iya** *i.* 러시아, 러시아인 Russia

rusca *z.* 러시아어로 Russian, in Russian

rusizm *i.* 러시아 어원의 단어들 words or phrases from Russian

rusist *i.* 러시아 어학자 expert in Russian philology

ruslaşdırmaq *fe.* 러시아화하다 Russianize, Russify

ruslaşmaq *fe.* 러시아인이 되다 become Russian

rustümbaz ☞ **kəndirbaz**

ruz *i.* 낮, 햇빛, 일광, 주간 day, daylight

ruzi *i.* ① 영양, 음식, 양식 provisions, victuals, daily bread, food ○ **azuqə, yeyəcək**; ② 운명, 몫, 선고, 판결; doom, destination ○ **qismət**

ruz(i)gar *i.* ① 바람, 미풍 wind, breeze; ② 공기 air; ③ 시간 time ○ **zaman, vaxt**; ④ 생명, 일생, 명 life, lifetime ○ **həyat, yaşayış, ömür**; ⑤ 상황, 조건, 사정 situation, condition; **~ı bəd əsmək** *fe.* 실패하다, 불행에 빠지다, 유산하다, 좌절하다 fail, miscarry, suffer a setback

ruzili *si.* ① 양식이 있는, 먹을 것이 있는 having bread; ② 행운의, 다행인, 복 있는 lucky, fortunate ○ **qismətli, taleli**

ruzisiz *si.* ① 양식이 없는, 먹을 것이 없는 having no bread/food stuff; ② 불행한, 형편이 나쁜 unfortunate, unlucky

ruznamə *i.* 신문, 관보 newspaper, gazette

ruznaməçi *i.* 기자, 보도원, 통신원; 신문 판매원

R

newspaper-man, reporter
ruzü-şəb *i.* 밤낮, 종일 day and night
rüb *i.* ① 사분기(四分期) quarter, term (semester); ② 15분 quarter, 15 minutes; **~lük** *si.* 사분기의, 15분의 of a quarter
rübab *i. mus.* 류트(기타 비슷한 16-17세기의 현악기) lute (oriental musical string instrument playing with bow)
rübabçı, rübabçalan *i.* 류트 악사 lute player
rübai *i. lit.* (시 문학의) 4행 연구(聯句) quatrain, phrase (in poem)
rübənd *i.* 베일, (특히 여자의) 면사포; 덮개, 씌우개, 가리개, 칸막이, 포장, 휘장, 장막 veil, face cover
rübəndli *si.* 베일이 달린; 베일로 가려진, 베일을 쓴 veiled
rüc *i.* (…으로부터의) 귀환, 귀국, 귀향, 귀가 return, returning《from ...》; (…으로의) 반송, 반환; 회복, 복귀《to ...》
rüfəqa *i.* 친구, 동료 friends, companions
rüx *i.* 얼굴, 볼, 뺨 cheek, face
rüxsar *i.* 얼굴, 외모, 용모 face, countenance, appearance
rükət *i.* 매일 기도 시에 맨발로 절하고, 얼굴을 땅에 대는 등의 종교 의식적 행위 ritual movements done during the Muslim namaz prayer (standing on bare feet, bowing, touching one's face to the ground)
rükn *i.* ① (사물의) 기초, 기반, 토대, 본질, 진수, 정수, 기본 base, foundation, essence; ② 사회의 특질(特質) the most significant character of a society
rüku *i.* 라마즈 기도 시간의 절 bowing during the namaz prayer
rümuz ☞ **rəmz**
rüsxət *i.* 허용, 허락, 허가 permission, leave; **~ vermək** *fe.* 허용하다, 용인하다, 허락하다 give leave, leave
rusxətnamə *i.* 허가증, 허락서 certificate of permission
rüsum[1] *i.* 세금, 관세 tax, duty
rüsum[2] *i.* 관습, 습관, 전통 custom, tradition
rüsumat ☞ **rüsum**[1]
rüsvay *i.* 부끄러움, 수치심, 치욕; 망신, 불명예 shame, disgrace, infamy, dishonor ○ **biabırçılıq, üzüqara, bədnamlıq, hərarət**; **~ etmək** *fe.* 모욕하다, 부끄럽게 하다, 체면을 손상시키다, 망신을 주다 shame, disgrace; **~ olmaq** *fe.* (스스로) 치욕스럽다, 수치스럽다, 불명예스럽다 disgrace oneself; **~çı** *si.* 수치스러운, 창피한; 지독한, 괘씸한 scandalous, shameful, disgraceful; **~çılıq** *i.* 수치, 치욕, 불명예, 모독, 모욕, 망신 shame, disgrace, infamy, ignominy; **~edici** *si.* 수치스럽게 하는, 모욕을 주는, 망신스러운 disgraceful, shameful; **~lıq** *i.* 수치, 불명예, 망신, 불신 disgrace, shame, infamy
rüşdiyyə *i.* (과거의) 중등학교 middle shcool (in the past)
rüşeym *i.* ① 태아, 싹, 발아; 씨; (생체의) 원기(原基), (발생의) 초기배(胚); (배(胚) 세포 같은) 발생(진화)의 초기 단계 embryo, germ, fetus ○ **maya**; ② 근원, 기원, 출처, 원천; 발생, 발단, 유래; 처음, 시작, 출발점 origin, beginning, outset ○ **toxum, nüvə, əsas, başlanğıc**; **~ toxuması** *i.* 배아 조직 embryonic tissue
rüşeymli *si.* 기원한, 고안된, 기초한 embryonic, originated, based ○ **mayalı, toxumlu, nüvəli, əsaslı, başlanğıclı**
rüşeymsiz *si. bot.* 씨눈이 없는, 배(胚)가 없는, having no embryo/germ
rüşvət *i.* 뇌물 bribe, graft, palm oil, hush money; **~ vermək** *fe.* 뇌물을 주다 bribe, grease *smb.*'s palm; **~ almaq** *fe.* 뇌물을 받다 accept bribes; **~çi** ☞ **rüşvətxor**; **~xor** *i.* 뇌물을 좋아하는 자 bribe taker; **~xorluq** *i.* 뇌물수수 bribery
rütbə *i.* 직위, 직책 rank, title, name, grade ○ **dərəcə, vəzifə**; **fəxri ~** *i.* 명예직 honorary title; **~ sahibi olmaq** *fe.* 지위를 차지하다, 직위에 앉다 hold rank; **~si azalmış** *si.* 강등(강직)된, 좌천된; 타락한 degraded; **~sini kiçiltmək** *fe.* 강등시키다, 좌천시키다 degrade
rütbəli *si.* 직위의, 직책의 having rank, grade ○ **dərəcəli, vəzifəli**
rütbəsiz *si.* 지위가 없는, 직책이 없는 having no rank, grade, gradeless
rütubət *i.* ① 습기, 습도, 수분 dampness, moisture ○ **nəmlik, yaşlıq**; ② 축축함 wetness
rütubətlənmək *fe.* 습하게 되다, 축축하다 become damp, become moist **nəmlənmək, yaşlanmaq, islanmaq**
rütubətli *si.* 젖은, 축축한, 습한 wet, moist, damp ○ **nəmli, yaşlı, islaq** ● **quru**

rütubətlilik *i.* 습도 moisture, humidity ○ **nəmlilik, yaşlılıq, islaqlıq**

rütubətsiz *si.* 건조한, 습도가 낮은 dry, having no humidity

R

S·s

Saamlar *i.* 라플란드 사람 Lapp, Laplander

saat *i.* ① 손목(회중)시계; (괘종(탁상))시계, 크로노미터 watch, clock; **qol ~** *i.* 손목시계 wrist watch; **zəngli ~** *i.* 자명종 alarm clock; **qum ~ı** *i.* 모래시계 sand glass; **gün ~ı** *i.* 해시계 sun dial; **~ı qurmaq** *fe.* 시계의 태엽을 감다 wind a clock; **~ qabı** *i.* 시계 갑 watch-case; ② 한 시간, 60분 hour (60 minutes) ; **bir ~ dan sonra** *z.* 한 시간 후 after an hour; **qəbul ~ı** *i.* 면담 시간, 영접 시간 reception hours; **iş ~ı** *i.* 근무 시간 office hour; **~lıq** *si.* 한 시간의, 한 시간 길이의 an hour, length of one hour of time; **o ~** *z.* 당장 at once; **~larla** *z.* 몇 시간 동안 for several hours; **~ ba~** *z.* 매 시간 every moment, hourly; ③ 시, 시각 o'clock, time; ***Saat neçədir?*** *지금 몇 시입니까? What time is it?*

saatsaz *i.* 시계 조립공, 시계수리공 watch-maker, watch-repairer

saatsazlıq *i.* 시계 조립, 시계수리 watch-making, watch repairing

sabah *i.* ① 아침, 새벽, 오전 morning ○ **səhər**; ② 내일 tomorrow ○ **ertəsi gün** ● **bugün**; ③ 미래, 장래 future; **~ səhər** *i. z.* 내일 아침 tomorrow morning; **~-birigün** *z.* 근자에, 가까운 시일 내에, 조만간에 in the near future, sooner or later; **~ı(sı)** *i.* 다음 날 next day ○ **səhəri, ertəsi**; **~ kı** *si.* 내일의, 그 날의 tomorrow's; of the day; **~-~** *z.* 아침 일찍 early in the morning ○ **səhər-səhər**; ***Sabahlığa işim var.*** *내일 할 일이 있다. I have a work for tomorrow.*; ***Sabahınız xeyir.*** *안녕하세요? (아침 인사); Good morning!*; ***Bu günün işini sabaha qoyma.*** *오늘 할 일을 내일로 미루지 말라! Don't put off till tomorrow what you can do today.*

sabiq *si.* (시간적으로) 전의, 먼저의; 과거의, 훨씬 이전의, 옛날의; (차례가) 먼저의 former, previous, prior, earlier, past, ancient ○ **keçmiş, əvvəlki, öncəki** ● **gələcək**; **~ən** *z.* 미리, 전에 previously, formerly

sabit *si.* ① 정지(靜止)된, 움직이지 않는, 고정된 stationary, static ● **sərbəst**; ② 변하지 않는, 불변의, 일정한, 안정된, 견고한 unalterable, constant, firm, stable ○ **dəyişməz, möhkəm, daimi, stabil** ● **dəyişkən**

sabitqədəm *si.* (사람이) 항상 진실을 말하는; 정직(성실)한, 터놓고 말하는, 숨김없는 veracious, candid

sabitləşdirmək *fe.* (…을) 안정(고정)시키다; …을 일정한 수준으로 유지하다 stabilize

sabitləşmə *i.* 안정, 고정; 통화의 안정 stabilization

sabitləşmək *fe.* 안정되다, 견고하게 되다, 튼튼해지다 become stable, become firm, be stronghold ○ **möhkəmləşmək, stabilləşmək, durğunlaşmaq** ● **sərbəstləşmək**

sabitlik *i.* ① 안정성, 견고성 stability, firmness, constancy, solidity ○ **dəyişməzlik, möhkəmlik, daimilik, hərəkətsizlik, durğunluq, stabillik** ● **dəyişkənlik**; ② 내구성, 견인(堅忍), 인내, 참음 endurance, perseverance, patience, ○ **mətinlik, mətanət, sadiqlik** ● **sərbəstlik**

sabotaj *i.* 사보타주: 고의로 공장의 기계, 설비를 손상하여 생산을 지연시키는 행위; 전시에 적의 공작원 등에 의한 파괴 행위; (일반적으로) 방해 행위, 와해 공작 sabotage, destruction, wrecking

sabotajlıq *i.* (일반적으로) 방해 행위, 와해 공작 sabotage, act of sabotage

sabun *i.* 비누 soap; **bir qəlib ~** 비누 한 조각 cake of soap; **~ köpüyü** *i.* 비누 거품 lather

sabunçu *i.* 비누 제조인 soap-boiler

sabunçuluq *i.* 비누 제조업 soap-boiling
sabunqabı *i.* 비누 갑 soap-box, soap-holder, soap-dish
sabunlamaq *fe.* 비누칠하다 soap
sabunlu *si.* 비누칠한 soapy
sabunluq ☞ **sabunqabı**
sabunsuz *si.* 비누가 없는, 비누를 쓰지 않은 soapless
sac *i.* 철판 (구이에 쓰는 둥글고 완만한 깔때기 형 판) iron disk for cooking
sacayağı *i.* (뜨거운 접시를 올려놓는) 식탁용 삼발이, 삼발이; 삼각대 trivet
saciçi *i.* 철판에 구운 고기 roasted meat on a **sac**
saç *i.* 머리(카락), 머리, 털, (머리의) 타래, (한 타래의) 늘어뜨린 머리 curl, hair, lock ○ **tük**, **qıl**, **hörük**, **tel**; ~ **qovaq** *i.* 비듬 dandruff, scurf; ~ **çəngəsi** *i.* 머리털 뭉치 mop; ~ **düzəltmək** *fe.* 미용을 하다 style hair; **~ı tökülmək** *fe.* 머리가 벗겨지다, 머리가 빠지다 lose hair; ~ **kəsmək** *fe.* 머리(카락)를 자르다 cut hair; ~ **uzatmaq** *fe.* 머리를 기르다 grow hair; **~-birçək** *i.* 머리 털 hair (on the head); ~ **ağartmaq** *fe.* a) 머리가 희어지다 be touched with grey; b) *fig.* 고생하다 suffer; **~-saqqal** *i. top.* 머리 털 (통칭) hair, beard and moustache
saçaq *i.* ① (숄 등의 가에 달린) 술 장식; (일반적으로) (술 모양의) 가장자리, 가두리 장식; 주변, 외변, 주위 fringe, tassel; ② 포도나무, (식물의) 덩굴 vine, bine; ③ 광선; 광속(光束) ray, beam; ~-~ *si.* 술(장식)이 붙은 fringed
saçaqlamaq *fe.* 장식을 달다 fringe
saçaqlı *si.* 장식이 붙은 fringed
saçaqsız *si.* 장식을 달지 않은 without fringes
saçayıran *i.* 장식 같은 머리핀 ornamental hairpin
saçbagı *i.* 머리 띠 hair band
saçqıran *i. tib.* 탈모증, 대머리 alopecia, depilatory disease ○ **muryana**
saçılmaq *fe.* 펴지다, 벌려지다, 늘려지다 be spread, be scattered
saçlanmaq *fe.* 머리카락으로 뒤덮이다 be covered with hair ○ **tüklənmək**
saçlaşmaq *fe.* (서로) 머리카락을 당기며 싸우다 pull hair while fighting ○ **tutaşmaq**, **vuruşmaq**, **dalaşmaq**
saçlı *si.* (사람의 다리, 가슴 등이) 털투성이의, 털이 많은 hairy ○ **tüklü**, **qıllı**, **telli**, **hörüklü** ● **keçəl**; **~-birçəkli** *si.* 길고 부드러운 머리를 가진 having long, fine hair; **~-saqqallı** *si.* 긴 수염과 머리카락이 있는 having long hair and a beard
saçlılıq *i.* 털투성이, 털이 많음 hairiness ○ **tüklülük**, **qıllılıq**, **tellilik**, **hörüklülük**
saçma *i.* ① 탄환 shots; ② 무의미(한 말); 허튼 소리; 터무니없는 것(일, 행위, 생각) nonsense, jest, absurdity
saçmaq *fe.* (…을) 뿌리다, 흩뜨리다, 퍼뜨리다, 살포하다, 뿌리다; 분산시키다, (빛, 전자기파 등을) 산란시키다 scatter, spread, pour, shine ○ **səpələmək**, **yaymaq**, **tökmək**
saçsız *si.* (머리)털이 없는; 대머리의 hairless, bald
saçşəkilli *si.* 머리카락 같은, 가늘고 긴 모양의 hair-like, thin and long
saçyolma *i.* 머리채를 잡고 싸우기 fighting (pulling each other's hair); ~ **ya çıxmaq** *fe.* 격렬한 싸움에 나가다 fight fiercely
sadaq *i.* 화살 통, 화살 통 속의 화살 quiver, arrow-case
sadağa ☞ **sədəqə**
sadalamaq *fe.* (사람이) (사물을) 하나하나 열거하다, 차례로 들다, 하나하나 세다 enumerate, count one by one ○ **saymaq**, **hesablamaq**
sadə *si.* ① 단순한, 간단한, 다루기 쉬운 simple, plain, easy ○ **bəşit**, **adi**, **asan** ● **mürəkkəb**, **çətin**; ② 보통의, 통상의, 일상적인; 보통 정도의, 평범한 common, natural, ordinary ○ **sakit**, **dinc**; ③ 동종의, 균질의 homogeneous ○ **səlis**, **rəvan**; ④ (사람이) (사물에 대하여) 정직한, (남에 대하여) 성실한, 공정한, 솔직한, 정직한 honest, modest, elementary ○ **təvazökar**, **ədəbli**; ~ **adamlar** *i.* 사람이) 명성도 지위도 없는, 보통인; 상류 사회에 속하지 않는 common people; ~ **cümlə** *qram.* 단문(單文) simple sentence; ~ **qəlblilik**, ~ **dillilik** *i.* 쉽사리 믿는 성질(경향), 잘 속음 credulity, gullablity; **~cə** *z.* 단순히, 간단히 simply, plainly; ~ **olaraq** 단지, 다만, 단순히 just, simply, merely
sadədil I. *si.* (사람이) (남, 말을) 쉽사리 믿는, 잘 속는, 잘 넘어가는 credulous, simple-hearted, gullible ○ **sadəlöbh**, **ürəyiaçıq**, **səmimi** ● **inadcıl**; II. *i.* 잘 속아 넘어가는 사람 dupe
sadədillik *i.* 잘 속아 넘어가는 사람 gullibility, credulity ○ **sadəlöbhlük**, **ürəyiaçıqlıq** ● **in-**

S

adcıllıq

sadəqəlb ☞ sadədil

sadələşdirmə *i.* 단일화 simplification

sadələşdirmək *fe.* 단순하게 하다; 간단하게 하다, 평이하게 하다; 간소화하다 simplify

sadələşmək *fe.* 단순화되다, 쉬워지다, 평이해지다 become simple, become easy, be simplified ○ **asanlaşmaq, bəsitləşmək, adiləşmək**

sadəlik *i.* ① 평이함, 단순함, 간단함, 단일성 plainzness, simplicity ○ **bəsitlik, adilik, asanlıq** ● **çətinlik**; ② 정직; 성실(함), 솔직(함), 공정 honesty, modesty, genuineness ○ **təvazökarlıq, ədəblilik, səlistlik, rəvanlıq** ● **lovğalıq**

sadəlövh *si.* 솔직한, 숨김없는, 성실한, 순진한, 천진한, 꾸밈없는, 쉽사리 믿는, 잘 속는, 단순한 ingenuous, trustful, credulous, simple-hearted, naive, gullible ○ **ürəyiaçıq** ● **inadkar**; ~ **anə** *z.* 순진하게, 단순히, 솔직히 naively, candidly, genuinely

sadəlövhləşmək *fe.* 단순하다, 순진하다 become gullible, become simple-hearted ○ **bəsitləşmək**

sadəlövhlük *i.* 단순, 겸손, 겸양, 조심성; 정숙함 simplicity, modesty, credulity, gullibility ○ **ürəyiaçıqlıq** ● **inadkarlıq**

sadiq *si.* (사람, 행위가) 헌신적인; 몰두하는, 골몰한, 충성된, 진실한, 충실한 devoted, faithful, loyal, true, staunch ○ **sədaqətli, vəfalı** ● **satqın, xəyanətkar, namərd**; ~ **olmaq** *fe.* 충성되다, 헌신적이다 abide, be loyal; ~ **olmayan** *si.* 진실하지 않은 untrue

sadiqlik *i.* (국가, 군주 등에 대한) 충성, 충의; (사람, 사물 등에 대한) 충실, 헌신, 충절, 정절 allegiance, loyalty, faithfulness, fidelity, devotion ○ **sədaqət, vəfa** ● **satqınlıq**

sadir; ~ **olmaq** *fe.* (일 등이) 일어나다, 생기다; (일이) (사람에게) 일어나다, 닥치다 happen, come out, appear

sadist *i.* 가학애자, 사디스트 sadist

sadizm *i.* 사디즘, 가학애; 이상, 변태; (성적) 도착 sadism, perversion

saət ☞ saat

saf *si.* ① 다른 것을 섞지 않은, 단일의, 동질의; (사람, 동물이) 순혈의, 순종의; (언어 등이) 순수한 pure, absolute, homogeneous ○ **xalis, əsl, şəffaf, dumduru, tərtəmiz** ● **qarışıq**; ② (신체, 정신 등이) 건전한, 건강한 sound, healthy ● **çürük**; ③ 청결한, 깨끗한; 아직 쓰지 않은, 새것인, 새로운; 이물질(혼합물)이 들어가지 않은, 순수한; 흠이 없는 clean, clear, certain ○ **təmiz, ləkəsiz** ● **çirkli**; ④ 밝은, 분명한, 영예로운 bright, clear, honorable; ~ **qəlbli** *si.* 성심 어린 (sincere), 진심에서 우러난, 애정/우정이 담긴 cordial, pure-minded; ~**-çürük etmək** *fe.* 가려내다, 골라내다, 구별하다 sort out

safdil *si.* 꾸밈없는, 거짓 없는, 솔직한, 성실한, 진지한 sincere, cordial, frank ○ **səmimi, ürəyiaçıq**

safdillik *i.* 본 마음을 거짓 없이 나타내기, 성실, 성의, 정직, 진실, 솔직, 진지, 진심 sincerity, cordiality, frankness ○ **səmimilik, ürəyiaçıqlıq**

safqanlı *si.* 동종(균질)의, (사람, 동물이) 순혈(종)인, 순종인 homogeneous, purebred, pureblood, pedigreed

safqəlbli ☞ safürəkli

saflamaq *fe.* 정화하다; 불순물을 제거하다, 정제하다 purify, clean, sort

saflaşdırıcı *si.* 정화하는, 제련하는, 정제하는 cleaning, refining, purifying

saflaşdırmaq *fe.* 정화하다; 불순물을 제거하다, 정제하다 refine

saflaşma *i.* 제련, 정제, 순화 refinement

saflaşmaq *fe.* ① 순수해지다, 정제되다, 순화되다 become pure, clean ○ **təmizlənmək, durulmaq** ● **çürümək**; ② 투명하게 되다, 맑게 되다 clear ○ **şəffaflaşmaq, durulaşmaq**

saflaşmış *si.* 세련된, 순화된 refined

saflıq *i.* ① 청결함, 청결도, 깨끗함 brightness, cleanness ○ **aydınlıq, açıqlıq, səlislik**; ② 투명성, 투명도, 맑음 clarity, limpidity, explicitness, clearness ○ **duruluq, şəffaflıq, parlaqlıq**; ③ 순수함, 순수성, 순혈통 purity, genuineness, pure-blood ○ **səlislik, təmizlik, səliqəlilik** ● **çirkililik**

safürəkli *si.* 솔직한, 정직한, 터놓고 말하는, 숨김없는 candid, frank, honest, open-hearted ○ **təmizürəkli, səmimi, rəhmli**

safürəklilik *i.* 솔직, 정직, 성실 candour, frankness ○ **təmizlik, səmimilik, rəhmlik**

sağ[1] *si.* ① 살아서, 살아 있는 상태로 alive, surviving ○ **canlı, diri**; ② (심신이) 건강한; 이상이 없는; (경제, 견해, 판단 등이) 건전한 healthy, safe

○ **salamat**, **gümrah** ● **xəstə**; ③ 모두의, 철저한; 온전한, 전적인; 타협하지 않는; 수정 없는 complete, thorough, absolute; ~ **qalanlar** *i.* 생존자, 유족; 잔존물, 유물 the survivors; ~ **qalmaq** *fe.* 살아남다; 연명하다; 존속하다, 잔존하다 survive; ~-**salamat** *si.* 안전한, 안심할 수 있는, 위험이 없는, 걱정 없는 safe, safe and sound; ~ **salamatlıq** *i.* 정상임, 정상 상태 safety, normality; ***Sağ ol!*** *안녕!, 감사! Good bye! Thank you!*

sağ² *si.* ① (사실, 도리, 기준, 원리에 비춰 보아) 옳은, 정당한; (판단, 의견, 행동 등이) 바른, 정확한, 틀림없는, 합당한; ② 오른쪽, 오른 날개, 우측 right-wing right ● **sol**; ~ **əl** *i.* 오른손, 우수, 우편 right hand; ~ **tərəf** *i.* 옳은 편, 오른쪽 right side; ~ **a** *z.* 오른쪽으로, 우향으로 right, the right; ~ **da** *z.* 오른편에, 우편에 the right, on the right; ~ **dan** *z.* 오른쪽으로부터, 우편에서 from the right; ~-**sol** *i.* 오른쪽 왼쪽, 상황, 여건 circumstance ○ **sağa-sola**

sağaldıcı *si.* 생기(생명)를 주는, 기운 나게 하는, 치유하는 life-giving, vivifying, healing

sağaldılmaz *si.* 고쳐지지 않는, 불치의, 교정할 수 없는 incurable

sağalma *i.* (병후의) 건강 회복(기), 완쾌 convalescence, recovery

sağalmaq *fe.* ① (병을) 고치다, 낫게 하다 heal, regain one's health, recover, get better ○ **yaxşılaşmaq** ● **naxoşlamaq**; ② (상처, 화상 등을) 고치다, 낫다 get healed (wound) ○ **bitişmək**, **örtülmək**, **bağlanmaq (yara)**

sağalmaz *si.* 고쳐지지 않는, 불치의, 교정할 수 없는 incurable ○ **əlacsız**

sağalmamazlıq *i.* 불치, 교정 불능 incurability ○ **əlacsızlıq**

sağaltma *i.* 치유, 치료(법) healing, recovery, cure

sağaltmaq *fe.* (상처, 화상 등을) 고치다; (슬픔, 괴로움, 고민 등을) 달래다, 낫게 하다 heal, remedy

sağanaq *si.* (둥근 물건의) 가장자리, 테두리, 테; (골의 망의) 쇠 테두리, (머리에 매는) 가는 끈(리본), 머리띠 rim, thin border, fillet ○ **çənbər**, **qasnaq**

sağdırmaq *fe.* (~로 소의) 젖을 짜게 하다 have *smb.* milk

sağdış *i.* 신랑 들러리 bestman (in wedding) ● **soldı**

sağıcı (sağınçı) *i.* 젖 짜는 사람; 착유기 milker, milkmaid

sağıcılıq *i.* 젖 짜기, 착유 work of milker or milkmaid

sağılmaq *fe.* 젖을 내다 be milked, give milk

sağım *i.* ① 젖짜기 milking; ② 특정 기간에 생산된 유가공품(乳加工品) milk production for a certain period of time

sağın *i.* ① 젖 내기, 우유 생산 milking; ② 젖 내는 짐승 (소, 양, 염소 등) milking animal

sağınçı *i.* 젖 짜는 여자 milkmaid

sağıntı *i.* 출혈; 사혈 bleeding

sağır *si.* 고아의 orphan ○ **yetim**

sağır nun *i. dil.* 페르시아어나 아제르바이잔어의 (응) 발음 articulation of (ng) in Persian and Azerbaijani

sağırlaşmaq *fe.* 고아가 되다 become orphan ○ **yetim qalmaq**

sağırlıq *i.* 고아 신분 orphanhood

sağlam *si.* ① (심신이) 건강한; 이상이 없는; (경제, 견해, 판단 등이) 건전한 healthy, normal, rosy, sound ○ **gümrah**, **qıvraq**, **çevik** ● **azarlı**; ② 위생적인, 건강에 좋은; hygienic ③ (체력, 근력이) 강한, 센, 힘 있는; 근골이 건장한; 강건한, 튼튼한; 힘센 strong, sturdy ○ **möhkəm**, **bərk**, **güclü**, **qüvvətli** ● **əlil**; ④ (도덕적, 정신적으로) 온전한, 건전한, 유익한 wholesome, complete ○ **saf**, **təmiz**; ~ **olmaq** *fe.* 건강이 좋다, 건강하다; be in good heath; ~ **düsüncə** *i.* 상식이 있는, 정신이 건전한 common sense; ~ **düşüncəli** *si.* 정신이 깨어있는 sober; ~ **olmayan** *si.* 불건전한, 불건전한 unhealthy, unsound; ~**lıq ocağı** *i.* 건강 휴양소 health resort

sağlambədənli *si.* 몸이 건강한, 건강한 몸을 가진, 강한 혈색의, 혈색이 좋은 ruddy, having a healthy body, sound body

sağlamfikirli *si.* 냉정한, 침착한, 자제력 있는, 분별 있는, 온건한, 이성적인 sober, sober-minded, self-controlled, sensible

sağlamlaşdırıcı *si.* 건강에 좋은, 건강상 유익한 good for health

sağlamlaşmaq *fe.* ① 건강이 좋아지다, 회복되다 become healthy, lusty, sturdy; recover from sickness ○ **gümrahlaşmaq**, **qıvraqlaşmaq**; ② 좋아지다, 개선되다, 건전하다 improve, get better

S

sağlamlıq *i.* ① 건강함, 건장함, 건전함, 온전함 health, sturdiness, soundness ○ **səhhət, cansağlığı, gümrahlıq, qıvraqlıq** ● **əlillik**; ② 견고함, 튼튼함, 강건함, 안전함 solidity, steadiness ○ **möhkəmlik, bərklik, qüvvətlilik**; ③ 축배, 축배를 위한 말 toast

sağlaşdırmaq *fe.* 건강하게 하다, 건전하게 하다 make healthy

sağlıq *i.* ① 안전, 무사; 안전성, 건강함 safety, soundness, health ○ **səhhət, cansağlığı** ● **xəstəlik**; ② 번영, 행복, 안녕, 복지 prosperity, well-being ○ **həyat, varlıq, ömür, dirilik**; **~ğına içmək** *fe.* (전도, 건강 등을) 축복하여 건배하다 toast; ***Sağlıqla gediniz!*** *좋은 여행 되시길! Good journey!*

sağmaq *fe.* ① (소 등의) 젖을 짜다; (수액, 체액, 독 등을) 짜내다 milk; ② *fig.* 단물을 빨아먹다, 착취하다 rob, plunder (money, property *etc.*)

sağmal *si.* (소가) 우유를 많이 내는 milky; **~ inək** *i.* 젖소 milking cow, milch cow

sağrı *i.* (특히 말의) 엉덩이 croupe, crupper, haunch

sağsağan *i. zoo.* 까치 magpie ○ **qəcələ**

sahə *i.* ① (어느 용도에 충당된) 지면, 땅, 사용지, 광장 field, ground; ② (어느 용도에 충당된) 지면, 땅, 사용지, 지방 district, lot, territory, region; ③ (활동 등의) 범위, 영역; (연구) 분야, 부문 area, branch, scope, space, sphere, stretch; **elmi tədqiqat ~ si** *i.* 과학 연구 분야 areas of research; **bilik ~ si** *i.* 지식의 분야 field of knowledge; **sənaye ~ si** *i.* 산업 분야, 산업 영역 industry, branch of industry

sahəcik *i.* (작은) 영역, 토지, 구역 small space, area

sahib *i.* ① 소유자, 점유자, 토지 소유자 possessor, landlord, owner ○ **yiyə, ağa**; ② 남편, 가장 husband ③ 고용주, 주인, (배의) 선주 master; **~ olmaq** *fe.* 소유하다, 점유하다, 갖다 have, possess; **~ olma** *i.* 소유, 점유 possession

sahibə *i.* 여주인, 안주인, 지배권을 가지는 여자, 여자 지배자; 여왕 mistress, landlady

sahibkar *i.* 소유자, 소유주, 고용주, 경영주 boss, employer, keeper, owner, proprietor ○ **yiyə, ağa**

sahibkarlıq *i.* 소유권, 지배, 통치(권), 주권 ownership, lordship, dominion ○ **yiyəlik, ağalıq**

sahiblənmək *fe.* 소유하다, 차지하다, 지배하다, 다스리다 possess, own, lord ○ **mənimsəmək, yiyələnmək**

sahiblik *i.* 소유권, 향유, 소유 ownership, enjoyment ○ **yiyəlik, ağalıq**

sahibmənsəb *si., i.* 고위층(의), 고위 관리(의) high official

sahibsiz I. *i.* 고아 orphan (without parents) ○ **yetim**; II. *si.* 유기된, 버려진, 보살피지 않는 ownerless, neglected ○ **kimsəsiz, yiyəsiz, baxımsız**

sahibsizlik *i.* ① 유기 상태, 포기 상태 state of having no owner; ② 고아 신세, 고아 신분 orphanhood ○ **kimsəsizlik, yiyəsizlik, baxımsızlıq**

sahil *i.* 둑, 제방 (강), 해안, 부두 (바다), 바닷가, 축대 bank (river), shore, quay (sea), beach, embankment ○ **kənar, qıraq**; **~də, ~ə** *z.* 해변에(으로), 기슭에(으로), 얕은 데에(로) ashore; **~ə çıxmaq** *fe.* (배가) 육지(기슭)에 닿다; 기항(寄港)하다 land; **~ boyunca üzmək** *fe.* 해안을 따라 항행하다 coast; **~ gəmisi** *i.* (연안 각지에 기항하는) 연안 항행자(선박); 연안 무역선 coaster; **~ mühafizə dəstəsi** *i.* 해안 경비대 coast guard

sahilsiz *si.* (장소가) 넓은, 광대(광활)한, 경계가 없는; 무한한; 드넓은 vast, boundless, extensive, unlimited

sahman *i.* ① 질서 정연함, 단정함, 질서, 정돈됨 order, orderliness ○ **qayda, səliqə, nizam**; ② 완성, 완수, 성취, 실행, 수행 accomplishment, correction ○ **yerləşdirmə, düzülüş, tərtib**

sahmanlamaq *fe.* 정리정돈하다, 정연하게 하다 regulate, put in good order ○ **yerləşdirmək, nizamlamaq, rahatlamaq, düzəltmək, planlaşdırmaq**

sahmanlı *si.* 쾌적한, 안정된, 정돈된, 단정한; 정연한 comfortable, orderly, tidy ○ **rahat, səliqəli**

sahmanlılıq *i.* 정돈, 정리, 정연함, 안락함 tidiness, orderliness, comfortableness ○ **rahatlıq, səliqəlilik**

saxarin *i.* 사카린, 당원(糖原), 설탕 saccharine

saxlama *i.* ① 저장; 보관, (특히) 창고 보관 storage, preserve ○ **qorunma**; ② 포박, 체포, 검거, 구류 arrest ○ **yaxalama, tutma**

saxlamaq *fe.* ① 잡아두다, 잡고 있다, 확보하다

hold ○ **yaxalamaq, tutmaq**; ② 정지시키다, 중지시키다, 중단시키다 stop, pause, cease ○ **dayandırmaq**; ③ (아이, 짐승 등) 기르다, 키우다 breed, grow (child, animal); **uşaq** ~ *fe.* 아이를 기르다, 돌보다, 보살피다 look after a child; ④ 공급하다, 제공하다 keep, provide; ⑤ 보호하다, 지키다, 막다 protect, guard ○ **qorumaq**; ⑥ 숨기다, 가리다, 숨겨두다, 감추다, 비밀로 하다 hide, conceal ○ **gizləmək**; ⑦ 저장하다, 보관하다, 저축하다 preserve, save, store; **yadda** ~ *fe.* 기억하다, 상기하다 remember; ⑧ (감정, 행위 등을) 억누르다, 억제하다; (활동 등을) 제한(제약)하다; (…하는 것을) 말리다, 제지하다 restrain, confine, repress; ⑨ 방해하다, 어지럽히다, 끼어들다 disturb, interrupt ○ **ara kəsmək**; **tərəf**; ~ *fe.* 편을 들다 take sides

saxlanc *i.* 보관용기 preserver, container

saxlanmaq *fe.* ① be stopped, be caught, 서다, 잡히다 ○ **dayanmaq, yaxalanmaq, tutulmaq**; ② 남다, 남겨지다, 보관되다 remain, be preserved ○ **qorunmaq**; ③ 머물다 stay ○ **qalmaq, yaşamaq**

saxsı *i.* 도기(류); 도기 제조술(업) tile, ceramic, pottery

saxsıçı *i.* 토기장이 potter ○ **dulusçu**

saxsıçılıq *i.* 도기 제조업 pottery

saxta *si.* ① 모조의, 가짜의, 위조된, 거짓의, 허구의 bogus, false, forged, perverse, unreal, fictitious ○ **qəlp, düzəltmə, qondarma, yapma, uydurma** ● **əsl**; ② 부정한, 속임수의, 사기적인, 사악한 false, lying, dishonest, wicked; ~ **sını düzəltmək** *fe.* (이야기, 거짓말 등을) 날조하다, 지어내다; (필적, 서명을) 위조하다; (화폐, 수표, 서류 등을) 위조(모조)하다 forge; ~ **sənəd düzəltmək** *fe.* (문서를) 위조하다 fabricate; ~ **şey** *i.* 모조물(품), 가짜; 속임, 엉터리 sham, imitation, counterfeit, pretense

saxtakar *i.* 위조자, 날조자, 조악품 제조자 falsifier, adulterator, forger ○ **hiyləgər, bic** ● **səmimi**

saxtakarlaşmaq *fe.* 위조되다, 날조되다, 속이다 become falsified, be counterfeited, be forged ○ **hiyləgərləşmək, bicləşmək**

saxtakarlıq *i.* 모조, 위조, 날조, 속임 forgery, spuriousness, falsification ○ **qəlplik, düzəltmə, qondarmalıq, yapmalıq** ● **əsllik, səmimilik**

saxtalaşdırma *i.* 변조, 위조, 불순물을 섞기, 조악화 falsification, adulteration

saxtalaşdırmaq *fe.* (서류, 유언 등을) 부당하게 손질하다, 위조하다; (허위 신고 등을) 하다 falsify, forge

saxtalıq *i.* ① 인공적임, 인위, 기만 artificiality, falsehood ○ **qəlplik, yapmalıq, sün`ilik**; ② 위선(적 행위); 가장, 양의 탈을 쓰기 wickedness, hypocrisy ○ **kələk, ikiüzlülük, riyakarlıq**

Saxurlar *i.* 아제르바이잔의 자가탈라 지방과 다게스탄 남부 지역에 사는 소수 민족 an ethnic group in Zaqatala and Dagestan

sail *i.* 극빈자, 빈곤자; 거지 beggar, pauper ○ **dilənçi, yolçu**

saillik *i.* 구걸 행위 begging, alms asking

sair *si.* 그 밖의, 그 위의, 별개의 other, else, different

sairə *i.* ① 그 밖의 여러 가지(사람) etceteras; **və** ~ *vz.* 등등, 무리, 따위 etceteras (*etc.*), and so on; ② 다른, 어떤, 별개의 other, some

sait *i. dil.* 모음(母音) vowel; ~ **səs** *i. dil.* 모음 소리 vowel sound; ~ **arası** *si. dil.* 모음 간의 intervocalic

sajın *i.* 싸진 (러시아 측정 단위 2,134 미터) sagene (Russian measuring unit; 2,134 meter)

sakin *i.* 주민, 어떤 곳에 사는 사람, 거주자; 정주자 lodger, inhabitant; **~i olmaq** *fe.* 거하다, 거주하다 inhabit; ~ **etmək** *fe.* 정착시키다 settle; **şəhər ~i** *i.* 시민 citizen; **kənd ~i** *i.* 부락민, 주민 villager

sakit *si.* ① 조용한, 낮은 (음성), 느린, 둔한 low in voice, slow, dull ○ **yavaşca, astaca**; ② 조용한, 침착한, 평온한 calm, quiet, silent ○ **dinc, farağat** ● **səsli-küylü**; ③ 평온한, 평화스러운 peaceful, tranquil, still ● **qorxulu**; ④ 점잖은, 온유한 gentle, meek ○ **zəif, lal, mülayim**; ⑤ 침착한, 냉정한 (성격) calm and cool (personality) ○ **rahat, arxayın, catircəm**; ⑥ 동요하지 않는, 조용한, 움직이지 않는 pacific, calm, immobile, motionless; ⑦ *dil.* 아랍어 중의 묵음(默音) 기호 silent symbol in Arabic; ~ **dayanmaq** *fe.* 조용히 서있다, 가만히 있다 stand still; ~ **okean** *i.* 태평양; the Pacific Ocean; **~anə** ☞ **sakitcə**; **~cə** *z.* ① 조용히, 부드럽게 calmly, gently; ② 소리 없이 silently ○ **səssizcə**; **~cəsinə** ☞ **sakitcə**;

S

~ **edici** ☞ **sakitləşdirici**; ~**ləşdirici** *si.* 안정시키는, 진정시키는, 달래는 calming, reassuring, soothing, quieting, pain-killing; ***Sakit!*** *쉬~! Hush!*; ~-~ *z.* 조용히, 살금살금 slowly, quietly, calmly

sakitləşdirmək *fe.* ① (사람, 기분 등을) 가라앉히다, 차분하게 하다, 달래다 calm, quiet, still, appease, reassure; ② (갈증, 욕망, 정열 등을) 만족시키다, 가라앉히다 settle down, quench, get rid of; ③ (고통, 통증 등) 그치게 하다 stop, kill pain

sakitləşmə *i.* 중단; (폭풍의) 잠시 멈춤, 잔잔함; (병의) 소강 (상태) lull

sakitləşmək *fe.* ① 진정하다, 가라앉다, 완화하다 quiet down, compose oneself, lull, comfort ○ **rahatlanmaq**, **arxayınlaşmaq**, **xatircəmlənmək**; ② (고통, 고생, 근심, 슬픔 등이) 가벼워지다, 누그러지다; 편해지다 reduce, settle, ease ○ **dayanmaq**, **kəsilmək**, **azalmaq**, **yatmaq**, **yavaşmaq**, **zəifləşmək** ● **acıqlanmaq**

sakitlik *i.* ① 고요, 조용함, 정적 calm, quiet, silence, peace, hush ○ **səssizlik**, **sükut**, **süstlük**, **aram** ● **çaxnaşıqlıq**; ② 평온; 평안; 냉정 repose, tranquility, composure ○ **rahatlıq**, **arxayınlıq**, **xatircəmlik** ● **hərc-mərclik**; ③ 진정, 완화 reassurance, easiness ○ **dinclik**, **əmin-amanlıq**, **asayiş**; ④ 완만함, 느림 inertness, sluggishness; ⑤ 온순, 유화, 온화 weakness, meekness ○ **zəiflik**, **yavaşılıq**; ~ **vermək** *fe.* 진정시키다 calm

sakvoyaj *i.* 여행 가방 suitcase for travel

saksaul *i.* 중앙아시아 사막에 사는 풀 name of a plant in Central Asian deserts

saksafon *i.* 색소폰 saxophone

saqi *i.* (남의) 시중드는 사람; 하인; 종자; 수행원 attendant, servant

saqit *fe.* (적을) 전멸시키다; (병, 해충, 문맹 등을) 근절(박멸)하다; (잡초 등을) 없애다, 뿌리째 뽑다 invalid, defective

saqındırmaq *fe.* (남에게) (위험, 재난 등을) 경고하다, 주의하다, 타이르다, 조심시키다 warn, caution, notify before hand

saqınmaq *fe.* 주의하다, 조심하다 beware, use caution ○ **çəkinmək**, **qorunmaq**, **uzaqlaşmaq**

saqqa *i.* 물장수 water-bearer, water-seller

saqqaquşu *i. zoo.* 참샛과의 한 종류 a kind bird with red and yellow feathers of sparrow family

saqqal *i.* 턱수염 beard; ~ **saxlamaq** *fe.* 수염을 기르다 grow a beard; ~**ını qırxmaq** *fe.* 면도하다 shave

saqqallamaq *fe.* 수염을 잡고 싸우다 pulling beards while fighting ○ **savaşmaq**

saqqallanmaq *fe.* 수염으로 덮이다, 수염이 길다 be covered with a beard

saqqallı *si.* 수염을 기른 bearded

saqqalsız *si.* 수염이 없는, 수염을 기르지 않는 beardless

saqqız *i.* 껌 chewing-gum; ~ **çeynəmək** *fe.* a) 껌을 씹다 chew gum; b) 쓸데없이 떠들다 talk nonsense

saqqızağacı *i.* 피스타치오의 한 종류 a kind of pistachio-tree ○ **yabanı püstə**

sal[1] I. *i.* (돌, 목재, 금속 등의) 넓은 후판(厚板) plate, slab, flag ○ **daş**; II. *si.* 큰 덩어리를 이루는; 크고 무거운 massive ○ **böyük**, **iri**, **yekəpər**

sal[2] *i.* 뗏목 log raft

salam *i.* (말, 몸짓에 의한) 인사(하기), 인사, 인사말 salutation, greeting; ~ **vermək** *fe.* (남에게) 인사하다, 경의를 표하다; 환영하다 greet

salamat *si.* ① 안전하고 건강한 alive, safe, healthy ○ **sağlam**, **qıvraq**, **gümrah**; ② 행복한, 복된 happy, lucky ○ **xoşbəxt**, **firavan**

salamati *i. din.* 안전한 여행을 위해 가난한 자들에게 나눠주는 돈 alms for the poor for a safe journey

salamatlaşmaq *fe.* 작별하다, 헤어지다, 송별하다 say good-bye, take one's leave, say farewell ○ **vidalaşmaq**, **xudahafizləşmək**, **ayrılmaq**

salamatlıq *i.* ① (심신의) 건강 (상태); (몸의) 상태 health ○ **səhhət**, **sağlamlıq**; ② 안전, 무사; 안전성 safety ○ **əmin-amanlıq**, **rahatlıq**; ③ 행복, 안녕, 복지 well-being ○ **xoşbəxtlik**, **firavanlıq**

salam-dua ☞ **salam**

salaməleyküm[1] **salamünəleyküm** ☞ **salam**

salaməleyküm[2] *i.* 습지에 사는 식물의 한 종류 a kind of plant growing in swamp

salam-kalam ☞ **salam**; ~**ı olmaq** *fe.* 서로 알고 지내다 be acquainted

salamlama *i.* 인사, 인사하기 salute

salamlamaq *fe.* ① 인사하다, 환영하다 greet, salute; ② 축하하다, 성원하다 congratulate, cheer

salamlaşma *i.* (서로) 인사하기 greeting

salamlaşmamaq *fe.* 얼굴을 돌리다, 외면하다 turn face

salamlaşmaq *fe.* 서로 인사하다, 악수하다 greet each other, shake hands

salamsız-kalamsız *z.* 인사도 하지 않고, 말도 안 하고 without any word, or greeting

salat¹ *i.* 장례를 위한 애곡 bewailing, lamentation on burial day

salat² *i.* 샐러드 salad

salavat *i. din.* 이슬람의 모하메드와 교사들을 위한 기도 prayer for Mohamed and Islamic teachers; ~ **çəkmək** *fe.* 기도 후에 손으로 얼굴을 쓸면서 하는 기도 draw the right hand to face after prayer

salçı *i.* ① 판 만드는 사람 maker of plate; ② 나룻배 사공, 나루터지기, 뗏목 사공 ferryman

saldırmaq *fe.* ① 떨어뜨리게 하다, 쓰러뜨리게 하다, 주저앉게 하다 oblige to drop, drive *smb.* or *smt.*; ② 싸우게 하다 to fight; ③ ask *smb.* 세우게 하다 to build; ④ have *smt.* 펴지게 하다, 펴게 하다 spread out or layed; ⑤ 남겨두게 하다, 저장하게 하다, 남겨 두게 하다 save, reserve *smt.*

saldo *i.* 빚, 신용 빚, 채권 debt and credit

salfet *i.* 식탁용 냅킨 table-napkin, serviette

salxım *i.* (포도, 꽃, 열매 등) 송이, 다발, 묶음 bunch, cluster; **üzüm ~ı** *i.* 포도 송이 bunch of grapes

salxımçiçək(li) *si.* 꽃송이의 resembling a bunch of flowers

salxımlanmaq *fe.* 송이송이 떨어지다 fall down in bunches

salxımlı *si.* 다발로 된, 묶인, 송이로 된 bunched

salı *i.* 화요일 Tuesday ○ **çərşənbə axşamı, tək günü**

salıq *i.* 소식, 기별, 통보 news, notice

salıqçı *i.* 사자, 전령 herald, guide

salım *si.* 약간의, 조금의 little; **bir ~** *z.* 약간, 조금 a little

salımlıq ☞ **salım**

salınma ☞ **salınmaq**

salınmaq *fe.* ① 덮다, 깔리다, 놓이다, 펼쳐지다 be covered, be laid down, be spread (carpet, table clothes) ○ **döşənmək, çəkilmək**; ② 끼워지다, 넣어지다, 삽입되다 be put in (its place) ○ **taxılmaq, keçirilmək**

salışdırmaq *fe.* 부추기다, 꼬드기다, 쫓아다니다 set on, hound at, urge on ○ **qısqırtmaq, qızışdırmaq**

salim *si.* ① 안전하고 건강한 safe and healthy ② 고요하고 평안한 peaceful, quiet

sallabaş *si.* ① 고개를 숙인, 머리가 처진; having a drooping head ② 시무룩한, 말을 안 하는 sullen, sulky, peevish

sallabığ ☞ **sallaqbığlı**

sallağı *z.* 비스듬이, 한쪽으로 droopingly, lopsidedly

sallaq¹ *i.* 푸주한, 푸줏간 주인; 백정, 도살자 butcher

sallaq² *si.* 고개를 떨어뜨린, 머리가 떨구어진 hanging, drooping

sallaqbığ(lı) *si.* 늘어뜨린 수염을 한 lop-beard

sallaqdodaq(lı) *si.* 처진 입술을 가진, 입술이 처진 lop-lipped

sallaqqarın(lı) *si.* 배가 불룩한, 올챙이 배의 potbellied

sallaqqulaq(lı) *si.* ① 귓불이 처진 lop-eared; ② (사람, 언동이) 주제넘은, 뻔뻔스러운, 버릇없는, 무례한, 건방진, 불손한 impertinent, absurd, inane

sallaqxana *i.* ① 도살장, 고깃집, 푸주간 butchery, slaughter-house; ② 학살 장소 massacre place

sallaqlıq¹ *i.* 도살업, 푸주 일 work of butcher, butchery

sallaqlıq² *i.* 늘어진 상태, 처진 상태 state of hanging, being dropped

sallama I. *z.* 늘어져서, 처져서 drooping, hanging; II. *i.* ① 아제르바이잔 전통 음률 중에 하나 one of Azerbaijan melodies (**çobanbayatısı**); ② 귀걸이의 장식 부분 decorated part on the ear ring, lustre *etc.*

sallamaq *fe.* ① 늘어뜨리다, 매달아 늘어지게 하다 let down, lower, down ○ **endirmək, düşürmək, buraxmaq**; ② 머리를 숙이다, 수그러지다, 축 늘어지다, 고개를 떨구다 droop one's head ○ **yatırmaq**; ③ 매달다 hang ○ **asmaq**

sallana-sallana *z.* 거드럭거리며, 흔들흔들 걸

S

으며 swinging, with a mincing gait
sallanış *i.* 거드럭거림 manner of walking with a mincing gait
sallanma *i.* 매달림, 살랑거림 swinging
sallanmaq *fe.* ① (물건, 사람이) 전후(좌우)로 흔들리다, (사람이) 휘청거리다, 매달려지다, 달랑거리다 sway, hang, be suspended, swing ○ **asılmaq**, **sarılmaq**, **əyilmək**; ② 요염하게 걷다 walk coquettishly
sallaşmaq ☞ **sallanmaq**
sallatmaq *fe.* 매달게 하다, 달랑거리게 하다 hang, suspend; **qaş qabağını ~** *fe.* 눈살을 찌푸리다, 얼굴을 찡그리다, 불쾌한(성난) 표정을 짓다 frown
salma ☞ **salmaq**
salma-çay *i.* 달콤한 차 sweet tea
salmaq *fe.* ① (커튼, 발 등) 늘어뜨리다, 매달다, 내려달다 drop, lower, draw down, pull down (curtain *etc.*); ② 넣다, 삽입하다, 끼워 넣다 insert; **avtomata pul ~** *fe.* 동전을 투입구에 넣다 drop coin in the slot; ③ 접다; 아래로 구부리다 turn down; **hay-küy ~** *fe.* 소동을 일으키다, 소란을 피우다 make a noise, kick up a row; **məktubu yola ~** *fe.* 편지를 부치다 send letter, post the letter; **yada ~** *fe.* 기억하다, 명심하다 remember, keep in mind; **nəzər ~** *fe.* 주의를 기울이다, 관찰하다 cast a glance, dart a glance, fling one's eyes (at, over); **lövbər ~** *fe.* 닻을 내리다/던지다 cast/drop anchor; **həbsxanaya ~** *fe.* 감옥에 넣다, 투옥시키다 throw into prison; **gölgə ~** *fe.* 그림자를 드리우다, 물보라를 뿌리다 cast a shadow, cast aspersion (on); ④ 깔다, 펴다, 퍼트리다 spread; **süfrə ~** *fe.* 식탁보를 깔다/펴다 spread a table-cloth, lay the cloth; **yorğan döşək ~** *fe.* 침구를 깔다 make a bed; **yer ~** *fe.* 잠자리를 보다 make the bed; **şəkli ramkaya ~** *fe.* 그림을 액자에 넣다 frame a picture; **üzüyə qaş ~** *fe.* 반지에 보석을 넣다 mount a gem; **söz ~** *fe.* 말을 시작하다 put in a word, start talking; **suya ~** *fe.* 물에 잠그다, 물에 씻다 put into water, give a wash; ⑤ 내던지다, 내리치다 overthrow; **çarı taxtdan ~** *fe.* 왕좌에서 끌어내리다 overthrow the tsar; **hörmətdən~** *fe.* 명예를 떨어뜨리다 discredit
salnamə *i.* 연대기, 연보(年譜), 연사(年史), 연감(年鑑) annals, chronicle, almanac, yearbook
salnaməçi *i.* 연대기 작자(편자); (사건의) 기록자, 연보(年譜) 작자, 연대사가 chronicler, annalist
salon *i.* (집의) 방, 사실(私室); (기선, 호텔 등의) 큰 홀, 담화실; 객실, 응접실 chamber, hall, saloon
salyut *i.* (말, 몸짓에 의한) 인사, 절, 경례 salute, salutation, greeting
sam (yeli) ☞ **səmum**
saman[1] *i.* 짚, 지푸라기, 건초 hay, straw; **~ çöpü** *i.* 지푸라기, 짚, 밀짚 straw; **~ altından su yetirmək** *fe.* 비밀리 일을 행하다 do something in an underhanded way; **~ çöpündən yapışmaq** *fe.* 아무리 하찮은 기회라도 놓치지 않다 catch a straw; ***Saxla samanı, gələr zamanı.*** *ata.s. 하찮은 것이라도 아껴두면 긴히 필요할 때가 온다. A stitch in time saves nine.*
saman[2] *i.* 부; 자산, 재산; 부자의 몸, 부(富)(의 소유), 재화; 부(富) fortune, wealth, resource, property
samanı *si.* 지푸라기 색의, 노란색이 감도는, 노르스름한, 누른 빛깔을 띤 straw-colored, yellowish
samanlamaq *fe.* ① 짚을 더하다, 짚을 섞다 cover with adobe, put on with straw; ② (짐승에게 건초, 짚 등) 먹이를 주다 give hay to animal
samanlı *si.* ① 짚이 섞인 mixed with straw; ② 어지러운, 정리되지 않은 untidy, disorderly
samanlıq *i.* 건초 다락, 건초 더미 hayloft, haystack
sambal ☞ **sanbal**
sambo *i. idm.* 삼보 레슬링 (유도 비슷한 구소련의 격투기) a method of sambo wrestling
samboçu *i.* 삼보 레슬러 sambo wrestler
samilər ☞ **semitlər**
samit[1] *si.* 조용한, 침묵의 silent, calm ○ **sakit**
samit[2] *i. dil.* 자음 (子音) consonant ● **sait**
samodilər *i.* 사모디 언어를 사용하는 족속들의 공통 이름 common name of the Samodi speaking people (Nen, En, Nqasan, Selkup)
samovar *i.* 사모바르 (차를 위한 금속으로 된 물 끓이는 주전자) samovar (large metal container for boiling tea)
samoyedlər ☞ **samodilər**
samur *i. zoo.* 흑담비, 족제비 sable; **~ xəzi** *i.* (족제비) 모피 sable
samuray *i.* 사무라이(일본 무사) samurai (Japanese warrior)

san I. *i.* ① 평판, 명성, 명망, 고명, 인기 popularity, fame, reputation ○ **şöhrət, nüfuz, hörmət, şan-şərəf, ad-san**; ② 수량, 분량, 액수; 정량 number, quantity, amount ○ **say**; ③ (특별한 목적을 위한) 조직적 활동, 운동, 캠페인 campaign ○ **tə'lim, yürüş**; II. *əd.* 분명히, 확실히 obviously ○ **sanki**
sanamaq *fe.* 차례로 세다, 셈하다; 합계하다, 계산하다, 산출(산정(算定))하다 count, enumerate, calculate ○ **hesablamaq, saymaq**
sanasan ☞ sanki
sanatoriya *i.* (장기 요양의) 요양소 sanatorium
sanbal *i.* ① 무게, 중량; 체중; 중력; 무게 weight, heaviness ○ **çəki**; ② 명성, 권위, 중요성, 중대성 importance ○ **nüfuz, hörmət,**
sanballamaq *fe.* ① 손으로 무게를 점검하다; check weight by hand ②준비하다, 정리하다 prepare, put in order ○ **sahmanlamaq, hazırlamaq**
sanballı *si.* ① 무거운, 무게가 많이 나가는, 중량이 큰 heavy, weighty ○ **ağır, bərk, məhkəm, qurs**; ② 큰 영향을 주는, 유력한, 세력 있는, 강력한 deep, influential, powerful ○ **güclü, tə'sirli, dərin ciddi**; ③ 신중한, 엄숙한, 중후한, 심각한 serious, grave; ④ 중요한, 가치 있는 important, valuable ○ **nüfuzlu, hörmətli, çəkili, dəyərli, qiymətli**
sancaq *i.* (대가리 달린) 핀; (금속, 나무의) 가는 못; 머리핀; 장식 핀, 종이끼우개; (서류, 편지 등을 끼우는) 클립 slide, clip, pin; ~ **taxmaq** *fe.* 핀을 꽂다, 클립을 하다 pin
sancaqlama *i.* 핀으로 꽂기 pinning
sancaqlamaq *fe.* 핀으로 고정하다, 핀을 꽂다 pin, pin up, fasten with a pin
sancı *i.* 발작적인 날카로운 아픔, 쑤시는 듯한 아픔, 아픔, 고통, 아림, 쑤심 twinge, ache, pain ○ **ağrı**; **qarın ~sı** *i.* 위통, 복통 요리 stomach-ache
sancılanmaq *fe.* 아프다, 쑤시다; (마음, 사람이) 아픔을 느끼다 ache, have pain ○ **ağrımaq, sızıldamaq**
sancılı *si.* ① (상처, 몸의 국부가) 아픈; (수술, 병 등이) 아픔을 수반하는 (물, 일, 생각) 젖은, 빠진 painful, aching ○ **ağrılı**; ② plunged; ③ 첨부된, 부착된 fastened, attached ○ **taxılı, çaxılı**
sancılmaq *fe.* ① 꼬꾸라지다 be plunged; ② 빠지다, 묶이다 be stuck, be tied; ③ 가라앉다, 잠기다 sink, go into
sancmaq *fe.* ① (곤충, 식물 등이) 찌르다, 쏘다, 찌르는 듯한 아픔을 느끼게 하다 sting ○ **batırmaq, soxmaq, dürtmək, təpmək, tıxamaq**; ② 찌르다, 자극하다, 흥분시키다 thrust, stimulate ○ **dolamaq, yandırmaq**; ③ (벌레, 뱀, 게 등이) 물다, 쏘다, (입에) 물다 bite ○ **vurmaq, dişləmək, çalmaq**; ④ 아프다, 쑤시다, 쑤시듯 아프게 하다 ache, twinge ○ **ağrımaq, sızıldamaq**; ***Böyrüm sancır.*** *옆구리가 쑤신다. I have a stitch in my side.*; ***Başım sancır.*** *머리가 쑤시듯 아프다. I have a headache.*
sandal *i.* 샌들; (고무로 된) 여자용 덧신 sandals
sandıq *i.* (귀중품 등을 넣는 뚜껑 달린) 큰 상자, 궤 chest, trunk, coffer, box ○ **mücrü**
sandıqça *i.* 작은 상자, 궤 bin, small box
sandıqdar *i.* (회사 등의) 회계(출납)원, 경리(재무) 부장; (주, 시의) 수입관, 출납관 treasurer
sandıqxana *i.* (식량, 술의) 지하 저장실; (강철을 입힌) 보관실, 금고실, (특히 은행의) 귀중품 보관실; 금고 vault, bank vault
sani *si.* 둘째 번의 second ○ **ikinci**
sanitar I. *i.* 공중 위생학자(개량가) sanitarian; II. *si.* 위생의, 위생적인 sanitary
sanitariya *i.* 공중 위생; 위생 설비, 하수 설비 sanitation
sanitarka *i.* 여성 공중 위생학자 (개량가) sanitarian (woman)
saniyə *i.* (시간의 단위인) 초 (기호 ″); (각도의 단위인) 초 second, moment ○ **an**; ~ **ölçən** *i.* 스톱워치 stop watch
saniyəli *si.* 순간의, 찰나의, 덧없는, 순간적인; 즉시(즉각)적인 momentary, instantaneous ○ **anlı**
saniyəlik *si.* 촌각의 일, 시각을 다투는 일 (something) for a second
saniyən *ms.* 둘째로, 다음으로 secondly
saniyəölçən *i.* 스톱워치 stop-watch
sanki *ms.* 분명히, 명백히, 보기로는 it seems that, apparently ○ **guya, elə bil**
sanksiya *i.* 허가, 인가; (법적으로 정식의) 비준, 재가; (유력자, 관습, 종교 등의) 지지, 장려, 허용 sanction; ~ **vermək** *fe.* sanction
sanlı *fe.* (표현, 행위 등을) 인정하다, 용인하다 significant
sanmaq *fe.* (증거나 객관성을 고려하지 않고) 당연

S

한 것으로 여기다; 당연하다고 생각하다, 가정하다 assume, suggest, suppose, guess

sansor ☞ sənzor

Santa Klaus *i.* 산타클로스 Santa Claus

santiqram *i.* 센티그램 (100분의 1그램) centigram

santimetr *i.* 센티미터 centi-meter

santimetrlik *i.* 센티미터의 길이 the length of one centimeter 1

santonin *i.* 산토닌 (구충제용) santonin

sap¹ *i.* 실, 가는 실 모양의 것 string, thread; **bir ~ mirvari** *i.* 진주 목걸이 string of pearls

sap² *i.* ① 손잡이, 자루, 핸들, (전화의) 수화기 handle, crank, handset ○ **dəstə, qulp**; ② 줄기, 기둥, 몸통 trunk, stem, stalk

sapabənzər ☞ sapvarı

sapan¹ *i.* 나무 쟁기 wooden plough

sapan² ☞ sapand

sapand *i.* ① (짐 등을) 매다는 밧줄, 멜빵, 어깨에 걸메는 붕대 sling; ② (장난감) 투석기, (고무줄) 새총 catapult

sapbasağ ☞ sapsağlam

sapdırma *i.* 일탈(逸脫) deviation

sapdırmaq *fe.* ① 타락시키다; 유혹하다; debauch ○ **aparmaq, ötürmək**; ② 못쓰게 만들다, 망가뜨리다, 썩다 corrupt, deprive, tempt ○ **cəkmək, uzaqlaşdırmaq, azdırmaq, yayındırmaq**

sapılca *i.* 프라이팬 frying-pan

sapılmaq *fe.* 길을 잃다, 난감해지다 get lost, avoid ○ **yayınmaq, azmaq**

sapıtmaq *fe.* 길을 잃게 만들다, 혼동시키다, 난감하게 만들다 tack, maneuver to get *smb.* lost

sapqın *si.* 음탕한, 호색(好色)적인 lascivious, prodigal

sapqınlıq *i.* 낭비벽; 낭비; 방탕 prodigality, lasciviousness, dissipation

saplaq *i.* (잎, 꽃, 과일 등의) 줄기 stem, stalk ○ **bəndəm**

saplaqcıq *i.* 작은 줄기 small stem, stalk

saplaqlı *si.* 땅위줄기가 있는 caulescent

saplamaq *fe.* 바늘귀에 실을 꿰다 thread through the eye of needle

saplanmaq *fe.* 눈을 들어 보다 raise up one's eyes

saplı *si.* ① 실이 꿰인, 실이 달린 threaded, strung ○ **ipli**; ② 손잡이가 있는 having a handle, having a knob ○ **dəstəli, qulplu**

saplıca ☞ sapılca

saplıq *i.* 손잡이로 쓸 만한 재료, 실이나 끈으로 쓸 만한 재료 a material for making string or rope/handle ○ **dəstəlik, qulpluq**

sapma *i.* 떠남, 출발, 발차 departure

sapmaq *fe.* ① 헤매다, 길을 잃다, 실수하다, 오류를 범하다 move aside, diverge, deviate, go astray, err, be mistaken ○ **azmaq, çaşmaq**; ② 흩어지다, 분산되다, 멀어지다 spread, go away ○ **yayınmaq, uzaqlaşmaq**

sappasağ ☞ sapsağlam

sapsağ ☞ sapsağlam

sapsağlam *si.* 아주 건강한 very healthy, in perfect condition

sapsağlamlıq *i.* 매우 건강함, 완전한 상태 perfect condition of health

sapsarı *i.* (얼굴 색) 백지장처럼 새하얀, 매우 창백한 bright yellow, very pale

sapşəkilli *si.* 실 같은, 가늘고 긴 thread-like

sapvarı *si.* 실처럼 가늘고 긴, 매우 약한 thread like, thin and long, very weak

sar I. *i. zoo.* (미국산) 대머리수리 buzzard; II. *si.* 거친, 잔인한, 혹독한 wild, brutal, cruel

sarab ☞ sərab

sarafan *i.* 민소매의 여자들을 위한 여름 옷 sleeveless summer clothing for women

sarağan *i. bot.* 마저럼: 꿀풀과; 박하류의 요리용 양념 continus, marjoram

saralma ☞ saralmaq

saralmaq *fe.* 창백해지다, 노랗게 되다 turn pale, turn yellow ○ **solmaq, ağarmaq**

saraltı *i.* 노랗게 보이는 물건(들) any object which looks yellow from far away

saraltmaq *fe.* 노랗게 만들다, 창백하게 하다 make yellow, pale

saray *i.* 궁전, 대궐, 궁, 성, 궁정 palace, castle, court, court yard ○ **imarət**; **~ çevrilişi** *i.* 반정, 조정 반정 palace coup

sarban sarvan *i.* 대상 두목 caravan chief ○ **dəvəçi**

sardelka *i.* 소시지의 일종 (짧고 두꺼운) short and thick sausage

sardina *i. zoo.* 정어리 류의 물고기 pilchard, sardine

sarənc *i.* 아제르바이잔 전통 음악인 무감의 일종 the name of an Azerbaijani music **Muğam**

sarğı *i.* 붕대, 안대, 동여매는 띠 bandage, wrap ○ **qurşaq**, **kəmər**, **bağ**

sarı[1] *si.* 노란색의, 황색의 yellow, pale; ~ **boya** *i.* (황색, 녹색 도료의 원료로서) 크롬 (염료) chrome (color)

sarı[2] *qo.* ① ~의 쪽에, ~ 을 향하여 toward, for; ② ~ 을 위해, ~ 을 생각해서 for

sarıbaş *si.* 황색 머리의, 머리가 노란 yellow-headed

sarıbəniz(li) *si.* ① 노르스름한, 노란색을 띤; yellowy ② 창백한 얼굴의, 안색이 안 좋은 pale complexioned

sarı-bozumtul *si.* 회황색의, 누런 잿빛의 yellow-grey

sarıdan *qo.* ~ 의 관점에서 in the view of

sarıdöş *i.* 가슴이 노란 yellow-breasted

sarıgilə *i.* 포도의 일종 a kind of grape

sarıkol *i.* 노란 로뎀 나무, 양골담초 spartium

sarıkök *i.* 황색 생강, 커리 원료 yellow ginger

sarıköynək *i.* ① *zoo.* 유럽꾀꼬리, 꾀꼬릿과의 새 Oriolus oriolus; ② 황색 멜론의 한 종류 a kind of yellow melon

sarı-kürən *si.* (말의 색깔) 연한 밤색의, 황밤색의 light chestnut coloured, yellow-chestnut (about horse)

sarızanbaq *i.* 황백합 yellow lily

sarıq *i.* 붕대, 안대, 동여매는 띠 bandage, bind ○ **çalma**, **bağ**, **bint**

sarıqlı *si.* 붕대를 감은, 띠를 띤 tied, bandaged, bound ○ **çalmalı**, **bağlı**, **bintli** ● **açıq**

sarıqlıq *si.* 붕대로 쓸 만한 material for bandage ○ **çalmalıq**, **bağlıq**

sarılıq *i. tib.* 황달 yellow jaundice

sarılmaq *fe.* ① (식물) 감싸고 오르다, 덩굴로 휘감아 오르다 wrap up in, creep, wind around of (plant) ○ **dolanmaq**, **sarmaşmaq**; ② 감싸다, 안기다 embrace ○ **qucaqlamaq**; ③ 자신을 내어 던지다 throw oneself upon; **boynuna** ~ *fe.* 목을 감고 안기다 embrace on the neck; **silaha** ~ *fe.* 무기를 감아 쥐다 take up arms

sarımaq *fe.* (붕대, 안대, 띠 등으로) 싸매다, 동여매다, 감싸다 bandage, bind, dress, envelope, wrap up ○ **bükmək**, **bələmək**, **bağlamaq** ● **açmaq**; **yaranı** ~ *fe.* 상처를 싸매다 dress a wound

sarımaşıq *i.* 덩굴 식물 (담쟁이, 칡 등) climber

sarımaşmaq *fe.* 감아 오르다, 기어오르다 climb, embrace

sarımsaq *i.* 마늘 garlic; **bir diş** ~ 마늘 한 쪽 a clove of garlic

sarımtıl *si.* 노란색이 감도는, 노르스름한, 누른 빛깔을 띤 yellowish

sarınmaq *fe.* 스스로 감싸다, (천 등으로) 두르다 wrap oneself up, gird oneself up

sarırəng *i.* (황색, 녹색 도료의 원료로써의) 크롬 (염료) chrome

sarısaç *si.* 금발의 fair haired

sarısifət(li) *si.* 창백한 pale-complexioned

sarışın I. *i.* 금발의 여인, 백발의 남자 blonde woman, fairhaired man; II. *si.* (머리가) 금발인, (사람이) 희고 금발인 fair, fair haired, blond ● **qaraşın**

sarışmaq *fe.* (애정의 표시로서 양팔에) 안다, 껴안다, 포옹하다 embrace, hug ○ **qucaqlamaq**

sarıyaçalar ☞ **sarımtıl**

sarıyağız ☞ **sarıyanız**

sarıyanız *si.* 창백한 얼굴의 pale-complexioned

sarıyıcı I. *i.* 덩굴 식물 winder, II. *si.* 감아 오르는 winding ○ **bükücü**

sarja *i.* 서지 (능직의 모직물) serge

sarkazm *i.* 공격적, 경멸적인) 빈정댐, 비꼼, 야유, 풍자 sarcasm (

sarkofaq *i.* 석관(石棺) sarcophagus, stone coffin

sarkoma *i. tib.* 육종(肉腫) sarcoma

sarma *i.* 자수(법), 자수품 embroidery

sarmaq *fe.* 싸다, 포장하다, 감싸서 보호하다 wrap, close, catch

sarmalamaq ☞ **sarmaq**

sarmaşan *si.* (곤충 등이) 느릿느릿 움직이는 creepy

sarmaşıq *i.* 덩굴 식물 climber, creeper (plant)

sarmaşmaq *fe.* ① 기어오르다, 감아 오르다, 환상(環狀:나선상)으로 나아가다(움직이다); 휘감기다 wind, scramble, twine ○ **arılmaq**, **dolanmaq**, **sarınmaq**, **qucaqlamaq**; ② (애정으로) 껴안다, 포옹하다 hug, embrace

sarp *si.* (장소 등이) 접근할 수 없는 steep, unapproachable, inaccessible ○ **sıldırım**, **yalçın**

sarpmaq ☞ **sapmaq**

sarsaq I. *i.* 분별없는(어리석은) 사람, 바보, 얼간이, 멍청이 fool, idiot; II. *si.* 지각(분별) 없는, 어리석은 foolish, stupid ○ **səfeh, gic, axmaq, gicbəsər** ● **ağıllı**; **~-~ danışmaq** *fe.* 쓸데없는 소리를 하다 talk nonsense; **~ casına** *z.* 어리석게, 바보같이 foolishly, like a fool

sarsaqlamaq *fe.* 놀리다, 어리석게 여기다 play the fool, make a fool of oneself ○ **səfehləmək, gicləşmək, axmaqqlamaq, xərifləmək, çərənləmək** ● **ağıllanmaq**

sarsaqlaşmaq *fe.* 분별없다, 어리석다 become foolish

sarsaqlıq *i.* 어리석음, 분별없음, 우둔(愚鈍) foolishness, stupidity, nonsense ○ **səfehlik, giclik, axmaqlıq, gicbəsərlik, xəriflik, çərənlik**

sarsıdıcı *si.* ① 비틀거리는, 휘청거리는, 흔들리는, 파괴되는 staggering, stupendous, tremendous, shattering, destructive; ② 놀랄 만한, 경탄할 만한, 선풍적인, 선정적인 very influential, sensational; **~ zərbə** *i.* 강타, 일격 smash

sarsılmaq *fe.* ① 떨리다, 흔들리다 be shaky, be trembling ○ **silkələnmək, əsmək, titrəmək**; ② (물건, 사람이) 전후(좌우)로 흔들리다, (사람이) 휘청거리다 sway, bend ○ **əyilmək, səndələmək**; ③ (건강 등을) 악화시키다; (가치, 품질 등을) 떨어뜨리다; (도덕 등을) 저하시키다 worsen, deteriorate ○ **pozulmaq, pisləşmək, xarablaşmaq**; ④ 놀라다, 충격받다, 혼동하다, 당황하다, 어리둥절하다 be shocked, be distressed, be bewildered ○ **həyəcanlanmaq, çaşmaq, əsəbiləşmək, karıxmaq** ● **möhkəmlənmək**

sarsılmaz *si.* 견고한, 흔들리지 않는, 안정적인, 난공불락의 firm, inviolable, steady, unconquerable ○ **möhkəm, mətin, yenilməz, davamlı, dözümlü**; **~ olmaq** *fe.* 안정되다, 견고하다, 흔들리지 않다 be steady

sarsılmazlıq *i.* 견고함, 난공불락, 불멸 indestructibility, firmness ○ **səbat, möhkəmlik, mətinlik, yenilməzlik, davamlılıq, dözümlülük**

sarsımaq *fe.* ① 헐거워지다, 불안정하다 become loose, be unsteady ○ **laxlamaq, boşalmaq, tərpənmək, səndələmək**; ② 당황 시키다, 혼동시키다, 어리둥절케 하다 bewilder, confuse ○ **karıxmaq, çaşmaq** ● **möhkəmlənmək**

sarsıntı *i.* ① (병, 공포, 흥분으로 인한) 떨림, 몸서리; (흥분으로) 오싹한 느낌, 충격, 진동; 협박 concussion, tremor ○ **əsmə, laxlama, tərpənmə, səndələmə**; ② 결단력이 없음, 줏대 없음, 우유부단, 망설임 indecision, irresolution ○ **tərəddüd, qərarsızlıq, qətiyyətsizlik**; ③ (정신적인) 동요, 흥분; 소란, 야단법석 shock, grief, commotion ○ **həyəcan, əsmə**

sarsıntılı *si.* ① 흔들리고 있는, 흔들려 움직이는, 결단성 없는, 우유부단한 swinging, swaying, indecisive, impatient, untrustworthy ○ **davamsız, qərarsız, səbatsız**; ② 당황한, 어찌할 바 모르는, 충격적인, 소동 스러운 confused, shocked ○ **çaşqın, karıxıntılı**

sarsıntılılıq *i.* ① 불연속, 단절, 연락 없음, 불규칙, 성급함, 조바심, 우유부단 discontinuity, indecisiveness, impatience ○ **davamsızlıq, səbatsızlıq**; ② 동요, 흥분; 소란, 야단법석 commotion, bewilderment ○ **çaşqınlıq**

sarsıtmaq *fe.* ① (남의) 희망(자신, 용기)을 잃게 하다, (남을) 낙담(실망)시키다 (정신적으로) 억누르다, 충격을 주다, 놀라게 하다, 아연케 하다 discourage, overwhelm, sap, shock, stun, distress ○ **laxlatmaq, yırğalamaq, tərpətmək, boşaltmaq, pozmaq**; ② 약화시키다, 연약하게 만들다 weaken, make weak ○ **zəiflətmək**

satan *i.* 파는 사람, 판매인 seller, salesman

sataşqan *si.* 괴롭히는, 성가신, 공격적인, teasing, aggressive ○ **davakar, dalaşqan, öcəşkən, savaşqan**

sataşqanlıq *i.* (일반적으로) 공격; 공격성, 난폭함 teasing, aggression, rowdiness ○ **davakarlıq, dalaşqanlıq, öcəşkənlıq, savaşqanlıq**

sataşmaq *fe.* ① (약한 자를) 곯리다, 못살게 굴다, 놀리다, 괴롭히다 bully, tease, play a joke; ② (여자를) 욕보이다; (여자를) 유혹하다 dishonor; ③ (사람, 언행에 대하여) 분개하다, 노하다, 불쾌하게 생각하다, 원망하다 resent, be offended; **gözə**; **~** *fe.* 보다, 눈에 띄다 catch sight of, see

satdırmaq *fe.* (팔도록) 위임(주문)하다; 권한을 주다 having something sold, commission

sathasat *i.* 불티, 불티나도록 팔림 selling like hotcakes; marketable trade, commerce

satıb-sovmaq *fe.* 팔아 치우다 sell out

satıcı *i.* 파는 사람, 점원, 무역상 salesman, seller, shop assistant, trader

catıcılıq *i.* 판매, 세일 sales

satıl *i.* 주전자 pitcher, jug
satılca *i.* 작은 주전자, 티 포트(tea pot) small jug, or pitcher
satıl|maq *fe.* 팔리다; be sold; ~ **a bilən** *si.* 팔리는 mercenary; ***Satılıb.*** *팔렸다. 팔려서 끝났다! It's sold. Out of stock.*
satılmalı *si.* 팔릴 수 있는, 잘 팔리는 for sale, mercenary
satılmaz *si.* 청렴한, 결백한 incorruptible
satın-alma *i.* 매매(賣買), 판매 purchase, buying; ~ **qiymәti** 판매가(販賣價) purchase price
satın-almaq *fe.* 구매하다, 값을 주고 사다 purchase, buy
satış *i.* 시장에서의 매매, 판매, 매각, 구입, 매매, 교환 marketing, sale, trade, selling; **pәrakәndә ~** *i.* 소매 retail trade; **topdan ~** *i.* 도매 wholesale trade; ~ **sayı** *i.* 상품의 유통 circulation; **~da** *z.* 판매 중 on sale
satin *i.* 공단, 수자 (직물) satin (textile)
satinet *i.* 면사가 섞인 공단 satinet(te)
satira *i.* ① 풍자, 비꼼, 빈정대기 satire ● **yumor**; ② 악의, 적의, 원한 malice
satirik I. *si.* 풍자의(가 섞인), 풍자적인; 비꼬는 satirical; II. *i.* 풍자 작가, 풍자문(시) 작가 satirist ● **yumorist**; ~ **yazıçı** *i.* 풍자 작가, 풍자문(시) 작가 satirist
satqı *i.* 판매, 매각 sale, selling
satqın I. *i.* (사람, 주의, 신용 등에의) 배신(반역)자, 역적, 국적 traitor; II. *si.* (사람, 언행이) 불성실한, 배반(배신)하는, 딴 마음을 먹은 treacherous, traitorous ○ **xain**, **dönük**, **namәrd**, **xәyanәtkar**
satqınlıq *i.* 배신 (행위), 배반, 기만, 밀고, 내통 treachery, betrayal ○ **xainlik**, **dönüklük**, **namәrdlik**, **xәyanәt**; ~ **etmәk** *fe.* 배신하다, 배반하다; (사람, 나라, 자기 편 등을) (적에게) 팔아넘기다, 신의를 저버리다 betray
satlıq *si.* 판매의, 팔기 위한, 판매 중의 for sale, selling
satma *i.* 판매 sale, selling
satmaq *fe.* ① 팔다, 매각하다, 넘겨주다 sell; ② 배반하다, 반역하다, 신의를 저버리다 betray ○ **aldatmaq**, **döndәrmәk**, **dәyişdirmәk**
satrap *i.* (일반적으로 독재적인) 지방 장관, 총독 satrap
sava *si.* (진보, 성장 등이) 느린, 더딘, 지각한 late, tardy ● **faraş**
savab I. *i. din.* (종교적) 미덕, 덕, 선; 선행, 덕행, 고결 good, goodness, virtue (contrary concept of sin in religious sense; II. *si.* ① 선한, 덕스러운 good, virtuous ○ **xeyirxah** (**iş**); ② (사람, 마음이) 정직(고결)한, 올바른; (행위 등이) 정당한 upright; ~ **iş** 선행 good work; ~ **etmәk** *fe.* 선을 행하다, 덕을 쌓다 do good
savad[1] *i.* 학습(능력), 인지 능력, 학식 reading and writing ability, education; ~ **vermәk** *fe.* 교육하다, 훈련하다, 가르치다, 길들이다; educate; **~ını artırmaq** *fe.* 학식을 늘이다, 학문을 넓히다 improve one's education
savad[2] *i.* 은 제품의 흑색 장식 black ornament on silverware
savadlamaq *fe.* 은제품에 장식하다 decorate silverware
savadlandırmaq *fe.* 교육하다, 읽고 쓰게 하다, 글을 깨우치게 하다 teach reading and writing
savadlanmaq *fe.* 읽고 쓸 수 있게 되다, 학문을 갖다, 교육을 받다 become educated, learn to read and write
savadlı[1] *si.* 교육받은, 학식이 있는, 학습 능력이 있는 educated, capable of studying ○ **bilikli**, **elmi** ● **biliksiz**
savadlı[2] *si.* 흑색 장식이 있는 (은 제품) decorated (on silverware)
savadlılıq *i.* 읽고 쓰는 능력(이 있음); 식자율(識字率); 교양(학식)이 있음 literacy, intelligence ○ **biliklilik**, **elmlilik**
savadsız *si.* ① 교육을 받지 않은; 교양 없는 uneducated, illiterate ○ **mә'lumatsız**, **biliksiz**, **tәcrübәsiz** ● **bilikli**; ② 무능한, 무식한 incapable, unable, ignorant ○ **bacarıqsız**, **küt**
savadsızlıq *i.* ① 문맹, 무식, 무교양; illiteracy ② 무지, 불능, 무능, 무자격 incapability, ignorance ○ **mә'lumatsızlıq**, **biliksizlik**, **tәcrübәsizlik**; **~ğın lәğvi** *i.* 문맹 퇴치 elimination of illiteracy ○ **bacarıqsızlıq**, **kütlük**
savadçı *i.* 은장식, 은제품 장식 기술자 expert on decorating silverware
savar *i.* 늦게 뿌린 씨앗 late sown seed
savaş *i.* ① 격투, 드잡이, 결투; 승부 fight, scuffle; ② 싸움, 말다툼, 언쟁 quarrel, argument ○ **dava-dalaş**, **vuruş** ● **barışıq**
savaşdırmaq *fe.* 다투게 하다, (이야기, 사태 등

S

을) 혼란 시키다, 복잡하게 하다 embroil, cause to fight

savaşqan *si.* 싸우기를 좋아하는; 전투적인, 호전적인, 투지가 왕성한 aggressive, combative, pugnacious, belligerent ○ **davakar, dalaşqan, vuruşqan** ● **sakit**

savaşqanlıq *i.* 호전(好戰)성, 전투적임 pugnacity, aggressiveness ○ **davakarlıq, dalaşqanlıq, vuruşqanlıq, dəlilik**

savaşlı *si.* 호전적인, 전투적인, 덤벼드는 듯한 fighting, quarrelling ○ **davalı, dalaşlı, vuruşlu**

savaşma *i.* 싸움, 말다툼, 언쟁; 반목, 불화 fight, quarrel

savaşmaq *fe.* ① 싸우다, 다투다, 불화하다, 드잡이하다 fight, scuffle, squabble, quarrel ○ **dalaşmaq, vuruşmaq, döyüşmək, çarpışmaq** ● **barışmaq**; ② 논쟁하다, 언쟁하다, 말다툼하다 dispute, contend ○ **söyüşmək, küsüşmək**

savay(ı) *qo.* 게다가, 더욱이, 제외하고 except, besides, in addition, furthermore

say[1] I. *i.* ① (개념으로서의) 수; 숫자, 수사 number; ② 수량, 분량, 액수 quantity ○ **miqdar, kəmiyyət, hesab**; ③ *qram.* 수사(數詞) numeral; II. *si.* 존경(존중)할 만한, 칭송해야 할, 훌륭한 estimable, chosen, respectable; **sıra ~ı** *i.* 서수 (序數) ordinal numeral; **mıqdar ~ı** *i.* 기수 (基數) cardinal numeral; **~ca** *z.* 숫자상으로는, 분량에 따라 in number, according to the quantity, number; **~ təşkil etmək** *fe.* 셈하다, 계산하다 number

say[2] *i.* 초(礁), 사초, 모래톱, 작은 섬 reef, cay

saya *si.* ① 단색의, 단순한 one-coloured, simple ○ **birrəng, yekrəng, yeknəsəq**; ② 평범한, 보통의, 평이한 ordinary, plain ○ **bəsit, adi, sadə**; ③ (사람이) (남, 말을) 쉽사리 믿는, 잘 속는 open hearted, credulous ○ **sadədil, sadəlövh, ürəyiaçıq**; ④ 일반 대중의, 서민의, 널리 알려진, 통속적인, 평범한 common, vulgar, low-colloquial ○ **loru**

sayaçı *i.* (아제르바이잔 문학에 있어서) 양에 관하여 노래하는 사람 person who plays and sings songs about sheep

sayad ☞ **səyyad**

sayağı *qo.* ~ 처럼, ~ 와 같이 like, as

sayaq[1] *z.* 있을 법하게, 그럴듯하게, 비슷하게, 같은 방법으로 likely, similarly, in a like manner

sayaq[2] ☞ **sayıq**

sayaqlamaq ☞ **sayıqlamaq**

sayalanmaq *fe.* 회복되다, 낫다 get healed, recover

sayalı *si.* 적절한, 알맞은, 어울리는 suitable, relevant ○ **uğurlu, xeyirli**

sayalıq *i.* 적합성, 어울림, 적절성, 유익성 suitability, profitability ○ **uğurluluq, xeyirlilik**

saydırmaq *fe.* 셈하게 하다, 셈을 시키다 order *smb.* to count

sayə *i.* ① 그늘, 그림자 shadow, shade; ② 호위, 경호, 보위 protection, safety, guard; **~nizdə** *z.* 당신 덕택에 thanks to you; **~ sində** *qo.* ~ 에 의하여, ~ 의 덕택에, ~ 에 힘입어 owing to, thanks to, according to

sayəban *i.* 음지, 응달, 그림자, 그늘 shade, place covered from sunshine ○ **kölgə**

sayğac *i.* ① (가스, 수도, 전기 등의) 계량기 meter ○ **çötkə**; ② 주판, 주산 abacus, counting frame; *Sayğac nə qədər göstərir? 계량기 수치는 얼마인데? What does the meter say?*

sayğı *i.* ① 존경, 경의 regard, respect, reverence, homage ○ **hörmət, ehtiram, sayma**; ② 기민; 경계, 조심, 선뜻 alertness, alacrity, vigilance ○ **sayıqlıq, ehtiyat**

sayğılı *si.* ① 존경심이 가득한, 존경하는; 정중한, 공손한, 사려 깊은, 신중한 respectful, considerate, concerned; ② 조심스러운, 주의 깊은, 마음에 새겨두는 careful, attentive, discreet, mindful

sayğısız *si.* ① 무관심한, 개의치 않는, 무감각한, 냉담한, 배려하지 않는 indifferent, mediocre, apathetic, inconsiderate; ② 부주의한, 경망한, 경솔한, 무모한 careless, inattentive, reckless, indiscreet

sayğısızlıq *i.* 무관심, 냉담, 무감정, 경솔함 indifference, apathy, inconsideration

sayxaş *si.* 바람이 없는; 온화한, 잔잔한 (기후) silent, windless

sayxaşlıq *i.* 잔잔한 기후, 온화한 날씨 weather without wind

sayxaşmaq *fe.* (기후가) 온화하게 되다 become calm (weather)

sayıcı *i.* 회계사, 회계원, 회계관 accountant

sayıq *si.* ① 경계를 하는, 조심스러운, 주의 깊은

watchful, alert ○ **ayıq**, **hüşyar**, **həssas**, **diqqətli**; ② 비몽사몽간의 half-dreaming; ~ **olmaq** *fe.* 깨어 있다, 주의를 기울이다, 정신차리고 있다 be on the alert, be awake

sayıqlama *i.* ① *tib.* 의식의 혼탁(한 상태), 광란(상태) delirium; ② 잠꼬대, 헛소리 talking in one's sleep ○ **sərsəmləmə**

sayıqlamaq *fe.* 잠꼬대하다 wander, be delirious, talk in delirium, talk in sleep ○ **sərsəmləmək**

sayıqlıq *i.* ① 경계심, 주의력 watchfulness, carefulness ○ **ayıqlıq**, **hüşyarlıq**, **həssaslıq**, **diqqətlilik**; ② 초조, 열망, 갈망 worry, anxiety, eagerness ○ **qayğıkeşlik**, **canıyananlıq**

sayıqlayan *si.* 섬망 상태의; 의식이 혼탁한, 헛소리하는, 광란 상태의 delirious

sayılı *si.* ① 계산된, 의도된 accounted, counted ○ **hesablı**; ② 흔치 않은, 부정기적인, 드문 rare, scarce, infrequent, singular

sayılmaq *fe.* ① 계산되다, 고려되다, 여겨지다 be counted ○ **hesablanmaq**; ② 존중되다, 중히 여겨지다 be respected, be esteemed ○ **hörmətlənmək**

sayır-bayır ☞ **sayıqlama**

sayqa *i. zoo.* 사이가 (사슴의 일종) saiga (a kind of deer)

saylaşmaq *fe.* (물이) 얕아지다, (지식이) 천박해지다 become shallow ○ **dayazlaşmaq**

saylı *si.* 수많은, 엄청난, 매우 많이 (있는), 셀 수 있는 numerous, numerable ○ **hesablı**, **kəmiyyətli**, **miqdarlı**

sayma *i.* (가치 등의) 평가, 평판 counting out, estimation; ② 존중 respect

say|maq *fe.* ① 셈하다, 세다, 계산하다 number, count, enumerate ○ **hesablamaq**; ② 고려하다, 여기다, 존중하다, 관심을 갖다 consider, esteem, regard ○ **hörmətləmək**; ③ 주목하다, 주의하다, 경계하다 watch out ○ **üzülüşmək**; ~**ıla bilən** *si.* 셀 수 있는 countable

saymama *i.* 부주의, 무시, 무관심 disregard

saymamaq *fe.* 무시하다, 등한시하다, 소홀히 하다, 경시하다 disregard, ignore, neglect

saymaz *si.* ① 건방진; 뻔뻔스러운, 주제넘은, 부주의한, 경망한, 경솔한, 앞뒤를 가리지 않는, 무모한 presumptuous, careless, reckless ○ **laqeyd**, **diqqətsiz**, **huşsuz**; ② 경멸에 찬, 냉소적인, 비웃는 scornful, disrespectful

saymazca(sına) *z.* 비웃으며, 깔보고, 무시하여, 소홀히 negligently, carelessly, scornfully

saymalıq *i.* 태만, 부주의, 무관심, 등한시, 소홀, 단정치 못함, 실례, 무례, 결례, 불경 negligence, disrespect, irreverence ○ **hörmətsizlik**, **ehtiramsızlıq**, **laqeydlik**, **e'tinasızlıq**, **diqqətsizlik**

saymazyana ☞ **saymazca**

sayrı *si.* 병든, 약한, 몸이 불편한 sick, ill, weak

sayrılmaq ☞ **sayrışmaq**

sayrışma *i.* (빛 등의) 번쩍임, 명멸, 어른거리는(희미한) 빛, 미광 twinkle, shimmer

sayrışmaq *fe.* ① 희미하게 비치다, 미광을 내다 blink, flicker, shimmer, twinkle, glimmer ○ **parıldamaq**, **işıldamaq**, **titrəmək**, **səyrimək**; ② 흩어 버리다, 뿌려 없애다 scatter away ○ **qaçışmaq**

say-seçmə *si.* (다수 중에서) 뽑힌 chosen, selected

saysız *si.* 엄청나게 많은, 셀 수도 없는, 무수한 innumerable, countless ○ **hədsiz**, **hesabsız**

saysız-hesabsız *si.* 엄청나게 많은, 셀 수도 없는, 무수한 innumerable

saysızlıq *i.* 무한함, 경계가 없음, 드넓음 boundlessness, unlimitedness ○ **hədsizlik**, **qədərsizlik**

saytal *si.* (사람, 팔다리, 몸 등이) 강건한, 튼튼한, 굳센, 기운찬 sturdy, robust

saz[1] *i. mus.* 사즈 (아제르바이잔 전통의 현악기) saz (traditional pear shaped string instrument)

saz[2] *si.* ① 건강한, 건장한, 상태가 좋은 healthy, sound, ready made, in good repair, in good condition ○ **sağlam**, **gümrah**, **qıvraq** ● **naxoş**; ② 강한, 튼튼한, 견고한 strong, sturdy, durable **kefi**; ~ **olmaq** *fe.* 기분이 좋다 be in a good mood ● **sınıq**,

sazaq *si.* 된서리, 얼음, 강추위 hard frost, frost, cold ○ **şaxta**, **soyuq** ● **isti**

sazaqlı *si.* 혹한의, 매우 추운 bitterly cold, frosty, cold ○ **şaxtalı**, **soyuqlu** ● **isti**

saziş *i.* ① 계약, 약정, 청부, 협정 contract, mutual agreement, pact, treaty ○ **müqavilə**, **bağlaşma**; ② 일치, 하나됨 unity, oneness ○ **həmrə'ylik**, **yekdillik**; ③ 동의, 승인 agreement ○ **sözləşmə**, **razılaşma**, **düzəlişmə**, **uzlaşma**; ~

S

bağlamaq *fe.* 동의하다, 의견 일치를 보다 come to an agreement, reach an agreement; ~ **etmək** *fe.* 동의하다, 일치하다 agree, be in accord; **işgüzar** ~ *i.* 거래 계약, 매매 계약, 거래 bargain; **~i ləğv etmək** *fe.* 협정을 취소하다, 어기다 abolish a treaty; **sülh ~i** 평화 협정 peace pact

sazişçı *i.* 중재(중개, 매개)자, 중재인, 조정자 intermediary, mediator, envoy, conciliator, peace-maker

sazişçilik *i.* 조정, 중재 mediation ○ **barışdırıcılıq**

sazan *i. zoo.* 사잔 (잉어과의 민물고기) sazan (a fresh-water fish belonging to the carp family)

sazanda *i.* 음악가; 작곡가; 기악 연주가 musician

sazandar ☞ **sazanda**

sazbənd *i.* 사즈를 만드는 사람 saz maker

sazçalan *i.* 사즈를 치는 사람 saz player

sazlama *i.* 고치기, 조정하기, 수리하기 mending, adjusting, repair

sazlamaq *fe.* 조정하다, 수리하다, 준비하다, adjust, repair, make ready ○ **düzəltmək, sahmanlamaq, kökləmək**

sazlanmaq *fe.* 수리되다, 조정되다 be repaired, be mended, get adjusted

sazlaşmaq *fe.* 회복하다, 개선되다, 힘을 얻다 adjust oneself, tune oneself ○ **sağalmaq, yaxşılaşmaq, qıvraqlaşmaq**

sazlıq *i.* 좋은 상태, 건강함 good condition ○ **sahmanlıq**

seans *i.* 찬스, 기회 the time in which something is done without interruption

seçici *i.* 투표자, 유권자, (특히) 선거인, 선거 구민 constituent, voter, elector; **~ lərin siyahısı** *i.* pole; **~lər** *i.* 유권자, 선거구민, 선거인 the electorate, constituency, the voting public

seçilmə *i.* 선택됨 choice

seçilzzmək *fe.* ① 선출되다, 선택되다 be elected; ② 구별되다, 식별되다 be differentiated ○ **fərqlənmək, ayrılmaq**; ③ 보여지다, 드러나다 be shown; **~ə bilən** *si.* 두드러진, 눈에 띄는 conspicuous; **~ən** *si.* ① 선택된, 선출된 elected, selected; ② 구별된, 식별된, 인지된 distinguished, marked; **~miş** *si.* ① 선출된 selected; ② 구별된 distinguished

seçki *i.* 선거, 투표 pole, suffrage, voting; **ümumxalq ~si** *i.* 국민 투표 universal suffrage; **~ dairəsi** *i.* 유권자, 선거 구민; 선거구 constituency; **~ məntəqəsi** *i.* (행정구, 선거구 등의) 지구, 지역, 관할 district; **~ qutusu** *i.* 투표함 ballot box; **~ çi** *i.* 유권자, 선거인 elector, electorate, eligible voter; **~ qabağı** *i.* 예선, 예비선거 pre-election; **~ lər** *i.* 선거; 투표, 표결 election **ümumi**; ~ *i.* 총선 general election; **~ li** *si.* 선거인의, 선거의 electoral

seçmə *si.* ① 가장 좋은, 최고의, 탁월한; 최적의, 가장 유익한, 가장 바람직한 best, excellent; ② 가장 눈에 띌만한 most remarkable; ③ (남의) 호의를 얻는, 마음에 드는, 어여쁜 pretty, favorable; ④ 선발된, 선택된, 정선된 alternative, choice, selection; **sün'i** ~ *i.* 인공적 선택 artificial selection; **təbii** ~ *i.* 자연적 선택 natural selection; **~dən** *z.* 난잡하게, 뒤죽박죽으로; pell-mell, in a heap; **~-~** *si.* 정선된, 엄선된 most selected, best

seç|mək *fe.* ① 선택하다, 택하다, 고르다 choose, pick out ○ **arıtmaq, yığımaq, çeşidləmək, təmizləmək**; ② 선호하다 prefer; ③ 구분하다, 구별하다 discern, distinguish ○ **ayırmaq, fərqləndirmək**; ④ 선택하다, 선출하다 elect, select; ⑤ 시간을 정하다 appoint (time); ⑥ 결정하다, 선정하다, 규정하다 determine; ⑦ 표시하다, 언급하다, 인정하다 remark; **~ ib ayırmaq** *fe.* 선출하다, 선발하다 single

segah *i.* 아제르바이잔 전통 음악인 무감의 한 형태 a type of Azerbaijani traditional music **Muğam**

sehr *i.* ① 마술, 마법, 주술 magic, sorcery, witchcraft ○ **ovsun, cadu, tilsim**; ② 마력, 매력 attraction, fascination ○ **cazibə, lətafət**

sehrbaz *i.* 마술사, 마법사, 요술쟁이 conjurer, magician, sorcerer ○ **cadugər, gözbağlayıcı**

sehrbazlıq *i.* 마법, 마술 sorcery ○ **ovsunçuluq, cadugərlik, gözbağlayıcılıq**; **~ etmək** *fe.* 마술을 걸다, 주술을 행하다 conjure

sehrkar I. *i.* ① 마법사, 마술사 conjurer, sorcerer; II. *si.* 매력적인, 매혹적인 fascinating, attractive

sehrləmək *fe.* ① 요술을 걸다, 마법을 행하다 conjure, practice witchcraft, sorcery ○ **ovsunlamaq, cadulamaq, tilsimləmək**; ② 매혹하다, 꼬시다, 유혹하다 fascinate, allure

sehrli *si.* ① 신기한, 불가사의한; 이상한, 매혹적인, 황홀하게 하는 magical, bewitching ○ **cadulu, ovsunlu, tilsimli**; ② 매혹적인, 황홀하게 하는; 흥미 진진한, 매력 있는 fascinating, attractive, charming

sehrlilik *i.* 마술, 마법, 주술, 마법을 걸기; 매혹된 상태, 환각; 마법 magic, sorcery, enchantment ○ **cadululuq, ovsululuq, tilsimlilik, gözbağlayıcılıq, füsunkarlıq**

sex *i.* ① 작업장, 직장; ② guild (동업) 조합, 단체, 협회 workshop

seif *i.* 금고 (金庫) safe

sekresiya *i. fiz.* 은닉, 숨김 secretion

sekret *i. bio.* 분비 작용, 분비물, 분비액 secretion

seksiya *i.* 일부, 한 구역, 절단(切斷)부 section; block

sekta *i.* 교파, 종파, 이단파 sect

sektant *i.* 분파주의자, 종도 sectarian ○ **təriqətçi**

sektor *i.* 활동 분야, 영역; 부문; 구역 sector

seqment *i.* 부분, 단편, 분절(分節), 구분, 마디 segment

sel *i.* ① 홍수, 큰물, 급류, 분류 flood, stream, torrent ○ **axın, daşqın**; ② 군중, 잡답(雜沓) multitude

selab *i.* ① 홍수, 큰물, 범람; flood water ② 유로(流路) flood path

selbasar *i.* 홍수 피해 지역 flood disaster area

seleksiya *i.* 선발(선택)된 것(사람) selection **bitki; ~sı** *i.* (선택, 교잡 등에 의한 가축, 식물의) 품종 개량, 육종 plant breeding; **~çı** *i.* 선택자, 셀렉터 selector

selenium *i.* 셀렌: 비금속 원소 (기호 Se) selenium

selik *i.* 진흙; 점액, 콧물, 점질물(粘質物), 고무풀; 식물 점질물 slime, mucus, mucilage

selikvarı *si.* 점액 같은, 끈적끈적한 slimy, slimelike

selikli *si.* 점액의(을 함유하는); 점액 모양의, 끈적끈적한 mucous, mucilaginous, slimy

selinti *i.* 뗏목, 유실물 flood wood, things carried off by a flood

Selkuplar *i.* 크라스노야르스크와 톰스크 지역에 사는 소수 민족 an ethnic group living in Krasnoyarsk and Tomsk area

selləmə *i.* ① 풍부한 수량; abundant water for the field; ② 강수, 강우 heavy rain, shower

selləmək *fe.* (땅을) 관개하다, (땅에) 물을 대다 (끌다, 뿌리다), 축이다 irrigate with abundant water

sellənmək *fe.* 홍수처럼 흐르다, 홍수가 되다 flow like flood, become a flood

selli *si.* 홍수의, 큰물의, 물난리의 torrential, flooding

sellik ☞ **selinti**

sellofan *i.* 셀로판 (비닐) cellophane

selluloid *i.* 셀룰로이드 celluloid

selsi *i.* 섭씨 Celsius

sel-su *i.* 홍수, 큰물 heavy rain, fierce flood

sel-sucaq ☞ **sel-su**

semafor *i.* 수기(手旗) 신호 semaphore

semantik *si.* (언어, 기호의) 의미의, 어의의 semantic

semantika *i. dil.* 의미론, 어의론, 의미 체계(구조) semantic

semasiologiya *i. dil.* 의미론 (semantics), (특히) 의미 변화론 semasiology

sement *i.* 접합제; 시멘트, 양회; 콘크리트 cement

sementləmə *i.* 시멘트 접합(바르기), 접합, 결합, 교착 cementation

sementləmək *fe.* (돌 등을) 시멘트로 잇다(굳히다) cement

sementlənmiş *si.* 시멘트로 굳힌 case-hardened, cemented

semestr *i.* 학기 term

seminar *i.* 세미나 (대학의 연습 그룹); (일반적으로) 연구회; 집중 강의; 전문가 회의 seminar

Semitlər *i.* 셈족; 유대인 Semite

Semiti *si.* 셈족의; 셈어문학(學)의 Semitic

Semitologiya *i.* 셈어문학(學) Semitology

senat *i.* 상원, 원로원 senate

senator *i.* 상원의원, 원로원 의원 senator

senatorluq *i.* 상원의원 신분, 직책 senatorship

sensasiya *i.* 흥분, 감동(을 주는 사람, 것, 사건); 큰 이야깃거리, 큰 평판, 대소동, 센세이션 sensation

sensualizm *i.* 관능주의, 육욕주의; 호색 sensualism

sensualist *i.* 관능주의자, 호색한(好色漢) sensualist

sent *i.* 센트 (1/100) cent

sentimental *si.* (이성적이 아니라) 감정적인, 심정적인, 감정에 따른 sentimental

S

sentimentallıq *i.* 감정적 경향, 감상주의; 정이 여림 sentimentalism
sentner *i.* 100 킬로의 단위 quintal, metric centner (100 kg)
sentyabr *i.* 9월 September
senyor *si.* 연상의, 연장자의, 손위의, 상급자의 senior
senz *i.* 자격의 부여(취득); 면허장, 자격 증명서 qualification, right
senzor *i.* 센서, 감지기 censor
senzura *i.* 검열 (제도), 감지장치 censorship
separatizm *i.* 분리주의 separatism
separator *i.* 분리기 separator
septik *si.* 부패(성)의; 패혈(증)성의 septic
ser *i.* 귀하, 선생님, 의장님; 써, 경(卿) sir
Serb *i.* 세르비아인 Serb
serenada *i.* 세레나데, 소야곡 serenade
seriya *i.* 연속 출판물, 총서, 시리즈; (방송 프로의) 연속물 series
serjant *i.* 중사; 경호원, 경위 sergeant
serologiya *i.* 혈청학(血清學) serology
serpantin *i.* 사문석(蛇紋石); 옛날 대포의 일종 serpentine
sertifikat *i.* 수료증, 면허장 certificate
servant *i.* (옷, 음식 등을 넣는) 붙박이장, 벽장, 반침 cupboard, buffet for keeping table-cloth, spreading cloth
serviz *i.* 세트, 일체 service, set; **çay ~i** *i.* 찻잔 세트 tea set; **xörək ~i** *i.* 만찬 세트 dinner set
sessiya *i.* (개개의 또는 일련의) 회합, 회의; 장로 교회 session (Presbyterian church)의 당회; **imtahan ~sı** *i.* 시험, 고사, 심사; 관리회의 examination
seşənbə *i. obs.* (구력) 목요일 Thursday (old calendar) (신력) 화요일 Tuesday (new calendar) ○ **salı, təkgün**
setar *i.* 동양 고전 현악기의 일종 a kind of oriental musical string instrument
sevda *i.* ① 사랑, 애정, 연정, 호의 love, affection, amour ○ **sevgil, məhəbbət, eşq**; ② 열망, 열정, 심취, 반함 desire, passion, infatuation ○ **həvəs, şövq, maraq**; **~ya düşmək** *fe.* 사랑에 빠지다 fall in love
sevdalı *si.* ① 사랑스러운, 애정 어린, 사랑에 빠진 amorous, lovely, beloved ○ **sevgili, məhəbbətli, eşqli**; ② 기꺼운, 마음이 내키는, 이끌리는 willing, inclined ○ **həvəsli, şövqlü, meylli**
sevdicik *əd.* 내 사랑 (my) love
sevdirmək *fe.* 사랑에 빠지게 하다 make *smb.* fall in love
sevən *si.* 애정이 깊은, 사랑하는 affectionate
sevər *si.* 섬세한, 미묘한, 우아한, 가냘픈 delicate, thin, weak, fine
sevə-sevə *z.* 애정을 담고, 사랑스럽게 affectionately, lovingly
sevgi *i.* 사랑, 애정, love, affection ○ **sevda, məhəbbət, eşq** ● **qəzəb, ədavət**
sevgili I. *si.* 사랑스러운, 마음에 드는, 귀여운 darling, beloved, lovable ○ **istəkli, sevimli, əziz**; II. *i.* 연인, 애인, 여보 sweetheart, love, lover; ***Sevgilim.*** *내 사랑이여. My love!*
sevgililik *i.* 사랑스러움, 애정이 깊음 love ○ **istəklilik, sevimlilik**
sevgisiz *si.* 사랑 없는, 애정 없는, 무정한, 냉정한, 차가운 loveless ○ **istəksiz, məhəbbətsiz, eşqsiz**
sevgisizlik *i.* 무정함, 냉정함 lovelessness ○ **istəksizlik, məhəbbətsizlik, eşqsizlik**
sevib-seçmək *fe.* 편애하다 choose, favour, discriminate, segregate
sevici I. *i.* 연인 lover; II. *si.* 사랑스러운 loving
sevilən *si.* 사랑하는 beloved
sevilmək *fe.* 사랑받다 be loved
sevilməyən *si.* (사람들이) 좋아하지 않는, 사랑하지 않는, 매력 없는 unloved, unattractive, unlovable
sevimli *si.* ① 사랑하는, 귀여운, 친애하는, 연모하는 darling, dear, popular, favourite ○ **istəkli, hörmətli, ehtiramlı**; ② 아름다운, 사랑스러운 lovely, attractive ○ **məlahətli, cazibəli, duzlu, suyuşirin, xoşsifət**
sevimlilik *i.* ① 편애, 정실, 편들기; 편애받고 있음 favour, favouritism ○ **istəklilik, hörmətlilik, ehtiramlılıq**; ② 매혹하는 힘 prettiness, comeliness, fascination ○ **məlahətlilik, cazibəlilik, duzluluq, suyuşirin, xoşsifətlik**
sevimsiz *si.* 남의 이목을 끌지 못하는, 매력 없는, 예쁘지 않은 unattractive
sevinc *i.* 기쁨, 즐거움, 환희; 유쾌함 mirth, delight, joy ○ **fərəh, nəş'ə, zövq, şadlıq** ● **heyrət**; **~ dolu** *si.* (사람, 마음 등이) 기쁜, 기쁨에 찬; (표정, 언동 등이) 기뻐하는; (사건, 소식 등이) 기쁨

을 주는, 즐거운 joyous, glad, cheerful; **böyük ~** *i.* (성공, 승리 등으로) 기뻐 날뜀, 환희 exultation

sevincək *z.* 명랑하게, 유쾌하게, 기분 좋게, 쾌활하게, 들뜬 기분으로 gaily, joyfully, cheerfully

sevincli *si.* (사람, 마음 등이) 기쁜, 행복한, 기쁨에 찬 joyful, glad, happy ○ **fərəhli, nəş'əli, şən, şad**

sevincsiz *si.* (사람, 생활이) 기쁨이 없는, 재미없는 sad, joyless

sevindirici *si.* (사람, 마음 등이) 기쁜, 기쁨에 찬, 즐거운, 유쾌한 joyful, glad, pleasing

sevindirmək *fe.* (매우) 기쁘게(즐겁게) 하다, 유쾌하게 하다 delight, gladden, make glad

sevinə-sevinə *z.* 명랑하게, 유쾌하게, 들뜬 기분으로 gaily, cheerfully, gladly

sevinmək *fe.* 매우 기뻐하다, 즐거워하다, 기꺼워하다 delight, rejoice ○ **şadlanmaq, fərəhlənmək** ● **qəmlənmək**

sevişmək *fe.* 서로 사랑하다, 서로 사랑에 빠지다 love each other, be in love with each other

sevmək *fe.* ① 사랑하다, 사랑에 빠지다 love, be in love, fall in love ○ **istəmək, xoşlamaq, vurulmaq**; ② 좋아하다, 흠모하다, 경애하다 like, adore; ***Könül sevən göyçək olar.*** *사랑은 콩깍지. Love is in the beholder's eye.*

sevməli *si.* 사랑할 만한, 사랑받을 만한 deserving love

sevməmək *fe.* 싫어하다, 좋아하지 않다 dislike

seyf *i.* 금고, 궤, 귀중품 보관실 safe, coffer, vault

seyid *i.* ① 회교 교사의 명칭 title given to Islamic teachers; ② 모하메드의 후손에게 주어진 칭호 title given to Mohammad's descendants; ③ *fig.* 남을 부려먹는 사람; 식객 sponger

seyidmalı ☞ **xüms**

seyiz *i.* 숫양 (양떼를 이끄는) male goat (leading the flock)

Seylon *i.* 실론 Ceylon

seyr[1] *i.* 관찰, 응시, 주목 observation ○ **tamaşa**; **~ etmək** *fe.* 관찰하다, 응시하다, 주목하다 contemplate, observe, watch

seyr[2] *i.* (특히 공로(公路)의) 산책, 유보(遊步) walk, stroll, promenade ○ **gəzinti**; **~ etmək** *fe.* 산책하다, 유보하다, 거닐다 take a walk

seyran *i.* ① 완보(緩步), 유보(遊步), 산책, 거닐기 promenade, walk ○ **seyr**[2]; ② (특히 해안, 호숫가의 평탄한) 산책길, 대로, 넓은 가로수길 esplanade, boulevard ○ **seyrəngah**

seyrçi *i.* 관객, 관찰자, 관측자; 감시자; 목격자 observer, onlooker, spectator ○ **müşahidəçi, tamaşaçı**

seyrçilik *i.* 관찰, 감시, 주의, 주목 observation ○ **müşahidəçilik, tamaşaçılıq**

seyrək *si.* ① 드문드문한, 빈약한, 모자라는 듯한 scanty, rare, scarce, loose ○ **tək-tük, aralı** ● **basırıq**; ② 묽은, 홀렁한, 불완전한 thin, partial ○ **boş** ● **qatı**; ③ 드문, 드물게 일어나는; 부정기적의, 이따금 …하는 infrequent ○ **hərdənbir, arabir** ● **sıx**; **~ saç** *i.* 헤싱헤싱한 머리, 숱이 적은 머리 thin hair; **~-~** *z.* 드물게, 어쩌다, 이따금 infrequently, here and there

seyrəkbığ(lı) *si.* 듬성듬성한 수염을 가진 having a thin moustache

seyrəkdiş(li) *si.* 치아 간격이 넓은 having widely spaced teeth

seyrəkləmək *fe.* ① 듬성듬성하게 하다 make thin, make scanty; ② 놀리다, 어리석게 되다 make a fool of, become foolish

seyrəkləşmək *fe.* ① 성기게 되다, 듬성 듬성하게 되다 become thin; reduce ○ **azalmaq** ● **sıxlaşmaq**; ② 훤하게 되다, 훤하다 become light ○ **açışmaq, işıqlaşmaq**

seyrəklik *i.* ① 희박함, 드묾 rareness ○ **azlıq** ● **sıxlıq**; ② 허접함 emptiness ○ **boşluq** ● **tünlük**; ③ 개방, 넓이 openness, wideness ○ **açıqlıq**

seyrəksaçlı ☞ **seyrəktüklü**

seyrəksaqqal(lı) *si.* 얇은 수염이 있는 thinly bearded

seyrəktük(lü) *si.* 숱이 적은 머리 thin-haired

seyrəkyarpaqlı *si.* 잎이 많지 않은 having few leaves

seyrəlmə *i.* (공기, 기체 등의) 희박 rarefaction, rarity, thinning

seyrəlmək *fe.* ① 희박하다, 드물다 become sparse/rare/thin ○ **azalmaq, tökülmək** ● **sıxlaşmaq**; ② 흩어지다 be scattered ○ **parçalanmaq, dağılmaq, seyrəkləşmək**; ③ 드물다, 빈번하지 않다 become infrequent ○ **ara-sıra olmaq, hərdənbir olamq**

seyrəltmək *fe.* 폭을 넓히다, 빈도를 줄이다, 밀도를 줄이다 thin out, thin, weed out, rarefy

S

seyrəngah *i.* 산책로 promenade, walkway
seyrçi *i.* ① 산책인, 유보자, 거니는 사람 walker, stroller, ambler; ② 방관자, 구경꾼 bystander, onlooker
seysmik *si.* 지진의, 지진에 관한 seismic
seysmoqraf *i.* 지진계, 진동계 seismograph
seysmologiya *i.* 지진학 seismology
seyvan *i.* 노대, 발코니, 포치, 돌출 현관 balcony, porch ○ **eyvan**; **qulaq ~ı** *ana.* (내이(內耳)의) 와우각 cochlea
sezdirmək *fe.* (사람이) (물건을) 보이다, 보여주다, 알리다 show, inform
seziləbilən *si.* 예견(예지, 예측)할 수 있는 foreseeable
sezilmək *fe.* 예지되다, 미리 알려지다, 예견되다 be foreseen, be felt, be perceived ○ **duyulmaq**
sezmək *fe.* 인지하다, 느끼다, 알아채다 be aware of, feel, perceive ○ **duymaq**, **anlamaq**, **bilmək**
səadət *i.* 더없는 행복, 만족, 행복 bliss, felicity, happiness, luck ○ **bəxt**, **tale**, **xoşbəxtlik** ● **bədbəxtlik**
səadətli *si.* ① 행복한, 만족스러운, 기쁜, 운 좋은 happy, fortunate ○ **bəxtli**, **xoşbəxt**, **məs'ud**, **bəxtiyar**; ② 성공한, 잘 지내고 있는, 출세한, 성공적인 successful ○ **uğurlu**, **salamat**, **müvəffəqiyyətli**
səadətsiz *si.* 재수없는, 불행한, 불운한; 참담한 결과로 끝나는 luckless, unlucky, hapless
səadətsizlik *i.* 불행, 불운, 비참 bad-luck, misfortune
səba (**yeli**) *i.* 미풍, 산들바람 zephyr, morning zephyr
səbat *i.* 확고함, 부동, 불변, 견실함, 내구성, 지구력 firmness, steadfastness, staunchness, perseverance, stability, resistence, durability ○ **mətanət**, **möhkəmlik**, **sabitlik**, **davamlılıq**, **dözüm**, **sarsılmazlıq**, **yenilməzlik**, **səbirlilik**; **~la** *z.* 견고하게, 강하게 firmly, strongly
səbatlı *si.* 든든하게 놓인, 고정된; 안정된, 흔들리지 않는 steady, stable, firm, steadfast ○ **mətanətli**, **möhkəm**, **sabit**, **davamlı**, **dözümlü**, **dayanıqlı**, **mətin**, **sarsılmaz**, **yenilməz**, **səbirli**, **hövsələli** ● **dəyişkən**
səbatlılıq ☞ **səbat**
səbatsız *si.* ① 불안정한, 견고하지 않은; 비틀거리는, 동요하는 unstable, unsteady, indecisive ○ **mütərəddid**, **dayanıqsız**, **qərarsız**, **davamsız**; ② 천박한, 경망스러운, 경박한, 성의 없는, 덤벙대는 light-minded, frivolous, flippant ○ **dəmdəməki**, **dönük**, **hərdəmxəyal**
səbatsızlıq *i.* ① 불안정한 성질(상태), (마음의) 변하기 쉬움 instability, unsteadiness ○ **mütərəddidlik**, **dayanıqsızlıq**, **qərarsızlıq**, **davamsızlıq**; ② 뻔뻔스러움, 염치없음; 무례함, 건방짐 flippancy, impudence ○ **dəmdəməkilik**, **hərdəmxəyallıq**, **dönüklük**
səbəb *i.* ① 이유, 원인, 까닭; 변명, 핑계, 구실 reason, cause, motive ○ **bəhanə**, **səlil**, **əsas**, **illət**; ② 선동자, 부추기는 사람 instigator, inciter; ③ 근거, 이유, 원인, 답변 account,, occasion, ground; **~ olmaq** *fe.* 야기하다, 원인이 되다, 유발하다, 자극하다, 분개시키다 cause, bring, inflict, provoke; **bu ~dən** *z.* 이것 때문에 on account of this; **~ ola bilən** *si.* 시사적인, (중요한 결과를) 배태한 pregnant; **~dən** *qo.* ~ 때문에; ~ 인하여 because of, owing to; **~ inə** *qo.* ~ 에 따라, ~ 을 인하여 according to, on account of
səbəbkar *i.* 선동자 instigator, inciter, agitator ○ **bais**, **müqəssir**, **təqsirkar**; **məclisin**; **~ı** *i.* 행사의 주인공 hero of the occasion
səbəbkarlıq *i.* 인과 관계, 인과성, 원인 작용 causality, guiltiness ○ **baislik**, **müqəssirlik**, **təqsirkarlıq**
səbəbli *si.* ① 변명의, 핑계의 with excuse ○ **üzrlü**; ② 이유가 있는, 원인의, 근거가 있는 having cause/reason ○ **əsaslı**
səbəblilik *i.* ① 변명, 핑계 excuse ○ **üzrlülük**; ② 인과성, 인과 관계 causality ○ **əsaslılıq**
səbəbsiz *si.* ① 근거 없는, 이유 없는 groundless, without reason ○ **əsassız**, **dəlilsiz**, **sübutsuz**, **əslsiz**; ② 변명 없는 without excuse ○ **üzrsüz**; **~ tələsmə** *i.* 소란, 안달하기, 흥분, 야단법석 fuss
səbəbsizlik *i.* ① 이유 없음, 근거 없음 groundlessness ○ **əsassızlıq**, **dəlilsizlik**, **sübutsuzluq**, **əslsizlik**; ② 변명 없음, 사과 없음 being not excused ○ **üsrsüzlük**
səbət *i.* 바구니, 광주리 basket; **~ toxumaq** *fe.* (바구니, 광주리 등)을 엮다 plait, weave baskets
səbətcik *i.* 작은 광주리 small basket
səbətçi *i.* 광주리 만드는 사람 basket-maker

səbir¹ *i.* 참고 견디기, 인내, 참을성, 인내력; 끈기 patience, endurance, perseverance, long-suffering ○ **təmkin, hövsələ, dözüm, qatlanma**; ~ **etmək** *fe.* 참다, 견디다 bear, tolerate, endure, be patient; **~i tükənmək** *fe.* 인내의 한계를 넘다 exhaust one's patience; **~lə** *z.* 참을성 있게, 끈기 있게, 끈질기게 patiently, slowly

səbir² *i.* 재채기 sneeze ○ **asqırıq**; ~ **gətirmək** *fe.* 재채기를 하다, 재채기 같은 소리를 내다 sneeze

səbir-aram ☞ səbir

səbiredilməz *si.* 견딜 수 없는, 참을 수 없는 intolerable, unbearable

səbir-qərar ☞ səbir¹

səbirli *si.* 끈기 있는, 참을성 있는, 오래 참는 patient, long-suffering ○ **təmkinli, hövsələli, dözümlü** ● **cırtqoz**

səbirlilik *i.* 오래 참음, 인내심이 강함 patience ○ **təmkinlilik, hövsələlik, dözümlülük**

səbirsiz *si.* 참을성 없는, 성마른 impatient ○ **hövsələsiz, dözümsüz** ● **təmkinli**

səbirsizlik *i.* ① 성급함, 성마름, 조바심, 안달 impatience; ② (심신의) 심한 고통, 고뇌, 고민, 비통 agony, anguish, sorrow ○ **hövsələsizlik, dözümsüzlük**; **~lə** *z.* 초조하게, 성급하게, 안달하며 impatiently

səbt *i.* 등록, 기록, 등기, 기재 registration, writing; ~ **etmək** *fe.* 기록하다, 등록하다, 등기하다 register; ~ **olunmaq** *fe.* 등록되다, 기명되다 be registered

səbzə *i.* ① 건포도의 일종 a kind of raisins ② 채소 greens, vegetable

səbzəvat *i.* 채소 vegetables

səbzəvatçı *i.* 청과상 greengrocer, vegetable grower

səbzəvatçılıq *i.* 원예 vegetable growing

səbzi *i.* 채소 greens, vegetables

səbziqovurma *i.* 고기와 채소를 섞어 끓인 국 sauce made with meat and vegetables

səbziyyat ☞ səbzəvat

səccadə *i. din.* 기도용 카펫 piece of carpet used for praying

səcdə *i. din.* 경배; 회교도의 매일 드리는 기도 Muslim's daily prayer ○ **namaz**

səcdəgah *i.* 경배 단, 경배 처소 deity

səciyyə *i.* 특징, 특질, 성격, 품성 character, feature, characteristic ○ **təbiət, xasiyyət, xarakter**

səciyyələndirmək *fe.* 특징이 되다 characterize

səciyyəli *si.* 구별되는 distinctive ○ **xarakterli**

səciyyəvi *si.* 독특한, 특유의 typical, characteristic, unique ○ **xarakterik**

səciyyəvilik *i.* 독특성, 특유성, 특질, 별남, 기묘함 uniqueness, singularity, peculiarity

səda *i.* ① 소리, 음성 sound, voice ○ **səs, avaz**; ② 소식, 뉴스 news ○ **xəbər, mə'lumat**; **əks** ~ *i.* 메아리, 반향(反響) echo

sədaqət *i.* 충성, 충의, 충절, 헌신; (배우자에 대한) 정절 fidelity, allegiance, devotion, loyalty ○ **vəfa, e'tibar**; **~lə** *z.* 헌신적으로, 몰두하여 devotedly

sədaqətli *si.* 충성된, 충절을 다하는, 충직한, 성실한 loyal, devoted, staunch, faithful ○ **vəfalı, e'tibarlı, sadiq, möhkəm**

sədaqətlilik *i.* 헌신적임, 충성을 다함, 믿음직함 devotion, faithfulness, loyalty, fidelity ○ **vəfa, e'tibar**

sədalamaq *fe.* 소리를 내다, 부르다, 알리다, 외치다 call, hail, sound ○ **səsləmək**

sədalı *si.* 소리의, 음향의 sonorous, noisy ○ **səsli**

sədarət *i.* 의장권, 회장직 chairmanship

sədasız *si.* 소리 없는, 조용한, 잡음이 없는 soundless, noiseless, silent ○ **səssiz, xəbərsiz**

sədbər(g) *i.* Matthiola ○ **mixəkgülü**

sədd *i.* ① (통행, 출입을 막는) 목책, 방벽, 장애물; 관문 bar, barrier, wall ○ **hüdd, barı, hasar**; ② 둑, 제방 embankment ○ **dəhnə, bənd**; ③ 장애(물), 방해 obstacle ○ **maneə, əngəl, çətinlik, ilişik**; ~ **çəkmək** *fe.* (길을) 막다; (창문 등을) 쇠격자로 막다, 금하다; 막다 bar, block

sədəf *i.* 진주층(眞珠層) mother-of-pearl, pearl

sədəfli *si.* 진주층의(비슷한), 무지개 빛깔 (진주 빛깔)의 nacreous, iridescent, pearl

sədəqə *i.* 빈민 구호품, 자선 기부금 alms, dole; ~ **vermək/paylamaq** *fe.* 주다, 베풀다 dole, give alms

sədəmə *i.* ① 강타(强打), 대충격 hard strike, hit; ② 변고, 갑작스러운 재앙 sudden disaster

sədr *i.* 의장; 위원장; 회장, 총재 chairman, president

sədri *i.* 인디카 쌀의 일종 a kind of rice (long and

S

thin, yellowy)

sədrlik *i.* 대통령의 직(지위, 임기), 회장직, 회장 임기; 의장직, 의장 임기 presidency, chairmanship; ~ **etmək** *fe.* (집회, 회의 등에서) 사회(의장)를 하다, 회의를 진행하다 preside, preside over, chair

səf *i.* 열, 줄 row, line ○ **sıra, dəstə, cərgə, qatar**; **~bə~** *z.* 줄줄이, 연달아, 줄에 맞춰서 in series, in rows

səfa *i.* ① 즐거움, 누림, 유쾌 pleasure ○ **həzz, zövq, ləzzət, kef**; ② 즐거움, 기쁨, 쾌락, 오락 gladness, delight, enjoyment ○ **sevinc, fərəh, şadlıq**

səfahət *i.* ① 어리석음, 우둔함 stupidity, silliness; ② 시무룩함, 성깔 남, 뾰로통함 sulkiness, moroseness

səfalanmaq *fe.* 즐거워하다, 즐기다, 기뻐하다 rejoice, enjoy, have a good time ○ **fərəhlənmək, şadlanmaq**

səfalət *i.* ① 비참, 불행; 궁핍; 정신적 고통, 의기소침, 우울, 슬럼프; 억압 상태(증), 울병(鬱病) depression, misery ○ **səfillik, düşkünlük, həqarət** ● **sevinc**; ② 가난, 빈곤, 궁핍 poverty ○ **yoxsulluq, kasıblıq**; **~ə düşmək** *fe.* 궁핍에 빠지다, 가난해지다, 불행해지다 go to the dogs, fall into poverty

səfalı *si.* (사물이) 유쾌한, 즐거운, 기분 좋은; 마음에 드는; (날씨가) 맑고 좋은 pleasant, pleasing, amusing ○ **xoş, nəş'əli, ləzzətli, gözəl, mənzərəli, şairanə**

səfalılıq *i.* 즐기는 상태; 즐거움, 흥겨움, 재미있음; 위안, 즐김; (권리의) 향유, 소유 amusement, enjoyment ○ **mənzərəlilik, axar-baxarlıq, qəşənglik**

səfarət *i.* 대사의 직위(임무); (사절의) 사명 embassy, mission

səfarətxana *i.* 대사관, 대사관저 embassy

səfeh *si.* ① 우둔한, 지각(분별) 없는, 어리석은 foolish, stupid, silly ○ **sarsaq, axmaq, gic, başıboş, yelbeyein** ● **anlaqlı**; ② 의미가 없는; 무익한, 가치 없는, 이치(도리)에 맞지 않는, 불합리한, 부조리한 empty, meaningless, absurd; **~ cəsinə** *z.* 어리석게, 바보같이, 멍청하게 foolishly, stupidly; **~-~** *z.* 어리석게, 둔하게 foolishly, stupidly

səfehlənmək ☞ **səfehləşmək**

səfehləşmək *fe.* 어리석다, 아둔하다, 멍청하다 become stupid/foolish ○ **sarsaqlamaq, axmaqlamaq, gicləşmək, kütləşmək, xərifləmək**

səfehlik *i.* 어리석음, 지각 없음, 우둔; 어리석은 짓 (생각, 말 등) stupidity, foolishness ○ **sarsaqlıq, giclik, axmaqlıq, ağılsızlıq, gicbəsərlik, başıboşluq, yelbeyinlik** ● **ağıllılıq**

səfər[1] *i.* ① 여행, 항해, 여정, 방문 journey, trip, voyage, visit ○ **səyahət, yürüş, yol**; ② 출정, 참전 going to war, participation in war; **~ə çıxmaq** *fe.* 여행길에 오르다 take a journey **cavab ~inə getmək** *fe.* 답방(答訪)하다 pay a return visit

səfər[2] *i.* 번, 기회, 때 time ○ **dəfə, kərə; gələn; ~** *z.* 다음 번 next time

səfər[3] *i.* 회교력의 두 번째 달 the second month in the Islamic calendar

səfərbər *si.* 전쟁을 위해 소집된 mobilized (for war); ~ **etmək** *fe.* 소집하다, 모집하다 mobilize

səfərbərədici *si.* 모집하는, 소집하는, mobilizing

səfərbərlik *i.* 동원, 소집, 모집 mobilization

səfərxana *i.* 여관, 여인숙 tavern, inn ○ **karvansara**

səfərlik *i.* 순회 여행 travelling itinerary ○ **səyahətlik, yürüşlük, yolluq**

Səfəvilər *i.* 16-18 세기 초 아제르바이잔과 이란 사이 지역을 통치했던 왕조 *tar.* Seferids (the dynasty ruling over the areas of Azerbaijan and Iran between 1501and 1737 AD)

səfhə *i.* ① (변화 과정, 발전의) 단계, 국면, 형세, 시기 phase, step, process; ② (달, 행성 등의) (위)상 various phases of the planets and moon

səfil I. *i.* 악한 놈, 나쁜 놈, 망나니; 녀석, 놈 wretch, miscreant, villain ○ **sərsəri, sərgərdan, avara**; II. *si.* ① 천박한, 야비한, 비천한, 한심한 sordid, helpless, miserable ○ **bədbəxt, zavallı, biçarə, aciz, yazıq**; ② 혐오스러운, 역겨운, 메스꺼운, 진절머리 나는 repulsive, disgusting ○ **zəlil, miskin, rəzil, mənfur**; ③ 재해(재난)를 일으키는; 파멸을 초래하는 disastrous, dreadful ○ **fəlakətli, müsibətli, qorxulu**; **~anə** *z.* 불쌍하게, 비참하게; 빈약하게 miserably; **~ cəsinə** ☞ **səfilanə**; **~-sərgərdan** ☞ **səfilanə**

səfilləşmək *fe.* ① 비천하게 되다 become poor ○ **avaralanmaq, sərsəriləşmək**; ② 비참하다 become miserable; ③ 재난의, 어려운 become disastrous ○ **miskinləşmək**

səfillik *i.* ① 불행, 불운, 고통, 비참 misfortune, helplessness, misery ○ **bədbəxtlik, zavallılıq, biçarəlik, acizlik, yazılıq, fəlakət, müsibət, qorxu**; ② 가난, 절망적인 가난 poverty, abject poverty, destitution ○ **zəlillik, miskinlik, rəzillik, mənfurluq**; ③ 비렁뱅이 삶, 부랑, 방랑, 노숙 생활 vagabond, vagrant, begging ○ **avaralıq, sərsərilik**

səfir *si.* 대사, 특사 ambassador

səfirlik *i.* ① 대사관, 공관; embassy ② 대사직, 대사 임기 ambassadorship

səfra *i.* 쓸개즙, 담즙 bile, gall ○ **sifraq**

səfsətə *i.* 궤변; 아전인수, 억지 이론 sophism

səfğir *i.* 고아, 아이 child, orphan

səhəng *i.* 주전자, 단지 jug ○ **güyüm**

səhər *i.* 아침, 새벽; 오전 morning ○ **sabah, sübh; bu gün** ● **axşam; gecə ~** *z.* 오늘 아침 this morning; **dünən ~** *z.* 어제 아침 yesterday morning; **sabah ~** *z.* 내일 아침 tomorrow morning; **~ sübhdən durmaq** *fe.* 미명에 일어나다, 종다리와 함께 일어나다 rise with the lark; **~ yeməyi** *i.* 조반, 아침식사 breakfast; **~-axşam** *z.* 온 종일 all day, always; **~dən** *z.* 이른 아침부터 from the early morning; **~-~** *z.* 이른 아침 early in the morning; **~ yemək** *fe.* 조반을 먹다 have breakfast; ***Səhər açılır.*** *날이 밝아 온다. 동이 튼다. Day's breaking.*

səhərcik *i.* 아침 공연 (어린이들을 위한) morning show for children

səhhət *i.* 건강 health ○ **sağlamlıq, cansağlığı** ● **mərəz**

səhifə *i.* ① 쪽, 페이지, 책의 한 면 leaf, page; ② 역사의 어느 시점 certain time in history; **~ləri çevirmək** *fe.* 책장을 넘기다, 책을 읽다 turn pages; **~ləri nömrələmək** *fe.* 페이지를 매기다 page; **~bə~** *z.* 한 쪽 한 쪽, 낱낱이 page by page, for every page

səhifəbağlayan *i.* 조판공 compositor, type setter

səhifələmə *i.* 책의 페이지 수; 페이지 수 매기기 pagination

səhifələmək *fe.* ① 책장을 넘기다, 책을 읽다, 통독하다 page, turn over, look through ② 페이지를 매기다 paginate ○ **nömrələmək**

səhifələnmək *fe.* ① 읽히다, (페이지가) 넘겨지다 be turned over; be read through; ② 페이지 번호가 매겨지다 be paginated

səhih *si.* ① 옳은, 참된, 실제의 right, true, correct, practical ○ **gerçək, doğru, düzgün** ● **yalan**; ② 정확한, 정밀한, 명확한 precise, accurate ○ **düz, dürüst, dəqiq, sərrast**

səhihləşmək *fe.* 옳게 되다, 교정하다, 정확하다, 정밀하다 be right, correct, exact ○ **dürüstləşmək, dəqiqləşmək, gerçəkləşmək**

səhihlik *i.* ① 올바름, 정확함 rightness, correctness, exactness ○ **düzgünlük, doğruluq, gerçəklik, həqiqilik**; ② 정밀성, 정확성, 면밀함 precision, accuracy ○ **dürüstlük, sərrastlıq, dəqiqlik** ● **yalançılıq**

səhiyyə *i.* 공중보건, 위생 public health, hygiene ○ **sağlamlıq**; **~ tələblərinə uyğun** *si.* (공중) 위생의, 위생상의 sanitary; **~ nazirliyi** *i.* 보건부 ministry of health; **~ xidməti** *i.* 의료 봉사, 의료적 돌봄 medical service, medical care

səhl *si.* 쉬운, 가벼운, 경미한 easy, light

səhləb *i.* (감자의) 덩이줄기; 융기, 결절(結節) tuber

səhlənkar *si.* ① (근무, 의무 등을) 게을리하는, 태만한, 부주의한, 등한한 careless, negligent ○ **başısoyuq, diqqətsiz**; ② 난잡한, 단정치 못한, 허술한 untidy, clumsy ○ **səliqəsiz** ● **məs'uliyyətli**

səhlənkarlıq *i.* 부주의, 경솔, 경망; 소홀 carelessness, negligence ○ **başısoyuqluq, diqqətsizlik**

səhm *i.* ① (자본 등의) 분담 소유(권); 주, 주식, 주권(株券) share, stock, portion of investment; ② 몫, 할당, 분배; 할당액, 몫 portion, allotment

səhmdar *i.* 주주(株主) shareholder, stockholder

səhn *i.* 교회의 앞뜰; (교회 정면의) 주랑(柱廊) parvis, church-porch

səhnə *i.* ① 무대, 스테이지, 연단 scene, stage, boards; ② 한 장면, 삽화(插畵)적인 사건, 에피소드 (연극의) episode; ③(문제, 사태 등의 한) 국면, 측면, 상(相); 견지, 각도 aspect, branch; **~ çıxmaq** *fe.* 무대에 서다, 등장하다, 나타나다 appear; **kütləvi ~ lər** *i.* 인민 무대, 관중 crowd, scenes; **~yə qoymaq** *fe.* 상연(연출)하다, 무대에 올리다 stage

S

səhnəcik *i.* 촌극 short drama, skit
səhnələşdirilmiş *si.* 극화된, 각색된 dramatized
səhnələşdirmə *i.* 극화, 각색 dramatization, staging
səhnələşdirmək *fe.* 무대에 올리다, 극화하다, 각색하다 stage, dramatize
səhnəlik *i.* 연극 대본, 줄거리, 스크립트 writings for the stage
səhra *i.* 황야, 황무지, 미개지, 무인 지대 wilderness, waste ○ **çöl, biyaban**
səhv I. *i.* (말, 행위 등의) 틀리기, 잘못, 오류, 과실, 실수 error, fault, mistake ○ **xata, yanlış, qələt, günah, yanılma** ● **doğru**; II. *si.* 잘못된, 틀린, 정도를 벗어난 erroneous, incorrect, wrong; ~ **etmək** *fe.* 실수하다, 잘못하다, 정도를 벗어나다, 틀리다, 오류를 범하다 err, stumble, slip, be all abroad, be wrong, make a mistake; ~ **salmaq** *fe.* 혼동시키다, 실수하게 하다, 잘못 판단하게 하다 confuse; ~ **başa düşmək** *fe.* 오해하다, 오판하다 mistake, misunderstand; ~ **yola döndərmək** *fe.* (남을) 잘못된 방향으로 이끌다; 잘못 인도하다 mislead; **~i düzəltmək** *fe.* 시정하다, 교정하다, 바로잡다; correct; **~ən** *z.* 실수로 by mistake
səhvsiz *si.* 결점(흠)이 없는; 과오를 범하지 않는, 완전(완벽)한, 흠잡을 데 없는 faultless, unerring ○ **xatasız, qələtsiz, qüsursuz, günahsız**
səhvsizlik *i.* 오류 없음, 무과실, 절대 확실; 무류성(無謬性) infallibility ○ **xatasızlıq, qələtsizlik, qüsursuzluq, düzgünlük**
səxavət *i.* 아낌없는 마음씨, 마음이 후함, 인심 좋음; 관대, 관용, 아량 generosity ○ **comərdlik, əliaçıqlıq** ● **xəsislik**; **~lə** *z.* 후하게, 넉넉하게 generously
səxavətlənmək *fe.* 너그럽다, 넉넉하다, 후하다, 관대하다 become generous
səxavətli *si.* 관대한, 마음이 후한, 인심 좋은, 아량이 넓은 generous, open-handed ○ **comərd, əliaçıq** ● **simic**
səxavətlilik *i.* 아낌없는 마음씨, 마음이 후함, 인심 좋음; 관대, 관용, 아량 generosity, liberality ○ **comərdlik, əliaçıqlıq**
səxavətsiz *si.* (부, 이득, 훈장, 권력 등에) 탐욕스러운, 욕심 많은, 몹시 탐내는 greedy, avid, covetous ○ **xəsis, dargöz**
səxavətsizlik *i.* 욕심, 탐욕, 갈망 greediness, avidity, covetousness ○ **xəsislik, dargözlük**
səki *i.* 포장도로; 인도, 보도 pavement, roadway, side walk; **~nin kənarı** *i.* (보도의) 연석(緣石) curb
səkil *si.* 흰색 다리를 가진 (말) white-legged (horse)
səkkiz *say.* (기수(基數)의) 여덟 eight 8; ~ **bucaq** *i.* 8각형, 8변형; 8각형의 것, 팔각집(건축물) octagon; ~ **bucaqlı** *si.* 8각의, 8각형의 octagonal; ~ **cildli** *si.* 8권으로 된 of eight volumes; ~ **hecalı** *si.* 8음절의 having eight syllables; ~ **hədli** *si.* 8배의; 여덟 겹의 eightfold; **~inci** *say.* 제8의, 8번째의 eighth; ~ **illik** *i.* 8년생의, 8살 먹은 of eight years, eight-year; **~lik** *si.* 여덟씩, 8개씩 an eight, (figure) eight; ~ **mərtəbə** *si.* 8층 (건물) eight-storeyed; ~ **üzlü** *si.* 8면체의 octahedral; ~ **saatlıq** *i.* 8시간의, 8시간 걸리는 of eight hours, eight-hour
səkmək *fe.* ① 뽐내다, 뽐내며 말하다, 뽐내며 걷다 mince (along), jump, leap; ② (새가) 내려 앉다 perch
səksəkə *i.* 불안, 소란, 혼란, 동요, 걱정 alarm, excitement, turmoil, disturbance ○ **həyəcan, təlaş, təşviş, qorxu, təhlükə, vəlvələ** ● **rahatlıq**
səksəkəli *si.* 교란된; 불안정한, 놀란, 어지럽혀진; 고뇌에 사로잡힌 alarmed, unsettled, disturbed
səksəki ☞ **səksəkə**
səksəkili ☞ **səksəkəli**
səksən *say.* 여든, 80 eighty
səksəndirmək ☞ **diksindirmək**
səksəninci *say.* 여든 번째의, 80번째의 eightieth
səksənmək *fe.* 놀라다, 불안하다, 소동하다 be scared, be startled ○ **diksinmək, çimçişmək**
səqqa *i.* 물장수 water bearer, water-seller
səqf *i.* 천장, 돔형의 천장 ceiling, arch
səlahiyyət *i.* 권위, 위신, 권력, 권세, 위임 권한 authority, commission, competence, warrant ○ **ixtiyar, vəkalət, hüquq**; ~ **vermək** *fe.* 위임하다, 권위를 부여하다, 권세를 주다; commission, authorize, empower, warrant; ***Bu mənim səlahiyyətimə daxil deyil.*** *내 권한 영역 바깥이다. It's beyond my scope.*
səlahiyyətdar ☞ **səlahiyyətli**
səlahiyyətli *si.* ① 권위를 가진, 역량 있는, 권세

있는, 위임받은 competent, authoritative, authorized ○ **ixtiyarlı, vəkalətli, hüquqlu**; ② 정당한, 유효한, 근거가 있는, 정통한 valid, aware ○ **bilikli, e'tibarlı, nüfuzlu, səriştəli**

səlahiyyətsiz *si.* 권한이 없는, 독단의, 자기식의, 비공인의 unauthorized ○ **ixtiyarsız, vəkalətsiz, hüquqsuz**

səlahiyyətsizlik *i.* 권한이 없음, 독단적임, 권위 없음 lack of plenary powers, lack of authority ○ **ixtiyarsızlıq, vəkalətsizlik, hüquqsuzluq**

səlbə *i.* ① 던질 만한 나무 조각 piece of wood (thrown for driving animals away, or plucking fruits); ② 던질 만한 것 anything thrown

səlbələmək *fe.* (짐승을 몰거나, 열매를 따기 위해) 나무 조각을 던지다 throw a piece of wood

Səlcuqlar *i.* 셀주크 (터키인) Seljuk Turk

səldirəmək ☞ **səldirləmək**

səldirləmək *fe.* 비틀거리며 걷다, 휘청거리다, 아장아장 걷다 reel along, stagger, totter, walk with a tottering step

sələ *i.* (짐승의 내장으로 만든) 뚜껑 lid (for jar, pot *etc.* made of animal bowels in the countryside)

sələf *i.* 조상, 선조, 선배 predecessor, ancestor

sələm *i.* 이자(율) interest rate, percentage for money ○ **müamilə**

sələmçi *i.* (고리) 대금업자 usurer, money-lender ○ **müamiləci**

sələmçilik *i.* 고리대금업 usury ○ **müamiləçilik**

sələmxor ☞ **sələmçi**

sələmxorluq ☞ **sələmçilik**

səlib *i.* 십자가; 기독교 cross ○ **xaç**; ~ **yürüşləri (müharibələri)** *i.* 십자군 전쟁 Cross Crusade (1096-1270 AD)

səlibçi *i.* 십자군 crusader

səliqə *i.* 정돈, 정리, 정렬 order, tidiness ○ **sahman, qayda, təmizlik**; ~ **yə salmaq** *fe.* 정돈하다, 정리하다 tidy, put in order, trim; ~ **ilə** *z.* 단정하게, 깔끔하게; 반듯하게 neatly

səliqəli *si.* 정돈된, 단정한, 말끔한, 말쑥한; 정연한 careful, orderly, neat, trim, tidy ○ **sahmanlı, qaydalı, təmiz** ● **natəmiz**

səliqəlilik *i.* 단정함, 정돈됨, 말끔함, 정연함 accuracy, neatness, tidiness ○ **sahmanlılıq, təmizlik**

səliqə-sahman ☞ **səliqə**

səliqəsiz *si.* ① 단정치 못한, 난잡한, 허술한, 지저분한 untidy, disorderly ○ **pinti, çirkli, kirli**; ② 천박한, 경망스러운 frivolous, careless ○ **səhlənkar, laqeyd, başsoyuq** ● **sahmanlı**

səliqəsizlik *i.* 지저분함, 난잡함, 무질서함 mess, disorder ○ **pintilik, çirklilik, nizamsızlıq, pozğunluq** ● **sahmanlılıq**

səlis I. *si.* (물) 흐르는, 유동성의, 유창한, 부드러운, fluent, flowing, smooth; II. *z.* 유창하게, 거침없이 fluently ○ **rəvan, axıcı, sərbəst, rahat**

səlisləşmək *fe.* 흐르다, 거침없이 흐르다 become fluent, get flowing ○ **rəvanlaşmaq, sərbəstləşmək**

səlislik *i.* 유창함, 거침없음, 유려함, 유동성 fluency, facility ○ **rəvanlıq, axarlıq, sərbəstlik**

səlt *si.* 완전한, 모두 갖춰진, 완결된, 전부의, 온전한, 철저한 complete, thorough, entire

səltənət *i.* ① 왕국, 나라 kingdom, reign; **Allahın** ~ *i.* 하나님 나라 Kingdom of God ○ **padşahlıq, hökmdarlıq**; ② 통치, 다스림, 정치 government ○ **dövlət, hökumət**; ③ 풍성한 곳 place of something abundant ○ **dəbdəbə, təntənə**

səma *i.* ① 하늘, 창공, 상공 heaven, sky, firmament ○ **göy, asiman**; ② 천국, 하늘나라; Heaven, Paradise; ~ **cisimləri** *i.* 천체(天體) heavenly bodies

səmavi *si.* ① 하늘의, 천상(천계)의, 신성한, 거룩한; 더할 나위 없이 아름다운(훌륭한), 완벽한 celestial, heavenly; ② 푸른, 하늘색의, 남색의 blue, azure ○ **mavi**; ③ 청결한, 순결한, 범상치 않은 clean, extraordinary ○ **qeyri-adi, valehedici, saf**

səmayi-şəms *i. mus.* 아제르바이잔 전통 음악인 무감의 한 형태 a type of an Azerbaijani traditional music Muğam

səmənd *si.* 크림색의, 연회색의 light of day, cream-coloured, greyish (of horse)

səməndər *i. zoo.* 도롱뇽(양서류 유미(有尾)목) salamander

səməni *i.* ① 나브루즈 명절 기간에 사용되는 보리싹 장식 malt shoots used during the Novruz Festival; ② 보리싹 즙으로 만든 반죽 같은 음식 paste made of malt shoot syrup

səmər ☞ **səmərə**

səmərə *i.* ① 이익, 수익, 이득 profit, gain, earn-

S

ing, fruit ○ **fayda, mənfəət, xeyir, qazanc, bəhər, məhsul**; ② 결과, 결실, 귀결 result, consequence

səmərələşdirici *i.* 생산자 rationalizer, manufacturer

səmərələşdirmə *i.* 합리화, 도리에 맞춤, 결과 도출 rationalization

səmərələşdirmək *fe.* (일, 과정, 계획 등을) 능률적으로 하다, 합리화하다, 간소화하다, improve, rationalize, streamline ○ **təkmilləşdirmək, yaxşılaşdırmaq, məhsuldarlaşdırmaq**

səmərələşmək *fe.* ① 효율적으로 되다, 생산성이 오르다 become productive/efficient ○ **faydalanmaq, bəhrələnmək**; ② 자율적이 되다 become restrained/self-controlled ○ **təkmilləşmək**

səmərəli *si.* 효과적인, 생산적인, 합리적인 fruitful, useful, rational, efficacious ○ **məhsuldar, qazanclı, mənfəətli, xeyirli, faydalı, yararlı** ● **faydasız**

səmərəlilik *i.* 고생산성, 고효율성, 유용성 output, usefulness, rationality ○ **məhsuldarlıq, qazanclıq, mənfəətlilik, xeyirlilik, faydalılıq, yararlılıq**

səmərəsiz *si.* 무익한, 소용없는, 헛된, 보람 없는, 비생산적인, 비능률적인 useless, fruitless, inefficient, irrational, idle ○ **qazancsız, mənfəətsiz, xeyirsiz, faydasız, yararsız** ● **faydalı**

səmərəsizlik *i.* 비효율성, 비생산적임, 무효함 unproductiveness, bleakness, fruitlessness ○ **qazlıqancsızlıq, mənfəətsizlik, xeyirsizlik, faydasızlıq, yararsızlıq**

Səmərqənd *i.* (우즈벡의 한 도시) 사마르칸트 Samarkand (city in Uzbekistan)

səmimi I. *si.* 성실한, 진실한, 정직한, 신실한, 올곧은, 정심의 devout, cordial, frank, genuine, ingenuous, sincere, straight, candid, earnest ○ **mehriban, istiqanlı, ürəyiaçıq, safdil, sədaqətli** ● **riyakar**; II. *z.* 진실하게, 정직하게 sincerely, frankly ● **soyuq**; ~ **dost** *i.* 마음의 친구; 술 bosom friend; ~ **olmayan** *si.* 붙임성 있는; 퉁명스러운, 무뚝뚝한; 불친절한, 서먹한, 소원(疎遠)한 distant, unamiable; ~ **qəbul** *i.* 따뜻한 환영, 환대 warm welcome; ~ **qəlbdən** *z.* 진심으로, 진실로, 정직하게 sincerely, cordially

səmimiləşmək *fe.* 진실되다, 성실하다, 정직하다 become sincere, become frank, become candid ○ **mehribanlaşmaq**

səmimilik *i.* 따스함, 친절함, 환대, 환영 warmth, kindness, hospitality ○ **mehribanlıq, istiqanlılıq, ürəyiaçıqlıq** ● **riyyakarlıq; saxtalıq; soyuqluq**

səmimiyyət *i.*, 정직, 진실, 솔직, 진심 sincerity, frankness, genuineness, cordiality, honesty, graciousness ○ **mehribanlıq, sədaqət, ürəyiaçıqlıq** ● **ciddiyyət**; **~lə** *z.* 정직하게, 진솔하게, 성실하게, 진실하게 frankly, cordially, sincerely

səmizmək *fe.* 살찌다, 뚱뚱해지다 become stout, grow fat ○ **dolqunlaşmaq**

səmt *i.* ① 쪽, 방향, 방면; direction, side ② 친척, 혈족, 혈연 *fig.* kin, relative ○ **tərəf, cəhət, istiqamət**; ~ **düşmək** *fe.* 가까이 다가가다, 가까워지다, 친해지다 draw near, come close

səmtləmək *fe.* 방향을 잡다, 이끌다, 안내하다 direct, orient, turn toward

səmtləndirmək *fe.* 정렬시키다, 방향을 맞추다, 지도하다 align, orient, direct ○ **istiqamətləndirmək**

səmtlənmək *fe.* 방향을 틀다, 정렬하다, 길을 따르다 be directed, be turned toward, make one's way ○ **istiqamətlənmək, yönəlmək**

səmtli *si.* 정렬된, 방향에 맞춰진 directed, oriented ○ **tərəfli, cəhətli, istiqamətli**

səmum *i.* 시뭄 (아라비아 등의 사막에서 부는 모래 섞인 뜨거운 바람) simoom (strong hot and dry wind of the deserts in Asia and Africa)

sən *vz.* 너, 자네, 당신 (단수, 평칭(平稱), 주격) you (nominative); ***Sən hara bura hara.*** *여기에 웬 일이야! Fancy seeing you here.*; **~cə** *z.* 네 생각으론, 네 의견에 따르면 according to your opinion, to your mind/thinking; **~i** *vz.* (목적격) 너를, 자네를 you (accusative); **~in** *vz.* 너의 (소유격); your (possessive); **~inki** *vz.* 너의 것, 네 것 (소유 대명사); yours (possessive pronoun); **~lik** *i.* 너에 관한 것 something concerning you; ***Bu sənlik deyil.*** *자네가 상관할 바 아니네. It does not concern you.*

səna *i.* 칭송, 찬송, 찬양 exaltation, adoration ○ **tə'rif, mədh**

Səna *i.* 예멘의 수도 the capital of Yemen

sənaye *i.* 산업, 공업 industry; ~ **malları** *i.* 공산품 manufactured goods; **ağır** ~ *i.* 중공업 heavy

industry
sənayeçi *i.* 생산자, 제조업자 manufacturer, industrialist
sənayeləşdirilmək *fe.* 산업화되다 become industrialized
sənayeləşdirmə *i.* 산업화 industrialization
sənayeləşdirmək *fe.* 산업화하다 industrialize
sənayeli *si.* 산업화한, 산업화된 industrialized
sənaməki *i.* 카시아, 계피(桂皮) cassia
səndəl[1] *i.* 백단; 그 목재 (아시아산; 공예품이나 향의 재료) sandal (wood)
səndəl[2] *i.* 안락 의자 armchair
səndəl[3] *i.* 샌들 sandal (shoes)
səndələmə *i.* 비틀거림, 더듬거림 reeling, swaying
səndələmək *fe.* 비틀거리다, 휘청거리다 falter, reel, stagger ○ **yırğalanmaq**, **yellənmək**, **tərpənmək**
səndələyə-səndələyə *z.* 비틀거리면서, 휘청거리며 totteringly, staggeringly
səndirləmək ☞ **səndələmək**
səndviç *i.* 샌드위치 sandwich
sənə *i.* 년, 해 year
sənəd *i.* 서류, 공문서, 기록; 증서, 면허증, 인가 document, certificate, warrant, deed ○ **vəsiqə**, **kağız**; **hüquqi** ~ *i.* legal instrument
sənədli *si.* ① 서류상의, 서류가 있는, 증서가 뒷받침해주는 with document, document supported ○ **vəsiqəli**, **kağızlı**; ② 문서의, 기록에 의한, 자료에 의한 documentary ○ **həqiqi**; ~ **film** *i.* 기록물, 다큐멘터리 documentary
sənədsiz *si.* 서류가 없는, 비인가의 without document/deed
sənək ☞ **səhəng**
sənəm *i.* ① 부적, 액막이, 호부(護符) (돌, 반지 등) idol, fetish, talisman, amulet, charm; ② 아름다운 사람, 미녀; 미인 beauty, beautiful woman ○ **gözəl**, **sevgili**
sənət *i.* (일반적으로) 직업; 기능, 기술, 재주, 솜씨 profession, vocation, art, skill, ability ○ **peşə**, **iş**, **məşğuliyyət**; ~ **əsəri** *i.* 예술 작업; work of art; ~ **şünas** *i.* 미술 비평가 art critic; ~ **şünaslıq** *i.* 미술 비평 art criticism
sənətkar *i.* 명인, 명수, 공예가, 숙련공, 기능 보유자, 명장(名匠), 예술가 artist, craftsman, master, tradesman ○ **usta**; ~ **anə** *z.* 전문적으로, 직업적으로 professionally
sənətkarlıq *i.* 예술적 재능, 전문성, 숙달, 명인적 솜씨 artistic ability, professionalism, handicraft, trade, mastership ○ **ustalıq**, **bacarıq**, **hünər**, **məharət**
sənətşünas *i.* 미술 비평가 art critic
sənətşünaslıq *i.* 미술 비평(론) study of art, art criticism
səngək *i.* 빵의 일종 (길고 납작한) a kind of bread (long and flat)
səngər *i.* 참호 구축 작업, 성채, 참호 trench, entrenchment
səngərlənmək *fe.* 참호를 파다, 수비를 강화하다, 요새화 하다 entrench, fortify
səpələmək *fe.* ① 흩뜨리다; 분산시키다 scatter, strew ○ **dağıtmaq**, **töküşdürmək**; ② (모래, 종자, 꽃 등을) 흩뿌리다, 뿌리다 throw about, sow ○ **çiləmək**, **sıçratmaq**, **yaymaq**, **tökmək**, **ələmək**
səpələng *si.* 뿌려진, 흩어져 있는, 산재한 scattered, sparse, straggling ○ **dağınıq**, **pərakəndə**
səpələnmək *fe.* 흩어지다, 뿌려지다 be scattered, be sprinkled, be sprayed
səpələnti *i.* 분산시키기(하기); 분산; 이산, 산란; 살포; 유포; 희박, 드문 dispersion, scattering, sparseness ○ **dağınıqlıq**, **pərakəndəlik**
səpgi *i.* ① 발진, 두드러기 rash, eruption ○ **sızaq**, **səpişik**; ~ **li yatalaq** *i. tib.* 발진티푸스 typhus fever
səpici I. *i.* 배포자, 보급자, 살포자 sower, disseminator; II. *si.* 퍼뜨리는, 배포하는, 분배하는 sowing
səpilmək *fe.* 살포되다, 뿌려지다, 보급되다, 배포되다 be scattered/dispersed/spread
səpin *i.* 뿌리기, 배포, 분배, 살포 sowing
səpinçi *i.* 배포자, 분배자, 살포자, 뿌리는 사람 sower
səpinti *i.* 튀기기, 뿌리기, 물보라 spray, sprinkle, splash
səpişik *i.* 뾰루지, 여드름, 두드러기, 발진, 부스럼 pimple, spot, pustule, rash, eruption
səpki *i.* 형(型), 양식, 형식, 유형, 타입; 종류 style, type, rule ○ **şəkil**, **biçim**, **üsul**, **tərz**, **qayda**
səpmək[1] *fe.* ① (씨를) 뿌리다, 심다 sow (seeds) ○ **əkmək**; ② 쏟다, 비우다, 흘려보내다, 방출, 배출

S

pour, drain, discharge ○ **tökmək**, **yaymaq**, **dağıtmaq**; ③ 흩다, 흩뿌리다, 던지다 scatter, strew, cast ○ **çiləmək**, **sıçratmaq** ● **yığmaq**,

səpmək² *fe.* 여드름을 짜다, 종기를 처치하다 squeeze a pimple out, cure a rash

səpsuvar *i.* 살수 방법 way of sowing and watering

sər I. *i.* 총수, 최고자 head ○ **baş**; II. *si.* 탁월한, 뛰어난 excellent ○ **ə'la**, **baş**, **ən yaxşı**

sərab *i.* 신기루, 환각, 망상, 허망한 꿈, 환영, 환상 mirage, hallucination ○ **ilğım**; ~ **olmaq**, ~**ə dönmək** *fe.* 사라지다, 종적을 감추다, 꿈이 깨지다 disappear

sərapərdə *i. obs.* 궁전의 내실을 가리는 커튼 curtain between reception hall and women's quarters in a palace

sərasər *z.* 완전히, 철저히 entirely, completely, thoroughly ○ **başdan-başa**, **büsbütün**, **tamamilə**

sərasimə *z.* 겁나게, 무섭게, 끔찍하게 fearfully, dreadfully, terribly ○ **hövlnak**, **vahiməli**

sərbaz *i.* 전사, 군인, 병사 soldier, warrior

sərbazxana *i.* 막사, 병영 barrack

sərbəsər ☞ **sərasər**

sərbəst I. *si.* ① 자유로운, 독립적인, 구속받지 않는, 마음대로 할 수 있는 detached, independent, free ○ **azad**, **müstəqil**, **asudə** ● **asılı**; ② 많은, 풍부한, 관대한 abundant, liberal ○ **gen-bol**, **geniş**; ③ 널널한, 풀려난, 헐거운 loose ○ **boş**, **bekar**; ④ 자의의, 기꺼운, 자발적인 willing ○ **könüllü**; II. *z.* 자유롭게, 유창하게, 거침없이 at ease, fluently ● **çətin**; ~ **buraxmaq** *fe.* 풀어 주다, 석방하다 set free; ~**cə(sinə)** *z.* 자유롭게, 거침없이, 유창하게 freely, easily

sərbəstləşmək *fe.* ① 독립하다, 자유롭게 되다, 풀려나다 become independent, get free ○ **müstəqilləşmək**, **asudələşmək**; ② 헐거워지다, 풀리다 get loose ○ **genişlənmək**

sərbəstlik *i.* ① 해방, 자유, 독립 freedom, independence, emancipation ○ **müstəqillik**, **asudəlik**; ② 풍부, 부요 abundance, bounty ○ **bolluq**, **genişlik**

sərçə *i.* 참새 sparrow

sərdabə *i.* 무덤, 분묘, 매장소 tomb, sepulcher

sərdar *i.* ① 통치자, 주지사 governor; ② 지도자 leader

sədarı *i.* 과거 귀족들의 긴 외투 long overcoat for the noble in the past

sərəfraz *si.* 거만한, 교만한 proud, haughty; ~ **etmək** *fe.* 자랑하다, 과시하다 show off

sərək *i.* 바보, 멍청이, 무식한 사람 idiot, ignoramus, nitwit

sərələnmək *fe.* 기지개를 켜다, 전신을 펴다, 뻗다 stretch oneself

sərəncam *i.* ① 처분, 증여, 양도, 매각 disposal ○ **hökm**, **ixtiyar**, **buyuruq**; ② 명령, 교시 order, instruction ○ **əmr**, **göstəriş**; ③ 결론, 결과, 종말, 마침, 종국, 결말 end, conclusion, close, finale, finish ○ **aqibət**, **son**, **nəticə**, **axır**; ~ **vermək** *fe.* 교시를 내리다, 명령하다 give instructions, give out orders, order; ***Mən sizin sərəncamınızdayam.*** *당신의 처분에 따르겠습니다. I'm at your disposal.*

sərəncamçı *i.* 명령자, 교시자 manager

sərf¹ *i.* 지불, 지급, 비용, 출비; 지출 expense, expenditure ○ **xərc**, **çıxar**, **məsrəf**; ~ **etmə** *i.* 지불, 지급 expenditure; ~ **etmək** *fe.* 절약하다, 보내다, 쓰다, 소모하다, 허비하다 spare(time, money), spend, use up, waste, consume; ~ **edən** *fe.* 소비자 consumer

sərf² *i. qram.* 형태론, 어형론 morphology

sərfə *i.* 이익, 소득, 수입 gain, advantage, benefit, income, profit ○ **fayda**, **xeyir**, **qazanc**, **mənfəət**

sərfəli *si.* 이익을 주는, 실제적인, 소득적인 profitable, practical, beneficial ○ **faydali**, **xeyirli**, **qazanclı**, **yararlı**, **mənfəətli** ● **zərərli**

sərfəlilik *i.* 유용성, 소득성, 이익, 편의 usefulness, advantage, profitability ○ **fayda**, **xeyir**, **qazanc**, **mənfəət**, **yararlılıq**

sərfəsiz *si.* 이익이 없는, 손해 보는; 무익한, 헛된, 태만한 unprofitable, futile, fruitless ○ **xeyirsiz**, **faydasız**, **əlverişsiz**, **qazancsız**, **yararsız**

sərfəsizlik *i.* 보람 없음, 무용함, 비실용적임 uselessness, unprofitability ○ **xeyirsizlik**, **faydasızlıq**, **əlverişsizlik**, **qazancsızlıq**, **yararsızlıq**

sərfiyyat *i.* 지출, 지불 payment, expense ○ **məxaric**

sərf-nəzər *i.* 관찰, 감시, 감독 observation, inspection

sərf-nəhv *i. qram.* 문법, 문법학, 문법연구, 문법

론 grammar (old name)
sərgərdan *si.* 방랑하는, 유랑하는, 유목인의, 부랑자의, 부랑 생활을 하는 vagabond, wandering, vagrant ○ **sərsəri, avara**
sərgi *i.* 전시(회), 진열, 전람(회) show, display, exhibition; **~yə qoymaq** *fe.* 전시하다, 진열하다, 눈에 띄게 하다 exhibit; **~də göstərmək** *fe.* 전시하다, 전람회에 제출하다 display
sərgüzəşt *i.* 모험, 모험적 행위, 희한한 사건, 이변, 공훈, (아슬아슬한) 묘기 adventure, exploit ○ **macəra, hadisə, əhvalat, qəziyyə**
sərgüzəştli *si.* 대담한; 모험적인 adventurous, adventuresome ○ **macəralı, hadisəli, əhvalatlı, qəziyyəli**
sərhəd *i.* 경계(한계, 한도)를 나타내는 것; 경계(선), 국경, 변경 border, boundary, frontier ○ **hüdud, hədd; ~ olmaq** *fe.* 경계(선)을 이루다; 접하다, 이웃하다 border; **~ xətti** *i.* 경계선, 국경선, 변경선 border, border line; **~i pozmaq** *fe.* 선을 넘다, 경계를 범하다, 국경선을 넘다 violate the frontier
sərhədçi *i.* 국경 수비대 border guard
sərhədli *si.* 경계가 있는, 선을 그은 bordered ○ **hüdudlu, hədli**
sərhesab *si.* 상인의; 상업의, 장사의 mercantile
sərxoş I. *si.* 술 취한, 만취한 drunkard; II. drunk, tipsy ○ **məst, kefli** ● **ayıq; ~ etmək** *fe.* (술, 마약 등으로) 취하게 하다, 중독시키다 intoxicate; **~ olmaq** *fe.* 술 취하다, 만취되다 be drunk
sərxoşlanmaq *fe.* (술에) 취하다, 만취하다 become drunken, be drunk ○ **məstləşmək, keflənmək**
sərxoşluq *i.* 취기, 명정(酩酊); 알코올 중독 drunkenness, hard drinking ○ **keflilik, dəmlik, nəş'əlilik, xumarlıq, məstlik** ● **ayıqlıq; ~ etmək** *fe.* 술을 많이 마시다, 지나치게 마시다 drink hard
sərili *si.* 펼쳐진, 전개된, 퍼진 spread ○ **döşənikli, uzanıqlı**
sərilmək[1] *fe.* 펼쳐지다, 전개되다, 깔리다 be spread, be laid, be hung over ○ **salmaq, döşəmək, uzanmaq, yıxılmaq, yayılmaq;** ② 달리다, 매달리다 be depended ○ **asılmaq,**
sərilmək[2] ☞ **sarınmaq**
sərimək *fe.* 두르다, 감다, 감싸다 wind, wrap
sərin *si.* ① (공기, 기후) 시원한, 상쾌한, 서늘한 cool ○ **soyuq** ● **isti, mülayim;** ② 소원해진, 서먹한 estranged
sərincə *si.* 시원한, 약간 서늘한 cool, a litte cool
sərinkeş *i.* 선풍기, 통풍기 ventilator, fan
sərinlədici *si.* 시원하게 하는, 상쾌하게 하는 cooling, refreshing
sərinləmək *fe.* ① 시원해지다; become cool ② ☞ **sərinlənmək**
sərinlənmək *fe.* (스스로) 기분을 전환하다, 시원케 하다 get oneself refreshed
sərinləşdirinci *si.* 상쾌하게 하는, 시원하게 하는 refreshing; **~ bir şey** *i.* 간식, 다과 refreshment; **~ içkilər** *i.* 음료, 비알콜 음료 soft drinks
sərinləşdirmək *fe.* 시원하게 하다, 상쾌하게 하다 cool
sərinləşmək *fe.* ① 시원해지다, 상쾌하게 become cool ○ **soyuqlaşmaq;** ② 서먹해지다, 소원해지다 become estranged (relationship)
sərinlətmək ☞ **sərinləşdirmək**
sərinlik *i.* ① 시원함, 상쾌함 coolness, freshness ○ **soyuqluq** ● **istilik;** ② 명쾌함, 분명함 clarity, cleanness ○ **duruluq, saflıq, aydınlıq**
səriştə *i.* 경험, 체험, 실험 experience, practice ○ **təcrübə, cınaq, dəb, səlahiyyət**
səriştəli *si.* ① 경험 있는, 숙달한, 노련한, 경험으로 얻은 experienced, skilful ○ **təcrübəli, mə'lumatlı, bilikli;** ② 남을 잘 믿는, 신용하는, 믿을 만한 trustful, authorized ○ **mö'təbər, e'tibarlı, səlahiyyətli**
səriştəsiz *si.* 무지한, 무식한, 경험이 없는, 생소한, 모르는 ignorant, inexperienced
sərkeş ☞ **dikbaş**
sərkərdə *i.* 명령자, 지휘자; (군대의) 지휘관, 사령관, 부대장, 장수, 장군 commander, military leader ○ **comandan**
sərki *i.* 책망, 질책, 징계 reproach, rebuke, reproof ○ **tə'nə, qaxınc, məzəmət, danlaq**
sərlövhə *i.* (장, 절 등의) 표제, 제목; 연제(演題), 화제 head, heading, title ○ **başlıq, ad**
sərlövhəli *si.* 제목이 있는, 표제가 있는 titled ○ **başlıqlı, adlı**
sərmayə *i.* ① 고정 자본, 투자금, 원금 fixed capital ○ **maya, kapital;** ② 부, 재산, 재물 fortune, wealth ○ **mal, dövlət**
sərmək *fe.* ① 뿌리다, 펼치다, 깔다, 퍼트리다 spread out, strew ○ **salmaq, döşəmək, uzat-**

S

maq ● qaldırmaq; ② (줄에) 널다, 걸다 hang on the line ○ asmaq ● yığmaq

sərməst *si.* 술 취한, 만취한 drunk, tipsy ○ **kefli, sərxoş**

sərməstlik *i.* 취기, 명정(酩酊); 알코올 중독 drunkenness, alcoholism ○ **keflilik, sərxoşluq**

sərnic *i.* 우유통, 입이 넓은 항아리 milk pail, wide mouth jar

sərnişin *i.* 승객, 여객, 선객(船客); passenger; ~ **təyyarəsi** *i.* 여객기 air-liner

sərpayı *i.* (회의, 잔치 등의) 사회자 MC (master of ceremonies) ○ **ayaqüstü**

sərpmək *fe.* ① 약간 뒤틀리다, 삐다, rick, be twisted slightly, dislocate ○ **burxulmaq, çıxmaq**; ② 방랑하다, 방황하다 go wrong, go astray, go off one's head

sərpuş *i.* 두건, 머리에 쓰는 수건 head covering, covering

sərrac *i.* 마구 제조인(판매인) harness-maker, saddler, saddle-maker

sərraclıq *i.* 마구 제조업 saddle making

sərraf *i.* ① 환전상 money-changer; ② *fig.* 사람을 빨리 알아보고 이해하는 사람 quick-minded man (those who recognize and understand people well)

sərraflıq *i.* 환전(업) money-changing

sərrast *si.* ① 바른, 올바른, 올곧은, 성실한 right, upright, factual, genuine ○ **doğru, düzgün, tutarlı, mahir**; ② 정확한, 정밀한, 정조준한 well aimed, accurate ○ **düz, tuş, rast**; ~ **atıcı** *i.* (활, 총 등) 명수(名手), 명사수 good shot; **~ca** *z.* 정확하게, 곧바로, 정밀하게 exactly, directly, accurately

sərrastlıq *i.* 사격 기량; 사격술; 정확성(도), 정밀도 accuracy, marksmanship, neatness ○ **doğruluq, düzgünlük, tutarlılıq**

sərsəm *si.* 멍한, 망연한, 마비된 dazed, stupefied ○ **gic, səfeh, çaşqın** ● **ağıllı**

sərsəmləmək *fe.* 정신을 잃다, 멍해지다, 망연하다 go out of one's mind, lose one's wits ○ **gicləşmək, səfehləşmək,gicəlmək**

sərsəmlik *i.* 망연자실, 바보같은 짓, 불합리, 어리석음 stupidity, foolishness, absurdity, idiocy, giddiness ○ **giclik, səfehlik, kütlük, matıxlıq, heyrət, sarsıntı** ● **ağıllılıq**

sərsərə *i.* 방아에 밀을 퍼 붓는 용기 box for pouring wheat into the mill ○ **dənlik**

sərsəri *i.* ① 방랑자, 노숙자, 부랑자 tramp, vagabond, wanderer ○ **avara, dərbədər, veyl, səfil**; ② 방탕자, 난봉꾼, 탕아 debauchee, libertine ○ **azğın, yava**

sərsərilik *i.* ① 방랑 (상태(생활)), 방랑벽 vagrancy, vagabondage ○ **səfillik, avaralıq, dərbədərilik, sərgərdanlıq**; ② 낭비; 방탕, 무절제한 생활 방식 dissipation ○ **azğınlıq, yavalıq**

sərt I. *si.* ① 거친, 딱딱한, 굳은, 뻣뻣한 hard, rigid, firm, stiff ○ **ciddi, zabitəli, möhkəm, əzmkar, cod, bərk**; ~ **torpaq** *i.* 굳은 땅, 거친 땅 firm soil, stiff soil; ~ **cisim** *i. fiz.* 고체(固體), 고형물 solid; ~ **tədbir** *i.* 엄격한 교육 strict measure; ~ **siyasət** *i.* 융통성 없는 정책 tough policy; ~ **şaxta** *i.* 된서리 hard frost; ② 거친, 강렬한, 심한, 예리한, 살을 에는, 통렬한, 신랄한 acute, keen, cutting, biting, unkind, bitter, rough ○ **kobud, qaba, ədəbsiz, nəzakətsiz, acıqlı, qaşqabaqlı, qəddar, zalım, dəhşətli, rəmsiz, insafsız**; ~ **ağrı** *i.* 통렬한 아픔 acute pain; ~ **dil** *i.* 날카로운 혀, 모진 말 sharp tongue; ~ **külək** *i.* 매서운 바람 sharp wind; ~ **söz** *i.* 매몰찬 말, 모진 언어 sharp word; ~ **xarakter** *i.* 모진 성격 sharp character/temper; ~ **adam** *i.* 가혹한 사람 harsh person; **havanın ~ dəyişməsi** *i.* 기후의 황량한 변화 sharp change in the weather; ~ **davranış** *i.* 거친 행동, 무뚝뚝한 태도 short/abrupt manners; ~ **tənqid** *i.* 가혹한 비판 severe criticism; ③ 엄한, 엄격한, 준엄한, 가차없는 stern, strict ○ **tələbkar, kəskin, ağır, quru, ətalətli**; ~ **müəllim** *i.* 엄한 선생님 strict teacher; ~ **baxım** *i.* 준엄한 외모 severe look; ~ **tənqidçi** *i.* 가혹한 비판자 severe critic; ~ **intizam** *i.* 엄격한 훈련 strict discipline; ~ **qayda** *i.* 준엄한 규칙 strict rule; II. *z.* 엄하게, 가혹하게, 거칠게, 냉혹하게 strictly, severely, sharply; ~ **danışmaq** *fe.* 가혹한 언어를 쓰다, 냉혹하게 말하다 use sharp word

sərtləşdirmək *fe.* 엄하게 하다, 날카롭게 하다, 거칠게 하다, 모질게 하다 make hard, strained, sharp, harsh

sərtləşmək *fe.* ① 뻣뻣해지다, 빡빡해지다, 굳어지다 become hard, become rigid ○ **ciddiləşmək, möhkəmləşmək**; ② 악화되다, 나빠지다 become worse ○ **kobudlaşmaq, qaba-**

laşmaq; ③ 날카로워지다, 냉혹해지다, 냉정해지다 become sharp, become harsh ○ **kəskinləşmək, azğınlaşmaq**; ④ 긴박해지다, 억지부리다, 화나다, 기분 상하다 become strained, be resented ○ **əsəbiləşmək, acıqlanmaq**; ⑤ 무자비하다, 잔인하다 become brutal, become merciless ○ **qəddarlaşmaq, zalımlaşmaq, rəhmsizləşmək**; ⑥ 엄해지다, 격해지다, 조악해지다 become stern, become hardened ○ **codlaşmaq, bərkimək** ● **yumşalmaq**

sərtlik *i.* ① 완고함, 딱딱함, 뻣뻣함 severity, solidity, rigidness ○ **ciddilik, zabitəlilik, möhkəmlik, mətanət** ● **yumşaqlıq**; ② 거침, 조악함 roughness, hardness, strictness ○ **codluq, bərklik**; ③ 매서움, 씁쓸함; bitterness, harshness ④ 엄격함, 단호함 sternness, strictness ○ **tələbkarlıq, kəskinlik**; ⑤ 가혹함, 모짐 harshness, brutality ○ **qəddarlıq, zalımlıq, rəhmsizlik, insafsızlıq**; ⑥ 건방짐, 불손, 버릇없음, 무례함, 불경 rudeness, disrespect ○ **kobudluq, qabalıq, ədəbsizlik, nəzakətsizlik**

sərv (ağacı) *i.* 사이프러스, 백향목 cypress

sərvaxt *si.* 경계를 하는, 조심스러운, 주의 깊은 sober, vigilant, watchful ○ **ayıq, sayıq**

sərvaxtlıq *i.* 경계, 조심 vigilance, watchfulness ○ **ayıqlıq, sayıqlıq**

sərvboylu *si.* (사람, 체격 등이) 가느다란, 호리호리한, 여윈 slim, slender, tall as a cypress

sərvər *i.* 선도자, 지도자, 지휘자, 통솔자, 두목 leader, chief, boss, head, director

sərvət *i.* 자원, 부(富); 자산, 재산, 재화, 자력 resources, riches, wealth, fortune ○ **dövlət, var, zənginlik**; **mə'nəvi ~lər** *i.* 정신적 자원, 정신적 가치 spiritual values; **təbii ~lər** *i.* 천연 자원 natural resources

sərvətdar *i.* 자본가; 부자 capitalist, rich man

sərvətlənmək *fe.* 풍부해지다, 부자가 되다 grow rich, become wealthy ○ **dövlətlənmək, varlanmaq, zənginləşmək**

sərvətli *si.* 부한, 풍부한, 부자의 wealthy, rich ○ **dövlətli, varlı, zəngin**

sərvətlilik *i.* 부유함, 풍부함 wealthiness, richness ○ **dövlətlilik, varlılıq, zənginlik, bolluq, çoxluq**

sərvqamət(li) sərvqədd(li) ☞ **sərvboylu**

sərvlik *i.* 사이프러스 숲 cypress wood

sərzəniş *i.* 질책, 꾸중, 책망, 비난 reproach, reproof, censure ○ **qaxınc, danlaq, tə'nə, məzəmət**; **~lə** *z.* 꾸중하면서 scoldingly

səs *i.* ① 소리, 음향 sound ○ **səda, hay**; ② 음성, 목소리, 말 voice; **zil ~** *i.* 고음, 날카로운 음성 high pitched voice; **~ ahəngi** *i.* 억양 intonation; **~ bağları** *i.* 성대 (聲帶) vocal chords; **~ teli** *i.* 성대 vocal cord; **~ titrəməsi** *i.* 전음, 트릴, 떨리는 소리 trill; ③ 소음 noise; **~ salmaq** *fe.* 시끄럽게 하다 make a noise; **~ salmamaq** *fe.* 침묵하다, 묵언하다 keep still; ④ *i.* 투표 vote (in election); **~ vermək** *fe.* 투표하다 vote; **~ vermə** *i.* 투표 ballet ;**ümumi ~ vermə** *i.* 총선 national poll, general election; **~ə qoymaq** *fe.* 투표에 부치다 put to the vote; **~ əqoyulma** *i.* 투표, 표결 ballot vote, poll, division **bir**; **~lə** *z.* 만장일치로 unanimously; **~ çoxluğu ilə** *z.* 다득표로 by majority of votes; **~ lərin hesablanması** *i.* 개표 poll (in election); **~ əksəriyyəti qazanmaq** *fe.* 다득표하다 gain/carry a majority; ***Tək əldən səs çıxmaz.*** *박수도 손뼉을 마주쳐야 난다. One man no man.*; ***Nə səs var, nə səmir.*** *무소식이 희소식. Nothing has been heard, No news.*

səsartıran *i.* 큰소리로 떠드는 사람, 문제를 확대시키는 사람 loud speaker

səsboğan *i.* 소음기(消音器), 소음장치 silencer, muffler

səsgücləndirici *i.* 확성기, 증폭기, 앰프 amplifier, sound intensifier

səsibatmış *si.* 목이 잠긴, 목이 쉰 voiceless, hoarse

səskeçirən *si.* 전음(傳音)의 sound conducting

səskeçirmə *i.* 전음성(傳音性), 음의 전도성 sound conductivity

səskeiçirməyən *si.* 방음의 sound-proofing

səs-küy *i.* 소란, 소요, 소동 uproar, noise, clamour, turmoil ○ **qalmaqal, çığırtı, bağırtı** ● **sakitlik, sükut**

səs-küylü *si.* 시끄러운, 소란한, 소동의, 분주한 noisy ○ **qalmaqallı, çığırtılı, bağırtılı, sədalı**; **~ dalaşma** *i.* 떠들썩한 싸움, 말다툼, 소동 brawl

səsləmək *fe.* 갈채하다, 환호하다, 소리쳐 부르다 call, hail, exclaim ○ **haraylamaq, çağırmaq**

səslənmə *i.* 발성, 발음 sounding, phonation

səslənmək *fe.* 울려 퍼지다, 반향하다, 울리다, 소리 내다 resound, ring, sound

S

səsləşmək *fe.* ① 서로 부르다, 서로 떠들다, 다투다 call one another, shout to one another; ② 공통점을 갖다 have something in common

səsli *si.* ① 소리 나는, 시끄러운 noisy, sounding ○ **sədalı, haylı, gurultulu**; ② 화음의, 일치하는 harmonious, accordant ○ **uca, gur, ahəngdar**

səs-səda *i.* 소리(음성)의 높이; 가락; 음높이 sound, pitch

səs-səmir *i.* ① 소리, 소음 noise, sound ○ **səs-küy, qalmaqal**; ② 소식, 정보 news, information

səs-səmirsiz *si.* 소리 없는, 소리 내지 않는, 잡음이 없는, 조용한 noiseless, soundless, silent

səssiz *si.* 소리 없는, 소리 내지 않는, 잡음이 없는, 조용한 noiseless, silent ○ **sakit, xamuş** ● **səsli-küylü**

səssizcə *z.* 조용히, 소리 없이; 말없이 Silently

səssiz-küysüz ☞ səssiz-səmirsiz

səssizlik *i.* 고요, 정적; 무언, 침묵 silence ○ **sakitlik, sükutluq, xamuşluq**

səssiz-səmirsiz *si.* 조용한, 고요한; 소리 내지 않는 deaf, silent

səstutan *i.* 음원(音源) 탐지기 sound-locator, sound-ranger

səsvermə *i.* 선거권, 참정권 suffrage, poll; **mumxalq ~** *i.* 보통 선거권 universal suffrage

səsvermək *fe.* 투표하다 poll

səsyazan *i.* 음성녹음기 voice recorder

sətəlcəm *i. tib.* 폐렴 lung fever, pneumonia

səth *i.* ① 면, 평면; 수평면 plane, surface; ② 높이, 고도 level

səthi *si.* ① 얕은, 깊지 않은, 외관상의, 외면의; 천박한, 허울뿐인, 피상적인; 실체 없는; shallow, superficial ○ **üzdən** ● **dərin**; ② 가벼운, 경박한, 경솔한 light ○ **yüngül**

səthilik *i.* 천박, 피상 shallowness, superficiality ○ **yüngüllük** ● **dərinlik**

sətir *i.* (펜, 연필 등으로 그은) 선; 절, 단락, 장, 패러그래프 line, paragraph ○ **xətt**; **təzə ~** *i.* 새 단락, 새 줄 new line/paragraph; **~ altı** *si.* 비유(은유)적인 (뜻으로 사용한); 글자 그대로가 아닌; 표상(상징)하는; 은유, 암유(暗喩) figurative, metaphorical ○ **məcazi**; **~ başı** *i.* (문단 첫 줄의) 들여쓰기 indent, indention, indentation ○ **abzas**; **~bə~** *si.* 한 줄 한 줄 line by line; **~ üstü** *si.* 선상의, 판별적인 superlinear, diacritical

sətri *si.* ① 명목(명의)상의; 통상적인, 보통의 nominal, normal ○ **adi**; ② 문자상의, 표현 상의 interlining ○ **eynən, hərfi**

səva ☞ savayı

səvab ☞ savab

səvayı ☞ savayı

səviyyə *i.* 수준, 표준, 높이, 고도, 정도; (가치, 정도, 지위 등의) 위치, 수준, 계급, 단계 level, standard, mark ○ **dərəcə**; **dəniz ~ si** *i.* 해수면, 해발 sea level; **qəbul olunan ~ dən yüksək** *si.* 평균 이상의, 표준 이상의 above the mark; **lazımi ~də** *z.* 필요한 수준의, 적절한 기준의 up to the mark; **bir~ yə gətirmək** *fe.* 표준화하다 standardize; **həyat ~si** *i.* 생활 수준 standard of living; **mədəni ~** *i.* 문화/교육 수준 standard of culture, standard of education

səviyyəli *si.* (학식, 덕망) 수준 있는, 배운 literate, well-educated ○ **bilikli**

səy *i.* 열심, 열의, 열정, 노력, 시도 effort, zeal, endeavor ○ **cəhd, çalışma**; **~ göstərmək/etmək** *fe.* 노력하다, 열심히 해보다, 애쓰다, 유의하다 endeavour, exert oneself; **~ göstərən** *si.* 열정적인, 열심인 arduous; **bütün ~lərə baxmayaraq** *z.* 모든 수고에도 불구하고 in spite of all the efforts; **~lə** *z.* 열심으로, 열정적으로 hard, with all the power

səyahət *i.* 여행, 여정, 행정 travel, journey, trip, voyage ○ **səfər, gəzmə**; **~ etmək** *fe.* 여행하다, 항해하다, 여정을 떠나다 journey, rove, roam, travel; **~ə çıxmaq** *fe.* 여행하다, 항해하다, 여행길에 나서 travel, sail; **~ bürosu** *i.* 여행사 tourist agency

səyahətçi *i.* 여행자, 나그네, 여객 traveler, voyager

səyahətnamə *i.* 여행 증서, 여행 서적 travel book

səyirmək ☞ səyrimək

səyirtmə *z.* 전속력으로 at a gallop, full gallop ○ **çapma, sürmə**

səyirtmək *fe.* ① 전속으로 달리다, 질주하다 gallop ○ **çapmaq, sürmək**; ② 날다 fly

səyli *si.* ① 열정적인, 열심인, 정열적인, 부지런한 diligent, hardworking ○ **cəhdli, çalışqan**; ② 간절한, 간청하는, 긴급한 pressing, consistent ○ **inadlı, ardıcıl, gərgin**

sə'ylilik *i.* 부단한 노력, 근면, 부지런함 diligence ○ **cəhdlilik, çalışqanlıq**

səyrimə *i.* 경련, 경기; (웃음, 분노, 슬픔 등의) 심한 발작 convulsion, tic

səyrimək *fe.* ① (남을) 격앙하다, 격노하다, 분노로 떨다, 움츠러들다 be infuriated, shiver with anger, flinch, wince, quiver, tremble ○ **titrəmək, əsmək**; ② 놀라다, 기겁하다, 오싹하다 be scared ○ **səksənmək, diksinmək, çimçişmək, ürpəşmək**

səyrişmək *fe.* ①(열, 빛, 물결 등 때문에) 어른거리다, 흔들거리다 twinkle, shimmer ○ **parıldamaq, işıldamaq**; ② (추위, 공포, 흥분 등으로) 전율하다, 떨다 shiver with anger ○ **titrəmək, sayrışmaq**

səyyad *i.* 사냥꾼, 수렵가, 사냥 짐승 hunter

səyyah *i.* 여행자, 나그네, 객 traveler ○ **səyahətçi**

səyyahlıq *i.* 여행, 항해, 여정 travelling, trip, journey ○ **səyahətçilik**

səyyal *si.* 유창한, 유려한, 부드럽게 흐르는 fluent, flowing ○ **axıcı, səbəst, rəvan**

səyyar *si.* 이동하는, 이동용의, 순회하는, 유목하는 itinerant, mobile, migratory, nomadic ○ **gəzərgi, mütəhərrik**

səyyarə *i.* 천체, 행성, 혹성 planet

sxem *i.* ① 그림, 도식, 도형, 설계도, 약도; device, diagram, chart; ② 발췌, 발초(拔抄), 적요, 요약; 정수 abstract

sxematizm *i.* 도식적 배치, (지식 등의) 조직적 체계, 양식 schematism

sxematik *si.* 개요(도식)의, 도식적인, 윤곽을 그린 schematic, outlined

sxolastik *si.* 학자풍의 (scholarly), 학자인 체하는, 학자임을 내세우는 scholastic

sxolastika *i.* 스콜라 철학; 전통적 교리/학풍의 고집 scholasticism

sıçramaq *fe.* ①펄쩍 뛰다, 도약하다, 춤추다 leap, mount, shrink, spring, hop, jump ○ **atılmaq, hoppanmaq, tullanmaq**; ② 물을 끼얹다, 흩뿌리다, (물방울 등이) 튀기다 sprinkle, splash, spatter ○ **səpilmək, çilənmək**

sıçrantı *i.* 물보라; 물보라 모양의 것 spray, sparkle, drizzle

sıçratmaq *fe.* (액체, 분말 등을) 뿌리다, 끼얹다, 튀기다, 튀겨 적시다 sprinkle, splash

sıçrayış *i.* ① 튀어 오름, 갑작스러운 동작, 밀침 jerk, jump, leap, spring, hop ○ **atılma, hoppanma, tullanma**; ② 갑작스러운 현상, 돌발, 폭발, 급변; sudden outbreak, sudden change; ③ 질적 도약, 날쌘 움직임 qualitative leap

sıçrayışlı *si.* 갑자기 튀어 오르는, 괄목상대할 만한 jumping, suddenly developing

sıfır *say.* (숫자의) 영(0), 제로 cipher, zero, naught

sığal *i.* ① 반반하게(고르게) 하기, 다리미질, 매만지기 stroke, caress, smooth ○ **tumar**; ② 꾸밈, 장식; 장식물 ornament, decoration ○ **cila, süs, bəzək**

sığallamaq *fe.* 쓰다듬다, 어루만지다, 애무하다 stroke, smooth, caress ○ **tumarlamaq, ovuşdurmaq, oxşamaq, hamarlamaq**

sığallanmaq *fe.* (스스로) 매만지다, 쓰다듬다 be stroked

sığallı *si.* ① 부드러운, 편평한, 단아한 smooth, tidy ○ **tumarlı, ütülü, hamar**; ② 장식된, 꾸며진 ornamented, decorated ○ **cilalı, bəzəkli** ● **pırtlaşıq**

sığdırmaq *fe.* 자리에 놓다, 쑤셔 넣다, 머무르게 하다 place, locate, lodge

sığım *i.* 용적; 용량 capacity

sığınacaq *i.* (옛날, 범죄자나 채무자가 도피하던 치외법권의) 피난처, 성역; (일반적으로) 피난처, 숨을 곳; (정치범에게 제공되는) 임시 피난처 asylum, haven, resort, refuge, shelter; ~ **vermək** *fe.* 피난시키다, 보호하다, 숨을 곳을 주다 shelter, refuge, give refuge; ~ **tapmaq** *fe.* 피난하다, 숨다 take refuge

sığınaq ☞ **sığınacaq**

sığıncaq ☞ **sığınacaq**

sığınma ☞ **sığınmaq**

sığınmaq *fe.* 숨다, 피난하다, 도피하다 shelter, take refuge ○ **daldalanmaq, arxalanmaq**

sığır *i.* ① 소떼 cattle; ② *zoo.* 큰 사슴 elk, moose

sığırçı *i.* 목장주; 목동, 목부(牧夫) rancher, cowboy, broncobuster

sığırçın *i. zoo.* 찌르레기; 찌르레기 사촌 starling

sığışdırmaq *fe.* ① 쑤셔 넣다, 끼워 넣다 put in forcefully; ② 참다, 용인하다, 묵인하다 tolerate, bear

sığmaq *fe.* 삽입하다, 끼워 넣다, 끼우다 insert, interfere, intervene ○ **yerləşmək, tutmaq**

sığmaz *si.* 화합하지 않는, 모순된, 상반된, incompatible

sığmamazlıq *i.* 상반됨, 부조화, 불화, incompatibility

sığorta *i.* 보험(保險) insurance; ~ **etmək/vermək** *fe.* 보증하다, 책임지다 insure; ~ **olunmaq** *fe.* 보험에 들다, 보험으로 보장되다 be insured; ~ **haqqı** *i.* 보험비 insurance premium

sığortaçı *i.* 보험업자, 보험회사 insurer

sığortalı *si.* 보험에 든, 보험으로 보장되는 insured

sıx *si.* ① 진한 thick, bulky ○ **qalın, yoğun**; ② 짙은, 밀집한, 농후한, 촘촘한 compact, dense ○ **qatı, qəliz** ● **aralı**; ③ 좁은, 답답한, 엄한 strait, thick ○ **kip, bərk, möhkəm**; ④ 빡빡한, 단단히 맨 tight ○ **dar, darısqal**; ~ **birləşmək** *fe.* 깊이 연합하다, 규합하다, 결집하다 unite, rally; ~-~ *z.* 빡빡하게, 진하게, 짙게 packed, densely

sıxac *i.* 억제, 움켜잡기, 꽉 죄기 clamp, clutch, suppression ○ **məngənə, pres**

sıxcalamaq *fe.* 짓밟아 짜다, 억압하여 쥐어 짜다 trample and squeeze ○ **sıxışdırmaq**

sıxıcı *si.* ① 압박하는, 쥐어 짜는 compressing, squeezing ○ **qısıcı, yığıcı**; ② *fig.* 억압하는, 무기력하게 하는, 못 견디게 하는 agonizing, unnerving, tedious ○ **yorucu, üzücü, usandırıcı, darıxdırıcı, cansıxıcı**

sıxıcılıq *i.* (심신의) 심한 고통, 고뇌, 고민, 비통 anguish, pain, distress ○ **yoruculuq, üzücülük, usandırıcılıq, darıxırıcılıq, cansıxıcılıq**

sıxılabilən *si.* 응축(압축, 농축)할 수 있는 condensable, compressible

sıxılmış *si.* 응축된, 압축된, 농축된 compact, condensed, compressed

sıxılma *i.* 수축, 압축, 압착 contraction, pressure, squeeze

sıxılmaq *fe.* ① 압축되다, 수축되다 be contracted, compressed ○ **yığılmaq, büzülmək, yumulmaq, tutulmaq**; ② 지치다, 피곤해지다 become tired ○ **üzülmək, yorulmaq, usanmaq**; ③ 부끄러워하다, 움츠러들다, 위축되다 feel shy, be shrunk ○ **utanmaq, çəkinmək, qısınmaq**; ④ 슬퍼하다, 슬퍼지다, 비통해지다 be sad, become sorrowful ○ **kədərlənmək, darılmaq, qəribsəmək** ● **açılmaq**

sıxıntı *i.* ① (육체적) 고통; 피로, 곤경, (특히) 재정 곤란, 궁핍, 낭패 difficulty, hardship, distress, embarrassment, famine ○ **utanma, karıxma, çaşma, pərtlik** ● **sərbəst**; ② 비참함, 슬픔, 서러움 sadness, sorrow, pitifulness ○ **qüssə, kədər, qəm**

sıxıntılı *si.* ① 긴장이 많은, 고난에 찬, 힘드는, 곤란한 troublesome, stressful ○ **qüssəli, kədərli, qəmgin**; ② 당황하게 하는, 황당하게 하는 bewildering, embarrassing ○ **utancaq, çaşqın, cansıxıcı**

sıxıntısız *si.* 쉬운, 문제없는 easy

sıxışdırılmaq *fe.* 억압당하다, 위축당하다 be exposed to pressure

sıxışdır|maq *fe.* ① 억압하다, 억누르다, 압제하다, 압도하다, 핍박하다 force out, press, jam, wedge, crumple ○ **qovmaq, çıxartmaq**; ② 귀찮게 하다, 괴롭히다, 성가시게 하다 distress, bother ○ **incitmək, qısnamaq**; **~ıb aradan çıxarmaq** *fe.* 빼앗다, 쫓아내다, 대체하다 supplant

sıxışmaq *fe.* 농축되다, 응축되다, 요약하다, 집약하다 cluster, condense, compress ○ **tıxanmaq, doluşmaq, yığışmaq, soxulmaq**

sıxlaşdırılmaq *fe.* 진하게 되다, 농축되다, 집약되다 be thickened, become condensed, be concentrated

sıxlaşdırmaq *fe.* 응축하다, 농축하다, 진하게 하다 thicken, become thick, dense

sıxlaşmaq *fe.* ① 밀집 시키다; (천의) 올을 배게 짜다; 무성하게 만들다; 진하게하다, 깊게하다 thicken ○ **qalınlaşmaq, qatılaşmaq**; ② 무거워지다, 가중되다 get heavier ○ **gərginləşmək**; ③ 군집하다, 단결하다, 결집하다 crowd, rally, unite ○ **doluşmaq, tıxanmaq, yığışmaq**; ④ 축약하다, 단축하다 abbreviate ○ **yığcamlaşmaq**; ⑤ 굳어지다, 경화되다 harden, solidify ○ **kipləşmək, bərkimək**

sıxlıq *i.* ① 농도, 두께 thickness, density ○ **qalınlıq**; ② 연합함, 합병, 결함 unitedness ○ **qatılıq**; ③ 농축, 응축 condensing ○ **darısqallıq, basırıqlıq**; ④ 단단함, 굳음, 견고 hardness ○ **kiplik**

sıxma-boğma *i.* 압박, 압제, 억압 oppression; **~ya salmaq** *fe.* 억압하다, 압박하다, 중압하다 oppress, keep down, put pressure on

sıx|maq *fe.* ① 누르다, 밀다, 밀어붙이다, 압축하

다 press, compress, depress ○ **basmaq**; ② 짓밟다, 억누르다, 억제하다 trample, smother ○ **qısmaq, əzmək, tapdalamaq**; ③ 압박하다, 억압하다 oppress ○ **incitmək, qısnamaq**; ④ 압착하다, 짜다, 꽉 잡다 squeeze; ⑤ 단단히 매다, 꽉 붙잡다, 쥐다 clench, tighten, jam, grip; **~ıb əzmək** *fe.* 쥐어짜다, 압착하여 뭉개다 pinch; **gözünün qorasını ~** *fe.* 눈물을 쥐어짜다, 억지로 울다 break into tears, squeeze out a tear

sıxyarpaq *si.* 잎이 무성한 leafy, full of leaves

sıldırım I. *si.* ① 벼랑 같은, 절벽의, 깎아지른 듯한; 급경사의 steep, precipitous; II. *i.* 절벽, 벼랑 steepness, precipice ○ **uçurum, yalçın, sarp**; **~ qaya** *i.* 벼랑, 낭떠러지, (특히) (해안의) 절벽 cliff

sıldırımlı *si.* (벼랑 등이) 가파른; (지층) 단열의 abrupt, steep ○ **dimdik, yalçın, uçurumlu, sarplı**

sımıq *si.* 탐욕스러운, 욕심 많은 greedy ○ **acgöz, tamahkar**

sımsı(rı)q *si.* 우울하게 하는, 울적하게 하는, 기분을 따분하게 하는; 희망이 없는, 절망적인; 비관적인 gloomy, sullen, frown ○ **qaraqabaq, qaşqabaq**

sınaq *i.* 검사, 시험; 검산(檢算) proof, test, trial ○ **təcrübə, yoxlama, imtahan**; **~ dan çıxarmaq** *fe.* 시험하다, 검사하다 test

sınaqçı *i.* 시험자, 검사자 tester, examiner

sınaqlı *si.* 경험 있는, 숙달한 experienced, experimental ○ **təcrübəli**

sınama *i.* 시험하기, 검사하기 testing

sınamaq *fe.* 시험하다, 검사하다 try, test, examine ○ **yoxlamaq**

sınan *si.* 부서지기(깨지기) 쉬운, 부러지기 쉬운 brittle

sınan(ıl)maq *fe.* 시험받다, 검사 받다 be tested ○ **yoxlanılmaq**

sınanmış *si.* 검사 받은, 검증된; tested, reliable; **~ çarə** *i.* 확실한 해결책, 절대 보증의 해결 방법 infallible remedy

sınayıcı *si.* 실험적인, 검사를 위한 testing, experimenting

sındırmaq *fe.* ① 부수다, 꺾다, 깨다, 빻다 break, crash, fracture ○ **qırmaq, qoparmaq**; ② 망가뜨리다, 못쓰게 하다 spoil, ruin ○ **dağıtmaq, sökmək, uçurtmaq**; ③ 파괴하다, 부수다, 넘어뜨리다 demolish, destroy ○ **oynamaq, süzmək**

sınıxmaq *fe.* (몸이) 약해지다, (기력이) 쇠하다; (기운, 열의 등이) 약화되다; (사람이) 의기 소침해지다, 기운이 빠지다; (초목이) 시들다 droop, become feeble, fade, melt, relent ○ **arıqlamaq, zəifləşməq, cılızlaşmaq, sısqalaşmaq**

sınıq I. *i.* 부서지기, 깨지기, 찢어지기, 부러지기, 파손(상태) fracture ○ **qırıq, bölük**; II. *si.* 부서진, 망가진, 깨진, 끊어진, 찢긴, 찢어진, 부러진, 꺾인; 상한, 상처를 입은; 골절한 broken ○ **incik, küsük** ● **təzə**; **~-salxaq** *si.* 부서져 못 쓰게 된 half-broken, useless; **~-sınıq** *si.* 잘게 부숴진 broken into pieces; **~-sökük** ☞**sınıq-salxaq**

sınıqçı *i.* (보통 의사 면허가 없는) 접골사 bonesetter

sınıqlıq *i.* ① 부서진 것, 깨진 것 breaking ○ **qırıqlıq**; ② 피로, 피곤 fatigue

sınırmaq *fe.* 과도하여 망가지다 spoil by overdoing

sınqa *i.* 괴혈병(壞血病) scurvy

sınqalı *si.* 괴혈병에 걸린 scorbutic

sınma *i.* 망가짐, 고장남 break down

sınmaq *fe.* ① 해체되다, 분해되다, 무너지다 dismantle, tear down ○ **dağılmaq, uçmaq, sökülmək**; ② 부서지다, 깨지다 break, fracture ○ **qırılmaq, bölünmək, ayrılmaq**; ③ 다치다, 상하다 hurt, harm ○ **küsmək, incimək** ● **düzəlmək**; ④ 줄어들다, 감소하다 decrease, reduce

sınmayan *si.* 깨지지 않는, 부서지지 않는 unbreakable

sınmış *si.* 부서진, 깨진, 조각난 broken

sıpa *i.* 1년생 망아지, 나귀 새끼 one-year old foal, young donkey ○ **xotuq, qoduq**

sıpıxmaq *fe.* ① 미끄러져 사라지다, 미끄러지듯 도망하다 slip off, slip away ○ **sivişmək**; ② 훔쳐가다 steal away

sıra *i.* ① (사람이나 물건의 특히 곧은) 열, 줄 row, line ○ **cərgə, səf, qatar, düzülmüş, nizam, sistem**; ② (같은 종류, 유사한 것의) 연속, 일련, 한 벌 series; ③ 차례, 순번; 기회, 호기 turn, duty; ④ (위계, 품질, 가치, 정도 등의) 계급, 등급, 등품 rank, grade; **~ ilə davam edən** *si.* 연속하는, 일련의, 순차적인 serial; **~ qaydası** *i.* 후속(수반)하여 일어나는 일(사건); 결과, 귀결 sequence;

S

~ **sayı** *qram.* 서수(序數) ordinal number; ~ **dan çıxarmaq** *fe.* 혼란시키다, 흩뜨리다, 이상이 생기게 하다 derange; **~dan çıxarılmış** *si.* 고장난, 불능의 disabled; **~ya düzülmək** *fe.* 줄을 서다, 순서를 기다리다 stand in a line

sıraca *i. tib.* 연주창, 선병(腺病) scrofula ○ **xanazır**

sıralamaq *fe.* 분류하다, 줄을 맞추다 put into a row, sort ○ **cərgələmək, düzmək, qatarlamaq**

sıralı *si.* 질서 있는, 순서에 따른, 정렬된 orderly, in turn ○ **cərgəli, səfli, qatarlı**

sırasız *si.* 무질서의 disorderly

sıratağ *i.* 아케이드, 회랑 arcade

sıravi I. *i.* 사병, 병졸 private (soldier); II. *si.* ① 순서의, 질서의 serial, orderly ○ **cərgəli, səfli**; ② 일반의, 평범한, 평인의 private, ordinary ○ **adi**

sıravilik *i.* ① 질서 있음, 순서에 따름 orderliness, series ○ **cərgəlilik, səflik**; ② 일상성, 평범함 ordinariness, common state ○ **adilik**

sırf I. *si.* 순수한, 단순한, 간결한 pure, simple ○ **xalis, təmiz**; II. *z.* 분명히, 확실히, 결정적으로, 절대로 certainly, decisively ○ **heç, əsla, qətiyyən, tamamilə, büsbütün**

sırğa *i.* 귀걸이 earring

sırğalıq *i.* 귓불 earlobe ○ **mərçək**

sırıq *i.* 누비기, 누비질, 시침질 quilting, basting, tacking

sırıqlı I. *si.* 누빈, 솜으로 채워진 quilted, wadded; II. *i.* 패딩 조끼 padded jacket, quilted jacket

sırımaq *fe.* ① 바느질하다 quilt, stitch, baste ○ **tikmək**; ② 강매하다 cause *smb.* to buy either by force or by deceit ○ **yeritmək, soxuşdurmaq**

sırınmaq *fe.* 누벼지다, 꿰매지다 be quilted

sırma *i.* ① 은실 (옷 장식용) silver thread (for cloth decoration); ② 견장 (肩章) stripe, shoulder strap, ensign

sırsıra *i.* 서리, 고드름 icicle, hoar-frost, rime ○ **qırov, buz**

sırt *i.* 등, 허리 back ○ **bel, kürək**; ② 산마루 ridge

sırtıq *si.* (사람, 언동이) 오만한, 거만한, 뻔뻔스러운, 파렴치한 insolent, shameless, brazen, impudent ○ **həyasız, arsız, ədəbsiz, utanmaz, qarayaxa** ● **həyalı**

sırtıqlaşmaq *fe.* 뻔뻔해지다, 염치가 없어지다 become impudent, become shameless ○ **həyasızlaşmaq, arsızlaşmaq, ədəbsizləşmək**

sırtıqlıq *si.* 오만(거만, 무례)한 태도(말), 뻔뻔스러움, 염치없음; 무례함, 건방짐 shamelessness, impudence, insolence ○ **həyasızlıq, arsızlıq, ədəbsizlik, utanmazlıq, qarayaxalıq**

sırtılmaq ☞ **sırtıqlaşmaq**

sısqa *si.* 병든, 병약한, 야윈, 수척한, 초췌한; 몸이 편찮은 sickly, ailing, wan, haggard ○ **arıq, cılız, cansız, zəif** ● **yekəpər, gur**

sısqalanmaq ☞ **sısqalaşmaq**

sısqalaşmaq *fe.* 초췌해지다, 약해지다, 야위다, 수척해지다 become weak/sickly/puny ○ **arıqlamaq, cılızlaşmaq, cansızlaşmaq, zəifləmək**

sısqalıq *i.* 연약함, 초췌함 leanness, thinness ○ **arıqlıq, cılızlıq, cansızlıq, zəiflik**

sısqalmaq *fe.* 약해지다, 초췌해지다, 병약해지다 become weak, sickly, puny

sıyıq I. *i.* 죽, 미음; pudding, porridge; ~ **sabun** *i.* 물비누 liquid soap; II. *si.* 액체, 유체, 수분이 많은 liquid, fluid, watery ○ **duru, maye**

sıyıqaşı *i.* 수저로 먹는 국물이 있는 음식 watery food eaten with spoon

sıyıqlaşdırmaq *fe.* 묽게(희박하게) 하다, 희석하다; 즙으로 만들다 dilute, liquidize

sıyıqlaşma *i.* 묽게(희박하게) 하기, 희석, 희박화; dilution, rarefaction ○ **durulaşma, mayeləşmə**

sıyıqlaşmaq *fe.* 액체화되다, 유체화되다, 묽게 되다 become liquid, fluid, watery ○ **durulaşmaq, mayeləşmək**

sıyıqlıq *i.* 유동성(상태), 묽은 상태 liquidity, fluidity ○ **duruluq, mayelik**

sıyırmaq *fe.* (칼을) 칼집에서 뽑다 unsheathe, draw

sıyrıntı *i.* 긁기, 할퀴기; 긁힌 상처, 생채기 scratch

sızağan *i.* 액체, 유동체 fluid, liquid

sızaq I. *i.* 발진, 홍진, 피진, 뾰루지, 부스럼, 두드러기 rash, eruption ○ **sızanaq**; II. *si.* 뜨거운, 더운, 따뜻한 hot, warm ○ **isti**

sızanaq *i.* 뾰루지, 여드름, 종기, 농포 pimple, blotch, pustule ○ **civzə, yara**

sızanaqlı *si.* 여드름투성이의, 뾰루지가 돋은 pimpled, pimply, blotchy
sızğax *i.* 약한 흐름, 실개울 weak flow, stream
sızı ☞ sızıltı
sızıldamaq *fe.* ① 우는 소리를 하다, 신음하다 whine, complain, ache ○ **ufuldamaq, inildəmək, ağrımaq**; ② 병들다, 아프다 be sick ○ **xəstələnmək, naxoşlamaq**; ③ 울다, 울부짖다 cry ○ **ağlamaq**
sızıldaşmaq *fe.* 구슬피 울다, 소리 없이 울다 weep silently and sorrowfully
sızılmaq ☞ sızmaq
sızıltı *i.* ① 신음, 넋두리, 푸념, 불평; 한탄 whine, ache, moaning ○ **inilti, ah-vay, şikayət, ağrı, ağlama**; ② 슬픔, 비애, 비탄 sorrow, sadness ○ **qəm, qüssə, dərd**
sızıltılı *si.* ① 흐느껴 우는, 신음하는, 낑낑거리는 aching, whining, whimpering ○ **iniltili, ah-vaylı, şikayətli**; ② 슬픈, 서러운, 비참한, 비탄의 sad, sorrowful ○ **qəmli, qüssəli, dərdli**
sızıntı *i.* 물이 새는, 물이 스며드는 leaking fluid, liquid, dripping
sızınaqlı *si.* 여드름투성이의, 여드름이 낀, pimpled, pimply, blotchy ○ **civzəli, yaralı**
sızqa *si.* 약한 흐름의, 세류(細流)의 weak flowing
sızqov ☞ sızqa
sızlamaq ☞ sızıldamaq
sızma *i.* 누수, 누설 leak
sızmaq *fe.* ① 물이 스며들어 떨어지다, 스며들다, 물방울이 떨어지다 drip, trickle ○ **axmaq, dammaq**; ② 놀라다, 기겁하다, 겁내다, 두려워하다 be scared ○ **qorxmaq, çəkinmək**
sian *i.* 시안 (무색, 맹독, 가연성 기체) cyanogens
sianat *si.* 시안기(基)의; 시안기를 함유하는 cyanic
Sibir *i.* 시베리아 Siberia; **~li** *si.* Siberian 시베리아인
sibirporsuğu *i. zoo.* 굴로 glutton
sibirsamuru *i. zoo.* 흑담비 sable
sicilləmə *si.* 말수가 많은, 장황한, 수다스러운 extensive, wordy, verbose, loquacious
sicim *i.* 꼰 실(끈); (특히) 삼실 twine, rope
sicimləmək *fe.* 끈으로 묶다 tie with a rope
siçan *i.* 생쥐, 새앙쥐 mouse; **~ tələsi** *i.* mouse trap 쥐덫
siçovul *i.* 쥐 (덩치가 큰) rat
sidik *i.* 오줌, 소변 urine; **~ kisəsi** *i.* 낭(囊); 방광, 오줌보 bladder
sidiklik *i.* 오줌보, 방광 bladder (urinary)
sidq *i.* 성실, 성의, 정직, 진실, 솔직, 진심 sincerity, honest ○ **səmimilik, saflıq,**
sidr (ağacı) *i.* 개잎갈나무, 참죽나무 cedar
sifal *i.* 슬레이트, 지붕 기와 tile, roofing slate ○ **kirəmit**
sifali *si.* 건장한, 튼튼하게 생긴; 힘세고 용감한, 씩씩한 tall, stalwart ○ **boy-buxunlu**
sifariş *i.* ① 주문, 신청, 요청, 예약 order; ② 할당, 부여; 임무 assignment, charge; **~ vermək etmək** *fe.* (물건, 음식, 상품 등) 주문하다 order; **~li məktub** *i.* 등기 우편 registered letter; **bilet ~ etmək** *fe.* 예약하다 book a ticket; **kitab ~ etmək** *fe.* 책을 주문하다 order a book
sifarişçi *i.* 고객, 손님, 주문자 customer
siferblat *i.* 전화 번호판, 시계 판 dial-plate, dial-face, clock-dial, clock face
sifət[1] *i.* ① 얼굴, 안색 face, countenance ○ **üz, bəniz, çöhrə**; ② 속성, 특질, 특성 attribute, personality, character
sifət[2] *i. qram.* 형용사 adjective
sifon *i.* 사이펀, 흡입관 siphon
sifonlu *si.* 사이펀(작용)의; 수관(水管)의 siphonal, siphonic
sifraq *i.* ① 쓸개즙, 담즙 bile, gall; ② 욕지기, 구역질 vomiting, retching; **~ etmək** *fe.* 음식을 토하다, 게우다, 구역질하다 vomit
siftə *i.* 처음, 최초, 시작, 개시 beginning, initiative **başlanğıc, təşəbbüs** ● **son**
siğə *i.* 임시 결혼 (일부다처제의 일종; 일시적으로 종교 지도자에게 하는 결혼 제도) temporary marriage
sikkə *i.* 동전의 초상, 부조(浮彫) relief, ornament on the coin; coin
sikkəli *si.* 돋을 새김을 한, 표면을 두드러지게 한 embossed
sikkəxana *i.* 화폐 주조소 mint
sikkəvurma, sikkəkəsmə *i.* 화폐 주조(법, 권); 화폐 제도 coinage, chasing, caulking
sikl *i.* 주기, 순환기, 반복, 한 바퀴; 순환 과정, 사이클, 주파 cycle
sikloid *i. geo.* 사이클로이드 cycloid
sikloidal *si.* 순환병질인, 조울 정신병형의 cycloidal
siklon *i.* 사이클론 (인도양의 열대성 저기압); (온대

S

성) 저기압 cyclone
siklop *i.* 검물벼룩 cyclop(s)
siqar *i.* 엽궐련, 여송연, 시가 cigar
siqarabənzər *si.* 궐련 비슷한, 담배 모양의 cigar-shaped
siqaret *i.* (지)궐련 cigarette; ~ **çəkmək** *fe.* 담배를 피우다 smoke
siqlət *i.* 무게, 중량 weight, heaviness ○ **sanbal, çəki, ağırlıq**
siqnal *i.* ① 신호, 시그널 signal ○ **işarə**; ② 경보, 경고 alarm, warning ○ **xəbərdarlıq, mə'lümat**; ~ **vermək** *fe.* 신호하다, 경고하다, 경적을 울리다 signal, give a signal, honk(car); ~ **şeypuru** *i.* 군대 나팔; (사냥용) 뿔피리 bugle
siqnalçı *i.* 신호수, 신호병, 나팔수 bugler, signal-man, signaller
silah *i.* ① 무기, 병기, 공격 수단 weapon, arms ○ **yaraq**; ② 수단, 성취 방법 means, way of achievement; ~ **anbarı** *i.* 무기고, 조병창 armoury; ~ **səsi** *i.* 굉음, 포성, 쿵쾅 소리 shot, bang; ~ **zavodu** *i.* 조병창 armoury; **nüvə ~ları** *i.* 핵무기 nuclear weapons; ~ **istehsalını artırmaq** *fe.* 무기 생산을 증대하다 escalate arms production; **tərk** ~ *i.* 비무장 disarmament
silahdar *i.* 무기 수송기, 무기 수송차 armour carrier
silahdaş *i.* 전우, 전투 동료 companion-in-arms
silahdaşıyan ☞ **silahdar**
silahxana *i.* 무기고, 군수공장 arsenal, arms depot
silahqayıran *i.* 무기 제조자, 군수품 생산자 gunsmith, armourer
silahlandırılmaq *fe.* 무장되다 be armed
silahlandırmaq *fe.* ① 무장시키다 arm, equip with arms; ② 갖추다, 마련하다, 설비하다 equip, furnish
silahlanma *i.* 무장 armament, arming
silahlanmaq *fe.* 무장하다 arm
silahlı *si.* 무장한 armed ○ **yaraqlı**
silahlılıq *i.* 무장 armament
silahsiz *si.* 무장하지 않은, 비무장의 unarmed
silahsızlandırma *i.* 비무장 disarmament
silahsızlandırmaq ☞ **silahsızlaşdırmaq**
silahsızlaşdırmaq *fe.* 무장해제하다 disarm, dismantle
silə *si.* 가득한, 꽉 찬 stock
siləcək ☞ **silgi**
siləmək *fe.* 가득 채우다, 꽉 채우다 fill up (to the neck)
silgi *i.* 먼지떨이, 걸레, duster
silikat *i.* 규산염(硅酸鹽) silicate
silindr *i.* 실린더, 원통, 두리기둥 cylinder, drum
silindrik *si.* 원기둥(모양)의; 원통형의 drum, cylindrical
silindrşəkilli *si.* 실린더 모양의, 원통형의 cylinder-shaped
silinmək *fe.* ① 도둑맞다, 닦여지다 be wiped ○ **sürtülmək, yeyilmək**; ② 지워지다 be erased ○ **pozulmaq**; ③ (스스로) 씻다, 닦다 wash oneself ○ **qurulanmaq**; ④ 잊다, 기억에서 사라지다 be forgotten; ⑤ 없어지다, 사라지다 disappear, vanish
silinməz *si.* ① 지워지지 않는, 닦여지지 않는 inerasable; ② (오점, 기억, 인상 등) 잊히지 않는, 씻어버릴 수 없는 unforgettable, indelible ○ **unudulmaz, yaddançıxmaz**
silinməzlik *i.* 잊혀지지 않음 unforgettableness ○ **unudulmazlıq, yaddançıxmazlıq**
silisium *i.* 실리카, 무수 규산 silica
silist *i. obs.* 질문, 심문; 의문; 질의 interrogation, inquisition
silistçi *i.* 질문자; 심문자, 조사관, 심문관 interrogator, inquisitor, questioner
silk *i.* (정치, 사회적) 신분, 계급 estate, social class ○ **zümrə, təbəqə**
silkələmək *fe.* 흔들다, 떨다, 진동하다, 마구 뒤흔들다 shake, jolt, rock ○ **yırğalamaq, əsdirmək, yelləmək, tərpətmək, oynatmaq, çırpmaq**; **başını** ~ *fe.* 머리를 절레절레 흔들다; shake one's head, toss one's head; **yalını** ~ *fe.* 갈기를 흔들다 toss mane; ***Maşın silkələyir.*** *차가 흔들린다. The car jolts.*
silkələnmək *fe.* ① 흔들리다, 떨리다 be jolted, be shaken; ② 떨다, 흔들다 shake oneself; **gülməkdən** ~ *fe.* 웃음으로 들썩거리다 shake with laughter
silkəmək *fe.* 흔들다, (감정을) 흔들다, 어지럽히다 shake; *fig.* 흔들어 섞다 shake up ○ **çırpmaq**
silkinmə *i.* 경련, 흔들림, 떨림 jerk
silkinmək *fe.* 흔들어 털어버리다, 진정하다 shake off, shake down ○ **çırpınmaq, silkələnmək**

silkli *si.* (특정한) 신분의, 지위의 having an estate ○ **zümrəli, təbəqəli**

silkmək *fe.* 흔들어 털어내다 shake off ○ **çırpmaq, döyəcləmək, vurmaq**

sill I. *i. med.* 결핵(증). (약자 TB), tuberculosis T.B ○ **vərəm**; II. *si.* 결핵(성)의, 결핵에 걸린; 결핵(환자)용의 tuberculous

sillabik *si.* 음절의, 음절로 이뤄진 syllabic

sillə *i.* 손으로 뺨 때리기, 따귀 때리기 (소리) cuff, slap; ~ **vurmaq** *fe.* 뺨/따귀를 때리다 slap *smb.* in the face

silləmək *fe.* 뺨을 때리다, 따귀를 때리다, 손바닥으로 치다 slap, cuff

sil|mək *fe.* ① (수건, 걸레로) 가볍게 문지르다, 닦다, 훔치다 wipe, dry ○ **pozmaq, sürtmək, təmizləmək, sıyırmaq**; ② 지우다, 지워 없애다 erase, rub out, cross out, cancel ○ **qurulamaq**; ③ (기억에서) 지우다, 잊다 forget ○ **unutmaq**; **~ib-süpürmək** *fe.* 쓸다, 닦아내다 sweep, clean; **~ib təmizləmk** *fe.* 지워 없애다, 쓸어 없애다 wipe out; **yer üzündən ~mək** *fe.* (마을, 집 등을) 파괴하다, 부수다, raze to the ground, wipe out, efface; **həyatdan ~mək** *fe.* 생애에서 지워버리다, 절연하다, 잊고 살다 strike out of one's life

silos *i.* 목초의 저장, 발효를 위한, 보통 탑 모양의 건조물 silo; silage, food stuff for livestock; ~ **quyusu** *i.* 목초 저장소 silo trench

silosdoğrayan *i.* 목초 절단기 silage-cutter, ensilage-cutter

siloslamaq *fe.* (생목초를) 사일로에 저장하다; 생목초로 하다 silo, ensile

siloslanmaq *fe.* 사일로에 저장되다 be siloed/ensiled

silsilə *i.* ① 목걸이의 일종 a kind of necklace ② 고리, 일련의 물건, 연속물 chain, series ○ **sıra, cərgə**; ③ 자손, 후대, 후손 descendants; ④ 속편, 후편, 후속 sequel, continuation, succession; ~ **məqalələr** *i.* 일련의 연재물 series of articles; **dağ ~si** *i.* 산맥 mountain range; **hadisələrin ~si** *i.* 사건의 연속 succession of events

silsiləli *si.* 연속해서, 일련의 in a chain, in series ○ **sıralı, cərgəli**

silsiləvi *si.* 끊임없는, 부단한, 영속하는, 영구적인 permanent, continual, ceaseless, constant ○ **fasiləsiz**; ~ **kəsr** *i. riy.* 연분수 (連分數) continued fraction

silsiləcüban *i.* (조직, 단체의) 장(長), 우두머리 boss, chief, leader

sil-süpür *i.* 청소 tidying up, putting in order, doing up ○ **yığışdırma**; ~ **etmək** *fe.* 정리하다, 정돈하다, 청소하다 tidy, put in order

siluet *i.* 실루엣, 윤곽 (외래어) silhouette, image, outline, shadow

sim¹ *i.* 줄, 현(絃, 弦), 심, chord, string (musical) wire; **~ləri çəkmək** *fe.* string

sim² *i. tib.* 독혈증(毒血症), 패혈증(敗血症) blood infection; toxaemia (through an injury)

sima *i.* ① 얼굴; (표정) 얼굴(모습), 안색 face, complexion ○ **çöhrə, bəniz, üz, sifət**; ② 외관, 겉보기, (사람의) 용모, 풍모 appearance, countenance ○ **surət, şəkil**; ⑤ 개성; 성격, 성질, 인격, 인품 personality, individual ○ **adam, şəxs**

simali *si.* ① 개성 있는, 독특한 featured ○ **şəxsiyyətli**; ② 외관상의, 분명한 apparent ○ **görünüşlü**

simasız *si.* 평범한, 평이한 faceless, featureless, without distinctive personality, without individuality ○ **şəxsiyyətsiz, məsuliyyətsiz**

simasızlaşdırmaq *fe.* 비인격화 하다, 보편화하다 depersonalize, make faceless

simasızlaşmaq *fe.* 비인격화되다, 평범하게 되다, 특징이 없어지다 be depersonalized, become faceless ○ **şəxsiyyətsizləşmək, məs'uliyyətsizləşmək, pozğunlaşmaq**

simasızlıq *i.* 막연한 책임감, 분명치 않는 특징, 무책임 undefined responsibility, absence of personal responsibility ○ **şəxsiyyətsizlik, məs'uliyyətsizlik, pozğunluq**

simfonik *si.* 교향곡(심포니)의, 교향악의, 협화음의(적인) symphonic; ~ **musiqi** *i.* 교향곡, 교향악 symphonic music; ~ **orkestr** *i.* 교향악단 symphonic orchestra

simfoniya *i.* 교향곡, 심포니, 교향악단의 연주회 symphony

simfonizm *i.* 교향곡, 심포니 symphony music

simic I. *i.* 수전노; 구두쇠, 욕심쟁이; miser, tightwad; II. *si.* 인색한, 욕심쟁이의, 구두쇠의 mean, stingy ○ **xəsis, dargöz, bərk (adam)**

simicləşmək *fe.* 인색해지다, 욕심을 부리다, 구두쇠가 되다 become mean, become greedy ○ **xəsisləşmək**

S

simiclik *i.* 인색함 stinginess, miserliness ○ **xəsislik, dargözlük**

simləmək¹ *fe.* 줄을 매다, 현을 치다 draw the string ○ **dartılmaq, gərilmək, tarımlamaq,**

simləmək² *fe.* 독혈증에 걸리다 begin blood poisoning, have toxaemia

simlənmək¹ *fe.* 줄을 매다 be strung

simlənmək² *fe.* 독혈증에 걸리다 be blood poisoned

simli¹ *si.* 줄을 가진, 현을 가진 stringed; ~ **alətlər** *i.* 현악기 strings (instrument); ~ **orkestr** *i.* 현악단 string band

simli² *si.* 독혈증에 걸린 blood poisoned, having toxemia

simmetrik *si.* 대칭적인, 균형 잡힌 symmetric(al) ○ **mütənasib, uyğun, oxşar, ahəngdar**

simmetriklik *i.* 대칭, 균형 symmetry ○ **uyğunluq, mütənasiblik, ahəngdarlıq; riyazi ~** *i.* 수학적 대칭 mathematical symmetry

simmetriya *i.* (면, 선, 중심, 축에 관하여) 대칭, (전체에 대한 부분의) 균형, 평형, 조화 symmetry ○ **uyğunluq, oxşayış, mütənasiblik, ahəng**

simmetriyalılıq *i.* 적합성, 어울림, 알맞음 suitableness, harmony ○ **uyğunluq, mütənasiblik, ahəngdarliq**

simmetriyasız *si.* 어울리지 않는, 균형 잃은 without symmetry

simpatiya *i.* 동정(심), 연민의 정 sympathy; ~ **bəsləmək** *fe.* 동정심이 발하다, 연민을 갖다 cherish kindly feelings

simpozium *i.* (청중 앞에서 하는) 토론회, 좌담회, 심포지엄 symposium

simptom *i.* 징조, 징후, 조짐; 전조, 증상, 증후 symptom

simptomik *si.* (…의) 징후(증상)를 나타내는, 전조가 되는 symptomatic

simptomika *i. tib.* 증후학 symptomatology

simsar *i.* 먼 친척, 인척, 친인척 distant relative/kin/clan ○ **yaxın, qohum, əqraba; ~ olmaq** *fe.* 친척이 되다, 친족이 되다 be a distant relative

simsarlıq *i.* 친척(혈연) 관계; 동족 관계, 인척 관계 kinship, affinity ○ **yaxınlıq, qohumluq**

simsiz *si.* 무선의, 현이 없는, 줄이 없는 wireless, stringless

simurq *i.* 불사조 Phoenix, the Fire-Bird

simu-zər ☞ **qızıl**

simvol *i.* 상징, 표상, 문장(紋章) emblem, symbol ○ **rəmz, işarə, əlamət, riyazi;** ***Boz qurd türklərin simvoludur.*** *회색 늑대는 터키 족의 상징이다. The grey wolf is the symbol of the Turks.*; **~lar** *i.* 수학 기호 mathematical symbols

simvolik *si.* 상징적인, 상징이 되는, 상징의 symbolic, symbolical

simvolikləşdirmək *fe.* 상징화하다, 상징하다 symbolize

simvolikləşmək *fe.* 상징화되다, 상징이 되다 become symbolized

simvolist *i.* 상징에 능한 사람, 상징주의자 symbolist

simvolizm *i.* 상징주의, 상징론 symbolism

sinc *i. mus.* 심벌즈 cymbals

sincab *i.* 회색 다람쥐 grey squirrel

sincçalan *i.* 심벌즈 연주자 cymbalist

sincçi ☞ **sincçalan**

sindesmologiya *i.* syndesmology

sindikalizm *i.* 생디칼리즘 (노동자에 의한 생산, 분배 수단의 소유를 목표로 하는 조합주의) syndicalism

sindikat *i.* 신디케이트, 기업 조합(연합); (채권, 주식의) 인수단 syndicate

sinə *i.* ① 가슴, 흉부, 흉곽, 유방 bosom, breast, chest ○ **döş, köks, qoyun; ~sinə basmaq** *fe.* 가슴에 품다, 가슴에 안다 strain *smb.* to one's breast; **~si ilə müdafiə etmək** *fe.* 혼신의 힘으로 막아내다 stand up staunchly, defend with might and main; **~sinə dağ çəkmək** *fe.* 마음의 고통을 주다 give much pain; ② 산기슭 mountain slope

sinəbənd *i.* ① 브로치, 장식 핀 brooch, breast pin; ② (말의) 가슴 띠 breast band (horse)

sinədəftər ① *si.* 학문(학식)이 있는, 박식한, (사람, 물건이) 높은 지능을 갖춘, 머리가 좋은, 총명한 learned, intelligent; ② *z.* 마음으로 by heart, by rote; ~ **bilmək** *fe.* 암기하다, 기억해 두다 know by heart, know from memory

sinədən *z.* 기억하여, 암기하여 learned by heart, memorized

sinədolusu *z.* 마음 가득히, 한아름 with a full heart

sinəgir *i. tib.* 천식, 아스마 asthma

sinək *i.* 모기, 해충 mosquito, nuisance insect ○ **mığmığa, milçək, çibin**

sinəkqapan *i.* 식충동물, 식충 식물, 식충류 동물 (고슴도치, 두더지 등) insectivore

sinəli *si.* 가슴이 넓은, 마음이 넓은, 도량이 큰 breasted, broaded chested ○ **döşlü, kökclü**

sinəsindən *z.* 진심으로, 마음으로부터 from oneself

sinə-sinə *z.* 굽이굽이 bending; **~ getmək** *fe.* 굽이굽이 가다 go bending

sinəzən *i.* 애가 (哀歌) mourning song

sinfi *si.* 계급의, 계층적, 사회적 계급의; 학급의 class; **~ şüur** *i.* 계급의식 class-consciousness

sinxron *si.* 동시적인, 동시의, 동시대의 synchronous ● **diaxron**

sinxronik *si.* 동시대적인, 동시적인 synchronic, synchronous

sinxronizm *i.* 동시성, 동시 발생, 동시 존재 synchronism

sinxronluq ☞ **sinxronizm**

sini *i.* 쟁반, 요리 접시, 금속 쟁반 tray, salver (made of copper and tin)

sin(i)f *i.* ① 계급, 계층; 계급제, 신분 제도 class (social) ○ **təbəqə, zumrə**; 사회적 계급; **fəhlə ~i** *i.* 노동자 계급 working class; **hakim ~** *i.* 지배 계급 ruling class; ② 학급, 학년 form, class, grade (school) ○ **dərəcə, bölgü**; **~ nümayəndəsi** *i.* 감독 학생, 반장 monitor (school); **~ otağı** *i.* 교실 class room; **~lərə ayırmaq** *fe.* 분류하다, 등급별로 나누다 classify

sinifdaş *i.* 급우, 동급생 classmate

sinifdənxaric ☞ **sinifdəkənar**

sinifdənkənar *si.* 정식 과목 이외의; 과외의; 본업무 이외의 extracurricular, out of school hours; **~ oxu** *i.* 과외수업 study in out of school hours

sinifləşdirmə *i.* 분류, 구별 classification

sinifləşdirmək *fe.* 분류하다, 구별하다, 등급을 메기다 classify

sinifli *si.* 계급의, 계층의, 등급별의 class ○ **təbəqəli, zümrəli**; **~ cəmiyyət** *i.* 계급사회 class society

sinifsiz *si.* ① 무계급의, 계급이 없는, 사회적 계급에 속하지 않는 classless; **~ cəmiyyət** *i.* 무계급사회 classless society ② 교실이 없는 having no classroom

sinir I. *i.* 신경 (섬유); 신경조직 nerve ○ **əsəb**; II. *si.* 성마른, 흥분하기 쉬운, 신경질의, 신경과민의, 소심한, 신경의; 신경이 있는, 신경성의 nervous; **~ sistemi** *i.* 신경계 (神經系) nervous system

sinirlənmək *fe.* 흥분하다, 긴장하다 become nervous ○ **əsəbiləşmək**

sinirli *si.* 신경과민의, 소심한, 걱정하는 nervous

sinirmək *fe.* ① 받아들여 소화하다, 소화를 돕다 digest; ② *col.* 견디다, 참다 stand, bear; ***Mən yalanı sinirə bilmirəm.*** *난 거짓말은 못 참아! I can't stand lies.*

sink *i.* 아연(亞鉛) zinc; **~ filizi** *i.* 아연광(亞鉛鑛) zinc ore

sinkləmək *fe.* 아연도금하다 zincify

sinklənmis *si.* 아연도금을 한 zincified

sinkografiya *i.* 아연판 인쇄술 zincography

sinqa *i. tib.* 괴혈병 (壞血病) scurvy (disease due to lack of vitamin C)

sinqalı *si. tib.* 괴혈병의 scorbutic

sinli *si.* 나이든, 연로한, 늙은 aged, elderly ○ **yaşlı, qoca**

sinlilik *i.* 노년(기) old age ○ **yaşlıq, qocalıq**

sinmək *fe.* ① 숨다, 은닉하다, 감추다 hide oneself, conceal, lurk ○ **əyilmək, gizlənmək**; ② 움츠러들다 be shrunk ○ **sıxılmaq, qısılmaq, sığınmaq**; ③ 주저앉다, 기대다, 드러눕다 sink oneself ○ **çökmək, oturmaq**; ④ 두려워하다, 기피하다, 수줍어하다 be shy, be afraid ○ **çəkinmək, utanmaq**

sinn *i.* 연령, 나이 age

sinologiya *i.* 중국학(中國學) sinology ○ **çinşünaslıq**

sinoloq *i.* 중국학자 sinologue, sinologist ○ **çinşünas**

sinonim *i. dil.* 동의어 (同義語) synonym

sinonimik *si. dil.* 동의어의, 의미가 같은 synonymous, synonymic

sinonimika *i. dil.* 동의어 연구; 유의어집, 유의어표 synonymy, synonymic

sinoptik I. *i.* 일기 예보 synoptic, weather forecast; II. *si.* 기상(학상)의, 기후와 상관된 meteorological, synoptic

sinoptika *i.* 기상학, 일기예보 meteorology, weather forecast

sinov *i.* (목표, 일 등에 대한) 열심, 열의, 열정, 열중 zeal, fervor, ardor; **~ getmək** *fe.* 열정적이다,

S

기꺼이; ~ 하다 be willing to, be eager to
sinsimək *fe.* 괴롭히다, 놀리다 bother, annoy, tease
sinsitmək *fe.* 괴롭게 하다, 성가시게 하다, 집요하게 괴롭히다 bother, annoy, harass
sintaksis *i. qram.* 통어론, 구문론, 신택스 syntax
sintaktik *si. qram.* 통어(統語) (문장)론의, 통어(문장 구성)상의; 통어적인 syntactical; ~ **təhlil** *i.* 구분 분석 syntactical analysis
sintaqm *i. dil.* 신태그마 (발화(發話) 중에서 통합적 관계를 가진 어구) syntagma
sintaqmatik *si*. 통합적인 syntagmatical
sintetik *si.* 통합적인, 종합의, 조합한 synthetic(al)
sintetiklik *i.* 통합적 성격 synthetic(al) character
sintez *i.* 종합, 통합; 종합법; 종합체, 통합체 synthesis ○ **tərkib, birləşmə**
sintezləşdirmək *fe.* 통합하다, 조립하다, 연결하다 compound
sinus *i.* 사인 sine (약자 sin.)
Sionist *i.* 시온주의자 Zionist
Sionizm *i.* 시오니즘 (유태인의 국가를 Palestine에 건설하고자 한 민족 운동) Zionism
sipər *i.* 방패, 방호물, 방호수단 shield, buckler, covering force, protector; ~ **tikmək** *fe.* 방호물을 세우다, 방패를 세우다 bulid a shiled; **ildırım ~i** *i.* 피뢰침(避雷針) lightening conductor, lightening rod
sirab *si.* 가득한, 가득 찬 full, filled up
sirat *i.* 길, 도로 way, road
sirayət *i.* spreading, diffusion, penetration ○ **yoluxma, yayılma, keçmə**
sirayətedici *si.* 확산하기 쉬운, 끊임없이 움직이는 diffusive, ambient ○ **yoluxucu**
sirayətedicilik *i.* 명민, 안식, 통찰력, 명석 perspicuity, insight, acumen
sirayətli *si.* 잘 번지는, 잘 옮기는, 전염성의, 명민한 contagious, infectious, shrewd, zygotic ○ **yoluxucu, keçici**
sirdaş *i.* 절친한 친구 (비밀을 나눈 친구) bosom friend ○ **sayıq, vəfalı, sədaqətli, yaxın**
sirdaşlıq *i.* 진실성, 깊은 우정 sincerity, deep friendship ○ **yaxınlıq, dostluq, səmimilik, sədaqətlilik, vəfalılıq**
sirinsimək *fe.* 젖다, 습기가 차다 become damp
sirk *i.* 서커스, 곡예 circus; ~ **tamaşası** *i.* 서커스 구경 circus show
sirkan *i.* 노란 꽃이 피는 관목의 일종 plant with yellowy flower
sirkə[1] I. *i.* 식초; 초제(醋劑) vinegar; II. *si.* 식초 성질이 있는; 식초 비슷한; 신 vinegary, acetate; **~yə qoymaq** *fe.* 절이다, 간물에 절여 보존하다 marinade, pickle; **~yə qoyulmuş** *si.* 간물(식초)에 절인 pickled; ***Müftə sirkə baldan şirin olar.*** *작은 선물 하나가 기적을 만들어 낼 수도 있다. A gift will often work wonders.*; ***Sirkə nə qədər tünd olsa öz qabını sındırar.*** *독할수록 자신만 해할 뿐이다. Sour vinegar harms its jar.*
sirkə[2] *i.* 기생충 알 nit (egg of louse/lice)
sirkəlik *si.* 식초 만들기에 적합한 good for making vinegar
sirkular *i.* 회람장, 안내장, 광고 전단 circular
sirli *si.* 비밀스러운, 비밀의, 비밀을 지키는, 신비한, 모호한, 불가 사의한 mysterious, secret ○ **müəmmalı, gizli, üstüörtlü** ● **aşkar**
sirlilik *i.* 비밀스러움, 비밀 상태, 내밀, 은둔, mystery, secrecy, covertness ○ **müəmmalılıq, gizlilik, əsrarəngizlik**
sirr *i.* 비밀, 기밀, 신비, 불가사의 secret, mystery ○ **pünhanlıq, məxfilik, gizlilik, xəlvətilik, əlaltılıq**; ~ **vermək** *fe.* reveal a secret 비밀을 알려주다; **~i açmaq** *fe.* reveal a secret 비밀을 들추다; ~ **saxlamaq** *fe.* keep a secret 비밀을 지키다
sir-sifət *i.* 안색, 피부색, (성격 등을 나타내는) 얼굴, 얼굴 생김새, 골상, 인상(人相); 골상학, 관상술 complexion, physiognomy
sis *i.* 엷은 안개; 엷은 안개 같은 것, 이슬비 haze, mist ○ **çən, duman**
sis-duman ☞ **sis**
sisəy *i. zoo.* 귀뚜라미 cricket
sisli *si.* 안개가 자욱한, 흐릿한 misty, foggy ○ **çənli, dumanlı**
sistem *i.* 조직, 체계; 방식, 제도, 순서, 절차, 적법성 system, model, method ○ **qayda, qanunauyqunluq, üsül, nizam**
sistematik *si.* 조직적인, 체계적인, 질서에 따른 systematic ○ **müntəzəm, ardıcıl, daimi, həmişə, ardıcıl** ● **arabir**
sistematika *i.* 계통학, 분류학(연구) systematic
sistematiklik *i.* ① 체계적 성격, 규칙성, 조직성

systematic character, constance ○ **müntəzəmlik, daimilik, həmişəlik**; ② 순서, 방식, 방법 order, way, method ○ **qayda, üsül, nizam, ardıcıllıq**

sistemləşdirmək *fe.* 체계화하다, 조직을 세우다, 순서를 정하다 systematize ○ **nizamlamaq**

sistemli *si.* 체계적인, 순서에 따른, 질서정연한 systematic, orderly, tidy ○ **nizamlı, səliqəli**

sistemlilik *i.* 체계성, 조직성, 질서정연함 systematic character ○ **nizamlılıq, səliqəlilik**

sistemsiz *si.* 비체계적인, 무질서한, 주먹 구구의 unsystematic ○ **qaydasız, üsulsuz, səliqəsiz, nizamsız**

sistemsizlik *i.* 무질서, 주먹구구, 비체계 unsystematic character ○ **qaydasızlıq, səliqəcizlik, nizamsızlıq**

sistern *i.* 탱크, 물통, 저수조 cistern

sital *si.* 완강한, 다루기 힘든 obtrusive, importunate, relentless, obstinate, naughty ○ **qarayaxa, sırtıq, zəhlətökən, həyasız, utanmaz, tərs**

sitallaşma ☞ **sitallaşmaq**

sitallaşmaq *fe.* 몰염치하다, 성가시다 become shameless, become imprudent, become importunate ○ **sırtıqlaşmaq, həyasızlaşmaq, qarayaxalaşmaq, tərsləşmək**

sitallıq *i.* 완고함, 끈덕짐, 고집스러움, 다루기 힘듦 obstinacy, imprudence ○ **qarayaxalıq, sırtıqlıq, abırsızlıq, tərslik** ● **üzüyolalıq**

sitarə *i.* 신성(新星), 별 star, nova

sitat *i.* 인용문, 인용구, 인용하의 글 quotation; ~ **gətirmək** *fe.* 인용하다 quote

sitatbaz ☞ **sitatçı**

sitatçı *i.* 인용을 자주 하는 사람 frequent quoter

sitayiş *i.* ① 예배, 경배, 참배, 숭배 worship ○ **səcdə**; ② 두려움, 경외, 경의, 존숭, 공경 awe, reverence ○ **hörmət, ehtiram**; ~ **edən** *i.* 예배자, 참배자, 숭배자 admirer, worshipper; ~ **edilən şey** *i.* 신성, 신격 deity; ~ **etmək** *fe.* 숭배하다, 예배하다, 참배하다 worship

sitəm *i.* ① 고문, 고통, 곡해, 억압 torture, torment, oppression, depression ○ **zülm, əziyyət, cəfa, əzab, təzyiq**

sitəmli *si.* 억눌린, 억압된, 강압된, 고통의 oppressed, depressed ○ **məzlum**

sitəmkar *i.* 압제자, 독재자 oppressor, despot

sitrus *i.* 감귤류 (귤, 레몬, 오렌지, 라임, 그레이프푸르트 등) citrus

sivil *i.* 시민 civil

sivilizasiya *i.* 문명화 civilization

sivişgən *si.* 미끄러운 slippery

sivişmək *fe.* ① 미끄러지다, 미끄러 넘어지다 slip off, slip away; ② 훔쳐 달아나다 steal away ○ **əkilmək, yayınmaq, sürüşmək, qaçmaq**

sivri *si.* 날카로운, 예리한 sharp, keen ○ **iti, kəskin, şiş** ● **küt**

sivriburun(lu) *i.* 뾰족한 코 pointed nose

sivriləşmək *fe.* 날카롭게 하다, 예리하게 하다 sharpen, strop ○ **itiləşmək, kəskinləşmək**

sivrilik *i.* 예리함, 날카로움 sharpness ○ **itilik, kəskinlik**

sivriuclu *si.* 끝이 뾰족한 sharp-pointed

siyah *si.* 검은색의, 흑색의 black ○ **qara** ● **bəyaz**

siyahı *i.* 명부, 재적부 inventory, roll, list; **seçiciləri ~sı** *i.* 선거인단 명부 poll; ~ **tutmaq** *fe.* 목록을 작성하다 make a list; ~ **yaalma** *i.* 인구조사 census; **~ya almaq** *fe.* 등록하다, 목록에 넣다 register; **~ya salmaq** *fe.* 기록하다, 등록시키다 enroll, record

siyasət *i.* ① 정치, 정책, 정략 policy, politics; ② 교활함, 사악한, 부도덕한 wickedness; **sülh ~** *i.* 평화 정책 peace policy; ~ **xatirinə** *z.* 정책의 일환으로 for the reason of policy; **daxili ~** *i.* 내정(內政), 내무(內務) home policy, internal policy; **xarici ~** *i.* foreign policy 외정(外政), 외무(外務); **uzaqgörən ~** *i.* 장기 정책, 거시 정책 farsighted policy

siyasətbaz *i.* 음모꾼, 정치꾼, 모리배 intriguer, politician, man without principle (to achieve his interest)

siyasətçi *i.* ① 정치가, 정상배, 모사, 정객; politician, statesman ② 교활한 사람 wicked man

siyasi *si.* ① 정치적인 political ② 정부의, 행정관, 행정가 governmental, legal; ~ **xadim** *i.* 정치가, 정치인 politician

siyənək balığı *i. zoo.* 청어 herring

siyilmək *fe.* 방뇨하다, 누이다 be urinated

siyimək *fe.* 오줌을 누다, (오줌에) 젖다 urinate, water, soak ○ **işəmək**

siyirmə[1] ☞ **siyirmək**

siyirmə[2] I. *i.* 서랍(장) drawer; II. *si.* 미끄러지는, 활동(滑動)하는 sliding; **~li dolab** *i.* (귀중품 등을

S

넣는 뚜껑 달린) 큰 상자, 궤; 서랍장 chest of drawers

siyirmə³ *i.* 문빗장, 창문 걸쇠 door bolt, door bar, window-catch, damper

siyirmək *fe.* ① 빼앗다, 박탈하다, 벗기다, 탈취하다 strip, deprive ○ **cırmaqlamaq, cızmaq**; ② 벗겨내다 peel, cast out ○ **qoparmaq, soymaq, təmizləmək**; ③ 잘라내다, 버리다 cut away; **qılıncı ~** *fe.* (칼집에서) 칼을 꺼내다 draw, pull out sword

siyirməqılınc *z.* 꺼낸 칼을 들고 with drawn out swords

siyirtmək *fe.* 오줌을 누다 urinate

siyrilmək *fe.* ① 벗김을 당하다, 벗겨지다, 탈취당하다, 박탈당하다 be peeled/flayed/stripped; ② 칼을 뽑다 have a sword drawn; ③ 미끄러지다 slide; ④ 열리다 be opened

siyrinti *i.* 벗겨진 것, 까진 것 somthing peeled/opened/flayed

siz *vz.* 여러분 (2인칭, 복수, 주격); you (*pl.* nominative); **~cə** *z.* 여러분의 생각에; according to your opinion, to your mind; **~ə** *vz.* 여러분께 (2인칭, 복수, 여격) you (*pl.* dative); **~i** *vz.* 여러분을 (2인칭, 복수, 목적격) you (*pl.* accusative); **~in** *vz.* 여러분의 (2인칭, 복수, 소유격) your (*pl.* genetive); **~inki** *vz.* 여러분의 것 (2인칭, 복수, 소유대명사); yours (*pl.* genetive pronoun); **~li-bizli** *vz.* 우리 모두 all of us

söhbət *i.* 대화, 면담, 대담 conversation, dialog, interview, talk ○ **danışıq, müsahibə**; **~ etmək** *fe.* 대화하다, 담화하다, 대담하다, 말하다 interview, chat, speak, talk

söhbətcil *si.* 말이 많은, 이야기를 좋아하는 talkative ○ **danışqan**

söhbətcillik *i.* 말이 많음, 이야기를 좋아함 talkativeness ○ **danışqanlıq**

söhbətləşmək *fe.* 말하다, 대화하다, 담화하다 converse, talk ○ **danışmaq**

sökmək *fe.* 분해하다, 뜯어내다, 무너뜨리다, 넘어뜨리다, 부수다 dismantle, dismount, pull down, undo ○ **uçurmaq, dağıtmaq, yıxmaq, parçlamaq** ● **tikmək, xumaq**

sökük *si.* ① 조각난, 찢어진 unripped, worn ○ **yırtıq, cırıq**; ② 황폐한, 몰락한 dilapidated, destroyed, ruined ○ **uçuq, dağınıq**

sökülmə *i.* 붕괴, 함몰, 무너짐 collapse

sökülmək *fe.* ① 무너지다, 망가지다, 붕괴되다 be destroyed, be ruined ○ **dağılmaq, cırılmaq, yırtılmaq**; ② 동이 트다, 밝아오다 be dawned ○ **açılmaq, ağarmaq (dan yeri)**

söküntü *si.* (자수의) 풀린, 떼인 unpicked (embroidered) ○ **dağıntı, uçuruntu**

söndürmə *i.* 소화(消火), 소멸 extinguishing

söndürmək *fe.* (불을) 끄다, 소화하다, 소멸시키다, (전원을) 차단하다, 끄다 disconnect, gear out, put out, quench, switch off, extinguish

söndürtmək *fe.* 끄게 하다, 소멸케 하다 make put out, make extinguish

söndürücü *i.* 소화기(消火器) extinguisher

söndürülməz *si.* 꺼지지 않는, 소멸되지 않는 inextinguishable

söndürülmək *fe.* 소화되다, 진화되다, 꺼지다 be put out, be extinguished

sönmə *i.* 소등, 소화, 소멸, 소실 extinction

sönmək *fe.* 꺼지다, 사라지다, 명멸하다 ① go out, die out ○ **keçmək, qaralmaq** ● **parlamaq**; ② 꺼지다, 차단되다 turn off; ③ 소진되다, 조용해지다 become calm, reduce ○ **yatmaq, zəifləmək**

sönməz *si.* 꺼지지 않는, 끌 수 없는, 억제할 수 없는 inextinguishable, unquenchable

sönmüş *si.* 사멸한, 멸종한 extinct

sönük *si.* ① 희미한, 불분명한, 애매한 obscure, pale ○ **solğun, tutqun** ● **qaynar**; ② 지루한, 흥미 없는 boring, disinterested ○ **süst, key, ölüvay** ● **parlaq**

sönükləşmək *fe.* ① 창백해지다, 파리해지다 grow pale ○ **solmaq, ağarmaq, saralmaq, solğunlaşmaq, tutqunlaşmaq**; ② 무덤덤해 지다, 멍멍해 지다, 활기를 잃다 become inert, become dull, become lifeless ○ **süstləşmək, keyləşmək, ölgünləşmək**

sönüklük *i.* ① 안색이 나쁨, 창백함, 파리함 dimness, paleness, pallor ○ **solğunluq, tutqunluq**; ② 병약함, 활기 없음 weakness, feebleness ○ **süstlük, keylik, ölüvaylıq**

sör-söküntü *i.* 조각, 쓰레기, 찌꺼기 scraps, bits, odds

sövda *i. tib.* 습진(濕疹) eczema

sövdə *i.* 교역, 장사, 사업 trading ○ **alver, alış-veriş,**

sövdəgir *i.* 직물상, 포목상 fabric trader, mer-

chant
sövdəgərlik *i.* 장사, 사업, 상업 commerce, trade ○ **alverçilik**
sövdələşmə *i.* 처분, 판매, 할인, 매각 contract, bargain, deal, transaction
sövdələşmək *fe.* 거래하다, 매매하다, 처분하다 deal, trade, barter
sövq; ~ **etmək** *fe.* 끌어들이다, 꾀어내다, 자극하여 선동하다 tempt, bring forward, provoke
sövqi-təbii *si.* 직관적인 instinctive
sövt *i.* 소리, 음성 sound, voice
sövtiyyat *i.* 음성학(音聲學) phonetics
söykək I. *i.* ① 지지, 받침, 지주 support, bearing, prop, pier ○ **dayaq**, **dirək**; ② 뒷받침, 후원, 도움 help, support, backup; ③ 음식, 식사; meal, food; II. *si.* 결부된, 부착된, 부속의 attached
söykəkli *si.* 받침대가 있는 supported, having a bearing, having a pier ○ **dayaqlı**, **dirəkli**
söykəklik *i.* 받침대/지지대로 쓸 만한 것 things used for support ○ **dayaqlıq**, **dirəklilik**
söykəmək *fe.* 기대다, 의지하다 lean (against) ○ **dayamaq**, **dirəmək**
söykənc *i.* 지지대, 받침대, 기둥 support, bearing, prop ○ **dayaq**
söykənəcək *i.* ① 기댐, 의지, 휴식 rest; support ○ **dayaq**, **dirək**, **istinad**; ② 도움, 뒷받침 help, backup ○ **istinadgah**, **arxa**, **kömək**
söykənmək *fe.* ① 기대다, 의지하다, 쉬다 lean against, rest ○ **dayanmaq**, **dirənmək**; ② 지지되다, 도움을 받다, 후원되다, 뒷받침을 받다 be supported, be founded ○ **əsaslanmaq**, **arxalanmaq**
söyləmək *fe.* 말하다, 언급하다, 진술하다, 연설하다 state, say, utter, tell ○ **danışmaq**, **demək**
söylənmək *fe.* (혼자서) 말하다, 불평하다, 군시렁거리다 mutter, grumble ○ **deyinmək**, **donquldamaq**, **mırıldamaq**
söyləşmək *fe.* (서로) 말하다, 토론하다, 의논하다 discuss
söylətmək *fe.* 말하게 하다, 실토케 하다 force to tell
söymək *fe.* 꾸짖다, 욕하다, 저주하다 scold, abuse, curse ○ **danlamaq**, **məzəmmətləmək**
söyüd *i.* 버들, 버드나무 willow, osier; ~ **salxımı** *i.* 버드나무 가지 osier
söyüdlü *si.* 가냘픈, 유연한 willowy
söyülmək *fe.* 꾸짖음을 받다, 욕을 먹다, 저주받다 be scolded
söyüş *i.* 욕보임, 학대함, 꾸짖음 욕설 abuse, bad language, swear ○ **danlaq**, **məzəmmət**; ~ **söymək** *fe.* 저주하다, 욕하다, (언어적) 학대하다 swear, curse
söyüşcül *si.* 독설의, 입이 건, 저주하는, 언쟁을 좋아하는 quarrelsome, swearing, abusive
söyüşçü *i.* 욕쟁이, 독설가 abusive (man)
söyüşkən I. *i.* 욕쟁이, 독설가, 입이 더러운 사람 swearer, bad language user; II. *si.* 다투기를 좋아하는, 독설의, 욕을 잘 하는 quarrelsome, swearing, abusive
söyüşmə *i.* 쓸데없는 말싸움, 언쟁 squabble
söyüşmək *fe.* 언쟁하다, 말다툼하다 squabble, insult
söz *i.* ① 말, 단어, 연설, 진술 word, speech, utterance ○ **kəlam**; ② 명령, 지시 order; ③ 약속, 언약, 맹세 promise, vow, covenant; ④ 허락, 용인, 승인 allowance, permission; ⑤ 의견, 생각, 배려 opinion, notion, thought; ⑥ 사건, 사고 event, occurrence; ⑦ 소식, 소문 news, gossip; **bir ~lə** *z.* 한 마디로 말하면 in a word; ~ **almaq** *fe.* 약속을 받다, 강요하다 extort, take the floor; ~ **atmaq** *fe.* 암시하다 hint; ~ **açmaq** *fe.* 말하기 시작하다 start talking; ~ **ehtiyatı** *i.* 단어 수집 word stock; ~ **vermək** *fe.* 약속하다, 언약하다 promise; **~ündən dönmək** *fe.* 약속을 깨버리다 go back on one's word; **~ünü dəyişmək** *fe.* 말을 바꾸다 change one's word; **~ünün üstündə durmaq** *fe.* 약속을 지키다 keep one's word; **~ünü kəsmək** *fe.* 방해하다, 끼어들다 interrupt, cut short; ~ **kəsilməsi** *i.* 방해, 끼어들기 interruption; **~ə baxmaq** *fe.* 순종하다, 말을 듣다 obey; **~əbaxma** *i.* 순종 obedience; **~əbaxan** *si.* 순한, 말을 잘 듣는 obedient; **~ü hərflərlə demək** *fe.* 철자를 말하다 spell
sözanlayan *si.* 말귀를 잘 알아듣는, 이해가 빠른 quick to understand a word
sözarası *ms.* 그런데, 그건 그렇고 by the way, incidentally, to the point, apropos
sözardı *i.* 맺음말, 에필로그 epilogue, afterword
sözbaşı I. *z.* 자주, 빈번히 often, frequent; II. *i.* 서론, 서두 introduction
sözbaz *i.* 수다쟁이 tattler, muckraker, blabber-

S

mouth, gossiper

sözbazlıq *i.* 소문, 수다 gossip, tittle-tattle ○ **xəbərçilik, qeybətçilik, dedi-qoduçuluq**

sözbəsöz *z.* 한 단어씩, 어구적으로 word by word

sözbir *si.* 일치하는, 만장일치의 unanimous

sözbirlik *i.* 만장일치 unanimity

sözçülük *i.* 허튼소리, 무의미, 허황 meaninglessness, vanity ○ **mə'nasızlıq, əbəslik** ● **yığcamlıq**

sözəbaxan *si.* 순종하는, 묵묵히 따르는, 단념한 resigned

sözdəyişdirici *i. qram* 파생 어미 word derisive (suffix)

sözdəyişdirmə *i.* 파생어, 언어 파생 word-derivation

sözdüzəldici *i.* 조어 어미 word-forming (suffix)

södüzəltmə *i.* 조어 (造語) word-formation

sözəbaxan *si.* 충고할 만한, 충고를 받아들이는, 순종적인 advisable, receptive to advice

sözəbaxmaz *si.* 불순종적인, 고집 센, 완고한 disobedient, refractory

sözgəlişi *z.* 그런데, 요점은 to the point, by the way ○ **sözarası**

sözgötürməz *si.* 건방진, 거만한, 오만한 proud, haughty

sözləşmək *fe.* ① 결론에 이르다, 계약을 이루다 make a contract, come to a decision ○ **razılaşmaq, şərtləşmək**; ② 동의하다, 다루다 agree, deal ○ **sövdələşmək, uzlaşmaq**; ③ 다투다, 서로 욕하다 quarrel, insult ○ **höcətləşmək, dilləşmək, deyişmək** ● **barışmaq**

sözlü *si.* 장황한 wordy

sözlük *i.* 사전, 어휘집, 단어집 dictionary, glossary, vocabulary

söz-sov *i.* 대화, 논쟁, 논의 conversation, controversy

söz-söhbət *i.* 소문, 풍설, 낭설 rumour; conversation

sözsüz I. *si.* 무조건적인, 절대적인, 분명한, unconditional, apparent ○ **danışıqsız, şərtsiz, şübhəsiz**; II. *z.* 절대적으로, 분명히, 의심의 여지 없이 absolutely, apparently, undoubtedly; **~cə** *z.* 무조건적으로, 이의 없이 without objection, unconditionally

sözsüzlük *i.* 의심의 여지없음, 무조건적임 unconditionalness, doubtlessness ○ **danışıqsızlıq, şərtsizlik, şübhəsizlik**

sözübütöv *si.* 약속을 잘 지키는, 올곧은 upright of one's word, keeping one's word, punctual

sözdüz ☞ **sözübütöv**

sözükeçən ☞ **sözükeçər**

sözükeçər *si.* 존경할 만한, 존경하는, 정중한 respectful

spazma *i.* 경련, 발작 spasm

spektr *i.* 스펙트럼; (다종 다양하나 관련이 있는 것의) 연속체, 분포 범위 spectrum

spektroskop *i.* 분광기(分光器) spectroscope

sperma *i.* 정액, 정자 sperm ○ **toxum**

spermatozoid *i.* 정자 spermatozoon

spesifik *si.* 고유한, 독특한, 특유의 particular, specific ○ **xüsusi, səciyyəvi**

spesifikasiya *i.* 명확화, 특수화, 명세 specification

spidometr *i.* 속도계(速度計) speedometer

spiker *i.* (의회의) 의장 speaker

spiral *i.* 나사선, 코일, 용수철 spiral, coil

spiroxet *i.* 스피로헤타 (나사선 모양의 세균의 총칭) spirochete

spirt *i.* 알코올, 주정 alcohol, spirit

spirtli *si.* 알코올의, 알코올을 포함한 alcoholic

sport *i.* 체육, 운동 sports, ○ **idman**

sprinter *i.* 단거리 경주, 전력질주 sprinter

srağagün *z.* 그저께 the day before yesterday ● **bugün**; **~kü** *si.* 그저께의 the day before yesterday's

ss *nid.* 쉿!, 조용해! Hush!

ssenari *i.* 시나리오, 극본 scenario, screen play, shooting script

ssenariçi ☞ **ssenarist**

ssenarist *i.* 시나리오 작가 screenwriter

SSRİ *i.* 소련 (연방) Sovet Sosialist Respublikaları İttifaqı USSR (United Soviet of Social Republics

stabil *si.* 안정된, 흔들리지 않는, 견고한 stable ○ **sabit, daimi, dəyişməz**

stabilizator *i.* 안정기 (安定器) stabilizer

stabillik *i.* 안정성, 부동성, 지속성 stability

stadion *i.* 운동장, 경기장 stadium

staj *i.* 보호 관찰 기간; 집행 유예 length of service, probation

stajçı ☞ **stajor**

stajkeçən ☞ **stajor**

stajor *i.* 견습생, 수습생, 집행유예자, 보호 관찰 처분 받은 자 probationer
standart *i.* 기준, 표준, 기본 standard
standartlaşdırma *i.* 표준화 standardization
standartlaşdırmaq *fe.* 표준화하다 standardize
stansiya *i.* 역, 정거장 station
start *i.* 시점, 시작, 출발 start ● **final**
starşina *i.* 백부장, 상사, 1등 중사, 해군 하사관 centurion, sergeant major, master sergeant, petty officer
stasionar *si.* 정지된, 움직이지 않은, 고정된 stationary
statik *si.* 정적(靜的)인 static
statika *i.* 정역학(靜力學) statics
statistik *si.* 통계상의, 통계의 statistic(al)
statistika *i.* 통계학, 통계론 statistics
status *i.* 법령, 법규, 제정법, 정관 statute
stend *i.* 연주대 stand
stenoqrafçı *i.* 속기사(速記士) stenographer
stenoqrafiya *i.* 속기(速記) stenography, shorthand
stenoqraflamaq *fe.* 속기하다 stenograph
stereoskop *i.* 입체경(立體鏡) stereoscope
stereotip *si.* 판에 박힌, 고정 개념, 상투 어구; stereotype; ~ **nəşr** *i.* 연판 인쇄 stereotype edition; ~ **baxış** *i.* 고정 관념, 입체적 관점 stereotype view
stereotipçi *i.* 연판 인쇄기 stereotyper
steril *si.* 살균한, 균이 없는, 메마른, 불모의, 불임의 sterile
sterilizasiya *i.* 멸균, 살균, 소독; (동식물의) 단종(斷種), 불임화(不妊化); 불임 상태 sterilization
sterilizator *i.* 살균 장치 sterilizer
sterilləşdirmək *fe.* 살균(소독)하다 sterilize
sterlinq *i.* (英貨) 스털링 (영국 화폐 제도/영국 파운드화) sterling
stəkan *i.* 유리잔, 컵; ~ **altı** 컵 받침 glass
stibium *i.* 안티몬, 안티모니; (기호 Sb) antimony, stibium
stil *i.* 형(型), 양식, 형식; 종류 style
stilistika *i.* 문체론(文體論) stylistics
stilləşdirmə *i.* 양식화하다; 인습화하다 stylization
stimul *i.* 자극, 장려, 박차, 고무, 동기 incentive, spur ○ **həvəs, maraq, şövq**
stimulyator *i.* 자극제, 흥분제 stimulator
stimullaşdırmaq *fe.* 자극하다, 격려하다, 흥분시키다, 격동하다 stimulate, encourage ○ **həvəsləndirmək, şövqləndirmək, şirnikdirmək**
stol *i.* 책상, 식탁, 테이블 table, desk; ~ **üstü saat** *i.* 탁상시계 clock; ~ **üstü tennis** *i.* 탁구(卓球) table tennis
stolbaz *i.* 야망적인 사람, 야심가 ambitious (man)
stomatologiya *i.* 구강(병)학 stomatology
strateq *i.* 전략가, 전술가, 책략가 strategist
strategiya *i.* 병법, 용병학, 전략, 전술 strategy
strateji *si.* 전략적인, 전술적인 strategic
stratosfer *i.* 성층권 (成層圈) stratosphere
streptokok *i.* 연쇄상구균 streptococcus
stres *i.* 스트레스, 강조, 역설, 억압, 압박 stress
strixnin *i.* 스트리크닌: 마전과(科) 식물의 씨에 함유된 맹독 알칼로이드; 중추 신경 흥분제 strychnine
struktur *i.* 구조, 구성, 조직, 체계 structure
strukturalizm *i.* 구조주의, 구조심리학, 구조언어학 structuralism
studiya *i.* 스튜디오, 화실, 아틀리에, 연습장, 녹음실, 방송실 studio
stul *i.* 의자, 걸상 chair, seat
stüardes *i.* (여) 승무원 stewardess
su *i.* ① 물 water; ② 수액, 체액 juice, sap; ~ **basmaq** *fe.* 홍수 나다 flood; ~ **istəmək** *fe.* 목마르다, 갈하다 be thirsty; ~ **keçməz** *si.* 방수(防水) waterproof; ~ **qatmaq** *fe.* 희석하다 dilute; ~ **sıçratmaq** *fe.* 물을 튀기다, 튀겨 적시다 splash; ~ **çiçəyi xəstəliyi** *i.* 수두(水痘) chicken-pox; **~ya baş vurmaq** *fe.* 다이빙하다, 잠수하다, 뛰어들다 dive; **~ya baş vurma** *i.* 다이빙 dive; **~ya girmək/salmaq** *fe.* 물에 뛰어들다, 빠지다, 돌입하다, 뛰어들다 plunge; **~yu sappıldatmaq** *fe.* (노를) 젓다, 물을 저어 나아가다 paddle; **~yun dibinə enmək** *fe.* 물속에 넣다, 가라앉히다, 물에 잠그다 submerge; **~üzərində durmaq** *fe.* 물위에 뜨다, 떠오르다, 부유(浮游)하다 float
sual *i.* 질문, 물음 interrogation, question; ~ **vermək** *fe.* 묻다, 질문하다 question; ~ **əvəzliyi** *i. qram.* 의문 대명사 interrogative pronoun; ~ **yağdırmaq** *fe.* 빗발치듯 질문 공세를 하다 shower with questions
sualbaz *si.* 질문을 좋아하는, 탐구적인, 호학의, 캐묻기 좋아하는 inquisitive, prying

S

sual-cavab ☞ **sorğu-sual**
sualçı *i.* 문초자, 조사관, 심문관, 시험관, 심사관 inquisitor, examiner, questioner
sualedici *si.* 의문의, 의문을 나타내는, 묻고 싶어 하는, 연구적인 interrogative, inquiring, questioning
suallı ☞ **sualedici**
sualtı *si.* 잠수의 submarine; ~ **qayıq** *i.* 잠수함 submarine
suaşırı *i.* 강기슭 area of the river where the water runs rapidly
suayırıcı *i.* 분수계(分水界) watershed
subasan *i.* 펌프장 pump-house
subasar *i.* 저지, 습지, 범람지 flood-lands, water-meadow
subay I. *si.* 독신의, 미혼의, 결혼하지 않은 single, unmarried ○ **tək, ailəsiz**; II. *i.* 독신자, 총각, 처녀 bachelor
subaylıq *i.* 독신(생활), 미혼 bachelorhood, singleness ○ **təklik, ailəsizlik**
subibəri *i.* 여뀌 water-pepper
subiti *i. zoo.* 물벌레, 수생 곤충 water bug
subsidiya *i.* 보조금, 기부금 subsidy
substansiya *i.* 물질, 물체, 개체 substance
substantivləşmək *fe.* 확증하다, 구체화하다, 실현시키다 substantiate
subtropik *si.* 아열대(亞熱帶)의 subtropical
subyekt *i.* ① *fəl.* 주체, 인간 subject, person ○ **adam, şəxs**; ② *hüq.* 법적 존재, 법인 juridical person; ③ *mən.* 주제, 과목 subject, theme; ④ *qram.* 주어, 주부(主部) subject ○ **übtəda**
subyektiv *si.* 개인의, 개인적인, 주관적인, 독자적인 subjective ○ **şəxsi, fərdi, xüsusi**
subyektivist *i.* 주관주의자 subjectivist
subyektivizm *i.* 주관주의 subjectivism
subyektivlik *i.* 주관적임, 주관성 subjectivity ○ **şəxsilik, fərdilik, xüsusilik**
sucə *i. zoo.* 독 없는 뱀, 물뱀 grass-snake
sucincilimi *i.* 수생목 진딧물 aquatic wood louse
sucuq[1] *i.* 소시지, 순대 sausage
sucuq[2] *i.* ① 습지, 늪, 소택지 bog, morass, swamp, marsh; ② 물집, 혹 blister, hump
sucuq *i.* halva의 일종 ○ **tərək**
suculuq *i.* 습지(濕地), 질척질척한 땅 quag, quagmire
sucüllütü *i. zoo.* 도요새 half snipe
suç *i.* 실수, 과오, 죄과 fault, guilt ○ **günah, təqsir**
suçəkən *i.* 흡수지, water absorbing; blotting paper
suçiçəyi *i. tib.* 수두(水痘) chicken-pox
suçiləyən ☞ **susəpən**
suçlu *si.* 잘못이 있는, 괘씸한, guilty, blameworthy, culpable ○ **günahkar, təqsirli, müqəssir** ● **günahsız**
suçluluq *i.* 죄 있음, 비난 받을 만함 guilt, culpability ○ **günahkarlıq, müqəssirlik, təqsirlilik**
suçsuz *si.* 무죄한, 결백한 faultless, innocent, guiltless ○ **günahsız, təqsirsiz** ● **günahkar**
suçsuzluq *i.* 결백, 죄 없음, 무죄함 innocence, faultlessness ○ **günahsızlıq, təqsirsizlik**
suçu *i.* 물장수 water-carrier
suçuluq *i.* 물장사 water-carrying
Sudan *i.* 수단어, 수단인; Sudanese; **~lı** *i.* 수단인 Sudanese
sudaşıyan ☞ **suçu**
sudur *i.* 물집, 물혹, 기포 blister, bump
suf(balığı) *i. zoo.* 강꼬치 고기, 농어 pike, perch (fish)
sufərəsi *i. zoo.* 도요새의 일종 double snipe ○ **cüllüt**
suffiks *i. qram.* 접미사 suffix
sufi *i.* 수피 (회교의 신비주의자) sufi, mystic
sufilik *i.* 수피즘, 신비주의 sufism, mysticism (in Islam)
suflyor *i.* 프롬프터, 대사 일러주는 사람(연극) prompter (theater)
suflyorluq *i.* 촉진; 대사 일러주기 prompting
suxarı *i.* 러스크(오븐에 노르스름하게 구운 딱딱한 빵) dried crust, rusk
suxərcəngi *i. zoo.* 가재류, 새우 crawfish, crayfish
sui-istifadə *i.* 오용, 악용, 남용; abuse, misuse; ~ **etmək** *fe.* 오용하다, 남용하다, 악용하다 abuse, impose upon; **hakimiyyətdən ~ etmək** *fe.* 권력을 남용하다 abuse powers
sui-qəsd *i.* 모의, 모반, 음모, 공모 conspiracy, plot, attempt(at), encroachment (on, up); ~ **hazırlamaq** *fe.* 음모하다, 모의하다 conspire
sui-qəsdçi *i.* 공모자, 모반자 conspirator
suilanı *i. zoo.* 바다뱀 sea-snake

sui-niyyət *i.* 악의, 악행, 사악 evil, malicious intent
suiti *i. zoo.* 물개 seal
sukeçirməyən ☞ **sukeçməz**
sukeçməz *si.* 방수(防水)의 water-proof
sukəsən ☞ **suyaran**
sukirpisi *i. zoo.* 성게(극피동물) sea-urchin, echinus
suqamışı *i.* 부들 reed mace, cattail
suqaranquşu *i. zoo.* 물에 사는 제비 water swallow
suquzğunu *i. zoo.* 물총새 halcyon, kingfisher
sulaq *i.* 늪지대, 습지, 소택지 marshland, fen, bog
sulamaq *fe.* 물을 주다, 물을 대다, 관개(灌漑)하다 irrigate, water ○ **suvarmaq, çiləmək** ● **qurulamaq**
sulanmaq *fe.* ① 물이 오르다, 물이 차다 be watered, be irrigated ○ **suvarılmaq, çilənmək, nəmlənmək, yaşlanmaq** ● **qurumaq**; ② 물을 채우다; be poured out, fill (with) ③ 눈물을 흘리다 tear
sulat(dır)maq *fe.* 물을 뿌리게 하다, 물을 붇게 하다, 방수하게 하다, 물이 흐르게 하다 sprinkle, spray, pour, water, sluice (over)
sulfazol *i. kim.* 술파티아졸(과거 폐렴 등의 특효약) sulfathiazole
sulfat *i. kim.* 황산염(黃酸鹽) sulfate
sulfit *i.* 아황산염(亞黃酸鹽) sulfite
sultan *i.* 술탄, 통치자, 왕, 지배자 sultan, monarch, sovereign
sulu *si.* ① 습기 있는, 축축한, 눅눅한 humid, damp ○ **nəm, yaş**; ② 물이 많은 watery ○ **duru, sıyıq**; ③ 수분이 많은, 다육 다즙의 juicy, succulent ○ **şirəli**; ~ **boya** *i.* 수채 water colour; ~ **qar** *i.* 진눈개비 sleet
suluf *i.* 기장, 수수 millet ○ **darı**
suluq *i.* 물집, 기포 blister ○ **qabar, uçuq, sudur**
suluqlamaq *fe.* 물집이 생기다, 부어오르다 get a blister, become swollen ○ **qabarmaq**
suluqlanmaq *fe.* 부풀어 오르다, 물집이 생기다 be blistered, be swelling
suluqlaşmaq ☞ **suluqlanmaq**
suluqlu *si.* 부어오른, 울퉁불퉁한 swollen, bumpy ○ **qabarlı, sudurlu, uçuqlu**
suluqluq *i.* 울퉁불퉁함, 부어오름 bumpiness ○ **qabarlıq, sudurluq, uçuqluq**
sululuq *i.* 물이 많음, 수액이 많음 juiciness, sappiness
sumağı *i.* 자줏빛, 심홍색 purple
sumaq *i.* 옻나무 sumac(h)
sumaqdaşı *i.* 편마암(片麻岩) gneiss
sumbata *i.* 금강사(金剛砂); 사포(砂布) emery, emery paper, sandpaper
sumbatalamaq *fe.* 사포질하다, 사포로 닦다, 매끄럽게 하다 grind with emery paper
sumbatlı *si.* 적절한, 가치 있는, 자격을 갖춘 weighty, deserving, worthy (of, worth)
sumka *i.* (여성용) 핸드백 hand bag
sunərgizi *i.* 버베나(vervain): 마편초속(屬) 식물 verbena
suölçən *i.* 수량계 water meter
sup *i.* 국, 수프 soup, broth ○ **şörba**
superfosfat *i. kim.* 과인산 석회 superphosphate
supermən *i.* 초인(超人) superman
supərisi *i. mif.* 인어, 요정, 물의 요정 mermaid, water-nymph, undine
supişiyi *i. zoo.* 바다표범, 물개 sea cat, marine cat
sur *i.* 나팔, 혼 horn, clarion, trumpet
surə *i.* 코란의 장절 chapters in the Koran
surət *i.* ① 형상, 상, 얼굴, 모양, 외형, 용모, 풍모 image, appearance ○ **üz, sifət, sima, bəniz**; ② 복사본, 복제품 reproduction, duplicate, copy; ~ **ini çıxarmaq** *fe.* 복사하다, 복제하다 duplicate, copy; ~ **ini çıxartma** *i.* 복사, 복제 reproduction; ③ 인물, 인품, 배역 character (art) ○ **obraz, şəxs**; ④ 초상, 화상 portrait, picture ○ **rəsm, şəkil**; ⑤ (수학) 분수 (mathematics) fractional number; ⑥ 형태, 방식 form, type ○ **şəkil, forma; Bu ~ də** *z. 이와 같이, 이래서 thus, therefore*
surətçıxaran *i.* 필생, 필경자, 모방자, 복사기 copyist, typist
surətçıxarma *i.* 필경, 모방, 복사 copying, imitation, imitating
surətpərəst *i.* 외모 지상 주의자 lover of external beauty
surğuc *i.* 납으로 인을 찍어 봉한 것 lead stamp, seal (window, pracel, etc)

S

surğuclamaq *fe.* 납으로 봉인하다 seal
surğuclu *si.* 납으로 봉인한 sealed
sursat *i.* ① 생필품, 식량, 양식, 식품 stores, supplies, provisions, victuals, comestibles ○ **azuqə, ərzaq**; ② 보급, 병참 military supplies
sursatlı *si.* 식량이 비축된, 병참이 확보된 supplied, having supplies ○ **azuqəli, ərzaqlı, tədarüklü, ehtiyatlı**
sus! *əd.* (입) 닥쳐!, 쉿! Shut up! (품사? 동사?)
susama *i.* 갈증, 기갈 thirst
susamaq *fe.* ① 목마르다 be thirsty; ② 갈망하다 be eager for
susamuru *i. zoo.* 수달, 수달피 otter
susdurmaq *fe.* 진정시키다, 조용하게 하다 appease, calm, put to silence
susdurulmaq *fe.* 발언이 제지되다, 진정되다, 조용하게 되다 stop talking, become silent, lapse into silence, hush up, hold one's tongue
susəpən *i.* 물뿌리개 watering-pot
susərçəsi *i. zoo.* 물참새 water-sparrow
susiçanı *i. zoo.* 물쥐 desman, mesquash
susiçovulu *i.* 물쥐 water-rat
susqun *si.* 조용한, 소리 없는, 말수가 적은, 무뚝뚝한, 과묵한 calm, quiet, taciturn, reticent ○ **dinməz, susmuş, sakit** ● **deyingən**
susqunluq *i.* 말없음, 조용함, 과묵함 taciturnity, reticence, speechlessness ● **deyingənlik**
susma *i.* 조용함 hush
susmaq *fe.* 조용하다, 말이 없다, 침묵하다 be silent, calm, keep silent ● **dillənmək**
susmaz *si.* 끊임없는, 중단 없는 unceasing, never-ceasing
sustalamaq ☞ **süstləşmək**
susuz *si.* 물이 없는, 목마른, 건조한, 갈(渴)한 dry
susuzlamaq *fe.* 갈망하다, 열망하다, 몹시 하고 싶어하다 thirst (for, after), crave (for), hunger (for), be thirsty for
susuzlaşdırma *i. kim.* 구워 말림, 하소(煆燒), 소성(燒成), 배소법(焙燒法) calcinations
susuzluq *i.* 건조, 가뭄, 한발, 고갈 drought, thirst
susünbülü *i.* 소맥 aquatic wheat
sutka *i.* 하루, 24 시간 day, 24 hours
sututar *i.* 저수지 reservoir, holding pond
suüstü *si.* 부유(浮游)하는 floating, above-water
suvacaq *i.* 갑문, 수문(水門) sluice, lock
suvaq *i.* 회반죽, 플라스터, 석고 plaster ○ **mala**
suvaqçı *i.* 미장이, 석고 기술자 plasterer
suvaqçılıq *i.* 미장 plastering
suvaqlamaq *fe.* 회반죽을 바르다, 미장하다 plaster ○ **malalamaq, yaxmaq, sürtmək**
suvaqlanmaq *fe.* 미장이 되다 be plastered
suvaqlat(dır)maq *fe.* 미장하게 하다 make plaster
suvaqlı *si.* 미장이 된, 반죽으로 발려진 plastered ○ **malalı**
suvaqlılıq *i.* 미장 됨 state of being plastered ○ **malalılıq**
suvaqsız *si.* 미장되지 않은 without plaster ○ **malasız**
suvaqsızlıq *i.* 미장되지 않음 state of being not plastered ○ **malasızlıq**
suvamaq *fe.* ① (기름, 윤활유 등) 바르다, 기름칠하다 apply (oil, grease) lubricate; ② 미장을 하다 plaster ○ **yaxmaq, çəkmək, sürtmək, bulamaq, ləkələmək, malalamaq**
suvanmaq *fe.* 기름칠해지다, 미장이 되다 be oiled, be greased, be lubricated, be plastered
suvand *i.* 줄 (쇠붙이를 쓰는); 손톱 줄 file (tool) ○ **əyə**
suvandlamaq *fe.* 줄로 갈다 file ○ **əyələmək**
suvarılmaq *fe.* 물이 대어지다, 뿌려지다 be poured, be watered
suvarmaq *fe.* 물을 대다, 물을 뿌리다, 관개(灌漑)하다 irrigate, draw water ○ **sulamaq, islatmaq, yaşlamaq**
suvaşdırmaq *fe.* (물, 기름, 때 등) 덮다, 범벅이 되게 하다, 더럽게 하다 coat (with), putty (with), besmear (with), soil (with)
suvaşqan *si.* 점착성이 있는, 끈적거리는, 찐득찐득한 sticky, glutinous, viscid, viscous
suvaşqanlıq *i.* 점착성, 끈적거림 stickiness, viscidity, viscosity
suvaşmaq *fe.* (스스로) 더럽히다, 더덕더덕 바르다 besmear oneself (with), soil oneself, put on make up
suvat *i.* 물웅덩이 watering, watering place, pond, horse-pond, swill, mash
suvat(dır)maq *fe.* 범벅이 되게 하다 make plaster
suvenir *i.* 기념품, 선물 souvenir
suveren *si.* 주권을 가진, 다스리는, 군주의, 독립

의, 자치의 sovereign ○ **müstəqil**

suverenlik *i.* 주권, 통치권 sovereignty ○ **müstəqillik**

suyacaq *i.* 물웅덩이, 개울 웅덩이 place for bathing in a brook/stream

suyadavamlı *si.* 내수성(耐水性)의, 방수의 waterproof

suyayatan *i.* 물에 사는, 물속에서 자는 sitting in the water

suyaran *i.* (이물의) 물결을 가르는 부분 cutwater (of ship)

suyolu *i.* 도랑, 시궁창, 배수구 gutter, water course

suyuşirin *si.* 귀여운, 사랑스러운 (성격) sweet, precious, dear (personality) ○ **gözəşirin, yaraşıqlı** ● **ətiacı**

suzanbağı *i.* 수련(水蓮) water-lily

sübh *i.* 여명, 새벽 aurora, morning ○ **şəfəq, səhər** ● **gecə**; ~ **ulduzu** *i.* 새벽 별, 금성(金星) morning star

sübh-şam ☞ **səhər-axşam**

sübut *i.* 증거, 증명, 징표, 징후, 단서, 실마리 evidence, proof, testimony, clue, demons tration ○ **dəlil, əsas**; ~ **etmək** *fe.* 증명하다, 증거하다, 제시하다 prove, argue, demonstrate

sübutlu *si.* 분명한, 확실한, 명백한 evident, obvious ○ **dəlilli, əsaslı**

sübutluluq *i.* 확실함, 분명함 obviousness, conviction ○ **dəlillilik, əsaslılıq, inandırıcılıq**

sübutsuz *si.* 입증되지 않은, 증거(근거)가 없는 unsubstantiated, unfounded, without proof ○ **dəlilsiz, əsassız**

süd *i.* 젖; (특히) 우유 milk; ~ **sağmaq** *fe.* (소 등의) 젖을 짜다 milk; ~ **satan** *i.* 우유 장수, 우유 배달 milker, milkman; ~ **qabı** *i.* 우유통; milk-jug, milk-can; ~ **vəzisi** 유선(乳腺) milk gland

südçü *i.* 우유 장수, 착유부 milkman

südçülük *i.* 착유, 우유 장사 work of a milkman/dairy man

süddan *i.* 우유통 milk jug

süddaş *i.* 수양 부모 밑에 자란 형제, 자매 foster-brother/sister

südəcər *si.* 터울이 작은, 연년생의 born one after the other

südəmər *i.* ① 젖먹이, 유아 baby, infant in arms ○ **uşaq, körpə**; ② 초심자, 풋내기, 얼간이 greenhorn, unfledged youth, cissy, sissy, suckling

südqabı *i.* 우유통 milk jug

südləyən *i.* 대극(大戟) spurge

südlü I. *i.* 젖소; 우유 죽 milk porridge, milch-cow, milker; II. *si.* 우유가 들어간, 우유가 많이 나는 milky

südlüaş ☞ **südlüplov**

südlük *i.* 젖의 분비, 수유기, 포유기 lactation, suckling, nursing

südlülük *i.* 우유가 함유된 milkiness

südlüplov *i.* 우유밥 milky rice

südlüsıyıq *i.* 우유죽 milk porridge

südsüz *si.* 우유가 빠진 milkless

südxana *i.* 유제품 공장 dairy, creamery

südverən *si.* 우유 생산의 milk-producing

südyolu *i.* 은하수(銀河水) milky way ○ **kəhkəşan**

süfrə *i.* ① 식탁보 table-clothe, cloth; ② 식사, 식품 meal, food; ~ **düzəltmək** *fe.* 식탁보를 깔다 lay the cloth; ~ **açmaq** *fe.* 식탁보를 깔다, 음식을 준비하다 lay the table, set the table

süftə *i.* 개시, 시작, 선제 initiative, beginning

süxur *i.* 바위 rock

süita *i. mus.* 조곡(組曲), 모음곡 suite

süjet *i.* (극, 소설 등의) 줄거리, 구상, 플롯 plot, subject, (theme) topic

süjetli *si.* 줄거리가 있는, 구상의 ploted, having plot

sükan *i.* 타륜(舵輪) 키 자루(tiller); 조타 장치; 타각(舵角) helm, rudder, steering wheel (steering wheel);

sükançı *i.* ① (배의) 조타수, 운전자, 조종사 helmsman, man at the wheel, pilot (American) quarter-master; ② 지도자, 인도자 leader, director

sükun *i.* 평화로움, 차분함 peacefulness, placidity

sükunət *i.* ① 고요, 평안, 냉정, 안심, 안식 rest, peace, calm, calmness, quietness, tranquility, composure ○ **durğunluq, sakitlik, səssizlik**; ② 느슨함, 느즈러짐; 느즈러진 부분 silence, lull, slack

sükunətli *si.* 조용한, 평화로운 quiet, calm, tranquil

sükut *i.* ① 고요함, 정적, 한적; 침묵 quiet, silen-

S

ce, calm, peace, hush ○ **sakitlik, susma, səssizlik, dinməzlik** ● **hay-küy**; ② (언행의) 휴지, 정지, 중지 pause, interval to keep silent, silence; ~ **olmaq** *fe.* 조용하다, 고요하다, 정적이 흐르다 be silent, hold back, hush up

süqut *i.* 전락, 실추; (정부 등의) 전복; 몰락, 파멸 downfall, declining, falling, collapsing ○ **yıxılma, enmə, düşmə**; ~**a uğramaq** *fe.* 추락하다, 전복되다, 몰락하다 crash

sülalə *i.* (역대) 왕조; 왕가 dynasty

Süleyman *i.* 솔로몬 (유다 왕국의 3대 왕); Solomon (the third king of the Kingdom of Judea); ~ **daşı** *i.* 석류석(石榴石), 가넷 garnet

süleymani *i.* 승화물 sublimate (corrosive chemistry)

sülənmək *fe.* 빈둥거리다, 완보하다, 어슬렁거리다, 서성거리다 hang (around), lounge (about), loaf (about), loiter, dawdle ○ **veyillənmək, avaralanmaq**

sülh *i.* 평화, 화합, 강화 peace ○ **əmin-amanlıq, sakitlik, dinclik, asayiş** ● **müharibə**; ~ **müqaviləsi** *i.* 강화조약, 평화 협정 peace treaty; ~ **müqaviləsi bağlamaq** *fe.* 평화 협정을 체결하다 make a peace treaty; ~ **tələb etmək** *fe.* 화평을 요청하다 sue for peace; ~ **uğrunda çarpışan** *i.* 평화의 전사 champion of peace

sülhpərvər *si.* (사람, 기질, 태도 등이) 평화를 좋아하는, 온순한, 온화한 peace-loving, peaceful, peaceable

sülhpərvərlik *i.* 평온한 성격, 평화로운 기질 peaceableness, peaceful disposition

sülhsevər ☞ **sülhpərvər**

sülügən *i.* 적색 산화납, 연단(鉛丹) minium, red lead (chemistry)

sülük *i.* 속이 빈 식물 (대나무, 갈대 등)의 새로 난 줄기 new trunk of a hollow plant; **qarğı ~yü** *i.* 갈대 순

sümsü *i.* 소리로 새를 속이기 위해 사용되는 사냥 도구 instrument used in hunting which makes a sound to attract birds

sümsük *i.* 거지; 부랑자, 동냥아치; 억지로 얻어내는 사람; 행상인 beggar, cadger ○ **sərgərdan, avara**

sümsünmək *fe.* 구걸하다, 동냥하다, 억지로 조르다 beg, cadge, go about begging, cadging from people ○ **dilənmək**

sümük *i.* ① *ana.* 뼈, 골격, 골질 부분; 유골 bone; ② 몸의 딱딱한 부분(뼈, 이 등) hard part of body like teeth, bone; ③ 주사위 dice; ~**dən düzəlmiş** *i.* 골제품 (주사위, 도미노 패, 캐스터네츠 등) bone

sümükaltı *si.* 뼈 속의 under the bone

sümükarası *si.* 뼈 사이의, 골간의 between bones

sümükləşmə *i.* 골화(骨化) (과정, 작용); 골화 부분, 딱딱함, 무감각함 ossification, stiffness, numbness

sümükləşmək *fe.* 골화하다, 딱딱해지다, 단단해지다 harden

sümüklü *si.* 뼈가 많은, 골격이 큰 bony, rawboned, big-boned

sümüksüz *si.* 뼈 없는 (고기) boneless

sümürülmək *fe.* 빨려 들다, 흡입되다 be sucked, be absorbed (into, in)

sümürmək *fe.* 입으로 빨다, 빨아 올리다, 흡수하다, 스며들다 suck in, soak up, absorb, pull, draw ○ **sormaq, əmmək**

sünbə *i.* 총신에 화약이나 탄환을 재거나 청소하는) 쇠꼬치 ramrod (military), cleaning rod

sünbələmək *fe.* 화약을 장전하다 stuff with a ramrod, pack with a ramrod, fill with a cleaning rod

sünbül *i.* (옥수수, 보리, 밀 등) 이삭 ear (of grain)

sünbülçiçəyi *i.* 히아신스(백합과) hyacinth

sünbülqıran *i. zoo.* 땅다람쥐, 밭다람쥐 suslik, gopher, ground squirrel

sünbüllənmək *fe.* 이삭이 만들어지다 ear, form ears

sünbüllü *si.* 이삭으로 된, 이삭이 많은 having many ears

süng: ~ **eləmək** *fe.* 파산하다, 도산하다 go broke, go into bankruptcy; ~ **olmaq** *fe.* 청산되다, 파산되다 be cleaned out

süngər *i. zoo.* 스펀지 sponge; ~ **ilə yumaq** *fe.* 스펀지로 닦다 sponge

süngərdaşı *i.* 부석(浮石), 속돌 pumice(-stone)

süngü *i.* 총검; 무력, 보병 bayonet

süngüləmək *fe.* 총검으로 찌르다 bayonet

süngüləşmək *fe.* 서로 총검질하다 bayonet one another

süngülü *si.* 총검을 가진, 무력을 쓰는 having a bayonet

süngüsüz *si.* 총검이 없는, 무력이 없는 without a bayonet

süni *si.* ① 인위적인, 사람이 만든 artificial; ② 가짜의, 모조의 false ○ **saxta, uydurma, qondarma**

süniləşdirmək *fe.* 인공적으로 만들다 make artificial

süniləşmək *fe.* 인위적이 되다 become artificial ○ **saxtalaşmaq**

sünilik *i.* 허세, 꾸미기, 잘난 체 하는 태도, 거짓 affectation, falsehood ○ **saxtalıq, uydurmalıq, qondarmalıq**

sünnət *i. din.* 할례(割禮) circumcision

sünni *i.* 수니파(派) 교도: 회교의 2대 종파의 하나 Sunnite (Islamic Creed)

sünnilik *i.* 수니파 Sunnism

süpürgə *i.* 비, 빗자루 broom, brush

süpürgəçi *i.* 청소부, 소해정 sweeper (in the street), office-cleaner (in office), maid (in hotel)

süpürgəçilik *i.* 청소, 쓸기, 청소업 sweeping, cleaning

süpürgəçöpü *i.* 빗자루 만드는데 쓰이는 관목의 일종, 싸리나무 mountainous plant used in banding brooms

süpürgələmək *fe.* 비질하다, 청소하다 sweep, clean

süpürgəsaqqal *si.* 수염이 무성한, 수염이 곧은 brownie, house-spirit ○ **sıxsaqqallı, irisaqqallı**

süpürləmək *fe.* 갑자기 덮치다, 급습하다, 내 던지다 throw over, cast over, swoop down

süpürmək *fe.* (비, 브러쉬로) 쓸다, 청소하다 brush, sweep ○ **təmizləmək, sovurmaq**

süpürt(dür)mək *fe.* 쓸게 하다, 청소하게 하다 have *smt.* swept

süpürülmək *fe.* 청소되다, 깨끗하게 되다 be swept, be cleaned out

süpürüntü *i.* 쓰레기, 먼지, 쓸어 모아 버릴 것 sweepings, dust, rubbish, refuse litter

süpürüşmək *fe.* (서로) 비를 들고 쓸어 부치다, 싸우다, 다투다 grapple (with), come to blows (with) ○ **tutaşmaq, vuruşmaq, dalaşmaq, çarpışmaq, döyüşmək, savaşmaq**

sürahi *i.* ① (계단의) 난간 banister, balustrade ○ **məhəccər**; ② 유리 물주전자 water-bottle, carafe

sürbə *i.* (사람, 동물) 떼, 집단; 학파 stock, flight, school, pack ○ **sürü, dəstə, qatar**

sürdürmək[1] *fe.* (떼, 군집, 차량 등) 몰게 하다, 운전하게 하다 have *smb.* drive

sürdürmək[2] *fe.* (땅을) 갈게 하다, 쟁기질하게 하다 have *smb.* plow or till

sürək[1] *i.* 기간, 시간; 지속, 존속 duration

sürək[2] *i.* ① 떼, 무리 flock; ② (사냥) 몰기, 추적하기, 추격 chasing (hunting)

sürəkçi *i.* 몰이꾼 person who drives game out of cover towards the hunters

sürəkli *si.* 끊임없는, 간단없는, 부단한 ceaseless, continual

sürəklilik *i.* 지속(성), 연속, 존속 continuity, duration

sürəksiz *si.* 짧은, 지나치는, 순간적인, 짧은 기간의 short, momentary, transitory, of short duration, short-term

sürət *i.* 속도, 비율, 신속성 speed, swiftness, rate; ~ **məhdudiyyəti** *i.* 속도 제한 speed limit ○ **tezlik, itilik, yeyinlik**; ~ **ölçən** *i.* speedometer 속도계; **~i azaltmaq** *fe.* 감속하다 slow down; ~ **qatarı** *i.* 급행열차 express train

sürətlə *z.* ① 빠른 속도로, 매우 빠르게 at high speed ○ **tez, iti, yeyin, cəld** ● **yavaş**; ② 당장, 즉각 at once, immediately ○ **dərhal, indicə**; ~ **getmək** *fe.* 달려가다, 돌진하다, 급히 가다 dash, rush; ~ **keçib getmək** *fe.* 휙 지나가다, 스칠 듯이 지나치다 sweep; ~ **silahlanma** *i.* 무장 경쟁 arms race

sürətləndirici I. *i.* 가속 장치, 액셀러레이터; accelerator; II. *si.* 가속시키는, 속도를 내게 하는 accelerating; ~ **cihaz** *i.* 가속기, 가속장치 accelerator

sürətləndirilmək *fe.* 촉진되다, 빨라지다, 서둘러지다 quicken, be hastened, be quickened, be expedited

sürətləndirmə *i.* 가속 acceleration, speeding-up

sürətləndirmək *fe.* 가속하다 accelerate

sürətlənmə *i.* 가속 acceleration, speeding-up

sürətlənmək *fe.* 촉진되다, 가속되다, 서두르다 quicken, accelerate ● **yavaşımaq; ləngimək**

sürətləşmək *fe.* 빨라지다, 가속이 되다 become speedy, become accelerated ○ **tezləşmək,**

S

yeyinləşmək, cəldləşmək

sürətli *si.* 빠른, 민첩한, 기민한 fast, speedy ○ **tez, iti, yeyin, cəld** ● **yavaşca**

sürətlilik *i.* 빠름, 속도, 민첩, 급속 quickness, rapidity, speed ○ **tezlik, itilik, yeyinlik, cəldlik**

sürətölçən *i.* 속도계 speedometer

sürfə *i. zoo.* 유충, 애벌레, 땅벌레, 구더기 larva, grub, maggot

sürgəc *i.* 썰매 타는 사람 sleigh runner

sürgü *i.* ① 문빗장, 창 빗장, 차단봉 bolt, bar, door-bolt, window-bolt, damper; ② (총의) 노리쇠 뭉치 lock, bolt, breech block, connecting-rod

sürgüqolu *i.* 피스톤의 크랭크 crank of the piston

sürgün *i.* ① 추방(자), 강제 이주(자), 망명자, 유배자 exile, the exiled; ② 유배지, 추방지 place of exile; **~ə göndərilmək** *fe.* 유배당하다, 강제 이주당하다 be sent to exile; **~ etmək** *fe.* 추방하다, 강제 이주시키다 exile, banish; **~ə göndərmək** *fe.* 유배시키다, 강제 이주시키다 exile, condemn to penal servitude; **~ edilmiş adam** *i.* 유배자, 추방자 displaced person, convict

sürgünlük *i.* 유배, 추방, 강제 이주 exile, banishment, transportation, deportation

sürmə¹ *i.* ① 아이라이너 (눈화장품) eye-liner; ② (곡식의) 깜부기(병) smut, blighted ear of grain; ③ *kim.* 안티몬, 안티모니 (기호 Sb) antimony

sürmə² *i.* 서랍(장) drawer ○ **siyirmə²**

sürmə³ *i.* 문빗장 door bolt ○ **siyirmə³**

sürmək¹ *fe.* ① (차, 배 등 교통기관) 운전하다, 몰다 drive, pilot (ship, plane), steer, trail; ② 유배를 보내다, 강제 추방하다 send exile ○ **qovmaq, çapmaq, səyirtmək,**

sürmək² *fe.* ① 지내다, 지속하다, 살다 continue, draw; ② 시간을 끌다 pass time ○ **uzadılmaq, artırılmaq,**

sürmək³ *fe.* 밭을 갈다, 쟁기질하다 plow ○ **şumlamaq, əkmək,**

sürmələmək *fe.* 눈화장을 하다 apply eye-liner

sürməli *si.* 눈화장을 한 have make-up around the eyes

sürməyi *si.* 라일락의, 자주색의 lilac, violet (color)

sürpriz *i.* 놀람, 경악, 예기치 않은 일 surprise

sür-sümük *i. top.* (크고 작은) 뼈 무더기 big and small bones

sürtdürmək *fe.* 문지르게 하다, 바르게 하다, 비비게 하다 make rub (against), rub up, rub down

sürtələmək *fe.* 쓸어내다, 닦아내다, 비비다 wipe, wipe dry, rub (with)

sürtgəc *i.* 강판, 미장이 손 grater; plasterer's hand (tool)

sürtkü *i.* ① 기름, 연고 (등 바르는 것); greasing, oiling, lubrication, ointment ② 윤활유 lubricating oil

sürt|mək *fe.* ① (기름, 연고 등) 바르다, 문지르다 rub ○ **çəkmək, yaxmaq;** ② (강판에) 갈다, 문질리다, 맞스치다 grate, grind; ③ 신경을 거슬리다, 불쾌감을 주다 bother; ④ 얇게 펴다, 그리다 draw, spread ○ **yağlamaq, yaymaq;** ⑤ 벗겨내다, 문질러 닦아 내다 rub off, scrub ○ **ovuşdurmaq, ovxalamaq; ~üb təmizləmək** *fe.* 문질러서 지우다 rub; **~mə dərmanı** *i.* 연고, 바르는 약 ointment

sürtük¹ I. *i.* 연고, 기름, 바르는 약 ointment ○ **məlhəm, yağ, maz;** II. *si.* ① (강판에) 간, 문질러서 가루가 된, 낡은, 닳은 ground, grated ○ **sıyırıq, pozuq, əzik;** ② 낡은, 닳은 old, worn, rubbed out ○ **yeyilmiş, köhnə;** ③ 뻔뻔한, 염치없는, 경솔한, 버릇없는, 건방진 impudent, insolent, impertinent, saucy, cheeky ○ **sırtıq, həyasız, abırsız**

sürtük² *i.* 남자 외투 man's overcoat

sürtüklük *i.* ① 잘게 갈림, 가루가 된 상태 the state of being ground or grated ○ **sıyırıqlıq, əziklik;** ② 뻔뻔함, 건방짐, 무례, 주제넘음 impudence, insolence, impertinence, effrontery, sauce, cheek ○ **sırtıqlıq, həyasızlıq, abırsızlıq**

sürtülmək *fe.* ① 비비다, 문지르다 rub against *smt.*, mix with *smb.*, hobnob with *smb.*; ② (스스로) 더럽히다, 얼룩지다 soil oneself ○ **yaxılmaq, çəkilmək;** ③ 시들다, 마르다, be withered ○ **solmaq, bozarmaq;** ④ 닳다, 낡다 be worn out, be rubbed off ○ **silinmək, yeyilmək, köhnəlmək**

sürtülmüş *si.* 남루한, 낡은, 해진 shabby

sürtünmə *i.* 마찰, 비벼져 닳기, 문지르기 friction, rubbing

sürtünmək *fe.* ① 건드리다 be touched ○ **dəymək**; ② 스스로 문지르다, 지워지다 rub oneself ○ **silinmək**; ③ 순환되다, 돌다 be circulated ○ **vurnuxmaq**, **fırlanmaq**, **dolaşmaq**

sürtüşkən *si.* ① 까다로운, 트집쟁이의, 심술궂은, 고약한 over particular, capricious, fault-finding, carping, nagging ○ **öcəşkən**, **sataşqan**; ② 타락한, 방자한 corrupted, immoral ○ **pozğun**, **əxlaqsız**

sürtüşkənlik *i.* (성격) 고약한, 트집잡는 worrying, pestering, captiousness (personality) ○ **pozğunluq**, **əxlaqsızlıq**; ② **öcəşkənlik**, **sataşqanlıq**

sürtüşmək *fe.* ① 서로 비비다, 서로 문지르다 rub each other ○ **xunmaq**, **dəymək**, **ilişmək**; ② 놀리다, 괴롭히다 bully, tease ○ **öcəşmək**, **sataşmaq**

sürü *i.* (짐승의) 떼, 가축, 무리, 집단 flock; herd; pack

sürücü *i.* 운전사, 조종자, 기사 driver; ~ **vəsiqəsi** *i.* 운전 면허증 driver's license

sürücülük *i.* 운전(업), 운수업 driving

sürüdülmək *fe.* 끌어내다 be dragged away

sürük *nid.* 꺼져! Get out!

sürükləmə *i.* 끌어냄, 끌어들임 pulling out, drawing in ○ **çəkmə**, **aparma**, **dartma**

sürükləmək *fe.* (질질) 끌다, 당기다, 잡아당기다 drag, draw, pull ○ **çəkmək**, **aparmaq**, **dartmaq**

sürükləndirmək *fe.* 끌어내게 하다, 잡아당기게 하다, 유도하다 draw, drag (in, into, on, up), induce

sürüklənmək *fe.* 끌어내어지다, (물에) 끌려들어가다 be dragged, be drowned (into)

sürülmək¹ *fe.* ① 끌려지다, 조종되다, 운항되다 be driven, be piloted, be navigated ② 유배되다 be exiled

sürülmək² *fe.* (땅이) 갈아지다 be ploughed, be tilled ○ **şumlanmaq**, **əkilmək**,

sürümək *fe.* 잡아당기다, 끌어내다 pull, drag ○ **dartmaq**, **çəkmək**, **uzatmaq**

sürüncək *si.* ① 미끄러운 slippery; ② 믿지 못할, 신뢰할 수 없는 untrustworthy, disreputable; ③ 교활한, 악독한, 악의적인 wicked, evil

süründürmə *i.* 미루기, 지연, 꾸물대기, 머뭇거림 red tape, procrastination ○ **yubatma**, **ləngitmə**, **gecikdirmə**, **uzatma**

süründürməçi *i.* 관료, 관리, 관료적인 공무원 bureaucrat, redtapist, red-tape merchant, procrastinator

süründürməçilik *i.* 관료주의, 꾸물댐, 지연, 머뭇거림 red tape, bureaucracy, procrastination

süründürmək *fe.* ① 지연시키다, 꾸물대다, 연기하다 procrastinate, drag; ② 질질 끌다 drag act ○ **yubatmaq**, **ləngitmək**, **gecikdirmək**, **uzatmaq**

süründürucü ☞ **süründürməçi**

sürünən I. *si.* 기어 다니는 crawling; ~ **heyvan**; II. *i.* 파충류, 기어 다니는 동물 reptile

sürünənlər *i. zoo.* 파충류의 동물(거북, 도마뱀, 뱀, 악어 등); 기어다니는 동물 reptiles

sürünə-sürünə *z.* 질질, 기어서 crawling, on all fours, on hands and knees

sürüngəl *i.* 좁고 미끄러운 곳, 협곡(峽谷) narrow and slippery places in mountains

sürünmək *fe.* ① 기다, 기어가다 crawl, creep, trail ○ **iməkləmək**, **yerimək**; ② 완보하다, 어슬렁거리다, 배회하다, 헤매다 wander, roam ○ **veyillənmək**, **avaralanmaq**; ③ 아첨하다, 알랑거리다, 치살리다 flatter ○ **yaltaqlanmaq**, **alçalmaq**

sürüşdürmək *fe.* 미끄러지게 하다, 밀어뜨리다 slip, slide, work down

sürüşək ☞ **sürüşkən**

sürüşkən *si.* (마루 등이) 미끄러운, 반들반들한 slippery

sürüşkənlik *i.* 미끄러움 slipperiness

sürüşmə *i.* ① 미끄러짐 sliding, slip; ② *geo.* 산사태 displacement, landslide, land-slip

sürüşmək *fe.* ① 미끄러지다, 미끄러지듯이 움직이다 glide, slide, slip down; ② 스케이트를 하다 skate, go skating; ③ 스키를 타다 ski, ski down a hill; ④ 훔쳐 달아나다 steal away

sürütləmə *i.* ① 끌기, 당기기, 끌어당기기 drag, shuffle, pull, drag alone; ② 슬리퍼 slippers, bed-room slippers

sürütləmək *fe.* (무거운 것을) 끌다, 끌어당기다, 질질 끌다 drag, shuffle, pull, drag along

sürütmək *fe.* 당기게 하다, 끌게 하다 make pull, drag

süs *i.* 장식, 꾸밈 decoration, attire

süsən *i.* 붓꽃속의 총칭; 그 꽃; 긴 칼 모양의 잎을

S

가진 식물(창포, 붓꽃(blue flag), 부들 등) iris, flag

süsəri *i. zoo.* 귀뚜라미 cricket

süsləmək *fe.* 꾸미다, 장식하다, 미화하다 adorn, beautify, decorate, ornament

süslü *si.* 장식된, 꾸며진, 미화된 decorated, beautified

süst *si.* ① 완만한, 지둔한, 활발치 못한 inert; ② 둔한, 둔감한 numb, unfeeling ○ **ölüvay, ətalətli, solğun, əzgin, key** ● **gümrah**; ③ 흥미없는 uninteresting

süstləşmək *fe.* 완만해지다, 둔감해지다, 활발치 못하다, 굼뜨다 become sluggish/flabby/languid ○ **ölgünləşmək, keyləşmək, solğunlaşmaq, əzginləşmək**

süstləşdirmək *fe.* 마비시키다 anesthetize

süstlük *i.* 느림, 둔함 sluggishness, flabbiness, languor, inertia, listlessness, limpness, slackness, apathy, phlegm, coolness ○ **kəsalət, solğunluq, ölüvaylıq, ətalət, tənbəllik** ● **gümrahlıq**

sütun *i.* 기둥, 장대, 막대기, 교각 column, pole, post, pier, pillar ○ **dirək, şalban**; **qəzet ~u** *i.* (신문) 칼럼 column; **bel ~u** *i. ana.* 척추, 등뼈 spine, back bone, spinal/vertebral column

sütunlu *si.* 기둥이 있는, 기둥의; (신문, 잡지) 칼럼이 있는 columnar, columned ○ **dirəkli, şalbanlı**

sütunluq *i.* ① 기둥의 재료 material for pillar ○ **dirəklik, şalbanlıq**; ② 기둥의 자리, 칼럼란 place of column

sütül I. *i.* (식물 재배) 묘목, 모종; young plant (for transplanting) ; II. *si.* ① green 덜 익은, 풋 (과일) unripe; ② 미숙한, 미성숙한, 신참의 immature; ③ 사춘기, 청춘기 adolescence

sütülləşmək *fe.* 익기 시작하다 just begin to ripen

süvar *si.* 말을 탄, 짐승을 타는 riding horse or other animal

süvari *i.* 기사(騎士), 기수(騎手) horse man ● **piyada**; ~ **qoşun** *i.* 기병(騎兵) cavalry

süysün *i.* 기갑, (말) 어깨뼈 사이의 등성이 withers (of horse), the ridge between a horse's shoulderblades

süyümsüz ☞ **abırsız**

süzələnmək *fe.* 뚝뚝 떨어뜨리다, 듣다, 똑똑(찔끔찔끔) 떨어지다, 방울져 떨어지다 drip, trickle

süzənək *i. tib.* 임질(clap) gonorrhoea ○ **tripper**

süzgəc *i.* 여과하는(거르는) 사람; 여과기; 가는 체 strainer, filter

süzgün *si.* ① 원활한, 매끈하게 흐르는 flowing, smooth ○ **rəvan, səlis, sərbəst, axar, yüngül, hamar, rahat**; ② 애정이 깊은, 사랑하는 affectionate ○ **lətif, sevimli**

süzgünləşmək *fe.* ① 원활하게 되다, 잘 흐르다 become smooth, become fluent, become easy ○ **rəvanlaşmaq, səlisləşmək, yüngülləşmək**; ② 사랑스러워 지다, 따뜻해 지다 become affectionate

süzgünlük *i.* 편의, 편리 fluency, smoothness, facility ○ **rəvanlıq, səlislik, sərbəstlik, axarlıq, rahatlıq**

süzmə I. *i.* 요구르트 yogurt; II. *si.* 걸러진 strained

süzmək *fe.* ① (액체, 가루 등을) (…에) 쏟다, 따르다, 붓다, 흘리다 pour ○ **tökmək**; ② 스며들다, 걸러지다 glide, hover, strain, filter ○ **axmaq, sızmaq, dammaq**; ③ 춤추며 놀다 dance, play ○ **oynamaq**; ④ 조용히 날다 fly silently

süzülmək *fe.* ① 부어지다, 흘려지다, 걸러지다 be filtered, be drained, be strained ○ **tökülmək**; ② 낡다, 헐어지다, 닳아지다 worn out ○ **köhnəlmək, dağılmaq, yırtılmaq, yeyilmək**; ③ 졸다, 비몽사몽에 있다 be half-sleeping

süzülmüş *si.* 정제된, 정수된 filtered, purified

süzüntü *i.* 찌꺼기, 거르고 남은 것 remains, leavings after straining

svita *i.* 특별실, 스위트룸 suite

sviter *i.* 스웨터 sweater

Svanlar *i.* 조지아 산족 중의 하나 an ethnic group living in the mountains of west Georgia

svetofor *i.* 신호등 traffic light

sviter *i.* 스웨터, 점퍼 sweater ○ **fufayka**

şab *i. kim.* 명반, 백반(염색이나 피혁 공업용 물질) alum ○ **zəy**

şabalıd *i.* 밤, 율과(栗果) chestnut; ~ **rəngli** *si.* 밤색의 chestnut (color)

şabalıdı *si.* 밤색의 chestnut-colored

şabalıdlıq *i.* 밤 농장 chestnut grove

şabaş *i.* (결혼식 악단에 지급되는) 돈, 사례금 money given to the band which plays at a wedding

şablon I. *i.* ① 형지(型紙), 형판(型板), 주형(鑄型), 목형 template, pattern, stencil, mould, commonplace ○ **ülğü**, **qəlib**; ② 진부한 상투어, 케케묵은 말 commonplace, cliche ○ **bayağı**; II. *si.* ① 형판의, 주형의, 틀에 맞춘 of pattern, of template; ② *fig.* 진부한, 틀에 박힌, 흔해 빠진 banal, trite, unoriginal, common

şablonluq *i.* 평범, 보통 ordinariness, mediocrity

şad *si.* ① 기쁜, 명랑한, 즐거운, 밝은, 만족한 glad, pleased, cheerful ○ **şən**, **şuz**, **sevincli** ● **qəmgin**, **mə'yus**; ② 친절한 friendly; ~ **olmaq** *fe.* 기뻐하다, 행복해하다 be glad; ~-~ *z.* 기쁘게, 기분 좋게 happily, pleasantly; ~-**şalayın** ☞ **şad**

şadara *i.* ① 체, 어레미 sieve, riddle, screen, sifter ○ **zəlbir**; ② 구멍, 작은 구멍들 hole ○ **dəlik**, **deşik**; ~**ya dönmək** *fe.* 구멍투성이가 되다 be all holes, riddle

şadaralamaq *fe.* riddle, sift, screen ○ **xəlbirləmək**

şadarlatmaq *fe.* 체질하게 하다, 거르게 하다 ask *smb.* to riddle

şadənə *si.* 큰 알갱이의 big-grained ○ **iridənə**

şadxəbər *i.* 기쁜 소식, 좋은 소식, 복음 good news

şad-xürrəm *si.* 즐거운, 밝은, 기쁜, 명랑한, 유쾌한 merry, gay, lively, jolly, cheerful, jovial, cheery

şadlandırıcı *si.* 만족을 주는, 흡족한, 유쾌한 gratifying, pleasing

şadlandırmaq *fe.* 기쁘게 하다, 만족을 주다, 기분 좋게 하다 make glad, happy; cause joy (to), gladden, cheer up, brighten

şadlanmaq *fe.* 즐거워하다, 기뻐하다, 만족해하다 rejoice, be happy, cheer ○ **sevinmək**, **fərəhlənmək**, **şənlənmək** ● **kədərlənmək**, **qəhərlənmək**

şadlaşmaq *fe.* 서로 기쁘게 하다, 서로 힘 나게 하다 cheer up, brighten

şadlıq *i.* 기쁨, 즐거움, 만족, 환희 mirth, joy, happiness ○ **şənlik**, **şuzluq**, **sevinc**, **fərəh** ● **bədbəxtlik**; ~ **etmək** *fe.* 환희하다, 기뻐 뛰다, 즐거워하다 exult, enjoy oneself, be merry, have a good time; ~**la** *z.* 기뻐서, 행복하게, 즐겁게 merrily, gayly, lively, jolly

şadman ☞ **şad**

şadmanlıq ☞ **şadlıq**

şadyana I. *si.* 기쁜, 즐거운, 만족한 joyful, delightful; II. *z.* 기쁘게, 즐겁게, 명랑하게 joyfully, delightfully

şadyanalıq *i.* 기쁨, 환희, 만족, 행복 exultation, delight ○ **şadlıq**, **sevinc**, **fərəh**, **şənlik**, **şuxluq**

şafran *i.* 사프란 (이란 특산의 향염료) a type of yellowish-red apple having a sour and sweet taste

şaftalı *i.* 복숭아 peach

şagird *i.* ① 제자, 생도, 학생 disciple, pupil ○ **məktəbli**; ② 도제, 실습생, 초심자 apprentice ○ **köməkçi**

şagirdlik *i.* 도제살이, 도제 신분 apprenticeship

Ş

şah[1] *i.* ① 왕, 제후, 통치자 king, shah ○ **hökmdar, padşah, çar**; ② (체스의) 장군; check (chess); ③ *zoo.* 여왕벌 queen bee; ~ **əsəri** *i.* 걸작, 명작 masterpiece; ~ **damarı** *i. ana.* 대동맥 aorta; ~**a qalxmaq** *fe.* 말이 뒷다리로 서다, 곧추세우다 rear up (horse)

şah[2] *si.* ① 말을 타고 곧추선 standing (on a horse's back) ○ **düz, şax**; ② 두드러진, 현저한, 저명한, 걸출한 outstanding ○ **görkəmli, məşhur**

şahad *i.* 방아 찧는 삯 payment for milling

şahanə *si.* 훌륭한, 멋진, 웅장한, 화려한 kingly, regal, splendid, magnificent, brilliant ○ **həşəmətli, cəlallı, təmtəraqlı, əzəmətli, vüqarlı**

şahanəlik *i.* 호화, 화려, 장려, 뽐냄 splendour, magnificence, exultation ○ **həşəmət, cəlal, təmtəraq, zənginlik, əzəmət, vüqar**

şahani ☞ şahanə

şahbal ☞ şahpər

şahbaz I. *i. zoo.* 매 falcon ○ **tərlan, şahin**; II. *si.* 용감한, 용맹한, 영웅적인 brave, gallant, heroic

şahbeyt *i.* 시의 첫 구절 the best verse of a poem; the first verse of a poem

şahdamar I. *i. ana.* 대동맥 Aorta; II. *si. fig.* 가장 중요한 most important

şahənşah *i.* ① 왕중 왕 King of kings; ② 회교 혁명 이전 이란 왕의 칭호 the title of the Iranian king until the Islamic revolution

şahı *i.* 5 게픽 동전 five-copeck coin

şahid *i.* 증인, 증거자 eye witness, witness; ~ **olmaq** *fe.* 증언하다, 증거하다 witness; ~ **çəkmək** *fe.* 증언자로 요청되다, 증인으로 채택되다 call to witness, accept as witness

şahidlik *i.* 증언, 간증 estimony; ~ **etmək**, ~ **olmaq** *fe.* 증거하다, 증언하다 witness, testify; ~ **ifadəsi vermək** *fe.* 증언하다 testify

şahid-sübut *i.* 증거 evidence ○ **dəlil**

şahin I. *i. zoo.* 매 falcon; II. *si.* 용감한, 용맹한 brave, gallant, valiant

şahincəsinə *z.* 감히, 용감히, 대담하게 bravely, gallantly

şahlıq *i.* ① 왕권, 왕의 통치 kingship, dominion ○ **hökmdarlıq, padşahlıq, çarlıq**; ② 왕국 kingdom ○ **şaxlıq, düzlük**

şahmar *i.* 독사의 일종 a kind of poisonous viper

şahmat *i.* 체스, 서양장기 chess; ~ **fiqurları** *i.* 체스 말들 chess man; ~ **oynamaq** *fe.* 체스를 두다 play chess

şahmatçı *i.* 체스 선수 chess-player

şahnişin *i. obs.* 객차, 객석, 가대(架臺) coach, box, dickey, trestle ○ **qozla**

şahnamə *i.* 연대기, 편년사 king's book, chronicle

şahnaz *i.* ① 아제르바이잔 전통음악 무감의 일종; A type of an Azerbaijani traditional music **Muğam** ② 장식된 비단의 일종 a kind of decorative silk

şahpər *i.* 긴 깃털 long feathers found in a bird's wing

şahrah *i.* 간선도로, 주요도로 main road, main street

şahtut *i.* 접붙여 개량한 뽕나무와 그 열매(오디) an engrafted mulberry tree and its fruit

şahzadə *i.* 왕자 prince; ~ **qız** *i.* 공주 princess

şax[1] *i.* 가지, 분지 branch, twig, bough ○ **budaq, qol**

şax[2] I. *si.* ① 부드러운, 매끈한, 반짝이는 smooth, glossy ○ **düz, hamar** ● **əyri**; ② 다림질한 ironed ○ **ütülü** ● **əzik**; II. *z.* 올곧게, 똑바로 upright, straight

şax-budaq *i.* 가지, 분지, 분파, 분맥(分脈); 분지; 분지 방식, 가지 나누기 branching, ramification, branch

şax-budaqlı *si.* 가지로 분화된, 가지를 더 친 having branches

şaxə *i.* 가지 branch, bough, twig ○ **budaq, qol**

şaxələnmək *fe.* 가지 치다, 가지를 뻗다 ① branch, fork ○ **budaqlanmaq**; ② 갈라지다, 나눠지다 spread ○ **yayılmaq, genişlənmək**

şaxəli *si.* ① 가지 친, 분기된 having branches, ramified, divided ○ **budaqlı, qollu-budaqlı, şaxlı**; ② (여러 방면으로) 갈라지는, 번지는 spreading ○ **yayılı**

şaxəlilik *i.* 가지가 무성함, 분기되어 확장됨 branching, branchiness ○ **qol-budaqlılıq, yayınıqlıq**

şaxımaq *fe.* ① 충격을 주다, 충돌하다, 영향을 주다 impact; ② 태우다, 불을 붙이다 burn, light ○ **yandırmaq, pöşləmək**

şaxis *i.* 측량용 막대, 장대, 막대 level, surveyor's pole, rod

şaxlama *i.* ① 마른 가지 쳐내기 cutting dried branches; ② 잔가지로 섞은 벽에 바르는 흙 primitive plaster made of twigs

şaxlamaq *fe.* 마른 가지로 치다 beat with twigs ○ **vurmaq, döymək**

şaxlanmaq *fe.* ① 가지를 내다, 가지가 뻗다 branch ○ **şazələnmək, budaqlanmaq**; ② 자랑하다 boast

şaxlı *si.* 가지를 가진 having branches ○ **qollu-budaqlı, şaxəli**

şaxlı-budaqlı ☞ şaxlı

şaxlılıq[1] *i.* ① 가지가 무성함 branchiness ○ **qolbudaqlılıq**

şaxlılıq[2] *i.* 매끄러움, 반반함 smoothness ○ **ütülülük, düzlük**

şaxmala *i.* 잔가지를 섞어 만든 벽에 바르는 흙 primitive plaster made from twigs

şaxsey *nid.* 아!, 저런!, 맙소사! alas!

şaxsey-vaxsey *i. din.* 시아 이슬람에서 후세인의 죽음을 기념하는 날에 이마, 가슴, 등 등을 쳐 피를 내면서 부르짖는 종교 의식 religious ceremony (beating the forehead and the breast in Məhərrəm which is Huseyn's martyr day)

şaxşax *i.* 딸랑이 (장난감) rattler (toy)

şax-şax *z.* 거만하게, 얕보면서 arrogantly; ~ **baxmaq** *fe.* 얕보다, 거만하게 바라보다 look arrogantly at

şax-şəvəl ☞ şax-budaq

şaxta[1] *i.* 추위, 혹한, 서리 frost ○ **don, sazaq, soyuq** ● **isti**; ~ **vurmuş/~dan donmuş** *si.* 동결된, 얼어붙은, 결빙된, 서리가 내린 frost bitten; **bərk** ~ *si.* 꽁꽁 얼어붙은 bitter frost

şaxta[2] *i.* 갱(坑), 수갱(竪坑)(shaft), 탄갱 pit, mine

Şaxta baba *i.* 산타클로스 Santa Claus

şaxtaçı *i.* 석탄선, 탄갱부, 광부 collier, miner

şaxtalı *si.* 얼어붙은, 결빙된 frosty ○ **sazaqlı** ● **bürkülü**

şaxtyor ☞ şaxtaçı

şaiq *si.* 선호하는, 마음에 드는 favorite, having great favour

şair *i.* 시인(詩人) poet; **~ə** *i.* 여류 시인 poetess

şairanə I. *si.* 시적(詩的)인, 아름다운, 심미적인 poetical ○ **mənzərəli, gözəl, qəşəng, səfalı**; II. *z.* 시적으로, 문학적으로, 표현상 poetically, in a poetical manner ○ **bədii, ifadəli**

şairkönüllü *si.* 시인 같은 poet-like

şairlik *i.* 시적 예술성, 시인의 기질, 시적 재능 the art of poetry

şakər *i.* 습관, 버릇, 습성, 관례 habit, manner, style ○ **vərdiş, adət**

şakərli *si.* 습관적인, 상습적인 habitual, usual ○ **vərdişli, adətkardəli**

şaqhaşaq *z.* 큰 소리로, 시끄럽게 loudly

şaqırdamaq ☞ şaqqıldamaq

şaqırtı ☞ şaqqıltı

şaq(q) *i. onomatopoeic.* 탕탕(총소리), 딱딱 (나무 꺾는 소리) bang (shot), snap (tree breaking)

şaqqa *i.* 도살된 몸통, 몸의 반쪽 carcass of an animal (cut in two) ○ **parça, hissə**

şaqqalamaq *fe.* 둘로 나누다 bisect, cut in half, cut into two equal parts ○ **parçalamaq, doğramaq, çapmaq**

şaqqalanmaq *fe.* 둘로 나누어지다 be bisected, be cut into two

şaqqalat(dır)maq *fe.* 반으로 나누게 하다 have *smt.* cut in half

şaqqalı *si.* 넓은 어깨의, 어깨가 넓은 broad-shouldered

şaqqamaq *fe.* 두드리다, 때리다, 치다 (단단하게 하다) beat, hit, strike (to make hard) ○ **budamaq, vurmaq, toxaclamaq**

şaqqanaq *i.* 웃음, 웃음 소리 laughter ○ **qəhqəhə**; ~ **çəkmək** *fe.* 큰 소리로 웃다, 파안 대소하다 burst into laughter, laugh loudly

şaqqaşaq *i.* 탁탁댐 (나무가 꺾이는 소리) onomatopoeic, snapping (wood) ○ **çıqaçıq**

şaqqıldaq *i.* 탁탁댐, 딸랑거림 rattle; toy-pistol

şaqqıldamaq *fe.* ① 딸랑거리다, 탁탁대다 snap, rattle ○ **cırıldamaq**; ② 노래하다 sing ○ **ötmək, oxumaq**; ③ 웃다 laugh ○ **gülmək**

şaqqıldaşmaq *fe.* ① 서로 탁탁대다, 서로 딸랑거리다 snap, rattle (together); ② 서로 웃다 laugh together

şaqqıldatmaq *fe.* ① 딱딱 소리를 나게 하다 crack, click, pop; ② (새가) 찍찍 울다 jug; ③ *fig.* 웃음이 터지다 burst out laughing

şaqqıltı *i.* ① 딸랑거림, 달그락거림 crash, snap, rattle ○ **şıqqıltı, çırtıltı, gurultu, zarıltı, gumbultu**; ② 웃음 laughing ○ **gülüş**

şaqqıltılı *si.* ① 딸랑거리는 crashing, cracking, rattling ○ **şıqqıltılı**; ② 껄껄 웃는 laughing ○ **gülüşlü**

şaqqımaq *fe.* 태우다, 불을 붙이다 burn, set on fire ○ **yandırmaq, pöşləmək**

şaqraq¹ *i.* 항상 웃는 사람, 즐거운 웃음 merry laughter, merry laugh ○ **şən, şad, sevincli, fərəhli** ● **kədərli**

şaqraq² *i. zoo.* 재색멋쟁이새 bullfinch

şaq-şaq *z.* 크게 웃으면서, 껄껄거리며 laughing loudly

şaqşaraq ☞ **şaqhaşaq**

şaqul *i. tex.* 추, 다림줄 plumb bob, plummet ○ **şüyül**

şaquli *si.* 수직의, 올곧은 vertical, upright ○ **dik**

şal *i.* 어깨걸이, 숄 rug, shawl ○ **kişmiri**

şalaxo *si.* 경쾌한 아제르바이잔 춤 곡 upbeat, joyful Azerbaijani dance music

şalaq I. *i.* ① (조생의) 큰 멜론 big melon (fast-ripening); ② 양배추의 맨 겉잎 the bottom leaf of a cabbage; II. *si.* 느린, 꾸물대는, 굼뜬 lumbering, sluggish, slow ○ **ağır, ləng**; ② 덤벙대는 clumsy, awkward ○ **yöndəmsiz, biçimsiz, yaraşıqsız**

şalapay *i.* 부랑자, 떠돌이, 노숙자 vagabond, idler, hobo

şalban *i.* 통나무, 장작 log ○ **tir, dirək**

şalbanlı *si.* 기둥을 받친 having beams ○ **tirli**

şalbanlıq *i.* 통나무 재료 trees suitable for logging

şalğam *i.* 순무 turnip

şalğamlıq *i.* 순무 밭 turnip garden

şallaq *i.* 회초리, 채찍 lash, rod, whip ○ **tatarı, qırmaq, qamçı, qırmanc, çubuq**

şallaqlamaq *fe.* 채찍질하다, 태형을 주다, 벌을 주다 flog, whip, flagellate, scourge, lash ○ **qamçılamaq, qırmanclamaq, çubuqlamaq, döyəcləmək**

şallı *si.* 숄을 걸친 shawled

şalvar *i.* 바지 pants, trousers; ~ **asqısı** *i.* 바지 멜빵 suspender

şalvarlıq *i.* 바지 옷감 material for trousers

şam¹ *i.* 초, 양초 candle

şam² *i.* ① 저녁 evening; ② 저녁 식사 supper; ~ **yemək/etmək** *fe.* 저녁을 먹다 sup, have supper; ~ **yeməyi** *i.* 저녁 식사 supper

şam³ (ağacı) *i.* 소나무 pine-tree; ~ **meşəsi** *i.* 소나무 숲 pine wood; ~ **qozası** *i.* 솔방울 pine cone

şamama *i.* 사향 멜론 musk melon

şaman *i.* 주술사, 마술사, 무당 shaman

şamanlıq *i.* 샤머니즘(주술적, 신비주의적 종교 형태) shamanism ○ **falçılıq, cadugərlik, sehrbazlıq, cindarlıq**

şamata ☞ **şəmatət**

şamayı *i. zoo.* 카스피해, 흑해, 아조프 해에서 잡히는 물고기의 일종 a kind of fish in the Caspian Sea, the Black Sea and the Azov Sea

şamdan *i.* 촛대 candle stick

şamdançı *i. tar.* 궁정의 촛불 관리자 candle lighter in palace

şamil *i.* 포함, 포괄, 함유, 할당, 부여 inclusion, attachment, assignment; ~ **olmaq** *fe.* 포함되다, 관여하다, 담당하다, 부여되다 include, concern

şamkimilər *i.* 소나무과 (식물) the pine tree family

şamlıq¹ *i.* 송림(松林), 솔밭 pine grove, pine forest, pinery

şamlıq² *i.* 만찬으로 차려진 음식 food prepared for supper

şampan *i.* 샴페인 champagne

şampun *i.* 샴푸 shampoo

şamsız *si.* 저녁 없는, 저녁을 먹지 않은 without supper

şan¹ *i.* ① 명예, 영예, 영광, 평판, 명망, 인망 glory, valour, reputation ○ **şərəf, şöhrət**; ② 용감, 용맹, 영웅적 행동 bravery, heroism ○ **şücaət, qəhrəmanlıq, igidlik, mərdlik, fədakarlıq**; ③ 명예, 명성, 면목, 체면 honor, fame ○ **namus, bicdan, şərəf, heysiyyət**

şan² *i.* 벌집 (모양의 것) honeycomb ○ **pətək**

şana *i.* ① 포크, 쇠스랑 fork ○ **yaba**; ② 갈퀴, 써레, 고무래 rake; ③ 빗 comb ○ **daraq**

şanagüllə *i.* 수중화의 일종 a kind of flower in water

şanalamaq *fe.* ① 포크로 뜨다, 포크질하다, 쇠스랑으로 들어 올리다 fork ○ **yabalamaq**; ② 갈퀴질하다, 긁어모으다 rake ○ **daraqlamaq**; ③ 빗질하다 comb ○ **xəlbirləmək**

şanapipik *i. zoo.* 후투티(머리에 관모가 있고 부리가 긴 새) hoopoe

şana-şana ☞ **şan-şan**

şan-beçə *i.* 일벌 worker bee

şanə *i.* 빗, 투구 장식 comb, crest ○ **daraq**

şanı *i.* 포도의 일종 a kind of grape (sweet, juicy

and fragrant)
şanlı *si.* ① 씩씩한, 용맹스러운, 용기 있는 heroic, gallant ○ **şöhrətli, şərəgli, şövkətli**; ② 화려한, 영광스러운 glorious, luxurious ○ **rəşadətli, cəsur, qəhran**; ③ 영예로운, 명망 있는 honorable, dignified ○ **möhtəşəm, əzəmətli**
şanlı-şöhrətli *si.* 영예로운, 명망 있는 of high reputation, of great fame
şanşöhrətli *si.* 유명한, 저명한, 이름난, 세상에 알려진 celebrated
şans *i.* 찬스, 기회, 호기 chance ○ **ehtimal, güman**
şanslı *si.* 가망 있는, 가능한, 확률 있는 possible, probable, likely ○ **ehtimallı, gümanlı**
şan-şan *si.* 구멍이 많이 뚫린 lot of holes
şan-şərafət ☞ **şöhrət**
şan-şövkət ☞ **şöhrət**
şantaj *i.* 공갈, 협박; 나쁜 짓, 협잡 racket, blackmail; ~ **yolu ilə rüşvət alma** *i.* 재물 강요, 공갈 협박 extortion of a bribe, racket
şapalaq *i.* ① 손바닥으로 뺨 때리기 slap, smack ○ **şillə**; ② 손바닥, 모욕, 비난, 비방 palm ○ **təhqir, həqarət**
şapalaqlamaq *fe.* 뺨을 때리다 slap the face, cuff the ears ○ **şillələmək, vurmaq, əzişdirmək**
şapalaqlanmaq *fe.* 뺨을 맞다 get slapped in the face
şapır-şapır *z.* 서둘러서, 허겁지겁 hurriedly, hastily ○ **tələsə-tələsə**
şapka *i.* 모자 cap ○ **papaq**; **~sını çıxarmaq** *fe.* 모자를 벗다 take off one's hat; **~sını geymək** *fe.* 모자를 쓰다 put on one's hat
şaplamaq ☞ **şapalaqlamaq**
şappadan *z.* 갑자기, 느닷없이, 불현듯 suddenly, all of sudden, unexpectedly ○ **birdən, qəfildən, gözlənilmədən**
şappalamaq *fe. col.* 몽둥이로 치다, 채찍질하다, 뺨을 때리다, 엉덩이를 철석 갈기다 thrash, flog, slap, spank, smack ○ **kötəkləmək, əzişdırmək, ilişdirmək, şallaqlamaq, qamçılamaq**
şappıldamaq *fe.* ① 철썩거리다, 찰싹찰싹 치다 splash, lap ○ **şıppıldamaq, şırıldamaq**; ② 들이붓다 pour ○ **sıçratmaq, tökmək**
şappıldatmaq *fe.* 찰싹거리게 하다 splash, lap
şappıltı *i.* ① 찰싹거림 splash ○ **gupbultu, gurultu**; ② 바스락거림 snap ○ **şırıltı, şıppıltı**
şap-şap ☞ **şap-şup**
şap-şup *i.* (슬리퍼 끄는 소리) 쓱쓱 slipper
şar *i.* ① 풍선 balloon ○ **balon**; ② sphere, ball 구(求), 공 ○ **kürə**
şaraban *i.* (사막 등을 가는 상인, 순례자, 여행자 등의) 캐러밴, 대상(隊商); (짐마차, 트럭으로 이동하는) 대열 cortege, caravan, cart, coach
şarabənzər *si.* 둥근, 공 같이 생긴 round-shaped
şaraqqaşaraq *i.* 소음, 소란, 와글거림 clamor, scuffle ○ **vurhavur, çıqqaçıq**
şaraqqıltı *i.* 딱딱거림, 손가락으로 딱딱거리는 소리 crack, fillip, snap of the fingers ○ **şıqqıltı, çıqqıltı**
şaraq-şaraq *z.* 딸가닥딸가닥 with a snap, with a crack
şaraoxşar ☞ **şarabənzər**
şarap *onomatopoeic.* 쿵, 꽝, 털썩(하는 소리) bang, thud
şarappadan ☞ **şappadan**
şarappaşarap *i. onomatopoeic.* 땅땅, 탕탕 bang-bang
şarf ☞ **şərf**
şarhaşar *z.* 격렬하게, 사납게, 날뛰듯이 ragingly, violently (flood)
şarıldamaq *fe.* 분명치 않은 소리를 내다, 중얼중얼 말하다 babble, murmur ○ **şırıldamaq, ğuruldamaq**
şarıltı *i.* 중얼거림, 군시렁거림 babbling, murmuring ○ **şırıltı, gurultu, şıppıltı**
şarıl-şarıl *z.* 중얼중얼, 군시렁군시렁 murmuring, babbling
şarlatan *i.* (전문적 지식, 기교가 있는 것처럼 과시하는) 허풍선이, 사기꾼, 엉터리 약장수, 야바위꾼 charlatan, mountebank, quack, cheater ○ **yalançı, fırıldaqçı, cüvəllağı**
şarlı *si.* 둥근, 풍선 같은 spherical ○ **kürəli, balonlu**
şarnir *i.* 경첩, 돌쩌귀 hinge, joint (-pin)
şarp(adan) *z.* 갑자기, 별안간, 느닷없이 suddenly, all of a sudden, unexpectedly
şarpaşarp *z.* 계속해서, 연속적으로 continually, incessantly
şarpıldamaq *fe.* ① 홀짝거리다, 쩝쩝거리다 lap, sip ○ **şırtıldamaq, şappıldamaq**; ② 튕기다,

Ş

벌떡 일어나다 splash ○ **sıçratmaq**, **tökmək**

şarpıltı *i.* 홀짝거림, 후다닥 splash ○ **şırıpıltı**, **şappıltı**

şar-şar(la) ☞ **şarhaşar**

şartaşart *onomatopoeic.* 탕탕, 휙휙 bang-bang (shot, whip *etc.*)

şarthaşart *onomatopoeic.* 활활 (타오르는 불) vigorously (burning fire)

şartıldamaq *fe.* 탕탕거리다 make a banging noise

şassi *i.* 창틀 chassis, framework

şaşdırmaq *fe.* 혼동하다, 당황하다 perplex, confuse

şaşka *i.* 칼, 총검 sword, bayonet

şaşkalı *si.* 총검으로 무장한 equipped with a sword

şaşqın *si.* ① 당황한, 혼동한, 갈팡질팡하는 perplexed, involved, entangled ○ **çaşmış**, **qarıxmış**, **çaşqın**; ② 제정신이 아닌 out of one's mind ○ **sərsəm**; **~ca** *z.* 헷갈려서, 당황하여 confusingly

şaşqınlaşmaq *fe.* 혼동되다, 당황하게 되다 be perplexed

şaşqınlıq *i.* ① 당황, 당혹, 혼란 bewilderment; ② 어리석음, 우둔 stupidity

şaşmaq *fe.* 혼동하다, 당황하다 be confused, be perplexed

şatır *i.* 빵 굽는 사람 baker ○ **çörəkçi**

şatırlıq *i.* 제빵 work of a baker ○ **çörəkçilik**

şatir *si.* 명랑한, 즐거운, 기쁜 cheerful, jolly, happy ○ **şən**, **şux**

şayan *si.* 적절한, 적합한, 수준에 맞는, 가치 있는 deserving, suitable for ○ **layiq**, **münasib**; **diqqətə ~** *si.* 주목할 만한, 훌륭한 notable, worthy

şayani-diqqət *si.* 현저한, 주목할 만한, 탁월한, 훌륭한 notable, noteworthy, remarkable

şayəd *bağ.* 혹시, 경우에, 상황에서 if, in case of, in the event of, in case (of), if by chance ○ **bəlkə**, **ehtimal**

şayiə *i.* 소문, 험담, gossip, rumor, hearsay ○ **danışıq**, **söhbət**, **xəbər**; **dedi-qodu**, **xəbərçilik**; **~ yaymaq** *fe.* 소문이 번지다 set a rumour about; **~ yayılmışdır ki....** 알려진 바로는…. It is said that...

şef *i.* ① 추장, 족장, 우두머리 chief ○ **başçı**, **rəhbər**; ② 보호자, 관리자, 후견인 agent, guardian ○ **hami**

şeflik *i.* ① 지도력, 통솔력, 지도부 leadership ○ **başçılıq**, **rəhbərlik**; ② 후원, 보호, 찬조, 장려 patronage ○ **hamilik**; **~ etmək** *fe.* 보살피다, 후견하다, 보호하다 be patron (of), have the patronage (of), look after

şeh *i.* 이슬, 물방울 dew ○ **şəbnəm**, **jalə**; **sabah**; **~** *i.* 아침 이슬, 새벽이슬 early dew; **axşam ~i** *i.* 밤이슬 night dew

şehlənmək *fe.* 이슬이 맺히다, (눈이) 젖다 become dewy, grow wet ○ **şəblənmək**

şehli *si.* ① 이슬이 맺힌, 젖은 dewy ○ **şəbnəmli**, **jaləli**; ② 싱싱한, 새로운 fresh ○ **təzə**, **tər**, **yeni**

şehlilik *i.* ① 이슬에 젖음, 이슬이 맺힘 dewiness ○ **şəbnəmlik**, **jaləlik**; ② 순수, 상쾌, 싱싱함 freshness ○ **təzəlik**, **tərlik**, **yenilik**

şelf *i.* 선반 모양의 것, 사주; 대륙붕 shelf, continental shelf

şellənmək *fe.* 기뻐하다, 즐거워하다 be glad, rejoice

şen *si.* 잘 지어진, 잘생긴, 잘 관리된 well-built ○ **abad**, **gözəl**

şenləşmək *fe.* 튼튼하게 되다, 잘 발달된 몸매를 갖다 become well-built ○ **abadlaşmaq**, **gözəlləşmək**

şenlik *i.* 발전 지역, 정착촌 settlement, populated area ○ **kənd**, **abadlıq**

şenlikləndirmək *fe.* 발전시키다, 정착시키다, 활력을 주다 populate, settle, revive, enliven, revitalize, brighten up

şenliksiz *si.* 인구가 많지 않은 less populated

şer *i.* 시, 절, 연 poem, verse; **~ yazmaq** *fe.* 시(특히 압운시)로 짓다(읊다), 운문으로 적다 rhyme; **qafiyəsiz ~** *i.* blank verse 무운시(無韻詩)

şeri *si.* 시적(詩的)인 poetic(al)

şerif *i.* 보안관; 주의 사법 장관 sheriff

şeriyyət *i.* ① (문학 형식으로써의) 시, 작시(법), 시작 poetry ○ **bədiilik**; ②(예술 작품, 건축물, 환경, 성격 등의) 아름다운 점, 미점(美點), 장점; (같은 종류 가운데서) 뛰어난 것 beauty, harmony ○ **gözəllik**, **incəlik**, **ahəngdarlıq**, **şairanəli**

şerləşmək *fe.* 음운으로 대화하다 compete in saying poems

şeş[1] *say.* 육, 여섯, 6 six

şeş[2] *i.* 총열의 나사선 spiral line in the barrel of

the rifle, cannon *etc.*; firework ○ **yiv**, **xır**

şeş-beş *i.* 주사위 놀이 another name for the **nərd** game; backgammon ○ **nərd**

şeşə *si.* ① (사람, 말, 태도 등이) 오만한, 불손한, 건방진, 우쭐대는 haughty, arrogant, supercilious, overweening ○ **dik**, **sivri**, **lovğa**, **dikbaş**, **təkəbbürlü**, **iddialı**; ② 들창코 snub-nose, turned-up nose

şeşəbığ *si.* 수염이 뻣뻣한 having a straight and course moustache

şeşəbuynuz *si.* 곧은 뿔을 가진 straight-horned

şeşələmək *fe.* 곧게 하다, 바르게 하다 straighten, rectify

şeşələnmək *fe. col.* 말에 오르다, 교만해지다, 건방지다, 오만하다 mount, ride on a high horse, be haughty; be proud ○ **xoruzlanmaq**, **kəkələnmək**, **kişilənmək**, **lovğalanmaq**, **güvənmək**, **öyünmək**, **qürrələnmək**

şeşəli *si.* (실을 꿰어) 곧게 한, 홈을 판 threaded, grooved

şeşəlik *i.* ① 높음, 고결함 loftiness ○ **diklik**, **sivrilik**; ② 거만, 자만, 교만, 자부심 haughtiness, pride, arrogance, conceit ○ **lovğalıq**, **təkəbbür**, **qürur**, **iddia**, **təşəxxüs**, **kəkəlik**

şeşpər *i.* 끝이 여섯 갈래로 갈라진 창 six pronged spear

şevyot *i.* 체비엇(중간 길이의 털이 밀생한 영국 Cheviot Hills산의 양); 체비엇의 거친 모직물 cheviot

şevret *i.* 체비엇 양가죽 chevrette (sheepskin)

şevro *i.* 염소 가죽의 일종 chevreau (goatskin)

şey *i.* ① 물건, 사물; 것 object, thing ○ **əşya**, **cisim**, **maddə**; ② 예술 작품 artistic work; ③ 사실, 사건, 일 matter, fact; ④ 실행, 실습 practice, behavior; **~dən məhrum** *si.* (사람, 물건 등이) (물체, 성질 등이) 없는, 빠진 devoid; **bir ~** *i.* 어떤 것 something; **heç bir ~** *i.* 아무것도 아님 nothing; **~-şüy** *i.* 소지품, 소유물 belongings; ***Bir şey deyil.*** *('감사합니다'에 대한) 괜찮습니다. 별 말씀을 You're welcome, Think nothing of it.*

şeyda *si.* 상사병의, 미치도록 연모하는, 사랑에 번민하는 lovesick, madly loving, loving, enamored ○ **vurğun**, **məftun**, **dəli**, **divanəlik**, **aşiqlik**

şeydabaz *i.* 호색한(好色漢), 여색에 빠진 남자 philanderer, Don Juan, womanizer ○ **arvadbaz**

şahə *i.* 말 울음 소리 loud neighing

şeyx *i.* ① *tar.* (회교도 민족에서) 가장, 족장; 수장(首長); 교주(教主) sheikh, village elder, headman; ② 데르비시 (회교의 고행파 탁발 수도승단)의 장 the head of the dervish order; ③ 원로, 장로 old man, aged man, elder

şeyxəna *nid.* **şeyx**! 존경하는 선생님! respectable

şeyxülislam *i.* 이슬람의 대사제 chief-priest in Islam

şey-mey ☞ **şey-şüy**

şeypur *i.* 군대 나팔, 경적, (확성기 등의) 나팔; bugle, horn, trumpet

şeypurçalan ☞ **şeypurçu**

şeypurçu *i.* 나팔수 trumpeter, trumpet player, bugler

şeytan *i.* ① 사탄, 악마, 마귀 Satan, demon, devil ○ **iblis**; ② 배반자, 교활한 사람, 사특한 사람 traitor, evil genius, crafty man ○ **tülkü**, **bic**, **hiyləgər**, **bədzat**, **haramzadə**; **~casına** *z. col.* 극악무도하게 devilishly; **~ şapalağı** *si.* 매우 작은 사람 very small (man); **~-~** *z.* 교활하게, 간교하게 slyly, cunningly ○ **bic-bic**; **~-şuğul** *i.* gossip, tale bearer; **~ət** ☞ **şeytanlıq**

şeytanağacı *i.* 조각(자) 나무, 주엽나무 Gleditsia ○ **lələk**

şeytanbazar *i.* 중고 시장 second-hand market

şeytançı *i.* 고자질쟁이, 비열한 인간 sneak, talebearer

şeytançılıq *i.* 비난, 탄핵; 공공연한 비난, 교활한 행동 denunciation, telling tales (about), preaching against; sneak ○ **şeytanlıq**

şeytandüyünü *i.* 열기 힘든 단추 button which is hard to open

şeytandırnağı *i.* (손톱 뒤의) 거스러미 hangnail

şeytanı[1] *i.* (총포의) 방아쇠 trigger (firing weapon) ○ **tətik**

şeytanı[2] *i.* 몽정(夢精) wet dream

şeytani *si.* 악마의(같은); 극악무도한 satanic

şeytanlamaq *fe.* 고자질하다, (사람, 행위를) 공공연히 비난하다, 나무라다; (남을) (경찰, 법원에) 고발(고소)하다 denounce, inform (against), report (on, to) ○ **çuğullamaq**

şeytanlatmaq *fe.* 고자질하게 하다, 비난하게 하다 inform (on, against), denounce (to), (*col.*)

Ş

sneak, tell, bear tales

şeytanlıq *i.* ① 교활함, 간사함 cunning, wickedness ○ **iblislik**; ② 비난, 고발, 고자질 denouncing ○ **xəbərçilik**, **çuğulluq**; ③ 중상, 험담, 욕, 비방 backbiting, slander ○ **iftiraçılıq**, **böhtançılıq**

şəbab(ət) *i. obs.* 젊음 youth, youthfulness

şəban *i.* 회교력의 8번째 달 the eighth month in the Islamic calendar

şəbahət *i.* 유사, 상사, (…과) 비슷함 resemblance, likeness

şəbbu(gülü) *i.* 비단향꽃무, 스톡 gilly flower, stock

şəbçiçək *i.* 달맞이꽃 evening-primrose, sundrops

şəbədə *i.* 모욕, 조롱, 비웃음, 야유, 조소, 놀림 mockery, jeer, gibe, scoff, derision ○ **rişxənd**, **masqara**, **təhqirr**, **istehza**

şəbədəbaz *si.* 모욕적인, 조롱하는, 비웃는, 경멸하는 mocking, derisive, scornful

şəbəkə *i.* ① 그물 net ○ **tor**; ② (전선, 혈관, 통로 등) 그물, 망(網), 망상조직 network; ③ 격자(格子); 격자창, (계단, 발코니 등) 난간 grate, lattice ○ **məhəccər**; ~ **çərçivə** *i.* 격자 틀, 창문틀 lattice frame; **dəmir** ~ **pəncərə** *i.* 철창문 lattice window; ④ cage, crate ○ **qəfəs**, **barmaqlıq**

şəbəkəli *si.* ①격자(格子)의, 격자 구조의 trellised ○ **torlu**; ② 장식 무늬의 delicate, tracery ○ **qəfəsli**, **barmaqlı**; ③ 가드레일이 있는, 난간이 있는 guard railed ○ **məhəccərli**

şəbxun *i.* 야간 습격 nocturnal assault

şəbih *i.* ① *class.* 닮은 것, 닮은 얼굴, 비슷함, 동등함 resemblance, alikeness; ② 회교의 애도 기간에 행해지는 의식 Islamic ceremony in Məhərrəm month

şəbkorluq *i.* 야맹증(夜盲症) night-blindness, nyctalopia

şəbkülah *i.* 야간 모(帽), 밤에 쓰는 모자 nightcap

şəbnamə *i.* 선언서, 포고문, 성명서 proclamation, announcement ○ **intibahnamə**, **bəyannamə**

şəbnəm *i.* 이슬 dew ○ **şeh**

şəbnəmli *si.* (물체가) 이슬에 젖은, 이슬 맺힌 dewy ○ **şehli**

şəbpərə *i. zoo.* 박쥐 bat ○ **yaraca**, **gəcəquşu**

şəcərə *i.* 계도(系圖), 계보(系譜); 가계(족보, 혈통)의 연구 family tree, genealogy

şəddə *i.* ① 아랍어의 자음 반복을 표시하는 기호; in the Arabic alphabet, a marking which designates the repetition of a consonant; ② 진주 목걸이 string of pearls

şədid *si.* 엄격한, 엄정한, 단호한, 심한 stern, severe, strong, firm, cruel ○ **şiddətli**, **sərt**

şədidlik *i.* 가혹, 엄격; 엄밀; 격렬(맹렬)함; 쓰라림, 괴로움 severity, sternness, firmness, cruelty ○ **şiddətlilik**, **sərtlik**

şəfa *i.* 건강 회복, 치유 restoration to health ○ **sağalma**, **yaxşılaşma**; ~ **tapma** *i.* 회복 recovery; ~ **tapmaq** *fe.* 회복하다, 치유되다 recover health; ~ **vermək** *fe.* 치유하다, 치료하다 heal, restore health

şəfabəxş ☞ şəfaverici

şəfaət *i.* ① 중재, 중개, 알선 mediation, intercession; ② 자비, 자선심, 관대 mercy, charity

şəfaətçi *i.* 중재자, 중개인, 알선자 mediator, intercessor

şəfaxana *i.* 병원 hospital

şəfaiyyə *i. obs.* 건강, 위생 health, hygiene

şəfalanmaq *fe.* (사람이) (병후) 서서히 회복되다, (병의) 차도가 있다 get well, get better, recover, be convalesced ○ **sağalmaq**, **yaxşılaşmaq**

şəfalı *si.* 낫게 하는, 치유의, 건강에 좋은 healing, medicinal, salubrious, healthy ○ **xeyirli**

şəfalılıq *i.* 치유 속성, 건강하게 함 healing properties ○ **xeyirxahlıq**

şəfaverici *si.* ① 치유의, 건강하게 하는; healing ② 의료적인, 건강에 좋은 medicinal, salubrious, healthy

şəfəq *i.* ① 여명, 노을, 새벽, 동틀 녘 dawn, daybreak, afterglow, evening glow ○ **qızartı**, **parıltı**, **işıltı**; ② 빛, 빛남, 반짝임, 광택, 윤 gloss, luster, aurora, glow ○ **şö'lə**, **nur**, **cila**, **pardaq**; ~ **söküləndə** *z.* 새벽에, 동틀 녘에, 미명에 at dawn

şəfəqqət ☞ şəfqət

şəfəqlənmək *fe.* ① 밝아오다, 밝아지다 brighten ○ **işıqlanmaq**; ② 뜨거워지다 heat ○ **parıldamaq**, **işıldamaq**, **qızarmaq**; ③ 비치다, 밝히다 shine, beam ○ **şölələnmək**, **nurlanmaq**

şəfəqli *si.* 밝은, 환한, 맑은 bright ○ **parlaq**, **işıqlı**, **nurlu** ● **solğun**; ② 빛나는, 반짝이는, 눈

부신 glossy, shining, beaming ○ **cilalı, pardaqlı**

şəffaf *si.* ① (물체가) 빛을 통과시키는, 비치는, 투명한 transparent ○ **dumduru, tərtəmiz, saf**; ② 밝은, 맑은, 또렷한, 선명한 clear ○ **aydın, açıq** ● **bulanlıq**

şəffaflanmaq *fe.* ① 투명하게 되다, 깨끗하게 되다 become clear/transparent/clean ○ **durulmaq, təmizlənmək, saflaşmaq**; ② 열리다, 개방되다, 명확하게 되다 be open ○ **aydınlaşmaq, açılmaq**

şəffaflaşmaq *fe.* (액체, 버터 등을) 맑게 하다, 정화하다 clarify

şəffaflıq *i.* ① 투명, 맑음 transparence, transparency, limpidity ○ **duruluq, təmizlik, saflıq**; ② clarity, lucidity, simplicity ○ **aydınlıq, açıqlıq, aşkarlıq**

şəfiq *si.* 자애로운, 인정 많은, 동정심이 많은, 가엾게 여기는 merciful, soft-hearted, compassionate

şəfqət *i.* 온유, 관대, 온화함, 푸근함, 온정 clemency, mercy, charity ○ **mərhəmət, rəhm**; ~ **bacısı** *i.* 간호사 medical nurse

şəfqətli *si.* 애정이 넘치는, 따뜻한, 자비로운, 인정이 많은, 관대한 affectionate, charitable, compassionate, merciful ○ **merhəmətli, rəhmli**

şəfqətlilik ☞ **şəfqət**

şəfqətsiz *si.* 무정한, 매정(무자비)한 pitiless, merciless, ruthless ○ **mərhəmətsiz, rəhmsiz, zalım, qəddar, amansız**; ~**cəsinə** *z.* 잔혹하게, 사정없이, 무정하게 unmercifully

şəfqətsizlik *i.* 매정함, 냉정함, 몰인정, 무자비 inhumanity, mercilessness, brutality ○ **mərhəmətsizlik, rəhmsizlik, insafsızlıq, amansızlıq, zalımlıq, qəddarlıq**

şəhab *i. obs.* 불꽃, 타오름, 번쩍거림 glow, spark, lightening ○ **alov, şö'lə, şərarə, qığılcım, ildırım**

şəhadət *i. hüq.* 증거, 증명, 증언 evidence, witnessing, testimony ○ **şahidlik**; ~ **barmağı** *i.* 검지, 집게손가락 forefinger, index finger

şəhadətnamə *i.* 증명서, 보증서, 인증서, 면허장 diploma, certificate

şəhd *i.* 당밀, 꿀, 시럽, 조청 honey, syrup ○ **bal, şirə**

şəhər *i.* 시(市), 시내, 중심지 town, city; ~**ə aid** *si.* 도시의, 도시에 관한 urban; ~ **bələdiyyə rəisi** *i.* 시장 mayor; ~ **kənarı** *i.* 교외, 외곽 outskirts, suburb; ~**lərarası telefon xətti** *i.* 시외전화, 간선 전화 trunk line

şəhərarası *i.* 도시 간 연락 교통 기관(기차, 전차, 버스 등) inter town, interurban, intercity

şəhərcik *i.* 소도시, 읍 town, small city

şəhərətrafı I. *i.* 도시 주변의 주택지, 교외, 근교 suburb; II. *si.* 교외의, 교외에 사는; 교외 특유의; 소박한, 편협한 suburban

şəhərkənarı ☞ **şəhərətrafı**

şəhərlərarası *si.* 도시를 잇는 interurban

şəhərli *i.* 읍내(도회지) 사람 citizen, townsman

şəhərsalma *i.* 도시 건설, 택지 건설 town-building, city-building, town-dweller

şəhərsayağı *si.* 지방 자치체(도시, 시, 읍)의; 시정(市政)의 urban, municipal

şəhərtipli ☞ **şəhərsayağı**

şəhəryanı ☞ **şəhərətrafı**

şəhid *i.* 순교자; (신앙, 주의, 대의 등을 위해) 목숨을 바치는 사람 martyr; ~ **olma** *i.* 순교, 순사, 헌신 martyrdom

şəhla *si.* (눈) 감청색의 dark blue (about eyes) ○ **ala**

şəhlagöz(lü) *si.* 감청색 눈을 가진 blue-eyed

şəhlalanmaq *fe.* 눈을 크게 뜨다 open eyes wide

şəhrə *i.* 노출된 상처 open wound

şəhriyar *i.* 통치자, 왕 governor, ruler, king

şəhriyarlıq *i.* 통치, 왕권, 왕국 governing, kingship, kingdom

şəhvani *si.* 육감적인, 호색적인, 음란한 erotic, sensual

şəhvət *i.* ① 관능(육욕)성; 육욕에 빠짐; 호색, 음란 lust, sensuality; ② (강렬한) 감정, 격정, 열정 passion ○ **ehtiras**

şəhvətkar ☞ **şəhvətpərəst**

şəhvətli *si.* ① 육체적 감각의; 관능적인, 육감적인, 육욕을 자극하는; 호색적인, 음란한; 방탕한 sensual, lustful, carnal, licentious ○ **ehtiraslı**; ② (사람이) 열렬한, 정열적인; 갈망하고 있는 passionate ○ **nəfsli**

şəhvətlilik *i.* 성욕, 관능(육욕)성; 육욕에 빠짐; 호색, 음란 sensuality, passion, lust, voluptuousness ○ **ehtiraslılıq, nəfslilik**

şəhvətpərəst *si.* 음탕한, 호색적인, 관능적(육감

Ş

적)인, 관능적 쾌락에 잠긴 lustful, lewd, lascivious, voluptuous, voluptuary

şəhvətpərəstlik *i.* 관능; 육욕에 빠짐; 호색, 음란 voluptuousness, sensuality

şəxs *i.* (사회, 가족에 대하여) 개인, 인격; 개체, 개원, 인칭 individual, person ○ **zat, adam, fərd, nəfər**; ~ **əvəzliyi** *i. qram.* 인칭대명사; personal pronoun; **~ən** *z.* 개인적으로, 사적으로 personally, by oneself

şəxsi *si.* ① 개인적인, 사사로운, 인격적인, private, personal, individual ○ **xüsusi, fərdi** ● **ictimai**; ② 독특한, 특별한 special, specific ● **ümumi**; ~ **mənfəət güdməyən** *si.* 이기적이지 않은; 무사(無私)한, 이타적인 unselfish; ~ **əmlak** *i.* 재산, 자산, 소유물 property; **~-qərəz** *i.* 개인적 관심, 내적인 생각, 숨겨진 동기 personal interest, inmost thought, ulterior motive; **~--qərəzlik** *i.* 개인적 적대감 personal hostility, personal animosity

şəxsiyyət *i.* ① 인간, 개인 person ○ **şəxs**; ② 인격, 특성 personality, figure ○ **sima, mənlik**; **~ə toxunmaq** *fe.* (누구의) 감정을 건드리다 hurt one's feeling

şəxsiyyətsiz *si.* 비인격적인, 특징이 없는 featureless, impersonal ○ **simasız**

şəxsiyyətsizlik *i.* 특색 없음, 단조로움, 비인격성, 비인격적인 것 featurelessness, impersonality ○ **simasızlıq**

şəxssiz *si.* 비인격적인 impersonal; ~ **cümlə** *i. qram.* 비인칭 문장 impersonal sentence

şəxsləndirmək *fe.* 의인화하다, 인격화하다, 체현하다, 구현하다 personify

şəxsli *si.* 인격의, 인격적인 personal; ~ **cümlə** *i. qram.* 인칭문장 personal sentence

şəkər *i.* ① 설탕, 단 것 sugar, sweet; ② *tib.* 당뇨병 diabetes; ~ **çuğunduru** *i.* 사탕무 sugar-beet; ~ **qatmaq** *fe.* 달게 하다 sweeten; ~ **tozu** *i.* 가루 설탕 granulated sugar; ~ **xəstəliyi** *i.* 당뇨병 diabetes; ~ **qamışı** *i.* 사탕수수 sugar cane; Şəkərim! 여보, 자기! *My darling*!

şəkərbura *i.* 반달 모양의 견과류를 넣은 빵(견과류를 넣은 반달 모양의 빵) (노브루즈 바이람에) sugarbread (semicircular shape containing various types of nuts)

şəkərçörəyi *i.* 쇼트브레드(버터 등의 쇼트닝을 듬뿍 넣어 구운 파삭파삭한 쿠키) shortbread

şəkərlənmək *fe.* 달아지다; 맛있어지다; sweeten ○ **xarlanmaq**

şəkərləşmək *fe.* 달게 되다 become sweet ○ **xarlaşmaq, şirinləşmək**

şəkərli *si.* 단, 설탕이 있는 sweet, sugary ○ **şirin, xarlı**

şəkərlilik *i.* 단 것 sweetness ○ **şirinlik, xarlılıq**

şək(i)l *i.* ① 그림, 사진 picture, drawing ○ **sifət, surət**; ② 외모, 형상 image, appearance ○ **rəsm, tablo,mənzərə, görünüş**; ③ 유행형, 풍조 fashion ○ **növ, tərz**; ④ 드라마의 한 장면 scene or shot in a drama ○ **hadisə**; ⑤ 경치 scenery; ⑥ 영화 movie; ⑦ 형태, 형식 form, shape ○ **forma, vəziyyət, hal**; ~ **çəkmək** *fe.* 그림을 그리다, 사진을 찍다; draw, paint; **~ə salmaq** *fe.* 형태를 맞추다; form; **~ini almaq** *fe.* 형태를 본받다, 본을 뜨다 form; **~ini dəyişdirmək** *fe.* 모양을 바꾸다 transform; **~ini dəyişmə** *i.* 변형, 변모 transfiguration; **~i pozulmuş** *si.* 얼굴을 찡그린, 뒤틀린, 굽은, 비뚤어진 wry; **~ini dəyişmək** *fe.* 형체가 훼손되다, 기형이 되다 deform; **~ini çəkmək** *fe.* 측량하다, 자세히 보다 survey (land)

şəkilcə *z.* 형태상으로 from a form

şəkilçəkən *i.* 사진사, 화가 photographer, painter

şəkilçəkmə *i.* 그리기 drawing

şəkilçi *i. qram.* 접미사 suffix

şəkilçiləşmə *i.* 첨가, 부착, 첨가물, 부가물 affixation

şəkilçiləşmək *fe.* 단어가 굴절(어형 변화)하다 inflect, decline

şəkilli *si.* ① 그림의; 그림으로 나타낸; 그림이 든, 도해(삽화)가 들어 있는 pictorial, picture, illustrated ○ **rəsmli, tablolu, mənzərəli, görünüşlü**; ② 주목할 만한, 눈에 띄는, 현저한 remarkable, conspicuous ○ **formalı, görkəmli**; ④ 아름다운, 예쁜, 고운 pretty, beautiful ○ **gözəl, göyçək, qəşəng**

şəkilpərəst ☞ **surətpərəst**

şəkilsiz *si.* ① 그림이 없는, 삽화가 없는 without illustration ○ **rəsmsiz, tablosuz, mənzərəsiz, görünüşsüz**; ② 모양이 없는, 형태가 없는 shapeless ○ **formasız, yayğın, görkəmsiz, biçimsiz**

şəkilsizlik *i.* ① 비정형 formlessness, shapelessness ○ **rəsmsizlik, tablosuzluq, mənzərəsizlik, görünüşsüzlü**; ② 변형, 기형 deformation ○ **formasızlıq, biçimsizlik, yayğınlıq**
şəkk *i.* 의심, 회의, 의문, 반신 반의 doubt, skepticism, having one's doubts (as to) ○ **şübhə, guman, zənn**
şəkkak *i.* 회의론자 sceptic man
şəkkaklıq *i.* 회의론, 무신론 scepticism
şəkk-şübhə *i.* 무신(론), 회의론, 불신, 회의 disbelief, incredulity, skepticism
şəkk-şubhəsiz *si.* 의심 없는, 확실한, 분명한 doubtless, certain, sure
şəkləmək *fe.* ① (귀를 파고) 기울이다, 귀를 쫑긋 세우다 prick up one's ears ○ **dinləmək, eşitmək** ● **sallamaq**; ② 지대한 관심을 보이다 show great interest
şəklən *z.* 겉으로, 형식적으로, 명분상으로 outwardly, in due form, nominally, formally
şəkləndirmək *fe.* 의심하게 하다, 호기심을 유발하다 cause to doubt
şəklənmək *fe.* 의심하다, 호기심을 갖다 doubt, have one's doubts (as to) ○ **şübhələnmək**
şəklətmək ☞ **şəkləndirmək**
şəkli[1] *si.* 외관상의, 표면상의 outward, external
şəkli[2] *si.* 의심스러운, 의혹투성이의, 수상한, 미심쩍은 doubtful, questionable, shady, fishy, sceptic ○ **şübhəli**
şəksiz *si.* 의심할 여지없는, 논의할 여지없는, 이론이 없는, 두말할 것 없는, 분명한, 확실한 indubitable, unquestionable, undoubted, doubtless, beyond all question ○ **şübhəsiz, yəqin**
şəksizlik *i.* 확신, 확실성, 명확성, 분명함 certainty, sureness, certitude ○ **şübhəsizlik, yəqinlik**
şəksiz-şubhəsiz ☞ **şəksiz**
şəkva *i.* 불평, 불만, 푸념, 넋두리 complaint; ~ **etmək** *fe.* complain ○ **şikayət**
şəqaiq *i.* 튤립 등의 꽃 flower of tulip *etc.*
şəlalə *i.* 폭포(瀑布) cataract, waterfall
şəlaləcik *i.* 작은 폭포 small waterfall
şələ *i.* 짐꾸러미, 보따리, 묶음 bundle of burden ○ **yük, bağlama**
şələkət *si.* 조용한, 매우 고요한 calm, very silent ○ **sakit, xay**
şələ-külə *i. col.* 소지품, 소유물 belongings, stuff, things ○ **şey-şüy**
şələquyruq *i.* 여우 fox ○ **hiylə, fənd**
şələləmək *fe.* 짐을 지다, 보따리를 메다 heave up, lay on the back; carry on the back ○ **yükləmək**
şələlənmək *fe.* 짐 지워지다, 부담을 갖다 be loaded (with)
şələlət(dir)mək *fe.* 짐을 지게 하다, 부담을 갖게 하다 heave up and lay over the back
şələli *si.* 짐을 실은 loaded ○ **yüklü**
şələlik *i.* 짐 지우기 loading a burden ○ **yüklülük**
şələpapaq *si.* 긴 머리털로 만든 모자를 쓴 wearing a cap made with long hairs
şələ-şələ *si.* 많은 짐을 진 heavily burdened
şələ-şiltə ☞ **şəlpə-şülpə**
şələ-şülə ☞ **şəlpə-şülpə**
şəlləmək *fe.* (등에) 짐을 지다 load on the back
şəlpə ☞ **şəlpə-şülpə**
şəlpə-şülpə *i. col.* 소유물, 잡동사니 stuff, belongings, things
şəltə *i.* ① (여자들의) 속바지 drawers (for woman), pants, petticoat ○ **darbalaq, dizlik**; ② *col.* 낡은 옷가지 old cloth stuff
şəltəlik *i.* 속바지 천 material for making drawers or petticoats
şəms *i.* 태양, 날, 일(日) sun, day
şəmsiyyə *i.* 양산(陽傘) parasol, sunshade, umbrella
şəmşir *i.* 검, 칼, 검 sword ○ **qılınc**
şəmşirbaz *i.* 칼 쓰는 사람 sword handler
şəms-qəmər *i.* 태양과 달 sun and moon
şən[1] I. *si.* ① (사람, 표정 등이) 쾌활한, 씩씩한, 신명이 나는, 흥겨운, 즐거운 joyful, jolly, cheerful, facetious, joyous ○ **şad, şux** ● **cansıxıcı**; ② 원기(생기) 있는, 활기찬, 활발한 lively, major, sunny ○ **canlı, qızğın**; II. *z.* 활발하게 sprightly; III. *i.* 혜택, 은혜, 이익 boon
şən[2] ☞ **şan**[1]
şənbə *i.* 토요일, (유대력) 안식일 Saturday
şəndir *si.* 밋밋한, 기름기 없는 plain, dry, fat free, not oily ○ **yavan, yağsız**
şəndir-şündür ☞ **şəndir**
şənləndirmək *fe.* 기쁘게 하다, 즐겁게 하다, 유쾌하게 하다 make glad, happy; gladden, please; *Bu xəbər onu şənləndird i.* 그 소식은 그를

Ş

기쁘게 했다. The news pleased him.

şənlənmək *fe.* 유쾌해지다, 즐거워하다, 기뻐하다 become cheerful, joyful; be happy ○ **şadlanmaq, sevinmək, fərəhlənmək, nəş'ələnmək** ● **kədərlənmək**; ***Ürək şənlənir.*** *마음이 즐겁다. The heart fills with joy.*

şənlətmək ☞ **şənləndirmək**

şənlik *i.* ① 기쁨, 환희, 명랑, 쾌활, 유쾌, 들뜬 기분 joy, gaiety, fun ○ **şadlıq, şuxluq, nəşə, sevinc, fərəh** ● **qəmginlik**; ② 향연, 축하연, 잔치 feast, festival; party ○ **canlılıq, qızğınlıq, həyəcanlılıq**; ~ **tonqalı** *i.* (야외에서 보온, 신호, 축하를 위해 피우는) 화톳불, 모닥불 bonfire; ~-~ *z.* 기쁘게, 즐겁게, 신이 나서, 명랑하게 gladly, gayly, joyly, pleasantly, willingly

şənlik-şadlıq ☞ **şənlik**

şən-şərafət *i.* 존중, 중시, 사려, 관심, 배려 respect, consideration, thoughtfulness ○ **hörmət, e'tibar, sayğı, şərəf, heysiyyət**

şən-şövkət ☞ **şan-şövkət**

şər *i.* ① 중상, 욕, 비방, 악담 slander, libel, calumny ○ **böhtan, iftira, fitnə**; ② 악, 악행 evil, evil thing ○ **pislik, müsibət, yamanlıq, nəzakətsizlik, ədəbsizlik** ● **xeyir**; ~ **atmaq** *fe.* 중상하다, 거짓말하다, 악담하다 belie

şər' *i.* 이슬람 율법 Islamic laws ○ **şəriət**

şərab *i.* 포도주 wine; ~ **zavodu** *i.* 포도주 공장, 포도주 창고 wine factory, storehouse for wine

şərabçı *i.* 포도주 상인 wine merchant

şərabçılıq *i.* 포도주 제조 wine-making

şərabxana *i.* 포도주 저장고 wine-storage

şərabxor *i.* 포도주 중독자 wine-drunkard

şərafət *i.* 명예, 존중, 진실 honour, respect, truth ○ **şərəf, hörmət, e'tibar**

şərait *i.* ① 주위의 사정, 상황, 환경; 요인, 일의 형편 circumstance, conditions, facilities, possibility ○ **vəziyyət, mühit**; **belə ~də** 이런 상황에서 under the circumstances

şərakət *i.* 협력, 동료의식, 공모, 연루 comradeship, company, complicity, fellowship

şərar(ə) *i.* 촉발시키다, 유발하다 snuff, spark ○ **qığılcım**

şərarət *i.* 악함, 폭력 evil, vice, viciousness ○ **yamanlıq, pislik, mərdimazarlıq, fitnə, fəsad**

şərarətçi *i.* 욕쟁이, 비방자 slanderer

şərbaf *i.* (끈을) 꼬는 사람; 편조기 gallooner, braider

şərbaz *si.* 악독한 사람, 악질적인 인간 vicious/malicious person

şərbət *i.* 셔벗, 당밀, 꿀, 시럽 sherbet, syrup ○ **şirə, sirop**

şərçi *i.* 악평가, 비방자 slanderer ○ **böhtançı, iftiraçı, dedi-qoduçu**

şərçilik *i.* 중상, 욕, 비방 slander ○ **böhtançılıq, iftiraçılıq, dedi-qoduluq**

şərəf *i.* ① 명예, 영광, 영예, 명성; 신용 honour, glory, exaltation ○ **hörmət, izzət, ehtiram, şan**; ② 신용, 신뢰, 신임, 명예, 위신, 양심 luster, credit ○ **namus, vicdan, heysiyyət, ismət**; ③ 자긍, 긍지 pride, ○ **fəxr, ixtixar, öyünmə**; ④ 성격, 특성, 인격 personality, character ○ **mənlik, şəxsiyyət**

şərəfə *i.* 모스크 탑(minaret) 내에 신도를 기도로 초청하는 소리(azan)를 내는 장소 the area in the minaret where the Muslim call to prayer is made

şərəfləndirmək *fe.* 찬미(예찬)하다; (신의) 영광을 찬송하다; (신을) 숭상하다 glorify, honour

şərəflənmək *fe.* ① 영광을 받다, 높임을 받다 increase in honour, be exalted, be glorified ○ **hörmətlənmək, izzətlənmək, ehtiramlanmaq**; ② 자랑스럽게 되다, 자랑거리가 되다 be proud ○ **fəxrlənmək, öyünmək**; ③ 영예롭게 되다, 명예를 얻다 be honored ○ **ismətlənmək, namuslanmaq**

şərəfli *si.* (사람, 사물이) 존경할 만한, 명예로운; (사물이) 명예(영광) 있는; 명예를 더럽히지 않는 dignified, honourable ○ **şanlı, şöhrətli, hörmətli, möhtərəm, ehtiramlı** ● **bədnam, namussuz**; ~ **vəzifə** *i.* 명예직; honorary office; ~ **ad** *i.* 명예 호칭 honorary title

şərəflilik *i.* 영광, 영예, 명예 glory, fame ○ **şanlılıq, şöhrətlilik, ehtiramlılıq**

şərəfsiz *si.* ① 억울한, 불명예의 unfair, crooked, dishonest, dishonourable, inglorious (death) ○ **hörmətsiz, ehtiramsız, şöhrətsiz** ● **qeyrətli**; ② 비천한, 초라한, 불명료한, 애매한 obscure, lowly ○ **alçaq, rəzil, mənfur**

şərəfsizlik *i.* ① 명예를 잃음; 불명예, 면목 없음, 치욕, 체면 손상, 망신 dishonor, defame ○ **hörmətsizlik, ehtiramsızlıq, şöhrətsizlik**; ② 비

천, 초라, 비열 lowliness ○ **alçaqlıq**, **rəzillik**, **mənfurluq**; ③ 부끄러움, 창피함, 괘씸함 shamefulness ○ **rüsvayçılıq**, **biabırçılıq**, **namusuzluq**, **həqarət** ● **qeyrəlilik**

şərəfyab *si.* 고려된, 존경받는 respected

şərən *z.* 이슬람 법에 의하여 according to Islamic law

şərər(ə) ☞ şərar(ə)

şərəsürə *si.* 공격적인, 시비조의, 문제를 만드는, 골칫거리의 trouble-making, wrong-doing, pugnacious, aggressive ○ **cəncəl**, **xatakar**, **davaaxtaran**

şərf *i.* 스카프, 목도리, 어깨걸이 scarf, neckerchief

şərh *i.* ① 주석, 주해, 설명, 해설 account, explanation, commentary, interpretation ○ **izah**, **anlatma**, **təfsir**; ② (비밀을) 밝힘, 정체를 드러냄, (꿈을) 풂 unveiling ○ **yozma**, **açma**; ~ **etmək** *fe.* 해설하다, 설명하다 interpret, explain, comment

şərhçi *i.* 보고자, 정보 제공자; (보도) 기자, 통신원; 뉴스 해설자 reporter, commentator, interpreter

şəri *si. din.* 법이 인정하는, 합법적인, 적법의 Lawful ○ **halal**

şərid *i.* 테이프, 필름 tape, film

şəriət *i. din.* 이슬람 법 Islamic law

şəriətmədar *i.* 이슬람 법학자 Islamic law scholar

şərif *si.* ① 명예로운, 존경받을 만한 honored, respectable, dear; ② 고상한 noble, original

şərik *i.* ① 공유, 분담, 몫 share, part ○ **ortaq**, **əlbir**; ② 동료, 동업자, 주주(株主) companion, partner, shareholder ○ **yoldaş**, **məsləkdaş**; ~ **olmaq** *fe.* 나누다, 공유하다 share

şərikləşmək *fe.* ① 동업자가 되다, 동업하다, become a partner, become a companion ○ **əlbirləşmək**, **ortaqlaşmaq**; ② 협력하다, 공유하다, 동의하다 co-ordinate (with), submit *smth.* to *smb.*'s approval, come to an agreement with *smb.* about *smt.* ○ **razılaşmaq**

şərikli I. *si.* 공유된, 분담된, 연합된, 결집된 combined, jointed ○ **yoldaşlı**, **ortaqlı**; II. *z.* 관련되어, 공유되어, 공통된, 연결된 in common, jointly

şəriklik *i.* ① 동료 의식, 동반 comradeship, company, complicity ○ **şərakət**, **ortaqlıq**, **əlbirlik**; ② 회사, 법인, 단체 company, corporation ○ **sirkət**, **cəmiyyət**

şərir *si.* ① 교활한, 악의적인, 악독한, 몹쓸; wicked, malicious, vicious, unkind ② 천한, 악당의, 고약한, 부도덕한 villain, miscreant, scoundrel

şərit *i.* 빨랫줄, 태클 clothes line

şərq *i.* 동쪽, 동편, 동녘 East ● **qərb**; ~**ə doğru** *z.* 동향(東向)으로 eastward; ~ **küləyi** *i.* 동풍(東風) east wind; ~**ə məxsus** *si.* 동양의, 동향의 oriental

şərqi[1] *si.* 동쪽의, 동양의 eastern, oriental

şərqi[2] *i.* 노래, 운율, 음률 song, tune ○ **nəğmə**, **mahnı**, **tərənə**,

şərqiyyun *i.* ① 동양인, 동양사람 easterner, eastern people; ② 오리엔탈리즘 orientalism

şərqli *i.* 동양인, 아시아인 inhabitant of the East, Oriental, Asian

şərqşünas *i.* 동양문화 전문가, 동양문화학자 orientalist

şərqşünaslıq *i.* orientalism, oriental studies 동양학 (東洋學)

şərm *i.* 부끄러움, 수치심, 정숙함, 고상함, 조심성 shame, decency, modesty ○ **həya**, **xəcalət**, **abır**

şərməndə *si.* 부끄러워해야 할, 부끄러운, 망신스러운 shameful, shy, bashful

şərmsiz *si.* 뻔뻔한, 건방진, 무모한, 주제넘은, 염치없는 shameless, cheeky, reckless, impudent

şərt *i.* ① provision 조건, 여건, 규정, 단서; condition, ② 동의서, 계약서 contract, article of an agreement; **bir ~lə ki** *bağ.* ~ 이라는 조건으로 provided; ~ **qoymaq** *fe.* (계약 조항으로) 규정하다, 계약을 체결하다, 조건을 정하다 stipulate; ~ **budaq cümləsi** *qram.* 조건절(條件節) conditional clause; ~ **kəsmək** *fe.* (규칙 등을) 규정하다, 정하다 lay down a condition ○ **müqavilə**, **razılıq**, **sözləşmə**, **əhd**

şərti *si.* 조건부의, 잠정적인, 가정적인 conditional

şərtlər *i.* 조건 사항, 규정 사항 terms; ~**i müzakirə etmək** *fe.* 교섭하다, 논의하다, 협정하다 negotiate

şərtləşmək *fe.* 조건에 동의하다, 조건을 의논하다 agree mutually to conditions ○ **razılaşmaq**, **vədələşmək**, **sözləşmək**, **bağlaşmaq**, **düzəlişmək**

Ş

şərtli *si.* 조건상의, 허용된, 일치된 conditioned, agreed, promised ○ **razılıqlı**

şərtlilik ☞ şərt

şərtnamə *i.* 동의서 (paper of) agreement, contract

şərtsiz I. *si.* 무조건적인, 절대적인, 의심의 여지없는 undoubted, absolute, without reservation, unconditional ○ **sözsüz**, **danışıqsız**, **şübhəsiz**; II. *z.* 의심 없이, 절대적으로, 무조건적으로 undoubtedly, absolutely, without reservation, unconditionally

şərt(i)-şürut *i.* 협정, 계약 agreement, contract

şəst *i.* ① 자긍, 자존 dignity, self-respect, virtue ○ **ləyaqət**, **nüfuz**, **mənlik**; ② 몸가짐, 거동, 자세, 태도, 행동거지, 거동 carriage, bearing ○ **əzəmət**, **vüqar**, **cür'ət**, **cəsarət**; **~lə** *z.* 근엄하게, 당당하게, 위풍당당하게, 웅장하게, 고상하게 with majesty, grandeur, sublimity, stateliness

şəstli *i.* ① 영예로운, 명예로운, 고상한, 덕이 있는 worthy, glorious ○ **ləyaqətli**, **nüfuzlu**; ② 용감한, 당당한, 위엄 있는 brave, stately ○ **əzəmətli**, **vüqarlı**, **cür'ətli**, **cəsarətli**

şəşbər *si.* 거친 수염을 가진 thick and straight beard

şəşbərləmək *fe.* (수염, 머리카락) 꼿꼿이 서다 raise, rise

şəşəə *i.* ① 밝음, 반짝거림, 광택, 광휘 brightness, gloss, luster, sheen ○ **parlaqlıq**, **parıltı**; ② 꾸밈, 장식 decoration, adornment ○ **dəbdəbə**, **təmtəraq**, **zinət**

şəşəədar *si.* 반짝이는, 광택이 있는 glossy, shining

şəşəəli *si.* 꾸민, 장식의 decorative, adorning

şətarət *i.* 기쁨, 희열, 환희 enjoyment, delight ○ **şənlik**, **şuxluq**

şətarətli *si.* 기쁜, 즐거운, 환희의 joyful, delightful ○ **şən**, **şux**, **sevincli**

şətəl *i.* 잔꾀, 심술, 장난 trick, prank, escapade, mischief ○ **cığal**, **fırıldaq**, **hiylə**, **kələk**, **oyun**, **hoqqa**

şətəllik *i.* 장난스러운 행동, 심술 mischievous activity ○ **fırıldaqlıq**, **hiyləgərlik**, **kələkbazlıq**, **hoqqalıq**

şətrənc *i.* 장기, 서양장기 chess

şəvə I. *i.* 마노; (마노 또는 유리로 만든) 구슬, 보석(寶石) precious stone, agate ○ **əqiq**, **daş** (**qiymətli**); II. *si.* 매우 어두운, 깜깜한 dark ○ **qapqara**, **tünd**, **tutqun** ● **ağ**

şəvəl ☞ şax-şəvəl

şəvəli *si.* 깜깜한, 검은, 칠흑의 dark, murky, black ○ **qara**, **tünd**, **tutqun**

şəvəlilik *i.* 깜깜함, 칠흑, 어둠 darkness, murkiness ○ **qaralıq**, **tündlük**

şəvəsaç *si.* 검은 머리카락의 dark-haired

şəvval *i.* 이슬람력(曆)의 10번째 달 the tenth month in the Islamic calendar

şəyatin *i.* 마귀들, 악마들 devils

şıdırğı I. *z.* ① 거침없이, 유창하게, 수월하게 fluently, with facility ○ **şiddətli**, **aramsız** ● **arabir**; ② *col.* 급하게, 격렬하게, 맹렬하게 quick, fast, swift, headlong, impetuous ○ **cəld**, **iti**, **yeyin**, **bərk**; II. *si.* 연속적인, 끊임없는 continuous, constant, ceaseless, unremitting

şıdırğamaq *fe.* 뛰어들다, 잠수하다 dive

şıdırğımaq *fe.* 뛰어들다, 달려들다 dive ○ **cummaq**, **atılmaq**

şığımaq *fe.* (새가) 휙 내려앉다, 급강하하다, 덮치다, 급습하다 swoop, throw down

şığıyıcı *si.* 급습하는, 덮치는, 습격하는; attacking; ~ **təyyarə** *i.* 전투기 attacker, fighter (plane)

şıqşık *si.* ① (복장, 디자인, 태도 등이) 우아한, 고상한, 세련된, 잘 꾸며진 elegant, graceful, fashionable, artistic, decorative ○ **zinət**, **bəzək**, **dəbdəbə**, **modabaz**; ② 속되지 않은, 점잖은; 우아한, 운치 있는 gracious, delicate ○ **qəşəng**, **gözəl**, **zərif**; **~casına** *z. col.* 고상하게, 세련되게, 우아하게 smartly, elegantly, fashionably

şıqq *onomatopoetic.* 끽끽, 삑삑 squeaking, creaking

şıqqaşıq *i.* (손톱, 손가락, 손바닥으로) 딱딱거림, 찰싹 때림 crack, fillip, snap of fingers ○ **çiqqaçıq**, **vurhavur**

şıqlıq *i.* ① 우아함, 단정함, 기품 있음, 세련됨 elegance ○ **modabazlıq**; ② 아름다움, 미모 beauty ○ **qəşənglik**, **gözəllik**

şıqqıldamaq *fe.* 탁탁거리다, 삐걱거리다, 찰싹거리다 crack ○ **çıqqıldamaq**, **şaqqıldamaq**

şıqqıltı *i.* 삐걱거림, 딱딱거림 crack ○ **cıqqıltı**, **şaqqıltı**

şıllaq *i.* (걷어) 차기, 발길질 kick ○ **təpik** (**atma**); ~ **atmaq** *fe.* 걷어차다, 차다 kick

şıllaqatan ☞ şıllaqlayan

şıllaqçı *i.* 차는 사람 kicker
şıllaqlama ☞ şıllaqlamaq
şıllaqlamaq *fe.* 걷어차다, 차다 kick; *col.* jerk ○ **təpikləmək**
şıllaqlayan *i.* (말) 박차 kicker (horse)
şıltaq I. *i.* 강한 자만심, 허영심, 허식, 과시욕 vanity, vainglory ○ **naz, kef**; II. *si.* ① 변덕스러운, 결단성 없는, 우유부단한, 불안정한 indecisive, unstable ○ **oynaq, şux**; ② 행실이 나쁜, 말썽꾸러기의 coquettish, naughty ○ **dəcəl, nadinc, şit** ● **sakit**
şıltaqcıl ☞ şıltaq
şıltaqçı *si.* ① 변하기 쉬운, 변덕스러운, 불안정한 capricious, fickle, fretful ○ **şıltaq**; ② 징징대는, 안달하는, 노심초사하는 weepy ○ **ağlagan, tərs, inadcıl**
şıltaqçılıq *i.* 변덕스러움, 예측 불가함 capriciousness, fickleness ○ **şıltaqlıq**
şıltaqlıq *i.* ① 허영심 whim, vainglory ○ **nazlılıq, keflilik**; ② 변덕스러움, 불안정 instability, unsteadiness ○ **oynaqlıq**; ③ 짓궂음, 말썽꾸러기 playfulness ○ **dəcəllik, nadinclik** ● **sakitlik**
şıppıltı *i.* 찰싹거림, 철썩거림 splash, swash, lapping
şırhaşır(la) ☞ şır-şır
şırıldamaq *fe.* 졸졸거리다, 살랑거리다 murmur, flow with a splashing noise ○ **şarpıldamaq**
şırıl-şırıl ☞ şır-şır
şırıltı *i.* 속닥거림, 꾸르륵거림 murmur, gurgling, splashing ○ **şarıltı, şappıltı**
şırıltılı *si.* 졸졸거리는, 꾸르륵거리는 flowing with a gurgling, babbling sound ○ **şarıltılı, şappıltılı**
şırım *i.* 밭고랑; 주름, 홈, 바퀴 자국, 도랑, 배수로 furrow, groove, ditch ○ **zolaq, iz**; **~-~** *si.* 주름진, 주름살이 있는 striped
şırımaşırı *i.* 고랑마다 open-field system
şırımlamaq *fe. col.* 자르다, 나누다 cut into strips ○ **zolaqlamaq**
şırımlı *si.* 갈라진 striped ○ **zolaqlı, izli**
şırınqa *i.* 주사기, 관장기, 주입기 syringe
şırmanmaq *fe.* 접근하다, 껴안다 approach, embrace
şırnaq *i.* 줄기, 뿜어냄, 분출 jet, spurt, stream ○ **fəvvarə**
şırnaqlı *si.* 뿜어 나오는, 분출되는 jetting, spurting, streaming ○ **fəvvarəli**
şırp *z.* 당장, 즉시; at once, instantly; **~ a~** *z.* 계속해서, 연달아, 쉬지 않고 continually, ceaselessly
şırpıltı ☞ şappıltı
şırran *i.* 폭포, 낭떠러지, 계단 폭포 waterfall, falls, cataract, cascade ○ **şəlalə**
şır-şır I. *z.* 쏴아 쏴아 (폭포에서 물 떨어지는 소리) (regular noise by waterfall, rain pouring); II. *i.* 폭포, 계단식 폭포 waterfall, cascade
şırtı *si.* 진부한, 시시한, 케케묵은, 천박한 vulgar, commonplace
şırtılaşdırılmaq *fe.* 저속해지다, 상스러워지다 be vulgarized, become vulgar
şırtılaşdırma *i.* 품위 저하, 통속화 debasing, vulgarization
şırtılaşdırmaq *fe.* 저속하게 하다, 속되게 하다 vulgarize, debase
şırtıldamaq *fe.* 쫑알거리다 make a murmuring, babbling sound
şırtılıq *i.* 저속성, 천박함 vulgarity
şırtıltı *i.* 탁탁거리는 소리 (막대기나 갈대로 치는 소리) the noise made when beating with a reed or thin rod
şibid *i.* 민간 요법에 쓰이는 약초의 한 종류 a kind of herb used for folk remedies
şiblet *i.* 끈 달린 남자 부츠 stufelette, man's boot having laces
şibyə *i.* 지의(地衣)(류); 태선(苔癬) lichen
şiddət *i.* ① 나머지, 잉여, 잔여 surplus ○ **çoxluq, artıqlıq**; ② (자연 현상, 행위의) 격렬함, 강렬함, 맹렬함 violence, severity ○ **sərtlik, bərklik**; ③ 신체적인 힘, 체력, 완력, 폭력 force, strength ○ **qüvvə, güc, zor**; ④ 중대(심각)함, 중압감, 어려움 difficulty, seriousness, heaviness ○ **çətinlik, ağırlıq**; **~lə** *z.* 격렬하게, 맹렬하게, 엄하게 severely, sternly, violently
şiddətləndirmək *fe.* 강화하다, 엄격하게 하다, 보강하다, 격렬하게 하다, 가중시키다 strengthen, reinforce, intensify, kindle, sharpen
şiddətlənmək *fe.* ① 강해지다, 강화되다 become strong ○ **güclənmək, qüvvətlənmək** ● **zəifləmək**; ② 경화되다, 딱딱해지다 become hard ○ **sərtləşmək, bərkimək**; ③ 많아지다, 증가하다 increase, multiply ○ **çoxalmaq, artmaq**; ④ 곤란해지다, 악화되다, 어려워지다 be-

Ş

come difficult ○ **çətinləşmək, ağırlaşmaq**; ⑤ 화가 나다, 격렬해지다 be raged ○ **azğınlaşmaq, coşmaq, qızmaq**

şiddətli *si.* ① 강한, 격렬한 fierce, stormy, heavy, drastic ○ **güclü, qüvvətli, bərk**; ② 심각한, 맹렬한 severe, boisterous, vehement ○ **sərt, kəskin, ağır**; ③ 거친, 격정적인 violent, wild ○ **coşğun, azğın, qızğın**; ~ **arzu** *i.* impulse 충동, 충격; ~ **ağrı** *i.* 고통, 몸부림 agony

şiddətlilik *i.* ① 강함, 심함 strength, severity ○ **güclülük, qüvvətlilik, bərklik**; ② 엄격함, 단호함 sternness, harshness ○ **sərtlik, kəskinlik, ağırlıq**; ③ 격정적임, 격렬함 storminess ○ **coşğunluq, azğınlıq, qızğınlıq**

Şiə *i.* 시아파, 시아파 교도; Shiah, Shiite; **~lik** *i.* 시아파 Shiah

şifahi I. *si.* 구두의, 구술의 verbal, oral ○ **dilcavabı**; II. *z.* 입으로, 구술로, 말소리로 orally; ~ **hesablamalar** *i.* 암산 mental calculations; ~ **tərcümə etmək** *fe.* 통역하다 interpret; ~ **xalq ədəbiyyatı** *i.* 구전 민속 folklore

şifer *i.* 슬레이트, 점판암, 석판 slate

şifon *i.* 시폰(비단, 나일론 등의 얇은 직물) chiffon (piece of silk, cotton)

şifoner *i.* (거울이 달린 키가 큰) 서양 서랍장; (낮은) 책장; (낮은) 찬장; (도자기 진열용의) 폭이 좁고 높은 찬장 chiffonier

şifr *i.* 암호; 암호문 cipher, code, press-mark; ~ **ilə yazmaq** *fe.* 암호로 기록하다, 암호로 쓰다 cipher, code; ~ **açmaq** *fe.* 암호를 풀다 decipher

şifrçi *i.* 암호 작성(해독)장치; 암호용 타자기 cryptographer

şifrləmək *fe.* 암호로 쓰다, 암호문으로 바꾸다; 부호화하다 cipher, encode

şifrləyici ☞ şifrçi

şifrli *si.* 암호화된, 암호로 기록된 encoded, ciphered, written in cipher

şifroqram *i.* 암호 전보 encoded telegram

şikar *i.* ① 사격, 수렵, 사냥, 추격 hunt, hunting, chase, game-shooting, sport, fowling, catching ○ **ov**; ② 사냥감 동물, 사냥 짐승(새), 낚시감; 사냥한불치 game (bird or animal), prey ○ **qənimət**; ③ 속임수로 다른 사람을 함정에 빠뜨린 사람 one who captures another through deceit

şikari *si.* 사냥의, 수렵용의 hunting

şikarçı *i.* 사냥꾼 hunter ○ **ovçu**

şikayət *i.* ① 불평, 불만 complaint ○ **giley**; ② 푸념, 넋두리 whining ○ **ahü-nalə, sızıltı**; ~ **etmək** *fe.* 불평하다, 불만하다 complain, grumble

şikayətcil I. *si.* 불평거리의, 불평불만 잘하는 apt to complain; II. *i.* 불평분자 complainer

şikayətçi *i.* ① 원고, 고소인, 원고측 complainant ○ **gileyçi**; ② *hüq.* 원고, 고소인, 소추자 prosecutor, plaintiff

şikayətçilik *i.* 푸념, 불평 complaining ○ **gileyçilik**

şikayətkar ☞ şikayətçi

şikayətlənmək *fe.* ① 불평하다, 불만을 표시하다 complain (to of), make a complaint (to against) ○ **gileylənmək**; ② 슬퍼하다, 후회하다, 한탄하다 lament ○ **sızıldamaq**

şikayətli *si.* ① 불평의, 불만의 complaining ○ **gileyli**; ② 애도하는, 슬퍼하는 plaintive, dolorous, sorrowful ○ **sızıltılı, ahü-naləli**

şikayətnamə *i.* 고소장, 원고의 소장(訴狀) written complaint, claim chart

şikəncə ☞ işgəncə

şikəst *si.* ① (사람이) 병약한, 일상 일도 하지 못하는 invalid ○ **əlil, çolaq, şil, pal**; ② 불구의, 신체에 장애가 있는; 무능력하게 된 disabled, mutilated ○ **qırıq, sınıq**; ③ 결점의, 단점의, 흠이 있는 defected ○ **əzik, zədəli**; ~ **eləmək**, ~ **etmək** *fe.* (사람, 동물 등의) 팔다리를 자르다, …을 (팔다리를 잘라) 불구로 만들다 mangle, mutilate, cripple; ~ **adam** *i.* 수족이 부자유한 사람(동물); (일반적으로) 신체(정신) 장애자 cripple

şikəsteyi-fars *i. mus.* 아제르바이잔 전통 음악인 무감의 한 종류 A type of an Azerbaijani traditional music **Muğam**

şikəstə I. *i. mus.* 동방 음악 eastern melody ; II. *si.* ① 깨진, 금이 간 broken, cracked; ② 마음이 상한 broken-hearted

şikəstədil *si.* 마음이 상한 broken-hearted, hurt

şikəstəxatir ☞ şikəstədil

şikəstənəfs *si.* 겉을 꾸미지 않는, 젠체하지 않는, 자만하지 않는, 뽐내지 않는, 수수한 unpretentious, modest, disinterested

şikəstənəfslik *si.* ① 꾸밈없는, 수수한; unpretentiousness, plain tastes *i.* ② 공평무사함, 청렴함 modesty, disinterestedness

şikəstlənmək *fe.* ① 불구가 되다, 장애를 갖다

become crippled, become invalid, be mutilated ○ **əlilləşmək, çolaqlaşmaq, şilləşmək**; ② 부러지다, 깨어지다 be broken ○ **qırılmaq, sınmaq**; ③ 구겨지다, 뭉개지다 be crumpled ○ **əzilmək, zədələnmək**

şikəstlik *i.* ① 외상(外傷); 외상성 상해, (팔다리의) 불구; 불완전 state of being handicapped, trauma, mutilation ○ **əlillik, çolaqlıq, şillik**; ② 파손, 파괴; 파손에 의한 피해 breakage, defect, blemish ○ **qırıqlıq, sınıqlıq**; ③ 병, 질환 affection, disease ○ **sınıqlıq, pozuqluq, uğursuzluq**; ④ hurt, damage, injure ○ **zədə, travma**

şikvə ☞ **şikayət**

şil *i.* ① 수족이 부자유한 사람(동물) crippled ○ **əlil, çolaq, şikəst, pal**; *si.*② 불구의, 신체에 장애가 있는; 무능력하게 된 disabled ○ **bacarıqsız, fərsiz**

şilə¹ *i.* ① 죽, 미음 thick soup of rice, porridge, gruel ② 굵은 사라사; 캘리코 coarse calico

şilə² *i.* 적색 면사 simple red cotton cloth ○ **bez**

şiləmək *fe.* 일제 사격하다 fire a volley

şiləplov *i.* 걸쭉한 밥 milky rice

şil-küt *si.* 불구의, 장애의, 절름발이의, 수족이 부자유한 disfigured, maimed, mutilated, crippled, lame; ~ **etmək** *fe.* 불구를 만들다, 수족을 못 쓰게 하다 cripple, mutilate

şilgir *i.* 딸기 비슷한 야생초 strawberry-like wild plant

şillə *i.* 손바닥으로 뺨 때리기, 따귀 때리기 slap, box the ear

şilləmək *fe.* ① 따귀를 때리다 slap ○ **şapalaqlamaq, silləmək**; ② 한 움큼 집다 take in a handful

şillik *i.* ① 절단, 절제, 뒤틀림, 일그러짐, 경련, 기형 mutilation, contortion ○ **əlillik, çolaqlıq, şikəstlik, pallıq**; ② 무능, 불능 inability, incapability ○ **fərsizlik, bacarıqsızlıq**

şillinq *i.* 실링 (영국의 화폐 단위) shilling

şiltənglik ☞ **şitəngilik**

şiltə-şiltə *si.* 산산이 조각난 in pieces ○ **parça-parça**

şimal *i.* 북쪽, 북녘 North ● **cənub**; ~ **maralı** *i.* 순록(馴鹿) reindeer; ~**a doğru** *ad.* 북향의, 북쪽 방향으로 Northward

şimali *si.* 북쪽의 north, northern

şimal-qərb *i.* 북서 north-west

şimal qütbü *si.* 북극의 Arctic

şimallı *i.* 북쪽에 사는 사람들 northerner

şimal-şərq *i.* 북동 north-east

şimal tülküsü *i. zoo.* 북극 여우 polar fox

şimpanze *i.* 침팬지 chimpanzee

şimşək *i.* 번개 flash, lightening ○ **ildırım**

şimşəkli *si.* 번쩍이는, 번개의 lightening, flashy ○ **ildırımlı**

şimşirəkli ☞ **şimşəkli**

şin *i.* (자동차의) 바퀴 tire (vehicle); ② *tib.* (접골용의) 부목 splint

şinel *i.* (병사들의) 외투 overcoat, great coat (for soldier)

şinəbub *i. zoo.* 후투티 hoopoe ○ **şanapipik**

şingilə *i.* 장미의 일종 sweetbrier, eglantine, chondrilla

şinimək *fe.* 듣다, 귀를 기울이다 listen ○ **dinləmək**

şinləmək *fe.* 바퀴를 달다 put on a tire

şipşirin *si.* 매우 단 very sweet

şir¹ I. *i. zoo.* 사자 lion ○ **aslan**; II. *si.* 용감한, 대담한, 당당한 brave, gallant; ~ **ürəkli** *si.* 대담한, 담대한 lion-hearted ○ **igid, qorxmaz**

şir² *i.* 에나멜 (도료), 법랑(琺瑯); 법랑 세공 enamel ○ **emal, mina,**

şiranə I. *si.* 사자처럼, 사자 같은 lion-like; II. *z.* 위엄 있게, 당당하게, 화려하게 majestically, splendidly

Şirazi *si.* 쉬라즈에서 만든 made in Shiraz

şirbirinc *i.* 우유로 만든 죽 milk porridge

şirbit *i. zoo.* 사잔 물고기의 일종 a kind of sazan fish

şirçi *i.* 칠장이, 도장공, 에나멜 도공 painter

şirdan *i. ana.* 주름위, 추위(皺胃), 레닛 막 (송아지의 제4위) abomasum, rennet bag

şirə¹ *i.* ① 수액(樹液); (생명을 유지하는 갖가지) 체액 sap, organic fluid ○ **maye, sirop, su**; ② (과일, 채소, 고기 등의) 즙, 주스 juice; ③ 본질, 실체, 내용; 본체 essence, substance; ④ 액체 비료 liquid fertilizer; **meyvə ~si** *i.* 과일 주스 fruit juice

şirə² *i.* 유성 회반죽 a kind of plaster made from special soil ○ **məhlul, sıyıq,**

şirə-boran *i.* 세찬 비(눈, 천둥, 우박); 거친 날씨 shower, storm

şirəli *si.* ① (과일 등이) 즙(수분)이 많은; (식물이) 다육 다즙 (조직)의 juicy, mellow, succulent ○

Ş

sulu; ② 매우 맛있는, 참으로 맛 좋은, 진미인; 매우 향긋한, 냄새가 기막힌; (감각적으로) 매우 기분 좋은 delicious, tasty ○ **dadlı, ləzzətli**

şirəlilik *i.* juiciness, mellowness, succulence ○ **mayelik, siropluq**

şirəsiz *si.* ① 수분이 없는, 마른 (과일) dried (fruit) ○ **quru (meyvə)**; ② 맛없는 (음식) plain (food) ○ **dadsız, ləzzətsiz**

şirəsizlik *i.* ① 가뭄 drought ○ **quruluq**; ② tastelessness, plainness ○ **dadsızlıq, ləzzətsizlik**

şirəyi *i.* 노란 포도의 일종 a kind of grape which is yellow in colour

şirəkeş *i.* (하시시, 대마초) 흡연자 hashish-smoker ○ **tiryəkçəkən, anaşaxor**

şirəki ☞ **sirəkeş**

şirələmək *fe.* (벽, 천장 등에) 회반죽을 바르다 plaster

şirələnmək *fe.* ① (과일, 곡물 등이) 익다, 여물다 ripen; ② 회반죽을 바르다 be plastered

şirəli *si.* ① 즙(수분)이 많은; 축축한; (날씨가) 눅눅한 juicy; ② 회반죽을 바른 plastered

şirəlik¹ *i.* 주스용 (과일) fruit for making juice

şirəlik² *i.* 반죽을 만들기 좋은 토양 area in which the soil is good for making plaster

şirəxana *i.* 하시시를 피우는 카페 같은 장소 place for smoking hashish

şirəxək *i.* 회반죽을 섞은 진흙 clay mixed with plaster

şirin *si.* ① 단, 설탕이 들어있는 sugary, sweet ○ **dadlı, ləzzətli** ● **ac**; ② 사귀기 쉬운, 붙임성 있는, (남에게) 상냥한 affable, charming; **~i qatmaq** *fe.* 달게 하다 sweeten; **~cə** *z.* ① 달콤하게 sweetish; ② 지나치게 달게 sugary, sickly-sweet

şirindanışan ☞ **şirindil(li)**

şirindil(li) *si.* 온화한, 부드러운, 친절한, 정중한 smooth-tongued, smooth-spoken, amiable, polite, kind ○ **gülərüzlü, iltifatlı, mehriban, lütfkar**

şirindil(li)lik *i.* 친절한 말씨, 부드러움, 온정이 넘침 courtesy, kindness, compassion ○ **gülərüzlülük, iltifat, lütfkarlıq, mehribanlıq**

şirinqovurma *i.* 필라프, 필로브(위에 얹는 익힌 건포도, 체리, 살구, 자두 등의 고명) a type of stew which may include raisins, cherries, apricots or cherry plums and spices that would be eaten with rice

şirinləndirmək *fe.* ① 달게 하다, 설탕을 가하다 sweeten; ② *fig.* 부드러운 말로 대화를 이끌다 sweeten, sugar (conversation, meeting)

şirinlənmək *fe.* ① 달게 되다; become sweet ② *fig.* 친절하다, 유쾌한 마음을 갖다 become animated, become interesting

şirinləşdirmək *fe.* 달게 하다, 설탕에 절이다 sweeten

şirinləşmək *fe.* ① 달게 되다 become sweet ○ **dadlanmaq, ləzzətlənmək** ● **acılaşmaq**; ② *fig.* 친절해지다, 유화되다, 부드러워 지다 become animated/interesting/pretty ○ **mehribanlaşmaq, gözəlləşmək**

şirinlətmək *fe.* ① 달게 만들다 sweeten, sugar; ② *fig.* (대화, 면담) 부드럽게 하다, 사람의 마음을 유쾌하게 하다 sweeten, sugar (conversation, meeting)

şirinlik *i.* ① 단맛; 방향; 신선 sweetness ○ **dadlılıq, ləzzətlilik** ● **acılıq**; ② 상냥함; 애교, 붙임성; 사랑스러움 amiability ○ **səmimilik, mehribanlıq**; ③ 미, 아름다움; 미모 beauty, prettiness ○ **zərriflik, incəlik, məlahətlilik**

şiri-nər *i.* 수사자 male-lion

şirin-şirin *z.* 달콤하게, 애교 있게 sweetly

şirintəhər ☞ **şirinhal**

şirinhal *si.* ① 단; 맛있는; 단맛의 sweet; ② 설탕의(같은), 달아서 느끼한 sugary, sickly-sweet

şirkət *i.* 회사, 상사, 상회 company; **~lər birliyi** *i.* 신디케이트, 기업 조합(연합) syndicate; **neft ~** *i.* 석유 회사 oil company

şirləmək *fe.* (도자기에) 유약(잿물)을 바르다; (가죽, 종이 등에) 광택제를 먹이다; (음식에) 글레이즈를 바르다; (화면에) 투명한 안료를 바르다; (닦거나 문질러서) …의 윤(광택)을 내다 glaze, draw enamel ○ **emallamaq, minalamaq**

şirma *i.* 접이식 화면 folding screen

şirmayı *si.* 상아색의; (빛깔, 살결이) 상아 같은 ivory; very white

şirli *si. tex.* 광택제를 바른(먹인); 윤(광택)이 나는; 반드러운 glazed, enameled

şirni *i.* 과일 캔디, 약용 박하 드롭스 fruit drops, lozenges, sugar candy ○ **nabat, monpası**

şirnikdirici *si.* 유혹(매력)적인, 남의 마음을 사로잡는 encouraging, seductive, seducing, tempting, alluring

şirnikdirmə *i.* 유혹, 조장, 매혹 temptation, encouragement

şirnikdirmək *fe.* 유혹하다, 매혹하다, 흥미를 유발하다 encourage, give an incentive (to), stimulate the interest (of)

şirnikləndirici *si.* 유혹하는, 마음을 부추기는, 매력적인 tempting, alluring, suggestive; ~ **şey** *i.* 마음을 끄는(유인하는, 유혹하는) 것; 매력, 매혹 lure

şirnikləndirmək *fe.* 유혹하다, 꾀어내다, 우려내다 entice, allure, lure, tempt

şirnikləşmək *fe.* 유혹되다, 혹하다, 반하다, 유혹에 빠지다 be enticed, be tempted, be seduced

şirnikmə *i.* 열정, 열의, 열심 heat, ardour, passion

şirnikmək *fe.* ① 익숙해지다, 적응하다 give oneself up, get accustomed ○ **dadanmaq, öyrəşmək, alışmaq**; ② 할 마음이 생기다, 의욕이 일다 be encouraged, be tempted ○ **həvəslənmək, şövqlənmək, tamahlanmaq**; ③ 매혹되다, 유혹되다, 속다 be deceived, be attracted to ○ **aldanmaq, tovlanmaq**

şirnilik *i.* 달콤함, 당도(糖度) sweetness ○ **nabatlıq**

şirniyyat *i.* 설탕이 많이 든 파이, 케이크, 캔디 등 sweets, dainties; ~ **stolu** *i.* dessert 디저트, 후식, 다과 (식사보다는 가벼운 손님 접대); ~ **mağazası** *i.* 과자 제조(업); 과자점 confectionery

şirniyyatçı *i.* 제과업자, 제과상 confectioner, pastry-cook

şirniyyatçılıq *i.* 제과업, 제과상 confectionery

şirniyatsevən *i. col.* 미식가, 식도락가; 뇌물을 좋아 하는 사람 gourmand

şirpəncə *i. tib.* 탄저(炭疽), 비탈저(脾脫疽) anthrax ○ **qarayara**

şirpəncəsi *i.* 사자 발바닥 (주름진 잎에 녹색 꽃이 피는 식물) plant with a green flower and wrinkled leaves

şir-şəkil *i.* 얼굴, 용모, 외모 face, appearance ○ **üz, sifət, görkəm, sir-sifət**

şist *i.* 슬레이트, 점판암, 석판 slate

şiş¹ *i.* ① 부풀리기, 부풀기, 팽창 swelling ● **alçaq**; ② 종양, 종기 tumor, growth ○ **qabarma, köp(xəstəlik)** ● **yastı**

şiş² I. *i.* 꼬챙이, 꼬치 (케밥 용, 요리용) spit, skewer; II. *si.* 날카로운, 예리한 sharp, keen ○ **iti, sivri**; ~**ə keçirmək** *fe.* 꼬치에 꿰다 skewer

şişbaş *si.* 장두(長頭)의; 영리한, 현명한, 두뇌 회전이 빠른 long-headed

şişə ☞ **şüşə**

şişəbənd ☞ **şüşəbənd**

şişək *i.* 2년 미만의 숫양 ram (2-4 year old male sheep)

şişik ☞ **şişkin**

şişirdilmək *fe.* 부풀리다, 팽창되다 be run up, be inflated

şişirdilmiş *si.* 과장된, 부풀린 extravagant

şişirmək *fe.* ① 과장하다, 부풀리다 exaggerate ○ **üfürmək, püfləmək, qaldırmaq**; ② 칭송하다, 칭찬하다, 찬양하다 praise, magnify ○ **öymək, tə'rifləmək**

şişirtmə *i.* 과장, 과대시 exaggeration

şişirtmək *fe.* 부풀리다, 팽창시키다, 확장하다 inflate, swell, cause to swell, magnify, exaggerate

şişkin *si.* ① 부푼, 팽창한, 굵직한, 부어오른 bulbous, inflated, bloated, puffy, swollen; guffed up, tumescent ○ **üfürüklü, qabartılı, köp**; ② 고압적인, 거만한, 횡포한, 뽐내는 arrogant, overbearing ○ **lovğalı, təkəbbürlü, öyüncək**

şişkinlik *i.* ① 부어오름; 부어 있음 swelling, intumescence, puffiness ○ **üfürüklük, qabartılıq, köplük**; ② 거만, 오만, 건방짐 arrogance ○ **lovğalıq, təkəbbürlülük**

şişqarın *si.* 비만의, 배가 튀어나온 big-bellied

şişqulaq *si.* 귀가 밝은, 예민한, 명민한 sharp-eared

şişləmək *fe.* 부어오르다 swell

şişlik *i.* ① 부어오름 swollenness ○ **köplük**; ② 돌출, 높음 highness ○ **yüksəklik, ucalıq, qəlbilik**; ③ 가득함, 충만함 fullness ○ **yumruluq, doluluq, koppuşluq**

şişman *si.* 살찐, 뚱뚱한; 풍만한, 포동포동한 stout, corpulent, plump, obese ○ **dolu, kök, yoğun, dolğun**

şişmanla(ş)maq *fe.* 살찌다, 뚱뚱해지다, 풍만해지다 grow stout, put on weight ○ **kökəlmək, yoğunlaşmaq**

şişmanlıq *i.* 비만, 비대, 뚱뚱함, 풍만함 stoutness, corpulence, plumpness, obesity ○ **köklük, yoğunluq, qalınlıq**

Ş

şişmə *i.* 부어오름 swelling

şişmək *fe.* ① 붓다, 부어오르다 swell, become inflated ○ **qabarmaq**, **qalxmaq**, **kökəlmək**; ② 뚱뚱해지다, 풍만해지다 grow fat, become swollen ○ **kökəlmək**, **yoğunlaşmaq**, **kop-puşlaşmaq**

şişmiş *si.* 부어오른, 부푼, 과장된 swollen

şiştəpə *i. geol.* 높은(뾰족한) 산봉우리; 깎아지른 듯한 부분(것) peak, pinnacle

şişuc *i.* 꼬챙이 끝, 뾰족한 날 tip

şit *si.* ① 싱거운, 맛없는 plain, unsalted ○ **duz-suz**; ② 무모(경솔)한; 무분별한, 신중하지 못한, 천박한, 경망스러운 indiscreet, frivolous, rash ○ **yüngül**, **qeyri-ciddi**, **dəmdəməki** ● **ciddi**

şitab *i.* 서두름, 신속, 급속, 성급함, 경솔 haste

şitəngi *si.* 말을 듣지 않는, 행실이 나쁜, 말썽꾸러기의, 장난을 좋아하는 mischievous, naughty, ill-bred ○ **nadinc**, **dəcəl**, **şuluq**, **ərköyün**

şitəngilik *i.* 나쁜 행실, 말썽, 버릇없음, 불량한 태도 mischief, naughtiness, ill-manners ○ **na-dinclik**, **dəcəllik**, **şuluqluq**, **ərköyünlük**

şitənmək *fe.* ① *col.* 장난치다, 들떠서 떠들다, 야단법석하며 놀다, 까불어 대다 play pranks, frolic ○ **zarafatlaşmaq**, **əylənmək**, **oynamaq**; ② 버릇없이 놀다, 행실이 나쁘다, 말썽을 피우다 become playful/mischievous/impish ○ **nadin-cləşmək**, **dəcəlləşmək**, **ərköyünləşmək**

şitəşmək *fe.* 말썽을 피우다, 장난스럽다, 탐닉하다 be naughty, play pranks, indulge

şitil *i.* 어린 나무, 묘목, 모(옮겨 심기 위하여 기른 어린 식물) seedlings, sapling

şitiləkən *i.* 이앙기(移秧機) machine for transplanting saplings

şitilləmək *fe.* 옮겨 심다 transplant, plant out ○ **seyrəltmək**

şitillik *i.* 유치원, 탁아소, 보육원 nursery garden

şitləndirmək *fe.* 망치다, 응석을 받아주다, 귀여워하다, 비위를 맞추다, 제멋대로 하게 하다 spoil, pet, indulge, humour

şitləşmək *fe.* ① 말썽쟁이가 되다, 경망스럽게 되다, 천박하게 되다 become naughty, be frivolous ○ **dəcəlləşmək**, **nadincləşmək**, **ərkö-yünləşmək** ● **ciddiləşmək**; ② 싱거워지다 become plain, become saltless ○ **bayağılaşmaq**

şitlik *i.* ① 싱거움 lack of saltiness ○ **duzsuzluq**; ② 버릇없음, 말썽을 피움 naughtiness, mischief, misconduct ○ **ərköyünlük**, **nadinclik**, **dəcəllik**, **şuluqluq**; ③ 경솔함, 경망스러움, 천박함 frivolity ○ **dəmdəmekilik**, **yelbeyinlik**, **yüngüllük**

şit-şit *z.* 천박하게, 경망스럽게 frivolously

şiv *i.* 나뭇가지, 줄기, 토막; 접수, 접가지, 접눈 twig, stem, stalk, shoot, sucker, set, graft ○ **budaq**, **çubuq**

şivə *i.* ① 방언 ccent, patois, dialect ○ **ləhcə**; ② 애교, 교태 부리기 coquetry, mincing air ○ **naz**, **işvə**, **əda**; ③ 관행, 관습, 인습 custom

şivəbaz I. *i.* 요염한 여자, 바람난 여자 coquette; II. *si.* (특히 여성이나 어린이의 행위가) 장난기 있는, 해롱거리는; 남을 깔보는 듯한; 교활한, 간사한 coquettish, arch, mincing, finical

şivəbazlıq *i.* (여자가 남자의 환심을 사려는 듯한) 교태; 애교 떨기, 교태 부리기; 요염함 coquetry, mincing manners, fussiness

şivəkar I. *i.* 요염한 여자, 바람난 여자; coquette II. *si.* 교태를 부리는, 아양을 떠는 coquet (tish), arch ○ **işvəli**, **qəmzəli**, **nazlı**

şivəkarlıq *i.* 교태 부리기, 아양 떨기, 애교 mincing manner, fussiness, coquetry ○ **işvəlik**, **qəmzəlilik**, **nazlılıq**

şivəli *si.* ① 교태를 부리는, 아양을 떠는 finical, coquettish ○ **nazlı**, **işvəli**, **ədalı**; ② 습관적인, 버릇이 든 habitual

şivəlilik *i.* ① 교태, 아양, 애교 coquetry ○ **na-zlılıq**, **işvəlilik**, **ədalılıq**; ② 습관, 버릇 habit ○ **adət**, **vərdiş**

şivən *i.* 울음, 훌쩍거림, 징징댐, 고함침 weeping, crying, sobbing, wail, yell, howl, scream, (loud) cry ○ **fəryad**, **nalə**, **fəğan**, **oxşama**, **ağı**, **hönkürtü**, **hıçqırtı**

şivənli *si.* 우는, 슬퍼하는, 훌쩍거리는, 징징대는 mourning, crying, sobbing ○ **fəryadlı**, **naləli**, **fəğanlı**, **hönkürtülü**, **hıçqırıqlı**

şivərək *si.* 키가 큰, 호리호리한 tall, slender, slim

şivləmək *fe.* 가지를 치다, 전지하다, 잘라내다 prune

şizofreniya *i.* 정신 분열증(dementia praecox) schizophrenia

şkaf *i.* 찬장, 벽장 case, cupboard

şkala *i.* (지도 등의) 축척, 비례척; 축소 비율, 눈금, 저울눈 scale

şlaqbaum *i.* 가로장, 빗장, 가로줄무늬, 목책, 장애물 crossbar, bar, barrier (between rail and road)
şlak *i.* 쇠똥, 광재, 석탄재, 타고 남은 덩어리 cinder, slag, dross
şlanq *i.* 호스, 고무관 hose
şlem *i.* 헬멧, 투구 helmet, head-piece ○ **dəbilqə**
şley *i.* (말의) 궁둥이 띠 breeching, breech-band
şlüz *i.* (수문이 있는) 둑; 제수(制水) 밸브; 수문, 갑문 sluice, lock
şlüzləmək *fe.* 갑문으로 막다, 갑문을 설치하다 lock, lock through
şlyapa *i.* (일반적으로) 모자 hat; **~lar üçün asqı** *i.* 모자걸이 hanger
şlyapalı *si.* 모자를 쓴 wearing a hat
şofer *i.* 운전자, 기사 chauffeur, driver
şoferlik *i.* 운전업, 운전술 chauffeuring; **~ məktəbi** *i.* 운전 교습 학교 driving school
şokolad *i.* 초콜릿 chocolate
şokoladlı *si.* 초콜릿으로 덮은 chocolate-covered
şoqqu *i.* 휘파람, 신호, 야유 whistle, singing, hiss, catcall
şoqərib *si.* 불운의, 비운의 ill-starred, ill-fated
şomu *i.* 산나물 (다양한 야생 식용 식물), 시금치 spinach ○ **ispanaq**
şonqar ☞ **şahin**
şor[1] *i.* 오래된 요구르트로 만든 치즈 cheese made from old yoghurt ○ **kəsmik, süzmə**
şor[2] *si.* 짠, 소금을 친 salty, salted ○ **duzlu** ● **şirin**; **~ su** *i.* 소금물, 짠물 salt water; **~ balıq** *i.* 소금에 절인 생선 salt fish; **~ xiyar** *i.* 오이장아찌 pickled cucumber
şoraba *i.* 절인 것, 피클; (특히) 오이절임, 양파절임; 마리네이드 (요리 전에 고기, 생선 등을 담그는 향신료가 든 즙; 기름, 식초, 와인 등) marinade, pickle
şorakət *si.* 염분을 함유한; 짠 saline, salt-marsh ○ **duzlaq**
şorakətləşmək *fe.* 소금을 함유하다, 짜게 되다 become saline, be salted ○ **duzlaşmaq**
şorakətli *si.* 짠, 소금을 함유한 salty, salted ○ **duzlu**
şorakətlik *i.* 염분, 짠 맛 saltiness ○ **duzluq**
şoralamaq *fe.* 방류하다, 방수하다, 물을 흘려보내다 pour from an elevated place, sluice
şoran ☞ **şorakət**
şoranlaşma *i.* 염토(鹽土) salty-soils, salt-ridden lands
şoranlaşmaq *fe.* 짜게 되다 be salted ○ **şorakətləşmək**
şoranlı *si.* 짠, 소금기를 머금은 salty, salted ○ **şorakətli** ● **şirin**
şoranlıq *i.* 짬, 염도, 염분 salinity, saltiness ○ **şorakətlik**
şorazar ☞ **şorkət**
şorba *i.* 국, 국물; 국물 음식 soup
şorgöz I. *i.* ① *col.* 여자 꽁무니를 따라 다니는 사람 ladies' man, philanderer ○ **arvadbaz**; II. *si.* ② 타락한, 부도덕한 immoral, depraved ○ **azğın, yava, əxlaqsız**
şorgözlük *i.* ① 장난 연애, 연애 사건 philandering ○ **arvadbazlıq**; ② 성적 부도덕, 음탕함, 호색, 음란 lasciviousness, lechery, sexual immorality ○ **azğınlıq, yavalıq, əxlaqsızlıq**
şorqoğalı *i.* 쇼르고그할 (얇게 편 반죽을 말아 올려 구운 빵) puff, doughnut, bun
Şorlar *i.* 알타이 산맥에 사는 터키족의 일파 a Turkic people in the northern Altai mountains
şorlaşmaq *fe.* 절여지다, 절임이 되다 be salted, be pickled ○ **duzlaşmaq**
şort *i.* 반바지 shorts
şortmaq *fe.* 달리다, 뛰다 run, run about ○ **yüyürmək, qaçmaq**
şortu *si.* ① 경박한, 경솔한, 가벼운, 경망스러운, 성의 없는, 덤벙대는 light, light-minded, frivolous, light-headed, thoughtless, flippant ○ **dəmdəməki, yelbeyin, yüngül, arsız, həyasız**; ② 부패한, 타락한, 사악한, 부도덕한, 수치를 모르는 depraved, immoral, shameless ○ **əxlaqsız, ədəbsiz, pozğun**
şortuluq *i.* ① 경솔함, 가벼움, 경망스러움, 덜렁거림 lightness, light-mindedness, thoughtlessness, flippancy, levity ○ **dəmdəməkilik, yelbeyinlik, yüngüllük, arsızlıq**; ② 부도덕, 타락, 부패함 immorality, depravity ○ **həyasızlıq, əxlaqsızlıq, ədəbsizlik, pozğunluq**
şovinist *i.* ① 호전적 애국주의자, 열광적 애국자, 대외 강경주의자 chauvinist, jingo, jingoist; ② 열광적 애국자(심)의; 열광적 성 차별주의(자)의 chauvinistic, jingoist
şovinizm *i.* 열광(맹목)적 애국주의(심); (특정한 주

Ş

의, 집단에 대한) 열광적 충성, 쇼비니즘, 주전론 chauvinism, jingoism

şose (yolu) *i.* 고속도로, 간선도로 highway

şoşaq *i.* 침, 타액 saliva, sputum, slime ○ **selik**

şotka *i.* 브러시, 솔, 모필, 화필 brush; ~ **ilə təmizləmək** *fe.* 솔로 닦다, 솔질하다 brush

şotkalamaq *fe.* 솔질하다, 솔로 털어 내다 brush

şot-kök *i.* 가봉(假縫) rough sewing

Şotlandiya *i.* 스코틀랜드 Scotland; **Şotlandiyalı** *i.* 스코틀랜드 사람 Scottish

şotlandka *i.* (스코틀랜드 고지인의) 격자 무늬 어깨걸이, 타탄: 체크 무늬의 모직물 tartan, plaid

şöbə *i.* (관청의) 국(局), 부(部), 과(科) bureau, department, section ○ **bölmə, hissə, qism**

şöhrət *i.* 명성, 평판, 인기 fame, popularity, reputation ○ **şərəf, şan, ad-san**; ~ **qazanmaq** *fe.* 유명하게 되다 become famous

şöhrətbaz ☞ şöhrətpərəst

şöhrətgir *si.* 유명한, 명성이 있는, 잘 알려진 famous, reputed

şöhrətləndirmək *fe.* 알리다, 공표하다, 칭송하다 celebrate

şöhrətlənmək *fe.* 유명해지다, 명성을 얻다, 인기 있다 become famous, become popular (for) ○ **tanınmaq, məşhurlaşmaq, şərəflənmək**

şöhrətli *si.* ① 유명한, 잘 알려진 famous, notorious ○ **məşhur, tanınmış**; ② 명예스러운, 훌륭한 glorious, great ○ **şərəfli, şanlı, adlı-sanlı**; ~ **şəxs** *i.* 명사(名士), 유명인 celebrity

şöhrətlilik *i.* ① 영예로운, 영광스러운 gloriousness ○ **məşhurluq, ad-san**; ② 유명세, 인기 있음 fame, nobleness ○ **ad-san, nəciblik, əsillik**

şöhrətpərəst *si.* 야망 있는, 허영심이 강한, 자만심의 ambitious, vain, vainglorious, conceited ○ **məğrur, lovğa**

şöhrətpərəstlik *i.* 허영심, 자만심, 하찮음 ambition, vanity ○ **məğrurluq, lovğalıq**

şöhrətsevər *si.* 자만하는, 으스대는 conceited

şöhrətsiz *si.* ① 익명의, 알려지지 않은 anonymous ○ **şərəfsiz, şansız**; ② 알려지지 않은, 인기 없는 unknown, unpopular ○ **adsız-sansız**

şöhrətsizlik *i.* ① 익명, 무명; 정체 불명의 인물 anonymity ○ **şərəfsizlik, şansızlıq**; ② 인기 없음 unpopularity ○ **adsızlıq, sansızlıq**

şök *si.* 직선의(을 이루는); 직선으로 둘러싸인; 직선적인; 직선으로 나아가는 rectilinear, straight, upright, perpendicular

şökə *i.* (작은) 막대 묶음 a bunch of thin sticks

şölə *i.* 광택, 윤, 빛남, 반짝임 luster, sheen, shine ○ **şəfəq, işıq, parıltı, nur, şüa**; **~cik** *i.* 깜박이는 빛, 미광 small light, glimmer

şölələnmək *fe.* 광택이 나다, 반짝거리다, 윤이 나다, 현저하다 shine, be conspicuous, beam ○ **şəfəqlənmək, parıldamaq, işıldamaq, nürlanmaq**

şöləli *si.* ① 밝은, 빛나는, 반짝이는, 눈부신, 화려한 bright, blazing, brilliant, resplendent, splendid ○ **şəfəqli, işıqlı, parlaq, nurlu**; ② 영광의, 호화로운, 웅대한, 훌륭한 splendid, glorious

şöngümək *fe.* 웅크리다, 웅크리고 앉다, 앉다, 엎드리다, 구부리다, 쭈그리다 squat, lean, bend, crouch ○ **çömbəlmək, büzüşmək**

şötdəmək *fe.* 거칠게 꿰매다 stitch (quickly)

şövkət *i.* 위대함, 위엄, 웅장함, 위풍, 숭고 grandeur, greatness, sublimity, majesty ○ **əzəmət, dəbdəbə, cəlal, böyüklük, təmtəraq**

şövkətli *si.* 당당한, 위엄이 있는, 풍채가 당당한, 장중한, 장엄한 stately, majestic ○ **əzəmətli, dəbdəbəli, cəlallı, təmtəraqlı**

şövq *i.* ① 빛, 밝음 light, brightness ○ **işıq, nur**; ② 열정, 열심, 열망 passion, enthusiasm ○ **həvəs, meyl, maraq, arzu**; **~lə** *z.* 열심히, 열정을 갖고 passionately, with passion

şövqləndirici *si.* 용기를 주는, 격려가 되는, 힘나게 하는, 고무적인 encouraging, exciting

şövqləndirmək *fe.* 격려하다, 자극하다, 고무하다 encourage, give an incentive (to), stimulate the interest (of)

şövqlənmək *fe.* 활성화하다, 열심히 하다, 자극받다 be animated, be inspired, be filled with enthusiasm ○ **həvəslənmək, şirnikmək, ruhlanmaq, ürəklənmək, ilhamlanmaq**

şövqlü *si.* ① 열정적인, 열심의 enthusiastic ○ **həvəsli, meylli, maraqlı**; ② 기쁜, 즐거운, 행복한 happy, pleasant ○ **sevincli, şad, şən, şux, fərəhli**

şövqlülük ☞ şövq

şövqsüz *si.* 마음에 내키지 않는, 좋아하지 않는 reluctant, unwilling ○ **həvəssiz, könülsüz, məyilsiz, ürəksiz**

şövqsüzlük *i.* 거리낌, 꺼려함, 마음에 내키지 않음 reluctance, unwillingness ○ **həvəssizlik, könülsüzlük, meylsizlik, ürəksizlik**

şpion *i.* 간첩, 첩자, 요원 spy, operative ○ **casus, xəfiyyə**

şpionluq *i.* 간첩 활동, 정찰 espionage ○ **casusluq, xəfiyyəlik**

şpris *i.* 세척기, 주사기, 관장기, 주입기 syringe

şrapnel *i.* 유산탄(榴散彈) (파편) shrapnel

şrift *i.* 인쇄, 출판 print

ştab *i.* (군대의) 간부 staff (in the army) ○ **qərargah**

ştamp *i.* 스탬프, 도장, 직인, 인장 stamp, seal ○ **möhür, damğa**

ştamplamaq *fe.* 인장으로 봉하다, 직인을 찍다 seal, stamp ○ **möhürləmək, damğalamaq**

ştamplı *si.* 인장한, 도장을 찍은 sealed, stamped ○ **möhürlü, damğalı**

ştapel *i.* 인조 섬유 artificial fabric

ştat¹ *i.* 주(州); 주 당국, 주 정부 state

ştat² *i.* (관청, 회사, 군대의) 상비 편제(인원) staff, establishment

ştempel *i.* (우편물의) 소인 stamp, stempel, postmark

ştemsel *i.* 전기 코드 플러그 stopple, cork, plug

şturman *i.* 항해사 navigator, navigation officer

şturval *i.* 운전대 steering wheel

ştrix *i.* (성격, 습관의) 특징, 특색, 특질, 기운, 기미 stroke, trait, feature ○ **cizgi**

ştrixləmək *fe.* 음영을 넣다, (제도, 조각 등) 해칭을 넣다 shade, hatch ○ **cizgiləmək**

ştrixli *si.* 음영의, 해칭의 stroked, featured ○ **cizgili**

şuğul¹ *i.* ① 길고 곧은 막대; long and straight pole ② 저울의 눈금을 보여주는 바늘 hand or arrow on a balance

şuğul² *i.* 밀고자, 고자질쟁이, 배신자 informer, snitch, betrayer ○ **çuğul**

şuğulluq *i.* 밀고, 고자질, 배신 betrayal, informing

şux *si.* ① 명랑한, 쾌활한, 즐거운, 밝은 cheerful, gay, bright ○ **oynaq, şən, şad** ● **kədərli**; ② 새침한, 요염한 finical, coquettish ○ **nazlı, şivəli, ədalı, işvəli**; ③ 화려한, 화사한 (색채) facetious, gay (colour) ○ **gülərüzlü**

şuxluq *i.* ① 명랑, 쾌활, 유쾌 playfulness, cheerfulness, joy of living ○ **oynaqlıq, şənlik, şadlıq** ● **qəmginlik**; ② 교태, 요염함 coquetry, flirting ○ **naz, əda, işvə, şivə**; ③ 유머, 농담, 희롱 joke, jest ○ **gülərüzlülük**

şuluq I. *si.* ① 말썽꾸러기인, 행실이 나쁜, 무법적인, 발칙한 mischievous, roguish, playful, naughty ○ **dəcəl, nadinc** ● **dinc**; ② 시시한, 하찮은, 종속적인, 비열한, 옹졸한 frivolous, petty ○ **şux, oynaq, yüngül**; II. *i.* ① 사기꾼, 야바위꾼; swindler ② 혼란, 무질서, 엉망진창 turmoil, commotion

şuluqluq *i.* ① 장난, 악영향, 폐, 재해, 손해 naughtiness, mischief ○ **dəcəllik, nadinclik** ● **dinclik**; ② 경솔함, 천박함, 옹졸함 playfulness, frivolity, flightiness ○ **oynaqlıq, yüngüllük**; ③ 무질서, 동란, 동요, 흥분, 소란, 혼란 disorder, commotion ○ **qalmaqal, iğtişaş, qarışıqlıq, pozğunluq, nizamsızlıq** ● **sakitlik**

şuluqçu *i.* ① 말썽꾸러기, 장난꾸러기 playful/frolicsome fellow, naughty/mischievous boy ○ **dəcəl, nadinc, dələduz**; ② 난폭한 사람, 싸움쟁이, 소란스러운 사람 rowdy, ruffian, brawler ○ **davaçı, qovğaçı, qalmağalçı**

şuluqçuluq *i.* 농담, 장난, 못된 짓 prank, mischief, trick

şum¹ *si.* 심상치 않는, 불온한, 험악한, 흉조의 ominous, sinister, menacing ○ **uğursuz, məşum, nəhs**

şum² *i.* 경작(작업), 밭갈이 tillage, ploughing ○ **əkin, sürmə**; ~ **üçün yararlı** *si.* (토지, 토양이) 작물을 산출하는, 경작에 알맞은 arable

şumal *si.* ① 날씬한, 호리호리한 tall, slender ○ **qamətli, boylu-buxunlu, hündür, uca**; ② 수직의, 똑바로 선, 올곧은 upright, erect ○ **düz, sərrast** ● **kələ-kötür**

şumaltı *si.* 밭을 갈아 놓은, 쟁기질한 ploughed under

şumlamaq *fe.* 쟁기로 갈다, 일구다 plough ○ **əkmək, sürmək**

şumlanmaq *fe.* 일궈지다, 경작되다 be ploughed, be tilled

şumlat(dır)maq *fe.* 일구게 하다, 쟁기질하게 하다 plough, till

şumluq *i.* 경작지 arable land ○ **əkinlik**

şunqar *i. zoo.* (북극권산의) 흰매 gerfalcon

şur¹ *i. mus.* 아제르바이잔 전통 음악인 무감의 한

Ş

형태 A type of an Azerbaijani traditional music Muğam

şur² *i.* ① 무아(無我)의 경지; 의식 혼탁 상태, 정신 혼미 ecstasy, delight ○ **vəcd, şövq, coşğunluq**; ② (사회적, 정치적인) 격동, 동란, 동요 commotion, convulsion ○ **qalmaqal, hay-küy**; **~ ilə** *z.* 열심히, 열광하여 with great zeal, enthusiastically

şura *i.* 협의(심의)회, 평의(원)회; 회의, 협의; 자문위원회 council ○ **sovet**

şurəvi *si.* 위원회의, 평의회의, 협의회의 council, soviet

şuriş *i.* (정치적, 사회적인) 동란, 격변, 소란, 혼란, 불안, 동요 disorder, turmoil, commotion ○ **qarışıqlıq, qarqaşalıq, iğtişaş, şuluqluq**

şuruş *i.* 발효 (작용, 과정); 동요, 흥분 fermentation

şüa *i.* ① 광선; 광속(光束) beam, ray ○ **şö'lə, işıq**; ② 방사물, 방사선 radiation; **~ xəstəliyi** *i.* 방사선 질환 radiation sickness

şüalanma *i.* 방사(放射), 복사(작용) radiation

şüalanmaq *fe.* ① (열, 빛을) 방사하다, 복사(輻射)하다, 발산하다 (e)radiate ○ **saçmaq, yaymaq**; ② 반짝이다, 빛내다 shine, beam ○ **şəfəqlənmək, parıldamaq**

şüalı *si.* 빛을 발하는, 빛나는 radiant ○ **şöləli, nurlu**

şüar *i.* (정당, 단체, 제품 등의) 슬로건, 표어 slogan, streamer ○ **çağırış**

şüavarı *si.* 방사능 같은, 빛을 발하는 beam-like

şübhə *i.* 의심, 의문, 불신, 의혹, 용의, 혐의 doubt, suspicion, distrust, mistrust ○ **şəkk, güman** ● **inam**; **~ altına almaq** *fe.* 의문시하다, 의심하다, 논쟁하다 dispute, question

şübhədoğuran *si.* 의심스러운, 수상한 suspicious

şübhələndirmək *fe.* 의문을 야기하다, 의심하게 하다 arouse suspicion

şübhələnən *si.* 의심스러운, 의문의 doubtful

şübhələnmək *fe.* 의심하다, 수상히 여기다 doubt, make doubt, mistrust, suspect ○ **şəklənmək** ● **inanmaq**

şübhəli *si.* 의심스러운, 의문의, 수상한, 의혹을 야기하다, 불분명한 doubtful, ambiguous, dubious, fishy, skeptical, shady, suspicious ○ **şəkli** ● **inamlı**

şübhəlilik *i.* 의심스러움, 의문, 의혹, 회의(론) doubtfulness, suspicion, skepticism ○ **şəklilik**

şübhəsiz I. *si.* 의심 없는, 논란의 여지가 없는, 확실한, 수상하지 않은 doubtless, no doubt, beyond doubt, undoubted, sure; II. *z.* 확실히, 분명히, 의심의 여지없이 sure, beyond doubt, no doubt ○ **şəksiz, sözsüz, yəqin**

şübhəsizlik *i.* 신뢰, 확신, 확실성 certitude, trustworthiness ○ **şərsizlik, yəqinlik**

şücaət *i.* 영웅적 행위, 위업, 공적, 공훈, 용기, 용감 exploit, bravery, courage; **~lə** *z.* 대담하게, 용감하게, 무서워하지 않고, 당당하게 boldly, bravely, fearlessly ○ **cəsarət, rəşadət, qoçaqlıq, mərdlik, igidlik, mətanət, qeyrət, qəhrəmanlıq** ● **qorxaqlıq**

şücaətlənmək *fe.* 용감해지다, 힘을 얻다 become encouraged, be exploited ○ **cəsarətlənmək, qoçaqlaşmaq, mərdləşmək, igidləşmək**

şücaətli *si.* ① 용기 있는, 용감한 brave, courageous ○ **cəsarətli, qoçaq, igid, mərd, comərd** ● **qorxaq**; ② 영웅적인, 영예로운 heroic, noble ○ **şanlı, rəşadətli, qəhrəman**

şücaətlilik ☞ **şücaət**

şüəra *i.* 시인, 가인, 시재(詩才)가 있는 사람 poets

şüğl *i.* 일, 작업 work, job

şüğülzümmə *i. din.* 신의 면전에 서기 어려울 만큼 죄로 가득함; sinfulness before God; **~ eləmək** *fe.* 죄를 짓다, 범죄하다 sin, commit sin

şükkütmək *fe.* 앉다, 자리를 잡다 seat

şükran *i.* 감사, 사의(謝意), 사은 gratitude, thankfulness, appreciation

şükranə *i.* ① 감사 gratitude, thankfulness, appreciation ② 사례품 things given for thanks

şükrlillah ☞ **şükrüllah**

şükrüllah *ara.* 다행히도, 감사하게도 Fortunately, Thank God

şükufə *i.* 꽃, 화훼 flower

şukufələnmək *fe.* 꽃피다, 한창이다 flower, blossom, bloom

şükuh(ə) *i.* 위대함, 두드러짐, 현저; 탁월, 출중, 걸출 greatness, eminence, prominence, magnificence ○ **böyüklük, ululuq, əzəmət, calal, həşəmət, şan-şərəf**

şükür *i.* 감사 thanks ○ **razılıq, təşəkkür, minnətdarlıq**; ***Allaha şükür!*** *감사할지라, 감사하게*

도! *Praise the Lord!*

şülə *i.* 한 발 (양팔을 편 길이) the span of both arms

şülək *i.* 포목 한 롤 cloth roll, stripe of cloth

şüləkləmək *fe.* 천을 말아 감다 roll (cloth)

şüləmə *i.* 채찍질, 매질, 태형 flogging, thrashing, lashing

şüləmək *fe.* 채찍질하다, 매질하다, 때리다, 두드리다 flog, lash, thrash

şümal I. *i.* ① (식물의) 생장, 발아; 새싹; 어린 가지(줄기) shoot, bough ○ **zoğ**; ② 젊은이, 청소년 young man ○ **yeniyetmə**, **boylu-buxunlu**; II. *si.* smooth, even ○ **düz**, **hamar**

şümar *i.* 계산, 정산, 개산(概算) account, estimation, calculation

şümarə *i.* 시계의 바늘 clock hand

şümərək *si.* 젊은, 어린, 새싹의 young, new sprouted

şümşad I. *i.* 회양목속(屬)의 총칭; 회양목 재목 box-(tree); II. *si. fig.* 키가 큰, 날씬한 tall, slender

şümul *i.* (당면한 문제와의) 관련성; 적절함, 타당성 relevance, inclusion, involvement ○ **aidiyyət**

şümür *i.* 억압자, 압제자, 잔혹한 사람 oppressor, brutal person

şürəm *i.* 줄 (무늬), 채찍 자국 stripe, strip, wale, weal ○ **zol**, **zolaq**

şüru *i.* 개시, 시작 begin, start, take up, set about; ~ **etmək** *fe.* 시작하다 start, begin

şürut *i.* 조건, 사항 conditions, terms

şüş *i.* 막대기, 장대 pole, rod

şüşə *i.* ① 유리 glass; ② (유리)병 bottle; ~ **boğazı** *i.* 병목 bottle neck

şüşəbənd *i.* 창틀 window frame; ~ **eyvan** *i.* 돌출 현관 porch ○ **aynabənd**

şüşəçi *i.* 유리공업자 glazier, glass-cutter

şüşəçilik *i.* 유리공업, 유리 끼우는 직업 profession of glazier/glass-cutter

şüşəki *i.* 비웃음, 조롱, 놀림감, 경멸, 멸시 scorn, derision, contempt ○ **rişxənd**, **ələsalma**, **arayaqoyma**, **masqara**, **fitəbasma**

şüşələmək *fe.* (창문, 액자 등에) 판유리를 끼우다; (건물 등에) 유리창을 달다 glaze

şüşəsalan *i.* 유리장이, 유리 끼우는 직공 glazier, glass-cutter

şüşəsilən ☞ şüşətəmizləyən

şüşətəmizləyən *i.* 창문 닦이 window wiper

şüşəüfürən *i.* 유리 세공업자 glass blower

şüşəvarı *si.* 유리 같은 glass-like

şüştər *i. mus.* 아제르바이잔 전통 음악인 무감의 한 형태 a type of an Azerbaijani traditional music Muğam

şütülləmək ☞ şütümək

şütümək *fe.* 급히 가다, 서두르다, 달리다 run, scurry, hurry

şüur *i.* ① 양심, 지성, 이해, 사고, 양식, 의식 conscience, reason, comprehension, intelligence ○ **dərrakə**, **anlaq**, **düşüncə**, **idrak**; ② 마음, 감정 mind, heart, feeling ○ **fikir**, **hiss**

şüurlanmaq *fe.* 양식(良識)을 갖다, 의식(意識)이 있다, 양심적이 되다 become conscious/reasonable/sober-minded/judicious ○ **ağıllanmaq**, **dərrakələnmək**

şüurlu *si.* 의식적인, 양식이 있는, 사고가 바른, 사려가 깊은, 지식인의 conscious, intelligent, considerate ○ **düşüncəli**, **dərrakəli**, **ağıllı**, **anlaqlı**, **qanacaqlı** ● **şüursuz**

şüurluluq *i.* 심사숙고, 신중함, 사려 깊음, 의식 있음, 양심적임 consciousness, conscientiousness, deliberateness ○ **düşüncə**, **dərrakə**, **idrak**, **anlaqlılıq**, **qanacaq**

şüursuz *si.* 비양심적인, 무식한 unconscious, thoughtless ○ **düşüncəsiz**, **ağılsız**, **qanacaqsız**, **anlaqsız** ● **ağıllı**

şüursuzluq *i.* 어리석음, 무책임 irresponsibility, dullness, stupidity ○ **düşüncəsizlik**, **ağılsızlıq**, **qanacaqsızlıq**, **anlaqsızlıq**

şüvə ☞ şəvə

şüvərə *i.* 불행한 일, 재난, 불행 disaster, misfortune; **~yə vermək** *fe.* 재난에 빠뜨리다, 역경에 처하게 하다 cause *smb.* to fall into deep disaster

şüvül *i.* 돛대의 기둥 pole, barge pole, punt-pole

şüy *i.* 연한 가지, 싹 sprout, shoot, sucker ○ **zoğ**, **budaq**

şüyləmək *fe.* 싹이 트다, 줄기가 돋아나다 sprout, shoot, branch ○ **zoğlamaq**, **budaqlamaq**

şüyud *i.* 회향풀, 딜(미나릿과의 회향 비슷한 풀); 그 씨(잎) (향신료) dill, fennel

şüyüm *si.* 태만한; 부주의한, 무관심한, negligent, slovenly, ill-favoured, uncomely, plain

Ş

T·t

ta I. *z.* 더 이상은 (아닌), 다시, 지금부터 any more, no more, any longer, again, from now on, no longer; ***Ta danışma!*** *더 이상 말하지 마! Don't speak any more!*; ***O ta burada işləmir.*** *그는 더 이상 여기서 일하지 않는다. He doesn't work here anymore.*; II. *əd.* 일반적으로 후치사와 관련되어 의미를 강조한다; (As a rule, it work attached to post-position to fortify the meaning) **ta ... kimi/qədər, ta ... dək/-cən** *qo.* ~까지, ~할 때까지, 끝까지 till, until, to the end, up to; ***Ta o gəlincəyə kimi gözləyin.*** *그가 올 때까지 기다리시오. Wait till he comes.*; ***Mən ta beşəcən işlədim.*** *나는 5시까지 일했다. I worked till five o'clock.*

taam *i.* ① 음식, 식사 food, meal, dish; ② 식사 eating ○ **yemək**

taarif; ~ **eləmək** *fe.* 기분 좋게 대접하다, 즐겁게 하다 regale (with), treat (to)

tab *i.* ① 힘, 기운, 체력, 완력 strength, might, force ○ **qüvvət, güc, taqət**; ② 인내, 견딤, 오래 참음 patience, endurance ○ **dözüm**; ~ **etmək** *fe.* 참다, 견디다, 오래 지속하다 endure, be patient; ~ **gətirməmək** *fe.* 이기다, 극복하다, 견디다, 마주 서다, 버티어 내다 bear, undergo, stand, resist up, withstand; **~dan düşmək** *fe.* 힘이 빠지다, 지치다 become weak

tabaq *i.* ① (가축용의 나무로 만든, 길쭉한) 구유, 여물통, 물통 trough, tub ○ **təknə, çanaq**; ② 홈, 도랑 tray, chute, shoot, gutter

tabaqça *i.* 작은 통 small wooden tray/trough

tabaqçı *i.* 구유 만드는 사람, trough-maker

tabaqlamaq *fe.* 얇고 넓어지고 얇아지다 become wide and shallow ○ **təknələmək, çanaqlamaq**

Tabasaranlar *i.* 다게스탄의 레즈기인(人)중의 소수 부족 Tabassarian (one minor tribe of Lezgi group in Iber-Caucacian language in Dagestan)

tabaşir *i.* ① 석회 lime; ② 분필 chalk; **bir parça** ~ *i.* 분필 한 조각 a piece of chalk

tabaşirli *si.* 분필로 더러워진 dirtied with chalk, mixed with chalk

tabe *si.* ① 종속적인, 의존적인, 부속적인 subordinate, dependent on, subject ○ **asılı** ● **müstəqil**; ② 조용한, 차분한, 순종적인 obedient, calm ○ **dinc, sakit**; ~ **söz** *i.* 부속어 subordinate word; ~ **millət** *i.* 식민, 부속(部屬)민, 속민(屬民) subject nation; ~ **vəziyyətdə olmaq** *fe.* 부속되다, 종속관계(從屬關係)에 있다 be in subordinate situation; ~ **etmək** *fe.* 종속시키다, 부속시키다 subordinate, subdue; ~ **olmamaq** *fe.* 불순종하다, 불복하다 disobey; ~ **olmaq** *fe.* 복종하다, 굴종하다 obey, submit

tabeetdirici *si.* 따르게 하는, 복종시키는 resigning

tabeiyyət ☞ **tabelik**

tabel *i.* 표, 시간표 table, chart, time book, time-table

tabeli *si.* 부속하는, 복속되는, 추종적인, 하급의, 종속적인 subordinate ● **müstəqil**; ~ **mürəkkəb cümlə** *i.* 복문(複文) *qram.* complex sentence

tabelik *i.* 복속, 종속 submission, subordination, subjection, submission ○ **itaət** ● **müstəqillik**; **~də olan** *si.* 부수적인, 종속적인 subordinate

tabelilik *i.* 부속, 종속 submission ○ **asılılıq**; 복종, 순종, 굴종 obedience ○ **mütilik, itaətkarlıq**

tabelçi *i.* 시간 관리자 time-keeper

tabelçilik *i.* 시간관리 work of time-keeper

tabesiz *si.* 독립적인, 독자적인 independent; ~ **mürəkkəb cümlə** *i.* 중문(重文) *qram.* compound sentence

tabesizlik *i.* ① 독자성; state of being independent; ② 비종속, 예속되지 않음; *qram.* nonsubordination; ~ **mürəkkəb cümlə** *i.* 중문 (重文) *qram.* compound sentence

tablamaq *fe.* 참다, 견디다, 오래 참다 endure, tolerate ○ **dözmək, qatlaşmaq, sinirmək**

tablaşmaq *fe.* 견디다, 버티다, 인내하다, 참다; bear, sustain, stand, endure, suffer, be patient, withstand; **hücuma** ~ *fe.* 공격을 견뎌내다 withstand an attack; **xəstəliyə** ~ *fe.* 병을 견디다 resist disease, overcome disease

tablı *si.* 잘 견디는, 인내심이 많은, 안정된, 내성이 강한 of great endurance, hardy, steadfast, staunch, stable ○ **dözümlü, davamlı, dayanaqlı, səbatlı, möhkəm**

tablılıq *i.* 잘 견딤, 내성, 지구력, 참음 tolerance ability, solidity, endurance ○ **dözümlülük, davamlılıq, dayanaqlılıq, səbatlılıq, möhkəmlik**

tablo *i.* ① 게시판, 전광판 indicator board/panel; ② 캔버스, 화폭 canvas

tabor *i.* 집시족의 일파 a group of Gypsies

tabsız *si.* ① 성급한, 참지 못하는, 견디지 못한 impatient ○ **dözümsüz**; ② 약한, 심약한, 유약한 weak, faint, feeble, frail ○ **gücsüz, qüvvətsiz, zəif, üzgün, cansız**; ~ **qoca kişi** *i.* 병약한 노인 weak old man

tabsızla(ş)maq *fe.* 약해지다, 연약해지다, 노쇠하다 become weak/feeble

tabsızlıq *i.* ① 조급함, 초조함 impatience ○ **dözümsüzlük**; ② 유약함, 연약함, 노쇠함 weakness, feebleness, debility ○ **gücsüzlük, qüvvətsizlik, zəif, cansızlıq, cılızlıq**

tab(ü)-tavan ☞ **tabü-taqət**

tab(ü)-taqət *i.* 힘, 정력, 능력 power, strength

tabu *i. dil.* 금기 taboo (social prohibitions)

taburet(ka) *i.* (팔걸이, 등받이가 없는) 걸상; (올라서는) 발판; 무릎을 대는 대(臺); (발을 올려놓는) 발판 stool

tabut *i.* 관, 널 coffin

tabutçu *i.* 관 만드는 사람 coffin-maker

tabutqayıran ☞ **tabutçu**

tac *i.* ① 왕관, 면류관, 관(冠) crown, coronet ○ **çələng**; ② 왕권, 왕위 kingship; ~ **qoymaq** *fe.* 관을 씌우다 crown; ~**-taxt** *i.* 왕좌, 권좌, 보좌 throne

tacqoyma *i.* 대관 coronation, crowning; ~ **mərasimi** *i.* 대관식(戴冠式) crowning ceremony, the ceremony of crowning

taccıq *i. bot.* 꽃의 꽃잎 부분, 화판(花瓣) petal part of a flower

tacdar *i. tar.* 왕, 통치자, 관을 쓰신 분; king, monarch, sovereign, crowned head; ***Ey tacdar!*** *폐하! Your Majesty!*

tacdarlıq *i.* 주권, 통치권, 군주임, 왕위 kingship, sovereignty

Tacik *i.* 타지키스탄인 Tajik

Tacikistan *i.* 타지키스탄 Tajikistan

tacikcə *z.* 타직어로 the Tajik language

tacir *i.* 상인, 무역상, 장사꾼 trader, merchant ○ **sövdəgər**

tacirbaşı *i.* 대상(隊商)의 우두머리 chief merchant

tacirlik *i.* 상업, 무역, 장사, 거래 trading, merchandise ○ **sövdəgərlik, alverçilik, ticarətçilik**; ~ **etmək** *fe.* 장사하다, 상인이 되다, 무역업에 종사하다 be a merchant

taflan *i. bot.* (유럽 남동부산의) 장미과의 상록 관목 cherry-laurel

tafta *i.* 비단이나 면사로 만든 부드러운 옷 fine cloth of silk or cotton

tağ¹ *i.* 관목(灌木) bush, shrub ○ **kol**

tağ² *i.* ① 돔, 둥근 지붕 dome ○ **qübbə, günbəz**; ② 아치형 천장, 둥근 천장 arch, vault ○ **alaqapı**; ③ (오이, 참외 등) 덩굴, 덤불 bush (of cucumber, melon *etc.*); **qələbə ~ı** *i.* 개선문 triumphal arch

tağ³ *i.* 머리카락을 나누는 부분 part of hair, hair parting place

tağalaq¹ *i.* ① reel (코일을 감는) 감기 틀, 코일 coil, bobbin; ② *tex.* 도르래, 풀리 block, pulley

tağalaq² *i.* 양치질 mouth-wash, gargle ○ **qarqara**

tağar *i.* 8.2킬로의 무게 단위 weight unit (of 8,2 kg)

tağbənd *si.* 아치형의, 둥근 천장의 arched, vaulted

tağlı¹ *si.* 아치형의 arched ○ **qübbəli, günbəzli**

tağlı² *si.* 덤불로 우거진 bushed ○ **kollu**

T

tağtavan *i.* 둥근 천장 arch
tainki *qo.* ~까지 until, till, yet
taxça *i.* ① 적소, 은밀한 곳 niche, recess; ② 벽감, 반침 alcove ○ **ləmə, rəf**
taxıl *i.* 곡류, 곡물, 곡초 grain, cereals, corn; ~ **ambarı** *i.* 곡창 granary; ~ **biçən maşın** *i.* 추수기 reaper; **toxumluq** ~ *i.* 종자 seed grain; ~ **döymək** *fe.* 타작하다 thresh; **yazlıq**; ~ *i.* 봄에 거두는 작물 spring crops; **payızlıq** ~ *i.* 가을 작물 winter crops; ~ **ticarəti** *i.* 곡물 무역 grain trade; ~ **ehtiyatı** *i.* 비축 식량 stock of grain; ~ **hazırlığı** *i.* 식량 조달 state grain purchase, corn storing
taxılbiti *i. zoo.* 바구밋과 벌레 weevil ○ **buğdabiti**
taxılbiçən *i.* ① 수확기, 곡물 거두는 기계 reaper, harvester, grain harvester; ② *tex.* 수확기 harvesting machine
taxılçı *i.* 곡물 농부 farmer, grain-grower
taxılçılıq *i.* 곡물업 farming, agriculture
taxıldöyən *i.* 타작기 thresher, threshing-machine, thresher, corn-crusher
taxılqıran *i. zoo.* 톱질꾼 sawyer, wood-cutter
taxılqurdu *i. zoo.* 곡물 벌레 grain-worm
taxılqurudan *i.* 곡물 건조기 grain dryer
taxılmaq *fe.* 입혀지다, be put on, be got on
taxılsəpən *i.* 파종기 sowing machine
taxılsız *si.* 곡물이 없는 grainless, without grain
taxılsovuran *i.* 풍구(風具) winnowing-machine, winnowing fan
taxıltəmizləyən *i.* 풍구 winnower, winnowing machine
taxılyığan *i.* 곡물 수확기 grain harvester
taxılüyüdən *i.* 방앗간주인 miller; corn crusher
taxma *i.* 고정, 접착, 걸기 attaching, fastening, hanging ○ **geyinmə, keçirmə, asma**; ~ **dislər** *i.* 의치(義齒) false teeth
taxmaq *fe.* ① 입다, 꿰다 wear, pass through ○ **geyinmək, keçirmək** ● **çıxarmaq**; ② 붙이다, 고정하다, 매달다 attach, fasten, hang ○ **asmaq**; **sapı iynəyə** ~ *fe.* 바늘에 실을 꿰다 thread a needle
taxometre *i. tex.* 회전속도계, 유속계, 혈류계(血流計) tachometer
taxt *i.* ① 터키식 긴 의자[쿠션을 댄 의자] ottoman, couch ○ **divan, çarpayı**; ② 왕좌, 옥좌; 왕위; 왕권, 왕위(王威) throne, kingdom ○ **səltənət, padşahlıq, taxt-tac**; **~a oturmaq/çıxmaq** *fe.* 왕좌[왕위]에 앉다; 군주/주교의 권위를 갖다 enthrone; **~dan endirilmək** *fe.* (왕이) 퇴위되다, 권좌에서 몰려나다 be dethroned; **~dan əl çəkmək/imtina etmək** *fe.* (지위, 권한, 의무, 요구 등을) (정식으로) 포기하다, 버리다 abdicate
taxta *i.* ① 나무, 목재(木材), 판자 board, plank, wood ○ **ağac, lövhə**; **~dan düzəlmiş** *si.* 목질의, 목재의, 나무로 만든 wooden; **e'lan ~sı** *i.* 게시판 notice board; **yazı ~sı** *i.* 칠판 writing board; ~ **qapı** *i.* 나무 문, 목재 문 wooden door; ~ **qaşıq** *i.* 나무 숟가락 wooden spoon; ~ **çarpayı** *i.* 목재 침대 wooden bed; ~ **hasar** *i.* 목책(목책), 나무 담장 wooden fence; ~ **başmaq** *i.* 나막신 wooden shoes; ~ **sifət** *i. fig.* 뻔뻔한 사람, 염치를 모르는 사람 wooden face; ② 조각, 파편, 부스러기 patch ○ **parça, hissə**; **bir** ~ **kartof** *i.* 감자 한 조각 a patch of potato
taxtabiti *i. zoo.* 빈대, bug, bed-bug, chinch
taxtalamaq *fe.* ① 나무로 덮다, 목재로 조성하다 cover with a board, board up; ② 조각으로 나누다, 조각내다 divide into patches, patch
taxtalanmaq *fe.* 나무로 가려지다 be boarded up
taxtalat(dır)maq *fe.* ① 나무로 가리게 하다, 목재로 덮게하다 ask *smb.* to cover with board; have *smt.* boarded up; ② 조각 내게 하다 have *smt.* patched
taxtalıq *i.* ① 판자로 쓸 만한 재료 wood suitable for making a board ○ **lövhəlik**; ② 나무 wooden ○ **ağaclıq**; ③ 조각 piece ○ **parçalıq, hissəlik**
taxta-para *i.* 조각 나무, 나무 토막 small plank, board
taxtapuş *i.* 지붕 roof, house-top, roofing
taxtapuşçu *i.* 지붕 수리하는 사람 roofer
taxta-rəvan *i.* (인도나 중국에서 사용한) 가마 palanquin (covered litter carried on poles by two or four men)
taxta-şalban *i.* (건축용) 재목, 목재; 판재(板材) timber
taxt-tac *i.* 왕좌, 옥좌; 왕위; 왕권, 왕위(王威) throne
takelaj *i.* (배에서 쓰는) 밧줄 rope (on the a ship)

taksi *i.* 택시 cab, taxi; ~ **sürücüsü** *i.* 택시 기사 taxi-driver, taximan

taksomotor *i.* 택시 taxi; ~ **parkı** *i.* 택시 주차장 fleet of taxis

takt¹ *i.* ① *mus.* 마디 time measure, bar (in music note) ○ **vəzn**; ② 세번 common time, triple, three times; **~dan kənara çıxmaq** *fe.* 박자를 놓치다 miss the bar, come in on the wrong bar; ~ **tutmaq** *fe.* 박자를 맞추다 stamp/drum in the time; **notu ~lara bölmək** *fe.* 시간에 따라 악보를 분류하다 divide music into bars

takt² *i.* (남의 기분을 잘 맞추는) 약삭빠름, 임기응변의 재주, 재치 tact

taktik *i.* 전술가; 책략가 tactician

taktika *i.* 전술, 용병학; 작전 tactics

taktiki *si.* 전술상의, 책략의, 계획적인 tactical; ~ **qərar** *i.* 전술상의 결정 tactical decision

taqanok *i.* (상 위에 사용하는) 가스 곤로 gas stove on a table

taqət *i.* 힘, 기력, 기운, 정력 strength, force, power ○ **qüvvət, güc, iqtidar, qüdrət**; **~dən düşmək** *fe.* 매우 지치다 be exhausted (with), be dead-tired; **~dən salmaq** *fe.* 과로하다, 지치게 하다, 초췌하게 되다 exhaust, waste, overwork, overdrive; **~ə gəlmək** *fe.* 기운을 차리다, 힘을 얻다 get well, get afresh, recover

taqətli *si.* 힘센, 기운찬, 힘있는 strong, valid, patient, powerful ○ **qüvvətli, güclü**

taqətlilik *i.* 기운참, 힘있음 strength, powerfulness ○ **qüvvətlilik, güclülük**

taqətsiz *si.* 지친, 힘없는, 쇠약한, 허약한 decrepit, feeble, frail ○ **qüvvətsiz, gücsüz, zəif, tabsız**; ~ **olmaq** *fe.* 허약해지다, 연약해지다. 지치다; be weak/feeble; ~ **əl** *i.* 쇠약한 손 frail hand

taqətsizləşmək *fe.* 지치다, 약해지다, 쇠약하다 become weak/frail

taqətsizlik *i.* ① 약함, 지침, 무력(증), 쇠약함 weakness, feebleness, debility, debilitation ○ **qüvvətsizlik, gücsüzlük, zəiflik, tabsızlıq, cansızlıq**; ② *tib.* 무력증; 쇠약; 허약 체질 asthenia ○ **kefsizlik, naxoşluq, xəstəlik**; ~ **hiss etmək** *fe.* 무력하게 느끼다, 허약함을 느끼다 feel poorly

taqım *i.* ① (군대의) 분대; 팀, 대(隊), 단(團) squad ○ **vzvod**; ② 한 세트 (모든 것이 포함된 한 묶음) complete set ○ **komplekt**

taq(q) *onomatopoeic.*턱턱, 딱딱, 퍽퍽 (물건이 바닥에 떨어지는 소리) bang, dash down, drop, clatter

taqqanaq *si. col.* 매우 건조한 very dry, extremely dry ○ **qupquru**

taqqataq *onomatopoeic.* 허겁지겁, 허둥지둥 scuffle, scramble, noise ○ **vurhavur**

taqqıldamaq *fe.* (딱딱) 때리다, 두들기다 knock, tap, rap, chatter ○ **dağıldamaq, dınqıldamaq, cingildəmək**

taqqıldatmaq *fe.* 덜컥 소리를 내게 하다 clatter

taqqıltı *i.* 덜커덕거리는 소리 clatter, knock, tap

tala *i.* 빈터, 숲 속의 공터 glade, clearing; ~-~ *z.* 여기저기, 무작위로, 임의로 here and there, not regularly

talaq *i.* ① 이혼, 이별 divorce, separation ○ **boşama, ayrılma**; ② 위자료, 이혼 수당 solatium, alimony; ~ **almaq** *fe.* 이혼당하다, 이별 당하다 be divorced, be separated; ~ **vermək** *fe.* 이혼하다, 헤어지다 divorce, separate

talaqlı *si.* 이혼한 divorced

talalıq ☞ **tala**

talamaq *fe.* 강탈하다, 약탈하다 sack, rob, ransack, plunder, pillage ○ **soymaq, çapmaq**; **bank**; ~ *fe.* 은행을 털다 rob a bank

talan *i.* 강도질, 약탈, 강탈 robbery, plundering, hold-up pillage, pogrom ○ **qarət, soyğunçuluq, çapqınçılıq, quldurluq**; ~ **etmək** *fe.* 약탈하다, 강탈하다; devastate, plunder, pillage; ~ **edilmiş şey** *i.* 약탈물, 전리품 booty

talançı *i.* 강도, 도적, 약탈자 robber, bandit, burglar, pillager, plunderer ○ **soyğunçu, çapqınçı, quldur, qarətçi**

talançılıq *i.* 강도질, 약탈, 강탈; 강도[약탈] 사건 robbery plundering, pillaging ○ **soyğunçuluq, çapqınçılıq, quldurluq, qarətçilik, qarət**; ~ **etmək** *fe.* 강탈하다, 약취하다, 약탈하다 plunder, rob, ransack

talanmaq *fe.* 빼앗기다, 강탈당하다 be robbed/pillaged/ransacked ○ **soyulmaq, çapılmaq**

talant *i.* 재능 talent, gift ○ **iste'dad**

talantlı *si.* 재간이 있는, 재능이 있는, 은사를 받은 gifted, talented ○ **iste'dad**

talantsız *si.* 재능이 없는, 잘하지 못하는 unskilled

talaşa *i.* (나무, 돌 등) 조각, 부스러기 chip

talat(dır)maq *fe.* 약탈하게 하다, 강탈하게 하다 ask *smb.* to rob/to ransack

tale *i.* 운명, 숙명, 운수 destiny, fate, fortune, luck, doom ○ **bəxt, qismət, aqibət, nəsib; sülhün; ~yini həll etmək** *fe.* 평화를 위한 결단을 하다 decide the fate of peace; **öz ~yini özü həll etmək** *fe.* 자신의 운명을 개척하다 take one's destiny into one's hand

talesiz *si.* 불행한, 재수없는, 비참한 unhappy, unfortunate, miserable, unlucky ○ **bədbəxt, zavallı, biçarə**

talesizlik *i.* 재난, 참사, 불행, 불운 misfortune, disaster, catastrophe ○ **bədbəxtlik, fəlakət, müsibət, bəla, uğursuzluq**

talib *i.* 결혼 대상자 hopeful partner to marry

talibə *i.* 여학생 girl, female student

talium *i. kim.* 탈륨: 합금 제조용; 기호 Tl thallium; **~-sulfid** *i.* sulphide

Talışlar *i.* 탈르쉬족(族) (아제르바이잔 공화국의 남부 지역에 사는 이란계의 부족) Talish (minor people group in southern Azerbaijan)

talk *i.* 활석; 탈쿰 파우더 talc

talon *i.* ① 쿠폰 (정부에서 급료 대신 지급되던 유가증권) ticket for buying something, coupon; ② 수표, 유가증권 copy of a cheque, order *etc.*

talvar *i.* ① (비나 햇볕을 가리기 위해 설치한) 지붕, 햇빛가리개, 처마, 현관 arbour, shed, penthouse ○ **çardaq**; ② 덩굴로 덮인 쉼터 roof with grapevine

talvarlamaq *fe.* 처마를 만들다, 포도 덩굴로 햇빛을 가리다 make shed, make pent-house ○ **çardaqlamaq, örtmək**

talvarlı *si.* 처마가 있는, 현관이 있는, 포도덩굴의 쉼터가 있는 with having a shed, with having a pent-house ○ **çardaqlı, örtülü**

tam¹ I. *si.* ① 온전한, 완전한, 전체적인, complete, entire, total, whole, full, perfect ○ **bütöv, büsbütün, tamamilə** ● **yarımçıq**; ② 정확한 (시간) exact (time); ③ 철저한, 절대적인, 극단의 thorough, absolute, dead, utter ○ **qəti, əsla, qətiyyət**; II. *z.* 전적으로, 아주, 완전히, 전혀 altogether; **~ ədəd** *i. riy.* 소수(素數) prime number; **~ aydınlaşdırılmış** *si.* (표현이) 숨김없는, 솔직한 explicit; **~ hüquqlu** *si.* 합법적인, 정당한, 적격인, 적임의 competent; **~ olmayan** *si.* 불완전한, 불충분한 incomplete; **~ müstəqillik** *i.* 완전한 독립 complete independence

tam² *i.* (독특한) 맛, 풍미, 향미 taste, flavor ○ **dad; sarımsaq ~ı** *i.* 마늘 맛, 마늘 냄새 smack of garlic; ***Şorbada balıq ~ı*** *var. 국에서 생선 냄새가 난다. The soup has a flavor of fish.*

tamada *i.* 연회의 사회자 toastmaster, manager/master of ceremonies at a wedding/a party ○ **süfrəbəyi, masabəyi; ~ olmaq** *fe.* 연회의 사회를 맡다 be a toastmaster

tamah *i.* ① 욕심, 탐심, 탐욕, 갈망 greed, avidity, avarice ○ **acgözlük, dargözlük**; ② 유혹, 꼬드김 temptation, seduction ○ **hərislik, düşkünlük; ~ı düşmək** *fe.* 유혹되다, 꼬임에 빠지다 be tempted/seduced/enticed; **~a salmaq** *fe.* 꼬드기다, 유혹하다 seduce; **~ etmək** *fe.* 욕심을 부리다, 탐내다 covet; **~la** *z.* 탐욕스럽게, 욕심 사납게, 열심히 greedily, avidly; ***Artıq tamah baş yarar.*** *욕심을 부리다 모든 것을 다 놓친다. A little greed may cause much harm. Grasp all, lose all.*

tamahkar *si.* ① 탐욕스러운, 욕심 많은 greedy, voracious ○ **acgöz, dargöz** ● **gözütox**; ② 갈망[열망]하는, 열의가 대단한 anxious, eager (for *smt.*) ○ **həris, düşkün**; ③ 보수가 목적인, 돈만 바라는 mercenary, stingy ○ **xəsis, simic; ~casına** *z.* 탐욕스럽게 avidly, greedily, avariciously; **~ yemək** *fe.* 게걸스럽게/탐욕스럽게 먹다 eat with avidity

tamahkarlıq *i.* (특히 돈, 음식에 대한) 탐욕, 물욕, 갈망 avidity, greediness (of, for), cupidity, self-interest

tamahlandırıcı *si.* 마음을 홀리는, 유혹적인 tempting, seducing, enticing

tamahlandırmaq *fe.* 유혹시키다, 자극하다, 흥분시키다, 식욕을 돋우다, 갈증을 일으키다 tempt, seduce, stimulate, sharpen, whet the appetite, make thirsty

tamahlanmaq *fe.* ① 유혹 받다, 꼬드김을 받다, 유인되다 be tempted/seduced/enticed ○ **şirnikmək, həvəslənmək**; ② 속임을 당하다, 속다 be deceived/cheated ○ **aldanmaq, uymaq, tovlanmaq**

tamahlı ☞ **tamahkar**

tamahlılıq *i.* 탐욕스러움 greediness, avidity, covetousness

tamahsılandırmaq *fe.* 자극하다, 욕망을 불러 일으키다, 식욕을 돋우다 make provoke, stimulate, sharpen, whet the appetite, make thirsty

tamahsılanmaq *fe.* 유혹에 빠지다, 매혹 당하다 be tempted/seduced/enticed

tamahsılatmaq ☞ **tamahsılandırmaq**

tamahsımaq ☞ **tamahsılanmaq**

tamahsıtmaq ☞ **tamahsılandırmaq**

tamahsız *si.* 청렴한 disinterested, unselfish ○ **təmənnasız, qərəzsiz**

tamahsızlanmaq *fe.* 흥미를 잃다, 욕구를 버리다 become disinterested

tamahsızlıq *i.* 공평무사(公平無私)함, 청렴(清廉)함 disinterestedness, unselfishness ○ **təmənnasızlıq, qərəzliksizlik**

tamam I. *si.* ① 완성된, 완결된, 마친 finished, completed; ② 온전한, 전체의, 완벽한 절대적인 all, perfect, entire, absolute ○ **bütöv, büsbütün**; II. *z.* 절대적으로, 철저히, 똑바로 throughout, sheer, totally, absolutely; ***Siz tamam haqlısınız.*** *전적으로 옳으십니다. You are absolutely right.*; ~ **oyanmış** *si.* 완전한 정신의, 의식이 또렷한 wide awake; ~ **axmaq** *i.* 완전 어리석은 perfect idiot; ~ **çılpaq** *si.* 적나라한, 완전히 벗은 completely naked; ~**-dəsgah** *z.* 완전히, 철저히, 확실히 completely, totally, perfectly; ~**ən** *z.* 완전히, 철저히 completely, in full; ~**-kamal** *z.* 전적으로, 완전히 completely, wholly

tamamilə *z.* 완전히, 철저히, 절대로 completely, absolutely, entirely, fully, perfectly, exactly, quite, utterly ○ **bütünlüklə**; ***Mən sizinlə tamamilə razı deyiləm.*** *전적으로 동감입니다. I totally disagree with you.*

tamamlamaq *fe.* ① 완전하게 하다, 마치다, 끝내다 perfect, complete, finish ○ **qurtarmaq, yekunlaşdırmaq, bitirmək**; ② 보충하다, 채워주다 supplement ○ **artırmaq, doldurmaq**; **tapşırığı** ~ *fe.* 과제를 마치다 complete a task; **bir-birini** ~ *fe.* 서로 보충해 주다 supplement each other

tamamlanmamış *si.* 불완전한, 온전치 못한 imperfect, incomplete

tamamlanmaq *fe.* ① 끝내다 be completed/finished; ② 더해지다, 채워지다 be fulfilled, be added

tamamlaşmaq *fe.* 완전해지다 become complete

tamamlat(dır)maq *fe.* 보충하게 하다, 보정하게 하다 make supplement (with)

tamamlayıcı *si.* 완성[완료]하는, 완성에 도움이 되는, 최종적인 final, completive, closing, complete, conclude (with), crown (with) ○ **həlledici**

tamamlıq *i.* ① 완전함, 온전한 상태, 완결됨, 모든 부분을 포함함 completeness, entirety; ② *qram.* 목적어, 보어 object, complement; **vasitəsiz** ~ *i.* 직접 목적어; direct object; **vasitəli** ~ *i.* 간접 목적어; indirect object; ~ **budaq cüml\u0259si** *qram.* 목적절(目的節) object clause

tamarzı I. *i.* 소유욕이 강한 사람 man who is eager to have *smt.* ○ **ləlöyünlük**; II. *si.* 간구하는, 간절히 원하는, 욕망하는; searching, desiring, needing; ~ **olmaq** *fe.* 곤경에 처하다, 빈핍하다 be in need, have great desire

tamarzılıq *i.* 빈궁, 곤궁 hunger, desire, neediness

tamasa *i.* 마른 가지 lath

tamaşa *i.* 연주, 상연, 흥행, 공연; (동물의) 재주, 곡예; (의식 등의) 거행 performance, representation, show, spectacle, play, pageant (street show), matinee (daylight show) ○ **oyun, göstərmə; seyr, mənzərə**; ~ **etmək** *fe.* 구경하다, 관람하다 see, watch, look; ~**ya qoymaq** *fe.* 무대에 올리다, 공연하다 stage

tamaşaçı *i.* 구경꾼, 관찰자, 관람객; onlooker, spectator, audience, the public; ~ **zalı** *i.* 강당, 극장 auditorium

tamaşagah *i.* 극장, 연극장, 관람장 place of spectacle place where a show is held, theatre

tamaşalı *si.* ① 볼만한, 구경할 만한; spectacular; ②그림같은, 선명한, 사실적인 picturesque ○ **mənzərəli**

tambur *i.* 탬버린 (악기) tambourine

tamhüquqlu si 누리는, 완전한 권리의 enjoying full rights **ailənin**; ~ **üzvü** *i.* 동등한 가족 구성원 an equal member of the family; ~ **üzv** *i.* 정회원 full member

tamhüquqluluq *i.* 같음, 같은 상태; 평등, 균등; 등가; 대등, 동격; 대등한 입장; 상등, 등식 full rights, equality

tamlı *si.* 매우 맛있는, 입맛을 돋우는, 마음에 드는, 구미에 맞는 (very) good, delicious, nice, palat-

T

able, savory ○ **dadlı, ləzzətli**; ~ **xörək** *i.* 맛있는 요리, 식욕을 돋우는 요리 tasty dish; ~ **yemək** *i.* 맛있는 음식 savory food

tamlıq *i.* 완전함, 모두 갖춤, 전부, 완전함, 전체, 총액 wholeness, completeness, totality ○ **bütövlük, vahidlik**

tamlılıq *i.* 맛, 풍미, 냄새, 향기, 특질 tastiness, savour, pleasure ○ **dad, ləzzət**

tampon *i. tib.* 탐폰, 면구(綿球) tampon; wad of cotton, wool ○ **piltə**

tamsınmaq *fe.* 입맛을 다시다, 쩝쩝거리다 smack one's lips, taste, savor ○ **marçıldamaq**

tamsız *si.* 맛없는, 진부한, 김빠진 tasteless, insipid, unpalatable ○ **dadsız, ləzzətsiz**

tamsızlıq *i.* 지루함, 권태, 단조 insipidity, tedium ○ **dadsızlıq, ləzzətsizlik**

tana *i.* 귀걸이 ear-ring ○ **sırğa**

tanıq *i.* 목격자 eye-witness, witness ○ **şahid**

tanılma, ☞ **tanılmaq**

tanılmaq *fe.* ① 알려지다, 알게 되다 be known, be learned ○ **bilinmək, öyrənilmək**; ② 유명해지다 be famous ○ **məşhurlaşmaq**

tanıma *i.* ① 인정, 승인 admission, recognition ○ **bilmə, öyrənmə, soruşma**; ② 고려(考慮), 배려(配慮) consideration ○ **sayma**

tanımaq *fe.* ① 알다, 확인하다, 분간하다, 알아보다 identify, know, be acquainted, recognize ○ **bilmək, öyrənmək, soruşmaq** ● **danmaq**; ② 순종하다, 종속하다, 추종하다 obey, be subordinate; ③ 대외적 관계를 갖다 have diplomatic relationships

tanımamaq *fe.* 부인하다, 거부하다, 퇴짜 놓다 renounce

tanımazlıq *i.* 외면, 거부 pretension not to be known

tanınmaq *fe.* 알려지다, 유명해지다 be known, be famous

tanınmayan *si.* 알려지지 않은, 알지 못하는 unknown

tanınmaz *si.* 알려지지 않은, 유명하지 않는 unrecognizable, infamous; ~ **dərəcədə** *z.* 알지 못한 채 beyond recognition

tanınmazlıq *i.* 인식하지 못함, 알지 못함 unrecognizability

tanınmış *si.* 유명한, 알려진, 인기 있는, 저명한, 이름난 famous, outstanding, popular, prominent, well-known; ~ **adam** *i.* 유명인사 celebrity; ~ **rəssam** *i.* 이름난 화가 well-known painter

tanış I. *i.* 면식, 교우 관계 acquaintance, friend ○ **bələd** ● **yad**; II. *si.* ① 친숙한, 잘 아는 familiar; ② 친분이 있는 acquainted; ~ **olmaq** *fe.* 서로 알고 지내다 be acquainted with; ~ **etmək** *fe.* 소개하다, 만나다, 친분을 만들다 acquaint, introduce, meet; ~ **olmayan** *si.* 잘 알지 못하는, 익숙하지 않은 unfamiliar; ~-**biliş** *i. top.* 친구, 지인 acquaintances and friends

tanışdırmaq *fe.* 소개시키다, 알게 하다, 대면시키다 introduce

tanışlıq *i.* 친숙함, 친분 있음 familiarity, acquaintance ○ **bələdlik** ● **yadlıq**

tanış-tunuş ☞ **tanış-biliş**

tanıt(dır)maq *fe.* ① 소개시키다, 알게 하다; acquaint, introduce cause *smb.* to know; ② 보여주다, 알리다 show; **özünü**; ~ *fe.* 자신의 가치를 보여주다 show one's worth

tank *i.* (군사) 탱크, 전차(戰車); tank; ~ **hücumu** *i.* 탱크 공격 tank attack; ~ **hissələri** *i.* 탱크 부대 tank unit; ~**qayırma** *i.* 탱크 제작 tank-building; ~**vuran** *si.* 대전차 (무기) anti-tank; ~ **silah** *i.* 대전차 무기 anti-tank gun

tankçı *i.* 탱크병, 전차병 tanker, tank man/operator, tank soldier

tanker *i.* 전차병 tanker

tanqah *i.* 돈(錢), 화폐, 부(富), 재화(財貨) money, property, wealth

tanqo *i. mus.* 탱고 음악 tango

Tanrı *i. din.* 신, 하나님 God

tantyem *i.* 특별 수당, 상여금, 위로금, 장려금 bonus

tap *onomatopoeic.* (물건이 떨어져 부딪히는 소리) 철벅, 쨍강 falling, treading noise

tapa *i.* 코르크 마개, 뚜껑 cork, plug, corking

tapan *i.* (나무, 돌, 무쇠 등으로 만든 땅을 다지는 데 쓰는 물건) wooden, stone, or pig iron instrument used for hardening ground and tamping asphalt or earth

tapança *i.* 권총 pistol; ~ **atmaq** *fe.* 권총을 쏘다 fire a pistol

tapanlamaq *fe.* (타판으로) 땅을 다지다 tamp harden with tapan

tapdaq *si.* (발로) 다져진, 밟혀진 beaten, trampled; ~ **yol** *i.* 다져진 길 beaten path/track; ~ **olmaq** *fe.* 다져지다, 밟히다 become beaten; ~ **etmək** *fe.* 다지다 beat; *fig.* 자주 방문하다 visit often

tapdalamaq *fe.* (발로) 밟다, 짓 밟다, 뭉개다 step on, trample, tread down, crush ○ **ayaqlamaq, əzmək, basmaq**; **göy otu** ~ *fe.* 잔디를 밟아 뭉개다 trample down the grass; **hüququnu** ~ *fe.* 권리를 짓밟다 trample one's rights

tapdalanmaq *fe.* ① 짓밟히다, 뭉개지다, 으깨지다 be trampled (down), be trampled under foot, be stamped (on), be crushed; ② *fig.* 억압당하다, 억눌리다 be oppressed, be depressed

tapdalat(dır)maq *fe.* 짓밟게 하다, 뭉개게 하다 make *smb.* trample (down), have *smt.* trampled

tapdamaq *fe.* ① 밟다, 뭉개다, 밟아 다지다 step on, trample, tread down ○ **ayaqlamaq, əzmək, basmaq**; ② *fig.* 억압하다, 괴롭히다 oppress, bother ○ **döymək, incitmək**

tapdanmaq *fe.* 억압당하다, 짓밟히다 be trampled; *fig.* be oppressed

tapdıq *i.* ① 유기아, 버린 아이 foundling; ② 출력, 추출물, 엑스트랙트 output, extraction, mining; ③ 뜻밖의 일 sudden things

tapılma *i.* 발견품, 되찾은 것 coming to light, recovery

tapılmaq *fe.* ① 발각되다, 드러나다 be found, turn up; ② 발견되다 be discovered; ③ 예견되다, 고려되다 be considered, be found

tapınmaq *fe.* 예배하다 worship

tapıntı *i.* 발견물, 습득물 discovery, findings ● **itki**

tapışmaq *fe.* (서로) 친구가 되다, 서로 만나다, 동등하게 되다 find each other's, meet/become friends with each other; be equal to each other

tapqı ☞ **tapıntı**

tapqıntı ☞ **tapıntı**

tapqır *i.* (말 등의) 뱃대끈 belly-band, saddle, girth

tapmaca *i.* 수수께끼, 퍼즐 puzzle, riddle; ~ **tapmaq** *fe.* 수수께끼를 풀다 guess a riddle

tapmacalamaq *fe.* 수수께끼를 내다, 어렵게 말하다 puzzle, riddle

tapmacalı *si.* 당황한, 난처한 puzzled, riddled

tapmaq *fe.* ① 찾아내다 find ○ **duymaq, sezmək**; ② 발견하다 discover ○ **bilmək, anlamaq** ● **itirmək**; **rahatlıq** ~ *fe.* find comfort; **dayaq** ~ *fe.* find support; **söz/dil** ~ *fe.* 할 말을 찾다, 변명거리를 얻다 find words; **tapmaca** ~ *fe.* guess a riddle; **səhv** ~ *fe.* guess wrong; **səbəbini** ~ *fe.* discover the reason

tappatap *onomatopoeic.* (발걸음 소리) 저벅저벅, 따각따각, 또각또각, 쿵쿵 footfall, treading noise; clatter of a horse's hoofs ○ **taqqataq, tıqqatıq**; **~la** *z.* 쿵쿵거리며, 짓밟으며 with tramp

tappıldamaq *fe.* 쿵쿵거리다, 따각거리다 tramp, thud ○ **guppuldamaq, şaqqıldamaq**

tappıldatmaq *fe.* ① 딸각거리다, 쿵쿵거리다 tramp, thud, make a thud ○ **vurmaq, ilişdirmək, şappıldatmaq**; ② (딱딱, 먼지 등을) 떨어버리다 shake off ○ **çırpmaq**; ③ 박수하다 applause ○ **alqışlamaq**

tappıltı *i.* 딸각거림, 쿵쿵거림, 털썩거림 footfall, tramp, thud ○ **guppultu, şaqqıltı**; ~ **eləmək** *fe.* 똑똑거리다, 두드리다, 노크 하다 knock, make a noise; ~ **ilə düşmək** fe 쿵 떨어지다, 털썩 주저 앉다. fall with a thud

tapşırıq *i.* ① 일, 과제, 숙제, 과업 task ○ **vəzifə, məqsəd**; ② 심부름, 용건, 볼일, 사명, 임무 errand, mission, assignment ○ **çalışma, təmrin**; ③ 명령, 지시, 위임 commission, mandate ○ **əmr, buyuruq, tə'limat**; ④ 질책, 비난, 견책, 징계 reprimand ○ **öyüd, nəsihət**; ~ **yerinə yetirmək** *fe.* 임무를 완수하다 ; carry out a commission; ~ **vermək** *fe.* 임무를 부여하다 give a commission; ~ **almaq** *fe.* 징계를 받다 receive a reprimand

tapşırıqverən *i.* 의뢰인, 고객 customer, client

tapşırılmaq *fe.* 위임 받다, 부탁을 받다, 임무를 부여받다 be charged, be entrusted

tapşırma *i.* (공식적인) 명령, 지시; (지시된) 책무, 임무 commission, message, mission

tapşırmaq *fe.* 의뢰하다, 주문하다, 위탁하다, 임무를 부여하다 charge, commission, entrust; **canını** ~ *fe. fig.* 죽다, 돌아가시다, 영혼을 부탁하다 die, pass away

tar[1] *i. mus.* 아제르바이잔 전통 현악기의 일종 tar (one of Azerbaijani traditional musical string instruments); ~ **çalmaq** *fe.* 타르를 치다 play a

T

tar

tar² *i.* 어스름, 해질녘, 황혼, 여명, 미광 dusk, gloaming, twilight

tar³ *i.* (닭이나 새 등이 앉는) 홰; 홰에 앉은 한 무리의 새 rod, bar, perch, roost (for domestic birds to sleep on); **~a çıxmaq** *fe.* 홰에 앉다, 잠자리에 들다 take roost; **~da oturmaq** *fe.* 나무에 앉다, 보금자리에 들다, (높은 의자에) 앉다 roost, perch, be at roost

tar⁴ *i.* 눈의 층, 설층(雪層) layers of snow

tarac *i.* 강도질, 약탈, 강탈 robbery, plunder, squandering, pillage, raid, sack ○ **qarət, çapqın, soyğun, talan**; **~ etmək** *fe.* 약탈하다, 강탈하다, 강도질하다 plunder, pillage, squander; **~ olmaq** *fe.* 약탈 당하다, 강탈 당하다 be plundered/pillaged

tarakan *i. zoo.* 바퀴벌레 cockroach, black-beetle

taraqqa *i.* ① 장난감 (코르크) 총 flatter, popgun, Christmas cracker; ② 폭죽 petard, fire cracker

taran *i.* 공성퇴(攻城槌), 성벽 공격, battering-ram, ram, ram-attack ○ **qoçbası**

taraş *i.* ① (보석 등의) 작은 평면; (바위 조각의) 마면(磨面) cut, facet (precious stone) ○ **yonma, qırxma**; ② 면도, 수염 깍기 shave; **~ eləmək** *fe.* 보석을 깍다, 면도하다 cut (stone), shave

taraşçı *i.* 보석 세공인, 보석 감정가 lapidary; diamond cutter

taraşçılıq *i.* 보석 세공, 보석 전문업 profession of lapidary/diamond cutter

taraşlamaq *fe.* ① 보석 세공을 하다, 보석의 면을 깍다 cut, facet ○ **yonmaq**; ② 면도하다 have a shave ○ **qırxmaq**; **almazı ~** *fe.* 다이아몬드를 깍다 facet diamond

taraşlanmaq *fe.* 다듬어지다, 깍이다, 면도되다 be cut, be faceted; be shaven

taraşlanmış *si.* 세공된, 마면(磨面) 된 cut, faceted; shaven

taraşlatmaq *fe.* 깍게하다, 마면시키다 ask *smb.* to cut/facet; have shaven

taraz I. *i.* ① 동등 equality; ② *tex.* 저울 beam, scale; ③ 수평(水平) water level; II. *si.* 같은, 동일한 equal ○ **müvazi, düz**; **~ eləmək** *fe.* 같게 하다, 평등/대등하게 하다, 균일하게 하다 equalize

tarazı ☞ **tərəzi**

tarazlamaq *fe.* ① 수평을 만들다, 평평하게 하다 make even ○ **düzəltmək, hamarlamaq**; ② 편안하게 하다 make comfort ○ **rahatlamaq**; ③ 동등하게 하다 equalize ○ **bərabərləşdirmək**; **hesabatı ~** *fe.* 수지를 맞추다 balance an account

tarazlanmaq ☞ **tarazlaşmaq**

tarazlaşdırmaq ☞ **tarazlamaq**

tarazlaşmaq *fe.* ① 균형을 이루다, 수평을 이루다 become/get balanced; ② *fig.* 동등하게 되다, 평균이 되다 become/get equal

tarazlayıcı *i.* ① (압력, 무게의) 평형장치, (비행기 날개의) 균형 장치 balancer, equalizer; ② *tex.* 평형 바퀴, (저울의) 대 beam, balance wheel

tarazlıq *i.* ① 균형, 평형 equilibrium, balance, equipoise ○ **müvazinət**; ② 평정, 침착 comfort, tranquility ○ **rahatlıq**; **sabit ~** *i.* 안정 균형 stable equilibrium; **qeyri-sabit; ~** *i.* 불안정 균형 unstable equilibrium; **siyasi ~** *i.* 권력의 균형 balance of power; **~ğı saxlamaq** *fe.* 균형을 유지하다, 평정을 유지하다 keep one's balance; **~ğı itirmək** *fe.* 균형을 잃다 lose one's balance; **~ğı pozmaq** *fe.* 균형을 깨다, 평정을 잃게 하다 disturb the equilibrium, upset balance; **~ğı bərpa etmək** *fe.* 균형을 회복하다; restore the balance; **hərbi ~** *i.* 군사적 균형 military equilibrium

tarazsız *si.* 균형을 잃은 unbalanced

tarçalan *i.* 타르(아제르바이잔 전통 악기)를 치는 tar player, tarist

tarçı ☞ **tarçalan**

tarçıq *i.* 목초; 목장; 목초지 pasture, pasturage

tarım I. *si.* 팽팽한, 빡빡한; tight, tensed; **~ çəkilmiş** *si.* 단단히 맨, 단단한, 빡빡한, 팽팽한 tense, tight; **~ düyün** *i.* 빡빡한 단추 tight knot; **~ yaxalıq** *i.* 빡빡한 옷깃 tight collar; **~ kəmər** *i.* 꽉 조인 벨트 tight belt; **~ əzələ** *i.* 곤두선 근육 taut muscles; II. *z.* 꽉, 팽팽하게, 단단히 tightly, tautly ○ **bərk, gərgin, möhkəm**; **~ çəkmək** *fe.* 팽팽하게 당기다 stretch taut; **kəndiri ~ çəkmək** *fe.* 밧줄을 팽팽하게 당기다 pull the rope **kəməri; ~ çəkmək** *fe.* 벨트를 단단히 조이다 pull one's belt tightly; **~ doldurulmuş** *si.* 빽빽이 채운 tightly packed

tarımlamaq *fe.* 밧줄을 조이다, 끌어당겨 굳게 하다 tighten, draw a rope ○ **sıxmaq, dart-**

maq

tarımlıq *i.* 팽팽함, 단단함, 견실함 tightness, constriction ○ **bərklik, gərginlik, möhkəmlik**

tarif *i.* 요금(표), 운임 tariff; **dəmiryol ~i** *i.* 철도 운임 railway tariff; **qadağan/yasaq ~i** *i.* 금지 관세 prohibitive tariff; **~ etmək** *fe.* 요금을 정하다, 세율을 정하다 tariff; **malları ~ emtək** *fe.* 상품의 가격을 매기다 tariff goods; **~ cədvəli** *i.* 요금표 tariff scale

tarifləşdirilmək *fe.* 관세가 부가되다 be tariffed

tarifləşdirmək *fe.* 관세를 부가하다 tariff

tarix *i.* ① 역사, 연대, 역대 history, chronicle; ② 일자 date; **~ini qeyd etmək/qoymaq** *fe.* 날짜를 기록하다, 일시를 정하다 date; **orta əsrlər ~i** *i.* 중세사(中世史) history of the Middle Ages; **ictimai inkişaf ~i** *i.* 사회 발전사 history of social development; **incəsənət ~i** *i.* 예술사(藝術史) history of art; **dil ~i** *i.* 언어사(言語史) history of language; **~ kitabı** *i.* 역사책 history book; **~ elmi** *i.* 역사학(歷史學) historical science; ***Bu hadisə tarixə daxil olacaq.*** *이 사건은 역사의 기록에 남을 것이다. This accident will go down in history.*

tarixçə *i.* 소사(小史), 약사(略史) little story, little tale ○ **əhvalat**

tarixçi *i.* 역사가(歷史家) historian

tarixçilik *i.* 역사학(歷史學) profession of historian

tarixən *z.* 역사적으로 historically

tarixi *si.* ① 역사적인 historical; **~ qərar** *i.* 역사에 남을 결정 epoch/history-making decision; **~ xronika** *i.* 연대기(年代記); memorial; **~ roman** *i.* 역사 소설 historical novel; **~ materializm** *i.* 역사적 물질주의 historical materialism; **~ dövr** *i.* 역사적 연대(年代) historical period; **~ dilçilik** *i.* 역사 언어학 historical linguistics; **~ hadisə** *i.* (역사적 사건) historical event; ② 획기적인, 역사에 남을 만한 historic, epoch-making; **~ nitq** *i.* 역사에 남을 만한 연설 historic speech; **~ gün** *i.* 역사적인 날 historic day; **~ qələbə** *i.* 획기적인 승리 epoch-making victory; **~ rol oynamaq** *fe.* 획기적인 역할을 수행하다 play a historic part; **~ yer** *i.* 역사적인 명소 historic place

tarixi-hicri *i.* 이슬람 통치기 Islamic era

tarixilik *i.* 역사성(歷史性), 역사적 특성 historicity, historic character

tarixi-miladi *i.* 서기(西紀) Christian era, AD

tarixli *si.* 날짜 기록이 있는 dated, having date

tarixnəvis, **tarixyazan** ☞ **tarixçi**

tarixsiz *si.* 날짜가 없는 dateless

tarixşünas ☞ **tarixçi**

tarixyazan *i.* 연대기 작자[편자]; (사건의) 기록자 chronicler

tar-qaval *i.* 악단(樂團) band of instruments

tarla *i.* 논, 밭, 들판, 경작지 field, arable land **taxıl**; **~sı** *i.* 밀밭, 옥수수밭 cornfield, field of wheat; **pambıq ~sı** *i.* 목화밭 cotton field; **~da işləmək** *fe.* 논/밭에서 일하다 work in field; **~ siçanı** *i.* 들쥐 field-mouse

tarlaçı *i.* 경작자, 농부 field-crop grower, agriculturist

tarlaçılıq *i.* 경작 field-crop growing, field (-crop), cultivation; **~ briqadası** *i.* 농군 조직, 두레 field (-crop) team, brigade

tarlaqoruyan *si.* 경작지 보호의 (방풍림, 수풀 등) for forest-protection, wind breaking (forest); **~ zolaq** *i.* 삼림 보호 벨트 (다른 수종으로 띠를 만들어) forest shelter-belts

tarlanmaq *fe.* ① 창백해지다, 여위다, 둔해지다 grow dim, dull, pale ○ **qaralmaq, tutqunlaşmaq**; ② (새, 닭 등이, 나뭇가지나 홰 등에) 앉다 sit, roost, perch (hen, bird) ○ **çıxmaq**

tarlaşmaq *fe.* 안색이 나빠지다 grow dark, darken

tarlıq *i.* 어둠, 어두움 darkness

tar-mar I. *i.* 멸망, 쇠망, 소멸 annihilation, complete defeat, destruction, havoc ○ **dağılma, qarma-qarışıqlıq**; II. *si.* 파괴된, 멸망한, 소멸한 ruined, broken, destroyed; **~ etmək** *fe.* 괴멸하다, 약탈하다, 섬멸하다 raid, sack, smash up, rout, smash; **~ olmaq** *fe.* 소멸되다, 멸망되다, 망가지다 be smashed, be destroyed

tarp *i. onomatopoeic.* 쿵, 탕 (무거운 것이 떨어지는 둔탁한 소리) bang, (falling noise of something heavy and hard falling)

tarpıltı *i.* (뭔가 땅에 떨어지는 소리) 털썩, 쿵, 쾅 thud (noise of *smt.* falling on the ground)

tartan-partan *i.* 갈잖은 소리, 잠꼬대, 허튼 소리 balderdash, rubbish, nonsense, rot; **~ danış-**

T

maq *fe.* 허튼 소리하다 talk nonsense
tarzən ☞ **tarçalan**
tarzənlik *i.* 타르(악기) 연주자의 직업 prefession of tar player
tas¹ *i.* ① 세면대, 세숫대야 basin, wash-basin ○ **ləyən**, **teşt**; ② 세면대의 마르는 상태로 치는 점(占) prognostication from drying of basin; ~ **qurmaq** *fe. fig.* 점치다 tell fortune
tas² *i.* 네르드 (주사위) 놀이의 한 판 nard game party, a set of 3 games (in nard)
tasa *i.* 분노, 진노, 화 anger, ire, wrath, malice ○ **qəzəb**, **hirs**, **kin**, **acıq**
tasabaxan *i.* 점쟁이 fortune-teller (by peering into water in a basin)
tasalanmaq *fe.* ① 화나다, 진노하다, 분노하다 come furious, get become angry ○ **qəzəblənmək**, **hirslənmək**, **acıqlanmaq**; ② 숨막히다, 숨차다, 기분 상하다 be suffocated, be choked
tasa-pasa *i.* 분노, 화, 진노, 원한, 적의, 악의 anger, ire, wrath, malice; ~ **yatmaq** *fe.* 분노를 가라 앉히다 calm, quiet, settle down
tasar *i.* 계획, 사업 project, design, plan
tasarlamaq *fe.* 계획하다, 고안하다, 설계하다 project, design
taskabab *i.* 냄비에 요리한 고기 요리 stew, kabab cooked by in a pan
taskababı *i.* 고기를 끓이기 위한 냄비 pan for frying meat
taskülah *i.* 투구, 헬멧 helmet, head-piece ○ **dəbilqə**
taslaq *i.* 도안, 설계도, 조감도, 구조도 draft, outline, diagram, scheme, set-up ○ **eskiz**, **sxem**
Tat *i.* 타트족(族) -다게스탄, 아제르바이잔, 이란에 분포하여 사는 이란어 계통의 부족 Tat (one of people group in Iran language, in Dagestan, Azerbaijan, Iran, distinguished in their religion of Judaism, Christianity, Islam) (a people group from the Indo-Iranian language group found in Dagestan, Azerbaijan and Iran)
Tatar¹ *i.* ① 타타르 지역에 사는 터키계열의 타타르족 Tatar (in Tatarstan, one of a Turkic people groups); ② 볼가와 시베리아 지역에 사는 터키족의 일파인 타타르 족; one of a Turkic people group in the Volga region and Siberia ③ *etc.* 13-15세기 그즐오르다 왕조를 건설했던, 터키 몽골 계통의 족속에 대한 통칭 (소련 시대) the name of people group Turk, Mongol who built up the dynasty of **Qızıl Orda** in the 13-15c.
tatar² ☞ **tatarı**
Tatarca *si.* 타타르어 the Tatar language, *z.* 타타르어로 in Tatarish
tatarı *i.* 갈대, 줄기, 채찍 reeds, lash, whip ○ **şallaq**, **qamçı**
tatarılamaq *fe.* 채찍질하다, 갈대로 때리다 whip, beat with a lash ○ **şallaqlamaq**, **qamçılamaq**, **döymək**, **vurmaq**
Tatarıstan *i.* 타타르 자치 공화국 Tatar republic
taun *i. tib.* 흑사병(黑死病), 페스트 plague, black death, pestilence (expression of damnation); ***Səni taun tutsun!*** *망할 놈! 염병할 놈! Damn unto you!*
tau-saqqız *bot.* (멱)쇠채 (고무나무의 일종) scorzonera (a kind of rubber shrub)
tava¹ *i.* 프라이팬 frying-pan; **~da qızartmaq** *fe.* 튀기다, 프라이하다 fry
tava² ☞ **tavadaşı**
tavadaşı *i.* 크고 넓적한 돌 big and flat stone
tavakababı *i.* 계란과 함께 팬에 요리한 고기 chops with eggs
tavalıq *i.* 돌멩이 밭 stony place
tavan¹ *i.* 천정 ceiling ○ **səqf** ● **döşəmə**; **hündür**; ~ *i.* 높은 천정 high ceiling
tavan² *i.* 힘, 권력, 세기 power, strength, energy ○ **tab**
tavana *i.* 재산, 소유, 물품 property, belongings, equipment, stock, stores ○ **pul**, **var**, **dövlət**; ② 권력, 힘, 능력, 자산 power, might, strength, force fortune ○ **tava²**
tavanalı *si.* 부자의, 부유한, 잘나가는 rich, wealthy, well-to-do, well-off ; 강한, 힘있는, 권력의, 능력의 strong, powerful, high-powered, potent, hard, impressive, heavy
tavanasız *si.* 가난한, 궁핍한, 결핍의, 파산한 indigent, poor, insolvent, bankrupt; ② 약한, 힘없는 weak, not powerful
tavanlı ☞ **tavanalı**
tavansız¹ *si.* 천장이 없는 without ceiling
tavansız² *si.* 권력이 없는 weak, without power
tavar *si.* 큰, 어른의, 고대의, 오래된 large, big, adult, ancient
tavtologiya *i.* (불필요한) 동의어 반복, 중복, 토톨러지 tautology

tay[1] *i.* ① 같음, 균등, 평등, 대등 equality, match ○ **oxşar, bənzər, bir, bərabər**; ② 종류, 버금가는 것, 동질 sort, kind ○ **cür**; ***Onun tayı bərabəri yoxdur.*** *그의 버금은 없다. He has not his matchpeer.*; **~ı olmayan** *si.* 전례 없는, 공전의, 유례 없는 unprecedented

tay[2] *i.* 다발, 꾸러미, 모둠 pack, bale ○ **yığın, qucaq**

tay[3] *i.* 한 짝 one part of a pair ○ **cüt, qoşa**

tay[4] *i.* 쪽, 편, 곁 side ○ **sahil, ətraf, yan**

tay[5] *z.* 게다가, 더욱이, 더더욱 more, moreover, additionally (☞ **ta**)

taya *i.* 무더기, 낟가리, 짚가리 stack, heap **ot; ~sı** *i.* 건초 더미 haystack, hayrack; **saman ~sı** *i.* 짚가리 straw-rack; **~ vurmaq** *fe.* 쌓아 올리다 pile, stack, heap

taybağlayan ☞ **tayvuran**

taybatay *si.* 활짝 열린 wide-open

tayacıq *i.* 작은 더미 small heap

tayalamaq *fe.* (짚, 건초 등) 쌓아 올리다, 낟가리를 쌓다 heap, pile, haystack

tayalatmaq *fe.* pile 쌓아 올리게 하다 ask *smb.* to heap

tayavuran *i.* 쌓아 올리는 사람 stacker, haystack-maker

tayayaq(lı) ☞ **tayqılça(lı)**

taya-taya *z.* 더미에 in ricks, in stacks

taybağlayan *i.* 더미를 쌓는 사람 packer

taybatay *si.* 열린, 펼쳐진 wide, open; **~açmaq** *fe.* 활짝 열다 swing open

tay-bərabər *i.* 짝 match

taybuynuz(lu) *si.* 외뿔의, 뿔이 하나인 one-horned, unicornous

taydəyişik *si.* 짝이 맞지 않는, 홀수의; unpaired, odd; **~ ayaqqabı** *i.* 신발 한 짝 an odd shoe; **~ əlcək** *i.* 외짝 장갑 an odd glove; **~ düşmək** *fe.* 짝이 맞지 않게 되다 be unpaired; **~ salmaq** *fe.* 짝이 맞지 않게 하다 break a set, mix up (one's shoes)

tayfa *i.* ① 부족, 씨족, 친족 tribe, clan ○ **qövm**; ② 이웃, 친척 neighbour, relative ○ **qohum, qəbilə, qohum-əqrəba; alicənab; ~** *i.* 귀족 일가 a noble kin; **~bazlıq** *i.* 족벌주의, 정실(情實) nepotism; **~lıqca** *z.* 전 가족적으로, 온 가족이 전부 all the family, all one's kin; **~sız** *si.* 친족이 없는 untribal

tayfabaz I. *i.* 족벌주의자 nepotist; II. *si.* 족벌적 nepotic ○ **qohumbaz**

tayfun *i.* 태풍 typhoon

taygöz(lü) *si.* 짝눈의, 애꾸눈의 one-eyed, single-eyed ○ **əyri, qıyqac**

taykeş *si.* 짝이 맞지 않는, 외짝의 unpaired, odd ○ **tərsinə**

taykeşlik *i.* 짝이 맞지 않음 state of being unpaired/odd

tayqa *i.* 바늘잎나무, 침엽수(針葉樹) needle-leaf forest area

tayqanad(lı) *i.* 외짝 날개의 single wing

tayqılça(lı), tayqıç(lı) *si.* 외다리의 one-legged

tayqol(lu) *si.* 외팔의 one-armed

tayqulaq(lı) *si.* 외짝 귀를 가진 one-eared

tayqulp *i.* 작은 물통 mug, tankard, scoop, noggin, irrigator ○ **parç**

tayqulplu *si.* 손잡이가 하나인 one-handled

taylaşdırmaq *fe.* 짝을 맞추다, group, mate, pair up

taylaşmaq *fe.* ① 모이다, 그룹을 이루다 gather, make in a group ○ **qruplaşmaq, toplaşmaq, yığışmaq**; ② 짝지어지다, 결합되다 be coupled, pair up, become twinned ○ **qoşalaşmaq, cütləşmək**

taylı *si.* 짝을 이룬, 쌍을 이룬 in pairs, in twin ○ **qoşa, cüt**; ***Taylı tayını tanar.*** *ata.s.* *유유상종(類類相從). Birds of a feather flock together.*

taysız *si.* ① 짝이 없는, 홀로 된, 홀로 있는 matchless, pairless; ② *fig.* 극도로 월등한 extremly good, priceless

taytaq *i.* 절름발이 lame, limping ○ **axsaq, topal, çolaq**

taytaqlıq *i.* 발을 저는 것 limp, hobble ○ **axsaqlıq, topallıq**

taytamaq *fe.* 발을 절다, 말투가 고르지 않는 limp, hobble, toddle, stump ○ **axsamaq**

tay-tay *z.* 무더기로 in piles, heap by heap; **~ yığmaq** *fe.* 대강 올려 접다 heap up

taytım *i.* 절뚝거리기, 절름발이의 걸음걸이 limp, hobble

tay-tuş *i.* 동등한 친구, 같은 또래 아이들 equal, match, company of the same age, friend ○ **yaşıd, həmyaş, yoldaş; ~ olmaq** *fe.* 동등하게 되다 be equal, be nearly of the same age

T

tay-tuşluq *i.* 동갑 친구 being of the same age ○ **yaşıdlıq, həmyaşlıq, yoldaşlıq**

tazı *i.* 사냥개 greyhound; ~ **kimi** *z.* 사냥개처럼 like greyhound

taziyanə *i.* 매, 회초리 whip, lash ○ **qamçi, qırmanc**; ② *lit.* 단편 풍자시 small satiric poem

tərtibat *i.* ① 지면 배정, 레이아웃, 배열, 구획, 도안, 구상 design, decor, layout ○ **forma, görünüş**; **bədii** ~ *i.* 예술적인 배열 artistic arrangement; **musiqi** ~**ı** *i.* 음악적 배치 musical setting; ② 형성, 성립, 구조, 조립 formation ○ **formalaşdırılma**

tərtibatçı *i.* 디자이너, 무대 장식가, 장식가, 조직자, 큐레이터 designer, stage designer; organizer, decorator

tərtibatçılıq *i.* 장식업, 디자인업, 큐레이터 직 profession of designer/stage designer/decorator

tərtibçi *i.* 작성자, 구성자, 구도자, 작가, 조정자, 편집자 organiser, composer, originator, compiler

tərtibli *si.* ① 편안한, 잘 조직된 comfortable, well organized ○ **səliqəli, sahmanlı**; ② 규칙적인, 시간을 잘 지키는 regular, punctual

tərtiblilik *i.* 편안함, 단정함, 균형 잡힘 comfort, neatness, tidiness ○ **səliqə, sahman**

tərtibsiz *si.* 무질서한, 혼란한, 불규칙적인, 비체계적인, 주먹구구식의, 조직되지 않은 disorderly, confused, irregular, unsystematic, unmethodical, inaccurate, unpunctual, unidisorganised ○ **səliqəsiz, sahmansız, sistemsiz, qaydasız, qarışıq, dağınıq**

tərtibsizlik *i.* 조직되지 않음, 혼란함, 너저분함, 불규칙적임, 체계적이지 않음 lack of organization, disorderliness, untidiness, slovenliness, irregularity, unsystematic/unmethodical character ○ **səliqəsizlik, sahmansızlıq, sistemsizlik, qaydasızlıq, qarışıqlıq, pərakəndəlik**

tərz *i.* ① 방법, 방식, 형(型), 양식, 태도 style, way, fashion, manner, mode ○ **şəkil, surət, biçim, üsul, tərtib**; **bu** ~**lə** *z.* 이런 식으로 in this way; **ifadə** ~**i** *i.* 표현 형식; manner of expression; **mexaniki** ~**də** *z.* 기계적으로, 역학적으로 mechanically; **həyat** ~ *i.* 삶의 양식 mode of life; ② *qram.* (동사의) 상(相) aspect; **fe'lin** ~ **kateqoriyası** *i.* *qram.* 동사의 상 (동사의 계속, 완료, 기동, 종지, 반복 등의 구별을 나타내는 문법형식) aspect category of the verb, the category of aspect

tərzi-ifadə *i.* 자신을 표현하는 방식 manner of expressing oneself

tərzi-hərəkət *i.* 행동 양식 mode, line of action, policy; ~ **zəfliyi** *i.* *qram.* 양태 부사 adverbial modifier of manner

təs *i.* 분뇨, 변, 오물, 똥 manure, dung, muck

təsadüf *i.* ① 사고, 사건, 우연, 우연의 일치, 우발 accident, incident, coincidence, contingency ○ **hadisə, macəra, sərgüzəşt, qəza** ● **zərurət**; ② 마주침, 조우, 해후 encounter; ③ 기회, 호기, 운, 재수 chance, luck, occasion; ~ **etmə** *i.* 동시 발생, 부합함, 우연의 일치 coincidence; ~ **etmək** *fe.* 우연히 만나다 meet by chance, come across; **xoş** ~**dən istifadə etmək** *fe.* 우연한 기회를 붙잡다, 호기를 놓치지 않다 seize an opportunity, profit by the occasion; ***Təsadüfə bax ki, ...*** *기막힌 우연의 일치인데… What a strange coincidence...*; ~**dən**-; ~**ə** *z.* 희귀하게, 매우 드물게 rarely, very seldom, not often; ~**ən** *z.* 우연히, 어쩌다가 by chance, by accident, occasionally, incidentally; ~ **eşitmək** *fe.* 우연히 듣다, 엿듣다 overhear; ~ **rast gəlmək** *fe.*; ~를 우연히 만나다; stumble into someone; ~ **görüşmək** *fe.* 우연히 만나다 happen to meet; ***Siz təsadüfən onu tanımırsınız ki?*** *그를 우연히 아셨나요? Don't you happen to know him.*

təsadüfi *si.* 우연의, 뜻밖의, 행운의 accidental, by chance, casual, occasional, odd, precarious, fortuitous ○ **gözlənilməz**; ~ **görüş** *i.* 우연한 만남 chance meeting; ~ **tanışlıq** *i.* 우연한 지인 chance acquaintance; ~**i düşən iş** *i.* 뜻밖의 일 odd job

təsadüfilik *i.* ① 우연성 occasion, unexpectedness ○ **gözlənilməzlik**; ② 사고, 사건, 우연한 일 accident, incident ○ **hadisə, macəra**

təsbeh *i.* 묵주, 신공, 염주 (묵주 신공을 세는 데 쓰이는 큰 구슬 4개, 작은 구슬 55개 또는 54개로 된 묵주) bead, rosary; ~ **çevirmək** *fe.* 염주알을 세다, 기도하다 tell, count one's beads

təsbit *i.* 확증, (신념 등의) 강화 confirmation, corroboration ○ **sabitləşdirmə, bərkitmə, möhkəmləndirmə**; ~ **etmək** *fe.* 이루다, 확증하다

establish, confirm

təsdiq I. *i.* ① 단언, 확언, 긍정 affirmation, assertion ● **inkar**; ② 확증, 승인, 시인, 인식, 인지, 비준, 재가 acknowledgment, confirmation, sanction, ratification; II. *si.* 단언적인, 확언적인 affirmative; III. *z.* 확언하여, 단정적으로 affirmatively; ~ **cavab** *i.* 확증적인 답 affirmative answer; ~ **edilmə** *i.* 확약, 확인, 승인 confirmation, recognition; ~ **etmə** *i.* 승인, 확증 approbation, admission, ratification; ~ **etmək** *fe.* 확인하다, 인정하다, 확언하다, 승인하다, 보증하다, 확증하다 confirm, acknowledge, affirm, applaud, allege, certify, claim, testify, corroborate, maintain, verify, witness, ratify; **əmri ~ etmək** *fe.* 명령을 확증하다 confirm an order; **~edici** *si.* 확언하는, 단정하는 affirmative, approving

təsdiqləmək *fe.* ① 확언하다, 확증하다, 승인하다, 인지하다, 확신하다 affirm, maintain, assert, certify, attest, witness, testify (to), assure ○ **əsaslandırmaq**, **inandırmaq**; ② 승인하다, 비준하다 (diplomacy) ratify; ③ 인정하다, 공인하다 approve, sanction; **müqaviləni ~** *fe.* 조약을 확증하다 confirm a treaty

təsdiqlənmək *fe.* 확언되다, 확증되다, 승인되다, 인정받다 be affirmed, be witnessed; be ratified/sanctioned

təsdiqlət(dir)mək *fe.* 확증하게 하다, 승인하게 하다, 인정하게 하다 ask *smb.* to affirm/to witness/to ratify

təsəddüq *i.* 기부, 기증, 희사 donation; ~ **etmək** *fe.* 기부하다, 기증하다, 희사하다 endow (with), make a donation (to of)

təsək *i.* 벨벳으로 만든 테두리 없는 실내 sleeping cap, (embroidered) skullcap, calotte 모자 ○ **araqçın**

təsəlli I. *i.* 위로, 위안, 위문, (마음의 상처를) 고쳐주는 것 balm, comfort, consolation, solace ○ **təskinlik**, **ümid**; ~ **vermək** *fe.* (남을) 위안하다; 격려하다 console, comfort, solace, cheer; **~verici** *i.* 위로자, 안위자, 격려자 comforter, consoler; II. *si.* 위로해주는, 위문의 consolatory, consoling, comforting; ~ **verici sözlər** *i.* 위로의 말씀 consolatory words; ~ **tapmaq** *fe.* 위로받다, 위안을 찾다 console oneself, find consolation; **zəif ~** *i.* 누추한 위로 poor consolation

təsəllisiz *si.* 위로할 길 없는; 크게 낙심한, 의기소침한 inconsolable ○ **ümidsiz**, **çarəsiz**; ~ **dərd** *i.* 위로할 수 없는 비탄 inconsolable distress

təsəllisizlik *i.* 위로할 길 없음, 크게 낙담함 inconsolableness, state of having no consolation ○ **ümidsizlik**, **çarəsizlik**

təsərrüfat *i.* ① *eco.* 경제; 산업, 경영; economy industry; management; ~ **hesabı** *i.* 비용 계산, 자체 경비 부담 cost accounting, self-financing; **kənd ~ı** *i.* 농업 agriculture, farming; **meşə ~ı** *i.* 임업(林業) forestry; **xalq ~ı** *i.* 국가 경제 national economy; ~ **müdiri** *i.* 청지기 steward; **dünya ~ı** *i.* 세계 경제 world economy; **şəhər ~ı** *i.* 시정 경제 (市政 經濟) municipal economy; **ev ~ı** *i.* 살림살이, 가사, 가정 경영 housekeeping, house management; ② 농장, 농원, 농가 farm; **fərdi ~** *i.* 개인 농장 individual farm; ~ **hesabında olmaq** *fe.* 자가 농업을 하다 run on self-supporting basis; ~ **hesabına keçirmək** *fe.* 자가 경영을 하다 put on a self-supporting basis

təsərrüfatcıl *si.* 검소한, 절약하는, 농업의 thrifty, agricultural; ~ **evdar qadın** *i.* 검소한 가정 주부 a thrifty housewife

təsərrüfatçı *i.* 경영인, 산업 경영자, 사업가 business manager, industrial executive; business executive

təsərrüfatçılıq *i.* 훌륭한 경영, 근검 good management, thrift

təsərrüfatsız *si.* ① 경제성 없는, 규모 없는; without economy/farm; ② 낭비하는, 비실용적인 wasteful, unpractical, thriftless

təsərrüfatsızlıq *i.* 관리 소홀 thriftlessness, bad management, mismanagement

təsəvvür *i.* ① 상상, 상상력, 창조, 창의 imagination; ② 개념, 관념, 생각 notion, idea; ③ 회상, 회고, 추억, 과거의 일, 경험의 개관 recollection, retrospection; ~ **etmək** *fe.* 상상하다, 공상하다, 가정하다, 마음에 그리다; imagine, fancy, figure; **~ü olmaq** *fe.* 생각을 갖고 있다, 개념이 있다 have an idea; ***Mənim bu barədə heç təsəvvürüm yoxdur.*** *나는 이것에 대해 전혀 모른다. I've no notion of it.*

təsəvvüf *i.* 신비주의, 신비설, 신지학(神智學), 접신(接神)학, 접신술 mysticism, theosophy ○ **mistika**

təshih *i.* 교정, 수정, 정정 (인쇄) correction;

proof-reading (for printing) ○ **düzəliş**; ~ **etmək** *fe.* 교정하다, 수정하다 correct; **mətni**; ~ **etmək** *fe.* 문장을 고치다 amend text

təshihat *i.* 교정작업, 수정, 정정 correction, proofreading

təshihatçı *i.* 교정자 corrector, proofreader

təsir *i.* ① 영향, 작용, 감화, 효과, 효율, 충격, 여파 effect, efficiency, influence, impact; ② 권력, 권세, 권위, 위신, 인상, 감명, 감동, 기억, 감상, 흔적 authority, impression ○ **nüfuz**, **təssürat**; ~ **altında olmaq** *fe.* 영향하에 있다 be under the influence; ~ **etmək** *fe.* 영향을 끼치다, 감명을 주다, 충격을 주다, 인상을 주다; influence, affect, effect, sway, impress, move; **~inə düşmək** *fe.* ~의 권위하에 들어가다; fall under *smb.*'s influence; ~ **göstərmək** *fe.* 영향력을 미치다, 권위를 보이다 influence, exert influence; ~ **bağışlamaq** *fe.* 인상을 주다 impress; **~ə cavab vermək** *fe.* 반응하다 react; **~ə cavab vermə** *i.* 반응 reaction; **~ə salmaq** *fe.* 권위하에 들게하다; subject to one's influence; **~i olmaq** *fe.* 영향력이 있다 be influential

təsiredici *si.* 영향력이 있는, 효율적인, 효과적인, 감화력이 있는 influential, effectual, affective, affecting; ~ **səhnə** *i.* 감정을 일으키는 장면 affective scene; ~ **qərar** *i.* 큰 영향을 주는 결정 an influential decision

təsirləndirmək *fe.* ① 영향력을 미치다, 영향을 주다 influence, have influence (on, upon); ② 슬프게 만들다, 슬프게 하다 cause to grieve, make *smb.* sad, sadden

təsirlənmək *fe.* ① 영향을 받다, 감화를 받다 be influenced/affected; ② 슬퍼지다, 설움을 받다 get sad, be saddened

təsirli I. *si.* ① 영향력이 있는, 효과적인, 감동을 주는 effective, efficacious, efficient, expressive, pathetic, touching, moving ○ **nüfuzlu**, **mötəbər**, **kəsərli**; ② *qram.* 타동사 transitive; ~ **tədbirlər** *i.* 영향력 있는 수단, 효과적인 조치 effectual measures; ~ **hekayə** *i.* 감동을 주는 이야기 moving story; ~ **səbəb** *i.* 효과적인 이유 valid reason; ~ **nitq** *i.* 감화를 주는 연설 efficacious speech; ~ **fe'l** *i. qram.* 타동사 transitive verb; ~ **həkayə/əhvalat** *i.* 감동을 주는 사건 touching story; II. *z.* 효과적으로, 감동스럽게 effectively, touchingly, movingly ○ **zəhmli**, **heybətli**, **qorxunc**, **dəhşətli**

təsirlik *i. qram.* 대격, 목적격 accusative case

təsirlilik *i.* ① 효율적임, 효과가 큼, 영향력이 큼 effectiveness, efficiency, efficacy ○ **nüfuzluluq**, **kəsərlilik**, **mötəbərlilik**, **inandırıcılıq**; ② 인상적임, 영향을 받음, 깊은 감명을 줌 impressiveness, impressionability, sensitiveness; ③ 공포, 전율, 무서움 fear, horror

təsirsiz *si.* ① 효력이 없는, 효험이 없는, 효과적이지 않은 ineffectual, ineffective, inefficacious ○ **kəsərsiz**, **fəaliyyətsiz**; ② 무능한, 무력한, 소극적인, 무효인 inactive, inoperative; ~ **fe'l** *i. qram.* 자동사(自動詞) intransitive verb

təsirsizlik *i.* 무능, 무효과, 비능률, 불활성, 지둔함 inefficiency, ineffectiveness, inertness, sluggishness, sloth ○ **fəaliyyətsizlik**

təsis *i.* 설립, 시초, 창립, 창설, 제정 founding, making, creation ○ **yaradılma**; ~ **etmək** *fe.* 설립하다, 시작하다, 창설하다, 제정하다 establish, constitute, designate, set up, institute; **mükafat** ~ **etmək** *fe.* 상을 제정하다 institute a prize; ~ **qurultayı** *i.* 창립 총회 Constituent Assembly

təsisat *i.* ① 설립, 창설, 제정, 설립 기관; founding, establishment, institution, founded organizations; ② 사회 기관; social foundations **dövlət**; **~ı** *i.* 국가 기관 State institution

təsisçi *i.* 설립자, 창설자 founder

təsisedən *i.* 설립자, 창설자 founder, constitutor

təsisedici *si.* 구성하는, 성분을 이루는, 제정하는 constituent

təskərə *i.* 관(棺), 널, 석관(石棺), 관석(棺石) coffin, sarcophagus

təskinedici *si.* 위로가 되는, 달래는, 기운을 북돋우는, 침착하게 하는, 진정시키는 comforting, calming, sedative, reassuring

təskinləşdirici *si.* 진정시키는, 달래 주는, 침착하게 하는 calming, quieting, soothing; ~ **xəbər** *i.* 안심할 뉴스 reassuring news

təskinləşdirmək *fe.* 진정하다, 위로하다, 침착하게 하다 calm down, comfort, quiet ○ **sakitləşdirmək**, **ovundurmaq**

təskinlik *i.* ① 위안, 위로 comfort, consolation ○ **sakitlik**, **rahatlıq**; ② 안도감, 안심 reassurance, confidence ○ **xatircəmlik**, **arxayınlıq**, **laqeydlik**; ~ **vermək** *fe.* 위로하다, 위안을 주다, 달래다, 진정시키다 comfort, soothe, console; ~

tapmaq *fe.* 위안을 받다, 안도하다, 안심하다 console oneself, find consolation

təskinlikverici *si.* 진정시키는, 잠잠케 하는, 달래주는, 위안을 주는, 침착하게 하는 calming, quieting, soothing, consolatory, consoling, comforting

təslim *i.* ① 전달, 배달, 송달, 전송, 인도, 명도 delivery, transmission ○ **təhvil**; ② 항복, 자수, 포기 capitulation, surrender; ~ **etmək** *fe.* 항복시키다 deliver, surrender; ~ **olmaq** *fe.* 항복하다, 자수하다, 굴복하다, 포기하다 capitulate, resign oneself to, submit, yield, surrender; ~ **olma** *i.* 자수, 항복 surrender, capitulation; **şərtsiz ~olma** *i.* 무조건 항복 unconditional surrender

təslimçi *i.* 기회주의자 capitulator, opportunist, upstart

təslimçi *i.* 항복 행위 the act of capitulation; **~lik siyasəti** *i.* 항복 정책 capitulatory policy

təsnif[1] *i.* ① 분류, 구별, 등급 나누기 classification ○ **ayırma, bölmə**; ② 성분, 구성, 합성 composition ○ **tə'lif**; ③(책 등의) 편집, 편찬; 편집[편찬]된 것 compilation ○ **düzmə, qurma, quraşdırma**; ~ **etmək** *fe.* 분류하다, 구성하다, 합성하다, 엮다, 편집하다; 모음 분류하다 classify, compose, compile; **saitlərin ~i** classification of vowels

təsnif[2] *i.* 민속음악의 멜로디의 하나 a style of folk musical melody

təsnifat i ☞ **təsnif**[1]

təsnifatçı *i.* 선별기 classifier

təsnifləşdirilmək *fe.* 분류되다, 분리되다 be classified

təsnifləşdirmək *fe.* 분류하다, 등급을 매기다 classify

təsrif *i. qram.* (동사의) 활용, 변형; 활용표 conjugation; **fe'llərin~i** *i. qram.* (동사의) 활용[변화](형), 활용표 conjugation of verbs; ~ **etmək** *fe.* (동사의) 활용/변화시키다 conjugate, classify; ~ **olunmaq** *fe.* (동사가) 활용되다 be conjugated

təsvib *i.* 인정, 승인, 시인, 찬성 approval, approve (of) ○ **bəyənmə, təsdiq**

təsvibedici *si.* 찬성하는, 동조하는 approving

təsvir *i.* ① 표현, 서술, 기술, 묘사, 설명 description, account ○ **izah, şərh, göstərmə**; ② 그림, 형상 picture, image ○ **surət, rəsm**; ③ 설명, 제시, 평가, 예측 explanation, representation, reputation, estimation; ~ **etmək** *fe.* 서술하다, 묘사하다, 예증하다, 표현하다 describe, depict, illustrate, feature, picture, portray; **hadisələri ~ etmək** *fe.* 사건을 기술하다 report events

təsvirçilik *i.* 서술적임, 묘사적임, 설명적임 descriptiveness

təsviredilməz *si.* 표현할 수 없는, 형언할 수 없는, 놀라운 indescribable, unutterable, marvelous

təsvirəgəlməz ☞ **təsviredilməz**

təsviri *si.* 그림의, 그림으로 나타낸, 그림이 든, 서술[기술]적인, 묘사적인; 설명적인 pictorial, descriptive; ~ **incəsənət** *i.* 시각 예술(그림, 조각, 건축 등), 조형 예술 fine arts; ~ **qrammatika** *i.* 서술[기술] 문법 descriptive grammar; ~ **dilçilik** *i.* 기술 언어학 descriptive linguistics

təsvirli *si.* 설명적인, 묘사적인 explanatory, descriptive ○ **izahlı, şərhli**

təsviyə *i.* (파산자의) 청산, (파산) 정리; (회사의) 파산, 해산; (법률, 제도, 관습 등의) 전폐(全廢), 폐지, 박멸, 제거, 삭제; 배출, 배설 liquidation, abolition, elimination; ~ **etmək** *fe.* 폐지하다, 청산하다, 삭제하다, 제거하다 liquidate, abolish, do away (with)

təsviyəçi *i.* ① 청산인; 공인 청산 관재인 liquidator; ② *col.*겁쟁이, 비겁자 quitter

təsviyəçilik *i.* 채무 청산주의 (polities) liquidationism

təşbeh *i.* 견줌, 비교, 비견, 비슷함 comparison, simile, resemblance, similarity

təşbehli *si.* 비유적인, 비슷한, 비견하는 metaphorical, similar, alike; ~ **ifadə** *i.* 비유적 표현 metaphorical expression

təşdid *i.* 아랍어의 중모음 표시 mark for the double consonant in Arabic

təşəbbüs *i.* 개시, 시도, 주도권, 선제(先制), 선창(先唱), 선도 initiative, beginning, attempt, undertaking; ~ **etmək** *fe.* 주도하다, 시도하다, 선도하다, 선제하다 attempt, undertake; **~ü ilə** *z.* 주도적으로 on the initiative; **~ü əlinə almaq** *fe.* 주도권을 잡다 take the initiative; ~ **göstərmək** *fe.* 주도하다 show initiative

təşəbbüsçü ☞ **təşəbbüskar**

təşəbbüskar *i.* 창시자, 선도자, 선구자, 개척자 initiator, pioneer, sponsor, leader ○ **bacarıqlı, zirək, işgüzar**

T

təşəbbüskarlıq *i.* 사업, 기획, 선도, 개척 enterprise, initiation ○ **bacarıqlılıq, zirəklik, işgüzarlıq**

təşəbbüslü *si.* 주도적인, 임기응변의 재주가 있는, 재치 있는, 변통을 잘하는 resourceful; of initiative; ~ **adam** *i.* 재치 있는 사람, 주도자 resourceful man

təşəxxüs *i.* 자긍, 자만, 교만, 거만함, 건방짐, 오만 pride, haughtiness, superciliousness, arrogance, swagger, self-conceit, loftiness, pride oneself (up, on) ○ **lovğalıq, təkəbbür, qürur, iddia, dikbaşlıq**; ~ **satmaq** *fe.* 건방지다, 오만하다; 교만하게, 건방지게, 거만하게 be proud of, boast, be haughty; **~lə** proudly, majestically, grandly

təşəxxüslənmək *fe.* 자랑하다, 뽐내다, 잘난 체하다, 교만하다 be proud (of), take pride (in), pride oneself (up, on), swagger, boast, put on airs, give oneself airs, mount the high horse ○ **lovğalanmaq, təkəbbürlənmək qürurlanmaq**

təşəxxüslü *si.* ① 교만한, 건방진, 자만에 찬, 뻔뻔스러운 haughty, proud, majestic, supercilious, arrogant, presumptuous, self-conceited; ② 존경할 만한 respectable

təşəxxüslük *i.* 교만함, 건방짐 haughtiness, prideoudness

təşəkkül *i.* ① 창조, 발원, 시작, 시초, 발생 creation, generation ○ **yaranma, törəmə**; ② 형성, 성립, 육성, 발달, 정의 formation, definition ○ **formalaşma, müəyyənləşmə**

təşəkkür *i.* ① 감사함, 사의(謝意) gratitude, thankfulness ○ **razılıq, minnətdarlıq**; ② 음미, 감사, 평가 appreciation, message of thanks; ~ **etmək** *fe.* 감사를 표하다 thank, express one's gratitude; ~ **almaq** *fe.* 감사의 전갈을 받다 receive an official message of thanks; ~ **e'lan etmək** *fe.* 감사를 전하다 thank in an order of the day; **~namə** *i.* 감사장, 표창장 letter of thanks, citation, testimonial

təşəkkürlər *əd.* 감사! thanks

təşər *si.* 호전적인, 싸우기 좋아하는 pugnacious, bully, brawling ○ **davakar**

təşkil *i.* ① 조직, 준비, 편제 arrangement, organizing, formation; ② 제작, 형성, 생성, 생산, 제조 production, manufacture ○ **yaratma, düzəltmə**; ~ **etmək** *fe.* 준비하다, 정돈하다, 편집하다, 구성하다, 뒷받침하다 arrange, compile, constitute, sponsor, organize; ~ **edən** *i.* 조직자, 주최자 organizer; ~ **olunma** *i.* 조직, 기구, 편성, 구성, 구조 organization

təşkilat *i.* 조직체(단체, 조합, 협회 등); organization; ~ **komitəsi** *i.* 조직위원회; organizing committee; ~ **məsələləri** *i.* 조직 문제 organizational problems; ***Birləşmiş Millətlər Təşkilatı*** *유엔 기구, 세계연합 기구 United Nations Organization*

təşkilatçı *i.* 주최자, 조직자 organizer

təşkilatçılıq *i.* 조직 활동 organizational activities; ~ **iste'dadı** *i.* 조직 활동 재능 gift for organizing; ~ **bacarığı** *i.* 조직 능력 organizing ability

təşkiledici ☞ təşkilatçı

təşnə *si.* ① 갈증의, 목마른, 갈망하는; thirsty, craving; ② 기다리는, 하고 싶어하는, 열망하는 longing for, desirous, anxious for

təşrif *i.* 도착, 도달, 출현, 임재 coming, arrival; ~ **gətirmək** *fe.* 도착하다, 오다, 도래하다, 임하다 advent, leave, go away off, depart, drive off, visit

təşrifat *i.* 의식, 예의범절, 형식적 행위 ceremony, etiquette formalities

təşrifatsız *si.* 비공식적으로, 형식 없이 without ceremony, informally

təşrifatsızlıq *i.* 허물없음, 형식 없음, 무례함 unceremoniousness, impudence

təşt ☞ teşt

təşviq *i.* 부추김, 선동, 자극, 유인, 고무 instigation, incitement, inspiration, stimulus, incentive; ~ **etmək** *fe.* 선동하다, 자극하다, 고무하다, 부추기다, 꼬드기다 incite, instigate, *col.* persuade; ~ **aparmaq** *fe.* 촉진하다, 선전하다, 촉탁하다 canvass, carry on propaganda

təşviqat *i.* 선동, 호소, 운동, 소동, 선전 propaganda, agitation; ~ **aparmaq** *fe.* 선전하다, 선동하다, 운동하다, 자극하다, 고무하다, 꼬드기다 agitate, keep up an agitation, campaign; **seçkiqabağı** ~ *i.* 선거운동 election campaign; ~ **ədəbiyyatı** *i.* 선동 책자 agitation literature; ~ **məntəqəsi** *i.* 선전 본부 propaganda center

təşviqatçı *i.* 선거 운동원, 선전가, 판매 촉진자 propagandist, agitator, canvasser

təşviqatçılıq *i.* 선거운동, 선동자의 직업, 직무 work of propagandist/agitator/canvasser

təşviş *i.* 고민, 불안, 걱정, 염려, 안달, 동요, 흥분, 야단법석 anxiety, uneasiness, unrest, worry, commotion, perturbation, alarm ○ **həyəcan, iztirab, təlaş, vəlvələ, çaxnaşma** ● **rahatlıq**; ~ **keçirmək/~ə düşmək** *fe.* 걱정하다, 염려함으로 안절부절못하다 feel anxiety, worry about; **~ə salmaq** *fe.* 염려를 끼치다, 걱정하게 하다, 불안하게 하다 perturb, worry, alarm; **~lə** *z.* 염려하여 anxiously

təşvişli *si.* 걱정하는, 근심하는, (걱정, 근심으로) 제정신을 잃게 하는 anxious, nervous, panic

tətbiq *i.* 적용, 이용, 응용, 사용 application, use, practice, employment ○ **işlədilmə, uyqunlaşdırma**; ~ **etmək** *fe.* 적용하다, 실행하다, 실천하다, 실습하다, 응용하다 apply, carry out, administer, employ, put into practice; ~ **edilmə** *i.* 응용; application **planı**; ~ **etmək** *fe.* 계획을 실천하다 carry out one's plans

tətbiqi *si.* 적용되는, 실제적인, 응용의 applied, practical; ~ **incəsənət** *i.* 응용예술 applied arts; ~ **elmlər** *i.* 응용 학문 applied science

tətik *i.* 방아쇠(총의) trigger (of a gun); **~yi çəkmək** *fe.* 방아쇠를 당기다 pull the trigger

tətil *i.* ① 동맹 파업 strike; ② 휴가, 방학; vacation, holiday; ~ **etmək** *fe.* 파업하다, 파업을 선언하다 be on strike, declare a strike; ~ **e'lan etmək** *fe.* 파업을 선언하다; go on strike; **iqtisadi** ~ *i.* 경제 파업; economic strike; **siyasi** ~ *i.* 정치파업 political strike; **~i yatırmaq** *fe.* 파업을 진압하다 suppress the strike; **həmrə'ylik** ~ *si.* 동맹 파업 sympathetic strike of solidarity; ~ **komitəsi** *i.* 파업 위원회 strike committee

tətilçi *i.* 파업자 striker

tətilpozan *i.* 파업 방해자 strike-breaker, blackleg; *col.* scab

tətilpozanlıq *i.* 파업 방해 strike-breaking, blacklegging

təvazö *i.* 겸손, 겸양, 정숙함, 고상함 modesty

təvazökar *si.* 겸손한, 정숙한, 고상한 decent, humble, modest ○ **ədəbli, sakit, sadə, dinc** ● **lovğa**; ~ **olmaq** *fe.* 정숙하다, 겸손하다; be modest; **~anə** *z.* 정숙하게, 겸손하게 modestly, humbly

təvazökarlıq *i.* 겸손, 겸양, 조심성; 정숙함, 고상함, 온당함, 적절함 modesty, decency, moderation ○ **ədəblilik, sadəlik, dinclik, sakitlik** ● **lovğalıq**; ~ **etmək** *fe.* display modesty; *col.* 겸손한 척하다, 정숙한 척하다 put on a modest air

təvazölü *si.* 겸손한, 삼가는, 정숙한 modest

təvəccöh *i.* 축복, 축복의 기도 blessing, benediction

təvəkkül *i.* ① *din.* 하나님께 소망을 둠 putting hope in God ○ **ümid**; **bir işi ~ə görmək** *fe.* 어떤 일을 위험을 무릅쓰고 하다 run the risk in doing *smt.*; ***Allaha təvəkkül!*** *올 것이 오겠거니! Let come what may come!*; ② courage, braveness ○ **cur'ət, cəsarət**

təvəqqe *i.* ① 부탁, 요청, 요구 request; ② 청원, 기원, 간원 application, solicitation, petition ○ **xahiş, rica, yalvarma, istək, dilək**; ~ **etmək** *fe.* 요청하다, 간청하다, 탄원하다, 간원하다 ask, beg, solicit (for), petition (for), send in an application (for); **~sinə görə** *z.* ~의 요청에 따라 at *smb.*'s request

təvəqqeçi *i.* 간청자, 중보자 agent, solicitor, intercessor

təvəllüd *i.* 탄생, 출생; birth; ~ **günü** *i.* 생일; birthday; ~ **yer** *i.* 출생지 birth-place

təvəllüdnamə *i.* 출생증명서 birth certificate

təyin *i.* ① *qram.* 한정사 attribute; ② 결심, 결의, 결정, 확정 determination; ~ **etmək** *fe.* 정하다, 규정하다, 임명하다, 지시하다 appoint, allot, assign, define, fix, nominate, designate; ~ **edilmiş** *si.* 정해진, 규정된 fixed; ~ **edilmə** *i.* 규정, 한정, 정의 determination; **gün** ~ **etmək** *fe.* 날짜를 정하다, 날을 잡다 fix the day(in one's calendar); ~ **olunmuş vaxt** *i.* 약속 시간; the appointed time; **müddət** ~ **etmək** *fe.* 기간을 정하다 set a term; **qiymət** ~ **etmək** *fe.* 가격을 메기다, 가격을 정하다 fix a price; **xəstəlik** ~ **etmək** *fe.* 병을 진단하다; diagnose a disease; **təqaüd**~ **etmək** *fe.* 연금을 수여받다 grant a pension; **dərman**; ~ **etmək** *fe.* 의약을 처방하다 prescribe a medicine; **cəza** ~ **etmək** *fe.* 구형하다 prescribe a punishment; **məsafəni** ~ **etmək** *fe.* 거리를 추정하다 judge the distance; ~ **olunmaq** *fe.* 정해지다, 규정되다 be fixed, be appointed, be defined

təyinat *i.* ① 고정, 고착, 설치 fixing, setting; ② 임명, 임용, 선임, 지정 appointment, assignment, nomination (to work) ; ③ 규정, 지시, 명령, 허가 prescription, order, permit; ~ **almaq** *fe.* 임무를 부여받다 be given assignment; ~ **yeri** *i.* 행선지, 목적지, 도착지, 임무지, 근무지 destination

təyinedici *si.* ① 확정적인, 결정적인 determinating; *i.* ② *qram.* 한정사(限定詞), 수식어 modifier, attribute; ~ **söz** *i.* 수식어, 한정어 attributive word

təyinedilən *i.* ① *qram.* 선행사, 전건; antecedent; ② 고정되어지는 것 something fixed

təyini *si.* 정의하는, 뜻을 밝히는 defining; ~ **əvvəzliklər** *i. qram.* 한정 대명사 defining pronouns

təyini-müqəddərat *i.* (진로 등의) 자주적 결정, 자기 결단, 자립, 독립 독행, 민족 자결권 self-determination

təyinnamə *i.* 임명장 certificate of appointment/assignment

təyyarə *i.* 비행기, 항공기, 비행선 aircraft, aeroplane, plane; ~ **meydanı** *i.* 비행장, 공항 airport, airfield, aerodrome; ~ **hücumu** *i.* 공습(空襲) air raid; ~ **gəmisi** *i.* 비행선; airship; **bombardmançı** ~ *i.* 폭탄 투하기; bombing plane; **kəşfiyyatçı** ~ *i.* 정찰기 (偵察機) reconnaissance aircraft, scout plane; **sanitar ~si** *i.* 응급 항공기 aerial ambulance, ambulance plane; **nəqliyyat ~si** *i.* 화물 항공기 transport plane; ~ **sənayesi** *i.* 항공 산업 aircraft industry

təyyarəçi *i.* 조종사, 파일럿 flier, pilot

təyyarəçi-kosmonavt *i.* 우주 조종사 space pilot

təyyarəçilik *i.* ① 항공학, 항공 비행술, 항공 항해 aviation, aircraft, aeronautics; ② 조종사의 직업 profession of pilot; ~ **sənayesi** *i.* 항공 산업 aircraft industry; ~ **məktəb** *i.* 비행 학교 flying school

təyyarəqayırma *i.* 항공기 제조 aircraft construction

təyyarəvuran *i. col.* 대공포(對空砲) ack-ack gun, anti-aircraft gun; ~ **top** *i.* 대공포(對空砲) anti-aircraft gun; ~ **artilleriya** *i.* 대공 미사일 anti-aircraft artillery

təzad *i.* ① 반박, 반대, 부정, 반대 주장 contradiction, opposition ○ **ziddiyyət**; ② 대조 contrast; ③ 적의, 적개심, 반목, 적대 antagonism; **barışmaz ~lar** *i.* 타협 불가한 반대 irreconcilable contradictions; ~ **təşkil etmək** *fe.* 분쟁을 조장하다, 모순하다 contradict, come in conflict, contrast

təzadlı *si.* 반대의, 상반되는, 일치하지 않는, 모순되는, 상극의 opposite, discrepant, contrasting, contradictory ○ **ziddiyyətli** ● **aydın**; ~ **şayiələr** *i.* 상반되는 소문 discrepant rumors; ~ **bəyanat** *i.* 상반된 주장 contradictory statement

təzadlılıq *i.* 반대, 불일치, 모순, 모순점 discrepancy, contrariety

təzadsız *si.* 모순 없는, 반대 없는, 반박하지 않는 without contrast/contradiction

təzahür *i.* 표현, 표시, 나타남, 현상, 현지 appearance, phenomenon, manifestation, display ○ **izhar, ifadə, göstərmə**; ~ **emtək** *fe.* 나타나다, 드러나다, 표현되다 appear, become apparent, come into view/sight

təzə I. *si.* ① 새로운 new, fresh ○ **yeni, tər** ● **nimdaş**; ② 최신의, 현대의; recent, modern; ③ 덜 익은, 성숙하지 않는, 푸른(과일) young, unripe ○ **gənc, cavan**; II. *z.* 새롭게, 최근에 newly, freshly, lately; **~dən** *z.* 또 다시, 반복하여 all over again, anew; ~ **gəlmiş adam** *i.* 새로운 사람 new-comer; ~ **xəbər** *i.* 새 소식 latest news; ~ **sətir** *i.* 새로운 선 new line; ~ **tərəvəz** *i.* 신선 야채 fresh vegetable; ~ **tikmək** *fe.* 새로 짓다 build newly; ~ **görünmək** *fe.* 신선해 보이다 look fresh; ~ **yuyulmaq** *fe.* 새로 씻다 wash freshly; **~cə** *z.* ① 바로 지금 just (now); ② 하자마자, 즉각 hardly, scarcely … when, no sooner … than; **~-~** *z.* 새로이 recently, newly; **~-tər** *si.* 매우 싱싱한 quite fresh; ***Mən vağzala təzəcə çatmışdım ki qatar yola düşdü.*** *역에 도착하자마자 기차는 떠났다. Hardly had I reached the station when the train started.*

təzəbinə *si.* 신혼의, 새로 정착한, 새로 지어진 newly-married, newly-settled, new built

təzəbəy *i.* 신랑 bridegroom, newly married fellow

təzədəm *i.* 새로 우려낸 차 newly made (fresh tea)

təzəgəlin *i.* bride 신부

təzək *i.* ① 분탄(糞炭, 연료용 동물 배설물); manure briquette/briquet (cow/horse dung for burning); ② *fig.* 하찮은 것 worthless thing

təzələmə *i.* 혁신, 쇄신, 수선, 수리, 원기 회복 renovation, renewal, resumption

təzələmək *fe.* ① 혁신하다, 새롭게 하다, 회복하다, 수선하다, 원기를 회복하다 renew, reproduce, resume, refresh ○ **yeniləşdirmək, təravətləndirmək, dəyişdirmək**; ② 부활하다, 부흥하다 revive ○ **canlandırmaq**

təzələndirən *i.* 혁신자, 수선자 renovator, renewer

təzələndirmək ☞ **təzələmək**

təzələndir(t)mək *fe.* 새롭게 하다, 회복하게 하다 have *smt.* renewed/resumed

təzələnmək *fe.* 새로워지다, 재개하다, 신선해지다 be/get renewed, recommence, become cooler

təzələşmə ☞ **təzələnmək**

təzələşdirmək ☞ **təzələndirmək**

təzələt(dir)mək ☞ **təzələndirtmək**

təzələyici *si.* 새롭게 하는, 신선하게 하는, 원기를 회복시키는 refreshing, renewing

təzəlik *i.* ① 신선함, 새로움 freshness, newness ○ **yenilik, təravət**; ② 고상함 novelty ○ **təmizlik, sağlamlıq, saflıq**; **havanın ~yi** *i.* 공기의 신선함 freshness of the air; **~cə** ☞ **təzəlikdə**; **~də** *z.* 최근에, 근자에 recently, not long ago; **~lə** *z.* 새롭게, 최근에 presently, newly, freshly; **~lə tikilmiş** *si.* 새로 지어진 newly built

təzim *i.* 절, 복종, 경의 bow ○ **səcdə, başəymə**; **~ etmək** *fe.* 엎드려 절하다 bow, bow low, greet; **~ cavab vermək** *fe.* 답례하다 return *smb.*'s bow

təziyə *i.* 애곡, 눈물, (죽은 자를 위한 성직) mourning, (ecclesiastical) office for the dead, requiem ○ **matəm, yas**

təziyədar *si.* 슬퍼함, 비탄, 애도 mourning, grieving

tə'ziyəli *si.* 슬픈, 비탄의, 한탄하는, 애도하는 mournful, mourning, sorrowful ○ **matəmli, yaslı**

təzkirə *i.* ① *lit.* 진술, 서술, 담화 narration, narrative, story, tale, memoirs; ② 입장권, 신분증, 교통위반 딱지 ticket, passport

təzkirəçi *i.* 회고록 저자, 진술자 narrator, writer of memoirs, memorialist

təzmək *fe.* 뛰다, 달리다 run

təzminat *i.* (전쟁) 배상, 보장, 보상, 기여, 공헌 contribution, (war) indemnity; **~ qoymaq** *fe.* 보장을 강요하다, 배상을 청구하다 impose a contribution/indemnity; **~ tələb etmək** *fe.* 배상을 요구하다 require an indemnity; **~ vermək** *fe.* 보상하다, 보장하다 indemnify, contribute

təzminatlı *si.* 보상 없이, 의무적으로 with indemnity, with contribution (compulsory)

təzminatsız *si.* 책임 면제, 의무 없는 without indemnity/contribution

təzyiq *i.* 압박, 압제, 억압, 진력 oppression, pressure, push, stress, exertion; **~ göstərmək** *fe.* 억지하다, 강요하다 oppress, enforce; **qan ~** *i. tib.* 혈압 blood pressure; **~ etmək** *fe.* 억압하다, 압박하다 put pressure, press; **~ göstərmək** *fe.* 압력을 행사하다 put pressure, exert pressure; **siyasi ~** *i.* 정치적 압력 political pressure

tfu *onomatopoeic.* (의성어) 퉤퉤 spitting, spit-spit

tığ *i.* 큰 더미 enormous heap, huge pile ○ **yığın, topa, qalaq**; **~ vurmaq** *fe.* 큰 더미를 쌓다 make a huge heap

tığın *i.* 더미, 무더기 heap, pile, accumulation ○ **yığın, topa, qalaq**; **~-~gt** *z.* 무더기 무더기, 더미더미 in piles, in heaps, heap by heap

tığlamaq *fe.* 더미를 쌓다, 무더기로 모으다 pile up, heap up ○ **toplamaq, qalaqlamaq**

tığlanmaq *fe.* 쌓아 올려지다, 쌓이다 be heaped /piled

tığlanmış *si.* 쌓인, 더미 진 piled-up, heaped-up

tığlatmaq *fe.* 쌓게 하다 cause *smb.* to heap/to pile

tıx *i.* 물고기 뼈, 물고기 가시 fish-bone, thorn

tıxac *i.* ① 마개, 뚜껑 plug, cork, stopper ○ **mantar, qapaq**; ② (교통, 파이프 등) 정체, 체증 block (way, pipe *etc.*)

tıxacaçan *i.* 병따개 cork-screw

tıxaclamaq *fe.* ① 마개로 막다, 코르크 마개로 막다 stop up, cork up ○ **bağlamaq**; ② *fig.* (말을) 막다 shut up

tıxaclı *si.* 마개로 막힌, 뚜껑이 씌워진 covered, closed, blocked ○ **bağlı, örtülü**

tıxamaq *fe.* ① 막히다, 체증에 걸리다 block, stop (up) ○ **dürtmək, soxmaq, təpmək**; ② 마개로 막다 cram, cork, plug ○ **doluşmaq, yığışmaq,**

T

sıxışmaq; ağzını; ~ *fe.* 말을 막다 stop one's mouth

tıxanmaq *fe.* ① 답답하게 되다, 숨이 막히다 become stuffy ○ **doluşmaq, yığışmaq, sıxışmaq, təpilmək, dürtülmək**; ② 사람으로 가득하다, 서로 뒤섞이다, 마개로 막다, 말을 못하게 하다 crowd, be squeezed, sit close, interweave, cork up, shut up ○ **qapanmaq, susmaq**; ③ 밀어 넣다 shove in, push in

tıxaşdırmaq *fe.* ① 밀어 넣다, 쑤셔 넣다 push up, shove in, thrust in, put (under), shove (under) ; ② *col.* 억지로 먹이다, 억지로 물건을 팔다 slip (into), palm off (on, up-on), cram (in, into, down), stuff (with)

tıxımaq ☞ tıxamaq

tıxılı *si.* 꽉 찬, 가득한, 밀어 넣어 가득한 packed, chock-full, cram-full, full to overflowing

tıxılı-təpili ☞ tıxılı

tıxılmaq *fe.* 스스로 꽉 조이다, 몸을 사려 끼어들다 squeeze (in, into), squeeze oneself (in, into), be squeezed (in, into), be crammed (in, into) ○ **basılmaq, soxulmaq, pərçimlənmək**

tıxışdırmaq *fe.* ① *col.* 가득 채우게 하다 shove in, push in, shove (into), push (into), stuff (into), cram (into), put (in, into), stick (in) ○ **basmaq, soxmaq, pərçimləmək**; ② 탐식하다, 음식에 욕심을 부리다 devour ○ **yemək, aşırmaq**

tıxlanmaq *fe.* (물고기의) 뼈가 발달하다 get accumulated bones (of young fish)

tıxlı *si.* (물고기) 뼈가 많은 bony (about fish)

tıxmaq *fe.* 탐식하다, 채워 넣다, 게걸스럽게 먹어 채우다 devour, glut, guzzle, gorge, eat up, gobble (up), gorge oneself (with), eat with gusto ○ **yemək, dürtmək, ötürmək, təpmək**

tıxnaşdırmaq *fe.* 밀어 넣어 채우다 push (in, into), cram (in, into)

tıxsız *si.* ① 뼈가 없는 boneless; ② 무해한 harmless

tıqq *onomatopoeic.* 쿵쾅, 탁탁 bump, bang, thud

tıqqıldamaq *fe.* 쿵쾅거리다, 탁탁거리다 tick, tap, clatter, knock ○ **taqqıldamaq, guppuldamaq**

tıqqıldatmaq *fe.* 탁탁거리게 하다, 똑똑 소리가 나게 하다 clatter, tap, knock ○ **taqqıldatmaq, vurmaq, döymək; pəncərəni**; ~ *fe.* 창을 두드려 소리 나게 하다 tap on the window

tıqqıltı *i.* 탁탁거리는 소리, 똑똑거리는 소리 tap, ticking, tick-tap, knocking ○ **taqqıltı, guppultu**

tıncıxdırmaq *fe.* 숨막히게 하다, 목이 막히게 하다 have *smb.* choked/suffocated

tıncıxmaq *fe.* 숨막히다, 질식하다 be choked, be suffocated, pant (with) ○ **boğulmaq, təngişmək, töyşümək; istidən** ~ *fe.* 더워서 숨이 막히다 suffocate with the heat

tın-tın *si.* (코를) 킁킁거리는 nasal, snuffling; ~ **səs** *i.* 콧소리 nasal voice; ~ **danışmaq** *fe.* 콧소리로 말하다 speak through nose

tıppıldamaq *fe.* ① 떨다, 전율하다 shake, shiver ○ **titrəmək, əsmək**; ② (스스로) 두드리다 knock, beat ○ **döyünmək**

tıppıltı *i.* 떨림, 전율, 진동, 고동, 맥박 trembling, quivering, trepidation, beating, pulsation, tap ○ **titrəmə, əsmə, döyüntü**

tıp-tıp *z.* 쿵쿵, 두근 두근, 둥둥 beatingly ; **ürəyi** ~ **döyünmək** *fe.* (심장이 쿵쿵) 고동치다, 두근거리다 heart palpitate

tırıq *i.* 설사 diarrh(o)ea

tırıldamaq *fe.* (채찍, 총 등) 탁 소리를 내다 crack

tırıldatmaq *fe.* (코로) 킁킁거리다, 냄새를 맡다 snort, sniff

tırıltı *i.* ① (엔진의) 딸그닥거림 crackling, chirping (motor) ○ **çatırtı, patırtı, gurultu**; ② *fig. col.* 지껄임, 재잘거림, 잡담 jobber, twaddle, gabble, blither ○ **şaqqıltı, cırıltı**

tırtıl *i.* ① *zoo.* 애벌레, 쐐기 벌레 caterpillar; ② 무한궤도식 트랙터 caterpillar, track

tırtıllı *si.* 무한궤도식의 caterpillar; ~ **traktor** *i.* 무한궤도 트랙터 crawler caterpillar tractor

tısbağa *i. zoo.* 거북 tortoise, turtle

tısıldamaq *fe.* 과식하다, 과식으로 한 숨을 쉬다 puff with full eating, have a sigh due to overeating ○ **fısıldamaq**

tısıltı *i.* 한 번 불기, 훅 부는 소리 puff, hard breathing ○ **fısıltı**; ~ **salmaq** *fe.* 훅하고 숨을 내쉬다 breathe hard, puff

tibb *i.* 의학 science of medicine; ~ **bacısı** *i.* 간호사 nurse; ~ **institutu** *i.* 의학 대학 medical institute

tibbi *si.* 의학의, 의료의, 의학적인 medical; ~ **xidmət/yardım** *i.* 의료 봉사 medical service; ~

arayış *i.* 건강 진단서 medical certificate, certificate of health; ~ **müayinə** *i.* 의료 검진 medical examination

ticarət *i.* 교역, 매매, 판매, 상업, 장사 trade, marketing, mercantile, business, commerce; ~ **donanması** *i.* 상선 shipping, mercantile marine; ~ **etmək** *fe.* 매매하다, 거래하다, 장사하다 trade, deal in, buy and sell; ~ **qanunvericiliyi** *i.* 교역법 mercantile law; ~ **əlaqəsi** *i.* 교역 관계 dealings, trading relations; ~ **şəbəkəsi** *i.* 판매망, 거래망 commercial network; ~ **mərkəzi** *i.* 무역 센터 trading centre; **dövlət~i** *i.* 국가 무역 State trade; **xüsusi** ~ *i.* 개인 무역 private trade; **kooperativ ~i** *i.* 협동 무역 co-operative trade; ~ **siyasəti** *i.* 무역 정책 commercial policy; ~ **balansı** *i.* 무역 균형 balance of trade; ~ **danışıqları** *i.* 교역 협상 trade negotiations/talks; ~ **münasibətləri** *i.* 교역 관계 trading relations; ~ **müqaviləsi** *i.* 사업 동의, 교역 동의 trade/commercial agreement; ~ **nümayəndəsi** *i.* 교역 대표단; trade/commercial representative; ~ **monopliyası** *i.* 무역 독점 trade monopoly

ticarətçi *i.* 상인, 교역인, 판매인 trader, merchant, dealer ○ **tacir**; **xırda** ~ *i.* 소규모 거래자, 보부상 petty trader

ticarətçilik *i.* 교역업, 상업 work of trader/merchant/dealer

ticarətxana *i.* 교역 센터, 쇼핑 센터 shopping center, tradeing center

tifaq *i.* 가정, 가족 home, family ○ **ailə**, **ev**, **ocaq**, **dudman**, **yurd**

tifil I. *i.* 아이, 애기 baby ○ **körpə**, **bala**, **çağa**; II. *si.* 측은한, 가여운 miserable, poor ○ **yazıq**

tifilciyəz *si.* 측은한 (아이), 가여운 (아기) miserable, poor (child)

tifillik *i.* 아이시절 babyhood ○ **körpəlik**, **balalıq**, **çağalıq**

tiftik *i.* (나사, 우단 등의) 보풀; 질 좋은 모직 (봄에 깎는 털로) nap, fine wool (cut in spring) ○ **xov**, **daranma**

tiftikləmək *fe.* (천에) 보풀을 세우다, 빗질하다 card, comb, nap

tiftikli *si.* 보풀을 세운, 빗질한 napped, with pile/nap ○ **xovlu**, **yumşaq**

tiğ *i.* 칼 sword

tik *i.* 두터운 천 조각 piece of thick cloth

tikan *i.* ① (동식물의) 가시, 바늘, 손 가시, 뾰쪽하게 깨진 조각 prickle (animal), thorn(plant), splinter; ② 물고기 뼈 fishbone; ~ **batmaq** *fe.* 가시가 박히다 get a splinter

tikancıq *i.* 잔가시 small thorn; ② 물고기의 잔뼈 small fishbone

tikanlamaq *fe.* 가시에 찔리다 sting, prickle ○ **batırmaq**, **sancmaq**, **dalamaq**

tikanlı *si.* ① 찌르는, 가시가 돋친 prickly, barbed, thorned, thorny, biting; ② 상처 내는, 거친 (말) mincing, hurting; ③ (생선) 뼈가 있는 with fishbones; ~ **məftil** *i.* 철조망 barbed wire; ~ **kol** *i.* 가시덤불 thorny bush

tikanlıq *i.* 가시덤불 thornbush

tikanlılıq *i.* 가시가 있음, 혹독함 thorniness, prickliness

tikansız *si.* 가시 없는 thornless

tikanyarpaq(lı) *i. bot.* 침엽수(針葉樹) needle-leaf tree

tikdirmək[1] *fe.* 세우게 하다, 서게 하다 order *smb.* to build/construct/erect

tikdirmək[2] *fe.* 꿰매게 하다, 깁게 하다 order *smb.* to sew/stitch/suture (medical)

tikdirtmək ☞ **tikdirmək**

tikə *i.* 조각, 덩어리, 파편 piece, slice, bit, morsel, lump ○ **parça**, **hissə**, **dilim**, **fal**, **cəngə**, **tutam**; **bir** ~ *z.* 약간 a bit; **bir** ~ **qənd** *i.* 설탕 한 조각 a lump of sugar; **bir~ çörək** *i.* 빵 한 조각 a loaf of bread; **yağlı** ~ *i.* 맛있는 음식물의 한 입(조각) tidbit; ~-~ *z.* 조금씩 조금씩, 조각 조각 bits and pieces, piece by piece; ~ **etmək** *fe.* 조각 내다 cut, break into pieces

tikələmək *fe.* 조각들로 나누다, 잘게 썰다 divide into pieces ○ **parçalamaq**, **bölmək**, **dilimləmək**

tikici *i.* 건설자, 짓는 사람, 세우는 사람 builder, folder

tikili I. *i.* ① 건물, 구조물 building, structure; edifice ○ **bina**, **obyekt**; II. *si.* 꿰맨, 사용하게 준비된 sewn, ready-made ○ **hazır** ● **sökülü**; ~ **ayaqqabı** *i.* 완성된 신발 ready-made shoes; ~ **paltarlar** *i.* 완성된 옷 ready-made clothes

tikiliş *i.* ① 패션, 양식, 형, 스타일, (특히) 고상한 스타일 uniform; 멋 fashion, style, cut, form ○ **biçim**, **ülgü**, **nümunə**, **model**, **fason**, **görün-**

T

üş, üsul, qayda; ② 재봉, 바느질, 봉제업 sewing, needlework

tikilmək *fe.* ① 지어지다, 건조되다, 만들어지다 be built, be constructed ○ **qurulmaq, düzəldilmək** ● **yıxılmaq**; ② 바느질되다 be sewn ● **sökülmək**

tikinti *i.* 건축, 건설 building, construction, site ○ **inşaat**; ~ **materialları** *i.* 건자재 building materials; ~ **meydançası** *i.* 건설 현장; building site; ~ **texnikası** *i.* 건축 기술 construction engineering

tikiş I. *i* (천의) 솔기, (모피 등의) 이은 자리; 땀, 꿰맨 자국, 봉제업(縫製業) seam, sewing, needle-work ○ **bəxyə** ● **söküş**; II. *si.* 재봉의, 꿰매는, 바느질의 sewing; ~ **maşını** *i.* 재봉틀; sewing machine; ~ **məmulatı** *i.* 의복, 재봉 상품; clothing; ~ **fabriki** *i.* 봉제 공장 clothes factory

tikişçi *i.* 재봉사, 양복사; 여자 재봉사, 침모 tailor, sartor, seamstress ○ **dərzi**

tikişli *si.* 바느질의, 꿰맨 sewing ○ **bəxyəli**; ② 실로 꿰맨 threaded

tikmə *i.* 자수(법); 자수품 embroidery

tikməçi *i.* 자수사, 수놓는 사람 embroiderer

tikmək *fe.* ① 건축하다, 건설하다 build up, construct ○ **yaratmaq, qurmaq, düzəltmək**; ② 고치다, 준비하다, 세우다 prepare, fix, erect, get ready; ③ 지정하다 appoint ④ 꿰매다, 바느질하다 sew; ⑤ 봉합하다, 꿰매어 고치다 stitch; ⑥ 수놓다 embroider; **kostyum** ~ *fe.* 양복을 만들다 make a suit; **çəkmə** ~ *fe.* 신발을 만들다 make a boots

til(l) *i.* ① 여백, 윤곽, 가장자리 edge, margin; ② edge of hand; ③ 능선, 분수령, 용마루 ridge; ③ 절단, 분할, 잘라낸 부분 section; ④ *riy.* 맥, 엽맥, 주맥 rib, series of line

tilif *i.* 기름 짜고 난 찌꺼기, 깻묵 oilcake

tilişkə *i.* 가시, 날카로운 조각 splinter **barmağına**; ~ **batmaq** *fe.* 손가락에 가시가 박히다 get a splinter in one's finger

till *i.* 무더기, 쌓아 올린 것, 더미, 낟가리 bale, bank, stack, pile ○ **qalaq**

tilləmək *fe.* 쌓아 올리다, 무더기로 모으다 pile, stack ○ **qalaqlamaq**

tilov *i.* 낚싯대 fishing-rod, rod ○ **qarmaq**; ~ **qamışı** *i.* 낚싯대 fishing-rod; ~ **atmaq** *fe.* 낚싯줄을 던지다 cast the line; **~a düşmək** *fe.* 먹이를 물다 swallow the bait

tilsim *i.* 부적, 액막이, 주문; 마법, 마술, 요술 talisman, charm, amulet, witchcraft, bewitch, conjure, exorcism ○ **sehr, ovsun, cadu**; **~ə düşmək** *fe.* 주문에 걸리다, 마법에 빠지다 be enchanted, be bewitched; **~ə salmaq** *fe.* 마법을 걸다, 주문을 걸다 enchant, bewitch; ~ **qırmaq** *fe.* 마력, 마법을 깨다 break a spell

tilsimbənd ☞ **tilsimli**

tilsimçi *i.* 무당, 주술사 witch, sorcerer, enchanter

tilsimçilik *i.* 마법사의 직업, 주술사의 일 enchanting, work of witch/sorcerer/enchanter

tilsimləmək *fe.* 마법을 걸다, 주문을 외다 enchant, bewitch, charm ○ **ovsunlamaq, sehrləmək, cadülamaq**

tilsimlənmiş ☞ **tilsimli**

tilsimli *si.* 마법의, 주문의, 마력의 magic, enchanted, bewitched, charmed ○ **ovsunlu, sehrli, cadulu**

timik *i. riy.* 예각(銳角) acute angle ○ **çıxıntli, çıxıq, künc**

timikli *si.* 날카로운, 뾰족한 pointed, angular ○ **tin-tin, çıxıq-çıxıq, kələ-kötür**

timiklilik *i.* 모가 있음, 모를 만듦, 모난 윤곽 angularity ○ **kələ-kötürkük, çıxıntı**

timov *i.* 감기, 콧물 감기 (점막 염증) cold (in the head), coriza, catarrh; ~ **olmaq** *fe.* 감기에 걸리다 catch cold

timsah *i. zoo.* 악어(鰐魚) crocodile; ~ **dərisi** *i.* 악어 가죽 crocodile leather

timsal *i.* ① 예, 모범 example, instance ○ **nümunə, misal**; ② 모양, 생김새 image, shape ○ **şəkil, rəsm, surət, təsvir**; ③ 속담, 격언 proverb, saying, saw ○ **məsəl, zərbi-məsəl**

timsinmək *fe.* 서두르다, 재촉하다, 급하게 하다, 다그치다 hurry, rush, hastent ○ **tələsmək**

tin¹ *i.* 구석, 모서리, 가장자리, (길) 모퉁이 corner, angle ○ **künc, bucaq, guşə**; **~də** *z.* 구석에, 모서리에 at the corner; **~i dönmək** *fe.* 모서리를 돌다 turn the corner; **~başı** *z.* 모서리에서 at every corner; **~dəki** *si.* 모서리에 있는, 구석에 있는 of the corner

tin² *i.* (보통 냄새가 독한, 또는 유독의) 가스, 연기, 연무(煙霧), 증기, 일산화 탄소 fumes, carbon monoxide; ~ **vurmaq** *fe.* 가스에 중독되다 be poisoned by fumes

tinət *i.* 피조물, 자연, 만물 creature, nature, creations ○ **xilqət, fitrət, təbiət, yaradılış**

ting(i) *i.* 모, 모종, 묘목 seedling, sapling, young plant

tingə *i.* 모서리, 구석 corner ○ **tin**

tinglik *i.* 못자리, 모종판 place of seedling, seedbed

tinqa *i. zoo.* 텐치(유럽산의 잉엇과 물고기) tench

tinktura *i.* 팅크제, 옥도정기(沃度丁幾 요오드팅크) tincture, (iodine)tinc.

tinli *si.* 각이 있는, 모서리의, 구석의 cornered, angled ○ **künclü, bucaqlı, güşəli**

tinlik *i.* 유치원 nursery garden

tin-tin *si.* 울퉁불퉁한, 고르지 않는 rough, uneven, rugged ○ **kələ-kötür, çıxıq**

tip *i.* ① 형태, 유형 type, character ○ **forma, nümunə, model**; ② 모양, 생김새 image, shape **surət, obraz**; ③ *bio.* (동식물의) 과(科), 종(種) family, species; ④ 일족, 혈족, 씨족, 가계, 혈통 race; ⑤ 사회적 계층 social class, group; ⑥ 괴인(怪人) odd fish, eccentric man

tipaj *i.* 활판 식자공, 활판 인쇄공, 인쇄 기술자 typos

tipi *i.* 눈보라 snow-storm

tipik *si.* 전형적인, 독특한 typical ○ **səciyyəvi**; ~ **nümunə** *i.* 전형적인 예 type

tipikləşdirmək *fe.* ① 전형이 되다, 상징이 되다 typify ○ **səciyyələndirmək**; ② 특화하다, 구분되다 specialize, distinguish

tipiklik *i.* 별남, 기묘함, 괴상함, 기발함 typicalness, uniqueness, peculiarity ○ **səciyyəvilik**

tipli *si.* 특유한, 독특한, 전형적인 typical, characteristic ○ **surətli, obrazlı**

tipoqraf *i.* 인쇄 기술자, 인쇄공 typographer, printer, pressman

tipoqrafiya *i.* 인쇄소 printing/publishing house

tipoloji *si.* 예표론의, 유형학적 typological

tipologiya *i.* 예표론(豫表論); 유형학(類型學) typology

tir¹ *i.* 통나무, 장대 bar, log ○ **şalban**

tir² *i.* 화살 arrow ○ **ox**

tir³ *i.* 사격장 shooting range

tiraj *i.* 인쇄 부수, 발행부수 (신문, 잡지, 서적 등) circulation (newspaper, journal, lottery *etc.*), number of release copies (book)

tiran *i.* 독재자, 억압자, 폭군 tyrant, dictator, oppressor, despot ○ **hökmdar, müstəbid; zalım, zülmkar, qəddar**

tiranlıq *i.* 독정, 폭정, 압정, 독재주의 dictatorship, oppression, despotism ○ **zalımlıq, zülmkarlıq, qəddarlıq; istibdad, zülm**

tirbaşı *i.* (나무, 식물의) 그루터기 stump

tircik *i.* 작은 통나무 small log

tire *i.* 하이픈(-) dash, tyre

tirə¹ *i.* 부족, 씨족 tribe, clan; ② 분할구역, 구획 division, partition, allotment, bloc; ~-~ *z.* 구역 별로, 지구 별로 in divisions; ~ **olmaq** *fe.* 분할되다 be divided

tirə² *i.* ① *geol.* 산등성이, 산마루, 능선, 구름 언덕 ridge, range, bank (of cloud); ② 언덕, 벼랑 edge

tirələnmək *fe.* 나누다, 분할하다 divide, group

tirlənmək *fe. col.* 눕다 lie stretched (down) ○ **uzanmaq, sərilmək**

tirli *si.* 통나무로 된 timbered, having timbers ○ **şalbanlı**

tirmə *i.* 티르마 (모직, 비단의 세밀한 문양) tirma (precious ornament cloth of wool or silk)

tirməşal ☞ **tirmə**

tirtap *z.* 완전히 펼쳐; fully stretched; ~ **düşmək/uzanmaq** *fe.* 완전히 쭉 뻗어 눕다 lie at full length, lie stretched out , have deep sleep

tir-tir *z.* 오들 오들 떨면서 shiveringly, tremblingly; ~ **titrəmək** *fe.* 오들 오들 떨다; shiver, tremble, quiver, shake; ~ **əsmək** *fe.* 사시나무 떨 듯하다 tremble like an aspen leaf

tiryək *i.* 아편 opium; ~ **çəkmək** *fe.* 아편을 피우다 smoke opium

tiryəkbaz *i.* 아편을 피우는 사람 opium-smoker

tiryəkbazlıq *i.* 아편 중독 opium addiction

tiryəkçi ☞ **tiryəki**

tiryəki *i.* 아편쟁이 opium-smoker

tiryəkxana *i.* 아편을 피우는 곳 opium den, opium-joint

tisək *i.* 이슬비, 보슬비, 가랑비 drizzle ○ **yağış, çisək**

tisəkləmək *fe.* 이슬비가 내리다, 보슬비가 내리다 drizzle, muzzle ○ **çisəkləmək, yağmaq**

titan *i.* 가마솥 cauldron, bigg vessel for boiling

titanit *i. kim.* 티타늄 (기호 Ti) titanium

T

titə *i.* ① *tib.* 백반(白斑), 각막(角膜) 백반; leucoma; ② *col.* 눈에 거슬리는 것 an eyesore
titəli *si.* 백반의 white spotted (on eye)
titr *i.* 자막 subtitles (written text, either dialogue or explanatory, in a film)
titrədici *si.* 떨게 하는 causing to shake
titrək *si.* ① 전율하는, 떨리는 trembling, shaking, tremulous ● **sakit**; ② 깜박이는, 가물거리는 blinking, flickering; ~ **işıq vermək** *fe.* 깜박이다, 가물거리다 flicker, glimmer ○ **sayrışmaq**; ~ **səs** *i.* 떨리는 목소리 quivering/vibrating/tremulous voice
titrəquş *i.* 추위를 잘 타는 a person who is sensitive to cold, chilly
titrəmək *fe.* ① (추위, 공포로) 떨다, 전율하다, 진동하다 shake, vibrate, shake, shiver, quiver, thrill, tremble ○ **əsmək**, **yırğalanmaq**, **silkələnmək** ● **isinmək**; ② 무서워하다, 공포로 떨다 scare, dread, fear ○ **qorxmaq**, **sarsımaq**; ③ (불빛이) 깜박이다 flicker; **qorxudan** ~ *fe.* 무서워서 떨다; shake with fear; **soyuqdan** ~ *fe.* 추워서 떨다 shiver with cold
titrər ☞ **titrək**
titrəşmək *fe. top.* 공포, 추위로 떨다 tremble, shiver, shake
titrətmə *i.* ① 오한, 발열 fever, shaking with feverish shivers ○ **üşütmə**; ② 공포, 두려움 fear, horror ○ **qorxu**, **sarsıma**
titrətmək *fe.* ① 떨게 하다, 진동하게 하다 cause to shake/tremble ○ **üşümək**, **əsmək**; ② 무섭게 하다, 두렵게 하다 cause to be in fear ○ **qorxmaq**, **sarsımaq**; ③ 고열이 나다 have a fever
titrətməli *si.* 학질에 걸린 sick with malaria
titrəyiş *i.* 떨림, 진동, 전율 shake, quiver, thrill ○ **əsmə**, **lərzə**
titrəyişli *si.* 흔들리는, 진동하는, 전율하는 shaky, quivering, thrilling ○ **əsməli**, **lərzəli**
titrləmə *i. kim.* 적정(滴定) titration
titrləmək *fe.* 적정(滴定)하다 titrate
titul *i.* 제목, 표제; 직함, 칭호 title; ~ **vermək** *fe.* (명칭으로) 부르다, 제목을 붙이다 entitle
tiyan *i.* 아스팔트를 녹이기 위한 무쇠솥 cast-iron vessel for boiling asphalt
tiyançı ☞ **qırçı**
tiyə *i.* 칼날 blade (of sword, knife)
tizfəhm *si.* 영리한, 민첩한, 영민한 clever, smart, quick-minded
toğay *i.* 늪 숲 flood-land, water-meadow forest
toğlu *i.* 1년생 수양 young ram (less than 1 year old)
toğlubası *i.* 건축에 쓸모 없는 울퉁불퉁한 돌 uneven stone (in construction)
tox *si.* ① 만족한, 가득한, 배가 부른, 포만한 satisfied, full, satiated ○ **doymuş** ● **ac**; ② 번창하는, 잘나가는 prosperous, well-off ○ **dolğun**, **məzmunlu**; ③ 싫증난, 지긋지긋한 fedup, wearied ○ **oymuş**, **çiyrənmiş**; **gözü** ~ *si.* 만족한, 더 이상 욕심나지 않는 contented, free from greed; ***O toxdur.*** *그는 배가 부르다. He is full.*; ***Toxam.*** *배가 부릅니다. I'm full.*
toxa *i.* 괭이, 곡괭이 hoe, mattock ○ **kətmən**
toxac *i.* ① 다지는 물건; 달구; 말뚝 박는 도구 rammer ○ **döyəc**; ② 다지기 ramming
toxaclamaq *fe.* 다지다, 처박다, 두드려 단단하게 하다 ram, tamp ○ **döyəcləmək**, **bərkitmək**
toxaclanmaq *fe.* 다지다 be rammed
toxaclat(dır)maq *fe.* 다지게 하다 ask *smb.* to ram/tamp
toxalamaq *fe.* 호미질하다, 잡초를 제거하다 hoe, weed ○ **yumşaltmaq**
toxalanmaq *fe.* 호미질되다 be hoed
toxalat(dır)maq *fe.* 호미질하게 하다 ask *smb.* to hoe
toxluq *i.* ① 만족함, 가득함, 배부름 satiety, satiation, repletion, fullness ○ **dolğunluq**, **məzmunluluq** ● **aclıq**; ② 교만함, 자만함 proudness, haughtiness; ~ **etmək** *fe.* 터지도록 먹다 overeat to the point of sickness
toxmacar *i.* 어린 나무, 묘목 seedling
toxmacarlıq *i.* 모판 seedling bed
toxmaq *i.* ① 망치, 나무 망치, 달구; maul, mallet, wooden hammer, beetle; ② 장대, 막대 pole, rod; ③ 문 두드리개 door knocker 빨랫방망이 laundry paddle; ~**cıq** *i.* 작은 나무망치 small wooden hammer
toxmaqlamaq *fe.* (망치로) 두드리다, 다지다 pound, beat, strike
toxmaqlanmaq *fe.* 망치로 다져지다 be beetled, be beaten with beetle
toxmaqlı *si.* 공이가 있는 with beetle
toxmaqsız *si.* 공이가 없는 without beetle

toxtaq I. *si.* 조용한, 잠잠한, 평온한 quiet, calm, tranquil ○ **sakit, dinc, rahat, arxayın xatircəm** ● **təntik**; II. *z.* 조용히, 차분히 quietly, calmly

toxtaqlıq *i.* ① 잔잔함, 고요함, 진정시킴 calming, quieting, soothing ○ **təskinlik, sakitlik, xatircəmlik, rahatlıq, arxayınlıq**; ~ **vermək** *fe.* a) (마음, 감정을) 진정시키다, 누그러뜨리다, 가라앉히다; b) 가라앉다, 침잠하다 calm, quiet, soothe, assuage, reassure, set at rest, ease calm down, subside, quiet down

toxtamaq *fe.* ① 진정하다, 안돈하다, 가라앉다, 누그러뜨리다 calm down, be comforted, be made easy, get be softened ○ **sakitləşmək, təskinləşmək, rahatlanmaq, arxayınlaşmaq, yumşalmaq, yüngülləşmək** ● **karıxmaq**; ② 참다, 견디다, 인내하다, 자제하다; suffer, endure, undergo, have patience, control oneself, check oneself; ③ 도달하다, 이르다 reach (on foot), arrive (at)

toxtamaz *si.* 안절부절못하는, 안달하는 unceasing, ceaseless

toxtatmaq *fe.* 진정시키다, 누그러뜨리다, 달래다, 위로하다 calm, quiet, soothe, assuage, appease, reassure, set at rest, ease, set *smb.*'s mind at rest

toxucu I. *si.* 옷감의, 직물의; textile II. *i.* 직공(織工), 베 짜는 사람; weaver, textile worker; ~ **dəzgahı** *i.* 베틀, 직기, 베짜기, 직조 loom; ~ **fabriki** *i.* 직조 공장, 방직 공장 textile mill

toxuculuq *i.* 직조업, 방직업 weaving, job of weaver

toxum *i.* ① 씨, 씨앗, 종자(種子) grain, seed; ② 정자, 정액 sperm, semen; ~ **səpmək** *fe.* (씨를) 뿌리다 sow; **narahatlıq ~u** *i. fig.* 불행의 씨앗 seed of trouble; ~ **salmaq** *fe.* 씨를 심다 lay eggs

toxuma I. *i.* ① 직조, 방적; weaving; ② 뜨개질 knitting, crochet(-work); II. *si.* 뜨개질의, 바늘로 뜬 knitted, crocheted, wattled

toxumaq *fe.* ① 뜨개질하다 knit, twine, weave, crochet ○ **hörmək**; ② *fig.* 누비고 나아가다 weave; **nağıl** ~ *fe.* (이야기, 계획) 엮어내다, 지어내다 weave a story

toxumcuq *i.* 씨, 씨앗 fine seed ○ **tumcuq**

toxumçu *i.* 종자 농업자, 종묘업자 seed-grower, seed-farmer

toxumçuluq *i.* 종묘업 seed-growing, seed-farming

toxumlamaq *fe.* 종자를 내다, 종자를 뿌리다 seed, sow

toxumlayan *si.* 씨를 내는 seed-bearing; ~ **bitkilər** *i.* 종자 번식 식물 seed-bearing plants

toxumlu *si.* 씨가 많은 seedy; ~ **portağal** *i.* 씨가 있는 오렌지 seedy orange; ~ **badımcan** *i.* 씨가 많은 가지 seedy aubergine/eggplant

toxumluq *i.* ① 씨, 종자 seed, kernel; ② *fig.* 핵심 core; ③ *bot.* 씨방 ovary: ④ *zoo.* 정자, 정액 sperm; ~ **üçün saxlamaq** *fe.* 종자를 위해 남겨두다 keep for seed; ~ **buğda** *i.* 종자 밀 seed wheat; ~ **kartof** *i.* 씨 감자 seed potatoes; ~ **kələ** *i.* 종우(種牛) seeding bull

toxumsəpən *i.* ① 씨 뿌리는 자 sower; ② 살포기, 파종기(播種機) disseminator, seeding-machine

toxumsuz *si.* 씨 없는 seedless

toxumtəmizləyən *i.* 씨를 제거하는 기구 seed cleaner, seed sorter

toxumtəmizləmə *i.* 씨 제거 seed-cleaning, seed-sorting

toxumverən ☞ **toxumlayan**

toxunan *i. riy.* 탄젠트 tangent

toxundurmaq *fe.* 접촉하게 하다, 연락되게 하다 knock together, bring into contact; *col.* bring together

toxunma[1] *i.* 접촉, 연락 contact, touch

toxunma[2] I. *i.* ① 뜨개질 weaving; ② 코바늘 뜨기 knitting, crochet (work), weaving; II. *si.* 뜨개질한, 종횡으로 엮은 knitted, crocheted, wattled

toxunmaq[1] *fe.* ① 만지다, 닿다, 건드리다 touch ○ **dəymək, ilişmək**; ② 기분을 상하게 하다, 괴롭게 하다 offend, trouble, disturb, affect ○ **sataşmaq, incitmək**; ③ 연락하다, 접촉하다 contact, keep in touch; **məsələlərə** ~ *fe.* 안건을 토의하다 touch upon a subject; **mənliyinə** ~ *fe.* 자존심을 건드리다 offend, wound one's self-esteem; **mənafeyinə** ~ *fe.* 이익을 침해하다 infringe upon one's interest; **yaralı yerinə** ~ *fe.* 아픈 곳을 건드리 touch on one's sore spot; ***Qayıq qayaya toxundu.*** *배가 바위에 걸렸다. The boat struck against the rock.*

T

toxunmaq² *fe.* 엮어지다, (바늘로) 뜨이다 be woven, be knitted
toxunmuş *si.* 뜬, 짠, 편물의 knitted
toxunulmaq *fe.* ① 괴롭힘 당하다 be touched/troubled; ② (뜨개질 바늘로) 짜이다 be woven, be knitted ○ **hörulmək**
toxunulmamış *si.* 건드리지 않은 untouched
toxunulmaz *si.* ① 건드릴 수 없는 untouchable, inviolable, unaffected; ② 특별 보호를 누리는 enjoying special protection
toxunulmazlıq *i.* (병, 독의) 면역(성); 불가침성, 불가촉성 immunity, inviolability **diplomatik**; ~ *i.* 외교관 면책 특권 diplomatic immunity
toxunuş *i.* 뜨개질, 뜨개 바느질 knitting, crochet-work
toxut(dur)maq *fe.* 뜨개질하게 하다, 뜨개하다 ask *smb.* to weave/crochet, have knitted/crocheted
tokar *i.* 선반공, 녹로공, 선반(旋盤) 작업부 turner, lathe operator ○ **tornaçı**; ~ **olmaq** *fe.* 선반공이 되다 be a turner
tokarlıq *i.* 선반[녹로] 세공[기술], 선반 제품 turnery ○ **tornaçılıq**
tokkata *i. mus.* 토카타(건반 악기를 위한 즉흥적인 곡) toccata
toksemiya *i. tib.* 독혈증(毒血症) toxaemia
toksik *si.* (약품, 가스 등) 유독한, 독성이 있는, 독소에 기인하는, 중독성의 toxic
toksikologiya *i.* 독물학(毒物學), 중독학 toxicology
toksikoloji *si.* 독물학적인 toxicological
toksikoloq *i.* 독물학자 toxicologist
toksikoz *i.* 중독(증) toxicosis
toksin *i.* 독소 toxin
toqqa *i.* (혁대 등의) 걸쇠, 버클, 혁대 쇠 belt, buckle, clasp ○ **qayış, kəmər, qurşaq**
toqqac *i.* 먼지떨이용 가는 나무 가지 thin rod for beating beddings to dust off
toqqaclamaq *fe.* 두드려 먼지를 털다 beat off dust off
toqqalamaq *fe.* ① 혁대를 차다, 벨트를 메다 belt, strap; ② 걸쇠로 채우다, 걸쇠를 달다 clasp, buckle
toqqalı *si.* 멜빵을 한, 띠를 두른 belted, strapped ○ **qayışlı, kəmərli, qurşaqlı**
toqqasız *si.* 띠를 두르지 않는, 걸쇠가 없는 having no belt
toqquşdurmaq *fe.* ① 부딪히게 하다, 충돌시키다 cause to collide (with), drive into collision (with); ② *col.* 문제를 야기하다, 분규를 유발하다 cause to clash/conflict (with)
toqquşma *i.* 충돌, 격돌, 파손 collision, smash, wreck, encounter, clash, bump; **silahlı** ~ *i.* 무력 충돌 armed conflict, clash; **mənafelərin ~sı** *i.* 이해의 충돌 clash of interests; **~da həlak olmaq** *fe.* 전사(戰死)하다 fall in skirmish
toqquşmaq *fe.* ① 마주치다, 맞닥뜨리다 encounter ○ **çarpmaq, rastlaşmaq, qarşılaşmaq**; ② 부딪히다, 충돌하다, 난파하다 bump, smash, clash, wreck ○ **itələşmək, döyüşmək, çarpışmaq, vuruşmaq**
tol *i.* 콜타르를 바른 지붕재 펠트 (방수용) roofing/tarred felt
tolazlama *i.* 암시, 지시, 신호, 표시, 표지 cue, remark, refort, rejoinder ○ **atmaca**
tolazlamaq *fe. fig.* 내던지다, 팽개치다, 던져주다 fling, hurl, toss, fling out, hurl out, chuck out ○ **tullamaq, fırlatmaq, atmaq**; **daş** ~ *fe.* 돌을 던지다 throw stones
tolazlanmaq *fe.* (스스로) 내던지다, 팽개치다 be flung out/hurled out
tomağal *i.* 앞머리, 갈기, 상투, 머리 다발 forelock, crest, topknot, tuft of hair ○ **kəkil**
tomat *i.* 토마토 페이스트 tomato paste
tombul *si.* 희고 부드러운 (솜); 통통한, 토실토실한 white and soft (cotton) chubby, plump ○ **totuq, koppuş, kök**
tompal *i.* 버려질 고치 waste cocoon
ton¹ *i.* 톤 ton, 1000 kilogram
ton² *i.* ① 음질, 음색 tone ○ **avaz, səs, intonasiya**; ② 어조, 말씨 style, manner ○ **tərz, üslub**; **amiranə ~la** *z.* 높은 목소리로; in a high tone; **~u qaldırmaq** *fe.* 목소리를 높이다; raise one's tone; **bir ~ yuxarı/aşağı** *mus.* 한 음 높게/낮게 one tone higher/lower
tonal *si.* 음색의, 음조의; 색조의 tonal
tonallıq *i.* 음조; 색조, 색의 배합 tonality
tonqal *i.* 화톳불, 모닥불; bonfire, (camp)-fire; ~ **qalamaq** *fe.* 모닥불을 피우다 make a fire
tonlu *si.* 음조의, 색조의, 어투의 in tune ○ **avazlı, səsli, intonasiyalı**
tonnaj *i.* 상선의 적재량, 군함의 톤수 tonnage

tonus *i.* 삶의 활력, 활기 tonus; activity (of life)
tonzil *i.* 편도선 tonsil
tonzilit *i. tib.* 편도선염 tonsillitis
top¹ *i.* 공 ball
top² *i.* ① 대포, 기관포 gun, cannon; ② (체스, 장기의) 루크, 「차(車)」 (chess) castle, rook; **~ gülləsi** *i.* 포탄, 탄환 cannon ball; **~ atəşinə tutmaq** *fe.* 포를 쏘다 shell; **~ mərmisi** *i.* 포탄, 파열탄 shell; **~a tutmaq** *fe.* 포격하다, 폭격하다 bombard
top³ *i.* ① (종이, 천) 두루마리, 마 (연/속/필) ream, roll; ② 묶음, 다발 bundle; **~-~** *i.* 마리 (연/속/필) ream; **~dan satılan** *si.* 대량의 gross; **~dan satış** *i.* 도매 whole sale
topa *i.* ① 무더기, 더미 pack, pile, stack ○ **yığın, qalaq, koma, yumaq** ● **dağınıq; seyrək**; ② 군중, 사람 무더기 crowd, group of people; **~-~** *z.* 더미더미, 가리가리 in small groups, heap by heap, in piles
topabasma *i.* 연속 포격 cannonade
topacıq *i.* 작은 무더기 small heap
topaçiçək *si. bot.* 꽃다발 bundle-flowered
topal *i.* 절름발이, 신체 장애자 lame, cripple ○ **axsaq, çolaq, şil, şikəst, əlil**
topalamaq *fe.* ① *fig.* 긁어 모으다 다발로 묶다 crumple, bunch up, make a hash (of) ○ **yumrulamaq, bürmələmək, bükəşdürmək girdələmək, dəyirmiləmək** ● **dağıtmaq**; ② 둥글게 말다 round (off), make round
topalanmaq *fe.* ① 쌓이다 be heaped/piled; ② 같이 모이다, 집합하다 come together, collect, assemble
topalaş(dırıl)maq ☞ **topalanmaq**
topalaşdırmaq ☞ **topalamaq**
topalatmaq *fe.* 무더기로 모으게 하다, 쌓게 하다 cause *smb.* to heap/to pile
topaldıqaç *i.* ① (두 편으로 나뉘어 공을 막대기로 치며 노는 아이들 놀이) lapta (a ball game); ② 배트, 막대기, 곤봉 bat
topallıq *i.* 절름발이, 절뚝거리기 lameness, limping ○ **axsaqlıq, çolaqlıq, şillik, sikəstlik, əlillik**
topasaqqal(lı) *si.* 굵고 무성한 수염 thick and bushy bearded
topatutma ☞ **topabasma**
topayarpaq *si. bot.* 뭉치 잎을 가진 (나무) bundle leafed, bunched in leaves
topbığ(lı) *si.* 콧수염이 굵고 뻣뻣한 having a short and thick moustache, moustached
topçək *i.* 진흙의 마른 덩어리 dried piece of clod
top-çomaq *i.* 막대기와 지팡이
topçu *i.* 포수, 사수, 포병 gunner, artillery man
topçuluq *i.* 포술, 포격, 사격(술); 포병 임무 artillery, gunnery; duties of gunner
topdansatış *i.* 도매상; wholesale trade; **~ qiymət** *i.* 도맷값 wholesale price
topquyruq(lu) *si.* 짧고 굵은 꼬리를 가진 having a short and thick tailed
toplama *i. riy.* 덧셈, 가산(법) addition
toplamaq *fe.* ① 더하다, 모으다, 쌓다, 수집하다, 모집하다 put together, collect, compile, gather, hoard, recruit ○ **yığmaq**; ② *riy.* 더하다, 가산하다 sum, add ○ **cəmləmək, artırmaq**; **bir yerə ~** *fe.* 집중하다, 집결시키다 concentrate, center; **son gücünü ~** *fe.* 최후의 힘을 모으다 gather one's last strength
toplanan *i. riy.* 항목, 항 item
toplanış *i.* ① 결집, 규합, 집결, 단결 rally, gathering, meeting, assembly ○ **yığıncaq, iclas, məclis**; ② 더미, 무더기, 퇴적물 heap, pile ○ **yığım**; ③ 모으기, 징수, 수금 collecting ○ **rüsum, vergi**
toplanmaq *fe.* ① (스스로) 모이다, 결집하다, 집결하다 gather, assemble, get together ○ **yığılmaq, cəmlənmək, qalaqlanmaq, düzülmək**; ② 더하다, 가산하다 add, sum ○ **cəmlənmək, artırılmaq**; ③ 집중하다, 전념하다 concentrate on, be concentrated ○ **birləşmək**; **bir yerə ~** *fe.* 집중하다, 초점에 모이다 flock, focus
toplantı ☞ **toplanış**
toplaşma *i.* 집중, 전념, 수집 concentration, collection
toplaşdırmaq ☞ **toplamaq**
toplaşmaq *fe.* 모아 한 무리로 만들다, 떼를 짓다, 같이 모이다, 군집하다 cluster, crowd, gather, get together, meet, swarm, collect ● **dağılışmaq**; **bir yerə ~** *fe.* 집중하다, 전념하다 concentrate, center
toplat(dır)maq *fe.* 집합시키다, 결집시키다 call to a meeting
toplayan *i.* 수집가, 수금원 gatherer, collector
toplayıcı *i.* 수집가; 조립공; gatherer, collector

T

(technical) fitter, assembler, engine fitter; *si.* 수집하는, 모으는 collective, collecting

toplu[1] *si.* 탄알이 있는 with having bullets

toplu[2] *i.* ① 군집, 군중 gang of people, group of people ○ **yığcam, kip, sıx** ● **dağınıq**; ② *qram.* 집합 명사 collective; ③ 저널, 잡지 journal, magazine ○ **məcmuə**; ~ **isim** *qram.* 집합 명사 collective noun

topluluq *i.* 밀집, 조밀함, 옹골짐 compactness, density, congestion

topoqraf *i.* 지형학자, 지지학자 topographist, topographer

topoqrafik *si.* 물체 표면의; topographic; ~ **çəkiliş** *i.* survey

topoqrafiya *i.* 지형학; 국소해부학 topography

toponimiya *i.* 지명학 toponymy

toponimik *si.* 지명학적인 toponymic

toppuş *si.* (사람, 얼굴 등) 토실토실 살찐, 오동통한, 포동포동한, 살집이 좋은 chubby, plump ○ **koppuş, totuş**

toppuz *i. obs.* 곤봉, 직장(職杖) mace, club, cudgel

toppuzlamaq *fe.* 곤봉으로 치다/때리다 beat with a mace/cudgel

toppuzlanmaq *fe.* (스스로) 곤봉으로 치다 be beaten with a mace/cudgel

toppuzlatmaq *fe.* 곤봉으로 치게 하다 ask *smb.* to beat with a mace/cudgel

topsaqqal ☞ **topasaqqal**

top-topxana *i.* 포(砲), 대포; 포병대 artillery

top-tüfəng *i.* 총포(銃砲) shooting weapon

topuq *i. ana.* 발목 (관절); 복사뼈; (말의) 발굽 위의 돌기 ankle, fetlock; ~ **çalmaq** *fe.* 다른 발로 발목을 문지르다 brush fetlock with shoes of other side; **dili ~ çalmaq** *fe.* 말을 주저하다 hesitate in speaking; ***Onun dili topuq çalır.*** *중얼거린다, 우물쭈물 말한다. He speaks thickly. He mumbles.*

topuqlamaq *fe.* (소떼를) 몰다 drive (cattle)

topurca *i.* 오동통한 꼬맹이 chubby, plump, chubby little boy, chap

topuş ☞ **toppuş**

tor[1] *i.* ① 그물 snare, net for hunting or fishing ○ **tələ, düzaq**; ② 네트워크, 조직 network ○ **şəbəkə**; ③ 뜨개질한 가방 knit bag; ④ 방충용 철망 screen; ⑤ 거미줄, 거미줄 모양의 것 web; **~a düşmək** *fe.* 그물에 걸리다 fall into a net; **~a salmaq/~la tutmaq** *fe.* 그물로 잡다 net, catch in a net; ~ **qurmaq** *fe.* 그물을 치다 set a snare/nets; **hörümçək ~u** *i.* 거미줄 spider's web

tor[2] *si.* (빛, 장소가) 어둑한, 침침한, 희미한, 어렴풋한, 막연한 dim, misty; ~ **görmək** *fe.* 희미해지다, 침침해지다 grow misty/dim

torağay *i. zoo.* 종다리 lark, skylark; **kəkilli ~** *i.* 볏이 있는 종다리 crested lark

toralmaq *fe.* ① 커튼을 치다, (가리개로) 가리다, 막다 cover with screen/curtain ○ **bürümək, örtmək, pərdələmək**; ② 어두워지다, 침침해지다, 희미해지다 become cloudy, become foggy, get dim ○ **tutqunlaşmaq, qaranlıqlaşmaq, tündləşmək**

toran *si.* ① (해 진 뒤, 해뜨기 전의) 어스름, 해질녘, 황혼, 여명 dusk, twilight ○ **alaqaranlıq** ● **dan, sübh**; ② 안개, 이슬비; mist, fog; ~ **qovuşmaq/düşmək** *fe.* 어두워지다, 침침해지다 get/grow dark, grow twilight

toranlaşmaq *fe.* 어두워지다, 캄캄해지다, 땅거미가 깔리다 become dark, become dusky ○ **qaralmaq, tutqunlaşmaq**

toranlıq *i.* 해질녘, 황혼, 여명 time of dusk/twilight ○ **tutqunluq**; **~da** *z.* 해질녘에 in the dusk

torba *i.* 자루, 가방 bag, sack ○ **kisə**; **at ~sı** *i.* (말 목에 거는) 꼴/목초 자루 nose bag; ***Olan oldu torba doldu.*** *있을 것은 있고, 없을 것은 없고. What has happened has happened.*; **~cıq** *i.* 작은 가방 small sack

torbalamaq *fe.* 자루에 담다/채우다 pack into sack ○ **kisələmək**

torbalı *si.* 자루만큼의, 자루가 있는 in sack, sackful

torbalıq *i.* 자루만큼의 양 quantity of sack ○ **kisəlik**

torçu *i.* 그물 치는 어부 net-fisher

torf *i.* 이탄(泥炭); (연료로) 이탄 덩어리; peat; ~ **çıxartma** *i.* 이탄 추출물 peat extraction/exploitation; ~ **bataqlığı** *i.* 이탄 늪, 이탄 밭 peat-bog; ~ **sənayesi** *i.* 이탄 산업; peat industry; ~ **fəhləsi** *i.* 이탄 노동자 peat-worker

torflu *si.* 이탄의; peaty; ~ **yer** *i.* 이탄광(鑛) peaty soil, peatry

torfluq *i.* 이탄 밭, 이탄광 peat-bog, peat-bed

tori *i.* 토리당원 (영국의 보수당원) Tory (member

of conservative party in Britain)

torium *i. kim.* 토륨 (기호 thorium Th: 핵에너지 원 등으로 쓰이는 방사성 금속 원소)

torlama *i.* 망형 조직 setting network ○ **şəbəkləmə**

torlamaq *fe.* 네트워크을 형성하다 set network ○ **şəbəkələmək**

torlanma, ☞ **torlanmaq**

torlanmaq *fe.* 어두워지다, 캄캄해지다 get become dark, grow dusky ○ **qaralmaq**, **tutulmaq**

torlatmaq *fe.* 구름이 끼게 하다, 어둡게 하다, 그림자로 가리게 하다 cloud, dim, fog, darken, cover, overshadow

torlu *si.* ① 그물 조직의 netted ○ **şəbəkəli**; ② 그물을 친, 덫에 걸린 trapped, snared; ~ **qişa** *i. ana.* (눈의) 망막(網膜) retina

tormoz *i.* (교통 기관이나 기계의) 제동기, 제동 장치, 브레이크; brake; ~ **vermək** *fe.* (차, 기계 등에) 브레이크를 걸어 정지시키다, 속도를 줄이다 brake

tormozlama *i.* ① *tex.* 제동(制動) braking; ② *fiz.* 반사 억제 inhibitio of reflexes

tormozlamaq *fe.* ① 제동을 걸다, 브레이크를 걸다 brake, apply the brake, stop ○ **dayandırmaq**, **saxlamaq**; ② 연기시키다, 지연시키다 suspend, delay ○ **ləngitmək**, **gecikdirmək**, **yubatmaq**, **sürundürmək**

tormozlanmaq *fe.* 지연되다, 연기되다 be applyied the brakes (to), be braked

torna *i.* 선반(旋盤) lathe

tornaçı *i.* 선반공 turner, lathe operator

tornaçılıq *i.* 선반 세공, 녹로 기술 turnery, lathe operation

torpaq *i.* ① 지구 earth ○ **yer**; ② 땅, 흙; ground, soil; ③ 토지, 영역 land, territory ○ **məmləkət**, **ərazi**; ④ *fig.* 조국, 동포 country, brethren ○ **ölkə**; **ana** ~ *i.* 조국; motherland; **məhsuldar** ~ *i.* 비옥한 땅; fertile land, fat land; ~ **sahibi** *i.* 토지주, 지주; land owner; **xam** ~ *i.* 처녀지 the virgin land; ~ **bənd** *i.* 댐, 둑, 보 dam, pier; ~ **parçası** *i.* 흙덩이, 토양 clod; **qara** ~ *i. fig.* (비유적) 무덤 grave; ~ **qatı** *i.* 지층(地層) soil layer; ~ **islahatı** *i.* 토지개혁, 농지개혁 agrarian/land reform; ~ **sahəsi** *i.* 토지 도면, 도표; plot of land; ~ **mülkiyyəti** *i.* 토지 재산 land property; ~ **işi** *i.* 토기(土器) earthen work

torpaqaltı ☞ **torpaqarası**

torpaqarası *si.* 지하의, 지하에 있는; subterranean, underground; ~ **su** *i.* 지하수(地下水) subsoil/subterranean water, ground water

torpaqarısı *i. zoo.* 호박벌, 뒤영벌 bumblebee

torpaqbasdı *i.* 통행세 toll, tax for passage

tropaqbecərən *i.* 농부 farmer

torpaqbərkidən *i.* 땅 다지는 기계 tool for hardening ground

torpaqdasıyan *i.* 흙 나르는 도구 soil carrier

torpaqqazan *i.* 굴착기, 땅 파는 도구 digger

torpaqlamaq *fe.* 흙으로 덮다, 흙으로 채우다 fill (up), cover with soil, sand; ② 파묻다, 매장하다 bury ○ **basdırmaq**, **örtmək**, **doldurmaq**

torpaqlı *si.* ① 흙이 섞인 earthy, mixed with earth ○ **bulaşıq**, **palçıqlı**; ② 토지가 있는 having land (landlord)

torpaqölçən *i.* 측량기사 surveyor

torpaqsız *si.* 토지가 없는 landless; ~ **kəndli** *i.* 토지가 없는 농부 landless peasant

torpaqsızlıq *i.* 경작지 부족 lack of (arable) land

torpaqsoran *i. tex.* 흡입 준설기 suction dredge, dredger

torpaqşünas *i.* 토양 전문가 soil scientist

torpaqşünaslıq *i.* 토양학 soil science

torpaqüstü *si.* 지상의, 지표의 on the ground

torped(a) *i.* 어뢰, 수뢰, 부설 기뢰 torpedo

torpedaçı *i.* 어뢰 팀원 member of torpedo team

torpedləmək *fe.* 어뢰를 발사하다, 굴착을 위해 폭파하다 torpedo; blast for digging

tort *i.* 케이크 cake

torta *i.* 기름 찌꺼기, 침전물, 앙금 deposit, sediment (under the oil)

tortalı *si.* 침전물의, 퇴적성의 sedimentary

tor-top; ~ **olmaq** *fe.* ① 줄어들어 주름지다, 오그라지다 shrivel, shrink; ② *col.* 기분 좋게 드러눕다, 아늑하게 자리하다, 낮잠을 자다 nestle down, have snap

tosqun *si.* 뚱뚱한, 비만한 fat, obese, stout, corpulent, plump ○ **qüvvətli**, **güclü**

tosqunlaşmaq *fe.* 비만해지다, 뚱뚱해지다, 체중이 늘다 grow stout, fatten, put on flesh, gain weight ○ **kökəlmək**, **piylənmək**

tosqunluq *i.* 뚱뚱함, 풍만함, 비만, 비대 fatness, obesity, corpulence, stoutness, plumpness ○ **köklük, koppuşluq, piylilik**

tost *i.* 축배, 건배 toast; ~ **demək** *fe.* 건배를 제의하다 toast, drink

total *si.* 전체적인 total

totalitar *si.* 전체주의적인 totalitarian; ~ **dövlət** *i.* 전체주의적 정부 totalitarian government

totalitarlıq ☞ **totalitarizm**

totalitarizm *i.* 전체주의 totalitarianism

totalizator *i.* 가산기, 경마의 건 돈 표시기 totalizator

totem *i.* 토템, 숭배 대상이 되는 동물 totem

totemizm *i.* 토테미즘, 동물 숭배 totemism

totuq *si.* 뚱뚱한, 풍만한 chubby, plump ○ **koppuş, kök, dolu, yumru** ● **arıq**; ~ **oğlan** *i.* 통통한 아이 chubby little boy/chap; ~ **əl** *i.* 통통한 손 plump hand; ~ **qıç** *i.* 통통한 다리 plump leg

totuqlaşmaq *fe.* 살찌다, 뚱뚱해지다, 둥그레지다 grow pudgier, get/become plump ○ **koppuşlanmaq, kökəlmək, yumrulanmaq**

totuqluq *i.* 뚱뚱함, 비만, 비대함 pudginess, plumpness ○ **koppuşluq, kökluk, doluluq, yumruluq**

totuş ☞ **totuq**

tov *i.* 굴림, 꼬임, 비틀림, 휘감음 rolling, coiling, twirling; ~ **vermək** *fe.* 꼬다, 감아올리다, 비틀어 감다 twirl, twist, wind round, roll up

tovxan *i.* 아식 놀이의 한 편 one side of the game of **aşıq** ● **alçı**

tovla|maq[1] *fe.* 꼬다, 뒤틀다, 휘감아 속이다, 사기치다 trick, deceive, cheat, trick, swindle, entice (with) ○ **aldatmaq, azdırmaq**; **~yıb əlindən almaq** *fe.* 사기쳐서 빼앗다 defraud

tovlamaq[2] *fe.* (마음을) 흔들다, 유혹하다, (꼬리) 치다 lure, wave, wag, flap, swing ○ **yellətmək, tərpətmək, oynatmaq; basını** ~ *fe.* 머리를 흔들다 shake one's head

tovlanmaq *fe.* 유혹되다, 매혹되다, 미혹되다 be deceived/enticed, make a mistake, be attracted, be tempted

tovlaşdırmaq ☞ **tovlamaq**

tovuz *i. zoo.* 공작 peacock, peafowl; ~ **quşu** *i.* 공작새 peacock

toy *i.* 결혼식 wedding ○ **düyün** ● **vay; yas; xeyrat**; ~ **hədiyyəsi** *i.* 결혼 선물, 혼례 예물 wedding present; ~ **üzüyü** *i.* 결혼 반지; wedding ring; ~ **etmək** *fe.* 결혼을 축하하다, 결혼식을 치르다 celebrate one's wedding; ~ **tutmaq** *fe.* punish; ***Toydan sonra nağara.*** *사후약방문(死後藥方文). After death doctor.*

toybaşı ☞ **toybəyi**

toybəyi *i.* 결혼식 지배인 manager or certain person who oversees a wedding/party/festival

toy-vay *i.* 애경사(哀慶事) celebration and mourning

toy-bayram *i.* 축제 festival, celebration ○ **şadlıq**

toy-büsat ☞ **toy-bayram**

toyçu *i.* 결혼식 악단 단원 member of wedding band musician who plays at a wedding

toyxana *i.** 결혼식장 ceremmony hall, wedding ceremony hall

toylu *si.* 축하하는, 결혼의, 혼례의 wedding, nuptials, celebrating ○ **düyünlü** ● **yaslı**

toyluq *i.* 경사, 축하할 일 occasion for celebration ● **yaslıq**

toy-mağar ☞ **toynağara**

toy-nağara *i.* 결혼식 악단 band for celebration/wedding, wedding music and festivities

toypayı *i.* ① 예단(禮緞) gift for wedding; ② 왕족 결혼을 위해 거둬들이는 세금 a tax drawn from the population to pay for a royal wedding

toyuq *i.* ① 닭(의 총칭), 암탉 hen, chicken; ② *fig.* 연약한 존재 weakling/spineless creature; ~ **korluğu** *i. tib.* 야맹증(夜盲症); night-blindness, nyctalopia; ~ **hini/damı** *i.* 양계장, 닭장 hen-house

toyuqbiti *i. zoo.* 닭의 피부에 사는 기생충 parasite on the skin of a chicken

toyuq-cücə *i. top.* 가금류(家禽類) 총칭 poultry, hens and chickens

toyuqçu *i.* 양계업자 poultry-breeder

toyuqçuluq *i.* 양계업 poultry-breeding

toyuqçiçəyi *i.* 풍진(風疹) German measles, rubella, chicken-pox ○ **suçiçəyi**

toyuqkimilər *i.* 가금(家禽), 사육 조류 poultry

toyuqlu *si.* 닭고기가 포함된 with chicken meat

toyuqplov *i.* 닭고기 볶음밥 chicken-rice

toz *i.* ① 먼지, 티끌, 흙먼지 dust; ② 가루, 분말 powder; **~-duman qaldırmaq** *fe.* 흙먼지를 일

으키다 raise clouds of dust; ~ **etmək** *fe.* 먼지를 일으키다 raise the dust; ~ **qoparmaq** *fe.* 먼지를 일으키다 kick off dust; ~ **basmaq** *fe.* 먼지를 뒤집어 쓰다 be covered with dust; **~unu almaq/silmək** *fe.* 먼지를 쓰다/쓸다 dust; ~ **halında qızıl** *i.* 사금(沙金) stream gold; ~ **qaldırmaq** *fe.* 먼지를 일으키다 raise the dust; **~unu çırpmaq** *fe.* 먼지를 털다 beat the dust off

tozağacı *i. bot.* 자작나무 birch; ~ **meşəsi** *i.* 자작(나무) 숲 birch wood; ~ **şirəsi** *i.* 자작 수액 birch wine/sap

tozanaq *i.* 먼지 바람, 먼지 폭풍 dustbowl; dust storm, dust raised by wind ○ **boğanaq**; ~ **qaldırmaq** *fe.* a) 먼지 구름을 일으키다; raise clouds of dust; b) *fig.* 혼란을 야기하다 create confusion

tozanaqlı *si.* 먼지가 많은 dusty ○ **boğanaqlı** ● **təmiz**

tozcuq *i. bot.* 꽃가루 pollen (flower powder)

toz-duman *si.* 먼지 안개 dust and mist

tozgötürən *i.* 먼지를 잘 타는 material easy to get dust

tozlama *i. bot.* 수분(受粉) pollination

tozlamaq *fe.* ① 먼지가 일다, 먼지로 가득하다 raise dust, fill the air with ● **təmizləmək**; ② *bot.* 수분하다 pollinate

tozlandırmaq *fe.* ① 먼지를 일으키다, 공중에 먼지를 날리다 raise dust, fill the air with dust; ② *bot.* 수분(受粉)시키다 pollinate

tozlanma *i.* 수분 작용 pollination

tozlanmaq *fe.* ① 먼지로 덮이다, 먼지가 끼다 get/become dusty, be covered with dust; ② *bot.* 수분(受粉)되다 pollinate

tozlaşmaq *fe.* 가루가 되다, 먼지가 되다 become dusty, go to powder

tozlatmaq *fe.* ① 먼지를 일으키게 하다 cause *smb.* raise dust; ② *bot.* 수분 시키다 ask *smb.* to pollinate

tozlayıcı *i.* 수분을 시키는 도구 tool for pollinating

tozlu *si.* 먼지가 많은, 먼지가 낀 dusty ● **aydın**; **təmiz**; ~ **yol** *i.* 먼지가 날리는 도로 dusty road; ~ **xalça** *i.* 먼지가 낀 카펫 dusty carpet

tozluq *i.* ① 재떨이, 작은 쓰레기 그릇; dustbowl; ② *bot.* 꽃밥, 약(葯) anther

tozsoran *i.* 진공 청소기 vacuum cleaner

toz-torpaq *i.* 흙먼지 thick dust

tozvarı *si.* 먼지 같은, 가루의 powder-like, powdery

tozyığan I. *si.* 먼지가 잘 끼는 (옷) easy-dirty which becomes easily dirty(cloth); II. *i.* 진공 청소기 hoover, vacuum cleaner

töhfə *i.* 기부, 선물, 증정 gift, present, portion, contribution ○ **hədiyyə**, **pay**, **sovqat**; ~ **vermək** *fe.* 선물하다, 증정하다, 기부하다 make a gift, make a present, contribute

töhmət *i.* 꾸중, 나무람, 징계, 질책, 비난, 견책 rebuke, reproof, reprimand ○ **məzəmmət**, **danlaq**, **tənə** ● **mükafat**; ~ **vermək** *fe.* 질책하다, 징계하다 reprimand; ~ **etmək** *fe.* 심한 비난, 책망, 엄한 견책; censure; ~ **elan etmək** *fe.* 공식적으로 징계를 선언하다 give an official reprimand

töhmətedici *i.* 질책의, 꾸중의, 책망의, 나무라는 reproving

töhmətləmək *fe.* 나무라다, 비난하다 reproach, upbraid ○ **məzəmmətləmək**, **danlamaq**, **qınamaq**, **tə'nələmək**

töhmətləndirmək *fe.* 책망하게 하다, 나무라게 하다 reproach (with)

töhmətlənmək *fe.* 꾸중 받다, 책망받다, 질책 받다, 비난 받다 be reprimanded

töhmətli *si.* 비난하는, 책망하는 듯한, 비난 투의 reproachful ○ **məzəmmətli**, **danlaqlı**, **tə'nəli**

töhmətsiz *si.* 징계 없는, 비난 없는, 꾸중하지 않는 irreproachable, unpunished ○ **məzəmmətsiz**, **danlaqsız**, **tə'nəsiz**

tökmə I. *i.* 주물, 주형제품 casting, cast-iron; II. *si.* 인위적인, 조작적인 artificial; ~ **zavod** *i.* 주조소, 주물 공장 foundry

tökməbədən(li) *si.* 매우 건장한 with having a healthy body

tökmək *fe.* ① 쏟다, 쏟아 붇다, 엎지르다, 흘리다 pour, shed, spill, cast ● **doldurmaq**; ② 지속적으로 내리다 rain continually; ③ 쏟아 버리다, 아무렇게나 풀어 놓다 dump (people or things) 주형을 만들다, 주조하다 mould; **zəhlə** ~ *fe.* 괴롭히다, 성가시게 하다, 귀찮게 하다, 썩히다 bore, bother; **göz yaşı** ~ *fe.* 눈물 흘리다 shed tears; **tər** ~ *fe.* 땀을 흘리다 sweat; **çay** ~ *fe.* 차를 쏟다 pour tea; **dil** ~ *fe.* 말을 내뿜다, 청산유수처럼 말

T

하다 spout words, talk around; **tükünü ~ fe** 털갈이 하다, 허물을 벗다 moult; **abrını ~** *fe.* 스스로 품위를 떨어뜨리다, 손상시키다 demean oneself; **yanan ocağa yağ ~** *fe.* a) 불에 기름을 붇다 pour out oil on the flame; b) 주물을 붇다 cast, found cast in mold; ***Nə tökərsən aşına o çıxar qaşığına.*** *아니 땐 굴뚝에 연기 날까? As you brew, so must you drink.*

tökmərək *si.* 뚱뚱한, 살찐 fat, chubby, plump

töküb-töküşdürmək *fe.* ① *col.* 쏟아 흩어 버리다, 쏟다 throw about, scatter, scatter about, strew about; ② *fig.* 흩어 버리다 scatter

tökücü *i.* 주조자, 주물공, 주물 노동자 founder, caster, smelter, foundry worker

tökülmə *i.* 흐름, 쏟음 flow, stream, pour

tökülmək *fe.* ① 쏟아지다, 엎질러지다 fall, spill ○ **axmaq, süzülmək, boşalmaq** ● **dolmaq**; ② 흩어지다 be scattered ○ **dağılmaq, səpələnmək**; ③ 망가지다, (부속이 쏟아져) 망가지다 be dismantled, be destroyed ○ **sökülmək, dağılmaq**; ④ 고장나다 run down; ⑤ (액체가) 새어 흐르다 discharge, run fall; **abrı ~** *fe.* (위신, 체면, 품위) 손상되다, 욕보이다 disgrace oneself

tökülüşmək *fe.* (한꺼번에) 몰려오다, 밀려들다, 돌격하다 rush into all together, come all together; attack, assault, rush (into) ○ **axışmaq**

töküntü *i.* 침전물, 잔유물, 부스러기 remains, debris, remnants, reef ○ **tullantı, qalıq**

töküşdürmək *fe.* 흩어지게 하다, 쏟게 하다 scatter, throw about ○ **qarışdırmaq, dağıtmaq, səpələmək**

törə *si.* 작은, 낮은 short, low

törəboy *si.* (키가) 작은 short (in height)

törədi *i. col.* 벼락부자, 아니꼬운 사람, 기회주의자 upstart, parvenu, opportunist

törədici I. *i.* ① 창조자, 창시자 producer, originator; ② (소, 돼지) 사육, 목축 breeding animal, seeding animal (bull, pig *etc.*); II. *si.* 재생산적인 reproductive; **~ orqanlar** *i.* 생식 기관 reproductive organs

törəmə *i.* ① 생식, 재생산, 기원, 출발 origin, reproduction, rise, generation ● **ilkin**; **cinsi ~** *i.* 성적 생식 sexual reproduction; **odun ~si** *i.* 화재 발생 the production of fire; ③ *dil.* 파생(어) derivative; **~ söz** *i.* 파생어 derivative word

törəmək *fe.* ① 발생하다, 생산하다, 발원하다, 창조하다 originate, create, produce, come (from) ○ **doğulmaq, yaranmaq**; ② *bio.* 번식하다, 증식시키다 spring, propagate, breed, spawn; ③ 증가하다, 배가하다 increase, multiply ○ **çoxalmaq, artmaq**

törənəcək *i.* 생산, 생식, 번식 production, creation

törəniş *i.* 기원, 발원, 발생 origin, beginning ○ **əsil, mənşə, başlanğıc**

törənmək *fe.* ① (스스로) 발생하다, 일어나다, 창조되다 arise, spring up, come into existence/being, crop up; ② *col.* 나타나다, 선전하다 appear, propagate itself

törətmək *fe.* ① 아이를 낳게 하다 procreate, give birth ○ **doğurmaq, yaratmaq**; ② *dil.* 파생시키다 derive ○ **artırmaq, çoxaltmaq**; **söz ~** *fe.* 단어를 파생시키다 derive a word; **əngəl ~** *fe.* 장애를 만들다, 방해하다 create an obstacle; **törədə bilən** *si.* 생산 가능한 fraught, pregnant; **maneə ~** *fe.* 장애를 놓다; put obstacles in

törpü *i. tex.* (연장) 줄 file, rasp

törpüdəyməmiş ☞ **törpügörməmiş**

törpügörməmiş *si. col.* 거친, 조악한, 줄로 마무리 하지 않은, 다듬지 않은 rough, coarse, rude, unpolished, uncouth

törpüləmək *fe.* 줄로 다듬다 clear, rasp, rub with rasp

törpülənmək *fe.* 줄로 다듬어지다, 줄질되다 be rasped/rubbed with a rasp

tör-töküntü *i.* 쓰레기, 잡동사니, 우수마발 waste, rabble, riffraff, ragtag and bobtail

tör-töküntülük *i.* 무질서, 정돈되지 않음 disorder, slovenliness, untidiness

tövbə *i.* 회개, 후회, 회한 penitence, repentance, remorse; **~ etmək** *fe.* 회개하다, 후회하다, (과거의 죄, 습관 등을) 끊다, 거부하다 repent, confess, renounce

tövbəkar *i.* 회개, 참회 penitent

tövbəli *si.* ① 고백하는, 회개하는, 돌이키는 confessing, repentant; ② 맹세하는, 서약하는 vowing, swearing

tövhid *i.* 유일신론 monotheism

tövlə *i.* 마구간, 외양간, 우사, 축사, 우리 stable, cattle-shed

tövr *i.* 보조, 걷는 속도, 태도, 행동방식 pace, tempo, mode, manner ○ **hərəkət, halət, hal,**

tərz

Tövrat *i.* 성경; 모세오경 the Bible (especially Pentateuch)

tövsiyə *i.* ① 권고, 권장, 설교 exhortation; ② 추천, 천거, 충고 recommendation, tip; ~ **etmək** *fe.* 천거하다, 추천하다 recommend

tövşük *i.* 짧은 숨, 거친 숨 short breath, wind ○ **təngnəfəs**

tövşüklü *si.* 숨 가쁜, 천식의 breathless, asthmatic ○ **təngnəfəs**

tövüşmə *i.* 짧은 숨, 거친 숨 short breath, wind

tövşümək *fe.* 숨차다, 숨막히다 be short of breath, puff and pant ○ **ləhləmək**

tövşütmək *fe.* 숨막히게 하다, 목을 졸라 숨을 막다 cause to be short of breath

tövşüyə-tövşüyə *z.* 숨차게, 숨이 막힌 채로 breathlessly, out of breath

töycü *i. tar.* 면역지대(免役地代) Quitrent

trafaret I. *i.* ① 형지(型紙), 형판(型板) stencil; ② *fig.* 정해진 순서, 판에 박힌 수작, 진부한 것 routine, set pattern; II. *si.* ① 등사한, 판에 박힌 stenciled; ② 상투적인, 진부한, 고식적인 conventional, stereotyped; ~ **frazalar** *i.* 상투적인 문구, 진부한 어투 set phrases

tragediya *i.* 비극, 비극적인 이야기, 비극적 사건 tragedy

tragik *i.* 비극 연기자, 비극 배우, 비극 작가 tragedian, tragic actor

tragik komediya *i.* 희비극 tragicomedy

tragik komik *si.* 희비극적인 tragicomic

traxoma *i. tib.* 트라코마, 트라홈 trachoma

traktat *i.* 소논문 tractate

traktor *i.* 트랙터 tractor; **təkərli** ~ *i.* 바퀴 트랙터 wheeled tractor; **tırtıllı** ~ *i.* 캐터필러 트랙터 caterpillar tractor

traktorçu *i.* 트랙터 기사 tractor driver

tramplin *i. idm.* (수영장) 도약판, (체조경기장) 구름판; (스키장) 활강대 springboard, jumping off place

tramvay *i.* 트람바이, 전차 street car, tram

tramvayçı *i.* 전차 관련 직원 tram worker

tramvaysürən *i.* 전차 운전자 tram-driver

transatlantik *si.* 대서양 횡단의 transatlantic

transformasiya *i.* (형태, 외관, 성질의) 변화, 변질, 변용; 형질 변환 transformation

transformator *i.* 변환기, (전압의) 변압기 transformer

transkripsiya *i.* 베끼기, 필사, 등사 transcription; **~nı vermək** *fe.* 필사하다, 베끼다, 복사하다 transcribe

translyasiya *i.* 보냄, 전달, 전송(傳送), 전파, 송달 transmission, broadcast, relay

transparant *i.* ① 투명판, 투명 게시판, 포스터 placard, transparency; ② 줄 쳐진 종이 black-lined paper, lined guide-sheet

transportyor *i.* 전달자, 배송기, 운반기 conveyer, carrier, transporter

tranzistor *i.* 트랜지스터, 트랜지스터 라디오 transistor

tranzit *i.* 통과, 통행, 횡단; 환승(換乘); transit; ~ **sərnişin** *i.* 환승객(換乘客) transit passenger

trapesiya *i.* ① *riy.* 부등변사각형, 사다리꼴; trapezium; ② *idm.* (곡예, 체조용) 그네 trapeze

travma *i. tib.* 트라우마, 외상, 외상성 상해 trauma, shock, injury; **psixi** ~ *i.* 정신적 충격, 쇼크 emotional shock; ~ **almaq** *fe.* 충격을 받다 be traumatized; ~ **vermək** *fe.* 외상을 입히다, 정신적 충격을 주다 traumatize **istehsalat**; **~sı** *i.* 직업적 상해(傷害) occupational injuries

travmalı *si.* 상해를 입은, 충격을 받은 traumatic, shocked, injured

travmatizm *i. tib.* 정신적 충격, 외상성 상해 traumatism

travmatologiya *i. tib.* 외상 치료 수술, 정신적 충격 치료법 traumatic surgery, traumatology,

trayektoriya *i.* (투사물이나 로켓 등이 그리는) 곡선, 호(弧), 탄도, 비상(飛翔) 경로; (움직이는 물체가 그리는) 궤적; trajectory, path after launching; **sərt** ~ *i.* 곡선 궤적 high trajectory, curved trajectory; **maili** ~ *i.* 직선 궤적 flat trajectory

tred-yunion *i.* 노동 조합 trade union

tred-yunionizm *i.* 노동 조합 주의 trade-unionism

treska *i.* 대구, 대구 살 cod

trest *i.* 신뢰, 신임 trust

tribun *i.* 평민 권리 보호자, 호민관, 집정관 tribune, orator, speaker ○ **natiq**

tribuna *i.* 연단, 강단, 설교단 tribune, rostrum, platform ○ **kürsü**; **~ya qalxmaq** *fe.* 강단에 오르다 mount the platform

tribunal *i.* 재판소, 법정, 재결기관 tribuna; **hərbi** ~ *i.* 군사 재판소, 군법원 military tribunal

T

trikotaj *i.* ① 뜨개질 공장 hosiery; knitted fabric; ② 뜨개 옷 knitted wear

triqonometriya *i.* 삼각법 trigonometry; **düz xətli ~** *i.* 직선 삼각법 plane trigonometry; **sferik ~** *i.* 곡성 삼각법 spherical trigonometry

triqonometrik *si.* 삼각법의, 삼각법에 의한; trigonometric(al); **~ funksiyalar** *i.* 삼각법적 기능 trigonometric functions

triller *i.* (소설, 영화 등) 공포물, 추리소설 thriller

trilogiya *i. lit.* (연극, 소설, 오페라의) 삼부작[곡]; (특히) (고대 그리스) 비극의 삼부작 trilogy

trilyon *say.* (미국, 프랑스에서) 조(兆)(10의 12제곱); (영국, 독일에서) 100경(京)(10의 18제곱). trillion

trio ☞ üçlük

tripftonq *i.* 삼중모음; 삼중 음자(重音字) triphthong

triumf *i.* 승리, 개선 triumph, victory ○ **zəfər, qələbə**

troleybus *i.* 전기 버스 trolley bus

tromb *i. tib.* 혈전, 혈병(血餅), 핏덩이 clot of blood

tromboz *i. tib.* 혈전증(血栓症), 혈전 형성 thrombosis

trombon *i. mus.* 트럼본 trombone

trombonçalan *i. mus.* 트럼본 연주자 trombonist

tromboflebit *i. tib.* 혈전 정맥염 thrombo phlebitis

tropik *i. geol.* 회귀선(回歸線), 열대, 열대 지방 tropic ○ **mədar**; **~ iqlim** *i.* 열대 기후; tropical climate; **~ qurşaq** *i.* 열대(熱帶); torrid zone; **~ bitki** *i.* 열대 식물 tropical vegetation

truba *i.* ① 파이프, 굴뚝 pipe, chimney ○ **boru, küng**; **fabrik ~sı** *i.* 공장 굴뚝 factory chimney; ② *mus.* 트럼펫 trumpet ○ **lülə**; **~ çalmaq** *fe.* 트럼펫을 불다 play the trumpet

trubadur *i.* (일반적으로) 음유 시인[악사] lit troubadour

trubka *i.* ① 두루마리, (원통형으로) 만 것 tube, roll, scroll ○ **çubuq, qəlyan, demi**; ② 수화기 handset ○ **dəstə**

truppa *i.* 배우 조합 company (of actors)

tualet *i.* 화장실 toilet, water closet ○ **ayaqyolu**

tuburqu *i. bot.* 자작나무, 자작나무 재목 birch

tuf *i. geol.* 응회암(凝灰岩) tuff

tufan *i.* 심한 뇌우, 폭풍, 강풍 thunderstorm, storm, gale ○ **boran, fırtına, qasırğa, çovğun**; **qar ~nı** *i.* 눈보라 snow-storm; **~ qaldırmaq** *fe. fig.* 소란을 일으키다, 문제를 야기하다 set up a clamor, raise an alarm, make a row, kick up a row

tufanlı *si.* ① 폭풍이 부는, 심한 날씨의, 거친 날씨의 stormy, rough, heavy ○ **boranlı, fırtınalı, qasırğalı, çovğunlu, küləkli**; ② *fig.* 끔찍한, 위험한, 위협적인 terrible, menacing ○ **qorxunc, dəhşətli, acıqlı, zəhmli**

tufansız *si.* 폭풍이 없는, 위험하지 않은, 위기가 없는 without storm, thunderstorm, snowstorm ○ **fırtınasız, qasırğasız**

tuğ *i. tar.* 끝이 가닥 난 깃발, 유기(旒旗) gonfalon, flag

tul *si.* 긴, 키가 큰, 장거리의 long

tula *i.* 포인터(개), 세터(사냥개) gun-dog, pointer, setter

tulanbar *i.* (보일러의) 화구, (배의) 기관실 stokehole, stokehold ○ **külxan**

tulanbarçı *i.* 화부(火夫) stoker, fireman

tulapayı *i.* 할증금, 프리미엄, 상여금 premium

tullamaq *fe.* ① 던지다, 떨어뜨리다, 휘두르다, 쏘아 올리다, 내던지다 cast, drop, hurl, throw, toss, fling ○ **salmaq, fırlatmaq**; ② 버리다, 내려놓다, 유기하다, 투기하다 desert, lay down; ③ 포기하다, 놓고 떠나다 give up, leave off

tullanan *i.* 뛰는 사람, 건너뛰는 사람, 뜀뛰기 하는 사람 jumper, hopper, leaper, skipper

tullanış *i.* 뛰기, 뜀뛰기, 깡충깡충 뛰어다니기 jump, spring, caper

tullanma *i.* 뜀, 뛰어오름, 뛰어내림 jump, leap; **paraşütlə ~** *i.* 낙하산 뛰기 parachute jump; **suya ~** *i.* 다이빙 diving; **tramplindən ~** *i.* 도약판 다이빙 high diving; **qaçıb ~** *i. idm.* 멀리뛰기 running jump; **hündürlüyə ~** *i. idm.* 높이뛰기 high jump; **uzununa ~** *i. idm.* 멀리뛰기 long jump; **xizəklə ~** *i.* 스키 활강 ski-jump

tullanmaq *fe.* ① 뛰다, 뛰어오르다, 뛰어내리다, 건너뛰다 leap, jump, spring, bound ○ **atılmaq, hoppanmaq**; ② 뛰기를 하다 take a jump, leap; ③ 멀리하다, 떠나버리다 be thrown away, be deserted; **sevincdən ~** *fe.* 기뻐 뛰다 jump for joy; **suya ~** *fe.* 물속에 뛰어들다 plunge into the water

tullantı *i.* 폐기물, 쓰레기, 오물, 찌꺼기 garbage,

waste, refuse, offal ○ **qalıq, çıxdaş; sənaye ~sı** *i.* 산업 폐기물 industrial waste; **məişət ~sı** *i.* 가정 폐기물 domestic waste

tullat(dır)maq *fe.* 뛰어내리게 하다, 던지게 하다, 버리게 하다 ask *smb.* to throw/hurl/chuck/fling/throw

tullayan *i.* ① 던지는 것 thrower; ② (돌, 화살, 투창, 탄환 등의) 던지는 무기 missile

tuluq[1] *i.* (포도주용) 가죽 부대, 가죽 주머니 wineskin, leather bucket

tuluq[2] *i. tib.* 물집, 부어오른 것, 타박상, 혹 blister, bump

tuluqbalabanı ☞ **tuluqzurnası**

tuluqçu *i.* 가죽 부대 만드는 사람 wineskin maker

tuluqlamaq *fe.* (손, 발) 물집을 만들다, 기포를 만들다 blister

tuluqlanmaq *fe.* 물집이 생기다, 물집으로 덮이다 be blistered, be covered with blisters

tuluqlanmaq ☞ **tuluqlaşmaq**

tuluqlu *si.* 물집이 생긴, 물집으로 덮인 blistered, covered with blisters

tuluqluq *i.* 가죽 부대로 적절한 가죽 skin suitable for wineskin

tuluqzurnası *i.* 백파이프, 풍적(風笛) bagpipes

tulumba *i. obs.* 펌프, 양수기 pump

tum *i.* ① 종자, 씨 seed ○ **toxüm**; ② 자손, 가계, 후손 descendant, family ○ **nəsil-soy; günəbaxan ~ları** *i.* 해바라기씨 sunflower seeds; **~unu çıxarmaq** *fe.* (과일의) 씨[핵]를 뽑다 stone

tumac *i.* 모로코 가죽 morocco leather, Moroccan; **~ cild** *i.* 가죽띠 morocco binding

tuman *i.* 팬츠, 바지, 속바지 skirt (yubka), pants, shorts (**alt geyimi**), drawers ○ **don; alt ~ı** *i.* 여자 속치마 petticoat; **büzməli ~** *i.* 주름치마 pleated skirt; **~-köynək** *i. top.* 속옷 총칭 underclothes

tumanbağı *i.* 속옷 묶음 띠 band for underwear

tumançaq *si.* 벗은, 속옷 차림의 naked, bare ○ **çılpaq, lüt, üryan**

tumanlı *si.* 속바지를 입은 dressed in a skirt ○ **donlu**

tumanlıq *i.* 속바지용 천 cloth material for a skirt ○ **donluq**

tumar[1] *i.* ① 어루만지기, 다듬어 쓸기, 빗질 stroking, caressing for tidiness, currying, grooming ○ **sığal; ~ çəkmək** *fe.* 매만지다, 쓰다듬다 sleek, smooth, curry; **~ vermək** *fe.* 빗질하다, 쓰다듬다 curry; ② (쇠 빗살의) 말빗, 빗 curry-comb,

tumar[2] *i.* 두루마리, 묶음, 꾸러미, 다발 roll, scroll, package, parcel, bundle

tumarlamaq *fe.* ① 소중히 하다, 귀여워하다, 사랑하다, 자상히 돌보다 tend, cherish ○ **oxşamaq, əzizləmək, nazlamaq, bəsləmək**; ② 쓰다듬다, 어루만지다, 껴안다 caress, fondle, pet, stroke ○ **sığallamaq**

tumarlanmaq *fe.* (스스로) 어루만지다, 껴안다, 쓰다듬다 caress oneself, fondle oneself, cleane oneself

tumarlat(dır)maq *fe.* 쓰다듬게 하다, 어루만지게 하다 ask *smb.* to caress/fondle/pet/tend/cherish/clean

tumarlı *si.* 쓰다듬은, 빗질한 scrubbed, brushed ○ **sığallı**

tumbul *si.* 통통한, 살찐, 풍만한 stoutish, plumpish ○ **kök, koppuş, totuş**

tumbulluq *i.* 풍만함, 뚱뚱함, 비만 stoutness ○ **köklük, koppuşlüq, totüşluq**

tumcar *i.* (벼) 모 rice-sprout, young rice plant

tumcarlıq *i.* 못자리 seed-bed for rice

tumlamaq *fe.* 씨를 뿌리다, 씨를 심다 seed, sow seed, scatter seed

tumlu *si.* 씨가 있는, 씨가 생긴 (과일, 오렌지) seedy, somniferous ○ **toxumlu, çəyirdəkli**

tumluq *i.* 종자, 종묘 grain for seedling ○ **toxumluq**

tumov *i.* 코감기[카타르] coryza, catarrh (flu) ○ **zökəm**

tumovlu *si.* 코감기에 걸린 with having catarrh

tumsuz *si.* 씨가 없는, 과핵이 없는 seedless, pipless ○ **toxumsuz; ~ kişmiş** *i.* 씨 없는 포도 sultana grape, seedless raisin

tumturş *si.* 매우 신 very sour

tumurcuq *i.* 싹, 눈, 봉오리 bud, leaf-bud, shoot ○ **düymə, gözcuk, puçur**

tumurcuqlamaq *fe.* 싹[눈]트다, 봉오리지다 bud, shoot, twig ○ **duymələnmək, gözcükləmək, pucurlanmaq**

tumurcuqlanmaq *fe.* 싹이 트다, 봉오리가 맺히다 begin to bud/shoot/twig ○ **duymələn-**

T

mək, gözcüklənmək, pucurlanmaq

tumurcuqlu *si.* ① 싹이 튼, 봉오리가 맺힌 budding ○ **düyməli, gözcüklü, puçurlu**; ② 신장염의, 신장(腎臟)의, 신장부의 renal, nephritic

tunc *i.* 청동, 구리 합금 bronze; ~ **dövrü** *i.* 청동기 the Bronze Age; ~ **rəngli** *si.* 청동색의 bronzed

tunclamaq *fe.* 청동으로 덮다, 입히다 cover with bronze

tundra *i.* 툰드라, 동토대(凍土帶) (meteology) tundra

tunel *i.* 터널, 지하도 subway, tunnel; ~ **çəkmək** *fe.* 터널을 뚫다, 지하도를 만들다 tunnel

tunq *i. bot.* 유동나무(기름 오동나무) Aleurite fordii

tupurca *si.* (사람, 얼굴) 토실토실 살찐, 오동통한 chubby, plump

tur *si.* ① (경기의) 회, 회전 round ○ **dövrə**; ② 바구니, 광주리 basket ○ **səbət**

turac *i. zoo.* 자고새, 꿩, 메추라기, 들꿩 등의 엽조(獵鳥) francolinus, partridge (chicken-like bird)

turbaza *i.* 관광시장 tourist market

turbin *i.* 터빈 (기관, 모터) turbine

turbobur *i.* 터보 드릴 turbodrill

turboreaktiv *si. tex.* (제트기 등의) 터보제트 엔진 turbojet

turist *i.* 여행자, (특히) 관광객; tourist; ~ **düşərgəsi** *i.* 관광 캠프 tourist's camp

turizm *i.* 관광 tourism

turna *i.* (머리털, 짚 등을) 땋은[엮은] 것 (tight) plait

turne *i.* 짧은 여행, 유람(여행); 일주, 순회; 소풍 tour

turnik *i. idm.* 평행봉 parallel bars, horizontal bar

turniket *i.* 회전식 출입문; 회전식 개찰구 turnstile

turnir *i.* 승자 진출전, 토너먼트 tournament

turp *i. bot.* 무; 그 식용 뿌리; radish **ağ**; ~ *i.* 순무, 서양 고추냉이 horseradish, turnip

turpəng *i. bot.* 평지 colza, cole

turptəraş *i.* 강판 grater

turş *si.* ① (과일) 덜 익은, 시큼한 unripe, tart ○ **kal, qora (meyvə)**; ② acid, sour ○ **acı** ● (맛) 신, 산성(酸性)의 **şirin**; ***Heç kəs öz ayranına turş deməz.*** *No one runs his own wares.*

turşalmaq *fe.* 산성이 되다 turn sour

turşaltmaq *fe.* 시게 만들다 make sour

turşaşirin *si.* 새콤달콤한 sour and sweet ○ **meyxoş**

turşəng *i. bot.* 밤색 sorrel

turşlaşdırmaq *fe. kim.* 산화시키다, 시게 만들다 oxidize, make sour

turşlaşmaq *fe.* 시어지다, 시게 되다 turn sour

turşluq *i.* ① 신맛, 씁쓸한 맛 sourness; ② 불만족 dissatisfaction

turşməzə *si.* 시큼한, 약간 신, 약산성의 sourish, (chemistry) subacid ● **şirin**

turşsu *i.* 치료용으로 쓰는 수사 지역에서 나는 식음수 mineral water for treatment from **Şuşa** region

turştəhər ☞ **turşməzə**

turşu *i.* ① 산성; 산(성)도; 신맛 acidity, sourness; ② 절인 것, 피클 pickles; ③ *kim.* 산(酸) acid

turşubadımcan *i.* (여러 향채를 넣은) 가지 절임 pickled egg plant with various herbs in it

turşulaşma ☞ **turşulaşmaq**

turşulaşmaq *fe.* 시게 되다, 발효되다 become sour, ferment

turşulu *si.* 신, 신맛의, 발효된 sour, sour-cooked ○ **acı, qıcqırmalı**; ② 산성의 acid

turşuluq *i.* 신맛, 발효된 음식 acidity, sourness ○ **acılıq** ● **şirinlik**

turşuma *i. kim.* 산화(酸化) oxidation

turşumaq *fe.* 시게 되다, 발효되다 turn sour, ferment ○ **oksidləşmək, acimaq, qıcqırmaq** ● **şirinləşmək**

turşumuş *si.* 신, 발효된 fermented, sour

turşutmaq *fe.* ① 시게 만들다, 발효시키다; make sour; ② *kim.* 산화(酸化)시키다; oxidize; **sifətini** ~ *fe.* 불만을 표하다 make a sour face

turşuyadavamlı *si.* 내산성(耐酸性)의, 산성물질에 견디는 acid-resistant, acid-proof

turunc *i. bot.* 야생 오렌지 wild orange ○ **narınc**

turuncu *si.* 오렌지 색의 orange colour ○ **narıncı**

tuş[1] *si.* ① 정확한, 잘 겨냥된 well-aimed, accurate ○ **dürust, düz, doğru**; ② 요점에 잘 맞는 direct to the point; ③ 앞쪽의, 앞선 forward, front ○ **ön, qabaq, qarşı, qənşər**; ~ **gəlmək** *fe.* a) 명중시키다 hit the mark, hit the buill's eye; b) 맞추다, 필요를 채우다, 우연히 마주치다 meet, meet (with), coincide (with)

tuş² *i.* 축하 음악의 일종 tusch (music for celebration *etc.*)

tuş³ *i.* 황갈색의 피부의 흑인, 흑백 혼혈아 tush (color)

tuşatan ☞ **tuşvuran**

tuşqul *i.* ① 표적을 맞춤 hitting the mark; ② 사격의 명수 marksman

tuşqullamaq ☞ **tuşlamaq**

tuşlamaq *fe.* 겨냥하다, 조준하다 aim, point, take aim

tuşlanmaq *fe.* 지향하다, 방향을 맞추다, 겨냥하다, 조준하다 be directed (at), be brought (on), be aimed (at) ○ **yönəldilmək**, **çevrilmək**, **nişanlamaq**

tuşlayıcı *i. mil.* (대포의) 조준수 gunlayer

tuşluq *i.* ① 정확성, 사격기량, 사격술 accuracy, marksmanship ○ **sərrastlıq**, **mahirlik**, **dürüstlük**, **düzlük**, **doğruluq**; ② *fig.* neatness ○ **yuxuluq**

tuşvuran *i.* 사격의 명수 marksman, good shot

tut *i.* 뽕나무 열매, 오디 mulberry; **~ağacı** *i.* 뽕나무 mulberry-tree; **~ yarpağı** *i.* 뽕잎 mulberry leaf

tutac *i.* ① 집게, 부집게 holder, oven prongs; ② *tex.* 걸쇠, 꺾쇠, (인쇄기) 갈고리 clutch, clamp, (printing) tenaculum

tutacaq *i.* ① 손잡이, L자형 손잡이 crank, handle ○ **dəstə**, **qulp**; ② 연결 걸쇠 bridge-railing ○ **məhəccər**; ③ 핑계, 근거, 이유 occasion, reason, cause ○ **bəhanə**, **bəlgə**, **dəlil**

tutağac *i.* 떠받치는 것, 냄비 손잡이 holder

tutaq (ki) ☞ **tutalım ki**

tutaqlamq *fe.* 격투하다, 접전하다 fight, skirmish

tutalğa *i.* 핑계, 이유, 근거 cause, ground, base, basic, reason ○ **bəhanə**, **səbəb**, **əsas**; **~sı olmaq** *fe.* 좋은 핑계를 대다 have good reason

tutalğasız *si.* 핑계 없는, 이유 없는, 근거 없는 groundless, unfounded, ungrounded

tutalım ki *ara.* 가령, 말하자면 I suppose, supposingly ○ **tutaq ki**

tutam *i.* 한 움큼의 양 quantity of one grip hold, fistful

tutar *i.* 용량, 힘, 능력 power, force, strength, capacity ○ **güc**, **qüvvət**, **taqət**, **təpər**; **~ qoymamaq** *fe.* 전멸시키다, 초토화시키다, 박멸하다 destroy completely, raze to the ground

tutarlı I. *si.* ① 논의의 여지없는; 부정할 수 없는; 명백한, 확실한 indisputable, apt, undeniable, neat, pointed ○ **əsaslı**, **mə'nalı**; ② 강한, 능력 있는, 유효한 strong, capable, valid; **~ zərbə** *i.* 강타 heavy blow; **~ irad** *i.* 기막힌 지적 neat remark; **~ ifadə** *i.* 매우 적절한 표현 an apt expression; **~ arqument** *i.* 능숙한 논쟁 neat argument; II. *z.* ① 강하게, 심하게 heavily, strongly; **~ vurmaq** *fe.* 강하게 내리치다, 심하게 때리다 strike hevily; ② 적절하게, 알맞게, 정곡을 찌르듯이 neatly, aptly, to the point

tutarlılıq *i.* 타당성, 유효성, 적절성 validity, appropriateness; heaviness, neatness ○ **əsaslılıq**, **mə'nalılıq**

tutarsız *si.* 경우에 벗어난, 부적절한, 상관없는, 연관 없는 misplaced, irrelevant, inappropriate, out of place, incoherent ○ **əsassız**, **mə'nasız**, **dəlilsiz**

tutarsızlıq *i.* 부적절성, 부적합성 irrelevance, inappropriateness, inadequacy ○ **əsassızlıq**, **mə'nasızlıq**, **dəlilcizlik**

tutaş *si.* ① 진한, 농축된 thick, condensed ○ **qalın**, **sıx**, **bitişik**; ② 근접한 close ○ **yaxın**

tutaşma *i.* 육박전, 접근전, 난투, 혼전 skirmish, melee, close fight, close engagement, scuffle, scramble

tutaşmaq *fe.* ① *col.* 서로 꽉 잡다, 서로 거머쥐고 싸우다 grapple (with), come to blows (with); ② 잔소리하다, 트집 잡아 싸우다, 가까이 충돌하다 nag (at), pick (at), skirmish (with), find fault (with), carp (at) ○ **vuruşmaq**, **döyüşmək**, **dalaşmaq**

tutçu *i.* 양잠(養蠶)업자 sericulturist

tutçuluq *i.* 양잠(養蠶), 양잠업, 생사 생산 sericulture, silkworm breeding

tutdurmaq *fe.* 잡게 하다, 체포하게 하다, 투옥시키다 order *smb.* to catch, have *smb.* arrested, have *smb.* put in prison

tuthatut *i.* 광범위 체포 general arrest

tutqac ☞ **tutacaq**

tutqun *si.* ① (목소리) 거친, 쉰, 허스키한; hoarse (voice); ② 우울한 gloomy, dismal, sullen ○ **mə'yus**, **qəmgin**, **kədərli**; ③ 어두운, 구름 낀 dark, cloudy ○ **buludlu**, **dumanlı**; ④ 막연한, 모호한, 어렴풋한; obscure, vague; ⑤ 창백한, 지

T

친, 울적한 pale, weary; ⑥ (색깔) 바랜, 연한 dull, dim (colour) ○ **donuq**, **sönük**; ⑦ 무뚝뚝한, 우중충한, 둔탁한 muddy, morose, unsociable ○ **qaraqabaq**; **~ hava** *si.* 험한 날씨 nasty weather

tutqunlaşdırmaq *fe.* 어둡게 하다, 깊게 하다, 진하게 하다 darken, deepen, cause to get deep

tutqunlaşmaq *fe.* ① 어두워지다, 컴컴해지다 darken, grow gloomy ○ **buludlaşmaq**, **dumanlaşmaq**, **qaralmaq**, **qarışmaq**; ② 우울해지다, 슬퍼지다 get become sad, grow sullen ○ **mə'yuslaşmaq**, **kədərlənmək**, **qəmlənmək**

tutqunluq *i.* ① 구름 낌, 안개 낌 cloudiness, fogginess ○ **buludluluq**, **dumanlılıq** ● **açıqlıq**; ② 우울함, 침울함 depression, blues, gloom ○ **məyusluq**, **qəmginlik**, **kədərlilik**, **pərtlik**; ③ 어두움, 음산함 gloominess, somberness, darkness ○ **qaraqabaqlıq**; ④ 창백함, 파리함 paleness, feeblenss ○ **solğunluq**, **sönüklük**, **ölgünlük**

tutma *i.* (감정, 행동, 질병 등의) 격발, 경련, 산통(疝痛); 발작적 활동 attack, fit, paroxysm; **ürək ~sı** *i.* 심장 발작 heart attack; **əsəb ~sı** *i.* 신경 발작 fit of nerves, nervous fit; **dəlilik ~sı** *i.* 광란 fit of madness

tut|maq *fe.* ① 잡다, 쥐다, 잡아 채다, 붙잡다 hold (to), keep (to), snatch, seize, catch hold (of) ○ **yapışmaq**, **yaxalamaq** ● **buraxmaq**; ② 체포하다, 기다리게 하다, 지체하다, (방과 후에) 남게 하다 catch, pick up, detain, delay, keep (off), arrest ○ **saxlamaq**, **yubatmaq**, **ləngitmək**, **gecikdirmək**; ③ (세를) 들다, (집을) 빌리다 lease, rent ○ **icarələmək**, **kirələmək**; ④ 점유하다, 간수하다, 간직하다 occupy, engage, keep, secure ○ **durmaq**, **dayanmaq**, **yatmaq**; ⑤ 움켜쥐다, 잡아채다, 가로채다, 낚아채다 take, capture, grab ○ **qapmaq**, **qarmalamaq**; ⑥ 감염되다, 옮기다 be infected ○ **yoluxmaq**, **xəstələnmək**; ⑦ 적합하게 되다, 어울리게 되다, (짐승, 물고기) 잡다 suit, become suitable hunt, fish ○ **ovlamaq**; **~ulan miqdar** *i.* 공제액수 deduct; **~duğunu buraxmayan** *si.* 꽉 쥐고 놓지 않는, 몹시 집착하는 tenacious; **~ub saxlamaq** *fe.* 보유하다, 유지하다, 간직하다 retain; **balıq ~maq** *fe.* 고기를 잡다 fish; **ev ~maq** *fe.* 집을 빌리다 hire a house

tutucu *i.* 집게류 (펜치, 플라이어 등) various tool for mechanic work

tutuq *si.* 음산한, 컴컴한 hoarse, gloomy

tutuqluq *i.* 우울함, 음산함, 음침함 hoarseness, gloominess

tutu(quşu) *i. zoo.* 앵무새 parrot

tutulma *i.* ① *ast.* 식(蝕); (별의) 엄폐, (일식, 월식의) 반영(半影); (태양 흑점 주변의) 반암부(半暗部) eclipse, penumbra (sun, moon) **günəş**; **~sı** *i.* 일식(日蝕); solar eclipse; **ay ~sı** *i.* 월식(月蝕) lunar eclipse; ② 황당함, 당혹, 곤혹, 분규 confusion, embarrassment, perplexity

tutulmaq *fe.* ① 단단히 걸리다, 잡히다; be gripped, be grabbed, be caught (sickness); ② 체포되다, 걸려들다 be detained, be arrested ○ **yaxalanmaq**; ③ (날씨가) 어두워지다, be darkened; ④ 빠지다, 탐닉하다 indulge (in); ⑤ 거칠게 되다, 목소리가 쉬다; grow/become hoarse; ⑥감염되다 catch, be infected ○ **yoluxmaq**, **xəstələnmək**; ⑦ 헐떡거리며 말을 하다, 거칠게 숨을 쉬다 be blocked, clogged, be obstructed, be choked ○ **tıxanmaq**, **bağlanmaq** ● **açılmaq**;

tutulmaz *si.* 겉잡기 힘드는, 잘 피하는, 이해하기 힘든, 포착하기 힘든 elusive, difficult to catch, imperceptible, subtle

tutulmamış *si.* 점유되지 않은, 비어 있는 unoccupied, vacant

tutum *i.* ① 체적, 용적, 크기, 부피, 부피가 큼, 거대함 bulk, capacity ○ **həcm**; ② 배의 적재량, 선박의 톤수 tonnage; **~ ölçüsü** *i.* 용적 측정 measure of capacity

tutumlu *si.* ① 용적이 큰, 많이 담을 수 있는, 공간이 많은 spacious, capacious, roomy ○ **həcmli**, **geniş**; ② 강한, 힘센, 능력 있는 strong; **böyük ~** *si.* 용적이 큰, 대용량의 capacious

tutumluluq *i.* 공간이 여유로움 capaciousness, spaciousness ○ **həcmlik**, **genişlik**

tutumsuz *si.* ① 좁은, 한정된 incapacious ○ **həcmsiz**; ② 무딘, 둔감한, 우둔한 blunt

tutumsuzluq, *i.* 좁음, 공간의 제한 lack of space ○ **həcmsizlik**

tutuşdurmaq *fe.* ① 대조시키다, 대면시키다 compare (to, with), confront (with), collate ○ **qarşılaşdırmaq**; ② 대결시키다, 분쟁을 일으키게 하다 embroil, create hostility (with) ○ **da-**

laşdırmaq, savaşdırmaq, döyüşdurmək, vuruşdurmaq

tutuşma *i.* 껴안음, 포옹 hugging

tutuşmaq *fe.* ① *col.* 서로 꽉 잡다, 싸우다, 다투다, 대결하다 grapple (with), come to blows (with), nag (at), pick (at), skirmish (with) ○ **toqquşmaq, vuruşmaq, döyüşmək**; ② 불을 지피다, 불을 붙이다, 타오르게 하다 take, catch fire, ignite, flame up, flare up ○ **qızışmaq, coşmaq, yanmaq**; ③ 건조시키다, 단단하게 하다 dry, harden; ④ 씨름하다, 애쓰게 하다 wrestle

tutuzdurmaq *fe.* 면상을 때리다, 따귀를 올리다 give *smb.* a slap, smack on the face

tutya *i.* ① *kim.* 아연; 기호 zinc Zn; ② 미신적인 일, 물건 superstitious thing

tuva *si.* 투빈(족) Touvin; ~ **dili** *i.* (투빈어); Touvinian language; **~alılar** *i.* 투빈 사람 Touvinian

tuz *i.* ① (카드놀이의) 에이스, 최고 카드; precious strongest card in a deck, ace (in playing card); ② 주요 인사, 거물, 중요 인물, 브이아이피 V.I.P. bigwig, big shot

tübik *i.* 관, 통 tube; **bir ~ diş pastası** *i.* 치약 한 통 a tube of tooth paste

tüccar *i.* 상인, 장사꾼 merchants, traders ○ **tacirlər**

tüfeyli *i.* 식객 sponger, parasite ○ **müftəxor, paqazit** ● **zəhmətkeş**; **~ həyat sürmək** *fe.* 기생 생활을 하다, 빌어먹으며 살다 live parasitically, parasitize

tüfeylilik *i.* 무위도식, 갈취 parasitism, sponging ○ **müftəxorluq, parazitlik**

tüfəng *i.* 총 gun, rifle; **~in qundağı** *i.* 탄창; stock; **qoşalülə ~** *i.* 쌍열 총 double-barrelled gun; **ov ~i** *i.* 사냥총 shooting gun, hunting rifle; **~çi** *i.* 총포 대장장이, 총포공; gunsmith, armourer; **~qayıran** *i.* 총포 대장장이, 총포공 gunsmith, armourer; **~li** *si.* 총 소지자 armed

tüğyan *i.* ① 반항, 반란, 반역, 폭동 mutiny, revolt ○ **qiyam, üsyan, çaxnaşma, vəlvələ**; ② 범람, 끓어 넘침 overflowing, boiling ○ **daşma, qabarma, qaynama**; ③ 분개, 공분, 의분 indignation, resentment ○ **hiddət, qəzəb, həyəcan**

tühaf *si.* 놀라운, 경이로운, 범상치 않은 wonderous, strange, funny, odd

tük *i.* 머리카락, 털, 깃 hair, feather, down, fluff, fuzz ○ **saç, tel, qıl**; **~lə bəzəmək** *fe.* 깃털 장식을 하다 feather; **~lərini qabartmaq/pırpızlaşdırmaq** *fe.* (털, 깃) 곤두세우다, 성나게 하다 bristle; **~ünü yolmaq** *fe.* (머리털, 깃을) 뽑다 pluck; **~dən asılı** *si.* 머리카락에 달린 hung by a thread; **~ basmaq** *fe.* 머리, 털이 지나치게 길다 be overgrown with hair

tükəndirmək *fe.* 다 써버리다, 고갈시키다, 소진시키다 exhaust, run out

tükənmə ☞ **tükənmək**

tükənmək *fe.* 고갈되다, 소진되다, 다 끝나다, 떨어지다 end, finish, come to an end, drain, terminate, run low, run short, be exhausted

tükənməz *si.* 끝나지 않는, 무진장의, 지속되는 inexhaustible, endless ○ **bitməz, qurtarmaz, daimi**

tükənməzlik *i.* 지칠 줄 모름, 무궁무진 inexhaustibility

tükətmək *fe.* 다 써버리게 하다, 지치게 하다, 소진시키다 use up, exhaust, drain **ehtiyatı; ~** *fe.* 공급이 끝나다, 보급이 고갈되다 exhaust supplies

tüklənmə ☞ **tüklənmək**

tüklənmək *fe.* 털로 덮이다, (스스로) 털/깃으로 장식하다 feather, get/become covered with hair or feather

tüklü *si.* ① 머리가 긴, 털이 무성한 bushy, hairy, downy ○ **saçlı, qıllı, lələkli** ● **qırxıq**; ② 솜털 같은, 솜털로 뒤덮인 fluffy; ③ 털투성이의, 뒤얽힌 shaggy; **~ qıç** *i.* 털이 많은 다리 hairy leg; **~ sinə** *i.* 털 난 가슴 hairy chest; **~ xalça** *i.* 보풀이 생긴 카펫 fluffy carpet; **~ palto** *i.* 보풀이 뒤얽힌 외투 shaggy coat

tüklülük *i.* 장발, 머리카락이 무성함, 털이 많음 hairiness, bushiness, shagginess

tüksüz *si.* 털이 없는, 대머리의 bald, hairless, shaggiless, fluffiless

tükügödək *si.* 머리가 짧은, 단발의 short-haired, with having short, bobbed hair

tükürpədici *si.* 오싹하게 하는 creepy

tül *i.* 얇고 가벼운 천 gauze, cheesecloth, tulle, curtain lace, gossamer ○ **pərdə**

tülək *i.* ① 늙은 여우 old-fox; ② *fig.* 교활하기 그지없는 인간 cunning person

T

tüləmək *fe.* (새, 짐승이) 털갈이하다, 허물을 벗다 moult, shed, cast feathers

tülkü *i. zoo.* 여우 fox; **~ sifət** *i.* 여우 얼굴 foxy face; **~xasiyyət(li)** *si.* 교활한, 사악한 wicked, cunning ○ **bic**; **~quyruğu** *i. bot.* 뚝새풀(간맥낭, 看麥娘) Alopecurus; **~sifət(li)** *si.* fox like faced having a fox-like face ○ **hiyləgər, bic, fəndgir**

tülkülük *i.* 교활함, 사악함 wickedness, slyness, guile ○ **hiyləgərlik, biclik, fəndkarlıq, riyakarlıq**; **~ etmək** *fe.* 가장하다, 속이다, ~인 체하다 feign, pretend

tüllab *i.* ① (이슬람) 신학생; students in a religious clergy school; ② 경솔하고 천박한 사람 frivolous, light-hearted man

tüllablıq *i.* ① 신학생 신분 state of being a student pupil in a clergy school; ② 천박함, 경망스러움 frivolity, giddiness

tülu *i.* ① 일출, 새벽, 동틀 녘, 여명(黎明); sun riseing, daybreak, dawn; ② 기원, 시작 origin, beginning, source

tülü *i.* ① 사기꾼, 협잡꾼 cheat, swindler, knave; ② *col.* 교활한 사람, 깡패, 악한, 인비인 (人非人), 인면수심 (人面獸心), 악동 rogue, rascal, old fox, old bird, downy bird, old stager; **~bası** *si.* 교활한 사람, 장난꾸러기 cunning one, slyboots

tülüngü *i.* ① 사기꾼, 협잡꾼 cheat, swindler, knave; ② *col.* 교활한 사람, 깡패, 악한 rogue, rascal, old fox, old bird, downy bird, old stager ○ **hiyləgər, bic, kələkbaz, haramzada, fırıldaqçı, cübbəllağı, bəzzat**

tülüngülük *i.* 사기, 협잡; 교활함 cheating, swindling ○ **hiyləgərlik, biclik, kələkbazlıq, haramzadalıq, fırıldaqçılıq, cüvəllağılıq, bədzatlıq**

tümən *i.* ① 이란의 화폐 단위(10리알에 해당); money equal to 10 rial (in Iran); ② 만(萬) ten thousand

tünbətün *i.* 욕, 저주의 말 word of insulting

tünbazar *i.* 지붕을 덮은 시장 covered market

tüncü *i.* 송아지 bull-calf

tünd *si.* ① 검은, 어두운 dark, darkish; ② (감정이) 깊은, 강한 deep, strong (feeling) ○ **sərt, bərk, qəliz, kobud, kəskin** ● **mülayim**; ③ 딱딱한, 단단한, 날카로운 hard, sharp ○ **bərk, acı**; ④ (성격) 무거운, 어두운 grave, gloomy ○ **acıqlı, hirsli, qeyzli**; ⑤ 격한, 강한 violent, strong ○ **cəld, iti, tez**; **~-abı** *i.* 감청색 deep blue, dark blue; **~ acı** *si.* 매우 쓴, 쓰디쓴 extremely bitter; **~ çay** *i.* 진한 차 strong tea; **~ göy** *si.* 감청색의 dark blue; **~ qırmızı** *i.* 심홍색, 감적색 purple, crimson; **~mavi** *i.* 감청색 deep blue; **~ xörək** *i.* 매운 음식, 자극적인 음식 pungent dish; **~qara** *si.* 진흑색 deep black; **~rəngli** *si.* (색이) 진한 deep (about colour); **~sarı** *i.* 진노랑; deep yellow; **~yaşıl** *i.* 진녹색 deep green

tündləşmək *fe.* ① 화나다, 짜증나다, 신경질 나다 get/become upset, be resentfuled ○ **hirslənmək, qeyzlənmək, əsəbiləşmək**; ② 진해지다, 격해지다, 강해지다 get strong, become dark ○ **acılaşmaq**; ③ 심각해지다, 거칠어지다 become serious, become harsh ○ **sərtləşmək, ciddiləşmək**

tündlük *i.* (성격) 심각함, 진지함, 날카로움, 신랄함, 엄격함, 성급함, 격렬함 poignancy, pungency, severity, sternness, rigour, fury, rage, quick, vehemence

tündməcaz *si.* ① 성격이 급한, 화를 잘 내는 quick-tempered, hot-tempered, hasty ○ **hövsələsiz, hirsli, axıqlı** ● **mülayim**; ② *col.* 사나운, 소란스러운, 맹렬한, 날카로운, 신랄한 peppery, furious, violent, frantic

tündməcazlıq *i.* 급한 성격 hot-temper, narrow-mindedness ○ **hövsələsizlik, hirslilik, axıqlılıq**

tündxasiyyətli ☞ ○ **tündməcaz**

tüng *i.* 배관 piping, putting into pipes

tünlük *i.* ① (맛, 색) 진함, 밀도 thickness ○ **qalınlıq, sıxlıq**; ② *col.* 대군중, 사람이 붐빔 crowd, jam ○ **basabas, basırıq**

tünügə *i.* 겁쟁이, 비겁자 coward

tünük *si.* 가벼운, 얇은, 약한, 연한 thin, weak

tüpürcək *i.* 침, 타액(唾液) spit, saliva

tüpürcəkləmək *fe. col.* 침을 뱉다, 침투성이로 만들다, 군침을 흘리다 spit, soil, beslobber, slobber

tüpürcəkli *si.* 침이 묻은, 침을 흘리는 spat, with spit

tüpürük ☞ **tüpürcək**

tüpürmək *fe.* 침을 뱉다, 기침하여 뱉어 내다 spit, expectorate ● **yalamaq**; ***Kişi tüpürdüyünü yalamaz.*** *말 실수 보다 발 실수가 낫다. Better* *the foot slip than the tongue trip.*

türbə *i.* 무덤, 묘지 tomb, grave, sepulcher, cemetery

türbət *i.* 나라, 땅 land, country

türfə *si.* 날씬한, 아름다운 graceful, slim, beautiful

türfətüleyn *z.* 순식간에 in a moment

Türk *i.* 터키족 Turk, Turkish; **Türkcə** *i.* 터키어 Turkish

türkəçarə *i.* 점, 마법, 마력, 돌팔이 치료 sorcery, witchcraft, quackery

türkəçarəçı *i.* 돌팔이 의사, 점쟁이, 마법사 sorcerer, wise man, quack, sorceress, wise woman, quack

türkəsaya(q) *si.* 단순한, 순진한 simpleton, open-hearted, simple-hearted, simple-minded ○ **sadədil, sadəlövh**

türkəsaya(q)lıq *i.* 순진함, 진실함 sincerity, candor, genuineness

Türkiyə *i.* 터키 Turkey

türkləşmək *fe.* 터키 습관을 따르다, 터키인이 되다 adopt Turkish habits, become a Turk

Türkmən *i.* 투르크멘인(人) Turkmen; **~ dili** *i.* 투르크멘어 Turkman language

Türkoloji *i.* 터키(어)학, 터키족에 대한 연구 Turkology

Türkoloq *i.* 터키어 학자 Turkologist

türkü *i.* 민속음악 folk song ○ **mahnı, nəğmə, şərqi**

türrə *i.* (이마에 흘러내린 머리칼) 작은 머리, 고수머리 lock, curl, ringlet

türünc *i.* (맛이) 신, 야생 귤, 야생 귤나무 bitter, wild orange, (tree) wild orange-tree

tüstü *i.* (담배, 매연) 연기, puff, smoke; **~lü** *si.* 연기가 자욱한 smoky; **~süz** *si.* 연기 없는, 무연의 smokeless; ***Od olmasa tüstü çıxmaz.*** *ata.s. 아니 땐 굴뚝에 연기 나랴. There is no smoke without a fire.*

tüstüləmək *fe.* 연기가 나다, 연기를 피우다 puff, smoke

tüstülənmək *fe.* 담배를 피다 smoke

tütək *i.* (담배) 파이프; 피리, 관악기 pipe, fife

tütəkçalan ☞ **tutəkçi**

tütəkçi *i.* 피리 부는 사나이 pipe player

tütün *i.* 담배 tobacco

tütünçu *i.* 담배 파는 사람 tobacconist

tütünçülük *i.* 담배 재배, tobacco-cultivation, tobacco-growing

U·u

u *nid.* ① 우 ~ buzz; ② 우 ~ (불쾌함이나 지루함을 표시하는 소리) (sound used to express displeasure, impatience); ③ 우 ~ (놀람, 두려움, 의아함을 나타내는 소리) sound used to express surprise, wonder or fear

uc *i.* 끝, 꼭지, 첨단, 꼭대기, 정점 point, tip, end, top ○ **son**, **qurtaracaq**, **axır** ● **son**; **burnunun ~unu görməmək** *fe.* 눈이 교만해져 사물을 직시하지 못하다 be blind with pride; **dilinin ~unda olmaq** *fe.* 말이 튀어날 뻔하다, 말이 생각이 안 나고 머리에 맴돌다 be on the tip of one's tongue; **dünyanın bir ~unda** *z.* 세상의 저편에서 at the other end of world; **~unu keçirmək** *fe.* (물건의) 끝에 달다[붙이다]; (지팡이, 화살 등에) 물미를 달다; (물건 등의) 끝을 (…으로) 씌우다[장식하다] tip

uca *si.* ① (산, 탑 등이) 아주 높은, 우뚝 솟은 high, lofty ○ **hündür**, **yüksək**, **qəlbi** ● **gödək** ; ② (사람 등이) 지위 높은, 고귀한; 위엄 있는, 당당한; 고결한; (문체 등이) 기품 있는, 고아[고상]한 noble, sublime ○ **hörmətli**, **möhtərəm** ● **alçaq**; ③ (소리, 음성이) 큰, 높은; 음량이 있는; 잘 울리는 loud, in a high pitch ○ **gür**, **bərk**; **~boylu** *si.* 키가 큰, 장신의 tall, high, stalwart, of high stature

ucadan *z.* 큰 소리로 loudly, aloud ○ **hündürdən**, **bərkdən**, **qəlbindən** ● **astadan**; **~ söz demək** *fe.* 크게 외치다 exclaim

ucalan *si.* 상승하는, 키가 큰 ascending, strapping

ucalandırmaq *fe.* 높게 하다, 오르게 하다, 자라게 하다 lift up, raise up, exalt

ucalanmaq *fe.* 자라다, 올라가다, 높아지다 be raised, be exalted, be high, be noble

ucalaşmaq *fe.* (같이) 높이다, 칭찬하다 increase, exalt

ucaldılmaq *fe.* 높임을 받다, 올림을 받다, 찬양을 받다 be increased, be exalted

ucalıq *i.* 높음, 키가 큼, 장신, 고도, 상승 height loftiness, elevation ○ **hündürlük**, **yüksəklik**, **qəlbilik** ● **balacalıq**; ② 소리의 강도; 큰소리; 시끄러움 loudness, noisiness ○ **gurluq**, **bərklik**; ③ *fig.* 고귀, 존엄, 위엄, 고상함 nobility, majesty ○ **hörmət**, **nüfuz**

ucalma *i.* 높임, 탁월, 상승 rise, eminence, rising ground

ucalmaq *fe.* 높임을 받다, 올려지다, 상승되다 tower, mount, rise, be lifted up ○ **yüksəlmək**, **qalxmaq**, **artmaq** ● **enmək**

ucaltmaq *fe.* 높이다, 세우다, 영화롭게 하다, 찬양하다 elevate, erect, glorify, hoist, raise, praise excessively

ucbatından *qo.* ~ 때문에, ~ 을 위하여, ~ 으로 인해 because of, on account of, over, through; ***Onun ucbatından mən də kinoya getmədim.*** *그 사람 때문에 영화관에 가지 않았다. Because of him I didn't go to the cinema.*

uc-bucaq *i.* 모서리, 끝, 한계선(限界線), 사선(死線) edge, deadline

uc-bucaqsız *si.* 넓은, 무한(無限)의, 거대(巨大)한 wide, vast, limitless

ucdantutma *z.* 예외 없이, 무조건, 다같이 without exception, unconditionally ○ **seçmədən**, **biryerdən**

ucdan-qıraqdan ☞ **ucdan-qulaqdan**

ucdan-qulaqdan *z.* 외부로부터, 간접적으로, 우회적으로 from outside, by second hand, indirectly

ucqar *si.* 아주 먼, 동떨어진, 외진 remote, out of the way ○ **ətraf**, **kənar**, **qıraq** ● **yaxın**; **~ yerlər** *i.* 외곽, 변두리, 시외 outskirts

ucqarlıq *i.* 먼 곳 remoteness ○ **ətraflıq, kənarlıq, qıraqlıq**
ucqur *i.* 수련(水蓮) water lily ○ **suzanbağı**
uclu *si.* ① 끝이 있는, 모서리가 있는 tipped, edged ○ **tiyəli**; ② 끝이 뾰족한 pointed ○ **təpəli, sivri**; ③ 제한적인, 한계가 정해진 limited, with end ○ **sonlu, axırlı, qurtaracaqlı**
ucluq *i.* ① 모서리, 끝, (칼)날 tip, edge, blade ○ **tiyəlik**; ② 날카로움, 뾰족함 sharpness ○ **sivrilik, təpəlik**; ③ 끝남, 제한성, 한계성 ending ○ **sonluq, axırlıq, qurtaracaqlıq**
ucsuz *si.* 끝이 없는, 무한한, 결과가 없는 endless, without result, tipless ○ **nəhayətsiz, sonsuz, hədsiz**
ucsuz-bucaqsız *si.* 거대한, 장대한, 웅대한 immense
ucsuz-bucalsızlıq *i.* 무한함, 장대함, 광대함 endlessness, immensity, boundlessness
ucubiz *si.* 끝이 날카로운, 날이 선 sharp pointed
ucu-bucağı olmaq *fe.* 한계가 없다, 끝없다, 무한하다 be unbounded
uc-uca *z.* 끝에서 끝으로, 아주 멀리까지 end to end, point to point
ucuiti *si.* 끝이 뾰족한, 끝이 서있는 sharp-pointed
ucundan *qo.* ~ 이유로, ~ 때문에, ~ 에 따라 because of, according to ○ **səbəbdən, üzündən, ucbatından, görə**
ucuşiş ☞ **ucubiz**
ucuz *si.* ① 값싼, 하찮은, 중요하지 않는 cheap, trivial, insignificant ○ **qiymətsiz, dəyərsiz, əhəmiyyətsiz, boş** ● **baha**; ② 무미한, 싱거운 flat, insipid, tasteless ○ **duzsuz, bayağı, şit**; ③ 쉬운, 받아들이기 쉬운 accessible, easy ○ **yüngul, əlverişli** ● **bahalı**
ucuzvarı *si.* 비교적 싼 relatively cheap
ucuzca *z.* 거저, 값없이, 공짜로 for nothing, gratis, free (of charge), for next to nothing, for a trifle, for a song
ucuzçu *i.* 물건을 싸게 사는 사람 cheap purchaser
ucuzlanmaq *fe.* (값이) 떨어지다, 싸게 되다 fall in price, cheapen
ucuzlaşdırma *i.* 경감, 완화 abatement
ucuzlaşdırmaq *fe.* 값을 내리다, 싸게 하다 reduce the price (of)
ucuzlaşma *i.* (가격) 인하, 경감, 저가 reduction of prices
ucuzlaşmaq *fe.* 싸게 되다, 가격이 떨어지다 become cheaper, cheapen, fall in price ● **bahalaşmaq**
ucuzluq *i.* ① 저렴함, 저가 cheapness (of), low prices ● **bahalıq**
uçağan¹ *i. zoo.* 무당벌레 ladybird
uçağan² *i. bot.* 버드나뭇과의 다년생(多年生) 식물 a perennial plant from the willow family
uçağana *si.* 매우 빨리 달리는 very fast running
uçağanotu ☞ **uçağan²**
uçan *si.* (하늘을) 나는, 비상하는, 비행하는 flying
uçar *si.* 휘발성의, 빨리 사라지는 volatile, flighty, fleeting
uçqun *i.* (흙, 산) 사태 landslide, fall(ing), crumbling
uçqunyanaq *si.* 볼이 들어간, 병약한, 연약한 having sunken cheeks, weak, feeble
uçmaq¹ *fe.* ① 무너뜨리다, 망가뜨리다, 부서뜨리다 crumble, break down, collapse, crash down ○ **dağılmaq, devrilmək, yıxılmaq**; ② 넘어지다, 떨어지다, 쏟아지다 tumble down, fall, come down ○ **düşmək, tökülmək**
uç|maq² *fe.* ① 날다, 비상하다 fly, hover, wing ○ **pərvazlanmaq, yüksəlmək, süzmək** ● **qonmaq**; ② 증발하다, 휘발하다 evaporate, volatilize, vanish ○ **buxarlanmaq**; ③ 번지다, 퍼지다 spread ○ **yayılmaq ~ub getmə** *i.* 증발, 휘발 evaporation; **~ub getmək** *fe.* 이주하다, 이민하다 migrate
uçot *i.* 계좌 taking into account, registration
uçucu *si.* ① 날게 하는 flying, aircraft; ② 항공의; 비행기 조종사의 aeronautic, aerostatic; ③ 휘발하는, 증발하는 flying, volatile
uçuculuq *i.* ① 항해, 운항 piloting, aviation ② *kim.* 휘발성 volatility
uçuq¹ I. *i.* 파괴, 붕괴, 몰락, 파산 ruin, ruination, destruction ○ **xaraba, viranə**; II. *si.* 무너진, 망가진, 붕괴된, 황폐화된 collapsed, ruined, destroyed
uçuq² *i.* (피부의) 물집, 기포, 수포 blister, blain on the lips, vesicle, herpes ○ **suluq**
uçuqlamaq *fe.* 물집이 생기다, 수포가 생기다, 피부가 부풀어 오르다 have vesicles, break out on the lips

U

uçuqluq[1] *i.* 손상, 파괴 ruin, spoilage ○ **xarabalıq, viranəlik**
uçuqluq[2] *i.* 수포가 발생한 피부, 포진 지점 blister, herpes ○ **suluqlu, qabarlıq**
uçuq-sökük ☞ uçuq1
uçulma *i.* 붕괴, 파괴 collapse
uçulmaq *fe.* 무너지다, 파괴되다 be fallen, be broken down ● **tikilmək**
uçuncaq *fe.* 바람을 일으키다 swing with the tool for making wind ○ **yelləncək**
uçunma *i.* 떨림, 오들거림, 진동, 전율 trembling, quivering, trepidation ○ **titrəmə, əsmə, titrəyiş**
uçunmaq *fe.* 떨다, 오들거리다, 진동하다, 전율하다 shake, quaver, tremble, thrill ○ **titrəmək, əsmək, yırğalanmaq**; ② 분노로 치를 떨다 shieve with anger ○ **səyrimək**
uçuntu *i.* 폐물, 고철, 찌꺼기 scraps, fallings
uçurdulmaq *fe.* 무너뜨려지다, 파괴되다, 파손당하다 be pulled down, be destroyed, be demolished, be wrecked, be blown off, be carried away
uçurmaq[1] *fe.* 날아가게 하다 release to fly, allow to fly
uçurmaq[2] *fe.* ① 부수게 하다, 파괴하다 pull down, have *smt.* destroyed, demolish ○ **yıxmaq, devirmək, dağıtmaq** ● **qurmaq, tikmək**; ② 치를 떨다. 분노로 떨다 make someone shieved with anger ○ **sarsıtmaq**
uçurtmaq[1] *fe.* 쏘아 올리다, 내보내다, 띄워 내보내다 launch
uçurtmaq[2] *fe.* 부수게 하다, 무너뜨리게 하다 undo, pull down
uçurucu *si.* 부수는, 파괴하는 shattering
uçurum *i.* ① 절벽, 낭떠러지, 벼랑 cliff, precipice, abyss; ○ **yarğan, sıldırım** ● **düz**; ② 위험, 재난, 재해, 참사 danger, disaster, catastrophe
uçurumlu *si.* 가파른, 깎아 지른 듯한 abrupt, steep ○ **yarğanlı, sıldırımlı**
uçuş *i.* ① 비행, 항해 flight ● **eniş**; ② 갈채, 찬양, 높임 praise, ovation ○ **qalxma, yüksəliş**; ~ **meydanı** *i.* 비행장, 공항, 이착륙 광장 landing-place, aerodrome
uçuşmaq *fe.* (집합적으로) 날다, 날아가다, 공중에 비산하다, 뿔뿔이 날다 fly together, fly away, scatter (in the air), fly asunder
ud[1] *i. bot.* 인도산 향초의 일종 aromatic Indian tree
ud[2] *i.* 목이 꺾인 동양 현악기 중의 하나 a middle eastern stringed musical instrument
uddurmaq *fe.* 삼키게 하다, 받아들이게 하다 force *smb.* to swallow/to accept; **qan** ~ *fe.* 고문하다, 피를 마시게 하다, 고통스럽게 하다 torment, torture
Udinlər *i.* 우디족 (아제르바이잔 서북 지역에 거주하며 기독교 전통을 고수하는 민족) minor people group in the northern part of Azerbaijan
udqunmaq *fe.* ① 침을 삼키다 swallow one's salvia; ② 말을 삼키다, 갑자기 할 말을 잊다 be at loss for words; swallow one's word ○ **duruxmaq, tutulmaq**; ③ 주저하다, 망설이다 hesitate, stammer ○ **hıqqanmaq**
udlaq *i. ana.* 식도(食道), 목구멍, 인두(咽頭) gullet ○ **hülqum, boğaz**
udma *i.* ① 승리, 수상(受賞) prize ○ **otarma, qazanma (oyun)**; ② 삼킴 swallow
udmaq[1] *fe.* ① 흡입하다, 삼키다 absorb, swallow, gulp down; ② 착복(着服)하다, 전용(轉用)하다, 돌려쓰다 usurp, seize, appropriate; ③ 참다, 견디다, 저항하다, 지탱하다 endure, withstand; **zəhər** ~ *fe.* 독을 삼키다 swallow poison; **hirsini** ~ *fe.* 분노를 억누르다 swallow one's anger; **çətinliklə** ~ *fe.* 목에 걸리다, 힘들게 삼키다 choke down
udmaq[2] *fe.* (게임, 복권, 이자 등) 얻다, 이기다 beat, gain, win (game, lottery, interest *etc.*) ● **uduzmaq**
Udmurtlar *i.* 우드무르트족 Udmurt people (of Udmurt autonomy)
uducu *i.* ① *kim.* 흡수제(吸收劑) absorber, absorbent; ② 삼킴, 목으로 넘김 swallowing
uduxmaq *fe.* 고개를 떨구다, 생각에 잠기다, 망설이다 look down, become thoughtful, hesitate ○ **duruxmaq**
udulmaq *fe.* ① 삼켜지다, 넘겨지다, 착복되다 be swallowed; ② 이기다, 얻다 be won, be gained
udum *i.* 삼킴, 넘김 swallowing ○ **qurtum, içim**; **bir** ~ *si.* 한 입만큼 a mouthful of
uduş *i.* 상, 득점, 이득 prize, score ○ **aparma, qazanc, fayda**; ~ **xallarını saymaq** *fe.* 득점하다 score

uduşlu *si.* 얻을 수 있는 winning, lottery ○ **qazanclı, faydalı**

uduzmaq *fe.* 패하다, 잃다, 놓치다 lose ○ **itirmək, basılmaq** ● **udmaq**

uduzmaz *si.* 패할 수 없는, 확실히 얻을 수 있는 safe, sure

uduzmayan ☞ **uduzmaz**

uduzulmuş *si.* 놓친, 잃은, 패(敗)한 lost

uf(f) *nid.* (슬픔, 후회, 고통 등) 아야, 아 egh! oh! ah! alas! (sadness, regret, fatigue *etc.*)

ufacıq *si.* 작은, 미세한 tiny, very small

ufaq *si.* 작은, 미세한, 조금의, 적은 small, little, tiny

ufaqlıq *i.* 미세함, 소량, 하찮음 smallness, pettiness

ufaq-tufaq *si.* 중요하지 않는, 시시한, 사소한, 하찮은 insignificant, unimportant, trivial

ufaqlamaq *fe.* 작게 하다, 분쇄하여 작은 조각으로 만들다 make small, crush, crunch, shatter into splinter

ufuldamaq *fe.* 한숨을 쉬다, 신음하다 sigh, moan ○ **sızıldamaq, inildəmək, zarıldamaq**

ufultu *i. col.* 한숨 소리, 신음 소리 moan(ing), groan(ing)

uğramaq *fe.* ① 만나다, 마주치다, 조우(遭遇)하다 come across, encounter; ② 고통을 참다, 견디다 undergo, be subjected, endure suffer ○ **düşmək, dözmək, qatlanmaq**; **təhlükəyə ~** *fe.* 위험에 빠지다 run the danger; **müvəffəqiyyətsizliyə ~** *fe.* 실패하다, 실패로 끝나다 fail, miscarry, meet with a failure

uğraşmaq *fe.* ① 애쓰다, 힘써 노력하다 struggle with, try hard; ② 마주치다, 조우하다 come across; ③ 머물다, 유랑하다 stay, stroll

uğratmaq *fe.* (상황, 처지에) 귀속되다, 노출되다 subject (to), expose; **təhlükəyə ~** *fe.* 위험에 노출되다 expose to danger

uğrunda *qo.* ~를 위하여, ~를 기념하여, ~이름으로 for, in the name of, in remembrance of ○ **əvəzinə, yerində, yolunda**; **azadlıq ~** *z.* 자유를 위하여 for freedom; **sülh ~ mübarizə etmək** *fe.* 평화를 위하여 싸우다 fight for peace

uğuldamaq *fe.* (벌 등이) 윙윙거리다, 붕붕거리다, 웅얼거리다 drone, boom, buzz, hum, hoot, honk ○ **küyüldəmək, vızıldamaq**; ***Qulağım uğuldayır.*** *귀가 울린다, 이명(耳鳴)이 있다. There is a buzzing in my ear.*

uğultu *i.* 윙윙거림, 웅얼거림, 붕붕거림 (소리) buzzing, hum, roaring, hooting, honk ○ **küyültü, vızıltı**

uğultulu *si.* 붕붕거리는, 윙윙거리는, 웅얼거리는 hollow, resonant, resounding ○ **küyültülü, vızıltılı**

uğundurmaq *fe.* (누구를) 웃게 만들다 cause *smb.* to laugh

uğunmaq *fe.* 크게 웃다, 울기까지 웃다 roll/start rolling with laughter, laugh to cry, howl with laughter; *col.* 옆구리가 터지게 웃다 split one's side with laughter ○ **gülmək**

uğur *i.* 번영, 행복, 성공 porsperity, good luck, success; **~lar dinləmək** *fe.* 행운을 빌다 wish good luck ○ **müvəffəqiyyət**; ***Uğur olsun!*** *행운을 빕니다! Good luck!*

uğurlama *i.* 축복 blessing

uğurlu I. *si.* ① 성공적인, 안전한 successful, safe ○ **müvəffəqiyyətli** ● **müvəffəqiyyətsiz**; ② 행운의, 재수 좋은, 적절한 lucky, happy, felicitous ○ **bəxtli** ● **ağır**; **~ səy** *i.* 성공적인 시도, 성공적인 열정 successful attempt; **~ səfər** *i.* 안전한 여행 good journey; **həyatı ~ olmaq** *fe.* 삶이 안정되다, 행복한 삶을 살다 have great success in life; II. *z.* 성공적으로, 행복하게, 안전하게 successfully, fortunately, happily

uğurluluq *i.* 행운, 행복함 luckiness, luck, fortune, felicity; **~ və uğursuzluq** *i.* 삶의 굴곡(屈曲) ups and downs

uğursuz I. *si.* ① 결실 없는, 공허한 fruitless, empty, without result ○ **səmərəsiz, nəticəsiz, mə'nasız, boş** ● **müvəffəqiyyətli**; ② 불행한, 재수없는, 불운한 unlucky, luckless, unfortunate, ill-starred ○ **talesiz**; II. *z.* 불행하게, 불운하게, 실패하게 unsuccessfully, unfortunately; **~ adam** *i.* 패자(敗者), 실패한 사람 failure

uğursuzluq *i.* ① 실패, 역경, 어려움, 난관 collapse, failure, reverse, rebuff ○ **səmərəsizlik, nəticəsizlik, mə'nasızlıq, boşluq**; ② 불운, 불행함 bad luck, mischance, unluckiness, misfortune ○ **bədbəxt, qaragün, talesizlik**; **~ğa uğramaq** *fe.* 무너지다, 망하다, 실패하다 collapse

uxay *nid.* 좋았어! great!, wonderful (satisfaction, joy *etc.*)

U

Ukrayna *i.* 우크라이나 Ukraine; **~lı** *i.* 우크라이나 인 Ukrainian

uqro-fin *i.* 우그리아핀족 Ugro-Finn; **~lər** *i.* 우그리아핀인 the Ugro-Finns

ulaq *i.* ① 당나귀, 망아지 ass, donkey; ② 짐나르는 짐승 beast of burden

ulaqçı *i.* 나귀꾼 person who carries loads using an ass

ulamaq *fe.* ① (개, 이리 등) 소리를 길게 뽑으며 청승궂게 짖다 howl ○ **hürmək**; ② 웅웅거리다 buzz; ③ 신음하다, 아우성치다, (신음으로) 호소하다 cry, whine, groan

ulan *i.* 마부(馬夫), 마병(馬兵) cavalry, horsemen, cavalry soldier

ulartı *i.* 신음소리, 짖는 소리 sound of groaning, whining

ulas *i. bot.* 북미산 자작나뭇과(科) 서어나무의 일종 hornbeam

ulaşmaq[1] *fe.* (집단적으로) 짖다, 울다 howl together, wail collectively

ulaşmaq[2] *fe.* 만나다, 조우하다, 이르다 reach, meet together ○ **jetişmək, görüşmək, qovuşmaq**

ulduz *i.* 별, 성신(星辰) star; **axan ~lar** *i.* 유성(流星) shooting/falling stars; **beşguşəli ~** *i.* 오각성(五角星) five pointed star; **~ ları barışmaq** *fe.* 서로 잘 지내다, 사이좋게 지내다 be on good terms with, be on good well with; **~u parlaq** *si.* 신성(新星), 떠오르는 lucky, shining star, rising star; **~ aoxşar/~ şəkilli/~ varı** *si.* 별모양의 star-shaped; **~lu** *si.* 별이 많은 starry; **~lu səma** *i.* 별이 가득한 밤; 별이 없는 starry sky; **~suz** starless

ulduzu ☞ **ulduzaoxşar**

ultimatum *i.* 최후의 말(last word), 최종 제안, (특히) 최후 통고(final terms) ultimatum

ultra I. *si.* 극단적인 ultra; II. *i.* 극단주의자 extremist; **~ bənövşəyi** *i. fiz.* 자외선(紫外線) ultraviolet; **~ qısa** *i.* 극초단파(極超短波) ultra micro (wave)

ultramikroskop *i.* 한외현미경 ultramicroscope

ulu *si.* 위대한, 웅대한, 지고한 great, grand; **~ baba** *i.* 고조부, 조상 great grand father, predecessor ○ **böyük, əzəmətli**

ululuq *i.* 위대함, 지고함, 웅대함 greatness ○ **böyüklük**

ulus *i.* 민족, 조국, 고향 people, country, home

umac *i.* 국물 국수 noodles, noodle soup; **~ aşı** *i. col.* 국(물) soup

umacaq *i.* 기대, 기다림, 예상 waiting, expectation

umma *i.* ☞ **umacaq**

ummaq *fe.* ① 소망하다, 기대하다, 기다리다 set one's hope on, expect, wait ○ **gözləmək**; ② 신뢰하다, 믿다, 의뢰하다 trust, confide ○ **inanmaq, güvənmək, arxalanmaq**

umsuq I. *si.* 실망한, 낙담한, 절망한, 불만족의 disappointed ○ **acgöz, tamahkar**; **~ etmək** *fe.* 실망하다, 낙담하다 disappoint; II. *i.* 미끼, 먹이, 유혹물 bait, lure, enticement

umsundurmaq *fe.* 실망시키다. 낙담시키다 disappoint *smb.*'s hopes, let *smb.* down (colloquial), disappoint (about, over)

umsunma *i.* 실망, 낙담, 환멸, 각성 disappointmant, disillusionment

umsunmaq *fe.* 실망하다, 낙망하다 be disappointed, be disappointed (with *smth.*)

umsutmaq *fe.* 낙망시키다, 실망시키다 disappoint

umu-küsü *i.* ① 상처 offence, injury ○ **ah-nalə, sızıltı**; ② 불평, 불만, 화남, 분노 complaint, resentment ○ **şikayət, giley**

umulmaq *fe.* 낙심하다, 절망하다 be frustrated, be disappointed

umuz *i.* 어깨, 견부(肩部) shoulder ○ **çiyin**

umuzdurmaq *fe.* 실망시키다, 절망시키다, 낙담시키다 disappoint, frustrate

un *i.* 밀가루; 가루 flour; powder

unifikasiya *i.* 통일, 통합, 결합 unification

uniforma *i.* 제복, 군복, 유니폼 uniform

unitaz *i.* 화장실 가구 일체 toilet funiture set

univermağ *i.* 백화점 department store, stores

universal *si.* 전반적인, 일반적인, 포괄적인 universal; multi-purposed; multi-skilled

universallıq *i.* 보편성, 일반성, 포괄적임 universality

universam *i.* 무인 편의점 self serve department-store

universitet *i.* 대학 university; **~ məʼzunu** *i.* 대학 졸업생 university graduate

unlamaq *fe.* 밀가루를 섞다, 밀가루로 만들다

meal, flour, cover with flour
unlu *si.* 밀가루가 섞인 covered with flour
unsiya *i.* 조금, 소량 ounce
unudan *si.* 망각의 forgetful
unudulan *si.* 잊힌, 기억나지 않는 forgotten
unudulmaq *fe.* 잊혀지다, 떠나다 be forgotten, be left
unudulmaz *si.* 기억할 만한, 잊을 수 없는 memorable, unforgettable ○ **silinməz**
unudulmazlıq *i.* 잊을 수 없는 것 unforgetableness ○ **silinməzlik**
unudulmuş *si.* 잊힌 forgotten
unutdurmaq *fe.* 잊게 하다, 당황하다 embarrass
unutqan *si.* 잘 잊는, 기억하지 못하는 forgetful ○ **yaddaşsız, huşsuz, hafizəsiz**
unutqanlıq *i.* 망각, 무의식 forgetfulness, unconsciousness ○ **yaddaşsızlıq, huşsuzluq, hafizəsizlik**
unutma *i.* 망각 상태 oblivion; ~ **məni (yaddaş çiçəyi)** *i.* 물망초 forget-me-not
unutmaq *fe.* 잊다, 무시하다, 경시하다, 등한시하다 forget, disregard, neglect, dismiss, let pass ○ **yadırğamaq** ● **xatırlamaq**; ***Sözlərimi unutma.*** *당신이 한 말 잘 기억하시오. Mind my words.*
ur *i.* 부풀어 오름, 이상 성장, 종기, 종양, 혹, 부스럼 growth, excrescence, swelling, tumour, lump, knob
ura¹ *i.* 마지막 추수 last harvest (vegetable, fruit *etc.*)
ura² *nid.* ① 우와 (함성) during an attack, soldiers' war cry; ② 흥을 돋움 cheer; ~ **qışqırmaq** *fe.* 응원하다, 함성으로 격려하다 give a cheer
uran *i. kim.* 우라늄 uranium
urbanizm *i.* 도시 생활, 도시풍, 도시화 urbanism
urbanizasiya *i.* 도시화(都市化) urbanization
Urdu *i.* 우르두어 (파키스탄 공용어) Urdu (Pakistan official language)
urin *i. kim.* 요소(尿素) urea
urlamaq *fe.* 양떼를 부르다 call sheep ○ **səsləmək**
urlu *si.* 부풀어 오른, 부어오른 swollen, blistered
uroloq *i.* 비뇨기과(泌尿器科) 의사 urologist
uroloji *si.* 비뇨기과(泌尿器科)적 urological
urologiya *i.* 비뇨기과학(泌尿器科學) urology
urra ☞ **ura²**
uruq *i.* ① 가족 family ○ **ailə**; ② 씨족, 종족 tribe ○ **qəbilə, tayfa**
urup *i.* (암) 너트 (볼트 반대) (screw-)nut, (female) screw
urus *i.* ☞ **rus**
urva *i.* 밀가루 반죽 때 뿌리는 소량의 밀가루 small quantity of flour sprinkled when spreading or rolling dough
urvat *i.* ① 존경, 영예, 평판 respect, honor, reputation ○ **hörmət, izzət, ehtiram, sayğı**; ② 신용, 신뢰 credit, trust ○ **təsir, nüfuz, e'tibar**
urvatlamaq *fe.* 존중하다, 소중히 여기다 respect, hold *smt.* dear ○ **əzizləmək, hörmətləmək**
urvatlı *si.* ① 존경할 만한, 고려할 만한, 존중할 만한 respectable, considerate ○ **sayılan, hörmətli, nüfuzlu, e'tibarlı**; ② 정돈된, 가지런한 tidy, orderly ○ **səliqəli, sahmanlı**
urvatsız *si.* ① 무가치한, 하찮은, 사소한 unworthy, insignificant ○ **hörmətsiz, e'tibarsız**; ② 추접한, 단정치 못한 untidy, slovenly, inaccurate ○ **səliqəsiz, sahmansız**
urvatsızlıq *i.* 너저분함, 추접함 untidiness, slovenliness, inaccuracy ○ **səliqəsizlik, sahmansızlıq**
us *i.* 지혜, 현명함, 기민함 wisdom, sapience, sagacity ○ **ağıl, kamal, zəka, dərrakə, fərasət, idrak**
usal *si.* 나긋나긋한, 유연한, 휘기 쉬운, 고분고분한 pliable, pliant, compliant, tractable, complaisant
usandırıcı *si.* 지루한, 지치게 하는 tedious, tiresome, boring
usandırıcılıq *i.* 고뇌, 고민, 비통 anguish, painfulness, tedium, trial, agony, monotony
usandırmaq *fe.* 지치게 하다, 괴롭히다, 고통을 주다 tire , annoy, bore, pester
usanmaq *fe.* 지치다, 실증 나다, 괴롭다 be bored, be annoyed, be pestered ○ **bezikmək, çiyrinmək, doymaq**
usanmaz *si. col.* 지칠 줄 모르는, 끈기 있는, 불요불굴의 restless, indefatigable ○ **narahat, yorulmaz, aramsız**
usanmazlıq *i.* ① 침착하지 못함, 불안함, 항상 움

U

직임 restlessness ○ **narahatlıq, yorulmazlıq, aramsızlıq**; ② 무례함, 뻔뻔함, 건방짐 impudence ○ **sitallıq**

uslu *si.* 현명한, 지혜로운 wise, clever, sagacious, intelligent

usta *i.* ① 기술자, 기사 foreman, craftsman, master ○ **sənətkar, peşəkar**; ● **şagird**; ② (운동경기) 우승자 champion (sports); ~ **casına** *z.* 기술적으로, 명인답게 skilfully, in (a) masterly fashion; ~ **yana** ☞ **ustacasına**

ustabaşı *i.* 기술사, 기술 감독 main, chief, head, foreman, master

ustad *i.* ① 주인, 선생 master, teacher ○ **qocaman, hörmətli**; ② 전문가 professional ○ **sənətkar**; ~**anə** *z.* 전문적으로, 기술적으로 professionally

ustadlıq *i.* 숙련된 손재주, 숙달, 전문적 기능 handicraftness, trade, skill, mastery, craftsmanship, workmanship, virtuosity ○ **sənətkarlıq, məharət, bacarıq**

ustalaşmaq *fe.* ① *col.* 익숙해지다, 적응하다 get used, get accustomed ○ **öyrəşmək, alışmaq**; ② 기술을 배우다, 숙련되다, 노련해지다 become skilled (at), get the hang (of) ○ **hünərlənmək, təcrübələnmək, məharətləşmək, səriştələnmək**

ustalıq *i.* ① 기술, 실력, 전문성 mastery, professionalism ○ **bacarıq, hünər, məharət, sənətkarlıq**; ② 직업, 능력, 재능 skill, ability, ○ **peşə, sənət, vərdış**; ~**la** *si.* 아주 잘 만든, 정교하게 제작된 cleverly made, cunning devised

ustub(lu) *z.* 조용히, 침착하게, 주의 깊게, 신중하게 gently, quietly, calmly, carefully, cautiously, gingerly

uşaq *i.* ① 아이, 애, 자녀, 어린이 child, kid, youngster ○ **övlad, bala**; ② 애기, 아기 infant ○ **balaca, körpə** ● **böyük**; ~ **kimi** *si.* 유치한, 아이 같은; childish; ~ **otağı** *i.* 유아실, 보육원, 탁아실; nursery; ~ **əskisi** *i.* 기저귀; diaper, napkin; ~ **bağçası** *i.* 유치원, 보육원; kindergarten, nursery school; ~ **canlı** *si.* 아이를 좋아하는 children loving; ~**casına** *z.* 애 같이, 유치하게 childish, infantile; ~ **cığaz** *i.* 어린아이 little baby, poor baby; ~ **cıq** *i.* 어린아이 little baby, poor baby; ~-**muşaq** *i. top.* 애기들, 꼬맹이들 kiddies, little ones

uşaqlanmaq *fe.* 아이처럼 되다, 유치하게 되다 behave like a child, be childish

uşaqlaşmaq *fe.* ① 유치하게 행동하다 behave childishly ○ **balacalaşmaq, körpələşmək** ● **qocalmaq**; ② 경망스럽다, 천박하다 be frivolous ○ **yüngülləşmək**

uşaqlı *si.* 아이가 있는 having a child ○ **körpəli, balalı**

uşaqlıq *i.* ① 어린 시절 childhood (**dövrü**) ○ **körpəlik, balacalıq**; ② 천박함 frivolity; ③ 자궁(子宮) womb; ~**dan** *z.* 어릴 때부터 from childhood, since one was a child

uşaqpərəstlik *i.* 아동 사랑 love of children

uşaqsal(dır)ma *i.* 낙태(落胎), 중절(中絶) abortion, miscarriage

uşaqsevən *si.* 아이를 사랑하는 child loving

uşaqsevənlik *i.* 아이 사랑 love of children

uşaqsız *si.* 무자(無子)한, 아이가 없는 childless ○ **sonsuz, övladsız**

uşaqsızlıq *i.* 자녀가 없음 childlessness ○ **sonsuzluq, övladsızlıq**

uşqun *i.* 쌍돛대 범선 schooner

utancaq *si.* 부끄러워하는, 수줍어하는, 소심한 sheepish, shy, timid, self-conscious, shamefaced ○ **həyalı, abırlı, ədəbli** ● **sırtıq**

utancaqlıq *i.* 수줍어함, 망설임, 암띰, 삼가함, 겸허 diffidence, modesty, bashfulness ○ **həya, abır, ədəb** ● **sırtıqlıq**

utandırmaq *fe.* 당황하게 하다, 부끄럽게 하다, 상기(上氣)시키다 abash, confuse, shame, put to shame, cause to blush

utanma *i.* 부끄러움, 수치심, 당황함, shame, being ashamed, uneasiness, confusion, embarrassment

utanmaq *fe.* 부끄러워하다, 수줍어하다, 창피해하다 be ashamed, be taken aback, be shy ○ **qızarmaq, həyalanmaq, arlanmaq, sıxılmaq** ● **sırtıqlaşmaq**; ~ **ıb qızarmaq** *fe.* 얼굴이 붉어지다 blush; ~ **ıb qızarma** *i.* 홍조(紅潮) blush; ~ **madan** *z.* 뻔뻔하게, 자유롭게, 부끄러워하지 않고 shamelessly, freely

utanmaqsızın *z.* 뻔뻔스럽게, 파렴치하게 shamelessly, freely

utanmaz *si.* 뻔뻔한, 주제넘은, 염치없는, 건방진 cynical, insolent, shameless, impudent ○ **heyasız, abırsız, irsiz, ədəbsiz, sırtıq**; ~**cası-**

na ☞ utanmadan

utanmazlıq *i.* 뻔뻔함, 주제넘음, 무치함, 부끄러워하지 않음 cheek, impudence, shamelessness ○ **heyasızlıq, abırsızlıq, irsizlik, edəbsizlik, sırtıqlıq**

util *i.* 재생품(再生品) recyclings (pieces of metal, paper *etc.*)

utilizasiya *i.* 활용(活用) utilization

utilitar *i.* 공리주의(功利主義)자 utilitarian

utilitarianizm *i.* 공리주의 utilitarianism

utilitarlıq ☞ **utilitarianizm**

utilyığan *i.* 쓰레기 수거꾼 trash-picker

utopik *si.* 몽상적, 이상주의적 utopian, idealistic

utopist *i.* 이상주의자, 몽상가 utopian

utopiya *i.* 유토피아, 몽상의 세계 utopia

uvertüra *i. mus.* 서곡(序曲) overture, prelude of an opera, ballet *etc.*

uyar(lı) *si.* 유사한, 적절한, 상호보완적인 similar, like, corresponding (to), conformable (to), proper, appropriate, suitable ○ **oxşar, bənzər, münasib, əlverişli, müvafiq**

uyarlıq *i.* 유사성, 닮은꼴, 적합 likeness, resemblance, conformity ○ **oxşarlıq, bənzərlik, münasiblik, əlverişlilik, müvafiqlik, eynilik**

uyarsız *si.* 닮지 않는, 상이한, 이종(異種)의 unlike, dissimilar, disparate ○ **münasibsiz, əlverişsiz, namünasib**

uyarsızlıq *i.* 상이점, 부등(不等), 부동(不同) dissimilarity, unlikeness, disparity ○ **münasibsizlik, əlverişsizlik, namünasiblik**

uydur *i.* 부산물, 폐기물 waste (material)

uydurma *si.* 거짓의, 허구(虛構)의, 가공(加工)의 fictitious, fabricated, invented, made up

uydurmaçı *i. col.* 발명가, 거짓말쟁이, 사기꾼 inventor, inventive soul, liar, story-teller

uydurmaq *fe.* ① 궁리하다, 거짓으로 꾸미다, 발명해 내다 cogitate, feign, invent ○ **qondarmaq, quraşdırmaq, düzəltmək**; ② 적응하다, 맞추다, 일치시키다 fit, adapt, adjust ○ **əlaqələndirmək, bağlamaq, birləşdirmək**

uydurulmaq *fe.* ① 조작되다, 인위(人爲)되다, 꾸며지다 be invented, be concocted, be fabricated; ② 맞춰지다, 적응되다, 조절되다 be fitted (to), be adapted (to), be adjusted (to)

uyğun *si.* ① 적절한, 맞는, 편리한, 사용하기 쉬운, 알맞은, 타당한 suitable, convenient, appropriate, adequate, fit, ○ **oxşar, bənzər, münasib, müvafiq**; ② 이익이 되는, 유익한 profitable ○ **yararlı, əlverişli**; ③ 조화로운, 상응하는, 동등한 corresponding, harmonious, equivalent ○ **ahəngdar, taraz**; ~ **gəlmə** *i.* 동시 발생, 일치 부합 coincidence; ~ **gəlmək** *fe.* 동의하다, 조화를 이루다, 일치하다, 어울리다 agree, accord, concur, suit, conform; ~ **gələn** *si.* 상응하는, 유사한 respective, corresponding; ~ **olmaq** *fe.* 따르다, 순응되다, 조화되다 conform; ~ **olaraq** *qo.* ~ 에 맞추어, ~ 에 따라 in compliance with, in conformity with; ~ **gəlməyən** *si.* 부등(不等)한, 동등하지 않은 unequal; ~ **olmayan** *si.* 맞지 않는, 일치하지 않는 unfit

uyğunlaşdırılmaq *fe.* 맞춰지다, 조절되다, 조작되다, 적응되다 be co-ordinated (with), be fitted (to), be adapted (to), be adjusted (to), be linked (to)

uyğunlaşdırma *i.* 적응, 순응 adaptation

uyğunlaşdırmaq *fe.* 맞추다, 조절하다, 적응하다 co-ordinate, regulate, adapt, tie up, be adapted, adapt oneself

uyğunlaşmaq *fe.* ① 일치하다, 합의하다 agree, accommodate ○ **razılaşmaq, bağlaşmaq**; ② 맞추다, 적응하다 fit, conform, adapt ○ **alışmaq, öyrəşmək**; ③ 관계되다, 연결되다 relate, associate ○ **uzlaşmaq, əlaqələnmək, bağlanmaq**

uyğunluq *i.* ① 적절성, 적합성, 일치성 adequacy, proportion, conformity ○ **münasiblik, müvafiqlik, əlverişlilik**; ② 조화, 균형, 화합 accord, accordance, harmony ○ **ahənglik, tənasüblük**; ③ 결합, 연합, 병합, 단결, 융합 union ○ **yekdillik, birlik**

uyğunsuz *si.* ① 부적합한, 적당하지 않는, 일치하지 않는, 불일치의 unsuitable, inappropriate, incongruous (with), incompatible (with) ○ **əlverişsiz, münasibsiz, mə'nasız**; ② 꼴불견의, 거친, 보기 흉한 unseemly, indecorous ○ **ahəngsiz, tənasübsüz, nisbətsiz**

uyğunsuzluq *i.* ① 모순, 이종성; 부등, 부동; (양자 간의) 차이 discrepancy, incompatibility, disparity ○ **əlverişsizlik, münasibsizlik, mə'nasızlıq**; ② 불일치, 부조화 lack of correspondence, incongruity ○ **ahəngsizlik, tənasübsüzlük, nisbətsizlik**

U

Uyğurlar *i.* 위구르족 (중국 서북 지방에 사는 터키족의 하나) Uigur (one of the main Turkic people groups in China)
uyqu *i.* 잠, 꿈, 수면(睡眠) dream, sleep ○ **yuxu**
uyqulu *si.* 졸리는 sleepy
uyqusuz *si.* 잠이 오지 않는, 불면의 sleepless
uyqusuzluq *i.* 불면증(不眠症) sleeplessness, insomnia
uyma *i.* 열정, 생동감, 열심 enthusiasm, animation, passion (for *smth.*), love (for *smth.*)
uymaq *fe.* ① 몰입하다, 큰 관심을 보이다, 조예가 깊다 be carried away, take a great interest (in *smth.*), be keen (on *smth.*), go mad (on), yield (to), give way (to), fall (for) ○ **maraqlanmaq, qapılmaq, sevmək, vurulmaq**; ② 닮다, 비슷하다 resemble, be like, do (for); ③ 같이 가다, 일치하다 come together ○ **yatmaq**
uysal *si.* 같이 잘 지낼 수 있는, 같이 하기 편한 easy to live with, easy to get on with
uysallıq *i.* 편한 기질, 같이하기 쉬운 성격 easy disposition
uyum *i.* 조화, 일치 harmony
uyumaq *fe.* ① 잠자다, 쉬다 sleep; ② 수동적이다, 움직이지 않다 be inactive
uyuşdurmaq *fe.* 같이 만나다, 잘 엮이다 combine (with), meet together
uyuşqan *si.* 끈적끈적한 glutinous, viscid, viscous
uyuşqanlıq *i.* 점착성, 질척거림, 끈적거림 viscidity, viscosity, miriness, ooziness, bogginess, marchiness, swampiness
uyuşma *i.* 우호, 친목, 돌봄, 친절 amity, accommodation
uyuşmaq *fe.* ① *qram.* (성, 수, 격) 일치시키다, 결합하다, 묶다 comform (to), agree (with), combine, be combined, go (with), ○ **uzlaşmaq, əlaqələnmək, bağlanmaq, birləşmək**; ② 연결하다, 묶다 harmonize (with), match ○ **uymaq, yaraşmaq**
uyuşmama *i.* 불일치, 모순, 어긋남 discrepancy
uyuşmaz *si.* 성미가 맞지 않는, 화합이 안 되는, 냉혹 무정한, 달랠 수 없는 incompatible, irreconcilable, unappeasable, implacable ○ **barışmaz**
uyuşmazlıq *i.* 부조화, 화합되지 못함, 화해할 수 없음 incompatibility, irreconcilability, impacability ○ **barışmazlıq, ziddiyyət**
uyuşuq *si.* 둔한, 뻣뻣한, 둔감한, 활발치 못한, 경직된 torpid, numb, stiff with cold ○ **qurumuş, donmuş, keyimiş**
uyuşuqluq *i.* 둔감성, 무정함, 경직성 torpidity, apathy ○ **donuqluq, keyilik**
uyutmaq *fe.* 재우다, 잠을 자게 하다 lull to sleep
uy-uy *i. onomatopoeic.* 고통, 공포의 신음소리 groaning with pain, fear
uyuz *si. col.* 딱지투성인, 옴에 걸린 mangy, scabby
uzadılmaq *fe.* ① 연기되다, 연장되다 be prolonged, be extended ○ **artırılmaq, çoxaldılmaq**; ② 지체되다, 보류되다 be delayed, be held up ○ **ləngidilmək, yubadılmaq**
uzağı ☞ **uzaqbası**
uzaq *si.* ① (거리가) 먼, 외진, 원격의 far, distant, remote, long-distance (distance) ● **yaxın**; ② (시간) 긴 long (time) ● **gödək**; ③ 외지의, 외국의 foreign, strange ○ **yad, kənar, özgə**; ④ 동떨어진, 적합지 않는 far, unsuitable; **~ görən** *si.* 현명한, 기민한, 예민한 sagacious; **~ görməyən** *si.* 단견(短見)적인 near-sighted, short-sighted; **~ mənzilli raket** *i.* 원거리 미사일 long-range rocket; **~ məsafədən idarə olunan** *si.* 원격 조종의 remote operated; **~-~** *si.* very far; **~ğa** *z.* away; **~başı** *z.* 최소한, 적어도 at the latest; **~da** *z.* 멀리서, 떨어져서 afar, aloof, away; **~da yerləşən** *si.* 멀리 있는, 먼 곳의 remote, long-distance; **~dakı** *si.* 먼, 원거리의 distant, remote; **~dan** *z.* 멀리서, 원거리에서 from a distance, from far away, from afar; **~ görən** *si.* 통찰력 있는, 미래의 혜안을 가진, 선견지명의 far-sighted, far-seeing, long-sighted, prescient, sagacious, perspicacious, acute, shrewd ○ **tədbirli, bəsirətli**; **~ görənlik** *i.* 통찰력, 선견지명, 달견 foresight, prescience; **~ vuran** *si.* 장거리 미사일 long-range (artillery)
uzaqlaşdırma *i.* 격리, 분리, 단절, 제외, 배제 removal, distance, moving off, away, pushing aside, dismissal
uzaqlaşdırmaq *fe.* 격리하다, 멀리하다, 배제하다 move away, separate, part
uzaqlaşmaq *fe.* ① 멀어지다, 소원(疏遠)하다 digress, retire to a distance, be far away; ② 관계가 꼬이다 estrange a relationship; ③ (일에서)

손을 떼다, 포기하다, 취소하다 give up work ○ **aralanmaq, çəkilmək, getmək**

uzaqlıq *i.* 거리, 격리 distance, remoteness, lengthiness (distance, time) ○ **məsafə, mənzil**; **məsafənin ~i** *i.* 장거리 long distance; **uçuşun ~ğı** *i.* 최대 거리 range, maximum range

uzaqlıqölçən *i.* 원격 측정기 range-finger

uzandırmaq *fe.* ① 눕히다, 눕게 하다 lie, lie down; ② 펼치다, 늘이다, 질질 끌다, 잔존하다 stretch out, reach out, extend, reach, stretch, last, linger, wear on; ③ 잡아당겨 늘이다, 당기다 pull, draw; ④ 자라다, 자라나다 grow, grow up

uzanıqlı *si.* 누워 있는 (in) a lying position

uzanışmaq *fe.* ① 눕다, 대(大)자로 눕다; lie down, sprawl; ② 펼치다, 늘이다, stretch, lengthen out, last; ③ lengthen, become longer, become prolonged, grow one's hair long

uzanmaq *fe.* ① 눕다, 기대다, 쉬다 lie, lean, repose ○ **yatmaq, söykənmək** ● **qalxmaq, durmaq**; ② 몸을 펼치다, 늘이다 stretch (body) ○ **dartılmaq**; ③ 연장되다, 지연되다, 펼쳐지다 extend, expand ○ **yubanmaq, ləngimək**; ④ 도달하다 reach ○ **sərilmək, yayılmaq**; ⑤ 길어지다 lengthen, linger grow, ○ **böyümək**; ⑥ 더하다, 증가하다 add, increase ○ **çoxalmaq, artmaq**; **sakit ~** *fe.* 고요히 누워 있다 lie still; **~ıb getmək** *fe.* 이르다, 닿다 reach, range

uzatma *i.* ① 확장(擴張), 연장(延長) lengthening, making longer; ② 뻗기, 뻗음, 신장, 팽팽함 extent, stretch, tension, pull; ③ 지연(遲延), 연체(延滯) delay, prolongation; ④ *fig.* 확산(擴散), 분산(奔散) spread ⑤ 턱수염 기르기 growing a beard

uzatmaq *fe.* ① 길게 하다, 늘이다 lengthen; ② 펴다, 뻗다 reach, stretch, extend; ③ (머리카락, 수염 등) 기르다 grow long (hair, beard); ④ (잠을) 재우다 lay, put to sleep; ⑤ (기간) 연장하다 prolong; ⑥ 연기(延期)하다 postpone; ⑦ 말을 많이 하다, 길게 말하다 talk much, speak long

uzlaşdırılmaq *fe.* 일치되다, 확인되다; 일치되다, (문법) 합치되다 be confirmed (to), *qram.* agree (with)

uzlaşdırmaq *fe.* ① 협력시키다, 화해시키다, 조화시키다 co-ordinate (with), reconcile (*smb.*), conciliate (*smb.*), fit, harmonize; ② *qram.* (문법) (수, 격, 시제를) 일치시키다 have *smt.* agree (with)

uzlaşma *i.* (수, 성, 인칭, 격 등의) 호응, 일치; agreement; **zamanların ~ sı** *i. qram.* 시제의 일치 sequence of tenses

uzlaşmaq *fe.* ① 합의에 이르다, 이해하게 되다 conform (to), come to an agreement/understanding, reach an agreement, come to terms ○ **uyğunlaşmaq, razılaşmaq, sözləşmək**; ② *qram.* (성, 수, 인칭, 격 등) 일치시키다 agree (with)

uzun I. *si.* 긴 long, lengthy; ② 오래 지속하는 long-lasting; ③ 계속되는 continuous; II. *z.* 쭉, 언제나, 처음부터 along; **~ addım** *i.* 큰 보폭 stride; **~ ağac** *i.* 장대(杖臺) pole; **~ boylu** *si.* 키가 큰, 장신의 tall, long, lengthy; **~ il** *i.* 윤년(閏年) leap year; **~ müddət baxmaq** *fe.* 응시(凝視)하다 stare; **~ sürən** *si.* 지속하는, 긴 수명의, 연기되는 continuous, long, protracted, prolonged, lingering, chronic; **~ çəkən** *si.* (시간) 많이 소요되는 prolonged; **~ uzadı** *z.* 아주 길게 at great length; **~ boğaz ayaqqabı** *i.* 장화, 부츠 boot; **eninə və ~una** *si.* 멀고 넓은 far and wide

uzunasına *si.* ① 경도의, 종렬의 longitudinal, lengthwise ○ **uca, hündür, qəlbi** ● **qısa**; ② 먼길, 세로의 a long, lengthy ways, lengthwise ○ **ətraflı, müfəssəl, geniş, hərtərəfli**; **~ ayaq** *si.* ① 다리가 긴, 긴 다리의 long-legged; ② *fig.* 쉼 없는 restless; **~ baldır** *si. col.* 다리가 긴 long-legged; **~ baş(lı)** *si.* 타원형의 얼굴을 가진 having an oval-shaped head; **~ bığ(lı)** *si.* 수염이 긴 long-bearded; **~ boğaz(lı)** ① *si.* 목이 긴 long-necked; ② *i.* 부츠 (high) boot; **~ boylu** *si. col.* 키가 큰, 호리호리한 lanky (fellow), lanky (woman) ● **qısaboylu**; **~ burun** ① *si.* 코가 긴 long-nosed; ② *i.* 모기 mosquito; **~ca** *z.* 길게 very long; **~caydaq** ☞ **uzundraz**; **~ çəkən** *si.* 시간이 오래 걸리는 long, protracted, prolonged, drawling; **~ dalğalı** *si.* (전파) 장파(長波); long-wave; **~ danışan** ① *i. col.* 수다쟁이 talker, chatterbox; ② *si.* 수다스러운, 말을 많이 하는 talkative, garrulous, loquacious; **~ dimdik** *i. zoo.* 긴 부리의 weevil; **~ draz** ① *si. col.* 키가 큰, 호리호리한 leggy, lanky; ② *i.* 키 큰 사람 lanky fellow, lanky woman ○ **caydaq, yekəpər,**

U

heyvərə ● gödərək; ~ drazlıq *i.* 날씬함, 호리호리함; legginess, lankiness; ~ ətək(li) *si.* 긴치마 long-skirted; ~ gərdən(li) *si.* 긴 목의, 목이 긴 long-necked; ~ gövdə(li) *si.* 긴 줄기의, 자루가 긴 long stalked; ~ kirpik(li) *si.* 속눈썹이 긴 having long eyelashes; ~ qanad(lı) *si.* 날개가 긴 wide-winged; ~ qol(lu) *si.* 팔이 긴 long-armed; ~ qunc *si.* (신발, 양말 등) 목이 긴 long-necked (shoes, socks *etc.*); ~ quyruq(lu) *si.* 꼬리가 긴 long-tailed; ~ lif(li) *si.* 긴 줄의, 줄이 긴 long-stringed; ~ lülə *si.* 총열이 긴, 긴 대롱의 long-barreled; ~ müddətli *si.* 장기간의 long-term; ~ ömürlü *si.* 장수의, 장기간의 of long-life, of long-duration ○ **davamlı, sürəkli**; ~ **ömürlülük** *i.* 장수, 내구성 있음 longevity; ~ **saç(lı)** *si.* 긴 머리의, 장발의 long-haired; ~ **saqqal(lı)** *si.* long-bearded 긴 수염의, 수염이 긴; ~ **-sifət(li)** *si.* long-faced 길쭉한 얼굴의; ~ **tuklu** *si.* 긴 머리의 long-haired; **~u** *qo.* 길게, ~의 동안에 along, lengthwise, during, for, through-out; **yay ~u** *z.* 여름 동안에, 여름 내내 during the summer; **qış ~u** *z.* 겨우내, 겨울 동안에 all winter long; **yol ~u** *z.* 길을 따라, 온 길 내내 along the way; **~una** *z.* 길게, 긴 방향으로, 길쭉하게 lengthwise, longwise; **tam ~una** *z.* 가장 길게, 최장의 at full length; **~-uzadı** *si.* ① 긴, 길이로 long, protracted, prolonged; ② 오랫동안, 오랜 시간의 (for) a long time ○ **geniş, ətraflı, müfəssəl**; ~ **yarpaq(lı)** *si.* 잎이 길쭉한, 장엽(長葉)의 ong-leafed; ~ **yunlu** *si.* (양의) 털이 긴 long-haired

uzunçu I. *i.* 수다쟁이, 장변가 (場辯家) talker, chatterer, chatterbox; II. *si.* ① 말이 많은, 수다의, 길게 말하는 talkative, loquacious, garrulous; ② 장황한, 허황한 prolix, long-wineded; ~ **yazıçı** *i.* prolix writer ○ **sözçü, çərənçi**

uzunçuluq *i.* 수다, 장황함, 달변 chatter, jabber, jabbering, loquacity, verbosity ○ **sözçülük, naqqallıq, boşboğazlıq, çərənçilik**

uzundərə *i.* 아제르바이잔 민속 장단 an Azerbaijani folk dance melody

uzunqulaq I. *si.* 귀가 긴, 긴 귀의 long-eared; II. *i.* ① 나귀, 당나귀 donkey, ass; ② *fig.* 고집 센, 어리석은, 버릇없는 stubborn, rude ○ **qanmaz, qanacaqsız, ədəbsiz, kobud**

uzunqulaqlıq *i.* 어리석음, 무지함, 무례함 stubbornness, ignorance, rudeness ○ **qanmazlıq, qanacaqsızlıq, ədəbsizlik, kobudluq**

uzunlamasına ☞ **uzununa**

uzunlaşmaq *fe.* 늘어나다, 길어지다, 연기하다 lengthen, become longer, become prolonged, become elongated

uzunlatmaq *fe.* 길게 하다, 늘이다, 연기하다 lengthen, make longer, prolong, elongate

uzunluq *i.* ① 길이, 장(長) length ○ **ucalıq, hünzdürlük** ● **qısalıq**; ② 지속, 계속 continuance ○ **davamlılıq, sürəklilik** ● **qısalıq**; ~ **ölçüləri** *i.* 길이를 잼, long measure; ~ **dairəsi** *i.* 타원(楕圓) longitude

uzunsov *si.* 길쭉한, 긴 쪽으로 oblong ● **gödərək**

uzunsüngül *si.* 타원의, 타원형의 oval

uzuntu I. *i.* 금실, 은실 gold thread, silver thread; II. *si. fig.* 오래 끄는, 인내의 long-drawn-out proceedings, waste of time protracted, laborious, painstaking

üç *say.* 셋, 삼 three; ~ **dəfə** *z.* 세번(째) thrice, three times; ~ **qat** *si.* 세 겹의 treble

üçaktlı ☞ **üçpərdəli**

üçayaq *i.* 삼각대(三脚臺) trivet, tripod

üçayaqlı *si.* 삼발이의, 다리가 셋 달린, 삼각의 three-legged

üçaylıq *si.* 3개월째의, 3개월 된 of three months, three-month, three-month-old

üçbarmaq *fe.* 세 손가락의 three-fingered, tridacty (ous)

üçbir *z.* 셋이서 하나, 3위1체로 in threes

üçbucaq *i.* 삼각형(三角形) triangle

üçbucaqlı *si.* 세 각을 가진 three-cornered

üçcə *say.* 셋만 in all three, only three

üçcildli *si.* 세 권으로 된 (전집(全集)) in three volumes

üççarxlı *si.* 세 바퀴의, 삼륜(三輪)의 three wheeled

üçdəbir *si.* 셋 중의 하나, 1/3, 삼분의 1 one third

üçdilli *si.* 세 가지 언어를 쓰는 trilingual, triglot

üçdorlu *si.* 세 돛대의 three-masted

üçəm *i.* 세 쌍둥이 (양) triplets (sheep)

üçəsrlik *si.* 삼 세기 동안의 for three centuries

üçgül *si.* 삼각 기둥인, 삼중의 triangular

üçgünlük *si.* 삼 일 간의, 삼 일 분의 three-day, of three days

üçgüşəli *si.* 세모서리를 가진 triangular

üçhecalı *si. qram.* 3음절의 trisyllabic

üçhədli *si.* ① *riy.* 삼항식의 trinomial

üçillik *si.* 삼 년 된, 3년마다의 of three years, three-year, triennial

üçkünclü ☞ **üçgüşəli**

üçqat(lı) *si.* ① 삼 겹의 threefold, triple; ② 3층의 three-storeyed, treble

üçqıçlı ☞ **üçayaq**

üçlayli *si.* 세 겹의, 삼층의 triple-layered

üçləmək *fe.* ① 3배의, 3중의 treble; ② 세 번 접다 fold in three; ③ 셋으로 나누다 divide into three parts

üçlü *si.* 셋으로 이루어진 three (together)

üçlük *i.* ① *din.* 삼위일체 Trinity; ② *mus.* 트리오, 삼중창 trio

üçlükdə *z.* 3씩으로 in three (together)

üçlülə *i.* 총신이 셋인 three-barreled rifle

üçmərtəbə *si.* 3층으로 이뤄진 three-storeyed

üçnövbəli *si.* 3교대로 이뤄진 in three shift

üçölçülü *si. mus.* 삼박자의 triple time

üçpərdəli *si.* 삼부작의 containing three parts (theater)

üçrəqəmli *si. riy.* 세 자리 숫자의 three-digit, three-figure

üçrəngli *si.* 삼색의 tricoloured, of three colours

üçsəsli *si.* 3 중창의 of three-part, in trio

üçsimli *si.* 삼현(三絃)의 three-stringed

üçtarlalı *si.* 셋으로 나누어진 들판의 three-field

üçtinli *si.* 삼면으로 이뤄진 three-sided

üç-üç *z.* 셋씩으로 in threes, three by three

üçün *qo.* ~ 위하여, 대신하여, 때문에, 덕택에; on behalf of, for, on account of, in order to, for the purpose of; **sizin** ~ *z.* 당신을 위해 for you; ***Nə üçün?*** *뭣 때문에? Why? For what?*

üçüncü *say.* 세 번째의 third

üçüzlü *si. geom.* 삼면(三面)의 three-ended, trihedral

üçvəznli *si.* 삼차원(三次元)의 three-dimensional

üçyaşar ☞ **üçyaş(lı)**

üçyaş(lı) *si.* 세 살인 of three, three-year-old

üdüləmək *fe.* 허튼 소리를 하다, 지껄이다, 중얼거리다 talk nonsense, jabber, babble, chatter,

Ü

blurt out ○ **çərənləmək**

üfqi *si.* 수평의, 지평의 horizontal

üfləmək *fe.* ① (바람이) 불다, 바람에 날리다, 입김을 불다 blow; ② blow out, put out 불어서 끄다

üfunət *i.* 악취, 부패, 썩는 냄새 stench, putrefaction, putrid smell ○ **iy**, **qoxu** ● **ətir**

üfunətli *si.* ① 악취를 내는, 독한 냄새의, 냄새 고약한 putrefying, putrid, stinking ○ **iyli**, **qoxulu**; ② 구역질나게 하는, 메스껍게 하는, 지겨운 disgusting, obscene ○ **iyrənc**, **mənfur**, **murdar** ● **ətirli**

üfüq *i.* 지평선, 수평선 horizon

üfürmək *fe.* ① (바람을) 확 불다, 불어서 불을 살리다 blow, puff ○ **yandırmaq**, **alışdırmaq**; ② blow out ○ **söndürmək**, **keçirmək**; **~übsöndürmək** *fe.* 불어서 끄다 blow out

üfürülmək *fe.* ① 부풀리다, 팽창되다 swell, be swollen, be inflated ○ **şişmək**, **köpmək**, **qalxmaq**; ② 소멸되다, 잃게 되다, 꺼지다 be liquidated, be put out, be extinguished ○ **söndürülzmək**, **keçirilmək**

üləma ☞ **alim**

ülfət *i.* ① 친근, 친밀함 familiarity, friendship ○ **dostluq**, **hüsn**, **rəğbət**, **ünsiyyət**; ② 애정, 자선, 구휼 love, charity ○ **uyuşma**, **yovuşma**; ③ 전심, 열정 wholeheartedness ○ **həmrə'ylik**, **yekdillik**

ülfətli *si.* 친절한, 진심 어린, 친목적인 kind, cordial, sociable ○ **mehriban**, **uyuşuq**, **yovuşuq**, **alışqan**

ülfətlilik *i.* ① 친절, 진심 cordiality, kindness, sociableness ○ **mehribanlıq**, **uyuşuqluq**, **alışqanlıq**, **yovuşuqluq**

ülgü *i.* 모범, 측정 기준 model, pattern, sample for the measuring ○ **biçim**, **ölçü**, **əndazə**; ② 측정 단위 measuring unit ○ **ölçu**, **me'yar**

ülgüc *i.* 면도날 razor, blade

ülgülü *si.* 측정된, 재단된 measured, patterned ○ **biçili**, **ölçülü**

ülkər *i. ast.* 은하, 성운, 북두칠성 the 7 stars of the Big Dipper; Pleiades, galaxy ○ **sürəyya**

ülvi *si.* ① 높은, 고상한, 지고한 high, lofty, holy ○ **yüksək**, **uca**, **müqəddəs**; ② 정신적인, 비물질의 mental, non-materialistic

ülviyyət *i.* 고결함, 거룩함, 존귀함 highness, majesty, holiness ○ **yüksəklik**, **ucalıq**

ülvilik *i.* 높음, 거룩함, 지고함 highness, holiness ○ **yüksəklik**, **ucalıq**

ümdə *si.* 주된, 중요한, 근본적인, 물질적인, 본질적인 main, chief, important, essential, material, substantial ○ **əsas**, **başlıca**, **vacib**

üməra *i.* 권력, 권세, 권위, 심판 authorities, judges ○ **əmir**, **hakimlər**

ümid *i.* ① 소망, 소원, 해결책 hope, remedy, solution ○ **əməl**, **arzu**, **dilək**; **~ etmək** *fe.* 희망하다, 기대하다, 대망하다 hope, expect; **~ini kəsmək** *fe.* 절망시키다, 실망시키다 give up hope of, despair; **~ vermək** *fe.* 약속하다; promise; **~ini boşa çıxarmaq** *fe.* 실망하다; disappoint; ② 진정시킴, 침착함 expectation ○ **güman**; **~-nəvid** *i.* calm, quiet, sooth, give hope, reassure; **~sizcə(sinə)** *z. col.* 끔찍하게, 필사적으로, 지독하게 desperately, awfully; **~verici** *si.* 희망을 주는 hopeful

ümidləndirmək *fe.* 격려하다, 희망을 주다, 안심시키다 give hope, reassure, encourage

ümidli *si.* ① 희망적인, 바라는, 기대하는 hopeful, wishful; ② 확실한, 분명한 sure, certain; ③ 의존할 만한, 믿을 만한, 안전한, 기댈 만한 reliable, trustworthy, safe, dependable

ümidlilik *i.* ① 희망적임, 갈망함 hopefulness, wishfulness; ② 확실성, 분명 certainty, sureness; ③ 신뢰성, 확실성 reliability, trustworthiness; ④ 안정성, 충직성 safety, loyalty

ümidsiz *si.* 절망적인, 절체절명의 hopeless, desperate ○ **e'tibarsız**, **çarəsiz**, **fərəhsiz**

ümidsizlik *i.* 절망적임, 절체절명 hopelessness, disillusion, despair, desperation ○ **e'tibarsızlıq**, **çarəsizlik**, **fərəhsizlik**

ümidvar *i.* 희망을 주는 사람, 소중한 사람 cherisher, nourisher of hope ○ **arxayın**, **xatircəm**, **əmin**; **~ etmək** *fe.* 희망을 주다, 확실히 하다, 희망하다 give hope, reassure, hope

ümidvarlıq *i.* 믿음직함, 안전함 reliabilty, safety ○ **əminlik**, **arxayınlıq**, **xatircəmlik**

ümman I. *i.* 대양, 큰 바다 ocean ○ **dərya**, **dəniz** ● **damla**; II. *si.* 거대한, 무한한 limitless, immeasurable

ümmət *i.* 민중, 사회 people, society

ümum *si.* 일반적인, 공통적인, 모든 general, common, all ○ **bütün**, **tamam**

ümumbəşəri *si.* 인간 만사의 relating to all of

humanity
ümumdövlət *si.* 거국적(擧國的)인 nation-wide
ümumdünya *si.* 전세계적인, 국제적인; universal, world-wide; ~ **konqresi** *i.* 국제 회의 world congress
ümumən *z.* 일반적으로, 전체적으로, 다 같이 in general, generally (speaking), altogether, on the whole, always ○ **elliklə**, **hamılıqla**, **ucdantutma**, **tamamilə**, **bütün**
ümumxalq *si.* 범민족적으로 nation-wide
ümumi *si.* ① 일반적인, 보통의, 전반적인 general, universal ○ **ellik**, **hamısı**; ② 보통의, 공통의, 공동의 common, sharing, public; ③ 전체적인, 기본적인; whole, basic; ~ **isim** *qram.* 일반 명사; common noun; ~ **kitabxana** *i.* 공공도서관; public library; ~ **əfv** *i.* 일반 사면 amnesty; ~ **məbləğ** *i.* 합계, 통계 total; ~ **yer** *i.* 일반 상식 commonplace
ümumiləşdirmə *i.* ① 일반화, 공통화; generalization, general conclusion ② 사회화, 집단화 socialization, collectivization
ümumiləşdirmək *fe.* 일반화하다, 종합하다, 개괄하다 generalize, socialize
ümumiləşmə *i.* 일반화, 일반적 결론 generalization, general conclusion
ümumiləşmək *fe.* 일반화되다, 공용화되다, 공통적으로 되다 be generalized, become universal, become public ○ **ictimailəşmək**, **birləşmək**, **eyniləşmək** ● **xüsusiləşmək**
ümumilik *i.* 공동체, 연합 community, the common character ○ **ictimailik**, **birlik**, **eynilik** ● **xüsusilik**
ümumilikdə *z.* 다같이 altogether
ümumittifaq *i.* 총연맹(總聯盟) All-Union
ümumiyyət ☞ **ümumilik**
ümumiyyətcə ☞ **ümumiyyətlə**
ümumiyyətlə *z.* 일반적으로 (말해서), 보편적으로 generally speaking, in general, generally, on the whole
ümumqoşun *i.* 전군, 일반 군대 consisting of the whole military
ümummilli *si.* 범국가적인 national
ümumrayon *si.* 지방 전체의 relating to the whole region
ümumşəhər *si.* 도시 전반의 city-wide
ümumtəhsil *si.* 일반 교육의 of general education
ümumzavod *si.* 전체 공장의 for the whole factory, all-factory
ün *i.* ① 음성, 소리, 잡음, 중얼거림 voice, sound, noise, murmur ○ **səs**, **səda**; ② 부르짖음, 고함, 외침 call, cry, peremptory shout, cry; ③ 들음, 듣기, 소문 ear, hearing, rumour, hearsay
ünas *i.* 여자, 여인 woman ○ **qadın**, **arvad**
ünqa *i. mif.* 불사조 Phoenix, Firebird ○ **simurq**
ünləşmək *fe.* 서로 부르다, 소음을 만들다 call one another, make noise ○ **səsləşmək**, **sədalaşmaq**
üns *i.* ① 인류, 인간 human, man, human being ② ☞ **ünsiyyət**
ünsiyyət *i.* ① 사회성, 교제, 친근함 sociability, intercourse, attachment, fellowship ○ **əlaqə**, **münasibət**; ② 친밀성, 애정, 친절함 intimacy, love, kindness ○ **mehribanlıq**, **məhəbbət**, **bağlılıq**
ünsiyyətli *si.* 결부된, 애정 관계의 attached, tied, bound, sociable ○ **mehriban**, **məhəbbətli**
ünsiyyətlilik *i.* ① 관계, 태도 relationship, attitude ○ **əlaqə**, **münasibət**; ② 친밀감, 친절함, 애정 kindness, affection, closeness ○ **mehribanlıq**, **məhəbbət**, **bağlılıq**
ünsiyyətsiz *si.* 냉정한, 비사교적인 cool, unsociable ○ **əlaqəsiz**, **münasibətsiz**
ünsiyyətsizlik *i.* 비사교성, 어울리지 않음 unsociability ○ **əlaqəsizlik**, **münasibətsizlik**
ünsür *i.* ① 요소(要素), 인자(因子), 수단(手段) element, means ○ **element**, **vasitə**; ② 외국의, 생소한 것 foreign, strange ○ **yad**, **özgə**, **yabançı**, **biganə**
ünsürlü *si.* ① 단일의, 정연한 elemental, methodic ○ **elementli**, **vasitəli**; ② 어색한, 생소한, 외국의 foreign, strange
ünsürlük *i.* 어색함, 생소함, 외국적임 strangeness, foreignness ○ **yadlıq**, **özgəlik**, **yabançılıq**, **biganəlik**
ünvan *i.* 주소, address; **birin ~ına göndərmək** *fe.* 우편을 보내다 address
ünyetməz *si.* 다다를 수 없는 very far, unreachable
ürcah; ~ **olmaq** *fe.* 마주치다, 맞닥뜨리다, 우연히 만나다 come across, encounter, coincide

Ü

ürəfa *i.* 지식층(知識層), 식자(識者)층 intellectuals, intelligentsia ○ **ağıllı, mə'rifətli adamlar** ● **avam**

ürək *i.* 마음, 가슴, 용맹 heart, bosom; braveness ○ **qəlb, könül, bağır; ~ açmaq** *fe.* 마음을 열다 open one's heart; **~yi getmək** *fe.* 기절하다, 혼절하다, 의식을 잃다 faint; **~ ağrısı** *i.* 심장통(心臟痛) heartache; **~ ağrısı tutması** *i.* 심장 발작 heart attack; **~ xəstəliyi** *i.* 심장병 heart disease; **~yinin yağı ərimək** *fe.* 매우 심각한 고통에 처하다, 환란을 만나다 be terribly anxious, grieved, feel pity, meet with disaster; **~-dirək vermək** *fe.* 격려하다, 힘을 돋우다, 용기를 주다 cheer, take heart, hearten, cheer up, encourage; **~dən gələn** *si.* 진심의 cordial; **~yinə damma** *i.* 예감(叡感), 육감(肉感) presentiment; **~yinə salma!** 염려하지 마! Take it easy; **~yə yatan** *si.* 마음에 맞는, 성미가 맞는; congenial; **~yi bulanmaq** *fe.* 메슥거리다, 가슴이 울렁거리다 feel sick, fell nauseated; **~yi bulanma** *i.* 멀미 sickness, nausea; **~yi parçalanmış** *i.* 마음이 부서지는, 매우 고통스러운 broken hearted; **~yi yanmaq** *fe.* 동정하다, 마음이 불타다 sympathize; **~yi nazik** *si.* 예민한, 감성적인, 부드러운, 동정심이 많은 sensitive, sentimental, tender-hearted, compassionate, softhearted; **~dən** *z.* 마음의 깊은 데서 from the bottom of one's heart; **~dolusu** *z.* 기꺼이, 진심으로, 성심으로 willingly, heartfully; **~lə** *z.* 용감히, 담대하게 bravely, boldly

ürəkaçan ☞ **ürəkaçıcı**

ürəkaçıcı *si.* 상쾌하게 하는, 기쁘게 하는 pleasing, cheering, entertaining ○ **fərəhli, şad, nəşəli**

ürəkbir *si.* 매우 친밀한, 가까운 very close, bosom, intimate

ürəkbulandıran/ürəkbulandırcı *si.* 고약한, 기분을 상하게 하는, 가슴을 울렁이게 하는 nasty, offensive, abusive

ürəkbulanma(sı) *i.* 분개, 곤혹, 괴로움 resentment, annoyance, irritation

ürəkcik ☞ **ürək**

ürəkçırpıntısı ☞ **ürəkçırpınması**

ürəkçırpınması *i.* ① 전율 (medical) palpitation tachycardia; ② 소란, 반동, 소요 turmoil, tumult, agitation

ürəkdöyünmə(si) *i.* (질병, 달리기, 무서움 등으로) 고동; 가슴이 떨림 palpitation (out of sickness, running, scare *etc.*)

ürəkgetmə(si) *i.* ① 기절, 졸도, 황홀 fainting fit, swoon, syncope, fit, attack, heart attack ○ **bayğınlıq, bihuşluq, tutma, qəşşetmə;** ② 간질(癎疾), 간질 증상(肝蛭症狀) epileptic

ürəkkeçmə ☞ **ürəkgetmə**

ürəkqopma ☞ **ürəkgetmə**

ürəkləndirici *si.* 북돋우는, 고무하는, 격려하는, 응원하는 encouraging, cheering

ürəkləndirmək *fe.* 격려하다, 응원하다, 고무(鼓舞)하다, 기운을 북돋우다 encourage, hearten, cheer up, reassure, inspire

ürəklənmək *fe.* 용기를 내다, 대담해지다, 격려되다 take heart, be emboldened ○ **həvəsləmək, ruhlanmaq, cəsarətlənmək, cür'ətlənmək** ● **qəhərlənmək**

ürəkli *si.* 대담한, 용감한, 용맹스러운, 맹렬한, spirited, stout-hearted, bold, brave, courageous ○ **qoçaq, cəsarətli, çür'ətli, hünərli, mərd**

ürəklilik *i.* 담대함, 용맹, 투지 courage, boldness, braveness, ○ **qoçaqlıq, igidlik, mərdlik, şücaət, cəsarət, cür'ət, hünər**

ürəksıxan ☞ **ürəksıxıcı**

ürəksıxıcı *si.* 지루한, 지겨운, 괴로운, 성가신, 귀찮은 boring, irksome, bothersome, tiresome, pesky, annoying

ürəksıxıntısı *i.* 괴로움, 고통, 몸부림 torment, agony, torture

ürəksındıran I. *i.* 무례한 사람, 기분을 상하게 하는 사람 offender; II. *si.* 신경질적인, 화를 잘 내는, 과민한, 상처받기 쉬운 touchy, susceptible, quick to take offence

ürəksiz *si.* ① 겁 많은, 소심한 coward, timid ○ **qorxaq, ağciyər;** ② 마음에 내키지 않은, 본의 아닌 unwilling; **~cəsinə** *z.* ① 비겁하게, 소심하게, 불안하게 in a cowardly manner, fashion, apprehensively; ② 억지로, 마음에 내키지 않게 reluctantly

ürəksizlik *i.* 소심함, 겁 많음 faint-heartedness, timidity ○ **qorxaqlıq, ağciyərlilik, cəsarətsizlik**

ürəkvarı *si.* 심장 모양의, 하트 모양의 heart-shaped

ürəkverən ☞ **ürəkverici**

ürəkverici *si.* 북돋우는, 격려하는, 고무적인 encouraging, comforting

ürəkyandıran ☞ **ürəkyandırıcı**

ürəkyandırıcı *si.* 고통스러운, 고민스러운 burning heart, agonizing, tormenting

ürəkyaxan ☞ **ürəkyandırıcı**

ürəkyaxıcı ☞ **ürəkyandırıcı**

ürəmək *fe.* 메마르다 be sterilized, become barren

ürəyəoxşar ☞ **ürəkvarı**

ürəyəyatan *si.* 기쁜, 즐겁게 하는, 환영하는, 마음에 드는 pleasant, pleasing, agreeable, welcome

ürəyiaçıq *si.* 친절한, 다정한, 상냥한 genial, frank, kind, friendly ○ **səmimi**, **safdil**, **safqəlbli**, **sadə**, **mehriban**

ürəyiaçıqlıq *i.* 솔직, 정직, 성실 candour, candidness, frankness ○ **səmimilik**, **safdillik**, **sadəlik**, **mehribanlıq** ● **qəlbiqara**

ürəyibərk *si.* 마음이 굳은, 냉정한, 잔인한 hard-hearted, cool, brutal

ürəyidağlı *si.* 서글픈, 슬픈, 비통한 sad, sorrowful ○ **dərdli**, **kədərli**, **nisgilli**

ürəyidaş *si.* 마음이 굳은, 냉정한, 무정한, hard-hearted, apathetic, unresponsive

ürəyigeniş *si.* 관대한, 박애적인, 도량이 큰, 배포가 큰 philanthropic, magnanimous, generous

ürəyiincə ☞ **ürəyinazik**

ürəyiqurdlu *si.* 질시하는, 질투하는, 샘내는 envious ○ **paxıl**, **həsədli**, **xəbis**

ürəyiqurdluluq *i.* 질투, 질시, 시샘 envy, jealousy ○ **paxıllıq**, **həsəd**, **qibtə**

ürəyisınıq *si.* 상한, 기분 나쁜, 마음이 상한 hurt (in feeling), offended

ürəyisözlü *si.* 마음에 말을 담은, 표현하지 않은 being an unspoken word

ürəyitəmiz *si.* 진솔한, 진실한, 마음이 열린 candid, frank, open-hearted

ürəyiyuxa *si.* 예민한, 인정이 많은, 동정심 많은 sensitive, compassionate, sympathetic

ürəyiyumşaq *si.* 마음이 예민한, 감성적인, 마음이 여린 sensitive, sentimental, soft-hearted, tender-hearted, compassionate ○ **rəhmdil**, **şəfqətli**, **ürəyiçıq**, **sadədil**

ürəyiyumşaqlıq *i.* 민감, 예민, 측은지심, 동정(同情) sensitivity, compassion ○ **rəhmdillik**, **şəfqətlilik**, **ürəyiaçıqlıq**, **sadədillik**

ürf *i.* 인습(因習), 관습(慣習), 관행(慣行), 관례(慣例), 약속 custom, convention, social code; **~-adət** *i.* ① 윤리, 도덕 ethics; ② 관습(慣習), 전통(傳統) custom, tradition; ③ 관습, 도덕, 관례 customs, morals and manners

ürfan *i.* 계몽, 계발, 교화 enlightenment, knowledge, erudition ○ **bilik**, **maarif**

ürkə *i.* 2년 미만의 새끼, 망아지 yearling (foal), foal

ürkək *si.* 무서워하는, 잘 놀라는, 수줍어하는, 소심한 fearful, easily frightened, scared, shy, timid, timorous ○ **qorxaq**, **ağciyər** ● **cəsarətli**

ürkəklik *i.* 무서워함, 소심함, 겁 많음 fearfulness, timidity, timorousness, shyness ○ **qorxaqlıq**, **ağciyərlik**, **cəsarətsizlik**, **ürəksizlik**

ürkmək *fe.* 놀라다, 당황하다, 두려워하다, 겁내다 be frightened, be startled, be afraid, be timid, funk ○ **qorxmaq**, **çəkinmək** ● **cəsarətlənmək**

ürkü *i.* 두려움, 공포, 불안, 놀랄 만함 scare, startling ○ **hürkü**

ürküdülmək *fe.* 놀라다, 두려워하다 get a fright, become frightened

ürküşdürmək *fe.* 놀라게 하다, 무섭게 하다 frighten, give a fright, turn, scare

ürküşmək *fe.* 놀라다, 섬뜩하게 놀라다 get a fright, become frightened

ürkütmək *fe.* 놀라게 하다, 무섭게 하다, 두렵게 하다 frighten, scare, give a fright, turn, scare, frighten away

ürpəmək *fe.* (추위, 두려움) 닭살이 돋다, 오싹하다 get gooseflesh, goose pimples or goose bumps from fear

ürpəşmək *fe.* ① 놀라다, 두려워하다 be scared, be frightened ○ **diksinmək**, **səksənmək**, **çimçişmək**; ② 두려워 떨다 shudder ○ **titrəmək**, **əsmək**

üryan *si.* ① 벌거벗은, 나신의, 나체의 naked, nude, bare; ② 완전히 벗은 stark naked ○ **lüt**, **çılpaq**, **yalın**

üryanlıq *i.* 벌거벗음, 가리지 않음 nakedness, bareness ○ **lütlük**, **çılpaqlıq**, **yalınlıq**

üskük *i.* (재봉용의) 골무 thimble ○ **oymaq**

üskül *i.* 아마인(亞麻仁) linseed, flax-seed ○

Ü

zəyərək
üslub *i.* ① 방법, 방식, 형태, 형식 manner, form; ② 필체(筆體) style of writing; **ciddi ~** *i.* 엄격한 성격 solemn style ○ **nəzəri cəlb edən ~** *i.* 성급한 성격 snappy style
üslubi *si.* 문체(文體)의 stylistic
üslubiyyat *i. lit.* 문체론(文體論) the science of style, stylistics
üst I. *si.* ① 위의, 상부의, 높은 쪽의 on, over, upper; ② 꼭대기의, 머리쪽의 overhead, on top of; ③ 바깥쪽의, 겉의 on the surface of; ④ 위쪽의, 상면(上面)의 on the side of; II. *i.* 꼭대기, 머리, 위 top; **~ paltarı** *i.* 겉옷; outer wear; **~tikili** *i.* 토대, 지하실보다 위의 건축물; (건축물, 교각보다 위의) 상부 구조부; 선루(船樓); (노반에 대해서) 선로와 침목 superstructure; **~ü bağlı eyvan** *i.* 회랑(回廊); 지붕 있는 복도 gallery; **~ünü açmaq** *fe.* …의 덮개를 벗기다, …을 나타내다, 드러내다 disclose, reveal; **~ünü açma** *i.* 폭로, 적발, 계시 revelation; **~ünə götürmək** *fe.* 가정하다, 억단(臆斷)하다 assume; **~ünə mina çəkmək** *fe.* 에나멜 도료를 칠하다 enamel; **~ünə rəng çəkmək** *fe.* 색을 칠하다 coat; **~ünə çıxarmaq** *fe.* 따라잡다, 앞지르다 overtake; **~ündən atmaq** *fe.* 피하려 하다, 다른 사람에게 뒤집어씌우다 try to avoid, try to get rid of; **~ü təmiz** *si.* 깨끗이 차려 입은 cleanly dressed; **~ baş** *i.* 덮개, 씌우개, 외견, 겉차림 garment, attire, clothes; **~də** *z.* 위에, 위층에 above, upstairs, overhead; **~dən** *z.* 위로부터, 상부로부터 from above, from (the) top; **~üaçıq** *si.* 가린 것이 없는, 노출된, 폭로된 uncovered; **~ündə** *qo.* ~ 에 따라서, ~ 때문에 upon, at; about; because of, according to; **bir şeyin ~də** *z.* (물건) 위에 above; **~ündəki** *si.* 더 위에 있는 upper; **~ündən** *qo.* ~ 건너서 over; **~ünə** *qo.* ~ 를 위로 지나서 on, over ; **~-üstə** *z.* ① 차곡차곡 쌓은 one upon another; ② 모든 것이 포함된 하나 all in one; ③ 있는 그대로 as it was
üstdəntullanma ☞ **üstdənhoppanma**
üstdənhoppanma *i.* ① 등 짚고 뛰어 넘기 leapfrog; ② *fig.* (카드를) 다시 섞기 reshuffle
üstələmək *fe.* 초과하다, 능가하다 excel (in), exceed, eclipse, outshine, gain the upper hand (over), prevail (over) ○ **perdəmək, örtmək**
üstəlik I. *si.* 여분의, 가외의 extra, premium ○ **əlavə, izafi**; II. *z.* 게다가, 더욱이 furthermore, in addition
üstqurum *i.* 상부 건축물 superstructure
üstlük *i.* ① 우월성, 우위, 우세 superiority, predominance; ② 덮개, 뚜껑, 외피(外皮), 피복(被服) covering, overcoat, cloth for table *etc.* ○ **üzlük**
üstün *si.* 우월한, 우수한, 우세한 better, superior, victorious ○ **artıq, çox**; **~ gəlmək** *fe.* 초월하다, 더 낫다, 우세하다, 우월하다, 능가하다, 압도하다, 이기다 exceed, get the better of, overcome, prevail, surmount, be victorious; **~ olan** *si.* 압도적인, 우세한 prevalent; **~ olmaq** *fe.* 지배적이다, 우세하다 dominate, excel, precede, prevail, surpass; **~ tutmaq** *fe.* 선호하다 prefer
üstünlük *i.* ① 이점, 유리함, 우위, 우세, 우월, 선호 advantage, distinction, superiority, preference ○ **artıqlıq, çoxlüq**; ② 특권, 특전(特典), 특혜 privilege, supremacy ○ **imtiyaz**; **~ dərəcəsi** *qram.* 최상급(最上級) superlative; **~ vermək** *fe.* 선호하다, 좋게 여기다 prefer; **~ təşkil edən** *si.* 우세한, 압도적인 prevalent; **~ təşkil etmək** *fe.* 주도하다, 압도하다, 능가하다 dominate, prevail
üstüörtülü *si.* ① 가려진, 덮여있는, 불분명한 closed, veiled, ○ **bağlı, qapalı, yumulu**; ② unclear, in secret, concealed ○ **gizli**
üstüpərdəli ☞ **üstüörtülü**
üstürlab *i.* (과거) 천체 관측 장비 in the past, instrument used to observe heavenly bodies
üsul *i.* ① 방법, 방편, 수단, 형태, 형식, 방식 manner, means, method, mode, style, usage, way ○ **yol, vasitə, metod**; ② 사고방식 way of thinking; ③ 규범, 규칙 order, rule, norm ○ **qayda, tərz**; **~i-cədid** *i.* 새로운 방식, 새로운 수단 new way, new rule, new method; **~i-idarə** *i.* (정치) 형태, 제도, 통치 방식 regime (politics); **~lu(ca)** *z.* 조용히, 조심스럽게, 교묘하게 quietly, softly, gently, on the sly, carefully, cautiously, gingerly, with care
üsulluluq *i.* 배려, 묵인 care, courtesy ○ **astalıq, yavaşlıq, ehtiyatlılıq**
üsulsuz *si.* ① 조직적이지 못한, 무질서의 unsystematic ○ **sistemsiz, səliqəsiz, qaydasız, tərtibsiz**; ② unmethodical, irregular ○ **metodsuz, yolsuz**

üsulsuzluq *i.* 무질서, 위법, 탈법 disorderliness, being out of way ○ **sistemsizlik, səliqəsizlik, qaydasızlıq, tərtibsizlik**

üsyan *i.* ① 반란, 반역, 소요, 폭동 uprising, insurrection, mutiny, rebellion, revolt ○ **qiyam**; ② 불복종, 반항, 저항, 권위에 대한 도전 insubordination, defiance; ~ **etmək** *fe.* 반란을 일으키다, 저항하다, 반역하다, 폭동을 일으키다 revolt, rise, rebel, mutiny; **silahlı** ~ *i.* 무장 폭동, 무장 반란 armed revolt, rising in arms, insurrection

üsyançı *i.* 반란군, 반역자, 반항자 rebel, insurrectionist, resistant ○ **davakar**

üsyançılıq ☞ **üsyankarlıq**

üsyankar I. *i.* ☞ **üsyançı**; II. *si.* ① 반항적인, 배반하는, 고집 센, 완고한, 순종하지 않는 rebellious, refractory; ② 마음에 안 드는, 불쾌한, 싫은 disagreeable ○ **narazı**

üsyankarlıq *i.* ① 반항적임, 저항적임, 불순종, 반역, 배반 rebelliousness, rebellion, revolt, resistance ○ **qiyamçılıq, davaçılıq**; ② 불일치, 부조화 disagreement ○ **narazılıq**

üşkürək *i.* 휘파람 소리, 호각 소리 whistle, singing ○ **fışqırıq**

üşşaq *i.* ① 연인들; lovers ② *mus.* 아제르바이잔 전통 음악 '무감'의 한 형태 A type of an Azerbaijani traditional music Muğam

üşüdücü *si.* 얼게 하는, 얼어붙는 freezing

üşümək *fe.* ① 얼다, 빙결되다 freeze, become frozen ○ **donmaq, keyimək**; ② 추위를 느끼다, 춥다 feel cold, be cold ○ **uçunmaq, əsmək, titrəmək**

üşütmək *fe.* 오한(惡寒)을 느끼다, 열이 나서 오한으로 떨다 feel feverish, shiver, be in a fever, be feverish ○ **titrəmək, əsmək, uçunmaq**

ütarid *i. ast.* 수성(水星); 메르쿠리우스, 머큐리: 신들의 심부름꾼이며, 상업, 도둑, 웅변, 과학의 신 Mercury

ütəlgə *i. zoo.* 때까치 shrike ○ **alacəhrə**

ütmək *fe.* (겉을) 불에 태우다, 불로 눌리다, 그을리다 burn, scorch, singe

ütü *i.* (다림질, 납땜 등) 다리미, 인두 iron

ütük *si.* 재빠른, 날렵한, 민첩한 brisk, nimble, agile ○ **qarsalaq, yanıq**

ütüklük *i.* 날렵함, 민첩함, 영민함 briskness, nimbleness ○ **qarsalaqlıq, yanıqlıq**

ütüləmə *i.* 다림질 pressing, ironing

ütüləmək *fe.* 다림질하다, 눌러서 펴다 press, iron ○ **yanmaq, qarsalanmaq**

ütülənmək *fe.* 다림질되다, 눌러 펴지다 be pressed, be ironed, be ironed out

ütülənmiş *si.* 다림질한 ironed

ütülmək *fe.* 스스로 태우다, 분신하다 singe oneself, be singed ○ **yanmaq, qarsalanmaq**

ütülü *si.* 다림질로 펴진 ironed, pressed ○ **şax, düz**

üvəz *i. bot.* 마가목, 산 물푸레나무 mountain ash, rowan-tree, ashberry, rowan, pit, pock ○ **quşarmudu**; ~**li üz** *i.* 마맛자국의 얼굴 pock-marked face

üyüdülmək *fe.* 갈아 (빻아) 가루로 만들다, 잘게 부스러뜨리다, 갈아 으깨다 grind, mill

üyüşmək *fe.* 무감각해지다, 마취되다, 정신을 잃다 be numb, be anesthetized, lose one's mind ○ **tutulmaq, çəngmək**

üyüşük *si.* 마비된, 마취된, 무감각한 numb, anesthetized ○ **qıc, çəng**

üyütmək *fe.* ① grind, pound, powder; ② 갈아서 가루로 만들다, 두들겨서 으깨다, 가루로 만들다, 제분(製粉)하다 chatter, talk nonsense

üz *i.* ① 얼굴, 안면(顔面), 면상(面像) face ○ **sima, sifət, bəniz, çöhrə**; ② 표면(表面), 겉 surface ○ **avand, üst**; ③ 정면(正面) the right side ○ **qabaq, ön** ● **arxa**; ④ *riy.* (도형의) 변, 면(面) side, face ○ **səth**; ⑤ 존엄성, 귀중함 dignity; ~ **döndərmək** *fe.* 얼굴을 돌리다, 거부하다, 거절하다, 저버리다 renounce, abandon; ~ **qabığı** *i.* (공문서 등을 넣는) 봉하지 않는 봉투, 종이 싸개 jacket; ~ **tərəfi** *i.* 앞면, 전면(前面), 정면(正面) front; ~**ə demək** *fe.* 대놓고 말하다, 힐난(詰難)하다 say to one's face; ~**ə çıxmaq** *fe.* 표면에 드러나다, 노출되다, 알려지다 come to the surface; ~**ü gülmək** *fe.* 기뻐하다, 즐거워하다 be happy, be delight; ~ **tutmaq** *fe.* (방향으로) 향하다, 시작하다 begin, take a turn towards; ~ **vurmaq** *fe.* (청탁이나 청원으로) 얼굴을 붉히게 하다 have a resource to; ~**ünə vurmaq** *fe.* (사람의 실수, 수치 등을) 맞대고 말하다 cast something in one's teeth; **iki** ~**lü** *si. i.* 두 얼굴의 (인간), 외시적인(사람) two-faced, hypocrite; ~**ün cizgiləri** *i.* 얼굴의 특징들 features; ~**ün ifadəsi** *i.* 얼굴 표정, 안색(顔色), 용모(容貌) countenance; ~**ün rəngi** *i.* 얼굴의 윤

Ü

기, 안색, 피부색 complexion; **~ünü köçürmək** *fe.* 표면을 복사하다 transcribe; **~ünü qırxmaq** *fe.* 면도를 하다 shave; **~ü qırxılmamış** *si.* 면도하지 않은 unshaven; **~ü yuxarı** *z.* 위를 향하여 upward; **~ ünü çıxarmaq** *fe.* 복사하다 copy; **~ə gülmək** *fe.* 아첨하다, 알랑거리다, 빌붙다 flatter; **~ə çıxarmaq** *fe.* 드러나다, 나타나다 manifest, appear; **~ərinə götürmək** *fe.* 떠맡다, 건네받다 undertake; **~ərinə qoymaq** *fe.* 책임을 주다 charge; **~bə~** *si.* ① 얼굴을 마주한 face to face; ② 반대편의, 정면의 opposite; **~də** *z.* ① 표면적으로 on the surface; ② 얕게, 얄팍하게 shallow; ③ 안전에서, 공공연히 before the eyes, openly; **~dən** *si.* 외관상의, 피상적인, 하찮은 superficial, shallow; **~dən tanımaq** *fe.* 외모로 알아보다; know by sight; **~-~ə** *z.* 마주보고, 얼굴을 맞대고 across, face to face ○ **üzbəüz**; **~ gəlmək** *fe.* 만나다, 대면하다 come face to face, meet

üzciyəz *i. dim.* 얼굴 face

üzdürmək *fe.* 수영하게 하다, 헤엄치게 만들다 force *smb.* to swim

üzəçıxdı ☞ **üzəçıxma**

üzəçıxma *i. etn.* 신랑 측 친척과의 첫 대면 the initial meeting of the bride with the husband's relatives

üzəgülən *si.* 알랑거리는, 아첨하는, 외식하는, 사탕발림의 flattering, smooth-tongued, smooth-spoken, hypocritical ○ **ikiüzlü, riyakar, yaltaq**

üzən I. *si.* 떠다니는, 부유하는 swimming, floating; II. *i.* 수영하는 사람 swimmer

üzəngi *i.* 척삭(脊索), 등골, 등자 stirrup

üzəngiverməyən *si.* 쉼 없는, 쉽지 않은 restless, uneasy

üzər ☞ **üst**

üzərində *qo.* ~ 위에, ~ 위로, ~ 향하여 on, upon, over

üzərinə *qo.* ~ 에, ~ 위에 on, upon, over

üzərlik *i. bot.* (열대 식물) 페가눔 Peganum

üzə-üzə *z.* 헤엄쳐서 swimmingly

üzgəc *i.* 지느러미 float, fin, flipper

üzgördü ☞ **üzgörənlik**

üzgörə *si.* ① 편견적인, 편파적인 partial, with prejudice ○ **tərəfgir, qərargar, adalətsiz, insafsız**; ② 외면상의, 드러난, 나타난, 분명한 apparent

üzgörə(n)lik *i.* ① 편견, 편파성 partiality, treatment of *smb.* with partiality ○ **tərəfgirlik, qərəz**; ② motivation ○ **həvəs, şövq**

üzgörümçəyi *i. etn.* 신랑이 신부에게 첫 대면 시 주는 선물 the gift given by the groom to the bride upon their first meeting

üzgörüşü ☞ **üzəçıxdı**

üz-göz *i.* ① 얼굴, 안면(顔面) face ○ **sürət, sir-sifət**; ② 안색(顔色), 관상(觀相), 인상(印象) complexion, physiognomy, personal expression, look ○ **sima, qiyafə, görünüş**

üzgü *i.* 모범, 본보기, 규범 model

üzgüçü *i.* 수영하는 사람 swimmer

üzgüçülük *i.* 수영 swimming

üzgün *si.* 지친, 연약한, 심약한, 초췌한, 수척한, 침울한 doleful, haggard, wan, feeble, frail, weak, puny ○ **yorğun, zəif, tabsız, taqətsiz** ● **saz**

üzgünləşmək *fe.* 지치다, 피곤하다, 침울하다 become tired/fatigued/weary/exhausted ○ **yorulmaq, zəifləmək, taqətsizləşmək**

üzgünlük *i.* 탈진, 피로, 침울, 우울 exhaustion, tiredness, weariness, lassitude, fatigue, langour, feebleness, frailty, debility ○ **yorğunluq, zəiflik, taqətsizlik,düşkünlük** ● **sazlıq**

üzləmək *fe.* ① (벽지를) 바르다, (침구의) 겉을 씌우다 paper (wall), cover beddings ○ **çəkmək (yorğan, divar)**; ② 땅을 갈아 부드럽게 하다 plow, till to soften ground ○ **yumşaltmaq, təpmək (torpaq)**

üzləşdirmə *i.* 대결, 대면 confrontation

üzləşdirmək *fe.* 대면시키다, 대결시키다, 직면하게 하다 confront, bring face to face; question face to face

üzləşmək *fe.* ① 대면하다, 대결하다, 맞닥뜨리다 meet face to face, be confronted with, encounter ○ **görüşmək, qarşılaşmaq, rastlaşmaq**; ② 다투다, 논쟁하다, 토론하다 argue, quarrel ○ **deyişmək, höcətləşmək, çənələşmək**

üzlü *i.* ① 전지 (우유, 치즈) whole, uskimmed milk ○ **yağlı (süd, pendir)**; *si.* ② 까불어대는, 들뜬, 건방진, 주제넘은 pert, over-free, playful, frolicsome ○ **nadinc, dəcəl, oynaq, şux, yüngül** ● **astarlı**; ③ 부끄러운 줄 모르는, 조신

하지 않는, 뻔뻔스러운, 파렴치한 shameless, blatant, brazen ○ **sırtıq**, **həyasız**, **abırsız**, **ədəbsiz (adam)** ● **həyalı**

üzlük *i.* ① 마스크, 가면, 면갑(面甲) mask, visor; ② 이불의 홑청 감 (재료) material for covering (bedding)

üzlülük *i.* 뻔뻔함, 건방짐, 파렴치한, cheekiness, shamelessness; ○ **sırtıqlıq**, **həyasızlıq**, **abırsızlıq,ədəbsizlik**; ② 비행 (卑行), 방종, 부정, 부당, 경솔함 naughtiness, misconduct ○ **nadinclik**, **dəcəllik**, **oynaqlıq**, **şuxluq**, **yüngüllük**

üzmə *i.* ① 수영, 헤엄 swimming; ② 꽃 따기 picking, plucking flowers; ③ 탈진, 고문, 고통 exhaustion, torture, torment; ④ 옷을 오래 갈아 입지 않음 wearing too long, wearing without changing

üzmək[1] *fe.* 수영하다, 헤엄치다 bathe, swim, sail, float; **~üb keçmək** *fe.* 헤엄쳐 건너다 swim

üzmək[2] *i.* ① 따다, 모으다, 따서 모으다 pick, pluck ○ **dərmək**, **qırmaq**, **kəsmək**, **yolmaq**, **qoparmaq (çiçəyi, meyvəni)**; ② 잘라내다 cut, cut away ○ **kəsmək**, **qırmaq**, **yırtmaq**, **köhnəltmək**; ③ 껍질을 벗기다 flay, skin ○ **incitmək**; ④ 돈벌이가 되다 pay off

üzmək[3] *fe.* 지치다, 탈진되다 become tired, exhausted

üzr *i.* ① 용서, 양해, 용납 excuse, pardon, forgiveness ○ **bağışlama**; ② 실수, 수치, 오류 mistake, shame, fault; **~ istəmək** *fe.* 사죄하다, 양해를 구하다 apologize, make an apology; **~ istəmə** *i.* 사죄, 사과 apology; ***Üzr istəyirəm.*** *실례하겠습니다. I beg your pardon. I am sorry.*

üzrə *qo.* ~ 에 따라서, ~ 에 근거해서 according to ○ **görə**, **əsasən**; **~ olmaq** *fe.* 근거하다, ~ 로 향하다 be bound for; **adəti ~** *z.* 보통, 일반적으로 as usual; **yeni üsul ~ işləmək** *fe.* 새로운 방식에 따라 일하다 work according to new method

üzrxah *i.* 변증가 apologist

üzrxahlıq *i.* 사과, 사죄 apology ○ **bağışlama**, **əfv**

üzrlü *si.* 납득할 만한, 용서할 만한, 변명할 만한 pardonable, excusable, justifiable ○ **səbəbli**

üzrsüz *si.* 용서 없는, 사과 없는, 변명 없는 without validity, unpardonable ○ **səbəbsiz**

üzsüz *si.* ① 탈지된 (우유) skimmed (milk); ② 겉이 없는 (침구) without cover, sheet; ③ 부끄러움을 모르는, 뻔뻔한, 후안무치의 shameless, unabashed

üzüaçıq *si.* 얼굴을 드러낸, 가리지 않은 having an uncovered face

üzüağ *si.* ① 정직한, 진솔한, 자신 있는, 대담한 dignified, confident, honest ○ **namuslu**; ② 무죄한, 부끄러움 없는, 꾸짖을 수 없는, 흠 없는 sinless, irreproachable, blamless, unstained, stainless, faultless, unblemished, spotless, immaculate ○ **günahsız**, **təqsırsız**, **ləkəsiz**

üzüağlıq *i.* 무죄함, 비난받지 않음, 결백 blamelessness, faultlessness, innocence ○ **günahsızlıq**, **taqsırsızlıq**, **ləkəsizlik**, **qüsursuzluq**, **saflıq**, **təmizlik** ● **üzüyuxarı**

üzüaşağı *z.* 아래로, 아래 방향으로 down, downwards; **çayda ~ üzmək** *fe.* 물결을 따라 수영하다 go/float down stream, go with the stream/current

üzüboz *si.* 뻔뻔한, 염치없는, 경솔한, 건방진 shameless, impudent ○ **utanmaz**, **nəzakətsiz**, **ədəbsiz**, **kobud**

üzücü[1] ☞ **üzgüçü**

üzücü[2] *si.* 지치게 하는, 피로하게 하는, 힘들게 하는 exhausting, fatiguing, wearisome

üzgüçü *si.* 떠다니는 floating, swimming

üzüdönük I. *i.* 배반자, 배신자, 역적 traitor, betrayer ○ **xain**, **satqın**; II. *si.* 변하는, 불안정한, 변덕스러운 ① changeable, unsteady, fickle ○ **dəyişkən**, **dəmdəməki**, **hərdəmxəyal**, **mütərəddid**; ② 불성실한, 불충한, 배반적인 unfaithful, traitorous ○ **vəfasız**, **e'tibarsız**, **namərd**

üzüdönüklük *i.* ① 불안정한 성질/상태, 변하기 쉬움 instability, changeableness ○ **dəyişkənlik**, **mütərəddidlik**, **dəmdəməkilik**, **səbatsızlıq**, **qərarsızlıq**; ② 배반, 반역, 모반, 배신, 기만 treason, treachery, betrayal ○ **xəyanət**, **satqınlıq**; ③ 불충성, 불성실, 변덕스러움 faithlessness, inconstancy, fickleness ○ **vefasızlıq**, **e'tibarsızlıq**, **namərdlik**

üzügülər *si.* 친절한, 진심 어린, 상냥한, 부드러운 affable, friendly, cordial, a person of cheerful disposition ○ **mehriban**, **iltifatlı**, **nəvazişli**, **xeyirxah**, **səmimi**, **xoşsifət** ● **qaraqabaq**

üzügülərlik *i.* 상냥함, 사회적임 affability, cordiality ○ **meribanlıq**, **iltifat**, **xoşsifətlik**, **nəvazişkarlıq**, **xeyirxahlıq**, **səmimilik**

üzügülməz *si.* 진지한, 심각한, 침울한 serious, sorrowful

üzük¹ *i.* 반지, 고리 ring

üzük² ☞ **üzgün**

üzükgizlətdi ☞ **üzük-üzük**

üzükmək *fe.* 자신을 드러내다, 모습을 내보이다, 만나다 show oneself, come in sight, show up, meet (with)

üzük-üzük *i.* 고리를 통한 어린이 놀이 중 하나 a kind of game using a ring

üzükvarı *si.* 반지 모양의 ring-shaped

üzüqara *si.* 유죄의, 죄를 범한, 결점이 있는, 수치스러운 guilty, shameful, disgraceful ○ **müqəssir, təqsirkar, günahkar, rüsvayçı, biabırçı** ● **alnıaçıq**

üzüqaralıq *i.* ① 수치스러움, 악평, 오명, 불명예 shame, disgrace, infamy, ignominy ○ **müqəssirlik, təqsirkarlıq, günahkarlıq, rüsvayçılıq, biabırçılıq**; ② 악한 일, 그릇된 일, 악행 evil, wrong things

üzüqırmızı *si.* 얼굴이 붉은 red-faced, ruddy-faced

üzüqırxıq *si.* 면도를 한 shaved

üzüqoylu *si.* 엎드린, 포복한, 납작 엎드린 prone, bent

üzülmüş *si.* 지친, 피곤한, 기진(氣盡)한 exhausted

üzülmək *fe.* ① 병으로 쇠약해지다 become feeble from sickness ○ **yorulmaq, zəifləmək, taqətsizləşmək**; ② 지치다, 탈진되다 be exhausted, be worn out, be broken down ○ **köhnəlmək, dağılmaq, yırtılmaq, cırılmaq, yeyilmək**; ③ 나뉘다, 갈리다; separate, split; ④ 마치다, 끝나다 finish, end

üzülüşmək *fe.* ① 수지를 맞추다, 계산하다, 셈하다 settle accounts (with), reckon (with), get even (with), get back ○ **hesablaşmaq**; ② 관계를 끊다, 절연(絶緣)하다 cut off a relationship

üzüm *i.* 포도 grape; ~ **bağı** *i.* 포도원 vineyard; ~ **suyu** *i.* 포도주스 grape juice

üzümçü *i.* 포도 농부 wine grower

üzümçülük *i.* 포도 농사 wine-growing

üzümlük *i.* 포도원 vineyard

üzüntü *i.* ① 고민, 불안, 걱정, 염려, 불안, anxiety, dejection ○ **əzab, əziyyət**; ② 약함, 연약함, 병약함, 허약, 무기력 weakness, frailty, infirmity

üzüntülü *si.* 염려하는, 근심하는 tedious, anxious ○ **əzablı, əziyyətli**

üzüntülük *i.* 고민, 근심, 걱정, 고통 anxiety, torment, suffering, worry, distress ○ **əzab, əziyyət**

üzünük *si.* 괴롭히는, 지치게 하는, 피곤한 tiresome, vexatious ○ **yorğun, əzinik, üzgün**

üzünüklük *i.* 피로, 지침, 탈진, 기진 fatigue, weariness, tiredness ○ **yorğunluq, əzginlik**

üzüörtülü *si.* 가려진 veiled

üzüstə ☞ **üzüqoylu**

üzüsulu *si.* 우아한, 점잖은, 얌전한, 기품 있는, 당당한, 고귀한 graceful, dignified

üzüşmək *fe.* 같이 수영하다 swim together, float collectively

üzüyola *si.* 순종적인, 고분고분한, 유순한, obedient, dutiful, compliant, tractable, complaisant, quiet ○ **itaətkar, sözəbaxan, dinc, sakit** ● **tərs**

üzüyolalıq *i.* 순종, 유순함 obedience, compliancy, tractability ○ **itaət, tabelik, dinclik, sakitlik** ● **tərslik**

üzüyumşaq *si.* 나긋나긋한, 유순한, 순응적인, 순종적인 pliable, pliant, compliant, obedient, dutiful, obliging ○ **üzüyola**

üzüyumşaqlıq *i.* 남을 기쁘게 하기; 친절; 정중, 공손 complaisance ○ **üzüyolalıq**

üzv *i.* ① (신체) 기관(器官), 조직(組織), 장기(臟器) organ ○ **ə'za, organ**; ② 구성원, 회원 member; **parlament ~ü** *i.* 국회의원 M. P.; **cümlə ~ü** *i. qram.* 품사(品詞) part of a sentence

üzvi *si.* ① 유기적(有機的)인, 유기체의 organic ○ **təbii, canlı**; ② 길들여진, domestic, involved ○ **daxili (əlaqə)**; ③ (혼합물의) 성분, 요소, 원료 (component), 재료; 내용물, 함유물 ingredient, element, factor ○ **tərkibi**

üzvlük *i.* 회원권 membership; ~ **bileti** *i.* 회원증 membership card; ~ **haqqı** *i.* 회비(會費) membership fee, dues, party dues

va *nid.* oh! o! 아, 저런, 오!
vaveyla I. *i.* 소음, 비명, 고함 noise, scream, yell, shriek, shouting; II. *nid.* 슬프도다! 아아! alas! oh! ah! oh!; ~ **salmaq** *fe.* 비명을 지르다, 아우성하다 scream, set up clamour
vacib *si.* ① 긴급한, 필요한 urgent, necessary ○ **labüd, zəruri**; ② 중요한, 무거운, 중대한, 필수 불가결한, 주요한, 주된 important, weighty, grave, indispensable, chief ○ **mühüm**; ~ **olmayan** *si.* 중요하지 않는 unimportant; **daha** ~ *si.* 주요한, 주된 major; ~ **məsələ** *i.* 긴급한 사안 an urgent matter
vaciblik *i.* 필요성, 중요성, 긴급 necessity, importance, urgency ○ **labüdlük, lazımlıq**
vadar *si.* 강제적인, 의무적인, 선택의 여지가 없는, 강요된 forced, obliged, constrained ○ **məcbur**; ~ **etmək** *fe* 강박하다, 환기하다, 유도하다. compel, rouse, induce; ~ **olmaq** *fe.* 강요되다, 억지로 하다 be obliged, be forced
vadi *i.* 골짜기, 작은 골짜기 valley, dell ○ **sahə, meydan, zəmi**; **məhsuldar** ~ *i.* 비옥한 계곡 fertile valley
vağ *i. zoo.* 왜가리, 알락 해오라기 heron, bittern
vağam *si.* 너무 익은 overripe; ~ **arpa** *i.* 너무 익은 보리 overripe barley
vağamlamaq *fe.* 과성숙하다 grow overripe
vağanlatmaq *fe.* 과성숙하게 두다 leave to overripe
vağzal *i.* 정거장, 정류장; 역사(驛舍) station; **dəmiryolu ~ı** *i.* 기차 역 railway station
vahə *i.* 오아시스, 휴식처, 위안의 장소 oasis
vahid I. *i.* ① 단위, 구성단위, 단일체 unit ○ **bir, tək, yeganə** ● **müxtəlif**; ② (수) 하나, 일 one (number); ③ *riy.* '1'의 수, 단위 unit ○ **kəmiyyət, ölçü**; II. *si.* ① 유일한 , 유일한 단 하나, 분할할 수 없는 sole, single, unique, indivisible; ② 단지 only; ~ **istehsal norması** *i.* 표준 생산량 할당 standard production quota; ~ **oğul** *i.* 독자, 외아들 the only son; **pul ~i** *i.* 화폐 단위 monetary unit; **ölçü ~i** *i.* 측정 단위 unit of measurement; ~ **cəbhə** *i.* 연합전선 united front; ~ **iradə** *i.* 단 하나의 의지 a single will
vahidlik *i.* ① 단일 singleness ○ **təklik**; ② 단일성, 전체 unity, wholeness ○ **birlik, vəhdət, bütövlük**
vahimə *i.* 악몽, 공포; 도깨비 nightmare, panica, fright, terror, horror ○ **qorxu, təlaş, təşviş, dəhşət, narahatlıq**; **ölüm ~si** *i.* 죽음의 공포 fear of death; ~ **içində olmaq** *fe.* 공포에 사로잡혀있다 be gripped by fear; **~yə düşmək** *fe.* 공포에 떨다 be terrified; ~ **salmaq** *fe.* 공황을 일으키다, 겁나게 하다 raise a panic, cause a scare; ~ **basmaq** *fe.* 공포를 갖다, 놀라다 have fright, get frightened
vahimələndirmək *fe.* 무섭게 하다, 소름끼치게 하다, 두려워하게 하다 terrify, horrify, frighten
vahimələnmək *fe.* 소름이 돋다, 오싹하다, 두려워하다, 공포에 떨다 be terrified, be horrified, be frightened ○ **qorxmaq, təşvişlənmək, dəhşətlənmək** ● **cəsarətlənmək**
vahiməli *si.* 참담한, 무서운, 두려운, 오싹케하는, 놀라게하는, 무시무시한 terrible, horrible, horrific, frightful, fearful, fearsome, dreadful, panic ○ **dəhşətli, qorxunc** ● **ürəkaçan**; ~ **xəstəlik** *i.* horrible disease 끔찍한 질병
vahiməlilik *i.* 공포, 전율, 참사, 잔혹 fear, terror, horror
vahiməsiz I. *si.* 두려워하지 않는, 두려움을 모르는, 용맹스러운 fearless, intrepid ○ **qorxusuz,**

təlaşsız, təşvişsiz; II. *z.* 두려움을 모르고, 대담 무쌍하게 fearlessly, itrepidly

vahiməsizlik *i.* 대담, 용감 무쌍, 용맹, 무적 fearlessness, intrepidity

vaxt *i.* ① 시간 time ○ **zaman**; ② 시대, 나이 era, age ○ **dövr, zəmanə, çağ**; ③ 계절, 절기 season ○ **mövsüm**; ④ 기회 chance ○ **fürsət**; ⑤ 기간 term ○ **möhlət**; **öz ~ında** *z.* 한창 때 in season; **~ında olan** *si.* 시기 적절한, 알맞은 seasonable; **~ itirmək** *fe.* 시간을 낭비하다 waste time; **~ı çatmış** *si.* 성숙한 mature; **~ı gələndə** *z.* 곧, 이내 in due time; **~ı uzadılmış** *si.* 연기된, 지연된 prolonged; **~ uzatmaq** *fe.* 연기하다, 지연하다, 지체하다 prolong; **o ~dan bəri** *z.* 그 후로, 그때 이래 since then; **~ı ilə** *z.* 시간에 따라, 어느 시점에 in the past, at one time; **hər ~** *z.* 항상, 매번, 언제나 always, every time; **heç bir ~** *z.* 결코 never; **nə ~** *z.* 언제 when; ***Hər vaxtınız xeyir olsun.*** *좋은 시간 보내세요. Good day!*

vaxtamuzd *si.* 시간의, 시간까지 of time, by time, by hour; **~ iş** *i.* 시간적인 일 time work

vaxtaşırı I. *si.* 정기적인 periodical ○ **müntəzəm** ● **hərdənbir**; II. *z.* 정기적으로 periodically

vaxtbivaxt *z.* 언제나, 어느 때나 at any time

vaxtdanvaxta *z.* 때때로, 가끔, 수시로, 경우마다 from time to time, at times, now and then, occasionally

vaxtında I. *z.* 정시에, 제 시간에 맞춰, 정확하게 at the right time, on time, exactly; II. *qo.* ① ~ 동안에 during; ② 미리, ~하기 전에 beforehand, in advance

vaxtı-vaxtında *z.* 때에 맞추어 in time

vaxtilə *z.* ① 일단, 한때는 once, at one time; ② 이전에, 이전 시간에 formerly, in former times

vaxtkeçirmə *i.* 소일거리 pastime

vaxtkən *z. col.* 미리 미리, 좋은 시간에, 사전에 in good time, beforehand, ahead of time

vaxtlı *z.* ① 동시에, 현시대에 contemporary, current ○ **zamanlı**; ② 적절한 시기에, 동시에 in time, in proper time, of the same time ○ **dövrlü, çağlı**

vaxtlı-vaxtında *z.* 정확히, 정시에 in time, accurately

vaxtlı-vaxtsız ☞**vaxtbivaxt**

vaxtölçən *i.* 크로노미터 chronometer

vaxtsız *z.* 부적절한 시기에, 제 때에 못 맞추어 at the wrong time, untimely, prematurely ○ **tez, yersiz, gec**

vaxtsızlıq *i.* 시간 부족, 부적절한 시기 lack of time, improperly time

vaxtsız-vədəsiz *si.* 부적당한, 제철이 아닌 inopportune, ill-timed, unseasonable

vaiz *i. arx.* 설교자 preacher

vaizlik *i.* preaching 설교; **~ etmək** *fe.* 설교하다 preach

vakansiya *i.* 공석 vacancy

vakant *si.* 비어 있는 vacant

vaks *i.* 구두약 shoes polish, blacking

vaksin *i. tib.* 면역 주사 vaccine

vaksinləmə *i. tib.* 백신 주사 vaccination

vaksinləmək *fe. tib.* 접종을 하다, 백신을 맞다 vaccinate

vaksinlənmək *fe.* 우두 접종을 맞다 be vaccinated

vakslamaq *fe.* 구두를 닦다, 검게 광을 내다 polish, blacken

vakslanmaq *fe.* 광이 나다 be polished, be blacked

vakslatmaq *fe.* 광을 내게 하다 ask to polish/black

vakuum *i. tex. fiz.* 진공 vacuum

vakuum-nasos *i. tex.* 진공 펌프 vacuum pump

vaqe *i.* 사고, 사건 accident, event; **~ olmaq** *fe.* 일어나다, 발생하다 take place, happen

vaqiə *i.* ① 기회, 경우, 사건 chance, case, occasion, event; ② 잠, 꿈 sleep, dream; **~ görmək** *fe.* 꿈을 꾸다 dream

vaqif *si.* 정통한 박식한, 학식이 있는 well-informed, conversant, literate ○ **xəbərdar, mə'lumatlı**; **~ olmaq** *fe.* 정통하다, 숙달하다 be well-versed

vaqqıldama *i.* ① (올빼미, 오리, 개구리 등) 꽥꽥거림 hooting (owl), quacking (duck), croaking (frog); ② *fig.* 쓸데 없는 말을 하다 talking nonsense

vaqqıldamaq *fe.* ① (올빼미, 오리, 개구리 등) hoot (owl), quack (duck), croak (frog) 꽥꽥거리다, 까르륵 거리다; ② *fig.* 쓸데 없는 소리하다, 끊임없이 지껄이다 talk nonsense, chatter endlessly

vaqqıltı *i.* 꽥꽥거리는 소리 hooting, croaking, quacking
vaqon *i.* 승객 열차의 칸 passenger carriage, coach, carriage, railway wagon; ~ **restoran** *i.* 식당차, 열차의 식당 칸 dining-car; **yataqlı ~ı** *i.* 취침 칸, 취침 열차 sleeping car; **yük ~u** *i.* 화물 칸, 화물 열차 goods van, wagon; ~-~ *z.* 칸칸이 가득히, 줄지은 열차, 트럭의 행렬로 in carloads, in truckloads
vaqonabaxan *i.* 열차의 차장, 화물칸 감독 train conductor, carriage foreman
vaqonet(ka) *i.* 트롤리, 트럭, 작은 화물차 trolley, truck, car
vaqonetsürən *i.* 화물차 운전수 trolley operator
vaqonqayırma *i.* 화물차 제작 carriage-building
vaqonqayıran *i.* 화물차 제작자(소) carriage builder
vaqonqoşan *i.* 열차 간의 연결쇠 the coupler of carriages
vaqonsistern *i.* 탱크차 tank-car
vaqonsürən *i.* 화물차 운전수 tram-driver
vaqonyağlayan *i.* 정비공, 기름칠 하는 사람 greaser, lubricator of carriages
vaqranka *i.* 큐폴라, 큐폴라 로(爐) cupola, cupola furnace
val¹ *i.* 원판 disc, plate
val² *i. tex.* 수직통로 shaft
valay *i.* 흔들기, 회전, (좌우) 진동 rocking, swinging, swaying, reeling; ~ **vurmaq** *fe.* 감다, 흔들다, 돌리다 reel, stagger, sway
valaylama *i.* 감기, 흔들기, 돌리기 rocking, swinging, swaying, reeling
valaylamaq *fe.* 흔들다, 돌리다, 감다 rock, swing, sway, reel
valaylanmaq *fe.* (스스로) 흔들리다 sway oneself
valeh *i.* 매력; 아름다운 점; 미관; (여자의) 아름다운 용모, 요염함 charmed, amazed, delighted, ○ **heyran, məftun, vurğun**; ~ **etmək** *fe.* 매혹하다, 홀리다, 황홀하게 하다; 기쁘게 하다 charm, fascinate; ~ **olmaq** *fe.* 황홀하다, 홀리다 be charmed 혹하다,
valehedici *si.* 황홀케하는, 매혹적인, 호리는, 유쾌하게하는 charming, delightful, marvelous, fascinating
valehedicilik *i.* 황홀함, 매혹됨 charm, delight, fascinating
valehlik *i.* 기쁨, 즐거움, 유쾌함; 감탄, 칭찬; 찬탄, 탄복하여 바라봄 delight, admiration ○ **heyranlıq, məftunluq, vurğunluq**
valent *i.* ① *fiz.* 원자가 valency; ② *dil.* 결합가 (동사 등이 문장 구성상 의무적으로 필요로 하는 요소의 수)
valentli *si.* 원자가의 valent
valentlik *i.* 원자가 valency, valence
valeryan *i.* ① *bot.* 쥐오줌풀 valerian; ② *tib.* 그 뿌리에서 채취한 진정제
valet *i.* 악한, 무뢰한, 악당 knave
vali *i. arx.* (로마시대의) 총독, 주지사 governor, governor of a province
valideyn *i.* 부모 parent
valideynlik *i.* 태생 parentage
vallah *nid.* 신의 이름으로 맹세컨데, 맹세코! *By God! I swear it is so.*
vals *i.* 왈츠 waltz; ~ **etmək** *fe.* 왈츠를 추다, 왈츠를 연주하다 waltz
valyuta *i.* 통화(通貨) currency; **sabit** ~ *i.* 경화(硬貨) hard currency; ~ **əməliyyatı** *i.* 통화 관리 currency transanction; ~ **məzənnəsi** *i.* 환율(換率) rate of exchange
valyutaçı *i.* 통화 투기자, 환투기(換投機)자 currency speculator
vanadium *i. kim.* 바나듐(금속 원소; 기호 V: 번호 23) vanadium
vandal *i.* ① *tar.* 반달 사람(5세기에 로마를 휩쓴 게르만의 한 민족) vandal; ② 문화·예술의 파괴자
vandalizm *i.* 반달 사람 기질[풍습]; 문화·예술의 파괴; 만풍, 만행 vandalism
vandallıq ☞**vandalizm**
vanguard *i. mil.* 전위, 선봉; 「집합적」 선도자, 선구; 선도적 지위 van
vanil *i. bot.* 바닐라, 바닐라빈 vanilla; (=~ bèan [pòd]) (바닐라의 열매); 바닐라 (에센스) (바닐라 열매에서 채취한 향료)
vanilli *si.* 바닐라향이 있는, 바닐라를 포함한 vanilla –contained
vanna *i.* 욕조, 목욕 bath; ~ **otağı** *i.* 욕실 bathroom; ~ **qəbul etmək** *fe.* 목욕하다 take a bath; *cf.* **düş** (shower 를 가리킴)
var¹ *i.* 부(富), 재산(財産), 자산(資産) wealth, rich-

V

es, property, fortune ○ **dövlət, sərvət, mal, mülk**

var² *si.* 존재하는, 실존하는 existent○ **mövcudiyyət, olma** ● **yox**; **~dır** *z.* ~가 존재하다, ~있다 there is(are); **~ olmaq** *fe.* 존재하다, 실존하다 exist; **~ qüvvəsini toplamaq** *fe.* 전력하다, 온힘을 다하다 exert; **~ qüvvəsi ilə** *z.* 전심으로, 전력을 다해, 젖먹던 힘까지 다해 with all possible force, with all his strength; ***Nə var, nə yox?*** *어찌 지내십니까? What's the news?*; ***Biri var idi, biri yox id.*** *i.* *아주 먼 옛날. 호랑이 담배피던 시절. Once upon a time.*; ***Var ol!*** *잘했어! May you live long. Well done, Bravo!*

var-dövlət *i.* 부(富), 재산(財産), 자산(資産) riches, property, fortune, wealth, stock of wealth; **~i olmaq** *fe.* 거부가 되다, 많은 재산을 갖다 have large property

var-gəl *i.* 완보(緩步) walking up and down, walking to and fro, wandering ○ **gəzişmə**; **~ etmək** *fe.* 이리저리 걷다, 한가히 거닐다 wander

varım-yoxum *i.* 가진 모든 것, 전 재산 all that I have

varınıyeməz I. *i.* 가엾은 사람, 불쌍한 사람 miser; *col.* 수전노; 구두쇠, 욕심쟁이 niggard, skinflint; II. *si.* miserly, niggardly 수전노인, 인색한, 욕심 많은

variant *i.* 변형; (사본의) 이문(異文); (철자·발음의) 이형(異形); 전화(轉化) variant, version

variasiya *i.* 변화, 변동, 변화량, 변화율, 변화의 정도 variation

varid; **~olmaq** *fe.* 이르다, 도착하다 arrive, come, get to; **şəhərə ~ olmaq** *fe.* 시내에 도착하다 arrive in town

varidat *i.* 수입, 이익, 수익, 이윤 income, profits, property ○ **gəlir, mədaxil**

varis *i.* 상속자, 계승자, 후계자 heir, heiress ○ **vərəsə, xəlif, davamçı**

varislik *i.* 상속, 계승, 상속 재산, 유산, 유증(遺贈) inheritance, legacy; **~dən məhrum etmək** *fe.* 상속에서 제외되다 disinherit

varissiz *si.* 후계자 없는, 무자식의, 자녀가 없는 heirless, childless

varissizlik *i.* 후계자가 없음 state of being without heir/heiress

variyyat *i.* 부, 재산 wealth ○ **mal, dövlət, var**

varlandırmaq *fe.* 유복하게 하다, 부유하게 하다 enrich, help to become rich/wealthy

varlanma *i.* 풍족하게 하기; 부유, 풍부, 장식, 비옥(화), 농후(화), 농축(화), 강화 enrichment, becoming rich

varlanmaq *fe.* 부자가 되다, 부유해지다, 유복해지다 become rich, enrich oneself ○ **dövlətlənmək, sərvətlənmək, zənginləşmək**

varlı I. *i.* 부자 rich man; II. *si.* 부유한, 부자의, 재산이 많은, 잘나가는 well to do, wealthy ○ **dövlətli, sərvətli, mallı, pullu** ● **yoxsul, lüt; fəqir**; **~-hallı** *si.* 부유한, 유복한, 재산이 많은 rich, wealthy

varlıq *i.* ① 존재, 피조물, 실존 being, creature ○ **olma, mövcudiyyət** ● **yoxluq**; ② 실제, 물질세상 reality, the world around ● **maddə**; ③ 삶, 존재 life, existence ○ **həyat**;④ abundance, profusion 풍부, 풍족 ○ **bolluq, rifah** ● **yoxsulluq**; ***Bütün varlığımızla arzu edirik.*** *전심으로 간구합니다. With all our heart we wish.*

varlılıq *i.* richness, wealth, well-being, prosperity 부유함, 풍족함, 유복함, 번영 ○ **dövlətlilik** ● **kasıbçılıq**

varmaq *fe.* ① 도착하다, 다다르다, 이르다 reach, arrive at ○ **getmək, yetişmək, çatmaq**; ② 떠나다, 출발하다 go, leave ○ **dalmaq, getmək** ● **gəlmək**; **təfərrüata ~** *fe.* go into details 자세하게 다루다, 상세하게 설명하다

varvarizm *i.* 야만 barbarism

var-yox *i.* 전 존재, 전 재산 all that exists, all the property ○ **vur-tut, ancaq, yalnız, təkcə**; **~dan çıxmaq** *fe.* 망하다, 망가지다 ruin oneself; **~dan çıxarmaq** *fe.* 망가뜨리다, 망하게 하다 ruin, bring to ruin; **~u əlindən çıxmaq** *fe.* 파산하다 go bankrupt; **~u** *i.* 그가 가진 모든 것, 그의 모든 것 all that he has; ***Onun var yox bir uşağı var.*** *아이는 그가 가진 모든 것이다. He has only one child.*

vasitə *i.* ① 방법, 수단, 매개, 통로 clue, means, medium, channel, intermediary, media ○ **dərman, miyançı**; ② 방식, 양식 way, mode, method ○ **üsul, yol**; **rabitə ~ləri** *i.* 통신수단 means of communication; **kütləvi informasiya ~ləri** *i.* 대중 매체 mass media; **istehsal ~ləri** *i.* 생산 수단, 주요 생산품 means of production, capital goods; **~si ilə** *z.* ~를 통하여, ~에 의해서 by means of, by the use of

vasitəli *si.* 간접적인, 우회적인 indirect ○ **dolayı** ● **birbaşa**; ~ **tamamlıq** *i. qram.* 간접 목적어, 보어(補語) indirect object; ~ **nitq** *i. qram.* 간접 화법 indirect speech, reported speech

vasitəçi *i.* 중개자, 중매인, 협상자, 중개상, 중보자 mediator, intermediary, negotiator, go-between ○ **araçı, miyançı**; ~ **olmaq** *fe.* 중매자로 역할 하다 act as a mediator

vasitəçilik *i.* 중개, 중보, 중매, 신청, 중재 mediation, application, intercession ○ **araçılıq, miyançılıq**

vasitəsiz *si.* 직접적인 direct ● **dolayı**; ~ **tamamlıq** *i. qram.* 직접 목격어 direct object; ~ **nitq** *i. qram.* 직접 화법 direct speech

vasitəsizlik *i.* 직접 lack of intermediate link

vassal *i. tar.* (봉건제의) 신하, 충절을 맹세한 신하[부하], 충실한 신봉자, 노예, 가신(家臣) vassal, liegeman

vassallıq *i.* 봉신[가신]의 지위[신분], 봉신[가신]임; 봉토(封土) vassalage

vasvası *si.* ① 까다로운, 괴팍스러운 fastidious, squeamish, finical; ② 결벽한, 신경질 적인 (옷, 건강, 음식 등에) 지나치게 예민한 over-anxious about (one's health); ③ 빈틈 없는, 면밀한, 꼼꼼한; 양심적인, 견실한, 신중한, 믿지 못하는 scrupulous, mistrustful; ~ **olmaq** *fe.* 까다로워지다, 신경질적이 되다, 예민해지다 be squeamish/fastidious

vasvasılıq *i.* ① 괴팍스러움, 까다로움, fastidiousness, squeamishness, disgust; ② 믿지 못함, 불신임 mistrustfulness

vaşaq *i. zoo.* 살쾡이 lynx, bobcat

vaveyla *i.* 비애, 흐느낌, 슬픔, 비탄, 불운 sobbing, sorrow ○ **vay, dad, fəryad, fəğan**

vay I. *nid.* 슬프도다! alas!; II. *i.* ① 슬픔, 비탄, 비통, 화(禍), 불운 grief, woe, misfortune; ② mourning 흐느낌, 슬퍼함; ~-haray *i.* 아우성, 소음, 소동 clamor, noise; ~ **haray salmaq** *fe.* 소동하다, 아우성하다 make a noise, raise, call for help; ~-**şivən** *i.* 고함, 흐느낌 yell, howl; ~ **şivən salmaq** *fe.* 크게 울다, 소리쳐 울다, 소동하다 yell, howl, sob violently; ~-~ *nid.* 오 저런! oh dear!

vayıldamaq *fe.* 신음하다, 흐느끼다, 잦아들듯 울다 moan, groan, whimper ○ **inildəmək, zarımaq**; ***Vayıldama!*** *울지마라! Stop groaning!*

vayıldaşmaq *fe.* 울다, 흐느끼다 moan together express one's sorrow together 같이 슬퍼하다

vayıltı *i.* 신음, 흐느낌 moaning, groan ○ **inilti, zarıltı**

vaylı *si.* 슬픈, 비참한, 비통한, 불행한, 재앙의 grievous, disastrous ○ **fəlakətli, həyəcanlı, təlaşlı** ● **sevincli**

vaysılanmaq *fe.* 자신의 슬픔을 표현하다, 아쉬워하다 express one's grief ○ **heyfsilənmək, təəssüflənmək**

vaysınma *i.* 애련, 후회, 비애 pity, regret, feeling sorrow

vaysınmaq ☞ **vaysılanmaq**

vaz: ~ **keçmək** *fe.* 포기하다, 회피하다 give up, let alone, avoid

vaza *i.* 병; 꽃병, 과일 그릇 vase; flower bowl, fruit bowl

vazeh *si.* 단호한, 확실한 clear-cut, wide-open ○ **aşkar, açıq, aydın**

vazehlik *i.* 단호성, 분명함, 확실성, 투명, 맑음, 명백 clarity, lucidity, clearness ○ **aşkarlıq, açıqlıq, aydınlıq**

vazelin *i.* 바셀린 Vaseline; ~ **yağı** *i.* 와셀린 유(油) Vaseline oil

vazelinləmək *fe.* 바셀린을 바르다 grease with Vaseline

vazelinlənmək *fe.* 바셀린을 바르다, 바셀린 크림을 바르고 문지르다 be greased/rubbed with Vaseline cream

vazelinli *si.* with Vaseline, mixed with Vaseline 바셀린을 함유한

vec *i.* 배려, 마음, 신경 care, mind; ~**inə olmaq** *fe.* ~를 염려하다, ~에게 신경을 쓰다 care; ~**ə gəlmək** *fe* 유익하게 되다, 마음을 쓰게 되다. be of use; ***Vecimə deyil.*** *신경쓰지 않는다! I don't care.*

vecsiz I. *i.* 놈팽이, 게으름뱅이 good for nothing, lazy-bones, loafer; II. *si.* 필요없는, 불필요한, 무용한 needless, unnecessary, useless ○ **lazımsız, gərəksiz, yararsız, karsız, dəyərsiz, xeyirsiz**

vecsizlik *i.* 무용함, 쓸데없음 uselessness, needlessness ○ **lazımsızlıq, gərəksizlik, yararsızlıq, karsızlıq, dəyərsizlik, xeyirsizlik**

vedrə *i.* 수대, 들통 bucket, pail; ~ **dolusu** *si.* 한 버킷 가득, 한 통 bucketful, pailful 가득; ~

V

bağlamaq *fe.* 모욕하다, 비웃다, 조롱하다 scoff, mock, sneer; **~bağlayan** *i. fig.* 조소자 (嘲笑者), 비웃는 사람 scoffer, mocker, sneerer; **~ qayıran** *i.* 물통 제작자 bucket-maker, pail-maker

vegetarian *i.* 채식주의자 vegetarian; **~ xörəyi** *i.* 채식 vegetarian diet

vegetarianlıq *i.* 채식주의 vegetarianism

vegetasia *i. bot.* 식물, 초목; 한 지방(특유)의 식물 vegetation

vegetativ *si.* 식물성의 vegetative

veksel *i.* 약속 어음, 계산서 note of hand, promissory note, bill; **~lərin nəzərə almaq** *fe.* 어음 할인을 하다 discount; **~ləri nəzərə alınması** *i.* 어음 할인 discountenance

velodrom *i.* 싸이클 트랙, 자전거 길 cycle track

velosiped *i.* 자전거 bicycle, cycle; *col.* 자전거 bike; **~ yarışı** *i.* 경륜(競輪) cycle race

velosipedçi *i.* 경륜 선수, 자전거 타는 사람 cyclist, bicyclist

velür *i.* 레이온, 양모 등의 벨벳 모양의 천 velour; **~ şlapa** *i.* 벨벳 모자 velour hat

velvet *i.* 우단, 무명 벨벳 velveteen

vena *i. ana.* 정맥 vein; **~ iltihabı** *i. tib.* 정맥염(炎) phlebiti; **~ qanı** *i.* 정맥혈 venous blood

venadaxili *si.* 정맥(내)의, 정맥주사(의) intravenous

venera *i. ast.* 금성 Venus

venerologiya *i.* 성병학 venereology

veneroloji *si.* 성병의 venereal

veneroloq *i.* 성병과 의사 venereologist

Venetsiya *i.* 베네치아(사람)의, 베네치아풍(風)[식]의 Venetia

venetsiyalı *i.* 베네치아 사람; 배게 짠 광택 있는 능직 venetian

ventil *i. tex.* 판(瓣), 밸브 valve, safety valve, thermonic valve

ventilyasiya *i.* 환기, 통풍 ventilation; **~ etmək** *fe.* 환기하다, 통풍하다 ventilate

ventilyator *i.* 선풍기, 환풍기 (부채는 **yelcək**) fan, ventilator

veranda *i.* 베란다, 발코니 porch, verandah ○ **balkon, artıma**

verandalı *si.* 베란다가 있는, 발코니가 있는 porched

verəcək *i.* 빚, 부채 debt; **~yi olmaq** *fe.* 빚을 지다 be in debt

vergi¹ *i.* 세금, 관세 duty, tax ○ **rüsum, töycü**; **~ qoymaq** *fe.* 과세하다, 세금을 물리다 tax, impose; **~ norması** *i.* 세율(稅率) rate; **gəlir ~si** *i.* 소득세 income tax; **əlavə gəlir ~si** *i.* 부가(소득)세 supertax, surtax, excess profit tax; **~ yığmaq** *i.* 세금징수 collect tax; **~ siyasəti** *i.* 세율(稅律), 재정정책, 세금 정책 taxation policy, fiscal policy; **~siz** *si.* 무관세, 비관세 tax free, taxless; **~ gəlir** *i.* 비관세 소득 tax free income; **~vərən** *i. fin.* 납세자 taxpayer; **~yığan** *i. fin.* tax-collector 세무원, 세금 징수원, 세리

vergi² *i.* 재능, 은사 gift, talent ○ **iste'dad, qabiliyyət**; **Allah ~si** *i.* 하나님의 은사, 천부적 재능 gift of God, talent; **~ verilmək** *fe.* 재능을 부여 받다 be endowed, be given talent

vergül *i.* 쉼표 comma; **nöqtəli ~** *i.* 세미콜론 semicolon

veriliş *i.* 방송, 방영(放映), 송신, 송달, 텔레비전 방송 transmission, telecast, broadcast; **ədəbi ~** *i.* 문예(文藝) 방송, 문학(文學) 방송 literary program

verilmək *fe.* ① 주어지다, 급여되다, 지급되다 be given, be paid, be handed; ② (방송) 방송되다, 송출되다, 송달되다 be transmitted, be broadcast (radio, television); ③ (식사) 봉사되다, 가져오다 be served (meal); ④ (재판) 복종되다 be submitted (to court) ; ⑤ (장소, 땅) 할당되다 be allotted (place); ***Çıxış üçün ona söz verild.*** *i. 출연 약속이 되어졌다. He was given the floor.*

verim *i.* 결과, 결실, 소출 fruit, product, result ○ **bərəkət, məhsul, səmərə**

verimli *si.* 풍성한, 과실을 많이 맺는, 비옥한 fruitful, productive ○ **bərəkətli, məhsuldar, münbit**

verimlilik *i.* 풍작, 다작 productiveness, fruitfulness ○ **bərəkətlilik, məhsuldarlıq, münbitlik**

vermək *fe.* ① 주다, 부여하다, 맡기다, 건네주다, 전달 하다 give, bestow, contribute, deliver, hand, transfer ○ **tapşırmaq**; ② 보상하다, 수여하다 award, present ○ **bağışlamaq, mükafatlandırmaq**; ③ 지도하다, 지시하다 direct, lead ○ **yönəltmək**; ④ 지불하다, 보상하다, 대납하다 pay up, compensate ○ **ödəmək, qaytarmaq**; ⑤ 식사를 제공하다, 봉사하다, 가정하다, 추측하

다 serve (meal), assume, guess; **ara** ~ *fe.* 중단하다, 끼어들다 suspend, interrupt; **borc** ~ *fe.* lend 빌려주다, 차용해 주다; **söz** ~ *fe.* 약속하다, 언약하다 promise; **ələ** ~ *fe.* 배반하다 hand over, betray; **cavab** ~ *fe.* 대답하다, 반응하다 answer, reply; **dərs** ~ *fe.* 가르치다, 교훈하다 lesson, give lesson; **ad** ~ *fe.* 직위를 수여하다, 직책을 맡기다 bestow title; **əmr** ~ *fe.* 명령하다, 지시하다 order, command; **and** ~ *fe.* 맹세하다, 선서하다 make an oath; **razılıq** ~ *fe.* 동의하다, 허용하다 give consent; **yol** ~ *fe.* 허용하다, 추측하다 make a way, *fig.* assume; **yer** ~ *fe.* 자리를 만들다 make room; **ixtiyar/hüquq** ~ *fe.* 권한을 주다, 권리를 주다 give the right; **imkan** ~ *fe.* 기회를 주다, 허용하다, 가능하게 하다 enable, let, give opportunity; **güc** ~ *fe.* 힘을 더하다, 지지하다 give strength; **əsas** ~ *fe.* 근거를 제공하다, 빌미를 주다 give ground; **zəhmət** ~ *fe.* 수고를 끼치다, 말썽을 부리다 take the trouble; **azuqə** ~ *fe.* 공급하다, 제공하다 supply; **işarə** ~ *fe.* 신호를 보내다, 표시를 하다 give the sign; **ərə** ~ *fe.* 결혼시키다 marry; **məsləhət** ~ *fe.* 충고하다 advise; **bahanə** ~ *fe.* 변명하다, 구실을 만들다 give rise; **əl** ~ *fe.* 도움을 제안하다, 악수하다 offer hands, shake hand; **misal** ~ *fe.* 예를 들다 give an example; **məhkəməyə** ~ *fe.* 법정에 호소하다 prosecute; **özünə hesabat** ~ *fe.* 깨닫다 be aware, realize; **əhəmiyyət** ~ *fe.* 주의를 기울이다 pay attention; **mə'na** ~ *fe.* 의미를 부여하다 mean; **iste'fa** ~ *fe.* 사식서를 제출하다 send in one's resignation; **səs** ~ *fe.* 투표하다 vote; **baş** ~ *fe.* (사건, 사고) 발생하다, 일어나다 happen; **ürək** ~ *fe.* 격려하다, 용기를 북돋우다 hearten, encourage; **can** ~ *fe.* 죽다 die; **çat** ~ *fe.* 깨지다, 금이 가다 crack, split; **bala** ~ *fe.* 새끼를 낳다 breed; **dad** ~ *fe.* 맛을 내다 taste; **iy** ~ *fe.* 냄새를 내다 smell

vermişel *i.* 버미첼리 vermicelli (spaghetti 보다 가는 국수류)

versiya *i.* 번역, 번역문, 각색, 번안, 편곡, (성경의) 역본(譯本) version

verst *i.* 베르스타, 노리(露里)(러시아의 옛 이정(里程), 약 1,067m) verst (unit of measurement :3500 feet)

vertikal *si.* 수직의, 연직의, 세로의 vertical ○ **şaquli**

vertolyot *i.* 헬리콥터, 헬기 helicopter; ~ **vağzalı** *i.* 헬리포트, 헬기 승강장 heliport; ~ **meydanı** *i.* helipad, heliport 헬기 승강장

vertolyotçu *i.* helicopter pilot 헬기 조종사

vestibül *i.* 현관, 문간방, 현관의 객실 hall, lobby; *ana.* 전정(前庭), (특히 내이(內耳)의) 미로(迷路) 전정 vestibule,

vestibular *si.* ① 현관의, 문간방의; (객차의) 양끝 승강구의 ② *ana.* 전정(前庭)의 vestibular; ~ **aparat** *i.* 전정(前庭) 기관 vestibular apparatus

veteran ① *i.* 베테랑, 고참병, 퇴역군인; 노련가, 경험이 많은 사람 veteran; ② *col.* old stager 노련가, 베테랑, 고참자; **müharibə** ~**ı** *i.* 전쟁 영웅, 전쟁을 경험한 사람 veteran of war

veteranlıq *i.* 베테랑의 영예 honor of veteran

veto *i.* 거부권, 금지(권) veto; ~ **qoymaq** *fe.* 거부권을 행사하다 veto; ~ **hüququ** *i.* 거부권 the right of veto

veyl I. *i.* 부랑자, 방랑자 idler, vagabond, loafer ○ **avara, bikar** ● **işlək**; II. *si.* 게으른, 비렁뱅이 idle; ~ **həyat** *i.* 비렁뱅이 생활 life of idleness; ~-~ *z.* 비렁뱅이처럼, 부랑자처럼 idler like, loafer like; ~ **gəzmək** *fe.* 방랑하다 idle, loaf

veyllənmə *i.* 방랑 idleness ○ **avaralanma**

veyllənmək *fe.* 방랑하다 idle, loaf, wander ○ **avaralanmaq** ● **işləmək**

veylləşmək *fe.* 부랑자가 되다 become loafer

veyllik *i.* 방랑, 유랑; 부랑죄, 나태, 무위, vagrancy, idleness, inactivity ○ **avaralıq, bikarlıq**

və *bağ.* 그리고, ~와, ~과 and; ~ **sairə** *z.* 등등, 무리, 따위 *etc.*, and so on; ~ **ila axır** *z.* 등등, 무리, 따위 etc (et cetera); ~ **ya** *bağ.* 혹은, ~아니면 or

vəba *i. tib.* 콜레라, 호열자 cholera; ~ **epidemiyası** *i.* 콜레라의 전염, 만연 epidemic of cholera

vəcd *i.* ① 환희, 황홀 rapture, delight, ecstasy ○ **şövq, həvəs**; ② 무의식, 의식 불명 absent-mindedness, unconsciousness ○ **dalğınlıq**; ~**ə gəlmək** *fe.* 도취되다, 기뻐하다 be delighted, be enraptured

vəcihə *si.* 예쁜, 아름다운, 잘생긴 pretty, beautiful, handsome

vəd *i.* 서약, 선서, 맹세 pledge, promise; ~ **etmək** *fe.* 약속하다, 서약하다 promise; ~ **vermək** *fe.* 선서하다, 맹세하다, 약속하다 give a promise, pledge; ~ **inə əməl etmək** *fe.* 약속을 지키다, 서약을 이행하다 keep one's promise, abide by

V

one's promise; **~inə xilaf çıxmaq** *fe.* 약속을 깨다, 서약을 어기다 break one's promise; **təntənəli ~** *i.* 엄숙한 맹세, 근엄한 서약 solemn promise

vədə *i.* (회합, 방문) 약속, 지정, 선정 promise, appointment ○ **vaxt, müddət, möhlət; ~ vermək** *fe.* (만남) 약속을 정하다 make an appointment, promise; ***Heç və'də!*** *결단코! Never! At no time!*

vədələşmə *i.* 만날 약속, 만나기로 함 meeting, promising

vədləşmək *fe.* (만나기로) 약속하다, (시간과 장소)를 정하다 make an appointment, promise to one another, make an arrangement ○ **görüşmək, sözləşmək**

vədəli *si.* ① 약속이 있는 having a date ○ **də'vətli**; ② 시급한 urgent, pressing ○ **vaxtlı, müddətli**

vədəsiz *si.* 무기한의, 영원한 termless, permanent ○ **vaxtsız, müddətsiz, daimi**

vəch *i.* ① 얼굴, 이미지, 생김새 face, image ○ **üz, sifət, çöhrə, surət**; ② 수단, 방식, 태도 means ○ **yol, üsul, vasilə, tərz**; ③ 이유, 양상, 국면 reason, aspect ○ **səbəb, vasilə, cəhət, münasibət; heç ~** *z.* 결단코, 어떤 일이 있어도 by no means; **hər ~** *z.* 모든 수단으로 by all means; ***Nə vəchlə?*** *어떤 식으로? In what way?*

vəfa *i.* 충성심, 충직함, 신실함, 충의, 충절, 성실 faithfulness, fidelity, allegiance, loyalty ○ **səbat, e'tibar, sədaqət; əhdə ~ etmək** *fe.* 맹세를 지키다, 약속을 지키다 keep one's oath

vəfadar I. *i.* 가장 사랑하는 사람, 가장 소중한 이, 총아, 헌신된 친구 darling, pet, favourite, devoted friend; II. *si.* 충성된, 믿을 만한, 유용한 faithful, reliable, available ○ **səbatlı, e'tibarlı, sədaqətli**

vəfadarlıq *i.* 믿을 만함, 충성됨 trustfulness, straightforwardness, loyalty ○ **səbat, e'tibarlılıq, sədaqət**

vəfalı *si.* 신실한, 충성된, 진정한 faithful, loyal, true ○ **sadiq, möhkəm, sabit, e'tibarlı, sədaqətli** ● **e'tibarsız; ~ olmaq** *fe.* 진실하다, 충성스럽다 be true, be faithful

vəfalılıq *i.* 믿을 만함, 진실됨 (목적, 애정 등) faithfulness, steadfastness, constancy 불변함 ○ **sadiqlik, möhkəmlik, sabitlik, e'tibar, sədaqət**

vəfasız *si.* ① 미덥지 못한, 신실치 못한, 믿을 수 없는 faithless, unfaithful, disloyal, untrustworthy ○ **sədaqətsiz, e'tibarsız**; ② 일시적인, 지나치는 temporary, transitory ○ **fani, müvəqqəti; ~casına** *z.* 배반적으로, 신실치 못하게 unfaithfully, treacherously

vəfasızlıq *i.* 불충, 배반, 모역 faithlessness, disloyalty; **~ etmək** *fe.* 배반하다, 반역하다 become disloyal

vəfat; ~ etmiş *si.* 돌아 가신, 죽은 deceased ; **~ etmək** *fe.* die, pass away 죽다, 돌아 가시다

vəhdət *i.* ① 일치, 독특성 unity, uniqueness ○ **birlik, bütövlük, bölünməzlik** ● **ayrılıq**; ② 공통성, 닮음, 유사성 resemblance, commonness ○ **ümumilik; əksliklərin ~i** *i.* 반대 일치 unity of opposites; **baxışların ~i** *i.* 의견 일치 unity of opinions; **mənafelərin ~i** *i.* 관심 일치 identity of interests

vəhşət *i.* ① 야만, 무지; 조야(粗野), 포학, 만행 savage, barbarianism; ○ **vəhşilik, mədəniyyətsizlik**; ② 공포 horror, dread ○ **qorxu, dəhşət**

vəhşətli *si.* 공포의, 무서운 ; *obs.* 잔혹한, 냉정한; (구어) 오싹하도록 싫은 [실로 지독한] fearful, dreadful, terrible, horrible ○ **qorxulu, dəhşətli**

vəhşi I. *i.* 야만인, 미개인, 원시인 barbarian, beast, savage ○ **ibtidai** ● **mədəni**; II. *si.* ① 흉악한, 잔학한, 사나운, 잔인한; 모진; (구어) 아주 지독한 [무서운, 지겨운] atrocious, ferocious, fierce ○ **azğın, qaba, tərbiyəsiz, qudurğan**; ② 야생의, 자생의 wild ○ **yabanı, cır; ~ heyvan** *i.* 맹수, 야수 beast of prey, brute; **~cəsinə** *z.* 흉악하게, 사납게, 잔인하게, 야만적으로, 짐승같이 wolfishly, wildly, savagely, bestially; **~cəsinə döymək** *fe.* 잔혹하게 패다 beat savagely

vəhşiləşmə *i.* 잔혹해짐, 거칠어짐 running wild

vəhşiləşmək *fe.* ① 거칠어지다, 야생화되다 run wild, grow wild (plant, animal) ○ **azğınlaşmaq, qabalaşmaq, tərbiyəsizləşmək**; ② 잔인해지다, 비사회적이되다 become unsociable, become brutalize

vəhşilik *i.* ① 원시성, 잔인성, 야성, 야만성 wildness, brutality, barbarism, savageness, ○

ibtidailik, yabançılıq, cırlıq, azğınlıq, qudurğanlıq ● mədənilik; ② 수성(獸性) ● insanlıq

vəhşitəbiətli *si.* 짐승같은, 짐승의 beast-like, bestial

vəhy *i.* 계시 revelation

vəkalət *i.* 권한, 권위, 권리, 임직 authority ○ **hüquq, vəkillik; ~i olmaq** *fe.* 권한을 갖다, 임직하다, 직책을 갖다 have the authority; **~ müddəti** *i.* 임기(任期) term of office; **~namə** *i.* 보증서, 위임장 warrant; power of attorney; **~siz** *z.* 보증없이, 위임없이 without authority/warrant, warrantless

vəkil *i.* ① 변호사, 법률 대리인, 법정 변호사 advocate, attorney, barrister; ② 변호인, 법률가 defender, lawyer, man of law; ③ 대표자, 대표단 representative; **~ etmək** *fe.* 지명하다, 권한을 주다 commission, authorise, appoint

vəkillik *i.* ① 변호사의 직업 profession of barrister; ② 변호사업; 변호사단, 법조계 the Bar; **~lə məşğul olmaq** *fe.* 법률관계 일에 종사하다 practice law

vəl *i.* 타작판, 탈곡판 (타작용 널판) threshing board

vəlayiq *si.* 거족(巨足)의, 발이 큰 big footed, with large feet

vələd *i.* 아이, 자손, 자녀 child, son ○ **uşaq, oğul, övlad**

vələs *i. bot.* 서나무속(屬) (자작 나뭇과의 낙엽수); 그 목재 hornbeam

vələslik *i.* 자작 나무 숲 hornbeam grove

vəliəhd *i.* 왕권 계승자 successor of the throne ○ **varis, övlad; ~lik** *i.* 왕위 승계 succession to the throne

vəlləmək *fe.* 타작하다 thresh

vəlvələ *i.* 소동, 방해, 교란; 혼란, 동요 alarm, panic, disturbance, turmoil, commotion, anxiety, excitement ○ **səs-küy, həyəcan, çaxnaşma, qarma-qarışıqlıq** ● **sakitlik; ~ salmaq** *fe.* 소란을 야기하다, 동요를 일으키다 set up an alarm, create a panic; **~yə düşmək** *fe.* 혼란에 빠지다, 소동에 빠지다 get excited, get alarmed

vən *i. bot.* 물푸레나무 ash

vəngildəmək *fe.* 날카로운 [새된] 소리를 내다, 비명을 지르다, 비명[고함]을 지르다; 큰소리로 울다 squeal, screech, squall, whine, yelp, yap

vəngilti *i.* 날카롭게 외치는`[짖는] 소리, 새된 소리, 캥캥거리는 소리 yelp

vər *i.* 이랑, 밭 고랑 patch (agriculture); **pambıq ~i** *i.* 목화 이랑 cotton patch

vərasət ☞ **varislik**

vərdənə *i.* ① 반죽을 얇게 밀어 펴는데 쓰는 원통형의 나무; ② *tex.* 땅이나 다른 것을 편편하게 고르는데 쓰는 여러 종류의 연장

vərdə(nə)ləmək *fe.* 반죽을 밀어 펴다

vərdiş I. *i.* ① 습관, 버릇, 습성 habit ○ **təcrübə, adət**; ② 실습, 연습, 숙련 practice, skill; II. *si.* 습관적인, 습성의 habitual; **~ etmə** *i.* 적응, 순응 adaptation; **~ etmək** *fe.* 적응하다, 습관화하다, 익숙하게 하다, 연습하다 adapt, be accustomed to; **~li** *si.* 습관화된, 습성의, 버릇이 든 habitual, usual; **~siz** *si.* 습관화되지 않은, 어색한 unaccustomed

vərəq *i.* (종이) 낱장, 페이지, 쪽 sheet of paper, leaf; **müəllif ~i** *i.* 4만 장으로 구성된 인쇄 기술에서 쓰는 단위 40,000 typographical unit; **əlavə ~** *i.* 부록(附錄) loose leaf; **~-~** *z.* 한 장 한 장 leaf by leaf, sheet by sheet

vərəqə *i.* 전단, 양식 leaflet, form; **sorğu ~si** *i.* 설문지 questionnaire; **uçot ~si** *i.* 등록 양식 registration form; **~ yaymaq** *fe.* 전단을 배포하다 distribute leaflets; **~ doldurmaq** *fe.* 양식을 채우다, 설문에 답하다 fill in a form

vərəqləmək *fe.* ① 쪽을 넘기다, 책장을 넘기다 turn over the pages, leaf over ○ **çevirmək**; ② 대강 읽다, 전체적으로 읽다 look through (book)

vərəqlənmək *fe.* ① 책장넘기다 be turned over; ② 대강 읽어 보다 be looked over ○ **örtülmək**

vərəm I. *i. tib.* 결핵(증); 약자: TB, T.B. tuberculosis; II. *si.* 결절이 있는, 결절 모양의; 결핵에 걸린, 결핵(성)의, 폐병(질)의, 폐병에 걸린 tuberculous, consumptive; **~ xəstəliyi** *i. tib.* 결핵 tuberculosis; **ciyər ~i** *i. tib.* 폐결핵 pulmonary tuberculosis; **boğaz ~i** *i.* 후두결핵 tuberculosis of the throat; **~ dispanseri** *i.* 결핵 센터 T.B. prophylactic center; **~ sanatoriyası** *i.* 폐질환자 요양소 sanitarium for consumptives; **~ həkimi** *i.* 결핵 전문의사 tuberculosis specialist, phthisiatrician

vərəmləmək *fe.* ① 결핵에 걸리다 catch tuberculosis; ② *fig.* 한탄하며 지내다, 수척해지다

V

pine, waste away through sorrow or illness ○ **xəstələnmək, naxoşlamaq**

vərəmlətmək *fe.* ① ~을 결핵에 걸리게 하다 make *smb.* sick with consumption, cause *smb.* to disease; ② *fig.* 괴롭히다, 고문하다 torture, torment ○ **xəstələndirmək, naxoşlatmaq**

vərəmli I. *i.* 결핵환자 tubercular patient, consumptive; II. *si.* 결핵의, 폐병의 tuberculous, consumptive

vərəsət ☞ **varislik**

vərəsə *i.* ① 상속자, 계승자 heir, heiress ○ **varis**; ② 상속, 유산 inheritance; **qanuni ~** *i.* 법적 상속인 heir in law; **~lik** *i.* 상속권, 유산; status of being heir, the right of heir **~siz** *si.* 상속자 없이, 자손없이 heirless, without an heir

vəsait *i.* ① 자금, 자력 fund, means ○ **ləvazimat, pul, kredit**; ② 원조 aid; ③ 자원 resources; ④ 할당, 배당, 배치 allocation; **tədris ~** *i.* 학용품 school supplies; **əyani ~** *i.* 가시적인 원조 visual aid; **yerli ~lər** *i.* 현장 자원 local resources; **əsaslı ~** *i.* 자본금 투자 capital investments

vəsaitli *si.* 자원이 풍부한, 여력이 있는 rich in resources, full of means; **~ adam** *i.* 자력가, 부자 man of means, a rich man

vəsatət *i.* 간원, 간청, 청원, 탄원, 진정, 중보 petition, solicitation, application, mediation, intercession; **~ qaldırmaq** *fe.* 탄원하다, 간원하다, 진정하다, 중보하다 solicit, petition, apply; **~i rədd etmək** *fe.* 간청을 거절하다 decline an applicaition

vəsatətçi *i.* 중보자, 간청자 mediator, intercessor

vəsf *i.* 찬양, 칭송 praise ○ **tərif, hüsn, mədh**; **~ etmək** *fe.* 찬송하다, 찬양하다 praise, glorify; **~əgəlməz** *si.* 형언할 수 없는; 막연한 indescribable

vəsiqə *i.* 증명서, 증서 certificate, document ○ **şəhadətnamə**; **şəxsi ~** *i.* 신분증 identification card; **~li** *si.* 증서가 있는, 신분이 확실한 with certificate; **~siz** *si.* 증서 없는 without certificate

vəsilə *i.* ① 수단, 방식, 매개 means, way, medium ○ **vasitə, yol, üsul**; ② 이유, 원인 reason, cause ○ **səbəb, bəhanə**

vəsiyyət *i.* will, testament, behest 유언, 유서, 약속, 언약, 간절한 부탁 ● **nəsiyyət**; **~ etmək** *fe.* (동산을) 유증(遺贈)하다, 최후의 부탁을 남기다 bequeath, give as one's last injunction; **~ üzrə** *z.* 부탁에 따라, 유언에 따라 according to the behest

vəsiyyətçi *i.* 유언자 testator (man), testatrix (woman)

vəsiyyətnamə *i.* 유언장 testament, written will

vəsmə *i.* 속눈썹에 칠하는 화장품 mascara, Indian ink; **~ çəkmək** *fe.* 마스카라를 칠하다 put mascara on, mascara

vəsməli *si.* 마스카라를 칠한, 속눈썹을 칠한 Mascaraed; **~ qaşlar** *i.* 칠한 눈썹 mascaraed eyebrows

vəssalam *nid.* 됐어! 끝내줘! 끝났어 That's all! That's enough, That will do!; *col.* Stop!!

vətəgə *i.* fishery 어업, 수산업

vətəgəçi *i.* 어부, 낚시꾼 fisherman

vətən *i.* ① 조국, 본국 country, fatherland, home, motherland, native land ○ **ölkə, məmləkət** ● **qürbət**; ② 둥지, 굴 nest, den ○ **yurd, yuva, məskən**; **~ həsrəti** *i. s.* 회향병(懷鄕病); 향수병 homesicknes; **~dən qovmaq** *fe.* 추방되다, 국적[조국]을 버리다 expatriate; ***Gəzməyə qərib ölkə ölməyə vətən yaxşı.*** *뭐니 뭐니 해도 고향이 최고. East or west, home is best.*

vətəndaş *i.* 시민, 공민, 국민, 동포 citizen, compatriot; **~ müharibəsi** *i.* civil war 내전

vətəndaşlıq *i.* 시민권, 국적 citizenship; **~ hissi** *i.* 시민 의식 civic spirit; **~ hüququ qazanmaq** *fe.* 시민권을 획득하다, 국적을 취득하다 be admitted to the citizenshi; **~dan məhrum etmək** *fe.* 국적을 소멸당하다 deprive of citizenship; **~ borcu** *i.* 시민의 의무 civic duty

vətənpərəst ☞ **vətənpərvər**

vətənpərəstlik ☞ **vətənpərvərlik**

vətənpərvər *i.* patriot, enthusiast 애국자, 우국지사; **~ mahnılar** *i.* patriotic song 애국가; **~casinə/~anə** *z.* patriotically 애국적으로, 애국정신으로

vətənpərvərlik *i.* 애국주의 patriotism; **~ hissləri** *i.* 애국 정신 patriotic feelings

vətənsevər ☞ **vətənpərvər**

vətənsevərlik ☞ **vətənpərvərlik**

vətər *i. riy.* 현(弦); 대(帶), 건(腱) chord

vəz[1] *i.* 설교, 교훈, 말씀 선포 sermon, precept,

lesson, preaching; ~ **etmək** *fe.* 설교하다, 말씀을 선포하다 preach, give a sermon, give a lesson; ~ **etmə** *i.* 설교 sermon

vəz² *i. ana.* 선(腺) gland; **tər ~i** *ana.* 땀샘, 한선(汗腺)

vəzəri *i. bot.* 양갓냉이(샐러드용); 다닥냉이 무리의 식물 (샐러드용 야채) water-cress, garden-cress

vəzi *i. ana.* 선(腺) gland

vəzifə *i.* ① 직무, 임무, 업무, 책무, 책임, duty, business, mission, charge, destination, task, function, job, obligation, responsibility; ② 직(職), 직책, 직위, 관직, 공직 post, situation, office; ~ **başında** *z.* 임무중에, 업무중에 on duty; ~ **tutmaq** *fe.* 직위에 오르다, 직책을 맡다 hold office, hold rank; **~sini artırmaq** *fe.* 승진하다 elevate; **~yə gəlmə təntənəsi** *si.* inauguration 취임(식); **~yə qoymaq** *fe.* install 직책을 맡기다, 직위에 앉히다; ~ **başında cinayət** *i.* 위법 행위, 부정, (특히 공무원의) 부정[배임] 행위; 나쁜 짓 malfeasance in office; **bir ~ olaraq tapşırmaq** *fe.* 책무를 부여하다 oblige; **~pərəst** *i.* 관직을 좋아하는 사람, 출세주의자 office-seeker, careerist, place-hunter; **~pərəstlik** *i.* 출세주의, 성공주의 self-seeking, careerism; **~siz** *si.* 무임의, 무직위의, 무직책의 without an official duty, without post

vəzifəli *si.* ① 공적인 official ○ **rəsmi**; ② 직위의, 관직의 of degree, of rank, of grade; ~ **şəxs** *i.* 공무원, 관리 functionary, officer, official ○ **rütbəli, dərəcəli**

vəzili *si. ana.* 선(腺)[샘]의; 선 모양의; 선이 있는; 샘의 분비물에 의한; 선천적으로 glandular, glandulous

vəzir *i.* ① 신하, 대신, 장관 minister, vizier; ② queen (chess) 여왕 (체스)

vəziyyət *i.* ① 상황, 위치상황, 환경; 주위의 사정; (*pl.*) (경제적인) 처지, 생활 형편 situation, location, circumstance ○ **hal, keyfiyyət**; ② 자세, 자태, 사태, 정세 posture, position, state ○ **hal, şərait**; ③ 경우, 사례(事例) case, condition; ④ (사회적) 환경, 여건 position, status (social) ○ **rol, mövqe**; **ağırlaşdırcı ~** *i.* 점진적 약화 과정 aggravating circumstances; **fövqəl'adə ~ yaranandа** *z.* 긴급 상황의 경우에 in case of emergency; **coğrafi ~** *i.* 지리적 여건, 지리적 환경 geographical situation/location; **beynəlxalq ~** *i.* 국제 정세 international situation; **şaquli ~** *i.* 수직적 자세 vertical position; **üfqi ~** *i.* 수평적 자세 horizontal position; **maddi ~** *i.* 재정 상황, 형편 financial position

vəzn¹ *i.* 무게, 중량 weighing, weight ○ **çəki, ağırlıq**

vəzn² *i.* 리듬, 측정 rhythm, measure (poem) ○ **ölçü**

vəznli *si.* ① 무거운, 중량이 있는 heavy ○ **ağır**; ② 음율의, 리듬이 있는 rhythmical, rhymed; ~ **nəsr** *i.* 리듬이 있는 산문 rhythmical prose; ~ **şe'r** *i.* 음율이 있는 시 rhymed verse

vəznsiz *si.* ① 고르지 않은, 균일치 않는 uneven, unrhythmical; ② 가벼운, 무게가 없는 light, unheavy

vəznsizlik *i.* ① 평탄치 않음, 고르지 않음 unevenness; ② 가벼움 lightness

vığıldamaq *fe.* 꽥꽥거리다, 시끄럽게 지껄이다 quack, give a quack

vıjıldamaq *fe.* 윙윙 소리나다[날다] whiz

vıjıltı *i.* 윙윙하는 소리; 그와 같은 소리를 내는 빠른 움직임 whiz

vıqqıldamaq *fe.* (새가) 꽥꽥거리다, 삐걱거리다, (아이가) 앙앙거리다, (쥐가) 찍찍거리다 squeak, chirp, give a squeak

vıqqıltı *i.* 삐걱거리는 소리, 앙앙거리는 소리, 찍찍거리는 소리 chirp

vımpel *i.* 기다란 삼각기(旗), 기류(旗旒) 우승기, 페넌트; 교기 pennant; **keçici ~** *i.* 도전 기(旗) challenge pennant

vışka *i.* ① 탑 (작업용) tower; ② 유정탑 (油井塔) derrick; **müşahidə ~sı** *i.* 파수대(把守臺), 망루, 감시탑; 관점 watch-tower; **neft ~sı** *i.* 유정탑 (油井塔) oil derrick

vıyıldamaq *fe.* (곤충 등) 윙윙거리다, 윙윙거리며 날다, 휘파람 소리를 내다 whistle, howl, bang, ping, whiz; ***Külək vıyıldayır.*** *바람이 윙윙거리고 있다. The wind is whistling.*

vıyıltı *i.* 윙윙거림 (곤충) 빵빵 (총소리) howling, whistling, bang (wind, bullet) ○ **güyültü**

vız *i. onomatopoeic.* 삐~, 윙~, 부르르~ buzz, hum

vızıldamaq *fe* 삐 소리를 내다, 붐~소리를 내다, 부르르 소리를 내다. boom, hum, howl, zip, buzz

vızıldatmaq *fe.* 부르르 소리를 나게하다 make

V

smt. buzz/ hum/drone

vızıltı *i.* 부르르 소리, 웡~ 소리 zip, howl, hum, buzz

vız-vız *i. onomatopoeic.* 부르르, 윙윙, 따르릉 buzz, hum, bronzing

vibrasiya *i.* 진동 vibration; **~ etmək** *fe.* 진동하다 vibrate

vibrator *i.* 진동기 vibrator

vicvicə *i.* 몸서리, 전율, 떨림 shudder, shiver, tremble, shivering ● **qızdırma**

vicdan *i.* 양심, 의식, 자각 conscience ○ **insaf**; **~ haqqı** *z.* 내 양심을 걸고 upon my word; **~ xatirinə** *z.* 양심상 for conscience's sake; **~-əzabı** *i.* 양심의 고통, 슬픔, 비통함 remorse, the wormth of conscience, pang of conscience

vicdanlı *si.* 양심적인, 정직한, 도의적인 conscientious, honest, scrupulous, fair ○ **insaflı** ● **insafsız**

vicdanlılıq *i.* 양심적임, 정직함, 도의적임 honesty ○ **insaflıq**

vicdansız *si.* 뻔뻔스러운, 악랄한, 더러운, 포악한 shameless, foul, unscrupulous, outrageous ○ **insafsız**; **~ca(sına)** *z.* 부정직하게, 뻔뻔스럽게 dishonestly, shamelessly

vicdansızlaşmaq *fe.* 자기의 양심을 저버리다, 양심을 잃다 lose one's conscience

vicdansızlıq *i.* 양심 결핍, 부도덕함, 파렴치함, 악랄함 lack of conscience, unscrupulousness ○ **insafsızlıq** ● **insaflılıq**

vida *i.* 작별, 떠남, 고별 farewell, parting, leave-talking ○ **ayrılma, xudahafizləşmə, sağollaşma, əlvida**; **~ ziyafəti** *i.* 송별회, 환송회 farewell party

vidalaşma *i.* 작별(作別), 고별(告別) farewell, parting

vidalaşmaq *fe.* 작별하다, 고별하다 bid farewell, take leave (of), say good-bye ○ **ayrılmaq, sağollaşmaq, xudahafizləşmək**; **həyatla ~** *fe.* 죽다, 세상을 떠나다 die, pass away

videomaqnitafon *i.* 비디오 카세트 녹화기 VCR, video recorder

videotelefon *i.* 영상 전화기 video-telephone

videoyazı *i.* 비디오 녹화 videotape recording

vikinq *i. tar.* 바이킹 Viking

viktorina *i.* 퀴즈 게임 quiz (game)

vilayət *i.* 지역, 지방, 권역(圈域) area, province, region ○ **ölkə, məmləkət, mahal, əyalət**; **~ mərkəzi** *i.* 지역의 중심 regional center; **~arası** *si.* 지역(地域) 간(間) interregional

villa *i.* 빌라, 방갈로(보통 별장식의 단층집); 주위에 베란다가 있는 작은 목조 단층집 villa, bungalow

vineqret *i.* 샐러드의 일종 (비트 뿌리와 절인 오이에 올리브유와 식초를 섞은) a kind of salad (beetroot, gherkins with oil and vinegar)

vint *i.* 나사, 나사못 screw; **~lə bərkitmək** *fe.* 나사못으로 고정하다 screw

vintaçan vintburan *i.* 나사돌리개, (스크루) 드라이버 screw-driver, turnscrew

vintəbənzər ☞**vintvarı**

vintəoxşar ☞**vintvarı**

vintkəsən *i.* 나사못 깍기 screw-cutting; **~ dəzgah** *i.* 나사못 깍는 기계 screw-cutting lathe

vintli *si.* 나사못 형태의 screw-like

vintşəkilli ☞**vintvarı**

vintvarı *si.* 나선[나사] 모양의; 와선(渦線)의, 소용돌이선(線)의 spiral, helical, screw-shaped

viola *i. mus.* 비올라 viol

violonçel *i.* 첼로 violoncello

violonçelçalan *i.* 첼리스트 violoncellist

viraj *i.* 회전 turn; **sərt ~** *i.* steep turn 급회전

viran *si.* ① 파괴된, 망가진, 버려진 devasted, wasted, ruined ○ **uçuq, yıxıq, dağınıq, bərbad** ● **abad**; **~ olmuş** *si.* 황폐된 dilapidated; **~ etmək** *fe.* 파멸시키다, 망가뜨리다, 폭파시키다 ruin, destroy, demolish

viranedici *si.* 망가뜨리는, 파괴적인, 유린하는 devastating, ruinous; **~ tufan** *i.* 파괴적인 폭풍, 통렬한 태풍 a devastating storm

viranə *i.* 파멸, 황폐, 황량, 폐허 ruin, desolation ○ **xaraba, bərbad** ● **abad**

viranəlik *i.* 파괴된 곳, 황폐된 곳, 빈민굴 ruins, desolation, slum ○ **xarabalıq**

viranlıq ☞ **viranəlik**

viranxana *i.* 폐허, 황폐된 곳, 무너진 집 ruins, devastation, ruined house

virtuoz I. *i.* (특히 음악 분야에서) 탁월한 기량[지식]의 소유자, 거장, 명인 virtuoso; II. *si.* 명인의[에게 특유한] 덕 있는, 고결한; 정숙한 virtuous, masterly

virtuozluq *i.* (예술상의) 기교, (특히 음악가의) 묘기, 대가적 기교 virtuosity

virus *i. tib.* 바이러스 virus

viruslu *si.* 바이러스성의, 바이러스가 있는 virus, viral
virusoloq *i.* 바이러스학자 virologist
virusologiya *i.* 바이러스학 virology
viski *i.* 위스키 whisky
viskoz *i. tex.* 비스코스 (인조견사·셀로판 따위의 원료) viscose
viskozlu *si.* 비스코스가 함유된 of viscose
vitamin *i. bio.* 비타민 vitamin
vitaminləşdirilmək *fe.* be vitaminised 비타민이 첨가되다
vitaminləşdirilmiş *si.* vitaminized 비타민이 첨가된
vitaminli *si.* 비타민이 함유된, 비타민이 풍부한 vitamininous, vitamin-rich
vitaminos ☞ **vitaminli**
vitaminsiz *si.* 비타민이 없는, 비타민 결핍의 vitaminless, without vitamin
vitaminsizlik *i.* 비타민 결핍 lack of vitamin, vitamin deficiency
vitrin *i.* 쇼윈도우, 상점 유리창 shop window, window-case
vitse-admiral *i.* 부제독 vice-admiral
vitse-consul *i.* 부영사 vice-consul
vitse-prezident *i.* 부통령 vice-president
viza *i.* ① 비자 visa; ② 비자 카드 (신용카드) visa card
vizalamaq *fe.* 비자를 받다 visa, put visa
vizalı *si.* 비자가 있는 with visa, vised
vizit *i.* visit 방문; ~ **vərəqəsi** *i.* visiting card 방문 카드, 명함
vizitka *i.* 명함 visiting card
vizual *si.* 가시적인, 보여지는 visual; ~ **müşahidə** *i.* 시각적인 관측 visual observation
volfram *i. kim.* 텅스텐 Tungsten; ~ **filizi** *i.* 텅스텐 광석 tungsten ore
vokal *si. mus.* 음성의, 목소리의 vocal; ~ **musiqisi** *i.* 음성 음악 vocal music
vokalist *i. mus.* 성악가 vocalist
vokalizm *i. dil.* 발성법 vocalism
voleybol *i. idm.* 배구 volleyball
voleybolçu *i.* 배구 선수 volleyball player
volt *i. fiz.* 볼트, 전압 volt
voltaj *i. fiz.* 전압 voltage
voltmetr *i. fiz.* voltmeter 전압계
volyuntarizm *i. fəl.* 주의설(主意說) voluntarism
volyuntarist *i. fəl.* 의지주의자 voluntarist
votum *i.* 투표 vote; **etimad ~u** *i.* 신임(信任) 투표 vote of confidence
vulkan *i. coğ.* 화산 volcano; **palçıq ~ı** *i.* 진흙 화산 (아제르바이잔 고부스탄 지역에 발생하는 진흙 화산) mud volcano
vulaknik *i. geol.* 화산의 volcanic; ~ **şüşə** *i. min.* 흑요석(黑曜石) volcanic glass; ~ **tuf** *i.* 응회암(凝灰岩) volcanic tuff
vulkanizasiya *i. tex.* 타이어 수리 (열 작용으로) vulcanisation; ~ **etmək** *fe.* 열을 작용시키다, 열 작용으로 타이어 수리를 하다 vulcanise
vulkanizator *i.* 타이어 수리용 장치 vulcanizer (apparatus)
vulkanizatorçu *i.* 타이어 수리공, 열 장치 기술자 vulcanizer (man)
vulkanizm *i.* 활동[현상, 작용] volcanism 화산
vulkanlaşdırılmaq *fe.* 가황(加黃)하다, (타이어 등) 열로 녹여 수리하다 be vulcanized
vulkanlaşdırmaq *fe.* (타이어 등을) (열로 녹여서) 수리하다 vulcanize
vulkanlaşmaq *fe.* (타이어) 열로 수리되다 become vulcanized
vulkanoloq *i. geol.* 화산학자 volcanologist
vulkanologiya *i.* 화산학 volcanology
vulqar *si.* (사람이) 버릇없이 자란, 취미가 저속한; (행동, 말씨, 의복 등이) 상스러운, 천한; (미술품 등이) 야한, 악취미인 vulgar ○ **bayağı, qaba** ● **ədəbi**; ~ **materializm** *i. fəl.* 천민자본주의 vulgar materialism; **~casına** *z.* 천하게, 상스럽게 vulgarly
vulqarizm *i. dil.* 야비; 문법적으로 파격적인 어법[표현]; 야비한[외설한] 말 vulgarism
vulqarlaşdırıcı I. *si.* 저속화하는, 통속화하는 vulgarizing; II. *i.* 저속화 하는 사람, 통속화 하는 사람 vulgarizer
vulqarlaşdırılmaq *fe.* 통속화되다 be vulgarized
vulqarlaşdırılmış *si.* 통속화된 vulgarized
vulqarlaşmaq *fe.* 통속화되다, 타락하다 vulgarise, corrupt ○ **bayağılaşmaq, qabalaşmaq**
vulqarlıq *i.* 통속성, 저속성 vulgarity
vurağan *si.* (뿔이나 머리로) 잘 떠 받는, 잘 들이받는, 잘 찌르는 prickling, butting ○ **sancan** ●

dinc; ***Vurağan inəyə Allah buynuz verməz.*** *ata.s.* *저주받은 소는 뿔이 작다. God sends a cussed cow short horns. Cussed cows have cut horns.*

vurağanlıq *i.* (뿔로) 들이 받는 성질, 찌르는 성질 character of butting

vuran¹ *i. riy.* 승수(乘數), 인자(因子), 인수, 약수 multiplier, factor ● **bölən**

vuran² *si.* 떠받는, 들이 받는 butting

vurçatlasın *i.* 악마의 연회, 유흥, 방탕, devil's sabbath, orgy, bacchanal

vurğu *i.* ① *dil.* 강조 accent, stress ○ **vuruş, zərbə**; ② *fig.* 불행, 비참, 참사 ○ **afət, bəla**; **~ qoymaq** *fe.* 강하게 발음하다, 강조하다 stress; **məntiqi ~** *i.* 논리적 강조 logical stress; **qüvvətli ~** *i.* 고음강조 acute stress; **zəif ~** *i.* 저음 강조 grave stress; **~ işarəsi** *i.* 강조 표시 stress mark; **~qabağı** *si.* 강조음 앞의 before stress, pretonic

vurğulu *si.* 강조된, 강음화된 accented, stressed

vurğun¹ I. *i.* 연인, 사랑하는 사람 lover, man in love; II. *si.* 연애에 빠진, 사랑에 빠진 enamored ○ **məftun** ● **biganə**; **~ olmaq** *fe.* 사랑에 빠지다 be in love; **~casına/~-~** *z.* 사랑하면서, 연애하면서 lovingly, amorously; **~ baxmaq** *fe.* 사랑이 가득한 눈으로 바라 보다 look with eyes full of love

vurğun² *i. tib.* (뇌졸중, 중풍 등의) 발작 stroke

vurğusuz *si.* unstressed, unaccented 강음이 없는, 강조되지 않은

vurhavur I. *i. col.* 격투, 난투, 말다툼, 쟁탈; 대소동 scuffle, brawl, fight, scramble ● **sakitlik**; II. *z.* 열심히, 수고를 아끼지 않으며, 근면하게, 성실하게, 정성을 들이며, 힘들게; 공들여서 zealously, painstakingly

vurma *i.* ① *riy.* 곱하기, 곱셈, 승법 multiplication ● **bölmə**; ② 박수 clap; **~ işarəsi** *i.* 곱하기 표시, 곱표 the multiplication sign; **~ cədvəli** *i.* 구구단 multiplication table

vurmaq *fe.* ① 치다, 때리다, 차다, 가격하다 strike, hit, whip, kick, punch, stab, lash ○ **cırmaq, döymək, kötəkləmək, çalmaq, çaxmaq, qaxmaq, soxmaq**; ② (감정을) 건드리다, (손을) 대다 touch ○ **toxunmaq, dəymək**; ③ (못 등으로) 박다, 붙이다, 걸다, 설치하다 fasten, hang, install ○ **taxmaq, keçirmək, bağlamaq, yapışdırmaq, asmaq**; ④ *riy.* 곱하다 multiply ● **bölmək**; ⑤ 채우다, 덧붙이다 load, fill up, pile, increase, multiply ○ **yükləmək, yığmaq, çatmaq, doldurmaq**; ⑥ (송곳, 칼 등) 찌르다, 상하다, (뱀, 모기 등) 물다 stab, hurt, bite, poke, thrust ○ **zədələmək, sancmaq, çalmaq, dişləmək, zəhərləmək, dolamaq**; ⑦ 조각내다, 잘게 자르다 cut into pieces, cut shor ○ **kəsmək, gödəltmək**; ⑧ 접목하다, 꿰매다 inoculate, stitch ○ **calamaq, aşılamaq**; ⑨ 기대다, 쉬다 lean, rest (against) ○ **dayamaq, dirəmək, söykəmək**

vurnuxma *i.* ① 공연한 소란; 안달(함), 큰 소동, 혼잡 fuss, bustle, fussiness; ② 분주케함, 귀찮게 함 stirring, bothering

vurnuxmaq *fe.* ① 소란을 피우다, 안달하다, 분주하게 하다 bustle, fuss ○ **təlaşlaşmaq, təşvişləşmək, həyəcanlaşmaq**; ② 성가시게하다, 괴롭히다, 귀찮게 하다 stir, bother ○ **qurdalanmaq, əlləşmək**

vur-tut *z.* 다만, 단지, 통틀어 in all, only, all that there is ○ **cəmi, hamısı, var-yox**; ***Mənim vur tut beş manat pulum var.*** *내가 가진 것 5 마나트가 전부이다. I have only five manats.*

vurub-yıxan *si. col.* 몹시 거친, 사나운; 떠들썩한, 소란스러운; 광포한, 난폭한; 소동[혼란]을 일으키는, 불온한, 싸움하기 좋아하는 lively, pugnacious, turbulent ○ **azqın, qudurğan, dəcəl**; **~ adam** *i.* daredevil 무모한 [물불을 안 가리는] (사람)

vurub-yıxmaq *fe.* 때려 눕히다 knock down

vuruq *i. riy.* 승수(乘數), 인자(因子), 인수, 약수 multiplier, factor

vurulan *i. riy.* 피승수(被乘數) multiplicand

vurulmaq *fe.* ① (죽도록) 맞다, 놀리다 be beaten (to death), be played ○ **döyülmək, kötəklənmək**; ② (벽 등에) 붙여지다, 발려지다, 걸리다 be fastened, be applied to ○ **çalınmaq, qaxılmaq, soxulmaq, taxılmaq, keçirilmək, yapışdırılmaq, asılmaq**; ③ 채워지다, 밀리다 be filled, be thrusted; ④ 쌓여지다, 쟁여지다, 실리다 be loaded, be filed up ○ **yüklənmək, yığılmmaq, doldurulmaq**; ⑤ (악기 등) 연주되다, 들려지다 be played, be heard ○ **çalınmaq, eşidilmək**; ⑥ 잘리다, 줄여지다 be cut, be shortened ○ **kəsilmək, gödəldilmək**; ⑦ 접목되다, 꿰매지다 be sewed, be inoculated ○ **ca-**

lanmaq, aşılanmaq; ⑧ 사랑에 빠지다 be in love with, love ○ **bağlanmaq, sevmək**; ⑨ *riy.* 곱해지다 be multiplied

vuruş *i.* 전투, 전쟁, 싸움 battle, struggle ○ **dava, müharibə, döyüş**; **~a-~a** *z.* 싸우면서, 다투면서 fightingly

vuruşdurmaq *fe.* 서로 싸우게 하다 set on each other; cause to quarrel

vuruşqan I. *i.* 전사, 난폭한 사람 fighter, pugnacious fellow; II. *si.* 싸우기 잘하는, 호전적인 pugnacious ○ **dalaşqan, davakar, savaşqan** ● **fağır**

vuruşqanlıq *i.* 호전성 pugnacity, pugnaciousness

vuruşma *i.* 싸움, 전투, 격투, 전쟁 fight, combat, battle, action; **əlbəyaxa ~** *i.* 맨손 투쟁 hand to hand fighting; **küçə ~** *i.* 골목 싸움 street fighting ○ **döyüşmə, çarpışma, savaşma**

vuruşmaq *fe.* 서로 싸우다, 서로 다투다, fight, strive, combat (with, against) ○ **döyüşmək, çarpışmaq, savaşmaq**; **sülh uğrunda ~** *fe.* 평화를 위한 전쟁을 하다 fight for peace

vücud *i.* ① 몸 body ○ **cisim, bədən, orqanizm**; ② 존재, 현존, 실존 existence, being ○ **olma, varlıq, mövcudiyyət**; **~a gəlmək** *fe.* 태어나다, 나타나다 come into existence, appear; **~a gətirmək** *fe.* 창조하다, 창작하다, 이루다, 성취하다 create, originate, establish;

vücudlu *si.* 덩치가 큰, 규모가 큰 heavily built, large in body ○ **bədənli, gövdəli, cüssəli, əndamlı**

vücudnamə *i. etn.* 전기시 biographical poem

vücudsuz *si.* 연약한, 작은 slender, slim, bodiless, small, weak

vüqar *i.* 자긍, 긍지, 존엄, 품위 pride, dignity ○ **təmkin, ağırlıq, ciddiyyət**; **milli ~** *i.* 국가적 자랑, 민족적 자랑 national pride; **~la** *z.* 영예스럽게, 자랑스럽게 gloriously, proudly; ***Oğlan ailəsinin vüqar idi.*** *그 소년은 집안의 자랑이었다. The boy was his family's pride.*

vüqarlı *si.* 당당한, 자긍심이 강한 proud, proud look ○ **təmkinli, ağır, başıuca, təşəxxüslü, məğrur**

vüqarlılıq *i.* 자긍, 존엄 haughtiness, pride, majesty ○ **təmkinlilik, ağırlıq, məğrurluq, ciddilik**

vüqarsız *si.* 천한, 누추한 prideless, self-effacing, ashamed, humble, lowly ○ **heysiyyətsiz, təmkinsiz**

vüqarsızlıq *i.* 모욕, 경멸, 무례 indignity, dishonour, humiliation ○ **heysiyyətsizlik, təmkinsizlik**

vüsal *i.* 만남, 연합; 교류, 교제 meeting, joining, junction, confluence, merging ○ **görüşmə, qovuşma**; **~a çatmaq/yetişmək** *fe.* 사랑하는 사람과 결혼에 이르다 meet one's darling

vüsət *i.* 범위, 영역, 시각 scope, range, capacity, spaciousness, abundance ○ **genişlik**; **~ almaq** *fe.* 광범위한 시각을 갖다 assume a wide scope; ***Xalq hərəkatı görünməmiş vüs'ət aldı.*** *사람들의 행동을 통해 경험치못한 시각을 갖게 되었다. People's movement assumed an unprecedented scope.*

vüsətli *si.* 여유있는, 공간이 있는 wide, spacious, roomy ○ **geniş**

vüsətlilik *i.* 공간, 영역 space, spaciousness, range, scope ○ **genişlik**

vüsuq *i.* 확신, 신실한 믿음 sincere faith, assurance

vzvod *i. mil.* 소대 platoon, troop

V

ya *bağ.* 혹, 혹은 or; ~··· ~**da**... 둘 중 하나, 이든지 아니든지; either or, whether or; ~... ~ *əd.* 이거나 저거나 either... or ...

yaba *i.* 건초용 포크, 갈퀴 pitchfork

yabalamaq *fe.* (포크나 갈퀴로) 긁어 올리다, 갑자기 밀어 넣다 collect or throw hay or grass with a pitchfork ○ **toplamaq, yığmaq**

yabalaşmaq *fe.* (포크나 갈퀴로) 서로 싸우다 fight each other using pitchfork ○ **vurmaq, dalaşmaq**

yaban *i.* 바깥, 사막 outside, desert ○ **çöl,** ● **biyaban**

yabançı *i.* 외국인 alien, foreigner ● **doğma**; ~ **gül** *i.* 들장미 wild rose

yabançılıq *i.* ① 격리, 소외 alienation, estrangement ○ **özgəlik, yadlıq**; ② 야성, 야생, 난폭 wildness ○ **cırlıq, vəhşilik**;

yabanı *si.* ① 야생의, 들(의) wild ○ **vəhşi, cır**; ② 야만의, 사나운 savage ○ **vəhşi, yırtıcı**; ~ **ot** *i.* 잡초 weed; ~ **çiçək** *i.* 들꽃 wild flower

yabanılaşmaq *fe.* 황무화되다, 야성적이 되다 become wild ○ **vəhşiləşmək, cırlaşmaq**

yabı I. *i. col.* 늙은 말 old hack, jade ○ **arıq (əldən düşmüş, yaraşıqsız) at** ● **köhlən**; II. *si.* 창백한, 연약한 pale ○ **arıq, sısqa**

yabılaşmaq *fe.* 말이 늙게 되다 grow an old hack

yad[1] I. *i.* 나그네, 외국인, 낯선사람 alien, stranger ○ **yabançı**; II. *si.* 낯선, 외부의 strange ○ **özgə, kənar**; ~ **eldə** *z.* 외국에서, 타향에서 in a foreign land, away from home; ~ **adam** *i.* 외국인, 나그네 stranger

yad[2] ☞ **yaddaş**; ~**dançıxılmaz** *si.* 잊을 수 없는 unforgettable; ~**dasalma** *i.* 회상, 생각나게하는 사람(것) mention, reminder

yaddaş *i.* 기억(력), 지성, 지적능력 memory, mind ○ **hafizə**

yaddaşlı *si.* 기억이 좋은 having a retentive memory ○ **hafizəli**

yaddaşsız *si.* 잘 잊는, 부주의한, 방심 상태의, 멍해 있는, 얼빠진, 건성의 forgetful, absent-minded ○ **huşsuz, hafizəsiz, unutqan**

yaddaşsızlıq *i.* 방심, 망각, 부주의, forgetfulness, absent-mindedness ○ **unutqanlıq**

yadelli I. *i.* 외국인, 나그네 foreigner, stranger; II. *si.* 외국의, 외래의, 낯선 strange, alien, foreign, outlandish ● **doğma**; ~ **istimarçılar** *i.* 침략 폭정자, 침략자 foreign oppressors

yadırğamaq *fe.* (습관, 전통, 관습) 어기다, 벗어나다 get out of the habit (of), break oneself of the habit ○ **unutmaq, yadlaşmaq** ● **alışmaq**

yadigar *i.* 추억(물) 선물, 기념품 remembrance, token, souvenir ○ **hədiyyə, bəxşiş**; ~ **olaraq** *z.* ~를 기념하여 in token of

yadigarlıq *i.* 선물 souvenir ○ **hədiyyəlik, bəxşişlik**

yadlaşmaq *fe.* 멀리하다, 따돌리다 alienate, estrange ○ **uzaqlaşmaq, özgələşmək**

yadlıq *i.* 소외, 격리 alienation, estrangement ○ **yabançılıq**

yağ *i.* 기름, 지방, 수지(獸脂) fat, grease, oil; **zeytun** ~**ı** *i.* 올리브 기름; olive oil, sweet oil; ~ **çəkmək** *fe.* 기름칠하다; butter; ~ **bağlamaq** *fe.* 체중이 늘다, 지방질이 끼다 put on fat; ***Ürəyimin yağı əridi.*** *슬픔에 잠겼다. 비탄에 빠졌다. I was stricken with grief.*

yağdırmaq *fe.* 쏟아 붓다 overwhelm, pour ○ **tökmək, səpmək, saçmaq**

yağı *i.* 적, 원수 enemy ○ **düşmən** ● **dost**

yağılıq *i.* 적의(敵意), 악의, 원한, 증오, 반목 enmity, animosity ○ **düşmənlik**

yağıntı *i.* 강수량 atmospheric precipitation, rainfall

yağıotu *i. bot.* 분홍바늘꽃류(類) willow-herbs, fireweed

yağır *i.* ① 찰과상, 생채기 scratch, abrasion ○ **yara**; ② *tib.* 욕창(褥瘡) bedsore

yağırlı *si.* 욕창의, 상처가 있는 having bedsores ○ **yaralı**

yağış *i.* 비, 소나기 rain, shower ○ **yağmur** ● **quraqlıq**; ~ **yağmaq** *fe.* 비가 내리다 rain; ~**a düşmək** *fe.* 비에 갇히다 be caught in the rain; ***Yağışdan çıxıb yağmura düşmək.*** *Out of the frying pan into the fire.*

yağışlı *si.* 비가 오는, 우기의 rainy ○ **yağmurlu** ● **quru**

yağışlıq *i.* 강우(량) rainfall ○ **yağmurluq**

yağışıölçən *i.* 측우기, 우량계 rain-gauge

yağışsız *si.* 비가 오지 않는, 건조한 rainless

yağqabı *i.* 버터담는 그릇 butter dish

yağlama *i.* 기름칠 (요리, 자동차, 기계 등) smearing, greasing, slurring

yağlamaq *fe.* 기름칠하다, 기름을 바르다 butter, oil ○ **sürtmək, çəkmək, yaxmaq**

yağlanmaq *fe.* ① 더럽게 되다, be greased/smeared, become smudged ○ **kirlənmək**; ② 뚱뚱해 지다, 체충이 늘다 become fat/stout ○ **kökəlmək, ətlənmək, piylənmək**; ③ 부자가 되다, 잘 살게 되다 become rich/wealthy ○ **pullanmaq, varlanmaq**; ④ 윤활유를 치다, 교환하다 be lubricated ○ **sürtülmək, yaxılmaq**

yağlayıcı *i.* 윤활유 greaser, lubricator

yağlı *si.* ① 기름진, 지방이 많은, 기름이 낀 greasy, oily ○ **piyli**; ② 힘센, 강한 strong ○ **güclü, qüvvətli**; ③ 부유한, 풍부한 rich ○ **pullu, varlı, gəlirli** ● **kasıb**; ④ 여유있는 capacious ○ **kəsərli, tutarlı, gəlirli**; ⑤ 영향력있는 influential ○ **təsirli, şiddətli**; ⑥ 맛있는, 영향이 풍부한, 군침이 도는 delicious, tasty, nutritious ○ **ləzzətli, dadlı, qidalı**; ~ **boya** *i.* 유성 물감, 유화 물감 oils; ~-~ *si.* 맛있게 deliciously, tastily

yağlılıq *i.* 기름짐, 지방이 많음, 풍부함 oiliness, fatness

yağma *i.* 강수 drop (rain) ○ **düşmə, tökülmə**

yağmaq *fe.* (비, 눈, 우박 등이) 내리다 rain, snow, hail ○ **düşmək, tökülmək**

yağmalamaq *fe.* 노략하다, 강탈하다, 약탈하다 plunder, rob ○ **soymaq, talamaq**

yağmur *i.* 강우 rain; ~**lu** *si.* 비가 내리는 rainy; ~**luq** *i.* 우비, 비옷 rain-coat, cloak; ~**suz** *si.* 가문, 비가 없는 dry, rainless; ~**suzluq** *i.* 가뭄, 한해(旱害) dry spell, dry weather ○ **yağış, yağıntı**

yağsatan *i.* 기름장수 oil-seller, butter-man

yağsız *si.* 여윈, 깡마른 lean

yaxa *i.* ① 칼라, 깃 collar; ② 곁, 한켠, side, hill ○ **sahil, kənar, tərəf**; ~ **qurtarmaq** *fe.* 제거하다 get rid of; ~**sını ələ vermək** *fe.* 잡히다, 붙잡히다, 체포되다 be caught, be arrested; ~**sını qurtarmaq** *fe.* 피신하다, 도망하다 escape

yaxalama *i.* 체포, 붙잡힘, 포획 arrest, catch, capture

yaxalamaq *fe.* ① 붙잡다, 생포하다, 포획하다 capture, trap, catch ○ **saxlamaq, tutmaq**; ② 잡아 지키다, 붙잡아 두다, 손으로 꼭 잡다 grasp, seize, take hold of ○ **tutmaq, yapışmaq**; ③ (빨래를) 헹구어 짜다 rinse out ○ **haqlamaq, tutmaq**

yaxalanmaq *fe.* ① 체포되다, 생포되다 be seized/arrested ○ **tutulmaq**; ② 헹구어지다 be gargled/be rinsed out ○ **yuyunmaq**

yaxalaşmaq *fe.* (붙잡고) 서로 싸우다, 엉켜 붙어 싸우다 fight, seizing each other ○ **dalaşmaq**

yaxalı *si.* 깃이 있는, 깃이 달린 collared

yaxalıq *i.* 칼라, 깃 (옷의 목부분) collar, neck

yaxasıaçıq *si.* 깃이 열린, 단추가 풀린 unbuttoned

yaxı *i.* ① 연고, 고약 ointment, liniment ○ **sürtkü**; ② (창유리 따위의) 접합제 putty, smear

yaxılmaq *fe.* 기름을 발리우다, 기름칠을 당하다 soil oneself, be oiled, be smeared, be lubricated

yaxın I. *si.* 인접한, 가까운 adjacent, near ○ **yovuq, qısa** ● **uzaq**; ② 유사한 allied, approximate, akin, ○ **oxşar, bənzər**; II. *i.* 이웃, 가까운 사람, 친한 사이 neighbor; ~ **keçmiş** *z.* 얼마 전에, 근자에, 근래에, 일전에 recent time ○ **bayaq**; ~ **gələcək** *z.* 가까운 장래에, 짧은 시일 내에 near future; ~ **qohum** *i.* 가까운 친척; near relation; ~**da** *z.* 가까운 곳에, 가까이, 근접해서 next, within reach, near, close by, by; ~ **baş vermiş** *si.* 일전에, 최근에 recent; ~**dan** *z.* 가까

Y

이서, 근접해서 close by, near by, not far from; **~dakı** *si.* 근접해있는, 가까이 있는 neighbouring; **~ında** *qo.*; ~에 가까이 next to; **~larda** *z.* 근자에, 요즘에 recently; **~lığında** *qo.* 가까이, 근처에 by, in the region of; **~lıqda** *z.* 가까이, 가까운 곳에 near-by

yaxınlaşdırılmaq *fe.* 접근되다, 가깝게 되어지다 be approached

yaxınlaşdırmaq *fe.* 가까이 이끌다, 접근시키다 draw near; ~ **mümkün olmayan** *si.* 가까이 할 수 없는, 접근할 수 없는 unapproachable

yaxınlaşma *i.* 접근, 가까이 감 approaching, closing in

yaxınlaşmaq *fe.* ① 가까이 하다, 접근하다 draw near ○ **yanaşmaq**; ② 이르다, 도달하다 reach, get to ○ **çatmaq, yetişmək**; ③ 친해지다

yaxınlıq *i.* ① 인접, 접근 nearness, familiarity, vicinity, proximity, neighbourhood ○ **uyğunluq, oxşarlıq, bənzərlik** ● **uzaqlıq**; ② 친근, 친밀(親密), 절친(切親) intimacy, presence, alliance ○ **dolaşlıq, dostluq**; **~ğımızda** *z.* 근방에, 가까운 곳에 in our neighbourhood

yaxmac *i.* 빵과 버터 (기본적 양식) bread and butter

yaxmaq *fe.* ① 바르다, 칠하다 smear, spread ○ **yaymaq, sürtmək**; ② 태우다, 소각하다 burn ○ **alışdırmaq, yandırmaq**

yaxşı I. *si.* 좋은, 선한 good ○ **gözəl, xoş** ● **pis**; II. *z.* 잘 well; ~ **adam** *i.* 선량(順良), 순량(淳良), 순박(淳朴), 유순(柔順), 순량(順良), 현량(賢良) good genius; ~ **bazarlıq** *i.* 바겐, 흥정 bargain; ~ **iy** *i.* 향기(香氣), 향(香); 향냄새, 향내, 향취(香臭), 향훈(香薰), 방기(芳氣) scent; ~ **olar ki** *ms.* ~하면 좋을 텐데 (소망, 충고 등) had better, rather; ~ **rəy** *i.* 추천(推薦), 추천장(推薦狀) 천거(薦擧), 거천(擧薦), 천달(薦達), 천발(薦拔), 추만(推挽·推輓), 천예(薦譽) recommendation; ~ **rəy vermək** *fe.* 천거하다, 추천하다 commend; ~ **saxlanma** *i.* 보관, 보존, 보호, 저장 preservation; ~ **yadıma düşdü** *z.* 그런데 말야, 마침 잘 기억이 났는데 by the way; ~ **əhval-ruhiyyə** *i.* 기분좋음, 상쾌(爽快), 유쾌(愉快)high spirit; **~ca** *z.* 적절하게, 철저하게 thoroughly, properly; ***Yaxşı!*** *좋았어!, 좋아요! O. K.*

yaxşılaşdırma *i.* 개선(改善), 개량(改良), 수정(修正), 정정(訂正), 경정(更訂) improvement, amelioration

yaxşılaşdırmaq *fe.* 고치다, 개선(改善)하다, 개량(改良)하다 improve, amend, perfect

yaxşılaşma *i.* 회복, 요양 convalescence, recovery

yaxşılaşmaq *fe.* ① 회복하다, 건강을 되찾다 get better, recover ○ **sağalmaq**; ② 고쳐지다, 개선되다, 나아지다 be corrected, be improved ○ **düzəlmək, qıvraqlaşmaq** ● **xarabalaşmaq**

yaxşılıq *i.* 친절, 은혜, 미덕 kindness, virtue ○ **xeyirxahlıq, qayğıkeşlik, kömək** ● **yamanlıq**; ~ **bilməyən** *si.* 망덕한, 은혜를 모르는 ungrateful

yaxta *i.* 요트 yacht

yaxud *bağ.* 혹은 or ○ **yoxsa**

yaqut *i.* (보석) 루비, 홍보석(紅寶石), 홍옥(紅玉) ruby

yal[1] *i.* 갈기, 머리털 mane, hair ○ **tük**; **at**; **~ı** *i.* 말갈기 mane of horse

yal[2] *i.* (개)밥 mash (food for dog) ○ **yemək**

yal[3] *i.* *geo.* 정점, 꼭대기 crest ○ **təpə, dikdir** ● **dərə**; **dağın ~ı** *i.* 산꼭대기 the crest of the mountain

yalaq[1] *i.* 개밥그릇 hole or bowl in which to put dog food ○ **çuxur, çat**

yalaq[2] *si.* ① 아첨꾼의; lick-spittle ○ **yaltaq**; ~ ~ ② 욕심많은, 탐심이 가득한 greedy, gluttonous ○ **qarınqulu, gözüac**

yalaqlıq[1] *i..* 속이 빈 곳 place of hollow ○ **çuxurluq**

yalaqlıq[2] *i.* ① 아첨 toadying, bootlicking, grovelling, flattering ○ **yaltaqlıq**; ② 탐심, 욕심, 탐욕 greed, avarice, greediness ○ **qarınqulu.luq, acgözlük**

yalama *i.* ① 아첨, 알랑거림 lick, licking; ② 둥글고 납작한 돌 round and flat stone

yala|maq *fe.* (혀로) 핥다 lick, have a lick **tüpürdüyünü**; **~maq** *fe.* 약속을 지키다 swallow ones words; **~yıb içmək** *fe.* 핥다먹다 lap; **dabanını ~maq** *fe.* 지나치게 아첨하다 ick *smb.*'s shoes; **duz kimi ~maq** *fe.* 키스하다 (여러 차례) cover with kisses

yalan I. *i.* 거짓(말), 위조, 속임, 사기, 가짜, 협잡 lie, falsehood, fraud, sham, deceit, deception; II. *si.* ① 인위적인, 가짜의 artificial, fake ○ **süni, uydurma, saxta** ● **original**; ② 거짓의,

사실이 아닌 untrue, false ● **düzgün, doğru**; ③ 불분명한, 확실치 않은 unclear ● **dürüst**; III. *z.* 거짓으로, 속임수로 falsely; **müqəddəs ~** *i.* 하얀 거짓말 white lie; **~ söyləmək** *fe.* deceive 속이다; **~ demək** *fe.* 거짓말하다 tell a lie; **~ məlumat vermək** *fe.* 거짓을 전하다, 중상하다 belie; **~ danışmaq** *fe.* 거짓말 하다 tell a lie; **~a çıxarmaq** *fe.* 논박하다, 이의를 제기하다 refute; **~dan özünü göstərmək** *fe.* ~인 체하다, 가장하다; pretend; **birinin ~ını çıxarmaq** *fe.* (아무개의) 거짓을 드러내다 contradict, show up ones lies; **birinin~ını tutmaq** *fe.* (아무개의) 거짓을 잡아내다 catch someone in his lie; **~dan** *z.* 거짓으로, 짐짓; falsely, purposely; ***Yalan ayaq tutar, amma yeriməz.*** *ata.s. 거짓은 오래가지 못한다. Lies have short legs.*; ***Yalanın mənzili yaxın olar.*** *ata.s. 사필귀정. A lie has a short life.*; ***Onun yalanı mənə baha başa gəld.*** *i. 그의 거짓으로 많은 손해를 봤다. His falsehood cost me much.*

yalançı I. *i.* 거짓말쟁이, 속이는 사람; 사기꾼; 야바위꾼; 꾀병 부리는 사람 sham, fraud (man), cheater, liar; II. *si.* 가공의, 비현실적인, 속이는, 사기적인 unreal, deceitful

yalançılıq *i.* 가장(假裝), 꾸밈, 사기질, 협잡질 affectation, cheating

yalanmaq *fe.* (스스로) 핥다 be licked, spoon

yalansız *si.* 정직한, 거짓없는, 속임수 없는 without deception, lie, false, trickery,

yalançıbülbül *i. zoo.* 검은 방울새 siskin

yalavac I. *i.* 굶주린사람, 빈한(貧漢); hungry man, poor man; II. *si.* 굶주린, 배가 고픈 hungry, famine ○ **ac-susuz** ● **tox**

yalavaclıq *i.* 공복, 배고픔; 굶주림, 기아, 기근 hunger, famine, starvation ○ **aclıq**; ② 옷차림새, 복장, 의복, 성장(盛裝) garment, attire ○ **üst-baş**

yalçın *si.* 험한, 가파른, 절벽의; 직하(直下)하는 steep, precipitous ○ **çılpaq, sıldırımlı, sarp**

yalıgödək *si.* 단발의, 털이 짧은 short-maned

yalıquşu *i. bot.* 칼새 swift (bird)

yalın *si.* ① 벌거벗은, 알몸의, 가리지 않은, 드러낸 bare, naked ○ **çılpaq, açıq, lüt** ● **geyimli**; ② 빈, 공허한 empty ○ **boş**; **~ ayaq** *i.* 벗은 발 bare foot

yalınqat *si.* 한가닥의, 단겹의 single, single ply ○ **astarsız**

yalınlaşmaq *fe.* (스스로) 옷을 벗다, 노출하다 strip oneself, be revealed, become naked ○ **çılpaqlaşmaq, lütləşmək**

yalqız *si.* 외로운, 고독한, 외톨의, 짝이 없는, 혼자의, 홀로 lonely, single, by oneself ○ **təkcə** ● **cüt; özünü**; **~ hiss etmək** *fe.* 외로워하다, 고독을 느끼다; feel lonely; **~ca** *z.* 혼자서, 스스로, 홀로 alone

yalqızlaşmaq *fe.* 외롭다, 고독해지다, 도움이 없이 지내다 be alone, become lonely, become helpless ○ **təkləşmək, kimsəsizləşmək**

yalqızlıq *i.* ① 고독, 외로움 solitude, lonelineşş ○ **təklik, tənhalıq**; ② 도와줄이 없음 helplessness ○ **kimsəsizlik, adamsızlıq**

yalquzaq *i.* 늑대, 이리 lone wolf ○ **canavar, qurd**

yallamaq *fe.* 개밥을 먹이다 feed a dog mash

yallı¹ *i.* 아제르바이잔 전통 춤의 하나 round dances (Azerbaijan national)

yallı² *si.* 긴머리의 long-maned ○ **tüklü**

yallı³ *si.* 먹이가 있는 with food (dog) ○ **yemli**

yallı⁴ *si.* (산의) 꼭대기의 crested (mountain) ○ **təpəli, dikdirli**

yallıgedən *i.* 춤을 추는 사람 a dancer in a round dance Yallı

yalman *i.* (말 등의) 갈기 mane

yalnız I. *əd.* 다만, 단지, 그저, 전혀 merely, only ○ **təkcə**; II. *si.* 혼자의, 홀로, 단독의 only, lonely ○ **tək, tənha**; **~ bircə** *z.* 단지, 유독히 nothing but; **~ buraxmaq** *fe.* 홀로 두다 let alone

yalnızlıq *i.* 고독, 외로움, 홀로 삶 loneliness, solitude ○ **təklik, tənhalıq**

yalsız *si.* 갈기없는, 털이 없는 maneless

yaltaq I. *si.* 아첨하는, 아양부리는, 노예근성의, 굽실거리는, 비굴한 servile, fawning, cringing; II. *i.* 아첨꾼, 따리꾼, 빌붙는 사람, 고자질쟁이 flatterer, sneak, lick spittle, yes-man ○ **riyakar**

yaltaqlanmaq *fe.* 비위맞추다, 아양떨다, 아첨하다 fawn, flatter

yaltaqlıq *i.* 아첨, 아부 flattery ○ **riyakarlıq**; **~ etmək** *fe.* 아첨하다, 아부하다 cringe

yalvara-yalvara *z.* 애원하여, 간절히 supplicatingly, entreatingly

yalvar-yaxar *i.* 간절한 부탁, 애원, 탄원, 간청, 중보 entreaty, supplication

Y

yalvarış *i.* 기도, 탄원, 간청 prayer, entreat ○ **xahiş, rica**
yalvarma *i.* 기원, 탄원, 청원 invocation
yalvarmaq *fe.* 기도하다, 애원하다, 사정하다, 호소하다, 탄원하다, 간청하다 beg, implore, plead for, entreat, pray, beseech
yamac *i.* 경사, 하강, 내리막길, 비탈, 경사면 descent, slope, side of a hill
yamaq *i.* (옷 따위를 깁는) 헝겊조각, 천조각, 안대 patch ○ **çitək**
yamaqçı *i.* 조각을 맞추는 사람 patcher ○ **pinəçi**
yamaqlı *si.* 천을 대서 기운, 꿰맨 patched ● **yırtıq, sökük**
yamamaq *fe.* 깁다, 꿰매다, 수선하다 patch, mend, repair ○ **çitəmək** ● **sökmək**
yaman I. *si.* ① 나쁜, 사악한, 악덕한, 옳지않은, 광포한, 비열한, 야비한 bad, ill, vicious, vile, violent ○ **pis**; ② 혹독한, 무자비한, 지독한 cruel, merciless disagreeable ○ **rəhmsiz, insafsız, əzazil** ● **rəhmli**; II. *z.* 꽤, 많이, 상당히, 지독히 awfully, fairly ○ **yaxşı, çox**; ~ **demək** *fe.* 꾸짖다, 책망하다 scold; **~ca** *z.* ① 나쁘게, 독하게 badly ② 심하게, 격하게 very much
yamanlamaq *fe.* 악화시키다, 저주하다, 꾸짖다 worsen, reproach, damn ○ **pisləmək, töhmətləndirmək**
yamanlıq *i.* 해, 해악, 악독 evil, harm ○ **pislik**; ~ **etmək** *fe.* 해치다, 다른 사람에게 해를 가하다 harm, do *smb.* a bad turn
yamanmaq *fe.* (스스로) 꿰매다, 깁다, 수선하다 be patched up, be mended, be repaired
yamsılama *i.* 흉내, 모방, 흉내; 모조, 모사(模寫); 모의 imitation, echo ○ **təqlid**
yamsılamaq *fe.* 모방하다, 흉내내다, 모사하다, 모조하다 echo, imitate ○ **təqlidləmək**
yamyaşıl *si.* (진한) 녹색 very green
yan I. *i.* ① 옆, 측면 side, flank ○ **tərəf, ətraf**; ② 측, 옆구리 ○ **böyür**, ③ 사면, 가장자리 ○ **kənar, ətraf**; ④ 비탈, 관점 산중턱 ○ **sağrı, oturacaq**; II. *si.* 옆면의, 측면의 side; III. *z.* 옆(쪽)으로, 경멸적인 눈길로; 호색적인 눈길로; sideways, slantwise, askance; **~ıma** *z.* 내곁으로, 내 편으로 to me; **~ımda** *z.* 내게, 내쪽에 at my side, by me; **~ımdan** *z.* 나에게서, 내편에서부터 from my side; **birinin ~ında** *z.* ~과 비교해서 in comparison with; **dörd ~a baxmaq** *fe.* 사면을 살펴보다, 주의를 기울이다, 문제의 전체를 보다 look in every direction; **~nını yerə vermək** *fe.* 시간을 허비하다, 어슬렁거리다 idle away ones time; ~ **almaq** *fe.* 접근하다 draw near, approach, come alongside; ~ **baxmaq** *fe.* (퉁명하게) 쳐다보다 cast unfriendly looks; **~ba~** *z.* 나란히 side by side; **~da** *z.* 옆에, 한켠에 aside; **~dan** *z.* 한쪽으로부터 side ways; **~dan keçmək** *fe.* 지나가다, 지나 치다 go by, pass by; **~ına** *qo.* ~ 쪽으로 ~ 방향으로 to, toward; **~ınca** *z.* 옆에, 가까이에, 나란히, 곁에 next to, near, side by side, beside; **~ında**; ① *qo.* ~가까이, ~ 옆에서 near, by, beside; ② *z.* 손닿을 거리에, 곁에, 함께 at hand, side by side; **~ında gətirmək** *fe.* 가져오다 bring along; **~ından** *qo.* ~에게서 pass; **~-yana** *z.* 나란히, 가로 대어 alongside, side by side; **~yana yaşama** *i.* 공존 coexistence; **~-yörə**; *i.* ① 옆, 근방 sides; ② 주변인 peoples around; ② *z.* 둥글게, 둘러싸여 round, around; **~-yörəyə baxmaq** *fe.* 둘러보다, 주변을 돌아 보다 look around; ***O, yandan ötüb getd.*** *i. 그가 지나쳐 가버렸다. He walked pass.*
yana *qo.* ① 을 위하여, ~때문에; for, for the sake of; ~~ *z.* 관점에서, ~대하여 about, in view of
yanacaq *i.* 연료, 가솔린 fuel, gas
yanağıyekə *si.* 볼이 큰 large-cheeked
yanakı *si.* ① 곁길의, 옆으로 sideways, sidelong ② 엇비스듬히, 뒤틀리게 of the side, twisted, askance ○ **çəpəki, əyri**
yanaq *i.* 볼, 뺨 cheek; **qırmızı ~** *i.* 홍조, 붉은 얼굴 flushing; ***Yanağından qan damır.*** *그의 얼굴은 매우 붉고 건강하다. His cheeks are rosy.*
yanar *si.* 가연성의, 타기 쉬운, 격하기 쉬운 inflammable, combustible ○ **odlu** ● **sönük**; ~ **dağ** *i.* (아제르바이잔 천연가스 분출로 타오르는 산) 활화산 burning mountain, volcano
yanaşdırmaq *fe.* 가까이 이끌다, 옆에 서게 하다 half-rise, move up, draw up
yanaşı *z.* ① 나란히, 평행으로 in parallel, side by side ○ **yanbayan** ● **ayr**; ② 동등하게, 동시대적으로 equally, contemporary ○ **bərabər**; **~ı getmək** *fe.* 나란히 가다, 자신의 걸음걸이를 지키다 keep pace with
yanaşıq *si.* 접근한, 인접한, 부근의, near, imminent, adjacent, contiguous ○ **bitişik**
yanaşıqlıq *i.* 접촉, 접근, 근접, 인접, 가까움 con-

tiguity, proximity, adjacency ○ **bitişiklik**

yanaşma *i.* 접근, 관점 approach, point of view, method of approach

yanaşmaq *fe.* 가까이 다가가다, 접근하다 approach, come closer ○ **yaxınlaşmaq** ● **uzaqlaşmaq**

yana-yana *z.* 쓰게; 몹시, 통렬히 bitterly, with bitterness, with sorrow; ~ **qalmaq** *fe.* 슬퍼하다 feel sorrow

yanbız *i. ana.* ① 궁둥이의 한쪽 살; buttock (*pl.*) 궁둥이(nates); (보통 *pl.*); ② *ana.* 대퇴골 femur (thighbone); 넓적다리 (thigh); **girdə/yumru** ~ *i.* 궁둥이 round hip

yancaq *i.* 엉덩이, 허리 buttock, bottom, croup, haunch ○ **sağrı, yan, oturacaq**

yandırılmaq *fe.* 태워지다, 소각되다 be burned, consumed

yandırmaq *fe.* ① 태우다, 소각하다, 화장(火葬)하다, (등, 전등) 켜다, (햇볕) 그을리다 burn, cremate, light, scorch, set on fire, sting, switch on ○ **alışdırmaq**; ② 검게하다 darken, thicken ○ **qaraltmaq, tündləşdirmək**; ③ 찌르다, 아프게하다 sting, cause to ache ○ **dalamaq, göynətmək**; ~**mış kibrit** *i.* 태워버린 성냥 light match; ~**ıcı** *si.* 불나게 하는, 방화의; 선동적인 incendiary ○ **qızmar, yaxıcı**; ~**ıcılıq** *i.* 가성(苛性), 부식성; 가성도(苛性度); 빈정댐, 신랄(함), (성질, 맛) 매움 causticity, pungency; ~**ma** *i.* 통절함, 절실함 burning, consuming, darkening

yanğı *i.* ① 연소, 산화 burning, combustion ○ **atəş**; ② 갈증, 목탐 thirst ○ **susama**

yanğılı *si.* 타오르는, 불타는 flaming, burning, ablaze ○ **odlu, atəşli, alovlu**

yanğın *i.* 불, 화재, 불길 fire, burning, blaze ○ **alov, atəş**; ~ **bombası** *i.* 소이탄(燒夷彈) incendiary bomb; ~ **söndürən** *i.* 소방수, 소방관 fireman; ~ **söndürən masın** *i.* 소방차 fire engine; ~ **söndürən stansiya** *i.* 소방서 fire station

yanıb-yaxılmaq *fe.* ① 전소되다 burn down; ② *fig.* 슬픔에 못이겨 넘어지다 grieve, be annoyed

yanıq *i.* ① 탐, 누름 burning; ***Yanıq iyi gəlir.*** *타는 냄새가 납니다. There is smell of burning.* ② (끓는 물·김에 의한) 뎀, 화상 burn, scald; ~**dan ölmək** *fe.* 화상으로 죽다 die of burns; ~ **vermək** *fe.* 시기심을 유발하다 arouse/excite envy

yanıqlı *si.* ① 불에 탄, 불에 그을린 burnt, scorched; ② 약 따위를) 더 쓰게 한; 몹시 기분나쁘게 한; 한층 더 비참하게 [나쁘게] 한; 분격(憤激) [실망]시킨 embittered ○ **acıqlı**; ③ 슬픈, 비탄에 잠긴 (grieved), 애처로운, 슬픔을 자아내는 sorrowful, mournful ○ **kədərli, dərdli, ələmli, qüssəli, qəmli, həzin, təsirli** ● **nəşəli**; ~ **mahnı** *i.* 애가(哀歌) dolorous/doleful song; ~ **baxış** *i.* 애처로운 모습 doleful look; ~-~ *z.* 슬프게, 애처롭게 sorrowfully, mournfully; ~-~ **oxumaq** *fe.* 슬피 노래하다 sing sadly

yanılma *i.* ① 잘못, 실수, 틀림, 오해 error, mistake ○ **səhv, yanlışlıq**; ② 혼동(with; between) 혼란(상태), 분규; 착잡, 당황, 얼떨떨함 confusion ○ **çaşma**

yanılmaq *fe.* 실수하다, 잘못하다, 혼동하다, 오해하다 make a mistake, go wrong, err ○ **çaşmaq**

yanılmayan *si.* 실수없는, 확실한, 신뢰할 수 있는, 기대에 어긋나지 않는 unfailing

yanıltmac *i.* 재잘거림; 쓸데 없는 이야기 patter, tongue-twister

yanıltmaq *fe.* 속이다, 혼동하게 하다, cause to confuse, deceive, tempt out of ○ **çaşdırmaq, aldatmaq, azdırmaq**

Y**anki** *i.* 양키 (미국인 속칭) Yankee

yanlamaq *fe.* ~을 따라잡다, ~과 어깨를 나란히 하다. 가까이 하다, 접근하다 come up with, approach, go up ○ **yanaşmaq, yaxınlaşmaq**

yanlış *si.* 비뚤어진, 성을 잘 내는(cross); 심술궂은, (사람, 성격이) 잘못을 시인하지 않는, 고집센. perverse, wrong ○ **səhv, qələt, xəta** ● **düzgün**

yanlışıq *i.* 그릇됨 incorrectness

yanlışlıq *i.* 실수, 패착(敗着), 해악(害惡), 해(harm) mistake, mischief ○ **səhv, qələt, xətalıq**

yanlışsız *si.* 무흠한, 실수없는, 정확한, 사실에 맞는 unerring, faultless, correct, exact

yanlışsızlıq *i.* 정확성, 무흠, 사실과 맞음 faultlessness, correctness, exactitude

yanma *i.* 연소, 산화 combustion, burning

yanmaq *fe.* ① (불이) 타다, (불꽃 없이) 타다, 빨갛게 타다, 빛을 내다, 빛나다 burn, fuse, glow ○ **odlanmaq, alovlanmaq** ● **sönmək**; ② (피부 등이) 타서 검게 그을다, 거매지다 become sooty ○ **qaralmaq**; ③ (전등, 촛불, 전기 기계 등) 켜져 있다, 작동하다 light, scorch, be turned on ○ **işıldamaq, parıldamaq** ● **sönmək**; ***İşıq***

Y

yanır. *불이 켜져 있습니다.* *The light is on.*
yanmayan *si.* 방화적(防火的)인, 불연(不燃)성의 fire-proof, incombustible
yanmaz ☞ **yanmayan**
yanşaq *i.* 수다쟁이 talkative man, tattler, prattler, chatterbox ○ **naqqal, uzunçu**
yanşaqlıq *i.* 수다(스러움), talkativeness, tattling, chatter ○ **naqqallıq, zəvzəklik, uzunçuluq**
yanvar *i.* 1월 January
yapalaq *i. zoo.* 수리부엉이 eagle-owl
yapıxmaq *fe.* 납작하게 하다, 짓밟다, 평평하게 하다 press down, trample, flatten ○ **yatmaq** ● **qalxmaq**
yapılmaq *fe.* 행해지다, 만들어지다 be made, be set up ○ **qayırılmaq, tikilmək, düzəldilmək**
yapıncı *i.* 펠트로 만든 겉옷 felt cloak
yapıncılı *si.* 펠트 외투를 입은 wearing a felt cloak
yapıncılıq *i.* 펠트 외투를 만들기 적당한 천이나 재료 a material, cloth for making a felt cloak
yapışan *si.* 끈적[끈끈]한, 들러붙는, 점착성의 sticky, glutinous
yapışdırılmaq *fe.* 들러붙다, 풀로 붙여지다 be stuck, be pasted, be glued
yapışdırma *i.* 붙임, 접착 pasting, gluing on
yapışdırmaq *fe.* (풀, 접착제, 껌 등으로) 붙이다, 고착시키다 attach, paste, gum, glue, stick
yapışıq *i.* 접착(성), 점도(粘度) adhesion; glueing, adhesiveness ○ **bitişik**
yapışıqlı *si.* ① 접착성의, 점도가 있는 glued, pasted ○ **yatımlı, qanışirin, suyusirin, cazibəli**; ② 사람의 마음을 끄는; 매력적인, 애교있는, 호감이 가는, 붙임성 있는 attractive, likeable, pleasing ○ **bitişikli**; ③ 동의할 만한 agreeable; ~ **görkəm** *i.* 호감이 가는 외모 pleasing appearance
yapışıqsız *si.* 불쾌한, 호감이 가지 않는, 혐오스러운 unpleasant, dislikable
yapışqan *i.* 접착제, 풀, 껌 glue, gum, paste; ~ **palçıq** *i.* 찰진 흙, 연니(軟泥), slime
yapışqanlı *si.* 접착성의, 점성의 sticky, glutinous
yapışqanlıq *i.* 접착성, 점도, 점착성 stickiness, adherence
yapışma *i.* (물건, 사람을) 단단히 (붙)잡음[쥠, 묾], 파악 grip《on, on to, of ...》
yapışmaq *fe.* ① 달라붙다, 매달리다, 붙들고 늘어지다, (습관·생각 따위에) 집착하다, 고수하다 cling, snatch, adhere ○ **bitişmək, sivaşmaq.**; ② 접하다, 이르다, 붙잡다 approach, reach, catch ○ **yanaşmaq, çatmaq, tutmaq, qarşılamaq**; ③ 시작하다, 들어가다 start, enter ○ **başlamaq, girişmək**; ④ 접촉하다, 만지다 touch ○ **dəymək, toxunmaq; ətəkdən; ~** *fe.* hang on to *smb.*'s coat 소매를 붙들다; **bir şəydən dörd əlli ~** *fe.* (어떤 일에) 전념하다, 몰두(沒頭)하다, 골몰(汨沒)하다 show the greatest energy in a job
yapmaq *fe.* ① 하다, 이행하다, 짓다, 만들다, 준비하다, 설치하다 do, make, construct, arrange, set, make ready ② 붙이다, 접착제로 고정하다 adhere, fasten with glue ○ **yapışdırmaq**; ③ 모양을 만들다, ~형태를 만들다, 설계하 다 model, build ○ **tikmək, düzəltmək, qayırmaq**
Yapon I. *i.* 일본 Japan; II. *si.* 일본의, 일본인의 Japanese; ~ **dili** *i.* 일본어 Japanese; the Japanese language
yar *i.* ① 친구, 연인 lover, friend, pal, buddy ○ **dost, yoldaş**; ② 연인, 애인, 가장 사랑하는 사람 darling, sweetheart, lady-love ○ **sevgili, məşuqə**; ~ **və ağyar** *i.* 친구와 원수 friend and foe; ~ **olmaq** *fe.* 친구가 되다, 돕는 자가 되다, 짝이 되다 be a helping friend, assist
yara *i.* ① 상처, 부상, (정신적) 고통, 손상, 상해 cut, injury, wound ○ **xora**; ② *tib.* 궤양, 종기 ulcer, sore; ~ **yeri** *i.* 흉터 scar; **~nı deşmək** *fe.* 상처를 건드리다 open a wound; **~ya duz tökmək** *fe.* 상처에 소금을 치다, 말로 다른 사람의 고통을 더하다 put salt on a wound, increase *smb.*'s pain by word; **bir kəsin ~sına toxunmaq** *fe.* (다른 사람의) 상처를 건드리다 touch someone on his tender spot
yaradan *i.* 창조주, 조물주 creator, founder ○ **tanrı, allah, xaliq**
yaradıcı *si.* 창의적인, 건설적인 constructive, creative, creating
yaradıcılıq *i.* 창의적인 일, 창의성 creative work (creativeness)
yaradılış *i.* ① 피조물, 창조 creation, creature ○ **varlıq, xilqət, təbiət**; ② 기원, 발단, 원천; 유래; 원인 origin, genesis ○ **kök, bünövrə, əsas**

yaradılma *i.* 설립 institution
yaradılmaq *fe.* 지음을 받다, 만들어 지다 be created
yaraq *i.* 장비, 무기, 병기 armament ○ **silah**
yaraqlandırmaq *fe.* 무장하다 arm
yaraqlanmaq *fe.* (스스로) 무장하다 be armed ○ **silahlanmaq**
yaraqlı *si.* 무장한 armed ○ **silahlı**
yaraqsız *si.* 비무장의 unarmed
yaralama *i.* 상처 injury
yaralamaq *fe.* ① 다치다, 상처를 입다 hurt, wound, injure ○ **zədələmək, sındırmaq**; ② (언어 행동으로) 상처를 주다 hurt, insult ○ **incitmək qəlbdən**; ~ *fe.* 상처를 입다 (정신적인), 고통을 당하다 괴롭히다, be affected, be grieved
yaralanmaq *fe.* 상처를 입다, 다치다 be hurt, be wounded ● **sağalmaq**
yaralı *si.* ① 쓰라린, 상처입은 wounded, sore ○ **zədəli, sınıq** ● **sağlam**; ② 슬픈, 고통스러운 sorrowful ○ **dərdli, kədərli, qəmli**
yaramaq *fe.* 어울리다, 적절하다 suit, be useful, be of use, be suitable
yaramayan *si.* 맞지않은, 어울리지 않은, 적절치 않는 unfit
yaramaz I. *i.* 악당, 깡패, 불한당, 비열한 사람, 천박한 사람, 비열한(漢) 한당(汗黨); 불량배 (不良輩); scoundrel, sneak, wretch, villain; II. *si.* ① 난폭한, 포학한, 잔인무도한; 무법한, 언어도단의, 터무니없는, 비열한, 야비한, 천한, 수치스러운 가치없는, 존경할 가치가 없는, 하잘 것 없는, 하찮은, 비열한 nasty, outrageous, trashy, vile, unserviceable ○ **pis, nalayiq, alçaq** ● **xəyirli**; ② 가치 없는, 존경할 가치가 없는, 하잘 것 없는, 하찮은, 비열한, 무익한, 무용의 unworthy, good for nothing ○ **faydasız, xeyirsiz**; ~ **adam** *i.* 인간쓰레기 trash
yaramazlıq *i.* 무례함, 적절치 않음, 짓궂음 rudeness, unserviceableness, naughtiness, bad behaviour ○ **faydasızlıq, xeyirsizlik**
yaranış *i.* 창조, 창조물, 우주, 삼라만상(森羅萬象), 원천, 발생, 창생(創生); 기원(origin), 내력; 발생의 양식 creation, genesis ○ **xilqət, təbiət, doğuluş** ● **ölüm**
yaranmaq *fe.* 창조되다, 기원하다, 발생하다, 일어나다 be created, arise, spring up ○ **doğulmaq, törəmək** ● **dağılmaq, ölmək**
yaranmış *i.* ① 창조물, 피조물 creation; ② 창조된, 지어진, 만들어진 created
yararlaşmaq *fe.* 유익하게되다, 이익을 남기게 되다, 수지가 맞게되다, 적응하다, become beneficial, become profitable, fit, suit ○ **uyğunlaşmaq**
yararlı *si.* 유익한, 이익이 남는, 도움이 되는 beneficial, profitable, helpful, fit, good; **heç bir şeyə ~ olmayan sərsəri** *si.* 무용지물 good for nothing ○ **əlverişli, uyğun, lazımlı, faydalı** ● **xeyirsiz**
yararlılıq *i.* 수익율 (受益率), 유용성, 이익률(利益率) profitableness, usefulness ○ **əlverişlilik, uyğunluq, lazımlılıq, faydalılıq**
yararsız *si.* ① unfit, useless, unqualified 부적당한, 적임(適任)이 아닌, 어울리지 않는(for); ② 쓸모[소용] 없는, 무익한, 헛된; 아무 짝에도 쓸데없는 ○ **əlverişsiz, lazımsız, dəyərsiz, vecsiz**
yararsızlıq *i.* 부적당, 부적임, 부조화, 무익함, 불필요함 unfitness ○ **əlverişsizlik, lazımsızlıq, dəyərsizlik, vecsizlik**
yarasa *i.* ① *zoo.* 박쥐 bat; ② 반계몽주의, 개화 반대, 문맹 정책; 고의로 모호하게 함; (문학·미술 따위의) 난해주의 obscurantism
yaraşan *si.* 잘생긴, 미모의, 아름다운 (얼굴 따위); (고어) 보기 흉하지 않은(행동 따위); 말쑥한; 알맞은 becoming, comely
yaraşdırmaq *fe.* ① 적합하게하다, 꾸미다, 적응시키다, 장식하다 fit, adapt, adjust, adorn ○ **uyğunlaşdırmaq**; ② 동의하게하다, 타협시키다 agree, compromise ○ **tutuşdurmaq**
yaraşıq *i.* 미모, 어울림, 적정함, 적합, 적당; 적부 pleasing appearance, suitability ○ **bəzək, zinət**
yaraşıqlı *si.* 잘 어울리는, 예쁜, 볼품있는, 맵시있는, 균형잡힌 good-looking, pretty, shapely, smart, suitable ○ **gözəl, qəşəng, bəzəkli** ● **kifir**
yaraşıqlılıq *i.* 아름다움, 미(美), 우아(優雅), 고상, 기품(氣稟) beauty, elegance ○ **gözəllik, qəşənglik, bəzəklilik**
yaraşıqsız *si.* 적절치 않는 unsuitable, unpleasant ○ **görkəmsiz, yöndəmsiz** ● **səliqəli**
yaraşıqsızlıq *i.* 불쾌; 불만 unsuitableness, displeasure, resentment ○ **görkəmsizlik, yöndəmsizlik, uyğunsuzluq**

Y

yaraşmaq *fe.* 조화하다, 화합하다, 일치하다 (with), ~와 잘 지내다 fit, suit, harmonize, go well with ○ **uymaq**; **bir-birinə ~** *fe.* (서로) 어울리다 match; ***Gözələ nə yaraşmaz?*** *미인에게는 모든 것이 다 어울린다. A beauty looks well in everything.*

yaraşmayan *si.* 어울리지 않는, 적절하지 않는 unsuitable, indecorous, inappropriate

yaraşmaz ☞ **yaraşmayan**

yaratma *i.* 창작(創作), 공작(工作), 제작(制作) creation, making ○ **qayırma, düzəltmə, qurma**

yaratmaq *fe.* ① constitute, create, establish 창조하다, 창작하다, 만들다, 고안하다; ② (유행형 등을) 디자인하다; ③ (회사·부서 등을) 창립하다, (단체 등을) 설립하다. 구성하다, 조직하다; …의 구성 요소가 되다; ④ (상태를) 성립시키다, 만들어 내다; ⑤ (법령 등을) 제정하다; ○ **qayırmaq, düzəltmək, qurmaq**

yarayan *si.* 적성[재능]이 있는, 영민[똘똘]한 apt

yard *i.* 야아드 yard (91cm)

yardım *i.* 원조, 도움, 조력, 기부, 기부금; 기증(품); 보급(물) support, help, aid, assistance, contribution ○ **kömək**; **~ etmək** *fe.* 구호하다, 원조하다, 기부하다, 돕다 contribute, aid, lend a hand, relieve, help, succour; **mənəvi ~** *i.* 정신적 지원, 심적 지원 moral support; **~ pulu** *i.* 보조, 장려금, 조성금; 교부금, 기부금 subsidy

yardımçı I. *i.* 보조자, 조력자, 도우미 auxiliary, helper; II. *si.* ① 보조의, 부차적인, 종속적인, 보충적인; subsidiary ② 보조금에 의한 by subsidy

yardımsız *si.* 도움이 없는, 버려진, 버림받은, 고독한, 쓸쓸한(desolate), 희망 없는, 절망적 helpless, forlorn

yardımsızlıq *i.* 고독함 helplessness, feebleness

yarğan *i.* 협곡, 산골짜기, 계곡, 절벽, 벼랑 precipice, ravine ● **düz**

yarı *i.* 반, 절반 half; **~ yolda** *z.* 도중에, 동안에, 도상에 half way; **~da qoymaq** *fe.* 도중하자하다, 일을 마무리하지 않고 그만두다 leave half-finished, give up before completion; **~ba~** *z.* 절반씩, 반절씩 in two, half-and-half; **~ya** *z.* 절반으로 in two ● **bütöv**

yarıac *si.* 절반정도 배가 고픈, 반정도 굶주린 half-starved, half-starving ● **yarıtox**

yarıaçıq *si.* (문이) 조금 열린 ajar

yarıq *i.* 터진[갈라진] 자리, 틈, 균열, 흠집 split, crack, fissure, cleft, crevice, flaw, gap, slot ○ **oyuq, kəsik**

yarıqlı *si.* 틈이 있는, 금이 간, 균열이 있는 fricative, cracked ○ **oyuqlu**

yarılmaq *fe.* ① 쪼개지다, 나눠지다, 금이 가다 cleave, split, crack; ② 깨지다, 터지다, 찢어지다 break, burst, tear ○ **yaralanmaq**; ③ 해부하다, 상세히 분해[분석]하다 anatomize, dissect ○ **açılmaq**; ④ 훔치다, 도둑질하다 rob, do burglary

yarılamaq *fe.* 절반만 거두다, 반 타작하다 reach /attain the half of

yarılanmaq *fe.* 나눠다, 절반을 잃다, 쪼개지다, 헤어지다 lose the half of, be divided, be apart ○ **bölünmək, parçalanmaq, aralanmaq, kəsilmək, şaqqalanmaq**

yarılıq *i.* 분익(分益) 농법 metayage

yarılmaq *fe.* 갈리다, 나눠다, 해부되다 be split, be anatomized

yarım *i.* 절반(折半), 반절(半切), 반(半) half; **~ penni** *i.* 반 페니 (아주 적은 돈) half penny

yarımada *i.* 반도(半島) peninsula

yarımağ *si.* 반백(半白)의 half-white

yarımaq *fe.* 만족되다, 공급되다 be satisfied, be provided

yarımaz *si.* 실패한, 미완의, 비운의, 비참한 unsuccessful ○ **nakam, bədbəxt, binəsib**

yarımcan *si.* ① 반 죽음의, 치명적인, 치사의 deadly, lethal, half dead ○ **ölümcül**; ② 매우 피곤한, 지친 tired, weary ○ **yorğun, zəif, üzgün, ölüvay**; ③ 꺼리는, 마지못해하는 reluctant, unwilling ○ **könülsüz, həvəssiz**

yarımcanlıq *i.* ① 반죽음, 치사성, 치사율 deadliness, lethality ○ **ölümcüllük**; ② 피로 상태, 수(상태), 기면(嗜眠); 무기력, 활발치 못함; 무감각; tiredness, lethargy, weariness ○ **yorğunluq, zəiflik, üzgünluq, ölüvaylıq**

yarımçıq *si.* ① 미완성의, 온전치 못한 unfinished ○ **natamam** ● **tam**; ② half full ● **dolu**; ③ partial ● **bütöv**

yarımçıqlıq *i.* 불완전함, 미완성(未完成) incompleteness, imperfection

yarımdairə *i.* 반원(半圓), semicircle

yarımgünlük *i.* 정오, 대낮, 한낮 midday

yarımkürə *i.* 반구(半球) semisphere

yarımkürk *i.* 양피 겉옷 sheepskin coat
yarımmüstəmləkə *i.* 반자치식민지 semi-colonial territory
yarımpalto *i.* 짧은 겉옷 short coat
yarımrəsmi *si.* 반공식적인(半-公式的) semi-official
yarımsəhrə *i.* 황무지 semi-desert
yarış *i.* 경쟁, 경연 (대회), 겨루기, 겨룸, 경쟁심, 대항심; 시합, 경기(회(會)); 경쟁시험 competition, contest, emulation, match, tournament
yarışçı *i.* 경쟁자, 경연자, 겨루는 사람, 주창자 contender
yarışmaq *fe.* 겨루다, 경쟁하다 match (colour), compete ○ **ötüşmək, qaçmaq**
yarıtma *i.* 만족, 공여(供與) satisfaction
yarıtmaq *fe.* 만족시키다 satisfy
yarıtmaz *si.* 불만족의, 불평스러운 dissatisfied, discontented
yarızarafat *i.* 농담반 진담반 half in jest ● **yarıciddi**
yarlıq *i.* 라벨, 딱지, 꼬리표; label; ~ **yapışdırmaq** *fe.* 딱지를 붙이다, 꼬리표를 붙이다, 라벨을 붙이다 label
yarma *i.* ① 쪼갬, 나눔 split; ② 볶은 밀, 볶은 귀리 groats
yar|maq *fe.* ① 나누다, 쪼개다, 분할하다, 가르다 split, divide; ○ **aralamaq, bölmək, parçalamaq**; ② 쪼개다, 쪼개서 열다 cut to open ○ **açmaq, keçmək**; **~ıb keçmə** *i.* 돌파하다, 타결하다 breakthrough
yarmalamaq *fe.* 자르다, 잘게 자르다, cut, chop ○ **doğramaq, yarmaq, parçalamaq**
yarmarka *i.* 박람회, 전시회 fair, bazaar
yarpaq *i.* 잎, 잎새, 풀잎; 포도잎 (돌마 용) leaf; **~lar tökülən vaxt** *i.* 가을, 낙엽시기 fall
yarpaqlamaq *fe.* 잎이 피다, 잎사귀로 덮이다 become green, cover with leaves ○ **yaşıllaşmaq, göyərmək**
yarpaqlanmaq *fe.* (스스로) 잎사귀를 내어 덮이다 be covered with leaves
yarpaqlı *si.* 잎사귀가 있는, 잎으로 덮인, 잎이 우거진 leafed, leafy
yarpaqsız *si.* 잎이 떨어진, 벌거 벗은 (나무) leafless, bare
yarpızcücüsü *i. zoo.* 개똥벌레의 유충 glowworm
yas *i.* ① 비탄(sorrowing), 슬픔(sorrow), mourning 애도(lamentation) ○ **kədər, ələm**; ② 상(喪), 거상(기간), 기중 (忌中) ○ **matəm**; **~ tutmaq** *fe.* 상중에 있다, 기중이다, 기일을 지내다 mourn, be in mourning
yasaq *i.* ① 금지, 금제(禁制); 금령 ban, prohibition ○ **qadağan**; ② *tar.* 세(稅), 세금, 조세; (봉건시대의) 면역지대(免役地代) tax, quitrent ○ **vergi, tövcü**; **~ etmək** *fe.* 금(지)하다 ban; **~ mal** *i.* (수출입)금(禁) 제품; 암거래(품), 밀매(품), 밀수(품); contraband ②
yasaqlı *si.* 금지된, 규제된 banned, prohibited ○ **qadağan**
yasaqlıq *i.* 금지, 금제, 금령이 내려짐 ban, prohibition ○ **qadağanlıq**
yasəmən *i. bot.* 쟈스민; 라일락, 자정향(紫丁香) lilac, jasmine; **~ rəngində** *si.* 옅은 자색의, 연보라색의 lilac
yasəmənlik *i.* 쟈스민 정원 a place of siren groves
yaslı *si.* ① 상중(喪中)의, 상(喪)을 당한, 거상(居喪) 기간의, 기중(忌中)의 mourning ○ **matəmli**; ② 슬픔의, 슬픈, 고통의, 비통한 sad, sorrowful, suffering ○ **kədərli, qəmli, ələmli**
yaslılıq *i.* 애도(哀悼), 비탄(悲嘆); 통곡(痛哭); 비탄의 소리 mourning, lamentation ○ **matəmlik**
yassar I. *i.* ① 반벙어리, (말) 더듬는 사람; 우유부단한 사람; mumbler, irresolute person; ② 흉악한 사람, 섬뜻하게 하는 사람 ugly person, fright ○ **çirkin, kifir** ● **gözəl**; II. *si.* ① 연약한; 무기력한, 활기 없는, 맥없는, 의지박약(意志薄弱) 한 flabby, weak-willed ○ **bacarıqsız, fərrasətsiz, fərsiz** ● **fərli**; ② 솜씨 없는, 실수 투성이의, 서투른; 꼴사나운, 세련되지 않은; 재치 없는 clumsy
yassarlıq *i.* ① 우유부단, 더듬거림, 결단성 없음, 무정견(無定見) irresolution, mumbling ○ **bacarıqsızlıq, fərrasətsizlik**; ② 흉악함, 험악함, 추함 사악함 ugliness ○ **çirkinlik, kifirlik**
yastı *si.* ① 납작한, 넓적하다; 납작스름하다 flat and wide ○ **yatıq, batıq** ● **düz**; ② 천한, 비열[야비]한, 치사한, (말이) 상스러운; (금속이) 열등한, 하등의; (주화가) 조악한, 가짜의 base; **~buynuz** *si.* 납작 뿔; flat-horned; **~burun** *si.* 납작코 flat-nosed; **~daban** *si.* 납작 굽 (신발), low-heeled; **~dimdik** *si.* 납작 부리 (오리) flat-

Y

beaked; **~quyruq** *si.* 납자꼬리(물고기) flat-tailed

yastıq *i.* 베게, 쿠션, 방석 cushion, pillow; **~ üzü** *i.* 베갯닢 pillow-case **bir**; **~ğa baş qoymaq** *fe.* 결혼하다 get married

yastıqlı *si.* 쿠션이 있는, 베개의 cushioned

yastılamaq *fe.* ① 납작하게 하다, 두드리다 make flat, beat ○ **əzmək**, **döymək**; ② (두드리거나 밀어서) 펴다 (반죽 등) spread ○ **yaymaq**

yastılanmaq/yastılaşmaq *fe.* 납작해지다, 편편해지다 become flat and wide ○ **yayılmaq**, **oturmaq**

yaş[1] I. *i.* ① 나이, 연령 age; ② 햇수, 연대; ③ 수명, 일생; II. *si.* 나이든, 나이 먹은 old; **~a dolma** *i.* 성인, 나이먹음, 성숙, 한창 때 manhood, maturity, virility, aging; **~a dolmaq** *fe.* 나이가 들다, 성숙하다, 한창때가 되다 grow old; ***Onun neçə yaşı var?*** *그는 몇 살이지요? How old is he?*; ***Ağıl yaşda deyil, başdadır.*** *(속담) 지혜는 나이에 있지 않고 머리에 있다. Age is no guarantee of wisdom.*

yaş[2] I. *i.* 눈물, 비애 비탄, 눈물 같은 것 tear; II. *si.* 젖은, 물기를 머금은, 축축한, 습성의; 감상적인, 눈물어린 wet, moist ○ **rütubətli**, **islaq**, **nəm** ● **quru**; **~ eləmək** *fe.* 적시다, 축축하게 하다 moisten; **~təhər** *si.* 젖은 듯한, 눅눅한 wettish, moist; **~-~** *z.* 젖어서, 축축하게 in wet condition

yaşadıcı *si.* ① 살게 하는, 생명을 주는, 생명 유지에 필요한, 생명의 원천을 이룬; life-asserting, vital ② 생생한, 생기가 넘치는 vivid, lively; **~ qüvvə** *i.* 생명력, 활력소 life asserting force

yaşama *i.* 생존; 현존, 존재; 생활, 호구지책, 생계 subsistence ○ **dolanma**, **keçinmə**

yaşamaq *fe.* ① 살다, 생존하다, 존속하다, (특히 역경에) 살고 있다, 살아가다 live, dwell, inhabit, reside, ○ **dolanmaq**, **keçinmək**; ② 존재하다, 실재하다, 현존하다 exist, subsist; ③ (특수한 조건·장소·상태에) 있다, 나타나다; ④ *fəl.* 실존하다; **~ üçün vəsait** *i.* 주거 환경 living condition; **~ üçün yer** *i.* 주거지, 숙소 accommodation; ***Yaşasın var olsun!*** *생존과 존속을 위하여! Three cheers for!*; ***yaşa!*** *nid.* *장수 하소서! Bravo! Long live!*; ***yaşasın*** *nid.* *만세 long live!*

yaşar|maq *fe.* 젖다, 물이 오르다 become wet, water ○ **islanmaq**, **nəmlənmək**; **~mış** *si.* 눈물 어린, 눈물이 헤픈, 물이 오른 tearful, wet, watered; **~mış gözlər** *i.* 젖은 눈망울 tearful eyes; **~tı** *i.* 물방울,; 방울져 떨어짐, 적하(滴下) drop, drip ○ **damcı**; **~tmaq** *fe.* ① 물을 주다, 물이 흐르게하다 water; ② (감동으로) 울게하다, 울리다 move to tear, cause to water; ***Günəş gözlərim yaşartdı.*** *해 때문에 눈물이 고였다. The sun watered my eyes.*; ***Gözləri yaşardı.*** *그의 눈에 이슬이 맺혔다. tears came to his eyes.*

yaşatmaq *fe.* ① 살려주다, 살게 하다 allow to live, keep alive; ② 불멸(不滅)하게하다, 영원히 살게하다, 영속시키다 immortalize, perpetuate

yaşayış *si.* ① 삶, 생존, 생활, 살아가기 life, living ○ **dolanacaq**, **məişət**, **həyat**, **güzəran**, **ruzigar** ● **ölüm**; **~ şəraiti** *i.* 생활 여건, 생활 환경 living condition; ② 거주 dwelling; **~ evi** *i.* 주거지, 주소, 거주 장소 dwelling house; **~ yeri** *i.* 주거지, 거주장소 abode, residence, dwelling

yaşıd *i.* 동갑, 동갑내기, 동년(同年), 연갑(年甲), 동경(同更), 갑장(甲長), 동령(同齡), 붕배(朋輩), 동년배(同年輩), 동치(同齒 person of the same age; **~ olmaq** *fe.* 동갑이 되다 be of the same age

yaşıl *si.* ① 녹색의, 초록의, 싱싱하게 푸른; 푸른 잎으로 덮인, 푸릇푸릇한, 신록의 green, verdant; ② 순진한, 경험 없는, 미숙한 novis, unexperienced; **~ çöllər** *i.* 푸르른 벌판 verdant field; **~açalan** *si.* 녹색을 띤 greenish; **~ayaq** *i. zoo.* 목도리도요새 ruff, reeve; **~baş** *i. zoo.* 수오리, 오리 숫컷 drake; **~göz** *si.* 벽안(碧眼)의, 녹안(綠眼)의 blue-eyed, green-eyed; **~ımsov/~ımtıl/~mtraq** *si.* 녹색을 띤, 푸르스름한 greenish; **~landırılma** ☞ **yaşıllaşdırılma**

yaşıllandırlılmaq ☞ **yaşıllaşdırılmaq**

yaşıllandırmaq ☞ **yaşıllaşdırmaq**

yaşıllanmaq ☞ **yaşıllaşmaq**

yaşıllaşdırılma *i.* 녹화(綠化)사업 planting of greenery

yaşıllaşdırılmaq *fe.* 녹색으로 칠해지다, 나무나 풀로 녹화되다 be painted green; have trees and gardens planted

yaşıllaşdırmaq *fe.* 나무를 심어 푸르게하다, 녹색을 칠하다 plant trees and gardens; paint *smt.* green

yaşıllaşdırma *i.* 녹화사업 planting of greenery, planting of trees and gardens

yaşıllaşmaq *fe.* 연두색으로 변하다, 잎이 피다 become green, bloom ○ **göyərmək**

yaşıllıq *i.* ① 녹색 정원, 녹색의 평원; greenness ② 푸르름, 신록; 푸릇푸릇한 초목; 신선함, 생기; 풀밭, 목초지 verdure, meadow

yaşındırmaq *fe.* 여자로 하여금 머리에 수건을 쓰게 하다 ask woman to cover her face halfly with a head-kerchief

yaşınmaq *fe.* 수건으로 얼굴을 가리다 cover ones face with head-kerchief

yaşıötmüş *si.* 나이든, 연로한 aged, advanced in years

yaşırmaq *fe.* 숨기다, 감추다, 비밀로 하다 hide, conceal ○ **gizlətmək**

yaşlamaq *fe.* 젖다, 물에 빠지다, 잠기다 wet, soak ○ **islatmaq, nəmlətmək** ● **qurulamaq**; **boğazını ~** *fe. col.* 목을 축이다 wet ones whistle

yaşlandırmaq *fe.* 적시다, moisten, damp, wet

yaşlanmaq¹ *fe.* 나이가 들다, 늙다 age, grow old ○ **qocalmaq**

yaşlanmaq² *fe.* 젖다, 스미다, 물먹다, 축축해지다, 침수(浸水)하다, 배다, 첨습(沾濕)하다, 침습(浸濕)하다, 익숙해지다 become wet ○ **islanmaq, nəmlənmək** ● **qurumaq**

yaşlı¹ *si.* 나이가 든, 나이가 지긋한 elderly, grown up, aged ○ **sinli, ahıl** ● **çocuq, südəmər**; **~ adam** *i.* 성인, 성년 adult; **~ qız** *i.* 미혼 여성; 노처녀 spinster

yaşlı² *si.* 젖은, 축축한, 물기를 머금은 wet, humid, soaked ○ **sulu, nəmli, islaq** ● **quru**

yaşlıq *i.* ① 고통, 슬픔 agony ○ **sinlilik, ahıllıq**; ② 습기, 습윤, 수분, 수증기, 축축함 humidity, moisture, dampness ○ **sululuq, nəmişlik**

yaşmaq *i.* 베일, 면사포 veil

yaşmaqlanmaq *fe.* 베일로 가리다, 면사포를 쓰다, 가면을쓰다 veil, put on the veil

yaşmaqlı *si.* 베일로 가린, 면사포를 쓴; veiled; **~ qadın** *i.* 면사포를 쓴 여인 a veiled woman

yaşmaqsız *si.* 면사포를 쓰지 않은, (얼굴을) 가리지 않는 veilless, without veil

yaşmanmaq *fe.* 베일로 얼굴을 가리다 veil, cover ones face with a veil

yaşyarımlıq *si.* 일년 반의 (기간) year and half old

yatacaq *i.* 침구 (담요·시트 따위) bedding ○ **yorğan-döşək**

yatağan *si.* 졸린, 졸음이 오는, 꾸벅꾸벅 조는; 졸린 듯한; 졸음이 오게 하는; 최면(성)의, 기면성(嗜眠性)의 sleepy, drowsy, somnolent

yatağanlıq *i.* 졸림 sleepiness, drowsiness, somnolence

yataq *i.* ① 침대, 침상 bed ○ **yorğan-döşək, yer**; **~dan qalxmaq** *fe.* (잠, 병상에서) 일어나다 get up; **~ yeri** *i.* 침대(기선·기차·여객기 등의), 층(層) 침대 berth; **~ dəyişiyi** *i.* bed clothes; **~ otağı** *i.* 침실 bedroom; ②보금자리, 둥우리 nest ○ **yuva**; ③ 광산, 광갱(鑛坑), 광상(鑛床), 강둑 mine ○ **mədən**; **dəniz ~ğı** 대륙붕; ④ (짐승의) 굴 hole ○ **çuxur**

yataqxana *i.* 기숙사, 호스텔 (여러 사람이 같이 쓰는 방) hostel, dormitory

yataqlı *si.* ① 침대가 딸린, 잠잘 수 있는 bedding, sleeping; ② 강둑이 있는 having a deep river bed; **~lı vaqon** *i.* sleeping car

yatalaq *i. tib.* 발진(發疹)티푸스 Typhus(~ fèver) ○ **tif**

yatalaqlı *si. tib.* (장)티푸스성(性)의 typhoid ○ **tifli**

yatar *i.* ① 가라 앉은 곳 sunk place; ② 취침시간 sleep time ○ **əyilmə**

yatıq *si.* ① 평평한, 납작한 flat ○ **yastı**; ② 알려지지 않은, 모르는 uninformed, unknown ○ **xəbərsiz, fərasətsiz**

yatıqburun *si.* 납작코 flat-nosed

yatıqlıq *i.* 편편한 곳, 편편함 flatness

yatılı *si.* 졸리는, 자는 sleepy, sleeping ○ **yuxulu-yuxulu**

yatım¹ *i.* 마음에 듦

yatım² *i. geol.* 광상구조(鑛床構造)

yatımlı *si.* ① 좋아하는, 마음에 든 beloved ○ **sevimli**; ② 잠자고 있는 sleeping, in sleep ○ **yuxulu**

yatırıcı *si.* (아기를) 잠재우는 lulling to sleep

yatırılma *i.* (소요) 진압, 제지, 억제; *psy.* 억압(된 것) (생각·충동 등) repression

yatırılmaq *fe.* 진압되다, 제지되다, 억제되다 be depressed

yatırma *i.* ① 억압, 진압 suppression; ② 억제; 감추기, 은폐; ③ 제지, 금지; 발매[발행] 금지; ④ *psix.* (충동 따위의) 억제; ⑤ (출혈 따위를) 막음

yatırmaq *fe.* ① (소요) 진압하다, 억제하다 suppress, repress (rebel) ○ **uyutmaq**; ② (소음, 속력) 진정시키다, 억제하다 quench, slake (noise)

Y

○ **dayandırmaq, susdurmaq, boğmaq**

yatmaq *fe.* ① 자다, 잠자다, 취침(就寢)하다, 곯아 떨어지다, 주무시다, 코하다 sleep, be asleep ○ **yuxulamaq, uymaq** ● **ayılmaq**; ② 쓰러지다, 병상에 눕다, 병들다 lie down, become sick ○ **xəstələnmək, azarlamaq** ● **qalxmaq**; ③ 무너지다, 억눌리다, 제압되다 be destroyed, be pressed down ○ **uçulmaq, dağılmaq**; ④ 줄어들다, 약해지다, 가라앉다, 침강하다 decrease, weaken, subside (water) ○ **azalmaq, zəifləmək, sakitləşmək**; ⑤ 서다, 정지하다 cease, pause, halt ○ **dayanmaq, durmaq**; ⑥ (추위 따위로) 감각을 잃다, (얼어서) 곱다, 얼다; 마비되다, 저리다 benumbed, become numbed ○ **keyimək, uyumaq, yuxulamaq**; ⑦ 자다, 성관계를 하다 have sex with; ⑧ (먼지 등) 가라앉다 settle (dirt) ● **oyanmaq**; ⑨ 수감되다 be in prison, stay in prison; **~ğa getmək** *fe.* go to bed; **~ğa girmək** *fe.* go to sleep; **ürəyinə ~** *fe.* 마음에 들다, 좋아 하다 like, favor; **əli ~** *fe.* 재주가 좋다, 사용되다 be used, be fairly skillful

yatmalı *si.* 잠자기 좋은, 안락한, 편안한 suitable for sleeping, comfortable ○ **əlverişli, yararlı, münasib, rahat**

yava I. *i.* 방탕아, 난봉꾼 profligate, libertine, debauchee; II. *si.* ① 호색적인, 음란한, 타락한; 방탕한, 품행이 나쁜, 방종한, 흘게늦은 lecherous, debauched, profligate, dissolute ○ **avara**; ② 나쁜, 사악한, 흉악한, 건강하지 않은, 불건전한, 버릇없는, 꼴 사나운; 외설스러운, 음란한, 상스러운; 부당한, 억지의, 어울리지 않는, evil, unfit, dissipated, indecent, unseemly ○ **pis, xarab, ədəbsiz, həyasız** ● **ədəbli**; ③ 부도덕한, 타락한 ○ **əxlaqsız, pozğun** ● **əxlaqlı**; **~ağız** *si.* 독설적인, 말버릇이 고약한, 무절제한, 폭음 폭식의, 술에 빠지는, 과도한, 난폭한 (행위·언사); 매서운 (추위·더위 따위)
oul-mouthed, intemperate; **~-~** *z.* 모양이 흉하게, 어울리지 않게, 꼴사납게; 부적당하게, 때[장소]에 맞지 않게 unseemly, indecently

yavalaşmaq *fe.* ① 악화되다, 고장나다 become worse, worsen, be broken ○ **pisləşmək, xarablaşmaq**; ② 무분별해지다, 경박해지다, 부끄러움을 모르다, 파렴치하다, 뻔뻔스러워지다 become shameless/imprudent ○ **həyasızlaşmaq, sırtıqlaşmaq**

yavalıq *i.* 방탕, 난봉, 유흥, 예의 없음, 꼴사나움; 외설; 추잡한 행위[말] dissipation, debauchery, indecency ○ **pislik, həyasızlıq, ədəbsizlik**; **~ etmək** *fe.* 버릇없이 행동하다, 방탕하다 behave indecenty

yavan *si.* (음식) 싱거운, 담백한, 김빠진, 맛없는, 기름기가 적은, (고기가) 살코기의, 내용이 하찮은, 빈약한; 영양분이 적은 plain, dry, tasteless, insipid, lean (food) ● **yağlı**

yavanlıq *i.* ① (음식) 무미, 평범, 무미건조 insipidity, insipidness (food); ② 우유제품, 유가공품 dairy products, milk product

yavaş I. *si.* ① 느린, 완만한, 더딘 slow, weak ○ **asta, zəif** ● **sürətli, tez, tələsik, cəld**; ② 조용한 queit, soft ○ **sakit, asta, səssiz** ● **bərk**; ③ 온유한, 겸손한 meek, humble ○ **sakit, mülayim, həlim**; II. *z.* 느리게, 느릿 느릿 slowly; **~dan danışmaq** *fe.* 작은 목소리로 말하다, 소근소근 말하다 breathe, talk in low voice; **~ yerimək** *fe.* 완보(緩步)하다, 천천히 걷다 walk slowly; **~ca** *z.* 천천히, 점잖게, 느릿 느릿, 조용히 quietly, softly, gently, slowly; **~dan** *z.* 천천히, 주의 깊게, 조심해서 slowly, carefully; **~tərpənən** *si.* (행동이) 굼뜬, 느린, 더딘, 꾸물 거리는 sluggish, slowcoach, laggard; **~-~** *z.* 느리게, 느릿 느릿, 꾸물 꾸물, 천천히 slowly

yavaşıma *i.* 느림, 더딤, 줄어듦, 약해짐 slowness, quietening ○ **azalma, zəifləmə, ağırlaşma, sakitləşmə**

yavaşımaq *fe.* ① 속도를 줄이다, 천천히 가다 slow down ○ **azalmaq, ağırlaşmaq** ● **tələsmək**; ② 약해지다 weaken ○ **zəifləmək** ● **güclənmək**; ③ 조용해 지다, 침착해지다 calm down ○ **sakitləşmək**

yavaşitmaq *fe.* ① (속도를) 줄이게하다, (강도를) 약하게하다 make slow, fade ○ **astalaşdırmaq, zəiflətmək** ○ **yeyinlətmək**; ② 진정시키다, 침착하게 하다, 낮추다 quiet down ○ **alçaltmaq** ● **artırmaq**

yavıq ☞ **yavuq**

yavıqlaşmaq ☞ **yavuqlaşmaq**

yavuq *si.* ① 가까운, 인접한 near, not far ○ **yaxın**; ② 거의, 근접하게 nearly, close by

yavuqlaşmaq *fe.* 접근하다, 가까이 하다, 친해지다 come closer, approach, draw near ○ **yaxınlaşmaq**

yavuqluq *i.* ① 가까움, 근접, 인접 nearness, closeness ○ **yaxınlıq**; ② 친밀, 친분 intimacy

yay¹ *i.* bow ① 활, 궁(弓); 활의 사수 ○ **silah, məftil**; ② (악기의) 활; **araba**; **~ları** *i.* 마차 스프링 (완충작용의) carriage springs

yay² *i.* 여름, 여름철; summer; **~da** *z.* in summer; **~ın ortaları** 여름에, 여름 철에; *i.* 성하(盛夏), 한여름 mid-summer

yayğı *i.* 멍석, 거적, 거적자리, 멍석짝, 천석(薦席); 깔집, 깃, 두엄 bedding, litter, rug ○ **palaz, xalça, həsir, cecim**

yayğın *si.* ① 잘 퍼지는, 번지는 watery, spread; ② 애매한, 널리 퍼진, 넓게 흩어진, 희미한, 흐릿한, 모호한 diffused, dim, indistinct, vague ○ **dağınıq, sıyıq** ● **yığcam**

yayğınlaşmaq *fe.* 번지다, 희미하게되다, 애매해지다 become watery/diffused/dim

yayğınlıq *i.* 번짐, 모호함, 퍼짐 diffusion, defensiveness, dimness; ③ 보급, 선전, 유행, 횡행, 우세 prevalence, spreading, dissemination,

yayxanmaq *fe.* ① 큰 대자로 눕다 stretch oneself out, sprawl ○ **uzanmaq**; ② 번지다, 퍼지다 spread, stretch, range ○ **yayınmaq**

yayılan *si.* 번지는 (성질), 희미해지는 diffused

yayılma *i.* 번짐, 퍼짐 spread, expansion

yayılmaq *fe.* 돌다, 순환하다, (신문 등) 배부되다, 퍼지다, 번지다 circulate, expand, spread ○ **genişlənmək** ● **yığılmaq**; **~ğa qoymamaq** *fe.* (신문 등) 배포하다, 순환하게 하다 circulate

yayım *i.* 방송, 방영 broadcasting

yayınbalığı *i. zoo.* 모캐, 등가시칫과(科)의 바닷물고기 burbot, eel-pout

yayındırmaq *fe.* ① 흩어지게하다, 분산시키다, 헷갈리게하다; 몰래 나누다 distract, divert ○ **oğurlanmaq, gizlətmək, itirtmək**; ② 찢다, 찢어 나누다 tear off ○ **uzaqlaşdırmaq**; ③ 가져오다 bring in, introduce

yayınma *i.* 분산, 이탈, 벗어남(from); 배반 departure

yayınmaq *fe.* ① 이탈하다, 벗어나다 escape ○ **qaçmaq**; ② 피하다, 회피하다 avoid, evade, elude ○ **çəkilmək, gizlənmək**; ③ 교묘히 회피하다(from) go away, go distant, (드물게) 도망치다, 몰래 떠나가다 ○ **uzaqlaşmaq, getmək, sapmaq**; **vergidən ~** *fe.* 탈세하다 evade [dodge] a tax; defraud the revenue **cəzadan**; **~** *fe.* 벌을 면하다 escape from punishment

yayla *i.* ① 유목민촌, 유목캠프 nomads camp; ② 고원, 대지(臺地) plateau, table-land

yaylaq *i.* ① 하계 목초 (夏季 牧草) (여름 중 양이나 소떼를 고산지대로 이동 하여 먹이는 일) summer pasture on high ground; ② 산간지역의 여름용 주거지 summer house in the mountain area ● **aran**

yaylaqlamaq *fe.* 하계 목초를 떠나다 take herds to summer pasture

yaylaqlanmaq *fe.* 하계목초로 여름을 나다 spend the summer in a cool mountainous area

yaylamaq *fe.* 여름을 보내다, 휴가를 즐기다 spend summer, take leisure ○ **istilənmək**

yaylı *si.* 활을 가진, 궁(수); 용수철이 있는, 태엽이 있는 having a spring,

yaylıq *i.* 머릿수건; 목도리; 손수건 kerchief, neckerchief ○ **dəsmal**

yaylım *i.* ① 조반 목초(早飯 牧草) morning pasturage; ② 발사, 사격 discharge, volley; **~ atəşi** *i.* 경례; 축포 salute

yayma *i.* 배포, 분배, 살포 distribution, spread

yay|maq *fe.* ① 늘어지다, 넓어지다, 펴지다 expand, extend ○ **uzatmaq, açmaq, böyümək** ● **bükmək**; ② 흩어지다, 흩어지다, 헤어지다, 해산하다 disperse, scatter ○ **səpələmək, dağıtmaq**; ③ (뉴스, 소식, 복음) 퍼뜨리다, 전파하다 spread, preach ○ **bildirmək, çatdırmaq**; ④ 분배하다, 배포하다 distribute ○ **paylamaq, dağıtmaq**; ⑤ (금속, 인쇄잉크, 가루 반죽 등이 롤러에 걸려) 늘어나다 (압연되다), 퍼지다 retail, roll; **~ıcı cihaz** *i.* 분배기, 배포기, 살포기 transmitter, distributer

yaz *i.* 봄, 춘절(春節) spring ○ **bahar** ● **qış**; **~ın isti günləri** *i.* 따스한 봄날; dog days; ***Bir çiçəklə yaz olma.*** *z. 개구리 나왔다고 봄이 온 것은 아니다. One swallow doesnt make spring.*

yazdırmaq *fe.* (받아) 쓰게하다 dictate

yazı *i.* ① 각서, 비망록, 메모 (여행 등의) 수기, 기록; (강연 등의) 초고, 문안, 쓰기, 씀, 집필, 저술, 기입, 기재 note, writing, entry, record ○ **savad** ● **pozu**; ② 필체 scrip, writing ○ **xətt**; ③ 운명(運命), 숙명(宿命), 운(運), 비운 (悲運), 인연(因緣), 인과(因果), 운수 (運數), 성쇠(盛衰) fate, fortune, destiny ○ **bəxt, tale**; **alın ~sı** *i.* 운명(運命), 숙명(宿命) the decrees of Fate; **Qot ~sı** *i.* 고

Y

딕체 Gothic script; ~ **makinası** *i.* 타자기 typewriter; ~ **masası** *i.* 책상 desk; ~ **taxtası** *i.* 칠판 black-board; ***Bu mənim alın yazımdır.*** *이게 내 운명인 걸. This is my destiny.*; ***Yazıya pozu yoxdur.*** *ata.s. He that is born to be hanged will never be drown.*

yazıb-yaratmaq *fe.* 저작하다, 저술하다, 창작하다 create, be busy with creative activities

yazıb-oxumaq *fe.* 읽고 쓰다, 공부에 열중하다 read and write, be busy with reading and writing

yazıçı *i.* 저자(著者), 저술가(著述家) author, writer, man of letters

yazıq I. *i.* 녀석, 딱한 놈, 안타까운 것(일, 사람) fellow, poor thing; II. *si.* ① 불쌍한, 비참한, 가련한, 딱한, 안된; 슬픈 miserable, piteous, poor ○ **bəfbəxt, acınacaqlı, zavallı** ● **dələduz**; ② 초라한, 볼품 없는, 형편없는, 빈약한, 궁핍한 pitieous, lousy ○ **fağır, aciz, zəlil, məzlum, dilsiz, ağılsız**; **~ğı gəlmə** *i.* 연민, 동정, 불쌍히 여김 compassion; **~ğı gəlmək** *fe.* 연민을 가지다, 동정하다, 불쌍히 여기다 have compassion, sympathize, take pity on; **~-~** *z.* 서럽게, 비참하게 sorrowfully, mournfully

yazıqlıq *i.* 비참, 참담 misery, pity ○ **fağırlıq, acizlik** ● **dələduzluq**

yazılı *si.* 기록의, 문서의, 서류[증서]의, 기록자료가 되는 documentary ● **şifahi**; ~ **surətdə** *z.* 문서적으로, 기록적으로 in writing

yazılış *i.* 철자(綴字), 서체(書體) spelling, method of writing ● **pozuluş**

yazılmaq *fe.* 기록되다, 쓰여지다 be written, be registered ● **qışlamaq**

yazlamaq *fe.* 봄을 나다, 봄을 지내다 pass spring ● **qışlamaq**

yazısız *si.* 빈, 쓰여지지 않은, 공백의 (공책, 서식 등) blank

yazışma *i.* 통신, 교신, 서신왕래 correspondence ○ **məktublaşma**

yazışmaq *fe.* 교신하다, 연락하다 be in correspondence ○ **məktublaşmaq**

yazlıq *si.* 봄날의, 봄에 맞는 for spring ○ **baharlıq** ● **qışlıq**

yazmaq *fe.* ① 쓰다, 기록하다, 작성하다, 받아 쓰다 write, compose, put down, note ○ **cızmaq**; ● **pozmaq**; ② (글로) 알리다, 전하다 notify, tell ○ **bildirmək, söyləmək** ● **silmək**

yeddi *say.* 일곱, 7 Seven; ~ **aylıq** *si.* 7개월된, 7개월 짜리의 seven-month-old; **~bucaq** *i.* 7각형, 7변형 heptagon, septangle; **~bucaqlı** *si.* 7각형의, 7변형의 heptagonal, septangular; **~qardaş** *i.* 묘성(昴星); 플레아데스성단(星團) (황소자리의 산개(散開) 성단) Pleiades (star); **~nci** *say.* 7의, 일곱의 Seventh; **~yaşar** ☞ **yeddi-yaşlı**; **~yaşlı** *si.* 7세의, 일곱살된 seven-year-old

yedək *i.* ① 굴레, 고삐 bridle; ② 구속, 속박, 제어; 구속[제어]하는 것; ② 견인차, 트레일러 tow, trailer; ~ **zənciri** *i.* 견인 사슬 tow; **~yə almaq** *fe.* 견인하다 tow

yedəkləmək *fe.* tow, rein ① (말에) 고삐를 매다 (to); ② 고삐로 어거[제어]하다; 멈추게 하다; ③ (비유) 제어[통어]하다, (노염 등을) 억제하다 ○ **çəkmək, aparmaq**

yedəkli *si.* 고삐에 매인, 억제하의 bridled, tightened with a rein

yedir|(t)mək *fe.* 먹이다, 자양분을 주다, 기르다, 살찌게 하다 feed, nourish; **~ib içirmək** *fe.* 숙박을 제공하다 board

yedizdirmək *fe.* (어린애, 동물에게) 먹을 것을 주다, (음식을) 먹이다; (어린애) 젖을 먹이다; (가축에게) 사료를[풀을] 주다, 목장에 방목하다; 유지하다 feed, suckle, pasture, sustain

yeganə *si.* 단 하나의, 단 한 개의, 단지 홀로의, 유일한, 독특한 single, sole, unique, only ○ **bir, tək, yalnız, vahid**; ~ **oğul** *i.* 독자, 외아들 only son

yeganəlik *i.* 단일, 단독, 독특성; 고독 solitude, uniqueness, singularity ○ **təklik, vahidlik**

yekcəhət *si.* ① 일방적인, 단독적인 one-sided, unilateral; ② 잇따른, 연면한, 계속되는, 연속하는; 상속[계승]의 일관성의 successive, consecutive ○ **həmfikir, yekdil**

yekcəhətlik *i.* ① 하나됨, 조화, 일치 oneness, harmony; ② 연속, 연쇄, 계속; 일관성; 언행 일치; 모순이 없음(of; with) sequence, succession, consistency ○ **həmfikirlik, yekdillik**

yekcins *si.* ① 동종[동질, 균질]의; 동원(同原)의, 순일(純一)의; *riy.* 동차 (同次)의, *bot.* (발생·구조가) 상동 (相同)의; homogeneous, uniform, similar; ② 태생, 출신, 가문, 혈통 origin, parentage, birth ○ **xalis, saf**

yekcinslik *i.* 동종(성); 동질(성), 균질성[도]; *riy.* 동차성(同次性), 유사 (점), 상사성; 닮은 점, 획일, 일치, 일률; 균등, 변화가 없음, 단조 homogeneity, similarity, uniformity

yekdil *si.* ① 만장일치의, 이의 없는; ② 합의의, 동의(同意)의 unanimous, of one heart and mind ○ **həmrəy, birgə** ● **müxtəlif**

yekdillik *i.* 동의, 합의, 만장 일치; unanimity; **~lə** *z.* 만장일치로 unanimously ○ **həmrəylik, birlik**

yekə *si.* 큰, 넓은, 강한, 거친, 건장한 large, strong ○ **böyük, iri** ● **balaca**

yekəağız *si.* 입이 큰; 말이 걸쭉한, 말이 많은 large-mouthed

yekəbaş *si.* ① 머리가 큰 large-headed; ② 실수투성이, 까불이, 덜렁댕이, 일이 서툰, 깝죽이 bungler, muddler ○ **höcət, qaba, mərifətsiz** ● **mərifətli**

yekəbaşlıq *i.* 까불이, 덜렁댐, 깝죽거림 bungling ○ **qanmazlıq, qabalıq, kobudluq**

yekəbığ *si.* 콧수염이 긴 having a big moustache, moustached

yekəburun *si.* 큰코쟁이의 big-nosed

yekəbuynuz *si.* 큰 뿔이 달린 large-horned

yekədiş *si.* 큰 이빨의 large-toothed

yekədodaq *si.* 두툼한 입술의 large-lipped

yekəxana I. *i.* 허풍쟁이, 자랑꾼 boaster, braggart, show-off, swagger; II. *si.* 뽐내는, 뻐기는, 허세의, 허풍의, 교만의 swaggering, swanky, vainglorious ○ **lovğa, təkəbbürlü, iddialı**; III. *z.* 허세의, 허풍스럽게 boastfully, vaingloriously

yekəxanalanmaq *fe.* 허세부리다, 허풍떨다, 자랑하다, 자랑스럽게 여기다 boast, swagger, swank, take pride in, be proud ○ **lovğalanmaq**

yekəxanalıq *i.* 오만, 거만, 건방짐, 불손함 haughtiness, arrogance, pride ○ **lovğalıq, təşəxxüs** ● **sadəlik**

yekəqarın *si.* 탐욕스러운, 욕심이 많은 greedy, devouring ○ **qarınqulu**

yekələnmək *fe.* 자라다, 성장하다, 커지다, 강해지다 grow up, grow ○ **böyümək, iriləşmək**

yekəlik *i.* ① 규격, 규모, 크기 size, scale, hugeness ○ **irilik, böyüklük** ● **balacalıq**; ② 교만 거만, 건방짐 arrogance ○ **yekəxanalıq**

yekəlmək *fe.* 증가하다, 더하다, 자라다 increase, add, grow, grow up ○ **artmaq, böyümək, çoxalmaq**

yekəpər *si.* ① 단단한, 억센; 튼튼한, 견고한 stout, fat; ② 굳센, 단호한; 용감한; 완강한; 세찬 ○ **cüssəli, gövdəli**; ③ 살찐, 뚱뚱한; 실속 있는 (음식 등)

yekəpərlik *i.* ① 비만, 비대 stoutness, fatness, obesity; ② 지방이 많음 fattiness, greaseness; ③ 비옥, 풍부함 fertility ○ **cüssəlilik, irilik**

yeknəsəq *si.* ① (소리·목소리가) 단조로운 monotonous, uniform; ② 한결같은, 변화없는, 지루한 ○ **usandırıcı, darıxdırıcı, bıqdırıcı, cansıxıcı** ● **fərqli**

yeknəsəlik *i. mus.* 단음 (monotone), 단조; 단조로움, 무미건조, 지루함 monotony ○ **usandırıcılıq, darıxdırıcılıq**

yekrəng *si.* ① 단색의 monotonous ○ **bir cür, eyni** ● **müxtəlif**; ② 싱거운, 담박한; 김빠진, 맛없는; 활기 없는 무미건조한, 재미없는 멋없는 insipid, lifeless, dull, uninteresting ○ **cansıxıcı, maraqsız**

yekrənglik *i.* 단조로움, 지루함, 흥미 없음 monotony ○ **cansıxıcılıq, maraqsızlıq**

yeksan: **yerlə ~ etmək** *fe.* 전멸하다, 진멸하다, 완전히 파괴하다 destroy completely, raze to ground

yeksər *z.* 철저히, 완전히, 전체적으로 completely, thoroughly ○ **başdan-başa, bütün, tamam**

yekun I. *i.* 총계, 총액 sum, total, result, amount, whole ○ **nəticə, tamamlama**; II. *si.* 전체의, 합계의, 총계의; total, whole **ümumi**; **~** *i.* 합계, 소계, 총계 grand total, sum total; **~da** *z.* 총계적으로, 결산적으로, 결론적으로 in the end, as a result; **~ vurmaq** *fe.* 끝을 맺다, 결론을 내리다, 마치다, 끝내다 conclude; **~ konserti** *i.* 최종 연주회 final concert; **~ məbləği** *i.* 총계, 총액 the sum total; **~ cədvəli** *i.* 최종시간표 final table; **~ oyunları** *i. idm.* 결승전 sports final

yekunlaşdırılmaq *fe.* 합산되다, 총계되다 be summed up

yekunlaşdırmaq *fe.* 계수하다, 합산하다, 총계를 내다 sum, count, numerate ○ **hesablamaq, cəmləşdirmək**

yel *i.* ① 바람 wind ○ **külək**; ② *tib.* 류머티즘 rheumatism; **~ dəyirmanı** *i.* 풍차, 풍차 방아

Y

windmill; ~ **vurma** *i.* 관절통(關節痛) draft; ~**ə vermək** *fe.* 바람에 날리다, 철저하게 망가뜨리다 scatter to the winds, destroy

yelbeyin I. *si.* ① (술·높은 열 등으로) 머리가 어질어질한, 몽롱해진 light-head, blockheaded; ② 사려 없는, 경솔한, 변덕이 많은 ○ **başboş, axmaq, gic, səfeh, yüngül** ● **ağıllı**; II. *i.* 멍텅구리, 얼간이

yelbeyinlik *i.* 경솔함, 어리석은 짓, 우행(愚行) lightness, light-mindedness, stupidity ○ **başıboşluq, axmaqlıq, giclik, səfehlik, yüngüllük**

yelçəkən *i.* 통풍 장치(구멍) draught

yelçəkmə *i.* 통풍; 외풍 draft

yelək *si.* ① 깃털, 깃펜 feather, pen ○ **lələk**; ② 화살촉 arrowhead; ③ 여성용 소매 없는 옷 womans sleeveless clothes

yeləkli *si.* 깃 털을 가진, 깃의 feathered ○ **lələkli**

yelən *i.* 가장자리, 변두리, 모서리, 여백, 가 edge, margin ○ **haşiyə, qıraq, kənar**

yelənli *si.* 가장자리가 있는, 모서리의, margined, bordered ○ **haşiyəli, qıraqlı**

yelkən *i.* 돛 sail; ~**li gəmi** *i.* 돛단 배 sailing ship; ~ **bezi** *i.* 범포(帆布), 텐트, 덮개 canvas; ~ **açmaq** *fe.* 돛을 올리다, 항해를 시작하다 hoist sails

yelkənçi *i.* (돛) 선원, 사공 sailing vessel, sailor

yelkənsiz *si.* 돛없는 sailless

yelqovan *i.* 바람개비, 풍향계(지붕 위에 설치하는 수탉 모양의), 풍신기(風信旗) weathercock, weather-vane

yelləmək *fe.* ① 부채질하다; (대포 소리) 크게 울리다; (바람이) 윙윙대다 fan, fan oneself ○ **körükləmək**; ② 떨다, 흔들다 shake, tremble ○ **yırğalamaq, tərpətmək, silkələmək**; ③ 불어서 떨어뜨리다, 불어 버리다, 부채질로 쫓아 버리다 blow off, throw away ○ **sovurmaq**

yelləncək *i.* 그네 swing (children playground)

yelləndirmək *fe.* 그네를 태우다 swing, rock

yellənmə *i.* 흔들림, 흔들리는 방법, 진동, 동요; 진동량, 진폭; (사물의) 정세, 사정 swing, wave

yellənmək *fe.* ① 날개치며 날다, (그네) 흔들거리다 dangle, flutter, hinge; ○ **tərpənmək, yırğalanmaq**; ② 흔들리다; 흔들흔들하다, 진동하다; 비틀거리다; (깃발 따위가) 펄럭이다; (나비 따위가) 훨훨 날다; (지는 꽃잎이) 팔랑팔랑 떨어지다, (눈발이) 펄펄 날리다 rock, sway, wave, swing ○ **dalğalanmaq, əsmək**; ③ 심장이) 떨리다, become sick ○ **azarlanmaq, veyllənmək**

yellətmək *fe.* 흔들거리게 하다, (그네 등) 밀어주다 cause *smb.* to rock

yelli *si.* ① 바람이 많은, 바람이 부는, 바람이 센, 바람 있는; 몹시 거친; 바람을 세게 맞는, 바람결에 놓인 windy, blowy, squally ○ **küləkli**; ② 분개한, 성 마른; 성 잘 내는 resented ○ **hirsli, tünd**; ③ 센, 거친, 격렬한 hard, fiercely, strongly ○ **bərk, iti, şiddətli** ● **yavaş**

yelpik *i.* 부채, 선자(扇子), 양선(凉扇) fan

yelpiklənmək *fe.* 부채질 하다, 부채로 부치다 fan

yelpi(n)c ☞ **yelpik**

yelpi(n)cləmək ☞ **yelpiklənmək**

yem *i.* ① 식품, 식량; 영양물, 마초, 꼴, (가축의) 사료; (우스개) 음식물; 먹이; 회생, (먹이로서의) 밥 fodder, food, prey ○ **qida, dən**; ② (식량의) 정량, 배급량, 할당량 a ration of food; ~ **bitki** *i.* 사료 작물 fodder crop; ~ **bazası** *i.* 사료 저장고 forage-reserve

yemək I. *i.* ① 먹거리, 음식물(飮食物), 찬선(饌膳), 식선(食膳), 식이(食餌), 서수(庶羞), 식량(食糧), 양식(糧食); 구식(口食) dish, food, nourishment; ② 요리, 식사 (아침 점심 저녁 등) board, meal (course) ; II. *fe.* ① 먹다, 식사하다 eat, feed ○ **udmaq**; ② (곤충, 해충 등) 물다, 깨물다, 쏘다 sting, bite ○ **dişləmək**; ③ (물건을) 약탈하다, 빼앗다, 훔치다; (공공의 금품을) 횡령하다, 사적(私的)으로 소비하다 plunder; ④ 삭다, 녹슬다, 썩다 eat away, rot, decay ⑤ 부식[침식]하다; 좀먹다; 마음에 파고들다; (힘을) 덜다, (성격을) 약화시키다 corrode; ~ **otağı** *i.* 식당(방); dining-room; ~ **siyahısı** *i.* 식단표 bill; ~ **üçün yararlı** *si.* 먹을 만한, 식용(食用)의 eatable, tasty, edible; ~**yib qurtarmaq** *fe.* 먹어치우다, 소비하다 eat up, consume; **qapaz** ~ *fe.* 얻어 맞다, 철썩 맞아 터지다 be slapped; **şillə** ~ *fe.* 싸대기를 맞다 be slapped in the face; ~**-içmək** *i.* 기운을 돋우는 것(수면, 음식), 가벼운 음식물, 다과 refreshments; ~**xana** *i.* 식당, 다이닝 홀 dining hall, canteen; ~**paylayan** *i.* 웨이터, 웨이트리스 waiter, waitress

yemhazırlayan *i.* 급식사, 주방요원 food-maker

yemiş *i. bot.* 멜론, 참외 melon

yemişan *i. bot.* 산사나무, 서양 산사나무 hawthorn
yemləmə *i.* 급식, 사양(飼養), 먹음 feeding
yemləmək *fe.* 먹이다, 사양하다, 급식하다 nourish, feed ○ **yedirtmək, otarmaq**
yemlənmək *fe.* (스스로) 먹다 be fed
yemlik *i.* 먹이(감), 사료(감) fodder
yemsiz *si.* 먹이 없이, 가난한 foodless
yencək *i. zoo.* 게 crab
yenə *z.* 다시, 또 한번, 한번 더, 새로 again, once more ○ **təkrar, təzədən**; ~ **çalış** *i.* 재시도, 반복 시도 try again
yengə *i.* ① 들러리 (결혼식에서 신부를 보조하는 사람) the woman who accompanies the bride on her wedding day and gives news of the wedding night; ② 형수, 제수 sister in law
yengəc *i.* 게 crab
yeni I. *si.* ① 새로운, 신생의 new ○ **təzə**; ② 현대의, 시대의 modern; ③ 젊은, 싱싱한, 새로운 ○ **cavan, tər, təzə** ● **köhnə**; ④ 다른, 또 다른, 타종(他種)의 ○ **başqa, digər**; II. *z.* 최근, 작금; 바로 얼마전, 근자에 recently; ~ **doğulmuş** *si.* 신생의 new-born; ~ **kitab** *i.* 신간 novelty; ~ **məskun olan yer** *i.* 신거주지, 부락, 촌락 settlement; ~ **növ mal** *i.* 신상품 novelty; ~ **yerləşən adam** *i.* 거주자, 새터민, 식민 settler; **~cə** *z.* 최근에, 새로이 hardly, fairly new, recent; **~dən** *z.* 다시, 새로이, 또 다시 anew, afresh, over again; **~dən başlamaq** *fe.* 새로 시작하다, 복구하여 시행하다 resume; **~dən doğulma** *i.* 중생(重生), 거듭남 born again, spiritual birth; **~dən həyata qaytarmaq** *fe.* 환생하다, 부활하다 regenerate; **~dən istehsal etmə** *i.* 재생산, 재현, 재생 reproduction; **~dən nail olmaq** *fe.* 되찾다, 회복하다 regain; **~dən qazanmaq** *fe.* 회복하다, 재활하다 recover; **~dən qurmaq** *fe.* 재건축하다 reconstruct; **~dən yaratmaq** *fe.* 재창조하다, 재생산하다 reproduce; **~dən başlamaq** *fe.* 재시작하다, 재활하다, 재생하다 revive
yenidənqurma *i.* 구조 조정, 재 건축, 개혁 reformation, reconstruction, perestroyka
yeniləmə *i.* 혁신(革新), 쇄신(刷新) renovation
yeniləmək ☞ **yeniləndirmək**
yeniləndirmək *fe.* ① 새롭게 하다, 갱생[신생] 시키다, 부활하다, 재흥하다 renew, make things new; ② 되찾다, 회복하다 recover, return; ③ 재개하다; 반복하다, 되풀이하다 restart, repeat; ④ (계약 등을) 갱신하다, (기한을) 연장하다 prolong, renew, rechange; ⑤ 신품과 교환하다
yeniləşmək *fe.* 갱생하다, 새로워지다, 갱신하다 be refreshed, be renovated ○ **təzələnmək, dəyişdirilmək**
yenilik *i.* ① 신기함, 진기함; 새로움 innovation, novelty ○ **dəyişiklik** ● **köhnəlik**; ② 새로운 것; 색다른 것[일], 새로운 경험 new things, new experience, something new
yenilikçi *i.* 혁신가, 쇄신가, 개혁자 innovator ○ **novator**
yenilikçilik *i.* 기술 혁신(革新), 일신 (一新), 쇄신(刷新), 신제도(新制度) innovating, innovation ○ **novatorluq**
yenilmə *i.* ① 새롭게 하기 renewal, revival; ② 부활, 회복; 재생, 소생 recovery, revitalization, reanimation; ③ 재개; 고쳐 하기, (도시 따위의) 재개발 restart, restoration, redevelopment
yenilmək *fe.* 새롭게 하다, 반복하다 renew, repeat ○ **basılmaq, sarsıdılmaq**
yenilməz *si.* 정복할 수 없는, 무적의; 극복할 수 없는, 굴하지 않는 invincible, unconquerable, indomitable ○ **basılmaz, məğlubedilməz, yıxılmaz, dağılmaz**
yenilməzlik *i.* 불멸성, 무적, 불패 indestructibility, invincibility ○ **basılmazlıq, sarsılmazlıq, möhkəmlik**
yeni-yeni *z.* 새롭게, 다시금, 반복해서 newly, freshly ○ **təzə-təzə, indicə**
yeniyetmə *i.* 청소년, 십대, 청년 adolescent, lad, minor, teen-ager ○ **gənc, cavan** ● **yaşlı**; **~lik dövrü** *i.* 청소년기 boyhood
yenmək *fe.* 극복하다, 이기다 put down, overcome, get over ○ **basmaq, üstələmək**
yepiskop *i.* (신교, 감리교의) 감독, (카톨릭의) 주교 bishop
yer *i.* ① 땅, 지면, 흙, 토질, 토양, 토지 ground, soil, land ○ **torpaq** ● **göy**; ② 장소, 영역, 대지 place, territory ○ **sahə**; ③ 나라, 국가, 국토 country, nation ○ **ölkə, ərazi**; ④ 지점(地点), 자국, 표시, 흔적 trace, spot, mark ○ **iz, nişanə, əsər**; ⑤ 침구, 침대 bedding, room, seat ○ **yorğan-döşək, yataq**; ⑥ 세상, 세계, 천지 world, space ○ **dünya, aləm**; ~ **altında** *i.* 지하 underground; ~ **kürəsi** *i.* 지구, 혼원구(渾員球),

Y

지여 (地輿), 방여(方輿) earth, globe, land; ~ **qurdu** *i.* 지렁이 worm; ~ **vermək** *fe.* 양보하다, (지나갈 길을) 내어주다, 자리를 내어 주다, 앉을 자리를 내어주다, 말할 틈을 주다, ~할 기회를 주다 house; **~də uzanmaq** *fe.* 바닥에 눕다, 큰 대자로 드러눕다 sprawl; **~ə batmaq** *fe.* 죽다, 소멸하다, 붕괴하다, 망하다 perish; **sözü ~ə düşmək** *fe.* 약속을 저버리다, 말을 무시하다 be disregarded; **~ə girmək** *fe.* 창피해서 쥐구멍을 찾다 sink into the earth for shame; ***Yərə girsin!*** *망할 자식! May he perish!*; **~inə keçmək** *fe.* 대신하다, 대치(代置)하다 replace; **boş~ə** *z.* 헛되이, 헛수고로 in vain, uselessly; **~i gəlmişkən** *z.* 그런데 말야, 어쨌건 by the way; **~ində qurdalanmaq** *fe.* 안절부절못하다, 주저주저하다, 초조해하다; 조바심하다 fidget; **~indən tərpətmək** *fe.* 움직이다, 위치/자세를 바꾸다, 이동하다; 흔들리다; 돌다, 회전하다; 떠나다, 출발하다 move; **~indən çıxarmaq** *fe.* (직책에서) 끌어내리다, 해임[파면]하다; 강제 퇴거시키다, 추방하다; (…을) (평소의 위치에서) 옮기다, 옮겨놓다 displace; **~ini dəyişmək** *fe.* 자리를 바꾸다, 위치를 바꾸다 displac; **~ini rahatlamaq** *fe.* 다가들다, 다가붙다 snuggle; **~ini doldurmaq** *fe.* 채우다, 따라 잡다 overtake; **~ə enmək** *fe.* (비행기) 착륙(着陸)하다 land; **~ə salmaq** *fe.* 땅에 떨어지다, 떨어 뜨리다 drop, fall; **~ə sərilmək** *fe.* (땅에) 펴다, 깔다 sprawl; **~bə~** *z.* 제시간에 맞추어, 철저하게, on the dot, punctually, thoroughly, in detail ○ **qaydada**; **~bə~ etmək** *fe.* (제자리에) 정리하다, 놓다, 자리하게 하다 dispose, place, put, lay out; ~ **olmaq** *fe.* 안착하다, 정착하다, 자리에 앉다, 편안하게 하다 settle, make oneself comfortable, take a seat; **~inə** *qo.* ~를 대신하여, 그보다도 instead, in its place; **~inə gələn bir kəs** *i.* 계승자, 상속자, 후계자 successor; **~inə keçmək** *fe.* 교체하다, 치환하다, 바꾸다; 지위를 빼앗다 substitute, supersede; **~inə qoymaq** *fe.* (자리를) 바꾸다, (사람, 물건) 바꾸어 놓다 replace; **~inə salmaq** *fe.* 자리에 놓다, 준비하다, 조립하다, 조직하다 set; **~inə yetirmək** *fe.* 수행하다, 성취하다, 이행하다, 동의하다, 실시하다 (임무를) 달성하다, (뜻을) 이루다 carry out, comply, perform, prosecute, redeem, execute, fulfil; **~inə yetirmə** *i.* 성취, 수행, 이행 fulfilment, execution; **~inə düşən** *si.* ~로 기우는, ~하는 경향이 있는 apt; **~ində** *qo.* 제자리에, 제격으로, 제대로, 잘 맞춰진 in its place, on the spot, well put, correct, right

yeralması *i. bot.* 얌 (열대 지방산, 마과(科) 식물), 마 yam

yeraltı *si.* 지하의 underground; ~ **dəmir yolu** *i.* 지하철 subway, metro; ~ **keçid** *i.* 지하도 (사람들을 위한 통로) subway ○ **keçid**; ~ **sərvətlər** *i.* 지하 자원 underground resources

yerdəyişmə *i.* 교체, 제거 removal

yerəbaxan *i.* 얌전한 체하는 demure

yerfındığı *i. bot.* 땅콩 peanut

yeridilmək *fe.* 수행되다, 이뤄지다 be moved, be carried out

yerik *i.* (임신한 여인의) 입덧 whim, caprice of a pregnant woman

yerikləmək *fe.* 입덧을 하다 enter into the period of pregnancy when woman wants to eat sour foods

yerimə *i.* 행진, 진행, 퍼레이드 march

yerimək *fe.* ① 걷다, 걸어가다, 산책하다 step, walk ○ **addımlamaq** ● **dayanmaq**; ② 지나가다, 움직이다, 번지다, 퍼지다 pass, move, spread ○ **keçmək, yayılmaq**

yeriş *i.* 걸음, 걸음 걸이, 행진, 진행 gait, tread, walk ○ **yürüş, axın, hücum** ● **duruş**

yeritmək *fe.* ① 걷게하다, 쫒게하다 make *smb.* walk/pursue ○ **gəzdirmək**; ② 꿰메다 stitch ○ **sırımaq**

yerkökü *i. bot.* 당근 carrot

yerqazan *i.* ① 파는 사람[동물], (금광 따위의) 갱부(坑夫) navvy, dredger, digger; ② 구멍 파는 도구 tool for digging hole

yerləşdirilmək *fe.* (장비, 기구 등) 설치되다, 자리잡게 되다, 뿌리내리게 되다 be located, be settled

yerləşdirmə *i.* 설치, 배치, 정착 settlement, location

yerləşdirmək *fe.* ① 배치하다, 배열하다, 숙박을 제공하다, 설치하다, 제자리에 놓다, 부서에 앉히다, 주재시키다, 집어넣다, 틀어넣다, 가득 채워 넣다; 싣다, 실어 넣다 dispose, house, insert, install, lay, place, put, quarter, set, settle, station, stow; ② 적소에 배치하다; (어떤 용도에) 충당하다; (사무·문제 등을) 처리하다 relocate, make in order

yerləşmə *i.* 자리잡음, 안정됨, 정착 position, location

yerləşmək *fe.* ① 위치하다, 자리잡다, 위치를 정하다 be situated, be settled, be located ○ **oturmaq, sakinləşmək, yaşamaq**; ② 잠자리를 찾다 find room, accept ○ **sığmaq**

yerləşmiş *si.* ~에 위치한, 정착된 situated

yerli *si.* 지역의, 지방의, 현지의, 본토의 domestic, local, native; ~ **adətlər** *i.* 지역 관습, 현지인의 습관 local customs; ~ **kolorit** *i.* 지역 색깔 local colour; ~ **komitə** *i.* 지역 위원회 local committee; ~ **yerində** *z.* 적절한 곳에 in its proper place; **~-dibli** *si.* ① 전체적으로, 완전히, 철저히 completely, wholly ○ **haqlı** ● **namünasib**; ② 확실히 certainly; ③ 자국을 남기지 않고; without leaving a trace; **~-yataqlı/~-yerində** *z.* 자세히, 상세히 in detail

yerliləşmək *fe.* 적합화하다, 적응하다 fit, adjust, adapt ○ **isinişmək, uyğunlaşmaq**

yerlilik *i.* 앞서기, 선행; 전례; 상석, 우위; 우월; 우선(권) order of precedence, seniority

yerölçən *i.* 측량기, 측정기 land surveyor

yerpulu *i.* 통과세 payment for passing the night in a certain place

yersiçanı *i. zoo.* 쥐 shrew

yersiz *si.* ① 적절치 않는, 무관한 irrelevant, out of place ○ **uyğunsuz, namünasib** ● **münasib**; ② 무토지의, 경작지 없는 landless ○ **torpaqsız**; ③ 실업의, 무직의 out of work ○ **vəzifəsiz, işsiz**; ④ 영향력 없는, 무효한 non-influential ○ **təsirsiz**; ⑤ 공평지 않는, 불평등한 unjust ○ **nahaq, əbəs, əsassız**; ~ **irad tutmaq** *fe.* 괜한 트집을 잡다, 무고히 시비하다 find fault with; **~-yurdsuz** *si.* 집도 절도 없는, 쉴 곳 없는, 정처없는, 무주택의 homeless, shelterless

yersizlik *i.* ① 경작지가 없음, 무토지(無土地) the state of being landless; ② 부조리, 불합리, 불평등, 억울함 injustice

yerüstü *si.* 육로의, 육상의 overhead

yesir ☞ əsir

yesirlik ☞ əsirlik

yeşik *i.* 상자, 케이스, 갑(匣) box, case; **~daşıyan** *i.* 짐꾼 box-carrier

yetər *si.* 충분한, 넉넉한, 족한 sufficient, enough ○ **kifayyətli**

yetik *si.* ① 호기심이 많은, 캐묻기를 좋아하는, 꼬치꼬치 캐어묻는, 듣고/알고 싶어하는, 탐구적인 inquisitive, searching, curious; ② 경험있는, 잘 아는 experienced; ○ **bələd, tanış, xəbərdar**; ③ 익은, 성숙한, 신중한 ripe, mature; ④ 교묘한, 기민한, 빈틈없는 adroit, clever, dexterous

yetiklik *i.* ① 호기심 curiosity, inquisitiveness ②지식; 학식, 학문; 정통(精通), 숙지, 견문 knowledge ○ **bələdlik, yaxınlıq**; ③ 성숙, 숙성; 완전한 발달, 발육, 원숙, 완성 maturity ○ **yetkinlik**; ④ 솜씨좋음, 손재주있음; 민첩함; 기민성, 빈틈없음 adroitness, dexterity

yetim *i.* 고아 orphan; **~-yesir** *i.* orphan ○ **fağır, yazıq, aciz, zavallı** ● **ata-analı**

yetimxana *i.* 고아원 childrens home, orphanage

yetimlik *i.* 고아원, 고아 시설; 고아시절 orphanage, orphanhood ○ **fağırlıq, yazıqlıq**

yetirmək *fe.* ① 이르다, 다다르다, 시간에 맞추다 catch up, come up, be in time ○ **çatdırmaq**; ② 키우다, 자라게하다 grow, breed ○ **böyütmək, becərmək**

yetişdirmə *i.* 양육, 교육, 가정교육 upbringing

yetişdirmək *fe.* 낳다; 생기다; (싹이) 돋다; (열매를) 맺다, (땅을) 갈다, 경작하다, 재배하다; (물고기·진주 등을) 양식하다, 기르다; 사육, 재배하다; 육성하다 breed, bring forth, cherish, cultivate, grow, raise, rear

yetişkən *si.* 익은, 성숙한, 잘 발달된, 숙성된 mature

yetişkənlik *i.* 성숙, 숙성, 원숙함, 완성, 성인이 됨 maturity

yetişmək *fe.* ① 따라 잡다, 이루다 come up with ○ **çatmaq, varmaq**; ② 가입하다 join ○ **qovuşmaq, birləşmək**; ③ 성숙하다, 숙성하다 mature ○ **bitmək, göyərmək**; ④ (과일, 곡식) 무르익다 ripen ○ **dəymək**; ⑤ 다다르다 reach, approach ○ **yaxınlaşmaq, çatmaq**

yetişməmiş *i.* 미숙한, 익지 않은, 미성년의, 미성숙의 unripe, immature

yetişmiş *si.* ①(과일이) 익어 달콤한, 감미로운 mellow, mature, ripe ○ **dəymiş, çatmış, böyümüş**; ② (포도주) 향기로운, 잘 빚어진 숙성한 well-permented; ③ (가락, 소리, 빛깔, 문체 등) 부드럽고 아름다운; ④ (토질이) 부드럽고 기름진 fertile, luxuriant; ⑤ (인격이) 원숙한, 원만한

yetkin *si.* ① (인격이) 원숙한; 원만한 mature ○

Y

kamil, təcrübəli; ② (과일이) 익어 달콤한, 감미로운 ○ **dəymiş, bitkin** ● **xam**

yetkinləşmə *i.* ① 성숙, 숙성; 완전한 발육; 원숙, 완성 maturing, puberty; ② 사춘기 adolescence

yetkinləşmək *fe.* ① 온전하게되다, 풍성하게되다, 노련하게되다 become perfect, grow rich, be experienced ○ **kamilləşmək, təcrübələnmək**; ② 익다, 성숙하다 ripen, mature ○ **dəymək, yetişmək**

yetkinlik *i.* ① 완전함, 완벽함; 흠잡을 데 없음, 완비됨 completeness, perfectness ○ **kamillik, təcrübəlilik**; ② 성숙, 숙성; 완전한 발달/발육; 원숙, 완성 maturity, puberty, ripeness, manhood ○ **dəymişlik, bitkinlik**

yetmək *fe.* ① 이르다, 도착하다, 다다르다 get to, arrive ○ **gəlmək, çatmaq**; ② 우연히 마주치다, 접촉하다, 건드리다 come across, touch ○ **toxunmaq, rastlaşmaq, dəymək**

yetmiş *say.* 칠십, 일흔 Seventy 70

yetmişinci *say.* 70번째, 일흔 번째 seventieth

yeyə *i.* (연장) 줄 file ○ **suvand, törpü**

yeyəcək *i.* 식품, 식량; 영양물, 식사; 한 끼(분) food, meal

yeyələmək *fe.* 줄로 날카롭게하다 sharpen with a file, grind with a file ○ **naziklәşdirmәk, yonmaq**

yeyici *si.* ① 부식성의, 매운, 얼얼한, 가성(苛性)의; 자극성의 (맛 따위) caustic, pungent; ② 신랄한, 통렬한, 날카로운, 신랄한(말) sarcastic ○ **pozucu, dağıdıcı**

yeyicilik *i.* 빈정댐, 신랄(함) greediness, causticity ○ **qarınquluuq, pozuculuq, dağıdıcılıq**

yeyilmə *i.* ① 삭아 없어짐, 부식되어 소멸됨 eating up; ② *tib.* 낭창(狼瘡) (결핵성 피부병) lupus; ③ 낡아 없어짐, 닳아빠짐 jamming, wearing out

yeyilmək *fe.* ① 먹히다, 삼켜지다 be eaten ○ **udulmaq, ötürülmək**; ② 지워지다, 말살되다; (시계(視界)에서) 지워지다, (덮어) 감추다, 흔적 없이되다 be obliterated, be effaced, be worn out ○ **işlədilmək, mənimsənilmək**

yeyim *i.* ① 식품, 식량 food, meal ② 식욕 appetite

yeyimli *si.* ① 식성이 좋은 (사람) having good appetite (person) ; ② 식욕을 돋우는 (음식) appetizing (food) ○ **iştahlı**

yeyimlik *i.* 일인분(一人分) quantity of food for one person

yeyimlilik *i.* 식욕을 돋우는 음식, 전채 appetizer, appetizing food ○ **iştahlılıq**

yeyimcil *si.* 탐식의, 탐욕스러운, 대식(大食)의 greedy, voracious, gluttonous ○ **qarınqulu**

yeyimcillik *i.* 탐욕스러움, 게걸스러움 greediness, voraciousness, gluttonousness ○ **qarınqululuq**

yeyin(-yeyin) *si.* 빠른, 고속의, 급속한; 재빠른, 날쌘 fast, quickly, rapidly ○ **tez, cəld, iti, sürətli** ● **yavaş**

yeyinləmək *fe.* 빨리 움직이다, 기운차게 뛰다 move at a brisk pace ○ **sürətlənmək, cəldlənmək**

yeyinləşdirmək *fe.* 가속하다, 빠르게하다, 재촉하다, 촉진하다, 박차를 가하다 accelerate, quicken, expedite, spur on

yeyinlik *i.* 신속성, 급속; 민첩; 속도 quickness, rapidity ○ **sürətlilik, itilik, cəldlik** ● **yavaşlıq**

yeyinti *i.* ① 영양; 영양 공급, 영양 섭취 food, nutrition, nourishment ○ **azuqə**; ② 자양물, 음식물 aliment, sustenance; ③ 소비, 낭비, 허비 spending, waste ○ **israf**

yez *i.* ① 구리, 동(銅) (금속 원소; 기호 Cu 번호 29) copper, copper coin; ② 동전; (속어) 잔돈

yezid *i.* 폭군, 전제 군주, 독재자 cruel person, tyrant, despot ○ **zalım, qəddar, insafsız, əzazil** ● **rəhmli**

yezidi[1] *i.* 이락의 모술에서 전래된 종파의 일종, 그에 따르는 사람들 a religious faith that emanates out of Mosul, Iraq

yezidi[2] *si.* 검붉은 색의 crimson red

yezidlik[1] *i. din.* 예지드 (종파) yezid (religious sect)

yezidlik[2] *i. fig.* 폭정, 압정 독재, 전제; 전제 정치; 전제국, 독재군주국 despotism, tyranny, oppression ○ **zalımlıq, qəddarlıq, insafsızlıq, əzazillik**

yeznə *i.* 매제, 매형 (여자형제의 남편, brother-in-law ○ **kürəkən**

yəhər *i.* 안장, (자전거 따위의) 안장; 안장 같은 것; (말 등의 안장을 놓는) 등 부분 saddle

yəhərləmək *fe.* 안장을 얹다; ~에 짊어지우다; ~에게 과(課)하다 saddle ○ **bağlamaq, cilovlamaq**

yəhərlənmək *fe.* 안장을 얹다 be saddled

yəhəraltı *si.* (짐이나 안장을 묶는) 끈, 띠, 허리띠, (말 따위의) 배띠 girth

yəhərli *si.* 안장지워진 saddled

Yəhudi I. *i.* 유대인, 이스라엘 사람 Jew; II. *si.* 유대인의, 유대적인 Jewish; **~cə** *i.* 히브리어 Hebrew, Jewish language; **~lik** *i.* 유대주의, 유대교 Judaism

yəqin *z.* ① 확실히, 분명히, 의심없이 for certain, for sure ○ **şubhəsiz, şəksiz, səhih** ● **şübhə**; ② 참된, 진짜의 truly, originally ○ **həqiqət, əsl**; ③ 개연성의, 어느 정도의 probably ○ **ehtimal, görünür**; **~ etmək** *fe.* 확실히 하다, 분명히 하다 make sure, be convinced, satisfy oneself, ascertain

yəqinləşmək *fe.* 분명해지다, 확실해지다, 투명해지다 become clear, be sure, be certain ○ **müəyyənləşmək, səhihləşmək, dəqiqləşmək, dürüstləşmək**

yəqinlik *i.* ① 확실성, 신빙성 certainty, convinction, trustworthiness ○ **şubhəsizlik, şəksizlik** ● **şübhəlilik**; ② 진실성 truthfulness ○ **düzlük, doğruluq, həqiqilik**

Yəmən I. *i.* 예멘 Yemen; II. *si.* 예멘의 Yemen

yəni *bağ.* 그래서, 결과적으로, 그러므로, 이에 따라 so, then, consequently, hence, therefore; **~ ki** *bağ.* ~할지라도, ~ 함에도, ~한 것처럼 as if, as though

yəşəm *i. min.* 벽옥(碧玉), 재스퍼; 녹색의 장식석(裝飾石) jasper

yəşim *i. min.* 연옥(軟玉) (전에 신장병에 약효가 있다고 믿었음) nephrite, jade

yığcam *si.* ① (문체, 연설 등) 간결한, 간명한 brief, short, concise; ○ **qısa, müxtəsər**; ② 빽빽하게 찬, 밀집한; (천 따위가) 날이 촘촘한, 바탕이 치밀한; (체격이) 꽉 짜인; (집 따위가) 아담한; (자동차가) 소형(이고 경제적)인 rich in content, compact ○ **məzmunlu, mənalı**

yığcamlıq *i.* 간결(성), 간약; (시간의) 짧음, 밀집, 촘촘 compactness, brevity, conciseness ○ **qısalıq**

yığıcı *si.* 절약하는, 검소한 thrifty, frugal

yığılış *i.* ① 수집, 모집, 채집 set, collection; ○ **toplanış, cəmləşmə**; ② 모임, 집합 gathering

yığılmaq *fe.* ① 모이다, 집합하다 gather, collect ○ **cəmlənmək, toplaşmaq**; ② 송이를 이루다, 줄줄이 열리다, (주변에) 군생하다, 밀집하다, 떼짓다 cluster, shrink ○ **büzülmək, sıxılmaq**; ③ (과일 등) 따다, 모으다 be plucked, be picked ○ **toplanılmaq, dərilmək**; ④ 압축되다 be condensed ○ **gödəlmək, qısalmaq**; **bir yerə ~** *fe.* 한자리에 모이다 gather

yığılmış *si.* 추수한, 모인, 거둬진; collected, ripened; **~ taxıl** *i.* 추수 harvest

yığılı *si.* 쌓여진, 집합된, 모아진 heaped, piled up ○ **toplu**

yığım *i.* 집합, 축적, 더미, 퇴적, 덩어리 accumulation, bale, heap, pile ○ **dərim**

yığın *i.* ① 덩어리, 모임, 집단, 일단 mass, swarm, pile, avalanche ○ **koma, qalaq, topa**; ② 다량, 다수, 많음, 떼, 무리; multitude; **~-~** *z.* 덩어리 pile by pile, heap by heap

yığıncaq *i.* ① 재거(再擧); 집결; 참집 대회, 집회 meeting, rally ○ **iclas, müşavirə**; ② 군중; 오합지졸, 폭도 mob; ③ 모임, 파티 party ○ **məclis, qonaqlıq**

yığıntı *i.* heap, bundle ① 묶음, 묶은 것; ② 꾸러미 ● **dağıntı**

yığışdırmaq *fe.* 모으다, 챙기다, 수집하다, 청소하다 gather, take out, get out, tidy up

yığışma *i.* 집중, 집합 concentration ○ **büzüşmə, bürüşmə**

yığışmaq *fe.* (서로) 모이다, 집합하다 assemble, crowd together, gather

yiğma *i.* 모임, 집합 assembling, collection, collecting, gathering

yığ|maq *fe.* ① 모으다, 저축하다 accumulate, save ○ **toplamaq, cəmləmək**; ② 채집하다, 수집하다, 수확하다 pick, pick up, collect ○ **biçmək**; ③ 모아서 자기 것으로 만들다 amass, accrue, exploit ○ **götürmək**; ④ 조립하다 set, assemble ○ **quraşdırmaq** ● **sökmək**; ⑤ 정리하다, 정돈하다 lay, display ○ **düzmək, qoymaq** ● **tökmək**; **bir-bir ~maq** *fe.* pick out; **~ıb bağlamaq** *fe.* pack; **~ıb yığışdırmaq** *fe.* clear; **bir yerə ~maq** *fe.* 쌓아 올리다, …을 (용기, 차에) 싣다; (용기, 차) 산더미같이 싣다, 많이 담다 stack, heap; **üstə-üstə ~maq** *fe.* (…을) 쌓다, 무더기로 쌓아 놓다; pile; **üstə-üstə ~ılmış** *si.* 쌓아둔, 모아둔, 층층히 쌓아올린 piled

yığnaq *i.* ① 회집, 집회, 군중 meeting, gathering; gathering crowd ○ **qələbəlik, topa, tün-**

Y

lük, basırıq ● dağınıq; ② 결혼 잔치 wedding feast ○ **qonaqlıq, məclis**; ③ 점령지, 정착촌; colony, settlement ④ 저장소, 저장실 larder, pantry, store room

yıxıcı *si.* 파괴적인, 부수는, 손해를 끼치는 shattering, destructive, destroying ○ **dağıdıcı, sarsıdıcı**

yıxıcılıq *i.* 파괴적인 성질, 파괴력 destructiveness ○ **dağıdıcılıq, sarsıdıcılıq**

yıxıq *si.* 파괴된, 무너진 collapsed, destroyed ○ **uçuq**

yıxıqlıq *i.* 파괴, 잔해, 무너짐 situation of destruction ○ **uçuqluq**

yıxılmaz *si.* 파괴되지 않는, 불멸의 indestructible

yıx|maq *fe.* ① 넘어지다, 자빠지다, 뒤집히다, 전복시키다 throw, overturn, overthrow ○ **aşırmaq** ● **qaldırmaq**; ② 부수다, 무너뜨리다 demolish, pull down ○ **uçurmaq, dağıtmaq** ● **qurmaq**; ③ 억누르다, 깔아 뭉개다 press down ○ **basmaq**; ④ 뒤집어 엎다, 전복되다, 타도되다 붕괴되다 overturn ○ **devirmək** ● **tikmək**; ⑤ 짐을 지우다 load ○ **atmaq, yükləmək**; **ev ~maq** *fe.* 가정을 파괴하다, 불화를 가져오다 bring ruin to a home, sow domestic discord; **günahı boynuna ~maq** *fe.* 죄책을 자신이 지다; throw the blame on to *smb.*; **~ıb dağıtmaq** *fe.* 파괴하다, 멸망시키다, 넘어뜨리다 destroy

yıxılmaq *fe.* 무너지다, 넘어지다, 떨어지다 collapse, fall, tumble; **damdan ~** *fe.* 지붕에서 떨어지다 fall off from the roof

yıxılmaz *si.* 무너지지 않는, 파괴되지 않는, 불멸의, 영원한 indestructible, imperishable ○ **sarsılmaz, devrilməz**

yıxılmazlıq *i.* ① 견고성 indestructibility, durability ○ **sarsılmazlıq, dağılmazlıq, möhkəmlik**; ② 깨어지지 않음 (기록), 갱신 불가 incollapsibility ○ **yenilməzlik, alınmazlıq**

yırğalama *i.* 흔들기, 뭉개기, (반죽) 이기기 pumping, rocking, shaking

yırğalamaq *fe.* 흔들다 (반복적으로) rock, shake, swing

yırğalandırmaq ☞ **yirğalamaq**

yırğalan|maq *fe.* 비틀거리다, 빙글 빙글 돌다 reel ○ **tərpətmək, silkələmək, yelləmək**; **~a-~a getmək** *fe.* 비틀 비틀 걷다, 빙글 빙글 돌다 stagger

yırtıcı I. *i.* 맹수(猛獸), 맹금(猛禽), 육식성 동물 monster, savage; II. *si.* 사나운, 맹폭한, 잔인한 ferocious, brutal, wild (animal) ○ **vəhşi, qəddar, qaniçici** ● **mədəni**; **~ heyvan** *i.* 맹수 beast; **~ quş** *i.* 맹금(猛禽) bird of prey

yırtıcılaşmaq *fe.* 사나워지다, 잔인해지다, 맹렬해지다 be brutalized ○ **vəhşiləşmək**

yırtıcılıq *i.* 잔인성, 잔학행위 brutality, atrocity ○ **vəhşilik, qəddarlıq**

yırtıq *si.* ① 찢어진, 낡아진, 구멍난 tear, ragged, hole ○ **deşik, cırıq** ● **təzə**; ② *tib.* 헤르니아, 탈장 rupture, hernia ○ **dəbə (xəstəlik)**

yırtıqlıq *i.* 구멍남, 낡아짐 state of being full of holes ○ **deşiklik, cırıqlıq**

yırtılmaq *fe.* ① 찢기다, 낡아지다 be torn, be worn ○ **deşilmək, cırılmaq, üzülmək**; ② 찢어져 터지다 erupt, blast ○ **partlamaq**

yırtmaq *fe.* ① 낡아지다, 닳아지다 wear, diminish ○ **dağıtmaq, köhnəltmək, qəlpələmək, deşmək, cırmaq**; ② 조각 조각 흩어지다, 산산조각나다 shatter into pieces, tear ○ **parçalamaq, dağıtmaq**

yır-yığış *i.* 주섬 주섬 모으기 tidying up; **~ etmək** *fe.* 어지럽게 널린 것을 주워 모으다 tidy up

yiv *i.* 조각, (창틀 등) 이음새를 위한 홈, 장총의 총신 안에 파여진 나선형 홈 carving, fretwork, threading

yivaçan *i.* 홈을 파는 기구 tap

yivli *si.* 홈이 파여진 threaded

yiyə *i.* 주인, 소유자 master, owner, boss ○ **sahib**

yiyələnmə *i.* 소유 possession

yiyələnmək *fe.* ① 소유하다, 취하다, 갖게 되다 possess ○ **sahiblənmək**; ② 배우다, 자신의 것으로 만들다 learn, take into ones own ○ **məknimsəmək, öyrənmək, bilmək**

yiyəli *si.* 사유의, 소유자가 있는 being a boss, master ○ **sahibli**

yiyəlik *i.* 소유권 ownership ○ **sahiblik**; **~ hal** *i. qram.* 소유격, 속격(屬格); 소유형용사[대명사] possessive (case), genitive

yiyəsiz *si.* 유기(遺棄)된, 소외된, 버려진, 돌보는 사람이 없는 neglected, homeless ○ **sahibsiz, baxımsız**

yiyəsizlik *i.* ① 무시 neglect, homelessness ○

sahibsizlik, baxımsızlıq; ② 소외 solitude, helplessness ○ tənhalıq, adamsızlıq

yod *i. kim.* 요오드 iodine

yodlamaq *fe.* 요오드를 첨가하다, 요오드화하다 pour iodine

yoğun *si.* ① 두꺼운, 무거운 thick, heavy ○ **qalın** ● **arıq**; ② 뚱뚱한 fat, stout, full ○ **kök, dolğun, ətli, canlı** ● **nazik**; ~ **ip/kəndir** *i.* 동아줄, 밧줄 cable

yoğunbaldır *si.* 튼튼한 정강이를 가진 thick-legged

yogünboyun *si.* 굵은 목을 가진 thick-necked

yoğunqarın *si.* 배가 튀어나온 pot-bellied

yoğunquyruq *si.* 튼튼한 꼬리를 가진 thick-tailed

yoğunqurşaq *si.* 큰 허리띠를 맨 thick-belted (satiric name for an Islamic teacher)

yoğundimdik *si.* 큰 부리를 가진 thick-beaked

yoğundodaq *si.* 두터운 입술을 가진 thick-lipped

yogünlamaq *fe.* ① 뚱뚱해지다, 튼튼해지다, 실속있게 되다 become stout, fatten ○ **canlanmaq, kökəlmək, dolğunlaşmaq**; ② 굵어지다 thicken ○ **qalınlaşmaq** ● **nazikləşmək**; ③ *fig.* 악화되다 worsen ○ **kobudlaşmaq, qabalaşmaq**

yoğunlanmaq *fe.* 비대해지다, 비만이 되다, 뚱뚱해지다 grow stout/thick

yoğunlatmaq *fe.* 두껍게하다, 비대하게 하다 thicken, make thicker

yoğunluq *i.* ① 두께 thickness ○ **qalınlıq**; ② 비만, 비대 stoutness, corpulence ○ **köklük, canlılıq, şişmanlıq**

yoğurmaq *fe.* (가루·흙 따위를) 반죽하다; 개다; 주무르다, (근육을) 안마하다 knead

yoğurulmaq *fe.* ① 주물러지다 be kneaded ○ **kündələmək, yumrulanmaq**; ② 제작되다, 만들어지다 be built ○ **yaranmaq, qayırılmaq**

yox *əd.* 아니, 아닌, 없는, 아무것도 아닌 no, not ● **bəli**; ~ **etmək** *fe.* 없애다, 파괴하다, 제거하다, 청산하다 annihilate, destroy, liquidate, sweep; ~ **olmaq** *fe.* 사라지다 disappear; ~ **olma** *i.* 사라짐, 행방불명 disappearance

yoxalmaq *fe.* 없어지다, 손해보다, 잃다 lose, disappear ○ **itmək**

yoxlama *i.* 검사, 조사, 시험, 실험, 측량, 개관 inspection, test, trial, examination, survey; ~ **aparatı** *i.* monitor

yoxlamaq *fe.* ① (자체로) 조사하다, 점검하다 check, control oneself ○ **araşdırmaq, baxmaq**; ② 정하다, 확인하다, 증명하다, 규정하다, 정의를 내리다 feel, define, verify ○ **toxunmaq, müəyyənləşdirmək**; ③ (환자를) 관찰하다, 조사하다, 방문하다 survey, inspect, visit (a patient) ○ **fikirləşmək, düşünmək**; ④ 시험하다, 시험을 치르다 examine ○ **sınamaq**

yoxlanmaq *fe.* 점검하다, 증명하여 확인하다 be tested, be verified

yoxlayıcı *si.* ① 주의깊은 careful ○ **diqqətli**; ② 실험적인, 연습의 testing, experimenting ○ **sınayıcı**

yoxlayış *i.* ① 검사, 조사; 감사; 점검, (서류의) 열람, 시찰, 검열 inspection, investigation ○ **təhqiqat, müayinə**; ② 개정, 교정(校訂), 교열, 수정 revision, information ○ **arayış, təftiş**

yoxluq *i.* 공(空), 허(虛), 무(無), 무존재, 부존 absence, lack, shortage, non-existence ○ **heçlik, yoxsulluq**

yoxsa *bağ.* ~이나, 혹은, 아니면, 그렇지않으면 else, or else, if not, otherwise, but not ○ **olmaya, bəlkə, yaxud**

yoxsul *si.* ① 빈곤한, 비참한, 가난한, 부족한, 얼마 안 되는, 불충분한 destitute, miserable, poor, scanty, squalid ○ **kasıb, möhtac, fağır**; ② 더러운, 누추한, 지저분한; (비유) 비참한; 비열한, 치사한, 야비한 poor, base ○ **miskin, sadə** ● **kalan**; ~**lar** *i.* 가난한 사람들, 빈곤 계층(貧困 階層) the poor

yoxsullaşdırmaq *fe.* 가난하게 만들다, 빈곤하게 하다, 천하게하다 impoverish

yoxsullaşmaq *fe.* ① 빈곤하게되다, 천하게 되다, 가난해지다 become poor ○ **kasıblaşmaq** ● **varlanmaq**; ② 도움이 되지 못하다, 무용하게 되다 become helpless ○ **miskinləşmək**

yoxsulluq *i.* 빈곤, 가난, 비참한 삶, 결핍, 부족 misery, poverty, want ○ **kasıblıq, ehtiyac, miskinlik** ● **varlılıq**

yoxuş *i.* 오르막길, 경사 slope, rise, rising ground ○ **dik, dikdir** ● **eniş**; ~ **aşağı** *z.* 언덕 아래로, 내리막 down hill

yoxuşlu *si.* ① 오르막의, 급경사의 upright, hilly ○ **dik** ● **enişli**; ② 어려운, 힘든, 고생스러운 dif-

Y

ficult, hard ○ **çətin, əziyyətli**

yoxuşluq *i.* 경사면, 오르막 길 slope, hill ● **enişlik**

yoxuşsuz *si.* ① 평평한, 경사가 없는 flat, plain ○ **düz** ● **enişsiz**; ② 쉬운, 편한 easy, comfortable ○ **asan, rahat**

yol *i.* ① 길, 도로, 진입로, 보도, 통로 path, road, access, channel ○ **cığır**; ② 여행, 행로, 기행 travel, trip ○ **səfər, səyahət**; ③ 방향, 지침, 흔적, 통로 direction, track, course ○ **istiqamət**; ④ 방법, 태도 manner, way ○ **üsul, vasitə**; ⑤ 세계관, 신조, 신앙 world-view, belief ○ **dünyagörüşü, əqidə**; ⑥ 때, 번 time ○ **dəfə, kərə**; **bu ~la** *z.* 이런 식으로 in this manner; **~ açmaq** *fe.* 도로를 개통하다, 도로를 포장하다 pave the way; **~ göstərmək** *fe.* 안내하다 guide; **baş/əsas ~** *i.* 주요도로, 간선 도로 highway; **~ pulu** *i.* 교통비 fare; **~ verilməz** *si.* 용납불가한 unacceptable; **~ verilən** *si.* 관용적인 tolerable; **~ vermək** *fe.* 양보하다, 길을 비켜주다 let, give passage, make way; **~ verməmək** *fe.* 배제하다, 금하다 exclude, prevent; **~ yoldaşı** *i.* 친구, 길동무 companion, fellow traveler; **~ xərci** *i.* 여행경비, 여행비 travelling expenses, journey money; **~a düşmə** *i.* 길을 떠남, 출발 start, departure; **~a düşmək** *fe.* (길, 여행 등) 출발하다, 떠나다 go, leave, depart; **~a gətirmək** *fe.* 설득하여 동참시키다 persuade; **~a salma qonaqlığı** *i.* 환송잔치 farewell party; **~a salmaq** *fe.* 배웅하다, 떠나 보내다 dispatch, see off, transmit; **~a çıxmaq** *fe.* 길을 떠나다 set off, start; **~dan dönmək** *fe.* 빗나가다, 벗어나다, 상궤를 벗어나다, 바른 길에서 벗어나다 swerve; **~dan ötən** *i.* 행인, 지나가는 사람 passer-by; **~dan çıxarmaq** *fe.* 불러들이다; 유혹하다, 유인해내다, 꾀어내다 불러내다 lure; **~u kəsmək** *fe.* 길을 방해하다 obstruct; **~u ilə** *z.* ~을 수단으로, ~ 방법을 써서 by means of; **~un ortası** *i.* 도중에, 노중에 midway; **~unda** *qo.* ~에 가는 길에 on the way; **~undan çıxmaq** *fe.* 탈선하다, 궤도에서 벗어나다 derail; **~undan çıxmış** *si.* 헤매이고 있는, 방황하고 있는 astray; **~unu azmaq** *fe.* 길을 잃다 stray; **~unu azmış** *si.* 길을 잃은, 헤메이는 stray; **~unu kəsmək** *fe.* 방해하다, 끼어들다 intercept; **~unu çaşmış** *si.* 방황하는 astray; **~üstü bir yerə girmək** *fe.* 들르다 drop in; ***Yolçu yolda gərək.*** *ata.s.* *우물을 파도 한 우물을 파라. One should stick to what one is doing.*

yolagedən *si.* 함께하기 쉬운, (관계가) 편안한 easy to get on with

yolagetməz *si.* 비사회적인, 비사교적인, 잘 다투는 unsociable, unaccommodating, quarrelsome

yolaget(mə)məzlik *i.* 다투는 상황, 논쟁상황 quarrelsome disposition

yolagələn *si.* 나긋나긋한, 유연한; 융통성 있는; 유순한, 온순한, 고분고분한; 적응성 있는 pliable, pliant, complaisant

yolayaxın *si.* 공손한, 친절한 complaisant

yolayaxınlıq *i.* 정중함, 공손, 친절 complaisance

yolayıran *i.* (철도의) 전철수 switchman, pointsman

yolayırıcı *i.* 교차로 cross-road

yolbilən *si.* 경험있는, 익숙한, 노련한 experienced

yolçu *i.* ① 여행자; (여관·호텔의) 단기 숙박객 traveller, wayfarer; ② 거지; 가난뱅이; (자선 사업의) 기부 모집자 beggar, wretch ○ **dilənçi, səfil**

yolçuluq *i.* 구걸, 궁핍, 빈공, 빈궁 begging, penury, beggary ○ **dilənçilik, səfillik**

yoldançıxaran *i.* ① 사주(使嗾), 유혹; seducer ② (보통 *pl.*) 유혹물, 매력, 매혹; (부녀자) 유괴, 약취(略取)

yoldaş *i.* 친구, 동무, 동료 companion, comrade, fellow, friend, mate, pal, partner ○ **arxadaş, dost, rəfiq**; **~casına** *z.* 친구로서, 친구처럼 friendly, as a friend

yoldaşlaşmaq *fe.* 친구가 되다, 친하게 되다 befriend one another

yoldaşcanlı *si.* 신실한, 진실한 (친구) loving friend, sincere

yoldaşlı *si.* 친구가 있는 having a friend, having a companion ○ **dostlu, rəfiqli**

yoldaşlıq *i.* 교제, 우정 fellowship ○ **dostluq, rəfiqlik, arxadaşlıq**

yolgöstərən *i.* 안내서, 여행기 guide, itinerary

yolka *i.* 성탄절 트리, 장식용 소나무 christmas tree, new year tree

yolkəsən *i.* 강도, 산적 robber, brigand

yolkəsənlik *i.* 강도질, 도둑질 robbery

yolkəsmə *i.* 강도(행위), 약탈; 강도죄; 시비(是非)

robbery, hold-up

yollama *i.* 배웅, 환송, 파송 send-off, departure, mail

yollamaq *fe.* 급파[특파]하다; 파병하다,; ~에게 보내다 forward, send, dispatch ○ **göndərmək**

yollanmaq *fe.* ① 떠나다, 출발하다 depart, leave ○ **getmək**; ② 파송되다, 보냄을 받다 be set off, be sent ○ **göndərilmək**

yollaşmaq *fe.* 동의하다 agree, reconcile ○ **razılaşmaq, barışmaq**

yolmaq *fe.* ① 찢어 내다, 뜯다, 잡아 뽑다; 깃털/털을 뜯다; (과실을) 따다 tear out, pluck ○ **qoparmaq, didmək**; ② 강탈하다, 벗겨내다, 자루에 집어 넣다 peel, sack, rob ○ **soymaq, talamaq**

yolsuz *si.* 방탕한, 무절제한, 방종한 dissipated, dissolute, non-believer ○ **dinsiz, məzhəbsiz**

yolsuzluq *i.* 불신, 방종, 무절제 unbelief ○ **dinsizlik, məzhəbsizlik**

yoluxdurmaq *fe.* 감염시키다, 전염시키다, 오염시키다 contaminate, taint, infect

yoluxdurucu *si.* 전염성인, 전염병의, 만연하는, 전파하는 infectious, catching, contagious

yoluxma *i.* 감염, 전염, 오염 infection, contagion

yoluxmaq *fe.* ① 감염되다, 전염되다, 걸리다 be infected, catch ○ **keçmək**; ② 조사하다, 검사하다, 알아보다 ask, learn, check ○ **yoxlamaq, öyrənmək**

yoluxucu *si.* (접촉) 전염성의; 만연하는, 전파하는, 유행병의, 전염병의; (사상, 전염병 따위의) 유행하는 contagious, epidemic, infectious ○ **keçici, sirayətedici**; ~ **xəstəlik** *i.* 전염병, 유행병 epidemic

yoluxuculuq *i.* 전염성, 감염성 infectiousness ○ **keçicilik, sirayətedicilik**

yolunda *qo.* ~을 위하여, ~을 성취하는 과정에서, ~의 이름으로 for the sake of, for ones sake, for

yolunmaq *fe.* 강도당하다, 빼앗기다 be plucked

yoluq *si.* 빼앗겨 가진 것 없는, 가난한, 구차한 plucked, poor ○ **kasıb, yoxsul**

yolüstü *z.* 지나는 길에, ~하는 도중에 in passing by ○ **ötəri, atüstü**

yolverilməz *si.* 받아들여지지 않는, 견딜수 없는, 관용될 수 없는, 허락할 수 없는 inadmissible, intolerable, impermissible

yonca *i. bot.* 클로버, 토끼풀 clover

yoncalıq *i.* 클로버 초원, 토끼풀 들판 a field of clover

yonqar *i.* (나무) 토막, 지저깨비, (금속의) 깎아낸 부스러기; (모자·상자 등을 만드는) 대팻밥, 무늬목 chip

yonmaq *fe.* ① 대패질하다 plane ○ **sıyırmaq, təmizləmək**; ② 깍아 다듬다, (잔디, 울타리 등) 치다, 끝을 자르다 cut, hew, trim, shave ○ **didmək, qoparmaq**; ③ (갈이나 연장) 날카롭게하다 sharpen **naziklәşdirmək**; ④ 만들다, 제작하다 make, manufacture ○ **düzəltmək, qayırmaq**

yonulmaq *fe.* 평평하게 되다, 깎여지다 be planed, be shaved, be trimmed

yonurca *i.* 깜부기 (곡식에 기생 버섯으로 말미암아 생긴 검댕이), smut, smear (causing parasite mushroom)

yorğa *i.* ① 속보(速步) trot; ② 속보자, 활동가 ambler, trotter

yorğalamaq *fe.* ① 속보(速步)하다 amble, walk ○ **yerimək**; ② 뛰다 run ○ **qaçmaq**

yorğan *i.* 담요, 누비 이불 blanket, quilt; ~ **iynəsi** *i.* 누비 바늘 quilting needle; ~ **üzü** *i.* 누비 커버 cover of quilt; ***Ayağını yorğanına görə uzat.*** *누울 자리 보고 발을 뻗어라. Cut your coat according of your cloth.*

yorğanağı *i.* 침대 시트 bed-sheet

yorğança *i.* 포대기, 작은 담요 small blanket

yorğan-döşək *i.* 잠자리 bedclothes, bedding

yorğun *si.* 피곤한, 지친, 싫증나는 tired, weary ○ **üzgün**; **~-arğın** *si.* 지쳐서 반 죽은 dead tired; **~-~** *si.* 매우 피곤한, 매우 지친 tired

yorğunlaşmaq *fe.* 피곤해지다, 지치다, 질리다 become tired, become weary, be exhausted ○ **üzgünləşmək**

yorğunluq *i.* 피로, 지침, 탈진 fatigue, weariness, exhaustion; **~ğunu almaq** *fe.* 피로로 지치다 rest from ones fatigue ○ **üzgünlük**

yormaq *fe.* 괴롭히다, 지치게하다, 넌더리 나게하다; annoy, fatigue, weary; **çənə** ~ *fe.* talk nonsense ○ **üzmək**

yortaq *i.* 이리저리 뜀, 조깅 lively trot, trotting unevenly

yortaqlamaq *fe.* 조깅하다 trot unevenly

yortalamaq *fe.* 조깅하다 trot, jog

yortdurmaq *fe.* 뛰게하다 cause to trot

Y

yortmaq *fe.* 뛰다, 속보하다, 빨리 걷다 trot, canter ○ **yerimək**; ② 산책하다, 뛰다 walk, run, wander (in general) ○ **qaçmaq**

yorucu *si.* 피곤하게 하는, 지치게 하는, 괴롭게하는 burdensome, weary, tiring, annoying, wearisome

yorulma *i.* (병에 의한) 쇠약, 수척함, 기아 emaciation, starvation; **~dan** *z.* 지치지 않고, 쉼없이 tirelessly, with break or rest

yorulmaq *fe.* 피로해지다, 지치다, 질리다 become fatigued, become tired ● **dincəlmək**

yorulmaz *si.* 지치지 않는, 피곤치 않는 untiring, tireless, indefatigable

yorulmazlıq *i.* 불굴, 지칠줄 모름 indefatigability

yosma *si.* 달콤한, 사랑스러운, 매혹적인 sweetheart, darling, charming, lovely ○ **zərif**, **incə**, **şivəli**, **işvəkar**, **nazənin**

yosmalıq *i.* 심미(深味), 이쁨, 매혹성 attractiveness, prettiness ○ **zəriflik**, **incəlik**, **işvəkarlıq**

yosun *i.* 해초 (미역, 다시마, 김, 수초 등) seaweed

yosunluq *i.* 해초 역 (海草域) a place where seaweed grows

yovqar *i.* 대패, 평삭기(平削機), 훑손 plane, plough

yovm *i.* ① 하루 day; ② 24시간 24 hours

yovmi *si.* 매일, 하루의 daily

yovmiyyə *i.* ① 일당(日當) daily wage; ② 일보(日報) diary, daily journal

yovuq *si.* 가까운, 근접한, 이웃한 close, near ○ **yaxın**

yovuqlaşmaq *fe.* 접근하다, 가까이 하다 approach

yovuqluq *i.* 근접성, 근접, 가까움 nearness, closeness

yovşutmaq *fe.* 달래다 appease; pacify, soften the heart with a word; draw attention with a sweet word

yovşan *i. bot.* 쑥 wormwood, absinthe

yovşanlıq *i.* 쑥밭 an area where wormwood grows

yovuşmaq *fe.* (사람) 잘 어울리다, 쉽게 가까워지다 draw together, approach, become a close friend ○ **yaxınlaşmaq**, **uyuşmaq**, **uyğunlaşmaq**

yovuşmaz *si.* 비사회적인, 사람과 잘 어울리지 않는, 불친절한 unsociable, unaccommodating

yovuşmazlıq *i.* 비사회적인 성격, 사람과 잘 어울리지 않는 성격 unsociability, unaccommodating nature

yozma *i.* 해석, 해몽; 구문 분석; (일반적) 해석, 추정, 의미 interpretation, construction

yozmaq *fe.* ~뜻으로 취하다; 해석하다, 추론하다; 번역하다 interpret, comment, construe, explain; **yuxunu ~** *fe.* 꿈을 풀다, 해몽하다

yön *i.* ① 외면, 외부, 외관, 겉보기, 외양 surface, front side, entrance, way ○ **üz**, **tərəf** ● **arxa**; ② 경향, 사조 direction, trend ○ **istiqamət**, **səmt**, **tərəf**

yöndəm *i.* ① 질서정연, 안락, 편안함 마음 편한 신세 orderliness, tidiness, comfort, convenience ○ **qayda**, **nizam**, **səliqə**, **sahman**; ② 외양, 겉보기, 외관(外觀), 생김새, 풍채(風采) look, appearance ○ **görkəm**, **sir-sifət**, **görünüş**

yöndəmli *si.* 깔끔한, 정돈된 tidy, orderly, apparent ○ **səliqəli**, **qaydalı**, **abırlı**, **görkəmli** ● **səliqəsiz**

yöndəmlilik *i.* 정리 정돈, 편안함, 안락함 tidiness, easiness, convenience ○ **səliqəlilik**, **qolaylıq**, **rahatlıq**

yöndəmsiz *si.* ① 솜씨 없는, 서투른, 세련되지 않은, 우스운, 어리석은 clumsy, ridiculous ○ **qaba**, **kobud**, **biçimsiz**, **səliqəsiz** ● **biçimli**; ② 불편한, 어색한, 적절치 않은 **narahat** ● **yaraşıqlı**, **mütənasib**

yöndəmsizlik *i.* ① 엉망진창, 불편 부당 messiness ○ **qabalıq**, **kobudluq**, **biçimsizlik**, **səliqəsizlik**; ② 불편함, 어색함 discomfort, inconvenience ○ **narahatlıq**

yönəldilmək *fe.* 이끌리다, 인도되다, (방향이) 맞춰지다 be directed, be turned, be aimed

yönəlmək *fe.* ① 자기 길을 가다, 걸음을 떼다, ~향하여 가다 make ones way(to, into), lead *smb.* ○ **getmək**; ② 방향을 잡다, 방향을 바꾸다 direct ones steps to ○ **çevrilmək**, **dönmək**

yönəltmə *i.* 설정, 훈련 laying, foil, training

yönəltmək *fe.* 이끌다, 조정하다, 고정하다, 훈련하다 direct, steer, fix, train

yönləşmək *fe.* 동의하다, 승인하다 make an agreement; make plain ○ **razılaşmaq**, **düzəlişmək**

yönlü *si.* ① 적절한, 합당한 fit for, suitable ○ **yararlı**, **lazımlı**, **gərəkli**; ② 방향을 잡은, 순종

적인, 길들여진 directed, oriented ○ **üzüyola, sözəbaxan**

yönlük *i. qram.* 여격(與格) Dative

yönsüz *si.* 적절치 않는, 어울리지 않는, 불필요한 unfit ○ **yararsız, lazımsız, gərəksiz, pis, vecsiz, fərsiz**

yönsüzlük *i.* 부적절, 부조화 unfitness

yörə *i.* 주위 환경, 주변, 언저리 surrounding side, surrounding country ○ **yan, ətraf, həndəvər**

yör-yöndəm *i.* ① 외양, 외모, 외관, 생김새, 용모, 안색, 표정 appearance, countenance ○ **sir-sifət, qiyafət**; ② 정리정돈, 깔끔함 tidiness, neatness ○ **səliqə, sahman, qayda**

yubadılmaq *fe.* 연기되다, 지체되다 be delayed

yubadılmaz *si.* 지체없는, 당장의, 시급한 pressing, urgent

yubandırmaq *fe.* 쥐고 움직이지 않다, 일을 처리하지 않고 늦장부리다, 지체하다, 연기하다 hold up, detain

yubanmadan *z.* 당장, 지체없이, 즉각적으로 without hesitation, at once, immediately ○ **gecikmədən, tez, dərhal, ləngimədən**

yubanmaq *fe.* 지연하다, 지체하다, 늑장부리다 linger ○ **ləngimək, gecikmək** ● **tələsmək**

yubatma *i.* 지체, 천연(遷延), 늑장 delay, hold-up

yubilyar *i.* 주년자 (周年者 기념하는 당사자) person whose anniversary or jubilee is celebrated

yubiley *i.* 주년, 주기 기념, 50주년 anniversary, jubilee

yubka *i.* 치마 skirt

yudurtmaq *fe.* 씻게하다, 씻기다

yuxa I. *i.* 얇은 무교 전병 thinly spread yeastless bread, lavaş ○ **yayma**; II. *si.* 섬세한, 고운, 민감한, 예민한, 미묘한 fine, delicate, sensible, sensitive ○ **nazik, yumşaq, zərif** ● **qalın**

yuxalıq *i.* ① 반죽; dough for yuxa (yuxa 용); ② 섬세(함), 예민(함), 우아(함), 미묘(함) fineness, smoothness ○ **naziklik, yumşaqlıq, zəriflik**

yuxalmaq *fe.* ① 부드러워지다, 섬세해지다, 친절해지다 soften, become fine, be gracious ○ **yumşalmaq, nazikləşmək, incəlmək**; ② 자비롭게 되다, 동정적이 되다, 배려하다 be compassionate ○ **riqqətlənmək, kövrəlmək, təsirlənmək**

yuxarı I. *si.* ① 이미, 앞선, 이전의 before, above ○ **artıq, çoxdan**; ② 위의, 위에 있는, 높은 up, overhead ○ **üst**; II. *i.* 위, 상위, 꼭대기 top, upper ○ **üst, təpə**; ~ **mərtəbə** *i.* 윗층; upstairs ~ **sinfə keçirmək** *fe.* 진급하다, 상급하다 promote; ~**ların təzyiqi** *i.* 정부기관으로 부터의 압력 exertion of authority; ~ **təşkilatlar** *i.* 상부조직, 상회(上會), 상부 기관 higher body, higher authority; ~**da** *z.* 위로, 위에서, 이전의, 앞에서 up, upstairs, above, overhead; ~**da adı çəkilən** *z.* 호명했던 대로 above mentioned; ~**da(kı)** *si.* 위, 상위(上位)의 top, upper, overhead; ~**da qeyd edilən** *z.* 언급한대로 above mentioned; ~**daki** *si.* 위에 있는 above; ~**dan** *z.* 위로부터 from above; ~**ya/~ya doğru** *z.* 위를 향해 upward

yuxu *i.* ① 잠, 수면, 휴식, 꿈 sleep, repose, dream; ② 환상, 혼수(昏睡) slumber, vision; ~ **görmək** *fe.* 꿈을 꾸다; dream; ~ **dərmanı** *i.* 수면제(睡眠劑); sleeping-draught; ~**dan oyatmaq** *fe.* (잠, 꿈에서) 깨우다 awake; ~**ya qalmaq** *fe.* 늦잠자다 oversleep; ~**ya getmək** *fe.* 잠들다 fall asleep; ~ **qaçmaq** *fe.* 깨어나다, 정신이 맑아지다 wake up; ~**cul** *si.* 졸리는, 잠자는, 잠이 많은 sleepy, drowsy, slumberous, somnolent ○ **yatağan**; ~**culluq** *i.* 잠에 취함, 졸림 somnolence, sleepiness ○ **yatağanlıq**; ~**gətirən** *si.* 졸리게하는, 잠자게하는 soporific, somnolent; ~**görmə** *i.* 꿈을 꿈 dream

yuxulamaq *fe.* 잠자다, 수면을 취하다 sleep, slumber ○ **yatmaq, uymaq** ● **ayılmaq**

yuxulu *si.* ① 반수면 상태의, 졸리는 sleepy, half-sleeping ○ **yarıayıq** ● **açıq**; ② 무감각한, 마비된 numb, insensitive ○ **key, süst**; ~-~ *si.* 졸리는 half-awake

yuxululuq *i.* 수면상태, 무의식 상태, 무감각 somnolence ● **ayıqlıq**

yuxuyozan *i.* 해몽가 augur, diviner

Y**uqoslav** *i.* 유고슬라비아인; Yugoslavian; ~**iya** *i.* 유고슬라비아 Yugoslavia

yulaf *i. bot.* 귀리, 메귀리; 메귀리속(屬) 식물의 총칭 oats; ~ **sıyığı** *i.* 오트밀 죽 porridge

yulğun *i. bot.* 위성류(渭城柳) tamarisk

yumaq[1] *fe.* ① (접시, 몸) 씻다 wash, wash up (dishes) ○ **təmizləmək**; **ayağını** ~ *fe.* 발을 씻다 wash ones feet; **üzünü** ~ *fe.* wash ones face;

Y

günahını ~ *fe.* wash ones sin; ②(상처 등) 씻다 bathe; **yaranı ~** *fe.* bathe ones wound; **gözünü ~** *fe.* bathe ones eyes; ③ 한턱내다, 해(解)자하다 (새 물건을 샀을 때 한턱내는 것); ***O, təzə paltara görə yudu.*** *그가 새 옷 턱을 냈다.*; ***Əl əli yuyar, əl də üzü.*** *ata.s.* *백지장도 맞들면 낫다. You roll my log and İll roll yours.*

yumaq² *i.* 단서 clew, clue ○ **ip, saf**

yumaqlamaq *fe.* (실, 끈등) 둥글게 감다, 공 모양으로 감다, 말다 roll, curl into a ball

yumalanmaq *fe.* 감기다, 말리다 be rolled, be curled into a ball ○ **diyirlənmək, yumbalanmaq**

yumarlamaq *fe.* 말다, 둥글게 감다, 굴리다 roll; **xəlçə ~** *fe.* 카펫을 말다; roll a carpet **çəlləķ; ~** *fe.* 통을 굴리다 roll a barrel

yumarlanmaq *fe.* 구르다, 굴러가다, 둥그러지다, 회전(回轉)하다 roll; ***Daş yumarlandı.*** *Stone rolled.*

yumbalamaq *fe.* 말다, 말아 올리다, 감아 올리다 roll up; **xəritə ~** *fe.* 지도를 감아 올리다 roll up a map

yumbalanmaq *fe.* 돌다, 회전하다, 재주 넘기[공중제비]를 하다 roll, somersault; turn somersault

yumbalatmaq *fe.* 굴리다, 구르게 하다, 돌게 하다, 회전 시키다 cause *smt.* to roll

yumdur(t)maq *fe.* 눈을 감게 하다 make *smb.* to close (eyes)

yummaq *fe.* (눈을) 감다, 닫다; shut, close **gözünü; ~** *fe.* 눈을 감다 close eyes; **bir şeyə göz ~** *fe.* 봐주다, 못 본척하다 pretend not to see ○ **qapamaq, örtmək**

yumor *i.* 유머, 해학(諧謔), 익살 humour

yumorist *i.* 유머를 이해하는 사람, 익살꾼, 유머 작가 humorist

yumoristik *si.* 익살스러운, 유머를 이해하는, 유머가 풍부한 humorous

yumru *si.* ① 둥근, 원형의 round ○ **yuvarlaq, girdə, kürə** ● **yastı; ~ burun** *i.* 둥근 코 bottle nose ② 뚱뚱한, 살찐 fat, stout ○ **gombul, kök; ~ca** *z.* 둥글게, 원형(圓形)으로 round

yumruq *i.* (쥔) 주먹, 철권; (구어) 손; (꽉) 움켜 쥠, 파악(把握); (구어) 필적 fist, punch; **~ vurmaq** *fe.* 주먹으로 치다 punch; **~larını sıxmaq** *fe.* 주먹을 쥐다 clench the fist

yumruqlamaq *fe.* 주먹으로 치다, 가격하다 punch, hit with the fist ○ **döymək, vurmaq, döyəcləmək, taqqıldatmaq**

yumruqlaşma *i.* 주먹으로 때리기, 주먹 싸움 fisticuffs ○ **vuruşma, dalaşma**

yumruqlaşmaq *fe.* 권투하다, 서로 주먹질하다, 주먹으로 싸우다 box, beat with the fist ○ **vuruşmaq, dalaşmaq**

yumrulamaq ☞ **yumrulandırmaq**

yumrulandırmaq *fe.* 둥글게 하다, 원을 만들다 make round ○ **dəyirmiləşdirmək, girdələmək**

yumrulanmaq *fe.* ① 둥글게 되다, 원형화되다 become round-shaped ○ **dəyirmiləşmək, girdələmək**; ② 뚱뚱해지다, 살찌다 become stout ○ **kökəlmək**

yumruluq *i.* ① 원형(圓形), 구형(球形) roundness ○ **yuvarlaq, girdə, kürə**; ② 뚱뚱함, 살찜 stoutness ○ **gombul, kök**

yumrusifət *si.* 둥근 얼굴, 통통한 얼굴 round-faced, chubby

yumşaq *si.* ① 부드러운, 온순한, 감미로운, 상냥한 (성질, 성품), 온화한 (기후) meek, mellow, mild ○ **həlim, mülayim (xasiyyət)** ● **bərk, tünd**; ② 유쾌한 (voice) pleasant ○ **məlahətli (səs)** ● **sərt**; ③ 유연한, 온순한 soft, supple (treat) ○ **yüngül, zəif (rəftar)** ● **cod**; **~ döşəkçə** *i.* 방석, 안장, 받침 pad; **~ tüklü** *si.* 모피(제)의, 모피로 덮인 furry; **~ ürəkli** *si.* 부드러운 마음, 마음이 온화한, 다정한, 인정 많은 tender-hearted; **üzü ~** *si.* 거절하지 못하는 too kind to refuse

yumşaqbədənli *si.* 무척추의, flabby, feeble, spineless

yumşaqdərili *si.* 연한 피부의 soft-skinned

yumşaqxasiyyət(li) *si.* 부드러운 성격의, 고분고분한 complaisant, obliging, meek

yumşaqləlәkli *si.* 부드러운 깃털의, 우모(羽毛)의 soft-feathered

yumşaqlıq *i.* ① 부드러움, 온화, 온순, 관대 clemency, softness, mildness **həlimlik, mülayim (xasiyyətcə)** ● **codluq**; ② 온화함 (목소리) ○ **məlahətlilik (səs)**

yumşaqyunlu *si.* 세모(細毛)의 soft-haired

yumşaldılmaq *fe.* 헐거워지다, 완화되다 be loosened

yumşalma *i.* 완화, 누그러뜨리기, 경감, 정상 참작 softening, mollification, extenuation
yumşalmaq *fe.* ① 부드러워지다, 완화되다 become soft, be softened ○ **zəifləmək**; ② (성품) 온화해지다 become meek and gentle ○ **mülayimləşmək, həlimləşmək**; ③ 헐거워지다 empty ○ **boşalmaq**
yumşal(t)maq *fe.* 부드럽게 하다, 완화시키다, 누그러뜨리다 soften, melt, relent
yumuq *si.* 닫혀진, 씌워진, 덮여진 closed, covered ○ **qapalı** ● **açıq**
yumulmaq *fe.* 닫혀지다, 씌워지다 be closed, be covered ○ **qapanmaq, örtülmək**
yumulu *si.* 닫혀진, 덮여진, 씌워진 closed, covered ○ **qapalı, örtülü**
yumrulanmaq *fe.* 말리다, 구르다 roll
yumurta *i.* 계란(鷄卵) egg; **bərk bişmiş ~** *i.* 완숙 계란 hard boiled egg; **~ qabığı** *i.* 계란 껍질 egg shell; **~ sarısı** *i.* 노른자; 난황(卵黃) yolk; **~ üstündə oturmaq** *fe.* (병아리) 알에서 품다 hatch; **~dan bala çıxmaq** *fe.* 〈알을〉 부화하다, 병아리가 깨 나오다 hatch
yumurtacıq *i.* 불알, (작은) 알 testicle, egg (small) ○ **toxumcuq**
yumurtla|maq *fe.* 알을 낳다 lay eggs; **~yan toyuq** *i.* 산란(産卵)계 layer
yumurtalıq *i.* 난소(卵巢), 씨방 ovary
yumyumru *si.* 아주 둥근 quite round
yun I. *i.* 양모, 양털, 털실, 모직 wool; II. *si.* 모직의 woolen; **~ köynək** *i.* 잠바 jumper
Yunan *si.* 그리스의 Greek; **~ıstan** *i.* 그리스 Greece; **~lı** *i.* 그리스인 Greek; **~ üzümü** *i.* 알이 잘고 씨가 없는 건포도 currant
yunanca *i.* 그리스어, 헬라어 Greek, Greek language
yunanpərəst *i.* 헬레니즘, 고대 그리스의 문화, 사상 Hellenism
yundarayan *i.* 소모(梳毛; 양털 잣기전 빗는 공정) wool-carding
yundidən *i.* 털타기 (쳐서 잘 펴는 과정) wool-scutching
Yunesko *i.* 유네스코 UNESCO (United Nations Educational Scientific and Cultural Organization)
yunəyirən *i.* 양모 방적 wool-spinning
yunlu *si.* 양모의, 양모로 된; 양털로 덮인 woolly, fleecy
yunsuz *si.* 머리숱이 없는 hairless
yunugödək *si.* 단발의 short-haired
yunuqara *si.* 검은머리의 black-haired
yunusbalığı *i. zoo.* 돌고래 dolphin
yunyığan *i.* 양털 수집가, 양털깎는 사람 wool-collector
yupyumru *si.* 아주 둥근 quite round
yurd *i.* 조국, 모국 country, home ○ **ev, eşik, məskən**; **~ salmaq** *fe.* 정착하다; settle; **yeri ~u yox.** 홈리스, 방랑자; homeless, vagabond; **~daş** *i.* 겨레, 동포, 동족 compatriot, countryman; **~lu** *si.* 조국이 있는 of the home country ○ **evli, məskənli**; **~suz** *si.* ① 혼자의, 고향없는 homeless, alone ○ **evsiz, eşiksiz**; ② 도움을 얻을 수 없는, 무력한, 무시당하는, 천시받는 helpless, neglected ○ **sahibsiz, baxımsız, kimsəsiz**; **~suz-yuvasız** *i.* 방랑자, 부랑자; wanderer; **~suzluq** *i.* 천시, 무시, 도움 받지 못함 homelessness
yuva *i.* ① (새) 둥지, (짐승) 굴 den, hole, nest; **~ qurmaq** *fe.* 둥지를 틀다, 둥지를 짓다 nest, build a nest; **~ salmaq** *fe.* 둥지를 틀다 nest; ② ○ **ev, məskən, ocaq**; ② 기원 origin ○ **menbə**
yuvaq *i.* (벌집처럼 구멍이 뚫린) 포(胞), 포상부, 치조(齒槽); 포, 포상체; 포도선의 말단 분비 단위 alveolus
yuvaqlıq *i.* 턱뼈의 오목한 부분 sockets in the jawbone in which the teeths roots are embedded
yuvalı *si.* 둥지를 트는, 둥지를 갖는 of the nest, having a nest ○ **məskənli, evli**
yuvarlaq *si.* 원형의, 둥근 형태의 round ○ **girdə, dəyirmi, yumru**
yuvarlaqlıq *i.* 원형, 둥금 roundness ○ **girdəlik, dəyirmilik, yumruluq**
yuvarlaqlandırma *i.* 굴리기, 둥글게 하기 rolling, rounding
yuvarlaqlandırmaq ☞ **yuvarlaqlaşdırmaq**
yuvarlaqlaşdırmaq *fe.* 굴리다, 돌리다, 둥글게 하다 roll, round off
yuvarlamaq *fe.* ① 원형으로 만들다, 둥글게 하다 make round; ② 둥글게 되다 become rounded; ③ 굴려 보내다 get rolled away ○ **sürükləmək, aparmaq**
yuvarlanmaq *fe.* 구르다, 둥글게 되다 become

Y

rounded, rolled

yuvasız *si.* 둥지가 없는, 집없는, 방랑하는 nestles ○ **yurdsuz, mənzilsiz, evsiz-eşiksiz, avara, sərgərdan**

yuyulma *i.* 씻겨나감, 침식, 부식 washing (out), erosion

yuyulmaq *fe.* 씻겨지다, 씻겨나가다 be washed

yuyulmuş *si.* 세탁된, 빨린 cleaned, washed; **~ paltar** *i.* 빨래 laundry

yuyunma *i.* ① 목욕 wash ○ **yuma, çimmə**; ② 젖음 damp, moisturizing ○ **islanma, nəmlənmə**

yuyundurmaq *fe.* 목욕시키다, 씻게하다, 씻겨주다 bathe

yuyunmaq *fe.* (스스로) 목욕하다, 씻다 wash oneself, have a bath ○ **çimmək**

yük *i.* ① 무거운 짐, 짐, 화물, 수화물, 여행 유대물, 짐짝, 보따리, 꾸러미, (배의) 적재량, 적하량, (정신적인) 짐, 부담; 걱정, 괴로움, 고생 burden, cargo, freight, load, luggage, pack, ship ○ **ağırlıq**; ② 침구(寢具) bedding ○ **yorğan-döşək**; **~ vaqonnu** *i.* 화물칸, 화물차, 짐칸, 웨건 luggage van, freight train, wagon; **~ olmaq** *fe.* 부담이되다, 짐이되다, 방해가 되다 cumber; **~ qiymətləndirmək** *fe.* 마음에 새기다, 수고를 치하하다 appreciate, treasure, prize; **~ daşıyan** *i.* 짐꾼, 짐차, 화물선 porter, carrier, bearer; **~ maşını** *i.* 트럭, 짐차, 화물차 lorry, truck, wagon; **~ünü tutmaq** *fe.* 부자가 되다, 풍족하게 소유하다 become rich, have enough of *smt.*; **~ü üzərindən atmaq** *fe.* 책임을 회피하다 decline responsibility; **~ünü boşaltmaq** *fe.* 짐을 풀다, 짐을 내려놓다 unburden; **~ünü yüngülləşdirmək** *fe.* 짐을 가볍게 하다, 짐을 덜다 unburden

yükgöndərən *i.* 위탁자 consignor, shipper

yükləmə *i.* 적하(積荷), 적재(積載), 탑재(搭載), 선적(船積), 출하(出荷) loading, shipment, lading, embarkation

yükləmək *fe.* 적재하다, 부담을 지우다, 짐을 지우다, 싣다, 채워넣다 burden, load, impose, stow ○ **doldurmaq**

yüklənmək *fe.* 짐을 지다, be loaded

yükləyici *i.* 짐을 싣는 사람; mech 로더, 적재기(積載機); 장전기(裝塡器); 장전자(者), 부두 노동자 loader, stevedore, longshoreman

yüklü *si.* 적재된, 짐을 실은 loaded ● **boş**

yüksək *si.* ① 높은 high (mountain) ○ **uca, hündür (dağ)** ● **alçaq**; ② 강한, 권세있는 strong ○ **güclü**; ③ 뛰어난, 훌륭한, 출중한 top, exellent ○ **əla**; ④ 고명한, 탁월한, 저명한 eminent, supreme, lofty ○ **ali, şərəfli, fəxri**; ⑤ 내용이 깊은, 내용이 풍부한 deep, rich in content ○ **dərin, məzmunlu**; ⑥ 고상한, 귀족의, 신분이 높은 noble, aristocratic ○ **böyük, ulu, ali** ● **aşağı**; ⑦ 화려한, 눈부신, 호화로운, 찬란한 gorgeous ○ **təmtəraqlı, təntənəli**; **~ rütbə** *i.* 고위직 eminence; **~ əhval-ruhiyyə** *si.* 기분이 굉장한, 매우 기분 좋은 high spirit; **~lərdə uçmaq** *fe.* 치솟다 soar; **~ səslə** *z.* 큰 소리로 aloud

yüksəklik *i.* ① 높이, 고도, 표고(標高), 해발(海拔) eminence, altitude, height ○ **ucalıq, hündürlük (dağ)**; ② 지고(至高), 지상(至上), 최고, 무쌍; 최고위, 우위, 우월 supremacy ○ **dağlıq, təpəlik**

yüksəkməhsullu *si.* 다산의 highly productive, high-yielding

yüksəkvoltu *si.* 고전압의 high-voltage

yüksələn *si.* 오르는, 상승의, 높아지는 ascending

yüksəliş *i.* 상승, 등반, 승진, ascent, rise ● **eniş**

yüksəlmək *fe.* ① 더하다, 증가하다 (소리, 속도 등) add, increase ○ **artmaq, çoxalmaq, güclənmək** ● **enmək**; ② 유명해지다, 알려지다 become famous, be known ○ **tanınmaq, şöhrətlənmək**; ③ 오르다, 타다, 뜨다, 높아지다 tower, mount, rise, become high ○ **qalxmaq, ucalmaq**

yüksəltmək *fe.* 높이다, 찬양하다, 칭송하다, 올리다 elevate, cause to rise, praise excessively

yüngül *si.* ① 쉬운, 가벼운 light, easy ○ **asan** ● **ağır**; ② 분명한 clear, simple ○ **aydın, sadə, səlis**; ③ 하찮은, 중요치 않는, 사소한, 무의미한 insignificant ○ **əhəmiyyətsiz, xəbərsiz**; ④ 부드러운, 가는, 가냘픈, 홀쭉한 mild, slight ○ **zəif, az**; ⑤ 경솔한 superficial ○ **səthi, qəyri-ciddi** ● **ciddi**; ⑥ (몸) 건강한, 상쾌한 healthy, sound ○ **sağlam, çevik, qıvraq**; **~ yara** *i.* 생채기, 가벼운 상처 superficial wound; **~ nahar** *i.* 간단한 점심 light meal; **~ meh** *i.* 숨쉬기 breathing; **~ qəlyanaltı** *i.* 간식 bite; **~cə** *z.* 가볍게, 쉽게 slightly, light, gently, easily ○ **azacı**; **~ləşdirici** *si.* 경감시키는, 완화시키는, 누그러뜨리는 relieving, soothing; ~ **şərtlər** *i.* 평이한 조건, 쉬운 조건 extenuating circumstances; **~varı** *z.* 가볍게, 쉽게, 간단하게 slightly

yüngülləşdirmək *fe.* 완화시키다, 누그러뜨리다, 달래다 relieve, soothe

yüngülləşmək *fe.* ① 쉬워지다 become easy ○ **asanlaşmaq**; ② 조용해지다, 부드러워지다 become silent, become soft ○ **sakitləşmək, yumşalmaq, təskinləşmək**

yüngüllənmək *fe.* 완화되다, 수그러들다 (통증) be relieved

yüngüllətmək *fe.* 완화시키다, 가볍게 하다, 쉽게하다, 돕다, 촉진하다 facilitate, lighten, relieve, make easier

yüngüllük *i.* ① 용이, 쉬움, ease, facility, relief ○ **asanlıq**; ② 기분 좋음, 상쾌함 joy, delight ○ **sevinc, fərəh**; ③ 연약함, 유세(乳細)함 weakness, mildness ○ **zəiflik**

yürüş *i.* ① 행진, 캠페인 campaign, parade ○ **yerimə**; ② 출정, 종군, 습격, 공격 attack, assault ○ **hücum, axın**

yüyən *i.* 재갈, 고삐 bit, curb

yüyənləmək *fe.* 재갈을 물리다, 고삐를 매다 bridle, curb

yüyənli *si.* 재갈을 물린, 고삐를 맨 bridled, curbed

yüyənsiz *si.* 재갈없는, 고삐 풀린 unbridled

yüyürək *si.* ① 빨리 달리는, 질주하는 fast-running ○ **qaçağan**; ② 서두르는, 날으는 hurrying, flying, very fast

yüyürə-yüyürə *z.* 뛰면서, 헐레 벌떡 runningly

yüyürmə *i.* 뛰기, 경주 run, running

yüyürmək *fe.* 내달리다, 뛰다, 질주하다 dash, run ○ **qaçmaq, getmək, yerimək, qopmaq** ● **dayanmaq**

yüyürtmək *fe.* 재촉하다, 서두르다, 촉진하다 hasten, quicken, expedite ○ **çapdırmaq**

yüyürüşmə *i.* 달리기 running about

yüyürüşmək *fe.* (집합적으로) 달리다 run about ○ **qaçışmaq**

yüz *say.* 백, 100 Hundred; ~ **yaşında** *si.* 백세에 centennial; **~illik** *si.* 세기; centennial, century; **~lərcə** *z.* 수백의, 다량의 by hundreds, hundreds of; **~üncü** *say.* 백 번째의 Hundredth; **~-~** *z.* 백 단위로 in hundreds, hundred by hundred; **~lük, ~manatlıq** *i.* 마나트 지폐 hundred-manat note 100

Z • z

zabit *i.* 장교 (사병에 반하여), 간부, 사관 officer; **ehtiyatda olan** ~ *i.* 예비 장교 reserve office; ~ **rütbəsi** *i.* 장교직, 간부직 commissioned rank

zabitə *i.* 엄격, 단련, 질서정연함 strictness discipline orderliness ○ **nizam**, **intizam**, **nüfuz**, **ciddiyyət**

zabitəli *si.* 엄격한, 엄한 Strict stern ○ **tələbkar**, **ciddi** ● **yumşaq**

zabitəlilik *i.* 엄격함, 완고함 strictness rigidity ○ **tələbkarlıq**, **ciddilik**

zabitlik *i.* 장교직, 장교 업무 officer's rank officer's obligation

zad *i.* 일, (그런) 것 thing, something ○ **şey**

zadə *i.* 아들, 자손 son offspring

zadəgan *i.* 귀족 aristocrat ○ **əsilzadə**, **kübar**, **mülkədar**, **aristokrat**

zadəganlıq *i.* ① 귀족 제도, 귀족 정치, 귀족 풍, 귀족처럼 거드럭거림 aristocracy ○ **əsilzadəlik**, **kübarlıq**, **mülkədarlıq**, **aristokratlıq**, **ə'yanlıq**; ② 고상함 ○ **nəciblik**, **alicənablıq**

zağ[1] *i.* (칼이나 무기의) 섬뜻함, 광택 polishing glittering ○ **cila**, **parıltı**

zağ[2] *i. kim.* 황산(염), 반류; vitriol **dəmir**; ~ **ı** green vitrol; **mis**; ~ **ı** *i.* bule vitrol

zağ[3] *i.* 까마귀 black crow

zağa *i.* ① 동굴, 동공 cave, cavern ○ **mağara**; ② 우리, 축사 den, lair ○ **yuva**,

zağar I. *si.* ① 배가 큰, 건장한 big-bellied ○ **yoğun**, **yekəqarın**; ② 거만한, 자기 도취에 빠진 conceited, arrogant; II. *i.* ① 건장한 사람; ② 거만한 사람, 헛된 영광을 쫓는 사람

zağca *i.* 갈가마귀, 띠까마귀 (사기꾼) daw, jackdaw, rook

zağlamaq *fe.* 광택을 내다, 윤택을 내다 polish ○ **cilalamaq**, **parıldatmaq**,

zağlı *si.* 광 나는, 반짝거리는, 섬뜻한 polished, glittering ○ **cilalı**

zahı *i.* 산모, 임산부 woman recently delivered of a child

zahid *i.* 은둔자, 금욕자, 구닥다리 hermit, ascetic, anchorite ○ **dindar** ●**rind**

zahidlik *i.* 금욕주의, 긴축생활 asceticism, austerity ○ **dindarlıq** ●**rindlik**

zahir I. *i.* 밖, 바깥, 외부, 외양, 외모, 표면 surface, outward, exterior, outside, appearance ○ **görünüş**, **görkəm**, **üz**; II. *si.* 외양의, 외부의, 보이는 측면의 superficial, outstanding ○ **açıq**, **aşkar**, **aydın**; ~ **etmək** *fe.* 노출하다, 드러내다, 보이다, 나타내다 expose, bring to light, display, reveal; ~ **olmaq/~ə çıxmaq** *fe.* 노출되다, 보여지다, 드러나다 stand exposed, come to light, manifest itself, be revealed, appear; ~**də** *z.* 겉으로, 외형적으로, 겉치레로, 피상적으로 outwardly, apparently, formally, superficially; ~**ən** *z.* 겉으로는, 외형적으로, 밖으로 by appearance, externally, outwardly, seemingly

zahiri *si.* 외부의, 겉의, 노출된, 바깥의, 외견상의 outer, outward, exterior, external ○ **xarici**; ~ **görünüş** *i.* 외모, 겉보기 exterior; ~ **görkəm** *i.* 외모 appearance; ~ **oxşarlıq** *i.* 외형적 유사성 superficial resemblance; ~ **əlamət** *i.* 외부적인 표시, 외적 지침, external sign/indication

zail *si.* 임시적인, 일시적인, 지나가는 temporary, passing ○ **fani**, **keçici**, **puç**

zal *i.* 홀, 강당 hall, drawing room; **gözləmə** ~**ı** *i.* 대기실, 대합실 waiting room

zalım I. *i.* 억압자, 박해자 oppressor, tyrant II. *si.* 잔인한, 지독한, 무자비한, 야비한; brutal, cruel, merciless, outrageous, pitiless, relentless, ruthless ○ **zülmkar**, **qəddar**, **mərhəmətsiz**, insafsız, qaniçən ●adil

zalımlıq *i.* 억압, 박해, 학대 행위 cruelty, oppression, tyranny

zaman *i.* ① *qram.* 시제 tense; ② 계절, 시간, 세월, season, time ○ **vaxt, müddət**; ③ 시대, 세류 ○ **dövr, zəmanə**; **~la ayaqlaşmaq** *fe.* 임시변통하다, 우물쭈물하다, 시류에 따르다 temporize; **~ların uzlaşması** *qram.* 시제의 연속(성); sequence of tenses; **aman ~ yox** *z.* 무자비하게, 극악무도하게, 잔인하게 without respite; **bir ~, bir ~lar** *z.* 한때, 어떤 때 at one time, once; **heç bir ~** *z.* 결단코, 한번도 (아닌) ever; **o ~** *z.* 그러면, 그때 then

zamin *i.* 보석, 보석금 guarantee, support; **~ olan adam** *i.* 후원자 sponsor; **~ olmaq** *fe.* 보증되다, 보장되다 ensure, guarantee; **~ə götürmək** *fe.* 보석중에 있다 bail out

zaminlik *i.* 보석금, 보증금 bail, guarantee ○ **zəmanət**

zanbaq *i. bot.* 백합(화) lily

zaponka *i.* 장식 못, 징, 장식 단추 stud

zar¹ I. *i.* 흐느낌, 신음, 울음 sob, moan, groan; II. *si.* 연약한, 쇠약한, 도움이 되지 못한, 어쩔 수 없는 weak, feeble, helpless ○ **zəif, üzgün, əlacsız, çarəsiz**; **~ olmaq** *fe.* 싫증나다, 싫어지다 be bored, be annoyed; **~ a gətirmək** *fe.* 괴롭히다, 귀찮게 하다 bother, annoy; **~-~** *z.* 울며 울며, 흐느끼면서; whiningly **~-~ ağlamaq** *fe.* 흐느껴 울다, 흐느끼다 sob, wail

zar² *i.* 박막, 섬유 박막, 얇은 겹질, 표피 membrane, pellicle, coat

zarafat *i.* 농담, 오락, 장난 fun, joke, jest ○ **hənək, lağlağılıq**; **~ etmək** *fe.* 놀리다, 장난하다 fool, make fun, joke, jest; **~ etməyən** *si.* 심각한; serious; **~la** *z.* 장난하듯이, 놀리듯이 for fun, jokingly; **~yana** *z.* 재미삼아 for fun

zarafatcıl *si.* 익살스러운, 유머가 풍부한 facetious, humorous; **~ adam** *i.* 익살꾼 humorist, wag ●**qaradinməz**

zarafatçı *i.* 익살꾼, 개그맨, 코미디언, 장난꾸러기 (어린이 사이에) joker, jester ○ **hənəkçi**

zarafatçılıq *i.* 익살, 해학 buffoonery, wittiness ○ **hənəkçilik**

zarafatlaşmaq *fe.* (서로 서로) 익살을 부리다, 장난하다, 농담하다 joke, jest ○ **hənəkləşmək**

zarafatsız *si.* 진지한, 심각한 serious ○ **ciddi, doğrudan, həqiqətən**

zarıldamaq *fe.* 울다, 신음하다, 번민하며 괴로워하다 moan, groan ○ **inildəmək, sızıldamaq**

zarıltı *i.* 신음, 울음 groan, moan ○ **inilti, sızıltı**

zarımaq *fe.* ① (육체적 고통으로) 울부짖다, 악쓰다 howl (from physical pain) ○ **ulamaq**; ② 신음하다, 괴로워하다 moan, groan ○ **inləmək, sızlamaq**

zar(ı)-zar(ı) *z.* 울며 불며

zastava *i.* 경계 경비소 frontier post

zat *i.* ① 출신, 원조, 근원 kin, family, birth, origin ○ **əsil, mənşə, kök, nəsi**; ② 개인, (인격적) 객체 person, individual ○ **şəxs, adam, sima**; ③ 본질, 요점, 진수, 핵심 essence, gist, main point ○ **varlıq, əsil, təbiət, mahiyyət**; ④ 자신, 스스로 self ○ **özü**; **~ən** *z.* 본질적으로는, 자연히 originally, naturally ○ **əslində, həqiqətdə**; **~i-ali** *nid.* 각하! 전하! your excellency!

zatıqırıq I. *i. col.* 무뢰한, (신에게) 버림받은 사람 reprobate, swindler; II. *si.* ① 비천한, 누추한, 비루한 ignorable, indecent ○ **nanəcib, kələkbaz**; ② 미덥지 않은, 불안한 unreliable, insecure

zatıqırıqlıq *i.* 야비한 짓, 비루한 행동, 비천함 underhandedness, dishonest action ○ **nanəciblik, kələkbazlıq**

zaval *i.* ① 곤경, 비운, 재난; 손해, 상처, 두려움 adversity, misfortune, disaster harm, damage, hurt; fear, dread ○ **ziyan, zərər, afət** ● **sevinc**; ② 파괴, 추락, 명멸 destruction, ruin, downfall, dying off ○ **zülm, əziyyət**; ③ *fig.* 고통, 고난; suffering, torture, torment; ***Doğruya zaval yoxdur çəksələr min divana.*** *ata.s.* 사필귀정(事必歸正). *Truth will conquer.*

zavallı I. *si.* 비참한, 참담한, 비루한 miserable, piteous, poor, wretched ○ **yazıq, biçarə, başıbəlalı, bədbəxt** ●**xöşbəxt**; II. *i.* 비운의 사람, 참담한 인생; unfortunate boy/fellow, poor chap; ***Ah zavallı!*** *아 이 비참함! 가여운 녀석! Poor chap!*

zavallılıq *i.* 비참함, 참담함, 불행, 비운 miserliness, misfortune, helplessness ○ **yazıqlıq, biçarəlik, bədbəxtlik**

zavalsız *si.* ① 무해한, 무독한 harmless ○ **ziyansız, zərərsiz**; ② 영원한, 지속적인 forever, continuous ○ **davamlı, dayanıqlı, daimi**

Z

zavalsızlıq *i.* ① 무해함, 무독함 harmlessness ○ **ziyansızlıq, zərərsizlik**; ② 연속성, 영원성 continuity, eternity ○ **davamlılıq, dayanıqlılıq, daimilik**

zaviyə *i.* 각, 모서리 angle, corner ○ **bucaq, künc, guşə**

zavod *i.* 공장, 제작소, 공정 factory, mill, plant

zay *si.* 부패한, 타락한, 순수치 못한 bad, spoiled, corrupted ○ **heç, puç, hədər** ● **yaxşı**; ~ **olmaq** *fe.* fail

zebr *i. zoo.* 얼룩말 zebra

zefir *i.* ① 제퍼 (얇은 여성용 옷감의 일종(~ clòth, 그것으로 만든 속옷) 매우 얇은 모직 운동복 zephyr (cloth); ② 과일로 만든 사탕의 일종 pastila (confectionery)

zeh *i.* ① 가장자리, 윤곽, 테두리 (책); edging, list, frame, framing (page of book); ② (옷가지의) 가장자리 장식, 변폭 hem, list (cloth); ③ (창, 벽의 가장가리에) 장식; (벽이나 창의 가장자리) 장식을 하다 frame, border (window *etc.*); ~ **vurmaq**

zehin *i.* ① 기억(력) memory ○ **hafizə, yaddaş, xatirə**; ②이지, 지성, 사고력, 이해력 intelligence, talent ○ **dərrakə, iste'dad**; ③ 이성, 꿈 mind, dream ○ **fikir, xeyal**

zehiniyyət *i.* 세계관 world-view ○ **dünyagörüşü**

zehinli *si.* 영리한, 똑똑한, 민첩한, 역량있는 clever, capable ○ **yaddaşlı, dərrakəli, hafizəli** ● **küt**,

zehinlilik *i.* 이해력, 감지력 receptivity, perceptibility ○ **yaddaşlılıq, dərrakəlilik, hafizəlilik**

zehinsiz *si.* 둔한, 둔감한, 멍청한 dull ○ **küt, key**

zehinsizlik *i.* 둔감함, 덜떨어진 (것) dullness ○ **kütlük, keylik, hafizəsizlik**

zehli *si.* 가장자리 장식이 있는, 변폭이 있는 edged, framed, piped, hemmed

zehni *si.* 지적인, 이지적인, 이성적인, 정신적인; intellectual, mental, intellective; ~ **əmək** *i.* 정신 노동 mental work, brainwork; ~ **qabiliyyət** *i.* 정신적 능력, 지적 능력 mental faculties

zehniaçıq *si.* 감수성이 예민한, 영민한, 이해력이 빠른, 총명한 lucid-minded, receptive, thoughtful ○ **düşüncəli, dərrakəli**

zehniaçıqlıq *i.* 총명함, 영리함, 높은 감수성 thoughtfulness, intelligence, receptivity ○ **düşüncəlilik, dərrakəlilik**

zehsiz *si.* 모서리가 없는, 테두리 없는 edgeless, frameless, hemless

zenit *i.* ① *ast.* 제니스, 천정 Zenith; ② *fig.* 정점, 전성기 heyday, top point; ③ anti-aircraft, zenith ~ **topu** *i.* 대공포(對空砲) anti-aircraft gun

zenitçi *i. mil.* 대공포병(對空砲兵) anti-aircraft gunner

zeytun *i.* 올리브, 감 olive; ~ **yağı** *i.* 올리브유(油 olive oil; ~ **rəngli** *si.* 올리브 색의 olive (colour)

zeytunluq *i.* 올리브 숲, 올리브 농장 olive grove

zeytunçu *i.* 올리브 농사꾼 olive grower

zəbərcəd *i.* (보석) 담황옥 (계 21:20)

zəbərdəst *i. obs.* ① 힘센, 강한; ② 재주가 많은, 재능있는

zəbt *i.* ① 차지, 점유, 포획, 소유, 귀속, 압류 occupation, occupancy, seizure, possession; confiscation ○ **sahiblənmə, yiyələnmə, qəsb, ilhaq**; ~ **etmək** *fe.* 손에 넣다, 점령하다, 빼앗다, 찬탈하다 seize, occupy, usurp, take possession; **qalanı** ~ **etmək** *fe.* 성을 빼앗다 seize the fortress

zədə *i.* ① *tib.* 상처, 손상 (의) 트라우마 injury, hurt, bruise, mar ○ **əziklik, sınıqlıq**; trauma; ② 손상, 손해 damage, impairment ○ **ziyan, zərər**; **ağır** ~ *i.* 중상 heavy trauma/injury

zədələmək *fe.* 상하다, 다치게하다, 상처를 입히다 hurt, injure, damage by striking ○ **yaralamaq, əzmək, çatlatmaq**

zədələnmə *i.* 상처 damage, injury

zədələnmək *fe.* 다치다, 상처입다 be damaged, be injured

zədəli *si.* ① 상처입은, 손상된, 멍든 injured, hurt, bruise, marred ○ **əzik, yaralı, sınıq** ● **sağlam**; ② *tib.* 트라우마 상태의 traumatized; ③ 손상된, 손해난 damaged; ④ 흠있는 defective

zədəlilik *i.* 상처입음, 상한 상태 wound, brokenness ○ **əziklik, yaralılıq, sınıqlıq**

zədəsiz *si.* ① 상함 없는, 멍들지 않은 hurtless, bruiseless, free from injury; ② 손상당하지 않은 unharmed; ③ 흠없는 defectless ○ **bütöv, saf**

zədəsizlik *i.* 전체성, 안정성 safety, completeness ○ **bütövlük, tamlıq**

zəfər *i.* 승리, 개가, 성공 victory, triumph ○ **qalibiyyət, qələbə** ● **məğlubiyyət**; ~ **çalmaq** *fe.*

성공하다, 승리하다 be successful, be victorious; ~ **qazandırmaq** *fe.* 이기다, 승리하다 grant victory; ~ **tağı** *i.* 개선문 triumph arch; ~ **himni** *i.* 승전가, 개선가 triumphal hymn; ~ **yuruş** *i.* 승전 행진, 개선 행진 victory march, triumphal parade

zəfəran *i.* 샤프런, 샤프런 식물의 암술머리(향미료) saffron; ***Eşşək nə bilir zəfəran nədir.*** *ata.s. Honey is not for the ass's mouth.*

zəfəranı *si.* 샤프런 색의, 샛노랑 of saffron colour

zəfəranlı *si.* 샤프란을 첨가한 spiced/flavored with saffron

zəfəranplov *i.* 샤프란을 첨가한 복음 밥 (필로브) pilaw spiced with saffron

zəfərli *si.* ① 승리의, 성공적인 successful, victorious ○ **qalib, müzəffər**; ② 생명의 결정적인 dangerous/perilous for life ○ **xatalı, təhlükəli**; ~ **yerlər** *i.* 결정적인 중요한 (신체의) 장부, 기관 vitals, organs of vital importance

zəhər *i.* ① (뱀의) 독; (화학적) 독성이 강한 poison, venom (snake) toxic (chemical) ○ **acı** ● **şirin**; ② *fig.* 해악, 독, 파멸의 원인, 적의, 신랄함 bane, venom, virulence ○ **zəqqum**; **onun sözlərinin ~i** *i.* 언어적 독성 venom of his word; ~ **vermək** *fe.* 독살하다 poison, kill with poison; ~ **qatmaq** *fe. fig.* 독을 타다 taint with poison (일을) 완전히 마치다; ~ **tökmək** *fe.* 독을 쏟다 put poison

zəhərə *i.* 해독제, 교정 (해악에 대한), (방어, 대항) 수단 antidote

zəhərləmə *i.* ① 독살, 중독 poisoning ○ **acılama, öldürmə, qırma**; ② 슬프게 함, 신고(辛苦) ○ **acılama, kədərləndirmə**; ③ 일을 망침, 훼방 ○ **korlama, pozma**

zəhərləmək *fe.* ① 독살하다 poison, kill ○ **acılamaq, öldürmək, qırmaq**; ② 쓰게 만들다, 괴롭히다 embitter, make sad ○ **acılamaq, kədərləndirmək**; ③ 악화시키다 worsen ○ **korlamaq, pozmaq**

zəhərlənmək *fe.* 음독하다, 독살당하다 be poisoned, poison oneself ● **sağalmaq**

zəhərləyici *si.* ① 독이 있는, 유독한, 해악한, 중독성의 poisonous, poisoning, venomous, toxic; ② *fig.* 악의에 찬, 한 서린; ~ **maddələr** *i.* 유독물질 toxic substance

zəhərli *si.* ① (뱀) 맹독성의, 중독성의 poisonous, toxic, venomous ○ **acılı** ● **şirin**; ② 독에 맞은, 음독한 poisoned; ③ 신랄한, 독설적인, 한 서린, 적의에 찬 venomous, virulent, poisonous, bane, caustic, mordant ○ **kinli, istehzalı, sancan**; ~ **dil** *i.* 신랄한 말, 악의적인 언어 caustic tongue; ~ **sözlər** *i.* 악의적 언어 virulent/venomous words

zəhərlilik *i.* ① 맹독성, 유독, 해독, 독성 toxicity, poisonousness, virulence, venomousness ○ **acılılıq**; ② *fig.* 악의, 신랄함 causticity, vitulence ○ **kinlilik, istehzalıq, sancanlıq**

zəhərsiz *si.* 무독한, 무해한 non-poisonous, non-toxic, unvenomous

zəhlə *i.* 혐오, 무시, 반감, 질색 disregard, neglect, contempt, aversion, repugnance, loathing; ~ **tökmə** *i.* 끈질긴 재촉, 실색케 함 importunity; ~ **tökmək** *fe.* 질색케 하다, 짜증나게 하다, 괴롭히다, 성가시게 하다 vex, bore, annoy, pester, bother, irk, weary; ~**sini aparmaq** *fe.* (사람을) 질색케 하다, 골리다, 귀찮게 졸라대다 give *smb.* a pain; tease *smb.*, vex, importunate; ~ **qaçmaq/getmək** *fe.* 혐오하다, 미워하다, 질색하다 abhor, hate loathe, abominate **zəndəyi-~** *i.* 혐오, 질색; loath, hate; **zəndəyi ~si getmək** *fe.* 욕하다, 저주하다, 혐오를 말하다 hate, abhor, execrate; ~**sini aparmaq** *fe.* 짜증나 죽을 지경에 이르다, 염려 초조하다, 애태우다 pester, worry, plague, be bored to death (with)

zəhləaparan ☞ **zəhlətökən**

zəhləkar ☞ **zəhlətökən**

zəhləkən *si.* 짜증나게하는, 피곤하게 하는, 괴롭히는 annoying, tiresome; ~ **adam** *i.* 따분한 사람, 싫증나게 하는 사람 bore

zəhlətökən *si.* 싫증나게 하는, 짜증나게 하는, 괴롭히는, 끈질기게 조르는, 쓸데 없이 참견하는 boring, irksome, bothersome, pesky, teasing, vexing, meddlesome, officious, importuneate

zəhlətökənlik *i.* 괴롭히는 태도, 괴롭힘, 끊임없는 재촉, 질색케 하는 것 annoying manner, importunity ○ **bezikdirən, usandıran**; ~ **etmək** *fe.* 괴롭게 하다, 질색케 하다 importunate

zəhm *i.* ① 공포, 두려움, 혐오, 증오 fear, dread, horror, terror ○ **qorxu, vahimə, dəhşət**; ② sternness; ~**i ağır olmaq** *fe.* 무서워하다, 두려워하다, 엄숙히 경외하다 be dreadful, be awe-

Z

some, be stern; **~i basmaq** *fe.* 두렵게 하다 inspire dread/horror, strike with awe; **~lə** *z.* 두렵게, 심하게, 엄하게 dreadfully, sternly, severely

zəhmət *i.* ① 수고, 고생, 노력, 노고 labor, toil ○ **əmək**; ② 수고, 고통, 진력 trouble, pains, effort ○ **əziyyət, narahatlıq**; **~ çəkmək** *fe.* 수고하다, 고생하다, 노력하다 toil, labour, take pains, work; **~ vermək** *fe.* 고생시키다, 힘들게 하다, 짐을 더하다 burden, load, trouble, bother; **nahaq yerə ~ çəkmək** *fe.* 쓸데 없는 수고, 헛수고 be at pains in vain; ***Zəhmət olmasa!*** *제발, 부탁하건데! Please!*

zəhmətkeş I. *i.* 노동자, 수고를 아끼지 않는 사람, 노력파, 일벌 worker, toiler, labourer; II. *si.* 노동의, 수고를 아끼지 않은 working, laboring, toiling ● **tənbəl**; **~ kütlələr** *i.* 노동자 계층 working people

zəhmətkeşlik *i.* 근면, 부지런함 industriousness, diligence

zəhmətli *si.* ① 수고스러운, 힘이 많이 드는 laborous, labor-consuming, toilful ○ **çətin, ağır**; ② 고된, 고통스러운, 어려운 troublesome, painful, difficult, fatiguing

zəhmətsevən *si.* 수고를 아끼지 않는, 부지런한 industrious, diligent, hard-working ● **müftəxor**

zəhmətsiz *si.* 쉬운, 고생스럽지 않는 easy, free from trouble, without trouble ○ **əziyyətsiz**; ***Zəhmətsiz bal yemək olmaz.*** *ata.s.* *일하지 않는 자는 먹지도 말라. No pain, no gain.*

zəhmətsizlik *i.* 무사 안일, 무사 태평 easiness, nonchalance ○ **əziyyətsizlik**

zəhmli *si.* ① 끔찍한, 무서운, 놀래키는, 공포스러운 terrible, frightful, fearful, dreadful ○ **ciddi, qorxulu, dəhşətli, təmkinli** ● **mülayim**; ② 거대한, 괴물스러운, 기괴한 huge, monstrous ○ **böyük, yekə, əzəmətli, heybətli**; ③ 침울한, 언짢은, 뚱한 morose, gloomy ○ **qaşqabaqlı**

zəhmlilik *i.* ① 심각함, 굳음 seriousness, solidity ○ **ciddilik, təmkinlilik**; ② 굉장함, 큼 hugeness, greatness ○ **böyüklük, yekəlik, əzəmət, heybət**; ③ 고통, 쓰라림 bitterness ○ **qaşqabaqlılıq, acıqlılıq**

zəhr ☞ **zəhər**

zəhrdar *si.* 독한, 독이 있는, 쓴, 떫은 poisonous, toxic

zəhrimar *i.* ① 독, 해악 poison, bane ○ **zəqqum, acı**; ② 쓰레기, 폐물, 잡동사니 rubbish, trash ○ **mənfur**

zəhrimarlamaq *fe.* 게걸스럽게 먹다, 폭음하다 gorge, guzzle, gobble

zəhrimarlıq *i.* ① 먹을 만한 것 (언짢은 표현); ② 쓴 맛 bitterness ○ **zəqqumluq, acılıq**; ③ 쓰레기더미 pile of rubbish ○ **mənfurluq**

zəif I. *si.* ① 약한, 무른 weak, frail ○ **gücsüz, üzgün, taqətsiz, cansız**; ② 희미한, 엷은, 연한 (빛, 색) faint, dim, dull, thin (light) ● **gur**; ③ (지식, 능력) 약한, 빈약한, 무기력한 weak, poor, decrepit, powerless (knowledge, capability); ④ (용기) 비겁한, 유약한 weak, faint (courage) ○ **zabitəsiz, iradəsiz**; ⑤ (결함) 모자란, 결함있는 weak (defect) ○ **əhəmiyyətsiz, kifayətsiz** ● **tutarlı**; **~ nəbz** *i.* 약한 맥박 low pulse; **~ yanmaq** *fe.* 가연성이 낮다 burn low; **~ işıq vermək** *fe.* 희미하게 비취다 glimmer; **~ damar** *i. fig.* (비유적) 약점, 연약성 foible, weakness, weak point; II. *z.* 약하게, 빈약하게, 서투르게, 시들하게 faintly, feebly, weakly, languidly, poorly

zəifləmə *i.* 약화, 감소 relaxation

zəifləmək *fe.* ① pale, weaken, fail ○ **halsızlaşmaq, üzgünləşmək** ● **güclənmək**; ② 줄이다, 낮추다, 감소하다 abate, ebb, relax **azalmaq**

zəiflətdirmək ☞ **zəifləşdirmək**

zəifləşdirmək *fe.* 약화시키다, 감소시키다 weaken, relax

zəiflətmək *fe.* 약하게 만들다, 풀다, 느슨하게 하다, 완화시키다 weaken, enfeeble, loose, loosen

zəiflik *i.* ① 약함, 약점, 연약함 weakness ○ **gücsüzlük, üzgünlük, taqətsizlik**; ② 의지가 약함, 의기소침 weak-willed ○ **iradəsizlik, qətiyyətsizlik, bacarıqsızlıq, qabiliyyətsizlik**

zəka *i.* ① 영리, 민첩, 기민, 명민, 총명 brightness, cleverness, quickness of mind, perspicacity ○ **ağıl, fəhm, zehin**; ② 능력, 역량, 재능 ability, capability, gift ○ **qabiliyyət, iste'dad**

zəkalı *si.* 영리한, 민첩한, 명민한, 총명한, 기민한 bright, sagacious, judicious, sensible, adroil ○ **ağıllı, fəhmli, zehinli, fərasətli, istedadlı** ● **fərasətsiz; kəskin**; **~** *si.* 재치있는, 예리한, 총명

한 quick-witted, sharp, bright

zəkalılıq *i.* 영리함, 재주있음, 천부성 brightness, cleverness, skilfulness, giftedness ○ **fəhmlilik, zehinlilik, istedadlılıq**

zəkasız *si.* 둔감한, 둔탁한, 어리석은, 서투른 dull, slow, unskilful, ungifted ○ **fəhmsiz, zehinsiz, istedadsız**

zəkasızlıq *i.* 어리석음, 무감각, 무신경, 둔감, 인사 불성, 무정, 냉담 dullness, numbness, insensibility ○ **fəhmsizlik, zehinsizlik, istedadsızlıq, idraksızlıq**

zəkat *i.* (종교) 세, 징수금, 납공 religious tax, tribute ○ **vergi**

zəki *si.* 영리한, 총명한, (동물적 감각) 예민한 bright, sagacious

zəqqum I. *i. bot.* 야생 올리브 balanites, wild olive; II. *si.* (과일) 쓴, 독성의 bitter, poisonous (fruit) ○ **acı, zəhər** ● **şirin**; ~ **agacı** *i.* 지하 세계의 쓴 열매의 나무 The Underworld tree; **üzgözündən ~ yağmaq** *fe.* 매우 화가 나다 very angry

zəqqumlamaq *fe.* ① (비속어) 먹이다 feed, make full ○ **yedirtmək, doydurmaq**; ② 독성이 생기다, 쓰게 되다 become bitter/poisonous ○ **acılamaq, zəhərləmək**

zəqqumlanmaq *fe.* 게걸스럽게 먹다 gorge, guzzle, eat

zəlalət *i.* ① 고통, 고문, 고뇌, 아픔 torture, torment, pang, suffering ○ **zillət, çətinlik, möhnət**; ② 오명, 추명, 추행, 야비 baseness, meanness, infamy, vileness ○ **alçaqlıq, həqarət, rəzalət, xarlıq**

zəli *i. zoo.* 거머리 leech; ~ **salmaq** *fe.* (상처 부위에) 거머리를 붙이다 leech; ~ **kimi yapışmaq** *fe.* 거머리 처럼 들러 붙다 stick like a leech

zəlil *si.* ① 누추한, 비굴한 humble, cringing; ② 비참한, 참담한 miserable, abject, unhappy, poor, wretched ○ **yazıq, bədbəxt, həqir, fəqir, xar** ● **xoşbəxt**; ~ **etmək** *fe.* 괴롭하다, 고통을 더하다 cause suffering

zəlilik *i.* ① 누추함, 비굴함 humbleness, humiliation; ② 참담, 암담, 침울, 우울 unhappiness, depression, blues ○ **yazıqlıq, bədbəxtlik, həqirlik, fəqirlik, xarlıq** ● **xoşbəxtlik**

zəlzələ *i.* 지진 earthquake, seism; ~ **nin mərkəzi** *i.* 진앙 seismic focus

zəlzələli *si.* 지진의, 지진대의 seismic; ~ **yerlər** *i.* 지진대 seismic area

zəmanə *i.* ① 시대, 세대, 현대 time, times, the age, the present time ○ **dövr**; ② 현생, 동시대 contemporary life, up-to-date life; ~ **uşaqları** *i.* 현대의 아이들 the children of today; ~ **yə görə** *z.* 시류에 따라, 세속에 따라 according to the time, as regards time

zəmanət *i.* ① 보증, 보장, 보증물 guaranty, guarantee, warranty ○ **zaminlik**; ② 추천, 추천서, 신원 보증인 credentials, recommendation, character reference; ~ **vermək** *fe.* 보증하다, 후원하다, 천거하다; sponsor, guarantee, certify, recommend; ~ **verən** *i.* 보증인 guarantee

zəmanətçi *i.* 보증인, 담보인 guarantee, guarantor, warrantor,

zəmanətli *si.* 보장된, 담보된 guaranteed

zəmi *i.* 들, 논, 밭 cornfield, field

zəmin *i.* ① 땅, 토지 ground ○ **yer, torpaq**; ② 기초, 주초; base, basis, foundation; ③ 배경, 기초 환경 workground, background ○ **şərait, mühit, vəziyyət, imkan**; **tarixi**; ~ *i.* 역사적 배경, 상황 historical background; ~ **olmaq** *fe.* (어떤 일의) 동기가 되다, 이유를 제공하다 serve as a background for *smt.*

zəminsiz *si.* 기초없는, 근거 없는 baseless, groundless, unfounded

zənbil *i.* 바구니, (짚으로 만든) 망태 basket, straw bag; **bazar ~i** *i.* 시장 바구니 shopping basket; **kağız ~i** *i.* 휴지통 waste-paper basket; **bir ~ dolusu** *si.* 한 바구니 가득 basket of

zənbilçi *i.* ① 바구니 만드는 사람, 바구니 꾼 (짐꾼) basket-maker

zəncərə *i. zoo.* 잠자리 dragon-fly

zəncəfil *i. bot.* 생강 ginger; ~ **çayı** *i.* 생강차 gingery tea

zənci *i.* 흑인 Negro, Negress (woman)

zəncir *i.* ① (쇠)사슬 chain ○ **bağ, silsilə**; ~ **kimi** *z.* 연쇄적으로 like a chain; **lövbər ~i** *i.* 닻줄 chain cable; **~ə vurmaq** *fe.* 사슬로 묶다 chain up; ② *fig.* 결박, 사슬 fetters, chains, bonds ○ **buxov, qandal**; **əlindən ~ gəmirmək/çeynəmək** *fe.* (누구에 대해) 원한을 품다 have a grudge against *smb.*, bear *smb.* a grudge; **~i qırmaq** *fe.* 결박을 풀다, 사슬을 끊다 break loose, cast off one's fetters; ③ 억압, 압박, 박해

Z

oppression, despotism ○ **əsarət, zülm**

zəncirbənd *i.* 지퍼 zipper

zəncirə *i.* 가는 끈, (금실, 은실 등으로 꼬아 만든) 끈 gold-lace, galloon

zəncirləmək *fe.* 결박하다, 사슬로 묶다 fetter, chain up ○ **bağlamaq, buxovlamaq, qandallamaq**

zəncirlənmək *fe.* be chained

zəncirli *si.* ① 사슬에 묶인, 결박된 chained ○ **bağlı, buxovlu, qandallı**; ② 미친, 귀신이 든 insane, demon-possessed ○ **dəli, cinli**

zəncirotu *i. bot.* 민들레, (민들레의) 관모구(冠毛球) dandelion, blowball

zənəx *i.* 턱, 턱끝 chin; **haça ~** *i.* (갈라진) 턱 double chin

zənən *i.* ① 여자, 여성 woman, female; **~ xeylağı** *i.* 여성, 여자 (류의) woman, woman folk; ② 아내, 부인 wife ○ **arvad, qadın**

zənənə *si.* 여자의, 여성적인, 여성의 female, woman-like, womanly, feminine; **~ hamamı** *i.* 요란스러움 topsyturvydom, scene of noisy and confused talking

zəng *i.* ① 종, 방울 bell, ring; ② 차임, 종소리, 울림, 타종 ringing, peal, clanging, tinkling, chime; **~ vurmaq** *fe.* 전화하다 phone, call on; **~ çalmaq** *fe.* 종을 울리다 ring; **~ etmək** *fe.* 전화하다 telephone; **~ çiçəyi** *i. bot.* 초롱꽃 bell flower, bluebell, campanula; **~li saat** *i.* 자명종 alarm clock

zəngçalan ☞ **zəngçi**

zəngçi *i.* 타종인 ringer

zəngin *si.* ① 풍부한, 부유한, 호화로운 rich, sumptuous, wealthy ○ **dəbdəbəli, təmtəraqlı, cah-cəlallı** ●**kasıb**; **~ həyat tərzi** *i.* 호사스러운 삶의 양식 luxury; ② 기름진, 풍부한 rich, fertile ○ **varlı, dövlətli, qəni** ● **kölə**; **~ ölkə** *i.* rich country 부국(富國); **~ torpaq** *i.* 기름진 땅 fertile soil; ③ 풍부한, 성대한, 광대한 rich, abundant, great, wide ○ **geniş, bol** ●**sadə**

zənginləşdirici *si.* 부요하게하는, 풍부하게 하는 enriching

zənginləşdirmək *fe.* ① 부하게 하다, 부자가 되게 하다 enrich, make rich, make wealthy; ② (지식 등) 풍부하게 하다, 부요케 하다 enlarge, make fertile (knowledge *etc.*)

zənginləşmək *fe.* ① 부하다, 부자되다 become rich ○ **varlanmaq, dövlətlənmək** ●**yoxsullaşmaq**; ② 증가하다, 오르다 increase ○ **artmaq, çoxalmaq**; ③ complete ○ **kamilləşmək**

zənginlik *i.* ① 부유, 풍부, 비옥 wealthiness, richness, wealth, abundance ○ **varlılıq, dövlətlilik** ●**yoxsulluq**; ② 호화, 찬란 luxury, gorgeousness ○ **həşəmət, cəlal, dəbdəbə, təmtəraq**

zəngulə *i.* ① 떨림, 떨리는 음성, 지저귐, 트릴 (음악) trill, shake, warble, warbling; **~ vurmaq** *fe.* 떨리는 음성으로 노래하다, 전동음으로 노래하다 sing with trills, play with trill; **bülbülün ~si** *i.* 나이팅게일의 지저귐, 종달이의 지저귐 warbling of nightingale

zənn *i.* ① 상상, 추정, 짐작, 추측, 예상 supposition, conjecture, guess, opinion ○ **şübhə, güman, şəkk**; **~ etmək** *fe.* 생각하다, 여기다, 고려하다, 간주하다, 상상하다 guess, believe, conjecture, consider, reckon, suppose, think; **~imə görə/**; **~imcə** *z.* 내 생각에는, 내가 보기에는 in my opinion, to my mind; **~ edilmək/olunmaq** *fe.* 여겨지다, 간주되다 be supposed; ***Mən məhz belə zənn edirdim.*** *내가 추측하건데. I was just as I conjectured.* ② 기억, 기억력, 회상 memory ○ **yaddaş, hafizə**; ***Zənnim məni aldatmırsa bu sizin qardaşınızdır.*** *내 기억이 틀리지 않다면, 그가 네 동생이다. If my memory doesn't fail, he is your brother.*; ③ 주의, 유의, 배려 attention ○ **fikir, diqqət**; **~ ilə** *z.* 주의를 기울여 intently, attentively

zər[1] *i.* 주사위 dice; **~ atmaq** *fe.* 주사위를 던지다 throw dice; **~ tutmaq** *fe.* 주사위 던지기에서 속이다 cheat in throwing dice

zər[2] *i.* ① 금, 금색깔 gold; ② 도금 재료, 도금술, 금박 gilt, gilding; ***Zər qədrini zərgər bilər.*** *ata.s.* *돼지 목에 진주 목걸이. Pearls are ill valued by swine.*; ***Zər ilə olan zor ilə olmaz.*** *ata.s.* *돈으로 되지만 힘으로 안된다. What can be done by means of gold, can't be done by force.*

zərb *i.* ① 가격, 강타, 일격, 한번 치기 blow, stroke ○ **vurma, vuruş**; ② 힘, 세기 force, strength; **~ ilə vurmaq** *fe.* 힘을 다해 치다 strike with all one's strength; **~ etmək** *fe.* 치다, 가격하다, 일격을 가하다 strike, blow; **sikkə ~ etmək** *fe.* 동전을 찍다; mint coins, coin money; **medal ~ etmək** *fe.* 메달을 찍다 strike medals

zərbə *i.* ① 가격, 밀기, 치기, 손바닥으로 치기 blow, box, cuff, push, stroke, thrust ○ **vurma, döymə**; ② 충격, 공격, 타격, 밀기 shock, shove ○ **həmlə, hücum**; ~ **qüvvəsi** *i.* 충격력, 치는 힘, 타격력; striking force; ~ **endirmək** *fe.* 공격하다, 타격을 가하다 strike a blow

zərbəçi i 공격자, 가격자 shock-worker

zərbəçilik *i.* 공격자, 공격 shock work, shock-worker movement ○ **qabaqcıllıq**

zərbəli *si.* 충격적인 shocking

zərbxana *i.* 화폐 주조소 mint

zərbi-məsəl *i.* 격언, 금언 proverb, saying

zərbülməsəl *i.* 금언, 격언 saying, saw, by-word, proverb

zərdab *i.* ① 유장(乳漿) whey, serum of milk; ② *tib.* 장액, 혈청, 림프액 serum; ~ **mayesi** *i.* 림프액 serous fluid; ~ **qişası** *i.* 세포막 serous membrane

zərdablı *si.* 혈청을 함유한, 림프액을 함유한 containing whey, containing serum

zərdüştilik *i.* 배화, 배화교, 조로아스터교 fire-worship, Zoroastrianism

zərdüşti *i.* 배화인, 조로아스터, 불 숭배자 fire-worshipper, Zoroastrian

zərəfşan *si.* 빛나는, 눈부신, 반짝이는 effulgent, brilliant, glittering

zərər *i.* ① 상처, 해(害) harm, injury, hurt; ② 손실, 손해, 손상 damage, loss ○ **ziyan, itki, xəsarət** ●**xeyir**; ③ 침해, 불리, 손상 detriment, prejudice; ~ **vermək** *fe.* 상하게 하다, 해를 끼치다, 손해를 주다 damage, harm, cause losses, cause detriment, prejudice ~ **görmək** *fe.* 상처를 입다 suffer harm; ~ **vurmaq** *fe.* 상처를 주다, 편견을 갖다 prejudice; ~ **çəkmək** *fe.* 손해를 입다 suffer losses; ~ **inə satmaq** *fe.* 손해를 보고 팔다 sell at a loss; ~ **dəyməmiş** *si.* 손상 입지 않은 safe; ***Zərər yoxdur.*** *괜찮습니다. 문제 없습니다. It doesn't matter. Never mind.*

zərərli *si.* 나쁜, 해로운, 악의적인 bad, harmful, malignant ○ **ziyanlı, müzür** ●**xeyirli**; ~ **adam** *i.* 이롭지 못한 인간, 유해자 harmful man, detrimental; ~ **qazlar** *i.* 유독가스 noxious gases; ~ **olmaq** *fe.* 해롭다, 악의적이다 be harmful, be malignant

zərərlilik *i.* 해로움, 열악한 근무 조건 harmfulness, unhealthy condition of work ○ **ziyanlılıq, müzürlük**

zərərsiz *si.* 무해한, 무죄한, 안전한 harmless, innocent, safe ○ **ziyansız, müzürsüz** ●**xeyirsiz**

zərərsizləşdirmək *fe.* 해독(解毒)하다, 제독하다 render harmless

zərərsizləşmək *fe.* 해독되다, 무해하게 되다 be rendered harmless

zərərsizlik *i.* 무해함, 무독성 harmlessness, innocuousness ○ **ziyansızlıq, müzürsüzlük**

zərərverici *i.* 유해물, 해충, 병해; pest, vermin, blight; **bitki** ~ *si.* 유해 식물 plant pest; **heyvan** ~**si** *i.* 유해 동물 animal pest

zərf[1] *i.* 봉투 envelope; ~**in içinə qoymaq** *fe.* 봉투에 넣다 enclose

zərf[2] *i. qram.* 부사 adverb

zərflik *i. qram.* 부사적 수식어 adverbial modifier; **zaman** ~**yi** *i. qram.* 시간 부사적 수식어 the adverbial modifier of time; ~ **budaq cümləsi** *i. qram.* 부사절 the adverbial clause

zərgər *i.* 보석상, 보석공; jeweler, goldsmith; ~ **dükanı** *i.* 금은방; jeweller's; ~ **şeyləri** *i.* 보석 jewelry

zərgərlik *i.* 보석 가공(술), 보석상(商) jeweller's art

zərxara *i.* 문직, 무늬 직물 brocade

zərif *si.* ① 부드러운, 섬세한, 우아한, 고운 tender, delicate, elegant, graceful, refined, slender, slim, fine, smart, subtle ○ **incə, nazik, nəfis** ● **kobud**; ② 가냘픈, 가녀린, 홀쭉한, 희미한, 창백한 lean, lanky, wan ○ **arıq, zəif, cansız**

zərifləşdirmək *fe.* 섬세하게 하다, 미묘하게 만들다 make refined/elegant/graceful, render delicate

zərifləşmək *fe.* 우아해지다, 부드러워지다 become elegant, grow tender ○ **incələşmək, nazikləşmək** ● **kobudlaşmaq**

zəriflifli *si.* 섬세한 섬유의 fine-fibered, finefibrous

zəriflik *i.* 부드러움, 우아함, 섬세함 subtlety, refinement, grace, delicacy, elegance ○ **incəlik, lətafət, gözəllik, qəşənglik** ● **sərtlik**; ② 연약함, 창백함 ○ **zəiflik**

zərifyunlü *si.* 세모직의, 세모(細毛)의; with fine-wool, with fine fleece; ~ **qoyun** *i.* 면양(綿羊) fine fleeced sheep

zərinc ☞ **zirinc**

Z

zərləmək *fe.* 반짝이게 하다, 금박지를 입히다 gild

zərlənmiş *si.* 금박지를 입힌 gilt

zərli *si.* 금박지의 golden, gilded

zərrə *i.* 미립자, 분자, 극히 작은 조각, 극소량 particle, atom, grain (of sand) ○ **tikə, loxma**; ~ **qədər də** *z.* 조금도, 전혀 not in the least; ~**cə** *z.* 조금도, 결단코, 전혀 not at all, by no means, not in the least ○ **qətiyyət, əsla, heç**

zərrəbin *i.* 확대경, 루페 (보석세공, 시계수리용 확대경) loupe, magnifier

zərrəcik *i.* 극소 분자, 극소 분량 smallest particle

zərrin *si.* ① 금의, 순금의 gold, golden of gold; ② 반짝이는, 금박씌운 golden, shining

zərurət *i.* ① 응급상황, 긴급 emergency ○ **məcburiyyət, naçarlıq, çarəsizlik**; ② 강박 충동, 강압, 강요 compulsion ○ **ehtiyac, lüzüm**; ③ 필수, 필요 necessity, need ○ **vaciblik, labüdlük**; ④ 결핍, 빈곤 poverty ○ **yoxsulluq, möhtaclıq**

zəruri *si.* ① 필수의, 불가결의, 긴요한 indispensable, necessary, unavoidable, inevitable ○ **gərəkli, mühüm, vacib**; ② 절대적, 강요의, 의무적인 absolute, compulsory ○ **məcburi, mütləq, labüd,**

zərurilik *i.* 필수, 불가결, 긴요성 necessity, indispensability ○ **vaciblik, lazımlıq**

zəruriyyət *i.* 필요성, 필수성, 요구; necessity, perforce, need, requirement; ~ **üzündən** *z.* 억지로, 강제적으로 by force, of perforce

zərvərəq *i.* 금박지 gold foil

zərvuran *i.* 금장색, 금 세공사, 금박지 장식자 (부조품 위에 금박의 색깔을 입히는 사람) gold-smith

zər-ziba *i.* ① 문직 (紋織), 수단 (繡緞) brocade; ② 장신구, 화려한 홋, 화미, 건장한 옷차림 finery gay and elegant dress, brocaded attire, smart clothes; ③ 금 장식, 보석 gold adornment, jewels

zər-zibər *i.* 장식, 문양, 꾸밈 adornment, decoration

zəvvar *i.* 순례자, 성지 순례자 pilgrim, palmer

zəvzək *si.* 수다스러운, 시끄러운, 말많은 talkative, garrulous, loquacious ○ **naqqal, boşboğaz, lağlağı**

zəvzəkləşmək *fe.* 말이 많아지다 (성격상) become talkative ○ **naqqallaşmaq**

zəvzəklik *i.* 수다성, 다변 talkativeness, garrulity ○ **naqqallıq, boşboğazlıq, lağlağılıq**

zəy *i. kim.* 명반, 황산 알미늄 Alum; ~ **vurmaq** *fe.* 명반과 섞다 mix with alum

zəyərək *i. bot.* 아마, 아마 섬유 flax; ***Zərb zəyərəkdən yağ çıxarar.*** *ata.s.* *뿌리지 않으면 거둘 수 없다. No force, no results.*

zəyləmək *fe.* 명반과 섞어 다른 물질을 만들다 mix alum into another substance

zəyli *si.* 명반과 섞인 mixed with alum

zəylik *i.* 명반을 함유한 재료 alum deposits

zığ *i.* ① 진흙, 뻘, 개흙, 습지, 늪, 진창 mud, slush, ooze, mire ○ **lehmə, bataq**; ~ **a bulaşmaq** *fe.* get soiled/dirty with mud; ② 진창, 진흙, 찌꺼기 때 ○ **çirk, kir**; ③ 점도, 농도 ○ **qatıllıq, qəlizlik**

zığıldamaq *fe.* 삐걱 거리다, 군시렁거리다, 불평하다, 삐딱거리다 squeak, peep, cheep, squeal, screech, squall, whine ○ **inildəmək, mızıldamaq, şikayətlənmək**

zığıltı *i.* ① 울음, 징징거림 moaning, groaning; ② (뽀드득, 삐끄떡, 삐익) 소리 cheeping, peeping, squeaking

zığlamaq *fe.* 늪지화하다, 진창이 되다 become muddy, become slushy ○ **palçıqlamaq, lehmələmək**

zığlı[1] *si.* ① 진창의, 질퍽한, 습지의 muddy, bemired, swampy ○ **palçıqlı, lehməli, bataqlı**; ② 더러운, 엉망진창의 dirty, filthy ○ **kirli, çirkli**

zığlı[2] *si.* 기름진, 느끼한 fat, fatty, oily; ~ **süd** *i.* 지방이 함유된 우유 fatty milk

zığlıq *i.* 진창, 늪지가 많은 지역 muddiness, swampiness, muddy place ○ **palçıqlıq, lehməlik, bataqlıq**; ② **qatılıq, qəlizlik**

zığ-zığ I. *i.* 징징거리는 사람, 아이 cry-baby, sniveler; II. *si.* 넌더리나는, 지루한, 싫증나는 irksome, tedious, tiresome

zıqqanmaq *fe.* ① (어떤 목적을 위해)노력하다, 자신을 죄다, 힘써 일하 다 exert oneself, strain oneself; ② 열망하여 애타다, 간절히 원하다 puff, pant, groan ○ **gücənmək, hıqqanmaq**

zıqqı I. *i.* 수전노, 구두쇠, 노랭이 miser, skinflint, niggard; II. *si.* ① *col.* 인색한, 욕심이 많은 greedy, desirous, ○ **xəsis, tamahkar, acgöz** ●

əliaçıq; ② 지루한, 따분한 boring; ③ 징징거리는, 불평이 가득한 whimpering, sniveling, whining ○ **zəhlətökən**

zıqqıldamaq *fe.* 투덜거리다, 훌쩍이다, 고통을 호소하다, 징징거리다 ache, suffer, whine, whimper, complain, moan ○ **zarımaq**, **inildəmək**, **sızıldamaq**

zıqqıldatmaq *fe.* 울게하다, 투덜거리게 하다, 훌쩍거리게하다 make whimper, cause to whimper, make snivel/cry sniffing

zıqqıltı *i.* 울음, 훌쩍거림, 투덜거림 moaning, whimpering, moan; sniveling, whining ○ **inilti**, **zarıltı**

zıqqına-zıqqına *z.* 어렵사리, 간신히, 억지로 with difficulties, struggling

zıl *i.* 새똥, 배설물 dung of birds, droppings

zılx *i.* 비트 뿌리, 샐러드용 홍당무 beetroot

zılıq *i.* ① 코딱지, 콧물, 고름 snot, snivel, nasal discharge; ② 물방울 (눈물, 콧물, 침 등) slobber, salvia (from mouth), mucus (from eye), matter; **gözünün~ ğını axıtmaq** *fe. col.* 고생스러운 일을 시키다 turn on waterworks

zılıqlı *si.* ① 끈적한, 질질한 snotty; ② 질펀한, 침 흘리는, 몹시 감상적인; slobbery ③ 고름이 찬, 고름이 흐르는 mattery

zımba *i.* punch

zındıq I. *i.* ① 망나니 (욕설) atheist ○ **kafir**, **dinsiz**; ② 구두쇠, 노랭이 miser, niggard; II. *si.* 인색한, 째째한, 탐욕스러운 stingy, niggardly, miserly

zınq[1] *i.* 새똥 droppings (of bird)

zınq[2] ☞ **zınqıltı**

zınqıldamaq *fe.* (종, 가벼운 금속성의) 소리내다, 울리다 ring, clink, jingle, chink, strum

zınqıldatmaq *fe.* 소리나게 하다, 종을 치다 ring, clink

zınqıltı *i.* (딸랑거리는) 종소리, (기타 금속성의 울리는) 소리 tinkle, tinkling, clang, squeal, screech

zınqırov *i.* (짐승의 목에 다는) 종, 방울, 편경 bell, tinkler ○ **qumrov**

zınqırovlu *i.* 종을 목에 단, 방울을 단 belled, with tinkler; ~ **keçi** *i.* 방울달린 염소 belled goat

zınq-zınq *i. onomatopoeic.* 딸랑딸랑 jangle-jingle; ~ **etmək** *fe.* 딸랑거리다 tinkle, jingle

zıppıltı *i. col.* 법썩, 소동, 떠들석함, 소음; tumult, racket, hurly-burly; ~ **qoparmaq** *fe.* 법썩을 내다, 소동을 일으키다 make a racket, kick up a racket

zırı I. *i.* 버릇없는 사람, 무례한 (無禮漢) churl, boor, rude man; II. *si.* ① *col.* 건장한, 장대한, 투박한 huge, enormous, immense ○ **yekəpər**, **yekə**; ② 거친, 투박한, 상스러운 rough, coarse, unpolished ○ **qanmaz**, **kobud**, **qaba**

zırıldamaq *fe.* 훌쩍거리다, 징징거리며 울다 (shrilly) weep, cry ○ **ağlamaq**

zırıltı *i.* ① 울음, 훌쩍거림, 엉엉; shrill weeping, crying ② 법썩, 소동 uproar, racket, row ○ **səs-küy**, **mərəkə**, **həngamə**, **dava**, **qalmaqal**, **dava-dalaş**, **araqarışdırma**

zırınqazırınq *i. col.* 딸랑 딸랑, 땡땡 tinkling; ~ **salmaq** *fe.* 딸랑거리다 tinkle; ~ **la** *z.* 딸랑거리며 tinkling, with tinkles

zırpı *si.* ① 무거운, 건장한, 다부진 hefty, stumpy, stocky, stalwart, strapping ○ **yekə**, **böyük**, **yekəpər** ● **balaca**; ② 야한, 거친, 무례한, 투박한 rude, churlish, boorish ○ **qanmaz**, **kobud**, **qaba**

zırpılaşmaq *fe.* 건장하게되다, 무례하게 되다 grow stout, become swollen ○ **kobudlaşmaq**, **qabalaşmaq**

zırpılıq *i.* 광대, 거대함, 건장함 hugeness, immensity ○ **yekəlik**, **irilik**, **böyüklük**, **yekəpərlik** ● **balacalıq**

zırrama *si.* 어리석은, 둔한, 멍청한 stupid, dolt, idiot ○ **gic**, **sarsaq**, **ağılsız** ● **ağıllı**

zır-zır I. *i.* 불평분자, 징징이, 울보 cry-baby, sniveler; II. *si.* 훌쩍거리는 whining

ziba *si.* 잘생긴, 멋진, 예쁜 pretty, beautiful, handsome ○ **gözəl**, **göyçək**, **qəşəng**

zibalanmaq *fe.* 미화하다, 예뻐지다 become pretty, beautify ○ **gözəlləşmək**, **qəşəngləşmək**

zibalı *si.* 꾸며진, 장식된 decorated, embellished ○ **bəzəkli**, **zinətli**, **yaraşıqlı**

zibalıq *i.* 미, 아름다움 beauty, beautifulness

zibil *i.* ① 쓰레기, 폐물, 잡동사니 dirt, garbage, litter, rubbish, sweepings ○ **tullantı**, **törtöküntü**; ② *fig.* 하잘데 없는 인간, 건달, 변변치 못한 자; 행실이 못된 여자, 불량한 인생; rubbish, trash, rotter blackguardly woman/creature; ~ **yeşiyi** *i.* 쓰레기 상자 dust-bin; **~i çıxmaq** *fe.* 망

Z

가져 못쓰게 되다 be spoiled; ~ **ini çıxarmaq** *fe.* 망가뜨리다 spoil; ~ **kimi** *z.* 흔한, 천한 plentiful, copious, abundant; ~ **kimi olmaq** *fe.* 흔하게되다, 천하게 되다; teem, abound; ***Evin zibilini küçəyə atmazlar.*** *ata.s.* *집안쓰레기를 거리에 버리지 말라. Don't wash your dirty linen in public.*

zibilçi *i.* 청소부, 넝마주의 dustman, refuse collector

zibilləmə *i.* 방해물, 질식 obstruction, choking up

zibillə(ndir)mək *fe.* ① 쓰레기를 버리다, 더럽히다 drop, litter, scatter rubbish ○ **çirkləmək** ● **təmizləmək**; ② 악화시키다, 고장내다 make worse, make broken ○ **korlamaq**, **xarablamaq**

zibilli *si.* ① 더러운, 골치거리의, 손해나는 nuisance ○ **zərərli**, **ziyanlı**; ② 더러운, 오염된 littered, polluted ○ **çirkli** ● **təmiz**

zibillik *i.* 쓰레기 더미, 쓰레기 버리는 곳 dump, scrap-heap ● **təmizlik**

ziblisiz *si.* 깨끗한, 쓰레기가 없는 clean, litterless

zidd I. *i.* 반대, 상반, 역(逆), 대조, 대비, 모순 opposition, contrariety, the contrary, the opposite, contrast; II. *si.* 반대의, 모순된, 자가당착의, 반항적인, 적합지 않는, 거스리는 opposite, contradictory, contradicting, contrary, opposing ○ **əks**, **əleyh**; III. *si.* 반대의, 반하는, 거역의 against, contrary to; ~ **fikir/mülahizə** *i.* 반대 의견 contradictory idea/opinion; ~ **bəyanət** *i.* 반대 주장 contradicting statement; **~inə getmək** *fe.* 반대하다 oppose; ~ **olmaq** *fe.* 상반되다 contradict, be against; **~inə** *z.* 역으로, 거꾸로 on the contrary, conversely; **~inə hərəkət etmək** *fe.* 거스려 행동하다, 반격하다, 대응하다 act against, counteract

ziddiyyət *i.* ① 부적합, 모순 antagonism, collision, opposition, discrepancy, friction, reverse, contradiction ○ **uyğunsuzluq**, **əksillik**, **fərq**; ② 적대 (관계) 대립, 반목, 갈등 hostility, aggression ○ **düşmənçilik**, **ədavət**

ziddiyyətli *si.* 어긋나는, 모순된, 대조적인, 충돌하는, 일치하지 않는 discrepant, contradictory, conflicting ○ **təzadlı** ● **aydın**

ziddiyyətlilik *i.* 모순, 충돌 contradiction, conflicting ○ **təzadlılıq**

ziddiyyətsiz *si.* 비모순적인, 비충돌적인, 비적대적인 non-contradictory, non-conflicting, non-antagonistic ○ **təzadlılıq**

zidlik *i.* ① 반대, 대조, 모순 opposition, contradiction ○ **əkslik**, **təzad**; ② 알력, 적대감, 반감 ○ **ədavət**, **düşmənçilik**

zifaf I. *i.* (결혼식의) 첫날, 첫 만남 (신랑, 신부) nuptials, nuptiality; II. *si.* nuptial 결혼의; ~ **günü** *i.* 결혼 첫날 nuptial day

zift *i.* ① (검은 색의) 역청, (송진의) 그을름 tar, pitch; ② *fig.* 아주 검은 물질 something very black

ziftli *si.* ① 그을음을 칠한 tarred, pitched; ② 송진 (의, 이 묻은, ~포함된) resinous

zikr *i.* ① 거명 (擧名), 언급, 회상 remembrance, mentioning the name, mention; ② *din.* praying; ~ **etmək** *fe.* remember ① 회상하다, 기억하다; ② 언급하다, 말하다, 표현하다 express, metion; ③ 낭송하다, (기도) 소리내어 읽다 enumerate, recite

ziqzaq *si.* 지그재그 형태의, 갈지자(之) 모양의 zigzag

zil[1] I. *i.* 높은 음, 고성, 날카롭고 높은 소리, 고음역 loud voice, high-pitched tone, descant, treble, the soprano; II. *si.* 고음역의, 높은 소리의 high-pitched, high-range, treble, soprao ○ **yüksək**, **nazik (səs)** ● **bəm**; ~ **pərdə** *i.* (현악기의 높은 음역을 나누는) 프렛 fret of highest tone ; ~ **ə qalxmaq** *fe.* 고음역의 노래를 하다 sing in the high tone; ~ **də köklәmək** *fe.* (높은 음으로) 조음, 조율하다 tune in the high-pitche tone; ~ **ə çəkmək** *fe.* 과장하다, 지나치게 하다 exaggerate, do *smt.* to excess; ~ **dən** *z.* 고음으로, 높은 소리로 loudly, in the high pitched tone

zil[2] *əd.* 매우, 극도의 (어둡다는 말고 연관되어) very, extremely (only with word of 'dark') ○ **tünd (qara)**; ~ **qara** *i.* 칠흑, 매우 검은 색, 매우 어두움; pitch black, pitchy; ~ **qaranlıq** *i.* 칠흑 같은 어두움 very dark night

zil *i.* 새똥, 새의 배설물

zilxan *i.* *mus.* 소프라노 Soprano

zil-qaranlıq *si.* 칠흑의 pitch dark

zilləmək *fe.* 응시하다, 똑바로 보다 stare, look straight ahead ○ **dikmək**, **baxmaq**; **gözlərini** ~ *fe.* 똑바로 보다, 응시하다 stare (at)

zillənmək *fe.* ① 관찰되다, 응시되다 be stared,

be fixed on; ② 날아 오르다, 높이 날다, 치솟다 go up, fly up, soar, tower

zillət *i.* ① 고난, 재난, 역경, 불행, 불운 suffering, misery, affiction, adversity, distress ○ **çətinlik, məşəqqət, əziyyət** ● **xoşbəxtlik**; ② 가난, 결여, 궁핍 hardship, poverty, privation ● **səadət**; ~ **çəkmək** *fe.* 어렵게 살다, 가난하게 살다, 고통을 겪다 suffer privation, be hard-up, live in poverty, have a hard time, suffer hardship; ~ **ə salmaq** *fe.* 고통을 주다, 어렵게 만들다 cause suffering to

zillətli *si.* 어려운, 곤란한, 무거운 hard, difficult, grave ○ **çətin, ağır, əzablı, məşəqqətli**; ~ **həyat** *i.* 어려운 삶, 재난적인 삶 hard life, life full of misery

zilli *si.* 똥묻은 mixed with dung/manure

zina *i.* 음란, 음행, 호색, 간통, 간음; adultery, lechery, fornication; ~ **dan əmələ gələn uşaq** *i.* adulterate child, 사생자!, 호로자식! Bastard!, Whoreson!

zinakar I. *i.* 간통자, 간음자, 간부, 매춘부; fornicator, adulterer, whore; II. *si.* 음탕한, 부정한, 음란한 adulterous, whorish

zinakarlıq *i.* 간통, 간음, 호색, 음란, 색욕 fornication, adultery, lechery, whoredom

zinc *i. mus.* 진즈 (금속 현을 때려서 소리나게 하는 악기) dulcimer

zindan¹ *i.* 감옥, 토굴감옥, 아성, 암토굴, 교도소 dungeon, dark place, jail ○ **həbsxana, məhbəs, dustaq**; ~ **a salmaq** *fe.* 감옥에 가두다, 투옥하다, 감금하다, 구속하다 imprison, jail

zindan² *i. ana.* 침골 (砧骨) Anvil

zindanban *i.* 교도관, 옥지기 turnkey

zindançı *i.* 옥지기, 교도관, 간수 warder, jailer

zinət *i.* ① 장식, 꾸밈, 장신구 adornment, ornament, decoration ○ **bəzək, süs, yaraşıq**; ② 아름다움 beauty; ~ **vermək** *fe.* 꾸미다, 장식하다, 화장하다 ornament, decorate, beautify, embellish

zinətləndirmək *fe.* ① 치장하다, 자찬하다; adorn, beautify, decorate ② 미화하다, 꾸미다, 치장하다 beautify, embellish

zinətlənmək *fe.* ① (자신을) 치장하다, 꾸미다 be adorned, be decorated ○ **bəzənmək, süstləşmək, gözəlləşmək**; ② 미화하다 be beautified

zinətli *si.* ① 꾸민, 치장한, 장식한 decorated, ornamented, embellished ○ **bəzəkli, süstlü**; ② 고운, 예쁜 beautiful, smart

zingildəmək *fe.* 울다, 처연하게 울다, 신음하다, 흐느껴 울다 whine, shriek, yelp, moan ○ **zıqqıldamaq**

zingilti *i.* 우는 소리, (개 짓는) 소리 shriek, yelp of a dog ○ **zarıltı, zıqqıltı**

zinhar *nid.* 어머나, 저런, 조심하지; Have mercy, Refrain from, Be careful, Take care (interjection for warning); ~ **etmək**; ~ **a gəlmək** *fe.* 싫증나다, 피곤하다 become tired, become bored ○ **usanmaq, bezikmək, yorulmaq**

zira *bağ.* 때문에, 그러므로 for, because

zireh *i.* ① 갑주, 흉배 armor; ② (배나 탱크 등) 동체 갑옷, 흉갑, 갑옷 cuirass, suit of armor, coat of mail; ③ *zoo.* 방호기관 (물고기의 비늘, 가시 등) test, armor

zirehdeşən *si.* 갑옷을 뚫는, 뼈에 사무치는 armour-piercing

zirehdələn ☞ **zirehdeşən**

zirehləmək *fe.* 무장하다, 대비하다 armour, reserve

zirehlənmək *fe.* 갑옷을 입다, 갑주를 입다 put on an armour

zirehli *si.* 무장한, 갑옷을 입은 armoured, ironclad; ~ **hərb gəmisi** *i.* 전함, 흉갑을 입힌 전함 battle ship; ~ **qüllə** *i.* 흉갑을 입힌 포탑, 돌출 총좌 (銃座) armored turret; ② *zoo.* 겉껍데기가 있는, 겉 껍데기의 testaceous; ~ **onurğasızlar** *i.* 갑각류, 겉껍데기가 있는 무척추 동물류 testaceous invertebrate

zirə *i. bot.* 캐러웨이 (회향품의 일종), 캐러웨이 열매 (향미료, 약용) caraway, caraway-seeds

zirək *si.* 재간있는, 기민한, 솜씨 좋은, 민첩한, 재빠른 light-fingered, dexterious, agile, quick, swift, adroit, nimble ○ **bacarıqlı, cəld, çevik, diribaş** ● **maymaq**

zirəklənmək ☞ **zirəkləşmək**

zirəkləşmək *fe.* 기민하게되다, 재빠르게되다 become agile, become adroit ○ **cəldləşmək, çevikləşmək**

zirəklik *i.* 기민함, 민첩성, 즉각성, 민활함 dexterity, quickness, promptness, swiftness, agility, spirit ○ **bacarıq, cəldlik, çeviklik, diribaşlıq** ● **maymaqlıq**

zirəng ☞ zirək

zirənglik ☞ zirəklik

zirinc *i. bot.* 매자나무속의 식물 (매발톱나무 따위), 그 열매 barberry

zirvə *i.* ① 정상, 꼭대기, 수뇌부 top, crest, peak, summit ○ **təpə, baş; dağın ~si** *i.* the top of the mountain; **təpənin ~si** *i.* 고개, 언덕 꼭대기 crest of hill; **dalğanın ~si** *i.* 파도의 정점 crest of wave; ② 절정, 정점, 극치, 전성기, 클라이맥스, 최고조 top, noon, height, acme, pinnacle; **şöhrətin ~si** *i.* 인기절정 summit of fame; **~ yə qalxmaq** *fe.* 정점을 향해 올라가다, 정상을 향해 나아가다 climb the summit, ascent; **~sinə çatmaq** *fe.* 정점에 이르다; 최고점/정점 /절정에 달하다, 전성을 극하다 culminate

zir-zəbər *z.* 엉망진창으로, 뒤죽박죽으로, 거꾸로 upside down, topsy-turvy; **~ etmək** *fe.* 엉망진찬으로 만들다, 뒤죽박죽 만들다, 완전히 뭉게다 turn upside-down, destroy completely

zirzəmi *i.* 지하실, 지하저장실, 움, 땅광 cellar, dungeon, basement, vault ○ **yeraltı, anbar; tağbənd ~** *i.* 지하 저장실 (포도주 따위) vault, basement

zir-zibil *i.* ① (온갖 종류의) 쓰레기, 부스러기, 폐물, 잡동사니 debris, rubbish, sweepings, litter ○ **tör-töküntü, süpürüntü, tullantı;** ② 하층민, 어중이 떠중이, 천민 (경멸조의) riff-raff, rabble ○ **yaramaz (adam)**

zivana *i.* 맷돌의 가운데 구멍, 홈

zivə *i.* 빨래줄 clothes-line

zivər *i.* 장식, 꾸밈, 장식품 adornment ○ **bəzək, süsç zinət, yaraşıq**

ziya *i.* 빛, 섬광, 광채 light, luster ○ **işıq, aydınlıq, nur** ● **qaranlıq; günəş ~sı** *i.* 일광 sunlight; **ümid ~sı** *i.* 소망의 빛줄기 flash of hope; **ayın ~sında** *z.* 달빛아래 by moonlight

ziyad(balığı) *i. zoo.* 오물 omul (fish of the salmon family)

ziyadə *z.* 더 많이, 보다 더 more than, much, too ○ **çox, artıq; ~ etmək** *fe.* 더 하다, 보태다, 증가시키다 add, increase; **həddindən ~** *z.* 한도 이상의, 능력 이상의 too much, beyond the limit; **bundan ~** *z.* 게다가, 더 나아가 moreover

ziyadar *si.* 환한, 빛나는, 밝은 shiny, bright

ziyadələnmək *fe.* 증가하다, 더하다 be added, be increased ○ **artmaq, bollanmaq, çoxalmaq**

ziyafət *i.* 잔치, 연회, 축연, 축제, 대접 banquet, feast, party ○ **qonaqlıq; ~ təşkil etmək** *fe.* 잔치를 벌이다, 축연을 열다; give a party; **böyük ~** *i.* 무도회 ball

ziyalandırmaq *fe.* ① 빛을 내다, 복사(輻射) 하다, 빛나게 하다 radiate, shine ○ **işıqlandırmaq;** ② 계몽하다, 계발하다 enlighten, illuminate ○ **nurlandırmaq, maariflændirmək**

ziyalanmaq *fe.* ① 빛나다, 번쩍이다, 발광하다 shine, enlighten, illumine ○ **işıqlanmaq, nurlanmaq;** ② 깨우치다, 계발되다 ○ **maariflənmək**

ziyalı *si.* ① 계몽된, 계발된, 사리를 잘 아는, enlightened, intellectual ○ **savadlı, mədəni;** ② 깨우친, 개화된, 분명한 ○ **açıq, aydın, nurlu, işıqlı**

ziyan *i.* 손실, 손해, 재난, 상해, 불이익 casualties, damage, disadvantage, loss ○ **zərər, müzür** ● **xeyir; ~ vurmaq** *fe.* 다치게하다, 손해를 입히다 damage; **~ çəkmək** *fe.* 손해를 입다, 손상 당하다; suffer loss , damage, suffer prejudice; ***Ziyan yoxdur.*** *괜찮다. Never mind, No matter.*

ziyançı, ziyankar *i.* 해충, 유해물, 골칫거리, 약탈자, 난파선 약탈자, 파괴 활동가 wrecker, saboteur, pest, vermin ○ **müzür** ● **xeyirxah**

ziyançılıq, ziyankarlıq *i.* 사보타쥐, 방해활동, 파괴활동, 태업 wrecking, sabotage, act of sabotage ○ **zərərlilik, müzürlük** ● **xeyirxahlıq**

ziyanlı *si.* 해로운, 해가 되는, 음험한, 잠행성의 harmful, insidious, guileful ○ **zərərli, müzürlü** ● **xeyirli**

ziyanlıq *i.* 손실, 손해, 손상, 파괴 harm, loss, damage, destruction ○ **zərər, itki, tələfat, xəsarət** ● **xeyirlilik**

ziyansız *si.* 무해한, 악의 없는, 정직한 harmless, guileless ○ **zərərsiz, xəsarətsiz** ● **xeyirsiz**

ziyansızlıq *i.* 무해, 악의 없음 harmlessness ○ **zərərsizlik, xəsarətsizlik**

ziyanverici *i.* 해충 (농업) pest (agriculture)

ziyarət *i.* 순례, 방문 visit, pilgrimage; **~ getmək** *fe.* 순례 여행을 가다 go on a pilgrimage; **~ etmək** *fe.* 방문하다 give a visit; ***Həm ziyarət həm ticarət.*** *님도 보고 뽕도 따고. (일을 겸사로 할 때) combine a visit with business.*

ziyarətçi *i.* 순례자, 방문자 visitor, pilgrim
ziyarətkəh *i.* 순례지, 순례 여행, 거룩한 장소 sanctuary, pilgrimage
ziyil *i.* 사마귀 (피부에 돋아나는) wart
ziyilli *si.* 사마귀가 많은 warty
ziynət ☞ **zinət**
zod *i.* ① 용접 welding; ② 용접점, 용접 이음매 weld, welded joint; ③ 날까로움, 예리함 sharpness, keenness, sharp cutting edge
zodlamaq *fe.* 용접하다 weld
zoğ *i. bot.* 싹, 새싹, 움, 분지(分枝) shoot, sprout , offset, twig ○ **pöhrə**
zoğal *i. bot.* 산수유, 말채나무 Carnelian cherry dogwood; ~ **ağacı** *i.* 산수유 나무 Carnelian cherry tree
zoğallıq *i.* 산수유 과수원 grove of cornel-trees
zoğlamaq *fe.* 싹이 트다, 움트다 sprout, shoot
zoğlu *si.* 싹이나는, 움이 트는 budding, blooming; ~ **gövdələr** *i.* 움트는 줄기 stems with shoots ○ **pöhrəli**
zoqquldamaq *fe.* ① 고통하다, 신음하다 have pain, pang; ② 신음하다 groan ○ **ağrımaq, sancmaq, göynəmək, inləmək**
zoqqultu *i.* 고통, 아픔, 신음 pain, twinge, prickle ○ **ağrı, sancı, sızıltı**
zoqqultulu *si.* 고통스러운, 쑤시는, 욱신 거리는 shooting, throbbing, prickling
zol *i.* ① 줄무늬, 줄, 선조(線條) strip, stripe; ② 채찍 자국, (직물의) 골 wale, weal; ~ **çıxarmaq** *fe.* a) 줄 모양으로 자르다 wale; b) 채찍 자구을 내다, 골지게 짜다 cut into strips; ~-~ *si.* 줄 무늬의, 줄 모양으로 자른 striped, cut into stripe; ~-~ **etmək** *fe.* a) 줄모양으로 자르다 cut into strips; b) (누구를) 채찍질하다, 난도질하다 wale *smb.*, slash *smb.*
zolaq *i.* ① 가느다란 조각, 종잇조각, 줄모양의 천 strip, slip ○ **iz, xətt, zol; kağız ~ğı** *i.* 종잇조각 strip of paper; **meşə ~ğı** *i.* 숲의 고랑, (수종에 따라) 줄모양으로 나눠진 숲 strip of forest; **uçuş ~ğı** *i.* (임시) 활주로, 소 공항 airstrip; ② 띠, 벨트, 줄, 줄 모양의 것 stripe ○ **qurşaq, zona, sahə; parçanın; ~ları** *i.* 천조각들 stripes; ③ 제복의 줄 모양 stripe (for uniform); ~ **çəkmək** *fe.* 줄을 긋다, 줄무늬를 넣다 streak; ④ 고랑, 이랑 ○ **şırım**
zolaqlamaq *fe.* 몹시 괴롭히다, 매질하다, 채찍질하다, 징계하다, flog (*smb.*), scourge
zolaqlanmaq *fe.* 매를 맞다, 괴롭힘을 당하다, 채찍질 당하다 be flogged, be scourged
zolaqlı *si.* 줄 쳐진, 줄무늬가 있는 streaked, striped
zolaq-zolaq *z.* 줄줄이, 줄에 따라 striped, stripe by stripe
zollamaq *fe.* ① 가느다랗게 자르다, 줄 모양으로 자르다 cut into strips, slash; ② *col.* 때리다, 치다 strike with *smt.* ○ **vurmaq, ilişdirmək, çəkmək**
zom *i.* (도랑이나, 수로에서 퍼낸) 질퍽한 흙
zomlamaq *fe.* (도랑이나, 수로에서) 흙을 퍼내다, 수로를 청소하다
zonal *si.* 띠모양의, 띠의, 구역으로 갈린, 토양대(土壤帶)의 zonal
zond *i.* ① *tib.* 소식자(消息子), 탐침(探針) probe, sound; ② 탐침봉 (우물, 지층 검사 등) sound-ballon
zondlamaq *fe.* 소식자로 검진하다, 탐침봉으로 탐사하다 probe, examine with a probe, sound
zont *i.* 대형 양산, 파라솔 sunshade parasol
zontik *i.* 우산, 양산 umbrella, parasol, sunshade ○ **çətir, günlük, yağmurluq**
zontikli *si.* 우산을 가진, 양산을 쓴 having an umbrella, parasol ○ **çətirli, günlüklü**
zoobaytar *i.* 수의사 veterinary (surgeon)
zoobaytarlıq *i.* 수의학 veterinary science/medicine
zoologiya *i.* 동물학 zoology
zooloji *si.* 동물학의 zoological
zooloq *i.* 동물학자 zoologist
zoopaleontologiya *i.* 고생물(동물)학 zoo-paleontology
zoopark *i.* 동물원, 사파리 zoo, zoological garden
zootexnik *i.* 동물 관리사, 목축업자, 목축 전문가 animal technician, livestock expert, specialist
zootexniki *i.* 목축 기술의, 동물학의 animal technical
zopa *i.* 곤봉, 몽둥이 cudgel, bludgeon, club ○ **dəyənək, kötək; polis ~sı** *i.* 경찰 곤봉 baton, truncheon
zopalamaq *fe.* 곤봉으로 때리다, 몽둥이로 공격하다 bang, cudgel, strike, club ○ **döymək, kötəkləmək**

Z

zopalanmaq *fe. col.* 곤봉으로 얻어 맞다, 몽둥이로 맞다 be cudgeled, be clubbed ○ **döyülmək, kötəklənmək**

zopu *i.* 고전 민속 춤의 하나 zopu/zopoo (ancient folk dance)

zor I. *i.* ① 억지, 강압, 힘 strength, violence, difficulty ○ **güc, taqət, qüvvət**; ② 강압, 억지 ○ **məcburiyyət**; II. *si.* ① 강한, 힘센, 강건한, 격렬한, 인상깊은, 저력있는, 강력한 strong, forceful, powerful, vigorous, heavy, hard, fierce, violent, impressive, potent ○ **güclü, qüvvətli**; ② 어려운, 무거운, 복잡한, 비장한 difficult, complicated, grave ○ **çətin, mürəkkəb, ağır** ● **asan**; ③ 억지의, 강제적인, 의무적인 compulsory ○ **məcburi**; ~ **işlətmək** *fe.* 어기다, 폭행하다, 억지로 하게하다 violate; ~ **bəla ilə** *z.* 간신히, 천신만고 끝에, 뽀도시 by great efforts, after great trouble; ~ **vermək** *fe.* 힘을 쏟다, 진력을 다하다 exert all one's strength, put forth one's strength, strain oneself; ~ **eləmək** *fe.* 강요하다, 강제하다, 무리하게 시키다, 위압하다 force, constrain, enforce, coerce; ~ **göstərmək** *fe.* 물리적인 힘을 쓰다, 강압하다; 폭력을 쓰다 force, sue physical force, use violence/brute force; ~ **gəlmək** *fe.* 극복하다, 견디다 overpower, overcome; **~a salmaq** *fe.* 지나치게 억압하다, 억지로 시키다 overstrain; **səsini ~a salmaq** *fe.* 목소리를 무리하게 쓰다 overstrain one's voice; **~u çatmaq** *fe.* 감당하다, 견디다 cope, manage; **~la** *z.* ① 억지로, 강제로, 억압하에 by force, forcibly, under constraint/compulsion; ② 힘들게, 간신히 with difficulty, hardly ○ **güclə** ●**xoşla**; ~ **la almaq** *fe.* 빼앗다, 찬탈하다, 강탈하다, 강청하다 usurp, extort; **~la alma** *i.* 강정 extortion; **~la girmə** *i.* 침입, 강침 incursion; **~la girmək** *fe.* 침략하다, 강침하다 intrude; **~la qəbul etdirmək** *fe.* 강압적으로 권하다, 강권하다, 억지로 맡기다 dictate, enforce; **~la yedirtmək** *fe.* 억지로 먹이다 feed coercively; **~la yemək** *fe.* 억지로 먹다, 강압하에 먹다 force oneself to eat eat under constraint

zorakı *si.* 억지의, 강압의, 완력의 forced, forcible, violent, coersive ○ **güclü** ●**könüllü**; ~ **idarəetmə** *i.* 강압정치, 폭정 government by force; ~ **metod/üsul** *i.* 완력적인 방법, 억압적인 방법 forcible method

zorakılıq *i.* ① 폭력, 억압, 강간 racket, violence, coercion ○ **məcburiyyət** ● **könüllülük**; ② 독정, 폭정 ○ **zülm, qanunsuzluq, özbaşınalıq, haqsızlıq**; **~ğa əl atmaq** *fe.* 완력을 쓰다 resort to force; ~ **etmək** *fe.* 강제하다, 강간하다 use of force; **~la** *z.* 강압적으로, 억지로, 폭력으로, 완력으로 forcibly, forcefully, with violence, coercively; **~la qarət etmək/çapıb-talamaq** *fe.* 찬탈하다, 빼앗다, 노략하다 rob/plunder with violence; **~la idarə etmək** *fe.* 힘으로 다스리다, 폭압하다 govern by force

zorba *si.* ① 큰, 거대한, 건장한, 다부진, 큼직한 huge, tall, stalwart, strapping, enormous ○ **iri, yekə, böyük** ●**balaca**; ② 강한, 힘센, 권세있는 strong, powerful ○ **güclü, qüvvətli**; ③ 저명한, 걸출한, 두드러진, 눈에 띄는 outstanding, prominent ○ **nüfuzlu, görkəmli**

zorbalaşmaq *fe.* ① 커지다, 건장해지다 become stalwart/hefty, become gross ○ **yekəlmək, şişmək** ●**balacalaşmaq**; ② 강해지다, 권력이 커가다 become enormous

zorbalıq *i.* ① 광대, 큼, 건장함 hugeness, enormousness ○ **irilik, yekəlik, böyüklük** ●**balacalıq**; ② 부정, 무질서, 무법 injustice, lawlessness, disorder ○ **haqsızlıq, qanunsuzluq**

zorlama *i.* 강간, 폭력 rape, violence ○ **üstələmə**

zorlamaq *fe.* ① 강요하다, 강압하다, 강제하다 force, coerce; ② 강간하다, 성폭행하다 rape, commit rape, ravish, violate ○ **üstələmək**; **öz hisslərini ~** *fe.* 감정을 거스리다, 감정을 강제하다 do violence to one's feeling

zorlu *si.* ① 강압적인, 강제적인, 의무적인 forceful, powerful ○ **güclü, qüvvətli** ● **zəif**; ② 권위적인, 위압적인, 권위주의의 authoritative, authoritarian ○ **nüfuzlu, hökmlü**

zorluq *i.* 난관, 어려움, 곤경, 어려운 일 difficulty, complication ○ **çətinlik, ağırlıq** ●**zəiflik**

zorluluq *i.* 억지, 강압, 위압 forcefulness, powerfulness ○ **qüvvətlilik, güclülük**

zorsuz *si.* 무능한, 무기력한, 불능의 forceless, powerless, impotent ○ **gücsüz, qüvvətsiz**

zöhrə *i. ast.* 금 Venus (planet); ~ **ulduzu** *i.* 금성, 샛별 morning star

zöhrəvi *si.* 성적 쾌락의; 정욕[색정]의; 성욕을 자극하는; 성교에서 오는; 성병에 걸린; 성병 치료의

venereal; ~ **xəstəlik** *i.* 성병 venereal disease

zökəm *i. tib.* 비강, 감기, 코감기 head cold, snuffles, coryza; ~ **olmaq** *fe.* 감기에 걸리다 catch cold

zövc *i.* 남편, 남자, 남성 husband, male ○ **ər, kişi**

zövcə *i.* 아내, 여자, 여성 wife, female ○ **arvad, qadın**

zövq *i.* ① 쾌락, 쾌감, 기쁨 pleasure, liking, taste, delight ○ **ləzzət, həzz, nəş'ə** ●**çövr**; ② 심미 beauty, artistic taste ○ **gözəllik, hüsn**; ③ 미각 sense of taste ○ **duyma**; ④ 욕망, 취향, 성향, 경향, 선호 desire, inclination, hobby, tendency ○ **meyl, həvəs, istək**; ⑤ 즐김, 성향 enjoyment, flavor ○ **əyləncə, şadlıq, kef, səfa**; ~ **vermək** *fe.* 기쁘게하다, 아첨하다, 마음을 얻다 please, flatter; **öz**; ~**ünə görə** *z.* 자기 성향에 따라 to one's liking; ~**lə düzəlmiş** *si.* 맛있는, 미각에 좋은 tasteful; ~ **almaq** *fe.* 즐기다 enjoy oneself, amuse oneself; ~**ünü oxşamaq** *fe.* 기쁘게 하다 please; ~**lü şəxs** *i.* 성향에 맞는 사람 man of taste; ~-**cəfa** *i.* 쾌락, 향락, 향유 pleasure, delight, enjoyment; ~ **lə** *z.* 맛있게, 감칠나게 tastefully; ~**lə geyinmək** *fe.* 멋지게 입다 dress tastefully

zövqlənmək *fe.* 즐기다, 기뻐하다, 재미 보다 take pleasure, enjoy ○ **nəş'ələnmək, şadlanmaq, əylənmək**

zövqlü *si.* ① 기꺼운, 경향을 띤, 기울어진 willing, inclined ○ **meylli, həvəsli**; ② 지각력있는, 명민한 perceptive, sensitive ○ **hissli, duyğulu**; ③ 아름다운, 예쁜 beautiful ○ **hüsnlü**

zövqsüz *si.* 무미한, 무취한 tasteless

zövqsüzlük *i.* 건조무미, 무미함 bad taste, tastelessness

zubr *i. zoo.* 들소 aurochs

zummer *i.* ① *tex.* 부자 (기계 장치의 경고음) buzzer; ② 전화 진동소리 buzz (phone)

zurna *i. mus.* 주르나 (동양적 관악기 일종); zurna (oriental pipe instrument), pipe, kazoo; ~ **çalmaq** *fe.* 주르나를 불다; a) play zurna; b) 소문을 퍼트리다 set rumor abroad; ~ **bağlamaq** *fe.* 헐뜯다, 중상하다, 튀기어 더럽히다 asperse, backbite, bespatter, say evil things about

zurnaçalan ☞ **zurnaçı**

zurnaçı *i.* ① 주르나 연주자 zurna player; ② 수다쟁이, 소문 퍼트리는 사람 talker, chatterer, gas-bag

zurnaçılıq *i.* 주르나 연주 (직업상) zurna playing

zühəl *i. ast.* 토성 Saturn

zühur *i.* 나타남, 현현, 출현, 표현, 표시 appearance, apparition, manifestation ○ **görünmə, çıxma**; ~ **etmək** *fe.* 나타내다, 현현하다, 출현하다, 드러내다 appear, emerge; ~ **olmaq** *fe.* 나타나다, 분명케되다, 출현하다 appear; ~**a çıxmaq** *fe.* 나타나다, 분명케되다, 보여지다 appear, come into sight, become evident

zülal *i. bio.* 알부민, 비타민, 단백질 albumin, protein

zülallı *si. bio.* 알부민의 albuminous

zülf *i.* ① (머리의) 타래, 타래진 머리털, (양털 등의) 타래 hair, lock, curl, ringlet, fringe; ② 두발; ③ (잡초·양털 따위의) 소량, 한 줌

zülm *i.* ① 억압, 압정, 독정, 폭정 oppression, tyranny ○ **istibdad, tiranlıq**; ② 멍에 yoke ○ **əziyyət, əzab, əsarət, işgəncə**; ③ 불공평, 부정 injustice ○ **haqsızlıq, insafsızlıq, ədalətsizlik, cəfa**; ~ **etmək** *fe.* 억압하다, 압제하다 oppress, depress; ~ **edən** *si.* 억압적인, 폭압적인 oppressive; ~ **ilə** *z.* 억압적으로, 억지로, 강제로; by force, forcibly; ~ **altında yaşamaq** *fe.* 폭정에 시달리다 live under tyranny; ~ **altında inləmək** *fe.* 폭정에 시달리다, 고통하다 pine under the yoke; ~-~ *z.* 울며 불며 cryingly; ~-~ **ağlamaq** *fe.* 매우 슬피 울다 cry/weep bitterly

zülmət I. *i.* 어둠, 암흑, 어두운 장소 dark, darkness, gloom ○ **qaranlıq**; ② *fig.* 무지, 무식 ignorance ○ **nadanlıq, cəhalət** ● **işıqlıq, nurlu**; II. *si.* 어두운, 흑암의; dark, gloomy; ~ **gecədə** *z.* 캄캄한 밤에 in the dark night

zülmətli *si.* 어두운, 흑암의, 앞이 안보이는 dark, dusky ○ **qaranlıq** ● **işıqlı**

zülmkar I. *i.* 압제자, 독재자, 폭압자 despot, oppressor, tyrant; II. *si.* 억압적인, 독재적인, 폭압적인 despotic, tyrannical, oppressive ○ **zalım, müstəbid, tiran** ● **ədalətli**; ~**casına** *z.* 강압적으로, 폭력적으로 despotically, tyrannically, oppressively

zülmkarlıq *i.* ① 폭정, 독재 despotism, oppressiveness, tranny ○ **zalımlıq, tiranlıq, müstəbidlik, qəddarlıq**; ~ **etmək** *fe.* 학정을 행하다, 압제하다, 학대하다 oppress, tyrannize

Z

zümrə *i.* 집단, 층, 계급 group, class, company ○ **silk, təbəqə, sinif; kübarlar~** *i.* 귀족집단 class of aristocrats; **mə'murlar ~si** *i.* 공무집단 group of officials

zümrüd I. *i.* 에메랄드 emerald; II. *si.* ① 에메랄드 녹색의 emerald green; ② 에메랄드로 만든 made of emerald; **~ quşü** *i. mif.* 불사조, 퍼닉스 Phoenix

zümrüdü *si.* 에메랄드 녹색의, 취옥색의 emerald, emerald green

zümzümə *i.* 자장가, 읊조림, 조잘거림 croon, hum; babble, lullaby ○ **nəğmə, təranə, tərənnüm; ~ etmək** *fe.* 낮은 소리로 노래하다 sing in an undertone/in a low voice

zümzümələmək *fe.* 낮은 소리로 노래하다, 자장가를 부르다 read/sing in slow and low voice ○ **oxumaq**

zümzüməli *si.* 자장가의, 작은 소리의, 화음있는 crooning, babbling, harmonious, melodic ○ **ahəngli, melodik**

zünnar *i.* (정교 사제들의 복장의) 요대 belt, girdle (Christian priest's belt during the worship); **~ bağlamaq** *fe. fig.* 기독교인이 되다 become Christian

zürafə *i. zoo.* 기린 giraffe, camelopard

zürriyyət *i.* 아이, 자손, 자식 child, offspring, descendant, issue; **oğul ~i** *i.* 남식, 남자 자손 male issue; **qız ~i** *i.* 여식, 여자 자손 female issue

zürriyyətsiz *si.* 자손 없이 without issue/offspring/children

züy[1] *i.* (관악기) 음조, 음조를 맞춤 backing for a piper, vamping a piper; **~ tutmaq** *fe.* a) 음조를 맞추다 accompany/vamp a piper; b) *fig.* (사람을) 뒷받침하다, 후원하다 second/back up *smt.*, support

züy[2] *i.* ①(눈위의) 미끄럼 slide (on snow); ② 미끄러짐 sliding; **~ getmək** *fe.* 미끄럼을 타다 have a slide on the ice

züytutan *i.* ① *mus.* 음조를 받쳐주는 사람, 공동연주자 (악기의) an accompanist of a piper, assistant; ② 후원자, 돌봐주는 사람 backer, companion

züyuldəmək *fe.* 미끄럼을 타다, 미끄러지다 slide, slip

züyultu *i.* 미끄럼틀 slide, sliding